D1671186

Dr. Wolf Friederich

Wörterbuch

Englisch-Deutsch
Deutsch-Englisch

Mosaik Verlag

Herausgegeben vom Lexikon-Institut Bertelsmann

Bearbeitete Neuausgabe

Gesamtherstellung: Mohndruck Graphische Betriebe GmbH, Gütersloh

ISBN 3-570-02662-0

Inhaltsverzeichnis

Vorwort

Ein Taschenwörterbuch kann, am Gesamtwortschatz einer Sprache gemessen, immer nur eine begrenzte Anzahl von Stichwörtern bringen. So auch in diesem Fall. Das Bestreben, dem Benutzer in einer handlichen Ausgabe ein Wörterbuch zu bieten, das ihn bei der Lektüre von Zeitungen, Zeitschriften und moderner Literatur nicht im Stich läßt, war entscheidend für die *Auswahl* der Stichwörter. Dieses Wörterbuch enthält nicht nur den wesentlichen allgemeinen Wortschatz, sondern auch die wichtigsten Ausdrücke aus aktuellen Fachgebieten wie Technik, Atomwissenschaft, Funk und Fernsehen, Verkehr, Wirtschaft, Recht, Sport – Ausdrücke, deren Kenntnis heute vielfach unerläßlich ist. Der Benutzer findet darüber hinaus in beiden Teilen des Werkes eine sehr große Anzahl idiomatischer und umgangssprachlicher Redewendungen, in denen der Reichtum einer Sprache besonders deutlich wird.

Die Stichwortartikel enthalten zahlreiche Hinweise für den grammatisch richtigen Gebrauch eines Wortes. So sind bei den Substantiven, die einen unregelmäßigen Plural bilden, die Pluralformen angegeben; wo es notwendig schien, wurde bei englischen pluralischen Substantiven ein Hinweis darüber beigefügt, ob sie im Satz mit dem Singular oder Plural zu konstruieren sind *(sg vb, pl vb).* Bei den Adjektiven und Verben ist, wo man im Zweifel sein kann, die Präposition angeführt, die sie verlangen. Bei vielen Verben findet der Benutzer die Angabe der erforderlichen Konstruktionen. Allen englischen Stichwörtern ist die genaue Aussprachebezeichnung (einschließlich häufiger Varianten) in der Lautschrift der International Phonetic Association hinzugefügt.

Oft bietet die Betonung im Englischen beträchtliche Schwierigkeiten, zumal bei Zusammensetzungen, die je nach der Betonung unterschiedliche Bedeutungen haben können. Deshalb ist die Betonung auch bei den Zusammensetzungen angegeben.

Es gehört zu den besonderen Schwierigkeiten der englischen Sprache, daß sie sich in zwei Hauptzweige gespalten hat: das britische und das amerikanische Englisch. Die Besonderheiten des amerikanischen Wortschatzes wurden in diesem Wörterbuch weitgehend berücksichtigt und entsprechend gekennzeichnet *(US).* Vielfach übersieht man, daß es nicht nur Amerikanismen, sondern auch Britizismen gibt, Ausdrücke also, die nur dem Engländer eigen sind. Auch diese wurden gekennzeichnet *(BE).*

Im Englischen wie im Deutschen ist es wichtig zu wissen, ob ein Wort vorzugsweise der Umgangssprache angehört oder gar „Slang“ ist, also jener saloppen Redeweise angehört, die das Flugzeug zur „Kiste“, das Fahrrad zum „Drahtesel“ werden läßt. Alle diese Wörter sind mit *umg* (Umgangssprache) oder *sl* (Slang) gekennzeichnet.

Da dieses Werk für die Hand des Deutschen gedacht ist, enthält es keine Hinweise auf Schwierigkeiten der deutschen Sprache.

Zum Schluß noch ein Rat: Vor Gebrauch des Buches studiere man sorgfältig die wenigen, aber wichtigen Erklärungen auf den folgenden Seiten; erst dann vermag man alle in diesem Buch dargebotenen Hilfen voll zu nutzen.

Verfasser und Verlag

Vorwort zur bearbeiteten Ausgabe

Für diese Ausgabe wurde das Buch einer gründlichen Durchsicht unterzogen. Veraltetes wurde gestrichen, neues Wortgut aufgenommen, die Veränderungen im britischen und amerikanischen Sprachgebrauch sorgfältig registriert. Es ist erstaunlich, wie oft in dieser Ausgabe der Hinweis *US* zu streichen war. Auch in der Aussprache der Wörter sind Veränderungen zu verzeichnen.

Januar 1981 *Wolf Friederich*

Erklärungen

Anordnung der Stichwörter

Um Platz zu sparen, wurden gleichlautende Wörter mit ihren Ableitungen und Zusammensetzungen zu einer Gruppe zusammengefaßt, in der das Stichwort oder dessen Teil vor dem senkrechten Strich durch eine Tilde (~) aufgenommen wird.

Beispiele: **interpret** dolmetschen; **~ation** Dolmetschen; **~er** Dolmetscher
intima|cy Vertrautheit; **~te** vertraut

Ausgeschrieben: interpret, interpretation, interpreter; intimacy, intimate.

Das gleiche gilt für den deutsch-englischen Teil; hier ist jedoch außerdem der deutsche Umlaut (Mann – Männer) durch " über der Tilde angegeben (⍨).

Beispiele: **Ansage** announcement; **~n** to announce
ansamm|eln to collect; **~lung** collection
Kopf head; **⍨chen** *fig* brains; **⍨en** to behead

Ausgeschrieben: Ansage, ansagen; ansammeln, Ansammlung; Kopf, Köpfchen, köpfen.

Wie diese Beispiele zeigen, wird im deutsch-englischen Teil bei Verwendung der Tilde der Wechsel zwischen Groß- und Kleinschreibung nicht berücksichtigt. Im englisch-deutschen Teil dagegen werden Großbuchstaben der Tilde vorangestellt:

Beispiel: **continent** Kontinent: **the C~** das europäische Festland

Ausgeschrieben: continent, the Continent

Hochgestellte Ziffern beim Stichwort (z. B. abuse[1], abuse[2]) trennen Wortarten oder nichtverwandte, gleichgeschriebene Wörter (z. B. bank[1], bank[2])

Die Stichwörter des englisch-deutschen Teils sind in der Regel alphabetisch angeordnet; im deutsch-englischen Teil dagegen ist die alphabetische Reihenfolge aus Gründen der Platzersparnis oft unterbrochen.

Beispiel: „Matte“ folgt nach den Ableitungen von „matt“ (... Mattscheibe, mattweiß).

Die Stichwortartikel sind wie folgt unterteilt: Nach dem Hauptstichwort folgen zunächst die Bedeutungen. Vor allem in längeren Artikeln sind die verschiedenen Bedeutungen oft der Übersichtlichkeit wegen mit fettgedruckten Ziffern gekennzeichnet. Beispiele und Redewendungen sind jeweils unter der Bedeutung aufgeführt, zu der sie sinngemäß gehören. Vor einer idiomatischen Redewendung steht eine Raute (♦). Nach den Bedeutungen des Hauptstichwortes folgen die halbfett gedruckten Zusammensetzungen und Ableitungen.

Betonte Silben sind mit einem voraufgehenden, oben ansetzenden Akzent gekennzeichnet: **engineer** [endʒi'niə] wird also auf der letzten Silbe betont. Silben, die einen Nebenton tragen, haben einen ebenfalls voraufgehenden, aber unten ansetzenden Akzent: **interpretation** [inˌtəːpri'teiʃən] trägt den Hauptton auf der zweitletzten Silbe (-ta-) und den Nebenton auf der viertletzten Silbe (-ter-).

ei der Aussprachebezeichnung von Ableitungen des Stichwortes wurde meistens ein Strich (–) für eine unbetonte Silbe, ein Strich mit darüberliegendem Akzent (–́) für eine Silbe mit Hauptton, und ein Strich mit voraufgehendem, unten ansetzendem Akzent (ˌ–) für eine Silbe mit Nebenton verwendet:

interpret [in'təːprit], **interpreter** [–́–tə], **interpretation** [–ˌ––'teiʃən]
intersect [intə'sekt], **intersection** [––́ʃən]

Die Ableitungen sind also folgendermaßen zu lesen:
[in'təːpritə], [inˌtəːpri'teiʃən], [intə'sekʃən]

Hier sei eingefügt, daß die sehr häufige Endung **-tion** immer [ʃən] lautet, selbst wenn – wie z. B. bei „intersect“ – das Grundwort in der Aussprache ein **t** enthält: [intə'sekt]. Ausnahme von dieser Regel: **question** ['kwestʃen].

Beachten Sie ferner, daß [ə] immer unbetont ist.

Grammatik

Über folgende Punkte der Grammatik gibt das Wörterbuch Auskunft:

1. **Substantive:**
   a) Über den Plural, wenn dieser unregelmäßig ist, also vor allem bei Substantiven mit den Singularendungen **-a, -us, -um, -on, -is, -ex,**

z. B. **alg|a**, *pl* **~ae** (= algae),
aba|cus, *pl,* **~ci, ~cuses** (= abaci, abacuses).

Wo notwendig, ist in derartigen Fällen auch die Aussprache der Pluralform angegeben.

b) Darüber, ob ein pluralisches Substantiv etwa ein Verb im Singular verlangt, was manchmal nur für eine bestimmte Bedeutung des Wortes zutrifft.
Beispiel: **acoustics** *sg vb* Akustik, Lehre vom Schall;
pl vb Akustik (e-s Raumes).

2. Bei den **unregelmäßigen Verben** findet sich ein Seitenhinweis auf das Verzeichnis, in dem diese Verben mit ihren Stammformen übersichtlich zusammengefaßt sind. Nur bei einigen Verben wurden die Stammformen zusätzlich unmittelbar hinter dem Stichwort aufgeführt, um häufigen Verwechslungen wirksam vorzubeugen, wie sie z. B. leicht vorkommen bei:
flow, *~ed, ~ed* fließen
und **fly,** *flew, flown* fliegen.

Bei den übrigen Wortarten gibt es im Englischen keine nennenswerten Unregelmäßigkeiten. Einzelne Abweichungen sind angegeben. Über die Steigerung des Adjektivs und die Bildung des Adverbs gibt jede gute Grammatik zuverlässige und umfassende Auskunft.

Ratschläge für die richtige Benutzung des Wörterbuches

Für das Verständnis englischer Texte genügt die Benutzung des englisch-deutschen Teils. Will man einen deutschen Text ins Englische übertragen oder einen englischen Text verfassen, z. B. einen Brief, so arbeite man stets mit beiden Teilen: im deutsch-englischen Teil ermittelt man das entsprechende englische Wort, dann schlägt man es im englisch-deutschen Teil nach, wo alle die Hinweise zu finden sind, die Aufschluß geben über den grammatisch richtigen Gebrauch der Wörter. Aber nicht nur um grammatische Fehler zu vermeiden, sollte man ständig den englisch-deutschen Teil zu Rate ziehen. Wichtiger noch ist die Hilfe, die er bei der Wahl des richtigen englischen Wortes bietet. Der deutsch-englische Teil enthält zwar schon manchen Zusatz, der diese Wahl erleichtert; ob man aber unter den verschiedenen englischen Entsprechungen eines deutschen Wortes die richtige ausgewählt hat, erweist sich erst, wenn man diese Wörter im englisch-deutschen Teil nachschlägt. Die dort aufgeführten deutschen Übersetzungen zeigen, welche Bedeutungsschattierungen die verschiedenen englischen Wörter aufweisen. Die Auswahl fällt dann nicht mehr so schwer.

Zusammensetzungen

In beiden Teilen sind viele Zusammensetzungen gegeben. Trotzdem wird der Benutzer manches nicht finden. Hier kann er sich jedoch helfen, indem er – besonders im englisch-deutschen Teil – die einzelnen Wortteile getrennt nachschlägt; bei einem englischen Wort wird dann die Benutzung in der Regel klar sein. So suche man z. B. *tree-clad* unter *tree* und *clad*, oder *street-vendor* unter *street* und *vendor*.

Findet man im englisch-deutschen Teil ein Wort mit der Vorsilbe **un-** nicht, so schlage man das entsprechende Grundwort nach, aus dem man die Bedeutung des nicht gefundenen Stichworts leicht ermitteln kann. Beispiel: *unambiguous* schlage man unter *ambiguous* nach. Das Gegenteil der dort gegebenen Bedeutungen trifft für *unambiguous* zu.

Bei Zusammensetzungen spielt im Englischen noch die Frage eine Rolle, wie sie geschrieben werden: in einem Wort, als zwei Wörter mit Bindestrich oder als zwei getrennte Wörter. Hier kann man sich im allgemeinen an folgende Regel halten:

> Wird eine Zusammensetzung *auf dem ersten Wort betont*, so empfindet der Engländer dieses Wort als eine *Einheit* und schreibt es zusammen; ohne Bindestrich, wenn das übersichtlich und gut leserlich ist, sonst mit Bindestrich. Wird jedoch eine Zusammensetzung *auf beiden Teilen betont*, sind beide Teile also nicht zu einer Einheit verschmolzen, so schreibt man die beiden Teile getrennt.

Um den Anwendungsbereich und die Bedeutung der Wörter genau abzugrenzen und mögliche Irrtümer zu vermeiden, wurde mit Hilfe von Abkürzungen und Bildzeichen angegeben, welchem Sachgebiet ein bestimmtes Wort angehört. Wie wichtig diese Abgrenzung ist, mag folgendes Beispiel zeigen: Der Drucker, der Fotograf, der Soldat verstehen unter „Abzug“ nicht dasselbe; ja,

der Soldat könnte sogar im Zweifel sein, ob der Abzug am Gewehr oder der Abzug der Truppen gemeint ist. Bildzeichen und Abkürzungen werden nur da als Hilfen gegeben, wo ihr Fehlen zu Mißverständnissen Anlaß geben könnte, nicht aber bei jedem Ausdruck des betreffenden Gebietes. So ist etwa bei **alkali** der Zusatz *chem* völlig überflüssig, während bei **amplifier** der Zusatz zeigen soll, daß es sich um einen Rundfunkverstärker handelt.
Das Entsprechende gilt auch für die grammatischen Zusätze wie *su, adj, vt* usw.

Die Aussprache

Liste der Lautschriftzeichen

Auf zuverlässige Angabe der Lautschrift wurde großer Wert gelegt. Abweichende Formen wurden aufgeführt, soweit ihre Häufigkeit dies zu rechtfertigen schien.

Vokale

	wie in:		
[ɑː]	arm, harm	[i]	if, gift
[ai]	knife, wife	[iː]	he, see
[au]	house	[iə]	near, hear
[æ]	bad, bag	[ou]	low, boat, no
[e]	red, bet, bed	[ɔ]	long, strong
[ei]	game, plain	[ɔː]	all, short
[ə]	afresh	[ɔi]	boil, toil
[əː]	bird, girl	[u]	put, book
[ɛə]	rare, there	[uː]	too, you
[ʌ]	but, nut	[uə]	sure, poor

Konsonanten

	wie in:		
[b]	bad, body	[p]	paper, post
[ç]	human; statt [hj]!	[r]	rare, dry
		[s]	seldom, yes
[d]	do, hard	[ʃ]	shine, shop
[f]	friend, golf	[t]	try, hat
[g]	great, bag	[tʃ]	church, fetch
[ŋ]	strong, long	[v]	very, lively
[h]	head, hate	[w]	we, what
[j]	yes, Indian	[z]	these, crazy
[k]	catch, silk	[ʒ]	pleasure
[l]	long, still	[dʒ]	jam, jungle
[m]	mill, ham	[θ]	thank, death
[n]	no, news	[θ]	mother, this

Amerikanische Aussprache und Rechtschreibung

Die Abweichungen des amerikanischen Englisch in Aussprache und Rechtschreibung wurden nur in den Fällen im Wörterbuch gesondert vermerkt, wo sie nicht den Grundregeln entsprechen, sondern Einzelfälle darstellen.
Diese Regeln sind:
Aussprache
1. In den Lautverbindungen [ɑːs, ɑːsk, ɑːsp, ɑːst, ɑːmp, ɑːnd, ɑːnt, ɑːns, ɑːntʃ, ɑːf, ɑːθ] spricht der Amerikaner den Laut [æː].
   Beispiele: ask, grasp, class, cast, example, command, laugh, staff, after und viele andere.
2. In der Lautverbindung [ʌr] + Vokal sprechen die Amerikaner [əːr].
   Beispiele: current, flourish, occurrence, worry.
3. Im britischen Englisch hat der [uː]-Laut einen j-Vorschlag nach den Lauten [b, f, g, h, k, m, p, v]; er findet sich dort auch nach [d, t, n, s, z], fehlt aber im Amerikanischen.
   Beispiele: duke, duty, tube, tune, new, assume, resume.
4. Der [ɔ]-Laut hat im Amerikanischen eine starke Färbung nach [a].
5. Das [l] klingt sehr dunkel, fast wie ein dunkles [u].
6. Das [r] bleibt ein Konsonant auch in den Stellungen, wo es im britischen Englisch verstummt ist.

Rechtschreibung
1. Soweit im Britischen die Substantivendung *-our* erscheint, schreiben die Amerikaner *-or:*
   color, honor, honorable, labor, savor, savory.
   Ausnahme: *glamour* ist häufiger als *glamor.*
2. Die britische Endung *-re* erscheint im Amerikanischen als *-er:*
   center, fiber, specter, theater.
   Zur Erhaltung der richtigen Aussprache des *-c-* bleibt *-cre:*
   acre, mediocre, massacre.

3. Das Schwanken der Engländer bei den Endungen *-xion/-ction* und *-dgement/-dgment* ist bei den Amerikanern zugunsten der letztgenannten Formen entschieden: connection, inflection; abridgment, acknowledgment.

Verzeichnis der verwendeten Bildzeichen

- Technik
- Industrie
- Elektrotechnik, Elektronik
- Landwirtschaft, Gartenbau
- Forstwesen
- Schiffahrt
- Flugwesen
- Post-, Fernmeldewesen
- Turnen, Sport
- Funktechnik, Radio, Fernsehen
- Fotografie, Film
- Verkehr, Eisenbahn
- Kraftfahrzeuge
- Medizin, Physiologie, Pharmazeutik
- Malerei
- Recht, Staatswissenschaft
- Theater, Film
- Musik, Tonwiedergabe
- Architektur, Bauwesen
- Verlagswesen, Druckerei

Verzeichnis der verwendeten Abkürzungen

a. auch
Abk. Abkürzung
abstr abstrakt
acc Akkusativ
adj Adjektiv
adv Adverb
allg allgemein
astr Astronomie
attr attributiv
BE britisches Englisch
bes besonders
bot Botanik
bzw beziehungsweise
chem Chemie
com Handel u. Wirtschaft
conj Konjunktion
d. der, die, das, des, dem, den
dt deutsch
eccl kirchlich, geistlich
e. ein
e-e eine
e-m einem
e-n einen
e-r einer
etc usw.
etw etwas
fig figurativ, übertragen
folg folgende(r, s)
geog Geographie
geol Geologie
gram Grammatik
hist Geschichte
inf Infinitiv
interj Interjektion
iron. ironisch
j-d jemand
j-m jemandem
j-n jemanden
j-s jemandes
k-m keinem
k-n keinen
k-r keiner
k-s keines
konkr konkret
lit Literatur
math Mathematik
mil Heerwesen
mst meist
od oder
opt Optik
orn Ornithologie, Vogelkunde
o.s. oneself
parl parlamentarisch
pass Passiv, Leideform
phys Physik
pl Plural, Mehrzahl
poet Dichtkunst, Poesie
pol Politik
pp Partizip der Vergangenheit (Partizip perfekt)
ppr Partizip Präsens
pred prädikativ, zur Satzaussage gehörig
prep Präposition
pron Pronomen
refl reflexiv
schott schottisch
sg Singular, Einzahl
sl Slang
s. sich
s-b somebody, someone
s-th something
s-m seinem
s-n seinen
s-r seiner
s-s seines
su Substantiv
umg Umgangssprache
US amerik. Englisch
vb verbal
vi verbum intransitivum (nichtzielendes Verb)
vt verbum transitivum (zielendes Verb)
vt/i transitives und intransitives Verb
vgl vergleiche
z. zu, zum, zur
zool Zoologie
zus. zusammen
Zssg Zusammensetzung

Englische Abkürzungen

A.A. Automobile Association; anti-aircraft
A.C., a.c. alternating current
a/c account
advt. advertisement
A.E.C. Atomic Energy Commission

A.F.L.	American Federation of Labour
AFN	American Forces Network
a.m.	ante meridiem (before noon)
A.P.	Associated Press
B.A.	Bachelor of Arts; British Academy
B.B.C.	British Broadcasting Corporation
B.C.	before Christ
B.E.A.	British European Airways
BFN	British Forces Network
B.L.	Bachelor of Law
B. Litt.	Bachelor of Letters
B.O.A.C.	British Overseas Airways Corporation
B.O.T.	Board of Trade
Bros	Brothers
B.S.I.	British Standards Institution
B.Th.U.	British Thermal Unit
C.	Centigrade
c.	cent; chapter; cubic; circa
C.C.	County Council(lor)
cf.	confer, compare
c.i.f.	cost, insurance, freight
Co.	company; county
c/o	care of
C.O.D.	cash on delivery; Concise Oxford Dictionary
c/s	cycles per second
cu.	cubic
cwt.	hundredweight
d.	denarius, penny
D.A.	District Attorney
D.C., d.c.	direct current
D.C.	District of Columbia
D.C.L.	Doctor of Civil Law
D.D.	Doctor of Divinity
D.D.S.	Doctor of Dental Surgery
D.Lit.	Doctor of Literature
D.Litt.	Doctor of Letters
D.Sc.	Doctor of Science
D.Th.	Doctor of Theology
E. & O.E.	errors & omissions excepted
E.E.C.	European Economic Community
E.F.T.A.	European Free Trade Association
e.g.	for example
E.S.P.	extrasensory perception
Esq.	Esquire
exc.	except
F.	Fahrenheit
f.	foot (feet); francs
F.A.O.	Food and Agriculture Organization
f.a.s	free alongside ship
F.B.I.	Federation of British Industries; Federal Bureau of Investigation
fcap, fcp	foolscap
F.I.L.	Fellow of the Institute of Linguists
FM	frequency modulation
f.o.b., f.o.r.	free on board *bzw.* rail
F.R.S.	Fellow of the Royal Society
ft	foot (feet)
g.	gram
gal.	gallon
G.A.T.T.	General Agreement on Tariffs and Trade
G.B.	Great Britain
G.C.E.	General Certificate of Education
G.H.Q.	General Headquarters
G.I.	government issue; enlisted man
G.M.T.	Greenwich Mean Time
G.P.	general practitioner
G.P.O.	General Post Office
gr.	grain(s); grade; gross
gs	guineas
h.	hour
H.H.	His Holiness
H.M.S.	His (Her) Majesty's Ship
H.O.	Home Office
Hon.	Honorary; Honourable
h.p.	horse-power; hire purchase
H.Q.	headquarters
H.R.H.	His (Her) Royal Highness
hr(s)	hour(s)
I.C.A.O.	International Civil Aviation Organization
i.e.	id est (that is)
I.L.O.	International Labour Organization
in.	inch(es)
Inc.	incorporated
IOU	I owe you
I.Q.	intelligence quotient
I.R.C.	International Red Cross
J.	Judge; Justice
J.A.	Judge Advocate
J.P.	Justice of the Peace
K.B.	King's Bench
K.C.	King's Counsel
kc.	kilocycle(s)
L	learner (on motor-car)
Lab.	labour
lb.	pounds (weight)
L.C.C.	London County Council
L.C.J.	Lord Chief Justice
Ld	limited
Litt.D.	Doctor of Letters
LL.B.	Bachelor of Laws
LL.D.	Doctor of Laws
Ltd	limited
m.	mile(s); million(s); minute(s)
M.A.	Master of Arts; Military Academy

M.D.	Doctor of Medicine
M.P.	Member of Parliament; military police
m.p.g.	miles per gallon
m.p.h.	miles per hour
Mr, Mrs	Mister, Mistress
M.Sc.	Master of Science
M.S.L.	mean sea-level
NAAFI	Navy, Army, Air Force Institution
NATO	North Atlantic Treaty Organization
N.C.B.	National Coal Board
N.C.O.	non-commissioned officer
N.H.S.	National Health Service
N.P.	notary public
N.T.	New Testament
N.Z.	New Zealand
O.E.C.D.	Organization for Economic Co-operation and Development
O.T.	Old Testament
oz, ozs	ounce(s)
p.	page
p.a.	per annum (yearly, by the year)
P.A.Y.E.	pay as you earn
P.C.	police constable; Privy Council(lor)
p.c.	per cent
P.E.N.	International Association of Poets, Playwrights, Editors, Essayists, and Novelists
per pro.	by proxy
Ph.D.	Doctor of Philosophy
P.M.	Police Magistrate; Prime Minister; Provost Marshal
p.m.	post meridiem (after noon)
P.O.	postal order; Post Office
P.O.W.	prisoner of war
pp.	pages
p.p.	= per pro.
P.S.	postscript; police sergeant
pt.	part; pint
P.T.O.	please turn over
PX	*US* Post Exchange
Q.B.	Queen's Bench
Q.C.	Queen's Counsel
Q.M.	Quartermaster
qr	quarter
Q.S.	Quarter Sessions
qt	quart(s)
q.v.	quod vide (which see)
R.A.	Royal Academy
R.A.C.	Royal Automobile Club
R.A.F.	Royal Air Force
R.C.	Red Cross; Roman Catholic
Rev., Revd	Reverend
r.p.m.	revolutions per minute
R.S.	Royal Society
R.S.P.C.A.	Royal Society for the Prevention of Cruelty to Animals
Rt Hon.	Right Honourable
Rt Rev.	Right Reverend
s.	second; shilling; singular
SEATO	South East Asia Treaty Organization
Sen.	Senate; Senator; Senior
SHAPE	Supreme Headquarters Allied Powers in Europe
S.O.	Staff Officer; Stationery Office
S.O.S.	save our souls
sq.	square
S.S., s.s.	steamship
St	Saint; Street
st.	*BE* stone (= 14 pounds)
St. Ex.	Stock Exchange
stg	sterling
T.C.	Town Council(lor)
T.U.	Trade Union
T.U.C.	Trades Union Congress
T.V.	television
T.V.A.	Tennessee Valley Authority
U.A.B.	Unemployment Assistance Board
U.A.R.	United Arab Republic
U.K.	United Kingdom
UN	United Nations
UNESCO	United Nations Educational, Scientific, and Cultural Organization
UNO	United Nations Organization
U.P.	United Press
U.S.	United States
U.S.S.	United States Ship (or Senate)
U.S.S.R.	Union of Soviet Socialist Republics
VAT	*BE* value-added tax
V.D.	venereal disease
VHF	very high frequency
V.I.P.	very important person
viz.	namely
w.	watt; with
W.F.T.U.	World Federation of Trade Unions
W.H.O.	World Health Organization
wt.	weight
yd	yard(s)
Y.M.C.A.	Young Men's Christian Association
Y.W.C.A.	Young Women's Christian Association

A

a [ə, *betont* ei] ein(e); je *(50 miles an hour, £ 3 a week);* **A 1** ['ei 'wʌn] erstklassig; **A** ♪ A; **A sharp** Ais, **A flat** As, **A major** A-Dur, **A minor** a-Moll
Aaron's rod ['ɛərənz 'rɔd] Königskerze; Goldrute
aback [ə'bæk] rückwärts; *to be taken* ~ paff sein, verblüfft sein
aba|cus ['æbəkəs], *pl* **~ci, ~cuses** [ˊ–sai, ˊ–kəsiz] Rechenbrett; Säulendeckplatte
abaft [ə'bɑːft] ⚓ nach achtern zu
abandon [ə'bændən] aufgeben, verlassen, preisgeben *(a ship, all hope); to* ~ *o. s. to* s. überlassen, s. ergeben *(she ~ed herself to despair); su* Sichgehenlassen; **~ment** Aufgeben; Verlassenheit
abase [ə'beis] erniedrigen, demütigen; **~ment** Erniedrigung, Demütigung
abashed [ə'bæʃt] verlegen, fassungslos; beschämt (*at* über)
abate [ə'beit] *vt* (ver)mindern, lindern; beseitigen; *vi* nachlassen; **~ment** (Ver-)Minderung, Abnahme; Linderung; Beseitigung
abattoir ['æbətwɑː] *BE* Schlachthof
abbacy ['æbəsi] Amt(sbereich) e-s Abtes
abb|ess ['æbis] Äbtissin; **~ey** ['æbi] Abtei; *the Abbey* Westminster-Abtei
abbot ['æbət] Abt; **~cy, ~ship** Abtwürde
abbrevia|te [ə'briːvieit] (ab)kürzen; **~tion** [əˌbriːvi'eiʃən] (Ab-)Kürzung
ABC [eibiː'siː] Abc, Alphabet; ~ **weapons** Abc-Waffen
abdica|te ['æbdikeit] abdanken; **~tion** [––'keiʃən] Abdankung
abdom|en ['æbdəmen, *bes* ⚕ –'doumen] Unterleib, Bauch; Hinterleib; **~inal** [æb'dɔminəl] Unterleibs-, Bauch-
abduc|t [əb'dʌkt] entführen; **~tion** [əb'dʌkʃən] Entführung; **~tor** [əb'dʌktə] Entführer
abecedarian [eibi(ː)si(ː)'dɛəriən] alphabetisch; elementar; Abc-Schütze
abed [ə'bed] im Bett; bettlägerig
aberration [æbə'reiʃən] Abweichung; (geist., moral.) Verirrung
abet [ə'bet] (Übeltäter) anstiften, helfen (bei); **~ment** Anstiftung; Begünstigung; **~tor** [–ˊə] Helfershelfer
abeyance [ə'beiəns]: *in* ~ unentschieden, in der Schwebe; *to fall into* ~ nicht mehr befolgt werden, außer Kraft treten
abhor [əb'hɔː] verabscheuen; **~rence** [əb'hɔrəns] Abscheu; **~rent** abstoßend; zuwider (*to reason* der Vernunft); unvereinbar (*from* mit)
abid|e [ə'baid] *(s. S. 318)* bleiben; wohnen; *~e by* festhalten an, treu bleiben; *vt* (er)tragen; **~ing** [ə'baidiŋ] bleibend, immerwährend
abigail ['æbigeil] Zofe
ability [ə'biliti] Fähigkeit *(to do s-th),* Können; *(oft pl)* Begabung, Talent; *to the best of one's* ~ nach bestem Vermögen
abject ['æbdʒekt] elend, verworfen; schmählich, kriecherisch
abjur|e [əb'dʒuə] *vt* abschwören; **~ation** [æbdʒu'reiʃən] Abschwörung, Entsagung
ablaze [ə'bleiz] in Flammen (stehend); *to be* ~ *with* strahlen vor (Licht), (Ärger) ausstrahlen; erregt, wütend
able [eibl] fähig, tüchtig; *still quite* ~ noch ganz gut beieinander; *to be* ~ *to do* imstande sein, können; **~-bodied** [ˊ-'bɔdid] kräftig; wehrfähig; Voll- (*~-bodied seaman* Vollmatrose, *BE* Obergefreiter)
abloom [ə'bluːm] in Blüte, blühend
ablution [ə'bluːʃən] *pl* (religiöse) Waschung; *sg* (dazu benutztes) Wasser
abnega|te ['æbnigeit] *vt* sich versagen; entsagen; **~tion** [æbni'geiʃən] Verzicht; (Selbst-) Verleugnung
abnormal [æb'nɔːməl] nicht normal, ungewöhnlich; **~ity** [æbnɔː'mæliti] Ungewöhnlichkeit, Anomalität
aboard [ə'bɔːd] an Bord; im Zug (Bus); *to go* ~ an Bord gehen, *US a.* einsteigen
abode[1] [ə'boud] Wohnstätte; *to take up (make) one's* ~ seinen Wohnsitz aufschlagen
abode[2] [ə'boud] *siehe* abide
abolish [ə'bɔliʃ] abschaffen, aufheben; vernichten
abolition [æbə'liʃən] Abschaffung, Aufhebung; **~ist** Abolitionist; Gegner der Sklaverei, Todesstrafe
A-bomb ['eibɔm] Atombombe
abominable [ə'bɔminəbl] abscheulich; *the A~ Snowman* Schneemensch
abomina|te [ə'bɔmineit] verabscheuen; **~tion** [əˌbɔmi'neiʃən] Abscheu; Greuel; *to hold in ~tion* verabscheuen
aboriginal [æbə'ridʒinəl] uransässig, ursprünglich; Ureinwohner
aborigine, *mst pl* **~s** [æbə'ridʒini, *pl* -niːz] Ureinwohner
abort [ə'bɔːt] Abbruch; Raketenfehlstart
abortifacient [əˌbɔːti'feiʃənt] abtreibend(es Mittel)
abortion [ə'bɔːʃən] Fehlgeburt; Abtreibung; Fehlschlag
abortive [ə'bɔːtiv] Früh-(Geburt); verkümmert; erfolglos
abound [ə'baund] *vi* reichlich vorhanden sein; ~ *in* reichlich haben, besitzen; ~ *with* wimmeln von
about [ə'baut] **1.** *adv* herum, umher (liegen, stehen); *to be up and* ~ *(again)* wieder auf sein; ~ *to do* im Begriff (sein) zu tun; ~ *turn!, (US)* ~ *face!* Ganze Abteilung, kehrt!, *to turn (face)* ~ sich umdrehen; *turn and turn* ~ einer nach dem andern; **2.** etwa, ungefähr; **3.** gegen (5 Uhr); **4.** so ziemlich *(that's* ~ *right); to come* ~ geschehen; *to bring* ~ zuwege bringen; ~ *done?* bald fertig? **5.** *prep* umher in *(to walk* ~ *a room,* ~ *the streets); have you any money* ~ *you?* (bei sich); **6.** über, von *(to talk* ~ *s-th, to know* ~ *s-th; what's he so angry* ~ *?)* ♦ *a man* ~ *town* ein Welt-, Lebemann; *tell me all* ~ *it* du mußt mir alles erzählen; *what is it all* ~ *?* was soll das eigentlich heißen?; *what (how) about* was ist mit, wie wäre es mit

about-face [ə'bautfeis] Kehrtwendung; völliger Umschwung; Abkehr
above [ə'bʌv] *prep* über, oberhalb; mehr als *(600 people)*; ~ *all* vor allem; *to be ~ suspicion (criticism)* über Verdacht (Kritik) erhaben sein; überlegen, zu hoch *(that book is ~ me)* ♦ *to keep one's head ~ water* sich (den Kopf) über Wasser halten; *to be ~ o. s.* sich für besser halten, eingebildet sein; ausgelassen sein; *not above* durchaus willens *adv* oben, oberhalb; im Himmel; *adj* obig; **~-board** [–-'bɔːd] offen, ehrlich; **~-mentioned** [–-'menʃənd] obenerwähnt
abrade [ə'breid] (sich) (ab)schürfen
abrasion [ə'breiʒən] (Ab-)Schürfung
abrasive [ə'breisiv] (ab)schürfend; Schleifmittel
abreast [ə'brest] nebeneinander *(they are walking three ~)* ♦ *to keep ~ of (with) the times* immer auf dem laufenden bleiben
abridg|e [ə'bridʒ] (ab)kürzen; beschränken; **~ment** (*BE a.* **-dgement**) Ab-, Verkürzung; Abriß
abroad [ə'brɔːd] im Ausland, ins Ausland, *from ~* aus dem Ausland; überall(hin); aus dem Haus, draußen ♦ *there's a rumour ~* es geht d. Gerücht; *all ~* im Irrtum (sein)
abroga|te ['æbrəgeit] (Gesetz, Brauch) abschaffen, aufheben; (Vertrag) kündigen; **~tion** [æbrə'geiʃən] Abschaffung, Aufhebung; Kündigung
abrupt [ə'brʌpt] plötzlich, unerwartet; abrupt, schroff; steil; (Gedankengänge) unzusammenhängend; **~ness** Plötzlichkeit, Eile; Schroffheit; Steilheit; Zusammenhanglosigkeit
abscess ['æbses] Abszeß, Geschwür
abscond [əb'skɔnd] heimlich verschwinden; **~ing** flüchtig
absence ['æbsəns] (Zeit der) Abwesenheit (*~s from school* Schulversäumnisse); Nichtvorhandensein, Fehlen, Mangel (*of* an); *in the ~ of* in Ermangelung von ♦ *~ of mind* Geistesabwesenheit
absent[1] ['æbsənt] abwesend *(from school)*; geistesabwesend; **~(-minded)** [–-'maindid] geistesabwesend, zerstreut
absen|t[2] [əb'sent] *o. s. from* fernbleiben; **~tee** [æbsən'tiː] (häufig) Abwesender, auswärts Wohnender; **~teeism** (mutwillige) Arbeitsversäumnis, (schuldhaftes) Fernbleiben (von d. Arbeit), Bummeln
absolute ['æbsəluːt] vollkommen, völlig; absolut (Herrscher; Höhe; Alkohol); zweifelsfrei (Tatsache); unbedingt (Versprechen); **~ly** ganz und gar, absolut; *BE umg* sicher!, bestimmt!
absolution [æbsə'luːʃən] Freisprechung, Entbindung, Absolution
absolve [əb'zɔlv] freisprechen, entlasten (*from* von); entbinden (*from* von); lossprechen
absorb [əb'sɔːb] aufsaugen, absorbieren; in sich aufnehmen; *to be ~ed in* aufgehen in *(the study of English)*; *~ed in thought* in Gedanken versunken; **~ent** aufsaugend(es Mittel); **~ent cotton** *US* Watte; **~ing** fesselnd (Geschichte)
absorption [əb'sɔːpʃən] Absorbieren, Absorption; Vertieftsein, Aufgehen (in etwas)
abstain [əb'stein] sich zurückhalten (*from* von)
abstemious [əb'stiːmiəs] enthaltsam, mäßig
abstention [əb'stenʃən] Enthaltsamkeit (*from* von); Stimmenthaltung
abstergent [əb'stəːdʒənt] reinigend; reinigendes Mittel
abstinence ['æbstinəns] Enthaltsamkeit, Temperenz; *total ~* Abstinenz
abstract[1] ['æbstrækt] abstrakt (Begriff, Wissenschaft, Zahl); schwerverständlich, abstrus (Gedankengang); *su* Abriß, Zusammenfassung; *in the ~* an sich
abstrac|t[2] [æb'strækt] absondern; wegnehmen; abstrahieren; **~tion** [æb'strækʃən] Abstraktion; Absonderung; Entwendung; Zerstreutheit
abstruse [əb'struːs] verworren, schwer verständlich, abstrus
absurd [əb'səːd] albern, blöd; absurd; **~ity** Albernheit, Ungereimtheit
abundance [ə'bʌndəns] Überfluß, (Über-) Fülle (*of* von)
abundant [ə'bʌndənt] (über)reichlich; reich (*in* an)
abuse[1] [ə'bjuːz] überanstrengen; mißbrauchen; schmähen
abuse[2] [ə'bjuːs] Mißbrauch; Mißhandlung; Schmähen, Fluchen; Mißstand; **~ive** [ə'bjuːsiv] schmähend, Schmäh-; mißbräuchlich; grob, übel
abut [ə'bʌt] grenzen (*upon* an); **~ment** Strebepfeiler; Widerlager
abysmal [ə'bizməl] abgrundtief
abyss [ə'bis] Abgrund; Unendlichkeit
acacia [ə'keiʃə] Akazie
academic [ækə'demik] akademisch; theoretisch; wissenschaftlich; konventionell; Dozent; *US* Student; Akademiker; **~ian** [əˌkædə'miʃən] Akademiemitglied
academy [ə'kædəmi] (Musik-, Kunst-, Militär-) Akademie, Schule; *(Royal etc)* Akademie; (private) höhere Schule
accede [ək'siːd] *to* zustimmen; (Partei, Vertrag) beitreten; erben; (Thron) besteigen
accelera|te [ək'seləreit] beschleunigen; schneller werden; **~tion** [ˌ––'reiʃən] Beschleunigung; **~tor** [–-–reitə] Gashebel, -pedal
accent ['æksənt] Ton, Betonung; Akzent; ~ [ək'sent] betonen, hervorheben; **~uate** [ək'sentjueit] = accent, *bes fig*
accept [ək'sept] annehmen; gelten lassen; **~able** annehmbar; angenehm; **~ance** Annahme; Billigung; Akzept, Wechsel; **~ed** (allgemein) anerkannt
access ['ækses] Zugang (*to* zu Person, Gebäude, Büchern); *easy (difficult) of ~* leicht (schwer) zugänglich; **~ary** [ək'sesəri] Mitschuldiger; Helfershelfer; **~ible** [ək'sesibl] zugänglich; **~ion** [ək'seʃən] Beitritt; *~ on to the throne* Thronbesteigung; Zuwachs; Zugang; **~ory** hinzukommend; Zubehör(teil); = ~ary

accidence ['æksidəns] Formenlehre
accident ['æksidənt] Zufall (*by ~* zufällig; aus Versehen); Un(glücks)fall, *without ~* ohne Un-, Zwischenfall; *to meet with an ~* e-n Unfall haben; **~al** [æksi'dentəl] zufällig; ♪ Versetzungszeichen; **~al death** Unfalltod
acclaim [ə'kleim] mit Beifall begrüßen
acclama|tion [æklə'meiʃən] Beifall(-srufe); *carried by ~tion* durch Zuruf angenommen; **~tory** [ə'klæmətəri] Beifalls-
acclima|te [ə'klaimit, 'æklimeit] *bes US* = acclimatize; **~tion** [ækli'meiʃən] *bes US* Akklimatisierung, Gewöhnung
acclimatiz|e [ə'klaimətaiz] (sich) gewöhnen (an neues Klima, Umgebung); **~ation** [ə,klaimətai'zeiʃən] Akklimatisierung
acclivity [ə'kliviti] Steigung; Böschung.
accolade ['ækəleid, --⁻] (Schwertstreich beim) Ritterschlag, Akkolade; hohe Anerkennung; geschwungene Klammer
accommoda|te [ə'kɔmədeit] unterbringen (Gäste); aushelfen *(with money)*; (sich) anpassen (*to* an); schlichten; **~ting** entgegenkommend, gefällig; **~tion** [ə,kɔmə'deiʃən] **1.** Unterkunft, *pl (bes US)* Zimmer, Kabine(n); **2.** Unterbringung (-smöglichkeiten); **3.** Anpassung; **4.** Beilegung; **5.** Entgegenkommen; *BE* **~tion unit** Wohneinheit; **~tion train** Nahverkehrszug; **~tion ladder** Fallreep
accompa|niment [ə'kʌmpənimənt] Begleitung; Begleiterscheinung; **~nist** ♪ Begleiter; **~ny** begleiten
accomplice [ə'kɔmplis] Helfershelfer, Komplice
accomplish [ə'kɔmpliʃ] vollenden; (Plan) ausführen; (Ziel) erreichen; **~ed** gut erzogen, gebildet; **~ment** Vollendung; Leistung; *pl* Fertigkeiten
accord [ə'kɔːd] Übereinstimmung *(in ~ with)* ♦ *with one ~* unter Zustimmung aller; *of one's own ~* aus freien Stücken; Übereinkommen, Vertrag; *vt/i* übereinstimmen (*with* mit); (Bitte) gewähren ♦ *to ~ a warm welcome* e-n herzlichen Empfang bereiten; **~ance** Übereinstimmung, *in ~ance with* entsprechend (*custom* der herrschenden Sitte); **~ing to** entsprechend, gemäß; **~ing as** je nachdem wie; **~ingly** dementsprechend
accordion [ə'kɔːdjən] Akkordeon; **~ist** Akkordeonspieler
accost [ə'kɔst] sich heranmachen an, ansprechen
accouch|eur [æku:'ʃəː] Geburtshelfer; **~euse** [æku:'ʃəːz] Geburtshelferin; **~ement** [ə'ku:ʃmaːŋ] Entbindung
account [ə'kaunt] **1.** Rechnung, Konto, *current ~* Kontokorrent, *blocked ~* Sperrkonto, *payment on ~* Akontozahlung, *statement of ~* Kontoauszug; **2.** Bericht, Erzählung; Rechenschaft (*to call to ~* zur R. ziehen); **3.** Wert, Bedeutung; *of no ~* unwesentlich, *to make little ~ of* nichts halten von; *to take no ~ of* unberücksichtigt lassen; *to take ~ of, into ~* berücksichtigen, in Betracht ziehen; *to turn to ~* nutzbringend verwerten; **4.** Grund, Ursache; *on ~ of* wegen; *not on any* (od *on no*) *~* auf keinen Fall; *on this ~* aus diesem Grund; *on my (this) ~* meinet- (seinet- etc)wegen; **5.** *vt/i* halten für, ansehen als; *~ for* erklären, eine Erklärung sein für; (er)schließen, erlegen; **~able** verantwortlich *(to s-b, for s-th), not ~able for one's actions* nicht zur Verantwortung zu ziehen, nicht zurechnungsfähig; erklärlich; **~ancy** [ə'kauntənsi] Buchführung; **~ant** Buchhalter; Bücherrevisor (BE *chartered,* US *certified public ~ant* öffentl. bestellter B.)
accredit [ə'kredit] Anerkennung verschaffen; akkreditieren (*to* bei e-r Regierung); zuschreiben *(s-th to s-b, s-b with s-th)*; **~ed** anerkannt
accretion [ə'kriːʃən] Zuwachs; Zutat
accrue [ə'kruː] erwachsen (*from* aus); zufallen *(to s-b)*; sich ansammeln, auflaufen (Geld, Zinsen)
accumula|te [ə'kjuːmjuleit] (sich) ansammeln, (sich) anhäufen; **~tion** [ə,kjuːmju'leiʃən] Anhäufung; Ansammlung; **~tor** (An-)Sammler; *bes BE* Akkumulator
accura|cy ['ækjurəsi] Genauigkeit; Richtigkeit; **~te** ['ækjurit] genau, richtig
accursed [ə'kəːsid] verflucht, verwünscht
accus|ation [ækjuː'zeiʃən] Anklage, Beschuldigung; *to bring an ~ation against* Beschuldigung vorbringen gegen, *be under an ~ation of* beschuldigt werden; **~e** [ə'kjuːz] *of* anklagen wegen, beschuldigen; **~ed** [ə'kjuːzd] Angeklagter; **~er** Ankläger
accustom [ə'kʌstəm] gewöhnen (*to* an); *~ed to do(ing)* gewöhnt, gewohnt zu tun
ace [eis] As, Eins; ein Punkt; *umg* Flieger-As, Kanone; Spitzen- ♦ *within an ~ of (falling)* um ein Haar (gefallen)
acerb|ate ['æsəbeit] bitter machen; verschärfen; erbittern; **~ity** [ə'səːbiti] herber Geschmack; Bitterkeit, Schärfe
acet|ate ['æsitit] essigsaures Salz; *~ate of* essigsauer (Tonerde etc); **~ic** [ə'siːtik] essigsauer; **~ify** [ə'setifai] sauer machen (werden); **~ylene** [ə'setiliːn] Acetylen
ache [eik] (starker, dumpfer) Schmerz; *vi* schmerzen, weh tun ♦ *he ~d* [eikt] *all over him* es tat ihm alles weh; *her heart ~s for him* ihr Herz blutet nach ihm; *(umg) to be aching to do s-th* darauf brennen, etwas zu tun
achieve [ə'tʃiːv] (Ziel) erreichen, (Erfolg) erzielen, (Sieg) erringen; vollbringen; **~ment** Leistung; (große) Tat ♦ *it is impossible of ~ment* es läßt sich nicht vollbringen; Erreichung; Vollbringung
acid ['æsid] sauer; Säure; LSD; *~ drops* saure Drops; *~ test* Feuerprobe; **~ify** [ə'sidifai] säuern; **~ity** [ə'siditi] Säure; **~ulous** [ə'sidjuləs] säuerlich; schlecht gelaunt
ack-ack ['æk'æk] *umg* Flak
acknowledg|e [ək'nɔlidʒ] anerkennen, zugeben, eingestehen; *is ~ed to be the best* ist anerkannt der beste; (Brief) bestätigen; (Geschenk, Dankesschuld) dankbar anerkennen; **~ment** (*BE a.* **~ement**) Anerkennung; Eingeständnis; Zeichen der Dankbarkeit

acme ['ækmi] Gipfel, Höhepunkt; Krise
acne ['ækni] ⚕ Akne
acolyte ['ækəlait] Meßdiener, Helfer
acorn ['eikɔːn] Eichel, Ecker
acoustic [ə'kuːstik] akustisch, Gehör-; **~s** *sg vb* Akustik, Lehre vom Schall; *pl vb* Akustik (e-s Raumes)
acquaint [ə'kweint] bekannt machen *(with s-th)*; *to ~ o.s. with s.* vertraut machen mit *(one's duties)*; *to be ~ed with* kennenlernen; **~ance** Bekanntschaft, Vertrautheit *(with a thing)*, Kenntnis *(with German* des Deutschen); Bekannter
acquiesce [ækwi'es] einwilligen, sich fügen *(in a matter)*; **~nce** [ækwi'esəns] (oft wenig gern gegebene) Einwilligung; **~nt** fügsam, nachgiebig
acquire [ə'kwaiə] erwerben; **~ment** (erworbene) Fähigkeit, Fertigkeit
acquisi|tion [ækwi'ziʃən] Erwerbung; Gewinn (*to* für); **~tive** [ə'kwizitiv] auf Erwerb ausgehend; gewinnsüchtig
acquit [ə'kwit] freisprechen (*of* von); *to ~ o.s. well (ill)* sich gut (schlecht) halten; *to ~ o.s. of* (Pflicht) erfüllen, (Schuld) tilgen; **~tal** [ə'kwitəl] Freispruch; Erfüllung (e-r Pflicht); **~tance** Tilgung; Befreiung; Quittung
acre ['eikə] Morgen (= 40,5 Ar); *broad ~s* große Güter; **~age** ['eikəridʒ] Fläche (in Acres); Anbaufläche
acrid ['ækrid] scharf, beißend; **~ity** [ækriditi] Schärfe, Herbheit
acrimo|nious [ækri'mouniəs] scharf (Worte), heftig (Streit), erbittert; **~ny** ['ækriməni] Schärfe, Bitterkeit
acrobat ['ækrəbæt] Akrobat, *bes* Seiltänzer; *pol* Konjunkturritter; **~ic** [ækrə'bætik] akrobatisch
across [ə'krɔs] über *(~ the river)*; jenseits *(~ the river)*; *(US) ~ from* gegenüber; kreuzweise *(with his arms ~)*; quer hindurch ♦ *to come* (od *run*) *~* stoßen auf
act [ækt] **1.** Tat, Handlung *(a cruel ~, an ~ of kindness)*; *A~ of God* höhere Gewalt; *~ of justice* Akt der Gerechtigkeit; *in the very ~ of (stealing)* in dem Augenblick als, auf frischer Tat; *A~s (of the Apostles)* Apostelgeschichte; **2.** 🎭 Akt; **3.** *parl* Gesetz; **4.** *vt/i* handeln; s. benehmen; (Rolle) spielen; *~ the fool* s. blöde benehmen; nur so tun; funktionieren; **~ as** fungieren als; **~ for** einspringen für; **~ on** wirken auf *(the heart)*; s. richten nach; **~ing** Spiel(en); tätig; stellvertretend
action ['ækʃən] **1.** Handeln, Tat *(a man of ~)*; *to take ~* Schritte unternehmen, handeln; **2.** Wirkung *(the ~ of light on flowers)*; **3.** Kampf, Gefecht *(to go into ~)* d. K. aufnehmen; *to break off an ~* d. K. abbrechen; *killed in ~* gefallen; **4.** ⚖ Prozeß; *to take* (od *bring) an ~ against s-b* j-n verklagen; **5.** Mechanismus; **6.** Action; **~able** ver-, einklagbar
activate ['æktiveit] in Gang bringen; *chem* wirksam machen, aktivieren; (mil. Einheit) aufstellen; (Mine) scharf machen
activ|e ['æktiv] tätig, aktiv (Person, Vulkan, Hilfe etc); wirksam; *on ~e service* aktiv; *~e voice (gram)* Aktiv; **~ity** [-ˊiti] Tätigsein; *pl* Betätigung, Tätigkeit
act|or ['æktə] Schauspieler; **~ress** ['æktris] Schauspielerin
actual ['æktjuəl] wirklich, tatsächlich; **~ity** [æktju'æliti] tatsächliches Vorhandensein, Wirklichkeit; *pl* tatsächliche Gegebenheiten; **~ly** tatsächlich; derzeit
actu|ary ['æktjuəri] Versicherungsfachmann; **~ate** ['æktjueit] antreiben
acuity [ə'kjuːiti] Schärfe (des Verstandes, der Augen, e-r Säure, Nadel etc)
acumen [ə'kjuːmən] Scharfsinn
acute [ə'kjuːt] scharf (Sinn, Verstand); heftig (Schmerz); tief (Freude); akut (Krankheit); spürbar, fühlbar (Krise, Mangel); spitz (Winkel); **~ness** Schärfe; Heftigkeit
ad [æd] *umg* Anzeige, Annonce; *ad writer* Werbetexter
adage ['ædidʒ] Spruch; Sprichwort
Adam ['ædəm] Adam *(the old ~)*; *not know s-b from ~ (umg)* j-n gar nicht kennen; **~'s ale (wine)** Gänsewein; **~'s apple** Adamsapfel
adamant ['ædəmənt] Diamant *(bes fig)*; unerbittlich, hartherzig; **~ine** [--'mæntain] diamanthart; *fig* stahlhart
adapt [ə'dæpt] anpassen; herrichten; bearbeiten *(for school use, from the French)*; **~able** anpaßbar; anpassungsfähig; **~ability** Anwendbarkeit; **~ation** [ædəp'teiʃən] Bearbeitung; Anpassung, Adaptation; **~or** Zwischenstekker; Zwischenstück; Zusatzvorrichtung; Mehrfachstecker
add [æd] hinzutun; hinzufügen, sagen; *~ (up)* addieren; *~ to* beitragen zu; **~endum** [ə'dendəm], *pl ~*enda [-də] Zusatz, Nachtrag
adder ['ædə] Kreuzotter
addict [ə'dikt] *o.s. to* sich hin-, ergeben; *~ed to* ergeben; ~ ['ædikt] Süchtiger (*drug ~* Rauschgift-); Fan; **~ion** [ə'dikʃən] Sucht, Süchtigkeit
addition [ə'diʃən] Addition; Zusatz; Anbau ♦ *in ~* außerdem *in ~ to* außer, neben; **~al** zusätzlich, Zusatz-
addle [ædl] faul (Ei); verwirrt; *~-brained person* Hohlkopf; *vt* verwirren; faul werden; **~d egg** Windei
address [ə'dres] adressieren; anreden (*as* mit), (Worte) richten (*to* an), Ansprache halten (*people* vor Leuten); *to ~ o.s. to s-th* sich (e-r Aufgabe) zuwenden; ~ [ə'dres, *US oft* 'ædres] Anschrift, Adresse; Wohnsitz; Ansprache; Umgang(sformen); Gewandtheit ♦ *to pay one's ~es to* den Hof machen; **~ee** [ædre'siː] Empfänger, Adressat; **~ograph** [ə'dresəgrɑːf] Adressiermaschine
adduce [ə'djuːs] (als Beispiel, Beweis) anführen
adenoids ['ædinɔidz] ⚕ adenoide Wucherungen
adept ['ædept, ə'dept] erfahren; Kenner; Alchimist

adequacy ['ædikwəsi] Angemessenheit; Eignung; ausreichende Menge
adequate ['ædikwit] ausreichend, angemessen
adhere [əd'hiə] *to* kleben an; festhalten an; **~nce** [əd'hiərəns] *to* Anhängen, Festhalten an; **~nt** [əd'hiərənt] anhaftend; Anhänger
adhes|ion [əd'hiːʒən] (An-)Kleben; Adhäsion; Festhalten (*to* an); **~ive** [əd'hiːsiv] haftend, klebend; Klebstoff; **~ive (plaster)** Heftpflaster
adieu [ə'djuː] lebe wohl!; Lebewohl
adipose ['ædipous] fettig, fetthaltig; (tier.) Fett
adjacent [ə'dʒeisənt] anliegend; angrenzend
adjective ['ædʒiktiv] Eigenschaftswort
adjoin [ə'dʒɔin] (aneinander) angrenzen
adjourn [ə'dʒəːn] (s.) vertagen; s. verfügen (nach); **~ment** Verschiebung, Vertagung
adjudge [ə'dʒʌdʒ] für (schuldig) erklären; zuerkennen; **~ment** Zuerkennung [rung
adjunct ['ædʒʌŋkt] Zusatz; Gehilfe; Erweite-
adjure [ə'dʒuə] bedrängen, beschwören
adjust [ə'dʒʌst] ver-, einstellen (*to* auf); anpassen; schlichten; **~able** regulierbar; einstellbar; **~ment** Schlichtung
ad-lib [æd'lib] improvisiert; improvisieren, aus dem Stegreif sagen
administ|er [əd'ministə] handhaben, regeln, verwalten; verabreichen; (Eid) abnehmen; **~ration** [əd,minis'treiʃən] Verwaltung; Regierung; Verabreichung; **~rative** [əd'ministrətiv] Verwaltungs-; **~rator** Verwalter; Leiter
admirable ['ædmirəbl] hervorragend, bewundernswert
admiral ['ædmirəbl] Admiral; **A~ty** *BE* Marineministerium; *First Lord of the A~ty* Marineminister; seerechtlich
admir|ation [ædmi'reiʃən] Bewunderung; **~e** [əd'maiə] bewundern; verehren
admission [əd'miʃən] Zulassung, Eintritt(sgeld); Eingeständnis
admit [əd'mit] hinein-, zulassen; (Raum) fassen; eingestehen; *~ of* (Zweifel) zulassen; *~ to* zugeben; **~tance** Zutritt; **~tedly** zugegeben(ermaßen)
admonish [əd'mɔniʃ] warnen (*of* vor); mahnen (*against doing* nicht zu tun)
admonition [ædmə'niʃən] Warnung; Ermahnung
ado [ə'duː] Getue, Lärm
adolescen|ce [ædə'lesəns] Heranwachsen; Jugend-, Jünglingszeit; **~t** heranwachsend; unreif; Jugendlicher
adopt [ə'dɔpt] adoptieren; annehmen, anwenden; *umg* stibitzen; **~ion** [ə'dɔpʃən] Adoption; Annahme
adore [ə'dɔː] anbeten, verehren; *umg* lieben
adorn [ə'dɔːn] schmücken; **~ment** Schmücken; Zier(de)
adrenal [ə'driːnəl] **(gland)** Nebenniere
adrift [ə'drift] (Schiff) treibend; hilflos ♦ *to turn ~* s-m Schicksal überlassen
adroit [ə'drɔit] gewandt
adula|te ['ædjuleit] niedrig schmeicheln; **~tion** [--ˊ-ʃən] Schmeichelei; **~tor** [ˊ---tə] Schmeichler, Speichellecker
adult ['ædʌlt, ə'dʌlt] erwachsen; Erwachsener
adulter|ate [ə'dʌltəreit] verfälschen, verdünnen; **~ation** [-,--ˊ-ʃən] Verfälschung; **~er** [-ˊ--rə] Ehebrecher; **~ess** [-ˊ-ris] Ehebrecherin; **~ous** [-ˊ--rəs] ehebrecherisch; **~y** [-ˊ-ri] Ehebruch, eheliche Untreue
adumbrate ['ædʌmbreit] leicht andeuten
advance [əd'vɑːns] **1.** Vorrücken; *in ~* im voraus; *in ~ of* (j-m) voraus (sein); **2.** Erhöhung (*in the costs);* **3.** Vorschuß; **4.** Fortschritt; **5.** *vt/i* vor-, aufrücken; **6.** vorverlegen; **7.** (Meinung) vorbringen; **8.** erhöhen, steigern; **9.** (be)fördern; **10.** vorschießen; **~d** [-ˊt] fortgeschritten; *~d in years* in vorgerücktem Alter; *~d ideas* der Zeit vorauseilende Gedanken; **~ment** Förderung; Fortschritt
advantage [əd'vɑːntidʒ] Vorteil; *to take ~ of* j-n übervorteilen, etwas ausnutzen; *to turn to ~* Nutzen ziehen aus; *to ~* vorteilhaft; *to s-b's ~* zu j-s Vorteil, vorteilhaft für; *vt* fördern; **~ous** [ædvən'teidʒəs] vorteilhaft
advent ['ædvənt] Erscheinen; Advent
adventur|e [əd'ventʃə] Abenteuer; (s.) wagen, riskieren; **~er** [-ˊ-rə] Abenteurer; **~ous** [-ˊ-rəs] abenteuerlich
adverb ['ædvəːb] Umstandswort; **~ial** [əd'vəːbiəl] **phrase** Umstandsbestimmung.
adversary ['ædvəsəri] Gegner; Teufel
advers|e ['ædvəːs] widrig, ungünstig (*to* für); **~ity** [əd'vəːsiti] Mißgeschick
advert [əd'vəːt] hinweisen (*to* auf); *~* ['ædvəːt] *BE umg* Zeitungsanzeige
advertis|e ['ædvətaiz] anzeigen, annoncieren; Reklame machen für; *~e for* durch Inserat suchen; **~er** Anzeiger; Inserent; **~ement** [əd'vəːtismənt, *US* ædvə'taizmənt] Annoncieren, Reklame; Annonce, Anzeige; **~ing** ['ædvətaiziŋ] Werbung, Reklame; Annoncen
advice [əd'vais] Rat(schlag), *to take ~* Rat holen; **~s** Berichte, Avis
advis|e [əd'vaiz] raten; benachrichtigen (*of* von); avisieren; **~er** Ratgeber; **~able** ratsam; **~ory** beratend
advoca|cy ['ædvəkəsi] Advokatur; Verteidigung; beredtes Eintreten; **~te** ['ædvəkit] Advokat; Verfechter; **~te** ['ædvəkeit] *vt* eintreten für; verfechten
adze, *US* **adz** [ædz] Dechsel, Breitbeil
aegis ['iːdʒis] Ägide, Obhut
aeon ['iːən] Äon; Ewigkeit
aerate ['eiə-, 'ɛəreit] der Luft aussetzen; durchlüften
aerial ['ɛəriəl] Luft-; Antenne; **~ camera** Luftbildgerät; **~ gun** Flugabwehr-Geschütz; **~ ladder** Feuerleiter; **~ railway** Drahtseilbahn; **~ist** Trapezkünstler
aerie ['ɛəri] Horst (e-s Raubvogels)
aero|batics [ɛərə'bætiks] Kunstfliegen; **~drome** ['ɛərədroum] Flugplatz; **~gram** ['ɛərəgræm] Funkspruch; **~nautics** [ɛərə'nɔːtiks] *sg vb* Luftfahrt; **~plane** ['ɛərəplein] *BE* Flugzeug; **~space** Weltraum; Raumfahrt
aesthet|e ['iːsθiːt] Ästhet; **~ic** [iː'θetik] ästhetisch; **~ics** *sg vb* Ästhetik

afar [ə'fɑː] fern; *from* ~ von fern
affable ['æfəbl] leutselig, freundlich
affair [ə'fɛə] Angelegenheit; *umg* Sache
affect[1] [ə'fekt] wirken auf; angreifen, in Mitleidenschaft ziehen; **~ing** rührend; **~ion** [ə'fekʃən] Erkrankung
affect[2] [ə'fekt] vortäuschen; bevorzugen; **~ed** gekünstelt, geziert; **~ion** [ə'fekʃən] Zuneigung (*for, towards* zu); **~ionate** [ə'fekʃənit] liebevoll, herzlich
affi|ant [ə'faiənt] *US* j-d, der e-e beeidete schriftliche Erklärung abgibt; **~davit** [æfi'deivit] beeidete schriftliche Erklärung
affilia|te [ə'filieit] (s.) anschließen (*with* an), verbinden, vereinigen; *to be ~ted (with, to)* gehören (zu); **~te** [ə'filiit] Zweiggesellschaft; **~tion** [–ˌ––'ʃən] Zugehörigkeit, Bindung; Aufnahme
affinity [ə'finiti] Schwägerschaft; *fig* (enge) Verwandtschaft; Zuneigung; Affinität
affirm [ə'fəːm] bestätigen; behaupten; **~ation** [æfəː'meiʃən] Bestätigung; Behauptung; **~ative** [ə'fəːmətiv] bejahend *(to answer in the ~ative)*
affix [ə'fiks] anheften (*to* an); beifügen; ~ ['æfiks] Affix, Vor-, Nachsilbe
afflict [ə'flikt] heimsuchen; *~ed with* leidend an; **~ion** [ə'flikʃən] Leiden
affluen|ce ['æfluəns] Überfluß *(to live in ~ce)*; Reichtum; **~t** reich(lich); Nebenfluß
afford [ə'fɔːd] s. leisten (können); gewähren; (Vergnügen) bereiten
afforest [ə'fɔrist] aufforsten; **~ation** [–ˌ––'teiʃən] Aufforstung
affray [ə'frei] Krawall, Rauferei
affront [ə'frʌnt] beleidigen, kränken; Beleidigung, Affront *(to offer an ~ to s-b)*
afield [ə'fiːld] auf dem (aufs) Feld; weg ♦ *far ~* weit hinaus, weit weg
afire [ə'faiə] in Flammen *(to set ~)*
aflame [ə'fleim] in Flammen; leuchtend (*with* vor)
afloat [ə'flout] flott, zu Wasser; wasserbedeckt; *to keep ~* über Wasser halten
afoot [ə'fut] zu Fuß; im Gange, in Vorbereitung
afore [ə'fɔː] zuvor, oben *(~-said)*
a fortiori ['eifɔːti'ɔːrai] erst recht
afoul [ə'faul] durcheinander ♦ *to run ~ of* in Konflikt geraten mit
afraid [ə'freid] ängstlich (*of* vor); *to be ~* (s.) fürchten, Angst haben; *I'm ~* leider
afresh [ə'freʃ] von neuem, wieder
aft [ɑːft] (nach) achtern
after ['ɑːftə] *prep* nach; hinter; trotz, *~ all* schließlich, doch; *day ~ day* Tag für Tag ♦ *~ a fashion* (od *manner*) wenig gut; *adv* später, danach; *conj* nachdem **~-effect** ['ɑːftərifekt] Nachwirkung; **~math** ['ɑːftəmæθ] Grummet; Folge(n); **~noon** ['ɑːftə'nuːn] Nachmittag; **~s** *BE* Nachtisch; **~thought** ['ɑːftəθɔːt] nachträglicher Gedanke; **~wards** ['ɑːftəwədz] nachher, später
again [ə'gain, ə'gen] wieder ♦ *time and ~* immer wieder, *now and ~* manchmal, *over ~* noch einmal; *to be o. s. ~* wieder d. Alte sein; *as much ~* noch mal so viel
against [ə'geinst, ə'genst] gegen ♦ *to run up ~* zufällig treffen; *to save ~ a rainy day* für trübe Tage sparen
agape [ə'geip] gaffend
agaric ['ægərik] Blätterpilz; **fly ~** Fliegenpilz
agate ['ægit] Achat; *US* 🕮 Pariser Schrift (5½ Punkt)
age [eidʒ] **1.** (Lebens-, Zeit-, hohes) Alter; *(full) ~* Mündigkeit; *to be* (od *come*) *of ~* mündig sein (werden); *Middle Ages* Mittelalter; **2.** *umg* lange Zeit *(waiting for ~s)*; **3.** *vt/i* altern; **4.** ausreifen (lassen); **~d** [eidʒd] im Alter von; **~d** ['eidʒid] bejahrt; **~less** ['eidʒlis] zeitlos, ewig jung
agen|cy ['eidʒənsi] Agentur, Büro; Wirken, (wirkende) Kraft; Amt; Vermittlung; **~da** [ə'dʒendə] Tagesordnung; Programm; Notizbuch; **~t** Vertreter, Agent; (wirkende) Kraft; Agens; Erreger
agglomera|te [ə'glɔməreit] (sich) zusammenballen, anhäufen; **~tion** [–ˌ––'reiʃən] Zusammenballung, Anhäufung
aggrandize ['ægrəndaiz] vergrößern; (j-s) Ansehen (Stellung) heben; **~ment** [ə'grændizmənt] Vergrößerung; Erhöhung; Aufstieg
aggrava|te ['ægrəveit] verschlimmern; *umg* reizen, ärgern; **~tion** [ægrə'veiʃən] Verschlimmerung; *umg* Ärger
aggrega|te ['ægrigeit] (sich) anhäufen; s. belaufen auf; **~te** ['ægrigit] gesamt; Aggregat; Zuschlagstoffe; **~tion** [ægri'geiʃən] Anhäufung
aggress|ion [ə'greʃən] Überfall, Aggression; **~ive** [ə'gresiv] streitlustig, aggressiv; (intensiv) tätig; **~or** [ə'gresə] Angreifer
aggrieved [ə'griːvd] gekränkt; betroffen
aggro ['ægrou] *BE* Schlägerei(en)
aghast [ə'gɑːst] bestürzt, entsetzt
agil|e ['ædʒail] flink, behende; geistig rege; **~ity** [ə'dʒiliti] Behendigkeit
agita|te ['ædʒiteit] er-, aufregen; erörtern; *~te for* agitieren für; **~tion** [––'ʃən] Agitation; Auf-, Erregung; **~tor** Aufwiegler, Agitator; Rührgerät
aglow [ə'glou] glühend; erregt
agnail ['ægneil] Niednagel
ago [ə'gou] *prep* vor *(an hour ~, long ~)*
agog [ə'gɔg] gespannt; aufgeregt
agon|ize ['ægənaiz] martern; s. in Qualen winden; **~izing** qualvoll; **~y** ['ægəni] höchste Qual; Todeskampf; **~y column** *umg* Persönliches, Vermischtes (Zeitung)
agoraphobia [ægərə'foubiə] Platzangst
agrarian [ə'grɛəriən] Agrar-
agree [ə'griː] zustimmen (*to* zu), einwilligen (*to* in); s. einigen (*on* auf); *~ a plan* (e-m Plan) zustimmen; übereinstimmen (*with* mit); s. vertragen; bekommen *(pork doesn't ~ with me)*; *to be ~d* s. einig sein; **~able** angenehm; einverstanden; gemäß *(to our standard)*; **~ment** Überein-, Abkommen; Übereinstimmung; *to be in ~ment* übereinstimmen (*with* mit)

agricultu|re ['ægrikʌltʃə] *sg vb* Ackerbau, Landwirtschaft; **~ral** [--´-rəl] landwirtschaftlich; **~rist** [--´-rist] Landwirt(schaftsfachmann)
agronom|ics [ægrə'nɔmiks] *sg vb* = ~y; **~ist** [ə'grɔnəmist] Landwirtschaftswissenschaftler; **~y** [ə'grɔnəmi] Agrarwissenschaft
aground [ə'graund] gestrandet ♦ *to run* (od *go*) ~ stranden, ins Wasser fallen
ague ['eigju:] Wechselfieber
ahead [ə'hed] vorn; ~ *of others* vor anderen, anderen überlegen; *to go* ~ Fortschritte machen; weitermachen; *to look* ~ vorausschauend sein; im voraus
aid [eid] helfen; Hilfe ♦ *what's all this in* ~ *of? BE* was soll das alles?
aide [eid] Gehilfe, Assistent; **~-de-camp** ['eiddəkɑ̃:], *US* **aid-de-camp** ['eiddə'kæmp], *pl* aides- Adjutant
ail [eil] kränkeln; schmerzen; *what ~s him?* was fehlt ihm?; **~ment** Leiden
aim [eim] zielen (*at* auf); richten, werfen (*at* auf); sich bemühen (*at doing, to do* zu tun); Zielen; Ziel, Zweck; *to take* ~ zielen; **~less** ziellos, planlos
air [ɛə] **1.** Luft; *to be in the* ~ umgehen; in der Schwebe sein; *castles in the* ~ Luftschlösser; *by* ~ mit Luftpost; mit dem Flugzeug; *on the* ~ im Radio (*to be on the* ~ senden); **2.** Brise; **3.** Haltung, Air *(he has an ~ of importance)*; *to put on (give o.s.) ~s* wichtig tun; **4.** *vt* lüften; **5.** bekanntgeben, im Rundfunk bringen; **6.** paradieren mit
air|-base [´-beis] Flugstützpunkt; Fliegerhorst; **~-bed** Luftmatratze; **~borne** Luftlande-, in der Luft; **~-conditioned** [´-kəndiʃənd] mit Klimaanlage, klimatisiert; **~-conditioning** Klimaanlage; **~craft** [´-krɑ:ft] *sg/pl* Flugzeug; **~-force** [´-fɔ:s] Luftstreitkräfte; **~-gun** [´-gʌn] Luftgewehr; **~-gunner** Bordschütze; **~-hostess** [´-houstis] Stewardeß; **~iness** ['ɛərinis] Luftigkeit; Heiterkeit; **~ing** Lüften, Trocknen *(to give an ~ing to)* ♦ *to take* (od *go for*) *an ~ing* an d. Luft gehen, ausreiten; **~less** ohne Luft, dumpf; **~-lane** [´-lein] Flugstrecke; **~-lift** Luftbrücke; -fracht; -transport; **~-line** Luftverkehrslinie, -gesellschaft; **~-liner** Verkehrsflugzeug; **~-mail** Luftpost; **~-minded** [´-'maindid] flugbegeistert; **~-passenger** [´-pæsindʒə] Fluggast; **~plane** [´-plein] *US* Flugzeug; **~-pocket** [´-pɔkit] Luftloch; **~-port** [´-pɔ:t] Flughafen; **~-raid** Luftangriff; **~-raid shelter** Luftschutzraum; **~-screw** [´-skru:] *BE* Propeller; **~ship** Luftschiff; **~-stop** Hubschrauberstation; **~-strip** Landestreifen; **~-tight** [´-tait] luftdicht; *umg* todsicher; **~way** Fluglinie, Luftstraße
airy ['ɛəri] luftig; lustig; leicht
aisle [ail] Seitenschiff; (Mittel)Gang; *US* Korridor
ajar [ə'dʒɑ:] leicht geöffnet; im Widerstreit (*with the world*)
akimbo [ə'kimbou] in die Seite gestemmt *(with arms ~)*
akin [ə'kin] verwandt (*to* mit)

à la carte [ɑ:lɑ:'kɑ:t] nach der Karte
alacrity [ə'lækriti] Eilfertigkeit, große Bereitwilligkeit; Behendigkeit
alamode ['æləmoud] modern, modisch
alarm [ə'lɑ:m] **1.** Alarm; *to sound* (od *ring*) *the* ~ Alarm schlagen; **2.** Alarmzeichen; **3.** Angst, Beunruhigung; **4.** *vt* alarmieren; **5.** beunruhigen; **~-clock** Wecker; **~ist** Bangemacher
alas [ə'lɑ:s] ach!; oh weh!
albatross ['ælbətrɔs] Albatros
albeit [ɔ:l'bi:it] obgleich, wenn auch
albino [æl'bi:nou], *pl* **~s** Albino
album ['ælbəm], *pl* **~s** Album
albu|men, ~min [æl'bju:min, ´--] Eiweiß
alchemy ['ælkimi] Alchimie
alcohol ['ælkəhɔl] Alkohol; **~ic** [ælkə'hɔlik] alkoholisch; Alkoholiker; **~ism** Alkoholismus; Alkoholvergiftung
alcove ['ælkouv] Alkoven; Laube
alder ['ɔ:ldə] Erle, Eller
alder|man ['ɔ:ldəmən], *pl* **~men** (langjähriger Wahl-)Stadtrat, Alderman
ale [eil] Ale (engl. bitteres Malzbier)
alert [ə'lə:t] acht-, wachsam; flink; *on the* ~ auf der Hut; (Flieger-)Alarm; (Alarm-)Bereitschaft; alarmieren; warnen (*to* vor)
alfalfa [æl'fælfə] Luzerne
alfresco [æl'freskou] im Freien *(~lunch)*
alg|a ['ælgə], *pl* **~ae** ['ældʒi:] Alge
algebra ['ældʒibrə] Algebra
alias ['eiliæs] alias; Deckname
alibi ['ælibai], *pl* **~s** Alibi; Ausrede; eine Ausrede vorbringen
alien ['eiljən] ausländisch; *fig* fremd; Ausländer(in); **~ate** ['eiljəneit] entfremden (*from* von); veräußern; **~ation** [eiljə'neiʃən] Entfremdung; Veräußerung; Irresein; **~ist** Irrenarzt
alight[1] [ə'lait] brennend; erleuchtet; strahlend
alight[2] [ə'lait] *~ed, ~ed* ab-, aussteigen; landen ♦ *to* ~ *on one's feet* auf die Füße fallen (*a. fig*)
align, *bes US* **aline** [ə'lain] in (e-e) Linie bringen, ausrichten; in Linie stehen; **~ment** Ausrichtung, *in (out of) ~ment* gut (schlecht) ausgerichtet; 🏛 Flucht(linie); Verbindung; Gruppierung
alike [ə'laik] gleich, ähnlich
aliment ['ælimənt] Nahrung *(a. fig)*; **~ary** [æli'mentəri] Nahrungs-; **~ary canal** Nahrungs-, Verdauungskanal, -trakt
alimony ['æliməni] Unterhalt (*bes* für geschiedene Gattin)
alive [ə'laiv] lebend, am Leben; gültig; belebt *(with fish)*; *to be* ~ *to* gewärtig sein ♦ *look* ~*!* bißchen lebhaft!
alkali ['ælkəlai], *pl* **~s** Alkali, Laugensalz; **~ne** ['ælkəlain] alkalisch; basisch
all[1] [ɔ:l] *adj* alle, all, ganz; ~ *day long* den ganzen Tag; *beyond* ~ *doubt* über allen Zweifel (erhaben); *to be* ~ *ears (eyes)* ganz Ohr sein (gespannt schauen); *for* ~ *that* trotz allem
all[2] *(pron)* ~ *(of us)* (wir) alle; alles; *after* ~ schließlich; *in* ~ insgesamt; ~ *in* ~ alles in

allem; ~ *told* alles zusammen; *once (and) for* ~ ein für allemal; *at* ~ überhaupt; *not at* ~ (als Antwort) bitte sehr

all[a] *adv* ganz, gänzlich; ~ **in** völlig hin, kaputt; ♦ ~ *over* überall in; (ganz) zu Ende; ganz bedeckt mit; ~ *there* gewitzt, auf Draht; ~ *at once* plötzlich; gleichzeitig; ~ *but* fast; ~ *right* recht, in Ordnung, durchaus; weiß Gott; gut!, schön!

allay [ə'lei] lindern; beschwichtigen

alleg|ation [æli'geiʃən] (unerwiesene) Behauptung; **~e** [ə'ledʒ] anführen, behaupten; **~ed** [ə'ledʒd], **~edly** [ə'ledʒidli] angeblich

allegiance [ə'li:dʒəns] Treue(verhältnis); Anhänglichkeit

allerg|ic [ə'lə:dʒik] allergisch; *umg* voll Antipathie (*to* gegen); **~y** ['ælədʒi] Allergie; *umg* Abneigung (*to* gegen)

allevia|te [ə'li:vieit] erleichtern, lindern; **~tion** [əˌli:vi'eiʃən] Erleichterung, Linderung, Milderung

alley ['æli] Gasse (*blind* ~ Sackgasse); Kegelbahn; Garten-, Parkweg

alliance [ə'laiəns] Verbindung; Verwandtschaft; *in* ~ verbündet (*with* mit)

allied ['ælaid] verwandt; aliiert

alligator ['æligeitə] Alligator; Kaiman; **~ pear** Advokaten-, Avocatobirne

all-in ['ɔ:lin] Freistil-; *BE* pauschal

alliteration [əˌlitə'reiʃən] Stabreim

all-metal ['ɔ:lmetl] Ganzmetall-

alloca|te ['æləkeit] zuweisen; **~tion** [ælə'keiʃən] Zuweisung

allopath|ist [ə'lɔpəθist] Allopath; **~y** [ə'lɔpəθi] Allopathie, Schulmedizin

allot [ə'lɔt] zuteilen, zuweisen; **~ment** Zuteilen; Anteil; Los, Schicksal; **~ment (garden)** *BE* Schrebergarten; **~ment holder** *BE* Schrebergärtner

all-out ['ɔl'aut] umfassend, großen Stils ♦ *to go* ~ alles einsetzen

allow [ə'lau] gestatten, erlauben; anerkennen; bewilligen; ~ *for* berücksichtigen, in Betracht ziehen; **~ance** (finanz.) Beihilfe, Zuschuß *(family ~ance)*; (student.) Wechsel; Ration; Abzug; Erlaubnis; *to make ~ance for* berücksichtigen, in Betracht ziehen

alloy [ə'lɔi] Legierung; legieren; (ver-)mischen; beeinträchtigen

all-purpose ['ɔ:l'pə:pəs] Mehrzweck-, Universal-

all-round ['ɔ:l'raund] (sehr) vielseitig; Allround-; Gesamt-(Preis)

allspice ['ɔ:lspais] Nelkenpfeffer, Piment

allude [ə'lu:d] anspielen (*to* auf)

all-up weight [ɔ:l'ʌpweit] Gesamtfluggewicht

allure [ə'ljuə] verlocken, reizen; Reiz; **~ment** Verlockung, Reiz

allusion [ə'lu:ʒən] Anspielung *(to make an ~ to)*

alluvial [ə'lu:viəl] angeschwemmt, Schwemm-

ally [ə'lai] (durch Heirat, Bündnis) verbinden, vereinigen (*to* mit); ~ ['ælai] Verbündeter, Alliierter; Helfer

almanac ['ɔ:lmənæk] Almanach, Jahrbuch

almighty [ɔ:l'maiti] allmächtig; *adv* riesig

almond ['a:mənd] Mandel

almoner ['a:mnə] *BE* Fürsorger(in), Sozialarbeiter(in) (für Krankenhauspatienten)

almost ['ɔ:lmoust] fast, beinah

alms [a:mz] *sg/pl* Almosen; **~-house** ['a:mzhaus], *pl* ~-houses [ˊ-hauziz] *BE* (privates) Armenhaus, Altersheim

aloft [ə'lɔft] hoch, oben; nach oben

alone [ə'loun] allein ♦ *to let* (od *leave*) ~ in Ruhe lassen; *let* ~ geschweige denn

along [ə'lɔŋ] weiter, vorwärts; *all* ~ die ganze Zeit; ~ *with* zusammen mit ♦ *to get* ~ *with* vorankommen mit; auskommen mit; *prep* entlang, längs; ~ *here* in dieser Richtung; **~side** [ə'lɔŋ'said] längsseits (neben)

aloof [ə'lu:f] fern; *to keep* (od *stand, hold o.s.*) ~ *from* s. fernhalten von

aloud [ə'laud] *adv* laut

alpaca [æl'pækə] Alpaka(wolle); (Art) Mohair

alpenstock ['ælpənstɔk] Bergstock

alpha ['ælfə] Alpha; **~bet** ['ælfəbet] Alphabet; **~betical** [ælfə'betikl] alphabetisch

alp|ine ['ælpain] Alpen-, alpin; **~inist** ['ælpinist] Alpinist

Alps [ælps] Alpen

already [ɔ:l'redi] schon, bereits

also ['ɔ:lsou] auch, ferner; außerdem

altar ['ɔ:ltə] Altar

alter ['ɔ:ltə] (sich) (ver)ändern; **~ation** [ɔ:ltə'reiʃən] (Ver-)Änderung (*to* an)

alterca|te ['ɔ:ltəkeit] zanken, streiten; **~tion** [ɔ:ltəkeiʃən] Streit, Zank

alterna|te [ɔ:l'tə:nit] abwechselnd (*on ~te days* e-n Tag um d. andern); Ersatzmann; **~te** [ˊ–neit] *vt/i* abwechseln (lassen); **~ting current** Wechselstrom; **~tion** [––'neiʃən] Abwechslung, Wechsel; **~tive** [–ˊnətiv] abwechselnd, Alternativ-; Alternative, Wahl; *the ~tive* die andere Möglichkeit (*to* gegenüber); Ersatzwerk, -lösung; **~tor** [ˊ–neitə] Wechselstrommaschine

although [ɔ:l'ðou] obgleich

alti|meter [æl'timitə] Höhenmesser; **~tude** ['æltitju:d] Höhe (bes. über Meeresspiegel)

alto ['æltou], *pl* **~s** Alt(stimme)

altogether [ɔ:ltə'geðə] gänzlich, ganz und gar; alles in allem

altruism ['æltruizm] Altruismus, Uneigennützigkeit

alum ['æləm] Alaun; **~ina** [æ'lju:minə] Tonerde

aluminium [ælju'minjəm], *US* **aluminum** [ə'lu:minəm] Aluminium

alum|na [ə'lʌmnə], *pl* **~nae** [–ˊni:] *US* ehemalige Schülerin (Studentin); **~nus** [ə'lʌmnəs], *pl* ~ni [–ˊnai] *US* ehemaliger Schüler (Student)

always ['ɔ:lweiz] immer, stets

am [æm, əm] bin, *siehe* be

amalgam [ə'mælgəm] Amalgam; **~ate** [–ˊ–meit] amalgamieren; (sich) verschmelzen; **~ation** [əˌmælgə'meiʃən] Amalgamierung; Verschmelzung; Fusion

amass [ə'mæs] ansammeln, anhäufen

amateur ['æmətə:, -tjuə] Amateur; Dilettant; **~ish** [æmə'tə:riʃ, æmə'tjuəriʃ] dilettantisch
amaz|e [ə'meiz] in Staunen versetzen, erstaunen; **~ement** [–́–mənt] Erstaunen; **~ing** [–́–iŋ] erstaunlich
ambassador [æm'bæsədə] Botschafter
amber ['æmbə] Bernstein; Gelb
ambience ['æmbiəns] Atmosphäre, Flair, Ambiente
ambigu|ous [æm'bigjuəs] nicht eindeutig, unklar; **~ity** [æmbi'gjuiti] mangelnde Eindeutigkeit
ambit ['æmbit] Bereich; Umfang
ambi|tion [æm'biʃən] Ehrgeiz; **~tious** [æm'biʃəs] ehrgeizig; anspruchsvoll
ambivalent [æm'bivələnt] doppelwertig, zwiespältig
amble [æmbl] Paß(gang); im Paß gehen
ambula|nce ['æmbjuləns] Krankenwagen; **~nce station** Unfallstation; **~tory** [–́–leitəri] Wander-; ambulant
ambuscade [æmbəs'keid] Hinterhalt
ambush ['æmbuʃ] Hinterhalt *(to lie in ~ for)*; im Hinterhalt liegen; aus dem Hinterhalt überfallen
ameliorate [ə'mi:liəreit] besser machen (werden)
amen ['ei'men, 'ɑ:'men] Amen
amenable [ə'mi:nəbl] unterworfen *(to law)*; willig, zugänglich *(to reason)*
amend [ə'mend] (ver)bessern; berichtigen; abändern; **~ment** (Ver-)Besserung; Berichtigung; Abänderung(santrag); **~s:** *to make ~s for* wiedergutmachen
amenit|y [ə'mi:niti] Annehmlichkeit; **~ies** moderne Einrichtungen, Komfort
amethyst ['æmiθist] Amethyst
amiable ['eimiəbl] liebenswürdig, freundlich
amicable ['æmikəbl] freundschaftlich, gütlich
amid(st) [ə'mid(st)] inmitten
amiss [ə'mis] verkehrt ♦ *to come ~* ungelegen kommen; *to take ~* übelnehmen
amity ['æmiti] Freundschaft; gutes Einvernehmen
ammonia [ə'mounjə] Ammoniak; **~c** [ə'mouniæk] Ammoniak-; **sal ~c** [sæl] Salmiak; **(gum) ~c** Ammoniakharz, -gummi
ammunition [æmju'niʃən] Munition
amnesty ['æmnisti] Amnestie; amnestieren
amoe|ba [ə'mi:bə], *pl* **~bae** [–́bi:], **~bas** Wechseltier, Amöbe
amok [ə'mɔk] *siehe* amuck
among(st) [əmʌŋ(st)] in *(~ hills)*; unter ♦ *to be ~* gehören zu; mit(einander); zusammen *(they had 82 cents ~ them)*
amorous ['æmərəs) verliebt (*of* in); Liebes-
amorphous [ə'mɔ:fəs] gestaltlos, amorph
amortize [ə'mɔ:taiz, *US* 'æmətaiz] (Schuld) tilgen
amount [ə'maunt] s. belaufen (*to* auf); hinauslaufen (*to* auf); Betrag; Menge
amour [ə'muə] Affäre, Liebschaft
ampere ['æmpɛə] Ampere
ampersand [æmpə'sænd, ́–––] et-Zeichen (&)
amphib|ian [æm'fibiən] Amphibie; Wasser-Land-Flugzeug; **~ious** amphibisch; Amphibien-
amphitheatre ['æmfiθiətə] Amphitheater; Schauplatz; Hörsaal
ample [æmpl] groß; reichlich, ausreichend
ampli|fication [æmplifi'keiʃən] Erweiterung; ausführliche Schilderung; Verstärkung; **~fier** ['æmplifaiə] ⚡ Verstärker; **~fy** ['æmplifai] erweitern; ausführlich darstellen; verstärken
amplitude ['æmplitju:d] Weite; Fülle; Amplitude
ampoule ['æmpu:l] Ampulle
amput|ate ['æmpjuteit] amputieren; **~ee** [æmpju'ti:] Amputierter
amuck [ə'mʌk]: *to run ~* Amok laufen; toben
amulet ['æmjulit] Amulett
amus|e [ə'mju:z] belustigen, unterhalten; *~ o.s.* sich vergnügen; **~ement** [–́–mənt] Vergnügen, Unterhaltung; **~ing** [–́–iŋ] vergnüglich, erheiternd
an [æn, ən] ein (*siehe* a)
anachronism [ə'nækrənizm] Anachronismus
anaconda [ænə'kɔndə], *pl* **~s** Anakonda
anæm|ia [ə'ni:miə] Blutarmut; **~ic** [ə'ni:mik] blutarm
anaesthe|sia [ænis'θi:ziə] Anästhesie; **~tic** [ænis'θetik] betäubend; Narkotikum; **~tist** [ə'ni:sθitist] Narkosearzt; **~tize** [ə'ni:sθitaiz] anästhesieren, betäuben
anagram ['ænəgræm] Anagramm
analo|gous [ə'næləgəs] analog, entsprechend; **~gy** [ə'nælədʒi] Analogie, Ähnlichkeit
analy|se, *US* **~ze** ['ænəlaiz] analysieren, genau untersuchen; **~sis** [ə'nælisis], *pl* ~ses [–́–si:z] Analyse, Untersuchung; **~st** ['ænəlist] *chem* Analytiker; **~tic(al)** [ænə'litik(l)] analytisch
anarch|ic(al) [ə'nɑ:kik(l)] gesetzlos; **~ism** ['ænəkizm] Anarchismus; **~ist** Anarchist; **~y** ['ænəki] Anarchie, Gesetzlosigkeit; Chaos
anathema [ə'næθimə] (Kirchen-)Bann
anatomy [ə'nætəmi] Anatomie
ancest|ral [æn'sestrəl] Ahnen-; angestammt; **~or** ['ænsistə] Vorfahre, Ahne; **~ry** ['ænsistri] Vorfahren, Ahnen
anchor ['æŋkə] Anker (*to weigh ~* A. lichten; *to come to ~* vor A. gehen; *to ride* (od *lie*) *at ~* vor A. liegen); *vt/i* (ver-)ankern; **~age** ['æŋkəridʒ] Ankerplatz
anchovy ['æntʃəvi] An(s)chovis, (eingelegte) Sardelle; **~-paste** A.paste
ancient ['einʃənt] (sehr) alt; antik; **the ~s** die Alten; die antiken Klassiker
ancillary ['ænsiləri, –́–––] Hilfs- (Wissenschaft); untergeordnet (*to*); Helfer
and [ænd, ənd] und
anecdote ['ænikdout] Anekdote
anemone [ə'nəməni], *pl* **~s** Anemone
anew [ə'nju:] von neuem; neu, anders
angel ['eindʒəl] Engel; **~ic** [æn'dʒelik] Engels-; engelhaft
anger ['æŋgə] Zorn, Wut; erzürnen, aufbringen
angina [æn'dʒainə] Angina pectoris

angle ['æŋgl] Winkel; Ecke; Stand-, Gesichtspunkt; angeln (*for* nach); streben (*for* nach); **~r** ['æŋglə] Angler, **~worm** [´-wə:m] Regenwurm
Anglican ['æŋglikən] anglikanisch; Anglikaner
Anglicize ['æŋglisaiz] anglisieren
Anglo- ['æŋglou] Anglo-, englisch; **~Saxon** [´-'sæksən] Angelsachse; angelsächsisch
angry ['æŋgri] zornig, böse; (Wunde) entzündet
anguish ['æŋgwiʃ] Pein, Qual; *to be in ~* Qualen ausstehen (leiden)
angular ['æŋgjulə] eckig, kantig; (Person) knochig; steif
animal ['æniməl] Tier, tierisches Lebewesen; Vierfüßler; animalischer Kerl; *~ kingdom* ['kiŋdəm] Tierreich; *~ spirits* gute Laune, Hochstimmung; **~cule** [æni'mælkju:l] mikroskop. Lebewesen; **~ism** Triebhaftigkeit
anima|te ['ænimeit] beleben, Leben bringen in; **~ted** ['ænimeitid] lebhaft; beseelt (*by, with* von); **~ted cartoon** (Zeichen-)Trickfilm; **~tion** [æni'meiʃən] Belebtsein; Beseelung; Trickzeichnung; **~tor** ['ænimeitə] Trickfilmzeichner
anim|osity [æni'mɔsiti] Haß, Feindseligkeit; **~us** ['æniməs] Haßgefühl; Lebensgeist
anise ['ænis] Anis
ankle ['æŋkl] (Fuß)Knöchel
annals ['ænəlz] Annalen, Jahrbücher
anneal [ə'ni:l] ausglühen; härten
annex [ə'neks] beifügen; annektieren; **~**, *BE a.* **~e** ['æneks] Nebengebäude, Dependance; Nachtrag; **~ation** [ænek'seiʃən] Annexion, Einverleibung
annihilate [ə'naiəleit] vernichten
anniversary [æni'və:səri] Jahrestag, -feier; *wedding~* Hochzeitstag; **~ dinner** Festessen
annotate ['ænəteit] mit Anmerkungen versehen; kommentieren *(on)*
announce [ə'nauns] ankündigen; **~ment** Ankündigung; **~r** [ə'naunsə] (Rundfunk-)Ansager, Sprecher
annoy [ə'nɔi] verdrießen, ärgern; plagen; **~ance** Verdruß, Ärger; **~ing** ärgerlich
annual ['ænjuəl] jährlich; einjährig; einjährige Pflanze; Jahrbuch
annuity [ə'njuiti] Jahresrente, -zahlg.
annul [ə'nʌl] aufheben, abschaffen; **~ment** Aufhebung, Abschaffung
annular ['ænjulə] ringförmig
anode ['ænoud] Anode
anodyne ['ænoudain] lindernd; schmerzstillendes Mittel
anoint [ə'nɔint] (ein)salben; **~ment** Salbung
anomal|ous [ə'nɔmələs] abweichend, anomal; **~ous finite** ['fainait] Hilfsverb; **~y** [ə'nɔməli] Anomalie, Unregelmäßigkeit
anonym|ous [ə'nɔniməs] anonym; **~ity** [ænə'nimiti] Anonymität
anorak ['ænəræk] Anorak
another [ə'nʌðə] ein anderer; noch ein; ein zweiter *(~ Mozart)*; *one ~* einander
answer ['ɑ:nsə] **1.** Antwort (*in ~ to* in Beantwortung); **2.** Lösung; **3.** *vt/i* (be)antworten; *~ back* frech werden; *~ the door* (od *bell*) aufmachen, wenn's klingelt; **4.** entsprechen *(a purpose)*; *~ for* einstehen für; s. verantworten für; *~ to* ansprechen auf *(a remedy)*; *~ to a description* auf e-e Beschreibung passen; **~able** ['ɑ:nsərəbl] *to s-b for s-th* j-m verantwortlich für; angemessen
ant [ænt] Ameise; **~hill** Ameisenhaufen
antagon|ism [æn'tægənizm] Widerstreit; Gegnerschaft; **~ist** Widersacher; **~istic** [æn,tægə'nistik] widerstreitend; feindlich; **~ize** [æn'tægənaiz] zum Gegner machen; bekämpfen
antarctic [ænt'ɑ:ktik] antarktisch
antecede [ænti'si:d] voraus-, voraufgehen; **~nt** [--´dənt] vorhergehend; Beziehungswort
antedate ['ænti'deit] zurückdatieren; voraufgehen
antidiluvian [æntidi'lu:viən] vorsintflutlich
antelope ['æntiloup] Antilope
anten|na [æn'tənə], *pl* **~nae** [-´ni:] *zool* Fühler; *pl a.* **~nas** Antenne
anteroom ['æntiru(:)m] Vorzimmer
anthem ['ænθəm] Hymne *(national ~)*
anthology [æn'θɔlədʒi] Gedichtsammlung; Anthologie
anthrax ['ænθræks] Milzbrand; Karbunkel
anthropo|id ['ænθrəpɔid] menschenähnlich(-er Affe); **~logy** [ænθrə'pɔlədʒi] Menschenkunde, Anthropologie
anti ['æntai, ´ti] Gegner (v. etw)
anti-aircraft ['ænti'ɛəkrɑ:ft] Flak-
antibiotic [æntibai'ɔtik] Antibiotikum
antibody ['æntibɔdi] Antikörper
anticipa|te [æn'tisipeit] erwarten; vorweg verwenden; vorwegnehmen, zuvorkommen; vorausahnen, voraussehen; **~tion** [æn,tisi'peiʃən] Vorwegnahme; Erwartung; Vorgefühl, -freude; Zuvorkommen; *in ~tion* im voraus
anticlimax ['ænti'klaimæks] Abfall(en)
antics ['æntiks] Possen, Mätzchen
anticyclone ['ænti'saikloun] Hoch, Hochdruckgebiet, Antizyklone
antidote ['æntidout] Gegenmittel
antifreeze ['æntifri:z] Frostschutzmittel
antigen ['æntidʒin] Antigen
antiknock ['ænti'nɔk] (Benzin) klopffest
antimony ['æntiməni] Antimon
antinomy [æn'tinəmi] Widerspruch
antipath|etic [æntipə'θetik] voll Antipathie (tiefer Abneigung) (*to* gegen); zuwider; unvereinbar (*to* mit); **~y** [æn'tipəθi] Antipathie, Abneigung (*to* gegen)
antipode ['æntipoud] d. genaue Gegenteil; **~s** [æn'tipədi:z] Gebiet der Antipoden
antipollution [æntipə'lu:ʃn] umweltfreundlich
antipyretic [æntip(a)i'retik] Fiebermittel
antiqua|rian [ænti'kwɛəriən] altertümlich; **~ry** [´-kwəri] Altertumsforscher; Antiquitätensammler; -händler; **~ted** [´-kweitid] veraltet; altmodisch
antique [æn'ti:k] antik, alt(modisch); antiker Kunstgegenstand; **the A~** Antike
antiquity [æn'tikwiti] Altertum, *bes* Antike; (hohes) Alter; *pl* Altertümer

antirrhinum [ænti'rainəm], *pl* **~s** *bot* Löwenmaul

antiseptic [ænti'septik] antiseptisch(es Mittel)

antisocial ['ænti'souʃəl] gesellschaftsfeindlich, asozial

antitank ['ænti'tæŋk] Panzerabwehr-

antitrust ['ænti'trʌst] konzernfeindlich

antitoxin ['ænti'tɔksin] Gegengift

antonym ['æntənim] Antonym, Wort entgegengesetzter Bedeutung

anvil ['ænvil] Amboß

anxiety [æŋ'zaiəti] Sorge, Besorgnis; *~ for* Streben nach

anxious ['æŋkʃəs) sorgenvoll, bang; besorgt *(for one's safety)*; eifrig bestrebt

any ['eni] (irgend)ein; (irgend)welcher; jeder (beliebige, denkbare); *at ~ rate, in ~ case* auf jeden Fall; *adv* irgend(wie)

any|body ['enibɔdi] (irgend) jemand, einer; jeder; etwas Besonderes *(he'll never be ~ body)*; **~how** irgendwie; jedenfalls, immerhin; unordentlich; **~one** = anybody; **~thing** etwas; alles; *~ thing but* alles andere als; **~way** = anyhow; **~where** irgendwo(hin); überall(hin); irgendein Platz (Ort)

aorta [ei'ɔːtə], *pl* **~s** Aorta

apace [ə'peis] schnell, rasch; *siehe* ill

apart [ə'pɑːt] abseits; für sich; auseinander ♦ *to set ~* beiseite tun; *to know ~* auseinanderhalten können; *joking ~* Spaß beiseite

apartheid [ə'pɑːtheit] Rassentrennung(spolitik)

apartment *US* (Miet-)Wohnung; *BE pl* möblierte Zimmer; **~ house** *US* Miethaus

apath|y ['æpəθi] Apathie, Teilnahmslosigkeit; **~etic** [æpə'θetik] apathisch, teilnahmslos

ape [eip] (*bes* Menschen-)Affe; nachäffen

aperient [ə'piəriənt] Abführmittel

aperitif [ə'peritiːf] Aperitif

aperture ['æpətʃə] (Blenden-)Öffnung

apex ['eipeks], *pl* **~es** Spitze, Gipfel

aphis ['eifis, 'æfis], *pl* **aphides** ['æfidiːz] Blattlaus

aphorism ['æfərizm] Ausspruch, Aphorismus

apiary ['eipiəri] Bienenhaus

apiece [ə'piːs] je (Stück)

apolog|etic [əpɔlə'dʒetik] entschuldigend, rechtfertigend; **~ize** [ə'pɔlədʒaiz] sich entschuldigen (*to* bei, *for* wegen); **~y** [ə'pɔlədʒi] Verteidigung(srede, -sschrift); Entschuldigung *(to make an ~y)*

apophthegm, *US* **apothegm** ['æpouθem] Kernspruch, Aphorismus

apople|ctic [æpə'plektik] **fit** (*od* **stroke)** Schlaganfall (*a.* **~xy** ['æpəpleksi])

aposta|sy [ə'pɔstəsi] Abtrünnigkeit; Abfall; **~te** [ə'pɔstit] Abtrünniger

a posteriori ['eipɔsteri'ɔːrai] *adj* nachträglich, aposteriorisch, induktiv

apost|le [ə'pɔsl] Apostel; **~olic** [æpəs'tɔlik] apostolisch; päpstlich

apostrophe [ə'pɔstrəfi], *pl* **~s** Apostroph

apothecary [ə'pɔθikəri] Apotheker

appal, *US* **-ll** [ə'pɔːl] entsetzen, erschrecken; **~ling** entsetzlich

apparatus [æpə'reitəs], *pl* **~es**, **~** Vorrichtung, Apparat; Gerät

apparel [ə'pærəl] Gewand(ung); kleiden

apparent [ə'pærənt] offensichtlich, klar (*to* für); scheinbar

apparition [æpə'riʃən] Erscheinung, Gespenst

appeal [ə'piːl] **1.** appellieren (*to* an); dringend bitten (*to s-b for s-th* j-n um); **2.** Eindruck machen auf, ansprechen *(the picture ~s to him)*; **3.** Berufung einlegen; **4.** Anruf; Bitte; Berufung (*from* gegen); *to make an ~ to* s. wenden an, zu Hilfe nehmen; **5.** Anziehungskraft

appear [ə'piə] in Sicht kommen, erscheinen; scheinen (*it ~s to me* mir scheint); auftreten; **~ance** [ə'piərəns] Erscheinen; *to put in* (od *make*) *an ~ance* s. zeigen; Aussehen (*of* daß) ♦ *to judge by ~ance(s)* nach dem A. urteilen; *to keep up (save) ~ances* den Schein wahren; Auftreten

appease [ə'piːz] besänftigen; befriedigen; (Gegner) durch Nachgeben befriedigen; **~ment** Besänftigung, Befriedigung; Appeasement (*of* gegenüber)

appell|ant [ə'pələnt] appellierend; Berufungskläger; **~ate** [ə'pelit] Berufungs-; **~ation** [æpe'leiʃən] Name, Benennung

append [ə'pend] an-, beifügen; **~age** Anhang, Anhängsel; **~icitis** [əˌpendi'saitis] Blinddarmentzündung; **~ix** [ə'pendiks], *pl* ~ixes Anhang; *pl* ~ices [-´disiːz] Blinddarm(-Wurmfortsatz)

appertain [æpə'tein] (da)zugehören, zustehen [(*to s-b* j-m)

appeti|te ['æpətait] Appetit; **~zing** ['æpətaiziŋ] appetitanregend

applau|d [ə'plɔːd] beklatschen, Beifall spenden; loben; **~se** [ə'plɔːz] Beifall

apple ['æpl] Apfel; *~ of discord* ['diskɔːd] Zankapfel; **~ pie** [pai] Apfelkuchen, *in ~-pie order* in schönster Ordnung; **~ sauce** [sɔːs] Apfelkompott; *bes US sl* Schmus, Unsinn

appliance [ə'plaiəns] Gerät, Vorrichtung

applica|ble ['æplikəbl] anwendbar; **~nt** Bewerber; **~tion** [æplikeiʃən] Bitten; Gesuch, Bewerbung; *on ~tion to* auf Ansuchen; Anwendung; Fleiß, Hingabe (*to* an)

applied [ə'plaid] *adj* angewandt

applique [æ'pliːkei, *US* ---´] Applikation

apply (ə'plai] anwenden, verwenden *(for)*; *~ to* s. wenden an; *~ for* s. bewerben um; gelten (*to* für); *~ o. s. to* s. ganz widmen; (Druck) ausüben; (Bremse) betätigen; (Farbe) auftragen

appoint [ə'point] ernennen, bestimmen, festsetzen; ausstatten; **~ment** **1.** Verabredung; *to make an ~ment with* s. anmelden bei; *to keep an ~ment* e-e Verabredung, Termin einhalten; **2.** Ernennung; **3.** Stellung, Posten; **4.** *pl* Einrichtung

apportion [ə'pɔːʃən] (gerecht) verteilen

apposi|te ['æpəzit] angemessen, passend; **~tion** [æpə'ziʃən] Apposition, Beifügung

apprais|e [ə'preiz] ein-, abschätzen; bewerten, beurteilen; **~al, ~ement** Abschätzung; Bewertung

appreci|able [ə'priːʃəbl] merklich; recht groß; **~ate** [ə'priːʃieit] (ab)schätzen, richtig einschätzen, (zu) würdigen (wissen); dankbar sein für; im Wert steigen; **~ation** [əˌpriːʃi'eiʃən] Wertschätzung, Schätzung, Würdigung; Preiserhöhung; Wertsteigerung; **~ative** [ə'priːʃiətiv] verständnisvoll (*of* für)

apprehen|d [æpri'hend] ergreifen; begreifen; befürchten; **~sion** [æpri'henʃən] Besorgnis; Auffassung(sgabe); Ergreifen; **~sive** [æpri'hensiv] leicht begreifend; scharfsinnig; besorgt (*of* wegen)

apprentice [ə'prentis] Lehrling; *to bind ~ to* = **to ~** in die Lehre geben (*to* zu); **~ship** Lehr(lings)zeit; Lehrstelle

apprise [ə'praiz] unterrichten (*of* von)

appro ['æprou] *BE: on ~* zur Ansicht

approach [ə'proutʃ] **1.** näherkommen, s. nähern; **2.** s. wenden an; **3.** herangehen an; **4.** Nahen; *easy (difficult) of ~* leicht (schwer) zu erreichen (sprechen); **5.** Zufahrt; **6.** Einstellung (*to* zu), Herangehen (*to* an), Methode

approba|te ['æprəbeit] *US* offiziell genehmigen; **~tion** [æprə'beiʃən] Genehmigung, Billigung

appropia|te [ə'proupriit] passend, angemessen; **~te** [ə'prouprieit] *vt* sich aneignen; *parl* bewilligen; **~tion** [əˌproupri'eiʃən] Aneignung, Verwendung; Bewilligung

approv|al [ə'pruːvəl] Billigung; *in ~al* zustimmend; *on ~al* zur Ansicht, Probe; **~e** [ə'pruːv] zustimmen, genehmigen; *~e of* (urteilend) billigen; **~ed** [–'–vd] bewährt; **~ed school** *BE* Fürsorgeanstalt

approxima|te [ə'prɔksimit] ungefähr, annähernd; **~te** [–'–meit] *vt/i* nahekommen; **~tion** [–ˌ––'meiʃən] Annäherung; **~tive** [–ˌ––mətiv] annähernd

appurtenance [ə'pəːtinəns] Anhängsel; zugehöriger Teil; *pl* Zubehör

apricot ['eiprikɔt, *US* 'æprəkɔt] Aprikose; Aprikosenbaum, -farbe

April ['eipril] April; **~ Fools' Day** 1. April

a priori ['eiprai'ɔːri] *adj* deduktiv

apron ['eiprən] Schürze, Schurz; 🎭 Vorbühne; ✈ Hallenvorfeld

apropos [æprə'pou, –––] angebracht, passend; übrigens; *~ of* bezüglich

apse [æps] Apsis, Apside

apt [æpt] passend, treffend; begabt (*at* in); *~ to do (come, break etc)* leicht, wahrscheinlich, möglicherweise tun (kommen etc); **~itude** ['æptitjuːd] Geschick, Befähigung; Begabung, Eignung

aqualung ['ækwəlʌŋ] Tauchergerät

aqua|marine [ækwəmə'riːn] Aquamarin; **~naut** ['ækwənɔːt] Unterwasserforscher; **~plane** ['ækwəplein] wellenreiten; Gleitbrett; **~rium** [ə'kwɛəriəm], *pl* ~riums Aquarium; **~rius** [ə'kwɛəriəs] *astr* Wassermann; **~tic** [ə'kwætik, *US* ə'kwɔtik] Wasser-; Wasserpflanze, -tier; **~tics** pl vb = *~tic sports* Wassersport

aqueduct ['ækwidʌkt] Aquädukt

aquiline ['ækwilain] Adler- *(~ nose)*

Arab ['ærəb] Araber(hengst); *street ~* Straßenjunge; arabisch; **~ia** [ə'reibjə] Arabien; **~ian** [ə'reibjən] arabisch; Araber

arabic ['ærəbik] arabisch *(~ numerals)*; **gum ~** Klebgummi

arable ['ærəbl] Acker- *(~ land)*

arachnid [ə'ræknid] Spinnentier

arbiter ['ɑːbitə] Schiedsrichter

arbitra|ry ['ɑːbitrəri] willkürlich; eigenmächtig; **~te** ['ɑːbitreit] schiedsrichterlich entscheiden, schlichten; **~tion** [ɑːbi'treiʃən] Entscheidung; Schiedsspruch; **~tor** ['ɑːbitreitə] Schiedsrichter

arbor ['ɑːbə] Welle; (Aufsteck-)Dorn

arbour ['ɑːbə] Laube; schattiger Platz

arc [ɑːk] (Kreis-)Bogen; Lichtbogen

arcade [ɑː'keid] Arkade(n), Laubengang

arcane [ɑː'kein] geheim(nisvoll)

arch[1] [ɑːtʃ] (Trag-)Bogen; (Fuß-)Gewölbe; Bogengang; e-n Bogen bauen über; (s.) wölben

arch[2] [ɑːtʃ] schelmisch; Erz-(Gauner)

archaeology [ɑːkiː'ɔlədʒi] Archäologie

archa|ic [ɑː'keiik] altertümlich; veraltet; archaisch; **~ism** ['ɑːkeiizm] veralteter Ausdruck, Archaismus

arch|angel ['ɑːkeindʒəl] Erzengel; **~bishop** ['ɑːtʃ'biʃəp] Erzbischof; **~bishopric** ['ɑːtʃ'biʃəprik] Erzbistum; **~duke** ['ɑːtʃ'djuːk] Erzherzog; **~duchess** ['ɑːtʃ'dʌtʃis] Erzherzogin

archer ['ɑːtʃ] Bogenschütze; *astr* Schütze; **~y** ['ɑːtʃəri] Bogenschießen

archipelago [ɑːki'peligou], *pl* **~es, ~s** Archipel; Inselmeer

architect ['ɑːkitekt] Architekt, Baumeister *(a. fig)*

architectur|al [ɑːki'tektʃərəl] architektonisch, baulich; **~e** ['ɑːkitektʃə] Architektur, Baukunst, -stil, -werk

archives ['ɑːkaivz] *pl vb* Archiv

arch support ['ɑːtʃsə'pɔːt] (Senkfuß-)Einlage

archway ['ɑːtʃwei] Bogengang, Torweg

artic ['ɑːktik] arktisch; Polar-

ardent ['ɑːdənt] glühend(heiß); eifrig; **~ spirits** Spirituosen

ardour ['ɑːdə] Hitze, Glut; Eifer, Begeisterung

arduous ['ɑːdjuəs] steil; schwierig; anstrengend

are [ɑː] sind (*siehe* be)

are [ɑː] Ar (100 qm)

area ['ɛəriə], *pl* **~s** Fläche(ninhalt); Gebiet, Gegend; Zone *(danger ~)*

arena [ə'riːnə], *pl* **~s** Arena, Schauplatz

argu|able ['ɑːgjuəbl] diskutierbar, bestreitbar; **~e** ['ɑːgjuː] (s.) streiten; bereden (*into doing* zu tun, *out of doing* nicht zu tun); vorbringen, behaupten; argumentieren; ernsthaft sprechen, diskutieren (*about* über); folgern (*from* aus); erweisen *(~es him to be a fool)*; **~ment** Erörterung(en), Auseinandersetzung(en, Wortwechsel; Argument; **~mentation** [––men'teiʃən] Beweisführung; **~mentative** [––'mentətiv] beweiskräftig; debattierfreudig

arid ['ærid] dürr, unfruchtbar; **~ity** [ə'riditi] Dürre, Unfruchtbarkeit

Aries ['ɛəriːz] *astr* Widder

aright [ə'rait] recht, richtig
arise [ə'raiz] *(s. S. 318)* s. erheben, entstehen, s. ergeben
aristocra|cy [æris'tɔkrəsi] Aristokratie; **~t** ['æristəkræt, *bes US* –́–––] Aristokrat; **~tic** [æristə'krætik] aristokratisch
arithmetic [ə'riθmətik] Rechnen, Arithmetik; **~al** [æriθ'metikl] rechnerisch, arithmetisch
ark [aːk] Arche
arm[1] [aːm] Arm (~-in-~), *to hold (keep) at ~'s length* sich vom Leibe halten; *child in ~s* kleines Kind; Ärmel; (See-)Arm; Lehne; Ast; Tonarm
arm[2] [aːm] **1.** Waffe; *small ~s* Handfeuerwaffen; *in ~s* bewaffnet; *up in ~s* in Aufruhr; *to take up ~s* zu den Waffen greifen; **2.** Waffengattung; **~s** Wappen; **3.** *vt* bewaffnen *(~ed to the teeth)*; **4.** ausrüsten
armada [aː'maːdə] Kriegsflotte
armament ['aːməmənt] Kriegsmacht; Bestükkung (e-s Kriegsschiffes); Rüstung; **~ race** Wettrüsten
armature ['aːmətjuə] Waffen, Bewaffnung; Schutzmittel, -schicht (Tier); Anker (e-s Magneten)
arm-chair ['aːm'tʃɛə] Lehnstuhl; *attr* Salon-, Stammtisch-, vom grünen Tisch
arm|ful ['aːmful] Armvoll; **~hole** ['aːmhoul] Ärmelloch
armistice ['aːmistis] Waffenstillstand
armour ['aːmə] Panzer, *suit of ~* Rüstung; **~-clad** ['aːmə'klæd] gepanzert; **~ed** ['aːməd] gepanzert, Panzer-(Angriff, Wagen etc); **~-piercing** [–́–'piersiŋ] panzerbrechend; **~y** ['aːməri] (Waffen-)Arsenal; *US* Waffenfabrik
army ['aːmi] Armee, Heer *(a. fig)*
aroma [ə'roumə] Aroma, Duft; **~tic** [ærə'mætik] aromatisch, wohlriechend
around [ə'raund] rundherum, rings(-um); *US* = round; *prep* um ... herum
arouse [ə'rauz] er-, aufregen; erwecken
arrack ['ærək] Arrak
arraign [ə'rein] vor Gericht stellen; in Zweifel ziehen; **~ment** Anklage
arrange [ə'reindʒ] ordnen; arrangieren, (es) einrichten (daß); in die Wege leiten; beilegen; Vorkehrungen treffen; **~ment** Anordnung; Arrangement; Abmachung ♦ *to make ~ments* Vorbereitungen treffen
arrant ['ærənt] übel, arg; rein (Unsinn)
array [ə'rei] *o.s. in* s. kleiden, hüllen in; (an)ordnen, aufstellen; Gewand *(in holiday ~)*; (Schlacht-)Reihe, Ordnung; große Anzahl, Aufgebot [stand
arrears [ə'riəz] *pl vb* (Arbeits-, Lohn-)Rück-
arrest [ə'rest] verhaften; *fig* fesseln; aufhalten, hemmen, (Blut) stillen; Verhaftung; *under ~* in Haft
arriv|al [ə'raivəl] Eintreffen; Ankunft; Ankömmling; **~e** [ə'raiv] ankommen; eintreten; *~e at (fig)* zu ... kommen; es zu etwas bringen
arrogan|ce ['ærəgəns] Anmaßung, Vermessenheit, Arroganz; **~t** anmaßend, vermessen, arrogant
arroga|te ['ærəgeit] *(mst* to o. s.) sich anmaßen, für s. beanspruchen; in Anspruch nehmen (*to* für); **~tion** [ærə'geiʃən] Anmaßung, Beanspruchung
arrow ['ærou] Pfeil; **~-head** Pfeilspitze
arsenal ['aːsinəl] Arsenal
arsenic ['aːsnik] Arsen; Arsenik; **~** [aː'senik] arsen(ik)haltig, Arsen(ik)-; **~al** [aː'senikl] *adj* = ~
arson ['aːsən] Brandstiftung; **~ist** Brandstifter
art[1] [aːt]: *thou ~* du bist
art[2] [aːt] Kunst, menschliches Können; Wissenszweig, geisteswissensch. Gebiet; *pl* Geisteswissenschaften (*a.: liberal ~s*); *Bachelor of Arts, Master of Arts* (etwa:) Studienreferendar, -assessor; Fertigkeit; List; Kunst (*bes* Malerei, Bildhauerei); (Bau-, Kriegs- etc) Kunst; *a work of ~* Kunstwerk; *the fine ~s* d. bildenden (u. musischen) Künste; **~ academy** [ə'kædəmi] Kunstakademie; **~ dealer** ['diːlə] Kunsthändler; **~ history** Kunstgeschichte; **~ store** *US* Kunsthandlung
artefact ['aːtifækt] *siehe* artifact
arter|ial [aː'tiəriəl] Arterien-; Fernverkehrs(straße); **~iosclerosis** [aːˌtiəriəskliə'rousis] Arterienverkalkung; **~y** ['aːtəri] Arterie; **~y (of traffic)** Verkehrsader
artesian [aː'tiːzjən] **well** artesischer Brunnen
artful ['aːtful] listig, verschlagen
arthritis [aː'θraitis] Gelenkentzündung
artichoke ['aːtitʃouk] Artischocke
article ['aːtikl] (Waren-, Zeitungs-)Artikel; Abschnitt; Stück; *pl* (Lehr-)Vertrag
articula|te [aː'tikjulit] artikuliert, deutlich; beredt; **~te** [aː'tikjuleit] *vt/i* artikulieren; deutlich (aus)sprechen; **~tion** [aːˌtikju'leiʃən] Artikulation, (deutliche) Aussprache
artifact ['aːtifækt] (prähistor. Stein-, Knochen-)Werkzeug, Nutzgegenstand
artifice ['aːtifis] Geschick; Kunstgriff, Kniff; **~r** [–́–ə] (künstler.) Handwerker; Mechaniker
artificial [aːti'fiʃəl] künstlich, Kunst-; gekünstelt; *~ limb* Prothese; **~ity** [aːtifiʃi'æliti] Künstlichkeit
artillery [aː'tiləri] Artillerie
artisan [aːti'zæn, –́––] (*bes* Kunst-)Handwerker
artist ['aːtist] Künstler (*bes* Kunstmaler); **~e** [aː'tiːst] Artist, Sänger(in), Tänzer(in); **~ic** [aː'tistik] künstlerisch; kunstbegabt, -verständig; **~ry** ['aːtistri] künstlerisches Können; künstlerische Wirkung
artless ['aːtlis] kunstlos; unverstellt, schlicht
arty ['aːti] kunstbeflissen; gesucht
Aryan ['ɛəriən] arisch; Arier
as [æz, əz] **1.** *(adv)* ~ + *adj* + ~ so + adj + wie, *~ cold ~ ice* eiskalt; *~ long ~* solange; *~ well ~* wie auch, und; *~ far ~* bis; soweit; *~ well* auch; *just ~ well* ebensogut; *just ~ soon* ebensogern, -gut; *~ yet* bis jetzt; **2.** *pron* wie; *so ~ to do* um zu tun; *~ to, ~ for* was betrifft, in bezug auf; **3.** *conj* da; **4.** als, während; **5.** wie; *~ a rule* in d. Regel; *~ it is* wie

d. Dinge liegen; ~ *it were* sozusagen; ~ *if,* ~ *though* als ob; **6.** wie *(rich ~ he is; it was just ~ you said)*
asbestos [æz'bestɔs, æs'--] Asbest
ascarids ['æskəridz] Spulwürmer, Askariden
ascend [ə'send] auf-, ansteigen; hinauf-, besteigen; **~ancy** Übergewicht, beherrschende Stellung; **~ant** aufsteigend; *to be in the ~ant* im Kommen sein, beherrschend werden; Aszendent
ascen|sion [ə'senʃən] Aufsteigen; Himmelfahrt; **~t** Aufstieg (*of* auf); Steigung
ascertain [æsə'tein] feststellen, ermitteln; **~able** feststellbar; **~ment** Feststellung, Ermittlung
ascetic [ə'setik] asketisch; Asket
ascribe [əs'kraib] zuschreiben (*to* j-m)
aseptic [ə'septik] aseptisch
ash[1] [æʃ] Esche; **mountain ~** Eberesche, Vogelbeere
ash[2] [æʃ] Asche; *pl* Asche *(peace to his ~es)*; *to lay in* (od *reduce to*) *~ es* in Asche legen; **~ can** *US* Mülltonne
ashamed [ə'ʃeimd]: *to be ~ of* s. schämen
ashen ['æʃən] Aschen-; aschgrau
ashore [ə'ʃɔː] am, ans Ufer, an Land
ash-tray ['æʃtrei] Aschenbecher
ashy ['æʃi] aschgrau, Aschen-
Asia ['eiʃə, *US* 'eiʒə] Asien; **~n** asiatisch; Asiate; **~tic** [eiʃi'ætik, *US* eiʒi-] = Asian
aside [ə'said] weg, beiseite *(to put ~)*; *~ from* (*US*) abgesehen von
ask [ɑːsk] (er)fragen (*after* nach, *about* wegen, über); bitten (*for* um), ~ *for* j-n sprechen wollen; einladen, auffordern; ~ *in* hereinbitten; fordern, verlangen ♦ ~ *for trouble (disaster)* Unheil heraufbeschwören
askance [æs'kæns] von der Seite, mißtrauisch
askew [əs'kjuː] schief
aslant [əs'lɑːnt] schräg; *prep* quer über
asleep [ə'sliːp] schlafend; eingeschlafen; *to be ~* schlafen; *to fall ~* einschlafen
asp[1] [æsp] Uräusschlange; Kreuzotter
asp[2] [æsp] Espe; **~en** Espen-, Espe
asparagus [æs'pærəgəs] Spargel
aspect ['æspekt] Aussehen; Seite; Aspekt
asperity [əs'periti] Rauheit; Schroffheit
aspers|e [əs'pəːs] (Ruf) beschmutzen, verleumden; **~ion** [əs'pəːʃən] *(fig)* Schmutz
asphalt ['æsfælt, *US* '-fɔːlt] Asphalt
asphyxia [æs'fiksiə] Erstickung; Scheintod; **~te** [æs'fiksieit] ersticken
aspir|ant [əs'paiərənt, 'æspirənt] Bewerber (*to, for* um); **~ation** [æspi'reiʃən) Streben, Aspiration; **~e** [əs'paiə] streben (*to* nach)
aspirin ['æspirin] Aspirin
ass [æs] Esel *(a. fig)*
assail [ə'seil] angreifen; bestürmen; **~ant** Angreifer
assassin [ə'sæsin] (Meuchel-)Mörder; **~ate** [ə'sæsineit] meucheln, morden
assault [ə'sɔːlt] Sturm(angriff); Vergewaltigung; (er-)stürmen; anfallen; vergewaltigen
assay [ə'sei] erproben; versuchen; Probe; Untersuchung
assembl|age [ə'semblidʒ] Montage; Ansammlung; **~e** [ə'sembl] (s.) versammeln; montieren; **~y** [ə'sembli] Versammlung; Montage; Baugruppe; **~y-hall, -shop** Montagehalle; **~y line** Fließband, Taktstraße
assent [ə'sent] zustimmen (*to* zu); Zustimmung
asser|t [ə'səːt] geltend machen, zur Geltung bringen; behaupten; ~ *o. s.* auf s. Recht bestehen; s. vordrängen; **~tion** [ə'səːʃən] Behauptung; Geltendmachung; Durchsetzung; **~tive** (allzu) selbstsicher; zuversichtlich; anmaßend
assess [ə'ses] (Summe) festlegen; (steuerlich) veranlagen; (ab)schätzen, beurteilen; **~ment** Festlegung (e-r Summe); (Ab-)Schätzung, Beurteilung; **~or** Steuerschätzer; (fachlicher) Berater
asset ['æset] Aktivposten; *fig* Gut, Gewinn; *pl* Vermögens-, Konkursmasse, Aktiva; Besitz
asseverate [ə'sevəreit] beteuern
assidu|ity [æsi'djuiti] Fleiß, Beharrlichkeit; **~ous** [ə'sidjuəs] fleißig, beharrlich
assign [ə'sain] zuweisen; j-n anweisen; bestimmen; **~ment** Zu-, Anweisung; Auftrag, Stelle; Hausaufgabe
assimila|te [ə'simileit] (Nahrung) assimilieren; (in s.) aufnehmen, s. einverleiben; s. angleichen, s. einfügen; **~tion** [əˌsimi'leiʃən] Assimilation; Angleichung, Einfügung
assist [ə'sist] helfen; teilnehmen (*in* an), anwesend sein (*at* bei); **~ance** Hilfe; **~ant** Hilfs-; Gehilfe, Assistent
assizes [ə'saiziz] Assisen, Schwurgericht
associa|te [ə'souʃiit] verbunden; Gesellschafter, Partner; außerordentl. Mitglied; **~te** [ə'souʃieit] *vt/i* verbinden; verkehren (*with* mit); **~tion** [əˌsousi'eiʃən] Verbindung; Assoziation; Vereinigung; Umgang; **~tion football** *BE* (europ.) Fußball
assort [ə'sɔːt] sortieren; assortieren; passen (*with* zu); **~ed** gemischt, in allen Sorten (Größen); **~ment** Sortieren; Sortiment, Assortiment; Auswahl
assuage [ə'sweidʒ] lindern; besänftigen
assume [ə'sjuːm] (Gestalt, Name) annehmen; übernehmen, ergreifen, s. anmaßen; annehmen, vermuten (*it ist ~d* es ist anzunehmen)
assumption [ə'sʌmpʃən] Übernahme; Anmaßung; Annahme (*on the ~ that* in der A., daß)
assur|ance [ə'ʃuərəns] Versicherung; Vertrauen, Sicherheit; Dreistigkeit; **~e** [ə'ʃuə] (ver-, zu-)sichern; überzeugen
aster ['æstə] Aster
asterisk ['æstərisk] 🕮 Sternchen; mit e-m St. versehen
astern [əs'təːn] (nach) achtern
asthma ['æsmə, *US* 'æzmə] Asthma
astir [əs'təː]: *to be ~* auf sein; in Bewegung, Erregung sein
astonish [əs'tɔniʃ] erstaunen, überraschen; **~ment** Erstaunen, Überraschung
astound [əs'taund] völlig überraschen, bestürzen
astray [əs'trei] in die Irre, vom guten Wege ab

astride [əs'traid] rittlings
astro|loger [əs'trɔlədʒə] Astrologe; **~logy** [əs'trɔlədʒi] Astrologie; **~nautics** [æstrə'nɔːtiks] *sg vb* Raumschiffahrt; **~nomer** [əs'trɔnəmə] Astronom; **~nomical** [æstrə'nɔmikl] astronomisch; **~nomy** [əs'trɔnəmi] Astronomie
astute [əs'tjuːt] schlau, scharfsinnig
asunder [ə'sʌndə] auseinander, entzwei
asylum [ə'sailəm], *pl* **~s** Heim; Asyl
at [æt, ət] in, an; um (3 Uhr), zu (Ostern); bei (der Arbeit), am (Tisch) ♦ *what are you ~ ?* womit befaßt du dich?; im (Krieg), in (Ruhe, Muße); im (Galopp, Tempo); auf . . . zu; zu (3 DM) ♦ *~ that (fig)* dabei
ate [et, *US* eit] *siehe* eat
atheism ['eiθiizm] Atheismus
athlet|e ['æθliːt] sportl. Geübter, Sportler, *BE* Leichtathlet; **~ic** [əθ'letik] Sport-; sportlich; **~ics** *pl vb* Sport (sportliche Betätigung), *BE* Leichtathletik; *sg vb* Sport (als Fach, Methode)
at-home [æt'houm] (priv.) Empfang(stag)
athwart [ə'θwɔːt] quer (über); entgegen
atlas ['ætləs], *pl* **~es** Atlas
atmospher|e ['ætməsfiə] Atmosphäre; Luft; **~ic** [ætməs'ferik] atmosphärisch; **~ics** *pl vb* atmosphärische Störungen
atom ['ætəm] Atom; *to blow to ~ s* völlig zertrümmern; **~ic** [ə'tɔmik] Atom-, Kern-; *~ic age* [eidʒ] Atomzeitalter; *~ic fission* Kernspaltung; *~ic fuel* Kernbrennstoff; *~ic nucleus* ['njuːkliəs] Atomkern; *~ic power* ['pauə] Atomstrom; *~ic power plant* Kernkraftwerk; phantastisch; **~ize** ['ætəmaiz] zerstäuben, atomisieren; **~izer** (Parfüm-)Zerstäuber; **~ smashing** Atomzertrümmerung; **~ splitting** Atomspaltung
atone [ə'toun] büßen (*for* für), wiedergutmachen; **~ment** Buße, Sühne
atop [ə'tɔp] oberhalb, oben auf
atroci|ous [ə'trouʃəs] grauenhaft; abscheulich, scheußlich; **~ty** [ə'trɔsiti] Greuel(tat); Scheußlichkeit
atrophy ['ætrəfi] Atrophie; schrumpfen (lassen)
attach [ə'tætʃ] anheften, verbinden; haften; zuteilen; (Wert) beilegen; beschlagnahmen; **~ed** [ə'tætʃt] *to* gehörig zu; zugetan; **~ment** Befestigen; Bindung; Zuneigung; Anhängsel; Vorrichtung; Beschlagnahme
attaché [ə'tæʃei, *US* ætə'ʃei] Attaché; **~ case** Aktentasche
attack [ə'tæk] Angriff; Anfall; angreifen; in Angriff nehmen, anpacken
attain [ə'tein] erreichen; ~ *to* gelangen zu; **~ment** Erreichung; *pl* Kenntnisse, Leistungen
attempt [ə'tempt] Versuch; versuchen; *~ the life of* ein Attentat verüben auf
attend [ə'tend] (Schule) besuchen; ~ *to* Beachtung schenken; ~ *on* bedienen; (Arzt) behandeln; begleiten; **~ance** Besuch; (Auf-)Wartung; Behandlung; Anwesenheit; Besucher(zahl); *hours of ~ance* Dienststunden; **~ant** dazugehörig, begleitend; dienst-tuend; Diener, Wärter; Platzanweiser
atten|tion [ə'tenʃən] Aufmerksamkeit; *~tion!* Achtung!; Stillgestanden!; **~tive** [ə'tentiv] aufmerksam; sorgfältig (*to* bei)
attenuate [ə'tenjueit] verdünnen; vermindern
attest [ə'test] beweisen; bescheinigen ~ *to* bezeugen, Zeugnis ablegen; vereidigen; in die Armee eintreten
attic ['ætik] Mansarde; Dachgeschoß, Boden
attire [ə'taiə] Gewand; kleiden
attitude ['ætitjuːd] Haltung; *fig* Einstellung
attorney [ə'təːni] *bes US* Anwalt; *letter of ~, power of ~* Vollmacht; **~ general** Kronanwalt, *US* Justizminister
attract [ə'trækt] anziehen; auf s. lenken; (an)locken; **~ion** [ə'trækʃən] Anziehung(skraft); Reiz, Attraktion; **~ive** [ə'træktiv] anziehend, reizend, attraktiv
attribute ['ætribjuːt] (kennzeichnende) Eigenschaft; Merkmal; Attribut; ~ [ə'tribjuːt] *vt* zuschreiben
attrition [ə'triʃən] Zermürbung, Verschleiß (*war of ~*)
aubergine ['oubəʒiːn] Aubergine
auburn ['ɔːbən] rot-, goldbraun
auction ['ɔːkʃən] Auktion; *to sell by ~* = **to ~** versteigern; **~eer** [ɔːkʃə'niə] Versteigerer, Auktionator
audaci|ous [ɔː'deiʃəs] kühn; dreist; **~ty** [ɔː'dæsiti] Kühnheit; Dreistigkeit
audi|ble ['ɔːdibl] hörbar, laut; **~ence** ['ɔːdiəns] Publikum, Zuhörerschaft, Zuschauer; Leserschaft; Audienz (*of* bei); **~le** ['ɔːdail] auditiv(er Typ); **~o frequency** ['ɔːdiou 'friːkwənsi] Ton-, Niederfrequenz
audit ['ɔːdit] Rechnungsprüfung, (Bücher-)Revision; prüfen, revidieren; *US* als Gasthörer belegen; **~ion** [ɔː'diʃən] Gehör; Vorspielen, Singprobe; vorsprechen, vorspielen (lassen); **~or** Rechnungsprüfer; *US* Gasthörer; **~orium** [ɔːdi'tɔːriəm], *pl* ~oriums Zuschauerraum; (Hör-)Saal; Auditorium; (Fest)Halle; **~ory** ['ɔːditəri] Hör-, Gehör-
Augean [ɔː'dʒiən] **stables** Augiasstall
auger ['ɔːgə] Holz-, Schlangenbohrer
aught [ɔːt] (irgend)etwas ♦ *for ~ I know* soviel ich weiß
augment [ɔːg'ment] vergrößern; zunehmen; **~ation** [ɔːgmen'teiʃən] Vergrößerung; Zunahme
augur ['ɔːgə] Augur; (vor)bedeuten; *to ~ well (ill)* ein gutes (böses) Omen sein; **~y** ['ɔːgjuri] Weissagung; Zeichen, Omen
august [ɔː'gʌst] erhaben, majestätisch
August ['ɔːgəst] August
auld lang syne ['ɔːldlæŋ'sain] die gute alte Zeit
aunt [ɑːnt] Tante
aurochs ['ɔrɔks], *pl* **~** Wisent; Ur, Auerochs
auro|ra [ɔː'rɔːrə], *pl* **~rae** [-–riː], **~ras** Morgenröte; **~ra (borealis** [bɔːri'eilis]) Nordlicht; **~ra australis** [ɔːs'treilis] Südlicht
auscultation [ɔːskʌl'teiʃən] Abhorchen
auspices ['ɔːspisiz], *pl vb* Auspizien, Schutz; Schirmherrschaft

auspicious [ɔːs'piʃəs] glückverheißend
Aussie ['ɔːsi] *sl* Australier (*bes* Soldat)
auster|e [ɔːs'tiə] streng-ernst; einfach; **~ity** [ɔːs'teriti] Strenge; Einfachheit; streng-einfache Lebensführg.; Knappheit
Australia [ɔːs'treiljə] Australien; **~n** australisch; Australier(in)
autarchy ['ɔːtɑːki] Alleinherrschaft; = autarky
autarky ['ɔːtɑːki] Autarkie
authentic [ɔː'θentik] verläßlich, echt, authentisch; **~ate** [ɔː'θentikeit] als echt erweisen; beglaubigen
author ['ɔːθə] Verfasser, Autor; Urheber; **~ess** ['ɔːθəris] Verfasserin, Autorin; **~itative** [ɔː'θɔritətiv] zuverlässig (Bericht); maßgebend; gebieterisch; **~ity** [ɔː'θɔriti] Autorität; Ermächtigung; *oft pl* Behörden, Dienststellen; Fachmann, Autorität (*on* für); Quelle (*on good ~* aus guter Quelle); **~ization** [ɔːθərai'zeiʃən] Er-, Bevollmächtigung; Billigung; **~ize** ['ɔːθəraiz] er-, bevollmächtigen; gutheißen; **~ship** Schriftstellerei; Urheberschaft
auto ['ɔːtou] *US* Wagen, Auto; **~biography** [--bai'ɔgrəfi] (Kunst der) Selbstbiogr.; **~-changer** [-́-tʃeindʒə] Plattenwechsler; **~-cracy** [ɔː'tɔkrəsi] Autokratie; **~crat** ['ɔːtəkræt] Autokrat; **~giro** [--'dʒaiərou], *pl ~*giros Tragschrauber; **~graph** ['ɔːtəgrɑːf] Autogramm; eigenhändig (unter)schreiben; **~harp** ['ɔːtəhɑːp] Zither
automat ['ɔːtəmæt] *US* Automatenrestaurant; **~e** ['ɔːtəmeit] automatisieren; **~ic** [ɔːtə'mætik] automatisch, selbsttätig; unwillkürlich; Selbstladepistole; Automatik(getriebe); **~ion** [ɔːtə'meiʃən] Automation, Automatisierung; **~ize** ['ɔːtəmətaiz] automatisieren; **~on** [ɔː'tɔmətən], *pl ~*ons Automat
auto|mobile ['ɔːtəməbiːl] *bes US* Kraftwagen; = **~motive** [ɔːtə'moutiv] kraftfahr-(technisch); selbstfahrend; **~nomous** [ɔː'tɔnəməs] autonom; **~nomy** [ɔː'tɔnəmi] Autonomie; **~psy** ['ɔːtəpsi] Obduktion
autumn ['ɔːtəm] Herbst; **~al** [-'tʌmnəl] herbstlich; Herbst-
auxiliary [ɔːg'ziliəri] helfend; Hilfs-; Helfer; Hilfsmittel; Hilfsverb
avail [ə'veil] nützen; *~ o. s. of* s. zunutze machen; Nutzen; *of no ~* nutzlos; *without ~* erfolglos; **~able** benutzbar, verfügbar; erhältlich; gültig
avalanche ['ævəlɑːnʃ] Lawine
avaric|e ['ævəris] Habgier; Geiz; **~ious** [ævə'riʃəs] habgierig; geizig
avenge [ə'vendʒ] rächen (*upon* an)
avenue ['ævinjuː] *BE* Allee; breite Straße; *fig* Weg, Straße
aver [ə'vəː] (definitiv) behaupten
average ['ævəridʒ] Durchschnitt; *on an* (od *the*) *~* durchschnittlich; Havarie; Durchschnitts-, durchschnittlich; den Durchschnitt nehmen von; durchschnittlich sein; durchschnittlich fahren (erreichen, etc)
avers|e [ə'vəːs] abgeneigt, nicht willens; **~ion** [ə'vəːʃən] Widerwille (*to* geg.)
avert [ə'vəːt] abwenden; verhüten
avia|ry ['eiviəri] Vogelhaus; **~tion** [eivi'eiʃən] Luftfahrt; Fliegerei; Flugsport; Luftwaffe; **~tor** ['eivieitə] Flieger; **~trix** [eivi'eitriks] Fliegerin
avid ['ævid] (sehr) begierig (*of, for* nach); **~ity** [ə'viditi] Begierde, Gier
avitaminosis [ei,vitəmi'nousis] Vitaminmangel(krankheit)
avocado [ævə'kɑːdou], *pl* **~s** Advokaten-, Avocatobirne
avocation [ævou'keiʃən] Nebenbeschäftigung; Beruf
avoid [ə'vɔid] (ver)meiden; entgehen; anfechten; **~able** vermeidbar; **~ance** Vermeidung; Anfechtung; Vakanz
avoirdupois [ævədə'pɔiz] Avoirdupois (*BE, US* Handelsgewicht; *1 ~ pound* = 453,6 Gramm)
avouch [ə'vautʃ] verbürgen; bestätigen
avow [ə'vau] (offen) bekennen; *~ o. s.* s. bekennen zu; **~al** [-́-əl] Bekenntnis; **~ed** [-́-d] eingestanden; überzeugt
await [ə'weit] warten auf; erwarten
awake [ə'weik] *(s. S. 318)* auf-, erwachen; auf-, (er)wecken; *~ to* s. bewußt werden; *adj* wach; *~ to* (e-r Sache) bewußt; **~n** [ə'weikən] auf-, erwecken; aufrütteln; auf-, erwachen
award [ə'wɔːd] Preis; (Urteils-)Spruch; zuerkennen (als Preis, durch Urteil)
aware [ə'wɛə] *to be of ~* merken, s. bewußt sein; *to become ~ of* gewahr werden
away [ə'wei] weg (*from* von), davon; fort *(~ with it!)*; drauflos (arbeiten) ♦ *right* (od *straight*) *~* sofort; *far and ~* bei weitem
awe [ɔː] hohe Achtung, Ehrfurcht (*of* vor); *to hold in ~* hoch verehren; **~-inspiring** [-́-inspaiəriŋ] ehrfurchtgebietend; **~some** [-́-səm] furchterregend; ehrfurchtgebietend; **~-struck** [-́-strʌk] von Ehrfurcht (Scheu) ergriffen
awful ['ɔːfəl] schrecklich, kolossal; = awesome; **~ly** schrecklich, sehr *(~ly sorry)*
awhile [ə'wail] e-e Weile, e-e Zeitlang
awkward ['ɔːkwəd] unangenehm, schwierig, unhandlich; unpassend, unbehaglich, peinlich; unbeholfen, ungeschickt, linkisch (*the ~ age*); *an ~ customer* ein unangenehmer Bursche
awl [ɔːl] Ahle
awn [ɔːn] Granne
awning ['ɔːniŋ] Plane; Markise; Sonnensegel
awry [ə'rai] schief ♦ *to go ~* schiefgehen
axe, *US* **ax** [æks] Axt, Beil; *to have an ~ to grind* eigennützige Zwecke verfolgen; *vt* mit dem Beil bearbeiten; *fig* abbauen; (zusammen)streichen
axial ['æksiəl] axial; Achsen-
axiom ['æksiəm] Axiom; **~atic** [---'mætik] axiomatisch; unumstößlich klar
ax|is ['æksis], *pl* **~es** ['æksiːz] Achse
axle ['æksl] (Rad-)Achse, Welle; **~-tree** = axle
ay(e) [ai] ja; gewiß ♦ *the ayes have it* die Mehrheit ist dafür
azalea [ə'zeiljə], *pl* **~s** Azalee

azimuth ['æzimәθ] Azimut, Scheitelkreis; Richtung, Kurs
azure ['æʒә, 'eiʒә] Himmelblau; (himmel)blau

B

B, b [biː] B; ♪ H; **B sharp** his, **B flat** b
baba ['bɑːbә] Topfkuchen
babble ['bæbl] b(r)abbeln; (aus)plappern; (Bach) schwatzen; Geb(r)abbel; Gemurmel
babe [beib] (*bes fig*) Kind
babel ['beibl] (Stimmen-)Wirrwarr
baboon [bә'buːn] Pavian
baby ['beibi] Säugling, Baby; Zwerg-(Auto); **~hood** [ˊ–hud] Säuglingsalter; **~-sitter** [ˊ–sitә] wer auf Kinder aufpaßt, Babysitter
bachelor ['bætʃәlә] Junggeselle; Bakkalaureus (etwa: Studienreferendar); Bakkelaureat; **~ girl** Junggesellin
bacil|lus [bә'silәs], *pl* **~li** [–ˊlai] Bazillus
back [bæk] **1.** Rücken ♦ *to put one's ~ into* s. hineinknien in; **2.** Lehne; **3.** Rückseite, hinteres Ende ♦ *to take a ~ seat* zurücktreten, zurückstehen müssen **4.** ⛩ Verteidiger; **5.** *adj* rückwärtig, Hinter-; **6.** früher (Nummer); **7.** ausstehend (Lohn); **8.** *adv* zurück; *there and ~* hin und zurück; *~ from* abseits von (der Straße); *US ~ of* hinter; *~ and forth* hin u. her; *as far ~ as 1930* schon 1930; **9.** *vt/i* (s.) zurückbewegen, rückwärts fahren; *~ down* klein beigeben; *~ out* im Stich lassen; **10.** unterstützen; **11.** setzen auf (Pferd); **12.** indossieren; **~ache** ['bækeik] Rückenschmerzen; **~-bencher** [ˊ-bentʃә] *BE* gewöhnlicher Abgeordneter; **~bite** ['bækbait] anschwärzen; **~bone** ['bækboun] Rückgrat, *to the ~bone* bis auf d. Knochen **~-cloth** ['bækklɔθ] 🎭 Prospekt; **~door** ['bækdɔː] Hintertür; heimlich; **~-drop** ['bækdrɔp] = ~-cloth; **~er** Unterstützer; Wetter; **~-fire** ['bækfaiә] (Ausfpuff-)Knall; **~gammon** [bæk'gæmәn] Puff, Tricktrack; **~ground** ['bækgraund] Hintergrund; Untergrund; Grundlage, (j-s) Bildung, Wissen u. Können; **~hand** ['bækhænd] Rückhand(schlag); rückläufige Schrift; **~handed** Rückhand-; rückläufig; zweideutig (Kompliment); **~ing** Unterstützung; Anhänger; **~log** ['bæklɔg] Rückstand; Reserve; **~-room boy** Wissenschaftler (für Geheimforschung); **~slide** ['bæk'slaid] *(s. S. 318)* zurückfallen; **~slider** Rückfälliger; **~ward** ['bækwәd] Rück(wärts)-; zurück; rückständig; (im Wachstum) zurück; zurückhaltend; **~wards** ['bækwәdz] rückwärts, nach hinten; **~wash** ['bækwɔʃ] Kielwasser; Nachwehen; **~water** totes Wasser; *fig* Leere, Öde; **~woodsman** ['bækwudzmәn], *pl* -men Hinterwäldler; **backyard** [ˊ-jɑːd] *US* Garten
bacon ['beikәn] Speck ♦ *to bring home the ~* d. Geld verdienen; Erfolg haben
bacteri|um [bæk'tiәriәm], *pl* **~a** [–ˊriә] Bakterie; **~ology** [bækˌtiәri'ɔlәdʒi] Bakteriologie
bad [bæd] schlecht, böse; *~ language* Flüche; *~ debt* zweifelhafte Forderung; *in a ~ way* (sehr) krank; schädlich, abträglich; schlimm; übel; *not ~* recht gut; *to be £ 20 to the ~* £ 20 Verlust haben
bade [beid, bæd] *siehe* bid
badge [bædʒ] (Ab-)Zeichen
badger ['bædʒә] Dachs(pelz); Präriedachs; *vt* (mit Bitten) quälen
badinage ['bædinɑːʒ, ––ˊ] Necken
badly ['bædli] schlimm; sehr dringend
badminton ['bædmintәn] Federball(-spiel)
baffle ['bæfl] verwirren; vereiteln ♦ *~s description* spottet jeder Beschreibung
bag [bæg] **1.** Beutel, Sack ♦ *to let the cat out of the ~* die Katze aus dem Sack lassen; **2.** (Jagd-)Strecke; **3.** erlegen; **4.** einsacken; **5.** *umg* stibitzen; **6.** (s.) ausbeulen
bagatelle [bægә'tel] Tivoli(spiel); Bagatelle
baggage ['bægidʒ] Gepäck; Troß; (freches) Gör; alte Schachtel
baggy ['bægi] ausgebeult (Hose), beutelig
bag|man ['bægmәn], *pl* **~men** Vertreter; **~pipe** ['bægpaip] Dudelsack
bail[1] [beil] Bürgschaft, Kaution; *to go ~ for* bürgen für; *out on ~* gegen Kaution freigelassen; *~ out* durch Kaution freibekommen
bail[2] [beil]: *~ out* (Wasser, Boot) leer schöpfen; *bes US* mit dem Fallschirm abspringen (*siehe* bale)
baili|ff ['beilif] Landvogt; *US* Gerichtsdiener, *BE* -vollzieher; *BE* (Guts-)Verwalter; **~wick** ['beiliwik] Tätigkeitsbereich e-s bailiff; (Tätigkeits-)Bereich
bairn [bεәn] (*nordengl., schott.*) Kind
bait [beit] Köder; (Pferde-)Futter; mit Köder versehen; (Pferde) füttern; Rast machen; reizen, quälen
baize [beiz] (grüner) Fries; **~ cloth** Billardtuch
bake [beik] backen; braten; (keramisch) brennen; dörren; **~r** ['beikә] Bäcker; **~ry** ['beikәri] Bäckerei
bakelite ['beikәlait] Bakelit
balance ['bælәns] **1.** Waage ♦ *tremble* (od *hang) in the ~* auf Messers Schneide stehen; **2.** Balance; *to keep one's ~* die Balance halten, *fig* ruhig bleiben; *to lose one's ~* die Balance verlieren, *fig* die Fassung verlieren; (*to be thrown) off one's ~* aus dem Gleichgewicht, durcheinander (gebracht werden); **3.** (Uhr) Unruhe; **4.** Bilanz, Saldo, Überschuß; *~-sheet* aufgestellte Bilanz; *umg* Rest ♦ *on ~* alles in allem, im ganzen genommen; **5.** *vt/i* balancieren; ausgleichen; abwägen; bilanzieren, saldieren
balcony ['bælkәni] Balkon; *US* 1. (*BE* 2.) Rang
bald [bɔːld] kahl(köpfig); kahl (Berg); nackt, trocken (Feststellung)
balderdash ['bɔːldәdæʃ] Geschwätz, Unsinn
baldric ['bɔːldrik] (breiter) Schulterriemen, Gehenk
bale [beil] (Waren-)Ballen; in Ballen verpakken; *~ out (bes BE)* mit dem Fallschirm abspringen (*siehe* bail)
baleful ['beilful] unheilvoll, böse
balk [bɔːk] hindern; abbringen (*of* von); (zu-

rück)scheuen (*at* vor); Hemmnis; Balken; (Feld-)Rain
ball [bɔːl] (Spiel-, Schnee-, Tanz-)Ball; Kugel; Knäuel; **~-bearing** [⌐-'bɛəriŋ] Kugellager
ballad ['bæləd] Ballade
ballast ['bæləst] Ballast; Schotter; (innerer) Halt; mit B. versehen, beschottern
ballet ['bælei] Ballett
balloon [bə'luːn] Ballon
ballot ['bælət] Wahl-, Stimmzettel; geheime Wahl; *to make a ~* abstimmen; **~-box** Wahlurne; (geheim) wählen, abstimmen (*for* für)
ball-point pen ['bɔːlpɔintpen] Kugelschreiber
ballyhoo [bæli'huː] Werbe-, Propagandarummel, derbe Reklame; marktschreierisch anpreisen
balm [bɑːm] Balsam, Melisse; *fig* Trost
baloney [bə'louni] Quatsch
balsam ['bɔːlsəm] Balsam; Balsamtanne
Baltic ['bɔːltik] baltisch; Ostsee
balust|er ['bæləstə] Geländerstab; **~rade** [bæləs'treid] Balustrade; Geländer
bamboo [bæm'buː] Bambus
bamboozle [bæm'buːzl] *sl* beschwindeln (*into the belief* zu glauben; *out of* um)
ban [bæn] Verbot; Bann; verbieten
banal [bə'nɑːl, 'beinəl] banal, gewöhnlich; **~ity** [bə'næliti] Banalität
banana [bə'nɑːnə], *pl* **~s** Banane
band [bænd] Band (*pl* **~s** Bänder; Bande); Streifen; Bande, Schar; Gruppe; (Musik-)Kapelle; ⚡ Wellenband; (s.) vereinigen; (s.) zusammenrotten
bandage ['bændidʒ] Verband; verbinden, e-n Verband anlegen, bandagieren
bandbox ['bændbɔks] Hutschachtel ♦ *as if he had just come out of a ~* wie aus dem Ei gepellt
bandeau ['bændou], *pl* **~x** [⌐-douz] Haarband
bandit ['bændit] (Straßen-)Räuber
bandmaster ['bændmɑːstə] Kapellmeister
bandoleer [bændə'liə] Patronengurt
band|sman ['bændzmən], *pl* **~smen** [⌐-mən] Musiker (in e-r Kapelle); **~stand** ['bandstænd] Musikpavillon; **~ wagon** ['bændwægən] Musikwagen ♦ *to climb on* (od *aboard*) *the ~ wagon* s. der siegreichen Partei (Gruppe) anschließen
bandy ['bændi] hin- u. herschlagen (Ball); (Worte, Blicke, Beleidigungen) austauschen; *to be bandied about* durch d. Kakao gezogen werden; *~ about* (Geschichte) weitertragen; **~-legs** O-Beine; **~-legged** [⌐--legd] O-beinig
bane [bein] Gift; Fluch; **~ful** verderblich
bang [bæŋ] heftiger Schlag; Knall; dröhnend schlagen mit (der Faust), (Kopf) anschlagen; *~* (*down* zu)knallen
banger ['bæŋə] *BE* Schweinswürstchen; *BE* Knallfrosch; *BE* Klapperkasten
bangle ['bæŋgl] Arm-, Fußreif
banish ['bæniʃ] verbannen *(a. fig)*
banister ['bænistə] Geländerstab; *pl* (Treppen-)Geländer
banjo ['bændʒou], *pl* **~s** Banjo
bank¹ [bæŋk] Ufer; Böschung; (Sand-, Wolken-)Bank, (Schnee-)Haufen; (Sitz-)Bank; ✈ Schräglage; Überhöhung (e-r Straße); *~ up* (Fluß) eindämmen, aufstauen; s. auftürmen; (s.) in die Kurve legen, kurven; (*umg*) *~ on* s. verlassen auf; **~ed** ['bæŋkt] (Straße) überhöht
bank² [bæŋk] Bank (*a.* Spiel-); (Geld) auf e-r Bank einzahlen; Bankkonto haben (*with* bei), Bankgeschäfte machen (*with* mit); **~-bill** ['bæŋkbil] Bankakzept; *US* Banknote; **~-book** Kontobuch; **~er** Bankier, *my ~ers* meine Bank; **~ holiday** ['hɔlədi] (in Engl.) gesetzl. Feiertag; **~ing** Bankwesen, -geschäft; **~-note** Banknote; **~rupt** ['bæŋkrʌpt] Konkurs-, Gemeinschuldner; bankrott; zahlungsunfähig; bar (*of ideas* jeglicher Ideen); Bankrott machen; **~ruptcy** ['bæŋkrʌpsi] Bankrott, Konkurs
banner ['bænə] Banner; Schlagzeile; *US* hervorragend
banns [bænz] *pl vb* öffentl. Aufgebot (der Verlobten in der Kirche); *to call* (od *put up*) *the ~ of* j-n aufbieten
banquet ['bæŋkwit] Bankett, Festessen
banshee ['bænʃiː] heulend(es Todesgespenst, *in Irland, Schottland*)
bantam ['bæntəm] Bantam-, Zwerghuhn; **~-weight** [⌐--weit] B.gewicht
banter ['bæntə] necken; Spaß machen
baptism ['bæptizm] Taufe *(a. fig)*; *~ of fire* Feuertaufe; **~al** [bæp'tizməl] Tauf-
bapti|st ['bæptist] Täufer; Baptist; **~stery** ['bæptistəri] Taufkapelle; **~ze** [bæp'taiz] taufen *(a. fig)*
bar¹ [bɑː] Stange (Metall), Barren (Gold), Stück (Seife), Streifen (Schokol.); Riegel; Schranke, Barriere, Torhaus; Takt(-strich); (Farb-)Streifen; Schranke, Hindernis; Schranke (im Gericht); Gericht; Rechtsanwaltschaft; Forum (*of public opinion* d. öfftl. Meinung); Schanktisch, Bar; *to be called* (od *go*) *to the Bar* Rechtsanwalt *(Barrister)* werden; *to read for the Bar* Jura studieren; **horizontal** [hɔri'zɔntəl] ~ Reck; **parallel** ['pærələl] ~s Barren
bar² [bɑː] verriegeln, zusperren; *~ out* aussperren; versperren (Weg), erschweren; **~**, **~ring** ['bɑːriŋ] außer
barb [bɑːb] (Tier-)Bart; Widerhaken; **~ed** ['bɑːbd] **wire** Stacheldraht
barbar|ian [bɑː'bɛəriən] Barbar; Barbaren-, grob, wild; **~ic** [bɑː'bærik] unkultiviert, grobschlächtig; **~ism** ['bɑːbərizm] Barbarei, Unkultur; **~ity** [bɑː'bæriti] Barbarei, wilde Grausamkeit; **~ous** ['bɑːbərəs] kulturlos, unkultiviert; barbarisch; **~ousness** = ~ism, ~ity
barbecue ['bɑːbikjuː] Bratspieß; Ochse, Schwein (ganz gebraten); Festessen (im Freien mit ganz gebrat. Ochsen etc)
barbel ['bɑːbəl] *zool* (Fluß-)Barbe
barber ['bɑːbə] (Herren-)Friseur
bard [bɑːd] Barde, Sänger
bare [bɛə] bloß (Füße), entblößt (Haupt), nackt (Fußboden), kahl (Berg); leer (Zimmer), öde; *fig* knapp, bloß, ganz gering (Chance);

entblößen; offenbaren (Herz, Gedanken); *to lay ~* bloßlegen; **~back** sattellos; **~faced** ['bɛəfeist] schamlos; **~-foot(ed)** ['bɛəfut(id)] barfüßig; **~-headed** ['bɛəhedid] entblößt; ohne Hut; **~ly** kaum, ganz knapp; dürftig, kümmerlich

bargain ['bɑːgin] **1.** (abgemachtes) Geschäft, Handel; **2.** billiger Kauf, Gelegenheitskauf; *to strike a ~* Geschäft machen; *to drive a ~* ein G. herausschlagen; *to make the best of a bad ~* das Beste daraus machen ♦ *into the ~* als Zugabe, obendrein; **3.** (aus)handeln, feilschen; *~ for* rechnen mit, erwarten

barge [bɑːdʒ] Lastkahn; (Offiziers-)Barkasse; Hausboot; *~ into s-b (BE sl)* heftig (u. ungeschickt) mit j-m zusammenprallen; **~e** [bɑː'dʒiː] *BE* Kahnführer, Schleppschiffer ♦ *to swear like a ~e* wie ein Landsknecht fluchen

baritone ['bæritoun] Bariton

bark[1] [bɑːk] Bellen (*his ~ is worse than his bite* Hunde, die bellen, beißen nicht); bellen (Hund, Fuchs); schnauzen; **~ing** Bellen, Gebell; **~er** Anpreiser

bark[2] [bɑːk] Rinde; entrinden; (Haut) abschürfen; (*BE a.* barque) Bark

barley ['bɑːli] Gerste; **pearl** [pəːl] **~** Perlgraupen

barm [bɑːm] (Malz-)Hefe, Bärme; **~y** ['bɑːmi] gärend; *BE* blöde, meschugge

bar|maid ['bɑːmeid] Kellnerin; **~man** ['bɑːmən], *pl* ~men *BE* Barmixer

barn [bɑːn] Scheune; *US* (Pferde-, Vieh-)Stall; Geräteschuppen; **~door fowl** [faul] Hausgeflügel; **~storm** auf dem Lande Reden halten, Theater spielen; **~yard** ['bɑːnjɑːd] (Bauern-) Hof [Nonnengans

barnacle ['bɑːnəkl] Entenmuschel; *fig* Klette;

barometer [bə'rɔmitə] Barometer

baron ['bærən] Baron, Freiherr; **~ess** Baronin, Freifrau; **~ial** [bə'rouniəl] freiherrlich; **~y** ['bærəni] Baronsrang, Freiherrenstand

baronet ['bærənit] Baronet; **~cy** [ˊ––si] Baronetsrang, -stand

baroque [bə'rouk, bə'rɔk] barock; überladen

barque [bɑːk] *siehe* bark[2]

barrack ['bærək] *(mst pl), sg vb* Kaserne; *sg fig* Mietshaus, Kasten; *BE sl* höhnen, spotten (*at* über), auspfeifen

barrage ['bærɑːʒ] (Stau-)Damm, Talsperre; Sperrfeuer; (*balloon ~*) Ballonsperre

barrel ['bærəl] Faß(inhalt); Barrel (136–180 l; Erdöl 159 l); (Gewehr-)Lauf, (Geschütz-) Rohr; Walze; in Fässer verpacken; *US* rasen; **~-organ** ['bærəlɔːgən] Drehorgel; **~-roll** ['bærəlroul] (Flug-)Rolle

barren ['bærən] unfruchtbar *(a. fig)*; dürr; Ödland

barricade [bæri'keid] Barrikade; verbarrikadieren

barrier ['bæriə] Schranke; Barriere, Sperre; Hemmnis, Hindernis (*to* für)

barring ['bɑːriŋ] außer (*siehe* bar)

barrister ['bæristə] Barrister (Rechtsanwalt, zugelassen bei höher. Gerichten)

barroom ['bɑːru(ː)m] *US* Schankraum

barrow ['bærou] Trage, Bahre; Schubkarren *(wheel-~)*; (Grab-)Hügel

bartender ['bɑːtendə] Barmixer

barter ['bɑːtə] tauschen (*for, against* gegen); *~ away* (im Tausch) verschleudern; Tauschhandel

barytone ['bæritoun] = baritone

basal ['beisl] grundlegend, Grund-; **~ metabolism** [mi'tæbəlizm] Stoffwechsel

basalt ['bæsɔːlt] Basalt

base[1] [beis] Basis, Fundament; Grundlinie, -fläche; (Flotten- etc)Stützpunkt; *chem* Base; gründen (*upon* auf); *to be ~d* [beist] *upon* beruhen, basieren auf

base[2] [beis] gemein; feige, schändlich; unedel (Metall)

base|ball ['beisbɔːl] Baseball; **~less** grundlos; **~ment** Souterrain, Kellergeschoß

bash [bæʃ] (heftiger) Schlag; Mordsgaudi; *to have a bash at s-th BE* etw mal probieren; (an-)schlagen

bashful ['bæʃful] schüchtern, scheu

basic ['beisik] grundlegend, Grund-; basisch; **~ research** [ri'səːtʃ] Grundlagenforschung

basil ['bæzl] Basilien-, Hirnkraut

basilica [bə'silikə] Basilika

basilisk ['bæzilisk, *US* 'bæs-] Basilisk

basin [beisn] (Wasch-, Fluß-, Hafen-)Becken

bas|is ['beisis], *pl* **~es** [ˊ-siːz] Basis, Grundlage, Grundprinzip

bask [bɑːsk] s. sonnen, s. wärmen

basket ['bɑːskit] Korb; **~-ball** ['bɑːskitbɔːl] Basketball, Korbball

Basque [bɑːsk] Baske, baskisch; **b~** langes Mieder [lief

bas-relief ['bæsriliːf, 'bɑːri-] Flachrelief, Basre-

bass[1] [bæs] Bast; (amerik.) Linde(nholz)

bass[2] [bæs] *pl* ~ (Fluß-)Barsch; Seebarsch

bass[3] [beis] (Ton) tief; Baß(stimme, -instrument; -sänger, -spieler); **double** [dʌbl] **~**, US **~ viol** ['vaiəl] Kontrabaß

basset ['bæsit] Basset

bassinet [bæsi'net] Korbwiege, -wagen

bassoon ['bəsuːn] Fagott; **~ist** Fagottist

basswood ['bæswud] (amerk.) Linde(nholz)

bast [bæst] Bast

bastard ['bæstəd] unehelich(es Kind); (gemeiner) Kerl; unecht; anormal; **~ title** [taitl] 🕮 Schmutztitel

baste [beist] (mit Fett) begießen (Braten); (Stoff) heften, reihen

bastille [bæs'tiːl] Festung; Kerker

bastion ['bæstiən] Bastion

bat[1] [bæt] Fledermaus; *as blind as a ~* stockblind ♦ *to have ~s in the belfry* nicht alle auf dem Kasten haben

bat[2] [bæt] (Kricket-, Baseball-)Schläger, Keule; schlagen

bat[3] [bæt] *bes US* blinzeln ♦ *never ~ted an eyelid* tat kein Auge zu, zuckte nicht mit d. Wimper

batch [bætʃ] Schub (Brote); Stoß, Stapel; Gruppe (Menschen); Charge, Gicht

bate [beit]: *with ~d breath* [breθ] mit angehaltenem Atem
Bath chair ['bɑːθ'tʃɛə] (Kranken-)Rollstuhl
bath [bɑːθ], *pl* **~s** [bɑːðz] Bad; Badewanne; Badezimmer; *(pl) (swimming) ~s* Hallenbad; *vt bes BE* (Kind, Kranken) baden; **~-robe** ['bɑːθroub] Bademantel; **~ towel** ['tauəl] Badetuch; *bes US* **~-tub** ['bɑːθtʌb] Badewanne
bath|e [beið] *bes BE* Bad im Freien; (draußen) baden, schwimmen (gehen); (Füße, Augen etc) baden; **~er** ['beiðə] Badender, Schwimmer; **~ing** (im Freien) Baden, Schwimmen; Bade-; **~ing-costume** *BE* Badeanzug; **~-gown** Bademantel; **~-suit** Badeanzug; **~ing-wrap** ['beiðiŋræp] *bes BE* Bademantel
bathos ['beiθɔs] Abrutschen (ins Niedrige); klägliche Darstellung, Leistung
bathy|scaph(e) ['bæθiskæf] Bathyskaph, Tiefseeboot
bat|man ['bætmən], *pl* **~men** *BE* Offiziersbursche; **~sman** [ˊ-smən], *pl* ~smen (Baseball-, Kricket-)Schläger
baton ['bætn, *US* bə'tɔn] Taktstock, Stab; (Marschall-)Stab; *BE* (Polizei-)Knüppel
battalion [bə'tæljən], *pl* **~s** Bataillon, Abteilung
batten ['bætn] Latte, Leiste; mit Latten befestigen; (Luke) verschalken; *~ on (bes fig) s. mästen an, gedeihen bei*
batter ['bætə] zerschlagen, zertrümmern; heftig hämmern (*at* gegen); verbeulen; *fig* verreißen; Schlag-, Eierteig; (Kricket-)Schläger; **~y** ['bætəri] Batterie; Akku; ♪ Schlaginstrumente; Mißhandlung, tätliche Beleidigung
battle ['bætl] Schlacht; Sieg (*youth is half the ~*); Kampf (*~ of life* Lebens-); kämpfen (*with* gegen, mit); **~-axe** ['bætlæks] Streitaxt; alte Hexe, Besen; **~-cry** ['bætlkrai] Schlachtruf; Slogan; **~dore** ['bætldɔː] Schläger (im Spiel *~dore and shuttlecock* ['ʃʌtlkɔk], e-r Art Federballspiel); **~-field** ['bætlfiːld], **~-ground** ['bætlgraund] Schlachtfeld; **~ments** ['bætlmənts] Zinnen; **~-ship** ['bætlʃip] Schlachtschiff
battue [bə'tuː] Treibjagd
bauble [bɔːbl] Tand, Spielzeug
baulk [bɔːk] *siehe* balk
bauxite ['bɔːksait] Bauxit
bawl [bɔːl] schreien, brüllen *(a.: ~ out); ~ out* anschnauzen, fertigmachen; Schrei, Gebrüll
bay[1] [bei] Bucht, Bai; Tal
bay[2] [bei] laut bellen, (Mond) anbellen; Bellen ♦ *to keep at ~* (Gegner) in Schach halten; *to bring to ~* (Gegner) stellen
bay[3] [bei] Erker; Verschlag; *~ window* Erkerfenster, *sl* Schmerbauch
bay[4] [bei] (edler) Lorbeer; Lorbeerkranz; **~berry** ['beiberi] Bayölbaum; **~leaf** ['beiliːf] Lorbeerblatt (Gewürz); **~ rum** ['bei'rʌm] Bayöl
bayonet ['beiənit] Bajonett
bazaar [bə'zɑː] (oriental., Wohltätigkeits-)Basar; (billiges) Warenhaus
bazooka [bə'zuːkə], *pl* **~s** *US* Panzerfaust

bdellium ['deliəm] (echt.) Balsamharz(-baum)
be [biː] *(s. S. 318)* **1.** sein (*it is me* ich bin es); *there is, there are* es gibt; **2.** werden *(he wants to ~ a doctor);* **3.** kosten *(how much is this book?);* **4.** *~ + Infin.* sollen; es ist ausgemacht, daß *(You are not to do that. I am to see him tomorrow);* **5.** *~ + ppr* (*He is reading.* Er liest gerade. *What have you been doing this week?* Was hast du die ganze Woche gemacht?); **6.** *~ + pp* werden *(he was sent to Berlin; he was killed);* **been** fort (und wieder da), hier (und wieder fort) (*he has been to Paris; has anyone been?* war jd hier?)
beach [biːtʃ] Strand; auf den Strand setzen; **~ chair** [tʃɛə] *US* Liegestuhl; **~-comber** [ˊ-koumə] Strandräuber, Küstenvagabund; **~head** [ˊ-hed] Brückenkopf; Vorstoß in Neuland; **~ promenade** [prɔmi'nɑːd] Strandpromenade
beacon ['biːkən] Feuerzeichen; Leuchtfeuer; *flashing* ['flæʃiŋ] *~* Blinklicht (Fußgängerüberweg)
bead [biːd] kleine (Glas-, Holz-)Kugel, Perle; (Schweiß-)Tropfen; **~ing** Perlstickerei; **~y** perlenartig; Perl-
beadle ['biːdl] Kirchendiener; Herold
beak [biːk] Schnabel; **~er** Becher
beam [biːm] Balken, Träger; Pflugbaum; Waagebalken; Deckbalken (im Schiff); (Licht-, Sonnen-)Strahl; Peil-, Funkstrahl ♦ *on the ~* auf richtigem Kurs, *fig* in Hochform; **~-ends:** *on her ~-ends* ⚓ mit starker Schlagseite; *fig* in (Geld-)Not; **~ system** Richtstrahlsystem
beam [biːm] (Freude, Wärme aus-)strahlen; (mit Richtstrahlern) senden, ausstrahlen; **~ing** strahlend, fröhlich
bean [biːn] Bohne; (Kaffee-)Bohne; *old ~* alter Knabe; *US* Rübe, Birne; *US* e-m eins auf die Rübe geben; **~-stalk** ['biːnstɔːk] Bohnenstengel
bear [bɛə] Bär; Tolpatsch
bear [bɛə] *(s. S. 318)* tragen; *~ a hand* Hand anlegen; *~ a grudge* [grʌdʒ] Groll hegen; *~ in mind* daran denken; *~ s-b company* j-m Gesellschaft leisten; (Frucht) tragen; ertragen (*there ist no ~ing with* ist nicht zu ertragen); *~ o. s.* sich betragen; **~ away** (Preis, Sieg) davontragen; **~ down** niederdrücken; *~ down on* losgehen, -fahren auf; *it was borne in on me* es wurde mir überzeugend klar; **~ on** s. stützen, drücken auf; lasten auf; Bezug haben auf; **~ out** bestätigen; **~ up** *(well)* s. (gut) halten; *~ up to* näherkommen; *~ to the left* s. links halten
beard [biəd] Bart; Grannen; *~ the lion* (od *s-b) in his den* s. in die Höhle d. Löwen wagen; **~less** bartlos
bearer ['bɛərə] Träger; Überbringer; *the tree is a good ~* (trägt gut)
bearing ['bɛəriŋ] Bedeutung, Seite, Aspekt; Pfeil(richt)ung ♦ *to take one's ~s* s. orientieren; *to lose one's ~s* d. Richtung verlieren, verwirrt sein; (Kraft zu) Ertragen; *beyond (all) ~* (ganz) unerträglich; Haltung; Verhalten; *to keep in ~* (Baum etc) lange zum Tragen bringen

bearish ['bɛəriʃ] grob, tolpatschig
beast [bi:st] (wildes) Tier; (Schlacht-)Vieh; *~ of burden* ['bə:dən] Lasttier; *~ of prey* [prei] Raubtier; *fig* Rohling; *the ~* d. Tier (im Menschen); **~ly** tierisch, gemein; *umg* abscheulich (Wetter)
beat[1] [bi:t] *(s. S. 318)* schlagen, klopfen; s. (e-n Weg) bahnen; *~ one's brains* sich den Kopf zerbrechen; *~ a retreat* zum Rückzug blasen, den Rückzug antreten; prügeln; besiegen, schlagen; *~ to it* (*umg*) übertreffen; *dead* [ded] *~ (umg)* todmüde, erschlagen; *~ about* lavieren ♦ *~ about the bush* Ausflüchte machen, um etwas herumreden; *~ down* herunterhandeln; *~ up* (Eier) schlagen; aufstöbern; *~ it!* hau ab!
beat[2] [bi:t] Schlagen, (Herz-)Schlag; Runde (e-s Polizisten), Revier ♦ *to be out of one's ~, to be off one's ~* Ungewohntes tun; Takt(schlag); *US* Erstveröffentlichung; **~en** geschlagen; ausgetreten, *the ~en track* ausgetretener Pfad, Routine; gehämmert (Gold, Silber); **~er** Schläger; (Teppich-)Klopfer; Schneeschläger, (Jagd-)Treiber
beati|fic [bi:ə'tifik] glückselig; **~fication** [bi,ætifi'keiʃən] Seligsprechung; **~fy** [bi'ætifai] glücklich machen; seligsprechen; **~tude** [bi'ætitju:d] Glückseligkeit; **the B~tudes** d. Seligpreisungen
beau [bou], *pl* **~x, -s** [bouz] Dandy, Stutzer; *US* Liebhaber; **~teous** ['bju:tjəs] (äußerlich) schön; **~tiful** ['bju:tiful] (wunder)schön; **~tician** [bju:'tiʃən] Schönheitssaloninhaber(in); Kosmetikerin; **~tify** ['bju:tifai] verschönern; **~ty** ['bju:ti] Schönheit; schöner Zug, etw Schönes; *Sleeping B~ty* Dornröschen; **~ty parlour** ['pa:lə] Schönheitssalon; **~ty specialist** ['speʃəlist] *bes BE* = ~-tician; **~ty spot** Schönheitspflästerchen; schönes Fleckchen Erde
beaver ['bi:və] Biber(pelz)
becalmed [bi'ka:md] in e-e Flaute geraten
became [bi'keim] *siehe* become
because [bi'kɔz] weil; *~ of* wegen
beck [bek] Wink ♦ *to be at s-b's ~ and call* j-m ganz zu Diensten sein; **~on** ['bekən] j-m (zu)winken
becom|e [bi'kʌm] *(s. S. 318)* werden (*of* aus); stehen *(this dress ~ es you)*; sich gehören für; **~ing** schicklich; kleidsam
bed [bed] Bett (*to make the ~; to take to one's ~* bettlägerig werden; *~ and board* Essen u. Schlafen); Matratze; (Tier-, Stroh-)Lager; Bettung; Schicht; (Fluß-)Bett, (Meeres-)Grund; (Blumen-)Beet; (Tier) betten; einbetten; *~ out* auspflanzen, pikieren
bed|bug ['bedbʌg] Wanze; **~clothes** ['bedklouðz] *pl vb* Bettzeug; -wäsche; **~ding** Bettzeug; Streu; **~fast** ['bedfa:st] bettlägerig; **~fellow** ['bedfelou] (Bett-)Genosse; Gefährte; **~linen** ['-linin] Bettwäsche
bedaub [bi'dɔ:b] (mit Farbe) beschmieren; herausputzen
bedeck [bi'dek] schmücken
bedevil [bi'devl] teuflisch; quälen; verwirren
bedew [bi'dju:] benetzen
bedim [bi'dim] trüben, verdüstern
bedizen [bi'daizn] herausputzen
bedlam ['bedləm] Irren-, Tollhaus *(a. fig)*; **~ite** ['bedləmait] Irrer, Irrenhausinsasse
bedouin ['beduin], *pl* ~ Beduine
bedraggle [bi'drægl] (Kleider unten) beschmutzen
bed|rail ['bedreil] Seitenteil (e-s Bettes); **~ridden** = ~fast; **~rock** ['bedrɔk] Felsuntergrund; grundlegend, äußerst; *to get down to* (*reach*) *~rock* der Sache auf den Grund gehen; **~room** ['bedru(:)m] Schlafzimmer; **~side** ['bedsaid] Bett(seite); *adj* Bett-, Nachttisch-, Kranken-; **~spread** ['bedspred] Tagesdecke; **~stead** ['bedsted] Bettgestell; **~tick** Inlett; **~time** ['bedtaim] Bettgeh-, Schlafenszeit; *it's past ~time* es ist höchste Zeit, ins Bett zu gehen
bee [bi:] Biene; *bes US* (nachbarl.) Treffen, Wettbewerb (*spelling-~ a. BE* Rechtschreibwettbewerb); *busy* ['bizi] *as a ~* sehr emsig ♦ *to have a ~ in one's bonnet* ['bɔnit] e-n Sparren zuviel haben
beech ['bi:tʃ] Buche; **~marten** ['ma:tən] Stein-, Hausmarder; **~mast** ['bi:tʃma:st] Bucheckern; **~nut** ['bi:tʃnʌt] Buchecker
beef [bi:f] Rindfleisch (*pl* **~s** -sorten); Rindvieh (*pl* beeves [bi:vz]; Muskelkraft; *US sl* Beschwerde, Meckerei (*pl ~s*); *US sl* (s. be)klagen, meckern; *~ up sl* aufpulvern, verstärken; **~eater** ['bi:fi:tə] *BE* Tower-Wächter; **~steak** ['bi:fsteik] Beefsteak; **~ tea** ['bi:f'ti:] Fleischbrühe; **~y** ['bi:fi] fleischig; muskulös, bullig; schwerfällig
bee|hive ['bi:haiv] Bienenstock; **~-keeper** ['bi:ki:pə] Imker; **~-line** ['bi:lain] gerade Linie ♦ *to make (take) a ~-line for* (schnurstracks) losgehen auf
been [*bes BE* bi:n, *bes US* bin] *siehe* be
beer [biə] Bier; *small ~* schwaches Bier, *fig* Kleinigkeit ♦ *to think no small ~ of* eine ganze Menge halten von
beeswax ['bi:zwæks] Bienenwachs; mit Bienenwachs polieren
beet [bi:t] Runkelrübe, Mangold; *(red ~)* rote Rübe, rote Bete; *(white ~, sugar-~) Zuckerrübe;* **~root** ['bi:tru:t] *bes BE* rote Rübe, r. Bete; Zuckerrübe; **~-sugar** ['bi:tʃugə] Rübenzucker
beetle [bi:tl] Käfer, Deckflügler; Schabe; ✿ Ramme; Holzhammer; überhängen(d); buschig (Braue); *BE* flitzen
befall [bi'fɔ:l] *(s. S. 318)* zustoßen
befit [bi'fit] s. schicken, gehören für; passen zu
befool [bi'fu:l] betören
before [bi'fɔ:] vor, *~ long* bald ♦ *to sail ~ the mast* Matrose sein; (j-m) überlegen; *adv* vorher; *the day ~* am Tag vorher; *conj* bevor; bis; eher als *(he would die ~ he lied)*; **~hand** [bi'fɔ:hænd] vorher; *to be ~hand with* mit etw im voraus sein
befriend (bi'frend] s. freundschaftlich zeigen zu, hilfreich sein
befuddle [bi'fʌdl] j-n vollaufen lassen; ganz durcheinanderbringen, verwirren

beg [beg] (er)betteln; (inständig) bitten; ~ *leave* [liːv] *to* um Erlaubnis bitten, zu; *I ~ your pardon* Verzeihung! Gestatten Sie bitte! Wie bitte?; *I ~ to differ* ich bin leider anderer Ansicht; *to go ~ging* von niemandem beansprucht werden; *to ~ the question* Folgerung auf nicht erwiesene Voraussetzung gründen, vom zu Beweisenden als Voraussetzung ausgehen; ~ *off* sich entschuldigen; *I ~ to* ich gestatte mir, zu
began [bi'gæn] *siehe* begin
beget [bi'get] *(s. S. 318)* (er)zeugen
beggar ['begə] Bettler (*he's a good ~* er kann gut betteln); (netter, armer) Kerl; zum Bettler machen; ~ *(all) description* [dis'kripʃən] aller Beschreibung spotten; **~ly** bettelarm; armselig; **~y** [ˊ--ri] große Armut; *to be reduced* [ri'djuːst] *to ~y* bettelarm werden
begin [bi'gin] *(s. S. 318)* beginnen, anfangen ♦ ~ *the world* ins Leben treten; *to ~ with* zunächst; **~ner** Anfänger; **~ning** Anfang
begone [bi'gɔn] pack dich!; *tell him to ~* er soll s. fortmachen
begot(ten) [bi'gɔt(n)] *siehe* beget
begrime [bi'graim] beschmutzen
begrudge [bi'grʌdʒ] miß-, nicht gönnen
beguile [bi'gail] (Zeit) angenehm verbringen, verkürzen (*with* mit, durch); betören, verleiten (*into doing s-th* etw zu tun); betrügen *(of, out of* [um)
begun [bi'gʌn] *siehe* begin
behalf [bi'hɑːf] *on* (od *in*) *of, on* (od *in*) *s-b's ~* im Interesse j-s, zugunsten j-s, für j-n
behav|e [bi'heiv] s. (ordentlich) benehmen; *~ e yourself!* benimm dich!; s. verhalten; funktionieren; **~iour** [-ˊjə] Benehmen; Verhalten ♦ *to be on one's best ~iour* sich (sehr) zus.nehmen
behead [bi'hed] enthaupten, köpfen
beheld [bi'held] *siehe* behold
behest [bi'hest] Geheiß *(at the ~ of)*
behind [bi'haind] hinter, ~ *s-b's back* hinter j-s Rücken; ~ *the scenes* [siːnz] hinter den Kulissen; ~ *time* unpünktlich; ~ *the times* rückständig, altmodisch; *adv* (nach) hinten; dahinter *(there's more ~)*; zurück (lassen); *to fall ~* zurückfallen, -bleiben; *to be ~ in* (od *with*) rückständig, im Rückstand sein mit; *sl* Allerwertester; **~hand** [bi'haindhænd] im Rückstand, im Hintertreffen
behold [bi'hould] *(s. S. 318)* erblicken; *~!* sieh da!; **~en** (zu Dank) verpflichtet; **~er** Betrachter, Zuschauer
behoof [bi'huːf] *in (for, to) s-b's ~* in j-s Interesse, zu j-s Gunsten
behove [bi'houv], *US* **behoove** [-'huːv]: *it ~s us to do* es geziemt uns zu tun
beige [beiʒ] beige
being ['biːiŋ] Wesen, Geschöpf; *the Supreme* [su'priːm] *B~* Gott; Dasein; *in ~* existierend, vorhanden; *to come into ~* entstehen
belabour [bi'leibə] (gehörig) verprügeln; attakkieren
belated [bi'leitid] verspätet; von der Dunkelheit überrascht
belch [beltʃ] rülpsen; (aus)speien
beleaguer [bi'liːgə] belagern
belfry ['belfri] Glockenturm; -stube; -stuhl
Belg|ian ['beldʒən] belgisch; Belgier; **~ium** [ˊ-dʒəm] Belgien
belie [bi'lai] *~d, ~d* nicht entsprechen, Lügen strafen; (Versprechen) nicht halten; (Hoffnung) enttäuschen
belie|f [bi'liːf], *pl* **~fs** Zutrauen (*in* zu), Vertrauen (*in* zu, in); Glauben (*in* an); Glaubenssatz, -lehre ♦ *past all ~f* ganz unglaublich; *to the best of my ~f* nach bestem Gewissen; **~ve** [-ˊ-v] glauben; *~ve in* glauben an, etwas halten von *(he ~ves in saving)*, Vertrauen haben zu; *would you ~ve it!* hast du Töne!; *to make ~ve* so tun (*that* als ob); **~ver** [bi'liːvə] d. Gläubige (*~ver in Buddhism*) ♦ *he ist a great ~ver in* er hält viel von . . .
belittle [bi'litl] klein erscheinen lassen, verkleinern; herabsetzen
bell [bel] Glocke(nzeichen); Klingel; Taucherglocke ♦ *to ~ the cat* der Katze die Schelle umhängen, die Gefahr auf sich nehmen
bell [bel] röhren
belladonna [belə'dɔnə] Tollkirsche; Belladonna
belle [bel] Schöne, Schönheit; **~s-lettres** ['bel'letr] *pl* schön(geistig)e Literatur; Unterhaltungsliteratur
bell|boy ['belbɔi] *US umg* Hotelboy, -page; **~-flower** ['belflauə] Glockenblume; **~-founder** ['belfaundə] Glockengießer; **~-foundry** ['belfaundri] Glockengießerei; **~hop** ['belhɔp] *US umg* = ~boy; **~-pull** ['belpul] Klingelzug; Glockenstrang; **~-wether** ['belweðə] Leithammel; Anführer
bellicose ['belikous] kriegerisch, kriegslustig
belligeren|ce [beli'dʒərəns] krieger. Art; Kriegführen; **~t** [-ˊ--t] kriegführend(er Staat)
bellow ['belou] brüllen (Ochse; *with pain* vor Schmerzen)
bellows ['belouz] *sg/pl* Blasebalg
belly ['beli] Bauch; Magen; (s.) bauschen
belong [bi'lɔŋ] gehören (*to* zu); hingehören *(where do these things ~?); (bes US) ~ in, with* wohnhaft sein in, gehören zu; *(ohne adv) US* zu e-r bestimmten Gesellschaftsschicht gehören; **~ings** Habseligkeiten, Sachen
beloved [bi'lʌvid] Liebling, Geliebte; geliebt; *to be ~* [bi'lʌvd] beliebt sein
below [bi'lou] unter(halb); ~ *the mark* mangelhaft; nicht auf dem Damm; *to hit ~ the belt* (Boxen) unfair treffen *(a. fig)*; ~ *one's breath* [breθ] flüsternd; unwürdig (*him* seiner); *adv* unten; *here ~* hienieden
belt [belt] Gürtel, Koppel; Gurt; Treibriemen; *fig* Zone, Gebiet
bemoan [bi'moun] beklagen, betrauern
bench [bentʃ] (Sitz-, Werk-)Bank; Richterbank; Gerichtshof; *to be raised to the ~* zum Richter bestimmt werden; **~er** Senior(mitglied) e-s Rechtskollegiums
bend [bend] *(s. S. 318)* (s.) beugen, (s.) biegen;

~ *down* sich bücken; (Augen, Schritte) lenken; e-e Biegung machen; *to be bent on* erpicht, darauf aus sein; Biegung, Kurve; Schifferknoten; *BE* Sauferei; **the ~s** Caissonkrankheit
beneath [bi'ni:θ] unter(halb); *to marry* ['mæri] *~ one* unter s-m Stand heiraten; *~ me* meiner unwürdig
benediction [beni'dikʃən] Segen (*bes* in der Kirche)
benefac|tion [beni'fækʃən] Wohltat; Spende; **~tor** ['benifæktə] Wohltäter
benefice ['benifis] Pfründe; **~nce** [bi'nefisəns] wohltätiges Wirken; **~nt** [bi'nefisənt] wohltätig; segensreich
beneficia|l [beni'fiʃəl] nutzbringend, wohltätig; *to be ~ to* j-m guttun; **~ry** [beni'fiʃəri] Nutznießer; Begünstigter, Empfänger (e-r Versicherung, Erbschaft)
benefit ['benifit] **1.** Nutzen, Gutes; *for the ~ of* zum Besten, zugunsten; *to give s-b the ~ of the doubt* [daut] Gutes von j-m glauben, bis Gegenteiliges bewiesen ist, im Zweifelsfall zu j-s Gunsten entscheiden; *a ~ concert* Wohltätigkeitskonzert; **2.** Versicherungsleistung, Rente; **3.** Freundlichkeit; **~**, *~ed, ~ed vt/i* guttun, nützen; *~ by* Nutzen haben von (ziehen aus)
benevolen|ce [bi'nevələns] Güte; Mildherzigkeit; **~t** [-´--t] gütig; mildtätig
benighted [bi'naitid] von der Dunkelheit überrascht; unwissend
benign [bi'nain] freundlich; mild, günstig; gutartig; **~ant** [bi'nignənt] freundlich, gütig; **~ity** [bi'nigniti] (Herzens-)Güte
benison ['benizn] Segen
bent [bent] *siehe* bend; Neigung, Hang (*for* zu); *to follow one's ~* s-r Neigung folgen; *BE* verdrallt; *BE* homo
benumb [bi'nʌm] lähmen; betäuben
benz|ene ['benzi:n] Benzol; **~ine** ['benzi:n] Benzin; **~ol** ['benzɔl] Benzol
bequeath [bi'kwi:ð] vermachen
bequest [bi'kwest] Erbe, Vermächtnis
berate [bi'reit] heftig schelten; aus-, beschimpfen
bereave [bi'ri:v] *(s. S. 318) ~ s-b of* j-m etw rauben; *~d of* (j-s) durch d. Tod beraubt; *a ~d husband* e. Mann, d. s-e Frau verloren hat; *bereft of one's senses* von Sinnen; *bereft of hope* bar aller Hoffnung; **~ment** Verlust (durch Tod); Trauerfall; Verlassenheit
bereft [bi'reft] *siehe* bereave
beret ['berei, *US* bə'rei] Baskenmütze
berg [bə:g] Eisberg
bergamot ['bə:gəmɔt] Bergamotte; *essence of ~* Bergamottöl
beriberi ['beri'beri] ⚕ Beriberi
berry ['beri] Beere; (Weizen-)Korn
berth [bə:θ] Koje, (Schlafwagen-)Bett; Ankergrund, Liegeplatz ♦ *to give a wide ~ to* e-n weiten Bogen machen um; *BE* Stelle, Stellung; vor Anker legen, docken
beryl ['beril] Beryll
beseech [bi'si:tʃ] *(s. S. 318)* dringend bitten um, anflehen; erflehen
beseem [bi'si:m] s. schicken, ziemen für
beset [bi'set] *(s. S. 318)* (Straße) besetzen; bedrängen; *~ with difficulties* ['difikəltiz] von Schwierigkeiten durchsetzt; *~ting sin* zur Gewohnheit gewordene Untugend
beside [bi'said] neben; *~ o. s.* außer sich (*with* vor); *~ the point* (*question*) danebengegriffen; **~s** [bi'saidz] außer, neben; *adv* außerdem
besiege [bi'si:dʒ] belagern; bestürmen
beslaver [bi'slævə] begeifern, widerlich schmeicheln
beslobber [bi'slɔbə] abküssen; = beslaver
besmear [bi'smiə] beschmieren; -sudeln
besmirch [bi'smə:tʃ] beschmutzen; trüben
besom ['bi:zəm] (Reisig-)Besen
besought [bi'sɔ:t] *siehe* beseech
bespeak [bi'spi:k] *(s. S. 318)* im voraus erbitten; bestellen (Platz, Zimmer); verraten, bezeugen
bespoke [bi'spouk] Maß-(Schneider, Schuhmacher, Arbeit); *siehe* bespeak
best [best] **1.** beste; *~man* Brautführer; *in one's Sunday ~* im Sonntagsstaat; *to make the ~ of one's way* so schnell wie möglich gehen; *to make the ~ of one's time* s-e Zeit möglichst gut ausnützen; *to put one's ~ foot forward* sein Bestes hergeben; *at ~* bestenfalls; *with the ~* so gut wie jeder andere; *to be at one's ~* auf dem Höhepunkt (der Höhe) sein; *to the ~ of one's power* (od *ability*) nach bestem Vermögen; *the ~ (part) of* das Schönste an; **2.** *adv* am besten; *had ~* es wäre am besten, wenn *(you had ~ go now)*; **3.** am meisten; **4.** besiegen; übertreffen; die Oberhand gewinnen über
bestial ['bestjəl] tierisch, bestialisch
bestir [bi'stə:] *o.s.* sich rühren
bestow [bi'stou] schenken, verleihen (*on* j-m); verstauen
bestrew [bi'stru:] *(s. S. 318)* be-, verstreuen
bestride [bi'straid] *(s. S. 318)* rittlings sitzen (s. setzen) auf, stehen über
bet [bet] wetten (*I ~ him a shilling; I ~* bestimmt; *you ~* da kannste Gift drauf nehmen); Wette, Wettsumme
betake [bi'teik] *(s. S. 318)*: *~ o.s. to* sich begeben nach; s-e Zuflucht nehmen zu
bethink [bi'θiŋk] *(s. S. 318)*: *~ o.s.* sich besinnen, erinnern; s. in d. Kopf setzen
betide [bi'taid]: *woe* [wou] *~ you if* Weh (geschehe) dir, wenn
betimes [bi'taimz] beizeiten; bald(igst)
betoken [bi'toukən] ankündigen
betook [bi'tuk] *siehe* betake
betray [bi'trei] verraten; offenbaren; verleiten; **~al** [-´-əl] Verrat
betroth [bi'trouð] verloben, (e-m Mann) versprechen; *the ~ed* [bi'trouðd] Verlobte(n); **~al** [bi'trouðəl] Verlobung
better[1] ['betə] **1.** besser; *no ~ than* einfach ein (Narr); *the ~ part* (od *half*) *of* mehr als; *his ~ half* seine bessere Hälfte; *to know ~ than to*

(go etc) vernünftig genug sein, nicht zu (gehen); ~ *off* bessergestellt; *to get the* ~ *of* überwinden, ausstechen; *to think* ~ *of it* s. e-s Besseren besinnen; *my* ~*s* m-e Vorgesetzten, Höhergestellten; **2.** *adv* besser; lieber; *had* ~ es wäre besser, wenn *(you had* ~ *go now)*; **3.** *vt* besser machen, verbessern; besser werden, sich bessern; **~ment** Verbesserung, Besserstellung

better² ['betə] Wette(nde)r

between [bi'twi:n] zwischen, unter; ~ *you and me,* ~ *ourselves* im Vertrauen, zusammen, miteinander; *adv* dazwischen; *(few and) far* ~ vereinzelt

betwixt [bi'twikst] *poet* = between

bevel [bevl] schräg(e) Kante; abschrägen

beverage ['bevəridʒ] Getränk

bevy ['bevi] Gruppe; Schwarm

bewail [bi'weil] bejammern, beklagen, wehklagen über

beware [bi'wɛə] *of* s. hüten vor; zusehen (daß nicht)

bewilder [bi'wildə] verwirren, bestürzen; **~ment** Verwirrung, Bestürzung; *in* ~*ment* bestürzt

bewitch [bi'witʃ] verhexen; bezaubern

beyond [bi'jɔnd] **1.** jenseits, weiter als *(that tree)*, länger als *(10 o'clock)*; **2.** *fig* über hinaus *(he is* ~ *his brother); that's* ~ *me* das ist mir zu hoch; ~ *the doctor's help* unrettbar krank; ~ *compare* [kəm'pɛə] unvergleichlich; ~ *dispute* außer allem Zweifel; ~ *endurance* [in'djuərəns] unerträglich; ~ *hope* hoffnungslos; ~ *measure* ['meʒə] über die Maßen; ~ *reason* ['ri:zn] unvernünftig; **3.** *adv* jenseits, drüben; *the* ~ das Jenseits; *the back of* ~ e. ganz entlegener Winkel

bi- [bai] zwei-; halb-

biannual [bai'ænjuəl] halbjährlich

bias ['baiəs], *pl* **~es** Schräge, Schräglauf; *to cut (on the)* ~ schräg schneiden; Neigung, Vorliebe (*towards, in favour of* für); Vorurteil (*against* gegen); *adj* schräggeschnitten; *vt* **~**, ~*ed*, ~*ed* beeinflussen; **~ed** [´–t] voreingenommen

bib [bib] Lätzchen; Schürzenlatz; zechen

Bible [baibl] Bibel

biblical ['biblikəl] biblisch; Bibel-

biblio|graphy [bibli'ɔgrəfi] Literaturverzeichnis, Bibliographie; **~phile** ['bibliəfail] Bücherliebhaber

bicarbonate [bai'ka:bənit] Hydrogenkarbonat; *(~ of soda)* doppeltkohlensaures Natron

bicenten|ary [baisen'ti:nəri] *bes BE* Zweihundertjahrfeier; **~nial** [baisentenjəl] zweihundertjährig; = ~ary

biceps ['baiseps], *pl* **~es** Bizeps

bicker ['bikə] sich kabbeln, zanken

bicycl|e ['baisikl] (Fahr-)Rad; radeln; **~ist** ['baisiklist], **~e rider** Radfahrer

bid¹ [bid] *(s. S. 318)* bieten (*for* für, auf); ~ *up* durch Bieten hochtreiben; Angebot machen (*for, on* für); große Anstrengungen machen

bid² [bid] *(s. S. 318)* befehlen, gebieten, heißen; (Willkommen, Trotz) bieten, (Lebewohl) sagen; ~ *fair* versprechen, den Anschein haben

bid³ [bid] Angebot (auf e-r Auktion, für e-e Ausschreibung); ~ *for* (intensives) Streben nach, Anstrengung etw zu erreichen; *to make a* ~ *for* mit aller Macht zu erlangen trachten; **~der** Bieter; **~ding** Bieten; Geheiß; *to do s-b's* ~*ding* j-s Geheiß folgen

bide [baid], ~*d*, ~*d*: ~ *one's time* s-e Zeit (Gelegenheit) abwarten

biennial [bai'eniəl] zweijährig(e Pflanze); zweijährlich

bier [biə] Totenbahre

bifocals [bai'foukəlz] Bifokalbrille

bifurcate ['baifəkeit] s. gabeln

big [big] groß; erwachsen, stark; schwanger; großzügig (Herz); prahlerisch, großspurig; ~ **ditch** *umg* d. große Teich; ~ **shot** *umg* großes Tier, Bonze; ~ **stick** *umg* Macht, Stärke; *to think* ~ große Pläne (Ideen) haben; *to talk* [tɔ:k] ~ d. Mund vollnehmen

bigamy ['bigəmi] Bigamie

bight [bait] Schlaufe; Biegung, Bucht

bigot ['bigət] bigotter Eiferer; **~ed** bigott, engherzig; **~ry** Frömmelei, Bigotterie, Engherzigkeit

bike [baik] Rad; ~ **rider** *US* Radler

bikini [bi'ki:ni] Bikini(-Badeanzug)

bilateral [bai'lætərəl] zweiseitig

bilberry ['bilbəri] Heidel-, Blaubeere

bile [bail] Galle *(a. fig)*

bilge [bildʒ] Bilge; Bilgenwasser (*a.* ~-water); *umg* Mist(zeug)

bilingual [bai'liŋgwəl] zweisprachig

bilious ['biliəs] Galle-(Patient); Gallen-(Leiden); gallig, pessimistisch

bilk [bilk] prellen, betrügen (*of* um)

bill¹ [bil] (spitzer, flacher) Schnabel

bill² [bil] Rechnung (~ *of costs* Kosten-, ~ *of expenses* Spesen-); ~ *of lading* Seefrachtbrief, Konnossement, *US a.* Frachtbrief; ~ *of exchange* (*bes* Auslands-)Wechsel; Gesetzentwurf; Klageschrift; Anschlag (*theatre* ~ Theaterzettel, Spielplan); ~ *of fare* Speisekarte; *US* Banknote, Schein (*ten-dollar* ~); *vt* ankündigen, herausstellen; e-e Liste aufstellen von; j-m e-e Rechnung schicken

bill|board ['bilbɔ:d] *US* Reklametafel, -wand, Anschlagtafel; **~fold** ['bilfould] *US* Geldscheintasche

billet ['bilit] Quartier(schein); einquartieren (*on* bei, in)

billet-doux [bili'du:], *pl* ~ [––'du:z] Liebesbrief

billiards ['biljədz] *sg vb* Billard

billion ['biljən] *BE* Billion; *US* Milliarde

billow ['bilou] Woge; wogen

bill|-poster [bilpoustə], **~-sticker** ['bilstikə] Plakatkleber

bi-monthly ['bai'mʌnθli] zweimonatl.; halbmonatlich

bin [bin] (Korn-, Kohlen-, Brot-, Mehl-)Kasten, Behälter; *BE* Mülleimer

bind [baind] *(siehe S. 318)* (ver)binden (*toge-*

ther zus., miteinander); ~ *up* zu-, $ verbinden; fest machen, werden; (Rand) einfassen; 🕮 (ein)binden; ~ *(over)* verpflichten, ~ *s-b (as an) apprentice to* j-n in d. Lehre geben bei; ~ *o.s.* sich verpflichten; **~er** (Buch-)Binder; Bindemaschine; -mittel; **~ing** (Ein)Binden; Einband; (Ski-)Bindung; Einfassung

binoculars [bi'nɔkjuləz] *pl vb* Feldstecher

biochemistry [baiə'kemistri] Biochemie

biograph|ee [baiɔgrə'fi:] in e-r Biographie Dargestellter; **~er** [bai'ɔgrəfə] Biograph; **~ic(al)** [baiə'græfik(l)] biographisch; **~y** [bai'ɔgrəfi] Biographie

biolog|ic(al) [baiə'lɔdʒik(l)] biologisch; *~ical warfare* ['wɔ:fεə] Bakterienkrieg; **~ist** [bai'ɔlədʒist] Biologe; **~y** [bai'ɔledʒi] Biologie

bionomics [baiə'nɔmiks] *sg vb* Ökologie; (spez.) biologische Soziologie

biped ['baiped] Zweifüßler

biplane ['baiplein] Doppeldecker

birch [bə:tʃ] Birke; Rute; züchtigen

bird [bə:d] Vogel (~ *of passage* Zug-, ~ *of prey* Raub-) ♦ *a* ~ *in the hand* etw Sicheres, e. Spatz in d. Hand; *a* ~ *in the bush* e-e Taube auf d. Dach; *to kill two ~ s with one stone* zwei Fliegen mit e-r Klappe schlagen; *a ~'s-eye view* ['bə:dzai 'vju:] (Ansicht aus d.) Vogelperspektive; **~preserve** [pri'zə:v] Vogelschutzgebiet; **~-seed** Vogelfutter

birth [bə:θ] Geburt (*at* ~ bei d. G., *by* ~ von G.); Wurf; *to give* ~ *to* gebären; hervorrufen; ~ **control** [kəŋ'troul] Geburtenbeschränkung; **~day** Geburtstag; *in his ~day suit* [sju:t] unbekleidet; **~mark** [⌐-ma:k] Muttermal; **~-place** [⌐-pleis] Geburtsort; **~-rate** [⌐-reit] Geburtenziffer; **~-right** [⌐-rait] Geburts-, angestammtes Recht

biscuit ['biskit] *BE* Plätzchen, Keks; *US* (warm mit Butter gegessener) Fladen; Biskuitporzellan; *adj* hellbraun; *ship-~* Schiffszwieback

bisect [bai'sekt] in zwei (gleiche) Teile teilen; *US* s. gabeln; *US* s. kreuzen

bishop ['biʃəp] Bischof; (Schach) Läufer; **~ric** [⌐--rik] Diözese, Bistum

bismuth ['bizməθ] Wismut

bison [baisn], *pl* ~ (amerikan.) Bison; Wisent

bit¹ [bit] **1.** Stückchen, Bißchen ♦ *a* ~ ein bißchen; *a nice* ~ ein hübscher Batzen; ~ *by* ~ Stück für Stück, allmählich; *a* ~ *at a time* schrittweise; *a* ~ *of a* ein ziemlicher (Feigling etc); *not a* ~ kein bißchen, nicht im mindesten; *to give s-b a* ~ *of one's mind* j-m mal die Meinung sagen; **2.** Münze (*a threepenny* ~); **3.** *US* 12 ½ cents; **4.** ⚙ Bohrer, Bohreinsatz; **5.** (Schlüssel-)Bart; **6.** Kandare ♦ *to take the* ~ *between one's teeth* losrennen, durchgehen, widerspenstig werden

bit² [bit] *siehe* bite

bitch [bitʃ] Hündin, Wölfin, Füchsin; Nutte, gemeines Weib

bit|e [bait] *(s. S. 318)* beißen; stechen; ~ *at* schnappen nach; ~ *off* abbeißen; ~ *the dust* ins Gras beißen; ~ *one's lips* s. auf d. Lippen beißen; s. fressen *(into metal)*; vernichten (Blüten), erfrieren lassen (Finger); (Fisch) anbeißen; (Räder) fassen; **~e** Beißen, Biß (-wunde); (Insekten-)Stich; Bissen; stechender Schmerz; (Fisch) Anbeißen; **~ing** beißend, stechend, scharf *(a. fig)*

bitten [bitn] *siehe* bite ♦ *once* ~ *twice shy* gebranntes Kind scheut das Feuer

bitter ['bitə] bitter; schwer; ver-, erbittert; heftig; *BE* Bier; *pl* Magenbitter; **~ling** ['bitəliŋ] Bitterling; **~n** ['bitən] Rohrdommel

bivouac ['bivuæk] Biwak; **~**, *~ked*, *~ked* biwakieren

biweekly ['bai'wi:kli] halbwöchentlich; halbmonatlich; Halbmonatsschrift

bizarre [bi'za:] bizarr

blab [blæb] (aus)schwatzen; **~ber** Schwätzer

black [blæk] **1.** schwarz; ~ *in the face* dunkel(rot) im Gesicht; ~ *eye* blaues Auge; ~ *sheep* schwarzes Schaf; ~ *and blue* grün u. blau; *to be in s-b's* ~ *books* bei j-m schlecht angeschrieben sein; *to gives s-b a* ~ *look* wütend ansehen; **2.** Schwarz; **3.** Trauer; **4.** Schwärze; **5.** Schwarzer; **6.** *vt* schwarz auftragen auf, schwarz polieren; **7.** (Auge) blau und grün schlagen; ~ *out* verdunkeln, trüben, d. Bewußtsein verlieren

black|amoor ['blækəmuə] Schwarzer, Mohr; **~-beetle** [⌐-'bi:tl] Schabe; **~berry** [⌐-bəri] Brombeere (*to go ~berrying*); **~bird** [⌐-bə:d] Amsel; **~board** [⌐-bɔ:d] Wandtafel; **~-coat worker** [⌐-kout 'wə:kə] Büroangestellter

blacken ['blækən] schwärzen, schwarz werden; anschwärzen; beschmutzen

black|guard ['blæga:d] Schuft, Lump; beschimpfen; **~guardly** ['blæga:dli] schuftig, gemein; **~head** ['blækhed] Mitesser; **~ing** schwarze Schuhwichse; **~jack** ['blækdʒæk] *bes US* Totschläger; **~-lead** ['blækled] Graphit; **~leg** ['blækleg] *BE* Streikbrecher; Schwindler; *US* Klauenseuche; **~ letter** Fraktur; **~-letter day** Unglückstag; **~ list** *fig* schwarze Liste; **~-list** auf d. schwarze Liste setzen; **~mail** ['blækmeil] Erpressung(ssumme); erpressen; **~ market** Schwarzmarkt; **~ marketeer** [ma:kə'tiə] Schwarzmarkthändler; **~out** ['blækaut] Verdunklung, Finsternis; Sperre, Abschließung; (Strom-)Ausfall; Bewußtlosigkeit; **~ pudding** Blutwurst; **~smith** ['blæksmiθ] Schmied; **~thorn** ['blækθɔ:n] Schlehe, Schwarzdorn

bladder ['blædə] (Gallen-, Harn-)Blase; (Fußball- etc)Blase

blade [bleid] Schneide; (Säge-, Ruder-)Blatt; (Rasier-)Klinge; Halm, Blatt

blain [blein] entzündete Stelle (Schwellung), Pustel

blame [bleim] **1.** tadeln; sagen, daß . . . schuld ist; ~ *s-b for*, ~ *s-th on s-b* j-m die Schuld zuschieben an; *he is to* ~ *for* er hat d. Schuld an; **2.** Tadel; **3.** Schuld; *to bear* [bεə] *the* ~ d. Schuld tragen (auf s. nehmen); *to lay the* ~ *on s-b* j-m die Schuld zuschreiben; **~less** untadelig, tadellos

blanch [blɑːntʃ] (er)bleichen, bleich werden
blancmange [blə'mɔnʒ] Flammeri, Pudding
bland [blænd] sanft, freundlich; reizlos; (Klima) mild; **~ish** ['blændiʃ] schmeicheln, betören; **~ishment** *mst pl* Schmeichelei(en), Verlockung(en)
blank [blæŋk] **1.** leer (Blatt, Seite, Formular); **2.** Blanko-(Scheck); **3.** Blank-(Vers); **4.** ~ (*cartridge* ['kɑːtridʒ]) Platzpatrone; **5.** ausdruckslos (Blick); ~ *wall* durchgehende (öffnungslose) Wand; ~ *silence* ['sailəns] völlige Stille; **6.** geschwunden (Gedächtnis); **7.** leere (freie) Stelle, Leere; **8.** Formular; ~ *out* (*US*) d. Gedächtnis rauben, vernichtend schlagen; auslöschen
blanket ['blæŋkit] Wolldecke; (Schnee- etc)Decke; Gesamt-, Allgemein-, umfassend; (wie) mit e-r Decke zudecken; unterdrücken; ganz erfassen; übertönen
blare [blɛə] schmettern; laut hupen
blarney ['blɑːni] Schmus(erei); beschmusen
blasé ['blɑːzei] übersättigt, blasiert
blasphem|e [blæs'fiːm] lästern, fluchen; schmähen; **~ous** ['blæsfiməs] lästerlich; **~y** ['blæsfimi] Gotteslästerung, Blasphemie
blast [blɑːst] Wind-, Luftstoß; Trompetenstoß; Gebläse; *in (out of)* ~ (nicht) arbeitend (Ofen); Explosion; Luftdruck; (Spreng-)Ladung; (durch Frost, Hitze, Blitz) vernichten; sprengen; verbrennen; zus.schrumpfen lassen; heftig attackieren; **~-furnace** ['blɑːstfəːnis] Hochofen
blatan|cy ['bleitənsi] Geschrei, Getöse; **~t** (grob)laut, lärmend; grob (Lüge)
blather [blæðə] = blether
blaze [bleiz] **1.** helle Flamme (*to burst into a* ~ auflodern); **2.** Brand, *in a* ~ in Flammen; *a* ~ *of lights* e. Lichtermeer, ~ *of colour* e. Farbenmeer; ~ *of anger* Wutausbruch; **3.** hell brennen, lodern; ~ *up* auflodern; ~ *away* (od *off*) (los)feuern; leuchten, strahlen; **4.** (Baum) markieren, schalmen ♦ ~ *a trail* e-n Pfad markieren, *fig* e-n Weg bahnen, Pionierarbeit leisten; ~ *abroad* (etw) aus-, herumtrompeten; **~r** Blazer, Sportjacke
blazon ['bleizən] Wappen(schild); verkünden
bleach [bliːtʃ] bleichen; **~er** ['bliːtʃə] Bleichmittel; offene Tribüne
bleak [bliːk] kahl, öde; rauh; trüb, freudlos
blear [bliə] trübe; **~-eyed** [ˊ-raid] = blear
bleat [bliːt] blöken, meckern
bleb [bleb] (Haut-)Bläschen
bled [bled] *siehe* bleed
bleed [bliːd] *(s. S. 318)* bluten (*to death* [deθ] zu Tode); Saft verlieren; zur Ader lassen; *fig* ausnehmen; **~er** Bluter
blemish ['blemiʃ] Fehler, Makel, Verunstaltung; verunstalten; *without* ~ makellos
blench [blentʃ] zurückschrecken
blend [blend] *(s. S. 318)* (Teesorten etc) mischen; (Farben) ineinander übergehen, zueinander passen; Mischung
bless [bles] *(s. S. 318)* segnen; preisen ♦ ~ *me!*, ~ *my soul!* meine Güte!, herrje!; *he has not a penny to* ~ *himself* er ist arm wie e-e Kirchenmaus; *to be* ~*ed* [blest] *with* gesegnet sein mit (Gesundheit, Glück)
blessed ['blesid] selig, glücklich, glückbringend *(what a* ~ *thing is sleep!)*
blessing ['blesiŋ] Segen; Dankgebet; Segnung, Glück; Wohltat; *a* ~ *in disguise* [dis'gaiz] ein Glück im Unglück
blether ['bleðə] Gewäsch; quatschen
blew [bluː] *siehe* blow
blight [blait] Fäule, Mehltau; *fig* Gift; zunichte machen, ersticken
blind [blaind] blind (*to* gegenüber); unübersichtlich (Kurve); Rollo; blenden, *to be* ~*ed* erblinden; blind machen (*to* gegenüber); **~ alley** ['æli] Sackgasse; **~er** *US* Scheuklappe; **~ flying** ['flaiiŋ] Blindflug; **~fold** [ˊ-fould] mit verbundenen Augen, j-m die Augen verbinden; **~-worm** [ˊ-wəːm] Blindschleiche
blink [bliŋk] blinzeln; schimmern; blinken mit; ~ *the fact that* s. d. Tatsache verschließen, daß; **~er** Scheuklappe; Blinklicht; **~ing** *sl* verdammt
blip [blip] Echoanzeige, Blip
bliss [blis] (Glück-)Seligkeit, Wonne; **~ful** glückselig
blister ['blistə] Haut-, Brandblase; Blasen bilden
blithe [blaið] munter, lustig; sorglos
blitz [blits] blitzartiger Luftüberfall; *fig* Attacke; **the B~** d. deutschen Nachtluftangriffe (London 1940); durch Bomben zerstören; **~krieg** ['blitskriːg] Blitzkrieg, Überraschungsüberfall, -angriff
blizzard ['blizəd] Schneesturm
bloat|ed ['bloutid] aufgedunsen; aufgebläht; schwerreich (geworden); **~er** Bückling
blob [blɔb] Tropfen; Tupfen
bloc [blɔk] (Partei-, Wirtschafts-)Block
block [blɔk] **1.** Block, Klotz; Leisten; Schreibblock; *to send to the* ~ aufs Schafott schikken; **2.** Häuser-, Wohnblock; *US* Häuserkomplex, Wohnquadrat; **3.** *US* (Quer-)Straße *(he lives three* ~*s away)*; **4.** Sperre, Verstopfung, Stockung; **5.** Bauklotz; Klischee; **6.** Tölpel; **7.** *vt* versperren, ~ *up* zusperren; blockieren; (Hut) formen; prägen; ~ *in* skizzieren; **~ed** [blɔkt] Sperr- (*account* -konto)
block|ade (blɔ'keid] Blockade (*to raise a* ~*ade* Bl. aufheben); *US* Verkehrsstockung; *vt* blockieren; **~head** ['blɔkhed] Klotz, Dummkopf; **~ letter** Blockbuchstabe
bloke [blouk] *BE* Kumpel; Kerl
blond(e) [blɔnd] blond; Blonde(r)
blood [blʌd] **1.** Blut ♦ *his* ~ *ran cold, his* ~ *froze* ihm gefror d. Blut in d. Adern; *it made my* ~ *boil* es empörte mich; *his* ~ *was up* er war aufgebracht; *in cold* ~ (ganz) kaltblütig; **2.** Geblüt, Stamm; **~ bank** Blutbank; **~ donor** ['dounə] Blutspender; **~hound** ['blʌdhaund] Bluthund; **~less** blutleer; gefühllos; unblutig; **~ sedimentation (rate)** [sedimen'teiʃən(reit)] Blutsenkung; **~shed** Blutvergießen; **~shot** blutunterlaufen; **~stream** Blutkreislauf; **~-**

-sucker ['blʌdsʌkə] Blutsauger; **~thirsty** ('blʌdθə:sti] blutdürstig; **~-vessel** ['blʌdvesl] Blutgefäß; **~y** blutend, blutig; *umg* verdammt (*siehe* blinking, blooming)

bloom [blu:m] Blüte(zeit); *to be in ~* blühen; rosiger Hauch; blühen; **~er** *BE* Schnitzer; **~ers** Pumphose; langer Schlüpfer; **~ing** *BE sl* verflucht

blossom ['blɔsəm] (*bes* Obst-)Blüte; (auf-, er)blühen; *to be in ~* blühen

blot [blɔt] (*bes* Tinten-)Klecks, Fleck; Schandfleck, Makel; *vt* (be)klecksen; beflecken; (Tinte) löschen; *out* dick ausstreichen; auslöschen; versperren; **~ter** Löscher, Löschpapierblock; *US* Protokollbuch; *US* Journal

blotch [blɔtʃ] großer Klecks; Hautfleck

blouse [blauz] Bluse; *US* Uniformjacke

blow[1] [blou] *(s. S. 318)* (auf)blühen; Blüte

blow[2] [blou] *(s. S. 318)* wehen lassen; *~ over* vorüberziehen; (davon)fliegen; schnaufen; etwas um-, wegwehen; pusten auf, (Nase) putzen, schneuzen; Eier legen in (Fleisch); **~ out** ausblasen; durchbrennen; **~ up** aufblasen; in d. Luft jagen; in d. Luft gehen; (Bild) vergrößern; *to have (go for) a ~* etw Luft schnappen gehen; **~er** [blouə] (Glas-)Bläser; *BE* Telefon; **~fly** ['blouflai] Schmeißfliege; **~hard** ['blouha:d] Prahlhans; **~lamp** ['bloulæmp] *BE* Lötlampe; **~out** ['blouaut] Reifenpanne, *sl* große, laute Party; **~ torch** ['tɔ:tʃ] Lötlampe

blow[3] [blou] Schlag (*at a ~, at one ~* mit e-m S.); *to come to ~s* aufeinander losgehen; *to strike a ~ for* s. einsetzen für; *fig* Schlag, Unglück; Aktion (*for* für)

blown [bloun] *siehe* blow

blowzy ['blauzi] mit rotem Gesicht und schmutzig-zerzaust, wie ein Dorftrampel

blubber ['blʌbə] Walfischspeck; plärren, flennen; (Gesicht) entstellen

bludgeon ['blʌdʒən] Knüppel; mit dem Knüppel bearbeiten; zwingen (*into* zu)

blue [blu:] **1.** blau; obzön, unanständig; **2.** bedrückt, bedrückend (aussehen); *US* puritanisch streng; **3.** Blau; Himmel; d. See; *true ~* treuer Anhänger; **4.** **~s** Trübsinn; Blues; **5.** (Oxford-, Cambridge-)Mannschaftsangehöriger; **~bell** ['blu:bel] Glockenblume; **~berry** ['blu:bəri] Heidelbeere; **~bottle** ['blu:bɔtl] Kornblume; Glockenblume; Schmeißfliege; **~-chip** erstklassig; **~-collar worker** Arbeiter; **~ devils** [devlz] Trübsinn; **~-jacket** ['blu:dʒækit] Matrose; **~-nose** ['blu:nouz] Puritaner; **~-pencil** ['blu:pensl] zensieren; **~-print** ['blu:print] Blaupause; Plan, Entwurf; planen, entwerfen; **~stocking** Blaustrumpf

bluff[1] [blʌf] (vorspringendes) Steilufer; steil; schroff, rauh

bluff[2] [blʌf] Bluff; bluffen, irreführen

bluish ['blu:iʃ] bläulich

blunder ['blʌndə] Schnitzer; e-n Schnitzer machen; *~ (on, along)* stolpern; verpfuschen; *~ upon (into)* stoßen auf; *~ out* gedankenlos sagen

blunt [blʌnt] stumpf; derb; abstumpfen

blur [blə:] trüben; verwischen; **~red** [blə:d] 📷 verwackelt; etwas Verschwommenes, Fleck; Makel

blurb [blə:b] 🕮 Waschzettel, Klappentext; *US* Reklame machen für

blurt [blə:t] *out* herausplatzen mit

blush [blʌʃ] erröten; s. röten; s. schämen; Erröten, (Scham-)Röte

bluster ['blʌstə] Toben, Getöse; prahlerische Drohungen; tosen, brausen; lärmend prahlen, laut meckern

bo [bou]: *he can't say ~ to a goose* er hat keinen Mumm in d. Knochen; = boo

boa ['bouə], *pl* **~s** Boa(schlange); (Feder-, Pelz-)Boa

boar [bɔ:] Eber; Wildeber, Keiler

board [bɔ:d] **1.** Brett, Bohle; **2.** (Schul-, Anschlag-)Tafel; **3.** Sprungbrett; **4.** Kost; **5.** Pension (*~ vages* Lohn u. Kostgeld); **6.** (Beratungs-)Tisch ♦ *above ~* offen; **7.** Amt, Behörde; *B~ of Trade (BE)* Handelsministerium, *US* Handelskammer; Gremium, Ausschuß; *~ of directors* Vorstand; *~ of examiners* Prüfungsausschuß; *~ of works* Bauamt, Baubehörde; **8.** Bord (*on ~* an B., im Zug, Bus); *to go by the ~* über Bord gehen, fehlschlagen; **9.** *vt/i* dielen; *~ up* (mit Brettern) zunageln; **10.** in Pension nehmen (gehen); *~ out* auswärts essen gehen; **11.** an Bord gehen; be-, einsteigen; **~er** Pensionsgast, Kostgänger; Internatsschüler; **~ing** Bretterschalung, Dielen; Verpflegung; **~ing-house** Pension; Internatshaus; **~ing-school** Internat; **~s** Bretter, Bühne; Pappe (*in ~s* 🕮 kartoniert)

boast [boust] Prahlen; *fig* Stolz; sich rühmen, prahlen; stolz sein auf; **~er** Prahler; Prahlhans; **~ful** prahlerisch

boat [bout] (*bes* Ruder-, Motor-)Boot; *to burn one's ~s* alle Brücken hinter s. abbrechen; Sauciere; im Boot fahren (*go ~ing* rudern gehen); **~er** Strohhut; **~man** ['boutmən], *pl* ~men Bootvermieter; Kahnführer; **~-race** ['boutreis] Ruderregatta; **~swain** [bousn] Bootsmann; **~ train** ['bout'trein] Schiffszug

boatel [bou'tel] schwimmendes Hotel

bob[1] [bɔb] auf u. ab, hin u. her tanzen (*~ up like a cork* wie ein Stehaufmännchen wieder hochkommen); kurzschneiden; (im Bob) rodeln; Auf- und Abtanzen; Bubikopf; **~-sled, ~-sleigh** ['bɔbslei] Bob

bob[2] [bɔb], *pl ~ sl* Schilling

bobbin ['bɔbin] Spule; **~et** ['bɔbinet, *US* ––́] Bobinet, englischer Tüll

bobby ['bɔbi] *BE* Schupo; **~ pin** *US* Haarklammer; **~ socks** Söckchen; **~-soxer** Teenager, Backfisch

bode [boud] bedeuten (*ill* Schlimmes)

bodice ['bɔdis] Mieder

bodily ['bɔdili] körperlich, Körper-; *~ fear* Angst vor Verletzungen; *adv* als Ganzes, geschlossen *(they rose ~)*

body ['bɔdi] Körper; Rumpf; Leiche, totes Tier, Kadaver; ⚓, ✈ Rumpf; 🚗 Karosserie; Textteil; Gruppe, Körperschaft; *in a ~* ge-

schlossen; (Land-, Wasser-)Masse *(a lake is a ~ of water)*; (Kleid) Oberteil; **~-guard** [ˊ–gaːd] Leibwache; **~ medical** Ärzteschaft; **~ politic** Staat
Boer ['bouə, buə] Bure (*Boer Wars*)
boffin ['bɔfin] *BE* Wissenschaftler (im Geheimdienst militärischer Stellen)
bog [bɔg] Sumpf; Moor; ~ *down* versacken, stecken bleiben; versanden lassen; **~gy** sumpfig, morastig
boggle ['bɔgl] scheuen; zögern; pfuschen
bogie ['bougi] *BE* Lore; *BE* Drehgestell
bogus ['bougəs] unecht; Schwindel
bog|y, ~ey ['bougi], *pl* **~ies, ~eys** Kobold, Schreckgespenst; *the* ~ d. Schwarze Mann
boil[1] [bɔil] kochen; ~ *over* überkochen; ~ *away* weiter-, verkochen; ~ *down* einkochen, *fig* zus.drängen, zus.fassen, hinauslaufen (*to* auf); Siedepunkt *(a.: ~ing-point); to bring s-th to the* ~ etw zum Kochen bringen; *to be at* (od *on*) *the* ~ kochen; *to come to the* ~ zum Kochen kommen
boil[2] [bɔil] Furunkel
boiler ['bɔilə] (Dampf-, Wasser-)Kessel; Heißwasserofen
boisterous ['bɔistərəs] heftig, ungestüm
bold [bould] kühn; verwegen; dreist; (Linie) kräftig, klar; (Druck) fett
bole [boul] (Baum-)Stamm
bolero [bə'lɛərou], *pl* **~s** Bolero (Tanz); ['bɔlərou] Bolero(jäckchen)
boletus [bou'liːtəs], *pl* **~es** Röhrling; **(edible) ~** Steinpilz
Bologna [bə'lounjə] **sausage** US Mettwurst
boloney [bə'louni] *US sl* Mettwurst; Mist
bolster ['boulstə] Kissen(rolle); Unterlage; (unter)stützen
bolt [boult] **1.** Schraube (mit Mutter); **2.** Bolzen, Riegel; **3.** Pfeil; ~ *upright* [ʌp'rait] kerzengerade; *to shoot* [ʃuːt] *one's* ~ s-e Pfeile verschießen; **4.** Blitz (~ *from the blue* aus heiterem Himmel); **5.** Wegrennen, *to make a ~ for it* (*umg*) davonschießen; **6.** *vt/i* verriegeln, -sperren (~ *in, out* ein-, aussperren); **7.** hinunterschlingen; **8.** davonschießen, durchbrennen; **9.** *US* (Partei) im Stich lassen
bomb [bɔm] (Flieger-, Zeit-)Bombe; Handgranate; *vt* mit Handgranaten (Bomben) belegen, bombardieren; ~ *out* ausbomben; **~er** [ˊ–ə] Bomber; **~ard** [–'baːd] (mit Granaten, Fragen, Partikeln) bombardieren, beschießen; **~ardier** [bɔmbaː'diə] Bombenschütze; **~ardment** [bɔm'baːdmənt] Bombardierung, Kanonade; Bombenangriff; **~ing raid** ['bɔmiŋreid] Bombenangriff; **~-proof** ['bɔmpruːf] bombensicher; **~-shell** *fig* Bombe
bombastic [bɔm'bæstik] bombastisch
bona fide ['bounə'faidi, *US* ˊ–'faid] in gutem Glauben, wirklich, echt, ehrlich
bonanza [bou'nænzə], *pl* **~s** reiche Erzader; *fig* Gold-, Fundgrube; einträglich
bonbon ['bɔnbɔn] Praline; Bonbon
bond [bɔnd] Band (*pl* Bande), *in ~s* in Banden, nicht frei; Schuldschein (*his word is as good as his* ~ sein Wort gilt); Schuldverschreibung, Obligation; *in* ~ unter Zollverschluß; **~age** ['bɔndidʒ] Knechtschaft; **~ed** unter Zollverschluß; **~ed warehouse** ['wɛəhaus] Zollspeicher; **~(s)man** ['bɔnd(z)mən], *pl* ~men Höriger
bone [boun] Knochen; Bein; Gräte; *pl* Gebeine; *as dry as a* ~ knochentrocken; *to the* ~ bis ins Mark ♦ *to have a ~ to pick with* ein Hühnchen zu rupfen haben mit; *to feel in one's ~s* etw in d. Knochen fühlen, ganz sicher sein; entgräten; ~ *(up on)* büffeln, ochsen; **~r** grober Schnitzer
bonfire ['bɔnfaiə] (Freuden)Feuer
bonkers ['bɔŋkəz] *BE* übergeschnappt
bonnet ['bɔnit] Kapotthut, Schute; *BE* (Motor-)Haube
bonny ['bɔni] hübsch, gesund(aussehend)
bonus ['bounəs], *pl* **~es** (Gehalts-)Prämie; Gratifikation; Zugabe; Dividende
bony ['bouni] knochig; grätig; knöchern
boo [buː] *~ed, ~ed* niederbrüllen, auszischen; verscheuchen; Buh(ruf)
boob [buːb] Blödkopf; **~y** Tolpatsch, Tranfunzel; **~y hatch** *US sl* Klapskiste; Kittchen, Kasten; **~y prize** Trostpreis; **~y trap** (Minen-) Falle; Budenzauber
book [buk] Buch; Heft; (Fahrkarten-)Block; *the B~* Bibel (*to swear on the B~*) ♦ *to bring s-b to* ~ j-n zur Rechenschaft ziehen; *to be in s-b's black (bad) ~s* schlecht angeschrieben sein bei; *to suit* [sjuːt] *one's* ~ j-m in d. Kram passen; *one for the book* unvergeßliche Tat; *vt* (in ein Buch) eintragen, buchen; (Karte) lösen; (Platz) (vor-)bestellen; *to be ~ed* [ˊ–t] *up* belegt sein; **~-binder** [ˊ–baində] Buchbinder; **~-case** [ˊ–keis] Bücherschrank; **~-end** Bücherstütze; **~ing-clerk** [ˊ–iŋklaːk] Schalterbeamter; **~ing-office** [ˊ–iŋɔfis] *BE* 🚂 Schalter; 🎭 Kasse; **~ish** geschraubt; literarisch; **~ish person** Leseratte; **~-keeper** [ˊ–kiːpə] Buchhalter, Rechnungsführer; **~-keeping** [ˊ–kiːpiŋ] Buchführung; **~let** [ˊ–lit] Büchlein, Broschüre **~-maker** Buchmacher; **~mark** Lesezeichen; **~-plate** [ˊ–pleit] Exlibris; **~seller** Buchhändler; **~shelf** [ˊ–ʃelf], *pl* ~shelves [ˊ–ʃelvz] Regal, Bücherbrett; **~-stall** [ˊ–stɔːl] *BE* Zeitungsstand; (Antiquariats-)Bücherstand; **~store** *US* Buchladen; **~worm** [ˊ–wəːm] Bücherwurm *(a. fig)*
boom[1] [buːm] (Segel-)Baum, Spiere; Hafensperre; (Mikrofon-)Galgen
boom[2] [buːm] dröhnen; Reklame machen für, (Preise) hochtreiben; hochkommen, Aufschwung nehmen; Dröhnen; Aufschwung, Hausse, Hochkonjunktur; **~ing** aufblühend
boomerang ['buːməræŋ] Bumerang *(a. fig)*
boon [buːn] Segen, Wohltat; *~companion* [kəm'pænjən] fröhlicher Kumpan
boor [buə] Flegel, Rüpel; **~ish** flegelhaft
boost [buːst] **1.** erhöhen, steigern, verstärken; **2.** Reklame machen für; **3.** Erhöhung, Steigerung, Verstärkung; **4.** Reklame, Propaganda; **~er** Förderer; Werber; Booster; ϟ Verstärker
boot [buːt] Stiefel; *US* Schaftstiefel (= *BE*

high boot); *to* ~ obendrein; **~s** *sg vb* Schuhputzer; **~black** [ˊ-blæk] Schuhputzer; **~jack** [ˊ-dʒæk] Stiefelknecht; **~legger** Alkoholschmuggler; **~less** [ˊ-lis] nutzlos; **~-tree** [ˊ-triː] Spanner

booth [buːð, *US* -θ] (Verkaufs-)Bude; (Telefon-)Zelle; (Wahl-)Kabine; Messestand

booty ['buːti] Beute, Raub

boozer ['buːzə] Trinker; *BE* Kneipe

bo-peep [bou'piːp] *BE* Guckguckspiel

borage ['bɔridʒ, 'bʌridʒ] Borretsch

borax ['bɔːræks] Borax

border ['bɔːdə] Rand, Grenz(e), -streifen; Einfassung, Rabatte; grenzen (*on* an); einfassen, (am Rand) berühren; **~land** ['bɔːdəlænd] Grenzland; *fig* Grenzgebiet; **~line** Grenz(e), -linie; *a ~line case* Grenzfall

bore [bɔː] siehe bear

bore [bɔː] Bohrung, Bohrloch; (Rohr-)Seele; langweiliger Patron; bohren; langweilen; plagen; **~dom** ['bɔːdəm] Langeweile; **~r** [ˊ-rə] Bohrer

borecole ['bɔːkoul] Grün-, Braunkohl

born [bɔːn] **~e** [bɔːn] *siehe* bear

borough ['bʌrə] Stadtgemeinde; *BE* (direkt vertretener) Stadt(teil)

borrow ['bɔrou] borgen, (ent)leihen

Borstal system ['bɔːstəl'sistim] Fürsorgeerziehung

bosh [bɔʃ] Quatsch, Quark

bosom ['buzəm] *fig* Busen, Herz; Schoß (d. Familie); *US* Hemdeinsatz; ~ **friend** [frend] Busenfreund

boss[1] [bɔs] Buckel, Knopf

boss[2] [bɔs, *US* bɔːs] Chef, Meister, Boss; *US* Parteimanager; leiten; kommandieren ♦ ~ *the show* das Ganze managen

botan|ical [bə'tænikl] botanisch; **~ist** ['bɔtənist] Botaniker; **~y** ['bɔtəni] Botanik

botch [bɔtʃ] verpfuschen, verkorksen; Murksarbeit

both [bouθ] beide(s); ~ ... *and* wie, sowohl ... als auch

bother ['bɔðə] belästigen, quälen; ~ *one's head (oneself)* s. Gedanken machen; s. (die) Mühe machen ♦ *I can't be ~ed* [ˊ-d] *with* ich mag mich nicht befassen mit; erregen; konfus machen; *~!* ~ *it!* zum Kuckuck, zum Teufel (*you* mit dir); Mühe; Plage (*to* für); *it is a* ~ es ist (zu) ärgerlich; Kummer (*to* für); Theater, Wirbel; **~some** [ˊ-səm] ärgerlich

bottle[1] [bɔtl] Flasche; in Flaschen einmachen; ~ *up* (Ärger) zurückdämmen, unterdrücken; **~-neck** Engpaß *(a. fig)*; **~-party** Bottle-Party

bottle[2] [bɔtl] (Heu-, Stroh-)Bündel ♦ *to look for a needle in a* ~ *of hay* nach e-r Nadel in e-m Heuhaufen suchen

bottom ['bɔtəm] Boden, unterer Rand, unterer Teil; (Stuhl-)Sitz; (Schiffs-)Boden, Schiff; *to go to the* ~ auf Grund gehen; *I'll smack your* ~ ich versohl dir d. Hosenboden; *fig* Grund; *to get to the* ~ *of* e-r Sache auf d. Grund gehen (kommen); *to be at the* ~ *of* hinter etw stekken; *to knock the* ~ *out of* (Argument) entkräften; *at* ~ im Grunde; *from the* ~ *of my heart* aus tiefstem Herzen; *attr* unterster, niedrigster, äußerster; **~less** unergründlich, bodenlos

botulism ['bɔtjulizm] (Lebensmittel-)Vergiftung

bough [bau] Ast

bought [bɔːt] siehe buy

boulder ['bouldə] Felsblock, Geröllstein

boulevard ['buːlvɑː, ˊ-ləvɑːd] Allee; *US* (baumbestandene) Stadtstraße

bounce [bauns] springen (Ball); hüpfen; spielen mit (Ball); ~ *in (out)* hinein- (hinaus-)stürmen; *BE* bluffen; *BE* ergaunern; Sprung; Auf-, Rückprall; Prahlen

bound[1] [baund] Grenze; begrenzen; *fig* e-e Schranke setzen; *out of ~s BE* Zutritt verboten (*for, to* für); grenzen an; begrenzen; **~less** grenzenlos

bound[2] [baund] springen; abprallen; Satz, Sprung; Abprall; *by leaps and ~s* (überraschend) schnell; *on the* ~ nach dem ersten Aufprall

bound[3] [baund] *adj* unterwegs (*for* nach), *outward* ~ auf e-r Fahrt ins Ausland

bound[4] [baund] (*siehe* bind); *adj* ~ *up with* eng verbunden mit; ~ *to win (die)* wird sicher, muß gewinnen (sterben)

boundary ['baundəri] Grenze *(a. fig)*

bounden ['baundən] **duty** Pflicht u. Schuldigkeit

bount|eous ['bauntiəs], **~iful** ['bauntiful] freigebig; reichlich; **~y** Freigebigkeit; Gabe, Spende; (wirtschaftliche) Prämie

bouquet ['bu(ː)kei, *bes US* bou'kei] Blumenstrauß, Bukett

bourgeois[1] ['buəʒwɑː] Angehöriger des Mittelstands, Bürgerlicher; bürgerlich

bourgeois[2] [bəːdʒɔis] 🕮 Borgis (9 Punkt)

bourn(e) [buən] Grenze, Ziel; Bach

bout [baut] (Kampf-)Runde, Gang; (Husten-, Grippe-)Anfall; *drinking* ~ Sauferei

bow[1] [bou] (*and arrow*) (Pfeil u.) Bogen; (Geigen-)Bogen; Schleife; **~(-ing)** Bogenstrich; geigen

bow[2] [bau] Bug; Verbeugung; s. (ver-)beugen, d. Kopf neigen; *vt* beugen

bowdlerize ['baudləraiz] (Buch) säubern

bowels ['bauilz] *pl vb* Darm, Eingeweide; *fig* das Innere (der Erde etc)

bower ['bauə] schattiger Platz; Laube

bowie|-knife ['bouinaif], *pl* **~-knives** [ˊ-naivz] Bowiemesser

bowl[1] [boul] Schale, Schüssel, Napf; (Zucker-)Dose; (Pfeifen-)Kopf; Stadion

bowl[2] [boul] (Holz-)Kugel; **~s** *sg vb* Bowling (Rasenkegeln); amerik. Kegeln; *vt/i* rollen (lassen); bowlen; kegeln; ~ *along* dahinsausen; [lone
~er Werfer; Bowling-Spieler; Kegler; *BE* Me-

bow-legged ['boulegd] O-beinig

bowling|-green ['bouliŋgriːn] Bowling-, Kegelrasen; **~-alley** [ˊ-æli] Kegelbahn

bow|man ['boumən], *pl* **~men** Bogenschütze

box[1] [bɔks] Schachtel, Büchse, Dose, Kasten;

Christmas ['krisməs] ~ Weihnachtsgeschenk; *Boxing Day (BE)* 26. Dezember; Loge; (Geschworenen-)Bank, (Zeugen-)Stand; Häuschen; **~-office** [ˊ--] Theaterkasse; ~ *up* einpferchen
box² [bɔks] Ohrfeige *(~ on the ear)*; boxen; ~ *s-b's ears* j-n ohrfeigen; **~er** Boxer; **~ing-match** [ˊiŋmætʃ] Boxkampf
box(wood) ['bɔkswud] Buchsbaum
boy [bɔi] Junge, junger Mann; Bursche; **~hood** ['bɔihud] Jungenzeit, Knabenalter; **~ish** ['bɔiiʃ] jungen-, knabenhaft
boycott ['bɔikɔt] Boykott; boykottieren
boy scout ['bɔi'skaut] Boy-Scout, Pfadfinder
bra [brɑː] B. H., Büstenhalter
brace [breis] Strebe; Stützbalken; ✡ Bohrleiter; Paar (Fasanen); Klammer, Akkolade; **~s** *BE* Hosenträger; (an)spannen; befestigen, stützen; *fig* stärken
bracelet ['breislit] Armband
bracken ['brækən] *BE* (*bes* Adler-)Farn; Farnbestand
bracket ['brækit] Sockel, Konsole, Halter; Klammer (*US mst* eckige Kl.); (Einkommens-)Stufe, (Steuer-)Klasse; (Alters-)Gruppe; einklammern; auf e-e Stufe stellen
brackish ['brækiʃ] brackig (Wasser)
Bradshaw ['brædʃɔː] *BE* (Zug-)Fahrplan *(bis 1961)*
brag [bræg] prahlen; Prahlerei; **~gart** ['brægət] Prahler
braid [breid] (Einfaß-)Borte; Litze; Flechte; flechten; mit e-r Borte (Litze) einfassen, verzieren
braille [breil] Blindenschrift
brain [brein] (Ge-)Hirn; **~s** *fig* Hirn, Verstand, Köpfchen (*he has ~s*) ♦ *has s-th on the ~* hat nur Gedanken für; *to turn s-b's ~* j-n eingebildet machen; **~-child** [ˊ-tʃaild] Geistesprodukt; **~-storm** plötzl. Geistesstörung; *umg* (plötzl.) Einfall; **~ trust** *US* Fachberatergruppe, Gehirntrust; **~s trust** *BE* Expertenteam (für Hörerfragen); **~ wave** [ˊ-weiv] tolle Idee
brake¹ [breik] (Adler-)Farn; Dickicht; (Flachs-)Breche; (Flachs) brechen
brake² [breik] Bremse; *to put on the ~* = **to ~** bremsen
brambl|e ['bræmbl] (Dornen-)Strauch; *bes BE* Brombeere; **~ing** [ˊ-iŋ] Bergfink
bran [bræn) Kleie
branch [brɑːntʃ] Ast; (Fluß-)Arm; Seitenlinie; *fig* Zweig; Filiale; s. (ver-)zweigen; s. gabeln; ~ *out* s. ausweiten
brand [brænd] Brandmal; Makel; Warenzeichen; Marke; Sorte; **~ed goods** [gudz] Markenartikel; **~-new** ['bræn'njuː] fabrik-, funkelnagelneu; *vt* ein Zeichen einbrennen in; brandmarken
brandish ['brændiʃ] schwingen, schwenken
brandy ['brændi] Branntwein, Brandy
brash [bræʃ] (Holz) brüchig; frech
brass [brɑːs] Messing; **the ~** ♪ d. Blech; *sl* Unverfrorenheit; *BE sl* Moneten; *sl* (hoher) Offizier; Nutte; **~ plate** Namensschild; **~ tacks:** *(sl) to get down to ~ tacks* zur Sache kommen
brassière ['bræsjɛə, *US* brə'ziə] Büstenhalter
brat [bræt] Balg, Blage
bravad|o [brəvɑːdou], *pl* **~oes** prahlerischer (herausfordernder) Mut (Tat)
brave [breiv] tapfer, mutig; mutfordernd; (dem Tod) trotzen, tapfer entgegentreten; **~ry** ['breivəri] Tapferkeit
brawl [brɔːl] Zank, Krakeel; laut zanken, krakeelen; (Fluß) rauschen
brawn [brɔːn] (Arm-, Bein-)Muskeln; -kraft; *BE* Schweinskopfsülze; *US* Pökelfleisch; **~y** sehnig, muskulös
bray [brei] (Esels-)Schrei; schreien
brazen ['breizən] Messing-; messingartig, metallisch (Stimme); unverschämt
brazier ['breiziə] Kupferschmied; Gelbgießer; Kohlenbecken
Brazil [brə'zil] Brasilien; **~ nut** Paranuß
breach [briːtʃ] *fig* Bruch, (Pflicht-)Verletzung; (Hecken-, Wand-)Loch; Bresche
bread [bred] Brot; *a loaf of ~* ein (Laib) Brot; Lebensunterhalt; ~ *and butter* Butterbrot; *~-and-butter letter* Dankesbrief (für Gastfreundschaft); **~ line** *US* (Arbeitslosen-, Armen-)Schlange; **~winner** [ˊ-winə] Ernährer, Verdiener
breadth [bredθ] Breite; *to a hair's ~* bis aufs Haar; *fig* Weite, Größe
break [breik] *(s. S. 318)* (zer)brechen (*in two* entzwei); (Reise) unterbrechen; (Haut) verletzen; (Rekord) brechen; (Bank) sprengen; (Pferd) zureiten; (Land) umbrechen; (Nachricht) mitteilen; an-, losbrechen, (Wetter) umschlagen; *su* Bruch, Loch; Pause; (Tages-)Anbruch; *umg* Gelegenheit, Chance; Zufall; Mißgriff, Fauxpas; **~ down** nieder-, zus.brechen; versagen, fehlschlagen; steckenbleiben; (prozentual) aufgliedern; **~ in** einbrechen; ~ *in on* eindringen in; plötzl. j-m klarwerden; **~ into** einbrechen in; ausbrechen in (Lachen); **~ off** abbrechen; aufhören; (Verlobung) rückgängig machen; **~ out** ausbrechen; **~ up** zerschlagen; (Schule) schließen; zerbrechen; auftauen, (Straße) aufgehen ~ *even* ['iːvən] s. gerade rentieren, keinen Gewinn machen; ~ *open* aufbrechen; ~ *loose* [luːs] losbrechen, s. losreißen
break|age ['breikidʒ] Bruch(stelle); Zerbrochenes, (Abzug für) Bruchwaren; **~down** Zusammenbruch, (Betriebs-)Unfall, Störung; Panne; Aufgliederung, Analyse; Liste; **~er** Brecher, Sturzwelle; **~-even point** Rentabilitätsgrenze; **~fast** ['brekfəst] Frühstück; frühstücken; **~neck** halsbrecherisch; **~off** Abbruch; **~-through** ['breikθruː] Durchbruch; **~-up** Zerfall; Scheitern; **~water** ['breikwɔːtə] Wellenbrecher
bream [briːm], *pl* ~ Brassen, Brachsen
breast [brest] Brust; Oberteil; *fig* Herz ♦ *to make a clean ~ of* offen eingestehen; **~-feed** ['brestfiːd] (*siehe* feed) stillen; **~-pin** *bes US* Brosche; **~-stroke** ['breststrouk] Brustschwimmen; **~work** ['brestwəːk] Brustwehr; Reling
breath [breθ] Atem; Lufthauch; *to take a deep*

~ tief einatmen; *out of* ~ außer Atem; *to lose* [lu:z] *one's* ~ (ganz) außer Atem kommen; *to hold* (od *catch*) one's ~ d. Atem anhalten; *that takes my* ~ *away* das verschlägt mir d. Sprache; *to waste* [weist] *one's* ~ in d. Wind reden; *in the same* ~ im gleichen Atemzug; *under one's* ~ flüsternd; **~e** [bri:ð] atmen; (Wort) verlauten lassen; **~less** [ˊ-lis] atemlos; atemberaubend; **~-taking** [ˊ-teikiŋ] atemberaubend
bred [bred] *siehe* breed
breech [bri:tʃ] (Geschütz-)Verschluß; Hinterteil; **~es** [britʃiz] Reithose, Breeches ♦ *to wear the ~es* d. Hosen anhaben
breed [bri:d] *(s. S. 318)* Junge haben, sich vermehren; züchten; (aus)brüten *(a. fig)*; erzeugen; auf-, erziehen; Rasse, Art; **~er** Züchter; **~ing** Zucht; Erziehung, Bildung; *~ing cattle* Zuchtvieh
breeze[1] [bri:z] Lüftchen, Bewegung (in d. Luft); Brise
breeze[2] [bri:z] *BE* Bremse, Viehfliege
brethren ['breðrin] *pl zu* brother
breviary ['bri:viəri] Brevier, Gebetbuch
brevier [brə'viə] 🕮 Petit (8 Punkt)
brevity ['breviti] *fig* Kürze
brew [bru:], *~ed, ~ed* (Bier) brauen; (Tee) kochen; aushecken; s. zus.ziehen (Gewitter); Gebräu; **~er** ['bru:ə] Brauer; **~ery** ['bru:əri] Brauerei
briar ['braiə] *siehe* brier
brib|e [braib] Bestechungs(geschenk), Lockmittel; bestechen; (Kind) verlocken; **~ery** ['braibəri] Bestechung
bric-à-brac ['brikəbræk] Nippsachen
brick [brik] Back-, Ziegelstein; zumauern; **~layer** ['brikleiə] Maurer; **~work** [brikwə:k] Mauerwerk, Bauwerk
brid|al [braidl] bräutlich, Braut-; **~e** [braid] Braut (am Hochzeitstag), Jungverheiratete; **~e-cake** [ˊ-keik] Hochzeitskuchen; **~egroom** [ˊ-grum] Bräutigam (am Hochzeitstag), Jungverheirateter; **~esmaid** [ˊ-zmeid] Brautjungfer
bridge [bridʒ] Brücke; (Nasen-)Rücken; (Zahn-)Brücke; Bridge; überbrücken
bridle [braidl] Zaumzeug; *to give a horse the* ~ Zügel schießen lassen; Bremse (*to* für); (Ehrgeiz) zügeln; ~ (*up*) d. Kopf zurückwerfen
brief[1] [bri:f] **1.** kurz; *to be* ~ s. kurz fassen; *in* ~ (ganz) kurz; **2.** (Damen-, Herren)Slip
brief[2] [bri:f] Auftrag, schriftliche Tatbestandsdarlegung; Instruktion(en) für d. Anwalt; Schriftsatz; Einsatzbesprechung; -anweisung (für Flugmannschaft); informieren, unterrichten, anweisen
briefcase [bri:fkeis] Aktentasche
brier ['braiə] Baumheide; Bruyèreholz; Bruyèrepfeife; Strauch, *bes* Heckenrose; Gesträuch
brig [brig] Brigg; US „Bau" (auf Kriegsschiff); *US* Knast, Kittchen; **~ade** [bri'geid] Brigade; **~adier (general)** [brigə'diə('dʒenerəl)] Brigadegeneral
brigand ['brigənd] Bandit, Brigant
bright [brait] hell, glänzend; heiter, froh; aufgeweckt, hell(e); **~en** (s.) auf-, erhellen; aufheitern, froh machen

brillian|ce ['briljəns], **~cy** (strahlender) Glanz; brillantes Wissen; **~t** strahlend, glänzend *(a. fig)*; brillant
brim [brim] Rand; Hutrand, Krempe; *full to the* ~ = **~ful** ['brim'ful] randvoll, ganz erfüllt (*of* von); ganz füllen, randvoll sein; ~ *over* überfließen
brimstone ['brimstən] Schwefel
brindle(d) ['brindl(d)] braungestreift, -gefleckt (Katze, Kuh etc)
brin|e [brain] Salzwasser; Meer; Zähren; Pökel, Lake; einpökeln; **~y** ['braini] salzig
bring [briŋ] *(s. S. 318)* bringen (*in* herein, *down* herunter, *back* zurück etc); erbringen (*£500 a year*); ~ *s-b to do s-th* j-n dazu bringen, etwas zu tun; ~ *to bear on* (Druck, Waffen) anwenden bei, zum Einsatz bringen bei; ~ **about** herbeiführen, zustande bringen; ~ **back** Erinnerungen wachrufen an; ~ **down** senken ♦ ~ *down the house* stürmischen Beifall finden; ~ **forth** erzeugen; ~ **forward** ['fɔ:wəd] vorbringen; ~ **home** *siehe* home 11, bacon; ~ **in** erbringen; (Sender) hereinbringen; ~ *in a verdict* ['və:dikt] Urteil fällen; ~ **off** retten, (Sache) schaffen; ~ **on** hervorrufen; ~ **out** herausbringen; ~ **over** mitbringen; j-n in s-r Meinung ändern; ~ **round** mitbringen; umstimmen; (j-n) zu s. bringen; ~ **through** durchbringen, retten; ~ **to** anhalten; j-n zu s. bringen; ~ **up** auf-, erziehen; (Familie) unterhalten; anhalten ♦ ~ *up short* innehalten lassen
brink [briŋk] Rand *(bes fig)*; **~manship** Wandeln am Abgrund, Balancieren am Rand d. Verderbens, Gratwanderung
briquette [bri'ket] Brikett
brisk [brisk] schnell; lebhaft, rasch
bristl|e [brisl] Borste; s. sträuben; starren (*with* von); **~y** ['brisli] borstig, stachelig; struppig
Brit|ain ['britən] **(Great ~ain)** Großbritannien, England; **North ~ain** Schottland; **~annia** [bri'tænjə] Britannien; Britanniametall; **~ish** ['britiʃ] britisch, englisch; **the ~ish** die Engländer; **~isher** *US* Engländer, Brite; **~on** ['britən] Brite; **~tany** ['britəni] Bretagne
brittle [britl] spröde, brüchig; reizbar; wacklig (Versprechen); markant
broach [broutʃ] (Faß) anstechen; (Thema) anschneiden; anbrechen
broad [brɔ:d] breit, weit; voll (Tageslicht); allgemein (Tatsache), groß (Umriß); stark (Akzent); umfassend, weitherzig, großzügig ♦ ~ *hint* (sehr) deutlicher Wink; **~cast** [ˊ-ka:st] *(s. S. 318)* weithin ausstreuen; durch Rundfunk übertragen, senden; Senden, Sendematerial, Sendeprogramm, Sendung; **~caster** Mann vom Rundfunk; **~cloth** [ˊ-klɔθ] feiner Kammgarnstoff; **~en** (s.) verbreitern, (s.) erweitern; **~-minded** [ˊ-'maindid] weitherzig, liberal; **~-side** [ˊ-said] Breitseite; *fig* Generalangriff
brocade [brɔ'keid] Brokat
broccoli ['brɔkəli] Spargelkohl, Brokkoli
brochure ['brouʃuə, *US* --ˊ] Broschüre
broil [brɔil] auf dem Rost braten; **~ing** glühend heiß; *fig* in d. Sonne braten

broke [brouk] *adj* bankrott, ruiniert; **~n** *siehe* break; *adj* kaputt; zerrüttet; gebrochen *(he speaks ~n English)*
broker ['broukə] Makler; Broker; *BE* Versteigerer gepfändeter Sachen; **~age** ['broukəridʒ] Maklergeschäft; -gebühr
brom|ide ['broumaid] Bromid; Bromkali; langweiliger Patron; Plattheit; **~ine** ['broumi:n] Brom
bronchi ['brɔŋkai] *pl vb* Bronchien; **~al** ['brɔŋkiəl] Bronchial-; **~tis** [brɔŋ'kaitis] Bronchitis; **~tic** [brɔŋ'kitik] bronchitisch
bronze [brɔnz] Bronze(statue etc); bronzefarben; bräunen
brooch [broutʃ] Brosche
brood [bru:d] Brut *(a. fig)*; Zucht-; (aus)brüten (*a. fig, over* über); **~y** brütig
brook [bruk] Bach; ertragen
broom [bru:m] (Besen-)Ginster; Besen
bros. ['brʌđəz] = brothers
brother ['brʌðə], *pl* **~s,** *(poet, eccl)* brethren [breðrin] Bruder; Kamerad (~ officer); *~s in arms* Waffenbrüder; **~-in-law** [ˊ-- rinlɔ:], *pl* ~s-in-law [ˊ--zinlɔ:] Schwager; **~hood** ['brʌðəhud] Bruderschaft, Gemeinschaft
brought [brɔ:t] *siehe* bring
brow [brau] Braue; Bergkuppe ♦ *by the sweat* [swet] *of thy* ~ im Schweiße deines Angesichts; **~beat** ['braubi:t] *(s. S. 318)* einschüchtern, zusammenstauchen
brown [braun] braun; brünett; dunkel (Brot); Pack-(Papier) ♦ *to do ~ (BE)* beschuppen; (s.) bräunen ♦ *I'm ~ed off* ich hab' den Kanal voll; **~ie** ['brauni] Heinzelmännchen; Jungpfadfinderin; *US* kl. Nußkuchen
browse [brauz] weiden, äsen; schmökern
bruin ['bru:in] Meister Petz
bruise [bru:z] Quetschung, Prellung, blauer Fleck; quetschen, (s.) prellen
brunch [brʌntʃ] großes Frühstück, Brunch; **~ coat** (kurzer) Morgenrock
brunt [brʌnt] (volle) Wucht, Druck
brush [brʌʃ] Bürste; Pinsel; *to give a ~* ab-, durchbürsten; Scharmützel; Zus.stoß; Gestrüpp; Reisig; bürsten, putzen; *~ off* abbürsten, wegwischen, *fig* abtun, abwimmeln; *~ up* (Kenntnisse) auffrischen; *~ past* streifen; **~wood** Gestrüpp, Unterholz
brusque [*bes BE* brusk, *bes US* brʌsk] brüsk
Brussels sprouts ['brʌsl'sprauts] Rosenkohl
brut|al [bru:tl] roh, brutal; **~ality** [bru:'tæliti] Roheit, Brutalität; **~e** [bru:t] (unvernünftiges) Tier, tierischer Mensch; grob, tierhaft; **~ish** grob, tierhaft; grausam
bubble [bʌbl] (Seifen-)Blase; sprudeln, brodeln
buccaneer [bʌkə'niə] Freibeuter, Pirat
buck [bʌk] Bock; Rammler; Antilope; Widder, Ratte; Dandy; *US sl* Dollar ♦ *to pass the ~* d. Verantwortung abwälzen; bocken, (Reiter) abwerfen; *US* s. sträuben (*at* bei, gegen); kämpfen (gegen); *(US) ~ for* sich bemühen um; *~ up* aufmöbeln; (s.) zus.reißen; *BE* s. beeilen
bucket ['bʌkit] Eimer; **~ seat** Notsitz
buckle [bʌkl] Schnalle; (zu)schnallen; *~ (down) to* etw anpacken; s. verbiegen
buck|ram ['bʌkrəm] Steifleinen; **~skin** Wildleder; **~wheat** ['bʌkwi:t] Buchweizen
bud [bʌd] Knospe; *in ~* voll Knospen; knospen; heranreifen
buddy ['bʌdi] Kamerad, Kumpel
budge [bʌdʒ] (s.) rücken (lassen), sich rühren; *vt* bewegen
budgerigar ['bʌdʒərigɑ:] Wellensittich
budget ['bʌdʒit] Haushaltsplan, Budget; budgetieren, planen; einteilen
budgie ['bʌdʒi] = budgerigar
buff [bʌf] Ochsenleder; stumpfgelb(e Farbe); Haut (*in the ~* nackt); *vt* polieren
buffalo ['bʌfəlou], *pl* **~es,** ~ Büffel
buffer ['bʌfə] Puffer; Prellbock
buffet[1] ['bʌfit] Schlag, Puff *(a. fig); (bes fig)* herumstoßen
buffet[2] ['bʌfit] Büfett, Anrichte; ['bufei] Theke; Eßraum
buffoon [bʌfu:n] Hanswurst; **~ery** [bʌ'fu:nəri] (grobe) Possen
bug [bʌg] *BE* Wanze; *US* Insekt, Käfer; Bakterie; Wurm, Defekt; Fan; **~aboo** [ˊ-əbu:], **~bear** [ˊ-bεə] Schreckgespenst, Popanz; **~gy** ['bʌgi] Buggy; *US* Kinderwagen; verwanzt; *US* meschugge
bugle [bju:gl] Signalhorn; Waldhorn
build [bild] *(s. S. 318)* bauen; *~ up* zumauern, -bauen; (Gesundheit) kräftigen; Bau(art), Gestalt; **~er** (Er-)Bauer; Baumeister; **~ers** Bauleute, -firma; **~ing** Bauen; Bauwerk; Gebäude; Bau-; *~ing-site* Baustelle, -platz; **~-up** Bau, Bauart; Form; Aufgebot; Aufbau; Anpreisung
built [bilt] *siehe* build; **~-in** eingebaut; **~-up** bebaut; geschlossen (Ort)
bulb [bʌlb] Zwiebel, Knolle; ϟ Birne; **~ous** ['bʌlbəs] knollig; Knollen-(Pflanze)
bulge [bʌldʒ] (s.) aushauchen, (s.) ausbeulen; *~ with* prallvoll sein von
bulk [bʌlk] Größe, Masse; Massengüter; *in ~* unverpackt, lose, im großen (verkaufen); **~ goods** Massengüter; **the ~** d. Großteil; *to ~ large* wesentlich erscheinen; **~head** ['bʌlkhed] ⚓ (Quer-)Schott; **~y** umfangreich, sperrig (Artik.)
bull[1] [bul] Stier, Bulle ♦ *~ in a china* ['tʃainə] *shop* ein Elefant im Porzellanladen; **~dog** Bulldogge; **~dozer** ['buldouzə] Planierraupe; **~finch** Dompfaff; **~head** ['bulhed] Zwergwels
bull[2] [bul] Bulle *(the Golden Bull)*
bull[3] [bul] Widersinnigkeit, Unsinn
bullet ['bulit] Kugel, Geschoß
bulletin ['bulətin] (Tages-, Krankheits-)Bericht; Mitteilungsblatt; **~-board** [ˊ---bɔ:d] Anschlagbrett
bullion ['buljən] (Edelmetall-)Barren, Bullion
bullock ['bulək] Ochse
bull's-eye ['bulzai] das Schwarze (der Zielscheibe); Bullauge; Butzenscheibe
bully ['buli] Tyrann; grober Kerl; Zuhälter; tyrannisieren, quälen (*into doing s-th* etw zu tun); einschüchtern; prima, prächtig

bully (beef) ['buli(biːf)] Rindfleisch in Dosen
bulwark ['bulwək] *(mst fig)* Bollwerk
bumble-bee ['bʌmblbiː] Hummel
bump [bʌmp] stoßen (*against, into* gegen, an); rumpeln; s. etw anschlagen; Stoß; Beule; **~er** riesig, enorm; Stoßstange, *US* Puffer; **~y** holprig; böig
bumpkin ['bʌmpkin] Tölpel, Trampel
bumptious ['bʌmpʃəs] aufgeblasen, geschwollen; anmaßend
bun [bʌn] Kuchenbrötchen (mit Rosinen); (Haar-)Knoten; Rausch
bunch [bʌntʃ] (Schlüssel-)Bund; (Blumen-) Strauß; (Wein-)Traube; Haufen (Leute); (s.) zusammentun
bundle [bʌndl] Bündel (Heu, Stecken); (zus.)bündeln, (zus.)stopfen; ~ *off* (eilig) wegschaffen, s. (eilig) verziehen
bung [bʌŋ] Spund; zuspunden; **~ed-up** verquollen (Auge); verstopft (Abzug)
bungalow ['bʌŋgəlou] Bungalow
bungle [bʌŋgl] verpfuschen; Pfuscharbeit
bunion ['bʌnjən] chronische Schleimbeutelentzündung am großen Zeh
bunk [bʌŋk] (Schlaf-)Koje; Bett, Falle; Blech, Mumpitz
bunker ['bʌŋkə] (Golf, *mil,* ⚓) Bunker
bunny ['bʌni] Karnickel
bunting ['bʌntiŋ] Fahnentuch; *orn* Ammer
buoy [bɔi, *US* 'buːi] Boje, Tonne; betonnen; ~ *up* Auftrieb geben; beleben; **~ancy** ['bɔiənsi] Tragkraft, Schwimmfähigkeit; Elastizität, Spannkraft, Auftrieb; **~ant** ['bɔiənt] tragend, schwimmfähig; heiter
bur, *BE a.* **burr** [bəː] Klette *(a. fig)*
burberry ['bəːbəri] (wasserdichter) Regenmantel
burden ['bəːdən] (schwere) Last, Bürde; beladen; belasten; **~some** ['bəːdənsəm] drückend, ermüdend
burdock ['bəːdɔk] Klette (deren Frucht *siehe* bur)
bureau ['bjuərou], *pl* **~x, ~s** [-'rouz] *BE* Schreibtisch, *US* (Spiegel-)Kommode; Büro (*travel* ~); Dienststelle, Amt; **~cracy** [bjuə'rɔkrəsi] Bürokratie; **~crat** ['bjuərəkræt] Bürokrat; **~cratic** [bjuərə'krætik] bürokratisch; **~cratism** [bjuə'rɔkrətizm] d. bürokratische Unwesen; **~cratize** [bjuə'rɔkrətaiz] (ver)bürokratisieren
burgeon ['bəːdʒən] Sproß, Knospe; sprossen
burgl|ar ['bəːglə] Einbrecher; **~arious** [bəː'glɛəriəs] Einbruchs-; einbruchsartig; **~arize** ['bəːgləraiz] *bes US* einbrechen; **~ary** ['bəːgləri] Einbruch; **~e** [bəːgl] einbrechen
burgundy ['bəːgəndi] Burgunder
burial ['beriəl] Beerdigung, Begräbnis
burlap ['bəːlæp] Sackleinwand
burlesque [bəː'lesk] Burleske; burlesk, possenhaft (imitieren); *US* (Art) Varieté
burly ['bəːli] stämmig; *US* barsch
burn [bəːn] *(s. S. 318)* (an-, ver-)brennen; Brandwunde; ~ *down* niederbrennen; ~ *up* ver-, hell brennen; ~ *to ashes* einäschern ♦ ~ *the candle at both ends* s. zu sehr verausgaben; ~ *up* verbrennen; auflodern; *US* wütend machen; *US* hochgehen; **~er** (Öl- etc) Brenner; Flamme (Gasherd); **~ing** brennend, glühend
burnish ['bəːniʃ] (s.) polieren (lassen)
burnt [bəːnt] *siehe* burn
burp [bəːp] rülpsen; Rülpser
burr [bəː] ⚙ (Bohr-)Grat; ⚕ (Zahn-)Bohrer; Schwirren; (Laut des) Zäpfchen-r; *siehe* bur
burrow ['bʌrou, *US* 'bəːrou] (Kaninchen-, Fuchs-)Bau; (s.) ein Loch graben; wühlen, eindringen (*into* in)
burst [bəːst] *(s. S. 318)* **1.** explodieren, bersten, zerbrechen, platzen; *ready to* ~ am Platzen; **2.** losbrechen (Sturm); ~ *from* s. losreißen von; ~ *into* hereinstürzen, ausbrechen (Tränen, Lachen); ~ *upon* plötzlich auftauchen vor; ~ *one's clothes* ['klouðz] aus d. Kleidern platzen; **3.** (Tür) einschlagen; **4.** Bersten, Explosion; **5.** Ausbruch; 🏇 Spurt
bury ['beri] begraben, beerdigen; vergraben; ⚡ unter Putz verlegen; ~ *o. s. in the country* s. aufs Land zurückziehen
bus [bʌs], *pl* **~es** (Omni-)Bus; ✈ Kiste; **~man** ['bʌsmən], *pl* ~men Busfahrer ♦ *to go on a ~man's holiday* in d. Freizeit d. Berufstätigkeit fortsetzen
bush [buʃ] Strauch; Gesträuch; **the** ~ d. (Austral.) Busch; ⚙ Buchse; **~y** strauchbewachsen; buschig (Braue)
bushel ['buʃəl] Scheffel, Bushel (*BE* = 36,37 l, *US* = 35,24 l)
business ['biznis] **1.** Handel ♦ *to go into* ~ Kaufmann werden; *on* ~ geschäftlich (unterwegs etc); *to go to* ~ zur Arbeit gehen; **2.** Geschäft, Firma, Betrieb; Beruf; Sache, Pflicht; *what's your ~ with him?* wozu willst du ihn sprechen?; *that's no ~ of yours* das geht dich nichts an; *mind your own* ~ kümmere dich um deine Sachen; **3.** Recht *(you have no ~ to be here)*; **4.** Sache, Angelegenheit, Kram; **~-like** ['biznislaik] geschäftsmäßig; sachlich, methodisch; praktisch; geschäftstüchtig
bust[1] [bʌst] Brust; Busen; Büste
bust[2] [bʌst] kaputtmachen; zur Sau machen; *to (go)* ~ kaputtgehen, Bankrott machen; Pleite; Versager; Bierreise
bustle [bʌsl] umherhasten; wimmeln (*with* von); ~ *about* herumfuhrwerken; ~ *up* s. tummeln; *vt* j-m Beine machen; Treiben, Betrieb(-samkeit)
busy ['bizi] beschäftigt, eifrig dabei (*packing* zu packen); ☎ besetzt; belebt; arbeitsreich (Tag); ~ *o. s.* sich beschäftigen (*with* mit); **~ness** ['bizinis] Geschäftigkeit
but [bʌt] aber, sondern; *adv* nur, erst; beinah, *all* ~ so gut wie; ~ *for* ohne, wenn nicht gewesen wäre *(~ for your help)*; *prep* außer, als *(no one ~ you; nothing ~ lies)*; *anything* ~ alles andere als; *who should enter ~ John* wer anders als (ausgerechnet) J. kam; *conj* (seltene Bedeutg.) ohne daß *(I cannot see your old room ~ I think of you)*; ~ *that* daß nicht *(the fog was not so thick ~ that we could see the house)*;

wenn nicht *(she could have cried ~ that her pride forbade her; she would have fallen ~ that I caught her)*; welcher nicht *(there is no village ~ has a blacksmith)*; *cannot ~* muß einfach
butcher ['butʃə] Fleischer, Metzger; *fig* Schlächter; *US* Verkäufer (im Zug); schlachten; *fig* abschlachten
butler ['bʌtlə] erster Diener, Butler
butt [bʌt] (Stiel-, Griff-)Ende; Kolben; (*a.* **~s**) Kugelfang, Schießstand; Faß, Kübel; Zigarettenstummel; *fig* Zielscheibe; (mit d. Kopf) stoßen; rennen (*against* gegen); *~ in* (*umg*) hineinplatzen in (Gespräch)
butter ['bʌtə] Butter; mit B. bestreichen; **~cup** ['bʌtəkʌp] Butterblume; **~fly** ['bʌtəflai] Schmetterling
buttocks ['bʌtəks] *pl vb* Gesäß
button [bʌtn] Knopf; knöpfen (*~ up* zu-), s. knöpfen lassen; **~hole** ['bʌtnhoul] Knopfloch; *BE* Blume (fürs Kn.); **~s** *sg vb BE umg* Diener (Hotel, Klub)
buttress ['bʌtris] Strebepfeiler; *flying* ['flaiiŋ] ~ Strebebogen; Stütze; stützen, *fig* untermauern
buxom ['bʌksəm] drall, stramm (Weib)
buy [bai] *(s. S. 318)* (er)kaufen, ein-, aufkaufen; *~ over* bestechen; Kauf; **~er** ['baiə] (Ein-)Käufer, Abnehmer
buzz [bʌz] summen, surren; *~ along (about)* davon-, (umher)sausen; ✈ dicht fliegen über; murmeln; tuscheln, raunen; **~er** Summer; (Fabrik-)Sirene
buzzard ['bʌzəd] *BE* Bussard; *US* Geier
by [bai] (nahe) bei, an; über (China; die Wiesen); vorbei an; am (Tag), in (der Nacht), bei (Licht); bis (*~ then* bis dahin), *~ now* jetzt schon ♦ *~ the day, the week* tageweise, wöchentlich; durch, mit; von (ihm geschrieben); zu (Lande, Wasser) ♦ *~ the dozen* ['dʌzn], *hundred*, dutzend-, hundertweise; *step ~ step* Schritt für Schr.; *day ~ day* Tag für T.; *(all) ~ o. s.* (ganz) allein; (urteilen, gehen) nach; nach (dieser Uhr); *adv* vorbei; dabei; *~ and large* im großen u. ganzen; *~ and ~* später, bald
bye [bai] Unwichtiges; *by the ~* übrigens; **~-~** ['baibai] Heiabett; **~-~** [bai'bai] Wiedersehen!, Tschüs!
by|-blow ['baiblou] Seitenhieb; **~-election** ['baiilekʃən] Nachwahl; **~gone** ['baigɔn] vergangen; **~-law** (*a.* **bye-law**) ['bailɔː] Satzung; *BE* Ortsstatut; **~-line** ['bailain] Verfasserzeile; ⚒ *BE* Torlinie; **~-pass** ['baipaːs] Umgehungsstraße; um-, übergehen; **~path** ['baipaːθ], *pl* ~paths [-ːðz] Seitenweg; **~-product** ['baiprɔdəkt] **~-road** ['bairoud] Seitenstraße; **~stander** ['baistændə] Zuschauer; **~street** 'baistriːt] Seitenstraße; **~way** ['baiwei] Seitenweg; *fig* Seitenzweig; **~word** ['baiwəːd] Schlagwort; Wendung; Sprichwort; Inbegriff (*for* für); Gespött

C

C, c [siː] ♪ C, C **sharp** Cis, C **flat** Ces
cab [kæb] Droschke; Taxe; **~by** ['kæbi] Taxifahrer; **~rank** *BE*, **~-stand** Droschkenplatz, Taxistand
cabal [kə'bæl] Ränke; Clique
cabaret ['kæbərei, *US* ––ˊ] Kabarett
cabbage ['kæbidʒ] Kohl
cabbal|a, *US* **cabala** ['kæbələ] Kabbala; **~ism** ['kæbəlizm] Kabbalistik
cabin ['kæbin] ⚓ Kabine(nklasse), Kajüte; ✈ Kabine, Fluggastraum; kleines (Holz-)Haus, Hütte; **~-boy** 2. Steward
cabinet ['kæbinit] Vitrine; Schrank (*filing* ['failiŋ] ~ Akten-); 📻 Gehäuse; 📷 Kabinettformat; *pol* Kabinett; **~-maker** Möbelschreiner, Kunsttischler
cable [keibl] Kabel; Tau, Trosse; ✆ Kabel; kabeln; **~-car** Standseilbahn; **~gram** ['keiblgræm] ✆ Kabel(telegramm)
caboodle [kə'buːdl]: *the whole* ['houl] ~ d. ganze Kram (Haufen, Verein)
caboose [kə'buːs] *BE* Kombüse; *US* 🚂 Brems-, Dienstwagen
ca'canny [kaː'kæni] *BE* Produktionsverlangsamung
cacao [kə'kaːou, kə'keiou], *pl* **~s** Kakaobohne, -baum
cache [kæʃ] Versteck, geheimes Vorratslager; (geh.) Vorräte; verstecken
cackle [kækl] gackern; schnattern; *fig* schnattern, hell lachen; Gegacker, Geschnatter; *fig* Geschnatter; Gekicher
cact|us ['kæktəs], *pl* **~uses**, **~i** ['kæktai] Kaktus; **~aceous** [kæk'teiʃəs] kaktusartig, Kaktus-
cad [kæd] Prolet, Rüpel; **~dish** ['kædiʃ] proleten-, rüpelhaft
cadaver [kə'deivə] Leiche, Leichnam; **~ic** [kə'dævərik] Leichen-; **~ous** [kə'dævərəs] leichenhaft, -blaß; abgemagert
caddie ['kædi] Caddie *(Golf)*
caddy ['kædi] Teebüchse
cadence ['keidəns] Rhythmus; Intonation; Kadenz
cadet [kə'det] Kadett; d. jüngere Sohn
cadge [kædʒ] hausieren, (er)betteln
cadre ['kaːdr, *US oft* 'kædri] Kader, Stammtruppe; Rahmen
caec|um ['siːkəm], *pl* **~a** ['siːkə] Blinddarm
café ['kæfei] Café; Gasthaus
cafeteria [kæfi'tiːriə], *pl* **~s** Selbstbedienungsrestaurant
cage [keidʒ] Käfig; (Vogel-)Bauer; Förderkorb
cag|ey ['keidʒi], *~ier, ~iest, ~ily* vorsichtig, gewieft; gerissen
cairn [kɛən] Steinhaufen (als Zeichen, Grab)
caisson [keisn, ✡ kə'suːn] Munitionswagen; ✡ Senkkasten
cajole [kə'dʒoul] schmeicheln, bereden (*into doing s-th* etw zu tun), *~ out of* ausreden; *~ s-th out of s-b* j-m etw abbetteln, abluchsen; **~ry** [kə'dʒouləri] Schmeichelei, Liebedienerei

cake [keik] (Rosinen-)Kuchen; Stück (Seife) ♦ *you can't have your ~ and eat it* man kann die Kuh nicht schlachten und noch melken; zusammenbacken

calamit|ous [kə'læmitəs] katastrophal; **~y** [kə'læmiti] Unglück, Katastrophe

calcium ['kælsiəm] Kalzium

calcula|te ['kælkjuleit] be-, errechnen; *~ on* rechnen mit; **~ted** darauf berechnet, absichtlich; **~tion** [--'leiʃən] (Be-)Rechnen; Überlegung; **~tor** [´---ə] Rechentabelle; Rechenmaschine

calcul|us ['kælkjuləs], *pl* **~uses**, ⚕ **~i** ['kælkjulai] (Differential-, Integral-)Rechnung; (Gallen-, Nieren- etc)Stein

caldron ['kɔːldrən] siehe cauldron

calendar ['kælində] Kalender; Liste; *BE* Vorlesungsverzeichnis

calender ['kælində] Kalander; kalandern, glätten

cal|f [kɑːf], *pl* **~ves** [kɑːvz] Kalb(sleder); Wade; **~f-binding** [´-baindiŋ] Franzband

calibre ['kælibə] Kaliber *(a. fig)*

calico ['kælikou], *pl* **~es** *BE* weißer Baumwollstoff; *US* Kattun

caliper ['kælipə] *siehe* calliper

calisthenics [kælis'θeniks] *siehe* callisthenics

caliph ['keilif] Kalif

calk [kɔːk] Gleitschutz; *siehe* caulk

call[1] [kɔːl] **1.** nennen (*is ~ed* heißt) ♦ *~ over the coals* Schlitten fahren mit; **2.** rufen; **3.** aufsuchen, kurz besuchen (*on s-b* j-n), vorsprechen (*on* bei), *~ for* abholen; **4.** rufen, holen (Taxe, Arzt); wecken; **~ for** erfordern, benötigen (*to be ~ed for* postlagernd); **~ in** (zur Rückgabe) aufrufen, (Arzt) holen; kündigen; **~ off** abblasen; **~ out** aus-, laut rufen, aufschreien; (zum Einsatz) herausrufen; **~ over** (Namen) verlesen; *~ up* (*US ~*) ☎ anrufen; **~ up** wecken; *mil* einziehen; wachrufen; **~ upon** auffordern (*for help* um Hilfe angehen); *~ upon* beanspruchen (Aufmerksamkeit) lenken (*to* auf); (Zus.kunft) einberufen; (Streik) ausrufen; *~ to order* zur Ordnung rufen; *~ the roll* Namenliste verlesen; *~ in question* in Frage ziehen; **~ing card** *US* Visitenkarte

call[2] [kɔːl] Ruf (*for help* Hilfe-), *within ~* in Rufweite; Nachricht, Mitteilung; Anruf, Gespräch; Besuch, Vorsprechen; Halt (*port of ~* Anlaufhafen); *fig* Ruf, Berufung; ♦ *he has many ~s on his money* (*time*) sein Geld (s. Zeit) wird sehr beansprucht; *no ~ for* keine Veranlassung für; **~er** Rufer; Besucher; ☎ Anrufender, Partner; **~ing** Beruf(ung); **~-up** ['kɔːlʌp] Einberufung

calliper, *US* **cali-** [-kælipə] (Maß-)Lehre; *pl* Tast-, Greifzirkel

callisthenics, *US* **calis-** [kælis'θeniks] *sg vb* Gymnastik; *pl vb* gymn. Übungen

call|osity [kæ'lɔsiti] Schwiele; Verhärtung; **~ous** ['kæləs] schwielig; gefühlsroh

callow ['kælou] ungefiedert; unreif

callus ['kæləs], *pl* **~es** Schwiele; Kallus

calm [kɑːm] (wind)still, ruhig; Ruhe, (Wind-) Stille; *~ (down)* (s.) beruhigen

calorie ['kæləri] Kalorie (= *4,187 Joule*)

calumn|iate [kəlʌmnieit] verleumden; **~y** ['kæləmni] Verleumdung

calve [kɑːv] kalben; **~s** *siehe* calf

cam [kæm] ⚙ Nocken; **~shaft** ['kæmʃɑːft] Nockenwelle

camaraderie [kæmə'rɑːdəri] Kameradschaft

camber ['kæmbə] (leichte) Krümmung

cambric ['keimbrik] Batist

came [keim] *siehe* come

camel ['kæməl] Kamel

camellia [kə'miːljə] *pl* **~s** Kamelie

cameo ['kæmiou], **~s** Kamee

camera ['kæmərə], *pl* **~s** (Foto-)Apparat, Kamera; *in ~* in geheimer Sitzung; **~ man** Bildberichter; Kameramann

camomile ['kæməmaj] Kamille (*~ tea*)

camouflage ['kæmuflɑːʒ] Tarnung; Schutzfarbe; tarnen

camp [kæmp] Lager (*a. fig*); Feld-(Bett); kampieren, zelten *(to go ~ing)*

campaign [kæm'pein] Feldzug, Kampagne

camphor ['kæmfə] Kampfer

campus ['kæmpəs] Unversität(sgelände), Campus; *US* Schulanlage

can[1] [kæn] *(s. S. 318)* kann; darf; *as tired* [taiəd] *as ~ be* ganz müde

can[2] [kæn] Kanne; *US* Behälter, Kanister; (Einmach-)Dose; Knast; *US* Klo; in Dosen (Büchsen) einmachen

canal [kə'næl] Kanal; ⚕ Gang, Röhre

canary [kə'nεəri] Kanarienvogel; hellgelb

cancel ['kænsəl] (aus-, durch-)streichen; (Marke) entwerten; aufheben, absetzen; *~ out* s. aufheben; **~lation** [kænsə'leiʃən] Streichung; Entwertung; Aufhebung

cancer ['kænsə] Krebs(geschwulst), Tumor; *astr* Krebs; **~ous** ['kænsərəs] krebsartig; Krebs-

candela ['kændilə] Kandela; **~brum** [--'leibrəm], *pl ~* bra [--'leibrə] Kandelaber

candid ['kændid] aufrichtig, freimütig; *~ shot* ungestellte Aufnahme; **~ate** [´--dit] Kandidat; Bewerber; **~ature** [´--ditʃə] *BE,* **~acy** [´--dəsi] Kandidatur

candied ['kændid] kandiert

candle ['kændl] Kerze ♦ *not fit to hold a ~ to* kann d. Wasser nicht reichen; *the game is not worth the ~* die Sache lohnt s. nicht; **~-stick** Kerzenhalter

candour ['kændə] Aufrichtigkeit, Offenheit

candy ['kændi] Kandis(zucker); *US* Süßigkeiten; (Früchte) kandieren

cane [kein] (Bambus-, Zucker-)Rohr; *BE* (Rohr-, Spazier-)Stock; züchtigen; aus R. flechten

canine ['keinain] Hunde-; ['kænain] ⚕ Eck-

canister ['kænistə] (Tee- etc)Büchse

canker ['kæŋkə] Holzfäule; Lippengeschwür; *fig* Krebs(schaden)

canne|d [kænd] eingedost (*~d goods* Konserven); *sl* besoffen; *~d music* Musikkonserven; (Rede) vorbereitet; **~ry** ['kænəri] Konservenfabrik (*BE a. canning factory, siehe* can)

cannibal ['kænibəl] Kannibale; kannibalisch
cannon ['kænən], *pl mil* **~**, *umg* **~s** (*bes* Flugzeug-, Bord-)Kanone
cannot ['kænɔt] *siehe* can¹
canny ['kæni] vorsichtig; klug; sparsam; erfahren; *BE* ruhig, sanft; *BE* gemütlich; *BE* nett [paddeln
canoe [kənu:] Kanu, Paddelboot; **~**, *~ing, ~d*
canon ['kænən] *eccl,* ♪ Kanon; Richtschnur; Domherr, Kanonikus; **~ law** [lɔ:] Kirchenrecht; **~ize** heiligsprechen
canopy ['kænəpi] Baldachin; *fig* Dach
cant [kænt] scheinheilige Phrasen, Heuchelei; (Diebes-)Sprache; Schräge
Cantabrigian [kæntə'bridʒiən] von Cambridge
canta|loup ['kæntəlu:p], *US* **~loupe** [-́-loup] Kantalupe (Art Zuckermelone)
cantankerous [kən'tæŋkərəs] streitsüchtig, rechthaberisch, voll Widerworte
canta|ta [kən'tɑ:tə] Kantate; **~trice** [kæntə'tri:tʃei, 'kæntətri:s] Sängerin
canteen [kæn'ti:n] Kantine; Feldflasche
canter ['kæntə] Kanter (leicht. Galopp)
canto ['kæntou], *pl* **~s** Gesang (Gedicht)
canton ['kæntən] Kanton; [kən'tɔn] in Kantone einteilen; [kən'tu:n, *US* –'tɔn] *mil* einquartieren; **~ment** [–'tu:n–, *US* –'tɔn] Quartier; Unterkunft
canvas ['kænvəs] Segeltuch; Plane; 🎨 Leinwand, Gemälde
canvass ['kænvəs] (um)werben, (als Vertreter) bearbeiten; gründlich besprechen; Werbefeldzug; Wahlkampagne; **~er** Werber, Agent, Vertreter
cap [kæp] Mütze; Barett; ⚙ Kappe, Verschluß; mit e-r Kappe versehen; übertrumpfen; groß schreiben; **~s** Großbuchstaben
capa|bility [keipə'biliti] Fähigkeit, Tüchtigkeit; **~ble** ['keipəbl] tüchtig, fähig (*of anything* zu allem); imstande
capaci|ous [kə'peiʃəs] geräumig; **~tor** [kə'pæsitə] Kondensator; **~ty** [kə'pæsiti] Kapazität, Fassungsvermögen; Aufnahmefähigkeit; *filled to ~ty* randvoll; *to work to ~ty* bis zur äußersten Grenze arbeiten; Eigenschaft *(in my ~ty as)*; Fähigkeit
cape [keip] Umhang, Cape; Kap, Vorgebirge
caper¹ ['keipə] Kapernstrauch; *pl* Kapern *(~ sauce); English ~s* unechte Kapern
caper² ['keipə] Luftsprung, Kapriole; *to cut a ~, to cut ~s* = **to ~** herumspringen
capercaillie [kæpə'keilji] Auerhahn
capita ['kæpitə]: *per* [pə:] ~ pro Kopf; **~l** ['kæpitl] Hauptstadt; großer Buchstabe; Versalie; *small ~s* 📖 Kapitälchen; Kapital; Kapitell; Kapital-(Verbrechen); Todes-; hauptsächlich; prima; **~l goods** [gudz] Investitionsgüter; **~lism** Kapitalismus; **~list** Kapitalist; **~lize** ['kæpitəlaiz] mit großen (Anfangs-)Buchstaben schreiben, versal setzen; kapitalisieren; mit Kapital ausstatten; Kapital schlagen (*on* aus), ausnützen
capitulate [kə'pitjuleit] s. (auf Vertrag) ergeben, kapitulieren

capric|e [kə'pri:s] Laune; **~ious** [kə'priʃəs] launisch, kapriziös; **~orn** ['kæprikɔ:n] *astr* Steinbock
capsize [kæp'saiz] kentern; zum Kentern bringen
capstan ['kæpstən] ⚓ Gangspill
capsule ['kæpsju:l] *bot, chem,* ⚕ Kapsel
captain ['kæptin] (Spiel-)Führer; Kapitän; Hauptmann; Spielführer sein von
caption ['kæpʃən] Bildunterschrift, -text, Legende; (Film-)Untertitel
captious ['kæpʃəs] krittelig, tadelsüchtig, kleinlich
captiv|ate ['kæptiveit] bezaubern, fesseln; **~e** [-́tiv] gefangen; *~e balloon* Fesselballon; **~ity** [--́viti] Gefangenschaft
capt|or ['kæptə] Fänger; Kaper(schiff); **~ure** ['kæptʃə] (ge)fangen(nehmen); erbeuten; fesseln; Gefangennahme; Beute
car [kɑ:] (Straßenbahn-, Kraft-)Wagen; *US* (Eisenbahn-)Wagen, Waggon; Gondel; **~-park** [-́pɑ:k] *BE* Parkplatz
caramel ['kærəmel] Karamel; Karamelle
carat ['kærət] Karat
caravan ['kærəvæn] Karawane; *BE* Wohnwagen, Caravan
caraway ['kærəwei] Kümmel, Karbe
carbide ['kɑ:baid] Karbid
carbine ['kɑ:bain] Karabiner
carbohydrate [kɑ:bou'haidreit] Kohlehydrat
carbolic acid [kɑ:bɔlik 'æsid] Karbolsäure
carbon ['kɑ:bən] Kohlenstoff; ⚡ Kohlestift; **~ (paper)** Kohlepapier; Durchschlag; **~ic acid** [kɑ:'bɔnik 'æsid] Kohlensäure
carboy ['kɑ:bɔi] Korbflasche, Glasballon
carbuncle 'kɑ:bʌŋkl] ⚕ Karbunkel; Karfunkel
carburet [kɑ:bju'ret, *US* 'kɑ:bəreit] *~ted, ~ted, US ~ed, ~ed* 🚗 vergasen; **~tor (~ter,** *US* **~or)** [kɑ:bju'retə, *US* 'kɑ:-] 🚗 Vergaser
carcass (-case) ['kɑ:kəs] Tierleiche; Kadaver; Gerippe; **~ meat** Frischfleisch
carcino|- [kɑ:sinə-] Krebs-; **~genic** [kɑ:sinə'dʒenik] krebserzeugend; **~ma** [kɑ:si'noumə], *pl* ~mata [--'noumətə] Krebstumor, Karzinom
card [kɑ:d] (Spiel-, Post-, Visiten-)Karte; *to put one's ~s on the table* d.Karten auf d. Tisch legen; *one's best ~* j-s Trumpf; *to have a ~ up one's sleeve* noch e-n Trumpf in d. Hand haben; **~board** ['kɑ:dbɔ:d] Pappe; **~ index** ['indeks] Kartei; **~-index** ['kɑ:dindeks] Kartei anlegen von, verkarten
cardamom ['kɑ:dəmɔm] Kardamom
cardiac ['kɑ:diæk] Herz-; Herzmittel
cardigan ['kɑ:digən] Wolljacke, -weste
cardinal ['kɑ:dinəl] **1.** Kardinal-, Haupt-; *~ points* d. vier Himmelsrichtungen; *~ number* Grundzahl; **2.** Kardinal
cardiolo|gist [kɑ:di'ɔlədʒist] Herzspezialist; **~gy** [---́-dʒi] Kardiologie
care [kεə] **1.** Sorgfalt; *to take ~* dafür sorgen; **2.** Fürsorge, Obhut; ⚕ Pflege; **3.** Sorge, Kummer; *pl* Sorgen, Nöte; **4.** s. etw daraus machen *(I don't ~ about leaving you)*; *~ for* s. etw machen aus, sorgen für, s. kümmern um; *~ to do*

gern tun; **~ful** sorgfältig; sparsam; gründlich; *~ful of, for* vorsichtig mit; *~ful to do* bedacht zu tun; **~less** unachtsam, nachlässig; (*~less of* unbekümmert um); sorglos; unbesonnen; **~taker** ['kɛəteikə] Hausmeister, (Haus-) Verwalter
careen [kə'riːn] kielholen; *US* jagen, rasen
career [kə'riə] Beruf(sweg), Laufbahn; Tempo; jagen, rasen; **~ist** [kə'riərist] Karrieremacher
caress [kə'res] liebkosen, küssen; **~ing** liebevoll, zart
caret ['kærət] Auslassungszeichen (')
cargo ['kaːgou], *pl* **~es, ~s** Ladung, Fracht; **mixed** [mikst] **~** Stückgut
caribou ['kæribuː], *pl* ~ Karibu
caricatu|re [kærikə'tjuə, *US* 'kærikətʃə] Karikatur; karikieren; **~rist** [----́rist] Karikaturist
caries ['kɛəriiːz, -́riːz] Karies
carillon ['kæriljən, kə'riljən, *US* 'kærilɔn] (eigentl.) Glockenspiel, Melodie e-s Gl.; Stab-, Glockenspiel (Orchester)
carious ['kɛəriəs] kariös, faul
carload ['kaːloud] Wagenladung
carmine ['kaːmain] karmin
carnage ['kaːnidʒ] Blutbad; **~al** [-́nəl] fleischlich, sinnlich; **~ation** [-'neiʃən] Nelke; **~elian** *siehe* cornelian; **~ival** [-́ivəl] Karneval, Fasching; **~ivorous** [-'nivərəs] fleischfressend
carol ['kærəl] Weihnachtslied (singen)
carous|al [kə'rauzəl] lärmendes Gelage; **~e** [kə'rauz] fröhlich zechen
carp[1] [kaːp], *pl* ~ Karpfen
carp[2] [kaːp] nörgeln, kritteln (*at* an); **~er** Nörgler, Kritikaster
carpen|ter ['kaːpintə] Zimmermann; **~try** ['kaːpintri] Zimmermannsarbeit
carpet ['kaːpit] **1.** Teppich; *on the ~* auf dem Tapet; *to call (have) on the ~* s. j-n vorknöpfen; **2.** (mit Teppich) bedecken
carriage ['kæridʒ] (Pferde-)Wagen; 🚂 *BE* Wagen; Beförderung(skosten; *~ forward BE* Fracht per Nachnahme; *~-free (~-paid) (BE)* frachtfrei; (Schreibmasch.-)Wagen; *mil* Lafette; Haltung; **~able** ['kæridʒəbl] (be)fahrbar; **~-way** *BE* Fahrbahn, -damm; *BE* Fernstraße
carrier ['kæriə] (Last-, Bazillen-)Träger; Fuhrmann, Spediteur; (Gepäck-)Halter, Träger; **~ (pigeon)** ['pidʒən] Brieftaube
carrion ['kæriən] Aas
carrot ['kærət] Mohrrübe, Karotte
carry ['kæri] tragen, (Wasser) führen; transportieren; (Stellung) nehmen; (Zuhörer) hinreißen; (Antrag) annehmen, angenommen werden, durchgehen; s. halten; (Ton, Geschütz) tragen; (Zeitung) enthalten; (Ware) führen; **~ away** wegtragen, -reißen; hinreißen; **~ forward** ['fɔːwəd] übertragen; Über-, Vortrag; **~ off** davontragen (*a. fig*); **~ on** weiterführen, weitermachen; flirten; **~ out** ausführen; **~ through** durch-, zu Ende führen; durchbringen ♦ *he carried everything before him* er hatte gewaltigen Erfolg; *~ weight* [weit] überzeugend sein; **~ing trade** See-, Luftfrachtverkehr (mit dem Ausland)

cart [kaːt] Karren; fahren ♦ *to put the ~ before the horse* d. Pferd beim Schwanz aufzäumen; **~age** ['kaːtidʒ] Fuhrlohn
carte blanche ['kaːt 'blaːnʃ] Blankovollmacht
cartel [kaː'tel] Kartell
cartilage ['kaːtilidʒ] Knorpel
carton ['kaːtən] Karton; Volltreffer
cartoon [kaː'tuːn] Karikatur; Zeichenfilm; Comics; **~ist** Karikaturist
cartridge ['kaːtridʒ] (Film-)Patrone; Kassette
cartwheel ['kaːtwiːl] Wagenrad; 🤸 Rad
carv|e [kaːv] schnitzen; meißeln; hauen; (Fleisch) schneiden; *(fig)* (Weg) bahnen; **~ing** Schnitzen; Schneiden; Schnitzerei
cascade [kæs'keid] Kaskade; Fallen
case[1] [keis] **1.** *allg, gram,* ⚕ Fall; *is it the ~ that* trifft es zu, daß; *that's the ~* d. ist d. Fall, trifft zu; *such being the ~* da das so ist; *in ~* falls, damit nicht, für alle Fälle; *in any ~* auf jeden Fall; **2.** ⚖ Fall, Prozeß, Streitsache; **3.** Argumente, gute Gründe (*for* für, *on* in d. Sache); *to make out one's ~* beweisen, daß man recht hat; **~ history** ['keis'histəri] Krankengeschichte; Vor-, Fallgeschichte; Tatsachen-, Erfahrungsbericht; typisches Beispiel; **~ work** ['keiswəːk] soziale Einzel-, Fürsorgearbeit; **~ worker** Sozialarbeiter
case[2] [keis] (Glas-, Schmuck- etc)Kasten; Behälter; Futteral, Etui; (Uhr-)Gehäuse; 🕮 Setzkasten (*upper ~* Großbuchstabe, *lower ~* Kleinbuchstabe)
casement ['keismənt] Fensterflügel
cash [kæʃ] **1.** Bargeld; *to pay ~* bar bezahlen; *~ down* Barzahlung; *for ~* gegen bar; *~ on delivery* [di'livəri] per Nachnahme, Lieferung gegen bar; **2.** Kasse (*in ~* bei K., *out of ~* nicht bei K.) ♦ *he ist rolling in ~* er hat Geld wie Heu; **3.** *vt* einlösen, einkassieren; **~-book** Kassenbuch; **~-desk** Kasse; **~less** bargeldlos; **~-office** ['kæʃɔfis] Kasse; **~ price** Barpreis; **~ register** ['redʒistə] Registrierkasse
cashier [kə'ʃiə] Kassierer; *mil* kassieren
cashmere ['kæʃmiə] Kaschmir (Wollstoff)
casing ['keisiŋ] Gehäuse; Verkleidung, Mantel; Rahmen-, (Reifen-)Mantel
casino [kə'siːnou], *pl* **~s** Kasino
cask [kaːsk] Faß; **~et** ['kaːskit] Schmuckkästchen; Urne; *US* (teurer) Sarg
casserole ['kæsəroul] feuerfeste Schüssel
cassock ['kæsək] Soutane
cast [kaːst] *(s. S. 318)* **1.** (ab)werfen; ⚓ werfen; (Stimme) abgeben; *~ing vote* entscheidende Stimme; *~ in s-b's teeth* j-m vorwerfen; (Blick, Schatten, Los, Zweifel, Licht) werfen (*at, over, on* auf); (Metall) gießen (*~ iron* ['aiən] Gußeisen); (aus)rechnen; *~ about for* suchen nach; *~ down* (Augen) niederschlagen; *~ off* abwerfen, -legen, -fahren; *~ out* ausstoßen; **2.** Wurf; 🎭 Besetzung, Rollenverteilung; Mitwirkende; Abguß; Art; *~ (in the eye)* Silberblick, Schielen; *~ and credits* (Film-)Vorspann; ⚕ Gipsverband; **~away** ['kaːstəwei] schiffbrüchig; **~-off** abgelegt, ausrangiert

castanets [kæstə'nets] Kastagnetten
caste [kɑːst] Kaste; *to lose* [luːz] ~ sein gesellschaftl. Ansehen verlieren
caster [kɑːstə] *siehe* castor
castigate ['kæstigeit] züchtigen; *fig* geißeln
castle [kɑːsl] Burg; Schloß; (Schach) Turm; *~s in the air* [ɛə] (*in Spain* [spein]) Luftschlösser
cast|or, *US* **~er** ['kɑːstə] Lauf-, Möbelrolle; Streubüchse; Bibergeil; **~or oil** Rizinusöl; **~or sugar** ['ʃugə] *BE* Streuzucker
castrate [kæs'treit] kastrieren
casual ['kæʒuəl] zufällig; gelegentlich; unachtsam; beiläufig; zwanglos, salopp; Gelegenheitsarbeiter; Slipper; **~ly** zufällig; ohne viel zu überlegen, leichthin; **~ty** Unfall(opfer); Verwundeter, Verletzter; *pl* Verluste; Verletzte; **~ ward** Unfallstation
casuistry ['kæzjuistri] Kasuistik
casus belli ['kɑːsəs'beliː] Kriegsgrund
cat [kæt] Katze ♦ *enough to make a cat laugh* umwerfend komisch; *to lead* [liːd] *a ~ and dog life* wie Katze u. Hund leben; *it is raining ~s and dogs* es gießt in Strömen; *to put the ~ among the pigeons* große Aufregung verursachen; *no room to swing a ~* man kann s. kaum um s. selbst drehen; boshaftes Weib; Jazzfan; Raupenschlepper
cataclysm ['kætəklizm] Katastrophe, Zusammenbruch; Sintflut; **~ic** [–´–ik] umwälzend, -stürzend
catacomb ['kætəkoum] Katakombe
catalog|ue, *US a.* **~** ['kætələg] Katalog; *US* Vorlesungsverzeichnis; **~ue** *vt* katalogisieren
catapult ['kætəpʌlt] Katapult, Schleuder; *vt* katapultieren, (ab)schleudern
cataract ['kætərækt] Katarakt; ⚕ grauer Star
catarrh [kə'tɑː] Katarrh; Schnupfen
catastroph|e [kə'tæstrəfi], *pl* **~es** Katastrophe, Schicksalsschlag; **~ic** [kætəs'trɔfik] katastrophal, verhängnisvoll
catch[1] [kætʃ] *(s. S. 318)* fangen; einholen; *~ up* (*with*) ein-, aufholen; antreffen; auffangen; (Zug) nehmen, kriegen; schnappen, überraschen; *fig* einfangen; *~ in the act* auf frischer Tat ertappen; (Krankheit) s. zuziehen, holen, (Feuer) fangen; kapieren, mitkriegen; s. verfangen (in); *~ sight (a glimpse) of* plötzlich sehen; (Atem) anhalten
catch[2] [kætʃ] Fang(en), Beute; Riegel; *fig* Haken; **~er** Fänger; Ringer; **~ing** ansteckend; anziehend; **~ment basin** ['beisn] (*od* **area** ['ɛəriə]) Einzugsgebiet; **~word** ['kætʃwəːd] Schlagwort; Stichwort
catchup ['kætʃəp] *siehe* ketchup
catech|ism ['kætikizm] Katechismus ♦ *to put s-b through his ~ism* j-n gründlich fragen; **~ize** [´–kaiz] gründl. (aus)fragen
categor|ical [kæti'gɔrikl] kategorisch; **~y** ['kætigəri] Kategorie, Klasse
cater ['keitə] Lebensmittel (Essen) liefern (*for* für); alles Erforderliche bieten (bereithalten), etw bieten *(for)*; befriedigen; rechnen (*for* mit); **~er** [´–rə] Feinkost-, Partylieferant; Hotelier, Gastwirt; **~ing trade** Gaststättengewerbe
cater|pillar ['kætəpilə] Raupe; Gleiskette; Raupe(nfahrzeug); **~waul** ['kætəwɔːl] (Katze) schreien; laut zanken
catfish ['kætfiʃ] Wels; Katfisch
catgut ['kætgʌt] Darmsaite; ⚕ Katgut
cathartic [kə'θɑːtik] Abführmittel
cathedral [kə'θiːdrəl] Kathedrale, Dom
cathode ['kæθoud] Kathode; **~ tube** Kathodenröhre
Catholic ['kæθəlik] katholisch; Katholik; **~ism** [kə'θɔlisizm] Katholizismus
catholic ['kæθəlik] umfassend, universal
cat|kin ['kætkin] *bot* Kätzchen; **~-o'-ninetails** [kætə'nainteilz] Peitsche; **~'s-paw** ['kætspɔː] *fig* j-s Werkzeug; **~ty** katzenhaft; tückisch; klatschsüchtig
catsup ['kætsəp] *siehe* ketchup
cattle [kætl], *pl vb* Vieh; **~-breeding** Viehzucht
caucus ['kɔːkəs], *pl* **~es** *BE* örtl. Partei-Aktionsausschuß(sitzung); *US* (Parteiführer-, Fraktions)Zus.kunft, Besprechung (zur Bestimmung von Kandidaten, Festlegung von Leitlinien)
caught [kɔːt] *siehe* catch[1]
cauldron, *US* **caldron** ['kɔːldrən] großer Kessel
cauliflower ['kɔliflauə] Blumenkohl
caulk, *US* **calk** [kɔːk] abdichten
causative ['kɔːzətiv] verursachend; kausativ
cause [kɔːz] Ursache; Grund; Prozeß, Streitsache; *fig* Sache (*in the ~ of* für d. Sache des); verursachen; bewirken; veranlassen
causeway ['kɔːzwei] Damm (im Sumpf); Gehweg
caustic ['kɔːstik] ätzend, kaustisch; beißend, sarkastisch
cauterize ['kɔːtəraiz] ⚕ brennen, ätzen
caution ['kɔːʃən] Vorsicht (*to use ~* vorsichtig sein); Warnung; Verwarnung; warnen (*against doing, not to do* zu tun)
cautious ['kɔːʃəs] vorsichtig [Schau
cavalcade [kævəl'keid] Kavalkade, Zug,
caval|ier [kævə'liə] Kavalier; Ritter; barsch, hochmütig; **~ry** ['kævəlri] *pl vb* Kavallerie, Reiterei
cave [keiv] Höhle; Höhlen-; *~ in* einsinken, nachgeben *(a. fig)*; eindrücken
cavern ['kævən] (große) Höhle
caviar(e) ['kæviɑː] Kaviar
cavil ['kævil] bekritteln, nörgeln (*at* an)
cavity ['kæviti] *allg,* ⚕ Höhlung, Höhle
caw [kɔː] (Krähe) krächzen
cayman ['keimən], *pl* **~s** Kaiman (Art Alligator)
cease [siːs] aufhören, einstellen; *~ from* ablassen von; **~ fire** ['siːs'faiə] Feuereinstellung, Waffenruhe; **~less** unaufhörlich
cedar ['siːdə] Zeder(nholz)
cede [siːd] abtreten, überlassen
ceiling ['siːliŋ] (Zimmer-)Decke; Höchstgrenze (-preis, -miete, -gehalt); Bewölkungshöhe; ✈ Gipfelhöhe ♦ *to hit the ~* an d. Decke gehen; (höchst)zulässig

celebra|te ['selibreit] feiern; rühmen; **~ted** berühmt (*for* wegen); **~tion** [--'breiʃən] Feier
celebrity [si'lebriti] Berühmtheit; Ruhm
celerity [si'leriti] Schnelligkeit
celer|iac [si'leriæk] Sellerie(knolle); **~y** ['seləri] (gebleichte) Sellerie(stengel)
celesta [si'lestə], *pl* **~s** ♪ Celesta
celestial [si'lestjəl] Himmels-; himmlisch
celiba|cy ['selibəsi] Zölibat; **~te** ['selibit] unverheiratet(er Mann)
cell [sel] Zelle; ↯ Element; **~ar** ['selə] Keller
cello ['tʃelou], *pl* **~s** Cello
cellophane ['seləfein] Cellophan
cellu|lar ['seljulə] zellenförmig; Zellen-; **~loid** [ˊ--lɔid] Zelluloid; **~lose** [ˊ--lous] Zellstoff, Zellulose
Celtic ['keltik, *US* 'sel-] keltisch
cement [si'ment] (*a.* ⚕) Zement; Kitt (*a. fig*); zementieren; zus.kitten
cemetery ['semitri] Friedhof
cenotaph ['senətaːf] Zenotaph, Ehrengrabmal
censer ['sensə] Weihrauchfaß
censor ['sensə] Zensor; **~ious** [sen'sɔːriəs] überkritisch, tadelsüchtig; **~ship** Zensur
censure ['senʃə] Tadel, Verweis; tadeln; *vote of ~* Mißtrauensvotum
census ['sensəs], *pl* **~es** Volkszählung
cent [sent] Cent; **per ~** Prozent (%)
centen|arian [senti'nεəriən] Hundertjährige(r); **~ary** -'tiːnəri, *US* ˊ--neri] hundertjährig(es Jubiläum); **~nial** [-'tenjəl] hundertjährig(es Jubiläum)
centi|grade ['sentigreid] mit 100 Grad; Celsius; **~me** [saːn'tiːm] Centime; **~metre** [ˊ--miːtə] Zentimeter; **~pede** [ˊ--piːd] *zool* Hundertfüßer
central ['sentrəl] zentral; Haupt-; ☎ Zentrale; **~ize** ['sentrəlaiz] zentralisieren; konzentrieren
centre ['sentə] **1.** Zentrum, Mittelpunkt; *~ of gravity* ['græviti] Schwerpunkt; *pol* Zentrum, Mittelparteien; (Handels-, Vergnügungs- etc) Zentrum; (Auskunfts-)Stelle; (Gemeinschafts-) Heim, Haus; Mittel-; **2.** in d. Mittelpunkt stellen; (s.) konzentrieren
centri|fugal [sen'trifjugəl] zentrifugal; **~petal** [-'tripitəl] zentripetal
century ['sentʃəri] Jahrhundert
ceramic [si'ræmik] keramisch; **~ art** Kunstkeramik; **~s** *sg vb* (Fein- u. Grob-)Keramik; *pl vb* Keramik(en)
cereal ['siəriəl] Getreide-; Getreideflockengericht; **~s** Getreide
cerebral ['seribrəl] Gehirn-; **~ catastrophe** [kə'tæstrəfi] Schlaganfall
ceremon|ial [seri'mouniəl] zeremoniell, feierlich; **~ious** [---ˊniəs] zeremoniös, förmlich, steif; **~y** [ˊ--məni] Feier, Zeremonie; feierl. Höflichkeit, Förmlichkeit; *without ~y* ohne Umstände; *to stand upon ~y* sehr höflich sein
certain ['səːtən, ˊ-in] sicher (*I'm not ~ that...; he is ~ to come* er kommt sicher); untrüglich, verläßlich; (ein) gewisser; ♦ *for ~* ganz bestimmt; *to make ~* feststellen, s. vergewissern; **~ly** bestimmt; ja!, aber sicher!; **~ty** (feststehende) Tatsache (*for a ~ty* ganz bestimmt); Sicherheit, Gewißheit
certi|ficate [sə:'tifikit] Zeugnis, Schein; *medical ~ficate* Attest; *vt* **~ficate** [səː'tifikeit] mit e-m Zeugnis versehen; lizenzieren; **~fy** ['səːtifai] bescheinigen, bezeugen (*this is to ~fy that* hiermit wird bescheinigt, daß); *BE* für geisteskrank erklären; **~fied** bakterienfrei (Milch); *BE* in e-e Anstalt zu überweisen(der Patient; überwiesen); **~tude** ['səːtitjuːd] absolute Gewißheit
cessation [se'seiʃən] Aufhören; Einstellung
cession ['seʃən] Abtretung
cess-pit, -pool ['sespit, -puːl] Senkgrube
chafe [tʃeif] (sich d. Hände) reiben; wundreiben, aufscheuern; s. ärgern, toben; **~r** (*bes* Mai-)Käfer
chaff [tʃaːf] Spreu; Häcksel; Neckerei; necken
chaffer ['tʃæfə] feilschen, schachern
chaffinch ['tʃæfinʃ] Buchfink
chagrin ['ʃægrin, ʃə'griːn *US* ʃə'grin] Verdruß, Ärger; ärgern, verdrießen
chain [tʃein] Kette (*a. fig*); (an)ketten; **~-store** ['tʃeinstɔː] Kettenladen
chair [tʃεə] Stuhl (*take a ~* s. setzen); Lehrstuhl; (Vor-)Sitz (*take the ~* d. Vorsitz übernehmen; **~-lift** Sessellift; **~man** [ˊ-mən], *pl* ~men Vorsitzende(r); **~woman** [ˊ-wumən], *pl* ~women [ˊ-wimin] Vorsitzende; **~way** Sessellift
chaise [ʃeiz] Chaise
chalet ['ʃælei] Sennhütte; kleines Landhaus
chalice ['tʃælis] (Abendmahls-)Kelch
chalk [tʃɔːk] Kreide; mit Kr. schreiben; *~ up* ankreiden; *~ out* vorzeichnen
challeng|e ['tʃælindʒ] **1.** Anruf (der Wache); Herausforderung; (Auf-)Forderung; Aufgabe; Anregung; **2.** herausfordern *(to a duel)*; j-n auffordern (etw Besonderes, Schwieriges zu tun); für j-n e-e große (lockende) Aufgabe darstellen; j-m (Bewunderung, Aufmerksamkeit) abnötigen; in Frage stellen, bestreiten; es aufnehmen können mit; erregen, (sehr) anregen; **~e cup** Wanderpokal; **~ing** er-, anregend; große Anforderungen stellend (unerhört) schwierig
chalybeate [kə'libiit] eisenhaltig
chamber ['tʃeimbə] Raum, Kammer *(~ music)*: *~ of commerce* ['kɔməs] Handelskammer; **~lain** [ˊ--lin] Kammerherr
chameleon [kə'miːliən], *pl* **~s** Chamäleon
chamois ['ʃæmwaː, *US* 'ʃæmi], *pl ~* [ˊ-waːz] Gemse; ~ ['ʃæmi] **leather** Sämischleder
champ [tʃæmp] schmatzen; (Pferd) ungeduldig beißen; *fig* knirschen
champagne [ʃæm'pein] Champagner, Sekt
champion ['tʃæmpiən] 🏆 Meister; Sieger (-Mannschaft); preisgekrönt; Verteidiger, Fürsprecher; **~ship** Meisterschaft; Verfechtung
chance [tʃaːns] **1.** Zufall; *to take one's ~* es drauf ankommen lassen; *a game of ~* Glücksspiel; *by ~* zufällig; **2.** Chance, Möglichkeit *(the ~s are 100 to 1)* ♦ *on the ~* für den Fall (*of seeing him* daß ich ihn sprechen kann); **3.** Gelegenheit, Chance (*the ~ of a lifetime* d. Ch. seines Lebens) ♦ *the main ~* d. Chance, zu

Geld zu kommen; **4.** *adj* zufällig; **5.** *vb* zufällig sein (tun) *(it ~d that . . .; I ~d to see); ~ upon* stoßen auf; riskieren

chancel ['tʃɑːnsəl] Chor, Altarraum; **~lor** ['––lə] Kanzler; Kanzleivorstand; *BE* Ehrenpräsident e-r Univ.; *s.* exchequer

chancery ['tʃɑːnsəri] Kanzlei(gericht); Staatsarchiv; *in ~* in der Klemme

chandelier [ʃændi'liə] Arm-, Kronleuchter, Lüster

chandler ['tʃɑːndlə] Krämer, Drogist

change [tʃeindʒ] **1.** wechseln; s. umziehen; *~ (trains)* umsteigen (*for* nach); **2.** tauschen, (Geld) (um)wechseln; (s.) (ver)ändern; (Wind) umschlagen; (Baby) wickeln; **3.** (Ver-)Änderung, Wechsel; *~ of heart* Sinnesänderung; *~ of life* Wechseljahre; **4.** Luftveränderung; **5.** Wandel (*from* gegenüber); *~ for the better* (Ver-)Besserung; *for a ~* zur Abwechslung; *a ~ of* einmal (Kleider) zum Wechseln; **6.** **(small) ~** Kleingeld; Wechselgeld (*he gets £1 ~* er bekommt ein Pfund heraus); **~able** ['–əbl] veränderlich; *fig* schwankend; **~ful** wechselhaft; **~less** unveränderlich, unwandelbar; **~ling** ['–liŋ] Wechselbalg; untergeschobenes Kind; **~-over** Umstellung

channel ['tʃænəl] Meeresstraße (**the C~** d. Ärmelkanal); Flußbett; Fahrrinne; $, ⚙ Kanal; *fig* Kanal, Weg; aushöhlen; lenken, steuern; s. bahnen

chant [tʃɑːnt] Kirchengesang; Singsang; singen

chanterelle [tʃæntə'rel] Pfifferling

chanty ['ʃænti, 'tʃɑːnti] Shanty, Seemannslied (*siehe* shanty)

chao|s ['keiɔs] Chaos; **~tic** [kei'ɔtik] chaotisch

chap [tʃæp] (Hand) aufspringen; *siehe* chop; Kerl, Kunde

chapel ['tʃæpəl] Kapelle; *BE* Kirche d. Freikirchler

chaperon ['ʃæpəroun] Anstandsdame; *vt* als Anstandsdame begleiten

chaplain ['tʃæplin] Kaplan

chaplet ['tʃæplit] Kranz; Rosenkranz

chapter ['tʃæptə] Kapitel; *US* Ortsgruppe; *US* Studentenverbindung; *~ of accidents* ['æksidənts] Unglücksserie

char [tʃɑː] *BE* Putzfrau; *zool* Saibling; putzen, scheuern; *sl* Tee; (Holz) verkohlen; *siehe* chare

char-à-banc ['ʃærəbæŋ] Kremser

character ['kæriktə] Charakter; Persönlichkeit, Person; (Leumunds-)Zeugnis; Leumund, Ruf; Buchstabe, Schriftzeichen; *pl* Anlagen; **~istic** [–––'ristik] charakteristisch (*of* für), kennzeichnend; Kennzeichen, Merkmal; **~ize** ['–––raiz] charakterisieren, kennzeichnen

charcoal ['tʃɑːkoul] Holzkohle; **~ burner** ['bəːnə] Köhler; Ofen; Holzgasmotor; **~ tablet** ['tæblit] Kohletablette

chard [tʃɑːd] Mangold(gemüse)

chare [tʃɛə] (*a.* char) *BE* (gegen Lohn) Hausarbeit (verrichten)

charge [tʃɑːdʒ] **1.** bezichtigen *(with murder),* beschuldigen; **2.** angreifen; **3.** (Preis) verlangen; **4.** (Ware) anschreiben; **5.** *mil,* ↯ laden; **6.** beauftragen; **7.** Beschuldigung, Anklage; **8.** *mil* Angriff; **9.** Preis, Forderung; **10.** *mil,* ↯ Ladung; **11.** Auftrag, Anweisung; **12.** Aufgabe; *to be in ~ of* verantwortlich sein, sorgen für, in d. Obhut sein von; *to take ~ of* in Verwahrung nehmen, verantwortl. sein für; *to give s-b in ~* j-n d. Polizei übergeben; **13.** Schützling; **14.** Mündel; **15.** *fig* Last; **~able** ['tʃɑːdʒəbl] vorzuwerfen (*to* j-m), zu belangen (*with* wegen)

chargé d'affaires ['ʃɑːʒeidæ'fɛə], *pl* **~ d'affaires** ['–––'fɛəz], **~s d'affaires** ['ʃɑːʒeidæ'fɛə] Geschäftsträger

chariot ['tʃæriət] (Streit-)Wagen

charit|able ['tʃæritəbl] wohl-, mildtätig; nachsichtig; **~y** ['tʃæriti] Mildtätigkeit; (Spenden von) Almosen; wohltätige Einrichtung; (christliche) Nächstenliebe ♦ *~y begins at home* d. Hemd ist e-m näher als d. Rock; **~y school** [skuːl] Armenschule

charlatan ['ʃɑːlətən] Quacksalber, Kurpfuscher

Charlemagne [ʃɑːlə'main] Karl d. Gr.

Charles's Wain ['tʃɑːlziz'wein] *astr BE* der Große Bär

charm [tʃɑːm] Zauber, Reiz; Zauberwort; Amulett; bezaubern, entzücken; bannen

charnel-house ['tʃɑːnəlhaus] Beinhaus

chart [tʃɑːt] (See-, Wetter- etc)Karte; (auf)zeichnen; **~er** Konzession; Chartervertrag; konzessionieren; chartern

charwoman ['tʃɑːwumən], *pl* **~-women** ['–wimin] Putz-, Reinemachefrau

chary ['tʃɛəri] vorsichtig; zurückhaltend, karg (*of* mit); wählerisch

chase[1] [tʃeis] (ver)jagen; Jagd(revier, -wild); *to give ~* Verfolgung aufnehmen

chase[2] [tʃeis] ziselieren; 📖 Schließrahmen

chasm ['kæzəm] Spalte; Kluft

chassis ['ʃæsi], *pl* **~** ['ʃæsiz] 🚗, ✈, *mil* Fahrgestell; ⚙ Chassis

chast|e [tʃeist] rein; keusch; **~en** ['tʃeisn] züchtigen; läutern; **~ise** [tʃæs'taiz] züchtigen; **~isement** ['tʃæstizmənt] Züchtigung; **~ity** ['tʃæstiti] Reinheit; Keuschheit

chat [tʃæt] plaudern; Plauderei

château ['ʃætou], *pl* **~x, ~s** ['–touz] Schloß, Herrenhaus

chattels ['tʃætəlz] *pl vb* Hab und Gut

chatter ['tʃætə] schwatzen (Person, Elster, Bach); schnattern (Affe; Zähne); **~box** Schwatzamsel, Plaudertasche

chatty ['tʃæti] gesprächig

cheap [tʃiːp] billig; preiswert; **~en** verbilligen

cheat [tʃiːt] betrügen (*out of* um); Betrug, Schwindel; Betrüger

check [tʃek] **1.** (nach)prüfen, kontrollieren, vergleichen (*against* mit) *~ up on* = *~*; bremsen, zügeln; zurechtweisen; **2.** *US* (in d. Garderobe) abgeben, (Gepäck) aufgeben; *~ in (Hotel)* ankommen u. s. anmelden, *~ out* (Hotel) bezahlen und verlassen; **3.** *fig* Schach; Hemmnis, Bremse; *to keep a ~ on* zügeln; *to*

keep in ~ im Zaum halten; **4.** Verzögerung (*to give a ~ to* verzögern); **5.** Nachprüfung, (Gegen-)Kontrolle; Kontrollzeichen (V); **6.** (Garderoben-, Gepäck-)Nummer, Marke, Schein; **7.** Karo(stoff); **8.** *US* Scheck; **~ed** [tʃekt] kariert; **~ered** [tʃekəd] kariert; **~ers** Karo(muster); **~ers** *sg vb US* Damespiel; **~mate** ['tʃek'meit] (schach)matt setzen (*a. fig*); *fig* Schachmatt, völlige Niederlage; **~room** *US* Garderobe; *US* Gepäckaufbewahrung; **~up** (*bes* $) gründliche Untersuchung; Überprüfung
cheek [tʃi:k] Backe, Wange; *fig* Stirn, Frechheit; **~y** frech
cheep [tʃi:p] piepen
cheer [tʃiə] erfreuen, ermutigen; (zu-, be)jubeln; anfeuern; Hoch(ruf), Beifall(-sruf); Fröhlichkeit; *~ up* froh werden, Mut fassen; **~ful** froh, heiter; **~io!** ['tʃiəri'ou] mach's gut! **~less** trüb, freudlos; **~y** ['tʃiəri] (nach außen) froh, lebhaft
chees|e [tʃi:z] Käse; **~y** ['tʃi:zi] käsig, Käse-
chef [ʃef] Hauptkoch, Küchenmeister; **~-d'œuvre** [ʃei'də:və], *pl* ~s-d'oeuvre [ʃei'də:və] Meisterwerk
chem|ical ['kemikl] chemisch; Chemikalie; **~ist** Chemiker; Apotheker; **~istry** Chemie; chemische Zusammensetzung
cheque [tʃek] *BE* Scheck; **~red** [ˊ-əd] kariert; voll Wechselfälle, bunt
cherish ['tʃeriʃ] (Hoffnung etc) hegen, haben; (Kinder) pflegen, umsorgen
cherry ['tʃeri] Kirsche; kirschrot
chervil ['tʃə:vil] Kerbel
chess [tʃes] Schach; **~board** [ˊ-bɔ:d] Schachbrett; **~man** [ˊ-mən], *pl* ~men Schachfigur
chest [tʃest] Kasten, Kiste; Truhe; Schränkchen; *~ of drawers* [drɔ:z] Kommode; Brust(korb); **~y** *sl* geschwollen ♦ *he is ~y BE* er hat's auf d. Brust
chesterfield ['tʃestəfi:ld] Sofa; Überzieher
chestnut ['tʃesnʌt] (Edel-, Roß-)Kastanie
cheviot ['tʃeviət] Cheviot (**~ yarn** Cheviotgarn
chevy ['tʃivi] (herum)hetzen (*a.* chivy)
chew [tʃu:] kauen ♦ *to bite off more than one can ~* mehr tun wollen als man kann
chic [ʃi:k] modische Eleganz; chic
chicane [ʃi'kein] (*bes* ⚖) Ausflucht, Mätzchen (machen), schikanieren; **~ry** [ʃi'keinəri] *bes* ⚖ Ausflüchte; Schikane, Trick
chick [tʃik] Küken (*a. fig*, Kind); dufte Biene; **~en** Huhn; Hühnerfleisch; **~en-pox** Windpok-[ken
chicory ['tʃikəri] Zichorie; Chicorée
chide [tʃaid] (*s. S. 318*) tadeln, schelten
chief [tʃi:f], *pl* ~s Häuptling; Chef, Leiter *~-in~* Ober-; Haupt-, hauptsächlich; oberster; **~tain** ['tʃi:ftin] Häuptling
chiffon ['ʃifɔn] Seidenmull, Schleierstoff; *pl* Verzierung, Bänder, Spitzen
chiffonier [ʃifə'niə] Kommode
chilblain ['tʃilblein] Frostbeule
child [tʃaild], *pl* **~ren** ['tʃildrən] Kind; *~'s play* ein Kinderspiel, ganz leicht; **~bed** Wochenbett; **~hood** ['tʃaildhud] Kindheit; **~ish** ['tʃaildiʃ] kindlich, Kinder-; kindisch; **~less** kinderlos; **~like** ['tʃaildlaik] kindlich, einfach; **~ren's** Kinder-
chill [tʃil] **1.** (unangenehme) Kühle, Frösteln; *to take the ~ off* (Wasser) etwas anwärmen; **2.** Erkältung; *to cast a ~ over* erschauern lassen; **3.** kalt, kühl; **4.** frösteln; kühlen; **~y** kalt (*a. fig*)
chilli, *US* **chili** ['tʃili] spanischer roter Pfeffer
chime [tʃaim] Glockenspiel (im Turm); Melodie (e-s Glockenspiels); Harmonie; läuten; *~ in* (ins Gespräch) einfallen; *~ in with* übereinstimmen mit
chimer|a [kai'miərə, ki-], *pl* **~as** Schimäre, Hirngespinst; **~ical** [kai'merikl, ki-] phantastisch, illusionär
chimney ['tʃimni] Schornstein, Kamin; Rauchfang; (Lampen-)Zylinder; **~-pot** Schornsteinaufsatz; **~-sweep(er)** [ˊ-swi:p(ə)] Schornsteinfeger
chimp(anzee) [tʃimp(ən'zi:)] Schimpanse
chin [tʃin] Kinn; mit d. Kinn halten; *~ o. s. (US)* Klimmzüge machen; *on the ~* tapfer; *to take it on the ~* schwer einstecken müssen
china ['tʃainə] (*bes* Geschirr-)Porzellan
Chin|a ['tʃainə] China; **~aman** [ˊ-mən] Chinese, *pl* ~men (bei kl. Zahlen), **~ese** [-'ni:z] (bei großen Zahlen); **~ese** chinesisch; Chinese
chink [tʃiŋk] Ritz(e), Spalt; klimpern, klirren; *sl* Chinese
chintz [tʃints] Chintz; Möbelkattun
chip [tʃip] **1.** Span, Splitter ♦ *a ~ of the old block* ganz der Vater; angeschlagene Stelle; **2.** (Kartoffel-, Apfel-)Schnitz; *pl* **~s** *BE* Pommes frites, *US* Chips; **3.** (Glas) anschlagen, angeschlagene Stellen bekommen; schnitzeln; nekken; *~ in (umg)* unterbrechen; **~per** *US* lebhaft, fröhlich
chipmunk ['tʃipmʌŋk] Rothörnchen
chipolata [tʃipə'la:tə] *BE* Bratwürstchen
chiro|podist [ki'rɔpədist] Fußpfleger; **~pody** [ki'rɔpədi] Fußpflege; **~practic** [kaiərə'præktik] Chiropraktik; **~practor** [kaiərə'præktə] Chiropraktiker
chirp [tʃə:p] zirpen (Spatz, Grille)
chirrup ['tʃirəp] zwitschern
chisel ['tʃizl] Meißel; *sl* Gaunerei; meißeln; *sl* betrügen; erschwindeln
chitchat ['tʃittʃæt] Schnickschnack
chival|ry ['ʃivəlri] Rittertum; Ritterlichkeit; **~rous** [ˊ-rəs] ritterlich
chiv|e [tʃaiv] Schnittlauch; **~y** *siehe* chevy
chlor|ide ['klɔ:raid] Chlorid; *~ide of* Chlor-; **~ine** ['klɔ:ri:n] Chlor; **~oform** ['klɔrəfɔ:m] Chloroform; chloroformieren; **~ophyll** ['klɔrəfil] Chlorophyll
chock [tʃɔk] Bremsklotz; bremsen; *~ up* (Zimmer) vollstellen; dicht; **~-full** ['tʃɔk'ful] gedrängt voll
chocolate ['tʃɔkəlit] Schokolade; Praline; Kakao; tiefbraun
choice [tʃɔis] **1.** (Aus-)Wahl; *from ~* aus Neigung; *by (for) ~ BE* am liebsten; *to take one's ~* s. Wahl treffen; **2.** auserlesen; gewählt

choir ['kwaiə] (Kirchen-)Chor; Chor (e-r Kirche)
choke [tʃouk] (er)würgen; ersticken; ~ *up* verstopfen, (Unkraut) überwuchern, (Zimmer) vollstopfen; ~ *off,* ~ *to death* [deθ] j-n erwürgen; ~ *down* (Gefühl) hinunterwürgen; 🚗 Luft-, Startklappe
choler ['kɔlə] Zorn; **~a** [ˊ–rə] Cholera; **~ic** [ˊ–rik] cholerisch
chomp [tʃɔmp] geräuschvoll (fr)essen
choos|e [tʃu:z] *(s. S. 318)* (s. aus)wählen, (s.) aussuchen; *cannot ~e but* bleibt keine andere Wahl als; *~e* (*to do*) lieber wollen, vorziehen; **~ing** Wahl *(of his ~ing)*
chop [tʃɔp] (Holz) hacken (*up* zer-), (zer)schneiden; ~ *down* umhauen; Hacken, Schneiden; Kotelett; **~per** Hackmesser; Hubschrauber; Knatterkiste
chops [tʃɔps] *pl vb* Kiefer; *to lick one's ~* sich d. Lippen lecken
choppy ['tʃɔpi] (Wind) wechselnd; (Meer) hohl
chopsticks ['tʃɔpstiks] Eßstäbchen
choral ['kɔ:rəl] Chor- (**~ service** Gottesdienst mit Chorgesang); **~(e)** [kə'ra:l] Choral; (Kirchen-)Chor
chord [kɔ:d] *math* Sehne; ♪ Akkord; ⚕ Band (**vocal ~** Stimm-, **spinal ~** Rückenmark)
chore [tʃɔ:] kleine (Haushalts-)Arbeit; *pl* Hausarbeit
chorea [kɔ'riə] Veitstanz
chor|ister ['kɔristə] Chorsänger; -knabe; **~us** ['kɔ:rəs], *pl ~uses* Chor; Refrain; allgemeine Rufe *(of praise)*; **~us girl** Ballettmädchen
chortle [tʃɔ:tl] laut kichern
chose(n) ['tʃouz(n)] *siehe* choose
chough [tʃʌf] Alpenkrähe
chow [tʃau] Futter, Essen
Christ [kraist] Messias, Christus; **~endom** ['krisəndəm] Christenheit; **~ian** ['kristjən] Christ; christlich; *~ian name* Vorname; **~ianity** [kristi'æniti] Christentum; **~ianize** ['kristjənaiz] christianisieren; **~mas** ['krisməs] Weihnachten (**~mas Eve** [i:v] Heiligabend, **~mas box** *BE* Weihnachtsgeschenk)
christen [krisn] taufen (*a.* ⚓); **~ing** ['krisəniŋ] Taufe, Tauffeier
chrom|atic [krə'mætik] chromatisch; Farben-; **~atics** *sg vb* Farbenlehre; **~e** [kroum] Chrom (*~e steel* Chromstahl); **~ium** ['kroumiəm] Chrom (*~ium-plated* verchromt); **~osome** ['krouməsoun] Chromosom
chron|ic ['krɔnik] chronisch; **~icle** ['krɔnikl] Chronik; aufzeichnen; **~icler** ['krɔniklə] Chronist; **~ological** [krɔnə'lɔdʒikl] chronologisch; **~ology** [krə'nɔlədʒi] Chronologie, Zeitrechnung; **~ometer** [krə'nɔmitə] Chronometer
chrysalis ['krisəlis], *pl* **~es** *zool* Puppe
chrysanthemum [kri'sænθiməm], *pl* **~s** Chrysantheme
chub [tʃʌb] *zool* Döbel, Eitel, Schuppfisch
chubby ['tʃʌbi] rundlich; pausbäckig
chuck [tʃʌk] werfen, schmeißen; ~ *up* hinschmeißen; ~ *it!* laß das!
chuckle [tʃʌkl] in s. hineinlachen; leises Lachen
chuffed [tʃʌft] *BE* hocherfreut; *BE* sauer
chug [tʃʌg] tuckern(d fahren)
chum [tʃʌm] Duzfreund, Kamerad; ~ *with* zus.leben mit; ~ *up with* sich anfreunden mit; **~my** freundlich
chump [tʃʌmp] Holzklotz; *BE* dickes Ende (Hammelfleisch); *umg* Birne, *BE off one's ~* aus dem Häuschen; Hammel, Hornochse
chunk [tʃʌŋk] (Holz-)Klotz; (Brot-Fleisch-) Runksen, Stück; **~y** stämmig
church [tʃə:tʃ] Kirche (*BE* nicht für Sekten); Gottesdienst; **C~** (kathol. etc) Kirche (*BE* engl. Staats-); **~yard** ['tʃə:tʃja:d] Kirch-, Friedhof
churl [tʃə:l] Rüpel, Grobian; Geizkragen; **~ish** grob, flegelhaft
churn [tʃə:n] Butterfaß; buttern; *fig* aufwühlen
chute [ʃu:t] Gleitbahn; Rutsche; Stromschnelle; Rodelbahn; Fallschirm; (Kinder-) Rutschbahn (*siehe* shoot)
chutney ['tʃʌtni] Chutney (ind. Mischgewürz)
cicada [*BE* si'ka:də, *US* si'keidə], *pl* **~s** (Sing-) Zirpe, Zikade
cicatr|ice ['sikətris], *pl* **~ices** Narbe; **~ix** ['sikətriks], *pl* ~ices [sikə'traisi:z] Narbe; **~ize** ['sikətraiz] vernarben
cider ['saidə] Apfelsaft; *hard cider* Apfelwein; *sweet cider* Apfelsüßmost
cigar [si'ga:] Zigarre; **~ette,** *US a.* **~et** sigə'ret, *US a.* 'sigəret] Zigarette; **~ette-holder** [sigə'rethouldə] (Zigaretten-)Spitze
cinch [sintʃ] *sl* klarer Fall, kein Problem, leichte Sache
cinder ['sində] ausgebrannte Kohle; *pl* Asche; Aschen-; *burnt to a ~* verkohlt
Cinderella [sində'relə] Aschenbrödel
cine ['sini] *BE* Kino-, Film-; **~-camera** [ˊ–kæmərə] *BE* Filmkamera; **~ma** [ˊ–mə], *pl* ~mas *BE* Kino, Filmtheater, -wesen; **~matograph** [––'mætəgra:f] *BE* Filmprojektor, -kamera; **~matography** [––mə'tɔgrəfi] Kinematographie; **~-projector** [––prə'dʒektə] Filmvorführgerät, Projektionsgerät
cinnamon ['sinəmən] Zimt
cion ['saiən] *US* Pfropfreis (*siehe* scion)
cipher ['saifə] Null(zeichen); Wertloses; Chiffre(text, -schlüssel); arab. Ziffer(nsystem); Monogramm; chiffrieren; ~ *out* ausrechnen
circa ['sə:kə] zirka
circle [sə:kl] Kreis; Ring; 🎭 Rang; Zyklus, Kreislauf; *to come full ~* s. schließen, s. vollenden; (um)kreisen, umfahren; **~t** ['sə:klit] Kranz; Reif
circuit ['sə:kit] Rundgang, Weg; *to make a ~ of* d. Runde machen durch; Gerichtsbezirk (*to go on ~* d. Assisen abhalten); ⚡ (Strom-)Kreis (*short ~* Kurzschluß); Schaltbild; **~ous** [sə'kju:itəs] weitschweifig; abwegig (*~ous route* [ru:t] Umweg)
circula|r ['sə:kjulə] kreisförmig; Kreis-; *~r letter* Rundschreiben; *~r tour (trip)* Rundreise; **~r** Rundschreiben; Prospekt; **~rize** ['sə:kjulə-

raiz] d. Rundschreiben bekanntmachen (informieren); **~te** ['sə:kjuleit] kreisen, zirkulieren; in Umlauf sein (setzen); **~ting library** ['laibrəri] Leihbibliothek; **~tion** [sə:kju'leiʃən] (Blut-)Kreislauf; Umlauf, Verkehr; *to withdraw* [wið'drɔ:] *from ~tion* aus dem Verkehr ziehen; 📖 Auflage
circum|ference [sə:'kʌmfərəns] (Kreis-)Umfang; **~locution** [sə:kəmlou'kju:ʃən] umständliche Redeweise; Umschweife; umständl. Ausdruck; **~navigate** [sə:kəm'nævigeit] umsegeln; **~scribe** [sə:kəm'skraib] *(a. math)* umschreiben; begrenzen, einschränken; **~spect** ['sə:kəmspekt] sorgfältig, umsichtig, bedacht; **~spection** [sə:kəm'spekʃən] Sorgfalt, Umsicht, Bedachtsamkeit
circumstan|ce ['sə:kəmstəns, *US* ˊ--stæns] Umstand, *pl a.* (Vermögens-)Verhältnisse; Umständlichkeit; **~tial** [--'stænʃəl] eingehend; umständlich; Indizien-; sekundär; zufällig
circumvent [sə:kəm'vent] um-, hintergehen; überlisten
circus ['sə:kəs], *pl* **~es** Zirkus; (runder) Platz
cistern ['sistən] (*bes* Dach-)Zisterne
citadel ['sitədl] (Stadt-)Festung; *fig* Zitadelle
cit|ation [sai'teiʃən] Zitierung; Zitat; Vorladung; **~e** [sait] zitieren, anführen; vorladen
cither ['siθə] Cister *(Art Laute)*
citizen ['sitizn] (Stadt-)Bürger; Staatsangehöriger; **~ship** Bürgerstand; Bürgerrecht, Staatsangehörigkeit
citr|ic ['sitrik] Zitronen-(Säure); **~on** ['sitrən] Zitrone(nbaum); **~ous** ['sitrəs] Zitrus-; **~us** ['sitrəs] Zitrusfrucht(baum)
city ['siti] große Stadt; *bes BE* (durch d. Krone zur *city* erhobene Stadt (*mst* Bischofssitz); *bes US* Stadt (*vgl* town); **the C~** d. (Londoner) City, Geschäftsviertel; **~ editor** ['editə] *BE* Finanzredakteur, *US* Lokalredakteur; **~ hall** [hɔ:l] *US* Rathaus; **~ ordinance** ['ɔ:dinəns] *US* Gemeindegesetz (*vgl* by-law); **~ state** Stadtstaat
civic ['sivik] städtisch; (staats)bürgerlich; **~s** *sg vb* Staatsbürgerkunde
civies ['siviz] *siehe* civvies
civil ['sivl] (staats)bürgerlich; Bürger-(Krieg); Zivil-(Ehe, -Recht, -Luftfahrt); *~ engineering* [endʒi'niəriŋ] Tiefbau; C~ *Service* ['sə:vis] Staatsdienst; *~ servant* Staatsbeamter; höflich; **~ian** [si'viljən] bürgerlich (Beruf); Zivilist; **~ity** [si'viliti] Höflichkeit; **~ization** [sivilai'zeiʃən] Zivilisierung; Zivilisation; Kultur; zivilisierte Menschheit; **~ize** ['sivilaiz] zivilisieren; verfeinern
civvies ['siviz] Zivil(klamotten)
clack [klæk] klappern; plappern; Klappern; Geklapper
clad [klæd] bekleidet, bedeckt (*siehe* clothe)
claim [kleim] **1.** (als sein Eigentum, Recht) verlangen, beanspruchen; **2.** behaupten; **3.** Anspruch; Klage; **4.** Forderung; *to set up a ~ to, lay ~ to* Anspruch erheben auf; *to put in a ~ for* verlangen, (zurück)fordern; **5.** Recht (*on, to* auf); **6.** Parzelle; **~ant** ['kleimənt] Beanspruchende; Kläger
clam [klæm] eßbare Meeresmuschel (bes. *long ~, soft ~* Sandklaffm., Strandauster; *round ~, hard ~* Venusmuschel); schweigsamer Mensch; *~ up* verstummen, schweigen
clamber ['klæmbə] (auf allen vieren) klettern
clammy ['klæmi] feuchtkalt, klamm
clam|orous ['klæmərəs] lärmend; **~our** ['klæmə] Lärm; laute Forderung; laut fordern; *~our down* niederschreien
clamp [klæmp] Klemme, Spanner, Halter; Stapel; (fest)spannen, (fest)klemmen; *~ on* verhängen über; *~ down on* einschreiten gegen
clan [klæn] Stamm, Sippe; **~sman** [ˊ-zmən] *pl* ~smen Stamm-, Sippenangehöriger
clandestine [klæn'destin] heimlich
clang [klæŋ] (Metall) tönen (lassen); **~our** ['klæŋgə] Getöse, (metall.) Klang
clanger ['klæŋə] *BE* Fauxpas, Schnitzer
clank [klæŋk] klirren, tönen (lassen)
clannish ['klæniʃ] (unter s.) zusammenhaltend
clap [klæp] klatschen; klopfen; (Donner-) Schlag; Klatschen
clapboard ['klæbəd] *US* Wandschindel
claret ['klærət] Rotwein; *~ cup* Bowle
clarify ['klærifai] (auf)klären; erklären
clarinet [klæri'net] Klarinette; **~tist** Klarinettist
clarion ['klæriən] hell(er Schall); Clarino
clarity ['klæriti] Klarheit
clash [klæʃ] klirren; (aufeinander-)treffen; *fig* kollidieren; schlecht passen zu; Klirren, Geklirr; Zus.stoß; Kollision
clasp [kla:sp] (fest) halten, nehmen; *~ one's hands* d. Hände falten; *~ s-b's hand* j-m d. Hand drücken; befestigen; Verschluß (Haken, Riegel); fester Griff
class [kla:s] **1.** Klasse ♦ *not in the same ~ as* nicht so gut wie; *in a ~ by itself* allen überlegen; **2.** Unterricht; **3.** *US* Jahrgang; **4.** einordnen, einteilen; **~ic** ['klæsik] klassisch; Klassiker, klassisches Kunstwerk; **~ics** d. klassischen Sprachen, kl. Literatur, Philologie; **~ical** ['klæsikl] klassisch (einfach); **~icism** ['klæsisizm] Klassizismus; klassische Bildung; **~ification** [klæsifi'keiʃən] Ordnung, Einteilung, Rubrik; **~ify** ['klæsifai] ordnen, einteilen (**~ified** geheim); **~mate** ['kla:smeit] Klassenkamerad
clatter ['klætə] Klappern; lärmendes Reden; klappern
clause [klɔ:z] Klausel, Bestimmung; Nebensatz
claustrophobia [klɔ:strə'foubiə] Budenangst
clavicle ['klævikl] Schlüsselbein
claw [klɔ:] Klaue, Kralle, (Krebs-)Schere; (um)krallen; (zer)kratzen
clay [klei] Ton; **~ey** ['kleii] ton(halt)ig
clean [kli:n] **1.** sauber *(a. fig)* ♦ *to make a ~ job* gründlich erledigen; *to make a ~ sweep* [swi:p] *of* reinen Tisch machen mit; **2.** wohlgeformt; **3.** geschickt; **4.** *adv* total; **5.** glatt; **6.** reinigen, putzen; *~ out* ausräumen (*to be ~ed out* leere

Taschen haben); ~ *up* aufräumen; erledigen; **~er** (chem.) Reinigung; Putzfrau; **~ly** ['kli:nli] *adv;* **~ly** ['klenli] *adj* reinlich; **~se** [klenz] *bes fig* reinigen, läutern

clear [kliə] klar, hell, (Haut) rein; verständlich (*to make o. s.* ~); (Weg) frei (*of* von) ♦ *to keep ~ of* s. fernhalten von; *the coast ist ~* d. Luft ist rein; *fig* frei (*of* von Schuld); voll (Tag, Gewinn); *adv* gänzlich; *vt/i* räumen, säubern (*of* von); ~ *one's throat* s. räuspern; roden; ~ **away** ab-, ausräumen; ~ **out** (gründl.) säubern, s. aus d. Staub machen; ~ **up** erledigen, aufräumen, aufklären (*a.* Wetter); (knapp) vorbeikommen an, springen über; netto verdienen (~ *expenses* [iks'pensiz] d. Kosten hereinbringen); (Schiff) (aus)klarieren; **~ance** [´-rəns] Aufklärung; Reinigung; Abrechnung; Klarierung; Spielraum; **~ance-sale** [´-rənsseil] Räumungsverkauf; **~ing** [´-riŋ] Rodung; Abrechnung, Clearing (*~ing-house* C.haus)

cleav|age ['kli:vidʒ] Spaltung (*a. fig*); **~e** [kli:v] *(s. S. 318)* (s.) spalten

cleave ['kli:v] *(s. S. 318)* kleben, festhalten [(*to* an)

clef [klef] (Noten-)Schlüssel

cleft [kleft] *siehe* cleave; ~ **palate** ['pælit] Wolfsrachen; *in a ~ stick* in d. Klemme; (*bes* Fels-, Boden-)Spalte, Riß

clemen|cy ['klemənsi] Milde; **~t** mild

clench [klentʃ] zus.pressen, zus.ballen; fest packen; = clinch; Zus.pressen, Ballen; Zupacken

clergy ['klə:dʒi] *sg vb* Geistlichkeit, Klerus; *pl vb* Geistliche (*30 ~*); **~man** ['klə:dʒimən], *pl ~men* Geistlicher

cler|ical ['klerikl] geistlich; Büro-, Schreib-; **~k** [kla:k, *US* klə:k] Büroangestellter, Sekretär; *confidential* [kɔnfi'denʃəl] *~k* Prokurist; *managing ~k* Geschäftsführer; *US* Verkäufer; *town ~k* Stadtschreiber; *~k of the weather* ['weðə] Petrus; *~k in holy orders* Geistlicher

clever ['klevə] gescheit; gewandt, geschickt (*at* in); raffiniert

clew [klu:] Knäuel; ⚓ Schothorn; ~ *up* aufgeien; *siehe* clue

cliché ['kli:ʃei] 🕮 Druckstock, Klischee; *fig* Klischee, Phrase

click [klik] knacken; schnappen (~ *shut* zuschnappen); schnalzen mit (d. Zunge); zus.schlagen (Hacken); *fig* klappen; Glück haben; sich verknallen

client ['klaiənt] Klient; Kunde

cliff [klif] Klippe; Felsen

climact|eric [klai'mæktərik] kritisch; klimakterisch; Krisenzeit; Klimakterium; **~ic** [-´-tik] höchste; den Höhepunkt darstellend

clim|ate ['klaimit] Klima; **~atic** [klai'mætik] klimatisch, **~e** [klaim] *poet* Klima

climax ['klaimæks] Gipfel, Höhepunkt; Klimax; Steigerung; der Höhepunkt sein von

climb [klaim] **1.** (er)klettern, (Treppe) hinaufgehen; **2.** (empor)steigen; ~ *down* herunterklettern; s. zurückziehen, klein beigeben; **3.** Aufstieg; **~er** ['klaimə] Kletterer; Kletterpflanze; **~ing** Klettern; Bergsteigen

clinch [klintʃ] (um)klammern; kaltnieten; befestigen; regeln, entscheiden; **~er** treffende Antwort, Trumpf

cling [kliŋ] *(s. S. 318)* kleben (*to* an); s. klammern; **~ing** abzeichnend (Kleid)

clinic ['klinik] Klinik; *US* poliklinische Abteilung; klinischer Unterricht; **~ian** [kli'niʃən] Kliniker

clink [kliŋk] klimpern, klappern, klirren; Klappern etc; Kittchen

clip[1] [klip] Klemme, Halter; zus.klammern

clip[2] [klip] beschneiden; scheren; stutzen; ausschneiden (*from* aus); Schlag; Tempo; **~per** Klipper; (Ozean-)Clipper; *pl* Schere; **~ping** *US* Zeitungsausschnitt

clique [kli:k] Clique

cloak [klouk] (Deck-)Mantel; einhüllen; verbergen; **~-room** ['kloukrum] Garderobe; *BE* Gepäckaufbewahrung

cloche [klɔʃ] Glocke *(Mut);* Glasglocke

clock [klɔk] Uhr; **~wise** ['klɔkwaiz] im Uhrzeigersinn; **~work** ['klɔkwə:k] Uhrwerk; *like ~work* wie am Schnürchen

clod [klɔd] (Erd-)Klumpen; **~hopper** Lümmel

clog [klɔg] Holzschuh; Hindernis; verstopfen; behindern

cloister ['klɔistə] Kreuzgang; Kloster; (wie in ein Kl.) einschließen

close[1] [klouz] **1.** (s.) schließen, zumachen; ~ *in on* umschließen; ~ *up* ganz verschließen; **2.** zus.rücken, aufschließen; ~ *down* stillegen; *~d shop* gewerkschaftspflichtiger Betrieb; ~ *an account* Konto abschließen; **3.** Ende, Schluß; *to draw* [drɔ:] (od *bring*) *to a ~* beenden

close[2] [klous] **1.** nahe; eng (Freund); **2.** knapp (Sieg), ♦ ~ *shave* knappes Entrinnen; **3.** schwül, drückend; **4.** genau, gründlich, (Übersetzung) genau, (Rasur) glatt; **5.** enggewebt; **6.** verborgen *(to lie ~); to keep s-th ~* geheimhalten; ~ **season** ['si:zən] Schonzeit; ~ [klous] (Dom-, Spiel-)Platz; **~-up** ['klousʌp] Nah-, Großaufnahme (*~-up lens* Vorsatzlinse)

closet ['klɔzit] *bes US* Schrank; Klosett

closure ['klouʒə] (Debatten-)Schluß

clot [klɔt] Klümpchen; (Blut-)Pfropf; gerinnen (lassen); (Haar) verkleben

cloth [klɔθ], *pl* **~s** [klɔθs] (*siehe* clothes) Gewebe; Stoff, Tuch; Tischdecke (*to lay the ~* d. Tisch decken); Berufstracht (**the** ~ d. Geistlichkeit); **~e** [klouð] *(s. S. 318)* kleiden *(a. fig);* bedecken; **~es** [klouðz] Kleider, Kleidung; (Bett-)Zeug; Wäsche; **~es-peg** *BE,* **~es-pin** Wäscheklammer; **~ing** ['klouðiŋ] Kleidung

cloture ['kloutʃə] *US* = closure

cloud [klaud] Wolke(n), Bewölkung ♦ *to have a ~ on one's brow* [brau] bedrückt aussehen; *to be under a ~* in Verruf sein; be-, umwölken; ~ *over* s. bewölken; **~-burst** ['klaudbə:st] Wolkenbruch; **~y** wolkig, bewölkt; *fig* trübe, nebelhaft

clout [klaut] Lappen; Breitkopfnagel; *umg* Kopfnuß; Durchschlagkraft; schlagen

clove [klouv] (Gewürz-)Nelke

clove(n) [klouv(n)] *siehe* cleave
clover ['klouvə] Klee (*in* ~ wie d. Hase im Kohl)
clown [klaun] Clown; Tölpel; **~ish** bäuerlich, plump; närrisch
cloy [klɔi] übersättigen; **~ing** widerwärtig
club [klʌb] Keule; (Golf-)Schläger; Kreuz, Treff; Klub, Verein; (mit e-r Keule etc) (nieder-)schlagen; ~ *together* (s.) zus.tun; **~-foot** Klumpfuß
cluck [klʌk] glucken
clue [klu:] Schlüssel, Spur; *fig* Faden, Anhaltspunkt
clump [klʌmp] (Baum-)Gruppe; Klumpen; Klotz; Doppelsohle; 🕮 Regletten
clumsy ['klʌmzi] unbeholfen, ungeschickt; grob, plump (Werkzeug etc)
clung [klʌŋ] *siehe* cling
cluster ['klʌstə] Büschel, Traube; Gruppe, Haufen; in Büscheln wachsen; (s.) zus.drängen
clutch [klʌtʃ] packen ♦ *a drowning man will* ~ *at a straw* ein Ertrinkender klammert s. an e-n Strohhalm; Griff *(to make a* ~ *at)*; 🚗 Kupplung; *pl* j-s Klauen
clutter ['klʌtə] *up* voll-, anhäufen
coach [koutʃ] Kutsche (~ *and four* Vierspänner); 🚂 Wagen; (*bes* Fern-)Bus; Pauker; Trainer; j-n einpauken, trainieren; **~man** [´-mən], *pl* ~men Kutscher; **~work** Karosserie
coagulate [kou'ægjuleit] gerinnen
coal [koul] Kohle ♦ *to carry ~s to Newcastle* ['nju:ka:sl] Eulen nach Athen tragen; (be)kohlen; **~-field** [´-fi:ld] Kohlenrevier; **~-mine, ~-pit** Kohlengrube
coal|esce [kouə'les] zus.wachsen; sich vereinigen; **~ition** [kouə'liʃən] Vereinigung; Bund, Koalition
coarse [kɔ:s] grob; anstößig
coast [koust] Küste; *US* Rodelhang; *US* Rodelfahrt; Bergabradeln; an d. Küste entlang fahren; *US* rodeln; (im Freilauf) bergab fahren; **~er** Küstenfahrzeug; *US* Rodelschlitten; **~er-brake** *US* Rücktrittbremse; **~al** ['koustl] Küsten-
coat [kout] Jacke(tt), Rock; Fell; (Farb-)Schicht; überziehen; anstreichen; **~-of-arms** ['koutəv'a:mz], *pl* ~s-of-arms Wappen; **~ing** Überzug; Anstrich; Jackenstoff
coax [kouks] gut zureden; geduldig manipulieren
cob [kɔb] Schwan; kurzbeiniges Reitpferd; (Mais-)Kolben; *BE* (Kohle-)Klumpen; = cobnut
cobalt ['koubɔ:lt] Kobalt
cobble [kɔbl] runder Flußstein; *pl* Kopfsteinpflaster; (Schuhe) flicken; **~r** ['kɔblə] Flickschuster *(a. fig)* Cobbler *(Cocktail)*; *US* gedeckte Obst-Pie
cobnut ['kɔbnʌt] (große) Haselnuß
cobra ['koubrə], *pl* **~s** Kobra, Brillenschlange
cobweb ['kɔbweb] Spinngewebe, -faden; Netz, Falle
cocaine [kə'kein] Kokain
coccyx ['kɔksiks] Steißbein
cochineal ['kɔtʃini:l] Koschenille
cock [kɔk] Hahn; Männchen; ⚙ (Wasser- etc) Hahn; Anführer; aufrichten, (Ohr) spitzen, (Hahn, Kamera) spannen ♦ ~ *an eye* d. Blick richten, zuzwinkern, Brauen hochziehen; **~-and-bull story** Ammenmärchen
cockade [kɔ'keid] Kokarde
Cockaigne [kɔ'kein] Schlaraffenland
cock|chafer ['kɔktʃeifə] Maikäfer; **~erel** ['kɔkərəl] junger Hahn; **~-eyed** ['kɔkaid] schielend; schief, verdreht
cock|le ['kɔkl] Herzmuschel; **~ney** ['kɔkni] Cockney (echter Londoner; Londoner Mundart)
cock|pit ['kɔkpit] (Hahnen-)Kampfplatz; Kriegsschauplatz; Cockpit; **~roach** ['kɔkroutʃ] (Küchen-)Schabe, Kakerlak; **~scomb** ['kɔkskoum] Hahnenkamm; Narrenkappe; *bot* Hahnenkamm; = coxcomb **~-sure** ['kɔk'ʃuə] überheblich; todsicher; **~-tail** ['kɔkteil] Cocktail; Obstsalat; **~y** keck, frech; eingebildet
cocoa ['koukou] Kakao
coconut ['koukənʌt] Kokosnuß
cocoon [kə'ku:n] Kokon; s. einspinnen
cod [kɔd], *pl* ~ (**~s** -arten) Kabeljau, Dorsch; **~-liver oil** Lebertran
coddle ['kɔdl] verhätscheln, verwöhnen
cod|e [koud] (Gesetzes-, Ehren-)Kodex; Kode; Code; chiffrieren; **~ify** ['kɔdifai] kodifizieren; systematisieren
co-ed [kou'ed] Studentin; *US* Schülerin; **~ucation** ['kouˌedju'keiʃən] Koedukation
coerc|e [kou'ə:s] (er)zwingen (*into* zu); **~ion** [kou'ə:ʃən] Zwang(sherrschaft); **~ive** [kou'ə:siv] Zwangs-
coeval [kou'i:vəl] gleichaltrig; -zeitig; -lang
co-exist [kouig'zist] zu gleicher Zeit vorhanden sein (existieren); **~ence** Koexistenz
coffee ['kɔfi] Kaffee; **~-table** Couchtisch
coffer ['kɔfə] Truhe; Kassette (*a.* 🏛); *pl* Schatzkammer (~ *of the State* Staatssäckel)
coffin ['kɔfin] Sarg
cog [kɔg] Zahn; **~(-wheel)** ['kɔgwi:l] Zahnrad
cogen|cy ['koudʒənsi] Beweiskraft; **~t** zwingend, überzeugend
cogita|te ['kɔdʒiteit] nachdenken; **~tion** [kɔdʒi'teiʃən] Nachdenken; Gedanke
cognate ['kɔgneit] (bluts-, art-)verwandt; Verwandter; verwandtes Wort
cognizance ['kɔgnizəns, 'kɔn-] (Er-)Kenntnis; *to take* ~ *of* zur Kenntnis nehmen; Wissensbereich
cohe|re [kou'hiə] zus.hängen; **~rence** [kou'hiərəns] (*bes* logischer) Zusammenhang; **~rent** [kou'hiərənt] haftend; sinnvoll zus.hängend; **~sion** [kou'hi:ʒən] Haften; Kohäsion
cohort ['kouhɔ:t] Schar, Kohorte
coil [kɔil] (s.) (auf)rollen, (s.) (auf-)wickeln; Rolle; Schlinge; ⚡ Spule; ⚙ Windung, Schlange; Wirrwarr
coin [kɔin] Münze; prägen ♦ *is ~ing money* macht Geld wie Heu; **~age** ['kɔinidʒ] Prägen; Münzsystem; Hartgeld; *fig* Neuprägung

coincide [kouin'said] zus.fallen, übereinstimmen; **~nce** [kou'insidəns] zufälliges Zusammentreffen; Übereinstimmung
coke [kouk] Koks; Coca-Cola; verkoken
colander ['kʌləndə] Durchschlag, Seiher
cold [kould] Kälte; Erkältung; *to catch* (od *take) (a)* ~ s. erkälten; kalt; *fig* ruhig; kühl; *I am* ~ ich friere; ~ *facts* nackte Tatsachen; ~ *comfort* ['kʌmfət] schlechter Trost; *to throw* ~ *water on* entmutigen; *to give s-b the* ~ *shoulder,* **~-shoulder** ['kould'ʃouldə] *vt* kalt behandeln
colic ['kɔlik] Kolik; **~ky** kolikartig
collabora|te [kə'læbəreit] zus.arbeiten; **~tion** [---ˊʃən] Zusammenarbeit; **~tor** [-ˊ---tə] Mitarbeiter; Kollaborateur
collaps|e [kə'læps] zus.brechen, -fallen; fehlschlagen; Zus.brechen; Scheitern; **~ible** [kə'læbsibl] zusammenlegbar
collar ['kɔlə] Kragen; Halsband; ⚙ Manschette, Ring; packen, ergreifen; klauen; **~-bone** ['kɔləboun] Schlüsselbein
colla|te [kɔ'leit] (Texte) vergleichen; kollationieren; **~tion** [kɔ'leiʃən] (Text-)Vergleichung; Kollation; Imbiß
collateral [kɔ'lætərəl] Neben-; Seiten-; (zusätzliche) Sicherheit
colleague ['kɔliːg] Kollege, Mitarbeiter
collect [kə'lekt] (ein- ver)sammeln; (Geld) eintreiben; abholen; s. (an)sammeln; **~ion** [kə'lekʃən] (An-)Sammlung; (Brief-)Leerung; Sammlung, Kollektion; Kollekte; Eintreibung; **~ion letter** *US* Mahnbrief; **~ive** [kə'lektiv] gemeinsam; gesammelt (Weisheit); kollektiv (*~ive farm* Kolchos); **~ive bargaining** ['bɑːgəniŋ] Tarifverhandlungen (zw. Arbeitgebern u. A.nehmern); **~or** [kə'lektə] Sammler; ↯ Kollektor
colleg|e ['kɔlidʒ] College; höhere Bildungsanstalt; Hochschule; Kollegium; **~e education** [edju'keiʃən] akademische Bildung; **~iate** [kə'liːdʒiit] Hochschul-
colli|de [kə'laid] zus.stoßen; kollidieren; **~sion** [kə'liʒən] Zus.stoß, Kollision
collie ['kɔli] Collie (Hund)
collier ['kɔliə] *BE* (Kohlen-)Bergmann; Kohlenschiff; **~y** ['kɔljəri] Zeche, Grube
colloca|te ['kɔləkeit] zus.stellen; ordnen; **~tion** [kɔlə'keiʃən] Zus.stellung; Ordnung; *fig* Wendung, Kollokation
colloqu|ial [kə'loukwiəl] umgangssprachlich, passend für die gesprochene Sprache; **~y** ['kɔləkwi] Gespräch
collu|de [kə'luːd] in geheimem Einverständnis handeln; **~sion** [kə'luːʒən] geheimes Einverständnis
colon ['koulən], *pl* **~s** Doppelpunkt; Grimmdarm
colonel ['kəːnəl] Oberst
colon|ial [kə'lounjəl] Kolonial-; Kolonist; Kolonisator; **~ist** ['kɔlənist] Kolonist; **~ization** [kɔlənai'zeiʃən] Kolonisierung; **~ize** ['kɔlənaiz] kolonisieren; **~izer** Kolonisator; **~y** ['kɔləni] Kolonie *(a. zool)*
colonnade [kɔlə'neid] Kolonnade; Baumreihe
colorado beetle [kɔlə'rɑːdou 'biːtl] Kartoffelkäfer
coloration [kʌlə'reiʃən] Färbung; Farbgebung
coloss|al [kə'lɔsəl] kolossal; **~us** [kə'lɔsəs], *pl* **~i** [--ˊsai], **~uses** Koloß
colour ['kʌlə] **1.** Farbe ♦ *a high* [hai] ~ rote Gesichtsfarbe; *off* ~ nicht wohl, bedrückt; *to give* (od *lend*) ~ *to* d. Anstrich d. Wahrscheinlichk. geben; **2.** *pl* Fahne ♦ *to join the ~s* in d. Armee eintr.; *to show one's true ~s* s. wahres Gesicht zeigen; **3.** anmalen, (s.) verfärben; **~-bar** ['kʌləbɑː] Rassenschranke; **~ed** ['kʌləd] gefärbt; Neger; *~ful* bunt; **~ing** ['kʌləriŋ] (Haut-)Farbe; Farbgebung; Färbung
colt [koult] (Hengst-)Füllen; Neuling
column ['kɔləm] Säule; *mil* Kolonne; 📖 Spalte; **~ist** ['kɔləm(n)ist] Kolumnist(in)
coma ['koumə] Koma, tiefe Bewußtlosigkeit
comb [koum] Kamm; ⚙ Hechel; Wabe; kämmen; hecheln; ~ *(out) fig* durchkämmen, -suchen
combat ['kɔmbət] Kampf; *single* ~ Zweikampf; (be)kämpfen; **~ant** ['kɔmbətənt] kämpfend; Kämpfer, Soldat; **~ive** ['kɔmbətiv] kampflustig
combin|ation [kɔmbi'neiʃən] Verbindung; Kombination; Interessengemeinschaft; *pl BE* Hemdhose; **~e** [kəm'bain] (s.) verbinden; (s.) vereinigen; **~e** ['kɔmbain] (preistreibender etc) Konzern, Interessengemeinschaft; Mähdrescher; mit Mähdreschern bearbeiten
combust|ible [kəm'bʌstibl] leicht brennbar, entzündbar; **~ion** [kəm'bʌstʃən] Verbrennung; Erregung
come [kʌm] *(s. S. 318)* kommen; ~ *to see,* ~ *and see* besuchen; ~ *to pass* sich ereignen; ~ **about** s. abspielen; ~ **across** zufällig stoßen auf; ~ **along** mitkommen; ~ *along!* vorwärts!; ~ **at** anfallen; ~ **by** bekommen; ~ **down** (Preis) fallen; ~ **down in** (Preis) senken; ~ **for** abholen; ~ **in** herein-, aufkommen; seinen Platz (s. Rolle) haben; ~ *in handy (useful)* nützlich sein; ~ **into** (Vermögen) erben; ~ *into leaf (bud)* Knospen ansetzen; ~ *into blossom (flower)* aufblühen; ~ **of** herauskommen bei (*that ~s of* das kommt davon, wenn . . .); ~ **off** los-, ab-, ausgehen; ~ **on** herankommen; ~ *on!* mach zu!; *it ~s on to* es beginnt zu; ~ **out with** sagen, erzählen; ~ **out of** herauskommen bei; ~ **round** (herbei)kommen; s. erholen; ~ **to** zu s. kommen; s. belaufen auf; hinauslaufen auf; ~ *to blows* aufeinander losschlagen; ~ *to grief* Kummer, Unglück erleben; ~ *to terms* s. einigen; ~ *to an end* zu Ende gehen (*of one's money* alles Geld ausgeben); ~ *to one's senses* (od *o.s.*) zu s. kommen, zur Vernunft kommen; ~ **up** herauf-, herankommen; (Saat) aufgehen; ~ *up to* entsprechen; ~ *up with* einholen; ~ **upon** zufällig stoßen auf; ~ (*easy, alive* [ə'laiv] *etc*) werden; ~ *all right* [ɔːl'rait] gut werden; ~ *true* wahr werden; ~ *untied* [ʌn'taid] (od *undone* [ʌn'dʌn]) aufgehen; sein (~ *natural to* ganz natürlich sein

für); ~, ~! nun mal langsam!, na, na!; *to ~* kommend, zukünftig (*years to ~*); *~ (summer, May, nightfall)* wenn ... (Sommer etc) kommt, nächsten (Sommer etc); **~-back** ['kʌmbæk] Rückkehr (zu einer alten Stellung), Comeback; schlagfertige Antwort; **~-down** ['kʌmdaun] *fig* Abstieg; **~r** ['kʌmə] e-r, d. kommt, Ankommender; **~-uppance** [kʌm'ʌpəns] wohlverdienter Lohn

comed|ian [kə'mi:diən] Komödiant; Komödienschreiber; **~ienne** [kəmi:di'en] Komödiantin; **~y** ['kɔmidi] Komödie; lustiger Vorfall (Geschehen)

comely ['kʌmli] schön, gut aussehend

comestibles [kə'mestiblz] Eßwaren

comet ['kɔmit] Komet

comfort ['kʌmfət] Erleichterung, Trost; Behaglichkeit; trösten; **~able** ['kʌmfətəbl] behaglich, bequem, angenehm; recht gut (Einkommen), recht gut dran *(he ist ~able); US* Steppdecke; **~er** ['kʌmfətə] Tröster; *BE* (Herren-) Schal; *BE* Schnuller; *US* Steppdecke; **~ing** tröstlich; **~less** unbehaglich; trostlos

comic ['kɔmik] kom(ödiant)isch; Komödien-; Komiker; **~al** ['kɔmikl] komisch, drollig

comity ['kɔmiti] Freundlichkeit, Rücksicht; *~ of nations* ['neiʃənz] internationale Courtoisie

comma ['kɔmə], *pl* **~s** Komma

command [kə'ma:nd] **1.** befehl(ig)en; kommandieren; zügeln; **2.** zur Verfügung haben; **3.** (Respekt etc) verdienen; **4.** höher liegen als, beherrschen; **5.** Befehl; Kommando (*to be in ~* kommandieren; *to take ~* d. K. übernehmen); **6.** Beherrschung; Kenntnis (e-r Sprache); *at his ~* ihm zur Verfügung; **~ant** [kɔmən'dænt] (Festungs- etc)Kommandant; **~eer** [kɔmən'diə] requirieren; **~er** [–´də] Leiter, Führer; Kommandeur; Fregattenkapitän; **~er-in-chief** [–´dərin'tʃi:f], *pl* ~ers-in-chief Oberbefehlshaber; **~o** [–´dou], pl *~s* Stoßtrupp, Sonderkommando; **~ment** [–´mənt] *bes eccl* Gebot

commemora|te [kəmeməreit] feiern; verewigen; **~tion** [kəmemə'reiʃən] Feier (*in ~tion of* zur F. von); Gedenk-

commenc|e [kə'mens] beginnen; **~ing** Anfangs-; **~ement** [kə'mensmənt] Beginn; Verleihungsfeier, *bes US* Schulschluß-, Jahresabschlußfeier

commend [kə'mend] loben, empfehlen; **~able** lobens-, empfehlenswert; **~ation** [kɔmen'deiʃən] Lob; Empfehlung; **~atory** [kə'mendətəri] empfehlend, Empfehlungs-

commensurate [kə'menʃərit] im rechten Verhältnis (*with* zu), angemessen

comment ['kɔment] Bemerkung; Erläuterung; Kritik; Bemerkungen machen (*on* zu); kommentieren; **~ary** ['kɔməntəri] Kommentar; **~ator** ['kɔmənteitə] Kommentator; (Funk-)Reporter, Berichter

commerc|e ['kɔməs] Handel(sverkehr); *fig* Verkehr, Austausch; **~ial** [kə'mə:ʃəl] Handels-; Geschäfts-; kaufmännisch; kommerziell; **~ial (broadcast)** ['brɔ:dka:st] (von werbender Firma bezahlte) Werbesendung, -spot; **~ialism** [kə'mə:ʃəlizm] Handelsgeist, Gewinnstreben; **~ialize** [kə'mə:ʃəlaiz] in d. Handel bringen; Geschäft machen aus

commingle [kə'miŋgl] (s.) vermischen

comminu|te ['kɔminju:t] zerkleinern; zerstückeln; **~tion** [––'nju:ʃən] Zerkleinerung; Zerstückelung

commisera|te [kə'mizəreit] bedauern; Mitleid haben (*with* mit, *on* wegen); **~tion** [–––´ʃən] Mitleid; Erbarmen

commiss|ar [kɔmi'sa:] Volkskommissar; **~ariat** [kɔmi'sεəriət] *mil* Intendantur; Volkskommissariat; **~ary** ['kɔmisəri] Intendanturoffizier; *US mil* Versorgungsstelle; (Stell-)Vertreter; (Volks-)Kommissar; **~ion** [kə'miʃən] (Offiziers-)Patent; Übertragung; Auftrag; Provision; *on ~ion* auf Kommission; Kommission; Begehen (e-s Verbrechens); *in ~ion* in Dienst, in Betrieb; *out of ~ion* außer Betrieb; *vt* beauftragen; bestallen; **~ionaire** [kəmiʃə'nεə] livrierter Pförtner; **~ioner** [kə'miʃənə] Bevollmächtigter; Kommissar

commit [kə'mit] (Verbrechen) begehen; übergeben, anvertrauen; *~ to memory* ['meməri] auswendig lernen; *~ to paper* (od *writing*) zu Papier bringen; *~ for trial* ['traiəl] d. Richter vorführen; (s.) verpflichten; s. festlegen (*to* auf); **~ment** [kə'mitmənt] Verpflichtung; **~tee** [kə'miti] Ausschuß, Komitee

commod|ious [kə'moudiəs] geräumig; **~ity** [kə'mɔditi] *mst pl* Ware, Artikel; **~ore** ['kɔmədɔ:] Flottillenadmiral; *BE* **air ~ore** Brigadegeneral; Geschwaderführer; Segelklubpräsident

common ['kɔmən] **1.** gemeinsam; **2.** allgemein (verbreitet), häufig; *~ knowledge* ['nɔlidʒ] allgemein bekannt; *~ man* d. Mann auf d. Straße; *~ sense* gesunder Menschenverstand; **3.** gewöhnlich, ungebildet; **4.** billig ♦ *law* [lɔ:] Gemeines Recht; **5.** *su* Gemeindewiese; *pl* d. gemeine Volk ♦ *House of C~s* Unterhaus; in *~* gemeinsam; *in ~ with* in Übereinstimmung mit; *out of the ~* ungewöhnlich; *short ~s* schmale Kost; **~er** Bürger, Gemeiner; (Oxford) vollzahlender Student; **~place** ['kɔmənpleis] gewöhnlich, alltäglich; Gemeinplatz; etwas Alltägliches; **~-room** ['kɔmənrum] Lehrerzimmer; **~wealth** ['kɔmənwelθ] Gemeinwesen; Republik; **C~wealth** Australischer Staatenbund; *British C~welth of Nations* ['neiʃənz] d. Britische Commonwealth

commotion [kə'mouʃən] Erregung, Aufruhr

commun|al ['kɔmjunəl] Gemeinde-; Gemeinschafts-; **~e** [kə'mju:n, 'kɔmju:n] in vertrauter Beziehung (Gespräch) stehen; **~e** ['kɔmju:n] Kommune; **~icable** [kə'mju:nikəbl] übertragbar; **~icate** [kə'mju:nikeit] mitteilen; übertragen; verkehren (mit); in Verbindung stehen; Abendmahl nehmen (geben); **~ication** [kə͵mju:ni'keiʃən] Verbindung, Verkehr, Verständigung; Übertragung; Mitteilung; **~ication cord** Notbremse; **~icative** [kə'mju:nikətiv] mitteilsam, gesprächig; **~ion** [kə'mju:njən] Gemeinschaft; *to hold ~ion with o. s.* Einkehr halten bei sich; Glaubensgemeinde; Abendmahl, Kommunion

commun|iqué [kə'mju:nikei, *US* ---´] Kommuniqué; **~ism** ['kɔmjunizm] Kommunismus; **~ist** Kommunist; kommunistisch; **~ity** [kə'mju:niti] Öffentlichkeit; Menschen, Leute; Gemeinschaft; Gemeinde, Gruppe; **~ize** ['kɔmjunaiz] sozialisieren; bolschewisieren

commut|ation [kɔmju'teiʃən] Umwandlung; Ablösung; **~ation ticket** *US* Zeitkarte; **~ator** [´--tə] ϟ Stromwender; **~e** [kə'mju:t] (Zahlungsweise, Strafe) umwandeln; mit Zeitkarte fahren, pendeln; **~er** [kə'mju:tə] Zeitkarteninhaber, Pendler

compact ['kɔmpækt] Vertrag; Puderdose; **~** [kəm'pækt] kompakt, fest; zusammenfügen

compan|ion [kəm'pænjən] Gefährte; Gesellschafter(in); Handbuch; passender (Handschuh, Band etc); **~ionable** [kəm'pænjənəbl] umgänglich, gesellig; **~ionship** Gesellschaft; Gemeinschaft; **~y** ['kʌmpəni] (Handels-)Gesellschaft; Gruppe; ⚓ Mannschaft; Zus.sein, Gesellschaft (*for ~y* zur Begleitung); *to keep* (od *bear*) *s-b ~y* j-m Gesellschaft leisten; *to part ~y* s. trennen (*with* von); *in ~y* zusammen; Gesellschafter; Besuch(er); Bekannte; *to keep (good) ~y* (guten) Umgang haben; Kompanie

compar|able ['kɔmpərəbl] vergleichbar (*to, with* mit); **~ably** ['kɔmpərəbli] im Vergleich (*to, with* zu); **~ative** [kəm'pærətiv] vergleichend; verhältnismäßig; Komparativ; **~e** [kəm'pɛə] (s.) vergleichen (*to, with* zu); s. vergleichen lassen, abschneiden; (Adjektiv) steigern; *beyond ~e* unvergleichlich; **~ison** [kəm'pærisən] Vergleich (*in ~ison with* im V. zu); *by ~ison* vergleichsweise; *to bear* (od *stand*) *~ison with* d. Vergleich aushalten mit; Steigerung

compartment [kəm'pa:tmənt] Abteil(ung)

compass ['kʌmpəs] Umkreis, (Stimm-)Umfang; Kompaß; **~es** *pl vb* Zirkel

compassion [kəm'pæʃən] Mitleid (*to have ~ on* M. haben mit, s. erbarmen); **~ate** [kəm'pæʃənit] mitleidig; mitfühlend; *BE* **~ate leave** Sonderurlaub (aus Familiengründen)

compati|bility [kəm,pæti'biliti] Vereinbarkeit; Verträglichkeit; **~ble** [kəm'pætibl] vereinbar; verträglich

compatriot [kəm'pætriət] Landsmann

compeer [kəm'piə] Standesgenosse; Kamerad

compel [kəm'pel] (er)zwingen; **~ling** zwingend; erregend

compend|ious [kəm'pendiəs] kurzgefaßt; **~ium** [kəm'pendiəm], *pl* ~iums Zusammenfassung

compensa|te ['kɔmpenseit] entschädigen; *~te for* ersetzen; wettmachen; **~tion** [--´ʃən] Entschädigung; Ersatz

compère ['kɔmpɛə] *BE* Conferencier

compet|e [kəm'pi:t] (bei Rennen) mitmachen; s. mitbewerben (*for* um); konkurrieren (*against* mit); **~ence** ['kɔmpitəns] Befähigung, Eignung, Tauglichkeit; Zuständigkeit; auskömmliches Einkommen; **~ent** ['kɔmpitənt] fähig, fachlich hochstehend; ausreichend (Wissen); zuständig, kompetent; geschäftsfähig; **~ition** [kɔmpi'tiʃən] Wettbewerb; Wettkampf; Konkurrenz (*from* von Seiten); **~itive** [kəm'petitiv] auf Wettbewerb beruhend, wettbewerbsmäßig; Konkurrenz-; **~itive examination** [ig,zæmi'neiʃən] Auswahlprüfung; **~itor** [kəm'petitə] Wettkampfteilnehmer; Konkurrent

compil|ation [kɔmpi'leiʃən] Zus.stellung; **~e** [kəm'pail] zus.stellen, -tragen

complacen|ce (~cy) [kəm'pleisəns, -nsi] Selbstzufriedenheit; Wohlgefallen; **~t** [kəm'pleisənt] selbstzufrieden; wohlgefällig; gleichgültig

complain [kəm'plein] klagen, s. beklagen, s. beschweren (*of* über); **~ant** Kläger; **~t** Klage; Beschwerde; Leiden

complaisan|ce [kəm'pleizəns, *US* -'pleisəns] Willfährigkeit, Gefälligkeit; **~t** willfährig, gefällig

comple|ment ['kɔmplimənt] Ergänzung; volle Anzahl; ⚓ volle Besatzung; Prädikatsnomen; **~mentary** [kɔmpli'mentəri] Ergänzungs-; Komplementär-; **~te** [kəm'pli:t] vollständig; komplett; vollendet; vollenden; vervollständigen; **~tion** [kəm'pli:ʃən] Vollendung; Vervollständigung

complex ['kɔmpleks] verwickelt, kompliziert; Komplex *(a. psych);* **~ion** [kəm'plekʃən] Gesichtsfarbe; *fig* Gesicht; **~ity** [kəm'pleksiti] Kompliziertheit, Schwierigkeit

complian|ce [kəm'plaiəns] Willfährigkeit; *in ~ce with* gemäß; **~t** willfährig, nachgiebig

complic|ate ['kɔmplikeit] komplizieren, erschweren; **~ated** kompliziert; schwierig; **~ation** [--'keiʃən] Komplizierung; Komplikation (*a.* ⚕); **~ity** [kəm'plisiti] Mitschuld, Mittäterschaft

compliment ['kɔmplimənt] höfliches Lob; *to pay a ~* Lob zollen, Ehre erweisen (*a.* Kompliment machen); *pl* Grüße (*the ~s of the season* Weihnachts-, Oster- etc -grüße); **~** [´--ment] beglückwünschen (*on* zu); Komplimente machen (*on* wegen); *~ with a ticket for* e-e Freikarte schenken für; **~ary** [--'mentəri] lobend; schmeichelhaft; **~ary ticket** Freikarte

comply [kəm'plai] erfüllen (*with a request* e-n Wunsch); s. richten (*with* nach); s. fügen

component [kəm'pounənt] Bestand-; Bestandteil

comport [kəm'pɔ:t] s. vertragen (*with* mit); *~ o. s.* sich betragen, s. benehmen

compos|e [kəm'pouz] verfassen; (Musik) komponieren; 🕮 setzen; beilegen, schlichten; in Ordnung bringen; *~e o. s.* s. beruhigen; **~ed** [kəm'pouzd] gelassen, ruhig; *~ed of* zus.gesetzt aus; **~er** Komponist; **~ite** ['kɔmpəzit] zus.gesetzt; **~ite plant** Korbblütler; **~ition** [kɔmpə'ziʃən] Zus.setzung; Abfassung; ♪, ✾ Komposition; (Übungs-)Aufsatz; 🕮 Setzen, Satz; ⚖ Vergleich; geistige Verfassung; Kunst-, Ersatz(stoff); **~itor** [kəm'pɔzitə] 🕮 Setzer

compost ['kɔmpɔst, *US* ˊ-poust] Kompost
composure [kəm'pouʒə] Ruhe, Gelassenheit
compound [kəm'paund] mischen; ⚖ durch Vergleich regeln; s. vergleichen (*with* mit); bilden, ausmachen; steigern, verschärfen; ~ ['kɔmpaund] zus.gesetzt; *chem* Verbindung; Zusammensetzung; zus.gesetztes Wort; (eingezäuntes) Gelände; ~ **fracture** ['fræktʃə] komplizierter Bruch; **~interest** Zinseszins
comprehen|d [kɔmpri'hend] (völlig) begreifen; **~sible** [--'hensibl] begreiflich; **~sion** [--'henʃən] Verständnis; Fassungskraft; **~sive** [--'hensiv] umfassend; **~sive (school)** Gesamtschule
compress [kəm'pres] zus.pressen, komprimieren; ~ ['kɔmpres] Kompresse; **~ion** [kəm'preʃən] Zus.pressung; ⚙ Druck
comprise [kəm'praiz] umfassen, enthalten; einbeziehen
compromise ['kɔmprəmaiz] Kompromiß; Gefährdung; durch Kompr. regeln; Kompromiß schließen; kompromittieren; gefährden
comptroller [kən'troulə] *siehe* controller
compuls|ion [kəm'pʌlʃən] Zwang; **~ory** [-ˊsəri] zwingend; verbindlich, für alle Pflicht
compunction [kəm'pʌŋkʃən] Gewissensbisse
comput|e [kəm'pju:t] (be-, er)rechnen; *beyond ~e* unermeßlich; **~ation** [kɔmpju:'teiʃən] Rechnen; (Be-)Rechnung; **~er** Rechner, Computer, EDV-Anlage
comrade ['kɔmrid, *US* ˊ-ræd] Kamerad, Gefährte; *pol* Genosse
con [kɔn] *(mst: ~ over)* (auswendig) lernen; (Schiff) lenken; ~ *game* Betrug; Schwindel; betrügen
concave ['kɔn'keiv] konkav; Hohl-
conceal [kən'si:l] verbergen; verhehlen; **~ment** Verbergen; Verhehlen; Versteck
concede [kən'si:d] einräumen; gewähren; zugestehen
concei|t [kən'si:t] Einbildung, Dünkel; *in one's own ~t* nach eigener Meinung; *out of ~t with* enttäuscht von; **~ted** eingebildet, dünkelhaft; **~vable** [kən'si:vəbl] begreiflich; denkbar, erdenklich; **~vably** das wäre denkbar; **~ve** [kən'si:v] (Plan) fassen, konzipieren; (Idee) haben; abfassen; s. vorstellen; schwanger werden
concentr|ate ['kɔnsəntreit] zus.ziehen, (s.) sammeln; (s.) konzentrieren (*on* auf); **~ated** intensiv; konzentriert; **~ation** [--'treiʃən] Konzentration; (An-)Sammlung; **~ation camp** Konzentrationslager; **~ic** [kən'sentrik] konzentrisch
concept ['kɔnsept] Begriff; Auffassung; Erfindung; **~ion** [kɔn'sepʃəŋ] Vorstellung(skraft), Erfindung(sgabe); Idee; Plan; Auffassung; Empfängnis
concern [kən'sə:n] betreffen, angehen; *be ~ed in* beteiligt sein an; *I am not ~ed* es geht mich nichts an; **~ed** besorgt, bekümmert (*about, at* über); ~ *o. s. with* s. befassen mit; *as ~s* hinsichtlich; *su* Angelegenheit ♦ *it's no ~ of mine* es geht mich nichts an; *what ~ is it of yours?;* Anteil (*in* an); Betrieb, Handelsgeschäft ♦ *going ~* bestehender Betrieb, *paying ~* rentabler B.; *umg* Sache; Sorge *(filled with ~);* **~ing** hinsichtlich, betreffend
concert ['kɔnsət] Konzert; bunter Abend; *in ~* = **~ed** aufeinander abgestimmt, gemeinsam, wohlausgewogen; **~ina** [kɔnsə'ti:nə], *pl ~inas* Konzertina, Handharmonika; **~o** [kən'tʃεətou], *pl ~os* (Klavier-, Violin-)Konzert
concession [kən'seʃən] Konzession; **~aire** [kənˌseʃə'nεə] Konzessionär; **~ary** [kən'seʃənəri] zugestanden; Konzessions-; Deputat-
conch, —a ['kɔŋk(ə)] (Ohr-)Muschel
conchy ['kɔntʃi] *sl* Kriegsdienstverweigerer
concilia|te [kən'silieit] versöhnen; in Einklang bringen; gewinnen; **~tion** [-ˌ--'eiʃən] Versöhnung; Ausgleich; Schlichtung; **~tory** [-ˊ-ətəri] versöhnlich
concis|e [kən'sais] kurzgefaßt; gedrängt; knapp; **~eness, ~ion** [kən'siʒən] Kürze; Gedrängtheit
conclave ['kɔnkleiv] Konklave
conclu|de [kən'klu:d] schließen, beenden (*with* mit, *by saying* mit d. Worten); erledigen, (Vertrag) (ab)schließen; schließen, folgern (*from* aus); beschließen (zu tun); **~sion** [kən'klu:ʒən] (*in ~sion* zum Schluß); Regelung, Abschluß; (Schluß-)Folgerung ♦ *to draw a ~sion* Schluß, Folgerung ziehen; *to jump to ~sions* voreilige Schlüsse ziehen; *to try ~sions with* seine Kräfte messen mit; **~sive** [kən'klu:siv] endgültig; überzeugend, schlüssig
concoct [kən'kɔkt] zus.stellen, zus.brauen *(a. fig);* erfinden, ersinnen; **~ion** [kən'kɔkʃən] Zus.stellung; Brauen; Erfindung; Gebräu
concomitant [kən'kɔmitənt] Begleit-; Begleiterscheinung
concord ['kɔŋkɔ:d] Übereinstimmung, Eintracht; ♪ Harmonie; **~ance** [kən'kɔ:dəns] Übereinstimmung; Konkordanz; **~at** [kɔn'kɔ:dæt] Konkordat
concourse ['kɔŋkɔ:s] (Menschen-)Auflauf, Gedränge; Bahnhofshalle; *US* Sportplatz; *US* Promenade, Boulevard
concrete ['kɔnkri:t] konkret; Beton; ~ [kən'kri:t] *vt* verbinden (*into* zu); ~ ['kɔnkri:t] betonieren
concur [kən'kə:] übereinstimmen (*with* mit); zus.treffen; zus.wirken; **~rence** [kən'kʌrəns] Übereinstimmung; Zus.wirken; **~rent** [kən'kʌrənt] übereinstimmend; zus.treffend; zus.wirkend
concussion [kən'kʌʃən] Erschütterung; **~ (of the brain)** Gehirnerschütterung
condemn [kən'dem] verurteilen; für unbrauchbar erklären; beschlagnahmen, (Haus: zum Abbruch) enteignen; ⚕ j-n aufgeben; verraten; **~ation** [kɔndem'neiʃən] Verurteilung; Beschlagnahme; **~ed** [kən'demd] Todes-(Zelle etc)
condens|e [kən'dens] kondensieren, verdichten; zus.drängen, kürzen; (Licht) intensivieren; **~ation** [kɔnden'seiʃən] Kondensierung, Kondensation; Verdichtung; Kürzung; gekürzte Fassung; **~er** Kondensator

condescen|d [kɔndi'send] sich herablassen, s. bequemen; **~sion** [--'senʃən] Herablassung; herablassende Art
condign [kən'dain] angemessen (Strafe)
condiment ['kɔndimənt] Gewürz
condition [kən'diʃən] **1.** Zustand (*a.* ⚕ Gesundheits-; Leiden); *in (out of) ~* in guter (schlechter) Verfassung; *in no ~ to do* nicht in d. Lage zu tun; **2.** *pl* Verhältnisse, Umstände; **3.** Bedingung, Voraussetzung (*on ~* unter d. B.; *on no ~* auf keinen Fall); **4.** Stellung, Stand ♦ *to change one's ~* s. verheiraten; **5.** *vt* regeln, bestimmen; **6.** stärken, festigen; **7.** ✲ konditionieren; **8.** beeinflussen; **~al** bedingt; Bedingungs-
condole [kən'doul] sein Beileid aussprechen, kondolieren (*with s-b* j-m, *upon* aus Anlaß); **~nce** [kən'douləns] Beileid, Anteilnahme
condon|e [kən'doun] verzeihen; hinwegsehen über; **~ation** [kɔndou'neiʃən] Verzeihung
condor ['kɔndɔː] *zool* Kondor
conduc|e [kən'djuːs] beitragen (*to* zu), förderlich sein (*to* für); **~ive** [kən'djuːsiv] förderlich (*to* für)
conduct ['kɔndʌkt] Verhalten, Betragen; Führung, Leitung; **~** [kən'dʌkt] führen, leiten; ♪ dirigieren; *~ o.s.* sich verhalten; s. betragen; *phys* leiten; **~or** [kən'dʌktə] Leiter; Dirigent; (Bus- etc)Schaffner, *US* 🚂 Schaffner; *phys* Leiter
conduit ['kɔndit, *US* -duit] Rohrleitung; Kanal, Röhre; Rinne
cone [koun] Kegel; Waffeltütchen; (Tannen- etc)Zapfen; Leitkegel
confab(ulate) [kən'fæb(juleit)] plaudern
confection [kən'fekʃən] Konfekt; Mischung; (Konfektions-)Kleidungsstück; **~er** Konditor; **~er's sugar** ['ʃugə] *US* Puderzucker; **~ery** [kən'fekʃənəri] Konfekt, Konditorwaren; Konditorei, Süßwarengeschäft
confedera|cy [kən'fedərəsi] Bündnis, Bund; **~te** [-ˊ-rit] verbündet; Verbündeter; **~te** [-ˊ-reit] (sich) verbünden; **~tion** [-ˌ--'reiʃən] Bündnis, Bund; Staatenbund; *the Swiss C~tion* Schweizer Eidgenossenschaft
confer [kən'fəː] verleihen (*on s-b* j-m); (Gutes) bringen; konferieren (*with* mit); **~ee** [kɔnfə'riː] Konferenzteilnehmer; (Titel- etc)Empfänger; **~ence** ['kɔnfərəns] Besprechung, Konferenz (*is in ~ence* hat e-e B.); **~ment** [kən'fəːmənt] Verleihung
confess [kən'fes] (ein)gestehen; *~ to* s. bekennen zu; beichten, d. Beichte abnehmen; **~edly** [kən'fesidli] eingestandenermaßen; **~ion** [kən'feʃən] (Ein-)Geständnis; Bekenntnis; Beichte; **~ional** Beichtstuhl; Beichte
confetti [kən'feti] *sg vb* Konfetti
confid|ant [kɔnfi'dænt] Vertrauter; **~ante** [kɔnfi'dænt] Vertraute; **~e** [kən'faid] (an)vertrauen; **~ence** ['kɔnfidəns] Vertrauen (*in* in, zu); *in ~ence* vertraulich; Zuversicht; Anmaßung; Geheimnis; **~ence trick** *BE* (*US* **~ence game**) Betrug, Schwindel; **~ent** ['kɔnfidənt] zuversichtlich; anmaßend; sicher, überzeugt; **~ential** [kɔnfi'denʃəl] vertraulich; vertrauensselig; **~ing** [kən'faidiŋ] vertrauensvoll
configuration [kənˌfigju'reiʃən] Gestalt(ung); Struktur; *astr* Stellung
confine [kən'fain] (s.) einschränken; einsperren; *to be ~d* ⚕ niederkommen; *to be ~d to one's bed* (od *room*) bettlägerig sein; **~s** ['kɔnfainz] Grenzen; **~ment** [-ˊmənt] Einsperren, Haft; Niederkunft
confirm [kən'fəːm] bestärken in; bestätigen; rechtsgültig vollziehen; konfirmieren; firmen; **~ation** [kɔnfəː'meiʃən] Bestätigung; Konfirmation; Firmung; **~ed** [kən'fəːmd] eingefleischt; *bes* ⚕ chronisch; fest
confisca|te ['kɔnfiskeit] beschlagnahmen; **~tion** [kɔnfis'keiʃən] Beschlagnahme
conflagration [kɔnflə'greiʃən] Feuersbrunst
conflict ['kɔnflikt] Kampf; Konflikt; **~** [kən'flikt] in Widerspruch stehen (*with* mit, zu), widerstreiten; **~ing** [kən'fliktiŋ] widerstreitend, widersprechend
conflu|ence ['kɔnfluəns] Vereinigung (von Flüssen); Auflauf, Menge; **~ent** (Neben-) Fluß; **~x** ['kɔnflʌks] = ~ence
conform [kən'fɔːm] s. richten (*to* nach); s. fügen; anpassen; **~able** ähnlich; angepaßt; gefügig; **~ation** [kɔnfɔː'meiʃən] Gestalt; Anpassung (*to* an); **~ist** [kən'fɔːmist] Konformist; **~ity** [kən'fɔːmiti] Übereinstimmung (*with* mit); Angepaßtsein (*to* an); *in ~ity with* gemäß, entsprechend
confound [kən'faund] verwirren, bestürzen; verwechseln; vereiteln; *~ it!* zum Teufel!; [**~ed** verflixt
confrère ['kɔnfrɛə] Kollege
confront [kən'frʌnt] gegenüberstellen (*with s-b* j-m), vorlegen (*with sth* etw); entgegentreten; gegenüberliegen; *~, to be ~ed with* (*by*) s. gegenübersehen
confus|e [kən'fjuːz] verwirren; verwechseln; bestürzen; **~ed** [kən'fjuːzd] verwirrt; verworren; **~ion** [kən'fjuːʒən] Verwirrung, Unordnung, Durcheinander; Bestürzung; Verwechslung
confut|e [kən'fjuːt] widerlegen; **~ation** [kɔnfju'teiʃən] Widerlegung
con|geal [kən'dʒiːl] gefrieren (lassen); gerinnen; erstarren (lassen) (*a. fig*); **~gelation** [kɔndʒi'leiʃən] Gefrieren; Erstarren
congenial [kən'dʒiːniəl] mit gleichen Interessen, geistesverwandt; passend, angenehm
congenital [kən'dʒenitəl] angeboren
conger ['kɔŋgə] (gemeiner) Meeraal
congeries [kən'dʒeriiːz, kɔn'dʒiəriːz] *pl ~* Anhäufung, Konglomerat
congest [kən'dʒest] überfüllen; -völkern; *bes* ⚕ verstopfen, stauen; **~ion** [kən'dʒestʃən] Überfüllung; Übervölkerung; Verstopfung; Blutandrang, Stauung
conglomera|te [kən'glɔməreit] (sich) zus.ballen; **~te** [-ˊ-rit] zus.gesetzt; *bes geol* Konglomerat; Ansammlung; **~tion** [-ˌ--'reiʃen] Zus.ballung; Konglomerat, Anhäufung
congrat(ter)s [kən'græts, -'grætəz] *BE* meinen Glückwunsch!

congratula|te [kən'grætjuleit] beglückwünschen (*on* zu); **~tion** [-ˌ--'leiʃən] Glückwunsch; **~tory** [-ˊ-lətəri] Glückwunsch-
congrega|te ['kɔŋgrigeit] (s.) versammeln; **~tion** [--'geiʃən] (versammelte) Gemeinde
congress ['kɔŋgres] Kongreß; **~ional** [-'greʃənəl] Kongreß-; **C~man** [ˊ-mən], *pl* ~men Abgeordneter (d. Kongreß)
coni|cal ['kɔnikl] konisch, kegelförmig; **~fer** ['kounifə] Nadelbaum; **~ferous** [kou'nifərəs] zapfentragend, Nadel-
conjectur|e [kən'dʒektʃə] Mutmaßung; Konjektur; mutmaßen; kombinieren; **~al** [-ˊ-rəl] mutmaßlich; unsicher
conjoin [kən'dʒɔin] (sich) verbinden; **~t** gemeinschaftlich
conju|gal ['kɔndʒugəl] ehelich, Ehe-; **~gate** [ˊ-geit] konjugieren; **~gation** [--'geiʃən] Konjugation
conjunct|ion [kən'dʒʌŋkʃən] Konjunktion *(a. astr);* Verbindung; Zus.treffen; **~iva** [kɔndʒʌŋk'taivə] Bindehaut; **~ive** [-ˊ-tiv] verbindend, Binde-; **~ivitis** [-ˌ-ti'vaitis] Bindehautentzündung; **~ure** [-ˊ-tʃə] Zus.treffen; Verbindung; Krise
conjur|e ['kʌndʒə] (hervor-, weg-)zaubern *(out of, away etc); ~e up* heraufbeschwören; **~e** [kən'dʒuə] (bittend) beschwören; **~er (~or)** [ˊ-rə] Zauberer; **~ing** [ˊ-riŋ] Zauberei; **~ing** [ˊ-riŋ] **trick** Zauberkunststück
conk [kɔŋk] (Motor etc) ausfallen *(mst: ~ out); ~ out* abkratzen; Birne; e-n Schlag über d. Birne geben
connect [kə'nekt] verbinden *(a. fig);* in Verbindung stehen (bringen); 🚂 Anschluß haben; *~ed with* verwandt mit; *is well ~ed* hat gute Beziehungen (*with* zu); **~ing** Binde-; zus.liegend (Räume); **~ion** [kə'nekʃən] Verbindung; ⚡ Schaltung; Anschließung; 🚂 Anschluß(zug, -dampfer); *to run in ~ion with* Anschluß haben zu; (Geschäfts-)Verbindung, Beziehung; Kundschaft; Sekte; **~ive** [kə'nektiv] verbindend
conning tower ['kɔniŋtauə] *mil* Kommandoturm
conniption [kə'nipʃən] (*mst ~* **fit**) *US* Wutanfall, hysterischer Anfall
conniv|e [kə'naiv] hinwegsehen über, stillschweigend dulden; Vorschub leisten (*mst* ~e at); **~ance** [kə'naivəns] Hinwegsehen, stillschweigende Duldung; Vorschubleistung, Mitwissen
connoisseur [kɔni'səː] Kenner (*in, of* für, von]
connot|e [kə'nout] d. Vorstellung erwecken von; **~ation** [kɔnou'teiʃən] gefühlsmäßige Bedeutung, Konnotation
connubial [kə'nuːbiəl] Ehe-
conque|r ['kɔŋkə] überwinden; erobern; **~ror** ['kɔŋkərə] Eroberer; **~st** ['kɔŋkwest] Eroberung; Errungenschaft; *to make a ~st of s-b* j-n erobern
consanguinity [kɔnsæŋ'gwiniti] Blutsverwandtschaft
consci|ence ['kɔnʃəns] Gewissen ♦ *in all ~ence* ganz sicherlich; *for ~ence' sake* aus Gewissenhaftigkeit; **~ence money** ['mʌni] freiwilliges Bußgeld; **~entious** [kɔnʃi'enʃəs] gewissenhaft; *~entious objector* [ɔb'dʒektə] Kriegsdienstverweigerer; **~ous** ['kɔnʃəs] bewußt; bei Bewußtsein; *in Zus.setzungen:* -freudig, -begeistert, aufgeschlossen für; **~ousness** Bewußtsein
conscript ['kɔnskript] ausgehoben(er Rekrut), Dienstpflichtiger; **~** [kən'skript] einberufen; **~ion** [kən'skripʃən] Dienstpflicht; Einberufung; allgemeine Wehrpflicht
consecra|te ['kɔnsikreit] (ein)weihen; widmen; **~tion** [--'kreiʃən] (Ein-)Weihung; Widmung
consecutive [kən'sekjutiv] aufeinander folgend, hintereinander; Konsekutiv-
consen|sus [kən'sensəs] übereinstimmende Meinung (aller); **~t** [kən'sent] zustimmen; einwilligen; Zustimmung; Einwilligung
consequen|ce ['kɔnsikwəns] Folge, Konsequenz (*in ~ce* infolgedessen); Bedeutung; *of no ~ce* belanglos; **~t** folgend (*upon* auf etwas); *to be ~t upon* d. Folge sein von; **~tial** [--ˊ-ʃəl] wichtigtuerisch, überheblich; **~tly** [ˊ--tli] folglich
conserv|ancy [kən'səːvənsi] *BE* Flußkommission; Naturschutz; **~ation** [kɔnsəː'veiʃən] Erhaltung, Bewahrung; **~atism** [-ˊ-vətizm] Konservati(vi)smus; **C~atism** Prinzipien der Konservativen Partei; **~ative** [-ˊ-vətiv] konservativ; vorsichtig, zurückhaltend; *pol* Konservativer; **~atoire** [-ˊ-vətwaː] Konservatorium; **~atory** [-ˊ-vətəri] Wintergarten; Konservatorium; **~e** [-'səːv] erhalten, bewahren; konservieren; **~es** ['kɔnsəːvz] Konfitüre
consider [kən'sidə] (s.) überlegen, in Erwägung ziehen, erwägen; *all things ~ed* [kən'sidəd] alles in allem; berücksichtigen, Rücksicht nehmen auf; halten für, ansehen (betrachten) als; *to be ~ed* gelten als; meinen (daß); **~able** bedeutend (Person); beträchtlich; *US umg* ziemlich viel; **~ate** [-ˊ-rit] rücksichtsvoll; *to be ~ate of* Rücksicht nehmen auf; **~ation** [-ˌ--'reiʃən] Überlegung; *to be under ~ation* erwogen werden; *in ~ation of* unter Berücksichtigung, in Anbetracht; *to leave out of ~ ation* unberücksichtigt lassen; *to take into ~ ation* berücksichtigen; in Rechnung stellen; (überlegenswerter) Faktor (*that is a ~ation*); *on* (od *under*) *no ~ation* unter gar keinen Umständen; Entlohnung, Zuwendung *(for a ~ ation);* Rücksicht (*out of ~ation for* mit R. auf); Bedeutung *(it's of no ~ation);* **~ing** [-ˊ-riŋ] in Anbetracht
consign [kən'sain] (Waren) senden; hinterlegen; anvertrauen; überantworten; **~ation** [kɔnsig'neiʃən] Sendung; **~ee** [kɔnsai'niː] (Waren-)Empfänger; **~er** [kən'sainə] *siehe* ~or; **~ment** [kən'sainmənt] (Waren-)Sendung; Übersendung, -tragung; **~ment note** *BE* Frachtbrief; **~or** [kən'sainə] Absender
consist [kən'sist] bestehen (*of* aus, *in* in); übereinstimmen (*with* mit); **~ence (~ency)** [kən'si-

stəns (-nsi)] Festigkeit, Konsistenz; **~ency** Konsequenz; **~ent** vereinbar (*with* mit); konsequent; *to be ~ent with* passen zu, entsprechen
consol|ation [kɔnsəˈleiʃən] Trost; **~atory** [kənˈsɔlətəri] tröstend, Trost-; **~e** [kənˈsoul] trösten
console [ˈkɔnsoul] Konsole; (Orgel-)Spieltisch; ⚓ Gehäuse; Musiktruhe; **~ table** Wandtischchen
consolida|te [kənˈsɔlideit] festigen; vereinigen; konsolidieren; **~tion** [–––ˊʃən] Festigung; Vereinigung; Konsolidierung; Fusion
consols [ˈkɔnsɔlz, kənˈsɔlz] konsolidierte Staatspapiere, Konsols
consommé [kənˈsɔmei, *US* kɔnsəˈmei] Kraftbrühe
consonan|ce [ˈkɔnsənəns] Einklang, Übereinstimmung; **~t** passend (*to* zu), vereinbar (*with* mit); Konsonant
consort [ˈkɔnsɔːt] Gemahl; Geleitschiff; **~** [kənˈsɔːt] s. gesellen (*with* zu); im Einklang stehen (*with* mit)
conspectus [kənˈspektəs], *pl* **~es** allgemeine Übersicht; Zusammenfassung
conspicuous [kənˈspikjuəs] gut sichtbar, auffallend, offensichtlich (*to be ~* auffallen); bemerkenswert; *to make o. s. ~* sich auffallend benehmen
conspir|acy [kənˈspirəsi] Verschwörung; **~ator** [kənˈspirətə] Verschwörer; **~e** [kənˈspaiə] s. verschwören; planen
constab|le [ˈkʌnstəbl] Schutzmann; **~ulary** [kənˈstæbjuləri] Polizei(truppe)
constan|cy [ˈkɔnstənsi] Beständigkeit, Festigkeit; **~t** beständig; treu; ständig
constellation [kɔnsteˈleiʃən] Sternbild
consternation [kɔnstəˈneiʃən] Bestürzung
constipa|te [ˈkɔnstipeit] (ver)stopfen; **~tion** [kɔnstiˈpeiʃən] Verstopfung
constitu|ency [kənˈstitjuənsi] Wählerschaft; Wahlkreis; Kundenkreis; **~ent** wahlberechtigt; verfassunggebend; wesentlich, Bestand- (*part*-teil); Wähler; (wesentl.) Bestandteil; **~te** [ˈkɔnstitjuːt] ernennen zu; *~te o.s. a judge* [dʒʌdʒ] *of* sich zum Richter aufwerfen über; einsetzen; konstituieren; bilden, ausmachen; *to be ~ted of* bestehen aus; **~ted** geartet; **~tion** [kɔnstiˈtjuːʃən] Verfassung; ⚕ Konstitution; Wesen, Art; Errichtung, Gestaltung; **~tional** verfassungsmäßig, konstitutionell; Verfassungs-; *umg* Spaziergang; **~tionalism** [kɔnstiˈtjuːʃənəlizm] (Festhalten an) konstitutionell. Regierungsform; **~tionality** [kɔnstitjuːʃəˈnæliti] Verfassungsmäßigkeit
constrain [kənˈstrein] (er)zwingen; *to be ~ed* getrieben werden; hemmen; **~ed** [–ˊd] verlegen, gedrückt, mißmutig; **~t** Zwang; Verlegenheit, Hemmung(en), Gehemmtsein
constrict [kənˈstrikt] zus.ziehen; ⚕ abbinden, einklemmen; **~ed** beschränkt; **~ion** [kənˈstrikʃən] Zus.ziehung; Verengung; Beklemmung; **~or** Schließmuskel; *zool* Riesenschlange
construct [kənˈstrʌkt] konstruieren, aufbauen; **~ion** [kənˈstrʌkʃən] Konstruktion; Errichtung; *under* (od *in the course of*) *~ion* im Bau; Deutung; *to put a bad (etc) ~ion on* schlecht (etc) auslegen; *to bear a ~ion* e-e Deutung zulassen; **~ive** [kənˈstrʌktiv] konstruktiv; baulich; zu folgern(d), indirekt; **~or** Erbauer; Hersteller
construe [kənˈstruː] *gram* (s.) analysieren, konstruieren (lassen); (*bes* wörtlich, mündlich) übersetzen; auslegen, deuten; schließen (*from* aus)
consul [ˈkɔnsəl] Konsul; **~ar** [ˈkɔnsjulə] konsularisch; Konsular-; **~ate** [ˈkɔnsjulit] Konsulat; **~ship** Amt (Amtsdauer) e-s Konsuls
consult [kənˈsʌlt] konsultieren, nachsehen in ♦ *~ one's pillow* [ˈpilou] e-e Sache beschlafen; *~ing* beratend; sich beraten (*with* mit); berücksichtigen; **~ant** [kənˈsʌltənt] Berater; Gutachter; Facharzt; **~ation** [kɔnsəlˈteiʃən] Beratung; Rücksprache; ⚕ Sprech-; **~ative** [kənˈsʌltətiv] beratend
consume [kənˈsjuːm] vergeuden; vernichten; ganz verzehren; aufbrauchen; *to be ~d* [–ˊd] *with* erfüllt sein, verzehrt werden von (Haß); *~ away with* vergehen vor; **~r** [–ˊə] Verbraucher; **~r(s') goods** Verbrauchsgüter
consumma|te [kənˈsʌmit] vollendet; vollkommen; **~te** [ˈkɔnsəmeit] vollenden; vollziehen; abschließen; **~tion** [kɔnsəˈmeiʃən] Vollendung; Vollziehung, Abschluß; Ziel
consump|tion [kənˈsʌmpʃən] Verbrauch; Auszehrung, Schwindsucht; **~tive** [kənˈsʌmptiv] schwindsüchtig; Schwindsüchtiger
contact [ˈkɔntækt] Berührung, Kontakt (*a.* ⚡); ⚕ Kontaktperson; Verbindungsmann; **~ lenses** [ˈlenziz] Haftgläser; **~** [ˊ–, kənˈtækt] in Verbindung treten mit
contag|ion [kənˈteidʒən] Ansteckung (durch Berührung); ansteckende Krankheit; Verseuchung, Seuche *(fig)*; **~ious** [kənˈteidʒəs] ansteckend, kontagiös; infiziert; *fig* ansteckend
contain [kənˈtein] enthalten, fassen; *mil* festhalten; *math* begrenzen; zügeln; zurückhalten; *~ o.s.* sich beherrschen (*for* vor); **~er** Behälter; Container; **~erize** [–ˊəraiz] in Containern transportieren; auf C.verkehr umstellen; **~ment** *mil* Binden, Festhalten; *pol* Eindämmung
contamina|te [kənˈtæmineit] verunreinigen; verseuchen; verderben; vergiften; **~tion** [–,––ˈ–ʃən] Verunreinigung; Verseuchung; Vergiftung
contemn [kənˈtem] verachten
contempla|te [ˈkɔntempleit] betrachten; erwägen; erwarten; beabsichtigen; **~tion** [––ˊʃən] Nachdenken; Erwägung; **~tive** [kənˈtemplətiv] nachdenklich; beschaulich, kontemplativ
contempora|neous [kəntempəˈreinjəs] gleichzeitig; zeitgenössisch; **~ry** [–ˊ–rəri] Zeitgenosse; zeitgenössisch; = ~neous
contempt [kənˈtempt] Verachtung (*of death* Todes-); *in ~ of* ungeachtet; Mißachtung (*~ of court* M. des Gerichts, Ungebühr vor G.); *to bring into ~* in Verruf bringen; *to fall into ~*

sich d. Verachtung zuziehen; *to hold in ~* verachten; **~ible** [-ˊtibl] verächtlich, verachtenswert; **~uous** [-ˊtjuəs] verächtlich, verachtungsvoll; *to be ~uous of* verächtlich denken über, verachten
contend [kən'tend] kämpfen (*with* mit, *for* um); im Wettbewerb stehen; **~ing** widerstreitend (Gefühl); (streitend, polemisch) behaupten; **~er** (Mit-)Bewerber
content[1] [kən'tent] zufrieden; willens; Zufriedenheit; *to one's heart's ~* nach Herzenslust; zufriedenstellen; *~ o. s. with* sich zufriedengeben mit; **~ed** zufrieden; **~ment** Zufriedenheit
content[2] ['kɔntent] Gehalt, *fig* Inhalt; (Raum-, Flächen-)Inahlt; **~s** *konkr* Inhalt
conten|tion [kən'tenʃən] Streit(en); Behauptung ♦ *bone of ~tion* Zankapfel; **~tious** [kən'tenʃəs] streitsüchtig; strittig
contest [kən'test] bestreiten (**~ed** umstritten); kämpfen um; im Wettkampf ringen um; *~ an event* [i'vent] e-n Wettkampf austragen; ~ ['kɔntest] (Wett-)Kampf; **~ant** [kən'testənt] Wettkämpfer
context ['kɔntekst] (textlicher) Zus.hang; **~ual** [kən'tekstjuəl] aus dem Zus.hang
contigu|ous [kən'tigjuəs] angrenzend (*to* an); benachbart; **~ity** [kɔnti'gjuiti] Angrenzen; Nachbarschaft
continen|ce ['kɔntinəns] Enthaltsamkeit; Mäßigkeit; **~t** ['kɔntinənt] enthaltsam; mäßig; Kontinent; **the C~t** d. europäische Festland; **~tal** [--'nentl] kontinental; euoropäisch
contingen|cy [kən'tindʒənsi] Zufall, Zufälligkeit; Möglichkeit; eventueller Umstand; Folge; *pl* unvorhergesehene Ausgaben; **~t** eventuell; unsicher; verbunden (*to* mit); abhängig (*upon* von); bedingt; Kontingent; Quote
continu|al [kən'tinjuəl] sehr häufig, (oft) wiederholt; unaufhörlich, immerwährend; **~ance** (Fort-)Dauer; (Ver-)Bleiben; **~ation** [-ˌ--'eiʃən] Fortsetzung; Fortdauer; Fortführung; Anbau; **~ation school** Fortbildungsschule; **~e** [-ˊju] fortsetzen, weiterhin (tun); *to be ~ed* Fortsetzung folgt; (im Amt) belassen; sich fortsetzen; sich erstrecken; (Straße) gehen; (Wetter) anhalten; weitergehen; bleiben *(at a school);* fortfahren, weiterhin (sein); **~ed** [-ˊju:d] anhaltend, nachhaltig; **~ity** [kɔnti'njuiti] ununterbrochener Zus.hang; Stetigkeit; verbindende Worte, (Funk-)Manuskript; (kurbelfertiges) Drehbuch *(~ity writer);* **~ous** [-ˊjuəs] ununterbrochen, fortlaufend, zus.hängend
contort [kən'tɔ:t] verzerren; verdrehen; **~ion** [kən'tɔ:ʃən] Verzerrung; Verdrehung; **~ionist** [kən'tɔ:ʃənist] Schlangenmensch; *fig* Sprach-, Formverdreher [Höhenlinienkarte
contour ['kɔntuə] Umriß; Höhenlinie; *~ map*
contra ['kɔntrə] wider, gegen; **~band** [--bænd] Schmuggel(ware); Konterbande; **~bass** [ˊ--beis] Kontrabaß; **~ception** [--'sepʃən] Empfängnisverhütung; **~ceptive** [--'septiv] empfängnisverhütend(es Mittel)

contract ['kɔntrækt] Vertrag (*to make, enter into, a ~ with* e-n V. schließen mit); (Werk-, Liefer-)Vertrag; (Bau- etc)Vorhaben; Lieferung; ~ [kən'trækt, *US mst* 'kɔntrækt] sich vertraglich verpflichten; (Bündnis) abschließen; ~ [kən'trækt] (Ehe) eingehen; (s.) verkürzen, (s.) zus.ziehen; (Stirn) runzeln; s. aneignen, zuziehen; (Schulden) machen; (Freundschaft) schließen; **~ed** beschränkt; **~ible** [kən'træktibl] zus.ziehbar; **~ile** [kən'træktail] zus.ziehend; zus.legbar; einziehbar; **~ing** vertragschließend; **~ion** [kən'trækʃən] Zus.ziehung; Eingehen (e-r Ehe); Aneignung (e-r Gewohnheit); Aufnahme (v. Schulden); zus.gezogenes Wort; **~or** [kən'træktə] Unternehmer (*bes* Bau-); Kontrahent; Lieferant; **~ual** [kən'træktjuəl] vertraglich; Vertrags-
contradict [kɔntrə'dikt] widersprechen; **~ion** [kɔntrə'dikʃən] Widerspruch; Ableugnung; *~ion in terms* Widerspruch in sich; **~ious** [--'dikʃəs] widerspruchs-, streitlustig; **~ory** [--'diktəri] (s.) widersprechend; widerspruchsvoll
contrails ['kɔntreilz] *pl vb* Kondensstreifen
contralto [kən'træltou], *pl* **~s** Alt(stimme)
contraption [kən'træpʃən] *umg* Vorrichtung, Gerät, Apparat, Maschine
contrapuntal [kɔntrə'pʌntəl] ♪ kontrapunktisch
contrar|iety [kɔntrə'raiəti] Widerspruch; Unvereinbarkeit; Widrigkeit; **~iwise** [ˊ--riwaiz] im Gegenteil; entgegengesetzt; **~iwise** [kən'trɛəriwaiz] widerspenstig; **~y** [ˊ--ri] (ent)gegen(gesetzt); gegensätzlich; *to act ~y to* zuwiderhandeln; widrig; **~y** [kən'trɛəri] *umg* widerspenstig, eigensinnig; **~y** [ˊ--ri] Gegenteil (*on the ~y* im G.); Gegensatz (*on the ~y* im G. dazu); *to the ~y* im entgegengesetzten Sinne; *by ~ies* anders als erwartet
contrast [kən'trɑ:st] vergleichen; kontrastieren, abstecken, (*with* von); im Gegensatz stehen (*with* zu); ~ ['kɔntrɑ:st] Vergleichen; Kontrast, Gegensatz *(in ~ with); a ~ to* ein Unterschied gegenüber
contraven|e [kɔntrə'vi:n] übertreten; bestreiten; im Widerspruch stehen zu; **~tion** [kɔntrə'venʃən] Übertretung; Bestreitung
contretemps [kɔ:ntrə'tɑ:ŋ], *pl* ~ [--'tɑ:ŋz] unglückl. Zufall, Pech; Zwischenfall; Panne
contribu|te [kən'tribju:t] (Geld) beisteuern (*to, on* zu); beitragen (*to* zu); **~tion** [kɔntri'bju:ʃən] Beisteuern; Beitrag; Kontribution; **~tor** [kən'tribjutə] Beitragender; Mitarbeiter; **~tory** [kən'tribjutəri] beitragspflichtig; **~tory negligence** ['neglidʒəns] Mitverschulden (d. Opfers e-s Unfalls)
contri|te [kən'trait] zerknirscht, reuevoll; **~tion** [kən'triʃən] Zerknirschung, Reue; Schuldgefühl
contriv|ance [kən'traivəns] Erfindung; Vorrichtung; Plan, Kunstgriff; **~e** [kən'traiv] ersinnen, erfinden; fertigbringen; *BE* haushalten; **~er** Erfinder; *BE* Haushälterin
control [kən'troul] **1.** zügeln *(a. fig); ~ o.s.* sich

beherrschen; **2.** überwachen; (vergleichend) (nach)prüfen; **3.** bewirtschaften; **4.** ✲ regeln; **5.** Zucht; **6.** Beherrschung; *to get under ~* Herr werden; *to keep under ~* beherrschen; *beyond ~* außer Rand u. Band; *out of ~* außer Kontrolle; **7.** Überwachung; (Nach-) Prüfung; **8.** Bewirtschaftung, Zwangswirtschaft; **9.** *bes* ✈ Ruder, Steuerung; **10.** Kontrollgruppe; **~lable** kontrollierbar; lenkbar; **~ler** (*BE a.* comptroller) [kən'troulə] Kontrolleur; Aufseher; Leiter; Rechnungsprüfer; Fahrschalter

controver|sial [kɔntrə'vəːʃəl] strittig; streitsüchtig; **~sy** [´––si] Kontroverse; Streit(frage); *beyond ~sy* außer Zweifel; **~t** ['kɔntrəvəːt, ––´] bestreiten

contumac|ious [kɔntju'meiʃəs] widerspenstig; **~y** ['kɔntjuməsi] ⚖ Ungehorsam, Kontumaz; Widerspenstigkeit

contumel|ious [kɔntju'miːljəs] beschimpfend, schmähend; **~y** ['kɔntjuːmli] Beschimpfung; Schmähung

contus|e [kən'tjuːz] quetschen; **~ion** [kən'tjuːʒən] Quetschung, Kontusion

conundrum [kə'nʌndrəm], *pl* **~s** (kniffliges) (Wort-)Rätsel; *fig* Problem

conurbation [kɔnəː'beiʃən] städtischer Ballungsraum, Stadtregion

convalesce [kɔnvə'les] (wieder) gesund werden, genesen; **~nce** [––'esəns] Genesung; **~nt** genesend; Rekonvaleszent; **~nt home** Genesungsheim

convector [kən'vektə] *phys* Konvektor

conven|e [kən'viːn] zus. kommen; einberufen; vorladen; **~ience** [kən'viːnjəns] Bequemlichkeit (*for ~ience* zur B.), Angemessenheit; Annehmlichkeit; (nützliche) Einrichtung; *to make a ~ience of s-b* j-n ausnützen; *a marriage* ['mæridʒ] *of ~ience* Verstandesheirat; *at your* (*own*) *~ience* wenn es dir paßt; *to suit* [sjuːt] *s-b's ~ience* s. danach richten, wie es j-m paßt; *suit your own ~ience* mach es nach Belieben; *at your earliest* ['əːliist] *~ience* so bald wie möglich; **~ient** [kən'viːnjənt] angenehm, bequem, passend; günstig gelegen, nah; **~t** ['kɔnvənt] (Nonnen-)Kloster; **~tion** [kən'venʃən] Zus.kunft, Versammlung, Kongreß; Vertrag; (gute) Sitte, Konvention; **~tional** [kən'venʃənəl] höflich; konventionell; herkömmlich, üblich (*a. mil* = Nichtatom-); vertraglich

converge [kən'vəːdʒ] zus.laufen (*on* auf); konvergieren; **~nce** [–´dʒəns] Zus.laufen; Konvergenz; Konzentration; **~nt** [–´dʒənt] konvergierend

convers|ance ['kɔnvəsəns] Vertrautheit; **~ant** vertraut (*with* mit); bewandert (*with* in); **~ation** [kɔnvə'seiʃən] Gespräch, Unterhaltung; **~ational** gesprächig; umgangssprachlich, Gesprächs-; **~e** [kən'vəːs] s. unterhalten; **~e** ['kɔnvəːs] Gespräch; Umgang

conver|se ['kɔnvəːs] gegenteilig; Gegenteil; Umkehrung; **~sely** [´–li, –´li] umgekehrt; **~sion** [kən'vəːʃən] Umwandlung (*into, in* zu); Bekehrung (*to* zu); ✲, ϟ Umformung; Umstellung; *pol* Übertritt; Mißbrauch; **~t** [kən'vəːt] umwandeln; umbauen; bekehren; ✲, ϟ umformen; (s.) umstellen; (Geld etc) mißbrauchen; **~t** ['kɔnvəːt] Bekehrter; **~ter** (*a.* **~tor**) [kən'vəːtə] ϟ Umformer; Konverter; Bekehrer; **~tible** [kən'vəːtibl] umwandelbar, konvertibel; gleichbedeutend; Kabriolett

convex ['kɔn'veks] konvex; **~ity** [kɔn'veksiti] konvexe Eigenschaft (Form)

convey [kən'vei] befördern; leiten; über-, vermitteln; ausdrücken; ⚖ übertragen; **~ance** [kən'veiəns] Befördern; Versendung; *means of ~ance* Reise-, Fahrgelegenheit, Transportmittel; Fahrzeug; ⚖ Übertragung(surkunde); **~ancer** [kən'veiənsə] Anwalt für Liegenschaften; **~er** [kən'veiə] Beförderer *(coal ~er)*; **~or** [kən'veiə] ✲ Förderer (*~or belt* Förderband; *belt ~or* Bandförderer)

convict [kən'vikt] überführen; **~** ['kɔnvikt] Sträfling, Zuchthäusler; **~ion** [kən'vikʃən] Überführung, Verurteilung; Überzeugung; *to be open to ~ion* s. gern überzeugen lassen; *to carry ~ion* Überzeugungskraft haben

convince [kən'vins] überzeugen (*of* von)

convivial [kən'viviəl] festlich, fröhlich; gesellig; **~ity** [kənvivi'æliti] festliche Stimmung; Geselligkeit

convo|cation [kɔnvə'keiʃən] Einberufung; Versammlung, Konferenz; **~ke** [kən'vouk] ein-, zusammenberufen

convol|ution [kɔnvə'luːʃən] Zus.wicklung; Windung, Rolle; **~vulus** [kən'vɔlvjuləs], *pl* ~vuluses *bot* Winde

convoy ['kɔnvɔi] Geleit(schutz); Geleitzug; Kolonne; ~ [kən'vɔi] geleiten

convuls|e [kən'vʌls] erschüttern *(a. fig)*; in Zuckungen versetzen, schütteln; *to be ~ed with* s. schütteln (krümmen) vor; **~ion** [kən'vʌlʃən] Erschütterung; *pl* Konvulsionen, konvulsivische Zuckungen, Krämpfe (*to fall into ~ions*); *to be in ~ions* s. vor Lachen schütteln; **~ive** [kən'vʌlsiv] konvulsiv, krampfhaft

cony, coney ['kouni] Kaninchen(fell)

coo [kuː] gurren; *to bill and ~* schnäbeln (u. gurren), sich liebkosen; säuseln

cook [kuk] (s.) kochen (lassen); *fig* zus.brauen, frisieren; Koch, Köchin; **~er** Herd, (Gas- etc)Kocher; Kochobst; **~ery** ['kukəri] Kochkunst; **~ery-book** (= *US* **~book**) *BE* Kochbuch; **~-house** ['kukhaus] Lagerküche; Kombüse; **~ie** *US* = **~y**; **~-shop** ['kukʃɔp] Gaststätte; **~y** ['kuki] *BE* Kuchenbrötchen; *US* Keks

cool [kuːl] **1.** kühl; (Getränk) kalt; **2.** (Kleid) dünn; **3.** gelassen, besonnen; *keep ~!* ruhig Blut! **4.** unverfroren; nüchtern; toll; klasse; *a ~* (*£ 1000, 30 miles*) die Kleinigkeit von; **5.** (s.) abkühlen; *to let s-b ~ his heels* j-n warten lassen; **6.** Kühle; **~ant** ['kuːlənt] Kühlmittel; **~er** (Wein- etc)Kühler; Kittchen; *US* Klimaanlage; **~-headed** ['kuːl'hedid] besonnen; **~ness** Kühle; Unstimmigkeit; **~th** [kuːlθ] Kühle

coolie ['kuːli] Kuli

coon [kuːn] *US* Waschbär; *umg* Neger

co-op [kou'ɔp] = co-operative (store etc)
coop [kuːp] Hühnerkorb; (Kaninchen-)Stall; einsperren; ~ *up* (od *in*) einpferchen
cooper ['kuːpə] Böttcher; Küfer
co-opera|te [kou'ɔpəreit] zus.arbeiten; zus.wirken; **~tion** [kouɔpə'reiʃən] Zus.arbeit(en); Zus.-; Mitwirkung; **~tive** [kou'ɔpərətiv] mitwirkend; entgegenkommend, hilfsbereit; **~tive society** [sə'saiiti] Konsumverein; **~tive store** [stɔː] Konsum; Genossenschaft
co-opt [kou'ɔpt] hinzuwählen; **~ation** [kouɔp'teiʃən] Ergänzungswahl, Zuwahl
co-ordina|te [kou'ɔːdinit] gleich-, beigeordnet; Koordinate; **~te** [kou'ɔːdineit] koordinieren, aufeinander abstimmen; *pol* gleichschalten; **~tion** [kouɔːdi'neiʃən] Koordinierung; Gleichordnung; -schaltung
coot [kuːt] Bläßhuhn; Blödkopf; **~ie** ['kuːti] *umg* Laus
cop [kɔp] kapern, schnappen; *sl* Polyp
copartner [kou'pɑːtnə] Mitinhaber, Teilhaber; **~ship** Teilhaberschaft
cope[1] [koup] fertig werden (*with* mit]
cope[2] [koup] Chorrock; *fig* Mantel, Gewölbe; Himmelszelt
copier ['kɔpiə] Abschreiber; Kopist
coping ['koupiŋ] (Maurer-)Kappe; **~-stone** ['koupiŋstoun] Kappenstein
copious ['koupiəs] reichlich; inhaltsreich; tüchtig (Guß); produktiv
copper ['kɔpə] Kupfer; (K.-)Münze; (Wasch-)Kessel; verkupfern; **~plate** ['kɔpəpleit] Kupferstich; -druck; **~plate writing** ['raitiŋ] gestochene Schrift
copper ['kɔpə] *sl* Polyp (Polizist)
coppice ['kɔpis], **copse** [kɔps] *BE* Niederwald, Gehölz; Unterholz
copra ['kɔprə] Kopra
copy ['kɔpi] **1.** Kopie, Wiedergabe (*rough* [rʌf], *foul* ~ Konzept, Entwurf; *fair* [fɛə], *clean* ~ Reinschrift); **2.** Vorlage; **3.** Exemplar, Nummer; **4.** 🕮 Satz-, Druckvorlage; **5.** Stoff, Material; **6.** (Nachrichten-, Werbe-)Text; **7.** abschreiben; **8.** nachbilden; **9.** nachmachen, übernehmen; **~-book** [ˊ–buk] Schönschreibheft (*to blot one's ~-book* e-n Fleck auf d. Weste bekommen); **~-coat** [ˊ–kæt] Nachahmer; nachahmen; **~hold** [ˊ–hould] *BE* Zinslehen; **~ist** [ˊ–ist] Kopist; Nachahmer; **~reader** [ˊ–riːdə] (Zeitungs-)Redakteur; **~right** [ˊ–rait] Urheberrecht; urheberrechtlich (schützen); **~ taster** *BE* Redakteur vom Dienst
coquet [kou'ket] kokett; *vi* kokettieren, spielen (*with* mit); **~ry** ['koukitri] Koketterie; **~te** [kou'ket] kokettes Mädchen; *vi* = ~; **~tish** [kou'ketiʃ] kokett
coracle ['kɔrəkl] Boot (aus Korbgeflecht)
coral ['kɔrəl] Koralle; korallenrot
cord [kɔːd] **1.** Schnur; Kordel; Strick, Seil; **2.** ϟ *US* (Anschluß-)Schnur; **3.** *vocal* ['voukəl] *~s* Stimmbänder; *spinal* ['spainəl] ~ Rückenmark; **4.** Kordsamt; *pl* Kordsamthosen; **5.** zu-, verschnüren; **~age** ['kɔːdidʒ] Seilerwaren; Tauwerk; **~ed** gerippt; **~uroy** ['kɔːdərɔi] Kordsamt, Manchester; *pl* Manchester-, Kordsamthose
cordial ['kɔːdjəl] freundlich, herzlich; tief (Abneigung); stärkend; Stärkungsmittel; **~ity** [kɔːdi'æliti] Wärme, Herzlichkeit
cord|ite ['kɔːdait] Kordit; **~on** ['kɔːdən] Kordon (Sperrkette; Ordensband)
core [kɔː] Kern(gehäuse) *(a.* ✿, *fig);* entkernen; *to the* ~ bis ins Mark
co-respondent [kouri'spɔndənt] Mitbeklagte(r) (im Scheidungsprozeß)
cork [kɔːk] Kork(en); verkorken; verschließen; **~er** *sl* prima Sache; Überraschung; **~ing** *US* prima; **~-jacket** [ˊ-dʒækit] Schwimmweste; **~screw** [ˊ-skruː] Korkenzieher; **~-tipped** [ˊ-tipt] mit (Kork-)Mundstück
cormorant ['kɔːmərənt] Kormoran, Scharbe; Vielfraß
corn[1] [kɔːn] Getreide, Korn; *(for horses)* Hafer; *(for man) BE mst* Weizen, (Schottl.) Hafer, *US* Mais; (Einzel-)Korn, Körnchen; abgedroschenes Zeug, (sentimentaler) Kitsch, Schnulze; *US* Harschschnee; *US* (Mais-)Schnaps; *vt* einpökeln; **~bread** [bred] *US* Maisbrot; **~-chandler** [ˊ-tʃɑːndlə] *BE* Getreidehändler; **~-cob** Maiskolben; **~-crake** [ˊ-kreik] Wachtelkönig; **~-exchange** [ˊ-ikstʃeindʒ] Getreidebörse; **~-flour** [ˊ-flauə] Maismehl; *BE* Stärkemehl; **~ meal** *US* Maismehl; **~ starch** Stärkemehl
corn[2] [kɔːn] Hühnerauge
cornea ['kɔːniə] Hornhaut (d. Auges)
cornel ['kɔːnəl] Hornstrauch, Hartriegel
cornelian [kɔː'niːljən], *US* **carn-** [kɑːn-] Karneol
corner ['kɔːnə] **1.** Ecke ♦ *to turn the* ~ um d. Ecke gehen, *fig* d. Krise überwinden; Winkel; **2.** 🚗 Kurve; **3.** Spekulationsaufkauf; *to have a ~ on (fig)* etw gepachtet haben; **4.** *vt* in d. Ecke stellen (treiben); **5.** in d. Enge treiben, fangen; **6.** e-e Kurve nehmen; **7.** (Ware) zu Spekulationszwecken aufkaufen; **~ed** [ˊ–d] eckig; **~-stone** [ˊ–stoun] Eck-, Grundstein *(a. fig)*
cornet ['kɔːnit] ♪ Kornett; *BE* Waffel; Tüte
cornice ['kɔːnis] Gesims
cornucopia [kɔːnju'koupiə], *pl* **~s** Füllhorn *(a. fig)*
corny ['kɔːni] abgedroschen, kitschig, schnulzig
corolla [kə'rɔlə], *pl* **~s** Blumenkrone, Korolle; **~ry** [kə'rɔləri, *US* 'kɔːrəleri] *math* Korollar; (natürliche) Folge
coron|a [kə'rounə], *pl* **~ae** [–ˊniː], **~as** *astr* Korona, Hof; ⚕ Kranz; **~al** ['kɔrənəl] Kranz; **~al** [kə'rounəl] Korona-; **~al** ['kɔrənəl] kranzartig, Kranz-; **~ary** ['kɔrənəri] (Herz-)Kranz-, Koronar-; **~ation** [kɔrə'neiʃən] Krönung
coroner ['kɔrənə] amtl. Leichenschauer; **~'s inquest** ['iŋkwest] amtl. Leichen(öffnung und)-untersuchung
coronet ['kɔrənit] Adelskrone; Diadem
corpor|al ['kɔːpərəl] körperlich; Unteroffizier; Korporal; **~ate** [ˊ–rit] korporativ; Gesellschafts-; **~ate body** ['bɔdi] Körperschaft; ju-

rist. Person; **~ation** [--'reiʃən] Körperschaft, Korporation, *US* Handelsgesellschaft; *BE* Stadtverwaltung, *BE* von der Stadt betrieben; *umg* Schmerbauch; **~eal** [kɔː'pɔːriəl] körperlich; materiell

corposant ['kɔːpəzənt] Elmsfeuer

corps [kɔː], *pl* ~ [kɔːz] Korps; **medical** ['medikəl] ~ Sanitätstruppe; **~ de ballet** ['kɔːdə'bælei] Ballett(gruppe); **C~ Diplomatique** ['kɔːdiplomæ'tik] Diplomatisches Korps

corpse [kɔːps], *pl* **~s** Leichnam, Leiche

corpulen|ce ['kɔːpjuləns] Beleibtheit; **~t** beleibt

corpuscle ['kɔːpəsl, ˊ-pʌsl] Korpuskel; Blutkörperchen *(red, white ~s)*

corral [kɔ'rɑːl], *bes US* kə'ræl] Weidezaun; Wagenburg; einpferchen; *US umg* ergreifen, schnappen

correct [kə'rekt] richtig, genau; korrekt; berichtigen, verbessern, korrigieren; zurechtweisen; **~ion** [-ˊʃən] Berichtigung, Verbesserung; Korrektur; Zurechtweisung; Strafe (*to speak under ~ion* e-e unmaßgebliche Meinung, etwas evtl. zu Korrigierendes sagen); **~itude** [-ˊtitjuːd] richtiges Verhalten; **~ive** [-ˊtiv] berichtigend; Besserungs-, Gegenmittel; korrektiv

correla|te ['kɔrileit] in Wechselbeziehung bringen (stehen); Korrelat; **~tion** [--'leiʃən] Korrelation, Wechselbeziehung; **~tive** [kə'relətiv] korrelativ; Korrelat

correspond [kɔris'pɔnd] entsprechen *(to);* korrespondieren (*with* mit); **~ence** [kɔris'pɔndəns] Schriftwechsel, Korrespondenz; Briefe, Post; Übereinstimmung; **~ence clerk** [klɑːk] Korrespondent; **~ence course** [kɔːs] Fernunterricht; **~ence school** [skuːl] Fernunterrichtsinstitut; **~ent** Briefschreiber; Korrespondent; Berichterstatter; Geschäftsfreund; entsprechend; **~ing** entsprechend; korrespondierend

corridor ['kɔridɔː] Korridor, Flur; ✈ Gang; **~train** D-Zug

corrig|enda [kɔri'dʒendə], *pl vb* zu verbessernde) Fehler; **~ible** ['kɔridʒibl] zu verbessern(d)

corrobora|te [kə'rɔbəreit] stärken, untermauern; bestätigen; **~tion** [-ˌ--'reiʃən] Bestärkung, Untermauerung; Bestätigung; **~tive** [-ˊ-retiv] bestätigend

corro|de [kə'roud] zerfressen; rosten; *fig* verzehren (Haß); **~sion** [-ˊʒən] Zerfressen, Rosten, Korrosion; **~sive** [-ˊsiv] zerstörend, korrosiv(e Substanz)

corrugate ['kɔrugeit] runzeln; ⚙ riefen, riffeln; **~d** geriffelt, gewellt; Well-

corrupt [kə'rʌpt] verdorben; korrupt; ~ *practices* ['præktisiz] Bestechung(en); (Text) verderbt, entstellt; verderben; bestechen; korrumpieren; entstellen; **~ible** [kə'rʌptibl] bestechlich; **~ion** [-ˊʃən] Verderben; Verdorbensein; Verfall; Bestechung; Entstellung

corsage [kɔː'sɑːʒ, ˊ-] Korsage; *BE* Ansteckblume (zum Abendkleid)

corsair ['kɔːsɛə] Korsar, Seeräuber

cors|et ['kɔːsit] *(oft pl)* Korsett; **~etry** ['kɔːsitri] Miederwaren; **~let** ['kɔːslit], *bes US* **~elet** [kɔːsə'let] Brustpanzer; Korselett

cortège [kɔː'teiʒ] feierlicher Zug

cort|ex ['kɔːteks], *pl* **~ices** [ˊtisiːz] (Baum-, Hirn-)Rinde; **~ical** [ˊtikəl] rindig

corundum [kə'rʌndəm] Korund

coruscate ['kɔrəskeit] funkeln *(a. fig)*

corvée [kɔː'vei, ˊ-] Frondienst *(a. fig)*

corvette [kɔː'vet] Korvette

cos [kɔs] Binde-, Kochsalat, römischer Salat

cosh [kɔʃ] *BE sl* Gummischlauch, Totschläger; j-m e-n überziehen; **~-boy** jugendl. Straßenräuber; **~er** ['kɔʃə] *up* verhätscheln

cosm|etic [kɔz'metik] kosmetisch; Schönheitsmittel, Kosmetikum; **~etician** [-mi'tiʃən] *US* Kosmetiker(in); **~ic** [ˊmik] kosmisch, Welt-; geordnet; riesig; **~ogony** [-'mɔgəni] Kosmogonie; **~opolitan** [-mə'pɔlitən] umfassend-liberal, universell, unvoreingenommen; Weltbürger, Kosmopolit; **~opolitan city** ['siti] Weltstadt; **~os** [ˊmɔs] Kosmos; (Gedanken-)Gebäude

cost [kɔst] **1.** *(s. S. 318)* kosten; erfordern; veranschlagen; kalkulieren; **2.** Kosten (*~ of living* Lebenshaltungs-, *~ of labour* Lohnkosten); *capital ~s* Kapitalaufwand; *fixed ~s* Gemeinkosten; *prime ~* Gestehungsk.; *~ price* Selbstkostenpreis; **3.** Unkosten; **4.** Gerichtskosten; *at ~* zum Selbstkostenpreis; *at all ~s* um jeden Preis; *at the ~ of* auf Kosten; *to my ~* zu m-m Schaden; *as I know to my ~* wie ich aus eigener (bitterer) Erfahrung weiß ♦ *to count the ~* alles abwägen, das Risiko einkalkulieren

co-star [kou'stɑː] zus. auftreten (lassen)

coster(monger) ['kɔstə(mʌŋgə)] *BE* Obst-, Gemüse(straßen)händler

costive ['kɔstiv] ⚕ verstopft; geizig

costly ['kɔstli] kostbar, -spielig

costume ['kɔstjuːm] Kleidung, Tracht; (Damen-)Kostüm; Kostüm-(Stück, Ball); **~e jewellery** ['dʒuələri] Modeschmuck; **~ier** [kɔs'tjuːmiə] Kleider-, Kostümhersteller, -händler

cosy, *US* **cozy** ['kouzi] gemütlich, behaglich; Teewärmer, Kaffeemütze

cot [kɔt] *US* Feldbett; *BE* Kinderbett; (*a.* **~e** [kout, kɔt]) Hütte, Stall, (Tauben-)Schlag

coterie ['koutəri] (exklusiver) Kreis; Gruppe, Clique

cottage ['kɔtidʒ] Hütte; (Land-, Vorstadt-) Häuschen; *US* Ferienhäuschen; **~ cheese** ['tʃiːz] Hüttenkäse; **~ industry** ['indəstri] Heimarbeit; **~ loaf** [louf] Doppellaib; **~ piano** [pi'ænou] Pianino

cotton ['kɔtən] Baumwolle; *BE* Nähfaden; baumwollen; **~-cake** [ˊ-keik] Baumwollsaatkuchen; **~-wool** [ˊ-wul] *BE* Watte *US* Rohbaumwolle

couch [kautʃ] Couch; Bett (*on a ~ of pain* mit Schmerzen im Bett liegend); (Lanze) einlegen; abfassen, ausdrücken; (sprungbereit) liegen; **~ed** [kautʃt] hingebettet

cougar ['ku:gə] Kuguar, Puma
cough [kɔf, kɔ:f] Husten; husten; *to give a slight* ~ hüsteln, leicht husten
could [kud] konnte; könnte; *siehe* can
coulisse [ku:'li:s] Kulisse
coulter, *US* **colter** ['koultə] Pflugmesser
council ['kaunsil] Rat(sversammlung); **~lor** ['kaunsilə] Ratsmitglied
counsel ['kaunsəl] Rat(schlag); (be)raten; *to keep one's own* ~ seine Pläne geheimhalten; *to take* (od *hold*) ~ *with* Rat suchen bei; **~**, *pl* ~ Rechtsberater, Anwalt; Verteidigung; **King's (Queen's) C~** Justizrat; **~lor** ['kaunsələ] Berater
count[1] [kaunt] **1.** zählen; ~ *out* auszählen; (Parlament) beschlußunfähig erklären; ~ *up* aufaddieren; **2.** rechnen; *not ~ing* nicht gerechnet; ~ *in* mit (ein-)rechnen; **3.** halten für, schätzen; **4.** Wert haben, zählen (*for little* wenig, *for nothing* nichts); ~ *on* rechnen mit (auf); **5.** *su* Zählung; *to keep* ~ (richtig) (mit-) zählen; *to lose* ~ sich verzählen, (im Zählen) nicht mitkommen; *to take the* ~ ausgezählt werden; *to take* ~ *of* Notiz nehmen von; **6.** Klagepunkt
count[2] [kaunt] Graf
countenance ['kauntinəns] Gesicht(sausdruck); *to change* (*one's*) ~ d. Gesichtsausdruck (ver)ändern; *to keep* (*one's*) ~ d. Gesicht wahren, ruhig bleiben; *to lose* ~ d. Fassung verlieren; *to put* (od *stare* [stɛə]) *s-b out of* ~ j-n anstarren, bis er nervös wird; Unterstützung *(to give or lend ~ to s-b); vt* unterstützen, billigen
counter ['kauntə] **1.** Ladentisch; *~-jumper* [ˊ--dʒʌmpə] Ladenschwengel; **2.** Spielmarke; **3.** Zähler; **4.** Schalter; **5.** entgegen, zuwider; **6.** parieren, kontern; **7.** Gegen-; **~act** [kauntər'ækt] entgegenwirken; **~action** [kauntər'ækʃən] Gegenwirkung; **~-attack** ['kauntərə'tæk] Gegenangriff (machen); **~balance** [ˊ--bæləns] Gegengewicht; **~balance** [--'bæləns] aufwiegen, ausgleichen; **~-claim** [ˊ--kleim] Gegenforderung (aufstellen); **~-clockwise** [ˊ--'klɔkwaiz] entgegen dem Uhrzeigersinn, Links-
counterfeit ['kauntəfit] gefälscht, falsch, unecht; fälschen; nachahmen; heucheln; Fälschung; Schwindler; **~er** [ˊ--fitə] (Geld-)Fälscher
counter|foil ['kauntəfɔil] *BE* Kontrollabschnitt (am Scheck etc); **~-irritant** ['kauntər'iritənt] Hautreizmittel; **~-intelligence** ['kauntərintelidʒəns] Spionageabwehr; **~mand** [--'ma:nd] Gegenbefehl; Widerruf; Gegenbefehl geben; widerrufen; abbestellen; **~march** [ˊ--ma:tʃ] Rückmarsch; zurückmarschieren; **~mine** [ˊ--main] Gegenmine *(a. fig);* Gegenmine(n) legen (gegen); **~pane** [ˊ--pein] Tagesdecke; **~part** [ˊ--pa:t] Seiten-, Gegenstück; natürliche Ergänzung; **~point** [ˊ--pɔint] Kontrapunkt; **~poise** [ˊ--pɔiz] Gegen-, Gleichgewicht; d. Gegengewicht bilden zu, ausgleichen; ins Gleichgewicht bringen, im Gl. halten; **~-revolution** [ˊ--revə'lu:ʃən] Gegenrevolution; **~sign** [ˊ--sain] Gegenzeichnung; *mil* Losung; gegenzeichnen; **~vail** [--'veil] (mit gleicher Kraft) entgegenwirken; e-n Ausgleich bilden für (*~vailing duty* ['dju:ti] Ausgleichszoll)
countess ['kauntis] Gräfin; Komtesse
count|ing-house ['kauntiŋhaus] *BE* Kontor (= *US* **~ing room** ['kauntiŋrum]); **~less** ['kauntlis] zahllos
countrified ['kʌntrifaid] ländlich; bäurisch
country ['kʌntri] Land ♦ *to go* (*appeal* [ə'pi:l]) *to the* ~ allgem. Wahlen (e-e Volksbefragung) abhalten; *fig* Gebiet *(this is unknown ~ to me); the* ~ d. Land, d. Provinz (*in the* ~ auf dem L.); **~ cousin** [kʌzn] Vetter vom Lande *(bes fig);* **~-dance** [ˊ--da:ns] ländlicher (Reihen-)Tanz, Volkstanz; **~ gentleman** ['dʒentlmən] Landjunker; **~house** Landhaus; **~man** [ˊ--mən], *pl* ~men Landmann, Bauer; Landsmann; **~-seat** [ˊ--si:t] Landsitz; **~side** [ˊ--said] Land(schaft); Landstrich, Gegend; **~woman** [ˊ--wumən], *pl* ~women [ˊ--wimin] Bäuerin; Landsmännin
county ['kaunti] Grafschaft, Kreis (*~ town, US ~ seat* Kreisstadt); **~ college** *BE* Fortbildungsschule; **~ family** ['fæmili] *BE* alteingesessene Familie; **~ school** *BE* öffentliche Schule
coup [ku:], *pl* **~s** [ku:z] Coup; *to make (pull off) a* ~ e-n C. machen (landen); **~ d'etat** ['ku:dei'ta:], *pl* **~s d'état** ['ku:zdei'ta:] Staatsstreich; **~ de grâce** ['ku:də'gra:s] Gnadenstoß
coupé ['ku:pei] Coupé, Zweisitzer
couple [kʌpl] Paar, zwei; (Ehe-, Tanz-)Paar; **~**, *pl* ~ (Hunde-)Koppel; *to go (hunt, run) in ~s* zu zweit gehen etc; *a* ~ *of (umg)* ein paar; (ver)koppeln (,); verbinden *(a. fig);* (s.) paaren
couplet ['kʌplit] Vers-, Reimpaar
coupling ['kʌpliŋ] (Ver-)Kopplung; *bes* Kupplung; Kopplung
coupon ['ku:pɔn, *US a.* 'kju:-) Abschnitt, Kupon; Rabattmarke; Abonnementskarte; Gutschein
courage ['kʌridʒ] Mut, Tapferkeit; *to take* ~ tapfer sein; *to have the ~ of one's convictions* [kən'vikʃənz] (od *opinions* [ə'pinjənz] Zivilcourage haben; **~ous** [kə'reidʒəs] mutig, tapfer
courier ['kuriə] Reiseführer; Kurier
course [kɔ:s] **1.** (Ver-)Lauf; *in ~ of (construction)* im (Bau) begriffen; *in ~ of time* mit d. Zeit; *in the ~ of* im Verlaufe; *in due* ~ zu s-r Zeit, zur rechten Zeit; **2.** (Fluß-)Lauf; **3.** (Stern-)Bahn; **4.** (Golf-)Platz, (Renn-)Bahn ♦ *to stay the* ~ durchstehen, -halten; **5.** Kurs, Strecke, Richtung; *to let things run their* ~ d. Dingen ihren Lauf lassen; *a matter of* ~ e-e Selbstverständlichkeit; *of* ~ natürlich; **6.** *fig* Weg; **7.** Gang (beim Essen); **8.** Reihe (*of lectures* ['lektʃəz] Vorlesungs)reihe; ~ *of study* ['stʌdi] Studiengang; Studium; **9.** Lage; **10.** Segel; **11.** jagen; **12.** kreisen, fließen; **~r** ['kɔ:sə] Rennpferd
coursing ['kɔ:siŋ] Hasenhetzjagd
court [kɔ:t] **1.** Gericht(shof, -ssitzung); *to take a case to* ~ e-n Fall vor Gericht bringen; *out*

of ~ nicht zulässig; *to settle out of* ~ außergerichtlich regeln; *to put o. s. out of* ~ sein Recht vor Gericht verwirken; **2.** (fürstl.) Hof (~ *of St. James* [sn'dʒeimz] d. engl. Hof); **3.** Empfang; **4.** (Tennis-)Platz; **5.** Hof ♦ *to pay one's* ~ *to* j-m d. Hof machen; (~*ing couple* [kʌpl] Liebespaar); **6.** Hinterhof; **7.** zu gewinnen suchen; **8.** heraufbeschwören

court|-card ['kɔːtkaːd] *BE* Bild(karte); ~ **circular** ['səːkjulə] Hofnachrichten; **~-day** [ˊ-dei] Gerichtstag; ~ **martial** ['maːʃəl], *pl* ~s martial Kriegsgericht; **~-martial** [ˊ-'maːʃəl] vor ein Kriegsgericht stellen; ~ **plaster** ['plaːstə] Heftpflaster; ~ **shoes** [ʃuːz] *BE* Pumps; **~yard** [ˊ-jaːd] (Vor-, Innen-)Hof

court|eous ['kəːtjəs] höflich; **~esan** [*BE* kɔːti'zæn, *US* ˊ--] Kurtisane; **~esy** ['kəːtisi] Höflichkeit; Gefälligkeit, *by (through) the* ~*esy of* mit frdl. Erlaubnis; **~ier** ['kɔːtjə] Höfling; **~ly** höfisch; höflich; **~ship** Zeit d. Werbens, Werbung

cousin [kʌzn] Vetter, Kusine (*first, second* ~ Vetter, K. 1. (2.) Grades)

coutur|e [kuː'tjuə] Damenschneiderei, Couture; **~ier** [kuː'tjuriei] Modeschöpfer

cove [kouv] (kl.) Bucht; 🏛 Bogen; *umg Kerl*

covenant ['kʌvinənt] Vertrag; *Ark of the* ~ Bundeslade; vertraglich übereinkommen (*with* mit, *for* um)

Coventry ['kɔvəntri] (engl. Stadt) ♦ *to send s-b to* ~ j-n gesellschaftl. schneiden

cover ['kʌvə] **1.** bedecken, ~ *up* zudecken *(a. fig);* ~ *o.s. up* s. warm anziehen; ~ *in* auffüllen; *to remain* ~*ed* [ˊ-vəd] den Hut aufbehalten; **2.** (s.) bespritzen (*with* mit); *to be* ~*ed with* bedeckt (übersät, überzogen) sein von; *to be* ~*ed with confusion* [kən'fjuːʒən] gänzlich verwirrrt sein; **3.** (m. Stoff) beziehen, tapezieren; **4.** *fig* verbergen ♦ ~ *(up) one's tracks* seine Pläne (Taten) verheimlichen; **5.** *mil* decken, beherrschen; ~ *s-b* (*with a gun* etc) zielen auf; **6.** (Strecke) zurücklegen; **7.** ⛫ decken; **8.** (finanziell) decken; **9.** (in d. Zeitung) berichten über, als Berichterstatter anwesend sein bei; **10.** *su* Decke(l); **11.** Einband ♦ *from* ~ *to* ~ von vorn bis hinten (lesen); **12.** Umschlag; **13.** Deckung, Schutz ♦ *to break* ~ aus d. Versteck (Dickicht) hervorkommen; **14.** Vorwand *(under* ~ *of);* **15.** Gedeck; **16.** (finanz.) Deckung; **17.** 🚗 Mantel; **18.** *pl* Bettzeug

cover|age ['kʌvəridʒ] Geltungsbereich, Verbreitung (*world* ~*age* V. in d. ganzen Welt, *national* ~*age* V. im ganzen Land); Deckung, Versicherungsschutz; (Presse-)Berichterstattung (*of* über); Erfassung; **~ing** [ˊ--riŋ] Bedekkung; Bezug, Überzug, Futteral; *mil* Dekkung; **~ing letter** Begleitbrief; **~let** [ˊ--lit] Tagesdecke

covert ['kʌvət] heimlich, versteckt; Schutz; Versteck; Dickicht

covet ['kʌvit] begehren, sich gelüsten lassen nach; **~ous** ['kʌvitəs] begierig, lüstern (*of* auf)

covey ['kʌvi] Volk (Rebhühner); Schar

cow¹ [kau] Kuh; **~-boy** [ˊ-bɔi] Cowboy; Kuhhirt; **~berry** [ˊ-bəri] Preisel-, Kronsbeere; **~-catcher** [ˊ-kætʃə] *US* Schienenräumer; **~-herd** [ˊ-həːd] Kuhhirt; **~-hide** [ˊ-haid] Kuhleder; Lederpeitsche; **~-man** *US* Viehzüchter; **~slip** gelbe Schlüsselblume; *US* Sumpfdotterblume

cow² [kau] einschüchtern

coward ['kauəd] Feigling; feig; **~ice** [–'kauədis] Feigheit; **~ly** feig

cower ['kauə] kauern; sich ducken

cowl [kaul] Kapuze; (Schornstein-)Kappe

cowrie, -ry ['kauri] Porzellanschnecke, Kauri

cox [kɔks] Bootsführer, -mann; Bootsführer sein; steuern

coxcomb ['kɔkskoum] Narrenkappe; Stutzer; = cockscomb

coxswain ['kɔkswein, 'kɔksn] Bootsführer

coy [kɔi] ~*er*, ~*est* schüchtern, spröde

coyote [kai'outi, 'kaiout, *BE a.* 'kɔiout, kə'jouti], *pl* **~s,** Präriewolf, Kojote,

coypu ['kɔipu], *pl* **~s,** ~ Nutria, Biberratte

cozen [kʌzn] betrügen (*of, out of* um): verleiten *(into doing s-th)*

cozy ['kouzi] *siehe* cosy

crab¹ [kræb] (*a.* **~-apple**) Holzapfel

crab² [kræb] Krabbe, Krebs; *astr* Krebs; **~bed** ['kræbid] verdrießlich; kraus

crack [kræk] **1.** springen (lassen), e-n Sprung machen in; **2.** knacken; (Schale, Schädel) (zer-, auf)brechen; ~ *a joke* e-n Witz machen; ~ *s-b up* (*umg*) (übern grünen Klee) loben; **3.** brechen; Stimmbruch bekommen; **4.** knallen, krachen; **5.** (Öl) kracken; **6.** ~ *down on* scharf vorgehen gegen, Razzia abhalten bei; ~ *up* zus.klappen, -brechen, ✈ Bruch machen; **7.** *su* Sprung, Riß; **8.** Knall, Krach, (Donner-) Schlag ♦ *the* ~ *of doom* [duːm] d. Jüngste Gericht; **9.** Schlag *(on the head); in a* ~ in e-m Augenblick; **10.** *fig* Klasse, Kanone; **11.** Einbrecher; Einbruch; **12.** Versuch (*to take a* ~ *at* es versuchen mit); **13.** *adj* prima, fabelhaft **~-brained** ['krækbreind] verrückt; **~down** [ˊ-daun] scharfes Vorgehen, Razzia (*on* gegen); **~ed** [krækt] rissig, mit Sprüngen; (Stimme) rauh; *umg* plemplem; **~er** ['krækə] Kräcker; *US* Keks; Knallbonbon; Schwärmer; **~ers** Nußknacker; **~-jaw** [ˊ-dʒɔː] zungenbrecherisch(es Wort); **~pot** [ˊ-pɔt] verrückt(e), Person); **~-up** [ˊ-ʌp] ✈ Bruch(landung); Zus.stoß

crackl|e [krækl] knacken, knistern; knattern; Knacken, Knistern, Knattern; **~e glaze** [gleiz] Krakeleeglasur; **~ing** ['krækliŋ] = **~e** (Schweinebraten-)Kruste; *pl US* Grieben

cradle [kreidl] Wiege *(a. fig);* ⚓ Wiege, Schlitten; ☎ Gabel; Schwingtrog (Goldwäsche); wiegen; aufziehen; (Erde) waschen

craft [kraːft] Handwerk, Gewerbe; Zunft; **the C~** d. Freimaurer; Verschlagenheit, List; **~**, *pl* ~ ⚓ Fahrzeug, ✈ Flugzeug; **~sman** ['kraːftsmən], *pl* ~smen Handwerker; **~smanship** handwerkliches Können, Geschick; **~y** verschlagen, schlau

crag [kræg] Steilfelsen, Klippe: **~ged** [ˊ-id] felsig; **~sman** [ˊ-zmən], *pl* ~smen Felsenkletterer; **~gy** [ˊ-i] felsig

cram [kræm] stopfen (*into* in); vollstopfen; (Geflügel) mästen; ~ *s-th down s-b's throat* [θrout] j-m etw immer wieder vorhalten; (Schüler) einpauken; ~ (*for an exam* [ig'zæm]) (für ein Examen) büffeln; ~ *up* durchackern, büffeln; **~-full** [ˊ-ful] rammelvoll; **~mer** *BE* Einpauker, Repetitor; *BE* büffelnder Schüler; *umg* Lüge
cramp [kræmp] Krampf; ✲ Klammer, Krampe; beengen, behindern, mit e-r Krampe befestigen; **~ed** [kræmpt] beengt; engherzig; (Handschrift) engläufig, verkrampft
crampon ['kræmpən] Steigeisen
cranberry ['krænbəri] Moosbeere; **mountain** ['mauntin] ~ Preiselbeere
crane [krein] Kranich; Kran; sich (d. Hals) ver-, ausrecken, -renken; ~ *at* zurückschrekken vor; **~-fly** [ˊ-flai] (Erd-, Bach-)Schnake; **~'s-bill** [ˊ-bil] Storch-, Kranichschnabel
crani|um ['kreiniəm], *pl* **~a** ['kreiniə] Schädel: **~al** ['kreiniəl] Schädel-
crank [kræŋk] Kurbel; Schrulle; schrulliger Mensch; kurbeln (*up* an-); **~y** wacklig, baufällig; kränklich; übergeschnappt, mit e-r fixen Idee
crann|y ['kræni] Ritze, Riß; **~ied** ['krænid] rissig
crape [kreip] *BE* Trauerkrepp; -band, Flor; = crêpe
crash [kræʃ] krachen(d fallen); krachend fahren (*into* gegen); zertrümmern; *fig* zus.brechen; ✈ abstürzen; krachender Schlag, Krach; ✈ Absturz; Zus.stoß; *fig* Zus.bruch; ~ **barrier** *BE* Leitplanke; ~ **course** Intensivkurs; **~-helmet** [ˊ-helmit] Sturzhelm; **~-land** [ˊ-lænd] Bruchlandung machen
crass [kræs] grob, kraß
crate [kreit] Lattenkiste, -verschlag; ✈, 🚗 *sl* Kiste
crater ['kreitə] *(a. mil)* Krater
cravat ['krə'væt] Krawatte; Halsbinde
crav|e [kreiv] flehen um; s. sehnsüchtig wünschen, heftig verlangen; **~ing** ['kreiviŋ] Sehnsucht, Verlangen (*for* nach)
craven ['kreivən] Memme; feig
crawfish ['krɔːfiʃ] Flußkrebs; (*sea* ~) Languste; *US* kneifen, s. drücken
crawl [krɔːl] kriechen; s. langsam bewegen, schleichen; wimmeln (*with* vor) ♦ *to make s-b's flesh* ~ j-m e-e Gänsehaut über den Rücken jagen; Kriechen; *at a* ~ im Schneckentempo; Kraulen; **~er** Kriechtier, Kriecher; ✲ Gleiskette; *fig* Schleicher; *pl* Krabbelanzug
crayfish ['kreifiʃ] Flußkrebs; (*sea* ~) Languste
crayon ['kreiən] Kreide-, Pastellstift; Pastell(bild); zeichnen; skizzieren
craz|e [kreiz] Verrücktheit, Fimmel (*the latest* ['leitist] *~e* d. neueste Mode, d. letzte Verrücktheit); verrückt machen; **~ed** [kreizd] verrückt (*about* nach), versessen (*about* auf); **~y** ['kreizi] wahnsinnig (*with pain* vor Schmerzen); verrückt; versessen (*about* auf); begeistert; baufällig; **~y bone** *US* Musikantenknochen; **~y pavement** ['peivmənt] (unregelmäßiges) Plattenpflaster; ~ **quilt** Flickenteppich; Wirrwarr; **~y-quilt** ['kreizikwilt] wirr, zus.gestückelt
creak [kriːk] quietschen, knarren; **~y** quietschend, knarrend
cream [kriːm] Rahm, Sahne; Creme *(a. fig)*; *cold* ~ Hautcreme; ~ *of tartar* ['tɑːtə] (reiner) Weinstein; Rahm bilden; (Milch) stellen; abrahmen *(a. fig)*; Sahne tun in (Tee); **~er** *US* Sahnekännchen; **~ery** ['kriːməri] Molkerei; Milchgeschäft; **~y** sahnig
crease [kriːs] (Bügel-, Sitz-)Falte; Knick, Eselsohr; ⛫ Mallinie; (s.) falten; **well-~d** ['wel'krist] mit guter Bügelfalte; (ver)knittern; durch Streifschuß verletzten; **~d** *BE* erschossen, k.o.
creat|e [kri'eit] (er)schaffen; kreieren; (zum) (Adligen) ernennen; hervorrufen; *BE* Theater machen; **~ion** [kri'eiʃən] Schöpfung; Schaffung; Ernennung; Erzeugung; Werk, Schöpfung; **~ive** [kri'eitiv] schöpferisch; **~or** [kri'eitə] Schöpfer; **~ure** ['kriːtʃə] Geschöpf *(a. fig a lovely ~ure); a good ~ure* e-e gute Seele; Tier (*a. fig: a poor ~ure);* Kreatur ♦ **~ure comforts** ['kʌmfəts] (Dinge fürs) leibliche Wohl
crèche [kreiʃ] *BE* Kindergarten, Krippe
cred|ence ['kriːdəns] Glauben; *to give ~ence to* Glauben schenken; **~entials** [kri'denʃəls] *pl vb* Beglaubigungsschreiben; Empfehlungsschreiben; **~ible** ['kredibl] glaubhaft, -würdig
credit ['kredit] **1.** Glauben; *to give* ~ *to, to put* (od *place*) ~ *in* Gl schenken; **2.** Ansehen, guter Ruf; **3.** Anerkennung, Anerkanntsein; *to give s-b the* ~ *of* j-m Anerkennung zollen für; *to add to s-b's* ~ j-s Ruhm steigern; *to give s-b* ~ *for* halten für, meinen daß, j-m etw (als Verdienst) anrechnen; *to do s-b* ~ *(to do* ~ *to s-b)* sprechen für, Ehre antun; *to be to s-b's* ~ sprechen für; *to take* ~ *for* Ruhm (Ehre) in Anspruch nehmen; *to get* ~ *for* angerechnet bekommen; *to reflect* ~ *on* ein gutes Licht werfen auf, sprechen für; *to be a* ~ *to* ein Gewinn sein für, (j-m) Ehre machen; **4.** Kredit (*on* ~ auf K.); *his* ~ *is good für £1000* er hat Kr. bis ...; *letter of* ~ Akkreditiv, Kreditbrief; **5.** Guthaben; Haben; ~ *and debit* ['debit] Soll und Haben; ~ *titles* ['taitlz] 🎥 Vorspann; **6.** *US* Anrechnung (von belegten Fächern), Gutpunkt; **7.** *vt* glauben; ~ *s-b with* meinen, daß j-d ... hat; **8.** gutschreiben *(s-b with £10,* ~ *£10 to s-b)*; **9.** kreditieren, auf Kredit geben; **10.** *US* (belegtes Fach) anrechnen
cred|itable ['kreditəbl] lobenswert, ehrenvoll; **~itor** ['kreditə] Gläubiger; Kreditseite; **~ulous** ['kredjuləs] leichtgläubig; **~ulity** [kri'djuːliti] Leichtgläubigkeit
creed [kriːd] Glaubensbekenntnis
creek [kriːk, *US a.* krik] *BE* kleine Bucht; *BE* kleiner Hafen; *US, Austral.* Flüßchen; *up the* ~ in der Klemme
creel [kriːl] (Weide-, Fischer-)Korb
creep [kriːp] kriechen; schleichen; *bot* klettern; kribbeln ♦ *to make s-b's flesh* ~ j-m e-e Gänsehaut über den Rücken jagen; *to give s-b the ~s* j-n schaudern lassen; **~er** Kriecher;

Kletterpflanze; Baumläufer; **~y** kriechend; gruselig; *to make ~y* schaudern lassen
crema|te [kri'meit, *US* 'kri:-] (Leiche) einäschern; **~tion** [kri'meiʃən] Einäscherung; **~torium** [kremə'tɔ:riəm], *pl* ~toriums, ~toria Krematorium; **~tory** ['kremətəri] *bes US* Krematorium
creosote ['kriəsout] Kreosot
crêpe [kreip] Krepp; *US* Trauerkrepp, -band, Flor; *~ de Chine* ['kreipdə'ʃi:n] Crêpe de Chine; **~(paper)** ['peipə] Kreppapier; **~ (rubber)** ['rʌbe] Kreppgummi
crept [krept] *siehe* creep
crescendo [kri'ʃendou], *pl* **~s** Crescendo; An-, Aufstieg
crescent [kresnt] Halbmond, Mondsichel; Hörnchen; *BE* (gebogene) Straße; *pol* Halbmond, Islam; zunehmend; sichelförmig
cress [kres] Kresse
crest [krest] (Hahnen-)Kamm, (Vogel-)Haube, Schopf; Mähne; Helmbusch; (Berg-)Kamm, Gipfel; (Wellen-)Kamm; Wappen *(family ~)*; (Hügel etc) erklimmen; **~ed** mit e-r Haube, Hauben-, mit e-m Wappen, Wappen-; **~-fallen** ['-fɔ:lən] niedergeschlagen
cretonne [kre'tɔn, *US* kri'-] Cretonne
crevasse [kri'væs) Gletscherspalte; *US* Dammbruch
crevice ['krevis] Riß; (Fels-)Spalte
crew[1] [kru] ⚓ Mannschaft; Schar; Bande
crew[2] [kru] *siehe* crow
crib [krib] Kinderbett; Viehstall; Krippe; Geräteraum; Klatsche; einsperren; e-e Klatsche benutzen, abschreiben; stehlen
cribbage ['kribidʒ] Cribbage (Kartenspiel)
crick [krik] Muskelkrampf, plötzlicher Rükkenschmerz; *~ one's neck* sich d. Hals verrenken
cricket[1] ['krikit] Heimchen, Grille
cricket[2] ['krikit] Kricket ♦ *not ~* unfair; Krikket spielen; **~er** Kricketspieler
crier ['kraiə] Schreier; Schreihals; Ausrufer
crim|e [kraim] Verbrechen; **~inal** ['kriminəl] Verbrecher; verbrecherisch; Kriminal-; Straf-; **~inology** [krimi'nɔlədʒi] Kriminologie
crimp [krimp] kräuseln; zus.pressen; behindern; *to put a ~ in s-b US* j-m e-n Dämpfer aufsetzen
crimson ['krimzən] (karmesin)rot; Karmesin; rot machen; rot werden
cringe [krindʒ] s. ducken; *fig* kriechen
crinkle [kriŋkl] Falte; kräuseln; (s.) winden; (s.) falten
crinoline ['krinəli:n] Krinoline
crippl|e [kripl] Krüppel; verkrüppeln, zum Kr. machen; beschädigen; *fig* lähmen; **~ing** ['kripliŋ] ruinös, lähmend
cris|is ['kraisis], *pl* **~es** ['kraisi:z] Krisis, Krise (*over* wegen); *to bring to a ~is* zu e-r Kr. steigern; **~is center** *US* Telefonseelsorge
crisp [krisp] kraus; gekräuselt; knusprig, mürbe; fest, frisch (Salat); lebhaft, frisch, entschieden (Benehmen, Humor, Antwort); frisch, kräftig (Luft); knisternd (Papier); **~s** *BE* Kartoffelchips

criss-cross ['kriskrɔs] (mit Linien) kreuz und quer; kreuz u. quer laufen (markieren); Liniennetz
crit|erion [krai'tiəriən], *pl* **~eria** [krai'tiəriə] Maßstab, Prüfstein; **~ic** ['kritik] Kritiker, Rezensent; Nörgler; **~ical** ['kritikəl] kritisch; nörglerisch; **~icaster** [kriti'kæstə] Kritikus, Kritikaster; **~icism** ['kritisizm] Kritik, Beurteilung; **~icize** ['kritisaiz] beurteilen; kritisieren; bekritteln; nörgeln; **~ique** [kri'ti:k] kritischer Essay; Kritik
croak [krouk] quaken; krächzen; *fig* unken; abmurksen; abkratzen
crochet ['krouʃei, *US* -'-] häkeln; Häkelarbeit; **~-hook** ['--huk] Häkelnadel
crock[1] [krɔk] irdener Topf; Scherbe; **~ery** ['krɔkəri] Töpferartikel, Küchengeschirr
crock[2] [krɔk] alte (Schind-)Mähre; *BE* Krüppel, lahmer Heini; *~ up* (*BE*) kaputt-, fertigmachen; *BE* kaputtgehen, schwach werden
crocodile ['krɔkədail] Krokodil
crocus ['kroukəs], *pl* **~es** Krokus
Croesus ['kri:səs] (ein) Krösus
croft [krɔft] *BE* kleines Feld, kleine Weide; **~er** ['krɔftə] Kleinbauer
crony ['krouni] Kumpan, guter Freund
crook [kruk] Hirtenstab; Krümmung, Kurve; Gauner, Betrüger; (s.) krümmen; **~-backed** ['krukbækt] bucklig; **~ed** ['krukid] krumm, schief; verwachsen; (Weg) gewunden; unehrlich; **~ed** [krukt] mit e-m Haken (versehen)
croon [kru:n] summen (*to o.s.* vor s. hin); leise (schmalzig) singen; **~er** Jazz-, Schlagersänger, Crooner
crop [krɔp] **1.** Ernte (*~ failure* ['feiljə] Mißernte); **2.** Pflanze (*forage ~* ['fɔridʒ] Futter-); *~ rotation* [rou'teiʃən] Fruchtwechsel(wirtschaft); **3.** Haufen; **4.** (Vogel-)Kropf ♦ *neck and ~* ganz und gar; **5.** Peitschenstiel, Reitpeitsche; **6.** (kurzer) Haarschnitt; **7.** (ab)weiden; (ab)schneiden; **8.** besäen, bepflanzen; **9.** (Frucht) tragen; **10.** *fig* auftauchen; **~per** Kropftaube; *to be a good ~per* gut (Frucht) tragen; Sturz ♦ *to come a ~per* schwer versagen, scheitern
croquet ['kroukei, *US* -'-] Krocket; krockieren; **~te** [krou'ket] Krokette
crosier, -zier ['krouʒə] Krummstab
cross[1] [krɔs] **1.** Kreuz; Querstrich; *eccl* Kreuz *(a. fig)*; **2.** Kreuzung; **3.** kreuzen, überqueren; übersetzen; *to ~ s-b's path* j-s Weg kreuzen; *to ~ s-b's mind* [maind] durch d. Kopf gehen; **4.** (durch-)streichen (*~ out* aus-; *~ off* weg-); (Scheck) kreuzen (*~ ed* ['-t] *cheque* Verrechnungsscheck); *~ one's t's* [ti:z] *and dot one's i's* [aiz] sehr penibel, exakt sein; **5.** (Beine) übereinanderschlagen, (Arme) verschränken; *~ o. s.* sich bekreuzigen; **6.** s. begegnen, (Briefe) s. kreuzen (mit); **7.** in d. Quere kommen, (Plan) durchkreuzen; **8.** (Tiere) kreuzen ♦ *~ one's fingers* ['fiŋgəz] d. Daumen halten
cross[2] [krɔs] böse, ärgerlich, verärgert; Quer-; Gegen-(Wind)
cross|-bar ['krɔsbɑ:] Querstange; ⚽ Torlatte;

~-beam [ˈ-biːm] Querbalken; **~-bench** [ˈ-bentʃ] *BE* Parlamentssitze der Partei-Unabhängigen; **~bill** [ˈ-bil] Kreuzschnabel; **~-bow** [ˈ-bou] Armbrust; **~-bred** [ˈ-bred] mischrassig; **~-breed** [ˈ-briːd] Kreuzung; Mischrasse; **~-check** [ˈ-tʃek] gegenprüfen; **~-country** [ˈ-ˈkʌntri] querfeldein, Gelände-; **~-cut (saw)** [ˈ-kʌt (sɔː)] Schrot-, Quersäge; **~-examination** [ˈ-igzæmiˈneiʃən] Kreuzverhör; **~-examine** [ˈ-igˈzæmin] e-m Kr. unterziehen; **~-eyed** [ˈ-aid] schielend; **~-fire** [ˈ-faiə] Kreuzfeuer *(a. fig)*; **~-grain** Quermaserung; **~-grained** [ˈ-greind] quergemasert; störrisch; **~ hairs** [ˈ-ˈhɛəz] Fadenkreuz; **~-heading** [ˈ-hediŋ] Zwischenüberschrift; **~ing** Überfahrt; Bahnübergang; Fußgängerüberweg; **~-legged** [ˈ-legd] mit übereinandergeschlagenen Beinen; **~-light** [ˈ-lait] *fig* Seitenlicht; **~-piece** [ˈ-piːs] Querstück, -stange; **~ purposes** [ˈ-ˈpəːpəsiz] *to be at ~ p.* sich mißverstehen, einander entgegenhandeln; **~-question** [ˈ-ˈkwestʃən] e-m Kreuzverhör unterziehen; **~-refer** [ˈ-riˈfəː] (quer)verweisen; **~-reference** [ˈ-ˈrefərəns] (Quer-)Verweis(ung) (*to* auf); **~-road** [ˈ-roud] Querstraße; **~-roads** *mst sg vb* Kreuzung; *fig* Kreuzweg; **~-section** [ˈ-sekʃən] Querschnitt; e-n Qu. machen durch; **~-stitch** [ˈ-stitʃ] Kreuzstich(arbeit); **~wise** [ˈ-waiz] quer; kreuzweise; kreuzförmig; **~word puzzle** [ˈ-wəːd ˈpʌzl] Kreuzworträtsel

crotch [krɔtʃ] Gabel(ung); (Hose) Schritt; **~et** [ˈkrɔtʃit] *BE* Viertelnote (*~et rest BE* Viertelpause); Spleen; **~ety** [ˈkrɔtʃiti] spleenig, wunderlich

crouch [krautʃ] s. ducken; Duckstellung

croup [kruːp] Krupp, Kehlkopfdiphtherie

croupier [ˈkruːpiə] Croupier

croûton [ˈkruːtɔːn] gerösteter Brotwürfel

crow[1] [krou] Krähe; *white ~* weißer Rabe; ♦ *to have a ~ to pluck* [plʌk] *with* ein Hühnchen zu rupfen haben mit; *as the ~ flies, in a ~ line* schnurgerade ♦ *to eat ~* klein beigeben; **~bar** [ˈ-baː] Brechstange, -eisen; **~berry** [ˈ-bəri] Krähen-, *US* Moosbeere; **~foot** [ˈ-fut], *pl ~foots* Hahnenfuß; **~'s-feet** [ˈ-fiːt] Krähenfüße; **~'s-nest** ⚓ Krähennest, Mastkorb

crow[2] [krou] *(s. 318)* krähen (Hahn, Baby); triumphieren (*over* über, wegen)

crowd [kraud] (Menschen-)Menge; Haufen; *umg* Gesellschaft; Gedränge; *pl* Besucherzahlen; (s.) drängen (*round* um j-n); *~ in upon* s. j-m aufdrängen; füllen, drängen; vollstopfen; **~ed** gedrängt voll

crown [kraun] Krone *(a. fig)*; 5 Schilling; $, 🏛 Scheitel; (Zahn-)Krone, Kopf (e-s Hutes); (Zahn) e-e Krone aufsetzen; *fig* Krönung; krönen *(a. fig)* ♦ *to ~ all* um allem d. Krone aufzusetzen

crozier [ˈkrouʒə] *siehe* crosier

crucial [ˈkruːʃəl] kritisch, entscheidend, wichtig

crucian [ˈkruːʃən] Karausche, Bauernkarpfen

cruci|ble [ˈkruːsibl] Schmelztiegel; *fig* Feuerprobe; **~ble steel** [stiːl] Tiegel(guß)stahl; **~fix** [ˈkruːsifiks] Kruzifix; **~fixion** [kruːsiˈfikʃən] Kreuzigung; **~form** [ˈkruːsifɔːm] kreuzförmig; **~fy** [ˈkruːsifai] kreuzigen; *fig* abtöten

crud|e [kruːd] roh; Roh-(Öl, Zucker etc); grob; rauh; hart, ungeschminkt; **~ity** Grobheit; Rauheit; Härte; Roheit

cruel [ˈkruəl], *~ler, ~lest* grausam; hart, schrecklich; **~ty** Grausamkeit; Schrecklichkeit

cruet [ˈkruːit] (Essig- etc)Fläschchen; (*a.* **~-stand**) *BE* Menage

cruis|e [kruːz] Kreuz-; Vergnügungsfahrt; kreuzen; (mit Reisegeschwindigkeit) fliegen; 🚗 hin u. her fahren; **~er** ⚓ Kreuzer; Motorjacht; *US* Streifenwagen

cruller [ˈkrʌlə] *US* Zopf *(Gebäck)*

crumb [krʌm] Krume, Krümel; *fig* Brocken, bißchen; **~le** [krʌmbl] zerkrümeln; zerbröckeln; **~ly** [ˈkrʌmbli] bröckelig; **~y** [ˈkrʌmi] krumig; weich

crumpet [ˈkrʌmpit] *BE* getoasteter Hefekuchen; *sl BE* Birne, Rübe

crumple [krʌmpl] (ver)knittern, versitzen, verdrücken; *~ up* zer-, zus.knüllen; *mil* zermalmen; ⚙ zus.brechen *(a. fig)*

crunch [krʌntʃ] (zer)knacken; knirschen(d zertreten); Klemme; Engpaß; Krise; kritischer Punkt

crupper [ˈkrʌpə] Schwanzriemen; (Pferd) Kreuz, Kruppe

crusade [kruːˈseid] Kreuzzug *(a. fig)*; *fig* Feldzug; e-n Kreuzzug unternehmen, zu Felde ziehen (*against* gegen); **~r** Kreuzzugsfahrer, Kreuzritter *(a. fig)*

cruse [kruːz] Krug; **widow's** [ˈwidouz] *~* unerschöpflicher Quell

crush [krʌʃ] **1.** (zer)quetschen, -drücken; **2.** brechen, zerkleinern; *~ down* zerkleinern **3.** *fig* zerschmettern; **4.** *~ out* auspressen; *~ up* zermahlen; **5.** (zer-, ver)knittern, zerknüllen; **6.** vernichten, niederschmettern; **7.** (s.) gewaltsam drängen; **8.** Gedränge; **9.** *umg* große Gesellschaft; **10.** *to have a ~ on* verknallt sein in, schwärmen für; **~er** ⚙ Brecher; **~ing** vernichtend; ⚙ Druck-

crust [krʌst] (Brot- etc) Kruste; (Eis-, Erd-) Kruste; *~ over)* e-e Kruste bilden, verharschen; **~y** hart; mit dicker Kruste; reizbar, mürrisch

crustacean [krʌsˈteiʃən] Krebs-; Krebstier

crutch [krʌtʃ] Krücke *(a. fig)*; Schritt

crux [krʌks], *pl* **~es** kritischer Kernpunkt; schwieriges Problem

cry [krai] **1.** schreien (*~ out* laut schreien); laut rufen; *~ off* (plötzlich) absagen; **2.** weinen ♦ *~ for the moon* Unmögliches verlangen; **3.** ausrufen; *~ down* verschreien; *~ up* rühmen; **4.** preisen; **5.** Schrei, Ruf; *within ~* in Hörweite; *in full ~* laut bellend, eifrig jagend ♦ *a far ~ from* etw ganz anderes als; **6.** Ruf(en), Ausrufen; **7.** Weinen; *to have a good ~* sich ausweinen; **~-baby** [ˈ-beibi] (kleiner) Schreihals; Jammerlappen; **~ing** Schreien, Weinen; (himmel)schreiend

crypt [kript] Krypta; **~ic** [ˈkriptik] geheim(nisvoll), dunkel; **~ogram** ['kriptougræm] Kryptogramm, Geheimtext; **~ograph** [-tougrɑ:f] = ~ogram; **~ographer** [-tɔgrəfə] Dechiffreur, Entschlüsseler; **~ography** [-tɔgrəfi] Geheimschrift

crystal ['kristəl] Kristall(glas); Quarz; Uhrglas; **~-gazer** ['kristəlgeizə] Hellseher(in), Wahrsager; **~line** ['kristəlain *US* 'kristəlin] kristallen; Kristall-; **~lize** ['kristəlaiz] (s.) kristallisieren (*into* zu); **~lized** kandiert

cub [kʌb] (Löwen-, Tiger-, Bären-)Junges, junger Fuchs; Bengel; junger Pfadfinder; *US* Lehrling

cubbing ['kʌbiŋ] Jagd auf junge Füchse

cub|e [kju:b] Würfel, Kubus; dritte Potenz; (*~e root* Kubikwurzel); in die 3. Potenz erheben; **~ic** ['kju:bik] Kubik-(Maß, Fuß); Raum-(Inhalt); kubisch; **~ical** ['kju:bikəl] würfelförmig; Raum-

cubicle ['kju:bikl] Schlafkammer, -raum

cubism ['kju:bizm] Kubismus

cubit ['kju:bit] Elle (50 cm)

cuckold ['kʌkəld] Hahnrei

cuckoo ['kuku:], *pl* **~s** Kuckuck; **~-flower** ['kukuflauə] Wiesenschaumkraut

cucumber ['kju:kəmbə] Gurke; *cool as a ~* kaltblütig, gelassen

cud [kʌd] wiedergekäutes Futter ♦ *to chew* [tʃu:] *the ~* nachsinnen

cuddl|e [kʌdl] herzen, hätscheln; s. zus.kuscheln; **~y** ['kʌdli] herzig; mollig

cudgel ['kʌdʒəl] Knüppel; prügeln ♦ *~ one's brains* sich d. Kopf zerbrechen

cue [kju:] Stichwort; Wink, Hinweis; (Billard-)Queue ♦ *to take one's ~ from* s. j-n zur Richtchnur nehmen

cuff[1] [kʌf] Manschette, Stulpe; (Hosen-)Aufschlag; *~-links* ['kʌfliŋks] Manschettenknöpfe ♦ *to buy* (od *go*) *on the ~* auf Pump kaufen

cuff[2] [kʌf] Schlag, (Faust-)Hieb; (ins Gesicht) schlagen

cuirass [kwi'ræs] Küraß

cuisine [kwi'zi:n] *fig* Küche

cul-de-sac ['kuldə'sæk] Sackgasse *(a. fig)*

culinary ['kju:linəri, 'kʌl-] Koch-, Küchen-

cull [kʌl] pflücken; (aus)wählen; Pflücken; Abfall, Ausschuß

culmina|te ['kʌlmineit] seinen Höhepunkt erreichen, gipfeln; *astr* kulminieren; **~tion** [kʌlmi'neiʃən] Erreichen d. Höhepunktes; Kulmination(spunkt)

culpable ['kʌlpəbl] tadelnswert; schuldhaft; sträflich

culprit ['kʌlprit] Missetäter; Angeklagter

cult [kʌlt] Kult *(a. fig);* Mode; Sekte

cultiva|te ['kʌltiveit] an-, bebauen; kultivieren; *fig.* ausbilden, üben; pflegen, **~tion** [kʌlti'veiʃən] Anbau, Bebauung (*under ~tion* bebaut); Pflege; Ausbildung; **~tor** ['kʌltiveitə] Landwirt; Kultivator

cultur|al ['kʌltʃərəl] kulturell, Kultur-; **~e** ['kʌltʃə] Bildung; Kultur (*a.* ⸸, ⸸); Zucht-(Perle etc); **~ed** ['kʌltʃəd] gebildet, wohlerzogen, kultiviert

culvert ['kʌlvət] Abzugskanal; ϟ Rohr

cum [kʌm]: *in Zus.setzungen* (verbunden) mit

cumber ['kʌmbə] belasten, beschweren; Hindernis; Bürde; **~some** ['kʌmbəsəm] unhandlich, schwerfällig

cumbrous ['kʌmbrəs] = cumbersome

cumin ['kʌmin] (Kreuz Kümmel)

cumul|ative ['kju:mjulətiv] (s.) steigernd; verstärkend; kumulativ; Gesamt-; **~us** ['kju:mjuləs], *pl* ~i [--lai] Kumuluswolke

cuneiform ['kju:niifɔ:m] keilförmig; **~ tables** Keilinschriften

cunning ['kʌniŋ] schlau, verschlagen, raffiniert; geschickt; *US* niedlich, reizend; Schlauheit, Verschlagenheit; Geschicklichkeit

cup [kʌp] Tasse; Pokal; *bot, fig* Kelch ♦ *his ~ of tea* sein(e) Linie (Interesse); Wein; *he is too fond of the ~* er schaut zu gern ins Glas; *in one's ~s* betrunken; (Hände) wölben, zus.halten; **~board** ['kʌbəd] (Küchen-)Schrank; **~ful** ['kʌpful] Tasse voll (Milch etc); **cup-tie** Pokalspiel

Cupid ['kju:pid] Amor; **c~ity** [-'-iti] (Hab-)Gier

cupola ['kju:pələ], *pl* **~s** Kuppel; *mil* Panzerturm

cur [kə:] (Straßen-)Köter; elende Memme

curaçoa, -çao [kjuərə'sou] Curaçao(-Likör)

cura|ble ['kjuərəbl] heilbar

cura|cy ['kjuərəsi] Amt e-s Hilfsgeistlichen; **~te** ['kjuərit] Hilfsgeistlicher

curative ['kjuərə'tiv] heilend, Heil-

curator [kjuə'reitə] (Museums-)Kurator

curb [kə:b] (Pferd-)Kinnkette; *fig* Kandare; *to put* (od *keep*) *a ~ on* zügeln; Bordstein; zügeln *(a. fig);* beschränken

curd [kə:d] Quark; **~le** [kə:dl] gerinnen (lassen) *(a. fig);* **(blood-)~ling** [('blʌd) 'kə:dliŋ] schauerlich

cure [kjuə] (Heil-)Mittel; Kur, Behandlung; Heilung; *past* [pɑ:st] ~ unheilbar; ~ (*of souls* [soulz]) Seelsorge; heilen; kurieren (*of* von); konservieren (einsalzen, -pökeln, räuchern, trocknen); vulkanisieren; **~-all** ['kjuərɔ:l] Allheilmittel

curé ['kjuərei] (französischer) Priester

curfew ['kə:fju:] Zeichen zum Lichterlöschen; Abendglocke (als Zeichen); Sperrstunde, Ausgehverbot

curi|o ['kjuəriou], *pl* **~s** Rarität; **~osity** [kjuəri'ɔsiti] Wissensdurst; Neugier; Rarität; **~ous** ['kjuəriəs] (wiß)begierig; neugierig; *I am ~ to know* ich möchte gern wissen; merkwürdig; erotisch

curl [kə:l] Locke (*in ~* gelockt); (Rauch-)Kringel, Ring, (Wasser-)Kräuselung; gekräuselte Lippen; in Locken legen, (Bart) zwirbeln; (s.) locken, (s.) kräuseln; *~ up* (s.) zus.rollen, zus.brechen (lassen); **~er** Lockenwickel; **~ing** lockig; **~ing-tongs** ['kə:liŋtɔŋz], **~ing-irons** ['kə:liŋaiənz] Brennschere; **~ing-pin** ['kə:liŋpin] Lockenwickel; **~-paper** ['kə:lpeipə] Lockenwickler (aus Papier); **~y** lockig, gelockt

curlew ['kə:lju:] Brachvogel

curling ['kəːliŋ] Eis(stock)schießen, Curling; **~-stone** ['kəːliŋstoun] Eisstock
curmudgeon [kəː'mʌdʒən] Geizhals, Knicker, Filz
currant ['kʌrənt] Johannisbeere; Korinthe
curren|cy ['kʌrənsi] Verbreitung, Verwendung(szeit); Umlauf; Laufzeit; Währung; Devisen; *fig* Geltung; **~t** ['kʌrənt] **1.** *adj* umlaufend, gültig (Geld); geläufig; gegenwärtig, derzeitig; laufend; Tages-; *~t account* [ə'kaunt] Kontokorrent; laufendes Konto; **2.** *su* (Luft-, Wasser-, ⚡)Strom; Strömung; Verlauf; Richtung, Tendenz; **~tly** zur Zeit, jetzt
curricu|lum [kə'rikjuləm], *pl* **~la** [-ˊ-lə] Lehrplan; Studiengang, Studium; **~lum vitae** ['vaiti] (beruflicher) Lebenslauf
currish ['kəːriʃ] bissig; gemein
curry[1] ['kʌri] Curry; -tunke; -pulver; mit Curry zubereiten
curry[2] ['kʌri] striegeln; (Leder) zurichten; prügeln; *~ favour* ['feivə] *with* sich einzuschmeicheln suchen bei; **~-comb** [ˊ-koum] Striegel
curse [kəːs] Fluch; Verwünschung; Übel; **the ~** d. Periode; (ver)fluchen, verwünschen; heimsuchen, strafen (*with* mit); **~d** ['kəːsid] *adj* verflucht, verwünscht, verdammt *(a. umg)*
curs|ive ['kəːsiv] kursiv; **~ory** ['kəːsəri] flüchtig; kursorisch
curt [kəːt] kurz (angebunden), barsch
curtail [kəː'teil] verkürzen, beschneiden *(a. fig)*; einschränken
curtain ['kəːtən] Vorhang, Gardine; *fig, mil* Schleier; mit Vorhängen versehen; *~ off* durch e-n Vorhang abteilen; **~-lecture** [ˊ-lektʃə] Gardinenpredigt; **~-raiser** [ˊ-reizə] 🎭 Vorspiel *(a. fig)*
curtsey ['kəːtsi] Knicks; *to drop a ~* = **to ~** e-n Knicks machen
curv|ature ['kəːvətʃə] (Ver-)Krümmung; **~e** [kəːv] Kurve; Biegung, Krümmung; (s.) biegen, (s.) krümmen; **~et** [kəː'vet] Kurbette, Bogensprung; kurbettieren
cushion ['kuʃən] (Sitz-)Kissen; Polster; polstern; (Klagen) unterdrücken; ⚙ federn; **~ed** ['kuʃənd] gepolstert; gefedert; **~ing** Polsterung; Federung
cushy ['kuʃi] leicht, bequem
cuspidor ['kʌspidɔː] *US* Spucknapf
cuss [kʌs] **1.** *sl* Fluch; *he doesn't care a ~* es kümmert ihn e-n Dreck; **2.** Kerl; **3.** fluchen; **~ed** ['kʌsid] verdammt; störrisch, gemein, stur; **~edness** ['kʌsidnis] Widerborstigkeit, Sturheit *the ~edness of things* die Tücke des Objekts
custard ['kʌstəd] Vanillesoße; gebackene Eierkrem; **caramel** ['kærəmel] **~** Karamelspeise
custod|ian [kʌs'toudiən] Wärter, Verwalter; Hüter; **~y** ['kʌstədi] Obhut, Aufsicht (*of* über); Haft; *to give into ~y* der Polizei übergeben
custom ['kʌstəm] **1.** Sitte; Gewohnheit, Brauch; **2.** Kunden, Kundschaft; *to have s-b's ~* j-n als Kunden haben; *to withdraw* [wið'drɔː] *(take away) one's ~ from* aufhören, Kunde zu sein bei; **3.** *US* bestellt, nach Maß, Schneider- *(~ clothes, ~ shoes)*; **4.** *US* Maß- (Schneider); **~able** ['kʌstəməbl] zollpflichtig; **~ary** ['kʌstəməri] üblich; Gewohnheits-; **~-built** [ˊ-bilt] einzeln angefertigt; **~er** (Stamm-)Kunde; Kerl (*a queer* [kwiə] *~er* komischer K., Kauz; *an awkward* ['ɔːkwəd] *~er* schwieriger K.); **~-house** ['kʌstəmhaus] Zollhaus; **~-made** [ˊ-meid] nach Maß, auf Bestellung; **~s** Zoll(behörden); *~s duties* ['djuːtiz] (Waren-)Zoll; *~s officer* ['ɔfisə] Zollbeamter
cut [kʌt] *(s. S. 318)* **1.** (ab)schneiden (*one's face* s. ins Gesicht); aufschneiden; **2.** (Karten) abheben; **3.** (Brote) streichen; **4.** *~ in two (three, four)* in 2 (3, 4) Teile zerschneiden; *~ in half* [haːf], *into halves* [haːvz] halbieren; *~ in(to) pieces* ['piːsiz] in Stücke schneiden; *~ to pieces* zerschneiden, vernichten; *~ and come again* viel (Fleisch) essen; *~ free* losschneiden, frei machen; *~ loose* [luːs] losschneiden, trennen, *fig* losschlagen; *~ short* unterbrechen; *to ~ a long story short* um's kurz zu machen; *~ across* querüber ... gehen; **5. ~ after** verfolgen; **~ at** schlagen gegen, *fig* untergraben; **~ away** wegschneiden, abhacken; davonlaufen; **~ back** 🎞 zurückblenden; **~ down** fällen; verkürzen, beschneiden; dahinraffen; **~ in** unterbrechen, s. dazwischenschieben, 🚗 schneiden; **~ into** unterbrechen; **~ off** abschneiden *(a. mil)*; unterbrechen; dahinraffen; *~ s-b off with a shilling* j-n nur mit e-m Schilling bedenken; **~ on** weitereilen; **~ out** aus-, zuschneiden; bahnen; *fig* ausstechen; aus-, weglassen; *to be ~ out for* geschaffen sein für, d. Zeug haben für; *to have one's work ~ out for one* genug zu tun haben; **~ to** 🎞 überleiten; **~ up** (s.) auf-, zerschneiden (lassen); vernichten; *fig* mitnehmen; *fig* verreißen; *~ up well sl* reich sterben; *~ up rough* [rʌf] Krach schlagen; **6.** (Stufen) hauen, (Tunnel) bohren, sich (Kanal) graben; **7.** meißeln; (Schlüssel) machen; (Diamant) schleifen); **8.** s. schneiden lassen; **9.** (Stoff) zuschneiden; **10.** (Rekord) brechen; **11.** j-n schneiden *(to ~ s-b dead in the street)*; **12.** (Unterricht) schwänzen; **13.** (Preis) senken, (Gehalt) kürzen; **14.** fortgehen (*I must ~* ich muß los); *~ and run* abhauen **15.** ♦ *~ a poor figure* ['puə'figə] e-e armselige Figur machen; *~ a pretty* ['priti] *figure* s. schön blamieren; *~ one's teeth* [tiːθ] zahnen; *~ one's wisdom-teeth* ['wizdəmtiːθ] (*eye-teeth* ['aitiːθ]) klug werden, Vernunft annehmen; *~ it fine* s. sehr wenig (Zeit etc) lassen, etwas sehr knapp schaffen; *~ no ice* keinen Eindruck machen; *~ both* [bouθ] *ways* zweischneidig sein; **16.** Schnitt(wunde); Einschnitt; **17.** Streichung; **18.** (Preis-)Senkung; (Gehalts-)Kürzung; **19.** Anteil; **20.** *(short) ~* Abkürzung(sweg); **21.** Schnitte, Bratenstück; **22.** (Woll-)Ernte; **23.** (Peitschen-)Hieb; ⚒ Schlag; **24.** (Kleider-)Schnitt; *to give s-b the ~ direct* j-n schneiden; **25.** *fig* Stich(elei) *(a ~ at me)*; **26.** 🕮 Klischee, Stich; **27.** ⚒ Durchstich; Kanal; **28.** Musikstück; **29.** *adj* abgeschnitten; Schnitt-; geschliffen; *~ and dried (dry)* fix und fertig, schablonenhaft

cutaneous [kju'teiniəs] Haut-
cut|away ['kʌtəwei] Cut; **~back** ['kʌtbæk] Rückgang; Kürzung; 🎬 Rückblende
cute [kjuːt] schlau, geweckt; *US* niedlich
cuticle ['kjuːtikl] Epidermis, Oberhaut
cutlass ['kʌtləs] Entermesser
cutler ['kʌtlə] Messerschmied; **~y** ['kʌtləri] Schneidwerkzeug (*a.* ⚙); Bestecke
cutlet ['kʌtlit] (Kalbs- etc)Schnitzel
cut|-out ['kʌtout] ausgeschnitten(es Bild), Ausschneidebild; ⚡ selbsttätiger Ausschalter, Sicherung; **~-over** ['kʌtouvə] abgeholzt, gerodet; **~-rate** ['kʌtreit] Vorzugs-(Preis); **~ter** ['kʌtə] Zuschneider; 🎬 Schnittmeister, ⚙ Messer, Fräser; Schere, Schneider; ⚓ Kutter; **~-throat** ['kʌtθrout] Halsabschneider, Mörder; halsabschneiderisch, mörderisch; **~ting** ['kʌtiŋ] schneidend, scharf; ⚙ Schneid-, Fräs-; Schneiden; 🚂 *bes BE* Durchstich; 🎬 Schnitt; ⚙ Schneide, Schnitt; *bot* Ableger; *BE* (Zeitungs-)Ausschnitt; **~ting torch** Schneidbrenner; **~tle-fish** ['kʌtlfiʃ], *pl* ~tle-fish(es) gemeiner Tintenfisch; **~worm** ['kʌtwəːm] Erdraupe
cybernetics [saibə'netiks] Kybernetik
cyclamen ['sikləmən] Alpenveilchen
cycl|e [saikl] Kreis(lauf); (Fahr-, Drei-)Rad; Konjunkturrhythmus, zyklische Konjunkturschwankungen; ⚙ Arbeitsgang; ⚡ (Wechselstrom-)Periode, (Welle) Schwingung; radeln; **~ic(al)** ['siklik(əl)] zyklisch; konjunkturell, konjunkturbedingt; Konjunktur-; **~ing** ['saikliŋ] Radeln; Radfahr-; **~ist** ['saiklist] Radfahrer; **~one** ['saikloun] Tief; Wirbelsturm; **~opaedia,** *US* **~opedia** [saiklə'piːdiə] Enzyklopädie; **~opaedic**, *US* **~opedic** [saiklə'piːdik] enzyklopädisch
cyder ['saidə] *siehe* cider
cygnet ['signit] junger Schwan
cylin|der ['silində] Walze; Zylinder; Trommel; (Gas-)Flasche; **~drical** [ˊ–drikəl] zylindrisch; Zylinder-, Rund-; **~der printing** 🕮 Walzendruck
cymbal [simbəl] ♪ Becken
cynic ['sinik] Zyniker; **~al** ['sinikəl] zynisch; **~ism** ['sinisizm] Zynismus; zynische Bemerkung
cynosure ['sinəzjuə, 'sai-] *astr* kleiner Bär; Leitstern; Blick-, Anziehungspunkt
cypher ['saifə] *siehe* cipher
cypress ['saiprəs] Zypresse(nholz)
cyst [sist] ⚕ Zyste; **~itis** [sis'taitis] (Harn-)Blasenentzündung
cytology [sai'tɔlədʒi] Zellenlehre
czar, tsar [zɑː, tsɑː] Zar
Czech [tʃek] Tscheche; tschechisch

D

D [diː] D; **D sharp** Dis, **D flat** Des; **'d** = would, had
dab [dæb] tupfen, bestreichen; Tupf(er); Klecks; *zool* Scharbe, Kliesche; *to be a ~ at* s. verstehen auf
dabble [dæbl] spritzen, plätschern; herummachen; -pfuschen (*in, at* in); sich versuchen in
dace [deis), *pl* ~ Hasel *(Fisch)*
dachshund ['dækshund] Dackel
dad(dy) ['dæd(i)] Papa; **~dy-longlegs** *sg u. pl* ['dædi'lɔŋlegz] *BE* Schnake; *US* Weberknecht, gemeiner Kanker
daemon ['diːmən] *siehe* demon
daff(odil) 'dæf(ədil)] Narzisse, Osterglocke
daffy ['dæfi] verrückt, blöd
daft [dɑːft], verrückt, blöd
dagger ['dægə] Dolch; 🕮 Kreuz; **double ~** 🕮 Doppelkreuz
dago ['deigou], *pl* **~s** *sl* Südländer (Italiener, Spanier, Portugiese)
dahlia ['deiljə], *pl* **~s** Dahlie
daily ['deili] täglich; Tageszeitung; **~ (woman)** Zugehfrau
dainty ['deinti] zart, fein; köstlich, lecker; wählerisch; verwöhnt; Leckerbissen, Delikatesse
dairy ['dɛəri] Molkerei; Milchkammer; Milchgeschäft; **~-farm** [ˊ–fɑːm] Meierei, Milchwirtschaft; **~(-farm)ing** Milchwirtschaft; **~-cattle** [ˊ–kætl] *pl vb* Milchvieh; **~maid** [ˊ–meid] Melkerin; **~man** [ˊ–mən], *pl* ~men Milchhändler; Melker
dais ['deiis, deis] Prodium, erhöhter Sitz
daisy ['deizi] Gänseblümchen; Margerite
dale [deil] Tal
dalles [dælz] *US* Stromschnellen
dall|iance ['dæliəns] Getue; Tändelei; Liebelei; **~y** ['dæli] trödeln (*over* bei); (ver)tändeln; spielen (*with* mit)
dam[1] [dæm] Damm, Deich; Wehr; Talsperre; Stausee; *~ up* stauen; zurückdämmen *(a. fig)*
dam[2] [dæm] Muttertier
damage ['dæmidʒ] Schaden; Einbuße; beschädigen; *fig* herabsetzen; **~s** Schadenersatz (*to sue* [sjuː] *for ~s* auf S. klagen)
damask ['dæməsk] Damast; rosenrot; **~ rose** Damaszenerrose
dame [deim] Dame, Frau (*a.* Adelstitel); *US umg* Tante, Weib
damn [dæm] verdammen; verwerfen; *~ it all!, ~ you!* verflucht noch mal!, verdammte Tat!; *(I'll be) ~ed* [dæmd] *if*... du kannst mich hängen, wenn ...; **~able** [ˊ–nəbl] verdammenswert; miserabel, Sau-(Wetter); **~ation** [–'neiʃən] Verdammung, Verdammnis; **~atory** [ˊ–nətəri] verdammend; **~ing** [ˊ–iŋ] verdammend; *fig* erdrückend
Damocles ['dæməkliːz]: *sword* [sɔːd] *of ~* Damoklesschwert
damp [dæmp] feucht; Feuchtigkeit; *to cast a ~ over fig* e-n Schatten werfen auf; *fire ~* ⚒ schlagende Wetter; *vt* an-, befeuchten; dämpfen; entmutigen; **~en** [dæmpən] *bes US* = to ~; **~er** ['dæmpə] Dämpfer; Stoßdämpfer; Ofenklappe; **~ish** ['dæmpiʃ] dumpfig
damsel ['dæmzl] Maid; junge Frau
damson ['dæmzən] Haferpflaume, -schlehe(nbaum)
danc|e [dɑːns] tanzen; *~e to s-b's tune* [tjuːn] (*pipe* [paip]) nach j-s Pfeife tanzen; *~ atten-*

dance [ə'tendəns] *upon* j-m (unterwürfig) aufwarten; Tanz(weise); Tanzabend, Ball ♦ *to lead s-b a pretty ~* j-m allerhand Schwierigkeiten bereiten, Mühe machen; **~er** ['dɑːnsə] Tänzer(in); **~ing** Tanz(en); Tanz-; **~ing-lesson** Tanzstunde

dandelion ['dændilaiən] Löwenzahn

dandle [dændl] (Kind) wiegen, schaukeln; verwöhnen

dander ['dændə] *umg* Zorn, Ärger; *to get s-b's ~ up* j-n in Wut bringen

dandruff ['dændrəf] Schuppen

dandy ['dændi] Stutzer, Fatzke; *umg fig* klasse, prima; **~ish** ['dændiiʃ] stutzer-, geckenhaft

danger ['deindʒə] Gefahr (*out of ~* außer G.); **~ous** [ˊ–rəs] gefährlich

dangl|e ['dæŋgl] baumeln (lassen); *~e after (round, about)* schwänzeln, scharwenzeln um; (Hoffnungen etc) gaukeln lassen; **~er** ['dæŋglə] Schürzenjäger; **~ing** ['dæŋgliŋ] *gram* unverbunden

dank [dæŋk] (unangenehm) feucht

dapper ['dæpə] adrett; flink, lebhaft

dapple [dæpl] sprenkeln, scheckig machen; **~-grey** ['dæpl'grei] Apfelschimmel

Darby and Joan ['dɑːbiən'dʒoun] *BE* gutes altes Ehepaar

dar|e [dɛə] *(s. S. 318)* **1.** wagen; *how ~ you?* wie kannst du es wagen?; *don't ~!* untersteh dich!; *I ~ say* wohl, wahrscheinlich; **2.** trotzen; **3.** herausfordern; **4.** Wagnis; Herausforderung; **~e-devil** [ˊ-devl] tollkühn(er Mensch); **~ing** [ˊ-riŋ] wagemutig, tapfer; tollkühn; Verwegenheit

dark [dɑːk] **1.** dunkel; finster, geheimnisvoll; trüb; *to keep s-th ~* etwas im Dunkeln belassen; *to look on (at) the ~ side of things* die Dinge in trübem Licht sehen; **2.** Dunkelheit; *before (after) ~* vor (nach) Einbruch d. Dunkelheit; *to be in the ~ about* im dunkeln tappen in (bei); *to keep s-b in the ~* j-n im ungewissen lassen; **~en** ['dɑːkən] (sich) verdunkeln; verdüstern ♦ *~ horse* Außenseiter (im Rennen, *fig*); **~y** ['dɑːki] *umg* Schwarzer

darling ['dɑːliŋ] Liebling; lieb

darn¹ [dɑːn] stopfen; Stopfstelle; **~ing-egg, -mushroom** Stopfei

darn² [dɑːn] *sl* = damn

dart [dɑːt] schießen (*birds ~*); (Blick) schießen, (Zunge) schnellen; werfen; Wurfpfeil; Sprung; Abnäher; **~s** *sg vb* Wurfpfeilspiel

dash [dæʃ] **1.** schleudern, schmettern; **2.** spritzen, sprengen; **3.** zunichte machen; **4.** stürzen, rasen; spurten; **5.** vermischen (*with* mit); *~ down, off* hinschreiben, skizzieren; **6.** plötzliche Bewegung, Vorstoß *to make a ~ at* e-n Vorstoß machen gegen; *to make a ~ for* losrennen nach; *at a ~* schnell; **7.** Schlag; **8.** Klatschen (d. Regens); **9.** Schuß (Whisky); **10.** Stich (*of blue* ins Blaue); **11.** (Feder-, Gedanken-)Strich; **12.** *fig* Schwung; Spurt ♦ *to cut a ~* e-e prima Figur machen; **~board** ['dæʃbɔːd] Spritzleder; Instrumentenbrett; **~ing** schneidig, forsch; flott

dastard ['dæstəd] heimtückischer Kerl; **~ly** heimtückisch, feige

data ['deitə] Angaben; Unterlagen; Tatsachen; Anhaltspunkte; Sachverhalt

date¹ [deit] Dattel(palme)

date² [deit] **1.** Datum; *what's the ~ today?* den wievielten haben wir heute?; **2.** Zeit (*of Roman ~* aus römischer Z.); *out of ~* altmodisch; *to ~* bis heute; *up to ~* modern, neuzeitlich, auf der Höhe; **3.** *umg* Verabredung, Stelldichein; Freund(in), Verhältnis; **4.** datieren, zeitlich festlegen; *~ back to* (od *from*) zurückgehen auf; **5.** sich verabreden mit; gehen mit; **~d** ['deitid] datiert; veraltet, überholt; **~-line** [ˊ-lain] Datumsgrenze; Datumzeile; *US* datieren; **~stamp** [ˊ-stæmp] Datumsstempel; (Eier) stempeln

dative ['deitiv] Dativ

datum ['deitəm] gegebene Tatsache; Anhaltspunkt

daub [dɔːb] beschmieren, bestreichen; *fig* beschmieren, sudeln; (Lehm- etc) Schicht; Sudelei; **~er** Farbenkleckser

daughter ['dɔːtə] Tochter; **~-in-law** ['dɔːtərinlɔː], *pl* ~s-in-law ['dɔːtəzinlɔː] Schwiegertochter

daunt [dɔːnt] entmutigen, (er)schrecken; **~less** tapfer; unerschrocken; unentwegt

davenport ['dævnpɔːt] *BE* Schreibtisch, Sekretär; *US* Sofa

davit ['dævit] Davit, Bootskran

daw [dɔː] *zool* Dohle

dawdle [dɔːdl] trödeln (*over, on* bei); *~ away* vertrödeln; **~r** ['dɔːdlə] Trödler

dawn [dɔːn] Dämmerung, Morgenfrühe; Anbruch, Beginn; (herauf-)dämmern; *~ on* klar werden

day [dei] **1.** Tag; *during the ~, by ~* am Tage; *before ~* vor Tagesanbruch; *all ~ long, all the ~* den ganzen Tag; *the ~ before yesterday* vorgestern; *the ~ after tomorrow* übermorgen; *this ~ week* (*fortnight* ['fɔːtnait]) *BE* heute in 8 (14) Tagen; *the other ~* neulich; *one ~* (*some ~, one of these ~s*) eines Tages; *to a ~* auf d. Tag (genau); *from ~ to ~* von e-m Tag zum andern; *by the ~* tageweise; **2.** Zeit (*in ~s of old* in alter Z.); *in one's ~* zu seiner Zeit; *to have had one's ~* seinen Höhepunkt überschritten haben; *let's call it a ~!* für heute haben wir genug geschafft, genug für heute!

day|-boarder ['deibɔːdə] Halbexterner; **~-boy** [ˊ-bɔi] Tagesschüler, Externer; **~-break** [ˊ-breik] Tagesanbruch; **~coach** *US* (Eisenbahn-)Wagen; **~-dream** [ˊ-driːm] Tagtraum, Phantasie(gebilde); im Wachen träumen; **~-girl** [ˊ-gəːl] Tagesschülerin; **~light** [ˊ-lait] Tageslicht; Tagesanbruch ♦ *to scare* [skɛə], *whip (etc) the ~lights out of* j-m panische Furcht einjagen; windelweich schlagen; **~light saving time** ['deilait seiviŋ taim] Sommerzeit; **~nursery** Kinderkrippe; Kinderzimmer; **~-school** [ˊ-skuːl] Tagesschule; Externat; **~-to-~** ['deitədei] tagtäglich; Alltags-

daze [deiz] betäuben; blenden; *in a ~* verstört; **~dly** ['deizidli] verstört

dazzl|e [dæzl] blenden; verwirren; **~ing** ['dæzliŋ] strahlend schön
deacon ['diːkən] Diakon
dead [ded] **1.** tot; verwelkt; *to fall ~* tot zus.brechen; *~ hours* [auəz] (*of the night*) tiefste Nachtstunden; *~ sleep* tiefster Schlaf; *~ letter* unbestellbarer Brief; *fig* toter Buchstabe; *~ file* abgelegte Akte; **2.** (Farbe) glanzlos, matt; ϟ stromlos; *in ~ earnest* todernst; *~ calm* gänzliche (Wind-)Stille; *to come to a ~ stop* ganz zum Stehen kommen; *a ~ shot* ein ausgezeichneter Schütze; *~ to* abgestumpft gegen; *the ~ hand of* d. geheime Einfluß (Macht) von; **3.** *(adv) ~ tired* todmüde; *~ drunk* sinnlos betrunken; *~ against* genau gegen; *to stop ~* schlagartig zum Stehen kommen; **4.** *(su) the ~* die Toten; *the ~ of night* tiefste Nachtstunden; **~-beat** [ˊ-biːt] todmüde, gänzlich erschöpft; **~ beat** *US* Taugenichts; Schmarotzer; **~en** ['dedn] (Schmerz) abtöten; (Geräusch) dämpfen; (Schlag) abschwächen; **~ end** (Bahn-, Rohr-)Ende; **~-end (street)** Sackgasse; **~-end kid** Straßenjunge; **~-head** [ˊ-hed] Freikarteninhaber; unproduktive Arbeitskraft; **~ heat** [ˊ-'hiːt] *bes* ⛩ unentschiedener Lauf, totes Rennen; **~-heat** [ˊ-'hiːt] im toten Rennen liegen, punktgleich sein; **~line** [ˊ-lain] Frist(ablauf), (Schluß-)Termin; Stichtag; Grenze; *to meet the ~line* Frist einhalten; **~lock** [ˊ-lɔk] Stillstand; ⛩ Unentschieden; *to be at a ~ lock* festgefahren sein; *to (come to a) ~ lock* zum völligen Erliegen kommen, s. völlig festfahren, auf e-n toten Punkt kommen; **~ly** [ˊ-li] tödlich; Tod-(Feind, Sünde); *~ly pale* [peil] totenbleich; **~-nettle** [ˊ-'netl] Taubnessel; **~pan** ausdruckslos; gleichmütig; trocken; **~wood** [ˊ-wud] Reisig; Plunder, Ballast
deaf [def] taub (*to* für, gegen); *to turn a ~ ear to* s. taub stellen gegen; *~ nut* taube Nuß; *~ and dumb* ['defən'dʌm] taubstumm; **~en** [defn] betäuben; übertönen; schalldicht machen; **~-mute** ['def'mjuːt] taubstumm; Taubstummer; **~-mutism** ['def'mjuːtizm] Taubstummheit; **~ness** Taubheit
deal[1] [diːl] Diele, Bohle; Fichtenholz
deal[2] [diːl] *a good ~, a great ~* (ziemlich, recht) viel, sehr; *vt/i (s. S. 318)* (Karten) ausgeben; (Schlag) versetzen; kaufen, Geschäftsbeziehungen haben *(with s-b, at a shop)*; *~ in* handeln mit, führen; *~ out* verteilen; *~ with* umgehen (*he is hard to ~ with*); (Angelegenheit) regeln; (j-n) behandeln; s. befassen, beschäftigen mit; Handel, Geschäft *(it's a ~* abgemacht); *to give s-b a square* [skwεə] *~* j-n gerecht behandeln; *to give s-b a raw* [rɔː] (rough rʌf]) *~* j-n ungerecht behandeln; *new ~* Neubeginn, neue Führung, Änderung; Ausgeben der Karten (whose *~ is it?* wer gibt?); **~er** Händler, Kaufmann; Kartengeber, **~ing** Handlungsweise; Handel, Geschäft; *pl* (geschäftliche) Beziehungen
dealt [delt] *siehe* deal[2]
dean [diːn] Dekan *(a. eccl);* Doyen; **~ery** ['diːnəri] Dekanat *(a. eccl)*

dear [diə] (zu) teuer; lieb, teuer; Lieber...! Sehr geehrter...!; mein Lieber, Liebes; *~ me!, oh ~!* ach herrje!, du liebe Zeit!; **~ly** innig; sehr; teuer (erkaufen); **~ness** Kostspieligkeit; **~th** [dəːθ] (*bes* Lebensmittel-)Mangel (*of* an); **~y (~ie)** ['diəri] Lieber; Liebling
death [deθ] Tod, **~s** [deθs] Todesfälle (*from* durch); *to put to ~* töten, hinrichten; *to bleed to ~* verbluten, *to be burnt (frozen* [frouzn], *stabbed* [stæbd], *starved* [staːvd]) *to ~* verbrennen (erfrieren, erstochen werden, verhungern); *fig* Tod, Ende; *he'll be the ~ of me* er bringt mich (noch) um; *to catch one's ~ (of cold)* s. d. Tod holen; **~-bed** ['deθbed] Sterbebett; **~-blow** [ˊ-blou] Todesstoß, tödlicher Schlag; **~ cap** *BE* grüner Knollenblätterpilz; **~ cup** *US* = ~ cap; **~-duties** [ˊ-djuːtiz] *BE* Erbschaftss teuer, **~ house** Hinrichtungsabteilung; **~less** unsterblich; **~like** [ˊ-laik] totenähnlich; **~ly** Toten-(Stille, totenbleich); **~-rate** [ˊ-reit] Sterblichkeitsziffer (*from* bei); **~-rattle** [ˊ-rætl] Todesröcheln» **~-roll** [ˊ-roul] Verlustliste; **~'s-head** [ˊ-shed] Totenschädel; **~-trap** [ˊ-træp] Todesfalle; **~-warrant** [ˊ-wɔrənt] Hinrichtungsbefehl; **~-watch** [ˊ-wɔtʃ] Totenwache; Klopfkäfer
débâcle, debacle [dei'baːkl], diˊ] Zus.bruch, Debakel; Eisgang; Flutwelle
debar [di'baː] ausschließen (*from* von); hindern (*from* an)
debark [di'baːk] an Land gehen, bringen; ausschiffen; **~ation** [diːbaː'keiʃən] Ausschiffung
debase [di'beis] entwerten, verfälschen; **~ment** Entwertung, Verfälschung
debat|able [di'beitəbl] unentschieden, strittig; **~e** [di'beit] erörtern, diskutieren, debattieren; überlegen; (formale) Debatte; Diskussion, Erörterung; **~er** Debattierer, (geschickter) Diskutant; **~ing society** Debattierklub
debauch [di'bɔːtʃ] verführen; verderben; Ausschweifung; ausschweifendes Leben; **~ee** [debɔː'tʃiː, –ˊʃi] Prasser, Wüstling; **~er** Verführer; **~ery** [di'bɔː-tʃəri] Ausschweifung(en)
debenture [di'bentʃə] Obligation, Schuldschein; Rückzollschein
debil|itate [di'biliteit] (Klima) schwächen; **~ity** [–ˊ–ti] Schwäche
debit ['debit] Lastschrift; Debet, Soll; Schuld; belasten (*~ s-b's account with £20, £20 against* (od *t*) *s-b's account*)
debonair [debə'nεə] freundlich, angenehm; unbeschwert
debouch [di'buːʃ, –'bautʃ] hervorbrechen, debouchieren; s. ergießen (*on* in)
Debrett [di'bret] (der englische) Gotha
debris, dé- ['debriː, *US* də'briː] Trümmer(stücke), Schutt; Gerümpel
debt [det] Schuld; Debet; *~ of gratitude* Dankesschuld; *in ~* verschuldet (*to* bei); *out of ~* schuldenfrei; *to get* (od *run*) *into ~* Schulden machen; *national* ['næʃənəl] *~* Staatsschuld; **~or** ['detə] Schuldner(in)
debug [diː'bʌg] Störungen beseitigen, Fehler ausschalten in (bei)

debunk [di'bʌŋk] *umg* der Unwahrheit (des Nimbus) entkleiden; der Übertreibung (Hohlheit) überführen; vom Podest stoßen
debus [diː'bʌs] aussteigen (lassen)
début ['deibuː] Debüt, erster Auftritt; erstes Erscheinen (in d. Gesellschaft); **~ante** ['debjutaːnt] Debütantin (in der Gesellschaft, bei Hof)
decade ['dekeid, *BE a.* ˊ-kəd] Jahrzehnt, zehn Jahre
decaden|ce ['dekədəns] Verfall, Absinken; **~t** verfallend, dekadent
decal ['diːkæl], di'kæl] Abziehbild
decamp [di'kæmp] ein Lager abbrechen; aufbrechen; (heimlich) ausreißen
decant [di'kænt] (vorsichtig) ab-, umgießen, -füllen; **~er** Karaffe
decapitate [di'kæpiteit] enthaupten
decarbonize [diː'kaːbənaiz] entkohlen
decartelization [diːkaːtəlai'zeiʃən] Entflechtung, Entkartellisierung
decathlon [di'kæθlɔn], *pl* **~s** Zehnkampf
decay [di'kei] verfallen; schlecht werden, verfaulen, verwelken; Verfall; Fäulnis; (radioaktiver) Zerfall; *to be in ~* verfallen; *to fall into ~* in Verfall geraten; **~ed** [di'keid] verfallen; (Zahn) kariös
decease [di'siːs] Tod, Ableben; sterben; **the ~d** [di'siːst] der (die) Verstorbene(n)
decedent [di'siːdənt] *US* ⚖ Verstorbener; Erblasser
deceit [di'siːt] Täuschung; Betrug; **~ful** betrügerisch; **~fulness** [di'siːtfulnis] Falschheit; Hinterlist
deceive [di'siːv] täuschen; betrügen; verleiten; *I was ~d by* ich ließ mich täuschen von; **~r** Betrüger
decelerate [diː'seləreit] (sich) verlangsamen
December [di'sembə] Dezember
decen|cy ['diːsənsi] Anstand, Anständigkeit; **~t** anständig; *umg* recht nett
decennial [di'senjəl] zehnjährig
decentraliz|ation [diːˌsentrəlai'zeiʃən] Dezentralisierung; **~e** [-ˊ-laiz] dezentralisieren
decep|tion [di'sepʃən] Täuschung; Betrug; Trick; **~tive** [-ˊtiv] (be)trügerisch
decibel ['desibel] Dezibel
decide [di'said] entscheiden, bestimmen; s. entscheiden; beschließen; zu d. Schluß kommen; **~d** [di'saidid] entschieden, entschlossen; offensichtlich; **~dly** [di'saididli] entschieden; **~r** [di'saidə] ⚔ Entscheidungskamf
deciduous [di'sidjuəs] laubtragend; Laub-(Baum); Milch-(Zahn)
deci|gram(me) ['desigræm] Dezigramm; **~litre** [ˊ-liːtə] Deziliter; **~mal** [ˊ-məl] Dezimalbruch; Dezimal-; **~mal point** Komma (in Dezimalbrüchen); **~malize** [ˊ-məlaiz] auf Dezimalsystem umstellen; **~mate** [ˊ-meit] dezimieren, stark verringern; **~metre** [ˊ-miːtə] Dezimeter
decipher [di'saifə] entziffern, dechiffrieren; enträtseln
deci|sion [di'siʒən] Entscheidung; Beschluß; ⚖ Urteil; Entschlußkraft ♦ *a man of ~sion* ein entschlossener Mann; *to come to* (od *arrive at*) *a ~sion* zu e-m Entschluß kommen; **~sive** [di'saisiv] entscheidend; entschieden
deck [dek] (Ver-)Deck; *US* Spiel (Karten); schmücken; **~-chair** ['dektʃɛə] Liegestuhl; **~-hand** (gewöhnl.) Matrose
deckle-edge(d) ['dekl'edʒ(d)] 📖 mit Büttenrand
declaim [di'kleim] deklamieren; wettern (*against* gegen)
declama|tion [deklə'meiʃən] öffentliche Rede; Deklamation; **~tory** [di'klæmətəri] deklamatorisch; rhetorisch
declar|ation [deklə'reiʃən] (Zoll-)Erklärung; **~e** [di'klɛə] erklären; deklarieren; s. aussprechen *(for, against)*; *well, I ~e!* ich muß schon sagen!
declassify [diː'klæsifai] (Dokumente etc) freigeben
declension [di'klenʃən] Deklination
declin|ation [dekli'neiʃən] Neigung; Abweichung; *astr, phys* Deklination; *bes US* Ablehnung; **~e** [di'klain] ablehnen, zurückweisen; abnehmen, verfallen; (Preise) fallen; Abnahme; Verfall; Rückgang *(in prices)*; Nachlassen (*in health* [helθ]) der Gesundheit; *to fall into a ~* (körperlich, der Tbc) verfallen
declivity [di'kliviti] Abhang; Gefälle
declutch ['diː'klʌtʃ] auskuppeln
decode ['diː'koud] dechiffrieren; entziffern; decodieren
décolle|tage [dei'kɔltaːʒ] Dekolleté; **~té** [deikɔltei] dekolletiert
decolorize [diː'kʌləraiz] entfärben
decompos|e [diːkəm'pouz] zerlegen; (s.) zersetzen; verwesen; **~ition** [diːkɔmpə'ziʃən] Zerlegung; Zersetzung; Verfall
decompression [diːkəm'preʃən] stufenweise Druckentlastung, Druckverminderung
decontaminate [diːkən'tæmineit] von (Gas-, radioaktiver) Verseuchung befreien, entseuchen, entgiften
decontrol [diːkən'troul] Herausnahme aus, Aufhebung der (Waren-, Miet- etc)Bewirtschaftung; aus der Bewirtschaftung herausnehmen, freigeben
decor [*BE* 'deikɔː, *US* de'kɔː] (Bühnen-)Dekoration; Ausstattung; **~ate** ['dekəreit] schmükken; streichen, tapezieren (lassen); dekorieren; **~ation** [dekə'reiʃən] Schmücken; Schmuck; Orden, Auszeichnung; **~ative** ['dekərətiv] dekorativ; Schmuck-; **~ator** ['dekəreitə] Maler; Dekorateur; **~ous** ['dekərəs] anständig, schicklich; **~um** [di'kɔːrəm] Anstand; *pl* Zeichen guter Erziehung
decoy [di'kɔi] Lockvogel *(a. fig)*; Köder; (ver)locken
decrease [di'kriːs] abnehmen, (s.) vermindern; ~ ['diːkriːs] Abnahme, Rückgang; *to be on the ~* abnehmen
decree [di'kriː] Dekret, Erlaß; verfügen, dekretieren
decrepit [di'krepit] abgenutzt; altersschwach; **~ude** [-ˊ-tjuːd] Altersschwäche; Verfallenheit

decry [di'krai] in Verruf bringen, herabsetzen
dedica|te ['dedikeit] widmen, weihen; **~tion** [–––'keiʃən] Weihe; (Buch-)Widmung; **~tory** [´––kətəri] Widmungs-
deduc|e [di'dju:s] folgern (*from* aus); ableiten (*from* von); **~t** [di'dʌkt] abziehen; **~tion** [di'dʌkʃən] Abzug; Folgerung
deed [di:d] Tat, Handlung; ♎ Urkunde, Dokument; urkundlich übertragen
deem [di:m] erachten, halten für; denken (*of* über); ~ *highly* ['haili] *of* e-e hohe Meinung haben von
de-emphasize ['di:'emfəsaiz] weniger betonen, weniger nachdrücklich betreiben, weniger Wert legen auf
deep [di:p] tief; schwierig, tief(sinnig); (Gefühl) stark, tief; (Ton, Farbe) tief, dunkel; *adv* tief, weit; *su* Tiefe, See; **~en** ['di:pən] tief(er) machen, werden; **~-freeze** [´-fri:z] Tiefkühlschrank; tiefkühlen; **~-drawn** [´-'drɔ:n] (Seufzer) tief; **~-laid** [´-'leid] geheim; **~rooted** [´-'ru:tid] tief verwurzelt, tiefsitzend; **~-sea** [´-si:] Hochsee-; **~-seated** [´-'si:tid] tiefsitzend (*to be --seated* tief liegen)
deer [diə], *pl* ~ Hirsch; Rotwild; **~-lick** ['diəlik] Salzlecke ; **~-skin** [´-skin] Wildleder; **~-stalking** [´-stɔ:kiŋ] Pirsch(-jagd)
deface [di'feis] entstellen, verunstalten; unleserlich machen
de facto [*BE* dei-, *US* di:'fæktou] tatsächlich, de facto (bestehend)
defalca|te [*BE* 'di:fælkeit, *US* –´–] Unterschlagung(en) begehen; **~tion** [––'keiʃən] Unterschlagung; unterschlagene Summe
defam|ation [defə'meiʃən] Verleumdung; **~atory** [di'fæmətəri] verleumderisch: **~e** [di'feim] verleumden; in Verruf bringen
defatted [di:'fætid] entfettet, fettarm
default [di'fɔ:lt] Ermangelung; Versäumnis, Nichterscheinen; Nichtzahlung; *judgment* ['dʒʌdʒmənt] *by* ~ Versäumnisurteil; *to make* ~ nicht erscheinen, nicht zahlen; *in* ~ *of* mangels, in Ermangelung von; ~ *vi* = to make ~ ; **~er** schuldhaft Abwesender; Nichtzahler; *BE* (e-s milit. Vergehens) Schuldiger
defeasance [di'fi:zəns] Nichtigmachung, Annullierung
defeat [di'fi:t] besiegen, schlagen; zum Scheitern bringen, vereiteln; j-s Können (Wissen) übersteigen; Besiegung; Niederlage; **~ism** Defätismus, Mutlosigkeit; **~ist** Miesmacher; defätistisch
defect [di'fekt] Mangel; Fehler; Defekt; **~ion** [di'fekʃən] Abfall (*from* von j-m); **~ive** [di'fektiv] schad-, mangelhaft; **mentally** ['mentəli] **~ive** schwachsinnig; *he is ~ive in* ihm mangelt . . .
defen|ce, *US* **~se** [di'fens] Verteidigung (*in ~ce of* zur V. von), Schutz (*against* gegen, vor); *national* ['næʃənəl] *~ce* Landesverteidigung; *to make a ~ce* s. verteidigen; **~celess** schutz-, wehrlos; **~d** [di'fend] verteidigen (*o.s.* sich; *against* gegen, vor); eintreten für; **~dant** [di'fendənt] Beklagte(r); **~der** Verteidig(end)er; **~sive** [di'fensiv] verteidigend; Verteidigungs-, Defensiv-; Defensive (*on the ~ sive* in der D.); *to act on the ~ sive* sich defensiv verhalten
defer [di'fə:] ver-, aufschieben; *US mil* zurückstellen; *~red* [di'fə:d] *payment* Ratenzahlung; ~ *to* s. fügen, s. beugen; **~ence** ['defərəns] Ehrerbietung, Rücksicht; in *~ence to* aus Rücksicht gegen, mit R. auf; **~ential** [defə'renʃəl] ehrerbietig, rücksichtsvoll (*to* gegenüber); **~ment** [di'fə:mənt] Aufschub; *US mil* Zurückstellung
defian|ce [di'faiəns] Herausforderung, Trotz; *in ~ce of* unter Mißachtung, trotz; *to bid ~ce* Trotz bieten; *to set s-th at ~ce* mißachten; **~t** herausfordernd, trotzig
deficien|cy [di'fiʃənsi] Mangel; Fehlbetrag, Ausfall; **~t** mangelnd, unzulänglich; (**mentally** ['mentəli]) **~t** schwachsinnig, blöde
deficit ['defisit] Defizit, Fehlbetrag, Ausfall
defile[1] ['di:fail] verunreinigen; beflecken; entweihen
defile[2] ['di:fail] Engpaß, Hohlweg; ~ [di'fail] (in Reihen vorbei)marschieren
defin|e [di'fain] definieren, erläutern; (genau) festlegen; klar umreißen, abzeichnen; **~ite** ['definit] klar, eindeutig; unverkennbar; bestimmt; **~ition** [defi'niʃən] Erläutern; Erläuterung, Definition; (Bild-, Ton-)Schärfe; **~itive** [di'finitiv] endgültig, unabänderlich
defla|te [di:'fleit] die Luft entweichen lassen aus; durch Deflation beeinflussen, senken; **~tion** [di:'fleiʃən] Entleerung; Deflation; **~tionary** [di:'fleiʃənəri] deflationistisch, Deflations-
defle|ct [di'flekt] ablenken; abweichen; **~ction,** *BE a.* **~xion** [di'flekʃən] Abweichung; (Kompaß-)Ablenkung; ϟ Ausschlag
deflower [di'flauə] entjungfern; schänden
deforest [di'fɔrist] roden, abholzen; **~ation** [di:,fɔris'teiʃən] Abholzung
deform [di'fɔ:m] verunstalten; entstellen; **~ation** [di:fɔ:'meiʃən] Entstellung; Verschlechterung; **~ed** [–´d] verwachsen, mißgestaltet; **~ity** [–´miti] Mißbildung, Verkrüppelung; Häßlichkeit
defraud [di'frɔ:d] betrügen (*of* um)
defray [di'frei] (Kosten) bestreiten, tragen; **~al** [´––əl], **~ment** Bestreitung der Kosten
defrost [di:'frɔst] auftauen, entfrosten; **~er** Entfroster, Enteisungsmittel
deft [deft] geschickt, gewandt.
defunct [di'fʌŋkt] verstorben; ehemalig, nicht mehr existierend.
defy [di'fai] trotzen; mißachten; herausfordern; *fig* trotzdem, spotten.
degas [di:gæs] entgasen, entgiften
degauss [di:gɔ:s] entmagnetisieren
degenera|cy [di'dʒenərəsi] Entartung; **~te** [–´–reit] entarten; **~te** [–´–rit] entartet **~tion** [–,––'reiʃən] Entartung; **~tive** [–´––tiv] Entartungs-
degrad|ation [degrə'deiʃən] Herabsetzung; Entwürdigung; Erniedrigung; Degradierung;

~e [di'greid] herabsetzen; entwürdigen; erniedrigen; degradieren
degree [di'gri:] **1.** *geogr, math, phys* Grad; **2.** Maß, Stufe; *by ~s* allmählich; *to a high ~* in hohem Maße; *to the last ~, (umg) to a ~* äußerst; *to what ~* in welchem Maße; **3.** Verwandtschaftsgrad; **4.** (gesellschaftl.) Stellung; akademischer Grad, Titel *(to study for a ~)*; *to take a ~* ein (akadem.) Examen machen, promovieren
dehumanize [di:'çu:mənaiz] entmenschlichen; entwürdigen
dehydrate [di:'haidreit] Wasser, Feuchtigkeit entziehen **~d** Trocken-, Dörr-
de-ice ['di:'ais] enteisen; **~r** ['di:'aisə] Enteiser, Enteisungsvorrichtung
dei|fication [di:ifi'keiʃən] Vergötterung; **~y** ['di:ifai] vergöttern
deign [dein] geruhen; s. herablassen
deity ['di:iti] Gottheit; Göttlichkeit
deject|ed [di'dʒektid] niedergeschlagen; **~ion** [di'dʒekʃən] Niedergeschlagenheit
de jure [*BE* dei-, *US* di:'dʒuəri] von Rechts wegen, de jure
dela|te [di'leit] denunzieren; **~tion** [–'leiʃən] Denunziation; **~tor** [di'leitə] Denunziant
delay [di'lei], *~ed, ~ed* aufhalten; aufschieben; (ver)zögern; Verzögerung; Aufschub; *without ~* unverzüglich
delect|able [di'lektəbl] ergötzlich; **~ation** [di:lek'teiʃən] Ergötzen, Lust.
delega|te ['deligit] Abgeordneter, Delegierter; **~te** [ˊ–geit] delegieren, abordnen; übertragen (*to* auf); **~tion** [––'geiʃən] Übertragung; Bevollmächtigung; Abordnung, Delegation; Ausschuß
dele|te [di'li:t] streichen; **~terious** [deli'ti:riəs] schädlich; **~tion** [di'li:ʃən] Streichung
delf(t) [delf(t)] (Delfter) Steingut(-waren)
delibera|te [di'libəreit] überlegen, erwägen; berat(schlag)en; **~te** [–ˊ–rit] bedachtsam, (wohl)überlegt; bedächtig; absichtlich, vorsätzlich; **~tion** [–ˌ––ˊʃən] Überlegung; Bedächtigkeit; Beratung **~tive** [–ˊ–rətiv] überlegend, beratend
delic|acy ['delikəsi] Zartheit, Feinheit; Zartgefühl; ⚕ Zartheit, Anfälligkeit; Leckerbissen; **~ate** [ˊ–kit) zart, weich; (Geschmack, Stoff, Porzellan) fein; (Gerät) fein, empfindlich; delikat, heikel, schwierig; **~atessen** [–––'tesən] *pl vb* Delikatessen; *sg vb* Feinkostgeschät; **~ious** [di'liʃəs] köstlich, herrlich.
delight [di'lait] entzücken; (s.) erfreuen (*in* an); Freude, Entzücken *(to give ~ to* = to *~)*; *to the ~ of* zum Entzücken; *to take (a) ~ in* Vergnügen finden an; **~ful** herrlich, entzükkend.
delimit [di:'limit] abgrenzen; **~ate** [–ˊ–teit] = ~; **~ation** [–ˌ––'teiʃən] Ab-, Begrenzung
delinea|te [di'linieit] zeichnen, skizzieren; schildern; **~tion** [–ˌ––ˊʃən] Entwurf, Skizze; Schilderung
delinquen|cy [di'liŋkwənsi] Pflichtvergessenheit; Schuld; Vergehen; **~t** pflichtvergessen; schuldig; *US* rückständig, säumig; Verbrecher, Täter
delir|ious [di'liriəs] deliriös, irre; **~ium** [–ˊ–əm], *pl ~*iums Delirium, Fieberphantasie; Raserei, Taumel
deliver [di'livə] (ab)liefern; übergeben; zustellen, austragen; *~ (o.s.) up* sich ergeben; (Rede) halten; befreien; ⚕ entbinden; (Schlag etc) führen ♦ *~ (the goods)* halten, was man verspricht, die Erwartungen erfüllen; **~ance** [di'livərəns] Befreiung; Meinungs(äußerung), Feststellung; **~y** [di'livəri] (Aus-)Lieferung (*on ~y* bei L.), Zustellung; ⚕ Entbindung; Befreiung; Überbringung; Halten (e-r Rede), Vortrag(sstil); **~y note** Lieferschein; **~y van** Lieferwagen
dell [del] kleines (Wald-)Tal
delouse [di:'laus] entlausen
delphinium [del'finjəm], *pl* **~s** Rittersporn
delta ['deltə], *pl* **~s** Delta
delu|de [di'lu:d] täuschen; verleiten (*into* zu); *~de o.s.* sich etwas vormachen; **~ded** in Wahnvorstellungen gefangen; **~sion** [di'lu:ʒən] Wahn(vorstellung); Irrglaube; **~sive** [di'lu:siv] irreführend, trügerisch
deluge ['delju:dʒ] Überschwemmung; Sintflut; *fig* Flut; überschwemmen
de luxe [də'lʌks, də'luks] Luxus-
delve [delv] graben; *~ into* sich vertiefen in (zu) ergründen (suchen)
demagog|ue ['deməgɔg] Demagoge; **~y** ['deməgɔgi], **~uery** [ˊ–gɔgəri] Demagogie, Aufhetzung
demand [di'ma:nd] **1.** verlangen, fordern; fragen nach; erfordern; **2.** Forderung; (Rechts-) Anspruch ♦ *he has many ~s on his time (purse)* er wird zeitlich (finanziell) sehr beansprucht; *on ~* auf Verlangen, bei Vorlage; **3.** Nachfrage, Bedarf *(for an)*; *to be in (great) ~* (sehr) gefragt sein; **~ing** anspruchsvoll; (sehr) schwierig
demarca|te ['di:ma:keit] abgrenzen; **~tion** [di:ma:'keiʃen] Abgrenzung; *line of ~tion* Grenz-, Demarkationslinie
démarche [de'ma:ʃ, 'dei–] Demarche
demean [di'mi:n] *o.s.* sich benehmen; s. erniedrigen; **~our** [di'mi:nə] Benehmen
dement|ed [di'mentid] geistesgestört; **~ia** [di'menʃiə] erworbener Blödsinn
demerara [demə'rɛərə] *BE* brauner Rohrzukker
demerit [di:'merit] Mangel; Fehler; Untugend
demesne [di'mein] (Privat-)Besitz *(land held in ~)*; Landgut (im Privatbesitz); *fig* Domäne, Gebiet
demi- ['demi] Halb-; halb-; **~god** [ˊ–gɔd] Halbgott; **~-monde** [ˊ–'mɔ:nd] Halbwelt; **~semiquaver** [ˊ–semikweivə] *BE* 32stel Note
demise [di'maiz] übertragen; vermachen; Übertragung; Ableben; Einstellung
demitasse ['demitæs] Mokkatasse
demob ['di:'mɔb] = **~ilize** [di:'moubilaiz] demobilisieren; **~ilization** ['di:moubilai'zeiʃən] Demobilisierung

democra|cy [di'mɔkrəsi] Demokratie; *pol* Gleichheit; d. (gewöhnliche) Volk; **~t** ['deməkræt] Demokrat; **~tic** [demə'krætik] demokratisch; auf sozialer Gleichstellung beruhend; **~tize** [di'mɔkrətaiz] demokratisieren; demokratisch machen (werden)
démodé [dei'moudei] aus der Mode
demograph|er [diː'mɔgrəfə] Bevölkerungswissenschaftler; **~ic** [diːmə'græfik] bevölkerungswiss.; **~y** [diː'mɔgrəfi] Bevölkerungswissenschaft, Demographie
demolis|h [di'mɔliʃ] ab-, niederreißen; sprengen; vernichten; *umg* aufessen; **~tion** [demə'liʃən] Abbruch, Niederreißen; Sprengung; Zerstörung; Spreng-(Bombe etc)
demon ['diːmən], pl **~s** Dämon; Teufel
demonstra|te ['demənstreit] beweisen; demonstrieren; **~tion** [deməns'streiʃən] Darstellung; Beweis; Äußerung; Demonstration; **~tive** [di'mɔnstrətiv] beweiskräftig (*of* für); nicht zurückhaltend, überschwenglich (*to be ~tive* seine Gefühle zeigen); demonstrativ, hinweisend; **~tor** ['demənstreitə] Erklärer; Assistent (e-s Professors); ⚕ Prosektor; Demonstrant; *US* Vorführgerät
demoralize [di'mɔrəlaiz] demoralisieren
demote [diːmout] degradieren
demount [diː'maunt] ab-, ausbauen, demontieren.
demulcent [di'mʌlsənt] lindernd(es Mittel)
demur [di'məː] Einwendungen machen (*at, to* gegen); Einwand *(without ~)*; **~rage** [di'mʌridʒ] Lager-, ⚓ Liegegeld; **~rer** [di'mʌrə] (Rechts-)Einwand
demure [di'mjuə] bescheiden, gesetzt; spröde, zimperlich
den [den] Höhle; *fig* Loch (Zimmer); Bude, Studierzimmer
denationalize [diː'næʃənəlaiz] ausbürgern; entstaatlichen, reprivatisieren
denial [di'naiəl] Ab-, Bestreiten; Leugnen; Ablehnung
denicotinized [diː'nikətinaizd] nikotinarm, -frei
denier [di'niə] Denier (Feinheitsmaß)
denizen ['denizn] Bewohner
denomina|te [di'nɔmineit] (be)nennen; **~tion** [–ˌ––ˊʃən] Benennung; Klasse; Konfession; Nenner (*to reduce* [ri'djuːs] *to the same ~tion* auf einen N. bringen); Nennwert; **~tional** konfessionell; **~tionalize** [–ˌ––ˊʃənəlaiz] konfessionell aufspalten; **~tor** [–ˊ––tə] Nenner (*common ~tor* gemeinsamer Nenner, *a. fig*)
denot|e [di'nout] bezeichnen, bedeuten; **~ation** [diːnou'teiʃən] Bedeutungsinhalt; Bezeichnung
dénouement [dei'nuːmaːŋ, *US* ––ˊ] Auflösung (des Knotens); Klärung, Lösung
denounce [di'nauns] anprangern; beschuldigen; anzeigen; (Vertrag) kündigen
dens|e [dens] dicht(gedrängt); beschränkt, dumm; **~ity** Dichtigkeit (*a. phys* Dichte); Kompaktheit
dent [dent] Eindruck, Einbeulung (machen in); *to make a ~ in (fig)* e-n Einbruch erzielen in, e-n Anfang machen bei
dent|al ['dentl] Zahn-; zahnärztlich; **~al technician** [tek'niʃən] Zahntechniker; **~ifrice** ['dentifris] Zahnpasta; **~in(e)** ['dentin] Zahnbein; **~ist** Zahnarzt; **~istry** Zahnheilkunde; **~ition** [den'tiʃən] Zahnen; Gebiß, Zahnbestand; **~ure** ['dentʃə] (*bes* künstliches) Gebiß
denude [di'njuːd] entblößen; berauben
denunciation [diˌnʌnsi'eiʃən] Anprangerung; Kündigung; Anklage; Anzeige
deny [di'nai] bestreiten, leugnen; verweigern, versagen; verleugnen
deodor|ant [diː'oudərənt] desodorierend(es Mittel); **~ize** [diː'oudəraiz] desodorieren
depart [di'paːt] abreisen (*for* nach) scheiden (*from* von, aus); abweichen, abgehen (*from* von); **the ~ed** d. Verstorbene(n); **~ment** Abteilung, Ressort; Branche; *US* Ministerium; *fig* Gebiet; **~ment store** [stɔː] Warenhaus; **~ure** [di'paːtʃə] Abreise, -fahrt; Abweichung (*from* von); *a new ~ure* ein neuer Weg, neue Richtung
depend [di'pend] *(up)on* abhängen von, angewiesen sein auf; s. verlassen auf; **~able** verläßlich; **~ant** *bes BE* Angehöriger, Abhängiger; **~ence** Abhängigkeit (*on* von); Vertrauen (*to put ~ence on* V. setzen in); *fig* Stütze; **~ency** [di'pendənsi] was dazugehört; Nebengebäude; *pol* abhängiges Gebiet; **~ent** abhängig (*on* von); *US* = ~ant
depict [di'pikt] anschaulich machen, veranschaulichen; schildern
deplane [diː'plein] ✈ aussteigen; entladen
deple|te [di'pliː] (entleeren; erschöpfen *(a. fig)*; **~tion** [di'pliːʃən] Entleerung; Erschöpfung; Schwund
deplor|able [di'plɔːrəbl] beklagenswert; jämmerlich; **~e** [–ˊ] bedauern; beklagen
deploy [di'plɔi] *mil* auseinanderziehen, entfalten; **~(ment)** *mil* Aufmarsch; Entfaltung; Einsatz, Verwendung
depopulate [diː'pɔpjuleit] entvölkern
deport [di'pɔːt] deportieren, abschieben; *~ o.s.* sich benehmen; **~ation** [––'teiʃən] Deportation; **~ment** [–ˊmənt] Führung, Betragen
depos|e [di'pouz] absetzen, entthronen; bezeugen; aussagen; **~it** [di'pɔzit] Einzahlung, Einlage; Anzahlung; Ablagerung (*a.* ⚕), Schicht; Depositen-, Depot-; deponieren, hinterlegen; einzahlen; anzahlen; (sich) ablagern; **~itary** [di'pɔzitəri] Verwahrer; **~ition** [depə'ziʃən] Absetzung, Entthronung; *eccl* Kreuzesabnahme; eidliche Aussage; Ablagerung; **~itor** [di'pɔzitə] Einzahler, Hinterleger; **~itory** [di'pɔzitəri] Hinterlegungsstelle; Aufbewahrungsort; Lagerhaus; Registratur; = **~itary**
depot [depou, *US* 'diː-] Lager, Depot; *BE* Lagerhaus; Ersatztruppenteil; *BE* Regimentsstab; *US* Bahnhof
deprav|ed [di'preivd] (sittl.) verdorben; **~ity** [di'præviti] Verderbtheit; Gemeinheit; Schlechtigkeit

depreca|te ['deprikeit] mißbilligen, verurteilen; **~ion** [depri'keiʃən] Mißbilligung
deprecia|te [di'priːʃieit] im Wert sinken; herabsetzen *(a. fig)*; entwerten; abschreiben; unterschätzen, geringschätzen; **~tion** [diˌpriːʃi'eiʃən] Entwertung; Abschreibung; Geringschätzung
depreda|te ['deprideit] räubern; plündern; verwüsten; **~tion** [--'deiʃən] Plünderung; Verwüstung; **~tor** [ˊ--tə] Räuber; **~tory** [di'predətəri, *US* 'deprideitəri] räuberisch, verheerend.
depress [di'pres] niederdrücken *(a. fig)*; **~ed** [diprest] gedrückt, flau; **~ed area** ['ɛəriə] Notstandsgebiet; **~ion** [di'preʃən] Niedergeschlagenheit, Depression; Vertiefung, Senkung, Mulde; Flaute, Rückgang (*the D~ion* die Weltwirtschaftskrise); Tief; *astr, phys* Sinken
depriv|ation [depri'veiʃən] Beraubung; Verlust; **~e** [di'praiv] berauben; *~e s-b of* j-m etw nehmen
depth [depθ] Tiefe (*what is the ~ of* wie tief ist); *in the ~(s) of* mitten in; *that is out of (beyond) his ~* da kommt er nicht mehr mit; *to feel out of one's ~* sich unsicher fühlen; *out of one's ~* keinen Boden unter den Füßen *(a. fig)*; *~ of focus* ['foukəs] 📷 Tiefenschärfe; ~ **bomb** [bɔmb] (*od* **charge** [tʃaːdʒ] Wasserbombe
deput|ation [depju'teiʃən] Abordnung; **~e** [di'pjuːt] übertragen; (als Vertreter) ernennen; anweisen; **~ize** ['depjutaiz] (als Vertreter) ernennen; *~ize for* j-n vertreten; **~y** ['depjuti] (Stell-)Vertreter; Abgeordneter; Vize-
derail [di'reil] zum Entgleisen bringen; *to be ~ed* entgleisen; **~ment** Entgleisung
derange [di'reindʒ] in Unordnung bringen; stören; **~d** [di'reindʒd] geistesgestört; **~ment** Unordnung; (*bes.* ⚕, Geistes-)Störung
deration [diː'ræʃən] Rationierung aufheben bei, aus der Bewirtschaftung herausnehmen
derby ['dəːbi] *US* Melone (Hut)
derelict ['derilikt] verlassen, herrenlos; *US* pflichtvergessen; herrenloses Gut; Wrack; *US* Pflichtvergessener; *US* pflichtvergessen handeln; vernachlässigen; **~ion** [deri'likʃən] Aufgeben; Vernachlässigung; *~ion (of duty)*; Pflichtvergessenheit; Unzulänglichkeit
deri|de [di'raid] verlachen, verspotten; **~sion** [di'riʒən] Verspottung *(to hold s-b in ~sion = to ~de s-b)*; Spott; Gespött; **~sive** [di'raisiv] spöttisch; **~sory** [di'raisəri] lächerlich
deriv|ation [deri'veiʃən] Ableitung; Ursprung; **~ative** [di'rivətiv] abgeleitet(es Wort), Ableitung; unschöpferisch, unoriginell; **~e** [di'raiv] (sich) ableiten (lassen) (*from* von); (Nutzen, Erfahrung) ziehen (*from* aus), (Vergnügen) haben (*from* bei)
dermatolog|ist [dəːmə'tɔlədʒist] Facharzt für Hauterkrankungen; **~y** Dermatologie
derogat|e ['derəgeit] *from* schmälern, beeinträchtigen; **~ory** [di'rɔgetəri] herabsetzend; nachteilig (*to, from, of* für)
derrick ['derik] ⚓ Ladebaum; Bohrturm; Derrick-, Mastenkran
desalinate [diː'sælineit] entsalzen
descant [dis'kænt] *upon* s. (voll Lobes) auslassen über; ~ ['deskænt] Sang, Melodie; ♪ Überstimme; Sopranstimme (im mehrstimmigen Gesang)
descen|d [di'send] herabsteigen; *astr* untergehen; ✈ niedergehen; (Straße) fallen; *to be ~ded from* abstammen von; zufallen, übergehen (*to* auf); herfallen (*upon* über); **~dant** Nachkomme; **~t** Herabsteigen; Abstieg; ✈ Landung, Absprung; Abhang, Gefälle; Abstammung; Überfall (*upon* auf)
descri|be [dis'kraib] beschreiben; bezeichnen; **~ption** [dis'kripʃən] Beschreibung; *beyond ~ption* unbeschreiblich; Schilderung; *umg* Art; Bezeichnung; **~ptive** beschreibend, schildernd
descry [dis'krai] erspähen, entdecken; wahrnehmen
desecra|te ['desikreit] entweihen; schänden; **~tion** [desi'kreiʃən] Entweihung; Schändung
deser|t [di'zəːt] verlassen, im Stich lassen, desertieren von; **~t** ['dezət] Wüste; verlassen; öde, wüst; **~ts** [di'zəːts] Verdienste (*to get one's ~ts* bekommen, was man verdient); **~ter** [di'zəːtə] Deserteur; **~tion** [di'zəːʃən] Verlassen; Einsamkeit; Fahnenflucht; **~ve** [di'zəːv] verdienen; *~ve well of* sich sehr verdient machen um; **~vedly** [di'zəːvidli] wie man es verdient; **~ving** verdienstvoll *(to be ~ving of = to ~ve)*
desiccate ['desikeit] trocknen; zu Pulver verarbeiten
desideratum [disidə'reitəm], *pl* **~ta** [---ˊtə] Wunsch, Erfordernis
design [di'zain] Muster, Entwurf; Anlage, Gestaltung; Formgebung; Plan, Absicht ♦ *to have ~s on (against)* Absichten (Anschlag vor)haben auf; entwerfen, planen, gestalten; ersinnen; beabsichtigen; j-n bestimmen (*for* für, zu); **~ate** ['dezigneit] bezeichnen; bestimmen; **~ation** [dezig'neiʃən] Bezeichnung; Ernennung; **~edly** [-ˊnidli] absichtlich; **~er** [-ˊnə] Musterzeichner, Dessinateur; Konstrukteur; Formgestalter, Designer; **~ing** [-ˊniŋ] verschlagen, hinterlistig
desir|able [di'zaiərəbl] wünschenswert, erwünscht; **~ability** [-ˌ---'biliti] *of* daß ... wünschenswert ist; **~e** [-'zaiə] wünschen, ersehnen; Wunsch; Ersuchen; **~ous** [-ˊrəs] begierig (*of* nach)
desist [di'zist] *from* ablassen von
desk [desk] Pult; Schreibtisch; Schalter; *US* Kanzlei; *US* Redaktion
desola|te ['desəleit] verwüsten; tiefunglücklich, -traurig machen; **~te** ['desəlit] wüst, öde; verfallen; einsam, trostlos; **~tion** [desə'leiʃən] Verwüstung; Elend, Trostlosigkeit; Einsamkeit
despair [dis'pɛə] verzweifeln (*of* an); Verzweiflung (*he was filled with ~* Verzweiflung überkam ihn); *in ~* voll Verzweiflung; Schrecken, Anlaß zur Verzweiflung für; **~ing** [-ˊriŋ] verzweifelt
despatch [dis'pætʃ] *siehe* dispatch

desperad|o [despəˈrɑːdou] *pl* **~does, -dos** Bandit, Desperado

despera|te [ˈdespərit] rücksichtslos verwegen, hemmungslos; verzweifelt; hoffnungslos; *umg* fürchterlich (Sturm), riesig (Angst, Narr); **~tion** [despəˈreiʃən] (rasende) Verzweiflung; *to drive s-b to ~tion* j-n zur Raserei bringen

despicable]ˈdespikəbl] verächtlich

despise [disˈpaiz] verachten

despite [disˈpait) trotz; Verachtung; Trotz; *in ~ of* ungeachtet, trotz

despoil [disˈpɔil], *~ed, ~ed* plündern

despond [disˈpɔnd] verzagen; **~ency** Verzagtheit; **~ent, ~ing** verzagt

despot [ˈdespɔt] Tyrann, Despot; **~ic** [desˈpɔtik] despotisch; **~ism** [ˈdespətizm] Tyrannei; Diktatur

dessert [diˈzəːt] Nachtisch, Dessert

destin|ation [destiˈneiʃən] Bestimmung(sort), Ziel; **~e** [ˈdestin] bestimmen (*for* für, zu); *he was ~ed* [ˈdestind] *to do* es war ihm bestimmt (beschieden) zu tun; **~y** [ˈdestini] Schicksal; Los

destitu|te [ˈdestitjuːt] mittellos; *~te of (feeling)* bar jeglichen (Gefühls); **~tion** [destiˈtjuːʃən] (bittere) Not; Mangel (*of* an)

destroy [disˈtrɔi] zerstören, vernichten; kaputtmachen; **~er** Zerstörer (*a.* ⚓)

destruct [diˈstrʌkt] absichtl. zerstören; absichtliche Zerstörung

destruc|tion [disˈtrʌkʃən] Zerstörung; *fig* Ruin; *child ~tion* ⚖ Tötung e-s Kindes im Mutterleib; **~tive** [disˈtrʌktiv] zerstörend; vernichtend (*of, to* für); zerstörerisch; destruktiv

desuetude [diˈsjuitjuːd, ˈdeswitjuːd, *US* ˈdeswətuːd] Nichtgebrauch (*to fall into ~* außer Gebrauch kommen)

desultory [ˈdesəltəri] sprunghaft; planlos; zufällig (Bemerkung)

detach [diˈtætʃ] ab-, losmachen (*from* von); *mil* abstellen, abkommandieren; **~able** abnehmbar; **~ed** [diˈtætʃt] einzeln; unvoreingenommen, objektiv; **~ed** [–ˊt] **unit** Kommando; **~ment** Losmachen; Trennung; *mil* Abteilung, Trupp; Objektivität; Losgelöstheit

detail [ˈdiːteil] Einzelheit (*to go, enter, into ~s* auf E. eingehen); *in ~* eingehend; Abteilung, Trupp; 🎨, 🎥 störende Einzelheiten, Beiwerk; ~ [diˈteil] ausführlich erzählen, beschreiben; eingehen auf; abstellen, abkommandieren; **~ed** [diˈteild] ausführlich, eingehend

detain [diˈtein] auf-, zurückhalten; vorenthalten; in Haft behalten; **~ee** [diːteiˈniː] Zurückgehaltener; Häftling

detect [diˈtekt] entdecken, feststellen, herausfinden; **~ion** [diˈtekʃən] Entdecken; Feststellung; **~ive** [diˈtektiv] Kriminalbeamter, Detektiv; Detektiv-, Kriminal- *(story)*

détente [deiˈtɑːnt] *pol* Entspannung

detention [diˈtenʃən] Zurückhalten; Abhaltung; Haft; Nachsitzen; **~ barracks** Militärgefängnis; **~ camp** Internierungslager

deter [diˈtəː] abschrecken, abhalten (*from doing* zu tun)

detergent [diˈtiəːdʒənt] reinigend; Reinigungsmittel

deteriora|te [diˈtiəriəreit] (sich) verschlechtern, -schlimmern; entarten; **~ion** [ditiəriəˈreiʃən] Verschlechterung, Verschlimmerung; Verschleiß

determin|ant [diˈtəːminənt] bestimmend, entscheidend(er Faktor); **~ate** [diˈtəːminit] bestimmt; **~ation** [–ˌ––ˈneiʃən] Entschlossenheit; Entscheidung, Festlegung; **~ative** [–ˊ–nətiv] bestimmend; festlegend; **~e** [–ˊmin] bestimmen, feststellen; veranlassen (*to do* zu tun; *against delay* nicht zu verzögern); sich entschließen, beschließen; (s.) entscheiden; **~ed** [–ˊmind] entschlossen (*on doing* zu tun)

deterren|ce [diˈterəns] Abschreckung; **~t** abschreckend; Abschreckungsmittel; Hindernis

detest [diˈtest] verabscheuen; **~able** verabscheuungswürdig; **~ation** [diːtesˈteiʃen] Abscheu (*of* vor); *to hold* (od *have*) *s-b in ~ation* = to ~s-b

dethrone [diˈθroun] entthronen; **~ment** Entthronung

detona|te [ˈdetouneit, ˈdiː-] detonieren (lassen); **~tion** [detouˈneiʃən, diː-] Explosion, Detonation; **~tor** [ˈdetouneitə; ˈdiː-] Sprengkapsel, -zünder

detour [ˈdiːtuə] Umweg *(to make a ~)*; Umleitung; Abstecher; e-n Umweg machen (lassen); umleiten

detract [diˈtrækt] wegnehmen; *fig* herabsetzen; *~ from* schmälern, verringern; **~ion** [diˈtrækʃən] Herabsetzung, Beeinträchtigung; Verleumdung; **~or** Verleumder

detriment [ˈdetrimənt] Schaden *(to the ~ of)*; Nachteil *(s-th to his ~)*; **~al** [detriˈment] abträglich (*to* für)

deuce [djuːs] (Karte, Würfel) Zwei; (Tennis) Einstand (40–40); *(umg) what the ~* was zum Henker; *go to the ~!* geh zum Henker! *the ~ of a row* [rau] ein fürchterlicher Streit; *to play the ~ with* zunichte machen

Deuteronomy [djuːtəˈrɔnəmi] das 5. Buch Mose

devalu|ate [diːˈvæljueit] *bes. US* ab-, entwerten; **~ation** [diːvæljuˈeiʃən] Ab-, Entwertung; **~e** = ~ate

devasta|te [ˈdevəsteit] verwüsten; **~ting** *fig* vernichtend; **~tion** [devəsˈteiʃən] Verwüstung

develop [diˈveləp] zur Entwicklung bringen, ausbauen, schaffen; sich entwickeln (*into* zu), wachsen; s. entfalten, entstehen; 🎥 entwickeln; **~ment** Ausbau, Schaffung; Entwicklung, Entfaltung; **~ment area** [ˈɛəriə] BE (industr.) Fördergebiet; **~mental** [diveləpˈmentl] Ausbau-, Entwicklungs-; der Entwicklung dienend

devia|nt [ˈdiːviənt] (voneinander) abweichend; **~te** [ˈdiːvieit] abweichen (*from* von); **~tion** [diːviˈeiʃən] Abweichung; Ablenkung der Magnetnadel; **~tionist** *pol* Abtrünniger

device [diˈvais] Plan ♦ *to leave s-b to his own ~s* j-n. s. selbst überlassen; Kunstgriff; Vorrichtung, Gerät; Muster, Zeichnung; Wahlspruch

devil [devl] Teufel ♦ *between the ~ and the deep sea* zwischen zwei Feuern; *to give the ~ his due* j-m geben, was ihm zusteht; *to go to the ~* vor die Hunde gehen; *the ~ to pay* e-e verflixte Geschichte; *go to the ~!* geh zum Teufel!; *to play the ~ with* zunichte machen; Gehilfe (*bes: printer's ~* Druckerei-) ♦ *we had the ~ of a time* uns ging's schrecklich (herrlich, doll etc); **~ish** ['devliʃ] teuflisch; verteufelt; **~-may-care** ['devlmei'kɛə] verwegen; **~ry** ['devlri], **~try** Teufelei, Schurkerei; Teufelskunst, -werk
devious ['diːviəs] abwegig; unehrlich; *~ way* Um-, Abweg
devise [di'vaiz] s. ausdenken, ersinnen
devitalize [diː'vaitəlaiz] der Lebenskraft berauben; den Nährwert nehmen
devoid [di'vɔid] entblößt (*of* von); frei, leer (*~ of trees* baum-); *~ of sense* töricht
devolve [di'vɔlv] übertragen, abwälzen (*on* auf); *~ on* (j-m) zufallen, übergehen auf
devo|te [di'vout] *to* hingeben für, widmen; *~te o.s. to* s. widmen, s. beschäftigen mit; **~ted** [di'voutid] treu, liebend; *is ~ted to* ist ganz da für; **~tee** [devou'tiː] Religionsfanatiker; begeisterter Anhänger; **~tion** [di'vouʃən] Hingabe (*to* an, für); tiefe Liebe (*for* für); *pl* Gebete, Andacht
devour [di'vauə] auffressen, verschlingen *(a. fig)*; vernichten; **~ed** [di'vauəd] *by* erfüllt von
devout [di'vaut] religiös; ernsthaft, aufrichtig
dew [djuː] Tau; **~berry** ['djuːbəri] (amerikan.) Taubeere; **~-drop** Tautropfen; **~-worm** [ˊ-wəːm] Regenwurm; **~y** ['djuːi] taufeucht
dext|erity [deks'teriti] (*bes* manuelle) Geschicklichkeit; *verbal ~erity* Gewandtheit im Ausdruck; **~erous, ~rous** ['dekstrəs] geschickt, gelenkig, gewandt
diabet|es [daiə'biːtiːz, *bes US* ---ˊtis] Zuckerkrankheit; **~ic** [daiə'betik] zuckerkrank; Zukkerkranker, Diabetiker
diabolic [daiə'bɔlik] des Teufels, *konkr* teuflisch; **~al** *fig* teuflisch, diabolisch
diadem ['daiədem] (königliches) Diadem; (Blumen-)Kranz
diæresis, *US* **dier-** [dai'iːrisis, dai'erisis] Trema
diagno|se ['daiəgnouz] ⚕ erkennen, diagnostizieren; **~sis** [daiəg'nousis], *pl ~ses* [--ˊsiːz] Diagnose; **~stic** [daiəg'nɔstik] diagnostisch; **~stician** [daiəgnɔs'tiʃən] Diagnostiker
diagonal [dai'ægənəl] diagonal, quer (-gehend); quergestreift; Diagonale
diagram ['daiəgræm] Diagramm, graphische Darstellung; Schaubild; Übersicht; **~matic** [daiəgrə'mætik] graphisch
dial ['daiəl] Zifferblatt; 📻 (runde) Skala; ☎ Wählscheibe; ⚙ Skala; *vt* ☎ wählen, anrufen; anzeigen; einstellen
dialect ['daiəlekt] Mundart, Dialekt; **~al** mundartlich, Dialekt-; **~ic** [daiə'lektik] Dialekt (als Wissenschaft); dialektisch; **~ical** dialektisch; **~ics** *sg vb* Dialektik (als Methode)
dialogue, *US a.* **dialog** ['daiəlɔg] Gespräch; Dialog; in D.form bringen, dramatisieren

diame|ter [dai'æmitə] Durchmesser; **~trical** [daiə'metrikl] diametral *(a. fig)*
diamond ['daiəmənd, *bes. US* 'daimənd] Diamant ♦ *he is a rough* [rʌf] *~* er hat e-e rauhe Schale, aber e-n guten Kern; *black ~s* Kohle; Rhombus; Karo; ⚾ Spielfeld; diamanten; **~-shaped** [ˊ--ʃeipt] rautenförmig
diaper ['daiəpə] (rautenförmig gemusterte Leinwand; Windel; *US* (Baby) trockenlegen, Windeln wechseln
diaphanous [dai'æfənəs] durchsichtig
diaphoretic [daiəfɔ'retik] schweißtreibend(es Mittel)
diaphragm ['daiəfræm] Zwerchfell; Membran; 📷 (Öffnungs-)Blende
diarrhœa, *US* **diarrhea** [daiə'riə] Durchfall
diary ['daiəri] Tagebuch; Taschenkalender
diatribe ['daiətraib] Schmähschrift, -rede; Ausfall
dice [dais] *pl* **dice** Würfel; *vt* in Würfel schneiden; Würfel spielen; **~-box** Würfelbecher
dichotomy [di'kɔtəmi] Dichotomie; *fig* Spaltung
dick [dik] Kriminaler, Detektiv; *BE* Kerl; *to take one's ~s (sl)* schwören
dickens ['dikinz] *umg* Teufel, Henker
dicker ['dikə] feilschen
dicta|phone ['diktəfoun] Diktiergerät, Diktaphon; **~te** [–'teit, *US* ˊ-] diktieren (*to s-b* jm); befehlen; **~te** [ˊ-teit] Gebot (*bes* des Gewissens etc); **~tion** [–'teiʃən] Diktat (*at s-b's ~tion* nach j-s D.); Herumkommandieren, Befehlen; **~tor** [–'teitə] Diktierender; Diktator; **~torial** [--'tɔːriəl] diktatorisch, herrschsüchtig; **~torship** [–'teitəʃip] Diktatur
diction ['dikʃən] Wortwahl, Diktion; Stil; **~ary** ['dikʃənəri] Wörterbuch
dic|tum ['diktəm], *pl* **~ta** ['diktə], **~tums** (Aus-)Spruch; geflügeltes Wort
did [did] *siehe* do[1]
didactic [di'dæktik] Lehr-(Gedicht); lehr(er)haft
die[1] [dai], *pl* **dice** [dais] Würfel
die[2] [dai], *pl* **dies** [daiz] ⚙ Gesenk, Matrize; Prägestempel
die[3] [dai], *~d, ~d, dying* sterben (*of, from* an; *with, of* vor; *a natural death* eines natürlichen Todes); *~ in one's boots* [buːts] e-s gewaltsamen Todes sterben; *~ game* tapfer (kämpfend) sterben; *never say ~!* gib nicht auf!; *~ hard* nicht (aus)sterben (wollen); verwelken; verenden; *~* **away** verblassen, -klingen, ersterben; *~* **back** (*od* **down**) absterben; *~* **down** niederbrennen, verglühen; *~* **off** absterben; *~* **out** aussterben; *fig* vergehen (*with, of* vor) ♦ *I'm dying* ich möchte furchtbar gern (*I'm dying to know* ich sterbe vor Neugier); **~-hard** ['daihaːd] unentwegt, starrköpfig; Unentwegter; Reaktionär
Diesel engine ['diːzəl'endʒin] Dieselmotor
dieselize ['diːzəlaiz] auf Dieselbetrieb umstellen (umgestellt werden)
diet ['daiət] (das alltägliche) Essen; Diät, (*bes* Abmagerungs-)Kur *(I'm on a ~)*; *~ (o.s.)*

Diät halten, e-e Kur machen; j-n in Diät halten; Parlament; *hist* Reichstag; **~etics** [--'tetiks] Diätkunde; Ernährungstherapie; **~itian** [--'tiʃən] Diätassistentin, -köchin; Diätspezialist

differ ['difə] verschieden sein; s. unterscheiden (*in* in, dadurch, daß); anderer Meinung sein (*with, from* als); *I beg to ~* ich bin leider anderer Ansicht; *to agree* [ə'griː] *to ~* bei seiner Ansicht bleiben; **~ence** ['difrəns] Unterschied (*in colour* Farb-); *it makes some (no) ~* es macht etwas (nichts) aus; Differenz, Streitigkeit; **~ent** ['difrənt] verschieden, anders(artig) (*from, to, than* als); besonders, nicht alltäglich; **~ential** [difə'renʃəl] unterscheidend; Differential-; ⚙ Differential; *~ential price* Preisspanne; *~ential tariff (wages)* Staffeltarif (-lohn); **~entiate** [difə'renʃieit] unterscheiden; verschieden(artig) werden; **~entiation** [difərenʃi'eiʃən] Differenzierung

difficult ['difikəlt] schwierig, schwer (*of access* schwer zugänglich); **~y** ['difikəlti] Schwierigkeit (*bes: to have some (no etc) ~y in); to raise* (od *make*) *~ies* Schwierigkeiten machen; *he's always in ~ies* er ist immer in Geldnöten

diffiden|ce ['difidəns] Schüchternheit, mangelndes Selbstvertrauen; **~t** schüchtern, ohne Selbstvertrauen; *to be ~t* kein Selbstvertrauen (Zutrauen zu sich selbst) haben

diffu|se [di'fjuːz] verbreiten; (s.) durchdringen; **~se** [-'fjuːs] verbreitet, zerstreut; diffus; weitschweifig; **~sion** [--́ʒən] Ver-, Ausbreitung; Diffusion

dig [dig] *(s. S. 318)* **1.** (um-, aus)graben; *~ in* (Mist) mit Erde umgraben; **2.** *fig* ausgraben *(from books)* forschen (*for* nach); s. vertiefen *(into a book)*; **3.** stoßen, schubsen; **4.** kapieren; erleben; mögen; **5.** Stoß, Schubs; **6.** *fig* Stich *(a ~ at me)*; **7.** *US* Streber; **8.** **~s** *pl BE umg* Bude

digest [di'ðʒest] (s.) verdauen (lassen); verdaulich sein; geistig verdauen, gründlich in s. aufnehmen; ertragen; **~** ['daidʒest] Zus.fassung; Zeitschrift mit zus.fassenden Artikeln *(Reader's D~)*; **~ible** [di'dʒestibl] verdaulich; **~ion** [di'dʒestʃən] Verdauung; *easy (difficult) of ~ion* leicht (schwer) verdaulich; **~ive** [di'dʒestiv] Verdauungs-

dig|ger ['digə] (*bes.* Gold-)Gräber; *BE sl* Australier; **~ging** ('digiŋ das Graben; (Erd-)Aushub; *pl* Goldfeld, -mine; Erzgrube; *pl BE umg* Bude

digit ['didʒit] Finger(breit); Zehe; Ziffer; *math* Stelle; **~alis** [didʒi'teilis] *bot* Fingerhut

digni|fied ['dignifaid] würdevoll; **~fy** ['dignifai] Ehre erweisen, Würde verleihen, auszeichnen; **~tary** ['dignitəri] Würdenträger; **~ty** ['digniti] Würde; hohe Stellung ♦ *to stand upon one's ~ty* formell sein

digraph ['daigrɑːf] Doppelbuchstabe

digress [dai'gres] *from* abgehen, abschweifen von; **~ion** [dai'greʃən] Abschweifung

dike (*BE a.* **dyke**) [daik] Graben; Deich; eindeichen; eindämmen

dilapida|ted [di'læpideitid] verfallen(d), baufällig; **~tion** [di,læpi'deiʃən] Zerstörung; Verfall

dilat|ation [dailə'teiʃən, *US* dilə--́] *bes* ⚕ Erweiterung (Herz, Magen- etc); **~e** [dai'leit] (s.) weiten (s.) erweitern; sich auslassen (*upon* über); **~ion** [dai'leiʃən] Weitermachen, Dehnung; **~ory** ['dilətəri] langsam, zaudernd; verzögernd; saumselig (*over* in)

dilemma [di'lemə], *pl* **~s** Dilemma; *to put s-b in(to) a ~* j-n in e-e verzwickte Lage bringen

dilettan|te [dili'tænti], *pl* **~ti** [---́tiː], **~tes** Dilettant; Kunstliebhaber; **~tism** [---́tizm] Dilettantismus

diligen|ce ['dilidʒəns] Fleiß; Sorgfalt; **~t** fleißig; sorgfältig

dill [dil] Dill

dilly-dally ['dilidæli] *umg* schwanken; trödeln

dilu|te [dai'ljuːt] verdünnen; (Farbe) abstumpfen; *fig* verwässern; *~te labour* Facharbeiter durch ungelernte Arbeit ersetzen; **~te** [dai'ljuːt] verdünnt; abgestumpft; verwässert; **~tee** [dailjuː'tiː] ungelernter Arbeiter; **~tion** [dai'ljuːʃən] Verdünnung; Verwässerung

dim [dim] trüb; undeutlich; verschwommen *(with tears)*; *to take a ~ view of* nicht viel halten von; trüben; abschwächen; 🚗 *US* abblenden; **~-out** Abschirmung, Abdunklung, teilweise Verdunklung

dime [daim] *US* 10-Cent-Stück; **~ novel** Groschenroman; **~ store** billiges Warenhaus

dimension [di'menʃən] (Aus-)Maß, Abmessung; *pl* Ausmaß, Größe; *math* Dimension

dimin|ish [di'miniʃ] (sich) verringern; abnehmen; **~ution** [dimi'njuːʃən] Verminderung; Verjüngung; **~utive** [di'minjutiv] winzig; Verkleinerungs-; Diminutiv, Verkleinerungswort

dimple [dimpl] Grübchen; Vertiefung; kleine Welle; Grübchen bekommen; (s.) kräuseln

din [din] (anhaltender) Lärm, Getöse, dröhnen; *to ~ into s-b's ears* j-m etwas einhämmern, predigen

dine [dain] zu Mittag (die Hauptmahlzeit) essen; j-m zu essen (ein Essen) geben; *~ out* auswärts essen (gehen); **~r** ['dainə] (zu Mittag) Essender; 🚃 Speisewagen; **~tte** [dai'net] Eßnische

ding-dong ['diŋdɔŋ] Bimbam

dinghy, dingey ['diŋgi] Segeljolle, Dingi; Schlauchboot (e-s Flugzeugs)

dingle [diŋgl] tiefes Waldtal

dingy ['dindʒi] trüb, schmutzig, dunkel

dining|-car ['dainiŋkɑː] Speisewagen; **~-room** Eßzimmer

dinner ['dinə] Hauptmahlzeit (mittags oder abends), Essen; (Fest-)Essen, Diner; **~-jacket** *BE* Smoking; **~-party** Einladung mit Abendessen; **~-service** [-́-səːvis] Speiseservice; **~-wagon** [-́-wægən] Servierwagen

dint [dint] Einbeulung, Beule; *by ~ of* vermittelst, durch; *vt* einbeulen

dioce|san [dai'ɔsisən] Diözesen-; Bischof; **~se** ['daiəsis] Diözese, Bistum

dip [dip] **1.** (kurz) (ein)tauchen; **2.** (Kerze) ziehen; **3.** (Schafe) dippen; **4.** (Kleid) färben; **5.**

⚓ (Flagge) dippen; ~ *one's hand into* (*a bag* etc) mit d. Hand in (e-n Sack) fahren; ~ *up* (Wasser etc) herausholen; ~ *deeply into one's purse* tief in d. Tasche greifen; ~ *into (a book)* s. etw befassen mit; **6.** sinken, fallen; (Straße) abfallen; **7.** (Ein-)Tauchen; *to have (take, go for) a* ~ schwimmen (baden) gehen; **8.** Tunke; **9.** (gezogene) Kerze; **10.** Dippen (d. Flagge) (*at the* ~ gedippt); **11.** Gefälle; **12.** Winkel; **13.** ✈ Fallen; **14.** Geschäftsrückgang; *to take a* ~ zurückgehen; **15.** Säufer

diphtheria [dif'θiəriə] Diphtherie

diphthong ['difθɔŋ] Doppellaut; (als Vokal gesprochener) Doppelbuchstabe

diploma [di'ploumə], *pl* **~s** Diplom; **~cy** [–´–si] Diplomatie; **~t** ['dipləmæt] Diplomat; **~tic** ['diplə'mætik] diplomatisch *(the ~tic service)*; *the ~tic corps* [kɔː] (od *body*), d. dipl. Korps; **~tist** [–´–tist] Diplomat

dipper ['dipə] Schöpfkelle; Baggereimer, Wasseramsel; *astr US* **Big D~** Großer Bär, **Little D~** Kleiner Bär

dipsomania [dipsə'meinjə] Trunksucht; **~c** [––´niæk] trunksüchtig; trunksüchtige Person

dire [daiə] schrecklich; äußerst (*is in ~ need of help* braucht dringend Hilfe)

direct [di'rekt] **1.** j-m d. Weg zeigen (*to* nach); **2.** (an)leiten; anweisen, Anweisung (Befehl) geben; **3.** (Aufmerksamkeit etc) lenken, richten (*to, towards* auf, *to* an); **4.** 🎭, 🎥 Regie führen; dirigieren; **5.** (Güter) lenken; **6.** direkt gerade (*in a ~ line with* auf der Geraden zwischen); **7.** unmittelbar; **8.** Voll-(Treffer); **9.** klar, unverblümt, rundheraus; **10.** genau (Gegenteil); **11.** ~ *action* direkte Aktion; ~ **current** ['kʌrənt] Gleichstrom; ~ *speech* direkte Rede; ~ *train* durchgehender Zug; **12.** *adv* direkt, unmittelbar; **~ion** [–'rekʃən] Richtung (*in the ~ion of* in R. auf); *oft pl* (Gebrauchs-)Anweisung, (Weg-)Beschreibung; *pl* Anschrift; (An-)Leitung; Geschäftsführung; (Wirtschafts-)Lenkung; 🎥 Regie; **~ly** [–´li] gerade(heraus); unmittelbar; (*oft* ['drekli] *BE*) sofort, sogleich; *umg BE* sobald, sowie; **~ness** Geradheit, Ehrlichkeit; **~or** [–'rektə] Leiter, Direktor; *Board of D~ors* Direktorium, Aufsichtsrat; 🎥 Regisseur; *mil* Kommandogerät; **~orate** [di'rektərit] Direktorium; Direktorat; **~orship** Direktorat; **~ory** [di'rektəri] Telefon-, Adreßbuch

dirge [dəːdʒ] Totengesang, Klagelied

dirigible ['diridʒibl] lenkbar(es Luftschiff)

dirk [dəːk] Dolch; erdolchen

dirt [dəːt] Schmutz, Dreck; *as cheap as* ~, *~-cheap* ['dəːt'tʃiːp] *umg* spottbillig; (lockere) Erde; ~ *road US* unbefestigte Straße; *~-track* 🏃 Aschen-, Schlackenbahn; *to eat* ~ klein beigeben; *to fling* (od *throw*) ~ *at* j-n mit Schmutz bewerfen; *to treat s-b like* ~ j-n wie (d. letzten) Dreck behandeln; Plunder; Schund; gemeiner Mensch; **~y** schmutzig, dreckig *(~y hands, work)* ; *~y work (fig)* Betrug; *fig* unsauber; (Wetter) scheußlich; *vt* schmutzig machen

disab|ility [disə'biliti] Unvermögen; Unfähigkeit; Invalidität, Arbeitsunfähigkeit; *at a great ~ility* sehr benachteiligt; **~le** [dis'eibl] (kampf)unfähig, unbrauchbar machen; **~led** [dis'eibld] unfähig (gemacht); schwer verletzt, versehrt; ⚓ seeuntüchtig; *mil* abgeschossen

disabuse [disə'bjuːz] j-m d. Wahrheit sagen, e-s Besseren belehren; ~ *of* j-n aufklären, befreien von (Irrtum)

disaccord [disə'kɔːd] nicht übereinstimmen (*with* mit)

disadvantage [disəd'vaːntidʒ] Nachteil, benachteiligender Umstand; *to do s-th at a* ~ benachteiligt sein bei; Benachteiligung; **~ous** [disædvən'teidʒəs] (be)nachteilig(t)

disaffect|ed [disə'fektid] *pol* unzufrieden; feindlich gesinnt; **~ion** [disə'fekʃən] *pol* Unzufriedenheit; mangelnde Loyalität

disagree [disə'griː] nicht übereinstimmen; verschiedener Meinung sein; anderer Meinung sein (*with* als); (Klima, Essen) nicht bekommen *(eggs ~ with me)*; **~able** [disə'griəbl] unangenehm; **~ment** fehlende Übereinstimmung; Meinungsverschiedenheit; Mißhelligkeit

disallow [disə'lau] nicht gestatten; ⚖ nicht zulassen

disannul [disə'nʌl] aufheben, streichen

disappear [disə'piə] verschwinden; **~ance** [disə'piərəns] Verschwinden

disappoint [disə'pɔint] enttäuschen; (Hoffnung, Plan) stören; **~ed** enttäuscht (*at, with s-th* über etw, *in s-b* von j-m); **~ment** Enttäuschung

disappro|bation [disæprə'beiʃən], **~val** [disə'pruːvəl] Mißbilligung (*in ~val* mißbilligend); **~ve** [disə'pruːv] miß-, nicht billigen (*s-th of s-th* etwas)

disarm [dis'aːm] entwaffnen *(a. fig)*; abrüsten; **~ament** [dis'aːməmənt] Entwaffnung; Abrüstung

disarrange [disə'reindʒ] durcheinanderbringen, stören; **~ment** Verwirrung, Unordnung

disassemb|le [disə'sembl] ⚙ auseinandernehmen, -montieren; zerlegen; **~ly** ⚙ Demontage; Zerlegung

disassocia|te [disə'souʃieit] loslösen, trennen; **~tion** [disəˌsousi'eiʃən] Loslösung, Trennung

disas|ter [di'zaːstə] Katastrophe; **~trous** [di'zaːstrəs] katastrophal, verheerend

disavow [disə'vau] in Abrede stellen; nicht anerkennen; s. lossagen von; **~al** [––´əl] Leugnung; Nichtanerkennung

disband [dis'bænd] *mil* auflösen, entlassen; **~ment** *mil* Auflösung; Verabschiedung

disbelie|f [disbi'liːf] Unglaube; Zweifel (*in* an); **~ve** [disbi'liːv] nicht glauben (können); mißtrauen; zweifeln (*in* an)

disburden [dis'bəːdən] entlasten (*of* von)

disburse [dis'bəːs] auszahlen; **~ment** Auszahlung; Ausgabe

disc [disk] ⚕ Scheibe; Schallplatte (*siehe* disk)

discard [dis'kaːd] (Karten) ablegen *(a. fig)*; aufgeben; abstoßen

discern [di'səːn, *bes US* di'zəːn] erkennen, ausmachen; unterscheiden (*between* zwischen); **~ible** unterscheid-, erkennbar; **~ing** klar, scharf(sichtig); **~ment** Scharfsinn; Einsicht
discharge [dis'tʃɑːdʒ] ent-, ausladen; (Rauch) ausstoßen; ~ *o.s.* sich ergießen; ⚡ entladen; abfeuern; ⚕ absondern, ausscheiden; entlasten; (Pflicht) erfüllen; (Summe, Schuld) begleichen; Ent-, Ausladung; Ablassen (von Rauch, Wasser); ⚡ Entladung; Abfeuern; Abschuß; ⚕ (Aus-)Fluß; Entlastung; Erfüllung (e-r Pflicht); Begleichung
discipl|e [di'saipl] Anhänger; *eccl* Jünger; **~inarian** [disipli'nɛəriən] j-d, der gut Zucht (Ordnung) hält, Zuchtmeister; **~inary** ['disiplinəri] Disziplinar-; erzieherisch; **~ine** ['disiplin] Disziplin; Bestrafung, Strafe; Lehrmethode; *vt* Disziplin schaffen; in Ordnung halten, erziehen; (be)strafen
disclaim [dis'kleim] nicht für sich beanspruchen; ablehnen, abstreiten; nicht anerkennen; verleugnen
disclo|se [dis'klouz] zutage fördern, enthüllen; bekanntgeben; **~sure** [dis'klouʒə] Enthüllung; Bekanntgabe
discolour [dis'kʌlə] (s.) verfärben; d. Farbe von etwas zerstören; **~ation** [diskʌlə'reiʃən] Verfärbung; Fleck
discomfit [dis'kʌmfit] j-s Päne stören, in Verlegenheit bringen, verärgern; *mil* schlagen; **~ure** [–⌐fitʃə] Vereitelung (aller Pläne); Niederlage
discomfort [dis'kʌmfət] Fehlen jeglicher Annehmlichkeiten; Unannehmlichkeit; Unbehagen; beunruhigen
discommode [diskə'moud] j-m Unannehmlichkeiten bereiten
discompo|se [diskəm'pouz] j-n aufbringen, erregen; **~sure** [––'pouʒə] Unruhe, Erregung
disconcert [diskən'səːt] j-n aus der Fassung bringen; stören; über d. Haufen werfen, zunichte machen
disconnect [diskə'nekt] trennen, unterbrechen (*a.* ⚡); auskuppeln
disconsolate [dis'kɔnsəlit] trostlos
discontent [diskən'tent] Unzufriedenheit; **~ed** unzufrieden
discontinue [diskən'tinjuː] aufhören (mit), einstellen; (Zeitung) nicht mehr halten; unterbrechen
discord ['diskɔːd] Meinungsverschiedenheit; Mißhelligkeit; Mißklang (♪, *fig*); **~ance** [–'kɔːdəns] fehlende Übereinstimmung; **~ant** [–'kɔːdənt] nicht übereinstimmend; nicht harmonierend; mißtönend
discount ['diskaunt] Skonto, Rabatt; *at a* ~ unter pari; *to be at a* ~ wenig Beachtung finden; Diskont (~ *rate* -satz); ~ [–'kaunt, ⌐–] diskontieren; nicht für bare Münze nehmen, nur teilweise glauben; ablehnen; **~enance** [dis'kauntinəns] mißbilligen; entmutigen; abhalten
discourage [dis'kʌridʒ] entmutigen; (versuchen) j-n ab(zu)halten (*from* von); **~ment** Entmutigung; Schwierigkeit
discourse [dis'kɔːs] Rede, Vortrag; Predigt; Unterhaltung, Gespräch; sich auslassen (*on* über), e-n Vortrag (e-e Predigt) halten
discourte|ous [dis'kəːtjəs] unhöflich; **~sy** [–⌐təsi] Unhöflichkeit, Unart
discover [dis'kʌvə] entdecken; feststellen; **~er** [–⌐–rə] Entdecker(in); **~y** [–⌐–ri] Entdeckung; Feststellung
discredit [dis'kredit] ablehnen, bezweifeln; in Mißkredit bringen; *su* Zweifel; *to bring ~ on* = to ~; Unehre, Schande (*to* für); **~able** unwürdig, unehrenhaft
discreet [dis'kriːt] überlegt, umsichtig; verschwiegen
discrepancy [dis'krepənsi] Gegensatz; Widerspruch; Diskrepanz
discre|te [dis'kriːt] abgesondert, getrennt; abstrakt; **~tion** [dis'kreʃən] **1.** Besonnenheit, Klugheit, Umsicht ♦ *~tion is the better part of valour* ['vælə] Vorsicht ist d. Mutter d. Porzellankiste; **2.** Entscheidungsfreiheit, Ermessen (*to use one's own ~tion* nach eigenem E. handeln); *it is within your own ~tion* es liegt bei Ihnen, ist Ihnen anheimgestellt; *at ~tion* nach eigenem Ermessen; *to surrender at ~tion* s. auf Gnade oder Ungnade ergeben; *years* (od *age*) *of ~tion* (Straf-)Mündigkeit; **~tionary** [–'kreʃənəri] beliebig, willkürlich; uneingeschränkt
discrimina|te [dis'krimineit] unterscheiden; anders behandeln; *~te against* benachteiligen, diskriminieren; *~te between* unterschiedlich behandeln; **~ting** urteilsfähig; anspruchsvoll; fein (Geschmack); unterschiedlich; **~tion** [–ˌ––'neiʃən] Unterscheidung(sfähigkeit); Feingefühl, Scharfsinn; **~tory** [dis'kriminətəri] unterschiedlich; benachteiligend, nachteilig
discursive [dis'kəːsiv] sprunghaft; abschweifend
discus ['diskəs], *pl* ~**es** Diskus
discuss [dis'kʌs] besprechen, erörtern; (Mahl) genießen; **~ion** [–'kʌʃən] (langes) Gespräch, Erörterung, Diskussion (*is under ~ion* wird erörtert); genußreiches Verzehren
disdain [dis'dein] verachten; herabsehen auf; verschmähen; Verachtung (*with ~* von oben herab); **~ful** verachtungsvoll, geringschätzig; hochmütig
disease [di'ziːz] Krankheit; **~d** [di'ziːzd] krank, erkrankt; krankhaft
disembark [disim'bɑːk] von Bord gehen, aussteigen; ausschiffen, ausladen
disembarrass [disim'bærəs] befreien, losmachen (*of, from* von)
disembody [disim'bɔdi] entkörperlichen; *mil* auflösen
disembowel [disim'bauəl] ausweiden
disemployed [disim'plɔid] beschäftigungslos
disenchant [disin'ʃɑːnt] entzaubern; desillusionieren; herabsetzen
disencumber [disin'kʌmbə] entlasten
disengage [disin'geidʒ] befreien; (s.) lösen; **~d** [disin'geidʒd] nicht besetzt, frei (von Arbeit); **~ment** Losgelöstsein, Freisein (*from* von); Muße; Entlobung

disentangle [disin'tæŋgl] entwirren; wieder in Ordnung bringen; *fig* trennen (*from* von)
disequilibrium [disi:kwi'libriəm] gestörtes Gleichgewicht, Unausgeglichenheit
disestablish [disis'tæbliʃ] abschaffen; aufheben; (Kirche) ihres staatskirchlichen Charakters entkleiden; **~ment** *eccl* Trennung von Kirche und Staat
disesteem [disis'ti:m] geringschätzen
disfavour [dis'feivə] Abneigung; Mißbilligung; *in ~* nicht beliebt, nicht angesehen; *vt* e-e Abneigung haben gegen; mißbilligen
disfigure [dis'figə] entstellen; **~ment** [dis'figəmənt] Entstellung, Verunstaltung
disfranchise [dis'fræntʃaiz] (j-m) die Bürgerrechte (d. Wahlrecht) nehmen, entziehen
disgorge [dis'gɔ:dʒ] ausspeien; *fig* hergeben, herausrücken; *~ (o.s.)* s. ergießen
disgrace [dis'greis] Schande *(to bring ~ on s-b)*; *in ~* nicht angesehen, unehrenhaft; *(konkr) a ~ to* e-e Schande für; entehren; **~ful** schändlich, unehrenhaft
disgruntled [dis'grʌntld] unzufrieden, verdrossen, mißgestimmt
disguise [dis'gaiz] verkleiden (*o.s.* sich), verändern, (Stimme) verstellen; (Ding) verkleiden, verändern (*as* als, zu); (Gefühl) verbergen; Verkleidung, Verstellung; *to make no ~ of* nicht verbergen, nicht zurückhalten mit
disgust [dis'gʌst] Ekel, Abscheu (*in ~* voll A.); j-s Abscheu erregen, j-n ekeln; *~ed with (at, by)* angewidert (von), empört (über); *I'm ~ed* ich finde es abscheulich; **~ing** ekelhaft, abscheulich
dish [diʃ] Schüssel, Platte; Gericht; **~-cloth** ['-klɔθ], *pl* ~-cloths ['-klɔθs] Spüllappen, Geschirrtuch; **~pan** *US* Spülschüssel; **~towel** ['-tauəl] *US* Geschirrtuch; **~-water** ['-wɔ:tə] Spülwasser; *~ (up)* auftischen *(a. fig)*; *pol* erledigen, schlagen
dishearten [dis'ha:tn] entmutigen, niedergeschlagen machen
dishevelled [di'ʃevəld] unordentlich; zerzaust
dishonest [dis'ɔnist] unehrlich; **~y** Unehrlichkeit; Unredlichkeit
dishonour [dis'ɔnə] Schande, Unehre; *(konkr) a ~ to* e-e Schande für; entehren; (Scheck) nicht honorieren; (Wort) brechen; **~able** [-'--rəbl] schändlich; ehrlos
dishy ['diʃi] toll, sexy
disillusion [disi'lu:ʒən] desillusionieren; *to be ~ed* [--'--d] e-e falsche Annahme auf(ge)geben (haben); *to be ~ed with* die Illusionen über etwas verloren haben; *su* Desillusionierung
disinclin|ation [disinkli'neiʃən] Abneigung (*for, to* gegen); **~ed** [disin'klaind] nicht geneigt (zu tun), abgeneigt
disinfect [disin'fekt] desinfizieren; **~ant** desinfizierend(es Mittel); **~ion** [--'fekʃən] Desinfektion
disinflation [disin'fleiʃən] Geld- und Kreditverknappungspolitik
disingenuous [disin'dʒenjuəs] unaufrichtig, unehrlich

disinherit [disin'herit] enterben; **~ance** Enterbung
disintegra|te [dis'intigreit] (sich) zersetzen; (s.) auflösen; zerbrechen; **~tion** [-,---'-ʃən] Zersetzung; Auflösung
disinter [disin'tə:] exhumieren; **~ment** Exhumierung
disinterested [dis'intristid] nicht persönlich interessiert, uneigennützig
disjoin [dis'dʒɔin] trennen; an der Vereinigung hindern; **~t** auseinandernehmen, zerlegen; **~ted** locker; aus den Fugen geraten; unzusammenhängend
disjunctive [dis'dʒʌŋktiv] trennend
disk [disk] Scheibe; (Schall-)Platte; **~jockey** ['dʒɔki] Schallplattenansager, Diskjockey
dislike [dis'laik] nicht mögen, nicht gern haben; Abneigung (*of, for* gegen); *I've taken a ~ to him* ich mag ihn nicht mehr; *he is full of likes and ~s* ['--s] er hat für vieles e-e Vorliebe oder e-e Abneigung
disloca|te ['disləkeit] verrenken, auskugeln; stören, in Unordnung bringen; verlagern, verschieben; **~tion** [--'keiʃən] ⚕ Verrenkung; Verlagerung, Verschiebung
dislodge [dis'lɔdʒ] (von seinem Platz) entfernen, (aus seiner Stellung) verdrängen *(a. mil)*
disloyal [dis'lɔiəl] treulos, untreu; **~ty** Treulosigkeit, Untreue
dismal ['dizməl] düster, trüb, traurig
dismantl|e [dis'mæntl] auseinandernehmen, zerlegen; demontieren; **~ing, ~ement** Auseinandernehmen, Zerlegung; Demontage, Abbruch
dismay [dis'mei] Furcht, Mutlosigkeit; Bestürzung (*at* über); bestürzen
dismember [dis'membə] zerstückeln
dismiss (dis'mis] freigeben; entlassen (*the service* aus d. Wehrdienst); (Gedanken) aufgeben; abtun (*as* als); ⚖ abweisen; *~ from one's mind* aus d. Gedächtnis streichen; **~al** Entlassung
dismount [dis'maunt] ab-, aussteigen; aus d. Sattel heben; ab-, ausbauen
disobedien|ce [disə'bi:djəns] Ungehorsam; **~t** ungehorsam
disobey [disə'bei] nicht gehorchen, ungehorsam sein gegen(über)
disoblig|e ['disə'blaidʒ] ungefällig sein gegen(über); **~ing** ungefällig
disorder [dis'ɔ:də] Unordnung, Durcheinander; *pol* Unruhe; ⚕ Störung; in Unordnung, durcheinanderbringen, stören; **~ly** unordentlich; unvorschriftsmäßig, rücksichtslos; aufrührerisch; liederlich
disorganiz|e [dis'ɔ:gənaiz] stören; zerrütten, desorganisieren; **~ation** -,---'zeiʃən] Störung, Zerrüttung
disown [dis'oun] nicht anerkennen (wollen); ablehnen; verleugnen
disparag|e [dis'pæridʒ] herabsetzen, verunglimpfen; **~ement** Herabsetzung, Verunglimpfung; **~ingly** in herabsetzender Weise, verächtlich

dispar|ate ['dispərit] ganz verschieden, ungleich(artig); **~ity** [dis'pæriti] Ungleichheit, Unterschied

dispassionate [dis'pæʃənit] leidenschaftslos; unparteiisch

dispatch, des- [dis'pætʃ] (ab)schicken, -senden; (schnell) erledigen, beenden; j-n erledigen; Absendung; Nachricht(ensendung); *mil* Meldung; Schnelligkeit; Erledigung; **~-box (~-case)** Dokumentenkasten (-mappe); **~-rider** Melder

dispel [dis'pel] zerstreuen, vertreiben *(a. fig)*

dispens|able [dis'pensəbl] entbehrlich, unnötig; **~ary** [dis'pensəri] (Werks-)Krankenhaus, Apotheke; Arzneiausgabe; (öffentliche) Ambulanz; *mil* Revier; **~ation** [dispen'seiʃən] Ausübung (der Gerechtigkeit); Verteilung; Führung, Lenkung (der Welt); Schickung, Fügung; *eccl,* ⚖ Dispens; Rechts-, religiöses System; **~e** [dis'pens] (Gerechtigkeit) ausüben; (Nahrung) verteilen; (Arzneien) zubereiten u. ausgeben; *~e with* entbinden von; auskommen ohne; **~er** [dis'pensə] Arzt-, Apothekengehilfe

dispers|e [dis'pəːs] (s.) zerstreuen, vertreiben; verteilen; **~al** [dis'pəːsəl] Zerstreuung; Verteilung; **~edly** [dis'pəːsidli] von (in) verschiedenen Richtungen; **~ion** [dis'pəːʃən] = ~al, *bes. phys* Dispersion

dispirited [dis'piritid] entmutigt, mutlos

displace [dis'pleis] ersetzen; verdrängen (*a.* ⚓); an d. Stelle setzen (treten) von; verschleppen; **~ment** Ersetzung; Verdrängung (*a.* Wasser-); Verschleppung

display [dis'plei] **1.** zeigen, zur Schau stellen; groß drucken; **2.** Schau; Zurschau-, Ausstellung; **3.** Entfaltung; *(window) ~* Auslage; *~ type* Auszeichnungsschrift; **4.** Beweis (von Mut); **5.** Angabe, Prunk; *to make a ~ of* zur Schau stellen, angeben mit

displeas|e [dis'pliːz] (j-m) mißfallen; ärgern; *to be ~ed* [dis'pliːzd] *at, with* ungehalten sein über, mißbilligen; **~ure** [dis'pleʒə] Mißfallen, Verdruß

disport [dis'pɔːt] *o.s.* sich vergnügen

dispos|able [dis'pouzəbl] für einmaligen Gebrauch, zum Wegwerfen; *~able tissue* ['tiʃuː] Zellstoff; **~al** [dis'pouzəl] Beseitigung (von Abfall etc); *mil* Unterbringung; Erledigung, Verwertung; Verfügung(sgewalt) (*of* über); *at one's ~al* zu j-s Verfügung; **~e** [dis'pouz] *of* loswerden, beseitigen; erledigen; beenden; **~e** *bes mil* anordnen, disponieren ♦ *Man proposes, God ~es* Der Mensch denkt, Gott lenkt; j-n geneigt machen, veranlassen; *to feel ~ed* [–́–d] *for* Lust haben zu; *to be well (ill) ~ed towards* (un)freundlich eingestellt sein zu; **~ition** [dispə'ziʃən] Natur, Wesen; Anordnung, Verteilung *(a. mil)*; Verfügung(sgewalt)

dispossess [dispə'zes] enteignen; berauben; *~ of* j-m etwas nehmen, rauben; **~ion** [––'zeʃən] Enteignung; Beraubung

disproof [dis'pruːf], *pl* **~s** Widerlegung, Gegenbeweis

disproportion [disprə'pɔːʃən] Mißverhältnis; **~ate** [––́ʃənit] unverhältnismäßig (groß, klein)

disprove [dis'pruːv] widerlegen

disput|able [dis'pjuːtəbl, –́––] bestreitbar, strittig; **~ant** ['dispjutənt, *BE a.* ––́–] Disputant, (wissenschaftl.) Gegner; **~e** [dis'pjuːt] debattieren, (sachlich) streiten (um) (*with, against* mit; *on, about* über); in Frage ziehen, bestreiten, anfechten; (Boden) verteidigen; *su* Streit (*in ~e* umstritten); Auseinandersetzung, Streitigkeit; *beyond* (od *without) ~e* unstreitig

disquali|fication [disˌkwɔlifi'keiʃən] Disqualifikation, Ausschluß (*from* von); Mangel; **~fy** [dis'kwɔlifai] ungeeignet machen, nicht in Frage kommen lassen; für ungeeignet erklären, disqualifizieren (*from* für)

disquiet [dis'kwaiət] beunruhigen; Besorgnis; Unruhe *(a. pol)*; **~ude** [dis'kwaiitjuːd] Besorgnis, Unruhe

disquisition [diskwi'ziʃən] Abhandlung; Elaborat

disregard [disri'gɑːd] miß-, nicht beachten; Miß-, Nichtbeachtung

disrepair [disri'pɛə] schlechter (Bau-)Zustand (*in ~* reparaturbedürftig)

disreput|able [dis'repjutəbl] übel beleumundet, verrufen; unansehnlich; **~e** [disri'pjuːt] übler Ruf, Verruf (*to fall into ~e* s-n Ruf verlieren, in Verruf geraten)

disrespect [disri'spekt] Nichtachtung (*for* gegenüber); Respektlosigkeit, Unhöflichkeit; **~ful** respektlos, unhöflich

disrobe [dis'roub] seine Kleider (*bes* Staatsrobe) ablegen

disroot [dis'ruːt] entwurzeln

disrupt [dis'rʌpt] zerbrechen, zerstören; **~ion** [dis'rʌpʃən] Zerreißung, Zerstörung; **~ive** zerstörend

dissatis|faction [disˌsætis'fækʃən] Unzufriedenheit (*with* über); **~factory** [dissætis'fæktəri] unbefriedigend; **~fy** [dis'sætisfai] unzufrieden machen; (j-m) mißfallen

dissave ['dis'seiv] seine Ersparnisse angreifen

dissect [di'sekt] zerlegen, zerschneiden, sezieren; *fig* gründlich untersuchen, studieren; **~ion** [di'sekʃən] Zerlegung; Untersuchung; Sektions-, zerlegtes Teil

dissemble [di'sembl] verbergen; heucheln; **~r** [di'semblə] Heuchler, Betrüger

dissemina|te [di'semineit] verbreiten; **~tion** [diˌsemi'neiʃən] Verbreitung

dissen|sion [di'senʃən] Zwist; Streit(erei); **~t** abweichen (*from* von); anderer Meinung sein (*from* als); sektiererisch eingestellt sein, nicht d. Staatskirche angehören; abweichende Ansicht; **~ter** Andersdenkender; j-d, der nicht der Staatskirche angehört, Sektierer; **~tient** [–́ʃiənt] abweichend, andersdenkend

dissertation [disə'teiʃen] wissenschaftliche Abhandlung, Dissertation, Diplomarbeit; Vortrag

disservice ['dis'səːvis] schlechter Dienst (*to* an), Schaden (*to* für)

dissever [dis'sevə] abschneiden, trennen, teilen
dissiden|ce ['disidəns] Uneinigkeit; **~t** andersdenkend; Dissident
dissim|ilar [di'similə] verschieden (*to* von), unähnlich; **~ilarity** [–ˌ––'læriti] Verschiedenheit, Unähnlichkeit; **~ulate** [di'simjuleit] verbergen; sich verstellen, heucheln; **~ulation** [diˌsimju'leiʃən] Verstellung Heuchelei
dissipa|te ['disipeit] zerstreuen, vertreiben; vergeuden; **~ted** liederlich, ausschweifend; **~tion** [disi'peiʃən] Zerstreuung, Vertreibung; Vergeudung; billige Vergnügung(en)
dissocia|te [di'souʃieit] *fig* trennen, scheiden; *~te o.s. from* sich trennen, lossagen von; **~tion** [diˌsousi'eiʃən] Trennung, Absonderung; Zerfall
dissolu|ble [di'sɔljubl] auflösbar, löslich; **~te** ['disəlu:t] sittenlos, verkommen; **~tion** [disə'lu:ʃən]; (Parlaments-)Auflösung; Tod; Zerfall
dissolv|able [di'zɔlvəbl] auflösbar, löslich; **~e** [di'zɔlv] (s.) auflösen *(a. fig)*
dissonan|ce [di'sənəns) Dissonanz, Disharmonie; **~t** mißtönend, disharmonisch
dissua|de [di'sweid] abraten (*from* von; *from doing* zu tun); (j-m etwas) ausreden (*from doing* zu tun); **~sion** [di'sweiʒən] Abraten, Ausreden
distaff ['dista:f], *pl* **~s** Spinnrocken; *on the ~ side* auf seiten der Frau
distance ['distəns] **1.** Entfernung (*at a ~ of auf e-e E. von);* **2.** Strecke; *no ~ at all* gar nicht weit; *some ~* ziemlich weit; *within easy ~ of* recht nahe bei; *(with)in walking ~ of...* so, daß man ... gut zu Fuß erreichen kann; *from (od at) a ~* aus d. Ferne, von weitem; *in the ~* weit weg, in d. Ferne; *to keep s-b at a ~* s. j-n fernhalten; *to keep one's ~* zurückhaltend, kühl sein; **3.** Zeitraum, (zeitl.) Entfernung; **4.** *vt* hinter s. lassen *(a. fig)*
distant ['distənt] entfernt, weit; weitläufig (Verwandter); beiläufig, wenig freundlich
distaste [dis'teist] Abneigung (*for* gegen); **~ful** widerwärtig, unangenehm
distemper [dis'tempə] ⚕ Staupe; Temperafarbe; mit T.farbe (an-, be-)malen
disten|d [dis'tend] (s.) ausdehnen, (s.) aufblähen; **~sion,** *US* **~tion** [dis'tenʃən] Strecken; Ausdehnung
distil, *US* **-ll** [dis'til] destillieren; (sich) niederschlagen (lassen); (Whisky etc) brennen; **~lation** [disti'leiʃən] Destillierung; Brennen; **~ler** Destillateur; Brenner; **~lery** Brennerei
distinct [dis'tiŋkt] deutlich, eindeutig; ausgesprochen; (voneinander) verschieden, getrennt **~ion** [dis'tiŋkʃən] Unterscheidung, Unterschied; *to make (careful) ~ions between* (sorgfältig) unterscheiden ♦ *a ~ion without a difference* kein eigentlicher Unterschied; Auszeichnung (*a teacher of ~ion* ein ausgezeichneter L.); **~ive** (von anderen) deutlich abgrenzend, charakteristisch; Unterscheidungs-; **~ness** Deutlichkeit
distinguish [dis'tiŋgwiʃ] klar erkennen, unterscheiden (*from* von); *~ o.s.* sich auszeichnen; **~able** unterscheidbar, auseinanderzuhalten; **~ed** [dis'tiŋgwiʃt] berühmt; verdient; ausgezeichnet, hervorragend; **~ing** charakteristisch
distort [dis'tɔ:t] verzerren, entstellen; **~ion** [dis'tɔ:ʃən] Verzerrung, Entstellung
distract [dis'trækt] ablenken (*from* von), stören (*from* bei); **~ed** verwirrt, verrückt; **~ion** [dis'trækʃən] Ablenkung; Störung; Wahnsinn *(to drive s-b to ~ion)*
distrain [dis'trein] *upon* beschlagnahmen, pfänden; **~t** Beschlagnahme, Pfändung, Zwangsvollstreckung
distraught [dis'trɔ:t] verwirrt, zutiefst besorgt
distress [dis'tres) Schmerz, Kummer (*to* für); Leiden; Elend, Not; Gefahr; betrüben, bekümmern; *~ o.s.* sich sorgen; **~ing** betrüblich, beunruhigend
distribu|te [dis'tribju:t] ver-, austeilen (*to* an); verbreiten; (Waren) vertreiben; einteilen, ordnen; **~tion** [distri'bju:ʃən] Verteilung; Verbreitung; Vertrieb; 🎥 Verleih; **~tive** [dis'tribjutiv] Verteiler-, Absatz-; distributiv; **~tor** [dis'tribjutə] Verteiler; (Groß-)Händler
district ['distrikt] Gebiet; Kreis, (Verwaltungs)Bezirk
distrust [dis'trʌst] Mißtrauen; mißtrauen; **~ful** mißtrauisch
disturb [dis'tə:b] (zer)stören; durcheinanderbringen; *~ the peace* Unruhe stiften; **~ance** Störung; Radau; *to make ~ance about* Aufruhr machen wegen; *to cause a ~ance* Unruhe stiften
disun|ion [dis'ju:njən] Trennung; Uneinigkeit; **~ite** [–ju'nait] (s.) trennen, (s.) auflösen; **~ity** (–'ju:niti] Uneinigkeit
disuse [dis'ju:z] nicht mehr gebrauchen; **~** (dis'ju:s] Nichtgebrauch, Stilliegen; *to fall into ~ = to be ~d*
ditch [ditʃ] Graben ♦ *to die in the last ~* bis zum letzten Atemzug kämpfen; **~-water** [ˊ– wɔ:tə] stehendes Wasser; *as dull as ~-water* äußerst langweilig; *vt* Gräben bauen (ausbessern, reinigen); in e-n Graben fahren; zum alten Eisen werfen
dither ['diðə] Taumel *(of excitement)*; taumeln, beben, bibbern; zögern
ditto ['ditou] dasselbe, dito; *to say ~ to* zustimmen, unterstützen
ditty ['diti] Lied(chen)
diva ['di:və], *pl* **~s** Diva
divan [di'væn] Diwan
div|e [daiv] *(s. S. 318)* **1.** springen, tauchen (*for* nach); ✈ stürzen; ⚓ tauchen; **2.** plötzlich verschwinden, untertauchen (*into* in); *~e into one's pocket* in d. Tasche fahren; **3.** s. vertiefen; **4.** Sprung (ins Wasser); Sturz; **5.** Sturzflug; **6.** *BE* Kellerlokal; Spelunke, Bumslokal; **~er** ['daivə] Taucher; Tauchvogel; **~ing** Tauchen; **~ing-bell** Taucherglocke; **~ing-board** Sprungbrett; **~ing-dress** Tauchanzug; **~ing-helmet** Taucherhelm
diverge [dai'və:dʒ] auseinandergehen, diver-

gieren; **~nce, ~ncy** Divergenz; **~nt** divergierend, (voneinander) abweichend

diver|s ['daivəz] verschieden, manch(erlei); **~se** [–'vəːs] ganz verschieden, ganz anders(artig); **~sify** [–'vəːsifai] verschiedenartig, abwechslungsreich machen, beleben; **~sion** [–'vəːʃən] Ab-, *BE* 🚗 Umleitung; Ablenkung; Zeitvertreib; **~sity** [–'vəːsiti] Verschiedenheit, Andersartigkeit; **~t** [–'vəːt] ab-, *BE* 🚗 umleiten, -lenken; *fig* ablenken, unterhalten; **~ting** unterhaltsam

divest [dai'vest] *o.s. of* (Robe) ablegen; s. entledigen, s. (e-r Idee) erwehren; *fig* entkleiden

divid|e [di'vaid] (s.) teilen, trennen; (Haar) scheiteln; *~e 4 into 20* 20 durch 4 teilen; ver-, aufteilen; absondern (*from* von); *pol* mit d. Hammelsprung abstimmen (lassen); Wasserscheide; **~end** ['dividənd] Dividende; *math* Dividend; **~ers** [di'vaidəz] *pl vb* Zirkel

divin|ation [divi'neiʃən] Zukunftsdeutung; Voraussage; geschickte Kombination; **~e** [di'vain] (d. Zukunkft) voraussagen; erraten; **~er** Zukunftsdeuter; (Wünschel-)Rutengänger; **~ing-rod** Wünschelrute

divin|e [di'vain] göttlich; Gottes-; *umg* herrlich, himmlisch; Religionsgelehrter; *umg.* Kirchenmann, Gottesdiener; **~ity** [di'viniti] Göttlichkeit; *the Divinity* Gott; *a ~ity* e-e Gottheit; Theologie

divis|ible (di'vizibl] teilbar; **~ion** [di'viʒən] (Ein-)Teilung; Division *(math, mil)*; *~ion of labour* Arbeitsteilung; Ver-, Aufteilung; Stufe (d. Staatsdienstes); Trennung(slinie), Grenze; Unterschied, Gegensatz; Abstimmung (durch Hammelsprung); **~ive** [di'vaisiv] trennend, Uneinigkeit schaffend; **~or** [di'vaizə] *math* Teiler

divorce [di'vɔːs] Scheidung *(a. fig)*; (Ehe) scheiden; s. scheiden lassen von; *fig* trennen, scheiden

divulge [di'vʌldʒ] (Geheimnis) preisgeben, verbreiten; **~nce, ~ment** Verbreitung, Enthüllung

dizz|y ['dizi] schwindlig; schwindel(errege)nd (Höhe); *US* töricht; schwindlig machen; **~iness** Schwindel(gefühl)

do[1] [du(ː)] *(s. S. 318)* **I.** *als Hilfsverb:* **1.** (mit *not*) zum Ausdruck der Verneinung *(he doesn't come)*; **2.** zum Ausdruck der Frage *(does he come?)*; **3.** am Satzende, entsprechd. „nicht wahr, oder" *(he comes, doesn't he?)*; **4.** zur Hervorhebung des Verbs, im Dt. = doch, wirklich *(he does come)*; **5.** zur Vermeidung d. Wiederholung *(he didn't come, but I did)*; **6.** in Antworten *(Did he come? He did)*; **II.** *als Vollwerb:* **1.** tun, machen; *~ one's best* sein Bestes tun; *~ one's worst* s. gemein benehmen; *~ one's damnedest* [dæmdist] *umg* s. gewaltig anstrengen; *~ wonders* Wunder wirken; *~ duty as* dienen als; *~ s-th to* j-m etwas antun, anrichten bei; *~ good* Gutes tun; *~ some good* Gutes bewirken, nützen; *~ s-b some good* j-m guttun ◆ *when in Rome, ~ as the Romans ~* man muß mit den Wölfen heulen; *~ well* gut daran tun; *~ right* recht handeln; *~ wrong* nicht recht (falsch) handeln; *nothing ~ing (umg)* kommt nicht in Frage; hier ist nichts los, ist nichts zu machen; gedeihen, sich machen *(he did well out of the war)*; *how do you do?* ['haudju'duː] wie geht's?, (beim Vorstellen) sehr erfreut; **2.** vorankommen *(at school)*; **3.** fahren (*~ 50 miles* mit 80 km/h f.); **4.** 🎭 aufführen, (Rolle) spielen; **5.** (Fleisch) (gar) kochen (*bes: done* gar, durch), braten **6.** (Stadt, Museum etc) s. ansehen, abklappern ◆ *~ the sights* s. alle Sehenswürdigkeiten anschauen; **7.** *~ s-b* j-n 'reinlegen; *~ s-b out of s-th* j-n um etwas bringen; **8.** *~ s-b well* j-n gut versorgen, bewirten; **9.** *umg* fertig-, kaputtmachen *(now you've done it! that has done me)*; *~ s-b in (sl)* j-n abmurksen, erledigen; *to be done for (sl)* erledigt sein; **10. ~ away with** abschaffen, beseitigen; **~ by** *s-b (well, hard etc)* j-n gut (schlecht etc) behandeln; *~ as you would be done by* was du nicht willst, daß man dir tu, das füg auch keinem andern zu; **~ for** *s-b* j-n versorgen; *~ for s-th* das mit . . . machen *(how shall we ~ for food during the journey?)*; **~ s-th out** saubermachen, in Ordnung bringen; **~ s-th over** bestreichen, überziehen (*with* mit);; *~ s-th over again* noch mal machen; **~ s-th up** neu herrichten, (Waren) einschlagen, -packen, (Haar) richten, (Knöpfe etc) zumachen, ruinieren; **~ with** ausstehen, s. zufriedengeben mit; *what have you been ~ing with yourself?* was hast du die ganze Zeit getrieben? ◆ *he could ~ with* er könnte gebrauchen, ihm täte gut; **~ without** auskommen ohne; **11.** (meist mit *will*) genügen, recht sein für *(will this room ~ you?)*; *that will ~ !* gut! das genügt *(a iron.)*; *that won't ~ !* das geht nicht!; *it doesn't ~ to* es ist unklug zu; *to make s-th ~* auskommen mit

do[2] [duː], *pl* **~s** [duːz] Sache; *BS sl* Gaunerei; *BE* Party, Fete

do[3] [dou] *pl* **~s** [douz] ♪ Do

do[4] ['ditou] *siehe* ditto

doat [dout] *siehe* dote

docil|e ['dousail, *US* 'dɔsəl] gelehrig, willig; **~ity** [dou'siliti] Gelehrigkeit, Willigkeit

dock[1] (dɔk] Dock; *bes US* Kai, Ladeplatz, **dry ~** Trockendock; **floating ~** Schwimmdock; **wet ~** Schleusendock; **~s, ~-yard** (*bes BE* Marine-)Werft; *US* Laderampe; *US* Flugzeughalle; *vt/i* docken; ankoppeln

dock[2] [dɔk] Anklagebank

dock[3] [dɔk] (Schwanz-)Stumpf; stutzen; (Gehalt etc) kürzen

dock[4] Ampfer; *sour ~* Sauerampfer

docker ['dɔkə] Hafenarbeiter

docket ['dɔkit] Inhaltsvermerk; Etikett; Gerichtskalender; *BE* Lieferschein

doctor ['dɔktə] Arzt, Doktor; Doktor(-titel); ärztlich behandeln; herumdoktern an, verfälschen; flicken (Bilanz etc) frisieren; **~ate** ['dɔktərit] Doktortitel, -würde

doctrin|aire [dɔktri'nɛə] Doktrinär; **~al** [dɔk'trainəl, *bes. US* 'dɔktrinəl] lehrmäßig, Lehr-; doktrinär **~e** ['dɔktrin], Lehre, Doktrin

document ['dɔkju'mənt] Dokument; Urkunde; Beweis(stück); ~ ['dɔkjumənt] beurkunden; mit Urkunden versehen; **~ary** [dɔkju'mentəri] urkundlich; **~ary (film)** Kulturfilm

dodder ['dɔdə] schwanken, wackeln; (vor s. hin)brabbeln; **~y** ['dɔdəri] wacklig

dodge [dɔdʒ] ausweichen; springen *(behind a tree)*; Ausweichen, Seitwärtsbewegung; *umg* Trick, Täuschung; Methode, Vorgehen; **~r** ['dɔdʒə] Gauner, geriebener Kerl; *US* Handzettel

dodgem ['dɔdʒəm] Autoscooter

doe [dou] Damhirschkuh; Häsin; weibliches Kaninchen

do|er ['du:ə] tätiger Mensch; **~es** [dʌz, dəz] *siehe* do[1]

doff [dɔf] (Hut etc) ablegen, ausziehen

dog [dɔg] Hund; ⚙ Feuerbock; Förderwagen, gemeiner Kerl; *lucky* ~ Glückspilz ♦ *to give* (od *throw*) *to the ~s* z. alten Eisen werfen; *to go to the ~s (umg)* vor die Hunde gehen; *to lead a ~'s life* ein Hundeleben führen; *to lead s-b a ~'s life* j-m das Leben zur Hölle machen; *it is raining cats and ~s* es gießt in Strömen; *give a ~ a bad name* etwas bleibt immer hängen; *to be top ~* oben sein, befehlen können; *to be under ~* unten sein, gehorchen müssen; *to help a lame ~ over a stile* [stail] j-m über Schwierigkeiten hinweghelfen; *not even a ~'s chance* nicht die geringste Chance; *every ~ has his day* jeder hat mal Glück; *let sleeping ~s lie* man soll d. schlafenden Leu nicht wecken; **~-biscuit** [ˊ-biskit] Hundekuchen; **~-cart** zweirädriger Wagen, Dogcart; **~-days** Hundstage; **~-('s)-ear** 📖 Eselsohr; **~-watch** ⚓ Abendwache; **~wood** *bot* Hartriegel(holz); *vt* (auf den Fersen) (ver)folgen *(a. fig)*

dogged ['dɔgid] verbissen, hartnäckig; **~ness** ['dɔgidnis] Hartnäckigkeit

doggerel ['dɔgərəl] Knittelverse

doggy ['dɔgi] Hündchen, Wauwau; hundeliebend; *US sl* modisch, elegant

dogma ['dɔgmə], *pl* **~s** Dogma, Lehrsatz; **~tic** [dɔg'mætik] dogmatisch; **~tism** [ˊ--tizm] Dogmatismus; Rechthaberei; **~tize** [ˊ--taiz] dogmatisieren, etwas starr als Dogma vertreten

doily ['dɔili] (Zier-)Deckchen; Set

doings ['du:iŋz] (*siehe* do[1]) Tun und Treiben; *fine ~!* schöne Geschichten!

doldrums ['dɔldrəmz] *pl vb* ⚓ Kalmenzone; *in the ~* in e-r Flaute; niedergeschlagen, trübsinnig

dole [doul] (milde) Gabe;; *BE* Arbeitslosenunterstüzung; *to be* (od *go*) *on the ~* stempeln gehen; ~ *out* austeilen; **~ful** traurig, trübselig

doll [dɔl] Puppe *(a. fig)*; *~'s house* Puppenstube; ~ *up (umg, fig)* auftakeln

dollar ['dɔlə] Dollar; **~ gap** die fehlenden Dollardevisen, Dollarlücke

dollop ['dɔləp] Haufen, Klumpen

dol|orous ['dɔlərəs] traurig, kummervoll; **~our** ['doulə] Kummer

dolphin ['dɔlfin] Delphin; Ankerboje

dolt [doult] Tölpel; **~ish** tölpelhaft

domain [də'mein] (Herrschafts-)Gebiet; *fig* Gebiet, Bereich

dome [doum] Kuppel; Prachtbau

Domesday Book ('du:msdeibuk] das Domesday Book (engl. Reichsgrundbuch)

domestic [də'mestik] häuslich, Familien-; einheimisch, Inlands-, Binnen-; zahm, Haus-; *su* Hausangestellte(r); ~ *coal* Hausbrand; ~ *science* ['saiəns] Hauswirtschaftslehre; ~ *servant* = ~ Hausangestellter ~ *service* Tätigkeit als Hausangestellte(r); **~ate** zähmen, ans Haus gewöhnen; zivilisieren; **~ated** häuslich, in Haushaltsdingen bewandert; **~ity** [doumes'tisiti] Häuslichkeit

domicil|e ['dɔmisail, *US* 'dɔməsəl] *bes* ⚖ dauernder Aufenthaltsort, fester Wohnsitz; Zahlungsort; domizilieren; **~iary** [dɔmis'siljəri] Haus-, Aufenthalts-; **~iary visit** Haussuchung

domin|ance ['dɔminəns] Herrschaft; **~ant** (vor)herrschend; ♪ Dominante; **~ate** [ˊ--neit] (be)herrschen; **~ation** Herrschaft; **~eer** [--'niə] willkürlich herrschen; *~eer over* tyrannisieren; **~eering** herrisch; **~ie** [ˊ--ni] *BE* Lehrer; Pfarrer; **~ion** [də'minjən] Herrschaft(sbereich); Dominion; **~o** [ˊ--nou], *pl* ~oes Domino (Maskenkleid; Spielstein); **~oes** *sg vb* Dominospiel

don [dɔn] Leitungsmitglied e-s College, Fellow; Studienleiter; Don (span. Titel); (Kleider etc) anlegen, aufsetzen

don|ate [dou'neit] schenken, stiften (*to* für); **~ation** [dou'neiʃən] Spende, Stiftung; **~or** ['dounə] Schenker, Stifter; ⚕ Blut-, Organspender

done [dʌn] (*siehe* do[1]): *~!* abgemacht! *well ~!* bravo!; fertig (*have you ~ with?* bist du f. mit?); ~ *up* erledigt, erschöpft

donjon ['dɔndʒən] Bergfried

donkey ['dɔŋki] Esel *(a. fig)*; ⚙ Hilfs-

doodle [du:dl] kritzeln, malen; Kritzelei, Malerei; **~bug** V-Geschoß, Rakete; Wünschelrute

doom [du:m] Verhängnis; Jüngstes Gericht; verurteilen (*to failure* zum Scheitern); **~sday** ['du:mzdei] Jüngstes Gericht; der Jüngste Tag

door [dɔ:] Tür, Tor; *next ~* nebenan; *two ~s off* zwei Häuser weiter; *out of ~s* draußen; *within ~s* drinnen; *to lay s-th at s-b's ~* j-m etwas zur Last legen; *to show s-b the ~* j-m d. Tür weisen; **~-case** [ˊ-keis], **~-frame** [ˊ-freim] Türrahmen; **~-keeper** [ˊ-ki:pə] *BE*, **~man** [ˊ-mən], *pl* ~men Pförtner; **~-plate** [ˊ-pleit] Namensschild; **~-post** [ˊ-poust] Türpfosten; **~-step** [ˊ-step] Türstufe; **~-way** [ˊ-wei] Türöffnung; Durchgang; Torweg

dop|e [doup] Firnis, (✈ Spann-)Lack; Reizmittel; Rauschgift; Zusatzstoff; Geheimtip, -information; Depp, Dussel; (*bes* ✈) lackieren; 🏇 (*bes* Rennpferd) dopen, aufpulvern; reinlegen; frisieren; **~y** ['doupi] dußlig, dämlich

dorm|ant ['dɔ:mənt] schlafend; still, unbenutzt; (Kapital) tot; (Vulkan) untätig; *to lie ~ant* d. Winterschlaf halten, s. nicht verzinsen; **~er(-window)** Mansardenfenster; **~itory** ['dɔːmitəri] Schlafsaal; *US* (College-)Wohnheim

dormouse ['dɔːmaus], *pl* **~mice** [ˊ-mais] Haselmaus

dorsal ['dɔːsəl] Rücken-

dory ['dɔːri] (flachkieliges) Ruderboot

dos|age ['dousidʒ] Dosierung, Dosis; **~e** [dous] Dosis; j-m e-e Arznei geben; (Wein) verfälschen

dossier ['dɔsiei] Akte, Dossier

dot[1] [dɔt] (I-)Punkt; Fleck; Knirps; e-n Punkt (aufs i etc) machen; punktieren; *~s and dashes* Morsezeichen; *~ted with* übersät mit, voll von; *~ s-b one* j-m e-e 'reinhauen; **~ty** punktiert; wacklig; absurd; verdreht

dot[2] [dɔt] Mitgift; **~age** ['doutidʒ] Altersschwäche, Senilität (*in one's ~age* senil); **~ard** ['doutəd] kindischer Greis; **~e** (*a.* **doat**) [dout] senil sein; *~e on* närrisch verliebt sein in

double[1] [dʌbl] doppelt (soviel); zweimalig, zweifach; Doppel-; *bot* gefüllt; unehrlich (*~ dealing*), zweideutig (*~ meaning*); **~barrelled gun** [ˊ-bærəld'gʌn] Doppelflinte; **~-bass** [ˊ-'beis] Kontrabaß; **~-breasted** [ˊ-brestid], zweireihig (Anzug); **~-cross** [ˊ-'krɔs] 'reinlegen; **~-decker** zweistöckig(er Bus etc); **~-Dutch** Kauderwelsch; **~-dyed** [ˊ-daid] eingefleischt, Erz-; **~-edged** [ˊ-edʒd] zweischneidig *(a. fig)*; **~-entry** doppelte Buchführung; **~ entendre** ['duːblɑːn'tɑːndr] doppelsinniger, *mst* zweideutiger Ausdruck; **~-faced** [ˊ-feist] unaufrichtig; **~-quick** [ˊ-kwik] im Laufschritt; *fig* sehr schnell; **~speak** Doppelzüngigkeit; **~t** ['dʌblit] Wams; Dublette, Nebenform; **~ talk** doppelzüngiges Gerede, zweigleisige Sprache; **~-time** (im) Laufschritt (rennen); **~-track** zweigleisig; Doppelspur-

double[2] [dʌbl] Doppelte; ♜ Doppel; Doppelgänger, Double; Laufschritt (*at the ~, (US) on the ~* im L.); Haken (e-s Hasen); scharfe Biegung (e-s Flusses); (s.) verdoppeln; ☗ (zwei Rollen) zus.spielen; herumlegen (*round* um), zus.legen, falten; (Faust) ballen; (Kap) umsegeln; Haken schlagen; im Laufschritt laufen; **~ back** zurückfalten; d. gleichen Weg zurücklaufen; **~ up** zus.falten; (Beine) anziehen; sich (vor Schmerzen) krümmen; j-n zus.brechen lassen; *to be ~d* ['dʌbld] *up with laughter* sich vor Lachen krümmen

doubt [daut] (be-, an)zweifeln (*whether* daß; *not ~ that* nicht z., daß); Zweifel (*of* an); *in ~* im ungewissen, zweifelhaft; *no ~* zweifellos, sicher; *without (a) ~, beyond a ~* ganz unzweifelhaft; *to give s-b the benefit of the ~* (*siehe* benefit); **~ful** zweifelhaft; unschlüssig; **~less** *adv* zweifellos, *umg* sicher

douche [duːʃ] Dusche *(a. fig)*; (sich) duschen

dough [dou] Teig; Zaster, Moneten; **~boy, ~foot** *US* Landser; **~nut** Berliner Pfannkuchen; **~y** ['doui] teigig

doughty ['dauti] wacker

dour [duə] streng, stur; *bes US* mürrisch, verdrossen

douse (dowse) [daus] mit Wasser übergießen; (Licht) ausmachen

dove [dʌv] (*bes* Turtel-)Taube; Friedenstaube; *my ~* mein Täubchen; **~-coloured** [ˊ-kʌləd] taubengrau; **~-cot(e)** [ˊ-kɔt] Taubenschlag ♦ *to flutter the ~-cots* d. Leute in Aufruhr versetzen; **~tail** [ˊ-teil] ✿ Schwalbenschwanz; verzinken; *fig* (s. gut) verbinden (lassen), verzahnen

dow|ager ['dauədʒə] Witwe (von Stand); *queen ~ager* Königinwitwe, -mutter; würdige Dame; **~dy** ['daudi] schlecht gekleidet, unmodern; **~er** ['dauə) Witwenerbteil; *poet* Mitgift; *fig* Begabung, Talent; ausstatten; **~las** [ˊ-ləs] ⚖ Dowlas *(Baumwollgewebe)*

down[1] [daun] **1.** (nach) unten, her-, hinunter, nieder; *~ to* bis zu; *to be ~ with fever* ['fiːvə] mit Fieber im Bett liegen; *to be* (od *feel*) *~ (in spirits)* bedrückt sein; *to be ~ on one's luck* e-e Pechsträhne haben ♦ *~ in the mouth (umg)* traurig dreinschauend; *~ and out* völlig herunter(gekommen); *to be ~ for* aufgeschrieben (verzeichnet) für; *~ under* auf der anderen Seite der Welt, in Australien; *~ with* nieder mit; **2.** *cash ~* Barzahlung; *to pay ~* bar zahlen; *~ payment* Barzahlung, Anzahlung; **3.** *to have ~ (on paper)* aufgeschrieben (schwarz auf weiß) haben; **4.** *adj* 🚂 (Zug) aufs Land, (Bahnsteig) für Provinzzüge; *~ grade* 🚂 Gefälle, *fig* Abstieg; **5.** *prep* hin-, herunter, (Fluß) entlang, mit (dem Wind); **6.** *vt* (Feind) niederwerfen, -schlagen; ✈ abschießen; *~ tools* d. Arbeit niederlegen; **7.** *su siehe* up; *to have a ~ on* j-n auf d. Strich haben; **8. ~cast** [ˊ-kɑːst] niedergeschlagen; **~-draught** [ˊ-'drɑːft] Druck auf d. Kamin; ✈ Abwind; **~fall** (starker) Regenguß, Schneefall; Sturz, Verfall; **~-hearted** [ˊ-'hɑːtid] gedrückt, mutlos; **~hill** [ˊ-'hil] bergab, abschüssig; *to go ~hill* auf d. Abstieg sein; **~pour** [ˊ-pɔː] heftiger Regenguß; **~right** [ˊ-rait] ehrlich, geradheraus; richtiggehend, völlig; **~stairs** [ˊ-'stɛəz] (nach) unten (in e-m Haus); **~stairs** [ˊ-stɛəz] unten befindlich; **~stream** [ˊ-'striːm] stromabwärts; **~town** (im, ins) Geschäftsviertel, Zentrum; **~trodden** [ˊ-trɔdn] unterdrückt; **~ward** [ˊ-wəd] abschüssig, fallend *(a. fig)*; **~ward(s)** *adv* abwärts; **~wind** ✈ Fallwind

down[2] [daun] kahles Hochland; Düne; **~s** *BE* kahles Hügelland (in Südengland)

down[3] [daun] Flaum(federn); Milchbart; **~y** flaumig; *sl* gerissen

dowry ['dauəri] Mitgift; Begabung, Talent

dows|e [daus] *siehe* douse; **~e** [dauz] mit d. Wünschelrute Wasser (Erz) suchen; **~er** Wünschelrutengänger; **~ing-rod** Wünschelrute

doxology [dɔk'sɔlədʒi] Doxologie, gottesdienstliche Lobpreisung

doze [douz] schlummern, dösen; Schlummer; *~ off* eindösen

dozen [dʌzn], *pl* **~s**, *bes nach Zahlw.* **~**: Dutzend; *some ~ people* gut ein Dutzend, *some ~s of people* mehrere Dutzend Leute; *baker's* ['beikəz] *~* dreizehn

drab [dræb] gelbgrau, erdfarben; eintönig, trüb

drachm [dræm] Dram (als Handelsgewicht = 1,77 g, als Apothekergew. = 3,89 g); **~a** ['drækmə] Drachme; = dram

draft [drɑːft] (*s.* draught) Entwurf (*~ agreement* Vertrags-); Zeichnung; Zahlungsanweisung, Tratte; *mil* Aushebung, Detachement; *to make a ~ on* (Kasse) schröpfen, *fig* viel zumuten; ~ (*BE a.* draught) *vt* skizzieren, entwerfen; *mil* abkommandieren; *bes US mil* einziehen; **~ee** [drɑːf'ti] *US* Dienstpflichtiger, Eingezogener; **~ing** Entwerfen; Entwurf; **~sman** (*BE mst* draught-), *pl* -smen technischer Zeichner; **~sman** *BE/US* Entwerfer, Verfasser; **~y** ['drɑːfti] *US* = draughty

drag [dræg] schleppen, schleifen; ⚓ eggen; *~ one's anchor* vor Anker treiben; *~ one's feet* schlurfen; (mit Netz) (aus)fischen; *fig* s. dahinziehen, -schleppen; *~ up (umg)* schlecht erziehen; Schleppnetz; Egge; vierrädr. Wagen; künstl. Fuchsspur; Schleppjagd; Hemmschuh *(a. fig)*; Einfluß, Belastung

dragée [dræ'ʒei] Dragée; kandierte Nuß

draggle [drægl] durch Schmutz schleifen; **~d** [drægld] verschmutzt, schmuddelig

dragon ['drægən] Drache; **~-fly** ['--flai] Wasserjungfer, Libelle

dragoon [drə'guːn] Dragoner; Rohling; bedrücken, zwingen (*into* zu)

drain [drein] trockenlegen, (Wasser) ablaufen lassen; ablaufen, -fließen; *fig* entblößen (*of* von); leeren, trinken (*~ dry, to the dregs* bis zur Neige); (Ort) kanalisieren; Abfluß(rohr), Abzug(sgraben); *pl* Kanalisation; *umg* Schluck; Belastung, Unterminierung (*on* für); **~age** ['dreinidʒ] Dränage, Entwässerung; Kanalisation; *BE* Abwasser; **~age** *US,* **~age area** ['ɛəriə], **~age basin** ['beisn] Einzugsgebiet (e-s Flusses)

drake [dreik] Enterich

dram [dræm] Bißchen ♦ *he's fond of a ~* er trinkt gern ein Schnäpschen; = drachm

drama ['drɑːmə] Schauspiel, *bes fig* Drama; **~tic** [drə'mætik] Schauspiel-, Theater-; *fig* dramatisch, erregend; **~tics** *pl vb* Theaterstücke, -aufführungen; **~tis personae** ['dræmətis pəːsouniː] 🎭 d. Personen d. Stücks; **~tist** ['dræmətist] Bühnenschriftsteller; **~tize** ['dræmətaiz] als Schauspiel gestalten, dramatisieren

drank [dræŋk] *siehe* drink

drap|e [dreip] (um)hängen, drapieren; Be-, Vorhang; **~er** ['dreipə] *BE* Tuchhändler; **~ery** ['dreipəri] Drapierung, Faltenwurf; Kleiderstoffe, Tuchware; *bes US* Vorhänge, Vorhangstoffe; *BE* Tuchhandel.

drastic ['dræstik] drastisch, durchgreifend

draught [drɑːft], *US* **draft** Ziehen, Zug (*~ horse*); *beast of ~* Zugtier; *US ~* Abziehen (von Flüssigkeiten); *beer on ~* Bier vom Faß; *US ~* Schluck *(a long ~ of water), at a* (od *one*) *~* mit e-m Schluck, auf e-n Zug; *US ~* ⚓ Tiefgang *(a ship of 10 ft. ~, with a ~ of 10 ft.); US* draft (Luft)zug *(to sit in a ~); US ~* Fischzug; **~s** *sg vb BE* Damespiel; *vt* = draft **~-board** *BE* Damebrett; **~sman,** *pl* ~smen *BE* Stein (im Damespiel), *siehe* draftsman; **~y,** *US* drafty ['-i] zugig

draw[1] [drɔː] *(s. S. 318)* **1.** (an-, heran-, herbei)ziehen; (Vorhang) zuziehen; **2.** (Atem) holen, (*~ breath* Pause machen), verschnaufen; **3.** *~ blood* verwunden, Blut fließen lassen, *fig* j-n wütend machen; **4.** (Geflügel) ausnehmen; **5.** (Tee) ziehen lassen; **6.** (Spiel) unentschieden beenden; **7.** *~ the long bow* [bou] übertreiben; *~ it mild (umg)* nicht übertreiben; **8.** anziehen, -locken *(she did not feel ~n to him)*; (Tränen, Beifall) hervorrufen; *fig* (be)ziehen (*from* von, aus), *he was not to be ~n* er ließ s. nicht ausholen; **9.** (Preis) gewinnen, (Los) ziehen (*a blank* e-e Niete); (Gehalt) beziehen; **10.** (Linie) ziehen, (Plan, Bild) zeichnen, entwerfen; *~ the line (fig)* e-e Grenze ziehen; *~ the line at* haltmachen bei; *~ it fine* knapp hinkommen (mit Zeit, Geld); **11.** (Urkunde) aufsetzen, (Scheck, Wechsel) ziehen (*on* auf); **12.** ⚓ Tiefgang haben (*20 ft.* von 6 m); **13. ~ aside** beiseite ziehen; **~ back** zurückziehen; **~ down** herunterziehen, *~ on o.s. (fig)* s. zuziehen; **~ forth** hervorrufen; **~ in** einziehen, -holen; (Ausgaben) einschränken; (Anleihe) zurückfordern; **~ off** abziehen, -lenken; ausziehen; **~ on** anziehen, *fig* verlocken; **~ out** ausziehen, -dehnen *(a. fig)*; (Plan) aufsetzen; hervorholen; j-n ausholen, (Worte) herausholen; (Geld) abheben; **~ up** heraufziehen; *mil* aufstellen; (Dokum.) aufsetzen; *~ o.s. up* sich aufrichten; **14.** *vi ~ (near)* herannahen, *~ level* gleichziehen, *~ to a conclusion* [kən'kluːʒən] zum Schluß kommen; **15.** (Ofen, Tee) ziehen; **16.** losen *(for partners)*; **17.** zeichnen; **18.** unentschieden spielen (kämpfen); **19.** sich leicht ziehen lassen; **20. ~ away** davonfahren; **~ back** s. zurückziehen; seine Zusage zurückziehen; **~ in** kürzer werden; s. zurückhalten, einschränken; **~ off** abziehen; **~ on** herannahen; *~ on s-th* heranziehen, benutzen, leben von; *~ on one's imagination* seine Phantasie spielen lassen; **~ out** länger werden; s. hinziehen; ab-, losfahren; **~ round** s. zus.setzen; **~ together** einander nähern; **~ up** halten, vorfahren; s. aufstellen; s. zus.setzen

draw[2] [drɔː] Ziehen, Zug; Ziehung; *is quick on the ~* zieht schnell das Schwert (Schießeisen); ⛩ unentschiedenes Spiel (*in a ~* unentschieden); Zugstück, Anziehungspunkt; Zugkraft; Stichwort (j-n zum Reden zu bringen); **~back** Nachteil, Haken; Hindernis; Rückzoll; **~bridge** ['-bridʒ] Zugbrücke; **~ee** [drɔː'iː] Bezogener, Trassat; **~er** ['drɔːə] Aussteller, Trassant; Zeichner; **~er** [drɔː] Schublade; *(chest of) ~ers* [drɔːz] Kommode; **~ers** [drɔːz] *pl vb* Unterhose; **~-well** ['drɔːwel] Ziehbrunnen

drawing ['drɔːiŋ] Ziehen; Ziehung; Zeichnen (*out of ~* verzeichnet); Zeichnung; Ausstellen; Auslosung; **~ account** Girokonto; **~-block** ['--blɔk] Zeichenblock; **~-board** ['--bɔːd] Zeichenbrett; **~-pin** ['--pin] *BE* Reißna-

gel; **~-room** ['drɔːiŋrum] Zeichensaal; **~-room** ['drɔiŋ-] Salon, Gesellschaftszimmer; **~-table** [ˊ–teibl] Zeichentisch
drawl [drɔːl] *(out)* (Worte) dehnen; gedehntes Sprechen
drawn [drɔːn] (*siehe* draw[1]); *bes.* verzerrt (*with* vor); ⛩ unentschieden
dray [drei] Roll-, Bierwagen; **~horse** Karrengaul; **~man,** *pl* ~men Kutscher
dread [dred] Angst haben (vor); Furcht; **~, ~ed** schrecklich, gefürchtet; **~ful** schrecklich, furchtbar; *penny ~ful (BE)* Schmöker; **~nought** [ˊ-nɔːt] ⚓ wetterfeste Jacke; Kriegsschiff
dream [driːm] (*s. S. 318)* träumen; ~ *of* (od *that*) davon träumen, daß; *I shouldn't ~ of (doing)* es würde mir nicht im Traum einfallen (zu tun); ~ *away* verträumen; Traum; *he has ~s, a ~ (of)* er träumt davon, (daß); **~er** Träumer; **~less** traumlos; **~y** träumerisch; traumhaft (Erinnerung)
dreary ['driəri] trostlos, öde, düster
dredge [dredʒ] (Naß-)Bagger; Schlepp-, Austernnetz; ausbaggern; fischen; (mit Mehl be)streuen; **~r** [ˊ-ə] *BE* = ~ *(su)*; (Austern-) Fischer; (Mehl-)Streubüchse, (Zucker-)Streudose
dreg|s [dregz] *pl vb* Bodensatz; *fig* Abschaum; *to drink* (od *drain*) *to the ~s* bis zur Neige leeren *(a. fig)*; *a ~* ein bißchen
drench [drentʃ] Regenguß; durchnässen *(I'm ~ed, I've had a ~ing)*
dress [dres] **1.** (s.) anziehen; (s.) kleiden, (s.) um-, verkleiden; j-n be-, einkleiden; **2.** zu-, herrichten, (Salat) anrichten, (Huhn) herrichten, putzen, (Häute, Leder) zurichten, (Stein) behauen, (Feld) düngen, (Pflanze) beschneiden, (Textilien) appretieren, ausrüsten, (Haar) frisieren, (Pferd) zureiten, (Schaufenster) dekorieren, (Straße, Schiff) beflaggen, (Wunde) verbinden; **3.** *mil* (s.) (aus)richten; **4.** ~ *down* (Pferd) bürsten, j-m e-e Standpauke halten, s. unauffällig anziehen; ~ *up* s. gut anziehen, s. kostümieren; **5** Kleid(ung); *evening ~* Abendkleid; *full ~* Gala; **6. ~ circle** [ˊ-'sɜːkl] *BE* 🎭 erster Rang; **~ coat** [ˊ-'kout] Frack; **~er** An-, Zurichter; *BE* ⚕ Assistent, 🎭 Theaterfriseur, Ankleider; Dekorateur; *BE* Küchenschrank, *US* Frisierkommode; **~ing** Zu-, Herrichten; Ankleiden; ⚕ Verbinden, Verband, Binde; Appretur; (Salat- etc)Soße; (Geflügel-)Füllung; Düngemittel; Prügel; **~ing-case** Reisenecessaire; **~ing down** Standpauke; Prügel; **~ing-gown** [ˊ-iŋgaun] Morgen-, Schlafrock; **~ing-jacket** *BE* Frisierumhang; **~ing sack** *US* = ~ing-jacket; **~ing-table** *BE* Frisierkommode; **~maker** Schneiderin; **~ rehearsal** [ˊ-ri'hɜːsəl] 🎭 Generalprobe; **~y** putzsüchtig, geschniegelt; chic, modern
drew [druː] *siehe* draw[1]
drib|ble [dribl] tröpfeln (lassen); geifern; ⛩ dribbeln; Tröpfeln; **~let** ['driblit] Bißchen; *in* (od *by*) *~lets* tropfenweise
drier ['draiə] Trockner (*siehe* dry)
drift [drift] Strömung, Trift; Verwehung; Gedankengang, allgem. Sinn (*I see the ~...* worauf er hinauswill); *fig* (Sich-) Treibenlassen, Tendenz; treiben, getrieben werden; (s.) auf-, anhäufen; s. dahintreiben lassen; **~er** Treibnetzfischer; **~-ice** [ˊ-ais] Treibeis; **~-net** Treibnetz; **~-wood** Treibholz
drill [dril] (Drill-)Bohrer; ⤓ Drillmaschine; Furche; *mil* Drill, Exerzieren; Übung; Drell, Drillich; bohren; säen; drillen; exakt üben
drink [driŋk] *(s. S. 318)* trinken; ~ *up (down, off)* aus-, leer trinken; Alkohol trinken, (Geld) vertrinken; ~ *s-b's health* [helθ] auf j-s Gesundheit tr., ~ *success* [sək'ses] *to s-b* auf j-s Erfolg tr., (Toast) ausbringen; ~ *in (fig)* einsaugen, in sich aufnehmen; Trinken; Getränk; Schluck; alkoholische Getränke (*in ~* betrunken) **~able** trinkbar
drip [drip] tropfen; triefen (~ *sweat* [swet] von Schweiß); **~ping wet** triefnaß; das Tropfen; **~ping** Bratfett; **~ping-pan** Fettpfanne (zum Auffangen d. Fetts)
drive [draiv] *(s. S. 318)* **1.** fahren, lenken, kutschieren; **2.** ⚙ antreiben; treiben, (Nagel) einschlagen, (Ball) schlagen; **3.** *fig* (zur Verzweiflung etc) treiben, (verrückt) machen, (Arbeiter) antreiben; ~ *s-b into a corner* j-n in d. Enge treiben; **4.** (Tunnel, Bahn) treiben *(through a mountain)*; **5.** (Wolken) jagen, (Regen) peitschen; **6.** ~ *at* zielen, hinauswollen auf; *to let ~ at* losgehen auf; ~ *away at* hart arbeiten an; **7.** Fahrt; Fahrstraße, Auffahrt; **8.** Treiben; **9.** ⛩ Schlag(kraft); **10.** Schwung-, Tatkraft; **11.** Trieb; **12.** ⚙ Antrieb, Getriebe; **13.** Aktion, Kampagne, (Geld-)Sammelaktion; **~-in** Drive-in-Restaurant; Autokino; für Autokunden; **~r** ['draivə] Fahrer, Führer; Treiber; Bedienungsmann, Maschinenführer; Treibrad; **~r's license, test** *US* = driving licence, test
drivel ['drivl] geifern; faseln; Geifer; Faselei; **~ling** närrisch; **~ler** Narr
driv|en [drivn] *siehe* drive; **~ing** ['draiviŋ] Treiben; Fahren; Treib-, Trieb-, Antriebs-; **~ing instructor** Fahrlehrer; **~ing licence** ['laisəns] *BE* Führerschein; **~ing school** Fahrschule; **~ing seat** Fahrersitz; **~ing test** *BE* Fahrprüfung
drizzle [drizl] Sprühregen; sprühen, nieseln
droll [droul] komisch, drollig; **~ery** Drolligkeit; Posse, Spaß
drome [droum] *umg* Flugplatz
dromedary ['drʌ-, 'drɔmədəri] Dromedar
drone [droun] Drohne *(a. fig)*; Surren, Summen; surren, summen; (herunter)leiern; faulenzen
droop [druːp] s. senken; schlaff herunterhängen, d. Kopf hängenlassen; welken; gebeugte Haltung; **~ing** matt
drop [drɔp] Tropfen (**~s** ⚕ Tr.); *in ~s* tropfenweise; *he's had a ~ too much* er hat e-n über d. Durst getrunken; *a ~ in the bucket* (od *ocean*) e. Tropfen auf d. heißen Stein; (Frucht-)Bonbon; (Ohr-)Perle; Sturz, Fall(en), Sinken; Rückgang; 🎭 Vorhang (*a.* ~-curtain); fallen

lassen, (Bomben) abwerfen, (Brief) einwerfen: j-n (irgendwo) absetzen; (Freund) fallenlassen, j-n entlassen; (Buchstaben) auslassen, (Thema) fallenlasen, (Gewohnheit) aufgeben; (Stimme) senken; (Hinweis) geben; ~ *s-b a line* j-m ein paar Zeilen schicken; (Granaten) feuern; (Vogel) treffen; (Knicks) machen; (Junge) kriegen; (Anker) werfen; fallen; ab-, umfallen *(~ dead)*; zurückfallen (*to* auf); s. fallen lassen; treiben; s. senken; ~ **across** *umg* j-n treffen; ~ **away** *fig* abbröckeln; ~ **behind** zurückbleiben hinter; ~ **in** hereinschauen, vorbeikommen (*at, on* bei); ~ **off** abbröckeln, zurückgehen; eindösen; ~ **out** *fig* aussteigen, s. zurückziehen; ~ **through** *fig* durchfallen, e-n Reinfall erleben; ~**-head** *BE* Kabriolett; ~ **letter** *US* Ortsbrief; ~**-scene** [ˊ-siːn] 🎭 Vorhang; *fig* Schlußszene

drops|ical ['drɔpsikəl] wassersüchtig; ~**y** Wassersucht

dross [drɔs] Abfall, Schlacke *(a. fig)*

drought [draut] Dürre, Trockenheit; ~**y** dürr, trocken

drove [drouv] *siehe* drive; (getriebene Vieh-, Schaf-)Herde; Menge; ~**r** Treiber

drown [draun] ertränken; ertrinken; *to be ~ed* [draund] ertrinken; überschwemmen; übertönen, ersticken; (Whisky) verdünnen; *to ~ out* d. Fluten vertreiben; übertönen

drows|e [drauz] dösen, schläfrig sein; *~e away* verdösen; ~**y** schläfrig, dösig; einschläfernd

drub [drʌb] (ver)prügeln; ~**bing** Tracht, Prügel

drudge [drʌdʒ] *fig* Arbeitstier, Kuli; s. abrakkern, schuften; ~**ry** ['drʌdʒəri] Plackerei, Schufterei

drug [drʌg] Arzneimittel; Narkotikum; *~ (in the market)* Ladenhüter; (*bes* mit Narkotikum) verfälschen, betäuben; ~**gist** Apotheker; *US* Drugstoremanager; ~**-store** [ˊ-stɔː] *bes. US* Drugstore (Drogerie mit Papier-, Tabak-, pharmazeut. Abteilung und Imbißstube)

drum [drʌm] Trommel (*a.* ⚙); ⚕ Mittelohr; trommeln (*~ up.* zus.-); ~**head** Trommelfell; ~**mer** Trommler; (Handels-)Vertreter; ~**stick** Trommelschlegel

drunk [drʌŋk] *siehe* drink; betrunken; berauscht (*with* von); Betrunkener; ~**ard** ['drʌŋkəd] Trunkenbold; ~**en** *attr* betrunken; trunksüchtig *(a pred)*; Trink-

drupe [druːp] Steinobst

dry [drai], *drier, driest; (bes BE) drily, (bes US) dryly* trocken (*as a bone, bone-~* knochen-); (Brot) unbestrichen; prohibitionistisch; *US ~, pl ~s* Alkoholgegner; trocknen; *~ up* aus-, *fig* vertrocknen; 🎭 steckenbleiben; *~ up! (sl)* halt's Maul!; ~**-cleaning** ['drai'kliːniŋ] chem. Reinigung; ~ **dock** Trockendock; ~**er** Trockenapparat (*siehe* drier); ~ **goods** [gudz] *BE* trockene Güter, *US* Textilien, Meterware; ~ **measure** ['meʒə] Trockenmaß; ~**ness** Trokkenheit; ~ **nurse** [nəːs] Kindermädchen; ~**-rot** Trockenfäule, *fig* Verfall; ~**-shod** trockenen Fußes

dual ['djuːəl] doppelt; Zwei-, Doppel-

dub [dʌb] zum Ritter schlagen; (mit Spitznamen) nennen; (Leder) fetten; (Film) synchronisieren; synchron. Tonstreifen; ~**bing** Synchronisation; Lederfett

dubious ['djuːbiəs] zweifelhaft; *to be ~ of* zweifeln an

duca|l ['djuːkəl] herzoglich; ~**t** ['dʌkət] Dukaten

duch|ess ['dʌtʃis] Herzogin; ~**esse** [duː'ʃes] Duchesse; ~**y** ['dʌtʃi] Herzogtum

duck[1] [dʌk], *pl* ~**s**, *(Jägerspr.)* ~ Ente; Liebling; *US sl* Kerl ♦ *to take to s-th like a ~ takes to water* sofort auf etwas anbeißen; *like water off a ~'s back* ohne Eindruck zu machen, ohne Erfolg; *a fine day for young ~s* richtiger Landregen; *a lame ~ (fig)* lahmes Huhn; *to play ~s and drakes* Steine auf d. Wasser tanzen lassen; *to play ~s and drakes with* vergeuden; (unter)tauchen, (s.) ducken; ~**-bill** [ˊ-bil] Schnabeltier; ~**ing** Durchnässen; Eintauchen; ~**ling** Entchen

duck[2] [dʌk] Duck (Leinwandart); *pl* Hose

duct [dʌkt] Röhre; Gang, Kanal (*a.* ⚕); ~**ile** [ˊ-ail] dehnbar; fügsam; ~**less gland** Hormondrüse

dud [dʌd] Versager; Blindgänger

dude [djuːd] *US* Geck, Dandy

due [djuː] fällig; gebührend; *in ~ time* (od *course* [kɔːs]) zu gegebener, zur rechten Zeit; ~ **to** infolge; *to be ~ to* zurückzuführen sein auf, j-m gebühren, zustehen; *~ east* (*west* etc) genau (nach) Osten (etc); *su* was j-m zusteht, gebührt; *pl* Gebühren, Abgaben

duel ['djuəl] Zweikampf, Duell *(a. fig)*

duet [djuː'et] Duo, Duett

duffer ['dʌfə] Tölpel; Pfuscher

dug [dʌg] *siehe* dig; ~**out** Einbaum; Unterstand

duke [djuːk] Herzog; ~**dom** [ˊ-dəm] Herzogswürde; Herzogtum

dull [dʌl] eintönig, langweilig; dumm; trübe, matt; *~ of hearing* schwerhörig; stumpf, dumpf; flau, lustlos; stumpf machen, *fig* abstumpfen; (s.) trüben; ~**ard** ['dʌləd] Dummkopf; ~**ness** Dummheit; Eintönigkeit; Mattheit; Stumpfheit

duly ['djuːli] *adv* (*siehe* due) ordnungsgemäß, richtig; pünktlich

dumb [dʌm] stumm; sprachlos (*with* vor); unverständig (Geschöpf); doof, blöde; ~**-bell** Hantel, Blödkopf; ~**found** [–'faund] *fig* sprachlos machen; ~**show** [–'ʃou] Gebärdenspiel, Pantomime; ~ **waiter** *BE* Drehaufsatz; *BE* Beistelltisch; *US* Speisen-, Gepäckaufzug

dumfound [dʌm'faund] = dumbfound

dummy ['dʌmi] Kleiderpuppe; *BE* Schnuller; Attrappe(n-); (Bridge) Dummy, Strohmann *(a. fig), fig* Statist; 📖 Blindband

dump [dʌmp] (Müll etc) abladen; hinplumpsen (lassen); zu Schleuderpreisen ausführen, Dumping betreiben; Ablade-, Müllabfuhrplatz; Müll; Plumps; *mil* Depot, Stapelplatz; (Bruch-)Bude; *pl* niedergeschlagene Stimmung; ~**ing** Schleuderausfuhr, Dumping;

~ling (Fleisch-)Kloß; Apfel im Schlafrock; Dickerchen; **~y** untersetzt
dun [dʌn] falb, graubraun; Falbe; drängender Gläubiger, Schuldeintreiber; drängend mahnen; **~ning letter** *BE* Mahnbrief
dunce [dʌns] Klassenschlechtester; Dummkopf
dune [djuːn] Düne
dung [dʌŋ] Dung; düngen; **~hill** Dung-, Misthaufen
dungaree [dʌŋgə'riː] Berufsköper; *pl* Hose; Spielanzug
dungeon ['dʌndʒən] Burgverlies
dunk [dʌŋk] (ein)tunken
duo ['djuou] *pl* **~s** Duett, Duo (*BE bes* im Varieté); **~denum** [djuə'diːnəm] Zwölffingerdarm; **~logue** ['djuəlɔg] Zwiegespräch; 🎭 Stück mit 2 Personen
dupe [djuːp] Narr, d. Angeführte, Betrogene; hineinlegen, täuschen; **~ry** ['djuːpəri] Gaunerei
dupl|ex ['djuːpleks] doppelt, Doppel-; zweiseitig; Duplex-; Doppel-, Zweifamilienhaus; **~icate** [ˊ-plikit] doppelt; Zweit- *(key)*; Doppel; Duplikat (*in ~icate* in doppelter Ausfertigung); **~icate** [ˊ-plikeit] verdoppeln; doppelt ausfertigen; Kopie(n) herstellen von; noch einmal tun (schicken etc); das Gegenstück sein zu; **~ication** [–pli'keiʃən] Verdoppelung; Vervielfältigung; **~icator** [ˊ-plikeitə] Vervielfältigungsapparat; **~icity** [–'plisiti] Doppelzüngigkeit; Duplizität
dur|ability [djuərə'biliti] Dauerhaftigkeit; **~able** [ˊ-rəbl] dauerhaft; haltbar; **~alumin** [–'ræljumin] Duralumin; **~amen** [–'reimen] Kernholz; **~ation** [–'reiʃən] Dauer; **~ess** [–'res, ˊ–] Haft; Nötigung *(under ~ess)*; Zwang (slage); **~ing** ['djuəriŋ] während
durst [dəːst] *siehe* dare
dusk [dʌsk] (Abend-)Dämmerung; **~y** dämmerig, düster
dust [dʌst] **1.** Staub (Erd-, Gold-, Blüten-); *sl* Zaster, Kies; *BE* Müll; *to make (raise) a ~* Staub aufwirbeln *(a. fig.)*; *to throw ~ in s-b's eyes* j-m Sand in d. Augen streuen; *to shake the ~ off one's feet* s. wütend davonmachen; *to bite the ~* ins Gras beißen; **2.** abstauben; bestäuben; *~ s-b's jacket for him* j-n durchprügeln; **~-bin** *BE* Mülltonne; **~-cart** *BE* Müllabfuhrwagen; **~-coat** Staubmantel; **~er** Staublappen; (Zucker-)Streuer; *US* Staubmantel; **~man,** *pl* ~men *BE* Müllabfuhrmann; Sandmännchen; **~-pan** (Kehricht-)Schaufel; **~y** staubig; fade, trocken; *not so ~y (sl)* nicht so übel
Dutch [dʌtʃ] holländisch; *US a.* deutsch; **the ~** die Holländer; d. Holländische; *High ~* oberdeutsch, *Low ~* niederdeutsch; **~ auction** ['ɔːkʃən] Auktion mit Abschlag; **~ courage** ['kʌridʒ] angetrunkener Mut; **~man** *pl* ~men Holländer; **~ treat** Essen (etc) mit getrenntem Kasse; *talk to s-b like a* **~uncle** j-m e-e Standpauke halten; **~woman** [ˊ-wumən], *pl* ~ women [ˊ-wimin] Holländerin

dut|eous ['djuːtiəs] pflichttreu, gehorsam; **~iable** ['djuːtiəbl] zollpflichtig; **~iful** pflichttreu, gehorsam; **~y** ['djuːti] Pflicht (*to* gegenüber); *sense of ~y* Pflichtgefühl; Aufgabe; *on ~y* diensttuend, *off ~y* dienstfrei; *to go on ~y* Dienst antreten *to come off ~y* Dienst beenden; *to do ~y for* dienen als; Ehrerbietung; Zoll, Abgabe, Gebühr; **~y-free** zollfrei
dwarf [dwɔːf], *pl* **~s** Zwerg (-tier, -pflanze); in d. Entwicklung behindern; winzig erscheinen lassen; **~ed** [dwɔːft] verkümmert; **~ish** zwergenhaft, unterentwickelt; **~ism** ⚕ Zwergwuchs
dwell [dwel] wohnen; *fig* verweilen (*upon* bei); **~er** Bewohner; **~ing** Wohnung; Wohn-
dwindle [dwindl] sich vermindern, schwinden; herabsinken (*into* zu)
dye [dai], *~d, ~ing* färben; *~ in the wool (yarn)* in d. Wolle (Garn) färben, echt f.; *~d-in-the-wool (fig)* waschecht; Farbe, Färbstoff ♦ *of the deepest ~* von der schlimmsten Art; **~r** ['daiə] Färber; **~-stuff** Färbstoff; **~-works** [ˊ-wəːks] *sg/pl* Färberei
dying ['daiiŋ] *siehe* die[3]; Sterben; Sterbe-; **the ~** die Sterbenden
dyke [daik) *siehe* dike
dynamic [dai'næmik] dynamisch *(a. fig.)*; Triebkraft; **~s** *sg vb* Dynamik
dynam|ite ['dainəmait] Dynamit; sprengen; **~o** ['dainəmou], *pl* ~os Dynamo; Lichtmaschine
dyn|astic [di'næstik, *US* dai-] dynastisch; **~asty** ['dinəsti, *US* dai-] Dynastie; **~e** [dain] Dyn
dys|entery ['disəntri] Ruhr; **~lexia** [dis'leksiə] Legasthenie; **~pepsia** [dis'pepsiə] Verdauungsstörung; **~peptic** magenkrank, -schwach; deprimiert

E

E (*a.* ♪) E; **E sharp** Eis, **E flat** Es
each [iːtʃ] jeder; *~ other* einander, sich; *~ and every* jeder ohne Ausnahme; *adv* je
eager ['iːgə] begierig (*about, after, for* auf, nach); eifrig (bedacht); heftig; *to be ~ to do* darauf brennen zu tun
eagle [iːgl] Adler; *US* $10-Stück
ear[1] [iə] Ohr; *to be all ~s* ganz Ohr sein; *I would give my ~s* ich gäbe sonst was; *to be by the ~s* streiten; *to set s-b by the ~s* aufhetzen; **~-ache** [ˊ-reik] Ohrenschmerz(en); **~-drum** Trommelfell; **~mark** Ohren-, *fig* Kennzeichen; kennzeichnen; (Geld) bestimmen, vorsehen; **~-minded** [ˊ-'maindid] ohrbegabt, auditiv; **~-phone** [ˊ-foun] Kopfhörer; **~piece** [ˊ-piːs] ☎ Hörmuschel; **~-shot** Hörweite; **~-trumpet** [ˊ-trʌmpit] Hörrohr; **~-wax** [ˊ-wæks] Ohrenschmalz; **~wig** Ohrwurm
ear[2] [iə] Ähre
earl [əːl] Graf; **~dom** [ˊ-dəm] Grafenwürde; [Grafschaft
earl|y ['əːli] früh, Früh-; Anfangs-; *in ~y spring* zu Beginn des Frühjahrs; *as ~y as* schon; *~ier than* vor; *~ier on* früher *~y bird* Frühaufsteher

♦ *it's the ~y bird that catches the worm* [wəːm] Morgenstund' hat Gold im Mund'; **~y-closing day** *BE* Tag mit frühem Geschäftsschluß
earn [əːn] verdienen *(a. fig)*; erwerben; **~ed** [əːnd] Arbeits-, Betriebs-; **~er** Verdiener; **~est** ['əːnist] ernst(lich), eifrig; Ernst (*are you in ~est?* meinst du es ernst?); *in good ~est* ganz ernst(haft); **~est** Auf-, Handgeld; Anzahlung; (Vor-)Zeichen, Hinweis (*of* auf); **~ings** *pl vb* Einkünfte, Ertrag; (Arbeits-)Lohn
earth [əːθ] Erde (*BE a.* ⚡, ⏚); Welt (*on ~* in d. W.); Land; Boden; (Fuchs- etc) Bau; *to go* (od *run*) *to ~* (in e-n B.) einfahren; *to run s-b (s-th) to ~* j-n stellen, etwas finden; *vt BE* erden; *~ up* behäufeln; *vi* (Tier) einfahren; **~en** Erd-; irden; **~enware** ['əːθənwɛə] Steingut(geschirr); **~ly** irdisch, auf Erden; *umg* denkbar, vernünftig; **~quake** [ˊ-kweik] Erdbeben; **~work** [ˊ-wəːk] Schanze; **~-worm** [ˊ-wəːm] Regenwurm; **~y** erdhaltig, erdig; sinnlich, grob
ea|se [iːz] **1.** Ruhe, Behagen; *to be* (od *feel*) *at ~e* s. wohl fühlen; *to take one's ~e* es s. bequem machen; *ill at ~e* unbehaglich, befangen; *to set s-b at ~e* j-m die Befangenheit (Unsicherheit) nehmen; Leichtigkeit *(with ~e)*; *(mil) at ~e* Rührt-euch(-Stellung); **2.** lockern; erleichtern, lindern; beheben; befreien (*of* von); *~e (down)* verlangsamen; *~e off* nachlassen; s. entspannen; **~el** [iːzl] Staffelei; Gestell; **~y** ['iːzi] leicht; bequem; ungezwungen; sorgenfrei; (Kleid) bequem; *to go* (od *take it*) *~y* es s. leichtmachen; *take it ~y!* immer mit d. Ruhe!; **~y-chair** [ˊ-i'tʃɛə] Sessel; **~-going** [ˊ-i'gouiŋ] bequem, leichtlebig; **~y mark** leichte Beute
east [iːst] Osten; Orient; **the East** *US* d. Oststaaten; Ost-, östlich; ostwärts; **~erly** östlich; Ost-; **~ern** *(a. pol)* östlich; Ost-; orientalisch; **Easterner** ['iːstənə] Orientale; **~ward(s)** [ˊ-wədz] östlich, nach Osten (gehend); ostwärts
Easter ['iːstə] Ostern; **~ Day** Ostersonntag; **~-tide** [ˊ--taid] Osterzeit
eat [iːt] *(s. S. 318)* essen (*up* auf-); *~ one's words* s-e Worte zurücknehmen; *what's ~ing you?* was ist denn los mit dir?; fressen *(a. fig)*; zerfressen, -stören; *~ up* auf(fr)essen; begierig aufnehmen; **~s** Eßwaren; **~er** Esser; Obst zum Rohessen; **~ing** Essen; **~ing-house** Gasthaus
eaves [iːvz] *pl vb* Dachgesims; Traufe; **~drop** [ˊ-drɔp] lauschen, horchen; **~dropper** Lauscher, Horcher
ebb [eb] Ebbe *(a. fig)*; Abnahme; zurückströmen, verebben; abnehmen; **~tide** = ~
ebony ['ebəni] Ebenholz; Schwärze; schwarz (Taste)
ebulli|ent [i'bʌliənt] siedend, sprudelnd *(a. fig)*; **~tion** [ebə'liʃən] Sieden; Sprudeln; Ausbruch
eccentric [ik'sentrik] exzentrisch *(a. fig)*; überspannt; Sonderling; **~ity** [eksen'trisiti] Überspanntheit
ecclesiastic [ikliːzi'æstik] Geistlicher; ; **~al** kirchlich; geistlich
echelon ['eʃələn], *pl* **~s** **1.** *mil* Staffel; (Angriffs-)Welle; (Befehls-)Ebene; **2.** staffeln; *~ed* [ˊ--d] *in depth* tiefgestaffelt; **~ment** *mil* Staffelung
echo ['ekou], *pl* **~es** Echo; Nachahmer; **~** *vt/i (~es, ~ed)* Echo werfen, widerhallen; (Echo) zurückwerfen; wiederholen; **~meter** ['ekoumiːtə] Fischlupe; **~-sounder** Echolot
éclat [ei'klɑː] großer Beifall; Glanz (e-r Leistung); Ansehen
eclip|se [i'klips] **1.** (Mond-, Sonnen-)Finsternis; Verfinsterung; **2.** verdunkeln; *fig* in d. Schatten stellen; **~tic** [i'kliptik] Sonnenbahn
econom|ic [iːkə'nɔmik] (volks)wirtschaftlich; Wirtschafts-; marktgerecht; **~ical** wirtschaftlich, sparsam (*of* mit), ökonomisch; niedrig, angemessen; **~ics** *sg vb* Volkswirtschaftslehre; *pl vb* wirtschaftl. Gegebenheiten; **~ist** [iː'kɔnəmist] haushälterischer Mensch, Sparer; Volkswirt; **~ize** [iː'kɔnəmaiz] sparen, sparsam wirtschaften mit; s. einschränken; **~y** [iː'kɔnəmi] Sparsamkeit, Wirtschaftlichkeit; Einsparung; Organisation; Wirtschaft(ssystem); *domestic ~y* Haushaltführung; *planned ~y* Planwirtschaft; *political ~y* = ~ics
ecsta|sy ['ekstəsi] Ekstase, Verzückung (*to go, be thrown, into ~sies over* in V. geraten über); Trance; **~tic** [ek'stætik] ver-, entzückt; begeisternd
eczema ['eksimə] Ekzem; **~tous** [ek'semətəs] ekzematös
eddy ['edi] Wirbel, Strudel; wirbeln
Eden ['iːdən] Eden, Paradies
edg|e [edʒ] Rand; Kante; Schneide; *to put an ~e on* (Messer) schärfen; *to take the ~e off* stumpf machen, abstumpfen, -schwächen ♦ *to give s-b the ~e of one's tongue* [tʌŋ] j-m gehörig d. Meinung sagen; *to set s-b's teeth on ~e* j-n nervös machen, Zahnweh verursachen; *to be on ~e* gereizt sein; einfassen; schärfen; (Weg) bahnen; (s.) schieben, rücken; **~eways** ['edʒweiz, **~ewise** ['edʒwaiz] seitlich, hochkant ♦ *not get a word in ~eways* kein Wort einwerfen können; **~ing** ['edʒiŋ] Einfassung; **~y** ['edʒi] nervös, unruhig
edible ['edibl] eß-, genießbar **~s** Eßwaren
edict ['iːdikt] Edikt, Verordnung
edi|fication [edifi'keiʃən] Erbauung; **~-fice** [ˊ--fis] Bauwerk, Gebäude(komplex), Anlage; **~fy** [ˊ--fai] *(moral., geistig)* stärken, erheben; **~fying** erbaulich
edit ['edit] edieren, herausgeben; redigieren, als Redakteur leiten; **~ion** [i'diʃən] Ausgabe; (Gesamt-)Auflage; **~or** Herausgeber; (Chef-) Redakteur, Schriftleiter; **~orial** [edi'tɔːriəl] Redakteur-, Redaktions-; Leitartikel; *~orial staff* Redaktion; **~orialist** Leitartikler
educ|able ['edjukəbl] erziehbar; **~ate**]ˊ--keit] erziehen, bilden; aufziehen; **~ation** [--'keiʃən] Erziehung; Ausbildung; Bildung; Pädagogik; *elementary (primary) ~ation* Volksschulwesen; *secondary ~ation* höheres Schulwesen; **~ational** Erziehungs-; **~ationalist, ~ationist** Pädagoge; Erziehungswissenschaft-

ler; **~ative** [ˊ–kətiv] erzieherisch, bildend; Erziehungs-; **~ator** [ˊ–keitə] Erzieher
educe [iːˈdjuːs] entwickeln; ableiten
eel [iːl] (Fluß-)Aal; **~-like** aalartig
e'er [ɛə] = ever
eerie (eery) [ˈiəri] unheimlich
efface [iˈfeis] ausstreichen, -löschen; *~ o.s.* sich im Hintergrund halten
effect [iˈfekt] **1.** (Aus-, Nach-)Wirkung; (*to have ~ on* ⚖ W. haben, Eindruck machen auf); *of no ~* wirkungslos; *in ~* in Wirklichkeit, ⚖ gültig; *to take ~* wirken, Erfolg haben, ✡ in Kraft treten; *to bring* (od *carry*) *into ~* in Kraft setzen; Sinn (*to the ~* des Inhalts, *to this ~* zu dem Zweck); **2.** Effekt (*a.* ✡, *for ~* um d. E. willen); **3.** *pl* Habseligkeiten, Effekten; (Bank-)Guthaben, *no ~s* keine Dekkung; **4.** *vt* bewirken; ausführen; **~ive** wirkungsvoll, -sam; tatsächlich, vorhanden; aktiv; *mil* dienst-, kampffähig; Wirkungs-, Effektiv-, Nutz-; *~ive date* Tag des Inkrafttretens; **~ual** [iˈfektjuəl] (voll-)wirksam; gültig; **~uate** [iˈfektjueit] bewerkstelligen; ausführen
effemina|cy [iˈfeminəsi] Weichlichkeit, Verweichlichung; **~te** [–ˊ–nit] verweichlicht
effervesce [efəˈves] sprudeln, (auf-)schäumen; *fig* überschäumen; **~nce** [––ˊsəns] Sprudeln, Sprudelkraft; Auf-, Überschäumen; **~nt** sprudelnd, schäumend; *~nt powder* Brausepulver
effete [eˈfiːt] erschöpft, verbraucht
effic|acious [efiˈkeiʃəs] *bes* ⚕ wirksam; **~acy** [ˈefikəsi] *bes* ⚕ Wirksamkeit; **~iency** [iˈfiʃənsi] wirkende Kraft; Tüchtigkeit, Leistungsfähigkeit; *bes* ✡ Wirkungsgrad, (Nutz-)Leistung; **~ient** [iˈfiʃənt] wirksam; leistungsfähig, tüchtig; wirkungsvoll; ergiebig
effigy [ˈefidʒi] Bild(nis); *to hang (burn) s-b in ~* j-s Bild aufhängen (verbrennen)
effloresce [efloːˈres] aufblühen; hervorbrechen, ⚕ Ausschlag bekommen; s. beschlagen; zerfallen; **~nce** Aufblühen; *fig* Blüte(zeit); ⚕ Ausschlag; *chem* Beschlag; **~nt** (auf)blühend (*a. fig*); *chem* auswitternd
efflu|ence [ˈefluəns] Ausfluß; **~ent** ausfließend, ausströmend; Ab-, Ausfluß; **~vium** [eˈfluːviəm], *pl ~via* Ausdünstung; **~x** [ˈeflʌks] Ausströmen, -fluß, Erguß
effort [ˈefət] Anstrengung; Mühe; Leistung; Fleiß; **~less** mühelos
effrontery [iˈfrʌntəri] Unverschämtheit, Frechheit
effulg|ence [iˈfʌldʒəns] Glanz; **~ent** glänzend
effus|e [iˈfjuːz] ausgießen, -strömen; **~ion** [iˈfjuːʒən] Aus-, Vergießen (*bes.* ⚕, *fig* Erguß); **~ive** [iˈfjuːsiv] überschwenglich
e. g. [iːˈdʒi, fərigˈzaːmpl] zum Beispiel
egg[1] [eg] **1.** Ei; *in the ~* im Anfangsstadium ♦ *to put all one's ~s in one basket* alles auf e-e Karte setzen; *to teach one's grandmother to suck ~s* e-n Meister das Handwerk lehren wollen; **2.** *umg* Kerl, Bombe; **~-cup** Eierbecher; **~-head** [ˊ–hed] Intellektueller; **~-plant** [ˊ–plaːnt] Aubergine; **~-shell** Eierschale(nfarbe)
egg[2] [eg] *on* antreiben, anreizen
eglantine [ˈegləntain] Zaun-, Weinrose
ego [ˈegou, *US* ˈiːgou] das Ich, Ego; **~centric** [––ˈsentrik] egozentrisch; selbstsüchtig; **~ism** [ˈegouizm] Selbstsucht, *(bes philos)* Egoismus; **~istic(al)** [egouˈistik(l)] egoistisch; **~tism** [ˈegoutizm] Ichbetontheit, Eigendünkel, Selbstgefälligkeit; **~tistic(al)** [egouˈtistik(l)] dünkelhaft, selbstgefällig
egregious [iˈgriːdʒəs] ausgemacht (Esel), kraß (Lügner, Fehler, Lüge)
egress [iˈgres] Ausgang *fig* Ausweg
Egypt [ˈiːdʒipt] Ägypten; **~ian** [iˈdʒipʃən] ägyptisch; Ägypter(in)
egret [ˈiːgret] Silberreiher; Federbusch
eh [ei] wie?, was?; oder?
eider [ˈaidə] (*a.* **~-duck**) Eiderente; (*a.* **~-down**) Eiderdaunen; **~-down** [ˊ–daun] Daunendecke
eight [eit] acht; Achter(boot) ♦ *to have one over the ~ (sl)* s. e-n antrinken; *to be behind the ~ ball (US sl)* d. Nachsehen haben, in der Klemme sitzen; **~een** [ˈeiˈtiːn] achtzehn; **~eenth** [ˈeiˈtiːnθ] achtzehnte; **~fold** achtfach; **~h** [eitθ] achte; **~ieth** [ˈeitiiθ] achtzigste; **~y** [ˈeiti] achtzig
either [ˈaiðə], *bes US* ˈiːðə(r)] der eine oder der andere; beide; jeder (von zweien); *not ... ~* auch nicht; *~ ... or* entweder ... oder
ejacula|te [iˈdʒækuleit] (Worte, ⚕) ausstoßen; **~tion** [idʒækjuˈleiʃən] Ausstoßen; ⚕ Ejakulation
eject [iˈdʒekt] vertreiben; absetzen; ausweisen; **~ion** [iˈdʒekʃən] Vertreibung; Ausweisung
eke [iːk] *out* (Lebensunterhalt) ergänzen (*with, by* durch); vervollständigen; (Flüssigkeit) verlängern; (Leben) (irgendwie) weiterführen
elabora|te [iˈlæbərit] sorgfältig ausgearbeitet; vollendet; vielgestaltig, feingliedrig; **~te** [–ˊ–reit] sorgfältig (im einzelnen) aus-, heraus-, durcharbeiten; **~teness** Vielgestaltigkeit; Feingliedrigkeit; **~tion** [–––ˈreiʃən] Ausarbeitung, Ausfeilung; Vielgestaltigkeit; Feingliedrigkeit; Einzelheit, Zutat
elapse [iˈlæps] ab-, verlaufen, -streichen; Ab-, Verlauf
elastic [iˈlæstik] elastisch (*a. fig*); spannkräftig; Gummi-; Gummiband; **~ity** [iːlæsˈtisiti] Elastizität; Spannkraft
ela|ted [iˈleitid] in gehobener Stimmung, freudig erregt; **~ion** [iˈleiʃən] gehobene Stimmung
elbow [ˈelbou] **1.** Ellbogen; *at one's ~* nahe; *out at ~s* heruntergekommen; **2.** (Rohr-)Knie; **3.** Seitenlehne; **4.** mit d. Ellbogen wegstoßen; *~ one's way* s. durchdrängen; **~-grease** [ˊ–griːs] Armschmalz, harte Arbeit; **~-rest** Armlehne; **~-room** Bewegungsfreiheit
elder[1] [ˈeldə] Holunder
eld|er[2] [ˈeldə] älter (mst bei Familienangehörigen; *my ~er brother*); *my ~er by one year* ein Jahr älter als ich; (Kirchen-)Vorsteher, Älteste r; *his ~ers* Leute, die älter sind als er; *our ~ers* die ältere Generation; **~erly** ältlich; **~est** [ˈeldist] älteste
El Dorado [eldɔˈraːdou], *pl* **~s** Eldorado, Wunderland

elect [i'lekt] (aus)wählen (*~ s-b president, to the presidency* j-n zum Präsidenten w.); beschließen; *adj* ausge-, auserwählt; *(hinter d. su)* gewählt, aber noch nicht amtierend; **bride-~** Verlobte; **the ~** d. Auserwählten; **~ion** [i'lekʃən] Wahl; **~ioneer** [ilekʃə:niə] Agitator; agitieren; **~ive** [i'lektiv] wählend; gewählt; Wahl-; *US* Wahlfach; **~or** [i'lektə] Wähler, Wahlberechtigter; Kurfürst; *US* Wahlmann; **~oral** [i'lektərəl] Wahl-, Wähler; kurfürstlich; **~oral college** *US* Wahlmänner; **~orate** [i'lektərit] Wählerschaft; Kurwürde; Kurfürstentum
electric [i'lektrik] elektrisch; erregend, schokkierend; *~ sign* [sain] Lichtreklame *~ torch BE* Taschenlampe; **~al** elektrisch, (Buch) über Elektrizität; **~al engineering** [endʒi'niəriŋ] Elektrotechnik; **~ian** [--'triʃən] Elektr(otechn)iker; **~ity** [--'trisiti] Elektrizität
electri|fication [i,lektrifi'keiʃən] Elektrifizierung; **~fy** [-´-fai] elektrifizieren; *(a. fig)* elektrisieren
electro|cardiogram [ilektrou'ka:diəgræm] Elektrokardiogramm, EKG; **~cute** [i'lektrəkju:t] auf d. elektr. Stuhl hinrichten; durch Strom töten; **~cution** [ilektrə'kju:ʃən] Hinrichtung (Tötung) durch elektr. Strom; **~de** [i'lektroud] Elektrode; **~lier** [ilektrə'liə] elektr. Leuchter; **~lysis** [ilek'trɔlisis] Elektrolyse; **~n** [i'lektrɔn], *pl* ~ns Elektron; **~nic** [ilek'trɔnik] Elektronen- (*~nic engineering* Elektronik; *~nic microscope; ~nic brain*); **~nics** Elektronik; el. Geräte; **~plate** [i'lektroupleit] galvanisieren; galv. verzinken; galvanisiertes Besteck (Artikel); **~type** 🕮 Galvano(-plastik); galvanoplastisch vervielfältigen; Galvanos herstellen; **~typy** [ilek'trɔtipi) 🕮 Galvanoplastik, Elektrotypie
elegan|ce ['eligəns] Eleganz; Anmut; Geschmack; **~t** elegant; anmutig; geschmackvoll; luxuriös; klasse
elegy ['elidʒi] Elegie, Klagelied
element ['elimənt]; *in (out of) one's ~* (nicht) in seinem Element; *fig* Körnchen; *pl* Anfangsgründe; **~al** [eli'mentəl] elementar; **~ary** [eli'mentəri] Elementar-, Grund-; elementar; **~ary school** Grundschule
elephant ['elifənt] Elefant; *white ~* kostspieliges, dabei nutzloses Wertstück; **~ine** [eli'fæntain] Elefanten-; plump
eleva|te ['eliveit] erhöhen; erheben; **~ed** gehoben; angeheitert; *~ed (railway)* Hochbahn; **~ion** [eli'veiʃən] Hügel, Erhebung *(a. fig)*; Höhe; Erhöhung; Erhabenheit; ✡ Aufriß; **~or** ['eliveitə] *bes US* Fahrstuhl, Aufzug; Becherwerk; ✈ Höhenruder; Getreidespeicher
eleven [i'levn] elf; ⚑ Elf; **~th** [i'levnθ] elfte; **~ses** [i'levnziz] *BE umg* 2. Frühstück
elf [elf], *pl* **elves** [elfz] Elfe; Kobold; **~in** Elfen-; **~ish** mutwillig, boshaft
elicit [i'lisit] herauslocken; hervorrufen
elide [i'laid] auslassen, verschlucken
eligible ['elidʒibl] wählbar; passend, wünschenswert; zulaßbar *(for an examination)*, berechtigt; *to be ~ for* in Frage kommen für
elimina|te [i'limineit] beseitigen; aussondern; *bes chem, math,* $ ausscheiden; *US* entlassen; **~ion** [i,limi'neiʃən] Aussonderung; Ausscheidung; Beseitigung; Außerachtlassung
elision [i'liʒən] Auslassung, Elision
élite [ei'li:t] Elite
elixir [i'liksə] Elixier *(of life)*; Wunderheilmittel
elk [elk], *pl ~* Elch; *US* Wapiti
ell [el] Elle (45 Zoll) ♦ *give him an inch and he'll take an ~* gib ihm d. kleinen Finger, und er nimmt d. ganze Hand
ellip|se [i'lips] *math* Ellipse; **~sis** [i'lipsis], *pl* ~ses [-´-si:z] Ellipse (im Satz); **~tic** *math* elliptisch; **~tical** elliptisch (Satz); knapp formuliert
elm [elm] Rüster, Ulme(nholz)
elocution [elə'kju:ʃən] Vortragskunst, -weise; **~ist** Rezitator; Sprecherzieher
elonga|te ['i:lɔŋgeit, *US* i'lɔŋgeit] (s.) verlängern; länglich sein; **~ion** [--'geiʃən] Verlängerung; Dehnung
elope [i'loup] (dem Gatten) entlaufen, s. entführen lassen; **~ment** Entlaufen
eloque|nce ['eləkwəns] Beredsamkeit; **~nt** beredsam, beredt; vielsagend
else [els] sonst; anderer; *or ~* oder aber, sonst; **~where** sonstwo, anderswo
elucidate [i'lu:sideit] auf-, erklären
elu|de [i'lu:d] ausweichen, entwischen; sich entziehen; **~sive** [i'lu:siv] j-m entwischend, schwer zu fangen; schwer zu fassen (behalten, erlangen, bemerken)
elv|es [elvz] *siehe* elf; **~ish** = elfish
emacia|ted [i'meiʃieitid] abgezehrt, ausgemergelt; **~tion** [i,meisi'eiʃən] Abmagerung, Auszehrung
emana|te ['eməneit] ausströmen; herrühren (*from* von); **~tion** [emə'neiʃən] Ausfluß
emancipa|te [i'mænsipeit] emanzipieren, befreien; **~tion** [imænsi'peiʃən] Emanzipation, Befreiung
emasculate [i'mæskjuleit] kastrieren; verweichlichen; (ab)schwächen
embalm [im'ba:m] einbalsamieren; **~ment** Einbalsamierung
embankment [im'bæŋkmənt] Eindämmung; Damm; Uferstraße, Staden
embargo [em'ba:gou], *pl* **~es** Hafen-, Handelssperre; Verbot; *vt ~, ~ed, ~ed* mit Beschlag belegen, e-e Sperre verhängen über, sperren
embark [im'ba:k] (s.) einschiffen, an Bord nehmen; s. einlassen (*on* auf); **~ation** [emba:'keiʃən] Einschiffung; Verladung
embarrass [im'bærəs] in Verlegenheit setzen, in e-e unangenehme Lage bringen, verwirren; behindern, erschweren; **~ed** [--'rəst] in Geldverlegenheiten; **~ing** unangenehm, peinlich; **~ment** (Geld-)Verlegenheit, Verwirrung, unangenehme Lage; Hindernis; Erschwerung, Störung
embassy ['embəsi] *pol* Botschaft; (diplomatischer) Auftrag

embed [im'bed] einbetten, vergraben (in), einlassen
embellish [im'beliʃ] (aus)schmücken; **~ment** Verschönerung; Verzierung
embers ['embəz] *pl vb* (ver)glühende Kohle(n); schwelende Glut
embezzle [im'bezl] veruntreuen, unterschlagen; **~ment** Unterschlagung
embitter [im'bitə] verbittern; verschlimmern; **~ment** Verbitterung; Verschlimmerung
emblem ['embləm] Sinnbild; Kennzeichen; **~atic** [embli'mætik] sinnbildlich; ein Sinnbild (*of* für)
embod|iment [im'bɔdimənt] Verkörperung; ✡ Verwirklichung; **~y** [im'bɔdi] konkrete Form geben, konkretisieren; verkörpern; ✡ verwirklichen; (in etwas) aufnehmen, niederlegen; *to be ~ied in* enthalten sein in
embolden [im'boulden] ermutigen
embolism ['embəlizm] Embolie
embosom [im'buzəm] umfassen, einschließen
emboss [im'bɔs] gaufrieren; formstanzen; prägen; treiben, erhaben ausarbeiten; **~ed sheet** Prägefolie
embowel [im'bauəl] ausweiden
embra|ce [im'breis] (s.) umarmen; ergreifen; umfassen; (Glauben) annehmen; Umarmung; **~sure** [im'breiʒə] schräge Laibung; Schießscharte
embroca|te ['embroukeit] *bes* ⚕ einreiben; **~tion** [embrou'keiʃən] Einreibung; Einreibewasser, -mittel
embroider [im'brɔidə] sticken; *fig* ausschmükken; **~y** [im'brɔidəri] Stickerei; Sticken; Ausschmückung
embroil [im'brɔil] durcheinanderbringen; j-n in e-n Streit verwickeln
embryo ['embriou], *pl* **~s** Embryo; *in ~* im Werden
emcee [em'siː] (als) Conferencier (leiten, ansagen, auftreten)
emend [i'mend] (Text) verbessern; **~ation** [iːmen'deiʃən] (Text-)Verbesserung, Berichtigung
emerald ['emerəld] Smaragd; smaragdgrün; **the E~ Isle** [ail] Irland
emerge [i'məːdʒ] auftauchen (*from* aus); herauskommen; bekannt werden; **~nce** [i'məːdʒəns] Auftauchen, Sichtbarwerden; **~ncy** [i'məːdʒənsi] Notlage, -fall; Not-; **~ncy decree** Notverordnung
emery ['eməri] Schmirgel (*~-paper*)
emetic [i'metik] Brech(mittel)
emigr|ant ['emigrənt] Auswanderer, Emigrant; **~ate** ['emigreit] auswandern; **~ation** [emi'greiʃən] Auswanderung
émigré ['emigrei] polit. Flüchtling
eminen|ce ['eminəns] Anhöhe; Ansehen, Auszeichnung; Eminenz; **~t** angesehen; hochgestellt; hervorragend
emi|ssary ['emisəri] (Send-)Bote; Emissär; **~ssion** [i'miʃən] Aussenden, -strömen, -strahlen; Emission; **~t** [i'mit] aussenden, -strömen, -strahlen; emittieren
emolument [i'mɔljument] Bezüge, Gehalt, Honorar
emotion [i'mouʃən] Gefühl(sregung), Gemütsbewegung; Erregung; **~al** gefühlvoll, leicht erregbar; gefühlsbetont; Gefühls-, Gemüts-
emotive [i'moutiv] gefühlserregend
empathy ['empəθi] Einfühlung(svermögen); Mitgefühl
emperor ['empərə] Kaiser, Herrscher
empha|sis ['emfəsis] Betonung, Nachdruck; **~size** ['emfəsaiz] betonen, herausstellen; **~tic** [im'fætik] nachdrücklich, emphatisch
empire ['empaiə] (Welt-)Reich; Herrschaft
empiric [im'pirik] Empiriker; Scharlatan; = **~al** empirisch, erfahrungsmäßig
emplacement [im'pleismənt] Geschützstellung, -stand; Lage, Platz
emplane [im'plein] *bes BE* ✈ einsteigen; verladen
employ [im'plɔi] beschäftigen, anstellen; an-, verwenden; *in the ~ of* angestellt bei; **~é** [ɔm'plɔiei, *US* em-] = **~ee** [emplɔi'iː] Betriebsangehörige(r), Arbeitnehmer(in); **~er** [im'plɔiə] Arbeitgeber; **~ment** Beschäftigung; Beruf; Verwendung; **~ment agency** ['eidʒənsi] Stellennachweis; **~ment exchange** [iks'tʃeindʒ] *BE* Arbeitsamt
emporium [em'pɔːriəm], *pl* **~s** Handelsplatz, -zentrum; Warenhaus, Geschäft
empower [im'pauə] ermächtigen; befähigen
empress ['empris] Kaiserin
empt|y ['empti] leer; hungrig; (s.) (ent)leeren; s. ergießen; **~ies** *pl vb* Leergut
emu ['iːmjuː], *pl* **~s** Emu
emul|ate ['emjuleit] nach-, wetteifern mit; es gleichtun (wollen); **~ation** [emju'leiʃən] Wetteifer, Nacheiferung; **~ous** ['emjuləs] nach-, wetteifernd; ehrgeizig
emul|sify [i'mʌlsifai] emulgieren; **~sion** [i'mʌlʃən] Emulsion
enable [i'neibl] es j-m ermöglichen, möglich machen (zu tun); befähigen
enact [i'nækt] Gesetzeskraft verleihen, beschließen, verfügen; (Rolle) spielen; *~ into law* zum Gesetz erheben; *to be ~ed* stattfinden; **~ive** verordnend; **~ment** Annahme (e-s Gesetzes); gesetzl. Verfügung
enamel [i'næməl] Email; Kunstharzlack; Emaille(farbe); Glasur; Zahnschmelz; emaillieren; lackieren; glasieren
enamour [i'næmə] entzücken, bezaubern; **~ed** [i'næməd] *of* verliebt in
encamp [in'kæmp] Lager beziehen (lassen); **~ment** (Feld-)Lager; Beziehen e-s Lagers
encase, in- [in'keis] einschließen, einhüllen
encephal|ic [ensi'fælik] Gehirn-; **~itis** [ensefə'laitis] Gehirnentzündung
enchant [in'tʃɑːnt] entzücken; verzaubern; **~er** Zauberer; **~ress** Zauberin; bezaubernde Frau; **~ment** Verzauberung; Zauber; Entzücken
encircle [in'səːkl] umringen, -schließen, -fassen
enclos|e, in- [in'klouz] umgeben, einzäunen; beifügen, einlegen; **~ed** [in'klouzd] in-, anlie-

gend, anbei; **~ure** [in'klouʒə] Einzäunung; Zaun; Gehege; Anlage
encomium [en'koumjəm], *pl* **~s** Lobpreisung
encompass [in'kʌmpəs] umgeben, -zingeln; umfassen
encore [ɔŋ'kɔː] **1.** Dakapo!, (Zuruf, Verlangen nach e-r) Zugabe; **2.** Zugabe verlangen von (e-m Stück); zu e-er Zugabe anfeuern
encounter [in'kauntə] stoßen auf; begegnen, s. gegenüberstehen; Begegnung, Zus.stoß; Kampf, Schlacht
encourage [in'kʌridʒ) ermutigen; er-, aufmuntern; unterstützen, fördern; **~ment** Ermutigung; Aufmunterung; Unterstützung; Förderung
encroach [in'kroutʃ] Eingriffe machen, übergreifen (*upon* auf), eindringen (*upon* in); beeinträchtigen, mißbrauchen; **~ment** Ein-, Übergriff
encrust, in- [in'krʌst] verkrusten; überziehen
encum|ber [in'kʌmbə] (be)hindern; belasten; versperren, anfüllen; **~bered** [–ˊbəd] verschuldet; **~brance** [in'kʌmbrəns] (Schulden-)Last; Belastung; Hindernis
encyclopae|dia, -pedia [insaiklə'piːdiə] Enzyklopädie; **~dic(al)** [–––ˊdik(l)] enzyklopädisch
end [end] **1.** Ende; ~ *to* ~ nebeneinander; *on* ~ aufrecht, hintereinander; *to stand on* ~ zu Berge stehen, s. sträuben; *in (at) the* ~ schließlich; *to come to a bad* ~ ein schlimmes Ende nehmen; *to put an* ~ *to, to make an* ~ *of* etwas ein Ende machen; *at a loose* ~ unbeschäftigt; *no* ~ unendlich, *no* ~ *of* unendlich (viel), riesig; *to make both* ~*s meet* (mit seinen Einnahmen) auskommen; **2.** Ziel, Zweck; *to no* ~ vergeblich; *the* ~ *justifies the means* d. Zweck heiligt die Mittel; **3.** (be)enden (*on a remark, by saying* mit d. Worten); ~ *up* endgültig enden (landen) *(in prison);* ~ *up with* abschießen (mit); ~ *in smoke* in nichts enden; **~ing** Ende, Schluß; Endung; Tod; **~less** endlos; **~wise** [ˊ–waiz]; **~ways** [ˊ–weiz] mit d. Ende zuerst, aufrecht
endanger [in'deindʒə] gefährden, in Gefahr bringen
endear [in'diə] lieb, wert machen (*o.s. to* sich bei) **~ing** [in'diəriŋ] gewinnend, reizend; **~ment** Zuneigung; Liebkosung; Kosewort *(a.: term of ~ment)*
endeavour [in'devə] Bemühung, Anstrengung; s. bemühen, bestreben; streben
endemic [en'demik] endemisch(e Krankheit)
endive ['endiv, *US* ˊ–daiv] (Winter-)Endivie; *US* Zichorie; *US* Chicorée
endocrine ['endoukrain] endokrin, mit innerer Sekretion; Drüse mit i. Sekr.
endorse, in- [in'dɔːs] auf der Rückseite unterzeichnen, indossieren; girieren; vermerken (*on* auf der Rückseite von); gutheißen, unterstützen; **~ment** Aufschrift auf der Rückseite; Indossament; Giro; Vermerk; Bekräftigung, Bestätigung
endow [in'dau] dotieren, (mit e-r Stiftung) ausstatten; *fig* begraben; **~ment** Dotierung, Ausstattung; Stiftung; Begabung
endue [in'djuː] ausrüsten, begaben
endur|able [in'djuərəbl] erträglich; **~ance** [in'djuərəns] Ertragen; Ausdauer; *past ~ance* unerträglich; Dauer; **~e** [in'djuə] ertragen, aushalten; (aus)dauern, währen
enema ['enimə], *pl* **~s** Einlauf, Klistier
enemy ['enimi] Feind; ~ *pl vb* feindliche Truppen, Feind; *the E~* Teufel; *how goes the ~? (sl)* wie spät ist es?; *adj* feindlich, Feind-, Feindes-
energ|etic [enə'dʒetik] energisch, tatkräftig; **~ize** [ˊ––dʒaiz] mit Energie füllen; antreiben, ⚡ erregen; **~y** [ˊ–dʒi] Energie; (Tat-)Kraft, Arbeitsvermögen; *pl fig* Kraft
enervate ['enəveit] schwächen, kraftlos machen
enfeeble [in'fiːbl] schwächen; **~ment** Schwächung
enfeoff [in'fef] belehnen; **~ment** Belehnung
enfold, in- [in'fould] einhüllen; umfassen, umschließen
enforce [in'fɔːs] er-, aufzwingen (*upon s-b* j-m); zur Geltung bringen, durchsetzen; gerichtlich geltend machen; vollstrecken; **~able** erzwing-, (ein-)klagbar; **~ment** Erzwingung; Durchsetzung; gewaltsame Durchführung
enfranchise [in'fræntʃaiz] das Wahlrecht geben; befreien; **~ment** [in'fræntʃizment] Verleihung des Wahlrechts; Befreiung; Einbürgerung
engag|e [in'geidʒ] ein-, anstellen, beschäftigen; bestellen, s. reservieren; s. verpflichten, verbürgen (*for s-th* für etw); verloben (*~ed couple* Brautpaar); gewinnen, fesseln; angreifen, beschließen; ✿ einrücken; ✿ eingreifen; **~ed** [–ˊd] beschäftigt, besetzt (*a.* ☏); verlobt; **~ement** Verpflichtung; Bestellung, Beschäftigung, Verabredung; Engagement; Verlobung; *mil* Treffen; **~ing** [–ˊiŋ] gewinnend, einnehmend, anziehend
engender [in'dʒendə] erzeugen, hervorrufen
engin|e ['endʒin] Maschine, Motor; Lokomotive; **~e-driver** Maschinist; *BE* Lokführer; **~eer** [endʒi'niə] Techniker, Ingenieur; Maschinist; *mil* Pionier; *US* Lokführer; Ingenieur sein; als I. leiten; *umg* organisieren, deichseln; **~eering** [endʒi'niəriŋ] technisch; Technik; Ingenieurwesen (Hoch-, Tief-, Maschinenbau); Ingenieurberuf; **~eering science** technische Wissenschaft; **~eering steel** Baustahl; **~eering works** Maschinenfabrik; **chemical ~eering** chemischer Apparatebau; **civil ~eering** Tiefbau; **(mechanical) ~eering** Maschinenbau; **technical ~eering** ingenieurtechn. Bauwesen; **traffic ~eering** Straßenverkehrstechnik
Eng|land ['iŋglənd] England; *(manchmal ungenau für:)* Großbritannien; **~lish** ['iŋgliʃ] englisch; *the King's (Queen's) ~lish* richtiges Englisch; *the ~lish* die Engländer; 🕮 Mittel (14 P.); **~lishman,** *pl* ~lishmen Engländer; **~lishwoman** [ˊ–wumən], *pl* ~lishwomen [ˊ–wimin] Engländerin

engraft [in'gra:ft] pfropfen (*upon* auf); *fig* einprägen
engrain, in- [in'grein] tief färben; **~ed** [in'greind] (tief) eingewurzelt; *fig* unverbesserlich
engrav|e [in'greiv] gravieren, stechen; *fig* einprägen; **~er** (Kunst-)Stecher (*on copper* Kupfer-); **~ing** Gravieren, Gravierkunst; (Kupfer-, Stahl-)Stich; Holzschnitt
engross [in'grous] an s. reißen, ganz in Anspruch nehmen; **~ed** [in'groust] vertieft (in), beschäftigt (*in* mit); **~ing** fesselnd; voll in Anspruch nehmend
engulf, in [in'gʌlf] *fig* verschlingen
enhance [in'ha:ns] steigern, erhöhen *(in value);* **~ment** Steigerung, Erhöhung, Vergrößerung
enigma [i'nigmə], *pl* **~s** Rätsel; **~tic** [enig'mætik] rätselhaft, -voll, geheimnisvoll
enjoin [in'dʒɔin] befehlen (*upon s-b* j-m); anweisen; ⚖ durch gerichtliche Verfügung verbieten
enjoy [in'dʒɔi] s. (er)freuen, genießen ~ *o.s.* sich gut unterhalten, amüsieren; Freude, Genuß, Vergnügen; *to take ~ment in* Freude haben an
enlarge [in'la:dʒ] (s.) vergrößern (*a.* 📷); sich auslassen (*upon* über); **~ment** Vergrößerung (*a.* 📷); Anbau
enlighten [in'laitn] aufklären; **~ing** aufschlußreich; **~ment** Aufklärung
enlist [in'list] (s.) anwerben lassen; eintreten; gewinnen; **~ed man** *US* Soldat; **~ment** Einstellung; *US* Militärdienstzeit
enliven [in'laivn] beleben, anregen
enmity ['enmiti] Haß, Feindschaft (*at ~ with* in F. mit)
ennoble [i'noubl) adeln; veredeln; **~ment** Erhebung in den Adelstand; Veredelung
ennui [a:n'wi:, ɔn-́] Langeweile, Öde
enorm|ity [i'nɔ:miti] Ungeheuerlichkeit; Greuel; **~ous** [i'nɔ:məs] ungeheuer, riesig
enough [i'nʌf] genug, hinreichend; *that's quite ~* mir langt's jetzt; *~ is as good as a feast* allzuviel ist ungesund; *well ~* sehr wohl; *sure ~* gewiß
enplane [en'plein) *US* = emplane
enquire, enquiry *siehe* inquire, inquiry
enrage [in'reidʒ] wütend machen
enrapture [in'ræptʃə] entzücken, hinreißen
enrich [in'ritʃ] reicher machen; anreichern; *fig* bereichern; **~ment** Bereicherung
enrol, *US* **~l** [in'roul] (s.) einschreiben, eintragen; *mil* einstellen, (s.) verpflichten; **~ment,** *US* **~lment** Eintragung; Anwerbung; Einstellung; Aufnahme
ensconce [in'skɔns] *o.s.* sich niederlassen (in e-m Versteck, Sessel etc)
enshrine [in'ʃrain] verwahren; einschließen
ensign ['ensain] Flagge; Abzeichen; ~ ['ensən] *hist* Leutnant; *US* Leutnant z. See
enslave [in'sleiv] versklaven, knechten
ensnare [in'snɛə] fangen; betören
ensu|e [in'sju:] s. ergeben (*from, on* aus), folgen; **~ing** unmittelbar folgend
ensure [in'ʃuə] sichern (*against, from* gegen); garantieren; *siehe* insure
entail [in'teil] aufbürden (*on s-b* j-m); nach s. ziehen (*on* für), zur Folge haben (*on* für); ⚖ Fideikommiß; als F. vererben (*on* auf)
entangle [in'tæŋgl] (in ein Netz etc) verwikkeln, fangen; verwirren, komplizieren; *~ o.s., to be* (od *get*) *~d* s. verfangen, verstricken; **~ment** Verwicklung, Verwirrung; *mil* Verhau, Sperre
entente [a:n'ta:nt] Einvernehmen, Entente
enter ['entə] be-, (ein)treten in; *~ s-b's head* j-m in d. Sinn kommen; eintragen, -schreiben, buchen; einreichen; *~ into* auf (Einzelheiten) eingehen, sich einlassen auf, hineinkommen in, Anteil nehmen an; *~ upon* beginnen, antreten
enter|ic [en'terik] Darm-; **~itis** [entə'raitis] Darmentzündung
enterpris|e ['entəpraiz] Unternehmen, -nehmung; Betrieb; Unternehmungsgeist; **~ing** unternehmend, kühn
entertain [entə'tein] unterhalten, durchführen; hegen, in Betracht ziehen; aufnehmen, bewirten; Einladungen geben; **~ing** unterhaltend; **~ment** Unterhaltung, Vergnügung (*~ment tax* Vergnügungssteuer); Einladung, Gesellschaft; Vergnügen, Spaß; Bewirtung
enthral, *US* **~l** [in'θrɔ:l] bezaubern, fesseln; **~ment,** *US* **~lment** Versklavung; Fesselung
enthrone [in'θroun] auf den Thron setzen
enthus|e [in'θju:z] (sich) begeistern, schwärmen; **~iasm** [-́-ziæzm] Begeisterung; **~iast** [-́-ziæst] Enthusiast; **~iastic** [-,-zi'æstik] begeistert
entice [in'tais] (ver)locken, verführen
entire [in'taiə] ganz, gänzlich; voll; **~ly** gänzlich, völlig; **~ty** [in'taiəti] Gesamtheit *(s-th in its ~ty)*
entitle [in'taitl] berechtigen (*to* zu), das Recht geben (*to* auf); betiteln
entity ['entiti] Existenz, Dasein; Wesen, Ding; ⚖ *(legal ~)* juristische Person; Wesenheit
entomb [in'tu:m] bestatten; **~ment** Bestattung
entomology [entə'mɔlədʒi] Insektenkunde
entrails ['entreilz] *pl vb* Innereien; (Tier-)Darm
entrain [in'trein] in e-n Zug verladen, einsteigen
entran|ce ['entrəns] Eingang; Eintritt; *~ce into, upon* Antritt; 🎭 Auftritt; Zutritt; *(a: ~ce fee)* Eintrittsgeld; Aufnahme-(Prüfung); **~ce** [in'tra:ns] in Entzücken versetzen, hinreißen, **~t** Eintretender; Anfänger, Bewerber; 🏇 Teilnehmer
entrap [in'træp] fangen; verleiten
entreat [in'tri:t] beschwören; anflehen
entrée ['ɔntrei] Zugang (*into, to* zu)
entrench [in'trentʃ] *(o.s.)* (sich) verschanzen, eingraben; **~ed** [in'trentʃt] verwurzelt, tiefsitzend; **~ment** Verschanzung; befestigte Stellung
entrepreneur [ɔntrəprə'nə:] Unternehmer
entrust [in'trʌst] anvertrauen (*to s-b* j-m); betrauen (*with* mit)

entry ['entri] Eingang, -tritt; Einzug; Eintrag(ung), Vermerk, Buchung; **~regulations** Einreisebestimmungen

entwine [in'twain] umwinden; verflechten

enumera|te [i'nju:məreit] (auf)zählen; **~tion** [i,nju:mə'reiʃən] (Auf-)Zählung

enuncia|te [i'nʌnsieit] aussprechen; verkünden; aufstellen; **~tion** [-,-si'eiʃən] Ausspruch; Erklärung

envelop [in'veləp] einhüllen, -wickeln; *mil* umfassen; **~e** ['enviloup] Briefumschlag; Hülle

envi|able ['enviəbl] beneidenswert; **~ous** ['enviəs] neidisch (*of* auf)

environ [in'vaiərən] umringen, umgeben; **~ment** Umgebung, Milieu; Umwelt; **~mentalist** [---'mentəlist] Umweltschützer, -schutzfachmann; **~s** ['envirənz, in'vaiərənz] *pl vb* Umgegend

envis|age [in'vizidʒ] ins Auge sehen (fassen); s. vorstellen; **~ion** [in'viʒən] geistig sehen, s. (vorausschauend) vorstellen

envoy ['envɔi] Bote; Gesandter; bevollmächtigter Vertreter

envy ['envi] Neid (*at, of* auf); *~ s-b s-th* j-n um etwas beneiden

enwrap [in'ræp] einwickeln, -hüllen

épée [ei'pei] Degen

ephemeral [i'femərel] schnell vergehend, vergänglich; **~fly** Eintagsfliege

epic ['epik] Epos; episch; imposant

epicure ['epikjuə] Feinschmecker; **~an** [--kju'ri:ən] genießerisch; Epikureer

epi|demic [epi'demik] epidemisch; Epidemie; **~dermis** [--'də:mis] Oberhaut; **~diascope** [--'daiəskoup] Epidiaskop; **~gram** [´--græm] Epigramm; **~grammatic** [--grə'mætik] epigrammatisch, witzig

epilep|sy ['epilepsi] Epilepsie; **~tic** [--'leptik] epileptisch; Epileptiker

epi|logue ['epilɔg] Nach-, Schlußwort; **~scopal** [i'piskəpəl] bischöflich; anglikanisch; **~scopalian** [i,piskə'peiliən] (Anhänger) der Episkopalkirche; **~sode** ['episoud] Episode; **~stle** [i'pisl] Epistel; **~taph** ['epita:f] Grabinschrift; **~thet** ['epiθet] Beiname, -wort; **~tome** [i'pitəmi], *pl* ~tomes Abbild, Verkörperung; kurze Zus.fassung; **~tomize** [i'pitəmaiz] zus.fassen, e-n Auszug machen von; im kleinen enthalten, widerspiegeln

epoch ['i:pɔk], *US* 'epək] Epoche; **~al** ['epəkəl] Epochen-; *a.* = **~-making** epochemachend

equable ['ekwəbl] gleichmäßig, ausgeglichen

equal ['i:kwəl] **1.** gleich (*to each other* einander); **2.** gewachsen (*to a task* e-r Aufgabe); **3.** ruhig; **4.** Gleiches; *to be s-b's ~ in* j-m gewachsen sein in, an; **5.** gleichgestellte Person; *my ~s* meinesgleichen; **6.** gleich sein, gleichen; **7.** j-m gewachsen sein; erreichen; **~ity** [i:'kwɔliti] Gleichheit (*on an ~ity* auf d. Grundlage der Gleichheit); **~ize** [´--laiz] gleichmachen, ausgleichen; entzerren

equa|nimity [i:kwə'nimiti] Gleichmut, Ausgeglichenheit; **~te** [i'kweit] als gleich ansehen (behandeln); gleichsetzen; **~tion** [i'kweiʃən] Gleichung; Ausgleich; **~tor** [i'kweitə] Äquator; **~torial** [ekwə'tɔ:riəl] am Äquator liegend

equerry ['ekwəri, i'kweri] königlicher Stallmeister

equestri|an [i'kwestriən] Reit-, Reiter-; (Kunst-)Reiter; **~enne** [--tri'en] (Kunst-)Reiterin

equi|distant [i:kwi'distənt] gleich entfernt; **~lateral** [--'lætərəl] gleichseitig; **~librist** [-´-librist] Seilkünstler; **~librium** [--'libriəm] Gleichgewicht

equi|ne ['i:kwain] Pferde-; **~nox** [´--nɔks] Tagundnachtgleiche; **~poise** ['ekwipɔiz, 'i:-] Gleich-, Gegengewicht

equip [i'kwip] ausstatten, -rüsten; **~age** ['ekwipidʒ] Ausrüstung; Equipage; **~ment** Ausstattung, -rüstung(sgegenstand)

equi|table ['ekwitəbl] billig, gerecht, vernünftig; **~ty** [´--ti] Billigkeit, Gerechtigkeit; ⚖ Equity (d. engl. Billigkeitsrecht); **~valent** [i'kwivələnt] gleichwertig; -bedeutend (*to* mit); Äquivalent, Entsprechung; **~vocal** [i'kwivəkəl] nicht eindeutig, doppelsinnig; zweifelhaft; **~vocate** [i'kwivəkeit] s. doppelsinnig ausdrükken; ausweichen, schwanken (*on* bei)

era ['iərə], *pl* **~s** Zeitalter, Ära

eradicate [i'rædikeit] ausrotten *(a. fig)*

eras|e [i'reiz, *US* -s] auswischen, -streichen, (aus)löschen (*a.* Tonband); **~er** Radiergummi, Wischlappen; **~ure** [i'reiʒə] Radieren; Radierstelle, Rasur

ere [ɛə] vor; bevor; *~ long* bald

erect [i'rekt] aufrecht; auf-, errichten; aufstellen; **~ion** [i'rekʃən] Errichtung; Aufstellung; Gebäude

ermine ['ə:min] Hermelin(pelz); *to wear the ~* Richter sein

ergot ['ə:gət] Mutterkorn

ero|de [i'roud] zernagen, auswaschen, abschwemmen; **~sion** [i'rouʒən] Erosion

erotic [i'rɔtik] erotisch(es Gedicht)

err [ə:] (s.) irren; fehlen, auf Abwege geraten; **~and** ['erənd] Botengang, Besorgung (*to run ~ands, go on ~ands* B. machen); Zweck; *a fool's ~and* Metzgersgang; **~and-boy** Laufjunge; **~ant** umherstreifend (*knight ~ant* fahrender Ritter); **~atic** [i'rætik] wandernd; erratisch; schwankend, unberechenbar; verschroben; **~atum** [i'reitəm], *pl* ~ata [-´-tə] (Druck-, Schreib-)Fehler; **~oneous** [i'rounjəs] irrig, irrtümlich; **~or** ['erə] Fehler, Irrtum; Verfehlung; *~or of judgment* ['dʒʌdʒmənt] Fehlschluß; *in ~or* irrigerweise; *to lead s-b into ~or* j-n fehlleiten

erudi|te ['erudait] gelehrt; **~ion** [eru'diʃən] Gelehrsamkeit

erupt [i'rʌpt] ausbrechen; **~ion** [i'rʌpʃən] Ausbruch; ⚕ Ausschlag

erysipelas [eri'sipələs] ⚕ (Wund-)Rose

esca|lator ['eskəleitə] Rolltreppe; **~lope** [´--ləup] Schnitzel; **~pade** [eskə'peid] Eskapade; **~pe** [is'keip] entkommen, -fliehen, -fliegen; entgehen; entweichen, abfließen; *fig* entfallen; Entkommen etc (*he made good his ~pe*

ihm gelang die Flucht); Entweichen; Rettung (*from* von, bei); *(a. fire-~pe)* Feuerleiter; ⚙ Auslaß-; **~pement** Hemmung (Uhr)
eschew [is'tʃuː] (ver)meiden
escort ['eskɔːt] Eskorte; Geleit(schutz); Begleiter, Begleitung; begleiten, geleiten; decken
escutcheon [is'kʌtʃən] Wappenschild
esophagus [iː'sɔfəgəs] *US* = oesophagus
esoteric [esou'terik] für Eingeweihte bestimmt, esoterisch; eingeweiht; vertraulich
espalier [is'pæljə] Spalier(baum)
especial [is'peʃəl] besonder; **~ly** besonders
espionage [espiə'nɑːʒ, 'espiənidʒ] Spionage
esplanade [esplə'neid] Platz, Promenade
espous|al [is'pauzəl] Unterstützung; **~als** Heirat; **~e** [is'pauz] ehelichen; zum Manne geben; unterstützen, annehmen
esprit [es'priː] Esprit; **~ de corps** [--də'kɔː] Korpsgeist
espy [is'pai] erspähen, erblicken
esquire [is'kwaiə] (Brief) Hochwohlgeboren (*meist abgek.:* J. Smith, Esq.)
essay ['esei] Aufsatz, Essay; Versuch (*at doing* zu tun); **~** [e'sei] versuchen; **~ist** ['eseiist] Essayist
essen|ce ['esns] inneres Wesen, Kern; Essenz; Duft; **~tial** [i'senʃəl] wesentlich, notwendig (*to* für); ätherisch (Öl); **~tially** im Kern, im Grunde (genommen)
establish [is'tæbliʃ] errichten; (be-)gründen; (Ordnung) herstellen; einwandfrei feststellen, beweisen; j-n einsetzen; *~ o.s.* Geschäft gründen, sich niederlassen; **~ed** [-ˊliʃt] be-, feststehend; **~ed church** Staatskirche; **~ment** Errichtung; Gründung; Feststellung; Betrieb; Institution; (großer) Haushalt; Beamtenschaft
estate [is'teit] Grundstück, Landbesitz; ⚖ Besitz(tum), *real ~* Grundbesitz, *personal ~* bewegl. Habe; Nachlaß; Konkursmasse; *pol* Stand (*the fourth ~* die Presse); *man's ~* Mannesalter; **~ agent** *BE* Grundstücksmakler; **~ duty** *BE* Nachlaßsteuer; **~ car** Kombiwagen
esteem [is'tiːm] (hoch)schätzen; betrachten, ansehen als; Wertschätzung, Achtung
esth- *siehe* aesth-
estima|ble ['estiməbl] achtenswert; **~te** ['estimeit] (ab)schätzen, Schätzung vornehmen (*for* von), veranschlagen; **~te** ['estimit] (Ab-)Schätzung, Voranschlag; **~tion** [esti'meiʃən] Schätzung (*in my ~tion* meiner Sch. nach); Wertschätzung
estrange [is'treindʒ] (s. j-m) entfremden; **~ment** Entfremdung
estuary ['estjuəri] (Fluß-)Mündung
etc., etcetera [it'setrə] und so weiter
etch [etʃ] ätzen, radieren; **~er** Radierer; **~ing** Radierkunst; Radierung
etern|al [i'təːnəl] ewig; **~ity** Ewigkeit
ether ['iːθə] Äther; **~eal** [i'θiəriəl] ätherisch *(a. fig)*
ethic|al ['eθikl] sittlich, ethisch, dem Berufsethos dienlich (verpflichtet); **~al drug** anerkanntes pharmazeutisches Mittel; **~s** *sg vb* (Abhandlung über) Sittenlehre, Ethik; *pl vb* sittl. Verhalten, Einstellung
ethnology [eθ'nɔlədʒi] Völkerkunde
etiquette [eti'ket, *US* 'etəket] Etikette; ⚕, ⚖ Standesregeln
etymolo|gy [eti'mɔlədʒi] Wortforschung, -ableitung, Etymologie; **~gical** [--mə'lɔdʒikl] etymologisch
eucalyptus [juːkə'liptəs], *pl* **~es** Eukalyptus
Eucharist ['juːkərist] Abendmahl
Euclid ['juːklid] *umg* Geometrie
eugenic [juː'dʒenik] eugenisch; **~s** *sg vb* Erbgesundheitslehre, Eugenik
eulog|ist ['juːlədʒist] Lobredner; **~istic** [--'dʒistik] lobpreisend; **~ize** ['juːlədʒaiz] lobpreisen; **~y** [ˊ--dʒi] Lob(eshymne)
eunuch ['juːnək] Eunuch
euphem|ism ['juːfəmizm] Euphemismus, Beschönigung; **~istic** [--'mistik] euphemistisch, beschönigend
euphony ['juːfəni] Wohlklang
Eurasian [juə'reiʒiən] eurasisch; Eurasier
Eurocrat ['juərəkræt] EG-Beamter
Europe ['juərəp] Europa; *to go into ~* s. d. EG anschließen; **~an** [juərə'piːən] europäisch; pro-EG; Europäer; Europa-Anhänger; **~anism** [--ˊ-izm] Europäertum
evacua|te [i'vækjueit] (ent)leeren, ⚕ abführen; evakuieren, räumen; (Personen) evakuieren; **~tion** [iˌvækju'eiʃən] Entleerung; Abführung; Evakuierung, Räumung
eva|de [i'veid] entgehen; s. entziehen; umgehen; **~sion** [i'veiʒən]; Ausweichen; Umgehung; Ausflucht; **~sive** [i'veisiv] ausweichend; schwer faßbar
evaluate [i'væljueit] zahlenmäßig bestimmen, berechnen; auswerten
evanesce [iːvə'nes, *bes US* ev-] dahinschwinden; **~nce** Dahinschwinden; **~nt** dahinschwindend, vergänglich
evangel|ical [iːvæn'dʒelikl] evangelisch; evangelikal; zelotisch; **~ist** [-ˊdʒəlist] Evangelist; eifriger Prediger; **~ize** [-ˊdʒəlaiz] j-m d. Evangelium predigen; zum Ev. bekehren
evapora|te [i'væpəreit] verdampfen (lassen), evaporieren; verfliegen; **~tion** Verdampfung, Evaporation
eve [iːv] Vorabend *(a. fig)*; *Christmas E~* Heiligabend; *New Year's E~* Silvester
even[1] ['iːvən] **1.** gerade; *(vor Komparativ)* noch; sogar, selbst; *not ~* nicht einmal; auch nur; **2.** *adj* eben, glatt; gleich(mäßig); *to be* (od *get*) *~ with s-b* es j-m heimzahlen; **3.** ruhig, ausgeglichen; **4.** (Zahl) gerade; **5.** ebnen; gleichstellen; *~ up* ausgleichen; **~-handed** [ˊ--'hændid] unparteiisch; **~-tempered** [ˊ--'tempəd] gelassen
even[2] [iːvən] *poet* Abend; **~ing** ['iːvniŋ] Abend; **~ing dress** Abendkleid; Gesellschaftsanzug; **~ing paper** Abendblatt
event [i'vent] Ereignis; *it was quite an ~* es war eine dolle Sache; Ausgang, Ergebnis; *at all ~s* auf jeden Fall; *in any* (bzw *either*) *~* auf jeden Fall; *in the ~ of* im Falle des (daß); ⛩

Wettkampfübung, -art, Sportart; **~ful** ereignisreich; **~ual** [i'ventjuəl] schließlich; **~uality** [iˌventju'æliti] Möglichkeit, Eventualität; **~ually** am Ende, schließlich; **~uate** [i'ventjueit] (gut etc) ausgehen; enden (in etw); *US* eintreten, sich ereignen

ever ['evə] je(mals); *did you ~ ?* hat man so was schon gehört!; *~ after* die ganze Zeit (da)nach; *~ since* (d. ganze Zeit) seit; *for ~* (US *for~*) für immer; *~ so, ~ such (umg)* sehr (viel); *(nach Fragewörtern)* in aller Welt; **~green** immergrün(e Pflanze); **~lasting** [--'lɑːstiŋ] immerwährend, ewig *(a. iron.); bot* Immortelle; **~more** [ˊ-'mɔː] immerfort

every ['evri] jeder; *~ bit* restlos alles, ganz genau; *~ way* in jeder Hinsicht; *~ other* jeder zweite, jeder andere; *~ tenth* jeder zehnte; *~ now and then* (od *again*), *~ so often* hin und wieder, dann und wann; *~ time* jedesmal wenn; **~body** ['evribɔdi] jeder; **~day** [ˊ--dei] alltäglich, Alltags-; **~one** [ˊ--wʌn] jeder; **~thing** [ˊ--θiŋ] alles; **~where** [ˊ--wɛə] überall(hin); wo(hin) auch immer; *su* alle Orte, alles

evict [i'vikt] zwangsweise entfernen; **~ion** [i'vikʃən] Vertreibung, Ausweisung, Räumung

eviden|ce ['evidəns] **1.** (An-)Zeichen, Spur, Anhaltspunkt; Tatsachen, Beweis(material), Unterlagen; *to give ~ce* (als Zeuge) aussagen, Zeugnis ablegen; *to give* (od *bear*) *~ce of* deutliche Anzeichen zeigen von; *in ~ce* sichtbar, *fig* im Vordergrund, ⚖ als Beweis; **2.** beweisen, bezeugen; **~t** klar, offensichtlich, offenbar

evil ['iːvl] **1.** übel, schlimm; schlecht; böse; *the E~ One* d. Satan; *the ~ eye* d. böse Blick; **2.** d. Böse, Schlechte; Unheil; Übel; **~-doer** ['iːvlduə] Übeltäter; **~-minded** ['iːvl'maindid] übelgesinnt

evince [i'vins] zeigen, an d. Tag legen

evoke [i'vouk] beschwören; hervorrufen

evolution [iːvə'luːʃən, *bes US* evəˊ--] Heranwachsen, Entwicklung; schrittweise Änderung; natürliches Werden, Entfaltung; Evolution; *math* Wurzelziehen; *mil* Bewegung; Tanzschritt

evolve [i'vɔlv] (s.) entwickeln; hervorbringen, erarbeiten

ewe [juː] Mutterschaf; **~r** ['juːə] Wasserkrug

ex [eks]: *~ works* ab Werk

ex- [eks] ehemalig *(ex-president etc)*

exacerbate [eks'æsəbeit, ig'zæs-] verschärfen; erbittern

exact [ig'zækt] genau, exakt; erzwingen; eintreiben; erfordern; **~ing** streng, genau; *to be ~ing* alles sehr genau nehmen; hohe Anforderungen stellend, anspruchsvoll; **~ion** [ig'zækʃən] Eintreiben; (eingetriebene) Summe; Erpressung, Wucherforderung; strenges Erfordernis; **~itude** [-'zæktitjuːd] Genauigkeit; **~ly** genau; *(vor Fragewörtern)* eigentlich; **~ness** Genauigkeit

exaggera|te [ig'zædʒəreit] übertreiben; **~tion** [-ˌ--ˊ-ʃən] Übertreibung

exalt [ig'zɔːlt] erheben; preisen; **~ation** [egzɔːl'teiʃən] Erhebung; Preisung; Verzükkung; **~ed** hoch(stehend); gehoben (Stil); verzückt

exam [ig'zæm] *umg* Prüfung, *(Abk. von:)* **~ination** [-ˌ-mi'neiʃən] Untersuchung (*a.* ⚕), Prüfung, Examen; *is under ~ination* wird untersucht; ⚖ Verhör; **~ine** [-ˊmin] untersuchen, (über)prüfen; ⚖ verhören; **~inee** [-ˌ-mi'niː] Prüfling, Kandidat; **~iner** [-ˊminə] Prüfer, Untersuchender

example [ig'zɑːmpl] **1.** Beispiel (*of* für); Muster, Vorbild; *for ~* zum Beispiel; *to set* (od *give*) *a (good) ~ to* j-m ein (gutes) B. geben; *to take ~ by* s. ein B. nehmen an; **2.** Warnung; *to make an ~ of* ein Exempel statuieren an; **3.** *vt* beispielhaft veranschaulichen

exaspera|te [ig'zɑːspəreit] erbittern; wütend machen; verschlimmern; **~ting** höchst ärgerlich; **~tion** [-ˌ--'reiʃən] Erbitterung, Wut, Empörung (*in ~tion* wütend, aus Wut)

excava|te ['ekskəveit] (aus)graben, -heben; **~tion** [--'veiʃən] (Aus-)Graben, -heben; Baugrube; Ausgrabung; **~tor** [ˊ---tə] Trockenbagger; Erdarbeiter

exceed [ik'siːd] überschreiten; größer sein als (*by* um), übertreffen (*in* an); **~ing** sehr groß, **~ingly** äußerst

excel [ik'sel] übertreffen (*in* an); sich auszeichnen; **~lence** ['eksələns] Vortrefflichkeit; hervorrag. Leistung(en), Eigenschaft; **~lency** ['eksələnsi] Exzellenz; **~lent** ['eksələnt] hervorragend, ausgezeichnet

excelsior [ik'selsiə] Holzwolle

except [ik'sept] außer; *~ for* mit Ausnahme von; ausnehmen; Einwendungen machen (*against* gegen); **~ing** ausgenommen; **~ion** [ik'sepʃən] Ausnahme; Einwand (*to take ~ion to* e-n E. erheben gegen); **~ionable** anfechtbar; anstößig; **~ional** außergewöhnlich

excerpt [ik'səːpt] ausziehen *(s-th from a book)* ~ ['eksəːpt] Auszug

excess [ik'ses] **1.** Übermaß (*to ~* bis zum Ü., unmäßig); *to carry s-th to ~* übertreiben, übers Ziel hinausschießen mit; **2.** Überschuß; *in ~ of* mehr als; *pl* übermäßiger Genuß, Unmäßigkeit; *pl* Ausschreitungen; **3.** Mehr-; Über-; *~ fare* Zuschlag; *~ postage* Nachgebühr, Strafporto; *~ profit* Wuchergewinn; **~ive** übermäßig; **~ively** *adv* sehr

exchange [iks'tʃeindʒ] **1.** auswechseln, -tauschen; ver-, umtauschen; *~ blows (words)* Streit (Wortwechsel) haben; **2.** wechseln (*out, of, from* von, *into* zu); **3.** (Aus-)Tausch (*in ~* dafür; *in ~ for* im A. gegen); **4.** (Geld-)Wechsel(kurs); **5.** Devisen (*~ control* D.bewirtschaftung); **6.** (Waren-)Börse; *(stock) ~* (Wertpapier-)Börse; *~ office* Wechselstube; ☎ *(telephone ~)* Fernsprechamt, Zentrale; **~able** austauschbar; Tausch-

exchequer [iks'tʃekə] Staatskasse, Fiskus; Schatzamt; *umg* Geldmittel; **Chancellor of the E~** *BE* Schatzkanzler, Finanzminister; **the E~** *BE* Finanzministerium

excise ['eksaiz] Verbrauchs-, Warensteuer, Akzise; [ik'saiz] besteuern; (her)ausschneiden (*from* aus); **~man**, *pl* ~ men Steuereinnehmer

excit|able [ik'saitəbl] erregbar; **~e** [ik'sait] an-, er-, aufregen; hervorrufen; *don't ~e yourself, (umg) don't ~e!* reg dich nicht auf!; **~ement** An-, Er-, Aufregung; **~ing** an-, er-, aufregend

excl|aim [iks'kleim] ausrufen; eifern *(against)*; **~amation** [ekskla'meiʃən] Ausruf; **~amation mark**, *US* **~amation point** Ausrufezeichen

exclu|de [iks'klu:d] ausschließen; **~sion** [iks'klu:ʒən] Ausschluß, -schließung; **~sive** [iks'klu:siv] abweisend, von oben herab; exklusiv; **~sive** *(of)* ausschließlich, Allein- *(right of sale)*

excommunica|te [ekskə'mju:nikeit] exkommunizieren; **~tion** [--ˌ--'keiʃən] Exkommunizierung

excoriate [iks'kɔ:rieit] (Haut) abschürfen; vernichtend kritisieren

excre|ment ['ekskrimənt] Exkremente; **~scence** [iks'kresns] Auswuchs; **~te** [iks'kri:t] absondern, ausscheiden; **~tion** [iks'kri:ʃən] Absonderung, Ausscheidung

excruciat|e [iks'kru:ʃieit] martern, quälen; **~ing** quälend, qualvoll

exculpa|te ['ekskʌlpeit] freisprechen (*from* von); rechtfertigen; **~tion** [--´-ʃən] Freisprechung; Rechtfertigung

excur|sion [iks'kə:ʃən] Ausflug (*to make an ~sion, to go on an ~sion* e-n A. machen); **~sive** [-´-siv] ab-, weitschweifend; sprunghaft

excus|able [iks'kju:zəbl] entschuldbar; **~e** [iks'kju:z] entschuldigen; j-n befreien (*from* of); (j-m etwas) erlassen, nachsehen; *~e me!* Verzeihung!; *~e me dance* Abklatschtanz; **~e** [iks'kju:s] Entschuldigung; *give her my ~es* entschuldige mich bei ihr; *in ~e of* als Entschuldigungsgrund für

execra|ble ['eksikrəbl] abscheulich; **~te** [´-kreit] verabscheuen, verwünschen

execu|te ['eksikju:t] aus-, durchführen; ♪, 🎭 darstellen, aufführen, vortragen; hinrichten; ⚖ vollziehen, -strecken; **~tion** [--´-ʃən] Ausführung, Durchführung; ♪ Vortrag, Technik; *to do ~tion* verheerend wirken; ⚖ Zwangsvollstreckung; **~tioner** Scharfrichter; **~tive** [ig'zekjutiv] vollziehend, Vollzugs-; Exekutiv-; *~tive branch* Exekutive; *~tive committee* [kə'miti:] Vollzugsausschuß, geschäftsführender Vorstand; *su* Ausführender; leitender Angestellter (*US a.* Beamter); Exekutive; **~tor** [ig'zekjutə] Ausführender; Testamentsvollstrecker

exemp|lar [ig'zemplə] (Muster-)Beispiel; **~lary** [-´-pləri] beispielhaft; bezeichnend; exemplarisch; **~lify** [-´-plifai] beispielhaft zeigen; ⚖ beglaubigte Abschrift machen von; **~t** [ig'zempt] befreien (*from* von); (be)frei(t); **~tion** [ig'zempʃən] Befreiung; Freibetrag; Sonderstellung

exercise ['eksəsaiz] Übung; Ausübung, Anwendung; Bewegung; *pl US* (Schul-, Eröffnungs-)Feierlichkeiten; *vt/i* (sich) üben; ausüben, (Geduld) aufbringen; beunruhigen, zu schaffen machen; **~-book** [´---buk] Heft

exert [ig'zə:t] aufbieten, zur Geltung bringen; ~ *o.s.* sich anstrengen; **~ion** [ig'zə:ʃən] Ausübung, Anwendung; Anstrengung, Bemühung

exes ['eksiz] *BE* Unkosten, Spesen

exhale [eks'heil, ig'zeil] ausatmen; ausströmen (lassen)

exhaust [ig'zɔ:st] aus-, *(bes fig)* erschöpfen, ⚙ Auslaß; Ab-(Dampf etc); **~ible** erschöpflich; **~ing** anstrengend, mühsam; **~ion** [ig'zɔ:stʃən] Erschöpfung; **~ive** erschöpfend; vollständig; schwächend

exhibit [ig'zibit] zeigen, an den Tag legen; ausstellen; Ausstellungsgegenstand; ⚖ Beweisstück; **~ion** [eksi'biʃən] Ausstellung; Zurschaustellung; Bekundung; *to make an ~ion of o.s.* sich zum Gespött machen; *BE* Stipendium; **~ioner** *BE* Stipendiat; **~or** Aussteller

exhilara|te [ig'ziləreit] auf-, erheitern; **~tion** [-ˌ--'reiʃən] Auf-, Erheiterung

exhort [ig'zɔ:t] (er)mahnen; **~ation** [egzɔ:'teiʃən] (Er-)Mahnung

exhum|e [eks'çu:m, *US* ig'zu:m] wiederausgraben *(a. fig)*; **~ation** [eksçu:'meiʃən] Wiederausgrabung

exigen|cy ['eksidʒənsi, ig'zi-] dringende Lage, Notwendigkeit; *pl* dringende Umstände, Erfordernisse; **~t** [´--t] dringend; *to be ~t of* erfordern

exile ['eksail, *bes US* 'egzail] Verbannung, Exil; Verbannter; verbannen

exist [ig'zist] vorhanden sein, existieren, leben; **~ence** [-´əns] Dasein, Existenz; *to come into ~ence* entstehen; *in ~ence* = **~ent** bestehend, vorhanden

exit ['eksit] Ausgang; 🎭 Abgang; Tod

ex-libris [eks'laibris] 📖 Exlibris

exodus ['eksədəs] (Massen-)Auszug

ex-officio [eksə'fiʃiou] von Amts wegen

exonerate [ig'zɔnəreit] freisprechen, entbinden (*from* von)

exorbitant [ig'zɔ:bitənt] übermäßig, übertrieben

exorc|ize, *bes US* **~ise** ['eksɔ:saiz] (Geist) beschwören, austreiben *(a. fig)*

exotic [ig'zɔtik] ausländisch, fremd

expan|d [iks'pænd] (s.) ausdehnen (s.) (aus)weiten; (s.) erweitern; (s.) ausbreiten; **~se** [iks'pæns] Weite, weite Fläche, Ausdehnung; *an ~se of (beach etc)* ausgedehnt; **~sion** [iks'pænʃən] Ausdehnung, -weitung; Expansion; **~sive** [iks'pænsiv] ausgedehnt; Ausdehnungs-; mitteilsam, gefühlvoll

expatia|te [eks'peiʃieit] sich weitläufig auslassen (*upon* über); **~tion** [-ˌ--'eiʃən] weitläufige Ausführung

expatriate [eks'pætrieit, *bes US* eks'pei-] verbannen; ~ *o.s.* auswandern

expect [iks'pekt] erwarten; annehmen; **~ancy** [-´tənsi] Erwartung; Anwartschaft; **~ant** [-´tənt] erwartend; werdend (Mutter); Anwärter; **~ation** [ekspek'teiʃən] Erwartung (*of life* Lebens-); Aussicht; *pl* Erbschaftsaussichten; *to*

have great ~ations of große Erwartungen setzen in
expectorate [iks'pektəreit] aushusten, ausspeien
expedi|ency (-ce) [iks'piːdiənsi (-–diəns)] Zweckmäßigkeit; Eigeninteresse; **~ent** **1.** zweckmäßig, -dienlich, vorteilhaft, nützlich; **2.** zweckmäßiges Mittel, Kniff; Notbehelf; **~te** ['ekspidait] fördern; beschleunigen; erledigen; abfassen; **~tion** [ekspi'diʃən] Expedition; (Forschungs-)Reise; *mil* Feldzug; Raschheit; **~tionary** Expeditions-; **~tious** [ekspi'diʃəs] rasch, schnell
expel [iks'pel] vertreiben, -jagen (*from* von, aus); ausschließen (von); **~lee** [ekspə'liː] (Heimat-)Vertriebener
expen|d [iks'pend] verwenden; verbrauchen; ausgeben; **~diture** [–-ditʃə] Aufwand; Verbrauch; Aufwendung(en); **~se** [iks'pens] Aufwendung, Aufwand, Kosten (*at my ~se* auf meine K.); *at the ~se of* auf Kosten von *(a. fig)*; *to go to the ~se* s. d. Kosten machen; *pl* Unkosten, Spesen; **~sive** [iks'pensiv] teuer, kostspielig
experi|ence [iks'piəriəns] Erfahrung (*from ~ence* aus E.); Erlebnis; erleben, durchmachen; **~enced** [–-–ənst] erfahren; **~ment** [–'perimənt] Experiment; Erprobung; **~ment** [–-–ment] experimentieren; **~mental** [–––'mentl] experimentell; Versuchs-; **~mentation** [–ˌ––men'teiʃən] Experimentieren; **~-menter** [–'perimentə] Experimentator
expert ['ekspəːt] Fachmann, Sachverständiger (*~ opinion* Gutachten); **~** [–-–,iks'pəːt] erfahren, geübt (*in, at* in; *with* mit); fachmännisch; Fach-
expia|te ['ekspieit] büßen, sühnen; **~tion** [––'eiʃən] Buße, Sühne
expir|ation [ekspi'reiʃən] Ablauf, Ende; Verfall; **~e** [iks'paiə] ablaufen; fällig werden, verfallen; verscheiden; **~y** [iks'paiəri] = ~ation
expl|ain [iks'plein] erklären, erläutern (*to s-b* j-m); *~ away* durch e-e Erklärung beseitigen; **~anation** [eksplə'neiʃən] Erklärung, Erläuterung; **~anatory** [iks'plænətəri] erklärend, erläuternd
expletive [iks'pliːtiv, *bes US* 'eksplə-] ausfüllend; Füllwort, Flickwort; Fluch
explicit [iks'plisit] ausdrücklich; klar; eindeutig; offen
explode [iks'ploud] explodieren; bersten (*with* vor); ausbrechen; widerlegen, ad absurdum führen; **~d** überlebt
exploit [iks'plɔit] ausbeuten *(a. fig)*, ausnützen; **~** ['eksplɔit] kühne Tat; **~ation** [eksplɔi'teiʃən] Ausbeutung, Ausnützung; Abbau (Kohle etc)
explor|ation [eksplɔː'reiʃən] Erforschung; **~atory** [–-rətəri] (Er-)Forschungs-; **~e** [iks'plɔː] erforschen; untersuchen; **~er** [iks'plɔːrə] (Er-)Forscher
explo|sion [iks'plouʒən] Explosion; Ausbruch; **~sive** [iks'plousiv] explosiv; Sprengstoff, -körper; Verschlußlaut

exponent [iks'pounənt] Erklärer; Vertreter; *math* Exponent
export [iks'pɔːt] ausführen, exportieren; **~** ['ekspɔːt] Ausfuhr(handel), -artikel; **~ation** [ekspɔː'teiʃən] Ausfuhr; **~er** [–'pɔːtə] Exporteur, Exportfirma
expos|e [iks'pouz] aussetzen *(to a risk)*; ausstellen; aufdecken, enthüllen; 📷 belichten; **~ed** [–-d] ungeschützt, offen; gefährdet; **~ition** [ekspə'ziʃən] Dar-, Auslegung; = ~ure; Ausstellung, Schau; **~itory** [eks'pɔzitəri] erläuternd; **~tulate** [–'pɔstjuleit] Vorhaltungen machen (*with s-b* j-m; *about, for, on s-th* wegen, über); **~tulation** [–ˌpɔstju'leiʃən] Vorhaltung; **~ure** [–-ʒə] **1.** Aussetzen, Ausgesetztsein, Ungeschütztsein (*to* gegen); Erfrieren; **2.** 📷 Belichtung, Aufnahme (*time ~ure* Zeit-); Belichtungszeit; *~ure meter* B.-messer; **3.** Aufdekkung, Entlarvung; Bloßstellung; **4.** Lage (e-s Hauses)
expound [iks'paund] erläutern; darlegen
express [iks'pres] **1.** ausdrücken *(konkr, fig)*; zum Ausdruck bringen; **2.** *US* expreß schikken; **3.** *adj* ausdrücklich; **4.** genau gleich; **5.** Expreß-, Eil-; *~ company US* Speditionsgesellschaft; *~ delivery* [di'livəri] *BE* Eilzustellung; *~letter (BE)* Eilbrief; *~ train (BE)* Schnellzug; **6.** *adv* expreß, als Eilsendung; **7.** *US* mit d. Schnellzug (fahren); *by ~* als Eilsendung; **9.** Schnellzug, -bus; **~ible** ausdrückbar; **~ion** [iks'preʃən] Ausdruck; *beyond* (od *past*) *~ion* unaussprechlich; **~ive** ausdrucksvoll; ausdrückend (*of joy* Freude a.); **~ly** klar; ausdrücklich; **~man,** *pl* ~men US Spediteur; **~way** Schnellweg
expropria|te [eks'prouprieit] enteignen; **~tion** [–ˌ–––ʃən] Enteignung
expulsion [iks'pʌlʃən] Vertreibung, Ausschließung (*siehe* expel)
expunge ['eks'pʌndʒ] tilgen, streichen
expurgate ['ekspəgeit] (Anstößiges) ausmerzen; (Buch) säubern, expurgieren
exquisite ['ekskwizit, iks–-] erlesen, zart fein; vorzüglich; groß, tief
ex-serviceman [eks'səːvismən], *pl* **-men** *bes BE* gedienter Soldat, Frontkämpfer, Veteran
extant ['ekstənt] noch bestehend
extempor|aneous [ekstempə'reinjəs] Stegreif-, aus d. Stegreif vorgetragen; **~e** [eks'tempəri] = ~aneous; **~ize** [iks'tempəraiz] aus dem Stegreif schaffen (sprechen), improvisieren
exten|d [iks'tend] verlängern, erweitern; spannen; ausdehnen; (Hand) ausstrecken; s. erstrecken, s. ziehen; (Stenogramm) übertragen; (ent)bieten; **~sion** [iks'tenʃən] Verlängerung, Erweiterung, Ausdehnung; Anbau; ☎ Nebenanschluß; ⚕ Streckung; **~sion cord, flex** *BE* ⚡ Verlängerungsschnur; **~sive** [iks'tensiv] ausgedehnt; extensiv; **~t** [iks'tent] Ausdehnung; -smaß; *to the ~t of* bis zum Betrag von; *to any ~t* in jeder Höhe; *fig* Grad; *to that (what) ~ t* so (wie) weit; *to some ~t* einigermaßen
extenua|te [iks'tenjueit] abschwächen, mil-

dern; **~tion** [-ˌ--'eiʃən] Abschwächung, Milderung
exterior [iks'tiəriə] äußere, äußerlich; Außen-; Äußeres
extermina|te [iks'tə:mineit] ausrotten; **~tion** [-ˌ--'neiʃən] Ausrottung; **~tor** [-ˊ-neitə] Schädlingsbekämpfer
external [iks'tə:nl] äußere, äußerlich; **~s** Äußeres; Äußerlichkeiten
extin|ct [iks'tiŋkt] erloschen; **~ction** [iks'tiŋkʃən] Erlöschen; Tilgung; Untergang; **~guish** [iks'tiŋgwiʃ] auslöschen; tilgen; vernichten; j-n in d. Schatten stellen; **~guisher** (Feuer-)Löscher
extirpa|te ['ekstəpeit] ausrotten; ⚕ ausschneiden; **~tion** [--'peiʃən] Ausrottung; ⚕ Ausschneidung
extol iks'tɔl] erheben, preisen
extort [iks'tɔ:t] er-, abpressen; **~ion** [iks'tɔ:ʃən] Erpressung; **~ionate** [iks'tɔ:ʃənit] erpresserisch; wucherisch
extra ['ekstrə] besonder, Sonder-, Neben-, Extra-; besonders, außerdem; Sonderausgabe, Nebengebühr; Zuschlag; 🎥 Statist
extract [iks'trækt] (her)ausziehen *(a. chem, fig)*; *math*, ⚕ ziehen; *fig* herauslocken, -holen; ~ ['ekstrækt] Auszug *(a. chem)*; **~ion** [iks'trækʃən] (Her-)Ausziehen; Gewinnung (*from* aus); Herkunft
extra|dite ['ekstrədait] j-n ausliefern; **~dition** [--'diʃən] Auslieferung; **~neous** [eks'treinjəs] von außen kommend, fremd, nicht hergehörig; **~ordinary** [iks'trɔ:dənri] außerordentlich, -gewöhnlich; **~sensory perception** außersinnl. Wahrnehmung; **~vagance** [iks'trævəgəns] Verschwendung(ssucht), Extravaganz; **~vagant** [iks'trævəgənt] extravagant, verschwenderisch; überspannt
extrem|e [iks'tri:m] **1.** äußerste, sehr groß; außergewöhnlich; extrem; schärfste; *~e cases* Härtefälle; **2.** äußerstes Ende, Extrem; Gegensatz; *to go to ~es* ins Extreme gehen; *in the ~e* äußerst; **~ist** [-ˊ-mist] Radikaler; **~ity** [-'tremiti] äußerstes Ende; *pl* Extremitäten; *an ~ity of* ein sehr hohes Maß von; höchste Not; äußerste Maßnahme
extricate ['ekstrikeit] befreien, freisetzen (*from* von)
extrinsic [eks'trinsik] äußere, äußerlich
extrude [iks'tru:d] herausstoßen (*from* aus); ⚙ strangpressen
exuberan|ce [ig'zju:bərəns] Übermaß, -fluß, Fülle; Überschwenglichkeit; **~t** üppig; sprudelnd; übermäßig; -schwenglich
exude [ig'zju:d] absondern; hervorkommen (*from* aus); *fig* ausströmen
exult [ig'zʌlt] frohlocken, triumphieren (*at, in, over* über); **~ant** [-ˊənt] frohlockend; **~ation** [egzʌl'teiʃən] Frohlocken, Triumph
eye [ai] **1.** Auge; Öhr; Öse; *to be all ~s* unverwandt zuschauen; *to make ~s at* j-m schöne Augen machen; *to see ~ to ~ with s-b* mit j-m gänzlich übereinstimmen; *with an ~ to* in d. Hoffnung auf; *mind your ~!* aufgepaßt!; *all my ~ (sl)* alles Kohl; **2.** *vt* (*ppr BE ~ing, US eying)* ansehen, mustern; **~ball** [-ˊbɔ:l] Augapfel; **~brow** [-ˊbrau] (Augen-)Braue; **~glass** Okular; *pl* Kneifer; **~hole** [-ˊhoul] Augenhöhle; **~lash** [-ˊlæʃ] (Augen-)Wimper; **~let** [-ˊlit] Öse; **~lid** [-ˊlid] (Augen-)Lid; **~-minded** [-ˊ'maindid] visuell; **~-opener** [-ˊoupnə] Überraschung, Aufklärung; *US* Schnaps (am Morgen); **~-piece** [-ˊpi:s] Okular; **~shot** [-ˊʃɔt] Sichtweite; **~sight** [-ˊsait] Sehvermögen; **~-socket** [-ˊsɔkit] = ~-hole; **~sore** [-ˊsɔ:] unschöner Anblick, Dorn im Auge; **~wash** [-ˊwɔʃ] Augenwasser; *sl* Schwindel; **~-witness** [-ˊwitnis] Augenzeuge
eyrie (eyry) ['ɛəri] Horst (*siehe* aerie)

F

F [ef] F (*a.* ♪); **F sharp** Fis, **F flat** Fes
Fabian ['feibiən] zögernd, vorsichtig, unentschlossen
fable ['feibl] Fabel
fabric ['fæbrik] Stoff, Gewebe; Struktur; Bau; **~ate** [-ˊ-keit] erfinden; fälschen; (mit Normteilen) bauen, errichten; **~ation** [--'keiʃən] Erfindung; Fälschung
fabulous ['fæbjuləs] Fabel-; fabelhaft
façade [fə'sɑ:d] Fassade *(a. fig)*
face [feis] **1.** Gesicht ♦ *to set one's ~ against* mißbilligen, ankämpfen gegen; *to fly in the ~ of* offen trotzdem; *to save (one's) ~* d. Gesicht wahren; *to lose ~* d. Gesicht verlieren; *in (the) ~ of* angesichts; *~ to ~ with* von Angesicht zu A., Auge in Auge mit (j-m gegenüberstellen); *to s-b's ~* j-m ins Gesicht; *in s-b's* (j-m) ins Gesicht; **2.** (Front-, Bild-, Ober-, rechte) Seite; **3.** Zifferblatt; **4.** d. Äußere; *on the ~ of it* d. äußeren Anschein nach (zu urteilen); *to put a new ~ on* ändern; **5.** Unverschämtheit; **6.** *vt/i* gegenüberstehen (-sitzen); (auf d. Straße etc) (hinaus)gehen, (nach Süden etc) stehen (*facing s-b* gegenüber j-m); *to be ~d* [feist] *with* s. gegenübersehen; *~ about* kehrtmachen; *right ~!* rechtsum!; *~ up to* ins Auge sehen, mutig herangehen an; *~ the music* d. Sache ins Gesicht sehen, ausbaden; **7.** (Gefahr) mutig gegenübertreten, s. gegenübersehen. *~ s-th out* dreist aufrechterhalten, durchstehen; *~ s-b* j-n befassen (*with* mit); **8.** ⚙ verkleiden; (Stoff) besetzen, einfassen; **9.** (Tee etc) färben; **~-card** Bild(karte); **~-cloth** [-ˊklɔθ], *pl* ~-cloths Gesichtslappen; **~-lifting** (Face-)Lifting; *fig* Verschönerung; **~-value** [-ˊvælju] Nennwert; Äußere, Schein
facet ['fæsit] Facette; *fig* Seite **~ious** [fə'si:ʃəs] witzig, scherzhaft
faci|al ['feiʃəl] Gesichts-; -massage; **~le** ['fæsail] mühelos; leicht, gewandt; umgänglich, nachgiebig; **~litate** [fə'siliteit] erleichtern, fördern; **~lity** [fə'siliti] Leichtigkeit, Geschicklichkeit (*with ~lity* mit leichter Hand); *pl* technische Gegebenheiten, Einrichtungen, Anlagen; Möglichkeiten; Voraussetzungen, notwendige Dinge *(for)*

facing ['feisiŋ] ✡ Verkleidung; Besatz
facsimile [fæk'simili] Faksimile; Nachbildung; Bildfunk; *in ~* genau gleich, originalgetreu; als Faksimile reproduzieren
fact [fækt] Tatsache; Wahrheit; ⚖ Tat; *in ~* tatsächlich, in Wirklichkeit, (ja) sogar; **~ion** ['fækʃən] Parteigruppe, Klüngel; Uneinigkeit, Zwist; **~ious** ['fækʃəs] zwieträchtig; aufrührerisch; **~itious** [fæk'tiʃəs] künstlich, gekünstelt; **~itive** ['fæktitiv] faktitiv (Verb); **~or** Faktor *(a. math)*; Umstand, Grund (*behind* für); Agent; **~or cost** Herstellungskosten; **~ory** Fabrik; Faktorei; **~otum** [fæk'toutəm], *pl* ~otums Faktotum, Stütze; **~ual** ['fæktjuəl] auf Tatsachen beruhend, Tatsachen-, objektiv
faculty ['fækəlti] Gabe; Fähigkeit; Kraft; Fakultät; *US* Lehrkörper
fad [fæd] Laune, e-e Mode; Grille; **~dish, ~dy** launisch, schrullig
fad|e [feid] verwelken (lassen); verblassen, verschießen; dahinschwinden; verklingen; 🎥 ein-, überblenden; **~ing** 📻 Fading, Schwund; nachlassend; unecht
fae|rie, ~ry ['feiəri] Feen(reich)
fag [fæg] s. abplacken; kaputt-, fertigmachen; *BE* Fuchsendienste tun für; Schufterei, Plackerei; (Internat) Fuchs; *sl* Glimmstengel; Schwuler; **~-end** schäbiger Rest; Kippe
faggot, *US* **fagot** ['fægət] Reisigbündel
Fahrenheit ['færenhait] Fahrenheit (Gefrierpunkt 32, Siedepunkt 212 Grad)
fail [feil] **1.** versagen, durchfallen (lassen), scheitern; **2.** *(mit Infin.)* nicht (*he ~ed to do* er tat nicht); **3.** j-m ausgehen, ausbleiben, j-n im Stich lassen; *words ~ me* mir fehlen d. Worte; **4.** schwach werden; *he is ~ing in health* sein Gesundheitszustand verschlechtert sich; *he ~s in* es fehlt ihm an; **5.** verfehlen (zu tun); **6.** Konkurs machen; **7.** *su* Versagen (in e. Prüfung); *without ~* ganz bestimmt; **~ing** Fehler, Schwäche; *prep* in Ermangelung; **~ure** ['feiljə] Versagen; Unvermögen; Ausbleiben; Fehlschlag; Versäumnis; Konkurs, Zus.bruch; Versager; *~ure to appear* Nichterscheinen *~ure to deliver* Nichtlieferung
fain [fein] bereit (zu tun); genötigt (zu tun); *would ~* würde gern
faint [feint] schwach; gering; Ohnmachtsanfall; *to go off in a ~* = **to ~** ohnmächtig werden; schwach werden; **~ing fit, attack** Ohnmachtsanfall; **~-hearted** [ˊ-ha:tid] mutlos, verzagt
fair [fɛə] **1.** gerecht, ehrlich, fair *(play)*; *by ~ means* auf anständige Weise; **2.** mittelmäßig *(chance, essay, knowledge)*; **3.** hell *(skin)*, blond; (Wind) günstig (Wetter) schön; *~-weather* ['fɛəweðə] *friend* unzuverlässiger Freund; *to be in a ~ way (to do)* gute Aussicht haben (zu tun); **4.** freundlich, gewinnend *(words)*; *~ copy* Reinschrift; *~ hand* leserliche Schrift; *~ name* guter Ruf; **5.** schön *(sex)*; **6.** *adv* fair; direkt (treffen); ins reine; höflich; **7.** *vt* ins reine schreiben; **8.** *su* Messe, Jahrmarkt; Ausstellung; **~ly** gerecht, ehrlich; ziemlich; gänzlich, völlig; **~-minded** [ˊ-maindid] gerecht, unparteiisch, unvoreingenommen; **~ness** Ehrlichkeit; Gerechtigkeit; Unparteilichkeit; Fairneß; Schönheit; **~-spoken** [ˊ-'spoukən] höflich, freundlich
fairy ['fɛəri] Fee; Feen-, feenhaft; Illuminations-(Lämpchen); Halbseidener; **~land** [ˊ-lænd] Feenland, Märchenreich; **~-tale** [ˊ-teil] Märchen
faith [feiθ] **1.** Vertrauen (*in* zu; *on the ~ of* im V. auf); *to put one's ~ in* s. Vertrauen setzen auf; *to lose ~ in* d. Vertrauen zu j-m verlieren; **2.** Glaube (*in* an); Treue, Redlichkeit; *in good ~* in gutem Glauben, ehrlich; *in bad ~* unehrlich, unaufrichtig; **3.** Wort, Versprechen *(to give, break one's ~)*; **~ful** treu(lich); genau; **the ~ful** d. Gläubigen; *yours ~fully* hochachtungsvoll; **~-healing** [ˊ-hi:liŋ] Gesundbeten; **~less** treulos; ungläubig
fake [feik] fälschen; *(a.: ~ up)* erdichten; Fälschung; gefälscht
fakir [*BE* 'feikiə, *US* fə'kiə, 'feikə] Fakir
falchion ['fɔ:ltʃən] Krummschwert
falcon [*bes. BE* 'fɔ:lkən, *US* 'fɔ:kən] Falke; **~er** ['fɔ:lknə] Falkner; **~ry** Falknerei
fall [fɔ:l] *(s. S. 318)* **1.** (um)fallen; *~ due* fällig werden; überkommen, herniedersinken *(upon)*; (Land) abfallen; (Gesicht) (immer) länger werden; *his eyes fell* er senkte d. Augen; (Stimme etc) sinken (*from favour* in der Gunst); (Wind) nachlassen; *~ over o.s.* über seine eigenen Beine stolpern, *fig* sich überstürzen; e-r Versuchung erliegen; erliegen (*... fell to his rifle ...* erlagen seinem Gewehr); zerbrechen (*in two* in zwei Teile), zus.brechen; *~ flat* nicht zünden, danebengehen; zufallen (*on s-b* j-m); zerfallen (*into* in); geraten *(into poverty)*; *~ asleep* einschlafen, *~ ill (lame)* krank (lahm) werden; *~ in love* s. verlieben (*with* in); *~ foul of* ⚓ zus.stoßen mit, *fig* streiten mit; *~ short* knapp werden, nicht erreichen; **~ among** unter (d. Räuber) fallen; **~ away** verlassen; **~ back** s. zurückziehen; *~ back upon* s. zurückziehen auf, zurückgreifen auf, s. begnügen mit; **~ behind** zurückbleiben (hinter), in Rückstand kommen (*with* mit); **~ down** herunterfallen, einstürzen; **~ for** *umg* hereinfallen auf, schwärmen für, j-m verfallen; **~ in** (hin-)einfallen, *mil* antreten; *~ in with* zufällig treffen, zustimmen; **~ into** verfallen in, (Unterhaltung) beginnen; *~ into line (mil)* antreten; *~ into line with s-b* einig sein mit; **~ off** herunterfallen, abnehmen; **~ on** herfallen über; **~ out** herausfallen, *mil* wegtreten, s. ergeben, s. entzweien (*with* mit) **~ through** fehlschlagen; **~ to** zugreifen *(with good appetite)*, sich machen an; **2.** *su* Fall(en); Sturz; Gefälle, Abhang; (Wasser-, Regen-, Schnee-)Fall; Sinken; **the ~** *(of man)* Sündenfall; *US* Herbst; 🤼 Schultersieg; **~-out** radioaktiver Niederschlag
fall|acious [fə'leiʃəs] irreführend, trügerisch; **~acy** ['fæləsi] Irrtum; Trugschluß; **~ibility** [fæli'biliti] Fehlbarkeit; **~ible** ['fælibl] fehlbar, dem Irrtum unterworfen

fall|en ['fɔːlən] *siehe* fall; **the ~en** die Gefallenen; **~en arches** *pl vb* Senkfuß; **~ing** Fall-; ausgehend (Haar); **~-out** radioaktiver Niederschlag; Nebenprodukt

fallow ['fælou] brach(liegend); Brache, brachliegendes Land; **~-deer** [ˊ–diə], *pl* ~-deer Damwild

fals|e [fɔːls] falsch; treulos, untreu (*to* gegenüber); gefälscht; *~e key* Nachschlüssel; *~e bottom* doppelter Boden; *~e position* irreführende Lage, Zwangslage; *to play s-b ~e* mit j-m falsches Spiel treiben; **~ehood** Lüge(n); **~eness** Verlogenheit; Falschheit; **~ification** [–sifi'keiʃən] (Ver-)Fälschung; **~ify** [ˊ-sifai] (ver)fälschen; als falsch erweisen; enttäuschen; **~ity** [ˊ-siti] Unrichtigkeit; Falschheit

faltboat ['faːltbout] Faltboot

falter ['fɔːltə] schwanken; nachgeben; (Stimme) stocken; stammeln; **~ing** ['fɔːltəriŋ] unsicher, schwach; stockend

fame [feim] Ruf, Ruhm; **~d** ['feimd] *for* berühmt wegen

famil|iar [fə'miljə] vertraut *(with s-th, to s-b)*; nahestehend, vertraulich; intim; **~iarity** [fəˌmili'æriti] Vertrautheit; Vertraulichkeit; **~iarize** [fə'miljəraiz] *o.s. with* s. vertraut machen mit; **~y** ['fæmili] Familie (*has he any ~y?* hat er F., Kinder?); Geschlecht; Familien- (*~y allowance* -beihilfe, -zulage); ererbt; Haus- (Arzt); *a ~y man* ein Mann mit Fam., ein häuslicher Mann; *in the ~y way* in anderen Umständen; **~y tree** Stammbaum

fami|ne ['fæmin] Hunger(snot); Mangel; **~ish** ver-, hungern (*for* nach); *umg* Hunger haben *(I'm ~ishing)*

famous ['feiməs] berühmt (*for* für, wegen); *umg* famos, prima

fan¹ [fæn] Fächer; Ventilator; ✡ Flügel; ⫰ Schwinge; (an)fächeln, -blasen; *~ the flame (fig)* das Feuer schüren; ⫰ schwingen; (s.) aus-, verbreiten; durchsuchen, filzen; **~-light** [lait] Oberlicht; **~-shaped** [ˊ-ʃeipt] fächerförmig

fan² [fæn] Fan, Liebhaber, Verehrer; *~ mail* Verehrerpost; **~atic** [fə'nætik] Fanatiker, Eiferer; *attr* fanatisch; **~atical** fanatisch; **~aticism** [fə'nætisizm] Fanatismus

fanc|ier ['fænsiə] Liebhaber, Züchter; **~iful** phantastisch; phantasievoll; wunderlich; **~y** **1.** Phantasie; **2.** Laune (*I have a ~y* ich h. so e-e Idee); *to have a ~y for* gern haben; *to take a ~y to* e-e Zuneigung fassen zu, Gefallen finden an; *to take (catch) s-b's ~* j-n begeistern; *this takes my ~y* das gefällt mir; *a passing ~y* nur e-e Laune; **3.** Geschmack (*it pleases his ~y* es befriedigt seinen G.); **4.** *vt* s. vorstellen (*him an artist* ihn als Künstler; *his doing* daß er tut); *just ~y!* stell dir vor!, so was!; den Eindruck haben; gern haben (wollen), mögen, Lust haben; *~y o.s.* sich (etw) einbilden; *~y that* s. einbilden, daß; **5.** *adj* Phantasie- (Bild etc; Preis); **6.** Zucht-; **7.** *US* Luxus- (Artikel etc); **~-ball** Maskenball; **~y bazaar** [bə'zaː] Wohltätigkeitsbasar; **~y cakes** feines Gebäck; **~y dress** Maskenkostüm; **~y fair** *BE* = ~y bazaar; **~y-free** [ˊ–'friː] nicht verliebt; **~y goods** Modewaren, Geschenksachen; **~y-work** [ˊ–wəːk] Zierhandarbeit

fanfare ['fænfɛə] Fanfarenstoß, Tusch

fang [fæŋ] Fangzahn; Giftzahn; Zahnwurzel

fanta|stic [fæn'tæstik] phantastisch; **~sy** ['fæntəsi] Phantasie, *bes* Phantasterei

far [faː] fern; weit; *few and ~ between* selten; *a ~ cry from ... to* e. himmelweiter Unterscheid zwischen ... u. ...; abgelegen, andere (Seite); *from ~* von weit her; *~ from* weit davon entfernt, keineswegs; *~ from it* keineswegs; *so ~* so weit, bis jetzt; *as (so) ~ as* bis, soviel, -weit (*so ~ as I am concerned* was mich betrifft); *to go ~* es weit bringen; *~ and near (wide)* weit (u. breit); *(by) ~* bei weitem, weit; *~ and away* bei weitem (d. beste etc); *to go ~ towards* viel beitragen zu; *he is ~ gone* es steht ernst um ihn; **~-away** (*US* **~away**) ['faːrəwei] entfernt; träumerisch; **~-fetched** [ˊ-'fetʃt] weit hergeholt; **~-flung** [ˊ-'flʌŋ] (s.) weit(hin erstrekkend;) **~-off** [ˊˊ] entfernt, entlegen; **~-reaching** [ˊ-'riːtʃiŋ] weitreichend; **~-seeing** [ˊ-'siːiŋ] weitblickend; **~-sighted** [ˊ-'saitid] weitsichtig, *fig* weitblickend

farc|e [faːs] Schwank, Posse; Farce; **~ical** ['faːsikl] possenhaft

fare [fɛə] **1.** Fahrgeld, -preis; *all ~s, please!* noch j-d zugestiegen?; **2.** Fahrgast, Passagier; **3.** Kost; *bill of ~* Speisekarte; **4.** fahren (*forth* los-); *how did you ~?* wie ist es dir ergangen?; *it has ~d well (ill) with him* es ist ihm gut (schlecht) ergangen; **~-well** [ˊˊ] lebe wohl!; Abschieds-; *~well to* Schluß mit

farina [fə'rainə. *US* fə'riːnə] Mehl; Pulver; *US* Grieß; *BE* Kartoffelstärke; **~ceous** [færi'neiʃəs] mehl(halt)ig; Mehl-

farm [faːm] **1.** (Bauern-, Pacht-)Gut; Gehöft; Farm, Züchterei; **2.** Bauern-, Gutshaus; **3.** Agrar-, landwirtschaftlich; **4.** bebauen, bewirtschaften; züchten; **5.** Bauer (Farmer) sein; **6.** pachten *~ out* verpachten; in Pflege nehmen; **~er** Landwirt, Bauer, Farmer; Pächter; **~-house** [ˊ-haus] Bauern-, Gutshaus; **~ing** Landwirtschaft; landwirtschaftlich; **~stead** [ˊ-sted] landwirtschaftl. Anwesen, Gehöft; **~-tractor** ['træktə] Ackerschlepper; **~yard** [ˊ-jaːd] Bauern-, Wirtschaftshof

farrago [fə'reigou], *pl* **~s,** *US* **~es** Gemisch, Mischmasch

farrier ['færiə] *BE* Hufschmied

farrow ['færou] (Ferkel-)Wurf; ferkeln

farth|er ['faːðə] (*siehe* far) weiter, ferner; **~est** [ˊ-ðist] weitest; **~ing** [ˊ-ðiŋ] Farthing (¼ Penny); *fig* Heller, Deut

fasci|cle ['fæsikl] 🕮 Lieferung; **~nate** ['fæsineit] im Bann halten, faszinieren; **~nating** faszinierend, zauberhaft; **~nation** [fæsi'neiʃən] Bezauberung, Zauber

Fasci|sm ['fæʃizm] Faschismus; **~st** Faschist; faschistisch

fashion ['fæʃn] **1.** Mode (*to come into ~* M. werden; *to go out of ~* unmodern werden; *to be in the ~* d. Mode folgen; *to set the ~* d.

Mode bestimmen); *to be all the* ~ hochmodern sein; *a woman of* ~ hochelegante Dame; **2.** Art u. Weie ♦ *after* (od *in*) *a* ~ einigermaßen, mehr od weniger gut; **3.** formen, gestalten; **4.** fassionieren; **~able** modern, modisch; elegant; **~ designer** [di'zainə] Modezeichner; **~ magazine** [mægə'zi:n] Modezeitschrift; **~ parade** [pə'reid] Moenschau; **~-plate** [´–pleit] Modezeichnung, -bild; **~ show** = ~ parade

fast [fa:st] **1.** *adj/adv* fest; *to take (a)* ~ *hold of* festhalten; treu; (farb)echt (~ *to light* lichtecht); ~ *asleep* fest, tief schlafend; *to stick* ~ festsitzen *(a. fig); to play* ~ *and loose* [lu:s] wetterwendisch sein, unehrliches Spiel treiben (*with* mit); **2.** schnell; **3.** flott, luxuriös *(living)*, leichtlebig; *my watch is* ~ (geht vor); stark (regnen); **4.** 🎥 lichtstark; **5.** *vt* fasten, wenig essen; **6.** Fasten; **~-day** [´dei] Fastentag; **~en** ['fa:sn] befestigen, fest-, zumachen, -binden; (s.) heften (*on* auf); *fig* j-m etwas anhängen, (Vergehen) nachweisen; s. klammern (*on* an); *~en on* ergreifen, aufs Korn nehmen; **~ener** ['fa:snə] (Reiß- etc) Verschluß; Musterklammer; **~ening** ['fa:sniŋ] Schließe; Riegel; **~ness** ['fa:stnis] Schnelligkeit; Festigkeit; Echtheit; Festung

fastidious [fæs'tidiəs] wählerisch, verwöhnt; heikel, eigen

fat [fæt] **1.** Fett; *to live on the* ~ *of the land* aus d. vollen leben ♦ *the* ~ *is in the fire* jetzt ist d. Teufel los; **2.** fett, dick; *fig* reich; *a* ~ *lot (umg iron.)* sehr viel; blöd; **3.** fett machen (werden); **~head** ['fæthed] Blödkopf

fat|al ['feitl] tödlich; katastrophal, verhängnisvoll; Lebens- (Faden); Schicksals-; **~alist** Fatalist; **~ality** [fə'tæliti] Verhängnis; Schicksalsabhängigkeit, (tödl.) Unglück(sfall), Tod; **~e** [feit] **1.** Schicksal, Geschick; *the Fates* d. Parzen; *he met his ~e* d. Geschick ereilte ihn; **2.** Verhängnis; Verderben; **~ed** schicksalsbestimmt; dem Untergang geweiht; vorbestimmt (*he was ~ed* es war ihm v.); **~eful** schicksalsträchtig; verhängnisvoll; unheilvoll

father ['fa:ðə] **1.** Vater ♦ *the wish is* ~ *to the thought* d. Wunsch ist d. Vater d. Gedankens; *the child is* ~ *to the man* d. Jugend bestimmt d. Charakter (d. Zukunft); **2.** d. Vater sein von, als V. gelten (s. bekennen) von; ~ *upon s-b* j-m d. Vaterschaft *(a. fig)* zuschreiben; **~hood** [´–hud] Vaterschaft; **~-in-law** [´–rinlɔ:] *pl* ~s-in-law Schwiegervater; **~land** [´–lænd] Vaterland; **~less** [´–lis] vaterlos; **~ly** väterlich

fathom ['fæðəm], *pl* **~s**, ⚓ ~ Faden (6 Fuß); Klafter; ergründen; sondieren, loten; **~eter** [fæ'ðɔmi:tə] ⚓ Tiefenmesser; **~less** unergründlich

fatigue [fə'ti:g] Ermüdung (*a.* ⚙); Strapaze; *mil* Arbeitsdienst; *mil* Müdigkeit; ermüden, strapazieren

fat|ten ['fætn] fett machen (werden), mästen; **~ty** fettig; Fett-

fatu|ous ['fætjuəs] albern, töricht; **~ity** [fə'tjuiti] Albernheit, Torheit

fauc|al ['fɔ:kəl] Kehl-; **~es** ['fɔ:si:z] Schlund

faucet ['fɔ:sit] *US* (Wasser-)Hahn

fault [fɔ:lt] **1.** Fehler (*to find* ~ *in* F. finden an) ♦ *find* ~ *with* nörgeln, etwas auszusetzen haben an; *to a* ~ allzusehr übertrieben; *at* ~ in Verlegenheit, versagend; fehlerhaft; *in* ~ schuld; **2.** Defekt; Störung; **3.** Schuld; Verwerfung; **~-finder** [´faində] Nörgler; **~-finding** Nörgeln, Krittelei; **~less** fehler-, tadellos; **~y** fehlerhaft, mangelhaft

faun [fɔ:n] Faun; **~a** ['fɔ:nə] Fauna

faux pas [fou'pa:], *pl* ~ [fou'pa:z] Fauxpas, Taktlosigkeit

favour ['feivə] **1.** Gunst; *in* ~ *of* zugunsten von, für; *s-b's* zu j-s Gunsten; *out of* ~ *with* nicht beliebt bei; *by (with) s-b's* ~ mit j-s (gütiger) Erlaubnis; **2.** Begünstigung; Gefallen; **3.** Abzeichen; **4.** fördern, begünstigen; j-n beehren (*with* mit); *umg* ähneln; *most-~ed-nation clause* Meistbegünstigungsklausel; **~able** [´–rəbl] günstig; vorteilhaft; **~ite** [´–rit] Lieblings-; j-d (etw), d. sehr beliebt ist *(he's a general ~ite)*; Günstling; Favorit; **~itism** Günstlingswirtschaft

fawn [fɔ:n] Damkitz; Hirschkalb, Rehkitz; *(a.: ~-coloured)* rehbraun; ~ *upon* umwedeln, schwänzeln vor; *fig* kriechen vor j-m

fay [fei] Fee, Elfe

faze [feiz] *US* beunruhigen, (völlig) durcheinanderbringen

fealty ['fi:əlti] (Lehns-)Treue

fear [fiə] **1.** Furcht (*for* ~ *of* aus F. vor); Angst; Befürchtung; Gefahr; Ehrfurcht; *to be in* ~ *of* s. fürchten vor, bangen um; **2.** *vt/i* (be)fürchten, Angst haben (*of* vor, *for* um); scheuen; **~ful** fürchterlich; furchtsam; **~less** furchtlos

feasible ['fi:zibl] aus-, durchführbar; möglich; (Material) brauchbar

feast [fi:st] Fest(mahl), Schmaus; festlich bewirten; ~ *one's eyes on* seine Augen weiden an; (Nacht) durchfeiern; ~ *(o.s.)* schmausen; s. ergötzen (*on* an)

feat [fi:t] Heldentat; Leistung, Kunststück, (technische) Großtat

feather ['feðə] **1.** Feder ♦ *birds of a* ~ Leute von gleichem Schlage; *to show the white* ~ Angst zeigen, kneifen; *in high* (od *full*) ~ gut aufgelegt, in gehobener Stimmung; *that is a* ~ *in his cap* darauf kann er stolz sein; **2.** *vt* mit Federn versehen; ~ *one's nest* s. warm betten; **~ bed** (federgefüllte) Matratze; ruhiger Job; **~-weight** [´–weit] 🥊 Federgewicht; **~y** [´–ri] federleicht, -weich

featur|e ['fi:tʃə] **1.** Gesichtsteil, -zug; *pl* Gesicht; **2.** charakteristischer Teil, Besonderheit; Kennzeichen; charakterist. Eigenschaft; **3.** 📖 Spalte, (Bestand-)Teil; **4.** (Zeitung) aktueller Artikel, Feature; 📻 Hörbild, Reportage, Featuresendung; **5.** charakterisieren; **6.** als besonderes Merkmal (Besonderheit) haben; (als besonderes Thema) behandeln, bringen; **7.** 🎥, 🎭 j-n (in e-r großen Rolle) herausstellen; **~ing** ['fi:tʃəriŋ] *N.:* mit N. in d. Hauptrolle; **~e film** Stummfilm

febri|fuge ['febrifju:dʒ] Fiebermittel; **~le** ['fi:brail] fieberhaft; Fieber-

February ['februəri] Februar

feckless ['feklis] untüchtig, schwach

fecund ['fi:kənd] fruchtbar; **~ate** [ˊ--deit] befruchten; **~ity** [fi'kʌnditi] Fruchtbarkeit

feder|al ['fedərəl] Bundes-, **~alist** Föderalist; **~ate** ['fedəreit] (s.) (zu e-m Bundesstaat) vereinigen; **~ate** [ˊ--rit] verbündet; Bundes-; **~ation** [ˊ--reiʃən] Bund(esstaat); Verband

fedora [fi'dɔ:rə] weicher Filzhut

fee [fi:] Honorar, Gebühr (*~s order* Gebührenordnung); Schulgeld; Trinkgeld; (Lehens-)Besitz; honorieren, bezahlen

feeble ['fi:bl] schwach (*-minded* -sinnig)

feed [fi:d] *(s. S. 318)* **1.** (ver)füttern (*on* mit), s. nähren (*on* von); versorgen, ✿ speisen, beschicken; (fr)essen; *~ up* herausfüttern; *to be fed up with s-th* etwas satt (dick) haben; **2.** Essen, Fressen; Futter(ration); Fütterung; ✿ Speisung, Zuführung; **~back** ⚡ Rückkopplung; **~er** Esser (*large ~er* starker E.); Lätzchen; (Saug-)Fläschchen; Zubringer-(Straße etc); ✿ Speise-; **~ing** Fütterung; Essen; Fressen; Zufuhr; ✿ Speise-; Futter- (*~ing stuffs* -mittel)

feel [fi:l] *(s. S. 318)* **1.** fühlen; probieren; spüren; empfinden, begreifen; das Empfinden haben; meinen; *~ compelled* [kəm'peld] s. genötigt sehen; *how are you ~ing?* wie fühlst du dich?; *~ o.s.* sich wohl fühlen; *~ up to* s. kräftig genug fühlen für; *I ~ like* ich möchte gern, bin aufgelegt zu; **2.** s. anfühlen (*like* wie); *it ~s like rain* es sieht nach Regen aus; *~ as if* s. vorkommen als ob; *~ for* mitfühlen, Mitleid haben mit; **3.** Gefühl, Empfindung; **4.** Griff (*to the ~* wenn man es anfaßt); *to have a soft ~* s. weich anfühlen; **~er** Fühler *(a. fig)*; Tasthaar; **~ing** Gefühl, Empfindung; Meinung; Mitgefühl, Herz (*of ~ing* mit H.); *good ~ing* Wohlwollen, *ill ~ing* Feindschaft; Er-, Aufregung; *to appeal to s-b's better ~ings* an j-s besseres Ich appellieren; (mit)fühlend; gefühlvoll; innig

feet [fi:t] *siehe* foot

feign [fein] vortäuschen, simulieren; erfinden; *~ o.s.* sich stellen (*that* als ob)

feint [feint] Täuschung (*to make a ~ of* so tun als ob); Finte, Scheinangriff; e-e Finte machen

felicit|ate [fi'lisiteit] beglückwünschen (*on* zu); **~ations** [-ˌ--'teiʃənz] Glückwünsche; **~ous** [fi'lisitəs] treffend, glücklich gewählt; **~y** [fi'lisiti] Glück; wohlgesetzte Worte (Wendung)

feline ['fi:lain] Katzen-, katzenhaft; verschlagen; *zool* Katze

fell [fel] *siehe* fall; fällen; Fell, Haut; *BE* Berg; *adj* wild, grausam, grimmig

fellow ['felou] Kerl, Kamerad, Gefährte; dazugehöriges Stück (e-s Paars); Absolvent e-r Universität mit Forschungsstipendium; *BE* (etwa:) Vollmitglied e-s College; Verwaltungsmitglied; Akademiemitglied, Mitglied e-r wissenschaftl. Gesellschaft; *adj* Mit-(Bürger etc); **~ creature** ['kri:tʃə] Mitmensch; **~ countryman** ['kʌntrimən] Landsmann; **~ship** Kameradschaft, Freundschaft; Gemeinschaft; Stellung e-s Akademiemitglieds etc (*siehe* fellow); **~ soldier** Kriegskamerad; **~ townsman** Mitbürger; **~ traveller** Kommunistenfreund, Sympathisant; Reisegefährte

felon ['felən] Verbrecher; **~ious** [fi'louniəs] verbrecherisch; **~y** ['feləni] schweres Verbrechen

felt[1] [felt] *siehe* feel; *a ~ want* ein spürbarer Mangel;

felt[2] Filz; (sich) verfilzen

fem|ale ['fi:meil] weiblich; Frauen-; ✿ Mutter; Weibchen; weibliche Person; **~inine** ['feminin] fraulich; weiblich; **~ininity** [femi'niniti] Frau-, Weiblichkeit; **~inism** ['feminizm] Frauenrechtlertum

fen [fen] *BE* Marsch, Sumpf(land)

fenc|e [fens] **1. Zaun** ♦ *to sit on the ~e* s. abwartend verhalten; *to come down on the right side of the ~e s.* zum Sieger schlagen; **2.** ⛩ Hindernis; **3.** Fechten; **4.** *sl* Hehler; **5.** fechten; *fig* ausweichen (*with a question* e-r Frage); *~e off* abwehren, entgehen; **6.** einzäunen; **7.** ⛩ e-e Hürde nehmen; **~er** Fechter; **~ing** Fechten; Zaun(material); Fecht-

fend [fend] *off* abwehren, abhalten; *~ for o.s.* für s. selbst sorgen; **~er** Kamingitter; Stoßstange; ⚓ Fender; *US* Schutzblech, Kotflügel

fennel ['fenəl] Fenchel

ferment ['fə:ment] Gärung(sstoff), Ferment; *in a ~* in Gärung *(a. fig)*; *~* [-ˊ] gären; (s.) er-, aufregen; **~ation** [--'teiʃən] Gärung; Erregung, Unruhe

fern [fə:n] Farn(kraut); **~y** farnbewachsen

feroci|ous [fə'rouʃəs] wild, grausam; **~ty** [fə'rɔsiti] Wildheit, Grausamkeit; wilde, grausame Tat

ferret ['ferit] Frettchen; *fig* Spürhund; mit Frettchen jagen *(to go ~ing)*; herumstöbern; *~ out* auskundschaften

Ferris wheel ['feris 'wi:l] Riesenrad

ferr|o-concrete ['ferou'kɔŋkri:t] Stahlbeton; **~ous** ['ferəs] eisenhaltig; Eisen-(*alloy* -legierung); **~ule** ['feru:l] Zwinge

ferry ['feri] Fähre, Fährstelle; übersetzen; ✈ überführen; **~man,** *pl ~men* Fährmann

fertil|e ['fə:tail] fruchtbar; reich (*of, in* an); befruchtet; **~ity** [-'tiliti] Fruchtbarkeit; Reichtum; **~ization** Fruchtbarmachung; Befruchtung; (künstl.) Düngung; **~ize** [ˊ-tilaiz] fruchtbar machen, düngen; befruchten; **~izer** Düngemittel; Kunstdünger

ferule ['feru:l] Lineal (zum Züchtigen); *fig* Rute

ferv|ent ['fə:vənt] *bes fig* glühend **~id** (fieberhaft-)glühend; **~our** ['fə:və] Glut, Inbrunst; Hitze

fest|al ['festəl] Fest-; feierlich, festlich; **~er** eitern; *fig* schwelen, wühlen; Eiterblase; **~ival** ['festivəl] (Fest(tag); Festspiel; **~ive** festlich; Fest- (*board* -tafel); fröhlich, heiter; **~ivity** [fes'tiviti] Feier; Feststimmung; Fröhlichkeit;

pl Feier, Fest; **~oon** [fes'tu:n] Girlande; mit Girlanden schmücken
fetch [fetʃ] (ab)holen; ~ *and carry* Laufdienste tun (*for* für); (Seufzer) ausstoßen, (Tränen) vergießen, (Atem) holen; (Schlag) versetzen; ~ *up BE* von sich geben; (Preis) erzielen, hereinbringen; entzücken; reizen **~ing** bezaubernd
fête *BE,* **fete** *US* [feit] Fest; feiern
fet|id ['fetid, 'fi:-] stinkend, übelriechend; **~ish** ['fi:tiʃ] Fetisch, Götze; **~lock** ['fetlɔk] Fessel(gelenk)
fetter ['fetə] (Fuß-)Fessel; fesseln
fettle [fetl]: *in good* (od *fine*) ~ in guter Verfassung (Stimmung)
feud [fju:d] Fehde, Streit; Lehen; **~al** Lehns-, Feudal-; *~al system* = **~alism** Feudalsystem
fever ['fi:və] Fieber, Temperatur; *to run* (od *have*) *a* ~ F. haben; **~ed** ['fi:vəd] fiebernd; **~ish** ['fi:vəriʃ] fiebrig; *to be ~ish* Fieber haben; Fieber-; F. erzeugend; fieberhaft
few [fju:] wenige; *every* – alle paar (Minuten etc); *no ~er than* mindestens; *a* ~ ein paar, einige; *some ~, a good ~, not a ~, quite a ~* ziemlich viele, eine ganze Menge; **~ness** geringe Anzahl, Knappheit
fez [fez], *pl* **~zes** Fez
fiancé [fi:'ɔnsei, *US* ---́] Verlobter; **~e** Verlobte
fiasco [fi'æskou], *pl* **~s, ~es** Fiasko
fiat ['faiət] Gebot; **~ money** *US* (deckungsloses) Papiergeld
fib [fib] Schwindel(ei), Flunkern; flunkern; **~ber** Flunkerer; **~bing** Flunkern
fibre ['faibə] **1.** (Spinn-)Faser; *artificial* ~ Kunst-, Chemiefaser; *man-made* ~ Chemiefaser; *synthetic* ~ vollsynthetische Chemiefaser; **2.** fig Charakter, Struktur; **~board** [-́-bɔ:d] Hartfaserplatte
fibul|a ['fibjulə], *pl* **~as, ~ae** [-́-li:] Wadenbein; Fibel
fickle [fikl] unbeständig; wankelmütig; **~ness** Unbeständigkeit; Wankelmut
fict|ion ['fikʃən] (Prosa-, Roman-)Dichtung; Erfindung; Fiktion; **~itious** [fik'tiʃəs] fiktiv, imaginär; erdichtet
fiddle [fidl] Geige; Saiteninstrument; geigen, etwas fiedeln; herumspielen; **~r** Geiger; Trödler; **~stick** Bogen; **~sticks!** Mumpitz, Blödsinn!
fidelity [fi'deliti, *bes US* fai-] Treue (*to* gegenüber); Genauigkeit; *high* ~ ⚭ höchste Klang-, Naturtreue, Hi-Fi
fidget ['fidʒit] **1.** *pl* Nervosität, Unruhe; *to have the ~s* ganz nervös sein; *to give s-b the ~s* j-n ganz nervös machen; **2.** *fig* Nervenbündel; **3.** herumfuhrwerken, -fuchteln (*with* mit); *don't ~!* sitz doch mal endlich still!; **4.** zapplig sein; **5.** j-n mopsen, in Fahrt bringen; **~y** nervös, zapplig
fie [fai] pfui!
fief [fi:f] Lehen
field [fi:ld] Feld (*a. mil* ⛩, ↯); *fig* Gebiet; ⛩ Feld, Teilnehmer; *mil* Feld-, Kriegs-, Marsch-; (Ball) fangen (und zurückwerfen); **~crops** Akkerfrüchte; **~-day** Felddienstübungstag; *fig* goßer Tag; *US* Sporttag; ~ **events** ⛩ technische Disziplinen; **~fare** ['fi:ldfɛə] Krammetsvogel; **~glass** Feldstecher; **~-officer** Stabsoffizier; **~piece** Feldgeschütz; ~ **sports** Jagen u. Fischen; = ~ events; ~ **work** Außendienst, -arbeit
fiend [fi:nd] Teufel, Unhold; Fanatiker, Süchtiger; **~ish** teuflisch, grausam
fier|ce ['fiəs] wild, grimmig, heftig; glühend; grell; scharf; **~y** ['faiəri] glühend(heiß, rot); leidenschaftlich, feurig
fife [faif], *pl* **~s** Querpfeife (spielen)
fif|teen ['fif'ti:n] fünfzehn; **~teenth** [-́'ti:nθ] fünfzehnte; **~th** [fifθ] fünfte; **~tieth** ['-́tiiθ] fünfzigste; **~ty** fünfzig; **~ty-~ty** halb und halb, 50%ig
fig [fig] Feige; *not a* ~ nicht ein bißchen
fight [fait] *(s. S. 318)* (be)kämpfen; durchfechten; ~ *one's way* s. durchschlagen; kämpfen lassen; im Kampf leiten; Kampf; Kampfgeist; *to show* ~ s. zur Wehr setzen; **~er** Kämpfer ✈ Jäger, Jagd-; **~ing** Kampf(führung); kampflustig, kämpferisch
figment ['figmənt] Erfindung, Erdichtung
figur|ative ['figjərətiv] bildlich, figurativ **~e** ['figə, *US* -́gjə] **1.** Zahl; *pl* Rechnen; Preis; *two (five etc) ~es* 2- (5-)stellige Zahl; **2.** Figur, Zeichnung, Bild; Gestalt; *~e of speech* Redewendung; **3.** darstellen; mustern; *~e s-th to o.s.* sich etw vorstellen; **4.** figurieren, e-e Rolle spielen; **5.** rechnen; *bes US umg* schließen, meinen; *~e on US* rechnen mit; *~e out* be-, ausrechnen; *bes US umg* kapieren, 'rauskriegen; *~e up* ausrechnen; **~ehead** ['figəhed] ⚓ Bugfigur; *fig* Dekorationsstück, Aushängeschild
filament ['filəmənt] (Einzel-)Faden; ↯ Glühfaden; *bot* Staubfaden
filbert ['filbət] Haselnuß (als Frucht)
filch [filtʃ] klauen, mausen
fil|e [fail] **1.** Akte(nstück); **2.** Briefordner; **3.** Stoß (Papier); **4.** Reihe, Rotte; *in ~e* in Zweierreihe; *(in) single ~e* hintereinander; **5.** Feile; *~e (away)* abheften, -legen; einordnen; **6.** einreichen, anmelden (*with* bei); **7.** in Reihe marschieren, gehen; **8.** feilen; **~e number** Aktenzeichen; **~ing** Einreichung; *pl* Feilspäne; **~ing cabinet** Aktenschrank
filial ['filjəl] Kindes-, Sohnes-, Tochter-(Pflicht etc)
filibuster ['filibʌstə] Freibeuter; Obstruktionspolitiker, -redner, Dauerredner; O.politik betreiben
filigree ['filigri:] Filigran(arbeit)
fill [fil] (s.) füllen; (Posten) ausfüllen; (Stelle) besetzen; erledigen *(order)*; (Rezept) anfertigen; **~ed** [fild] *with* erfüllt von; ~ *in (BE),* ~ *out (US)* (Daten) eintragen, (Formular) ausfüllen; ~ *in* (Loch) auffüllen, zuwerfen; ~ *out* ausfüllen s. runden; ~ *up* ganz voll machen, *fig* = ~ *in*; ~ *the bill* den Erfordernissen gerecht werden; *su* Fülle; genügende Menge *(to*

eat one's ~); **~ing** Füllung; ⚕ Plombe; **~ing-station** [´–steiʃən] Tankstelle
fill|et ['filit] Haarband; Lendenbraten, Filet; (Fisch-)Schnitte; mit Haarband schmücken; in Schnitten schneiden; **~ip** ['filip] Schnipser; Nasenstüber; *fig* Antrieb; *not worth a ~ip* keinen Pfifferling wert; **~y** (Stuten-)Füllen
film [film] (Öl- etc) Schicht; Überzug; Häutchen; Trübung; (Nebel- etc) Schleier; 📷 Film; verfilmen, (Film) drehen; sich verfilmen lassen; s. verschleiern, mit e-m Häutchen überziehen **~craft** [´kra:ft] Filmkunst, *fig* der Film, Filmwelt; **~dom** Filmindustrie, -welt; **~-fan** Kinofan; **~strip** Diareihe; Tonbildschau; **~y** verschleiert, trüb; dünn, zart
filter ['filtə) Filter(apparat); filtern; *~ in* 🚗 s. einordnen; *fig.* einsickern
filth [filθ] Schmutz, Unrat *(a. fig)*; **~y** schmutzig; unflätig
fin [fin] (*a.* ✈) Flosse (*a.* = Hand); **~ned** [find] gerippt
final [fainl] Schluß-; endgültig; entscheidend; *(a. pl)* Schlußexamen; Endrunde, -lauf, Entscheidung; letzte Ausgabe; **~e** [fi'na:li] Schluß(satz ♪, -szene 🎭), Finale; **~ist** [´əlist] 🏃 Endkampfteilnehmer; **~ity** [fai'næliti] Endgültigkeit; Schlußwort, -handlung; **~ize** [´əlaiz] endgültig erledigen; **~ly** *adv* schließlich; endlich; endgültig, abschließend
financ|e [*bes BE* 'fainæns, *bes US* fi'næns] Finanzen, Finanzwirtschaft; *pl* Staatseinkünfte, Finanzen; finanzieren; **~ial** [fi'nænʃəl, fai-] finanziell, Finanz-; (*~ial year* Haushaltsjahr); **~ier** [fi'nænsiə, fai-; *US* finən'siə, fai-] Finanzmann, Geldgeber
finch [fintʃ] Fink
find [faind] *(s. S. 318)* **1.** finden; stoßen auf; antreffen; *~ one's feet* laufen können, s. auf eigene Beine stellen, s. durchsetzen; *~ o.s. (fig)* s. finden, s. (irgendwo) sehen; *how do you ~ yourself?* wie fühlst du dich?; *~ one's way* d. Weg finden, gelangen; *~ one's way about* s. durchfinden; *~ s.-b in* j-n antreffen; *~ out* herausfinden, durchschauen, nicht antreffen; **2.** *fig* feststellen, finden; **3.** (Geld) bereitstellen, geben, *~ s-b in s-th* j-m etwas zahlen, bestreiten; *to be well found in s-th* mit etwas gut versorgt sein; *all found* freie Station; *cannot ~ it in his heart* [ha:t] kann es nicht übers Herz bringen; **4.** ⚖ erkennen, (schuldig) sprechen, (Urteil) fällen, *~ for* entscheiden zugunsten; **5.** *su* Fund; **~er** Finder; 📷 Sucher; **~ing** Spruch, (Be-)Fund; *pl* Ergebnisse; *US* Handwerkszeug
fine [fain] **1.** fein, herrlich, schön; gesund; dünn, fein; (Metall) rein, fein; *~ arts* bildende (u. musische) Künste; **2.** Geldstrafe, Ordnungsstrafe; *in ~* schließlich; kurzum; **3.** j-n zu e-er Geldstrafe verurteilen; **~ry** [´əri] Gewand, Staat; **~sse** [fi'nes] Geschick(lichkeit); Schlauheit
finger ['fiŋgə] **1.** Finger (inkl. oder exkl. Daumen); *to have s-th at one-s ~'s ends* (od *~-tips*) etw aus dem ff beherrschen; **2.** *vt* betasten; ♪ spielen, mit Fingersatz versehen; **~-alphabet** [´–ælfibit] Fingersprache; **~ing** [´–riŋ] Fingersatz; **~ing (wool)** Handstrickwolle; **~-post** [´–poust] Wegweiser; **~-print** [´–print] Fingerabdruck (nehmen von); **~-stall** [´–stɔ:l] Fingerling
finic|al ['finikl], **~king, ~ky** geziert; wählerisch, pedantisch
finish ['finiʃ] **1.** beenden, vollenden, aufhören (mit); aufessen; **2.** *umg* j-n fertigmachen; fertigstellen, -bearbeiten; **3.** glätten; zurichten; (Stoff) appretieren, ausrüsten; **4.** Schluß, Ende; ⚙ Oberfläche(nbearbeitung), Appretur, Ausrüstung; Vollendung; **~ed** ⚙ Fertig-; **~ing** Endbearbeitung; Glätten; **~ing line** Ziellinie; **~ing sprint** Endspurt ♦ *to give s-th the ~ing touch* d. letzte Hand an etwas legen
finite ['fainait] begrenzt; finit
fiord (fjord) [fjɔ:d] Fjord
fir [fə:] Tanne; **~-cone** Tannenzapfen
fire ['faiə] **1.** Feuer, Brand; *on ~* in Flammen; *to set s-th on ~, to set ~ to s-th* anzünden; ♦ *to set the Thames* [temz] *on ~* etw Großartiges vollbringen, d. Feuer vom Himmel holen; *to take* (od *catch*) *~* Feuer fangen; *electric ~* elektr. Ofen; **2.** (ab)feuern, (an)zünden; **3.** ⚙ brennen, (Ofen) beschicken, (Tee) trocknen; **4.** *fig* be-, anfeuern; **5.** feuern, hinausschmeißen; *~ away* verschießen, *fig* loslegen; *~ up (fig)* hochfahren; **~-alarm** [´–rəla:m] F.melder; **~-arm** *mst pl* F.waffe; **~-bomb** [´–bɔm] Brandbombe; **~-brand** brennendes Holz, *fig* Hetzer; **~-brigade** [´–brigeid] *BE* Feuerwehr; **~-bug** Brandstifter; **~-damp** Grubengas, schlagendes Wetter; **~ department** *US* = ~-brigade; **~-engine** [´–rendʒin] F.spritze; **~-escape** [´–riskeip] F.wehrleiter; Notleiter; **~-extinguisher** [´–rikstiŋgwiʃə] Feuerlöscher; **~-fly** [´–flai] Leuchtkäfer; **~-guard** [´–ga:d] Schutzgitter, Brandwache; **~-irons** [´–raiənz] Kamin-, Schürgerät; **~light** [´–lait] F.schein; **~-man,** *pl* ~men F.wehrmann; Heizer; **~place** Kamin; F.stelle; **~-power** [´–pauə] *mil* F.kraft; **~proof** [´–pru:f] feuerfest (machen); **~side** Kamin; häuslich(es Leben); **~wood** [´–wud] Brennholz; **~work** [´– wə:k] F.werkskörper; F.werk *(pl fig)*
firm [fə:m] fest; entschlossen; *to be ~ with* streng sein mit; Firma, Betrieb; **~ament** ['fə:məmənt] Firmament
first [fə:st] erste; *at ~* zuerst, anfangs; *from the ~* von Anfang an; *~ thing (umg)* sofort, als erstes; *adv* zuerst, zum ersten Mal; als erster; erstens; *~ of all* vor allem; eher **~ aid** Erste Hilfe; **~born** erstgeboren; **~-class** [´kla:s] erstklassig, prima; **~ class** [´kla:s] in d. ersten Klasse; **~ floor** *BE* 1. Stock, *US* Parterre; **~-fruits** [´fru:ts] d. ersten Früchte *(a. fig)*; **~-hand** aus erster Hand; **~ly** erstens; **~ name** Vorname; **~ night** Erstaufführung, Premiere; **~-rate** [´reit, *adv* ´´] erstklassig, prima
firth [fə:θ] Meeresarm; Flußmündung
fiscal ['fiskəl] Finanz-, Steuer-; fiskalisch; **~ year** Geschäftsjahr

fish [fiʃ], *pl* ~, *(Arten)* **~es 1.** Fisch ♦ *to feel like a ~ out of water* s. völlig fehl am Platze vorkommen; *to drink like a ~* saufen wie ein Loch; *I have other ~ to fry* ich habe Wichtigeres zu tun; **2.** Kerl, Kauz; **3.** angeln, fischen; *~ for* angeln, trachten nach; *~ (out)* hervorholen; (Fluß) ausfischen; **~-bone** Geräte; **~erman** *pl* ~ermen Fischer; Angler; **~ery** ['fiʃəri] Fischerei; Fischplatz; **~-hook** [ˈ-huk] Angelhaken; **~ing** Fischen, Angeln; Fisch-, Fischer-, Angel-; fischbar; **~monger** [ˈ-mʌŋgə] *BE* Fischhändler; **~wife** [ˈ-waif], *pl* ~wives [ˈ-waivz] (herumziehende) Fischhändlerin; **~y** fischartig; fischreich, Fisch-; *umg* verdächtig, faul

fiss|ile ['fisail] spaltbar, Spalt-; **~ion** ['fiʃən] Spaltung; Spalt-; **~ionable** spaltbar; **~iparous** [fi'sipərəs] s. durch Spaltung fortpflanzend; *fig* auseinanderstrebend; **~ure** ['fiʃə] Spalt, Riß *(a. fig)*

fist [fist] Faust; *umg* Flosse *(give me your ~)*, Pfote *(I know his ~)*; **~icuffs** [ˈ-ikʌfs] Faustkampf, Prügelei

fistula ['fistjulə], *pl* **~s** Fistel

fit [fit] **1.** geeignet (*~ to eat, wear* eß–, tragbar); **2.** passend; richtig (*to think, see ~* für r. halten); *~ to do* soweit, daß (man) tut; **3.** in guter Verfassung, gesund, kräftig, fit; *~ to travel* reisefähig; *~ for work* arbeitsfähig; **4.** tauglich ♦ *~ as a fiddle* munter wie ein Fisch im Wasser; **5.** passend (zu), anpassen, passend machen; **6.** vorbereiten; *~ in* einpassen; **7.** passen (*with* zu); *~ on* anprobieren, aufsetzen; *~ out* ausrüsten; *~ up* einrichten, ausstatten; montieren; **8.** *su* Passen (*is a good ~* sitzt gut) **9.** ⚕ Anfall; **10.** Ausbruch; *to give s-b a ~* (od *~s*) j-n empören; *by ~s and starts* ruckweise, dann u. wann; *when the ~ is on him* wenn ihn d. Laune anwandelt; **~ful** unbeständig; anfallweise; unberechenbar, launenhaft; **~ness** Tauglichkeit, Eignung; Geeignetheit; Fähigkeit; Gesundheit(szustand); **~ted** geeignet; (Kleid) anliegend; **~ter** Monteur; Installateur; **~ting** passend, am Platze; richtig; Anpassen, Einbau; Anprobe; *pl* Armaturen, Beschläge, Zubehör, ⚡ Leuchten

fitchew ['fitʃuː] Iltis

five [faiv] fünf; *pl (sg)* Fives (Art Ballspiel); **~-and-ten (store)** *bes US* billiges Warenhaus; **~r** ['faivə] £5-Note, $5-Note

fix [fiks] **1.** befestigen (*to* an); **2.** (Schuld) zuschieben (*on s-b* j-m); *~ in one's mind* s. fest einprägen; **3.** festlegen, -setzen; **4.** (Aufmerks.) lenken, (Hoffnung) setzen (*on* auf); **5.** (Aufmerks.) fesseln; **6.** (j-n) fixieren; **7.** (Farbe, 📷) fixieren; *~ upon* wählen; **8.** reparieren, herrichten; **9.** frisieren; **10.** ✈ Standort bestimmen von; *~ up* j-n unterbringen; **11.** versorgen (*with* mit), herrichten, instand setzen, in Ordnung bringen, (Streit) beilegen; **12.** *su* Klemme *(in a ~)*; **~ation** [fik'seiʃən] Fixierung; ⚕ Komplex; **~ed** [fikst] fest(gesetzt) (*~ed-interest* festverzinslich), bestimmt; fest, starr (Blick); fix (Idee, Stern); **~edly** ['fiksidli] fest, starr; **~edness** ['fiksidnis] Festigkeit; **~ing** Fixieren; ✈ Standortbestimmung; *pl* Zubehör, Zutaten; **~ity** Festigkeit; **~ture** ['fikstʃə] Installationsteil, *lighting ~ture* Beleuchtungskörper; (festgesetzte) Sportveranstaltung; *to be a ~ture (fig)* zum Inventar gehören

fizz [fiz] zischen, sprudeln; Zischen; *BE* Schampus; *US* Mineralwasser, Eisgetränk m. Sprudel; **~le** zischen; *~le out* verpuffen, schiefgehen

flabbergast ['flæbəgaːst] durcheinanderbringen, verblüffen

flabby ['flæbi] weich, schlaff; schwach

flaccid ['flæksid] schlaff

flag [flæg] Flagge, Fahne; Schwertlilie, Iris; Kalmus; *(a.: ~stone)* Fliese(nstein), Gehwegplatte; (be)flaggen, *mil* winken; mit Fliesen belegen; matt werden, ermatten; **~pole, ~-staff** [ˈ-staːf], *pl* ~-staffs Fahnenstange

flagon ['flægən] (Wein-)Kanne; -flasche

flagrant ['fleigrənt] schändlich, empörend; flagrant, kraß

flail [fleil] Dreschflegel; (zer)schlagen

flair [flɛə] Instinkt, gute Nase, Fingerspitzengefühl; Begabung

flak|e [fleik] Flocke; Schicht; *~e away, off* abblättern; **~y** flockig

flamboyant [flæm'bɔiənt] prächtig, vielfarbig; überladen, prahlerisch

flame [fleim] Flamme *(a. fig)*; *fig* Woge; (auf)flammen, rot werden

flamingo [flə'miŋgou], *pl* **~es, ~s** Flamingo

flange [flændʒ] Spurkranz, Flansch, Bund; bördeln; anflanschen

flank [flæŋk] Flanke *(a. mil)*; Seite; flankieren; Flanell; *BE* Wisch-, Waschlappen; von d. Seite angreifen

flannel ['flænl] *pl* Flanellanzug, -hose, **~ette** [flænə'let] Baumwollflanell

flap [flæp] **1.** Klappe; Klappteil (e-s Tisches); **2.** Krempe; **3.** Falltür; **4.** Klatschen; *to be (get into) a ~ (umg)* in Fahrt sein (geraten); **5.** klatschen(d schlagen), flattern; **~per** Fliegenpatsche; Klappe; Flosse (*a.* = Hand); *umg* Backfisch

flar|e [flɛə] flackern; lodern; aufbrausen; (Rock) s. erweitern; (Auf-)Flackern; Lodern; Leuchtsignal; *~ed skirt* Glockenrock; **~e-up** [ˈ-'rʌp] Aufflammen; Wutausbruch; Toberei; **~ing** ['flɛəriŋ] flackernd; knallig, schreiend

flash [flæʃ] **1.** Aufblitzen; **2.** Lichtschein; *~ of lightning* Blitz; **3.** *fig* Auflodern; **4.** 📷 Blitzlicht(aufnahme); **5.** *adj a.* gefälscht; = flashy; **6.** Gauner-; **7.** (auf)blitzen, zucken; **8.** blinken; **9.** ⚡ funken; **10.** (Idee) schießen; **11.** (Licht) leuchten lassen, (Signal) geben; **12.** (Blitzlichtaufnahmen) machen, blitzen; **~back** 📷 Rückblende; **~light** Blinklicht; Taschenlampe; Blitzlicht(aufnahme); **~y** auffallend, blendend; protzig

flask [flaːsk] (Glas-)Kolben; *mil* Feldflasche

flat [flæt] **1.** flach, eben, glatt; *to knock ~* zu Boden schlagen, *to lay ~* zum Einsturz bringen; **2.** öde, schal; *to fall ~* verpuffen, danebengehen; **3.** gleich(-mäßig), einheitlich, Pauschal-; **4.** ♪ erniedrigt (*to sing* ~ zu tief singen); **5.** glatt (Absage, Blödsinn); **6.** *su* Fläche, flache Seite; **7.** flaches (Sumpf-)Land; **8.** ♪ erniedrigte Note (Ton), ein ♭; **9.** *bes. BE* (Miet-) Wohnung; **10.** *sl* Reifenpanne; **~-car** *US* Plattformwagen; **~fish** Scholle, Plattfisch; **~foot** [ˊ-fut], *pl* ~ feet Plattfuß; *sl* Polyp; **~-iron** [ˊ-aiən] Bügeleisen; **~ten** ['flætn] flach machen; glätten; ♪ erniedrigen; ✈ *~ten out* abfangen; **~top** *US sl* Flugzeugträger; **~ware** Flachware, flaches Geschirr; *US* Besteck

flatter ['flætə] schmeicheln; **~er** [ˊ--rə] Schmeichler; **~y** [ˊ--ri] Schmeichelei

flaunt [flɔːnt] (stolz) wehen; prunken mit, zur Schau stellen

flavour ['fleivə] Geruch, Duft; (Bei-, Wohl-) Geschmack; Würze; würzen; **~ing** [ˊ--riŋ] Würze; Gewürz

flaw [flɔː] Riß, Sprung; Fehler; Mangel; **~less** fehlerlos

flax [flæks] Flachs; **~en** Flachs-; blond

flay [flei] d. Haut abziehen; ausplündern; herunter-, verreißen

flea [fliː] Floh; **~-bite** Flohbiß; Kleinigkeit, kl. Unannehmlichkeit; **~ circus, performing** [pə'fɔːmiŋ] **~s** Flohzirkus

fleck [flek] (Sonnen-, Farb-)Fleck; sprenkeln

fled [fled] *siehe* flee

fledg|ed [fledʒd] gefiedert, flügge; **~ling** flügger Vogel; Grünschnabel

flee [fliː] fliehen (aus) (*from* vor)

fleec|e [fliːs] Vlies; Schäfchenwolke; Wuschelkopf; Schnee; *fig* prellen, schröpfen (*of* um); **~y** wollig, weich; Schäfchen-

fleet [fliːt] Flotte; schnell (*of foot, ~-footed* -füßig); **~ing** flüchtig, vergänglich; **F~** Street d. englische Presse

Flem|ing ['flemiŋ] Flame; **~ish** flämisch

flesh [fleʃ] Fleisch; *to put on* ~ zunehmen; *to lose* [luːz] ~ abnehmen; *to make s-b's ~ creep* j-m Schauer über d. Rücken jagen; *in the* ~ leibhaftig; **~-brush** [ˊ-brʌʃ] Frottierbürste; **~-eating** fleischfressend; **~ly** fleischlich, weltlich; **~y** fleisch(art)ig

fleur-de-lis ['fləːdə'liː], *pl* **fleurs-** Lilie (im Wappen)

flew [fluː] *siehe* fly

flex [fleks] ⚡ (Leitungs-, Verlängerungs-) Schnur; biegen; **~ible** biegsam; anpassungsfähig, wendig; **~ibility** [i'biliti] Biegsamkeit; Anpassungsfähigkeit; Wendigkeit; Elastizität

flick [flik] leichter Peitschenhieb; Schnipser; *sl* Film, *pl* Kintopp *(to go to the ~s)*; (weg)schlagen, klopfen; **~er** (ver)flackern; flattern, zukken; Flackern

flier ['flaiə] = flyer

flight [flait] Flug; (Vogel-)Zug; Fliegen; Schwarm (Vögel), Hagel (Pfeile); Flucht (*a.* Treppen-); *to put to* ~ in die Flucht schlagen); *to take (to)* ~ fliehen; **~y** unbeständig; zerfahren; sprunghaft

flimsy ['flimzi] dünn, schwach *(a. fig)*; oberflächlich; Durchschlagpapier

flinch [flintʃ] zurückweichen, sich drücken (*from* vor); *without ~ing* unerschrocken, ohne e-e Miene zu verziehen

fling [fliŋ] *(s. S. 318)* **1.** schleudern; ~ *open (shut)* aufstoßen (zu-); **2.** (ins Gefängnis) werfen; ~ *one's clothes* [klouðz] *on* s. in d. Kleider stürzen; ~ *o.s.into s-th* s. in etw stürzen; ~ *off* abschütteln, davonstürzen; ~ *to the winds* in d. Wind schlagen; **3.** Schleudern, Wurf; *to have a ~ at* 'rangehen an, (j-n) verspotten; **4.** Ausschlagen; *in full* ~ in vollem Gange; *to have one's* ~ s. austoben

flint [flint] Feuerstein; **~-lock** Steinschloß(gewehr); **~y** (stein)hart

flip [flip] Klaps, Schlag; *sl* kurzer Rundflug; schlagen, knipsen, schnellen; **~pancy** Leichtfertigkeit, Leichtsinnigkeit; **~pant** leichtfertig, -sinnig; **~per** (Wal-, Seehund-)Flosse (*a.* = Hand)

flirt [fləːt] flirten, spielen (*with* mit]; Flirt, Kokette; **~ation** [ˊ-teiʃən] Flirt, Liebelei; **~atious** [-'teiʃəs] zum Flirten aufgelegt, locker

flit [flit] fliegen, flitzen, huschen; umziehen; sich verdrücken

flitch [flitʃ] (geräucherte) Speckseite

flivver ['flivə] 🚗 *US sl* Nuckelpinne; *US sl* Pleite; schiefgehen

float [flout] **1.** schwimmen, schweben, (durch d. Kopf) ziehen; **2.** flottmachen, treiben (lassen); **3.** (Anleihe) auflegen, (Betrieb) gründen; **4.** in Umlauf, auf d. Markt bringen; **5.** Floß; **6.** ☼ (Angel-)Schwimmer; **7.** Plattformwagen; **~(s)** Rampenlicht; **~ation** [ˊ'teiʃən] *BE* Schwimmen; Gründung; **~ing** schwimmend, treibend; **~ing bridge** Schiffsbrücke; **~ing capital** Umlaufskapital; **~ing debt** schwebende Schuld; **~ing dock** Schwimmdock; **~ing ice** Treibeis; **~ing kidney** Wanderniere; **~ing population** wechselnde Bevölkerung; **~ing voter** *pol* Wechselwähler

flock [flɔk] (Schaf-)Herde, Zug (Vögel), Flug (Wildgänse); *fig* Schar; (Haar-, Woll-)Büschel; s. scharen, zus.strömen

floe [flou] schwimmendes Eisfeld, Scholle

flog [flɔg] prügeln; antreiben; verscheuern; klauen; ♦ ~ *a dead horse* seine Kraft verschwenden; **~ging** Prügel

flong [flɔŋ] *BE* Mater(npappe); Matrize

flood [flʌd] **1.** Flut; Überschwemmung; *the F~* Sintflut; *to be in* ~ über d. Ufer getreten sein; **2.** Höchststand (d. Flut); **3.** (über)fluten; *to be ~ed out* durch d. Flut wohnungslos werden; **4.** *fig* überschwemmen; **5.** anstrahlen; **6.** strömen; **~-gate** [ˊ-geit] Schleuse(ntor); **~-light** [ˊ-lait] mit Flutlicht anstrahlen; **~-lights** Flutlicht; **~-lit** angestrahlt; *~-lit match* Flutlichtspiel; **~-tide** [ˊ-taid] Flut

floor [flɔː] **1.** (Fuß-)Boden; **2.** Stockwerk; **3.** Sitzungssaal ♦ *to get (have) the* ~ d. Wort haben; *to take the* ~ d. Wort ergreifen, e-n aufs Parkett legen; **4.** Unter-, Mindestgrenze (*siehe* ceiling); **5.** dielen, belegen; **6.** zu Boden schlagen; **7.** völlig verblüffen, aufs Kreuz legen; **~-cloth** [ˊ-klɔθ], *pl* ~-cloths Bodenbelag;

Scheuerlappen; **~er** ['flɔːrə] K.o.-Schlag; *fig* sehr harte Nuß; **~ing** ['flɔːriŋ] Fußboden(-belag), Dielung; **~-lamp** Stehlampe; **~-polish** [´-pɔliʃ] Bohnerwachs; **~ show** (Nachtklub- etc) Programm; **~ space** Boden-, bedeckte Fläche; **~ walker** [´-wɔːkə] *US* Empfangschef, Aufsicht (im Kaufhaus)

flop [flɔp] (hin)plumpsen (lassen); pennen; Plumpser; Reinfall, Pleite; **~py** schlaff, schlapp; schludrig

flor|a ['flɔrə] Flora; **~al** Blumen-; **~id** ['flɔrid] frisch (Gesichtsfarbe); übertrieben; überladen; **~in** ['flɔrin] Zweischillingstück; *hist* Gulden; **~ist** ['flɔrist] Blumenhändler; -züchter

floss [flɔs] Flockseide; **~ silk** Schappegarn(seide); **~y** seidig

flotation [flou'teiʃən] = floatation

flot|illa [flou'tilə), *pl* **~illas** Flottille; **~sam** ['flɔtsəm] Treib-, Wrackgut (*siehe* jetsam)

flounce [flauns] Volant; Ruck; mit Volant besetzen; stolzieren, (ärgerlich hinaus-)rauschen, -segeln

flounder ['flaundə] Flunder; sich abmühen; (durch Matsch etc) waten; Murks machen

flour ['flauə] Mehl; mit Mehl bestreuen; *US* mahlen

flourish ['flʌriʃ] gedeihen, blühen; tätig sein; schwenken; Schwenken; Schnörkel; Floskel; ♪ Verzierung; Tusch; Aufwand

flout [flaut] mißachten; mit Verachtung behandeln, ignorieren

flow [flou], *~ed, ~ed* fließen, strömen, (Flut) steigen; Fluß; Strom; Flut

flower ['flauə] Blume; Blüte; *~ show* Blumenausstellung; Zierde; Elite; blühen, in Blüte sein; **~y** [´-əri] Blumen-; blumenreich, überladen (Stil)

flown [floun] *siehe* fly

flu [fluː] Grippe

fluctua|te ['flʌktjueit] schwanken; **~tion** [--'eiʃən] in Schwankung

flue [fluː] Rauchfang, (Feuer-)Zug, Abzugsschlot; **~ncy** ['fluənsi] Geläufigkeit; **~nt** ['fluənt] fließend, geläufig

fluff [flʌf] Flaum, Flocke; **~y** flaumig, flockig

fluid ['fluːid] flüssig, fließend, nicht fest *(a. fig)*; nicht fester Körper (Gas, Flüssigkeit, Elektrizität), Fluid; Saft; **~ity** [fluː'iditi] nicht fester Zustand

fluke [fluːk] ⚓ Ankerschaufel; Flunder *(BE selten)*; Scholle, Plattfisch; Leberegel; Zufallstreffer, Dusel

flummox ['flʌməks] j-n durcheinanderbringen

flung [flʌŋ] *siehe* fling

flunk [flʌŋk] *US umg* durchfallen (lassen) bei; (aus d. Schule) entfernen; *~ out* aufgeben, ausscheiden; Reinfall, Versagen; **~ey, ~y** ['flʌŋki] Lakai *(a. fig)*; *US* Gehilfe, Koch, Kellner

fluor|escence [fluə'resns] Fluoreszieren; **~escent** fluoreszierend; **~escent lighting** Neonbeleuchtung; Leuchtstoffröhre; **~oscope** ['fluərəskoup] ⚕ Durchleuchtungsgerät; **~oscopy** [---'rɔskəpi] Durchleuchtung

flurry ['flʌri] (Regen- etc) Schauer; Aufregung; aufregen, durcheinanderbringen

flush [flʌʃ] **1.** (er)röten; erregen; (durch)spülen; strömen; (Vogel) auffliegen, -jagen; **2.** (Wasser-)Schwall; **3.** Erröten; **4.** *fig* Aufwallung; **5.** Fülle; Blüte; **6.** *adj* ⚙ fluchteben, bündig, glatt; **7.** 🕮 ohne Einzug; **8.** voll, reichlich; *(umg) to be ~* reichlich versorgt (*of* mit), freigebig (*with* mit) sein; **9.** frisch, blühend

fluster ['flʌstə] berauschen; nervös, erregt machen (sein); Auf-, Erregung

flut|e [fluːt] Flöte; Riefe, Hohlkehlung; auf der Flöte spielen; riefeln, kannelieren; **~ing** Kannelierung, Riefeln; **~ist** Flötenspieler, Flötist

flutter ['flʌtə] flattern (lassen); unruhig, nervös machen (umhergehen etc); Flattern; Aufregung; *sl* Hasardspiel

flux [flʌks] Fluß, Fließen *(in a state of ~)*

fly [flai] **1.** Fliege ♦ *a ~ in the ointment* ein Haar in d. Suppe; **2.** Flug; **3.** (Uhr) Unruhe; **4.** 🎭 *pl* vorderer Bühnenhimmel; **5.** (*pl* flys) *BE* Droschke; **6.** (Hosen-, Zelt-)Klappe; **7.** *vt/i (s. S. 318)* fliegen; **8.** wehen; **9.** eilen, stürzen; **10.** fliegen (steigen) lassen; **11.** fliehen; *~ at* losstürzen auf; *~ into* geraten in; *~ off* wegfliegen ♦ *~ off the handle* außer s. geraten; *to send s-b ~ing* j-n wegjagen; *to make the money ~* d. Rubel rollen lassen; *adj. sl* schlau, geweckt; **~-blown** [´-bloun] (fliegen)beschmutzt; **~-by-night** *fig* Nachtschwärmer; *US* finanziell faul, unzuverlässig, unverantwortlich; **~-catcher** [´-kætʃə] Fliegenfänger, *zool* Fliegenschnäpper, *bot* Taublatt; **~er** Flieger, ✈, 🚂 Expreß, 🏃 Sprung mit Anlauf

flying ['flaiŋ] fliegend, schnell; Flug-; **~ boat** Flugboot; **~ bomb** [bɔm] V-Waffe; **~ buttress** ['bʌtris] Strebebogen; **~ field** [fiːld] Flugplatz; **~ instructor** [in'strʌktə] Fluglehrer; **~ squad** [skwɔd] *BE* Überfallkommando; **~ visit** Stippvisite; **~ weather** ['weðə] Flugwetter; **~ wing** Nurflügelflugzeug

fly|-leaf ['flailiːf], *pl* **~leaves** [´-liːvz] 🕮 Respektblatt; **~-paper** [´-peipə] Fliegenfänger; **~-past** [´-'paːst] Flugparade; **~-trap** [´-træp] (*bot* Venus-)Fliegenfalle; **~-wheel** [´-wiːl] Schwungrad

F-number ['efnʌmbə] relative Öffnung; Blendenöffnung

foal [foul] (Pferd-, Esel-)Füllen; fohlen

foam [foum] Schaum; die See; schäumen; *~ rubber* ['rʌbə] Schaumgummi

fob [fɔb] Uhrtasche; Uhrkette, -anhänger; *~ s-b off* abspeisen (*with* mit), *~ off s-th on s-b* j-m etwas andrehen

foc|al ['foukəl] Fokus-; *~al length (distance)* Brennweite; *~al-plane shutter* 📷 Schlitzverschluß **~us** ['foukəs], *pl* ~i ['fousai], ~uses **1.** Brennpunkt, Fokus; **2.** Brennweite; *in ~us* scharf (eingestell); *out of ~us* unscharf; *to bring into ~us* scharf einstellen; **3.** Zentrum, Herd (*a.* ⚡); **4.** 📷 sammeln, im Brennpunkt zus.kommen; **5.** einstellen; **6.** *fig* konzentrieren **~using screen** Mattscheibe

fo'c's'le ['fouksəl] *siehe* forecastle

fodder ['fɔdə] (Vieh-)Futter
foe [fou] Feind; Gegner
foetus, *US* **fetus** ['fiːtəs] Fet, Fötus, Leibesfrucht
fog [fɔg] Nebel; Schleier; *fig* Umnebelung; **~-bank** [ˊ-bæŋk] Nebelbank; **~bound** [ˊ-baund] durch Nebel aufgehalten; **~gy** ['fɔgi] neblig; *I haven't the ~giest notion* (od *idea*) *BE* ich habe keine blasse Ahnung
fogy(-gey) ['fougi]: *old ~* Knacker
foible [fɔibl] Schwäche, schwache Seite
foil [fɔil] (Metall-)Folie; Spiegelbelag; *fig* vorteilhafter Hintergrund (*to* für); Florett; durchkreuzen, zum Scheitern bringen; *~ into, in* unterschieben
foist [fɔist]: *off s-th on s-b* andrehen
fold [fould] **1.** falten (*up* zus.-); **2.** (in Papier) packen; **3.** einhüllen; **4.** einpferchen; *~ back* aufkrempeln, umklappen, -schlagen; *~ down* umknicken; **5.** *su* Falte; **6.** Falz; **7.** Schafhürde, Pferch; **8.** *fig* Herde; **~boat** Faltboot; **~er** Aktendeckel; Faltblatt, -prospekt; **~ing** Klapp-(Bett, Stuhl, Tisch); *~ing boat* Faltboot; *~ing door* Flügeltür
foli|age ['fouliidʒ] Laub; **~o** ['fouliou], *pl ~os* Folio(bogen); Foliant; Seitenzahl; Kontobuchseite
folk [fouk] *pl vb* Leute, Volk; **~s** Leute, Familie; **~lore** [lɔː] Märchenschatz; Volkskunde; **~sy** volkstümlich
follow ['fɔlou] folgen; *fig* verfolgen, mitkommen mit; *~ on* später folgen; *~ out* zu Ende führen; *~ up* verfolgen, ausnützen *~ s-th up with s-th* e-r Sache etw folgen lassen; **~er** [ˊ--ə] Anhänger, Schüler; **~ing** folgend; Anhängerschaft; *prep* nach; **~-up** Nachfassen; Folgesendung; nachfolgend; Nach-, Weiter-
folly ['fɔli] Torheit, Narrheit
foment [fou'ment] mit warmen Umschlägen behandeln; erregen, anstiften; **~ation** [--'teiʃən] warmer Umschlag, Packung
fond [fɔnd] liebend; vernarrt, überzärtlich; töricht *(girl, hope)*; *to be ~ of* gern haben, lieben; **~le** hätscheln; **~ly** zärtlich; töricht(erweise); **~ness** Zärtlichkeit; Vorliebe
font [fɔnt] Taufstein; *US* = fount; **~anel** [fɔntə'nel] Fontanelle
food [fuːd] Nahrung, Speise; Futter; Kochgut; **~stuff** Nahrungsmittel; **~ value** Nährwert
fool [fuːl] **1.** Dummkopf, Tor; Narr; *to make a ~ of* zum Narren halten; *to make a ~ of o.s* sich lächerlich machen, blamieren; *to be a ~ to* ein Waisenknabe sein gegen; *to be a ~ for one's pains* sich ganz umsonst ab-, bemühen; *~'s paradise* ['pærədais] Schlaraffenland, Selbsttäuschung; **2.** *adj US* töricht; **3.** *vt/i* (herum)albern, -spielen *(a.: about, ~ around)*; *~ out of* j-n prellen um, etwas j-m abluchsen; *~ away* vergeuden; **~ery** [ˊ-əri] Torheit; **~hardy** [ˊ-hɑːdi] tollkühn; **~ish** töricht, albern; läppisch; **~proof** [ˊ-pruːf] (betriebs-, narren-)sicher, kinderleicht; **~scap** [ˊ-skæp] Kanzleipapier, -format (etwa DIN A 3); **~'s-cap** [ˊ-zkæp] Narrenkappe

foot [fut], *pl* **feet** [fiːt] **1.** Fuß(ende); Füßling; Tatze, Pfote; **2.** Infanterie; **3.** *on ~* zu Fuß; *on one's feet* stehend, (wieder) auf d. Beinen; *to set on ~* in Gang setzen; *to put one's ~ down* energisch werden, fest auftreten; *to put one's ~ in it* s. blamieren; *to keep one's feet* nicht hinfallen; *to carry s-b off his feet* j-n hochheben, begeistern, erregen; **4.** Fuß (= 0,305 m); **5.** (*pl ~s*) Satz, Rest; **6.** (Strumpf) anfußen; **7.** *~ the floor* herumhüpfen, -tanzen; *~ it* zu Fuß gehen; *~ up to* s. (insgesamt) belaufen auf; *~ the bill* d. Rechnung bezahlen; *~ s-th up* zus.rechnen; **~age** ['futidʒ] Länge in Fuß, Filmmeter; **~ball** [ˊ-bɔːl] Fuß, Rugbyball (Ball, Spiel); *US* amerikanischer Fußball; **~-board** [ˊ-bɔːd] Trittbrett; **~-bridge** Fußgänger-Überführung; **~fall** [ˊ-fɔːl] Fußtritt; **~-hills** Vorberge; **~hold** [ˊ-hould] Halt *(a. fig)*; **~ing** Halt, Stand; Basis; Lage; *to get a ~ing in* Fuß fassen in; *on a friendly ~ing* auf freundschaftl. Fuße; **~lights** [ˊ-laits] *pl vb* Rampenlicht; **~man** [ˊ-mən], *pl ~men* Lakai; **~mark** Fußabdruck; **~-note** Fußnote, Anmerkung; **~pad** Straßenräuber; **~path** [ˊ-pɑːθ], *pl ~* paths [ˊ-pɑːðz] Fußweg, *BE* Bürgersteig; **~print** Fußabdruck, -spur; **~-rule** [ˊ-ruːl] (1 Fuß langes) Lineal, Maß; **~sore** [ˊ-sɔː] wund (Fuß); **~step** Schritt; Tritt; **~stool** [ˊ-stuːl] Fußbank, -schemel; **~-wear** [ˊ-wɛə] Schuhwerk; **~work** [ˊ-wəːk] Beinarbeit; Lauferei
fop [fɔp] Geck; **~pish** geckenhaft
for [fɔː, fə] **1.** für; *~ himself (etc)* allein, selbst, für ihn; *~ my part* für mein Teil, meinerseits; *~ the most part* größtenteils; *now ~ you* und nun zu dir; **2.** (dienen, wählen) als; *I know him ~ a gentleman* ich kenne ihn als G.; *I ~ one* ich z.B.; *~ certain* mit Bestimmtheit; **3.** seit, lang *(~ 3 hours)*; *~ life* d. ganze Leben lang; **4.** *(Grund:)* wegen, aus, vor, um; *but ~* ohne, wenn ... nicht gewesen wäre; *the better (worse) ~* besser (schlechter) wegen; *to be out ~* auf ... aus sein; *~ all (that)* trotz (alledem); *~ all I know* soviel ich weiß; *~ all I care* von mir aus; *~ all the world (like)* genau (gleich); *what ... ~?* wozu?; *~ the time being* im Augenblick, derzeit; *conj* **5.** denn
forage ['fɔridʒ] Futter; furagieren; ausplündern; umherstöbern
forasmuch as [fərəz'mʌtʃæz] insofern
foray ['fɔrei] Raubzug (unternehmen); plündern
forbade, *bes. BE* **forbad** [fə'bæd, -'beid] *siehe* forbid
forbear [fɔː'bɛə] *(s. S. 318)* unterlassen; sich enthalten, ablassen (*from* von); **~ance** [-'bɛərəns] Geduld; Nachsicht; Unterlassung ♦ *~ance is no acquittance* [ə'kwitəns] aufgeschoben ist nicht aufgehoben
forbear, *US* **fore-** ['fɔːbɛə] Vorfahr
forbid [fə'bid] *(s. S. 318)* verbieten; verhindern; **~ding** abstoßend, -weisend; abschreckend; ungünstig
for|bore [fɔː'bɔː], **~borne** [-'bɔːn] *siehe* forbear
force [fɔːs] **1.** Gewalt; Stärke; Kraft (*~s of na-*

ture Natur-); **2.** *mil* Streitkraft, *pl* Kräfte, Truppen; *the police* [pəˈliːs] ~ die Polizei; *to join ~s with* s. zus.tun, vereinigen mit; *in ~* in großer Zahl; **3.** ⚖ Rechtskraft; *to put (come) into ~* in Kraft setzen (treten); *to be in ~* in Kraft sein, gültig sein; **4.** *fig* (genauer) Sinn; **5.** *vt* (er-) zwingen; forcieren; aufbrechen, entwinden; aufzwingen (*on s-b* j-m); **~d** [fɔːst] gezwungen, Zwangs-; *~d landing* Notlandung; *~d march* Gewalt-, Eilmarsch; **~ful** kraftvoll; wirkungsvoll

forceps [ˈfɔːseps], *pl ~ (bes* ⚕) Zange; Pinzette

forcible [ˈfɔːsibl] gewaltsam; kraftvoll; eindringlich

ford [fɔːd] Furt; durchwaten; **~able** passierbar (Fluß)

fore [fɔː] Vordergrund *(to come to the ~)*; vordere , Vorder-; **~arm** [ˈ–raːm] Unterarm; **~arm** [–rˈaːm] rechtzeitig rüsten, wappnen; **~bear** *siehe* forbear; **~bode** [–ˈboud] ankündigen, kündigen; ahnen; **~boding** Vorzeichen; -ahnung; **~cast** [–ˈkaːst] *(s. S. 318)* voraussagen; vorhersehen; [ˈ–kaːst] Vorhersage; **~castle** [ˈfouksl] ⚓ Vorschiff, Back; **~close** [–ˈklouz] ausschließen (*from* von); für verfallen erklären; **~closure** [–ˈklouʒə] ⚖ Ausschließung; Verfallserklärung *(Hypothek)*; **~doom** [–ˈduːm] (schon vorher) verurteilen; **~fathers** [faːðəz] Vorfahren; -väter; **~foot** [ˈ–fut], *pl ~* feet Vorderfuß; **~finger** [ˈ–fiŋge] Zeigefinger; **~front** [ˈ–frʌnt] Vorderfront, Kampflinie; **~gather** *siehe* forgather; **~go** [–ˈgou] vorausgehen; *siehe* forgo; **~going** vorhergehend; **~gone** [ˈ–gɔn] **conclusion** ausgemachte (von vornherein feststehende) Sache, vorweggenommene Entscheidung; **~ground** [ˈ–graund] Vordergrund; **~head** [ˈfɔrid] Stirn

foreign [ˈfɔrin] fremd, ausländisch; fremdartig; Außen-; auswärtig; **~ currency** (*od* **exchange**) Devisen; **~er** Ausländer; **~ trade** Außenhandel

fore|know [fɔːˈnou] vorherwissen; **~knowledge** [fɔːˈnɔlidʒ] Vorherwissen; **~land** [ˈ–lənd] Kap, Vorgebirge; **~leg** Vorderbein; **~lock** Stirnlocke; *to take by the ~lock* beim Schopf ergreifen; **~man** [ˈ–mən], *pl ~*men Vorarbeiter, Werkmeister; ⚖ Obmann; **~most** [ˈ–moust] erste, führend; *(first and) ~most* in erster Linie, vor allem; **~noon** [ˈ–nuːn] Vormittag; **~part** Vorderteil; **~paw** Vorderpfote; **~runner** [ˈ–rʌnə] Vorläufer, -bote; **~sail** [ˈ–seil, ⚓ fɔːsl] Fock(segel); **~see** [–ˈsiː] *(s. S. 318)* vorher-, voraussehen; **~seeable** vorauszusehen(d); absehbar; (Zukunft) überschaubar; **~shadow** [ˈ–ˈʃædou] vorher andeuten; **~shorten** [–ˈʃɔːtən] perspektivisch verkürzen; **~sight** [ˈ–sait] Voraussicht; Vorausschauen; (Gewehr) Korn

forest [ˈfɔrist] Wald *(a. fig)*; **~er** Förster; **~ry** Forstwirtschaft; Waldgebiet

fore|stall [fɔːˈstɔːl] zuvorkommen; aufkaufen; **~taste** [ˈ–teist] Vorgeschmack; **~tell** [–ˈtel] *(s. S. 318)* vorhersagen; im voraus anzeigen; **~thought** [ˈ–θɔːt] Vorbedacht; **~told** [ˈ–tould] *siehe ~*tell

forever [fɔːrˈevə] *US* = for ever

fore|warn [fɔːˈwɔːn] vorher warnen; **~word** [ˈ–wəːd] Vorwort

forfeit [ˈfɔːfit] verwirkte Sache, Buße; Vertragsstrafe; Verwirklichung; Pfand *(game of ~s)*; verwirkt; verwirken, einbüßen; **~ure** [ˈfɔːfitʃə] Verwirkung; Verlust

forgather, *US a.* **fore-** [fɔːgæðə] zus.kommen

forgave [fəˈgeiv] *siehe* forgive

forge [fɔːdʒ] Schmiede; schmieden; fälschen; *~ ahead* sich (mühsam) vorarbeiten, d. Führung übernehmen; **~r** [ˈfɔːdʒə] Fälscher; **~ry** [ˈfɔːdʒəri] Fälschen; Fälschung

forget [fəˈget] *(s. S. 318)* vergessen; *~ o.s.* sich vergessen, nicht an s. denken; **~ful** vergeßlich *(to be ~ful of = to ~)*; **~me-not,** *pl ~ -me-nots* Vergißmeinnicht

forgiv|able [fəˈgivəbl] verzeihlich; **~e** [fəˈgiv] (*s. S. 318)* verzeihen, -geben; erlassen; **~eness** [fəˈgivnis] (Bereitschaft zur) Verzeihung; Erlassung; **~ing** versöhnlich; nachsichtig

for|go, *US* **fore-** [fɔːˈgou] *(s. S. 318)* verzichten auf, aufgeben; **~got(ten)** [fəˈgɔt(n)] *siehe* forget

fork [fɔːk] Gabel; Forke; Gabelung; (mit d. Forke) aufgabeln, wenden, graben; s. gabeln; *~ out (over, up)* blechen; **~ed** [fɔːkt] s. gabelnd; gespalten

forlorn [fəˈlɔːn] elend, hilflos; *~ hope* aussichtsloses Unterfangen, verlorener Haufe, Himmelfahrtskommando

form [fɔːm] **1.** Form, Gestalt; **2.** Formular; *in due* [djuː] ~ vorschriftsmäßig, in gültiger Form; **3.** *(a.: ~ letter)* Formbrief; **4.** (richtiges) Verhalten; *is good (bad) ~* gehört sich (nicht); *a mere matter of ~* reine Formsache; *for ~'s sake* um der Form willen; **5.** Brauch, Formalität; **6.** körperliche Verfassung, Form *(in good form etc)*; *out of ~* nicht in Form; **7.** *BE* Bank (ohne Lehne); *BE* Schulklasse; 🕮 *(BE a.: ~e)* (Druck-)Form; **8.** *vt* (s.) bilden; fassen; *mil* (s.) formieren; erwerben *(good habits)*; **~al** [ˈfɔːməl] förmlich; formell; äußerlich; *~al garden* geometrischer (französ.) Garten; *~al dress (US: ~al)* Abendanzug, -kleid; **~alin** Formalin; **~alist** Formenmensch; **~ality** [fɔːˈmæliti] Förmlichkeit; Formalität; **~at** [ˈfɔːmæt] 🕮 Format (u. Aufmachung); Typus; Struktur; **~ation** Bildung, Gestaltung; Formation, Verband; **~ative** [ˈ–ətiv] gestaltend, formgebend; **~er** [ˈfɔːmə] früher; erstere; **~erly** früher, vor langer Zeit; **~idable** [ˈ–idəbl] furchtbar, gewaltig; **~less** form-, gestaltlos; **~ula** [ˈ–julə], *pl ~*ulas, *~*ulae [ˈ–juliː] Formel; ⚕ Rezept; Säuglingsnahrung; **~ulary** [ˈ–juləri] formelhaft, Formel-; Rezeptbuch; **~ulate** [ˈ–juleit] formulieren; **~ulation** [–juˈleiʃən] Formulierung

fornication [fɔːniˈkeiʃən] außerehelicher Geschlechtsverkehr

forsake [fəˈseik] *(s. S. 318)* verlassen, im Stich lassen; aufgeben

for|sook [fəˈsuk] *siehe* forsake; **~sooth** [–ˈsuːθ] wahrlich, fürwahr; **~swear** [–ˈswɛə] *(s. S. 318)* unter Eid bestreiten; abschwören; *~swear*

(o.s.) Meineid, falsch schwören; **~sworn** meineidig [Seite; **~e** ['fɔːtil ♪ forte
fort [fɔːt] Fort, Festung; **~e** [fɔːt] Stärke, starke
forth [fɔːθ] hinaus, heraus; *back and ~* hin u. her; *from this day (time) ~* von heute (jetzt) an; *and so ~* und so weiter; **~coming** [–'kʌmiŋ] bevorstehend; 📖 in Kürze erscheinend; *to be ~coming* zum Vorschein kommen, erscheinen, bezahlt werden; **~right** [–́rait] gerade (-heraus), ehrlich; [–́–́] *adv*; **~with** [–'wiθ, –'wið] sofort, sogleich
fortieth ['fɔːtiiθ] vierzigste
forti|fication [fɔːtifi'keiʃən] Befestigung; **~fy** [–́–fai] (ver)stärken; anreichern; befestigen; **~tude** [–́tjuːd] seelische Kraft, Standhaftigkeit
fortnight ['fɔːtnait] *BE* vierzehn Tage; *a ~ today* heute in 14 T.; **~ly** alle 14 Tage (stattfindend, erscheinend)
fortress ['fɔːtris] Festung
fortu|itous [fɔː'tjuitəs] zufällig; **~nate** ['fɔːtʃənit] glücklich; **~nately** glücklich(erweise); **~ne** ['fɔːtʃən] **1.** Glück *(the ~ne of war* Kriegs-; *to make one's ~ne*); **2.** Geschick, Zukunft (*to tell s-b's ~ne* Z. voraus-, wahrsagen); **3.** Vermögen; *to marry a ~ne* e-e reiche Partie machen; **~ne-teller** Wahrsager
forty ['fɔːti] vierzig; **~ winks** Nickerchen
for|um ['fɔːrəm], *pl* **~a** Forum *(a. fig)*
forward ['fɔːwəd] **1.** vorwärts, nach vorn, weiter; *from this time ~* von jetzt an; **3.** *adj* Vorwärts-; vordere, *mil* vorgeschoben; **3.** vorgeschritten, früh; bereit(willig); **4.** vorwitzig, -laut; *to buy (sell) ~* auf Lieferung (Zeit) (ver)kaufen; **5.** Termin-(Geschäft etc); ⛩ Stürmer; **6.** (be)fördern; (ab-, weiter-)senden; **~er** Spediteur; **~ing** Beförderung; Versendung; Versand-; *~ing agent* ['eidʒənt] Spediteur; **~ness** Frühreife; Bereitwilligkeit; Dreistigkeit; **~s** = ~ *adv* (*bes* vorwärts = nicht rückwärts)
fossil ['fɔsl] Fossil; fossil, versteinert; *fig* verknöchert(er Kerl); **~ize** ['fɔsilaiz] versteinern; *fig* verknöchern
foster ['fɔstə] pflegen, aufziehen; fördern, ermutigen; hegen; Pflege- (Kind etc)
fought [fɔːt] *siehe* fight
foul [faul] **1.** übel, ekelhaft; schmutzig, verschmutzt; (Rohr) verstopft; voll Fehler, verschmiert; gemein, niederträchtig; *~ means* unehrliche, unredliche Mittel; *~ play* Verbrechen, ⛩ unsportl. Verhalten; **3** *umg* miserabel; *to fall (run, go) ~ of* ⚓ zus.stoßen mit *(a. fig)*; *to hit ~* ⛩ unfair treffen, *fig* unfair handeln gegen; *to play s-b ~* j-n unfair behandeln; ; **4.** *su* ⛩ Foul, Regelverstoß; *through fair and ~* durch dick u. dünn; **5.** *vt/i* ver-, beschmutzen, verstopfen; zus.stoßen (mit); s. verfangen
found [faund] *siehe* find; gründen; ✲ gießen, schmelzen; **~ation** [–'deiʃən] Gründung; Stiftung; (Studien-)Fonds; Fundament, Grund(lage); **~er** (Be-)Gründer; ⚓ sinken; zum Scheitern bringen; (Pferd) zus.brechen, steckenbleiben (lassen); nachgeben, zus.brechen; **~ling** Findelkind; **~ry** Gießerei; Stereotypie; Galvanoherstellung
fount [faunt] der Quell; 📖 Schriftgarnitur; **~-case** Setzkasten; **~ain** [–́in] Quelle *(a. fig)*; Springbrunnen; **~ain head** Urquelle; -quell; **~ain pen** Füllfeder, Füller
four [fɔː] vier; *a* ⛩ ein Vierer; *the ~ hundred (US)* Hautevolee; **~fold** [–́fould] vierfach; **~-in-hand** [–́rin'hænd] Vierergespann; **four-part** vierstimmig; **~pence** [–́pəns] 4 Pennies; **~penny** [–́pəni] 4-Penny-; **~poster** [–́'poustə] Himmelbett; **~score** [–́skɔː] achtzig; **~some** [–́səm] ⛩ Doppel; *fig* Quartett; **~-square** [–́skwɛə] viereckig; solide; **~stroke** [–́strouk] ✲ Viertakt-; **~teen** [–́tiːn] vierzehn; **~teenth** [–́tiːnθ] vierzehnte; **~th** [fɔːθ] vierte; **~-wheeled** [–́wiːld] vierrädrig; **~wheeler** Droschke
fowl [faul], *pl* **~s,** *(Jägerspr.)* **~** Geflügel (*bes* Hühner); (Wasser-, Wald-)Vogel; **~er** Vogelfänger, -jäger; **~ing** Vogelfang, -jagd; **~ing-piece** [–́iŋpiːs] Vogelflinte; **~run** [–́rʌn] Geflügelhof
fox [fɔks], *pl* **~es** Fuchs; braun verfärben; *sl* reinlegen, überlisten; täuschen; **~glove** [–́glʌv] Fingerhut; **~hole** [–́houl] *mil* Erdloch; **~hound** [–́haund] Fuchshund **~trot,** *US* **~ trot** [–́trɔt] Foxtrott (tanzen); **~y** fuchsartig; verschlagen; rotbraun; stockfleckig
foyer ['fɔiei, *US* 'fɔiə] Foyer
fracas ['frækaː, *US* 'freikəs], *pl* ~ ['frækaːz], *US* **~es** Streit, Lärm, Tumult
fract|ion ['frækʃən] Bruchteil; *math* Bruch; **~ional** Bruch-; *umg* winzig; **~ious** ['frækʃəs] reizbar; störrisch; launisch; **~ure** ['fræktʃə] Bruch(fläche); Knochenbruch; brechen
frag|ile ['frædʒail] zerbrechlich; ⚕ anfällig, schwach; **~ility** [fræ'dʒiliti] Zerbrechlichkeit; Anfälligkeit, Schwachheit; **~ment** ['frægmənt] Bruchstück, Rest; **~mentary** ['frægməntəri] bruchstückartig, fragmentarisch; **~mented** zersplittert
fragran|ce ['freigrəns] Duft; **~t** duftend
frail [freil] (*bes* moralisch) schwach; ⚕ zart; ge-, zerbrechlich; **~ty** Schwachheit, Zerbrechlichkeit
frame [freim] **1.** Rahmen; ⚓, ✈ Spant, Gerippe; Gestell; Körper; *~ of mind* (Gemüts-) Verfassung; 🎞 Bild (*speed of ~s;* Bildfolge); **2.** ersinnen; gestalten, bilden; ab-, verfassen; entwerfen, schaffen; einrahmen; s. entwikkeln; *umg* j-n zu Unrecht beschuldigen, etwas aushecken; **~house** Holzhaus; **~-up** *umg* abgekartetes Spiel; **~work** [–́wɔːk] Gerüst, Gestell, Gerippe; Fachwerk; *fig* Rahmen, Gerüst, Sy-[stem
franc [fræŋk] Franc; Franken
Franc|e [frɑːns] Frankreich; **~o** ['fræŋkou] französisch *(in Zus.setzungen)*
franchise ['fræntʃaiz] Bürger-, Wahlrecht; Konzession; Verkaufsgebiet
frank [frænk] frei(mütig), offen (**~ly** offen [gesagt]); portofrei schicken; portofreier Brief; **~furter** [–́fətə] Würstchen; **~incense** [–́insens] Weihrauch; **~ing machine** [mə'ʃiːn] Frankiermaschine; **~lin** [–́lin] Freisasse

frantic [–'fræntik] wild, rasend (*with* vor); krampfhaft *(efforts);* riesig

frat|ernal [frə'tə:nəl] brüderlich, Bruder-; **~ernity** [–'tə:niti] Brüderlichkeit; Brüderschaft; *US* (Studenten-)Verbindung; **~ernize** ['frætənaiz] s. verbrüdern, brüderlich verkehren; fraternisieren; **~ricide** ['freitrisaid, 'fræ-] Brudermord, -mörder

fraud [frɔ:d] Betrug; Schwindel, Schwindler; **~ulent** [ˊ-julənt] betrügerisch

fraught [frɔ:d] *fig* voll (*with* von)

fray [frei] Tumult, Streit; Kampf; durchscheuern, ausfransen, dünn werden *(a. fig);* erregen

freak [fri:k] Streich, (verrückte) Laune; *~ (of nature)* Mißbildung, Monstrum; **~ish** launenhaft, verrückt, abnorm

freckle [frekl] Sommersprosse(n bekommen); **~ d** (frekld] sommersprossig

free [fri:], *~r* ['fri:ə], *~st* ['fri:ist] **I.** frei; kostenlos (*~ of duty* zollfrei); ungebunden, frei, nicht genau; (Stil) leicht; **2.** freigebig *(of, with),* reichlich; **3.** *~ from* frei, befreit von; *~ of* außerhalb, unbelastet von; *to make (set) ~* freilassen; *to make s-b ~ of one's house* j-n bei s. ein u. aus gehen lassen; *to make s-b ~ of the city* j-m das Ehrenbürgerrecht geben; *to make ~ with* etwas ohne zu fragen benutzen; **4.** *~, ~d, ~d (vt)* freilassen, befreien; **~booter** [ˊ-bu:tə] Freibeuter; **~d** [fri:d] *siehe* free *vt;* **~dman** [ˊ-dmæn], *pl ~*dmen [ˊ-dmen] Freigelassener; **~dom** [ˊ-dəm] Freiheit; Freisein (*from* von); Freimütigkeit; freies Benutzungsrecht; *~dom of a city* Ehrenbürgerrecht; Ungehemmtheit; *to take* (od *use*) *~doms with s-b* s. Freiheiten erlauben bei; **~ fight** allgemeine Schlägerei; **~hand** [ˊ-hænd] freihändig; **~-handed** [ˊ-'hændid] großzügig; **~hold** [ˊ-hould] freier Grundbesitz, freies (Bauern-) Gut; **~holder** Grundeigentümer; **~ labour** ['leibə] gewerkschaftsfreie Mitarbeiter; parteiloser Politiker; freiberuflich; selbständig; **~ly** frei; offen; reichlich; **~man** [ˊ-mən], *pl ~*men Frei(gelassen)er; Ehrenbürger (*a ~ man* ein freier Mann); **~mason** [ˊ-meisn] Freimaurer; **~ masonry** Freimaurerei; **~-minded** [ˊ-'mainded] frei u. aufgeschlossen; **~ port** Freihafen; **~ speech** [spi:tʃ] Redefreiheit; **~-spoken** [ˊ-spoukən] freimütig; **~-thinker** [ˊ-'θiŋkə] Freidenker; **~-thinking** Freidenkertum; freidenkend; **~ thought** [θɔ:t] Freidenkertum; **~-wheel** [ˊ-'wi:l] Freilauf(rad); mit Freilauf fahren; **~ will** freier Wille; **~-will** [ˊ-wil] freiwillig

freez|e [fri:z] *(s. S. 318)* **1.** (ge)frieren (*over* zu-, *to death* er-); *I'm ~ing* ich friere (sehr); **2.** erstarren *(a. fig);* **3.** zum Gefrieren bringen; *to be frozen* ge-, erfrieren; *to make s-b's blood ~e, to ~e s-b's blood* j-m d. Blut in d. Adern gerinnen lassen; **4.** (Kapital) einfrieren, (Löhne, Preise) stoppen; **5.** *su* Frost; **~er** Kühlraum; Eismaschine; **~ing** Gefrier-

freight [freit] ⚓ Schiffsladung, -miete; ⚓ Fracht(kosten); *BE* Containertransport; Gütertransport, -kosten; *US* Güterzug; ⚓ chartern; befrachten; ✈, ✈, 🚗 beladen, als Fracht schicken; **~age** [ˊ-idʒ] Fracht(kosten); Ladung; Transport; **~ car** Güterwagen; **~ depot** ['depou, *US* 'di:-] Güterbahnhof; **~er** Verlader; Reeder; Frachtschiff, -flugzeug; **~ forward** ['fɔ:wəd] Fracht bezahlt Empfänger; **~ train** Güterzug; **~ yard** Güterbahnhof

French [frentʃ] französisch; **the ~** die Franzosen; *to take ~ leave* s. französisch verabschieden; **~ dance** Kotillon; **~ fried (potatoes)** *US* Pommes frites; **~man,** *pl ~*men Franzose; **~ window** Glas-, Terrassentür; **~woman,** *pl. ~* women Französin

frenetic [fri'netik] wild, rasend (*siehe* phrenetic)

frenz|ied ['frenzid] wahnsinnig, rasend; **~y** Wahnsinn, Toben; *fig* Anfall

frequen|cy ['fri:kwənsi] Häufigkeit; ⚡ Periodenzahl; ⚡ Frequenz; **~cy modulation** Frequenzmodulation, UKW; **~t** ['fri:kwənt] häufig, ständig; **~t** [fri'kwent] oft besuchen; häufig vorkommen in

fresco ['freskou], *pl* **~s, ~es** Fresko (-gemälde)

fresh [freʃ] frisch; neu; unerfahren; pampig, frech; *to break ~ a ground* neues Gebiet erschließen; **~en** ['freʃn] auffrischen; stärker werden; **~er** *umg* = **~man,** *pl ~*men Neuling; erstes Semester; **~water** [ˊ-wɔ:tə] Süßwasser-

fret [fret] s. sorgen, s. Sorgen (Kummer) machen (*about* über), s. grämen; zerfressen, -reiben; (mit Karos) mustern; ♪ d. Bund; **~ful** gereizt, reizbar; **~-saw** [ˊ-sɔ:] Laubsäge; **~work** [ˊ-wə:k] Laubsägearbeit; Gitterwerk

friable ['fraiəbl] bröckelig, zerreibbar

friar ['fraiə] (Bettel-)Mönch

friction ['frikʃən] ⚙ *fig* Reibung

Friday ['fraidi] Freitag; *Good ~* Karfreitag; *girl ~* Allroundsekretärin

fridge [fridʒ] *BE umg* Kühlschrank

friend [frend] Freund; Bekannter; *to make ~s* sich anfreunden (*with* mit); *to make ~s again* s. wieder vertragen; *to be ~s with* befreundet sein mit; **F~** (ein) Quäker; **~less** ohne Freunde; **~ly** freundlich, befreundet, freundschaftlich; Freundschafts-; **~ly letter** *US* Privatbrief; *F~ly Society* [sə'saiiti] *BE* Versicherungsverein auf Gegenseitigkeit; **~ship** Freundschaft

frieze [fri:z] 🏛 Fries; (Textil) Fries, Flausch

frigate ['frigit] Fregatte; (*a.* **~-bird**) Fregattvogel

fright [frait] Schreck(en); Entsetzen; *to take ~ at* erschrecken; *to give s-b a ~* j-n erschrecken; *to get* (od *have*) *a ~* (s.) erschrecken; *umg fig* Vogelscheuche; **~en** erschrecken; *~en away* verjagen; *~en into* treiben zu; *~ened of* bange vor; **~ful** schrecklich

frigid ['fridʒid] kalt; *fig* frostig; ⚕ frigid; **~ity** [fri'dʒiditi] Kälte; Frostigkeit; Frigidität

frill [fril] Volant, Rüsche; *pl* Affektiertheit, Getue; *to put on ~s* sich aufspielen; *vt* fälteln; **~ies** *BE umg* Spitzenunterwäsche

fringe [frindʒ] Franse; Pony(frisur); Rand; mit Fransen versehen; *fig* umsäumen; **~ benefits** zusätzliche Sozialaufwendungen

frippery ['fripəri] Flitter(kram)

frisk [frisk] hüpfen, tollen; **~y** munter, ausgelassen
fritter ['fritə] (Apfel-)Pfannkuchen; *~ away* verzetteln (*on* für)
frivol|ity [fri'vɔliti] Nichtigkeit; Leichtfertigkeit; **~ous** ['frivələs] nichtig; oberflächlich; leichtfertig
Fritz [frits] *umg* Deutscher
frizz|le [frizl] brutzeln(d braten); *~le up* (s.) kräuseln; **~(l)y** kraus
fro [frou]: *to and ~* auf u. ab, hin u. her
frock [frɔk] Kleid; Kittel; Kutte; **~-coat** [ˊ-kout] Gehrock
frog [frɔg] Frosch (*a.* ✡); *sl* Franzmann; **~-eater** *sl* = ~; **~man** Froschmann
frolic ['frɔlik] **1.** lustiger Streich, lust. Fest, Lustigkeit; **2.** *(~ked, ~ked)* lustig sein, spielen; scherzen; **~some** [ˊ–səm] lustig, verspielt
from [frɔm, frəm] (weg) von, von (her, herab); von ... an; aus (Mangel, Erfahrung etc); *made ~* aus; nach (der Natur); *(Grund:)* vor, wegen; *~ over* über ... hinweg; *~ under* unter ... hervor
frond [frɔnd] (Farn-, Palm-)Wedel
front [frʌnt] **1.** Vorderseite, -front, Frontseite; *in ~* vorne, *in ~ of* vor; *to come to the ~* s. hervortun; **2.** *mil* Front; **3.** Hemdeinsatz; *to have the ~* die Stirn haben; **4.** gegenüberliegen, Front haben zu; **~age** [ˊ-idʒ] Vorderfront; Frontseite, *mil*-breite; Vorgelände; **~al** Stirn-; Front-; frontal; **~ door** [dɔː] Haustür; **~ garden** Vordergarten; **~ page** [peidʒ] Vorder-, erste Seite; **~-page** [ˊ–] hochaktuell; **~ runner** Spitzenläufer, -kandidat; **~ yard** *US* = ~ garden
frontier ['frʌntjə, *US* frʌn'tiər] Grenze (zu anderem Land, *US a.* zur Wildnis); Grenz-; **~sman** [ˊ–zmən], *pl* ~smen Grenzbewohner; Siedlungspionier
frontispiece ['frʌntispiːs] 🕮 Bild gegenüber dem Titelblatt, Titelbild; Frontispiz
frost [frɔst]; *white ~* Rauhreif; *black ~* trockener Frost; *fig* Kühle; *umg* Reinfall; mit Frost überziehen; mit Puderzucker bestreuen, mit Zuckerguß überziehen; *~ed glass* Mattglas; *~ed plants* erfrorene Pflanzen; **~-bite** [ˊ-bait] Erfrierung; **~-bitten** [ˊ-bitn] erfroren; **~ing** Zuckerguß; Reif; **~y** frostig *(a. fig)*; Frost-; ergraut
froth [frɔθ] (Bier-)Schaum; leeres Gerede, dummes Zeug; *to a ~* schaumig; schäumen; zum Schäumen bringen; schaumig schlagen; **~y** [frɔθi] schäumend; *fig* seicht
frown [fraun] **1.** d. Stirn zus.ziehen, runzeln; *~ at* j-n stirnrunzelnd (mißbilligend) ansehen; *~ into silence* durch Stirnrunzeln zum Schweigen bringen; *~ on* etw mißbilligen; **2.** Stirnrunzeln, mißbilligender Ausdruck
frow|st [fraust] *BE* warmer Mief; **~zy** ['frauzi] muffig; unordentlich, schlampig
froze(n) [frouz(n)] *siehe* freeze
fructi|fication [frʌktifi'keiʃən] Befruchtung; **~fy** [ˊ–fai] Frucht tragen *(a. fig)*; befruchten
frugal ['fruːgəl] genügsam; sparsam (*of* mit); **~ity** [–'gæliti] Genügsamkeit; Sparsamkeit
fruit [fruːt] Obst; *bot* Frucht *(pl ~s); pl* Obstsorten; *pl fig* Früchte; *vi* Frucht tragen; **~arian** [–'tɛəriən] Rohköstler, Obstesser; **~ beverage** [ˊ-'beveridʒ] Frucht(saft)getränk; **~-cake** [ˊ-keik] Rosinenkuchen; **~erer** [ˊ-tərə] *BE* Obsthändler; **~ful** ergiebig, fruchtbar *(a. fig)*; **~ion** [fru'iʃən] Genuß; Verwirklichung; **~less** unfruchtbar; *fig* fruchtlos; **~ salad** ['sæləd] Obstsalat; *fig* Lametta; **~y** obstartig; *fig* saftig (Humor)
frustra|te [frʌs'treit, *bes US* ˊ–] zum Scheitern bringen, vereiteln, durchkreuzen; j-n (be)hindern; frustrieren; **~tion** [frʌs'treiʃən] Vereitelung, Durchkreuzung; Behinderung; Frustration
fry [frai], *~ing, fried* backen, braten; *fried egg* Spiegelei; *fried potatoes* [pə'teitouz] Bratkartoffeln; *su (pl ~)* Fischbrut; *small ~* kleine Fische, *fig* kleines Gemüse, kleine Leute; **~ing-pan** [ˊ-iŋpæn] Bratpfanne ♦ *out of the ~ing-pan into the fire* vom Regen in d. Traufe
fuchsia ['fjuːʃə], *pl* **~s** Fuchsie
fuddle [fʌdl] s. besaufen; **~d** betrunken
fudge [fʌdʒ] **1.** Karamelbonbon; *~!* Blödsinn!; **2.** (Raum für) letzte Meldung
fuel ['fjuəl] **1.** Heizmaterial; Brenn-, Betriebs-, Kraftstoff; Benzin; *to add ~ to the flames* Öl ins Feuer gießen; **2.** mit Treibstoff versorgen, Tr. aufnehmen, tanken; ⚓ bunkern; **~ling station** Tankstelle; Bunkerstation; **~ oil** Heizöl
fug [fʌg] *BE* Muffigkeit; *BE* Staubflocken; *BE* ein Stubenhocker sein
fugitive ['fjuːdʒitiv] Flüchtling; flüchtig *(a. fig)* vergänglich
fugu|e [fjuːg] ♪ Fuge; *~ing, ~ed* in Fugenform
fulc|rum ['fʌlkrəm], *pl* **~ra, ~rums** ✡ Drehpunkt; *fig* Hebel
fulfil, *US* **~l** [ful'fil] erfüllen, ausführen; vollenden; **~ment,** *US* **~lment** Erfüllung, Ausführung
full [ful] voll (*of* von; *~ to overflowing* bis zum Überlaufen); ganz; *in ~* vollständig (*to write in ~* ausschreiben); *to the ~* durch u. durch, sehr; (Kleid) locker, weit; **~-blooded** [ˊ-'blʌdid] vollblütig, leidenschaftlich; reinrassig; **~-blown** [ˊ-'bloun] voll erblüht; **~ dress** Gesellschafts-, Paradeanzug; **~-face** [ˊ-'feis] voll (ansehen); **~-fledged** [ˊ-'fledʒd] flügge; *fig* richtig(gehend); **~ length** [ˊ-'leŋθ] volle, ganze Länge; **~-length** [ˊ–] Voll-(Bild), abendfüllend (Film); **~ness** Fülle; Vollsein; Vollständigkeit; **~-time** [ˊ-taim] vollberuflich, hauptamtlich; **~y** völlig, ausführlich
fuller ['fulə] Walker; **~'s earth** Walkerde
fulmina|te ['fʌlmineit] *(bes fig)* donnern, wettern (*against* gegen); **~tion** Donnern, Wettern
fulsome ['fulsəm] unaufrichtig, widerlich (Lob, etc); **~ness** Lobhudelei
fumble ['fʌmbl] herumsuchen, -fuhrwerken *(in, at)*; *~ about* umhertasten; ungeschickt sein mit, vermasseln, verpatzen
fum|e [fjuːm] **1.** *mst pl* Rauch, Dampf, Schwaden; **2.** *sg* erregter Zustand, Wut; *in a ~e of impatience* [im'peiʃəns] sehr ungeduldig; **3.** rau-

chen, (ver)dampfen; **4.** wütend sein, toben (*over, about* über); **~igate** ['fju:migeit] (aus)räuchern; **~ing** aufgebracht

fun [fʌn] Spaß, Scherz; *in ~, for ~* zum Spaß; *to make ~ of, to poke ~ at* s. lustig machen über, zum besten haben; *is great* (od *good*) *~* ist sehr vergnüglich, amüsant

function ['fʌŋkʃən] Tätigkeit, Funktion; Zweck; *mst pl* Aufgaben; Feier, Veranstaltung; *math* Funktion; in Betrieb sein, funktionieren; **~ary** Beamter, (staatlicher) Funktionär

fund [fʌnd] Fonds; *fig* Schatz, Vorrat; *pl* Geldmittel; Staatspapiere; fundieren; **~amental** [–də'mentl] grundlegend, Grund-; **~amentals** *pl vb* Grundlage, -züge; **~less** mittellos

funer|al ['fju:nərəl] Beerdigung, Bestattung, Begräbnis; Trauerzug; Trauer-; **~al pile** (*od* **pyre**) Scheiterhaufen; **~al urn** [ə:n] Urne; **~eal** [fju:'niəriəl] trübselig, düster

fung|us ['fʌŋgəs], *pl* **~i** ['fʌndʒai] Pilz; **~oid** ['fʌŋgoid] pilzartig; **~ous** ['–gəs] schwammig

funicular [fju:'nikjulə] Seil-; *~ railway* Standseilbahn

funk [fʌŋk] *umg* Angst, Schiß (*blue ~* Mordsangst); Memme; Schiß haben (vor); s. drükken vor

funnel ['fʌnəl] Trichter; Schornstein

funn|y ['fʌni] lustig, komisch; seltsam; *~ily enough* [i'nʌf] merkwürdigerweise; **~y-bone** ['––boun] Musikantenknochen

fur [fə:] Pelz; Fell; *pl* Pelz-, Rauchwaren; *~ and feather* Niederwild und Federwild; ♦ *to make the ~ fly* d. Fetzen fliegen lassen; ⚕ Zungenbelag; ✿ Kesselstein; Pelz-; mit Pelz besetzen; Kesselstein bilden; von K. reinigen; **~red** [fə:d] ⚕ belegt; **~rier** ['fʌriə] Pelzhändler, Kürschner; **~riery** Kürschnerei; **~ry** ['fə:ri] pelzig; Pelz-

furbish ['fə:biʃ] aufpolieren *(a. fig)*

furious ['fjuəriəs] heftig; wütend; *at a ~ pace* in wildem Tempo; *fast and ~* sehr ausgelassen

fur|l [fə:l] (s.) zus.rollen, -klappen, -falten (lassen); **~long** ['fə:lɔŋ] Achtelmeile (220 yards = 221 m); **~lough** ['fə:lou] dienstlicher Urlaub *(bes mil)*

furnace ['fə:nis] ✿ (Brenn-, Schmelz-)Ofen; *(blast ~)* Hochofen; Heizkessel

furni|sh ['fə:niʃ] ausstatten, einrichten; möblieren; liefern, versorgen; **~shings** Einrichtung(sgegenstände); **~ture** ['fə:nitʃə] Einrichtung, Möbel; *piece of ~ture* ein Möbel(stück); 🕮 (Format-)Stege

furore [fjuə'rɔ:ri], *US* **furor** ['fjurɔ:] Furore *(to make a ~)*; Verrücktheit; wilde Begeisterung

furr- *siehe* fur

furrow ['fʌrou] ⚘ *fig* Furche; Furchen machen, pflügen; *fig* furchen

furthe|r ['fə:ðə] (*siehe* farther) **1.** weiter; entfernter; *till ~r notice* bis auf weiteres; *you may go ~r and fare worse* [wɔ:s] sei zufrieden mit dem, was du hast; *I'll see you ~r first* da geht eher die Welt unter; **2.** Weiter-, Fort-; **3.** *vt* fördern; **~rance** ['––rəns] Förderung; **~rmore** ['––'mɔ:] darüber hinaus, überdies; **~rmost** ['––moust] (am) weitest(en); **~st** ['–ðist] = ~rmost

furtive ['fə:tiv] verstohlen; heimlich; geheimnisvoll

fury ['fjuəri] Wut (*to fly into a ~* in W. geraten; *like ~* wie wild); Toben; Jähzorniger; Furie

furze [fə:z] Stechginster

fuse [fju:z] ↯ Sicherung; (*US* fuze) *mil* Zünder; ✿ (ver)schmelzen *(a. fig)*; *BE* (Sicherung) durchbrennen; **~lage** ['fju:zilidʒ] ✈ Rumpf(werk)

fus|ible ['fju:zibl] schmelzbar; **~ilier** [fju:zi'liə] Füsilier; **~illade** [fju:zi'leid] Gewehrfeuer, Salve; **~ion** ['fju:ʒən] Schmelzen, Verschmelzung *(a. fig)*; *pol* Koalition; **~ion bomb** [bɔm] Wasserstoffbombe; **~ion reactor** [ri'æktə] Kernverschmelzungsreaktor, Fusionsreaktor

fuss [fʌs] **1.** Geschäftigkeit, Getue, Theater; *to make a great ~* viel Theater machen (*about s-th, over s-b* wegen); **2.** nervös werden (machen), (s.) aufregen, Theater machen; *~ about* nervös herumhantieren (an); *~ over* Theater machen um j-n; *stop ~ing!* sei nicht so nervös!; *don't ~!* mach kein Theater!; **~y** unruhig, nervös; umständlich, pedantisch; *to be ~y about (clothes, food etc)* sehr wählerisch sein mit; affektiert

fust|ian ['fʌstiən] Köperbarchent; bombastisches Gerede; leer, bombastisch; schäbig; **~y** ['fʌsti] muffig, moderig; *fig* verstaubt

futil|e ['fju:tail] nutzlos, vergeblich; läppisch; **~ity** [–'tiliti] Nutzlosigkeit; Vergeblichkeit; Läppischkeit

futur|e ['fju:tʃə] Zukunft; zukünftig; *pl* Termingeschäfte; **~e market** Terminmarkt; **~ity** [–'tjuəriti] Zukunft; zukünftiges Ereignis

fuze [fju:z] *siehe* fuse

fuzz [fʌz] Flöckchen; Fäserchen; Fussel; **~y** fusselig, flockig; trüb; kraus

G

G [dʒi:] G (*a.* ♪); **G sharp** Gis; **G flat** Ges

gab [gæb] Geschwätz *(stop your ~)*; *the gift of the ~* ein gutes Mundwerk; **~ble** schnattern *(a. fig)*; *~ble out, over* 'runterrattern

gab|ardine ['gæbədi:n] Gabardine; **~erdine** ['gæbədi:n] Kaftan

gable [geibl] Giebel; **~d** ['geibld] mit Giebel, giebelig

gad [gæd] herumstreifen, -streichen; wuchern; **~-about** Herumstreicher; **~-fly** ['–flai] *zool* Bremse; Störenfried

gadget ['gædʒit] (neumodischer) Apparat, Raffinesse, Ding mit Pfiff

gaff [gæf] Fischhaken; ⚓ Gaffel; *sl* Bumstheater; *to blow the ~* alles verraten

gaffe [gæf] Schnitzer, Fauxpas

gag [gæg] Knebel; 🎭, 📽 Improvisation, Einfall; 🎭, 📽 Gag; knebeln; improvisieren

gage [geidʒ] Pfand; Fehdehandschuh *(to throw the ~)*; Reineclaude; *siehe* gauge

gai|ety ['geiəti] Fröhlichkeit; *pl* Lustbarkeiten; **~ly** ['geili] *siehe* gay

gain [gein] **1.** erwerben, erlangen, gewinnen; erreichen; **2.** ~ (*in weight* [weit]) zunehmen; (Uhr) vorgehen; ~ *on* näherkommen; entrinnen; s. ausbreiten auf Kosten von; ~ *over* für s. gewinnen; **3.** Zunahme; Gewinn; Vorteil; *pl* Erwerb, Einkünfte; **~ful** einträglich, gewinnbringend; **~ings** Gewinne, Einkünfte; **~say** [gein'sei] *(s. S. 318)* bestreiten; widersprechen

gait [geit] Gang(art), Haltung; Gang(art) d. Pferdes; **~er** Gamasche

gal [gæl] Gör, Puppe, Mädchen

gala ['gɑːlə, *bes US* 'geilə] Fest, Galaveranstaltung; festlich, Gala-; **~xy** ['gæləksi] Milchstraße; glänzende Versammlung, erlesener Stab (v. Wisschenschaftlern etc); *fig* strahlende Schar

gale [geil] Sturm(wind); *fig* Sturm

gall [gɔːl] Galle (*a. fig; siehe* bile); *fig* Galle, Bitterkeit, Haß; wundgeriebene Stelle, Schwellung; wund reiben; quälen, ärgern; **~-bladder** [ˊ-blædə] Gallenblase; **~-nut** *(a. ~)* [ˊ-nʌt] Gallapfel; **~-stone** [ˊ-stoun] Gallenstein

gall|ant ['gælənt] stattlich; tapfer; Kavalier; **~antry** Tapferkeit; Ritterlichkeit; Galanterie; Affäre; **~ery** ['gæləri] Galerie; Korridor; ✝ 3. Rang, Galerie ♦ *to play to the ~ery* nach d. Beifall der Menge haschen; Empore; ⚙ Stollen; **~ey** ['gæli] ⚓ Galeere; ⚓ Kombüse; 🕮 (Setz-)Schiff; Fahne; **~ey-proof** [ˊ-ipruːf] 🕮 Bürstenabzug, Fahne(nabzug)

Gallic ['gælik] gallisch; (typisch) französisch

gall|ivant [gæli'vænt] s. umhertreiben; **~on** ['gælən] Gallone (*BE* = 4,5 l; *US* = 3,8 l); **~op** ['gæləp] Galopp (*to go for a ~op* einen G.ritt machen); galoppieren (lassen) *(a. fig)*; **~ows** ['gælouz], *sg vb* Galgen *(a ~ows was erected)*; **~ows-bird** ['gælouzbəːd] Galgenvogel

gal|ore [gə'lɔː] in Menge(n); **~osh** [gə'lɔʃ] Über-, Gummischuh

galvan|ic [gæl'vænik] galvanisch; *fig* elektrisierend; **~ism** [ˊ-vənizm] Galvanismus; **~ize** [ˊ-vənaiz] galvanisieren; *fig* elektrisieren; *~ize into action* in Schwung bringen

gam|bit ['gæmbit] (Schach) Gambit; *fig* Eröffnungsmanöver, Schachzug; **~ble** ['gæmbl] um Geld (Einsatz) spielen; spekulieren; *~ble away* verspielen; (Glücks-)Spiel; **~bler** Spieler; Spekulant; **~bol** [gæmbl] herumtollen, -hüpfen; **~bols** Luftsprünge, Tollen

gam|e [geim] **1.** *bes* ⛩ Spiel; *to play a good (poor) ~e* gut (schlecht) spielen; *to play the ~e* fair spielen; *to be on (off) one's ~e* (nicht) in Form sein; **2.** Spielgerät; **3.** Scherz, Spaß; *to make ~e of* s. lustig machen über, j-n zum besten haben; **4.** Kniff, Schlich; *none of your little ~es!* hör auf mit deinen Tricks!; *the ~e is up (fig)* d. Spiel ist aus; **5.** Wild (*big ~e* Groß-; *fair ~e* jagdbares W.); *to fly at higher ~e* höher hinaus wollen; **6.** *adj* tapfer, furchtlos; bereit; lahm; **7.** spielen (= gamble); **~e-bag** [ˊ-bæg] Jagdtasche; **~e-cock** [ˊ-kɔk] Kampfhahn; **~e--keeper** [ˊ-kiːpə] Wildhüter; **~e-laws** Jagdgesetze; **~e-licence** [ˊ-laisəns] Jagdschein; **~ester** [ˊ-stə] Spieler; **~ing** Spielen; Spiel-

gammon ['gæmən] Räucherschinken; Speck; Betrug; beschwindeln, foppen

gamp [gæmp] *BE* (alter) Regenschirm

gamut ['gæmət] Stimm-, Tonumfang; *fig* Bereich, Skala

gander ['gændə] Gänserich; *sl* Blick

gang [gæŋ] Gruppe (v. Arbeitern); Rotte; Bande; ~ *up* s. zus.rotten (*on* gegen); **~lion** ['gæŋgliən], *pl* ~lia, ~lions Nervenknoten; *fig* Zentrum; **~ling** ['gæŋgliŋ] spindeldürr, schlaksig; **~-plank** ⚓ Laufsteg, -planke; **~rene** ['gæŋgriːn] Gangrän, Brand; **~renous** ['gæŋgrinəs] brandig; **~ster** ['gæŋstə] Verbrecher, Gangster; **~ue** ['gæŋ] ⚙ Gangart (Erz); **~way** Korridor; ⚓ = ~-plank; *BE* 🎭, 🚌 Gang

gannet ['gænit] *zool* Tölpel

gant|let ['gæntlit] *siehe* gauntlet; **~ry** ['gæntri] ⚙ Faßgestell; Gerüst

gaol [dʒeil] (*siehe* jail) *BE* Gefängnis; ins G. werfen; **~er** Gefängniswärter

gap [gæp] Lücke; Kluft; Schlucht; Paß; **~e** [geip] d. Mund aufsperren, gähnen; gaffen; klaffen; Gähnen (*the ~es* ständiges G.); gaffender Blick

garage ['gærɑːʒ, ˊ-ridʒ, *US* gə'rɑːʒ] Reparaturwerkstatt (mit Tankstelle); Garage; (Auto) einstellen

garb [gɑːb] Gewand, Tracht; *to ~ o. s.* sich kleiden; **~age** [ˊ-idʒ] Müll, Abfall; Schund; **~can** *US* Mülltonne; **~truck** US Müll(abfuhr)wagen

garble [gɑːbl] zurechtstutzen, entstellen

garden [gɑːdn] Garten; im G. arbeiten; Gartenbau treiben; ~ **city** G.stadt; **~er** ['gɑːdnə] Gärtner; **~ia** [gɑːdiːniə] *bot* Gardenie; **~ing** ['gɑːdniŋ] Gartenarbeit; Gärtnerei; ~ **party** Gartenfest

gargantuan [gɑː'gæntjuən] riesig, ungeheuer

gargle [gɑːgl] gurgeln; Gurgelwasser

gargoyle ['gɑːgɔil] Wasserspeier

garish ['gɛəriʃ] grell, auffallend

garland ['gɑːlənd] (Blumen-)Kranz; Girlande; bekränzen; mit Girlanden schmücken

garlic ['gɑːlik] Knoblauch; **~ky** knoblauchartig

garment ['gɑːmənt] Kleidungsstück

garn|er ['gɑːnə] (Korn-)Speicher; (auf)speichern; sammeln; erlangen; **~et** [ˊ-nit] Granat; **~ish** [ˊ-niʃ] garnieren, verzieren; Garnierung, Verzierung

garr|et ['gærət] Dachkammer ♦ *to be wrong in the ~et* e-n Dachschaden haben; **~ison** [ˊ-risn] Garnison; mit e-r G. belegen; in G. legen; **~ulous** [ˊ-ruləs] schwatzhaft; **~ulity** [–'ruːliti] Schwatzhaftigkeit

garter ['gɑːtə] Strumpfband; *US* Strumpf-, Sockenhalter; *Order of the G~* Hosenbandorden

gas [gæs] Gas; *US* Benzin; *to step on the ~* Gas geben; *fig sl* leeres Gerede; *~, ~sed, ~sed* vergiften; vergasen; schwatzen; **~-bag** [ˊ-bæg] ✈ Gaszelle; Schwätzer; **~-cooker** [ˊ-kukə]

Gaskocher; **~-engine** [ˊ-endʒin] Gasmotor; **~eous** ['gæsiəs] gasförmig; **~fire** [ˊ-faiə] Gasofen; **~-fitter** Installateur; **~-mask** [ˊ-mɑːsk] Gasmaske; **~-meter** [ˊ-miːtə] Gasuhr, -zähler; **~oline** ['gæsəliːn] *US* 🚗 Benzin; **~ometer** [gæ'sɔmitə] *BE* Gasometer, Gasbehälter; **~-range** [ˊ-reindʒ] Gasherd; **~ring** Gaskocher; **~sed** [gæst] gasvergiftet; **~sy** gasförmig; Gas-; geschwätzig; **~ station** *US* Tankstelle; **~ tank** *US* = ~ometer; **~-works** [ˊ-wəːks] *sg vb* Gaswerk

gash [gæʃ] klaffende Wunde, Riß; (auf)schlitzen

gasket ['gæskit] Dichtung(sring)

gasp [gɑːsp] (nach Luft) schnappen; ~ *out* hervorkeuchen; Keuchen, Ringen nach Atem; *at one's (the) last* ~ in den letzten Zügen; **~er** [ˊ-ə] *BE* Glimmstengel

gastr|ic ['gæstrik] Magen-, gastrisch; **~itis** [-'traitis] Magenentzündung; **~onome** [ˊ-trənoum] Feinschmecker; **~onomy** [-'trɔnəmi] Feinschmeckerei; feine Kochkunst

gate [geit] Tor, Pforte; Sperre, Schranke; ⛩ Besucherzahl; ⛩ Eintrittsgeld; **~-crasher** [ˊ-kræʃə] *umg* ungebetener Gast; **~-leg(ged)** [ˊ-leg(d)] **table** Klapptisch; **~man**, *pl* ~men 🚂 Schrankenwärter; **~-money** ⛩ Eintrittsgeld; **~-way** Torweg; Einfahrt; *fig* Weg

gather ['gæðə] (sich) (an)sammeln; pflücken, auflesen; erlangen (~ *strength* stärker werden, ~ *volume* größer w.); ~ *speed* (od *way*) an Geschwindigkeit zunehmen; ~ *o. s. together* s. zus.nehmen; ~ *up* hochnehmen, auflesen; schließen, folgern; (Nähen:) einhalten, krausen; ⚕ reifen, eitern; **~ing** [ˊ--riŋ] Zus.kunft; Versammlung; Eiterstelle, Furunkel

gaud [gɔːd] Flitter, Tand; **~y** prunkhaft, protzig; überladen

gauge (*US a.* **gage**) [geidʒ] ⚙ Lehre, Normalmaß; Dicke, Stärke (Draht, Blech); 🚂 Spurweite; Meßgerät; (Strumpf) gg-Zahl; eichen; messen; *to (take the)* ~ *(of) fig* abschätzen

gaunt [gɔːnt] hager, dünn; kahl, öde; **~let** [ˊ-lit] Stulpenhandschuh; *fig* Fehdehandschuh; **~let** (*US* gantlet): *to run the ~let* Spießruten laufen *(a. fig)*

gauz|e [gɔːz] Gaze; Flor; **~y** gazeartig

gave [geiv] *siehe* give

gavel [gævl] Hammer (für e-n Präsidenten, Auktionator)

gavotte [gə'vɔt] Gavotte

gawky ['gɔːki] schlaksig, tölpelhaft

gay [gei], *~er, ~est, gaily* fröhlich, heiter; bunt (*a.* = sittenlos); homo; **~ety** *siehe* gaiety

gaze [geiz] (fester) Blick; starren *(at, on)*; schauen; **~r** ['geizə] Gaffer

gazelle [gə'zel] Gazelle

gazette [gə'zet] amtl. Zeitung, Amtsblatt; **~er** [gæzi'tiə] Orts-, geograph. Namensverzeichnis (Lexikon)

gear [giə] **1.** Getriebe(rad); **2.** 🚗 Gang; **3.** Gerät, Zeug, Zubehör; *in (out of)* ~ (nicht) im Gang; *out of* ~ *(fig)* in Unordnung; *to put* (od *throw*) *into* ~ einschalten, auf Touren bringen *(a. fig); to throw out of* ~ ⚙ ausrücken, *fig* aus d. Gleichgewicht bringen; *landing* ~ *(bes US)* ✈ Fahrwerk; *steering* ~ ⚓ Ruderanlage, 🚗 Lenkgetriebe; **4.** in Betrieb setzen; ~ *up (down)* auf schnelleren (langsameren) Gang schalten; ~ *up* steigern; *~ed* [giəd] *to* gerüstet für, ab-, eingestellt auf; **~-box** Getriebe(gehäuse, -kasten); **~case** = ~-box; **~ring** ['giəriŋ] Triebwerk, (Zahnrad-)Getriebe; Übersetzung; **~(shift) lever** ['liːvə] 🚗 Schalthebel; **~rim** Zahnkranz; **~-wheel** [ˊ-wiːl] Getriebe, Zahnrad

gee [dʒiː] *su* Hottehü; *US* Kerl; *~-up!* [ˊ-ˊ] hü!

geese [giːs] *siehe* goose

geezer ['giːzə] Mummel-, Tattergreis

Geiger ['gaigə] **counter** Geigerzähler

gelat|ine, ~n ['dʒelətin] Gelatine; Gallert; **~nize** [dʒi'lætinaiz] gelieren (lassen); gelatinieren; **~nous** [dʒi'lætinəs] gallertartig

gelding ['geldiŋ] Wallach

gem [dʒem] Edelstein; *fig* Glanzstück; (mit Edelsteinen) besetzen

Gemini ['dʒeminai] *astr* Zwillinge

gen [dʒen] *BE* Information; ~ *up BE* informieren; **~der** [ˊ-də] *gram* Geschlecht

gene [dʒiːn] Gen, Erbfaktor; **~alogical** [-niə'lɔdʒikl] genealogisch; Stamm-; *~alogical table* Ahnentafel; **~alogist** [-ni'ælədʒist] Ahnen-, Sippenforscher; **~alogy** [-ni'ælədʒi] Ahnenforschung; Abstammung

genera ['dʒenərə] *siehe* genus

general ['dʒenərəl] allgemein; Haupt-, General- (*G~ Assembly* Vollversammlung d. UNO); *as a ~ rule, in ~* im allgemeinen; ~ *dealer* Krämer; ~ *practitioner* [præk'tiʃənə] praktischer Arzt; ~ *(servant)* Mädchen für alles; *su* General; **~issimo**, *pl* ~issimos [---'lisimou] Generalissimus; **~ity** [--'ræliti] allgemeine Feststellung; *the ~ity* d. Mehrzahl; Allgemeingültigkeit; **~ization** [---lai'zeiʃən] Verallgemeinerung; verallgemeinernde Feststellung; **~ize** [ˊ--laiz] verallgemeinern; allgemein verbreiten; **~ly** im allgemeinen, für gewöhnlich; weithin; allgemein

genera|te ['dʒenəreit] erzeugen *(a. fig)*; **~tion** [--'reiʃən] Erzeugung; Generation; **~tive** [ˊ--rətiv] erzeugend; Zeugungs-; **~tor** [ˊ--reitə] Erzeuger; Generator; *bes US* 🚗 Lichtmaschine

generic [dʒe'nerik] Gattungs-; allgemein

gener|osity [dʒenə'rɔsiti] Großzügigkeit; Großmut; **~ous** [ˊ--rəs] großzügig, -mütig; reichlich; (Farbe, Wein) voll

genesis ['dʒenisis] Entstehung(sgeschichte); **G~** Genesis, 1. Buch Mosis

genetic [dʒi'netik] genetisch, Vererbungs-; **~ist** [-ˊ-tisist] Genetiker, Vererbungswissenschaftler; **~s** [-ˊ-tiks] *sg vb* Genetik; genetische Eigenschaften

geni|al ['dʒiːniəl] freundlich; mild; wohltuend; **~ality** [--'æliti] Freundlichkeit; Milde; Wärme; **~e** ['dʒiːni], *pl ~i* ['dʒiːniai] (guter, böser) Geist; **~tive** ['dʒenitiv) Genitiv; **~us** ['dʒiːniəs], *pl* ~uses Genie (Begabung; begnadeter Mensch); Genius, Geist; *pl* ~*i* ['dʒiːniai] (*siehe* ~e) (guter, böser) Geist (e-s Menschen)

genocide ['dʒenəsaid] Gruppen-, Völkermord

gent [dʒent] feiner Mann; **~eel** [–'tiːl] *iron* vornehm, fein; **~eelism** gezierter Ausdruck; **~ian** ['dʒenʃiən] Enzian; **~ile** [ˊ-ail] Ungläubiger (je nach Sprecher: Nichtchrist, -jude, -moslem); **~ility** *iron.* vornehmes Gebaren

gentle [dʒentl] sanft, milde; leise; (Familie) gut; **~-folk** [ˊ-fouk] *pl vb* vornehme Leute; **~man**, *pl* ~men Gentleman; Herr; (finanziell) gutgestellte Persönlichkeit; Herren-; ~*men!* meine Herren!; **~woman** [ˊ-wumən], *pl* ~women [ˊ-wimin] (vornehme) Dame

gentry ['dʒentri] niederer Adel; feine Leute *(a. iron.)*

genu|flect [:dʒenjuflekt] d. Knie beugen; **~flexion,** *US* **~flection** [––'flekʃən] Kniebeugung; **~ine** ['dʒenjuin] echt; **~ineness** [ˊ–innis] Echtheit

gen|us ['dʒiːnəs], *pl* **~era** ['dʒenərə] Gattung; Geschlecht

geograph|er [dʒi'ɔgrəfə] Geograph; **~ic** [dʒiə'grəfik] geographisch, *mst* **~ical; ~y** [dʒi'ɔgrəfi] Geographie

geolog|ical [dʒiə'lɔdʒikl] geologisch; **~ist** [dʒi'ɔlədʒist] Geologe; **~y** [–'ɔlədʒi] Geologie

geometr|ic, *bes BE* **~ical** [dʒiə'metrik(l)]; **~y** [dʒi'ɔmitri] Geometrie

georgette [dʒɔː'dʒet] Georgette

geranium [dʒi'reinjəm], *pl* **~s** Storchschnabel; Geranie

germ [dʒəːm] *zool, bot, fig* Keim; $ Keim, Erreger; *fig* keimen; **~-carrier** [ˊ-kæriə] Bazillenträger; ~ *warfare* [ˊ-wɔːfεə] biologischer Krieg

German ['dʒəːmən] deutsch; Deutsch; Deutscher; ~ **measles** [miːzlz] Röteln; ~ **Ocean** [ouʃn] Nordsee; ~ **text** 🕮 Fraktur; **~ic** [–'mænik] germanisch; **~y** [ˊ–ni] Deutschland

germ|ane [dʒəː'mein] erheblich, wichtig (*to* für); **~icide** [ˊ-misaid] keimtötendes Mittel; **~inate** [ˊ-mineit] keimen (lassen), sprossen

gerund ['dʒerənd] *gram* Gerundium

gest|iculate [dʒes'tikjuleit] Gebärden machen, gestikulieren; **~iculation** [–––'leiʃən] Gebärdenspiel, Gestikulation; **~ure** ['dʒestʃə] Bewegung, Gebärde, Geste *(a. fig)*

get [get] *(s. S. 318)* **1.** bekommen (*a.* $), erwerben; ~ *a living* s. seinen Lebensunterhalt verdienen; **2.** holen, (s.) besorgen; **3.** verstehen; **4.** gelangen; **5.** etwas (irgendwohin) bringen; ~ *somewhere (nowhere)* etwas (nichts) erreichen; ~ *there* etwas leisten, es zu etwas bringen; **6.** *(mit adj)* werden; **7.** *(mit su u. adj)* machen; ~ *going* in Gang bringen; ~ *done with* etwas fertig machen; ~ *s-th broken* s. etwas brechen; **8.** *(mit Objekt u. Infinitiv)* (veran)lassen (zu tun), j-n kriegen, der . . . tut; **9.** *(mit Inf.)* dahinkommen, daß; ~ *to be* werden; ~ *to know* erfahren, kennenlernen; *to have got* = to have; *to have got to* = to have to, must; **10.** *(mit ppr)* anfangen; ~ *going* losgehen ♦ *I've got you there! fig* jetzt hab' ich dich (aber drangekriegt)!; **11.** *(mit adv, prep)* ~ **about** herumkommen, -fahren; sich verbreiten; wieder auf d. Beinen sein; ~ **above o.s.** überheblich sein; ~ **abroad** s. verbreiten; ~ **across** hinübergelangen, -bringen; *fig* etwas anbringen, verkaufen; klarmachen; ~ **ahead of** *(s-b)* (j-n) hinter sich lassen; ~ **along** auskommen (*without* ohne); Fortschritte machen; (miteinander) auskommen; ~ *along with you!* mach, daß du wegkommst!, so'n Quatsch!; ~ **around to** *(doing)* dazu kommen (zu tun); ~ **at** 'rankommen an; begreifen, herausfinden; bestechen; ~ **away** entkommen, s. ungestraft davonmachen (*with* mit); losmachen; ~ **back** zurück(be)kommen, -bringen; ~ *one's own back on s-b* j-m etwas heimzahlen; ~ **by** vorbeigehen; ~ **down** ab-, hinuntersteigen; j-n fertigmachen; etwas aufschreiben; (Essen) 'runterkriegen; ~ **home** nach Hause kommen, schaffen; *fig* landen, zünden; ~ **in** hineingelangen; hinein-, ankommen; gewählt werden; einsammeln, ernten; ~ **into** hineinkommen; geraten *(into a rage)*; ~ *into s-b's head* j-m zu Kopf steigen; ~ *it into one's head* s. in d. Kopf setzen, s. einbilden; ~ *into the way of doing it* 'rauskriegen, wie man's macht; ~ **off** aus-, absteigen; weggehen von; losgehen, -bringen; ~ *off to sleep* einschlafen, zum Einschlafen bringen; davonkommen (*with* mit); j-n weg-, losschicken; loskriegen; j-n straffrei ausgehen lassen; ~ **on** auf-, einsteigen; Fortschritte machen; vorankommen; s. erholen; auskommen (*with* mit); voranmachen (*with* mit); *to be* ~*ting on for (six o'clock, 70 years)* auf . . . gehen; *to be* ~*ting on in years* alt werden; etwas anziehen; j-n weiterbringen; ~ *on to* kapieren; ~ **out** hinausgelangen, herausholen; bekanntwerden; hervorbringen; ~ *out of s-th* entgehen, s. abgewöhnen; ~ *s-th out of s-b* etwas aus j-m herausholen; ~ **over** hinübergelangen; $ überwinden; hinwegkommen über, verwinden; (Strecke) zurücklegen; etwas fertig machen; *umg* etwas anbringen, verkaufen, klarmachen; ~ **round** umgehen; j-n 'rumkriegen; ~ **through** (hin)durchkommen (*to* zu); fertig werden (*with* mit); (Geld) verbrauchen; ~ **to** herangehen an, anpacken; ~ **together** zus.kommen, -bringen; ~ **under** unter Kontrolle bringen; ~ **up** aufstehen; (Wind) auffrischen; (Gebiet) lernen, durcharbeiten; 🎭 inszenieren; (Geschwindigkeit) steigern; (äußerlich) herrichten, aufmachen, ausstatten; ~ **up to** gelangen bis, einholen; **~-at-able** *umg* erreichbar; **~-away** Entkommen (*to make one's* ~*-away* entkommen); **~-together** (zwangloses) Treffen, Zus.kunft; **~-up** Aufmachung, Ausstattung

gewgaw ['gjuːgɔː] Tand, Plunder, Kinkerlitzchen

geyser ['gaizə] Geiser; ~ ['giːzə] *BE* (Gas-)Badeofen

ghastly ['gɑːstli] gräßlich; geisterbleich; miserabel

gherkin ['gəːkin] Gewürzgurke, *bes* amerikanische Gurke, Angurie

ghetto ['getou], *pl* **~s** Ghetto

ghost [goust] Gespenst, Geist; *eccl* Geist; *fig* Schatten, Spur ♦ *just a ~ walking over my grave* nur so'n Schauer über meinen Rücken; ♉ *the ~ walks* die Gagen werden ausbezahlt; *vt* = ~-write; **~ly** geisterhaft; geistlich; **~ writer** Ghostwriter; **~-write** für j-n anders verfassen; **~-written, ~ed** von einem Ghostwriter verfaßt
ghoul [guːl] leichenschänderischer Geist; grauenhaft-perverse Person; **~ish** leichenschänderisch; pervers
giant ['dʒaiənt] Riese; Genie; riesig
gibber ['dʒibə] (Affe) kreischen, schnattern *(a. fig)*; **~ish** ['gibəriʃ, 'dʒi-] Geschnatter, Kauderwelsch
gibbet ['dʒibit] Galgen; aufknüpfen; an den Pranger stellen
gibbon ['gibən] Gibbon(affe)
gibe [dʒaib] verhöhnen, verspotten; *~ at* = ~; Stichelei, höhnisches Wort (Blick)
giblets ['dʒiblits] Geflügelinnereien
giddy ['gidi] schwindlig; leichtfertig, oberflächlich
gift [gift] Geschenk; Gabe, Begabung; *not as a ~* nicht geschenkt; *is in his ~* hat er zu vergeben; *by (free) ~* als Geschenk; **~ed** ausgestattet, begabt
gig [gig] Gig (Einspänner; Ruderboot)
gigantic [dʒai'gæntik] riesig
giggle [gigl] kichern; Kichern
gigolo ['dʒigəlou], *pl* **~s** Eintänzer, Gigolo
gild [gild] *(s. S. 318)* vergolden *(a. fig)*; verschönen; *~ the pill* d. Pille versüßen; *~ed youth* [juːθ] Jeunesse dorée; **~ing** Vergoldung; *siehe* gilt; *siehe* guild
gill [gil] Kieme; (Pilz)Lamelle; *BE* Waldschlucht; ~ [dʒil] ein Viertelpint (*BE* = 0,14 l, *US* = 0,12 l)
gillyflower ['dʒiliflauə] Levkoje
gilt [gilt] vergoldet; Vergoldung; **~-edged** [ˊ-edʒd] erstklassig, mündelsicher; **~ edges** Goldschnitt; **~ top** Goldoberschnitt
gim|crack ['dʒimkræk] protzig, flitterhaft; Tand, Kinkerlitzchen; **~let** ['gimlit] Nagel-, Vorbohrer; Gin-Cocktail
gin [dʒin] (Wacholderbeer-)Schnaps; ✿ Egreniermaschine; ✿ Hebezeug; Falle; egrenieren; fangen
ginger ['dʒindʒə] Ingwer; Schwung, Mumm; rotblond(es Haar); *~ up* auf Schwung bringen, aufmöbeln; **~ ale** [ˊ–r'eil], **~ beer** [ˊ–'biə] Ingwerlimonade; **~bread** [ˊ–bred] Pfefferkuchen; **~ly** [ˊ–li] zimperlich; behutsam; **~nut** *BE*, **~snap** Pfeffernuß, Ingwerkeks
gingham ['giŋəm] Gingan(g), Gingham
gingiva [dʒin'dʒaivə] Zahnfleisch
ginseng ['dʒinseŋ] Ginseng(wurzel)
gipsy *BE*, **gy-** ['dʒipsi] Zigeuner
giraffe [dʒi'rɑːf, *US* –'ræf] Giraffe
gird [gəːd] *(s. S. 318)* gürten (*on* um-); umschließen; **~er** ✿ Träger; **~le** Gürtel *(a. fig)*; Hüftgürtel; umgeben
girl [gəːl] Mädchen (*a.* Dienst-); Tochter; Angestellte; *~ in her teens* Backfisch; **~ friend** [ˊ-'frend] Freundin, Geliebte; **~ guide** [ˊ-'gaid] *BE* Pfadfinderin; **~hood** [ˊ-hud] Mädchenjahre, -zeit; **~ish** Mädchen-, mädchenhaft; **~ scout** [ˊ-'skaut] *US* = ~ guide
giro ['dʒairou] *BE* Postscheck(dienst)
gir|t [gəːt] *siehe* gird; **~th** [gəːθ] (Sattel-)Gurt; *fig* Umfang
gist [dʒist] Hauptpunkt, Kern (e-r Sache)
give [giv] *(s. S. 318)* **1.** geben, schenken; (be-)zahlen; **2.** *iron.* j-n beglücken mit, ⚕ anstecken mit; verursachen; *~ o.s. (an hour etc)* s. (e-e Stunde) Zeit lassen; weichen; **3.** *konkr* nachgeben; **4.** (*~ mit Substantiven, die zugleich auch Verben sind, hat die Bedeutung des betr. Verbs; ~ a laugh* = to l., *~ a sigh* = to s., *~ a push* = to p. etc); **5. ~ away** her-, verschenken; verraten, bloßstellen; ver-, austeilen; *~ away the bride* Brautvater sein; **~ back** zurückgeben; **~ forth** bekanntmachen; **~ in** nachgeben (*to s-b* j-m); einreichen; **~ off** abgeben, ausströmen; (Tag) freigeben; **~ on** = ~ upon; **~ out** zu Ende gehen, müde werden; verteilen; bekanntmachen; abgeben, ausströmen, -strahlen; *~ o.s. out to be* (od *as, for*) s. ausgeben als; **~ over** aufhören; übergeben; j-n aufgeben; *~ over doing* es aufgeben, -hören (zu tun); **~ up** aufgeben (*to* für), übergeben (*to* j-m); *~ up doing* aufhören (zu tun); *~ o.s. up* s. stellen; **~ upon** gehen auf, führen auf; **~ way** nachgeben, reißen, brechen; weichen; (Preis) fallen; **6.** *su* Elastizität; **~-and-take** ['givən'teik] gegenseitige Konzessionen, Kompromiß(bereitschaft); **~n** gegeben (*a.* = ausgefertigt); bestimmt; *~n to doing* eingestellt, veranlagt (zu tun), ergeben; *~n name (bes US)* Vorname; *(am Anfang e-s Satzes, Satzteils)* unter der Voraussetzung, ... vorausgesetzt; **~r** ['givə] Geber, Spender; Aussteller (e-s Wechsels)
gizzard ['gizəd] *orn* Muskelmagen; *that sticks in his ~* das ist ihm zuwider
glaci|al ['gleiʃəl] Eis-, Gletscher-; eiszeitlich; *fig* eisig; **~er** ['glæsjə, *US* 'gleiʃə] Gletscher
glad [glæd] froh, erfreut; *to be ~* sich freuen; erfreulich, froh; **~den** erfreuen; **~ly** gern; **~ness** Freude, Fröhlichkeit
glade [gleid] Lichtung
gladiator ['glædieitə] Gladiator
gladio|lus [glædi'ouləs], *pl* **~luses, ~li** [––ˊlai] Gladiole
glair [glɛə] Eiweiß; mit E. bestreichen
glam|our ['glæmə] *fig* Zauber, zauberhafter Glanz; Reiz; **~orous** ['glæmərəs] zauberhaft, bezaubernd; blendend
glance [glɑːns] **1.** e-n Blick werfen (*at* auf); (auf)blitzen; *~ (aside, off)* abgleiten; **2.** *fig* hinweggehen (*over* über); abgleiten (*off, from* von e-m Thema); *~ one's eye over* kurz durchsehen; *~ through* flüchtig durchsehen; *~ up* aufschauen; **3.** kurzer Blick *(to take a ~ at)*; *at a ~* auf e-n Blick; **4.** Aufblitzen; Schlag; ✿ Glanz
gland [glænd] Drüse; **~ers** [ˊ-əz] *sg vb* ⚕ Rotz; **~ular** [ˊ-djulə] drüsenartig; Drüsen-

glar|e [glɛə] grell scheinen, leuchten; wild blikken, starren (*at* auf); grelles Scheinen, Leuchten; wütender Blick, Starren; *US* spiegelglatt(e Fläche); *US* Glatteis; **~ing** [ˊ-riŋ] grell; auffallend; wild; *fig* grob, schreiend

glass [glɑːs] Glas; Spiegel; Fernglas; Barometer; Glasgeschirr; *pl* Brille, Feldstecher; gläsern, Glas-; ver-, einglasen; (s.) spiegeln; **~-blower** [ˊ-blouə] Glasbläser; **~ful** ein Glas (Wein etc); **~-house** [ˊ-haus], *pl* ~-houses [ˊ-hauziz] Glashütte; *bes BE* Treibhaus; **~ware** [ˊ-wɛə] Glasgeschirr; **~ wool** [ˊ-'wul] Glaswolle; **~y** gläsern; glasig

glaz|e [gleiz] verglasen; glasieren; satinieren; glasig werden; Glasur(ware); *US* (= *BE* ~ed frost) Glatteis; **~ier** ['gleiziə, *US* 'gleiʒə] Glaser

gleam [gliːm] Schimmer *(a. fig)*; Blinken; schimmern, aufleuchten, blinken

glean [gliːn] (Ähren) lesen (auf); *fig* zusammensuchen, sammeln; entnehmen; **~er** Ährenleser(in); **~ings** Nachlese, Sammlung

glee [gliː] (triumphierende) Fröhlichkeit, Frohlocken; (mehrstimm.) Lied; **~ club** Gesangverein; **~ful** fröhlich, froh

glen [glen] enges Tal, Schlucht

glib [glib] zungenfertig, gewandt, (Zunge) glatt

glid|e [glaid] **1.** *(~ed, ~ed)* gleiten (lassen); ✈ segeln; schlüpfen; **2.** Gleiten; Gleitschritt; ✈ Gleitflug; **~er** Segelflugzeug; **~ing** Segelflug, -fliegerei (*~ing site* Segelfluggelände)

glimmer ['glimə] Schimmer; schimmern

glimpse [glimps] kurzer Blick; *to get (catch, have) a ~ of* flüchtig zu sehen bekommen, e-n Blick erhaschen von; *vt* = to get a ~ of

glint [glint] aufblitzen, glitzern; Glanz

glisten [glisn] glitzern, glänzen

glitter ['glitə] funkeln, glänzen; Funkeln, Glanz; **~ing** [ˊ--riŋ] glänzend; verlockend

gloaming ['gloumiŋ] Zwielicht, Dämmerung

gloat [glout] s. weiden, hämisch freuen (*over, upon* an); **~ingly** schadenfroh

glob|al ['gloubəl] kugelförmig; weltumfassend, global; **~e** [gloub] Kugel; *the ~e* d. Erde; Globus; **~e-trotter** [ˊ-trɔtə] Weltenbummler; **~ular** ['glɔbjulə] kugelförmig; **~ule** ['glɔbjuːl] Kügelchen

glockenspiel ['glɔkənspiːl] Stab-, Glockenspiel (Orchester)

gloom [gluːm] Dunkel, Düsterkeit; düstere Stimmung, Trübsinn; **~y** düster *(a. fig)*; trübsinnig, bedrückt

glori|fication [glɔːrifi'keiʃən] Verherrlichung; **~ify** [ˊ--fai] preisen; verherrlichen; **~ious** ['glɔːriəs] herrlich; ruhmvoll; **~y** ['glɔːri] **1.** Ruhm; Pracht, Herrlichkeit; **2.** *eccl* Ehre, Seligkeit; *to go to ~y* in d. Ewigkeit eingehen; *to be in one's ~y* auf d. Höhepunkt, beglückt sein; **3.** Ruhmestat; **4.** *~y in* frohlocken über, stolz sein auf

gloss [glɔs] **1.** Glanz; *fig* Schein; Glosse, Glossar; irreführende Bemerkung; *~ over* glänzend machen, glacieren, *fig* beschönigen; **2.** glossieren *(a. iron.)*, umdeuten; **~ary** [ˊ-əri] Glossar; **~y** glänzend, Glanz-

glott|al ['glɔtl] **stop** Knacklaut; **~is** ['glɔtis] Stimmritze

glove [glʌv] (Faust-)Handschuh; *to fit like a ~* wie angegossen passen ♦ *to be hand in ~ with* ein Herz u. e-e Seele sein mit; *to take off the ~s to s-b, to handle s-b without ~s* j-n ohne Handschuh (rücksichtslos) anpacken; *fig* Fehdehandschuh *(to throw down the ~)*

glow [glou] glühen (*a. fig; with* vor); gute Farbe haben; Glühen, Glut; Röte; *in a ~* glühend; **~ing** glühend *(a. fig)*; **~-worm** [ˊ-wəːm] Glühwürmchen, Leuchtkäfer

glower ['glauə] *at* j-n anfunkeln, wütend ansehen; wütender, düsterer Blick

glucose ['gluːkous] Traubenzucker

glu|e [gluː] Leim; *vt (~ing, ~ed)* leimen; kleben; *fig* pressen, heften; **~ey** *(~ier, ~iest)* klebrig; leimartig

glum [glʌm] verdrossen, mürrisch

glut [glʌt] **1.** gänzlich stillen; *~ o. s.* sich den Magen vollschlagen (überladen) (*with* mit); **2.** (Markt) überschwemmen, -sättigen; **3.** Überangebot, Überfluß

glut|en ['gluːtən] Kleber; **~inous** [ˊ-tinəs] klebrig

glutton ['glʌtən] Vielfraß *(a. zool)* *~ of books* Leseratte; *~ for work* arbeitswütiger Mensch; **~ous** [ˊ--əs] gefräßig; **~y** [ˊ--ni] Gefräßigkeit; Unmäßigkeit

glycerin|e, *US* **~** ['glisərin] Glyzerin

G-man ['dʒiːmæn], *pl* **G-men** [ˊ-men] *US* FBI-Agent

gnarled [nɑːld] knorrig *(a. fig)*

gnash [næʃ]: *~ the* (od *one's*) *teeth* [tiːθ] mit den Zähnen knirschen

gnat [næt] *bes BE* Stechmücke; *bes US* Zuck-, Kriebelmücke

gnaw [nɔː] *(s. S. 318)* (ab)nagen; *fig* zerfressen, bohren; **~ing(s)** bohrender Schmerz

gnome [noum] Erdgeist, Gnom; ['noumi, *US* noum] Sinnspruch, Gnome

go[1] [gou] *(s. S. 318)* **1.** s. bewegen, fahren, gehen; *~ for a walk (ride, swim)* spazierengehen (-reiten, schwimmen); *~ on a journey* ['dʒəːni] *(voyage* [vɔidʒ], *trip)* eine Reise machen; *~ far* es weit bringen; *~ far towards* viel dazu beitragen; *~ some (a great) way (to doing)* einiges (viel) dazu beitragen; *~ in fear of one's life* ständig für sein Leben fürchten; **2.** *(mit ppr)* gehen *(~ fishing, hunting, swimming etc)*; *~ shopping* einkaufen gehen; tätig sein, gehen, arbeiten; *~ it!* streng dich an!; *~ easy!* halb so wild!; weggehen; *I must be ~ing* ich muß (jetzt leider) gehen; **3.** vergehen, schwinden; *gone* [gɔn] dahin, vorbei (*dead and gone* tot u. beerdigt); *be gone!* fort mit dir!; *get you gone!* verschwinde!; *~!* ⛿ Los!; *Here goes!* Auf gehts!; **4.** verstreichen; *only four minutes to ~* nur noch 4 Min. Zeit; abgehen, verkauft werden; *~ing! ~ing! gone!* zum ersten, zum zweiten, zum dritten! **5.** angenommen werden, kursieren; (Geld) hingehen (*on* für); **6.** reichen, gehen (*to, as far as* bis); **7.** gehören *(where does this book ~?)*; **8.** *fig* ausgehen (*against s-b* gegen j-n, *in favour of s-b* für j-n); **9.** nachgeben, zus.brechen; ϟ durchbrennen; *he's far gone* er ist ganz übel dran (§, Trunk); **10.** (Geräusch) machen, (Uhr) schlagen; ~ *(one) better* um e-e Stufe besser liegen; **11.** *(mit Infin.)* dahin tendieren (*im Dt.* = nur, *oder unübersetzt: it all goes to show that* zeigt nur, daß); *to be ~ing (to do)* (tun) werden; ~ *and* (zur Verstärkung): *don't ~ and (do)* (tu) bloß nicht; *as ... go* wie ... nun einmal sind, verglichen mit ...; **12. ~ about** (umher)gehen *fig* herumgehen; etwas anpacken, s. machen an; **~ abroad** ins Ausland gehen; ruchbar werden; **~ after** zu erlangen suchen, streben nach; **~ against** gehen gegen, s. wenden gegen; gegen j-n entschieden werden; j-m zuwiderhandeln; **~ ahead** losgehen, -machen; vorankommen; **~ along** weitermachen, Fortschritte machen; ~ *along with* mitgehen mit; ~ *along with you! (fig)* geh fort!, geh zu!; so'n Quatsch!; **~ at** losgehen auf; *to let it ~ at that* es dabei bewenden lassen; **~ away** weggehen, abreisen; ~ *away with* weg-, mitnehmen, abhauen mit; **~ back** zurückkehren; *fig* abnehmen, eingehen; zurückgehen (*to* auf); ~ *back on* nicht anerkennen, (Wort) brechen, j-n verraten; **~ before** vorangehen, Vorrang haben vor; **~ beyond** überschreiten; **~ by** vorübergehen; s. leiten lassen von; ✡ ge-, betrieben werden von; fahren mit; ~ *by a name* unter e-m Namen bekannt sein; **~ down** *astr,* ⚓ sinken, untergehen; 'runtergehen; *fig* ankommen (*with* bei); *fig* eingehen *(~ down in history as a hero)*; reichen bis; s. legen; (Preis) fallen; zus.brechen, besiegt werden (*to, before* von, durch); § s. hinlegen (*with flu* mit Grippe); *BE* d. Universität verlassen, von d. Univ. abgehen; **~ for** holen; losgehen auf; hinauslaufen auf; verkauft werden für; gelten als; **~ forth** (hin)ausgehen; (Erlaß) ergehen; **~ forward** *fig* vorangehen; **~ in** hineingehen; *astr* sich bedecken, weggehen; ~ *in for* (Prüfung) machen; gern machen, als Hobby betreiben, s. widmen; ~ *in to dinner* zu Tisch gehen; **~ into** eintreten; hineinpassen in; *math* aufgehen in; ~ *into business* in ein Unternehmen einsteigen, Kaufmann werden; ~ *into details* ins einzelne gehen; (Trauer) anlegen; gründlich prüfen, s. eingehend befassen mit; verfallen in; **~ off** losgehen; 🎭 abgehen; *fig* aus-, losbrechen in, geraten in; schlechter werden; ab-, verlaufen; durchbrennen, abhauen; einschlafen, ohnmächtig werden; (Waren) abgehen, Absatz finden; ~ *off one's head* d. Kopf (Verstand) verlieren; **~ on** weitermachen, fortfahren (~ *on doing* weiter tun); verstreichen; *he went on to say* und dann sagte er; vor sich gehen; sich anziehen lassen, passen; 🎭 auftreten; *umg* Theater machen, loslegen; *to be ~ing on for (70)* auf (d. 70) gehen; ~ *on (the parish etc)* unterstützt werden von; **~ out** hinausgehen; (Feuer, *fig*) ausgehen; *pol* abtreten; aus d. Mode kommen; von zu Hause weg-, in Stellung gehen; auswandern, fahren (*to* nach); zu Ende gehen; *fig* entgegenschlagen (*to s-b* j-m); streiken; ~ *out of (business, office)* aufgeben, zurücktreten von; ~ *out of one's mind* d. Verstand verlieren; **~ over** gehen über (etwas); hinüberwechseln (*to* zu); prüfen(d betrachten); etwas durchgehen; ~ *over big with (umg)* großen Anklang finden bei; **~ round** (für jeden) reichen; e-n Umweg machen; besuchen *(~ round to the Smiths)*; **~ through** durchdringen; etwas durchgehen, durch-, mitmachen, erleiden; zu Ende kommen mit, ausgeben; 📖 (Auflage) erleben; ~ *through with* zu Ende führen; **~ to** gehen auf *(12 inches ~ to 1 foot)*; dazu beitragen; an j-n fallen, j-m zufallen; ~ *to the bar* Rechtsanwalt werden; ~ *to the country* allgemeine Wahlen abhalten; ~ *to law* prozessieren; ~ *to pieces* zerbrechen *(a. fig)*; ~ *to ruin* zugrunde gehen; ~ *to sea* in See gehen; Seemann werden; ~ *to seed* Samen ansetzen, *fig* geistig (körperlich) nachlassen; ~ *to sleep* einschlafen; ~ *to great trouble* s. viel Mühe machen; **~ together** zus.gehen, -passen; **~ under** untergehen; *fig* kaputtgehen; **~ up** steigen, anziehen; explodieren, in d. Luft fliegen; aufgehen *(in flames)*; gebaut werden; *BE* auf d. Universität gehen; **~ up** *(to a higher class)* versetzt werden; **~ upon** gehen auf, etwas geben auf; **~ with** *fig* mitgehen mit (zustimmen; harmonieren mit); passen zu; gehören zu; **~ without** bleiben, auskommen ohne; *it goes without saying* es ist selbstverständlich, versteht sich am Rande; **12.** *(mit adv)* verlaufen, gehen *(well, badly etc)*; *to make things ~* d. Laden in Schwung bringen; **13.** *(mit adj)* werden; ~ *bad* schlecht werden, verfaulen; ~ *dry* d. Alkohol verbieten; ~ *Tory (BE)* konservativ werden (wählen)

go[2] [gou], *pl* **~es 1.** *umg* Schwung, Schmiß *(to be full of ~)*; *to be on the ~* in Betrieb, auf den Beinen sein; **2.** Versuch; *let's have a ~ at it* probieren (packen) wir's mal; *is it a ~?* abgemacht?; *here's a pretty ~* d. ist e-e schöne Geschichte; *it's no –* es ist zwecklos; *it's all the* (od *quite the*) ~ d. ist jetzt große Mode; **~-ahead** [ˊəhed] unternehmend, schneidig; **~-between** [ˊbitwiːn] Mittelsmann, Vermittler; **~-by** [ˊbai]: *to give s-b (s-th) the ~-by* j-n (etw) unbeachtet lassen; **~-cart** [ˊkaːt] Laufgestell; Sportwagen (für Babys)

goad [goud] Stachelstock; *fig* Ansporn; an-, aufstacheln

goal [goul] ⛩ Mal, Tor; *fig* Ziel; **~-keeper** [ˊkiːpə] Torwart

goat [gout] Ziege; *astr* Steinbock; **~ee** [–'tiː] Spitzbart; **~skin** Ziegenleder

gobble [gɔbl] *(up)* (Essen) schlingen; (Truthahn) kollern; **~dygook** [ˊdiguk] *US* geschwollener (Amts-)Stil, Jargon; **~r** ['gɔblə] Truthahn

gob|let ['gɔblit] Weinglas; **~lin** [ˊlin] Kobold

God [gɔd] Gott; *the ~s* 🎭 d. Olymp; **~'s acre** [ˊz'eikə] Gottesacker

god [gɔd] ein(e) Gott(heit); Götze; Abgott; **~child** [ˊtʃaild], *pl* ~children [ˊtʃildrən] Paten-, Taufkind; **~dess** [ˊ-is] Göttin; **~father** [ˊ-fɑːðə] Pate; **~-fearing** [ˊ-fiəriŋ] gottesfürchtig; **~-forsaken** [ˊ-fəseikn] gottverlassen; **~head** [ˊ-hed] Göttlichkeit; Gottheit; **~less** gottlos, verbrecherisch; **~like** [ˊ-laik] göttlich, gottähnlich; **~ly** gottesfürchtig, fromm; **~mother** [ˊ-mʌðə] Patin; **~parent** [ˊ-pɛərənt] Pate, Patin; **~send** [ˊ-send] unverhoffter Glücksfall, Geschenk des Himmels; **~-speed** [ˊ-'spiːd] Erfolg, Glück; *to wish s-b ~-speed* j-m gute Reise wünschen

go|det ['goudei] Zwickel; **~down** [–'daun] Lagerhaus

go|er ['gouə] Geher, Fußgänger; **~-getter** [ˊ-'getə] Draufgänger; **~ing** [ˊ-iŋ] *adj* verfügbar, zu haben; *a ~ing concern* [kən'səːn] arbeitender Betrieb, gutgehendes Geschäft; üblich; *su* Gehen; Ab-, Weggang; Geschwindigkeit; Fortschritt; **~ings-on** [ˊ-iŋz'ɔn] Vorgänge, Treiben, Verhalten

goffer ['gɔfə] kräuseln, plissieren

goggle ['gɔgl] glotzen; (d. Augen) rollen; **~-eyed** ['gɔgl-aid] glotzäugig; **~s** *pl vb* Schutzbrille

goitr|e ['gɔitə] ⚕ Kropf; **~ous** [ˊ-trəs] Kropf-; mit e-m Kropf behaftet

gold [gould] Gold; golden; Gold-; **~ brick** [ˊ-'brik] Talmi; Tinnef; *US sl mil* Drückeberger; **~-digger** [ˊ-digə] Goldgräber; **~-finch** [ˊ-fintʃ] Stieglitz, Distelfink; **~-fish** [ˊ-fiʃ], *pl* ~-fish Goldfisch; **~-foil** [ˊ-fɔil], **~-leaf** [ˊ-liːf] Blattgold; **~-mine** [ˊ-main] Goldgrube *(a. fig)*; **~-rush** [ˊ-rʌʃ] Goldrausch; **~-smith** [ˊ-smiθ] Goldschmied; **~ standard** [ˊ-'stændəd] Goldwährung

golden ['gouldən] *fig* golden; *the ~ age* d. Goldene Zeitalter; **~ mean** d. goldene Mitte(lweg); **~ opinions** hohe Anerkennung; **the ~ rule** goldene Regel (Matth. 7,12)

golf [gɔlf] Golf (spielen); **~-club** [ˊ-klʌb] Golfschläger, -klub; **~er** Golfspieler; **~-links** [ˊ-liŋks] *sg vb* Golfplatz

Goliath [gə'laiəθ] Goliath, Riese

golliwog ['gɔliwɔg] häßliche Puppe; Popanz

golosh [gə'lɔʃ] *siehe* galosh

gon|ad ['gɔnæd] Keimdrüse; **~dola** [ˊ-dələ], *pl* ~dolas ⚓, ✈ Gondel; *US* offener Güterwagen

gone [gɔn, *bes US* gɔːn] *siehe* go[1]

gong [gɔŋ] Gong

goo [guː] Schmiere; Kitsch

good [gud] **1.** gut (*at* in etwas); **2.** tüchtig (*about* in); *what is it ~ for?* wozu kann man es brauchen?; **3.** artig, anständig, höflich; **4.** freundlich (*of you* von Ihnen); *~ for you!* Bravo!; *~ fellow* guter Kamerad, freundlicher Mensch; **5.** (Essen) gut, frisch; **6.** (Geld) echt; **7.** ordentlich, gehörig; *to be in ~ time for* reichlich Zeit haben für; *to have a ~ mind (to do)* gute Lust haben; *as ~ as* praktisch; *to make ~* Erfolg haben; sein Ziel erreichen, etwas wiedergutmachen, etwas beweisen, erhärten; **8.** fein *(it's ~ to see you)*; *a ~ thing* ein glücklicher Umstand; *to have a ~ time* s. amüsieren; *to have a ~ night* gut schlafen, s. ausschlafen; *~ cheer* gutes Essen, *to make ~ cheer* gut leben; *my ~ man (sir)* mein lieber Mann (Herr); *the ~ people* Feen; **9.** *su* Gutes; *to do ~* Gutes tun, nützen, j-m guttun; *no ~* zu nichts zu gebrauchen; *to come to no ~* kein gutes Ende nehmen; *to be up to no ~* nichts Gutes im Sinn (vor)haben; *what ~ is it?* was nützt es?; *it is no ~ (doing)* es hat keinen Zweck (zu tun); *for ~ (and all)* für immer; *to be £5 to the ~* £5 plus machen; **10.** *the ~* die Guten; **11.** *pl* Güter, Waren; *~s and chattels* ['tʃætəlz] bewegl. Eigentum; *~s (BE)* 🚂 Güter-(Zug etc); *~s agent (BE)* Bahnspediteur; **~-bye,** *US* ~-by [ˊ-'bai] Auf Wiedersehen; **~-for-nothing** [ˊ-fənʌθiŋ] nichtsnutzig; Taugenichts; **~-humoured** [ˊ-'çuːməd] gutmütig; in guter Laune; **~-looking** [ˊ-'lukiŋ] gut aussehend, hübsch; **~ly** hübsch; angenehm; beträchtlich; **~-natured** [ˊ-'neitʃəd] gutmütig; hilfsbereit; **~ness** Güte; d. Gute (an e-r Sache); *~ness me!* meine Güte!; *for ~ness' sake* um Gottes willen; *thank ~ness!* Gott sei Dank!; *~ness knows* Gott weiß . . ., weiß Gott; **~-tempered** [ˊ-'tempəd] ausgeglichen, ruhig; **~ will** guter Wille; **~will** [ˊ-'wil] Firmenwert; = ~ will; **~y** Bonbon; **~y(-~y)** selbstgerecht, scheinheilig

goof [guːf] *sl* Blödkopf; **~y** *sl* blöde

goon [guːn] gedungener Raufbold, Schläger (für Streiks etc); *fig* Rindvieh

goop [guːp] Flegel

goose [guːs], *pl* **geese** [giːs] Gans; dumme Gans; Gänsefleisch, -braten; (*pl* ~s) Bügeleisen ♦ *all his geese are swans* [swɔnz] er übertreibt alles; **~berry** ['guzbəri, *US* 'guːsberi] Stachelbeere ♦ *to play ~berry* Anstandswauwau spielen; **~-flesh** [ˊ-fleʃ], **~ pimples** ['pimplz] Gänsehaut; **~-step** [ˊ-step] *mil* Stechschritt

gopher ['goufə] Ziesel; Taschenratte

Gordian ['gɔːdiən]: *to cut the ~ knot* den gordischen Knoten durchschlagen

gore [gɔː] geronnenes Blut; (Nähen) Keil, Zwickel; aufspießen, durchbohren

gorge [gɔːdʒ] **1.** Schlucht; **2.** Kehle; *my ~ rises at* mir wird übel bei; *to make s-b's ~ rise* j-n ekeln; **3.** (ver)schlingen; **4.** (s.) vollstopfen; **~ous** [ˊ-dʒəs] herrlich, prächtig

gorilla [gə'rillə], *pl* ~s Gorilla

gorse [gɔːs] Stechginster

gory ['gɔːri] blutig

gos|hawk ['gɔshɔːk] Hühnerhabicht; **~ling** ['gɔzliŋ] Gänschen, junge Gans

go-slow ['gou'slou] **(strike)** Bummelstreik

gospel ['gɔspəl] Evangelium *(a. fig, iron.)*

gossamer ['gɔsəmə] leichte Gaze; Sommerfäden, Altweibersommer

gossip ['gɔsip] Unterhaltung, Plauderei; Geschwätz, Klatsch; Klatschbase; klatschen, schwatzen; **~ column** ['kɔləm] Klatschspalte; **~ writer** Schreiber von Klatschspalten

got [gɔt] *siehe* get; **~ten** ['gɔtn] *US* = got

Goth [gɔθ] Gote; *fig* Wandale; **~ic** gotisch, Goten-; 📖 *BE* Fraktur, *US* Grotesk; gotischer Stil, Gotik; d. Gotische

gouge [gaudʒ] Hohlmeißel; Nut; *US umg* Betrug; ausmeißeln, -schneiden, -graben; (Auge) auswischen; *US umg* betrügen
gourd [guəd] Flaschenkürbis, Lagenarie
gour|mand ['guəmənd] Schlemmer, Feinschmecker; **~met** ['guəmei] Weinkenner; Feinschmecker
gout [gaut] Gicht; **~y** gichtig; Gicht-
govern ['gʌvən] regieren *(a. gram)*; *fig* beherrschen; lenken, leiten, bestimmen (*to be ~ed* ['gʌvənd]) s. leiten lassen; ✿ regulieren; **~ess** [ˊ–nis] Privatlehrerin, Erzieherin; **~ment** Regierung(sform); Herrschaft; Leitung; Staat; Staats-, Regierungs-; **~mental** [––'mentəl] Regierungs-; **~or** [ˊ–nə] Herrscher; Gouverneur; *BE* Leiter (e-r Institution); *BE umg* d. Alte (Vater,Chef); (Anrede) Meister; ✿ (Ventil-, Fliehkraft-)Regler
gown [gaun] (Damen-)Kleid; Robe, Talar, Amtstracht
grab [græb] grapschen (*at* nach), packen; schneller Griff, Grapschen; *to make a ~ at s-th* = to ~; **~ber** Habsüchtiger, Raffke
grace [greis] **1.** Anmut; *with a good ~* willig; *with an ill (bad) ~* widerwillig; *to have the ~ (to do)* d. Anstand besitzen; *pl* Reize, angenehme Züge; **2.** Gunst, Gnade *(an act of ~)*; **3.** (Gnaden-, Zahlungs-)Frist; *days of ~* Respekttage; *to be in s-b's good ~s* bei j-m gut angeschrieben sein; **4.** Tischgebet *(to say ~)*; **5.** (in Titeln) Gnaden; **6.** ♪ Verzierung; *the G~s* Grazien; **7.** verschönern; **8.** auszeichnen; **~ful** anmutig, reizend; schön; **~less** reizlos, unschön; verdorben
gracious ['greiʃəs] *(in Titeln, iron)* gnädig, huldvoll; *good ~! ~ me! ~ goodness!* du liebe Zeit!, ach du meine Güte!
grad|ation [grə'deiʃən] Abstufung, Stufe; **~e** [greid] **1.** Stufe; Sorte, (Güte-)Klasse; **2.** *US* (Schul-)Klasse; *pl US* Grundschule; **3.** Note, Zensur; **4.** Steigung, Neigung; *to make the ~e* Erfolg haben, es schaffen; *at ~e (US)* schienengleich, niveaugleich; *on the up (down) ~e* im Steigen (Fallen) begriffen; **5.** in (Güte-) Klassen einteilen, einstufen; sortieren; abstufen; **6.** in e-e Klasse einweisen; **7.** benoten, zensieren; **8.** einebnen, planieren; **~e crossing** *US* schienengleicher Übergang; **~e school** *US* Grundschule; **~e teacher** *US* Grundschullehrer; **~er** ✿ Straßenhobel; **~ient** ['greidiənt] Steigung, Neigung; **~ual** ['grædjuəl] stufenweise, allmählich; **~uate** ['grædjueit] sein Abschlußexamen an der Univ. machen, den B. A. machen; *US* die Abschlußprüfung machen (*from* an e-r Schule); *bes US* e-n Grad (Diplom etc) verleihen an; (ein)teilen; **~uate** ['grædjuit] Akademiker, Absolvent e-r Univ., Hochschule; **~uated** Meß-, Maß-; **~uation** [grædju'eiʃən] Erwerb (Verleihung) des Titels B. A. (Doktortitels etc); *US* Schulschluß, Verleihungsfeier; Maßeinteilung, Skala; Teilstrich
graft [grɑːft] *bot* Pfropfen; ⚕ Transplantation; Schiebung, Korruption; *BE* Schinderei; pfropfen; ⚕ transplantieren; durch Korruption bekommen; *BE* sich schinden
grain [grein] (Samen-, Sand-)Korn; Getreide; *fig* Spur, Bißchen ♦ *with a ~ of salt* mit Vorsicht, cum grano salis; Gran (= 0,05 g); Maserung, Faserung; Fadenlauf; *goes* (od *is*) *against the ~ with me* geht mir gegen den Strich; **~ed** [ˊ-d] geadert, gemasert, marmoriert; grobkörnig
gram [græm] *siehe* gramme; **~mar** [ˊ-ə] Grammatik; *~mar school* [ˊ-əskuːl] *hist* Lateinschule; *BE* höhere Schule; *US* (etwa:) Realschule; **~marian** [grə'mɛəriən] Grammatiker; **~matical** [grə'mætikəl] grammatisch; **~me,** ~ Gramm; **~ophone** [ˊ-əfoun] *bes US* Grammophon, Plattenspieler
grampus ['græmpəs], *pl* **~es** *zool* Schwertwal, Butzkopf; *fig* Pruster
granary ['grænəri] (Korn-)Speicher
grand [grænd] großartig, prächtig; hochstehend; stolz; Haupt-; ♪ groß; *umg* herrlich, prächtig; **~-aunt** [ˊ-ɑːnt] Großtante; **~child** [ˊ-tʃaild], *pl* ~children [ˊ-tʃildrən] Enkelkind; **gran(d)-dad** [ˊ-dæd] Großpapa; **G~ Duke** [ˊ-'djuːk] Großherzog; **~daughter** [ˊ-dɔːtə] Enkelin; **~ee** [græn'diː] Grande; **~eur** ['grændjə, ˊ-dʒə] Großartigkeit, Erhabenheit; **~father** [ˊ-fɑːðə] Großvater; *~father's clock (BE)* Standuhr; **~iloquent** [græn'diləkwənt] schwülstig, hochtrabend; **~iose** [ˊ-dious] grandios, pomphaft; **~ma** ['grænmɑː], **~mamma** ['grænməmɑː] Großmutti, Oma; **~mother** [ˊ-mʌðə] Großmutter; **~-nephew** [ˊ-nevjuː, *US* ˊ-nefjuː] Großneffe; **~-niece** [ˊ-niːs] Großnichte; **~pa** ['grænpɑː], **~papa** ['grænpəpɑː] Großpapa, Opa; **~parent** [ˊ-pɛərənt] Großelternteil; **~ (piano)** [ˊ-pi'ænou] Flügel; **~son** [ˊ-sʌn] Enkel; **~-stand** [ˊ-stænd] 🏇 überdachte Tribüne; **~ total** [ˊ-'toutəl] Gesamtsumme; **~-uncle** [ˊ-ʌŋkl] Großonkel
grange [greindʒ] kleiner Gutshof; Landsitz
granite ['grænait] Granit
gran|ny, ~nie ['græni] (alte) Oma
grant [grɑːnt] **1.** erfüllen, gewähren; **2.** einräumen, zugeben, stattgeben (*an appeal* e-r Berufung); *to take for ~ed* als erwiesen ansehen, für selbstverständlich halten; *~ing, ~ed* zugegeben; **3.** Gewährung; **4.** Zuweisung; **5.** Zuschuß; **~-in-aid**, *pl* ~s-in-aid Zuschuß
granul|ate ['grænjuleit] körnen, granulieren; *~ated sugar* ['ʃugə] Kristallzucker; **~e** ['grænjuːl] Körnchen
grape [greip] Weinbeere; -traube; *bunch of ~s* Traube; **~fruit** [ˊ-fruːt] Grapefruit; **~(-shot)** Kartätsche; **~-sugar** [ˊ-ʃugə] Traubenzucker; **~-vine** [ˊ-vain] Rebe; Gerücht, Klatsch
graph [græf, grɑːf] graphische Darstellung, Diagramm, Kurve; **~ic** ['græfik] graphisch; Schreib-; anschaulich; **~ic artist** Gebrauchsgraphiker; **~ic arts** Graphik; **~ite** ['græfait] Graphit [Greifer
grapnel ['græpnəl] Dregganker; Enterhaken;
grappl|e [græpl] packen, sich herumschlagen mit *(a. fig)*; **~e, ~ing-iron** [ˊ-liŋaiən] = grapnel

grasp [grɑːsp] **1.** (fest) packen (*~ at* greifen, schnappen nach); **2.** begreifen; **3.** Griff; **4.** Gewalt; **5.** Reichweite; **6.** Verstehen, Beherrschung; **~ing** habgierig
grass [grɑːs] Gras; Rasen; Weide; **~-hopper** [ˈ-hɔpə] Grashüpfer; **~land** [ˈ-lænd] Weideland; Grasland, Grünland; **~-snake** [ˈ-sneik] *BE* Ringelnatter; *US* Grasnatter; **~widow(er)** [ˈ-ˈwidou(ə)] Strohwitwe(r) ~y grasbedeckt
grate [greit] (Feuer-)Rost; reiben, raspeln; *~ upon (fig)* verletzen, zuwider sein; vergittern; **~d** Gitter-; **~r** Reibeisen
grat|eful [ˈgreitful] dankbar; wohltuend; **~ify** [ˈgrætifai] befriedigen, erfreuen; **~ification** [grætifiˈkeiʃən] Befriedigung; Genugtuung; **~ing** [ˈgreitiŋ] schrill, unangenehm; Gitter; **~is** [ˈgreitis] umsonst; **~itude** [ˈgrætitjuːd] Dankbarkeit; **~uitous** [grəˈtjuitəs] unentgeltlich, kostenlos; unverdient, grundlos; **~uity** [grəˈtjuiti] Trinkgeld, Anerkennung; *bes mil* Gratifikation, Prämie
grave[1] [greiv] Grab(mal); ernst; feierlich; (ge)wichtig; **~-digger** [ˈ-digə] Totengräber *(a. fig)*; **~-yard** [ˈ-jɑːd] Friedhof
grave[2] [greiv] *(s. S. 318)* schnitzen; einprägen; **~n image** [ˈimidʒ] Abbild
gravel [ˈgrævəl] Kies; ⚕ Grieß; mit Kies bedekken; in Verlegenheit bringen
graving-dock [ˈgreiviŋdɔk] ⚓ Trockendock
gravi|tate [ˈgræviteit] (hin)streben (*to, towards* zu); **~tation** [--ˈteiʃən] Schwerkraft; **~ty** [ˈ--ti] Ernst; Schwere; Wichtigkeit; Schwerkraft; *centre of ~ty* Schwerpunkt; *specific ~ty* spezifisches Gewicht
gravy [ˈgreivi] Fleischsaft; Bratensoße
gray [grei] *US* = grey; **~ling** [ˈ-liŋ] *zool* Äsche, Äschling
graz|e [greiz] Schramme; weiden (lassen), grasen; *~e (down)* abgrasen, -weiden; streifen, (ab)schürfen; **~ing-land** [ˈ-ziŋlænd] Weideland; **~ier** [ˈgreizjə, -ʒə] Viehzüchter
greas|e [griːs] Fett, Schmiere; **~e** [griːs, *bes US* griːz] fetten, (be)schmieren; *~e s-b's hand* (od *palm*) j-n schmieren; **~e-paint** [ˈ-peint] Schminke; **~e-proof** [ˈ-pruːf], **~e-tight** [ˈ-tait] fett-, öldicht; **~y** [ˈgriːzi] fettig, schmierig; glitschig, glatt
great [greit] *bes fig* groß; *no ~ matter* nichts von Bedeutung; prima, herrlich; *(umg) ~ in* groß in, *~ at* tüchtig in, *~ on* interessiert an, beschlagen in; *a ~ deal* viel; *a ~ many* sehr viele; **~-coat** [ˈ-kout] Überzieher; **~ly** sehr; **~-grand-** [ˈgrænd] Urgroß-
grebe [griːb] *zoll* Steißfuß
Grecian [ˈgriːʃən] griechisch; Grieche
Gree|ce [griːs] Griechenland; **~k** griechisch; Grieche; Griechisch ♦ *it's ~k to me* d. sind für mich böhmische Dörfer
greed [griːd] Habsucht, Gier; **~y** gefräßig; gierig (*for* nach); **~iness** = ~
green [griːn] grün (*with* vor); unreif; unerfahren (*to* in); frisch, kräftig; Grün; Grasplatz, Anger, Rasen; Bowling-Rasen; *pl* Gemüse, grüne Zweige; **~back** [ˈ-bæk] *US* Banknote; **~ery** [ˈ-əri] Grün, Laubwerk; **~-eyed** [ˈ-aid] **monster** Eifersucht; **~-finch** [ˈ-fintʃ] Grünfink; **~fly** [ˈ-flai] *BE* Blatt-, Röhrenläuse; **~gage** [ˈ-geidʒ] Reineclaude; **~grocer** [ˈ-grousə] Gemüsehändler; **~grocery** *BE* Gemüse- und Obsthandel, Gemüse (u. Obst); **~horn** [ˈ-hɔːn] Greenhorn, Grünschnabel; **~house** [ˈ-haus], *pl* ~houses [ˈ-hauziz] Treib-, Gewächshaus; **~ish** grünlich, grün-; **~ light** Genehmigung; Erlaubnis; **~room** [ˈ-rum] 🎭 Künstlerzimmer; **~-sickness** [ˈ-siknis] Bleichsucht; **~sward** [ˈ-swɔːd] Rasen
greet [griːt] (be)grüßen *(a. fig)*; **~ing** Gruß
gregarious [griˈgɛəriəs] gesellig *(zool, fig)*
gremlin [ˈgremlin] *bes* ✈ Kobold, Geist
grenad|e [griˈneid] (Hand-, Gewehr-)Granate; **~ier** [grenəˈdiə] Grenadier
grew [gruː] *siehe* grow
grey, *US* **gray** [grei] grau; Grau; grau machen (werden); **~beard** [ˈ-biəd] Graubart; **~hound** [ˈ-haund] Greyhound (ein Windh.); **~hound-racing** [ˈ-haundreisiŋ], *umg* **~cing** [ˈ-siŋ] *BE* Windhundrennen; **~lag** Graugans
grid [grid] ⚡, 📻 Gitter; ⚡ Überlandnetz; (Karten-)Gitter, Netz; Raster; **~(iron)** [ˈ-aiən] (Brat-)Rost; *US* ⛩ Spielfeld; 🎭 Rollen-, Schnürboden
griddle [ˈgridl] Backblech, Drahtsieb; **~cake** [ˈ-keik] Pfannkuchen
grie|f [griːf] Kummer, Gram; *to come to ~f* zu Schaden kommen, scheitern; **~vance** [ˈgriːvəns] Beschwerde; Mißstand; **~ve** [griːv] bekümmern, betrüben; traurig sein, s. grämen (*at, for, over* über); **~vous** [ˈ-vəs] schmerzlich; schlimm; schwer
griff|in [ˈgrifin] Greif; **~on** [ˈgrifən] Gänsegeier
grill [gril] (Brat-)Rost, Grill; gegrilltes Fleisch; *~(-room)* Grillroom; = grille; grillen, auf d. Rost braten; *fig* braten, rösten; e-m strengen Verhör unterziehen; **~e** [gril] (Schutz)Gitter
grim [grim] bitter, unerbittlich; düster; grausig; **~ace** [griˈmeis] Grimasse; Grimassen schneiden
grimalkin [griˈmælkin] alte Katze (Hexe)
grim|e [graim] (fester) Schmutz; schmutzig, schwarz machen; **~y** [ˈ-mi] schmutzig
grin [grin] grinsen; Grinsen; *~ and bear it* ohne Murren ertragen
grind [graind] *(s. S. 318)* **1.** (zer-, ver-)mahlen; zerreiben; **2.** ⚙ schleifen, schärfen ♦ *has an axe to ~* hat seinen eigenen Vorteil im Auge; **3.** drehen; *~ out* herunterleiern *(a. fig)*; **4.** (Zähne) knirschen; (Hacken) bohren, knirschend auffahren *(on the rocks)*; **5.** schinden, plagen; **6.** *umg* büffeln, ochsen; *~ s-th into s-b's head, ~ s-b in s-th* j-m etwas einpauken; **7.** Schinderei; Streber; **~er** Schleifer; (Orgel-) Dreher; Backenzahn; Mahlstein; Einpauker; **~stone** [ˈ-stoun] Schleifstein ♦ *to hold, keep one's (s-b's) nose to the ~stone* schuften wie ein Stier (j-n zu pausenloser Arbeit zwingen)
grip [grip] **1.** packen, greifen; *fig* fesseln; **2.** Griff; *to take a ~ on* fest packen; *to come to ~s with* handgemein werden, ringen mit *(a.*

fig); 3. *US* Tasche, kl. Köfferchen; 4. ✡ Griff, Klemme; 5. Verständnis *(to have a good ~ of a problem)*; 6. packende Gewalt (*to have a good ~ on* packen); **~e** [graip] Griff; Klage, Nörgelei; *pl* Bauchgrimmen; greifen; *US* ärgern; nörgeln; **~ping** fesselnd, packend; ✡ Spann-; **~sack** [ˈ-sæk] *US* Reisetasche, Köfferchen

grisly [ˈgrizli] grausig, unheimlich

grist [grist] Mahlgut; gemahlenes Korn; ♦ *brings ~ to the mill* ist von Vorteil (e. Gewinn); *all is ~ (that comes) to his mill* er kann alles brauchen

gristl|e [grisl] Knorpel; **~y** knorpelig

grit [grit] Steinchen, Kies; Mumm; **~ty** kiesig, voll Steinchen

grizzl|ed [ˈgrizld] grau(haarig); **~y (bear)** Grislybär

groan [groun] 1. stöhnen, ächzen (*a.* von Dingen); *~ down* durch Murren zum Schweigen bringen; *~ out* unter Stöhnen berichten; 2. Stöhnen; 3. mißbilligendes Brummen, Murren

grocer [ˈgrousə] Kolonialwarenhändler, *umg* Kaufmann; **~y** [ˈ--ri] Lebensmittel-; *US* Lebensmittelgeschäft; *pl* Lebensmittel, Kolonialwaren

grog [grɔg] Grog; **~gy** betrunken; wacklig *(a. fig)*; groggy

groin [grɔin] ⚕ Leiste; (Gewölbe-)Grat; *siehe* groyne; **~ed vault** Kreuzgewölbe

groom [gruːm, grum] Reitknecht; Bräutigam (am Hochzeitstag), Jungverheirateter; (Pferd) pflegen *(pp a. von Pers.)*; **~sman** [ˈ-zmən], *pl* ~smen Brautführer, Trauzeuge

groov|e [gruːv] Rille, Fuge, Nut; rillen, (aus)kehlen; *fig* (altes) Geleise; **~y** [ˈ-vi] rillenartig; klasse

grope [group] tasten (*for* nach); *~ one's way* tastend den Weg suchen *(a. fig)*

grosbeak [ˈgrousbiːk] Kernbeißer

gross [grous] grob; dick; *fig* schreiend; roh; Brutto-, Roh-; *su (pl ~)* Gros, 12 Dutzend; *in (the) ~* im ganzen, in Bausch u. Bogen, im großen; **~ly** gröblich

grot|esque [grouˈtesk] grotesk(e Gestalt, Person, Tier etc); *the ~esque* Groteske; **~to** [ˈgrɔtou], *pl* ~toes Grotte

grouch [grautʃ] mißlaunig sein, nörgeln; Nörgelpeter; üble Laune; **~y** übellaunig

ground[1] [graund] *siehe* grind; *~* **glass** Mattglas, 📷 -scheibe

ground[2] [graund] 1. Grund, Boden; *above ~* am Leben, *below ~ (fig)* unter d. Erde; *to hold (keep, stand) one's ~* s. behaupten; *to gain (give, lose) ~* Boden gewinnen (verlieren); *to cover much (etc) ~* e-e große Strecke zurücklegen, *fig* viel umfassen, weitreichend sein; *to fall to the ~* hinfallen, *fig* scheitern; *to cut the ~ from under s-b's feet (fig)* j-m d. Boden entziehen; *to touch ~* auf Grund geraten; *down to the ~ (umg)* hundertprozentig; 2. Erde, Boden; *to break fresh ~* Neuland bearbeiten *(a. fig)*; 3. (Jagd-)Gebiet, (Fisch-)Gründe, Platz; *pl* Gartengelände; *pl* (Boden-)Satz; 4. Grund, Ursache; 5. Hinter-, Untergrund; ⚡, 📻 Erde; 6. ⚓ auflaufen (lassen); ✈ am Boden festhalten, am Fliegen hindern; ✈ (Pilot) sperren; ⚡, 📻 erden; 7. ✡ grundieren; 8. j-m d. Grundlagen beibringen; 9. (be)gründen, basieren; *~* **crew** [kruː], *~* **staff** [ˈ-stɑːf] ✈ Bodenpersonal; *~* **floor** [ˈ-ˈflɔː] *BE* Erdgeschoß; **~ing** gründliche Ausbildung; **~less** grundlos; **~(s)man** [ˈ-(z)mən], *pl* ~(s)men (Sport-)Platzwart; **~-nut** [ˈ-nʌt] Erdnuß; **~sel** [ˈgraunsl] Kreuzkraut; **~swell** [ˈ-ˈswel] Dünung; **~work** [ˈ-wəːk] Fundament, Grundlage

group [gruːp] Gruppe; (s.) gruppieren

grouse [graus], *pl ~* Waldhuhn; (*pl* ~s) Nörgel(ei); nörgeln, brutteln

grove [grouv] Hain, Wäldchen; **~l** [grɔvl, *bes US* grʌvl] am Boden liegen; *fig* kriechen (*at the feet of* vor)

grow [grou] *(s. S. 318)* 1. (heran)wachsen (*into* zu); 2. wachsen lassen, pflanzen, (an)bauen; *~ out of* herauswachsen aus, *fig* entwachsen, entstammen; *~ upon s-b* j-m vertraut, lieb werden; *~ up* aufwachsen, groß werden; 3. *(mit adj, Infin.)* werden; **~er** (Obst- etc)Bauer; Züchter; (schnell)wachsende Pflanze

growl [graul] brummen, knurren; (Donner) rollen; **~er** Brummbär; *US sl* Bierkrug

grow|n [groun] *siehe* grow; *adj US* erwachsen; **~n-up** [ˈ-ʌp] erwachsen; Erwachsener; **~th** [grouθ], *pl* ~ths Wachstum, Wuchs; Zunahme; Gewächs (*a.* ⚕)

groyne, *US* **groin** [grɔin] ⚓ Buhne

grub [grʌb] 1. graben, wühlen; jäten; schuften; futtern; 2. Larve, Made, Raupe; Futter; **~by** schmutzig; madig

grudg|e [grʌdʒ] mißgönnen; ungern geben; *~e no pains* keine Mühe scheuen; Groll (*to have a ~e against s-b, to bear, owe* [ou] *s-b a ~e* Groll hegen gegen); **~ingly** [ˈ-iŋli] widerwillig, ungern

gruel [gruəl] Haferschleim ♦ *to have* (od *get*) *one's ~* gehörig eins aufs Dach kriegen; **~ling** *fig* vernichtend, entnervend, aufreibend

gruesome [ˈgruːsəm] grausig, schauerlich

gruff [grʌf] rauh, grob; schroff, barsch

grumble [grʌmbl] murren (*at, over, about* über); (Donner) rollen, grollen; Nörgelei, Murren; Rollen, Grollen; **~r** Miesmacher

grumpy [ˈgrʌmpi] mürrisch, mißmutig

grunt [grʌnt] grunzen; *fig* knurren

Gruyere [ˈgruːjɛə, *US* gruːˈjɛə] **(cheese)** Schweizer Käse

guano [ˈgwɑːnou] Guano

guaran|tee [gærənˈtiː] 1. Garantie (⚖ *allg*); Bürgschaft; Bürge; Bürgschaftsgläubiger; Sicherheit, Kaution; 2. *vi* (sich ver)bürgen; Sicherheit geben; gewährleisten, garantieren; **~tor** [--ˈtɔː] ⚖ Bürge; **~ty** [ˈ--ti] ⚖ Garantie, Bürgschaft, Sicherheit, Kaution

guard [gɑːd] 1. Wache (*on ~* auf W.; *to keep ~*); Wacht; *to be on (off) one's ~* (nicht) auf d. Hut sein; *to mount ~* auf Wache ziehen; *to relieve* [riˈliːv] *~* W. ablösen; 2. *bes US* Gefängniswärter; 3. *BE* Schaffner; 4. *mil* (Vor-,

Nach-)Hut; **5.** ⚙ Schutzvorrichtung, -blech; **6.** bewachen, schützen; ~ *against* s. hüten vor, Vorkehrungen treffen gegen, s. absichern gegen; **~ed** *adj* vorsichtig; **~-house** [ˊ-haus], *pl* ~-houses [ˊ-hauziz] Wach-, Arrestlokal; **~ian** [ˊ-jən] Wächter; ⚖ Vormund; *~ian (of the poor)* Armenpfleger; **~ian angel** ['eindʒəl] Schutzengel; **~ianship** Vormundschaft; **~-room** [ˊ-rum] = ~-house

gubernatorial [gjuːbənə'tɔːriəl] Gouverneurs-

gudgeon ['gʌdʒən] *zool* Gründling; *fig* Tropf; Köder; ⚙ Bolzen, Zapfen

guerdon ['gəːdən] Belohnung; belohnen

guerilla, guerrilla [gə'rilə], *pl* **~s** Guerilla, Partisan; ~ **war(fare)** Guerilla-, Partisanenkrieg

guess [ges] **1.** (ab)schätzen (*at* auf); ~ *at* schätzen; (er)raten; *US* glauben, meinen; **2.** Schätzung; Mutmaßung; *at a ~, by ~* nach ungefährer Schätzung; *to make a good ~ at* gut schätzen, erraten; **~er** Rater; **~-work** [ˊ-wəːk] Mutmaßung(en)

guest [gest] Gast (*paying ~* Pensions-); **~-house** [ˊ-haus], *pl* ~-houses [ˊ-hauziz] Pension; **~-room** [ˊ-rum] Gäste-, Fremdenzimmer

guffaw [gʌ'fɔː] (wieherndes) Gelächter; laut lachen, brüllen

guid|ance ['gaidəns] Leitung, Führung; Anleitung; **~e** [gaid] (Berg-)Führer; ⚙ Führung; Leitfaden, Führer; Vorbild; führen, leiten (*a.* ⚙); *to be ~ed by* s. leiten lassen von; *G~e (BE)* Pfadfinderin; **~e-book** [ˊ-buk] (Reise-)Führer; **~-dog** Blindenhund; **~e-post** [ˊ-poust] Wegweiser; **~e-rope** [ˊ-roup] ✈ Schleppseil; **~ing** *BE* Pfadfindertum, -wesen

guild, gild [gild] Innung, Gilde, Zunft; ~ **hall** [ˊ-hɔːl] Zunftsaal; *BE* Rathaus

guilder ['gildə] Gulden

guile [gail] Arglist, Betrug; **~less** arglos

guillotine ['gilətiːn] Guillotine; ⚙ Planschneider; ~ [--'tiːn] hinrichten

guilt [gilt] Schuld; **~less** schuldlos; **~y** schuldig; schuldbeladen, -bewußt

guinea ['gini] Guinee (21 Schilling); **~-fowl** [ˊ-faul], *pl* ~-fowls Perlhuhn; **~-pig** [ˊ--pig] Meerschweinchen; Versuchsperson

guise [gaiz] Verkleidung, Gewand; Vorwand, Form, Schein *(under, in, the ~ of)*

guitar [gi'tɑː] Gitarre

gul|ch [gʌltʃ] *US* Schlucht; **~f** [gʌlf] Meerbusen, Golf; Abgrund; *fig* Kluft

gull [gʌl] Möwe; Tropf, Gimpel; prellen, übertölpeln; **~et** [ˊ-it] Speiseröhre; **~ible** leichtgläubig, leicht zu betrügen; **~y** Rinne; Abzugskanal; **~yhole** Gully, Sinkkasten

gulp [gʌlp] *(down)* (hinunter)schlucken; -stürzen; *fig* schlucken; Schluck; *at one ~* mit e-m Zug

gum [gʌm] *(mst pl)* Zahnfleisch; Gummi; Gummibaum; *pl US* Gummischuhe; gummieren; (zu)kleben; **~boil** [ˊ-bɔil] Zahngeschwür; **~my** klebrig; gummiartig; **~shoe** [ˊ-ʃuː] *US* Gummischuh; *US* Turnschuh; *US sl* Polyp

gumption ['gʌmpʃən] *umg* Grips, praktischer Verstand; Schwung, Mumm

gun [gʌn] Feuerwaffe (Gewehr, Büchse, Flinte); Revolver, Pistole; Kanone, Geschütz; *to stand* (od *stick*) *to one's ~s* d. Stellung halten; *it blows great ~s* es weht ein heftiger Sturm; *BE* Jäger; ⚙ Spritze; *great (big) ~ (fig)* großes Tier; **~boat** [ˊ-bout] Kanonenboot; **~-carriage** [ˊ-kæridʒ] Lafette; **~-cotton** [ˊ-kɔtn] Schießbaumwolle; **~-licence** [ˊ-laisəns] Waffenschein; **~man**, *pl* ~men Bandit; **~-maker** [ˊ-maikə] Büchsenmacher; ~ **metal** ['metl] Geschützbronze; **~ner** *BE* Kanonier; *US* Geschützführer; ⚓ Bordschütze; **~nery** [ˊ-əri] Geschützwesen; Schießen; **~ny** [ˊ-i] Jute-, Sackleinen; **~powder** [ˊ-paudə] Schießpulver; **~-room** [ˊ-rum] Jagdzimmer; *BE* ⚓ Fähnrichsmesse; **~-running** [ˊ-rʌniŋ] Waffenschmuggel; **~shot** [ˊ-ʃɔt] Schuß(weite); **~smith** [ˊ-smiθ] Büchsenmacher; **~wale** ['gʌnl] ⚓ Dollbord

gurgle [gəːgl] glucksen; murmeln

gush [gʌʃ] s. ergießen, hervorströmen; schwärmen; Guß, Strom; Erguß, Ausbruch; **~er** Schwärmer(in); (sprudelnde) Ölquelle; **~ing** überschwenglich

gusset ['gʌsit] Keil, Zwickel

gust [gʌst] Windstoß, Bö; Schwall; Ausbruch; **~ation** [-'teiʃən] Geschmack; **~atory** [ˊ-tətri] Geschmacks-; **~o** [ˊ-tou] Geschmack; Genuß; Schwung; **~y** böig

gut [gʌt] *pl umg* Därme, Gedärm, *fig* Mark, Mumm; (Darm-)Saite; ausnehmen, entgräten; ausräumen, innen zerstören; **~ter** Dachrinne; Rinnstein, Gosse *(a. fig)*; triefen; *~ter-child (~ter-snipe)* Straßenjunge

guttural ['gʌtərəl] Kehl-; kehlig; Guttural

guy [gai] *fig* seltsamer Vogel, Vogelscheuche; *BE* Bild von Guy Fawkes; ⚓ Backstag, Gei; Kerl, Kumpel

guzzle [gʌzl] fressen; saufen

gym [dʒim] *umg* Turnen; **~nasium** [-'neiziəm], *pl* ~nasiums Turnhalle; Spielplatz mit Geräten; *pl* ~nasia Arena, *dt* Gymnasium; **~nast** [ˊ-næst] Turner(in); **~nastic** [-'næstik] turnerisch; Turn-; **~nastics** *pl vb* Geräteturnen; *sg vb* Turnen (als Fach); ~ **shoes** [ʃuːz] Turnschuhe; ~ **shorts** [ʃɔːts] Turnhose

gynaecology [gaini'kɔlədʒi, *bes US* dʒi-] Frauenheilkunde, Gynäkologie

gyp [dʒip] be-, ergaunern; Gaunerei; Gauner(in)

gypsum ['dʒipsəm] Gips

gypsy ['dʒipsi] *US* = gipsy

gyr|ate [dʒaiə'reit] s. drehen; wirbeln; **~ation** [dʒaiə'reiʃən] Kreisbewegung; Drehung; **~o** ['dʒaiərou], *pl* ~os Kreisel; **~oscope** [ˊ-rəskoup] Kreisel(gerät, -kompaß)

gyves [dʒaivz] Fesseln

H

H [eitʃ] H; *to drop one's h's* ['eitʃiz] das H nicht sprechen, ungebildet reden

haberdasher ['hæbədæʃə] *BE* Kurzwarenhändler; *US* Herrenausstatter; **~y** [ˊ---ri] *BE*

Kurz-, Posamentierwaren; *US* Herrenartikel(geschäft)
habiliments [hə'biliməntsl] *pl vb* Gewand, Gewandung
habit ['hæbit] **1.** (An-)Gewohnheit (*force of ~* Macht d. G.); *to fall into bad ~s* s. etw Schlechtes angewöhnen; *to get out of a ~* s. etwas abgewöhnen; *to be in the ~ of doing* zu tun gewohnt sein; **2.** Verfassung; **3.** Gewand; **~able** bewohnbar; **~at** [ˊ–tæt] *zool, bot* Heimat, Fundort; **~ation** [––'teiʃən] Wohnen, Wohnung; **~ual** [hə'bitjuəl] gewohnheitsmäßig; gewohnt; gewöhnlich; **~uate** [hə'bitjueit] gewöhnen (*to* an); **~ué** [hə'bitjuei] Stammbesucher, -gast
hack [hæk] (zer)hacken; Hieb; Kerbe; Hacke; Mietpferd; Schreiber(ling); **~ing cough** [kɔːf] trockener Husten; **~le** Hechel; *zool* Nackenfeder, Rückenhaar; *with his ~les up* wütend, kampflustig; hecheln; **~ney** [ˊni] (Droschken-)Pferd; Miet-; **~neyed** [ˊnid] abgedroschen
had [hæd] *siehe* have
haddock ['hædək], *pl ~* Schellfisch
haemo|-, *US* **hemo-** ['hiːmə] Blut-; **~globin** [––'gloubin] Blutfarbstoff; **~philia** [––'filiə] Bluterkrankheit; **~philiac** [––'filiæk] Bluter; **~rrhage** ['heməridʒ] Blutung, Blutsturz; **~rrhoids** ['hemərɔidz] Hämorrhoiden
haft [hɑːft] Griff, Heft, Stiel
hag [hæg] Hexe *(a. fig)*; **~gard** [ˊgəd] verstört; hohlwangig; abgehärmt; **~gis** [ˊgis] schottisches Schafsragout; **~gle** [hægl] feilschen (*about, over* über); Feilschen
ha-ha ['hɑːhɑː] Grenzgraben
hail [heil] Hagel *(a. fig)*; hageln (*~ on s-b* mit e-m Hagel von etwas überschütten); freudig begrüßen; zurufen, Zeichen geben; *~ from* herkommen, stammen von; **~-fellow(-well-met)** [ˊfelou('wel'met)] (allzu) vertraut (*with* mit); **~stone** [ˊstoun] Hagelkorn
hair [hɛə] Haar; *to keep one's ~ on* ruhig, gelassen bleiben; *to lose* [luːz] *one's ~* die Haare verlieren, *fig* die Geduld, Fassung verlieren; *not to turn a ~* ganz ruhig bleiben; *to a ~* aufs i-Tüpfelchen genau; *to split ~s* haarspalterisch sein; **~-breadth** [ˊbredθ], **~'s breadth** *fig* Haaresbreite; knapp; **~-brush** [ˊbrʌʃ] Haarbürste; **~-cut** [ˊkʌt] Haarschnitt; **~do** [ˊduː], *pl ~dos* (Damen-)Frisur; **~dresser** Friseur; **~dressing** Friseurgewerbe; **~-dryer** [ˊdraiə] Fön; **~less** haarlos, kahlköpfig; **~-pencil** Haarpinsel; **~pin** Haarnadel; **~-raising** haarsträubend; **~-sieve** [ˊsiv] Haarsieb; **~-splitting** ~ Wortklauberei, Haarspalterei; haarspalterisch; **~y** behaart
hake [heik], *pl ~* See-, Meerhecht, Hechtdorsch
halberd ['hælbəd] Hellebarde
halcyon ['hælsiən] Eisvogel; friedvoll
hale [heil] rüstig; gesund; schleppen
half [hɑːf] halb; *~ as much (many) again* anderthalbmal soviel(e); *not ~* nicht annähernd; *not ~ bad* gar nicht übel; *he didn't ~ swear* [swɛə] er fluchte fürchterlich; *su* (*pl* halves [hɑːvz]) Hälfte; *to go halves* halbpart machen *(with s-b in s-th)*; *to do s-th by halves* etwas unvollständig machen; *too good (clever) by ~* viel zu gut (übergescheit); **~-back** [ˊ'bæk] ⛩ Läufer; **~-baked** [ˊ'beikt] halbgebacken *(a. fig)*, unfertig, unausgegoren; **~-blood** [ˊblʌd] Halbblut; **~-breed** [ˊbriːd] Mischling; *zool, bot* Kreuzung; **~-brother** [ˊbrʌðə] Halbbruder; **~-caste** [ˊkɑːst] Mischling; **~-crown** [ˊ'kraun] ein 2/6-Stück; halbe Krone; **~-educated** [ˊ'edjukeitid] halbgebildet; **~-hearted** [ˊ'hɑːtid] mit halbem Herzen, ohne Begeisterung, lau; **~-holiday** [ˊ'hɔlədi] freier Nachmittag; **~ life** [ˊ'laif] Halbwertzeit; **~-light** [ˊlait] Halbdunkel; **~-linen** [ˊlinin] Halbleinen; **~-mast** [ˊ'mɑːst] halbmast; **~ pay** [ˊ'pei] *BE* halber Sold, Ruhegehalt; **~pence** ['heipəns] *pl, siehe* **~penny** ['heipni], *pl ~pence* halber Penny (als Wert), *pl ~pennies* halber Penny (als Münze); **~pennyworth** ['heipniwəːθ, 'heipəθ] (Menge) im Wert von ½ Penny; **~-price** [ˊ'prais] zum halben Preis; **~-seas-over** [ˊsiːz'ouvə] *umg* ziemlich angeheitert; **~-sister** [ˊsistə] Halbschwester; **~-staff** [ˊ'stɑːf] halbmast; **~-timbered** [ˊ'timbəd] Fachwerk-; **~-time** [ˊ'taim] halbe Zeit; ⛩ Halbzeit; **~-title** [ˊtaitl] 🕮 Schmutz-, Vortitel; **~-tone** [ˊtoun] 🕮 Autotypie, Netzätzung; **~-track** [ˊtræk] ✡ Halbketten-; **~-way** [ˊ'wei] auf halber Strecke, *fig* halb; *to meet s-b ~-way* j-m halb entgegenkommen; **~-witted** [ˊ'witid] töricht, schwachsinnig
halibut ['hælibət], *pl ~* Heilbutt
hall [hɔːl] Halle; Saal; Vorsaal, Diele, Flur; Herrenhaus; *BE* (Univ.) Wohnhaus; *BE (Univ.)* Speisesaal, Mahlzeit; **~mark** [ˊ'mɑːk] Feingehaltsstempel; *fig* Zeichen d. Echtheit, Kennzeichen; stempeln; **~-stand** [ˊstænd] Flurgarderobe
hall|o [hə'lou] Hallo; **~oo** [hə'luː] Hallo (rufen), anfeuern
hallow ['hælou] heiligen, weihen
hallucination [həluːsi'neiʃən] Sinnestäuschung
halo ['heilou], *pl* **~es, ~s** *astr* Hof; Heiligen-, Glorienschein
halt [hɔːlt] Halt, Rast (*to come to a ~* zum Stehen kommen); *BE* 🚂 Haltestelle; halten (lassen); zögern(d schwanken); stocken; *bes fig* hinken; **~er** Halfter; Strick; **~ingly** stockend
halve [hɑːv] halbieren; um die Hälfte verkürzen
halyard ['hæljəd] ⚓ Fall
ham [hæm] Schinken; Schenkel; *sl* Schmierenkomödiant; (Rundfunk-)Amateur; **~burger** [ˊbəːgə] Hamburger; **~-fisted, ~-handed** ungeschickt; **~let** Weiler
hammer ['hæmə] **1.** Hammer; *to be (go) at it ~ and tongs* [tɔŋz] wild drauflosarbeiten etc; **2.** hämmern; *~ out* platt-, glatthämmern; **3.** schlagen *(a. fig)*; **4.** *BE* für zahlungsunfähig erklären; **5.** *fig* schmieden, ausdenken
ham|mock ['hæmək] Hängematte; **~per** [ˊpə] Pack-, Wäschekorb; (be)hindern; **~string** [ˊstriŋ] Kniesehne; *vt (s. S. 318)* hemmen, lähmen

hand [hænd] **1.** Hand; *at* ~ nahe (bevorstehend); *by* ~ von H.; *to go* ~ *in* ~ *with* H. in H. gehen mit; ~ *over* ~ (od *fist*) Zug um Zug, stetig, spielend; *to be* ~ *in* (od *and*) ~ *with* sehr vertraut sein mit j-m, j-s Vertrauen haben; *to wait on* (od *serve*) *s-b* ~ *and foot* j-m ganz u. gar zu Diensten sein; *in* ~ auf d. Hand, in Arbeit; *on* ~ vorrätig, greifbar, anwesend; *on one's ~s (fig)* am Hals; *to get s-th off one's ~s* etw loswerden; *out of* ~ sogleich, außer Rand u. Band; *to feed out of s-b's* ~ j-m aus d. Hand fressen; *to come to* ~ eintreffen; *to bear* (od *lend, give*) *a* ~ helfen, zupacken bei; *to win ~s down* ohne Mühe, leicht gewinnen; *not to lift a~, not to do a ~'s turn* keine H. rühren; *he can turn his* ~ *to anything* er ist in allen Sätteln gerecht; *to put* (od *set*) *one's* ~ *to* etw anpacken, -greifen; *to keep one's* ~ *in* in Übung bleiben; **2.** *pl* Hand, Obhut; *to change ~s* d. Besitzer wechseln; *at the ~s of* von seiten; **3.** *fig* Hand, Einfluß (*the dead* ~ *of* d. bannende E. von); **4.** Arbeiter, Matrose; **5.** Fachmann (*bes: a good* ~ *at* tüchtig in; *an old* ~ ein alter Praktiker); **6.** (Uhr-)Zeiger; **7.** Handschrift; **8.** Seite (*on all ~s* auf allen S.); *on the one ~, on the other* ~ einer-, andererseits; **9.** Unterschrift *(to set one's* ~ *to a document)*; **10.** Spiel *(he plays a good ~)*; *to show one's* ~ seine Karten auf d. Tisch legen; *to play for one's own* ~ s. eigenes Interesse im Spiel haben; *to play into another's* ~ j-m in d. Hände spielen; **11.** (Mit-)Spieler; **12.** (Spiel-)Runde; **13.** Handbreit; **14.** *vt* reichen, (über)geben; **15.** j-m helfen *(out of the car)*; ~ *down* herunterreichen; überliefern; ~ *in* einreichen; ~ *over* übergeben; **~-bag** [ˊ-bæg] Handtasche; Tragtasche; **~ball** [ˊ-bɔːl] Handball(spiel); **~-barrow** [ˊ-bærou] Handkarren; **~bill** (Reklame-)Zettel, Flugblatt; **~brake** Handbremse; **~-car** *US* (Hand-)Draisine; **~cart** Handkarren; **~cuff** [ˊ-kʌf] Handschellen anlegen; **~cuffs** Handschellen; **~ful**, *pl* ~fuls Handvoll; *umg* schönes Problem, Sorgenkind; **~glass** Stiellupe; Handspiegel; **~icap** [ˊ-ikæp] ⛿ Handikap *(a. fig)*, Vorgabe(rennen); ⛿ Ausgleichsrennen, Handikap; Hindernis, Hemmnis (*to* für); (be)hindern; **~icraft** [ˊ-ikrɑːft] Handwerk; -fertigkeit; **~iwork** [ˊ-iwəːk] (der Hände) Arbeit, Werk *(a. fig)*; **~kerchief** [ˈhæŋkətʃif], *pl* ~kerchiefs Taschentuch; **~le** [hændl] (Hand-)Griff; *fig* Handhabe (*~le of the face* [*sl*] Zinken, Erker; *~le to the name* Titel); berühren, anfassen; handhaben; behandeln, umgehen mit, führen; **~le-bar** Lenkstange; **~-loom** [ˊ-luːm] Handwebstuhl; **~-me-downs** Fertigkleider; **~-organ** [ˊ-ɔːgən] Drehorgel; **~out** [ˊ-aut] *umg* Gabe (f. Bettler); Mitteilung, Erklärung (f. d. Presse); **~-rail** [ˊ-reil] Geländer; Handlauf; **~some** [ˈhænsəm] schön, hübsch; stattlich; ansehnlich, anständig; *~some is that* (od *as*) *~some does* edel ist, wer edel tut; **~spring** ⛿ Überschlag; **~-to-mouth** [ˊ-təˈmauθ] unsicher, von d. Hand in d. Mund; **~-writing** [ˊ-raitiŋ] Handschrift; **~y** geschickt; handlich; praktisch, gut zu handhaben; *to come in ~y* zupaß kommen, gerade (gut) passen; **~y man** Gelegenheitsarbeiter; Faktotum

hang [hæŋ] *(s. S. 318)* **1.** (be-, auf-)hängen; (Tapete) aufkleben; ~ *with paper* tapezieren; ~ *by a hair (by a single thread)* an e-m Faden hängen; **2.** schweben *(between life and death)*; ~ *the costs* auf d. Kosten pfeifen; ~ *the head* (beschämt) d. Kopf senken; **3.** aufhängen, henken; ~ *it (all)!* zum Kuckuck! *I'll be ~ed if* ich laß mich hängen, wenn; *to let things go* ~ d. Dinge hängen lassen; ~ *fire* schwer losgehen, *fig* auf s. warten lassen; **~ about** s. hängen an; herumlungern; **~ around** = ~ about; **~ back** zögern; **~ on** (s.) festhalten; durchhalten; an (j-s Lippen etc) hängen; **~ out** s. hinausbeugen; *sl* wohnen, s. aufhalten; **~ over** s. beugen über; hängen über; drohen; **~ together** zus.halten; zus.passen; **~ up** aufhängen; auf-, in d. Schwebe halten; **4.** ☏ einhängen; **5.** *su* Hängen, Fallen (v. Stoff), *not a* ~ nicht ein bißchen; *to get the* ~ *of s-th* d. Dreh (Bogen) 'raushaben, etwas richtig kapieren; **~ar** [ˈhæŋə] Flugzeughalle; **~dog** [ˊ-dɔg] Galgenstrick; Armesünder; **~er** Kleiderbügel; Aufhänger; **~-er-on** [ˊ-ərˈɔn], *pl* ~ers-on Anhänger, Schmarotzer; **~ing** Hinrichtung (durch den Strang); *pl* Behang, Tapeten; **~ing matter** e-e Tat, die durch Erhängen bestraft wird; **~man**, *pl* ~men Henker; **~nail** [ˊ-neil] Niednagel; **~out** *umg* Treffpunkt, Wohnung; **~over** [ˊ-ouvə] *sl* Katzenjammer, Kater

hank [hæŋk] Docke, Fitze, Strang; **~er** *after* verlangen, s. sehnen nach; **~y** Taschentuch

Hansard [ˈhænsəd] *BE* amtl. Parlamentsbericht

hansom [ˈhænsəm] zweirädr. Droschke; **~ cab** = ~

hap [hæp] Zufall, Glück; **~hazard** [ˊ-ˈhæzəd] zufällig; *at, by ~hazard* aufs Geratewohl; **~less** unglücklich; **~ly** vielleicht; **~pen** [ˈhæpən] s. ereignen, geschehen (*to s-b* j-m); j-m zustoßen, passieren mit; zufällig geschehen, sich treffen (*im Dt oft:* zufällig, gerade); *~pen on* stoßen auf; **~pening** Ereignis; **~piness** [ˊ-inis] Glück(seligkeit); **~py** glücklich, -selig; günstig; passend, treffend; **~py-go-lucky** [ˊ-pigoulʌki] unbekümmert, sorglos

ha'p'orth [ˈheipəθ] *siehe* halfpennyworth

harangue [həˈræŋ] (leidenschaftl.) Rede; Standpauke; e-e Rede (Standpauke) halten an

harass [*BE* ˈhærəs, *US* həˈræs] plagen, zusetzen; heimsuchen

harbinger [ˈhɑːbindʒə] Vorbote; ankündigen

harbour [ˈhɑːbə] Hafen *(a. fig)*; beherbergen, Versteck bieten; *fig* hegen; Schutz, Zuflucht suchen (in)

hard [hɑːd] **1.** hart; ~ *cash* Bar-, Hartgeld; ~ *water* hartes Wasser; ~ *of hearing* schwerhörig; *a* ~ *nut to crack (fig)* e-e harte Nuß; ~ *and fast* unabänderlich, scharf; **2.** schwierig, schwer; ~ *labour* Zwangsarbeit; ~ *drinker* Trunkenbold, ~ *drinking* starkes Trinken; **3.** streng, hart, schwer *(~ times)*; *to have a* ~ *time* es schwer haben; *to have* ~ *luck* Pech haben; *to be ~ on* streng sein zu, schlecht umgehen mit, j-n mitnehmen; **4.** hochprozentig; **5.** *adv* hart, schwer; **6.** sehr; stark (regnen etc); **7.** scharf (ansehen etc); *it will go ~ with him* es wird ihm schlecht gehen; *~ up* knapp bei Kasse, verlegen (*for* um), in Bedrängnis; **8.** unmittelbar (*after, upon* hinter; *by* in d. Nähe); **~-bitten** [ˊ-'bitn] zäh, stur; **~-boiled** [ˊ-'bɔild] hartgekocht; *fig* -gesotten, grob; **~en** (s.) (ab-, ver)härten; (Preis) anziehen; **~-headed** [ˊ-'hedid] nüchtern (denkend); **~-hearted** [ˊ-'ha:tid] hartherzig; **~ihood** [ˊ-ihud] Kühn-, Unverfrorenheit; **~iness** Stärke, Ausdauer; = ~ihood; **~ly** kaum (*~ly any* fast kein, *~ly ever* fast nie); hart, schwer, mühsam; **~ness** Härte; Strenge; Schwierigkeit; **~ship** Härte, Mühsal; Not; **~tack** Schiffszwieback; **~ware** [ˊ-wɛə] Eisenwaren; Hardware; **~wood** [ˊ-wud] Hart-, Laubholz; **~y** kräftig, abgehärtet; kühn, verwegen

hare [hɛə] Hase ♦ *to run with the ~ and hunt with the hounds* es mit beiden Seiten halten, doppeltes Spiel treiben; *~s and hounds* Schnitzeljagd; **~bell** [ˊ-bel] rundblättrige Glockenblume; **~-brained** [ˊ-breind] hirnlos, unbesonnen; **~lip** Hasenscharte

harem ['hɛərem] Harem

haricot ['hærikou] **(bean)** *BE* Gartenbohne

hark [ha:k] horchen; *~ back* zurückkommen

harl|equin ['ha:likwin] Harlekin; **~ot** [ˊ-lət] Hure, Dirne

harm [ha:m] **1.** Schaden (*to do ~* S. anrichten), Nachteil; *there's no ~ in (doing)* es schadet nichts (wenn); *he meant* [ment] *no ~* er meinte es nicht böse; *out of ~'s way* in Sicherheit; **2.** schaden, verletzen; **~ful** schädlich, nachteilig; **~less** unschädlich, harmlos

harmon|ic [ha:'mɔnik] harmonisch; Oberton; **~ica** [-'mɔnikə] Mundharmonika; Glasharmonika, -klavier; **~ious** [-'mouniəs] harmonisch *(a. fig)*; **~ium** [-'mouniəm], *pl* ~iums Harmonium; **~ize** [ˊ-mənaiz] in Einklang bringen, vereinigen; ♪ harmonisieren; harmonieren; **~y** [ˊ-məni] ♪, *fig* Harmonie; Einklang

harness ['ha:nis] **1.** ⚓ Geschirr; **2.** Harnisch; *in ~* in d. Tagesarbeit; *to die in ~* in d. Sielen sterben; *to work* (od *run*) *in double ~* zu zweit arbeiten; **3.** anschirren; **4.** *fig* nutzbar machen

harp [ha:p] Harfe (spielen); herumreiten (*on* auf), immer wieder hinweisen (*on* auf); **~er, ~ist** Harfespieler(in); **~oon** [-'pu:n] Harpune; harpunieren; **~sichord** [ˊ-sikɔ:d] Cembalo; **~y** ['ha:pi] Harpyie *(a. fig, zool);* Zankweib

harr|idan ['hæridən] alte Hexe; **~ier** [ˊ-iə] Hasenhund; *orn* Weihe; **~ow** [ˊ-ou] Egge; eggen; *fig* quälen; **~owing** [ˊ-ouiŋ] herzzerreißend, schrecklich, **~y** ['hæri] verheeren, plündern; quälen, martern

harsh [ha:ʃ] rauh, grob; barsch; schrill; streng, grausam

hart [ha:t] Hirsch; *~ of ten* Zehnender

harum-scarum ['hɛərəm'skɛərəm] unbesonnen, leichtsinnig, fahrig(e Person)

harvest ['ha:vist] Ernte(zeit); Ertrag; ernten; **~er** Schnitter(in); Mähmaschine; **~ festival** Erntedankfest; **~ home** Erntefest; **~man** [ˊ-mæn], *pl* ~men [ˊ-men] Erntearbeiter; *zool* Weberknecht, Kanker

has [hæz] *siehe* have; **~-been** auf d. absteigenden Ast (befindliche Person); abgetane, überholte Sache

hash [hæʃ] feinhacken, -wiegen; vermasseln; Haschee; *a ~* dasselbe in Grün, aufgewärmte Sache; *to make a ~ of* verhunzen; **~ish** ['hæʃi:ʃ] Haschisch

hasp [ha:sp] Schließhaken, Überwurf; mit e. S. (ver)schließen

hassock ['hæsək] (Knie-)Kissen *(bes eccl)*

hast|e [heist] Eile; Hast; *to make ~e* s. beeilen ♦ *more ~e, less speed* eile mit Weile; *vt/i* = **~en** [heisn] (s. be)eilen; beschleunigen, antreiben; **~y** ['heisti] eilig, hastig; voreilig; unbesonnen; hitzig

hat [hæt] Hut ♦ *to talk through one's ~* angeben, schwindeln; *to keep s-th under one's ~* etwas für s. behalten

hatch [hætʃ] **1.** Öffnung; ⚓, ✈ Luke; **2.** Fenster; *under ~es* unter Deck, eingesperrt, umgebracht; **3.** Brüten; Brut; **4.** (aus)brüten; **5.** aushecken; **6.** ausschlüpfen; **7.** schraffieren; **~back** Heckklappe; **~ery** [ˊ-əri] Brutanstalt; **~et** [ˊ-it] Beil; *to bury* ['beri] *the ~et* das Kriegsbeil begraben; **~way** Ladeluke

hat|e [heit] hassen; *umg* sehr bedauern, gar nicht gern (tun); Haß; **~eful** verhaßt; abscheulich; **~red** [ˊ-rid] Haß

hatter ['hætə] Hutmacher

hauberk ['hɔ:bə:k] Kettenpanzer

haughty ['hɔ:ti] hochmütig, stolz

haul [hɔ:l] **1.** schleppen; *~ at* (od *upon*) an (einem Seil) ziehen; **2.** transportieren, befördern; *~ down one's flag* (od *colours*) die Segel streichen; *~ s-b over the coals, ~ s-b up* sich j-n vorknöpfen; **3.** Ziehen; **4.** (Fisch-)Zug; *fig* Fang; **~age** [ˊ-idʒ] Transport(kosten)

haunch [hɔ:ntʃ] Hüfte; Schenkel; Keule

haunt [hɔ:nt] häufig be-, aufsuchen; heimsuchen; umgehen in; *~ed* Spuk-; *fig* verfolgen; (häufig besuchter) Ort, Aufenthaltsort; Schlupfwinkel

haut|boy ['oubɔi] Oboe; **~eur** [ou'tə:] Hochmut, Stolz

have [hæv] *(s. S. 318)* **1.** *Hilfsverb:* haben; *had I + pp = if I had; I ~ got = I ~;* **2.** *Vollverb (BE ohne do):* haben; *~ s-th on* (Hut) auf haben, etwas vorhaben; *~ you the time on you?* können Sie mir d. Zeit sagen?; (Geld) bei s. haben; *I ~ your idea now* jetzt verstehe ich Ihren Gedanken; *won't ~ (+ su, + ppr)* nicht dulden; **3.** *Vollverb (mit do)*: nehmen; essen, trinken, rauchen; *he likes to ~ his own way* er macht's gern, wie er's will; *~ it your own way!* wie du willst!; *~ a swim, a walk, a try (etc)* = to swim, to walk, to try (etc); **4.** erleben, durchmachen; *~ a pleasant time* es schön haben, s. amüsieren; **5.** ~(+ *su* + *Infin.,* ~ + *su* + *pp*) (veran)lassen; *I would ~ (him do it)* ich möchte (daß er es tut); ~ (+ *su* + *pp od ppr*) erleben; *~ s-b in (to dinner etc)* j-n einladen, hereinbitten; *s-b up* j-n (vor Gericht) vorladen; **6.** *fig* schlagen, 'reinlegen *(you've been had)*; **7.** *~ it that* behaupten, daß; *~ at s-b* losgehen auf; *~ s-th out with s-b* etwas mit j-m ausfechten; *~ one's time over again* noch mal leben, auf d. Welt kommen; *~ to do with* zu tun haben mit; *~ to (do)* (tun) müssen; **8.** (Kinder, Junge) kriegen; **9.** *su umg* Schwindel; *the ~s and ~-nots* d. Besitzenden und die Habenichtse

haven ['heivn] (Zufluchts-)Hafen *(a. fig)*

haversack ['hævəsæk] Provianttasche, Rucksack

havoc ['hævək] Verheerung, Verwüstung; *~, ~ked* verheeren; *to play ~ with (among), to make ~ of* verheeren, verheerend wirken auf

haw [hɔː] Mehlbeere; Frucht d. Schneeballs; stocken(d sprechen, *bes: to hum and ~*); **~finch** [ˊ-fintʃ] Kernbeißer; **~-haw** [ˊ-'hɔː] laut lachen

hawk [hɔːk] (Hühner-)Habicht; *allg* Falke; Gauner; beizen; s. räuspern; hausieren mit, auf d. Straße verkaufen; **~er** Straßenhändler; **~-eyed** [ˊ-aid] scharfäugig; **~ing** Beize, Beizjagd

haw|ser ['hɔːzə] ⚓ Trosse; **~thorn** [ˊ-θɔːn] Weiß-, Hagedorn

hay [hei] Heu; *to make ~* heuen ♦ *to make ~ while the sun shines* d. Eisen schmieden, solange es heiß ist; **~cock** [ˊ-kɔk] Heuhaufen; **~ fever** [ˊ-'fiːvə] Heufieber; **~-loft** [ˊ-lɔft] Heuboden; **~rick, ~stack** [ˊ-stæk] Heuschober

hazard ['hæzəd] Würfelspiel; Zufall; Wagnis, Gefahr; Unglücksfall; wagen, aufs Spiel setzen; **~ous** [ˊ-dəs] gewagt, gefährlich

haz|e [heiz] (trockener) Dunst, Schleier; **~y** ['heizi] dunstig, diesig

hazel [heizl] Haselnuß(strauch); braun

he [hiː] er; *~ who* derjenige, welcher; männlich; **~-man** richtiges Mannsbild, ganzer Kerl

head [hed] **1.** Kopf; *to keep one's ~* ruhig Blut behalten; *to lose* [luːz] *one's ~* den Kopf verlieren; *to have a ~ for* e-e gute Begabung haben für; *off one's ~* aufgeregt, verrückt; *to keep one's ~ above water* s. über Wasser halten; *to talk s-b's ~ off* j-n dumm u. dämlich reden; *to talk over s-b's ~* zu hoch reden für j-n; *to lay one's ~s together* gemeinsam beraten; *to put s-th out of one's (s-b's) ~* (j-n) etwas vergessen (lassen); *to drag in by the ~ and ears* an d. Haaren herbeischleppen; *~ over heels* bis über die Ohren; *to go to one's ~* in d. Kopf steigen; *to eat one's ~ off* viel futtern und wenig leisten; *to give (a horse, s-b) his ~* d. Zügel schießen, freien Lauf lassen; *to take s-th into one's ~* sich etw in d. Kopf setzen; *to make ~* Fortschritte machen; *to make ~ against* s. widersetzen; Vorderseite (e-r Münze); *~s or tails?* Vorder- oder Rückseite (beim Auslosen); *to be unable to make ~ or tail of it* überhaupt nicht klug werden aus etw; **2.** ⚔ Kopflänge; *~ and shoulders* ['ʃouldəz] *above* weit überlegen; **3.** *fig* Spitze; **4.** oberes Ende, oberer Rand; Oberteil; **5.** Person (*a ~* pro P.); *(pl ~)* Stück *(20 ~ of cattle)*; **6.** Haupt *(crowned ~)*; **7.** Führer, Leiter, Chef; **8.** Kopf (Salat etc); **9.** ⚙ Gefälle; **10.** ⚙ Druckhöhe, Wassersäule; **11.** Schaum (auf e-m Glas Bier); **12.** Abschnitt, Rubrik; **13.** ⚕ Durchbruchstelle; *to come to (form) a ~* auf-, durchbrechen, *fig* s. zuspitzen, ausbrechen; *to bring to a ~* zur Entscheidung bringen; **14.** *vt/i* mit e-m Kopf versehen; **15.** ⚔ köpfen; **16.** an d. Spitze gehen (stehen); **17.** lenken, leiten; **18.** s. bewegen, fahren (*south* nach S.; *for* nach); **19.** losgehen (*for* auf); *to be ~ing (~ed) for* auf d. Wege sein nach (zu) *(a. fig)*, lossteuern auf; *~ off* ablenken, -biegen *(a. fig)*, verhindern; *~ up (bot)* e-n Kopf bilden, *fig* s. zuspitzen; **~ache** [ˊ-eik] Kopfweh; **~cheese** [ˊ-tʃiːz] *US* Preßkopf; **~ cold** Schnupfen; **~-dress** Kopfputz; **~er** Kopfsprung; **~ establishment** [is'tæbliʃment] Hauptniederlassung; **~ firm** Stammhaus; **~ing** Überschrift, Titel; Rubrik; **~land** [ˊ-lənd] Vorgebirge; Kap, Landzunge; **~light** [ˊ-lait] 🎭, 🚗 Scheinwerfer; **~-line** [ˊ-lain] Überschrift, Schlagzeile; 📖 Kolumnentitel; **~long** [ˊ-lɔŋ] d. Länge nach, kopfüber; unbesonnen, ungestüm; **~master** [ˊ-'mɑːstə] Direktor, Leiter (e-r Schule); **~mistress** [ˊ-'mistris] Direktorin; **~ office** ['ɔfis] Hauptstelle, -büro; Zentrale; **~-on** [ˊ-'ɔn] frontal; Front(al)-; **~-phones** [ˊ-founz] Kopfhörer; **~-piece** [ˊ-piːs] Helm; 📖 Zierleiste; *umg* Kopf, Verstand; **~-quarters** [ˊ-'kwɔːtəz] *pl od sg vb mil* Stab, Kommandostelle; Hauptquartier; Hauptgeschäftsstelle, Zentrale; **~room** [ˊ-rum] lichte Höhe; **~-ship** Führung; Schulleiterstelle; **~-stone** [ˊ-stoun] Grabstein; **~strong** [ˊ-strɔŋ] halsstarrig; **~waters** [ˊ-wɔːtəz] Quelle (u. Oberlauf); **~way** [ˊ-wei] Fortschritt (*to make ~way* F. machen); (Zug-)Abstand, Folge; lichte Höhe; **~word** [ˊ-wəːd] Stich-, Leitwort; **~work** [ˊ-wəːk] Kopf-, Geistesarbeit; **~worker** Geistesarbeiter; **~y** ['hedi] starrsinnig; ungestüm; berauschend *(a. fig)*

heal [hiːl] heilen (*up, over* zu-); beilegen; **~er** Heil(praktik)er; **~ing** Heil-; **~th** [helθ] Gesundheit; *to drink a ~th to* j-m zu-, auf j-s Gesundheit trinken; *in good ~th* gesund; *~th-food shop* Reformhaus; **~thful** gesund(heitsfördernd); **~th resort** [ri'zɔːt] Kurort, Bad; **~thy** gesund

heap [hiːp] **1.** Haufen ♦ *to be struck* (od *knocked*) *all of a ~ (umg)* ganz platt, von d. Socken sein; **2.** *pl* sehr viel *(there is ~s to say; there are ~s of books)*; *~s of times* Dutzende von Malen; *~s (adv)* viel *(to feel ~s better)*; *~ up* aufhäufen; **3.** beladen (*with* mit); **4.** überhäufen; **~ed** [hiːpt] gehäuft

hear [hiə] *(s. S. 318)* hören (*of* von); Nachricht bekommen (*from* von); zuhören; ⚖ verhandeln, verhören; (Lektion) abhören; *~ s-b out* j-n zu Ende anhören; *will (would) not ~ of it* will davon nichts wissen (hören); **~ing** [ˊ-riŋ] Hören, Gehör; *within (out of) ~ing* in (außer) Hörweite; ⚖ Verhör, Sitzung; Audienz; **~ken** ['hɑːkən] horchen; **~say** [ˊ-sei] Hörensagen (*by ~say* vom H.); Gerede

hearse [hə:s] Leichenwagen
heart [hɑ:t] **1.** Herz; *to have one's ~ in one's work* mit d. Herzen bei d. Arbeit sein; *to take s-th to ~* s. etwas zu Herzen nehmen; *to take ~* Mut fassen; *to have s-th at ~* s. etwas sehr angelegen sein lassen; *to cry one-s ~ out* s. ausweinen; *to eat one's ~ out* s. vor Kummer verzehren; *to wear one's ~ upon one's sleeve* d. Herz auf d. Zunge tragen; *I have my ~ in my mouth* mir schlägt d. Herz bis zum Hals; *to have one's ~ in one's boots* d. Herz in d. Hose haben; *after my own ~* (so recht) nach meinem Herzen; *I could not find it in my ~* ich konnte es nicht über mich bringen; *by ~* auswendig; *~ and soul* mit Leib u. Seele; *in one's ~ of ~s* im Innersten seines Herzens; *~-to-~ talk* aufrichtige Aussprache; *a change of ~* Sinnesänderung; **2.** d. Innere; **3.** Kern; **4.** Herzchen, Schatz; **~-ache** [ˊ-eik] (tiefer) Kummer; **~-beat** [ˊ-bi:t] Herzschlag; **~-break** [ˊ-breik] Herzeleid; **~-breaking** herzzerbrechend; öde; **~-broken** [ˊ-broukən] tiefbekümmert; **~-burn** [ˊ-bə:n] Sodbrennen; **~burning** Neid, Groll; **~ complaint** [ˊ-kəm'pleint] Herzleiden; **~en** [ˊ-n] ermutigen, ermuntern; **~ failure** [ˊ-'feiljə] Herzversagen; **~felt** [ˊ-felt] tief empfunden; **~ily** sehr, von Herzen; *siehe* ~y; **~-rending** [ˊ-rendiŋ] herzzerreißend; **~-strings** Herz, Innerstes; **~ trouble** [ˊ-'trʌbl] Herzleiden, -fehler; **~-whole** [ˊ-houl] nicht verliebt; aufrichtig; **~y** herzlich; aufrichtig; kräftig, munter; herzhaft
hearth [hɑ:θ] Herd *(fig)*; Boden des Kamins; Feuerstelle; **~-rug** [ˊ-rʌg] Kaminvorleger
heat [hi:t] Hitze *(a. fig)*; Wärme *(a. fig)*; ♞ Lauf; ♞ Gang; *dead ~* unentschiedenes Rennen; *zool* Läufigkeit, Hitze, Brunstzeit; *~ (up)* erhitzen, aufwärmen; erregen; **~er** Heizofen, -sonne
heath [hi:θ] *BE* Heideland; Erika, *bes* Glokkenheide, gemeines Heidekraut; **~-cock** [ˊ-kɔk] Birkhahn; **~en** ['hi:ðən], *pl* ~ens, the ~en Heide *(a. fig)*; heidnisch; **~enish** heidnisch, barbarisch; **~er** ['heðə] gemeines Heidekraut
heav|e [hi:v] *(s. S. 318)* **1.** hochziehen, hieven; *~e a sigh (groan)* tief (auf)seufzen; **2.** ⚓, *umg* werfen; **3.** wogen; *~e in sight* in Sicht kommen; *~e to* beidrehen; **4.** Heben, Ziehen; **5.** Wurf; **6.** Wogen; **~en** ['hevn] Himmel *(a. fig)*; *to move ~en and earth* Himmel u. Hölle in Bewegung setzen; **~enly** Himmels-; himmlisch; **~enward(s)** ['hevnwəd(z)] himmelwärts
heavy ['hevi] schwer; reichlich; (Regen) stark; drückend, traurig, düster; (Himmel) bedeckt; schwerfällig, langsam; schwer passierbar *(road)*, schwer zu bearbeiten *(soil)*, schwer verdaulich; *to hang ~* langsam verstreichen; **~ current** ['kʌrənt] Starkstrom; **~ gymnastics** Geräteturnen; **~-handed** [ˊ-'hændid] ungeschickt; mit harter Hand (waltend); **~-hearted** [ˊ-'hɑ:tid] bedrückt, kummervoll; **~-laden** [ˊ-'leidn] schwer beladen; *fig* = ~-hearted; **~ print** 🕮 Halbfettdruck; **~-weight** [ˊ-weit] Schwergewicht

Hebr|aic [hi:'breiik] hebräisch; **~ew** ['hi:bru:] Jude; hebräisch; **~ides** ['hebridi:z] die Hebriden (Inseln westlich Schottland)
hecatomb ['hekətoum] Gemetzel, Massenopfer
heckle (hekl] (j-m) mit verfänglichen Fragen zusetzen, (j-n) in d. Enge treiben
hec|tic ['hektik] ⚕ hektisch *(umg a. fig)*; **~to** [ˊ-tou] Hekto-, Hundert-; **~tor** [tə] einschüchtern; prahlen
hedge [hedʒ] Hecke; *fig* Schranke; einhegen, -zäunen (*~ in* umschließen); einengen, Beschränkungen auferlegen; s. d. Rücken dekken, s. rückversichern; *~ about, on* zu umgehen versuchen; **~hog** [ˊ-hɔg] Igel; *mil* Igelstellung; Stachelschwein; See-Igel; Kratzbürste
heed [hi:d] beachten, achten auf; Beachtung, Aufmerksamkeit (*to give ~* B. schenken); *to take ~* s. in acht nehmen (*of* vor); **~ful** achtsam (*of* auf); **~less** unachtsam, achtlos
hee-haw ['hi:hɔ:] iah!; wiehern(des Gelächter)
heel [hi:l] **1.** Ferse, Hacken; **2.** Absatz; *to take to one's ~s, to show a clean pair of ~s* d. Beine in d. Hand nehmen, s. auf d. Socken machen; *to kick* (od *cool*) *one's ~s* s. d. Beine in d. Bauch stehen; *to kick up one's ~s* frohlocken, herumtollen; *to come to ~* bei Fuß gehen, s. fügen; *down at ~* mit schiefen Absätzen; schlampig; *out at ~(s)* mit Löchern in d. Strümpfen; elend, armselig; *under the ~ of* unter d. Stiefel des (Tyrannen etc); **3.** (Brot-) Knust, Ranft; **4.** e-n Absatz machen auf; *~ over* ⚓ krängen, (s.) auf d. Seite legen; **~tap** [ˊ-tæp] Flecken (auf d. Absatz); Rest (im Glas); *no ~taps!* Ex! (-trinken!)
hefty ['hefti] stämmig, stramm
hegemony [hi'geməni] Vorherrschaft
heifer ['hefə] Färse, junge Kuh
heigh-ho ['hei'hou] ach!
height [hait] Höhe (*what is your ~?* wie groß bist du?; *6 feet in ~* 1,80 m groß); Anhöhe, Gipfel; Höhepunkt; **~en** [haitn] erhöhen; verstärken
heinous ['heinəs] abscheulich, empörend; verrucht
heir [ɛə] Erbe; *to be ~ to* etwas erben; **~ess** ['ɛəris] Erbin; **~loom** [ˊ-lu:m] (Familien-)Erbstück
held [held] *siehe* hold
helicopter ['helikɔptə] Hubschrauber
helio|- ['hi:liou] Sonnen-; **~graph** [ˊ--grɑ:f] Heliograph; **~trope** ['heljətroup, *bes US* 'hi:liə-] *bot* Heliotrop; Baldrian; hellpurpur
helium ['hi:liəm] Helium
hell [hel] Hölle; *like ~* wie d. Teufel; *~ for leather* ['leðə] wie ein Wilder (fahren); **~ish** höllisch
hello ['he'lou] *siehe* hallo
helm [helm] ⚓ (Steuer-)Ruder *(a. fig)*; **~et** [ˊ-it] Helm; **~sman** [ˊ-zmən], *pl* ~smen ⚓ Rudergänger, Steuermann
help [help] **1.** helfen; *~ s-b up (down) with s-th* j-m beim Hinaufheben (Herunterholen) helfen; *~ s-b on (off) with the coat* j-m in (aus) d.

Mantel helfen; ~ *s-b to s-th* j-m etwas (bei Tisch) reichen; ~ *o. s. to* zugreifen bei, s. nehmen; *can(not) ~* kann (nicht) verhindern *(I can't ~ his being late)*; *it can't be ~ed* [helpt] es läßt sich nicht ändern; *I can't ~ it* ich kann nichts dafür; *can't ~ (doing)* kann nicht umhin (zu tun); *don't be longer than you can ~* (als du mußt); **2.** Hilfe; *to be of (some etc) ~* = to ~; **3.** Abhilfe; **4.** Hausangestellte; **~er** Helfer(in), Gehilfe; **~ful** hilfreich, nützlich; **~ing** Portion; **~less** hilflos; ohne Hilfe; **~mate** [ˊ-meit] (*bes* Ehe-)Gefährte, Partner
helter-skelter ['heltə'skeltə] holterdiepolter
helve [helv] (*bes* Axt-)Stiel ♦ *to throw the ~ after the hatchet* die Sache noch schlimmer machen
hem [hem] Saum; säumen; ~ *in, about, around* einschließen, umringen; hm machen, sich räuspern; hm!
hemi|- ['hemi] halb; **~demisemiquaver** [ˊ--demisemikweivə] *BE* 64stel Note; **~sphere** [ˊ--sfiə] Hemisphäre
hemlock ['hemlɔk] Schierling; ~ **spruce** Schierlingstanne
hemo- ['hiːmou] *US* = haemo-
hemp [hemp] Hanf; **~en** Hanf; hanfähnlich
hemstitch ['hemstitʃ] Hohlsaum (sticken in)
hen [hen] (Haus-)Huhn, Henne; *zool* weiblich; Weibchen; **~-party** [ˊ-pɑːti] Dameneinladung, Kaffeeklatsch; **~-pecked** [ˊ-pekt] unter d. Pantoffel (stehend)
hence [hens] von jetzt ab; deshalb; **~forth** [ˊ-fɔːθ], **~forward** [ˊ-fɔːwəd] von nun an
hench|man ['hentʃmən], *pl* **~men** Gefolgsmann, Anhänger
hepta|- ['heptə] sieben-; **~gon** [ˊ-gən, *US* ˊ-gɔn] Siebeneck
her [həː] *acc* sie; *poss* ihr; **~s** [həːz] ihrer
herald ['herəld] Herold; *fig* Vorbote; ankündigen; ~ *in* einführen; **~ry** Heraldik, Wappenkunde
herb [həːb, *US* əːrb] Kraut, Pflanze; Küchen-, Arzneikraut; **~aceous** [həː'beiʃəs] Kräuter-, Pflanzen-; **~age** [ˊ-idʒ] Kräuter; Gras; *BE* Weideland, -recht; **~alist** Kräutersammler, -verkäufer; **~arium** [-'bɛəriəm], *pl* ~ariums Herbarium; **~ivorous** [-'bivərəs] pflanzenfressend
Herculean [həːkju'liːən, -'kjuːliən] herkulisch, ungeheuer
herd [həːd] Herde; Rudel; *the (common) ~* d. (breite) Masse; Hirte; (Vieh) hüten; in e-r Herde leben, e-e Herde (e-n Haufen) bilden; **~sman** [ˊ-zmən], *pl* ~smen Hirte
here [hiə] hier(her); *look ~!* schau mal her!, hör mal zu!; ~ *you are!* bitte sehr!; *that's neither ~ nor there* das hat nichts zu bedeuten; ~ *goes!* auf geht's!; *~'s to...* auf d. Wohl von...; **~about(s)** [ˊ-rəbaut(s)] hier irgendwo; **~after** [ˊ-rɑːftə] hiernach; d. künftige Leben; **~by** [ˊ-'bai] hierdurch; infolgedessen
heredit|ary [hi'reditəri] ver-, ererbt; Erb-; überliefert; **~y** [-ˊ-ti] Vererbung
here|in ['hiər'in] hierin; **~of** [ˊ-r'ɔv] hiervon; **~tofore** [ˊ-tu'fɔː] ehemals, bis jetzt; **~upon** [ˊ-rə'pɔn] hierauf; **~with** [ˊ-'wið] hiermit; hierdurch
here|sy ['herəsi] Ketzerei; **~tic** [ˊ--tik] Ketzer; **~tical** [hi'retikl] ketzerisch
herit|able ['heritəbl] vererbbar, erblich; erbfähig; **~age** [ˊ--tidʒ] Erbe, Erbschaft
her|metic [həː'metik] hermetisch; **~mit** [ˊ-mit] Einsiedler, Eremit; **~mitage** Einsiedelei, Klause; **~nia** [ˊ-niə] ⚕ Bruch
hero ['hiərou], *pl* **~es** Held; **~ic** [hiə'rouik] heldenhaft; Helden-; **~in** ['herouin] ⚕ Heroin; **~ine** ['herouin] Heldin, Heroin; **~ism** ['herouizm] Heldentum, -mut
heron ['herən] *zool* Reiher
herring ['heriŋ], *pl* **~s** Hering; **~-bone** Fischgrätenstoff, -muster
her|s [həːz] *siehe* her; **~self** [həː'self] sich; *(all) by ~self* allein; ohne Hilfe; selbst; *she's not ~self today* sie ist nicht wie sonst heute; *she has come to ~self* sie ist wieder die alte
hesit|ancy ['hezitənsi], **~ance** Unentschlossenheit, Zögern; **~ant** [ˊ--tənt] zögernd, unentschlossen; **~ate** [ˊ--teit] zögern; Bedenken haben; **~ation** [--'teiʃən] Zögern, Unschlüssigkeit; Bedenken; *to have no ~ation in* keine Bedenken haben bei
hessian ['hesiən] Jute-, Sackleinen
hetero|dox ['hetərədɔks] anders-, irrgläubig; **~doxy** [ˊ---dɔksi] Irrglaube, -lehre; **~geneous** [---'dʒiːniəs] verschiedenartig, uneinheitlich, heterogen; **~nym** [ˊ---nim] Homograph
hew [çuː] *(s. S. 318)* hacken, hauen; ~ *out a career for o.s.* sich e-n Lebensweg bahnen
hexa|- ['heksə] sechs-; **~gon** [ˊ--gən, *US* ˊ--gɔn] Sechseck; **~gonal** [hek'sægənəl] sechseckig; **~meter** [hek'sæmitə] Hexameter
hey [hei] he!, hei!; **~day** [ˊ-dei] Höhepunkt
hiatus [hai'eitəs], *pl* **~es** Lücke; Hiatus
hib|ernate ['haibəːneit] überwintern, Winterschlaf halten; **~iscus** [hi'biskəs, haiˊ--], *pl* ~iscuses Eibisch, Hibiskus
hiccup (hiccough) ['hikʌp] Schlucken; *to have the ~s = to ~* d. Schlucken haben
hickory ['hikəri] Hickory(baum, -holz, -stock)
hid [hid] *siehe* hide; **~den** [hidn] *siehe* hide; **~e** [haid] *(s. S. 318)* (s.) verstecken, verbergen; Haut; *bes fig* Fell; **~e-and-seek** ['haidən'siːk] Versteckspiel; **~ebound** ['haidbound] engherzig; erzkonservativ; **~eous** ['hidiəs] abstoßend; scheußlich; **~e-out** ['haidaut] Versteck; **~ing** ['haidiŋ] Versteck(en); *to be in ~ing* s. versteckt halten; **~ing-place** Versteck, Schlupfwinkel; Tracht Prügel
hie [hai], *~ing, hying, ~d* eilen
hier|archy ['haiərɑːki] Hierarchie; **~oglyph** ['haiərəglif] Hieroglyphe
hi-fi ['hai'fai] 📻 absolute Klangtreue, Hi-Fi
higgledy-piggledy ['higldi'pigldi] wirr durcheinander, kunterbunt
high [hai] **1.** hoch; ~ *and dry* gestrandet *(a. fig)*; *to ride the ~ horse, to be on one's ~ horse* auf d. hohen Roß sitzen; *with a ~ hand* überheblich; **2.** stark (Wind); **3.** frisch, rot (Gesichtsfarbe); **4.** heftig (Worte); **5.** extrem

(Tory); ~ *living (feeding)* üppiges Leben; ~ *life* Leben d. Oberschicht; ~ *game* (od *meat*) leicht angegangenes Fleisch; **6.** edel, vornehm; **7.** *adv* hoch; ~ *and low* überall (suchen etc); *to play* ~ um hohen Einsatz spielen *(a. fig)*; *to fly* ~ hoch fliegen(de Pläne haben); *to run* ~ ⚓ hochgehen *(a. fig)*; **8.** *su* Höhe(punkt); *on* ~ in d. Höhe; *from on* ~ von oben; **~ball** [ˊ-bɔːl] *US* Whisky u. Soda; **~-born** [ˊ-bɔːn] hochgeboren; **~-bred** [ˊ-bred] vornehm; gut erzogen; **~brow** [ˊ-brau] Gebildeter, Intellektueller, kulturell Anspruchsvoller; **~falutin(g)** [ˊ-fəˈluːtin(ŋ)] hochgestochen, schwülstig; **~-flown** [ˊ-floun] hochtrabend; **~-handed** [ˊ-ˈhændid] anmaßend, tyrannisch; **~lands** [ˊ-ləndz] Hochland; **~light** *fig* Glanz-, Höhepunkt; Schlaglicht; unterstreichen, herausheben; **~ly** sehr, höchst; *to think ~ly of* viel halten von; *to speak ~ly of* loben; **~-minded** [ˊ-ˈmaindid] hochsinnig; **~ness** Höhe; Hoheit; **~-pitched** [ˊ-ˈpitʃt] ♪ hoch; (Dach) steil; **~road** Haupt(verkehrs)straße; ~ **school** [ˊ-skuːl] *US* höhere Schule; **~-spirited** [ˊ-ˈspiritid] hochgemut, kühn; **~-strung** [ˊ-strʌŋ] gespannt, überempfindlich; **~way** [ˊ-wei] (*bes* Land-, Haupt-) Straße *(a.* ⚓*, fig)*; **~wayman** [ˊ-weimən], *pl* ~ waymen Straßenräuber

hike [haik] wandern; Wanderung; **~r** [ˊ-ə] Wanderer

hilari|ous [hiˈlɛəriəs] fröhlich, ausgelassen; **~ty** [hiˈlæriti] Fröhlichkeit, Ausgelassenheit

hill [hil] Hügel, Berg; **~billy** [ˊ-bili] Hinterwäldler; **~ock** [ˊ-ək] (kl.) Hügel; **~side** [ˊ-said] Abhang; **~y** hügelig

hilt [hilt] Griff, Heft; *(up) to the* ~ vollständig, ganz und gar

him [him] ihn; **~self** [ˊ-self] sich; selbst; *siehe* herself

hind [haind] Hirschkuh; hintere(r); Hinter-; ~ *quarters* [ˈkwɔːtəz] Hinterteil; **~er** [ˊ-ə] hintere(r); Hinter-; **~er** [ˈhində] (be)hindern, aufhalten; **~most** [ˊ-moust] hinterste(r); **~sight** [ˊ-sait] Hinterher-Klugsein *(foresight is better than ~sight)*; **~rance** [ˈhindrəns] Hindernis, Hemmnis

hinge [hindʒ] (Tür-)Angel; Scharnier; *off the ~s* aus d. Fugen; *fig* Angelpunkt; mit e-r Angel versehen, befestigen; ~ *on* s. drehen um, abhängen von

hinny [ˈhini] Maulesel

hint [hint] Wink, Hinweis; *to take a* ~ e. Wink verstehen; Tip, Fingerzeig; Spur; andeuten; anspielen (*at* auf); **~erland** [ˊ-əlænd] *geog, pol* Hinterland

hip [hip] Hüfte; Hagebutte

hippo [ˈhipou], *pl* **~s** = ~potamus; **~drome** [ˊ-pədroum] Hippodrom; **~potamus** [hipəˈpɔtəməs], *pl* ~potamuses, ~potami [-‐ˊtəmai] Fluß-, Nilpferd

hire [haiə] **1.** j-n anstellen; **2.** etw mieten, (gegen Gebühr) leihen; **3.** (Raum) für kurze Zeit mieten, belegen; ~ *out* vermieten; **4.** Miete, Mietpreis; **5.** Arbeitslohn; *on* ~ mietweise, zu vermieten; *for* ~ zu vermieten; ~ *purchase* [ˈpəːtʃis] *BE* Raten-, Abzahlungs(ver)kauf; **~ling** Mietling

hirsute [ˈhəːsjuːt] zottig, haarig

his [hiz] seine(e, er)

hiss [his] zischen (~ *down* nieder-); ~ *s-b off the stage* auszischen; Zischen

histor|ian [hisˈtɔːriən] Geschichtsforscher, -schreiber; **~ic** [hisˈtɔrik] geschichtlich (bedeutsam); **~ical** geschichtlich (bezeugt), historisch; geschichtswissenschaftlich; **~y** [ˈhistəri] Geschichte *(to make, become ~y)*

histrionic [histriˈɔnik] schauspielerisch

hit [hit] *(s. S. 318)* **1.** treffen; **2.** schlagen, (Schlag) geben; ~ *out!* schlag zu!; ~ *a man when he's down,* ~ *a man below the belt* j-m e-n Schlag in die Magengrube geben *(a. fig)*; ~ *the nail on the head,* ~ *it,* ~ *the mark* den Nagel auf den Kopf treffen; ~ *s-b's fancy* j-m sehr gefallen; ~ *it off* s. vertragen (*with s-b* mit j-m); ~ *s-th on* (od *against*) mit (d. Kopf etc) schlagen gegen; **3.** *fig* treffen, in Mitleidenschaft ziehen, mitnehmen; ~ *on* geraten auf, finden, stoßen auf; ~ *town* in d. Stadt kommen; ~ *the hay (sack)* s. aufs Ohr legen; **4.** Schlag, Treffer *(a. fig)*; **5.** *fig* Hieb; 🎭, ♪ Schlager

hitch [hitʃ] **1.** rutschen, rücken; ~ *up* hochziehen; **2.** festbinden (*to* an, *round* um); **3.** hängenbleiben, s. verfangen (*on* an); ~ *(up)* anschirren; **4.** Ruck; **5.** ⚓ Stich, Knoten; **6.** *fig* Haken, Hindernis; **7.** *US sl* Strecke, Zeitspanne; *mil* Dienstzeit; **~-hike** [ˊ-haik] *sl* trampen, per Anhalter fahren

hither [ˈhiðə] hierher; **~to** [ˊ-‐ˈtuː] bis jetzt

hive [haiv] Bienenkorb, *fig* -haus; *pl* Nesselausschlag; (Bienen) in d. Stock bringen; (Honig) speichern; eng zusammenleben

hoar [hɔː] eisgrau; bereift; ~ *frost* Rauhreif; **~y** [ˈhɔːri] weißhaarig, grau; ehrwürdig

hoard [hɔːd] (heimlicher) Vorrat, Hort; ~ *(up)* aufspeichern, horten, hamstern; **~er** Hamsterer; **~ing** Aufspeichern, Hamstern; *BE* Bauzaun; *BE* Reklamefläche

hoarse [ˈhɔːs] heiser, rauh

hoax [houks] Täuschung, Schwindel; Streiche, Schabernack; foppen, reinlegen

hob [hɔb] Kaminvorsprung; = hobgoblin

hobble [hɔbl] humpeln, hinken; (an d. Füßen) fesseln; Humpeln; Seil (zum Fesseln); **~dehoy** [ˊ-diˈhɔi] Schlaks

hobby [ˈhɔbi] *fig* Steckenpferd; **~-horse** [ˊ-‐hɔːs] *konkr, abstr* Steckenpferd

hob|goblin [ˈhɔbgɔblin] Kobold; **~nail** [ˊ-neil] Nagel (f. Bergschuhe); **~nailed** [ˊ-neild] Nagel-, genagelt; **~nob** [ˊ-nɔb] zus. trinken; freundschaftl. verkehren mit

hobo [ˈhoubou], *pl* **~s** Wanderarbeiter, Landstreicher

Hobson's choice [ˈhɔbsənz ˈtʃɔis]: *it's* ~ ~ es bleibt keine andere Wahl

hock, *BE a.* **hough** [hɔk] Sprunggelenk; Hacke, Hachse; ~ *BE* weißer Rheinwein; *sl* Pfand, verpfänden; *in* ~ auf d. Pfandhaus; im Kittchen; verschuldet

hockey [ˈhɔki] Hockey *(~ ball, ~ stick)*

hod [hɔd] Mörtel-, Backsteintrage
hodge-podge ['hɔdʒpɔdʒ] *siehe* hotch-potch
hoe [hou] ⤓ Hacke; *vt/i (~ing, ~d)* hacken
hog [hɔg] (Haus-, Schlacht)Schwein; Jährling; *fig* Schwein(ehund), Flegel ♦ *to go the whole* [houl] ~ ganze Sache machen; **~gish** schweinisch, gierig; **~shead** [ˊ-zhed] großes Faß; Oxhoft (ca. 240 l)
hoick [hɔik] *bes* ✈ hochreißen
hoist [hɔist] hochziehen, -heben; hissen; Aufzug, Hebezeug; Schubs (nach oben)
hold [hould] *(s. S. 318)* **1.** halten; **2.** fassen, (ent)halten *(a. fig)*; **3.** (Ansicht) haben; meinen, d. Ansicht vertreten; ~ *water* stichhaltig sein, ziehen; ~ *good* zutreffen; ~ *the line* ☎ am Apparat bleiben; ~ *the road well* 🚗 gute Straßenlage haben; ~ *one's breath* d. Atem anhalten; ~ *one's hand* zögern, zurückhalten; ~ *one's peace* (od *tongue* [tʌŋ]) still sein; *there's no ~ing him* er läßt sich nicht halten; **4.** *mil* halten; ~ *one's ground* (od *one's own*) d. Stellung halten *(a. fig)*; **5.** besitzen, (inne)haben; ~ *office* im Amt sein; **6.** abhalten, veranstalten; **7.** anhalten, dauern; **~ aloof** s. fern-, zurückhalten; **~ back** (s.) zurückhalten; **~ by** festhalten an; **~ down** *(a position, job)* bleiben in, behalten; **~ forth** (j-m etw) hinhalten; (mit e-r Rede etc) loslegen; **~ in** zurückhalten, in d. Gewalt haben; **~ off** fernhalten; fern-, ausbleiben; **~ on** festhalten; anhalten *(bes: ~ on!)*; ~ *on one's way* weitermachen; ~ *on* ☎ am Apparat bleiben; *fig* durchhalten; **~ out** (Arme etc) ausstrecken; aus-, durchhalten; **~ over** verschieben, -tagen; (Waren) zurücklegen; **~ to** s. halten an; **~ together** zus.halten; **~ up** (Dach) tragen; stützen; hochhalten; aufhalten; überfallen; (Wetter) s. halten; ~ *up to ridicule* der Lächerlichkeit preisgeben; **~ with** es halten mit, billigen; **8.** *su* Halt, Griff; *to catch* (od *get*) ~ *of* ergreifen; *to keep* ~ *of* festhalten; *to lose* [luːz] ~ *of* loslassen; **9.** *fig* Einfluß, Gewalt (*over* über); **10.** ⚓ Laderaum; **~-all** *BE* Reisetasche; **~er** Halter; Inhaber; **~ing** (Pacht-)Besitz; Anteil; Vorrat, Lager; **~ing company** ['kʌmpəni] Dachgesellschaft; **~over** [ˊ-ouvə] *US* Überbleibsel; **~-up** Raubüberfall; Verkehrsstau
hole [houl] **1.** Loch *(a. fig)*; **2.** Höhle, Bau; *to pick ~s in* (herum)kritisieren an; *to put s-b in a* ~ j-n in e-e verzwickte Lage bringen; *to make a ~ in (fig)* ein Loch reißen in; *a square peg in a round* ~ völlig fehl am Platze; *~-and-corner* heimlich, unter d. Hand; **3.** durchlöchern; **4.** aushöhlen; **5.** ⛳ ins Loch spielen, einlochen
holiday ['hɔlədi] Feiertag; Ferien; *to take a* ~ s. freimachen, feiern; *on (a)* ~ in Ferien; Ferien machen; **~-maker** [ˊ--meikə] Feriengast, Sommerfrischler
holiness ['houlinis] Heiligkeit
holland ['hɔlənd] ungebleichte Leinwand; *pl* Wacholderbranntwein
hollow ['hɔlou] hohl *(a. fig)*, leer; *adv* völlig; *su* Vertiefung, Loch; kl. Tal; **~ware** [ˊ-wɛə] Hohlware, tiefes Geschirr
holly ['hɔli] Stechpalme; **~hock** Stockrose, -malve; **~ oak** = holm-oak
holm [houm] (Fluß-)Insel, Werder; *BE* Marschland; **~(-oak)** [ˊ-'ouk] Steineiche
holocaust ['hɔləkɔːst] Brandopfer; (Vernichtung durch) Brandkatastrophe
holster ['houlstə] Pistolentasche, Halfter
holy ['houli] heilig; *H~ Thursday* Himmelfahrtstag; Gründonnerstag; ~ *water* Weihwasser; *H~ Week* Karwoche; *a ~ terror (umg)* schrecklicher Kerl, Enfant terrible; **~stone** [ˊ-stoun] ⚓ Scheuerstein
homage ['hɔmidʒ] Huldigung; *to do* (od *pay*) ~ *to* huldigen *(a. fig)*
home [houm] **1.** *su* Haus, Heim; **2.** Zuhause; **3.** Heimat; *at* ~ zu Hause; *to be at* ~ Besuch empfangen; *at* ~ *in* wie zu Hause in, bewandert in; *to make one's* ~ s. niederlassen; *to be* (od *make, feel o. s.*) *at* ~ s. wie zu Hause fühlen, benehmen; **4.** ⛳ Ziel, Mal; **5.** *zool* Heimat; **6.** Institution, Heim; **7.** *adj* häuslich, Familien-; **8.** einheimisch, inländisch; **9.** Binnen-, Inlands-; **10.** *adv* nach Hause; **11.** zu Hause; *to drive a nail* ~ e-n Nagel ganz einschlagen; *to bring (drive)* ~ *(to)* eindringlich klarmachen; *to bring s-th* ~ *to* j-m etw beweisen, j-n überführen; *that will come* ~ *to you* d. werden Sie büßen müssen; *to come (go)* ~ *to* j-n empfindlich treffen; *to go (fig)* sitzen, treffen; **~-coming** [ˊ-kʌmiŋ] Heimkehr; **~less** heim(at)los; **~like** [ˊ-laik] häuslich, gemütlich; **~ly** schlicht, hausbacken; reizlos; gemütlich; *bes US* häßlich; **~-made** [ˊ-'meid] selbstgemacht; **H~ Office** *BE* Innenministerium; **~ room** *US* Klassenzimmer; **~ rule** Selbstregierung; **~sick** heimwehkrank; **~sickness** Heimweh; **~spun** [ˊ-spʌn] selbstgesponnen; schlicht, einfach; hausbacken; Homespun; **~stead** [ˊ-sted] Bauernhof; *US* Siedlungsland; **~ thrust** [ˊ-'θrʌst] Hieb, der sitzt *(a. fig)*; **~ward** [ˊ-wəd] nach Hause, heim(at)wärts; **~wards** [ˊ-wədz] *adv* = ~ward; **~work** [ˊ-wəːk] Hausaufgabe; **~worker** Heimarbeiter(in); **~y** ['houmi] *siehe* homy
homicid|e ['hɔmisaid] *allg* Mörder; ⚖ Totschlag, Verletzung mit Todesfolge; **~al** [--'saidl] mörderisch, Mord-
homily ['hɔmili] Predigt; Moralpauke
homing ['houmiŋ]: **~ device** Zielfluggerät; **~ pigeon** Brieftaube; **~ weapon** zielsuchende Waffe
hominy ['hɔmini] (grobes) Maismehl; Maisbrei
homoeopath|y, *US* **homeo-** [houmiː'ɔpəθi] Homöopathie; **~ist** [ˊ--ˊ-θist] Homöopath
homo|geneous [hɔmə'dʒiːniəs] homogen; **~graph** [ˊ--graːf] Homonym; **~nym** [ˊ--nim] Homophon; **~phone** [ˊ--foun] Homophon; gleichlautender Buchstabe
homy, *US* **homey** ['houmi] häuslich, gemütlich
hone [houn] ziehschleifen, honen
honest ['ɔnist] ehrbar, ehrlich; anständig (*to turn an ~ penny* s. Geld ehrlich verdienen); aufrichtig; **~-to-goodness** echt; **~y** Ehrbarkeit,

Ehrlichkeit; Anständigkeit ♦ *~y is the best policy* ehrlich währt am längsten
honey ['hʌni] Honig; Herzchen, Schätzchen; **~-bee** [ˊ–biː] Honigbiene; **~comb** [ˊ–koum] Honigwabe; **~combed** [ˊ–koumd] durchlöchert (*with* von); **~dew** [ˊ–djuː] Honigtau; gesüßter Tabak; Honigmelone; **~ed** [ˊ–d] honigsüß *(a. fig)*; **~moon** [ˊ–muːn] Flitterwochen, Hochzeitsreise (machen); **~suckle** [ˊ–sʌkl] *bot* Geißblatt
honk [hɔŋk] Ruf (d. Wildgans); Hupen; *vi* schreien (Wildgans); hupen
honor|arium [ɔnə'rɛəriəm, *BE a.* hɔ-], *pl* **~ariums, ~aria** (freiwillig gez.) Honorar; **~ary** ['ɔnərəri] Ehren-; ehrenamtlich; **~ific** [ɔnə'rifik] Ehren-(Titel)
honour ['ɔnə] **1.** Ehre; *to be in ~ bound, to be on one's ~* moralisch verpflichtet sein; *to put s-b on his ~* j-n moralisch verpflichten; **2.** Ehrerbietung, Achtung; *your H~* Euer Gnaden (Richtertitel); **3.** *pl* Ehrungen; *to do the ~s* d. Honneurs machen; *~s degree (BE)* gehobene Prüfung (Titel); **4.** (ver)ehren; **5.** akzeptieren, einlösen; **~able** [ˊ–rəbl] ehrenhaft, -voll; ehrenwert
hood [hud] Kapuze, Haube; 🚗 *BE* Verdeck, *US* Motorhaube; mit e-r Haube bedecken; **~ed** mit e-r Kapuze; *orn* Hauben-; **~ed crow** [krou] Nebelkrähe; **~lum** ['huːdləm] Rowdy, Strolch; **~wink** [ˊ–wiŋk] 'reinlegen, täuschen
hoo|f [huːf], *pl* **~fs** (*a.* ~ves) Huf; *pl sl* Pedale, Quanten; *on the ~f* lebend; latschen; schwofen; **~fed** [huːft] Huf-
hook [huk] **1.** Haken (*~ and eye* H. u. Öse); *by ~ or by crook* [kruk] mit allen Mitteln; *~, line, and sinker* mit allem Drum u. Dran; **2.** (zu-, ein)haken; **3.** angeln *(a. fig)*; **~ed** [hukt] hakenförmig; mit Haken versehen; **~-up** [ˊ–ʌp] 📻 Schaltbild; Sendergruppe; Zusammenschluß; **~worm** [ˊ–wəːm] Hakenwurm; **~y** [ˊ–i]: *to play ~y (US)* schwänzen
hooligan ['huːligən] Rowdy, Lümmel
hoop [huːp] (Faß-)Reifen (*a.* Spielzeug); (Rock-)Reifen; 🏇 (Krocket-)Tor; *siehe* whoop
hoopoe ['huːpuː] Wiedehopf
hoot [huːt] Schrei (d. Eule; Wut- etc); ⚙ Heulen; schreien; pfeifen; heulen; *BE* hupen; auspfeifen, niederzischen; **~er** Sirene; *BE* Hupe
hoover ['huːvə] *BE* Staubsauger; staubsaugen
hop [hɔp] Hopfen; (kurzer) Sprung; Tanz; (Flug-)Etappe; *~, step, and jump* 🏇 Dreisprung; hüpfen, (über)springen; *~ off* ✈ starten
hope [houp] Hoffnung; *to live in ~ of* hoffen auf; *~* hoffen (*for* auf; *for the best* d. Beste); *~ in* vertrauen auf; *~ against ~* wider alle Vernunft hoffen; **~ful** hoffnungsvoll (*about* hinsichtlich); *to be ~ful* hoffen (*of* auf); vielversprechend(e Person, *pol* Kandidat, Anwärter); **~fully** hoffentlich; **~less** hoffnungslos; ⚕ unheilbar
hop|per ['hɔpə] *zool* Springer, Floh; Käsemade; ⚙ Trichter; Hopfenpflücker; **~scotch** [ˊ–skɔtʃ] Himmel u. Hölle, Kästchen springen
horde [hɔːd] Horde, Bande; Schwarm; eine Horde bilden
horizon [hə'raizn] Horizont *(a. fig)*; **~tal** [hɔri'zɔntl] waagerecht (*out of the ~tal* nicht horizontal); Horizont-; **~tal bar** 🏇 Reck
hormone ['hɔːmoun] Hormon
horn [hɔːn] **1.** Horn; *~ (of plenty)* Füllhorn; **~s** Gehörn, Geweih; *to take the bull by the ~s* d. Stier bei d. Hörnern packen; *on the ~s of a dilemma* in e-r Zwickmühle; **2.** (Schnecken-)Horn, Fühler; *to draw in one's ~s* d. Hörner einziehen, *fig* zurückstecken; ♪ Horn (*French ~* Wald-, *English ~* Englisch-); **3.** Hupe; Nebelhorn; **4.** Sichel(ende) (des Monds); **~ed** [ˊ–d] Horn-; **~ed owl** [aul] Uhu; **~less** hörnerlos
hornet ['hɔːnit] Hornisse; *to stir up a nest of ~s, to bring a ~s' nest about one's ears* in ein Wespennest stechen
horn|pipe ['hɔːnpaip] ⚓ Hornpipe (Tanz); **~y** [ˊ–i] hornig; schwielig
horoscope ['hɔrəskoup] Horoskop (*to cast a ~* ein H. stellen)
horr|endous [hɔ'rendəs] fürchterlich; **~ible** ['hɔribl] entsetzlich; fürchterlich; **~id** ['hɔrid] schrecklich, gräßlich; **~ify** Entsetzen einflößen, entsetzen; **~ifying** entsetzlich; **~or** ['hɔrə] Entsetzen (*of* vor); Greuel, Schrecken; **~or-struck** [ˊ–strʌk], **~or-stricken** [ˊ–strikən] von Entsetzen gepackt
hors|de combat [ɔːdə'kɔːmbɑː] kampfunfähig; **~ d' œuvre** [ɔː'dəːvə], *pl ~* d' œuvres Vorspeise
horse [ɔːs] Pferd; *to mount* (od *ride, be on*) *the high ~* auf d. hohen Roß sitzen; *not to look a gift ~ in the mouth* e-m geschenkten Gaul nicht ins Maul schauen; *to flog a dead ~* s-e Energie vergeuden; *to put the cart before the ~* d. Gaul von hinten aufzäumen; *you may take a ~ to the water, but you can't make him drink* gewisse Dinge lassen sich nicht erzwingen; *a dark ~* 🏇 Außenseiter *(a. fig)*; Kavallerie; 🏇 Bock; Gestell, Ständer; **~back** [ˊ–bæk] Pferderücken; *on ~back* zu Pferde; **~ chestnut** [ˊ–'tʃesnʌt] Roßkastanie; **~flesh** [ˊ–fleʃ] Pferdefleisch; *umg* Pferde; **~-fly** [ˊ–flai] Bremse; Viehfliege; **~hair** [ˊ–hɛə] Pferdehaar; **~-laugh** [ˊ–lɑːf] wieherndes Lachen; **~man** [ˊ–mən], *pl* ~men Reiter; **~manship** Reitkunst; **~-play** Rüpelei, derbes Spiel; **~-power** [ˊ–pauə] Pferdestärke, PS (1 HP = 1,014 PS = 0,75 kW); **~-race** [ˊ–reis] Pferderennen; **~-radish** [ˊ–rædiʃ] Meerrettich; **~-sense** [ˊ–sens] gesunder Menschenverstand (Instinkt); **~shoe** [ˊ–ʃuː] Hufeisen; **~whip** Reitpeitsche; durchprügeln; **~woman** [ˊ–wumən], *pl* ~women [ˊ–wimin] Reiterin
horsy ['hɔːsi] pferdeliebend, -närrisch; Reiter-; Stall-
horticultur|al [hɔːti'kʌltʃərəl] Gartenbau-; **~e** [ˊ––tʃə] Gartenbau; **~ist** [––'kʌltʃərist] Gärtner; Gartenbaufachmann
hos|e [houz] Schlauch; Strümpfe; mit e-m Schlauch (be)spritzen; **~ier** ['houʒə] Strumpfhändler; **~iery** ['houʒəri] Strumpfware(n); *BE* Wirkwaren

hospi|ce ['hɔspis] Hospiz; **~table** [˗pitəbl] gastfrei, -freundlich

hospital ['hɔspitl] Krankenhaus, Klinik; **~ity** [--'tæliti] Gastfreundschaft; **~ize** [˗-təlaiz] in ein Krankenhaus aufnehmen (überweisen)

host [houst] **1.** Gastgeber, Wirt *(a. zool, bot)*; **2.** Gastwirt; *to reckon without one's ~* d. Rechnung ohne d. Wirt machen; **3.** *fig* Heer, Unmenge ♦ *he is a ~ in himself* er kann so viel wie hundert andre; *~s (eccl)* Heerscharen; *H~* Hostie; **~age** ['hɔstidʒ] Geisel; **~el** ['hɔstəl] Herberge; (Studenten-)Heim; *youth* [ju:θ] *~el* Jugendherberge; **~elry** ['hɔstəlri] Gasthof; **~ess** ['houstis] Gastgeberin, Wirtin; Gastwirtin, -wirtsfrau; ✈ Stewardeß; **~ile** ['hɔstail] feindlich, -selig; **~ility** [hɔs'tiliti] Feindseligkeit; Feindschaft; **~ler** ['ɔslə] *bes US* = ostler

hot [hɔt] heiß, (sehr) warm (*a.* Essen); (Geschmack) scharf(gewürzt); heiß(-blütig), hitzig, heftig; ⚙ heiß, hoch(radio)aktiv; ♪ ‚heiß' ♦ *to get into ~ water* in d. Patsche geraten; *to make a place too ~ for s-b* j-m d. Hölle heiß machen; *the place is too ~ for him* der Boden ist ihm zu heiß (unter d. Füßen); *to get ~ over* s. erhitzen wegen; (Spur) frisch, warm; *to be ~ on the track of s-b* j-m dicht auf d. Spur (sein); *~ and cold* unentschlossen; *give it him ~!* gib ihm Saures!; **~ air** [˗'ɛə] *umg* Angeberei, Prahlerei; **~bed** [˗bed] Mistbeet, *fig* Brutstätte; **~-blooded** [˗'blʌdid] heißblütig; **~ dog** Hot dog; **~head** [-hed] Hitzkopf; **~headed** [˗'hedid] hitzköpfig; schnell böse; **~house** [˗haus], *pl ~houses* [˗hauziz] Treibhaus; **~ money** [˗'mʌni] Fluchtkapital; **~ rod** 🚗 auffrisierter alter Wagen; **~spur** [˗spə:] Heißsporn; **~-water bottle** [-'wɔ:təbɔtl] Wärmflasche

hotchpotch ['hɔtʃpɔtʃ], *US* **hodgepodge** ['hɔdʒpɔdʒ] Gemüsesuppe; *fig* Mischmasch

hotel [hou'tel] Hotel; **~-keeper** [-˗ki:pə], **~ier** [hou'teliə] Hotelier

hough [hɔk] *BE* Sprunggelenk (*siehe* hock)

hound [haund] **1.** (Jagd-)Hund; **2.** Schuft; *to follow the ~s, to ride to ~s* mit der Meute jagen; *Master of (Fox) H~s* Master (e-r Parforcejagd); **3.** jagen, hetzen *(a. fig)*

hour [auə] Stunde; *the small ~s* die Stunden nach Mitternacht; *after ~s* nach Arbeitsschluß; *to keep good (bad) ~s* früh (spät) nach Hause kommen; *to keep early (late) ~s* früh (spät) zu Bett gehen; **~-glass** [˗gla:s] Sanduhr; **~-hand** [˗hænd] Stundenzeiger; **~ly** [˗li] stündlich; dauernd

house [haus], *pl ~s* ['hauziz] Haus; Gebäude; *the H~ (BE)* Parlament, Börse; 🎭 Theater, Haus; 🎭 Vorstellung; *to bring down the ~* zum Applaus hinreißen; Heim, Haus(halt); *to keep ~* d. Haushalt führen, haushalten; *to keep the ~* zu Hause bleiben; *to keep open ~* ein offenes Haus haben; Handelshaus, -firma; ⚕ Krankenhaus-; ~ [hauz] unterbringen; Wohnung(en) beschaffen für; **~-agent** [˗eidʒənt] *BE* Häusermakler; **~-boat** [˗bout] Haus-, Wohnboot; **~-breaker** [˗breikə] Einbrecher; *BE* Abbruchunternehmer; **~hold** [˗hould] Haushalt; **~holder** Wohnungsinhaber, Hauptmieter; Haushaltungsvorstand; **~hold word** Alltagswort; **~keeper** [˗ki:pə] Haushälterin; Leiterin e-s Haushalts; **~keeping** Haushaltsführung; **~maid** Hausmädchen; **~man** [˗mən], *pl ~men BE* Assistenzarzt (im Krankenh.); **~-top** [˗tɔp] Dach ♦ *to proclaim (etc) from the ~-tops* in aller Öffentlichkeit erklären; **~-warming** [˗wɔ:miŋ] Einzugsfeier; **~wife** [˗waif], *pl ~wives* [˗waivz] Hausfrau; *BE* ['hʌzif], *pl* ['hʌzivz] Nähtäschchen; **~work** [˗wə:k] Hausarbeit; **~ wrecker** [˗'rekə] *US* = ~-breaker (Abbruchunternehmer)

housing ['hauziŋ] Unterbringung; Lagerung; Wohnungsbeschaffung, -wesen; Wohn-; Miet-; **~ estate** [is'teit] Siedlung

hove [houv] *siehe* heave; **~l** ['hɔvl] Hütte, Bruchbude, Loch; **~r** ['hɔvə, *US* 'hʌvə] *orn* schweben *(a. fig)*; s. in der Nähe aufhalten; *fig* schwanken

how [hau] wie; *~ is he?* wie geht es ihm?; *~ do you do?* [˗dju'du:] wie gehts?; sehr erfreut! *~'s that?* wie ist das zu verstehen?; *~ about?* wie wär's, wenn?; **~beit** [˗'bi:it] wie dem auch sei, trotzdem; **~ever** [-'evə] wie ... auch, so ... auch; jedoch; **~soever** [-sou'evə] wie sehr auch

howitzer ['hauitsə] Haubitze

howl [haul] heulen; 📻 pfeifen; Heulen; *~ down* niederbrüllen; **~er** Schnitzer; **~ing** heulend; **~ing wilderness** trostlose Öde

hub [hʌb] ⚙ Nabe; fig Zentrum

hubbub ['hʌbʌb] Stimmengewirr, Tumult

hubby ['hʌbi] *umg* (Ehe-)Mann

huckaback ['hʌkəbæk] Gerstenkornleinen

huckle [hʌkl] Hüfte; **~berry** [˗beri] amerikan. Heidelbeere

huckster ['hʌkstə] Hausierer, Straßenhändler

huddle [hʌdl] zus.werfen, (s.) zus.drängen, -pressen; *~ o. s. up* s. zus.rollen, -kauern; wirrer Haufen, Wirrwarr; *sl* Geheimbesprechung (*to go into a ~ with* d. Köpfe zus.stecken)

hue [çu:] Farbe, Farbton; *~ and cry* [˗ən'krai] Zetermordio; *to raise a ~ and cry against* laut Protest erheben gegen

huff [hʌf] üble Laune, Wutanfall; **~y** mißlaunig; übelnehmerisch

hug [hʌg] (fest) in d. Arme nehmen, umarmen; *fig* festhalten an, s. nahe halten an; *~ o. s. over s-th* s. beglückwünschen zu; Umarmung (*to give s-b a ~* = to ~)

huge [çu:dʒ] riesig, gewaltig

hulk [hʌlk] plumpes Schiff; Hulk, Vorratsschiff; Schiffsgefängnis; *umg* Trampel; **~ing** klobig, plump

hull [hʌl] Schale, Hülse; ⚓ Rumpf (*~ down* R. unter d. Kimm); enthülsen, schälen; **~abaloo** [-əbə'lu:] Tumult, Spektakel

hullo ['hʌ'lou] hallo (*a.* ☎)

hum [hʌm] summen (*a.* ⚙; *to o.s.* vor s. hin); *to make things ~* d. Laden in Schwung bringen; h'm machen, stocken, zögern (*siehe* haw); Summen; Brausen; **~ming-bird** [˗iŋbə:d] Kolibri

human ['çu:mən] menschlich; Menschen-; ~ *(being)* Person, Mensch; **~e** [-'mein] mensch(enfreund)lich, human; humanistisch; **~ism** [-–nizm] Humanismus; **~ist** Humanist; **~itarian** [-mæni'tɛəriən] Menschenfreund; humanitär; **~itarianism** humanitäre Lebenseinstellung; **~ity** [çu:'mæniti] Menschheit; menschliche Natur; Menschlichkeit, Humanität; *pl* klassische Philologie, Geisteswissenschaften; **~ize** [-–aiz] menschlich, gesittet machen, zivilisieren; menschliches Gepräge geben; **~kind** [-–'kaind] Menschheit; **~ly** (nach) menschlich(em Ermessen); **~ly speaking** nach menschlichen Begriffen

humble [hʌmbl] unterwürfig, demütig; niedrig, bescheiden (*to eat ~ pie* [-'pai] s. erniedrigen, Abbitte tun); *vt* demütigen; **~-bee** [-bi:] *bes BE* Hummel

hum|bug ['hʌmbʌg] Schwindel, Humbug; (be)schwindeln (*out of* um); verleiten (*into* zu); **~drum** [-drʌm] alltäglich, einförmig

humerus ['çu:mərəs] Oberarmknochen

humid ['çu:mid] feucht; **~ify** [-–ifai] befeuchten, feucht machen; **~ity** [-–iti] Feuchtigkeit

humil|iate [çu:'milieit] erniedrigen, demütigen; **~iation** [-,--'eiʃən] Erniedrigung, Demütigung; **~ity** [-'militi] Demut, Niedrigkeit

hummock ['hʌmək] Erdhügel; Eisbarriere

hum|orist ['çu:mərist] Humorist; lustige Person; **~orous** [-mərəs] humorvoll, spaßig; **~orous paper** Witzzeitschrift; **~our** [-mə] Humor (*sense of ~our* H.); Stimmung *(not in the ~our for work)*; *out of ~our* verstimmt; ⚕ Flüssigkeit; *vt* (j-m) zu Willen sein, seinen Willen lassen, nachgeben

hump [hʌmp] Höcker; Buckel; ~ *up* Buckel machen, d. Schultern hochziehen; **~back** [-bæk] Buckel; Buckliger; **~backed** [-bækt] bucklig; **~ty-dumpty** [-tidʌmpti] untersetzte Person, Dickerchen

humph [mm, hʌmf] hm!

humus ['çu:məs] Humus

Hun [hʌn] Hunne *(a. fig)*; *BE sl* (verdammter) Deutscher

hunch [hʌntʃ] Buckel; Runk(s)en, Stück; *umg* Ahnung, Gefühl *(to have a ~)*; Buckel machen, d. Schultern hochziehen; **~back(ed)** = humpback(ed)

hundred ['hʌndrəd] hundert; *to have a ~ and one things to do* Dutzende von Sachen zu tun haben; **~fold** [-–fould] hundertfach; **~th** [-–θ] hundertste; **~weight** [-–weit] Zentner (*BE* = 112 pounds = 50,80 kg; *US* = 100 pounds = 45,36 kg)

hung [hʌŋ] *siehe* hang; **~er** [-gə] Hunger *(a. fig)*; hungern; verlangen (*for* nach); **~ry** [-gri] hungrig *(a. fig)*; hungrig machend

hunk [hʌŋk] Runks, Runken, Stück

hunt [hʌnt] **1.** hetzen(d jagen); *US allg* jagen, schießen; **2.** suchen (*for* nach); ~ *down* zur Strecke bringen; ~ *out* (auf)finden; ~ *up* ausfindig machen; verjagen; **3.** *BE* Fuchsjagd halten in, zur F. benutzen, Master sein bei; **4.** (*BE* Parforce-)Jagen, Jagd; **5.** Suchen; **6.** *BE* Fuchsjagdgruppe; Fuchsjagdgebiet; **~er** *BE* Großwildjäger; *US allg* Jäger; Jagdpferd; Uhr mit Deckel; **~ing** (*BE bes* Fuchs-)Jagen, Jagd; Verfolgung; **~ing-man** (*bes* Parforce-)Jäger; **~ing-ground** Jagdgrund *(a. fig)*; **~ress** [-ris] Jägerin; **~sman** [-smən], *pl ~smen* [-smen] *BE* (Parforce-)Jäger; Pikör

hurdle [hə:dl] Hürde *(a.* ⚔*, fig)*; *pl* (= ~-race) Hürdenlauf, -rennen; Hürdenlaufen (-springen, *fig* nehmen); **~r** [-lə] Hürdenläufer

hurdy-gurdy ['hə:digə:di] Drehleier; *umg* Drehorgel

hurl [hə:l] schleudern; **~y-burly** [-ibə:li] Tumult, Wirrwarr

hurrah [hu'rɑ:], **hurray** [hu'rei] Hurra (rufen)

hurricane ['hʌrikən, *bes US* -–kein] Orkan *(a. fig)*; **~-lamp, ~-lantern** [-––læmp, læntən] Sturmlampe

hurr|ied ['hʌrid] eilig, hastig; **~y** [-i] (zu große) Eile, Hast; *is there any ~y?* ist es eilig?; *there's no ~y* es eilt nicht; *in a ~y* in Eile; *to be in a ~y* es eilig haben, darauf brennen (etwas zu tun); *not... in a ~y* nicht so leicht (bald); (s. be)eilen; *to make s-b ~y* = **to ~y** *s-b* j-n zur Eile antreiben; eilends hinschicken; *~y off* wegeilen, -schicken; *~y up* s. beeilen, beschleunigen

hurt [hə:t] *(s. S. 318)* verletzen; wehe tun, schädigen, schaden; beleidigen; Verletzung; Schaden (*to* für); **~ful** schädlich; **~le** [-l] sausen, schießen, fegen

husband ['hʌzbənd] (Ehe-)Mann, Gatte; sparsam umgehen mit; **~man** [-–mən], *pl* ~men Landwirt; **~ry** [-–ri] Landwirtschaft; (gutes) Wirtschaften

hush [hʌʃ] still!; beruhigen; ~ *up* vertuschen; Stille; ~ **money** [-'mʌni] Schweigegeld

husk [hʌsk] Hülse, Schale; *(a. fig)*; enthülsen; **~y** hülsenartig; Hülsen-; trocken, rauh; stämmig(er Kerl); Eskimohund

huss|ar [hu'zɑ:] Husar; **~y** ['hʌsi] freche Göre, Frauenzimmer; Flittchen

hustle [hʌsl] (schnell) schubsen, drängen; s. beeilen, intensiv arbeiten; j-n drängen (*into* zu); Drängen; *fig* Betrieb

hut [hʌt] Hütte; Baracke; ~ *camp* Barackenlager

hutch [hʌtʃ] Kaninchenstall; Kasten

huzz|a [hu'zɑ:] = hurrah; **~y** ['hʌzi] = hussy

hyacinth ['haiəsinθ] Hyazinthe

hybrid ['haibrid] *bot, zool* Bastard, Zwitter; hybrid(e Wortbildung); Zwitter-; **~ize** [-–aiz] kreuzen

hydr|a ['haidrə], *pl* **~as** Hydra *(a. fig)*; Wasserschlange; (Süßwasser-)Polyp; **~angea** [-'dreindʒə], *pl* ~angeas Hortensie; **~ant** [-ənt] Hydrant; **~aulic** [-'drɔ:lik] hydraulisch; **~aulics** *sg vb* Hydraulik

hydro ['haidrou], *pl* **~s** *umg* Kurhaus; Wasser-; **~carbon** [-–'kɑ:bən] Kohlenwasserstoff; **~chloric acid** [-–'klɔrik'æsid] Salzsäure; **~-electric** [-–i'lektrik] hydroelektrisch, Wasserkraft-; **~gen** ['haidrədʒən] Wasserstoff; **~pathic** [-–'pæθik] **establishment** Kurhaus, Bäderanstalt; **~pathy** [hai'drɔpəθi] Wasserbe-

handlung; **~phobia** [ˊ–'foubiə] ⚕ Tollwut; *umg* Wasserscheu; **~plane** [ˊ–plein] ⚓ Gleitboot; Tiefenruder (am U-Boot); Wasserflugzeug; **~ponics** [–'pɔniks] *sg vb* Hydroponik, Hydrokultur
hyena [hai'i:nə], *pl* **~s** Hyäne *(a. fig)*
hygien|e ['haidʒi:n] Hygiene, Gesundheitspflege; **~ic** [–'dʒi:nik, *US* –dʒi'enik] hygienisch
hymn [him] (kirchl.) Chor, Hymne; **~al** ['himnəl] = **~-book** Gesangbuch
hyperbol|a [hai'pə:bələ], *pl* **~as** *math* Hyperbel; **~e** [–ˊ–li], *pl* ~es Übertreibung
hyper|critical ['haipə'kritikl] hyperkritisch, zu scharf; **~tension** [ˊ–'tenʃən] ⚕ zu hoher Blutdruck; **~trophy** [–'pə:trəfi] übermäßiges Wachstum
hyphen ['haifən] Bindestrich; (Silben-)Trennstrich, Divis; *vt* = **~ate** [ˊ–neit] mit Bindestrich schreiben
hypno|sis [hip'nousis], *pl* **~ses** [–ˊsi:z] Hypnose; **~tic** [–'nɔtik] hypnotisch; **~tism** [ˊnətizm] Hypnose; Hypnotismus; **~tize** [ˊnətaiz] hypnotisieren
hypo ['haipou], *pl* **~s** Injektionsnadel; Fixiernatron, -salz; **~crisy** [hi'pɔkrəsi] Heuchelei; **~crite** ['hipəkrit] Heuchler(-in); **~critical** [hipə'kritikl] heuchlerisch; **~dermic** [–'də:mik] ⚕ subkutan; **~tenuse** [hai'pɔtinju:z] Hypotenuse; **~thecate** [hai'pɔθikeit] ⚖ verpfänden; **~thesis** [hai'pɔθisis], *pl* ~theses [–ˊ–si:z] Hypothese; **~thetical** [haipə'θetikl] hypothetisch
hyssop ['hisəp] *bot* Ysop; Weihwedel
hyster|ia [his'tiəriə] Hysterie (⚕, *allg*); **~ical** [–'terikl] hysterisch; **~ics** [–'teriks] *pl vb umg* hysterischer Anfall

I

I [ai] ich
iambic [ai'æmbik] jambisch(er Vers)
ibex ['aibeks], *pl* **~es** Steinbock
ibidem [i'baidem] an derselben Stelle, a. a. O.
ibis ['aibis], *pl* **~es** Ibis
ice [ais] **1.** Eis; *to break* [breik] *the ~ (fig)* d. Eis brechen; *to cut no* nicht v. Belang sein; **2.** Speiseeis; **3.** gefrieren machen; **4.** vereisen; **5.** zufrieren; **6.** in Eis kühlen; **7.** mit Zuckerguß überziehen; **~-age** [ˊ–eidʒ] Eiszeit; **~berg** [ˊbə:g] Eisberg; **~-boat** Eisjacht; **~-bound** [ˊbaund] eingefroren, im Eis eingeschlossen; **~-box** [ˊbɔks] Eisschrank, *US mst* Kühlschrank; **~-breaker** [ˊbreikə] Eisbrecher; **~-cream** [ˊkri:m] (Speise-)Eis; **~-field** [ˊfi:ld] Eisfeld; **~-free** [ˊfri:] eisfrei; **~ hockey** Eishockey; **~-rink** Eislaufbahn; **~-show** [ˊʃou] Eisrevue
ic|icle ['aisikl] Eiszapfen; **~ing** Zuckerguß; ✈ Eisbildung; **~ing sugar** ['ʃugə] *BE* Puderzukker
icon ['aikən] Ikone; **~oclasm** [ai'kɔnəklæzm] Bilderstürmerei *(a. fig)*; **~oclast** [ai'kɔnəklæst] Bilderstürmer *(a. fig)*
icterus ['iktərəs] ⚕ Gelbsucht
icy ['aisi] eisig *(a. fig)*; eisbedeckt
id [id] Es
idea [ai'diə], *pl* **~s** Idee; Vorstellung, Gedanke; Ahnung; *to get ~s into one's head* s. übertriebene Vorstellungen machen; *the ~ of such a thing!* man stelle s. so was vor!; **~l** [–ˊəl] ideal; rein gedanklich; idell; Ideal; **~lism** Idealismus; **~list** Idealist; **~listic** [––'listik] idealistisch; **~lize** [–ˊlaiz] idealisieren
identi|cal [ai'dentikl] genau derselbe; genau übereinstimmend, identisch (*with* mit); **~fy** [–ˊ–fai] wiedererkennen; gleichsetzen (*with* mit); j-n ausweisen (*as* als); **~ty** [–ˊ–ti] Identität; Persönlichkeit; **~ty card** Personalausweis
ideo|gram ['idiougræm], **~graph** [ˊ–gra:f] Ideogramm; **~logical** [aidiə'lɔdʒikl] ideologisch, weltanschaulich; **~logue** [ai'diəlɔg] von e-r Idee Besessener; **~logy** [aidi'ɔlədʒi] Ideologie, Weltanschauung; Begriffslehre; reine Theorie, Schwärmerei
id est ['id'est] das heißt
idio|cy ['idiəsi] Blöd-, Schwachsinn; Idiotie; **~m** [ˊ–əm] idiomatische Wendung; Idiom, Sprache; **~matic** [idiə'mætik] idiomatisch; reich an idiom. Wendungen; **~syncrasy** [–––'siŋkrəsi] persönliche Eigenheit, Vorliebe; ⚕ Idiosynkrasie; **~t** [–'diət] Schwachsinniger, Idiot (⚕, *umg*); **~tic** [––'ɔtik] idiotisch, blöde
idle [aidl] untätig; nicht in Betrieb; müßig (*~ hour* Mußestunde); faul; leer (*a.* ⚙), nutzlos; faulenzen; ⚙ leer laufen; *~ away* vertrödeln; **~ r** ['aidlə] Müßiggänger, Trödler
idol [aidl] Götze, Abgott *(a. fig)*; Idol; **~ater** [ai'dɔlətə] Götzendiener; **~atrous** [ai'dɔlətrəs] abgöttisch; **~atry** [ai'dɔlətri] Abgötterei; Vergötterung; **~ize** ['aidəlaiz] vergöttern
idyll, *bes US* **idyl** ['aidil] Idyll; **~ic** [ai'dilik] idyllisch
if [if] wenn, falls; wenn auch; wann immer; ob; *as ~* als ob; *~ not* wenn auch nicht, wenn nicht sogar; *~ any* falls überhaupt (etwas, jemand, welcher etc); *~ anything* falls das überhaupt möglich ist, vielleicht
igloo ['iglu:], *pl* **~s** Iglu; Kühlbehälter
ign|eous ['igniəs] feurig; **~eous rocks** Eruptivgestein; **~is fatuus** ['ignis 'fætjuəs] Irrlicht; **~ite** [ig'nait] (s.) (ent)zünden; **~ition** [ig'niʃən] Entzündung; 🚗 Zündung, Zünd- (*key* -schlüssel)
igno|ble [ig'noubl] unadelig; niedrig, gemein; schändlich; **~minious** [ignə'miniəs] schändlich; **~miny** ['ignəmini] Schande; Schandtat
ignor|amus [ignə'reiməs], *pl* **~amuses** Unwissender, Dummkopf; **~ance** [ˊ–rəns] Unwissenheit (*of* über); **~ant** ungebildet, unwissend; nicht wissend (kennend); *to be ~ant of* etwas nicht wissen; **~e** [ig'nɔ:] nicht beachten
iguana [ig'wa:nə], *pl* **~s** Leguan
ilex ['aileks], *pl* **~es** Steineiche; Stechpalme
ilk [ilk]: *of that ~* von der Art; desselben Namens
ill [il] **1.** *pred* krank (*with* an, vor); **2.** *attr* schlecht, übel, böse, schlimm; *to do s-b an ~*

turn j-m etwas Schlechtes antun; *to have ~ luck* Pech haben ♦ *it's an ~ wind that blows nobody good* kein Unglück ist so groß, es trägt ein Glück im Schoß; *~ weeds grow apace* [ə'peis] Unkraut verdirbt nicht; **3.** *su* Übel, d. Böse; Mißgeschick; **4.** *adv* schlecht *(to speak ~ of s-b); to take s-th ~* etwas übelnehmen; *to go ~ with* nachteilig sein für; kaum *(we could ~ afford it)*; **~-advised** [ˊ-əd'vaizd] unklug; **~-affected** [ˊ-ə'fektid] übelgesinnt; **~-bred** [ˊ-'bred] schlecht erzogen, ungebildet; **~ breeding** [ˊ-'bri:diŋ] schlechte Erziehung, Ungezogenheit; **~-disposed** [ˊ-dis'pouzd] übel gesinnt, unfreundlich; **~-fated** [ˊ-'feitid] unglücklich, -bringend; **~-favoured** [ˊ-'feivəd] unschön, häßlich; **~ feeling** [ˊ-'fi:liŋ] Abneigung, Unfreundlichkeit; **~-gotten** [ˊ-'gɔtn] unrechtmäßig erworben; **~-humoured** [ˊ-'çu:məd] übellaunig; **~-judged** [ˊ-'dʒʌdʒd] unklug, unüberlegt; **~-mannered** [ˊ-'mænəd] unge-, unerzogen; **~-natured** [ˊ-'neitʃəd] bösartig, flegelhaft; **~-starred** [ˊ-'sta:d] unglücklich, unter e-m Unglücksstern; **~-tempered** [ˊ-'tempəd] schlechtgelaunt, reizbar; **~-timed** [ˊ-'taimd] unzeitig, unangebracht; **~-treat** [ˊ-'tri:t] schlecht be-, mißhandeln; **~-use** [ˊ-'ju:z] = ~-treat; **~ will** [ˊ-'wil] Feindlichkeit, Haß

illegal [i'li:gəl] ungesetzlich, gesetzwidrig

illegi|ble [i'ledʒibl] unleserlich; **~timacy** [ili'dʒitiməsi] Ungesetzlichkeit; Unehelichkeit; Unschlüssigkeit; **~timate** [ili'dʒitimit] ungesetzlich; unehelich; nicht schlüssig

illi|beral [i'libərəl] engherzig; unedel; knauserig; **~cit** [i'lisit] unerlaubt

illimitable [i'limitəbl] unbegrenzbar, grenzenlos

illitera|cy [i'litərəsi] Unwissenheit, Ungebildetheit; Analphabetismus; **~te** [-ˊ-rit] unwissend, ungebildet; des Lesens und Schreibens unkundig; Analphabet; Ungebildeter

illness ['ilnis] Krankheit; Kranksein

illogical [i'lɔdʒikl] unlogisch; **~ity** [-ˌ--'kæliti] Unlogik; Ungereimtheit

illumin|ate [i'lu:mineit] be-, erleuchten; illuminieren; erläutern; **~ation** [-ˌ--'neiʃən] Beleuchtung; Illumination; ▶ Bildhelligkeit; Erläuterung; **~ator** [-ˊ-neitə] ☗ Beleuchter; **~e** [i'lu:min] erleuchten, -hellen *(a. fig)*

illu|sion [i'lu:ʒən] Illusion, (Sinnes-)Täuschung; **~sive** [-ˊ-siv] täuschend, trügerisch; **~sory** [-ˊ-səri] unwirklich, trügerisch

illustr|ate ['iləstreit] bebildern; erläutern; *~ated paper* Illustrierte; **~ation** [--'treiʃən] Erläuterung; Illustration; **~ative** ['iləstreitiv, *US* i'lʌstrətiv] erläuternd; anschaulich (*~ative data* Anschauungsmaterial); **~ator** [ˊ--tə] Illustrator; **~ious** [i'lʌstriəs] berühmt, erlaucht, illuster

imag|e ['imidʒ] (Eben-, Spiegel-)Bild; Vorstellung; ☗, ▶ Bild; abbilden, widerspiegeln; **~ery** [ˊ-ri] Bilder, Bildwerk; bilderreiche Sprache; **~inable** [i'mædʒinəbl] vorstell-, denkbar; **~inary** [i'mædʒinəri] eingebildet, imaginär; **~ination** [iˌmædʒi'neiʃən] Vorstellung(skraft); Phantasie; **~inative** [i'mædʒinətiv] einfallsreich, phantasievoll; **~ine** [i'mædʒin] s. vorstellen; s. einbilden

imbalance [im'bæləns] Unausgeglichenheit

imbecil|e ['imbisi:l, *US* ˊ-sil] schwachsinnig; Schwachsinniger; *umg* Blödkopf; **~ity** [--'siliti] Schwachsinn; Blödheit

imbed [im'bed] *siehe* embed

imbibe [im'baib] einsaugen; *fig* in sich aufnehmen

imbroglio [im'brouliou], *pl* **~s** Verwirrung

im|brue [im'bru:] beflecken; **~bue** [-'bju:] tränken; *fig* erfüllen (*with* mit)

imita|te ['imiteit] nachahmen; nacheifern; imitieren; nachmachen; **~tion** [--ˊ-ʃən] Nachahmung; Imitation; nachgemacht, unecht, Kunst-; **~tive** ['imiteitiv] (laut)nachahmend; unecht; **~tive arts** bildende Kunst; **~tor** [ˊ---tə] Nachahmer; Imitator

immaculate [i'mækjulit] unbefleckt, rein; makellos

immaterial [imə'tiəriəl] unerheblich; unstofflich, immateriell

immature [imə'tjuə] unreif, unentwickelt

immeasurable [i'meʒərəbl] unermeßlich

immediate [i'mi:djət, -ˊdiət] unmittelbar; sofort; nächste, engste; dringend; **~ly** unverzüglich; unmittelbar

immemorial [imi'mɔ:riəl] unvordenklich; uralt

immens|e [i'mens] ungeheuer, riesig; *sl* phantastisch; **~ity** Unermeßlichkeit

immer|se [i'mə:s] eintauchen; *to be ~sed* [-ˊst] *in* versunken sein in, verwickelt sein in; **~sion** [-ˊʃən] Eintauchen; **~sion heater** Tauchsieder; Tauch(wasser)heizer

immigr|ant ['imigrənt] Einwanderer; **~ate** [ˊ-greit] einwandern; **~ation** [--'greiʃən] Einwanderung

imminen|ce ['iminəns] nahes Bevorstehen (Gefahr etc); **~t** nahe bevorstehend, drohend

immobile [i'moubail] unbeweglich, unbewegbar

immoderate [i'mɔdərit] un-, übermäßig

immodest [i'mɔdist] unbescheiden; unanständig; dreist; **~y** Unbescheidenheit; Unanständigkeit; Dreistigkeit

immola|te ['imouleit] opfern *(a. fig)*; töten; **~tion** [--'leiʃən] Opferung

immor|al [i'mɔrəl] unsittlich, sittenlos, -widrig; **~ality** [imə'ræliti] Unsittlichkeit, Sittenlosigkeit; **~tal** [i'mɔ:təl] unsterblich; Unsterblicher; **~tality** [imɔ:'tæliti] Unserblichkeit, ewiges Leben; unsterbl. Ruhm; **~talize** [i'mɔ:təlaiz] unsterblich machen; **~telle** [imɔ:'tel] Strohblume

immovable [i'mu:vəbl] unbeweglich; unerschütterlich; **~s** Immobilien

immun|e [i'mju:n] immun (*from, against* gegen); **~ity** [-ˊ-niti] Immunität; Befreiung (*from* von); **~ize** [ˊ-naiz] immun machen; **~ology** [--'nɔlədʒi] Immunologie, Serologie

immure [i'mjuə] einsperren; *~ o. s.* sich ein-, abschließen

immutable [i'mju:təbl] unveränderlich

imp [imp] Teufelchen; Racker; Balg

impact ['impækt] Zus.-, Anprall, (wuchtiger) Aufprall; Zus.stoß; Wucht; *fig* Stoß, aufrüttelnde Wirkung, gewaltige Wirkung
impair [im'pεə] schwächen; beeinträchtigen; **~ment** Abschwächung; Beeinträchtigung
impale [im'peil] aufspießen; pfählen; *fig* quälen
impalpable [im'pælpəbl] unfühlbar; sehr fein; *fig* unfaßbar
impart [im'pa:t] mitteilen; übermitteln; verleihen; **~ial** [–'pa:ʃəl] unparteiisch; **~iality** [–pa:ʃi'æliti] Unparteilichkeit; Objektivität
impass|able [im'pa:səbl] unpassierbar, unbefahrbar; unwegsam; **~e** [im'pa:s, æm–́; *US* 'impæs] *fig* Sackgasse, ausweglose Lage; toter Punkt; **~ible** [im'pæsibl] unempfindlich; gefühllos; **~ioned** [im'pæʃənd] leidenschaftlich; **~ive** [im'pæsiv] unempfindlich; teilnahmslos; unbewegt; gelassen
impatien|ce [im'peiʃəns] Ungeduld; Unduldsamkeit; **~t** ungeduldig; unduldsam (*of* gegen); begierig
impeach [im'pi:tʃ] bezichtigen *(of, with)*; in Zweifel ziehen, verdächtigen; **~ment** Bezichtigung; Anzweiflung, Verdächtigung
impeccable [im'pekəbl] untadelig, makellos; sündenfrei
impecunious [impi'kju:niəs] mittellos
imped|e [im'pi:d] (be)hindern; **~iment** [im'pedimənt] Hindernis; Sprachfehler
impel [im'pel] *fig* (an)treiben
impend [im'pend] drohen, drohend bevorstehen
impen|etrable [im'penitrəbl] undurchdringlich; unergründlich; **~itence** [–́–itəns] Verstocktheit, Reuelosigkeit; **~itent** verstockt, ohne Reue
imper|ative [im'perətiv] befehlend; gebieterisch; dringend notwendig; Imperativ; Befehl; **~ceptible** [impə'septibl] unmerklich; nicht (kaum) wahrnehmbar
imperfect [im'pə:fikt] unvollständig; unvollkommen; Imperfekt; **~ion** [impə'fekʃən] Unvollständigkeit; Unvollkommenheit; *fig* Schwäche
imperi|al [im'piəriəl] kaiserlich, Kaiser-; Reichs-; Empire-; (Maß, Gewicht) britisch; *su* Knebelbart; Imperial(papier) (etwa = DIN C 8); **~alist** Imperialist; **~alism** Imperialismus; Kaisertum; **~l** [im'peril] gefährden; **~ous** [im'piəriəs] gebieterisch, herrisch; dringend
imperishable [im'periʃəbl] unvergänglich
impermeable [im'pə:miəbl] undurchdringlich
imperson|al [im'pə:sənəl] unpersönlich; sachlich; **~ate** [–́–neit] verkörpern; darstellen; **~ation** [–,––'neiʃən] Verkörperung; Darstellung
impertine|nce [im'pə:tinəns] Frechheit, Ungehörigkeit; **~nt** frech, ungehörig; unerheblich
imperturba|bility [impə,tə:bə'biliti] Unerschütterlichkeit; **~ble** [––́–bəbl] unerschütterlich
impervious [im'pə:viəs] undurchdringlich (*to* für); unzugänglich (*to* für)
impetu|osity [im,petju'ɔsiti] Ungestüm, Heftigkeit; **~ous** [–́––əs] ungestüm, heftig; vorschnell; **~s** ['impitəs], *pl* ~ses Schwung, Wucht; An-, Auftrieb *(a. fig)*
impi|ety [im'paiəti] Ehrfurchtslosigkeit, Mangel an Achtung; Respektlosigkeit; **~ous** ['impiəs] ehrfurchts-, respektlos; unfromm
impinge [im'pindʒ] *(up)on* stoßen gegen; verstoßen gegen, verletzen; **~ment** Stoß; Verletzung, Verstoß
impish ['impiʃ] koboldhaft; boshaft
implacable [im'plækəbl, –'plei-] unversöhnlich, unerbittlich
implant [im'pla:nt] *fig* einpflanzen, -prägen
implausible [im'plɔ:zibl] unglaubwürdig
implement ['implimənt] Werkzeug, Gerät; ~ [–́–ment] erfüllen, aus-, durchführen
implic|ate ['implikeit] verwickeln (in); einschließen; bloßstellen; § beteiligen; **~ation** [––'keiʃən] Verwicklung, Verwickeltsein; (stillschweigende) Folgerung; *pl* Tragweite; **~it** [im'plisit] unausgesprochen, stillschweigend; mitenthalten in; absolut, bedingungslos (Glaube etc)
implore [im'plɔ:] (an)flehen
imply [im'plai] (unausgesprochen) bedeuten, enthalten; andeuten; schließen lassen auf, voraussetzen
impolit|e [impə'lait] unaufhörlich; **~ic** [–'pɔlitik] unklug; unzweckmäßig
import [im'pɔ:t] einführen; bedeuten; von Bedeutung sein für; ~ [–́–] Einfuhr; Bedeutung; Wichtigkeit; **~ance** [–́əns] Wichtigkeit; Einfluß; Anmaßung; **~ant** [–́ənt] wichtig; bedeutend; wichtigtuerisch; **~ation** [––'teiʃən] Einfuhr; **~er** Importeur; **~unate** [–́tjunit] zudringlich; drängend; **~une** [–́tju:n, *bes US* ––́] dringend bitten, bestürmen; belästigen; **~unity** [impɔ:'tju:niti] Zudringlichkeit; *pl* zudringliche, stürmische Bitten
impos|e [im'pouz] (Steuer) legen (*on* auf); auferlegen, -bürden; aufdrängen; imponieren; *~e upon* j-n täuschen, mißbrauchen; 🕮 ausschießen, Format machen; **~ing** imposant, eindrucksvoll; **~ition** [impə'ziʃən] Auferlegung; Verhängung; Steuer; Strafe; Strafarbeit; Betrügerei; 🕮 Ausschießen; *~ition on* Mißbrauch, Ausnutzung
impossi|ble [im'pɔsibl] unmöglich (*of prediction* vorauszusagen); **~bility** [–,––'biliti] Unmöglichkeit
impost ['impoust] (*bes* Einfuhr-)Steuer; **~or** [–'pɔstə] Hochstapler, Betrüger; **~ure** [–'pɔstʃə] Hochstapelei, Betrug
impoten|ce ['impətəns] Unfähigkeit, Schwäche; Impotenz; **~t** unfähig, schwach; impotent
impound [im'paund] einsperren, beschlagnahmen
impoverish [im'pɔvəriʃ] arm machen; ⸸ erschöpfen; **~ment** Verarmung; Erschöpfung
impracti|cable [im'præktikəbl] unausführbar; unbrauchbar; unwegsam; schwierig, störrisch; **~cal** unpraktisch; undurchführbar
impreca|te ['imprikeit] (Böses) herabwünschen (*upon* auf); **~tion** Verwünschung; Fluch

impregn|able [im'pregnəbl] uneinnehmbar; unwiderlegbar; **~ate** [-ˊ-neit, *bes BE* ˊ--] imprägnieren; sättigen; befruchten
impresario [impri'sɑːriou], *pl* **~s** Impresario
impress [im'pres] eindrücken, prägen; übertragen (*upon* auf); *fig* einprägen, beeindrukken; **~** ['impres] Ab-, Eindruck; Merkmal; **~ion** [im'preʃən] Eindruck *(a. fig)*; 🕮 (gesamte Druck-)Auflage, (unveränderte) Auflage; Druck; **~ionable** leicht zu beeindrukken(d), empfänglich; **~ive** [im'presiv] eindrucksvoll, ergreifend
imprint [im'print] (auf)drücken; einprägen; **~** [ˊ-] Ab-, Eindruck; Stempel *(a. fig)*; Druckvermerk
imprison [im'prizn] ins Gefängnis stecken; gefangenhalten; **~ment** Einsperrung; Haft; Gefängnis(strafe)
improba|bility [imˌprɔbə'biliti] Unwahrscheinlichkeit; **~ble** unwahrscheinlich
impromptu [im'prɔmptjuː] aus dem Stegreif
impro|per [im'prɔpə] unpassend, unangebracht; unrichtig; unanständig; **~priety** [-prə'praiəti] Unrichtigkeit; Unanständigkeit; Ungehörigkeit
improv|e [im'pruːv] verbessern; ⫰ meliorieren; (Gelegenheit) ausnutzen; s. (ver)bessern; steigen; gewinnen (*on acquaintance* bei näherer Bekanntschaft); *~e upon* überbieten, vervollkommnen; (Land, Boden) im Wert steigern; **~ement** (Ver-)Besserung; Fortschritt (*on, over* gegenüber); Steigen, Steigerung; wertsteigernde Ergänzung, Neubau etc; **~idence** [-'prɔvidəns] Sorglosigkeit; **~ident** [-'prɔvidənt] sorglos, nicht sparsam; **~isation** [imprəvai'zeiʃən] Improvisation; **~ise** ['imprəvaiz] improvisieren; behelfsmäßig machen
impruden|ce [im'pruːdəns] Unklugheit, Unüberlegtheit; **~t** unklug, unüberlegt, unvorsichtig
impude|nce ['impjudəns] Unverschämtheit; **~nt** unverschämt; schamlos
impugn [im'pjuːn] in Frage ziehen; anfechten; **~ment** Anfechtung
impuls|e ['impʌls] An-, Auftrieb; Stoß; Impuls; Trieb; *on ~e* impulsiv; **~ion** [im'pʌlʃən] Stoß; Antrieb; **~ive** [-ˊsiv] treibend, Trieb-; impulsiv, triebhaft
impunity [im'pjuːniti] Straflosigkeit; *with ~* ungestraft
impur|e [im'pjuə] unrein, -sauber *(a. fig)*; unkeusch; **~ity** [-ˊriti] Unreinheit, Unsauberkeit; Unkeuschheit
imput|ation [impju'teiʃən] Be-, Anschuldigung (*on* gegen); **~e** [im'pjuːt] *to* zuschreiben, zur Last legen
in [in] in, an, bei; mit (Tinte, Bleistift); *there is nothing ~ it* es ist nichts daran; *he hasn't it ~ him* er hat nicht das Zeug dazu; *to be ~* da (zu Hause) sein, (Feuer) an sein, *pol* am Ruder sein, dran sein, in Mode sein; *to be ~ for* zu erwarten haben, gewärtigen, (Prüfung) machen, beteiligt sein mit; *now you're ~ for it!* jetzt geht's dir aber schlecht!; *all ~* erschöpft; alles inbegriffen; *the ~s and the outs* d. Regierungspartei u. d. Opposition, alle Einzelheiten
in- [in] un-, nicht; ein-, hinein-, etc.
inability [inə'biliti] Unfähigkeit
inaccessible [inæk'sesibl] unzugänglich
inaccura|cy [in'ækjurəsi] Ungenauigkeit, Unrichtigkeit; **~te** [-ˊ-rit] ungenau, unrichtig
inact|ion [in'ækʃən] Untätigkeit; **~ive** [-ˊtiv] untätig; lustlos, flau; **~ivity** Untätigkeit; Lustlosigkeit, Stille
inadequa|cy [in'ædikwəsi] Unzulänglichkeit; Unangemessenheit; **~te** [-ˊ-kwit] unzulänglich, unangemessen
inadmissible [inəd'misibl] unzulässig
inadverte|nce [inəd'vəːtəns] Unachtsamkeit; Versehen; **~nt** unachtsam; unbedacht; versehentlich, unabsichtlich
inadvisable [inəd'vaizəbl] unratsam
inalienable [in'eiliənəbl] unveräußerlich
inane [i'nein] leer; nichtig; albern
inanimate [i'nænimit] unbelebt; leblos
inani|tion [inə'niʃən] Leere; Entkräftung; Hunger; **~ty** [i'næniti] Leere; Nichtigkeit; Albernheit
inapplicable [in'æplikəbl] nicht anwendbar (*to* auf), nicht zutreffend (*to* für)
inappreciable [inə'priːʃəbl] unmerklich; unbedeutend
inappropriate [inə'proupriit] unangebracht, unangemessen
inapt [in'æpt] unpassend; ungeschickt; **~itude** [-ˊitjuːd] Ungeschicktheit
inarticulate [inɑː'tikjulit] undeutlich, unklar; unfähig, sich auszudrücken; sprachlos (*with* vor); *zool* ungegliedert
inasmuch [inəz'mʌtʃ] **as** insofern als
inatten|tion [inə'tenʃən] Unaufmerksamkeit; Unachtsamkeit; **~tive** [--ˊtiv] unaufmerksam; unachtsam
inaudible [in'ɔːdibl] unhörbar
inaugur|al [in'ɔːgjurəl] Antritts-; -vorlesung, -rede; **~ate** [i'nɔːgjureit] (feierlich) einführen; (feierl.) eröffnen; *fig* einleiten; **~ation** [-ˌ--'reiʃən] Einführung; Eröffnung; Einleitung; Beginn
inauspicious [inɔːs'piʃəs] ungünstig, unglücklich
in|born ['in'bɔːn] angeboren; **~bred** [ˊ'bred] angeboren, ererbt
inbreeding [in'briːdiŋ] Inzucht
incalcula|ble [in'kælkjuləbl] unzählbar; unberechenbar *(a. fig)*; **~bly** *adv a.* unendlich
incandesce|nce [inkæn'desəns] Weißglühen, -glut; **~nt** weißglühend; Glüh-(Lampe etc)
incantation [inkæn'teiʃən] Beschwörung(-sworte, -sspruch); Zauber
incapa|ble [in'keipəbl] unfähig, nicht fähig (*of* zu); *is ~ble of* läßt nicht zu; hilflos; **~ibility** [-ˌ--'biliti] Unfähigkeit; **~citate** [inkə'pæsiteit] unfähig machen; disqualifizieren; **~city** [inkə'pæsiti] Unfähigkeit; ⚖ Rechtsunfähigkeit
incar|cerate [in'kɑːsəreit] einkerkern; **~nate** [-ˊneit, *BE a.* ˊ--] Gestalt geben; verkörpern;

~nate [–´–nit] Fleisch geworden, ... in Menschengestalt; verkörpert; **~nation** [–-'neiʃən] Fleischwerdung; Verkörperung
incase [in'keis] *siehe* encase
incautious [in'kɔːʃəs] unvorsichtig
incendiar|ism [in'sendjərizm] Brandstiftung *(a. fig)*; **~y** brandstifterisch, aufwieglerisch; Brand-; Brandstifter *(a. fig)*
incen|se [in'sens] in Wut bringen, aufbringen; **~se** [´–] Weihrauch; beweihräuchern; **~tive** [–´–tiv] Antrieb, Anreiz(mittel) (*behind, for, to* für)
incep|tion [in'sepʃən] Anfang, Beginn; **~tive** [–´–tiv] Anfangs-
inces|sant [in'sesənt] unaufhörlich, andauernd; **~t** [´–sest] Blutschande; **~tuous** [–'sestjuəs] blutschänderisch
inch [intʃ] **1.** Zoll (*BE* = 25,39995 mm, *US* = 25,40005 mm); **2.** bißchen; *by ~es* zollweise, allmählich; *within an ~ of* um ein Haar; *within an ~ of his life* fast bis zum Tode; **3.** sich schrittweise bewegen
incide|nce ['insidəns] Vorkommen; Eintreten; (Licht-)Einfall; ⚕ Auftreten; (Steuer) Verteilung; **~nt** Zwischen-, Vorfall; 🎭 Zwischenhandlung; vorkommend (*to* bei, in); dazugehörend (*to* zu); **~ntal** [–-'dentəl] = ~nt; gelegentlich; zufällig; Neben- (*to be ~ntal to* gehören zu); etwas Nebensächliches etc; Nebenausgabe; **~ntally** nebenbei (gesagt)
incinera|te [in'sinəreit] einäschern; **~tion** [–ˌ––'reiʃən] Einäscherung; **~tor** [–´––tə] Verbrennungsofen
incipient [in'sipiənt] beginnend; Anfangs-
incis|ion [in'siʒən] Einschneiden; (Ein-)Schnitt; **~ive** [in'saisiv] (ein-)schneidend; scharf; **~or** [in'saizə] Schneidezahn
incite [in'sait] erregen; an-, aufreizen; **~ment** Erregung; Antrieb, Aufreizung; **~r** [–´–ə] Anstifter
incivility [insi'viliti] Unhöflichkeit
inclemen|cy [in'klemənsi] (Klima) Strenge, Rauheit; **~t** [–´–mənt] streng, rauh; unbarmherzig
inclin|ation [inkli'neiʃən] (Ver-)Neigung *(a. fig)*; **~e** [in'klain] (s.) neigen (*to* zu); lenken; geneigt machen, veranlassen; **~e** [´–ˌ–´] Abhang; Steigung
inclose, inclosure *siehe* en-
inclu|de [inːkluːd] einschließen; einbegreifen; **~ding** einschließlich; **~sion** [–´–ʒən] Einbeziehung, Einschließung; **~sive** [–´–siv] einschließlich; **~sive terms** Preise inkl. Nebenkosten, Pauschalpreis
incognito [in'kɔgnitou] inkognito
incohere|nce [inkou'hiərəns] Mangel an Zus.hang; zus.hanglose Idee etc; **~nt** zusammenhanglos; unfähig, s. klar auszudrücken; inkonsequent
incombustible [inkəm'bʌstibl] un(ver)brenn[bar
incom|e ['inkəm] Einkommen, Einkünfte; **~e-tax** [´–tæks] Einkommen- (u. Lohn-) Steuer; **~ing** [´-kʌmiŋ] hereinkommend; neu eintretend
incommensurate [inkə'menʃərit] unvereinbar (*to, with* mit); nicht zu vergleichen; unangemessen
incommode [inkə'moud] belästigen, Ungelegenheiten bereiten
incommunica|ble [inkə'mjuːnikəbl] nicht mitteilbar; **~do** [––––'kaːdou] ohne Verbindung mit anderen, in Einzelhaft
incomparable [in'kɔmpərəbl] unvergleichbar, -lich
incompati|bility [inkəmˌpæti'biliti] Unvereinbarkeit; **~ble** [–––´tibl] unvereinbar (*with* mit); unverträglich
incompeten|ce [in'kɔmpitəns] Untauglichkeit, Unfähigkeit; Unzuständigkeit; **~t** untauglich, unfähig; unzuständig
incomplete [inkəm'pliːt] unvollständig
incom|prehensible [inkɔmpri'hensibl] unbegreiflich; **~pressible** [––'presibl] nicht zus.drückbar, unelastisch
inconceivable [inkən'siːvəbl] unbegreiflich; unfaßlich
inconclusive [inkən'kluːsiv] nicht überzeugend, nicht schlüssig
incongru|ity [inkɔŋ'gruiti] Unangemessenheit; Mißverhältnis; Widerspruch; **~ous** [in'kɔŋgruəs] nicht übereinstimmend; widerspruchsvoll; unangemessen
inconsequent [in'kɔnsikwənt] unerheblich; nicht folgerichtig; sprunghaft; **~ial** [–ˌ––'kwenʃəl] unwichtig; = ~
inconsidera|ble [inkən'sidərəbl] unbedeutend; **~te** [––´–rit] unbesonnen; rücksichtslos; **~teness** Unbesonnenheit; Rücksichtslosigkeit
inconsiste|ncy [inkən'sistənsi] Unvereinbarkeit; Inkonsequenz; Widerspruch; **~nt** unvereinbar (*with* mit); (in s.) widerspruchsvoll; inkonsequent
inconsolable [inkən'souləbl] untröstlich
inconspicuous [inkən'spikjuəs] unscheinbar; unauffällig
inconstan|cy [in'kɔnstənsi] Unbeständigkeit, Veränderlichkeit; **~t** unbeständig, veränderlich; wankelmütig
incon|testable [inkən'testəbl] unbestreitbar; **~tinence** [in'kɔntinəns] Unbeherrschtheit; Unsittlichkeit; **~tinent** [in'kɔntinənt] unbeherrscht; unsittlich, ausschweifend
incontrovertible [inkɔntrə'vəːtibl] unbestreitbar, unwiderlegbar
inconvenien|ce [inkən'viːniəns] Unbequemlichkeit; Unannehmlichkeit (*to put s-b to some ~ce* = **to ~ce** *s-b* j-m U. bereiten); **~t** unbequem; lästig; unbehaglich; ungelegen
inconvertible [inkən'vəːtibl] unveränderlich; nicht umtauschbar, inkonvertibel
incorpor|ate [in'kɔːpəreit] (s.) verbinden; einverleiben; (als Mitglied) aufnehmen; (amtlich) eintragen; inkorporieren; **~ated company** *US* Aktien-, Kapitalgesellschaft; **~ate** [–´––rit] einverleibt; vereinigt; **~ation** [–ˌ––'reiʃən] Vereinigung; Einverleibung; Inkorporation; (amtl.) Eintragung; **~eal** [––'pɔːriəl] körperlos, unstofflich

incor|rect [inkə'rekt] unrichtig; fehlerhaft; **~rigible** [-'kɔridʒibl] unverbesserlich; **~ruptible** [-kə'rʌptibl] unbestechlich; unverderblich
increase [in'kri:s] zunehmen; (s.) vergrößern, (s.) steigern; ~ [ˊ-] Zunahme; Erhöhung (*in salary* Gehalts-); Vermehrung; Zuwachs; *on the* ~ im Wachsen
incred|ible [in'kredibl] unglaublich; **~ulous** [-ˊdjuləs] ungläubig
increment ['inkrəmənt] Zunahme; Zuwachs (*unearned* ~, ~ *value* Wert-); Erhöhung
incriminate [in'krimineit] e-s Verbrechens beschuldigen; anklagen; belasten
incub|ate ['inkjubeit] ausbrüten; **~ation** [--'beiʃən] Brüten; ⚕ Inkubation; **~ator** [ˊ--tə] Brutapparat; **~us** ['iŋkjubəs], *pl* ~uses Alp(traum, -drücken)
inculcate ['inkʌlkeit, *bes US* -ˊ-] einprägen, -schärfen
inculpate ['inkʌlpeit, *bes US* -ˊ-] beschuldigen; tadeln; belasten
incumbent [in'kʌmbənt] liegend (*on* auf); *to be* ~ *on* Pflicht sein für; *to make* ~ *on* j-m zur Pflicht machen; *BE* kirchl. Amtsträger, Pfarrer; im Amt (Parlament) befindlich, amtierend; derzeitiger Amtsinhaber
incur [in'kə:] s. aussetzen; s. zuziehen; (Kosten etc) machen; **~able** [-'kjuərəbl] unheilbar(e Person); **~ious** [-'kjuəriəs] gleichgültig; uninteressiert; **~sion** [in'kə:ʃən] *mil* Einfall; **~sive** [-'kə:siv] angriffslustig, Einfälle verübend
incurved [in'kə:vd] (ein)gebogen
indebted [in'detid] verschuldet; (zu Dank) verpflichtet; **~ness** Verschuldung
indecen|cy [in'di:sənsi] Unanständigkeit, Unsittlichkeit; Ungehörigkeit; **~t** unanständig, unsittlich; ungehörig
indeci|sion [indi'siʒən] Unentschlossenheit; Schwebe; **~sive** [--'saisiv] nicht entscheidend; schwankend, unentschieden
indecor|ous [in'dekərəs] unschicklich, unanständig; **~um** [-di'kɔ:rəm] unanständiges Verhalten
indeed [in'di:d] wirklich, in der Tat; allerdings; so?; nicht möglich!
indefatigable [indi'fætigəbl] unermüdlich
inde|feasible [indi'fi:zibl] unverletzlich, unantastbar; **~fectible** [--'fektibl] unvergänglich; makellos; **~fensible** [--'fensibl] unhaltbar; unentschuldbar
indefin|able [indi'fainəbl] unbestimmbar; **~ite** [-'definit] unbestimmt; unbeschränkt
indelible [in'delibl] unauslöschbar; ~ **pencil** Tintenstift
indelica|cy [in'delikəsi] Unfeinheit; Taktlosigkeit; **~te** [-ˊ-kit] unfein; taktlos
indemni|fication [in,demnifi'keiʃən] Sicherung; Entschädigung; **~fy** [-ˊ-fai] sichern (*from, against* gegen); j-n entschädigen *(for)*; **~ty** [-ˊ-ti] Entschädigung; Schadenersatz; Sicherstellung; Straflosigkeit
indent ['indent] Vertiefung, Einschnitt; *BE* Requisition; *BE* (Auslands-)Auftrag; ~ [-ˊ] Vertiefung machen in; eindrücken; *bes* 🕮 einrücken, -ziehen; Einbuchtungen (Vertiefungen) machen in; kerben, auszacken; *(BE)* ~ *upon s-b for s-th* etwas bei j-m requirieren; (Waren) bestellen; **~ation** [--'teiʃən] Einschnitt; 🕮 Einzug; **~ion** [-ˊʃən] 🕮 Einzug; Einschnitt, Kerbe; tiefe Einbuchtung; **~ure** [-ˊʃə] (doppelt ausgefertigter) Vertrag (*bes* Lehr-)
independe|nce [indi'pendəns] Unabhängigkeit; hinreichendes Auskommen; **~ncy** unabhängiger Staat; **~nt** unabhängig (*of* von), selbständig; *bes pol* Unabhängiger
inde|scribable [indis'kraibəbl] unbeschreiblich; **~structible** [--'trʌktibl] unzerstörbar; **~terminate** [--'tə:minit] unbestimmt, unsicher
ind|ex ['indeks], *pl* **~exes** Zeigefinger; Hinweis; Stichwortverzeichnis, Register; *pl* **~ices** [ˊisi:z] *math etc* Exponent; Index; ein Register machen zu; in ein Register aufnehmen
India ['indjə] Indien; ~ **ink** *US* chines. Tusche; **~man** [ˊ-mən], *pl* ~men ⚓ Indienfahrer; ~ **paper** Dünndruckpapier; **~-rubber** (Radier-) Gummi
Indian ['indjən] indisch; indianisch; Inder; Indianer; ~ **club** ⛹ Keule; ~ **corn** Mais; ~ **file** Gänsemarsch; ~ **ink** *BE* chines. Tusche; ~ **summer** Altweibersommer
indic|ate ['indikeit] anzeigen, hinweisen auf; kurz angeben; ⚕ erforderlich machen; **~ation** [--'keiʃən] Anzeige; Anzeichen, Hinweis, Anhaltspunkt; ⚕ Indikation; **~ative** [-'dikətiv] anzeigend (*to be ~ative of* ein Hinweis sein für); Indikativ; **~ator** [ˊdikeitə] Anzeiger; ⚙ Zähler, Messer; Anzeigetafel; **~es** [ˊdisi:z] *siehe* index
indict [in'dait] (vor Gericht) anklagen; **~able** (an)klagbar; **~able offence** Kriminalverbrechen; **~ment** Anklage(schrift)
Indies ['indiz]: *the East* ~ Ostindien; *the West* ~ Westindien
indifferen|ce (in'difərəns] Gleichgültigkeit; Unwichtigkeit *(a matter of ~ce)*; **~t** gleichgültig (*to* gegenüber); mittelmäßig; *very ~t* sehr schlecht
indigen|ce ['indidʒəns] Armut; **~ous** [-ˊdʒinəs] einheimisch (*to* in); eingeboren; **~t** [ˊ-dʒənt] (sehr) arm, verarmt
indigest|ible [indi'dʒestibl] unverdaulich; **~ion** [--ˊstʃən] Verdauungsstörung
indign|ant [in'dignənt] entrüstet, empört (*at s-th, with s-b* über); **~ation** [--'neiʃən] Entrüstung, Empörung; **~ation meeting** Protestversammlung; **~ity** [-ˊniti] unwürdige Behandlung; Beschimpfung, Schmach
indigo ['indigou] Indigo; ~ **blue** blauviolett
indirect [indi'rekt] indirekt; mittelbar; nicht gerade
indiscernible [indi'sə:nibl] nicht wahrnehmbar, unmerklich
indis|creet [indis'kri:t] unüberlegt, unvorsichtig; taktlos; **~crete** [--'kri:t] ungesondert, vermischt; amorph; **~cretion** [--'kreʃən] Unüberlegtheit, Unvorsichtigkeit; Taktlosigkeit
indiscriminate [indis'kriminit] unterschiedlos; wahl-, kritiklos

indispensable [indis'pensəbl] unentbehrlich

indispos|e [indis'pouz] j-n untauglich machen (*for* für); abgeneigt machen (*towards, from* für); **~ed** [--´zd] unpäßlich, unwohl; indisponiert; **~ition** [--pə'ziʃən] Unwohlsein, Unpäßlichkeit; Abneigung (*towards, to* gegen)

indis|putable [indis'pjuːtəbl, -´--] unbestreitbar; **~soluble** [--'sɔljubl, -´səljubl] un(auf)löslich

indistinct [indis'tiŋkt] undeutlich

indite [in'dait] ab-, verfassen

individual [indi'vidjuəl] einzeln; individuell; persönlich; Einzelwesen, Individuum; **~ism** Individualismus; **~ist** Individualist; **~istic** [----'listik] individualistisch; **~ity** [----'æliti] Individualität; Persönlichkeit; *pl* individuelle Neigungen (Eigenschaften); **~ize** [--´-laiz] individualisieren, kennzeichnen

indivisible [indi'vizibl] unteilbar

indoctrinate [in'dɔktrineit] (be)lehren; schulen (*into* in)

indolen|ce ['indələns] Trägheit, Untätigkeit; **~t** träge, untätig

indomitable [in'dɔmitəbl] unbezähmbar

indoor ['indɔː] *adj* häuslich; Haus-; ~ *games* Spiele im Zimmer; ⛹ Hallenspiele; Zimmer-; **~s** [-´z] zu Hause; im (ins) Haus

indorse [in'dɔːs] *siehe* endorse

indubitable [in'djuːbitəbl] unzweifelhaft

induc|e [in'djuːs] veranlassen; verursachen; ⚡ induzieren; schließen auf; **~ement** Veranlassung; Anlaß; Anreiz; **~t** [in'dʌkt] (feierl.) einführen, -setzen; *bes US mil* einberufen; **~tee** [-dʌk'tiː] *US* Einberufener; **~tion** [-'dʌkʃən] Einführung, Einsetzung; *bes US mil* Einberufung; Induktion; **~tive** [-'dʌktiv] induktiv

indue [in'djuː] *bes US* = endue

indulge [in'dʌldʒ] nachgeben, befriedigen (*s-b* j-n; *s-th, in s-th* etwas); ~ *in* s. hingeben, gütlich tun an; **~nce** [-´əns] Hingabe (*in* an); Sichgehenlassen, Genießen; Genuß; Nachgiebigkeit; *eccl* Ablaß; **~nt** [-´ənt] nachgiebig, nachsichtig

industr|ial [in'dʌstriəl] industriell; Industrie-; Betriebs-; **~ial art (design)** Industriedesign; **~ial arts** *US* Werkzeug-, Verfahrenkunde; **~ious** [-´triəs] fleißig, arbeitsam; **~y** [´dəstri] Fleiß; Industrie; Gewerbe; *~ies fair* Industriemesse

inebriate [in'iːbriit] (be)trunken; Trunkenbold; ~ [-´-eit] (s.) berauschen

inedible [in'edibl] ungenießbar

ineffable [in'efəbl] unaussprechlich

ineffect|ive [ini'fektiv] wirkungslos; untüchtig; dienstunfähig; **~ual** [--´tjuəl] wirkungs-, fruchtlos; unwirksam

ineffic|acious [inefi'keiʃəs] *bes* ⚕ wirkungslos, unwirksam; **~iency** [ini'fiʃənsi] Unfähigkeit, -tüchtigkeit; Unwirksamkeit; **~ient** unfähig, -tüchtig; unwirksam

inelastic [ini'læstik] unelastisch

inelegan|ce [in'ələgəns] Schwerfälligkeit; Geschmacklosigkeit; **~t** schwerfällig; unfein, unelegant

ineligible [in'elidʒibl] nicht wählbar; ungeeignet

inept [in'ept] unangebracht; töricht, albern; **~itude** [-´itjuːd] Albernheit

inequ|ality [iniː'kwɔliti] Ungleichheit; Ungleichmäßigkeit; **~itable** [in'ekwitəbl] ungerecht, unbillig; **~ity** [in'ekwiti] Ungerechtigkeit, Unbilligkeit

ineradicable [ini'rædikəbl] unausrottbar

inert [i'nəːt] träge; inert; **~ia** [i'nəːʃiə] Trägheit (*a. fig*), Beharrung(svermögen)

inescapable [inis'keipəbl] unausweichlich

inestimable [in'estiməbl] unschätzbar

inevitable [in'evitəbl] unvermeidlich; unausweichlich; zwangsläufig

inexact [inig'zækt] ungenau; unrichtig

inexcusable [iniks'kjuːzəbl] unentschuldbar

inexhaustible [inig'zɔːstibl] unerschöpflich; unermüdlich

inexorable [in'eksərəbl] unerbittlich

inexpedien|cy [iniks'piːdiənsi] Unzweckmäßigkeit; **~t** unzweckmäßig; unpassend

inexpensive [iniks'pensiv] nicht teuer, billig

inexper|ience [iniks'piəriəns] Unerfahrenheit; **~ienced** [--´-st] unerfahren; **~t** [ineks'pəːt, -´-] ungeübt, unerfahren

inexpiable [in'ekspiəbl] unsühnbar; unversöhnlich

inexplicable [in'eksplikəbl] unerklärlich

inexpress|ible [ineks'presibl] unaussprechlich; **~ive** [ineks'presiv] ausdruckslos

inextricable [in'ekstrikəbl] unentwirrbar; unentrinnbar; untrüglich

infallible [in'fælibl] unfehlbar; sicher

infam|ous ['infəməs] schändlich, niederträchtig; **~y** [´-mi] Schande; Schandtat

infan|cy ['infənsi] Kindheit, frühe Jugend; Frühzeit; ⚖ Minderjährigkeit; *is in its ~cy* steckt in d. Kinderschuhen; **~t** ´fənt] (Klein-) Kind; ⚖ Minderjährige(r); Baby-, (Klein-) Kinder-; **~ticide** [-'fæntisaid] Kindesmord; -mörder; **~tile** [´-tail] kindlich; Kinder-; infantil; *~tile paralysis* [pə'rælisis] Kinderlähmung; **~try** ['infəntri] *(oft pl vb)* Infanterie; **~tryman** [´-trimən], *pl* ~trymen Infanterist

infatuat|e [in'fætjueit] verblenden, betören; *~ed with* vernarrt in, unsterblich verliebt in; **~ion** [-,--'eiʃən] Verblendung, Vernarrtheit; sinnlose Leidenschaft; Schwarm

infect [in'fekt] infizieren; anstecken *(a. fig)*; **~ion** [-´ʃən] Infektion; Ansteckung *(a. fig)*; **~ious** [-´ʃəs] ansteckend *(a. fig)*; **~ive** [-´iv] = ~ious

infer [in'fəː] folgern, schließen (*from* aus); schließen lassen auf; (unausgesprochen) andeuten; **~ence** ['infərəns] Schlußfolgerung; *to draw an ~ence from = to ~ from;* **~ior** [in'fiəriə] niedriger; unter(geordnet); gering; *to be ~ior to* j-m nachstehen; Untergebene; **~iority** [-,fiəri'ɔriti] Unterlegenheit; geringerer Wert; **~iority complex** Minderwertigkeitskomplex; **~nal** [in'fəːnəl] höllisch; teuflisch; abscheulich; Höllen-(Maschine etc); *~nal regions* Unterwelt

infest [in'fest] verseuchen; heimsuchen
infidel ['infidəl] glaubenslos; ungläubig(e Person); atheistisch; **~ity** [--'deliti] Unglaube; (*bes* eheliche) Untreue
infiltra|te [in'filtreit, *bes BE* ---] einsickern (in), durchdringen; einträufeln, durchdringen; **~tion** [--'treiʃən] Einsickern, Durchdringen; Infiltration
infinit|e ['infinit] unbegrenzt; unendlich; unzählig; *the I~e* Gott; *the ~e* der Weltenraum; **~esimal** [---'tesiməl] unendlich klein; **~ive** [---tiv] Infinitiv; **~ude** [---tju:d] Unendlichkeit; unendliche Größe (Zahl); **~y** [---ti] = ~ude *(a. math)*
infirm [in'fə:m] (*bes* alters)schwach; kraftlos; *~ of purpose* ['pə:pəs] unentschlossen; **~ary** [--əri] Krankenraum; Revier; Krankenhaus; **~ity** [--iti] Schwäche, Hinfälligkeit; Gebrechen; Mangel
inflam|e [in'fleim] (s.) entzünden; entflammen; **~mable** [-'flæməbl] leicht entzündlich; feuergefährlich; erregbar; **~mation** [-flə'meiʃən] ⚕ Entzündung; **~matory** [-'flæmətəri] ⚕ entzündlich (*~matory condition* = ~mation); aufreizend, Hetz-
inflat|e [in'fleit] aufblasen, -blähen *(a. fig)*; *~ed with pride* aufgeblasen; inflationieren; **~ion** [-'fleiʃən] Aufblasen; -geblasenheit; Inflation; **~ionary** [-'fleiʃənəri] inflationistisch
infle|ct [in'flekt] biegen; flektieren; die Tonhöhe ändern; **~ction** (*BE a.* **~xion**) [-'flekʃən] Biegung; Flexion(sendung); Intonation, Modulation; **~xible** [-'fleksibl] unbiegsam; unbeugsam
inflict [in'flikt] zufügen (*on s-b* j-m); verhängen (*on* über); **~ion** [-'flikʃən] Zufügung; Verhängung; Plage; Übel
inflow ['inflou] Einströmen; Zufluß
influ|ence ['influəns] Einfluß; beeinflussen, einwirken auf; **~ential** [--'enʃəl] einflußreich; wirkungsvoll; **~enza** [--'enzə] Grippe; **~x** ['inflʌks] Einströmen; Zufluß; Zustrom, Zufuhr
info ['infou] *umg* = information
infold [in'fould] = enfold
inform [in'fɔ:m] unterrichten, mitteilen; *to keep s-b ~ed* [-'fɔ:md] j-n auf d. laufenden halten; *~ against* Anzeige erstatten gegen, denunzieren; *~ with* erfüllen mit; **~al** [--məl] form-, zwanglos; regelwidrig; **~ality** [--'mæliti] Formlosigkeit; Zwanglosigkeit; Regelwidrigkeit; **~ant** [--mənt] Auskunftgeber, Nachrichtenquelle; **~ation** [--'meiʃən] Nachricht(en), Information(en), Auskunft; Anzeige (*to lay [an] ~ation against s-b*); Unterrichtung; **~ative** [--mətiv] informatorisch; lehrreich, aufschlußreich; **~er** = ~ant, *bes* Spitzel
infra ['infrə] weiter unten; **~ction** [in'frækʃən] Verletzung, Übertretung; **~ dig** [--'dig] *umg* unter j-s Würde; **~-red** [--'red] infrarot; **~-structure** [--strʌktʃə] *mil* Infrastruktur, Unterbau
infrequen|cy [in'fri:kwənsi] Seltenheit; **~t** selten
infringe [in'frindʒ] verletzen, übertreten; *~ on* eingreifen in; **~ment** Verletzung, Übertretung (*bes* Verstoß gegen Warenzeichen, Copyright)
infuriate [in'fjuərieit] wütend machen, erbosen
infus|e [in'fju:z] einweichen; (Tee) aufgießen; ziehen (lassen); einflößen (*into s-b* j-m); erfüllen (*with* mit); **~ion** [-'fju:ʒən] Einweichen; Aufguß; Infusion; Einflößen
ingen|ious [in'dʒi:njəs] geschickt, erfinderisch; sinnreich, genial; geistreich; **~uity** [indʒi'nju-iti] Geschick, Erfindergabe; Genialität; Einfallsreichtum; **~uous** [in'dʒenjuəs] freimütig, offen; arglos; naiv; schlicht; **~uousness** Freimütigkeit, Offenheit
ingle-nook ['iŋglnuk] Kaminecke; *in the ~* am Kamin
inglorious [in'glɔ:riəs] unrühmlich
ingot ['iŋgət] (Gold-)Barren; ⚙ Rohblock; **~ mould** Hartgußform, Kokille
ingrain [in'grein] *siehe* engrain
ingrat|e [in'greit, *US* --] undankbar(er Mensch); **~iate** [-'greiʃieit] *o.s. with* sich beliebt machen bei; **~itude** [in'grætitju:d] Undankbarkeit
ingredient [in'gri:diənt] Bestandteil; Zutat
ingress ['ingres] Eintreten; Eingang
in-group ['ingru:p] (soziolog.) Gruppe
ingrowing ['ingrouiŋ] (hin)einwachsend
inhabit [in'hæbit] bewohnen; **~able** bewohnbar; **~ant** [---tənt] Bewohner
inhale [in'heil] einatmen; inhalieren
inher|ent [in'hiərənt] innewohnend; angeboren; inhärent; **~it** [in'herit] erben; vererbt bekommen haben; **~itance** [-'heritəns] Erbschaft; Erbteil; Vererbung
inhibit [in'hibit] hindern, hemmen *(a. fig)*; untersagen (*s-b from s-th* j-m etwas); *eccl* j-m d. amtl. Tätigkeit untersagen; **~ion** [--'biʃən] Hinderung; *bes* Hemmung
inhospitable [in'hɔspitəbl] ungastlich; unwirtlich
inhuman [in'çu:mən] unmenschlich; gefühllos; **~ity** [--'mæniti] Unmenschlichkeit; Gefühllosigkeit
inimi|cal [i'nimikəl] feindlich; abträglich (*to* für); **~table** [---təbl] unnachahmlich
iniqui|tous [i'nikwitəs] niederträchtig; ungerecht; **~ty** [---ti] Niederträchtigkeit; Ungerechtigkeit
initia|l [i'niʃəl] Anfangs-; anfänglich; Anfangsbuchstabe; Initiale; (mit Anfangsbuchst.) unterzeichnen, versehen; **~te** [--ʃieit] einleiten; (j-n) einführen (*into* in); einweihen (*into* in); **~te** [--ʃiit] eingeweiht(e Person); **~tion** [-,-ʃi'eiʃən] Einweihung; **~tive** [--ʃiətiv] Initiative (*on, of, one's own ~tive* auf eigene I.); *to take the ~tive in* d. I. ergreifen bei; einleitend
inject [in'dʒekt] (ein)spritzen; **~ion** [--ʃən] Einspritzung; Spritze
injudicious [indʒu'diʃəs] unüberlegt; unklug
injunction [in'dʒʌŋkʃən] Befehl; gerichtliche Verfügung
injur|e ['indʒə] verletzen; kränken; schädigen; **~ious** [-'dʒuəriəs] schädlich (*to* für); krän-

kend; ~y [ˊ-dʒəri] Verletzung (*to* an); (Be-) Schädigung; Kränkung
injustice [in'dʒʌstis] Ungerechtigkeit; Unrecht
ink [iŋk] Tinte (*in* ~ mit T.); Tusche; Druckerschwärze; (mit T.) beklecksen; 🕮 einfärben; ~ *in* (od *over*) (mit T.) nachziehen; **~-pad** [ˊ-pæd] Stempelkissen; **~-pot** Tintenfaß; **~-stand** [ˊ-stænd] Schreibgarnitur; **~-well** [ˊ-wel] Tintenfaß; **~ling** [ˊ-liŋ] Ahnung; Wink; **~y** tintig, Tinten-; pechschwarz
inlaid ['in'leid] eingelegt; *siehe* inlay
inland ['inlənd] Binnenland; Binnen-; inländisch, einheimisch; Inlands-; ~ *revenue* ['revinju:] *BE* Steueraufkommen; ~ [in'lænd] landeinwärts; im Inland
in-law ['inlɔ:] *umg* Angeheirateter
inlay ['in'lei] (*s. S. 318*) einlegen; ~ [ˊ-–] Einlegearbeit; ⚕ Füllung
inlet ['inlet] Einbuchtung; Meeresarm; Einlaß
inmate ['inmeit] Insasse; Hausgenosse
inmost ['inmoust] innerste
inn [in] Gasthof; *Inns of Court* Kammern der höheren englischen Anwaltschaft (in London); **~-keeper** [ˊ-ki:pə] Gastwirt
innate [i'neit] angeboren
inner ['inə] innere; ~ **man** d. Seele, *umg* Magen; ~ **tube** 🚗 Schlauch; **~most** = inmost
inning ['iniŋ] *US* = ~s; *US* Landgewinnung; zurückgewonnenes Land; **~s** (*pl* ~*s, umg* ~ses) ⛩ Am-Spiel-Sein, (Kricket) Verteidigung; *fig* Blütezeit; Macht-, Amtszeit
innoc|ence ['inəsəns] Unschuld; Schuldlosigkeit; **~ent** [ˊ-–sənt] unschuldig (*of* an); harmlos; einfältig; **~uous** [i'nɔkjuəs] harmlos, unschädlich
innova|te ['inəveit] Neuerungen einführen; **~tion** [–-ˊ-ʃən] Neuerung; **~tor** [ˊ-–-tə] Neuerer
innuendo [inju'endou], *pl* **~es** (versteckte) Andeutung
innumerable [i'nju:mərəbl] unzählig
inoculate [i'nɔkjuleit] impfen; ⚘ okulieren; *fig* anstecken
inoffensive [inə'fensiv] harmlos; gutartig
inopera|ble [in'ɔpərəbl] nicht (zu) operieren(d), unheilbar; **~tive** [–ˊ-–-tiv] unwirksam, ungültig
inopportune [in'ɔpətju:n] ungelegen
inordinate [in'ɔ:dinit] unmäßig; maßlos
inorganic [inɔ:'gænik] anorganisch
in-patient ['inpeiʃənt] Patient (e-s Krankenhauses); stationär
inquest ['inkwest] ⚖ Untersuchung
inquir|e, *bes Be* **en-** [in'kwaiə] sich erkundigen nach; ~*e after* s. erkundigen nach; ~*e for* fragen nach; ~*e into* untersuchen; ~ *of* s. erkundigen bei; **~ing** [–ˊ-riŋ] forschend; **~y** [–ˊ-ri, *US* inkwəri] Erkundigung; Untersuchung
inquisi|tion [inkwi'ziʃən] (*bes* ⚖) Untersuchung; Inquisition; **~tive** [–ˊ-zitiv] neugierig; wißbegierig; **~tor** [–ˊ-–tə] Untersuch(ungsricht)er; Inquisitor
inroad ['inroud] *mil* Einfall; Eingriff, Übergriff

insan|e [in'sein] wahn-, irrsinnig; **~itary** [–'sænitəri] ungesund, unhygienisch; **~ity** [–'sæniti] Wahn-, Irrsinn
insatia|ble [in'seiʃiəbl] unersättlich; **~te** [–ˊ-ʃiit] = ~ble
inscri|be [in'skraib] ein(be)schreiben; beschriften; widmen; ~*bed stock (BE)* Namensaktie; *fig* einprägen; **~ption** [–'skripʃən] Inschrift; Widmung
inscrutable [in'skru:təbl] unerforschlich; unergründlich
insect ['insekt] Insekt; **~icide** [–ˊ-tisaid] Insektenmittel
insecur|e [insi'kjuə] unsicher; **~ity** Unsicherheit
insens|ate [in'senseit] sinnlos (Wut); gefühl-, leblos (Fels); **~ibility** Unempfindlichkeit (*to* für); Bewußtlosigkeit; Stumpfsinn; **~ible** [–ˊ-sibl] unempfindlich; bewußtlos; stumpf; nicht gewahr (*of the danger*); unmerklich; **~itive** [–ˊ-sitiv] unempfindlich (*to* gegen)
inseparable [in'sepərəbl] untrennbar; unzertrennlich
insert [in'sə:t] hineintun; einfügen; (Anzeige) aufgeben; **~ion** [–'sə:ʃən] Einfügung; Inserat; Einsatz
inset ['inset] Ein-, Beilage; Nebenbild, -karte; Einsatz
inshore ['in'ʃɔ:] nahe d. Küste; Küsten-
insid|e ['in'said] **1.** Innenseite, d. Innere; **2.** (Weg) Außenseite; ~*e out* umgekehrt; **3.** *umg* Magen; **4.** Innen-; ~*e left (right)* ⛩ Halblinks etc; **5.** *adv* im Innern, hinein; ~*e of* innerhalb; **6.** *prep* innerhalb, in d. Innere(n); **~er** [–ˊ-də] Eingeweihter; **~ious** [in'sidiəs] heimtückisch; hinterlistig
insight ['insait] Einblick; Lebenserfahrung
insign|e [in'signi:], *pl* **~ia** [–ˊ-niə] (*sg US) (bes mil* Ab-)Zeichen; **~ificance** Bedeutungslosigkeit; **~ificant** [–-'nifikənt] bedeutungslos, unbedeutend
insincer|e [insin'siə] unaufrichtig; **~ity** [–-'seriti] Unaufrichtigkeit
insinua|te [in'sinjueit] (versteckt) andeuten; ~*te o.s. into* s. einschleichen in; hineinschmuggeln; einflößen; **~tion** (versteckte) Andeutung
insipid [in'sipid] geschmacklos; fade
insist [in'sist] *on* Gewicht legen auf; **~ence** [–ˊ-əns] Bestehen (*on* auf); Beharrlichkeit; **~ent** drängend; beharrlich
insole ['insoul] Brandsohle; Einlegesohle
insolent ['insələnt] frech, unverschämt
insol|uble [in'sɔljubl] un(auf)löslich; unlösbar; **~vency** [–ˊ-vənsi] Zahlungsunfähigkeit; **~vent** [–ˊ-vent] zahlungsunfähig
insomnia [in'sɔmniə] Schlaflosigkeit
insomuch [insou'mʌtʃ] **that** dermaßen, daß; ~*as* insofern als
inspect [in'spekt] besichtigen; prüfen; **~ion** [–'spekʃən] Besichtigung; Prüfung; **~or** [–ˊ-tə] Inspektor
inspir|ation [inspi'reiʃən] Eingebung; Anregung; **~e** [–'spaiə] beseelen; einflößen (*into s-b*

j-m); inspirieren; **~it** [in'spirit] anfeuern, begeistern; beleben
instability [instə'biliti] Unsicherheit; *fig* Unbeständigkeit; Labilität
instal|l [in'stɔːl] (in ein Amt) einführen; installieren; einrichten; **~lation** [–stə'leiʃən] Einführung; Installation; Einrichtung; ⚙ ϟ Anlage; **~ment,** *US* **~lment** Teillieferung; Fortsetzung; Rate
instan|ce ['instəns] **1.** Beispiel (*for ~ce* zum B.); **2.** Bitte (*at the ~ce of* auf B. von); **3.** ⚖ Instanz; *in the first ~ce* in erster Linie, zunächst; **4.** (als Beispiel) anführen; **~t** [ˊ–t] unmittelbar, sofortig; dieses Monats; Augenblick (*on the ~t* im A., sofort); *the ~t (that)* sobald; **~taneous** [instən'teinjəs] augenblicklich; gleichzeitig; 📷 Moment-; **~tly** sofort, augenblicklich
instead [in'sted] statt dessen; *~ of* statt
instep ['instep] Spann, Rist
instiga|te ['instigeit] anstiften; aufreizen; veranlassen; **~tion** [––'geiʃən] Anstiftung; Aufreizung; Veranlassung
instil, *US* **~l** [in'stil] einflößen
instinct ['instiŋkt] Instinkt; **~** [–ˊ] *pred* erfüllt (*with* von); **~ive** [–ˊtiv] instinktiv; instinktmäßig
institut|e ['institjuːt] Gesellschaft, Institut; einsetzen; -leiten; -führen; **~ion** [––ˊʃən] Einsetzung, -leitung, -führung; Einrichtung (*to become an ~ion* Brauch werden); Institut, Anstalt
instruct [in'strʌkt] unterrichten; anweisen, Anweisung geben; **~ion** [–ˊʃən] Unterricht(en); Lehre, -beruf; *pl* (An-)Weisungen; **~ive** [–ˊtiv] lehrreich; **~or** [–ˊtə] Lehrkraft; -buch; *mil* Ausbilder
instrument ['instrumənt] Instrument, Gerät; *~ flying* Blindflug; *fig* Werkzeug, Ursache; Medium; Urkunde, Papier; **~al** [––ˊtəl] behilflich, förderlich; Instrumental-; **~ality** [–––'tæliti] Wirksamkeit, Mittel *(bes: by the ~ality of)*
insubordinate [insə'bɔːdinit] unbotmäßig
insubstantial [insəb'stænʃəl] unwirklich; gehaltlos
insufferable [in'sʌfərəbl] unerträglich
insufficien|cy [insə'fiʃənsi] Unzulänglichkeit; Mangel; **~t** [––ˊʃənt] unzulänglich; mangelhaft
insul|ar ['insjulə] insular; Insel-; beschränkt; **~arity** [––'læriti] insulare Lage; (insulare) Beschränktheit; **~ate** [ˊ–leit] ⚙ *fig* isolieren; **~ation** [––'leiʃən] Isolierung; **~ator** [ˊ–leitə] Isolator; **~in** [ˊ–lin] ⚕ Insulin
insult ['insʌlt] Beleidigung; **~** [–ˊ] beleidigen, beschimpfen
insuperable [in'sjuːpərəbl] unüberwindlich
insupportable [insə'pɔːtəbl] unerträglich
insur|ance [in'ʃuərəns] Versicherung(sprämie, -summe); **~ant** [–ˊrənt] Versicherungsnehmer; **~e** [––'ʃuə] versichern; *bes US* sichern, gewährleisten (*siehe* ensure); **~er** [–ˊrə] Versicherer
insurgent [in'səːdʒənt] Aufrührer; aufrührerisch
insurmountable [insəː'mauntəbl] unüberwindlich; unschlagbar
insurrection [insə'rekʃən] Empörung; Aufstand
insusceptible [insə'septibl] unempfänglich, unempfindlich (*of, to* für)
intact [in'tækt] unberührt; intakt
intake ['inteik] Einlaß(menge); Aufnahme
intangible [in'tændʒibl] unberühr-, unfühlbar; unfaßlich; *pl* Imponderabilien
integ|er ['intidʒə] ganze Zahl; Ganzes; **~ral** [ˊ–grəl] integrierend; vollständig; ganze Zahlen betreffend; Integral-; **~rate** [ˊ–greit] integrieren; ergänzen; zus.fügen; **~ration** [––'greiʃən] Integration; Ergänzung; **~rity** [–'tegriti] Lauterkeit; Vollständigkeit, Unversehrtheit; **~ument** [–'tegjumənt] Hülle, Schale
intell|ect ['intilekt] Intellekt, Verstand; *konkr* Intelligenz **~ectual** [inti'lektjuəl] geistig; vernünftig; intellektuell; Intellektueller; **~igence** [in'telidʒəns] Intelligenz; Nachrichten (-material, -dienst); **~igent** [in'telidʒənt] intelligent; verständig; **~igentsia** [inˌteli'dʒentsiə] d. Gebildeten, Intelligenz; **~igible** [in'telidʒibl] verständlich
intempera|nce [in'tempərəns] Un-, Übermäßigkeit; Trunksucht; **~te** un-, übermäßig; trunksüchtig
inten|d [in'tend] beabsichtigen; wollen; meinen (*by* mit); bestimmen; **~ded** Verlobte(r); **~se** [–'tens] (sehr) stark, heftig; angespannt; (Farbe) lebhaft; intensiv; gefühlsstark; **~sification** [–ˌ–sifi'keiʃən] Verstärkung; Steigerung; **~sify** [–ˊsifai] (s.) verstärken, steigern; **~sity** [–ˊsiti] Intensität; Stärke; Heftigkeit; Anspannung; Lebhaftigkeit; **~sive** [–ˊsiv] konzentriert; stark (wirkend); *bes* 𝄞 intensiv; Verstärkungs(wort); **~t** [–'tent] Absicht ♦ *to all ~ts and purposes* ['pəːpəsiz] im Grunde genommen, so gut wie; bedacht, erpicht (*on* auf); gespannt; **~tion** [–ˊʃən] Absicht; **~tional** [–ˊʃənəl] absichtlich
inter [in'təː] begraben, beerdigen
inter|- [intə] zwischen-; gegenseitig; **~act** [intər'ækt] aufeinander wirken; **~action** [––r'ækʃən] Wechselwirkung; **~breed** [––'briːd] (s.) kreuzen; **~cede** [––'siːd] s. verwenden (*for* für, *with* bei); **~cept** [––'sept] ab-, auffangen; stellen; **~cession** [––'seʃən] Fürsprache; **~cessor** [intə'sesə] Fürsprecher, Vermittler
interchange [intə'tʃeindʒ] austauschen; abwechseln; **~** [ˊ–––] Austausch; Abwechslung; Kreuzungsbauwerk; **~able** [–––ˊəbl] austauschbar
intercollegiate [intəkə'liːdʒiit] Hochschul-
intercom ['intəkɔm] (Gegen)Sprechanlage; = **~munication** [intəkəˌmjuːni'keiʃən] Eigenverständigung, gegenseitige Verbindung
intercourse ['intəkɔːs] Verkehr, Umgang
interdepende|nce [intədi'pendəns] gegenseitige Abhängigkeit; **~nt** [––––ˊdənt] gegenseitig abhängig

interdict [intə'dikt] verbieten; ~ ['---] Verbot; Interdikt; **~ion** [--'dikʃən] Verbot

interest ['intrist] Interesse; Einfluß (*with* bei); (An-)Recht; Anteil; Zins(en); *pl* Belange; *business* ~ Geschäftsanteil; *business ~s* Geschäftswelt; *landed ~s* die Grundeigentümer; *with* ~ mit Zinsen *(a. fig)*, doppelt; interessieren; **~ed** interessiert; beteiligt; eigennützig; **~ing** ['--iŋ] interessant, anregend

interface ['intəfeis] Grenzfläche; Nahtstelle; Zus.spiel; Verhältnis; Wechselwirkung

interfere [intə'fiə] dazwischenkommen; s. einschalten, -mischen (*in, with*); stören (*with s-th* etwas); **~nce** [--'rəns] Einmischung; Störung; Interferenz

interfuse [intə'fju:z] (s.) vermischen

interim ['intərim] einstweilig; Zwischen-; *in the* ~ einstweilen

interior [in'tiəriə] innere; Innen-; binnenländisch; einheimisch; d. Innere; Binnenland; innere Angelegenheiten;

interject [intə'dʒekt] einwerfen; **~ion** [--'dʒekʃən] Ausruf, Interjektion

inter|lace [intə'leis] ineinanderflechten, (s.) verschränken; **~lard** [--'la:d] vermischen; spicken; **~leave** --'li:v] 🕮 durchschießen; **~line** [--'lain] zwischen d. Zeilen schreiben; zwischenzeilig versehen mit (Bemerkungen); **~linear** [--'liniə] zwischenzeilig

interlock [intə'lɔk] ineinandergreifen; miteinander verbinden; ~ ['---] Interlockware; Blokkierung

inter|locutor [intə'lɔkjutə] Gesprächspartner; **~loper** ['--loupə] Eindringling; wilder Händler; **~lude** ['--lu:d] 🎭 Pause; ♪ Zwischenspiel; *fig* Intermezzo

intermarr|iage [intə'mæridʒ] Mischehe; **~y** [---ri] s. durch Heirat verbinden; eine Mischehe schließen

intermeddle [intə'medl] s. einmischen

intermedia|ry [intə'mi:djəri] vermittelnd; dazwischenliegend; Vermittler; Zwischenstelle; **~te** [---diit] dazwischenliegend; Zwischen-; Zwischenglied; **~te** [---dieit] vermitteln

interment [in'tə:mənt] Beerdigung

intermezzo [intə'medzou], *pl* **~s** ♪ Intermezzo

interminable [in'tə:minəbl] endlos

inter|mingle [intə'miŋgl] (s.) vermischen; **~mission** [--'miʃən] Pause (*a.* 🎭); **~mittent** [--'mitənt] intermittierend; aussetzend; Wechsel(fieber etc)

intern [in'tə:n] internieren; ~ ['--] *US* (als) Medizinalassistent (arbeiten); *US* Internierter; **~al** [-'-əl] innere(r,s), innerlich; inländisch, Binnen-; **~al revenue** ['revinju:] *US* Steueraufkommen; **~al-combustion engine** [kəm'bʌstʃən 'endʒin] 🚗 Verbrennungsmotor

international [intə'næʃ(ə)nəl] international; Welt-, Völker-; **~ize** [intə'næʃnəlaiz] internationalisieren; **~ (public) law** Völkerrecht

internecine [intə'ni:sain] **war** (gegenseitiger) Vernichtungskrieg

intern|ee [intə:'ni:] Internierter; **~ment** [-'-mənt] Internierung (*~ment camp* -slager)

interpella|te [*BE* in'tə:pəleit, *US* intə'peleit] e-e Interpellation richten an; **~tion** [-ˌtə:pe'leiʃən] Interpellation

inter|play ['intə'plei] Wechselwirkung; **~polate** [in'tə:pəleit] (fälschend) einschieben; **~pose** [--'pouz] dazwischen-, einschieben; dazw.treten, vermitteln; **~position** [--pə'ziʃən] Dazwischentreten; Vermittlung

interpret [in'tə:prit] deuten, auslegen; interpretieren; dolmetschen; **~ation** [-ˌ--'teiʃən] Deutung, Auslegung; Interpretation; Dolmetschen; **~er** [-'-tə] Dolmetscher

interregnum [intə'regnəm] Interregnum

interroga|te [in'terəgeit] be-, ausfragen; verhören; **~tion** [---'geiʃən] Befragung, Frage; Verhör; *note* (od. *mark, point*) *of ~tion, ~tion point* Fragezeichen; **~tive** [intə'rɔgətiv] fragend; Frage(wort)

interrupt [intə'rʌpt] unterbrechen; stören; **~ion** [--'rʌpʃən] Unterbrechung; Störung

intersect [intə'sekt] durchschneiden; (s.) schneiden; **~ion** [---ʃən] Durchschneiden; Schnittpunkt; Kreuzung

intersperse [intə'spə:s] (ein)streuen *(between, among)*; durchsetzen *(with)*

inter|state [intə'steit] *US* zwischenstaatlich; **~stellar** [--'stelə] (Welt-)Raum-; **~stice** [in'tə:stis] Zwischenraum; Spalt; **~twine** [--'twain] (s.) verflechten; **~urban** [--r'ə:bən] zwischenstädtisch; Fern-; Überland-

interval ['intəvəl] Pause (*a.* 🎭); Abstand (*at ~s* in A.); ♪ Intervall

interven|e [intə'vi:n] dazwischenkommen; intervenieren, vermitteln; dazwischenliegen; **~tion** [--'venʃən] Intervention; Vermittlung

interview ['intəvju:] Unterredung, Interview; e-e Unterredung haben mit, interviewen; **~ee** [---'i:] Befragte, Interviewte; **~er** ['---ə) Fragesteller

interweave [intə'wi:v] (*s. S. 319*) (mit-)verweben, verflechten *(a. fig)*

intest|acy [in'testəsi] Sterben ohne Testament; Fehlen e-s Test.; **~ate** [in'testit] ohne Testament (Verstorbener); **~inal** [-'-inəl] Darm-; **~ine** [-'-in] Darm (*large ~ine* Dickdarm; *small ~ine* Dünndarm)

intima|cy ['intiməsi] Vertraulichkeit; Vertrautheit; Intimität; **~te** '--mit] innerste; intim; vertraut; eng(er Freund); **~te** ['--meit] andeuten, zu verstehen geben; **~tion** [--'meiʃən] Andeutung; Wink

intimida|te [in'timideit] einschüchtern (*into doing* zu tun); **~tion** [-ˌ---ʃən] Einschüchterung

into ['intu] in (. . . hinein); auf; zu

intoler|able [in'tɔlərəbl] unerträglich; **~ant** [-'-rənt] unduldsam (*of* gegen)

inton|ation [intou'neiʃən] Anstimmen; singendes Rezitieren; Stimmlage; Tonfall; **~e** [in'toun] singend rezitieren; mit besonderem Tonfall (aus)sprechen

intoxic|ant [in'tɔksikənt] berauschend(es Getränk), Rausch-(mittel); **~ate** [-'-keit] berauschen *(a. fig)*; **~ation** [-ˌ--'keiʃən] Rausch(vergiftung)

intractable [in'træktəbl] störrisch; eigensinnig
intrastate [intrə'steit] *US* innerstaatlich
intransige|nce [in'trænsidʒəns] Unnachgiebigkeit; **~nt** [-ˊ-dʒənt] unversöhnlich, unnachgiebig
intransitive [in'trænsitiv] intransitiv
intrepid [in'trepid] unerschrocken; **~ity** [-tri'piditi] Unerschrockenheit; unerschrockene Tat
intrica|cy ['intrikəsi] Verwicklung; Schwierigkeit, Kompliziertheit; **~te** [ˊ--kit] verwickelt, schwierig, kompliziert
intrigu|e [in'tri:g] intrigieren; Liebeshändel haben; Intrige, Ränke(spiel); Liebeshandel; **~ing** (hoch)interessant
intrinsic [in'trinsik] innere, innerlich; eigentlich, wirklich
introduc|e [intrə'dju:s] einführen; vorstellen; einleiten; **~tion** [--'dʌkʃən] Einführung; Vorstellung; Einleitung; **~tory** [--'dʌktəri] einleitend
introspec|tion [intrə'spekʃən] Selbstbetrachtung, -prüfung; **~tive** [--ˊ-tiv] nach innen schauend
intru|de [in'tru:d] (s.) aufdrängen (*upon s-b* j-m); eindringen (*upon* in); **~der** Eindringling; **~sion** [-ˊ-ʒən] Eindringen; Aufdrängen; Zudringlichkeit; **~sive** [-ˊ-siv] auf-, zudringlich; eingedrungen; eingeschoben
intrust [in'trʌst] *siehe* entrust
intui|tion [intju'iʃən] Intuition; **~tive** [in'tju:itiv] intuitiv
inunda|te ['inʌndeit] überschwemmen *(a. fig)*; **~tion** [--ˊ-ʃən] Überschwemmung
inure [i'njuə] gewöhnen (*to* an)
invade [in'veid] überfallen; heimsuchen; eindringen in; verletzen; **~r** [-ˊ-də] Eindringling, Angreifer
invalid ['invəli:d, *US* ˊ--lid] krank, gebrechlich; Kranken-; Invalide; **~** [--'li:d, *US* ˊ--lid] zum Inval. machen; als dienstunfähig entlassen; **~** [in'vælid] (rechts)ungültig; wertlos; **~ate** [in'vælideit] ungültig machen; entkräften; **~ation** Ungültigmachen; Entkräftung
invaluable [in'væljuəbl] unschätzbar
invaria|ble [in'vɛəriəbl] unveränderlich; beständig; **~bly** *adv a.* immer, stets
invasion [in'veiʒən] Einfall, Invasion; Störung; Ein-, Übergriff (*of* auf)
in|vective [in'vektiv] Schmähung, Beschimpfung; **~veigh** [-'vei] *against* schimpfen, herziehen über
inveigle [in'vi:gl, -'veigl] verleiten (*into* zu); **~ment** Verleitung
invent [in'vent] erfinden; ersinnen; **~ion** [in'venʃən] Erfindung(sgabe); Lüge; **~ive** [-ˊ-iv] erfinderisch; **~ory** ['invəntri] Inventar(verzeichnis); Inventur; *US* Vorrat; inventarisieren; *pl* Lager-, Warenbestände
inver|se [in'və:s] umgekehrt, entgegengesetzt; **~sely** [-ˊ-li] in umgekehrtem Verhältnis; **~sion** [-'və:ʃən] Umkehrung; Inversion; **~t** [-'və:t] umkehren; **~ted commas** *BE* Anführungszeichen
invertebrate [in'və:tibrit] wirbellos(es Tier); rückgratlos(er Mensch)
invest [in'vest] anlegen, investieren; *umg* Geld ausgeben (*in* für); bekleiden; ausstatten (*with* mit); *mil* einschließen; **~igate** [-ˊ-tigeit] (gründl.) untersuchen; **~igation** [-ˌ-ti'geiʃən] (gründl.) Untersuchung; **~igator** [-'vestigeitə] (Er-)Forscher; Untersucher; **~iture** [-ˊ-itʃə] Investitur; **~ment** [-ˊ-mənt] (Kapitals-)Anlage; Investition; *mil* Einschließung; Investitur; **~or** [-ˊ-ə] Kapital-, Geldgeber, Investor
inveterate [in'vetərit] eingewurzelt; eingefleischt; passioniert; hartnäckig
invidious [in'vidiəs] anstoß-, haß-, neiderregend; gehässig; neidisch
invigila|te [in'vidʒileit] *BE* (Prüflinge) beaufsichtigen; **~tion** [-ˌ--ˊ-ʃən] *BE* Beaufsichtigung; **~tor** [-ˊ---tə] *BE* Aufsichtführender (bei Prüfungen)
invigora|te [in'vigəreit] kräftigen stärken; **~ting** kräftigend; stärkend; **~tion** [-ˌ--'reiʃən] Kräftigung, Stärkung
invinci|bility [inˌvinsi'biliti] Unbesiegbarkeit; Unüberwindlichkeit; **~ble** [-ˊ-sibl] unbesiegbar; unüberwindlich
inviol|able [in'vaiələbl] unverletzlich; **~ate** [-ˊ-lit] unverletzt, unverbrüchlich
invisi|bility [inˌvizi'biliti] Unsichtbarkeit; **~ble** [-ˊ-zibl] unsichtbar
invit|ation [invi'teiʃən] Einladung; **~e** [in'vait] einladen (*to one's house* zu s.); erbitten; auffordern; ermuntern; herausfordern; *umg* Einladung
in|vocation [invə'keiʃən] Anrufung; Beschwörung; **~voice** [ˊ-vɔis] (Waren-)Rechnung; e-e Rechnung ausstellen über; **~voke** [in'vouk] anrufen; beschwören; erflehen
involuntary [in'vɔləntəri] unwillkürlich; unfreiwillig
involve [in'vɔlv] verwickeln (in); komplizieren; mit s. bringen, bedingen; **~d** [-'vɔlvd] kompliziert; *~d in debt* verschuldet; *... is ~d* es handelt sich um ...; **~ment** [ˊ-mənt] Verwicklung; Verschuldung; Engagement, Mitwirkung (*in* bei)
invulnerable [in'vʌlnərəbl] unverwundbar; *fig* unangreifbar
inward ['inwəd] innere(r, s), innerlich; *pl* **~s** ['inədz] *umg* Eingeweide; **~ly** innerlich; heimlich; **~ness** Inneres, Seele; Geistigkeit; **~(s)** [ˊ-(z)] einwärts, nach innen
inwrought ['in'rɔ:t] hineingearbeitet (*in, on* in); versehen (*with* mit)
iodine ['aiədi:n, *bes US* ˊ-dain] Jod
iota [ai'outə] Jota; bißchen
IOU ['aiou'ju:], *pl* **~'s** Schuldschein
ir|ascible [i'ræsibl] reizbar, jähzornig; **~ate** [ai'reit] zornig, wütend; **~e** [aiə] Zorn; **~eful** ['aiəful] zornig
Ir|eland ['aiələnd] Irland; **~ish** ['aiəriʃ] irisch; *the ~ish* d. Irische; d. Iren; **~ishism** [ˊ-riʃizm] irische Spracheigenheit (im Englischen); **~ishman,** *pl* ~ishmen Ire; **~ishwoman** [ˊ-riʃwumən], *pl* ~ishwomen [ˊ-riʃwimin] Irin

iri|descent [iri'desənt] schillernd, irisierend; **~dium** [i'ridiəm] Iridium; **~s** ['aiəris], *pl* ~ses Regenbogenhaut; *bot* Iris

irk [əːk] verdrießen; **~some** [ˊ-səm] beschwerlich; verdrießlich; lästig

iron [aiən] Eisen; Bügeleisen; *pl* Fesseln; eisern, Eisen-; *with a rod of* ~, *with an* ~ *hand* mit eiserner Hand; *vt* bügeln; in Eisen legen; **~ age** [ˊ-'eidʒ] Eisenzeit; **~bound coast** Steilküste; **~-clad** [ˊ-klæd] gepanzert; *fig* eisern; Panzerschiff; **~ curtain** Eiserner Vorhang; Satelliten-; **~-foundry** [ˊ-faundri] Eisengießerei; **~ing** [ˊ-niŋ] Bügeln, Plätten; **~ing board** Bügelbrett; **~monger** [ˊ-mʌŋgə] *BE* Eisenhändler; **~mongery** *BE* Eisenwaren(geschäft); **~-mould** [ˊ-mould] Eisen-, Rostfleck; **~work** [ˊ-wəːk] Eisenwerk (e-s Baus); **~works** [ˊ-wəːks] *sg vb* Eisenhütte

iron|y ['aiərəni] Ironie (*~y of fate* I. des Schicksals); **~ical** [–'rɔnikl] ironisch

irradiate [i'reidieit] beleuchten, bestrahlen (*a.* ⚕); erleuchten; ausstrahlen

irrational [i'ræʃənəl] unvernünftig; unsinnig; unlogisch; irrational

irreconcilable [i'rekənsailəbl] unversöhnlich; unvereinbar

irrecoverable [iri'kʌvərəbl] unwiederbringlich, -ersetzlich; unheilbar

irredeemable [iri'diːməbl] nicht einlösbar; nicht tilgbar; nicht rückkaufbar; unverbesserlich; nicht wiedergutzumachen(d)

irreducible [iri'djuːsibl] äußerste(r, s); ~ *to* nicht zu . . . zu bringen(d)

irrefutable [i'refjutəbl] unwiderleglich

irregular [i'regjulə] unregelmäßig; irregulär; **~ity** [–ˌ––'læriti] Unregelmäßigkeit

irrelevant [i'reləvənt] unerheblich, belanglos

irreligious [iri'lidʒəs] unreligiös; religionsfeindlich

irremediable [iri'miːdiəbl] unheilbar; unersetzlich

irreparable [i'repərəbl] nicht wiedergutzumachen(d)

irreplaceable [iri'pleisəbl] unersetzbar, -lich

irrepressible [iri'presibl] nicht zu unterdrükken(d)

irreproachable [iri'proutʃəbl] tadellos

irresistible [iri'zistibl] unwiderstehlich

irresolu|te [i'rezəluːt] unentschlossen, -schlüssig; **~tion** [–ˌ––ˊʃən] Unentschlossenheit, Unschlüssigkeit

irrespective [iris'pektiv] ohne Rücksicht (*of* auf), unabhängig (*of* von)

irresponsible [iris'pɔnsibl] verantwortungslos, unverantwortlich; verantwortungsfrei; unzuverlässig

irretrievable [iri'triːvəbl] unersetzlich; nicht wiedergutzumachen(d)

irreverent [i'revərənt] unehrerbietig

irrevocable [i'revəkəbl] unwiderruflich; unabänderlich

irriga|te ['irigeit] bewässern, berieseln; ⚕ ausspülen; **~tion** [––ˊʃən] Bewässerung, Berieselung; Ausspülung

irrit|able ['iritəbl] reizbar (*a.* ⚕); Reiz-; leicht entzündlich; **~ant** [ˊ–tənt] reizend; Reiz(mittel); **~ate** [ˊ–teit] reizen (*a.* ⚕), auf-, hochbringen; ⚕ entzünden

irruption [i'rʌpʃən] Einbruch (*a.* ⚕); *mil* Einfall, Überfall

is [iz] *siehe be*

isinglass ['aiziŋglɑːs] Hausenblase

island ['ailənd] Insel (*a.* Verkehrs-); ⚓ Brücke; **~er** [ˊ–ə] Inselbewohner

isle [ail] (kleine) Insel; **~t** [ˊ-it] Inselchen

ism [izm] Ismus, Theorie, System

iso|bar ['aisoubɑː] Isobare; **~late** ['aisəleit] isolieren; abschneiden; **~lation** [aisə'leiʃən] Isolierung, Isolation; **~sceles** [ai'sɔsəliːz] *math* gleichschenklig; **~therm** ['aisouθəːm] Isotherme; **~tope** ['aisoutoup] Isotop

issue ['iʃuː] **1.** Ausfluß, -tritt, Abzug; **2.** (Her-)Ausgabe; **3.** (Börse) Emission; **4.** Erlaß; **5.** (Neu-)Auflage; **6.** Problem; *at* ~ in Frage stehend, strittig; *the question at* ~ d. Frage, um d. es geht; *to join* (od *take*) ~ *with s-b on s-th* etw mit j-m erörtern; **7.** Ergebnis, Konsequenz; **8.** Nachkommenschaft (*without* ~); **9.** *vi* (heraus)strömen (*from* aus); **10.** *vt* (her)ausgeben; veröffentlichen; ausstellen, erteilen; **11.** *bes mil* ausstatten (*with* mit)

isthmus ['isməs] *pl* **~es** Landenge

it [it] es; *mit prep* da- (*by* ~ dadurch, *from* ~ davon etc); *that's* ~*!* das ist es ja!, das ist das Ende!; *su* das gewisse Etwas; italienischer Wermut (*gin and* ~)

Ital|ian [i'tæljən] italienisch; Italiener(in); **~y** ['itəli] Italien

italic [i'tælik] kursiv; **~s** Kursivschrift, -druck; **~ize** [–ˊ–saiz] kursiv setzen, drucken

itch [itʃ] Jucken; Krätze; Gelüste (*for* nach); jucken (*he* ~*es* es j. ihn); darauf brennen ♦ *to have an* ~*ing palm* auf Geld scharf sein, s. leicht bestechen lassen; **~y** juckend; krätzig; nervös

item ['aitəm] (Programm- etc)Punkt; Artikel; Posten, Position; Nachricht; **~ize** [ˊ–maiz] spezifieren, detaillieren

itera|te ['itəreit] wiederholen; wiederholt vorbringen; **~tion** [––'reiʃən] Wiederholung

itiner|ant [i'tinərənt] (umher)reisend; Reise-, Wander-; **~ary** [–ˊ–rəri] (Reise-)Weg; Reiseplan, -beschreibung

its [its] sein, ihr (*it's* = it is!)

itself [it'self] sich; selbst; *siehe* herself

iv|ied ['aivid] efeubewachsen; **~y** Efeu

ivory ['aivəri] Elfenbein; *pl* Würfel; Klaviertasten; Zähne; ~ **tower** ['tauə] *fig* Glashaus, Klause; innere Zurückgezogenheit; innerer Halt

J

J [dʒei] J; *a* ~ *pen* breite Schreibfeder

jab [dʒæb] stoßen, schlagen; Stoß, Schlag; **~ber** ['dʒæbə] *fig* schnattern, rattern; Geschnatter, Geplapper

Jack [dʒæk] Hans; Kerl; Arbeiter; ~ *Frost* d. Winter; ~ *of all trades* [ˊ-əv'ɔːltreidz] Hans Dampf in allen Gassen; ~ *in office* (wichtigtuerischer) Bürohengst; ~ *Tar* Teerjacke; *before you could* (od *one can) say* ~ *Robinson* ['rɔbinsən] eh' man sich's versah; ~ *and Jill (Gill)* [dʒil] Hans und Grete

jack [dʒæk] Bube (Karte); Matrose; Männchen; *every man* ~ jeder (ohne Ausnahme); ⚙ Hebebock, Winde; Klinke, Buchse; ⚓ Gösch; ~ (*up*) (hoch)winden, heben; ~ *up* aufgeben, j-n triezen; **~al** [ˊ-ɔːl] Schakal; *fig* Handlanger; **~anapes** [ˊ-əneips] Naseweis, Schlingel; Laffe; **~ass** [ˊ-æs] (männl.) Esel; Dummkopf, Esel; *laughing ~ass* Rieseneisvogel; **~-boot** [ˊ-buːt] hoher Stiefel; **~daw** [ˊ-dɔː] Dohle

jacket ['dʒækit] Jacke(tt); ⚙ Mantel; Schale; 📖 Schutzumschlag

jack|-in-the-box ['dʒækinðəbɔks] Schachtelmännchen; **~-knife** [ˊ-naif], *pl* ~-knives [ˊ-naivz] Klappmesser; **~-o'-lantern** [ˊ-əlæntən] Irrlicht; (Kürbis-)Laterne; **~-pot** [ˊ-pɔt] Einsatz (bei Poker) ♦ *to hit the ~-pot* großen Dusel haben, d. Vogel abschießen; **~ rabbit** [-'ræbit] großer amerikanischer Hase; **~-staff** [ˊ-stɑːf] ⚓ Göschstock; **~-straw** [ˊ-strɔː] Strohpuppe; Mikadostäbchen; *pl* Mikadospiel; **~-towel** [ˊ-tauəl] (Rollen-)Handtuch

jade [dʒeid] Jade, Nephrit; Mähre; Frauenzimmer; *the lying* ~ d. Gerücht; **~d** erschöpft; abgehetzt

jag [dʒæg] Zacke; Riß; Sauftour; **~gy, ~ged** [ˊ-id] gezackt, gekerbt

jaguar ['dʒægjuə, ˊ-wə, *US* ˊ-wɑː] Jaguar

jail [dʒeil] *bes US* = gaol

jalopy [dʒə'lɔpi] *sl* 🚗 Klapperkasten

jam [dʒæm] (s.) (ver)klemmen; (s.) pressen; versperren; 📻 stören; Pressen; Gedränge; Stockung; Verkehrsstau; *umg* Klemme, Schwierigkeit; Marmelade (*~-jar, ~-pot* M.glas, -topf)

jamb [dʒæm] (Fenster-, Tür-)Pfosten; **~oree** [-bə'riː] (Pfadfinder-)Treffen

jangle [dʒæŋgl] schrill läuten; schrilles Geräusch

janitor ['dʒænitə] Pförtner; Hausmeister

January ['dʒænjuəri] Januar

Jap [dʒæp] *umg* = ~anese; **~an** [dʒə'pæn] Japan; **~anese** [dʒæpə'niːz] japanisch; (*pl* ~anese) Japaner(in)

japan [dʒə'pæn] Japanlack; japan. Lackarbeit; (mit Japanlack) lackieren

japonica [dʒə'pɔnikə], *pl* **~s** Kamelie; japanische Quitte, Feuerquitte

jar [dʒɑː] (Einmach-)Glas, Topf; Krug; Erschütterung, Stoß; (knarrender) Mißton; Zank; erschüttern *(a. fig)*, mitnehmen; knarren, quietschen; ~ *on* ein Tort sein für, auf d. Nerven gehen; disharmonieren (*with, against* mit); **~ring** [ˊ-riŋ] mißtönend (*~ring note* Mißton); aufreibend

jargon ['dʒɑːgən] Kauderwelsch; Jargon

jasmine ['dʒæsmin] Jasmin

jasper ['dʒæspə] Jaspis

jaundice ['dʒɔːndis] Gelbsucht; Neid, Eifersucht; **~d** [ˊ-dist] gelbsüchtig; neidisch, eifersüchtig

jaunt [dʒɔːnt] Ausflug (machen); **~y** munter, übermütig; flott

javelin ['dʒævlin] Speer

jaw [dʒɔː] Kiefer (*upper* ~ Ober-, *lower* ~ Unter-); Kinnlade; *pl* Mund, Gebiß; *~s of death* [deθ] Klauen d. Todes; *pl fig* Rachen; *pl* ⚙ Backe, Kopf; *umg* Moralpauke; Getratsche; *umg* quasseln; e-e Standpauke halten; schimpfen; **~-breaker** [ˊ-breikə] Zungenbrecher

jay [dʒei] Eichelhäher; Quasselstrippe; **~walk** [ˊ-wɔːk] achtlos d. Straße überqueren; **~walker** achtloser Fußgänger

jazz [dʒæz] Jazz(musik); Jazztanz; Quatsch; Kram, Zeug; **~(y)** wild, grell, schreiend; ~ Jazz spielen, tanzen; verjazzen; *~up* aufpulvern; **~ band** [ˊ-bænd] Jazzkapelle

jealous ['dʒeləs] neidisch; eifersüchtig (*of* auf); besorgt (*of* um); **~y** Neid; Eifersucht; Achtsamkeit (*of* auf)

jean [dʒiːn] starker Baumwollköper; *pl* Jeans(hose)

jeep [dʒiːp] Jeep; in e-m Jeep fahren

jeer [dʒiə] höhnen, spotten (*at* über); Hohn, Spott

jehu ['dʒiːçuː] 🚗 Raser; Fahrer

jejune [dʒi'dʒuːn] trocken, dürftig; fad

jell [dʒel] gelieren; konkret werden; sich konkretisieren; *US* Gelee

jelly ['dʒeli] Gelee; Sülze; Gallerte; zu Gallerte machen (werden); gelieren (lassen); **~-fish,** *pl* ~-fishes Qualle

jemmy ['dʒemi], *US* **jimmy** Brecheisen

jenny ['dʒeni] Jennymaschine (zum Spinnen)

jeopard|ize ['dʒepədaiz] aufs Spiel setzen, gefährden; **~y** [ˊ--di] Gefahr

jeremiad [dʒeri'maiəd] Klagelied, Jammergeschichte

Jericho ['dʒerikou] Jericho; *go to ~!* zum Teufel mit dir!

jerk [dʒəːk] **1.** Ruck, ruckartige Bewegung; **2.** ⚕ Reflex; **3.** Stoß; *(physical) ~s BE* Gymnastik; **4.** (ruckweise) stoßen; **5.** (hoch)schnellen; **6.** hervorstoßen; **7.** ruckweise fahren; **~y** ruckartig, stoßweise; krampfhaft

jerkin ['dʒəːkin] Wams

jerry ['dʒeri] *BE sl* Nachttopf; *~(-shop)* Spelunke; **~-built** [ˊ--bilt] unsolide gebaut; *~-built house* Bruchbude

jerrycan ['dʒerikən] *BE mil sl* Benzinkanister (20 l)

jersey ['dʒəːzi] (Sport-)Pullover; Strickjacke

Jerusalem [dʒə'ruːsələm] Jerusalem; **~artichoke** ['ɑːtitʃouk] Topinambur

jest [dʒest] Scherz, Spaß (*in* ~ zum S.; *a standing* ~ etwas, worüber immer gelacht wird); scherzen, im Scherz sagen; **~er** (Hof-)Narr; Spaßmacher

jet [dʒet] Strahl; Düse; ✈ Strahl-, Düsen-; *umg* Düsenflugzeug; Gagat, Jett; tiefschwarz(e Farbe); hervorsprudeln; **~sam** [ˊ-

səm] über Bord geworfene Ladung; haltloser Mensch; *flotsam and ~sam (bes fig)* Strandgut; **~tison** [ˊ-isən] über Bord werfen *(a. fig)*; Seewurf; **~ty** [ˊ-ti] Hafendamm; Landungsbrücke

Jew [dʒuː] Jude ♦ *to go to the ~s* Geld leihen gehen; **~-baiting** [ˊ-beitiŋ] Judenhetze; **~ess** [ˊ-is] Jüdin; **~ish** [ˊ-iʃ] jüdisch; **~ry** [ˊ-ri] Juden(viertel)

jew [dʒuː] betrügen; ~ *down* herunterhandeln (*to* auf); **~'s-harp** [ˊ-z'hɑːp] Maultrommel

jewel ['dʒuːəl] Edelstein, Juwel *(a. fig)*; Schmuckstück; Stein (Uhr); mit Edelsteinen schmücken (besetzen); **~ler** Juwelier; **~y**, *BE mst* **~lery** [ˊ--ri] Schmuck(sachen)

jib [dʒib] ⚓ Klüver; ✿ Ausleger ♦ *the cut of one's ~* j-s Äußere; *BE* scheuen (*at* vor), störrisch, bockig sein

jibe [dʒaib] = gibe; übereinstimmen (*with* mit), passen (*with* zu)

jiff(y) ['dʒif(i)] Augenblick, Nu *(in a ~)*

jig [dʒig] Gigue; ✿ (Spann-)Vorrichtung; *the ~ is up (fig)* d. Spiel ist aus; Gigue tanzen; umhertanzen, schaukeln; (auf u. ab)hüpfen; **~saw** [ˊ-sɔː] Laubsäge; **~saw puzzle** [pʌzl] Puzzlespiel

jilt [dʒilt] (Liebhaber) den Laufpaß geben; launische Liebhaberin

Jim Crow ['dʒim 'krou] *US* Nigger

Jimmy ['dʒimi] *US* = jemmy

jingle [dʒiŋgl] Klingeln, Klimpern; Reimgeklingel; klingeln, klimpern (mit)

jingo ['dʒiŋgou], *pl* **~es** Chauvinist; **~ism** [ˊ--izm] Chauvinismus; **~ist** = ~

jink [dʒiŋk] ⚓ ausweichen; **~s** (*bes: high ~s*) Ausgelassenheit, lautes Feiern

jinricksha, jinrikisha [dʒin'rikʃə, *US* -ˊʃɔː] Rikscha

jinx [dʒiŋks] Unheilbringer; verhexen

jitney ['dʒitni] *US sl* Fünfcentstück; billiger Bus; in e-m billigen Bus fahren

jitter|s ['dʒitəz] *sl* Heidenangst (*to have the ~s* wahnsinnig nervös sein); **~bug** [ˊ--bʌg] Jitterbug; **~y** [ˊ--ri] wahnsinnig nervös; vor Angst schlotternd

ju-jitsu [dʒuː'dʒitsu] *siehe* ju-jutsu

jive [dʒaiv] Swingmusik(erjargon); Swingmusik spielen; (zu) Swing tanzen

job [dʒɔb] **1.** Arbeit; *odd ~s* Gelegenheitsarbeiten; *by the ~* im Akkord; *to do a good (bad) ~* seine Arbeit gut (schlecht) machen; *to make a good ~ of it* seine Sache gut machen; **2.** Geschäft(chen); **3.** Stellung, Beruf; **4.** Arbeitsplatz; **5.** schwierige Sache; **6.** Vehikel; *~ lot* Partieware; *~ printing* Akzidenzdruck; *~ work* Akkordarbeit; **7.** *vt* Gelegenheitsarbeiten machen; **8.** Amtsmißbrauch treiben; **9.** Zwischenhandel treiben mit; **10.** Schiebungen machen; (j-n) durch Schiebung unterbringen; **~ber** Gelegenheitsarbeiter; Akkordarbeiter; Großhändler; Jobber; Zwischenhändler; Schieber (im Amt); **~bing** Zwischen-, Großhandel; Akkordarbeit; **~bing man** Gelegenheitsarbeiter; **~bing work** 🕮 Akzidenzen

jockey ['dʒɔki] Jockei; betrügen, prellen (*out of* um); *~ for position* s. (unfair) in e-e gute Position zu bringen suchen

jocos|e [dʒə'kous] scherzhaft, lustig; **~eness, ~ity** [dʒou'kɔsiti] Scherzhaftigkeit, Lustigkeit

jocu|lar ['dʒɔkjulə] scherzhaft, spaßhaft; **~larity** [--'læriti] Scherz-, Spaßhaftigkeit; **~nd** ['dʒɔkənd] fröhlich, munter; **~ndity** [dʒou'kʌnditi] Fröhlich-, Munterkeit; lustige Bemerkung

jog [dʒɔg] rütteln, stoßen, schaukeln; *fig* e-n Stoß geben; *~ on, along* voran-, weitergehen; Stoß, Rütteln; Dauerlauf; **~-trot** [ˊ-trɔt] Dauerlauf; Zotteltrab

John Bull ['dʒɔn'bul] der (die) Engländer

johnny ['dʒɔni] Kerl

join [dʒɔin] (s.) verbinden (*~ forces with* s. verbünden mit); eintreten in; zus.treffen mit, s. anschließen (*in* bei), kommen zu; *~ in* einstimmen; *~ up (umg)* in d. Heeresdienst eintreten; Verbindung(sstelle), Fuge; **~er** Tischler (*~er's bench* Hobelbank); **~ery** Tischlerei; Tischlerarbeit

joint [dʒɔint] **1.** Verbindung, Fuge; **2.** Dichtung; **3.** Scharnier; **4.** Gelenk; *to put out of ~* verrenken; **5.** Bratenstück; **6.** Bumslokal; **7.** gemeinsam, gemeinschaftlich; **8.** Mit-; *~ stock* Aktienkapital; *~ stock company* ['kʌmpəni] *BE* Aktiengesellschaft, *US* Kommanditgesellschaft auf Aktien; **9.** *vt* (ab)dichten, verfugen; **10.** (sich) zus.fügen; **11.** (Fleisch) zerlegen

joist [dʒɔist] Dielenbalken; Träger

joke [dʒouk] Scherz, Spaß (*in ~* zum S.); Streich *(mst: practical ~)*; *that's no ~* das ist bitterer Ernst; *the best of the ~* der Witz dabei; *vi* Spaß machen; **~r** [ˊ-kə] Spaßmacher; Joker; Kerl; Clou

joll|ify ['dʒɔlifai] feiern, trinken; lustig machen; **~ification** [-lifi'keiʃən] Feier; Gelage; Lustbarkeit; **~ity** [ˊ-liti] Lustigkeit; Festlichkeit; **~y** [ˊ-li] lustig, gesellig; blau; *BE* fein, prima, *iron.* schön *(a ~y fool)*; *adv BE* sehr, riesig

jolt [dʒoult] rütteln, stoßen; ~ (*along*) (dahin)rumpeln; Stoß, Gerüttel

jonquil ['dʒɔŋkwil] Jonquille (Narzisse)

jostle [dʒɔsl] stoßen; drängen; Stoß

jot [dʒɔt] *down* notieren; *not a ~* nicht ein bißchen; **~ting** (kurze) Notiz

journal ['dʒəːnəl] Tageblatt; Zeitschrift; Tagebuch; ✿ (Dreh-)Zapfen; **~ese** [--'liːz] Zeitungsstil, -sprache; **~ism** [ˊ--lizm] Journalismus, Publizistik; **~ist** Journalist, Publizist; **~istic** journalistisch, publizistisch

journey ['dʒəːni] (größere) Reise *(to go on a ~, to make a ~)*, Fahrt; reisen; **~man** [ˊ--mən], *pl* ~men Geselle

joust [dʒaust, *BE a.* dʒuːst, *bes US* dʒʌst] Turnier(kampf); T. austragen

Jove [dʒouv] Jupiter; *by ~!* bei Gott!

jovial ['dʒouviəl] lustig, heiter, jovial; **~ity** [--'æliti] Lustig-, Heiterkeit, Jovialität; *pl* lustige Worte

jowl [dʒaul] (Unter-)Kiefer; Wange; untere Gesichtshälfte; *cheek by ~* dicht beieinander
joy [dʒɔi] Freude (*for, with ~* vor F.; *tears of ~*-ntränen); s. freuen; **~ful** freudig; erfreulich; **~less** freudlos, traurig; **~ous** [ˊ-əs] fröhlich, froh; **~-ride** [ˊ-raid] Vergnügungs-, Schwarzfahrt
jubil|ant ['dʒuːbilənt] frohlockend, triumphierend; **~ation** [--'leiʃən] Jubel(n); **~ee** [--'liː] Jubiläum(sfeier)
Judas ['dʒuːdəs] Verräter, Judas
judg|e [dʒʌdʒ] ⚖, ♈ Richter; Kenner; (be-, ab)urteilen, richten; ansehen als; **~ment** (*BE a.* **~ement**) [ˊ-mənt] Urteil(sspruch); (*to give, pass, render ~ment* Urteil fällen; *to bring to ~ment* vor Gericht bringen; *to sit in ~ment on* zu Gericht sitzen über); Urteil(skraft); Ansicht (*in my ~ment)*
judic|ature ['dʒuːdikətʃə] Rechtspflege; Richterschaft; **~ial** [dʒuː'diʃəl] gerichtlich, Gerichts-, richterlich; Justiz- (*murder*); unparteiisch; **~iary** [-'diʃəri] Richterschaft; Rechtswesen; **~ious** [-'diʃəs] urteilsfähig, verständig
judo ['dʒuːdou] Judo; **~man** Judosportler
jug [dʒʌg] Krug; *umg* Kittchen, Loch; dämpfen; *umg* j-n einlochen; **~ged** blau
Juggernaut ['dʒʌgənɔːt] Moloch; ~ Schwerlastzug
juggle [dʒʌgl] jonglieren (mit) *(a. fig)*; **~r** [ˊ-lə] Jongleur
jugular ['dʒʌgjulə] Hals-, Kehl-
juic|e [dʒuːs] Saft; 🚗, ⚡ *umg* Saft; **~y** [ˊ-i] saftig
ju-jutsu, *bes US* **ju-jitsu** [dʒu'dʒutsu, *US* -'dʒitsu] Jiu-Jitsu
juke-box ['dʒuːkbɔks] Musikautomat
July [dʒuː'lai] Juli
jumble [dʒʌmbl] durcheinanderwerfen, vermengen; Durcheinander, Wirrwarr; **~-sale** [ˊ-seil] *BE* Wohltätigkeitsbasar; Ramschverkauf
jump [dʒʌmp] **1.** springen (lassen) (über); (Preise) emporschnellen; überspringen; *~ the rails (track)* entgleisen; *~ a train* in e-n Zug springen; *~ at* mit beiden Händen greifen nach; *~ into* verleiten zu; *~ on* losfahren auf j-n; *~ the lights* d. Rotlicht überfahren; **2.** Sprung (*long, high, pole ~* Weit-, Hoch- Stabhoch-); **3.** Auffahren *(to give a ~)*; **~er** Springer; *BE* Jumper; **~ing** ♈ Sprung-; **~ seat** [siːt] 🚗 Klappsitz; **~y** aufgeregt, nervös, zerfahren; holprig
junct|ion ['dʒʌŋkʃən] Verbindung; 🚂 Knotenpunkt; (*road*) *~ion* Straßeneinmündung; **~ure** [ˊ-tʃə] Verbindung(sstelle); Fuge; (kritischer) Zeitpunkt
June [dʒuːn] Juni
jungle [dʒʌŋgl] Dschungel
junior ['dʒuːnjə] (dienst)jünger; untere; Jüngere(r, s), Junior; *he is my ~ by five years* er ist 5 Jahre jünger als ich; jüngeres (*US* 5./6.) Semester; **~ity** [-ni'ɔriti] jüngeres (Dienst-)Alter
juniper ['dʒuːnipə] Wacholder
junk[1] [dʒʌŋk] Altmaterial; *vt US* zum alten Eisen werfen; **~man** *US* Altwarenhändler; **~ yard** *US* Altwarenlager, Autofriedhof
junk[2] [dʒʌŋk] Dschunke; **~et** [ˊ-it] Süßquark mit Sahne; Schmaus(erei); Festessen; (Informations)Reise (*US* auf Staatskosten); *vi* feiern; picknicken; *US* (auf Staatskosten) (herum)reisen
junt|a ['dʒʌntə], *pl* **~as** Junta; = **~o** [ˊ-tou], *pl ~os pol* Clique; Führungsgruppe
Jupiter ['dʒuːpitə] Jupiter *(a. astr)*
jur|idical [dʒuə'ridikl] gerichtlich; rechtlich; Rechts-; **~isdiction** [-ris'dikʃən] Rechtsprechung; Gerichtsbarkeit; Zuständigkeit; **~isprudence** [-ris'pruːdəns] Rechtswissenschaft; **~ist** [ˊ-rist] Rechtsgelehrter, -kundiger; **~or** ˊ-rə] Geschworener; **~y** [ˊ-ri] Geschworenen(gericht); Jury; **~y-box** [ˊ-ribɔks] Geschworenenbank; **~yman** [ˊ-rimən], *pl ~ymen* Geschworener; **~y-mast** [ˊ-rimaːst] ⚓ Notmast
just [dʒʌst] **1.** *adv* gerade; *~ so!* genau!; *(only) ~* gerade noch; *~ as well* genauso gut, *~ now* soeben, gerade jetzt; **2.** nur *(~ a moment, please; ~ one!)*; **3.** doch nur *(~ listen to him!)*; **4.** *(vor Fragew.)* eigentlich; **5.** *adj* gerecht; berechtigt; rechtschaffen; **~ice** [ˊ-is] Gerechtigkeit; Recht, Justiz; *to administer* [əd'ministə] *~ice* Recht sprechen; *to bring to ~ice* vor Gericht bringen; *to do ~ice to* j-m gerecht werden; *to do o.s. ~ice* sein Bestes bieten; Richter (*~ice of the Peace* Friedens-); **~ifiable** [-i'faiəbl] zu rechtfertigen(d); aus Notwehr; **~ification** [-ifi'keiʃən] Rechtfertigung; Berechtigung; ⚙ Justierung; **~ify** [ˊ-ifai] rechtfertigen; *~ified in doing* berechtigt zu tun; ⚙ justieren
jut [dʒʌt] Vorsprung; *~out* hinausragen, vorspringen
jute [dʒuːt] Jute
juvenile ['dʒuːvənail] jugendlich; Jugend-; Jugendlicher; 🎭 jugendlicher Liebhaber; *pl* Jugendbücher
juxtapos|e [dʒʌkstə'pouz] nebeneinanderstellen; **~ition** [--pə'ziʃən] Nebeneinanderstellung

K

K [kei] K
Kaffir ['kæfə] Kaffer
kaki ['kaːki], *pl* **~s** Kakipflaume
kale [keil] Grün-, Braunkohl; *US umg* Moneten, Kohlen
kaleidoscope [kə'laidəskoup] Kaleidoskop
kanaka ['kænəkə, kə'nækə] Kanake
kangaroo [kæŋgə'ruː] Känguruh
kaolin ['keiəlin] Kaolin
kapok ['keipɔk] Kapok(faser)
kaput [kə'put] kaputt, erledigt
katydid ['keitidid] amerikan. Laubheuschrecke
kayak ['kaiæk] Kajak
keel [kiːl] Kiel; *on an even ~* gleichlastig, *fig* gleichmäßig; *to lay down a ~* ein Schiff auf K. legen; (Schiff) kielholen; *~ over* kentern (lassen)

keen [kiːn] scharf *(a. fig)*; kalt (Luft); groß, stark; tief; eifrig; erpicht (*on* auf), darauf aus (*on doing* zu tun)

keep[1] [kiːp] behalten; ~ *hold of* festhalten; ~ *in mind* behalten; *that news will* ~ das braucht nicht gleich erzählt zu werden; ~ *one's temper* ruhig bleiben; aufheben; *mil* halten; vorenthalten (*from s-b* j-m); j-n unterhalten, sorgen für; s. j-n halten; (Waren) führen; (Tiere) halten; (Gesetz, Versprechen) halten; j-n auf-, festhalten; *(mit adj)* halten, dafür sorgen, daß etw ... bleibt (ist); bleiben; s. halten *(to the left, off the grass)*; ~ *good time* genau gehen; (Tagebuch, Haushalt, Bücher) führen; (Konto) führen, unterhalten; (Fest) feiern; (Essen) s. halten; ~ *in power* (sich) an der Macht halten; ~ *relations* Beziehungen unterhalten (*with* mit, zu); **~ at** an etwas bleiben; j-n bedrängen; **~ away** (s.) fernhalten; **~ back** (s.) zurückhalten, vorenthalten (*from s-b* j-m); **~ down** niedrig halten; niederhalten, bezähmen; **~ from** ab-, vorenthalten; sich enthalten; daran hindern; **~ in** drinnen bleiben (festhalten); einsperren, nachsitzen lassen; (Feuer) in Gang halten; **~ in with** s. vertragen mit; ~ *one's hand (eye) in* in Übung halten; **~ off** wegbleiben; abhalten; **~ on** weitermachen, -gehen; (auf)behalten; ~ *on doing* weiter(-hin) tun; ~ *on at s-b* j-n bedrängen, j-m zusetzen; **~ out** draußen bleiben; ~ *out of* s. heraushalten aus; **~ to** s. halten an, bleiben bei; ~ *o.s. to o.s.* für s. bleiben; ~ *s-th to o.s.* etw für s. behalten; **~ under** nieder- (unter Kontrolle) halten; **~ up** aufrechterhalten; beibe-, durchhalten; (Straße) unterhalten; andauern; mitkommen, Schritt halten; in Verbindung bleiben; **~ up with** Schritt halten mit; ~ + *ppr* weiter (~ *smiling!* bleib guter Dinge!); ~ *s-b waiting* j-n warten lassen; ~ *going* in Betrieb halten, j-m weiterhelfen

keep[2] [kiːp] Unterhalt; Futter; Bergfried; *for ~s (umg)* für immer, zum Behalten; **~er** Wärter; Aufseher; ⚽ Torwart; **~ing** Verwahrung; Obhut; Unterhalt; *to be in (out of) ~ing with* (nicht) übereinstimmen mit, passen zu; **~sake** [ˈ-seik] Andenken

keg [keg] Fäßchen (20–40 l)

kelp [kelp] Braunalgen; Kelp; **~ie** [ˈ-i] Wassergeist (der Wanderer ertränkt)

kelter [ˈkeltə], *US* **kilter** [ˈkiltə] Ordnung (*mst: out of* ~ nicht in O.)

ken [ken] Gesichtskreis (*mst: in, within, out of, beyond s-b's* ~); wissen

kennel [ˈkenəl] Hundehütte *(a. fig)*; Rinnstein

kept [kept] *siehe* keep[1]

kerb [kəːb], *US* **curb** Bordstein

kerchief [ˈkəːtʃif], *pl* **~s** Kopftuch

kernel [ˈkəːnəl] Kern; Korn; Kern(punkt); Wesen, Hauptsache

kerosene [ˈkerəsiːn] Leuchtöl, Petroleum

kestrel [ˈkestrəl] Turmfalke

ketch [ketʃ] ⚓ Ketsch (Art Jacht)

ketchup [ˈketʃəp], *US* **catchup** Ketchup

kettle [ketl] (Wasser-)Kessel; *US* (Koch-)Topf; *a pretty* ~ *of fish* e-e schöne Bescherung; **~drum** [ˈ-drʌm] Kesselpauke

key [kiː] Schlüssel *(a. fig)*; Taste; ♪ Tonart; *fig* Ton; *all in the same* ~ alles dasselbe; Kennziffer; *vt* mit e-r Kennziffer versehen; ~ *up (umg)* aufbringen, erregen; **~-bit** Schlüsselbart; **~board** [ˈ-bɔːd] Tastatur; **~-hole** [ˈ-houl] Schlüsselloch; **~note** [ˈ-nout] ♪, *fig* Grundton; **~stone** [ˈ-stoun] Schlußstein

khaki [ˈkaːki] Khaki; khakifarbig

kibitzer [ˈkibitsə] Kiebitz, Besserwisser

kick [kik] **1.** stoßen; ~ *one's heels* s. d. Beine in d. Bauch stehen; **2.** ausschlagen; s. wehren, meckern; ~ *off* wegschleudern; ⚽ anspielen; ~ *up* hochschleudern; ~ *up a dust* (*a fuss, a row* [rau]) lärmen, Streit anfangen; ~ *up one's heels* herumtollen, s. vergnügen; **3.** Stoß; Tritt; **4.** Ausschlagen; **5.** *mil* Rückstoß; *more ~s than halfpence* [ˈheipəns] mehr Prügel als gute Worte; *to get the* ~ hinausfliegen; **6.** ⚽ Kikker; **7.** Mumm, Kraft; *to get a big* ~ *out of* viel Spaß haben an; **~er** Schläger (Pferd); **~-off** ⚽ Anspiel

kid [kid] Zicke, Kitz; Gör, Kind; Glacé; *umg* aufziehen, Spaß machen; **~dy** [ˈ-i] Kind; **~-glove** [ˈ-glʌv] Glacéhandschuh *(a. fig)*; **~nap** [ˈ-næp] (Kind) entführen; **~napper,** *US* **~naper** Entführer, Kidnapper

kidney [ˈkidni] Niere; *fig* Art, Schlag

kill [kil] töten; schlachten; umbringen; vernichten; (Zeit) totschlagen; zu Fall bringen; um seine Wirkung bringen; (Jagd-)Beute; **~er** Totschläger; Schwertwal; tödliche Krankheit, Todesursache; **~ing** mörderisch; unwiderstehlich; komisch

kiln [kiln, *US* kil] Brenn-, Röstofen; Darre

kilo [ˈkiːlou] Kilogramm, -meter; **~cycle** [ˈkiləsaikl] Kilohertz; **~gramme,** *US* **~gram** [ˈkiləgræm] Kilogramm; **~litre,** *US* **~liter** [ˈkiləliːtə] 1000 Liter; **~metre,** *US* **~meter** [ˈkiləmiːtə] Kilometer; **~watt** [ˈkiləwɔt] Kilowatt (*~watt-hour* [ˈ-–ˈauə] -stunde)

kilt [kilt] Schottenrock; **~er** *siehe* kelter

kimono [kiˈmounou], *pl* **~s** Kimono

kin [kin) Verwandtschaft, Verwandte; *near of* ~ nah verwandt; *next of* ~ Nächstverwandte(r)

kind [kaind] **1.** Art; **2.** Gattung (*these* ~ *of men* = *men of this* ~); *what* ~ *of* was für ein; *of a* ~ von derselben Art, von schlechter Sorte; *a* ~ *of* so 'ne Art von; ~ *of (adv)* halb u. halb, irgendwie; **3.** Art, Wesen; *in* ~ in natura, *fig* mit gleicher Münze; **4.** nett, freundlich; **~-hearted** [ˈkaindˈhaːtid] gutherzig, gütig

kindergarten [ˈkindəgaːtən] Kindergarten

kindl|e [kindl] (s.) ent-, anzünden; leuchten; **~ing** [ˈkindliŋ] Anfeuerholz

kind|ly [ˈkaindli] *adv* freundlich(erweise); leicht; *adj* gütig; wohltätig; angenehm; **~liness** Freundlichkeit; Güte; Wohltätigkeit; **~ness** Freundlichkeit, Liebenswürdigkeit (*to show, do s-b a ~ness* j-m e-e Fr. (L.) erweisen)

kindred [ˈkindrid] Verwandtschaft; *pl vb* Verwandte; *attr* verwandt

kine [kain] Kühe, Vieh *(pl zu ,cow')*
kine|ma ['kinimə] *siehe cinema;* **~tic** [kai'netik] kinetisch; **~tics** *sg vb* Kinetik
king [kiŋ] König *(a. fig); the K~'s English* reines Englisch; **~dom** [ˊdəm] Königreich; (Natur-etc)Reich; *gone to ~dom come (umg)* in e-e andere Welt eingegangen; **~fisher** Eisvogel; **~let** Goldhähnchen; **~ly** königlich; majestätisch; **~ship** Königtum
kink [kiŋk] Verschlingung, ⚓ Kink; Knoten; Schrulle; verschlingen, Knoten bilden; **~y** verschlungen; wollig (Haar)
kin|sfolk ['kinzfouk] *pl vb* (Bluts-)Verwandte; **~ship** Verwandtschaft; **~sman** [ˊzmən], *pl* ~smen Verwandter; **~swoman** [ˊzwumən], *pl* ~swomen [ˊwimin] Verwandte
kiosk [*BE* 'kiːɔsk, *US* ki'ɔsk] Kiosk; *BE* Telefonzelle
kipper ['kipə] Räucherhering
kirk [kəːk] (schottische) Kirche
kismet ['kismet, *bes US* 'kiz-] Schicksal
kiss [kis] küssen; ~ *the book* d. Bibel küssen; ~ *the rod* d. Rute küssen, s. der Zucht fügen; ~ *one's hand to* j-m e-e Kußhand zuwerfen; Kuß; **~-proof** [ˊpruːf] kußfest
kit [kit] *mil* Ausrüstung; **~-bag** [ˊbæg] *mil* Kleidersack; ~ *inspection (mil)* Sachenappell; Handwerkszeug; (Werkzeug-)Kasten, Tasche; Ausrüstung
kitchen ['kitʃin] Küche; *unit* ~ [juːnit] Einbauküche; **~ette** [--'net] Kochnische; Kleinküche
kite [kait] Drachen (*to fly a* ~ D. steigen lassen); *fig* Versuchsballon; ✈ *sl* Kiste; *orn* Gabelweihe, Milan
kith [kiθ] **and kin** Freunde und Verwandte
kitt|en ['kitn] Kätzchen; **~iwake** ['kitiweik] Dreizehenmöwe; **~y** Kätzchen
klaxon ['klæksən], *pl* **~s** Mehrklanghorn
kleptomani|a [kleptou'meinjə] Kleptomanie; **~ac** [--ˊniæk] Kleptomane
klieg light ['kliːg lait] Jupiterlampe
knack [næk] (erlernte) Geschicklichkeit; Trick, Kunstgriff; Gewohnheit; *to have the ~ of* es verstehen, d. Bogen 'raus haben; *to get into the ~ of* d. Bogen 'rausbekommen; **~er** *BE* Pferdeschlächter; *BE* Schrotthändler
knapsack ['næpsæk] Tornister, Affe
knav|e [neiv] Schurke, Bube (*a.* Karte); **~ery** [ˊəri] Schurkerei; **~ish** [ˊiʃ] schurkisch, bübisch
knead [niːd] kneten; massieren
knee [niː] Knie; *to go on one's ~s* niederknien; **~-cap** [ˊkæp] Kniescheibe; -schützer; **~-pan** [ˊpæn] Kniescheibe
kneel [niːl] *(s. S. 318)* (s. hin-, nieder-)knien
knell [nel] Grabgeläute; *fig* Totenglocke; traurig tönen; zu Grabe läuten
knelt [nelt] *siehe* kneel
knew [njuː] *siehe* know
knicker|bockers ['nikəbɔkəz] Knickerbocker; **~s** [--z] = ~bockers; Schlüpfer
knick-knacks ['niknæks] Nippsachen
kni|fe [naif], *pl* **~ves** [naivz] Messer; (er)stechen; (dahin)gleiten (durch, über)

knight [nait] Ritter; Springer (Schach); zum Ritter schlagen; **~-errant** [ˊ'erənt], *pl* ~s-errant fahrender Ritter; **~hood** [ˊhud] Rittertum, -würde; -schaft; **~ly** ritterlich
knit [nit] (*s. S. 318*) stricken; verstricken (*into* zu); verbinden, zus.fügen; fest werden; (Brauen) zus.ziehen; **~ting** Stricken; Strickware; -zeug; Strick-
knives [naivz] *siehe* knife
knob [nɔb] (, Tür- etc)Knopf; Brocken
knock [nɔk] stoßen, schlagen; klopfen; *umg* überraschen; *umg* 'runtermachen; klopfen; Stoß, Schlag; Klopfen; ~ **about** s. herumtreiben in; *fig* umherwerfen, mitnehmen; ~ **against** stoßen auf; ~ **at** klopfen an; ~ **down** niederschlagen; umhauen, -fahren (*you could have ~ed me down with a feather* ich dachte, mich rührt d. Schlag); abreißen; zuschlagen (*to s-b* j-m); herunterhandeln; ⚙ zerlegen; ~ **in** einschlagen; ~ **off** wegschlagen; abziehen, nachlassen; (Arbeit) einstellen; schnell erledigen, 'runterhauen; ~ **on** fest-, anschlagen; ~ *s-th on the head (fig)* erledigen; ~ **out** ausklopfen, -schlagen; k. o. schlagen; überwältigen; ~ **over** umwerfen; ~ **together** zus.schlagen; zimmern; ~ **up** hochschlagen; 'rausklopfen, wekken; erschöpfen; machen, zus.hauen; **~-about** [ˊəbaut] umherstreifend; Strapazier-; Radau(stück); **~-down** [ˊdaun] niederschmetternd; äußerst (Preis); zerlegbar; **~er** (Tür-)Klopfer; **~-kneed** [ˊniːd] X-beinig; **~-out** [ˊaut] Nieder-, K.o.-Schlag
knoll [noul] Kuppe; Hügel
knot [nɔt] Knoten; *to tie o.s. (up) in(to) ~s* sich in Schwierigkeiten verwickeln; *to cut the* ~ d. Knoten durchschlagen; Ast (*~hole* Astloch im Brett); Gruppe; Knoten (1,853 km/h); *fig* Bund; (zu-, ver)knoten; s. verknoten, verwikkeln; **~ty** knotig; astig; *fig* verwickelt, knifflig
knout [naut] Knute
know [nou] *(s. S. 318)* wissen; ~ *how to* können; *there's no ~ing* man kann nicht wissen; ~ *better than* klug genug sein, nicht zu . . .; kennen(lernen); erkennen; ~ *one's own business* ['biznis], ~ *what's what,* ~ *a thing or two,* ~ *the ropes* s. auf seine Sache verstehen, s. auskennen, Bescheid wissen; **~n** bekannt (*to make o.s. ~n* sich b. machen); ~ *about, of* wissen (gehört haben) von, kennen; ~ *from* unterscheiden (können) von; erleben; **~-how** [ˊhau] Sach-, Fach-, technische Kenntnisse; Erfahrung; **~ing** [ˊiŋ] intelligent; wissend; verständnisinnig; **~ingly** absichtlich; wissentlich; **~ledge** ['nɔlidʒ] Kenntnis(se); *to my ~ledge* soviel ich weiß; *to the best of my ~ledge* nach bestem Wissen; Nachricht; Wissen; **~ledgeable** [ˊlidʒəbl] intelligent; unterrichtet; kenntnisreich
knuckle [nʌkl] Knöchel; ~ *down to work* s. entschlossen an d. Arbeit machen; ~ *under* nachgeben; *brass ~s* = **~-duster** [ˊdʌstə] Schlagring
kodak ['koudæk] *umg* Kamera
kohlrabi [koul'rɑːbi] Kohlrabi

kotow ['kou'tau], *US* **kowtow** ['kau'tau] Kotau; K. machen *(a. fig)*
kraal [krɑːl] Kral
kraft [krɑːft] **(~paper)** Packpapier
kremlin ['kremlin] Kreml
kudos ['kjuːdɔs] Ruhm, Bewunderung

L

L [el] L
la [lɑː] ♪ la (a)
lab [læb] Labor
label ['leibəl] Etikett, Zettel, Anhänger; mit Etikett etc. versehen; etikettieren; auszeichnen; einstufen; (radioaktiv) markieren
labial ['leibiəl] Lippen-
labor|atory [lə'bɔrətəri, *US* 'læbrətɔːri] Laboratorium; **~ious** [lə'bɔːriəs] arbeitsam; mühsam; schwer(fällig), mühselig
labour ['leibə] (schwere, Hand-)Arbeit; *hard ~* Zwangsarbeit; Arbeitskraft, -kräfte; Arbeiterschaft; *L~* Labour(partei); ⚕ Wehen; (schwer, mit den Händen) arbeiten; sich be-, abmühen; mühsam fahren; *~ under* leiden an; ausarbeiten, herumreiten auf; **~ed** [ˊ-bəd] mühsam; schwerfällig; **~er** [ˊ-bərə] Arbeiter; **L~ Exchange** *BE* Arbeitsamt; **~ force** Arbeitskräfte, Belegschaft; **~-saving** [ˊ--seiviŋ] arbeitssparend; **~ union** Gewerkschaft
laburnum [lə'bəːnəm] *bot* Goldregen
labyrinth ['læbirinθ] Labyrinth *(a. fig)*
lace [leis] Spitze; Tresse; Schnürsenkel; (zu)schnüren; mit Spitze besetzen
lacera|te ['læsəreit] zerreißen, -fleischen; **~tion** [--'reiʃən] Zerreißung, -fleischung; Riß; Wunde
lachrym|al ['lækriməl] Tränen-; **~ose** [ˊ-krimous] weinerlich; tränenreich
lack [læk] Mangel (*for ~ of* aus M. an); nicht haben, es fehlen lassen an; *to be ~ing* fehlen; *to be ~ing in* es fehlen lassen an; **~adaisical** [-ə'deizikəl] lustlos; schlapp; affektiert; **~ey** [ˊ-i] Lakai *(a. fig)*; **~-lustre** [ˊ-lʌstə] glanzlos
lacon|ic [lə'kɔnik] lakonisch; **~icism** [-ˊ-sizm] = **~ism** ['lækənizm] lakonische Kürze; lakonischer Ausspruch
lacqu|er ['lækə] (Cellulose-)Lack(waren); *BE* Haarspray; lackieren; **~ey** [ˊ-i] *siehe* lackey
lacrimal ['lækriməl] = lachrymal
lacrosse [lə'krɔs] Lacrosse (Spiel)
lact|ation [læk'teiʃən] Säugen; **~eal** [ˊ-iəl] milchig; Milch-; **~ic** [ˊ-ik] Milch-
lacun|a [lə'kjuːnə], *pl* **~ae** [-ˊ-niː], **~as** Lücke
lacy ['leisi] spitzenartig
lad [læd] Junge, Bursche; **~die** [ˊ-i] = ~
ladder ['lædə] (⚓, Strick-)Leiter *(a. fig)*; *BE* Laufmasche (bekommen); **~-proof** *BE* maschenfest
lad|e [leid] *(s. S. 318)* (be)laden; **~en** beladen, bedrückt; **~ing** Ladung
la-di-da [lɑːdi'dɑː] Geck; geckenhaft
ladle [leidl] (Schöpf-, Suppen-)Löffel; *~ out* auslöffeln *(a. fig)*
lady ['leidi] Dame, Frau, Lady; weiblich (*~ doctor* Ärztin); *L~ Chapel* Marienkapelle; *L~ Day* Mariä Verkündigung (25. März); *Our L~* Gottesmutter; **~-bird,** *US* **~-bug** Marienkäfer; **~-in-waiting** [ˊ-in'weitiŋ], *pl* ladies-in-w. Hofdame; **~like** damenhaft; **~ship** gnädige Frau (Anrede)
lag [læg] zögern; *~ behind* zurückbleiben; Verzögerung (*time ~* zeitliche V.); *sl* Knastbruder; **~er** ['lɑːgə] Lagerbier; **~gard** ['lægəd] saumselig(e Person)
lagoon [lə'guːn] Lagune
lai|d [leid] *siehe* lay[1]; **~n** [lein] *siehe* lie[2]
lair [lɛə] Lager (e-s Tiers); *fig* Nest
laird [lɛəd] (schott.) Gutsherr
laissez-faire ['leisei'fɛə] Laissez-faire; wirtschaftlicher Liberalismus
laity ['leiiti] Laien(schaft)
lake [leik] (der) See; **~ dwellings** Pfahlbauten
lama ['lɑːmə] Lama (buddhist. Mönch)
lamb [læm] Lamm *(a. fig)*; *fig* Schäfchen; Lammfleisch; lammen; **~ent** ['læmbənt] züngelnd; glänzend; funkelnd; **~kin** [ˊ-kin] Lämmchen; **~skin** [ˊ-skin] Lammfell
lame [leim] lahm *(a. fig)*; lähmen; **~ duck** lahmes Huhn; *US* Präsident, der nicht wiedergewählt werden kann
lament [lə'ment] beklagen, jammern; Wehklage; **~able** ['læməntəbl] beklagenswert; jämmerlich; **~ation** [læmen'teiʃən] Wehklage, Jammer; Klage
lamin|a ['læminə], *pl* **~ae** [ˊ-niː] Plättchen, (dünne) Schicht, Lamelle; **~ate** [ˊ--neit] auswalzen; in Blätter spalten; lamellieren, schichten; **~ated** Schicht-
lamp [læmp] Lampe; Leuchte; **~-black** Lampenruß; **~-shade** Lampenschirm
lampoon [læm'puːn] Schmähschrift, Spottgedicht (schreiben gegen)
lamprey ['læmpri] *zool* Neunauge
lance [lɑːns] Lanze; *free ~* (*siehe* free); mit e-r Lanze angreifen; ⚕ aufschneiden, -stechen; **~r** [ˊ-sə] Ulan; *pl* Lancier (Tanz); **~-corporal** [ˊ-kɔːpərəl] *BE* Ober-, Hauptgefreiter; **~-sergeant** [ˊ-'sɑːdʒənt] *BE* Stabsunteroffizier; **~t** [ˊ-sit] Lanzette
land [lænd] Land; *to go by ~* den Landweg nehmen; *to come to ~* in e-n Hafen kommen; ⚓ Boden; Grundbesitz; landen, an Land bringen; ausladen; *to be ~ed* s. (be)finden; s. angeln; (Schlag) versetzen; **~ agent** [ˊ-'eidʒənt] Gütermakler; Gutsverwalter; **~au** [ˊ-ɔː] Landauer; **~ breeze** Landwind; **~ed** Land-, Grund-; **~holder** [ˊ-houldə] Grundbesitzer, *mst* -pächter; **~ing** Landung; Ausladen; **~ing-net** Hamen, Fangnetz; **~ing(-place)** Landeplatz; **~ing-stage** [ˊ-iŋsteidʒ] Landebrücke; (Treppen-) Absatz; Flur; **~lady** Wirtin; Gutsherrin; **~-locked** landumschlossen; **~lord** Wirt; Gutsherr; **~lubber** ⚓ Landratte; **~mark** Grenzstein; *fig* Markstein, Wahrzeichen; ⚓ Landmarke; **L~ Register** ['redʒistə] Grundbuch; **~scape** [ˊ-skeip] Landschaft (-sbild, -smalerei); **~slide** [ˊ-slaid] Erdrutsch *(bes fig)*; **~slip** *bes BE*

Erdrutsch; **~sman** [ˈ-zmən], *pl* ~men [ˈ-zmen] Landbewohner; **~ward** [ˈ-wəd] landwärts gelegen; **~wards** *adv* landwärts
lane [lein] Pfad, Landweg; Gasse *(a. fig)*; ⚓ Route; 🚗 Fahrspur, -bahn
language [ˈlæŋgwidʒ] Sprache; *bad* ~ häßliche Worte, Schimpfworte
langu|id [ˈlæŋgwid] schlaff, matt; **~ish** [ˈ-gwiʃ] schlaff, matt werden; schmachten; dahinsiechen; **~or** [ˈ-gə] Schlaffheit, Mattigkeit; Schmachten; Schwüle, Stille; **~orous** [ˈ-gərəs] *adj* schlaff, matt; schwül
lank [læŋk] aufgeschossen; (Haar) glatt; **~y** schlaksig
lantern [ˈlæntən] Laterne (*dark* ~ Blend-); **~-jawed** [ˈ--dʒɔːd] hohlwangig; **~ lecture** [ˈ--ˈlektʃə] Lichtbildervortrag; **~ slide** [ˈ--slaid] Diapositiv, Glasbild
lanyard [ˈlænjəd] ⚓ Taljereep; Halsschnur
lap [læp] Schoß, Knie (*on the* ~ im S., auf d. K.); Zipfel, Rockschoß; Wickel; 🏁 Runde; Lecken; Plätschern; ein-, umwickeln; umschlagen; übereinanderlegen, -liegen, s. überlappen; auflecken; in s. einsaugen, -schlürfen; plätschern
lapel [ləˈpel] Rockaufschlag, Revers
lapse [læps] Versehen, Fehler; Abgleiten, -fall; Ver-, Ablauf; ⚖ Wegfall e-s Rechtes; ab-, verfallen (*into* in); verfallen, ablaufen; verstreichen
lapwing [ˈlæpwiŋ] Kiebitz
larboard [ˈlɑːbɔːd] ⚓ Backbord
larcen|ist [ˈlɑːsənist] Dieb; **~y** [ˈ-sni] Diebstahl
larch [lɑːtʃ] Lärche(nholz)
lard [lɑːd] (Schweine-)Schmalz; spicken *(a. fig)*; **~er** Speisekammer
large [lɑːdʒ] groß; großzügig; weitreichend; *at* ~ frei, ausführlich, im allgemeinen, willkürlich; *adv* prahlerisch (*to talk* ~); *by and* ~ alles in allem; **~ly** weitgehend; freigebig; **~-minded** [ˈ-ˈmaindid] groß-, weitherzig; **~-scale** [ˈ-skeil] Groß-, groß; umfassend
largess(e) [lɑːˈdʒes] (Verteilung) reiche(r) Gaben; Freigebigkeit
lark [lɑːk] (Feld-)Lerche; Spaß, Streich; (herum)tollen; **~spur** [ˈ-spəː] Rittersporn
larv|a [lɑːvə], *pl* **~ae** [ˈ-viː] Larve
laryn|x [ˈlæriŋks], *pl* **~xes** Kehlkopf; **~gal** [ləˈriŋgəl], **~geal** [-ˈ-dʒial] Kehlkopf-
lascivious [ləˈsiviəs] lüstern, geil
lash [læʃ] (aus)peitschen; *fig* geißeln; aufstacheln (*into* zu); binden; schlagen; Peitschenschnur; -riemen; Peitschenhieb; Peitschen; Geißeln; Wimper; **~ing** Peitschen; Geißeln; *pl umg* Mengen
lass [læs] Maid, Mädchen; **~ie** [ˈ-i] = ~; **~itude** [ˈ-itjuːd] Mattheit; Teilnahmslosigkeit
lasso [ˈlæsou], *pl* **~s, ~es** Lasso
last [lɑːst] **1.** letzte (~ *but one* vor-); vergangen (~ *week; the week before* ~ vorletzte W.); neueste; *at* ~ zuletzt, endlich; *to breathe* [briːð] *one's* ~ sein Leben aushauchen; *the* ~ *word* d. Allerneueste; **2.** *vi* dauern; anhalten; (aus)reichen; **3.** Leisten (*to stick to one's* ~ bei seinem L. bleiben); **~-ditch** [ˈ-ditʃ] allerletzte; verzweifelt; *adv* zuletzt, als letzte(r); zum letzten Mal; **~ly** schließlich
latch [lætʃ] Riegel; *on the* ~ (nur) eingeklinkt; Schnappschloß; **~-key** [ˈ-kiː] Drücker; zuriegeln; *vi* schließen
late [leit] (zu) spät; ~ *dinner* Abendessen; kürzlich; jüngst; *of* ~ *(years)* kürzlich; verstorben; ehemalig; **~ly** in d. letzten Zeit; **~r on** später; **~st** neueste(r, s); *at (the)* ~*st* spätestens
lateen [ləˈtiːn] **sail** ⚓ Lateinsegel
latent [ˈleitənt] latent, verborgen
lateral [ˈlætərəl] seitlich, Seiten-
latex [ˈleiteks] Milchsaft, Latex
lath [lɑːθ], *pl* **~s** [-θs, -ðz] Latte; **~e** [leið] ⚙ Drehbank; **~e hand** Dreher; **~e tool** [tuːl] Drehstahl, -werkzeug
lather [ˈlæðə] (Seifen-)Schaum; einseifen; schäumen; verprügeln
lathi [ˈlɑːti] Eisenstange
Latin [ˈlætin] lateinisch; römisch; romanisch
latitud|e [ˈlætitjuːd] *geog* Breite; 📷 Belichtungsspielraum; *fig* Spielraum, Freiheit; **~inarian** [---diˈnɛəriən] *bes eccl* liberal eingestellt(e Person)
latrine [ləˈtriːn] Latrine; Klosett
latter [ˈlætə] spätere; letztere; **~ly** letzthin
lattice [ˈlætis] Gitter(-); Gitterfenster, -tür; vergittern
laud [lɔːd] preisen, loben; Lob(eshymne); **~able** löblich, lobenswert; **~anum** [ˈlɔːdənəm] Opiumtinktur; **~atory** [ˈ-ətəri] lobend
laugh [lɑːf] lachen(d sagen); **~ at** lachen über, auslachen; **~ away** d. Lachen verscheuchen, vertreiben; ~ *in one's sleeve* [sliːv] heimlich (s. ins Fäustchen) lachen; **~ off** s. lachend hinwegsetzen über; **~ out of** j-n durch Lachen abbringen von; **~ over** lachen über, bei; Lachen *(to give a loud* ~*)*; *to join in the* ~ mitlachen; *to break into a* ~ loslachen; *to give a short* ~ auflachen; *to raise a* ~ ein Gelächter verursachen; *to have* (od *get*) *the* ~ *of s-b* d. Spieß umdrehen gegen; **~able** lustig; lächerlich; **~ing** lachend; *no* ~*ing matter* nichts zum Lachen; Lachen; **~ing-stock** Gespött, Zielscheibe des Lachens; **~ter** [ˈ-tə] (lautes, längeres) Lachen, Gelächter
launch [lɔːntʃ] **1.** vom Stapel lassen; ✈ katapultieren, (Rakete) abschießen; *fig* starten, lancieren; ~ *an attack* zum Angriff ansetzen; schleudern *(a. fig)*; ~ *out* beginnen, loslegen; ~ *(out) into* s. ergehen in, s. stürzen in; **2.** Stapellauf, Start, Abschuß; **3.** Barkasse; **~ing** Stapellauf etc
laund|er [ˈlɔːndə] waschen (u. bügeln); sich waschen lassen; **~erette** [--ˈret] Münzwäscherei; **~ress** [ˈ-dris] Wäscherin; **~ry** [ˈ-dri] Wäscherei; Wäsche(sachen); Waschküche
laureate [ˈlɔːriit] lorbeergekrönt; Preisträger; **Poet L~**, *pl* Poets L~ Hofdichter
laurel [ˈlɔrəl, *US* ˈlɔː-] (edler) Lorbeer; Lorbeerrose, Kalmie; *pl fig* Lorbeer

lava ['lɑːvə] Lava; **~tory** ['lævətəri] (Waschraum mit) WC

lave [leiv] waschen; baden; fließen

lavender ['lævində] Lavendel(farbe); lavendel(farben)

lavish ['læviʃ] verschwenderisch, freigebig (*of money* mit G., *in giving*); (über)reichlich; verschwenden, überreichlich beschenken

law [lɔː] Gesetz; Recht; Jura (*to read ~* J. studieren); *to lay down the ~* Vorschriften machen, anmaßend auftreten; *to go to ~* d. Rechtsweg beschreiten; *to have* (od *take*) *the ~ on s-b* j-n verklagen; *to take the ~ into one's own hands* gewaltsam vorgehen; (Spiel-etc)Regel; **~-abiding** [ˊ-əbaidiŋ] gesetzestreu, ordnungsliebend; **~-court** [ˊ-kɔːt] Gerichtshof; **~ful** gesetzlich; rechtmäßig; gültig; **~giver** Gesetzgeber; **~less** gesetzlos; ungesetzlich; zügellos; **~suit** [ˊ-sjuːt] Prozeß; **~yer** [ˊ-jə] Rechtsanwalt; Jurist

lawn [lɔːn] Rasen; Batist

lax [læks] locker, lax; ⚕ gut arbeitend; **~ative** [ˊ-ətiv] (milde) abführend(es Mittel); **~ity** [ˊ-iti] Lockerheit, Laxheit; Nachlässigkeit

lay[1] [lei] *(s. S. 318)* (ver)legen; *~ eyes on* erblikken; *~ hands on* in d. Hände bekommen, pakken, finden; *~ violent* ['vaiələnt] *hands on o.s.* Hand an sich legen; *~ s-th to* (od *at*) *s-b's door* (od *to s-b's charge*) j-m etw in die Schuhe schieben, zuschreiben; (Eier) legen; (Staub) niederschlagen; (Zweifel) beruhigen; *~ bare* bloßlegen (*one's heart* [hɑːt] sein Herz ausschütten); *~ s-b low* j-n hinstrecken, ⚕ ans Bett fesseln; *~ (fast) by the heels* dingfest machen, d. Handwerk legen; *~ open* aufdecken, bloßlegen, s. etwas auffallen, -reißen; *~ o.s. open to* s. aussetzen; *~ waste* verwüsten; *~ the table* d. Tisch decken; (Feuer) anlegen; etwas vorlegen, vorbringen; (Anspruch) erheben; etwas belegen (*with* mit); (Wette) abschließen mit, wetten; **~ about** um s. schlagen; **~ aside** beiseite legen; sparen; aufgeben; **~ by** beiseite legen, sparen; **~ down** nieder-, hinlegen; (Leben) hingeben; kaufen und einlagern; aufzeichnen, -stellen; ⚓, ⚔ in Angriff nehmen, bauen; ⚘ bebauen *(in, to, with, under grass, clover)*; **~ in** einlagern; **~ into s-b** feste prügeln; **~ off** ⚓ wegsteuern; aussetzen; entlassen; **~ on** kräftig versetzen, zuschlagen; auftragen; *~ it on thick, ~ it on with a trowel* ['trauəl] *fig* es dick auftragen; auferlegen; ⚙ verlegen, einrichten; **~ out** ausbreiten; (Leichnam) ankleiden; *umg* j-n umlegen; verausgaben; (Park) anlegen; 🕮 aufmachen, umbrechen; *~ o.s. out* sich anstrengen, krummlegen; *~ under necessity* [ni'sesiti] nötigen; *~ under obligation* verpflichten; **~ up** lagern; sparen; außer Dienst stellen; *to be laid up* bettlägerig, ans Haus gebunden sein (*with* wegen, mit)

lay[2] [lei] Lage, Richtung (*siehe* lie[2]), Ballade, Lied; Laien-; *vi siehe* lie[2]; **~er** ['leiə] Schicht; Leger; Leghuhn; *bot* Ableger; ablegen; **~ette** [lei'et] Babyausstattung; **~man** [ˊ-mən], *pl* ~men Laie; **~-off** Entlassung; Arbeitsunterbrechung; **~out** Anlage, Plan; 🕮 Aufmachung, Umbruch; Layout

laz|e [leiz] faulenzen, bummeln; **~y** faul, träge; **~y-bones** [ˊ-ibounz] Faulpelz

lea [liː] Au, Flur; Garnmaß (80–300 Yards)

leach [liːtʃ] auslaugen

lead[1] [led] Blei; ⚓ Senkblei (*to cast, heave* [hiːv] *the ~* d. S. werfen); *red ~* Mennige; *pl* Bleidach; *(black) ~* Graphit; Bleistiftmine; *~ pencil* Bleistift; ~-works [ˊ-wəːks] *sg vb* Bleihütte; 🕮 Durchschuß; *~ (out)* 🕮 durchschießen ♦ *(BE) to swing the ~* s. drücken; **~en** Blei-; bleiern

lead[2] [liːd] *(s. S. 318)* **1.** führen; *~ the way* vorangehen *(a. fig)*; *~ by the nose* an d. Kandare haben; **2.** anführen, Führer sein; *~ nowhere* zu nichts führen; **3.** j-n veranlassen; **4.** (Karten) ausspielen; *~ astray* in d. Irre, *fig* (ver)führen; **~ away** wegführen; abbringen; **~ off** anfangen; **~ on** (weiter)führen; verlocken; **~ up to** lenken auf, hinführen zu; **5.** *su* Führung; **6.** Hinweis, Hilfe *(to give s-b a ~)*; **7.** ⛩ Vorsprung; **8.** (Hunde-)Leine; **9.** 🎭 Hauptrolle, -darsteller(in); **10.** Vorhand, Ausspielen; **11.** Kanal; **~er** [ˊ-ə] Führer, Leiter; *BE* Leitartikel; *bot* Gipfeltrieb; ⚕ Sehne; **~erette** [–də'ret] *BE* kurzer Leitartikel; **~ership** [ˊ-dəʃip] Führerschaft; **~ing** führend, Haupt-; Leit-; **~ing article** *BE* Leitartikel; **~ing case** ⚖ Präzedenzfall; **~ing lady** 🎭 Hauptdarstellerin; **~ing question** Suggestivfrage; **~ing-strings** [ˊ-iŋstriŋz] Gängelband *(a. fig)*

lea|f [liːf], *pl* **~ves** [liːvz] Blatt; *in ~f* belaubt; *to come into ~f* Blätter ansetzen; 🕮 Blatt ♦ *to turn over a new ~f* ein neues Leben beginnen; *to take a ~f out of s-b's book* s. ein Beispiel nehmen an; (Tür-)Flügel; (Tisch-)Klappe, Zug; *US* durchblättern; **~fless** blattlos; **~flet** Blättchen; Werbeblatt, Prospekt; **~fy** belaubt; blätterig; Laub-

league [liːg] Bund (*L~ of Nations* Völker-); ⛩ Liga (*~ match* -spiel); *in ~ with* verbündet mit; (s.) verbünden; Meile (= 4,8 km)

leak [liːk] Leck, Loch; d. auslaufende Wasser, Gas etc; durchsickern (lassen) *(a. fig)*; lecken, leck sein; **~age** [ˊ-idʒ] Lecken; Leckage; Durchsickern; **~y** leck, kaputt; unzuverlässig

lean [liːn] *(s. S. 318)* (s.) neigen, biegen; (s.) stützen (*on* auf); s. lehnen; *~ over backwards* s. krummlegen; Neigung; **~ing** *fig* Neigung; **~-to** [ˊ-tuː], *pl* ~-tos Anbau; angebaut

lean [liːn] mager *(a. fig)*; **~ness** Magerkeit

leap [liːp] *(s. S. 318)* springen ♦ *look before you ~* erst wägen, dann wagen; überspringen (lassen); *~ at (fig)* ergreifen; *~ on* losspringen auf; Satz, Sprung; *by ~s and bounds* in großen Sätzen, sprunghaft; **~-frog** Bockspringen (machen) (*over* über); überspringen; **~-year** [ˊ-jəː] Schaltjahr

learn [ləːn] *(s. S. 318)* lernen; erfahren; **~ed** [ˊ-nid] gelehrt; bewandert *(in)*; **~er** Lernender; Studierender; (Fahr-)Schüler; **~ing** Lernen; Gelehrsamkeit

lease [liːs] **1.** Pacht, Miete(zeit, -frist); **2.** Pacht-, Mietvertrag; *to put out to ~* verpachten, -mieten; *to hold on* (od *by*) *~* in Pacht (Miete) haben; *to take on ~* pachten, mieten; *a new ~ on life* neue Lebensaussicht; **3.** (ver)pachten, mieten; **~hold** [ˊ-hould] Pacht(besitz); **~holder** Pächter

leash [liːʃ] Koppel(leine); *to hold in ~* an d. Leine haben; *to strain at the ~* an d. Leine zerren, ungeduldig warten; koppeln; an der Koppel führen

least [liːst] kleinste(r, s); geringste(r, s), wenigste; *adv* am wenigsten ♦ *~ said soonest mended* Reden macht's nur schlimmer; *to say the ~ of it* gelinde gesagt; *at ~* wenigstens; *not ~* nicht zum wenigsten; *~ of all* am wenigsten; *not in the ~* nicht im mindesten

leather ['leðə] Leder; **~y** [ˊ-ri] ledern, lederartig

leave[1] *(s. S. 318)* [liːv] verlassen, abfahren (*for* nach); *~ school* von d. Schule abgehen; kündigen; (Arbeit) aufgeben; (liegen)lassen (*on the left* links etc); lassen (*~s much to be desired* läßt viel zu wünschen übrig); zurücklassen; *to be left unsaid* ungesagt bleiben; *~ alone* nicht anfassen, in Ruhe, auf s. beruhen lassen; *~ go* (od *hold*) *of* loslassen; ergeben *(3 from 7 ~s 4)*; überlassen (*left* übrig); hinterlassen (*word with* Nachricht bei), bringen; *to be left till called for* postlagernd; etwas belassen, überlassen; (als Toter) hinterlassen, vermachen; **~ at that** dabei belassen; **~ behind** zurück-, hinterlassen; **~ off** aufhören (mit, zu tragen); **~ out** aus-, weglassen; **~ over** übriglassen; unentschieden lassen; *~ s-b to himself* (od *to his own devices*) sich selbst überlassen; *~ to chance* d. Zufall überlassen; **~ with** zurücklassen bei

leave[2] [liːv] **1.** Erlaubnis ♦ *without so much as a 'by your ~'* ohne auch nur um Erlaubnis zu fragen; **2.** Urlaub (*on ~* auf U.); **3.** Abschied (*to take one's ~* A. nehmen; *to take ~ of s-b* A. nehmen von) ♦ *to take ~ of one's senses* verrückt werden

leaven [levn] Hefe; Sauerteig; *(a. fig)*; säuern; durchsetzen (*with* mit)

leav|ings ['liːviŋz] Reste; **~es** [liːvz] *siehe* leaf

lecher|ous ['letʃərəs] wollüstig; **~y** Wollust

lectern ['lektən] Lese-, Chorpult

lecture ['lektʃə] Vortrag; Vorlesung; Standpauke; e-n Vortrag, Kolleg halten; abkanzeln; **~r** [ˊ-rə] Dozent, Lektor; Vortragender; **~-room** [ˊ-rum] Hörsaal, Vortragsraum

led [led] *siehe* lead[2]

ledge [ledʒ] Rand, Sims, Leiste; Riff; **~r** [ˊ-ə] Hauptbuch; **~r-line** ♪ Hilfslinie

lee [liː] (Wind-)Schutz; windgeschützter Platz; **~ (side)** Lee(seite); mit dem Wind kommend (Flut)

leech [liːtʃ] Blutegel; *to stick like a ~ to s-b* wie e-e Klette hängen an j-m; *fig* Blutsauger

leek [liːk] Lauch, Porree

leer [liə] (lüsterner, verschlagener) Seitenblick; lüstern schauen (*at* auf)

lees [liːz] *pl vb* Bodensatz, Hefe

lee|ward ['liːwəd, ⚓ 'luːəd] leewärts; Lee(seite); **~way** ['liːwei] Leeweg, Abdrift ♦ *to make up ~way* Nachteile, Verlust ausgleichen; *much ~way to make up* großer Rückstand; *US* Spielraum

left [left] *siehe* leave[1]; linke(r, s), links; *to the ~* (nach) links; **~-hand** [ˊ-hænd] linke(r, s); **~-handed** [ˊ-'hændid] linkshändig; ungeschickt, unglücklich (Kompliment); **~-hander** [ˊ-'hændə] Linkshänder; Linker; **~ist** linksradikal(er Politiker); **~over** Überbleibsel, Rest

leg [leg] Bein, *pl fig* Füße ♦ *all ~s* aufgeschossen; *to stretch one's ~s* sich die Beine vertreten; *to set s-b on his ~s* j-n (wieder) auf d. Beine bringen; *to pull s-b's ~* j-n aufziehen; *to give s-b a ~ up* j-m aufs Pferd, (*fig* weiter)helfen; *to shake a ~ (umg)* tanzen; *not to have a ~ to stand on* keine Ausrede etc (mehr) haben; *to run s-b off his ~s* von e-r Arbeit zur andern jagen; *on one's last ~s* in den letzten Zügen; *to feel (find) one's ~s* seine Beine gebrauchen lernen; Keule; (Hosen-, Strumpf-, Tisch-)Bein; *math* Schenkel; *bes* ✈ (Teil-) Strecke

lega|cy ['legəsi] Vermächtnis, Legat; **~l** ['liːgəl] Rechts-, rechtlich; gesetzlich; rechtsgültig; *to take ~l action* ein Rechtsverfahren einleiten; **~lity** [-'gæliti] Gesetzlichkeit; **~lize** [ˊ-laiz] rechtskräftig machen, legalisieren; **~te** ['legit] (päpstlicher) Legat; **~tee** [legə'tiː] Vermächtnisnehmer, Erbe; **~tion** [li'geiʃən] Gesandtschaft; Legation

legend ['ledʒənd] Legende, Sage; (Inschrift-) Text, Bildtext, Legende; (Karten) erläuternder Text; **~ary** [ˊ-dəri] legendär; sagenhaft

leger ['ledʒə] *siehe* ledger [Gaukelei *(a. fig)*

legerdemain [ledʒədə'mein] Taschenspielerei,

leg|gings ['legiŋz] Gamaschen; **~gy** lang-, hochbeinig; **~horn** [ˊ-hɔːn] Strohhut; [li'gɔːn, *US* 'legən] Leghornhuhn

leg|ible ['ledʒibl] lesbar; leserlich; **~ion** ['liːdʒən] Legion *(a. fig)*

legisla|te ['ledʒisleit] Gesetze geben, machen; **~tion** [--ˊʃən] Gesetzgebung; **~tive** [ˊ--tiv] gesetzgebend; Gesetzgebungs-; **~tor** [ˊ--tə] Gesetzgeber, Mitglied d. Legislative; **~ture** [ˊ--tʃə] gesetzgebende Körperschaft, Parlament

legitima|cy [li'dʒitiməsi] Gesetzlichkeit; Rechtmäßigkeit; Ehelichkeit; Berechtigung; **~te** [-ˊ-mit] gesetzlich; rechtmäßig; ehelich; berechtigt [sen; Hülse, Schote

legume ['legjuːm] Hülsenfrüchte, Legumino-

leisure ['leʒə, *US* 'liː-] Freizeit, Muße; *at ~* frei, ohne Beschäftigung; *at one's ~* wenn man Zeit hat; Muße-; **~d** [ˊ-ʒəd] frei, unbeschäftigt; *the ~d classes* die Wohlhabenden; **~ly** [ˊ-li] *adj, adv* gemächlich

lemon ['lemən] Zitrone(nbaum); zitronengelb; **~ade** [--'neid] Zitronenlimonade; **~ squash** [skwɔʃ] Zitronenwasser

lend [lend] *(s. S. 318)* (ver)leihen; *~ to* beitragen zu; *~ o.s. to* s. hergeben zu; **~er** Verleiher; Kreditgeber; **~ing** Leih-

length [leŋθ] Länge; *at ~* endlich, ausführlich; *at full ~* ausführlich, der Länge nach; *to go all ~s, to any ~* alles Erdenkliche tun; *to go to the ~ of doing* soweit gehen (zu tun); Stück, Länge (Stoff etc); **~en** verlängern; länger werden; **~wise** [ˊ-waiz] d. Länge nach; **~y** überlang; weitschweifig

leni|ency ['li:njənsi] Milde; **~ent** [ˊ-jənt] mild; **~tive** ['lenitiv] lindern(des Mittel); **~ty** ['leniti] Milde

lens [lenz], *pl* **~es** (Augen-, ▣) Linse; **~hood** [ˊ-hud], **~ shade** Gegenlichtblende

lent [lent] *siehe* lend

Lent [lent] Fasten(zeit); **~ lily** Narzisse

lentil ['lentil] *bot* Linse

leo|nine ['li:ənain] Löwen-; **~pard** ['lepəd] Leopard; Panther

lep|er ['lepə] Leprakranker, Aussätziger; **~rosy** ['leprəsi] Aussatz, Lepra; **~rous** [ˊ-rəs] aussätzig, leprakrank

lese-majesty ['li:z:mædʒisti] Hoch-, Landesverrat; schwerer Affront

lesion ['li:ʒən] ⚕ krankhafte Veränderung, Schaden; Verletzung

less [les] weniger, geringer; abzüglich; *none the ~* nichtsdestoweniger; *much ~* geschweige denn; *~ than* nicht gerade

less|ee [le'si:] Pächter, Mieter; **~en** [lesn] verkleinern, -mindern, -ringern; geringer werden, abnehmen; **~er** kleiner, geringer; **~on** [lesn] Lektion *(a. fig)*; Lehre; Unterrichtsstunde (als Stoff); **~or** ['lesɔ:, le'sɔ:] Verpachter, Vermieter

lest [lest] damit nicht; *to fear ~* fürchten, daß

let [let] **1.** *(s. S. 318)* (zu)lassen; vermieten, -pachten; s. vermieten lassen; *~ drive at* losschlagen, -feuern auf; *~ drop* fallen lassen; *~ fly* schleudern; loswettern; *~ go (of)* loslassen; *~ s-th pass* übersehen, nicht beachten; *~ alone* nicht anrühren, in Ruhe lassen, geschweige denn; **~ by** vorbeilassen; herunterlassen; (Haar) offen fallen lassen; j-n aufsitzen lassen; **~ s-b down** j-n im Stich lassen; *~ s-b down gently (easily)* j-n gnädig davonkommen lassen; **~ in** hereinlassen; *~ o.s. in with* hereinkommen mit (e-m Schlüssel); j-n 'reinlegen; *~ s-b in for* j-m etwas einbrocken; **~ into** einsetzen; einweihen in; **~ off** abfeuern; j-n laufenlassen; **~ out** herauslassen; (Kleid) auslassen; ausplaudern; vermieten; **~ out at** losgehen auf; **~ up** nachlassen, aufhören; **2.** *su* Vermietung; *to get a ~ for* vermieten; Hindernis ♦ *without ~ or hindrance* unbehindert; **~-down** [ˊ-daun] Enttäuschung; **~-up** [ˊ-ʌp] Nachlassen, Aufhören

leth|al ['li:θəl] tödlich, todbringend; **~argic** [le'θɑ:dʒik] stumpf, träge, lethargisch; **~argy** ['leθədʒi] Stumpfheit, Trägheit, Lethargie

letter ['letə] Buchstabe; Drucktype; Schriftart; Brief; *by ~* brieflich; *pl* Literatur, Wissenschaft; **~s patent** ['peitənt] Patenturkunde; **~-balance** [ˊ-bæləns] Briefwaage; **~-box** [ˊ-bɔks] *bes BE* Briefkasten; **~-card** [ˊ-kɑ:d] *BE* Kartenbrief; **~-carrier** [ˊ-kæriə] Briefträger; **~-case** [ˊ-keis] Brieftasche; **~ed** [ˊ-əd] gebildet; gedruckt; **~gram** [ˊ-græm] *US* Brieftelegramm; **~head(ing)** [ˊ-hed(iŋ)] Briefkopf; Kopfpapier; **~ing** [ˊ-riŋ] Beschriftung, Titeldruck; **~-perfect** [ˊ-'pə:fikt] ♉ rollensicher; genau; **~press** [ˊ-pres] 🕮 Drucktext; Satz; Hochdruck; **~-weight** [ˊ-weit] Briefwaage, -beschwerer

lettuce ['letis] (Garten-)Lattich, Salat

levee ['levi] Morgenempfang; *US* Uferdamm; *US* Landestelle

level [levl] **1.** (glatte) Fläche; **2.** (gleiche) Höhe, Niveau *(a. fig)*; Kote, Maßlinie auf e-r Karte; *~ of the sea, sea-~* Meeresspiegel; *on a ~ with* auf gleicher Höhe wie *(a. fig)*; *on the ~ (umg)* ehrlich; *to find one's own ~* d. Menschen finden, d. zu e-m passen; **3.** Wasserwaage; **4.** eben, horizontal; *~ crossing (BE)* schienengleicher Bahnübergang; **5.** ausgeglichen, ruhig, vernünftig *(a.: ~-headed)*; *to do one's ~ best* sein möglichstes tun; **6.** (ein)ebnen; gleichmachen, egalisieren, nivellieren; **7.** richten, zielen (*at* auf); *~ off* ✈ abfangen; zu steigen aufhören

lever ['li:və, *US* 'levə] Hebel; **~age** [ˊ-ridʒ] Hebelkraft, -wirkung; **~et** ['levərit] Junghase; Häschen

leviathan [li'vaiəθən] Ungetüm; Riesenschiff

levi|tate ['leviteit] schweben (lassen); **~tation** [--'teiʃən] Schweben; Heben; **~ty** ['leviti] Leichtfertigkeit; -sinn

levy ['levi] **1.** Eintreibung; **2.** *mil* Aushebung; **3.** (eingetriebene) Steuer; **4.** *mil* Aufgebot; *capital ~* Kapitalabgabe; **5.** eintreiben; **6.** ausheben; *~ war upon* (od *against*) Krieg (vorbereiten u.) führen gegen; *~ blackmail* ['blækmeil] Geld erpressen; *~ on* ⚖ beschlagnahmen

lewd [lu:d] liederlich, grobsinnlich

lexico|grapher [leksi'kɔgrəfə] Wörterbuchverfasser; **~graphy** [--ˊgrəfi] Lexikographie; **~n** [ˊ-kən], *pl* ~ns Wörterbuch; Wortschatz; Gesamtbereich

liab|ility [laiə'biliti] Verpflichtung; *~ility for military service* Wehrpflicht; Verbindlichkeit, Schuld, *pl* Passiva; Haftpflicht; *~ility to* Neigung zu, Empfänglichkeit für; **~le** [ˊ-bl] haftbar, -pflichtig; *~le to s-th* ... pflichtig; *to be (make o.s.) ~le to* s. aussetzen; *to be ~le to do* leicht tun (können); *to be ~le to s-th* neigen zu, empfänglich sein für

liaison [li'eizn, *US* --'zɔ:n] Verbindung (*~ officer* -soffizier); Liaison

liar [laiə] Lügner

lib [lib] Befreiung; *gay ~* Befreiung d. Homosexuellen

libel ['laibəl] Schmähschrift, veröffentlichte Verleumdung; *~ on (fig)* Verunglimpfung, Herabsetzung; (öffentl.) verleumden; *umg* nicht gerecht werden; **~lous,** *US* **~ous** verleumderisch

liberal ['libərəl] freigebig, großzügig; vorurteilsfrei; liberal(er Politiker); **~ arts** d. freien

Künste, Kunst und Wissenschaft, Universitäts(aus)bildung; ~ **education** gute Allgemeinbildung; **~ism** Liberalismus; **~ity** [--'ræliti] Freigebigkeit, Großzügigkeit; Vorurteilslosigkeit

libera|te ['libəreit] befreien; **~tion** [--'-ʃən] Befreiung; Emanzipationsbewegung; **~tor** ['---tə] Befreier

libert|ine ['libəti:n] Wüstling; Freigeist; **~y** ['--ti] (persönl.) Freiheit; *to set at ~y* freilassen; *to be at ~y* frei sein, nicht benutzt werden; *he is at ~y to do* es steht ihm frei (zu tun); *to take ~ies with* s. Freiheiten herausnehmen bei, frei umspringen mit

libi|dinous [li'bidinəs] wollüstig; **~do** [-'bi:dou] (Sexual-)Trieb

Libra ['laibrə] *astr* Waage

librar|ian [lai'brɛəriən] Bibliothekar; **~y** ['-brəri] Bibliothek; *public ~y* Volksbücherei; Studierzimmer

librett|o [li'bretou], *pl* **~os, ~i** [--'i:] Libretto, Operntext

lice [lais] *siehe* louse

licen|ce *US* **~se** ['laisəns] Genehmigung, Erlaubnis; Schein; Lizenz, Konzession; (dichterische) Freiheit; Zügellosigkeit; **~se** lizenzieren, konzessionieren; **~sed** *BE* für Alkoholausschank (Prostitution) freigegeben; **~see** [--'si:] Lizenz-, Konzessionsinhaber; **~tious** [-'senʃəs] zügellos, ausschweifend

lichen ['laikən] *bot*, ⚕ Flechte

lich-gate ['litʃgeit] Friedhoftor

licit ['lisit] erlaubt (**~ly** -erweise)

lick [lik] (auf)lecken ♦ ~ *the dust* ins Gras beißen; ~ *s-b's boots* katzbuckeln; ~ *into shape* in Form bringen; züngeln, lecken; verprügeln; *fig* schlagen, überwinden, -treffen; Lecken; Bißchen; Salzlecke; **~ing** Prügel; Niederlage

licorice ['likəris] *US* = liquorice

lid [lid] Deckel; Lid; *fig* Sperre; **~o** ['li:dou], *pl* ~os *BE* (Frei-)Schwimmbad

lie[1] [lai] Lüge (*white ~* Not-); *to give s-b the ~* j-n der Lüge bezichtigen; *to give the ~ to* Lügen strafen; *vt (lying, ~d)* lügen; *to ~ to s-b* j-n anlügen

lie[2] [lai] *(s. S. 318)* **1.** liegen; ~ *low* am Boden liegen, s. abwartend verhalten; *to find out how the land ~s ...* wie die Dinge liegen; *as far as in me ~s* was an mir liegt; **2.** ⚖ zulässig sein; ~ **back** sich zurücklegen; -lehnen; ~ **down** sich hinlegen; ~ *down under* feige hinnehmen; *to take s-th lying down ...* ohne zu mucken; ~ **in** im Bett bleiben; in die Wochen kommen; ~ **over** *fig* liegenbleiben; ~ **to** beiliegen, -drehen; ~ **up** das Bett hüten; ruhen *(a. fig)*; **3.** *su* Lage, Richtung; *the ~* (US *lay*) *of the land* die Lage der Dinge; **~-down** ['-'daun]: *to have a ~-down* s. hinlegen; **~-in** ['lai'in] *BE* Ausschlafen

lied[1] [laid] *siehe* lie[1] (lügen)

lied[2] [li:d], *pl* **~er** ['li:də] (deutsches) Lied

lief [li:f] gern

liege [li:dʒ] Lehnsherr, -mann; Lehns-

lien ['li:ən, *bes US* li:n] Pfandrecht

lieu [lju:]: *in ~ of* anstelle von

lieutenant [lef'tenənt, ⚓ le'ten-, *US* lu:'ten-] *allg* Leutnant; *second ~ (BE, US)* Leutnant (beim Heer); ~ *(BE)* Oberleutnant; *BE, US* Kapitänleutnant; *first ~ (US)* Oberleutnant; ~ *(junior grade) US* Oberleutnant zur See; ~ *commander (BE, US)* Korvettenkapitän; *flight ~ (BE)* Hauptmann; ~ *colonel* ['kə:nəl] *BE, US* Oberstleutnant; ~ *general (BE, US)* Generalleutnant

life [laif], *pl* **lives** [laivz] **1.** Leben (*~-and-death struggle* Kampf auf L. u. Tod); *the struggle for ~* Kampf ums Dasein; *I can't for the ~ of me* ich kann beim besten Willen nicht ...; **2.** Lebenszeit (*for ~* auf L.); *to have the time of one's ~* sich königlich amüsieren; **3.** Lebensbeschreibung; **4.** Lebenskraft, Schwung; ~ *(and soul) (fig)* Seele; *to the ~* (lebens)echt; *as large as ~* lebensgroß, *umg* in voller Lebensgröße; **5.** *fig*, ✡ Lebensdauer; ~ **annuity** [ə'njuiti] Leibrente; **~-belt** Rettungsgürtel; **~-blood** ['-blʌd] Herzblut; **~-boat** Rettungsboot; **~-buoy** ['-bɔi] Rettungsboje; **~-guard** ['-ga:d] Leibwache; Rettungsschwimmer; **~-jakket** ['-dʒækit] Schwimmweste; **~less** leblos; tot; öde; **~like** ['-laik] lebensecht, -ähnlich; **~-line** Rettungsleine; (Hand) Lebenslinie; *fig* Versorgungsroute; **~long** ['-lɔŋ] lebenslang, fürs ganze Leben; **~-office** ['-ɔfis] Lebensversicherungsbüro; **~-preserver** ['-prizə:və] *BE* Totschläger; Rettungsgürtel, -ring; **~r** ['-fə] *sl* Lebenslänglicher; **~-saver** ['-seivə] Lebensretter; Rettungsschwimmer; ~ **sentence** (Urteil auf) lebensl ängl. Gefängnis; **~-size** ['-'saiz] lebensgroß; **~-strings** *pl vb* Lebensfaden; **~time** Leben(szeit); **~-work** ['-wə:k] Lebensarbeit, -werk

lift [lift] (auf-, er)heben; sich heben lassen; stehlen; (Kartoffeln) ernten; (Nebel) sich heben; Hub(höhe), Heben; *to give s-b a ~* j-n (im Wagen) mitnehmen, j-m helfen; Aufzug, Fahrstuhl; Luftfracht; Steigung; *fig* Auftrieb

liga|ment ['ligəmənt] ⚕ Band, Sehne; **~ture** ['--tʃuə] ⚕ Verband; ⚕, 📖, ♪ Ligatur

light [lait] **1.** (Tages-)Licht; *in a good ~* gut sichtbar; *to stand in s-b's ~* j-m im Licht (*fig* im Weg) stehen; *to see the ~* das Licht der Welt erblicken; **2.** Lampe, Kerze; **3.** Feuer, Streichholz (*have you a~ ?* haben Sie F.?); *by the ~ of nature* ['neitʃə] ganz aus sich heraus; **4.** *pl* Fähigkeiten; **5.** *fig* Leuchte, Licht; **6.** *adj* hell; blond; **7.** leicht; ~ *engine* ['endʒin] Lok ohne Zug; ~ *touch* leichte, geschickte Hand, Takt; **8.** untergewichtig; **9.** oberflächlich; *to make ~ of* etwas leichtnehmen; **10.** gedankenlos, leichtfertig; **11.** *adv* leicht; **12.** ohne Gepäck; **13.** *vt/i (s. S. 318)* anzünden; er-, beleuchten; ~ **up** das Licht anmachen; die Zigarette anstecken, *fig* erleuchten; j-m leuchten; ~ **on** fallen, stoßen auf (*siehe* alight); **~en** erleuchten, (s.) erhellen; blitzen; leichter, fröhlicher machen (werden); **~er** Anzünder; Feuerzeug; ⚓ Leichter; ⚓ leichtern; **~-fingered** ['-'fiŋgəd] geschickt (im Stehlen); *~-fingered person* Langfinger; **~-haired** ['-'hɛəd] blond;

~-headed [ˊ-'hedid] wirr, gedankenlos, unbesonnen; **~-hearted** [ˊ-'hɑːtid] heiter, fröhlich; **~-house** [ˊ-haus], *pl* ~-houses [ˊ-hauziz] Leuchtturm; **~ly** *adv* leicht(herzig), leichthin; **~-minded** [ˊ-'maindid] leichtfertig, -sinnig; **~ning** Blitz (*~ning-rod, -conductor* -ableiter); **~ning bug** *US* Leuchtkäfer; **~ship** Feuerschiff; **~some** [ˊ-səm] anmutig, fröhlich; flink; hell; **~-weight** [ˊ-weit] ⛫ Leichtgewicht; **~ year** [ˊ-jəː] Lichtjahr

lights [laits] *siehe* light 4; Tierlunge

lignite ['lignait] Braunkohle

likable ['laikəbl] nett, sympathisch

like [laik] **1.** gleich, ähnlich (*~ as two peas* wie zwei Tropfen Wasser) ♦ *~ master ~ man* wie der Herr, so's Gescherr; **2.** wie *(a man ~ you)*; *what is he ~?* wie sieht er aus?, wie ist er?; *there is nothing ~* nichts übertrifft; *~ that* so(lch); *something ~* so etwa; *nothing ~ as good* nicht annähernd so gut; *is just ~ him* sieht ihm ähnlich; *it looks ~* es sieht nach ... aus; *I don't feel ~* ich bin zu ... nicht aufgelegt; **3.** *su* Gleiche(r); *his ~* seinesgleichen; *the ~ (of that)* etw Derartiges; *and the ~* und dergleichen; *~s and dis~s* Neigungen und Abneigungen; **4.** mögen, gern haben (essen etc); *~ doing (to do)* gern (tun); *don't ~* nicht wollen; *should (would) ~* möchte gern; *as you ~* wie Sie wollen; **5.** (j-m) bekommen; **6.** *conj umg* wie; als ob; **~lihood** [ˊ-lihud] Wahrscheinlichkeit (*in all ~lihood* aller W. nach); **~ly** wahrscheinlich; *to be ~ly to do* wahrscheinlich tun; vernünftig, plausibel; aussichtsreich; **7.** *adv* wahrscheinlich (*as ~ly as not* ziemlich w.); **~-minded** [ˊ-'maindid] gleichgesinnt; **~n** [ˊ-ən] vergleichen; **~ness** Ähnlichkeit; Bild; *to have one's ~ness taken* s. malen lassen; **~wise** [ˊ-waiz] ebenso, gleichfalls

liking ['laikiŋ] Neigung, Gefallen; *to s-b's ~* nach j-s Geschmack

lilac ['lailək] (spanischer) Flieder; *pl* Fliederbusch

Lilliput ['lilipʌt] Liliput; **~ian** [--'pjuːʃən] winzig, Liliputaner-

lilt [lilt] ♪ Rhythmus; rhythmisches Lied; (rhythmisch) singen; trällern

lily ['lili] Lilie; *~ of the valley* Maiglöckchen; lilienweiß; rein; zart

limb [lim] Glied; Ast; Range; *with life and ~* mit Leib und Leben; **~er** [ˊ-bə] *mil* Protze; *~er up* aufprotzen; **~er** [ˊ-bə] geschmeidig (machen); **~o** [ˊ-bou], *pl* ~os Vorhölle, Limbus; Gefängnis; *fig* Rumpelkammer; Vergessenheit; Sackgasse

lime [laim] Vogelleim; Kalk (*~-kiln* -ofen); *~ (-tree)* Linde(nbaum); Saure Limette, Limonelle; leimen, fangen; kalken; **~light** [ˊ-lait] Kalklicht; Bühnenlicht; *fig* Licht der Öffentlichkeit, Mittelpunkt des Interesses; **~stone** [ˊ-stoun] Kalkstein

limit ['limit] **1.** Grenze; *to set a ~ to* eine Grenze ziehen für; *that's the ~!* das ist die Höhe!; **2.** Höchstbetrag; **3.** Schranke; *off ~s (US)* Betreten verboten!; **4.** begrenzen (*to* auf); **~ation** [--'teiʃən] Begrenzung; Grenze; **~ed** begrenzt; **~ed (liability) company** ['kʌmpəni] (Aktien-)Gesellschaft mit beschränkter Haftung; **~ed (bus, train)** *US* Schnellbus, Fernschnellzug; **~less** grenzenlos

limn [lim] malen; schildern

limousine ['limuziːn] Limousine

limp [limp] schlaff, weich; Humpeln; *to walk with a ~, to have a ~* = **to ~** humpeln, hinken; **~ingly,** *with a ~* humpelnd

limp|et ['limpit] Napfschnecke; zäher Tintenkuli; Bürohengst; **~id** klar, durchsichtig; **~idity** [-'piditi] Klar-, Durchsichtigkeit

limy ['laimi] kalkig, Kalk-

linage ['lainidʒ] Zeilenzahl; -honorar

linchpin ['lintʃpin] Vorstecker (Rad)

linctus ['liŋktəs] ⚕ Sirup-Präparat

linden ['lindən] Linde(nbaum)

line [lain] **1.** Leine, Schnur; Linie; ☏ Leitung; Strich; Falte, Runzel; *pl* Konturen, Linienführung; *pl* ⚓ Linienriß; Reihe, *fig* Schlange; *to draw up in ~* antreten lassen; *to come into ~* sich anschließen, mitmachen; *to bring s-b into ~* j-n dazu bringen, mitzumachen; *in ~ with* in Übereinstimmung mit; **2.** Grenze (*dividing ~, ~ of division* Trennungslinie); (Verkehrs-)Linie; 🚂 Gleis; Route; Strecke; **3.** Abstammungsreihe, Familie; **4.** Zeile; *pl* Strafarbeit, 🎭 (Rollen-)Text; **5.** *mil* Front(linie); (*to go up the ~* an d. F. gehen); *all along the ~* auf d. ganzen Linie *(a. fig)*; Linie zu zwei Gliedern; *mil* Linien-; *~ abreast* [ə'brest] ⚓ Dwarslinie; **6.** *pl* Lebensschicksal (*hard ~s!* Pech!); **7.** Beruf(ssparte); Branche; Waren(gattung), Artikel(serie) ♦ *that's not much in my ~* das liegt mir nicht sehr; **8.** *pl* Richtlinien, Grundsätze; *to take a strong ~* entschlossen vorgehen; *to take* (od *keep to*) *one's own ~* seinen eigenen Weg gehen; **9.** *vt/i* linieren; **10.** *fig* zeichnen, furchen; **11.** umsäumen; *to put a ~ through* durchstreichen; *US* Schlange stehen; **12.** ⚙ auskleiden; (mit Stoff) füttern; *~ one's purse* (od *pocket*) sich die Taschen füllen; *~ up* (s.) aufstellen, sich zus.tun (*with* mit); **~age** ['liniidʒ] Abstammung(slinie); **~age** ['lainidʒ] = linage; **~al** ['liniəl] gerade (abstammend); **~ament** ['liniəmənt] (Gesichts-)Zug; **~ar** ['liniə] Strich-; linear; Längen-; **~-fishing** ['lainfiʃiŋ] Angeln; **~man** [ˊ-mən], *pl* ~men Fernmeldemonteur; *BE* Streckenwärter; **~r** ['lainə] Passagierdampfer; Verkehrsflugzeug; **~sman** [ˊ-zmən], *pl* ~smen ☏ Streckenarbeiter; Linienrichter; 🚂 Streckenwärter; **~-up** [ˊ-ʌp] ⛫ Aufstellung; Gruppierung

linen ['linin] Leinen; Wäsche; **~closet** [--ˊklɔzit] Wäscheschrank; **~-draper** [ˊ-dreipə] *BE* Wäschegeschäft

ling [liŋ] Heidekraut, Erika

linger ['liŋgə] (zögernd) bleiben; s. aufhalten, herumdrücken (*over* bei); s. hinschleppen, -siechen; **~ing** [ˊ-riŋ] schleppend, schleichend; sehnsüchtig

lingerie ['lænʒəri, *bes US* lɑːnʒə'rei] Damenwäsche

lingo [liŋgou], *pl* ~**es** fremdes Kauderwelsch; Fachsprache, Jargon
lingu|a franca ['liŋgwə'fræŋkə] Verkehrs(misch)sprache, Lingua franca; ~**ist** [ˊ-gwist] Fremdsprachler; ~**istic** [-'gwistik] sprach(wissenschaft)lich; ~**istics** *sg vb* Sprachwissenschaft, Linguistik
lin|iment ['linimənt] Einreibemittel, Liniment; ~**ing** ['lainiŋ] Futter(stoff); ✿ Auskleidung ♦ *every cloud has a silver ~ing* jede Wolke hat e-n Silberstreifen
link [liŋk] Glied *(a. fig)*; Manschettenknopf; Link (= 20,12 cm); *pl* (Gras-)Dünen; *sg vb* Golfplatz; (s.) verbinden, (s.) verknüpfen; ~**man** [ˊ-mən], *pl* ~men Fackelträger
linnet ['linit] Hänfling
lino|leum [li'nouliəm] Linoleum; ~**type** ['lainətaip] 🕮 Zeilensetzmaschine
linseed ['linsi:d] Leinsamen; ~**oil** Leinöl
linsey-woolsey ['linzi'wulzi] Halbwollzeug; Mischmasch, Unsinn
lint [lint] ⚕ Scharpie; Fusseln; ~**el** [ˊ-l] (Tür-, Fenster-)Sturz
lion [laiən] Löwe (~*'s share* -nanteil); Salonlöwe; ~**ess** Löwin; ~**-hearted** [ˊ-'hɑ:tid] mutig; ~**ize** [ˊ-aiz] anhimmeln; feiern; die Sehenswürdigkeiten zeigen (bestaunen)
lip [lip] Lippe; *to curl one's ~* die Lippen aufwerfen (schürzen); *to keep a stiff upper ~ (umg)* d. Ohren steif halten; *to open one's ~s* den Mund aufmachen; Rand; Unverschämtheit *(none of your ~ !)*; ~**-reading** [ˊ-ri:diŋ] Ablesen (vom Mund); ~**-service** [ˊ-sə:vis] Lippenbekenntnis; ~**-stick** Lippenstift
liqu|efaction [likwi'fækʃən] Flüssigmachung; ~**efy** [ˊ--fai] flüssig machen (werden); ~**eur** [li'kjuə, *US* -'kə:] Likör; ~**id** [ˊ-kwid] flüssig; klar; *fig* fließend; Flüssigkeit; ~**idate** [ˊ-kwideit] tilgen; liquidieren; in Liquidation treten; ~**idation** Tilgung; Liquidation; ~**idity** [-'kwiditi] (Geld-)Flüssigkeit; ~**or** ['likə] Flüssigkeit; Alkohol; alkohol. Getränk; *to be in ~or, the worse* [wə:s] *for ~or* betrunken sein; ~**orice,** *US* **licorice** ['likəris] Lakritze
lir|a ['liərə], *pl* ~**e** [ˊ-ri], ~**as** Lira
lisle [lail] Florgarn; Flor-
lisp [lisp] lispeln(de Aussprache)
lissom, *bes US* ~**e** ['lisəm] geschmeidig; wendig
list [list] List; Webekante; ⚓ Schlagseite; *pl* Schranken (*to enter the ~s* in die S. treten); eintragen, verzeichnen; ⚓ Schlagseite haben; lauschen; mögen; ~**en** [lisn] (hin-, zu)hören; *~en in* Radio hören; *~en in to s-th* etwas im Radio hören; ~**ener** ['lisənə] (Zu-, Rundfunk-) Hörer; ~**less** ['listlis] matt, teilnahmslos
lit [lit] *siehe* light; ~**-up** angeheitert
litany ['litəni] *eccl* Litanei
litera|cy ['litərəsi] Kenntnis des Lesens u. Schreibens; ~**l** [ˊ--rəl] wörtlich; sachlich; exakt; Buchstaben-; ~**lly** wört-, buchstäblich; ~**ry** [ˊ---ri] literarisch; schriftstellerisch; ~**te** [ˊ--rit] des Lesens u. Schreibens kundig; gebildet; ~**ture** ['litrətʃə] Literatur
lithe [laið] geschmeidig; gewandt
lithograph ['liθəgrɑ:f] Lithographie, Steindruck; lithographieren; ~**y** [li'θɔgrəfi] Lithographie, Steindruckkunst
litig|ant ['litigənt] Prozeßpartei; ~**ate** [ˊ--geit] prozessieren (um etwas); ~**ation** [--'geiʃən] Prozeß; ~**ious** [-'tidʒəs] prozeßfreudig; strittig
litmus ['litməs] Lackmus (~ *paper* -papier)
litre ['li:tə] Liter
litter ['litə] Sänfte; Tragbahre; Überreste, umherliegende Dinge; Unordnung; Streu; Wurf (Tiere); *vt* vollrümpeln, mit Resten bestreuen (verunreinigen); Junge werfen; ~ *down* mit Streu versorgen
little [litl] klein, nett, niedlich (*the ~ ones* die Kleinen; kurz; unwichtig; gemein; wenig; *a ~* ein wenig; *not a ~* nicht wenig; kaum (denken etc)
littoral ['litərəl] Küsten-; Küstenland
liturgy ['litədʒi] Liturgie
livable ['livəbl] lebenswert; bewohnbar; umgänglich
live [liv] **1.** leben, am Leben bleiben, weiterleben; wohnen; **2.** bestehen, durchhalten; ~ *to see* erleben; ~ **s-th down** durch einwandfreien Lebenswandel vergessen machen; ~ **in** in der Firma wohnen; ~ **off** zehren von; ~ **on** weiterleben; leben von; ~ *on one's wits* sich irgendwie durchschlagen; ~ **out** durch-, erleben; außerhalb der Firma wohnen; ~ **through** durchleben; ~ **to o.s.** für sich leben; ~ **up** *to s-th* etwas im Leben erreichen, nach (entsprechend) etwas leben (handeln); ~ [laiv] **3.** lebendig; lebhaft; glühend; **4.** (Patrone) scharf; ⚡ geladen; unbenutzt; 📻 Live(-Sendung); 🎭 echt; Theater-; ~**lihood** ['laivlihud] Lebensunterhalt; ~**long** ['livlɔŋ] ganz; ~**ly** ['laivli] lebhaft; schnell; stark; *to make it ~ly for* j-m (tüchtig) einheizen; ~**n** [laivn] lebhaft machen (werden); ~**r** ['livə]: *good (clean etc) ~r* j-d, der gut (anständig) lebt
liver ['livə] Leber; ~**ish** [ˊ--riʃ] leberleidend
livery ['livəri] Livree; *fig* Kleid; ~ **company** ['kʌmpəni] (Londoner) Handelszunft; ~ **(stable)** Mietstall; ~**man** [ˊ--mən], *pl* ~men Zunftmitglied; Pferdeverleiher
livestock ['laivstɔk] Viehbestand, lebendes Inventar
livid ['livid] blau(grau); stinkwütend
living ['liviŋ] **1.** lebend; *within ~ memory* ['meməri] soweit man zurückdenken kann; *~ image* ['imidʒ] genaues Ebenbild; **2.** stark, fest; **3.** (Fels) gewachsen; *the ~* die Lebenden; **4.** Lebensunterhalt (*to make a ~ as* sich seinen L. verdienen als); **5.** Leben(sweise); *good ~* üppiges Leben; *a ~ wage* auskömmlicher Lohn; **6.** *eccl* Pfarrstelle, Pfründe; ~**-room** [ˊ--rum] Wohnzimmer
lizard ['lizəd] Eidechse
llama ['lɑ:mə], *pl* ~**s** Lama
Lloyd's [lɔidz] Lloyd's Versicherungsbörse; *A one at ~* erstklassig, allerbeste(ns)
lo [lou] schau!, schaut!

load [loud] Last *(a. fig)*; Ladung; *~s of money* Geld wie Heu; ⚙, ϟ Belastung, Beanspruchung; (be)laden (*~ up* auf-); überladen; (Gewehr etc) laden; *~ a camera* e-n Film einlegen; überhäufen (*with* mit); (Stock) beschweren; (Wein) verfälschen ♦ *~ one's dice* die Würfel fälschen, *fig* seine Karten zinken; **~-line** Ladelinie; **~-star** *siehe* lode; **~-stone, lode-stone** Magnet(eisenstein); *fig* Magnet

loaf [louf], *pl* **loaves** Laib; Zuckerhut; *(meat) ~* Hackbraten; *to have a ~* = **to ~** (herum)bummeln (*~ away* ver-); **~er** Herumbummler, Faulenzer; **~-sugar** [ˊ-ʃugə] Würfelzucker

loam [loum] Lehm; **~y** lehmig

loan [loun] Darlehen, Anleihe; **on ~** leihweise; *to ask for the ~ of* sich leihen wollen; *to have the ~ of* etwas geliehen haben; *vt* (aus-, ver)leihen; **~-collection** Leihsammlung; **~ shark** *US* Kredithai; **~-word** [ˊ-wəːd] Lehnwort

loath (loth) [louθ] abgeneigt, nicht willens; **~e** [louð] nicht ausstehen können, verabscheuen; **~ing** ['louðiŋ] Ekel, Abscheu; **~some** ['louðsəm] widerlich, ekelhaft

loaves [louvs] *siehe* loaf

lob [lɔb] schwerfällig gehen, staksen; ⛩ (Ball) hochschlagen; Grundball; **~by** Hotelhalle; 🎭 Wandelgang, Foyer; *pol* Wandelhalle, Lobby; mit Hilfe e-r Lobby beeinflussen, (Gesetz) durchbringen

lobe [loub] Ohrläppchen; ⚕ Lappen

lobster ['lɔbstə] Hummer; **~-pot** Hummerfalle; *spiny ~* Languste

local ['loukəl] **1.** örtlich; **2.** Orts-; Lokal-; *~ colour* Lokalkolorit; *~ government* Kommunalverwaltung; *~ name* einheimischer Name; **3.** *su* Lokalbahn; **4.** örtl. Nachricht; **5.** *BE* (nächstgelegenes) Wirtshaus; **6.** *US* Ortsgruppe; **~ism** [ˊ--izm] lokale Eigenheit; Provinzialismus; **~ity** [-'kæliti] Örtlichkeit; Lage; *a good bump* (od *sense*) *of ~ity* guter Ortssinn; **~ize** [ˊ--aiz] lokalisieren; örtlich festlegen; (sich) konzentrieren (*on* auf); mit Lokalkolorit zeichnen

loca|te [lou'keit, *US* ˊ--] (Ort) finden, bestimmen; errichten, unterbringen (*a. fig* j-n), lagemäßig festlegen; *US* sich niederlassen; *to be ~ted* liegen; **~tion** [lou'keiʃən] Lage; Niederlassung; Ansiedlung; Ortsangabe; 🎥 Gelände für Außenaufnahmen; **~tion shots** Außenaufnahmen

loch [lɔk, lɔx] *(schott.)* See; Meeresarm, (von Land umschlossene) Bucht

lock [lɔk] **1.** Locke; Strähne, *pl* Haar; Büschel; **2.** Schloß (*under ~ and key* hinter Schloß und Riegel); Gewehrschloß ♦ *~, stock and barrel* ganz und gar, mit Sack und Pack; **3.** Schleuse; **4.** ver-, zuschließen (*~ away* weg-), zusperren (*~ in* ein-, *~ out* aus-); ⚕, ⚙ sperren; *~ up* verschließen, einsperren, (Geld) fest anlegen; **~er** Spind, Schrank ♦ *to go to Davy Jones's* ['dʒounziz] *~er* ertrinken; **~et** [ˊ-it] Medaillon; **~-jaw** [ˊ-dʒɔː] ⚕ Kaumuskelstarrkrampf; **~-out** [ˊ-aut] Aussperrung; **~smith** [ˊ-smiθ] Schlosser; **~-up** [ˊ-ʌp] Gewahrsam; Kittchen; feste Kapitalsanlage; verschließbar

locomo|tion [loukə'mouʃən] Bewegung(sfähigkeit); **~tive** [--ˊ-tiv] bewegend, fahrend; Lokomotive

locum ['loukəm], *pl* **~s** (Ferien-, Stell-)Vertreter; **~ tenens** [ˊ-'tiːnenz] = ~

loc|us ['loukəs], *pl* **~i** [ˊ-sai] genauer Ort; Örtlichkeit; *math* Ort

locust ['loukəst] (Laub-)Heuschrecke; gemeine Robinie, Silberregen

locution [lou'kjuːʃən] Sprechstil; Redewendung

lode [loud] (Erz-)Ader, Erzgang; **~star** Polar-, Leitstern *(a. fig)*; **~stone** *siehe* load

lodg|e [lɔdʒ] **1.** unterbringen, aufnehmen; (als Mieter) wohnen; **2.** stecken (bleiben); (Kugel) jagen (in), (Schlag) versetzen; **3.** sicher deponieren; einreichen; **4.** Häuschen, Torhaus; Jagdhütte; **5.** (Freimaurer-)Loge; **~ement** *siehe* ~ment; **~er** (Unter-)Mieter; **~ing** Unterkunft; *pl* gemietete(s) Zimmer; *furnished ~ings* möbl. Zimmer, Wohnung; **~ing-house** [ˊ-iŋhaus], *pl* ~ing-houses [ˊ-iŋhauziz] billige Pension; *common ~ing-house* Nachtasyl; **~ment** fester Halt; ⚙ Ablagerung; Einreichung

loess ['louis] Löß

loft [lɔft] (Dach-)Boden; Empore; Taubenhaus; *US* durchgehendes Obergeschoß, Speicher; **~y** (eindrucksvoll) hoch; überlegen, stolz

log [lɔg] (Baum-)Klotz; ⚓ Log; **~(-book)** Logbuch, 🚗 Fahrtenbuch; zersägen; ⚓ loggen; zurücklegen; **~** = **~arithm** [ˊ-əriðm] Logarithmus

loganberry ['lougənbəri] Loganbeere (Kreuzung von Him- u. Brombeere)

loggerhead ['lɔgəhed] Blödkopf ♦ *to be at ~s with* s. in d. Haaren liegen mit

logging ['lɔgiŋ] Holzfällen und -sägen

logi|c ['lɔdʒik] Logik; **~cal** logisch; **~cian** [lou'dʒiʃən] Logiker; **~stics** [lou'dʒistiks] *sg vb mil* Logistik, militärisches Nachschubwesen

loin [lɔin] Lende(nstück), Nierenstück; **~-cloth** [ˊ-klɔθ] Lendenschurz

loiter ['lɔitə] trödeln (*~ away* ver-)

loll [lɔl] sich rekeln; *~ out* heraushängen (lassen)

lone [loun] allein, einsam ♦ *to play a ~ hand* etw im Alleingang tun; **~ly** einzeln; einsam; **~liness** Alleinsein, Einsamkeit; **~some** [ˊ-səm] = ~ly

long [lɔŋ] (*~er* [ˊ-gə], *~est* [ˊ-gist]) lang; *a ~ dozen* ['dʌzn] 13; *~ head* Vorausblick; *~ home* letzte Ruhestätte; *~ sight* Weitsicht(igkeit); *to have a ~ tongue* [tʌŋ] zuviel schwätzen; *to take the ~ view* vorausblickend sein; *to have a ~ wind* lange laufen (reden) können; *don't be ~* mach nicht so lang; *to be (a) ~ (time) (in) doing s-th* lange brauchen, etwas zu tun; *the ~ and the short of it* mit einem Wort; *at (the) ~est* längstens; *adv* lang; *so* (od *as*) *~ as* sofern, wenn nur; *all day ~* d. ganzen Tag; *no* (od *not* *any)* ~*er* nicht mehr; *so* ~ *(umg)* bis nachher!; *vi* sich sehnen (*for* nach); **~bow** [ˈ-bou] Langbogen ♦ *to draw the ~bow* aufschneiden; **~-distance** [ˈ-ˈdistəns] ☎ Fernverkehr, Fern-(Gespräch), langfristig(e Vorhersage); **~eval** [lɔnˈdʒiːvəl] langlebig; **~evity** [lɔnˈdʒeviti] Langlebigkeit, Lebensdauer; **~hand** [ˈ-hænd] Langschrift; **~-headed** [ˈ-ˈhedid] schlau, klug; **~ies** *umg* lange Unterhosen; **~ing** [ˈ-iŋ] sehnsüchtig; Sehnsucht; **~itude** [ˈlɔndʒitjuːd] *geog* Länge; **~-legged** [ˈ-legd] langbeinig; **~-lived** [ˈ-ˈlivd, ˈ-ˈlaivd] langlebig; alt; **~shoreman** [ˈ-ʃɔːmən], *pl* ~shoremen Hafenarbeiter; **~-sighted** [ˈ-ˈsaitid] weitsichtig; **~-suffering** [ˈ-ˈsʌfəriŋ] langmütig; **~-term** [ˈ-təːm] langfristig; **~ways, ~wise** *siehe* lengthwise; **~-winded** [ˈ-ˈwindid] langatmig

loo [luː] *bes BE* Klo

loofah [ˈluːfə] Luffa(schwamm)

look [luk] **1.** (hin)sehen; ~ *!* sieh mal!; ~ *one's thanks (consent etc)* seinen Dank (Zustimmung etc) durch Blicke ausdrücken; ~ *daggers at* j-n durchbohrend anblicken; **2.** aussehen (wie), das Aussehen haben von; ~*s a perfect dream* sieht traumhaft schön aus; ~ *black at* finster ansehen; ~ *one's age* so alt aussehen, wie man ist; ~ *o.s. again* gut (wie früher) aussehen; ~ *alive!* ~ *sharp!* mach voran!, Tempo!; **~ about** umherschauen, suchen (*for* nach) ~ *about one* sich umsehen, sich Zeit lassen; **~ after** sich kümmern um, sorgen für; **~ ahead** vorausschauen *(a. fig)*; **~ at** ansehen, betrachten; *to* ~ *at him* dem Aussehen nach; überprüfen; **~ back** zurückblicken (*to, upon* auf); *not* ~ *back* nicht den Mut verlieren, stetig Fortschritte machen; **~ down** hinuntersehen (*at* auf); ~ *down on (fig)* herabsehen auf ♦ ~ *down one's nose at (umg)* j-n scheel ansehen; **~ for** suchen; erwarten; **~ forward to** sich freuen auf; **~ in** hereinschauen (*on s-b* bei j-m); ~ *s-b in the face* j-m ins Gesicht sehen; **~ into** hineinschauen, untersuchen; **~ on** ansehen ♦ ~ *on the bright (dark) side of things* die Dinge von der positiven (negat.) Seite sehen; ~ *on ... as ....* ansehen als; ~ *on* zuschauen (*with s-b* mitlesen mit j-m); ~ *on (the garden etc)* hinausgehen auf; **~ out** hinaussehen *(of, at the window)*; sich vorsehen; Ausschau halten nach; ~ *out!* Vorsicht!; ~ *s-th out* etwas aussuchen; ~ *out on* hinausgehen auf, Aussicht bieten auf; **~ over** durchsehen, prüfen; übersehen; **~ round** sich umschauen *(a. fig)*; **~ through** durchsehen; durchdringend ansehen; durchschauen; **~ to** achten, achtgeben auf; sich verlassen auf; **~ up** hinaufsehen (*at* auf); sich erholen, steigen; ~ *up to* hinaufsehen zu; ~ *s-th up* etwas nachschlagen; ~ *s-b up* j-n aufsuchen; ~ *s-b up and down* j-n von oben bis unten mustern; **~ upon** = ~ on; **3.** *su* Blick *(to have a ~ at s-th)*; Aussehen, Ausdruck, Blick (*an ugly* ~ *in his eye* ein häßlicher Bl. in seinen Augen); *pl* (hübsches) Äußere, Schönheit; **~er-on** [ˈ-ərˈɔn], *pl* ~ers-on Zuschauer; **~-in** [ˈ-in] *to have a ~-in* ⚽ e-e Siegeschance haben; **~ing-glass** [ˈ-iŋglɑːs] Spiegel; **~-out** [ˈ-aut] *bes* ⚓ Ausguck; Ausblick, -sicht; *to keep a good ~-out* ein wachsames Auge haben; *that's his own ~-out* das ist seine Sache

loom [luːm] Webstuhl; (groß, drohend) erscheinen, auftauchen; ~ *large* sich deutlich zeigen, in Erscheinung treten

loon [luːn] *zool* Seetaucher, *bes* Eistaucher; **~y** meschugge; saublöd; Spinner

loop [luːp] Schlinge, Schlaufe; ✈ Überschlag, Looping; Krümmung; umbiegen, verschlingen; ~ *the* ~ ✈ e-n Überschlag machen; ~ *up* (Haar) aufstecken; **~-hole** [ˈ-houl] Guckloch; Schießscharte; *fig* Ausweg, Masche, Lücke; **~(-line)** ☎, 🚂 Schleife

loose [luːs] **1.** los(e), frei; locker; *to ride with a ~ rein* mit lockerer Hand reiten (*fig* regieren); *to have a ~ tongue* [tʌŋ] eine lose Zunge haben; *to come ~* los-, abgehen; *to work ~* lokker werden; *he has (there is) a screw ~* bei ihm ist 'ne Schraube locker (da stimmt was nicht); *at a ~ end* ohne Beschäftigung; **2.** *fig* locker, lax; *on the ~* ungehemmt ♦ *to be on the ~* sich amüsieren; *to go on the ~* über die Stränge schlagen; **3.** ungenau; plump; ⚡ wakkelig; **4.** *vt* auf-, losmachen, -binden; lösen; **~n** locker machen, (s.) lockern; lösen

loot [luːt] plündern; Beute; **~er** Plündérer

lop [lɔp] *off* abschneiden, -hacken; (schlaff) herabhängen; **~-ears** [ˈ-iəz] Schlappohren; **~-sided** [ˈ-ˈsaidid] schief

lope [loup] (in großen Sprüngen) rennen; *at a ~* in großen Sprüngen

loquac|ious [louˈkweiʃəs] geschwätzig; **~ity** [-ˈkwæsiti] Schwatzhaftigkeit

Lord [lɔːd] Gott, der Herr; *Our ~* Christus; *the ~'s Prayer* [prɛə] das Vaterunser; *the ~'s Day* Sonntag; *the ~'s Supper* das Abendmahl

lord [lɔːd] Herr; Lord; *to live like a ~* fürstlich leben; *as drunk as a ~* sternhagelvoll; *to act the ~* den Herrn spielen; ~ *it over* den Herrn 'rauskehren gegen; **~ly** vornehm; Herren-; hochmütig; **~ship** Herrschaft; Gut; Lordschaft, Gnaden

lore [lɔː] (Volks-)Wissen, Sagenschatz; Kunde, Lehre *(bird ~)*

lorn [lɔːn] einsam, verlassen

lorry [ˈlɔri] Lore; *bes BE* Lastwagen

lose [luːz] *(s. S. 318)* **1.** verlieren; ~ *one's way,* ~ *o.s., to be lost* sich verirren, sich nicht zurechtfinden können; ~ *one's place* die Stelle (im Buch) nicht finden können; ~ *track of* aus den Augen verlieren; **2.** loswerden; ~ *one's reason* (od *senses*) sich wahnsinnig aufregen; ~ *one's temper* die Beherrschung verlieren; ~ *interest* an Interesse verlieren; **3.** (j-n) bringen um, kosten; **4.** verpassen, aus d. Augen verlieren, nicht mitbekommen; **5.** (Uhr) nachgehen; **~er** [ˈ-ə] Verlierer; **~ing** aussichtslos

loss [lɔs] Verlust (*to sell at a ~*) mit V. verkaufen; *at a ~* in Verlegenheit; *to be never at a ~ for a word* nie um ein Wort verlegen sein

lost [lɔst] *siehe* lose

lot [lɔt] Los (*by ~* durch d. L.; *to cast, draw ~s* L. werfen, ziehen); Schicksal; Anteil; Stück Land, Parzelle, Bauplatz; Partie, Posten; (Auktion) Los; *a bad ~* übler Kerl; *(studio, film) ~* Filmgelände; die ganze Menge (*the ~* das Ganze, alles); *a ~ of (umg)* sehr viel(e), e-e Menge, *~s of (umg)* e-e große Menge; *a ~* viel, sehr
loth [louθ] *siehe* loath
lotion ['louʃən] (Augen-, Haut-, Rasier-, Wund-)Wasser, Lotion
lottery ['lɔtəri] Lotterie; Glückssache
lotus ['loutəs], *pl* **~es** Lotos(blume)
loud [laud] laut; auffallend, grell; **~ness** Lautstärke; **~-speaker** [-'spi:kə] Lautsprecher
lounge [laundʒ] sich herumlümmeln, sich rekeln; *to have a ~* = to ~; Gesellschaftsraum, Halle; **~-chair** (*od* **seat**) Klubsessel; **~suit** [-sju:t] Straßenanzug
lour [lauə] finster, drohend (aus)sehen (*at, on* auf); *siehe* lower
lous|e [laus], *pl* **lice** [lais] Laus; **~y** ['lauzi] verlaust, -dreckt; *sl* mistig
lout [laut] Lümmel, Trampel; **~ish** lümmelhaft
lovable ['lʌvəbl] liebenswert
love [lʌv] **1.** Liebe (*for, of* zu); *to give* (od *send*) *s-b one's ~* j-m freundl. Grüße schicken; *not ... for ~ or money* nicht für Geld u. gute Worte; *to play for ~* um nichts (ohne Einsatz) spielen; **2.** null, nichts ♦ *~ game (set)* Spiel mit null Punkten (für den Verlierer); **3.** Liebe, Eros; *to fall in ~ with* sich verlieben in; *to be in ~ with* verliebt sein in; *to fall out of ~ with s-b* aufhören, j-n zu lieben; *to make ~ to* werben um, schlafen mit; **4.** Liebling, Schatz; *a (little) ~ of* e. entzückendes (Kind); **5.** Amor; **6.** lieben; (sehr gern haben; *~ to do (doing)* sehr gern tun; **~-affair** [-əfɛə] Liebschaft; **~-bird** [-bə:d] Unzertrennliche (Papagei); **~-child** [-tʃaild], *pl* ~-children [-tʃildrən] Kind der Liebe; **~less** lieblos, liebeleer; **~-letter** [-letə] Liebesbrief; **~ly** entzückend; wundervoll, herrlich; **~-lorn** [-lɔ:n] vor Liebe vergehend; **~-match** [-mætʃ] Liebesheirat; **~-philtre** [-filtə], **~-potion** [-pouʃən] Liebestrank; **~r** [-ə] Liebhaber *(of music etc)*; Liebender; *pair of ~rs* Liebespaar; **~-sick** [-sik] liebeskrank; **~-token** [-toukən] Liebespfand
loving ['lʌviŋ] liebevoll; **~-kindness** [--'kaindnis] Herzensgüte
low [lou] **1.** niedrig; **2.** leise, tief; **3.** gemein, vulgär; **4.** schwach, gedrückt; *~ diet* ['daiit] leichte (magere) Kost; *~ life* Leben einfacher Leute; *~ opinion* [ə'pinjən] keine hohe Meinung; *~ tide* (od *water*) Niedrigwasser; *the L~ Countries* ['kʌntriz] Niederlande (u. Belgien); *L~ Germain* Plattdeutsch; *L~ Latin* Spätlatein; *L~ Mass* [mæs] stille Messe; *L~ Sunday* Weißer Sonntag; *to lay ~* (um)stürzen; *to be laid ~* umgeworfen(-gebracht) werden; ans Bett gefesselt sein; *to lie ~* flach (da)liegen; sich still verhalten; *to run ~* zu Ende gehen, knapp werden; **5.** *vi* brüllen, muhen; **6.** Tief; Tiefstand; **~-born** [-'bɔ:n] von niedriger Geburt, einfach; **~-bred** [-'bred] ungebildet, grob; **~-brow** [-brau] geistig anspruchslos(er Mensch); **~-browed** [-'braud] mit niedriger Stirn; (Raum) düster, niedrig; **~-down** [-daun] unehrlich, gemein; Interna, wahre Tatsachen, Hintergründe; **~er** niedriger; *~er case* Kleinbuchstaben; *~er chamber* ['tʃeimbə] (od *house*) Unterhaus; *~er deck* ⚓ die Mannschaften; *~er regions* ['ri:dʒənz] Unterwelt; senken; herunterlassen; niedriger machen; schwächen; dämpfen; erniedrigen; sinken; **~er** [lauə] = lour; **~lands** [-ləndz] Flachland; **~ly** *adj* bescheiden, demütig; **~(-necked)** [-'nekt] ausgeschnitten; **~(-priced)** [-'praist] billig
loyal ['lɔiəl] treu, loyal; **~ty** Treue, Loyalität
lozenge ['lɔzindʒ] Pastille, *bes* Hustenbonbon; Raute
lubber ['lʌbə] Tölpel; **~ly** tölpelhaft
lubric|ant ['lu:brikənt] Schmiermittel; **~ate** [--keit] schmieren; *fig* erleichtern; **~ation** [--'keiʃən] Schmieren; Erleichterung; **~ator** [--keitə] Schmierbüchse; Schmierer
luc|ent ['lu:sənt] glänzend, (durch-)scheinend; **~erne** [-'sə:n] Luzerne; **~id** [-id] klar; hell, (durch)scheinend; **~idity** [-'siditi] Klarheit; Helle; **~ifer** [-ifə] Luzifer; Venus, Morgenstern
luck [lʌk] Zufall, Geschick; *good ~* Glück, *bad ~* Pech; *to be down on one's ~* vom Pech verfolgt sein; *just my ~!* Pech wie immer!; Glück; *for ~* als Glücksbringer; **~less** unglücklich; **~y** glücklich; *to be ~y* Glück haben; gut; Glücks-
lucr|ative ['lu:krətiv] einträglich, lukrativ; **~e** ['lu:kə] Gewinn(sucht)
ludicrous ['lu:dikrəs] lächerlich; spaßig
luff [lʌf] ⚓ (auf)luven; Luv(en)
lug [lʌg] schleppen; zerren; **~e** [lu:ʒ] (kufenloser) Rodelschlitten; rodeln; **~gage** [-idʒ] *bes BE* Gepäck; **~ger** [-gə] ⚓ Logger, Lugger; **~-sail** ['lʌgseil, ⚓ -sl] ⚓ Luggersegel
lugubrious [lu:'gju:briəs] traurig, kläglich
lukewarm ['lu:kwɔ:m] lauwarm
lull [lʌl] einlullen; einschläfern; sich beruhigen, sich legen; Pause, Stille *(the ~ before the storm)*; **~aby** [-əbai] Wiegenlied
lumbago [lʌm'beigou] Hexenschuß
lumber ['lʌmbə] Bau(nutz)holz; Gerümpel; vollrümpeln, -stopfen; fällen; Nutzholz fällen u. sägen; rumpeln; **~jack** [--dʒæk] *US* Holzarbeiter; **~man** [--mən], *pl* ~men *US* = ~jack; Holzhändler; **~-mill** Sägemühle; **~-yard** [--ja:d] Holzlager
lumin|ary ['lu:minəri] Gestirn; *fig* Leuchte; **~osity** Glanz, Helligkeit; **~ous** [--nəs] Leucht-; *fig* klar; **~ous body** Himmelskörper
lump [lʌmp] Klumpen; Beule, Schwellung; Stück (*~ sugar* Würfelzucker); *~ in the throat* Kloß im Hals; *in the ~* in Bausch u. Bogen; Pauschal-; Klumpen bilden, klumpen; *fig* zus.werfen; gleich behandeln ♦ *if you don't like it you can ~ it ...* müssen Sie's eben hinneh-

men; **~ish** untersetzt, plump; blöd; **~y** klumpig; kabbelig (See); schwer (Gang)
lun|acy ['lu:nəsi] Irresein; Wahnsinn; **~ar** [-ə] Mond-; **~natic** [--tik] irr, wahnsinnig(er Mensch)
lunch [lʌntʃ] Mittagessen *(with late diners)*; zweites Frühstück *(with midday diners)*; *US* Imbiß; zu Mittag essen etc; **~eon** [-ən] = ~
lung [lʌŋ] Lungenflügel; *pl* Lunge *(a. fig)*; *~power* Stimmkraft
lunge [lʌndʒ] (Fechten) Ausfall, Stoß; ausfallen, stoßen
lupin ['lu:pin] Lupine; **~e** *bes US* = ~
lurch [lə:tʃ] Ruck, Torkeln; torkeln ♦ *to leave in the* ~ im Stich lassen
lur|e [ljuə] Köder *(a. fig)*; Reiz, Lockung; (ver-, an)locken; **~id** [-rid] düster, unheimlich; schauerlich
lurk [lə:k] sich versteckt halten; lauern; **~ing** verborgen; **~ing-place** Schlupfwinkel
luscious ['lʌʃəs] köstlich; (über)süß; (Stil) üppig, saftig
lush [lʌʃ] üppig, saftig (Gras etc)
lust [lʌst] Lust, Wollust, Gier; begehren, gieren *(for, after* nach); **~ful** lüstern, wollüstig
lust|re ['lʌstə] Glanz; Ruhm; **~rous** [-trəs] glänzend, strahlend
lusty ['lʌsti] kräftig, stark; lebhaft
lute [lu:t] Laute; Kitt; verkitten
luxur|iance [lʌg'ʒuəriəns, *US* -'ʒuriəns] Üppigkeit, Reichtum; **~iant** [--ənt] üppig *(a. fig)*; **~iate** [--rieit] schwelgen in, genießen; **~ious** [--riəs] luxuriös, Luxus-; üppig; schwelgerisch; **~y** ['lʌkʃəri] Luxus(artikel)
lyceum [lai'si:əm], *pl* **~s** Lehrstätte, Vortragssaal; literarischer Verein
lychgate ['litʃgeit] *siehe* lich-gate
lye [lai] Lauge
lying ['laiiŋ] lügend; liegend (*siehe* lie[1, 2]); **~in** [--'in] Niederkunft, Entbindung
lymph [limf] Lymphe; **~atic** [-'fætik] Lymph(gefäß); lymphatisch
lynch [lintʃ] lynchen; ~ **law** Lynchjustiz
lynx [liŋks], *pl* **~es** Luchs; **~-eyed** [-aid] mit Luchsaugen, scharfsichtig
lyr|e [laiə] Leier, Lyra; **~ic** ['lirik] lyrisches Gedicht; lyrisch; **~ical** *bes fig* lyrisch, schwärmerisch

M

M [em] M
ma [ma:] *umg* Mama
ma'am [mæm, *umg* məm] gnä' Frau
macabre [mə'ka:br] düster, makaber; *danse* [da:ns] ~ Totentanz
macadam [mə'kædəm] Makadam (~ *road* M.straße); Schotter
macar|oni [mækə'rouni] Makkaroni; **~oon** [--'ru:n] (Mandel-, Kokos-)Makrone
macaw [mə'kɔ:] *orn* Ara
mace [meis] Keule; Amtsstab; Muskatblüte; **~-bearer** [-bεərə] Stabträger
machin|ation [mæki'neiʃən] Anschlag; Ränkeschmieden; *pl* Ränke; **~e** [mə'ʃi:n] Maschine; *umg* (Fahr-)Rad; *fig* Roboter; Parteileitung, Organisation; **~e-gun** Maschinengewehr; **~ery** [mə'ʃi:nəri] Maschinen; Werk, Mechanismus; *fig* Maschinerie; **~e-tool** [mə'ʃi:ntu:l] Werkzeugmaschine; **~ist** [mə'ʃi:nist] Maschinenbauer; Maschinist; Maschinennäherin
mackerel ['mækrəl], *pl* ~ Makrele
mackintosh ['mækintɔʃ] (wasserdichter) Mantel
mad [mæd] verrückt, wahnsinnig (*to drive, send s-b* ~ j-n w. machen); wahnsinnig aufgeregt, wild (*about* über, *for* auf); *like* ~ wie verrückt; toll (*to have a* ~ *time* sich toll amüsieren); wütend; vernarrt (*about* in); **~cap** Tollkopf; toll; **~den** verrückt, wahnsinnig machen; **~-doctor** [-dɔktə] Irrenarzt; **~-house** [-haus], *pl* ~-houses [-hauziz] Irrenhaus; **~man** [-mən], *pl* ~men Irrer; **~ness** Verrücktheit, Wahnsinn; **~-woman** [-wumən], *pl* ~women [-wimin] Irre
madam ['mædəm] gnädige Frau; **~e** ['mædəm], *pl* mesdames ['meidæm] = ~
made [meid] *siehe* make; ~ *of, from* gemacht aus
mademoiselle [mædmə'zel], *pl* **mesdemoiselles** [meidmə'zel] (gnädiges) Fräulein
madonna [mə'dɔnə], *pl* **~s** Madonna; ~ **lily** weiße Lilie
madrigal ['mædrigəl] Madrigal
maelstrom ['meilstrəm] Wirbelstrom; Strudel; *fig* Wirren, Chaos
magazine [mægə'zi:n] Zeitschrift; (Waffen-, Gewehr-)Magazin
maggot ['mægət] Made; **~y** madig
Magi ['meidʒai] *pl* die Weisen aus dem Morgenlande; **magus** ['meigəs] Magier
magic ['mædʒik] Zauberei, Magie; *fig* Zauber; *attr* Zauber-; ~ *lantern* Laterna magica; ~ *square* [skwεə] magisches Quadrat; **~al** zauberisch, magisch; **~ian** [mə'dʒiʃən] Zauberer
magist|erial [mædʒis'tiəriəl] obrigkeitlich; maßgeblich; überlegen; **~rate** [--treit] richterlicher Beamter; Friedensrichter
magn|animous [mæg'næniməs] großmütig; **~animity** [--'nimiti] Großmut; **~ate** [-neit] Magnat, Großgrundbesitzer; **~esia** [-'ni:ʃə] Magnesia; **~esium** [-'ni:zjəm] Magnesium
magnet ['mægnit] Magnet *(a. fig)*; **~ic** [-'netik] magnetisch; *fig* anziehend; **~ism** [--izm] Magnetismus; *fig* Anziehungskraft; **~ize** [--aiz] magnetisieren; *fig* anziehen, beeinflussen; **~o** [mæg'ni:tou], *pl* ~os Magnet(zünder), Zündmagnet
magn|ificent [mæg'nifisənt] prächtig; großartig; **~ificence** Herrlichkeit; Pracht; **~ifier** [-nifaiə] Vergrößerungsglas; **~ify** [-ifai] vergrößern; **~iloquence** [-'niləkwəns] Großsprecherei; **~iloquent** großsprecherisch; pompös; **~itude** [-nitju:d] Größe, Wichtigkeit
magnolia [mæg'nouliə], *pl* **~s** Magnolie
magpie ['mægpai] Elster; *fig* Schwatzamsel
mahogany [mə'hɔgəni] Mahagoni(-holz)

maid [meid] Mädchen; *old* ~ alte Jungfer; ~ *of honour* [ˊ-əv'ɔnə] *BE* Ehrendame, *US* (erste) Brautjungfer; **~en** = ~; jungfräulich; Mädchen-, Jungfern-; **~enhood** [ˊ-ənhud] Jungfernschaft; **~enly** mädchenhaft, jungfräulich; **~-servant** [ˊ-səːvənt] Dienstmädchen

mail [meil] Post(sendung); Post-; *bes US* mit der Post schicken; **~-box** *bes US* Briefkasten; **~-carrier** [ˊ-kæriə] *bes US* Briefträger; **~ order** Postbestellung; **~-order firm** Versandgeschäft

maim [meim] zum Krüppel machen, verstümmeln *(a. fig)*

main [mein] Hauptrohr, -leitung; *pl* ↯ Netz; ♦ *with might and* ~ mit aller Kraft; *in the* ~ in der Hauptsache; die See; *adj* hauptsächlich; Haupt-; *by* ~ *force* mit aller Kraft; **~deck** Hauptdeck; **~land** [ˊ-lənd] Festland; **~ly** hauptsächlich; **~mast** [ˊ-mɑːst] Großmast; **~spring** Uhrfeder; *fig* (Haupt-)Triebfeder; **~stay** [ˊ-stei] ⚓ Großstag; *fig* Hauptstütze

main|tain [mein'tein] aufrecht-, unterhalten; behaupten; **~tenance** [ˊ-tinəns] (Aufrecht-)Erhaltung; Behauptung; Unterhalt; Instandhaltung

maize [meiz] *bes BE* Mais(gelb)

majest|ic ['mədʒestik] majestätisch; **~y** ['mædʒisti] Erhabenheit; Würde; Majestät

major ['meidʒə] Major; Mündiger; *US* Hauptfach; größer; wichtig(er); bevorrechtigt (Straße); *US* als Hauptfach wählen; **~-domo** [--'doumou], *pl* ~-domos Hofmeister; **~ general** ['dʒenərəl] Generalmajor; **~ity** [mə'dʒɔriti] (*bes US* absolute) Mehrheit; Stimmenvorsprung; Volljährigkeit; Majorsrang

make [meik] *(s. S. 319)* **1.** machen (*of, from* aus); verarbeiten (*into* zu) ♦ ~ *hay of* in Unordnung bringen; bilden, formen; **2.** ausmachen; **3.** (Geld) verdienen; (Gewinn etc) erzielen; (Verlust) erleiden; **4.** ~ *enemies* ['enimiz] *of* s. zu Feinden machen, *his fortune is made* sein Glück ist gemacht; *he has made a name for himself* er hat sich e-n Namen gemacht; ~ *(s-th) good* (Verlust) ersetzen, (Versprechen) erfüllen, (Flucht) schaffen, (Behauptung) beweisen; schätzen, halten für *(what time do you ~ it?)*; **5.** (veran)lassen; **6.** ~ *s-th do,* ~ *do with s-th* auskommen mit; **7.** erreichen (*port* den Hafen) ⚓ sichten; **8.** ergeben *(12 inches ~ 1 foot)*; werden, abgeben *(a good teacher)*; (Antwort) geben; ~ *haste* sich beeilen; ~ *a good meal* ein gutes Essen zu sich nehmen; ~ *war* Krieg führen (*upon* gegen); (Frieden) schließen; ~ *much (little) of* viel (wenig) Aufhebens machen von, viel (wenig) erzielen bei; ~ *the most* (od *best*) *of* soviel wie möglich herausholen bei, das beste machen aus; **9.** ~ *believe* so tun (*that* als ob); ~ *certain* (od *sure*) s. vergewissern; **10.** bewegen, gehen; **11.** *su* Anfertigung, Arbeit; Machart; Gestalt; Fabrikat; *on the* ~ *(sl)* auf Profit aus; **~ after** verfolgen; **~ against** nachteilig sein für; **~ away** s. aus d. Staub machen; ~ *away with* vertun; umbringen; **~ for** losgehen auf; gut sein für; **~ of** halten von; **~ off** ausrücken; **~ out** (Liste) zus-, aufstellen; *fig* vollmachen; hinstellen (*that* als ob); begreifen; herausfinden; unterscheiden; sich machen; **~ over** vermachen, übertragen (*to* an); umändern; **~ up** (Rezept) anfertigen; verarbeiten (*into* zu); *fig* vollmachen; erfinden, erdichten; (j-n) herrichten, zurechtmachen, schminken; beilegen; (Liste) zus.-, aufstellen; ersetzen; 🕮 umbrechen; ~ *up one's mind* sich entschließen; ~ *up for* aufholen; gutmachen; ~ *up to* sich anbiedern bei; **~-believe** [ˊ-biliːv] Vorwand; Schein; vorgeblich; **~r** Hersteller, Fabrikant; Schöpfer; **~r-up** ['meikər'ʌp] Konfektionär; 🕮 Metteur; **~shift** [ˊ-ʃift] Ersatz, Notbehelf; behelfsmäßig, Not-, Ersatz-; **~-up** [ˊ-ʌp] Herrichtung, Make-up; Schminken; 🕮 Umbruch; Beschaffenheit; Schnitt; **~weight** [ˊ-weit] Zugabe; Lückenbüßer; Ergänzung

making ['meikiŋ] Machen; Arbeit; Herstellung; *pl* Verdienst ♦ *to have the ~s of* das Zeug haben zu; *to be the ~ of s-b* j-n zu etw machen, etw aus j-n machen; *pl US umg* Tabak u. Papier (für Zigarette)

mal|- [mæl] schlecht-, miß-, un-; **~adjusted** [ˊ-ə'dʒʌstid] unausgeglichen; schwer erziehbar, milieugeschädigt; **~adroit** [ˊ-ə'drɔit] ungeschickt

malady ['mælədi] Krankheit; Gebrechen

malaprop|ism ['mæləprɔpizm] lächerlicher Sprachschnitzer; **~os** [ˊ-'æprəpou] unangebracht

malaria [mə'lɛəriə] Malaria; **~l** Malaria-

malcontent ['mælkəntent] mißvergnügt(e Person)

male [meil] männlich (*a.* ✿); Mann; männliches Tier; **~diction** [mæli'dikʃən] Verwünschung; **~factor** [mæli'fæktə] Übeltäter; **~volence** [mə'levələns] Böswillig-, Boshaftigkeit; **~volent** [mə'levələnt] böswillig, boshaft; feindselig (*to* gegen)

malfeasance [mæl'fiːzəns] (*bes* Amts-)Vergehen

malform|ation [mælfɔː'meiʃən] Mißbildung; **~ed** [-'fɔːmd] mißgestaltet

malic|e ['mælis] Bosheit, Tücke; Groll; ⚓ böse Absicht; **~ious** [mə'liʃəs] boshaft, tückisch; heimtückisch

malign [mə'lain] böse, schädlich; boshaft, böswillig; verleumden; **~ancy** [-'lignənsi] *bes* ⚕ Bösartigkeit; **~ant** [-'lignənt] *bes* ⚕ bösartig; tückisch; **~ity** Bosheit, Tücke; ⚕ Bösartigkeit

malinger [mə'liŋgə] *bes mil* simulieren; **~er** [-ˊ-rə] Simulant

mallard ['mæləd] Stockente(rpel)

mall|eable ['mæliəbl] (kalt-)hämmerbar; schmiegsam, anpassungsfähig; **~et** [ˊ-it] (Holz-, Krocket-)Hammer

mallow ['mælou] Malve

mal|nutrition ['mælnjuːtriʃən] Unter-, unzureichende Ernährung; **~odorous** [-'oudərəs] übelriechend; **~practice** [ˊ-'præktis] ⚕ falsche Behandlung; standeswidriges Verhalten; Amtsmißbrauch

malt [mɔːlt] Malz; malzen; Malz werden; mit Malz versetzen
maltreat [mæl'triːt] mißhandeln
mamm|a [mə'mɑː] Mama; ['mæmə], *pl* **~ae** [ˊ-iː] weibl. Brust; **~al** [ˊ-əl] Säugetier
mammo|n ['mæmən] Mammon; **~th** [ˊ-məθ] Mammut
mammy ['mæmi] Mama; *US* (farbiges) Kindermädchen
man [mæn], *pl* **men** [men] **1.** Mann (*a ~ of the world* ein Mann von Welt; *the ~ in the street* der Durchschnittsmensch) ♦ *a ~ about town* ein Lebemann; *to be one's own ~* sein eigener Herr sein, im Vollbesitz seiner Kräfte sein; *~ and boy* von Jugend an; **2.** Mensch; *to a ~* bis auf den letzten, ohne Ausnahme; **3.** Diener, Arbeiter, Soldat; **4.** (Schach-)Figur; **5.** bemannen
manacle ['mænəkl] (Hand-)Fessel *(a. fig)*; fesseln; *fig* hindern
manage ['mænidʒ] handhaben; lenken *(a. fig)*; umgehen mit; führen, leiten; zurechtkommen mit, fertig werden mit; es fertig bringen; *can ~* benutzen, *umg* 'runterbringen *(another slice)*; **~able** [ˊ--abl] umgänglich, lenkbar; **~ment** Handhabung; Lenkung; (Geschäfts-) Leitung, Direktion; **~r** [ˊ--ə] (Abteilungs-) Leiter; Verwalter; Direktor; Manager; **~ress** [-ə'res] Leiterin; **~rial** [-nə'dʒiəriəl] Betriebsführungs-, Leitungs-; leitend
managing ['mænidʒiŋ] leitend; geschäftsführend; wirtschaftlich; herrisch
Manchester ['mæntʃistə] **goods** *BE* Baumwollstoffe
mandarin ['mændərin] Mandarin; Mandarindialekt; Mandarine; Bürokrat
mandat|e ['mændeit] Befehl, Auftrag; Mandat; unter ein Mandat stellen; **~ory** [ˊ-dətəri] befehlend; verbindlich, unabdingbar; Bevollmächtigter; Mandatar(staat)
mandible ['mændibl] (*bes* Unter-)Kiefer; *orn* Ober-, Unterschnabel
mandolin ['mændəlin] Mandoline
mandr|ake ['mændreik] Alraun; **~ill** [ˊ-dril] Mandrill
mane [mein] Mähne
man-eater ['mæniːtə] Menschenfresser; menschengefährl. Hai (Tiger)
manes ['meiniːz] *pl vb* Manen, Totengeister
maneuver [mə'nuːvə] *US* = manoeuvre
manful ['mænful] mannhaft, tapfer
manganese [mæŋgə'niːz] Mangan
mange [meindʒ] ⚕ Räude; **~l, ~l-wurzel** ['mæŋgl(wəːzl)] = mangold
manger ['meindʒə] Krippe ♦ *dog in the ~* Neidhammel
mangle [mæŋgl] Mangel; mangeln; zerfleischen, verstümmeln *(a. fig)*
mangold ['mæŋgəld] Futter-, Runkelrübe
mangrove ['mæŋgrouv] Mangrove
mangy ['meindʒi] räudig; schäbig
man|-handle ['mænhændl] durch Menschenkraft bewegen *umg* grob (an-)packen; **~-hole** [ˊ-houl] ✲ Mann-, Einsteigloch; **~hood** [ˊ-hud] Mannesalter; Männlichkeit; Männer(welt); **~-hour** [ˊ-'auə] Arbeitsstunde pro Mann
mani|a ['meiniə] Raserei, Wahnsinn; Manie; **~ac** [ˊ-niæk] wahnsinnig, besessen, rasend; Wahnsinniger, Besessener, Rasender; **~acal** [mə'naiəkl] = ~ac *adj*; **~c** ['mænik] wahnsinnig, manisch
manicur|e ['mænikjuə] Maniküre; *to have a ~e* sich maniküren lassen; *vt* maniküren; **~ist** [ˊ--kjuərist] Maniküre
manifest ['mænifest] ⚓ Ladeverzeichnis; offenbar, deutlich; offenbaren; sich zeigen; in ein Ladeverzeichnis aufnehmen; **~ation** [---'teiʃən] Offenbarung; Kundgebung; Bekundung, Beweis; **~o** [--ˊ-tou], *pl* ~os, *US* ~oes Manifest
mani|fold ['mænifould] mannigfaltig, vielfältig; vervielfältigen; **~kin** [ˊ--kin] Männlein, Zwerg; anatom. Modell; Gliederpuppe; Schaufensterpuppe
Manila [mə'nilə] Manilazigarre; -faser; -papier
manipula|te [mə'nipjuleit] handhaben; beeinflussen; manipulieren; **~tion** [-ˌ--ˊ-ʃən] Handhabung; Beeinflussung; Manipulation
man|kind [mæn'kaind] Menschheit; [ˊ-] Männer(welt); **~like** [ˊ-laik] männlich; unweiblich; **~ly** männlich, mannhaft; **~-made** ['mænmeid] künstlich; synthetisch; *~ made fibre* Chemiefaser
mann|a ['mænə] Manna; **~equin** ['mænikin] Mannequin; Schaufensterpuppe
manner ['mænə] **1.** Art u. Weise (*in this ~* auf diese W.); *to the ~ born* von Jugend auf gewöhnt; *in a ~ of speaking* sozusagen; **2.** Benehmen; **3.** *pl* Sitten, Manieren, gesellschaftl. Auftreten; **4.** Stil, Manier ♦ *all ~ of* alle Arten von, alle möglichen; *by no ~ of means* unter keinen Umständen; *in a ~* bis zu e-m gewissen Grade; **~ism** [ˊ--rizm] Manier, Eigenart; Künstelei; **~ly** [ˊ--li] gesittet, manierlich
mannish ['mæniʃ] unweiblich; männlich
manoeuvre, *US* **maneuver** [mə'nuːvə] Manöver *(a. fig)*; manövrieren (lassen) *(a. fig)*; manipulieren
man-of-war ['mænəv'wɔː], *pl* **men-of-war** ['men-] Schlachtschiff
manor ['mænə] (Ritter-)Gut; *lord of the ~* Gutsherr; **~-house** [ˊ--haus], *pl* ~-houses (ˊ--hauziz] Herren-, Gutshaus; **~ial** [mə'nɔːriəl] herrschaftlich; Ritterguts-
manpower ['mænpauə] verfügbare Arbeitskräfte (Soldaten)
mans|e [mæns] (schottisches) Pfarrhaus; **~ion** [ˊ-ʃən] (herrschaftl.) Wohnhaus, Palais; *pl BE* Mietshaus
manslaughter ['mænslɔːtə] Totschlag, fahrlässige Tötung
mantel [mæntl], **~piece** [ˊ-piːs] Kaminsims
mantilla [mæn'tilə], *pl* **~s** Mantille
mantis ['mæntis], *pl* **~es** Gottesanbeterin
mantle [mæntl] Mantel *(a. fig)*; Glühstrumpf; Hülle, verhüllen; *~ on* bedecken; *~ with* sich überziehen mit

man-trap ['mæntræp] Fußangel
manu|al ['mænjuəl] Hand-; *~al training* Werkunterricht; Handbuch, Leitfaden; Manual; **~factory** [--'fæktəri] Fabrik, Werkstatt; **~facture** [--'fæktʃə] herstellen, erzeugen; verarbeiten (*into* zu); *fig* fabrizieren; *su* Herstellung etc; *pl* Fabrikate, Waren; **~facturer** Fabrikant; Erzeuger
manure [mə'njuə] Dünger; düngen
manuscript ['mænjuskript] Manuskript (*in ~* als M., ungedruckt)
many ['meni] viele (*a good ~*, *a great ~* sehr viele); *as ~* ebenso viele; *~ a time* viele Male; *~ a man* viele Leute; *one too ~* einer zu viel ♦ *to be one too ~ for s-b* j-m über sein; *the ~* die große Masse; **~-sided** [ˊ-'saidid] vielseitig *(a. fig)*
map [mæp] *astr, geog* Karte; kartographisch aufnehmen; auf e-r Karte verzeichnen; *~ out* planen, zurechtlegen
maple [meipl] Ahorn(holz)
mar [mɑː] (zer)stören, trüben; beeinträchtigen
Marathon ['mærəθən] **race** Marathonlauf
maraud [mə'rɔːd] marodieren, plündern; **~er** Marodeur
marble [mɑːbl] Marmor; *pl* Skulpturen; Murmel *(to play ~s)*; **~s** *sg vb* Murmelspiel; **~d** [mɑːbld] marmoriert
March [mɑːtʃ] März
march [mɑːtʃ] marschieren; (ab)führen; grenzen (*on* an), gemeinsame Grenze haben (*with* mit); Marsch (*~ past* Vorbei-); *fig* Gang, Fortschritt; ♪ Marsch (*dead ~* Trauer-); *(bes pl)* Grenzland; **~ioness** ['mɑːʃənis] Marquise, Markgräfin; **~pane** [ˊ-pein] Marzipan
Mardi gras ['mɑːdi'grɑː] Fastnachtsdienstag
mare [mɛə] Stute; **~'s nest** phantastische Entdeckung; ein einziges Durcheinander
marg|arine [mɑːdʒə'riːn] Margarine; **~e** [mɑːdʒ] *BE umg* = ~arine
margin ['mɑːdʒin] Rand *(a. fig)*; Spielraum, Spanne; Marge; **~al** Rand-; knapp (nicht mehr) rentabel
marguerite [mɑːgə'riːt] Margerite, großes Maßlieb; Gänseblümchen
marigold ['mærigould] Tagetes; Ringelblume; *marsh ~ : siehe* marsh
marine [mə'riːn] Meer-; See-; Marine-; (Handels-)Flotte; Marine; *pl* Marinelandungstruppen ♦ *tell that to the ~s* mach das e-m andern weis; **~r** ['mærinə] Seemann, Matrose; *master ~r* Kapitän
marionette [mæriə'net] Marionette
marital ['mæritl] ehelich; Ehe-; Gatten-
maritime ['mæritaim] See- *(insurance, law)*; Küsten-
marjoram ['mɑːdʒərəm] Majoran
mark [mɑːk] **1.** Fleck, Spur; **2.** (Geburts-, Kenn-)Zeichen; **3.** Note, Zensur, Punkt; **4.** Ziel ♦ *beside* (od *wide of*) *the ~* verfehlt, unrichtig; *to hit the ~* ins Schwarze treffen; *to miss the ~* sein Ziel verfehlen; **5.** Ansehen, Bedeutung (*a man of ~* ein Mann von B.); *to make one's ~* sich durchsetzen, berühmt werden; *below the ~* unter d. Durchschnitt; *up to the ~* den Erwartungen entsprechend, auf d. Höhe; **6.** Mark(stück); **7.** *vt* (aus-)zeichnen, notieren; **8.** zensieren; **9.** markieren; kennzeichnen; **10.** beachten ♦ *~ time* auf der Stelle treten *(a. fig)*; **~ down** im Preis herabsetzen; **~ off** abgrenzen, trennen; **~ out** (durch Linien) bezeichnen; bestimmen (*for* für); **~ up** im Preis heraufsetzen; **~ed** [mɑːkt] deutlich, auffallend, ausgesprochen ♦ *a ~ed man* ein Gezeichneter; **~edly** [ˊ-idli] *adv* (ganz) deutlich; **~er** Markierung; Lesezeichen; Markör; **~ing** Bezeichnung, Markierung
market ['mɑːkit] **1.** Markt(halle, -platz); *in the ~* zum Verkauf angeboten; **2.** Absatz; *to find a (ready) ~* (guten) Absatz finden; **3.** Marktlage, -wert ♦ *to bring one's eggs (hogs) to a bad (the wrong) ~* aufs falsche Pferd setzen; **4.** auf d. Markt bringen, absetzen; **5.** einkaufen *(to go ~ing)*; **~able** markt-, absatzfähig; **~-garden** [ˊ-gɑːdən] Handelsgärtnerei; **~-place** [ˊ-pleis] Marktplatz; **~-town** [ˊ-taun] Stadt mit Marktrecht
marks|man ['mɑːksmən], *pl* **~men** [ˊ-mən] Schütze; **~manship** Schießkunst
marl [mɑːl] Mergel; mergeln
marm|alade ['mɑːməleid] Orangenmarmelade; **~oset** [ˊ-məzet] Krallenaffe, Marmosette; **~ot** [ˊ-ət] Murmeltier; Präriehund
maroon [mə'ruːn] (kastanien)braun; Feuerwerkskörper; j-n aussetzen
marqu|e [mɑːk] (Auto-)Marke; *letters of ~e* Kaperbrief; **~ee** [-'kiː] Vordach; *BE* (großes) Zelt; **~is, ~ess** ['mɑːkwis] Marquis, Markgraf
marr|iage ['mæridʒ] Ehe; Trauung, Heirat; *to give (take) in ~iage* (ver)heiraten; *by ~iage* angeheiratet; *~iage lines* Trauschein; *~iage portion* Mitgift; **~iageable** [ˊ-əbl] heiratsfähig; **~ied** [ˊ-id] verheiratet; Ehe-
marrow ['mærou] Mark (*to the ~* bis aufs M.); *BE* Gartenkürbis
marry ['mæri] (ver)heiraten; trauen; *~ off* verheiraten, an d. Mann bringen
Mars [mɑːz] *astr* Mars
marsh [mɑːʃ] Marsch, Sumpf; *~ fever* Sumpffieber; *~ gas* Sumpfgas; *~ mallow* ['mælou] Eibisch; *~ marigold* ['mærigould] Sumpfdotterblume; **~al** [ˊ-əl] Marschall; Hofmarschall; *BE* Gerichtsschreiber; *US* Vollzugsbeamter, Polizei-, Feuerwehrchef; ordnen; führen; **~alling yard** Verschiebebahnhof; **~y** sumpfig
marsupial [mɑː'sjuːpiəl] Beuteltier
mart [mɑːt] Marktplatz; Auktionsraum; **~en** [ˊ-ən] Marder; **~ial** ['mɑːʃəl] kriegerisch; Kriegs-; **~ial law** Kriegs-, Standrecht; **~ial music** Militärmusik
Martian ['mɑːʃən] Marsbewohner; Mars-
martin ['mɑːtin] Mehl-, *BE* Uferschwalbe; **~et** [--'net] *mil* Drillmeister; Schinder; **~i** [-'tiːni] Martini(-Cocktail)
Martinmas ['mɑːtinmæs] Martinstag (11. November)
martyr ['mɑːtə] Märtyrer; *fig* Opfer (*to gout* der Gicht); zum M. machen; martern

marvel ['mɑːvəl] Wunder; sich sehr verwundern (*at* über); bewundern; sich fragen; **~lous,** *US* **~ous** wunderbar, -voll
Marx|ian ['mɑːksiən] Marxist; marxistisch; **~ist** [ˊ-ist] = ~ian
marzipan [mɑːzi'pæn] Marzipan
mascot ['mæskət] Maskottchen
masculine ['mæskjulin] männlich
mash [mæʃ] Maische; Mengfutter; Brei; Mischmasch; Flirt, Flamme; maischen; zerstampfen, zu Brei verarbeiten; **~ed** [mæʃt] **potatoes** Kartoffelbrei
mask [mɑːsk] Maske *(a. fig)*; *to throw off one's ~* d. Maske fallen lassen; maskieren; tarnen; **~ed** [mɑːskt] **ball** Maskenball
mason ['meisn] (Frei-)Maurer; **~ic** [mə'sɔnik] freimaurerisch; **~ry** Mauerwerk; Maurerarbeit
masque [mɑːsk] Maskenspiel; **~rade** [mæskə'reid] Maskerade *(a. fig)*, Maskenfest; sich verkleiden, sich maskieren
mass [mæs] Masse, Menge, Haufen; *the ~ of* die Mehrzahl; *eccl* Messe (*a.* ♪); *High M~* Hohe Messe, Hochamt; *Low M~* stille Messe; (s.) (an)sammeln
massacre ['mæsəkə] Blutbad, Massaker; abschlachten, massakrieren
mass|age ['mæsɑːʒ, *US* mə'sɑːʒ] Massage; massieren; **~eur** [mæ'səː] Masseur; **~euse** [mæ'səːz, *US* -'suːs] Masseuse; **~ive** ['mæsiv] massiv; massig; schwer; **~y** ['mæsi] massig, fest
mast [mɑːst] ♦ *to sail before the ~* Matrose sein; **~-head** [ˊ-hed] Topp; Impressum; Zeitungskopf
master ['mɑːstə] **1.** Meister; **2.** Prinzipal, Dienstherr; **3.** Kapitän; **4.** (Haus-)Herr; *to be ~ of* beherrschen, verfügen über; **5.** Lehrer; **6.** (akadem. Titel) Magister, Assessor; **7.** (Anrede) junger Herr; **8.** beherrschen; zügeln; **~-builder** [ˊ--'bildə] Baumeister; **~-craftsman** [ˊ--krɑːftsmən] Handwerksmeister; **~ful** herrisch, gebieterisch; eigenwillig; **~-key** [ˊ--kiː] Hauptschlüssel; **~ly** meisterhaft; **~ mind** überlegener Geist, überl. Kopf; **~piece** [ˊ--piːs] Meisterstück; **~ship** Herrschaft; Lehramt, -stelle; **~y** [ˊ--ri] Herrschaft; Oberhand; Meisterschaft, Beherrschung
masticate ['mæstikeit] kauen
mastiff ['mæstif] englische Dogge
mat[1] [mæt] Matte; Untersetzer, Deckchen; Verfilzung; mit Matten bedecken (auslegen); verfilzen
mat[2] [mæt] stumpf, matt(iert); Rand; stumpf machen (werden)
matador ['mætədɔː] Matador
match [mætʃ] **1.** Streichholz; **2.** Lunte; **3.** (Wett-, Einzel-)Spiel; **4.** ebenbürtiger Gegner, Meister *(he has met his ~)*; **5.** passendes Stück, Gegenstück; *not a ~ for* (j-m) nicht gewachsen; *to be a good ~ (konkr)* genau (zueinander) passen, e-e gute Partie sein; *to make a ~ of it* die Ehe eingehen; **6.** messen (*with, against* mit, gegen); **7.** passen zu; *to ~* (dazu) passend (zu); **8.** etw Passendes geben zu *(can you ~ me this silk?)*; **9.** abstimmen (*to* auf, *with* mit); **10.** es j-m gleichtun, j-n erreichen (in); **11.** ehelich verbinden, verheiraten (*with* mit); **~-box** Streichholzschachtel; **~less** unvergleichlich, unerreicht; **~lock** Luntenschloß, -gewehr; **~-maker** [ˊ-meikə] Ehevermittler(in); Kuppler(in)
mate [meit] Gefährte, Genosse, Kamerad; *orn* Männchen, Weibchen; Gatte, Gattin; ⚓ Maat; Schachmatt; (s.) paaren; (s.) verheiraten; ⚡ verbinden; matt setzen
mater ['meitə] *umg* alte Dame
materia [mə'tiəriə] **medica** ['medikə] Arzneimittelkunde
material [mətiəriəl] Material, Stoff; Gewebe, Stoff; *pl* Zeug (*writing ~s* Schreib-); *raw ~s* Rohstoffe; stofflich; materiell; wesentlich (*to* für); **~ism** [-ˊ-lizm] Materialismus; **~ist** Materialist; **~istic** [-,--'listik] materialistisch; **~ize** [-ˊ-laiz] (s.) verwirklichen, zustande kommen; (s.) materialisieren
materiel [mətiəri'el] Kriegsmaterial, -gerät
mater|nal [mə'təːnəl] mütterlich; **~nally** mütterlich(erseits); **~nity** [mə'təːniti] Mutterschaft; Mütterlichkeit; **~nity dress** Umstandskleid; **~nity hospital** Entbindungsheim
matey ['meiti] *siehe* maty
math(s) [mæθ] *umg* = mathematics
mathematic|al (mæθi'mætikəl] mathematisch; **~ian** [--mə'tiʃən] Mathematiker; **~s** [--ˊ-tiks] *sg vb* Mathematik; *pl vb* mathematische Rechnungen
matinée ['mætinei, *US* --ˊ] 🎭 Nachmittagsvorstellung
matri|c [mə'trik] *BE umg* = ~culation; **~ces** *siehe* ~x
matricide ['meitrisaid] Muttermord; -mörder
matri|culate [mə'trikjuleit] (j-n) zur Universät zulassen, (s.) einschreiben (lassen); **~culation** [mətrikju'leiʃən] Zulassung(sexamen) zur Universität; Einschreibung
matrimon|ial [mætri'mouniəl] ehelich, Ehe-; **~y** ['mætriməni] Ehe(bund), Heirat
matri|x [*bes* 📖 'mætriks, *bes* ⚕ 'mei-], *pl* **~ces** [ˊ-trisiːz], **~xes** Matrize, Mater; ⚕ Gebärmutter, Matrix; Nagelbett
matron ['meitrən], *pl* **~s** Oberin; Matrone; **~ly** matronenhaft; gesetzt
matt [mæt] = mat[2] (*bes* 📷); **~ed** [ˊ-id] struppig; verworren
matter ['mætə] **1.** Angelegenheit, Sache; *as a ~ of fact* tatsächlich, in Wirklichkeit, eigentlich, übrigens; *a ~ of course* e-e Selbstverständlichkeit; *for that ~, for the ~ of that* was das betrifft; *in the ~ of* hinsichtlich; *to make ~s worse* die Dinge verschlimmern; *to take ~s easy* die Dinge leichtnehmen; *it is (makes) no ~* es macht nichts aus, bleibt sich gleich; *no ~ what* ganz gleich was; *have you (is there) anything the ~ with ...?*; ist etw los (nicht in Ordnung) mit ...?; **2.** Gedrucktes, Sache (*printed ~* Druck-, *postal ~* Post-); **3.** Stoff, Materie (a. fig); **4.** ⚕ Eiter; **5.** ausmachen

(*what does it ~?)*; darauf ankommen *(that's what ~s now)*; **~-of-fact** [ˊ–rəvfækt] sachlich; alltäglich; nüchtern
matting ['mætiŋ] Matten; Mattieren; Verfilzen
mattock ['mætək] Breithacke, Karst
mattress ['mætris] Matratze; (*a.* **spring** ~) Bettrost
matur|e [mə'tjuə] reif *(a. fig)*; reiflich; wohlerwogen; fällig; reifen (lassen); fällig werden; **~ity** [–ˊriti] Reife
maty, -ey ['meiti] umgänglich, kameradschaftlich
maudlin ['mɔːdlin] weinerlich, rührselig
maul [mɔːl] miß-, schlecht behandeln; *fig* mitnehmen; *fig* verreißen
maunder ['mɔːndə] faseln; dahinlatschen
mausoleum [mɔːsə'liːəm], *pl* **~s** Mausoleum
mauve [mouv] malvenfarbig, hellviolett
mavis ['meivis], *pl* **~es** *BE* Singdrossel
maw [mɔː] (Tier-)Magen; *orn* Kropf; *fig* Rachen; **~worm** [ˊwəːm] Spulwurm
mawkish ['mɔːkiʃ] schal, fade; kitschig
maxill|a [mæk'silə], *pl* **~ae** [–ˊiː] (*bes* Ober-) Kiefer
maxim ['mæksim] Maxime, Lebensregel; **~um** [ˊ–məm], *pl* ~a [ˊ–ə], ~ums Maximum, Höchstzahl, -betrag; Höchst-, Maximal-
may [mei] *(s. S. 319)* dürfen; können (*he ~ come* er kommt vielleicht); Grund haben zu, können; (Frage, Wunsch) mögen; (nach *so that, in order that*) können *(oder unübersetzt)*; fig Jugend, Blüte; *BE* Weiß-, Hagedorn
May [mei] Mai
maybe ['meibi] vielleicht
mayonnaise [meiə'neiz] Mayonnaise
mayor [mɛə, *US* 'meiər] Bürgermeister; **~alty** [ˊrəlti] Amt(sdauer); e-s Bürgermeisters; **~ess** [ˊris] Bürgermeisterin
may|pole ['meipoul] Maibaum; **~-tree** [ˊtriː] Weiß-, Hagedorn
maze [meiz] Irrgarten; Verwirrung; *in a ~* verwirrt; **~d** [meizd] verwirrt
mazurka [mə'zəːkə], *pl* **~s** Mazurka
me [miː] mir, mich; *it's ~* ich bin's
mead [miːd] Met; Wiese; **~ow** ['medou] Wiese; **~ow saffron** Herbstzeitlose
meagre ['miːgə] mager *(a. fig)*; dürftig
meal [miːl] (Grob-)Mehl; Mahl(zeit); **~-time** [ˊtaim] Essenszeit; **~y** mehlig; mehlbedeckt; bleich; **~y-mouthed** [ˊimauðd] zimperlich, leisetreterisch
mean [miːn] *(s. S. 319)* **1.** bedeuten; meinen (*~business* ['biznis] es ernst meinen); im Sinn haben; **2.** wollen (*I ~ you to go . . .* daß du gehst); **3.** (vor)bestimmen; *~ well by* (od *to*) es gut meinen mit; **4.** *adj* mittlere; mittelmäßig, durchschnittlich; **5.** geizig; **6.** gering, ärmlich; **7.** niedrig; *no ~* tüchtig; **8.** gemein *(don't be so ~ to him)*; geizig; **9.** *US* schlecht, bösartig; **10.** *US* kränkl.; beschämt; **11.** *su* Mitte(-lweg) (*the golden* [od *happy*] *~* der goldene Mittelweg); **12.** *math* Mittel; **~s** *(sg vb od pl vb)* Mittel; *by ~s of* mit Hilfe von; *by all ~s* auf jeden Fall, gewiß; *by no ~s* keineswegs, durchaus nicht; *by some ~s or other* irgendwie; *by fair ~s or foul* mit allen (erdenklichen) Mitteln; *~s (pl vb)*, Geldmittel, Wohlstand; *a man of ~s* wohlhabender Mann; *to live within one's ~s* nicht mehr ausgeben, als man verdient; **~ing** Bedeutung (*with ~ing* bedeutungsvoll); Sinn; **~ingful** bedeutungsvoll, bedeutsam; **~ingless** bedeutungs-, sinnlos; **~t** [ment] *siehe ~ vb*; **~time** [ˊtaim] inzwischen; Zwischenzeit; **~while** [ˊwail] = ~time
meander [mi'ændə] sich winden, sich schlängeln; umherstreifen; faseln
measl|es [miːzlz] *sg vb* Masern; *German ~es* Röteln; **~y** [ˊli] fleckig; armselig
measur|able ['meʒərəbl] meßbar; *within ~able distance of* nahe an; **~e** [ˊʒə] **1.** Maß (*made to ~e [BE]* nach M.); *to give full (short) ~e* die ganze (nicht die ganze) Menge geben; *to take s-b's ~e* bei j-m Maß nehmen, *fig* j-n ab-, einschätzen; *for good ~e* obendrein; (Raum- etc) Maß (*~e of capacity* [kə'pæsiti] Hohl-); **2.** Bushel; **3.** Ausmaß; *a ~e of* ein gewisses Maß von; *beyond ~e* über alle Maßen, übergroß; *to set ~es to* Grenzen ziehen; *in some ~e* bis zu e-m gewissen Grad; *in (a) great (large) ~e* weitgehend, großenteils; *the ~e* d. Maßstab; **4.** *math* Teiler (*greatest common ~e* größter gemeinsamer T.); **5.** Maßnahme; **6.** Rhythmus, Versmaß; ♪ Takt (als Maß, *US a.* als Einheit); **7.** messen; Maß nehmen von; **8.** ab-, zumessen, -teilen ♦ *~e one's length* der Länge nach hinfallen; **9.** (s.) messen (*with* mit); **10.** beurteilen (*by* nach); **~ed** [ˊʒəd] (ab)gemessen *(a. fig)*; **~ement** [ˊʒəmənt] Messen, Messungen; Maßsystem; (*bes* Längen-)Maß, Abmessung
meat [miːt] Fleisch; *~ and drink* Speis u. Trank, *fig* gefundenes Fressen; *grace before ~* Tischgebet; *fig* Gehalt; **~y** fleischig; kräftig, gehaltvoll
meccano [me'kaːnou] Metallbaukasten
mechan|ic [mi'kænik] Handwerker, *bes* (Maschinen-)Schlosser; Mechaniker; **~ical** [–ˊnikl] mechanisch, maschinell; Maschinen-; **~ics** [–ˊniks] *sg vb* Mechanik; **~ism** ['mekənizm] Mechanismus *(a. fig)*; **~ize** ['mekənaiz] mechanisieren; *mil* motorisieren
medal [medl] Medaille (*the reverse of the ~* die Kehrseite der Medaille); Denkmünze; **~list,** *US* **~ist** Inhaber einer Medaille; Graveur
meddle [medl] sich einmischen (in); sich zu schaffen machen (*with* mit); **~r** [ˊlə] Naseweis, Eindringling; **~some** [ˊsəm] zudringlich, naseweis, lästig
medi|a ['miːdiə] *siehe* ~um; **~aeval** [medi'iːvəl] *siehe* ~eval; **~al** [ˊ–əl] mittlere; durchschnittlich; **~an** [ˊ–ən] mittlere, Mittel-; Seitenhalbierende; **~ate** [ˊ–eit] vermitteln; durch Vermittlung zustande bringen; [ˊ–it] mittelbar; **~ation** [–'eiʃən] Vermittlung; **~ator** [ˊ–eitə] Vermittler
medic ['medik] Mediziner; Medizinstudent; **~al** [ˊ–əl] medizinisch, ärztlich; Sanitäts-; *~al*

history Krankengeschichte; *~al jurisprudence* Gerichtsmedizin; *~al man* Doktor, Mediziner; *~al (health) officer* Amtsarzt; **~ament** [´–kəmənt] Arznei, Heilmittel; **~ate** [´–keit] medizinisch behandeln; **~ated** Heil-, Medizin-; medizinisch; **~ation** [––'keiʃən] medizin. Behandlung; **~inal** [–´sinəl] heilkräftig, medizinisch; **~ine** ['medsin, *bes US* 'medisin] Medizin; *(general) ~ine* innere Medizin; Heilmittel; **~ine-man** ['medsinmæn], *pl* ~ine-men ['medsinmen] Medizinmann

medieval [medi'iːvəl], *bes US* miː-] mittelalterlich

mediocr|e ['miːdioukə] mittelmäßig; **~ity** [––'ɔkriti] Mittelmäßigkeit; mittelmäßige Person, kleiner Geist

medita|te ['mediteit] nachdenken (*on* über); vorhaben, sinnen auf; **~tion** [––'teiʃən] Nachdenken; (innere) Betrachtung; Meditation; **~tive** [´–teitiv] nachdenklich; sinnend

mediterranean [medite'reinjən] binnenländisch; landumgeben; **M~** Mittelmeer

medi|um ['miːdiəm], *pl* **~a** [´–ə], **~ums** Mittel; *through* (od *by*) *the ~um of* vermittels; Werbemittels; *phys* Medium; *(culture) ~um* Nährboden; Mitte(lweg); **~um,** *pl* ~ums (spiritist.) Medium; *adj* mittlere; Mittel-; Durchschnitts-; **~um-sized** [´–––'saizd] mittelgroß

medl|ar ['medlə] Mispel; **~ey** [´–li] Gemisch; ♪ Potpourri

meed [miːd] Belohnung; *fig* Lohn

meek [miːk] sanft(mütig)

meerschaum ['miəʃəm] Meerschaum(pfeife)

meet [miːt] *(s. S. 319)* **1.** (s.) treffen (mit), begegnen; **2.** stoßen auf; **3.** kennenlernen; **4.** etwas begegnen, entgegentreten; *~ one's death* [deθ] den Tod finden; **5.** zus.kommen; *~ with* erleben, (Unfall) erleiden; **6.** (zufällig) finden; *~ the train* den Zug abwarten, zum Zug gehen; **7.** *fig* entgegenkommen; **8.** entsprechen, erfüllen; **9.** befriedigen; **10.** (Rechnung, Gebühr) bezahlen; **11.** (Hände) (s.) finden; **12.** (Kleider) zugehen; *to make both ends ~* sich nach der Decke strecken, mit seinen Mitteln auskommen; *~ the eye (ear)* auffallen, Beachtung finden; **13.** *su BE* Treffen zur Fuchsjagd; **14.** Sportfest, -veranstaltung; **15.** *adj* passend, recht; **~ing** Zus.kunft, Versammlung; Tagung, Sitzung; Treffen; Sportfest, -veranstaltung

mega ['megə] groß-; **~cycle** [´–saikl] Megahertz; **~lomania** [´–lou'meinjə] Größenwahn; **~phone** [´–foun] Megaphon

melancholy ['melənkəli] Trübsinn, Melancholie; trübsinnig, düster; betrübend; nachdenklich

mêlée, *US* **melee** ['melei, *bes US* 'mei-] Handgemenge

meliorate ['miːliəreit] (s.) verbessern

mellifluous [me'lifluəs] (honig)süß

mellow ['melou] reif, saftig; (Wein) mild, abgelagert; (Farbe, Ton, Stimme) voll, warm, weich; (Mensch) verständnisvoll, mitfühlend; (Boden) reich, schwer; *sl* angeheitert; lustig; reif etc machen (werden)

melo|dic [mi'lɔdik] ♪ melodisch, Melodie enthaltend; **~dious** [–'loudiəs] wohltönend, melodisch; **~drama** ['melədrɑːmə], *pl* ~dramas dramatisches Volks-, Rührstück; Melodrama; theatralisches Getue; **~dramatic** [melədrə'mætik] pathetisch, theatralisch; **~dy** ['melədi] Melodie

melon ['melən] (Zucker-, Wasser-)Melone

melt [melt] *(s. S. 319)* schmelzen (*away* weg-); sich auflösen, zergehen; *fig* zerschmelzen; rühren; *~ down* einschmelzen; *~ into* (unmerklich) übergehen in; **~ing** zart; Schmelz-; **~ing-point** Schmelzpunkt; **~ing-pot** Schmelztiegel *(a. fig)*

member ['membə] (Mit-)Glied; Teil; ⚕ Glied; **~ship** Mitgliedschaft; Mitgliederzahl

membrane ['membrein] Membran, Haut

memento [mi'mentou], *pl* **~es, ~s** Erinnerung(szeichen); Mahnung; Warnung

memo ['memou], *pl* **~s** *umg* = ~randum

memoir ['memwɑː] Denkschrift; *pl* Memoiren; wissenschaftl. Abhandlungen

memora|ble ['memərəbl] denkwürdig; **~ndum** [––'rændəm], *pl* ~nda [––´də], ~ndums Notiz, Niederschrift, Aufzeichnung; Memorandum, Note

memor|ial [mi'mɔːriəl] Denkmal; Gedächtnisfeier; Eingabe, Bittschrift; *pl* histor. Urkunden; Gedächtnis-, Gedenk-; **~ialize** [–´–laiz] feiern; eine Eingabe richten an; **~ize** ['meməraiz] auswendig lernen; aufzeichnen; **~y** ['meməri] Gedächtnis (*from ~y* aus d. G.); *to the best of my ~y* nach bestem Wissen; Erinnerung; Gedenken (*in ~y of* zum G. an); *within living ~y* soweit man zurückdenken kann; *of blessed* ['blesid] *~y* seligen Angedenkens

men [men] *siehe* man

menace ['menis] Gefahr, Drohung (*to* für); (be)drohen

menagerie [mi'nædʒəri] Tierschau, Menagerie

mend [mend] **1.** (aus)bessern, flicken; besser machen; *~ the fire* Feuerung nachlegen; *~ one's pace* den Schritt beschleunigen; *~ one's ways* sich moralisch bessern; *to be ~ing* auf dem Wege der Besserung sein; **2.** Flick-, Reparaturstelle; *on the ~* auf dem Wege der Besserung; **~acious** [–'deiʃəs] lügenhaft, verlogen; **~acity** [–'dæsiti] Lügenhaftigkeit, Verlogenheit; **~icant** [´–ikənt] Bettel(mönch); Bettler

menfolk ['menfouk] *pl umg* Männer, Mannsleute

menial ['miːniəl] niedrig(e Arbeit verrichtend); Knecht

menin|gitis [menin'dʒaitis] Hirnhautentzündung; **~x** ['miːniŋks], *pl* ~ges [mi'nindʒiːz] Hirnhaut

mensuration [mensjuə'reiʃən, *US* menʃə´–] Meßkunst; (Ver)Messung

menswear ['menzwɛə] Herrenkonfektion; -stoff

mental [mentl] geistig; Kopf-; Geistes-; *~ patient* ['peiʃənt] Geisteskranker; *~ hospital* Nervenheilanstalt; *~ specialist* ['speʃəlist]

Psychiater; ~ *test* Intelligenzprüfung; **~ity** [–'tæliti] Mentalität, Geistes-, Denkart; Intelligenz; **~ly** im Geist; *~ly defective* schwachsinnig

menthol ['menθɔl, *US* –θoul] Menthol

mention ['menʃən] Erwähnung; *to make ~ of* = **to ~** erwähnen; *not to ~* ganz zu schweigen von; *don't ~ it!* keine Ursache!, nicht der Rede wert!

mentor ['mentɔ] bewährter Freund, Mentor

menu ['menjuː], *pl* **~s** Speisekarte; *off the ~* gestrichen

mercantile ['məːkəntail] kaufmännisch; Handels-

mercenary ['məːsinəri] käuflich, gewinnsüchtig; Söldner

mercer ['məːsə] *BE* Textil- (*bes* Seiden-)Händler; **~ize** [ˊ–raiz] merzerisieren

merchan|dise ['məːtʃəndaiz] (Handels-)Ware; ~ [ˊ–t] Kaufmann, *bes BE* Großhändler; Handels-; *~t service* (od *navy*) -schiffahrt; **~tman** [ˊ–tmən], *pl* ~tmen Handelsschiff; *~t prince* Kauf-, Handelsherr

merc|iful ['məːsiful] barmherzig, gnädig; **~iless** [ˊ–lis] unbarmherzig, erbarmungslos; **~y** [ˊsi] Barmherzigkeit, Mitleid; Gnade (*at the ~y of* preisgegeben); Segen, Glück, Glücksfall

mercur|ial [məː'kjuəriəl] Quecksilber-; lebhaft; unbeständig; **~y** [ˊ–ri] Quecksilber; **M~y** Merkur; Götterbote

mere [miə] bloß, rein, nur; *BE* Teich

meretricious [meri'triʃəs] flitterhaft, trügerisch; aufdringlich; kitschig

merge [məːdʒ] (s.) verschmelzen (*into* mit); zus.schließen (*into* zu); **~r** [ˊə] Verschmelzung, Zus.schluß; Fusion

meridian [mə'ridiən] Meridian; Mittag; *fig* Gipfel; mittäglich; höchste

meringue [mə'ræŋ] Baiser, Meringe; Eischaum

merino [mə'riːnou], *pl* **~s** Merino(schaf)

merit ['merit] Verdienst (*a man of ~* -voller Mann); Wert, wertvolle Seite; Vorzug; *pl* Wert oder Unwert; *on its ~s* nach seinem Für und Wider (Wert oder Unwert); *to make a ~ of* als verdienstvoll hinstellen; *vt* verdienen; **~orious** [––'tɔːriəs] verdienstvoll

mermaid ['məːmeid] Meerjungfer

merl|e [məːl] Amsel; **~in** [ˊin] *orn* Merlin (Falke)

merr|y ['meri] fröhlich, lustig; *to make ~y* lustig sein, sich lustig machen (*over* über); freundlich; **~iment** Fröhlichkeit, Lustigkeit; **~y-go-round** [ˊ–gouraund] Karussell *(a. fig)*; Wirbel; **~-maker** fröhlich Feiernder; **~y-making** [ˊ–meikiŋ] Vergnügen, Belustigung; Gelage, Fest

mésalliance [mei'zæliəns] Mesalliance

mes|dames ['meidæm] *siehe* madame; **~demoiselles** [meidmə'zel] *siehe* mademoiselle

mesh [meʃ] Masche(nzahl); *pl* Fäden, Netz *(a. fig)*; *in ~* im Eingriff; *to be in ~* = **to ~** ein-, ineinandergreifen; passen (*with* zu); (mit e-m Netz) fangen *(a. fig)*

mesmer|ism ['mezmərizm] tierischer Magnetismus; Hypnose; **~ist** [ˊ–rist] Heilmagnetiseur; Hypnotiseur; **~ize** [ˊ–raiz] magnetisieren, hypnotisieren *(a. fig)*; verhexen

mess [mes] **1.** Durcheinander, Schmutz; *to make a ~ of* verhunzen; *to get into a ~* in e-n Wirrwarr (in Dreck, in Schwierigkeiten) geraten; **2.** (Offiziers-)Messe, Kasino; *at ~* bei Tisch; **3.** Gericht, *bes* Suppe; **4.** ~ *(up)* verhunzen, vermasseln; ~ *about* herummurksen; **5.** *mil* speisen; **~ing** *mil* Verpflegung; **~-jacket** [ˊdʒækit] Messejacke; **~-kit** *US* = **~-tin** *BE* Koch-, Eßgeschirr

mess|age ['mesidʒ] Nachricht, Mitteilung; Botschaft; *to go on a ~age* etw besorgen, erledigen; Gehalt, Sinn; **~enger** [ˊsindʒə] Bote, Kurier

Messiah [me'saiə] Messias; Christus

messieurs [mə'sjəː] *siehe* monsieur

Messrs ['mesəz] die Herren; Firma

messy ['mesi] schmutzig, unsauber

met [met] *siehe* meet

metabolism [mi'tæbəlizm] Stoffwechsel

metal [metl] Metall; *(road-)~ (BE)* Straßenschotter; *pl BE* Geleise (*to leave the ~s* entgleisen); mit Metall versehen; *BE* beschottern; **~lic** [mi'tælik] metallisch; Metall-; **~lurgist** [mi'tælədʒist] Hüttenfachmann; **~lurgy** [mi'tælədʒi] Hüttenkunde, Metallurgie

metamorpho|se [metə'mɔːfouz] (s.) verwandeln; **~sis** [–––ˊfəsis], *pl* ~ses [–––ˊsiːz] Verwandlung, Metamorphose

metaphor ['metəfə] Metapher, bildlicher Ausdruck; **~ical** [––'fɔrikl] bildlich, übertragen

metaphysi|cal [metə'fizikl] metaphysisch; rein theoretisch; spitzfindig; phantastisch; **~cs** [––ˊziks] *sg vb* Metaphysik; reine Theorie

mete [miːt] *out* zumessen, austeilen

meteor ['miːtiə] Meteor; **~ic** [––'ɔrik] meteorisch; Wetter-; *fig* kometenhaft; **~ite** [ˊ–rait] Meteorit; **~ological** [––rə'lɔdʒikl] meteorologisch, Wetter-; **~ologist** [––'rɔlədʒist] Meteorologe; **~ology** [––'rɔlədʒi] Meteorologie, Wetterkunde

meter ['miːtə] Meßapparat; ϟ Zähler; (Gas-)Uhr; *siehe* metre

method ['meθəd] Methode, Verfahren; *a man of ~* methodischer Mann; **~ical** [mi'θɔdikl] methodisch; **~ology** [––'dɔlədʒi] Methodenlehre, Methodologie

methyl ['meθil] Methyl (~ *alcohol* Methylalkohol); **~ated** [ˊ–eitid] **spirit** vergällter Spiritus, Brennspiritus

meticulous [mi'tikjuləs] übergenau, penibel; *umg* sorgfältig, genau

met|re *US* **~er** ['miːtə] Meter (= 39,37 Zoll); Versmaß, Metrum; **~ric** ['metrik] metrisch; **~ric system** Dezimalsystem, metrisches System; **~rical** [ˊrikl] metrisch, Vers-; **~rics** *sg vb* Metrik; **~rology** [mi'trɔlədʒi] Metrologie

metropoli|s [mi'trɔpəlis], *pl* **~ses** Metropole; **~tan** [metrə'pɔlitən] (haupt-)städtisch (*BE bes* London); erzbischöflich; Großstädter; Metropolit

mettle [metl] Charakter, Mut (*a man of* ~); Geist; *to be on one's* ~ sein Bestes tun, alle Kräfte anspannen; *to put on* (od *try*) *one's best* ~ auf die entscheidende Probe stellen; **~some** [ˊ-səm] feurig
mew [mjuː] Sturmmöwe; Miau; miauen; ~ *up* einsperren *(a. fig)*; **~s** *sg vb* (Mar-)Ställe, Stallung; *BE* Komfortwohnung
mezzanine ['mezəniːn] Zwischengeschoß
miaow [mi'au] Miau; miauen
miasma [mi'æzmə] Gifthauch, Miasma
mica ['maikə] Glimmer
mice [mais] *siehe* mouse
Michaelmas ['miklməs] Michaelis(tag)
mickle [mikl]: *many a little makes a* ~ viele Wenige geben ein Viel
micro [maikrou] klein-; **~be** [ˊ--b] Mikrobe; **~cosm** [ˊ--kɔzm] Mikrokosmos; **~film** [ˊ--film] Mikrofilm; **~meter** [-'krɔmitə] Mikrometer; **~n** [ˊ-krɔn], *pl* ~ns Mikromillimeter, Mikron; **~phone** [ˊ-krəfoun] Mikrophon; **~photography** [--fə'tɔgrəfi] Mikrodokumentation, Photomikrographie; **~scope** [ˊ-krəskoup] Mikroskop; **~scopic** [-krəs'kɔpik] mikroskopisch; verschwindend klein
mid [mid] mittlere; *in* ~ ... mitten in ...; *from* ~*-June to* ~*-August* von Mitte Juni bis Mitte August; **~day** [ˊ-'dei] Mittag; [ˊ--] Mittags-; **~den** [midn] Mist-, Abfallhaufen
middle [midl] Mitte; *in the* ~ *of* in der Mitte von, mitten am, gerade beim; mittlere; ~ **age** mittleres Alter; **~-aged** [ˊ-'eidʒd] mittleren Alters; **the M~ Ages** Mittelalter; **the ~ class(es)** Mittelstand; ~ **course** [kɔːs] Mittelweg; ~ **distance** ['distəns] Mittelgrund; **the M~ Kingdom** das Reich der Mitte; **~man** [ˊ-mæn], *pl* ~men [ˊ-men] Zwischenhändler; **~-of-the-road** bürgerlich; konventionell; **~-sized** [ˊ-saizd] mittelgroß
middling ['midliŋ] mittelgroß; mittelmäßig, leidlich; *pl* Mittelsorte
middy ['midi] *umg* = midshipman; ~ **blouse** [blauz] Matrosenbluse
midge [midʒ] *zool* Zuck-, Büschelmücke; *umg* (kl.) Mücke; Zwerg
midget ['midʒit] Zwerg, Knirps; winzig
midland ['midlənd] Binnenland; *the M~s (BE)* Mittelengland
mid|most ['midmoust] mittelste; **~-night** [ˊ-nait] Mitternacht; mitternächtlich ♦ *to burn the* ~*night oil* bis tief in die Nacht arbeiten; **~riff** [ˊ-rif] Zwerchfell
midship|man ['midʃipmən], *pl* **~men** *mil* Fähnrich zur See
mid|st [midst] *in the* ~*st of* inmitten; Mitte *(in our* ~*st)*; *prep* inmitten; **~summer** [ˊ-sʌmə] Hochsommer; Sommersonnenwende; **~summer day** Johannis(tag); **~way** [ˊ-wei] in der Mitte (befindlich); auf halbem Wege; **~wife** [ˊ-waif], *pl* ~wives [ˊ-waivz] Hebamme; **~wifery** [ˊ-wifəri, *US* ˊ-waifəri] Geburtshilfe; **~winter** [ˊ-'wintə] tief(st)er Winter; Wintersonnenwende
mien [miːn] Äußeres, Aussehen, Gebaren
might [mait] *siehe* may; Macht; Kraft; **~y** mächtig, gewaltig ♦ *high and* ~*y* sehr stolz; *adv* sehr, äußerst; **~ily** = ~y *adv*
mignonette [minjə'net] Reseda(grün)
migr|ant ['maigrənt] Zugvogel; **~ate** [mai'greit, *bes US* ˊ--] (aus)wandern; *orn* ziehen; **~ation** [-'greiʃən] Wanderung; (Vogel-)Zug; **~atory** [ˊ-grətəri] wandern; Zug-; nomadisch
mike [maik] *umg* Mikrofon
milage ['mailidʒ] *siehe* mileage
milch [miltʃ] Milch-, Melk-
mild [maild] mild; leicht; *to put it* ~*ly* gelinde gesagt; **~ew** ['mildjuː] Mehltau; Stockflecken (bekommen)
mile [mail] Meile (= 1760 yards = 5280 feet = 1609,3 Meter); ~*s easier (better etc)* viel, viel leichter etc; **~age** [ˊ-idʒ] Meilen-, Kilometerzahl, -geld; **~-stone** [ˊ-stoun] Meilenstein *(a. fig)*
milfoil ['milfɔil] Schafgarbe
milita|nt ['militənt] streitend, militant; **~rism** [ˊ--tərizm] Militarismus; **~ry** [ˊ--təri] militärisch; Kriegs-; *the* ~*ry* das Militär; **~te** [ˊ--teit] widerstreiten, (wider)sprechen (*against* gegen)
militia [mi'liʃə] Miliz; **~man** [-ˊ-mən], *pl* ~-men Milizsoldat
milk [milk] Milch (*whole* ~ Voll-; *skim* ~ Mager-); *bot* Milchsaft; melken *(a. fig)*; Milch geben; **~man** [ˊ-mən], *pl* ~men Milchhändler; **~sop** [ˊ-sɔp] Muttersöhnchen, Weichling; **~weed** [ˊ-wiːd] Seidenpflanze; **~wort** [ˊ-wəːt] Kreuzblume; **~y** milch(art)ig; **M~y Way** Milchstraße
mill [mil] **1.** Mühle (*a.* ⚙); Spinnerei, Weberei; Werk; (Kaffee-, Pfeffer-)Mühle; *fig* Mühle, harte Schule; **2.** mahlen; (Erz) zerkleinern; (Stahl) walzen; fräsen; walken; (Münze) rändeln; schaumig schlagen; herumlaufen; **~-board** [ˊ-bɔːd] Hartpappe; **~-dam** [ˊ-dæm] Mühlwehr; **~er** Müller; Fräser, Fräsmaschine; **~-hand** [ˊ-hænd] Spinnerei-, Webereiarbeiter; **~ing** Fräsen; Fräs-; Walken-; Walk-; **~-pond** [ˊ-pɔnd] Mühlteich; **~-race** [ˊ-reis] Mühlgerinne, -bach; **~stone** [ˊ-stoun] Mühlstein *(a. fig)*; **~-wheel** [ˊ-wiːl] Mühl(en)rad; **~-wright** [ˊ-rait] Mühlenbauer; Maschinenschlosser
millennium [mi'leniəm], *pl* **~s** tausend Jahre; Paradies auf Erden
millepede, milli- ['milipiːd] Doppelfüßer
millet ['milit] (Rispen-)Hirse; (*Indian* ~) Sorghum; (*pearl* ~) Negerhirse
milli|ard ['miljaːd] *BE* Milliarde; **~gram,** *BE* **~gramme** [ˊ--græm] Milligramm; **~litre** [ˊ--liːtə] Milliliter, Kubikzentimeter; **~metre** [ˊ--miːtə] Millimeter
milliner ['milinə] Hut-, Putzmacherin; **~y** [ˊ---ri] Mode-, Putzwaren
million ['miljən] Million; **~aire** [miljə'nɛə] Millionär; ~*th* [ˊ--θ] millionster (Teil)
mill|ipide ['milipiːd] *siehe* ~epede
Mills [milz] **bomb** [bɔm], ~ *grenade* [gri'neid] Eierhandgranate

milt [milt] (Fisch-)Milch; Milz; **~er** Milchner
mim|e [maim] Mimus; Mime; mimen; **~eograph** ['mimiəgra:f] Vervielfältigungsapparat; vervielfältigen; **~ic** ['mimik] nachahmend; Schein-; *~ic art* Mimik; *~ic coloration* [kʌlə'reiʃən] Schutzfärbung; Nachahmer, Mime; *vt* nachmachen; -äffen; **~icry** [⌐-ikri] Mimikry, Schutzfärbung; Nachahmung
mimosa [mi'mouzə, *US* –⌐sə], *pl* **~s** Mimose
minaret ['minəret] Minarett
minc|e [mins] **1.** zerhacken, zerkleinern, durchdrehen; **2.** sich zieren, geziert reden (gehen) ♦ *not to ~e matters (one's words)* kein Blatt vor den Mund nehmen; **3.** *BE* Haschee; **~e-meat** [⌐-mi:t] (etwa:) Rosinen-Apfel-Füllung ♦ *to make ~e-meat of (fig)* zu Kleinholz machen; **~e-pie** [⌐-'pai] (etwa:) Pastete mit Rosinen-Apfel-Füllung; **~ing** [⌐-siŋ] geziert, affektiert; **~ing-machine** [⌐-siŋməʃi:n] *BE* Fleischwolf
mind[1] [maind] **1.** Gedächtnis, Erinnerung; *to bear* (od *keep*) *in ~* im Gedächtnis festhalten, denken an; *to call* (od *bring*) *to ~* sich ins Gedächtnis zurückrufen, sich erinnern; *to pass* (od *go*) *out of (one's) ~* j-m entfallen; *to put s-b in ~ of* j-n erinnern an; *with ... in ~* unter Berücksichtigung von ...; *out of sight, out of ~* aus den Augen, aus dem Sinn; **2.** Geist; **3.** Verstand, Denken; **4.** Gedanken, Gefühle; **5.** Sinn; *so many men, so many ~s* soviel Köpfe, soviel Sinne; *body and ~* Leib und Seele; *to make up one's ~* s. ent-, beschließen; sich abfinden (*to* mit); *to change one's ~* seinen Sinn (seine Meinung) ändern; *to be in two ~s* zögern, unschlüssig sein; *to know one's ~* wissen, was man will, entschlossen sein; *not to know one's ~* zögern, voll Zweifel sein; *to speak one's ~* seine Meinung frei heraus sagen; *to tell s-b one's ~* j-m deutlich seine Meinung sagen; *to give s-b a piece (bit) of one's ~* j-m gründlich die Meinung sagen; *to be of s-b's ~* mit j-m übereinstimmen; *to be of a (one) ~* e-s Sinnes sein; *to be of the same ~* e-r Meinung (noch derselben Meinung) sein; *to have a good* (od *great*) *~ to do* große Lust haben zu tun; *to have half a ~ to do* eigentlich (mehr oder weniger) tun wollen; *to set one's ~ on doing* sich vornehmen zu tun, sein Streben richten auf; *to give one's ~ to* seine Aufmerksamkeit richten auf; *to keep one's ~ on* seine Aufmerksamkeit haben bei; *to take one's ~ off* sich abwenden von; *to have a weight* [weit] *(s-th) on one's ~* sich Sorgen machen (um); *to keep an open ~* sich nicht festlegen; *frame* (od *state*) *of ~* Geistes-, Gemütsverfassung; *to my ~* meiner Meinung nach; *not just to my ~* nicht ganz nach meinem Geschmack; *out of one's (right) ~* nicht bei Trost, verrückt; *the ~'s eye* das geistige Auge; *absence of ~* Geistesabwesenheit; *presence of ~* Geistesgegenwart; **6.** *fig* Kopf, Geist
mind[2] [maind] sich kümmern um; achten auf, aufpassen (auf); auf j-n hören; *~ (out)!* Achtung!, Vorsicht!; *~ and do* vergiß nicht zu tun; *~ (you)* wohlgemerkt; (verneint, fragend) nichts haben gegen (*my doing* wenn ich tue); *I wouldn't ~* ich würde (hätte) gern; *never ~!* macht nichts!, schon gut!; *never ~ ...* denk jetzt nicht an..., laß jetzt...; **~ed** gesonnen, gewillt; *(in Zssg)* -gesinnt; **~ful** [⌐ful] achtsam auf, eingedenk; **~less** unbekümmert (*of* um); geistlos
mine [main] mein(e)s; Mine, Bergwerk; *mil* Mine; graben (*for* nach); ⚙ fördern; verminen; (unter)minieren *(a. fig)*; *fig* Fundgrube; **~-layer** [⌐leiə] Minenleger; **~r** [⌐nə] Bergarbeiter; *mil* Mineur; **~-sweeper** Minenräumer
mineral ['minərəl] Mineral; mineralisch; *~ water* Mineralwasser; **~ogy** [--'rælədʒi, *US* --'rɔlədʒi] Mineralogie
mingle [miŋgl] (s.) (ver)mischen
mingy ['mindʒi] *bes. BE sl* knickerig
mini ['mini] Minicar; Minirock; **~bike** [⌐baik] Kleinmotorrad; **~cab** [⌐kæb] Minicar
miniature ['minjətʃə] Miniatur(malerei); Miniatur-; *~* **camera** ['kæmərə] Kleinbildkamera
minim ['minim] ♪ halbe Note (*~ rest* halbe Pause); Tröpfchen; Knirps; **~al** [⌐-əl] (aller-) kleinste, (aller-)geringste; **~ize** [⌐-aiz] verringern; *fig* verkleinern; **~um** [⌐-əm], *pl* ~a [⌐-ə], ~ums Minimum, Mindestmaß; -betrag; Mindest-, Minimal-
mining ['mainiŋ] Berg-, Abbau; Berg(bau-), Gruben-
minion ['minjən] Günstling, *fig* Lakai; 🕮 Kolonel, Mignon (7 Punkt)
minist|er ['ministə] Minister (*a.* = Prime Minister); *pol* Gesandter; (Sekten-)Pfarrer; Ausführender; dienen (*to s-th* e-r Sache); **~erial** [--'tiəriəl] ministeriell; geistlich; **~rant** [⌐-trənt] dienend; Helfer; **~ration** [--'treiʃən] (geistl.) Dienst (*to* an); **~ry** [⌐-tri] Ministerium; Kabinett; Minister-, geistlich. Amt(szeit); *to enter the ~ry* Pfarrer werden
mink [miŋk] Nerz(fell)
minnow ['minou] Elritze; etwas Kleines
minor ['mainə] **1.** kleiner, geringer; *~ interval* ♪ kleines Intervall; *~ key (scale, chord)* Molltonart (-akkord); *Smith ~* Smith der Jüngere; **2.** Minderjähriger; **3.** *US* Nebenfach; **~ity** [-'nɔriti] Minderjährigkeit; Minderheit
minster ['minstə] Klosterkirche; Dom, Münster
minstrel ['minstrəl] (Minne-)Sänger, Spielmann; **~s** Negersänger; **~sy** [⌐-si] Spielmannsdichtung; Spielleute
mint [mint] Münze; Münzamt; *a ~ of money* e-e Menge Geld; *fig* Quelle; *bot* Minze; münzen, prägen *(a. fig)*
minuet [minju'et] Menuett
minu|s ['mainəs] minus, weniger; negativ; *umg* ohne; (*pl* ~ses) Minus; Minuszeichen; negative Quantität; **~te** [mai'nju:t] winzig; sehr genau; **~te** ['minit] **1.** Minute (*five ~tes to six* fünf vor sechs); Augenblick; *to the ~te* auf die Minute, genau; *the ~te (that)* sobald; **2.** Notiz, Memorandum; **3.** *pl* Protokoll, Niederschrift (*to take [down the] ~tes* P. führen); **~te-book**

[ˊ--buk] Protokollbuch; **~te-hand** [ˊ--hænd] Minutenzeiger; **~tiae** [mai'nju:ʃii:] kleine Details
minx [miŋks], *pl* **~es** freche Kröte, Range
mirac|le ['mirəkl] Wunder; **~le (play)** Mirakelspiel; **~ulous** [mi'rækjuləs] wunderbar; übernatürlich; überraschend
mirage [mi'rɑ:ʒ] Fata Morgana, Luftspiegelung; Illusion, Wahn
mir|e [maiə] Sumpf; schlammige Stelle; *in the ~e* in der Patsche; mit Schlamm bedecken; im Sumpf stecken (lassen); in die Patsche bringen; beschmutzen; **~y** ['maiəri] schmutzig, schlammig
mirror ['mirə] Spiegel *(a. fig)*; spiegeln *(a. fig)*
mirth [mə:θ] Fröhlichkeit; **~ful** [ˊ-ful] fröhlich; **~less** [ˊ-lis) unfroh; trüb
misadventure ['misəd'ventʃə] Mißgeschick; ⚖ Unfall
misalliance ['misə'laiəns] = mésalliance
misanthrop|e ['misənθroup] Menschenhasser, -feind; **~ic** [--'θrɔpik] menschenfeindlich
misappl|ication ['misæpli'keiʃən] falsche Anwendung; Mißbrauch; **~y** [ˊ-ə'plai] falsch anwenden; mißbrauchen
misapprehen|d ['misæpri'hend] mißverstehen; **~sion** [ˊ--ˊʃən] Mißverständnis; falsche Auffassung
misappropriate ['misə'prouprieit] unrechtmäßig verwenden; unterschlagen
misbehav|e ['misbi'heiv] sich schlecht benehmen; **~iour** [ˊ--ˊviə] schlechtes Benehmen
misbeliever ['misbi'li:və] Irrgläubiger
miscalculat|e ['mis'kælkjuleit) falsch (be)rechnen; **~tion** [ˊ---'leiʃən] falsche (Be-)Rechnung; Rechenfehler
miscall ['mis'kɔ:l] irrtümlich (be-)nennen
miscarr|iage [mis'kæridʒ] Fehlschlag, Mißlingen (*~iage of justice* Fehlurteil); Verlorengehen (von Post); Fehlgeburt; **~y** [-ˊri] fehlschlagen, mißlingen; fehl-, verlorengehen; Fehlgeburt haben
miscellan|eous [misi'leinjəs] ge-, vermischt; vielseitig; **~y** [mi'seləni, *US* 'misəleini] Gemisch; Sammelband; *pl* Vermischtes, Miszellen
mischance [mis'tʃɑ:ns] Mißgeschick, unglücklicher Zufall
mischie|f ['mistʃif] **1.** Schaden; *to do s-b a ~f (umg)* j-n verletzen; *to play the ~f with* verletzen, durcheinanderbringen; **2.** Unheil (*to work ~f* U. anrichten); *to make ~f (between)* Zwist säen, böses Blut verursachen (unter); **3.** Dummheit, Unfug (*up to ~f* zu D. aufgelegt); **4.** *fig* Schalk, Schelmerei; *a ~f* ein Racker, Range; **~f-maker** [ˊ-meikə] Unheil-, Unruhestifter; **~vous** [ˊ-vəs] Schaden anrichtend, nachteilig; zu Dummheiten aufgelegt, mutwillig, übermütig; schelmisch
miscon|ceive ['miskən'si:v] falsch auffassen, beurteilen; **~ception** [ˊ-'sepʃən] Mißverständnis, falsche Auffassung
misconduct [mis'kɔndəkt] schlechtes Verhalten; Ehebruch; schlechte Verwaltung; ~ [ˊ-kən'dʌkt] schlecht verwalten; ~ *o.s.* sich schlecht aufführen; die Ehe brechen
misconstr|uction [ˊ-kən'strʌkʃən] Mißdeutung; **~ue** [ˊ-'stru:] mißdeuten
miscount ['mis'kaunt] falsch zählen; sich verzählen, -rechnen; verrechnen, -zählen; Rechenfehler
miscreant ['miskriənt] Bösewicht, Übeltäter
misdeal ['mis'di:l] *(s. S. 319)* (Karten) falsch ausgeben; (Karten) falsches Ausgeben
misdeed ['mis'di:d] Missetat, Untat
misdemeanour ['misdi'mi:nə] ⚖ Vergehen; schlechtes Betragen; Missetat
misdirect ['misdi'rekt] fehlleiten *(a. fig)*; ⚖ falsch belehren; **~ion** Fehlleitung; falsche Belehrung
misdoing ['mis'du:iŋ] Missetat
miser ['maizə] Geizhals; **~able** ['mizərəbl] elend; erbärmlich; **~ly** ['maizəli] geizig; **~y** ['mizəri] Elend, Jammer; *pl* Nöte; *to suffer* (od *be in*) *~y from* Not leiden an
misfire ['mis'faiə] *mil* versagen; fehlzünden; Versager; Fehlzündung
misfit ['misfit] schlecht passendes Stück; *is a ~* paßt nicht; Außenseiter
mis|fortune [mis'fɔ:tʃən] Mißgeschick, Unglück(sfall); **~gave** [-'geiv] *siehe* ~give
misgive [mis'giv] *(s. S. 319)*: *his mind* (od *heart*) *~es him* ihm ahnt Böses, er ist voller Zweifel; **~ing** [-ˊiŋ] böse Ahnung
misgovern [mis'gʌvən] schlecht regieren, verwalten; **~ment** schlechte Regierung, Verwaltung
misguide ['mis'gaid] irreleiten
mis|handle ['mis'hændl] miß-, falsch behandeln; **~hap** [-'hæp, ˊ-] Unglück; Panne
misinform ['misin'fɔ:m] falsch informieren; **~ation** [ˊ--'meiʃən] falsche Information
misinterpret ['misin'tə:prit] falsch erklären, mißdeuten; **~ation** [ˊ---'teiʃən] falsche Erklärung, Mißdeutung
misjudge ['mis'dʒʌdʒ] falsch beurteilen; falsch (ein)schätzen
mis|lay [mis'lei] *(s. S. 319)* etwas verlegen; **~lead** [-'li:d] *(s. S. 319)* irreführen; verleiten (*into* zu)
mismanage ['mis'mænidʒ] schlecht verwalten; **~ment** [ˊˊ-mənt] schlechte Verwaltung; Mißwirtschaft
mis|name ['mis'neim] falsch (be-)nennen; **~nomer** [ˊ'noumə] falsche Bezeichnung
misplace ['mis'pleis] an die falsche Stelle legen (tun); **~d** [ˊˊt] (Gefühl) fehlgeleitet, unangebracht
misprint ['misprint, -ˊ] Druck-, Tippfehler; [-ˊ] falsch drucken, verdrucken, vertippen; falsch schreiben
mispro|nounce ['misprə'nauns] falsch aussprechen; **~nunciation** [ˊ-nʌnsi'eiʃən] falsche Aussprache
misquote ['mis'kwout] falsch zitieren; **~ation** [ˊ-'teiʃən] falsches Zitat
misread ['mis'ri:d] *(s. S. 319)* falsch lesen, deuten

misrepresent ['misrepri'zent] falsch darstellen; verdrehen; **~ation** [´---'teiʃən] falsche Darstellung; Verdrehung
misrule ['mis'ru:l] schlecht regieren; schlechte Regierung
miss [mis] verfehlen, vorbeitreffen; *to ~ one's mark* sein Ziel verfehlen, nicht gut genug sein; *fig* verfehlen; versäumen; verpassen; entgehen; nicht begreifen; vermissen; *I ~* ... mir fehlt ...; *~ out* auslassen; *to be ~ing* abgehen, fehlen; *the ~ing* die Vermißten; Fehltreffer, -schuß; *a ~ is as good as a mile* Fehlschlag bleibt Fehlschlag
Miss [mis] Fräulein; Mädchen
missal ['misəl] *eccl* Meßbuch
mis-shapen ['mis'ʃeipən] mißgestaltet
miss|ile ['misail] Wurfgeschoß; *mil* Fernlenkgeschoß, Flugkörper; **~ion** ['miʃən] Sendung, Auftrag *(a. mil)*; Mission (*a. eccl*; *home ~ion* Innere M.); *pol* Gesandtschaft; **~ionary** [´-ʃənəri] Missionar; **~ionary meeting** Missionsfest
missis ['misiz] *umg* (Ehe-, Haus-)Frau
missive ['misiv] (Send-)Schreiben
mis-spell ['mis'spel] *(s. S. 319)* falsch buchstabieren, schreiben; **~-spend** [´'spend] *(s. S. 319)* vergeuden, vertun; **~-state** [´'steit] falsch darstellen; **~-statement** falsche Darstellung (Angabe)
missy ['misi] (kleines) Fräulein
mist [mist] (feuchter) Dunst; leichter Nebel; Trübung *(a. fig)*; *it is ~ing* es bildet sich Dunst; (s.) trüben, verschleiern; **~y** dunstig, diesig; *fig* nebelhaft; verschwommen
mistake [mis'teik] Fehler; Fehlgriff; Irrtum; *by ~* aus Versehen; *and no ~ (umg)* wirklich, weiß Gott; *vt/i (s. S. 319)* falsch verstehen, mißverstehen; verwechseln (*for* mit); *to be ~n* sich irren (*about* in); **~n** irrtümlich; falsch verstanden; **~nly** irrtümlicherweise
mister ['mistə] (*siehe* Mr) Herr *(Mr Brown)*; *umg* mein Herr!, Meister!
mistimed ['mis'taimd] unzeitig
mistletoe ['misltou] Mistel
mis|took [mis'tuk] *siehe* ~take
mis|translate [´træns'leit] falsch übersetzen; **~treat** [´'tri:t] schlecht (falsch) behandeln
mistress ['mistris] Herrin, Hausfrau; Frau (*siehe* Mrs); Kennerin, Meisterin; *fig* Herrscher(in); Geliebte, Mätresse
mistrust ['mis'trʌst] mißtrauen; Mißtrauen; **~ful** [-´ful] mißtrauisch
misunderstand ['misʌndə'stænd] *(s. S. 319)* miß-, falsch verstehen; **~ing** Mißverständnis
misus|age [mis'ju:zidʒ] falsche, schlechte Behandlung; **~e** [-'ju:z] falsch verwenden; mißhandeln; **~e** [-'ju:s] falsche Verwendung; Mißhandlung
mite [mait] Heller, Scherflein; *a ~ (of a child)* ein Wurm (von e-m Kind); bißchen; Milbe
mitiga|te ['mitigeit] lindern, mildern; besänftigen; **~tion** [--'geiʃən] Linderung, Milderung; Besänftigung
mitre ['maitə] Mitra; ⚙ Gehrung; gehren
mitt [mit] = ~en; *umg* Sport-, Boxhandschuh; **~en** Fausthandschuh ♦ *to give s-b the ~en* j-m e-n Korb geben; *to get the ~en* e-n Korb bekommen, entlassen werden
mix [miks] (ver)mischen, sich mischen (lassen); verkehren (*with* mit); *he doesn't ~ well* er ist nicht sehr umgänglich *~ up* vermischen, durcheinanderbringen; *to be ~ed* [mikst] *up in (with)* verwickelt sein in; **~ed** gemischt; verwirrt; **~ed bathing** ['beiðiŋ] Familienbad; **~ed marriage** ['mæridʒ] Mischehe; **~er** Mischer; Mixer; 📻, 📺 Mischpult; *he is a good (bad) ~er* er ist ein (wenig) umgänglicher Mensch; **~ture** [´tʃə] Mischung; Mixtur
mizzen [mizn] Besan; **~mast** [´ma:st] Besanmast
mnemonic [ni'mɔnik] mnemotechnisch; Mnemotechnik
moan [moun] stöhnen, ächzen; Stöhnen, Ächzen
moat [mout] Burg-, Stadtgraben; **~ed** mit e-m Burg-, Stadtgraben
mob [mɔb] Pöbel, Mob; Volk; Menge; anpöbeln; tätlich angreifen
mobil|e ['moubail] beweglich; fahrbar; *mil* motorisiert; Bewegungs-; **~ity** [-'biliti] Beweglichkeit; Motorisierung; **~ize** [´bilaiz] mobilisieren
moccasin ['mɔkəsin] Mokassin; Mokassinschlange
Mocha ['moukə] Mokka
mock [mɔk] verspotten; sich lustig machen (*at* über); *fig* spotten; täuschen; *to make a ~ of* = to ~ (at); Schein-, scheinbar; *~-up* [´ʌp] Attrappe, Nachbildung; **~er** Spötter; **~ery** [´əri] Spötterei, Gespött; *fig* Hohn (*of* auf); **~ing bird** Spottdrossel
mode [moud] Art und Weise; *the ~* Mode, Sitte; ♪ (Kirchen-)Tonart; *gram* Modus (= *mood*); **~l** ['mɔdl] Modell (*a.* 🎨, ⚙), Muster; Ebenbild; Vorbild, Muster; Mannequin; vorbildlich; modellieren; formen, gestalten (*on, after* nach); **~ller,** *US* **~ler** Modellierer
moder|ate ['mɔdərit] mäßig; (Preis) niedrig; gemäßigt, maßvoll(e Person); [´-reit] (er)mäßigen; nachlassen; **~ately** [´-ritli] ziemlich; **~ation** [--'reiʃən] Mäßigung; Maß (*in ~ation* mit M.); **~ator** [´əreitə] Vermittler; Vorsitzender; Schiedsrichter; Diskussionsleiter; Moderator
modern ['mɔdən] neu(zeitlich), modern; heutig; *~ history* neuere Geschichte; *~ languages* ['læŋgwidʒiz] neuere Sprachen; *~ school* Realschule; **~ism** [´dənizm] moderne Einstellung; Modernismus; moderner Ausdruck; **~ize** [´-naiz] modernisieren
modest ['mɔdist] bescheiden; unaufdringlich, sittsam; **~y** [´-i] Bescheidenheit; Unaufdringlichkeit; Sittsamkeit; Zartgefühl
mod|icum ['mɔdikəm] kleine Menge, Mindestmaß; **~ify** [´ifai] mäßigen; (ver)ändern; einschränken; *gram* näher bestimmen; **~ification** [-ifi'keiʃən] Mäßigung; (Ver-)Änderung; Einschränkung; **~ish** ['moudiʃ] modisch; **~ulate**

[⏗-juleit] ⚡, ♪ modulieren; anpassen, einstellen; **~ulation** Modulation; Anpassung, Einstellung
mohair ['mouhεə] Angorawolle; Mohair
moiety ['mɔiiti] Hälfte; (An-)Teil
moist [mɔist] feucht; **~en** [mɔisn] feucht werden; anfeuchten; **~ure** [⏗-tʃə] Feuchtigkeit
molar ['moulə] Backen-; Backenzahn
molasses [mə'læsiz] *sg vb* Melasse; *US* (Zucker)sirup
mold(er, ~ing, ~y) [mould-] *siehe* mould-
mole [moul] Leberfleck, Muttermal; Maulwurf ♦ *to make a mountain out of a ~-hill* aus e-r Mücke e-n Elefanten machen; ⚓ Mole; **~cular** [mou'lekjulə] Molekular-; **~cule** ['mɔlikju:l] Molekül
molest [mə'lest] belästigen; **~ation** [--'teiʃən] Belästigung
mollify ['mɔlifai] besänftigen; mildern
mollu|sc, *US* **~sk** ['mɔləsk] Weichtier, Molluske
molly-coddle ['mɔlikɔdl] Weichling; verweichlichen, verzärteln
molt [moult] *siehe* moult; **~en** ['moultən] geschmolzen (*siehe* melt)
moment ['moumənt] Augenblick (*at the ~* im A.; *at any ~* jeden A.); *the ~ (that)* sobald; *to the ~* pünktlich; Bedeutung *(an affair of great ~)*; = ~um; **~ary** [⏗--əri] augenblicklich, momentan; **~ous** [-'mentəs] bedeutsam; **~um** [-'mentəm], *pl* ~ums *phys* Impuls, Bewegungsgröße; *fig* Schwungkraft
monarch ['mɔnək] Monarch; *fig* König; **~ical** [mɔ'na:kikl] monarchisch; **~ism** [⏗--izm] Monarchismus; **~y** Monarchie
monast|ery ['mɔnəstri] Kloster; **~ic** [mə'næstik] mönchisch, klösterlich, Kloster-
Monday ['mʌndi] Montag
monetary ['mʌnitəri, 'mɔn-] Geld, Währungs-; finanziell, geldlich
money ['mʌni], *pl* **~s** Geld; *pl* ⚖ Geldbetrag; Geldsorte, Währung; *to make ~* Geld verdienen ♦ *to coin ~* Geld wie Heu verdienen; *(to pay) ~ down* bar (bezahlen); **~-bag** [⏗--bæg] Geldsack; *pl* Reichtum, *sg vb fig* Geldsack; **~-box** [⏗--bɔks] Sparbüchse; **~ed** [⏗--d] vermögend, reich; **~-grubber** [⏗--grʌbə] geldgieriger Mensch; **~-market** [⏗--ma:kit] Geldmarkt; **~-order** [⏗--ɔ:də] Postanweisung
monger ['mʌŋgə] *BE* Händler
mongoose ['mɔŋgu:s], *pl* **~s** *zool* Mungo
mongrel ['mʌŋgrəl] Straßenköter; Mischling, Bastard; Bastard-
monitor ['mɔnitə] (Schule) Klassensprecher, -ordner; ⚓ Monitor; 📻 Abhörer; 📻 abhören; ⚙ überwachen; (auf Radioaktivität) prüfen
monk [mʌŋk] Mönch
monkey ['mʌŋki] Affe; ⚙ Rammbär; Schlingel ♦ *to put s-b's ~ up* j-n auf die Palme bringen; *to get one's ~ up* sich (grün und blau) ärgern; *~ about* herumalbern; -murksen; **~-nut** [⏗--nʌt] *BE* Erdnuß; **~-wrench** [⏗--rentʃ] ⚙ Engländer

monk|hood ['mʌŋkhud] Mönchtum; **~ish** mönchisch
mono [mɔnə] allein-; ein-; **~cle** [⏗--kl] Monokel; **~gamous** [-'nɔgəməs] monogam; **~gamy** [-'nɔgəmi] Einehe; **~gram** [⏗--græm] Monogramm; **~graph** [⏗--gra:f] Monographie; **~lith** [⏗--liθ] Monolith; **~lithic** [--'liθik] monolith; wie aus einem Guß, (ganz) einheitlich; **~logue,** *US* **~log** [⏗--lɔg] Monolog; **~mania** [-nou'meiniə] Monomanie; **~plane** [⏗--plein] Eindecker; **~polist** [mə'nɔpəlist] Monopolist; **~polize** [mə'nɔpəlaiz] monopolisieren, allein beherrschen; j-n völlig in Anspruch nehmen; **~poly** [mə'nɔpəli] Monopol(gesellschaft); **~syllable** [⏗--siləbl] einsilbiges Wort; **~theism** [⏗-nouθi:izm] Monotheismus; **~tone** [⏗--toun] eintönige Sprechweise (*in a ~tone* eintönig); **~tonous** [mə'nɔtənəs] eintönig; **~tony** [mə'nɔtəni] Eintönigkeit; **~xide** [mɔ'nɔksaid] Monoxyd (*carbon ~xide* Kohlenoxyd)
monsieur [məsjə:], *pl* **messieurs** [mə'sjə:] (mein) Herr
monsoon [mɔn'su:n] Monsun; Regenzeit
monst|er ['mɔnstə] Ungeheuer *(a. fig)*; Riesentier; riesig, Riesen-; **~rosity** [mɔn'strɔsiti] Ungeheuer(lichkeit); **~rous** [⏗-strəs] ungeheuer(lich)
montage [mɔn'ta:ʒ] 🎥 Montage; Fotomontage
month [mʌnθ] Monat; *this day ~* heute in e-m Monat; **~ly** monatlich; Monatszeitschrift
monument ['mɔnjumənt] Denkmal; **~al** [--⏗təl] Denkmals-; monumental; riesig
moo [mu:] muhen
mood [mu:d] Stimmung; *in the ~* aufgelegt; *gram* Modus; ♪ = mode; **~y** launenhaft; düster; mürrisch
moon [mu:n] Mond; Mondschein *(is there a ~ tonight?)*; *a new ~* Neumond; *a full ~* Vollmond; Monat ♦ *once in a blue ~* alle Jubeljahre einmal; *~ about* herumlungern; *~ away* vertrödeln, verträumen; **~beam** [⏗-bi:m] Mondstrahl; **~light** [⏗-lait] Mondschein; mondhell; **~lit** mondhell; vom Mond beschienen; **~shine** [⏗-ʃain] Mondschein; Unsinn; Geschwafel; schwarzgebrannter Schnaps; **~struck** [⏗-strʌk] mondsüchtig
moor[1] [muə] *BE* Moor (*high ~* Torf-, Hochmoor; *low ~* Flachmoor); Heideland; **~-cock** [⏗-kɔk] schott. Morrschneehahn; **~-fowl** [⏗-faul] schott. Moorschneehuhn; **~-hen** [⏗-hen] schott. Moorschneehenne; Teichralle; **~land** [⏗-lənd] Heideland
moor[2] [muə] (s.) vertäuen, verankern; **~ings** [⏗-riŋz] Vertäuungen; Ankerplatz
moose [mu:s], *pl ~* amerikan. Elch; Riesenelch
moot [mu:t] erörtern; *a ~ point* ein strittiger Punkt
mop [mɔp] Mop; Haarwust; (mit dem Mop) reinigen, wischen *(a. fig)* ♦ *~ the floor with s-b (fig)* zu Kleinholz machen; *~ up* aufwischen; herunterschlingen; aufarbeiten; *mil* säubern, durchkämmen

mope [moup] **1.** (trübsinnig) herumhängen *(a.: ~ about)*; *to ~ o.s., to be ~d* sich langweilen; **2.** Trauerkloß; *pl* Trübsinn
moraine [mɔ'rein] Moräne
moral ['mɔrəl] **1.** sittlich, moralisch; **2.** (*bes* sexuell) anständig; *~ philosophy* Moralphilosophie; *~ certainty* etwas, das so gut wie sicher ist; *~ sense* sittliches Urteilsvermögen; **3.** Moral, Lehre; **4.** *pl* sittliches Verhalten; **~e** [mɔ'rɑːl] Moral, Geist, innerer Halt; **~ist** [ˊ–ist] Sittenlehrer; Moralist; anständiger Mensch; **~ity** [mə'ræliti] Sittlichkeit, Moral(ität); Morallehre; 🎭 Moralität(en); **~ize** [ˊ–aiz] moralisieren (*on* über); moralisch erläutern; sittlich heben; **~ly** moralisch, in moralischer Hinsicht; praktisch, wahrscheinlich
morass [mə'ræs] Sumpf, Morast
morato|rium [mɔrə'tɔːriəm], *pl* **~ria, ~riums** Moratorium, Zahlungsaufschub
morbid ['mɔːbid] krankhaft, morbid; pathologisch; **~ity** [–'biditi] Krankhaftigkeit, Morbidität; Erkrankungsziffer
mordant ['mɔːdənt] beißend, schneidend; Beize
more [mɔː] (noch) mehr; *what ~?* was noch?; *and what is ~* und außerdem; eher *(it's ~ grey than brown)*; *once ~* noch einmal; *no ~* nicht mehr (wieder); *to be no ~* nicht mehr leben (existieren); *~ and ~* immer mehr; **~over** [–'rouvə] überdies; ferner
morel [mɔ'rel] Morchel
morganatic [mɔːgə'nætik] morganatisch
morgue [mɔːg] Leichenschauhaus; (Zeitungs-) Archiv
moribund ['mɔribʌnd] sterbend *(a. fig)*
morn [mɔːn] *poet* Morgen
morning ['mɔːniŋ] Morgen; **~-coat** [ˊ–kout] Cut(away); **~-glory** [ˊ–glɔːri] Prunk-, Trichterwinde; **~ performance** [pə'fɔːməns] Matinee
morocco [mə'rɔkou] Saffian(leder)
moro|n ['mɔːrən] Schwachsinniger; **~nic** [mə'rɔnik] schwachsinnig; **~se** [mə'rous] mürrisch, finster
morph|ine ['mɔːfiːn], **~ia** [ˊ-fjə] Morphium
morris dance ['mɔris'dɑːns] Moriskentanz
morrow ['mɔrou] d. folgende Tag; *fig* Morgen
morsel ['mɔːsəl] (Lecker-)Bissen; Stück
mortal [mɔːtl] sterblich; tödlich; Tod-, Todes-; *umg* fürchterlich; Sterblicher; *umg* Kerl; **~ity** [–'tæliti] Sterblichkeit(sziffer); Menschheit
mortar ['mɔːtə] Mörtel; Mörser *(a. mil)*; **~-board** [ˊ–bɔːd] Mörtelbrett; viereckiges Brett (der Studenten); mit Mörtel verbinden
mortgag|e ['mɔːgidʒ] Hypothek; Verpfändung; verpfänden, hypothekarisch belasten; *~e o.s.* sich verpflichten, verschreiben *(to s-th)*; **~ee** [mɔːgə'dʒiː] Hypothekengläubiger; **~or** [mɔːgə'dʒɔː] Hypothekenschuldner
mort|ician [mɔː'tiʃən] *US* Leichenbestatter; **~ification** [–tifi'keiʃən] Verletzung, Demütigung; Abtötung; **~ify** [ˊ-tifai] verletzen, demütigen; *fig* abtöten; ⚕ brandig werden; *to be ~ified* bestürzt sein; **~ise (~ice)** (ˊ-tis] ⚙ Zapfenloch; einstemmen, verzapfen; **~main** [ˊ-mein] ⚖ Tote Hand; **~uary** [ˊ-tjuəri] Leichenhalle, -haus; Toten-, Begräbnis-
mosaic [mou'zeiik] Mosaik; 🎥 Reihenbild
mosque [mɔsk] Moschee
mosquito [məs'kiːtou], *pl* **~es** Stechmücke; (*house ~* gemeine St.; *tropical ~* Moskito); **~boat** *US mil* Schnellboot
moss [mɔs] Moos; (Torf-)Moor; **~back** US Erzkonservativer; **~-grown** [ˊ-groun] bemoost; **~y** bemoost; Moos-
most [moust] meiste; größte, höchste; *at (the) ~* höchstens; *for the ~ part* größtenteils; *to make the ~ of* das Beste machen aus; die meisten; *adv* höchst, ganz; am meisten; *US umg* = almost; **~ly** größtenteils
mote [mout] Stäubchen; *fig* Splitter; **~l** [–'tel] Autohotel, Motel; **~t** [–'tet] Motette
moth [mɔθ], *pl* **~s** Motte; Nachtfalter; **~-ball** [ˊ-bɔːl] Mottenkugel; einmotten; **~-eaten** [ˊ-iːtn] mottenzerfressen
mother ['mʌðə] **1.** Mutter; **2.** *fig* Nährboden ♦ *necessity* [ni'sesiti] *is the ~ of invention* Not macht erfinderisch; **3.** bemuttern; **~ country** ['kʌntri] Vater-, Mutterland; **~hood** [ˊ–hud] Mutterschaft; **~-in-law** [ˊ–rinlɔː] Schwiegermutter; **~ly** mütterlich; **~-of-pearl** [ˊ–rə(v)'pəːl] Perlmutt; **~ tongue** [tʌŋ] Muttersprache; **~ wit** Mutterwitz
moti|f [mou'tiːf] 🖼, ♪, 🎥 Motiv; **~vate** [ˊ-tiveit] begründen; veranlassen; **~ve** [ˊ-tiv] (Beweg-) Grund; = ~f; **~ve power** (*od* **force**) Antriebs-, Triebkraft
motion ['mouʃən] *bes* ⚙ Bewegung, Gang (*to put, set, in ~* in Gang setzen); körperliche Bewegung, Geste; Antrag; ⚕ Stuhl(gang); durch e-n Wink auffordern; **~less** bewegungslos; **~ picture** ['piktʃə] Film, Kino
motley ['mɔtli] bunt(scheckig) ♦ *to wear the ~* den Narren spielen
motor ['moutə] Motor; *BE* = ~-car; ⚕ Muskel; motorisch(er Nerv); (im) Auto fahren; j-n irgendwohin fahren; **~-car** [ˊ–kɑː] (Kraft-)Wagen, Auto; **~-cycle** [ˊ–saikl] Motorrad; **~ing** [ˊ-riŋ] Autofahren; Kraftfahrsport; **~ist** [ˊ–rist] Kraft-, Autofahrer; **~ize** [ˊ–raiz] motorisieren; **~man** [ˊ–mən], *pl* ~men Fahrer (e-r El-Lok, Straßenbahn); **~ scooter** [ˊ–skuːtə] 🚗 Roller; **~ spirit** Kraftstoff; **~way** [ˊ–wei] *BE* Autobahn
mottle [mɔtl] sprenkeln, marmorieren
motto ['mɔtou], *pl* **~es** Motto, Sinnspruch
mould, *US* **mold** [mould] **1.** (Guß-)Form; Schablone; 📖 Mater, Matrize; *fig* Art; feine Erde, Gartenerde; Schimmel; **2.** formen, gestalten; *US* schimmeln; **~er** zerbröckeln, verfallen; **~ing** Formen, Gestalten; Form; *pl* Gesims, Fries; **~y** schimmelig, modrig; *to go ~y* (ver)schimmeln
moult, *US* **molt** [moult] (s.) mausern; Mauser
mound [maund] (Erd-, Grab-)Hügel
mount [maunt] **1.** klettern, steigen auf; besteigen; **2.** *fig* steigen (*~ up* sich summieren, auflaufen); **3.** (Bild) aufziehen; **4.** (Geschütz) aufstellen; **5.** (Krieg) beginnen; **6.** (Stein) fassen;

7. ⚙ montieren, ein-, anbauen; ~ *guard over* bewachen, e-e Wache stellen für; 8. Reitpferd; 9. *mil* Lafette; 10. Aufziehkarton; 11. Objektträger; 12. Fassung; 13. = ~ain; **~ain** [ˈ-in] Berg *(a. fig)*, *pl* Gebirge; **~ain ash** Eberesche, Vogelbeere; **~ain dew** [djuː] schott. Whisky; **~aineer** [–iˈniə] Bergbewohner, -steiger; **~aineering** [–iˈniəriŋ] Bergsteigen, Alpinismus; **~ainous** [ˈ-inəs] bergig, gebirgig; riesig; **~ebank** [ˈ-ibæŋk] Quacksalber; Gauner; **~ing** Einbau, Montage; Beschlag(teil); Einfassung; Aufstieg; Aufziehen

mourn [mɔːn] (be)trauern (*for, over* um, über); **~er** Leidtragender, Trauernder; **~ful** traurig; **~ing** Trauer(n), -kleidung; *to go into (out of) ~ing* Trauer an- (ab)legen

mouse [maus], *pl* **mice** [mais] Maus; ~ [mauz] Mäuse fangen

moustache, *US* **mus-** [məsˈtɑːʃ, *US* ˈmʌstæʃ] Schnurrbart; Schnurrhaare

mouth [mauθ], *pl* **~s** [mauðz] Mund ♦ *down in the* ~ niedergeschlagen; Maul; Mundloch; Mündung; Öffnung, Loch; Grimasse; ~ [mauð] überbetont, affektiert sprechen; in den Mund nehmen; **~ful** [ˈ-ful] Mundvoll; bißchen; **~-organ** [ˈ-ɔːgən] Mundharmonika; **~piece** [ˈ-piːs] Mundstück; *fig* Sprachrohr

movable [ˈmuːvəbl] beweglich; *pl* Mobilien

move [muːv] 1. (s.) bewegen; rücken; 2. (Schach) ziehen; e-n Zug machen *(a. fig)*; ~ *(house)* umziehen; ~ *heaven* [hevn] *and earth* Himmel und Hölle in Bewegung setzen; ~ *the bowels* ⚕ abführen; 3. *fig* bewegen, rühren; 4. veranlassen; 5. beantragen; 6. s. rühren, vorankommen; ~ **along** weitergehen; ~ **away** sich entfernen; ~ **for** etwas beantragen; ~ **in** einziehen; ~ **off** sich davonmachen; ~ **on** (veranlassen) weiter(zu)gehen; *fig* fortschreiten; ~ **out** ausziehen; ~ **up** j-n versetzen; 7. *su* Umzug; 8. (Schach-)Zug (*a. fig; it's your ~* du bist am Zug); 9. *fig* Schritt; *to make a ~* woandershin gehen, (anfangen zu) handeln; *to get a ~ on (umg)* ein bißchen Trab machen; *on the ~* in Bewegung

mov|ement [ˈmuːvmənt] Bewegung; *fig* Handlung; *mil* Marsch; ⚙ Gang; ♪ Satz; ⚕ Stuhlgang; *fig* Bewegung; **~ie** [ˈ-i] Film, Kino; **~iedom** [ˈ-idəm] *US* Filmwelt; **~ie-goer** [ˈ-igouə] Kinobesucher; **~ie song** Filmschlager; **~ing** [ˈ-iŋ] erregend; bewegend, Trieb-; **~ing picture** [ˈpiktʃə] Film; **~ing staircase** [ˈstɛəkeis] Rolltreppe; **~ing van** Möbelwagen

mow [mou] *(s. S. 319)* mähen (~ *down* nieder-); (Heu-, Stroh-)Haufen, Stapel; **~er** Mäher; Mähmaschine

Mr [ˈmistə] Herr; **Mrs** [ˈmisiz] Frau

Ms [miz] Frau/Fräulein *(Familienstand bleibt offen)*

much [mʌtʃ] 1. viel; *as ~ again* noch mal soviel; *said as ~* sagte so (das); *it's nothing ~ ...* nichts Schlimmes; *not so ~ as* (noch) nicht einmal; 2. *adv* viel, sehr; ~ *the best* bei weitem ...; 3. beinahe *(~ the same thing)*; *I thought as ~* das dachte ich mir schon; *not ~ of a* kein große(r); ~ *of a ~ness (umg)* so ziemlich gleich

mucilage [ˈmjuːsilidʒ] *bot* Schleim; *bes US* Klebgummi

muck [mʌk] Mist, Dung; Schmutz *(a. fig)*; verdrecken; ~ *about (sl)* herummurksen; ~ *up* verkorksen; **~-rake** [ˈ-reik] Skandale kolportieren; **~raker** Schnüffler, Kolporteur von Skandalen; **~y** schmutzig, dreckig

muc|ous [ˈmjuːkəs] schleimig; Schleim-; **~us** [ˈ-kəs] Schleim

mud [mʌd] Schlamm; Schmutz *(a. fig)*; **~-bath** [ˈ-bɑːθ], *pl* ~-baths [ˈ-bɑːðz] Moorbad; **~guard** [ˈ-gɑːd] Schutzblech; Kotflügel; **~dy** schlammig, schmutzig; trüb; dunkel; verworren

muddle [mʌdl] Wirrwarr; *to make a ~ of* verkorksen, verhunzen; durcheinanderbringen; verkorksen; ~ *on* (od *along*) weiterwursteln; **~-headed** [ˈ-hedid] wirrköpfig, konfus

muesli [ˈmjuːzli] Müsli

muff [mʌf] Muff; ⛩ unsportlicher Mensch, Niete; Versagen, schlechtes Fangen; (Ball) verfehlen; **~in** [ˈ-in] rundes Toastgebäck; **~le** [ˈ-l] (s.) warm ein-, umhüllen; dämpfen; **~ler** [ˈ-lə] (warmer) Schal; ♪ Dämpfer; *bes US* 🚗 Auspufftopf; ⛩ Boxhandschuh; Fausthandschuh

mufti [ˈmʌfti] Zivilkleidung (*in ~* in Zivil)

mug [mʌg] Krug, Becher; *umg* Dussel; *sl* Visage; *sl* Streber, Examen, büffeln; **~gy** [ˈ-i] drückend, schwül

mulatto [mjuˈlætou], *pl* **~s,** *US* **~es** Mulatte

mulberry [ˈmʌlbəri] Maulbeerbaum

mulch [mʌltʃ] Mulch; mulchen

mulct [mʌlkt] j-n bestrafen (*£5, in £5* mit 5 Pfund); prellen (*of* um)

mul|e [mjuːl] Maultier; Wagenspinner; Pantoffel; bockiger Kerl; Bastard; Dealer; **~eteer** [–liˈtiə] Maultiertreiber; **~ish** [ˈ-liʃ] bockig, störrisch

mull [mʌl] Mull; *bes BE* verkorksen (*to make a ~ of* = to ~); nachgrübeln (*over* über); **~ed** [ˈ-d] **beer** Warmbier; **~ed claret** [ˈklærit] Glühwein; **~et** [ˈ-it] Meeräsche; **~igatawny** [-igəˈtɔːni] Curry-Reissuppe; **~ion** [ˈ-jən] Mittelpfosten (e-s Fensters); abteilen

multi|coloured [ˈmʌltiˈkʌləd] vielfarbig; **~farious** [ˈ–fɛəriəs] mannigfaltig; **~form** [ˈ–fɔːm] vielgestaltig; *US* **~lateral** [ˈ–ˈlætərəl] mehrseitig; **~lingual** [ˈ–ˈliŋgwəl] mehrsprachig; **~ple** [ˈ–pl] vielfach; *~ple shop (BE)* Filialbetrieb; Vielfache (*least common ~ple* kleinstes gemeinsames Vielfache); **~plication** [––pliˈkeiʃən] Multiplikation; **~plication table** Einmaleins; **~plicity** [––ˈplisiti] Vielfalt; Mannigfaltigkeit; **~ply** [ˈ–plai] malnehmen (*by* mit); (s.) vermehren; **~tude** [ˈ–tjuːd] große Zahl; Menge; die Masse; Vielheit; **~tudinous** [––ˈtjuːdinəs] (sehr) zahlreich

mum [mʌm] 1. still; *to keep ~ about s-th* den Mund halten über etwas; ~ *'s the word!* Mund halten!; 2. *umg* Mama; **~ble** [ˈ-bl] murmeln; mummeln; Gemurmel; **~mer** der Pantomime; Schmierenschauspieler; **~mery** [ˈ-məri] die

Pantomime; *fig* lächerliches Theater; **~my** Mumie; Mama
mumps [mʌmps] *sg vb* Mumps
munch [mʌntʃ] mampfen
mundane ['mʌndein] weltlich, irdisch
municipal [mjuː'nisipəl] städtisch, Stadt-; von der Stadt betrieben; **~ity** [–,––'pæliti] (selbstverwaltete) Stadt, Kreis; Stadt-, Kreisverwaltung
muni|ficence [mjuː'nifisəns] Freigebigkeit; **~ficent** freigebig; **~tion** [–'niʃən] *pl* Kriegsmaterial; mit Kr. versehen
mural ['mjuərəl] Wand-; Wandgemälde, Fresko
murder ['məːdə] Mord; (er)morden; (völlig) verhunzen; **~er** [´–rə] Mörder; **~ess** [´–ris] Mörderin; **~ous** [´–rəs] mörderisch; Mord-
mur|ky ['məːki] trüb, düster; **~mur** [´–mə] Summen, Gemurmel; Murren; murmeln; murren; **~phy** [´–fi] *sl* Kartoffel
murrain ['mʌrin] Tierseuche
musc|le [mʌsl] Muskel; Muskulatur; *a man of ~le* ein muskulöser Mann; *~le in* gewalttätig eindringen; **~le-bound** mit Muskelkater; **~ular** [´–kjulə] Muskel-; muskulös
muse [mjuːz] sinnen, nachdenken (*on, over* über); *the ~* die Muse; **~um** [–'ziːəm], *pl* ~ums Museum (*~um piece* M.stück, *a. fig*)
mush [mʌʃ] *BE* Brei, *US* Maismehlbrei; **~room** [´–rum] (*mst* eßbarer) Pilz; Champignon; Parvenu; *~room growth* plötzliches Wachstum
music ['mjuːzik] Musik(stück); Noten; **~al** [´––əl] musikalisch; Musik-; wohlklingend; **~al box** *BE* Spieldose; **~al comedy** Musical; **~ box** *US* = ~al box; **~-hall** Varieté(gebäude); ⊕ bunter Abend; **~ian** [–'ziʃən] Musiker; Komponist; **~ology** [––'kɔlədʒi] Musikwissenschaft; **~-paper** [´–peipə] Notenpapier; **~-stand** [´–stænd] Notenständer; **~-stool** [´–stuːl] Klavierstuhl
musk [mʌsk] Moschus; **~-deer** [´–diə], *pl* ~-deer Moschushirsch; **~et** [´–it] Muskete; **~eteer** [–i'tiə] Musketier; **~etry** [´–itri] Gewehrschießen; Musketiere; **~-melon** [´–melən] (Zukker-) Melone; **~-rat** [´–ræt] Bisamratte; Bisam(fell); **~-ox** [´–ɔks], *pl* ~-oxen Moschusochse; **~y** Moschus-
muslin ['mʌzlin] *US* Musselin; *BE* Mull
musquash ['mʌskwɔʃ] Bisamratte
muss [mʌs] *US umg* Durcheinander; durcheinanderbringen; schmutzig machen; zerknittern
mussel [mʌsl] (zweischalige) Muschel
must[1] [mʌst] **1.** müssen; *~ not* nicht dürfen; **2.** *umg* unbedingt notwendig; unbedingt notwendige Sache
must[2] [mʌst] Most; Schimmel, Moder
mustache ['mʌstæʃ] *siehe* moustache
must|ang ['mʌstæŋ] Mustang; **~ard** [´–təd] Senf; **~er** [´–tə] Appell, Musterung; *to pass ~er (fig)* an-, durchgehen; (s.) sammeln; (Mut) aufbringen, -bieten; **~y** [´–ti] moderig, muffig; schimmelig; veraltet

mut|able ['mjuːtəbl] veränderlich; wankelmütig; **~ation** [–'teiʃən] (Ver-)Änderung; Mutation; **~atis ~andis** [–'teitis mjuː'tændis] mutatis mutandis; **~e** [mjuːt] stumm; Stummer; ♉ Statist; ♪ Dämpfer; ♪ dämpfen *(a. fig)*; **~ilate** [´–tileit] verstümmeln; **~ilation** [–ti'leiʃən] Verstümmelung
mutin|eer [mjuːti'niə] Meuterer; **~ous** [´–nəs] meuterisch, rebellisch; **~y** [´–ni] Meuterei; meutern, rebellieren
mutt|er ['mʌtə] murmeln; murren; (Donner) rollen; Gemurmel; **~on** [mʌtn] Hammelfleisch; **~on chop** Hammelkotelett, *pl* Backenbart
mutual ['mjuːtjuəl] gegen-, wechselseitig; gemeinsam
muzz|le [mʌzl] Maul, Schnauze; Maulkorb; Mündung (e-r Waffe); e-n Maulkorb anlegen *(a. fig)*; **~y** ['mʌzi] wirr; stupide; benommen, benebelt
my [mai] mein; **~self** [–'self] mich; selbst (*siehe* herself)
myop|ia [mai'oupiə] Kurzsichtigkeit; **~ic** [–'ɔpic] kurzsichtig
myria|d ['miriəd] Myriade, *pl* Zehntausende; unzählig; **~pod** [´–pɔd] Tausendfüßer
myrmidon ['məːmidən] Scherge, Helfershelfer
myrrh [məː] Myrrhe; Süßdolde, Myrrhenkerbel
myrtle [məːtl] Myrte; *US* Immergrün
myself [mai'self] *siehe* my
myst|erious [mis'tiəriəs] geheimnisvoll; **~ery** [´–teri] Geheimnis; Rätsel; *fig* Dunkel; *pl* Mysterien; **~ery (novel)** Kriminalroman; **~ery (play)** Mysterienspiel; **~ery tour** Fahrt ins Blaue; **~ic** [´–tik] mystisch; geheimnisvoll; Mystiker; **~ical** = ~ic; **~icism** [´–tisizm] Mystizismus; **~ification** [–tifi'keiʃən] Betrug, Täuschung; **~ify** [´–tifai] (j-n) hereinlegen, irreführen; in Dunkel hüllen
myth [miθ] Mythe, Sage; *fig* Fabel; **~ical** [´–θikl] mythisch, sagenhaft; erdichtet; **~ology** [–'θɔlədʒi] Mythologie; Sagenwelt; Sagenschatz

N

N [en] N
nab [næb] *umg* schnappen, erwischen
nacelle [nə'sel] ✈ Gondel; Ballonkorb; (Flugzeug)Rumpf
nadir ['neidiə, *US* ´–də] Nadir; *fig* Tiefpunkt
nag [næg] Pony, kl. Reitpferd; Klepper; triezen (*into doing* zu tun); herumnörgeln (*at* an)
nail [neil] **1.** (⚙, Finger- etc)Nagel; *to hit the ~ (right) on the head* den Nagel auf den Kopf treffen; *as hard as ~s* von eiserner Gesundheit, *fig* steinhart ♦ *to pay on the ~* auf der Stelle zahlen; **2.** nageln (*~ down* zu-, fest-; *~ up* ver-, zu-); *~ s-b down to* j-n festnageln auf; *~ one's colours to the mast* eindeutig Farbe bekennen; *~ a lie (to the counter)* e-e Lüge festnageln

naive [naːˈiːv] naiv; **~té** [-ˊtei, *US* --ˊ] Naivität
naked [ˈneikid] nackt; kahl; bloß
name [neim] **1.** Name (*by ~* mit N., dem N. nach); *to call s-b ~s* j-n beschimpfen; **2.** (guter) Ruf; *to have a ~ for* bekannt sein für; *to win a ~ for o.s.* sich e-n Namen machen; **3.** nennen (*after, for s-b* nach j-m); **4.** be-, ernennen; **~less** unbekannt; unaussprechlich; unerwähnt; **~ly** nämlich; **~sake** [ˊ-seik] Namensvetter
nanny [ˈnæni] *bes BE* Kindermädchen; **~-goat** Ziege
nap [næp] **1.** Nickerchen, Schläfchen (*to have, take a ~* ein Schläfchen halten); **2.** Noppe; **3.** dösen, schlummern ♦ *to be caught ~ping* überrumpelt werden
nape [neip] Nacken; **~ry** [ˊ-pəri] Tischwäsche
naphtha [ˈnæfθə] Naphtha
nap|kin [ˈnæpkin] Serviette; *BE* Windel; **~py** [ˊ-i] *BE umg* Windel
narciss|us [naːˈsisəs], *pl* **~i** [-ˊsai], **~uses** Narzisse
narco|sis [naːˈkousis], *pl* **~ses** [-ˊsiːz] Narkose; **~tic** [-ˈkɔtik] Narkotikum; Morphinist; betäubend, narkotisch; **~tize** [ˊ-kətaiz] narkotisieren
narra|te [næˈreit, *US a.* ˊ-] erzählen, berichten; **~tion** [-ˊʃən] Erzählung, Geschichte; **~tive** [ˊ-rətiv] erzählend; Bericht, Erzählung; **~tor** [-ˊtə] Erzähler
narrow [ˈnærou] eng, schmal; *fig* knapp; dürftig (*~ circumstances* d. Verhältnisse); engherzig; beschränkt; genau; *pl* Meerenge; einengen; beschränken; **~-gauge** [ˊ-geidʒ] Schmalspur-; **~-minded** [ˊ-ˈmaindid] engherzig
narwhal [ˈnaːwəl] Narwal, Einhornwal
nasal [ˈneizəl] Nasen-; Nasal(laut)
nascent [ˈnæsənt] werdend, (heran-)wachsend
nasturtium [nəsˈtəːʃəm], *pl* **~s** Kapuzinerkresse
nasty [ˈnaːsti] widerlich, ekelhaft; unanständig; böse, gefährlich; schlimm; abscheulich
natal [ˈneitəl] Geburts-; **~ity** [nəˈtæliti] Geburtenziffer
nation [ˈneiʃən] Volk, Nation; **~al** [ˈnæʃənəl] National-; Volks-; Staats-; staatlich; das ganze Land er-, umfassend; *~al paper* überregionale Zeitung; Staatsangehöriger; **~alism** [ˈnæʃənəlizm] Nationalismus; **~ality** [næʃəˈnæliti] Staatsangehörigkeit, Nationalität; **~alize** [ˈnæʃənəlaiz] zu e-m Staat machen; verstaatlichen; nationalisieren; **~alization** Verstaatlichung; Nationalisierung; **~hood** [ˊ-hud] nationale Eigenständigkeit; **~-wide** [ˊ-waid] das ganze Land um-, erfassend
nativ|e [ˈneitiv] Geburts-; Heimat-; Mutter-(Sprache); einheimisch; angeboren; gediegen (Metall); Eingeborener; *a ~e of (London etc)* ein geborener (Londoner usw.); einheimisches Tier (Pflanze); **~ity** [nəˈtiviti] (Christi) Geburt; Horoskop
natterjack [ˈnætədʒæk] Kreuzkröte
natty [ˈnæti] adrett, chic; geschickt
natur|al [ˈnætʃərəl] natürlich; Natur-; (an)geboren; unehelich; ♪ ohne Vorzeichen; *su* Idiot(in); ♪ weiße Taste, Note ohne Vorzeichen; Auflösungszeichen; **~alist** Naturforscher, -freund; naturalistisch; **~alize** [ˊ--laiz] einbürgern *(a. bot, zool, fig)*; **~ally** natürlich; von Natur aus; **~e** [ˈneitʃə] Natur; Natürlichkeit; natürliche Anlage, Naturell; *good ~e* Gutmütigkeit, Selbstlosigkeit; Art; *in* (od *of*) *the ~e of a* fast ein
naught [nɔːt] *siehe* nought; **~y** unartig, ungezogen
nausea [ˈnɔːsiə, *US* ˊ-ʃə] Übelkeit; Ekel; **~ted** [ˊ-sieitid, *US* ˊ-ʃieitid] schlecht, übel; überdrüssig; ganz krank (*for* vor); **~ting** übel-, ekelerregend
nautical [ˈnɔːtikəl] nautisch; See-; Schiffs-
nav|al [ˈneivəl] Marine-; See-; Schiffs-; **~e** [neiv] (Kirchen-)Schiff, Mittelschiff; **~el** [ˈneivəl] Nabel; **~el orange** Navelorange; **~icert** [ˈnævisəːt] Geleitschein
navig|able [ˈnævigəbl] schiffbar; fahrtüchtig; **~ate** [ˊ-geit] steuern, navigieren; befahren; **~ation** [--ˈgeiʃən] Navigation; Schiffahrt, Schiffsverkehr; **~ator** [ˊ-geitə] Steuermann, Navigator, Nautiker; Seemann
navvy [ˈnævi] *BE* Erdarbeiter; Löffelbagger
navy [ˈneivi] (Kriegs-)Marine
nay [nei] nein; vielmehr
neap [niːp] ⚓ Nippflut (*a.* **~-tide**)
near [niə] **1.** nahe; *~ at hand* in der Nähe, bald; *~ by* in der Nähe *~ upon* kurz vor; **2.** = ~ly; *nowhere ~ enough* nicht annähernd genug; **3.** *prep* nahe bei (an); **4.** *adj* nahe; *a ~ thing* knappes Entkommen; *~ miss* (od *hit*) Nahtreffer, *fig* fast e. Erfolg; *to be ~ and dear to* j-m nahestehen; **5.** linke (Pferd, Seite etc); **6.** knauserig; **7.** *vt/i* (s.) nähern; **~by** [ˊ-bai] nahegelegen, benachbart; **~ly** fast, beinahe; *not ~ly* nicht annähernd; sehr; **~-sighted** [ˊ-saitid] kurzsichtig
neat [niːt] sauber; wohlgeformt, hübsch; schmuck, adrett; geschickt, gut; treffend; unverdünnt
nebul|a [ˈnebjulə], *pl* **~ae** [ˊ-liː] Nebel(-fleck); **~ous** [ˊ-ləs] neblig; nebelhaft
necess|arily [ˈnesisərili] notwendigerweise, zwangsläufig; **~ary** [ˊ--ri] notwendig, erforderlich (*to, for* für); *pl* Bedürfnisse (*of life* Lebens-); **~itate** [niˈsesiteit] notwendig machen, erfordern; **~itous** [niˈsesitəs] (be)dürftig; **~ity** [niˈsesiti] Not(wendigkeit); Armut *(to be in ~ity)*; *pl* lebensnotwendige Dinge ♦ *~ity knows no law* Not kennt kein Gebot; *~ity is the mother of invention* Not macht erfinderisch; *to bow* [bau] *to ~ity* sich der Notwendigkeit beugen; *to make a virtue* [ˈvəːtjuː] *of ~ity* aus der Not eine Tugend machen; *of ~ity* notwendigerweise, zwangsläufig
neck [nek] **1.** Hals; Genick (*to break one's ~* sich das Genick brechen); **2.** 🏇 Halslänge; *~ and ~* Seite an Seite; *~ or nothing* alles oder nichts ♦ *to get it in the ~* eins aufs Dach bekommen; *a stiff ~* Halsstarrigkeit; **3.** Hals-

stück; ~ *of land* Landenge; **4.** (s.) knutschen; **~erchief** [ˈ-kətʃif] Halstuch; **~lace** [ˈ-lis] Halskette; **~tie** [ˈ-tai] Krawatte; **~wear** [ˈ-wɛə] Krawatten und Halstücher
necromancy [ˈnekrəmænsi] Nekromantie, Zauberei
nectar [ˈnektə] Nektar *(a. bot)*; **~ine** [ˈ--rin] Nektarine (Pfirsichart)
née [nei] geborene
need [niːd] **1.** *Hilfsverb:* müssen, brauchen; **2.** *Vollverb:* müssen, brauchen; benötigen; *it ~s doing* es muß erledigt werden; **3.** Mangel, Not; **4.** Notwendigkeit; Bedürfnis; *to be in ~ of* = to ~; *there's no ~ for that* das ist nicht notwendig; *in case of ~, if ~ be* im Notfall, erforderlichenfalls; **~ful** nötig; *to do the ~ful* = *to do what is ~ful*; *sl* Zaster; **~less** unnötig; *~less to say* natürlich; *(nur in Verbindung mit ‚must')* **~s** *adv* notgedrungen; zwangsläufig; notwendigerweise; **~y** arm, (be)dürftig
needle [niːdl] (Näh-, Strick-, Häkel-)Nadel (*a. bot*, ⚡, ⚕); *pins and ~s* Kribbeln; auf-, anstacheln; **~-case** Nadelbüchlein; **~-woman** [ˈ-wumən], *pl* ~-women [ˈ-wimin] Näherin; **~-work** [ˈ-wəːk] Hand-, Näharbeit
ne'er-do-well [ˈnɛəduwel] Taugenichts
nefarious [niˈfɛəriəs] ruchlos, schändlich
nega|tion [niˈgeiʃən] Verneinung; **~tive** [ˈnegətiv] verneinend; negativ; (*a.* ⚡, 📷, *math*); Verneinung; *in the ~tive* verneinend; 📷 Negativ; *math* negative Größe; verneinen; widerlegen; unwirksam machen
neglect [niˈglekt] vernachlässigen; versäumen; Vernachlässigung; **~ful** nachlässig (*of* in); *to be ~ful of* = to ~
négligé [ˈnegliːʒei], *US* **negligee** [negləˈʒei] Negligé; formlos
neglig|ence [ˈneglidʒəns] Nachässigkeit; ⚖ Fahrlässigkeit; **~ent** nachlässig; gleichgültig; *to be ~ent of* = to neglect; **~ible** [ˈ--dʒibl] unerheblich, belanglos
negoti|able [niˈgouʃəbl] verkäuflich; begebbar; passierbar; **~ate** [ˈ--eit] verhandeln; zustandebringen; begeben; (Kurve etc) nehmen, bewältigen; **~ation** [-ˌ--ˈeiʃən] Verhandlung; Begebung; Bewältigung
negr|ess [ˈniːgris] Negerin; **~o** [ˈ-grou], *pl* ~oes Neger
neigh [nei] wiehern; Wiehern
neighbour [ˈneibə] Nachbar(in); Nächststehender; *fig* Nächster; grenzen (*upon* an); **~hood** [ˈ--hud] Nachbarschaft; Gegend; *the whole* [houl] *~hood* alle Nachbarn; Nähe; *in the ~hood of* in Höhe von etwa; **~ly** (freund)nachbarlich
neither [ˈnaiðə, *US* ˈniːðər] keiner (von beiden); ~ ... *nor* weder ... noch ♦ *that's ~ here nor there* das ist unerheblich; auch nicht
neologism [niˈɔlədʒizm] Neuwort, Neubildung
neon [ˈniːən] Neon; **~ light** Neonlicht, -lampe; **~ sign** Neonreklame
neophyte [ˈniːəfait] Anfänger; Konvertit; Novize; Jungpriester

nephew [ˈnevjuː, *US* ˈnefjuː] Neffe
nephritis [niˈfraitis] Nierenentzündung
nepotism [ˈnepətizm] Vetternwirtschaft
nerve [nəːv] **1.** Nerv; **2.** *pl* Nervosität, *fig* Nerven (*that noise gets on my ~s* ... geht mir auf die Nerven); **3.** Kraft, Nerv; *a man of ~* ein energischer Mann; **4.** Sehne ♦ *to strain every ~* alle Kraft zusammennehmen; **5.** (Blatt-)Rippe; **6.** stärken, Kraft geben; ~ *o.s.* sich zusammennehmen; **~less** kraftlos, schwach
nerv|ous [ˈŋəːvɛs] Nerven-; nervös, ängstlich; kräftig; **~ousness** Nervosität; **~y** stark; kühn; *sl* dreist, irritierend
nest [nest] **1.** Nest; *to take a ~* ein Nest ausnehmen ♦ *to feather one's ~* sich bereichern; **2.** Satz (Tische etc); **3.** nisten; *to go ~ing* Nester ausnehmen gehen; **~le** [nesl] (sich ein)nisten; sich anschmiegen (*to* an); schmiegen, zärtlich nehmen; **~ling** [ˈnesliŋ] Nestling
net [net] Netz *(a. fig)*; Tüll; netto; Netto-; Rein-; (netto) erbringen, abwerfen, verdienen; (mit dem Netz) fangen *(a. fig)*; mit Netzen ausfischen, bedecken; **~ting** Netz; Tüll; Filetarbeit; **~work** [ˈ-wəːk] Netz(werk); (Verkehrs-, Rundfunk-)Netz, Sendergruppe
nether [ˈneðə] nieder; **~ garments** Beinkleider; **~ regions (world)** Unterwelt
Netherlands [ˈneðələndz] Niederlande
nettle [netl] Nessel; ~ *o.s.* sich brennen; ärgern; **~-rash** [ˈ-ræʃ] Nesselfieber
neur|al [ˈnjuərəl] Nerven-; **~algia** [-ˈrældʒiə] Neuralgie; **~algic** [-ˈrældʒik] neuralgisch; **~asthenia** [-rəsˈθiːniə] Nervenschwäche; **~asthenic** [-rəsˈθenik] nervenschwach; Neurastheniker; **~itis** [-ˈraitis] Nervenentzündung; **~ology** [-ˈrɔlədʒi] Nervenlehre; **~osis** [-ˈrousis], *pl* ~oses [-ˈrousiːz] Nervenleiden, Neurose; **~otic** [-ˈrɔtik] nervenleidend; Neurotiker
neuter [ˈnjuːtə] sächlich; geschlechtslos; Neutrum; geschlechtsloses Tier
neutral [ˈnjuːtrəl] neutral(er Staat); Neutraler; 🚗 Leerlaufstellung; **~ity** [-ˈtræliti] Neutralität; **~ize** [ˈ--laiz] für neutral erklären; neutralisieren
neutron [ˈnjuːtrən], *pl* **~s** Neutron
never [ˈnevə] nie(mals); durchaus nicht; *well, I ~!, I ~ did!* das ist die Höhe; **~more** [ˈ--ˈmɔː] nie wieder; **~theless** [--ðəˈles] nichtsdestoweniger, trotzdem
new [njuː] neu (*to* für); frisch; unerfahren; **~born** [ˈ-bɔːn] neugeboren; **~-fangled** [ˈ-fæŋgld] neumodisch; **~ly** neu; frisch; neulich; **~s** [njuːz] *sg vb* Nachricht(en), Neuigkeit(en); *what's the ~s?* was gibt's Neues?; *to be (no) ~s to s-b* j-m (nicht) neu sein; *to break the ~s to s-b* j-m e-e unangenehme Nachricht mitteilen; **~s-agency** [ˈ-zeidʒənsi] Nachrichtenbüro; **~s-agent** [ˈ-zeidʒənt] *BE* Zeitungshändler; **~sboy** Zeitungsjunge; **~scast** [ˈ-kɑːst] Nachrichtensendung; **~s dealer** *US* = ~s-agent; **~s item** [ˈaitəm] Nachricht; **~spaper** [ˈ-speipə] Zeitung; **~s photographer** [ˈ-z fəˈtɔgrəfə] Bildberichter; **~sprint** [ˈ-zprint] Zeitungspapier; **~s reader**

Nachrichtensprecher; **~sreel** [ˈ-zriːl] Wochenschau; **~sstand** Zeitungsstand; **~sy** [ˈ-zi] inhaltsreich, voll Neuigkeiten
newt [njuːt] Molch
next [nekst] **1.** nächst; ~ *door (to me)* nebenan; ~ *(door) to* fast, so gut wie; *the* ~ *best (thing)* der nächst-, zweitbeste (*to* nach); **2.** *adv* als nächstes, dann; **3.** *prep* ~ *(to)* neben
nexus [ˈneksəs] Verbindung; (Wort-)Gruppe
nib [nib] (Schreib-)Federspitze; *BE* (Schreib-) Feder; Schnabel; **~ble** [nibl] knabbern, nagen (*at* an); *~ble at* zögern bei, ʼrumnörgeln an; Knabbern, Beißen
nice [nais] schön, nett (*to* für); ~ *and* sehr, ganz; hübsch; fein (Unterschied etc); heikel; **~ly** nett; schön, prima; **~ty** [ˈ-siti] Genauigkeit ♦ *to a ~ty* aufs Haar (genau); Einzelheit, Feinheit
niche [nitʃ] Nische; *fig* Stelle, Platz
nick [nik] Kerbe ♦ *in the* ~ *of time* (gerade) zur rechten Zeit; 🕮 Signatur(-rinne); (ein)kerben); *Old N~* der Deubel; **~el** [nikl] Nickel; *US* 5-Cent-Stück; vernickeln; **~name** [ˈ-neim] Spitzname; j-n mit Spitznamen ... nennen
nicotine [ˈnikətiːn] Nikotin
niece [niːs] Nichte
niggard [ˈnigəd] Knicker, Geizhals; **~(ly)** knauserig, geizig
nigger [ˈnigə] Neger, Schwarzer; **~(-minstrel)** Negersänger
niggl|e [nigl] *BE* penibel sein, mähren; **~ing** penibel
nigh [nai] nahe
night [nait] Nacht (*all* ~ *long* die ganze Nacht); *at* ~, *o'~s* (des) nachts; *last* ~ gestern abend; *to have a* ~ *out* (od *off*) e-n Abend woanders (nicht zu Hause) verbringen; *to make a* ~ *of it* die Nacht durchmachen; *to turn* ~ *into day* die Nacht zum Tage machen; **~-bird** [ˈ-bəːd] Nachtvogel *(a. fig)*; **~-cap** [ˈ-kæp] Getränk vor dem Zubettgehen; **~-club** [ˈ-klʌb] Nachtklub; **~-dress** [ˈ-dres] (Damen-) Nachthemd; **~-fall** [ˈ-fɔːl] Abend(anbruch); **~-gown** [ˈ-gaun] Nachtgewand; **~ie** [ˈ-i] Nachthemd; **~ingale** [ˈ-iŋgeil] Nachtigall; **~-long** [ˈ-lɔŋ] die ganze Nacht andauernd; **~ly** [ˈ-li] nächtlich, abendlich; nachts; **~mare** [ˈ-mɛə] Alpdrücken; etwas Entsetzliches; **~marish** [ˈ-mɛəriʃ] entsetzlich; **~-school** [ˈ-skuːl] Abendkurse; **~shade** [ˈ-ʃeid] Nachtschatten; *deadly* [ˈdedli] *~shade* Tollkirsche; **~-shirt** [ˈ-ʃəːt] (Herren-)Nachthemd; **~stick** *US* Gummiknüppel; **~watch** [ˈ-ˈwɔtʃ] Nachtwache; **~-watchman** [ˈ-ˈwɔtʃmən], *pl* ~-watchmen Nachtwächter
nihil|ism [ˈnaiilizm] Nihilismus; *pol* revolutionärer Radikalismus; **~ist** Nihilist
nil [nil] nichts; null (*bes* ⚔)
nimble [nimbl] gewandt; flink
nimb|us [ˈimbəs], *pl* **~i** [ˈ-bai], **~uses** Heiligenschein; Regenwolke
nincompoop [ˈninkəmpuːp] Schwachkopf, Trottel
nine [nain] neun ♦ *a* ~ *days' wonder* e-e kurzlebige Sensation; *the N~* die neun Musen ♦ *dressed up to the ~s* picobello hergerichtet; **~pins** [ˈ-pinz] *BE* Kegeln; **~teen** [ˈ-ˈtiːn] neunzehn ♦ to *talk ~teen to the dozen* [ˈdʌzən] reden wie e. Wasserfall; **~teenth** [ˈ-tiːnθ] neunzehnte; **~tieth** [ˈ-tiiθ] neunzigste; **~ty** [ˈ-ti] neunzig; *the ~ties* die 90er Jahre
ninny [ˈnini] Dummkopf, Simpel
ninth [nainθ] neunte(r, s); Neuntel
nip [nip] **1.** kneifen, zwicken, beißen; **2.** klemmen; **3.** (v. Frost, Wind) schädigen, kaputt machen ♦ ~ *in the bud* im Keim ersticken; **4.** klauen; ~ *along (BE)* sich beeilen; ~ *away, off (BE)* fortwitschen; ~ *in (BE)* hineinwitschen; ~ *on ahead (BE)* nach vorne rennen; **5.** Kneifen; **6.** Klemmen; Biß; Frost *(a cold* ~ *in the air)*; Schluck (Alkohol); ~ *and tuck (US)* ⚑ Seite an Seite; **~per** j-d, etwas, das kneift, klemmt, beißt; *BE* Junge, Stift; *pl* (Kneif-) Zange; **~ping** beißend (kalt), scharf; **~ple** Brustwarze; Sauger; ⚙ Nippel
Nippon [ˈnipɔn, *bes US* -ˈ-] Japan
Nisei [ˈniːˈsei], *pl* ~ *US* (in USA geborener) Japan-Amerikaner
nitery [ˈnaitəri] *US sl* Nachtklub
nitr|ate [ˈnaitreit] Salpetersäuresalz, Nitrat; **~e** [ˈnaitə] Salpeter; **~ic** [ˈ-trik] Salpeter- (*~ic acid* -säure)); **~ogen** [ˈ-trədʒən] Stickstoff; **~ous** [ˈ-trəs] Stickstoff-; **~ous oxide** [ˈɔksaid] Stickstoffoxydul, Lachgas
nitwit [ˈnitwit] Holz-, Dummkopf
no [nou] **1.** nein; *he won't say* ~ *to* er wird nicht nein sagen bei; *the ~es* die Neinstimmen, Stimmen dagegen; **2.** kein; *there's* ~ *doing* ... es läßt sich nicht machen ...; ~ *one* niemand; ~ *one man* kein einzelner; *in* ~ *time* im Nu; ~ *man's land* [ˈnoumænzlænd] Niemandsland; **3.** *adv* keineswegs *(he's* ~ *better yet)*; *or* ~ oder nicht; ~ *more* kein ... mehr, nicht mehr, nie wieder, auch nicht
Noah's ark [ˈnouəz ˈɑːk] Arche Noah
nob [nɔb] Birne, Dez; *BE* großes Tier
nob|ility [nouˈbiliti] Adel; die Adligen; **~le** [noubl] adlig; edel; großartig, prächtig; Adliger; **~leman** [ˈ-blmən], *pl* ~ lemen Adliger, Edelmann
nobody [ˈnoubədi] niemand, keiner; *fig* Null, Hohlkopf
nocturnal [nɔkˈtəːnəl] nächtlich; Nacht-
nod [nɔd] **1.** nicken (*to s-b* j-m zu-); dösen(d den Kopf sinken lassen); **2.** e-n Fehler machen ♦ *Homer* [ˈhoumə] *sometimes ~s* jeder kann sich mal irren; *~ding acquaintance* [əˈkweintəns] oberflächliche Bekanntschaft; **3.** federn; **4.** schwanken; **5.** Nicken; *to give a* ~ = to ~; *the land of* ~ Schlaf
nod|e [noud] *bot* Knoten; (Gicht-)Knoten; Überbein; **~ular** [ˈnɔdjulə] knotenartig, Knoten-
Noel [nouˈel] Weihnacht(slied)
nois|e [nɔiz] Lärm, (lautes) Geräusch; **~e (abroad** [əˈbrɔːd]) (allgemein) verbreiten; **~eless** [ˈ-lis] geräuschlos; **~ome** [ˈnɔisəm] widerlich; schädlich; **~y** [ˈ-zi] lärmend, laut, geräuschvoll

nomad ['noumæd] Nomade; **~ic** [nou'mædik] nomadisch; Nomaden-

nomenclature ['noumənkleitʃə, nou'menklətʃə] Nomenklatur; Terminologie

nomin|al ['nɔminəl] nominell; Nominell-; (ganz) gering; Namens-; **~ate** [ˊ–neit] ernennen; nominieren; **~ation** [––'neiʃən] (Wahl-) Vorschlag(srecht); **~ative** [ˊ–nətiv] Nominativ; **~ee** [––'niː] Kandidat, Vorgeschlagener

non- [nɔn] nicht-, un-

nonce [nɔns] Augenblick; *for the ~* für den Augenblick; **~ word** Augenblicksprägung

non|chalant ['nɔnʃələnt] lässig, gelassen; **~-combatant** [ˊ'kɔmbətənt] Nichtkämpfer; Zivilist; **~-commissioned** [ˊkə'miʃənd] **officer** Unteroffizier; **~-committal** [ˊkə'mitl] unverbindlich, unbestimmt; **~-conformist** [ˊkən'fɔːmist] Dissident, Freikirchler; **~-conformity** [ˊkən'fɔːmiti] Dissidenten(tum); Mangel an Übereinstimmung; Nichtbefolgung (*to a rule* e-r Vorschrift); **~-contributory** [ˊkən'tribjutəri] beitragsfrei; **~descript** [ˊdiskript] unbestimmbar, seltsam(e Person, Sache)

none [nʌn] **1.** keiner; *~ but* nur; *~ of that!* Schluß damit! *~ of your impudence* ['impjudəns] ich verbitte mir diese Unverschämtheit; *it is ~ of your business* ['biznis] das geht Sie nichts an; **2.** *(vor ‚so', ‚too', Komparativ)* keineswegs; *~ the less* trotzdem

nonentity [nɔ'nentiti] etwas, das nicht existiert; Phantasiegebilde; *fig* e-e Null

non|-fiction [ˊ'fikʃən] Fachliteratur; Sachbücher; **~pareil** [*bes BE* ˊpərel, *bes US* ––ˊ] unvergleichlich, unerreicht; *zool* Papstfink; 🕮 Nonpareille (6 Punkt); **~-partisan** [ˊpaːti'zæn, *US* –'paːtəzən] unparteiisch; (partei-) unabhängig; **~plus** [ˊ'plʌs] verblüffen; **~-profit** gemeinnützig

nonsens|e ['nɔnsəns] Unsinn; albernes Benehmen; **~ical** [–'sensikl] unsinnig

non|-stop [ˊstɔp] durchgehend(er Zug, Flugzeug etc); durch-(fahren etc); **~-union** [ˊ'juːnjen] nicht gewerkschaftlich organisiert; ungewerkschaftlich

noodle [nuːdl] Dummkopf; *pl* (Band-)Nudeln

nook [nuk] Ecke; *fig* Winkel

noon [nuːn] Mittag; **~day, ~tide** = ~

noose [nuːs] Schlinge; e-e Schlinge machen; (mit der Schlinge) fangen

nor [nɔː] noch, und auch nicht; *~ do (can, must etc) I* ich auch nicht; *(am Satzanfang)* auch nicht

norm [nɔːm] Norm, Regel; **~al** [ˊəl] normal; *math* senkrecht; *~al school* Lehrerbildungsanstalt; der normale Zustand; *math* Senkrechte; **~alcy** [ˊəlsi], **~ality** [nɔː'mæliti] Normalzustand; **~ally** normalerweise, gewöhnlich

Norse [nɔːs] Norweger; Normannen; norwegisch(e Sprache); skandinavisch

north [nɔːθ] Nord(en); nach Norden; **N~** *BE* Nordengland; *the N~ Star* Polarstern; **N~-Country** *BE* Nordengland; **~-east** [ˊ'iːst] Nordost(en); nordöstlich; **~-easter** [–'iːstə] Nordostwind; **~erly** [ˊðəli] nördlich; **~ern** [ˊðən] nördlich, Nord-; **~erner** [ˊðənə] Bewohner des Nordens; **N~man** [ˊmən], *pl* N~men Wikinger; Skandinavier; **~ward(s)** nördlich; nordwärts; **~-west** [ˊ'west] Nordwest(en); nordwestlich; **~-wester** [–'westə] Nordwestwind

Nor|way ['nɔːwei] Norwegen; **~wegian** [–'wiːdʒən] Norweger; norwegisch

nose [nouz] **1.** Nase; Spitze ♦ *to follow one's ~* immer der Nase nachgehen; *to lead s-b by the ~* j-n völlig beherrschen; *to pay through the ~* e-n viel zu hohen Preis bezahlen; *to turn up one's ~ at* die Nase rümpfen über, nichts wissen wollen von; *to put s-b's ~ out of joint* j-m alles vermasseln; **2.** (be)schnüffeln; schnuppern; *~ s-th out* wittern *(a. fig)*; **~-bag** [ˊbæg] Futterbeutel; **~ cone** [koun] Raketenspitze; **~-dive** [ˊdaiv] Sturzflug (machen); **~gay** [ˊgei] Blumenstrauß

nostalgia [nɔs'tældʒiə] Heimweh; Sehnsucht

nostril ['nɔstril] Nasenloch; Nüster

nostrum ['nɔstrəm], *pl* **~s** Wundermittel; Allheilmittel

not [nɔt] nicht; *~ to say* um nicht zu sagen; *~ to speak of* ganz zu schweigen von; *~ but what* jedoch, freilich; *~ half (sl)* sehr, äußerst; *~ at all!* bitte sehr!, nichts zu danken!

nota|bility [noutə'biliti] Bedeutung; angesehene Person; **~ble** [ˊtəbl] bedeutend, angesehen; = ~bility; **~bly** ganz besonders; **~rize** [ˊtəraiz] *US* notariell beglaubigen; **~ry** [ˊtəri] *(mst: ~ry public)* Notar; **~tion** [–'teiʃən] Zeichensystem; Notenschrift; *US* Aufzeichnung

notch [nɔtʃ] Kerbe; Nut; *US* Hohlweg; *US* Grad; (ein-)kerben

note [nout] **1.** *pol,* ♪ Note; **2.** Ton; **3.** Taste; *whole, half, quarter etc ~ (US)* ganze, halbe, Viertelnote; **4.** Notiz, Aufzeichnung; Anmerkung; *to make a ~ of s-th* sich etwas aufschreiben, *fig* sich etwas merken; *to take ~s* sich Notizen machen; **5.** (kurzer) Brief; **6.** Zeichen (*~ of exclamation* Ausrufe-; *~ of interrogation* Frage-); **7.** *fig* Ton, Klang; **8.** Beachtung; *to take ~ of* Beachtung schenken; **9.** achten auf; *~ down* (auf)notieren; **~-book** [ˊbuk] Notizbuch; Kladde; **~-case** [ˊkeis] *BE* Geldscheintasche; **~d** [ˊid] bekannt, berühmt (*for* wegen); **~-paper** [ˊpeipə] Briefpapier; **~worthy** [ˊwəːði] beachtenswert

nothing ['nʌθiŋ] nichts (*to* im Vergleich zu); *for ~* umsonst, ohne Grund; *to come to ~* scheitern; *to make ~ of* nicht klug werden aus, etwas leicht nehmen, nicht für wichtig halten, ungenutzt lassen; *to say ~ of* ganz zu schweigen von; *~ like* nichts besseres als; *~ much* nicht viel, sehr wenig; *~ if not* überaus, durchaus; **~ness** Nichts; Nichtvorhandensein; Nichtigkeit; Leere

notice ['noutis] **1.** Nachricht, Notiz, Anzeige; **2.** Kenntnis, Beachtung; *to take ~ of* bemerken, be(ob)achten; *to take no ~ of* keine Notiz nehmen von; *to bring to s-b's ~* j-m zur Kenntnis bringen; *to escape ~* unbemerkt bleiben; *to come under s-b's ~* j-m zur Kenntnis gelan-

gen; *until further ~* bis auf weiteres; *to give ~* mitteilen; **3.** Kündigung(sfrist); *they have ~ to quit* ihnen wurde gekündigt; *to give s-b ~* j-m kündigen; *to get a month's ~* auf nächsten Monat gekündigt werden; *at short ~* kurzfristig, bald; **4.** (Buch- etc) Besprechung; **5.** *vt/i* bemerken; **6.** aufpassen; **7.** beachten; **8.** erwähnen; **9.** rezensieren; **~able** [ˊ--əbl) bemerkbar; **~-board** [ˊ--bɔːd] Anschlagtafel
noti|fiable ['noutifaiəbl] meldepflichtig; **~fication** [--fi'keiʃən] Anzeige; Meldung; Unterrichtung; **~fy** [ˊ--fai] (offiziell) unterrichten (*of* von); melden, berichten
notion ['nouʃən] Begriff, Vorstellung; *pl US* Kurzwaren
notor|iety [noutə'raiəti] Überallbekanntsein, Aufsehen; allbekannte Person; **~ious** [-'tɔːriəs] offenkundig; berüchtigt, notorisch
notwithstanding [nɔtwiθ'stændiŋ] ungeachtet, trotzdem; obwohl
nought, *bes US* **naught** [nɔːt] Nichts; Null; *to care ~ for* gering achten; *to come to ~* mißlingen, scheitern; *to bring to ~* ruinieren
noun [naun] Substantiv
nourish ['nʌriʃ] (er)nähren *(a. fig)*; düngen; **~ing** nahrhaft; **~ment** Nahrung
nouveau riche ['nuːvou'riːʃ], *pl* **~x riches** [ˊ--ˊ] Neureicher, Parvenü
novel ['nɔvəl] neu(artig); überraschend; Roman; *short ~* Novelle; **~ette** [--'let] Novelle; **~ist, ~-writer** Romanschriftsteller; **~ty** Neu(art)igkeit; etwas Neuartiges, Seltsames; *pl* Neuheiten; Modeartikel
November [nou'vembə] November
novi|ce ['nɔvis] Novize; Konvertit; Anfänger, Neuling; **~ciate, ~tiate** [nou'viʃiit] Noviziat; Probezeit; Novize
now [nau] **1.** jetzt, nun; *up to (till) ~* bis jetzt; *not ~* nicht mehr; *(every) ~ and again, ~ and then* hin und wieder; *just ~* soeben, gerade (jetzt); **2.** *conj: ~ (that)* jetzt wo; **~adays** [ˊ-ədeiz] heutzutage
no|where ['nouwɛə] **1.** nirgendwo(hin), nirgends; *that will take you ~where* das führt zu nichts; *~where near* nicht annähernd; **2.** kein Ort, kein Platz; **~wise** [ˊ-waiz] keineswegs
noxious ['nɔkʃəs] schädlich, verderblich (*to* für)
nozzle [nɔzl] Schnauze; Düse; Tülle
nuance ['njuɑːns] Nuance, Schattierung
nub [nʌb] Klümpchen; *fig* Kern
nucle|ar ['njuːkliə] nuklear; Kern-; Atom-; atomgetrieben; **~onics** [-kli'ɔniks] (angewandte) Kernphysik; **~us** [ˊ-kliəs], *pl ~i* [ˊ-kliai] Kern *(a. fig)*; Atomkern; Grundstock
nud|e [njuːd] nackt, bloß; ✱, ✱ Akt; **~ist** Anhänger der Nacktkultur; **~ity** Nacktheit
nudge [nʌdʒ] leichter Rippenstoß; j-m e-n Schubs geben, schubsen
nugget ['nʌgit] (Gold-)Klumpen
nuisance ['njuːsəns] **1.** Plage; **2.** Ärgernis, Belästigung; *to make a - of o.s.* lästig werden; **3.** ✱ grober Unfug; *commit no ~!* keine Verunreinigung!; *what a ~!* wie ärgerlich!; lästiger Mensch
null [nʌl] nichtig; *~ and void* null und nichtig; nichtssagend; **~ify** [ˊ-ifai] ungültig machen; aufheben, zunichte machen
numb [nʌm] empfindungslos, starr *(a. fig)*; betäuben
number ['nʌmbə] **1.** Anzahl, Menge; *in ~* an Zahl, zusammen; *times without ~* ungezählte Male; *to the ~ of* in Höhe von; **2.** Zahl; Ziffer; **3.** Nummer; *to look after* (od *take care of*) *~ one (umg)* s. um seinen eigenen Laden kümmern; **4.** (Zeitschriften- etc) Nummer (*back ~* frühere N., ein Rückständiger, etwas Altmodisches); **5.** *mst pl* Verse; **6.** numerieren (*consecutively* durch-); **7.** zählen; **8.** rechnen (*among* zu)
numer|al ['njuːmərəl] Zahlwort; Ziffer; Zahl; **~ation** [--'reiʃən] Zählung; Numerierung; **~ator** [ˊ--reitə] *math* Zähler; **~ical** [-'merikl] Zahl(en-); numerisch, zahlenmäßig; **~ous** [ˊ--rəs] zahlreich
numismatics [njumiz'mætiks] *sg vb* Münzkunde
numskull ['nʌmskʌl] Blödkopf
nun [nʌn] Nonne; **~nery** Nonnenkloster
nuncio ['nʌnʃiou], *pl* **~s** Nuntius
nuptial ['nʌpʃəl] Hochzeits-; **~s** *pl vb* Vermählung, Hochzeit
nurs|e [nɔːs] **1.** [Baby) die Brust geben; **2.** (Kind, Kranken) pflegen; **3.** hätscheln; **4.** *bot* pflegen, hegen *(a. fig)*; **5.** (Kinder-, Kranken-) Schwester); *male ~e* Krankenwärter; **6.** Kindermädchen *(a: ~e-maid)*; **7.** Pflege (*to put out to ~e* in Pflege geben); **8.** *fig* Hüterin, Mutter; **~eling** *siehe* ~ling; **~ery** [ˊ-əri] Kinderzimmer; *day ~ery* Tagesraum für Kinder, Tageskinderheim; *night ~ery* Kinderheim; Baumschule *(a.: ~ery garden)*; *fig* Pflegestätte; **~eryman** [ˊ-ərimən], *pl* ~erymen Baumschulbesitzer, -fachmann; **~ery nurse** Kindergärtnerin; **~ery rhyme** [raim] Kindervers; **~ery school** Kleinkinderschule; **~ing** Krankenpflege; **~ing home** *BE* Privatklinik; **~ling** (*a.* **~eling**) [ˊ-liŋ] Brustkind, Säugling
nurture ['nɔːtʃə] Aufziehen, Erziehung; Ernährung; Umwelt; auf-, erziehen; (er-)nähren; fördern
nut [nʌt] Nuß; *a hard ~ to crack (fig)* e-e harte Nuß; *sl* Birne, Bonje; *off one's ~* plemplem; *~s* = off one's ~; ✱ Mutter; **~cracker** [ˊ-krækə] *zool* Tannenhäher; *pl* Nußknacker; **~gall** [ˊ-gɔːl] Gallapfel; **~hatch** [ˊ-hætʃ] *zool* Kleiber; **~meg** [ˊ-meg] Muskatnuß; **~shell** [ˊ-ʃel] (Nuß-)Schale; *in a ~shell* in aller Kürze; **~ting** Nüssesammeln; **~ty** nußartig; *sl* plemplem; verrückt (*on* nach)
nutri|a ['njuːtriə], *US* Nutria; Nutriafell; **~ent** [ˊ--ənt] Nährstoff, -substanz; **~ment** [ˊ--mənt] Nahrung; **~tion** [-'triʃən] Nahrung; Ernährung; **~tional** ernährungsmäßig, Nahrungs-, Ernährungs-; **~tionist** Ernährungswissenschaftler; **~tious** [-'triʃəs] nahrhaft; **~tive** [ˊ--tiv] nahrhaft, Nähr-

nuzzle [nʌzl] (mit d. Nase) schubsen; d. Nase pressen (*into* in, gegen); (s.) kuscheln
nylon ['nailən] Nylon
nymph [nimf] Nymphe; schöne Maid

O

O (ou] O; ☎ Null; oh!, ach!; **o'** = of
oaf [ouf], *pl* **~s** Wechselbalg *(a. fig)*; Idiot
oak [ouk] Eiche(nholz); Eichen-; *Hearts of ~ (BE)* die Marine; **~-apple** [-́æpl] Gallapfel; **~en** [-́ən] eichen; **~um** [-́əm] Werg
oar [ɔː] Ruder, Riemen; *to put one's ~ in* sich einmengen; *to rest on one's ~s* blau machen; = ~sman; **~lock** [-́lɔk] *bes US* [Riemen-) Dolle; **~sman** [-́mən], *pl* ~smen Ruderer
oas|is [ou'eisis], *pl* **~es** [--́siːz] Oase *(a. fig)*
oast-house ['ousthaus], *pl* **-houses** [-́hauziz] *BE* Hopfendarre
oath [ouθ], *pl* **~s** [ouðz] Eid (*to take, make, an ~* Eid ablegen; *on ~* unter Eid; *to put s-b on his ~* j-n schwören lassen); *false ~* Meineid; Fluch
oat|meal ['outmiːl] Hafermehl; **~s** *pl vb* Hafer; *he feels his ~s (umg)* ihn sticht der Hafer; *to sow one's wild ~s* sich austoben, sich die Hörner abstoßen
obdura|cy ['ɔbdjurəsi] Hartherzigkeit, Verstocktheit; **~te** [--́rit] hartherzig, verstockt
obedien|ce [ə'biːðjəns] Gehorsam; *in ~ce to* gehorsam; **~t** gehorsam
obeisance [ou'beisəns] Ehrbezeigung; *to do* (od *make, pay) ~ to* j-m huldigen
obelisk ['ɔbilisk] Obelisk; 🕮 Kreuz
obese [ou'biːs] fettleibig
obey [ə'bei] gehorchen; befolgen
obfuscate ['ɔbfʌskeit, *bes US* --́-] *fig* trüben, verdunkeln
obituary [ə'bitjuəri, *US* ə'bitʃ-] Todesanzeige, Nachruf; Liste der Sterbefälle
object ['ɔbdʒikt] Gegenstand; Ziel, Zweck; ... *(is) no ~* ... Nebensache; *gram* Objekt; *umg* abscheuliche Sache, erbärmliche Person; ~ [əb'dʒekt] Einwendungen machen (*to* gegen), Einspruch erheben; etwas einzuwenden haben; einwenden (*against* gegen); **~ion** [əb'dʒekʃən] Einwand, Einspruch; *to take ~ion to* = to ~ to; **~ionable** [əb'dʒekʃənəbl] nicht einwandfrei; unangenehm; **~ive** [ɔb'dʒektiv] objektiv, tatsächlich; unpersönlich; *gram* Objekts-; Ziel-; *(bes mil)* Ziel; Zweck; 📷 Objektiv; Objektsfall; **~or** [əb'dʒektə] Protestierender, Opponent
objet d'art [ɔbʒe'daː], *pl* **~s d'art** [---́] Kunstgegenstand, -werk
oblig|ation [ɔbli'geiʃən] Verpflichtung; Verbindlichkeit; Obligation; *to be under (an) ~ation to s-b for s-th* j-m wegen etwas zu Dank verpflichtet sein; **~atory** [ɔb'ligətəri] bindend, verbindlich; **~e** [ə'blaidʒ] verpflichten, zwingen; j-m zu Gefallen sein, j-m entgegenkommen; j-m den Gefallen tun (*by doing* zu tun); *to be ~ed to do* tun müssen; *to be ~ed to s-b* j-m zu Dank verpflichtet sein; **~ing** hilfsbereit, entgegenkommend, höflich
oblique [ə'bliːk] schräg; mittelbar; **~ angle** spitzer oder stumpfer Winkel
obliterate [ə'blitereit] verwischen, auslöschen *(a. fig)*; ausstreichen
oblivi|on [ə'bliviən] Vergessen(heit); **~ous** [--́-əs] vergeßlich; *to be ~ous of* vergessen, außer acht lassen
oblong ['ɔblɔŋ] rechteckig; Rechteck
obloquy ['ɔbləkwi] Schmähung
obnoxious [əb'nɔkʃəs] widerwärtig; verhaßt; *~ to* ausgesetzt
obo|e ['oubou] Oboe; **~ist** [-́-ist] Oboist
obscen|e [ɔb'siːn] unanständig, schlüpfrig; **~ity** [--́niti] Obszönität
obscur|e [əb'skjuə] undeutlich, dunkel *(a. fig)*; obskur; verdunkeln *(a. fig)*; in den Schatten stellen; **~ity** [--́riti] Dunkel(heit); Unbekanntheit
obsequies ['ɔbsikwiz] *pl vb* Bestattungsfeier
obsequious [əb'siːkwiəs] willfährig, unterwürfig
observ|able [əb'zəːvəbl] bemerkbar, -enswert; **~ance** [--́vəns] Beachtung, Befolgung; Brauch; *eccl* Observanz; **~ant** beobachtend, aufmerksam; beachtend (*of s-th* etwas); **~ation** [ɔbzə'veiʃən] Beobachtung(sgabe); *to take an ~ation* ⚓ den Standort bestimmen; Bemerkung; **~ation car** 🚂 Aussichtswagen; **~atory** [--́təri] Beobachtungsstelle; Observatorium; **~e** [əb'zəːv] be(ob)achten; (Fest) feiern; befolgen; (Stille) bewahren; bemerken, äußern; **~er** Be(ob)achter; **~ing** = ~ant
obsess [əb'ses] in den Bann schlagen, verfolgen, quälen; **~ed** [--́st] *by, with* besessen von; **~ion** [--́ʃən] fixe Idee; Besessenheit
obsole|scent [ɔbsə'lesənt] veraltend; **~te** [-́-liːt] veraltet, altmodisch
obstacle ['ɔbstəkl] Hindernis (*to* für)
obstetric|ian [ɔbsti'triʃən] Geburtshelfer; **~s** [--́triks] *sg vb* Geburtshilfe
obstina|cy ['ɔbstinəsi] Hartnäckigkeit; Halsstarrigkeit; Widerspenstigkeit; **~te** [-́-nit] hartnäckig; halsstarrig
obstruct [əb'strʌkt] versperren; hemmen, hindern; **~ion** [--́ʃən] Versperrung; Hinderung, Obstruktion; Hindernis; **~ive** [--́iv] hinderlich; hindernd
obtain [əb'tein] erlangen; erhalten; bestehen, herrschen; **~able** erhältlich
obtru|de [əb'truːd] (s.) aufdrängen (*upon s-b* j-m); **~sive** [--́siv] aufdringlich
obtuse [əb'tjuːs] *math* stumpf; dumpf; stupide
obvi|ate ['ɔbvieit] erübrigen; umgehen, vorbeugen; **~ous** [-́-əs] offensichtlich; klar, eindeutig
occasion [ə'keiʒən] **1.** Gelegenheit, Anlaß; *to be equal* (od *up*) *to the ~* d. Situation gewachsen sein; *to rise to the ~* sich der Situation gewachsen zeigen; *to have* (od *take*) *~ to do* Veranlassung nehmen (d. Gelegenheit benutzen), zu tun; **2.** Veranlassung; **3.** Anlaß, Ursache; **4.** *pl* Angelegenheiten, Geschäfte; **5.** *vt* verursa-

chen, bewirken; **~al** gelegentlich; Gelegenheits-; Gebrauchs- (Möbel etc)

Occident ['ɔksidənt] Abendland, der Westen

occult [ɔ'kʌlt] geheim; okkult

occup|ant ['ɔkjupənt] Inhaber; Bewohner; Okkupant; **~ation** [--'peiʃən] Besitz(ergreifung); Besatzung; Beschäftigung; Beruf(sstellung); **~ational** Berufs-; **~y** [´--pai] besitzen; bewohnen; besetzen; einnehmen *(a. fig)*; *fig* erfüllen; beschäftigen *(to be ~ied with, to ~y o.s. with)*

occur [ə'kəː] sich ereignen, passieren; vorkommen; *~ to s-b* j-m einfallen; **~-rence** [ə'kʌrəns] Vorkommnis, Ereignis; Auftreten, Vorkommen

ocean ['ouʃən] Ozean; Ozean-, See-; **~-going** [´--gouiŋ] Hochsee-, Ozean-; **~ic** [ouʃi'ænik] ozeanisch; Ozean-

ocelot ['ousilət] Ozelot, Pardelkatze

ochre ['oukə] Ocker

o'clock [ə'klɔk]: *what ~?* wieviel Uhr?; *six (etc) ~* sechs (etc) Uhr

oct|agon ['ɔktəgən, *US* -gɔn] Achteck; **~agonal** [-'tægənəl] achteckig; **~ave** ['ɔktiv] Oktave; **~et** (*a.* **~ette**) [ɔk'tet] Oktett

October [ɔk'toubə] Oktober

octopus ['ɔktəpəs], *pl* **~es** Krake; *umg* Tintenfisch

ocul|ar ['ɔkjulə] Augen-; sichtbar; **~ist** [´--list] Augenarzt

odd [ɔd] **1.** ungerade; **2.** einzeln (Schuh etc); **3.** überzählig; **4.** (nach Zahlen) gut, über; *ten pounds ~* gut (über) £10; *~ job* Gelegenheitsarbeit; **5.** seltsam, eigenartig; **~ity** Seltsamkeit; **~-looking** [´-lukiŋ] seltsam aussehend; **~ly enough** [i'nʌf] seltsamerweise; **~ments** übrig(gebliebən)e Stücke; Rest-, Einzelstücke; **~s** [ɔdz] **1.** Ungleichheiten; **2.** Umstände *(the ~s are against us)*; **3.** widrige Umstände, Übermacht; **4.** Unterschied (*by long ~s* mit großem U.); *it makes no ~s* es macht nichts aus; *what's the ~s?* was macht's? **5.** ⛩ Vorgabe, Handikap; **6.** Wahrscheinlichkeit; **7.** Buchmacherkurs, Odds (*~s against* Odds gegen; *~s on* Odds auf); *to lay ~s of 3 to 1 on* Odds (e-n Kurs) von 3 : 1 bieten auf; *to take ~s of 3 to 1 against* Odds von 3 : 1 bieten gegen; *at ~s* im Streit (*with* mit); **~s and ends** Reste, Krimskrams; **~s-and-ends** Ramsch-

od|e [oud] Ode; **~ious** [´-iəs] verhaßt; abscheulich; **~ium** [´-iəm] Verhaßtsein; Haß; Odium; **~our** [´-ə] (unangenehmer) Geruch; *fig* Ruf (*with* bei)

o'er [ɔː] = over

oesophag|us, *US* **eso-** [iː'sɔfəgəs], *pl* **~i** [-´-dʒai], **~uses** Speiseröhre

of [ɔv, əv] **1.** zum Ausdruck des Genitvs: *the wall of the garden; the son of my sister*; **2.** von; **3.** (gemacht) aus; **4.** Apposition: *a piece of cake* ein Stück Kuchen, *a bottle of wine* e-e Flasche Wein etc (vgl. die *su, adj, vt, vi,* von denen *of* abhängt)

off [ɔːf, ɔf] *adv* (mit *to be*) ab(gestellt), aus(geschaltet); weg, fort; *I must be ~* ich muß fort; aus, zu Ende; *to be well (badly) ~* gut (schlecht) dran (gestellt) sein; *a long way ~* weit weg, *not far ~* nicht weit weg; (mit anderen Verben, *siehe* diese) weg-, ab-, fern-; *on and ~* (*siehe* on); *prep* herunter von; abseits von, neben; ⚓ auf der Höhe von, gegenüber; von, aus; *10% ~ the price* abzüglich 10% vom Preis; *~ duty* dienstfrei; *~ the cuff* aus dem Stegreif; *~ colour* nicht auf dem Damm, *US umg* riskant, anstößig; *– one's head* meschugge; *~ the map* verschwunden; *~ the mark* am Ziel vorbei, verfehlt; *adj* abgelegen; rechte (Pferd, Seite etc); gering (Chance); (Nahrung) (etwas) verdorben; $ 'runter *(feeling rather ~ today)*; arbeitsfrei; still, tot (Saison); *I am ~* ich muß jetzt gehen

offal ['ɔfəl] Abfall; *bes pl* Innereien

offen|ce *US* **~se** [ə'fens] Verstoß, Vergehen; Anstoß (*to cause, give ~ce* Anstoß erregen; *mil* Angriff; **~d** [ə'fend] beleidigen; verletzen; verstoßen (*against* gegen); **~der** Missetäter; **~sive** [-´-siv] Offensive; Offensiv-, Angriffs-; abstoßend; widerlich; beleidigend

offer ['ɔfə] (an)bieten; offerieren; darbringen; *fig* vorbringen; drohen mit; sich an-, erbieten (zu tun); Miene machen; sich bieten; (An-)Gebot; Antrag *(of marriage)*; *on ~* (zum Verkauf) angeboten; **~ing** [´-riŋ] Anbieten; Angebot; Spende; **~tory** [´--əri] *eccl* Kollekte

off|-front ['ɔffrʌnt] vordere rechte; **~hand** [-'hænd] aus dem Stegreif, unvorbereitet; grob, kurz; **~handed** = ~hand; **~-hind** [´-haind] hintere rechte

offic|e ['ɔfis] Amt; *in (out of) ~e* (nicht) an der Regierung; *to take ~* Minister haben, Minister sein; Amt, Ministerium; Büro; Schalter; Filiale; *pl* Wirtschaftsräume; Aufgabe, Dienst; *good ~es* gute Dienste, Vermittlungsdienste; **~e-bearer** [´--bɛərə], **~-holder** [´--houldə] Amtsinhaber, Beamter; **~er** Beamter; *~er of state* Staatsminister; Vereinsfunktionär; Offizier; **~ial** [ə'fiʃəl] offiziell; Amts-; amtlich; Beamter; **~ialdom** [ə'fiʃəldəm] Beamtenschaft; Amtsstellung; **~iate** [ə'fiʃieit] amtieren, fungieren; **~inal** [ɔ'fisinəl] offizinell; **~ious** [ə'fiʃəs] übertrieben diensteifrig, übergeschäftig; offiziös

off|ing ['ɔfiŋ] offene See; *in the ~ing* landnah, *fig* bevorstehend; **~ish** zurückhaltend; **~-print** [´-print] Sonder(ab)druck; **~set** [´-set] Kröpfen, Abbiegen; *~set (printing)* 🕮 Offsetdruck; kröpfen; ausgleichen, aufrechnen; **~shoot** [´-ʃuːt] Sproß, Schößling; Ausläufer; Ableger; **~shore** [´-ʃɔː] ⛴ ablandig; Hochsee-; Offshore-; **~side** [´-said] ⛩ Abseits; **~spring** [´-spriŋ], *pl* ~spring Kind(er), Junges; Nachkomme, Abkömmling

oft [ɔft, *US* ɔːft] oft; **~en** [ɔfn, *US* ɔːfn] oft; *(as) ~en as not* (sehr) oft

ogle [ougl] (bedeutungsvoll, verliebt) ansehen, liebäugeln (*at* mit)

ogre ['ougə] Menschenfresser; Unhold

oh [ou] *siehe* o

oho [ou'hou] ha!, hei!

oil [ɔil] Öl; Ölbild; *to pour* [pɔː] ~ *on troubled* [trʌbld] *waters* die Wogen zu glätten suchen; *to pour* (od *throw*) ~ *on the flames* Öl ins Feuer gießen; *to strike* ~ auf (Erd-)Öl (*fig* auf e-e Goldgrube) stoßen; ölen; ~ *s-b's palm* j-n schmieren; **~-cloth** [ˊ-klɔθ], *pl* ~-cloths Wachstuch; **~-fuel** [ˊ-fjuəl] Treiböl; **~er** Öltanker; Öler; Ölkanne; **~-man** [ˊ-mən], *pl* ~-men Öllieferant; **~skin** Ölhaut; **~-well** Ölquelle; **~y** [ˊ-i] ölig *(a. fig)*; glatt

ointment ['ɔintmənt] Salbe

O. K. ['ou'kei] in Ordnung!; O.K.!

okapi [ou'kɑːpi], *pl* **~s** *zool* Okapi

okay ['ou'kei] = O.K.

old [ould] alt; ~ *age* Alter; *the* ~ *man* mein Alter, der Alte, Chef; *the* ~ *woman* meine Alte; *O~ Glory (US)* die amerik. Flagge; ~ *boy (BE)* ehemaliger Schüler, Alter Herr; ~ *man!* mein Lieber!; **~-fashioned** [ˊ-'fæʃənd] altmodisch; **~ish** ältlich; **~-time** [ˊ-taim] alt(ertümlich); **~-timer** *US* erfahrener Alter; **~-world** [ˊ-wɔːld] altmodisch; altertümlich; *zool* Altwelt-

oleander [ouli'ændə] Oleander, Rosenlorbeer

olfactory [ɔl'fæktəri] Geruchs-, Riech-

oligarchy ['ɔligɑːki] Oligarchie

olive ['ɔliv] Olive(nbaum); Olivgrün; Roulade

Olymp|iad [ɔ'limpiæd] vier Jahre zwischen den Olympischen Spielen; **~ian** [-ˊ-iən] olympisch, göttlich; **~ic** [-ˊ-ik] olympisch; **~ic games** Olympiade

omelette, -let ['ɔmlit] Omelett

om|en ['oumən] Vorzeichen, Omen; Vorbedeutung; **~inous** ['ɔminəs] unheilvoll

omi|ssion [ə'miʃən] Unter-; Aus-, Weglassung; **~t** [ə'mit] unter-; aus-, weglassen

omnibus ['ɔmnibəs], *pl* **~es** Omnibus; *(a.: ~ book, volume)* Sammelband

omni|potence [ɔm'nipətəns] Allmacht; **~potent** [-ˊ-tənt] allmächtig; **~presence** [--'prezəns] Allgegenwart; **~present** [--'prezənt] allgegenwärtig; **~science** [-ˊ-siəns, -ˊ-ʃəns] Allwissenheit; **~scient** [-ˊ-siənt, -ˊ-ʃənt] allwissend; **~vorous** [-ˊ-vərəs] allesfressend; *fig* alles verschlingend (Leser)

on [ɔn] (Ort) auf, an; (Zeit) an; ~ *time* pünktlich; (gleich) nach (~ *our arrival*); *fig* über; gegen; auf *(to go ~ an excursion)*; im (Radio); aus (~ *business* geschäftlich); Mitglied bei *(to be ~ a committee)*; (Zustand) ~ *fire* in Brand, ~ *guard* auf der Hut, ~ *duty* im Dienst; *(mit gerund)* nach(dem); ~ + *the* + *adj* auf ... Weise (*to buy s-th ~ the cheap; to do s-th ~ the sly)*; *adv* (mit Verben) weiter; *to be* ~ an(gestellt, -geschaltet) sein, im Gange sein, bei etwas dabeisein; *to have s-th* ~ etwas anhaben, etwas vorhaben; ~ *and off* hin und wieder, immer wieder; ~ *and* ~ immer weiter; ~ *to,* ~*to* auf; *what's ~ ?* was gibt's (im Programm)?

once [wʌns] einmal; ~ *or twice* [twais], ~ *and again,* ~ *in a way* (od *while*) hin u. wieder; *more than* ~ öfters; ~ *for all* ein für allemal; früher, einmal; ~ *upon a time* (früher) einmal; *at* ~ sofort, gleichzeitig, ebenso (... *and* wie); *all at* ~ alle miteinander, plötzlich; *for (this)* ~ einmal, dies eine Mal; *conj* wenn (einmal); **~-over** [ˊ-ouvə] *umg* musternder Blick *(to give s-b the ~-over)*

on-coming ['ɔnkʌmiŋ] entgegenkommend; herannahend; Nahen

one [wʌn] eine(r); der eine; ~ *who* jemand der; ~ *by* ~, ~ *after another* einer nach dem andern; *for* ~ jedenfalls (*I for* ~); *for* ~ *thing* einmal; ~ *another* einander; ~ *day* eines Tages; einzig *(the ~ thing)*; *su* Eins; *BE* £1-Note; *all in* ~ alles in einem; *to make* ~ *of* teilnehmen an, sich anschließen; *to be made* ~ ein Paar werden; *all* ~ *to* j-m alles gleich; *pron (nach adj, unübersetzt);* man, einer; *~'s* sein (~ *has to do ~'s best, [US] his best* man muß sein Bestes tun); **~ness** [ˊ-nis] Einssein; Einheit; Identität; **~self** [-'self] sich; **~-sided** [ˊ-'saidid] einseitig; **~-time** [ˊ-taim] früher; **~-way** [ˊ-wei] Einbahn- (Straße); *US* ☏ einfach

onerous ['ɔnərəs] lästig, drückend

onion ['ʌnjən] Zwiebel; **~-domed** zwiebeltürmig; **~-skin** Durchschlagpapier

onlooker ['ɔnlukə] Zuschauer

only ['ounli] einzig; nur; erst; *conj* nur (daß); *if* ~ wenn (doch) nur

onomato|poeia [ɔnəmætə'piːə] Lautmalerei; **~poeic** [-----ˊ-ik] lautmalend

on|rush ['ɔnrʌʃ] Ansturm; **~set** [ˊ-set] Angriff; ⚕ Ausbruch, Anfall; **~slaught** [ˊ-slɔːt] wilder Angriff; ⚕ Anfall

onto ['ɔntu] = on to (*siehe* on)

onus ['ounəs] *(kein pl)* (Beweis-)Last

onward ['ɔnwəd] vorwärts(schreitend); *adv* **~(s)** vorwärts; *from* ... ~ von ... an

onyx ['ɔniks], *pl* **~es** Onyx

oodles [uːdlz] *umg* Unmengen

oof [uːf] *sl* Kies, Zaster; Mumm

oomph [uːmf] *sl* das gewisse Etwas, Sex-Appeal; Schwung, Schmiß

ooze [uːz] Schlamm, Schlick; (durch-)sickern (lassen); ~ *away* schwinden

opa|city [ou'pæsiti] Stumpfheit; Unverständlichkeit; **~l** ['oupəl] Opal; **~que** [ou'peik] undurchsichtig; *fig* stumpf

open ['oupən] **1.** offen; ~ *to* ausgesetzt, zugänglich für, möglich für; *to lay o.s. ~ to* sich aussetzen; *to be ~ to an offer* ein Angebot (zu) berücksichtigen (bereit sein); *in the ~ air* im Freien; **2.** (Wetter, Winter) frost-, schneefrei; **3.** *mil* geöffnet; ~ *season* Jagdzeit; ~ *shop (bes US)* gewerkschaftlich nicht gebundener Betrieb; *to have an ~ mind about s-th* sich noch nicht auf etwas festgelegt haben; ~ *verdict* ['vəːdikt] Freispruch aus Mangel an Beweisen; ~ *cheque* Inhaberscheck; **4.** *su* das Freie (*in the ~*); *to come into the ~* ganz offen sein, mit seinen Gedanken herauskommen; **5.** *vt/i* (sich) öffnen, aufmachen; **6.** eröffnen, erschließen; **7.** beginnen; ~ *into (on to)* gehen auf; ~ *out* ausbreiten, sich eröffnen; ~ *up* (er)öffnen, erschließen; **~cast** [ˊ--kaːst] (im) Tagebau (gewonnen); **~-air** [ˊ--ɛə] Freiluft, 🎭 Freilicht-, im Freien; **~er** Öffner; **~-eyed** [ˊ--'aid] mit offenen Augen, aufmerksam, überrascht; **~-handed** [ˊ--'hændid] freigebig; **~-hearted** [ˊ--'haːtid] offenherzig; **~ing** Öffnung; Eröffnung, Beginn; offene Stelle; günstige Gelegenheit; einleitend; **~-minded** [ˊ--'maindid] aufgeschlossen, weitherzig; **~-work** [ˊ--wəːk] durchbrochen(e Arbeit)

opera ['ɔpərə] Oper(nhaus); **~-cloak** [ˊ---klouk] Abend-, Theatermantel; **~-glasses** [ˊ---glaːsiz] *pl vb* Opernglas; **~te** [ˊ--eit] arbeiten, funktionieren; betätigen; betreiben, leiten; (zus.-)wirken; ⚕ operieren (*on s-b* j-n); *mil* operieren; **~tic** [--'rætik] Opern-; **~ting** [ˊ--reitiŋ] Operations-; Betriebs-; **~tion** [--'reiʃən] Betrieb, Gang; Wirkung, Wirksamkeit; *mil* Operation *(bes pl)*; ⚕ Operation (*on s-b* an j-m; *for s-th* wegen); **~tional** Betriebs-; betriebsfähig; **~tive** [ˊ---tiv] wirksam; ⚕ operativ; (Maschinen-)Arbeiter; **~tor** [ˊ--reitə] Unternehmer; Bedienungsmann, Arbeiter; ⚙ Techniker; Telephonist(in); ⚕ Operateur; Kameramann; gerissener Bursche

operetta [ɔpə'retə], *pl* **~s** Operette

ophthalm|ia [ɔf'θælmiə] Augenentzündung; **~ology** [--'mɔlədʒi] Augenheilkunde

opiate ['oupiit] Opiumpräparat

opin|e [ou'pain] meinen; **~ion** [ə'pinjən] Meinung, Ansicht; *matter of ~ion* Ansichtssache; *in my ~ion* meiner Meinung nach; *to be of (the) ~ion* der Meinung sein; *to have no ~ion of* nichts halten von; **~ionated** [ə'pinjəneitid] eigen-, starrsinnig

opium ['oupjəm] Opium (*~-den* -höhle)

opossum [ə'pɔsəm], *pl* **~s** Opossum, Beutelratte

opponent [ə'pounənt] *bes* ⚔ Gegner

opportun|e ['ɔpətjuːn, *US* ---ˊ] günstig; passend; **~ist** [ˊ---ist, *US* --ˊ-ist] Opportunist; **~ity** [--ˊ-iti] Gelegenheit

oppos|e [ə'pouz] bekämpfen, sich widersetzen; entgegentreten; *to be ~ed* [-ˊ-zd] *to* gegen etwas sein; *~e with (against) s-th* gegenüberstellen; **~ite** ['ɔpəzit] gegenüber(liegend); entgegengesetzt; entsprechend; *~ite number* Gegenspieler, entsprechende Person; Gegenteil, -satz; **~ition** [ɔpə'ziʃən] Widerstand; -spruch; Gegensatz; Opposition(sparteien); Gegenüberstellung

oppress [ə'pres] unter-, *fig* bedrücken; **~ion** [ə'preʃən] Unter-, Bedrückung; **~ive** [-ˊ-iv] grausam, unter-, bedrückend; **~or** [-ˊ-ə] Unter-, Bedrücker

opprobri|ous [ə'proubriəs] schändlich; Schimpf-; **~um** [-ˊ-əm] Schande (*to* für); Verdammung

optic ['ɔtik] Seh-; **~al** optisch; Seh-; **~al system** Optik; **~ian** [-ˊ-ʃən] Optiker; *ophthalmic* [ɔf'θælmik] *~ian* Augenoptiker; *dispensing ~ian* Brillenhändler; **~s** *sg vb* Optik (als Wissenschaft)

optim|ism ['ɔptimizm] Optimismus; **~ist** [ˊ--mist] Optimist; **~istic** [--'mistik] optimistisch; **~um** [ˊ--məm] Optimum; optimal

option ['ɔpʃən] Wahl(möglichkeit);

optometr|ist [ɔp'tɔmitrist] *bes US* Augenoptiker; **~y** [-ˊ--tri) Sehschärfebestimmung, Optometrie

opulen|ce ['ɔpjuləns] Reichtum, Überfluß; **~t** [ˊ--lənt] reich(lich); üppig

op|us ['oupəs], *pl* **~era** ['ɔpərə] Werk, Opus

or [ɔː] oder; ~ *(else)* sonst; beziehungsweise; ~ *so* etwa

orac|le ['ɔrəkl] Orakel(stätte, -spruch); **~ular** [ə'rækjulə] orakelhaft; Orakel-; weise; unfehlbar

oral ['ɔːrəl] mündlich; Mund-; mündl. Prüfung

orange ['ɔrindʒ] (*sweet* ~) Apfelsine, (süße) Orange; (*bitter, sour* ~) Pomeranze, bittere Orange; orange(farben)

orang|-outang ['ɔːrəŋ'uːtæŋ], **~-utan** [ou'ræŋuː'tæn] Orang-Utan

ora|tion [ə'reiʃən] Rede *(a. gram)*; **~tor** ['ɔrətə] Redner; **~torical** [ɔrə'tɔrikl] rednerisch; **~torio** [ɔrətɔːriou], *pl* ~torios Oratorium; **~tory** ['ɔrətəri] Redekunst, Rhetorik; Betraum, Kapelle

orb [ɔːb] Himmelskörper; Kugel, Ball; **~it** [ˊ-it] (Umlauf)Bahn; Augenhöhle; *fig* (Wirkungs-)Bereich; kreisen; auf eine (Umlauf)Bahn bringen

orchard ['ɔːtʃəd] Obstgarten; **~ist** Obstbauer

orchestra ['ɔːkistrə], *pl* **~s** Orchester(-raum); **~ (stalls)** *US* Sperrsitz, 1. Parkett; **~l** [ɔː'kestrəl] Orchester-; **~te** [ˊ--treit] orchestrieren, instrumentieren

orchi|d ['ɔːkid] Orchidee; **~s** [ˊ-kis], *pl* ~ses Knabenkraut; = ~d

ordain [ɔː'dein] bestimmen; *eccl* weihen

ordeal [ɔː'diːl] Gottesurteil; (Feuer-)Probe *(a. fig)*; Martyrium

order ['ɔːdə] **1.** Ordnung; (ordentlicher) Zustand; **2.** Reihenfolge; *in ~ of (size etc)* der (Größe etc) nach; ~ *of battle, battle* ~ Schlachtordnung; *out of* ~ nicht in Ordnung (*a.* ⚕), kaputt; *(is) the ~ of the day* (ist an der) Tagesordnung; **3.** Befehl, Anweisung (*is under ~s* hat Befehl; *by ~ of* auf B. von); **4.** Bestellung (*for* auf), Auftrag (*for* auf, über; *to fill an* ~ einen Auftrag ausführen); *on* ~ bestellt, in Auftrag gegeben; *made to* ~ auf Bestellung, nach Maß angefertigt; *a large* (od *tall*) ~ e-e schwierige Aufgabe; **5.** (Geld-)Anweisung; **6.** *pol* Geschäftsordnung; **7.** Klasse, Stand; Orden(szeichen); *to take holy ~s* in den heiligen Stand treten; Art (*of a high* ~); (klassischer) Stil; *zool, bot* Ordnung; *in ~ to* um zu; *in ~ that* damit; **8.** *vt* befehlen, anweisen; bestimmen; ordnen; bestellen (*from* bei); ⚕ verordnen; **~ about** herumkommandieren; **~-book** [ˊ--buk] Auftragsbuch; **~-form** [ˊ--fɔːm] Bestellschein; **~ly** [ˊ--li] ordentlich; ruhig; methodisch; diensttuend; *~ly room (mil)* Geschäftszimmer; Ordonnanz; Melder; ⚕ Krankenwärter

ordina|l ['ɔːdinəl] Ordnungs-(Zahl); **~nce** [ˊ--nəns] An-, Verordnung; *US* Ortsstatut; **~rily** [ˊ-nərili] ordentlich; gewöhnlich; **~ry** ['ɔːdnri] gewöhnlich; alltäglich; *~ry share* Stammaktie; *in an ~ry way* unter normalen Umständen; *su BE* festes Menü; Hochrad; Stammaktie; *out of the ~ry* außergewöhnlich; **~te** [ˊ-nit] Ordinate; **~tion** [--'neiʃən] Ordination, Weihe

ordnance ['ɔːdnəns] Artillerie, Feldzeugwesen; *piece of ~* Geschütz; **~ map** *(BE)* Meßtischblatt; **~ survey** ['səːvei] *BE* Landesvermessung

ordure ['ɔːdjuə, *US* ˊ-dʒə] Dünger; *fig* Schmutz

ore [ɔː] Erz

organ ['ɔːgən] Organ; Mittel, Werkzeug (*~ of speech* Sprechw]; Zeitung, Organ; Orgel; (*a.: reed, American ~*) Harmonium; **~-blower** [ˊ--blouə] Blasebalgtreter; **~dy** *(BE a.: ~die)* [ˊ--di] Organdy; **~-grinder** [ˊ--graində] Orgeldreher, Leierkastenmann; **~ic** [-'gænik] organisch; **~ism** [ˊ--izm] Organismus; **~ist** Organist; **~ization** [--nai'zeiʃən] Organisation; Einrichtung; Bau; **~ize** [ˊ--naiz] organisieren; bilden; aufbauen; (s.) zus.schließen; **~ized** [ˊ--naizd] organisiert, organisch; **~-loft** [ˊ--lɔft] Orgelempore

orgy ['ɔːdʒi] Orgie; Schwelgerei

orient ['ɔːriənt] Orient; östlich; **~** [ˊ--ent] (nach Osten etc) ausrichten (*a. fig, to* nach), orientieren; **~al** [--'entl] östlich; orientalisch; Orientale; **~alist** Orientalist; **~ate** [ˊ--enteit] = to ~; **~ation** [--en'teiʃən] Orientierung

orifice ['ɔrifis] Öffnung, Mündung

origin ['ɔridʒin] Ursprung; Herkunft; **~al** [ə'ridʒənl] ursprünglich; originell; Original-; Grund- (*~al sin* Erbsünde); Original; Sonderling; **~ality** [əˌridʒi'næliti] Originalität; **~ate** [ə'ridʒineit] entstehen, entspringen (*from, in* aus; *with, from s-b* bei, durch j-n); ins Leben rufen; verursachen

oriole ['ɔːrioul] Pirol, Goldamsel

ornament ['ɔːnəmənt] Schmuck(gegenstand); Schmuck, Zierde (*to* für); ♪ Verzierung; **~** [ˊ--ment] schmücken, verzieren; **~al** [--'mentl] schmückend; Zier-; **~ation** [--men'teiʃən] Schmücken; Schmuck; Verzierung

ornate [ɔː'nit] (reich) geschmückt, überladen; überschwenglich

ornithology [ɔːni'θɔlədʒi] Vogelkunde

orphan ['ɔːfən] (Halb-)Waise(nkind); Waisen-; verwaisen; **~age** [ˊ--idʒ] Waisenhaus

orthodox ['ɔːθədɔks] rechtgläubig; orthodox; herkömmlich, anerkannt; **~y** [ˊ---i] Rechtgläubigkeit; Festhalten an herkömmlichen Ideen

orthograph|ic (*a.* **~ical**) [ɔːθə'græfik] orthographisch, Rechtschreib-; **~y** [ɔː'θɔgrəfi] Orthographie, Rechtschreibung

orthopaed|ic [ɔːθə'piːdik] orthopädisch; **~ics** *sg vb* Orthopädie; **~ist** [--ˊdist] Orthopäde

oscilla|te ['ɔsileit] schwingen (lassen); oszillieren; schwanken *(a. fig)*; **~tion** [--ˊʃən] Schwingung; Oszillation

osier ['ouʒə]: (*basket ~*) Hanfweide; (*red ~*) Purpurweide

osprey ['ɔspri] Fischadler

ossi|fication [ɔsifi'keiʃən] Verknöcherung; **~fy** [ˊ-fai] verknöchern *(a. fig)*

osten|sible [ɔs'tensibl] an-, vorgeblich; **~tation** [--'teiʃən] Zurschaustellung, Protzen; Prunk; **~tatious** [--'teiʃəs] prunkend; prahlerisch; protzig

osteopathy [ɔsti'ɔpəθi] (e-e Art) Chiropraktik

ostler, *bes US* **hostler** ['ɔslə] Stallknecht

ostrac|ism ['ɔstrəsizm] Verbannung; Boykott; **~ize** [ˊ--saiz] verbannen; boykottieren, meiden

ostrich ['ɔstritʃ] *zool* Strauß; *to have the digestion* [di'dʒestʃən] *of an ~* e-n Straußenmagen haben; *to bury one's head ~-like in the sand* den Kopf in den Sand stecken, Vogel-Strauß-Politik treiben

other ['ʌðə] ander(s); *the ~ day* neulich, kürzlich; *some day (time) or ~* e-s Tages; *some one or ~* irgend jemand; *somehow or ~* irgendwie; *every ~* jede(r) andere; *on the ~ hand* andererseits; *~ things being equal* unter gleichen Voraussetzungen; *each ~, one an~* einander; **~wise** [ˊ--waiz] anders; sonst

otiose ['ouʃious] müßig; wirkungs-, zwecklos

otitis [ou'taitis] Ohrenentzündung; **~ media** ['miːdiə] Mittelohrentzündung

otology [ou'tɔlədʒi] Ohrenheilkunde

otter ['ɔtə] Fischotter; (*sea ~*) Seeotter, Kalan; **~-hound** (Art) Jagdhund

ottoman ['ɔtəmən] Ottomane, Diwan

ouch [autʃ] aua!, au! [len

ought [ɔːt] sollte; *~ to have done* hätte tun sollen

ounce [auns] Unze (= 28,35 g); *fluid ~* Unze (*BE* 28,41 ccm, *US* = 29,57 ccm); fig Deut, Gramm; *zool* Schneeleopard

our [auə] unser; **~s** [ˊ-z] unser(e, es); unsrige(r); **~selves** [-'selvz] selbst; uns (*siehe* herself)

oust [aust] verdrängen; entfernen (*from* aus)

out [aut] **1.** *(mit to be)* draußen, heraus; (Buch) erschienen, verliehen; fort; zu Ende; *to be ~ in* sich verrechnet haben in; *to be ~* streiken; **2.** *(mit anderen Verben)* (her)aus-; los-; zu Ende; hervor-; *~ and ~* durch und durch; *the ~s: siehe* in; **3.** *vt/i* herauskommen; k.o.-schlagen, besiegen; *~ of (prep)* aus *(a. fig)*; außer(halb)

out|balance [aut'bæləns] überwiegen; **~bid** *(s. S. 319)* überbieten; **~board** [ˊ-bɔːd] Außenbord-; **~bound** [ˊ-baund] auf der Ausreise (begriffen); **~brave** [-'breiv] tapferer sein als; durchstehen; **~break** [ˊ-breik] Ausbruch; **~building** [ˊ-bildiŋ] Nebengebäude; **~burst** [ˊ-bəːst] Ausbruch; **~cast** [ˊ-kaːst] ausgestoßen(e Person); **~caste** [ˊ-kaːst] kastenlos(e Person); **~class** [-'klaːs] überflügeln, -runden; -treffen; **~come** [ˊ-kʌm] Ergebnis; **~crop** [ˊ-krɔp] Zutagetreten; zutage getretenes Gestein; **~cry** [ˊ-krai] Aufschrei; (allgem.) Entrüstung; **~dated** [-'deitid] überholt; **~distance** [-'distəns] hinter sich lassen, überholen; **~do** [–'duː] *(s. S. 319)* übertreffen; **~door** [ˊ–dɔː] im Freien, draußen (geschehend); **~doors** [ˊ–'dɔːz] *adv* draußen, im Freien; **~er** [ˊ–ə] äußere(r, s) Außen-; *the ~er man* das Äußere; **~er ear** Ohrmuschel; **~er space** Weltraum; **~ermost** [ˊ–əmoust] äußerste; **~face** [–'feis] anstarren, aus der Fassung bringen; **~fall** [ˊ–fɔːl] Ausfluß; Mündung; **~fit** [ˊ–fit] Ausrüstung, Einrichtung; Apparat(ur); *umg* Gruppe; *mil* Einheit; ausrüsten (*with* mit); **~fitter** (Herren-)Ausstatter; **~flank** [–'flæŋk] *mil* überflügeln; **~flow** [ˊ–flou] Ausfluß; -bruch; **~go** [ˊ–gou], *pl* ~goes Ausgabe(n); **~going** [ˊ–gouiŋ] aus-, ablaufend; ausziehend; *pl* Ausgaben; **~grow** [–'grou] *(s. S. 319)* herauswachsen aus; schneller wachsen (größer werden) als; *~grow one's strength* zu schnell wachsen, in die Höhe schießen; *fig* ablegen; **~growth** [ˊ–grouθ] Auswuchs; Folge; Entwicklung; **~house** [ˊ–haus], *pl* ~houses (ˊ–hauziz] Nebengebäude; **~ing** Ausflug (*to go for an ~ing* Ausflug machen); **~landish** [–'lændiʃ] fremdartig; **~last** [–'lɑːst] überdauern; länger durchhalten als; **~law** [ˊ–lɔː] Geächteter; Bandit; ächten; **~lawry** [ˊ–lɔːri] Ächtung; Geächtetsein; **~lay** [ˊ–lei] Ausgeben; Ausgabe; **~let** [ˊ–let] Auslaß, -fluß; Öffnung; *US* Steckdose; Markt, Verkaufsstelle; *fig* Ventil; **~line** [ˊ–lain] Umriß, Kontur; Überblick, Skizze; Abriß; umreißen, in großen Zügen darstellen; **~live** [–'liv] überleben; **~look** [ˊ–luk] Aussicht; *fig* Ausblick; *fig* Horizont, (Lebens-)Anschauung; **~lying** [ˊ–laiiŋ] abge-, entlegen; **~manœuvre,** *US* **~maneuver** [–'mə'nuːvə] (geschickt) umgehen; **~match** [–'mætʃ] übertreffen; **~moded** [–'moudid] veraltet, unmodern; **~number** [–'nʌmbə] an Zahl übertreffen

out of *siehe* out

out-of-|date ['autəv'deit] altmodisch, veraltet; **~door** [ˊ–dɔː] = outdoor; **~fashion** [ˊ–'–fæʃən] altmodisch, unmodern; **~the-way** [ˊ––ðə'wei] abgelegen; ungewöhnlich, seltsam

out|pace [–'peis] überholen; **~-patient** [ˊ–peiʃənt] ambulanter Kranker; **~-patient clinic** Poliklinik; **~play** [–'plei] besser spielen als, schlagen; **~port** [ˊ–pɔːt] Vor-, abgelegener Hafen; **~post** [ˊ–poust] Vorposten; **~pouring** [ˊ–pɔːriŋ] Erguß *(bes fig)*; **~put** [ˊ–put] (Arbeits-)Leistung; Produktion, Ausstoß, -beute; Ertrag

outrage ['autreidʒ] (rohe) Gewalt (*act of ~* -tat); Gewalttat, Verbrechen; gröbliche Beleidigung; Gewalt antun; gröblich beleidigen; (offen) verletzen; empören; **~ous** [–ˊ–dʒəs] empörend; schändlich; übermäßig

out|range [aut'reindʒ] weiter reichen als; **~rank** [–'ræŋk] (im Rang) höher stehen als; hinter sich lassen; **~-relief** [ˊ–riliːf] Armenhilfe (im Haus); **~ride** [–'raid] *(s. S. 319)* schneller reiten als, entkommen; **~rider** [ˊ––ə] Vorreiter; **~right** [ˊ–rait] völlig, gänzlich; aufrichtig; *adv* [–ˊ] geradeheraus; sofort; völlig; **~rival** [–'raivəl] überbieten, schlagen; **~run** [–'rʌn] *(s. S. 319)* schneller laufen als; *fig* überschreiten; **~ runner** [ˊ–rʌnə] *konkr* Vorläufer; Beipferd; Leithund; **~sell** *(s. S. 319)* (s.) besser verkaufen als; mehr einbringen; **~set** [ˊ–set] Beginn; **~shine** [–ʃain] *(s. S. 319)* überstrahlen

outside ['aut'said] Äußeres, Außenseite; *at the (very) ~* (aller)höchstens; *adj* [ˊ–] Außen-; maximal; *fig* abseitig; *prep* [–ˊ] außer(halb); über ... hinaus; *adv* [–ˊ] (nach) (dr)außen; *~ of* außerhalb; *to get ~ of (sl)* verdrücken, runterspülen; ~ [–'saidə] Außenseiter

out|size ['autsaiz] Übergröße; **~skirts** ˊ–skəːts] *pl vb* Randbezirk; Grenze; **~smart** [–'smɑːt] *umg* j-n reinlegen; **~spoken** [–'spoukən] freimütig, offenherzig; **~spread** [ˊ–spred] ausgebreitet; **~standing** [–'stændiŋ] hervorspringend, -ragend; ausstehend; unerledigt; **~stay** [–'stei] länger bleiben als (*one's welcome* als man erwünscht ist); **~stretched** [ˊ–stretʃt] ausgestreckt; **~strip** [–'strip] überrunden, -treffen; **~vote** [–'vout] überstimmen, niederstimmen

outward ['autwəd] äußere; *the ~ man* das Äußere; äußerlich; *~ voyage* [vɔidʒ] Ausreise; *adv* (*mst* **~s**) auswärts, nach außen; **~-bound** [ˊ–baund] auf der Ausreise (begriffen); **~ly** äußerlich

out|wear [aut'wɛə] *(s. S. 319)* überdauern; auftragen, abnutzen; **~weigh** [–'wei] über-, aufwiegen; **~wit** [–'wit] überlisten; **~work** [ˊ–wəːk] *mil* Außenwerk; Heimarbeit

ouzel [uːzl] Ringdrossel; (*water ~*) Wasseramsel

ova|l ['ouvəl] oval; Oval; **~ry** [ˊ–ri] Eierstock; **~tion** [–'veiʃən] Ovation

oven ['ʌvən] Back-, Bratofen; Trockenofen; Brennofen

over ['ouvə] vorbei; her-, hinüber; zu Besuch; übrig; *~ there* dort drüben; um-; über-; *~ (and ~) again, US a. ~* immer wieder; *all ~* ganz und gar; *John all ~* ganz typisch für J.; *all ~ s-b* verknallt in j-n; übermäßig *(polite, tired etc)*; *prep* über; oberhalb; bei, während *(the work)*; im (Radio); *~ and above* über ... hinaus

over|act ['ouvər'ækt] chargieren; an die Wand spielen; **~all** [ˊ–ɔːl] Kittelschürze; *pl* Monteuranzug, Overall; **~-all** Gesamt-; **~arch** [ˊ–'ɑːtʃ] überwölben; **~awe** [––'ɔː] einschüchtern; **~balance** [––'bæləns] überwiegen; umkippen; Übergewicht; **~bear** [––'bɛə] *(s. S. 319)* überwältigen, niederringen; **~bearing** [––'bɛəriŋ] anmaßend; **~blown** [ˊ–'bloun] verblüht; **~board** [ˊ–bɔːd] über Bord *(a. fig)*; **~bold** [ˊ–'bould] (zu) dreist, unverschämt; **~burden** [––'bəːdən] über(be)laden; -wältigen; **~cast** [ˊ–kɑːst] bedeckt; düster; **~charge** [––'tʃɑːdʒ] zuviel, überfordern; überladen; *su* [ˊ––] Überforderung, -ladung, -lastung; **~cloud** [––'klaud] (s.) bewölken; trüben; **~coat** [ˊ–koat] Mantel, Überzieher; **~come** [––'kʌm] *(s. S. 319)* überwinden; -wältigen; **~crowd** [––'kraud] überfüllen; **~do** [––'duː] *(s. S. 319)* übertreiben; zu sehr kochen (braten); **~draft** [ˊ–drɑːft] Kontoüberziehung; überzogener Betrag; **~draw** [––'drɔː] *(s. S. 319)* überziehen;

über-, verzeichnen; outrieren; **~dress** [––'dres] (s.) herausputzen; **~drive** [–́–'draiv] *(s. S. 319)* abhetzen; **~due** [–́–'djuː] überfällig; **~eat** [–́–'iːt] *(s. S. 319)* zu viel essen); (s.) überessen; **~estimate** [–́–'estimit] Überschätzung; *vt/i* [–́–'estimeit] überschätzen; **~expose** [–́–iks'pouz] überbelichten; **~flow** [–́–flou] Überschwemmung; -schuß; *vt/i* [––́–] überschwemmen; über die Ufer treten; *fig* überfließen (*with* vor); **~flow meeting** Parallelversammlung; **~grow** [–́–'grou] *(s. S. 319)* überwuchern; **~grown** aufgeschossen; **~growth** [–́–grouθ] (Über-)Wucherung; übermäßiges Wachsen; **~hang** [––'hæŋ] *(s. S. 319)* (hinaus)ragen (über); drohen; *su* [–́–hæŋ] Überhang; **~haul** [––'hɔːl] untersuchen; überholen; *su* [–́–hɔːl] Untersuchung, Überholung; **~head** [–́–'hed]) oben, über uns; *adj* [–́–hed] Hoch-, Ober; *~head (costs, expenses)* allgemeine Unkosten; **~hear** [––'hiə] *(s. S. 319)* zufällig hören; erlauschen; **~-indulge** [––in'dʌldʒ] (zu sehr) verwöhnen; **~joyed** [––'dʒɔid] entzückt (*at* über); **~land** [–́–lænd] Überland-; *adv* [––́–] über Land; **~lap** [––'læp] übereinandergreifen; -ragen; (sich) überschneiden; **~leaf** [––'liːf] umseitig; **~leap** [––'liːp] *(s. S. 319)* springen über; *~leap o. s.* über das Ziel hinausschießen; **~load** [––'loud) überladen; *su* [–́––] Überlast; **~look** [––'luk] überschauen; -sehen; durchgehen lassen; beaufsichtigen; **~lord** [–́–lɔːd] Lehnsherr; **~ly** [–́–li] *bes US* übermäßig; **~master** [––'mɑːstə] überwältigen; **~night** [–́'nait] über Nacht; am Abend vorher; *adj* [–́––] Nacht-; **~night bag** Stadtköfferchen; **~power** [––'pauə] überwältigen; **~rate** [––'reit] überschätzen, -bewerten; **~reach** [––'riːtʃ] hinausreichen über; übervorteilen; *~reach o.s.* sich ausrenken, über das Ziel hinausschießen; **~ride** [––'raid] *(s. S. 319)* nieder-, zu Schanden reiten; sich hinwegsetzen über; beiseite schieben; **~riding** unabdingbar; **~rule** [––'ruːl] verwerfen; stärker sein als; **~run** [––'rʌn] *(s. S. 319)* überschwemmen, -laufen; -wuchern; *fig* überschreiten; **~sea(s)** [––'siː(z)] nach Übersee, in Ü.; überseeisch; Übersee; **~see** [––'siː] *(s. S. 319)* beaufsichtigen; **~seer** [–́–siə] Aufseher; **~shoe** [–́–ʃuː] Überschuh; **~shoot** [––'ʃuːt] *(s. S. 319)* über ... hinausschießen; *~shoot the mark (o. s.) fig* über das Ziel hinausschießen; **~side** [–́–said] über die Schiffsseite; **~sight** [–́–sait] Versehen; Aufsicht; **~sleep** [––'sliːp] *(s. S. 319) (o.s.)* verschlafen; **~state** [––'steit] übertreiben; **~stay** [––'stei] länger bleiben als (*one's welcome* als man erwünscht ist); **~step** [––'step] überschreiten; **~stock** [––'stɔk] überfüllen, -sättigen; **~strain** [––'strein] überanstrengen; *su* [–́––] Überanstrengung; **~t** *siehe* overt; **~take** [––'teik] *(s. S. 319)* überholen; -raschen; -wältigen; **~tax** [–́–'tæks] überbesteuern; übermäßig in Anspruch nehmen; **~throw** [––'θrou] *(s. S. 319)* umstoßen; stürzen; *su* [–́––] (Um-)Sturz; Niederlage; **~time** [–́–taim] Überstunden (*to work ~time, to be on ~time* Ü. machen); Überstundenbezahlung; **~trump** [––'trʌmp] übertrumpfen; **~ture** *siehe* overture; **~turn** [––'təːn] umstürzen, -kippen; **~weening** [––'wiːniŋ] anmaßend, eingebildet; **~weight** [–́–weit] Mehr-, Übergewicht; *adj* [–́–́] übergewichtig; **~weighted** [–́–'weitid] überladen; **~-whelm** [––'welm] überschwemmen, verschütten; überwältigen; -häufen; **~work** [––'wəːk] überanstrengen; *~work o.s.* sich überarbeiten; *su* [–́––] übermäßige Arbeit, Überarbeitung; Mehrarbeit; **~wrought** [–́–'rɔːt] überarbeitet; überreizt

overt ['ouvəːt, –́] *fig* offen(kundig)

overture ['ouvətjuə, *bes US* –́–tʃə] Ouvertüre; *pl* (Annäherungs-)Vorschläge, Avancen; *to make ~s to* j-m Avancen machen

ow|e [ou] schulden; verdanken; **~ing** ['ouiŋ] ausstehend; *to have ~ing* ausstehen haben; *~-ing to* wegen, infolge

owl [aul] Eule; **~ish** eulenhaft, -artig

own [oun] **1.** besitzen; als seines anerkennen; einräumen; *~ to* eingestehen; *~ up (umg)* zugeben (*to s-th* etwas); **2.** eigen; *all its ~* ganz besondere(r); *for my (very) ~* ganz zu eigen; **3.** selbst *(she makes all her ~ dresses)*; *of one's ~* eigen; *on one's ~* selbständig, auf eigene Faust; *in one's ~ right* selbst; *to come into one's ~* zu seinem Recht kommen, die verdiente Anerkennung finden; *to hold one's ~* die Stellung halten *(a. fig)*, ⚕ sich (gut) halten; *to be on one's ~* unabhängig sein; *to get one's ~ back (umg)* es j-m heimzahlen; **~er** Besitzer, Eigentümer; **~erless** herrenlos; **~ership** Besitz(recht), Eigentum(srecht)

ox [ɔks], *pl* **~en** [–́ən] Ochse, Rind *(bes pl)*; **~-eye** [–́ai] Margerite; **~-eyed** groß-, kuhäugig; **~hide** [–́haid] Rindsleder; **~lip** [–́lip] weiße Schlüsselblume

Oxford ['ɔksfəd]: **~ blue** dunkelblau; **~ shoes** Halbschuhe

oxford ['ɔksfəd] = Oxford shoe

oxid|e ['ɔksaid] Oxyd; **~ize** [–́sidaiz] oxydieren

oxygen ['ɔksidʒən] Sauerstoff

oyes (oyez) [ou'jes, *US* –́–] Achtung!, Ruhe!

oyster ['ɔistə] Auster; **~-bed** Austernbank

ozone ['ouzoun, –́] Ozon

P

P [piː] P ♦ *to mind one's p's* [piːz] *and q's* [kjuːz] sehr auf Anstand bedacht sein

pa [pɑː] Papa, Paps

pace [peis] **1.** Schritt(länge); **2.** Tempo (*to set the ~* das Tempo bestimmen); *to go the ~* schnell machen, flott leben; **3.** Paß(-gang); **4.** Gang(art) (e-s Pferdes) ♦ *to put s-b through his ~s* auf Herz und Nieren prüfen; **5.** (auf und ab)schreiten (in); **6.** (im) Paß gehen; **7.** ⛹ Schrittmacher sein für; *~ out (off)* abschreiten; **~-maker, ~-setter** Schrittmacher

pachyderm ['pækidəːm] Dickhäuter *(a. fig)*

pacific [pə'sifik] friedliebend, -lich; beruhigend; *the P~* der Pazifik; **~ation** [pæsifi'kei-

ʃən] Befriedung; Beruhigung; **~ism** [-´-sizm], **~ist** [-´-ist] *BE neben* pacifism, pacifist
pacif|ism ['pæsifizm] Pazifismus; **~ist** [´-fist] Pazifist; **~fier** [´-faiə] *US* Schnuller; **~y** [´-fai] besänftigen; befrieden
pack [pæk] Bündel, Pack; Rudel, Koppel, Volk (Rebhühner); *fig* Bande, Haufen; Spiel (Karten); *US* Päckchen (Zigaretten); Packmenge, -methode; Packeis; packen (*up* zus.-, ein-); sich packen lassen; bepacken; zus.drängen, (voll)pferchen; sich drängen in; *to send s-b ~ing* j-n (schnell) abschieben; ✡ abdichten; etwas mit seinen Leuten besetzen; *~ off* wegschicken; *~ o.s. off* sich packen; *~ up (umg)* zus.packen, aufhören; **~age** [´-idʒ] Pack, Ballen; Paket; (Ver-)Packung; **~-animal** [´-ænimәl] Packtier; **~er** [Ver-)Packer; Packmaschine; **~et** [´-it] Päckchen, Stoß; Packung (Zigaretten); **~et(-boat)** Postschiff; **~et-soup** [´-itsu:p] Suppenpulver; **~-ice** [´-ais] Packeis; **~ing** [´-iŋ] Verpackung(smaterial); Pack-; ✡ Dichtung; **~man** [´-mən], *pl* ~men Hausierer; **~thread** [´-θred] (starker) Bindfaden
pact [pækt] Übereinkommen, Vertrag
pad [pæd] Polster, Kissen; (Schreib-etc)Block; (Farb-)Kissen); ⚔ Beinschiene; Ballen (am Fuß); Pfote; polstern, wattieren; *~ out (fig)* auffüllen; **~ding** Polstermaterial, Wattierung; *fig* Füllmaterial
paddle [pædl] Paddel; Rührholz, Spachtel; ⚓ Schaufel; paddeln; ♦ *~ one's own canoe* [kə'nu:] auf sich selbst angewiesen sein; planschen; *US* (ver-)prügeln; **~-box** [´-bɔks] ⚓ Radkasten; **~-steamer** [´-sti:mə] Raddampfer; **~-wheel** [´-wi:l] Schaufelrad
paddock ['pædək] (Pferde-)Koppel
paddy ['pædi] Rohreis, Paddy; *BE* Wutanfall; **P~** (Spitzname für) Ire; **~-field** Reisfeld
padlock ['pædlɔk] Vorhängeschloß; mit einem Vorhängeschloß verriegeln
padre ['pa:dri] *eccl* Vater; *sl* Kaplan
paean ['piən] Dankes-, Siegeslied
paediatric|ian, *US* **pedi-** [pi:diə'triʃən] Kinderarzt; **~s** (--'ætriks] *sg vb* Kinderheilkunde
pagan ['peigən] Heide; heidnisch; **~ism** [´--izm] Heidentum
page [peidʒ] Seite; Page; Boy; j-n holen lassen (im Hotel); *paging Mr Smith!* Mr. S. wird verlangt!, Mr. S., bitte!; paginieren; *US* durchblättern
pageant ['pædʒənt] historisch. Festspiel, -zug; **~ry** [´--ri] Gepränge, Prunk
pagoda [pə'goudə] *pl* **~s** Pagode
pah [pa:] igitt(egitt); pfui
paid [peid] *siehe* pay
pail [peil] Eimer
pain [pein] Schmerz(en); *to be in ~* leiden; *under* (od *on*) *~ of death* bei Todesstrafe; *to take ~s* sich bemühen; *to spare no ~s* keine Mühe scheuen; *vt/i* schmerzen; **~ful** schmerzhaft, -lich; **~less** schmerzlos; **~staking** [´-zteikiŋ] arbeitsam; sorgfältig
paint [peint] Farbe; (an)malen, (an)streichen; *~ s-th in* hineinmalen; *~ s-th out* übermalen; *fig* schildern ♦ *~ the town red* die Stadt auf den Kopf stellen; **~-box** [´-bɔks] Malkasten; **~-brush** [´-brʌʃ] Pinsel; **~er** Maler; Anstreicher; ⚓ Fangleine; **~ing** Malen; Gemälde, Bild
pair [pɛə] Paar; *a ~ of (trousers, pincers, scissors, etc)* eine (Hose, Zange, Schere etc); *~ (of stairs, steps)* Treppe ♦ *two ~ front* Wohnung (Mieter) im 2. Stock vorn; (s.) paaren; *~ off* paarweise ordnen, *umg* verheiraten
pajamas [pə'dʒa:məz] *US* = pyjamas
pal [pæl] *sl* Freund, Kumpan; *~ up with* sich anfreunden mit; **~ly** freundlich
palace ['pælis] Palast
palan|quin (*a.* **~keen**) [pælən'ki:n] Sänfte
palat|able ['pælətəbl] schmackhaft; angenehm; **~e** [´-it] Gaumen (*hard ~e* G., *soft ~e* G.segel); Geschmack(ssinn)
palatial [p'əleiʃəl] palastartig, prächtig
palaver [pə'la:və] (endlose) Besprechung; Palaver; palavern
pale [peil] bleich; hell-; Pfahl; *fig* Grenze (des Anstands); bleich werden, erblassen; **~-face** [´-feis] Bleichgesicht
palette ['pælit] Palette
palfrey ['pɔ:lfri] (Damen-)Reitpferd
paling ['peiliŋ] Pfahlzaun
palisade [pæli'seid] Palisade; *pl US* Steilklippen
pall [pɔ:l] Bahrtuch; *fig* Decke, Mantel; schal, reizlos werden (*on s-b* für j-n); **~-bearer** [´-bɛərə] Hauptleidtragender, Sargträger
pallet ['pælit] (Stroh-)Matratze, -lager
pallia|te ['pælieit] beruhigen, lindern; beschönigen; **~tion** [--'eiʃən] Linderung; Beschönigung; **~tive** [´--ətiv] Linderungsmittel; Beschönigung; lindernd; beschönigend
pall|id ['pælid] bleich; **~or** [´-lə] (Gesichts-)Blässe
palm [pa:m] Handfläche; -breite; Palme; *fig* Sieg; *to bear* (od *carry off*) *the ~* d. Sieg davontragen; *vt* in der Hand verbergen; *~ s-th off on s-b* j-m etwas andrehen; **~er** [´-ə] Pilger; **~ist** [´-ist] Handleser; **~istry** Handlesekunst, Chiromantie; **~-oil** Palmöl; **~y** [´-i] palmenartig, -reich; herrlich
palp|able ['pælpəbl] fühlbar; handgreiflich; **~itate** [´-piteit] *bes* ⚕ heftig schlagen, klopfen; **~itation** Herzklopfen
palsy ['pɔ:lzi] ⚕ Lähmung *(a. fig)*; lähmen
palt|er ['pɔ:ltə] *with* ausweichen bei, feilschen mit j-m, leichtfertig umgehen mit; **~ry** [´-tri] armselig; erbärmlich
pampas ['pæmpəz] *pl vb* Pampas, Grassteppe
pamper ['pæmpə] verwöhnen; verzärteln
pamphlet ['pæmflit] Flugschrift, Broschüre; **~eer** [--'tiə] Verfasser e-r Fl.
pan [pæn] Pfanne; Waagschale; Schüssel (z. Goldwaschen); *sl* Visage; verreißen; *~ off* (od *out*) (Gold) waschen, *fig* Erfolg haben
panacea [pænə'siə], *pl* **~s** Allheilmittel
pancake ['pænkeik] Eierkuchen
pancreas ['pæŋkriəs] Bauchspeicheldrüse
pandem|ic [pæn'demik] allgemein verbreitet(e Krankheit); **~onium** [pændi'mouniəm] Höllenlärm, wilder Tumult; Hölle

pander ['pændə] (ver)kuppeln; ~ *to* Vorschub leisten
pane [pein] (Fenster-)Scheibe
panegyric [pæni'dʒirik] Lobrede
panel ['pænəl] Tafel, Feld (d. Täfelung); (Tür-) Füllung; (Stoff-)Streifen; ⚡ Schalttafel; Verzeichnis (d. Geschworenen, *BE a.* d. Kassenärzte); *on the* ~ kassenärztlich zugelassen; (Diskussions-)Gruppe; ~ *discussion* [dis'kʌʃən] öffentl. Diskussion (*a.* 📺); **~ling** Täfelung; **~list** Diskussionsteilnehmer
pang [pæŋ] stechender Schmerz, Weh(en)
panic ['pænik] Panik; panisch; mit panischer Angst erfüllen; von pan. Angst erfüllt werden; **~ky** [´--ki] (leicht) von panischer Angst erfüllt
pann|ier ['pæniə] Tragkorb; **~kin** [´--kin) *bes BE* Pfännchen; Kännchen
panoply ['pænəpli] Rüstung *(a. fig)*
panoram|a [pænə'rɑːmə], *pl* **~as** Panorama; **~ic** [--'ræmik] panoramaartig; 🚗 Rundsicht-
pansy ['pænzi] Stiefmütterchen; *sl* Homosexueller; *sl* weibisch
pant [pænt] keuchen (*out* hervor-); lechzen, verlangen (*for* nach); Keuchen; **~aloon** [-ə'luːn] Hanswurst, Pantalone; *pl* Hose (*mst* **~s**, *siehe* pants)
pantechnicon [pæn'teknikən], *pl* **~s** *BE* Möbelspeicher; (~ *van*) Möbelwagen
panther ['pænθə] Leopard, Panther
panties ['pæntiz] (kl.) Schlüpfer, Höschen; Kindershorts
pantihose ['pæntihəuz] Strumpfhose
pantomime ['pæntəmaim] Pantomime
pantry ['pæntri] Speisekammer; Wäsche- und Geschirrkammer
pants ['pænts] *BE* Unterhose; lange Hose
pantskirt ['pæntskəːt] Hosenrock
pap [pæp] Brei *(a. fig)*
papa [pə'pɑː, *bes US* 'pɑːpə] Papa; **~cy** ['peipəsi] Amt des Papstes; Papsttum; **~l** ['peipəl] päpstlich, Papst-; *the P~l States* d. Kirchenstaat
papaw [pə'pɔː], **papaya** [pə'paiə] Melonenbaum, Papaya
paper ['peipə] Papier; Dokument; *pl* Papiere, Akten ♦ *to send in one's ~s* zurücktreten; Papiergeld; Wertpapier; Zeitung; schriftl. (Examens-)Arbeit; Vortrag, Arbeit (*on* über); *vt* tapezieren; ~ **bag** Tüte; **~-chase** [´--tʃeis] Schnitzeljagd; **~-clip** Büroklammer; **~-fastener** [´--fɑːsnə] Musterklammer; **~-hanger** [´--hæŋə] Tapezierer; **~-mill** [´--mil] Papierfabrik; **~-weight** [´--weit] Briefbeschwerer
papier-mâché ['pæpjei'mæʃei, *US* 'peipəmə'ʃei] Pappmaché, Papiermaché
papist ['peipist] Katholik, Papist
papoose [pə'puːs] (Indianer)Baby
pappy ['pæpi] breiig
paprika [*BE* 'pæprikə, *US* pæ'priːkə] Paprika
papyr|us [pə'paiərəs], *pl* **~i** [-´-rai] Papyrusstaude; Papyrus(-rolle, -text)
par [pɑː] Gleichheit; *on a ~ with* ebenbürtig; Pari, Nennwert (*at* ~ zum N.)

parable ['pærəbl] Parabel, Gleichnis
parabola [pə'ræbələ], *pl* **~s** *math* Parabel
parachut|e ['pærəʃuːt] Fallschirm; **~ist** [´--tist] Fallschirmspringer
parade [pə'reid] **1.** Schaustellung, Prunk; **2.** *mil* Parade; **3.** Appell, Exerzieren; ~ *(ground)* Exerzierplatz; Promenade; *to make a ~ of* protzen mit; **4.** *vt/i* auf-, vorbeimarschieren (lassen); **5.** protzen mit, herauskehren
paradigm ['pærədaim, *US* ´--dim] Paradigma
paradise ['pærədais] Paradies
paradox ['pærədɔks] Paradoxon; **~ical** [--´-ikl] paradox, widersinnig
paraffin ['pærəfin] Paraffin; *(~ oil) BE* Leuchtöl, Petroleum
paragon ['pærəgən], *pl* **~s** Vorbild, Ausbund; 🕮 *US* Text (20 Punkt)
paragraph ['pærəgrɑːf] Absatz, Abschnitt
parakeet ['pærəkiːt] Sittich
parallel ['pærəlel] **1.** parallel (*to, with* mit); **2.** vergleichbar, entsprechend; ~ *bars* 🤸 Barren; **3.** Parallele; **4.** Vergleich; **5.** Gegenstück; **6.** parallel machen (sein); **7.** gleichmachen (sein); **8.** vergleichen; **9.** entsprechen; **~ism** [´--izm] Parallelität; **~ogram** [---´əgræm] Parallelogramm (*of forces* P. der Kräfte)
paraly|se, *US* **~ze** ['pærəlaiz] lähmen *(a. fig)*; **~sis** [pə'rælisis], *pl* **~ses** [-´-lisiːz] Lähmung, Paralyse; **~tic** [--'litik] Lähmungs-; gelähmt(e Person)
para|mount ['pærəmaunt] oberste; überragend; höher (*to* als); **~mour** [´--muə] Geliebte(r); **~noia** [--'nɔiə] Paranoia, Wahnvorstellung(en), -sinn; **~pet** [´--pit] Brustwehr; Geländer; **~phernalia** [--fə'neiliə] *pl vb* Gerät(schaften), Utensilien; **~phrase** [´--freiz] Umschreibung; umschreiben; **~psychology** [--sai'kɔlədʒi] Parapsychologie; **~site** [´--sait] Parasit, Schmarotzer; **~sitic(al)** [--'sitik(l)] schmarotzerisch; **~sol** [´--sɔl] Sonnenschirm; **~typhoid** [´--taifɔid] Paratyphus; **~troops** [´--truːps] Fallschirmtruppen; **~vane** [´--vein] Minenräumschneidegerät
parboil ['pɑːbɔil] ankochen; erhitzen
parcel [pɑːsl] Bündel; Paket; Posten, Partie; Parzelle; *part and* ~ wesentlicher Teil; ~ *(out)* (aus)teilen, parzellieren
parch [pɑːtʃ] leicht rösten; (aus)dörren; **~ment** Pergament(papier)
pardon [pɑːdn] Verzeihung (*I beg your* ~ entschuldigen Sie, verzeihen Sie, wie bitte?); *eccl* Ablaß; verzeihen; begnadigen; **~able** verzeihlich; **~er** [´-ənə] Ablaßverkäufer
pare [pɛə] (be)schneiden *(a. fig)*; abschneiden
parent ['pɛərənt] Elternteil, Vater, Mutter; Vorfahr; Stamm-; *fig* Quelle; **~age** [´--idʒ] Abstammung; Elternschaft; **~al** [pə'rentl] elterlich
parenthe|sis [pə'renθisis], *pl* **~ses** [pə'renθisiːz] Parenthese; runde Klammer; **~tic** [pærən'θetik] parenthetisch
parget ['pɑːdʒit] verputzen; Verputz, Bewurf
pariah [*BE* 'pæriə, *US* pə'raiə] Paria

pari mutuel ['pɑːriː'mjuːtuəl, *US* 'pæri 'mjuːtʃuəl] Totalisatorwette
paring ['pɛəriŋ] Schale, Späne *(mst pl)*
parish ['pæriʃ] Gemeinde, Kirchspiel ♦ *to go on the* ~ von der Gemeinde unterstützt werden; ~ **clerk** [klɑːk] Küster; ~ **register** ['redʒistə] Kirchenbuch; ~**ioner** [pə'riʃənə] Gemeindemitglied
parity ['pæriti] Gleichheit, Parität
park [pɑːk] **1.** Park *(a. mil)*; *car* ~ *(BE)* Parkplatz; *national* ~ Naturschutzgebiet; **2.** aufstellen; **3.** 🚗 parken; ~**a** [ˊ–ə], *pl* ~as Anorak; ~**ing** Park-; ~*ing lot (US)* Parkplatz; ~*ing meter* Parkuhr
parl|ance ['pɑːləns] Redeweise; ~**ey** [ˊ–li] *bes mil* Unterhandlung; unterhandeln
parliament ['pɑːləmənt] Parlament; ~**arian** [––men'tɛəriən] parlamentarisch; (geschickter) Parlamentarier; ~**ary** [––'mentəri] parlamentarisch; höflich
parlour ['pɑːlə] Wohnzimmer; (Empfangs-) Raum; *US* (Friseur- etc) Salon; ~ **car** *US* Salonwagen; ~**-maid** *BE* Serviermädchen
parlous ['pɑːləs] gefährlich; äußerst
parochial [pə'roukiəl] Gemeinde-, Pfarr-; engstirnig; ~ **school** *US* Konfessionsschule
parody ['pærədi] Parodie; parodieren
parole [pə'roul] Ehrenwort (*on* ~ auf E. freigelassen); auf Ehrenwort freilassen; ⚖ bedingte Strafaussetzung (gewähren)
paroquet ['pærəket] *siehe* parakeet
paroxysm ['pærəksizm] Paroxysmus; Anfall
parquet ['pɑːkei, -kit, *US* –'kei] Parkett (*US a.* 🎭); mit Parkett versehen
parricide ['pærisaid] Vater-, Muttermord, -mörder(in)
parr|ot ['pærət] Papagei *(a. fig)*; ~**y** [ˊ–i] (Schlag) parieren; Parade, Abwehr
parse [pɑːz, *US* pɑːrs] (Wort) grammatisch bestimmen
parsec ['pɑːsek] Parsek (= 3,26 Lichtjahre)
parsimon|ious [pɑːsi'mouniəs] (über-)sparsam, knauserig; ~**y** [ˊ–məni] (große) Sparsamkeit; Knappheit
pars|ley ['pɑːsli] Petersilie; ~**nip** [ˊ–nip] Pastinake
parson ['pɑːsn] Pfarrer; Geistlicher; ~**age** ['pɑːsənidʒ] Pfarrhaus; Pfarrei
part [pɑːt] **1.** Teil; *for the most* ~' größtenteils; *in* ~ teilweise; **2.** 🎭 Rolle *(a. fig)*; **3.** Anteil; *to take* ~ teilnehmen (*in* an); *for my* ~ meinerseits; *on the* ~ *of, on his* ~ *etc* auf seiten von, seinerseits etc ♦ *to have neither* ~ *nor lot in* nichts zu tun haben mit; *to take s-th in good* ~ etwas gut aufnehmen; **4.** *pl* Gegend; **5.** *pl* Fähigkeiten; **6.** Pflicht, Interesse; **7.** Partei (*to take s-b's* ~ j-s Partei ergreifen); **8.** ♪ Partie, Stimme; **9.** *US* Scheitel; **10.** *vt/i* (s.) teilen; **11.** (s.) trennen; ~ *friends* als Freunde scheiden; ~ *company* ['kʌmpəni] *with* auseinandergehen, sich trennen von, anderer Meinung sein als; ~ *with* aufgeben, entlassen; ~**-song** [ˊ–sɔŋ] mehrstimmiges Lied; ~**-time** verkürzte Arbeitszeit; halbtags; nebenberuflich
partake [pɑː'teik] *(s. S. 319)* teilhaben an; ~ *of* essen, (Mahl) einnehmen, etwas ... aufweisen; ~ [–ˊkə] jemand, der teil hat
parterre [pɑː'tɛə] Blumengarten; 🎭 2. Parkett, Parterre
partial [pɑːʃəl] teilweise, Teil-; parteiisch; *to be* ~ *to* e-e Vorliebe haben für; ~**ity** [–ʃi'æliti] Vorurteil, Parteilichkeit; Vorliebe (*for, to* für); ~**ly** teilweise, halb
participa|nt [pɑː'tisipənt] Teilnehmer; ~ [–ˊ–peit] teilnehmen (*in* an); ~**tion** [–ˌ––'peiʃən] Teilnahme
partici|pial [pɑːti'sipiəl] Partizipial-; ~**ple** [ˊ–sipl] Partizip
parti|cle ['pɑːtikl] Partikel(chen), Teilchen; Partikel; ~**-coloured** [ˊ–kʌləd] buntfarbig; gescheckt
particular [pə'tikjulə] besondere; eingehend; wählerisch; Einzelheit, *pl* Näheres; *in* ~ insbesondere; *to go into* ~*s* ins einzelne gehen; ~**ity** [–ˌ––læriti] Besonderheit; Genauigkeit; Eigenheit; ~**ize** [–ˊ–raiz] einzeln aufführen; ~**ly** besonders; eingehend
parting ['pɑːtiŋ] Abschied (*with* von); Trennung(sstelle); Scheitel; Abschieds-
partisan ['pɑːtizən] **1.** Partisane; **2.** [*US* ˊ––, *BE* ––'zæn] Parteigänger; Partei-; *mil* Partisan; ~**ship** [––ˊʃip, *US* ˊ––ʃip] Parteigängertum, Parteilichkeit
partition [pɑː'tiʃən] Teil(ung); Abteil; Trenn-, Zwischenwand; (auf)teilen; ~ *off* abtrennen
partitive ['pɑːtitiv] partitiv, Teilungs-
partizan *siehe* partisan (2. Bedtg.)
partly ['pɑːtli] teilweise, zum Teil; teils
partner ['pɑːtnə] Partner; Teilhaber; Partner sein von; als Partner zusammenbringen; ~**ship** [ˊ–ʃip] Partnerschaft; (offene Handels-)Gesellschaft; *to enter into* ~*ship with* sich assoziieren mit
partook [pɑː'tuk] *siehe* partake
partridge ['pɑːtridʒ], *pl* ~**s** Rebhuhn; Feldhuhn
part-song, part-time *siehe* part
party ['pɑːti] **1.** Partei(wesen); **2.** Einladung (*to give a* ~ e-e E. geben, Gäste haben); *to make one of the* ~ sich anschließen; **3.** Beteiligter; *to be a* ~ *to* beteiligt sein an; **4.** ⚖ Partei; **5.** *mil* Kommando, Trupp; **6.** Kerl; ~**-coloured** [ˊ–kʌləd] *siehe* parti-; ~ **line** ☎ Gemeinschaftsanschluß; Parteilinie; ~ **spirit** Parteigeist, -eifer; ~ **wall** [wɔːl] Grenzmauer, Zwischenwand
parvenu ['pɑːvənjuː, *US* ˊ–nuː] Emporkömmling, Parvenü
pasha ['pɑːʃə, 'pæʃə], *pl* ~**s** Pascha
pass[1] [pɑːs] **1.** (vorwärts-, vorbei-)gehen, fahren (an j-m); **2.** gehen, fahren durch (über); **3.** (Zeit) verstreichen, verbringen; **4.** übergehen (*from* ... *to* von ... zu; *to s-b* an j-n); ~ *the time of day with s-b* j-m die Tageszeit bieten, j-n grüßen; **5.** (j-m etwas) reichen; **6.** gehen, gleiten lassen; **7.** ⚽ (Ball) weiterspielen; **8.** (Falschgeld) in Umlauf bringen; **9.** herumgereicht werden, herumgehen; **10.** (Gesetz) an-

nehmen, angenommen werden, durchgehen; **11.** (Examen) bestehen; **12.** durchkommen (im Examen); **13.** verschwinden; **14.** sich ereignen, vorkommen; **15.** an sich vorüberziehen lassen *(a. fig)*; **16.** (Urteil) fällen (*on* über), (Meinung) sich bilden (*on* über); **17.** (Wort) verpfänden, (Eid) schwören; **18.** (beim Spiel) aussetzen; ~ **away** vergehen; sterben; ~ **back** zurückreichen, -geben; ~ **by** vorüber-, vorbeigehen, -fließen; etwas übergehen, außer acht lassen; ~ *by the name of* bekannt sein als; ~ **for** gelten als; ~ **off** (ver)schwinden; nachlassen; verlaufen, sich abspielen; andrehen (*on s-b* j-m); etwas (s.) ausgeben (*as* als); die Aufmerksamkeit ablenken von; ~ **on** weitergehen; übergehen (*to* zu); weiterreichen (*to s-b* j-m); sterben; ~ **out** *sl* ohnmächtig werden; ~ **over** gehen über; übergehen; überreichen, -tragen; ~ **round** herumreichen; ~ **through** erleben, durchmachen; stoßen durch; ~ **up** vorbeigehen lassen; aus-, weglassen; ablehnen

pass[2] [pɑːs] **1.** *BE* Bestehen (im Examen); *to get a ~ (BE)* (in mehreren Fächern) mit „befriedigend" bestehen; **2.** (kritische) Lage ♦ *things have come to a pretty ~* die Lage ist recht bedenklich geworden; *to bring to ~* bewerkstelligen, zustande bringen; *to come to ~* sich ereignen; **3.** ⚔ (Fecht-)Stoß; **4.** (Passier-) Schein; **5.** Frei(fahr)karte; **6.** Handbewegung (des Zauberers etc); **7.** (Berg-)Paß; *to hold the ~ (fig)* die Stellung halten; **~able** [ˊ-əbl] passierbar; annehmbar, ausreichend

passage ['pæsidʒ] (Hin-)Durchgehen; Übergehen; -gang, -fahrt; *bird of ~* Zugvogel *(a. fig)*; (See-, Flug-)Reise, Überfahrt; Weg *(through a crowd)*; *BE* **~, ~way** [ˊ--wei] Korridor, Gang; (Text-)Abschnitt, Stelle; *pl* Wortwechsel; *~ of* (od *at*) *arms* Waffengang *(a. fig)*

pass|book ['pɑːsbuk] Kontobuch; Anschreibbuch (beim Kaufmann); **~enger** ['pæsindʒə] Reisender, Passagier; Personen-; **~e-partout** [pɑːspɑː'tuː] Hauptschlüssel; Passepartout; **~er-by** [-ə'bai], *pl* ~ers-by Vorübergehender; **~im** ['pæsim] überall, laufend; **~ing** ['pɑːsiŋ] vorübergehend; beiläufig; sehr; Verstreichen; Durchgang, -gehen; *in ~ing* beiläufig

passion ['pæʃən] Leidenschaft; Wut; heiße Liebe; Ausbruch; *to fly into a ~* e-n Wutanfall bekommen; **P~** *eccl* Passion; **~ate** [ˊ--it] leidenschaftlich; jähzornig; **~-flower** Passionsblume; **P~ Week** Karwoche

passiv|e ['pæsiv] passiv, untätig; **~ity** [-'siviti] Passivität

pass|key ['pɑːskiː] Hauptschlüssel; Drücker; **~man** [ˊ-mən], *pl* ~men *BE* j-d, der das allgemeine Examen (in mehreren Fächern) mit „befriedigend" besteht; **~port** [ˊ-pɔːt] (Reise-)Paß; Geleitbrief; Schlüssel, Weg (*to* zu); **~-sheet** [ˊ-ʃiːt] *BE* Kontoauszug; **~word** [ˊ-wəːd] Losung(swort)

past [pɑːst] **1.** vergangen, letzte; *for ... ~* seit; *~ tense* Vergangenheit, Imperfekt; *~ master* Meister, Könner; **2.** *su* Vergangenheit (*with a ~* mit nicht einwandfreier V.); = *~ tense*; **3.** *adv* vorbei; **4.** *prep* vorbei an; **5.** über ... hinaus; *half ~ two* halb drei, 2.30 Uhr; *~ cure* unheilbar; *~ hope* hoffnungslos; *~ work* [wəːk] zu schwach zum Arbeiten; *~ bearing* unerträglich; *~ praying for* hoffnungslos (krank)

paste [peist] Teig; Kleister; *US* Teigwaren(sorte); (Mandel- etc, *BE bes* Fisch-)Paste; Glaspaste; kleben (*up* an-, zu-); **~board** [ˊ-bɔːd] Pappdeckel, Klebekarton; Papp-; leicht, gehaltlos

pastel ['pæstəl] *bot* (Färber-)Waid; [pæs'tel, ˊ-] Pastellpaste, -stift; Pastell(-technik, -bild); Pastell-

pastern ['pæstəːn, *US* ˊ-ən] *zool* Fessel

pasteurize ['pæstəraiz] pasteurisieren

pastil|le [pæs'tiːl] Pastille (*a.* ~)

pastime ['pɑːstaim] Zeitvertreib

pastor ['pɑːstə] Pfarrer, Seelsorger; **~al** [ˊ--rəl] Hirten-; Weide-; ländlich; geistlich; *su* Hirtengedicht, -spiel; *eccl* Hirtenbrief; **~al staff** [stɑːf] Krummstab; **~ate** [ˊ--rit] Pfarramt

pastry ['peistri] Torte(ngebäck), Pasteten; **~-cook** [ˊ--kuk] Konditor

pastur|age ['pɑːstʃəridʒ] Weide(land); **~e** [ˊ-tʃə] Weide(land); Futter; (ab-)weiden

pasty ['peisti] teigig; ['pæsti] *BE* Pastete

pat [pæt] Klaps, Patsch; Klümpchen (Butter); klapsen, patschen (*~ s-b [o.s.] on the back* j-m auf die Schulter klopfen, j-n [s.] beglückwünschen); *adv* gerade recht; bereit; *to stand ~* fest bleiben, bei dem Gesagten bleiben

Pat [pæt] (*Abk von* Patrick) Ire

patch [pætʃ] **1.** Fleck, Flicken; **2.** ⚕ Pflaster; **3.** ⚕ Augenbinde; **4.** Schönheitspflästerchen; **5.** Stück Land; **6.** *fig* Fleck(en) ♦ *to be not a ~ on* nicht das Wasser reichen können; *to strike a bad ~* eine Pechsträhne haben; **7.** e-n Flecken setzen auf; **8.** als Flecken dienen; *~ up* flicken *(a. fig)*; zusammenschustern, regeln; **~-pocket** aufgesetzte Tasche; **~work** [ˊ-wəːk] bunt zusammengesetzter Stoff; *fig* Flickwerk; **~y** (aus Flicken) zus.gesetzt; zus.gestoppelt

pate [peit] *umg* Schädel, Kopf

pâté de foie gras ['pætei, (*US* pɑː'tei) də fwɑː 'grɑː] Gänseleberpastete

patell|a [pə'telə], *pl* **~ae** [-ˊ-iː] Kniescheibe

patent ['peitənt] offenkundig; *letters ~* ['pætənt] Patenturkunde; *P~ Office* ['pætənt 'ɔfis] Patentamt; ~ ['peitənt, 'pæ-, *US* 'pæ-] patentiert; *fig* patent; *su* Patent(ierte Erfindung), -urkunde; patentieren; ~ **boot, leather** ['pei-, *US* 'pæ-] Lackstiefel, -leder; **~ee** [peitən'tiː, pæ-, *US* pæ-] Patentnehmer

pater ['peitə] *BE sl* alter Herr; **~familias** [--fə'miliæs] Familienoberhaupt; **~nal** [pə'təːnəl] väterlich(erseits), Vater-; **~nity** [pə'təːniti] Vaterschaft *(a. fig)*; **~noster** ['pætə'nɔstə] Vaterunser

path [pɑːθ], *pl* **~s** [pɑːðz] Pfad *(a. fig)*; (Fuß-) Weg *(a. fig)*; ⚔ Bahn

path|etic [pə'θetik] rührend, ergreifend; *the ~etic fallacy* ['fæləsi] die Vermenschlichung (der Natur); **~ological** [pæθə'lɔdʒikəl] Krankheits-; krankheitsbedingt; pathologisch; **~ology** [pə'θɔlədʒi] Pathologie; pathologische Symptome; **~os** ['peiθɔs] das Rührende, Ergreifende

patien|ce ['peiʃəns] Geduld; Ausdauer; *the ~ce of Job* [dʒoub] e-e Engelsgeduld; *to be out of ~ce with, to have no ~ce with* nicht (länger) ertragen können; *bes BE* Patience(spiel); **~t** ['peiʃənt] geduldig; *to be ~t of* ertragen; Patient

patina ['pætinə] Patina

patio ['pætiou], *pl* **~s** Innenhof

patois ['pætwɑː], *pl* **~** [´-wɑːz] (gesprochener) Dialekt; Kauderwelsch

patri|arch ['peitriɑːk] Familien-, Stammesoberhaupt; Patriarch; **~archal** [--'ɑːkəl] patriarchalisch; **~cian** [pə'triʃən] Patrizier; aristokratisch; **~cide** ['pætrisaid] Vatermord, -mörder; **~monial** [pætri'mouniəl] ererbt, Erb-; **~mony** ['pætriməni] väterliches Erbteil *(a. fig)*; Kirchenvermögen

patriot ['pætriət, *US* 'pei-] Patriot; **~ic** [pætri'ɔtik, *US* pei-] patriotisch; **~ism** ['pætriətizm, *US* 'pei-] Patriotismus

patrol [pə'troul] Patrouille; Streife; patrouillieren, abgehen; die Runde machen; **~man** [-´mən], *pl* ~men *US* Polizist; **~ wagon** ['wægən] *US* Polizeigefangenenwagen

patron ['peitrən] Schutzherr, Patron; Gönner; (Stamm-)Kunde; **~** *saint* Schutzheiliger; **~age** ['pætrənidʒ, *US* 'pei-] Gönnerschaft, Förderung; Patronatsrecht; Kundschaft; gönnerhafte Art; **~ize** ['pætrənaiz, *US* 'pei-] (als Gönner) fördern; gönnerhaft behandeln; Kunde sein bei

patten [pætn] (hoher) Holzschuh

patter ['pætə] (Diebes- etc)Sprache; Rattern, Schnellsprechen; Gebrabbel, Gerede; *fig* Trommeln; etw herunterrattern; *fig* rattern; *fig* trommeln, hämmern

pattern ['pætən] Muster *(a. fig)*; Modell; Vorlage; Schema; (Stoff-, Schnitt-)Muster; *behaviour* [bi'heiviə] **~** Verhaltensweise; Vorbild; Struktur; vorbildlich; mustern; gestalten, bilden (*on, after* nach)

patty ['pæti] Pastetchen

paucity ['pɔːsiti] geringe Menge, Zahl; Knappheit

Paul [pɔːl] Paul(us) ♦ *to rob Peter to pay ~* ein Loch stopfen, indem man ein anderes aufreißt

paulownia [pɔː'louniə], *pl* **~s** *bot* Kaiserbaum

paunch [pɔːntʃ] Wanst, Bauch; **~y** fett

pauper ['pɔːpə] Armer; Almosenempfänger; Armen-; **~ism** [´-rizm] Armutselend; **~ize** [´-raiz] gänzlich arm machen, verarmen

pause [pɔːz] Pause; *to give ~ to s-b* j-n innehalten lassen; ♪ Fermate; e-e Pause machen; innehalten

pav|e [peiv] pflastern; *fig* bedecken; *~e the way for* den Weg bahnen für; **~ement** Pflaster, Decke; *BE* Bürgersteig; **~ement artist** *BE* Gehsteigzeichner; **~ing** Pflaster(ung)

pavilion [pə'viljən], *pl* **~s** Pavillon; großes Zelt

paw [pɔː] Pfote, Tatze *(a. fig)*; (mit den Pfoten) schlagen, kratzen, berühren; mit dem Vorderhuf scharren; grob behandeln

pawl [pɔːl] ⚙ Sperrklinke; ⚓ Pall

pawn [pɔːn] (Schachspiel) Bauer; *fig* Schachfigur; Pfand(stück); *in (at) ~* verpfändet; **~broker** [´-broukə] Pfandleiher; **~shop** [´-ʃɔp] Pfand-, Leihhaus

pawpaw ['pɔːpɔː], *siehe* papaw

pax [pæks] Friede; *sl* Ruhe!

pay [pei] *(s. S. 319)* **1.** (be)zahlen; **2.** (be)lohnen; *~ one's way* sein Auskommen haben, keine Schulden machen; **3.** sich rentieren; **4.** (Besuch, Kompliment) machen; **5.** (Aufmerksamkeit) schenken; *~ back* zurückzahlen; *~ off* aus(be)zahlen, entlassen; *~ out* auszahlen, -geben, j-m heimzahlen; *~ up* voll bezahlen; **6. ~** (*~ed, ~ed*) ⚓ *BE* abdichten; *~ out* (od *away*) ⚓ (Tau) ablaufen lassen; **7.** *su* Bezahlung, Entlohnung; **8.** Lohn, Gehalt; **9.** Sold *(a. fig)*; **~able** [´əbl] zahlbar; fällig; rentabel; **~ee** [-'iː] Zahlungsempfänger; Wechselinhaber; **~ing** lohnend, rentabel; Zahlungs-; **~load** [´-loud] Nutzlast; **~ment** [Be-)Zahlung; Lohn *(a. fig)*; **~-off** *fig* Lohn, Erfolg; **~roll** [´-roul], **~-sheet** [´-ʃiːt] Lohnliste; (gesamte) Lohnsumme; **~ station** ['steiʃən] *US* öffentlicher Fernsprecher

pea [piː] Erbse (*slit ~s* getrocknete E.); *as like as two ~s* wie ein Ei dem andern; **~flour** [´-flauə] Erbsmehl; **~-shooter** [´-ʃuːtə] Blasrohr; **~-soup** [´-suːp] Erbsensuppe; **~-souper** Waschküche, Nebel

peace [piːs] Frieden; *a breach* [briːtʃ] *of the ~* Friedensbruch; *at ~* im Frieden(szustand); Ruhe; *the (King's) ~* Landfrieden; *to keep the ~* Ruhe halten; *to hold one's ~* still sein; **~able** [´-əbl] friedfertig; friedlich; **~ful** friedliebend, -voll; ruhig; **~maker** [´-meikə] Friedensstifter; **~-offering** [´-ɔfəriŋ] Friedenszeichen

peach [piːtʃ] Pfirsich(farbe); *umg* duftes Mädel; *~ upon (against)* j-n verpfeifen

pea|cock ['piːkɔk] Pfau (*bes* männl.); **~fowl** [´-faul] Pfau; **~hen** Pfau (*bes* weiblich); **~-jacket** [´-dʒækit] kurze Seemannsjacke

peak [piːk] (*bes* Berg-, Bart-)Spitze *(a. fig)*; *~ (and pine)* sich abhärmen; **~ed** [´-t] spitz; verhärmt; schwach, kränklich

peal [piːl] Läuten, Geläut; Glockensatz, -spiel; Dröhnen, Donnern; läuten; dröhnen

peanut ['piːnʌt] Erdnuß

pear [pɛə] Birne; Birnbaum

pearl [pəːl] Perle *(a. fig)*; **~ barley** [´-'bɑːli] Perlgraupen; **~-diver** [´-daivə] Perlentaucher; **~ies** [´-iz] *BE* (Perlen-)Festgewand (Londoner Straßenhändler); **~-oyster** [´-ɔistə] Perlmuschel; **~-shell** [´-ʃel] Perlmutt; **~y** perlenartig; perlengeschmückt

peasant ['pezənt] (Klein-)Bauer; bäuerlich; **~ry** Bauernschaft

pease [piːz] *BE* Erbsen; **~-pudding** [´-pudiŋ] [*BE* Erbsbrei

peat [piːt] Torf(stück); **~-bog** [ˊ-bɔg], **~-moss** [ˊ-mɔs] Torfmoor
pebb|le [pebl] (großer) Kieselstein; **~y** ['pebli] kieselig, steinig
pecan [pi'kæn] Pecannuß(baum)
peccable ['pekəbl] sündig, -haft
peccadillo [pekə'dilou], *pl* **~es** (kleiner) Verstoß, Fehler, läßliche Sünde
peck [pek] Viertelscheffel (*BE* = 9,1 Liter, *US* = 8,8 Liter); Viertelscheffelmaß, -gefäß; *fig* e-e Menge; Picken, Schnabelhieb; -wunde; *umg* Bahnhofs-, Gewohnheitskuß; (auf)pikken; hacken (*at* nach); ~ *at* häppchenweise essen; **~er** pickender Vogel ♦ *to keep one's ~er up* bei Laune bleiben; **~ish** hungrig; *US* reizbar
pect|in ['pektin] Pektin; **~oral** [ˊ-tərəl] Brust-
pecula|te ['pekjuleit] unterschlagen, veruntreuen; **~tion** [--ˊ-ʃən] Veruntreuung
peculiar [pi'kjuːliə] eigen(tümlich) (*to* für); besonders; seltsam, eigenartig; **~ity** [---'æriti] Eigentümlichkeit; Eigenart; **~ly** persönlich; besonders; seltsam
pecuniary [pi'kjuːniəri] geldlich, Geld-
pedagog|ic(al) [pedə'gɔdʒik(l)] pädagogisch; Erziehungs-; **~ics** [--ˊ-iks] *sg vb* Pädagogik; **~ue** ['pedəgɔg] Pauker; Lehrmeister, Pedant; **~y** ['pedəgɔgi, ˊ--dʒi, *US* ˊ--goudʒi] Lehren, Lehrtätigkeit; Pädagogik
pedal [piːdl, *BE a.* pedl] Fuß-; ~ [pedl] Pedal (*a.* ♪); fahren, treten; **~o** ['pedəlou] Tretboot
pedant ['pedənt] Schulmeister, Pedant; Wissensprotz; **~ic** [pi'dæntik] pedantisch; angeberhaft, protzig; **~ry** Pedanterie; Wissensprotzerei
peddl|e [pedl] hausieren gehen; als Hausierer vertreiben; sich mit Kleinkram abgeben; **~er** [ˊ-lə] *US* = pedlar; Dealer; **~ing** kleinlich; geringfügig
pedestal ['pedistəl] Postament; Podest (*to set s-b on a* ~ j-n aufs P. erheben)
pedestrian [pi'destriən] Fußgänger; Fuß-; schwunglos, nüchtern
pedi|atr- *siehe* paediatr-; **~cure** ['pedikjuə] Fußpflege, Pediküre; **~gree** ['pedigriː] Ahnen-, Stammtafel; Vorfahren; Stammbaum; Ableitung (e-s Wortes); Zucht-; **~greed** mit Stammbaum; **~ment** [ˊ--mənt] Giebelfeld
pedlar, *US* **peddler** ['pedlə] Hausierer
peek [piːk] spähen, gucken
peel [piːl] (s.) schälen (*off* ab-); (Kleider) abstreifen; abblättern; Schale; *candied* ['kændid] ~ Orangeat, Zitronat; **~ings** (Obst-, Kartoffel-)Schalen
peep [piːp] piepsen; (verstohlen) gucken, blikken; ~ *out* hervorgucken; auftauchen *(a. fig)*; Piepsen; teilweise Ansicht; verstohlener Blick; ~ *(of day)* Tagesanbruch; **~er** Gucker; *sl* Auge; **~ing Tom** neugieriger Kerl; **~-hole** (ˊ-houl] Guckloch
peer [piə] forschend blicken, spähen (~ *at* begucken); hervorschauen; Gleichgestellter, Ebenbürtiger; Angehöriger des Hochadels, Pair; **~age** [ˊ-ridʒ] Hochadel(sstand); Adelsbuch; **~ess** [ˊ-ris] Gattin e-s Pairs; Angehörige des Hochadels; **~less** unvergleichlich, beispiellos
peev|e [piːv] (j-n) ärgern, verdrießen; *~ed* [ˊ-d] eingeschnappt; **~e** *su* Ärger; **~ish** reizbar, grämlich; quengelig
peewit ['piːwit] *siehe* pewit
peg [peg] **1.** Pflock ♦ *a square ~ in a round hole* ein Mann am unrechten Platz; **2.** Haken, (Zelt-)Hering; **3.** Zapfen; **4.** *fig* Nagel, Vorwand; **5.** ♪ Wirbel (Geige); **6.** *BE* Whisky mit Soda ♦ *to take s-b down a ~ or two* j-n ducken; **7.** mit e-m Pflock befestigen; **8.** (Kurs) stützen; **9.** festsetzen, ~ **at** schlagen nach; ~ **away (on)** los-, weiterarbeiten (*at* an); ~ **down** befestigen, *fig* j-n festnageln auf; ~ **out** abgrenzen, -stecken, *umg* kaputtgehen, k. sein; **~-top** [ˊ-tɔp] Kreisel
Pegasus ['pegəsəs] Pegasus; dichterische Begabung
peignoir ['peinwaː] Frisiermantel
pejorative ['piːdʒərətiv, pi'dʒɔrətiv] verschlechternd, pejorativ
peke [piːk] *BE* = **Pekinese** [piːki'niːz] *BE, US* **Pekingese** [-ki'ŋiːz] Pekinese
pekoe ['piːkou, *BE a.* 'pe-] Pekoe (feiner Tee)
pelargonium [pelə'gounjəm], *pl* **~s** Geranie, Pelargonie
pelf [pelf] Mammon
pelican ['pelikən] Pelikan
pelisse [pe'liːs] (pelzgefütterter) Damenmantel
pellet ['pelit] Kügelchen; Schrot; Pille
pell-mell ['pel'mel] durcheinander; wirr; Durcheinander, Mischmasch
pellucid [pe'luːsid] durchsichtig, klar
pelt [pelt] Fell (roh); bewerfen; (Regen etc) (heftig) trommeln, prasseln; Schlag; *at full ~* in voller Geschwindigkeit
pelv|is ['pelvis], *pl* **~es** [ˊ-viːz] Becken
pemmican ['pemikən] Pemmikan (Dörrfleisch)
pen [pen] Pferch, Hürde; Ställchen; (U-Boot-)Unterstand; (Schreib-)Feder; ~ *(up, in)* einpferchen; schreiben; **~-and-ink** Feder-; **~-case** [ˊ-keis] Federkasten; **~holder** [ˊ-houldə] Federhalter
penal ['piːnəl] strafend; Straf-; **~ize** (ˊ--aiz] für strafbar erklären; ⛩ mit Strafpunkt belegen, benachteiligen; **~ty** ['penəlti] Strafe; Strafmaß; ⛩ Strafpunkt, Handikap, Straf- (*~ty area* ['ɛəriə] -raum; *~ty kick* -stoß)
penance ['penəns] Buße
pence [pens] *siehe* penny
penchant ['paːnʃaːn, *US* 'pentʃənt] Neigung, Vorliebe
pencil [pensl] Bleistift; Farbstift; *fig* Stift; Strahlenbündel; (hin)schreiben; zeichnen; anstreichen; (Braue) nachziehen; **~led** [ˊ-d] (fein)gezeichnet
pend [pend] hängen *(a. fig)*; **~ant** *(a.: ~ent)* [ˊ-ənt] Anhänger; Pendant; ⚓ = pennant; **~ent** *(a.: ~ant)* [ˊənt] (über)hängend; *fig* schwebend; **~ing** [ˊ-iŋ] *fig* schwebend; während; bis zu;

~ulous [ˊ-juləs] hängend, schwingend; **~ulum** [ˊ-juləm], *pl* ~ulums Pendel
penetra|ble ['penətrəbl] durchdringbar; **~te** [ˊ--treit] durchdringen (durch); *fig* durchsetzen (*with* mit); durchschauen; ein-, vordringen (*into* in, bis zu); **~tion** [--'treiʃən] Durch-, Eindringen; Durchdringung; Scharfsinn; **~tive** [ˊ--treitiv] durchdringend, scharf
penguin ['peŋgwin] Pinguin
penicillin [peni'silin] Penicillin
peninsula [pi'ninsjulə], *pl* **~s** Halbinsel; **~r** [-ˊ-lə] Halbinsel-
peniten|ce ['penitəns] Reue; **~t** [ˊ--tənt] reuig, reuevoll; Bußfertiger; **~tial** [peni'tenʃəl] Reue-, Buß-; bußfertig; **~tiary** [--ˊ-ʃəri] Besserungsanstalt; *US* Zuchthaus; Reue-; Besserungs-
penkni|fe ['pennaif], *pl* **~ves** [ˊ-naivz] Federmesser, kleines Taschenmesser
pen|man ['penmən], *pl* **~men** Schönschreiber; *a good (bad) ~man* j-d, der e-e schöne (schl.) Handschrift hat; **~manship** [ˊ-mənʃip] Schönschreiben; Handschrift; **~-name** [ˊ-neim] Schriftstellername
penn|ant ['penənt] ⚓ Stander; Wimpel; **~on** [ˊ-nən] *bes mil* Wimpel; Flagge
penn|iless ['penilis] mittellos, arm; **~'orth** [ˊ-əθ] *siehe* ~yworth; **~y** [ˊ-i], *pl* pence, ~ies Penny (1/12 Shilling), *(new)* ~ Penny (1/100 Pfund); *US* Cent ♦ *a pretty* ['priti] *~y* ein schöner Batzen; *to turn an honest* ['ɔnist] *~y* sich etwa (dazu)verdienen; *in for a ~y, in for a pound* wer A sagt, muß auch B sagen; **~y-a-liner** [ˊ-iə'lainə] *BE* Zeilenschinder, Schreiberling; **~y-farthing** [ˊ-ifɑːðiŋ] *BE* Hochrad; **~y-wise and pound-foolish** sparsam im Kleinen, verschwenderisch im Großen; **~yworth** [ˊ-iwəːθ] Pennywert, -betrag, für e-n Penny (Tabak etc)
pension ['penʃən] Pension, Ruhegehalt; ['pɑːŋsiɔːŋ] Pension (*to live in ~* in P. wohnen); j-m e-e Pension zahlen; ~ *off* j-n pensionieren; **~able** ['penʃənəbl] pensionsberechtigt; **~er** Pensionär
pensive ['pensiv] nachdenklich, gedankenvoll; ernst, traurig
pent [pent] eingesperrt, -gepfercht
pentagon ['pentəgən, *US* -gɔn], pl **~s** Fünfeck; **~al** [-'tægənəl] fünfeckig
pentameter [pen'tæmitə] Pentameter
pentathlon [pen'tæθlən], *pl* **~s** Fünfkampf
Pentecost ['pentikɔst] Pfingsten; **~al** [--ˊ-əl] Pfingst-; pfingstlich
penthouse ['penthaus], *pl* **~s** [ˊ--ziz] Seiten-, Vor-, Schutzdach; Nebengebäude; Penthouse, Dachterrassenwohnung
pent-up ['pentʌp] *fig* aufgestaut
penultimate [pi'nʌltimit] vorletzt
penu|rious [pi'njuəriəs] geizig; karg; **~ry** ['penjuri] (große) Armut; Mangel
peon ['piːən, *BE a.* pjuːn] (Indien) Infanterist; Polizist; Bote(njunge); ['piːən] (südamer.) Tagelöhner; **~age** ['piːənidʒ] Frondienst; **~y** ['piəni] Pfingstrose
people [piːpl] *pl vb* Leute, Volk (*the ~* das gemeine V.); Angehörige, Familie; **~**, *pl* ~s Volk, Völkerschaft; bevölkern
pep [pep] Mumm, Schwung; **~** *up* aufmöbeln; **~ pill** Aufputschmittel; **~ talk** [tɔːk] Ermunterungsrede
pepper ['pepə] (schwarzer, weißer) Pfeffer; Cayenne-, roter Pfeffer; Paprika; pfeffern; bombardieren *(a. fig)*; **~-and-salt** Pfeffer und Salz (Muster); **~-box** [ˊ--bɔks] Pfefferstreuer; **~mint** [ˊ--mint] Pfefferminze, -öl; Pfefferminz; **~y** [ˊ--ri] gepfeffert, scharf; hitzig
pep|sin ['pepsin] Pepsin; **~tic** [ˊ-tik] Verdauungs-; verdauungsfördernd
per [pəː] pro, per, durch; **~ cent** vom Hundert, *siehe* ~cent
peradventure [pərəd'ventʃə] vielleicht; etwa; Zufälligkeit; Zweifel
perambula|te [pə'ræmbjuleit] umherwandern in; bereisen; **~tor** [-ˊ--tə] *BE* Kinderwagen
per|annum [pə'rænəm] jährlich; **~ capita** [pə'kæpitə] pro Person
perceive [pə'siːv] wahrnehmen; erkennen
percent, *BE a.* **per cent** [pə'sent] Prozent (%); **~age** [-idʒ] Prozentsatz; Anteil, Gehalt; Provision
percept|ible [pə'septibl] wahrnehmbar; **~ion** [-'sepʃən] Wahrnehmung(svermögen)
perch[1] [pəːtʃ] Sitzstange (für Vögel), Ast; *fig* sichere Stellung, Thron; Rute (= 5,03 m); sich niederlassen, setzen; (auf)bäumen; **~ed** [ˊ-t] sitzend, liegend, thronend
perch[2] [pəːtʃ], *pl* ~ (Fluß-)Barsch
perchance [pə'tʃɑːns] vielleicht
percola|te ['pəːkəleit] durchsickern, filtern (durch); **~tor** [ˊ--tə] Kaffeefiltermaschine
percussion [pə'kʌʃən] (Aneinander-)Schlagen; Erschütterung; Stoß; *the ~* ♪ Schlaginstrumente; ⚕ Perkussion; **~ist** Schlagzeuger
perdition [pə'diʃən] Verderben; Verdammnis
peregrination [perigri'neiʃən] Wanderung, Wandern; Reise
peremptory [pə'remptəri, 'perəmptəri] zwingend, unbedingt (gültig); bestimmt (*on s-th* in e-r Sache); herrisch; ⚖ *mst* [ˊ----] endgültig, zwingend
perennial [pə'reniəl] (das ganze Jahr) dauernd; immerwährend; *bot* mehrjährig(e Pflanze)
perfect ['pəːfikt] vollendet, -kommen; vollständig; völlig, gänzlich; ~ *(tense)* Perfekt; ~ [pə'fekt] vervollkommnen; vollenden; **~ible** [-ibl] vervollkommnungsfähig; **~ion** [-'fekʃən] Vervollkommnung; Vollendung; Vollkommenheit; *fig* Gipfel; **~ly** [ˊ--li] vollkommen; einfach
perfid|ious [pə'fidiəs] verräterisch; treulos; **~y** ['pəːfidi] Treulosigkeit; Verrat
perfora|te ['pəːfəreit] durchbohren, -löchern; perforieren; **~tion** [--'reiʃən] Durchbohrung; Loch; Perforation
perforce [pə'fɔːs] notgedrungen
perform [pə'fɔːm] aus-, 🎭 auf-, vorführen; **~ance** [-ˊ-əns] Aus-, 🎭 Aufführung; Vorstel-

lung; ☼ Leistung; **~er** Darsteller, Künstler; **~ing** dressiert (Tier)
perfume ['pəːfjuːm] Duft; Parfüm; ~ [pə'fjuːm] mit Duft erfüllen; **~ry** [pə'fjuːməri] Parfüme(rieladen)
perfunctory [pə'fʌŋktəri] pflichtmäßig; interesselos; mechanisch, routinemäßig
pergola ['pəːgələ], *pl* **~s** Pergola
perhaps [pə'hæps, præps] vielleicht
peril ['peril] Gefahr (in ~ *of*... in G., ... zu verlieren; *at one's* ~ auf eigene G.); gefährden; **~ous** [ˊ–əs] gefährlich
perimeter [pə'rimitə] *math* Umfang
period ['piəriəd] Zeit(raum, -abschnitt); Periode (*a.* $, *gram*); Punkt (.); *to put a* ~ *to* ein Ende machen; *pl* periodenreiche Sprache; ϟ Periodendauer; Unterrichtsstunde; *adj* Stil-; **~ic** [–ri'ɔdik] *bes astr* periodisch; periodenreich; rhetorisch; **~ical** [–ri'ɔdikəl] periodisch; regelmäßig erscheinend; Zeitschrift, Zeitung
peripatetic [peripə'tetik] umherwandernd, -reisend
periphery [pə'rifəri] *math* Peripherie, Oberfläche
periscope ['periskoup] Periskop, Sehrohr
perish ['periʃ] umkommen, zugrunde gehen; *(umg) to be ~ed* [ˊ–t] umkommen (*with* vor); **~able** [ˊ–əbl] vergänglich; verderblich(e Ware); **~ing** [ˊ–iŋ] vernichtend
peristyle ['peristail] Säulengang
periton|eum [peritə'niːəm], *pl* **~eums** Bauchfell; **~itis** [–––'naitis] Bauchfellentzündung
periwig ['periwig] Perücke; **~ged** [ˊ––d] mit Perücke
periwinkle ['periwiŋkl] *bot* Immergrün; *zool* Strandschnecke
perjur|e ['pəːdʒə] *o.s.* e-n Meineid schwören; **~ed** [ˊ–d] meineidig; **~er** [ˊ–rə] Meineidiger; **~y** [ˊ–ri] Meineid(igsein)
perk [pəːk] *(mst: ~ up)* (d. Kopf) hochwerfen, keck aufrichten; ~ *o.s. up* sich herausputzen, sich aufmöbeln; **~y** lebhaft, froh; keck, frech
perm [pəːm] Dauerwelle; in Dauerwellen legen
permanen|ce ['pəːmənəns] Andauern; Dauerhaftigkeit; **~cy** [ˊ––si] Dauerhaftigkeit; etwas Dauerhaftes; **~t** [ˊ–nənt] bleibend; ständig; dauerhaft; **~ wave** = perm; **~t way** 🚂 Bahnoberbau
permeate ['pəːmieit] durchdringen; sättigen; s. verbreiten
permiss|ible [pə'misibl] zulässig; **~ion** [–'miʃən] Erlaubnis, Genehmigung; **~ive** [–'misiv] zulassend, gestattend
permit [pə'mit] erlauben, gestatten; ~ *of s-th (fig)* zulassen; ~ ['pəːmit] Genehmigung(sschein), Passierschein
permutation [pəːmju'teiʃən] Vertauschung; *bes math* Permutation
pernicious [pə'niʃəs] verderblich, schädlich
pernickety [pə'nikiti] *umg* pedantisch; kitzlig, heikel
peroration [perə'reiʃən] (zus.fassender) Redeschluß
peroxide [pə'rɔksaid] *su* Peroxyd (~ *of hydrogen* ['haidrədʒən] Wasserstoff-); (Haar) bleichen; ~ *blonde* Wasserstoffblondine
perpendicular [pəːpən'dikjulə] senkrecht (*to* zu); sehr steil; Senkrechte; *out of the* ~ nicht senkrecht; Perpendikel; **~ style** englische Spätgotik
perpetra|te ['pəːpitreit] begehen, verüben; **~tion** [––'treiʃən] Verübung; **~tor** [ˊ–––tə] (Übel-)Täter
perpetu|al [pə'petjuəl, *bes US* –'petʃu-] ewig, immerwährend; dauernd; **~ate** [–ˊjueit, *bes US* –ˊtʃu-] verewigen; **~ity** [pəːpi'tjuiti] ewige Dauer; lebenslängliche Rente (Besitz); *in ~ity* auf ewig
perplex [pə'pleks] verwirren, verblüffen; komplizieren; **~ed** [–ˊt] verwirrt; verworren; **~ity** [–ˊiti] Verwirrung; Verworrenheit; etwas Verwirrendes
perquisite ['pəːkwizit] Nebeneinnahme; Vorrecht
persecu|te ['pəːsikjuːt] j-n verfolgen; j-m zusetzen (*with* mit); **~tee** [–––'tiː] Verfolgter; **~tion** [––'kjuːʃən] Verfolgung; **~tor** [ˊ–––tə] Verfolger
persever|ance [pəːsi'viərəns] Beharrlichkeit, Ausdauer; **~e** [––'viə] beharren (*in* bei); beharrlich fortsetzen (*in s-th* etwas); beharrlich weitermachen (*with* mit); **~ing** [–ˊ–riŋ] beharrlich; standhaft
persiflage ['pəːsiflaːʒ] Persiflage
persimmon [pə'simən], *pl* **~s** Persimone (Art Dattelpflaume); Persimonenholz
persist [pə'sist] beharren (*in* bei, auf); nachdrücklich behaupten; fortbestehen, sich hartnäckig halten; **~ence** [–ˊəns] Fortdauer; Beharrlichkeit; **~ency** [–ˊənsi] Ausdauer; Beharren; **~ent** [–ˊənt] beharrlich, hartnäckig; bleibend; beständig
person [pəːsn] Person; Kerl; *in* ~ persönlich; Äußeres; **~able** [ˊsənəbl] gutaussehend; **~age** [ˊsənidʒ] Persönlichkeit; **~al** [ˊsənəl] persönlich; privat; anzüglich; äußere; Personal-, Familiennachricht; *pl* Anzüglichkeiten; **~ally** [ˊsənəli] persönlich; als Person; für mein Teil; **~alty** [ˊsənəlti] ⚖ persönl. bewegl. Eigentum; **~ate** [ˊsəneit] darstellen; verkörpern; **~ification** [pəˌsɔnifi'keiʃən] Personifizierung, Verkörperung; **~ify** [pə'sɔnifai] personifizieren, verkörpern; **~nel** [pəːsə'nel] Personal; Belegschaft; Mannschaft
perspective [pə'spektiv] Perspektive (*in* ~ perspektivisch richtig); perspektivische Zeichnung; An-, Ausblick *(a. fig)*
perspic|acious [pəːspi'keiʃəs] scharfsinnig, schnell begreifend; **~acity** [––'kæsiti] Scharfsinn, gutes Verständnis; **~uity** [––'kjuiti] Klarheit, Deutlichkeit; **~uous** [pə'spikjuəs] klar, deutlich
perspir|ation [pəːspi'reiʃən] Schwitzen; Schweiß; ~ [pə'spaiə] schwitzen
persua|de [pə'sweid] *of* überzeugen von; *~de that* überzeugen, daß; *~de to do* überreden, ... zu tun; *~de (o.s.)* (sich) einreden; **~sion** [–ˊ

ʒən] Überredung, -zeugung(skraft); (überzeugter) Glaube *(bes eccl)*; *sl* Art, Sorte; **~sive** [–ˊsiv] überzeugend; Überredungs-
pert [pəːt] dreist, vorlaut, keck
pertain [pəˈtein] gehören (*to* zu); sich beziehen (*to* auf)
pertinac|ity [pəːtiˈnæsiti] Hartnäckigkeit; Beharrlichkeit; **~ious** [––ˈneiʃəs] hartnäckig; beharrlich
pertinent [ˈpəːtinənt] passend, angemessen; ~ *to* sich beziehend auf
perturb [pəˈtəːb] stören; beunruhigen; **~ation** [pəːtəˈbeiʃən] Störung; Beunruhigung
peruke [pəˈruːk] Perücke
perus|al [pəˈruːzəl] Durchlesen; Durchsicht; **~e** [pəˈruːz] (durch)lesen, studieren
perva|de [pəˈveid] durchdringen; **~sion** [–ˈveiʒən] Durchdringung; **~sive** [–ˈveisiv] durchdringend, beherrschend
perver|se [pəˈvəːs] schlecht, verstockt; pervers; störrisch; launisch; falsch, verquer; **~sion** [–ˊʃən] Verkehrung; Abkehr; Verdrehung; Perversion; **~sity** [–ˊsiti] Verstocktheit; Perversität; Eigensinn; **~t** [–ˈvəːt] verkehren, -drehen; verderben, pervertieren; **~t** [ˈpəːvəːt] Abtrünniger; Perverser
pervious [ˈpəːviəs] *to* durchlässig für; *fig* zugänglich für
peseta [pəˈseitə], *pl* **~s** Pesete
pesky [ˈpeski] *US umg* verflixt, lästig
peso [ˈpeisou], *pl* **~s** Peso
pessim|ism [ˈpesimizm] Pessimismus; **~ist** [–ˊmist] Pessimist; **~istic** [––ˊstik] pessimistisch
pest [pest] Schädling, *pl a.* Ungeziefer; $ Pest, Plage *(a. fig)*; **~er** [ˊə] belästigen, plagen; **~iferous** [–ˈtifərəs] verpestend; verderblich; **~ilence** [ˊiləns] (Beulen-)Pest, Seuche; **~ilent** [ˊilənt] verderblich; *umg* unangenehm, ärgerlich; **~ilential** [–iˈlenʃəl] Pest-; verderblich; abscheulich, widerwärtig
pestle [pesl] Stößel
pet[1] [pet] **1.** Haus-, Schoßtier; **2.** zahmes Tier; ~ **shop** Tierhandlung; **3.** Liebling; ~ *name* Kosename; ~ *aversion* [əˈvəːʃən] besondere Abneigung; **4.** Lieblings-; **5.** hätscheln, schmusen
pet[2] [pet] üble Laune; *to be in a* ~ schlecht gelaunt sein; schmollen
petal [petl] Blütenblatt
petard [piˈtaːd] Petarde, Sprengkörper ♦ *hoist with his own* ~ in seiner eigenen Falle gefangen
Peter [ˈpiːtə] Peter; Petrus; *siehe* Paul
peter [ˈpiːtə] *out* weniger werden; sich verlaufen, versanden, versickern
petite [pəˈtiːt] zierlich, zart
petition [piˈtiʃən] Bitte; Bittgesuch; Gebet; Eingabe; e-e Eingabe machen, bitten (*for* um); **~er** [–ˊə] Bittsteller
petrel [ˈpetrəl] Sturmvogel; Sturmschwalbe; *stormy* ~ Unruhestifter
petrif|action [petriˈfækʃən] Versteinerung; *fig* Erstarrung; **~y** [ˊ–fai] versteinern; *fig* erstarren
petrol [ˈpətrəl] *BE* Benzin; ~ *station (BE)* Tankstelle; **~eum** [piˈtrouliəm] Petroleum; Erd-, Rohöl
pett|icoat [ˈpetikout] Unterrock; Petticoat; Weibsbild; *~icoat government* [ˈgʌvənmənt] Weiberherrschaft; **~ifogger** [ˊifɔgə] Winkeladvokat; Pedant; **~ifogging** kleinlich; unwesentlich; **~ish** [ˊiʃ] launisch, reizbar; **~y** [ˊi] klein, unerheblich; kleinlich, engstirnig; **~y cash** Handkasse, geringe Beträge; **~y officer** Bootsmann; *chief ~y officer (BE)* Oberbootsmann, *US* (Ober-)Stabsbootsmann
petulant [ˈpetjulənt] reizbar, nörglerisch
petunia [piˈtjuːniə], *pl* **~s** Petunie
pew [pjuː] Kirchenbank, -sitz; Sitz(-bank)
pew|it [ˈpiːwit, ˈpjuːit] Kiebitz; Lachmöwe; **~ter** [ˈpjuːtə] Zinn(legierung); Zinngerät, -geschirr
phaeton [feitn] Phaeton (leichter Kutschierwagen)
phalan|x [ˈfælæŋks, *US* ˈfei-], *pl* **~xes** *mil, fig* Phalanx; *pl mst* ~ges [fəˈlændʒiːz] (Finger-, Zehen-)Glied
phantas|m [ˈfæntæzm] Trugbild; Wahnvorstellung; **~mal** [–ˊzməl], **~mic** [–ˊzmik] trügerisch; gespenstisch; **~y** [ˊtəsi] *siehe* fantasy
phantom [ˈfæntəm] Gespenst, Erscheinung, Phantom; Trugbild; Gespenster-
phari|saic [færiˈseiik] pharisäisch; pharisäerhaft; **~see** [ˊ–siː] Pharisäer
pharmac|eutical [faːməˈsjuːtikəl] pharmazeutisch; **~eutics** [––ˈsjuːtiks] *sg vb* Pharmazie; **~ist** [ˊ–sist] Pharmazeut; Apotheker; **~ology** [––ˈkɔlədʒi] Pharmakologie; **~opoeia** [––kəˈpiːə] Pharmakopoe, amtliches Arzneibuch; **~y** [ˊ–si] Pharmazie; Apotheke
pharynx [ˈfæriŋks], *pl* **~es** Rachenhöhle
phase [feiz] *bes astr, phys,* ϟ Phase; stufenweise planen (durchführen); staffeln
pheasant [ˈfezənt] Fasan
phenomen|al [fiˈnɔminəl] phänomenal, sinnfällig, Erscheinungs-; *umg* außergewöhnlich; **~on** [–ˊ–nən], *pl* ~a [–ˊ–nə] Phänomen, Erscheinung; *fig* Genie, Wunder
phial [faiəl], *bes US* **vial** [vaiəl] Phiole
philander [fiˈlændə] flirten
philanthrop|ic [filənˈθrɔpik] menschenfreundlich, gütig; **~ist** [–ˈlænθrəpist] Menschenfreund; **~y** [–ˈlænθrəpi] Menschenliebe; philanthrope Einrichtung
philatel|ic [filəˈtelik] philatelistisch; **~ist** [–ˈlætəlist] Briefmarkensammler; **~y** [–ˈlætəli] Markensammeln; Philatelie
Philistin|e [ˈfilistain, *bes US* ˊ–tiːn] Philister *(a. fig)*; Spießbürger; **~ism** [ˊ–tinizm] Philisterei, Spießbürgertum
philolog|ical [filəˈlɔdʒikəl] philologisch; **~ist** [–ˈlɔlədʒist] Philologe; **~y** [–ˈlɔlədʒi] Philologie
philosoph|er [fiˈlɔsəfə] Philosoph *(a. fig)*; **~ers' stone** Stein der Weisen; **~ic** [–ləˈsɔfik] philosophisch; **~ical** = ~ic; weise, gelassen; **~ize** [–ˊ–faiz] philosophieren (über); **~y** [–ˊ–fi] Philosophie; **~y (of life)** Lebens-, Weltanschauung

philtre ['filtə] Liebestrank
phlebitis [fli'baitis] Venenentzündung
phlegm [flem] ⚕ Schleim, Auswurf; Phlegma; **~atic** [fleg'mætik] phlegmatisch
phlox [flɔks], *pl* **~es** Phlox
phobi|a ['foubiə], *pl* **~ae** krankhafte Furcht, Phobie
phoenix ['fi:niks], *pl* **~es** Phoenix; *fig* Wunder
phon [fɔn] Phon; **~e** [foun] Telefon (*to be on the ~e* Telefon haben, im T.verzeichnis stehen); telefonieren; anrufen
phone [foun] Laut; **~tic** [–'netik] phonetisch; **~tician** [–ni'tiʃən] Phonetiker; **~tics** [–'netiks] *sg vb* Phonetik; *pl vb* Aussprache
phoney ['founi] *siehe* phony
phonograph ['founəgra:f] *US* Grammophon, Plattenspieler; **~ic** [––'græfik] phonographisch
phonology [fou'nɔlədʒi] Phonologie; Lautsystem
phony ['founi] *sl* gefälscht, unecht; Fälschung; Schwindler
phos|gene ['fɔzdʒi:n] Phosgen; **~phate** [´–feit] Phosphat; *bes pl* (Ph.-)Dünger
phosphor|escence [fɔsfə'resəns] Phosphoreszieren; **~escent** [––´–sənt] phosphoreszierend; **~us** [´–rəs] Phosphor
photo ['foutou], *pl* **~s** Foto; **~engrave** [––in'greiv] klischieren; **~engraving** [––in'greiviŋ] Klischeeherstellung, Chemigraphie; Klischee(abzug); **~finish** 🏇 durch Zielfotografie entschiedener Endspurt; **~graph** [´–təgra:f] Foto(-grafie), Lichtbild; fotografieren; **~grapher** [fə'tɔgrəfə] (Berufs-)Fotograf; **~graphic** [–tə'græfik] fotografisch; **~graphy** [–'tɔgrəfi] Fotografie, Lichtbildnerei; **~gravure** [–təgrə'vjuə] Rakel-, Kupfertiefdruck; **~micrography** [––mai'krɔgrəfi] Mikrofotografie; **~play** [´–plei] Filmschauspiel; **~stat** [´–stæt] Fotokopie; fotokopieren; **~telegraphy** [––ti'legrəfi] Bildfunk
phrase [freiz] (Rede-)Wendung; (treffender) Ausdruck; ♪ Phrase; ausdrücken; **~ology** [–zi'ɔlədʒi] Ausdruckswahl; Redewendungen, Phraseologie
phrenetic [fri'netik] rasend; *bes eccl* fanatisch
phthisis ['θaisis] Auszehrung, Schwindsucht
phut [fʌt] Platzen, Zischen, zischendes Geräusch; *to go ~* platzen *(a. fig)*
physic ['fizik] Medizin; Abführmittel; j-n verarzten; **~al** [´–kəl] materiell, physisch; äußerlich; körperlich; physikalisch; **~al training** Turnen; **~ian** [–'ziʃən] (prakt.) Arzt; **~ist** [´–sist] Physiker; **~s** [´–s] *sg vb* Physik
physio|gnomy [fizi'ɔgnəmi, ––'ɔnəmi] Physiognomik; Physiognomie; Erscheinungsbild; **~logical** [––ə'lɔdʒikəl] physiologisch; **~logist** [––'ɔlədʒist] Physiologe; **~logy** [––'ɔlədʒi] Physiologie
physique [fi'zi:k] Körperbau
pi [pai] π (= 3,14159); *BE sl* fromm; **~ jaw** [dʒɔ:] Moralpauke
pian|ist [pi'ænist, 'piənist] Pianist, Klavierspieler; **~o** [pi'ænou], *pl* ~os Klavier, Piano; *cottage* ['kɔtidʒ] *~o* Kleinklavier; *grand ~o* Flügel; *upright* ['ʌprait] *~o* Pianino, Klavier; **~o** [pi'a:nou] piano (gespielte Stelle); **~oforte** [pi,ænou'fɔ:ti] Piano; **~ola** [piə'noulə], *pl* ~olas Pianola; **~o-player** mechan. Klavierspielapparat
piazza [pi'ætsə, *US* pi'æzə], *pl* **~s** öffentlicher Platz; *BE* Arkaden; *US* Veranda
pica ['paikə] 📖 Cicero (12 Punkt); **~resque** [pikə'resk] Abenteurer-, Schelmen-; **~roon** [pikə'ru:n] Abenteurer; Pirat(enschiff); **~yune** [pikə'ju:n] US Fünfer; *fig* Heller; etwas Wertloses; unbedeutend, klein
picca|lilli ['pikəlili], *pl* ~lillis (Art) scharfe Pickles (in Essig-Senfsoße); **~ninny** [´–nini] *siehe* picka-
piccolo ['pikəlou], *pl* **~s** Pikkoloflöte
pick [pik] **1.** (Spitz-)Hacke, Picke; **2.** picken, (ver)lesen; **3.** pflücken; **4.** herausfinden, -lesen; *~ one's words* seine Worte (sorgfältig) setzen; *~ one's way (steps)* sich e-n Weg suchen; *~ and choose* [tʃu:z] wählerisch suchen (sein); **5.** auseinanderrupfen, -reißen; *~ holes* am Zeug flicken; *~ to pieces* ['pi:siz] *(fig)* zerpflücken; *~* ⟨*and steal* [sti:l] stehlen; *~ a look (umg)* ein Schloß knacken; *~ a pocket* e-e Tasche ‚ausräumen', Taschendieb sein; *~ s-b's brains* j-s Ideen klauen; *~ one's nose* in der Nase bohren; *~ one's teeth* [ti:θ] sich die Zähne säubern; *~ a bone* e-n Knochen abnagen; *~ a quarrel* ['kwɔrəl] *with* Streit mit j-m anfangen; *~ a winner* das Richtige wählen; **6.** picken(d essen); **7.** *bes US* (Huhn) rupfen; **8.** *US* (Banjo) spielen; **~ at** herumnörgeln an; herumstochern in (Essen); **~ off** (ab)pflücken, wegnehmen; (einzeln) abschießen; **~ on** *US, BE sl* ärgern, necken, tadeln; **~ out** (aus)wählen, herausfinden, -bekommen; ♪ (nach Gehör) spielen; (Farbe) absetzen (*with* gegen); **~ over** (gründlich) durchgehen; **~ up** aufhakken, aufnehmen, erheben, j-n mitnehmen, abholen, 📻 hereinbekommen; (Bekanntschaften) machen, sich erholen (*a.* ⚕), 🚗 Fahrt aufnehmen; *~ up with* s. anfreunden mit; **~aback** [–əbæk]huckepack(*a.*✈); **~axe,** *US* **~ax**[´–æks] = ~; **~er** [´–ə] Pflücker; ⚙ Picker; **~et** [´–it] Pfosten, Pfahl; *mil* Feldwache, Posten; *mst pl* Streikposten; durch Pfähle sichern; an e-n Pfahl binden; als Posten aufstellen; mit Streikposten umstellen, j-n (als Str.) anhalten (u. belästigen); Streikposten stehen; **~ing** [´–iŋ] Pikken; Pflücken; Stehlen; *pl* (kleines) Diebesgut; *pl* Überbleibsel, Reste; **~le** [´–l] Lake, Pökel, Essigsoße (zum Einlegen) ♦ *to have a rod in ~le for* die Rute (etwas ‚Schönes') bereithalten für; *pl* Pickles; ⚙ Beize; (mißliche) Lage, Bescherung; Gör, Wildfang; einsalzen, einpökeln, in Essig einlegen; ⚙ abbeizen; **~led** [´–ld] Salz-; **~lock** [´–lɔk] Dietrich; Einbrecher; **~-me-up** [´–miʌp] Stärkungsmittel *(a. fig)*; **~pocket** [´–pɔkit] Taschendieb; **~-up** [´–ʌp] 📻 Tonab nehmer, -arm; 🚗 Beschleunigung(svermögen); (leichter, offener) Lieferwagen; *US* = -me-up; *sl* Straßenbekanntschaft

pickaninny, *BE a.* **picca-** ['pikənini] Negerbaby; kleines Kind; winzig
picnic ['piknik] Picknick; picknicken
pic|quet ['pikit] *siehe* picket *(mil)*; **~ric acid** [∸rik'æsid] Pikrinsäure
pictorial [pik'tɔːriəl] bildmäßig, -haft; malerisch; bebildert(e Zeitschrift)
picture ['piktʃə] Bild; Ebenbild; Verkörperung; *pl* Kino; (*a.: moving ~*) Film; malen; beschreiben; sich ausmalen; **~-book** [∸–buk] Bilderbuch; **~-card** [∸–kaːd] Bild (Kartenspiel); **~-gallery** [∸–gæləri] Gemäldesammlung; **~ palace** ['pælis], **~ theatre** ['θiətə] *BE* Kino, Lichtspieltheater; **~ postcard** ['poustkaːd] Ansichtskarte; **~sque** [––'resk] malerisch; anschaulich; originell
piddling ['pidliŋ] klein, unbedeutend
pidgin ['pidʒin] Pidgin-Englisch; *not my ~* nicht meine Sache
pie [pai] (Art) Fleisch-, Obstpastete, Pie; *US* Torte; Elster; ♦ *to have a finger in the ~ (fig)* seine Finger dazwischen haben; **~bald** [∸bɔːld] scheckig(es Pferd); **~-crust** [∸krʌst] (Teig-)Decke; **~plant** [∸plaːnt] *US* Rhabarber
piece [piːs] **1.** Stück (*to ~s* in S., Teile); *to ~s* kaputt; *~ by ~* Stück für Stück; **2.** Geschütz, Flinte; *a ~ of* ein(e) *(vor unzählbaren Substantiven: a ~ of advice, news, nonsense, work etc)*; **3.** Theaterstück; **4.** (Service-)Teil; **5.** (Spiel-)Figur; **6.** Rolle (Tapete, = 12 Yard); *by the ~* stückweise (verkaufen), im Akkord (bezahlen); **7.** zusammenstücke(l)n; **8.** anstücken (*on to* an); *~ out* ergänzen; *~ together* zusammensetzen *(a. fig)*; *~ up* flicken; **~-goods** [∸gudz] Stück-, Meterware; Stückgüter; **~meal** [∸miːl] stückweise; **~-work** [∸wəːk] Akkordarbeit
pied [paid] bunt(scheckig); **P~ Piper** ['paipə] *fig* Rattenfänger
pier [piə] Wellenbrecher; Pier; Landungsbrücke; Pfeiler; **~age** [∸ridʒ] Kaigeld; **~glass** [∸glaːs] hoher Spiegel
pierce [piəs] durchbohren, -stechen, -dringen; durchbrechen
pierrot ['piərou] Pierrot, Hanswurst
piety ['paiiti] Frömmigkeit; Pietät
piffl|e [pifl] Blech, Quatsch; Blech reden, Quatsch machen; **~ing** dumm, sinnlos
pig [pig] (*bes US* junges) Schwein *(a. fig)*; Ekel; ⚙ Massel, Block; *~ (it, together)* zusammengepfercht leben; **~gery** [∸əri] Schweinezucht; -stall; **~gish** [∸iʃ] schweinisch; gierig; **~gishness** schweinisches Benehmen (Zustand); **~gy** Schweinchen; gierig; **~gy-back** [∸ibæk] huckepack; **~gy bank** Sparschweinchen; **~-headed** [∸'hedid] starrköpfig; **~-iron** [∸aiən] Roheisen; **~let** [∸lit] junges Schwein; **~skin** [∸skin] Schweinsleder; ⛩ Leder; **~-sty** [∸stai] Schweinestall *(a. fig)*; **~tail** [∸teil] Zopf; **~wash** [∸wɔʃ] Abwasser (für Schweine)
pigeon ['pidʒin] Taube; **~-breasted** [∸–brestid] mit e-r Hühnerbrust; **~ English** = pidgin; **~hole** [∸–houl] Taubenloch; -nest; (Brief-)Fach; in ein Fach legen, ablegen; *fig* zurücklegen, -stellen; **~house** [∸–haus), *pl* ~houses [∸–hauziz] Taubenschlag
pigment ['pigmənt] Farbstoff; Pigment; **~ation** [––'teiʃən] Pigmentation, (Haut-)Färbung
pigmy ['pigmi] *siehe* pygmy
pike [paik] Pike, Spieß; (*pl ~*) Hecht; (Berg-)Spitze; Schlagbaum; Mautstraße; **~man** [∸mən], *pl* ~men Pikenträger; *BE* Häuer; Zöllner; **~staff** [∸staːf], *pl* ~staves [∸steivz] (Piken-)Stange ♦ *as plain as a ~staff* (so) klar wie dicke Tinte
pilaster [pi'læstə] Pilaster, Wandpfeiler
pilchard ['piltʃəd] Sardine, Pilchard
pile [pail] (Gründungs-)Pfahl; Stapel, Stoß; Scheiterhaufen; (Riesen-)Kasten; ⚡ Batterie, galvan. Säule; Reaktor; Faser; Haar(decke), Noppe; Flor; ⚕ *pl* Hämorrhoiden; mit Pfählen versehen; stapeln, häufen, beladen; (Gewehre) zusammenstellen; *~ it on (umg)* dick auftragen; *~ on* aufhäufen; *~ up* aufspeichern; -stapeln; *~ into (out of)* nacheinander steigen in (aus); **~-driver** [∸draivə] Pfahlramme; **~-dwelling** [∸dweliŋ] Pfahlbau; **~-up** [∸ʌp] ⛩ Massensturz
pilfer ['pilfə] klauen, stehlen; **~age** [∸–ridʒ] kleiner Diebstahl
pilgrim ['pilgrim] Pilger; *P~ Fathers* die Pilgerväter; **~age** [∸–midʒ] Pilgerfahrt
pill [pil] Pille, Tablette; *to gild the ~* die Pille versüßen; ⛩ *sl* Ball; **~-box** [∸bɔks] Pillenschachtel; Bunker; MG-Unterstand
pillage ['pilidʒ] Plünderung; Raub; plündern; **~r** Plünderer
pillar ['pilə] Pfeiler; *fig* Säule ♦ *driven from ~ to post* hin und her getrieben; **~-box** [∸–bɔks] *BE* Briefkastensäule
pillion ['piljən] zweiter Sattel; Soziussitz; *to ride ~* im Damensitz mitreiten; *BE* auf dem Sozius fahren
pillory ['piləri] Pranger *(a. fig)*; an den Pranger stellen *(a. fig)*
pillow ['pilou] (Kopf-)Kissen ♦ *to take counsel with one's ~* e-e Sache beschlafen; auf ein Kissen lagern; **~-case** [∸–keis], **~-slip** [∸–slip] Kopfkissenbezug
pilot ['pailət] Lotse; *to drop the ~* den Lotsen absetzen, *fig* e-n Ratgeber in die Wüste schikken; Pilot; *fig* Führer; Versuchs-, Probe-; als Lotse arbeiten; ✈ führen; *fig* leiten; **~-cloth** [∸–klɔθ] dunkelblauer Fries; **~less** [∸–lis] führerlos, unbemannt; **~-light** [∸–lait] Kontrollampe; **~ officer** ['ɔfisə] *BE* ✈ Leutnant; **~ plant** [plaːnt] Versuchsanlage
pimento [pi'mentou] Jamaikapfeffer; Piment(baum)
pimpl|e [pimpl] Pickel; **~ed** [∸d], **~y** [∸i] picklig
pin [pin] Nadel (Steck- etc); Stift, Dorn; Bolzen; ♪ Wirbel (Geige) ♦ *not care a ~* sich nichts draus machen; *~s and needles* Prickeln; (an)heften, -stecken; *~ one's faith to* sich völlig verlassen auf; *~ down* festhalten, *fig* binden (*to* an), festnageln (*to* auf); **~-cushion**

[ˈ-kuʃən] Nadelkissen; **~-prick** [ˈ-prik] Nadelstich *(a. fig)*
pinafore [ˈpinəfɔː] (Kinder-)Schürze
pincenez [ˈpænsnei, *pl* ˈ-neiz] Kneifer
pincer [ˈpinsə] *mil* Zangen-; **~s** *pl vb* Kneif-, Beißzange; Zangenbewegung
pinch [pintʃ] (ein)klemmen; drücken; knauserig sein; stibitzen, j-n schnappen; *su* Klemmen, Drücken; Prise; *fig* Druck, Not; **~ed** [ˈ-t] schmal, beengt; *~ed with cold* blaugefroren; *~ed with poverty* elend vor Armut; *~ed for money* in Geldnot; *at a ~* im Notfall; *if it comes to the ~* wenn es die Not gebietet; **~beck** [ˈ-bek] Tombak; *fig* Talmi; unecht; **~-hit** [ˈ-ˈhit] *US* einspringen (*for* für)
pine [pain] Kiefer, Föhre(nholz); *umg* Ananas; dahinsiechen; sich sehnen (*for, after* nach); **~apple** [ˈ-æpl] Ananas
ping [piŋ] Pfeifen (Kugel); pfeifen; **~-pong** [ˈ-pɔŋ] Tischtennis
pinion [ˈpinjən] *zool* Daumenfittich; *zool* Schwungfeder; Schwinge; ✿ (Zahn-)Ritzel; die Flügel stutzen; festbinden (*to* an), fesseln
pink [piŋk] Rosa; Nelke; *fig* Gipfel; *in the ~* in Form, intakt;; *pol* gemäßigter Roter; rosa; durchbohren; *~ (out)* auszacken; 🚗 klopfen
Pinkster [ˈpiŋkstə] *US* Pfingsten
pinn|a [ˈpinə], *pl* **~ae** [ˈ-niː] Ohrmuschel; **~ace** [ˈ-nəs] Pinasse, Beiboot; **~acle** [ˈ-nəkl] Fiale, Pinakel; (steiler Berg-)Gipfel *(a. fig)*; mit Fialen schmücken; krönen; **~ate** [ˈ-nit] *bot* gefiedert
pinny [ˈpini] (Kinder-)Schürze
pint [paint] Pinte (⅛ Gallone, = *BE* 0,57 Liter, *US* 0,47 Liter)
pioneer [paiəˈniə] *mil, fig* Pionier; Pionier sein; bahnen; den Weg bahnen für
pious [ˈpaiəs] fromm, religiös; scheinheilig
pip [pip] (Obst-)Kern; ⚕ Pips; Leiden; *(BE sl) to have the ~* nicht auf dem Damm sein; *(BE sl) gives me the ~* hängt mir zum Hals 'raus; *BE* Auge (im Spiel); *BE mil* Stern (Uniform); *BE* Ton (Zeitzeichen); *BE* j-m e-e aufbrennen, etwas beenden; *~ out* eingehen, sterben
pipe [paip] **1.** Rohr, Röhre; **2.** ♪ Pfeife; *pl* Blasinstrument, *bes* Dudelsack; *Pan's ~s* Panflöte; **3.** Pfeifen(ton); **4.** ⚕ Röhre; **5.** (Tabak-)Pfeife ♦ *put that in your ~ and smoke it* das kannst du dir hinter die Ohren schreiben; **6.** Wein-, Ölfaß; Pipe (Weinmaß, = 477 Liter); **7.** pfeifen (*up* los-); *~ down* nicht so große Bogen spucken; **8.** piepsen; ⚓ herbei-, zusammenpfeifen; **9.** mit Röhren versehen; **10.** durch Röhren leiten; **11.** mit Biesen besetzen; **12.** mit feinem Guß verzieren; **~-clay** [ˈ-klei] Pfeifenton; mit Pf. reinigen; **~ dream** Wahn(sinns)idee; **~-line** [ˈ-lain] Rohr(fern)leitung, Ölleitung; **~r** (Dudelsack-)Pfeifer ♦ *to pay the ~r* die Zeche bezahlen
piping [ˈpaipiŋ] Pfeifen(ton); piepsige Stimme; Rohrleitung, Verrohren; Biese; feiner Zuckerguß; piepsend; *the ~ times of peace* die geruhsamen Zeiten . . .; *~ hot* kochend heiß, dampfend

pipit [ˈpipit] *orn* Pieper
pippin [ˈpipin] (Art) Apfel; *BE* Knüller
piquant [ˈpiːkənt] pikant; *fig* anregend
pique [piːk] Groll, Gereiztheit; verletzen, reizen; etwas erregen; *~ o.s. on* sich brüsten mit
piqué [ˈpiːkei, *US* piˈ-] Piqué, Pikee
piquet [piˈket] Pikett (Spiel); *siehe* picket
pir|acy [ˈpaiərəsi] Seeräuberei; unerlaubter Nachdruck, Plagiat; **~ate** [ˈ-rit] Seeräuber, Pirat(enschiff); Plagiator; unerlaubt nachdrukken; 📻 (Welle) illegal benutzen; **~atical** [–ˈrætikəl, piˈ-] räuberisch
pirouette [piruˈet] Pirouette (tanzen)
pis aller [piːzæˈlei] der letzte Ausweg
Pisces [ˈpisiːz, *bes US* ˈpai–] *astr* Fische
pish [piʃ] pfui!, pah!
piste [piːst] (Ski-)Piste
pistil [ˈpistil] *bot* Stempel, Griffel
pistol [pistl] Pistole; mit e-r Pistole schießen
piston [ˈpistən] ✿ Kolben; **~-rod** Kolbenstange
pit [pit] Grube (*a.* ⚕); Zeche; Hölle; 🎭 *BE* Parkett, Parterre; ⚕ Pockennarbe; 🚗 Boxe; *US* Maklerstand; *US* Stein (Obst); in e-e Grube tun; mit Narben bedecken; *US* entsteinen; *~ against* stellen gegen, gegenüberstellen; (Kraft) messen mit
pit-a-pat, *US* **pitapat** [ˈpitəˈpæt] klippklapp, tack-tack
pitch[1] [pitʃ] **1.** (Zelt) aufschlagen; *~ one's tent (fig)* seine Zelte aufschlagen; **2.** schleudern, ⛩ werfen; **3.** (Heu) aufladen ♦ *~ a yarn (fig)* ein Garn spinnen; **4.** ♪ (in e-r Tonart) ansetzen, spielen; **5.** (vornüber) stürzen, hinschlagen; **6.** ⚓ stampfen; **7.** (aus)pichen, ⚓ teeren; **~ed** [ˈ-t] **battle** regelrechte Schlacht; **~ in** loslegen; **~ into** j-n anfallen, -greifen; *umg* hineinhauen, essen; **~ upon** sich entscheiden für
pitch[2] [pitʃ] Händlerstand, Stelle (wo j-d arbeitet) ♦ *to queer s-b's ~* j-m das Konzept verderben; ⛩ Spielfeld; ⛩ Wurf; Werfen, Wurfweite; ♪ Tonhöhe; *fig* (höchster) Grad (*to the highest ~*); *at the ~ of her voice* mit ganz hoher Stimme; ⚓ Stampfen; Neigung (*bes* des Daches); ✿ Steigung, Teilung (e-s Gewindes); Pech; **~-blende** [ˈ-blend] Pechblende; **~-dark** [ˈ-ˈdaːk] pechschwarz, völlig dunkel; **~er** [ˈ-ə] (Henkel-) Krug; *US* Kännchen; ⛩ (Ball-)Werfer; **~fork** [ˈ-fɔːk] Heugabel; mit der Heugabel heben, wenden etc; *fig* j-n irgendwohin befördern, drängen; **~pine** [ˈ-pain] Pechkiefer; **~y** pechartig; pechschwarz; voll Pech
piteous [ˈpitiəs] mitleiderregend
pitfall [ˈpitfɔːl] Fallgrube, Falle *(a. fig)*
pith [piθ] *bot* Mark; Haut (Orange etc); Rükkenmark; *fig* Kern; Kraft, Gewicht; **~y** [ˈ-i] mark(art)ig; *fig* markig, kraftvoll
piti|able [ˈpitiəbl] mitleiderregend, erbarmungswürdig; erbärmlich; **~ful** [ˈ–ful] mitleidig, -voll; mitleiderregend; erbärmlich; **~less** [ˈ–lis] mitleidlos
pittance [ˈpitəns] Hungerlohn; (kleines) bißchen, Häppchen

pituitary [pi'tjuitəri] **(gland)** Hirnanhangdrüse, Hypophyse

pity ['piti] **1.** Mitleid (*to have, take ~ on* Mitleid haben mit); *it is a ~* es ist schade; *the ~ is that* es ist ein Jammer, daß ♦ *it's a thousand* ['θauzənd] *pities* es ist jammerschade; **2.** *vt* bemitleiden

pivot ['pivət] (Dreh-)Zapfen; Angel; *mil* Flügelmann; Schwenkungspunkt; *fig* Dreh-, Angelpunkt; mit Zapfen (Angel) versehen; *~ on* sich drehen um; **~al** [ˊ–təl] Zapfen-, Angel-; entscheidend, Wende-

pix|y, ~ie ['piksi] Kobold; koboldartig

placard ['plækɑːd] Plakat, Anschlag; mit P. bekleben; durch P. bekanntmachen

placate [plə'keit, *US* 'plei-] versöhnlich stimmen, befrieden

place [pleis] **1.** Ort, Stelle; *~ of business* ['biznis] Geschäft; Büro; *~ of worship* ['wəːʃip] Kirche; **2.** Platz; **3.** Stadt, Ort; **4.** Anstellung, Stelle; *in ~ of* anstelle von; *to take the ~ of* an j-s Stelle treten; *to take ~* stattfinden; *to give ~ to* Platz machen (den Platz räumen) für; *in ~* am rechten Ort, angemessen; *out of ~* am unrechten Ort, unangebracht; **5.** ⚕ Stelle; **6.** Rang, Stellung ♦ *to keep s-b in his ~* j-n auf Distanz halten; **7.** Raum *(a. fig)*; **8.** *umg* Haus, Wohnung; **9.** Landhaus; **10.** *math* Stelle; *to five ~s of decimals* auf 5 Dezimalstellen; *~s (umg)* (irgend)wohin; **11.** *vt* stellen, setzen; **12.** (Geld) anlegen; **13.** (Bestellung) aufgeben, (Auftrag) erteilen; **14.** (j-n) unterbringen (in e-r Stellung, j-n identifizieren); **15.** (j-n) ein-, abschätzen; *to be ~d* [ˊ-t] 🏇 unter den ersten Drei sein; **~-kick** [ˊ-kik] 🏇 Freistoß; **~ment** [ˊ-mənt] Placieren, Besetzung; Anordnung; Einstufung; **~ment test** Einstufungsprüfung; **~-name** [ˊ-neim] Ortsname; **~r** [ˊ-ə] erzhaltiger Sand (Kies)

placid ['plæsid] sanft; gelassen; **~ity** [–ˊditi] Sanftheit; Ruhe

plagiar|ism ['pleidʒiərizm] Plagiat; **~ist** [ˊ–rist] Plagiator; **~ize** [ˊ–raiz] ein Plagiat begehen, plagiieren

plagu|e [pleig] Plage; Seuche; Pest; *the ~e* die (Beulen-)Pest; *the white ~e* Tbc; plagen, quälen; **~e-spot** [ˊ-spɔt] Pestbeule *(a. fig)*; **~y** [ˊ-i] *adj* lästig; *adv* verdammt, sehr

plaice [pleis], *pl ~* Scholle, Goldbutt

plaid [plæd] Plaid(tuch)

plain [plein] klar, leicht, einfach ♦ *~ sailing (fig)* e-e einfache Sache; ungemustert, glatt; uni; Schwarzweiß-; (Essen) einfach, bürgerlich; offen, ehrlich; hausbacken, wenig anziehend; *adv* klar; *su* Ebene; **~-clothes man** Detektiv; **~ dealing** Ehrlichkeit; **~ clothes** [klouðz] einfache Kleider (*in ~ cl.* in Zivil); **~ sewing** ['souiŋ] Weißnähen; **~-spoken** [ˊ-'spoukən] freimütig

plaint [pleint] Klage; ⚖ (An-)Klage; **~iff** [ˊ-if] ⚖ Kläger(in); **~ive** [ˊ-iv] klagend, wehmütig; Klage-

plait [plæt, *US* pleit] Zopf; (zu e-m Zopf) flechten

plan [plæn] Plan (*a.* ⚙); Riß; Karte, Stadtplan; e-n Plan machen von, planen; *~ out* (vor)planen, planmäßig ordnen; **~ned** [ˊ-d] **economy** Planwirtschaft

plane [plein] (Grund-)Ebene, Fläche; *fig* Ebene, Höhe; Hobel; Flugzeug; Tragfläche; Platane; eben, flach; **~ sailing** Plansegeln; (ab)hobeln, glätten; ⚓ gleiten; **~-tree** [ˊ-triː] Platane

planet ['plænit] Planet; **~ary** [ˊ–əri] Planeten-; planetarisch; irdisch

plangent ['plændʒənt] laut tönend

planish ['plæniʃ] ⚙ glätten; polieren

plank [plæŋk] Planke, Diele; *allg* Brett; (Parteiprogramm-)Punkt; dielen, verschalen; *~ down (umg)* (Geld) hinlegen, zahlen; *US* auf e-m Brett braten und servieren; **~-bed** [ˊ-bed] (Gefängnis-)Pritsche; **~ing** Dielenboden; Verschalung

planograph ['pleinəgrɑːf] 🕮 Flachdruck; **~y** [plə'nɔgrəfi] Flachdruck(-technik)

plankton ['plæŋktən] Plankton

plant [plɑːnt] Pflanze; Betrieb(sanlage), Maschinerie; Apparatur; Fabrik; *sl* Betrug, Schwindel; (be)pflanzen; aufpflanzen, hinstellen; *~ o.s.* sich hinstellen; gründen; j-n ansiedeln; *sl* verstecken; *~ s-th on s-b* j-m etwas andrehen

plantain ['plæntin] Wegerich; Mehl-, Pferdebanane

plant|ation [plæn'teiʃən] Pflanzung; Plantage; Ansiedlung; Kolonie; **~er** ['plɑːntə] Pflanzer; Pflanzmaschine

plaque [plɑːk, *US* plæk] (Gedenk-)Tafel; (Schmuck-, Ordens-)Schnalle

plash [plæʃ] Klatschen (v. Rudern); klatschen; plätschern; **~y** plätschernd; matschig, feucht

plasma ['plæzmə] Plasma

plaster ['plɑːstə] Mörtel, Putz; *~ (of Paris* ['pæris]) Gipsmörtel, Stuck, ⚕ Gips; (Senf-, Heft-)Pflaster; ⚕ Gips-; verputzen; ver-, bepflastern *(a. fig)*; **~ cast** [kɑːst] Gipsabdruck, -verband; **~er** [ˊ–rə] Verputzer; Gips-, Stuckarbeiter

plastic ['plæstik] plastisch, verformbar; bildsam; *~ arts* Bildhauerkunst; ⚕ plastisch; Kunststoff; **~ine** [ˊ–siːn] Plastilin; **~ity** [–'tisiti] Plastizität; **~ize** [ˊ–saiz] plastifizieren

plate [pleit] Teller (*eccl* Kollekten-); Tafelgeschirr; ⚙ Platte, Scheibe; ⚙ Grobblech, Blechtafel; ⚡, 🕮 Platte; 🕮 Bildseite, -tafel; Namensschild; 🏇 Pokal(rennen); (*dental ~*) Zahn-, Gebißplatte; *vt* panzern; plattieren (versilbern etc); 🕮 Platten machen von; **~ful** Tellervoll; **~-glass** [ˊ-glɑːs] Spiegelglas; **~layer** [ˊ-leiə] 🚂 Streckenarbeiter; **~-powder** [ˊ-paudə] Silberputzmittel

plateau ['plætou, *US* –ˊ], *pl* **~s** Plateau

platen ['plætən] 🕮 Tiegel; (Schreibmaschinen-)Walze

platform ['plætfɔːm] Plattform; Rednerbühne; *BE* Bahnsteig; *US* 🚂 Plattform; Parteiprogramm, programmatische Wahlerklärung

plating ['pleitiŋ] Plattierung (Gold etc); Panzerung
plati|num ['plætinəm] Platin; **~tude** [ˊ–tjuːd] Plattheit; Seichtigkeit
Platonic [plə'tɔnik] platonisch
platoon [plə'tuːn] *mil* Zug
platter ['plætə] (flache) Schüssel, Platte
platypus ['plætipəs], *pl* **~es** Schnabeltier
plaudits ['plɔːdits] *pl vb* Beifall
plausible ['plɔːzibl] einleuchtend, plausibel; bestechend
play [plei] **1.** spielen; **2.** ~ *the fool* s. töricht benehmen, dummes Zeug machen; **3.** ⚽ (j-n) nehmen (*as goal-keeper* als Torwart); **4.** sich gut zum Spielen eignen; **5.** gegen j-n spielen; **6.** ausspielen, (Figur) ziehen; ~ *the game* sich an die Regeln halten *(a. fig)*; ~ *the man* sich wie ein Mann benehmen; ~ *s-b false* [fɔːls] j-n betrügen; **7.** ⚙ spielen lassen, richten; ⚙ arbeiten; ~ **at** etwas spielen; sich mit halbem Herzen befassen mit; ~ **away** verspielen; ~ **back** 📻 wiedergeben; ~ **off** ausspielen (*against* gegen); ~ **on** ausnutzen; ~ *a trick on s-b* j-m e-n Streich spielen; ~ *on words* [wəːdz] mit Worten spielen; **to be ~ed out** am Ende sein; ~ **up** sich ins Zeug legen; j-n hochbringen; ~ *up to* 🎭 j-m zuspielen; schmeicheln; ermuntern; ~ **with** mit j-m, etwas spielen *(a. fig)*; **8.** Spiel(en) (*at* ~ beim Spielen); *child's* ~ kinderleicht(e Sache); *in* ~ im Scherz; ~ *of words* Spiel mit Worten; ~ *on words* Wortspiel; **9.** 🎭 Stück, Spiel; *as good as a* ~ sehr unterhaltsam; **10.** ⚽ Spiel(weise); *fair* ~ anständiges, faires Spiel, Ehrlichkeit; *foul* ~ unfaires Spiel, Verrat, Gewalt(tat); **11.** ⚙ Spiel(raum); *to give free* ~ *to* freien Lauf lassen; **12.** Wirken; *to bring into* ~ in Gang setzen, benutzen; *to come into* ~ in Tätigkeit treten; **~-actor** [ˊ-æktə] (Schmieren-)Schauspieler; **~back** Abspielen; Plattenspieler; **~bill** [ˊ-bil] Theaterzettel; **~-book** [ˊ-buk] Schauspielbuch; Textbuch; **~-box** [ˊ-bɔks] Spielzeugkasten; **~-boy** [ˊ-bɔi] Lebemann; **~er** [ˊ-ə] Spieler (*a.* 🎭, ♪); *BE* Kricket-Profi; **~er-piano** automatisches Klavier; **~fellow** [ˊ-felou] Spielkamerad; **~ful** spielerisch; scherzhaft; **~goer** [ˊ-gouə] Theaterbesucher; **~ground** [ˊ-graund] Spielplatz; **~house** [ˊ-haus], *pl* ~houses [ˊ-hauziz] Schauspielhaus; *US* (Spielzeug-)Haus; **~ing-card** [ˊ-iŋkɑːd] Spielkarte; **~ing-field** [ˊ-iŋfiːld] Sportplatz; **~let** [ˊ-lit] Spielchen; **~mate** [ˊ-meit] Spielkamerad; **~-off** [ˊ-ɔf] ⚽ Entscheidungsspiel; Stichkampf; **~thing** [ˊ-θiŋ] Spielzeug *(a. fig)*; **~wright** [ˊ-rait] Bühnenschriftsteller, -autor, Dramatiker; **~-writing** [ˊ-raitiŋ] Theaterstücke
plea [pliː] ⚖ Einrede, Einwand; Ausrede; Vorwand; (dringende) Bitte
plead [pliːd] ⚖ einwenden, geltend machen; plädieren; dringend bitten (*for* um; *with s-b* j-n); ~ *guilty* ['gilti] sich schuldig bekennen; sich einsetzen (*for* für); vorbringen, sich entschuldigen mit; **~er** Plädeur, Verteidiger; **~ing** Plädieren; *pl* Parteivorbringen, Prozeßakten
pleasant [pleznt] angenehm; freundlich; erfreulich; **~ry** Scherz(haftigkeit)
please [pliːz] gefallen, befriedigen; ~ *yourself* tun Sie nach Belieben; ~ *God* wenn es Gott gefällt; belieben, wollen (*as I* ~ wie es mir gefällt); *(if you)* ~ bitte; *now, if you* ~ stell dir mal vor; **~d** [ˊ-d] erfreut, zufrieden; *will be ~d* ist gern bereit
pleasing ['pliːziŋ] angenehm; anziehend
pleasur|able ['pleʒərəbl] angenehm, vergnüglich; **~e** [ˊ-ʒə] Freude, Vergnügen; *to take ~e in* Vergnügen finden an; Wille, Wunsch (*at ~e* nach Wunsch); Vergnügungs-; **~e-ground** [ˊ–graund] Vergnügungspark
pleat [pliːt] (Rock- etc) Falte; **~ed** gefältelt, plissiert
pleb|eian [pli'biːən] plebejisch; Plebejer; **~iscite** ['plebisit, *bes US* ˊ–sait] (Entscheidung durch) Volksabstimmung
plebs [plebz] das gewöhnliche Volk, Plebs
plectr|um ['plektrəm], *pl* **~a** [ˊ-ə], **~ums** ♪ Plektron
pledge [pledʒ] **1.** Pfand; **2.** versetzter Gegenstand; *to put in* ~ verpfänden; *to take out of* ~ auslösen; **3.** *fig* Unterpfand; **4.** *fig* Kind; **5.** Versprechen ♦ *to take* (od *sign*) *the* ~ das Versprechen geben, nicht mehr zu trinken; *under* ~ *of secrecy* ['siːkrəsi] unter dem Siegel der Verschwiegenheit; **6.** *vt* verpfänden *(a. fig)*; **7.** j-n verpflichten (*to* zu, auf); **8.** j-m zutrinken; **~t** [ˊ-it] ⚕ Tampon
plenary ['pliːnəri] völlig; Voll-; Plenar-; ~ **powers** Vollmacht
pleni|potentiary [plenipə'tenʃəri] bevollmächtigt; Voll-; Bevollmächtigter; **~tude** [ˊ–tjuːd] Fülle; Überfluß
plent|eous ['plentiəs] reich(lich); **~iful** [ˊ-tiful] reichlich; **~y** Fülle, Überfluß; *in ~y* in Hülle und Fülle; *horn of ~y* Füllhorn; *~y of* reichlich; *~y more* noch reichlich; *adv* durchaus, reichlich
plethora ['pleθərə] Fülle; Schwall; ⚕ Plethora, Blutandrang
pleur|a ['pluːrə], *pl* **~ae** [ˊ-iː] Rippenfell; **~isy** [ˊ-isi] Rippenfellentzündung
plexus ['pleksəs], *pl* **~es** Nervengeflecht, Plexus; *fig* Netz, Gewirr
pli|able ['plaiəbl] biegsam, geschmeidig; beeinflußbar; **~ant** [ˊ-ənt] = ~able; **~ers** ['plaiəz] *pl vb* (Draht-)Zange
plight [plait] (mißliche) Lage; Versprechen; verpfänden, versprechen; verloben
Plimsoll ['plimsəl] **line (mark)** ⚓ Freibordmarke; **p~** *BE* Turnschuh
plinth [plinθ] Fußplatte, Plinthe
plod [plɔd] *(one's way, on one's way)* (mühsam) daherstapfen; ~ *(away)* sich abrackern (an); **~der** Büffler, schwerfällig Arbeitender; **~ding** schwerfällig
plop [plɔp] Plumps, Knallen (e-s Korkens); plumpsen; knallen; plumps!
plot [plɔt] Stück (Land), Beet; Komplott, Verschwörung; Geheimplan; Handlung, Fabel; (*US* Lage)Plan, Diagramm; planen, anzetteln;

Anschlag machen gegen; Zeichnung machen von; eintragen; ~ *out* parzellieren; **~ter** Verschwörer

plough [plau] Pflug(land); **the P~** *astr* Großer Bär (Wagen); pflügen (*up* um-) ♦ ~ *the sands* sinnlose Arbeit tun; ~ *a lonely furrow* ['fʌrou] einsam seinen Weg gehen; sich (seinen Weg) bahnen; durchfallen (lassen); **~man** [´-mən], *pl* ~men Pflüger; **~share** [´-ʃɛə] Pflugschar

plover ['plʌvə] Regenpfeifer; *umg* Kiebitz

plow [plau] *US* = plough

pluck [plʌk] **1.** pflücken; **2.** (Huhn) rupfen; **3.** (j-n) rupfen, ausnehmen; **4.** auflesen; ergattern; ~ *at* schnappen nach, ziehen an; ~ *out* herausreißen, ausjäten; ~ *up* (her)ausreißen, (Mut) zusammennehmen; **5.** Zerren; **6.** Geschlinge; **7.** Mut, Schneid; **~ed** [´-t], **~y** tapfer, schneidig

plug [plʌg] Pflock; Stöpsel; Priem; ⚡ Stecker; (~ *socket* Steckdose, Steckkontakt); 🚗 Zündkerze; Hydrant; Druckspüler (WC); *US sl* Mähre; Werbespruch, Reklamehinweis; stöpseln (*up* zu-); zu-, verstopfen; j-m e-e in den Bauch jagen, j-m e-e reingeben; *(umg)* ~ *away* sich abrackern (*at* an); ~ *in* ⚡ hineinstecken, einstöpseln; 📻 (Lied) immer wieder spielen; (tolle Sache;) werben für, anpreisen, propagieren

plum [plʌm] Pflaume; (im Kuchen, Auflauf) Rosine *(a. fig)*; ~ **duff** [-'dʌf] *BE* (einfacher) Plumpudding, engl. Rosinenauflauf

plumage ['plu:midʒ] Gefieder

plumb [plʌm] Lot, Senkblei; *out of* ~ nicht senkrecht; lot-, senkrecht; völlig; *adv* senkrecht; genau; *US sl* total; *vt* (aus)loten; *fig* sondieren, untersuchen; senkrecht machen; **~ago** [–'beigou] Graphit; **~er** [´-mə] Klempner; Installateur; **~ing** [´-miŋ] Klempnerarbeit; Installation; Rohrleitungen; **~-line** [´-lain] Lot, Senkblei

plume [plu:m] (Schmuck-)Feder; Federbusch; (Federn) glätten, (s.) putzen; mit Federn versehen; ~ *o.s. on* stolz sein auf

plummet ['plʌmit] Lot, Senkblei

plump [plʌmp] mollig, rundlich; unverblümt; *adv* plumps; geradeheraus; ~ *(up)* rundlich machen (werden); plumpsen (lassen); ~ *for BE* j-n ausschließlich wählen; *su* Plumps(er)

plunder ['plʌndə] plündern; Plündern; Raub, Beute; **~er** [´–rə] Plünderer

plunge [plʌndʒ] (mit Gewalt) tauchen; (Waffe) stoßen *(a. fig)*; sich stürzen (*into* in; *a. fig*); ⚓ eintauchen, stampfen; *umg* hasardieren, etwas riskieren; (Ein-)Tauchen; Stoß; Sturz; *to take the* ~ *(fig)* ins Wasser springen; **~r** [´-ə] Taucher; ⚙ Tauchkolben; *umg* Hasardeur, Spekulant

plunk [plʌnk] plumpsen (lassen); ~ *down US* blechen; *US* treffen; ♪ zupfen; Zupfen; *US* doller Schlag

pluperfect ['plu:'pə:fikt] Plusquamperfekt

plural ['pluərəl] mehrfach; Mehrzahl; **~ism** [´–izm] Innehaben mehrerer Ämter (Pfründen); **~ity** [–'ræliti] das mehrfache Vorhandensein; größere, große Anzahl; (*US* einfache) Stimmenmehrheit; = ~ism

plus [plʌs] *math,* ⚡, *allg* plus; Pluszeichen; **~-fours** [´-'fɔ:z] *pl vb* (weite) Knickerbocker

plush [plʌʃ] Plüsch

plutocra|cy [plu:'tɔkrəsi] Geldherrschaft, Plutokratie; **~t** [´-təkræt] Plutokrat

plutonium [plu:'touniəm] Plutonium

ply [plai] Schicht (Holz, Stoff); Strähne; *two-~, three-~ etc* zwei-, dreifach (Garn etc); (Gewerbe) ausüben; eifrig handhaben; ~ *with* (Essen) j-m ständig anbieten; j-n überhäufen; *bes* ⚓ regelmäßig verkehren; (auf Kundschaft) warten; **~wood** [´-wud] Sperrholz

pneum|atic [nju:'mætik] pneumatisch; (Preß-) Luft-; **~onia** [–'mouniə] Lungenentzündung

poach [poutʃ] stoßen (*into* in); ~ *(up)* aufwühlen; wildern, als Wilderer fangen; **~ed** [´-t] **eggs** verlorene Eier; **~er** Wilderer

pock [pɔk] Pocke, Pustel; **~-mark** [´-ma:k] Pokkennarbe; **~-marked** [´-ma:kt] pockennarbig

pocket ['pɔkit] **1.** Sack (Hopfen, = 76 kg); **2.** Tasche ♦ *to put one's hand in one's* ~ tief in die Tasche greifen; *to put one's pride in one's* ~ seinen Stolz überwinden; *to have s-b in one's* ~ j-n in der Tasche haben; **3.** Finanzen, Geld (*to suffer in one's* ~ Geld einbüßen); *to be a few shillings in (out of)* ~ ein paar Shilling gewonnen (eingebüßt) haben; *out-of-~ expenses* [iks'pensiz] Barauslagen; **4.** *geol* Nest; **5.** (Billard) Loch; **6.** ✈ Luftloch; **7.** in die Tasche, einstecken *(a. fig)*; **8.** (Billard) ins Loch spielen; **9.** (Stolz etc) überwinden, unterdrücken; **10.** *US* (Gesetz) nicht unterschreiben; **~-book** [´–buk] Taschenbuch; Notizbuch; Brieftasche; *US* Handtasche; **~-borough** [´–bʌrə] von e-m einzelnen beherrschter Wahlbezirk

pod [pɔd] Same, Frucht (von Bohnen etc); enthülsen, -schoten, brockeln; Schoten ansetzen

podgy ['pɔdʒi] *bes BE* untersetzt, dicklich (*siehe* pudgy)

poe|m ['pouim] Gedicht; **~sy** [´–si, ´–zi] Poesie; **~t** [´–t] Dichter; **~tess** Dichterin; **~tic** [–'etik] dichterisch; poesievoll; *~tic licence* ['laisəns] dichterische Freiheit; **~tical** [–'etikəl] poetisch; **~tics** *sg vb* Poetik; **~tize** [´–taiz] dichten (*about* über); dichterisch verherrlichen; **~try** [´–tri] Dichtkunst; Dichtwerke

pogrom ['pɔgrəm, *bes US* pə'grɔm] Pogrom, Ausschreitung

poignant [´-njənt] bitter, scharf; ergreifend; gewürzt

poinsettia [pɔin'setiə], *pl* **~s** *bot* Poinsettie, Weihnachtsstern

point [pɔint] **1.** Spitze (*on the ~ of one's toes* auf Zehenspitzen; *a ~ of land* Land-); *at the ~ of the sword* [sɔ:d] unter (Androhung von) Gewalt ♦ *not to put too fine a ~ on it* rundheraus gesagt; **2.** *math, phys,* 🕮, ⛏ Punkt; *(gram) full ~* Punkt; **3.** (Kompaß)Strich; **4.** Himmelsrichtung; **5.** *BE* Steckdose; *pl BE* 🚂 Weiche; **6.** = ~-lace; **7.** *fig* Stelle; *sore ~* wunde Stelle; **8.** Charakteristikum; Vorzug; **9.** Seite (*strong* ~); **10.** *fig* Punkt, das Wesentliche; **11.** Sache (– *of conscience* Gewissens-; ~ *of honour* Ehren-); *I don't see your* ~ ... worauf Sie hinauswollen; *to come to the* ~ zur Sache kommen, ernst werden; *to carry (gain) one's* ~ sein Ziel erreichen; *off, beside the* ~ nicht zur Sache gehörig; *to get away from the* ~ vom Thema abschweifen; *to the* ~ zur Sache gehörig; *to make* (od *score*) *a* ~ die Richtigkeit des Gesagten beweisen, (Jagdhund) stehen; *to make a* ~ *of* es sich angelegen sein lassen, Wert legen auf; *in* ~ hierhergehörig, passend; *in* ~ *of fact* tatsächlich; ~ *in doing s-th* Sinn (Zweck), etwas zu tun; **12.** Pointe, Wirkung; **13.** (Zeit-)Punkt, Augenblick (*at this* ~); *to be on the* ~ *of doing* im Begriff sein zu tun; *at all* ~*s* völlig, in jeder Hinsicht; ~ *of view* Standpunkt *(a. fig)*; *to give* ~ *to* Nachdruck verleihen; *to give* ~*s to s-b* es aufnehmen können mit; **14.** *vt/i* spitzen, mit e-r Spitze versehen; **15.** richten (*at* auf); **16.** Nachdruck, Pointe geben; (mit dem Finger etc) deuten (*at* auf); **17.** zeigen, *(bes fig)* deuten (*to* auf); ~ *out* zeigen, hinweisen auf, darauf hinweisen (*that* daß); ~ *up* unterstreichen; **~-blank** [ˊ-'blæŋk] Fleck-(Schuß); *at* ~*-blank range* auf Kernschußweite; glatt (Ablehnung); unverblümt, rundheraus; **~-duty** [ˊ-dju:ti] *BE* Verkehrs(regelungs)dienst; **~ed** (zuge)spitz(t) *(a. fig)*; treffend, scharf; **~er** Zeiger; (Zeige-) Stock; Pointer, (engl.) Vorstehhund; *umg* Hinweis; **~-lace** [ˊ-leis] Nadel-, Nähspitze; **~less** stumpf; zweck-, sinnlos, ohne Pointe; ohne Punkte (Spiel); **~sman** [ˊ-smən], *pl* ~smen *BE* Weichensteller; *BE* Verkehrspolizist

poise [pɔiz] Gleichgewicht; Beherrschung; Haltung; Schwebe; (im Gleichgewicht) halten; schweben; tragen

poison [pɔizn] Gift *(a. fig)*; vergiften *(a. fig)*; infizieren; ~ *s-b's mind against* j-n verderben für; **~er** Giftmischer, -mörder; **~ing** Vergiftung; Giftmord; **~-ivy** [ˊ-aivi] Giftbaum; **~ous** [ˊ-əs] giftig, Gift-; verderblich; ekelhaft

poke [pouk] stoßen, schubsen *(s-b in the ribs)*; stochern in, schüren; stecken, ~ *one's nose into (fig)* seine Nase stecken in; ~ *fun at* Spaß machen, sich lustig machen über; sich einmischen (*into* in); ~ *about* herumtasten, -schnüffeln; Stoß, Schubs; Sack ♦ *to buy a pig in a* ~ die Katze im Sack kaufen; **~-bonnet** [ˊ-bɔnit] Schute; **~r** [ˊ-ə] Poker; Schürhaken; **~r-face** [ˊ-ə'feis] *umg* eisernes Gesicht; **~r work** [ˊ-ə'wə:k] Brandmalerei

poky, *US a.* **-key** ['pouki] klein, beengt; öde, langweilig; *US* träge; *US* Knast

Pol|and ['poulənd] Polen; ~ **e**[poul] Pole; **~ish** [ˊ-liʃ] polnisch

polar ['poulə] Polar-, polar (*a.* ↯); ~ *bear* [bɛə] Eisbär; magnetisch; entgegengesetzt; **~ity** [–'læriti] Polarität; **~ize** [ˊ–raiz] polarisieren

pole [poul] *geog, phys,* ↯ Pol; Polargegend; Gegensatz; *they are* ~*s apart* Welten trennen sie; Stange; Rute (= 5,03 m); ⛹ Stab; *under bare* ~*s* ohne Segel; ⚓ staken; stängeln; **~-axe,** *US* **~ax** [ˊ-æks] Streitaxt; Schlachtbeil; **~cat** [ˊ-kæt] Iltis; *US* Skunk; **~-star** [ˊ-sta:] Polarstern; *fig* Leitstern; ~ **vault** [vɔ:lt] ⛹ Stabhochsprung; ~ **vaulter** Stabhochspringer

polemic [pɔ'lemik] Streit, Polemik; *pl* Streiten, Polemisieren; Polemiker; polemisch; **~al** *adj* = ~; Streit-

police [pə'li:s] *pl vb* Polizei; *a* ~ *(sg vb)* Polizeitruppe; *kitchen* ~ *(mil)* Küchendienst; (polizeilich) überwachen; ~ *(up)* säubern, sauberhalten; **~-constable** [–ˊ-kʌnstəbl] *BE* Polizist; ~ **court** [kɔ:t] Polizeigericht; ~ **force** Polizeitruppe; **~man** [–ˊ-mən], *pl* ~men Polizist; ~ **office** ['ɔfis] *BE* Polizeipräsidium; ~ **officer** Polizeibeamter; ~ **station** ['steiʃən] Polizeirevier

policlinic [pɔli'klinik] Poliklinik

policy ['pɔlisi] politische Linie, Politik; Staatskunst; kluges Verhalten; Schlauheit; Versicherungsschein; **~-holder** [ˊ–-houldə] Versicherungsnehmer

polio(myelitis) ['pouliou(maiə'laitis)] spinale Kinderlähmung

polish ['pɔliʃ] polieren (*up* auf-); sich polieren lassen; glätten, (ab)schleifen; ~ *off (sl)* wegputzen, erledigen; Politur, Glanz *(a. fig)*; Poliermittel; **~er** Polierer

Polish *siehe* Pole

polite [pə'lait] höflich; fein, schön

polit|ic ['pɔlitik] klug; schlau; überlegt, diplomatisch; politisch; *the body* ~*ic* Staatskörper; **~ical** [pɔ'litikəl] politisch; Staats-; **~ical economy** [i:'kɔnəmi] Volkswirtschaftslehre; **~ician** [–-'tiʃən] (*US* prinzipienloser Partei-)Politiker; **~ics** [–ˊ-tiks] *sg vb* Politik; *pl vb* politische Ansichten (Handlungen, Tätigkeit); **~y** [ˊ–ti] Regierungs-, Staatsform; (staatliche) Gesellschaft

polka ['poulkə], *pl* **~s** Polka (tanzen)

poll[1] [poul] **1.** Einzelperson, Kopf; **2.** Wahlberechtigtenliste; **3.** Stimmenzählung, -zahl; **4.** Wahl(vorgang), -ort; *public-opinion* ~ Meinungsumfrage; **5.** beschneiden, kappen; **6.** ~, *to be* ~*ed* abstimmen lassen; **7.** (Stimme) abgeben, abstimmen; **8.** ... Stimmen auf sich vereinigen; **~ed** [ˊ-d] hornlos; **~ing enquiry** Meinungsumfrage; **~er** [ˊ-ə], **~ster** [ˊ-stə] Meinungsforscher; **~-tax** [ˊ-tæks] Kopfsteuer; Wahlsteuer

poll[2] [pɔl] Papagei *(a. fig)*; Nachbeter; **~ack, ~ock** [ˊ-ək] *zool* Polack; Köhler; **~ard** [ˊ-əd] gekappter Baum; hornloses Tier; **~en** [ˊ-ən] Blütenstaub, Pollen; **~inate** [ˊ-ineit] bestäuben

pollu|te [pə'lu:t] verunreinigen; beflecken; **~tion** [–'lu:ʃən] Verunreinigung; Unreinheit; (Umwelt)Verschmutzung

polo ['poulou] Polo; Wasserball

polonaise [pɔlə'neiz] Polonaise

poltergeist ['pɔltəgaist] Poltergeist

poltroon [pɔl'tru:n] armseliger Feigling; **~ery** [-ərі] Feigheit

poly|andry ['pɔliændri] Vielmännerei; **~clinic** [–-'klinik] allgem. Krankenhaus; **~gamist** [–ˊgəmist] Polygamist; **~gamous** [–ˊgəməs] polygam; **~gamy** [–ˊgəmi] Polygamie; Vielweiberei; **~glot** [ˊ–glɔt] vielsprachig, polyglott(er Mensch); mehrsprachiges Buch (Bibel); **~gon** [ˊ–gən] Vieleck; **~p** [ˊ–p] (See-)Polyp, Krake; = **~pus** [ˊ–pəs], *pl* ~pi [ˊ–pai], ~puses ⚕ Polyp; **~phonic** [––'fɔnik] mehr-, vielstimmig, -tönend; polyphon; phonetisch mehrdeutig; **~phonous** [–ˊfənəs] = ~phonic; **~phony** [pə'lifəni] polyphoner Satz, Kontrapunkt; Polyphonie; **~syllabic** [––si'læbik] mehrsilbig; **~syllable** [––'siləbl] mehrsilbiges Wort; **~technic** [––'teknik) polytechnisch(es Institut); **~theism** [ˊ–θiizm] Vielgötterei, Polytheismus

poma|de [*BE* pə'mɑːd, *US* pə'meid], **~tum** [pə'meitəm] Pomade; pomadisieren

pome|granate ['pɔmgrænit] Granatapfel(baum); **~lo** ['pɔmilou], *pl* ~los Pampelmuse

pommel [pʌml] (Sattel-, Schwert-)Knauf; mit den Fäusten bearbeiten

pomp [pɔmp] Pomp, Gepränge; **~ous** [ˊəs] pomphaft, prunkvoll; hochtrabend

pom-pom ['pɔmpɔm] *sl* Flakgeschütz

pond [pɔnd] Teich, Weiher

ponder ['pɔndə] erwägen, überlegen; nachdenken (*on, over* über); **~able** [––rəbl] wägbar; *pl* wägbare Dinge, Ponderabilien; **~ous** [ˊ–rəs] gewichtig; schwer(fällig)

pongee [pɔn'dʒiː] Pongé (Gewebe)

poniard ['pɔnjəd] Dolch; erdolchen

pontif|f ['pɔntif] Papst; Bischof; Oberpriester; **~ical** [–'tifikəl] päpstlich; bischöflich; *pl* Bischofsgewand; **~icate** [–'tifikit] Pontifikat; **~icate** [–'tifikeit] sich für unfehlbar halten, dogmatisch auftreten

pontoon [pɔn'tuːn] Ponton; ✈ Schwimmer; Caisson; *BE* Vingt-et-un

pony ['pouni] Pony, kleines Pferd; *BE sl* £25; *US sl* Schwarte, Übersetzungshilfe; **~-tail** [ˊ–teil] Pferdeschwanz

pooch [puːtʃ] *sl* Köter, Wauwau

poodle [puːdl] Pudel

pooh [puː] pah!, pfui! **~-pooh** [puː'puː] lächerlich machen, geringachten

pool [puːl] Teich; Lache; (Fluß) tiefe Stelle; Poule (Art Billard); (Gesamt-)Einsatz (Glücksspiel); *pl* Toto; Kartell, Ring, Pool; gemeinsamer Fonds; zusammenlegen, einsetzen; ein Kartell bilden; (Gewinne) teilen

poop [puːp] Heck; ⚓ Hütte, Kampanje

poor [puə] arm; armselig; unmaßgeblich; schlecht, schwach, mangelhaft; **~-box** [ˊbɔks] Armenbüchse, -kasse; **~house** [ˊhaus], *pl* ~-houses [ˊhauziz] Armenhaus; **~-law** [ˊlɔː] Armenrecht; **~ly** *adv* arm(selig); *adj* schwächlich, unpäßlich; **~-rate** [ˊreit] Armensteuer; **~-spirited** [ˊ'spiritid] verzagt, energielos

pop [pɔp] **1.** (Kork) knallen (lassen); **2.** *sl* verpfänden; **3.** *US* (Mais) rösten ♦ ~ *the question (umg)* e-n Heiratsantrag machen; **4.** (hinein-, hinaus)huschen; ~ *in* 'reinschauen, -platzen; ~ *off* abhauen, abkratzen; ~ *up* (plötzl.) auftauchen; **5.** Knall(en); **6.** *sl* Brause; **7.** *sl* Schuß; *in* ~ *(sl)* verpfändet; **8.** *US* Papa; **~-corn** [ˊkɔːn] Röstmais; **~-eyed** [ˊaid] *umg* glotzäugig; **~-gun** [ˊgʌn] Knallbüchse; **~injay** [ˊindʒei] Papagei; Geck, Fant

pop|e [poup] Papst; **~edom** [ˊdəm] Papsttum; **~ery** [ˊpəri] Papismus; **~ish** [ˊpiʃ] papistisch

poplar ['pɔplə] Pappel

poplin ['pɔplin] Popeline

poppy ['pɔpi] Mohn; **~cock** Quark, Geschwafel; **~-seed** [ˊ–siːd] Mohn(-samen)

popsy(-wopsy) ['pɔpsi('wɔpsi)] netter Käfer, süßes Mädchen

popul|ace ['pɔpjulis] das Volk; Pöbel; **~ar** [ˊ–lə] Volks-; volkstümlich, populär; beliebt (*with* bei); des Volkes; **~arity** [––'læriti] Beliebtheit; **~arize** [ˊ–ləraiz] popularisieren; gemeinverständlich darstellen; **~ate** [––leit] bevölkern; **~ation** [––'leiʃən] Bevölkerung; Bestand; **~ous** [ˊ–ləs] volkreich

porcelain ['pɔːslin] (Hart-)Porzellan

porch [pɔːtʃ] Vorhalle, -bau; *US* Veranda; **~climber** *US* Fassadenkletterer

porcupine ['pɔːkjupain] Stachelschwein

pore [pɔː] Pore; eifrig studieren (*over* in); nachdenken, sinnen (*upon, at* über)

porgy ['pɔːgi] *zool* Goldbrassen

pork [pɔːk] Schweinefleisch; **~er** Mastschwein

porn [pɔːn] Porno(graphie, -film)

pornograph|ic [pɔːnə'græfik] pornographisch; **~y** [–'nɔgrəfi] Pornographie; Schmutzliteratur

por|osity [pɔː'rɔsiti] Porosität; **~ous** [ˊrəs] porös, durchlässig

porphyry ['pɔːfiri] Porphyr

porpoise ['pɔːpəs] (kleiner) Tümmler, Meerschwein; *US* Delphin

porri|dge ['pɔridʒ] (engl.) Haferbrei; **~nger** [ˊ–ndʒə] (Brei-)Napf, Schüssel

port [pɔːt] Hafen(stadt); Backbord; links steuern, halten; Pfortluke; Portwein; Haltung; **~able** [ˊəbl] tragbar; Koffer-; **~age** [ˊidʒ] Ladung, Fracht(-kosten); Transport (von Fluß zu Fluß); Landbrücke; (Boot, Waren) von Fluß zu Fluß tragen; **~al** [ˊl] Portal, Pforte *(a. fig)*; **~cullis** [–'kʌlis] Fallgatter

porten|d [pɔː'tend] (vor)bedeuten; **~t** [ˊ–t] (böses) Vorzeichen; Wunder; Vorbedeutung; **~tous** [–'tentəs] unheilvoll; wundersam; ungeheuer(lich)

port|er ['pɔːtə] (Gepäck-)Träger; dunkles Bier, Porter; *US* (Schlafwagen-)Schaffner; Pförtner; **~folio** [–'fouliou], *pl* ~folios Aktenmappe; Portefeuille; **~hole** [ˊhoul] ⚓ Pfortluke; **~ico** [ˊikou], *pl* ~icos, ~icoes Säulenhalle

portion ['pɔːʃən] (An-)Teil; Erbschaftsanteil; Portion; Schicksal; aufteilen (*out* aus-; *to s-b* zu-); aussteuern; **~less** ohne Aussteuer (Erbteil)

portly ['pɔːtli] stattlich

portmanteau [pɔːt'mæntou], *pl* ~s *BE* große Reisetasche; ~ **word** Schachtelwort (z. B. *smog,* aus *smoke* + *fog*)

portrait ['pɔːtrit] Porträt; anschauliche Beschreibung; **~ure** [ˊ–tʃə] Porträtmalerei; Porträt(sammlung)

portray [pɔː'trei] porträtieren, abmalen; 🎭 darstellen; anschaulich schildern; **~al** Abmalen, Porträtieren; Porträt, Bild; Schilderung
Portug|al ['pɔːtjugəl] Portugal; **~uese** [--'giːz], *pl* ~uese Portugiese; portugiesisch
pos|e [pouz] Pose; sich in Positur stellen, setzen; (Frage) aufwerfen; sich ausgeben (*as* als); verwirren; **~er** [ˊ-ə] knifflige Frage; **~eur** [pou'zəː] Poseur
position [pə'ziʃən] Stellung (*a. mil; in [out of] ~* in der richtigen [falschen] Stellung); Stelle, Position; Haltung *(a. fig)*; Rang (*people of ~*); Lage (*to be in a ~ to do* in der Lage sein zu tun); an den rechten Platz stellen, bringen
positive ['pɔzitiv] definitiv, bestimmt; überzeugt; eigensinnig; wirklich, tatsächlich, *umg* entschieden (Narr etc); 📷, ⚡, *math, phys* positiv; *su* Positiv
poss [pɔs] *BE* möglich; *if poss* wenn's geht
posse ['pɔsi] (Polizei-)Aufgebot
possess [pə'zes] besitzen; *~ o.s. of* sich aneignen; *~ o.s. in patience* ['peiʃəns] sich in Geduld fassen; *to be ~ed* [ˊ-t] *of* in Besitz haben; *to be ~ed by* besessen sein von; **~ion** [-ˊʃən] Besitzung ♦ *~ion is nine points* (od *tenths*) *of the law* wer im Besitz ist, ist im Recht; *pl* Besitzungen, Habe; Beherrschung; **~ive** [-ˊiv] Besitz-; *gram* besitzanzeigend; Possessiv; **~or** [-ˊsə] Besitzer(in)
possi|bility [pɔsi'biliti] Möglichkeit; **~ble** [ˊ-ibl] möglich; 🏆 Höchstzahl, -leistung; 🏆 möglicher Spieler; **~bly** [ˊ-bli] möglicherweise, irgendwie; *cannot ~bly* kann unmöglich
possum ['pɔsəm] Opossum, Beutelratte ♦ *to play ~* sich krank (tot) stellen
post [poust] **1.** Pfosten; **2.** *mil* Posten; *last ~ (BE)* Zapfenstreich; **3.** Stellung; **4.** *bes BE* Post(amt, -sendung); *by return of ~* umgehend; **5.** Briefpapier; **6.** (Plakat) anschlagen *(a.: ~ up)*; **7.** (Wand) bekleben *(a.: ~ over)*; **8.** anschlagen, bekanntgeben (*as* als); *well ~ed* gut informiert; **9.** (auf)stellen, postieren; **10.** *bes BE* mit der Post schicken, zur Post geben; **11.** mit der Postkutsche fahren; **12.** eilen; **13.** *mil* (e-n Soldaten) versetzen; **14.** *~ (up)* (Konto) (ins Hauptbuch) übertragen, (Kontobuch) in Ordnung bringen; *adv* = ~-haste; **~age** [ˊ-idʒ] Porto; **~age meter** *US* Frankiermaschine; **~age stamp** Briefmarke; **~al** Post-; postalisch; *su US* = **~al card** Postkarte (mit eingedruckter Marke), **~al code** *BE* = ~-code); **~al order** Postanweisung; **~al tuition** [tju'iʃən] Fernunterricht; **~-boy** [ˊ-bɔi] *BE* Postbote; Postillion; **~-card** [ˊ-kaːd] Postkarte; **~-chaise** [ˊ-ʃeiz] Post(reise)wagen; **~-code** [ˊ-koud] *BE* Postleitzahl; **~date** [ˊ-'deit] nachdatieren; später ansetzen; **~er** [ˊ-ə] Plakat(-anschläger); **~e restante** ['poust 'restaːnt, *US* ˊ-ˊ] (*BE* Abteilung für) postlagernde Sendung(en); **~exchange** *US mil* Marketenderei, Einkaufsstelle
posteri|or [pɔs'tiəriə] später (*to* als); hintere; *(a. pl)* Hinterteil; **~ty** [-'teriti] Nachkommenschaft; Nachwelt
postern [*BE* 'pɔstən, *US* 'pou-] Hinter-, Seitentür; geheimes Pförtchen
post|-free ['poust'friː] *BE* portofrei, frankiert; **~-graduate** [ˊ-'grædjuit] nach dem Examen (*p. work* gehobene wissenschaftliche Tätigkeit); (etwa:) Doktorand, Akademiker; **~-haste** [ˊ-'heist] in großer Eile; **~humous** ['pɔstjuməs] nachgeboren; nachgelassen; postum; **~ilion,** *BE a.* **~illion** [pɔs'tiljən] Postillion; **~ing** Plakatierung; Übertragung (*to* in); **~man** [ˊ-mən], *pl* ~men Briefträger; **~mark** [ˊ-maːk] (Post-)Stempel; stempeln, entwerten; **~master** [ˊ-maːstə] Postamtsleiter; **P~master General** Postminister; **~mistress** [ˊ-mistris] Postamtsleiterin; **~-mortem** [ˊ-'mɔːtəm] **(examination)** Autopsie, Leichenöffnung; **~-office** [ˊ-ɔfis] Post(amt); **~-office order** Postanweisung; **~-paid** [ˊ-'peid] portofrei, unfrankiert; **~pone** [-'poun] ver-, aufschieben; **~ponement** Verschiebung, Aufschub; **~script** [ˊ-skript] Postskriptum, Nachsatz; -wort; *BE* 📻 (Nachrichten-)Kommentar; **~-war** [ˊ-wɔː] Nachkriegs-
postulate ['pɔstjuleit] (er)fordern; postulieren, voraussetzen; ~ [ˊ-lit] Forderung; Postulat
posture ['pɔstʃə] Haltung *(a. fig)*; *fig* Lage; hinstellen; posieren
posy ['pouzi] Blumenstrauß
pot [pɔt] **1.** Topf; **2.** Kanne; ♦ *to keep the ~ boiling* das Nötige verdienen, die Sache in Gang halten; *the ~ calls the kettle black* (etwa:) er hat ja selber Dreck am Stecken; *to go to ~* kaputtgehen; **3.** *umg* Haufen Geld, großes Tier, 🏆 Silberpokal; **4.** (Nah-)Schuß; **5.** in e-n Topf tun (einmachen); **6.** einpflanzen (in e-n Topf); **7.** (Billard) ins Loch spielen; **8.** schießen, (zufällig) erlegen; **~-belly** [ˊ-beli] Schmerbauch; **~-boiler** [ˊ-bɔilə] Brotarbeit, Routinewerk; **~-boy** Bierkellner; **~-hat** [ˊ-'hæt] Melone; **~-herb** [ˊ-həːb, *US* ˊ-əːrb] Küchenkraut; **~-hole** [ˊ-houl] Schlagloch; **~-hook** [ˊ-huk] Kesselhaken; **~house** [ˊ-haus], *pl* ~houses [ˊ-hauziz] Kneipe; *~house manners* rüpelhaftes Benehmen; **~-luck** [ˊ-lʌk] was es gerade zu essen gibt *(come and take ~ -luck with us)*; **~-shot** [ˊ-ʃɔt] Nahschuß; Zufallstreffer; **~ted plant** Topfpflanze
potage [pɔ'taːʒ] Suppe
pota|sh ['pɔtæʃ] Pottasche, Kaliumkarbonat; **~ssium** [-'tæsiəm] Kalium
potation [pou'teiʃən] Trinken; *pl* Trank, Trunk
potato [pə'teitou], *pl* **~es** Kartoffel
poten|cy ['poutənsi] Stärke; Wirksamkeit; **~t** [ˊ-t] mächtig; überzeugend; stark, wirksam; **~tate** [ˊ-teit] Potentat; **~tial** [-'tenʃəl] potentiell, möglich; *~tial (mood)* Potentialis; Potential (*a.* ⚡); ⚡ Spannung; **~tiality** [-tenʃi'æliti] innere Kraft; *pl* potentielle geistige Kräfte; Möglichkeiten
pother ['pɔðə] Aufruhr, Lärm
potion ['pouʃən] (Gift-)Trank (*a.* ⚕)
potpourri [pou'puri, *US* -pu'riː], *pl* **~s** Dose mit duftenden Blättern; *bes* ♪ Potpourri

potsherd ['pɔtʃəːd] Topf-, Abfallscherben

pottage ['pɔtidʒ] dicke Suppe ♦ *a mess of ~* ein teuer erkaufter Vorteil

potter[1] [pɔtə] Töpfer; **~'s field** Armenfriedhof; **~-s wheel** [wiːl] Töpferscheibe; **~y** [ˊ–ri] Töpfer-, Keramik-, Tonwaren; Töpferei

potter[2] ['pɔtə], *US* **putter** ['pʌtə] trödeln, pusseln (*at, in* mit, bei); ~ *about* herumwursteln; ~ *away* vertun, verwursteln

potty ['pɔti] *sl* klein; leicht; verrückt

pouch [pautʃ] Tasche; Beutel *(a. zool)*; Sack (unter den Augen); in e-n Beutel tun; zu e-m Beutel formen, (s.) beuteln; **~ed** [ˊ-t] mit e-m, wie ein Beutel

pouf [puːf] Puff, Polstersitz

poult|erer ['poultərə] *BE* (Wild- und) Geflügelhändler; **~ice** [ˊ-tis] warme Packung; e-e Packung machen um; **~ry** [ˊ-tri] *pl vb* Geflügel, Federvieh

pounce [pauns] Klaue; Sprung, Stoß; *to make a ~ = to ~* herabstoßen auf und fangen; ~ *upon* plötzlich angreifen, losstürzen auf, herfallen über *(a. fig)*

pound [paund] Pfund (= 453,59 g; = 20 Shilling; = 100 Penny); Lärm; heftiger Schlag; Pferch; (Hunde- etc) Asyl; hämmern (auf), schlagen; (zer-)stampfen; einpferchen; **~age** [ˊ-idʒ] Provision, Prozentsatz pro Pfund (Sterling, Gewicht); **~er** [ˊ-ə] ...pfünder; **~-foolish** *siehe* penny; **~ing** Lärm; heftiger Schlag

pour [pɔː] **1.** gießen; **2.** schütten; **3.** einschenken; *it never rains but it ~s* ein Unglück kommt selten allein, es kommt immer alles zusammen; **4.** (ver)strömen; ~ *out* ausströmen, -schütten; *it is ~ing with rain* es gießt in Strömen

pout [paut] (Lippen) aufwerfen; schmollen; Schmollen

poverty ['pɔvəti] Armut; Dürftigkeit; Mangel; **~-stricken** [ˊ––strikən] arm, dürftig

powder ['paudə] Pulver (*not worth ~ and shot* das Pulver nicht wert); Puder; pudern; pulverisieren; **~-magazine** [ˊ–mægəziːn] Pulvermagazin; **~-puff** [ˊ–pʌf] Puderquaste; **~y** [ˊ–ri] puderig; bepulvert

power ['pauə] **1.** Macht; *is not within (is out of) my ~* liegt nicht in meiner Macht; *in ~* an der Macht; **2.** Kraft; **3.** Stärke (*a.* ◙ Linsen-) ♦ *more ~ to your elbow!* guten Erfolg!; **4.** *bes pl* Rechte, Vollmacht; **5.** führender Staat, Macht ♦ *the ~s that be* die Obrigkeit; **6.** *math* Potenz; **7.** ϟ (Kraft-)Strom, Leistung; *(umg) a ~ of* e-e Menge; **8.** *attr* Kraft-, Strom-; **~boat** [ˊ–bout] Motorboot; **~ful** mächtig; kräftig; **~-house, ~-station** Kraftwerk; **~less** macht-, kraftlos; **~-plant** [ˊ–plaːnt] Kraftwerk; Triebwerk; **~ politics** ['pɔlitiks] Machtpolitik; **~ steering** Servolenkung

powwow ['pauwau] (Indianer-)Freudenfest; indian. Medizinmann; Konferenz, Treffen; Besprechung; Besprechung abhalten; konferieren (*about* über); palavern

pox [pɔks] Pocken, Blattern; Windpocken; Syphilis

practi|cable ['præktikəbl] aus-, durchführbar; gangbar; **~cal** [ˊ–kəl] praktisch; erfahren; durchführbar; **~cal joke** Streich; **~cally** praktisch, so gut wie; **~ce** [ˊ-tis] Praxis (*a.* ⚕), Übung (*in ~ce* in der Übung, *out of ~ce* aus der Übung); Brauch, Gewohnheit; *pl* Praktiken, Ränke; **~cian** [–'tiʃən] Praktiker; **~se,** *US* **~ce** [ˊ-tis] üben (✈, ♪, *allg*); ausüben, betreiben; praktizieren, regelmäßig tun; *~se on* ausnutzen, hereinlegen; **~tioner** [–'tiʃənə] praktischer Arzt; ⚖ Rechtsanwalt; Praktiker

pragma|tic [præg'mætik] pragmatisch; **~tical** übereifrig; eigensinnig; = ~tic; **~tism** [ˊ–tizm] Übereifrigkeit; Pedanterie; Sachlichkeit; Pragmatismus

prairie ['prɛəri] Prärie, Grasland; *US* Sumpfland; **~ dog** Präriehund; **~ schooner** ['skuːnə] *US* Planwagen; **~ wolf** [wulf], *pl* ~ wolves [wulvz] Präriewolf, Kojote

praise [preiz] loben; preisen, verherrlichen; Lob; *pl* Lob(sprüche); Preis, Ehre (*~ be to God!*) ♦ *~ be!* Gott sei Dank!; **~worthy** [ˊ-wəːði] lobenswert

pram [præm] *BE umg* Kinderwagen

prance [praːns] sich bäumen; einherstolzieren; *umg* umhertollen

prank [præŋk] Streich; Ulk; schmücken; prunken

prat|e [preit] schwatzen; prahlen; Geschwätz; **~tle** [prætl] quasseln; Gequassel; **~tler** ['prætlə] Quaßler

prawn [prɔːn] Geißelgarnele(n fischen)

pray [prei] beten (*to* zu, *for* um); anflehen; dringend bitten (*to s-b* j-n, *for* um); *~?* bitte?; **~er** [ˊ-ə] Beter; Bittender; **~er** ['prɛə] Gebet; dringende Bitte; *pl* Andacht; **~er-meeting** ['prɛəmiːtiŋ] Gebetsstunde

preach [priːtʃ] predigen *(a. fig)*; **~ify** [ˊ-ifai] (Moral) predigen

preamble [priː'æmbl] Präambel, Vorrede

precarious [pri'kɛəriəs] unsicher; prekär; widerruflich

precaution [pri'kɔːʃən] Vorsicht(smaßnahme); **~ary** [–ˊ–əri] vorbeugend

precede [pri'siːd] vorangehen (lassen); führen; *fig* vorgehen; **~nce** [–ˊ-dəns] Vorhergehen; Vorrang; *to take ~nce of* den Vorrang haben vor; Vorfahrtsrecht; **~nt** [–ˊ-dənt] vorhergehend, vorig; **~nt** ['presidənt] Präzedenzfall

precept ['priːsept] Vorschrift; **~or** [–'septə] Lehrer

precinct ['priːsiŋkt] Bezirk; *US* Wahlbezirk, Polizeirevier; Grenze; *pl* Umgebung; *pl* Bereich; Zone

precious ['preʃəs] kostbar, edel; Edel-; *umg fig* nett, recht; sehr

precipice ['presipis] Abgrund; steile Wand

precipit|ance [pri'sipitəns] Hast, Übereilung; **~ant** [–ˊ–tənt] *chem* Fällmittel; *adj* = ~ate; **~ate** [–ˊ–teit] (hinunter-)stürzen; *fig* überstürzen, (plötzl., unbedacht) verursachen; (sehr) beschleunigen; *chem* fällen, (s.) niederschlagen; **~ate** [–ˊ–tit] Niederschlag; überstürzt, unüberlegt; **~ation** [–ˌ––'teiʃən] Niederschlag;

überstürzte Hast, Übereilung; **~ous** [-ˊ-təs] steil(abstürzend)
précis ['preisi:, *US* -ˊ], *pl* ~ [ˊ-z] Zusammenfassung; zusammenfassen
precis|e [pri'sais] genau; peinlich, pedantisch; **~ely** genau; *fig* gerade; ganz richtig; **~ian** [-'siʒən] Pedant; **~ion** [-'siʒən] Genauigkeit, Präzision; ⚙ Präzisions-, Fein-
preclude [pri'klu:d] *fig* ausschließen; unmöglich, unwirksam machen
precoci|ous [pri'kouʃəs] frühreif; **~ty** [-'kɔsiti] Frühreife
precon|ceived ['pri:kən'si:vd] vorgefaßt; **~ception** [ˊ-'sepʃən] vorgefaßte Meinung; **~certed** [ˊ-'sə:tid] vorgeplant, verabredet; abgekartet
precursor [pri'kə:sə] Vorläufer, -bote
preda|cious [pri'deiʃəs] *zool* räuberisch; **~tion** [-'deiʃən] *zool* Verfolgung, Vernichtung (*on* von); **~tor** ['predətə] Raubtier; räuberische Person; **~tory** ['predətəri] *zool, allg* räuberisch, Raub-; schädlich
predecessor ['pri:disesə, *US* 'predi--] Vorfahr; Vorgänger; Vorläufer
predestin|ate [pri'destineit] *bes eccl* vorherbestimmen; **~ate** [-ˊ-nit] vorherbestimmt; **~ation** [---'neiʃən] Vorherbestimmung; **~e** [-ˊ-tin] vorherbestimmen; *~ed* berufen (*to do* zu tun)
predetermin|ation ['pri:ditə:mi'neiʃən] Vorherbestimmung; **~e** [ˊ-ˊ-min] vorherbestimmen, vorher festsetzen
predic|ament [pri'dikəmənt] heikle, schwierige Lage; **~ate** ['predikeit] (als wahr) feststellen, behaupten; *~ate on* begründen mit, auf; **~ate** [ˊ-kit] Prädikat; Prädikats-, prädikativ; **~ative** [pri'dikətiv] prädikativ
predict [pri'dikt] vorhersagen; **~ion** [-'dikʃən] Vorhersage, Prophezeiung
predilection [pri:di'lekʃən] Vorliebe
predispos|e ['pri:dis'pouz] geneigt, geeignet machen (*to* für); **~ition** [ˊ---'ziʃən] Neigung, Empfänglichkeit (*to* für)
predomin|ance [pri'dɔminəns] Vorherrschaft; Übergewicht; **~ant** [-ˊ-nənt] vorherrschend; überwiegend; **~ate** [-ˊ-neit] die Oberhand haben (*over* über); vorherrschen
pre-eminen|ce [pri:'eminəns] Überlegenheit; Vorrang; **~t** über-, hervorragend; *to be ~t* hervorstechen
pre-empt [pri:'empt] vorher (durch Vorkauf) erwerben; **~ion** [-'empʃən] Vorkauf(srecht); **~ive** Vorkaufs-
preen [pri:n] (Gefieder) putzen *(a. fig)*; stolz sein (*on* auf)
pre-exist ['pri:ig'zist] in e-m früheren Leben dasein; vorher existieren; **~ence** [ˊ-ˊ-əns] Präexistenz
prefab ['pri:'fæb] Fertighaus; **~ricate** [ˊ-ˊrikeit] vor(be)arbeiten, vorfabrizieren
prefa|ce ['prefis] Vorwort; einleiten, beginnen; **~tory** [ˊ-fətəri] einleitend, Vorwort-; *~tory note* einleitende Bemerkung
prefect ['pri:fekt] Präfekt; *BE* Klassenordner; **~ure** [-ˊtʃə] Präfektur
prefer [pri'fə:] vorziehen (*rather than* statt); befördern (*to* zu); einreichen (*to* bei, *against* gegen); **~able** ['prefərəbl] vorzuziehen(d); **~ably** besser; **~ence** ['prefərəns] Vorliebe; Bevorzugung; Priorität; *by ~ence* vorzugsweise; *attr BE* Vorzugs-(Aktien etc); **~ential** [prefə'renʃəl] bevorzugt; Vorzugs-; **~ment** [-ˊmənt] Beförderung
prefigure [pri:'figə] (vorher) zeigen, darstellen; s. vorstellen
prefix [pri:'fiks] voranstellen; ~ [ˊ-] Vorsilbe; Titel
pregnan|cy ['pregnənsi] Schwangerschaft; Fülle, Tiefe, Bedeutung; **~t** schwanger; phantasiereich; gewichtig, bedeutsam
preheat [pri:'hi:t] vorwärmen
prehensile [pri'hensail] Greif-
prehistor|ic [pri:his'tɔrik] vorgeschichtlich; **~y** [-'histəri] Vorgeschichte
prejudg|e ['pri:'dʒʌdʒ] vorher be-, vorweg aburteilen; **~ment,** *BE a.* **~ement** (Be-)Urteil(ung) ohne Prüfung
prejudic|e ['predʒudis] vorgefaßte Meinung; Vorurteil; ⚖ Schaden, Nachteil; *to the ~e of* zum Nachteil von; *without ~e* ohne Rechtsnachteil, unbeschadet; (j-n) einnehmen (*in favour of* für, *against* gegen); beeinträchtigen, benachteiligen; **~ial** [--'diʃəl] nachteilig (*to* für)
prela|cy ['preləsi] Prälatur; Prälatenschaft; **~te** [ˊlit] Prälat
prelim [pri'lim] *umg* Vorprüfung; **~inary** [-ˊinəri] vorläufig; Vor-; Vorprüfung; *pl* Einleitung, Präliminarien
prelude ['prelju:d] Vorspiel; Einleitung; Präludium; einleiten; präludieren
premature [premə'tjuə, ˊ--, *US* pri:mə'tur] vorzeitig, -schnell; verfrüht; ⚕ Früh-; *~ birth* Frühgeburt
premeditate [pri:'mediteit] vorplanen
prem|ier ['premjə, *US* pri'miə] Premier(minister); erste, oberste; **~ière** ['premiɛə, *US* pri'miə] Premiere
premise ['premis] Prämisse; *pl* Haus mit Grundstück; *on the ~s* an Ort und Stelle, im Hause; ~ *vt* [pri'maiz, *bes US* 'premis] *fig* vorausschicken
premium ['pri:miəm], *pl* **~s** (Versicherungs-, *allg*) Prämie (die man zahlt); *to put a ~ on* ermutigen, verleiten zu; Auf-, Zuschlag; Ausbildungshonorar, Lehrgeld; *at a ~* über Pari, *fig* sehr gesucht
premonit|ion [pri:mə'niʃən] Vorwarnung; **~ory** [pri'mɔnitəri] warnend
prentice ['prentis] = apprentice; *to try one's ~ hand* sich versuchen (*at* an)
preoccup|ation [pri:ɔkju'peiʃən] vorheriges Besetzen, Besitz; Versunkensein; vorrangige Beschäftigung (*with* mit); Vorurteil; **~ied** [-ˊ-paid] versunken, gedankenverloren; **~y** [-ˊ-pai] vorher besetzen; ausschließlich erfüllen, beschäftigen
preordain [pri:ɔ:'dein] vorherbestimmen
prep [prep] = ~aration; = ~aratory

prepar|ation [prepə'reiʃən] Vorbereitung; *BE* Schularbeit(en), Stunde für Schularbeiten; Zubereitung; Präparat; **~ative** [pri'pærətiv] vorbereitend; Vorbereitung; **~atory** [pri'pærətəri] vorbereitend; *~atory to* bevor; **~atory (school)** *BE* Vorbereitungsschule für die höhere Schule, *US* private höhere Schule; **~e** [pri'pɛə] (s.) (vor)bereiten; zubereiten; (aus)rüsten; **~ed** bereit, willens; **~edness** *bes mil* Bereitschaft

prepay [priː'pei] *(s. S. 319)* vorher bezahlen, freimachen; **~able** vorher zahlbar

prepense [pri'pens] vorbedacht; **malice ~** böswillige Absicht (*of m. ~* mit b. A.)

preponder|ance [pri'pɔndərəns] Übergewicht; **~ant** [–´–rənt] überwiegend; **~ate** [–´–reit] überwiegen

preposition [prepə'ziʃən] Präposition; **~al** [––´–əl] präpositional

preposses [priːpə'zes] beeinflussen; beeindrucken; **~ing** einnehmend, anziehend; **~ion** [––´ʃən] (Vor-)Eingenommensein; Vorurteil, -liebe

preposterous [pri'pɔstərəs] widersinnig, grotesk; verdreht

prerequisite [priː'rekwizit] Vorbedingung, Voraussetzung (*to* für)

prerogative [pri'rɔgətiv] Vorrecht; Prärogativ(-)

presage ['presidʒ] (böses) Vorzeichen; Vorahnung; **~** [pri'seidʒ] (*mst* Böses) ankündigen; deuten auf

presbyter ['prezbitə] Presbyter; Gemeindevertreter; **~ian** [––'tiəriən] presbyterianisch; Presbyterianer; **~y** [´––ri] Hochaltarraum, Sanktuarium; Presbytergericht; katholische Pfarrei

prescien|ce ['preʃiəns, ´si-; *US* 'priː-] Voraussicht; Vorahnung; **~t** voraussehend, vorahnend

prescri|be [pri'skraib] vorschreiben; ⚕ verschreiben; **~pt** ['priːskript] Vorschrift; **~ption** [priː'skripʃən] Vorschreiben; Vorschrift; ⚕ Rezept; **~ptive** [pri'skriptiv] Vorschriften gebend

presen|ce ['prezəns] Anwesenheit; Gegenwart; Vorhandensein; Erscheinung, Äußeres; *~ce of mind* Geistesgegenwart; **~t** [´zənt] **1.** anwesend; *~t company* ['kʌmpəni] die Anwesenden; **2.** gegenwärtig, derzeitig; *~t (tense) gram* Gegenwart; *the ~t day* Gegenwart, heutzutage; **3.** *su* Gegenwart; *at ~t* jetzt, zur Zeit; *for the ~t* für d. Augenblick, einstweilen; **4.** *pl* ⚖ Dokument *(by these ~ts)*; **5.** Geschenk; **6.** **~t** [pri'zent] Präsentierstellung *(at the ~t)*; **7.** **~t** [pri'zent] (be)schenken; **8.** einreichen, vorlegen; **9.** verteilen; vorstellen, einführen; *~t o. s.* erscheinen (*for* zu); **10.** bieten, zeigen; **11.** vorbringen, präsentieren *(a. mil)*; **12.** (Waffe) richten; **13.** *eccl* vorschlagen; **~table** [pri'zentəbl] präsentierbar, anständig (angezogen); **~tation** [prezən'teiʃən] Vorstellung (*a.* 🎭); Vorlage; *on ~tation* gegen Vorlage; Überreichung; Gabe; Vorschlag(srecht); **~tation copy** Widmungsexemplar; **~timent** [pri'zentimənt] (böses) Vorgefühl; **~tly** ['prezəntli] (so)gleich, bald (darauf); **~tment** [pri'zentmənt] Darstellung; Beschreibung; Bild *(a. fig)*

preserv|able [pri'zəːvəbl] erhaltbar; **~ation** [prezə'veiʃən] Erhaltung, Bewahrung; **~ative** [pri'zəːvətiv] erhaltend, schützend; Schutz-, Konservierungsmittel; **~e** [pri'zəːv] bewahren, erhalten; einmachen, konservieren; (Wild) hegen, für private Jagd (Angeln) schützen; *su (mst pl)* Eingemachtes; *BE* privates Jagd-, Angelgebiet, -revier

preside [pri'zaid] den Vorsitz führen (*over* bei, über); *~ over* leiten; *~ at* ♪ spielen; **~ncy** ['prezidənsi] Vorsitz; Präsidium; Präsidentschaft; **~nt** ['prezidənt] Präsident; Direktor; Vorsitzender; Rektor; **~ntial** [––'denʃəl] Präsidenten-; Präsidial-

press [pres] **1.** pressen, drücken (*the button* auf den Kopf drücken, *a. fig*); **2.** bügeln; **3.** umarmen; **4.** (be)drängen; **5.** (Angriff) energisch durchführen; **6.** nachdrücklich vorbringen; dringend bitten; *~ on* weiterdrängen; **~ed** [´t] bedrängt; *~ed for* knapp an; **7.** *su* Druck; ⚙ Presse; **8.** Gedränge, Andrang; **9.** (Leinen-) Schrank; **10.** Druck(erei); *in the ~* im Druck; *to send to the ~* in Druck geben; **11.** Presse *(a. fig)*; **~ agency** ['eidʒənsi] PR-Agentur; **~-agent** [´eidʒənt] PR-Agent; **~-box** [´bɔks] Presseloge, -tribüne; **~ clipping** *bes US,* **~ cutting** *BE* Zeitungsausschnitt; **~ copy** 🕮 Rezensionsexemplar; **~-gallery** [´gæləri] Pressetribüne; **~gang** [´gæŋ] *mil* Anwerbetrupp; **~ing** dringend; drängend; **~man** [´mən], *pl* ~men Drukker(eileiter); *BE* Zeitungsmann; ⚙ Stanzer; **~-mark** [´maːk] Bibliotheksnummer; **~ release** [ri'liːs] Pressemitteilung; **~work** [´wəːk] Druckarbeit

pressur|e ['preʃə] Druck; Luftdruck; ⚡ Spannung; *fig* (Hoch-)Druck (*to work at high ~e* mit Hochdruck arbeiten); **~e cooker** Schnellkochtopf; **~e gauge** [geidʒ] Druckmesser; **~e group** [gruːp] Interessen(ten)gruppe; **~ize** [´–raiz] ✈ druckfest machen

prestidigitation ['prestididʒi'teiʃən] Taschenspielerei, Fingerfertigkeit

prestige [pres'tiːʒ] Ansehen; Prestige

presum|able [pri'zjuːməbl] (recht) wahrscheinlich; **~e** [–´] (als sicher) annehmen; sich erdreisten; *~e upon* sich zuviel herausnehmen aufgrund von, ausnützen; **~ing** anmaßend, keck; **~ption** [–'zʌmpʃən] Annahme; Wahrscheinlichkeit; Anmaßung; **~ptive** [–'zʌmptiv] mutmaßlich; **~ptuous** [–'zʌmptjuəs] dreist; anmaßend

presuppos|e [priːsə'pouz] vorher annehmen; voraussetzen; **~ition** [–sʌpə'ziʃən] vorherige Annahme, Mutmaßung

preten|ce ~se [pri'tens] Schein; Vorwand; *false* [fɔːls] *~ces* Vorspiegelung falscher Tatsachen; Prunk, Prätention; **~d** [–'tend] vorspiegeln; vorgeben, so tun (*that* als ob); *~d to* Anspruch erheben auf; so tun als ob, spielen *(we are only ~ding)*; **~ded** angeblich; **~der** Heuch-

ler; Prätendent; **~sion** [–'tenʃən] Anspruch (*to* auf); Anmaßung; **~tious** [pri'tenʃəs] anspruchsvoll; anmaßend, protzig
preterit(e) ['pretərit] *gram* Vergangenheit, Präteritum
preternatural [pri:tə'nætʃərəl] übernatürlich; un-, außergewöhnlich
pretext ['pri:tekst] Vorwand
prett|iness ['pritinis] Hübschheit, Niedlichkeit; Geziertheit; **~y** [´–] hübsch; fein; *bes fig* schön ♦ *a ~y penny* ein schöner Batzen; *my ~y* mein Kind; *pl* hübsche Kleider; *adv* ziemlich; *~y much* ziemlich; *sitting ~y (sl)* gutgestellt; **~y-~y** geziert
pretzel ['pretsəl] Brezel
prevail [pri'veil] sich durchsetzen (*over, against* gegen); die Oberhand gewinnen; vorherrschen; *~ on s-b to do* j-n dazu bringen zu tun
prevalen|ce ['prevələns] Übergewicht; Vorherrschen; **~t** vorherrschend
prevarica|te [pri'værikeit] Ausflüchte machen; **~tion** [–ˌ––´ʃən] Ausflucht
prevent [pri'vent] verhindern, verhüten; hindern (*from* an; *from doing* zu tun); **~able** verhüt-, vermeidbar; **~ative** [–´tətiv] = ~ive; **~ion** [–'venʃən] Verhinderung, Verhütung; Vorbeugung; **~ive** [–´tiv] vorbeugend; prophylaktisches Mittel
pre-view ['pri:vju:] (Film-)Probevorführung, Vorschau; Vorbeurteilung; *US* 📽 (Reklame-) Vorschau; vorher sehen (prüfen, beurteilen)
previous ['pri:viəs] vorherig, früher; *~ to* vor; Vor-; *~ question (pol)* Antrag, daß abgestimmt werden soll (*BE* um eigentl. Antrag zu verschieben, *US* um Debatte abzukürzen); *umg* voreilig; **~ly** früher; vorher
prevision [pri:'viʒən] Voraussicht; Vorahnung
pre-war ['pri:'wɔ:] Vorkriegs-
prey [prei] Beute; ... *of ~* Raub-; *to fall a ~ to* zum Opfer fallen; *fig* Beute, Opfer (*to* des); *~ upon* leben von, fressen; (aus)rauben, plündern; zehren, nagen an, zusetzen
price [prais] **1.** Preis ♦ *every man has his ~* jeden kann man bestechen; *beyond* (od *without*) *~* unbezahlbar; **2.** Wert; **3.** Odds; *what ~? (sl)* wie steht's mit?; **4.** *vt* bewerten, abschätzen; **5.** den Preis festsetzen von, auszeichnen; **~ curve** Preisgefälle; **~less** unschätzbar; unbezahlbar; *umg* amüsant, köstlich
prick [prik] Dorn ♦ *to kick against the ~s* wider den Stachel löcken; (Nadel-)Stich *(a. fig)*; *~ of conscience* ['kɔnʃəns] (*remorse* [ri'mɔ:s]) Gewissensbisse; stechen; *fig* stacheln; (Loch) bohren; *~ in (out)* einpflanzen (um-); *~ up one's ears* die Ohren spitzen *(a. fig)*; **~er** Stecher; Pfriem; **~ing** Stechen, st. Schmerz; **~le** Dorn, Stachel; Prickeln; stechen; prickeln; **~ly** stachelig; **~ly pear** [pɛə] Feigenkaktus; **~ly heat** ⚕ Frieseln
pride [praid] Stolz; *to take (a) ~ in* stolz sein auf; Hochmut; *~ goes before a fall, ~ will have a fall* Hochmut kommt vor dem Fall; Blüte; Gruppe (*bes* von Löwen); *~ o.s. on* stolz sein auf, sich etwas einbilden auf
priest [pri:st] (*bes* katholischer) Priester; **~craft** [´kra:ft] Pfaffenpolitik; **~ess** [´is] Priesterin; **~hood** [´hud] Priesteramt; Priesterschaft; **~ly** priesterlich; **~-ridden** [´ridən] von Pfaffen regiert
prig [prig] selbstgerecht-pedantischer Besserwisser; **~gish** [´iʃ] selbstgerecht, pedantisch-besserwisserisch
prim [prim] steif, zimperlich; sich steif geben
prima|cy ['praiməsi] Vorrang, Primat; Amt des Erzbischofs; **~ donna** ['pri:mə'dɔnə] Primadonna; **~ facie** ['praimə'feiʃii:] dem (ersten) Anschein nach, offenbar; glaubhaft (gemacht); **~l** [´məl] früheste, ursprünglich; wesentlich; **~rily** [´–rili, *US* ´'merili] in erster Linie; **~ry** [´–ri] früheste; ursprünglich; Primär-; Elementar-; *~ry school* Grundschule; wesentlich, hauptsächlich; Primärfarbe; *orn* Hauptfeder; *US pol* Versammlung zur Kandidatenwahl; **~te** [´mit] Erzbischof; *zool* Primat
prime [praim] erste; oberste; erstklassig; Anfangszeit; Blüte(zeit); Frühgottesdienst; Minutenzeichen ('); *mil* mit Zünder versehen, scharfmachen; (Pumpe) anlassen; 🚗 Anlaßkraftstoff einspritzen; grundieren; mit Tatsachenmaterial versorgen, instruieren; *umg* vollstopfen, -schütten (mit Bier etc); **~ cost** Gestehungskosten; **~ minister** ['ministə] Ministerpräsident; **~ mover** ['mu:və] Antriebskraft, -maschine; treibende Kraft; **~ number** Primzahl; **~r** [´ə] Zündmittel, Sprengkapsel; 🚗 Anlaßkraftstoff; Grundiermittel; [´ə, *US* 'primə] Anfängerbuch; Fibel; **~r** ['primə] 📖 *great ~r* Tertia(schrift); *long ~r* Korpus, Garmond (10 Punkt)
primeval [prai'mi:vəl] uranfänglich; Ur-
priming ['praimiŋ] Zündung; Grundierung
primitive ['primitiv] ursprünglich; Ur-; primitiv; Grund-; Primitiver *(a. fig)*; naiver Maler; Grundlinie
prim|ogeniture [praimou'dʒenitʃə] Primogenitur, Erstgeburtsrecht; **~ordial** [–'ɔ:diəl] ursprünglich, uranfänglich
primrose ['primrouz] Primel; **evening ~** gemeine Nachtkerze; **the ~ path (way)** Vergnügungsleben
primula ['primjulə], *pl* **~s** Primel
primus ['praiməs], *pl* **~es** Spirituskocher
prince [prins] Prinz; Fürst; (*P~ of the Church* Kirchen-); *merchant ~* Kaufherr; **~dom** [´dəm] Fürstentum, -würde; **~ly** [´li] fürstlich *(a. fig)*; **~ss** [–'ses, *US* ´sis] Prinzessin; Fürstin
princip|al ['prinsipəl] hauptsächlich, Haupt- (*~al thing* -sache); Hauptperson; *bes US* Schulleiter; Leiter, Auftraggeber; Duellant; Hauptbalken, Bindersparren; Haupttäter, -schuldner; Kapital, Darlehnssumme; **~ality** [––'pæliti] Fürstentum; **the P~ality** *BE* Wales; **~ally** im wesentlichen; **~le** [´–pl] Urstoff; Grundgesetz, Prinzip; *chem* (Haupt-)Bestandteil; Grundsatz, -sätze *(a man of ~le)*; *on ~le*

grundsätzlich; *in ~le* im Prinzip, an sich

prink [priŋk] *o.s. (up)* sich herausputzen, sich herrichten

print [print] **1.** 🕮 Druck; *in ~* im Druck; vorrätig; *out of ~* vergriffen; **2.** *allg* Abdruck, Spur *(a. fig)*; **3.** ⚙ Stempel, Form; **4.** 🎞 Abzug, Kopie; **5.** bedruckter Stoff, Kattun; **6.** *bes US* Druckschrift, Zeitung; (*a.: news ~*) Zeitungspapier; **7.** (be)drucken (lassen); **8.** auf-, eindrücken, *fig* einprägen; **9.** in Druckschrift schreiben; *~ (off)* 🎞 Abzug machen; **10.** sich drucken (abziehen) lassen; **~able** druckbar, -fähig; **~er** Drucker(eibesitzer); **~er's devil** [devl] Druckereigehilfe; **~er's error** ['erə] Druckfehler; **~er's ink** = ~ing ink; **~ery** [ˊ-əri] *bes US* Druckerei; **~ing** Druck(en); 🎞 Kopieren; **~ing-ink** [ˊ--iŋk] Druckerschwärze; **~ing-machine** [ˊ--məʃiːn] 🎞 Kopiermaschine; **~ing-office** [ˊ--ɔfis] Druckerei; **~ing (-out) paper** 🎞 Kopierpapier; **~ing-press** [ˊ--pres] Druckpresse; Druckerei; Maschinenraum; **~-shop** [ˊ-ʃɔp] Geschäft für Stiche, Drucke etc

prior [praiə] früher (*to* als), vorausgehend; *~ to* (be)vor; Vor-; Prior; **~ity** [-'ɔriti] Vorrang; Dringlichkeit, Priorität (*over* vor); **~y** [ˊ-ri] Kloster

prism [prizm] Prisma; **~atic** [-'mætik] prismatisch; Prismen-; Regenbogen-; **~atic compass** ['kʌm-] Prismenbussole

prison [prizn] Gefängnis; **~-breaking** [ˊ-breikiŋ] Ausbruch aus dem Gefängnis; **~er** [ˊ-ə] Gefangener (*p. of war* Kriegs-); ⚖ Untersuchungsgefangener; *to keep (take) ~er* gefangenhalten (-nehmen)

pristine ['pristiːn] ursprünglich, unverdorben

prithee ['priði] bitte

priva|cy ['praivəsi] Zurückgezogenheit; Alleinsein; Heimlichkeit; **~te** [ˊ-vit] persönlich; privat; nicht öffentlich; geheim; *for s-b's ~te ear* vertraulich; ungestört; einfacher Soldat, Gemeiner; *~te bill* Gesetzesvorlage e-s einzelnen Abgeordneten; *~te hospital (US)* Privatklinik; *~te life* Privatleben; Pensionierung; *~te means* Privateinkommen; *~te soldier* ['souldʒə] *siehe ~te su*; **~teer** [--'tiə] Kaperschiff; Kaperer; kapern; **~tion** [-'veiʃən] Fehlen; Entbehrung

privet ['privit] *bot* Liguster, Rainweide

privilege ['privilidʒ] Vorrecht, Privileg; bevorrechtigen, privilegieren

privy ['privi] geheim; nicht öffentlich, privat; *su* Abort; *~ to* eingeweiht in; **P~ Council** Geheimer Staatsrat; **~ parts** Geschlechtsteile; **P~ Purse** Schatulle (des engl. Königs)

prize [praiz] Preis, Prämie; (Lotterie-)Gewinn; Prise, Beute; preisgekrönt; Preis-; Prisen-; (sehr) schätzen; aufbringen, kapern; (mit dem Hebel) aufbrechen; **~ bounty** ['baunti] **(money)** Prisengeld; **~ court** [kɔːt] Prisengericht; **~-fight** [ˊ-fait] (Berufs-)Boxkampf; **~-fighter** (Berufs-)Boxer; **~man** [ˊ-mən], *pl* ~men Preisträger; *BE* Stipendiengewinner; **~-ring** [ˊ-riŋ] Boxring

pro[1] [prou] *umg* Profi

pro[2] [prou] : *the ~s and cons* d. Für und Wider

proba|bility [prɔbə'biliti] Wahrscheinlichkeit; *in all ~bility* aller Wahrscheinlichkeit nach; **~ble** [ˊ-bəbl] wahrscheinlich(er Kandidat); **~te** ['proubeit] gerichtl. Testamentsbestätigung; beglaubigte Abschrift e-s Testaments; **~te court** [kɔːt] Nachlaßgericht; **~tion** [prou'beiʃən] Probe(zeit); Bewährungsfrist, bedingte Verurteilung; *on ~tion* auf Probe, ⚖ mit Bewährungsfrist, bedingt verurteilt; **~tionary** [prə'beiʃənəri] Bewährungs-; **~tioner** ⚕ Lernschwester; ⚖ bedingt Verurteilter; **~tion officer** ['ɔfisə] Betreuer e-s bedingt Verurteilten

prob|e [proub] ⚕, *allg* Sonde; Untersuchung; sondieren; **~ity** [ˊ-iti] Redlichkeit

problem ['prɔbləm] Problem; **~atic(al)** [--'mætik(əl)] problematisch

proboscis [prou'bɔsis], *pl* **~es** *zool* Rüssel

procedure [prə'siːdʒə] Verfahren; *pl* Verfahrensregeln

proceed [prə'siːd] sich begeben; weitergehen, -fahren; fortfahren (*with* mit, *in* in); *~ to* übergehen zu; *~ against* (gerichtl.) vorgehen gegen; hervorgehen, kommen (*from* von); **~ing** Vorgehen; *pl* ⚖ Verfahren; *to take ~ings against* = *~* against; *pl* Sitzungsberichte; **~s** ['prousiːdz] *pl vb* Erlös, Ertrag, Einnahmen

process ['prouses, *US* 'prɔ-] Vorgang; Verlauf, Fortschritt; Verfahren, Prozeß (*a.* ⚖, *chem,* ⚙); Auswuchs, Fortsatz; *bes* ⚙, *chem* behandeln, verarbeiten, veredeln; prozessieren; **~ block** 🕮 Klischee; **~ cheese** Streichkäse; **~ion** [prə'seʃən] (Um-)Zug, Prozession; **~ional** Prozessions(lied)

procl|aim [prə'kleim] ausrufen, (Krieg) erklären; verbieten; Belagerungszustand verhängen über; **~amation** [prɔklə'meiʃən] Proklamation; Bekanntmachung

proclivity [prou'kliviti] Neigung, Hang (*to* zu)

proconsul [prou'kɔnsəl] Prokonsul; Gouverneur

procrastina|te [prou'kræstineit] zögern; **~tion** [-ˌ--ˊʃən] Zögern

proctor ['prɔktə] *BE* (Universitäts-)Präfekt; *US* Aufsichtführender; ⚖ Prokurator; *US* beaufsichtigen

procur|able [prə'kjuərəbl] beschaffbar; **~ator** ['prɔkjureitə] Anwalt, Bevollmächtigter; **~e** [prə'kjuə] besorgen, beschaffen; *fig* herbeiführen

prod [prɔd] stechen, pieksen, stoßen; anstacheln; Stich, Stoß

prodigal ['prɔdigəl] verschwenderisch (*of* mit); *~ son* der verlorene Sohn; *su* Verschwender; = *~* son; verschwenderische Fülle; Verschwendung

prodig|ious [prə'didʒəs] ungeheuer, erstaunlich; **~y** ['prɔdidʒi] Wunder

produc|e [prə'djuːs] vorzeigen, beibringen; 🕮, 🎭 herausbringen; herstellen, erzeugen; schaffen; hervorbringen; **~e** ['prɔdjuːs] Erzeugnis(se), Produkt(e); Ertrag; **~er** Hersteller, Erzeuger; 🎭 Regisseur; 🎞 Produzent; **~er gas**

Generatorgas; **~t** ['prɔdəkt] Erzeugnis, Produkt *(a. math)*; Ergebnis; **~tion** [–'dʌkʃən] Herstellung, Erzeugung; Inszenierung; **~tive** [–'dʌktiv] ertragreich; produktiv; *to be ~tive of* erzeugen; **~tive industry** Produktionsmittelindustrie; **~tivity** [prɔdʌk'tiviti] Produktivität, Ergiebigkeit

proem ['prouem] Einleitung, Vorrede

profan|ation [prɔfə'neiʃən] Entweihung; **~e** [prə'fein] profan, weltlich; heidnisch; gotteslästerlich; entweihen, profanieren; **~ity** [prə'fæniti] Ruchlosigkeit; Fluch; Profanität

profess [prə'fes] erklären, behaupten; eingestehen; sich bekennen zu; so tun, als ob; als Beruf ausüben; lehren; religiöses Gelübde ablegen; **~ed** [–´–t] erklärt; vorgeblich; **~edly** [–´–idli] eingestandenermaßen; angeblich; **~ion** [–'feʃən] (*bes* akademischer) Beruf; Stand; Bekenntnis; Beteuerung; *eccl* Gelübde(ablegung); **~ional** (frei)beruflich; Berufs-; berufsmäßig; *~ional classes* höhere Berufe; Berufsspieler; Künstler von Beruf; **~or** [–´–ə] Professor; Bekenner; **~orial** [prɔfe'sɔːriəl] Professoren-; **~orship** Professur

proffer ['prɔfə] anbieten; Anerbieten

proficien|cy [prə'fiʃənsi] Geschicklichkeit; Tüchtigkeit; Erfahrung; **~t** [–´–t] geschickt; tüchtig; erfahren

profile ['proufail] Profil, Seitenansicht; Kurzbiographie; *vt* im Profil darstellen; kurz darstellen, skizzieren

profit ['prɔfit] Nutzen; Gewinn, Ertrag; nützen; den Nutzen haben; *~ by* Nutzen ziehen aus, benutzen; **~able** [´–təbl] gewinnbringend, einträglich, nützlich; **~eer** [–'tiə] Profitmacher, Schieber; Wuchergewinne erzielen; **~less** gewinnlos; nutzlos; **~ margin** ['mɑːdʒin] Gewinnspanne; **~-sharing** [´–ʃɛəriŋ] Gewinnbeteiligung der Arbeitnehmer

profliga|cy ['prɔfligəsi] Verworfenheit; Verschwendung; **~te** [´–git] verworfen; verschwenderisch(er Mensch)

pro|found [prə'faund] tief; unendlich (Tiefe); tiefgründig; gründlich; *su* unendliche Tiefe (Weite); **~fundity** [–'fʌnditi] *bes fig* Tiefe

profus|e [prə'fjuːs] überreichlich, verschwenderisch; **~ion** [–´ʒən] Überfluß; Verschwendung

prog [prɔg] *umg* Reiseproviant; Progressiver

progen|itor [prə'dʒenitə] (direkter) Vorfahre; Vorgänger; **~y** ['prɔdʒini] Nachkommenschaft

prognos|is [prɔg'nousis], *pl* **~es** [–´iːz] Voraussage, Prognose; **~tic** [–'nɔstik] prognostisch; Warn-; Zeichen, Omen; **~ticate** [–'nɔstikeit] prognostizieren, voraussagen

program|me, *US* ~ ['prougræm] Programm *(a. fig)*; Tanzkarte; Programm gestalten; programmieren

progress ['prougres, *US* 'prɔ-] Fortschritt; Lauf; *in ~* im Gang; *BE* (königl.) Reise; ~ [prə'gres] fortschreiten; Fortschritte machen; **~ion** [–'greʃən] Fortschreiten, -bewegung; *math* Progression; **~ive** [–'gresiv] fortschreitend; progressiv; fortschrittlich; *pol* Fortschrittler

prohibit [prə'hibit] verbieten (*from doing* zu tun); **~ion** [proui'biʃən] Verbieten; Verbot; Prohibition; **~ionist** [proui'biʃənist] Anhänger der Prohibition; **~ive** [–´–iv] verhindernd; Sperr-, Prohibitiv-; unerschwinglich; **~ory** [–´–əri] einschränkend; = ~ive

project ['prɔdʒekt] Plan, Projekt; [prə'dʒekt] schleudern, (Strahl) werfen; projektieren; projizieren; ersinnen, planen; *~ o.s. into* sich versetzen in; vorspringen; **~ile** [prə'dʒektail] treibend; Wurf(geschoß); **~ion** [prə'dʒekʃən] Werfen; Entwurf; Projektion; Projektieren; Vorsprung; Vorführen; **~ionist** Vorführer; **~or** [prə'dʒektə] Plänemacher; Projektionsgerät; Gründer

proletari|an [prouli'tɛəriən] proletarisch; Proletarier; **~at** [–––´–ət] Proletariat, Arbeiterklasse

prolif|erate [prə'lifəreit] (durch Zellvermehrung) rasch anwachsen; **~ic** [–'lifik] fruchtbar, reich (*in* an); *to be ~ic of* reichlich hervorbringen

prolix [prou'liks, ´–] weitschweifig; **~ity** [–´iti] Weitschweifigkeit

prologue ['proulɔg] Vorrede, Prolog; *fig* Auftakt

prolong [prə'lɔŋ] verlängern; prolongieren; **~ation** [proulɔŋ'geiʃən] Verlängerung; **~ed** [–´d] anhaltend, sich hinziehend

prom [prɔm] *BE umg* Promenade; Promenadenkonzert; *US* (College-)Tanzfest

promenade [prɔmi'nɑːd, *US* ––'neid] Promenade; Spaziergang, -ritt; Wandelgang; *BE ~ concert* = prom; *US* Einzug der Ballgäste; *US* = prom; promenieren

prominen|ce ['prɔminəns] Vorsprung, Erhebung; Hervorragen(dsein); Bedeutung; **~t** [´––t] hervortretend *(a. fig)*, -ragend *(a. fig)*; auffallend

promiscu|ity [prɔmis'kjuiti] Ge-, Vermischtheit; Verworrenheit; Durcheinander; **~ous** [prə'miskjuəs] ge-, vermischt; verworren; gemeinsam (Baden, etc); wahllos; sexuell zügellos

promis|e ['prɔmis] Versprechen; Hoffnung, Aussicht; *a man of ~e* vielversprechend. M.; *land of ~e* = ~ed land; versprechen; *~e o.s.* sich freuen auf; **~ed** [´–t] **land** das gelobte Land; **~ing** hoffnungsvoll, vielversprechend; aussichtsreich; **~sory** [´–səri] **note** Eigen-, Solawechsel

promontory ['prɔməntəri] Vorgebirge

promot|e [prə'mout] befördern (zu); fördern; *US* (Schüler) versetzen; werben für; **~er** Förderer; Gründer; Veranstalter; **~ion** [–'mouʃən] (Be-)Förderung; *US* Versetzung; Werbung; **~ional** Beförderungs-; Werbe–

prompt [prɔmpt] schnell, rasch; sofortig; prompt; bar; antreiben; einflößen; veranlassen; soufflieren; Zahlungsziel; Soufflieren; **~ book** Regie-, Textbuch; **~ box** Souffleurkasten; **~er** Souffleur; **~itude** [´itjuːd] Schnelligkeit; (rasche) Bereitschaft; **~-note** [ˈ-nout] Mahnzettel

promulga|te [ˈprɔməlgeit, *US a.* prəˈmʌlgeit] verkünden; verbreiten; **~tion** [--ˈgeiʃən] Verkündung; Verbreitung

prone [proun] hingestreckt; abschüssig; *~ to* mit e-m Hang zu, geneigt zu

prong [prɔŋ] Zinke; Heu-, Mistgabel; Sprosse (des Geweihs); heben; durchbohren; ... **-~ed** [ˈ-d] mit ... Zinken

pro|nominal [prəˈnɔminəl] pronominal; **~noun** [ˈprounaun] Fürwort, Pronomen

pronounce [prəˈnauns] aussprechen; verkünden, erklären; sich aussprechen (*for, in favour of* für; *against* gegen); **~d** [-ˈ-t] ausgesprochen, entschieden

pronto [ˈprontou] *umg* sofort, fix

pronunciation [prəˌnʌnsiˈeiʃən] Aussprache

proof [pruːf], *pl* **~s** Beweis; Probe ♦ *the ~ of the pudding* [ˈpudiŋ] *is in the eating* Probieren geht über Studieren; Korrekturbogen, Abzug; Normgehalt (an Alkohol etc); widerstandsfähig, beständig; wasserdicht machen, imprägnieren; **~-reader** [ˈ-riːdə] Korrektor; **~-sheet** [ˈ-ʃiːt] Korrekturbogen

prop [prɔp] Stütze *(a. fig)*; (unter)stützen

propag|anda [prɔpəˈgændə] Propaganda(organisation); **~ate** [ˈprɔpəgeit] (s.) fortpflanzen; verbreiten; **~ation** [--ˈgeiʃən] Fortpflanzung; Ver-, Ausbreitung

propel [prəˈpel] vorwärtstreiben, antreiben; fortbewegen; **~lant** [-ˈ-ənt] ⚙, *mil* Treibmittel, -ladung; **~lent** (an)treibend(es Mittel), *a. fig*); ⚙, *mil* Treibmittel; **~ler** [-ˈ-ə] Propeller; **~ler shaft** [ʃaːft] ⚙ Kardanwelle; **~ling** Treib-, Antriebs-; **~ling charge** Treibladung; **~ling pencil** *BE* Drehbleistift

propensity [prəˈpensiti] Neigung, Hang

proper [ˈprɔpə] eigen(tlich); richtig, passend; anständig; *~ to* gehörend zu; *(nachgestellt)* eigentlich; *umg* gehörig; **~ly** anständig; gehörig; **~ly speaking** richtig(er) gesagt, eigentlich

propert|ied [ˈprɔpətid] (land)besitzend; **~y** [ˈ--ti] (Grund-)Besitz; Eigentum; *a man of ~y* begüterter Mann; *is common ~y* ist jedermann bekannt; *chem* Eigenschaft; 🎭 *pl* Requisiten; **~y man** 🎭 Requisiteur

prophe|cy [ˈprɔfisi] Prophetie; Prophezeiung; **~sy** [ˈ--sai] prophezeien; **~t** [ˈ-fit] Prophet; **~tess** [ˈ--tis] Prophetin; **~tic** [prəˈfetik] prophetisch; *~tic of* weissagend; **~tical** Propheten-

prophyla|ctic [prɔfiˈlæktik] vorbeugend(es Mittel); **~xis** [--ˈ-ksis] vorbeugende Behandlung, Prophylaxe

propinquity [prəˈpinkwiti] Nähe

propiti|ate [prˈpiʃieit] günstig stimmen; versöhnen; **~ation** [---ˈeiʃən] Versöhnung, Besänftigung; Sühnegabe; **~atory** [-ˈ-ətəri] versöhnlich; Sühne-; **~ous** [-ˈ-ʃəs] günstig (*to, for* für)

proportion [prəˈpɔːʃən] Verhältnis (*in ~ to* im V. zu, *out of ~ to* in keinem V. zu); Proportion; *pl* Ausmaße; (An-)Teil; ins richtige Verhältnis bringen (*to* zu); einteilen; **~able** = ~al; **~al** verhältnismäßig, proportional; **~ate** [-ˈ-it] anteilig; angemessen; = ~al

propos|al [prəˈpouzəl] Vorschlag(en); Heiratsantrag; **~e** [-ˈ-z] vorschlagen (*doing* zu tun); Toast ausbringen auf; beabsichtigen (*to do* zu tun); *~e to* anhalten um (j-n); s. vornehmen, planen; **~ition** [prɔpəˈziʃən] Feststellung; *math* Lehrsatz; (geschäftl.) Vorschlag, Plan; *umg* Angelegenheit; Geschäft

propound [prəˈpaund] vorlegen, vortragen

propriet|ary [prəˈpraiətəri] Eigentums-; gesetzlich geschützt, Marken-; **~or** [-ˈ--tə] Eigentümer, Inhaber; *BE* (Zeitungs-)Verleger; **~orship** Eigentum(srecht); **~ress** [-ˈ--tris] Eigentümerin; **~y** [-ˈ--ti] Anstand (*pl* -sregeln); Angemessenheit

propuls|ion [prəˈpʌlʃən] Antrieb(skraft); **~ive** [-ˈ-siv] (an)treibend

pro|rata [prouˈreitə, -ˈrɑː-] im richtigen Verhältnis, anteilig; **~rate** [-ˈreit] anteilmäßig verteilen (berechnen)

prorog|ation [prourəˈgeiʃən] Vertagung; **~ue** [prəˈroug] (s.) vertagen

prosaic [prouˈzeiik] prosaisch, nüchtern; Prosa-

proscen|ium [prouˈsiːniəm], *pl* **~ia** [-ˈ-niə] Proszenium

proscri|be [prousˈkraib] ächten; als gefährlich verurteilen; **~ption** [-ˈkripʃən] Ächtung

prose [prouz] Prosa; Alltäglichkeit; langweilig erzählen

prosecut|e [ˈprɔsikjuːt] fortsetzen; ⚖ verfolgen; **~ion** [--ˈ-ʃən] Fortsetzung; ⚖ Verfolgung; Anklage; *witness for the ~ion* Belastungszeuge; **~or** [ˈ---tə] Ankläger; *public ~ or* Staatsanwalt

proselyt|e [ˈprɔsilait] Konvertit; *bes US* konvertieren; **~ize** [ˈ--litaiz] konvertieren; werben (*for* für)

prosiness [ˈprouzinis] Langweiligkeit

prosody [ˈprɔsədi] Prosodie

prospect [ˈprɔspekt] Aussicht *(a. fig)*; *fig* Prospekt; Interessent, Reflektant; ~ [prəˈspekt] schürfen (*for* nach); **~ive** [prəˈspektiv] voraussichtlich; künftig; weitsichtig; **~ive customer** Interessent; **~or** [prəˈspektə] Erzschürfer; **~us** [prəˈspektəs], *pl* ~uses (Werbe-)Prospekt

prosper [ˈprɔspə] gedeihen; **~ity** [-ˈperiti] Wohlstand, Florieren; **~ous** [ˈ--rəs] gut gedeihend, erfolgreich, blühend

prosthesis [ˈprɔsθisis] ⚕ (Einsetzen einer) Prothese

prostitut|e [ˈprɔstitjuːt] Prostituierte; *~e o.s.* sich prostituieren; entwürdigen, preisgeben; **~ion** [---ˈ-ʃən] Prostitution; Preisgabe, Entwürdigung

prostra|te [ˈprɔstreit] hingestreckt; unterwürfig; erschöpft; *vt* [-ˈ-, *US* ˈ--] hinstrecken, niederwerfen; *fig* niederschmettern; entkräften; **~tion** [-ˈ-ʃən] Unterwerfung; Erschöpfung; Niedergeschlagenheit

prosy [ˈprouzi] langweilig

protagonist [prouˈtægənist] Hauptperson, -rolle; *a.* Vorkämpfer (*of* für)

protean ['proutiən] vielseitig, gewandt
protect [prə'tekt] schützen (*from* gegen); (Wechsel) honorieren; durch Zölle schützen; **~ion** [–'tekʃən] Schutz (-zollpolitik); Schutzbrief; **~ionism** [–´ʃənizm] Schutzzollpolitik; **~ive** [–´tiv] schützend; Schutz-; **~or** (Be-)Schützer; Schutzherr; Regent; **~orate** [–´tərit] Protektorat
protégé ['prɔtiʒei] *pl* **~s** Schützling
protein ['prouti:n] Protein, Eiweiß
pro tem(pore) [prou'tem(pəri:)] zur Zeit; stellvertretend
protest [prətest] beteuern; protestieren (gegen); ~ ['proutest] Protest, Einspruch; **~ant** ['prɔtistənt] j-d, der protestiert; **P~ant** Protestant, protestantisch; **~ation** [prɔtes'teiʃən] Beteuerung; Protest(ieren)
protocol ['proutəkɔl] *pol* Protokoll; protokollieren
proto|n ['proutɔn], *pl* **~ns** Proton; **~plasm** [´tə-plæzm] Protoplasma; **~type** [´tətaip] Ur-, Vorbild, Prototyp; **~zoon** [–tə'zouən], *pl* ~zoa [–tə'zouə] Urtier, Protozoon
protract [prə'trækt] in die Länge, hinziehen; maßstabgerecht zeichnen; **~ion** [–´ʃən] Hinziehen; Ausstrecken; maßstabgerechte Zeichnung; **~or** [–´tə] Winkelmesser, Transporteur
protru|de [prə'tru:d] hervortreten (lassen); **~sion** [–´ʒən] Hervorstoßen; -treten; Vorsprung; **~sive** [–´siv] hervortretend; ausstreckbar
protuberan|ce [prə'tju:bərəns] Hervortreten, -quellen; Auswuchs; **~t** [–´––t] hervortretend, -quellend
proud [praud] stolz; hochmütig; prächtig; ~ **flesh** ⚕ wildes Fleisch
prov|able ['pru:vəbl] beweisbar; **~e** [pru:v] beweisen; prüfen, *math* die Probe machen auf; ⚖ (Testament) bestätigen (lassen); *~e (o.s.)* sich erweisen als; **~ed** [´d], **~en** [´ən] bewährt
provender ['prɔvində] (Vieh-, *umg allg*) Futter
proverb ['prɔvə:b] Stichwort; **~ial** [prə'və:biəl] sprichwörtlich; *he is ~ial for*... sein... ist sprichwörtlich
provid|e [prə'vaid] beschaffen (*for* für); versorgen (*with* mit); *~e for* sorgen für; *~e against* sich sichern, Vorkehrungen treffen gegen; *~e that* vorsehen, daß; **~ed** vorausgesetzt; **~ence** ['prɔvidəns] Fürsorglichkeit; Vorsehung (*a special ~ence* ein Akt der V.); **~ent** ['prɔvidənt] vorsorgend; haushälterisch; **~ential** [prɔvi'denʃəl] durch die Vorsehung bewirkt, schicksalhaft; glücklich; **~ing** [–´diŋ] vorausgesetzt
provinc|e ['prɔvins] Provinz (*the ~es* die Pr.); Gebiet; Aufgabe; **~ial** [prə'vinʃəl] Provinz-; provinziell; ländlich; Provinzbewohner; Provinzler; **~ialism** ländliche Eigenheit; Provinzialismus
provision [prə'viʒən] Beschaffung; Vorsorge (*to make ~ for* Vorsorge treffen für); ⚖ Bestimmung, Vorschrift; Vorrat; *pl* Lebensmittel (*~ merchant* ['mə:tʃənt] Lebensmittelhändler); *vt* mit Lebensmitteln (Vorräten) versorgen; **~al** vorläufig, provisorisch
proviso [prə'vaizou], *pl ~s, US a.* **~oes** ⚖ Vorbehalt(sklausel)
provo|cation [prɔvə'keiʃən] Erregung, Aufreizung; **~cative** [prə'vɔkətiv] herausfordernd; aufreizend (*of* zu); **~ke** [prə'vouk] hervorrufen, erregen; reizen, aufbringen; (an)treiben
provost ['prɔvəst] *BE* Rektor (e-s College); Bürgermeister (Schottl.); ~ [prə'vou, *US* 'prouvou] **marshal** Kommandeur der Militärpolizei
prow [prau] Bug; **~ess** [´is] Tapferkeit; Verwegenheit
prowl [praul] umherstreifen; durchstreifen; *on the ~* auf Streife (Beutegang); ~ **car** *US* Funkstreife(nwagen)
proxim|ate ['prɔksimit] nächste; unmittelbar; **~ity** [–´miti] Nähe; **~o** [´–mou] nächsten Monat(s)
proxy ['prɔksi] (Stell-)Vertretung (*to stand ~ for* in V. handeln von; *by ~* in V.); Vertreter; Vollmacht; Fern-
prud|e [pru:d] zimperlicher Mensch, Prüder; **~ence** [´əns] Klugheit, Vorsicht; **~ent** [´ənt] klug, vorsichtig, überlegt; **~ential** [–'denʃəl] von Berechnungen diktiert, ausgeklügelt; **~ery** [´əri] Prüderie, Ziererei; **~ish** [´iʃ] zimperlich, prüde
prune[1] [pru:n] Backpflaume
prun|e[2] [pru:n] *bot* beschneiden *(a. fig)*; *~e away, off* weg-, abschneiden *(a. fig)*; **~ing-shears** [´iŋʃiəz] Baumschere
prurien|ce ['pru:riəns] Lüsternheit; **~t** lüstern, lasziv
prussic acid ['prʌsik'æsid] Blausäure
pry [prai] neugierig schauen, spähen; mit e-m Hebel öffnen; *fig* herausholen; Hebel(wirkung)
psalm [sa:m] Psalm; **~ist** Psalmist; **~ody** ['sa:mədi, 'sæl-] Psalmodie; Psalmenbuch
psalter ['sɔ:ltə] Psalter; **~y** [´–ri] ♪ Psalter
pseudonym ['sju:dənim] Pseudonym
pshaw [ʃɔ:] pah!
psych|e ['saiki] Seele; **~iatric(al)** [–ki'ætrik(əl)] psychiatrisch; **~iatrist** [–'kaiətrist] Psychiater; **~iatry** [–'kaiətri] Psychiatrie; **~ic** [´kik] seelisch (krank); übersinnlich *(~ic forces)*; medial (Person); **~ical** [´kikəl] seelisch; übersinnlich (*~ical research* Parapsychologie); **~ics** *sg vb* Seelenkunde; (Para-)Psychologie; **~o** [´ou] Spinner, Verrückter; Psychoanalyse
psychoanaly|se [saikou'ænəlaiz] psychoanalytisch behandeln; **~sis** [––ə'nælisis] Psychoanalyse; **~st** [––´–list] Psychoanalytiker; **~tic** [––––'litik] psychoanalytisch
psycho|logical [saikou'lɔdʒikəl] psychologisch; **~logist** [–'kɔlədʒist] Psychologe; **~logy** [–'kɔlədʒi] Psychologie; **~path** [´–pa:θ] Geisteskranker, Psychopath; **~pathic** [––'pæθik] geisteskrank, psychopathisch; **~pathist** [–'kɔpəθist] Psychiater; **~pathy** [–'kɔpəθi] Geisteskrankheit; **~sis** [–´sis], *pl ~ses* [–´si:z] Psychose, krankhafter Geisteszustand

ptarmigan ['tɑːmigən] Schneehuhn
ptomaine ['toumein] Leichengift; ~ **poisoning** ['pɔizniŋ] Fleischvergiftung
pub [pʌb] *BE umg* (Bier-)Lokal, Pub
puberty ['pjuːbəti] Pubertät
public ['pʌblik] öffentlich; staatlich; Staats-; *BE* Universitäts-; *su (mst pl vb)* Öffentlichkeit, Publikum; *in* ~ öffentlich; *sg vb* = pub; **~an** [ˊ–kən] *BE* (Gast-)Wirt; **~ation** [––'keiʃən] Bekanntgabe, Veröffentlichung; Veröffentlichen; Publikation; **~-address** [ˊ–ə'dres] **system** öffentl. Lautsprecheranlage; ~ **house** *BE* Bierlokal; **~ist** [ˊ–sist] Völkerrechtler; Publizist; **~ity** [–'blisiti] Öffentlichkeit; Reklame, Werbung; **~ize** [ˊ–saiz] bekanntmachen, durch Werbung herausstellen, propagieren; ~ **man** Mann der Öffentlichkeit; **~-minded** [ˊ–'maindid] = ~-spirited; ~ **relations** [ri'leiʃənz] Public Relations; Öffentlichkeitsarbeit, Kontaktpflege; ~ **school** [skuːl] *BE* höhere Privatschule (*mst* mit Internat); *US* öffentl. Schule; ~ **spirit** Gemein(schafts)sinn, allgemein soziale Einstellung; **~-spirited** [ˊ–'spiritid] verantwortlich eingestellt
publish ['pʌbliʃ] allgemein bekanntmachen, veröffentlichen; (offiziell) bekanntgeben; 🕮 verlegen, veröffentlichen; *~ed price* Ladenpreis; **~er** Verleger; Verlag(sbuchhändler); *bes US* (Zeitungs-)Verleger; **~ing** Herausgabe; Verlag
puce [pjuːs] dunkel(rot)braun
puck [pʌk] Kobold; ⛹ Scheibe, Puck; **~a** (*a.* **pukka**) [ˊ–ə] echt, dauerhaft; erstklassig; **~er** (s.) falten; (s.) runzeln; Runzel; **~ish** koboldhaft
pudding ['pudiŋ] (Art) Auflauf; Süßspeise; **black** ~ Blutwurst
puddle [pʌdl] Pfütze; Ton-, Lehmmischung; (Ton) mischen; mit Tonmischung bestreichen; ⚙ puddeln; ~ *about* waten, mantschen
pudgy ['pʌdʒi] dicklich, untersetzt
pueril|e ['pjuːərail] kindlich, kindisch; **~ity** [––'riliti] Torheit; Kinderei
puff [pʌf] Hauch, (Wind-)Stoß; Paff(en); Wölkchen; Puderquaste; aufdringliche Reklame, übertrieben lobende Rezension; pusten (*away* weg-, *out* aus-); blasen; schnaufen; außer Atem bringen; paffen (*at* an); aufdringlich anpreisen, loben; ~ *up* (Preis) hochtreiben; aufblähen *(bes fig)*; **~ed** [ˊ–t] Puff-(Ärmel); *sl* atemlos; **~-adder** [ˊ–ædə] Puffotter; **~-ball** [ˊ–bɔːl] *bot* Bovist; **~-box** [ˊ–bɔks] Puderdose; **~er** j-d (etwas), d. pafft, pufft; Marktschreier; **~in** [ˊ–in] Papageitaucher, Lund; **~-pastry** [ˊ–peistri] Blätterteig; **~y** aufgebläht, geschwollen; böig; keuchend
pug [pʌg] Mops; **~-nose** [ˊ–nouz] Stupsnase
pugil|ism ['pjuːdʒilizm] Faustkampf, Boxen; **~ist** [ˊ–list] Boxer
pugnaci|ous [pʌg'neiʃəs] kampflustig; **~ty** [–'næsiti] Kampflust, Streitsucht
puissant ['pjuːisənt, 'pwis-] stark
pukka ['pʌkə] *siehe* pucka
pule [pjuːl] wimmern, jammern
pull [pul] **1.** Ziehen, Zug (*to take a* ~ *at*... e-n Zug aus... nehmen); **2.** Rudern; **3.** Anstrengung (*long* ~ große A.); **4.** Einfluß (*with* bei); **5.** Werbe-, Zugkraft; **6.** 🕮 Fahne; **7.** ziehen, reißen (*to pieces* zer-, *fig* zerfetzen); **8.** sich ziehen lassen; **9.** 🕮 abziehen, drucken; **10.** rudern (~ *a good oar* gut rudern); ~ *one's weight* [weit] geschickt, tüchtig rudern, *fig* sich voll einsetzen; **11.** ⛹ (Pferd) pullen ♦ ~ *one's punches* ⛹ lasch kämpfen *(a. fig)*; **12.** (Gesicht) schneiden ♦ ~ *s-b's leg* j-n auf den Arm nehmen; ~ *strings* Drahtzieher sein; ~ **about** umherzerren; ~ **down** (Haus) abreißen; j-n schwächen; (Fahne) einziehen; ~ **in** einziehen; 🚂 einfahren; ~ **off** abreißen; ausziehen; 🕮 abziehen; *fig* etwas schmeißen; ~ **out** ausziehen; wegrudern (*from* von); 🚂 aus-, abfahren; ~ **round** j-n gesundmachen; gesund werden; ~ **through** j-n durchbringen (*a.* ⚕); etwas durchbringen; durchhalten, -kommen; ~ **o.s. together** sich sammeln, sich zusammennehmen; ~ **up** ausreißen; (Zügel) anziehen; anhalten; ~ *up with* einholen; **~er** j-d (etwas), d. zieht; **~et** [ˊ–it] Hühnchen; **~ey** [ˊ–i] ⚙ (Riemen-)Scheibe; **~ey-block** [ˊ–iblɔk] Flaschenzug; **~-out** [ˊ–aut] ausklappbare Seite (Tafel); **~-over** [ˊ–ouvə] Pullover; **~-through** [ˊ–θruː] Gewehrreiniger
pulmonary ['pʌlmənəri] Lungen-
pulp [pʌlp] *bot* Fleisch; Mark; Papierbrei, Zellstoff; billige Zeitschrift; zu Brei machen (werden); **~y** breiig
pulpit ['pulpit] Kanzel(reden; -redner)
pulsa|te [pʌl'seit, *bes US* ˊ––] schlagen, pulsieren; vibrieren; **~tion** [–'seiʃən] Pulsieren; (Puls-)Schlag
pulse [pʌls] Hülsenfrüchte; -frucht; Puls; *to stir s-b's ~s* j-n erregen; ⚡ Impuls; pochen, pulsieren
pulverize ['pʌlvəraiz] pulverisieren, zu Staub machen (werden); *fig* zermalmen
puma ['pjuːmə], *pl* **~s** Puma, Kuguar
pumice ['pʌmis] Bimsstein
pummel ['pʌməl] mit den Fäusten bearbeiten
pump [pʌmp] Pumpe; *~-room* (Kurort) Trinkhalle; *BE* Sportschuh; *US* Pumps; pumpen *(a. fig)*; (j-n) ausholen, (etwas) herausholen (*out* aus j-m); außer Atem bringen
pumpkin ['pʌmpkin] (Garten-)Kürbis
pun [pʌn] Wortspiel; Wortspiele machen (*on* mit); witzeln
punch [pʌntʃ] Lochzange; ⚙ Stempel; Punze; Punsch; (Faust-)Schlag; *umg* Mumm, Saft; *P~* Hanswurst, Kasperle; (durch)lochen; stanzen; punzen; (hart) schlagen; *US* (Vieh) treiben; **~ed card** Lochkarte; **~ing-bag** [ˊ–iŋbæg] Punchingball
puncheon ['pʌntʃən] Faß (324 Liter u. mehr)
punctili|o [pʌŋk'tiliou], *pl* **~os** Förmlichkeit, Punkt der Etikette; peinliche Genauigkeit; **~ous** [–ˊ–əs] peinlich (genau); förmlich; pedantisch
punctu|al ['pʌŋktjuəl] pünktlich; **~ality** [––'æliti] Pünktlichkeit; **~ate** [ˊ–eit] Satzzeichen

setzen in; unterbrechen (*with* mit); *fig* unterstreichen; **~ation** [––'eiʃən] Interpunktion, Zeichensetzung; Unterbrechung; **~re** [ˊ–tʃə] Loch (*bes* 🚗), Reifenpanne; (durch-)stechen; ruinieren; 🚗 ein Loch haben, platzen

pundit ['pʌndit] gelehrter Brahmane; gelehrter Mann

pungen|cy ['pʌndʒənsi] Schärfe *(a. fig)*; **~t** [ˊ–t] scharf, beißend *(a. fig)*

punish ['pʌniʃ] (be)strafen; j-m zusetzen; **~able** strafbar; **~ment** Bestrafung; Strafe; schwere Niederlage

punitive ['pju:nitiv] strafend; Straf-

punk [pʌŋk] Zunderholz; miserabel (-bles Zeug); Rowdy; Strichjunge; Aussteiger, Punk

punster ['pʌnstə] Witzling, Wortspielmacher

punt [pʌnt] Punt; flacher Flußkahn; ⛩ Stoß; Einsatz, Wette; staken; mit e-m Punt fahren, befördern; ⛩ stoßen; (riskant) wetten, (Geld) einsetzen

puny ['pju:ni] schwächlich; klein(lich); unbedeutend

pup [pʌp] Welpe; Junges; Laffe ♦ *to sell s-b a ~* j-n reinlegen

pup|a ['pju:pə], *pl* **~ae** [ˊ–i:] *zool* Puppe; **~ate** [ˊ–eit] sich verpuppen

pupil ['pju:pl] Schüler; *~ teacher* (etwa:) Seminarist, Junglehrer; Pupille

puppet ['pʌpit] Marionette, Puppe *(a. fig)*

puppy ['pʌpi] junger Hund, Welpe; Fatzke

purblind ['pə:blaind] halbblind; kurzsichtig; blöde, dumm

purchas|e ['pə:tʃəs] (er)kaufen; erstehen; ⚓ hochwinden; Kauf(en); ⚖ Erwerbung; (*bes* Jahres-)Wert ♦ *not worth a day's ~e* keinen Pfifferling mehr wert; ⚓ Talje; Griff, Halt; Hebel(wirkung) *(a. fig)*; *fig* Mittel, Einfluß; **~ing power** Kaufkraft

pure [pjuə] rein, klar; **~ness** Reinheit

purée ['pjuərei, *US* ––ˊ] Püree

purg|ation [pə:'geiʃən] Reinigung; ⚕ Abführen; **~ative** [ˊ–ətiv] abführend(es Mittel); **~atory** [ˊ–gətəri] Fegefeuer *(a. fig)*; **~e** [pə:dʒ] reinigen; *bes pol* säubern; ⚕ abführen (lassen); Reinigen; Säubern; ⚕ Abführen

pur|ification [pjuərifi'keiʃən] Reinigung; Läuterung; **~ify** [ˊ–rifai] reinigen; läutern; **~ism** [ˊ–rizm] Purismus; **~ist** [ˊ–rist] Purist, *bes* Sprachreiniger; **~itan** [ˊ–ritən] Puritaner; puritanisch; **~itanical** [–ˊ'tænikəl] puritanisch, sittenstreng; **~ity** [ˊ–ti] Reinheit *(a. fig)*

purl [pə:l] Gold-, Silberlitze, -borte; Linksstrikken; Murmeln (des Baches); *umg* Sturz; linksstricken; murmeln; *umg* umstürzen; **~er** harter Schlag ♦ *to come* (od *take*) *a ~er* lang hinschlagen

purlieus ['pə:lju:z] *pl vb* Rand, (ärmliche) Außenbezirke

purloin [pə:'lɔin] entwenden

purple [pə:pl] purpur(ne Farbe); purpurrot *(a. fig)*; **the ~** der Purpur ♦ *to be raised to the ~* zum Kardinal ernannt werden; *US* obszön

purport ['pə:pət, *US* ˊ–pɔ:t] (offenbarer) Kern, Gehalt (e-s Dokuments, schwierigen Texts); *vt* [ˊ–, *bes US* pə:ˊ–] (Dokument, Rede) besagen, beinhalten; den Anspruch erheben, sein wollen; **~edly** [–ˊ–idly] angeblich

purpose ['pə:pəs] **1.** Zweck; *turn to good ~* gut ausnützen; *to serve the ~* den Zweck erfüllen; *to be to little (no) ~* wenig (keinen) Zweck haben; *to the ~* nützlich, hierhergehörig; *(to do) to little (no) ~* mit wenig (keinem) Erfolg; *novel with a ~*, *~-novel* Tendenzroman; **2.** Absicht; **3.** Entschlußkraft; *on ~* absichtlich; **4.** *vt* beabsichtigen; **~ful** zielbewußt, entschlossen; bedeutungsvoll; **~less** zweck-, ziellos; **~ly** absichtlich

purposive ['pə:pəsiv] zweckdienlich; entschlossen

purr [pə:] (Katze) schnurren

purse [pə:s] Geldbeutel, Portemonnaie; ⛩ Börse *(a. fig)*; *long (light) ~* volle (leere) Kassen; *public ~* Staatssäckel; *to make up a ~ for* Geld sammeln für; *~ up* (Lippen) aufwerfen, (Stirn) runzeln; **~-proud** [ˊ–praud] geldstolz; **~r** ⚓ Zahlmeister; **~-strings** *pl vb fig* Geldbeutel; *to hold the ~-strings* über den Geldbeutel verfügen; Beutel

purs|uance [pə'sjuəns] Verfolgung, Ausführung (*in ~uance of* zufolge, auf Grund von); **~uant** [–ˊ–ənt] **to** gemäß, zufolge; **~ue** [–'sju:] verfolgen *(a. fig)*; fortsetzen, (weiter) betreiben; e-r Sache nachgehen; **~uit** [–'sju:t] Verfolgung *(a. fig)*; Betätigung, Beschäftigung; Streben (*of* nach); **~uivant** ['pə:s(w)ivənt] Bote, Herold; Anhänger

pursy ['pə:si] fett; kurzatmig; faltig

purulent ['pjuərulənt] eitrig

purvey [pə:'vei] liefern (*to* an, *for* für); **~or** [–ˊ–ə] (Lebensmittel-)Lieferant

purview ['pə:vju:] Wirkungs-, Gesichtskreis; Bereich, Rahmen

pus [pʌs] Eiter

push [puʃ] **1.** schieben, stoßen (*to* zu-); *~ one's way* sich e-n Weg bahnen, *fig* vorwärtskommen; **2.** j-n drängen; **3.** nachdrücklich verfolgen, betreiben; **4.** sich verwenden für; Reklame machen für; *to be ~ed* [ˊ–t] *for time (money)* in Zeit-(Geld-)Not sein; **5.** Stoß(en), Schubs; **6.** Vorstoß; *at the ~* im Notfall; *to get the ~* 'rausfliegen, *to give s-b the ~* 'rausschmeißen; **~ along** (od *on, forward*) weiter-, voranmachen, **~ off** losgehen, abhauen; **~ through** durchbringen, -setzen; **7.** Energie, Entschlossenheit

push|-bicycle ['puʃbaisikl], **~-bike** [ˊ–baik] (Fahr-)Rad; **~-button** [ˊ–bʌtn] ⚡ Druckknopf, -taste; **~er** Streber; **~ful** streberhaft, auf den eigenen Vorteil aus; **~ing** = ~ful; unternehmend; auf-, zudringlich

pusillanim|ity [pju:silə'nimiti] Kleinmut; **~ous** [––'læniməs] kleinmütig

puss [pus] Katze, Pussi; Range; **~y(-cat)** [ˊ–i(kæt)] Mieze(katze); *bot* Kätzchen; **~y-foot** [ˊ–ifut] Abstinenzler; Leisetreter

pustule ['pʌstju:l] Pustel, Pickel

put [put] *(s. S. 319)* stehen, legen; stecken; gießen; (Unterschrift) setzen (*on* auf); (Zeichen) machen; ~ *right* verbessern, in Ordnung bringen; ⚙ ~ *the weight* (od *a shot*) Kugel stoßen; ausdrücken (*in French* auf franz.); *to ~ it mildly* gelinde gesagt; vorlegen (*to s-b* j-m); (Frage) stellen (*to the vote* zur Abstimmung); *I ~ it to you* ich appelliere an Sie; festsetzen (*on* für); j-n bestimmen (*to* für); *~ an end to* ein Ende machen; *~ in a hole* in e-e üble Lage bringen; *~ in mind of* erinnern an; *~ one's mind on (to)* sich konzentrieren auf; *~ s-b in(to)* j-n versetzen in (Lage, Unrecht); *~ o.s. in* sich versetzen in; *~ out of one's head* sich aus dem Kopf schlagen; *~ on one's oath* j-n unter Eid nehmen; *~ s-th to s-th* versehen mit; *~ to bed* ins Bett bringen; *~ to the blush* schamrot werden lassen; *~ to death* [deθ] töten; *~ s-b to expense (inconvenience)* j-m Unkosten (Unannehmlichkeiten) verursachen; *~ to flight* in die Flucht schlagen; *~ to sea* in See gehen; *~ to the sword* [sɔːd] mit dem Schwert umbringen; *~ to torture* ['tɔːtʃə] quälen; *~ to a good use* [juːs] gut verwenden; *to be (hard) ~ to it* in e-r üblen Lage sein, übel dran sein; *~ two and two together* seine Schlüsse ziehen; **~ about** ⚓ wenden; verbreiten; quälen; **~ across** übersetzen; bei-, anbringen, *fig* verkaufen; durchsetzen, erledigen; **~ aside** beiseite tun, schieben; auf die hohe Kante legen; **~ away** wegtun, -räumen; sparen; *umg* loswerden, j-n fortschaffen; *sl* verdrücken; aufgeben; ⚓ wegfahren; **~ back** zurücktun; (Zeiger) zurückstellen; hemmen; ⚓ zurücksteuern; **~ by** auf die hohe Kante legen; *fig* beiseite schieben, j-n übergehen; **~ down** hinstellen; unterdrücken; zum Schweigen bringen; erniedrigen; aufschreiben *(for £10* als Spender von £10); *fig* herunterschrauben; j-n zurückweisen, tadeln; ansehen als, einschätzen; (Waren) anschreiben (*to* für); zuschreiben *(to s-th)*; **~ forth** ausstrecken, *bot* treiben; (Kraft) aufbieten; (Ansicht) vorbringen; 📖 herausbringen; **~ forward** (Zeiger) vorrücken, (Uhr) vorstellen; *fig* vorbringen, -legen; *~ o.s. forward* sich vordrängen; **~ in** einsetzen *(a. fig)*; einreichen, vorlegen; (Wort) einlegen (*for* für), (Bemerkung) einwerfen; (Schlag) versetzen; (Zeit) verbringen; *~ in an appearance* [ə'piərəns] erscheinen; ⚓ einlaufen; *~ in for* sich bewerben um; **~ into port** ⚓ einlaufen; **~ off** verschieben; vertrösten (*with* mit); j-n abbringen (wollen) von, j-m die Lust nehmen; j-n aus dem Konzept, 'rausbringen; *bes fig* ablegen; ⚓ wegfahren; **~ on** anziehen; zulegen, steigern; *fig* einsetzen, vorsehen; (Zeiger) vorstellen; 🎭 herausbringen; sich zulegen, annehmen; *is all ~ on* ist gemacht, unecht; **~ out** (her)ausstrecken; (aus)löschen; ⚕ verrenken; verwirren, verärgern, aufbringen; (Kraft) aufbieten, einsetzen; auslaufen, *~ out to sea* in See gehen; (Arbeit) außer Haus geben; verleihen, anlegen; ⚙ ausstoßen; **~ over** ⚓ hinüberfahren (*to* zu); *fig* verkaufen, an den Mann bringen; **~ through** durchführen, -bringen; ☏ verbinden (*to* mit); **~ together** zus.setzen, -stellen; **~ up** (Schirm) aufspannen; aufhängen; hochheben; hissen; (Preis) erhöhen; (Waren) anbieten (*for sale* zum Verkauf); (Schwert) einstecken; zus.-, weglegen, -tun; (Laden) herunterlassen; (ein)packen; (Gebet) schicken (*to God* zu Gott); j-n unterbringen, bei sich aufnehmen; einkehren (*at* in); (Wild) aufjagen; (Bau) errichten; (Notiz) anschlagen; (Preis) ausschreiben; (Geld) bereitstellen, bezahlen; j-n vorschlagen, nominieren; sich bewerben, s. aufstellen lassen (*for* für); fingieren, fälschen; (Kampf) liefern; *~ s-b up to* j-n unterrichten von, j-n aufstacheln zu; *~ up with* sich abfinden mit, hinnehmen; **~ upon** reinlegen, hintergehen

putative ['pjuːtətiv] vermeintlich

putr|efaction [pjuːtri'fækʃən] Fäulnis; Verfaultes; **~efy** [ˊ–fai] (ver)faulen (lassen); **~escence** [–'tresəns] Fäulnis; Faulendes; **~escent** [–'tresənt] (ver)faulend; faulig; verderbt, korrupt; **~id** [ˊ–trid] verfault, verrottet; faulig; *umg* hundsmiserabel

putt [pʌt] (Golf) leicht schlagen; leichter Schlag; **~er** (Golf) Putter; *US* = to potter[2]; **~ing-green** [ˊ–iŋgriːn] (Golf) Grün

putt|ee ['pʌti] Wickelgamasche; **~y** [ˊ–i] Glaserkitt; Kalkkitt; Zinnasche; *vt* kitten

puzzle [pʌzl] (verwickeltes) Problem; Rätsel, Geduldspiel; Verwirrung; verwirren, zu schaffen machen; *~ one's brains* sich den Kopf zerbrechen; *~ out* (her)ausknobeln; *~ over* knobeln an; **~ment** Verwirrung; **~r** [ˊ–ə] schwierige Frage

pygmy, pi- ['pigmi] Zwerg; Elf; Null; zwergenhaft

pyjamas, *US* **pa-** [pə'dʒaːməz] *pl vb* Pyjama

pyramid ['pirəmid] Pyramide

pyre [paiə] Scheiterhaufen

Pyrex ['paiəreks] Jenaer Glas

pyro|mania [paiərə'meiniə] Brandstiftungstrieb; **~technic(al)** [––'teknik(əl)] pyrotechnisch, Feuerwerks-; brillant; **~technics** [––'tekniks] Feuerwerk(erei); (Rede-)Feuerwerk

Pyrrhic victory ['pirik 'viktəri] Pyrrhussieg

python ['paiθən], *pl* **~s** Python-, Riesenschlange; **~ess** [ˊ–nes] Weissagerin

Q

Q [kjuː] Q

qua [kwei] (in der Eigenschaft) als, qua

quack [kwæk] (Ente) quaken; *fig* posaunen; Quaken; Quacksalber, Kurpfuscher; quacksalberisch; **~ery** [ˊ–əri] Kurpfuscherei

quad [kwɔd] = quadrangle, quadruple(t), quod

quadrang|le ['kwɔdræŋgl] Schul-, Universitätshof; **~ular** [–ˊgjulə] viereckig

quadr|ant ['kwɔdrənt] Quadrant; **~ilateral** [–ri'lætərəl] vierseitig; **~ille** [kwə'dril] Quadrille; **~uped** [ˊ–ruped] Vierfüßer; **~uple** [ˊ–rupl] vierfach, -teilig; viermal; d. Vierfache; (s.) vervier-

fachen; **~uplet** [ˊ-ruplit] Vierergruppe; Vierling
quaff [kwa:f] in langen Zügen (aus-)trinken; *~ off* hinunterstürzen
quagmire ['kwægmaiə] Sumpf; *fig* Klemme
quail [kweil], *pl ~* Wachtel; verzagen, zurückschrecken (*before, to* vor)
quaint [kweint] altertümlich-anheimelnd; wundersam; eigenartig; wunderlich
quake [kweik] beben, zittern (*with* vor); (Erd-) Beben; Zittern
Quaker ['kweikə] Quäker; **~'s meeting** Quäkerversammlung; *fig* mühsames Gespräch
quali|fication [kwɔlifi'keiʃən] Fähigkeit; Qualifikation; Einschränkung; **~fied** [ˊ--faid] befähigt; geeignet; eingeschränkt; **~fier** [ˊ--faiə] Bestimmungswort; **~fy** [ˊ--fai] befähigen; ausbilden; einschränken; näher bestimmen; bezeichnen (*as* als); mäßigen; verdünnen; *~fy for* seine Befähigung nachweisen für, die Bestimmungen erfüllen für; **~fying examination** Eignungsprüfung; **~tative** [ˊ--tətiv] qualitativ; **~ty** [ˊ--ti] Qualität, Güte; (Güte-)Sorte; Eigenschaft; Beschaffenheit
qualm [kwa:m, kwɔ:m] Übelkeit, Schwäche; Bedenken; **~ish** übel, schwach
quandary ['kwɔndəri, *BE a.* -'dɛəri] Verlegenheit, Dilemma
quantit|ative ['kwɔntitətiv] quantitativ; **~y** [ˊ--ti] Menge, meßbare Größe; Quantität; *math* Größe; *unknown ~y* unbekannte Größe
quantum theory ['kwɔntəm 'θiəri] Quantentheorie
quarantine ['kwɔrənti:n, *US* 'kwɔ:-] Quarantäne; unter Quarantäne halten; untersuchen
quarrel ['kwɔrəl] Streit; Beschwerde; streiten; unzufrieden sein, sich beklagen; **~some** [ˊ--səm] streitsüchtig, zänkisch
quarry ['kwɔri] Steinbruch; Quelle; (Jagd-) Beute; Opfer; abbauen, brechen; *fig* zusammentragen; forschen *(in)*
quart [kwɔ:t] Quart (= *BE* 1,14 Liter, *US* 0,95 Liter) ♦ *to try to put a ~ into a pint* [paint] *pot* die Quadratur des Kreises (das Unmögliche) versuchen
quarter ['kwɔ:tə] Viertel(-jahr, -stunde, *US* -dollar, -mond); *for (a) ~ (of) the price* für ein Viertel des Preises; *not a ~* nicht annähernd; (Himmels-)Richtung *(a. fig)*, Seite; *fig* Stelle; *pl* Unterkunft, Quartier; *from every ~, from all ~s* von überall her; *at close ~s* nah (zusammen); Schonung, Gnade; ⚓ Posten; *BE* Quarter (Getreidemaß, = 8 Bushel); *BE* Viertelzentner (= 12,6 kg); vierteilen, vierteln; (ein)quartieren; **~-day** [ˊ--dei] Quartalstag (*BE* 25. 3., 24. 6., 29. 9., 25. 12.; *US* 1. 1., 1. 4., 1. 7., 1. 10.); **~-deck** [ˊ--dek] ⚓ Achterdeck; ⚓ Offiziere; **~ly** vierteljährlich; Vierteljahrs(schrift); **~master** [ˊ--ma:stə] Quartiermeister; ⚓ Steuermann; **~n** [ˊ--n] Viertelpint (*BE* = 0,14 Liter, *US* 0,12 Liter); **~n loaf** Vierpfundbrot; **~ sessions** ['seʃənz] *BE* Schöffengericht; **~staff** [ˊ--sta:f], *pl* ~staves [ˊ--steivz] Stab (als Waffe); **~-tone** ♪ Viertelton

quar|tet(te) [kwɔ:'tet] ♪ Quartett; Vierergruppe; **~to** [ˊ-tou], *pl* ~tos 📖 Quart(band)
quartz [kwɔ:ts] Quarz
quash [kwɔʃ] ⚖ aufheben; unterdrücken
quasi ['kweisai, 'kwa:zi] halb-
quaver ['kweivə] zittern; ♪ trillern; *~ out* mit zitternder Stimme sagen; Zittern; Triller; *BE* Achtelnote
quay [ki:] Kai, Landeplatz
queasy ['kwi:zi] (Nahrung) ekelhaft; empfindlich, schwach; heikel, übel
queen [kwi:n] Königin *(a. zool, fig)*; Dame (Schach); *~ it* die Königin spielen; **~ly** königlich; Königinnen-
queer [kwiə] merkwürdig, seltsam; zweifelhaft, fragwürdig; unwohl; wunderlich; *sl* gefälscht; *in Q~ Street* in Schulden, Schwierigkeiten; schwul, homo; *vt sl* verderben, stören
quell [kwel] niederwerfen, bezwingen; unterdrücken
quench [kwentʃ] (aus)löschen; ✿ kühlen; unterdrücken; *sl* d. Maul stopfen; **~less** un(aus)löschbar
querulous ['kwerulǝs] nörgelig, unzufrieden, mürrisch
query ['kwiəri] (unangenehme) Frage; Fragezeichen; d. Frage aufwerfen (*whether* ob); in Frage stellen, bezweifeln
quest [kwest] Suche (*in ~ of* auf d. S. nach); d. Gesuchte; suchen (*for* nach)
question ['kwestʃən] **1.** Frage; Thema *(that is not the ~)*; *in ~* in Frage kommend; *to come into ~* besprochen, wichtig werden; *out of the ~* ausgeschlossen (*is out of the ~* kommt nicht in Frage); *to put the ~* abstimmen lassen; **2.** Zweifel (*beyond, out of, past, without ~* ohne Zweifel, Einwand); *to call in ~* in Zweifel ziehen; *to put s-b to the ~* j-n foltern; **3.** (aus)fragen; **4.** (be)zweifeln; **~able** fraglich, -würdig; zweifelhaft, **~er** Fragesteller; **~naire** [kwestʃə'nɛə] Fragebogen
queue [kju:] Zopf; Reihe, Schlange (*to stand in a ~* S. stehen); *~ up* sich anstellen
quibble [kwibl] Wortspiel; Ausflucht, Spitzfindigkeit; Ausflüchte machen
quick [kwik] schnell, rasch; behende, geweckt; *fig* scharf (Ohr); erregbar, hitzig; lebendig; empfindliches Fleisch; *to the ~* bis ins Innerste; **~-change** [ˊ-tʃeindʒ] **actor** Verwandlungskünstler; **~en** (s.) beschleunigen; (s.) beleben; **~lime** [ˊ-laim] ungelöschter Kalk; **~march** Eilmarsch; **~sand** [ˊ-sænd] Quick-, Treibsand; **~set hedge** *BE* (lebende) Hecke (*bes* Hagedorn); **~silver** [ˊ-silvə] Quecksilber; **~ step** Marschschritt; **~ time** *mil* Marschtempo; **~-witted** [ˊ-'witid] schlagfertig, geistig beweglich
quid [kwid] Priem (Tabak); **~**, *pl ~ sl* 1 Pfund Sterling; **~ pro quo** [ˊ-prou'kwou] Ausgleich, Gegenleistung; *sl* Moneten
quiescen|ce [kwai'esǝns] Untätigkeit, Ruhe; Stille; **~t** untätig, ruhig, still
quiet ['kwaiǝt] still; ruhig; versteckt; geheim; *to keep s-th ~* etw geheimhalten; *on the ~* insgeheim; Stille; Ruhe; Frieden; (s.) beruhigen;

~en *vb* = ~; **~ude** [´-tju:d] ruhiges Verhalten, Ruhe
quietus [kwai'i:təs] Ende, Tod(esstoß); *to give the ~ to* d. Todesstoß versetzen, ein Ende machen
quill [kwil] Federkiel; Schwanz-, Flügelfeder; *zool* Stachel; Schreibfeder; **~-driver** [´-draivə] Federfuchser
quilt [kwilt] Steppdecke; steppen
quince [kwins] Quitte
quinine [kwi'ni:n, *US* 'kwainain] Chinin
quinsy ['kwinzi] Mandelentzündung
quintal ['kwintl] (engl.) Zentner (*BE* = 112 pounds = 50,80 kg; *US* = 100 pounds = 45,36 kg); Doppelzentner (= 100 kg)
quintessen|ce [kwin'tesəns] Quintessenz; makelloses Vorbild; **~tial** [--'senʃəl] wesentlich
quintet(te) [kwin'tet] Quintett; Fünfergruppe
quintuple ['kwintjupl] fünffach; (s.) verfünffachen; **~ts** [´--plits] Fünflinge
quip [kwip] geistreiche Bemerkung, Witz; Stichelei, Hieb; geistreiche Bemerkung etc machen
quire [kwaiə] 📖 Buch (24 Bogen); *in ~s* in Lagen
quirk [kwə:k] Eigenheit; Ausflucht; plötzliche Wendung; Schnörkel
quisling ['kwizliŋ] Kollaborateur, Verräter
quit [kwit] *(s. S. 319)* verlassen; aufgeben; *~ hold of* d. Halt verlieren; ausziehen, weggehen (*notice to ~* Kündigung); aufhören (mit); frei (*of* von), los; **~s** quitt (*with* mit); **~tance** [´-əns] Begleichung; Ausgleich (*in ~tance of* zum A. für); Erlassen e-r Schuld; Quittung; **~ter** [´-ə] *umg* Drückeberger
quite [kwait] ganz; fast, beinah; ziemlich (*~ a few* z. viele); *~ (so)* ganz recht, ja
quiver ['kwivə] Köcher (*~ of arrows* K. voll Pfeile); *to have an arrow left in one's ~* nicht alle Pfeile verschossen haben; **~ful** *fig* Stall voll Kinder; zittern, beben; schnell bewegen
Quixot|e ['kwiksət] (e.) Don Quichotte; **~ic** [-'sɔtik] weltfremd; übergenerös; **~ic project** Donquichotterie
quiz [kwiz], *pl* **~zes** Aus-, Abfragen; Klassenarbeit; Quiz; exzentrischer Mensch; *vt BE* j-n necken; ab-, ausfragen; **~dom** d. Reich d. Quiz, Quizspiele; **~zee** [-'zi:] d. in e-m Quiz Gefragte; **~zer, ~-master** Fragesteller, Quizmaster; **~zical** [´--kəl] neckend, neckfreudig; spöttisch; komisch
quod [kwɔd] *BE sl* Knast, Loch
quoin [kɔin, kwɔin] Eckstein, Ecke; ⚙ Keil; 📖 Schließzeug; mit e-m Keil befestigen, heben
quoit [kɔit, *US* kwɔit] Wurfring; *pl (sg vb)* Wurfringspiel
quondam ['kwɔndæm] ehemalig, frühere
quorum ['kwɔ:rəm], *pl* **~s** beschlußfähige Mehrheit (Mitgliederzahl)
quota ['kwoutə], *pl* **~s** Anteil; (Einwanderer- etc)Quote; Kontingent
quot|able ['kwoutəbl] zitierbar; interessant; **~ation** [-'teiʃən] Zitieren; Zitat; Preisangabe, Notierung; Kostenvoranschlag; **~ation marks** Anführungszeichen; **~e** [kwout] zitieren; (als Beispiel) nennen; (Preis) angeben, berechnen; in Anführungszeichen setzen; Zitat; Anführungszeichen
quoth [kwouθ] *poet* sagte
quotient ['kwouʃənt] Quotient; Teilzahl

R

R [a:] R ♦ *the three R's* [a:z] *(= reading, [w]riting, [a]rithmetic)* Elementarkenntnisse, Grundwissen
rabbi ['ræbai], *pl* **~s** Rabbiner; Priester
rabbet ['ræbit] ⚙ Falz; falzen
rabbit ['ræbit] Kaninchen; *US* Hase; **~-warren** [´--wɔrən] Kaninchen-(verseuchte) Gegend; überfüllte Gegend (Straße); 🂠 Niete, schlechter Spieler
rabble [ræbl] Pöbel, Mob
rabi|d ['ræbid] toll(wütig) *(a. fig)*; **~es** ['reibi:z] Tollwut
raccoon [rə'ku:n] = racoon
race[1] [reis] **1.** (Wett-)Rennen *(a. fig)* (*to run a ~* e. R. veranstalten); **2.** *fig* Jagd; *~ against time* Wettlauf mit d. Zeit; *his ~ is nearly run* seine Zeit ist so ziemlich abgelaufen; *the ~s* Pferderennen; **3.** Strömung; **4.** ⚙ Bahn; **5.** rennen, schnell fahren (lassen); **6.** e. Rennen laufen; **7.** um d. Wette laufen (fahren) mit; **8.** Rennpferde halten, (Pferd) Rennen laufen lassen; **9.** (s.) rasend drehen; **~-course** [´-kɔ:s] Rennbahn; Mühlgerinne, -bach; **~r** [´-ə] Rennpferd, -boot, -wagen; **~ track** (Pferde-)Rennbahn
race[2] [reis] Rasse; Abstammung; *fig* Klasse
raceme [ræ'si:m] (Blüten-)Traube
rachitis [rə'kaitis] Rachitis
rac|ial ['reiʃəl] Rassen-, rassisch; **~ialism** [´--izm] (angewandte) Rassenlehre, Rassismus; **~iness** ['reisinis] Würze; Lebhaftigkeit; **~ing** ['reisiŋ] Rennsport; Renn-; *~ing motorist* Rennfahrer; **~ism** ['reisizm] = racialism
rack[1] [ræk] Gestell; (Heu-)Raufe; Hutablage; ⚙ Zahnstange; 🚂 Gepäcknetz; Folterbank; *to put on the ~* foltern *(a. fig)*; *to be on the ~* gefoltert werden *(a. fig)*; *vt* foltern *(a. fig)*; plagen; *~ one's brains* s. d. Kopf zerbrechen; (Pacht) herauspressen, (Pächter) Wucherzins erpressen von; **~ railway** Zahnradbahn; **~-rent** [´-rent] Wucherzins
rack[2] [ræk] treibende Wolken ♦ *to go to ~ and ruin* völlig zugrunde gehen
racket ['rækit] (Tennis-)Schläger; *pl* (Art) Ballspiel; Lärm, Spektakel, Trubel ♦ *to stand the ~* d. Folgen tragen, d. Tadel auf sich nehmen; Erpressung, Schiebung, Schiebergeschäft; Geschäft, Betrieb; **~eer** [--'tiə] Erpresser, Gangster; **~eering** [--'tiəriŋ] Erpressung, Gangsterpraktiken; **~y** [´--i] lärmend; ausschweifend
raconteur [rækɔn'tə:] Erzähler
racoon [rə'ku:n] Waschbär
racquet ['rækit] = racket (Schläger)

racy ['reisi] würzig, rassig; lebhaft
radar ['reidɑ:] Radar; **~scope** [ˊ--skoup] Radarschirm
radi|al ['reidiəl] radial; Strahlen-; **~al (engine)** Sternmotor; **~al tyre** Gürtelreifen; **~ance** [ˊ--əns] Strahlen; **~ant** strahlend *(a. fig)*; Strahlungs-; **~ate** [ˊ--eit] aus-, bestrahlen *(a. fig)*; *fig* ausgehen (*from* von); **~ation** [--'eiʃən] (Aus-)Strahlung *(a. fig)*; **~ator** [ˊ--eitə] Heizkörper; 🚗 Kühler; **~cal** ['rædikəl] grundlegend; Grund-; radikal; *math* Wurzel-; *math* Wurzel(-zeichen); *chem* Grundstoff; *pol* Radikaler
radio ['reidiou], *pl* **~s** (Rund-)Funk, Radio (*on the ~* im R.); Radioapparat; Funkspruch; funken; durch Funk benachrichtigen; **~active** [ˊ---'æktiv] radioaktiv; **~activity** [ˊ---æk'tiviti] Radioaktivität, **~-beacon** [ˊ---'bi:kən] Funkbake, -feuer; **~-element** [ˊ---'elimənt] radioaktives Element; **~gram** [ˊ---græm] Funkspruch; *BE* Röntgenaufnahme; *BE* Musikschrank; **~graph** [ˊ---grɑ:f] Röntgenaufnahme; röntgen; **~graphic** [---'græfik] röntgenologisch; **~-link** [ˊ---'liŋk] Richtfunkverbindung; **~-location** [ˊ---lou'keiʃən] Funkortung; **~phone** [ˊ---foun] Funksprechgerät; per F. sprechen (mit); **~phonograph** ['founəgrɑ:f] *US* Musiktruhe; **~-photogram** [ˊ---'foutəgræm] Funkbild; **~ play** Hörspiel; **~-sonde** [ˊ---'sɔnd] Radiosonde; **~scopy** [--'ɔskəpi] Röntgenuntersuchung; **~-telegraphy** [ˊ---ti'legrəfi] Funktelegraphie; **~-telephony** [ˊ---ti'lefəni] drahtloser Fernsprechverkehr; **~-therapy** [ˊ---'θerəpi] Strahlen-, Röntgentherapie
radish ['rædiʃ] Radieschen; **large ~** Rettich; **horse ~** Meerrettich
radium ['reidiəm] Radium
radi|us ['reidiəs], *pl* **~i** [ˊ--ai] Radius; Umkreis; *(fig)* Bereich; ⚙ Speiche
raffia ['ræfiə] Raffiabast
raffish ['ræfiʃ] liederlich, sittenlos
raffle [ræfl] Verlosung; verlosen; Los erwerben (*for* für)
raft [rɑ:ft] Floß; flößen; mit e-m Floß überqueren; **~er** Flößer; Dachsparren; **~sman** [ˊsmən], *pl ~smen* Flößer
rag¹ [ræg] Lumpen *(a. fig)*; Fetzen *(a. fig)*; **~-and-bone-man** [-ən'bounmæn] Altwarenhändler
rag² [ræg] *umg* necken, verulken; *BE* j-m (derbe) Streiche spielen; schelten; *BE* (Studenten-)Streiche; Lärm; **~ging** Lärmen; Streiche(spielen); Necken; Tadel(n)
ragamuffin ['rægəmʌfin] zerlumpter Kerl; Straßenjunge
rage [reidʒ] Wut, Zorn(ausbruch); Heftigkeit; Leidenschaft; (Gefühls-)Ausbruch; wüten, toben (*a.* ⚙, *fig*)
rag|ged ['rægid] zerfetzt; -zaust; -lumpt; verwildert; mangelhaft; (Stein) spitz(ig); (Stimme) rauh; **~man** [ˊmən], *pl ~men* Lumpenhändler; **~tag (and bobtail)** [ˊtæg(ən'bɔbteil)] Pöbel, Abschaum; **~time** [ˊtaim] ♪ Ragtime; lächerlich
ragout ['rægu:, *US* -ˊ] Ragout
raid [reid] Über-, Einfall; Luftangriff; Razzia; überfallen; e-n Überfall unternehmen; **~er** Angriffsflugzeug; ⚓ Handelsstörer; Überfallender
rail¹ [reil] Querholz, Geländer; *to force to the ~s* 🏇 (Pferd) ans Geländer abdrängen, *fig* j-n (unfair) benachteiligen; (Treppe) Handlauf; Stange (zum Aufhängen); 🚂 Schiene; *by ~* mit d. Bahn; *pl* Schienennetz; *off the ~s* entgleist, *fig* durcheinander; mit e-m Geländer umgeben; mit d. Bahn befördern; **~-bus** [ˊbʌs] Schienenbus; **~car** [ˊkɑ:] Triebwagen; **~head** [ˊhed] End-, *mil* Ausladebahnhof; **~ing** Geländer; ⚓ Reling; **~man** [ˊmən], *pl ~men BE* Bahnangestellter; **~-motor** [ˊmoutə] *BE* Triebwagen
rail² [reil] *zool* Ralle; *~ at, against* beschimpfen; tadeln, schmähen; **~ing** Beschimpfen, Tadeln; Höhnen, Spott; **~lery** [ˊəri] (gutmütiger) Spott, Spötterei
rail|road ['reilroud] *US* Eisenbahn; *US* mit d. Bahn befördern; (Gesetz etc) durchjagen, -peitschen; **~way** [ˊwei] *BE* Eisenbahn(gleis), Bahn-; *US* Neben-, Lokalbahn; **~way guide** [gaid] *BE* Kursbuch; **~wayman** [ˊweimən], *pl ~waymen BE* Bahnangestellter; **~way siding** Abstellgleis
raiment ['reimənt] Gewand(ung)
rain [rein] Regen(fall) (*the ~s* -zeit); regnen (lassen) *(a. fig)*; **~bow** [ˊbou] Regenbogen; **~-coat** [ˊkout] Regenmantel; **~fall** [ˊfɔ:l] Regenguß; -menge; **~proof** [ˊpru:f] wasserdicht(er Mantel); **~y** [ˊi] regnerisch; Regen-
raise [reiz] (er)heben; (Hut) lüften; *~ from the dead* wieder zum Leben bringen; errichten; erhöhen; steigern; hervorrufen; (Frage) aufwerfen, vorbringen; anbauen, züchten; etw (*bes US* j-n) aufziehen; *mil* ausheben; ⚓ sichten; (Geld) zus.-, aufbringen; (Lager) abbrechen; *su US* Lohn-, Gehaltserhöhung; *~ a dust* Staub aufwirbeln *(a. fig)*; *~ hell (the devil)* Krach schlagen; *~ the wind (umg)* d. Zaster auftreiben
raisin ['reizn] Rosine
raison d'être ['reizɔ:n'deitr, *US* 'reizoun'detr] (Existenz-)Berechtigung
rake [reik] Rechen, Harke; Lebemann, Wüstling; ⚓ Neigung(swinkel); (zus.-)rechen, harken; *~e up (fig)* zus.bringen, ausgraben; durchstöbern; *mil* (mit Feuer) bestreichen; (mit d. Augen) mustern; ⚓ (s.) neigen, geneigt sein (machen); **~ish** ⚓ schnittig; *fig* verwegen; liederlich, wüst
rally ['ræli] (s. wieder) sammeln; *fig* (s.) zus.nehmen; s. erholen (⚙, Preise); j-n necken, aufziehen; Sammeln, Sammlung; Wiederaufleben, Erholung; (Massen-)Versammlung, Treffen; 🏇 Schlagwechsel
ram [ræm] Widder; Rammbär, Ramme, Sturmbock; *bes* ⚙, ⚓ rammen; (fest)stoßen ♦ *~ s-th down s-b's throat* j-m etw immer wieder predigen, vorhalten
rambl|e [ræmbl] umherwandern, -streifen; daherreden; *bot* kriechen, wuchern; Fußwande-

rung, Bummel, Streifzug; **~er** [ˊ-blə] Wanderer; Kletterrose; **~ing** [ˊ-bliŋ] umherstreifend, Wander-; *~ing club* Wanderverein; (Haus) weitläufig; unzus.hängend; *bot* kriechend, kletternd, wuchernd

ramie ['ræmi] Ramie, Chinagras

rami|fication ['ræmifi'keiʃən] Verzweigung; Zweig(gesellschaft); **~fy** [ˊ--fai] (s.) verzweigen; Zweige (Äste) bilden

ramp [ræmp] Rampe; *BE sl* Erpressung, Schiebung; *umg* Wutausbruch; (Löwe) wütend sein, s. auf d. Hinterbeine stellen; toben, rasen; *bot* (dicht) wuchern; flach ansteigen; mit e-r Rampe versehen; **~ant** [ˊ-pənt] wütend; wuchernd *(a. fig); fig* üppig, verbreitet; *be ~ant* grassieren

rampage [ræm'peidʒ, *US* ˊ-] Toben, wildes Benehmen; *to be* (od *go*) *on the ~* = *vi* **~** [-ˊ] toben, s. wild benehmen; **~ous** [ˊ-əs] wütend, wild

rampart ['ræmpɑːt] (Schutz-)Wall *(a. fig)*

ram|rod ['ræmrɔd] Ladestock ♦ *as stiff as a ~rod* als wenn er e-n Stock verschluckt hätte; **~shackle** [ˊ-ʃækl] baufällig

ran [ræn] *siehe* run

ranch [ræntʃ, *BE a.* rɑːntʃ] (amerikan.) Viehfarm, Ranch; auf e-r R. arbeiten, e-e R. leiten; **~er** Viehzüchter, Rancher

ranc|id ['rænsid] ranzig; **~orous** ['ræŋkərəs] erbittert, gehässig; **~our** ['ræŋkə] Erbitterung, Haß

random ['rændəm] beiläufig; ziellos; zufällig; **~ test** Stichprobe; *at ~* aufs Geratewohl

rang [ræŋ] *siehe* ring[1]

range [reindʒ] (Berg- etc)Kette; Schuß-, Reichweite; Entfernung; Ausdehnung, (ausgedehnte) Fläche; Spielraum; Bereich; (Waren-)Kollektion; Schießstand; (Küchen-) Herd; aufstellen; (ein)ordnen; umherstreifen (in); *zool bot* s. finden, vorkommen; (Preise) schwanken, reichen (*from* . . . *to* von . . . bis); s. erstrecken; *mil* e-e Reichweite haben von; einschießen (*on* auf); **~-finder** [ˊ-faində] *mil,* 📷 Entfernungsmesser; **~r** [ˊ-ə] Forstheger; *BE* (königl.) Parkaufseher; *pl* bewaffnete (Ordnungs-(Truppe); **R~r** *US mil* Angehöriger e-r Kommandotruppe

rank [ræŋk] **1.** Reihe, *mil* Glied; *the ~s, the ~ and file* Mannschaften, *fig* breite Massen; *to reduce* [ri'djuːs] *to the ~s* zum Gemeinen machen; *to rise from the ~s* vom Gemeinen zum Offizier aufsteigen, *fig* es zu etw bringen, aufsteigen; **2.** Rang; Dienstgrad; **3.** Klasse, Stand; **4.** (in e-e Klasse) einordnen; **5.** einschätzen (*as* als); **6.** (s.) rechnen (*with* zu); **7.** zählen (*with, among* zu); **8.** *US* d. Vorrang haben vor; **9.** *bot* üppig, dichtwuchernd; **10.** überwuchert (*with* von); **11.** stinkend, widerlich; **12.** *fig* kraß, rein; **~er** *BE* Offizier (aus d. Mannschaftsstand); *US* Ranghöchster

rankle ['ræŋkl] schwären, eitern; *fig* nagen, fressen

ransack ['rænsæk] plündern; durchwühlen; ~ [*of* berauben

ransom ['rænsəm] Lösegeld (*to hold to ~* zur Erpressung von L. gefangenhalten); *a king's ~* e-e Riesensumme; *fig* Gegenleistung; j-n loskaufen; Lösegeld verlangen von (für); nach Zahlung e-s Lösegelds freilassen; = *to hold to ~*; j-n erlösen

rant [rænt schwadronieren; prahlen; leeres Gerede; Wortschwall

rap [ræp] Klaps (*~ on the knuckles* [nʌklz] K. auf d. Finger, *a. fig*); Klopfen; Rüffel; *fig* Pfifferling; klopfen; *to ~ s-b over the knuckles* j-m eins auf d. Finger geben; *~ out* hervorstoßen, durch Klopfen (Ticken) mitteilen

rapac|ious [rə'peiʃəs] räuberisch, gierig; **~ity** [-'pæsiti] (Raub-)Gier

rape [reip] vergewaltigen; entführen; Vergewaltigung, Notzucht; Entführung; Raps; **~ oil** Rapsöl

rapid ['ræpid] schnell; reißend; steil; *su pl* Stromschnellen; **~ness, ~ity** [rə'piditi] Schnelligkeit

rapier ['reipiə] Rapier; messerscharf

rapine ['ræpain, *bes US* ˊ-in] Raub

rapport [ræ'pɔː] Übereinstimmung, *mst: to be in* (od *en* [ɑːn]) *~* in Übereinstimmung sein, gut harmonieren

rapprochement [ræ'prɔʃmɑːn, *US* --ˊ] *fig* (Wieder-)Annäherung

rapscallion [ræp'skæliən] Schuft, Schurke

rapt [ræpt] hingerissen, entzückt; versunken *(in a book)*; **~ure** [ˊ-tʃə] Entzücken, Verzükkung; *to go into ~ures* in Entzücken geraten; **~urous** [ˊ-tʃərəs] entzückt, hingerissen; verzückt

rar|e [rεə] dünn; selten; ungewöhnlich; ausgezeichnet, *umg* herrlich; halbgar; *adv umg* selten, sehr; **~efy** [ˊ-rifai] dünn machen (werden); verfeinern; **~ity** [ˊ-riti] Seltenheit; Dünne; etw Seltenes

rascal ['rɑːskl] Schurke, Schuft; **~ly** schurkisch, schuftig

rash [ræʃ] ⚕ Ausschlag; vorschnell; unbedacht; **~er** Scheibe (Speck, Schinken)

rasp [rɑːsp] Raspel(n); raspeln, glattfeilen; kratzen; *fig* peinigen; **~berry** ['rɑːzbəri] Himbeere; H.-busch ♦ *to give (blow) s-b a ~berry* j-m auszischen

rat [ræt] Ratte ♦ *to smell a ~* d. Braten riechen; *~s!* Quatsch!; *fig* Überläufer, Abtrünniger; *BE sl* Streikbrecher; Ratten jagen; *~ on* im Stich lassen, nicht einhalten

rat|able ['reitəbl] *BE* ortssteuerpflichtig; (ab)schätzbar; anteilmäßig; **~al** ['reitəl] *BE* steuerl. Schätzwert

ratan [rə'tæn] *siehe* rattan

rat-a-tat [rætə'tæt] *siehe* rat-tat

ratch [rætʃ] = ~et(-wheel); **~et** [ˊ-it] ⚙ Ratsche, Knarre; Sperrad; **~et-wheel** [ˊ-itwiːl] Sperrad

rat|e [reit] **1.** Maß(stab), Verhältnis; **2.** Höhe, Satz; *~e of exchange* [iks'tʃeindʒ] Devisenkurs, Kursverhältnis; **3.** Geschwindigkeit; **4.** (Geburten- etc)Zahl, -ziffer; **5.** (Gebühren-)Betrag; **6.** Preis(-ansatz); **7.** *BE* Ortssteuer, Kommunalabgabe; **8.** Klasse *(first, second ~e)* ♦ *at* *any ~e* auf jeden Fall; *at this ~e* auf diese Weise, unter den derzeitigen Umständen; *at that ~e* wenn das d. Fall ist, unter diesen Umständen; **9.** *vt/i* (ein)schätzen, bewerten; **10.** *BE* d. Steuersatz festsetzen für, besteuern; **11.** *US* erzielen, erfordern; **12.** eingeschätzt werden, gelten; **13.** *US* etw gelten, d. Vorrang haben; schelten, böse Worte geben; **~eable** [ˈ-əbl] *siehe* ratable; **~ed** [ˈ-id] ☼ Nenn-; **~ification** [rætifiˈkeiʃən] Bestätigen, Ratifizierung; **~ify** [ˈrætifai] bestätigen, ratifizieren; **~ing** (Ein-) Schätzung; Einstufung; *BE* Steuersatz; ⚓, 🚗 Klasse; ⚓ Dienstgrad, Matrose; *pl* Mannschaftsstand; ϟ Leistung; *US* Note, Zensur; Schelte, (scharfer) Tadel

rather [ˈrɑːðə, *US* ˈræ-] lieber, eher; (so) ziemlich; vielmehr; *BE umg* (*oft* [ˈ-ˈðəː]) und ob!; ja sehr!

ratio [ˈreiʃiou], *pl* **~s** Verhältnis; Anteil; **~cination** [rætiɔsiˈneiʃən, *US* ræʃi–] logisches Folgern, Denken

ration [ˈræʃən] Ration; Zuteilung; *to put on ~s* rationieren; bewirtschaften; mit Lebensmitteln versorgen; **~al** [ˈ--nəl] vernünftig, verständig; Vernunft-; rational *(a. math)*; **~ale** [ræʃəˈnɑːl, *US* --ˈnæl] Begründung, begründete Darstellung; **~alism** [ˈ--nəlizm] Rationalismus; **~alist** Rationalist; **~alist(ic)** [--nəˈlist(ik)] rationalistisch; rein begriffsmäßig; **~alize** [ˈ--nəlaiz] vernunftmäßig erklären; rationalistisch handeln (reden); *math* rational machen; rationalisieren; **~card** Lebensmittelkarte;

ratlin(e) [ˈrætlin] ⚓ Webleine

ratsbane [ˈrætsbein] Rattengift

rattan, ratan [rəˈtæn] Schilf-, Rohrpalme; Peddigrohr; Rohrstock

rat-tat [rætˈtæt] Rattatat, poch-poch

ratter [ˈrætə] Rattenfänger

rattl|e [rætl] rasseln, rattern, klappern (lassen); rütteln an; plappern (*on, along* los-, weiter-); *~e off* runterrattern; erbosen; Rassel (*~e box* R. für Babys); *zool* Rasselschwanz; Rattern, Rasseln; Röcheln; **~e-brain** [ˈ-brein] Hohlkopf; **~er** [ˈ-ə] *US* Klapperschlange; *BE umg* prima Sache (Kerl); *US umg* Güterschnellzug; **~esnake** [ˈ-sneik] Klapperschlange; **~ing** [ˈ-liŋ] rasselnd, klappernd; (Wind) stark; rasend; prima

raucous [ˈrɔːkəs] rauh, heiser

ravage [ˈrævidʒ] verwüsten, verheeren; Verwüstung, Verheerung

rav|e [reiv] *a.* $ toben, rasen (*with* vor); *~e about, of* schwärmen von; **~ing** tobend; **~ing mad** verrückt bis zum Wahnsinn; **~ings** *pl vb* Delirien; wildes Getobe

ravel [rævl] (s.) verwirren, (s.) verwickeln; ausfransen; ~ *(out)* entwirren, auseinanderklauben; Knoten; Verwirrung; Verwicklung; ausgefranstes Ende

raven[1] [ˈreivn] Rabe

raven[2] [rævn] rauben(d umherstreifen); gierig (fr)essen; **~ing** [ˈrævəniŋ] wild, (beute)gierig; **~ous** [ˈrævənəs] ausgehungert, wild

ravine [rəˈviːn] Schlucht

ravish [ˈræviʃ] entreißen; hinreißen, entzükken; vergewaltigen; **~ment** Vergewaltigung; Entzücken

raw [rɔː] roh; Roh-; wund, schmerzhaft; blutig; (Wetter) feucht, unwirtlich; ungeübt; (Alkohol) unverdünnt; ~ *deal* unangenehme (unehrliche) Sache ♦ *to touch* [tʌtʃ] *one on the* ~ j-n an d. empfindlichsten Stelle treffen; **~-boned** [ˈ-bound] knochig; **~hide** [ˈ-haid] Rohleder

ray [rei] Strahl *(a. fig)*; *zool* Rochen; aus-, bestrahlen; *US umg* Röntgenaufnahme machen von; **~on** [ˈ-ɔn] Reyon, Kunstseide

raze [reiz] niederreißen, schleifen; bis auf d. Grund zerstören

razor [ˈreizə] Rasiermesser; *electric* ~ Rasierapparat; **~blade** [ˈ--bleid] Rasierklinge; **~-edge** scharfe Kante, kritische Situation

re [riː] ⚖ in Sachen; betreffend

reach [riːtʃ] (aus)strecken, greifen (*for* nach); reichen; holen; erreichen; Greifen, Ausholen; Bereich, Reichweite; *within easy ~ of* leicht zu erreichen von; *out of ~ of* unerreichbar für; (Fluß-)Strecke (zwischen 2 Biegungen); **~-me-down** [ˈ-midaun] *BE sl* Konfektion(sartikel)

react [riˈækt] *bes chem,* $ reagieren (*to* auf); wirken (*on* auf; *a. fig*); **~ion** [-ˈ-ʃən] Gegen-, Rückwirkung; *chem, allg* Reaktion (*to* auf); **~ionary** [-ˈ-ʃənəri] reaktionär; Reaktionär; **~or** [-ˈ-tər] ☼ Reaktor

re-act [ˈriːækt] noch einmal, wieder aufführen

read [riːd] *(s. S. 319)* lesen (*to s-b* vor-); *BE* studieren (*~ law* Jura st.); ~ *on* weiterlesen; ~ *out* laut lesen; ~ *over (through)* durch-, zu Ende lesen; ~ *s-th up* etw durcharbeiten; *fig* deuten; ☼ anzeigen; s. lesen lassen; Lesen; Lektüre; ~ [red] belesen; **~able** [ˈ-əbl] interessant zu lesen; leserlich; **~er** Leser; Lektor; 📖 Korrektor; Vortragender; *BE* (etwa) außerordentl. Professor; Lesebuch, Anthologie; **~ing** Lesen, Lesefähigkeit; Belesenheit; Lesung *(a. pol)*; Lesestoff, -stücke; Deutung; Stand (e-s Zeigers etc); viellesend, belesen; Lese-; **~ing copy** 📖 Prüfungsexemplar

readdress [ˈriːəˈdres] wieder ansprechen; neu adressieren

read|ily [ˈredili] bereitwillig; leicht; ohne Zögern; **~iness** [ˈ--nis] Bereitschaft, -willigkeit; Schnelligkeit; *~iness of wit* Geistesgegenwart; **~y** [ˈ-i] bereit(-willig); geneigt; (gebrauchs)fertig; gewandt; *vt* bereit, fertig machen; **~y-made** [ˈ--ˈmeid] gebrauchsfertig, Konfektions-; nicht originell; **~y money** [ˈmʌni] Bargeld; **~y reckoner** [ˈrekənə] Rechentabelle

readjust [ˈriːəˈdʒʌst] wieder in Ordnung bringen; sanieren; **~ment** Wiederherstellung; Sanierung; Neuorientierung

reagent [riˈeidʒənt] *chem* Reagens; *fig* wirkende Kraft

real [riəl] wirklich, echt; ⚖ Grund-(Besitz); *adv umg* = ~ly; **~ism** [ˈ-lizm] Realismus; **~ist** Realist; **~istic** [-ˈlistik] realistisch, wirklich-

keitsnah; **~ity** [ri'æliti] Wirklichkeit (*in ~ity* in W.); Echtheit; wirkliche Tatsache; **~ization** [–lai'zeiʃən] Einsehen, Verstehen; Erfüllung; Realisierung, Verkauf; **~ize** [ˊ-laiz] einsehen, verstehen; verwirklichen; zu Geld machen, realisieren; einbringen, erzielen (Preis); **~ly** wirklich; *not ~ly* eigentlich nicht; **~tor** [ˊ-tə] *US* (Grundstücks-)Makler; **~ty** Grundbesitz
realm [relm] Reich *(a. fig);* Gebiet
ream [ri:m] Ries (*BE* 480, *US* 500 Bogen Papier); *pl umg* Mengen; **~er** ⚙ Reibahle
reanimate ['ri:'ænimeit] wieder beleben, neue Kraft geben
reap [ri:p] (ab)ernten; **~er** Schnitter; Mähmaschine; **~er-binder** Bindemäher; **~ing-hook** [ˊ-iŋhuk] Sichel
reappear ['ri:ə'piə] wieder erscheinen; **~ance** [ˊ–ˊrəns] Wiedererscheinen
reappraisal ['ri:ə'preizəl] Neubeurteilung (der Lage)
rear [riə] **1.** Hinterseite; *mil* Rücken; Nachhut; *to bring up the ~* d. Schluß bilden; *at the ~ of* hinter; **2.** Rücken-, Heck-, Hinter-; rückwärtig; **3.** erheben; **4.** errichten; **5.** züchten, aufziehen; *~ (up)* s. (auf)bäumen; **~ admiral** ['ædmirəl] Konteradmiral; **~-guard** [ˊ-ga:d] Nachhut; **~most** [ˊ-moust] hinterste; **~ward** [ˊ-wəd] rückwärtig; *(a.: ~wards) adv* rückwärts; rückwärtige Stellung
rearm ['ri:'a:m] wieder-, neu-, umbewaffnen; **~ament** [ˊˊməmənt] Wieder-, Neubewaffnung; Aufrüstung
rearrange ['ri:ə'reindʒ] wieder, neu ordnen; **~ment** Wiederherstellung; Neuordnung, -gestaltung
reason [ri:zn] **1.** Grund; **2.** Anlaß; *with ~* mit Recht; *by ~ of* wegen; **3.** Vernunft; **4.** Verstand; *to listen to (hear) ~* auf d. Vernunft hören, s. überzeugen lassen ♦ *it stands to ~* es ist einleuchtend, selbstverständlich; *in ~* in vernünftigen Grenzen; **5.** vernünftig denken; **6.** schließen (*from* aus); **7.** erörtern; **8.** vorbringen (*that* daß); *~ with s-b* zu überzeugen suchen; **9.** ausdenken, begründen; *~ away* wegdiskutieren; *~ s-b into (out of) s-th* j-m etw ein-(aus)reden; **~able** [ˊ-zənəbl] vernünftig; angemessen, reell; **~ably** [ˊ-zənəbli] ziemlich, einigermaßen; **~ing** [ˊ-zəniŋ] Folgern, Denken; Denkvermögen; Beweisführung; vernunftbegabt; Vernunfts-; **~less** ohne Vernunft
reassur|ance [ri:ə'ʃuərəns] Beruhigung; Rückversicherung; **~e** [––ˊ] (wieder) beruhigen; rückversichern
rebate ['ri:beit] Nachlaß, Abzug; Rabatt; ~ [ri'beit] nachlassen, abziehen
rebel ['rebəl] Aufrührer, Rebell; Rebellen-; ~ [ri'bəl] s. empören, rebellieren; s. auflehnen; **~lion** [ri'beljən] Empörung; **~lious** [ri'beljəs] aufrührerisch; rebellisch; widerspenstig
re|bind ['ri:baind] *(s. S. 319)* neu einbinden; **~birth** [ˊ-bə:θ] Wiedergeburt; **~born** [ˊ-'bɔ:n] wiedergeboren
rebound ['ri:'baund] neu-, wieder eingebunden; ~ [ri'baund] zurückprallen; *fig* zurückfallen (*on* auf); s. wieder beleben; Zurückprall(en); Reaktion
rebuff [ri'bʌf] (schroffe) Abweisung; ab-, zurückweisen, vor d. Kopf stoßen
rebuke [ri'bju:k] rügen, scharf tadeln; Tadel; Zurechtweisung
rebus ['ri:bəs], *pl* **~es** Bilderrätsel
rebut [ri'bʌt] zurückstoßen, -weisen; widerlegen; **~tal** [–ˊəl] Zurückweisung; Widerlegung, Gegenbeweis
recalcitran|ce [ri'kælsitrəns] Widerspenstigkeit; **~t** [–ˊ––t] widerspenstig, aufsässig (*to* gegenüber)
recall [ri'kɔ:l] zurück-, abberufen; s. erinnern; j-n erinnern (*to* an); aufheben, widerrufen; Ab-, Rückberufung; Zeichen zum Sammeln; *beyond* (od *past*) ~ unwiederbringlich; vergessen
recant [ri'kænt] (Ansicht) aufgeben; *bes eccl* widerrufen; **~ation** [ri:kæn'teiʃən] Widerrufung
recapitula|te [ri:kə'pitjuleit] zusammenfassen(d wiederholen); **~tion** [––––'leiʃən] Zus.fassung; kurze Wiederholung
recast [ri:'ka:st] *(s. S. 318)* umgießen; neu herstellen (fassen); neu (er)rechnen; 🎭 neu besetzen; Neugestaltung; d. Neugestaltete
recede [ri'si:d] (zurück)weichen *(a. fig);* zurücktreten; (ab)sinken, fallen; *~ into the background* in d. Hintergrund treten
receipt [ri'si:t] Empfang, Erhalt; *in ~ of* in Besitz; Quittung; Beleg; Kochrezept; Empfangsstelle; *pl* Einkünfte, -nahmen; *~s side* Aktivseite; quittieren
receiv|able [ri'si:vəbl] erhältlich; ausstehend; **~e** [–'si:v] erhalten; empfangen (*a.* 📻); erleben; aufnehmen *(a. fig)*; ⚖ hehlen; **~ed** [–ˊvd] empfangen; (allgemein) anerkannt; **~er** [–ˊvə] 📻 Empfänger; (Geld-)Einnehmer; ⚖ Hehler; Konkurs-, Vermögensverwalter; 📞 Hörer; **~ership** Amt(szeit) e-s Konkursverwalters; **~ing** [–ˊviŋ] ⚖ Hehlerei; **~ing set** 📻 = ~er
recent ['ri:sənt] kürzlich; neu(ere), modern; **~ly** kürzlich, neulich
recept|acle [ri'septəkl] Behälter; Raum; *US* Steckdose; **~ion** [–ˊʃən] Empfang (*a.* 📻); Aufnahme; **~ion clerk** [kla:k] *BE* Empfangschef; **~ionist** Empfangsdame; **~ive** [–ˊtiv] rezeptiv; empfänglich (*to* für)
recess [ri'ses] freie Tage, Ferien; *US* (Schul-) Pause; (Schlupf-)Winkel; Nische, Alkoven; Vertiefung machen in; in e-e Nische stellen; (Haus) zurücksetzen; *US* Ferien machen, s. vertagen; **~ion** [–'seʃən] (*a.* wirtschaftl.) Rückgang; Zurücktreten; Vertiefung; **~ional** [–'seʃənəl] Schluß-; Ferien-; *eccl* Schlußgesang; **~ive** [–ˊsiv] zurückweichend
recidivist [ri'sidivist] ⚖ Rückfälliger
recip|e ['resipi] Kochrezept; **~ient** [ri'sipiənt] Empfänger; empfänglich
reciproc|al [ri'siprəkəl] reziprok(er Wert); wechsel-, gegenseitig; **~ate** [–ˊ–keit] hin- u. hergehen, pendeln; erwidern (*with* mit);

~ating ⚙ pendelnd; Kolben-; **~ity** [resi'prɔsiti] Gegenseitigkeit

recit|al [ri'saitəl] Vortragen; Aufzählen; eingehender Bericht; ♪ Darbietung; **~ation** [resi'teiʃən] Aufzählen; Rezitation, Deklamation(stext); *US* Abfrage-, Übungsstunde; **~ative** [resitə'ti:v] Rezitativ; **~e** [ri'sait] vortragen, rezitieren; aufzählen

reck [rek] (s.) kümmern (um); **~less** unbekümmert (*of* um); sorg-, rücksichtslos

reckon ['rekən] (be-, er-)rechnen; *fig* ansehen, betrachten; *to be ~ed* gelten; *~ without one's host* [houst] seine Rechnung ohne d. Wirt machen; ~ **for** berücksichtigen; ~ **in** einbeziehen; ~ **on** s. verlassen auf; ~ **up** zus.rechnen; ~ **with** *fig* abrechnen mit, in Betracht ziehen; **~er** [–́–nə] Rechner; Rechentabelle; **~ing** [–́–niŋ] Rechnen, Berechnung; Rechnung *(to pay the ~ing, a. fig)*; *the day of ~ing* d. Tag d. Abrechnung (Buße); *to be out in one's ~ing* s. verrechnen *(a. fig)*; ⚓ (beobachtetes) Besteck; *dead ~ing* ⚓ gegißtes Besteck

reclaim [ri'kleim] (Land) zurückgewinnen, kulturfähig machen; ⚙ regenerieren; j-n bessern, reformieren; zurückfordern; *beyond* (od *past*) ~ nicht zu bessern; **~able** (ver)besserungs-, kultur-, regenerierfähig

reclamation [reklə'meiʃən] Urbarmachung; Besserung; Zurückforderung

recline [ri'klain] (s.) zurücklehnen; s. hinlegen; s. verlassen (*upon* auf)

recluse [ri'klu:s, *US* 'rek-] Einsiedler

recogn|ition [rekəg'niʃən] (Wieder-)Erkennen; Anerkennung; **~izable** [–́–naizəbl] (an)erkennbar; **~izance** [ri'kɔgnizəns] ⚖ Sicherheit(sleistung), Kaution(ssumme); **~ize** [–́–naiz] (an-)erkennen; grüßen

recoil [ri'kɔil] zurückprallen, rückstoßen; zurückschrecken (*from* vor); *fig* zurückfallen (*on* auf); Zurückprallen, -schrecken; *mil* Rückstoß; Rückwirkung

recollect [rekə'lekt] ins Gedächtnis zurückrufen, s. erinnern; **~ion** [––́–ʃən] Erinnerung(svermögen, -szeit) (*of* an)

re-collect ['ri:kə'lekt] wieder sammeln; ~ *o.s.* sich fassen, s. sammeln

recommend [rekə'mend] empfehlen; anvertrauen (*to s-b* j-m); **~ation** [–––'deiʃən] Empfehlung; Vorzug; *to speak in ~ation of* lobend sprechen von

recompense ['rekəmpens] j-n, etw belohnen, vergelten (*with* mit); Belohnung; Vergeltung; Entschädigung

reconcil|e ['rekənsail] versöhnen; (Streit) beilegen; in Übereinstimmung bringen; ~ *o.s.* sich abfinden (*to* mit); **~iation** [––sili'eiʃən] Aus-, Versöhnung; Ausgleich; Verbindung

recondit|e ['rekəndait, ri'kɔndait] *fig* dunkel; tiefgründig; **~ion** ['ri:kən'diʃən] wieder in Ordnung bringen, herrichten

recon|naissance [ri'kɔnisəns] *mil* Aufklärung (*~naissance in force* gewaltsame A.); Erkundung(s-); Untersuchung; **~noitre** [rekə'nɔitə] aufklären; erkunden

reconsider ['ri:kən'sidə] wieder erwägen, erörtern

reconstruct ['ri:kən'strʌkt] neu konstruieren; wiederaufbauen; rekonstruieren; **~ion** [––́–ʃən] Wiederaufbau; Rekonstruktion

record [ri'kɔ:d] auf-, verzeichnen; *fig* festhalten; 📼 aufnehmen; ~ ['rekɔ:d, *US* –́kəd] Aufzeichnung; Bericht; *a matter of* ~ e-e verzeichnete Tatsache; *on* ~ verzeichnet, bis jetzt bekannt; *to bear ~ to* bezeugen; Urkunde, Dokument; *off the* ~ inoffiziell; *~ office (BE)* Staatsarchiv; Schallplatte (*~ library* -narchiv); 🏆 Rekord (*to break, beat the* ~ d. R. brechen); Ruf *(to have a good ~)*; **~er** [–́–də] j-d, der verzeichnet; ⚖ (Polizei-)Richter; Registriervorrichtung; ♪ Blockflöte; **~ing** *bes* 📼 Aufnehmen; Aufnahme(material); Bandsendung

re|count [ri'kaunt] erzählen; **~-count** ['ri:'kaunt] noch einmal zählen; zweite Zählung

recoup [ri'ku:p] ⚖ (Summe) abziehen, einbehalten; j-n entschädigen; ~ *o.s.* sich schadlos halten

recourse [ri'kɔ:s] Zuflucht (*to have ~ to* seine Z. nehmen zu)

recover [ri'kʌvə] wiederfinden, -erlangen; zurückgewinnen; gesund werden, s. erholen; ~ *o.s.* wieder zu s. kommen, s. wieder beruhigen; *~ one's legs* wieder aufstehen; wieder ausgleichen, wiedergutmachen; **~y** [–́––ri] Gesundung, Erholung; Wiedererlangung; Wiederherstellung

re-cover ['ri:'kʌvə] wieder bedecken

recre|ant ['rekriənt] feige; wortbrüchig; ehrlos; Feigling; Verräter; **~ate** [–́–eit] erfrischen; s. erholen; **~ation** [rekri'eiʃən] Erfrischung, Erholung; **~ation ground** *BE* Sport-, Spielplatz

recrimination [ri,krimi'neiʃən] Gegenbeschuldigung

recrudescence [ri:kru:'desəns] Wiederauf-, -ausbrechen

recruit [ri'kru:t] Rekrut; *fig* Neuling; rekrutieren; Rekruten werben; wiederherstellen; s. erholen

rectang|le ['rektæŋgl] Rechteck; **~ular** [–'tæŋgjulə] rechteckig

recti|fication [rektifi'keiʃən] Berichtigung; Rektifikation; **~fier** [–́–faiə] ⚡ Gleichrichter; **~fy** [–́–fai] berichtigen; verbessern; rektifizieren; ⚡ gleichrichten

rect|ilinear [rekti'liniə] geradlinig; **~itude** [–́itju:d] Richtigkeit; Geradheit; Redlichkeit; **~or** [–́ə] Pfarrer; Rektor; **~ory** [–́əri] Pfarrei; Pfarrhaus; **~um** [–́əm], *pl* ~ums Mastdarm

recumbent [ri'kʌmbənt] zurücklehnend; liegend

recupera|te [ri'kju:pəreit] gesundmachen; erlangen; wiedergutmachen; s. erholen; **~tion** [–,––'reiʃən] Erholung; Gesundung

recur [ri'kə:] *fig* zurückkehren (*to* zu); wiederkehren; **~rence** [–'kʌrəns] Wieder-, Rückkehr; **~rent** [ri'kʌrənt] wiederkehrend; **~ring** [–'kə:riŋ] *math* periodisch

red [red] rot *(a. pol)* ♦ *to paint the town ~ (umg)* Rabatz machen, auf d. Pauke hauen; *to paint the map ~* d. brit. Empire vergrößern; *to have ~ hands* Blut an d. Händen haben; *su* Rot; *pol* Roter; rote Zahlen, Minusseite; *to be in the ~* Schulden, Verluste haben; **~breast** [ˈ-brest] Rotkehlchen; **~-brick** *BE* (Universität) modern, naturwissenschaftl. eingestellt; **~coat** [ˈ-kout] Rotrock (engl. Soldat); **~ deer** Rotwild; **~den** [ˈ-ən] rot machen (werden); erröten; **~dish** [ˈ-iʃ] rötlich; **~-handed** [ˈ-ˈhændid] blutbefleckt ♦ *to be caught ~-handed* auf frischer Tat ertappt werden; **~ herring** Bückling ♦ *to draw a ~ herring across the track* (od *path*) Ablenkungsmanöver machen; **~-hot** [ˈ-ˈhɔt] (rot)glühend; **R~ Indian** Indianer; **~ lead** [led] Mennige; **~-letter** [ˈ-ˈletə] **day** Feiertag; Glücks-, Festtag; **~skin** Rothaut; **~ tape** Bürokratie, bürokrat. Methoden, Amtsschimmel; **~-tapism** [ˈ-ˈteipizm] Bürokratismus

redecorate [riːˈdekəreit] (Raum) herrichten

redeem [riˈdiːm] zurück-, loskaufen; ablösen; (Versprechen) erfüllen; (er)retten, *eccl* erlösen; ausgleichen; entschädigen; **~able** ein-, auslösbar; künd-, tilgbar; **~er** *eccl* Erlöser

redempt|ion [riˈdempʃən] Loskaufen; Erlösung; *in the year of our ~ion* im Jahre d. Heils; Rückkauf; Amortisierung, Ablösung; *beyond* (od *past*) *~ion* unwiederbringlich (unrettbar) verloren; **~ive** [-ˈ-tiv] erlösend

rediffusion [riːdiˈfjuːʒən] 📻 *BE* Ausstrahlung von Sendungen über Draht

redirect [ˈriːdiˈrekt] um-, neu adressieren

re-do [ˈriːˈduː] *(s. S. 318)* neu machen, herrichten

redolent [ˈredələnt] duftend; erinnernd, gemahnend (*of* an)

redouble [riˈdʌbl] *fig* (s.) verdoppeln

redoubt [riˈdaut] *mil* Redoute, Schanze; **~able** mächtig, furchtbar

redound [riˈdaund] *(to)* steigern, fördern; zurückfallen (auf), zugute kommen

redress [riˈdres] *fig* wiederherstellen; wiedergutmachen; *fig* abstellen; Wiederherstellung (d. Rechts); Wiedergutmachung; Abstellung, Abhilfe

reduc|e [riˈdjuːs] herabsetzen, senken; (be)zwingen; *math* kürzen; *~e to* machen zu, verwandeln in, zu; j-n bringen zu; *fig* zurückführen auf, *mil* degradieren zu; *~e to writing* schriftl. niederlegen; **~ed** [-ˈ-t] herabgesetzt; verkleinert; *in ~ed circumstances* in beschränkten Verhältnissen; **~ible** [-ˈ-sibl] zurückführbar (*to* auf); **~tion** [-ˈdʌkʃən] Herabsetzung, Senkung, Abbau (*of wages* Lohn-); Rabatt; *fig* Zurückführung; verkleinerte Wiedergabe; **~tion gear** 🚗 Untersetzungsgetriebe

redundan|cy [riˈdʌndənsi] reichliche Fülle; Wortfülle; *BE* Stellenlosigkeit; *BE* freigesetzte Arbeitskraft; **~t** [-ˈ-t] überflüssig; *BE* nicht mehr benötigt, stellenlos; überreichlich, -voll

reduplicate [riˈdjuːplikeit] verdoppeln; wiederholen

red|wing [ˈredwiŋ] Rotdrossel; **~wood** [ˈ-wud] eibennadliger Mammutbaum; Redwood

reed [riːd] (Schilf-, Pfahl-)Rohr; *pl* Dachstroh; Rohrflöte; Pfeil; ♪ Rohrblatt; *the ~s* ♪ Rohrblattinstrumente; **~y** rohrreich; rohrartig; schrill

reef [riːf] Riff; Erzader; ⚓ Reff; *to take in a ~* = **to ~** reffen; verkürzen; **~er** ⚓ j-d, der refft; (Art) Jacke; Doppelknoten; *US* 🐮 *umg* Kühlwagen, -schiff; **~-knot** [ˈ-nɔt] Doppelknoten

reek [riːk] Rauch; starker Geruch; rauchen, dampfen; (übel) riechen (*of* nach)

reel [riːl] (Garn-)Rolle, Haspel; (Film-)Spule; Reel (schott. Tanz); Taumeln; aufwinden, -rollen; *~ off* abrollen, herunterschnurren; e-n Reel tanzen; taumeln; *fig* schwimmen, s. drehen

re-enforce [ˈriːinˈfɔːs] *siehe* reinforce

reeve [riːv] richterlicher Beamter; Verwalter; *zool* Kampfläuferweibchen

refect|ion [riˈfekʃən] Erfrischung; Imbiß; **~ory** [-ˈ-təri] Speisesaal

refer [riˈfəː] *to* zurückführen auf; zuschreiben; verweisen an; s. beziehen auf; nachsehen in; erwähnen, anspielen auf; **~ee** [refəˈriː] Schieds-, 🥊 (Ring-)Richter; **~ence** [ˈrefərəns] Verweisung; Nachschlagen (*to make ~ence to* nachschlagen in); Referenz; Hinweis(zeichen), Aktennummer; Beziehung, Bezug (*in, with, ~ence to* mit B. auf); *cross ~ence* Querverweis; **~ence book** Nachschlagewerk; **~ence number** Aktenzeichen; **~endum** [refəˈrendəm], *pl* ~endums Volksentscheid

refill [ˈriːfil] Ersatzfüllung; Ersatzmine, -batterie; ~ [-ˈfil] neu füllen

refine [riˈfain] ⚙ raffinieren; läutern; (s.) verfeinern, veredeln *~ on* verbessern, herumtüfteln, -klügeln an; **~ment** Raffination; Verfeinerung, Feinheit; Raffinesse; **~ry** [-ˈ-nəri] Raffinerie

refit [ˈriˈfit] *bes* ⚓ neu ausstatten, herrichten

reflect [riˈflekt] zurückwerfen, (*fig* wider)spiegeln; *fig* werfen (*on* auf); *~ on* nachdenken über, in Zweifel ziehen, e. schlechtes Licht werfen auf; **~ion** [-ˈ-ʃən] Rückstrahlung, (Wider-)Spiegelung; Spiegelbild; Reflex; (tiefes) Nachdenken (*on ~ion* nach gründl. Überlegung); *pl* Gedanken; abfällige Bemerkung; Mißbilligung; **~ive** [-ˈ-tiv] gedankenvoll, sinnend; **~or** [-ˈ-tə] Reflektor; 🚗 Rückstrahler

reflex [ˈriːfleks] Spiegelung; Spiegelbild; Reflex; reflektierend; rückwirkend; **~ action** Reflex; **~ (camera)** Spiegelreflexkamera; **~ion** [riˈflekʃən] *siehe* reflection; **~ive** [riˈfleksiv] reflexiv

reflux [ˈriːflʌks] Rückfluß; Ebbe

reforest [riːˈfɔrist] aufforsten

re-form [ˈriːˈfɔːm] (sich) neu ordnen

reform [riˈfɔːm] reformieren; (s.) bessern; Reform; (Ver-)Besserung; **~ation** [refəˈmeiʃən] Reformierung; (Ver-)Besserung; *eccl* Reformation; **~ative** [-ˈ-mətiv] bessernd; **~atory** [-ˈ-mətəri] Besserungsanstalt; bessernd; **~er** Reformer; Reformator; **~ist** Reformer

refract [ri'frækt] (Strahl) brechen; **~ion** [-'-ʃən] Brechung; **~ory** [-'-təri] widerspenstig, eigensinnig; ⚙ feuerfest
refrain [ri'frein] Refrain; s. enthalten (*from s-th* e-r Sache); zurückhalten
refresh [ri'freʃ] er-, auffrischen; **~er** *BE* zusätzl. Anwaltshonorar; *umg* Erfrischung(sgetränk); Auffrischungs-; **~ing** er-, auffrischend; **~ment** Erfrischung
refrigera|te [ri'fridʒəreit] *bes* ⚙ kühlen; **~tion** [-'--reiʃən] Kühl(halt)ung; **~tor** [-'---tə] Kühlschrank, -apparat
refug|e ['refju:dʒ] Zuflucht(sstätte); *BE* Verkehrsinsel; **~ee** [--'dʒi:] Flüchtling
refulgen|ce [ri'fʌldʒəns] (strahlender) Glanz; **~t** [-'-t] strahlend
refund [ri'fʌnd] (Geld) erstatten, zurückzahlen; **~** ['ri:-] Rückzahlung
refus|al [ri'fju:zəl] Ablehnung; (Ver-)Weigerung; *to take no ~al* s. nicht abweisen lassen; Ablehnungsrecht, Vorwahl; **~e** [-'-] ablehnen; verweigern; s. weigern; **~e** ['refju:s] Abfall, Müll
refut|able ['refjutəbl] widerlegbar; **~ation** [--'teiʃən] Widerlegung; Gegenargument; **~e** [ri'fju:t] widerlegen
regain [ri'gein] wieder erlangen, erreichen; *~ one's feet* (od *legs*) wieder auf die Beine kommen
regal ['ri:gəl] königlich; Königs-; **~e** [ri'geil] (festlich) bewirten, erfreuen (*with* mit); *~e o.s. on* s. delektieren an; **~ia** [ri'geiliə] (königl.) Insignien
regard [ri'ga:d] **1.** betrachten (*as* als); **2.** betreffen, berühren; *as ~s* was ... betrifft; **3.** beobachten; **4.** berücksichtigen, beachten; **5.** (bedeutsamer) Blick; **6.** Achtung; **7.** Beachtung; Rücksicht (*to have, pay, ~ to* B. schenken, R. nehmen auf); *without ~ to, for* ohne Rücksicht auf; **8.** Hinsicht (*in, with, ~ to* mit Bezug auf, hinsichtlich; *in this ~* in dieser H.); **9.** *pl* Grüße; **~ful** rücksichtsvoll; **~ing** hinsichtlich; **~less** rücksichtslos; ohne Rücksicht (*of* auf)
regatta [ri'gætə], *pl* **~s** Regatta
regency ['ri:dʒənsi] Regentschaft
regenera|te [ri'dʒenəreit] (sich) erneuern; (sich) regenerieren; **~te** [-'-rit] neu geboren; gebessert; **~tion** [---'ʃən] Erneuerung; Regeneration
reg|ent ['ri:dʒənt] Regent; regierend; **~icide** ['-dʒisaid] Königsmörder; -mord
regime [rei'ʒi:m] Regierung(ssystem), Regime; **~n** ['redʒimen] ⚕ bestimmte Lebensweise; Diät; Therapie; **~nt** ['redʒimənt] Regiment; *pl* Scharen; organisieren; reglementieren; **~ntal** [redʒi'mentəl] Regiments-; **~ntation** [redʒimen'teiʃən] Organisierung; Reglementierung
region ['ri'dʒən] Region, Gebiet *(a. fig)*, Gegend (*a.* ⚕)
regist|er ['redʒistə] Verzeichnis; *parish ~er* Kirchenbuch; *Lloyd's* [lɔidz] *~er* Lloyd's Register; Registrierapparat; ♪ Stimmlage; ⚙ Schieber; verzeichnen; s. merken; anzeigen, registrieren; *umg* erkennen lassen, zeigen; ✉ einschreiben; ✉ *BE* aufgeben; s. einschreiben (*US a.* Univers.), registrieren (lassen); 📖 Register halten; *bes* 🎥 (Gefühl) ausdrücken, verraten; **~er (office)** Registratur; Stellenvermittlung; *BE* Standesamt; **~rar** ['-tra:] Registrator; Urkundsbeamter; *BE* Standesbeamter; *BE* Facharzt (in d. Ausbildg.); **~ration** [--'treiʃən] Registrierung; Eintrag(ung); 🚗 Zulassung; **~ry** ['-tri] Registratur; Registeramt; **~ry (office)** *BE* Standesamt; Stellenvermittlung
Regius ['ri:dʒiəs] *BE* von der Krone geschaffen (Professur)
regnant ['regnənt] regierend
regress ['ri:gres] Rückkehr; -gang; **~** [ri'-] *astr* zurückgehen; *fig* sinken; **~ion** [ri'greʃən] Rückschritt; **~ive** [ri'gresiv] zurückschreitend
regret [ri'gret] bedauern; nachtrauern, vermissen; Bedauern; Schmerz, Kummer; **~ful** bedauernd, ... des Bedauerns; **~table** [-'təbl] bedauerlich
regula|r ['regjulə] regelmäßig; regulär; regelrecht; Berufssoldat; Stammkunde; Ordensgeistlicher; **~rity** [--'læriti] Regelmäßigkeit; **~rize** ['---raiz] (rechtlich) regeln; **~rly** ['---li] regelmäßig; beständig; *umg* völlig; **~te** ['--leit] ordnen; regulieren, regeln; **~tion** [--'leiʃən] Regelung; Vorschrift; vorschriftsmäßig; **~tor** ['--leitə] ⚙ Regler, Regulator
rehabilita|te [ri:ə'biliteit] rehabilitieren; wieder aufbauen; **~tion** [--,--'teiʃən] Rehabilitation; Wiederaufbau; Wiederherstellung (d. Arbeitsfähigkeit)
rehash ['ri:'hæʃ] wieder aufwärmen; aufgewärmter (literar.) Schinken
rehears|al [ri'hə:səl] 🎭 Probe(n); Wiederholung; Bericht; **~e** [-'-] wiederholen; berichten; 🎭 proben
rehouse ['ri:'hauz] j-n neu unterbringen
reign [rein] Regierung; Herrschaft; regieren; herrschen
reimburse ['ri:im'bə:s] erstatten, zurückzahlen; entschädigen; **~ment** Erstattung; Rückzahlung; Entschädigung
rein [rein] **1.** Zügel; *to draw ~* anhalten, s. langsamer bewegen *(a. fig)*; *to keep a tight ~ on* fest in der Hand halten; *to give ~* (od *the ~s*) *to one's imagination* seiner Phantasie freien Lauf lassen; **2.** zügeln, lenken; *~ in* (s.) zurückhalten; *~ up* anhalten
reincarna|te [ri:in'ka:neit] wieder inkarnieren; **~te** [---'nit] wiedergeboren; **~tion** [----'ʃən] Wiedergeburt, Reinkarnation
reindeer ['reindiə], *pl* **~** Ren, Renntier
reinforce [ri:in'fɔ:s] (ver)stärken; **~d** [---'t] **concrete** Stahlbeton; **~ment** (Ver-)Stärkung; ⚙ Armierung
reinstate ['ri:in'steit] wiedereinsetzen
reinsur|ance ['ri:inʃuərəns] Rückversicherung; **~e** ['--'-] (s.) rückversichern
reissue ['ri:'iʃu:] neu (her)ausgeben, neu auflegen; Wiederausgabe, -auflage
reitera|te [ri:'itəreit] (mehrfach) wiederholen; **~tion** [----'ʃən] Wiederholung

reject [ri'dʒekt] ablehnen, zurückweisen; ausscheiden; ~ ['ri:-] *mil* Ausgemusterter; Ausschußartikel; **~ion** [-ˊʃən] Ablehnung; Ausscheidung; Ausschußartikel
rejoic|e [ri'dʒɔis] er-, s. freuen; *~e in* s. (e-r Sache) erfreuen; **~ing** Freude; *mst pl* (Freuden-) Feier, Fest
rejoin [ri'dʒɔin] zurückkehren zu; erwidern; **~der** [-ˊdə] Erwiderung
rejuvenate [ri'dʒu:vineit] (s.) verjüngen
rekindle [ri'kindl] (s.) wieder entzünden
relapse [ri'læps] e-n Rückschlag (-fall) haben, zurückfallen (*into* in); Rückschlag, -fall
relat|e [ri'leit] erzählen; in Beziehung setzen (*to, with* mit); in Beziehung stehen (*to* mit); *to be ~ed to* verbunden, verwandt, sein mit; **~ion** [-ˊʃən] **1.** Erzählen; Erzählung; **2.** Beziehung (*in ~ion with* in bezug auf); *to bear no (be out of all) ~ion to* in keinerlei Verhältnis stehen zu; **3.** Verwandter; *what ~ion is he to?* wie ist er verwandt mit?; **~ionship** Verwandtschaft; Beziehung; **~ive** ['relətiv] s. beziehend (*to* auf); relativ; verhältnismäßig (groß); bedingt (*to* durch); Relativpronomen; Verwandter; **~ively** verhältnismäßig, relativ; ziemlich; **~ivity** [relə'tiviti] Relativität
relax [ri'læks] (s.) entspannen; nachlassen; (s.) lockern; schwächen; **~ation** [ri:læk'seiʃən] Entspannung; Lockerung; Erholung; Vergnügen
relay [ri'lei] Ersatzpferde, -hunde; -mannschaft; ⚡ Relais; 🏃 Staffel; 📻 Übertragung; ~ ['ri:'lei] 📻 übernehmen; ~ **race** ['ri:lei'reis] Stafettenlauf
re-lay ['ri:'lei] *(s. S. 319)* neu (ver)legen
release [ri'li:s] loslassen, -machen; freilassen; ⚖ aufgeben; *fig* freigeben; befreien; Befreiung; Freigabe(schein); Los-, Auslösen; freigegebener Film (Nachricht); ✡, 📷 Auslöser
relegate ['religeit] *fig* verweisen, verbannen (*to* an, in)
relent [ri'lent] sich erweichen lassen; **~less** mitleids-, gnadenlos
relevan|ce ['relivəns] Erheblichkeit; Bedeutung; **~t** [ˊ--t] erheblich (*to* für)
reli|ability [ri,laiə'biliti] Zuverlässigkeit; Bonität; **~able** [-ˊəbl] zuverlässig; **~ance** [-ˊəns] Vertrauen (*on, in* auf); **~ant** [-ˊənt] vertrauensvoll
relic ['relik] Reliquie; Überrest; Andenken
relie|f [ri'li:f] Erleichterung; ⚖ (Ab-)Hilfe; Unterstützung (*for* für; *to be on ~f* U. beziehen); *mil* Entsatz; Ablösung; Relief; Abwechslung; **~f map** Reliefkarte; **~f works** [wə:ks] Notstandsarbeiten; **~ve** [-'li:v] erleichtern; j-m (lindernd) helfen; *~ve one's feelings s.* erleichtern, s. Luft machen; *~ve o.s. (nature* ['neitʃə]) austreten, e. Bedürfnis verrichten; (Arme) unterstützen; ablösen; *~ve of* befreien von, erleichtern um; entlassen; beleben
religi|on [ri'lidʒən] Religion; **~ous** [-ˊdʒəs] religiös; Religions-; kirchlich; gewissenhaft; Mönch, Nonne
relinquish [ri'liŋkwiʃ] aufgeben
reliquary ['relikwəri] Reliquienschrein
relish ['reliʃ] Genuß (*for* an); angenehmer Geschmack; Würze; *fig* Reiz; genießen; angenehm finden; würzen; e-n Beigeschmack haben (*of* von, nach)
reluctan|ce [ri'lʌktəns] Widerstreben; **~t** [-ˊ-t] widerstrebend; nicht geneigt
rely [ri'lai] *on* s. verlassen auf, vertrauen
remain [ri'mein] bleiben; **~der** [-ˊdə] *(a. math)* Rest; Restposten (*~der price* Ramschpreis); verramschen; **~s** *pl vb* (sterbliche Über-)Reste; Überbleibsel, Spuren, Ruinen
remake ['ri:'meik] *(s. S. 319)* wieder, neu machen; 📷 Remake, Neuverfilmung
remand [ri'ma:nd] in Untersuchungshaft behalten; *on ~* in Untersuchungshaft; ~ **home (centre)** *BE* Jugendhaftanstalt
remark [ri'ma:k] bemerken; e-e Bemerkung machen (*on* zu); Bemerkung; Beachtung; *worthy* ['wə:ði] *of ~* = **~able** un-, außergewöhnlich; auffallend
remarr|iage ['ri:'mæridʒ] Wiederverheiratung; **~y** [ˊ-ri] (s.) wieder(ver)heiraten
remed|iable [ri'mi:diəbl] heilbar; **~ial** [-ˊ-əl] heilend; Heil-; **~y** ['remidi] ⚕ (Heil-)Mittel; Abhilfe; (Rechts-)Mittel; (Münze) Remedium, Toleranz; in Ordnung bringen
rememb|er [ri'membə] (s.) erinnern an; behalten; denken an; Trinkgeld geben; *~er me to him* grüße ihn von mir; **~rance** [-ˊbrəns] Erinnerung (*in ~rance of* zur E. an); Gedächtnis; Geschenk; *pl* Grüße
remind [ri'maind] erinnern (*of* an); **~er** Mahnung, Erinnerung
reminisce [remi'nis] in Erinnerungen schwelgen; **~nce** [--ˊəns] Sicherinnern; Spur (die an etw erinnert); Erlebnis; *pl* Erinnerungen; **~nt** [--ˊənt] (im Gedanken an d. Erinnerung) gesprächig; (s.) erinnernd (*of* an)
remiss [ri'mis] (nach)lässig *(in s-th)*; **~ion** [-ˊʃən] Vergebung; Erlaß (e-r Schuld); Aufgabe, Nachlaß; ⚕ Nachlassen
remit [ri'mit] vergeben, erlassen; nachlassen (in); übersenden, (Geld) überweisen; ⚖ zurückverweisen, verschieben; **~tance** [-ˊəns] Geldüberweisung; **~tance man** *BE* (im Ausland von Überweisungen lebender) Bummler, Lebemann
remnant ['remnənt] (Über-)Rest; ~ **sale** Resteverkauf
remonstrance [ri'mɔnstrəns] Einspruch, Protest; **remonstrate** [*BE* 'remənstreit, *bes US* ri'mɔn-] Vorstellungen erheben (*with* bei)
remorse [ri'mɔ:s] Gewissensbiss(e); *without ~* mitleidlos; **~ful** reuig; **~less** unbarmherzig, mitleidlos
remote [ri'mout] fern, entfernt (*from* von); fernliegend; gering; ~ **control** Fernsteuerung, -bedienung
remount [ri:'maunt] wieder steigen auf; mit frischen Pferden ausstatten; 📷 neu aufziehen; ~ [ˊ--] frisches Reitpferd
remov|able [ri'mu:vəbl] zu beseitigen(d); absetzbar; **~al** [-ˊvəl] Beseitigung; Umzug (*~al*

van BE Möbelwagen); Entlassung (*~al from office* Amtsenthebung); **~e** [–´–] ab-, wegnehmen; *~e o.s.* weggehen; entlassen; nehmen (*from school* aus d. Schule); beseitigen ♦ *~e mountains* Berge versetzen; *su BE* Versetzung; *BE* Schulklasse; Strecke, Entfernung; Stufe, (Verwandtschafts-)Grad; *a first cousin* [kʌzn] *at two ~es* Vetter 3. Grades; **~ed** [–´–d] entfernt; *a first cousin twice ~ed* Vetter 3. Grades; **~er** [–´–və] (Möbel-)Spediteur

remunera|te [ri'mju:nəreit] ent-, belohnen; **~tion** [–ˌ––´–ʃən] Ent-, Belohnung; **~tive** [–´–rətiv] lohnend, einträglich

renaissance [rə'neisəns, *US* renə'sɑ:ns] Renaissance; Wiederaufleben

renal ['ri:nəl] Nieren-

renascence [ri'næsəns] Wiedergeburt, -belebung

rend [rend] *(s. S. 319)* zerreißen, spalten; wegreißen

render ['rendə] geben; *mil* übergeben; (Dienst, Hilfe) leisten; vorlegen; *~ an account of* beschreiben, begründen; *(mit adj)* machen; ♪, ✎, ☗ wiedergeben; übersetzen; (Fett) auslassen; **~ing** [´–riŋ] Wiedergabe; Übersetzung; Auslassen

rendezvous ['rɔndivu:, *US* 'rɑ:n-], *pl* ~ [´–vu:z] Treffen; Treffpunkt; sich treffen

rendition [ren'diʃən] Übersetzung; Wiedergabe

reneg|ade ['renigeid] Renegat; Abtrünniger; **~e,** *BE mst* **~ue** [ri'ni:g, *US* –'nig] (Karten) nicht bedienen; nicht einhalten (*on a promise* e. Versprechen)

renew [ri'nju:] (s.) erneuern; (Wechsel) prolongieren; **~al** [–´–əl] Erneuerung; (Wechsel-)Prolongation

rennet ['renit] Lab

renounce [ri'nauns] verzichten; nicht anerkennen; aufgeben, entsagen

renova|te ['renouveit] erneuern; renovieren; **~tion** [––´–ʃən] Erneuerung; Renovierung

renown [ri'naun] Ruhm, Ruf

rent[1] [rent] *siehe* rend; Riß; Spalt(ung)

rent[2] [rent] Miete; Pacht; (ver)mieten; (ver)pachten; **~al** [´–təl] Miet-, Pachtbetrag; **~(al fee)** Leihgebühr; *US* Mietshaus; *US* Leihwagen; **~er** (Ver-)Pächter; ▶ Verleiher

rentier ['rɑ:ntiei] Rentier

renunciation [riˌnʌnsi'eiʃən] Verzicht; Entsagung

reopen ['ri:oupən] wieder aufmachen; wieder beginnen

reorganiz|e ['ri:'ɔ:gənaiz] umgestalten, reorganisieren; **~ation** [´–––'zeiʃən] Umgestaltung, Reorganisation; Sanierung

rep [rep] Rips; = repertory, representative, reputation

repair [ri'pɛə] s. begeben (*to* nach); ausbessern, reparieren; wiedergutmachen; Ausbesserung, Reparatur (*under ~* in R.); *bes pl* Reparaturen (*to do ~s* R. vornehmen), Umbau; (baulicher) Zustand; **~able** [–´–rəbl] reparierbar; **~er** [–´–rə] j-d, der repariert

repar|able ['repərəbl] wiedergutzumachen(d); **~ation** [––'reiʃən] Wiedergutmachung, -herstellung; *pl* Reparationen; **~tee** [–pɑ:'ti:, *US* – pə'ti:] schlagfertige Antwort(en)

repast [ri'pɑ:st] Mahlzeit, Essen

repatriate [ri:'pætrieit, *US* –'pei--] j-n repatriieren

repay [ri:'pei] *(s. S. 319)* zurückzahlen; entschädigen; vergelten; **~able** rückzahlbar; **~ment** Rückzahlung(ssumme); Abdeckung *(of credits)*

repeal [ri'pi:l] ⚖ aufheben; widerrufen; Aufhebung; Widerruf

repeat [ri'pi:t] wiederholen; (Essen) aufstoßen; nachbestellen; ♪ Wiederholung(szeichen); *~ (order)* Nachbestellung; **~ing** Repetier-; **~er** Repetieruhr, -gewehr; periodischer Dezimalbruch

repel [ri'pel] zurücktreiben; abweisen; *phys, fig* abstoßen; **~lent** [–´–lənt] abstoßend(er Stoff)

repent [ri'pent] bereuen (*of s-th* etw); **~ance** [–´–təns] Reue; Buße; **~ant** reuig

repercussion [ri:pə:'kʌʃən] Rückschlag, Echo; Rück-, Nachwirkung

repert|oire ['repətwɑ:] Repertoire; **~ory** [´–təri] Lager; *fig* Fundgrube; Repertoire (*~ory theatre* R.bühne)

repetition [repi'tiʃən] Wiederholung; (Stück zum) Aufsagen; Nachbildung

repine [ri'pain] *at, against* murren über, hadern mit

replace [ri'pleis] ersetzen; an d. Stelle treten von; **~able** [–´–səbl] ersetzbar; **~ment** Ersetzung; Ersatz(-)

replenish [ri'pleniʃ] (wieder) auffüllen, vervollständigen

reple|te [ri'pli:t] *with* (ganz) voll von; wohlversehen mit; **~tion** [–´–ʃən] Überfülle

replica ['replikə], *pl* **~s** Kopie (von d. Hand des Künstlers)

reply [ri'plai] antworten (*to* auf); Beantwortung, Antwort (*to* auf); **~ postage** ['poustidʒ] Rückporto

report [ri'pɔ:t] berichten; (s.) melden (*to* bei); Berichter(statter) sein (*for* für); *~ed speech* indirekte Rede; ungewisse Nachrichten, Gerücht(e); Ruf; Bericht; Schulzeugnis; (Geschoß-)Knall; **~er** Berichterstatter

repos|e [ri'pouz] (aus)ruhen (lassen), legen (*on* auf); *fig* beruhen (*on* auf); (Vertrauen) setzen *(in s-th)*; Ruhe; Stille; **~itory** [–'pɔzitəri] Behältnis; Lager(raum); Museum; *fig* Fundgrube

reprehen|d [repri'hend] tadeln, schelten; **~sible** [––´–sibl] tadelnswert

represent [repri'zent] erklären, klarmachen; darstellen (*a.* ☗); behaupten, vorgeben; bedeuten; eindringlich vorhalten; ☗ spielen; entsprechen; vertreten; **~ation** [–––'teiʃən] Darstellung; Vertretung; *bes pl* Vorstellung (*to make ~ations to* V. erheben bei); **~ative** [––´–tətiv] darstellend; *to be ~ative of* darstellen, vertreten; typisch; *pol* repräsentativ; typisches Beispiel; Vertreter

repress [ri'pres] unterdrücken; **~ion** [-ˊ-ʃən] Unterdrückung; $ Verdrängung; verdrängtes Gefühl; **~ive** [-ˊ-siv] unterdrückend; hemmend

reprieve [ri'pri:v] ⚖ e-e Gnadenfrist gewähren; *fig* e-e Pause geben; ⚖ (Gnaden-)Frist

reprimand ['reprima:nd] streng tadeln, zurechtweisen; schwerer Tadel

reprint [ri:'print] nach-, neu drucken; [ˊ--] Nach-, Neudruck; Faksimile; Sonder(ab)druck

reprisal [ri'praizəl] Vergeltung(smaßnahme), Repressalie

reproach [ri'proutʃ] vorwerfen (*s-b with s-th* j-m etw); etw tadeln; Vorwurf, Tadel; Schimpf; Schande; **~ful** vorwurfsvoll; tadelnswert, schändlich

reprobate ['reprəbeit] scharf mißbilligen; verworfen(er Mensch)

reproduc|e [ri:prə'dju:s] (s.) fortpflanzen, wiedererzeugen; wiederhervorbringen; reproduzieren; **~er** Wiedergabegerät; **~tion** [--'dʌkʃən] Fortpflanzung, Wiedererzeugung; -gabe; Nachbildung; Nachbau; Reproduktion; Kopie

reproof [ri'pru:f] Tadel; Vorwurf

reprov|al [ri'pru:vəl] Tadeln; Vorwurf; **~e** [-ˊ] tadeln, schelten

reptile ['reptail] Reptil

republic [ri'pʌblik] Republik; **~an** [-ˊ--kən] republikanisch; Republikaner

repudia|te [ri'pju:dieit] nicht anerkennen; ablehnen, vorwerfen; **~tion** [-ˌ--'eiʃən] Nichtanerkennung; Ablehnung

repugnan|ce [ri'pʌgnəns] Widerwille; Unvereinbarkeit; **~t** [-ˊ-nənt] *to* widerwärtig für; s. widersetzend; unvereinbar mit

repuls|e [ri'pʌls] *mil* zurückschlagen; widerlegen; vor d. Kopf stoßen, zurückweisen; Zurückschlagen; Zurück-, Abweisung; **~ion** [-ˊ-ʃən] *phys* Abstoßung; Widerwille; **~ive** [-ˊ-siv] abstoßend; widerlich

reput|able ['repjutəbl] ehr-, achtbar; **~ation** [--'teiʃən] Ruf (*to have a ~ation for* bekannt sein wegen); Ruhm, Ehre; **~e** [ri'pju:t] ansehen als; *to be ~ed* gelten als, beleumundet sein; (guter) Ruf; **~ed** angeblich

request [ri'kwest] ersuchen, (er)bitten; Ersuchen, Bitte; Aufforderung; Nachfrage

requiem ['rekwiəm] Requiem

require [ri'kwaiə] verlangen (*of* von); benötigen, brauchen; bedürfen; **~d** Pflicht-; **~ment** Erfordernis; Forderung; Bedürfnis; Pflichtfach

requisit|e ['rekwizit] notwendig, erforderlich; Erfordernis; **~ion** [--'ziʃən] Verlangen; Erfordernis; Anforderung(sschein), Requisition; *to make a ~ion on s-b for s-th* etw bei j-m requirieren; *to put in* (od *call into*) *~ion* mit Beschlag belegen; requirieren; *~ion for* etw verlangen von

requit|al [ri'kwaitl] Rückerstattung; Belohnung, Vergeltung; **~e** [-ˊ] rückerstatten; belohnen, vergelten

rescI|nd [ri'sind] ⚖ aufheben; **~ssion** [-'siʒən] ⚖ Aufhebung

rescript ['ri:skript] Edikt, Erlaß; päpstl. Erwiderung

rescue ['reskju:], befreien, (er)retten; Rettung; Hilfe *(to come to the ~)*

research [ri'sə:tʃ, 'ri:sə:tʃ] (Er-, Nach-)Forschung; ~ *into* (er)forschen

reseat ['ri:'si:t] wieder hinsetzen; mit neuem Sitz versehen

resembl|ance [ri'zembləns] Ähnlichkeit (*to* mit); **~e** [-ˊ] ähneln, gleichen

resent [ri'zent] übelnehmen, s. ärgern über, nicht leiden können; **~ful** übelnehmerisch; grollend; ärgerlich; **~ment** Ärger, Groll (*of, at* über)

reserv|ation [rezə'veiʃən] Zurückhalten; Vorbehalt; (Indianer-)Reservation; Vorbestellung; *to make one's ~ation(s)* d. Fahrkarte kaufen, ⚓ Platz buchen, Zimmer bestellen etc; **~e** [ri'zə:v] zurückbehalten, aufheben; (s.) vorbehalten; vorbestellen, reservieren (lassen); Reserve; Reservat(ion); Einschränkung; Vorbehalt; *~e price* Ansatz-, Mindestpreis; *fig* Reserve, Zurückhaltung; **~ed** [ri'zə:vd] reserviert *(a fig)*; **~ist** [ri'zə:vist] Reservist; **~oir** [ˊ--vwa:] Staubecken, Reservoir *(a. fig)*; Behälter; Speicher

re-set ['ri:'set] *(s. S. 319) bes* 🕮 neu setzen; (Ring) neu fassen

resettle [ri'setl] neu an-, umsiedeln

resid|e [ri'zaid] wohnen; *fig* liegen; s. finden; **~ence** ['rezidəns] Aufenthalt(sort); Wohnsitz; **~ent** ['rezidənt] ansässig; in e-r Dienstwohnung lebend; Ansässiger; *BE* Hausgast; Resident; **~ential** [rezi'denʃəl] Wohn-; herrschaftlich; internatsartig; **~ual** [-'zidjuəl] *bes math, chem, phys* restlich, Rest-; Rest(betrag); **~uary** [-'zidjuəri] *bes* ⚖ restlich; **~ue** ['rezidju:] (Über-)Rest; ⚖ Restbestand e-s Erbes; **~uum** [-'zidjuəm], *pl* ~ua *math, chem, phys* Rest(betrag); Rückstand; *fig* Abschaum

resign [ri'zain] aufgeben; anvertrauen; ~ *o.s.* sich überlassen, s. abfinden (*to* mit); **~ed** [-ˊ-d] ergeben (*to* in); **~ation** [rezig'neiʃən] Aufgabe, Rücktritt(sgesuch); Ergebung, Resignation

resilien|ce (~cy) [ri'ziliəns] Elastizität; Spannkraft; *fig* Beweglichkeit; **~t** [-ˊ--t] elastisch, federnd; *fig* beweglich

resin ['rezin] (Natur-, synthet.) Harz; **~ous** [ˊ--əs] harzig

resist [ri'zist] Widerstand leisten; widerstehen; **~ance** [-ˊ-təns] Widerstand (*a.* ϟ); **~ant** widerstehend; **~er** j-d, d. Widerstand leistet; **~or** [-ˊ-tə] ϟ Widerstand; **~less** unwiderstehlich; widerstandslos

reso|lute ['rezəlu:t] entschlossen; standhaft; **~lution** [--'lu:ʃən] Entschlossenheit, Standfestigkeit; Entschluß; Resolution; *a.* ♪ Auflösung; **~lve** [ri'zɔlv] entscheiden; beschließen (*on doing* zu tun); e-e Resolution fassen, beschließen; beheben, beseitigen; überwinden; *a.* ♪, *phys* auflösen; Entschluß; Entschlossenheit

resonan|ce ['rezənəns] (Wider-)Hall; Resonanz; **~t** [ˊ−−t] widerhallend
resort [ri'zɔːt] *fig* greifen (*to* zu); s. begeben nach, besuchen; Greifen (*to* nach), Zuflucht (*to* zu); *in the last ~* als letztes Mittel, letzten Endes; Besuchen; Ferien-, Badeort
resound [ri'zaund] widerhallen (lassen) (*with* von); verkünden, vorbereiten
resource [ri'sɔːs] *mst pl* Vorräte, Besitz; Ausweg, Zuflucht (*his only ~ was . . .; at the end of his ~s* am Ende seiner Mittel); Muße, Erholung; Findigkeit *(a man of ~)*; *pl* Hilfsmittel, -quellen, Rohstoffquellen; **~ful** findig, geschickt
respect [ris'pekt] Achtung, Respekt (*for* vor); *pl* Grüße; *to pay one's ~s to* j-m seine Aufwartung machen; Rücksicht, Beachtung; *to have* (od *pay*) *~ to* berücksichtigen; *with ~ to, in ~ of (to)* hinsichtlich; Beziehung, Hinsicht *(in some ~s etc)*; berücksichtigen, (be)achten; *~ o.s.* Selbstachtung zeigen; **~ability** [−ˌ−tə'biliti] Ehr-, Achtbarkeit; angesehene Person; **~able** [−ˊtəbl] ehr-, achtbar; (zu) förmlich, konventionell; schicklich; beachtlich, groß; *the ~able* d. angesehenen Leute: **~er** [−ˊtə]: *no ~er of persons* j-d, der keine gesellschaftl. Unterschiede macht; **~ful** ehrerbietig, respektvoll; **~ing** in bezug auf; **~ive** je(weilig); jedem zugehörig; **~ively** je(weils); beziehungsweise
respell [riː'spel] (phonet.) transkribieren
respir|ation [respi'reiʃən] Atmung; Atemzug; **~ator** [ˊ−−tə] Atemgerät; Beatmungsgerät; **~atory** [ri'spaiərətəri] Atem-; . . . der Atmungswege; **~e** [ris'paiə] atmen
respite ['respit, *BE mst.* ˊait] (Straf-)Aufschub; Frist; Pause; Aufschub gewähren; aufschieben; Erleichterung geben; erleichtern
resplendent [ri'splendənt] strahlend
respon|d [ri'spɔnd] (*eccl* im Chor) antworten; *~d to* eingehen auf, reagieren auf; **~dent** [−ˌ−dənt] Beklagter; **~se** [−ˊs] Antwort; Beantwortung; Reaktion; **~sibility** [−−si'biliti] Verantwortung; **~sible** [−ˊsibl] verantwortlich; verantwortungsbewußt; -svoll; *to be ~sible for* d. Ursache sein für, d. Schöpfer sein von; **~sive** [−ˊsiv] antwortend; leicht reagierend (*to* auf); **~sory** [−ˊsəri] Responsorium
rest [rest] **1.** Ruhe; Pause; *a good night's ~* e-e gute Nacht; *to go to ~* zu Bett gehen; *to be laid to ~* zur (ewigen) Ruhe gebettet werden; *at ~* ruhig, im Grab; *to set s-b's mind at ~* beruhigen; **2.** ⚓ Wohnheim für Seeleute; **3.** Unterstand; **4.** Stütze, ☎ Gabel; **5.** ♪ Pause; **6.** *the ~* d. Rest; d. übrige(n); *for the ~* was d. übrige(n) betrifft; **7.** Reserve(fonds); **8.** Pause machen (lassen); (be)ruhen (lassen); **9.** Ruhe ergeben, erfrischen; stützen, liegen, ruhen (*on* auf); *~ on one's oars* zu rudern aufhören, *fig* verschnaufen; vertrauen (*in* auf); bleiben; *~ assured* [ə'ʃuəd] versichert sein; *~ with (fig)* bei j-m liegen; **~-cure** [ˊkjuə] Liegekur; **~-day** Ruhe-, Ferientag; **~ful** ruhevoll, geruhsam; **~-house** [ˊhaus], *pl ~*-houses [ˊhauziz] Rasthaus; **~ing-place** Ruheplatz, -stätte; **~ive** [ˊtiv] widerspenstig, störrisch; **~less** unruhig, ruhelos
restate ['riː'steit] neu, besser formulieren; **~ment** bessere Formulierung
restaurant ['restərɔːŋ, *US* ˊ−rənt] Restaurant; **~ car** *BE* Speisewagen
restitution [resti'tjuːʃən] Ersetzung, Erstattung; Wiedergutmachung; Freigabe (*of property* von Eigentum)
restock ['riː'stɔk] mit neuen Vorräten versehen, auffüllen
restor|ation [restə'reiʃən] Wiederherstellung; Restauration; Wiederaufbau; **~ative** [ris'tɔːrətiv] Stärkungsmittel; kräftigend; **~e** [ris'tɔː] wiederherstellen (*a ruin etc; to health* j-s Gesundheit); heilen, stärken; wieder einsetzen (*to* in); zurückgeben
restrain [ris'trein] zurückhalten; hindern (*from* an); *bes* ⚖ einsperren; **~ed** [−ˊd] beherrscht; **~t** [−ˊt] Zurückhaltung, Beherrschung; Zwang, Hemmnis
restrict [ris'trikt] be-, einschränken; **~ion** [ris'trikʃən] Be-, Einschränkung; **~ive** [−ˊtiv] be-, einschränkend
result [ri'zʌlt] s. ergeben (*from* aus); enden (*in* mit), hinauslaufen (*in* auf); Ergebnis, Erfolg; Resultat; **~ant** s. ergebend; Resultante; *fig* Ergebnis
resum|e [ri'zjuːm] wieder ein-, aufnehmen; wieder übernehmen; wiedergewinnen; zus.fassen; **~ption** [−'zʌmpʃən] Wiederaufnahme
résumé ['rezjumei, *US* rezu'mei] Zusammenfassung; *US* Lebenslauf
resurgent [ri'səːdʒənt] s. (wieder) erhebend
resurrect [rezə'rekt] wiederbeleben; ausgraben, exhumieren; wieder zum Leben bringen (kommen); **~ion** [rezə'rekʃən] Auferstehung; Wiedererwecken, -erwachen; Exhumierung
resuscitate ri'sʌsiteit] wieder ins Leben rufen; wiedererwecken, -erstehen
retail ['riːteil] Einzelhandel, -verkauf; *by ~, (US) at ~ = ~ adv*; Einzelhandels-; *adv* im Einzelhandel; **~** [−ˊ] im Einzelhandel, direkt verkaufen (verkauft werden); (Gerücht) verbreiten; **~er** Einzelhändler; Nachrichtenverbreiter
retain [ri'tein] (zurück-, bei)behalten; ⚖ (Anwalt) s. nehmen; **~er** Gefolgsmann; *old family ~er* altes Faktotum; ⚖ Bestellung (e-s Anwalts); Prozeßvollmacht; **~ing fee** Anwaltsvorschuß
retalia|te [ri'tælieit] (es) heimzahlen (*upon s-b* j-m), vergelten; **~tory** [−ˊ−ətəri] Vergeltungs-; **~tion** Vergeltung
retard [ri'tɑːd] verzögern, verlangsamen; *~ed* zurückgeblieben; **~ation** [riːtɑː'deiʃən] Verzögerung
retch [retʃ] Brechreiz haben, würgen
retent|ion [ri'tenʃən] (Zurück-, Bei-)Behalten; Festhalten; **~ive** [−ˊtiv] be-, festhaltend; (Boden) undurchlässig; (Gedächtnis) gut
reticen|ce ['retisəns] Schweigsamkeit; Verschwiegenheit; Zurückhaltung; **~t** [ˊ−−t] schweigsam; verschwiegen

reti|cle ['retikl] *opt* Fadenkreuz; **~cule** [ˊ–kju:l] (Seiden-)Beutel; = ~cle; **~na** [ˊ–nə], *pl* ~nas; ~nae [ˊ–ni:] Netzhaut

retinue ['retinju:] Gefolge

retir|e [ri'taiə] (s.) (ins Bett) zurückziehen *(a. mil);* s. zur Ruhe setzen; pensionieren; *mil* zurücknehmen; Rückzugssignal; **~ed** zurückgezogen; abgelegen; pensioniert; Pensions-; **~ement** Zurückziehung; Abgeschiedenheit; Rücktritt, Pensionierung; **~ing** [–ˊriŋ] zurückhaltend; Pensions-

retort [ri'tɔ:t] zurückgeben, heimzahlen (*upon s-b* j-m); (scharf, schlagfertig, wütend) antworten; (schlagfertige, wütende) Antwort, Entgegnung; Retorte

retouch ['ri:'tʌtʃ] retuschieren; Retusche

retrace [ri'treis] *fig* zurückverfolgen; ~ *one's steps* zurückgehen, etwas ungeschehen machen, etwas überdenken

retract [ri'trækt] (Kralle etc) einziehen; (Wort) zurücknehmen, brechen; **~able** einzieh-, zurücknehmbar; **~ion** [ri'trækʃən] Einziehen; Zurücknahme

retrain ['ri:'trein] umschulen

retreat [ri'tri:t] s. zurückziehen; (*bes* Schach) zurücknehmen; Rückzug (*to sound the* ~ zum R. blasen); *to beat a* ~ = to ~; Zuflucht(sort); Zurückgezogenheit

retrench [ri'trentʃ] *fig* beschneiden; s. einschränken; **~ment** Beschneidung; Sparmaßnahmen

retribut|ion [retri'bju:ʃən] (gerechte) Strafe, Vergeltung; **~ive** [ri'tribjutiv] Vergeltungs-, Straf-

retriev|al [ri'tri:vəl] Wiedergewinnung; = ~e *su;* **~e** [–ˊ] apportieren; wiedererlangen, -gewinnen; wiedergutmachen, -herstellen; *su* Wiederbringen ♦ *beyond* (od *past*) *~e* (unwiederbringlich) verloren; **~er** engl. Apportierhund

retro|active ['retrouæktiv] rückwirkend; **~grade** [ˊ–greid] rückläufig, -gängig; zurückgehen *(a. fig);* **~gression** [––'greʃən] rückläufige Bewegung; Rückgang, -schritt; **~gressive** [––'gresiv] rückläufig; -schrittlich; **~spect** Rückschau, -blick; **~spection** [––'spekʃən] Rückschau; Reflexion; **~spective** [––'spektiv] rückschauend; rückwirkend; Rück-

return [ri'tə:n] **1.** zurück-, umkehren; zurückgeben, -tun, -bringen; wählen (*to* in); (Gewinn) erbringen; amtlich, offiziell feststellen; (Schuldspruch) fällen; **2.** Rückkehr; Rückgabe; Erwiderung; *many happy ~s* herzliche Glückwünsche zum Geburtstag; *by* ~ postwendend; *in* ~ *for* als Gegenleistung für; **3.** Gewinn, Ertrag; offizielle Feststellung; (Einkommens-)Erklärung; (Wahl-)Ergebnis; Rückfahrkarte; Rück-

reun|ification [ri:junifi'keiʃən] Wiedervereinigung; **~ion** [–'ju:njən] Wiedervereinigung; Erneuerung d. Freundschaft; Freundschaftstreffen; **~ite** [––'nait] (s.) wiedervereinigen

rev [rev] Umdrehung; *pl* Drehzahl; ~ *up* auf Touren bringen (kommen)

revamp [ri'væmp] neue Vorderkappe setzen auf, flicken, *fig* neu machen, umgestalten, -bilden

reveal [ri'vi:l] enthüllen, offenbaren

reveille [ri'væli, *US* 'reveli] *mil* Wecken, Morgenappell

revel [revl] s. (laut) vergnügen, (lärmend) feiern; schwelgen (*in* in); Feiern, Rummel; **~ation** [revi'leiʃən] Enthüllung; Offenbarung; **~ler** Zecher, Feiernder; **~ry** lärmendes Feiern, Rummel

revenge [ri'vendʒ] rächen; ~ *o.s. on* sich rächen an; Rächen; Rache; ♞ Revanche; **~ful** rachsüchtig

revenue ['revinju:] (Staats-)Einnahmen; Steueramt; Betriebseinkommen; ~ **cutter** Zollboot; ~ **office** Finanzamt; ~ **officer** Zollbeamter; ~ **stamp** Banderole

reverberat|e [ri'və:bəreit] zurückwerfen, -strahlen; widerhallen; **~ion** [–ˌ––'reiʃən] Zurückwerfen; Widerhall

rever|e [ri'viə] verehren, hochachten; **~ence** ['revərəns] Ehrerbietung, hohe Achtung; Ehrwürden; = ~e; **~end** ['revərənd] ehrwürdig; **R~end** Hochwürden; *Right R~end* Hochwürdigste Exzellenz; **~ent** ['revərənt] ehrerbietig; -fürchtig; **~ential** [revə'renʃəl] = ~ent; **~ie, ~y** ['revəri] (*a.* ♪) Träumerei

rever|sal [ri'və:səl] Umkehr(ung); Vertauschung; ⚖ Umstoßung; **~se** [–ˊ] rückwärtig; umgekehrt; entgegengesetzt; umkehren; s. in d. Gegenrichtung bewegen; 🚗 zurückstoßen; umschalten; ⚖ aufheben (Urteil), umstoßen; *su* Gegenteil; Rückseite; Niederlage, Rückschlag; Verlust; **~sible** umkehr-, umschaltbar; (Stoff) reversibel; **~sion** [–ˊʃən] ⚖ Rück-, Heimfall; *bot, zool* Rückartung; **~t** [–ˊ] *to* ⚖ zurückfallen an; *fig* zurückkommen auf; s. zurück(ver)wandeln zu

review [ri'vju:] **1.** an s. vorbeiziehen lassen; nachprüfen; **2.** rezensieren; Parade abnehmen bei; Rückblick; Nachprüfung; *to come under* ~ erwogen, geprüft werden; **3.** Truppenschau; **4.** Rezension, Besprechung (~ *copy* -sexemplar); *period under* ~ Berichtszeit; **~er** [–ˊə] Rezensent

revile [ri'vail] schmähen, beschimpfen

revis|e [ri'vaiz] durchsehen; Revision lesen von; revidieren; 📖 Revisionsbogen; **~er** Korrektor; **~ion** [–'viʒən] 📖 Revision, 2. Korrektur; revidierte Fassg.

reviv|al [ri'vaivəl] Wiedererwachen, -erweckung *(a. eccl);* **~e** [–ˊ] (s.) (wieder)beleben; erneuern

revo|cable ['revəkəbl] widerruflich; **~cation** [––'keiʃən] Widerruf, Zurücknahme; **~ke** [ri'vouk] widerrufen; zurücknehmen, aufheben; (Karten) nicht bedienen

revolt [ri'voult] abfallen (*from* von); s. empören (*against* gegen); *fig* s. empören (*at, against* über); s. voll Abscheu wenden (*from* von); Empörung, Revolte

revolution [revə'lu:ʃən] Kreisen; Umdrehung; Revolution; **~ary** [–––ˊnəri] revolutionär; Re-

volutionär; **~ize** [-\--naiz] revolutionieren *(a. fig)*
revolv|e [ri'vɔlv] (s.) drehen; umlaufen; überlegen; **~er** [-\-ə] Revolver; **~ing** Dreh-
revue [ri'vju:] Kabarett
revulsion [ri'vʌlʃən] Umschlag(en)
reward [ri'wɔ:d] Belohnung, Lohn; belohnen; **~ing** lohnend
reword ['ri:'wə:d] neu formulieren
rewrite ['ri:'rait] *(s. S. 319)* neu-, umschreiben; *US* redigieren, druckfertig machen
rhapsod|y ['ræpsədi] Rhapsodie (*a.* ♪); Ekstase; *to go into ~ies over* in Ekstase geraten über
Rhenish ['reniʃ, 'ri:-] rhein(länd)isch; Rheinwein
rheostat ['ri:oustæt] Rheostat
rhetoric ['retərik] Rede-, Schreibkunst; Rhetorik, *US* Stilkunde; **~al** [ri'tɔrikəl] rednerisch; rhetorisch, schönrednerisch; **~ian** [--'riʃən] Berufsredner; Lehrer d. Redekunst; Rhetoriker
rheum [ru:m] ⚕ Ausfluß; Schnupfen; **~atic** [-'mætik] rheumatisch; Rheumatiker; **~atics** *BE umg* = **~atism** [-\-ətizm] Rheuma(tismus)
rhinestone ['rainstoun] (imitierter) Rheinkiesel
rhino ['rainou] Zaster; ~, *pl* **~s** = **~ceros** [-'nɔsərəs], *pl* ~ceros(es) Rhinozeros, Nashorn
rhododendron [roudə'dendrən], *pl* **~s** Rhododendron
rhomb [rɔm] = **~us** [-\-bəs], *pl* ~uses, ~i [-\-bai] *math* Rhombus
rhubarb ['ru:ba:b] Rhabarber; *US* Krach
rhyme (*a.* **rime**) [raim] Reim(wort, -dichtung) ♦ *without ~ or reason* ohne Sinn u. Verstand; (s.) reimen(d dichten)
rhythm [riðm] Rhythmus; **~ic(al)** rhythmisch
rib [rib] Rippe (*a. bot,* ⚙); Leiste; rippen
ribald ['ribəld] gemein, unflätig(er Mensch); **~ry** gemeine Sprache (Witze)
riband ['ribənd] = ribbon
ribbon ['ribən] (Ordens-, Farb-)Band; Streifen; *pl* Fetzen
rice [rais] Reis; durchpressen; **~r** [-\-ə] *US* Kartoffelpresse
rich [ritʃ] reich; fettreich; ♪, ✿ voll; *umg* sehr lustig (Witz); glücklich; **~es** [-\-iz] *pl vb* Reichtum; **~ly** reich(lich)
rick [rik] Heuschober, Getreidemiete; aufschobern; **~ets** [-\-its] *sg vb* Rachitis; **~ety** [-\-iti] rachitisch; wacklig; **~rack** [-\-ræk] Zackenlitze; **~shaw** [-\-ʃɔ:] Rikscha
rid [rid] *(s. S. 319)* befreien (*of* von); *to be (get) ~ of* los sein (werden); **~dance** [-\-əns] Befreiung; Befreitsein
ridden [ridn] *siehe* ride; beherrscht von
riddle [ridl] Rätsel; (grobes) Sieb; in R. sprechen; erraten, lösen; *~ me (this)* rate mal; sieben; durchlöchern *(a. fig)*
ride [raid] *(s. S. 319)* reiten (über); (Rad, in e-m Fahrzeug) fahren ♦ *~ for a fall* wild (daher)reiten, *fig* waghalsig handeln; *~ to hounds (BE)* auf Fuchsjagd gehen; schwimmen, schweben; *~ at anchor* ['æŋkə] vor Anker liegen; *fig* quälen, bedrücken; **~ down** niederreiten; einholen; *fig* erreichen; **~ out** ⚓ (Sturm) überstehen; Ritt; Fahrt; Reitweg; Schneise; **~r** [-\-ə] Reiter; (Mit-)Fahrer; Anhängsel, Zusatz(klausel)
ridge [ridʒ] Kamm(linie); Bergkette, Grat; Wasserscheide; ⊥ Balken; (s.) furchen; **~-piece** [-\-pi:s], **~-pole** [-\-poul] Firstbalken; **~-tile** [-\-tail] Firstziegel
ridicul|e ['ridikju:l] Hohn, Spott; *to pour ~e on* verspotten; *to hold up to ~e* lächerlich machen; verspotten, lächerlich machen; **~ous** [-\-\-ləs] lächerlich
riding ['raidiŋ] *BE* Bezirk; Reiten; Reit-; **~-light** [-\-lait] ⚓ Ankerlicht
rife [raif] weitverbreitet; voll (*with* von)
riff-raff ['rifræf] Abschaum, Gesindel
rifle [raifl] durchwühlen, plündern; (Gewehr) mit Zügen versehen; Büchse, Gewehr; Zug (des Gewehrs); **~-range** [-\-reindʒ] Schießstand; Schußweite; **~-shot** [-\-ʃɔt] Gewehrschuß; guter Schütze; Schußweite
rift [rift] Riß *(a. fig);* Spalte; spalten
rig [rig] ⚓ takeln; ✈ (auf)rüsten; manipulieren; *~ the market* d. Markt (betrügerisch) beeinflussen; *~ out* ausstatten, herausputzen; *~ up* = *~ out,* schnell herrichten, zus.basteln; ⚓ Takelung; ✈ (Auf-)Rüstung; *umg fig* Auftakelung; Manipulieren; Börsenmanöver; **~ger** [-\-ə] ✈ (Rüst-)Mechaniker; **~ging** [-\-iŋ], ⚓, ✈ = ~ *su*
right [rait] **1.** *adj* rechte, rechts; *my ~ arm (fig)* meine r. Hand; **~-hand** rechte; *~-hand man* d. Rechtsstehende, *(fig)* r. Hand; **~-handed** [-\-'hændid] rechtshändig, ⚙ rechts-; **~-hander** Rechtshänder, ⚒ Rechter; *a ~ turn* Rechtswendung (um 90 Grad); (ge)recht; richtig; *to put s-th ~* in Ordnung bringen; *to get s-th ~* etw klarbekommen; *~o* [-'tou], *~ oh (BE)* gut!, recht!; *all ~: siehe* all; *on the ~ side of* noch unter (50 Jahre alt etc); gesund, gut; *to be in one's ~ mind* (od *senses*) richtig im Kopf sein; *not ~ in the head* verrückt; **2.** *adv* (nach) rechts; richtig; gerade; genau; *~ away* sofort; *~ now* gerade jetzt, im Augenblick; ganz, gänzlich; **3.** *su* rechte Seite; *bes mil, pol* Rechte; *to the ~* (nach) rechts; Recht; *by ~(s)* von Rechts wegen; *by ~ of* auf Grund von; *to set* (od *put*) *s-th to ~s* in Ordnung bringen; *the ~s (and wrongs) of a case* die wahren Tatsachen; *in one's own ~* aus eigenem Recht, durch Geburt, ganz selbständig, unabhängig; *~ of way* Weg(erecht), Vorfahrt, *US* Trasse; **4.** *vt* aufrichten; in Ordnung bringen (*~ o.s.* in O. kommen); wiedergutmachen; **~-about turn** Kehrtwendung; **~-angled** [-\-'æŋgld] rechtwinklig; **~-down** völlig, durch und durch; **~-eous** ['raitʃəs] rechtschaffen; berechtigt; **~ful** rechtmäßig; gerecht; **~ist** rechtsparteiisch; rechtsstehend; **~ly** richtig, recht; mit Recht; **~-minded** [-\-'maindid] gerecht; vernünftig
rigid ['ridʒid] starr; steif; streng; **~ity** [-\-\-diti] Starrheit; Strenge

rigmarole ['rigməroul] Geschwafel
rig|or ['rigə] *siehe* ~our; **~or** ['raigɔː] **mortis** ['mɔːtis] Todesstarre; **~orous** ['rigərəs] streng, rigoros; peinlich genau; **~our** [ˊ-ə] Strenge, Härte; *pl* Unbilden; ⚕ Schüttelfrost; Starre; *siehe* ~or
rile [rail] *umg* reizen, ärgern
rill [ril] kleiner Bach
rim [rim] Felge; Rand; einfassen; rändern
rim|e [raim] Rauhreif; mit R. bedecken; *siehe* rhyme; **~y** [ˊ-i] bereift
rind [raind] Rinde; Schale; Hülse
ring[1] [riŋ] *(s. S. 319)* **1.** läuten, klingeln (*for* nach); **2.** (wider)hallen (~ *out* ver-); ~ *true* echt, wahr klingen; ~ *the changes* ständig variieren (*on* mit); **3.** Läuten; *there was a* ~ es hat geklingelt; **4.** Klang; **5.** Anruf *(to give s-b a ~)*; **~ down** d. Zeichen zum Fallen (des Vorhangs) geben *(a. fig)*; **~ in (out)** etw einläuten (aus-); **~ off** ☎ einhängen; **~ (up)** ☎ anrufen; **~ up** d. Zeichen zum Aufziehen (d. Vorhangs) geben; **~er** Glöckner; Läutewerk
ring[2] [riŋ] Ring (*a.* 🥊); Manege; Kartell; *the* ~ d. Buchmacher; umringen; zus.treiben; mit e-m Ring versehen; **~leader** [ˊ-liːdə] Rädelsführer; **~let** [ˊ-lit] Ringlein; lange Locke; **~-master** [ˊ-mɑːstə] Manegenleiter; **~-snake** [ˊ-sneik] Ringelnatter; **~worm** [ˊ-wəːm] ⚕ Ringelflechte; Ringwurm, Tinea
rink [riŋk] (Kunst-)Eis(lauf)bahn; Rollschuhbahn; auf e-r E.bahn (etc) laufen
rinse [rins] spülen (~ *down* herunter-)
riot [raiət] Aufruhr; *the R~ Act (BE)* Aufruhrgesetz ♦ *to read the R~ Act* (als letzte Warnung) d. Aufruhrgesetz verlesen lassen, ernstlich verwarnen; Tumult, Krawall; *to run* ~ (sich aus)toben, *bot* wild wuchern; *a* ~ e-e Pracht, Fülle; toben; schwelgen; **~ous** [ˊ-əs] aufrührerisch; zügellos; wild wuchernd; **~squad** [skwɔd] Überfallkommando
rip [rip] reißen; (Stoff) trennen; (dahin)rennen; *let things* ~ laß d. Dingen ihren Lauf; ⚙ längssägen; Riß, Schlitz; Klepper; Taugenichts; wildes Wasser
ripe [raip] reif; **~n** [ˊ-ən] reifen
ripping ['ripiŋ] *BE* herrlich, großartig
ripple [ripl] Welle(ngekräusel); (Haar-)Welle; s. kräuseln; perlen; plätschern
rise [raiz] *(s. S. 319)* aufgehen, auf(er)stehen; s. erheben; (an-, auf)steigen; (Teig) gehen; schrill werden; anschwellen; ~ *to* s. gewachsen zeigen; entspringen *(a. fig)*; Hügel, Anstieg *(a. fig)*; Aufstieg; Lohnerhöhung; Steigerung; Anbeißen d. Fische; Ursprung; *to give* ~ *to* Anlaß geben zu ♦ *to take* (od *get*) *a* ~ *out of s-b* j-n auf d. Palme bringen
risible ['rizibl] lachfreudig; Lach-
rising ['raiziŋ] Ansteigen; Erhebung *(a. fig)*; Auferstehen; aufgehend; (an)steigend; **~ generation** junge Generation
risk [risk] Risiko, Gefahr; riskieren; **~y** riskant, bedenklich; = risqué
risqué ['riskei, *US* -ˊ] gewagt (Witz)
rissole ['risoul, *US* ri'soul] Frikadelle

rite [rait] Ritus, Brauch
ritual [ritʃuəl] Ritual, Zeremoniell; Ritus; rituell
ritzy ['ritsi] feudal, hoch elegant
rival [raivl] Mitbewerber; Rivale; Konkurrent; *without a* ~ unerreicht; wetteifern, konkurrieren mit; gleichkommen; **~ry** [ˊ-vəlri] Wetteifern, -bewerb; Konkurrenz; Rivalität
rive [raiv] *(s. S. 319)* reißen, spalten
river ['rivə] Fluß *(a. fig)*; **~-basin** [ˊ-beisn] Stromgebiet; **~ craft,** *pl* ~ craft Flußfahrzeug; **~ front** [frʌnt] (Fluß-)Ufer; **~ head** Flußquelle; **~side** [ˊ-said] (Fluß-)Ufer; Ufer-
rivet ['rivit] Niete; (ver)nieten; *fig* richten (auf); *fig* fesseln
rivulet ['rivjulit] Flüßchen, Bach
roach [routʃ], *pl* ~ Plötze; *pl* **~es** (Küchen-) Schabe, Kakerlak
road [roud] (Land-)Straße; *on the* ~ unterwegs; *to take the* ~ losfahren ♦ *to take to the* ~ Straßenräuber werden; *fig* Weg; *in the* ~ im Weg; *to get in s-b's* ~ j-m in d. Quere kommen; *mst pl* = ~stead; **~bed** Straßenbett; 🚂 Bahnkörper; Schotter; **~-block** Straßensperre; Problem; **~-hog** [ˊ-hɔg] rücksichtsloser Fahrer, Straßenschreck; **~-holding** [ˊ-houldiŋ] Straßenlage; **~-house** [ˊ-haus], *pl* ~-houses [ˊ-hauziz] 🚗 Rasthaus; **~man** [ˊ-mən], *pl* ~men Straßenarbeiter; **~mender** *BE* = ~man; **~-metal** [ˊ-metl] (Straßen-)Schotter; **~side** [ˊ-said] Seitenstreifen; an d. Straße gelegen; **~stead** [ˊ-sted] Reede; **~ster** [ˊ-stə] 🚗 offener Sportwagen; Tourenrad; **~ test** Probefahrt; **~-user** [ˊ-juːzə] Verkehrsteilnehmer; **~way** Fahrbahn
roam [roum] umherwandern, -fahren; durchstreifen
roan [roun] gefleckt, scheckig; Schecke
roar [rɔː] brüllen *(a. fig)*; röhren; Brüllen, Gebrüll; **~ing** [ˊ-riŋ] Gebrüll; laut; wild; (Handel) schwunghaft
roast [roust] braten; rösten *(a. fig)*; aufziehen, hänseln; *attr adj* gebraten; Braten(stück) ♦ *to rule the ~*: *siehe* roost
rob [rɔb] (be-, aus)rauben; **~ber** [ˊ-ə] Räuber; **~bery** [ˊ-əri] Raub; Räuberei
robe [roub] Amtskleid, Robe; Talar; (s.) ankleiden [sel
robin ['rɔbin] Rotkehlchen; *US* Wanderdros-
rob|ot ['roubət] Roboter; **~ust** [rou'bʌst, *US* ˊ-bʌst] kräftig(end); robust
roc [rɔk] Roch (Fabelvogel)
rock [rɔk] Fels(en), Gestein; *on the ~s* ⚓ aufgelaufen, in Geldnöten; *US* Stein; Fels-, Berg-; Schaukeln; schaukeln; **~ bottom** *fig* Tiefpunkt; **~-bottom** äußerster (Preis); **~er** Schaukelbrett; -stuhl; Rocker; Rocksänger; **~ery** [ˊ-əri] Steingarten; **~ing** Schaukel-; **~y** felsig, Felsen-; wacklig
rocket ['rɔkit] Rakete; hochschießen; **~eer** [--'tiə] R.fachmann; **~ry** [ˊ--ri] R.technik
rococo [rə'koukou] Rokoko
rod [rɔd] (Rund-)Stange; (Walz-)Draht; Rute (5,03 m; *a. fig*) ♦ *to make a* ~ *for one's own back* s. etw selbst einbrocken; Züchtigung

rode [roud] *siehe* ride
rodent ['roudənt] Nagetier; nagend
rodeo [rou'deiou, *US* ˊ-diou], *pl* **~s** Zus.treiben d. Viehs; Cowboy-Turnier, Rodeo
roe [rou] Rogen; *pl* ~ Reh; **~-buck** [ˊ-bʌk] Rehbock
Roentgen [*BE* 'rɔntjən, *US* 'rentgən] *siehe* Röntgen
rogu|e [roug] Betrüger, Schuft; Schlingel; **~ery** [ˊ-əri] Betrügerei, Schurkerei; Schelmerei; *pl* Streiche; **~ish** [ˊ-iʃ] schurkisch; schelmisch
roister ['rɔistə] lärmen(d prahlen, feiern); **~er** [ˊ-rə] Krakeeler
role [roul] 🎭 Rolle *(a. fig)*
roll [roul] **1.** rollen; (s.) wälzen; *to be ~ing in (wealth etc)* in großem (Reichtum etc) leben; **2.** ⚓ schlingern, schwanken; **3.** ⚙ walzen (*~ed gold* Walzgold); **4.** grollen, wirbeln; ~ *in* hereinströmen, einlaufen; ~ *over* s. umdrehen; ~ *up* s. aufhäufen, aufkreuzen, zus.falten; **5.** Rolle (*a.* ✈); Verzeichnis, Liste ♦ *to call the ~* d. Namensliste verlesen; **6.** Brötchen; Röllchen; **7.** Grollen, (Trommel-)Wirbel; **~-call** [ˊ-kɔːl] Namensaufruf, Appell; **~er** Walze; Rolle; rollende Welle; **~er-skate** [ˊ-əskeit] Rollschuh (laufen); **~er-towel** [ˊ-ətauəl] Rollhandtuch; **~ick** ['rɔlik] herumtollen, ausgelassen sein; lustiger Streich; Ausgelassenheit; fröhlicher Ton; **~ing** Rollen; Walzen; rollend; (Land) wellig; **~ing-mill** [ˊ-iŋmil] ⚙ Walzwerk; **~ing-pin** [ˊ-iŋpin] Teigrolle; **~ing stock** 🚂 rollendes Material; **~-top desk** Sekretär
roly-poly ['roulipouli] Pummelchen; *BE* Biskuitrolle
romaine [rə'mein] *US* Binde-, Kochsalat
Roman ['roumən] römisch; Römer; Katholik; 📖 Antiqua, Normalschrift
roman-à-clef [rou'mɑːnɑː'klei] Schlüsselroman
roman|ce [rou'mæns] Ballade; Romanze; Romantik; *fig* Märchen; **R~ce** romanisch(e Sprachen); *vi* ausschmücken; **~cer** Romanzenschreiber; Übertreiber; **R~esque** [-mə'nesk] romanisch(er Stil), Romanik; **R~ic** [-'mænik] (Sprache) romanisch; (Kultur) römisch; **R~ism** [ˊ-mənizm] Lehren der katholischen Kirche
romantic [rou'mæntik] romantisch; Romantiker; *pl* romantische Gefühle; **~ism** [-ˊ-sizm] Romantik; **~ist** [-ˊ-sist] Romantiker; **~ize** [-ˊ-saiz] romantisieren
Romany ['rɔməni] Zigeuner(wesen, -sprache)
Rome [roum] Rom; d. kathol. Kirche ♦ *when in ~, do as the Romans do* man muß mit den Wölfen heulen
romp [rɔmp] herumspielen, -tollen; (Pferd) davonziehen; Wildfang; Toben, Tollen; **~ers** *pl vb* Spielanzug
Röntgen, *US* **Roentgen** ['rɔntjən, *US* 'rentgən] Röntgen-; **~ogram,** *US* **roent-** [rɔnt'genəgræm, *US* 'rentgənəgræm] Röntgenaufnahme
rood [ruːd] Kruzifix; Viertelmorgen (= 10,12 Ar); **~-screen** [ˊ-skriːn] Lettner
roof [ruːf], *pl* **~s** Dach; 🚗 Verdeck; ~ *of the mouth* Gaumen; überdachen; **~ing** Bedachung; **~ing felt** Dachpappe; **~less** ohne Dach; *fig* heimatlos
rook [ruk] Saatkrähe; Falschspieler; (Schach) Turm; betrügerisch, gewinnen; j-n sehr überfordern; **~ery** Krähenhorst; *zool* Kolonie; Elendsviertel; Mietskaserne
room [ru(ː)m] Zimmer, Raum; Platz; Gelegenheit; *US* wohnen, e. Z. haben; **~er** Untermieter; **~y** geräumig
roost [ruːst] Zweig (f. Vögel z. Schlafen;) Hühnerstange, -stall ♦ *to rule the ~* herrschen; *to go to ~* zu Bett gehen ♦ *to come home to ~* auf d. Urheber zurückfallen; schlafen, zu Bett gehen; **~er** Haushahn
root [ruːt] *gram, math,* ⚘, *fig* Wurzel; *to take ~* Wurzel schlagen *(a. fig); to strike at the ~ of* etw an d. Wurzel treffen; *to get to* (od *at*) *the ~ of s-th* e-r Sache auf d. Grund gehen; ~ *and branch* mit Stumpf und Stiel, ganz und gar; *attr* Großgrund-, Ur-; fest einwurzeln, *fig* verankern; Wurzel fassen; sich einwurzeln; ~ *out* (od *up*) mit der Wurzel ausreißen; aufwühlen; gründlich durchsuchen; laut rufen, durch Zurufe anfeuern
rope [roup] Seil, Tau; *the ~* der Strick *(a. fig); the ~s* ⛵ d. Seile; *to know the ~s* sich auskennen; Seilschaft; *on the ~* angeseilt; *to give s-b ~* j-m Spielraum lassen; Schnur (Perlen etc); mit e-m Seil befestigen; anseilen; ~ *in* einschließen, abgrenzen, j-n einfangen; **~-dancer** [ˊ-dɑːnsə] Seiltänzer; **~-ladder** [ˊ-lædə] Strickleiter; **~-walker** [ˊ-wɔːkə] Seiltänzer; **~-way** Seilbahn; **~-yard** [ˊ-jɑːd] Seilerei
rosary ['rouzəri] Rosenkranz; Rosengarten
rose [roz] *siehe* rise
rose [rouz] Rose ♦ *to gather (life's) ~s* sein Leben genießen; *under the ~* insgeheim; **~ate** [ˊ-eit] rosa, rosenfarben; **~bud** [ˊ-bʌd] Rosenknospe *(a. fig);* **~-coloured** [ˊ-kʌləd] rosa, rosenfarben; anziehend; **~mary** [ˊ-məri] Rosmarin; **~tte** [-'zet] Rosette; **~-water** [ˊ-wɔːtə] Rosenwasser; **~wood** [ˊ-wud] Rosenholz
rosin ['rɔzin] Geigenharz, Kolophonium
roster ['rɔstə] Verzeichnis; *mil* Dienstplan
rostrum ['rɔstrəm], *pl* **~s** Rednerbühne, Podium
rosy ['rouzi] rosig *(a. fig);* rosengeschmückt
rot [rɔt] Fäulnis; (Schaf) Leberfäule; *BE sl* Blödsinn, Quatsch; (ver)faulen, modern; *BE* Quatsch reden; *BE* necken
rota ['routə], *pl* **~s** *BE* Dienstturnus; Dienstplan; **~ry** [ˊ-ri] rotierend; drehend; Dreh-; 📖 Rotations-; *US* Verkehrsrondell; **~te** [-'teit] (s.) rotieren, drehen; (s.) abwechseln; **~tion** [-'teiʃən] Rotation, Umdrehung; Kreislauf; *~tion of crops* Fruchtfolge; **~tory** [ˊ-təri] = ~ry
rote [rout]: *by ~* auswendig, mechanisch
rotogravure [routəgrə'vjuə] (Rakel-, Kupfer-) Tiefdruck
rotor ['routə] ⚙ Drehteil; ✈ Rotor
rott|en ['rɔtn] faul; verdorben; *umg* miserabel; **~er** [ˊ-ə] *BE* Saukerl
rotund [rou'tʌnd] rundlich; dick; volltönend; (Stil) reich, blumig

rouble ['ruːbl] Rubel
rouge [ruːʒ] rote Schminke; Rouge; Rouge auflegen
rough [rʌf] **1.** rauh; uneben; strubbelig; ⚓ grob, stürmisch; grob, roh; (Leben) hart; derb; ~ *and ready* grob (Methode etc); ~ *book* Kladde; ~ *customer* ['kʌstəmə] grober Bursche; ~ *diamond* ['daiəmənd] ungeschliffener Diamant, *fig* Rauhbein; ~ *house* lärmende Zus.kunft, Schlägerei; **2.** *su* grobe Strecke; *to take the* ~ *with the smooth* für die Härten des Lebens gewappnet sein; ~ *and tumble* wilder Kampf; *attr* regellos, wild; **3.** grober Kerl, Rowdy; **4.** Rohzustand; **5.** *vt* ~ *(up)* grob machen; j-n grob behandeln; ~ *in* (od *out*) grob angeben, zeichnen; ~ *it* ein hartes Leben führen; **~age** [ˊ-idʒ] grobe Nahrung; Rauhfutter; **~-cast** [ˊ-kaːst] Rauhputz; *vt (s. S. 319)* grob verputzen, grob ausarbeiten; **~-dry** [ˊ-'drai] trocknen (ohne zu bügeln); **~en** [ˊ-ən] rauh, grob machen (werden); **~-hew** [ˊ-çuː] grob behauen; **~-neck** [ˊ-nek] *US* Rowdy, Rohling; **~-rider** [ˊ-raidə] Zureiter; verwegener Reiter; **~shod** [ˊ-ʃɔd] scharf beschlagen ♦ *to ride ~shod over* grob behandeln, rücksichtlos hinweggehen über; **~-spoken** [ˊ-'spoukən] grobschnäuzig
round [raund] **1.** *adj* rund *(a. fig)*; lebhaft (Schritt); klar, deutlich; volltönend; ~ *dance* Rundtanz; ~ *game* Gesellschaftsspiel; ~ *trip* Rundreise, *US* (Hin- u.) Rückreise; **2.** *adv* (rund)herum; *(all)* ~ ringsherum; **3.** im Umfang; *the year* ~ d. Jahr hindurch; *to go* ~ *(fig)* reichen; **4.** *prep* rund um (... herum); **5.** *su* rundes Stück; Sprosse; Runde (*a.* ⚒); Kreislauf; Rundtanz; Kanon; *a good* ~ langer Spaziergang; Schuß, Salve *(a. fig)*; *the daily* ~ d. täglichen Pflichten (Arbeiten); **6.** *vt/i* (sich) (ab)runden; herumgehen, -fahren; ~ **off** abrunden; ~ **on** herfallen über; ~ **up** zus.treiben; **~about** [ˊ-əbaut] umwegig, Um-; weitschweifig; *BE* Karussell; *BE* (Platz mit) Kreisverkehr; Umweg; **~-house** ⚓ Kabine; Lokomotivschuppen; **~ish** [ˊ-ʃ] rundlich; **~ly** rundheraus; schwungvoll; **~-up** [ˊ-ʌp] Zusammentreiben; Razzia
rouse [rauz] (Tier) aufjagen; aufwecken; *fig* aufrütteln; erregen, aufstacheln; rühren (*bes* Bier); aufwachen
roustabout ['raustəbaut] *US* ungelernter Gelegenheits-, Hafenarbeiter
rout [raut] lärmende Gesellschaft, Fest; wilde Flucht; *to put to* ~ = **to** ~ in die Flucht schlagen; aufwühlen, heraustreiben
route [ruːt] Strecke, Kurs; *en* [ɑːn] ~ unterwegs; *mil oft* [raut] Marschbefehl; Marsch-; ~ **march** Übungsmarsch
routine [ruː'tiːn] (gewöhnlicher) Geschäftsgang; (alltägliche) Arbeit; *to be* ~ d. Regel sein; *to make a* ~ *of* zur Regel machen; **~ly** routinemäßig
rov|e [rouv] umherstreifen, -wandern; **~er** Umherstreifer; Räuber; **~ing** auf Reisen befindlich

row [rou] Reihe; *a hard* ~ *to hoe* e-e schwierige Nuß; Rudern; Ruderfahrt, -strecke; rudern; **~(ing)-boat** [ˊ-(iŋ)bout] Ruderboot; ~ [rau] Lärm, Krach; Streit; *to kick up a* ~ Lärm schlagen, streiten; Krach machen; schelten; **~an** ['rauən, *bes US* 'rouən] Eberesche, Vogelbeere; **~dy** ['raudi] lärmend, flegelhaft; Flegel; **~el** ['rauəl] Spornrädchen; **~er** Ruderer; **~lock** ['rɔlək, 'rʌ-] *bes BE* (Riemen-)Dolle
royal ['rɔiəl] königlich; prächtig, Prachts-; **~ty** Königtum; königliche Person(en); Tantieme; 🕮 Lizenzgebühr
rub [rʌb] **1.** reiben; ~ **along** *umg s.* durchschlagen; **~down** abreiben; ~ **in** einreiben, *fig* unter d. Nase reiben; ~ **out** ausradieren; ~ **up** polieren *(a. fig)*; ~ *shoulders with s-b* mit j-m verkehren; **2.** Reiben; **3.** Schwierigkeit *(there's the ~)*; **~ber** [ˊ-ə] Reiber; Gummi; Radiergummi; *US* Überschuh; *BE* Turnschuh; (Spiel) Robber; mit Gummi überziehen, behandeln; **~berize** [ˊ-əraiz] = to ~ber; **~berneck** [ˊ-ənek] *US* Gaffer; *umg* Tourist; **~bish** [ˊ-iʃ] Abfall; Plunder; Blödsinn; **~bishy** miserabel; Schund-; **~ble** [ˊ-l] Schutt
rub|icund ['ruːbikʌnd] rötlich; **~ric** [ˊ-brik] (Kapitel) Überschrift; *eccl* Rubrik; **~y** [ˊ-bi] Rubin; Rubinfarbe; rubinrot; *BE* 🕮 Pariser Schrift (5½ Punkt)
ruche [ruːʃ] Rüsche (*~d* [ruːʃt] mit R.)
ruck [rʌk] *fig* d. große Haufe; Falte; zerknittern; **~sack** ['rʌksæk] Rucksack
ruction ['rʌkʃən] *sl* Krawall
rudd [rʌd] *zool* Rotfeder; **~er** [ˊ-ə] ⚓ Ruder; ✈ Seitenruder; Schwanz; *fig* Richtschnur; **~y** [ˊ-i] rötlich; frisch
rude [ruːd] grob, unhöflich; heftig, unsanft; roh, primitiv; robust
rudiment ['ruːdimənt] *pl* Anfangsgründe, Anfänge; Rudiment; **~ary** [--'mentəri] elementar, rudimentär
rue [ruː] (Garten-)Raute; Bedauern, Mitleid; bereuen (*to live to* ~ *it* es noch b.); **~ful** traurig; kläglich; bedauernd
ruff [rʌf] Halskrause *(a. zool)*; Halsgefieder; *orn* Kampfläufer; **~ian** [ˊ-jən] Rohling, Schurke; **~le** [ˊ-l] knüllen, zerknittern, zerzausen; (s.) kräuseln; *fig* aus d. Ruhe bringen; Krause; Halsgefieder; Gekräusel; Aufregung
rug [rʌg] *BE* Läufer, Brücke; *US* Teppich; Wolldecke; **~ged** [ˊ-id] rauh, uneben; rauhbeinig; **~ger** *umg* Rugby
ruin ['ruːin] Ruin, Zerstörung; Ruine; *to bring to* ~ = **to** ~ ruinieren, zerstören; **~ation** [--'eiʃən] Ruin(ieren); **~ous** [ˊ-əs] vernichtend, ruinös; verfallen
rul|e [ruːl] Vorschrift (*~e of the road* Verkehrs-); Regel (*as a ~e* in d. R.; *~e of thumb* [θʌm] Faustregel); Herrschaft; Lineal, Maß(stab); Zollstock; ⚖ Verfügung, 🕮 Gedankenstrich; (be-)herrschen, regieren; *to be ~ed* s. leiten lassen; entscheiden; (Preis) stehen; linieren *(~ed paper)*; *~e out* ausschließen, ablehnen, durchstreichen; **~er** Herrscher; Lineal; **~ing** regierend, herrschend (*~ing passion*

h. Prinzip); Herrschaft, Regieren; ♎ Entscheidung
rum [rʌm] Rum; *US* alkohol. Getränk; *sl* komisch, ulkig (~ *customer* k. Kauz)
rumble ['rʌmbl] rumpeln, dröhnen(d fahren); Rumpeln, Grollen
rumin|ant ['ruːminənt] wiederkäuend; nachdenklich; Wiederkäuer; **~ate** [´--neit] wiederkäuen; sinnen (*on* über)
rummage ['rʌmidʒ] durchsuchen; herumstöbern in; ~ *out* (od *up*) zutage fördern; Durchsuchung; alter Kram, Plunder; **~ sale** Ramschverkauf, Basar
rummer ['rʌmə] Römer *(Glas)*
rummy ['rʌmi] *BE* komisch, ulkig; Rommé
rumour ['ruːmə] Gerücht(e); ~ *has it that*... gerüchtweise verlautet, daß ...; *it is ~ed* [´--d] es wird gemunkelt, es geht das Gerücht
rump [rʌmp] Steiß; Bürzel; Gesäß; **~le** [´-l] zerknittern, knüllen; **~us** [´-əs] Krawall, Spektakel *(to kick up a ~us)*
run [rʌn] *(s. S. 319)* **1.** laufen, (davon)rennen; stürzen (*also ran* ferner liefen; *an also ran* ein letzter Sieger); **2.** 🚗, ⚓ verkehren, fahren; **3.** *fig* verlaufen; **4.** fließen, strömen, laufen; **5.** (Masche) laufen, fallen; **6.** s. ausbreiten; **7.** (Farbe) auslaufen; **8.** liegen *(in the family)*; **9.** lauten; gelten; **10.** *mit adj:* ~ *dry* austrocknen; ~ *high* hochgehen; ~ *short* (od *low*) knapp werden; ~ *cold* (Blut, *fig*) gerinnen; ~ *wild* außer Rand und Band geraten, verwildern; **11.** (Betrieb) leiten, betreiben; (Zeitung etc) herausbringen; ~ *the show* d. Laden schmeißen; **12.** 🚗, 🐮 fahren lassen; **13.** (Gefahr) auf s. nehmen; (Blockade) brechen; **14.** ~ *errands* (od *messages*) (Boten-)Gänge machen; **15.** (Pferd, Wasser etc) laufen lassen; **16.** ~ *close* hart zusetzen, *fig* nahe-, gleichkommen; **17.** etw schmuggeln; **18.** leicht vernähen; **19. ~ about** umherlaufen; **~ across** in d. Weg laufen, treffen; **~ after** nachlaufen *(a. fig)*; **~ against** anrennen gegen; ~ *one's head against the wall* mit d. Kopf durch d. Wand wollen; **~ at** losgehen auf; **~ away** wegrennen, fliehen; ~ *away with* entlaufen mit j-m, etw; durchgehen mit j-m, etw; ~ *away with the idea* voreilig annehmen; **~ down** ab-, auslaufen; einholen; auffinden, erreichen; umstoßen, -fahren; hetzen gegen; **~ for** kandidieren für; **~ in** herüberkommen; j-n einlochen; ⚙, 🚗 einfahren; **~ into** geraten in; stoßen auf, zus.stoßen mit; ~ *into six editions* 📖 6 Auflagen erleben; ~ *s-th into* s. stoßen, rennen in; **~ off** ablaufen lassen; entlaufen; abfließen von *(a. fig)*; herunterschreiben, -sagen; 📖 abziehen; erledigen, entscheiden; **~ on** weiterlaufen, -machen, -reden; s. drehen um; **~ out** zu Ende gehen; ablaufen *(a. konkr)*; hinausragen; nicht mehr haben; **~ over** überfließen; *fig* durchgehen; überfahren; **~ through** (Geld) vertun; schnell durchgehen; durchstreichen; 🐮 durchfahren, ~ *through s-b's head* durch d. Kopf gehen; ~ *through six editions* 📖 *siehe* ~ into; ~ *s-b through* j-n durchstoßen; **~ to** s. belaufen auf; s. leisten können; reichen für; tendieren zu; **~ up** hissen; (Schuppen) aufschlagen; zus.rechnen; zus.kommen (lassen); (Auktion) hochtreiben; ~ *up against* stoßen auf; **~ upon** stoßen auf; **20.** Lauf (*a. fig*, ♪; *at a* ~ im L.; *on the* ~ auf d. Flucht, *fig* in Betrieb); 🏇 Anlauf; **21.** kurze Fahrt; Kurs; **22.** *fig* Sturz; **23.** Lauf-, 🎭 Spielzeit; ~ *of ill luck* Pechsträhne; *in the long* ~ letzten Endes, schließlich; **24.** Ansturm, Run; **25.** (Durchschnitts-)Gruppe, Art, Schlag; **26.** Weideplatz; Hühnerhof; **27.** Herde; (Fische) Schwarm; **28.** freier Zutritt (*of* zu); Laufmasche; *US* kleiner Fluß; **~about** [´-əbaut] unsteter Kerl; leichtes Motorboot; Kleinauto; **~away** [´-əwei] Ausreißer; wild gewordenes Pferd; durchgebrannt; **~-down** [´-daun] heruntergekommen, erschöpft; **~ner** [´-ə] Läufer, Renner; Bote; Schmuggler; Kufe; (Teppich) Läufer; *bot* Ableger; **~ner-up** [´-ər'ʌp] 🏇 d. Zweite; **~ning** [´-iŋ] laufend, fließend; nacheinander; ⚕ eiternd; Laufen; *to make the ~ning* d. Tempo angeben *(a. fig)*; *to take up the ~ning* d. Führung übernehmen *(a. fig)*; **~way** [´-wei] *US* Flußbett; *zool* Wechsel; Schneise; (✈ Start-)Bahn
rune [ruːn] Rune *(a. fig)*
rung [rʌŋ] Sprosse *(a. fig)*; Speiche
runt [rʌnt] Zwergrind; Zwergtier
rupee ['ruːpiː] Rupie
rupture ['rʌptʃə] ⚕ Riß, Ruptur; ⚕ Bruch *(a. fig)*; zerreißen, zersprengen
rural ['ruərəl] ländlich; Land-
ruse [ruːz] Kniff, List; betrügen
rush [rʌʃ] **1.** stürzen, jagen; schnell transportieren; drängen; j-m abverlangen; im Sturm nehmen; überschnell erledigen; ~ *into print* übereilt in Druck geben; ~ *s-b off his feet (fig)* j-n überfahren; ~ *to a conclusion* voreilig folgern; **2.** Stürzen, Stürmen; Hast; Ansturm; Ansteigen, Anschwellen; lebhafte Nachfrage (*for* nach); ~ *-hour* [´-auə] Hauptverkehrszeit; **3.** Binse(n); **~y** [´-i] binsenreich, -artig; aus Binsen
rusk [rʌsk] (süßer) Zwieback
russet ['rʌsit] rötlichbraun(er Stoff; Apfel)
Russia ['rʌʃə] Rußland; **~n** [´--n] russisch; Russe
rust [rʌst] Rost; *bot* Rost (Krankheit); *fig* rosten; (ver-, zus.-)rosten (lassen; *a. fig*); vom Rost befallen werden
rustic ['rʌstik] ländlich; bäuerlich; bäurisch; roh (bearbeitet); Bauer *(a. fig)*; **~ate** [´--eit] auf d. Land leben, ein ländliches Leben führen, *BE* zeitweilig relegieren; **~ity** [´-tisiti] Ländlichkeit; bäuerliches (bäurisches) Wesen
rustl|e [rʌsl] rascheln; rauschen; (Stoff) knistern; *US* (Vieh) stehlen; Rascheln, Rauschen; **~er** [´-ə] *US* Viehdieb; **~ing** [´-iŋ] Rascheln, Rauschen
rust|less ['rʌstlis] rostfrei; -beständig; **~proof** [´-pruːf] = ~less; **~y** rostig; rostfarben; *fig* eingerostet, rückständig; (Stoff) verschossen; *to turn ~y* ärgerlich, böse werden

rut [rʌt] Rad-, Wagenspur; *fig* altes Geleise, Trott; *zool* Brunft
rutabaga [ruːtə'beigə] *US* Kohl-, Steckrübe
ruthless ['ruːθlis] unbarmherzig, mitleidlos
rye [rai] Roggen; **~-grass** [-graːs] Raigras, Lolch
ryot ['raiət] indischer Bauer

S

S [es] S
Sabbath ['sæbəθ] Sabbat; Sonntag; *a witches' ~* Hexensabbat
sabbatical [sə'bætikəl] Sabbat-; Sonntags-; **~ year** Urlaubs- u. Studienjahr
sable [seibl] Zobel(fell); Schwarz; *pl* Trauerkleider; schwarz; düster
sabot ['sæbou] Holzschuh; **~age** ['sæbətaːʒ] Sabotage; sabotieren; Sabotage treiben (gegen); **~eur** [--'təː] Saboteur
sabre ['seibə] Säbel; mit d. Säbel kämpfen, stechen
sac [sæk] ⚕ Sack
saccharin ['sækərin] Saccharin; **~e** ['sækəriːn, -rain] zuckerartig, -süß; übersüß
sacerdotal [sæsə'doutl] priesterlich; Priester-
sachet ['sæʃei, *US* --] Parfümbeutelchen; Parfümpulver; Beutel
sack [sæk] Sack; Entlassung; Plünderung; Hänger; Umhang; (span.) Weißwein; in einen Sack füllen; entlassen; plündern; **~cloth** [-klɔθ] Sackleinen; **~ing** = ~cloth; Plünderung; **~ race** Sackhüpfen
sacrament ['sækrəmənt] Sakrament; Abendmahl; **~al** Abendmahl-
sacred ['seikrid] heilig; geweiht; religiös
sacrific|e ['sækrifais] opfern; mit Verlust verkaufen; Opfer; Verlust (*at a ~e* mit V.); **~ial** [--'fiʃl] Opfer-
sacrileg|e ['sækrilidʒ] Entweihung; Kirchenschändung; **~ious** [---əs] kirchenschänderisch; frevelhaft
sacrist|an ['sækristən] Küster, Mesner; **~y** [--i] Sakristei
sacrosanct ['sækrousæŋkt] heilig, sakrosankt
sad [sæd] traurig; düster; böse; *~ dog* Schuft; **~den** [-ən] tr. machen (werden)
saddle [sædl] Sattel; satteln; *fig* belasten; **~r** [-lə] Sattler; **~ry** [-ləri] Sattelzeug; Sattlerei
sadis|m ['sædizm] Sadismus; **~t** Sadist; **~tic** [sæ'distik] sadistisch
safari [sə'faːri], *pl* **~s** Großwildjagd
safe [seif] sicher, heil; ungefährlich; verläßlich; *to be on the ~ side* um sicherzugehen; *~ to do* sicher tun; *su* Safe; Schrank; **~-conduct** [-'kɔndəkt] freies Geleit; Schutzbrief; **~guard** Schutz, Geleitbrief; schützen; sicher(stelle)n; **~-keeping** [-'kiːpiŋ] sichere Aufbewahrung
safety ['seifti] Sicherheit; Sicherheits-; *to play for ~* kein Risiko eingehen; **~-curtain** [--kəːtn] 🎭 eiserner Vorhang; **~-pin** Sicherheitsnadel; **~-razor** [--reizə] Rasierapparat; **~-valve** [--vælv] Sicherheitsventil *(a. fig)*
saffron ['sæfrən] Safran(gelb); safrangelb
sag [sæg] nachgeben *(a. fig)*; sinken; Vertiefung; Delle; Sinken
saga ['saːgə], *pl* **~s** Sage
sagaci|ous [sə'geiʃəs] urteilsfähig; klug; (Tier) intelligent; **~ty** [-'gæsiti] Klugheit, Urteilsfähigkeit
sage [seidʒ] Weiser; weise (aussehend); ernst; Salbei; **~-brush** [-brʌʃ] (nordamerik.) Beifuß
Sagittarius [sædʒi'tɛəriəs] *astr* Schütze
sago ['seigou] Sago; **~-palm** [--paːm] Sagopalme
Sahara [sə'haːrə] Sahara; **s~** *fig* Wüste
said [sed] *siehe* say
sail [seil] Segel (*in full ~* mit vollen S.); *to take in ~* d. Segel reffen, *fig* zurückstecken; *to take the wind out of s-b's ~s* j-m d. Wind aus d. Segeln nehmen; (Windmühlen-)Flügel; Schiffsreise; **~**, *pl ~* Segelschiff; segeln (*a.* ✈); *~ near* (od *close) to the wind* nahe am Wind segeln, *fig* d. Grenze d. Anstands (Rechts) streifen; *~ in (fig)* loslegen; *~ into (umg)* schelten, attackieren; (Schiff) führen; durchfahren; **~boat** [-bout] *US* Segelboot; **~cloth** [-klɔθ] Segeltuch; **~er** Segler; **~ing** Segeln; Abfahrt; **~ing-boat** [-iŋbout] Segelboot; **~ing orders** ⚓ Fahrtanweisungen; **~ing-vessel** [-iŋvesl] Segelschiff; **~or** [-ə] Seemann, Matrose; Matrosen-; *he is a good (bad) ~or* er wird nie (oft) seekrank
saint [seint] Heiliger; heiligsprechen; **~ed** [-id] heilig(gesprochen); **~like, ~ly** heilig, fromm
sake [seik]: *for the ~ of, for my (his etc) ~* um ... willen; *for God's ~* um Gottes willen
salable ['seiləbl] leicht verkäuflich
salacious [sə'leiʃəs] unanständig, geil
salad ['sæləd] Salat; **~ dressing** Salatsoße
salamander ['sæləmændə] Salamander; j-d, der Hitze gern hat
salar|y ['sæləri] Gehalt, Besoldung; **~ied** [--rid] im Gehalt stehend, besoldet
sale [seil] Verkauf (*on, for ~* zum V.); *pl* Ab-, Umsatz; Auktion; Saison-, Schlußverkauf; **~able** [-əbl] *siehe* salable; **~sman** [-zmən], *pl* ~smen Verkäufer; **~smanship** Verkaufskunst, -fertigkeit; **~swoman** [-zwumən], *pl* ~swomen [-zwimin] Verkäuferin
salient ['seiljənt] (her)vortretend; hervorstechend
saline ['seilain] salzig; Salz-; salzige Substanz
saliva [sə'laivə] Speichel; **~ry** ['sælivəri] Speichel-
sallow ['sælou] *bot* Salweide; blaß; gelblich
sally ['sæli] witziger Einfall; *mil* Ausfall; e-n A. machen; *umg* aufbrechen
salmon ['sæmən], *pl ~* Lachs; lachsfarben
salon ['sælɔn] Empfangs-, Ausstellungsraum
saloon [sə'luːn] Empfangsraum; ⚓ Salon; 🚃 *BE* Salonwagen; *US* Gaststätte; **~ bar** *BE* vornehmes Gastzimmer (in e-m Lokal); **~ car** *BE* Limousine; **~ keeper** *US* Gaststätteninhaber
salsify ['sælsifai, *US* -fiː] *bot* Haferwurzel, Salsifis; *black ~* Schwarzwurzel

salt [sɔːlt] Salz ♦ *with a grain of ~* cum grano salis, mit e-r gewissen Einschränkung; *(old) ~* alter Seebär; *fig* Würze; (ein)salzen; **~(y)** salzig; **~-cellar** [ˊ-selə] Salzfäßchen; **~petre** [-ˈpiːtə] Salpeter

salubri|ous [səˈluːbriəs] gesund(heitsfördernd); **~ty** [-ˊ-ti] Heilsamkeit

salut|ary [ˈsæljuːtəri] heilsam, gesund; **~ation** [--ˈteiʃən] Gruß (*in ~aton* z. G.); **~e** [səˈluːt] Gruß; Salut; *to stand at the ~e* salutieren; *vt/i* grüßen; salutieren

salva|ge [ˈsælvidʒ] Bergung; -sgut; -sgeld; bergen; **~tion** [sælˈveiʃən] Rettung; Sicherheit; Erlösung; **Salvation Army** Heilsarmee

salv|e [sɑːv] (Wund-)Salbe, *(a. fig)* Pflaster; beruhigen; **~e** [sælv] bergen; **~er** [ˈsælvə] Tablett; **~o** [ˈsælvou], *pl* ~oes, ~os Salve *(a. fig)*

same [seim] selbe; *the very ~, one and the ~* genau derselbe; *to come to the ~ thing* aufs gleiche hinauslaufen; *all the ~ to me* mir ganz gleich; *all* (od *just*) *the ~* trotzdem, gleichwohl; *at the ~ time* trotzdem; **~ness** Gleichheit; Eintönigkeit

sample [sɑːmpl] (Waren-)Probe; Muster (*up to ~* d. M. entsprechend); *fig* Beispiel; ausprobieren, erproben; bemustern; **~r** Probenehmer; Sticktuch

sanato|rium [sænəˈtɔːriəm], *pl* **~riums, ~ria** Sanatorium; **~ry** [ˊ-təri] heilend

sancti|fication [sæŋktifiˈkeiʃən] Heiligung; Weihung; **~fy** [ˊ-fai] heiligen; hochachten; **~monious** [--ˈmouniəs] scheinheilig

sanct|ion [ˈsæŋkʃən] Unterstützung; Billigung; Antrieb, Beweggrund; Sanktion; unterstützen; genehmigen; sanktionieren; **~ity** [ˊ-titi] Heiligkeit; *pl* heilige Pflichten, Gefühle; **~uary** [ˊ-tjuəri] heilige Stätte, Sanktuarium; Asyl; Freistätte, Schutzgebiet; **~um** [ˊ-təm], *pl* ~ums heilige Stätte; Studierzimmer

sand [sænd] Sand ♦ *to plough the ~* unnütze Arbeit tun; *to make ropes of ~* d. Unmögliche versuchen; *to build on ~* auf Sand bauen; *pl* Sandufer, -strand; *pl* Zeit; *the ~s are running out (fig)* die Uhr läuft ab; mit Sand bestreuen; **~-bag** Sandsack; (mit e-m Sandsack) schlagen *(a. fig)*; **~-bank, ~-bar** Sandbank; **~glass** [ˊ-glɑːs] Sanduhr; **~paper** [ˊ-peipə] Sandpapier; mit S. glätten; **~piper** [ˊ-paipə] Flußuferläufer; **~stone** [ˊ-stoun] Sandstein; **~-storm** [ˊ-stɔːm] Sandsturm; **~wich** [ˈsænwidʒ, *US* ˈsændwitʃ] belegtes Brot; (ein)zwängen; **~wichman** Plakatträger; **~y** sandig; rotblond

sandal [sændl] Sandale

sane [sein] (geistig) gesund; vernünftig

sang [sæŋ] *siehe* sing

sanguin|ary [ˈsæŋgwinəri] blutig; blutgierig; grausam; **~e** [ˊ-] (Gesicht) frisch, rot; hoffnungsvoll, fröhlich

sanit|arium [sæniˈtɛəriəm], *pl* **~ariums, ~aria** *bes US* Sanatorium; **~ary** [ˊ-təri] sanitär; hygienisch; Gesundheits-; **~ation** [--ˈteiʃən] sanitäre Einrichtungen; Gesundheitspflege; **~y** [ˊ-ti] (geistige) Gesundheit; Vernünftigkeit

sank [sæŋk] *siehe* sink

sanserif, *US* **sans-erif** [sænˈserif] 🕮 Grotesk(schrift)

Santa Claus [ˈsæntə ˈklɔːz] Nikolaus, Weihnachtsmann

sap [sæp] *bot* Saft; *fig* Kraft, Energie; *mil* Sappe, Laufgraben; schwächen; untergraben, -minieren; **~id** [ˈsæpid] würzig, schmackhaft; **~ience** [ˈseipiəns] Klugtun; **~ient** [ˈseipiənt] klugtuend; **~less** [ˊ-lis] kraftlos; **~ling** [ˊ-liŋ] junger Baum (Mensch); **~per** [ˊ-ə] *mil* Pionier; **~phire** [ˈsæfaiə] Saphir; **~py** [ˊ-i] saftig; kraftvoll, energisch; *umg* töricht, dumm

sarc|asm [ˈsɑːkæzm] Sarkasmus; sarkastische Bemerkung; **~astic** [-ˈkæstik] sarkastisch

sarcophag|us [sɑːˈkɔfəgəs], *pl* **~i** [-ˊ-dʒai], **~uses** Sarkophag

sardine [sɑːˈdiːn] Sardine

sardonic [sɑːˈdɔnik] hämisch, sardonisch; zynisch

sarong [səˈrɔŋ] Sarong, Lendentuch

sarsaparilla [sɑːsəpəˈrilə] Sarsaparille; -präparat; *US* Sodawasser mit S.geschmack

sartorial [sɑːˈtɔːriəl] Schneider-; Kleider-

sash [sæʃ] Schärpe; Schieberahmen; **~-window** Schiebefenster

sassafras [ˈsæsəfræs] Sassafras(wurzel)

Satan [seitn] Satan; **s~ic** [səˈtænik] satanisch, teuflisch

satchel [sætʃl] (Schul-)Ranzen

sate [seit] = satiate

sateen [sæˈtiːn] Woll-, Baumwollsatin

satellite [ˈsætəlait] ✲, *astr, fig* Satellit; **~ town** Trabantenstadt; Trabant

sati|ate [ˈseiʃieit] (über)sättigen; **~ety** [səˈtaiti] (Über-)Sättigung

satin [ˈsætin] Satin; Atlas-

satir|e [ˈsætaiə] Satire; **~ical** [-ˈtirikəl] satirisch; **~ize** [ˊ-təraiz] verspotten

satis|faction [sætisˈfækʃən] Befriedigung; Zufriedenheit; Genugtuung; **~factory** [--ˈfæktəri] zufriedenstellend; **~fy** [ˊ-fai] befriedigen, stillen; zufriedenstellen; erfüllen; überzeugen *(of)*

satrap [ˈsætrəp] Satrap, Gouverneur

satura|te [ˈsætʃəreit] *chem, fig* sättigen; *fig* erfüllen; **~tion** [--ˈreiʃən] Sättigung

Satur|day [ˈsætədi] Samstag, Sonnabend

saty [ˈsætə] Satyr; geiler Kerl

sauc|e [sɔːs] Soße; *US* Kompott; *umg* Frechheit, Keckheit; **~e-boat** [ˊ-bout] Sauciere; **~epan** [ˊ-pən] Kasserolle, Stieltopf; **~er** [ˊ-ə] Untertasse; **~er-eyed** [ˈsɔːsəraid] mit aufgerissenen Augen; **~y** [ˊ-i] frech, keck; flott

sauerkraut [ˈsauəkraut] Sauerkraut

sauna [ˈsaunə] Sauna

saunter [ˈsɔːntə] schlendern; Bummel

sausage [ˈsɔsidʒ, *US* ˈsɔː-] Würstchen, Wurst

sauté [ˈsoutei, *US* -ˊ] (in wenig Fett) kurz gebraten

savage [ˈsævidʒ] Wilder; Rohling; Barbar; wild; grausam; *umg* rasend; angreifen, verletzen; **~ry** [ˊ-ri] Wildheit; Grausamkeit

savanna [səˈvænə] Savanne, Grassteppe

savant [ˈsævənt, *US* -ˈvɑːnt] Weiser

sav|e [seiv] (er)retten; *~e one's face* d. Gesicht wahren; (er)sparen; außer; unbeschadet; **~er** [ˊ-ə] Retter; Sparer; **~ing** [ˊ-iŋ] sparsam; rettend; Vorbehalts-; Sparen; Rettung; *pl* Ersparnisse; **~ings-bank** [ˊ-iŋzbæŋk] Sparkasse; **~iour** [ˊ-jə] Retter; Heiland

savoir| faire ['sævwɑːˈfɛə] Gewandtheit, Takt; **~ vivre** [ˊ-ˈviːvr] Lebensart, -gewandtheit

savory ['seivəri] Bohnenkraut

savour ['seivə] Geschmack; Würze, Reiz; schmecken (*of* nach); *fig* verraten; **~y** [ˊ--ri] schmackhaft; *BE* Vor-, Nachspeise

savoy [səˈvɔi] Wirsing

saw[1] [sɔː] *siehe* see

saw[2] [sɔː] Spruch; Säge; (zer)sägen; *~ the air* herumfuchteln; **~dust** [ˊ-dʌst] Sägemehl; **~-mill** [ˊ-mil] Sägewerk; **~yer** [ˊ-jə] Säger

sax|horn ['sækshɔːn] ♪ Saxhorn; **~ifrage** [ˊ-ifridʒ] *bot* Steinbrech; **S~on** [ˊ-ən] (angel)sächsisch; (Angel-)Sachse; **~ophone** [ˊ-əfoun] Saxophon

say [sei] *(s. S. 319)* (auf)sagen; *it goes without ~ing* es ist selbstverständlich; *that is to ~* mit anderen Worten; *I ~!* hören Sie mal!; *is said to* soll; *to ~ nothing of* ganz zu schweigen von; *su: to have* (od *say*) *one's ~* seine Meinung sagen; *to have a ~ in the matter* etw zu sagen haben in d. Sache; **~ing** [ˊ-iŋ] Sprichwort, Ausspruch

scab [skæb] Schorf; Räude; Gewerkschaftsfeind, Streikbrecher; **~bard** [ˊ-əd] *mil* Scheide; **~by** [ˊ-i] räudig

scaffold ['skæfəld] (Bau-)Gerüst; Schafott; **~ing** [ˊ--iŋ] Gerüst (Material); Gerüstbau

scalawag ['skæləwæg] Nichtsnutz, Schuft, Lump

scald [skɔːld] verbrühen; heiß machen (spülen); Verbrühung

scale [skeil] **1.** Waagschale; *(a pair of) ~s (pl vb)* Waage; *to turn the ~ at* wiegen; *to turn the ~* d. Ausschlag geben; **2.** *zool,* ⚕ Schuppe; **3.** Kesselstein; Zahnstein; **4.** Skala; Lineal; Tonleiter; Maßstab (*on a large ~* in großem M.); **5.** wiegen; (s.) schuppen, schälen; abblättern; erklettern; maßstäblich festlegen; *~ up (down)* (linear) erhöhen (senken)

scallawag, scallywag ['skæləwæg, ˊ-iwæg] *BE* = scalawag

scall|ion ['skæljən] *bot* Schalotte; Lauch; **~op** ['skɔləp] Kammuschel; (Kleid) Feston

scalp [skælp] Kopfhaut; Skalp; skalpieren; **~el** [ˊ-l] Skalpell; Impfmesser

scaly ['skeili] schuppig; abblätternd

scamp [skæmp] Nichtsnutz; (zus.)pfuschen; **~er** davonlaufen; herumtollen

scan [skæn] absuchen, prüfen; (kurz) durchsehen; ⌁ rastern, abtasten; abfragen; skandieren

scandal ['skændəl] Schande, Skandal; Ärgernis; (übler) Klatsch; **~ize** [ˊ--aiz] schockieren; **~monger** [ˊ--mʌŋgə] Klatscher; **~ous** schändlich; verleumderisch

Scandinavia [skændiˈneivjə] Skandinavien; **~n** skandinavisch; Skandinavier

scant [skænt] knapp; **~iness** [ˊ-inis] Knappheit; Unzulänglichkeit; **~y** [ˊ-i] knapp

scape|goat ['skeipgout] Sündenbock; **~grace** [ˊ-greis] Taugenichts

scar [skɑː] Narbe; Schramme, Kratzer; *fig* Spur; schrammen; vernarben; **~ab** ['skærəb] *zool* Blatthornkäfer; Skarabäus (Stein)

scarc|e [skɛəs] knapp; selten; **~ely** [ˊ-li] knapp; kaum; **~ity** [ˊ-iti] Knappheit, Verknappung; Mangel

scare [skɛə] erschrecken, entsetzen; *~ away* (od *off*) verscheuchen; Entsetzen, Schrecken; **~crow** [ˊ-krou] Vogelscheuche; **~head** [ˊ-hed] Riesenschlagzeile; **~monger** [ˊ-mʌŋgə] Schrekkensapostel, Miesmacher

scar|f [skɑːf], *pl* **~fs,** *bes BE* **~ves** [ˊ-vz] Halstuch, Schal; Krawatte; **~f-pin** [ˊ-pin] Krawattennadel

scarify ['skærifai] ⚕ ritzen; *fig* verreißen

scarl|et ['skɑːlit] scharlachrot; **~et fever, ~atina** [-ləˈtiːnə] Scharlach

scath|e [skeið] schaden; **~eless** [ˊ-lis] unbeschädigt; **~ing** [ˊ-iŋ] *fig* beißend, vernichtend

scatter ['skætə] ver-, (s.) zerstreuen; **~-brain** [ˊ--brein] fahriger Kerl; **~-brained** [ˊ--breind] fahrig, unstet

scavenger ['skævindʒə] Straßenkehrer; *fig* Schmierfink

scenario [siˈnɑːriou, *US* -ˈnɛəriou], *pl* **~s** (Roh-)Drehbuch

scen|e [siːn] Szene; Szenenbild; *behind the ~es* hinter d. Kulissen; Landschaft(sbild); **~ery** [ˊ-əri] Kulissen, Szenerie; Landschaft; **~ic** [ˊ-ik] Bühnen-, szenisch; dramatisch; malerisch; **~ic artist** Bühnenmaler

scent [sent] (würziger) Duft; Geruch; Parfüm; Witterung *(a. fig);* Spur (*on the ~ of* e-r Sache auf d. S.); *off the ~, on a wrong ~* auf d. falschen Fährte; Geruchssinn; riechen; wittern *(a. fig);* parfümieren; **~less** [ˊ-lis] duftlos

sceptic, *US* **sk-** ['skeptik] Skeptiker; **~al** skeptisch

sceptre ['septə] Zepter

schedule ['ʃedjuːl, *US* 'skedʒul] Verzeichnis, Aufstellung; Zeit-, *US* Fahr-, Flugplan; *(according) to ~* (fahr)planmäßig; auf-, verzeichnen; ansetzen; vorsehen, planen

scheme [skiːm] (Arbeits-, Geheim-)Plan; System; Aufeinanderabstimmung, Harmonie; planen; Ränke schmieden

schism ['sizm] (Kirchen-)Spaltung; **~atic** [-ˈmætik] spalterisch; Abtrünniger

schlock [ʃlɔk] *US* Plunder; mies

schmaltzy ['ʃmɔːltsi] rührselig

scholar ['skɔlə] Schüler; Gelehrter; (Leistungs-)Stipendiat; Gebildeter; **~ly** [ˊ--li] gebildet, beschlagen; **~ship** [ˊ--ʃip] Gelehrsamkeit; wissenschaftliche Eignung; Stipendium

scholastic [skəˈlæstik] gelehrt; Lehr-; scholastisch; Scholastiker

school[1] [skuːl] Schule (*a. fig; of the old ~* alter S.); erziehen; bezähmen; **~-days** [ˊ-deiz] Schulzeit; **~doctor** Schul-, Internatsarzt; **~fellow** [ˊ-felou] Schulkamerad, Mitschüler; **~ing** [ˊ-iŋ]

Schulausbildung; Schulgeld; **~master** [ˈ-mɑːstə] Schullehrer; **~mistress** [ˈ-mistris] Schullehrerin

school² [skuːl] *zool* Schwarm; Schwärme bilden

schooner [ˈskuːnə] ⚓ Schoner

schuss [ʃus] Schußfahrt

sciatica [saiˈætikə] Ischias

scien|ce [ˈsaiəns] Wissenschaft; Naturwissenschaft; ⚑ Können, Kenntnisse; **~tific** [--ˈtifik] (natur)wissenschaftlich; ⚑ gekonnt, kunstfertig; **~tist** [ˈ--tist] (Natur-)Wissenschaftler

scintill|a [sinˈtilə], *pl* **~as** Funken *(a. fig)*; **~ate** [ˈ--leit] funkeln *(a. fig)*

scion [ˈsaiən] *bot* Pfropfreis; *fig* Sprößling

scissors [ˈsizəz] *pl vb* Schere

scoff [skɔf] höhnen, spotten (*at* über); Hohn, Spott

scold [skould] schelten, tadeln; Zankweib; **~ing** [ˈ-iŋ] Schelte, Tadel

scollop [ˈskɔləp] *siehe* scallop

sconce [skɔns] Wandleuchter; Kerzenhalter

scone [skɔn, *US* skoun] Fladen (Kuchen)

scoop [skuːp] Schaufel (für Zucker, Mehl etc); Schaufeln (*in one ~* mit einmal S., *fig* mit e-m Schlag); Erstveröffentlichung, Nachrichtenschlager; (aus-)schaufeln; graben; (j-n) durch e-e Erstveröffentlichung schlagen

scoot [skuːt] *umg* davonjagen; **~er** Roller (*a.* 🚗)

scope [skoup] Fassungsvermögen, Horizont; Bereich; Spielraum

scorch [skɔːtʃ] anbrennen; versengen; *fig* verletzen; *umg* (dahin)rasen; Sengstelle; *umg* Rasen, rasende Fahrt; **~er** [ˈ-ə] heißer Tag; *umg* rasender Fahrer

score [skɔː] **1.** Kerbe; **2.** Strich; **3.** Schuld(-posten) (*to run up a ~* Schulden machen); *to settle old ~s (fig)* alte Rechnungen begleichen; **4.** Grund; *on the ~ of* wegen; *on that ~* deswegen, was das betrifft; **5.** ~, *pl* ~ 20; *pl* Dutzende, -zig, viele; **6.** ⚑ Spielergebnis, Punktzahl; *to keep (the) ~* = to ~; **7.** *umg* Gewinn; **8.** Partitur; **9.** (ein)kerben, furchen *(a. fig)*; **10.** markieren (~ *out* durchstreichen); **11.** ⚑ Punkte zählen, aufschreiben; **12.** (Punkte) erzielen *(a. fig)*; **13.** *US* scharf tadeln

scorn [skɔːn] Verachtung; *to laugh to ~* verlachen; Spott; Verachtung zeigen für; *to ~ to do* (als unwürdig) ablehnen zu tun; **~ful** verächtlich

scorpion [ˈskɔːpjən] Skorpion

scorzonera [skɔːzəˈniərə] Schwarzwurzel

Scot [skɔt] Schotte; **~ch** [ˈ-ʃ] schottisch; schottische Sprache; *umg* schottischer Whisky; **~chman** [ˈ-ʃmən], *pl* ~chmen Schotte; **~land** [ˈ-lənd] Schottland; **~s** [ˈ-s] schottisch; **~sman** [ˈ-smən], *pl* ~smen Schotte; **~tish** [ˈ-iʃ] schottisch

scotch [skɔtʃ] verwunden; außer Gefecht setzen; energisch vorgehen gegen; ein Ende machen; vereiteln; Schnitt

scot-free [ˈskɔtˈfriː] straffrei

scoundrel [ˈskaundrəl] Schurke

scour [ˈskauə] scheuern, schrubben; *fig* säubern (*of* von); (durch)streifen, -suchen; Scheuern

scourge [skəːdʒ] Geißel *(a. fig)*; geißeln *(a. fig)*

scout [skaut] Späher; ✈ Aufklärer; Pfadfinder; *BE* (Univ.) Fuchs; erkunden; spähen; als lächerlich ablehnen

scow [skau] ⚓ Prahm, Schute

scowl [skaul] finsterer Blick; finster blicken

scrag [skræg] (Hammel) Halsstück; *fig* Gerippe; j-m d. Hals umdrehen, erwürgen; **~gy** [ˈ-i] spindeldürr

scramble [ˈskræmbl] krabbeln, klettern; s. balgen (*for* um); Kletterei; Balgerei, Kampf; Motocrossfahrt; **~d eggs** Rührei

scrap [skræp] Fetzen *(a. fig)*; *pl* Reste, Brokken; *pl* Bilder, Ausschnitte (z. Einkleben); **~-book** [ˈ-buk] Sammelbuch; Abfall, Schrott; *umg* Keilerei; z. alten Eisen werfen; *umg* sich schlagen

scrap|e [skreip] kratzen, schaben; graben; (auf)schürfen, schrammen; Kratzfuß machen; *~e along* s. durchschlagen; *~ through* gerade noch durchkommen; *~e up* zus.scharren; Kratzen; Scharren; Kratzer; Schramme; dumme Lage; *bread and ~e* Brot mit wenig drauf; **~er** [ˈ-ə] Kratzer; **~ing** [ˈ-iŋ] *pl* Abgekratztes; Ersparnisse

scrappy [ˈskræpi] zus.gestückelt; bruchstückartig

scratch [skrætʃ] **1.** (an)kratzen (*~ one's head* s. d. Kopf k.); **2.** kritzeln; *~ out* (od *through*) durchstreichen; **3.** aufgeben, zurückziehen; **4.** Kratzer, Schramme; **5.** ⚑ Startlinie; *to come up to ~ (fig)* d. Erwartungen entsprechen; *to start from ~* ganz von vorn anfangen, von d. Pike auf dienen; **6.** *adj* zus.gekratzt; **~y** kritzelig; kratzend

scrawl [skrɔːl] (hin)kritzeln, schmieren; Gekritzel

scrawny [ˈskrɔːni] dürr, mager

scream [skriːm] schreien; kreischen; brüllen (*with* vor); Schrei, Kreischen; *a (perfect) ~ (umg)* wahnsinnig komisch; **~er** [ˈ-ə] etwas Tolles; *bes US* sensationelle Schlagzeile

scree [skiː] Geröll

screech [skriːtʃ] (Eule) schreien; kreischen; 🚗 quietschen; Schrei, Kreischen

screed [skriːd] langer Text, Litanei

sccreen [skriːn] **1.** (Ofen) Schirm; spanische Wand; *eccl* Schranke; **2.** Fliegenfenster; **3.** *fig* Schutz, Deckung; Vernebelung; **4.** 🎞 (Film-) Leinwand; 📺 Bildschirm; *fig* d. Film; **5.** 🚗 *BE* Windschutzscheibe; **6.** Sieb; **7.** 🎞 Raster; **8.** ⚡ Schirm; **9.** abschirmen; *~ off* abteilen; **10.** *fig* schützen; **11.** (ver)filmen, s. filmen lassen; **12.** sieben; *fig* j-n überprüfen

screw [skruː] Schraube (ohne Mutter); Schiffsschraube; Propeller; Drehung; *to put the ~ on (fig)* d. Schraube anziehen bei, Druck ausüben auf; *BE* Tütchen; *BE* Geizkragen; *BE* Lohn, Gehalt; *BE* alter Klepper; (ver-, fest)schrauben; verzerren; pressen, quetschen; drehen;

BE geizig sein; ~ *up one's courage* all seinen Mut zus.nehmen; ~ *up* verzerren; **~-driver** [ˊ-draivə] Schraubenzieher; **~-thread** [ˊ-θred] Gewinde

scribble ['skribl] kritzeln; Gekritzel; **~r** [ˊ-ə] Kritzler; *umg* Schreiber(ling)

scribe [skraib] Abschreiber; *US umg* Schreiber, Autor

scrimmage ['skrimidʒ] Handgemenge; sich balgen

scrimp [skrimp] *siehe* skimp

scrimshank ['skrimʃæŋk] *umg* sich drücken

scrip [skrip] Beutel; (Waren-)Gutschein; Zwischenschein; Besatzungsgeld

script [skript] (Hand-)Schrift; 🕮 Schreibschrift; ⚖, 🎭 Manuskript; 🎥 Drehbuch

scriptur|e ['skriptʃə] heiliges Schrifttum; *(Holy) S~e, the S~es* Bibel; Religions-

scrivener ['skrivnə] Abschreiber

scrofula ['skrɔfjulə] Skrofulose

scroll [skroul] (Schrift-)Rolle; ♪ Schnecke; Schnörkel

scrounge [skraundʒ] *umg* klauen, organisieren

scrub [skrʌb] scheuern, schrubben; Gestrüpp; Busch; Zwerg *(a. fig)*; **~bing-brush** [ˊ-iŋbrʌʃ] Scheuerbürste; **~by** [ˊ-i] klein, struppig

scruff [skrʌf] Genick, *fig* Kragen

scrum(mage) ['skrʌm(idʒ)] (Rugby) Gedränge; *BE* Gewühl

scrumptious ['skrʌmpʃəs] *umg* herrlich, großartig

scrup|le ['skru:pl] Skrupel, Bedenken; Skrupel (= 1,3 g); Skrupel, Bedenken haben; **~ulous** [ˊ-juləs] gewissenhaft

scrutin|eer [skru:ti'niə] Wahlprüfer; **~ize** [ˊ--aiz] genau prüfen; **~y** [ˊ--i] genaue Prüfung

scud [skʌd] eilen, jagen; ⚓ lenzen; Jagen; windgetrieb. Sprühnebel; Bö

scuff [skʌf] schlurfen; (Schuhe) austreten; schrammen; Schramme; **~le** [ˊ-l] raufen; schlurfen

scull [skʌl] ⚓ Skull (Riemen); skullen; **~ery** [ˊ-əri] Spülküche; **~ion** [ˊ-jən] Küchenjunge

sculpt|or ['skʌlptə] Bildhauer; **~ress** [ˊ-tris] Bildhauerin; **~ure** [ˊ-tʃə] Bildhauerei, Skulptur, Plastik; skulptieren, (aus)meißeln

scum [skʌm] Schaum; *fig* Abschaum

scupper ['skʌpə] ⚓ Speigatt; *BE umg* vernichten; durcheinanderbringen; *BE* (Schiff) versenken

scurf [skə:f] Schuppen, Kopfgrind; **~y** schuppig

scurrilous ['skʌriləs] pöbelhaft; (derb) zotig

scurry ['skʌri] hastig rennen; Hasten; (Schnee-)Schauer

scurvy ['skə:vi] gemein, abscheulich; Skorbut

scutcheon ['skʌtʃən] Wappenschild ♦ *a blot on the* ~ e-e Familienschande

scuttle ['skʌtl] Kohlenkasten; (Dach-, Schiffs-)Luke; Falltür; (feige) Flucht; ⚓ anbohren, versenken; (feige) davonlaufen

scythe [saið] Sense; mit d. Sense schneiden

sea [si:] Meer, See (*on the* ~ auf S., an d. S.); *at* ~ auf See, *fig* verwirrt *(mst: all at ~)*; Woge; *half ~s over* betrunken; *fig* Meer, Ströme; **~board** [ˊ-bɔ:d] Meeresküste; **~-borne** [ˊ-bɔ:n] See-; Marinelande-; **~ change** *fig* Umwandlung; **~-dog** [ˊ-dɔg] Seemann; Seehund; **~farer** [ˊ-fɛərə] Seefahrer; **~faring** [ˊ-fɛəriŋ] seefahrend; Seefahrer-; **~food** [ˊ-fu:d] Meeresfrüchte; **~ front** [frʌnt] Seeseite; Ufer(straße); **~-going** [ˊ-ouiŋ] Hochsee-; **~-horse** [ˊ-hɔ:s] Seepferdchen; **~ lane** Seeweg; **~ level** Meereshöhe; **~ lion** [ˊ-laiən] Seelöwe; **~man** [ˊ-mən], *pl* ~men Seemann; **~manship** [ˊ-mənʃip] Seemannskunst; **~plane** [ˊ-plein] Wasserflugzeug; **~port** [ˊ-pɔ:t] Seehafen; **~shore** [ˊ-'ʃɔ:] Küste, Strand; **~sick** [ˊ-sik] seekrank; **~side** [ˊ-said] Küste; *to go to the ~side* an d. See gehen; **~ urchin** [ˊ-ə:tʃin] Seeigel; **~ward** [ˊ-wəd] seewärts; **~weed** [ˊ-wi:d] Seealge(n); **~worthy** [ˊ-wə:ði] seetüchtig

seal[1] [si:l] Robbe, Seehund(fell); Robben fangen; **~er** Robbenfänger

seal[2] [si:l] Siegel *(a. fig)*; Stempel; (Brief) zukleben; (ver)siegeln; abdichten; regeln; *fig* besiegeln; **~ed book** Buch mit 7 Siegeln; **~ing-wax** [ˊ-iŋwæks] Siegellack

seam [si:m] Naht, Saum; Fuge; Furche; Flöz; furchen; **~less** [ˊ-lis] nahtlos; **~stress** ['semstris] Näherin; **~y** [ˊ-i] Naht-; *the ~y side* Nahtseite; *fig* Schattenseite

sear [siə] vertrocknen; verbrennen; *fig* verhärten; verdorrt

search [sə:tʃ] (durch-, unter-)suchen; prüfen; (Kälte) durchdringen; ~ *out* ausfindig machen; Suche; Durchsuchung; **~-light** Scheinwerfer; **~-warrant** [ˊ-wɔrənt] Haussuchungsbefehl

season [si:zn] **1.** Jahreszeit; **2.** Saison; *is in (out of)* ~ gibt es jetzt (nicht); *in ~ and out of ~* zu jeder Zeit; *a word in ~* ein Rat zu rechter Zeit; **3.** Weile; *~(ticket) BE* Zeitkarte, 🎭 Dauerkarte; **4.** ☼ ablagern, altern; **5.** würzen *(a. fig)*; **6.** mildern; **~able** [ˊ-əbl] jahreszeitlich; passend; rechtzeitig; **~al** [ˊ-əl] (jahres-)zeitbedingt; **~ing** [ˊ-iŋ] Würze; Gewürz

seat [si:t] Sitz; Platz (*to take a ~* Platz nehmen; *to take one's ~* seinen P. einnehmen); *to keep one's ~* sitzen bleiben; Landsitz; Reitsitz; hinsetzen; *to ~ o.s., to be ~ed* s. hinsetzen; Sitzplätze haben für; mit e-m neuen Sitz versehen

sece|de [si'si:d] *bes eccl* austreten (*from* aus); **~ssion** [–'seʃən] Austritt; Abfall

seclu|de [si'klu:d] abschließen; *~de o.s.* zurückgezogen leben; **~sion** [–'klu:ʒən] Abgeschlossenheit *(to live in ~sion)*

second ['sekənd] **1.** zweite; ~ *to none* unübertroffen, unerreicht; **2.** d. Zweite; **3.** ~ *(of exchange)* Sekundawechsel; **4.** Sekundant; **5.** *pl* Waren zweiter Wahl; **6.** unterstützen *(bes pol)*; **7.** sekundieren; **8.** ~ [si'kɔnd] *BE* abkommandieren; **9.** ~ [ˊ–] Sekunde (*~-mark* S.zeichen); **10.** Augenblick; **~-best** zweitbeste; *to come off ~-best* d. kürzeren ziehen; **~-class** zweitklassig; **~ floor** *BE* zweiter Stock, *US* erster Stock; **~-hand** gebraucht, getragen; antiquarisch; aus zweiter Hand; ~ **nature** ['neitʃə] zweite Natur, Gewohnheit; **~-rate** zweitklassig; **~ary** [ˊ–əri] sekundär; Neben-; **~ary school** [sku:l] höhere Schule; **~er** [ˊ–ə] Sekundant, Unterstützer

secre|cy ['si:krisi] Heimlichkeit; Verschwiegenheit; *in (with) ~cy* insgeheim; **~t** [ˊ–t] heimlich; geheim; verborgen; **~t service** Geheimdienst; Geheimnis; *in the ~t* eingeweiht; *to let s-b into a ~t* (j-n) in ein Geheimnis einweihen; *in ~t* insgeheim; **~tarial** [sekrə'tɛəriəl] Büro-; **~tariat** [sekrə'tɛəriət] Sekretariat; **~tary** ['sekritəri] (Botschafts-)Sekretär; *S~tary of State (BE)* Minister, *US* Außenminister; (Schreib-)Sekretär; **~te** [si'kri:t] verbergen; absondern; **~tion** [si'kri:ʃən] Geheimhaltung; Absonderung; **~tive** ['si:krətiv, si'kri:tiv] verschlossen; verschwiegen

sect [sekt] Sekte; **~arian** [–'tɛəriən] sektiererisch; engstirnig; Sektierer; **~ion** [ˊ–ʃən] Schnitt; Sektion; Teil; 🕮 Paragraph; **~ion-mark** [ˊ–ʃənma:k] Paragraphzeichen (§); **~ional** [ˊ–ʃənl] Teil-, Abschnitts-; Lokal-, Einzel-; zus.setzbar; **~or** [ˊ–ə] *math, mil* Sektor

secular ['sekjulə] weltlich; jahrhundertealt; **~ize** [ˊ–––raiz] säkularisieren

secur|e [si'kjuə] sicher, verläßlich; gefahr-, sorgenfrei; fest; (s.) sichern; versichern; festmachen; **~ity** [–ˊ–riti] Sicherheit(s-); Sicherung; Bürge; Bürgschaft; *to give ~ity* Bürgschaft leisten; *pl* Wertpapiere

sedan [si'dæn] Sänfte; 🚗 *US* Limousine

sedat|e [si'deit] gesetzt; gemessen; **~ive** ['sedətiv] beruhigend(es Mittel)

sedentary ['sedəntəri] sitzend; seßhaft

sedge [sedʒ] Segge, Riedgras

sediment ['sedimənt] Niederschlag; Ablagerung; **~ary** [––ˊ–təri] abgelagert

sedit|ion [si'diʃən] Aufruhr; **~ious** [–ˊ–ʃəs] aufrührerisch

seduc|e [si'dju:s] verführen; verlocken; **~tion** [–'dʌkʃən] Verführung; Verlockung; **~tive** [–'dʌktiv] verführerisch

sedulous ['sedjuləs] emsig; beharrlich

see[1] [si:] *(s. S. 319)* **1.** sehen (~ *the back of* j-n von hintens.); ~ *the last of (fig)* d. Ende erleben von; ~ *things* Gespenster sehen; **2.** erleben ♦ ~ *service* Erfahrung haben, abgenutzt sein; **3.** sprechen, aufsuchen; ~ *(to it)* s. darum kümmern; **4.** nachsehen, feststellen; **5.** nachdenken (*let me* ~ laß mal sehen); **6.** begreifen (*I* ~ ich b., ach so; *you* ~ wie du weißt, weißt du); ~ *fit* für richtig halten; ~ **about** nachgehen; überlegen; ~ **after** s. kümmern um; ~ **over** untersuchen, prüfen; ~ **s-b off** j-n zur Bahn etc begleiten; ~ **s-b out** j-n hinausbegleiten; ~ **over s-th** s. gut ansehen; ~ **through s-th** etw durchschauen; ~ **s-th through** etw durchstehen, durchsetzen; ~ **s-b through** j-m durchhelfen; ~ **to** s. kümmern um, sorgen für *(I'll ~ to it that...)*, erledigen

see[2] [si:] (Erz-)Bischofssitz; *Holy See* Heiliger Stuhl

seed [si:d] Samen, Saat; *pl* Saatgut; *to run* (od *go*) *to* ~ in Samen schießen, *fig* kraftlos werden; Nachkommenschaft; (aus)samen; besäen; entsamen; -kernen; **~er** Sämaschine; Entkerner; **~less** samen-, kernlos; **~ling** Sämling; **~sman** [ˊ–zmən], *pl* ~smen Samenhändler; **~y** samenreich; schäbig; elend

seek [si:k] *(s. S. 319)* (auf)suchen; versuchen; s. bemühen (um); (Rat) einholen; untersuchen; ~ *after* suchen; ~ *out* herausfinden

seem [si:m] (er)scheinen; **~ing** anscheinend, scheinbar; **~ly** anständig

seep [si:p] (durch)sickern; **~age** [ˊ–idʒ] Durchsickern, Lecken

see|r [siə] Seher(in); **~saw** ['si:sɔ:] Schaukel(n); schaukeln; auf u. ab

seethe [si:ð] kochen, sieden (*with* vor)

segment ['segmənt] Teil; *math* Segment; (s.) in Segmente teilen

segrega|te ['segrigeit] (s.) trennen, absondern; **~tion** [––ˊ–ʃən] (*bes* Rassen-)Trennung

seine [sein] Wadenetz; mit d. Wadenetz fischen (fangen)

seiz|e [si:z] pfänden, beschlagnahmen; pakken, ergreifen *(a. fig)*; begreifen; *~e upon* begierig aufgreifen; *~e (up)* ⚙ stehenbleiben, ausfallen; **~ure** [ˊ–ʒə] Pfändung, Beschlagnahme; ⚕ Attacke; Klemmen

seldom ['seldəm] selten; ~ *or never* kaum je(mals)

select [si'lekt] auswählen, -lesen; auserlesen; exklusiv; **~ion** [–ˊ–ʃən] Auswahl; Auslese; **~ive** [–ˊ–tiv] auswählend; **~ivity** [––'tiviti] 📻 Trennschärfe

self [self], *pl* **selves** [selvz] Selbst, Ich; Eigennutz; *your good ~ (selves)* Sie; *(d. Zus.setzungen mit ~ haben doppelte Betonung, auf ~ u. d. folgenden Wort)* **~-absorbed** in s. vertieft; selbstsüchtig; **~-acting** selbsttätig; **~-assertion** Geltendmachung seiner Rechte; Sichvordrängen; **~-assertive** s. vordrängend, rechthaberisch; **~-assurance** Selbstbewußtsein; **~centred** egozentrisch; **~-command** Selbstbeherrschung; **~-complacency** Selbstzufriedenheit; **~-complacent** selbstzufrieden; **~-confidence** Selbstvertrauen; **~-confident** selbstvertrauend, -bewußt; **~-conscious** befangen; **~-contained** beherrscht; in s. vollständig; **~-control** Selbstbeherrschung; **~-defence** Selbstverteidigung; Notwehr; **~-denial** Selbstverleugnung; **~-destruction** Selbstmord; **~-determination** Selbstbestimmung; freier Wille; **~distrust** Mangel an Selbstvertrauen; **~-esteem** (zu) hohe Meinung von s. selbst; **~-evident** selbstverständlich; **~-explanatory** aus s. heraus verständlich; **~-government** Souveränität; unabhängige (demokrat.) Regierung; Selbstverwaltung; -beherrschung; **~-governing** unabhängig; **~-important** eingebildet; **~-indulgent** schwächlich, ungehemmt, zügellos; **~-interest** Eigennutz; -interesse; **~ish** [ˊ–iʃ] selbstsüchtig, egoistisch; **~-knowledge** Selbsterkenntnis; **~less** [ˊ–lis] selbstlos; **~-love** Eigenliebe; **~-made** selbstgemacht; durch eigene Kraft hochgekommen; **~-mastery** Selbstbeherrschung; **~-neglect** Vernachlässigung d. Äußeren; **~-opinionated**

rechthaberisch; **~-possessed** beherrscht, gefaßt; **~-preservation** Selbsterhaltung; **~-reliance** Selbstvertrauen; **~-reliant** selbstvertrauend, -sicher; **~respect** Selbstachtung; **~-restraint** Selbstbeherrschung; **~-righteous** selbstgerecht; **~-sacrifice** Selbstaufopferung; **~same** [ˊ-seim] ebenderselbe; **~-satisfaction** Selbstzufriedenheit; **~-satisfied** selbstzufrieden; **~-seeker** Egoist; **~-seeking** selbst-, ichsüchtig; **~-service** Selbstbedienung(s-); **~-starter** (Selbst-)Starter; **~-sufficient** s. selbst versorgend; -bewußt; **~-supporting** auf eigenen Füßen stehend; **~-taught** selbstgebildet, -erworben; **~-timer** Selbstauslöser; **~-will** Eigensinn, -wille; **~-willed** eigensinnig, -willig

sell [sel] *(s. S. 319)* **1.** (s.) verkaufen *(a. fig),* absetzen; **2.** *umg* reinlegen *(a.: ~ s-b a pup); ~ off* ausverkaufen; *~ out* ausverkaufen (*we are sold out of small sizes* . . . in kleinen Größen), realisieren; *~ up* j-s Besitz versteigern; *~ s-th to, ~ s-b on (US)* j-m etw „verkaufen", j-n überzeugen von; **3.** *su sl* Reinfall; **~er** Verkäufer, Händler; **~ing** Absatz; Verkaufs-

sellotape ['selǝteip] *BE* Tesafilm

selvage, selvedge ['selvidʒ] Webkante, Salband

semantic [si'mæntik] semantisch, Bedeutungs-; **~s** *sg vb* Semantik

semaphore ['semǝfɔː] Semaphor; Winken; winken; signalisieren

semblance ['semblǝns] (An-)Schein

semester [si'mestǝ] Semester

semi|- ['semi] halb-; *(d. Zus.setzungen mit ~ haben doppelte Betonung, auf ~ u. d. folgenden Wort)* **~-annual** halbjährlich; **~breve** [ˊ–briːv] *BE* ganze Note; **~breve rest** *BE* ganze Pause; **~circle** [ˊ–sǝːkl] Halbkreis; **~colon,** *pl ~*colons Semikolon; **~-detached house** *BE* Doppelhaushälfte; **~-final** Vorschlußrunde; **~-finished** halbfertig; **~-manufacture** Halbfabrikat; **~-official** halbamtlich, offiziös; **~quaver** [ˊ–kweivǝ] *BE* 16tel Note; **~-skilled** angelernt; **~tone** [ˊ–toun] Halbton; **~-tropical** subtropisch; **~-vowel** Halbvokal

seminar ['seminɑː] Seminar(klasse); **~y** [ˊ–'nǝri] (Priester-)Seminar

semolina [semǝliːnǝ] *BE* Grieß

sempstress ['semstris] = seamstress

senat|e ['senit] Senat; **~or** [ˊǝtǝ] Senator; **~orial** [–ǝ'tɔːriǝl] senatorisch

send [send] *(s. S. 319)* senden, (ab-)schicken (*~ word* Nachricht s.); *(mit adj, ppr)* machen; *~* **away** entlassen; *~ away for* von weither kommen lassen; *~* **down** fallenlassen; *BE* relegieren; *~* **for** schicken nach, holen lassen, bestellen; *~* **forth** fortschicken; hervorbringen; verbreiten; *~* **in** einsenden, -reichen; *~ in one's name* s. anmelden lassen; *~* **off** absenden; wegbegleiten; *~* **on** voraus-, weiterschikken; *~* **out** ausstrahlen, aus-, versenden; hervorbringen; *~* **up** hochtreiben; hinaufschikken; **~-off** [ˊ-ɔːf] Abschied, Verabschiedung

sen|escence [si'nesǝns] Altern; **~escent** [–ˊsǝnt] alternd; **~ile** ['siːnail] altersschwach, senil; **~ility** [si'niliti] Altersschwäche, Senilität

senior ['siːnjǝ] (dienst)älter, ranghöher; Ober-; (Dienst-)Älterer; *bes US* Abschlußsemester; **~ity** [–ni'ɔriti] höheres (Dienst-)Alter; (Rang); längere Dienstzeit

senna ['senǝ] Sennesblätter

sens|ation [sen'seiʃǝn] Empfindung; Wahrnehmung; (Gefühls-)Erregung; Sensation; **~ational** [–ˊ–nǝl] Wahrnehmungs-; (Aufsehen) erregend; sensationell; **~e** **1.** Sinn; **2.** *pl* Verstand; **3.** Vernunft; **4.** Gefühl (*~e of duty* Pflichtg.), Sinn (*~e of humour* S. für Humor, *~e of locality* Ortss.); **5.** Vernünftiges; **6.** Bedeutung (*in a ~* in gewisser Hinsicht); *to make ~e* Sinn geben, *to make ~e of* Sinn finden in; *to talk ~e* vernünftig reden; **7.** *vt* spüren; **~eless** [ˊlis] bewußtlos; töricht; sinnlos; **~ibility** [–si'biliti] Empfindungsvermögen; Empfindsamkeit (*to* für); *pl* Empfindlichkeit; **~ible** vernünftig; spürbar; wahrnehmbar; *to be ~ible of* s. bewußt sein; **~itive** [ˊitiv] Medium; sensitiv; (licht)empfindlich (*to* bei, gegenüber); geheim; gefährdet; **~itivity** [–si'tiviti] Empfindlichkeit; Anfälligkeit; **~itize** [ˊsitaiz] lichtempfindlich machen; **~ory** [ˊsǝri] Sinnes-, Empfindungs-; **~ual** ['senʃuǝl] sinnlich; **~uality** [–ʃu'æliti] Sinnlichkeit; **~uous** ['senʃuǝs] (Eindruck etc) sinnlich; sinnenfreudig

sent|ence ['sentǝns] (Straf-)Urteil; Strafe (*to serve a ~ence* e-e S. absitzen); Satz; verurteilen; **~entious** [–'tenʃǝs] sentenzenreich, geziert; **~ient** [ˊʃǝnt] empfindend; empfindungsreich

sentiment ['sentimǝnt] Empfindung, Gefühl; Sentimentalität; Ansicht; **~al** [––'mentl] gefühlvoll, Gefühls-; sentimental, rührselig; *~al value* Liebhaberwert; **~alist** [––'mentǝlist] sentimentaler Mensch; **~ality** [––men'tæliti] Sentimentalität; **~alize** [––'mentǝlaiz] rührselig machen (werden)

sent|inel ['sentinǝl] Wache; **~ry** [ˊtri] *mil* Posten

sepal ['sepǝl, *US* 'siː-] *bot* Kelchblatt

separa|ble ['sepǝrǝbl] trennbar; **~te** [ˊ–rit] getrennt; einzeln; [ˊ–reit] (s.) trennen (*from* von); teilen (*into* in); *US* entlassen; **~tion** [––'reiʃǝn] Trennung(szeit); *US* Entlassung; **~tist** [ˊ–rǝtist] Sonderbündler, Separatist; **~tor** [ˊ–reitǝ] (Ab-)Scheider

sepia ['siːpiǝ] Sepia; Tintenfisch

sep|sis ['sepsis] Sepsis, Blutvergiftung; **~tic** [ˊtik] septisch

September [sep'tembǝ] September

sepul|chral [siːpʌlkrǝl] Grab(es)-; düster, feierlich; **~chre** ['sepǝlkǝ] Grab (-mal, -stätte); **~ture** ['sepǝltʃǝ] Begräbnis

seque|l ['siːkwǝl] Folge (*in the ~l* in d. F.); Fortsetzung; **~nce** [ˊkwǝns] (Reihen-)Folge; Szene; *~nce of tenses (gram)* Zeitenfolge; **~nt** [ˊkwǝnt], **~ntial** [si'kwenʃǝl] (örtlich, zeitlich) folgend

sequest|er [si'kwestǝ] beschlagnahmen, sequestrieren; *~er o.s.* sich zurückziehen; **~rate** [–ˊtreit] = *~er;* **~ration** [siːkwes'treiʃǝn] Beschlagnahme

seren|ade [seri'neid] Serenade; Ständchen; (j-m) ein Ständchen bringen; **~e** [si'ri:n] heiter; ruhig, gelassen; **~ity** [si'reniti] Heiterkeit; Gelassenheit

serf [sə:f] Leibeigener; *fig* Sklave; **~dom** [ˊ-dəm] Leibeigenschaft; Sklaverei

serge [sə:dʒ] Serge, Sersche

sergeant ['sa:dʒənt] Feldwebel (*master ~* Stabsf.); Polizeiwachtmeister; **~-major** [ˊ-- 'meidʒə] Hauptfeldwebel

seria|l ['siəriəl] serienmäßig; Fortsetzungs-; (Nummer) laufend; **~l (story)** Zeitungs-, Fortsetzungsroman; **~lize** [ˊ-riəlaiz] in Fortsetzungen veröffentlichen; **~tim** [–ri'eitim] serienweise, nacheinander

sericulture ['serikʌltʃə] Seidenraupenzucht

seri|es ['siəri:z, *US* 'siriz], *pl* **~es** Reihe, Serie; **~ous** [ˊ-riəs] ernst(haft, -lich); **~ousness** [ˊ-riəsnis] Ernst(haftigkeit)

sermon ['sə:mən] Predigt *(a. fig)*

serpent ['sə:pənt] (große) Schlange *(a. fig)*; **~ine** [ˊ–-tain] s. windend; verschlagen

serr|ate ['serit], **~ated** [–'reitid] gezackt; **~ied** [ˊ-id] dicht gedrängt

ser|um ['siərəm], *pl* **~ums, ~a** [ˊ-rə] Serum

serv|ant ['sə:vənt] Diener(in); *public ~ant* Staatsdiener; *civil ~ant* Staatsbeamter; **~e** **1.** dienen, arbeiten; **2.** behilflich sein; j-n bedienen; **3.** versorgen; **4.** aufgeben, servieren; **5.** s. verwenden lassen; **6.** genügen; **7.** j-n behandeln ♦ *it ~es him right* es geschieht ihm recht; **8.** (Zeit) abdienen ♦ *~e time* Strafe absitzen; **9.** ⚖ *~e s-th on, ~e s-b with* j-m etw zustellen; **10.** ⛩ aufschlagen; **11.** *~e out* austeilen; heimzahlen; **12.** *su* ⛩ Aufschlag; **~er** [ˊ-ə] Servierer(in); Tablett; Ministrant; **~ice** [ˊ-vis] **1.** Stellung (als Diener; *to be in ~ice* in S. sein; *in our ~ice* bei uns in S.); **2.** Dienst (*civil ~ice* Staats-, Verwaltungsd.; *on, in active ~ice* im a. D.; *to be of ~ice to* j-m zu D. sein; *at s-b's ~ice* j-m zu D., zur Verfügung); Dienst-; Verkehr; Truppengattung; **3.** Bedienung; **4.** Service; **5.** Gottesdienst; **6.** ⚖ Zustellung; **7.** ⛩ Aufschlag; **8.** *vt* 🚗, ⚙ warten, instand halten, i.setzen; **~iceable** [ˊ-visəbl] dienst-, gebrauchsfähig; nützlich, hilfreich; **~icing** [ˊ-isiŋ] 🚗 Wartung; **~iette** [–vi'et] Serviette; **~ile** [ˊ-vail] Sklaven-; kriecherisch; **~itude** [ˊ-vitju:d] Sklaverei, Knechtschaft; *penal* ['pi:nəl] *~itude* Zuchthaus(strafe)

session ['seʃən] Sitzung (*in ~* ... tagt); Sitzungszeit; *US* Blockstunde; *bes US* Semester; Lehrabschnitt; *Petty S~s (BE)* Gerichtsverfahren ohne Schöffen; *Quarter S~s (BE)* Schöffengericht; **~al** Sitzungs-

set [set] *(s. S. 319)* **1.** *astr* untergehen; **2.** stellen, setzen (*a.* 📖); *~ sail* ⚓ abfahren; **3.** (Tisch) decken; **4.** *bot BE* pflanzen; **5.** etw ansetzen, halten an *(a match to a fire)*; *~fire* (od *light*) *to* anzünden; *~ the axe to* die Axt anlegen an *(a. fig)*; **6.** (Uhr, Falle) stellen; **7.** ⚙ (ein)stellen, justieren; **8.** ⚕ einrichten, -renken; **9.** schärfen; **10.** *(mit adj, ppr, adv)* machen, lassen; *~ going* in Gang bringen; *~ right* berichten, in Ordnung bringen ♦ *~ s-b's teeth on edge* auf die Nerven gehen; *~ things to rights* in Ordnung bringen, (ver)bessern; *~ s-b on his feet* j-n auf d. Beine bringen *(a. fig)*; **11.** j-n anstellen *(to do s-th)* ♦ *~ a thief to catch a thief* einen von derselben Zunft zur Lösung des Falles ansetzen; **12.** (Frage, Aufgabe) stellen, (Beispiel) geben; *~ the pace* Tempo angeben, Schrittmacher sein; **13.** festsetzen, bestimmen; **14.** (Juwelen) fassen; **15.** ⚙ fest werden, abbinden; **16.** starr werden (lassen); gelieren; (Zähne) zus.pressen; **17.** *bot* reifen, Frucht ansetzen; **18.** strömen, wehen; **19.** (Kleid) sitzen; **20.** ♪ vertonen, komponieren, setzen; **21.** *~* **s-th about** verbreiten; *~ about* in Angriff nehmen, anpacken; losgehen auf; *~* **against** entgegenstellen; *fig* einnehmen gegen; s. einstellen gegen; *~ one's face against* s. entgegenstellen; *~* **apart** beiseite tun; *~* **aside** reservieren (*for* für); *fig* beiseite schieben; ⚖ aufheben; *~* **at** (ver)setzen in etw; *~ one's cap at* nach j-m angeln, j-n zu gewinnen suchen; *~* **back** (Uhr) zurückstellen; -setzen; zurückwerfen, verzögern; *~* **by** beiseite tun, sparen; *~* **down** ab-, niedersetzen; abladen, aussteigen lassen; nieder-, aufschreiben; *~ down as* ansehen als; *~ down to* zuschreiben; festsetzen; tadeln; *~* **forth** aufbrechen; darlegen; *~* **in** einsetzen; strömen; einpflanzen; sich anbahnen; *~* **off** aufbrechen; in Gang bringen; *fig* hervorheben; abtrennen; ausgleichen; *~* **on** losgehen, angreifen; aufhetzen (*to* zu); *~ one's heart on* versessen sein auf; *~* **out** aufbrechen, anfangen; darlegen; schmücken; pflanzen; anlegen, anordnen; zur Schau stellen; s. bemühen; *~* **to** loslegen, anfangen; *~* **up** errichten; (j-n) etablieren; (j-n) setzen (*over* über); vorbringen; ausstoßen; versorgen; ⛩ trainieren; 📖 setzen; ⚕ verursachen; s. niederlassen (*as* als); *~ up for* s. ausgeben als; **22.** Satz (Geräte); Service; Garnitur; **23.** (Personen-)Kreis; *the smart ~* die modisch tonangebenden Leute, feine Gesellschaft; Haufe; **24.** *bes* ⚙ Apparat; **25.** Haltung; (Kleid) Sitz; **26.** Strömung *(a. fig)*; **27.** 🎭, 🎬 Szenerie; **28.** Pflasterstein; **29.** ⛩ Satz; **30.** Setzling; **31.** *astr* Untergang; **32.** ♦ *to make a dead ~ at* angreifen, herfallen über; zu beeinflussen, zu gewinnen suchen; **33.** *adj* fest, starr; bestimmt, festgesetzt; *~ form* Formular; feststehend; **~-back** [ˊ-bæk] Rückschlag; **~-off** [ˊ-ɔ:f] Gegen-, Aufrechnung; Ausgleich; **~-screw** [ˊ-skru:] Stellschraube; **~-square** [ˊ-skwɛə] Zeichenwinkel; **~tee** [–'ti:] Polsterbank; **~ter** [ˊ-ə] Setter, Vorstehhund; **~ting** [ˊ-iŋ] Fassung; Szenerie, Rahmen; Komposition; *astr* Untergang; Festwerden; **~-to** [ˊ-tu:] Schlägerei; **~-up** [ˊ-ʌp] Aufbau, Organisation; Einrichtung

settle ['setl] **1.** regeln, festlegen; erledigen; *~ upon* beschließen; **2.** bezahlen; s. vergleichen (*with* mit); **3.** s. niederlassen; *~ in* einziehen; **4.** siedeln; **5.** *~ (down)* s. hinsetzen, niederlassen *(to work)*; s. hineinfinden (*to* in), s. gewöhnen (*to* an); e-n Hausstand begründen; **6.** ~

(down) (s.) beruhigen; beständig werden; **7.** (Staub) niederschlagen, s. legen, setzen; **8.** (ab)sinken, s. setzen; **9.** ⚖ (über)geben (*on* an), aussetzen (*on* für); **10.** Sitzbank; **~d** [ˈ-d] beständig; entschieden, fest; festverwurzelt; seßhaft; **~ment** [ˈ-mənt] Regelung, Abkommen; Beilegung; (An-)Siedlung, Kolonie; (städtische) Siedlung; soziales Hilfswerk; **~r** Siedler

seven [ˈsevn] sieben; **~fold** [ˈ-fould] siebenfach; **~teen** [-ˈtiːn] siebzehn; **~teenth** [-ˈtiːnθ] siebzehnte(l); **~th** [ˈ-θ] siebte(l); **~tieth** [ˈ-tiiθ] siebzigste(l); **~ty** [ˈ-ti] siebzig

sever [ˈsevə] (ab)trennen; scheiden; (zer)reißen; **~al** [ˈ--rəl] mehrere; einzeln, besondere; **~ance** [ˈ--rəns] Trennung; **~e** [siˈviə] streng; stürmisch, heftig; *fig* scharf; (Stil) schmucklos, herb; **~ity** [siˈveriti] Strenge; Heftigkeit; Härte

sew [sou] nähen (*~ on* an, *~ up* zu-); **~er** [ˈ-ə] Näherin; **~ing** [ˈ-iŋ] Nähen

sew|age [ˈsjuːidʒ] Abwasser; **~age farm** Rieselfelder; **~er** [ˈ-ə] Abwasserkanal, Kanalisationsrohr; Kanalisationsanlagen; *pl* **~er-gas** [ˈ-əgæs] Faulgas; **~erage** [ˈ-əridʒ] Kanalisation; Abwässer

sex [seks] Geschlecht; Sex; *to have sex with* schlafen mit; Geschlechts-; **~less** [ˈ-lis] geschlechtslos; unfraulich; **~ology** [sekˈsɔlədʒi] Sexualwissenschaft

sex|tant [ˈsekstənt] Sextant; **~tet** [-ˈtet] Sextett; Sechsergruppe; **~ton** [ˈ-tən] Küster, Totengräber

sexual [ˈsekʃuəl] geschlechtlich; sexuell; Geschlechts-; **~ity** [--ˈæliti] Sexualität; Geschlechtsleben;

sexy [ˈseksi] sexy; erotisch; gepfeffert

shabby [ˈʃæbi] schäbig *(a. fig)*

shack [ʃæk] Bretterbude; Hütte; **~les** [ˈ-lz] *pl vb* Fesseln *(a. fig)*; fesseln *(a. fig)*; behindern

shad [ʃæd], *pl ~ zool* Alse; **~dock** [ˈ-ək] (Art) Pampelmuse

shad|e [ʃeid] Schatten; *pl* Dunkelheit; Weinkeller; (geschützter) Winkel; Schattierung, Nuance; Schirm; *US* Rollo; beschatten, beschirmen; schattieren, abtönen; **~ow** [ˈʃædou] (bestimmter) Schatten; *pl* Dunkel; verdunkeln; beschatten *(a. fig)*; **~owy** [ˈʃædoui] schattig; schattenhaft; **~y** [ˈ-i] schattig; *umg fig* zweifelhaft, anrüchig

shaft [ʃɑːft] Schaft; Pfeil; Stiel; ⚙ Welle; Deichsel; Schacht; Strahl

shag [ʃæg] zottiges Haar; Shag, Plüsch; Shag-Tabak; **~gy** [ˈ-i] zottig

shagreen [ʃæˈgriːn] Chagrin (Leder)

shak|e [ʃeik] *(s. S. 319)* schütteln (*~e off* ab-, *~e up* auf-, um-); rütteln an; erschüttern *(a. fig)*; zittern (*with* vor); *~e down* hinschütten, -streuen; s. setzen; s. eingewöhnen; Schütteln; *umg* Augenblick ♦ *in two ~es, in half a ~e* sofort; ♪ Triller; **~edown** [ˈ-daun] Strohlager; **~er** [ˈ-ə] Mixbecher; Mixer; **~y** [ˈ-i] wackelig; unzuverlässig; zitternd

shale [ʃeil] Schieferton; **~ oil** Schieferöl

shall [ʃæl] *(s. S. 319)* soll; werde, wird; nach *so that*, Verben d. Wünschens, unpersönlichen Ausdrücken: unübersetzt; **should** [ʃud] *a.* dürfte *(he should be there by now, I think)*

shallop [ˈʃæləp] ⚓ Schaluppe

shallot [ʃəˈlɔt] Schalotte

shallow [ˈʃælou] seicht *(a. fig)*; *pl* Untiefe

sham [ʃæm] Imitation; Betrug; Betrüger; unecht; Schein-; vortäuschen; s. (tot etc) stellen; s. verstellen

shamble [ˈʃæmbl] watscheln; wackliger Gang; **~s** [ˈ-z] *sg vb* Schlachthaus; Blutbad; Trümmer; Durcheinander

shame [ʃeim] Scham(gefühl); Schande; *to put s-b ~ to* j-n beschämen; *vt* beschämen; Schande bringen über; **~faced** [ˈ-feist] bescheiden; schüchtern; **~ful** schändlich; **~less** schamlos

sham|my [ˈʃæmi] Sämischleder; **~poo** [-ˈpuː] Haarwäsche; Haarwaschmittel; (Haar) waschen, j-m die Haare waschen; **~rock** [ˈ-rɔk] (Faden-)Klee; Kleeblatt

shandy(gaff) [ˈʃændi(gæf)] *BE* Bier mit Limonade

shanghai [ʃæŋˈhai] ⚓ schanghaien

shank [ʃæŋk] Unterschenkel

shantung [ʃænˈtʌŋ] Schantungseide

shanty [ˈʃænti] Bude, Hütte (*~-town* Barackenstadt); Seemannslied

shape [ʃeip] Gestalt (*to take ~* G. annehmen); Form; *to put* (od get) *into ~* gestalten, formen; Zustand; Form, Modell; (Stürz-)Pudding; *out of ~* verzerrt; (s.) gestalten, formen; **~less** [ˈ-lis] gestaltlos; **~ly** wohlgestaltet

shard [ʃɑːd] *zool* Schale; ⚙ (Ton-)Scherbe, Splitter

share [ʃɛə] (An-)Teil; Aktie (*original ~* Stammaktie); *to go ~s* mit anderen teilen; Pflugschar; (ver)teilen; s. beteiligen; teilnehmen; **~holder** Aktionär

shark [ʃɑːk] Haifisch; Schwindler

sharp [ʃɑːp] **1.** scharf; **2.** spitz; **3.** schrill; **4.** scharfsinnig, intelligent; **5.** gerissen; **6.** schnell, munter; **7.** ♪ um e-n Halbton erhöht; **8.** *adv* pünktlich; *look ~!* beeil dich!; *to sing ~* zu hoch singen; **9.** ♪ erhöhte Note, Kreuz, schwarze Taste; **10.** ♪ erhöhen; **~en** schärfen; **~er** Gauner; **~-eyed** [ˈ-ˈaid]; **~-sighted** [ˈ-ˈsaitid] scharfäugig; **~-set** [ˈ-ˈset] hungrig; **~-witted** [ˈ-ˈwitid] scharfsinnig, intelligent

shatter [ˈʃætə] zertrümmern; zerbrechen

shav|e [ʃeiv] rasieren; dünn abschneiden; knapp vorbeikommen an; Rasur; knappes Berühren, Entkommen; **~en** rasiert; **~er** Barbier; *young ~er* junger Kerl; **~ing** Rasier-, *pl* (Hobel-)Späne

shawl [ʃɔːl] Hals-, Umschlagtuch

she [ʃiː] sie

shea|f [ʃiːf], *pl* **~ves** [ˈ-vz] Garbe; Bündel; Haufen, Stapel

shear [ʃiə] *(s. S. 319)* (Schaf) scheren; *fig* berauben; ⚙ glatt abschneiden; **~s** *pl vb* große Schere

sheatfish [ˈʃiːtfiʃ] (Fluß-)Wels

sheath [ʃi:θ], *pl* **~s** [ʃi:ðz] *mil* Scheide; Futteral; **~e** in d. Scheide stecken; ⚙ verkleiden, umhüllen
shed [ʃed] Schuppen, Stand; vergießen; abwerfen, (Haare) verlieren; verbreiten
sheen [ʃi:n], Glanz, Schein
sheep [ʃi:p], *pl* ~ Schaf; schüchterner Kerl; **~-fold** [ˊ-fould] Schafhürde; **~ish** schüchtern, blöd; **~-run** [ˊ-rʌn] Schafweide; **~skin** Schaffell(mantel, -teppich), -leder; Pergament; Diplom
sheer [ʃiə] rein; (hauch)dünn; senkrecht, steil; ⚓ gieren, scheren; ~ *off, away* abschwenken, weglaufen
sheet [ʃi:t] Laken, Bettuch; *to get between the ~s* sich ins Bett verziehen; Bogen (Papier); ⚙ (Fein-)Blech *(a. ~ metal)*; Fläche; Zeitung; ⚓ Schot(e) ♦ *three ~s in the wind* sternhagelvoll; **~-anchor** [ˊ-æŋkə] Not-, Pflichtanker; *fig* Zuflucht, Stütze; **~ing** Bettleinen
shel|f [ʃelf], *pl* **~ves** [ˊ-vz] (Wand-, Schrank-) Brett; *pl* Regal; Sims; Sandbank
shell [ʃel] *zool, allg* Schale, Hülse; Muschel; *mil* Granate, Geschoß; *US* Patrone; *(racing-)~* Rennboot; schälen, enthülsen; bombardieren, beschießen; ~ *out (umg)* blechen; ~ **egg** Frischei
shellac [ʃe'læk] Schellack; mit S. überziehen; *US umg* (vernichtend) schlagen
shellfish ['ʃelfiʃ], *pl* ~ Muschel
shelter ['ʃeltə] Schutz(raum, -dach; *a. fig*); Schutz geben (suchen)
shelve [ʃelv] mit Brettern versehen; auf ein Brett stellen; *fig* beiseite schieben; entlassen; sich sanft neigen
shepherd ['ʃepəd] Hirte *(a. fig)*; hüten, leiten; **~ess** [ˊ--is] Hirtin
sherbet ['ʃə:bət] Scherbett, Sorbet (Eisgetränk)
sheriff ['ʃerif] Sheriff (*BE* etwa: Landrat, *US* Polizeichef)
sherry ['ʃeri] Sherry
shew [ʃou] *siehe* show
shield [ʃi:ld] (Wappen-, Schutz-)Schild *(a. fig)*; schützen (*from* vor)
shift [ʃift] (s.) (ver)schieben ♦ ~ *one's ground* seinen Standpunkt ändern; (Wind) umspringen; s. durchschlagen; Veränderung, Verschiebung, Wechsel; List, Kniff; *to make (a) ~* s. behelfen; (Arbeits-)Schicht; **~work** [ˊ-wə:k] Schichtarbeit; **~less** unbeholfen, faul; **~y** verschlagen; falsch
shilling ['ʃiliŋ] Schilling
shilly-shally ['ʃiliʃæli] unentschlossen (sein); Unentschlossenheit
shimmer ['ʃimə] schimmern; Schimmer
shin [ʃin] Schienbein; ~ *up* hinaufklettern
shindy ['ʃindi] *umg* Krach, Radau
shine [ʃain] *(s. S. 319)* scheinen, leuchten *(a. fig)*; polieren; Politur; Sonnenschein ♦ *rain or ~* bei jedem Wetter; = shindy
shingle ['ʃiŋgl] *BE* Strandkies(elsteine); Schindel; *US* Schild; (Damen-)Herrenschnitt; mit Schindeln decken; kurzschneiden; **~s** *sg vb* ⚕ Gürtelrose
ship [ʃip], Schiff; *bes US* Flugzeug, Luftschiff; Raumschiff; verschiffen, verfrachten, versenden; ⚓ einsetzen; anheuern; (Ruder) einlegen; ~ *water* (od *a sea*) e-e Sturzsee bekommen; s. einschiffen, s. anheuern lassen; **~-breaker** [ˊ-breikə] Schiffsaufkäufer; **~-broker** [ˊ-broukə] Schiffsmakler; ~ **canal** [kə'næl] Seekanal; **~-load** [ˊ-loud] Schiffsladung, Passagierzahl; **~ment** [ˊ-mənt] (Waren-)Sendung; (Schiffs-)Ladung; Verladung, Versendung; **~owner** [ˊ-ounə] Reeder; **~per** [ˊ-ə] Verschiffer; Versender; Spediteur; **~ping** [ˊ-iŋ] Schiffsbestand; Handelsflotte; Verschiffung; Schiffs-; *~ping company* Reederei; Verlade-; **~'s papers** Schiffspapiere; **~shape** [ˊ-ʃeip] in Ordnung, ordentlich; **~wreck** [ˊ-rek] Schiffbruch *(a. fig)*; Wrack; scheitern (lassen); **~wrecked** [ˊ-rekt] schiffbrüchig; **~wright** [ˊ-rait] Schiffbauer; **~yard** [ˊ-ja:d] Schiffswerft
shire ['ʃaiə] Grafschaft
shirk [ʃə:k] s. drücken (vor); **~er** Drückeberger
shirt [ʃə:t] (Herren-)Hemd; ~, *US* **~waist** [ˊ-weist] Hemdbluse; **~-front** [ˊ-frʌnt] Hemdeneinsatz; **~ing** [ˊ-iŋ] Hemdenstoff
shiver ['ʃivə] zittern (*with* vor); zersplittern (lassen); Zittern; *pl* Schauer; Splitter; **~y** [ˊ--ri] zitternd
shoal [ʃoul] Menge; (Fisch-)Schwarm; Untiefe; Sandbank; *pl* Tücken; seicht; Schwärme bilden; seichter werden
shock [ʃɔk] Stoß, Prall, Schlag (*a.* ⚡); ⚕ Schock *(a. fig)*; Getreidestiege, Mandel; Haarschopf; erschüttern; schockieren; **~-absorber** [ˊ-əbsɔ:bə] 🚗 Stoßdämpfer; **~ing** [ˊ-iŋ] anstößig, schockierend; miserabel; gräßlich; ~ **troops** Stoßtruppen
shod [ʃɔd] *siehe* shoe; beschuht; verkleidet
shoddy ['ʃɔdi] Alt-, Reißwolle; Shoddy; schäbig(es Zeug), Talmi
shoe [ʃu:] Schuh; Hufeisen; ~ *(s. S. 319)* beschuhen; beschlagen; verkleiden; **~-black** [ˊ-blæk] Schuhputzer; **~horn** [ˊ-hɔ:n] Schuhlöffel; **~-lace** [ˊ-leis], **~-string** [ˊ-striŋ] *US* Schnürsenkel; **~maker** [ˊ-meikə] Schuhmacher
shoo [ʃu:] verscheuchen
shoot [ʃu:t] *(s. S. 319)* **1.** (hervor-)schnellen, stoßen, werfen; **2.** abladen; **3.** (Riegel) auf-, zustoßen; **4.** (ver-, ab-)schießen; **5.** jagen (auf e-m Grundstück); **6.** aufbrechen, sprießen; **7.** *fig* dahinschießen; -jagen; **8.** hinausragen; **9.** hinwegschießen über; **10.** 🎥 filmen, drehen, fotografieren; (sich) spritzen, fixen; ~ **ahead** voranstürzen, j-n überholen; ~ **away** weiter-, verschießen; ~ **off** abschießen; ~ **out** vorspringen; herausschleudern; ~ **through** durchzucken; ~ **up** aufschießen; emporschnellen; **11.** Schößling; **12.** Stromschnelle; **13.** Jagdgruppe; -gebiet; **14.** Rutsche, Rutschbahn; **~ing** Jagen; Jagdrecht, -gebiet; **~ing-iron** [ˊ-iŋaiən] Schießeisen; **~ing star** Meteor
shop [ʃɔp] Laden, Geschäft; Betrieb, Beruf; *to set up ~* e-n Laden eröffnen; *to shut up ~* s. Laden dichtmachen, aufhören; *to talk ~* fachsimpeln; *to come* (od *go*) *to the wrong ~*

sich an d. falsche Adresse wenden; *all over the ~ (umg)* überall (hin), verstreut; ⚙ Werkstatt, Betrieb; **~-assistant** [ˊ-əsistənt] *BE* Verkäufer; **~-boy** [ˊ-bɔi] Ladenjunge; **~-girl** [ˊ-gəːl] Ladenmädchen; **~ hours** [auəz] Verkaufszeit; **~keeper** [ˊ-kiːpə] Ladeninhaber, Einzelhändler; **~lifter** [ˊ-liftə] Ladendieb; **~per** [ˊ-ə] (Ein-) Käufer; **~ping** [ˊ-iŋ] Einkaufen *(to go ~ping)*; **~-window** Schaufenster

shore [ʃɔː] Küste (*in ~* nahe d. K.; *on ~* auf d. K.); ⚙ Stütze, Stützbalken; *~ (up)*

shorn [ʃɔːn] *siehe* shear

short [ʃɔːt] **1.** kurz; klein; niedrig ♦ *to have a ~ temper* leicht erregbar sein; *to make ~ work of* kurzen Prozeß machen mit; **2.** knapp, unzureichend; *to be ~ of* knapp sein an; weg sein von; *to cut ~ fig* abschneiden; *to come* (od *fall*) *~ (of)* unzureichend sein, enttäuschen; *to run ~* ausgehen (*we ran ~ of oil* uns ging d. Öl aus); *~ of* außer (daß); *nothing ~ of* nichts anderes als; **3.** kurz (angebunden) (*to be ~ and to the point* k. u. präzise sein); *for ~, in ~* kurz; **4.** (Kuchen) mürbe; **5.** (Wechsel etc) auf kurze Sicht; **6** *adv* (zu) kurz; **7.** plötzlich; **8.** *su* Kurzfilm; **9.** Kurzschluß; **10.** *BE* harter Drink; **11.** kurze Silbe; **12.** *pl* Turnhose, Shorts; **~age** [ˊ-idʒ] Knappheit; Verknappung, Mangel; **~ circuit** [ˊ-'səːkit] ϟ Kurzschluß; **~coming** [ˊ-kʌmiŋ] Unzulänglichkeit, Fehler; **~ cut** Abkürzung(sweg); **~-dated** [ˊ-deitid] kurzfristig; **~ drink** (unverdünnter) Cognac, Rum, Gin etc; **~en** verkürzen; kürzer werden; **~ening** [ˊ-niŋ] Backfett; **~hand** [ˊ-hænd] Kurzschrift; **~-handed** [ˊ-hændid] unterbesetzt; **~ish** [ˊ-iʃ] ziemlich kurz; **~-lived** [ˊ-livd, *US* -'laivd] kurz(lebig); **~ly** bald; kurz; schroff; **~ sight** Kurzsichtigkeit; **~-sighted** [ˊ-'saitid] kurzsichtig *(a. fig)*; **~-spoken** [ˊ-'spoukn] kurz angebunden; **~ story** [ˊ-'stɔːri] Kurzgeschichte; **~-tempered** [ˊ-'tempəd] leicht erregbar; **~-term** [ˊ-təːm] kurzfristig; **~ time** Kurzarbeit; Arbeitszeitverkürzung; **~-timed** [ˊ-'taimd] kurzfristig; **~ ton** Tonne (= 2000 pounds); **~ weight** [ˊ-'weit] Mindergewicht, Untergewicht; **~-winded** [ˊ-'windid] kurzatmig

shot [ʃɔt] Schuß; *like a ~* wie d. Blitz; ⛩ Stoß, Schlag; *fig* Hieb; Schütze; Schußweite; *mil* Kugel; ⛩ Kugel (*putting the ~* Kugelstoßen); *~, pl ~* Schrot(kugel); 🎥 Filmszene; ⚕ Spritze; *adj* (Stoff) changierend, schillernd; **~-gun** [ˊ-gʌn] Schrotflinte; **~-put** Kugelstoßen

should [ʃud] *siehe* shall

shoulder ['ʃouldə] Schulter; *to put one's ~ to the wheel* kräftig zupacken; (Straße) Bankett; schultern; auf sich nehmen; s. durchdrängen; **~-blade** [ˊ-bleid] Schulterblatt; **~-strap** [ˊ-stræp] Achselklappe, (Unterkleid) Träger

shout [ʃaut] Ruf; Schrei; laut sprechen; rufen, schreien; brüllen; **~ing** Rufen, Geschrei; Jubel

shove [ʃʌv] schieben, stoßen; *~ along* (od *up*) weitergehen; (sich) drängen; *~ off* abstoßen, *umg* losgehen; Schub, Stoß; **~l** [ˊ-l] Schaufel; schaufeln

show [ʃou] *(s. S. 319)* **1.** zeigen; **2.** (Unterkleid) vorkommen (lassen); **3.** ausstellen; *to be ~ing* 🎥 laufen; **4.** er-, nachweisen; **5.** (herum)führen *(about a town, over a house)*; **6.** zu sehen sein; *~ off* zur Schau stellen, *fig* angeben; *~ up* j-n hinaufführen; entlarven; *umg* aufkreuzen; deutlich hervortreten; **7.** *su* Zeigen; *by (a) ~ of hands* durch Handaufheben; **8.** Schau, Ausstellung (*travelling ~* Wander-); *on ~* zur Besichtigung, ausgestellt; **9.** *fig* Bild; **10.** *fig* Schein; **11.** *fig* Angabe; **12.** *umg* Betrieb, Laden (*to run the ~* d. L. schmeißen); *to give the (whole) ~ away* d. Schwächen verraten; **13.** *fig* Chance *(give him a fair ~)*; **14.** Vor-, Aufführung; **~-case** [ˊ-keis] Schaukasten; **~-down** [ˊ-daun] Aufdecken d. Karten *(a. fig)*; entscheidende Kraftprobe, Entscheidungskampf; **~er** ['ʃauə] Schauer, Guß; *fig* Hagel, Fülle; *US* (etwa:) Brautfest; schütten *(a. fig)*; strömen; **~er-bath** ['ʃauəbaːθ] Dusche; **~ery** ['ʃauəri] regnerisch; **~ing** [ˊ-iŋ] *fig* Bild, Eindruck; **~-man** [ˊ-mən], *pl* ~men Schausteller; **~manship** Schaustellerkunst; geschickte Propaganda; **~-off** [ˊ-ɔːf] *umg* Angeber, Großmaul; **~-place** [ˊ-pleis] Sehenswürdigkeit; **~-room** [ˊ-ru(ː)m] Ausstellungsraum; **~-window** [ˊ-windou] Schaufenster; **~y** [ˊ-i] prunkhaft; angeberisch

shrapnel ['ʃræpnəl] Sprengladung (e-s Schrapnells); Schrapnell

shred [ʃred] Fetzen; Bruchstück; zerreißen; schroten

shrew [ʃruː] Zankweib; **~(-mouse)** Spitzmaus; **~d** [-d] (Wind, Verstand) scharf; geschickt; treffend

shriek [ʃriːk] kreischen; schreien; Schrei

shrill [ʃril] schrill, gellend

shrimp [ʃrimp] Garnele; elender Wicht; Garnelen fangen

shrine [ʃrain] Schrein *(a. fig)*

shrink [ʃriŋk] *(s. S. 319)* schrumpfen, eingehen; dekatieren; zurückschrecken (*from* von, vor); **~age** [ˊ-idz] Schrumpfung *(a. fig)*; Schwund

shrive [ʃraiv] *(s. S. 319)* j-m d. Beichte abnehmen

shrivel [ʃrivl] vertrocknen; zus.schrumpfen, verschrumpeln

shroud [ʃraud] Leichentuch; *fig* Hülle; *pl* ⚓ Wanten; einhüllen *(a. fig)*

Shrove Tuesday ['ʃrouv'tjuːzdi] Fastnachtdienstag

shrub [ʃrʌb] Busch, Staude; **~bery** [ˊ-əri] Gebüsch

shrug [ʃrʌg] *(one's shoulders), to give a ~ of the shoulders* mit d. Schulter zucken, d. Achseln zucken

shrunken ['ʃrʌŋkən] eingefallen (*siehe* shrink)

shuck [ʃʌk] Hülse, Schote, Schale; *US* Schwindel; enthülsen, entschoten

shudder ['ʃʌdə] schauern; Schauer

shuffle ['ʃʌfl] **1.** schlurfen, schleifen; *~ one's feet* mit d. Füßen schlurfen, scharren; **2.** s. drücken, Ausflüchte machen; **3.** durcheinanderwühlen, (Karten) mischen; *~ off (on)* ab-

(über-)streifen; **4.** *su* Schlurfen; **5.** Mischen; **6.** Ausflucht; **7.** Unehrlichkeit
shun [ʃʌn] s. fernhalten von; vermeiden
shunt [ʃʌnt] *bes* verschieben, rangieren; ↯ ableiten; *umg* beiseite schieben; kaltstellen; Weiche; ↯ Nebenschluß; **~ing** Rangier-; Rangieren
shut [ʃʌt] *(s. S. 319)* (ver-, zu)schließen, zumachen; sich schließen lassen; einklemmen; **~down** (Werk) schließen; sperren; **~ in** einschließen; **~ off** abschließen, -stellen; ausschließen; **~ out** ausschließen, sperren; **~ to** zuschließen, -sperren; **~ up** verschließen, zumachen; zum Schweigen bringen; d. Mund halten; **~down** [ˊ-daun] Stillegung; **~ter** (Fenster-)Laden; Verschluß
shuttle [ˈʃʌtl] (Weber-)Schiffchen, Schützen; hin u. her fahren; **~cock** [ˊ-kɔk] Federball; *fig* schwankendes Rohr
shy [ʃai] schüchtern, scheu; *to be ~ of doing* zögern zu tun; *to fight ~ of* zu vermeiden suchen; *~ at* (*fig* zurück-)scheuen vor; *umg* werfen; Wurf; *to have a ~ at* e-n Versuch machen; **~ster** [ˊ-stə] *bes Us umg* Winkeladvokat; gerissener Kerl
sibilant [ˈsibilənt] Zischlaut; zischend
sibling [ˈsibliŋ] Bruder, Schwester; *pl* Geschwister
sick [sik] *attr* krank; *to be ~ (pred) BE* übel sein, brechen müssen, *US* krank sein; *to fall ~* krank werden; *to go ~* s. krank melden; *~ for* sehnsüchtig nach; *~ of* überdrüssig, satt; **~-bed** [ˊ-bed] Krankenbett; **~-benefit** [ˊ-benifit] *BE* Krankengeld; **~en** Anzeichen zeigen (*for* von); Ekel empfinden (*at* bei); überdrüssig werden (*of* von); krank, übel machen; **~ fund** [ˊ-fʌnd] Krankenkasse; **~ headache** [ˊ-ˈhedeik] Migräne; **~ish** [ˊ-iʃ] kränklich; **~le** [ˊ-l] Sichel; **~-leave** [ˊ-liːv] Krankheitsrulaub; **~ly** [ˊ-li] kränklich; matt; ungesund; widerlich; **~ness** [ˊ-nis] Krankheit (*~ness benefit* Krankengeld); Übelkeit
side [said] Seite (*~ by ~* S. an S.; *to stand by s-b's ~* j-m zur S. stehen); *by the ~ of, by s-b's ~* neben; *to take ~s with* j-s Partei ergreifen; Arroganz (*he has, puts on, too much ~* er ist zu arrogant); **~board** [ˊ-bɔːd] Anrichte; **~-car** [ˊ-kaː] Beiwagen; **~-effect** [ˊ-ifekt] Nebenwirkung; **~-glance** [ˊ-glaːns] Seitenblick; **~-issue** [ˊ-iʃu] Randproblem; **~light** [ˊ-lait] Stand-, Seiten-, *fig* Streiflicht; **~-line** [ˊ-lain] Nebenzweig, -beruf; **~long** [ˊ-lɔŋ] seitlich; **~-scene** [ˊ-siːn] Kulisse; **~-show** [ˊ-ʃou] Nebenvorstellung, Sonderschau; **~-slip** [ˊ-slip] , (Ab-)Rutschen; **~step** [ˊ-step] Schritt zur Seite; (Schlag) entgehen *(a. fig);* zur Seite treten; **~-track** [ˊ-træk] Nebengeleise; auf ein N. schieben; *fig* beiseite schieben; ablenken; **~walk** [ˊ-wɔːk] *US* Bürgersteig; **~ways** [ˊ-weiz] seitlich
siding [ˈsaidiŋ] Nebengleis
sidle [ˈsaidl] *up to* sich (schüchtern) heranmachen an; *~ away from* s. heimlich verziehen
siege [siːdʒ] Belagerung
sieve [siv] Sieb
sift [sift] sieben, sondern; (fein) streuen; *fig* sichten; **~er** Sieb
sigh [sai] Seufzer *(a. fig);* seufzen; *~ for* sich sehnen nach
sight [sait] **1.** Sehkraft, *fig* Augen; *by ~* vom Sehen; **2.** Sicht; *to have* (od *get, catch*) *(a) ~ of* erblicken; *to lose* [luːz] *~ of* aus d. Augen verlieren; *at ~* bei Sicht, ♪ vom Blatt; *at first ~* auf d. ersten Blick; *at the ~ of* beim Anblick von; **3.** Sicht(weite) (*in ~* in S.; *out of ~* außer S.); **4.** Urteil; **5.** Sehenswürdigkeit (*to see the ~s* sich die S. ansehen); Anblick; *a ~ for sore eyes* ein erfreulicher Anblick; **6.** komisches Gebilde, Schauspiel; **7.** Visier, Korn; *to take (a) ~* anvisieren; **8.** *umg* Menge *(a ~ of money); not by a long ~* nicht annähernd; **9.** sichten; **10.** mit Visier versehen; anvisieren; **11.** zielen (*~ing shot* Probeschuß); **12.** (Wechsel) mit Sichtvermerk versehen; **~less** [ˊ-lis] blind; **~ly** [ˊ-li] ansehnlich, stattlich; **~seer** [ˊ-siə] Tourist; **~seeing** Besichtigen von Sehenswürdigkeiten
sign [sain] Zeichen; Wink; (unter-)zeichnen; ein Zeichen geben; **~ away** übertragen, weggeben; **~ off** beenden, abschalten; schließen, kündigen; **~ on** j-n anstellen; **~ up for** s. anwerben lassen für; **~-board** [ˊ-bɔːd] (Aushänge-)Schild; **~-post** [ˊ-poust] Wegweiser
signal [ˈsignəl] Signal; Impuls, Signal; *adj* hervorragend; auffallend; *vt/i* Signal geben, signalisieren; **~-box** *US* **~ tower** [ˊˊ-bɔks] *BE* Stellwerk; **~-man** [ˊˊ-mən], *pl* ~-men Stellwärter
sign|atory [ˈsignətəri] Unterzeichner; unterzeichnend; **~ature** [ˊˊ-tʃə] Unterschrift; Kennmelodie; ♪ Vorzeichen; Signatur, Druckbogen; **~et** [ˊ-it] Siegel; **~et-ring** Siegelring
signif|icance [sigˈnifikəns] Bedeutung; Bedeutsamkeit; **~icant** [-ˊˊ-kənt] bedeutend, bedeutsam; **~ication** [--fiˈkeiʃən] Bedeutung; **~y** [ˊˊ-fai] zu erkennen geben, kundtun; bedeuten; von Bedeutung sein
silage [ˈsailidʒ] Gärfutter
silen|ce [ˈsailəns] Stille; (Still-)Schweigen; z. Schweigen bringen; **~cer** [ˊˊ-sə] *BE* Schalldämpfer, Auspufftopf; **~t** [ˊˊ-t] still; stumm; *to be ~t on* nichts sagen über
silhouette [siluˈet] Silhouette
silk [silk] Seide; *pl* Seidenkleider; **~en** seiden; seidig *(a. fig);* **~ hat** Zylinder; **~worm** [ˊ-wəːm] Seidenraupe; **~y** seidenartig, glänzend; *fig* (aal)glatt
sill [sil] Fensterbrett; Schwelle
silly [ˈsili] töricht; Dummkopf
silo [ˈsailou], *pl* **~s** Silo; in e. S. einlagern
silt [silt] Schlick, Schlamm; *~ up* verschlammen
silvan *siehe* sylvan
silver [ˈsilvə] Silber (*table ~* Tafel-) ♦ *every cloud has a ~ lining* alles hat sein Gutes; versilbern; silbern machen (werden); **~-plate** [ˊˊ-pleit] Silberzeug, Tafelsilber; **~ screen** Bild-, Silberschirm; **~ thaw** [ˊˊ-ˈθɔː] Glatteis;

~-tongued [ˊ–tʌŋd] beredt; **~ware** [ˊ–wɛə] *US* = ~-plate; **~y** [ˊ–ri] silbrig, rein
simian ['simiən] affenartig; Affe
simil|ar ['similə] ähnlich; **~arity** [––'læriti] Ähnlichkeit; **~e** [ˊ–li] Gleichnis; **~itude** [–ˊ litjuːd] (ähnl.) Gestalt; = ~e
simmer ['simə] leicht sieden, gerade kochen; summen; kochen (*with* vor); ~ *down (fig)* s. abkühlen
simper ['simpə] einfältig lächeln; einfältiges Lächeln
simpl|e ['simpl] einfach; ehrlich, arglos; einfältig, töricht; **~eton** [ˊtən] Einfaltspinsel, Trottel; **~icity** [–'plisiti] Einfachheit, Ehrlichkeit, Einfältigkeit; **~ify** [ˊifai] vereinfachen; erleichtern
simulate ['simjuleit] vortäuschen; heucheln; nachmachen
simultaneous [siməl'teinjəs, *US* sai-] gleichzeitig
sin [sin] Sünde (*original* ~ Erb-); sündigen; unrecht tun; **~ful** sündig; **~less** sündenfrei; **~ner** Sünder
since [sins] seit; da ja; *adv* seitdem; *ever* ~ seit d. ganzen Zeit; *long* ~ seit, vor langer Zeit
sincer|e [sin'siə] aufrichtig; echt, wahr; **~ity** [–'seriti] Aufrichtigkeit; Ehrlichkeit
sinecure ['sainikjuə] Sinekure, Pfründe
sine die ['saini'daiiː] auf unbestimmte Zeit
sine qua non ['sainikwei'nɔn] unabdingbare Voraussetzung
sinew ['sinjuː] Sehne; *pl* Kraft ♦ *~s of war* nervus rerum,, Geld; **~y** [ˊ–i] sehnig; stark
sing [siŋ] *(s. S. 319)* singen (~ *out* laut s.; ~ *up* lauter s.); (Ohr) klingen; summen
singe [sindʒ] (ver)sengen
single ['siŋgl] einzeln; einzig; ledig; ehrlich, unentwegt; *bot* einfach; Einzel-; ~ *combat* Zweikampf; *su* 🎾 Einzel; *(vt)* ~ *out* aussondern; **~-breasted** [ˊbrestid] (Anzug) einreihig; **~-handed** [ˊ'hændid] ohne Hilfe; allein, selbständig; **~-hearted** [ˊhaːtid], **~-minded** [ˊ'maindid] ehrlich; zielbewußt; **~t** [ˊlit] *BE* (Herren-)Unterhemd; **~ton** [ˊtən] (Spiel) Einzelkarte; Einzelkind; **~-track** [ˊtræk] eingleisig *(a. fig)*
singsong ['siŋsɔŋ] Singsang; *BE* (gemeinsames) Singen
singular ['siŋgjulə] einzigartig; eigenartig; Singular; **~ity** [––'læriti] Einzigartigkeit; Eigenartigkeit
sinister ['sìnistə] böse; unheilvoll
sink [siŋk] *(s. S. 319)* sinken, untergehen; (Boden) abfallen, nachgeben; versinken *(a. fig)*, dahinschwinden; sinken lassen, versenken; geheimhalten, beiseite schieben; (Geld) fest anlegen; Ausguß; *fig* Sammelstätte
Sino- ['sinou] chinesisch
sinuous ['sinjuəs] s. windend, gewunden
sinus ['sainəs], *pl* **~es** Stirnhöhle; **~itis** [––'saitis] Nebenhöhlenentzündung
sip [sip] nippen, schlürfen; Schlückchen
siphon ['saifən] Saugheber; Siphon; ~ *off* abziehen, herausholen *(a. fig)*; ablaufen

sir [səː] Herr; **~e** [saiə] Herr; Vater, Vorfahr; Zeuger
siren ['saiərin] *mil*, ⚓ Sirene *(a. fig)*
sirloin ['səːlɔin] *BE* Lendenstück; *US* Rumpsteak
sirup ['sirəp] *US* = syrup
sisal ['saisl] Sisal(hanf)
sissy ['sisi] Schwächling, Weichling; weichlich
sister ['sistə] Schwester *(a. fig)*; ⚕ Stationsschwester; Schwester-; **~hood** [ˊ–hud] *fig* Schwesternschaft; Frauenverein; **~-in-law** [ˊ–rinlɔː], *pl* ~s-in-law Schwägerin; **~ly** [ˊ–li] schwesterlich
sit [sit] *(s. S. 319)* sitzen (*to s-b* j-m); Mitglied sein *(in Parliament, on a committee)*; Sitzung halten; lasten (*on* auf); brüten; ~ **down** s. (hin)setzen; ~ *down under (fig)* hinnehmen; ~ **for** *an examination* e-e Prüfung machen; ~ **in** babysitten; bleiben (*with* bei); ~ **on** untersuchen; j-m eins aufs Dach geben; ~ **out** 🎭 bis zu Ende bleiben; länger bleiben als; (Tanz) aussetzen; ~ **under** zu j-s Gemeinde gehören; ~ **up** aufbleiben; aufrecht sitzen ♦ *to make s-b ~ up* j-n vor den Kopf stoßen, alarmieren; **~-down** [ˊdaun] **strike** Sitzstreik; **~ter** [ˊə] Sitzender; 🖌 Modell; Bruthenne; **~ter-in** [ˊər'in], *BE* Babysitter; **~ting** [ˊiŋ] Sitzung(szeit, *a.* 🖌); *at a ~ting* auf e-r Sitzung; Gelege; **~ting-room** [ˊiŋruːm] Wohnzimmer
site [sait] Lage; Örtlichkeit; Schauplatz; Baustelle; errichten
situat|ed ['sitjueitid] gelegen; situiert; **~ion** [––ˊʃən] Stellung; Lage
six [siks] sechs ♦ ~ *of one and half a dozen of the other* dasselbe in Grün; *at ~es and sevens* in großer Unordnung; **~fold** [ˊfould] sechsfach; **~pence** [ˊpəns], *pl* ~pences Sixpenny(stück); **~teen** [ˊ'tiːn] sechzehn; **~teenth** [ˊ'tiːnθ] sechzehnte(l); **~th** [ˊθ] sechste(l); **~tieth** [ˊtiiθ] sechzigste(l); **~ty** [ˊti] sechzig
siz|able ['saizəbl] recht groß, beträchtlich; **~e** [saiz] Größe; Umfang; Leim; (nach der Größe etc) sortieren; *~e up* abschätzen; leimen
sizzle ['sizl] brutzeln, zischen
skat|e [skeit] Schlitt-, Rollschuh; *zool* (Glatt-) Rochen; Schlittschuh (Rollschuh) laufen; **~ing-rink** [ˊiŋriŋk] Eislauf-, Rollschuhbahn
skedaddle [ski'dædl] *umg* türmen, abhauen
skein [skein] Strähne, Strang
skeleton ['skelitn] Skelett ♦ *a ~ in the cupboard, the family ~* Familiengeheimnis; ⚙ (Stahl- etc)Skelett, Gerüst; *fig* Entwurf, Rahmen; *mil* Rahmen-; ~ **key** [kiː] Dietrich
skeptic ['skeptik] *US* = sceptic
sketch [sketʃ] ⚙, 🖌, ♪, *allg* Skizze; Entwurf; skizzieren; ~ *out* entwerfen; **~-book** Skizzenbuch; **~y** skizzenhaft
skew [skjuː] ⚙, *math* schräg, schief; **~er** [ˊə] Bratspieß
ski [skiː] *pl* **~s**, ~ Ski; ~ (*BE* ~'d, ~ed) Ski laufen; **~er** [ˊə] Skiläufer; **~ing** [ˊiŋ] Skisport; **~-jump** [ˊdʒʌmp] Skisprung; -schanze; **~-tow** [ˊtou] Skilift

skid [skid] (ab)rutschen, 🚗 schleudern; Rutschen; Hemmschuh; **~-mark** [ˈ-maːk] Bremsspur

skil|ful, *US* **skill-** ['skilful] geschickt; **~l** Geschick(lichkeit); Kunst; **~led** [ˈ-d] geschickt, erfahren; gelernt; *~led worker* Facharbeiter; **~let** [ˈ-it] *BE* Stieltopf; *US* Bratpfanne; **~ly** [ˈ-i] *BE* Hafersuppe

skim [skim] abrahmen; hingleiten über; *~ through (fig)* überfliegen; *~ along (over, through)* obenhin berühren, hinweggehen über; **~mer** [ˈ-ə] Schaumlöffel; *zool* Scherenschnabel; **~milk** Magermilch

skimp [skimp] sparen an; (zu) sparsam sein; **~y** zu knapp

skin [skin] Haut ♦ *by the ~ of one's teeth* mit knapper Not; Fell; Schale; (Wein-)Schlauch; (ab)häuten; (s.) schälen; *~ over* s. mit Haut überziehen; *umg* hereinlegen; **~ny** mager; knickerig

skip [skip] hüpfen, springen; *~ off* weglaufen; auf e-n kurzen Sprung fahren (*to* nach); überspringen; Sprung; **~per** Kapitän; ⛩ Mannschaftsführer

skirmish ['skəːmiʃ] Scharmützel, Gefecht; Plänkeln

skirt [skəːt] Rock; *pl* Rand(gebiet); *sl fig* Weiberrock; s. entlang bewegen an; **~ing-board** [ˈ-iŋbɔːd] *BE* Scheuerleiste

skit [skit] *lit* lustiges Stück (*on s-b* auf j-n); **~tish** [ˈ-iʃ] lebhaft; mutwillig

skittle ['skitl] *away (fig)* vertun; *BE* Kegel; **~s** *sg vb* Kegeln; **~-alley** [ˈ-æli] *BE* Kegelbahn

skulk [skʌlk] sich feige verbergen; sich drükken; lauern

skull [skʌl] Schädel; *to have a thick ~* einen Dickschädel haben

skunk [skʌŋk] Stinktier, Skunk(fell); Schuft

sky [skai] Himmel; *pl* Klima, Wetter; ⛩ (Ball) in die Luft schlagen; **~lark** [ˈ-laːk] Feldlerche; Unfug treiben; **~light** [ˈ-lait] Dachfenster; Oberlicht; Oberfenster; **~-line** [ˈ-lain] Horizontlinie, Silhouette; **~-rocket** [ˈ-rɔkit] (Feuerwerks-)Rakete; emporschnellen; **~ward(s)** [ˈ-wəd(z)] himmelwärts

slab [slæb] Platte, Tafel; Fliese

slack [slæk] träge; schlaff, träge; lustlos, flau; Stillstand; Kohlengrus; *pl* (Sport-)Hose; schlaff, langsam sein (werden); *~ off* (od *up*) langsamer fahren (arbeiten); **~en** (s.) verlangsamen; (s.) lockern; nachlassen; **~er** fauler Kerl; Drückeberger

slag [slæg] Schlacke; *BE* Schlampe

slain [slein] *siehe* slay

slake [sleik] löschen *(a. fig);* stillen

slalom ['slaːləm] ⚓, ⛩ Slalom(rennen)

slam [slæm] zuschlagen, -fallen; (hin-)knallen; Knall; Schlag; (Spiel) Schlemm

slander ['slaːndə] Verleumdung; verleumden, in falschen Verdacht bringen; **~ous** [ˈ-rəs] verleumderisch

slang [slæŋ] Slang, saloppe Umgangssprache; (Sonder-)Sprache; *vt* j-n ausschimpfen; **~y** [ˈ-i] slangartig, -liebend.

slant [slaːnt] (s.) neigen (lassen); Neigung; Abhang; Ansicht, Einstellung; **~ingly, ~wise** [ˈ-waiz] schräg

slap [slæp] **1.** klatschen, schlagen; *~ down* hinknallen; **2.** Klaps, Schlag; *a ~ in the eye* (od *face*) *umg* Ohrfeige *(a fig); adv umg* schnurstracks; direkt; **~-bang** [ˈ-bæŋ] knallend; heftig; **~-dash** [ˈ-dæʃ] schlampig; ungestüm; **~-up** [ˈ-ʌp] *sl BE* erstklassig, ganz modern

slash [slæʃ] (auf)schlitzen; peitschen; *fig* geißeln; *~ at* losschlagen auf; *fig* beschneiden; Hieb; Schnitt; Schlitz

slat [slæt] (schmale) Latte, Leiste

slate [sleit] Schiefer(tafel); *clean ~ (fig)* reine Weste; schieferfarben; mit Schiefer decken; *US* vorschlagen, vorsehen; *umg* beschimpfen, verreißen; **~ pencil** [ˈ-'pensl] Schiefergriffel

slattern ['slætən] Schlampe; *US* Nutte; **~ly** schlampig

slaughter ['slɔːtə] Schlachten; Blutbad; Gemetzel; schlachten; **~er** [ˈ-rə] Schlächter; **~-house** [ˈ-haus], *pl* ~-houses [ˈ-hauziz] Schlachthaus

Slav [slaːv] Slawe; slawisch; **~ic** ['slævik] slawisch(e Sprache); **~onic** [slə'vɔnik] slawisch

slav|e [sleiv] Sklave; s. abrackern; **~er** [ˈ-ə] Sklavenhändler; -schiff; **~ery** [ˈ-əri] Sklaverei *(a. fig);* **~ish** [ˈ-iʃ] sklavisch

slaver ['slævə] Geifer; geifern

slaw [slɔː] Kohlsalat

slay [slei] *(s. S. 319)* erschlagen; **~er** [ˈ-ə] Mörder

sled [sled] Last-, Rodelschlitten; mit dem Schlitten fahren; rodeln

sledge [sledʒ] (Ausflug-, Pferde-) Schlitten; mit dem Schlitten fahren; **~(-hammer)** [ˈ-(hæmə)] Vorschlaghammer; **~r** Rodler

sleek [sliːk] glatt; ölig *(a. fig);* aalglatt; glätten *(a. fig)*

sleep [sliːp] Schlaf; *to go to ~* einschlafen; *to get to ~* (ein)schlafen können; *(s. S. 319)* schlafen (*~ like a top, log* wie ein Sack s.); *~ on* weiterschlafen; *~ on* (od *over*) etw überschlafen; *~ off* durch Schlaf wegbekommen; unterbringen; **~er** 🚂 *BE* Schwelle; Schlafwagen; **~ing-bag** [ˈ-iŋbæg] Schlafsack; **~ing-car** [ˈ-iŋkaː] Schlafwagen; **~ing sickness** Schlafkrankheit; **~less** schlaflos; rastlos; **~-walker** [ˈ-wɔːkə] Schlafwandler; **~y** schläfrig; **~yhead** [ˈ-ihed] Schlafmütze

sleet [sliːt] *BE* Schneeregen; *US* Graupeln; *US* Eisüberzug (auf Bäumen etc), Glatteis

sleeve [sliːv] Ärmel ♦ *to laugh up one's ~* sich ins Fäustchen lachen; *to wear one's heart on one's ~* d. Herz auf d. Zunge tragen; *to have s-th up one's ~* etw bereithalten, im Schilde führen; **~-link** [ˈ-liŋk] *BE* Manschettenknopf

sleigh [slei] (Transport-, Pferde-)Schlitten; mit dem Schlitten fahren

sleight [slait] Geschicklichkeit; *~ of hand* Fingerfertigkeit

slender ['slendə] schlank, schmal *(a. fig);* knapp

sleuth ['slu:θ] Detektiv; **~-hound** [ˊ-haund] Bluthund; = ~
slew [slu:] *siehe* slay; ~ *round* (s.) drehen
slice [slais] Scheibe; *fig* Stück; ⛳ Schlag mit Drall; (auf)schneiden; ⛳ mit Drall schlagen
slick [slik] schlüpfrig; (aal-)glatt; geschickt, raffiniert; *adv* geradewegs; **~er** Gauner; *US* Regenmantel
slid|e [slaid] *(s. S. 319)* rutschen; schlittern; gleiten; *let things ~e* laß die Dinge auf s. beruhen; geraten in (zu); gleiten lassen; schieben; rutschen; Rutschbahn; Diapositiv; Objektträger ⚙ Schieber; Erdrutsch; **~e-rule** [ˊ-ru:l] Rechenschieber; **~ing scale** Gleitskala
slight [slait] schlank; schmächtig; schwach; leicht; geringschätzig behandeln; geringschätzige Behandlung; **~ly** schlank; leicht, etwas
slim [slim] schlank, dünn; armselig; *BE* gerissen; *BE* e. Abmagerungskur machen
slim|e [slaim] Schlamm; Schleim; **~y** schlammig; schleimig *(a. fig)*
sling [sliŋ] Schlinge (*a.* ⚕); Schleuder(n); ~ *(s. S. 319)* schleudern; ~ *mud at (fig)* mit Schmutz bewerfen; aufhängen; hochwinden
slink [sliŋk] *(s. S. 319)* (davon)schleichen, s. drücken
slip [slip] (ab-, ent)gleiten; (aus)rutschen; (ent)schlüpfen; sich versehen; (heimlich) stekken; frei laufen lassen; (Masche) fallen lassen; ~ *on (off)* an-(aus-)ziehen; ~ *up* s. versehen; Rutschen; Fehler, Versehen (~ *of the tongue* Sprech-; ~ *of the pen* Schreib-); Unterrock; Kissenbezug; *bot* Setzling; Streifen; **~per** Pantoffel; **~pery** [ˊ-əri] glitschig, rutschig; aalglatt, gerissen; **~py** *BE* flink, schnell; **~shod** [ˊ-ʃɔd] schlampig; **~way** [ˊ-wei] ⚓ Helling
slit [slit] *(s. S. 319)* (auf)schlitzen; schneiden; Schlitz; Spalt(e)
slither ['sliðə] schlittern; rutschen(d) gehen
sliver ['slivə] Splitter; abspalten; zersplittern
slobber ['slɔbə] geifern, sabbern; übersentimental sein; besabbern; verschütten; Geifer; sentimentales Gewäsch
sloe [slou] Schlehe, Schwarzdorn
slog [slɔg] *bes* ⛳ hart (zu)schlagen; schuften; harter Schlag; **~an** ['slougən] Schlagwort; Werbespruch
slop [slɔp] überlaufen; verschütten; *pl* Spül-, Schmutzwasser; *BE* (dünne) Brühe; *pl bes* ⚓ Kleider; *BE sl* Schupo; **~py** naß, matschig; wässerig; unsauber, schlampig; sentimental
slope [sloup] Neigung; Abhang; (s.) neigen
slot [slɔt] Spalt(e); Schlitz; Nut; Kerbe; schlitzen, kerben; **~-machine** [ˊ-məʃi:n] (Verkaufs-)Automat; **~meter** [ˊ-mi:tə] Münzzähler
sloth [slouθ], *pl* **~s** Faulheit; *zool* Faultier; **~ful** faul, träge
slouch [slautʃ] latschen; s. hinflegeln; schlaksige Haltung, latschiger Gang; **~-hat** [ˊ-hæt] Schlapphut; **~y** schlaksig, latschig
slough [slau] Morast; ~ [slu:] *US* Schilfteich; -bucht; ~ [slʌf] abgeworfene Haut; Schorf; abwerfen *(a. fig)*; sich häuten, schälen
sloven ['slʌvn] Schlampe; **~ly** schlampig
slow [slou] langsam (*a.* ⛳); schwerfällig, dumm; *to be* ~ (Uhr) nachgehen; *to be* ~ *to do* (nur) langsam tun; (zu) spät; langweilig; *to go* ~ vorsichtig vorgehen; ~ *down* (od *up*) (Geschwindigkeit) verlangsamen; **~-coach** [ˊ-koutʃ] *fig BE* Leimsieder; ~ **motion** 🎥 Zeitlupe; **~train** Personenzug; **~-worm** [ˊ-wə:m] *zool* Blindschleiche
sludge [slʌdʒ] Schlamm; Matsch; Treibeis
slug [slʌg] Wegschnecke; Metallstück; 🕮 Setzmaschinenzeile; 🕮 Reglette; *vt/i US* = slog; **~gard** [ˊ-əd] Faulenzer; **~gish** [ˊ-iʃ] träge
sluice [slu:s] Schleuse; ⚙ Gerinne; ausströmen (lassen); durch-, ausspülen
slum [slʌm] Bruchbude; Elendsstraße; *pl* Elendsviertel
slumber ['slʌmbə] schlummern; ~ *away* vertun; *su mst pl* Schlummer
slump [slʌmp] plötzlich fallen, stürzen; sich fallen lassen; (Kurs-, Preis-)Sturz, Baisse
slung [slʌŋ] *siehe* sling
slunk [slʌŋk] *siehe* slink
slur [slə:] zus.ziehen, verschleifen; ~ *over (fig)* hinweggehen über; ♪ binden; Tadel; Verschleifen; ♪ Bindung, Bindebogen
slush [slʌʃ] (Schnee-)Matsch; sentimentales Geschwafel
slut [slʌt] Schlampe; Nutte; Göre
sly [slai] schlau, verschlagen; mutwillig; *on the* ~ insgeheim
smack [smæk] **1.** leichter Geschmack; Spur; **2.** Klaps; **3.** Schmatzen; ~ *on the lips* Schmatz; ~ *in the eye* ein Schlag ins Kontor; **4.** ⚓ Schmacke; Smeck (Heroin); **5.** ~ *of* (leicht) schmecken nach, e-e Spur haben von; **6.** ~ *one's lips* schmatzen; **7.** e-n Klaps geben, schlagen; **8.** *adv* geradewegs
small [smɔ:l] klein; ~ *matter* Kleinigkeit; gering; wenig; *to sing* ~ kleinlaut sein; *pl BE umg* kleine Wäsche; ~ **arms** Handfeuerwaffen; ~ **change** Kleingeld; ~ **hours** [auəz] späte Nachtstunden; **~-minded** [ˊ-'maindid] engstirnig, kleinlich; **~pox** [ˊ-pɔks] *sg vb* ⚕ Pocken; ~ **talk** Plauderei
smart [sma:t] **1.** schmerzen (*from* von); weh tun; ~ *under* leiden unter (an); ~ *for* zu leiden haben wegen; **2.** (stechender) Schmerz; **3.** scharf; **4.** schnell, lebhaft; **5.** klug, geschickt; smart; **6.** forsch, frech; **7.** schmuck, fesch; modisch; **8.** *umg* ziemlich groß, stark; *~en up* auffrischen, herausputzen; sauber werden; interessierter werden
smash [smæʃ] **1.** zerbrechen; zerschlagen; ~ *in* (od *down*) einschlagen; ~ *up* zerschmettern; ~ *into* rennen gegen; **2.** Zerschmettern; **3.** Krach; **4.** Zus.bruch; *to go (to)* ~ kaputtgehen; **~ing** *umg* phantastisch, prima; **~-up** [ˊ-ʌp] Zus.stoß, Zus.bruch
smatterings ['smætəriŋz] geringe Kenntnisse
smear [smiə] schmieren; Fleck
smell [smel] Geruch; *to take (have) a* ~ *at* riechen an; *vt/i (s. S. 319)* riechen (an); ~ *out* aufspüren, *fig* herausfinden; ~ *round* (od *about*) herumschnüffeln *(a. fig)*; **~y** übelriechend

smelt [smelt] ☼ (er)schmelzen; *zool* Stint, Spierling
smile [smail] lächeln (*at* über); ~ *on* begünstigen; Lächeln; *to be all ~s* hochbefriedigt sein; *pl* Gunst
smirch [smə:tʃ] beschmutzen *(a. fig)*; Schmutzfleck *(mst fig)*
smirk [smə:k] blöde lächeln; blödes Lächeln
smite [smait] *(s. S. 319)* schlagen; schleudern; vernichten; treffen
smith [smiθ] Schmied; **~ereens** [smiðə'ri:nz] Fetzen, Splitter; **~y** ['smiði, *bes US* 'smiθi] Schmiede
smock [smɔk] Hausschürze, Arbeitskittel
smog [smɔg] Smog; **~-control** [–kən'troul] Smogbekämpfung; **~gy** [ˊ-i] neblig-dunstig, smogbedeckt
smok|e [smouk] Rauch; Dampf; *to have a ~e* = to ~e; *umg* Zigarre, Zigarette; rauchen; qualmen, dampfen; (ver)räuchern; *~e (out)* ausräuchern; **~e-dried** [ˊ-'draid] geräuchert; **~er** Raucher(-abteil); **~e-screen** [ˊ-skri:n] *mil* Nebelschleier; **~e-stack** [ˊ-stæk] ⚓, ☼ Schornstein; **~ing** Rauch-, Raucher-, **~y** rauchig
smooth [smu:ð] glatt; eben; glätten; beseitigen, ausräumen; ~ *down* s. glätten, s. beruhigen; **~-tempered** [ˊ-'tempəd] gutartig
smote [smout] *siehe* smite
smother ['smʌðə] ersticken; unterdrücken; überschütten *(a. fig)*; ganz zudecken; Rauch-, Staubwolke
smoulder, *US* **smolder** ['smouldə] schwelen, glimmen *(a. fig)*; schwelendes Feuer
smudge [smʌdʒ] Schmutzfleck; Reisigfeuer; (be-, ver)schmieren
smug [smʌg] selbstzufrieden; spießig; blasiert(er) Kerl
smuggle [smʌgl] schmuggeln
smut [smʌt] (Ruß-, Schmutz-)Fleck; Zoten; *bot* Brand; beschmutzen; brandig machen (werden)
snack [snæk] Imbiß; **~-bar** [ˊ-ba:] Imbißstube
snaffle [snæfl] Trense; mit der Trense lenken; *BE umg* klauen
snag [snæg] Baumstumpf; Zweig, Stein unter Wasser; Riß, Loch; *fig* Haken
snail [sneil] Schnecke (mit Haus); *at a ~'s pace* im Schneckentempo
snak|e [sneik] Schlange *(a. fig)*; **~e-charmer** [ˊ-tʃa:mə] Schlangenbeschwörer; **~y** schlangenartig, -haft
snap [snæp] **1.** schnappen (nach); ~ *s-th up* zugreifen; aufkaufen; ~ *s-b's head* (od *nose*) *off* j-n zus.stauchen; **2.** (knallend) reißen, (zu)knallen; (Worte) hervorstoßen; **3.** fotografieren, e-n Schnappschuß machen von; ~ *into it!* mach zu!; **4.** Schnappen; Knacken, Reißen; **5.** Schnappschloß; Druckknopf; **6.** *umg* Schwung; *a cold* ~ Kältewelle; **7.** = ~shot; **8.** Plätzchen; **9.** *attr* plötzlich, unerwartet; **~dragon** [ˊ-drægən] Löwenmaul; **~-fastener** [ˊ-fa:snə] Druckknopf; **~pish** bissig *(a. fig)*; **~py** = ~pish; forsch; *make it ~py!* mach zu!; **~shot** Foto, Schnappschuß
snare [snɛə] Falle, Schlinge *(a. fig)*; Versuchung; (in e-r Falle) fangen
snarl [sna:l] knurren *(a. fig)*; wild hervorstoßen; (sich) völlig verwirren; Knurren; Wirrwarr, Durcheinander
snatch [snætʃ] schnappen (*at* nach); erhaschen; (schneller) Griff; (Bruch-)Stück; *in ~es* in Stücken, ruckweise
sneak [sni:k] schleichen; klauen; *BE* petzen, Schleicher; *BE* Petzer; **~ers** *pl vb US umg* Turnschuhe; **~ing** heimlich, geheim
sneer [sniə] höhnen (*at* über); Hohn(-lächeln)
sneeze [sni:z] Niesen; niesen
snicker ['snikə] *BE* wiehern; *bes US* kichern(d sagen); Kichern
sniff [snif] schniefen; ~ *at* schnuppern an, Nase rümpfen über; durch d. Nase einatmen; *fig* wittern; Schniefen; **~y** *umg* schnippisch; naserümpfend
sniffle [snifl] heftig schniefen
snigger ['snigə] = snicker
snip [snip] schnipseln, schneiden; **~pet** [ˊ-it], **~ping** Schnipsel, Fetzen
snipe [snaip], *pl* ~ Schnepfe; *sl* Kippe; aus d. Hinterhalt (er)schießen; **~r** Scharf-, Heckenschütze
snivel [snivl] schluchzen, jammern; rotzen
snob [snɔb] Snob, Laffe; **~bery** [ˊ-əri] Snobismus; **~bish** snobistisch
snooker ['snu:kə] (Art) Billard; *to be ~ed BE* in der Patsche sitzen
snoop [snu:p] (herum)schnüffeln; Schnüffler
snooze [snu:z] Nickerchen
snore [snɔ:] schnarchen; Schnarchen
snort [snɔ:t] schnauben *(a. fig)*; **~y** ungeduldig; übellaunig
snot [snɔt] Rotz; **~ty** rotzig, übellaunig
snout [snaut] *zool, fig* Schnauze
snow [snou] Schnee; *pl* -massen; *sl* Kokain; schneien; *fig* regnen; ~ *in (fig)* hereinschneien; ~ *up (in, US under)* zu-, verschneien; **~ball** [ˊ-bɔ:l] Schneeball; *fig* immer größer werden; **~-bound** [ˊ-baund] eingeschneit; **~-drift** [ˊ-drift] Schneewehe; **~-drop** [ˊ-drɔp] Schneeglöckchen; **~plough,** *US* **~plow** [ˊ-plau] Schneepflug; **~-shoe** [ˊ-ʃu:] Schneeschuh; **~storm** Schneesturm; **~y** [ˊ-i] schneebedeckt, -weiß; Schnee-
snub [snʌb] schelten; anfahren; Tadel; **~ nose** Stupsnase
snuff [snʌf] *siehe* sniff; Schnupftabak; *up to ~* gerissen; (Kerze) Schnuppe; (Kerze) putzen; ~ *out* auslöschen *(a. fig)*; *fig* einschlafen; **~-coloured** [ˊ-'kʌləd] braungelb; **~le** [ˊ-l] schniefen, schnaufen; schnuppern; näseln; *pl* Schnupfen
snug [snʌg] gemütlich; ordentlich; eng (anliegend); **~gle** [ˊ-l] s. zus.kuscheln; an sich schmiegen, drücken
so [sou] **1.** so; ~ . . . *(that)* so daß; ~ *far* soweit, bis jetzt; ~ *far as* so weit; ~ *far from* weit entfernt (. . . zu tun); ~ *many (much)* so und so viel(e); ~ *much the* um so; *not ~ much as* nicht einmal; ~ *much* ~ so sehr; ~ *much*

for soviel über; ~ *much (nonsense, lost time etc)* rein; *and* ~ *on* [ən'souɔn], *and* ~ *forth* und so weiter; **2.** *(als Objekt)* das, es; *you don't say* ~*!* was Sie nicht sagen!; **3.** *so + Subjekt + Hilfsverb* wirklich, natürlich *("It was cold yesterday." "So it was!")*; **4.** ~ *+ Hilfsverb + Subjekt* auch *("He can swim." "So can I!")*; ~ ~ so lala; **5.** *conj* daher; ~ *that's that!* so, das wär's!

soak [souk] (durch)nässen; einweichen; *umg* treffen; *umg* betrügen, schröpfen; s. vollsaugen, ziehen; s. betrinken; ~ *o.s. in (fig)* s. versenken in; ~ *up* aufsaugen; Durchnässen, Einweichen; **~er** Regenguß; **~ing** Durchnässen

soap [soup] Seife; (ein)seifen *(a. fig)*; **~-bubble** [ˈ-bʌbl] Seifenblase; ~ **opera** ['ɔpərə] ⊕ (rührselige) Hörspiel-(Fernseh)reihe; **~-suds** [ˈ-sʌdz] *pl vb* Seifenschaum; **~y** seif(enart)ig; (ein)schmeichelnd

soar [sɔː] aufsteigen, hochfliegen *(a. fig)*

sob [sɔb] schluchzen (~ *out* -d hervorbringen); Schluchzen; Keuchen; **~-stuff** [ˈ-stʌf] rührseliges Zeug, Schnulze

sob|er ['soubə] nüchtern *(a. fig)*; ruhig; *~er (down)* (s.) ernüchtern; **~er-minded** [ˈ--'maindid] besonnen, nüchtern; **~riety** [-'braiiti] Nüchternheit; **~riquet** [ˈ-brikei] Beiname

soccer ['sɔkə] *umg* Fußball

soci|able ['souʃəbl] umgänglich, gesellig, zutraulich; *US* gesell. Beisammensein; **~al** [ˈ-ʃəl] gesellschaftlich; sozial; gesellig; Gesellschafts-; bunter Abend; **~al climber** ['klaimə] Hochstapler; **~alism** [ˈ-ʃəlizm] Sozialismus; **~alist** [ˈ-ʃəlist] Sozialist; sozialistisch; **~alite** [ˈ-ʃəlait] Prominente(r); **~alize** [ˈ-ʃəlaiz] sozialisieren; **~ety** [sə'saiəti] Gesellschaft; **~ology** [sousi'ɔlədʒi] Soziologie

sock [sɔk] Socken; *BE* Einlegesohle; *sl* Faustschlag

socket ['sɔkit] (Augen-)Höhle; (Gelenk-) Pfanne; ϟ (Steck-)Dose; ϟ Fassung

sod [sɔd] Rasen(stück), Sode

soda ['soudə] Soda (*washing* ~ Wasch-; *baking* ~ Backnatron); **~(-water)** [ˈ-(wɔːtə)] Soda(wasser), Selters; **~-fountain** Erfrischungshalle, Eisbar

sodden ['sɔdn] durchweicht; teigig; dumm

sodium ['soudiəm] Natrium

sofa ['soufə], *pl* **~s** Sofa

soft [sɔft] weich; matschig; glatt; sanft; nichtalkoholisch; blöde; schwächlich; *fig* leicht; *a* ~ *thing* e-e ergiebige Sache; **~en** [sɔfn] erweichen; **~ener** ['sɔfnə] Weichmacher; (Wasser-) Enthärter; ~ **goods** Webwaren; **~-headed** [ˈ-'hedid] blöde; ~ **soap** flüssige Seife; Schmeichelei; **~-soap** (ein)seifen; **~-spoken** [ˈ-'spoukən] mit sanfter Stimme; freundlich; **~ware** [ˈ-wɛə] Software; ~ **wood** Nadelbaum(holz); Weichholz

soggy ['sɔgi] durchnäßt; feucht

soil [sɔil] (Acker-)Krume; Boden; *one's native* ~ Heimatland, -boden; (s.) beschmutzen, (s.) beflecken *(a. fig)*

sojourn ['sɔdʒəːn, *US* 'sou-] Aufenthalt; s. (e-e Weile) aufhalten

solace ['sɔlis] Trost; trösten

solar ['soulə] Sonnen-; sonnenbetrieben

solder ['sɔldə, 'soul-, *US* 'sɔdə] Lötzinn; (ver)löten; **~ing iron** Lötkolben

soldier ['souldʒə] Soldat; *an old* ~ alter Hase; ~ *of fortune* ['fɔːtʃən] Glücksritter; Soldat sein; **~ly, ~like** soldatisch, **~y** [ˈ--ri] Soldaten; Kriegsvolk

sole [soul] Sohle; *zool* Seezunge; einzig; besohlen; **~ly** [ˈ-li] allein, nur

solecism ['sɔlisizm] Sprachschnitzer

solemn ['sɔləm] feierlich; **~ity** [sɔ'lemniti] Feier(lichkeit); **~ize** [ˈ--naiz] feiern, feierlich begehen (machen); vollziehen

solicit [sə'lisit] (dringend) (er)bitten; um Kundschaft, Aufträge werben; ansprechen, belästigen; **~ation** [-ˌ--'teiʃən] dringende(s) Bitte(n); **~or** [-ˈ--tə] Bitter; *BE* Rechtsanwalt für niedere Gerichte; *US* Rechtsreferent (e-r Stadt); *US* Werber, (Werbe-)Agent; **~ous** [-ˈ--təs] besorgt (*about* um); strebend (*for* nach); **~ude** [-ˈ--tjuːd] Sorge (*for* für, um); Besorgnis

solid ['sɔlid] fest (*on* ~ *ground* auf f. Boden, *a. fig*); massiv; gediegen; solid *(a. fig)*; *fig* stark; einmütig; *umg* ganz; *math* räumlich; 📖 kompreß; fester Körper; *pl* feste Nahrung; **~arity** [--'dæriti] Solidarität; **~ify** [sə'lidifai] fest werden (machen); **~ity** [sə'liditi] Festigkeit; Stärke; Solidität

soliloqu|ize [sə'liləkwaiz] Selbstgespräche halten; **~y** [-ˈ--kwi] Selbstgespräch

solit|aire [sɔli'tɛə, *US* ˈ---] (Juwel) Solitär; *US* Patience; **~ary** [ˈ--təri] einsam; einzeln, allein; **~ude** [ˈ--tjuːd] Einsamkeit; Alleinsein

solo ['soulou], *pl* **~s** Solo; Alleinflug; Solo-; Allein-; allein fliegen; **~ist** Solist

solstice ['sɔlstis] Sonnenwende

solu|ble ['sɔljubl] löslich; lösbar; **~tion** [sə'luːʃən] Lösung; Auflösung

solv|e [sɔlv] (auf)lösen; **~able** lösbar; **~ency** [ˈ-ənsi] Zahlungsfähigkeit; **~ent** [ˈ-ənt] zahlungsfähig; Lösungsmittel

sombre ['sɔmbə] düster

sombrero [sɔm'brɛərou], *pl* **~s** Sombrero

some [sʌm] etwas; einige, manche; irgendein; welche *(if I find ~)*; etwa; ~ *day (time)* eines Tages (mal); **~body** [ˈ-bədi] jemand; **~how** [ˈ-hau] irgendwie; aus irgendeinem Grund *(oft: ~how or other)*; **~one** [ˈ-wʌn] jemand; **~thing** [ˈ-θiŋ] etwas (*it is ~thing* es ist schon e.); etwa; **~time** [ˈ-taim] irgendwann; ehemalig; **~times** [ˈ-taimz] manchmal; **~what** [ˈ-wɔt] *adv* etwas, ziemlich; **~where** [ˈ-wɛə] irgendwo; etwa

somersault ['sʌməsɔːlt] Salto; Purzelbaum; e. S. machen

somnambul|ism [sɔm'næmbjulizm] Schlafwandeln; **~ist** Schlafwandler

somnolen|ce ['sɔmnələns] Schläfrigkeit; **~t** [ˈ--t] schläfrig

son [sʌn] Sohn (*the S~ of Man* d. Menschen S.); **~ny** [ˈ-i] Söhnchen; **~-in-law** [ˈ-inlɔː], *pl* ~s-in-law [ˈ-z--] Schwiegersohn

sonata [sə'nɑːtə], *pl* **~s** Sonate
song [sɔŋ] Lied; Gesang ♦ *for a ~* für e-n Pappenstiel; *nothing to make a ~ about* nicht der Rede wert; Singen; **~-bird** [ˈ-bəːd] Singvogel; **~ster** [ˈ-stə] Sänger; Liederdichter; = *~-bird*
sonic ['sɔnik] Schall- (*~ barrier* -mauer)
son|net ['sɔnit] Sonett; **~orous** [sə'nɔːrəs] volltönend, sonor; eindringlich
soon [suːn] bald, *as ~ as* sobald; *no ~er... than* kaum ... als; *~er or later* früher oder später; *just as ~* genauso gern; *would ~er* möchte lieber
soot [sut] Ruß; *~ (up)* verrußen; **~y** rußig
sooth [suːθ] Wahrheit; **~e** [suːð] beruhigen; lindern; **~sayer** [ˈ-seiə] Wahrsager(in); **~saying** Wahrsagen
sop [sɔp] eingetunktes Brot; Beruhigungspille; (Brot) einweichen; *~ up* aufwischen; **~ping** triefend (naß)
soph|ism ['sɔfizm] Trugschluß; **~ist** [ˈ-ist] Sophist; **~istic(al)** [sə'fistik(l)] sophistisch; **~isticated** [sə'fistikeitid] vielgereist, welterfahren, -offen; abgeklärt; überkultiviert, blasiert; **~istication** [səˌfisti'keiʃən] Welterfahrenheit; Abgeklärtheit; Blasiertheit; **~istry** [ˈ-istri] Sophistik; Trugschluß; **~omore** [ˈ-əmɔː] *US* Student im 2. Jahr (3./4. Semester)
soporific [sɔpə'rifik] einschläfernd; Schlafmittel
soppy ['sɔpi] (trief)naß; regnerisch; *BE umg* rührselig, süßlich
soprano [sə'prɑːnou], *pl* **~s** Sopran
sorcer|er ['sɔːsərə] Zauberer; **~ess** [ˈ--ris] Zauberin; **~y** [ˈ--ri] Zauberei
sordid ['sɔːdid] schmutzig; gemein
sore [sɔː] **1.** wund, entzündet; *~ throat* Halsweh; **2.** traurig; **3.** verärgert; *~ subject* wunder Punkt; **4.** wunde Stelle; *fig* Wunde; **~ly** hart, scharf; sehr
sorority [sə'rɔriti] *US* Studentinnenverbindung
sorrel ['sɔrəl] Sauerampfer; (Pferd) Fuchs; rotbraun
sorr|ow ['sɔrou] Kummer; Bedauern; Sorge; s. grämen; **~owful** bekümmert; sorgenvoll; **~y** [ˈ-i] betrübt; *I'm ~y* es tut mir leid; *I'm ~y for him* er tut mir leid; *(I'm so) ~y!* Entschuldigung!
sort [sɔːt] **1.** Art; **2.** Sorte; **3.** Marke; *all ~s of* alle möglichen; *nothing of the ~* nichts Derartiges; *a ... of a ~, ... of a ~* kein besonderer, kein regelrechter; *these ~ of...* solche, derartige; *a ~ of* so etwas wie; *~ of* irgendwie; *a good ~* ein guter Kerl; *after a ~* einigermaßen; *out of ~s* unpäßlich, verdrießlich; *~ (out over)* (aus)sortieren; **4.** assortieren; **~ie** [ˈ-i] Ausfall; Feindflug; ⚓ Auslaufen
sot [sɔt] Trunkenbold; **~tish** versoffen
sough [sau, sʌf] (Wind-)Rauschen, Sausen
soul [soul] Seele; Verkörperung, Inbegriff; Negerkultur; **~ful** gefühlvoll; **~less** seelenlos; egoistisch
sound [saund] **1.** gesund *(a. fig)*; **2.** intakt; **3.** vernünftig; **4.** tüchtig; **5.** gründlich; **6.** *adv* tief (schlafen); **7.** Geräusch; **8.** Schall; **9.** Hörweite; **10.** *fig* Klang; **11.** Sund; **12.** Fischblase; **13.** ⚕ Sonde; **14.** e-n Ton geben, klingen; *he ~s strange* was er sagt, klingt seltsam; **15.** (er)klingen lassen; spielen; **16.** ⚙, ⚕ abhören; **17.** ⚓ loten; sondieren; **18.** *fig* (Lob etc) verbreiten; **19.** *~(out)* j-n ausholen; **20.** tief tauchen; **~-absorbing** [ˈ-əbsɔːbiŋ] schallschluckend; **~-box** [ˈ-bɔks] Schalldose; **~ camera** 🎥 Tonkamera; **~ engineer** [endʒi'niə] 🎥 Tontechniker; **~-film** [ˈ-film] Tonfilm; **~ing** Lotung; gelotete Tiefe; *pl* seichtere Gewässer; **~less** lautlos; **~ness** Gesundheit; Stabilität; Stärke; Zuverlässigkeit; Solidität, Bonität; **~-proof** [ˈ-pruːf] schalldicht (machen); **~ track** 🎥 Tonstreifen, -spur; **~-wave** [ˈ-weiv] Schallwelle
soup [suːp] Suppe ♦ *in the ~* in d. Tinte; *to soup up* (Auto) frisieren
sour [sauə] sauer; *fig* bitter, übellaunig; sauer (übellaunig) werden (lassen)
source [sɔːs] Quelle *(a. fig)*
souse [saus] einlegen, -pökeln; durchnässen; schütten (*over* über); *~d* [ˈ-t] *sl* voll; Salzbrühe; Eisbein; Eintauchen
south [sauθ] Süden; Süd-; nach Süden; **~-east** [ˈ-'iːst] Südosten; Südost-; **~-easter** [ˈ-'iːstə] Südostwind; **~-easterly** südöstlich; **~-eastern** südöstlich; **~erly** ['sʌðəli] südlich; **~ern** ['sʌðən] südlich; Süd-; **~ward** [ˈ-wəd] nach Süden gelegen; **~ward(s)** [ˈ-wəd(z)] südwärts; **~-west** [ˈ-'west] Südwesten; Südwest-; **~-wester** [ˈ-'westə] Südwestwind; Südwester; **~-westerly** südwestlich; **~-western** südwestlich
sou'wester [sau'westə] ⚓ Südwester
sovereign ['sɔvrin] Souverän; (Münze) Sovereign; oberst; souverän; unübertrefflich; ⚕ hochwirksam; **~ty** [ˈ--ti] höchste Macht; Souveränität, höchste Stelle; selbständiger Staat
soviet ['souviet] Sowjet, Rat; sowjetisch
sow[1] [sou] *(s. S. 319)* (be-, aus)säen *(a. fig)*
sow[2] [sau] Sau
soy [sɔi] = **~a** [ˈ-ə] Sojabohne; **~bean, ~a-bean** (Frucht der) Sojabohne
sozzled ['sɔzld] stockbesoffen
spa [spɑː] Mineral-, Heilquelle; Kurort
spac|e [speis] Raum; Weltraum; Entfernung; Zeitraum; Weile; 🕮 Spatium; in Abständen anordnen; *~e out* 🕮 sperren (*~ed type* Sperrdruck); **~e-bar** [ˈ-bɑː] Leertaste; **~-craft** Raumfahrzeug; **~lab** Weltraumlabor; **~man** Raumfahrer; Weltraumbewohner; **~e medicine** ['medsin] Raumflugmedizin; **~port** Raumfahrtzentrum; **~e ship** Raumschiff; **~-suit** [ˈ-suːt] Raumanzug; **~e-time** [ˈ-'taim] Raumzeit(kontinuum); **~e travel** Raumfahrt; **~ious** ['speiʃəs] geräumig
spade [speid] Spaten; (Spiel) Pik ♦ *to call a ~ a ~* Ding beim rechten Namen nennen; **~-work** [ˈ-wəːk] *fig* Kleinarbeit; *vt* (um)graben
spaghetti [spə'geti] Spaghetti; **fine ~** Fadennudeln
Spain [spein] Spanien
span [spæn] (Zeit-)Spanne; ⚙ Spannweite; Gespann; (um-, über)spannen; **~ner** ⚙ *BE* Schraubenschlüssel

spangle [spæŋgl] Paillette; Flitter; beflittern, *fig* übersäen; **the star-~d banner** Flagge d. USA, Sternenbanner
Span|iard ['spænjəd] Spanier; **~ish** [ˊ-iʃ] spanisch(e Sprache)
spaniel ['spænjəl] Spaniel
spank [spæŋk] klapsen, (ver)prügeln; Klaps, Schlag mit d. flachen Hand; **~ing** Prügel; *umg* lebhaft; großartig; ganz (u. gar)
spar [spɑː] sparren; sich streiten; Sparren; Streit; ⚓ Spier; ✈ Holm
spar|e [spɛə] übrig; Reserve-, Ersatz-; mager, karg; Ersatzteil; sparen (mit); übrig haben; *enough and to ~e* mehr als genug; *fig* ersparen; (ver)schonen
spark [spɑːk] Funke(n); lustiger Kerl; funken; **~ing-plug** [ˊ-iŋplʌg] *BE* Zündkerze; **~le** [ˊ-l] funkeln; perlen, schäumen; **~-plug** [ˊ-plʌg] *US* = ~ing-plug
sparrow ['spærou] Sperling, Spatz; **~-hawk** [ˊ--hɔːk] Sperber
sparse [spɑːs] spärlich, dünn
spasm [spæzm] Krampf, Spasmus; **~odic** [-'mɔdik] krampfhaft, spastisch
spat [spæt] Gamasche (f. Schuhe); *US* Kabbelei; *US* Klaps; *US* = ~ter; *siehe* spit; **~e** [speit] *BE* Flut *(a. fig)*; **~ial** ['speiʃəl] räumlich, Raum-; **~ter** [ˊ-ə] bespritzen; tropfen; (Regen-)Guß; *fig* Hagel
spatula ['spætjulə, *US* ˊ-tʃələ], *pl* **~s** Spatel, Spachtel(messer)
spavin ['spævin] ⚕ Spat
spawn [spɔːn] Laich; *fig* Brut; laichen; **~ing** Laiche
speak [spiːk] *(s. S. 319)* sprechen, reden (*to* mit, *about* über); e-e sprechende Ähnlichkeit haben; Rede, Vortrag halten; *not on ~ing terms with* verkracht, nicht bekannt mit; ~ *one's mind* seine Meinung (frei) sagen; ⚓ durch Signale sprechen mit; *mil,* ♪ ertönen; ~ *for* sprechen, eintreten für, zeugen für; ~ *out (up)* laut, freiheraus sagen; **~er** Redner; Unterhaus-Präsident
spear [spiə] Speer; durchbohren; **~head** [ˊ-hed] Angriffsspitze, Vorhut *(a. fig)*; an d. Spitze stehen von; **~ side** der männliche Teil der Familie
spec [spek *umg* Spekulation; *pl* Brille
special [speʃl] besondere; Sonder-; speziell; Fach-; Sonderzug, -ausgabe; **~ area** ['ɛəriə] *BE* Notstandsgebiet; **~ delivery** *US* Eilzustellung; **~ election** *US* Nachwahl; **~ist** ['speʃəlist] Spezialist, Fachmann; fachlich, Fach-; **~ity** [-ʃi'æliti], *BE* ⚖, *US* **~ty** ['speʃəlti] Besonderheit; Spezialartikel, -fach; **~ize** ['speʃəlaiz] s. spezialisieren (*in* auf)
speci|e ['spiːʃi] Münze, Hartgeld; **~es** [ˊ-ʃiz], *pl* ~ *zool, bot, fig* Art; Spezies; **~fic** [spi'sifik] (ganz) bestimmt; speziell; typisch; spezifisch (*~fic gravity* sp. Gewicht, Wichte); Arten-; **~fication** [spesifi'keiʃən] Spezifizierung; (Bau-, Patent-, Einzel-)Beschreibung; **~fy** ['spesifai] spezifizieren; einzeln, genau angeben; **~men** ['spesimən] Probe(-stück), Muster; Probe-; **~men copy** Freiexemplar; **~ous** ['spiːʃəs] scheinbar richtig; Schein-; bestechend
speck [spek] Fleck; Stückchen; **~ed** [ˊ-t] gefleckt, fleckig; **~le** [ˊ-l] Fleck; sprenkeln; **~less** fleckenlos, rein
spect|acle ['spektəkl] Schauspiel; Anblick; *pl* Brille; **~acular** [-'tækjulə] aufsehenerregend, eindrucksvoll; **~ator** [-'teitə] Zuschauer; **~re** [ˊ-tə] Geist(ererscheinung)
speculat|e ['spekjuleit] grübeln (*on* über); spekulieren; **~ion** [--ˊ-ʃən] Nachsinnen; Ansicht; Mutmaßung; Spekulation, Spekulieren; **~ive** [ˊ---tiv] grüblerisch; spekulativ; **~or** [ˊ---tə] Spekulant
sped [sped] *siehe* speed
speech [spiːtʃ] Sprache; Sprechen, Reden; Ansprache; **~-day** [ˊ-dei] *BE* Schulschlußfeier; **~less** stumm; sprachlos
speed [spiːd] Geschwindigkeit, Tempo; 📷 Lichtstärke; ⚙ Drehzahl, Gang; Schnell-; ~ *(s. S. 319)* (dahin)eilen; (zu) schnell fahren; Lebewohl sagen, Glück bringen; ~ *up* beschleunigen; **~-boat** [ˊ-bout] Rennboot; **~-cop** [ˊ-kɔp] *umg* Verkehrspolizist; **~ing** zu schnelles Fahren; **~ limit** Geschwindigkeitsbeschränkung; **~ometer** [-'dɔmitə] Tachometer; **~y** schnell; baldig
spell [spel] *(s. S. 319)* buchstabieren; richtig schreiben; (Wort) bilden; ~ *out (fig)* zus.reimen; bedeuten, zur Folge haben; Zauber (-wort); Zeit(-raum); Periode; **~-bound** [ˊ-baund] (wie) gebannt; **~ing** Buchstabieren; Schreibung
spelt [spelt] *siehe* spell; Dinkel, Spelz
spen|d [spend] *(s. S. 319)* ausgeben; verbrauchen; verbringen ♦ *~d a penny (BE umg)* „mal verschwinden"; **~dthrift** [ˊ-θrift] Verschwender; verschwenderisch; **~t** erschöpft, matt
sperm [spəːm] Sperma; **~-oil** Walöl
spew [spjuː] (aus-, er)brechen
spher|e [sfiə] Kugel; Himmel(skörper); Sphäre, Bereich, Gebiet; **~ical** ['sferikəl] kugelförmig; sphärisch
spic|e [spais] Gewürz(e); Würze; würzen *(a. fig)*; **~y** [ˊ-si] würzig; fesch
spick [spik] **and span** nagelneu; sauber
spider ['spaidə] Spinne; **~y** [ˊ-ri] dünn
spigot ['spigət] Spund; Hahn
spik|e [spaik] *bes* 🚂 Nagel; Spitze (an Gitter etc); Laufdorn; Ähre; *vb* mit Spitzen, etc versehen; durchbohren; **~enard** [ˊ-nɑːd] Narde(nöl); **~y** spitz(ig)
spill [spil] *(s. S. 319)* überlaufen (lassen); abwerfen; ~ *blood* Blut vergießen; Sturz; Fidibus; **~way** ⚙ Überfall, -lauf
spilt [spilt] *siehe* spill
spin [spin] *(s. S. 319)* spinnen *(a. fig)*; (~ *out* ausspinnen *fig*; ~ *a yarn (fig)* e. Garn s.); in schnelle Drehung versetzen ♦ ~ *a coin* Münze hochwerfen; s. (schnell) drehen; (Wäsche) schleudern; ✈ trudeln; Drehung; ⚙ Spin, Drall; kurze Fahrt (Ritt); **~ dryer** Trockenschleuder; **~ning-wheel** [ˊ-iŋwiːl] Spinnrad
spinach ['spinidʒ] Spinat

spinal ['spainəl] Rücken-; Rückgrat-; ~ **column** ['kɔləm] Wirbelsäule

spindl|e [spindl] ✡ Spindel; **~y** [´-li] spindeldürr

spindrift ['spindrift] Gischt

spin|e [spain] Rückgrat, Wirbelsäule; Dorn; Grat; Buchrücken; **~eless** rückgratlos; **~y** [´-i] dornig

spinster ['spinstə] unverheiratete Frau; alte Jungfer

spir|al ['spaiərəl] spiralig; schraubenförmig; Spirale; s. spiralförmig bewegen; **~e** [spaiə] Turmspitze, -helm; Dachreiter; (steile) Spitze, Gipfel

spirit ['spirit] **1.** Geist; Seele; **2.** Geist(wesen); **3.** Fee, Elf; **4.** Mut, Tatkraft; **5.** Gemütsverfassung; -zustand; **6.** *pl* Lebensgeister; Stimmung; **7.** Spiritus; *pl* alkoholische Getränke; **8.** *~ away, off* heimlich wegschaffen, -zaubern; **~ed** lebhaft; beherzt; geistreich; **~less** kraftlos, matt; **~-level** [´--levl] Wasserwaage; **~ual** [´--juəl] geistig; geistlich; Negro Spiritual; **~ualism** [´--juəlizm] Spiritismus; Spiritualismus; spirituelle Qualität; **~ualist** Spiritist; **~ualize** [´--juəlaiz] vergeistigen; **~uous** [´--juəs] alkoholisch, geistig

spirt [spə:t] spritzen, herausschießen; Strahl; *siehe* spurt

spit [spit] *(s. S. 319)* (aus)spucken; *~ upon (fig)* spucken auf; (Worte) hervorstoßen; *- it out* nun sag's schon; aufspießen; Spucke(n); Spieß; Landzunge

spite [spait] Bosheit (*from pure ~, in ~, out of ~* aus reiner B.); Groll; *in ~ of* trotz; kränken, ärgern ♦ *to cut off one's nose to ~ one's face* s. ins eigene Fleisch schneiden; **~ful** boshaft

spitt|le [spitl] Spucke, Speichel; **~oon** [spi'tu:n] Spucknapf

spiv [spiv] *BE* Schieber; **~very** *BE* Schiebungen; **~vy** *BE* aufgedonnert

splash [splæʃ] (be)spritzen; s. spritzend bewegen (durch); Spritzer; P(l)atschen; (Farb-) Fleck, Klecks ♦ *to make a ~* Aufsehen erregen

splay [splei] ausschrägen; Ausschrägung; **~foot** [´-fut], *pl ~*feet [´-fi:t] Spreizfuß; **~footed** [´-futid] spreizfüßig

spleen [spli:n] Milz; üble Laune, Groll; Niedergeschlagenheit; **~y** launisch

splend|id ['splendid] prächtig, großartig; herrlich; **~our** [´-də] Pracht

splice [splais] ⚓, ✡ spleißen; Spleiß

splint [splint] ⚕ Schiene; schienen; **~er** [´-ə] Splitter; zersplittern

split [split] *(s. S. 319)* (s.) spalten (*~ open* auf-); *~ (up)* (s.) aufteilen ♦ *~ one's sides* vor Lachen platzen; *~ hairs* Haarspaltereien treiben; *~ the difference* s. auf halbem Wege einigen; *a ~ second* Bruchteil e-r Sekunde; *~ peas* halbe gelbe Erbsen; *~ on s-b (sl)* j-n verpetzen, verraten; Riß; Spaltung; halbe Flasche Soda (Schnaps); **~ting** (Schmerz) rasend; blitzschnell

splodge [splɔdʒ], *BE* **splotch** [splɔtʃ] Klecks

splurge [splə:dʒ] große Sache, auffällige Anstrengung; verschwenderischer Aufwand; mit vollen Händen Geld ausgeben

splutter ['splʌtə] (vor Wut) stottern; hervorsprudeln; zischen, spucken; (Hervor-)Sprudeln

spoil [spɔil] *(s. S. 319)* verderben; verziehen, verwöhnen; plündern, rauben; *to be ~ing for* brennen auf; *mst pl* Beute, Gewinn; **~-sport** Spielverderber

spoke[1] [spouk] Speiche

spoke[2] [spouk] *siehe* speak; **~n** [´-n] *siehe* speak; **~sman** [´-smən], *pl* ~smen Sprecher, Vertreter

spoliation [spouli'eiʃən] Plünderung

spong|e [spʌndʒ] Schwamm ♦ *to throw up the ~e* d. Handtuch in d. Ring werfen, *fig* es aufgeben; aus-, abwaschen, -wischen; *~e out (fig)* auslöschen; *~e on* schmarotzen bei; etw schnorren; **~e cake** [´-'keik] Biskuitkuchen; **~y** [´-i] schwammig; matschig; porös

sponsor ['spɔnsə] Pate, Patin; Bürge; Unterstützer; Auftraggeber für Werbesendung; Pate sein von; Patenschaft übernehmen von, für; fördern, betreuen, tragen; veranstalten

spontane|ity [spɔntə'ni:iti] Freiwilligkeit; Selbsttätigkeit; **~ous** [-'teinjəs] freiwillig; unwillkürlich; spontan

spook [spu:k] Spuk; **~y** geisterhaft

spool [spu:l] Spule, Rolle

spoon [spu:n] Löffel; *~ up* (od *out*) auslöffeln; *umg* verknallt sein (in); **~-fed** [´-fed] auf-, hochgepäppelt *(a. fig)*

spoor [spuə] (Wild-)Spur

spor|adic [spə'rædik] sporadisch; unregelmäßig; **~e** [spɔ:] Spore

sport [spɔ:t] Spaß (*in ~* zum S.), Kurzweil; *to make ~ of* s. lustig machen über; Betätigung im Freien, Spiel; Sport; *pl* Sportwettkampf; Spielzeug; *fig* Zielscheibe; *umg* anständiger Kerl *(be a ~!)*; s. belustigen; stolz zur Schau tragen; **~ing** sportliebend; Sport-; sportsmännisch; gewagt; **~ive** [´-iv] lustig, scherzhaft; **~sman** [´-smən], *pl* ~smen Sportsmann; fairer Wettkämpfer, Mensch; **~smanlike** sportlich, sportlerisch; **~smanship** Sportlichkeit; ritterliche, faire Haltung

spot [spɔt] **1.** Ort; **2.** Fleck *(a. fig)*; *on the ~* auf d., zur Stelle, an Ort u. Stelle ♦ *to put on the ~ (umg)* j-n in d. Klemme bringen, kaltmachen; **3.** *BE* Drink; *BE* Schuß (Whisky); Bißchen; **4.** (Spiel) Auge; **5.** beflecken *(a. fig)*; **6.** erkennen, ausfindig machen; **7.** fleckig werden; **8.** *bes* ⚖ Lokal-; *~ cash* Sofortzahlung; *~ price* Preis bei Sofortzahlung; **~less** fleckenlos; makellos; **~light** [´-lait] 🎭 Punktscheinwerfer; 🚗 Suchscheinwerfer; *fig* Mittelpunkt d. Interesses; *vt* besonders herausstellen; **~ty** fleckig; unbeständig

spouse [spauz] Gatte, Gattin; *pl* Eheleute

spout [spaut] hervorschießen; prusten; pompös daherreden; Tülle, Schnauze; Regenrohr; (Wasser-, Dampf-)Strahl

sprain [sprein] verstauchen; Verstauchung
sprat [spræt] Sprotte; Knirps
sprawl [sprɔːl] s. hinrekeln, alle viere von s. strecken; (aus)spreizen; wuchern
spray [sprei] Blütenzweig; Sprühregen; Spray, Zerstäuber; zerstäuben; besprengen; **~er** [ˊ-ə] Zerstäuber; Spritzpistole
spread [spred] *(s. S. 319)* (s.) aus-, verbreiten; (s.) ausdehnen; (Brot etc) (be-)streichen; bedecken; ~ *the table* d. Tisch decken; s. erstrecken, (s.) ausdehnen; Aus-, Verbreitung; Spannweite; Fest(-schmaus); Brotaufstrich (Bett-)Decke; Preisdifferenz; Zinsaufschlag
spree [spriː] lustige Zeit, Feierei; (Kauf-, Spar-)Welle; *to go on the* ~ auf e-n Bummel gehen
sprig [sprig] Zweigchen, Schößling; Blumen(verzierung); Sprößling
sprightly ['spraitli] munter, lebhaft
spring [spriŋ] *(s. S. 319)* **1.** (auf)springen; **2.** ~ *(up)* (Wind) aufkommen; **3.** *bot* aufschießen; **4.** *to be sprung from (fig)* kommen aus; **5.** (Falle) stellen; explodieren lassen; **6.** plötzlich herauskommen mit (Überraschung); **7.** (Holz) s. werfen; *to be* (od *have*) *sprung* e-n Riß haben; ~ *a leak* e. Leck bekommen; **8.** ✿ federn; **9.** Sprung; **10.** Quelle; **11.** Frühling; **12.** ✿ Feder; Elastizität; **13.** (Holz) Verwerfung, Riß; Leck; **14.** ~ **bed** Bett mit Sprungfedermatratze; ~ **mattress** Bettrost; **~-board** Sprungbrett; **~-tide** [ˊ-taid] Springflut; = **~-time** [ˊ-taim] Frühling; **~y** [ˊ-i] elastisch
sprinkl|e [spriŋkl] (be)sprengen, (be-)streuen; sprenkeln; Sprühregen; **~ing** [ˊ-liŋ] geringer (An-)Teil
sprint [sprint] sprinten; Kurzstrecke(nlauf); **~er** Sprinter, Kurzstreckenläufer
sprite [sprait] Fee, Elf
sprocket ['sprɔkit] Kettenrad(-zahn)
sprout [spraut] (auf)sprießen (lassen); Sproß, Knospe; *pl* Rosenkohl *(Brussels ~s)*
spruce [spruːs] Fichte(nholz); adrett, schmuck; ~ *up* (s.) herausputzen
spry [sprai] munter, flink
spud [spʌd] Kartoffel; Jätmesser
spue [spjuː] *siehe* spew
spume [spjuːm] Schaum; Gischt
spun [spʌn] *siehe* spin
spunk [spʌŋk] Mumm; **~y** mutig; hitzig
spur [spəː] Sporn (*to win one's ~s* sich d. Sporen verdienen); Antrieb; *on the ~ of the moment* aus d. Augenblick heraus; Zacken; (an)spornen; scharf reiten
spurious ['spjuːriəs] unecht, falsch
spurn [spəːn] verächtlich behandeln
spurt [spəːt] herausspritzen; spurten; starker Strahl; Ausbruch; Spurt
sputter ['spʌtə] (hervor)spucken; (vor Wut) stottern; zus.stottern
sputum ['spjuːtəm] Speichel; ⚕ Auswurf
spy [spai] Spion; spionieren (~ *into, out* aus-); ~ *upon* bespitzeln; erspähen
squabble [skwɔbl s. kabbeln; Zank
squad [skwɔd] Gruppe *(a. mil);* ~ **car** *US* Funkstreife(nwagen); **~ron** [ˊ-rən] ⚓ Geschwader; ✈ Staffel; (Panzer-)Bataillon; Schwadron
squal|id ['skwɔlid] schmutzig, verkommen; **~or** [ˊ-ə] Verkommenheit [**~y** böig
squall [skwɔːl] kreischen; Schrei; (Regen-)Bö;
squander ['skwɔndə] verschwenden; **~er** [ˊ--rə] Verschwender
square [skwɛə] **1.** Quadrat; **2.** (Stadt-)Platz; Häuserblock; *US* Häuserblockseite; **3.** (Zeichen-)Winkel; **4.** *on the* ~ anständig; **5.** quadratisch; **6.** eckig *(a. fig);* **7.** *to get* ~ regeln, ausgleichen; mit j-m abrechnen *(a. fig);* **8.** unzweideutig, glatt; **9.** *umg* ehrlich, anständig; ~ *meal* ordentliche Mahlzeit; **10.** Quadrat-; **11.** *adv* rechtwinklig; **12.** *fig* voll, genau; **13.** ehrlich; **14.** quadratisch machen; **15.** quadrieren; **16.** rechtwinklig machen; **17.** (Schultern) straffen; **18.** regeln, ausgleichen; ~ *accounts with (fig)* abrechnen mit; **19.** (Gewissen) beruhigen; **20.** (j-n) überreden, bestechen; **21.** ~ *off* in Quadrate einteilen; **22.** ~ *with* (od *to*) übereinstimmen (lassen) mit; **~ly** rechtwinklig; *fig* ehrlich
squash [skwɔʃ] aus-, zerquetschen, -drücken; zum Schweigen bringen; Zerquetschtes; dichte Menge; *BE* Fruchtsaft; Riesenkürbis; Moschuskürbis
squat [skwɔt] (s. hin)hocken, -legen; (Land, Haus) in Besitz nehmen; **~ter** unrechtmäßiger Siedler; **~(ty)** untersetzt
squaw [skwɔː] Indianerin, -frau
squawk [skwɔːk] (Vogel) kreischen
squeak [skwiːk] quieken, piepsen; quietschen; *umg* verraten; Piepsen; Quietschen; *a narrow* ~ fast ein Reinfall; **~er** Verräter; Quietschpuppe
squeal [skwiːl] laut quietschen; *umg* verraten; s. beklagen; Quietschen; **~er** Verräter; j-d, d. s. beklagt
squeamish ['skwiːmiʃ] empfindlich, zimperlich; heikel
squeeze [skwiːz] (aus)pressen, drücken; j-m zusetzen; etw eng packen; s. (e-n Weg) bahnen; ~ *in* (s.) hineinzwängen; Pressen; *(tight)* ~ (große) Enge; *a close* (od *narrow*) ~ knappes Entkommen; **~r** [ˊ-ə] Drück(end)er; Presse
squelch [skweltʃ] zer-, unterdrücken; glucksen, patschen, quatschen; Matsch; entwaffnende Antwort
squib [skwib] Schwärmer; Frosch; Satire
squid [skwid] Tintenfisch
squiffy ['skwifi] *BE* beschwipst
squint [skwint] ⚕, *umg* Schielen; schielen
squire [swaiə] Gutsbesitzer, Junker; Squire; Galan; *US* (Art) Friedensrichter
squirm [skwəːm] winden *(a. fig)*
squirrel ['skwirəl] Eichhörnchen
squirt [skwəːt] (dünn) spritzen; (dünner) Strahl; (Kinder-)Spritze
stab [stæb] stechen (*at* nach), durchbohren; *fig* bohren; Stich(wunde)
stab|ility [stə'biliti] Festigkeit; Stabilität; **~ilize** ['steibilaiz] festigen, stabilisieren; **~le** [steibl]

fest, beständig; stabil; dauerhaft; (Pferde-)Stall *(a. fig);* einstallen

stack [stæk] (Heu-)Haufen; (Holz-)Stoß; ⚓, 🚂 Schornstein; aufschichten, -häufen

stadium ['steidiəm], *pl* **~s** 🏟 Stadion; ⚕ Stadium

staff [stɑːf], *pl* **~s,** bei 1/4 **staves 1.** Stab, Stütze; **2.** (Fahnen- etc)Stange; **3.** Belegschaft, Personal; Lehrkörper; *bes mil* Stab; **4.** ♪ Liniensystem

stag [stæg] Hirsch (~ *beetle* H.käfer); **~ party** Herrenabend; *US* Polterabend

stage [steidz] **1.** Bühne *(a. fig);* **2.** *fig* Theater; **3.** Schauplatz; **4.** Haltestelle; Fahrstrecke ♦ *by easy ~s* in bequemen Abschnitten; **5.** = **~-**-coach; **6.** Stadium; **7.** ⚙ Objektträger; **8.** auf d. Bühne bringen; veranstalten; **9.** s. inszenieren lassen; **~-coach** [ˊ-koutʃ] Postkutsche; **~craft** Regie(-kunst), Bühnenerfahrung; **~ director** Regisseur, Spielleiter; **~ fever** Theaterleidenschaft; **~ fright** Lampenfieber; **~hand** [ˊ-hænd] Bühnenarbeiter; **~ manager** Inspizient; **~ master** techn. Spielleiter; **~-struck** [ˊ-strʌk] theaterbesessen

stagger ['stægə] taumeln (lassen); wankend machen; schockieren; staffeln; Taumeln; **~ing** [ˊ--riŋ] überraschend; heftig

staging ['steidʒiŋ] Gerüst; Inszenierung

stagn|ant ['stægnent] stehend; stockend; **~ate** [ˊ-neit] stehen; stocken

stagy ['steidʒi] theatralisch

staid [steid] gesetzt, seriös

stain [stein] Fleck; Farbe, Farbstoff; Makel; beflecken *(a. fig);* färben; schmutzig werden; **~less** fleckenlos; rostfrei

stair [stɛə] Treppenstufe; *pl* Treppe(nflucht); *a flight of ~s* (Einzel-)Treppe; **~-carpet** [ˊ-kɑːpit] Treppenläufer; **~case** [ˊ-keis] Treppe(nhaus); **~-rod** Teppichstab; **~way** [ˊ-wei] Treppe

stake [steik] (Marter-)Pfahl; 🏟 (Wett-)Einsatz; *pl* Preis(-rennen); *to be at ~ (fig)* auf d. Spiel stehen; stützen; einsetzen, riskieren; ~ *out* (od *off*) abgrenzen

stale [steil] alt(backen); muffig; schal; fade; verjährt; **~mate** [ˊ-meit] (Schach) Patt; *fig* Stillstand, Sackgasse; patt setzen *(a. fig)*

stalk [stɔːk] Stengel, Stiel; (s. heran-)pirschen (an); stolzieren, stapfen

stall [stɔːl] Stand (im Stall); (Verkaufs-)Stand; *BE* 🎭 Sperrsitz; Fingerling; im Stall halten; 🚗 stehenbleiben; 🚗 abwürgen; ✈ überziehen; ✈ durchsacken; *umg* hinhalten(d taktieren), Ausflüchte machen; aufhalten, verzögern

stallion ['stæljən] Hengst

stalwart ['stɔːlwət] robust; entschlossen; ganzer Kerl; treuer Parteigänger

stam|en ['steimən], *pl* **~ens** *bot* Staubblatt; **~ina** ['stæminə] *sg vb* Ausdauer

stammer ['stæmə] stottern (~ *out* hervor-); Gestotter; **~er** [ˊ--rə] Stotterer

stamp [stæmp] **1.** ⚙ prägen, pressen, stanzen; **2.** (ab)stempeln (*a. fig; as* als); **3.** (auf)stampfen mit, auf etw; ~ *down (flat)* niedertrampeln; **4.** ~ *out* zertrampeln, vernichten; **5.** (Erz) zerkleinern; **6.** Stempel *(a. fig);* **7.** (Brief-)Marke; **8.** ⚙ Stampfer; **9.** *fig* Schlag

stampede [stæm'piːd] wilde Flucht; davonstürmen; in Panik versetzen

stance [stæns] 🏟 Stellung, Auslage

stanch, staunch [stɑːntʃ] ⚕ zum Stillstand bringen, stillen; *adj siehe* staunch

stanchion ['stɑːnʃən] Pfosten, Stütze

stand [stænd] *(s. S. 319)* **1.** stehen (*up* auf-); *~s six foot two* ist 1,85 m groß; **2.** stehen bleiben; ~ *firm* (od *fast*) unnachgiebig sein; **3.** treten (~ *clear* zurück-); ~ *aloof* sich beiseite-, zurückhalten; **4.** bereitstehen, *fig* liegen; ~ *in need of* benötigen; *I ~ corrected* ich gebe meinen Irrtum zu; *he ~s convicted* er ist überführt; ~ *well with* s. gut stehen mit; ~ *alone* allein (ohnegleichen da-)stehen; **5.** unverändert bleiben, gültig sein; **6.** ⚓ steuern; **7.** (hin)stellen *(a.* ⚖); **8.** aushalten, er-, vertragen; dulden; (Prüfung) bestehen; ~ *one's ground* s. behaupten; ~ *a chance* e-e Chance haben; **9.** ~ *s-b s-th* j-n freihalten mit; ~ *treat* freihalten; **10.** ~ *trial* vor Gericht erscheinen; **11. ~ about** umherstehen; **~ back** zurücktreten; **~ by** danebenstehen; beistehen; (s-m Wort) treu bleiben; **~ down** d. Zeugenstand verlassen; abtreten; **~ for** bedeuten; eintreten für; *BE* kandidieren für; *umg* dulden, hinnehmen; **~ in** s. beteiligen; ~ *in for* einspringen für j-n; **~ off** s. zurück-, fernhalten von; vorübergehend entlassen; **~ on** bestehen auf; **~ out** herausragen (*from* aus); aus-, durchhalten; **~ over** verschoben werden; **~ to** (Wort) halten; treu bleiben; bereit sein; ~ *to it that* fest behaupten, daß; **~ up for** eintreten für; **~ up to** (j-m) entgegentreten, (etw) aushalten; **12.** Ständer; **13.** (Verkaufs-)Stand *(a. fig);* **14.** Tribüne; **15.** *US* Zeugenstand; **16.** Halt; *to make a ~ for* s. einsetzen für; *to make a ~ against* Widerstand leisten; **17.** Ernte (~ *of wheat* Weizen-); **~-by** [ˊ-bai] Ersatzmann; Hilfe; Ersatz-; **~-in** [ˊ-in] Vertreter, Ersatzmann; 🎥 Double; **~ing** Stellung; Bestand, Dauer; Ruf; stehend; (Korn) auf d. Halm; 🏟 aus d. Stand; Dauer-; Steh- (*~ing room* -platz); **~-offish** [ˊ-'ɔfiʃ] (allzu) zurückhaltend, unnahbar; **~point** Standpunkt; **~still** Stillstand; *to be at a ~still* stillstehen, ruhen

standard ['stændəd] Fahne, Standarte; Pfosten; Ständer; Norm; Standard; Maßstab; Qualität; *attr* Standard-, Norm-; *bot* hochstämmig; ~ *lamp* Ständerlampe; **~ize** [ˊ--daiz] norm(alisier)en

stank [stæŋk] *siehe* stink

staple[1] [steipl] Krampe; Heftklammer; mit Krampen befestigen; zus.heften

staple[2] [steipl] Haupterzeugnis; Rohstoff; *fig* Hauptpunkt; (Textil-)Stapel, Faserbüschel; Haupt-; (Wolle etc) nach Qualität sortieren

star [stɑː] Stern; 🎭, 🎥 Star; 📖 Sternchen; mit Sternchen kennzeichnen; besternen; als Star herausstellen (auftreten); *~ring . . .* mit . . . in d. Hauptrolle; **~board** [ˊ-bəd] ⚓ Steuerbord; (Ruder) steuerbord legen; **~fish** [ˊ-fiʃ] Seestern; **~let** Sternchen; Starlet; **~-light** [ˈ-lait] Sternenlicht; sternhell; **~lit** sternhell; **~ry** [ˈ-ri] gestirnt; (stern-)hell; **~-spangled** [ˈ-spæŋgld] sternenbesät (*siehe* spangle)

starch [stɑːtʃ] Stärke; *fig* Steifheit; stärken; **~y** stärkehaltig; *fig* steif

star|e [stɛə] starren (*at* an-); *~e s-b down* (od *out of countenance*) j-n (durch Anstarren) aus d. Fassung bringen; (An-)Starren; **~ing** [ˈ-riŋ] *BE* lebhaft, knallig; **~ing mad** *BE* total verrückt

stark [stɑːk] starr; öde; kraß; völlig *(a. adv)*

starling [ˈstɑːliŋ] *zool* Star

start [stɑːt] **1.** aufbrechen, abfahren (*for* nach); **2.** anfangen, beginnen (*on, with* mit); *to ~ with* zunächst, am Anfang; **3.** in Gang bringen, setzen; (be-)gründen; *~ s-b doing* j-n zum ... bringen; *~ s-b in business* j-n etablieren; **4.** auf-, hochfahren; **5.** (Holz) s. lockern; **6.** 🏇 (j-n) starten; **7.** aufscheuchen; **8.** ~ **back** zurückschrecken, -fahren; ~ **in** *(with)* loslegen (mit); ~ **out** losgehen; anheben, anfangen; ~ **up** hochfahren, aufspringen; plötzlich auftauchen (losgehen); **9.** Beginn; Start; **10.** Vorsprung *(a. fig)*; **11.** Auffahren; Ruck; **~er** [ˈ-ə] Teilnehmer e-s Rennens; Starter; 🚗 Anlasser; **~ing-point** Ausgangspunkt; **~le** [ˈ-l] erschrekken; **~ling** erschreckend; überraschend

starv|ation [stɑːˈveiʃən] Hungertod; Verhungern; Hunger-; **~e** (ver)hungern (lassen); *~e for (fig)* hungern nach; *to be ~ed* hungern; *to be ~ed of* knapp sein an; **~eling** [ˈ-liŋ] Hungerleider

stash [stæʃ] *US* Versteck; beseite tun

state [steit] Zustand; Stellung; Pracht, Gala, Staat (*to lie in ~* aufgebahrt liegen); *(oft; S~) pol* Staat; Staats-; darlegen, feststellen; **~craft** [ˈ-krɑːft] Staatskunst; **~d** [ˈ-id] festgesetzt, bestimmt; **~ly** stattlich; würdevoll; prächtig; **~ment** Darlegung; Feststellung; Aussage; Bericht; Kontoauszug; **~room** [ˈ-rum] Einzelkabine (*US* -abteil); **~side** [ˈ-said] *US* US-amerikanisch; in USA; **~sman** [ˈ-smən], *pl* ~smen Staatsmann; Politiker; **~smanlike** staatsmännisch; **~smanship** Staatskunst

static [ˈstætik] stationär; statisch; 📻 Störungen; **~s** *sg vb* Statik

station [ˈsteiʃən] Platz, Stelle; Haltestelle; 🚆 Station *(a. eccl)*, Bahnhof; *mil* Standort; 📻 Sender; (soziale) Stellung; stationieren, postieren; **~ary** [ˈ--əri] stationär, ortsfest; gleichbleibend; **~er** [ˈ--ə] Schreibwarenhändler; **~ery** [ˈ--əri] Schreibwaren, -papier

stat|ism [ˈsteitizm] wirtschaftl. Staatsallmacht, Dirigismus; **~istical** [stəˈtistikəl] statistisch; **~istician** [stætisˈtiʃən] Statistiker; **~istics** [stəˈtistiks] Statistik (*sg vb* stat. Wissenschaft; *pl vb* stat. Angaben); **~uary** [ˈstætjuəri] (Rund-)Skulptur; Statuen-; **~ue** [ˈstætjuː] Standbild; **~uesque** [stætjuˈesk] statuenhaft; **~ure** [ˈstætʃə] Wuchs, Statur; *fig* Bedeutung; **~us** [ˈ-əs], *kein pl* (Rechts-)Stellung; Zustand; Status; (geschäftl.) Lage; **~ute** [ˈstætjuːt] Gesetz; Statut; **~ute-book** [ˈstætjuːtbuk] Gesetzessammlung; **~ute law** geschriebenes Recht; **~utory** [ˈstætjuːtəri] gesetzlich; satzungsmäßig

staunch [stɔːntʃ], *US* **stanch** [stɑːntʃ] getreu, standhaft; *vt siehe* stanch

stave [steiv] derber Stock; Faßband; ♪ Liniensystem; Strophe; ~ *(s. S. 319) in* ein-, zus.schlagen; ~ *off* abwehren

stay [stei] **1.** bleiben (~ *in* drinnen, zu Haus b.; ~ *out* draußen b.; ~ *up* auf-); **2.** s. aufhalten (*with* bei); **3.** (Hunger) stillen; **4.** verschieben; **5.** hemmen; **6.** ~ *one's hand* s. zurückhalten; **7.** durchhalten; **8.** ~ *(up)* stützen; **9.** Aufenthalt, Besuch; **10.** ⚖ Aufschub; **11.** Beschränkung; **12.** Ausdauer; **13.** ⚓ Stag; **14.** Stütze; *pl* Korsett; **~-at-home** [ˈ-əthoum] Stubenhocker; häuslich; **~-in** [ˈ-in] **strike** *BE* Sitzstreik

stead [sted] Statt, Stelle *(in his etc ~); to stand s-b in good ~* zustatten kommen; **~fast** [ˈ-fɑːst] unverwandt; beständig; **~y** fest, stabil; stetig; gleichmäßig; beständig; ordentlich, tüchtig; *~y!* Ruhe!, ruhig Blut!; fest, regelmäßig machen (werden); fester Freund

steak [steik] (Fleisch-, Fisch-)Scheibe; (Beef-)Steak

steal [stiːl] *(s. S. 319)* stehlen (~ *away, in* s. weg-, hinein-); ~ *a march on s-b* j-m zuvorkommen; **~th** [stelθ] Heimlichkeit; **~thy** [ˈstelθi] heimlich

steam [stiːm] Dampf *(a. fig)*; dampfen **~-boiler** [ˈ-bɔilə] Dampfkessel; **~-engine** [ˈ-endʒin] Dampfmaschine; **~er** Dampfer; Dampfkocher; ~ **fitter** Heizungsinstallateur; **~-roller** [ˈ-roulə] Dampfwalze *(a. fig)*; (*fig* nieder)walzen; durchpeitschen; ~ **tug** Schleppdampfer; **~y** dampfend; dunstig

stedfast [ˈstedfɑːst] *siehe* steadfast

steed [stiːd] Roß

steel [stiːl] Stahl *(a. fig)*; stählern; Stahl-; (ver)stählen *(a. fig)*; *fig* verhärten; **~y** stählern; stahlgrau, -hart

steep [stiːp] steil, jäh; (Forderung) unsinnig; einweichen; wässern; *fig* eintauchen; **~en** steil machen (werden); **~le** [ˈ-l] hoher Kirchturm; -spitze; Dachreiter; **~lechase** [ˈ-ltʃeis] 🏇 Steeplechase; Hindernisrennen, -lauf

steer [stiə] *BE* junger Ochse; (Mast-)Ochse; steuern, lenken; ~ *clear of (fig)* umschiffen; **~age** [ˈ-ridʒ] Steuerung; Zwischendeck; **~ing-gear** [ˈ-riŋgiə] ⚓ Ruderanlage; ✈, 🚗 Steuerung; **~ing-wheel** [ˈ-riŋwiːl] ⚓ Steuer-, 🚗 Lenkrad; **~sman** [ˈ-zmən], *pl* ~smen Steuermann

stein [stain] *US* Bierkrug

stellar [ˈstelə] Stern-, Sternen-

stem [stem] *bot* Stamm, Stiel *(a. fig)*; ⚓ Vorsteven; hemmen, aufhalten; ankämpfen gegen; stammen (*from* von, aus)

stench [stentʃ] Gestank

stencil [ˈstensil] Schablone; (Wachs-)Matrize; schablonieren; auf M. schreiben

step [step] **1.** Schritt (*a. fig; ~ by ~* S. für S.; *in ~* im S., *out of ~* nicht im S.; *to keep ~ with* S. halten mit; *to break* [breik] ~ d. S. verlieren); **2.** Fußstapfen (*to follow in s-b's ~s* in j-s F. treten); **3.** Stufe (*a. fig,* ♪); *pl* = *~-ladder;* **4.** treten; schreiten; gehen; **5.** etw abschreiten; **6.** ⚓ errichten; **7.** **~ aside** beiseite-, *fig* zurücktreten; **~ in** hineingehen, -kommen, *fig* dazwischentreten; **~ into** unvermutet bekommen; **~ on;** *~ on it, ~ lively!* mach zu, mach voran!; **~ out** zugehen; ausgehen, s. vergnügen; **~up** steigern; **~-ladder** [ˈ–lædə] Trittleiter; **~ping-stone** [ˈ–iŋstoun] Trittstein; *fig* Stufe

step- [ˈstep-] Stief- (*~-parent* [ˈ–pɛərənt] Stiefvater, -mutter)

stereo [ˈstiəriou, ˈsteriou], *pl* **~s** Stereo(gerät, -platte); = ~scope; = ~type; **~scope** [ˈ–––skoup] Stereoskop; **~type** [ˈ–––taip] Stereotypie; stereotypieren; von Platten drucken; **~typed** [ˈ–––taipt] *fig* stereotyp

steril|e [ˈsterail] *zool,* ⚕ steril; unfruchtbar *(a. fig);* **~ity** [steˈriliti] Sterilität; Unfruchtbarkeit; **~ize** [ˈ–laiz] *zool,* ⚕ sterilisieren

sterling [ˈstəːliŋ] Sterling; echt; gediegen

stern [stəːn] streng; hart; Heck

stevedore [ˈstiːvidɔː] ⚓ Stauer

stew [stjuː] schmoren; Schmorgericht; *Irish ~* gedünstetes Hammelfleisch mit Zwiebeln; *fig* Tinte *(to be in a fine ~)*

steward [ˈstjuːəd] ⚓ Steward; Verwalter; Hausmeister; (Fest-)Ordner

stick [stik] **1.** Stecken; **2.** Stock *(a. fig);* **3.** Stück (Seife etc); **4.** 🏇 Hürde; ~ *(s. S. 319)* **5.** stechen, stecken; (Jagd) erstechen; **6.** kleben; **7.** *(a.: to be stuck)* (sich fest)klemmen, steckenbleiben; **8.** *~ (out)* aus-, durchhalten; *~ it!* halt durch!; **9.** **~ at** bei etw bleiben; zögern, s. aufhalten bei; **~ it on** dick auftragen; viel abknöpfen; **~ out** herausragen, -st(r)ecken; *~ out for* hartnäckig fordern; **~ to** treu bleiben, erfüllen; **~ together** zus.halten, -kleben; **~ up** aufragen; (hin)stecken; *sl* überfallen u. ausrauben; *~ up for* s. einsetzen für; *~ up to* s. widersetzen; **~er** Klebezettel; **~ing-plaster** [ˈ–iŋplɑːstə] Heftpflaster; **~ler** [ˈ–lə] pedantischer Verfechter, Eiferer (*for* für); **~pin** [ˈ–pin] *US* Schlipsnadel; **~-up** [ˈ–ʌp] *sl* Raubüberfall; **~y** klebrig; stickig, schwül

stiff [stif] steif (*to keep a ~ upper lip* d. Ohren steifhalten); fest; *fig* scharf; schwierig; stark (Getränk); hoch (Preis); *sl* Leiche; **~en** [ˈ–n] (s. ver-)steifen; steif werden; **~-necked** [ˈ–ˈnekt] halsstarrig

stifle [staifl] ersticken *(a. fig);* unterdrücken

stigma [ˈstigmə], *pl* **~s** Makel; *bot* Narbe; (*pl* **~ta** [ˈ–tə]) Stigma; **~tize** brandmarken, kennzeichnen

stile [stail] Stufen (über e-n Zaun)

still [stil] **1.** still; **2.** **~ birth** Totgeburt; **~-born** totgeboren; **~ life** Stilleben; **3.** Stille; **4.** Destillierapparat; **5.** beruhigen; **6.** noch; doch

stilt [stilt] Stelze; **~ed** geziert

stimul|ant [ˈstimjulənt] anregend; Reizmittel, Stimulans; **~ate** [ˈ–leit] anregen; (an)reizen; **~us** [ˈ–ləs], *pl* ~i [ˈ–lai] Ansporn, Antrieb; Reizmittel

stimy [ˈstaimi] = stymie

sting [stiŋ] *(s. S. 319)* stechen; aufstacheln; *fig* verwunden; Stachel *(a. fig);* Stich; stechender Schmerz; **~er** [ˈ–ə] heftiger Schlag; **~y** [ˈstindʒi] geizig; karg

stink [stiŋk] *(s. S. 319)* stinken; *~ out* ausräuchern; Gestank

stint [stint] knausern mit; j-n kurzhalten (*of* mit); Einschränkung *(without ~);* (bestimmte) Arbeit(smenge)

stipend [ˈstaipend] Gehalt; Pension; **~iary** [ˈ–ˈiəri] besoldet; *BE* Polizeirichter

stipula|te [ˈstipjuleit] ausbedingen (*for s-th* etw); **~tion** [–ˈ–ʃən] Bedingung

stir [stəː] s. rühren (in) *(a. fig);* erregen; *~ up* um-, aufrühren; aufrütteln; Regung; Bewegung; Aufsehen

stirrup [ˈstirəp] Steigbügel

stitch [stitʃ] Stich; Masche; *to have not a ~ on* keinen Faden anhaben; ⚕ stechender Schmerz; nähen, heften

stock [stɔk] **1.** (unterer) Stamm; ⸸ (Pfropf-) Unterlage; **2.** *fig* Klotz; **3.** Gewehrschaft; **4.** Stamm, Geschlecht; **5.** ⚙ (Papier-)Stoff; **6.** (Fleisch-, Gemüse-)Brühe; **7.** Vorrat (*in ~* vorrätig, *out of ~* nicht vorrätig; *to be out of ~ of* nicht vorrätig haben); Inventar; *to take ~* Inventur machen; *to take ~ of* abschätzen, s. klarwerden über; *fig* Schatz; **8.** *(live) ~* Vieh(bestand); **9.** *BE* Grundkapital; *US* Aktien(kapital); *pl BE* Staatspapiere, Obligationen; **10.** *pl* (Strafe) Stock; **11.** *pl* ⚓ Hellinggerüst (*on the ~s* im Bau, in Reparatur); **12.** Halsbinde; **13.** Levkoje; **14.** 🎭 Repertoirestück(e); = ~ company; **15.** *attr* vorrätig; Routine-, stehend; **16.** bevorraten, ausrüsten; **17.** (Waren) führen; **~breeder** [ˈ–briːdə] Viehzüchter; **~-broker** [ˈ–broukə] Börsenmakler; **~ company** [ˈkʌmpəni] 🎭 Repertoiregruppe; Aktiengesellschaft; **~ exchange** [iksˈtʃeindʒ] Börse; **~-pot** Topf für Brühe; **~ raiser** Viehzüchter; **~-still** [ˈ–ˈstil] regungslos; **~-taking** [ˈ–teikiŋ] Inventur, Erfassung

stockade [stɔˈkeid] Einzäunung, Palisade

stock|inet [stɔkiˈnet] *bes BE* Trikot; **~ing** [ˈ–kiŋ] Strumpf; **~y** [ˈ–ki] stämmig

stodgy [ˈstɔdʒi] schwer (verdaulich); spröde

stoic [ˈstouik] Stoiker; stoisch; **~al** [ˈ–kl] stoisch; **~ism** [ˈ–isizm] Stoizismus; stoische Haltung

stoke [stouk] (Ofen) unterhalten, heizen; (schnell) futtern; **~r** [ˈ–ə] Heizer

stole [stoul] *siehe* steal; Stola

stolid [ˈstɔlid] träge, stur; stumpf

stomach [ˈstʌmək] Magen; Verlangen (*for* nach); Neigung; Unterleib; ertragen, hinnehmen; **~-ache** [ˈ–eik] Magen-, Unterleibsschmerzen

ston|e [stoun] Stein (*a.* ⚕, *bot,* Edel-); *to leave no ~e unturned* nichts unversucht lassen; ⚕ Gallen-, Nierensteine *(an operation for ~e); BE* Stone (= 6,35 kg); Hagelkorn; steinigen; entsteinen; mit Steinen verkleiden; **S~e Age** Steinzeit; **~e-fruit** [ˈ–fruːt] Steinobst; **~e-mason** [ˈ–meisn] Steinmetz; **~e-pit** [ˈ–pit] Steinbruch;

~e-ware [´-wɛə] Steinzeug; **~y** steinig; *fig* steinern; **~y broke,** *US* **~e-broke** pleite, bankrott
stood [stud] *siehe* stand
stooge [stu:dʒ] 🎭 Partner, der Stichworte liefert; *fig* Strohmann, Kreatur
stool [stu:l] Schemel, (Klavier-)Stuhl; ⚕ Stuhl; **~-pigeon** [´-pidʒən] Lockvogel
stoop [stu:p] (sich) bücken, vornüber beugen; *fig* sich erniedrigen; gebeugte Haltung; *US* Vorhalle, -bau
stop [stɔp] **1.** (etw) anhalten; **2.** hindern (*from* an); **3.** aufhören (mit); anhalten; **4.** (d. Zahlung von etw) einstellen, sperren; **5.** (zu)stopfen; ⚕ füllen; ~ *a gap* e-e Lücke füllen; ~ *the way* d. Weg versperren *(a. fig);* **6.** stillstehen, stehenbleiben; *umg* bleiben (~ *up* auf-); *(US umg)* ~ *by, in* vorbeischauen, s. kurz verweilen; ~ *over* unterbrechen, s. aufhalten; **7.** *BE* interpunktieren; **8.** ~ *down* 📷 abblenden; ~ *up* füllen; **9.** *bes* 🚂 Halt; *to come to a* ~ anhalten; *to put a* ~ *to, to bring to a* ~ beenden; Haltestelle; **10.** Satzzeichen (*full* ~ *BE* Punkt); *to come to a full* ~ zu Ende gehen, aufhören; **11.** ♪ Klappe, Griff, Register; **12.** (Holz-)Keil; **13.** 📷 Blende(neinstellung); **14.** Verschlußlaut; **~-cock** [´-kɔk] ⚙ Absperrhahn; **~-gap** [´-gæp] Lückenbüßer; **~-light** [´-lait] Stopplicht; **~-over** [´-ouvə] Unterbrechung, kurzer Aufenthalt; **~page** [´-idʒ] Stockung; Einstellung; Anhalten; **~per** [´-ə], **~ple** [´-l] Stöpsel; (zu)stöpseln; **~press** [´-pres] *BE* (Raum für) letzte Meldungen; **~-watch** [´-wɔtʃ] Stoppuhr
stor|age ['stɔ:ridʒ] Lager(raum, -geld, -ung); **~age battery** Akku(mulator); **~e** [stɔ:] Vorrat (*in ~e* vorrätig, auf Lager *a. fig*) ♦ *to set ~e by* Wert legen auf; Lager(halle); *bes US* Geschäft; *pl BE* Warenhaus; ausstatten; *~e (up)* (auf-)speichern *(a. fig);* in e. Lager stellen; **~ehouse** [´-haus], *pl* ~ehouses [´-hauziz] Lagerhaus, Speicher; *fig* Schatz; **~ekeeper** Lagerverwalter; *US* Kaufmann; **~e-room** [´-rum] Vorratskammer
stor|ey ['stɔ:ri] *BE, siehe* ~y; **~ied** [´--d] geschichtsberühmt; . . . stöckig
stork [stɔ:k] Storch
storm [stɔ:m] Sturm (~ *in a tea-cup* S. im Wasserglas; *to take by* ~ im S. nehmen); stürmen; toben; **~-beaten** [´-bi:tən] sturmgepeitscht; **~-bound** [´-baund] durch Sturm festgehalten; **~y** stürmisch
story ['stɔ:ri] **1.** Geschichte *(a. fig);* Erzählung; Artikel; Märchen *(a. fig);* **2.** *(BE a.: ~ey)* Stock(werk), Etage
stout [staut] stark, deftig; beleibt; entschlossen; *~-hearted* [´-'ha:tid] tapfer; starker Porter (Bier)
stove [stouv] Ofen; Treibhaus; *siehe* stave
stow [stou] (ver)stauen, packen; ~ *away* wegräumen, *umg* verputzen; **~away** [´-əwei] blinder Passagier
straddle [strædl] (die Beine) spreizen (über); rittlings sitzen auf; schwanken, zögern; Spreizen

strafe [stra:f, *US* streif] im Tiefflug angreifen; *umg* j-n ausschimpfen
straggle [strægl] sich zerstreuen, zerstreut gehen; abkommen; hier u. da wuchern; **~r** Versprengter, Nachzügler
straight [streit] **1.** gerade; (Haar) glatt; **2.** ordentlich, aufgeräumt (*to put* ~ in Ordnung bringen, aufräumen); *to keep a* ~ *face* das Gesicht nicht verziehen; **3.** ehrlich, aufrichtig ♦ *to keep* ~ anständig leben; **4.** *umg* verläßlich; **5.** *US* ohne Abzug; **6.** unverdünnt; **7.** *adv* gerade(swegs); **8.** unmittelbar ♦ *to run* ~ anständig leben; ~ *away* sofort; **9.** *su* gerade Stellung (*out of the* ~ schief); **10.** *bes* 📐 Gerade; **~en** [´-n] gerade machen (werden); *~en (out)* in Ordnung bringen; **~forward** [-'fɔ:wəd] freimütig; einfach, klar; **~way** [´-wei] sogleich
strain [strein] **1.** (an)spannen; **2.** (über-)anstrengen, ⚕ verzerren; **3.** *fig* überspannen; **4.** drücken, pressen; **5.** durchseihen; **6.** ziehen, zerren; **7.** s. anstrengen; ~ *after* streben nach; **8.** ⚙ Spannung; **9.** (Über-)Anstrengung, Belastung (*on* für); **10.** Zerrung, Verrenkung; **11.** Abstammung, Geschlecht; **12.** Anlage, Neigung; **13.** *fig* Ton; **14.** Melodie, Weise; **~er** Seiher
strait [streit] Meerenge, Straße; *pl* Zwangslage; eng; **~en** [´-n] beengen *(in ~ened circumstances);* **~-jacket, ~waistcoat** ['weiskout] Zwangsjacke *(a. fig);* **~-laced** [´-leist] engherzig, prüde
strand [strænd] Ufer; (Seil) Litze; Strang; Strähne; *fig* Richtung; stranden; **~ed** in Not, hilf-, mittellos
strange [streindʒ] fremd; seltsam (~ *to say* seltsamerweise); ~ *to s-th* nicht gewohnt; **~r** [´-ə] Fremder; Unbekannter
strang|le [stræŋgl] (er)würgen; *fig* ersticken; **~le-hold** [´-glhould] Würgegriff; *fig* Zwangsjacke; **~ulate** [´-gjuleit] ⚕ abschnüren; **~ulation** ⚕ Abschnürung
strap [stræp] Riemen, Gurt, Lasche; Träger; festschnallen; schlagen; (Messer) abziehen; **~less** trägerlos, schulterfrei; **~ping** [´-iŋ] stämmig
strat|a ['stra:tə] *siehe* ~um; **~agem** ['strætədʒəm] List; **~egic(al)** [strə'ti:dʒik(l)] strategisch; **~egist** ['strætidʒist] Stratege; **~egy** ['strætidʒi] Strategie *(a. fig);* **~um** ['stra:təm, *US* 'strei-], *pl* ~a [´-ə] Schicht; Klasse
straw [strɔ:] **1.** Stroh(halm) ♦ *the last* ~ *(that breaks the camel's back)* der Tropfen, der das Faß zum Überlaufen bringt; *not a* ~ keinen Pfifferling; *a man of* ~ Schwächling, Strohmann; **2.** = ~ hat; **3.** Stroh-, strohgelb; **~berry** [´-bəri] Erdbeere **~ hat** Strohhut; **~ vote** (*od* **ballot** ['bælət]) Probeabstimmung
stray [strei] umher-, s. verirren; abirren (*from* von); verirrt; vereinzelt(es Tier, Irregehender); *pl* ⚡ Störungen
streak [stri:k] Streifen; *like a* ~ *(of lightning)* wie d. Blitz; *fig* Spur; *fig* Strähne; *umg* dahinjagen; **~ed** [´-t] gestreift; **~y** streifig; (Speck) durchwachsen

stream [striːm] Fluß; *bes fig* Strom; Strömung *(a. fig);* strömen; wehen; **~er** [ˊ-ə] Wimpel; Papierschlange; (breite) Schlagzeile; **~line** [ˊ-lain] stromlinienförmig (wirkungsvoller, zügiger) gestalten; verbessern; Stromlinienform; **~line(d)** stromlinienförmig; schnittig

street [striːt] (Orts-)Straße; *the man in the ~* d. Durchschnittsbürger; **~ arab** Straßenjunge; **~car** *bes US* Straßenbahn

strength [streŋθ] Stärke; Kraft ♦ *on the ~ of* auf Grund von, auf . . . hin; **~en** (ver)stärken; stark werden

strenuous ['strenjuəs] eifrig, tätig; anstrengend

stress [stres] Druck; Zwang; *gram* Betonung *(a. fig);* Nachdruck *(to lay ~ on s-th);* ⚙ Spannung, Beanspruchung; ⚕ Belastung, Streß; betonen, hervorheben; **~ful** durch Streß gekennzeichnet, Streß-

stretch [stretʃ] **1.** (s.) (aus)strecken, (an)spannen; j-n hinstrecken; s. strecken, spannen lassen; *~ one's legs* s. d. Beine vertreten; s. erstrecken; **2.** *fig* dehnen, überschreiten; **3.** Sichstrecken (*to give a ~* s. strecken); **4.** Überschreitung, -spannung; *at a ~* hintereinander; *on the ~* (an)gespannt; **5.** Strecke, Fläche; **~er** [ˊ-ə] Tragbahre; Spanner

strew [struː] *(s. S. 319)* (ver-, be)streuen

striated [strai'eitid] ⚕ gestreift; geriefelt

stricken [strikn] *fig* geschlagen

strict [strikt] streng; strikt; **~ure** [ˊ-tʃə] scharfe Kritik; ⚕ Verengung

stride [straid) *(s. S. 319)* schreiten; e-n großen Schritt machen (*over* über); gespreizt stehen über; (großer) Schritt; *to make great ~s* große Fortschritte machen ♦ *to take s-th in one's ~* mühelos etw tun; **~nt** [ˊ-ent] schrill, scharf; grell

strife [straif] (Wett-)Streit; Kampf

strik|e [straik] *(s. S. 319)* **1.** j-n schlagen, treffen; (Schlag) versetzen, führen; (Blitz) einschlagen; *~e cold* kalt wehen; **2.** (sich) anzünden (lassen), brennen; **3.** stoßen auf (*~e oil, gold);* s. schlagen *(into the woods);* **4.** (Flagge, Segel) streichen *(a. fig);* **5.** (Münze) prägen, schlagen; **6.** (Geschäft, Bilanz) abschließen; **7.** (Uhr) schlagen; (Ton) anschlagen; **8.** (mit *adj*) machen *(~e s-b blind, dumb);* Eindruck machen auf, gefallen, vor-, in den Sinn kommen; **9.** streiken; **10.** (Wurzel) schlagen, treiben; **11.** Schlag; **12.** Streik (*on ~e* streikend); **13.** Glücksfall, Treffer; **14.** Luftangriff; **15. ~e at** zielen auf; **~e in** s. einschalten, unterbrechen; **~e into** stoßen in; (Schrecken) einjagen; plötzlich verfallen in; **~e off** abschlagen; durchstreichen; 📖 drucken, abziehen; **~e out** (drauf)losschlagen; losschwimmen, -laufen; sich ausdenken; ausstreichen; **~e through** durchstreichen; durchschlagen; **~e up** (zu spielen) beginnen; **~e upon** plötzlich verfallen auf; **~e-bound** [ˊ-baund] bestreikt; **~ing** [ˊ-iŋ] auffallend; eindringlich

string [striŋ] **1.** Schnur, Bindfaden ♦ *to have two ~s to one's bow* [bou] mehr als e-e Möglichkeit haben; *to pull (the) ~s (fig)* an den Drähten ziehen; **2.** Band, Schnürsenkel; **3.** Saite (*pl* S.instrumente); Streich-; **4.** Kette *(a. fig);* **5.** einschränkende Bedingung; **6. ~** *(s. S. 319)* bespannen, besaiten; **~ed** [ˊ-d] bespannt, Saiten-; **7.** auffädeln, -reihen; auf Schnüre hängen; **8.** (Bohnen) abziehen; **9.** Fäden bilden, ziehen; **10.** *~ up (umg)* j-n aufknüpfen; *strung (up)* angespannt, aufgeregt, sensibel; **~ bean** *bes US* grüne Bohne; **~ent** ['strindʒənt] strikt; (Markt) gedrückt, knapp; **~y** [ˊ-i] faserig; (Fleisch) zäh

strip [strip] wegnehmen, -reißen; (s.) entblößen, -kleiden *(a. fig);* ausräumen, ⚓ abtakeln; Streifen, Leiste; **~e** [straip] Streifen, Tresse; Hieb; streifen; **~ling** [ˊ-liŋ] schmächtiger Kerl

strive [straiv] *(s. S. 319)* sich bemühen (*for* um), streben (*after* nach); ringen

strode [stroud] *siehe* stride

stroke [strouk] **1.** *bes* 🚣 Schlag, Stoß; *~ of luck* Glücksfall; **2.** ⚕ Schlag(anfall); **3.** Sonnenstich; **4.** Schwimmen, -bewegung; (Schwimm-, Ruder-)Tempo; **5.** 🚗 Hub; **6.** (Pinsel-)Strich; **7.** (Uhren-, Glocken-)Schlag (*on the ~* mit d. G.); **8.** Streicheln; **9.** 🚣 Schlagmann; als S. fungieren bei; **10.** streicheln

stroll [stroul] schlendern, bummeln; Spaziergang

strong [strɔŋ] stark, groß, kräftig, fest; *~ language* ['læŋgwidʒ] starke Sprache, Flüche; *~ point* j-s starke Seite; übelriechend; *~ meat (fig)* derbe Kost; (Preis) anziehend; **~ly** sehr, nachdrücklich; **~-box** [ˊ-bɔks] (Stahl-)Kassette; **~hold** [ˊ-hould] Festung *(a. fig);* **~minded** [ˊ-'maindid] willensstark

strop [strɔp] Streichriemen; abziehen

strove [strouv] *siehe* strive

struck [strʌk] *siehe* strike

structur|al ['strʌktʃərəl] baulich; Bau-; **~e** [ˊ-tʃə] Bau; Struktur; Gebäude

struggle [strʌgl] kämpfen; s. wehren, sträuben; s. anstrengen; Kampf; Anstrengung

strum [strʌm] herumzupfen, -klimpern (auf)

strut [strʌt] (einher)stolzieren; verstreben; Stolzieren; Strebe(band)

stub [stʌb] Stumpf; Stummel; Kontrollabschnitt (am Scheck); (aus)roden; (mit der Zehe) anstoßen an; (Zigarette) ausdrücken; **~ble** [ˊ-l] Stoppel *(a. fig);* **~born** [ˊ-ən] hartnäkkig; eigensinnig; **~by** [ˊ-i] stummelartig, dicklich

stucco ['stʌkou] Stuck; mit S. versehen

stuck [stʌk] *siehe* stick; **~-up** [ˊ-'ʌp] *umg* hochnäsig

stud [stʌd] Gestüt; Kragenknopf; Knauf; ⚙ Bolzen, Stiftschraube; **~ded** [ˊ-id] mit Knöpfen, Bolzen versehen; übersät; **~-farm** [faːm] = ~; **~-horse** [ˊ-hɔːs] Zuchthengst

stud|ent ['stjuːdənt] Studierender, Student; Forscher, Kenner; Lern-; **~ied** ['stʌdid] wohlüberlegt, vorsätzlich; **~io** ['stjuːdiou], *pl* ~ios 🎨, 🎥 Atelier; *pl* 🎥 Ateliers, Filmgelände; 📻 Senderaum; **~ious** ['stjuːdiəs] Studien-; sorgfältig; = ~ied; **~y** ['stʌdi] studieren, Studium;

Untersuchung, Studie; Träumerei ♦ *in a brown ~y* in Gedanken versunken; Arbeitszimmer; ♪ Etüde; Bemühung; studieren, betreiben, lernen; untersuchen, prüfen; s. befassen mit

stuff [stʌf] Material, Stoff, Zeug; ~ *and nonsense* dummes Zeug; Gewebe, Stoff; (s.) (voll)stopfen; täuschen; (Tiere) ausstopfen; (Geflügel) füllen; **~ing** [ˊ-iŋ] (Kissen, Geflügel) Füllung ♦ *to knock the ~ing out of s-b* j-m s-e Einbildung austreiben; *fig* j-n schlagen, kaputtmachen; **~y** [ˊ-i] dumpf; *umg* miefig; langweilig

stultify ['stʌltifai] dumm erscheinen lassen; wirkungslos machen

stumbl|e ['stʌmbl] stolpern *(a. fig); ~e along* dahintaumeln; **~ing-block** [ˊ-iŋblɔk] Hindernis

stump [stʌmp] Stumpf (*a.* ⚕), ⛪ Torstab; ~ *speeches* Stegreif-, Volksreden (*on the* ~ V. haltend); j-n verwirren, in Verlegenheit bringen; ~ *the country* Volksreden halten (im Land); ~ *about* (od *along*) umherstapfen; ~ *up (BE umg)* blechen; **~er** [ˊ-ə] *fig* harte Nuß; **~y** [ˊ-i] untersetzt, plump

stun [stʌn] betäuben, lähmen; **~ning** [ˊ-iŋ] *umg* herrlich

stung [stʌŋ] *siehe* sting

stunk [stʌŋk] *siehe* stink

stunt [stʌnt] (Flug-)Kunststück; Schaunummer; Kunststücke machen; verkümmern lassen; **~ed** verkrüppelt

stupe|faction [stju:pi'fækʃən] Bestürzung; **~fy** [ˊ--fai] abstumpfen; bestürzen

stup|endous [stju:'pendəs] gewaltig; erstaunlich; **~id** [ˊ-pid] dumm, blöd(er Kerl); **~idity** [ˊ-piditi] Dummheit, Blödheit; **~or** [ˊ-pə] Betäubung; Stumpfsinn

sturdy ['stə:di] stämmig; fest

sturgeon ['stə:dʒən] (echter) Stör

stutter ['stʌtə] stottern

sty [stai] Schweinestall *(a. fig);* ⚕ Gerstenkorn

styl|e [stail] Stil (*in ~e* stilvoll); Mode; Art; Anrede; Griffel; Stilkunde; anreden, bezeichnen; **~ish** [ˊ-iʃ] modisch; elegant; **~istic** [-'listik] stilistisch

stymie ['staimi], *BE a.* **stimy** *fig* lahmlegen

suasion ['sweiʒən] Überredung

suav|e [sweiv] verbindlich, glatt; mild; **~ity** ['swa:viti] verbindliches Wesen; Milde

sub [sʌb] *umg* U-Boot; Ersatz; einspringen (*for* für)

subaltern ['sʌbəltən] untergeordnet; *BE mil* Subalternoffizier

subcommittee ['sʌbkə'miti] Unterausschuß

subconscious ['sʌb'kɔnʃəs] unterbewußt; Unterbewußtsein

subcontinent ['sʌb'kɔntinənt] Subkontinent

subcontractor ['sʌbkəntræktə] Subunternehmer, Unterlieferant

subcutaneous ['sʌbkju'teiniəs] ⚕ subkutan, unter der Haut

subdivi|de ['sʌbdi'vaid] unterteilen; **~sion** ['sʌbdiviʒən] Unterteilung

subdue [səb'dju:] unterwerfen; dämpfen

subedit ['sʌb'edit] *BE* redigieren

subhead(ing) ['sʌbhed(iŋ)] Unterabteilung; Zwischentitel

subhuman ['sʌbçu:mən] halbtierisch, unmenschlich

subject ['sʌbdʒikt] **1.** Untertan; Staatsbürger; **2.** Thema; **3.** *gram* Subjekt; **4.** Gegenstand; Fach; **5.** Anlaß; **6.** (hysterische etc) Person; **7.** unterworfen, abhängig; *to be ~ to* leicht bekommen, abhängen von; **8.** ~ [səb'dʒekt] unterwerfen; aussetzen (*o.s.* sich); **~ion** [səb'dʒekʃən] Unterwerfung; Abhängigkeit; **~ive** [səb'dʒektiv] subjektiv

subjoin ['sʌb'dʒɔin] hinzu-, beifügen; **~der** [ˊˊdə] nachträgliche Bemerkung

subjugate ['sʌbdʒugeit] unterjochen

subjunctive [səb'dʒʌŋktiv] Konjunktiv; konjunktivisch

sublease ['sʌb'li:s] Untervermietung, -pachtung; in U. nehmen, geben

sublet ['sʌb'let] untervermieten, -pachten

sublieutenant ['sʌblef'tenənt] *BE* Oberleutnant zur See; *acting ~ (BE)* Leutnant z. S.

sublim|ate ['sʌblimeit] erhöhen, verfeinern; *chem* sublimieren; [ˊ--mit] *chem* Sublimat; **~ation** [--'meiʃən] Sublimation; **~e** [sə'blaim] erhaben; unbekümmert; sublim; *the ~e* das Erhabene; **~ity** [sə'blimiti] Erhabenheit

submachine-gun [sʌbmə'ʃi:ngʌn] Maschinenpistole

submarine ['sʌbməri:n] untermeerisch; U-Boot

submer|ge [səb'mə:dʒ] untertauchen; *fig* versinken; **~gence** [-ˊdʒəns] Untertauchen; **~se** [-'mə:s] versenken; **~sion** [-ˊʃən] Versenkung; Versinken

submi|ssion [səb'miʃən] Unterwerfung; Gehorsam, Achtung; Ausschreibung; Vorlage; *bes* ⚖ Behauptung; **~ssive** [-ˊsiv] unterwürfig; **~t** [-'mit] (s.) unterwerfen; vorlegen (*to s-b* j-m); meinen, zu bedenken geben

subnormal ['sʌb'nɔ:məl] unterdurchschnittlich, unternormal; minderbegabt

subordina|te [sə'bɔ:dinit] untergeordnet; *~te to* niedriger als, unterstellt; *~te clause* Nebensatz; Untergebener; [-ˊ-neit] unterordnen; **~tion** [-,--'neiʃən] Unterordnung

suborn [sə'bɔ:n] (zu falscher Zeugenaussage) bestechen

subpoena [səb'pi:nə], *pl* **~s** ⚖ Vorladung; vorladen

subscri|be [səb'skraib] (Geld) zeichnen (*to, for* für); *~be for* subskribieren; *~be to* abonnieren, *fig* billigen; **~ber** [-ˊbə] Abonnent; Spender; **~ption** [-'skripʃən] (Unter-)Zeichnung; gezeichnete Summe, Spende; Abonnement(sgebühr)

subsequent ['sʌbsikwənt] (nach)folgend; ~ *to* später als; **~ly** hinterher

subserv|e [səb'sə:v] förderlich sein; **~ience** [-ˊviəns] Dienlichkeit; Unterwürfigkeit; **~ient** [-ˊviənt] übereifrig, unterwürfig; dienlich

subsid|e [səb'said] (Wasser etc) absinken; sinken *(into a chair);* nachlassen; **~ence** [-ˊdəns] Absinken; **~iary** [-'sidiəri] Hilfs-; ergänzend;

Tochtergesellschaft; **~ize** ['sʌbsidaiz] suventionieren; **~y** ['sʌbsidi] Subvention
subsist [səb'sist] (fort)bestehen; leben (*on* von); **~ence** [–́–təns] Existenz(-minimum); **~ence money** Unterhaltszu-, -vorschuß
subsoil ['sʌbsɔil] Unter-, Baugrund; **~ water** Grundwasser
subsonic [səb'sɔnik] Unterschall-
substan|ce ['sʌbstəns] Substanz, Stoff; Wesen; Vermögen; **~tial** [səb'stænʃəl] stofflich; fest; (Essen) nahrhaft; wohlhabend; wesentlich; **~tiate** [səb'stænʃieit] d. Richtigkeit (Echtheit) erweisen von; **~tive** [–́–tiv] selbständig; wirklich; Substantiv
substation ['sʌbsteiʃən] Unterwerk; Umspannwerk; Nebenstelle
substitu|te ['sʌbstitjuːt] Ersatz(mann); an d. Stelle setzen (*for* von); *a.* an d. Stelle treten von; **~tion** [––'tjuːʃən] Einsetzung, Verwendung (*of* von, *for* anstelle von); *a.* Ersetzung
substrat|um ['sʌb'strɑːtəm, *US* –́'streitəm], *pl* **~a** Unter-, Grundlage *(a. fig)*
subtenant ['sʌb'tenənt] Untermieter
subterfuge ['sʌbtəfjuːdʒ] Ausflucht, (gemeiner) Trick
subterranean ['sʌbtə'reiniən] unterirdisch; verborgen
subtitle ['sʌbtaitl] Untertitel (*a.*)
subtle ['sʌtl] unfaßbar, fein; scharf; raffiniert; verschlagen; **~ty** [–́ti] Feinheit; Raffiniertheit; Verschlagenheit
subtract [səb'trækt] abziehen; **~ion** [––́ʃən] Abziehen; Abzug
subtropical ['sʌb'trɔpikəl] subtropisch
suburb ['sʌbəːb] Vorort; Stadtrandsiedlung; **~an** [sə'bəːbən] Vorort-; *fig* kleinstädtisch
subver|sion [səb'vəːʃən] Umsturz; umstürzlerische Tätigkeit; **~sive** [––́siv] umstürzlerisch; **~y** [––́t] (um)stürzen; untergraben
subway ['sʌbwei] *BE* Unterführung; *US* U-Bahn
succeed [sək'siːd] Erfolg haben (*in* mit); *he ~ed in doing* es gelang ihm zu tun; folgen auf; *~ to* übernehmen
success [sək'ses] Erfolg; **~ful** erfolgreich; **~ion** [–'seʃən] Reihe(nfolge); Rechtsnachfolge; *in ~ion* hintereinander; *~ion to the throne* Thronfolge; *~ion to* Übernahme von; **~ive** [––́siv] aufeinanderfolgend, hintereinander; **~or** [––́sə] Nachfolger; Erbe; Folge
succinct [sək'siŋkt] knapp und klar, kurz; lakonisch
succour ['sʌkə] helfen; Hilfe
succulent ['sʌkjulənt] saftig
succumb [sə'kʌm] unter-, erliegen; sterben
such [sʌtʃ] solch, derart(ig); so *(~ is life)*; *~ as* wie (z. B.); *~ that* so daß; *and ~* und dgl.; *as ~* ebenso; **~-like** [–́laik] derartig
suck [sʌk] (auf-, aus)s[illegible]en *(a. fig)*; lutschen; *~ up to (umg)* s. einschmeicheln bei; Saugen; *to give ~ to* d. Brust geben; **~er** [–́ə] Saug(end)er; *umg* Grünschnabel, blöder Kerl, Tropf; **~le** [–́l] säugen; **~ling** [–́liŋ] Säugling
suction ['sʌkʃən] Saugen; Sog; Saug-
sudden ['sʌdən] plötzlich; *all of a ~* = **~ly** (ganz) plötzlich
suds [sʌdz] *pl vb* Seifenlauge, -schaum; *US sl* Bier; **~y** [–́zi] schaumig
sue [sjuː] (ver)klagen (*for* auf); (an-)flehen (*for* um); werben, freien um
suède [sweid] Velour-, Wildleder
suet ['sjuit] (Rinder-)Talg
suffer ['sʌfə] (er)leiden (*from* von); bestraft werden; zulassen, dulden; **~able** [–́–rəbl] erträglich; **~ance** [–́–rəns] Dulden; **~ing** *mst pl* Leiden
suffic|e [sə'fais] genug sein, genügen (für); **~iency** [–'fiʃənsi] ausreichendes Einkommen, Auskommen; ausreichende Menge; **~ient** [–'fiʃənt] ausreichend(e Menge); genug
suffocate ['sʌfəkeit] ersticken *(a. fig)*
suffrag|an ['sʌfrəgən] Weihbischof; Suffragan; **~e** [–́ridʒ] Stimme; Zustimmung; Stimmrecht; **~ette** [–rə'dʒet] Frauenrechtlerin
suffuse [sə'fjuːz] (er)füllen *(a. fig)*
sugar ['ʃugə] Zucker; (ein-, über-)zuckern; **~-basin** [–́–beisn] *BE* Zuckerdose; **~-bowl** [–́–boul] = ~-basin; **~-loaf** [–́–louf], *pl* ~-loaves [–́–louvz] Zuckerhut; **~y** [–́–ri] zuckrig; zuckersüß; schmeichelnd
suggest [sə'dʒest, *US* səg–́] vorschlagen, anregen; deuten, schließen lassen auf; erinnern an; nahelegen; (die Meinung) aussprechen, meinen; **~ion** [––́ʃən] Vorschlag, Anregung; Suggestion; *fig* Spur; **~ive** [––́iv] anregend, suggestiv; andeutend (*of s-th* etw)
suicid|al [sjui'saidl] selbstmörderisch; **~e** [–́–said] Selbstmord; Selbstmörder
suit [suːt] **1.** Satz, Garnitur; *~ of armour* Panzer, Rüstung; **2.** *~ (of clothes)* Anzug, Kostüm; **3.** (Heirats-)Ersuchen; **4.** ⚖ Klage; **5.** (Karten) Farbe ♦ *to follow ~* Farbe bekennen, das gleiche tun; **6.** *vt/i* passen; *~ o.s.* nach Belieben handeln; **7.** *fig* stehen; *~ to* anpassen an; *~ with* übereinstimmen mit, passen zu; **~able** passend, geeignet; **~-case** [–́keis] Koffer; **~e** [swiːt] (*a.* ♪) Suite; (Möbel) Garnitur; Zimmerflucht; **~ed** [–́id] geeignet; **~ing** [–́iŋ] Anzugstoff; **~or** [–́ə] Bittsteller; Freier; ⚖ Kläger
sulk [sʌlk] schmollen; **~s** *pl vb* Schmollen, üble Laune; *to be in the ~s* = to ~; **~y** [–́i] schmollend, mißgestimmt; Sulky
sull|en ['sʌlən] mürrisch, schmollend; düster; **~y** [–́i] *fig* beflecken
sulphur, sulfur ['sʌlfə] Schwefel; **~eous** [–́'fjuəriəs] schwefel(art)ig; **~ic** [–'fjuərik] schwefelhaltig; **~ous** [–́–rəs] = ~eous; wütend
sultan ['sʌltən] Sultan; **~a** [səl'tɑːnə], *pl* ~as BE Sultanine
sultry ['sʌltri] schwül
sum [sʌm] Summe; Rechnung; *pl* Rechnen; *to do ~s* rechnen; Zus.fassung; *in ~* kurz (gesagt); Geldsumme; *~ up* zus.ziehen, addieren; zus.fassen; *~ total* = ~; **~marize** [–́əraiz] zus.fassen; **~mary** [–́əri] zus.fassend, kurz; summarisch; ⚖ Schnell-; Zus.fassung
summer ['sʌmə] Sommer (*Indian ~* Spätsommer, warme Herbsttage); d. Sommer verbrin-

gen; **~-house** Gartenlaube, **~lightning** Wetterleuchten; **~ school** [sku:l] Ferienkurs(e); **~y** [ˈ–ri] sommerlich
summit [ˈsʌmit] Gipfel *(a. fig)*
summon [ˈsʌmən] holen lassen; ⚖ vorladen; auffordern; einberufen; *~ up fig* zus.raffen; **~s** [ˈ–z], *pl* ~ses [ˈ–ziz] ⚖ Vorladung; Aufforderung; ⚖ vorladen
sump [sʌmp] ⚙ Schachtsumpf; 🚗 Ölsumpf, -wanne; **~ter** [ˈ–tə] Saumtier
sumptu|ary [ˈsʌmptjuəri] d. Aufwand regelnd; **~ous** [ˈ–əs] kostspielig
sun [sʌn] Sonne; *vt* sonnen; **~beam** [ˈ–bi:m] Sonnenstrahl *(a. fig)*; **~-blind** [ˈ–blaind] *BE* Markise; **~burn** [ˈ–bə:n] Sonnenbrand; **~burnt** [ˈ–bə:nt] sonnenverbrannt; **S~day** [ˈ–di] Sonntag; **~dial** [ˈ–daiəl] Sonnenuhr; **~down** [ˈ–daun] Sonnenuntergang; **~fast** [ˈ–fa:st] *US* lichtecht; **~-glasses** [ˈ–gla:siz] Sonnenbrille; **~-hat** [ˈ–hæt] = **~ helmet** Tropenhelm; **~ lamp** Höhensonne; **~less** [ˈ–lis] sonnenlos; **~light** [ˈ–lait] Sonnenlicht; **~lit** [ˈ–lit] sonnenbeschienen; **~ny** [ˈ–i] sonnig *(a. fig)*; **~rise** [ˈ–raiz] Sonnenaufgang; **~set** [ˈ–set] Sonnenuntergang; **~shade** [ˈ–ʃeid] Sonnenschirm; 📷 Gegenlichtblende; **~shine** [ˈ–ʃain] Sonnenschein *(a. fig)*; sonniges Wetter; **~shiny** [ˈ–ʃaini] sonnig; sonnenhell; **~-spot** [ˈ–spɔt] Sonnenfleck; **~stroke** [ˈ–strouk] ⚕ Sonnenstich; **~tan** [ˈ–tæn] Bräune; *US mil* Uniform
sund|er [ˈsʌndə] (sich) trennen; **~ry** [ˈ–dri] verschieden; *pl* allerlei Dinge; Verschiedenes
sung [sʌŋ] *siehe* sing
sunk [sʌŋk] *siehe* sink; **~en** [ˈ–ən] (ein-)gesunken
sup [sʌp] zu Abend essen, knabbern, nippen (an)
super [ˈsju:pə] *umg* 🎭 Statist; unwichtiger Kerl; erstklassig
superabundant [sju:pərəˈbʌndənt] überreichlich
superannuat|e [sju:pəˈrænjueit] pensionieren; **~ion** [––ˌ––ˈeiʃən] Pensionierung
superb [sju:ˈpə:b] prächtig; herrlich
supercargo [sju:pəˈka:gou], *pl* **~es, ~s** ⚓ Frachtaufseher
super|charge [sju:pəˈtʃa:dʒ] ⚙ aufladen, vorverdichten; **~cilious** [––ˈsiliəs] hochmütig
supererogat|ion [sju:pərerəˈgeiʃən] Mehrleistung; *a work of ~ion* (e-e gute, aber) unnütze Tat; **~ory** [–––ˈrɔgətəri] unnütz; übereifrig
superficial [sju:pəˈfiʃəl] oberflächlich; **~ity** [–––ʃiˈæliti] Oberflächlichkeit
superfine [ˈsju:pəˈfain] besonders fein
superflu|ity [sju:pəˈflu:iti] Überfluß; etwas Überflüssiges; **~ous** [–ˈpə:fluəs] überflüssig
super|human [sju:pəˈçu:mən] übermenschlich
superimpose [sju:pərimˈpouz] doppelt belichten; darüberlegen
superintend [sju:pərinˈtend] beaufsichtigen; leiten; **~ence** [––––ˈdəns] Leitung; **~ent** Oberaufseher; Leiter
superior [sju:ˈpiəriə] überlegen; besser (*to* als); ausgezeichnet; erhaben (*to* über); höher (gelegen, gestellt); Höhergestellter; Vorgesetzter; **~ity** [–ˌ––ˈɔriti] Überlegenheit
superlative [sju:ˈpə:lətiv] hervorragend; höchst; Superlativ
super|man [ˈsju:pəmæn], *pl* **~men** [ˈ–men] Übermensch; **~nal** [–ˈpə:nəl] himmlisch; **~natural** [––ˈnætʃərəl] übernatürlich; **~normal** [––ˈnɔ:məl] außergewöhnlich; überdurchschnittlich; **~numerary** [––ˈnju:mərəri] überzählig; etwas Überzähliges; 🎭 Statist
superscri|be [ˈsju:pəˈskraib] überschreiben; beschriften; **~ption** [––ˈskripʃən] Über-, Aufschrift
superse|de [sju:pəˈsi:d] verdrängen, ersetzen; **~ssion** [––ˈseʃən] Ersetzung, Verdrängung
supersonic [sju:pəˈsɔnik] schneller als der Schall, Überschall-
superstit|ion [sju:pəˈstiʃən] Aberglaube; **~ious** [–––ʃəs] abergläubisch
super|structure [ˈsju:pəstrʌktʃə] Oberbau; Hochbau; **~vene** [––ˈvi:n] hinzu-, dazwischenkommen
supervis|e [ˈsju:pəvaiz] beaufsichtigen, überwachen; **~ion** [––ˈviʒən] Beaufsichtigung, Aufsicht; **~or** [ˈ–––ə] Aufseher; **~ory** [––ˈ–əri] überwachend, Überwachungs-, Aufsichts-
supine [ˈsju:pain] auf dem Rücken liegend; schwunglos, untätig
supper [ˈsʌpə] Abendessen; *the Last S~* Abendmahl; *the Lord's S~* Abendmahlsfeier
supplant [səˈpla:nt] verdrängen, ersetzen
supple [ˈsʌpl] beweglich, geschmeidig; beeinflußbar; katzbuckelnd
supplement [ˈsʌplimənt] Ergänzung; Nachtrag(sband); Beilage; ~ [ˈ––ment] ergänzen; **~ary** [––ˈmentəri] ergänzend; Ergänzungs-
suppl|iant [ˈsʌpliənt] Bittsteller; demütig flehend; **~icant** [ˈ–ikənt] = ~iant; **~icate** [ˈ–ikeit] demütig (an)flehen (*for* um); **~ier** [səˈplaiə] Lieferer, Lieferant; **~y** [səˈplai] (be)liefern; versorgen; (Bedarf) befriedigen, (Mangel) ausgleichen; Versorgung (*pl* -sgüter); Vorrat; Angebot; *pl* Etat; Vertreter (*bes* Lehrer)
support [səˈpɔ:t] tragen, stützen; unterstützen, -halten; ertragen, dulden; 🎭 (Rolle) durchhalten; (Unter-)Stützung; Stütze; Unterhalt(ung); **~er** Stütze; Träger; Anhänger, Befürworter
suppos|e [səˈpouz] annehmen, meinen; *to be ~ed* [ˈ–ˈd] *to* sollen; *~e we go* gehen wir ...; voraussetzen; **~ed** vermeintlich; **~edly** [–ˈ–idli] wie man annimmt, angeblich; **~ing** [–ˈ–iŋ] angenommen; **~ition** [sʌpəˈziʃən] Annahme, Vermutung; Meinung
suppress [səˈpres] unterdrücken; untersagen; entstören; **~ion** [–ˈpreʃən] Unterdrückung
suppurate [ˈsʌpjureit] eitern
suprem|acy [suˈpreməsi] Oberhoheit; Vorrang; **~e** [–ˈpri:m] höchste, oberste, Ober-
surcease [sə:ˈsi:s] Ende, Aufhören
surcharge [ˈsə:tʃa:dʒ] Überladung, -lastung; Zuschlag; Strafporto; ~ [–ˈ–] überladen, -lasten; Zuschlag, Strafporto fordern
surcoat [ˈsə:kout] Überwurf

sure [ʃuə] sicher (*he is ~ to come* er wird s. kommen); *to be ~* gewiß; *adv* gewiß; *US* ja; *to make ~* sich vergewissern; verläßlich; **~ly** (wohl) sicher; **~ty** [´-ti] Sicherheit; Gewißheit; *of a ~ty* bestimmt; Bürgschaft, Bürge ♦ *to stand ~ty* Bürgschaft leisten

surf [səːf] Brandung (*~-riding* [´-raidiŋ] Wellenreiten)

surface ['səːfis] (Ober-)Fläche; Äußeres, *on the ~* äußerlich; *attr* äußerlich, oberflächlich; glätten, polieren; (U-Boot) auftauchen; **~ craft** ⚓ Überwasserfahrzeug; **~ mail** ✉ gewöhnliche Post

surfeit ['səːfit] Übermaß; -sättigung; überfüttern

surge [səːdʒ] (hoch)branden *(a. fig)*; Brandung; *fig* Welle

surg|eon ['səːdʒən] Chirurg; Sanitätsoffizier; **~ery** [´-dʒəri] Chirurgie; Operation(en); Operationsraum; *BE* Behandlungszimmer; *BE* Sprechstunde(n); **~ical** [´-dʒikəl] chirurgisch

surly ['səːli] mürrisch; ruppig

surmise ['səːmaiz] Vermutung; [-´] vermuten

surmount [səː'maunt] überwinden; **~ed** überragt, bedeckt

surname ['səːneim] Nachname; Beiname; *to be ~d* d. Beinamen ... erhalten

surpass [sə'pɑːs] übertreffen, -steigen; **~ing** [-´-iŋ] überragend, unübertroffen

surplice ['səːplis] *eccl* Chorhemd

surplus ['səːpləs] Überschuß; Mehrertrag; überschüssig

surprise [sə'praiz] Überraschung; überraschen

surrender [sə'rendə] über-, aufgeben; aushändigen; *~ (o.s.) fig* sich ergeben; (Police) zurückkaufen; Übergabe; Aushändigung; **~ value** Rückkaufwert

surreptitious [sʌrəp'tiʃəs] verstohlen, heimlich; ⚖ erschlichen

surrogate ['sʌrəgit] *BE* Vertreter (*bes* e-s Bischofs)

surround [sə'raund] umgeben, einschließen; **~ing** [-´-iŋ] umliegend; **~ings** *pl vb* Umgebung; Milieu

surtax ['səːtæks] Mehrsteuer, Steuerzuschlag; zusätzlich besteuern

surveillance [səː'veiləns] Überwachung, Aufsicht

survey [səː'vei] genau betrachten, untersuchen; inspizieren; e-n Überblick geben über, durchgehen; (Land) vermessen; ~ [´-] genaue Betrachtung; Inspektion; Überblick; Vermessung; **~or** [-´ə] Aufseher; Landmesser

surviv|al [sə'vaivəl] Überleben; Überbleibsel; **~e** [-'vaiv] über-, fortleben; nicht untergehen; **~or** Überlebender

suscepti|bility [səˌsepti'biliti] Empfänglichkeit, Anfälligkeit; *pl* Gefühle, Empfindlichkeiten; **~ble** [-´-bl] empfindlich; empfänglich (*to* für); ⚕ anfällig (*to* für); *to be ~ble of* zulassen

suspect [səs'pekt] vermuten; verdächtigen; bezweifeln; ['sʌs-) verdächtig; verdächtige Person

suspen|d [səs'pend] herabhängen lassen (*from* von); *to be ~ded* hängen, schweben; verschieben, (Zahlung) aussetzen, (Vorschrift) außer Kraft setzen; j-n suspendieren; **~der** [-´də] *BE* Straps, Strumpfband; *pl US* Hosenträger; **~se** [-´s] Ungewißheit, Spannung; **~sion** [-´ʃən] Aufschub; Einstellung; Suspendierung; **~sion bridge** Hängebrücke

suspici|on [səs'piʃən] Verdacht; Mutmaßung; *fig* Spur; **~ous** [-´ʃəs] argwöhnisch, mißtrauisch; verdächtig

suss [sʌs] *BE* Verdacht; *~ out* klarkriegen; *~ it* d. Braten riechen

sustain [səs'tein] tragen *(a. fig)*; erhalten, Kraft geben; durch-, aufrechterhalten; ⚖ bestätigen, billigen; *fig* stützen; erleiden; aushalten; **~ed** [-´d] anhaltend

sustenance ['sʌstinəns] Nahrung; Nährkraft

suture ['sjuːtʃə] ⚕ (Wund-)Naht, Faden; ⚕ nähen

svelte [svelt] schlank

swab [swɔb] Putzlappen; ⚕ Tupfer; ⚕ Abstrich; *~ (down, up)* aufwischen; ⚕ tupfen

swaddl|e ['swɔdl] einwickeln, windeln; **~ing clothes** Windeln *(a. fig)*

swag [swæg] *umg* Diebesgut, Beute; Unmenge

swage [sweidʒ] ⚙ Gesenk; im G. schmieden; tiefziehen

swagger ['swægə] einherstolzieren; aufschneiden

swain [swein] junger Landmann; Liebhaber

swallow ['swɔlou] (herunter)schlucken *(a. fig)*; (s-e Worte) zurücknehmen; *~ up* verschlucken, *fig* verschlingen; Schluck(en); Schwalbe

swam [swæm] *siehe* swim

swamp [swɔmp] Sumpf; überschwemmen; *fig* verschlingen; **~y** sumpfig

swan [swɔn] Schwan; **~like** [´-laik] schwanenartig

swank [swæŋk] aufschneiden; protzen; Protzerei; **~er** [´-ə] Aufschneider, Angeber; **~y** [´-i] protzig; chic

swap [swɔp] *siehe* swop

sward [swɔːd] Rasen

swarf [swɔːf] (Holz-, Metall-)Späne

swarm [swɔːm] Schwarm; strömen, s. drängen; schwärmen; *~ with* wimmeln von

swarthy ['swɔːði] dunkelhäutig

swashbuckl|er ['swɔʃbʌklə] Aufschneider, Mutprotz; **~ing** [´-liŋ] prahlerisch(es Benehmen, Wesen)

swastika ['swɔstikə] Hakenkreuz

swat [swɔt] patschen, schlagen

swatch [swɔtʃ] Stoffmuster(stück)

swath [swɔːθ], *pl* **~s** ⸸ Schwaden; **~e** [sweið] einhüllen; (ein)wickeln

sway [swei] schwanken (lassen); beeinflussen; Schwanken, Wogen; Einfluß, Gewalt (*to hold ~ over* in der G. haben)

swear [swɛə] *(s. S. 319)* (be)schwören (*~ an oath* e-n Eid s.); fluchen; *~ a charge against* j-n unter Eid belasten; vereidigen (*to* auf); *~ by* schwören bei, auf; *~ off* abschwören; *~ to* beschwören

sweat [swet] Schweiß; Schwitzen; *in a ~, all of a ~ (umg)* schweißgebadet; Plackerei; schwitzen *(a. fig)*; schwitzen lassen; j-n ausbeuten; **~er** Pullover; **~-shop** [ˈ-ʃɔp] Ausbeutungsbetrieb; **~y** schweißig; anstrengend
swede [swiːd] Kohl-, Steckrübe
Swed|e [swiːd] Schwede; **~en** [ˈ-n] Schweden; **~ish** [ˈ-iʃ] schwedisch(e) Sprache
sweep [swiːp] *(s. S. 319)* **1.** kehren, fegen; *~ all before one* dauernd großen Erfolg haben; **2.** *mil* bestreichen; **3.** (Minen) räumen; **4.** ⚡, ⛴ absuchen; **5.** rauschen *(on to the stage)*; **6.** streichen, sich erstrecken; **7.** *~ away* fortreißen *(a. fig)*; *~ off* wegreißen, dahinraffen; **8.** *~ up* zus.fegen; **9.** Zus.fegen, Auskehren; **10.** Schornsteinfeger; **11.** Schwung, Wogen; **12.** Bereich; **13.** weiter Bogen, Kurve; **14.** weiter Blick; **15.** Schwengel (am Brunnen); **16.** (stehend bewegtes) Ruder; **~er** Feger; Kehrmaschine; **~ing** weitreichend; umfassend; summarisch; **~ings** [ˈ-iŋz] *pl vb* Kehricht; **~stake(s)** [ˈ-steik(s)] sweepstake (Wettspiel bei Pferderennen)
sweet [swiːt] süß ♦ *to have a ~ tooth* e. Süßschnabel sein; (Milch, Butter etc) frisch, ungesalzen; duftend; angenehm, lieb, sanft ♦ *to be ~ on* verliebt sein in; Süßigkeit; *BE* Bonbon; *pl BE* Nachtisch; Liebling; **~bread** [ˈ-bred] Kalbsmilch, Bries(chen); **~brier (~briar)** [ˈ-ˈbraiə] Zaunrose; **~en** [ˈ-n] (ver)süßen; süß werden; **~heart** [ˈ-hɑːt] Liebling; **~meat** [ˈ-miːt] kandierte Frucht; Süßigkeit
swell [swel] *(s. S. 319)* (an)schwellen (lassen); *~, to be swollen* s. aufblähen *(a. fig), with pride* vor Stolz; Anschwellen *(bes* ♪*)*; ⚓ Dünung; Stutzer; hohes Tier; *a ~ at* e. Könner in etw; *adj* chic, modisch; prima, großartig; **~ing** Schwellung, Geschwulst
swelter [ˈsweltə] drückend heiß sein; schwitzen, verschmachten
swept [swept] *siehe* sweep; **~-up** hochgekämmt
swerve [swəːv] aus d. Richtg. kommen (bringen), 🚗 schleudern; ausweichen
swift [swift] schnell (auftretend); *~ to anger* scnell zornig; *zool* Segler
swig [swig] Schluck; trinken
swill [swil] spülen; saufen; Abspülen; Schweinefutter, *fig* -fraß; Gesöff
swim [swim] *(s. S. 319)* schwimmen *(a. fig)*; durchqueren (lassen); schwindlig sein; Schwimmen; *to be in (out of) the ~* (nicht) auf d. laufenden sein; **~mingly** [ˈ-iŋli] *fig* leicht, glatt
swindle [ˈswindl] betrügen, beschwindeln (*out of* um), erschwindeln (*out of* von); Schwindel, Betrug
swine [swain], *pl ~ zool, fig* Schwein
swing [swiŋ] *(s. S. 319)* **1.** schwingen; **2.** (ein)schwenken; **3.** sich drehen; **4.** *umg* beeinflussen, umstimmen; **5.** *~ for s-th (umg)* baumeln für (e-e Tat); **6.** Schwingen; Schaukeln; *in full ~* in vollem Gang; **7.** ♪ Rhythmus; *to go with a ~* Rhythmus haben, *fig* glatt über die Bühne gehen; **8.** Schaukel; **9.** 🥊 Schwinger; **10.** ♪, 💿 Swing; **~-boat** [ˈ-bout] Schiffsschaukel; **~eing** [ˈ-dʒiŋ] (Schlag) hart; riesig; **~ing** [ˈ-iŋ] schwingend; rhythmisch; modisch; (sexuell) freizügig
swipe [swaip] *umg* hauen; klauen; Hieb
swirl [swəːl] wirbeln; Wirbel; Locke; (Spitzen-)Besatz
swish [swiʃ] zischen, sausen (lassen); prügeln; Zischen
Swiss [swis] schweizerisch; *su, pl ~* Schweizer(in)
switch [switʃ] **1.** Gerte; **2.** unechter Haarknoten; **3.** ⚡ Schalter; **4.** 🚂 Weiche; **5.** peitschen; **6.** zucken mit; **7.** ⚙ verschieben; **8.** ⚡ schalten (*~ on* an-; *~ off* ab-); **9.** *fig* lenken, umschalten; **~back** [ˈ-bæk] Serpentinenstraße; **~board** [ˈ-bɔːd] Schalttafel; (Telefon) Klappenschrank; **~man** [ˈ-mən], *pl* ~men Weichensteller
Switzerland [ˈswitsələnd] Schweiz
swivel [ˈswivəl] ⚙ Drehteil, (Kette) Wirbel; Dreh-; ⚙ schwenken; s. drehen; *~* **chair** Drehstuhl; **~-eyed** [ˈ--ˈaid] schielend
swollen [ˈswoulən] *siehe* swell
swoon [swuːn] ohnmächtig werden; Ohnmacht(sanfall)
swoop [swuːp] *(down on)* herabstoßen (auf), plötzlich überfallen; *~ up* (ganz) packen; Herabstoßen; plötzl. Angriff
swop, swap [swɔp] *umg* ver-, austauschen, *~ yarns* sich Geschichten erzählen; (Aus-)Tausch
sword [sɔːd] Schwert; *to put to the ~* über d. Klinge springen lassen;
swore [swɔː], **sworn** [swɔːn] *siehe* swear
swot [swɔt] *BE* büffeln, ochsen; *BE* Büffelei; Streber
swum [swʌm] *siehe* swim
swung [swʌŋ] *siehe* swing
syllab|ary [ˈsiləbəri] Silbenverzeichnis; **~ic** [-ˈlæbik] Silben-; silbisch; **~icate** [-ˈlæbikeit] in Silben trennen, abtrennen; **~ify** [-ˈlæbifai], **~ize** [ˈ--baiz] = ~icate; **~le** [ˈ-əbl] Silbe; **~us** [ˈ--bəs], *pl* ~uses, ~i [ˈ--bai] Unterrichts-, Lehrplan
sylvan [ˈsilvən] Wald-; bewaldet; Waldbewohner
symbol [ˈsimbəl] Symbol; **~ic** [-ˈbɔlik] symbolisch; **~ical** [-ˈbɔlikl] = ~ic; **~ism** [ˈ--lizm] Symbolik; Symbolismus; **~ize** [ˈ--laiz] versinnbildlichen
symmetr|ical [siˈmetrikl] symmetrisch; **~y** [ˈ-itri] Symmetrie
sympath|etic [simpəˈθetik] mitfühlend; freundlich; harmonisch; $ sympathisch; sympathetisch; **~ize** [ˈ--θaiz] *with* sympathisieren, mitfühlen mit; angetan sein von; **~y** [ˈ--θi] Mitgefühl; Sympathie; Mitleid; *pl* Teilnahme
symphon|ic [simˈfɔnik] sinfonisch; **~y** [ˈ-fəni] Sinfonie
symposi|um [simˈpouziəm], *pl* **~ums, ~a** Sammlung v. Beiträgen; Symposium
symptom [ˈsimptəm] Symptom, Anzeichen; **~atic** [--ˈmætik] symptomatisch

synagogue ['sinəgɔg] Synagoge

synchro|mesh ['siŋkrou'meʃ] 🚘 Synchrongetriebe; **~nize** [ˊ-krənaiz] gleichzeitig sein, geschehen; (Uhr) gleichgehend machen; zeitlich übereinstimmend machen; 🎞 synchronisieren

syncop|ate ['siŋkəpeit] synkopieren; **~e** [ˊ--pi], *pl* ~es ⚕ schwere Ohnmacht, Kollaps; ♪ Synkope

syndic ['sindik] Syndikus; **~alism** [ˊ--əlizm] Gewerkschaftssozialismus, Syndikalismus; **~ate** [ˊ--it] Konsortium, Syndikat; (Art) Korrespondenzbüro; **~ate** [ˊ--eit] zu e-m Syndikat zus.schließen; durch e. Korrespondenzbüro vertreiben

synonym ['sinənim] Synonym, sinnverwandtes Wort; **~ous** [-'nɔniməs] gleichbedeutend, sinnverwandt

synop|sis [si'nɔpsis], *pl* **~ses** [-ˊsi:z] zus.fassende Übersicht; **~tic** [-ˊtik] zus.fassend, synoptisch; Übersichts-

synta|ctical [sin'tæktikəl] syntaktisch; **~x** [ˊtæks] Syntax, Satzlehre

synthe|sis ['sinθisis], *pl* **~ses** [ˊ--si:z] Synthese, Zus.setzung; **~size** [ˊ--saiz] synthetisch herstellen; **~tic** [-'θetik] synthetisch; **~tize** [ˊ--taiz] = ~size

syphili|s ['sifilis] Syphilis; **~tic** [--'litik] syphilitisch; Syphilitiker

syringe ['sirindʒ] ⚕ Spritze; spritzen

syrup, *US* **sirup** ['sirəp] Sirup; **~y** sirupartig

system ['sistim] System; Systematik; ⚕ der ganze Körper; **~atic** [--'mætik] systematisch; planmäßig; **~atize** [ˊ--ətaiz] systemat. ordnen, systematisieren

T

T [ti:] T; t-förmig; **T-square** ['ti:skwɛə] Reißschiene

ta [tɑ:] *BE umg* danke

tab [tæb] Streifen; Öse; Aufhänger; (Kartei) Reiter ♦ *to keep ~(s) on* kontrollieren, überwachen, Buch führen über

tabby ['tæbi] gestreift(e Katze); Klatschbase; Moiré; moirieren

tabernacle ['tæbɛnækl] (Prediger-)Zelt; Kirche; *eccl* Tabernakel

table ['teibl] Tisch(runde); Tafel *(a. fig);* Tabelle; auf den Tisch tun, auftischen; *BE* etw (z. Besprechung) vorlegen; *US* hinausschieben, verzögern; (als Tabelle) verzeichnen; **~-cloth** [ˊ-klɔθ], *pl* ~-cloths [ˊ-klɔθs] Tischtuch, -decke; **~-cover** [ˊ-kʌvə] Tischdecke ;**~-land** [ˊlænd] flache Hochebene; **~-linen** [ˊ-linin] Tischwäsche; **~-spoon** [ˊ-spu:n] Eß-, Suppenlöffel; **~ tennis** Tischtennis; **~-ware** [ˊ-wɛə] Eßgeschirr u. Bestecke

tabl|eau ['tæblou], *pl* **~eaux** [ˊ--z], **~eaus** lebendes Bild; überraschende Szene; **~et** ['tæblit] (Gedenk-)Tafel; Schreibblock; Tablette; **~oid** ['tæblɔid] Tablette; (sensationelle) Bildzeitung

taboo [tə'bu:] Tabu; tabu; für verboten erklären

tabor ['teibə] kleine Trommel, Tamburin

tabul|ar ['tæbjulə] tafelförmig; tabellarisch; **~ate** [ˊ--leit] tabellenförmig anordnen; **~ator** [ˊ--leitə] Tabulator

tacit ['tæsit] stillschweigend; **~urn** [ˊ--tə:n] schweigsam, verschlossen

tack [tæk] Zwecke, Drahtstift; *carpet ~* Teppichnagel; Heftstich; Klebrigkeit; Essen (*hard ~* Schiffszwieback); ⚓ Schlag, Gang; *fig* Kurs; Politik; nageln; (Stoff) heften (*a.* ⚙); anfügen (*on to* an); ⚓ lavieren *(a. fig);* **~le** [ˊ-l] Flaschenzug; Gerät, Ausrüstung; ⚓ Talje; ⚓ Takel; (an)packen *(a. fig);* **~y** [ˊ-i] klebrig

tact [tækt] Takt; **~ful** taktvoll; **~less** taktlos; **~ical** [ˊ-tikl] taktisch *(a. fig);* **~ician** [-'tiʃən] Taktiker; **~ics** [ˊ-tiks] *sg vb mil* Taktik; *pl vb* taktische Maßnahmen, *fig* Taktik; **~ile** [ˊ-tail] Tast-; fühlbar; **~ual** [ˊ-tjuəl] Tast-; Gefühls-

tadpole ['tædpoul] Kaulquappe

taeni|a ['ti:niə], *pl* **~ae** [ˊ--i:] Bandwurm

taffeta ['tæfitə] Taft

taffy ['tæfi] *siehe* toffee; **T~** *BE umg* Waliser

tag [tæg] Anhänger, Etikett, Preiszettel; loses Ende; (Stiefel-)Strippe; Spitze (des Schnürsenkels); 🎭 Schlußwort; stehende Redensart, Refrain; (Spiel) Fangen; mit Anhänger versehen; auf d. Fersen folgen; fangen

tail [teil] Schwanz ♦ *to turn ~* davonlaufen; *pl* (Münze) Rückseite; *pl* = ~-coat; mit e-m Schwanz versehen; (hartnäckig) verfolgen, beschatten; (Beeren) zupfen; *~ after* auf d. Fersen folgen; *~ away* (od *off*) abhängen, zurückbleiben; **~-coat** [ˊ-kout] Frack; **~-end** [ˊend] *fig* Schwanz; **~-light** Rück-, Schlußlicht; **~or** [ˊ-ə] Schneider; schneidern; **~oress** [ˊ-əris] Schneiderin; **~or-made** [ˊ-əmeid] geschneidert, Schneider-; **~spin** [ˊ-spin] ✈ Trudeln; Zus.brechen; Panik; **~ wind** Rückenwind

taint [teint] Fleck, Makel; erbliche Belastung, Spur; verderben, anstecken

take [teik] **1.** nehmen (*~ easy, ill* leicht, übel n.; *~ to heart* sich zu Herzen n.); (er)greifen; *~ hold of* ergreifen; **2.** annehmen, bekommen, (Zeitung) halten; holen; **3.** bringen; **4.** wegnehmen; **5.** (Essen) (ein)nehmen; (Luft) atmen, holen; **6.** (heraus)nehmen, wählen; *~ a chair (seat)* Platz nehmen; *~ the chair (command)* den Vorsitz (Befehl) übernehmen; **7.** s. nehmen *(~ your time);* brauchen, benötigen *(he ~s, it ~s him, three hours to do it);* erforderlich sein; **8.** (Stolz, Interesse etc) empfinden; **9.** packen; fangen *(~ fire); ~ cold* s. erkälten; *to be ~n ill* krank werden; **10.** beeindrucken; 🎭, 🎞, *fig* ankommen *(the play did not ~);* **11.** (Notizen, 🎞 Bild) machen; **12.** begreifen, auffassen; halten für; *I ~ it that* ich nehme an, daß; *to ~ (it) for granted* als erwiesen ansehen, für selbstverständlich halten; *you may ~ it from me* Sie können es mir glauben; **13.** *bes* ⚕ wirken; **14.** 🎞 s. aufnehmen lassen; **15.** *~ care* vorsichtig sein, aufpassen; *~ care of* s. kümmern um; *~ courage* ['kʌridʒ] mutig sein; *~ fright* s. entsetzen; *~ a look* e-n Blick werfen; *~ notice of* Notiz nehmen von; *~ the* *trouble* ['trʌbl] s. d. Mühe machen; **16.** *su* Menge; Einnahmen; (Film) Einzelaufnahme; **17.** *to be ~n aback* überrascht sein; **~ after** j-m nachschlagen; **~ away** wegnehmen, -bringen; **~ back** *fig* zurücknehmen; **~ down** hin-, niederschreiben; (Bau) abreißen; herunterwürgen; **~ from** (ver)mindern; **~ in** hineinbringen, -nehmen; jemanden aufnehmen; für Heimarbeit annehmen; enger, kürzer nähen; ⚓ einziehen; in s. aufnehmen; hereinlegen; (Falsches) glauben; umfassen; (Zeitung) halten; **~ into** hineinführen; *~ it into one's head* es s. in d. Kopf setzen; *~ s-b into one's confidence* j-n ins Vertrauen ziehen; **~ off** wegnehmen, ausziehen; *~ o.s. off* s. fortmachen; abziehen, nachlassen; imitieren, nachäffen; ⛹ abspringen; ✈ starten; ☗ absetzen; **~ on** übernehmen; j-n anstellen; (als Gegner) annehmen; *umg* sich sehr aufregen; **~ out** hinaus-, herausbringen, beseitigen; *~ it out of s-b* j-n kaputtmachen; s. ausstellen lassen; j-n ausführen; **~ over** (Betrieb, Pflicht) übernehmen; **~ s-b through s-th** etw durchnehmen mit j-m; **~ to** sich begeben, eilen zu, nach; liebgewinnen; s. gewöhnen an; s. verlegen auf; **~ up** aufnehmen; (Raum, Zeit) einnehmen; (Redner) ins Wort fallen; **~ up with** s. anfreunden mit; **~ (it) upon o.s.** es auf s. nehmen; **~ with s-b** ziehen bei j-m, j-n entzücken; **~-in** [⏑-in] Schwindel, Betrug; **~-off** [⏑-ɔːf] Imitation, Nachäffung; ⛹ Absprung(stelle); ✈ Start, Abflug; **~r** [⏑-ə] j-d, der etwas nimmt; Wette(nde)r

taking ['teikiŋ] anziehend; **~s** *pl vb* Einnahmen

tale [teil] Geschichte; Märchen; *to tell ~s* aus d. Schule plaudern; **~-bearer** [⏑-bɛərə], **~-teller** [⏑-telə] Klatschbase

talent ['tælənt] Begabung, Talent; **~ed** [⏑-tid] begabt; **~less** [⏑-lis] unbegabt

talk [tɔːk] **1.** sprechen; *~ing of* da wir gerade davon sprechen; **2.** klatschen; **3.** besprechen; *~ shop* fachsimpeln; *~ nonsense (sense)* (keinen) Unsinn reden; *~ s-b out of s-th* j-m etw ausreden; *~ over* besprechen; *~ s-b over* (od *round*) j-n überreden; *~ to* schelten; **4.** Gespräch; **5.** Gerede, Geschwätz; *small ~* belangloses Gespräch; **6.** Ansprache, Vortrag; **~ative** [⏑-ətiv] gesprächig, geschwätzig; **~er** [⏑-ə] Sprecher; Schwätzer; **~ie** [⏑-i], **~ing film** Tonfilm; **~ing-to** [⏑-iŋtuː] Schelte, Standpauke, Lektion

tall [tɔːl] groß, hoch; *umg* prahlerisch, übertrieben

tallow ['tælou] (ausgelassener) Talg

tally ['tæli] Kerbholz; (Ab-)Rechnung; Schild, Anhänger; übereinstimmen (*with* mit); rechnen; **~-ho** [⏑-'hou] hallo!, hussa! (rufen); **~man** [⏑-mən], *pl ~men* *BE* Inhaber e. Abzahlungsgeschäfts; *BE* ⛹ Punkteanschreiber

talon ['tælən] *orn* Kralle, Fang; Talon

tam|able ['teiməbl] zähmbar; **~e** [teim] zahm; *fig* lahm; (be)zähmen; **~eless** [⏑-lis] unzähmbar; **~er** Bändiger

tamp [tæmp] (Bohrloch) besetzen; feststampfen, -stopfen; **~er** [⏑-ə] *with* herumbasteln, -doktern an; betrügerisch ändern (wollen); **~on** [⏑-ən] ⚕ Tampon

tan [tæn] Gerbrinde; -stoff; Gelbbraun; Bräunung; gelbbraun; gerben; (s.) bräunen; durchprügeln; **~-bark** [⏑-bɑːk] Gerbrinde; **~-liquor** [⏑-likə] Gerberlohe; **~ner** [⏑-ə] Gerber; *BE* Sixpence; **~nery** [⏑-əri] Gerberei; **~nic acid** [⏑-ik'æsid], **~nin** [⏑-in] Gerbsäure

tandem ['tændəm] Tandem; hintereinander

tang [tæŋ] (scharfer) Geschmack, Geruch; Tang; schrill klingen

tang|ent ['tændʒənt] berührend; Tangente ♦ *to go* (od *fly*) *off at a ~* plötzlich abspringen; **~ential** [-'dʒenʃəl] tangential; **~erine** [-dʒə'riːn] Mandarine; **~ible** [⏑-dʒibl] fühlbar, greifbar

tangle ['tæŋgl] Wirrwarr, Gewirr; Tang; (s.) verwirren, verwickeln

tank [tæŋk] Behälter; 🚗, *mil* Tank; **~ard** [⏑-əd] (Bier-)Humpen, Deckelkrug; **~-car** [⏑-ɑː] 🚂 Tank-, Kesselwagen

tant|alize ['tæntəlaiz] quälen; **~amount** [⏑-əmaunt] *to* gleichbedeutend mit; **~rum** [⏑-rəm], *pl ~rums* (üble) Laune

tap [tæp] (Wasser- etc)Hahn; *on ~* angestochen, *fig* reichlich vorhanden; Getränk, „Stoff"; ⚙ Gewindebohrer; Klaps, Klopfen; *US pl vb* Signal z. Bettruhe; anzapfen (*a.* ☎, *fig; for* wegen); abhören; ⚙ (Gewinde) bohren; tippen, klopfen (mit, an); **~-dance** [⏑-dɑːns] Steptanz; Step tanzen; **~-water** [⏑-wɔːtə] Leitungswasser

tape [teip) schmales Band, Streifen; Tonband; ⛹ Zielband (*to breast the ~* d. Z. zerreißen) ♦ *red ~* Bürokratie; mit Band versehen, binden; **~(-line** [⏑-lain], **-measure** [⏑-meʒə]) Bandmaß; **~ recorder** Tonbandgerät; **~worm** [⏑-wəːm] *zool,* ⚕ Bandwurm

taper ['teipə] dünne Kerze, Wachsfaden; ⚙ Kegel; spitz zulaufen, s. verjüngen; langsam abnehmen

tapestried ['tæpistrid] mit Gobelin behangen, stoffüberzogen; **~y** [⏑-tri] Gobelin; Dekorationsstoff

tar [tɑː] Teer; Seemann; teeren

taradiddle, tarra- [*BE* 'tærədidl, *US* tærə'didl] Schwindel, Flunkerei

tarantula [tə'ræntjulə], *pl* **~s** *zool* Tarantel

tardy ['tɑːdi] langsam, träge; spät

tare [tɛə] (Saat-)Wicke; Tara; tarieren

targe [tɑːdʒ] Rundschild; **~t** ['tɑːgit] (*mil,* Produktions-)Ziel; = ~

tariff ['tærif] (Zoll- etc) Tarif

tarmac ['tɑːmæk] Teermakadam; *BE* Teerstraße; *BE* Rollfeld

tarn [tɑːn] kleiner Bergsee; **~ish** [⏑-niʃ] (s.) trüben, anlaufen (lassen); Trübung [zeug

tarpaulin [tɑːpɔːlin] ⚓ Persenning; Plane; Ölzeug

tarradiddle [tærə'didl] *siehe* taradiddle

tarragon ['tærəgən] *bot* Estragon

tarry[1] ['tɑːri] geteert, teerig; Teer-

tarry[2] ['tæri] bleiben; zögern, warten

tart [tɑːt] *BE* Obstkuchen; *sl* Nutte; sauer; scharf *(a. fig);* **~an** [⏑-ən] Schottenstoff, -mu-

ster; **~ar** [˗ə] Zahnstein; Weinstein; **~aric** [–'tærik] Weinstein-
task [tɑːsk] Aufgabe; Arbeit ♦ *to take to ~* Vorhaltungen machen (*for* wegen); *fig* belasten; **~ force** *mil* gemischter Kampf-, Sonderverband; **~master** [˗mɑːstə] Arbeitanweiser; Zuchtmeister
tassel ['tæsl] Quaste, Troddel; mit Quasten versehen
tast|e [teist] **1.** probieren, (ab)schmecken; **2.** (Essen) anrühren; **3.** genießen; **4.** schmecken (*of* nach); **5.** *~e of* kennenlernen; **6.** Geschmack (*a. fig; to have a ~e for* G. finden an); *in good (bad) ~e* (un)fein; **7.** Stückchen; Probe; **~eful** geschmackvoll; **~eless** geschmacklos; **~er** [˗ə] (Tee- etc)Prüfer; **~y** [˗i] schmackhaft, wohlschmeckend
tat [tæt] Frivolitäten, Schiffchenarbeit machen; **~ting** [˗iŋ] Frivolitäten
tatter ['tætə] *mst pl* Lumpen, Fetzen; **~demalion** [––də'meiljən] Lumpenkerl; **~ed** [˗–d] zerrissen, zerlumpt
tattle ['tætl] schwätzen; Geschwätz
tattoo [tə'tuː] *mil* Zapfenstreich, abendliches Trommel-, Hornsignal; Hämmern; Tätowierung; Abendsignal ertönen lassen; hämmern; tätowieren
taught [tɔːt] *siehe* teach
taunt [tɔːnt] Hohn, Spott; *~ with s-th* etw höhnisch vorwerfen
Taurus ['tɔːrəs] *astr* Stier
taut [tɔːt] straff; (an)gespannt
tavern ['tævən] Schenke, Gasthaus
taw [tɔː] weiß-, alaungerben
tawdry ['tɔːdri] aufgedonnert; kitschig
tawny ['tɔːni] gelbbraun
tax [tæks] Steuer; *fig* Last, Belastung; besteuern; belasten, viel verlangen von; *~ with s-th* j-m etw vorwerfen; **~able** [˗əbl] steuerbar, -pflichtig; *~able value* Einheitswert; **~ation** [–'seiʃən] Besteuerung; **~ consultant** Steuerberater; **~-collector** [˗kəlektə] Steuereinnehmer; **~-free** [˗'friː] steuerfrei; **~payer** [˗peiə] Steuerzahler; **~ relief** [ri'liːf] Steuerermäßigung; **~ return** Steuererklärung
taxi ['tæksi], *pl* **~s** Taxi, Taxe; mit e-r Taxe fahren; ✈ rollen; **~-cab** [˗–kæb] = ~; **~dermy** [˗–dɔːmi] Dermoplastik; **~meter** [˗–miːtə] Fahrpreisanzeiger, Taxameter; **~way** [˗–wei] ✈ Rollbahn
tea [tiː] Tee; *high ~, meat ~* Abendessen mit Tee; Brühe; Tee trinken; **~ ball** Tee-Ei; **~-caddy** [˗kædi] Teebüchse; **~-cloth** [˗klɔθ], *pl* ~-cloths [˗klɔθs] Teetischdeckchen; Geschirrtuch; **~cup** [˗kʌp] Teetasse ♦ *a storm in a ~cup* Sturm im Wasserglas; **~-dance** [˗dɑːns] Tanztee; **~-fight** [˗fait] *umg* Tee-Einladung; **~-gown** [˗gaun] Nachmittagskleid; **~-party** [pɑːti] Tee-Einladung; -gesellschaft; **~-room** [˗rum] Teestube, Tea-room; **~-service** [˗sɔːvis], **~-set** [˗set], **~-things** [˗θiŋz] Teegeschirr; **~-shop** [˗ʃɔp] = ~-room; *BE* Teegeschäft; **~-trolley** [˗trɔli] Teewagen; **~-urn** [˗ɔːn] Teemaschine

teach [tiːtʃ] *(s. S. 319)* beibringen; lehren; unterrichten; **~able** [˗əbl] belehrbar, gelehrig; **~er** [˗ə] Lehrer; **~ing** [˗iŋ] Lehre; Lehrfach; Lehr-
teal [tiːl] Krickente
team [tiːm] *bes* ⛩ Mannschaft; Gespann; *~ up with* (s.) zus.spannen mit; **~-mate** [˗meit] Mitarbeiter, Partner; **~ spirit** Gemeinschaftsgeist; **~ster** [˗stə] Gespannführer; **~-work** [˗wɔːk] Zusammenarbeit; ⛩ Zusammenspiel
tear[1] [tɛə] *(s. S. 319)* (zer-, auf)reißen; (Haare) raufen; s. (zer)reißen lassen; rasen, schießen; Riß; **~-off calendar** [˗rɔf'kælində] Abreißkalender
tear[2] [tiə] Träne; **~ful** tränenreich; traurig; **~less** [˗lis] tränenlos, unsäglich
tease [tiːz] necken; quälen, reizen; (Stoff) aufrauhen; *US* toupieren; **~l** [˗l] *bot* Kardendistel; *bot* Weberkarde; ⚙ Karde; Aufrauhen
teat [tiːt] Zitze, Brustwarze
techn|ic ['teknik] = ~ique; **~ics** *sg vb* Technik (als Wissenschaft); **~ics** *pl vb* technische Einzelheiten, Verfahren; **~ical** [˗–l] technisch; fachlich; Fach-; *~ical office* Konstruktionsbüro; **~icality** [––'kæliti] technische Einzelheit; Fachausdruck; **~ician** [–'niʃən] Fachmann; Techniker; **T~icolor** [˗–kʌlə] Technikolor; **~ique** [–'niːk] ⚙, ♪, 🎨 Technik; Praxis; Arbeitsweise; **~ological** [–nə'lɔdʒikl] techn(olog)isch; **~ology** [–'nɔlədʒi] Technologie
techy ['tetʃi] *siehe* tetchy
teddy bear ['tedi 'bɛə] Teddybär; **~ boy** *BE* Halbstarker
tedi|ous ['tiːdiəs] langweilig, öde; **~um** [˗–əm] Langeweile; Langweiligkeit
tee [tiː] (Golf) Abschlag; (bei *quoits:*) Ziel(stab); T-Träger; *~ off* (Golf) abschlagen, *fig* loslegen
teem [tiːm] wimmeln (*with* von)
teen|-age ['tiːneidʒ] nicht erwachsen, jugendlich, im Backfischalter; **~-ager** [˗–ə] Jugendlicher, junger Mensch zwischen 12 u. 20 Jahren; Backfisch, Teenager; **~s** [˗z]: *in one's ~s* im Teenageralter, noch nicht erwachsen
teeth [tiːθ] *siehe* tooth; **~e** [tiːð] zahnen; **~ing troubles** ['tiːðiŋ'trʌblz] Schwierigkeiten beim Zahnen; *fig* Kinderkrankheiten
teetotal [tiː'toutəl] abstinent; **~ler,** *US* **~er** [–'––ə] Abstinenzler
tegument ['tegjumənt] *zool* Haut, Schale
tele|cast ['telikɑːst] *(s. S. 319)* im Fernsehen senden, bringen; Fernsehsendung; **~communication** [––kəmjuːni'keiʃən] Fernmeldewesen; **~genic** [––'dʒenik] telegen, für Fernsehen geeignet; **~gram** [˗–græm] Telegramm; **~graph** [˗–grɑːf] Telegraf; telegrafieren (mit, nach); **~grapher** [ti'legrəfə] Telegrafist; **~graphic** [––'græfik] telegrafisch; Telegramm-; **~graphist** [ti'legrəfist] Telegrafist; **~graphy** [ti'legrəfi] Telegrafie; **~pathic** [––'pæθik] telepathisch; **~pathist** [ti'lepəθist] Telepath; **~pathy** [ti'lepəθi] Telepathie, Gedankenübertragung; **~phone** [˗–foun] Telefon; telefonieren (mit); **~phonist**

[ti'lefənist] Telefonist; **~phony** [ti'lefəni] Telefonie; **~photo** [˗–'foutou] Telefoto; Bildtelegramm; **~photo lens** Teleobjektiv; **~photograph** [˗–'foutəgrɑːf] Telefoto; Bildtelegramm; **~photography** [˗–fə'tɔgrəfi] 📷 Telefotografie; ⚡, 📡 Bildtelegrafie; **~picture** [˗–piktʃə] Fernsehfilm; **~printer** [˗–printə] Fernschreiber; **~receiver** [˗–risiːvə] Fernsehempfänger; **~scope** [˗–skoup] Teleskop; (s.) ineinanderschieben; **~scopic** [––s'kɔpik] ⚙, 📷, *astr* teleskopisch; s. ineinanderschiebend; weitsichtig; **~studio** [˗–stjuːdiou] Fernsehstudio; **~type** [˗–taip] Fernschreiber, Fernschreibnetz; fernschreiben, durch Fernschreiben mitteilen; **~typewriter** [––'taipraitə] *bes US* = ~-type; **~view** [˗–vjuː] im Fernsehen sehen; **~viewer** [˗–vjuːə] Fernsehteilnehmer; **~vise** [˗–vaiz] im Fernsehen senden; **~vision** [˗–viʒən] Fernsehen; **~vision screen** Bildschirm

tell [tel] *(s. S. 319)* **1.** sagen (*don't ~ me* s. Sie bloß nicht; *you're ~ing me!* wem s. Sie das?) ♦ *I'll ~ you what* ich mache Ihnen e-n Vorschlag; **2.** erzählen; **3.** befehlen; *~ him to do it* sag ihm, er soll es machen; **4.** unterscheiden (*from* von); *~ apart* auseinanderhalten; (Unterschied etc) erkennen; *you never can ~* man kann nie wissen; *there is no ~ing* man kann nicht wissen; *~ the time* d. Uhr lesen; **5.** zählen; *all told* alles in allem; **6.** *~ of* berichten von; *~ off* j-n absondern; -stellen; die Leviten lesen; *~ on (fig)* mitnehmen; Spuren hinterlassen bei; verraten, verpetzen; **~er** [˗ə] Erzähler; Stimmenzähler; Kassierer; **~ing** [˗iŋ] wirkungsvoll, wirksam; **~tale** [˗teil] Petzer; verräterisch

telly ['teli] *BE* Fernseher; -sehen

temer|arious [temi'rɛəriəs] kühn; **~ity** [ti'meriti] Kühnheit

temper ['tempə] **1.** Gemütsart, Temperament; **2.** *(ohne adj)* Zorn; *in good (bad) ~* bei guter (übler) Laune; *to have a quick ~* leicht erregbar sein; *to get (fly) into a ~ about* in Wut geraten über; *to lose one's ~* d. Geduld verlieren, wütend werden; *to keep* (od *control*) *one's ~* s. in d. Gewalt haben, ruhig bleiben; *out of ~ with* zornig über, böse mit; **3.** ⚙ Härte; **4.** ⚙ vergüten; **5.** anmachen, mischen; **6.** mäßigen, mildern; **~a** [˗–rə] Tempera; **~ament** [˗–rəmənt] Temperament; Leidenschaftlichkeit; **~amental** [––rə'mentl] veranlagungsmäßig; leicht erregbar; **~ance** [˗–rəns] Mäßigkeit; Enthaltsamkeit, Temperenz; **~ate** [˗–rit] mäßig, beherrscht; gemäßigt; **~ature** [˗pritʃə] Temperatur

tempest ['tempist] Sturm *(a. fig)*; **~uous** [–'pestjuəs] stürmisch

temple ['templ] Tempel; Schläfe

temp|o ['tempou], *pl* **~os, ~i** [˗iː] ♪, *allg* Tempo; **~oral** [˗pərəl] weltlich; zeitlich; **~orality** [–pə'ræliti] weltlicher Besitz; *pl* Temporalien; **~orary** [˗pərəri] zeitweilig, vorübergehend; **~orize** [˗pəraiz] Zeit zu gewinnen suchen, zaudern; sich nach den Umständen (ein)richten

tempt [tempt] verlocken; dazu bringen (suchen); *eccl* versuchen; *at the ~ing moment* im Augenblick d. Versuchung; **~ation** [–'teiʃən] Verlockung; Versuchung; **~er** [˗ə] Versucher; Verführer; **~ress** [˗ris] Verführerin

ten [ten] zehn; *~ times* um vieles; *the upper ~* d. oberen Zehntausend

tenable ['tenəbl] haltbar *(a. fig)*; logisch

tenaci|ous [ti'neiʃəs] zäh; zäh festhaltend (*of* an); (Gedächtnis) gut; **~ty** [–'næsiti] Zähigkeit; Beharrlichkeit

tenan|cy ['tenənsi] Pacht(besitz, -dauer); **~t** [˗–t] Mieter; Pächter; bewohnen; **~try** [˗–tri] Mieter-, Pächterschaft

tench [tentʃ], *pl* ~ Schleie

tend [tend] hüten; ⚙ bedienen; die Tendenz haben, dazu neigen; beitragen (*to* zu); **~ency** [˗ənsi] Neigung, Tendenz; Richtung; **~entious, ~encious** [–'denʃəs] tendenziös

tender ['tendə] **1.** Hüter, Wärter; **2.** 🚂, ⚓ Tender; **3.** (Lieferungs-, Kosten-)Angebot machen; (als Zahlungsmittel) anbieten; einreichen; **4.** (Bedauern etc) aussprechen; **5.** (Zahlungs-, Kosten-)Angebot; *to invite ~s for* ausschreiben; *legal ~* gesetzliches Zahlungsmittel; **6.** zart (*~ plant* z. Pflänzchen, *a. fig*), weich; *~ spot* wunder Punkt; *~ subject* heikles Thema; **~foot** [˗–fut], *pl* ~foots, ~feet [˗–fiːt] Neuling; Greenhorn; **~-hearted** [˗–'hɑːtid] weichherzig

tend|on ['tendən] Sehne; **~ril** [˗ril] *bot* Ranke

tenebrous ['tenibrəs] dunkel, düster

tenement ['tenimənt] ⚖ Miet-, Pachtbesitz; Mietswohnung, -haus

tenet ['tiːnet, 'tenit] Lehr-, Grundsatz

ten|fold ['tenfould] zehnfach; **~ner** [˗ə] *BE umg* Zehnpfundnote; *US umg* Zehndollarschein

tennis ['tenis] Tennis; Tischtennis

tenon ['tenən] Zapfen; verzapfen

tenor ['tenə] Verlauf; Grundhaltung, Tenor; ♪ Tenor

tenpins ['tenpinz] *sg vb* Kegeln; *pl vb* Kegel

tens|e [tens] *gram* Zeit, Tempus; straff, gespannt *(a. fig)*; anspannen; (s.) spannen; **~ile** [˗ail] Spannungs-; Zug-, Zerreiß-; **~ile strength** Zerreißfestigkeit; **~ion** [˗ʃən] ⚙, ⚡, *allg* Spannung; ⚙ Spann- (*~ion spring* Zugfeder); **~ive** [˗iv] Spannungs-

tent [tent] Zelt; **~acle** [˗əkl] *zool* Fühler, Fangarm; *bot* Fanghaar; *fig* Arm; **~ative** [˗ətiv] vorläufig, Vor-; versuchsweise, Probe-; vorsichtig, zögernd

tenter ['tentə] Spann-, Trockenrahmen; **~-hook** [˗–huk] Spannhaken; *on ~-hooks* (wie) auf d. Folter

tenth [tenθ] zehnte(l)

tenuous ['tenjuəs] dünn *(a. fig)*; dürftig

tenure ['tenjuə] Besitz(en); Dauer

tepee ['tiːpiː] indian. Stangenzelt

tepid ['tepid] handwarm, lau *(a. fig)*

ter|centenary [təːsen'tiːnəri, *US* –˗təneri] Dreihundertjahrfeier; dreihundertjährig; **~cet** [˗sit] ♪ Triole

term [tə:m] **1.** (Lauf-)Zeit, Frist; **2.** Semester, Quartal; **3.** Grenze; Termin; **4.** Bedienung; *to come to ~s, to make ~s* sich einigen; *to be on good (bad) ~s with* auf gutem (schlechtem) Fuß stehen mit; **5.** Gebühr, Preis; **6.** Fachausdruck; Begriff **7.** *math* Glied; **8.** nennen, bezeichnen; **~agant** [-əgənt] Zankteufel, Drache; **~inable** [-inəbl] begrenzt, befristet; **~inal** [-minəl] letzte(r, s), End-; Abschluß; ϟ (Draht-)Klemme; 🚂 Endstation; Ende, Grenze; **~inate** [-ineit] (be)enden; *~inate in* enden auf (mit); **~ination** [-mi'neiʃən] Beendigung; Ende; **~inological** [-inə'lɔdʒikl] terminologisch; fachsprachlich; **~inology** [-i'nɔlədʒi] Terminologie; Fachsprache; **~inus** [-inəs], *pl* ~ini [-inai], ~inuses Endpunkt; 🚂 Endstation; **~ite** [-ait] Termite

tern [tə:n] Seeschwalbe

terr|ace ['terəs] Terrasse; *BE* (Höhen-, Panorama-)Weg, (Garten-)Straße; terrassieren; **~ace-house** Reihenhaus; **~a-cotta,** *US* **~a cotta** [-rə'kɔtə] Terrakotta; rötlichbraun; **~ain** [*BE* te'rein, *US* tə-, 'terein] Gelände; **~apin** [-rəpin] (*bes* Diamant-)Schildkröte; **~estrial** [ti'restriəl] Erd-; Land- *(a. zool);* **~ible** [-ibl] schrecklich; **~ier** [-riə] Terrier; **~ific** [tə'rifik] fürchterlich; äußerst, riesig; **~ify** [-rifai] (sehr) erschrecken, entsetzen; **~ifying** [-rifaiiŋ] entsetzlich

territor|ial [teri'tɔ:riəl] Gebiets-, Hoheits-; *~ial army (BE)* Landwehr; Landwehrmann; **~y** [--təri] Land; Gebiet; Hoheitsgebiet; *pol* Territorium

terror ['terə] (schreckliche) Angst, Schrecken; **~ism** [--rizm] Schreckensherrschaft, Gewaltmethoden; **~ist** [--rist] Terrorist; **~ize** [--raiz] terrorisieren

terry ['teri]; ~ towel Frottiertuch

terse [tə:s] knapp, kurz (u. bündig)

tertiary ['tə:ʃəri] Tertiär

tessellated ['tesileitid] mosaikartig; Mosaik-

test [test] **1.** (Übungs-)Aufgabe; **2.** Prüfung, Probe (*to put to the ~* auf d. P. stellen, ausprobieren); Test; *a ~ (match) BE* Kricket-Nationalspiel; *fig* Prüfstein; **3.** *chem* Analyse; Reagens; **4.** untersuchen (*for* auf); **5.** auf d. Probe stellen, viel verlangen von; **~ament** [-əmənt] ⚖, *eccl* Testament; **~amentary** [-ə'mentəri] testamentarisch; **~ate** [-eit] *adj* d. e. Testament gemacht hat; **~ator** [-'teitə] Erblasser; **~atrix** [-'teitriks], *pl* ~atrices [-'teitrisi:z] Erblasserin; **~ify** bezeugen; aussagen; *~ify to* bestätigen; **~imonial** [-i'mouniəl] Zeugnis; Ehrengeschenk; **~imony** [-iməni] (Zeugen-)Aussage, Zeugnis; *to bear ~imony to* bezeugen; *in ~imony of* als, zum Beweis von; **~-paper** [-peipə] Klassenarbeit; Reagenzpapier; **~-tube** [-tju:b] Reagenzglas; künstlich erzeugt; **~y** [-i] reizbar, leicht eingeschnappt

tetanus ['tetənəs] (Wund-)Starrkrampf, Tetanus

tetchy ['tetʃi] reizbar, leicht eingeschnappt

tête-à-tête ['teitɑ:'teit] ganz allein (*with* mit); vertraulich(e Unterhaltung)

tether ['teðə] Haltestrick; *fig* Bereich; *fig* Kraft; anbinden

tetter ['tetə] ⚕Flechte

Teuton ['tju:tən] Germane; **~ic** [-'tɔnik] germanisch

text [tekst] (Ur-, Druck-, Lied-)Text; Textteil; Bibeltext; Thema; *bes US* = ~-book; **~-book** [-buk] Lehr-, Schulbuch; Schullektüre; **~ile** [-ail] Web-; Textil-; Webstoff, Gewebe; **~ual** [-juəl] textlich; Text-; **~ure** [-ʃə] Webart; Gewebe *(a. biol);* Struktur, Gefüge

than [ðæn] *(nach Komparativ)* als

thank [θæŋk] danken; *~ you* danke, ja bitte; *no, ~ you* danke nein; **~s** *pl vb* Dank; *~s to* dank; **~ful** dankbar; **~less** [-lis] undankbar; **~sgiving** [-sgiviŋ, *bes US* ---] Dankgebet; *US eccl* Dankfest

that [ðæt], *pl* **those** [ðouz] **1.** diese(r), jene(r); das, jenes; **2.** [ðət] welcher, der; **3.** [ðət] daß; damit; weil; **4.** [ðæt] *adv* so (*~ many* so viele)

thatch [θætʃ] Strohdach *(a.: ~ed roof)*; Dachstroh; Haarschopf; (mit Stroh) decken

thaw [θɔ:] Tau(wetter; *a. pol*); (auf-)tauen *(a. fig)*

the [ðə], *vor Vokal* [ði], *betont* [ði:] **1.** der, die, das; **2.** *(vor Komparativ)* je, desto; *all ~* um so

theat|re ['θiətə] **1.** Theater; **2.** Vortrags-, ⚕ Operationsraum; **3.** (*bes mil* Kriegs-)Schauplatz; **4.** ⚕ Operations-; **~rical** [θi'ætrikl] Theater-, Bühnen-; theatralisch

thee [ði:] *poet* dich

theft [θeft] Diebstahl

their [ðεə] ihr; **~s** [-z] ihrige, ihrs [allein

them [ðem] sie, ihnen; **~selves** [-'selvz] sich;

them|atic [θi'mætik] thematisch; **~e** [θi:m] Thema (*a.* ♪); *bes US* (Schul-)Arbeit, Aufsatz; 📻 Haupt-

then [ðen] dann; damals; damalig; also; ferner; **~ce** [-s] von da; daher; **~ceforth** [-s'fɔ:θ], **~ceforward** [-s'fɔ:wəd] von da an

theo|dolite [θi'ɔdəlait] Theodolit; **~logian** [θiə'loudʒiən] Theologe; **~logical** [θiə'lɔdʒikl] theologisch; **~logy** [θi'ɔlədʒi] Theologie; **~retical** [θiə'retikl] theoretisch; **~rist** ['θiərist] Theoretiker; **~rize** ['θiəraiz] Theorien entwickeln, theoretisieren; **~ry** ['θiəri] Theorie; *in ~ry* theoretisch

therap|eutic [θerə'pju:tik] therapeutisch; **~eutics** [---tiks] *sg vb* Therapeutik, Therapie; **~ist** [--pist] Therapeut; **~y** [--pi] Therapie, Behandlung

there [ðεə] **1.** dort(hin; *in ~* d. drin; *over ~* d. drüben); *~ and back* hin u. zurück; *~ you are* bitte sehr, da hast du es; **2.** an, in diesem Punkt; **3.** [ðə] es; *~ is* es ist, es gibt; **~about(s)** [-rəbaut(s)] in d. Nähe, so etwa; **~after** [-r'ɑ:ftə] danach; **~at** [-r'æt] an d. Stelle; deswegen; **~by** [-'bai] dadurch; in d. Nähe; in d. Hinsicht; **~for** [-'fɔ:] dafür; **~fore** [-fɔ:] deshalb; **~from** ['frɔm] davon; **~in** [-r'in] dort drin; in d. Hinsicht; **~inafter** [-rin'ɑ:ftə] ⚖ im folgenden; **~of** [-r'ɔv] davon; dessen, deren; **~on** [-r'ɔn] darauf; danach; **~to** [-'tu:] dazu; **~under** [-r'ʌndə] darunter; **~upon** [-rə'pɔn]

daraufhin; **~with** [–'wið] damit; danach; **~-withal** [–́wið'ɔ:l] = ~with; darüber hinaus
therm|al ['θə:məl] Wärme-, Heiz-; Thermal-; *British ~al unit* (*Abk* BTU, = 0,25 kcal, = 0,0029 kWh, = 1055 Joule); **~ocouple** [–́moukʌpl] Thermoelement; **~ometer** [θə'mɔmitə] Thermometer (*a.* ⚕); **~os** [–́məs] **(flask, bottle)** Thermosflasche
thesaur|us [θi'sɔ:rəs], *pl* **~i** [–́–rai], **~uses** Schatzkammer; (Wort-)Sammlung
these [ði:z] *siehe* this
thes|is ['θi:sis], *pl* **~es** [–́si:z] These; Dissertation; Diplomarbeit
thews [θju:z] *pl vb* Muskeln; Kraft
they [ðei] sie; man
thick [θik] **1.** dick; **2.** dicht; voll (*with* mit); **3.** dick befreundet; **4.** (Stimme) belegt; **5.** dumm; **6.** das Dicke; *in the ~ of* mitten in; **~en** [–́ən] (s.) verdicken, verdichten; dick(er) werden; **~et** [–́it] Dickicht, Gestrüpp *(a. fig)*; **~head** [–́hed] Dummkopf; **~-headed** [–́'hedid] vernagelt; **~ness** [–́nis] Dicke; Schicht; Heiserkeit; **~set** [–́'set] untersetzt; dicht; **~-skinned** [–́'skind] dickfellig; **~-skulled** [–́'skʌld] *fig* vernagelt
thie|f [θi:f], *pl* **~ves** [θi:vz] Dieb; **~ve** [θi:v] stehlen; **~very** ['θi:vəri] Stehlen; Diebstahl; **~vish** ['θi:viʃ] diebisch; diebesgleich; *fig* verstohlen, heimlich
thigh [θai] Oberschenkel
thimble [θimbl] Fingerhut; **~ful** Fingerhut voll
thin [θin] **1.** dünn; **2.** mager *(a. fig)*; **3.** knapp; **4.** *fig* dürftig; **5.** verringern; **6.** (s.) verdünnen, dünn(er) werden
thine [ðain] *poet* dein(s)
thing [θiŋ] **1.** Ding, Gegenstand; *not a ~* (gar) nichts; **2.** *pl* Sachen, Zeug; *(mit folg. adj)* alles; **3.** Thema, Sache; **4.** *pl* Umstände, die Dinge, es; *of all ~s* ausgerechnet; **5.** Kerl *(poor ~, sweet little ~)*; **6.** *the (very) ~* (gerade) d. Richtige; *the ~ is* d. Hauptsache ist; *for one ~* einmal, e-n Grund ist; *first ~* als allererstes; *no small ~* keine Kleinigkeit
think [θiŋk] *(s. S. 319)* **1.** (nach)denken (*about, of* an, über); *~ of* s. erinnern an, (viel etc) halten von, vorschlagen; *~ of doing* beabsichtigen zu tun; *~ better of* s. e-s bessern besinnen, mehr halten von; *~ nothing of doing* für selbstverständlich halten zu tun; **2.** glauben, meinen; halten für; **3.** vorhaben (*he ~s to deceive us* er will uns täuschen); **4.** s. denken, vorstellen; **~able** [–́əbl] denkbar
third [θə:d] dritte; Drittel; ♪ Terz; **~ degree** *bes US* verschärftes Verhör; **~ly** [–́li] drittens; **~ party** Dritter
thirst [θə:st] Durst; Sucht; trinken wollen; *fig* dürsten (*for* nach); **~y** durstig; trocken; erhitzend
thir|teen ['θə:'ti:n] dreizehn; **~teenth** –́–́θ] dreizehnte(l); **~tieth** [–́tiiθ] dreißigste(l); **~ty** [–́ti] dreißig
this [ðis], *pl* **these** [ði:z] dies(er, e); *like ~* so; *by ~* (bis) jetzt; *~ day week BE* heute in 8 Tagen; *adv* so

thistle ['θisl] Distel
thither ['ðiðə, *US* θiðə] dorthin
tho [ðou] *bes US* = though
thole [θoul] ⚓ Ruder-, Riemendolle
thong [θɔŋ] schmaler Lederriemen; Peitschenschnur
thorax ['θɔ:ræks], *pl* **~es** Brustkorb, Thorax
thorn [θɔ:n] Dorn; **~y** dornig *(a. fig)*
thorough ['θʌrə] vollkommen; absolut; gründlich; **~-bass** [–́–'beis] ♪ Generalbaß; **~bred** [–́–bred] Vollblut-; edel, vollblütig; gesittet; Vollblüter; **~fare** [–́–fɛə] Hauptverkehrsstraße; *no ~fare* keine Durchfahrt; **~going** [–́–gouiŋ] gründlich, echt; **~paced** [–́–peist] absolut, ausgemacht
those [ðouz] *siehe* that
thou [ðau] *poet* du
though [ðou] obgleich, obwohl; *as ~* als ob; *(am Satzende)* aber, freilich
thought [θɔ:t] **1.** Denken, Denkweise; **2.** Fürsorge; **3.** Gedanke; *on second ~(s)* nach einiger Überlegung; **4.** *a ~ (fig)* e-e Idee; **5.** *siehe* think; **~ful** gedankenvoll; rücksichtsvoll (*of* gegenüber); **~less** [–́lis] gedankenlos, rücksichtslos
thousand ['θauzənd] tausend; **~fold** [–́–fould] tausendfach; **~th** [–́zənθ] tausendste(l)
thral|dom, *US* **~ldom** ['θrɔ:ldəm] Sklaverei; **~l** [θrɔ:l] Sklave *(a. fig)*; Sklaverei
thrash [θræʃ] (ver)dreschen *(a.* ⚘*)*; *~ out* gründlich besprechen, klären; **~ing** [–́iŋ] Prügel
thread [θred] **1.** Faden (*a. fig; to hang by a ~* an e-m F. hängen), Garn; *fig* Strahl; **2.** ⚙ Gewinde(gang); **3.** einfädeln; aufreihen; **4.** ⚙ Gewinde schneiden; **5.** *~ (one's way)* s. schlängeln; **~bare** [–́bɛə] fadenscheinig; abgetragen, -droschen; **~like** [–́laik] fadenartig, dünn
threat [θret] Drohung; Gefahr; **~en** [–́n] (be)drohen
three [θri:] drei; **~-cornered** [–́'kɔ:nəd] dreieckig; **~-dimensional film** [–́di'menʃənəl] plastischer, 3-D-Film; **~fold** [–́fould] dreifach; **~pence** ['θrepəns], *pl* ~pences drei Penny(stücke); **~penny-bit** Drei-Penny-Stück; **~-phase** [–́feiz] ⚡ Drehstrom-
thresh [θreʃ] ⚘ dreschen *(a. fig)*; **~er** [–́ə] Drescher; Dreschmaschine; *zool* Fuchshai; **~old** [–́ould] Schwelle *(a. fig)*
threw [θru:] *siehe* throw
thrice [θrais] dreimal
thrift [θrift] Sparsamkeit; **~less** [–́lis] verschwenderisch; **~y** [–́i] sparsam
thrill [θril] durchschauern; begeistern, aufwühlen; (vor Erregung) zittern; vibrieren; Erregung, Schauer; **~er** [–́ə] aufregendes Buch (Stück, Film); **~ing** packend, erregend
thrive [θraiv] *(s. S. 319)* gedeihen
throat [θrout] Kehle; **~y** [–́i] belegt, heiser
throb [θrɔb] schlagen, pochen; hämmern; *fig* beben; Schlag; Hämmern
throe [θrou] *mst pl* starke Schmerzen, Wehen; *in the ~s of* mitten in (d. Kampf gegen)

throne [θroun] Thron
throng [θrɔŋ] Menge; Gedränge; s. drängen; *~ed with* gedrängt voll von
throstle ['θrɔsl] *BE* Singdrossel
throttle ['θrɔtl] erdrosseln; ⚙ (ab)drosseln; Gurgel; ⚙ Drossel
through [θru:] **1.** (hin)durch; *~ with* fertig mit *(a. fig)*; *you are ~* ☏ *BE* Sie sind verbunden; **2.** 🚂 durchgehend; **3.** *prep* durch; während; infolge; **~out** [-'aut] überall (in), ganz durch
throve [θrouv] *siehe* thrive
throw [θrou] *(s. S. 319)* **1.** (her-, hin-, zu-)werfen (*~ up* hoch-); *~ open* aufstoßen, (für d. Öffentlichkeit) freigeben; **2.** schleudern, gewaltsam bringen; **3.** (Reiter, Haut) abwerfen; **4.** (Junge) werfen; **5.** (Seide) mulinieren, zwirnen; **6.** (Töpferei) freidrehen; **7.** *~ a party* e-e Einladung geben; **8.** **~ about** herumwerfen (mit); fuchteln (mit); **~ away** vertun, verschwenden (*upon* an); **~ back** *biol* s. rückbilden; **~ down** hinwerfen; zerstören; **~ in** obendrein dazugeben; (Bemerkung) einwerfen; *~ in one's hand* (Spiel, *fig*) aufgeben; **~ into** *fig* s. stürzen in; **~ off** abwerfen; loswerden, abschütteln; (Vers etc) hinwerfen; **~ on** s. umwerfen; *~ o.s. on* sich ganz anvertrauen; **~ out** hinauswerfen; ausstrecken; ablehnen; (Bemerkung) hinwerfen; (dr)anbauen; aus d. Konzept bringen; **~ over** aufgeben, verlassen; **~ up** erbrechen; (Arbeit) hinschmeißen; **9.** Wurf; **~-back** [ˊ-bæk] *biol* Rückbildung
thru [θru:] *US* = through
thrum [θrʌm] klimpern, klopfen, hämmern
thrush [θrʌʃ] Drossel; ⚕ Soor, Schwämmchen
thrust [θrʌst] *(s. S. 319)* **1.** stoßen; *~ o.s.* sich (voran)arbeiten, drängen (*forward* vor-); **2.** überstülpen; **3.** Stoß *(a.* ⚔*)* Stich; *mil* Vorstoß; *fig* Hieb
thud [θʌd] dumpfer Aufschlag, aufschlagen
thug [θʌg] Gangster, Rowdy
thumb [θʌm] Daumen (*rule of ~* Faustregel) ♦ *his fingers are all ~s* er ist sehr ungeschickt; umblättern; *to ~ a ride* trampen; **~-screw** [ˊ-skru:] Daumenschraube; ⚙ Flügelschraube; **~tack** [ˊ-tæk] *US* Reißzwecke
thump [θʌmp] (Faust-)Schlag; hämmern (gegen); **~ing** [ˊ-iŋ] schwer; riesig
thunder ['θʌndə] Donner *(a. fig)*; *fig* Sturm, Wettern; donnern *(a. fig)*; wettern; (Drohung) schleudern; **~-bolt** [ˊ--boult] (Blitz u.) Donnerschlag; *fig* Schlag; **~-clap** [ˊ--klæp] Donnerschlag; *fig* Schlag; **~ing** [ˊ--riŋ] donnernd; riesig; **~ous** [ˊ--rəs] donnernd; **~-storm** Gewitter; **~-struck** wie vom Donner gerührt; **~y** [ˊ--ri] gewittrig
Thursday ['θə:zdi] Donnerstag
thus [ðʌs] so; deshalb; *~ far* so weit
thwack [θwæk] durchbleuen; Hieb
thwart [θwɔ:t] behindern; vereiteln; durchkreuzen; ⚓ Ducht, Ruderbank
thy [ðai] *poet* dein; **~self** [-'self] selbst
thyme [taim] Thymian
thyroid ['θairɔid] **(gland)** Schilddrüse
tic [tik] Tick, nervöses Muskelzucken

tick [tik] **1.** Ticken; **2.** *BE* Moment; **3.** Haken; **4.** Zecke, Holzbock; **5.** (Matratzen-)Drell, Inlett; **6.** Pump, Kredit; **7.** ticken; **8.** *~ (off)* an-, abhaken; *~ s-b off, to give s-b a ~ing off (umg)* j-n ausschimpfen; *~ over BE* 🚗 leerlaufen; *BE* funktionieren; **~ing** [ˊ-iŋ] Inlett(stoff), Drell
ticket ['tikit] **1.** 🚂, 🎭 Karte; **2.** Zettel, Schein; **3.** (Preis-)Etikett; **4.** 🚗 Strafzettel; **5.** *US* Kandidatenliste; **6.** mit e-m Zettel versehen; *~ of leave (BE)* ⚖ Schein für bedingte Strafaussetzung; **~-of-leave** [ˊ--əv'li:v] **man** *BE* bedingt Strafentlassener
tickl|e ['tikl] kitzeln; Kitzeln; **~er** [ˊ-ə] *BE* Problem, Rätsel; *US* Notizbuch; **~ish** [ˊ-iʃ] kitzlig; heikel
tid|al ['taidl] Flut-; d. Gezeiten ausgesetzt; **~e** [taid] Gezeiten; *high ~e* Flut; *low ~e* Ebbe; *fig* Strom; Zeit; *~e over* (s.) hinwegbringen über, durchschleusen
tidbit ['tidbit] *US* = titbit
tidings ['taidiŋz] *sg/pl* Neuigkeit
tidy ['taidi] ordentlich, sauber; *fig* nett, gehörig *(~ price)*; Schoner; Abfallkorb; aufräumen; *~ away* wegräumen; *~ o.s.* sich herrichten, nett machen
tie [tai] Schlips; Band; Verbindungsstück; *US* 🚂 Schwelle; *pl* Bande; *fig* Fessel; ⚔ Ausscheidungsspiel, Unentschieden; ♪ Haltebogen; binden, knüpfen; *~ down* nieder-, festbinden; zwingen zu; *~ up* zubinden, -schnüren, ⚖ beschränken; ⚔ unentschieden enden; s. binden lassen; **~-up** [ˊ-ʌp] Stillegung, Stillstand
tier [tiə] Sitzreihe; **~ce** [ˊ-s] ⚔, ♪ *eccl* Terz; Weinfaß (mit 42 Gallonen, 159 l)
tiff [tif] Kabbelei; **~in** [ˊ-in] *BE* Mittagessen
tig|er ['taigə] Tiger; **~ress** [ˊ-gris] Tigerin; Teufel (von Weib)
tight [tait] **1.** fest; **2.** dicht; **3.** prall (voll); (zu) eng; *a ~ corner* (od *place*) *(fig)* Klemme, Enge; **4.** *umg* blau; **5.** gespannt; **6.** *fig* knapp; **7.** knauserig; **8.** schmuck; **9.** *to sit ~* s. hartnäckig verteidigen; **~en** [ˊ-n] festmachen (werden); spannen; verknappen; **~-rope** [ˊ-roup] Zirkusseil; **~s** *pl vb BE* Strumpfhose; Trikot (e-s Akrobaten)
tike [taik] *siehe* tyke
tilde ['tildi] Tilde (~)
tile [tail] Platte, Fliese; Dachziegel; **~r** Dachdecker
till [til] Ladentischkasse; 🌱 bebauen; bis; **~age** [ˊ-idʒ] Bebauung, Bodenbearbeitung; Ackerland; **~er** [ˊ-ə] Landmann, Bauer; ⚓ Ruderpinne
tilt [tilt] **1.** (um)kippen; *~ at* (mit eingelegter Lanze) losreiten gegen; *fig* attackieren ♦ *~ at a windmill* gegen Windmühlenflügel kämpfen; **2.** Lanzenbrechen; *full ~* mit voller Wucht; **3.** Neigung; **4.** *fig* Zusammenstoß
tilth [tilθ] = tillage; Bodengare
timber ['timbə] **1.** Nutz-, Bauholz; **2.** Wald(bestand), Nutzbäume; **3.** Balken; **4.** zimmern; **~ed** [ˊ--d] Fachwerk-; waldbestanden

timbre ['tæmbr, *US* 'timbə] Klangfarbe
timbrel ['timbrəl] Tamburin
time [taim] **1.** Zeit (*period of ~* Z.raum; *point of ~* Z.punkt); *all the ~* d. ganze Zeit, *bes US* stets u. ständig, durch u. durch; *in no ~* im Nu; **2.** Uhrzeit; *what ~ is it? what is the ~?* wie spät ist es?; *to keep good (bad) ~* (un)genau gehen; *to pass the ~ of day with s-b* j-m guten Tag wünschen; **3.** Zeitpunkt, -raum; Frist; *it's (high) ~* es ist (höchste) Zeit; *~ is up* d. Zeit ist um; *in ~* rechtzeitig, mit d. Zeit; *at one ~* früher mal; *at the same ~* gleichzeitig, trotzdem; *against ~* mit größtem Tempo; *by the ~ (conj)* bis; *for a ~* e-e Zeitlang; *on ~* pünktlich, *US* auf Raten; *to do ~* „sitzen"; **4.** *oft pl* Zeit(en, -läufte); *the good old ~s; in my ~* zu meiner Zeit; *to have a good ~* s. vergnügen, es genießen; *the ~ of one's life* d. glücklichste Zeit seines Lebens; **5.** mal (*a dozen ~s* dutzendmal; *the ~ before last* d. vorletzte Mal); *~ and again* immer wieder; *at ~s* zuweilen; **6.** *pl math* mal (*five ~s six* 5 × 6); *ten ~s the size of* zehnmal so groß wie; **7.** ♪ Takt; *common ~* 4/4-Takt; *in (out of) ~* (nicht) im T.; **8.** *vt* zeitlich festlegen, anbringen; **9.** messen, stoppen; anpassen (*to* an); **10.** *~* **bomb** [bɔm] Zeitbombe; **~-card** [⸗ka:d] Stechkarte; **~-clock** [⸗klɔk] Stech-, Kontrolluhr; **~deposit** [di'pɔzit] *US* Festgeld; **~-expired** [⸗ikspaiəd] *mil* ausgedient; **~exposure** [iks'pouʒə] 🎞 Zeitaufnahme; **~-fuse** [⸗fju:z] Zeitzünder; **~-honoured** [⸗ɔnəd] (alt)ehrwürdig; **~keeper** [⸗ki:pə] Zeitmesser, Chronometer; Kontrolleur; **~ lag** zeitliche Lücke; Verzögerung; **~-lapse** [⸗læps] 🎞 Zeitraffer; **~less** [⸗lis] zeitlos; **~ly** [⸗li] rechtzeitig; aktuell; **~piece** [⸗pi:s] Uhr; **~-server** [⸗sə:və] Opportunist; **~-serving** [⸗sə:viŋ] opportunistisch, **~-sheet** [⸗ʃi:t] Arbeitsblatt; Kontrollkarte; **~-signal** [⸗signəl] Zeitsignal; **~ signature** ['signətʃə] ♪ Taktvorzeichnung; **~-table** Fahrplan; Stundenplan; **~-work** nach Zeit bezahlte Arbeit
tim|id ['timid] furchtsam; **~idity** [–'miditi] Furchtsamkeit; **~orous** [⸗ərəs] ängstlich, furchtsam
timothy ['timəθi] **(grass)** *bot* Wiesenlieschgras
timpan|ist ['timpənist] ♪ Pauker; **~o** [⸗–ou], *pl* **~i** [⸗–i:] Kesselpauke
tin [tin] Zinn; *BE* Blechbüchse, Dose; verzinnen; *BE* einmachen, eindosen; **~-foil** [⸗fɔil] Zinnfolie; **~man** [⸗mən], *pl* ~men = ~-smith; **~ner** [⸗ə] = ~-smith; **~-plate** [⸗pleit] Weißblech; *vt* verzinnen; **~-smith** [⸗smiθ] Klempner
tincture ['tiŋktʃə] Tinktur; *fig* Spur, Anflug; färben, Anstrich geben (*with* von)
tinder ['tində] Zunder; **~-box** [⸗–bɔks] Zunderdose; *fig* Pulverfaß
tine [tain] Zinken; (Geweih-)Sprosse
ting [tiŋ] Kling(en); klingen
tinge [tindʒ] färben *(a. fig)*; leichte Färbung, Anflug
tingle ['tiŋgl] kitzeln, brennen; kribbeln; beben; Kitzeln, Brennen; Kribbeln

tinker ['tiŋkə] Kesselflicker; Stümper; (Herum-)Gebastel; herumbasteln (*at, with* an); *~ (up)* zurechtflicken
tinkle ['tiŋkl] klingeln; Klingeln
tinny ['tini] zinnartig; *fig* blechern
tinsel ['tinsl] Rauschgold, Lametta; Flitter *(a. fig)*; pompös; herausputzen
tint [tint] zarte Farbe; (heller) Farbton, Aufhellung; abtönen, aufhellen
tintinnabulation ['tintinæbju'leiʃən] Geläute; Glockenläuten
tiny ['taini] winzig
tip [tip] **1.** Spitze; **2.** (Zigaretten-)Filter; **3.** Trinkgeld; **4.** Wink, Tip; **5.** *BE* Müllabfuhrplatz; **6.** leichter Schlag, Klaps; **7.** mit e-r Spitze versehen; **8.** (um-)kippen; **9.** *~ the scale* d. Waage z. Ausschlagen bringen, *fig* ausschlaggebend sein; *~ the scale at* wiegen; **10.** (als Trinkgeld) geben; **11.** leicht berühren
tippet ['tipit] Umhang
tipple ['tipl] zechen; Getränk; **~r** [⸗ə] Zecher; Säufer
tipsy ['tipsi] beschwipst; unstet
tiptoe ['tiptou]: *on ~* auf Zehenspitzen; angespannt; auf Zehenspitzen gehen
tiptop ['tip'tɔp] höchste Spitze; tipptopp, hervorragend
tirade [tai'reid, *US* ⸗–] Hetzrede, große Attacke; Standpauke
tire[1], *bes BE* **tyre** ['taiə] (Rad, 🚗) Reifen
tire[2] ['taiə] ermüden; *~ of* überdrüssig werden; **~y** [⸗d] müde, erschöpft; *~d of* überdrüssig; **~less** [⸗lis] unermüdlich; **~some** [⸗səm] ermüdend; langweilig; ärgerlich
tiro, *bes US* **tyro** ['taiərou], *pl* **~s** Anfänger, Neuling
tissue ['tiʃu] feines Gewebe, Stoff; (Zell-, Lügen- etc)Gewebe; **~-paper** [⸗–peipə] Seidenpapier
tit [tit] Meise; Pieper; *~ for tat* Gleiches mit Gleichem; **~bit** [⸗bit], *US* **tidbit** Leckerbissen; **~lark** [⸗la:k] *zool* Pieper; **~mouse** [⸗maus], *pl* ~mice [⸗mais] Meise
titanic [tai'tænik] titanenhaft
tithe [taið] d. Zehnte; *fig* Zehntel
titillate ['titileit] kitzeln, prickeln
titivate, titti- ['titiveit] *umg* (s.) herausputzen, schmücken
title ['taitl] **1.** Titel; Titelseite; **2.** Anrecht; ⚖ Rechtstitel; **3.** 🎞 Untertitel; **~-deed** [⸗di:d] Eigentumsurkunde; **~-page** [⸗peidʒ] Titel(blatt)
titter ['titə] kichern; Kichern
tittle ['titl] Tüpfelchen; **~bat** [⸗bæt] *BE zool* Stichling; **~-tattle** [⸗tætl] Klatsch, Geschwätz; klatschen, schwätzen
titular ['titjulə] Titular-; Titel-
to [tu:, tu, tə] **1.** zu, nach; bis zu; (Uhr) vor *(five minutes ~ two)*; bis *(from ... ~ ...)*; *~ a man* bis auf d. letzten Mann; an *(my letters ~ her)*; **2.** *(entspricht d. dt. Dativ): I wrote ~ him. This belongs ~ me. I spoke ~ him ...* mit ihm. *It seems ~ me* mir scheint; **3.** (fest) an, (passend) für; *not ~ one's liking* (od *taste*) nicht nach j-s Geschmack; *to dance ~ a tune* nach e-r Melo-

die tanzen; ~ *my knowledge* meines Wissens; **4.** (im Verhältnis) zu *(6 ~ 1); nothing ~* nichts im Vergleich zu; *true ~ life* lebensecht; (Abneigung etc) gegen; **5.** (Wirkung) zu (*~ my surprise; he drank himself ~ death* er trank s. zu Tode); **6.** *(vor Inf:)* um zu; **7.** [tu:] *adv* zu *(push the door ~)*; (*he came ~* er kam zu sich); *~ and fro* hin und her, auf und ab

toad [toud] Kröte *(a. fig)*; **~stool** [ˊ-stu:l] *bot* (*bes* Blätter-)Pilz; *umg* Giftpilz; **~y** [ˊ-i] Speichellecker; niedrig schmeicheln, kriechen vor

toast [toust] Toast (geröstete Brotschnitte; Trinkspruch); gefeierte Person; rösten, toasten; e-n Trinkspruch ausbringen auf; **~er** [ˊ-ə] Toaströster

tobacco [tə'bækou], *pl* **~s** Tabak(pflanze, -blätter); **~nist** [--ˊkənist] Tabakhändler

toboggan [tə'bɔgən] Toboggan, Indianerschlitten; Rennrodel; rodeln

today [tə'dei] heute; Heute; **~'s** heutig

toddle ['tɔdl] (Baby) torkeln; tapsen; bummeln; Tapsen; Bummel; **~r** [ˊ-ə] Knirps

toddy ['tɔdi] (Art) Grog

to-do [tə'du:], *pl* **~s** Theater, Lärm

toe [tou] Zehe; Strumpf-, Schuhspitze; mit d. Zehe berühren, stoßen; mit e-r Spitze versehen ♦ *~ the line* s. d. Parteizwang fügen; **~-cap** [ˊ-kæp] Schuhspitze

toff [tɔf] *BE* Beau; **~ee, ~y** [ˊ-i] *BE* Sahnebonbon

tog [tɔg] *o.s. up* (od *out*) *umg* s. herausputzen, zurechtmachen; **~s** *pl vb* Kleider, Kledasche

together [tə'geðə] zusammen; nacheinander; *for hours (days etc) ~* stunden-(tage-)lang

toil [tɔil] **1.** schuften, s. abmühen (*at* an); **2.** s. quälen *(up the hill)*; **3.** Plackerei; Mühe; **4.** *pl vb* Netz, Falle; *fig* Fänge; **~er** [ˊ-ə] *fig* Arbeitstier; **~ful** mühevoll; **~some** [ˊ-səm] mühselig

toilet ['tɔilit] Toilette (*to make one's ~* T. machen); Waschraum, Toilette; **~-paper** [ˊ--peipə] T.papier; **~-set** [ˊ--set] Toilettengarnitur; **~-table** [ˊ--teibl] Frisiertoilette

token ['toukən] **1.** Zeichen *(as a ~ of his love)*; *by the same ~* dementsprechend; **2.** Andenken; **3.** Spielgeld, (Spiel-)Marke; **4.** *attr* nominell; **~ payment** Anerkennungszahlung

told [tould] *siehe* tell

tolera|ble ['tɔlərəbl] erträglich; leidlich (gut); **~nce** [ˊ--rəns] Duldsamkeit, Toleranz (*a.* ⚙); **~nt** [ˊ--rənt] tolerant; **~te** [ˊ--reit] dulden; ertragen; **~tion** [--'reiʃən] Duldsamkeit, Duldung

toll [toul] **1.** läuten; **2.** Läuten, Geläut; **3.** (Straßen-)Zoll, Wege-, Brückengeld; Marktgeld; **4.** Verlustziffer; *road ~* Verkehrsunfälle ♦ *to take a ~ of (fig)* Tribut fordern von, mitnehmen

tom [tɔm] Männchen; Kater; **~boy** [ˊ-bɔi] Wildfang, Range; **~cat** [ˊ-'kæt] Kater; **~fool** [ˊ-'fu:l] Narr; sinnlos; **~foolery** [ˊ-'fu:ləri] Torheit; Narretei; **~my** [ˊ-i] Tommy; **~my-gun** [ˊ-igʌn] Maschinenpistole; **~myrot** reinster Blödsinn; **~tit** [ˊ-tit] *BE* Meise; *BE* Zaunkönig

tomato [tə'ma:tou, *US* -'meitou], *pl* **~es** Tomate

tomb [tu:m] Grabmal; *fig* Tod, Grab; Grabstein

tome [toum] schwerer Band, Schinken

tomorrow (tə'mɔrou] morgen; Morgen; **~'s** morgig

ton [tʌn] **1.** *US (a.: short ~)* Tonne (= 2000 pounds = 907,18 kg); **2.** *BE (a.: long ~)* Tonne (= 2240 pounds = 1016,05 kg); **3.** *(a.: metric ~)* Tonne (= 1000 kg); **4.** *(a.: register ~)* Registertonne (= 100 Kubikfuß = 2,83 m³)

tone [toun] **1.** Ton; **2.** Stimme *(in an angry ~)*; **3.** Tonfall; **4.** Geist, Haltung; **5.** Farbton; **6.** ⚕ Spannkraft, Tonus; **7.** ♪ Ganzton; **8.** tönen, färben; *~ down* besänftigen, mildern; s. legen; *~ up* kräftigen; *~ (in) with* passen zu

tongs [tɔŋz] *pl vb* Zange

tongue [tʌŋ] **1.** Zunge (*a ready ~* e-e leichte Z.); *to give ~* Laut geben, anschlagen, *fig* laut reden; *to hold one's ~* d. Mund halten ♦ *to have one's ~ in one's cheek* Hintergedanken haben; **2.** Sprache (*the gift of ~s* Begabung für fremde S.); **3.** Lasche; **4.** (Glocke) Klöppel; **~-tied** [ˊ-taid] stumm; reserviert

tonic ['tɔnik] Tonikum, Stärkungsmittel; ♪ Grundton, Tonika; stärkend; Ton-

tonight [tə'nait] heute abend

tonn|age ['tʌnidʒ] Tonnage, Tonnengehalt; **~e** [tʌn] (metrische) Tonne (= 1000 kg)

tonsil ['tɔnsl] ⚕ Mandel; **~litis** [-si'laitis] Mandelentzündung

ton|sorial [tɔn'sɔ:riəl] Barbier-, Haarschneide-; **~sure** [ˊ-ʃə] Tonsur

too [tu:] **1.** auch; noch dazu; **2.** zu, allzu; *umg* sehr

took [tuk] *siehe* take

tool [tu:l] Werkzeug *(a. fig)*, Gerät; Arbeitsstahl; ⚙ bearbeiten; *~ up* (s.) maschinell einrichten; **~ing** Bearbeitung, Einrichten; **~-kit** [ˊ-kit] Werkzeugtasche, -kasten; **~maker** [ˊ-meikə] Werkzeugschlosser

toot [tu:t] blasen, tuten; 🚗 hupen; Blasen; Hupzeichen

tooth [tu:θ], *pl* **teeth** [ti:θ] Zahn (*a.* ⚙); *to cast s-th in s-b's teeth* j-m etw ins Gesicht schleudern; *in the teeth of* im Kampf gegen, trotz; *to fight ~ and nail* (od *claw*) wie wild kämpfen; *long in the ~* alt; **~pick** [ˊ-pik] Zahnstocher; **~some** [ˊ-səm] wohlschmeckend

tootle ['tu:tl] blasen, tuten

top [tɔp] **1.** Spitze; oberer Teil, Ende; *from the ~* von oben; *on ~* oben; *on (the) ~ of* über; *on ~ of that* obendrein; *from ~ to toe* von Kopf bis Fuß; **2.** *fig* Gipfel, d. Äußerste; *at the ~ of his voice (speed)* mit größter Lautstärke (Geschwindigkeit); 🚗 schnellster Gang (*in ~* im s. G.); **3.** Pflanze, Kraut; **4.** ⚓ Mars; **5.** Kreisel; *to sleep like a ~* wie e. Sack schlafen; **6.** 🚗 Verdeck; **7.** d. Ober(st)e; Ober-; höchste; **8.** (oben) bedecken; **9.** oben ab-, beschneiden; **10.** d. Spitze erreichen von; **11.** an d. Spitze stehen von; **12.** *fig* krönen, übertreffen; **~boot** [ˊ-'bu:t] Stulpenstiefel; **~coat** [ˊ-kout] Überzieher; **~ dog** *sl fig* Herr, Sieger; **~-flight** [ˊ-flait] prima, fabelhaft; **~gallant** [-'gælənt] ⚓

Bram(segel); **~hat** [⌐'hæt] Zylinder; **~-heavy** [⌐'hevi] kopf-, vorderlastig; **~-hole** [⌐'houl] *BE* fabelhaft, tipptopp; **~-knot** [⌐nɔt] Haarknoten; *orn* (Feder-)Haube; *umg* Kopf; **~less** [⌐lis] riesig hoch; busenfrei(e Kellnerin, Tänzerin); **~-mast** [⌐mɑːst] ⚓ Marsstenge; **~most** [⌐moust] höchste, oberste; **~notch** [⌐nɔtʃ] erstklassig, prima; **~per** [⌐ə] Zylinder; *BE* feiner Kerl; **~ping** [⌐iŋ] prima; **~sail** [⌐sl] ⚓ Marssegel

topaz ['toupæz] Topas; *true* ~ Edel-; *false* ~ Rauchtopas

tope [toup] saufen, zechen

topic ['tɔpik] Thema; **~al** [⌐l] aktuell

topograph|er [tə'pɔgrəfə] Topograph; **~ic(al)** [tɔpə'græfik(l)] topographisch; **~y** [–⌐–fi] Topographie; Stadt-, Landschaftsbild

topple ['tɔpl] *(over, down)* umkippen

topsyturvy ['tɔpsi'təːvi] auf d. Kopf, drunter und drüber, durcheinander; **~dom** [⌐–⌐–dəm] wildes Durcheinander

torch [tɔːtʃ] Fackel *(a. fig); BE* Taschenlampe; Lötlampe; Schweißbrenner

tore [tɔː], **torn** [tɔːn] *siehe* tear

toreador ['tɔriədɔː] Stierkämpfer

torment ['tɔːmənt] Qual(en); *fig* Quälgeist, Kummer; ~ [–'ment] quälen; **~or** [–'mentə] Peiniger

tornado [tɔːneidou], *pl* **~es** Wirbelwind

torpedo [tɔː'piːdou], *pl* **~es** Torpedo; torpedieren *(a. fig);* **~-tube** T.rohr; *US* Seemine; *US* Sprengpatrone

torp|id ['tɔːpid] starr; träge, schlaff; **~idity** [–'piditi] Erstarrung; Schlaffheit; **~or** [⌐pə] Trägheit, Schlaffheit; = ~idity

torque [tɔːk] ⚙ Drehmoment

torrent ['tɔrənt] Sturzbach; *fig* Strom, Schwall; **~ial** [–'renʃəl] reißend, strömend, sturmartig; ungestüm

torrid ['tɔrid] ausgedörrt; (sengend) heiß

torsion ['tɔːʃən] Verdrehung, Torsion

torso ['tɔːsou], *pl* **~s** Rumpf; Torso

tort [tɔːt] ⚖ unerlaubte Handlung; **~oise** [⌐əs] *(bes* Land-)Schildkröte; **~oise-shell** [⌐əʃel] Schildpatt; **~uous** [⌐ʃuəs] gewunden *(a. fig);* unehrlich; **~ure** [⌐ʃə] Folter(methode), Tortur; *to put s-b to the ~ure* = to ~ure; Qual(en); foltern, quälen; *fig* entstellen

Tory ['tɔːri] Tory, englischer Konservativer, konservativ; Tory-

toss [tɔs] **1.** (hin-, zu-, hoch)werfen; ~ *(up) a coin* e-e Münze in d. Luft werfen; ~ *up,* ~ *for it* (darum) knobeln; ~ *off* (Getränk) 'runterstürzen, (Arbeit) 'runterhauen; **2.** ~ *(about)* (s.) herumwerfen, schütteln; **3.** hin u. her schwanken, (See) rollen; **4.** (Hoch-)Werfen, Wurf; *to take a* ~ stürzen

tot [tɔt] **1.** Knirps; **2.** *BE* Schluck; *fig* Häppchen; **3.** ~ *up* zus.rechnen; ~ *up to* sich belaufen auf; **4.** *BE* (zu addierende) Zahlenkolonne

total ['toutl] **1.** Gesamt-, gänzlich, total; **2.** zus.rechnen; s. belaufen (*to* auf); **3.** Gesamtsumme; **~itarian** [–tæli'tɛəriən] totalitär; Einparteien-; **~itarianism** [–tæli'tɛəriənizm] Einparteiensystem; **~ity** [–'tæliti] Gesamtheit, Vollständigkeit; *astr* Totalfinsternis; **~izator** [⌐–aizeitə], **~izer** [⌐–aizə] *BE* 🏇 Totalisator

tote [tout] *BE umg* Totalisator; *US* schleppen; transportieren

totter ['tɔtə] torkeln, wackeln; **~y** [⌐–ri] torkelig; wackelig

touch [tʌtʃ] **1.** berühren, anfassen; berühren lassen; **2.** erreichen; ~ *bottom* d. Boden berühren, d. Tiefpunkt erreichen, *fig* auf Grund kommen ♦ ~ *the spot* das Richtige sein (herausfinden); **3.** drücken auf, (Tasten etc) anschlagen; **4.** legen (*to* an), leicht stoßen; **5.** herankommen an, s. vergleichen mit; **6.** anrühren, rühren an; *fig* färben; **7.** in Mitleidenschaft ziehen; **8.** *fig* rühren; reizen; **9.** *umg* j-n angehen (*for* um; **10.** *~ed* [⌐t] *fig* angeknackst; **11.** ~ *at* ⚓ anlaufen; ~ *off* abschießen; *fig* in Gang setzen; ~ *on (fig)* berühren; ~ *up* erneuern; retuschieren; **12.** Berührung (*at a* ~ bei leisester B.); Kontakt Fühlung *in (out of)* ~ *with* (nicht) in K. (F.) mit; **13.** Tastsinn *(a.* = *sense of* ~*); soft (etc) to the* ~ weich anzufassen; **14.** Pinsel(strich); **15.** Spur, Anflug; ⚕ leichter Anfall (~ *of flu* leichte Grippe); *a* ~ *of frost (the sun)* leichter Frost (Sonnenstich); **16.** Stil, Zug; ♪ Anschlag; **~-and-go** [⌐ən'gou] riskant; *to be ~-and-go* auf Messers Schneide stehen; **~ing** [⌐iŋ] rührend; *prep* betreffend; **~stone** [⌐stoun] *fig* Prüfstein; **~y** [⌐i] reizbar, leicht eingeschnappt

tough [tʌf] **1.** zäh; **2.** grob; **3.** hartnäckig; **4.** schwierig; **5.** gangsterhaft; **6.** schwerer Junge, Rowdy; **~en** [⌐ən] zäh machen (werden)

tour (tuə] (Rund-)Reise, Tour; (be-)reisen; **~ing** [⌐riŋ] Reise-, Touren-; **~ing trade** Fremdenverkehr; **~ism** [⌐rizm] Touristik; **~ist** [⌐rist] Reisender

tourn|ament ['tuənəmənt, 'təː-] Turnier (*a.* 🏇); **~ey** [⌐ni, 'təːni] Turnier; **~iquet** [⌐nikei, *US* ⌐–ket] ⚕ Stau-, Abschnürbinde

tousl|e ['tauzl] zerzausen; **~y** [⌐i] zerzaust, zottig

tout [taut] Kunden werben, ständig bearbeiten; *BE* Renngeheimnisse ausspionieren; (Kunden-)Werber

tow [tou] (ab)schleppen; Schlepp (*in* ~ im S., *fig* im S.tau); *to give s-b a* ~ j-n abschleppen; Werg; **~boat** [⌐bout] *US* ⚓ Schleppdampfer; **~(ing)-line** [⌐(iŋ)lain] Schleppseil, -tau; **~(ing)-path** [⌐(iŋ)pɑːθ], *pl* ~(ing)-paths [⌐(–)pɑːðʒ] Leinpfad, Treidelweg

toward ['touəd, *US* tɔːrd] vielversprechend, gelehrig; im Gange, im Kommen; ~ [tɔːrd], *BE mst* **~s** [tə'wɔːdz] in Richtung auf, gegen; zu, gegenüber; für

towel ['tauəl] Handtuch; trocknen; **~ling,** *US* **~ing** Handtuchstoff

tower ['tauə] Turm; (auf)ragen; ~ *above* weit ragen über, überragen; **~ing** [⌐–riŋ] überragend; rasend

town [taun] Stadt; Stadt-; *man about* ~ Lebemann; ~ **clerk** [klɑːk, *US* kləːrk] Stadtsyndikus; ~ **council** Stadtrat; ~ **councillor** Stadtrat(smitglied); ~ **hall** Rathaus; **~sfolk** [´-zfouk] *pl vb* Städter, Stadtleute; **~ship** [´-ʃip] *US* Verwaltungsbezirk; Township (= 6 Quadratmeilen); **~sman** [´-zmən], *pl* ~smen Städter; **~speople** [´-zpiːpl] *pl vb* Städter, Stadtleute

tox|æmia [tɔk'siːmiə] Blutvergiftung; **~ic** [´-ik] toxisch; **~in** [´-in] Toxin

toy [tɔi] Spielzeug *(a. fig)*; Spiel-; ~ *with (fig)* spielen mit; ~ **shop** [´-'ʃɔp] (Spielzeug-)Kaufladen; **~-shop** [´-ʃɔp] Spielwarengeschäft

trace [treis] **1.** ~ *(out)* zeichnen, anreißen; **2.** ~ *(over)* durchpausen; **3.** sorgfältig, mühsam schreiben; **4.** aufspüren; ~ *back to* (s.) zurückverfolgen (lassen) auf; **5.** ausmachen, kaum erkennen; **6.** Spur *(a. fig)*; **7.** Strang (*kick over the ~s* über d. S. schlagen); **~able** [´-əbl] nachweisbar; ~ **element** Spurenelement; **~r** [´-ə] Leuchtspurgeschoß; Isotopenindikator; **~ry** [´-əri] Maßwerk; *fig* Blumen, Linienspiel

trache|a [trə'kiːə, *US* 'treikiə], *pl* **~ae** [-´-iː], **~as** Luftröhre

tracing ['treisiŋ] Pause; **~-paper** Pauspapier

track [træk] **1.** Spur (*on his ~* ihm auf d. S.) ♦ *to make ~s* sich verziehen (*for* nach); **2.** Pfad (*the beaten ~* der ausgetretene P.), Weg (*in one's ~s* mitten auf d. W.); *to keep ~ of* in Fühlung bleiben mit; **3.** Gleis, Schienenstrang (*single, double* [dʌbl] ein-, zweigleisiger S.); **4.** Bahn; ~ *events* Laufdisziplinen; ~ *and field events* Leichtathletik; **5.** Gleiskette; **6.** verfolgen; ~ *down* ausfindig machen, fangen; **~-layer** [´-leiə] Gleiskettengerät; *US* Streckenarbeiter; **~less** [´-lis] wegelos; gleislos

tract [trækt] Strecke, Trakt; Bahn, Trakt; Traktat; **~able** [´-əbl] gelehrig, umgänglich; (leicht) bearbeitbar; **~ion** [´-ʃən] Zug(kraft); Bodenhaftung; **~ion-engine** [´-ʃənendʒin] Zugmaschine; **~or** [´-ə] Traktor, Schlepper

trade [treid] **1.** Gewerbe; *by ~* von Beruf; **the ~** *BE* die Bierindustrie; **2.** Handel; *Board of T~ (BE)* Handelsministerium; **3.** *the T~s* Passatwinde; **4.** handeln (*in* mit), Handel treiben (*with* mit); ~ *for* (aus)tauschen gegen; ~ *in* mit in Zahlung geben; ~ *upon* spekulieren auf; ~ **bill** Warenwechsel; ~ **cycle** ['saikl] *BE* Konjunkturzyklus; **~-journal** [´-dʒəːnəl] Fachblatt; **~-mark** [´-maːk] Warenzeichen; **~-name** [´-neim] Handelsbezeichnung; Firmenname; ~ **price** Großhandelspreis; **~r** [´-ə] Händler, Kaufmann; Handelsschiff; ~ **school** [skuːl] Gewerbeschule; **~sman** [´-zmən], *pl* ~smen *BE* Kaufmann; Handwerker; **~speople** [´-zpiːpl] Geschäftsleute; Kaufmannsstand; ~ **union** ['juːnjən] Gewerkschaft; **~-unionism** [´-'juːnjənizm] Gewerkschaftswesen; **~-unionist** Gewerkschaftler; ~ **wind** Passatwind

tradition [trə'diʃən] Überlieferung, Tradition; **~al** [-´-nəl] überliefert, traditionell; **~ary** [-´-nəri] = ~al

traffic ['træfik] **1.** Verkehr (*motor ~* Fahr-); **2.** Handel; *bes fig* Tausch; **3.** handeln (*in* mit); **~ator** [´-eitə] *BE* Winker; ~ **block,** ~ **jam** Verkehrsstockung; **~ker** [´-ə] Händler; ~ **lane** Fahrstreifen, Spur; ~ **light** Verkehrsampel; ~ **warden** *BE* Politesse

trag|edian [trə'dʒiːdiən] Tragödie; Tragödienschreiber; **~edienne** [--di'en] Tragödin; **~edy** ['trædʒidi] Tragödie *(a. fig)*, Trauerspiel; **~ic** ['trædʒik] tragisch; traurig; **~i-comedy** ['trædʒi'kɔmidi] Tragikomödie; **~i-comic** ['trædʒi'kɔmik] tragikomisch

trail [treil] **1.** Fährte, Spur (*hot on the ~* dicht auf der F.); **2.** (ausgetretener) Weg (*to blaze the ~* den W. bahnen, bahnbrechend wirken); **3.** auf-, nachspüren; **4.** hinter s. herziehen, -schleppen; **5.** s. schleppen; ziehen, fahren; **6.** *bes bot* s. ausbreiten; wuchern; kriechen; **~er** [´-ə] Anhänger, Wohnwagen; Vorschau; Verfolger

train [trein] **1.** Zug; *by ~* mit d. Bahn; **2.** Schleppe; **3.** Gefolge *(a. fig)*; **4.** *fig* Kette (*~ of thought* Gedanken-, -gang); **5.** Zündlinie; *in ~* bereit; **6.** ausbilden, erziehen; beibringen; trainieren; **7.** *bot* ziehen; **8.** richten; zielen; **9.** in d. Ausbildung stehen, s. ausbilden lassen; **~ee** [-'niː] in der Ausbildung Stehender; Anlernling; **~er** [´-ə] Ausbilder, Trainer; **~ing** [´-iŋ] Ausbildung; Training; *in ~ing* in Form, *out of ~ing* aus der Übung; **~ing-college** [´-iŋkɔlidʒ] Lehrerseminar; **~ing-ship** [´-iŋʃip] Schulschiff; **~-oil** [´-ɔil] Fischtran

trait [trei, *US* treit] (Charakter-)Zug; **~or** [´-tə] Verräter; **~orous** [´-tərəs] verräterisch; **~ress** [´-tris] Verräterin

trajectory [trə'dʒektəri] Flugbahn

tram [træm] **1.** (*a.* ~-car Straßenbahn(wagen); **2.** Hund; **3.** (*a.* ~-line Straßenbahngleis; -strecke; **~way** = ~-line; Grubenbahn

trammel ['træml] behindern; *su pl vb fig* Fesseln

tramp [træmp] **1.** stampfen; **2.** (durch)wandern; ~ *it* gehen; **3.** Tramp, Vagabund *(a. fig)*; **4.** Wanderung; **5.** Tramp(schiff); **6.** Stampfen

trample ['træmpl] (zer)trampeln (~ *down* nieder-); herumtrampeln (*on* auf); ~ *about* umherstapfen; Trampeln

trance [traːns] Verzückung; Trance

tranquil ['træŋkwil] ruhig; **~lity** [-´-iti] Ruhe; **~lize,** *US* **~ize** [´-aiz] beruhigen

trans- [træns-, *BE a.* traːns] *(auch wenn im folgenden nur* [træns] *gegeben wird)*

transact [træn'zækt, *US* træn'sækt] abwickeln, durchführen; **~ion** [træn'zækʃən, *US* træn'sækʃən] Geschäft(sabschluß); *pl* Sitzungsberichte

transatlantic ['trænzət'læntik, *US* 'træns-´-] überseeisch, transatlantisch

transcend [træn'send] übersteigen, -treffen; **~ent** [-´-dənt] überragend; transzendent; **~ental** [--'dentl] transzendental; *umg* phantastisch

transcri|be [træn'skraib] umschreiben; auf Band aufnehmen; **~pt** [´-skript] Ab-, Umschrift; **~ption** [-'skripʃən] Umschreiben; -schrift; Bandsendung

transept ['trænsept] Querschiff

transfer [træns'fəː] **1.** verlegen; übertragen; übereignen; **2.** (Beruf, Schule) wechseln; **3.** ✈, ⚓ umsteigen; **4.** [ˊ–] Übertragung; Verlegung; **5.** Transfer (*~ business* Giroverkehr); **6.** Wechsel; **7.** Umsteigefahrkarte; **8.** Abziehbild; **~able** [–ˊrəbl] übertragbar; **~ence** [ˊfərəns, *US* –'fəːrəns] Übertragung; Verlegung
transfigur|ation [trænsˌfigju'reiʃən] Umgestaltung; *eccl* Verklärung; **~e** [–'figə, *US* ––ˊgjər] umgestalten; verklären
transfix [træns'fiks] durchbohren; *fig* lähmen
transform [træns'fɔːm] umgestalten, verwandeln; **~ation** [–fə'meiʃən] Umgestaltung, Verwandlung; **~er** [–ˊə] Umgestalter; ⚡ Transformator
transfus|e [træns'fjuːz] umgießen; ⚕ übertragen; **~ion** [–'fjuːʒən] Umgießung; (Blut-)Übertragung
transgress [træns'gres] überschreiten; übertreten, verletzen; sich vergehen; **~ion** [–'greʃən] Übertretung; Vergehen
transient ['trænziənt, *US* ˊʃənt] vorübergehend; Durchreisender; Gelegenheitsarbeiter
transit ['trænsit] Durchgang *(a. astr)*, -sverkehr; Transport (*in ~* auf d. T.); Durchgangs-; **~ion** [–'siʒən, –'ziʃən] Übergang; Übergangs- *(a.: ~ional)*; ♪ Modulation; **~ive** [ˊ–tiv] *gram* transitiv; **~ory** [ˊ–təri] vergänglich; flüchtig
translat|able [træns'leitəbl] übersetzbar; **~e** [træns'leit] übersetzen; versetzen; *eccl* entrükken; **~ion** [træns'leiʃən] Übersetzung; **~or** Übersetzer
transliterate [trænz'litəreit, *US* træns-] transliterieren, transkribieren
translucent [trænz'luːsənt, *US* træns-] durchscheinend
transmigration [trænzmai'greiʃən] (Seelen-) Wanderung
transmi|ssible [trænz'misibl, *US* træns-] übertragbar; **~ssion** [–'miʃən] Übertragung; Senden; 🚗 Getriebe; **~t** [–'mit] weitergeben; übertragen; vererben; 📻 senden; **~ttable, ~ttible** [–'mitəbl] = ~ssible; **~tter** [–'mitə] Übertrager; 📻 Sendevorrichtung; 🎙 Mikrophon
transmogrify [trænz'mɔgrifai] verwandeln, verzaubern
transmut|able [trænz'mjuːtəbl, *US* træns-] um-, verwandelbar; **~ation** [––'teiʃən] Um-, Verwandlung; **~e** [–ˊ] um-, verwandeln
transoceanic ['trænzouʃi'ænik, *US* træns-] transozeanisch
transom ['trænsəm] Oberlicht; 🏛 Kämpfer(holz); quergeteiltes Fenster; Querbalken (zw. Tür u. Fenster)
transonic [træn'sɔnik] schallnah, transsonisch
transparen|cy [træns'pɛərənsi] Durchsichtigkeit; Transparent; Diapositiv; **~t** [–ˊ–t] durchsichtig; offensichtlich; klar
transpire [træns'paiə] transpirieren; *fig* durchsickern; *umg fig* passieren
transplant [træns'plaːnt] verpflanzen *(a. fig)*; **~ation** [––'teiʃən] Verpflanzung
transport [træns'pɔːt] befördern, transportieren; verbannen; hinreißen; **~** [ˊ–] Beförderung, Transport; *mil* Transporter (*~ glider* Lastensegler); *mst pl* Ausbruch; Entzücken; **~ation** [––'teiʃən] Beförderung, Transport; Verbannung
transpos|e [træns'pouz] umstellen; ♪ transponieren; **~ition** [–pə'ziʃən] Umstellung; Transponierung
transship [træns'ʃip] ✈, ⚓ umladen; **~ment** Umladung
transverse ['trænzvəːs, *US* trænsˊ] quer (laufend, liegend); Quer-; **~ly** quer
trap [træp] **1.** Falle *(a. fig)*; **2.** ⚙ Geruchverschluß, Traps; **3.** *BE* zweirädriger Einspänner; **4.** (*a.: ~-door* [ˊdɔː]) Falltür; **5.** (in e-r Falle) fangen; hereinlegen; **6.** Fallen stellen; **~pings** [ˊiŋz] *pl vb (fig)* Putz, Prunk
trapez|e [trə'piːz] 🎪 Trapez; **~ium** [–ˊiəm], *pl* ~iums *BE* Trapez, *US* Trapezoid; **~oid** ['træpizɔid] *BE* Trapezoid, *US* Trapez
trash [træʃ] *bes US* Abfall; *fig* Schund; Kitsch; **~y** [ˊi] Schund-; kitschig
travail ['træveil] ⚕ Wehen; Leiden; in den Wehen liegen; sich abrackern
travel ['trævl] **1.** (durch)reisen; **2.** als Vertreter arbeiten (*for* für); **3.** *astr,* ⚙ s. bewegen; **4.** *fig* wandern; **5.** Reise(n); **6.** ⚙ Bewegung, Gang, Lauf; **~led,** *US* **~ed** [ˊd] (weit)gereist; (viel)befahren; **~ler,** *US* **~er** [ˊə] Reisender
traverse ['trævəs] **1.** durchqueren; **2.** *fig* durchgehen; **3.** bestreiten, bekämpfen; **4.** ⚙ verschieben, laufen; **5.** quer; **6.** Durchquerung; **7.** Traverse; **8.** ⚙ Verschiebung, Lauf
trawl [trɔːl] mit d. Schleppnetz fischen; (Netz) schleppen; *~(-net)* [ˊnet] Schleppnetz; *~(-line) US* Langleine; **~er** [ˊə] Fischtrawler
tray [trei] Tablett
treacher|ous ['tretʃərəs] verräterisch; tükkisch; trügerisch; **~y** [ˊ–ri] Treulosigkeit; *pl* Verrätereien
treacl|e ['triːkl] *BE* Zuckersirup; *BE* Melasse
tread [tred] *(s. S. 319)* **1.** (auf)treten; *~ grapes* keltern; *~ under foot (fig)* zertreten; **2.** aus-, betreten ♦ *~ the boards* Schauspieler sein; **3.** Tritt; **4.** Trittstufe; **5.** 🚗 Spur, (Reifen-)Profil; **~le** ['tredl] ⚙ Tritt, Tretvorrichtung; treten; **~mill** ['tredmil] Tretmühle *(a. fig)*
treason ['triːzn] *(a.: high ~)* Hochverrat; Verrat (*to* an); **~able** [ˊəbl], **~ous** [ˊənəs] verräterisch
treasur|e ['treʒə] Schatz *(a. fig)*; Reichtum; *fig* Perle; (an)sammeln, aufbewahren; hochschätzen; **~er** [ˊ–rə] Schatzmeister; **~e trove** [ˊ–'trouv] Schatz(fund); **~y** [ˊ–ri] Schatzkammer; Kasse; *fig* Schatz; **~y** (Board *BE*, Department *US*) Schatzamt, Finanzministerium; **T~y bench** *BE* Ministerbank; **T~y bill** kurzfristiger Schatzwechsel; **~y note** *BE* Geldschein (£1, 10/-), *US* Schatzschein
treat [triːt] **1.** behandeln (*a.* ⚕, *for* wegen, auf); **2.** ansehen (*as* als); **3.** *~ (of)* s. befassen mit, behandeln; **4.** *~ to* bewirten, freihalten mit; *~ o.s. to* s. etw leisten; **5.** *~ with* verhandeln mit; **6.** Genuß; Freihalten; *this is my ~* dies-

mal zahle ich; *to stand ~* d. Zeche bezahlen; **~ise** [-́iz, *US* -́is] Abhandlung; **~ment** [-́mənt] Behandlung *(a.* §*)*; **~y** [-́i] Vertrag; Unterhandlung

treble ['trebl] dreifach; ♪ Diskant-; Diskant, Sopran; (s.) verdreifachen

tree [triː] Baum ♦ *up a ~* in d. Klemme; (Stiefel) Leisten; auf e-n Baum jagen; **~-frog** [-́frɔg] Laubfrosch

trefoil ['trefɔil, *bes US* 'triː-] *bot* Klee; 🏛 Kleeblatt

trellis ['trelis] Gitterwerk; Spalier

trem|ble ['trembl] zittern (*at* bei; *with* vor; *for* um); Schauer, Zittern; **~endous** [tri'mendəs] furchtbar; gewaltig; **~olo** ['treməlou], *pl* ~olos Tremolo; **~or** ['tremə] Zittern, Beben *(a. fig)*; **~ulous** ['tremjuləs] zitternd; furchtsam

trench [trentʃ] (senkrechter) Graben *(a. mil)*; (aus-, um)graben; Gräben anlegen (in); **~ant** [-́ənt] scharf; markig; **~er** [-́ə] Holzbrett; Speise(n); **~erman** [-́əmən], *pl* ~ermen Esser

trend [trend] allgemeine Richtung, Tendenz; tendieren; **~y** *BE* (super)modern

trepidation [trepi'deiʃən] Furcht

trespass ['trespəs] *on* unerlaubt betreten; übergreifen auf; (zu sehr) in Anspruch nehmen; *~ against* verstoßen gegen; unbefugtes Betreten; Vergehen; Sünde; **~er** [-́-ə] Eindringling; Übertreter; *~ers will be prosecuted* Unbefugten Zutritt (Betreten) verboten

tress [tres] Strähne, Locke; *pl* üppiges Haar

trestle ['tresl] ⚙ Bock; **~ bridge** Bockbrücke

trey [trei] (Karten etc) Drei

triad ['traiæd] Dreiergruppe; ♪ Dreiklang

trial ['traiəl] **1.** Versuch, Probe (*on ~* auf P., bei d. Erprobung); *to give a ~* ausprobieren, erproben; Geländefahrt; Versuchs-, Probe-; **2.** Belästigung, *fig* Last; **3.** Gericht(sentscheidung; *on ~* vor G.); Prozeß; **~ and error** Experimentieren

triang|le ['traiæŋgl] Dreieck; Triangel; *(oft: the eternal ~le)* Dreiecksverhältnis, -ehe; **~ular** [-́-julə] dreieckig; Dreier-

trib|al ['traibl] Stammes-; **~e** [traib] (Eingeborenen-)Stamm; *fig* Zunft; *bot, zool* Klasse; **~esman** [-́zmən], *pl* ~esmen Stammesangehöriger

tribulation [tribju'leiʃən] Drangsal, Leiden

tribun|al [trai'bjuːnl] Richtersitz; Tribunal; **~e** ['tribjuːn] Tribun; Tribüne

tribut|ary ['tribjutəri] tributpflichtig; abhängig; Neben-; tributpflichtiger Staat; Nebenfluß; **~e** [-́juːt] Tribut (*to lay under ~e* T. auferlegen); Anerkennung (*to pay ~e* A. zollen); Gabe

trick [trik] **1.** Kniff, Kunstgriff; **2.** Streich (*dirty ~* übler S.); **3.** Trick; *to do the ~* d. Sache schaffen; **4.** Eigenheit; **5.** (Karten-)Stich; **6.** ⚓ Rudertörn; **7.** j-n (durch Kniffe) dazu bringen (*into doing* zu tun); betrügen (*out of* um); **8.** *~ out* herausputzen; **~ery** [-́əri] Betrügerei; **~le** [-́l] tröpfeln; rieseln; Tröpfeln, Rinnsal; **~ster** [-́stə] Betrüger; **~y** [-́i] gaunerisch; knifflig, heikel

tri|colour ['trikələ, *bes US* 'traikʌlə] Trikolore; **~cycle** ['traisikl] Dreirad; (Kinder-)Rädchen; **~dent** ['traidənt] Dreizack

tried [traid] erprobt; bewährt (*siehe* try)

triennial [trai'eniəl] dreijährig, -lich; dreijährige Pflanze; Dreijahresfeier

trifl|e ['traifl] Nichtigkeit; Kleinigkeit; *a ~e* ein wenig; *BE* Biskuitauflauf; *~e with* herumspielen mit; *~e over, with* trödeln bei; *~e away* vertun (*on* mit); **~ing** [-́iŋ] unerheblich; leichtfertig

trig [trig] schmuck; **~ger** [-́ə] Drücker; 📷 Auslöser

trilby ['trilbi] *BE* Filzhut

trill [tril] trillern; das R rollen; Trillern; ♪ Triller

trillion ['triljən] *BE* Trillion; *US* Billion

trim [trim] **1.** (be-, zurecht)schneiden; **2.** besetzen, einfassen; *~ up* s. herrichten; **3.** ⚓ trimmen; **4.** *umg* übers Ohr hauen, j-n 'runtermachen; **5.** *pol* d. Mantel nach d. Wind hängen; **6.** (guter) Zustand; *in (out of) ~* (nicht) in Form; **7.** schmuck, sauber; **8.** **~ming** [-́iŋ] Schneiden; Putzen; **~mings** *pl vb* Besatz, Posamenten; Zusätze; Beilagen

trinity ['triniti] Dreieinigkeit; **T~ Sunday** Trinitatis

trinket ['triŋkit] (wertloses) Schmuckstück; Kleinigkeit

trio ['triːou], *pl* **~s** Dreiergruppe, Trio *(a.* ♪*)*; Terzett

trip [trip] **1.** trippeln; **2.** *~ up, ~ on, over s-th* stolpern (über); straucheln; **3.** *~ (up)* e. Bein stellen, zu Fall bringen; ertappen; **4.** schnell tanzen; **5.** Ausflug, Reise; **6.** Stolpern; Trippeln; **7.** Fehler, Versprechen; **~per** [-́ə] Ausflügler; **~ping** [-́iŋ] flink

tripartite [trai'pɑːtait] dreiseitig; dreiteilig

tripe [traip] Kaldaunen, Kutteln; *umg* Quatsch, Käse

tripl|e ['tripl] dreifach; dreiteilig; *~ point (phys)* Tripelpunkt; (s.) verdreifachen; **~et** [-́it] Dreiergruppe; Drilling; ♪ Triole; **~ex** [-́eks] dreifach; dreiteilig; **~ex (glass)** Sicherheitsglas; **~icate** [-́ikit] dreifach; dreiteilig; verdreifachen; *in ~icate* in dreifacher Ausfertigung

tripod ['traipɔd] Stativ

trite [trait] abgedroschen; platt

triumph ['traiəmf] Triumph; triumphieren; frohlocken; **~al** [-'ʌmfl] Triumph-; frohlockend; **~ant** [-'ʌmfənt] triumphierend; frohlockend

trivet ['trivit] Dreifuß ♦ *as right as a ~* in schönster Ordnung

trivia ['triviə] *pl vb* Kleinigkeiten, Banalitäten; **~l** [-́-l] unbedeutend, trivial; *the ~l round* der Alltag

trod(den) [trɔd(n)] *siehe* tread

Trojan ['troudʒən] trojanisch; Trojaner; *to work like a ~* wie e. Pferd arbeiten

troll [troul] trällern; Troll

trolley ['trɔli] **1.** *BE* Handkarren; Servierwagen; **2.** ⚙ Laufkatze, Förderkarren; **3.** (Obus-)Kontaktrolle; **4.** *US ~ (car)* Straßen-

bahnwagen; **~-bus** [ˊ–bʌs] Obus; **~-pole** [ˊ– poul] Stromabnehmer; **~-wire** Oberleitung, Fahrdraht
trollop ['trɔləp] Schlampe; Hure
trombone [trɔm'boun, ˊ–] Posaune
troop [tru:p] **1.** Trupp; **2.** Schwadron; **3.** *pl* Truppen; **4.** drängen, strömen ♦ ~ *the colours (BE)* Fahnenparade abnehmen; **~er** [ˊ-ə] Kavallerist; *BE* Panzersoldat; *to swear like a ~er* wie e. Landsknecht fluchen; *US* berittener Polizist; Kavalleriepferd; *BE* Truppentransporter; Fallschirmjäger; **~ship** [ˊ-ʃip] Truppentransporter
trophy ['troufi] Trophäe; (Sieger-)Preis
tropic ['trɔpik] *astr* Wendekreis; *pl* Tropen; **~al** [ˊ–l] tropisch
trot [trɔt] (Pferd) traben (lassen; *a. fig*); ~ *out (fig)* vorführen, hinstellen; Trab; Dauerlauf; *on the ~ (fig)* in Betrieb; **~ter** [ˊ-ə] Traber; *pl* Schweine-, Hammelfüße
troth [trouθ] Wahrheit; Ehre; Treuegelöbnis
trouble ['trʌbl] **1.** beunruhigen; plagen; **2.** ~ *s-b for* bitten um; **3.** trüben; **4.** s. d. Mühe machen; **5.** s. sorgen, aufregen; **6.** Kummer, Sorge(n); **7.** Schwierigkeiten; *in ~* in S., Not; *to get into ~* in S., Unannehmlichkeiten geraten (bringen); *to ask (look) for ~* S. herausfordern; **8.** Mühe (*it will be no ~* es macht keine M.; *to put s-b to ~* j-m M. machen; *to take ~ over* s. M. machen, geben mit); **9.** *pol* Unruhe(n); **10.** *fig* Last; **11.** ⚕ Störung, Leiden; *to have ~ with* es zu tun haben mit; **~-shooter** Störungssucher; **~some** [ˊ-səm] unangenehm, lästig
troublous ['trʌbləs] unruhig
trough [trɔf] Trog; Mulde; Wellental
trounce [trauns] verprügeln *(a. fig)*; j-n herunterputzen
troupe [tru:p] 🎭 Truppe
trouser|s ['trauzəz] *pl vb* Hose; ~ Hosen-; **~ing** Hosenstoff
trousseau ['tru:sou, –ˊ], *pl* **~s, ~x** Aussteuer
trout [traut], *pl* ~ Forelle; *brown ~* Bachf.
trowel ['trauəl] Maurerkelle; ⚘ Pflanzkelle
Troy [trɔi] Troja; **t~** Feingewicht *(1 pound ~ = 373,24 g)*
truan|cy ['tru:ənsi] Schulschwänzerei, schuldhafte Schulversäumnisse; **~t** [ˊ–t] Schulschwänzer; *to play ~t* die Schule schwänzen; müßig, herumschweifend
truce [tru:s] Waffenruhe; *a ~ to (fig)* Ruhe mit
truck [trʌk] **1.** 🚂 offener Güterwagen; Lore; **2.** zweirädriger Karren; 🚂 Gepäckkarren; **3.** Lastwagen; **4.** Tausch ♦ *to have no ~ with* nichts zu tun haben mit; **5.** Lohnzahlung in Waren; **6.** *US* Marktgemüse; **~er, ~ farmer** *US* Gemüsegärtner; **~ farm, ~ garden** *US* Gemüsegärtnerei
truckle ['trʌkl] zu Kreuze kriechen (*to* vor)
truculen|ce ['trʌkjuləns] Wildheit; **~t** [ˊ–lənt] wild, trotzig
trudge [trʌdʒ] mühsam stapfen, sich schleppen
true [tru:] **1.** wahr; echt; *to come ~ (fig)* eintreffen; *(it is) ~* allerdings, zwar; **2.** treu; **3.** genau; **4.** *(adv) to breed ~* sich reinrassig fortpflanzen; *to aim ~* genau zielen; **5.** *vt* ⚙ ~ *(up)* auf genaues Maß bringen, ausrichten
tru|ism ['tru:izm] Binsenwahrheit; **~ly** [ˊ-li] aufrichtig; wahr(heitsgemäß); wirklich; *Yours ~ly* Ihr ergebener
trump [trʌmp] **1.** Trumpf(karte; *~s* -farbe); **2.** *umg* feiner Kerl; **3.** Trompete; **4.** stechen; ~ *up* erdichten; **~ery** [ˊ-əri] Flitterkram; Plunder; Unsinn; prunkhaft, kitschig; *fig* billig
trumpet ['trʌmpit] Trompete ♦ *to blow* [blou] *one's own ~* s. herausstreichen; Trompetenstoß; Hörrohr; *zool, fig* trompeten; **~er** [ˊ–ə] Trompeter
truncate [trʌŋ'keit, *US* ˊ–] stutzen
truncheon ['trʌntʃən] *bes BE* (Polizei-)Knüppel
trundle ['trʌndl] (schwer) rollen
trunk [trʌŋk] Stamm; Rumpf, Körper; (Schrank-)Koffer; Rüssel; *pl* Badehose; *BE* kurze Herrenunterhose; Haupt-; **~-call** [ˊ-kɔ:l] *BE* ☎ Ferngespräch
truss [trʌs]: ~ *(up)* zus.-, festbinden; (mit Fach-, Sprengwerk) tragen; (Heu-)Bündel; ⚙ Fachwerkträger, Tragwerk; ⚕ Bruchband
trust [trʌst] **1.** Vertrauen (*in* zu); *on ~* auf Treu und Glauben, auf Kredit; **2.** Verantwortung, Pflicht; **3.** ⚖ Treuhand(gut); *in ~* treuhänderisch; **4.** Trust; **5.** vertrauen (*to, in* auf); **6.** anvertrauen (*to s-b* j-m); betrauen (*with* mit); **7.** ~ *s-b to do s-th* sich auf j-n verlassen, daß (wenn) er etw tut; **8.** (ernstlich) hoffen; **9.** Kredit einräumen (*for* für); **~ee** [trʌs'ti:] Treuhänder; (Vermögens-)Verwalter; **~ee-ship** [trʌs'ti:ʃip] Treuhänderschaft; Kuratorium; **~ful, ~ing** vertrauensvoll; **~worthy** [ˊ-wə:ði] zuverlässig
truth [tru:θ], *pl* **~s** [tru:ðz, tru:θs] Wahrheit; Wahrhaftigkeit; **~ful** wahr(haftig); wahrheitsliebend
try [trai] **1.** versuchen; **2.** ~ *for* sich bemühen um; **3.** (aus)probieren, es versuchen mit; **4.** vor Gericht stellen; (Fall) verhandeln; **5.** ermüden, auf d. Probe stellen; **6.** schmelzen, auslassen; ~ *on* anprobieren; ~ *out* gründlich erproben; **7.** Versuch; **8.** **~ing** [ˊ-iŋ] ermüdend, unangenehm; ärgerlich
tsar [zɑ:, tsɑ:] *siehe* czar
tub [tʌb] **1.** Badewanne; **2.** Zuber, Kübel; **3.** *BE umg* Bad; **4.** *umg* Kasten (Boot); **5.** *BE* (sich) baden; **~by** [ˊ-i] faßartig
tuba ['tju:bə], *pl* **~s** Tuba
tube [tju:b] Rohr, Rohrstahl; Tube; U-Bahn(-Tunnel); *US* 📻 Röhre
tuber ['tju:bə] *bot* Knolle
tuberc|le ['tju:bə:kl] Tuberkel; **~ular** [–ˊkjulə] = ~ulous; **~ulosis** [–ˌ–kju'lousis] Tuberkulose; **~ulous** [–ˊkjuləs] tuberkulös
tub|ing ['tju:biŋ] Rohr; Röhrenwerk; **~ular** [ˊbjulə] röhrenförmig; Rohr-; Stahlrohr-; Röhren-
tuck [tʌk] **1.** (weg)stecken; ~ *in* hineinstecken; ~ *up (in)* warm zudecken, einpacken; ~ *up* hochstecken; **2.** ~ *up* aufrollen; **3.** ein-

schlagen, Falten machen in; **4.** ~ *away, in* verdrücken; ~ *into* einhauen in (Braten etc); **5.** Falte, Einschlag; **6.** *BE umg* Futter, Süßigkeiten; **~-in** [ˈ-in] Festessen, Schmaus; **~-shop** [ˈ-ʃɔp] *BE* Süßwarenladen

Tuesday [ˈtjuːzdi] Dienstag

tuft [tʌft] (Haar-, Gras-)Büschel; Schopf

tug [tʌg] zerren, ziehen (*at* an); Zug, Ruck; ~ *of war* Tauziehen *(a. fig);* Schlepper

tuition [tjuˈiʃən] Unterricht; Schulgeld, Studiengebühren

tulip [ˈtjuːlip] Tulpe

tulle [tjuːl] Tüll

tumble [ˈtʌmbl] **1.** fallen, stürzen; **2.** ~ *(about)* sich wälzen; **3.** akrobatische Bodenübungen machen; **4.** zerzausen, durcheinanderbringen; **5.** ~ *to an idea* auf e-e Idee springen; **6.** Fall, Sturz; **7.** Purzelbaum; **8.** Durcheinander; **~r** [ˈ-ə] Wasserglas, Becher; Bodenakrobat; *orn* Tümmler; ✿ Zuhaltung

tum|escent [tjuːˈmesənt] leicht anschwellend (geschwollen); **~id** [ˈ-mid] geschwollen; bombastisch

tumour [ˈtjuːmə] Tumor, Geschwulst

tumult [ˈtjuːmʌlt] Aufruhr, Tumult; **~uous** [-ˈ-juəs] tumultartig, tosend

tun|e [tjuːn] **1.** Melodie; **2.** ♪ Stimmung; *in (out of) ~e* gestimmt (verstimmt); *to sing out of ~e* falsch singen; **3.** Einklang *(in (out of) ~e with* (nicht) im E. mit); **4.** *fig* Haltung (*to change one's ~e, to sing another ~e* s-e H. ändern); **5.** *to the ~e of* in Höhe von (£500); **6.** ♪ (Instrumente) stimmen; ~ *up* (Orchester) stimmen, einsetzen; *umg* losheulen; **7.** einstellen; *~e in* (Sender) einstellen; *~e to* auf (e-e Welle) gehen; **8.** *~e up* instand setzen; **~eful** melodisch; **~er** [ˈ-ə] Klavierstimmer; **~ing** [ˈ-iŋ] Stimmgabel; **~ing indicator** magisches Auge; **~ing scale** Skala

tungsten [ˈtʌŋstən] Wolfram

tunnel [ˈtʌnl] Tunnel; Stollen; (Berg) durchbohren; e-n Tunnel bohren; **~ling** Tunnelbau

tunny [ˈtʌni] Thunfisch

tuppence [ˈtʌpəns] *BE umg* zwei Pennies

turban [ˈtəːbən] Turban

turb|id [ˈtəːbid] trüb *(a. fig);* verworren; **~ine** [ˈ-in] Turbine; turbinengetrieben; **~o-jet** [ˈ-bouˈdʒet] Turbinen-Luftstrahltriebwerk; **~o-prop** [ˈ-bouˈprɔp] Turbinen-Propellertriebwerk

turbot [ˈtəːbət], *pl* ~ Steinbutt

turbulen|ce [ˈtəːbjuləns] Unruhe, Aufruhr; **~t** [ˈ---t] wild, aufrührerisch

tureen [təˈriːn] Terrine

turf [təːf] Rasen, Grasnarbe; Turf; Torf; mit Rasen bedecken

turgid [ˈtəːdʒid] geschwollen *(a. fig)*

Turk [təːk] Türke; *umg* Wildfang; **~ey** [ˈ-i] Türkei; **~ish** [ˈ-iʃ] türkisch(e Sprache); **~ish bath** Dampfbad; **~ish towel** Frottiertuch

turkey [ˈtəːki] Truthahn, -henne

turmoil [ˈtəːmɔil] Aufruhr, Unruhe

turn [təːn] **1.** (sich) (um)wenden, (sich) (um)drehen (lassen); (Purzelbaum) schlagen; ~ *s-b's head* j-n d. Kopf verdrehen; **2.** biegen um (Ecke etc); umgehen; ~ *the corner* die Krise überstehen; **3.** (ab)lenken; sich ablenken, abbringen lassen (*from* von); **4.** *(mit adj)* machen, werden; **~ed** *pred* der ... geworden ist; ~ *(red)* (Laub) sich verfärben; ~ *traitor etc* (z.) Verräter werden; **5.** ✿ (s.) drehen (lassen); drechseln *(a. fig);* **6.** erreichen; **7.** benutzen; *he can ~ his hand to anything* er ist zu allem zu gebrauchen; ~ *s-th to account* etw ausnutzen; **8.** **~ about** (sich) umdrehen; wenden; **~ against** sich wenden gegen; aufreizen; **~ aside** abwenden; beiseite treten; **~ away** (sich) abwenden; wegschicken; entlassen; **~ down** (s.) umlegen (lassen); mit d. Oberseite nach unten legen, umlegen; (Gas etc) kleiner stellen, Radio leiser stellen; ablehnen; einbiegen in; **~ in** ein-, nach innen biegen; *umg* zu Bett gehen; **~ into** (sich) verwandeln zu; übersetzen in; **~ off** ab-, ausdrehen, ausstellen; entlassen; abbiegen, abzweigen; liefern, leisten; *fig* hinwerfen; **~ on** andrehen, anstellen; abhängen von; s. wenden gegen, angreifen; **~ out** hinaus-, verjagen, entlassen; nach außen biegen; leisten, liefern; ausräumen; ausstatten, herrichten; aus-, abdrehen; losziehen, zus.kommen; aufstehen; s. erweisen, ergeben, ~ *out well* gut enden; **~ over** (sich) umdrehen, umstürzen ♦ ~ *over a new leaf* sich (gründlich) bessern; überdenken; übergeben; umsetzen; e-n Umsatz haben von; **~ round** (sich) umdrehen; s-e Ansicht ändern; **~ to** lenken auf; s. wenden an, zu; loslegen; s. verwandeln zu; **~ up** nach oben drehen, falten ♦ *to ~ up one's nose at* die Nase rümpfen über, bei; um-, aufgraben; auftauchen; (Buch) aufschlagen; **9.** Drehung, Wendung *(~ for the better); on the ~* auf dem Wendepunkt, (Milch) sauer werdend; *done to a ~* gerade richtig (gekocht), durch; **10.** Biegung, Kurve; **11.** Punkt in d. Reihenfolge; *it's your ~* du bist dran; *wait your ~* warte, bis du dran bist; *my ~ will come* ich komm' schon noch dran, meine Zeit kommt noch; *in ~* nacheinander, seiner-, ihrerseits; *out of ~* außerhalb d. Reihenfolge; *by ~s* abwechselnd; *to take ~s* s. abwechseln (*at* bei); **12.** (kurze) Betätigung; ~ *of work* Stück Arbeit; *to take a ~ at* für einige Zeit an ... gehen; *to take a ~ in* e-n kurzen Gang machen im (Garten etc); Nummer; **13.** Tat *(he did me a good ~); one good ~ deserves another* e-e gute Tat ist e-e andere wert; **14.** *(oft: ~ of mind)* Art zu denken, Begabung, Einstellung; **15.** Zweck *(this won't serve my ~);* **16.** Form(ung), Gestaltung; **17.** ♪ Doppelschlag; **18.** *fig* Stoß, Schock; **19.** **~about** [ˈ-əbaut] Wendung, Kurswechsel; **~coat** [ˈ-kout] Überläufer, Abtrünniger; Konjunkturritter; **~er** [ˈ-ə] Dreher; Drechsler; **~ery** [ˈ-əri] Drechslerarbeit; **~ing** [ˈ-iŋ] (Straßen-)Biegung; Abzweigung; **~ing-lathe** [ˈ-iŋleið] Drehbank; **~ing-point** [ˈ-iŋpɔint] Wendepunkt; **~key** [ˈ-kiː] Schließer; **~-out** [ˈ-ˈaut] Versammlung, Zuschauermenge; Equipage; Ausstoß; Ausräumung; Aufmachung; Ausrüstung; *BE* Ausstand; **~over** [ˈ-ouvə] Umsatz; (Arbeiter-)Wechsel; Pastetentasche; **~pike** [ˈ-paik] Schlagbaum; Mautstraße; *US* (gebührenpfl.) Schnellstraße; **~-round** [ˈ-raund] Ent- und Beladezeit; **~stile** [ˈ-stail] Drehkreuz; **~-table** [ˈ-teibl] Drehscheibe; Plattenteller

turnip [ˈtəːnip] Wasser-, Stoppelrübe

turp|entine [ˈtəːpəntain] Terpentin; **~itude** [ˈ-itjuːd] Verworfenheit

turquoise [ˈtəːkwɔiz, *US* ˈ-kɔiz] Türkis(farbe)

turret [ˈtʌrit] Türmchen; Gefechts-, Geschützturm

turtle [ˈtəːtl] (See-)Schildkröte ♦ *to turn ~* kentern; Turteltaube

tusk [tʌsk] Stoßzahn; Hauer

tuss|ah [ˈtʌsə] *siehe* tussore; **~le** [ˈ-l] Rauferei; s. raufen; **~ock** [ˈ-ək] (Gras-)Büschel; **~ore** [ˈ-ɔː] Tussahseide

tutel|age [ˈtjuːtilidʒ] Vormundschaft; Mündelsein; **~ary** [ˈ--ləri] schützend; Vormund-

tutor [ˈtjuːtə] Privatlehrer; Tutor; privat unterrichten; Unterricht geben

tuxedo [tʌkˈsiːdou], *pl* **~s** *US* Smoking

twaddle [ˈtwɔdl] Unsinn, Quark; quasseln

twain [twein] zwei

twang [twæŋ] Schwirren; Näseln; schwirren lassen; klimpern; näseln

tweak [twiːk] zwicken, zwacken; Zwicken

tweed [twiːd] Tweed

tweezers [ˈtwiːzəz] *pl vb* Pinzette

twel|fth [twelfθ] zwölfte; **~ve** [ˈ-v] zwölf; **~vemonth** [ˈ-vmʌnθ] *BE* Jahr

twent|ieth [ˈtwentiiθ] zwanzigste; **~y** [ˈ-i] zwanzig

twice [twais] zweimal; doppelt

twiddle [ˈtwidl] herumdrehen; *~ one's thumbs* [θʌmz] Daumen drehen

twig [twig] Zweig; *BE umg* kapieren; **~gy** schlank, zart

twilight [ˈtwailait] Dämmerung (*~ of the Gods* Götter-); Zwielicht *(a. fig)*

twill [twil] Köper; Twill; köpern

twin [twin] Zwilling; Zwillings-; zwei

twine [twain] (*BE* dünner, *US* starker) Bindfaden; Zwirn; (s.) winden; zwirnen

twinge [twindʒ] stechender Schmerz

twinkl|e [ˈtwiŋkl] funkeln; zwinkern; huschen; Funkeln; funkelndes Licht; Huschen; **~ing** [ˈ-iŋ] Augenblick; *in a ~ing, in the ~ing of an eye* im Nu

twirl [twəːl] (herum)wirbeln; zwirbeln; Wirbel; Schnörkel

twist [twist] **1.** (sich) zus.-, (ver)drehen, winden; wringen; zwirnen; *~ and turn* s. winden; *~ off* losdrehen, abbrechen; **2.** (s.) verzerren; **3.** rotieren (lassen); **4.** verdrehen, entstellen; **5.** täuschen, unehrlich sein; **6.** Drehung; Windung; Zwirnung; **7.** Biegung; **8.** Twist; **9.** Zopf(-kuchen); **10.** Drall; **~er** [ˈ-ə] Zwirner; Seildreher; Gauner; etw Kniffliges; *US* Wirbelwind; **~y** windungsreich; gaunerisch

twit [twit] *s-b with* j-m etw vorwerfen, j-n aufziehen mit

twitch [twitʃ] zucken; reißen; Ruck; Zucken

twitter [ˈtwitə] zwitschern; aufgeregt daherrattern; Gezwitscher; Gequassel; *in a ~* aufgeregt

two [tuː] zwei; *one or ~* einige; *in ~* entzwei ♦ *to put ~ and ~ together* s-e Schlüsse ziehen; **~-edged** [ˈ-ˈedʒd] zweischneidig *(a. fig)*; **~-faced** [ˈ-ˈfeist] unehrlich; **~fold** [ˈ-fould] zweifach, doppelt; **~pence** [ˈtʌpəns], *pl* ~pences 2 Pennies; **~penny** [ˈ-pəni] zwei Penny wert; **~some** [ˈ-səm] Tanz (Spiel) zu zweien; Zweiergruppe; **~-stroke** [ˈ-ˈstrouk] Zweitakt; **~-time** [ˈ-taim] betrügen

tycoon [taiˈkuːn] *bes US* Industriekapitän, König

tyke [taik] Köter; *BE* Tölpel; Range

tympan|ic [timˈpænik] **membrane** Trommelfell; **~um** [ˈ-pənəm], *pl* ~a Mittelohr; Trommelfell

type [taip] Urbild; Beispiel, Typ(us); Art; Letter, Type(n); = *~-face;* = ~write; **~ area** [ˈɛəriə] Satzspiegel; **~-face** [ˈ-feis] Schrifttype, -art; **~-foundry** [ˈ-faundri] Schriftgießerei; **~ page** Satzspiegel; **~-script** maschinegeschriebener Text; **~-setter** [ˈ-setə] Setzer; **~write** [ˈ-rait] *(s. S. 320)* mit der Maschine schreiben, tippen; **~writer** [ˈ-raitə] Schreibmaschine; Schreibmaschinenschrift; **~-writing** [ˈ-raitiŋ] Schreibmaschineschreiben; maschinegeschriebener Text

typh|oid [ˈtaifɔid] typhusartig; **~oid** *(fever)* (Darm-)Typhus; **~oon** [-ˈfuːn] Taifun; **~us** [ˈ-fəs] *(fever)* Fleckfieber

typ|ical [ˈtipikl] typisch; echt; charakteristisch (*of* für); **~ify** [ˈ--fai] verkörpern; versinnbildlichen; **~ist** [-ˈtaipist] Maschinenschreiber(in); *(shorthand) ~ist* Stenotypistin

typograph|ical [taipəˈgræfikl] typografisch, Druck-; **~y** [-ˈpɔgrəfi] Typografie, Buchdruck; typograf. Gestaltung

tyran|nical [tiˈrænikl] tyrannisch; **~nize** [ˈ-rənaiz] tyrannisch herrschen; *~nize over* tyrannisieren; **~nous** [ˈ-rənəs] tyrannisch; **~ny** [ˈ-əni] Tyrannei; tyrannischer Akt; **~t** [ˈtaiərənt] Tyrann

tyre [ˈtaiə] *siehe* tire

tyro [ˈtaiərou] *siehe* tiro

U

U [juː] U

ubiquit|y [juːˈbikwiti] Allgegenwart; **~ous** [-ˈ--təs] allgegenwärtig

udder [ˈʌdə] Euter

ugl|ify [ˈʌglifai] häßlich machen, entstellen; **~y** [ˈ-i] häßlich; unangenehm

ulcer [ˈʌlsə] Geschwür, Ulcus; **~ate** [ˈ--reit] Geschwüre bilden; eitern; **~ous** [ˈ--rəs] geschwürig; eitrig

ullage [ˈʌlidʒ] Schwund, Leckage

uln|a [ˈʌlnə], *pl* **~ae** [ˈ-niː] Elle

ulterior [ʌlˈtiəriə] verborgen; tiefer liegend (*~ motive* t. Motiv, Hintergedanke)

ultimat|e ['ʌltimit] letzte(r, s); schließlich; End-
ultra ['ʌltrə] extrem; **~-** über-, super-, hyper-; **~marine** [--mə'riːn] Ultramarin; **~-short** Ultrakurz-; **~sonics** [--'sɔniks] Ultraschall; **~-violet** [-́-'vaiələt] ultraviolett; **~-violet lamp** Höhensonne
umbrage ['ʌmbridʒ] Anstoß (*to take ~ at* A. nehmen an)
umbrella [ʌm'brələ] Schirm; Schutz
umpire ['ʌmpaiə] Schiedsrichter; Schiedsrichter sein (bei)
umpteen ['ʌmptiːn] *umg* zahllose; viele; *~ times* x-mal
un- [ʌn-] un-, nicht *(siehe Bemerkung in den Erklärungen)*; **~able** [-́'eibl] unfähig; **~accountable** [-́ə'kauntəbl] unverantwortlich; unerklärlich
unanim|ity [juːnə'nimiti] Einmütigkeit; **~ous** [-'næniməs] einmütig; einstimmig
un|answerable [ʌn'ɑːnsərəbl] unwiderleglich; **~assuming** [-́ə'sjuːmiŋ] bescheiden, anspruchslos
unaware ['ʌnə'wɛə] nicht wissend; *to be ~ of* nicht wissen, merken; **~s** [-́-́z] unversehens; *to take* (od *catch*) *~s* überraschen; unabsichtlich
unbeknown ['ʌnbi'noun] *to (umg)* unbekannt; **~st** [-́-́st] *to* ohne Wissen von
unbend ['ʌn'bend] *(s. S. 319)* geradebiegen (-werden); *fig* entspannen; freundlich werden; **~ing** [-́-́iŋ] unbiegsam; entschlossen; unbeugsam
un|blushing [ʌn'blʌʃiŋ] nicht errötend; schamlos
unborn ['ʌnbɔːn] ungeboren; zukünftig
unbosom [ʌn'buzəm] offenbaren, anvertrauen; *~ o.s.* sein Herz ausschütten
un|bounded [ʌn'baundid] grenzenlos; **~bowed** [-'baud] ungebeugt; **~bridled** [-'braidld] ohne Zügel; zügellos
unburden [ʌn'bəːdn] abladen; *fig* entlasten, ausschütten; *~ o.s. to s-b* j-m sein Herz ausschütten
uncalled-for [ʌn'kɔːld fɔː] unverlangt; unpassend
uncanny [ʌn'kæni] unheimlich; unfehlbar (genau)
uncertain [ʌn'səːtn] ungewiß; unsicher; unzuverlässig; **~ty** [-́-ti] Ungewißheit; Unsicherheit; Unzuverlässigkeit
uncle ['ʌŋkl] Onkel
un|compromising ['ʌn'kɔmprəmaiziŋ] unnachgiebig; kompromißlos; **~conditional** [-́kən'diʃənl] bedingungslos
uncon|scientious ['ʌnkɔnʃi'enʃəs] gewissenlos; **~scionable** [-'kɔnʃnəbl] unvernünftig; gewissenlos; **~scious** [-'kɔnʃəs] unbewußt; bewußtlos; d. Unbewußte
un|couple ['ʌn'kʌpl] losbinden; auskuppeln; **~couth** [-'kuːθ] plump; ungeschlacht; **~cover** [-'kʌvə] bloßlegen; entblößen; aufdecken, freilegen
unct|ion ['ʌŋkʃən] Salbung; salbungsvolle Redeweise; Genuß *(to tell s-th with ~ion)*; **~uous** [-́tjuəs] salbungsvoll

unde|ceive ['ʌndi'siːv] aufklären; **~cided** [-́-'saidid] unentschieden; unentschlossen; unbestimmt
under ['ʌndə] **1.** unter; unterhalb; **2.** nahe an *(~ a wall)*; **3.** weniger als (*in ~ an hour* ['auə]); *~ age* minderjährig; **4.** in *(~ repair, ~ treatment)*; *is ~ discussion* wird besprochen; **5.** (nach) unten; **6.** untere(r, -s)
under|act ['ʌndər'ækt] unterspielen; **~bid** [-́-'bid] *(s. S. 319)* unterbieten; **~bred** [-́-'bred] ungebildet; **~brush** [-́-brʌʃ] Unterholz; **~carriage** [-́-kæridʒ] Fahrwerk
undercloth|es ['ʌndəklouðz] *pl vb* Unterwäsche; **~ing** [-́--ðiŋ] = ~es
under|current ['ʌndəkʌrənt] Unterströmung *(a. fig)*; **~cut** [-́-'kʌt] *(s. S. 319)* unterbieten; **~dog** [-́-dɔg] Unterdrückter; der immer Benachteiligte; **~done** [-́-'dʌn] nicht gar, durch; **~estimate** [-́-'estimeit] unterschätzen; [-́-estimit] zu niedrige Schätzung; **~-expose** [-́-riks'pouz] unterbelichten; **~fed** [-́-'fed] unterernährt; **~foot** [--'fut] unter d. Füßen; **~garment** [-́-gaːmənt] (Stück) Unterkleidung; **~go** [--'gou] *s. S. 319)* s. unterziehen; durchmachen; erleiden; **~graduate** [--'grædjuit] Student; **~ground** [-́-'graund] unterirdisch; geheim; [-́-graund] unterirdisch *(a. fig)*; Geheim-; Untergrundbahn; *pol* -bewegung; **~grown** [-́-'groun] zu klein gewachsen; **~-growth** [-́-grouθ] Unterholz, Gestrüpp; **~hand** [-́-hænd] heimlich; hinterlistig; **~lain** [--'lein], **~lay** [--'lei] *siehe* ~lie; **~lie** [--'lai] *(s. S. 319)* liegen unter; zugrunde liegen; **~line** [--'lain] unterstreichen *(a. fig)*; **~ling** [-́-liŋ] Untergeordneter; *fig* Kuli; **~mine** [--'main] unterwühlen, -spülen, -minieren; *fig* untergraben; **~most** [-́-moust] unterste; zuunterst; **~-neath** [--'niːθ] unter; unten
undernourish|ed [ʌndə'nʌriʃt] unterernährt; **~ment** [---́mənt] Unterernährung
under|pass ['ʌndəpɑːs] Unterführung; **~pay** [--'pei] *(s. S. 319)* unterbezahlen; **~pin** [--'pin] unterfangen; **~-populated** [-́-'pɔpjuleitid] unterbevölkert; **~-privileged** [-́-'privilidʒd] unterprivilegiert, schlecht gestellt; **~-production** [-́-prə'dʌkʃən] Unterproduktion; **~rate** [--'reit] unterschätzen; **~score** [--'skɔː] unterstreichen *(a. fig)*; untermalen; **~-secretary** [-́-'sekritəri] (Unter-)Staatssekretär; **~sell** [-́-'sel] *(s. S. 319)* unterbieten; **~signed** [-́-saind] unterzeichnet; **~shirt** [-́-ʃəːt] *US* Unterhemd; **~sized** [-́-'saizd] kleiner als gewöhnlich
understand [ʌndə'stænd] *(s. S. 319)* verstehen; *to make o.s. understood* s. verständlich machen; *~ one another* s. verstehen, sich verständigen; erfahren, hören; *~ from* entnehmen aus; gesagt bekommen; *I ~ he is*... wie ich höre (man mir sagt); *am I to ~?* soll d. etwa heißen?; *do I ~?* wollen Sie etwa sagen?; hinzudenken; **~able** [---́əbl] verständlich; **~ing** [---́iŋ] Verständnis (*of* für); Verständigung; *on the ~ing that* unter d. Voraussetzung, daß; verständig

understate [ʌndə'steit] untertreiben; **~ment** [–––́mənt] Untertreibung
under|stood [ʌndə'stud] *siehe* ~stand; **~strapper** [–́–stræpə] *fig* Kuli, Handlanger; **~study** [–́–stʌdi] ♉ Ersatzspieler; *fig* Kuli; für j-n einspringen, (Rolle) ersatzweise einüben
undertak|e [ʌndə'teik] *(s. S. 319)* unternehmen; über-, annehmen; auf s. nehmen; s. verpflichten; **~er** [–––́ə] *US* Unternehmer; **~er** [–́––ə] Leichenbestatter; **~ing** [–––́iŋ] Unternehmung; Verpflichtung; **~ing** [–́––iŋ] Leichenbestattung
under|tone [ʌndə'toun] leiser Ton; Schattierung; *fig* Unterton; **~took** [––'tuk] *siehe* ~take; **~tow** [–́–tou] Unterströmung; Rückströmung; **~value** [–́–'vælju:] unterbewerten; **~wear** [–́–wɛə] Unterkleidung, -wäsche; **~weight** [––'weit] untergewichtig; [–́–weit] Untergewicht; **~went** [––'went] *siehe* ~go; **~world** [–́–wə:ld] Unterwelt
underwrite [ʌndə'rait] *(s. S. 319)* (Schiff etc) versichern; (Versicherung) abschließen; (Effektenemission) garantieren; **~r** [–́––ə] Versicherer
undesirable ['ʌndi'zaiərəbl] unerwünscht(e Person)
undid ['ʌn'did] *siehe* undo
undies ['ʌndiz] *umg* (Damen-)Unterwäsche
undo [ʌn'du:] *(s. S. 319)* **1.** aufmachen, (auf)lösen; *to come ~ne* aufgehen; **2.** ungeschehen machen; *what is done cannot be ~ne* geschehen ist geschehen; **3.** ruinieren; **~ing** [––́iŋ] Aufmachen; Ungeschehenmachen; Ruinieren, Ruin; **~ne** [–'dʌn] ungetan
undoubted [ʌn'dautid] unzweifelhaft
undream|ed-of, ~t-of [ʌn'dremtɔv] ungeahnt, nie erträumt
undu|e ['ʌn'dju:] übermäßig; ungebührlich; **~ly** [–́–li] *adv* = ~e
undulat|e ['ʌndjuleit] wogen; sich wellenförmig bewegen, w. sein; **~ion** [–––́ʃən] wellenförmige Bewegung; Schwingung
undying [ʌn'daiiŋ] unvergänglich, unsterblich
unearth [ʌn'ə:θ] ausgraben; auftreiben; **~ly** [–́–li] unirdisch; unheimlich; *umg* blödsinnig früh
uneasy [ʌn'i:zi] unbehaglich; unruhig
unemploy|ed ['ʌnim'plɔid] arbeitslos; unbenutzt, (Kapital) tot; **~ment** [–́––́mənt] Arbeitslosigkeit; Arbeitslosen-
un|ending [ʌn'endiŋ] endlos; **~erring** [–'ə:riŋ] unfehlbar; **~exampled** [–ig'za:mpld] beispiellos; **~failing** [–'feiliŋ] unfehlbar; unerschöpflich; treu
unfathom|able [ʌn'fæðəməbl] unergründlich *(a. fig)*; **~ed** [–́––d] ungemessen; unverstanden
un|feeling [ʌn'fi:liŋ] gefühllos; **~fold** [–'fould] (sich) entfalten; enthüllen; **~fortunate** [–'fɔ:tʃnit] unglücklich; **~founded** [–́'faundid] unbegründet; **~frock** [–́'frɔk] der Priesterwürde entkleiden; **~gainly** [–'geinli] linkisch, plump; **~grounded** [–́'graundid] unbegründet; ungeschult
unguent ['ʌngwənt] Wundsalbe
un|hand [ʌn'hænd] loslassen; **~heard** [–'hə:d] nicht, ungehört; **~heard-of** [–'hə:dɔv] unerhört, beispiellos; **~hinge** [–'hindʒ] (Tür) aushängen; *fig* erschüttern; **~horse** [–́'hɔ:s] (Reiter) werfen
unif|iable ['ju:nifaiəbl] zu vereinigen(d); zu vereinheitlichen(d); **~ication** [––fi'keiʃən] Vereinigung; Vereinheitlichung; **~y** [–́–fai] vereinigen; vereinheitlichen
uniform ['ju:nifɔ:m] einheitlich; gleichartig, -förmig; Uniform; **~ed** [–́––d] uniformiert; **~ity** [–––́iti] Gleichartigkeit, -förmigkeit
unilateral [ju:ni'lætərəl] einseitig; willkürlich
unimpeachable [ʌnim'pi:tʃəbl] unantastbar
union ['ju:njən] **1.** Vereinigung, Union; **2.** Einigkeit; Harmonie; **3.** Bund, Verbindung; Verband, Verein; *trade* ~ Gewerkschaft; **4.** ✲ Rohrverbindung; **~ism** [–́–izm] Unionismus; Gewerkschaftswesen; **~ist** [–́–ist] Unionsanhänger; Gewerkschaftler; **~ize** [–́–aiz] zu e-r Gewerkschaft zus.schließen, in e-e Gewerkschaft bringen; **~ shop** gewerkschaftspflichtiger Betrieb; **~ suit** [sju:t] *US* Hemdhose
unique [ju:'nik] einzig (dastehend); ungewöhnlich
unison ['ju:nizn, –́nəsn] Gleichstimmigkeit, Einklang; *in* ~ unisono
unit ['ju:nit] Einheit *(a. mil)*; Truppenverband, Formation; ✲ Aggregat; **~ary** [–́–əri] Einheits-; einheitlich; **~e** [–'nait] (sich) vereinigen, verbinden; **~ed** [–'naitid] verein(ig)t; einig; geeint; gemeinsam; **U~ed Kingdom** Großbritannien (und Nordirland); **U~ed Nations** *sg vb* d. Vereinten Nationen; **U~ed States of America** *sg vb* d. Vereinigten Staaten; **~y** [–́–i] Einheit(lichkeit); Einigkeit; *math* eins
univers|al [ju:ni'və:sl] weltweit, allgemein(gültig); universal; *bes* ✲ Universal-; **~alize** [–––́səlaiz] universal machen, als universal behandeln; **~e** [–́–və:s] Universum; Welt(all); Sternsystem; **~ity** [–––́siti] Universität, Hochschule
unkempt ['ʌn'kempt] unordentlich, zerzaust
unknow|ing ['ʌn'nouiŋ] nicht wissend; unwissentlich; **~n** [–́'noun] unbekannt; Unbekannte; *~n to* ohne Wissen von
un|learn ['ʌn'lə:n] *(s. S. 319)* verlernen; **~leash** [–́'li:ʃ] loskoppeln; *fig* entfesseln
unless [ʌn'les] wenn nicht, außer (wenn); es sei denn (daß); *not* ~ erst wenn
un|lettered ['ʌn'letəd] ungebildet; **~load** [–́'loud] entladen; ausladen; *fig* abstoßen; **~make** [–́'meik] *(s. S. 319)* rückgängig machen; zerstören; j-n absetzen; **~man** [–́'mæn] die Selbstbeherrschung verlieren lassen; entmutigen; verrohen; **~mask** [–́'ma:sk] (s.) demaskieren; entlarven; **~matched** [–́'mætʃt] unvergleichlich; **~meaning** [–'mi:niŋ] nichtssagend, sinnlos; grenzenlos; hemmungslos; **~mentionable** [–'menʃnəbl] unnennbar; **~mistakable** [–́mis'teikəbl] unverkennbar; **~mitigated** [–'mitigeitid] ungemildert; *fig* vollendet; **~natural** [–'nætʃrəl] unnatürlich; künstlich; **~nerve** [–́'nə:v] entnerven; j-n d. Selbstbeherrschung

verlieren lassen; **~numbered** [-'nʌmbəd] ungezählt; zahllos; **~paralleled** [-'pærəleld] unvergleichlich; **~parliamentary** [-pɑːlə'mentəri] unparlamentarisch; wüst; **~pleasantness** [-'plezəntnis] Grobheit; Häßlichkeit; Unannehmlichkeit; Streit; **~precedented** [-'presidəntid] noch nicht dagewesen, einmalig, unerhört; **~pretending** [-pri'tendiŋ] bescheiden; anspruchslos; **~principled** [-'prinsəpld] grundsatzlos; gewissenlos; **~printable** [-'printəbl] nicht druckbar, wüst; **~professional** [-prə'feʃənl] berufslos; nicht berufsmäßig; **~ravel** [-'rævəl] (s.) entwirren *(a. fig)*; **~read** [-'red] ungelesen; unbelesen, ungebildet; **~regarded** [-ri'gɑːdid] vernachlässigt; **~regenerate** [-ri'dʒenərit] geistig nicht erneuert, sündhaft; **~remitting** [-ri'mitiŋ] unablässig; **~requited** [-ri'kwaitid] unerwidert; nicht erstattet; ungerächt; **~rest** [-'rest] Unruhe; **~rivalled** [-'raivəld] unerreicht, unvergleichlich; **~ruly** [-'ruːli] störrig; unordentlich; **~salable** ['ʌn'seiləbl] **article** Ladenhüter; **~savoury** [-'seivəri] unschmackhaft; geschmacklos; ekelhaft; **~say** [-'sei] *(s. S. 319)* widerrufen; **~scrupulous** [-'skruːpjuləs] gewissenlos; **~searchable** [-'səːtʃəbl] unerforschlich; **~seat** [-'siːt] (Reiter) abwerfen; j-n absetzen, j-m s-n Sitz nehmen; **~seen** [-'siːn] ungesehen; unsichtbar; *the ~ seen* d. unsichtbare Welt; **~settle** stören; in Unordnung bringen; erschüttern; **~sightly** [-'saitli] unansehnlich; unscheinbar; **~sleeping** nicht schlafend; wachsam; **~sophisticated** [-sə'fistikeitid] ungekünstelt; unverdorben; einfach; **~sparing** [-'spɛəriŋ] freigebig; schonungslos, grausam; **~speakable** unaussprechlich, unsäglich; **~strung** [-'strʌŋ] mit lockeren Saiten; abgespannt; ohne Beherrschung; **~suspected** [-səs'pektid] unverdächtig; unvermutet; **~swerving** [-'swəːviŋ] nicht abweichend; unerschüttert, treu; **~taugt** [-'tɔːt] ungebildet; autodidaktisch; **~tenable** [-'tenəbl] unhaltbar; **~thankful** [-'θæŋkful] undankbar *(a. fig)*

unthink|able [ʌn'θiŋkəbl] unvorstellbar; *umg* höchst unwahrscheinlich; **~ing** [--kiŋ] gedankenlos

until [ʌn'til] bis; *not . . . ~* erst wenn, erst als

un|timely [ʌn'taimli] un-, vorzeitig; unpassend; **~tiring** [-'taiəriŋ] unermüdlich; **~to** [-tu] = to; **~told** [-'tould] ungesagt; unermeßlich; unbeschreiblich; **~touchable** [-'tʌtʃəbl] unberührbar; Unberührbare(r); **~toward** [-'touəd] unglücklich; unangenehm

unturned ['ʌn'təːnd] ungewendet ♦ *to leave no stone ~* nichts unversucht lassen

un|tutored ['ʌn'tjuːtəd] ungebildet, unwissend; **~utterable** [-'ʌtərəbl] unsagbar; unaussprechlich; **~varnished** [-'vɑːniʃt] ungefirnißt; *fig* ungeschminkt; **~wieldy** [-'wiːldi] unhandlich; schwerfällig; **~witting** [-'witiŋ] unwissentlich; unwissend; **~written** [-'ritn] un(auf)geschrieben; unbeschrieben

up [ʌp] **1.** *adv* (nach) oben; hoch *(he looked ~, three floors ~)*; nördlich; hinauf; **2.** auf *(was ~ late* war lange auf); *what's ~?* was ist los?; *to be ~ and doing* tätig sein; **3.** zu Ende, aus (*the game is ~ (fig)* d. Spiel ist a.); *time is ~* d. Zeit ist um; **4.** *~ and down* überall, auf u. ab; *to be ~ against* s. gegenübersehen; *~ to* (heran, hin) zu, nach; bis zu; *to be ~ to* etw anstellen, machen; liegen bei (an); e-r Sache gewachsen sein; fähig sein zu; *~ to date* auf d. neuesten Stand, modern; **5.** *attr* Auf-, Aufwärts-; 🚂 zur Stadt, nach London; **6.** *prep* hinauf; *~ country* ins Innere, landeinwärts; **7.** *~s and downs (fig)* Auf u. Ab; **8.** *vt* aufspringen; (Preis) heraufsetzen, steigern; *~ with* losschlagen mit

up|-and-down ['ʌpən'daun] Auf- und Ab-; **~braid** [-'breid] *s-b with, for* j-m etw vorwerfen; **~bringing** [-briŋiŋ] Erziehung; **~country** [-'kʌntri] landeinwärts gelegen; [-'kʌntri] landeinwärts; **~heaval** [-'hiːvl] *geol* Hebung; *fig* Umwälzung; **~held** [-'held] *siehe* ~hold; **~hill** [-'hil] ansteigend mühevoll; bergauf; **~hold** [-'hould] *(s. S. 319)* ermutigen; billigen; aufrechterhalten

upholster [ʌp'houlstə] polstern; (Zimmer) dekorieren (und möblieren); **~er** [--rə] Polsterer; **~y** [--ri] Dekorationsgeschäft; Polstermöbel (und Gardinen); Möbelbezug; Möbel-

up|keep ['ʌpkiːp] Unter-, Instandhaltung(skosten); **~land** [-lənd] Hochland; hochgelegen; **~lift** [-'lift] (*bes* er-)heben; [-lift] (moralischer) Auftrieb; **~on** [ə'pɔn] = on

upper ['ʌpə] obere; *to have the ~ hand of* die Oberhand gewinnen über; *the ~ storey* das Oberstübchen; *the ~ ten* die oberen Zehntausend; *~ case* 🕮 Versalien; *su* Oberleder ♦ *to be (down) on one's ~s* herunter, am Ende sein; **~-cut** [--kʌt] 🥊 Aufwärtshaken; **~most** [--moust] höchste; obenan; (nach) oben

uppish ['ʌpiʃ] hochnäsig, -fahrend

up|raise [ʌp'reiz] erheben; **~rear** [-'riə] erheben, aufrichten

upright ['ʌp'rait] aufrecht *(a. fig)*; senkrecht; Ständer, Pfosten; **~ (piano)** Klavier; **~ly** [--li] aufrecht, ehrlich

upris|e [ʌp'raiz] *(s. S. 319)* s. (er)heben; **~ing** [--iŋ] Erhebung, Aufstand

uproar ['ʌprɔː] Aufruhr; Toben; **~ious** [--riəs] tobend; tosend

up|root [ʌp'ruːt] (mit d. Wurzel) ausreißen *(a. fig)*; entwurzeln, herausreißen; **~rose** [-'rouz] *siehe* ~rise; **~set** [-'set] *(s. S. 319)* umstoßen *(a. fig)*; umkippen; stören, über d. Haufen werfen; in Unordnung bringen; [-set] Sturz; Kippen; Störung (*bes* ⚕); Streit; 🥊 Überraschungsergebnis; **~shot** [-ʃɔt] Ergebnis; **~side-down** [-said'daun] auf d. Kopf; drunter und drüber; **~stairs** [-'stɛəz] (nach) oben; obere; **~standing** [-'stændiŋ] aufrecht; kräftig, gesund; **~start** [-stɑːt] Parvenü; arrogant; **~stream** [-'striːm] stromaufwärts (gelegen); **~stroke** [-strouk] Aufstrich; **~surge** [-səːdʒ] Aufwallung; **~surge** [-'səːdʒ] aufwallen; **~take** [-teik] Auffassung(svermögen); *to be quick (slow) in the ~take* rasch (langsam) auffassen; **~-to-date** [-tə'deit] auf dem neuesten Stand;

modern; **~town** [ˊ-'taun] *bes US* im (ins) Wohnviertel; stadtauswärts; **~turn** [ˊ-tə:n] Aufschwung, Besserung
upward ['ʌpwəd] aufwärts-; nach oben (gerichtet); **~(s)** aufwärts; *and ~s* und mehr; *~s of* mehr als, über
urban ['ə:bən] städtisch; Stadt-; **~e** [-'bein] höflich; gebildet; **~ity** [-'bæniti] (übertriebene) Höflichkeit; Bildung; **~ize** [ˊ--aiz] verstädtern, städtisch machen
urchin ['ə:tʃin] Bengel; Straßenjunge
urge [ə:dʒ] antreiben; drängen (auf); nachdrücklich vorbringen, vorhalten (*upon s-b* j-m); Drang; **~ncy** [ˊ-ənsi] Dringlichkeit; *fig* Druck; **~nt** [ˊ-ənt] dringend; drängend
urin|al ['juərinəl] Harnglas; Bedürfnisanstalt; **~e** [ˊ--] Urin, Harn
urn [ə:n] Urne; *fig* Grab; Tee-, Kaffeemaschine
us [ʌs] uns
us|able ['ju:zəbl] benutz-, verwendbar; betriebsfähig; **~age** [ˊ-zidʒ] Behandlung; (Sprach-)Gebrauch; Sitte, Brauch
use [ju:z] **1.** gebrauchen, benutzen; an-, verwenden; **2.** ~ *(up)* verbrauchen; **3.** j-n behandeln; **4.** ~ [ju:s] Gebrauch (*to come into ~* in G. kommen; *to go* (od *fall*) *out of ~* außer G. kommen), Benutzung (*out of ~* nicht in B.); Ver-, Anwendung; *to put to ~* an-, verwenden; **5.** (Verwendungs-)Zweck (*it's no ~ doing* es hat keinen Z. zu tun); Sinn; **6.** Nutzen (*of ~ to* von N. für); **7.** Verwendungsmöglichkeit; -recht; **8.** Brauch
used 1. [ju:zd] *siehe* use; **2.** ~ [ju:st] *to do* pflegte zu tun, tat früher; *it ~ to be said* früher sagte man; ... *than he (etc) ~ to* als früher; **3.** ~ [ju:st] *to* gewöhnt an, gewohnt; *to get ~ to* sich gewöhnen an
use|ful ['ju:sful] nützlich; brauchbar; Nutz-; **~less** [ˊ-lis] nutzlos; unbrauchbar; **~r** ['ju:zə] Benutzer; *road ~r* Verkehrsteilnehmer; Verbraucher
usher ['ʌʃə] Platzanweiser; Pedell; Pauker; hineinführen; ~ *in (fig)* einleiten; **~ette** [--'ret] Platzanweiserin
usual ['ju:ʒuəl] üblich (*as is ~ with* wie es bei ... ü. ist), gewöhnlich; **~ly** [ˊ---i] (für) gewöhnlich
usufruct ['ju:sju(:)frʌkt] Nießbrauch, Nutznießung
usur|er ['ju:ʒərə] Wucherer; **~ious** [-'zjuəriəs, *US* -'ʒuriəs] wucherisch; Wucher-; **~y** [ˊ--ri] Wucher(ei)
usurp [ju:'zə:p] an s. reißen, s. widerrechtlich aneignen; **~ation** [--'peiʃən] widerrechtliche Aneignung; **~er** [-ˊ-ə] widerrechtlicher Besitzer; Usurpator
utensil [ju:'tensl] Gerät
uter|us ['ju:tərəs], *pl* **~i** [ˊ--ai] Gebärmutter
util|itarian [ju:tili'tɛəriən] auf Nützlichkeit abgestellt, utilitaristisch; **~ity** [-ˊ-liti] Nützlichkeit; etwas Nützliches; *(public) ~ity* öffentlicher Versorgungsbetrieb, *pl* Stadtwerke; *attr* Gebrauchs-; **~ization** [--lai'zeiʃən] Ausnutzung, Verwertung; **~ize** [ˊ--laiz] ausnutzen, verwerten
utmost ['ʌtmoust] äußerste; höchste; Äußerstes; *to do one's ~* sein Möglichstes tun
utopia [ju:'toupiə] Idealland, -system; Utopie; **~n** utopisch; Utopist
utter ['ʌtə] äußerste; entschieden; äußern; in Umlauf setzen; **~ance** [ˊ--rəns] Ausdruck (*to give ~ance to* = to ~); Sprechweise; Äußerung; **~most** [ˊ--moust] = utmost
uvul|a ['ju:vjulə], *pl* **~as, ~ae** [ˊ--i:] ⚕ Zäpfchen

V

V [vi:] V
vaca|ncy ['veikənsi] Leere *(a. fig)*; leere, freie Stelle; geistige Leere; **~nt** [ˊ--nt] leer *(a. fig)*; unbesetzt frei; Muße-; **~te** [və'keit, *US* 'veikeit], räumen; frei machen *(a. fig)*; evakuieren; ⚖ ungültig machen; **~tion** [və'keiʃən] (*bes BE* Gerichts-, Schul-)Ferien; Räumung; Aufgabe; **~tionist** [və'keiʃənist] *US* Ferienreisender, Urlauber
vaccin|ate ['væksineit] vakzinieren; impfen; **~e** [ˊ-i:n] Vakzine; Impfstoff
vacillat|e ['væsileit] *bes fig* schwanken; **~ion** [--ˊ-ʃən] Schwankung
vacu|ity [və'kju:iti] Leere; Mangel an Verstand, Dummheit; Lücke; **~ous** ['vækjuəs] müßig; *bes fig* leer; dumm; **~um** ['vækjuəm], *pl* ~ums, ~ua ['vækjuə] Vakuum; **~um brake** Unterdruckbremse; **~um cleaner** Staubsauger; **~um flask** [fla:sk] Thermosflasche
vade-mecum ['veidi'mi:kəm], *pl* **~s** Notiz-, Handbuch
vag|abond ['vægəbənd] umherschweifend; unstet; Vagabund; *umg* Strolch; **~ary** [və'gɛəri, *bes BE* 'veigəri] Laune, Einfall; **~rancy** ['veigrənsi] Landstreicher(ei); **~rant** ['veigrənt] Landstreicher; umherschweifend; Wander-; abschweifend; **~ue** [veig] unbestimmt, vage
vain [vein] vergeblich; *in ~* umsonst; leer; eitel; **~glorious** [-'glɔ:riəs] prahlerisch; **~glory** [-'glɔ:ri] Prahlerei; *US* hohles Gepränge
valance ['væləns] Überhang; Lambrequin
vale [veil] (weites) Tal
valedict|ion [væli'dikʃən] Abschied(sworte); **~ory** [--ˊ-'təri] Abschieds-; *US* Schulschlußansprache
valet ['vælit] (Herren-)Diener; bedienen; **~udinarian** [--tju:di'nɛəriən] kränklich, um seine Gesundheit überbesorgt(er Mensch)
valiant ['væljənt] tapfer
valid ['vælid] gültig; begründet; triftig; **~ate** [ˊ--eit] für gültig erklären; **~ity** [və'liditi] Gültigkeit; Triftigkeit
valley ['væli] Tal; ~ **basin** [beisn] Talkessel
val|orous ['vælərəs] mutig, tapfer; **~our** [ˊ-lə] (besondere) Tapferkeit
valu|able ['væljuəbl] wertvoll; *su pl* Wertsachen; **~ation** [--'eiʃən] Abschätzung, Taxierung; Bewertung; Beurteilung; **~ator** [ˊ--eitə] Schätzer, Taxator; **~e** [ˊ-ju:] **1.** Wert *(a. math)*;

2. Preis; **3.** Kraft, Wirkung; **4.** ♪ Notenwert; **5.** *pl* sittliche Werte; **6.** (ab-)schätzen; **7.** (hoch)schätzen; **~e-added tax** *BE* Mehrwertsteuer; **~ed** [ˊ-juːd] (hoch)geschätzt; **~eless** [ˊ-juːlis] wertlos; **~er** [ˊ-juːə] *BE* = ~ator
valv|e [vælv] Ventil; ⚕ Klappe; *zool* Muschelschale; *BE* 📻 Röhre; **~ular** [ˊ-vjulə] Klappen
vamp [væmp] **1.** (Schuh-)Vorderkappe; -flikken; **2.** *fig* Flickwerk; **3.** ♪ improvisierte Begleitung; **4.** Vamp; **5.** (Schuh)flicken; **6.** *~ up* zus.stoppeln, auffrisieren; **7.** ♪ improvisiert begleiten; Begleitung improvisieren; **8.** j-n aus-, hochnehmen; **~ire** [ˊ-aiə] Vampir; *zool* Blattnase, Vampir
van [væn] **1.** Last-, Möbelwagen; **2.** *BE* 🚂 geschlossener Güterwagen, Gepäck-, Dienstwagen; **3.** Polizeiwagen; **4.** *BE* (Liefer-, Zigeuner-)Wagen; **5.** *mil* Vorhut, Spitze
vane [vein] Wetterhahn, -fahne; ⚙, ✈ Flügel; (Turbinen-)Schaufel
vanguard ['vængɑːd] Vorhut *(a. fig)*
vanish ['væniʃ] (ver)schwinden; **~ing point** Fluchtpunkt; *umg fig* Nullpunkt
vanity ['væniti] Leere, Nichtigkeit; Eitelkeit; *US* Frisiertoilette; **~ case (bag)** Kosmetiktäschchen
vanquish ['væŋkwiʃ] besiegen, überwinden
vantage ['vɑːntidʒ] *bes* 🤸 Vorteil; **~-ground** [ˊ–graund], **point of ~** günstige Stellung *(a. fig)*
vap|id ['væpid] schal; öde; **~idity** [–'piditi] Schalheit, Leere; *pl* leeres Gerede; **~orize** ['veipəraiz] verdampfen, verdunsten (lassen); **~orous** ['veipərəs] dampfig, dunstig; gehaltlos; **~our** [ˊ-pə] Dampf, Dunst; Phantasterei
vari|ability [vɛəriə'biliti] Veränderlichkeit; **~able** [ˊ–əbl] veränderlich(e Größe); ⚙ regelbar (*infinitely ~able* stufenlos r.); **~ance** [ˊ–əns] Veränderung; (Wider-)Streit (*with* zu); *at ~ance* im Streit (miteinander); **~ant** [ˊ–ənt] verschieden, abweichend; Variante; **~ation** [–ri'eiʃən] Schwankung; Abweichung; ♪, *biol* Variation; **~coloured** [ˊ-ikʌləd] bunt; **~cose** ['værikous] varikös; **~cose vein** Krampfader; **~ed** [ˊ-id] verschieden; mannigfaltig; abwechslungsreich; **~egate** [ˊ-igeit] bunt machen; **~egated** bunt; geflammt; mannigfaltig; **~egation** [–i'geiʃən] Buntheit; **~ety** [və'raiəti] Abwechslung; Mannigfaltigkeit; Abart; Varieté(vorstellung); *~ety theatre* Varieté(theater); größere Zahl *(for a ~ety of reasons)*; **~form** [ˊ-ifɔːm] vielgestaltig; **~ous** [ˊ-iəs] verschieden(artig)
varnish ['vɑːniʃ] (Klar-)Lack, Firnis; glatte Fläche; *fig* äußerer Anstrich; lackieren; *fig* übertünchen, beschönigen [*umg* Studiker
varsity ['vɑːsiti] *umg* Uni(versität); **~ man** *BE*
vary ['vɛəri] (s.) ändern, schwanken; wechseln; *bes* ♪ variieren; abweichen
vascular ['væskjulə] *zool, bot* Gefäß-
vase [vɑːz, *US* veis] Vase
vassal ['væsl] Vasall *(a. fig)*; Trabant
vast [vɑːst] riesig, ungeheuer; Weite; **~ness** [ˊ-nis] ungeheure Größe, Weite
vat [væt] Bottich; Küpe; in e-n Bottich füllen; mischen; verküpen
vaudeville ['voudvil] Sketch (mit Gesang); Varieté(vorstellung)
vault [vɔːlt] Gewölbe (*a.* Himmels-); Keller; Gruft; Stahlkammer; Höhle; (handgestützter) Sprung; (über)wölben; sich schwingen, springen (über); **~ing-horse** 🤸 Pferd
vaunt [vɔːnt] s. rühmen (über); Prahlerei; **~er** Prahler
veal [viːl] Kalbfleisch
veer [viə] (s.) drehen, schwenken; ⚓ lavieren; *~ and haul* ⚓ fieren u. holen
veg [vedʒ] *BE* Gemüse; **~an** [*BE* 'viːgən, *US* 'vedʒən] Rohköstler
veget|able ['vedʒitəbl] pflanzlich; Pflanzen-; Pflanze; *pl* Gemüse; **~arian** [––'tɛəriən] Vegetarier; vegetarisch; **~ate** [ˊ–teit] vegetieren; e. ödes Leben führen; **~ation** [––'teiʃən] Vegetation *(a. fig)*
vehemen|ce ['viːiməns] Heftigkeit; Leidenschaftlichkeit; **~t** [ˊ––t] heftig; leidenschaftlich
vehic|le ['viːikl] Fahrzeug; Löse-, Bindemittel; ⚕ Vehikel; *fig* Ventil; **~ular** [–'hikjulə] Fahrzeug-
veil [veil] Schleier *(a. fig)* ♦ *beyond the ~* nach dem Tod; (s.) verschleiern
vein [vein] Vene; Ader *(a. fig)*; *zool* Flügelader; *bot* Blattader; Erzader, Gang; Anlage Stimmung
vellum ['veləm] Kalbspergament; Velinpapier
veloci|pede [vi'lɔsipiːd] Laufrad; Veloziped; *US* (Kinder-)Dreirad; **~ty** [–ˊ–ti] Schnelligkeit; Geschwindigkeit
vel|um ['viːləm], *pl* **~a** [ˊ-ə] Gaumensegel; **~ours** [ve'luə] Velours(hut)
velvet ['velvit] Samt; *zool* Bast; **~een** [––'tiːn] Schußsamt; **~y** [ˊ–i] samt(art)ig
venal ['viːnl] käuflich; korrupt; **~ity** [–'næliti] Käuflichkeit
vend [vend] *bes* ⚖ verkaufen; **~ee** [–'diː] ⚖ Käufer; **~er** [ˊ-ə] (Straßen-)Verkäufer; **~ing machine** [mə'ʃiːn] Verkaufsautomat; **~or** [ˊ-ɔː, ˊ-ə] *bes* ⚖ Verkäufer; Verkaufsautomat; **~ue** [–'djuː] *US* Auktion
veneer [vi'niə] furnieren; engobieren; *fig* übertünchen, beschönigen; Furnier(ung); *fig* Tünche
vener|able ['venərəbl] verehrungs-, ehrwürdig; **~ate** [ˊ-reit] verehren; **~ation** [––'reiʃən] Verehrung; **~eal** [vi'niəriəl] venerisch; geschlechtskrank
Venetian [vi'niːʃən] venezianisch; Venezianer; **~ blind** (Zug-)Jalousie
venge|ance ['vendʒəns] Rache (*to take ~ance upon* R. nehmen an); *with a ~ance* auf Deubel komm 'raus, von besonderer Güte; **~ful** [ˊ-ful] rachsüchtig
venial ['viːnjəl] verzeihlich
venison ['venzən, *US* ˊ-əzən] Wildbret
venom ['venəm] (Tier-)Gift *(a. fig)*; **~ed** [ˊ–d] vergiftet; **~ous** [ˊ–əs] giftig *(a. fig)*
venous ['viːnəs] Venen-; venös; *bot* geädert

vent [vent] (Luft-)Loch; Bohr-, Spund-, ♪ Tonloch; *fig* Auslaß; *to give ~ to* Luft machen; ein Loch machen in; sich Luft machen

ventila|te ['ventileit] (ent)lüften; (frei) erörtern; **~tion** [--́-ʃən] Lüftung; freie Erörterung; **~tor** [́---ə] Ventilator

ventricle ['ventrikl] ⚕ Kammer

ventriloqu|ism [ven'triləkwizm] Bauchreden; **~ist** Bauchredner

ventur|e ['ventʃə] Wagnis; Risiko; Spekulation; *at a ~e* aufs Geratewohl; wagen, riskieren ♦ *nothing ~e, nothing have* wer nicht wagt, gewinnt nicht; (Ansicht) vorbringen; s. wagen; s. erlauben; **~er** [́--rə] Abenteurer; **~esome** [́--səm] verwegen; riskant; **~ous** [́--rəs] = ~esome

venue ['venju:] ⚖ Gerichtsort; *umg* Treffpunkt

veraci|ous [və'reiʃəs] wahr(haftig); **~ty** [-'ræsiti] Wahrheit(sliebe)

verb [və:b] Verb(um), Zeitwort; **~al** [́-l] Wort-; mündlich; wörtlich; Verbal-; **~ally** [́-əli] mündlich; **~atim** [-'beitim] wörtlich; **~iage** [́-iidʒ] Wortreichtum, -schwall; **~ose** [-'bous] (zu) wortreich; **~osity** [-'bɔsiti] Wortreichtum, -schwall

verd|ant ['və:dənt] grün; unerfahren; **~ict** [́-ikt] ⚖ Wahrspruch; *fig* Urteil (*on* über); **~igris** [́-igris] Grünspan; **~ure** [́-dʒə] Grün; (Jugend-)Frische

verge [və:dʒ] Rand *(a. fig);* Beet-, Seitenrand; *on the ~ of* nahe an; sich neigen; *~ on* herankommen an, grenzen an; **~r** [́-ə] *BE* Mesner

veri|fiable ['verifaiəbl] beweisbar; **~fication** [--fi'keiʃən] Nachprüfung; Bestätigung; Beweismittel; **~fy** [́--fai] die Richtigkeit nachprüfen (bestätigen, beweisen) von; **~ly** [́--li] wahrlich; **~similitude** [--si'militju:d] Wahrscheinlichkeit; **~table** [́--təbl] wahr(-haftig); **~ty** [́--ti] (Grund-)Wahrheit

vermi|celli [və:mi'seli] *sg vb* Fadennudeln; **~lion** [və'miljən] Zinnoberrot; zinnoberrot (färben); **~n** [́-min] Schädlinge (u. Ungeziefer); *fig* Schädlinge, Verbrecher; **~nous** [́-minəs] ungezieferverseucht; durch Ungeziefer verursacht; niederträchtig

vermouth ['və:məθ, *US* -'mu:θ] Wermut, Wermutwein

vernacular [və'nækjulə] Eingeborenen-; heimatsprachlich; einheimische Sprache; Mundart; Fachsprache; *in the ~* mundartlich; umgangssprachlich

vernal ['və:nl] Frühlings-; frühlingshaft

versatil|e ['və:sətail] vielseitig, wendig; unbeständig; **~ity** [--'tiliti] Vielseitigkeit; Unbeständigkeit

vers|e [və:s] (Vers-)Zeile; Vers(e); Strophe; **~ed** [́-t] gewandt, bewandert; **~ification** [-ifi'keiʃən] Dichten; Versbau, -maß; **~ion** [́-ʃən] Fassung, Version; Übersetzung; **~us** [́-əs] gegen

vertebr|a ['və:tibrə], *pl* **~ae** [́--bri:] Wirbel; **the ~ae** Rückgrat; **~al** [́--brəl] Wirbel- (*~al column* W.säule); **~ate** [́--brit] Wirbel-; Wirbeltier

vert|ex ['və:teks], *pl* **~exes, ~ices** [́-tisi:z] Scheitel(punkt); Vertex; **~ical** [́-tikl] senkrecht, vertikal; Scheitel-; *the ~ical* die Senkrechte; **~iginous** [-'tidʒinəs] wirbelnd; schwindel(erregend); **~igo** [́-tigou], *pl* ~igoes Schwindel(gefühl)

very ['veri] **1.** wirklich, echt, wahr, eigentlich; *in ~ deed* tatsächlich; *in ~ truth* wahrhaftig; **2.** gerade, sogar; genau; schon (*the ~ idea* schon d. Gedanke!) **3.** *(vor Superlativen)* aller- *(the ~ lowest price);* **4.** sehr (*~ good* s. gut; s. wohl, jawohl)

vessel ['vesl] *zool,* ⚕, *allg* Gefäß; ⚓ Fahrzeug, Schiff

vest [vest] *BE* (Herren-)Unterhemd; *bes US* Weste; bekleiden; *fig* ausstatten (*with* mit); *~ s-th in s-b* j-m etw verleihen; *~ in (fig)* liegen bei; **~al** [́-l] vestalisch; Vestalin; Nonne; **~ed** [́-id] anerkannt; althergebracht; fest; **~ibule** [́-ibju:l] Vorhalle, -raum; *US* 🚂 Innenplattform (u. Faltenbalg); *~ibule train* D-Zug; **~ige** [́-idʒ] Spur *(a. fig);* Rudiment; **~ment** [́-mənt] Gewand, Robe; **~-pocket** [́-pɔkit] Westentaschen-; **~ry** [́-ri] **1.** Sakristei; **2.** Bet-, Gemeinderaum; **3.** Gemeindevertreter; **~ry clerk** *BE* Rechnungsführer der Gemeinde; **~ryman** [́-rimən], *pl* ~rymen Gemeindevertreter; **~ure** [́-tʃə] Gewand(ung)

vet [vet] *umg* Tierarzt; *umg* tierärztlich untersuchen, behandeln; prüfen, kritisch untersuchen

vetch [vetʃ] Wicke; **~ling** [́-liŋ] Platterbse

veter|an ['vetərən] (alt und) erfahren; *fig* Veteran; *US* gedienter Soldat; **~inarian** [--ri'nɛəriən] Tierarzt; **~inary** [́--rinəri] tierärztlich; Tierarzt

veto ['vi:tou], *pl* **~es** Veto; Verbot; *to put a ~ on* = **to ~** sein Veto einlegen gegen; verbieten

vex [veks] (See) aufbringen *(a. fig);* reizen, ärgern; *~ed* [́-t] *question* offene Streitfrage, leidiges Problem; **~ation** [́-seiʃən] Reizung; Ärgernis; Schikane; **~atious** [-'seiʃəs] ärgerlich; schikanös

via ['vaiə] über, durch; mit Hilfe von; **~bility** [-'biliti] Lebensfähigkeit; Durchführ-, Brauchbarkeit; **~ble** [́-bl] lebensfähig; durchführ-, brauchbar; praktikabel; **~duct** [́-dʌkt] Viadukt; **~l** [́-l] (*bes BE* **phial**) Phiole, (Glas)Fläschchen; **~nd** [́-nd] *mst pl* Lebensmittel

vibr|ant ['vaibrənt] vibrierend; zitternd (*with* vor); strotzend (*with* vor); **~ate** [-'breit, *US* ́--] vibrieren; zittern; schwingen (lassen); **~ation** [-'breiʃən] Vibration; Zittern *(a. fig);* Schwingung; **~ator** [-'breitə] Vibrator; ♪ Metallzunge

vicar ['vikə] *eccl* Stellvertreter; *BE* Gemeinde-, *US* Hilfspfarrer; **~age** [́--ridʒ] Pfarrhaus, -stelle; **~ious** [vai'kɛəriəs] delegiert; stellvertretend; ersatzweise

vice [vais] Laster; Fehler; *BE* Schraubstock, Spanner; *umg* Vize; Vize-; ['vaisi] an Stelle von; **~-chancellor** [́-'tʃɑ:nsələ] Vizekanzler; (Univ.-)Rektor; **~gerent** [-'dʒerənt] Statthalter; **~regal** [-'ri:gl] vizeköniglich; **~reine** [́-

rein] Vizekönigin; **~roy** [ˊ-rɔi] Vizekönig; **~ versa** [ˊ-i'vəːsə] umgekehrt
vicinity [vi'siniti] Nachbarschaft; Nähe
vicious ['viʃəs] lasterhaft; unsittlich; bösartig; boshaft; fehler-, mangelhaft; **~ circle** Circulus vitiosus
vicissitude [vi'sisitjuːd] Wechsel; *pl* -fälle
victim ['viktim] Opfer *(to fall a ~ to)*; **~ize** [ˊ-- maiz] opfern; betrügen
victor ['viktə] Sieger; siegreich; **~ious** [- 'tɔːriəs] siegreich; **~y** [ˊ--ri] Sieg
victual ['vitl] *mst pl* Lebensmittel, Proviant; mit Proviant versorgen; Proviant einnehmen; **~ler** [ˊ-ə] Lebensmittellieferant; ⚓ Proviantschiff; *BE* Gastwirt
vide ['vaidi] siehe; **~licet** [vi'diːliset, *US* -'deləsit] nämlich *(siehe* viz.); **~o** ['vidiou] Bild; *US* Fernsehen; Fernseh-; **~tape** [ˊ---teip] Videoband
vie [vai] wetteifern (*with* mit)
view [vjuː] **1.** Sicht (*to come in ~* in S. kommen, erblicken); *in ~ (fig)* in Sicht, in Aussicht; *on ~* ausgestellt, zu besichtigen; **2.** Besichtigung; **3.** Blick, Szenerie; Aussicht; **4.** Ansicht; **5.** *fig* Sicht, Vorstellung; **6.** *fig* Ansicht (*of* über); *in ~ of* angesichts; Plan; Absicht (*with a ~ to* mit der A. zu); **7.** betrachten, prüfen *(a. fig)*; **8.** im Fernsehen sehen; **~er** [ˊ-ə] 📷 Betrachter; 📺 Fernsehteilnehmer; **~-finder** [faində] 📷 Sucher; **~less** [ˊ-lis] unsichtbar; ohne Meinung; **~point** [ˊ-pɔint] Standpunkt
vigil ['vidʒil] Wache(n) (*to keep ~ over* wachen bei); *pl* nächtliche Andacht; Vorabend (e-s Kirchenfestes); **~ance** [ˊ--ləns] Wachsamkeit; **~ant** [ˊ--lənt] wachsam; aufmerksam
vignette [vin'jet] 🕮 Vignette; 📷 Brustbild; *fig* (geschliffenes) Porträt
vig|orous ['vigərəs] kräftig; **~our** [ˊ-gə] Kraft; Energie
viking ['vaikiŋ] Wiking
vil|e [vail] gemein, schändlich; übel; wertlos; *umg* miserabel, scheußlich; **~ify** ['vilifai] verleumden
vill|a ['vilə], *pl* **~as** Villa; **~age** ['vilidʒ] Dorf; **~ager** ['vilidʒə] Dorfbewohner; Bauer *(a. fig)*; **~ain** ['vilən] Schurke; Schlingel; *siehe* ~ein; **~ainous** ['vilənəs] schurkisch; *umg* abscheulich; **~ainy** ['viləni] Schurkerei; **~ein** ['vilin] Leibeigener
vim [vim] Mumm, Schwung
vindic|ate ['vindikeit] als berechtigt (einwandfrei) erweisen; rechtfertigen; **~ation** [--'keiʃən] Verteidigung; Rechtfertigung; **~tive** [-ˊ-tiv] rachsüchtig
vine [vain] (Wein-)Rebe; Kletterpflanze; Wein-; **~gar** ['vinigə] (Wein-)Essig; **~gary** ['vinigəri] sauer *(a. fig)*; **~yard** ['vinjəd] Weinberg
vino ['vainou] Wein
vint|age ['vintidʒ] Weinlese; Jahrgang; erstklassig; echt
viol ['vaiəl] ♪ Viola; **~a** [vi'oulə], *pl* ~as ♪ Bratsche; **~a** ['vaiələ] *bot* Viola
viol|ate ['vaiəleit] entweihen; übertreten, verletzen; stören; vergewaltigen; **~ation** [-'leiʃən] Entweihung; Übertretung, Verletzung; Störung; Vergewaltigung; **~ence** [ˊ-ləns] Heftigkeit; Gewalt; **~ent** [ˊ-lənt] heftig; gewaltig; gewaltsam
violet ['vaiəlit] Veilchen; Violett; violett
viol|in [vaiə'lin] Geige; **~inist** [vaiə'linist] Geiger, Violinist; **~oncello** [--lən'tʃelo, *US* viːələnˊ--], *pl* ~oncellos Cello
viper ['vaipə] Kreuzotter; Viper, Giftschlange; **~'s grass** *bot* Schwarzwurzel
virago [vi'reigou], *pl* **~s, ~es** Zankteufel, Mannweib
virgin ['vəːdʒin] Jungfrau; *the V~* die Jungfrau Maria; jungfräulich, keusch; unberührt; *~ forest* Urwald; *~ gold* reines Gold; *~ soil* jungfräulicher Boden *(a. fig)*; **~al** [ˊ--əl] jungfräulich; rein; Virginal, Spinett; **V~ia** [-ˊ-jə] **creeper** fünfblättrige Jungfernrebe, wilder Wein; **~ity** [-ˊ-iti] Jungfräulichkeit
viril|e ['virail] männlich; mannhaft; **~ity** [-'riliti] Männlichkeit; Mannhaftigkeit
virt|ual ['vəːtjuəl, ˊ-tʃ-] eigentlich, praktisch; **~ue** [ˊ-tjuː, ˊ-tʃuː] Wirkungskraft; *by ~ue of* kraft; Tugend; Keuschheit; **~uosity** [-tju'ɔsiti, -tʃuˊ---] Virtuosität; **~uoso** [-tju'ouzou, -tʃu'ousou], *pl* ~uosos, ~uosi [---ˊsiː] Virtuose; Kunstsachverständiger; **~uous** [ˊ-tʃ uəs] tugendhaft
virulen|ce ['virulәns] Virulenz; Bösartigkeit; **~t** [ˊ---t] virulent; bösartig
virus ['vaiərəs], *pl* **~es** Virus; *fig* Gift
visa ['viːzə] = visé
visage ['vizidʒ] Gesicht
vis-à-vis ['viːzɑː'viː, *US* ˊ-əviː] Gegenüber; Visavis
viscera ['visərə] *pl vb* Eingeweide, innere Organe
visc|id ['visid] klebrig, zäh; **~ose** [ˊ-kous] Viskose; **~osity** [vis'kɔsiti] Viskosität, Zäh(flüss)igkeit; **~ous** ['viskəs] zäh, klebrig, sirupartig, zähflüssig
viscount ['vaikaunt] Vicomte; **~cy** [ˊ--si] Vicomtewürde; **~ess** [ˊ--is] Vicomtesse
visé ['viːzei], **visa** [ˊ-ə] Visum; mit e-m Visum versehen
vise [vais] *US* Schraubstock
visib|ility [vizi'biliti] Sicht(barkeit); **~le** [ˊ--bl] sichtbar; offensichtlich
vision ['viʒən] Sehkraft; *field of ~* Gesichtsfeld; Ein-, Voraussicht; Vision (*to see ~s* V. haben); Anblick; Erscheinung; 📺 Bild; **~ary** [ˊ--əri] phantastisch, visionär; träumerisch; Schwärmer
visit ['vizit] **1.** be-, aufsuchen; **2.** heimsuchen (*upon s-b* j-n); **3.** *US* e-n Besuch machen (*with* bei), s. aufhalten; *US umg* sich unterhalten *(~ over the telephone)*; **4.** Besuch (*on a ~* auf B.; *to* bei, in); Aufsuchen; **~ant** [ˊ-ənt] Besucher; Zugvogel; **~ation** [--'teiʃən] Besuch; Besichtigung; Heimsuchung; **~or** [ˊ-ə] Besucher; Urlauber, Feriengast; Prüfer
visor ['vaizə] Visier
vista ['vistə], *pl* **~s** Durch-, Ausblick *(a. fig)*; *fig* Reihe, Kette

visual ['viʒuəl] visuell; sichtbar, real; **~ize** [ˊ–aiz] s. klar vorstellen, ausmalen

vital ['vait(ə)l] lebenswichtig *(a. fig)*; Lebens-; ~ *statistics* Personenstandstatistik; (Stil) lebhaft, kräftig; entscheidend (*to* für); **~ity** [–'tæliti] Lebenskraft, -fähigkeit; **~ize** [ˊ–aiz] mit Lebenskraft erfüllen, beleben; **~s** [ˊ–z] d. lebenswicht. Teile; *fig* d. Wesentliche

vitamin ['vitəmin, 'vai-] Vitamin

vitiate ['viʃieit] verderben *(a. §)*; ⚖ ungültig machen

vitr|eous ['vitriəs] Glas-; glas(art)ig, verglast; **~ify** [ˊ–fai] verglasen; **~iol** [ˊ–əl] Vitriol; Gehässigkeit; **~iolic** [––'ɔlik] Vitriol-; ätzend, gehässig

vitupera|te [vi'tju:pəreit, vaiˊ] beschimpfen, schmähen; **~tion** [–ˌ––'reiʃən] Schmähung(en); **~tive** [–ˊ–rətiv] schmähend, Schmäh-

viva ['vi:və] lang lebe; heil!; ~ ['vaivə] mündliche Prüfung; mündlich prüfen; **~cious** [vai'veiʃəs] lebhaft; **~city** [vai'væsiti] Lebhaftigkeit; **~ voce** ['vaivə-vousi] mündlich; mündliche Prüfung; mündlich prüfen

vivid ['vivid] strahlend; lebhaft; lebensecht

vixen ['viksn] Füchsin; Zankweib; **~ish** [ˊəniʃ] zänkisch, keifend

viz. ['neimli] *siehe* videlicet, namely

voca|bulary [və'kæbjuləri] Vokabular, Wortschatz; **~l** ['voukl] Stimm-; Sing-;Vokal-; gesungen; tönend; laut; **~lic** [vou'kælik] vokalisch; **~list** ['voukəlist] Sänger; **~tion** [vou'keiʃən] Berufung; Begabung; Beruf; **~tional** [vou'keiʃənəl] Berufs-; **~tive** ['vɔkətiv] Vokativ

vocifer|ate [vou'sifəreit] schreien; **~ation** [–ˌ––'reiʃən] Geschrei; **~ous** [–ˊ–rəs] schreiend; lärmend

vogue [voug] (herrschende) Mode (*all the* ~ die große M.); Blütezeit

voice [vɔis] **1.** Stimme (*not in good* ~ nicht gut bei S.); *with one* ~ einstimmig; **2.** Stimmhaftigkeit; **3.** Sprache; Ausdruck *(to give ~ to)*; **4.** *gram* Aktionsform; **5.** Ausdruck geben; ertönen lassen; **~d** [ˊ–d] stimmhaft; **~less** [ˊ–lis] sprachlos, stumm; stimmlos

void [vɔid] **1.** leer; **2.** unbewohnt; **3.** ~ *of* bar, ohne; **4.** ⚖ ungültig; **5.** Leere *(a. fig)*; *fig* Lücke; **6.** ⚖ unbewohntes Gebäude; **7.** § ausscheiden; **8.** § aufheben

volatile ['vɔlətail] flüchtig; launisch

volcan|ic [vɔl'kænik] vulkanisch; *fig* explosiv; **~o** [–'keinou], *pl* ~oes Vulkan

vole [voul] Wühlmaus

volition [vou'liʃən] Willensausübung, -akt; *of one's own* ~ aus eigenem Entschluß; **~al** [–ˊ–əl] Willens-

volley ['vɔli] Salve; Hagel; *fig* Flut, Schwall; ⛹ Flugball; einen Flugball schlagen; Salven feuern; **~-ball** [ˊ–bɔ:l] Volleyball

volt [voult] Volt; **~age** [ˊ–idʒ] ⚡ Spannung; **~e-face** ['vɔlt'fa:s] völlige Schwenkung *(a. fig)*

volub|ility [vɔlju'biliti] Redegewandtheit; Wortreichtum; **~le** [ˊ–bl] redegewandt; wortreich

volum|e ['vɔlju:m] **1.** Band ♦ *to speak ~es for* e. beredtes Zeugnis ablegen für; **2.** Mappe; **3.** Volumen (*~e of traffic* Verkehrs-); Inhalt; **4.** ♪ Umfang; 📻 Lautstärke; **~inous** [–ˊinəs] vielbändig; produktiv; umfangreich

volunt|ary ['vɔləntəri] freiwillig; privat unterhalten, Stiftungs-, frei; absichtlich; § willkürlich; Orgelvor-, -nachspiel; **~eer** [––'tiə] Freiwilliger; freiwillig; (s.) anbieten; *mil* freiwillig dienen; s. etw erlauben

voluptu|ary [və'lʌptjuəri] Genußmensch; **~ous** [–ˊ–əs] wollüstig; üppig

volute [vɔ'lju:t] 🏛 Volute, Schnecke; **~d** [–ˊid] schneckenförmig, Voluten-

vomit ['vɔmit] (er)brechen; *fig* ausspeien; *fig* ausspucken; (Er-)Brechen; Erbrochenes, *fig* Erguß; Brechmittel

voodoo ['vu:du:] Zauberkult; Medizinmann; behexen

voraci|ous [vɔ'reiʃəs] gefräßig; gierig *(a. fig)*; **~ty** [–'ræsiti] Gefräßigkeit; Gier

vort|ex ['vɔ:teks], *pl* **~ices** [ˊisi:z], **~exes** Wirbel; *bes fig* Strudel

vot|aress ['voutəris] Geweihte; Anhängerin; Vorkämpferin; Liebhaberin; **~ary** [ˊtəri] Geweihter; Anhänger; Vorkämpfer; Liebhaber; **~e** [vout] **1.** *pol* Stimme(n); *to cast a ~e* e-e S. abgeben; **2.** Votum; **3.** Abstimmung (*to put to the ~e* zur A. bringen); *to take a ~e on* abstimmen lassen über; Geldbewilligung; **4.** Stimmrecht; **5.** (ab)stimmen; *~e down* niederstimmen; *~e through* durchbringen; **6.** bewilligen; entschließen; **7.** erklären als, zu; **8.** vorschlagen; **~eless** [ˊlis] stimmenlos, ohne Wahlrecht; **~er** [ˊtə] Wähler; Wahl-, Stimmberechtigter; **~ive** [ˊtiv] Weih-

vouch [vautʃ] *for* sich verbürgen für; **~er** [ˊə] Quittung; Bestätigung, Beleg; Bürge; **~safe** [–'seif] gewähren; (zugeben) geruhen

vow [vau] Gelübde; geloben; nachdrücklich erklären; **~el** [ˊəl] Vokal

voyage [vɔidʒ, 'vɔiidʒ] (See-, Luft-)Reise; reisen; **~r** [ˊidʒə] See-, Luftreisender

vulcan|ite ['vʌlkənait] Ebonit; **~ize** [ˊ–aiz] vulkanisieren

vulgar ['vʌlgə] gewöhnlich; verbreitet; ~ *herd* große Masse; *the* ~ *tongue* d. Volkssprache; grob, vulgär; **~ian** [–'gɛəriən] vulgärer Mensch; **~ism** [ˊ–izm] vulgärer Ausdruck; vulgäres Benehmen; **~ity** [–'gæriti] vulgäres Benehmen; *pl* Grob-, Gemeinheiten; **~ize** [ˊ–raiz] vergröbern, verrohen

vulnerable ['vʌlnərəbl] verwundbar; *fig* angreifbar

vulture ['vʌltʃə] Geier *(a. fig)*

W

W ['dʌblju] W

wad [wɔd] Pfropf(en); Stoß, Paket (Papiere); zu Watte pressen; wattieren; (fest) zusammenrollen; **~ding** Watte, Wattierung; **~dle** [ˊl] watscheln

wade [weid] (durch)waten; s. mühsam durcharbeiten; Waten; **~r** [ˊ-ə] Watvogel; *pl* hohe Wasserstiefel

wafer ['weifə] Waffel; Oblate; Klebsiegel

waffle [wɔfl] Waffel (**~-iron** [ˊ-aiən] -eisen); Geschwafel; quatschen, schwafeln

waft [wɑːft, wɔft, *US* wæft] wehen, tragen; Wehen, Hauch

wag [wæg] Spaßvogel, Witzbold; wackeln (mit); wedeln (mit)

wage [weidʒ] *mst pl* Lohn; *living ~* auskömmlicher Lohn; (Krieg etc) führen; **~-earner** [ˊ-əːnə] Lohnempfänger; **~-packet** [ˊ-pækit] Lohntüte

wager ['weidʒə] Wette; wetten

wag|gery ['wægəri] Schalkhaftigkeit; Schelmerei; **~gish** [ˊ-iʃ] schalkhaft

waggle [wægl] wackeln (mit); wedeln

waggon *BE,* **wagon** ['wægən] Lastwagen, *BE* 🚂 (offener) Güterwagen; **~er** Fuhrmann; **~ette** [--'net] Jagdwagen

wagtail ['wægteil] Bachstelze

waif [weif] heimatloses Kind (Tier)

wail [weil] (laut) klagen, jammern; (Weh-)Klagen; Klage(ruf)

wainscot ['weinskət] (niedrige Wand-)Täfelung; **~ed** getäfelt

waist [weist] Taille; *bes US* Mieder; *bes US* Bluse, Leibchen; **~-band** [ˊ-bænd] (Hosen-, Rock-)Bund; **~coat** [ˊ-kout] *BE* Weste; **~-deep** [ˊ-diːp], **~high** [ˊ-hai] bis zur Taille (Hüfte), hüfthoch

wait [weit] warten (*for* auf); *to keep s-b ~ing* j-n warten lassen; *~ up* aufbleiben; abwarten; verschieben; *~ on* bedienen, seine Aufwartung machen; j-n bedienen (*at [US on] table* bei Tisch); Warten; -zeit; *pl BE* Weihnachtssänger; **~er** Kellner; **~ing** (Auf-)Warten; **~ing-list** [ˊ-iŋlist] Vormerkliste; **~ing-room** [ˊ-iŋru(ː)m] Wartezimmer; **~ress** Kellnerin

waive [weiv] *bes* ⚖ (stillschweigend) verzichten auf; **~r** [ˊ-ə] Verzicht

wake [weik] *(s. S. 319): (mst: ~ up)* (auf-)wachen; (auf-, er)wecken; wachrütteln; Totenwache; ⚓ Kielwasser *(a. fig)*; **~ful** wachend; schlaflos; wachsam; **~n** [ˊ-n] aufwachen; aufwecken

wale [weil] Striemen; (Stoff) Rippe

walk [wɔːk] **1.** (⚐ im Schritt) gehen; **2.** durchlaufen, -wandern ♦ *~ the boards* Schauspieler sein; *~ the hospitals (BE)* Medizin studieren; **3.** gehen lassen; *~ s-b off his legs* j-n müde laufen; **4.** *~ away from* ⚐ j-m davonlaufen, -rudern; *~ away with* abhauen mit; *~ into* 'reinhauen *(~ into a cake)*; j-m eins aufs Dach geben; *~ off with* abhauen mit; *~ s-b off* j-n abführen; *~ out with s-b* mit j-m „gehen"; *~ up* entlanggehen; zugehen (*to* auf); **5.** (Spazier-)Gang (*to have a ~, to go for a ~* Sp. machen); **6.** Gangart, Schritt; **7.** Weg; **8.** (Lebens-)Stellung, Beruf; **~er** Spaziergänger; ⚐ Geher; **~ie-talkie** [ˊ-itɔːki] tragbares Sprechfunkgerät; **~ing** Gehen, Wandern; **~ing-stick** [ˊ-iŋstik] Spazierstock; **~ing-tour** [ˊ-iŋtuə] Wanderung; **~out** [ˊ-aut] Streik; **~-over** [ˊ-ouvə] leichter Sieg; **~-up** [ˊ-ʌp] (Haus) ohne Fahrstuhl

wall [wɔːl] Mauer, Wand; Wall ♦ *to go to the ~* d. kürzeren ziehen; um-, ein-, zumauern; **~flower** [ˊ-flauə] Goldlack; *fig* Mauerblümchen; **~-paper** Tapete

wall|aby ['wɔləbi] Wallaby(fell); **~et** [ˊ-lit] Brief-; Werkzeugtasche; **~op** [ˊ-ləp] feste prügeln; harter Schlag; **~ow** [ˊ-lou] s. wälzen; *fig* schwimmen *(in money)*; wüst schwelgen

walnut ['wɔːlnət] Walnuß(-baum, -holz)

walrus ['wɔːlrəs], *pl* **~es** Walroß

waltz [wɔːls] Walzer; W. tanzen, ‚walzen'

wan [wɔn] bleich; fahl

wand [wɔnd] (Zauber-, Amts-)Stab

wander ['wɔndə] (umher-, durch-)wandern, laufen; *~ (away)* abschweifen, s. verirren; *~ from* abschweifen, -irren von; *~ in* hereinschneien; **~ings** [ˊ-riŋz] (ziellose) Wanderungen, Reisen; Phantasieren; **~lust** [ˊ-lʌst] Reiselust

wane [wein] schwinden; *astr* abnehmen; Abnehmen (*on the ~* im A.)

wangle [wæŋgl] ergaunern, ‚managen'; hindrehen; Trick; Schiebung

want [wɔnt] **1.** Mangel (*from ~ of* aus M. an); **2.** Bedürfnis; Armut; *to be in ~ of* brauchen, bedürfen; *he is in ~ of* er braucht, ihm fehlt; **3.** *pl* Wünsche; **4.** benötigen, brauchen; *be ~ed* gebraucht werden; gern gesehen sein; **5.** (haben) wollen; **6.** müssen, sollen (*~s doing* muß getan werden); **7.** *to be ~ing* fehlen; **8.** es fehlen lassen an *(he ~s courage)* ♦ *to be found ~ing* für unzuverlässig befunden werden; **9.** Mangel leiden; **10.** *~ for* entbehren; *~ for nothing* alles haben, was man braucht; **~ing** *prep* wenn ... fehlt, ohne ...

wanton ['wɔntən] ausgelassen; wild; wuchernd; mutwillig; lüstern, sittenlos(es Weib); spielen, tollen (*with* mit)

war [wɔː] Krieg, Kampf *(a. fig)*; kämpfen, Krieg führen; **~fare** [ˊ-fɛə] Krieg(führung); **~-head** [ˊ-hed] *mil* Gefechtskopf; Sprengkörper, -kopf; **~-horse** [ˊ-hɔːs] Schlachtroß; Veteran, erfahrener Kämpe; **~like** [ˊ-laik] kriegsmäßig; kriegerisch; **~monger** [ˊ-mʌŋgə] Kriegshetzer; **W~ Office** *BE* Kriegsministerium; **~rior** ['wɔriə] Krieger; **~ship** Kriegsschiff; **~-worn** [ˊ-wɔːn] vom Krieg erschöpft, beschädigt

warble [wɔːbl] singen; flöten; Vogelsang; **~r** Grasmücke; Teichrohrsänger

ward [wɔːd] Vormundschaft; Mündel; Stadtbezirk; Abteilung, *bes* ⚕ Station; *~ off* abwehren; **~en** [ˊ-n] (*bes* Luftschutz-)Wart; (*BE* Schul-, *US* Gefängnis-)Direktor; **~er** [ˊ-ə] *BE* Gefängnisdirektor; **~robe** [ˊ-roub] Kleiderschrank; Garderobe; **~robe trunk** Schrankkoffer; **~room** [ˊ-rum] ⚓ Offiziersmesse

ware [wɛə] Artikel; *pl* Waren; *~ ...* Achtung ...!; **~house** [ˊ-haus], *pl* **~houses** [ˊ-hauziz] Lagerhaus, Speicher; **~house** [ˊ-hauz] einlagern, unter Verschluß nehmen

warm [wɔːm] warm; *fig* heiß (*~ work* h., anstrengende Arbeit; *~ corner (fig)* h. Boden) ♦

to make it (od *things*) ~ *for* j-m hart zusetzen; herzlich, mitfühlend; (Fährte) frisch; *to have a* ~ s. aufwärmen; (auf-, er)wärmen; warm werden *(a. fig)*; ~ *to* s. erwärmen für; **~-hearted** [-́ˈhɑːtid] warmherzig; **~th** [-́θ] Wärme; Herzlichkeit; Eifer, Hitze

warn [wɔːn] aufmerksam machen, ermahnen (*against doing* nicht zu tun); warnen (*of* vor); **~ing** Mahnung, Warnung; Zeichen (*of* für); *to take ~ing from* e-e Lehre ziehen aus; *to give ~ing* kündigen

warp [wɔːp] s. werfen, verziehen; *fig* verzerren, -drehen; Verwerfung; (Weben) Kette, Zettel

warrant [ˈwɔrənt] Befugnis; Berechtigungsschein; Haft-, Durchsuchungsbefehl; Garantie; *mil* Bestallungsurkunde; rechtfertigen; garantieren; ~ **officer** (etwa:) Oberstabsfeldwebel

warren [ˈwɔrən] kaninchenreiches Stück Land; Mietskaserne

warrior [ˈwɔriə] *siehe* war

wart [wɔːt] Warze

wary [ˈwɛəri] äußerst vorsichtig; wachsam

was [wɔz] *siehe* be

wash [wɔʃ] **1.** (s.) waschen; **2.** um-, bespülen; **3.** (an-)schwemmen; **4.** s. waschen lassen; **5.** (Wellen) schlagen; **6.** ~ *down (fig)* 'runterspülen; 🚗, ⚓ abspritzen; ~ *up* (Geschirr) spülen; **~ed** [-́t] *out (fig)* erledigt; **7.** Waschen (*to have a* ~ sich waschen; *to give a* ~ waschen); **8.** Wäsche(rei); **9.** (Wellen-)Schlag(en); **10.** Spülwasser *(a. fig)*; **11.** Tünche; (Augen- etc) Wasser; **~able** [-́əbl] waschbar, -echt; **~basin** [-́beisn] *BE* Waschbecken; **~-board** [-́bɔːd] Waschbrett; **~bowl** [-́boul] *US* = ~-basin; **~-cloth** [-́klɔθ], *pl* ~-cloths [-́klɔθs] *BE* Geschirrlappen; *US* Waschlappen; **~er** [-́ə] Wäscher(in); ⚙ Unterlegscheibe; **~erwoman** [-́əwumən], *pl* ~erwomen [-́əwimin] Waschfrau; **~ing** Waschen; Wäsche; **~ing-up** [-́iŋˈʌp] Abwaschen; **~-leather** [-́leðə] Fensterleder; **~-out** [-́aut] 🚂, 🚗 ausgewaschene Stelle; *sl* Reinfall; *sl* Versager; **~rag** [-́ræg] *US* = ~cloth; **~-stand** [-́stænd] Waschtisch; **~y** [-́i] wäßrig; bleich

wasp [wɔsp] Wespe; **~ish** reizbar; bissig

wast [wɔst] *siehe* be

wast|age [ˈweistidʒ] Vergeudung; Schwund, Verlust; **~e** [weist] unbebaut; wüst; *to lay ~e* verwüsten; wertlos; Ab(fall)-; vergeuden, verschwenden; verwüsten; aufzehren, schwächen; *~e away* dahinsiechen; Verschwendung; *to go* (od *run*) *to ~e* vergeudet werden, ungenutzt bleiben; Abfall; Wüste, Öde; **~e basket** *US* Papierkorb; **~e bin** *BE* Abfall-, Mülleimer; **~eful** verschwenderisch; **~e-paper-basket** [-ˈpeipəbɑːskit] *BE* Papierkorb

watch [wɔtʃ] **1.** beobachten; **2.** zuschauen; **3.** bewachen, Wache halten; **4.** aufpassen *(a.: ~ over)*; **5.** ⚖ (Fall) vertreten; **6.** ♦ ~ *one's time* d. günstigsten Augenblick abpassen; *a ~ed pot never boils* d. Wartenden vergeht die Zeit langsam; **7.** wachen; **8.** ~ *for* achten, warten auf; **9.** Wache *(a.* ⚓*; to keep ~)*; *pl* wache Stunden; **10.** (Taschen-, Armband-)Uhr; **~ful** wach(sam); **~maker** [-́meikə] Uhrmacher; **~man** [-́mən], *pl* ~men Wächter; **~word** [-́wəːd] Losung, Parole *(a. fig)*

water [ˈwɔːtə] **1.** Wasser (*by* ~ zu W.) ♦ *to keep one's head above* ~ s. über Wasser halten; *to hold* ~ stichhaltig sein; *like a fish out of* ~ wie e. Fisch auf d. Trockenen; *written in* ~ schnell vergessen, in d. Wind geschrieben; **2.** *pl* Wasser(massen); **3.** Flut (*high* ~ Hoch-; *low* ~ Niedrig-; *in low* ~ auf d. trocknen, bedrückt); **4.** (Diamant-)Wasser ♦ *of the first* ~ *(bes fig)* reinsten Wassers; **5.** (be-)wässern; (be)sprengen; **6.** ~ *(down)* verdünnen, *fig* verwässern; **7.** tränken; trinken; **8.** Wasser einnehmen; **9.** tränen ♦ *to make s-b's mouth* ~ j-m d. Wasser im Munde zus.laufen lassen; **10.** (Stoff) moirieren; **11.** **~-blister** [-́-blistə] ⚕ Blase; **~-bus** [-́-bʌs] *BE* (regelm.) Flußboot; **~-cart** [-́-kɑːt] Sprengwagen; **~-closet** [-́-klɔzit] *BE* Wasserklosett; **~-colour** [-́-kʌlə] Aquarell; *pl* Wasserfarben; *pl* Aquarellmalerei; **~course** [-́-kɔːs] Wasserlauf; **~cress** [-́-kres] Brunnenkresse; **~-finder** [-́-faində] Wünschelrutengänger; **~fowl** [-́-faul], *pl* ~fowl Wasservogel; **~-front** [-́-frʌnt] Hafen-, Ufergelände; **~-heater** [-́-hiːtə] Warmwasserbereiter; **~-ice** [-́-rais] Gefrorenes; **~ing-can** [-́-iŋkæn] Gießkanne; **~ing-cart** [-́-riŋkɑːt] Sprengwagen; **~ing-place** [-́-riŋpleis] Tränke; *bes BE* Kurort; *bes BE* Badeort; **~-level** [-́-levl] (Grund-)Wasserspiegel; Wasserwaage; **~-lily** [-́-lili] Seerose; **~-line** [-́-lain] ⚓ Wasserlinie; **~-main** [-́-mein] Wasserhauptrohr; **~man** [-́-mən], *pl* ~men Boots-, Fährmann; Ruderer; **~mark** [-́-mɑːk] Wasserzeichen; -marke; ~ **parting** *US* Wasserscheide; ~ **polo** 🏇 Wasserball; **~-power** [-́-pauə] Wasserkraft; **~proof** [-́-pruːf] wasserdicht(er Mantel); w. machen, imprägnieren; **~-rat** [-́-ræt] Schermaus; *US* Bisamratte; **~-rate** [-́-reit] *BE* Wassergeld; **~shed** [-́-ʃed] *bes BE* Wasserscheide; Einzugsgebiet; **~side** [-́-ˈsaid] Ufer, Küste; **~spout** [-́-spaut] Regenabflußrohr; Wasserhose; **~-supply** [-́-səplai] Wasserversorgung; Bewässerungsanlage; **~-table** [-́-teibl] Grundwasserspiegel; **~-tight** [-́-tait] wasserdicht; stichhaltig; **~-vole** [-́-voul] *BE* = ~-rat; **~-way** [-́-wei] Wasserstraße; **~works** [-́-wəːks] *mst sg vb* Wasserwerk ♦ *to turn on the ~works* losheulen; **~-worn** [-́-wɔːn] vom Wasser abgeschliffen (ausgehöhlt); **~y** [-́-ri] wässerig; *fig* hohl, leer; regnerisch; feucht; verwässert

wattle [wɔtl] Flechtwerk, Hürde (~ *and daub* lehmbedecktes Fl.); austral. Akazie; *zool* Kinnlappen; zus.flechten, aus Flechtwerk machen

wav|e [weiv] **1.** wehen; schwingen; wogen (lassen); **2.** winken (*~e one's hand to* j-m zu-); *~e aside (fig)* beiseite schieben; **3.** in Wellen legen, liegen; **4.** Welle *(a. phys, mil,* 📻*, fig)*; Woge *(a. fig)*; **5.** Wink(en); **~e-length** [-́leŋθ] Wellenlänge; **~er** [ə́] schwanken *(a. fig)*; **~y** [-́i] wellig

wax [wæks] (Bienen-)Wachs; (ein-)wachsen; *astr* zunehmen; *vor adj:* werden; **~en** [ˊ-ən] *fig* wässern; Wachs-; **~y** wachsweich; bleich
way [wei] **1.** Weg, Straße (*over the ~* jenseits d. S.); *~ out* Ausweg; *to lose* [luːz] *one's (the) ~* s. verlaufen; *to make ~ for* Platz machen für; *to get s-th out of the ~* etw aus d. Weg räumen, regeln; *to put s-b out of the ~* j-n aus d. Weg räumen, umbringen; *to put s-b in the ~ of* j-m d. Chance zu etw geben; *to go out of the (one's) ~ to* s. alle Mühe geben; *out of the ~* außergewöhnlich; **2.** Reise, Fahrt; *on the ~* unterwegs; *by the ~* nebenbei bemerkt, übrigens; **3.** Strecke; *a long ~* weit; *to go a long ~ towards* e. gutes Stück weiterhelfen bei; **4.** Richtung; **5.** Gegend; **6.** Fortschritt (*to make ~* F. machen); *to gather (lose) ~* Tempo aufnehmen (verlieren); *to have ~ on* ⚓ in Fahrt sein; *to be under ~* ⚓ in Fahrt sein, im Gang, im Bau sein; **7.** (Art u.) Weise; *this is the ~ to do it* so macht man das; *the ~* so wie (*he didn't work the ~ he ought to ...* wie er sollte); *~s and means (pol)* Geldbeschaffungsmaßnahmen, *allg* Mittel u. Wege; *to have* (od *get*) *one's (own) ~* seinen Willen durchsetzen; Art (*she has a winning ~ with her* sie hat e-e gewinnende A.; *it's only his ~* das ist so seine A.); Sitte; *the ~ of the world* d. Gang d. Welt; **8.** Hinsicht (*in some ~s* in mancher H.; *in a ~* in gewisser H.); **9.** Zustand ♦ *in a small ~* auf kleinem Fuß, bescheiden; *in the family ~ (BE)* in anderen Umständen; **10.** Bereich; Verlauf *(in the ~ of business)*; **11.** *pl* ⚓ Helling; **12.** *by ~ of* durch (e-n Ort), als *(by ~ of explanation)*, mit d. Absicht; **13.** *adv* weit (*~ above 100)*; **14. ~-bill** [ˊ-bil] Frachtbrief; Waren-, Passagierliste; **~farer** [ˊ-fɛərə] Reisender, Wanderer; **~lay** [-'lei] *(s. S. 319)* auflauern; **~side** [ˊ-said] Straßen-, Wegrand; Straßen-; **~ station** *US* 🚂 Zwischenbahnhof; **~ train** *US* Lokalbahn; **~ward** [ˊ-wəd] eigensinnig
we [wiː] wir
weak [wiːk] schwach; **~en** [ˊ-ən] schwächen; schwach werden; **~-kneed** [ˊ-niːd] schwächlich; **~ling** [ˊ-liŋ] Schwächling; **~ly** *adj* schwächlich; **~-minded** [ˊ-'maindid] schwachsinnig; **~ness** Schwäche *(for* für)
weal [wiːl] Wohl *(~ and woe)*; *siehe* wale; **~th** [welθ] Reichtum; Wohlstand; Fülle; **~thy** ['welθi] wohlhabend, reich
wean [wiːn] entwöhnen, abstillen; *~ (away)* j-n abbringen von, j-m etw abgewöhnen
weapon ['wepən] Waffe; **~ry** [ˊ--ri] Waffen(arsenal)
wear [wɛə] *(s. S. 319)* **1.** tragen; **2.** (Ausdruck) haben, zeigen; **3.** abnutzen, -tragen, verschleißen; erschöpfen; **4.** (Loch etc) hineinreißen, -treten; (Weg) austreten; **5.** s. halten, s. tragen; **6. ~ away** abtragen, -treten; (s.) verwischen; *fig* dahinschleichen; **~ down** (s.) abnutzen, -tragen; niederringen; **~ off** (s.) abnutzen; vergehen; **~ on** *(fig)* dahinschleichen; **~ out** verschleißen; (s.) erschöpfen; **7.** *su* Tragen; *in constant ~* ständig getragen; Gebrauch; Abnutzung (*~ and tear* [tɛə] *bes* ✲ Abn., Verschleiß); Haltbarkeit; Kleidung; **~y** ['wiəri] müde, ermüdend; ermüden; müde werden (*of* von)
weasel [wiːzl] Wiesel
weather ['weðə] Wetter; *fig* überstehen; ⚓ umsegeln; ✲ ablagern; **~ed** [ˊ--d] verwittert; **~-beaten** [ˊ--biːtn] verwittert, wetterhart; **~-bound** [ˊ--baund] schlechtwetterbehindert; **~ bureau** ['bjuərou] Wetteramt; **~-forecast** [ˊ-- fɔːkaːst] Wetterbericht; **~-side** Regenseite; **~ station** Wetterwarte
weave [wiːv] *(s. S. 319)* (ver)weben; flechten; (sch)wanken, ✲ schlagen, flattern; Webart, Bindung
web [web] Gewebe; Gurt; (Spinnen-)Netz; *zool* Schwimmhaut; **~bed** [ˊ-d], **~-toed** [ˊ-toud] *adj* mit Schwimmhaut versehen; **~-foot** [ˊ-fut] Schwimmfuß
wed [wed] *(s. S. 319)* heiraten; **~ded** Ehe-; verbinden (*to* mit); *~ded to* nicht zu trennen von; **~ding** Trauung, Hochzeit; Ehe-; **~lock** [ˊ-lɔk] Ehe(stand)
wedge [wedʒ] Keil; verkeilen, festklemmen; stopfen, zwängen
Wednesday ['wenzdi] Mittwoch
wee [wiː] winzig; *a ~ bit* e. kleines bißchen
weed [wiːd] Unkraut; hochgeschossene Person (Pferd); *pl* Trauerkleider; jäten; *~ out (fig)* aussortieren, -scheiden; **~y** voll Unkraut; hochgeschossen, mager
week [wiːk] Woche; *today ~ BE* heute in 8 Tagen; **~-day** [ˊ-dei] Wochentag; **~end** [ˊ-'end] Wochenende; **~-end** [ˊ-'end] d. Wochenende verbringen; **~-ender** [ˊ-'endə] Wochenendausflügler; **~ly** wöchentlich; Wochenzeitung
ween [wiːn] meinen
weep [wiːp] *(s. S. 319)* (be)weinen; vergießen; tropfen, schwitzen; **~ing** Trauer-
weevil ['wiːvil] Rüsselkäfer
weft [weft] ✲ Einschlag, (Ein-)Schuß
weigh [wei] (ab)wiegen; (ab-, er-)wägen; *~ anchor* ['æŋkə] ⚓ Anker lichten; *~ down* niederdrücken *(a. fig)*; *~ in with* mit (e-m Argument) herauskommen; *su* Wiegen; *under ~* = under way; **~ing-machine** [ˊ-iŋməʃiːn] (große) Waage; **~t** [ˊ-t] Gewicht *(a. fig)*; *to put on ~t* zunehmen; *under (over) ~t* zu leicht (schwer); *fig* Last; beschweren, belasten *(a. fig)*; **~tless** schwerelos; **~ty** schwer; lastend; gewichtig
weir [wiə] (Stau-)Wehr; Fischwehr; **~d** [ˊ-d] Schicksals-; übernatürlich; unheimlich; *umg* eigenartig
welcome ['welkəm] willkommen (*~ to* w. in); *(pred) to be ~ to s-th* gern benutzen können; *to be ~ to do* gern tun können; *you're ~* bitte sehr!; *su* Willkommen, Begrüßung; begrüßen; s. freuen über
weld [weld] (ver)schweißen *(a. fig)*; s. schweißen lassen; Schweißung, -stelle
welfar|e ['welfɛə] Wohlfahrt (*~e state* W.staat; *~e work* W.pflege)
well[1] [wel] Brunnen; Bohrloch; *fig* Quelle; Treppenhaus; quellen, strömen

well² [wel] **1.** *pred adj* gesund; **2.** gut dran, recht; **3.** ratsam; *it is as ~* es ist nicht unangebracht; *it's all very ~* es ist ja ganz schön u. gut (aber...); *~ and good* schön! **4.** Gutes *(to wish s-b ~)*; **5.** *adv* gut (*to do ~ to*... g. daran tun zu...); *to think ~ of* viel halten von; *to speak ~ of* loben; **6.** gründlich; e. gutes Stück, beträchtlich; durchaus; *(just) as ~* gerade so gut; **7.** *as ~* noch dazu, außerdem; *as ~ as* wie auch, und; **8.** nun, also, gut; **9.** **~-advised** [-əd'vaizd] wohlüberlegt; **~-appointed** [-ə'pɔintid] gut ausgerüstet; **~-balanced** [-'bælənst] ausgeglichen, vernünftig; **~-being** [-'biːiŋ] Wohl(sein); **~-bred** gut erzogen; reinrassig; **~-conducted** [-kən'dʌktid] gut gesittet; **~-disposed** [-dis'pouzd] freundlich, hilfsbereit; **~-doer** [-'duə] Wohltäter; **~-favoured** [-'feivəd] gut aussehend; **~-found** [-'faund] gut ausgerüstet, versorgt; **~-grounded** [-'graundid] begründet; gut geschult; **~-intentioned** [-in'tenʃənd] wohlgemeint; wohlmeinend; **~-knit** [-'nit] gut, kräftig gebaut; **~-marked** [-'maːkt] deutlich; **~-meant** [-'ment] wohlgemeint; **~-nigh** [-nai] beinahe; **~ off** (*attr* ~-off) [-'ɔːf] gut dran, wohlhabend; **~-read** [-'red] belesen; **~-set** [-'set] = ~-knit; **~-spoken** [-'spoukən] höflich; mit guter Aussprache; **~-timed** [-'taimd] rechtzeitig, im richtigen Augenblick; **~-to-do** [-tu'duː] wohlhabend; **~-tried** [-'traid] erprobt, bewährt; **~-trodden** [-'trɔdən] ausgetreten; **~-turned** [-'təːnd] wohlgeformt; gut formuliert; **~-wisher** [-'wiʃə] Freund, Gönner; **~-worn** [-'wɔːn] abgegriffen, -droschen

wellingtons ['weliŋtənz] *BE* Wasser-, Schaftstiefel

welsh [welʃ] (Wetter) betrügen; **~er** Wettbetrüger

Welsh [welʃ] walisisch(e Sprache); *the ~ (pl vb)* die Waliser; **~man** [-mən], *pl* ~men Waliser; **~woman** [-wumən], *pl* ~women [-wimin] Waliserin

welt [welt] (Schuh-)Rahmen, Leder; (Stoff-)Einfassung, Rand; Striemen; mit e-m Rahmen, Rand etc versehen; prügeln; **~er** s. suhlen, wälzen *(in blood)*; Wirrwarr; ⛩ Welter(gewicht)

wend [wend]: *~ one's way* s-e Schritte lenken

went [went] *siehe* go

wept [wept] *siehe* weep

wer|e [wəː], **~t** [wəːt] *siehe* be

west [west] Westen; *the W ~* d. Westen, *BE* Westengland; *US* d. Weststaaten; westlich, West-; nach Westen; **~erly** [-əli] westlich; West-; **~ern** [-ən] westlich *(a. fig, pol)*; Wildwestfilm, -roman; **~erner** [-ənə] j-d aus d. Westen; *bes US* Weststaatler; **~ernmost** [-ənmoust] am weitesten westlich; **~ward** [-wəd] westlich; **~ward(s)** *adv* nach Westen

wet [wet] naß; von Alkoholverbot frei; *US* besoffen; *BE* doof; Nässe, Regen; naß machen

wether ['weðə] Hammel

whack [wæk] schlagen, e-e knallen; Schlag; *umg* (An-)Teil; **~ing** Prügel

whal|e [weil] Walfisch; **~ebone** [-boun] Fischbein; **~er** [-ə] Walfischfänger; **~ing** [-iŋ] Walfang (*to go ~ing* auf W. gehen)

whar|f [wɔːf], *pl bes BE* **~fs**, *bes US* **~ves** [wɔːvz] Landestelle, Kai

what [wɔt] welcher, was für e.; alle(n, s)... d. *(I will give you ~ help I can)*; was?; *~ for?* wozu; *~ ... like?* wie?; *~ about?* was ist (wie steht's) mit?; *to know ~'s ~* sich auskennen, Bescheid wissen; *~ with* infolge, durch; **~ever** [-'evə] was (auch) immer; überhaupt; **~-not** [-nɔt] Etagere; **~soever** [-sou'evə] = ~ever

wheal [wiːl] *siehe* wale

wheat [wiːt] Weizen; **~en** [-n] Weizen-

wheedle [wiːdl] j-n über-, bereden (*into doing* zu tun); abluchsen *(out of s-b)*

wheel [wiːl] Rad (*a.* = Fahr-); ✿ Scheibe; Drehung, Salto; *mil* Schwenkung; fahren, schieben; (s.) drehen; *mil* schwenken; **~ chair** Rollstuhl; **~wright** [-rait] Stellmacher

wheez|e [wiːz] schnaufen, keuchen (*~e out* hervor-); Keuchen; *sl* ♥ Gag; lustige Geschichte; **~y** [-i] schnaufend

whelk [welk] *zool* Wellhorn, Kinkhorn

whelm [welm] *siehe* overwhelm

whelp [welp] Welpe; Junges; *fig* Balg

when [wen] wann?; *conj* wenn, wo; als; immer wenn; wo... doch; **~ce** [-s] von wo, *mst fig* woher; **~ever** [-'evə] wann (auch) immer; (immer) wenn; **~soever** [-sou'evə] = ~ever

where [wɛə] wo(hin); in welchem Punkt, in welcher Hinsicht; **~abouts** [-rə'bauts] wo(hin) (wohl); *su* [-‑‑] *sg vb* Aufenthalt(sort); **~as** [-r'æz] wogegen, während; ⚖ in Anbetracht dessen, daß; **~by** [-'bai] wodurch, -mit; **~fore** [-fɔː] weshalb; **~in** [-r'in] worin; **~of** [-r'ɔv] wovon; **~on** [-r'ɔn] worauf; **~soever** [-sou'evə] wo(hin) auch immer; **~to** [-'tuː] wohin; **~upon** [-rə'pɔn] worauf(hin); **~ver** [-r'evə] wo(hin) auch immer; **~with** [-'wið] womit; **~withal** [-wiðɔːl] die erforderl. Mittel

whet [wet] schärfen, schleifen; anregen; **~stone** [-stoun] Schleifstein

whether ['weðə] ob

whey [wei] Molke

which [witʃ] welcher?; wer? (*of you* von euch); *pron* welcher, der; *that ~* das, was; *~ way* wie; **~ever** [-'evə] welcher (was) auch immer; **~soever** [-sou'evə] = ~ever

whiff [wif] Hauch; ⚕ Schuß (Narkotikum); (Rauchen) Zug; Zigarillo; wehen; riechen; paffen

while [wail] während; wogegen; Zeit, Weile; *once in a ~* gelegentlich; *the ~* währenddessen; *worth* [wəːθ] *(one's) ~* lohnend; *~ away the time* d. Zeit vertun

whilst [wailst] *bes BE* = while *conj*

whim [wim] Laune, Grille; **~per** [-pə] wimmern; winseln; Wimmern; Winseln; **~sical** [-zikəl] launisch; seltsam, wunderlich; **~sy** [-zi] Schrulle, Grille

whin [win] *BE* Stechginster

whine [wain] jaulen, winseln; Gewinsel

whinny ['wini] (leicht) wiehern

whip [wip] 1. prügeln, peitschen; 2. (schaumig) schlagen; 3. (weg)stürzen; 4. zus.binden, -heften; 5. *umg* aufs Haupt schlagen, übertreffen; 6. ~ **off** herunterreißen; ~ **on** durch Schläge vorantreiben; ~ **out** plötzlich zücken; (Worte) hervorstoßen; ~ **round** s. plötzl. umdrehen; ~ **up** durch Schläge antreiben; plötzl. zücken; aufraffen; 7. Peitsche; 8. *bes BE* Kutscher (*is a poor* ~ kutschiert schlecht); 9. *pol* Einpeitscher, Whip; *BE* Mahnschreiben (e-s Whip); ~ **hand** Peitschen-, rechte Hand ♦ *to have the ~ hand of*... an d. Kandare haben; **~per-snapper** [ˊ-əsnæpə] frecher Knirps; **~pet** [ˊ-it] Whippet (kleiner Rennhund); **~ping** Prügel *(a. fig)*

whirl [wəːl] wirbeln; (s.) drehen; jagen, fahren; Wirbel *(bes fig)*; **~igig** [ˊ-igig] Kreisel; Karussell; *fig* Wirbel; **~pool** [ˊ-puːl] Strudel; **~wind** [ˊ-wind] Wirbelwind

whirr, *bes US* **whir** [wəː] schwirren, sausen

whisk [wisk] (kl.) Besen; Schneebesen; (leichter) Schlag; (weg)schlagen, (weg-)scheuchen; schnellstens fahren (bringen); (heftig, schaumig) schlagen; **~ers** *pl vb* Backenbart; *zool* Schnurrhaare

whisky, *US* **~ey** ['wiski] Whisky

whisper ['wispə] flüstern; munkeln; Flüstern (*in a ~, in ~s* im Flüsterton); Andeutung; Gerücht

whistle [wisl] pfeifen, flöten (~ *away* drauflos-); Pfeife(n) ♦ *to wet one's ~* s. d. Kehle anfeuchten

whit[1] [wit] bißchen *(mst: not a, no ~)*

Whit[2] [wit] Pfingst-; **~sun** [ˊ-sən] = ~; **~sunday** [ˊ-'sʌndi] Pfingstsonntag *(~ Monday, ~ Tuesday)*; **~suntide** [ˊ-sntaid] Pfingsten; **~(sun) week** Woche nach Pfingsten

white [wait] weiß; Weiß(e); Eiweiß; ~ **ant** Termite; ~ **bear** [bɛə] Eisbär; **~-caps** [ˊ-kæps] schaumgekrönte Wellen; **~-collar worker** [ˊ-kɔlə'wəːkə] Angestellter, Kopfarbeiter; **~-hot** [ˊ-'hɔt] weißglühend; ~ **lie** Notlüge; **~n** [ˊ-ən] weiß machen (werden); bleichen; **~ning** [ˊ-niŋ] Schlämmkreide; **~wash** [ˊ-wɔʃ] Tünche; tünchen; *fig* reinwaschen

whither ['wiðə] wohin

whiting ['waitiŋ] Schlämmkreide; *zool* Merlan

whitlow ['witlou] ⚕ Umlauf

Whitsun(day) *siehe* Whit

whittle ['witl] (zurecht)schnitzeln, schnipseln; *~ down* stutzen, drücken

whiz [wiz] sausen, zischen (lassen)

who [huː] wer, wen?; welcher, der; **~ever** [-'evə] wer auch immer

whole [houl] ganz; vollständig ♦ *to go the ~ hog* e-e Sache gründlich machen; heil; *su* Ganzes; *the ~ of (my money etc)* all (mein Geld), (mein) ganzes (Geld etc); *on the ~* im ganzen; **~-hearted** [ˊ-'hɑːtid] mit ganzem Herzen, aufrichtig; **~-meal** [ˊ-miːl] Vollkorn(mehl); **~sale** [ˊ-seil] Großhandel; *by ~sale* en gros; *adj* en gros; *fig* in großem Umfang; **~sale dealer** = **~saler** [ˊ-seilə] Großhändler; **~some** [ˊ-səm] gesund; heilsam, gut

wholly ['houlli] ganz; gänzlich

whom [huːm] wen?; den

whoop [huːp] (Ge-)Schrei; Ziehen, Keuchen; schreien; ziehen, keuchen; **~ing-cough** [ˊ-iŋkɔf] Keuchhusten

whop [wɔp] *umg* schleudern; vertrimmen *(a. fig)*; **~per** [ˊ-ə] Mordsding; -lüge; **~ping** [ˊ-iŋ] [riesig

whore [hɔː] Hure

whorl [wəːl] *bot* Quirl; ⚕, *zool* Windung

whortleberry ['wəːtlberi] Heidelbeere

who|se [huːz] wessen; dessen; **~soever** [-sou'evə] wer auch immer, alle die

why [wai] warum; nun, nanu, na

wick [wik] Docht; **~ed** [ˊ-id] schlecht, sündhaft; böse, gemein; boshaft; **~er** [ˊ-ə] Weiden-, Korb-; **~erwork** [ˊ-əwəːk] Korbgeflecht; **~et** [ˊ-it] Pförtchen; Drehkreuz; Schalter(fenster); ⛩ Tor

wide [waid] breit; weit (~ *of* w. ab von); weitgehend, -reichend; **~-awake** [ˊ-əweik] hellwach; **~n** [ˊ-n] (s.) erweitern; **~-spread** [ˊ-spred] weitausge-, verbreitet

widgeon ['widʒən] Pfeifente

widow ['widou] Witwe; **~ed** [ˊ-ˊ-d] verwitwet; **~er** [ˊ-ˊ-ə] Witwer; **~hood** [ˊ-ˊ-hud] Witwenschaft, -stand

width [widθ] Breite; (... *in ~* ... breit); Weite

wield [wiːld] handhaben; ausüben

wife [waif], *pl* **wives** [waivz] (Ehe-)Frau

wig [wig] Perücke; **~ged** [ˊ-d] mit Perücke; **~ging** [ˊ-iŋ] Schelte

wight [wait] *fig* Wicht

wild [waild] 1. wild; 2. (Tier) scheu; 3. sittenlos; *to run ~* herumtoben, ungezügelt leben; 4. stürmisch; 5. wütend; versessen, verrückt; 6. unüberlegt, wild; 7. Wildnis *(the call of the ~)*; *the ~s* d. Wilden; **~-cat** [ˊ-kæt] Wildkatze; *bes US fig* wild, Schwindel-; **~erness** ['wildənis] Wildnis; *bes fig* Wüste; **~life** [ˊ-laif] Wildtiere, Tiere auf freier Wildbahn

wile [wail] *mst pl* List(en), Ränke; ver-, weglokken; *a.* = while (away)

wilful, *US* **willful** ['wilful] halsstarrig, eigensinnig; vorsätzlich

will [wil] *(s. S. 320; regelm. in Bdtg. 7, 8)* 1. werde *(Futur)*; **would** [wud] würde; 2. will *(I won't do it again)*; *..., ~ you?* bitte; 3. müssen (*accidents ~ happen* Unfälle müssen nun mal passieren, kommen nun mal vor; *it would rain on that day* es mußte natürlich regnen); 4. *~ do* pflegt zu tun, tut gern (immer) *(he ~ sit there for hours)*; 5. wohl (*this ~ be the right book* ... ist wohl ...); 6. wünschen, mögen, wollen (*would that it were otherwise* ich wollte, es wäre anders); 7. etw entschlossen wollen; durch Willenskraft (er)zwingen, bewegen; 8. testamentarisch vermachen; 9. Willen(skraft); *a ~* Entschlossenheit, Energie; *to have one's ~* s-n Willen durchsetzen ♦ *at ~* nach Belieben; 10. letzter Wille; **~ing** [ˊ-iŋ] willig, willens; (hilfs)bereit; bereitwillig; **~ingly** gern; **~-o'-the-wisp** [-əðə'wisp] Irrlicht; **~power** [ˊ-pauə] Willenskraft; **~y-nilly** [ˊ-i'nili] wohl oder übel

willow ['wilou] *bot* Weide(nholz); **~y** [ˊ–i] weidenartig, -reich; schlank
wilt [wilt] (ver)welken (lassen)
wily ['waili] verschlagen, listig
win [win] *(s. S. 320)* **1.** erringen, gewinnen (*~ over* für s. g.; *~ to do* dazu g., zu tun; *~ hands down* mit leichter Hand g.); *~ the day* (od *field*) siegreich sein; **2.** erreichen; **3.** s. durchschlagen; **4.** *bes* ⚒ Sieg; **~ning** [ˊ–iŋ] *fig* siegreich; gewinnend; *su pl* (Spiel-)Gewinne
wince [wins] zusammenzucken
winch [wintʃ] ⚙ Winde
wind[1] [wind] **1.** Wind (*get ~ of* W. bekommen von; *to cast (fling) to the ~s* in d. W. schlagen; *to take the ~ out of s-b's sails* j-m d. W. aus d. Segeln nehmen); *the four ~s* alle Richtungen ♦ *in the ~* in d. Luft, heimlich im Gange; ... *how the ~ blows* wie d. Aktien stehen ♦ *to raise the ~* d. nötige Kleingeld auftreiben; **2.** Atem(kraft); *to lose* [luːz] *one's ~* außer A. kommen; *sound in ~ and limb* in bester körperlicher Verfassung; **3.** ⚕ Blähungen; **4.** leeres Gerede; **5.** ♪ Blasinstrumente; **6.** **~** [wind], *~ed, ~ed* wittern; **7.** erschöpfen; **8.** Luft holen lassen; **9.** **~** [waind] *(s. S. 320)* blasen, ertönen lassen; **10.** **~bag** [ˊ–bæg] *umg* Windbeutel, Schwätzer; **~break** [ˊ–breik] Windschutz, Hecke; **~fall** [ˊ–fɔːl] Fallobst; Glücksfall; **~flower** [ˊ–flauə] Anemone; **~-gauge** [ˊ–geidʒ] Windstärkemesser; **~-jammer** [ˊ–dʒæmə] ⚓ Segler; **~mill** [ˊ–mil] Windmühle; **~ow** [ˊ–ou] Fenster; **~ow-dressing** [ˊ–oudresiŋ] Schaufenstergestaltung; Fassade; Lockmittel; **~pipe** [ˊ–paip] ⚕ Luftröhre; **~-screen** [ˊ–skriːn] *BE* Windschutzscheibe; **~shield** [ˊ–ʃiːld] *US* = ~--screen; **~-swept** [ˊ–swept] windumtost; **~-tunnel** [ˊ–tʌnl] ✈ Windkanal; **~ward** [ˊ–wəd] Windseite; Wind-; windwärts; **~y** [ˊ–i] windig; prahlerisch; ängstlich
wind[2] [waind] **1.** *(s. S. 320)* (s.) winden, s. schlängeln; **2.** *~ (up)* aufwickeln, -rollen (*~ off* ab-); **3.** ⚙ drehen, aufziehen; *fig* anspannen; *~ up* (her)aufziehen, hochwinden; **4.** *~ up* abschließen; (Geschäft) (s.) auflösen; Konkurs machen; **5.** Biegung; **6.** **~er** [ˊ–ə] Spuler, Wickler; **~ing-sheet** [ˊ–iŋʃiːt] Leichentuch; **~ing staircase** ['stɛəkeis] Wendeltreppe; **~-ing-up** [ˊ–iŋ'ʌp] Abschließen, -wickeln; Liquidation; **~lass** ['windləs] ⚙ Winde; **~-up** [ˊ–ʌp] Schluß
wine [wain] Wein; **~-press** [ˊ–pres] Kelter
wing [wiŋ] **1.** Flügel (*a. mil*, 🏛; *on the ~* im Flug, auf Reisen; *under s-b's ~s* unter j-s Fittichen; **2.** ✈ Tragfläche; **3.** 🚗 *BE* Schutzblech; **4.** *pl* 🎭 Kulissen; **5.** *mil BE* Gruppe, *US* Geschwader; **6.** beflügeln; **7.** fliegen; **8.** (Vogel) verwunden; **~ed** [ˊ–d] beflügelt *(a. fig)*
wink [wiŋk] blinzeln, zwinkern (*~ at s-b* j-m zu-; *~ at s-th* e. Auge zudrücken bei); funkeln; Blinzeln, Zwinkern; Wink (*to tip s-b the ~* j-m e-n W. geben); Augenblick; *forty ~s* Nickerchen
winkle ['wiŋkl] (eßbare) Strandschnecke
winner, winning *siehe* win
winnow ['winou] 🌾 worfeln; *fig* sichten
winsome ['winsəm] gewinnend
wint|er ['wintə] Winter; überwintern; **~ry** [ˊ–ri] winterlich; *fig* frostig
wipe [waip] wischen, reiben (*~ off* ab-; *~ up* auf-); s. wischen lassen; *~ out* auswischen, *fig* -löschen ♦ *~ the floor with s-b (fig)* j-n fertigmachen; Wischen
wire ['waiə] **1.** Draht (*live ~* ⚡ geladener D., *fig* aktiver Kerl); **2.** Telegramm; **3.** mit Draht befestigen; **4.** ⚙ bördeln; **5.** ⚡ verdrahten, schalten; **6.** mit Draht fangen; **7.** telegrafieren; **8.** *~ in (BE)* feste drauflosarbeiten; **~less** [ˊ–lis] drahtlos; *BE* (Rund-)Funk; *BE* funken; **~less operator** ['ɔpəreitə] Bordfunker; **~-puller** [ˊ–pulə] Drahtzieher *(a. fig)*; **~ release** [ri'liːs] 📷 Drahtauslöser
wir|ing ['waiəriŋ] (Draht-)Leitung(en); Schaltung; Verdrahtung; **~y** [ˊ–i] drahtig *(bes fig)*
wisdom ['wizdəm] Weisheit; Klugheit; Wissen
wise [waiz] klug, erfahren ♦ *to be none the ~r for* nicht klüger sein als (zu)vor; (Art u.) Weise; **~acre** [ˊ–eikə] Besserwisser; **~crack** [ˊ–kræk] witzige Bemerkung, Bonmot
wish [wiʃ] **1.** wünschen (*~ s-b at the devil* j-n z. Teufel w.; *I ~ I knew* ich wollte, ich wüßte); (Gruß) sagen; *~ (for)* s. etw wünschen; **2.** hoffen (*it is to be ~ed* [ˊ–t] es ist zu h.); **3.** Verlangen; Wunsch; Bitte; **~ful** sehnsüchtig; *~ful thinking* Wunschdenken, Illusion(en); begierig *(to do)*
wishy-washy ['wiʃiwɔʃi] dünn, labbrig; *fig* gehaltlos, arm
wisp [wisp] Wisch, Bündel; Strähne; Strich (von Vögeln)
wistful ['wistful] sehnsüchtig
wit [wit] Verstand; *out of one's ~s* von Sinnen; *to have* (od *keep*) *one's ~s about one* s-e Sinne beisammen haben; *at one's ~'s end* mit s-r Weisheit am Ende; Witz, Esprit; *to ~* nämlich
witch [witʃ] Hexe; *umg* faszinierende Frau; *siehe* wych-; **~craft** [ˊ–krɑːft] Hexerei, Zauberei; **~-doctor** [ˊ–dɔktə] Medizinmann; **~ery** [ˊ–əri] = ~craft; *pl* Charme; **~-hunt** [ˊ–hʌnt] Hexenjagd
with [wið] **1.** mit; *~no* ohne; **2.** bei j-m; **3.** vor (Kälte, Furcht usw); *I'm quite ~ you* ich bin ganz auf Ihrer Seite; **4.** trotz; **~draw** [–'drɔː] *(s. S. 320)* zurücknehmen (*from* von); herausnehmen (*from* aus); (s.) zurückziehen; (Geld) abheben; **~drawal** [–'drɔːəl] Zurücknahme, -ziehung; Rückzug; Abhebung; **~hold** [–'hould] *(s. S. 320)* zurück-, vorenthalten (*from s-b* j-m); **~in** [–'in] (dr)innen; *prep* in(nerhalb); im Rahmen; **~out** [–'aut] außen; *prep* außerhalb; ohne; *times ~out number* zahllose Male; **~stand** [–'stænd] *(s. S. 320)* wider-, überstehen
with|e [wiθ, wið], **~y** ['wiði] Weidenzweig, Gerte
wither ['wiðə] verwelken, verdorren (lassen); *su pl vb* Widerrist
witless ['witlis] sinnlos; töricht
witness ['witnis] Zeugnis; Zeugenaussage; Zeuge; *to be a ~ to* bezeugen; als Zeuge erleben; bezeugen; unterschreiben; beglaubigen;

zeugen, aussagen; **~-box** [ˊ–bɔks] Zeugenstand; **~ stand** *US* = **~-box**

wit|ticism ['witisizm] witzige Bemerkung, Witz; **~tingly** [ˊ-iŋgli] wissentlich, absichtlich; **~ty** [ˊ-i] geistreich

wive [waiv] ehelichen; **~s** [ˊ-z] *siehe* wife

wizard ['wizəd] Zauberer; *fig* Hexenmeister, Genie; **~ry** [ˊ–i] Zauberei

wizened ['wiznd] verhutzelt, -schrumpelt

woad [woud] *bot* Färberwaid

wobbl|e ['wɔbl] schwanken; **~y** [ˊ-i] schwankend

woe [wou] Kummer, Weh; *~ to* wehe; *pl* Nöte; **~begone** [ˊ-bigɔn] leidvoll; **~ful** jammervoll

wold [would] Ödland

wol|f [wulf], *pl* **~ves** [wulvz] Wolf ♦ *to keep the ~f from the door* s. schlecht u. recht durchschlagen; grausamer Kerl; Schürzenjäger; herunterschlingen; **~fish** [ˊ-iʃ] grausam, wild; **~verine** ['wulvəriːn] *zool* Vielfraß

woman ['wumən], *pl* **women** ['wimin] Frau; *fig* Weib; **~hood** [ˊ–hud] Weiblichkeit; Frauen; **~ish** [ˊ–iʃ] weibisch; Frauen-; **~kind** [ˊ–'kaind] Frauen(welt); **~like** [ˊ–laik], **~ly** [ˊ–li] weiblich

womb [wuːm] Gebärmutter; *fig* Schoß

women ['wimin] *siehe* woman; **~folk** [ˊ–fouk] *pl vb* Frauen(sleute)

wonder ['wʌndə] Wunder (*for a ~* wie e. W.); Staunen; s. wundern (*at* über), erstaunt sein; wissen wollen; s. fragen; *I ~ if I can* kann ich vielleicht; **~ful** wundervoll, herrlich; **~-land** [ˊ–lænd] Märchenland *(a. fig)*; **~ment** [ˊ–mənt] Staunen; **~-struck** [ˊ–'strʌk] von Staunen erfüllt

wondrous ['wʌndrəs] wundervoll

wonky ['wɔŋki] *umg* wankend, groggy

wont [wount] gewohnt; Gewohnheit; **~ed** [ˊ-id] üblich

woo [wuː], *~ed, ~ed* werben, freien um; zu erlangen trachten; überreden, drängen; **~er** [ˊ-ə] Freier

wood [wud] (kl.) Wald, Forst (*can't see the ~ for the trees* sieht d. W. vor Bäumen nicht); *out of the ~* aus d. Schwierigkeiten heraus; Holz; **~bine** [ˊ-bain], *BE a.* **~bind** [ˊ-baind] *bot* Geißblatt; **~-carver** [ˊ-kaːvə] Bildschnitzer; **~-chuck** [ˊ-tʃʌk] Waldmurmeltier; **~cock** [ˊ-kɔk], *pl ~-cock* Waldschnepfe; **~craft** [ˊ-kraːft] Kenntnis d. Waldes, Weidmannskunst; **~cut** [ˊ-kʌt] Holzschnitt; **~ed** [ˊ-id] bewaldet; **~en** [ˊ-n] hölzern *(a. fig)*; Holz-; plump; **~ grouse** [graus] Auerhahn; **~land** [ˊ-lənd] Waldland; Waldung; Wald-; **~-lark** [ˊ-laːk] Heidelerche; **~man** [ˊ-mən], *pl ~men* Waldbewohner; Holzfäller; **~pecker** [ˊ-pekə] Specht; **~-pigeon** [ˊ-pidʒən] Ringeltaube; **~-pulp** [ˊ-pʌlp] Holz(zell)stoff; **~ruff** [ˊ-rʌf] *bot* Waldmeister; **~sman** [ˊ-zmən], *pl ~smen* Jäger, Fallensteller; Holzfäller; **~-wind** [ˊ-wind] ♪ Holzbläser; **~work** [ˊ-wəːk] Holzarbeit(en); Zimmermannsarbeit; Werkunterricht; **~working** Holzbearbeitung; **~y** [ˊ-i] bewaldet; hölzern, Holz-

woof [wuːf] Einschlag, Schuß

wool [wul] Wolle ♦ *to pull the ~ over s-b's eyes* j-m d. Fell über d. Ohren ziehen; *cotton ~ (BE)* Watte, *(US)* Rohbaumwolle; filziges Haar; **~-gathering** [ˊ-gæðəriŋ] geistesabwesend; **~len,** *US* **~en** [ˊ-ən] wollen; Woll-; *su pl vb* Wollsachen; **~ly** [ˊ-i] wollig; wollartig; wollenes Kleidungsstück

word [wəːd] **1.** Wort (*to put into ~s* in W. kleiden; *is not the ~ for it* ist nicht d. richtige W.; *in a ~* mit e-m W.); *by ~ of mouth* mündlich; von Mund zu Mund; *in so many ~s* genau mit diesen Worten; *to have a ~ with* reden mit; *to have ~s (with)* streiten (mit); *to suit* [sjuːt] *the action to the ~* d. Worten d. Tat folgen lassen; *the last ~ in* d. Allerneueste in (an); **2.** Nachricht, Bescheid; **3.** Versprechen, Wort; *to be as good as one's ~* s-n Versprechen voll erfüllen; **4.** Befehl; Losung; **5.** in Worte, abfassen; **~-book** [ˊ-buk] Vokabular; Libretto; **~ing** [ˊ-iŋ] Wortlaut, Formulierung; **~-perfect** [ˊ-'pəːfikt] 🎭 rollensicher; ausdruckssicher; **~y** [ˊ-i] wortreich; Wort-

wore [wɔː] *siehe* wear

work [wəːk] **1.** Arbeit (*at ~* an d., auf d. A.); *in (out of) ~* (un)beschäftigt (arbeitslos) ♦ *to make short (quick) ~ of* kurzen Prozeß machen mit; ⚙ Arbeitsgang; Werkstück; **2.** Werk(e) *(a. fig)*; **3. ~s** *sg vb* Fabrik, Werk; *pl vb* Getriebe, (Uhr-)Werk; öffentliche Bauten; *mil* Befestigungen; **~s** Betriebs-; **4.** arbeiten (*at* in, an); ver-, bearbeiten; **5.** funktionieren, arbeiten; **6.** s. durchführen lassen, klappen; **7.** ⚙ bedienen, betreiben; **8.** lösen, ausrechnen; **9.** bearbeiten, betreiben, leiten; **10.** arbeiten lassen; schinden; **11.** (be)wirken, anrichten; **12.** (s.) mit Mühe bewegen; s. arbeiten *(through the roof)*; (Weg) s. bahnen; *~o.s. into* s. steigern zu; **13.** ⚙ formen, gestalten; **14.** stricken; **15.** durch Arbeit abverdienen; **16. ~ away** drauflos-, weiterarbeiten; **~ in** eindringen; *~ in with* s. einfügen in, passen zu; *~ in (to)* hineinarbeiten in; verarbeiten zu; **~ off** weg-, auf-, abarbeiten; **~ on** weiterarbeiten; **~ out** ausarbeiten, -rechnen (s. a. lassen); *~ out well (badly)* e. gutes (schlechtes) Ergebnis haben; s. belaufen (*at* auf); bewerkstelligen; ⚙ erschöpfen; **~ through** durcharbeiten; *~ through college* s. sein Studium verdienen; **~ up** aufbauen; zustande bringen; erregen; verarbeiten (*into* zu); s. steigern (*to* zu); **~ upon** beeinflussen, zusetzen; **~able** [ˊ-əbl] bearbeitbar; praktisch; durchführbar; **~aday** [ˊ-ədei] Alltags-; **~-basket** [ˊ-baːskit] Nähkorb; **~-box** [ˊ-bɔks] Nähkasten; **~day** [ˊ-dei] Werktag; **~er** Arbeiter, Arbeitskraft; **~house** [ˊ-haus], *pl ~houses* [ˊ-hauziz] *BE* Armenhaus; *US* Arbeitshaus; **~ing** [ˊ-iŋ] arbeitend; Arbeiter-; praktisch; Be-, Verarbeitung; Arbeits-, Betriebs-; ⚙ Abbau, Grube; *pl vb* Arbeit(sweise); Wirken; **~ing day** Werktag; Arbeitstag; **~man** [ˊ-mən], *pl ~men* Arbeiter; **~manlike** [ˊ-mənlaik] geschickt; fachkundig, -männisch; **~manship** [ˊ-mənʃip] Kunstfertigkeit; (fachmännische) Ausführung, Bearbeitung; **~-people** [ˊ-piːpl] *pl vb* Arbeiter; **~room** [ˊ-rum] Arbeitsraum; **~shop** [ˊ-ʃɔp] Werkstätte; Arbeitsraum; Werk

world [wəːld] **1.** Welt (*for the whole ~* um alles in d. W.; *a man of the ~* ein Mann von W.) ♦ *all the ~ to him* sein ein u. alles; *who in the ~?* wer um alles in d. W.? *to be a noise in the ~* Aufsehen erregen; *the other* (od *next*) *~*, *the ~ to come* Jenseits; *the lower ~* Unterwelt; *how goes the ~ with you?* wie stehen die Aktien bei dir?; **2.** d. materielle Welt; **3.** d. Leute; **4.** *a ~ of* unendlich; *to the ~* völlig; **5. ~ly** [ˊ-li] weltlich; Welt-, Lebens-; **~ly-minded** [ˊ-li'maindid] weltlich eingestellt; **~ly-wise** [ˊ-li'waiz] weltklug

worm [wəːm] **1.** Wurm *(a. fig)*; **2.** ⚙ Schnecke (*~-gear* [ˊ-giə] S.getriebe); **3.** schlängeln; *~ one's way* s. schlängeln, s. einschleichen (*into* in); **4.** *~ out of s-b* j-m etw entlocken; **~wood** [ˊ-wud] *bot* Beifuß; Wermut, Absinth; **~y** [ˊ-i] wurm(art)ig

worn [wɔːn] *siehe* wear; **~-out** [ˊ-'aut] abgenutzt; verbraucht; abgestanden

worr|iment ['wʌrimənt] Qual; Quälerei; **~isome** [ˊ-səm] quälend, beunruhigend; sorgenvoll; **~y** [ˊ-] **1.** quälen, zusetzen; beunruhigen; **2.** schütteln, zausen; **3.** s. sorgen, s. Sorgen machen (*about, over* über, wegen); **4.** *~y along* s. so durchschlagen; *~y out* herausknobeln; **5.** Kummer; Sorge

worse [wəːs] schlechter, schlimmer *(a. ⚕)*; *is none the ~ for it* ist nicht schlechter dran; *~ off* schlimmer dran; *su* Schlimmeres; **~n** [ˊ-n] (s.) verschlechtern, -schlimmern

worship ['wəːʃip] Verehrung; Gottesdienst; verehren; anbeten *(a. fig)*

worst [wəːst] schlechteste, schlimmste *(a. ⚕)*; *su* d. Schlimmste (*if the ~ comes to the ~* wenn es z. S. kommt); *at (the) ~* schlimmstenfalls; *at his ~* in s-r schlimmsten Verfassung; *to get the ~ of it* d. kürzeren ziehen; *vt* überwältigen

worsted ['wustid] Kammgarn(stoff)

worth [wəːθ] wert (*~ reading* d. Lesen w., lesens-); *for all one is ~* mit aller Macht; *a shilling's ~ of (apples etc)* für e-n Schilling ...; **~-while** [ˊ-wail] lohnend; Wert; **~y** ['wəːði] wert; *to be ~y of* verdienen; würdig, angesehen; Mann von Stand; ehrenwerter Mann

would [wud] *siehe* will; **~-be** [ˊ-bi] zukünftig; vor-, angeblich

wound [wuːnd] Wunde *(a. fig)*; *bot* Verletzung; verwunden *(a. fig)*; **~** [waund] *siehe* wind

wove [wouv], **~n** [ˊ-n] *siehe* weave

wow [wau] 🎭 Bombenerfolg

wrack [ræk], Seetang; *to go to ~ and ruin, to ~ one's brain: siehe* rack[1, 2]

wraith [reiθ] (Toten-)Geist

wrangle ['ræŋgl] zanken; Zank

wrap [ræp] einwickeln, -hüllen *(a. ~ up)*; *~ up well* s. warm anziehen; *to be ~ped* [ˊ-t] *up in* beschlossen sein in, *fig* aufgehen in; *pl vb* Hüllen, Decken; **~per** [ˊ-ə] 📯 Streifband; Schutzumschlag; **~ping** [ˊ-iŋ] Hülle; Verpackung

wrath [rɔːθ, *US* ræθ] Zorn; **~ful** zornig

wreak [riːk] (Rache etc) auslassen *(upon)*

wreath [riːθ], *pl* **~s** [riːðz] Kranz *(a. fig)*; **~e** [riːð] flechten, winden; s. winden, ringeln

wreck [rek] Schiffsunglück, -bruch; Wrack *(a. fig)*; Trümmer(haufen); *fig* Ruin; *vt* verunglükken, scheitern lassen; *to be ~ed* [ˊ-t] verunglükken, Schiffbruch erleiden; **~age** [ˊ-idʒ] (Schiffs-, Unfall-)Trümmer; **~er** [ˊ-ə] Strandräuber; ⚓ Bergungsarbeiter; *US* 🚗 Abschleppwagen, 🚆 Hilfszug

wren [ren] Zaunkönig

wrench [rentʃ] Zerrung, Verrenkung; *to give a ~ to* = to ~; *fig* Schmerz; ⚙ Schraubenschlüssel; heftig reißen, s. verrenken; *fig* verdrehen, entstellen

wrest [rest] entwinden, -reißen; *fig* abringen; *fig* verdrehen, verzerren; **~le** [ˊ-l] 🤼 ringen (mit j-m; *a. fig*); (Ring-)Kampf; **~ler** [ˊ-lə] Ringkämpfer

wretch [retʃ] armer Teufel; Schuft *(a. fig)*; **~ed** [ˊ-id] elend; miserabel

wrick [rik] ⚕ leicht verstauchen, verzerren; Verzerrung

wriggle ['rigl] (s.) winden; (s.) schlängeln

wring [riŋ] *(s. S. 320)* (aus)wringen, winden; umdrehen (*~ s-b's heart* j-m d. Herz u.); fest drücken; *~ing wet* triefnaß; *~ one's hands* d. Hände ringen; *fig* j-m abringen; quälen

wrinkl|e ['riŋkl] Falte; Wink, Kniff; in Falten legen, runzeln; runzlig werden

wrist [rist] Handgelenk; **~band** [ˊ-bænd] Armband; **~-watch** [ˊ-wɔtʃ] Armbanduhr

writ [rit] Erlaß; ⚖ Befehl; **Holy W~** Heilige Schrift

write [rait] *(s. S. 320)* schreiben; **~ down** hinschreiben; hinstellen, beschreiben (*as* als); abschreiben, -buchen; **~ for** schriftlich bestellen; **~ off** *fig* hinhauen; (Schuld etc) abschreiben; **~ out** ausschreiben; *~ o.s. out* s. verausgaben; **~ up** (Text) weiterführen; ausarbeiten; loben(d besprechen), rausstreichen; **~r** [ˊ-ə] Schreiber; Schriftsteller; *~r's cramp* Schreibkrampf

writhe [raið] s. winden, krümmen; *fig* sehr leiden (*under, at* unter)

writing ['raitiŋ] Schreibarbeit(en); *in ~* schriftlich; Text; Prosa; *pl* Werke; **~-desk** [ˊ-iŋdesk] Schreibtisch

written ['ritn] *siehe* write; schriftlich

wrong [rɔŋ] **1.** schlecht, böse; **2.** falsch; *to be ~* unrecht haben, s. irren; *on the ~ side of* über ... hinaus ♦ *to have* (od *get*) *hold of the ~ end of the stick* d. Sache völlig verkehrt ansehen; *to be in the ~ box* auf d. Holzweg sein; *to go ~* falsch gehen, fehlschlagen; *to go ~, to take the ~ turning* (od *path*) auf Abwege geraten; **3.** nicht in Ordnung; *what's ~ with?* was ist auszusetzen an?; **4.** Unrecht; Sünde; **5.** unrechte Tat; **6.** Ungerechtigkeit; **7.** j-m unrecht tun; **~doer** [ˊ-duə] Übeltäter; **~doing** [ˊ-duiŋ] Missetat(en); **~ful** ungerecht; ungesetzlich; **~ly** [ˊ-li] falsch, irrtümlich(erweise)

wroth [rouθ, *bes US* rɔːθ] zornig

wrought [rɔːt] *siehe* work; **~ iron** ['aiən] Schweißstahl; **~-up** [-'ʌp] aufgebracht
wry [rai] schief, verzerrt

X

X [eks] X
xeno|n ['zenɔn, *US* 'ziː-] *phys* Xenon; **~gamy** [zi'nɔgəmi] *bot* Fremdbestäubung; **~phobia** [zenə'foubjə] Fremdenfeindlichkeit
xerox ['ziərɔks] fotokopieren
Xmas ['krisməs] Weihnachten
X-ray ['eksrei] röntgen; e-e Röntgenaufnahme machen von; mit Röntgenstrahlen behandeln; Röntgenbild; *pl* Röntgenstrahlen
xylo|graph ['zailəgrɑːf] Holzschnitt; **~phone** [ˊ–foun] Xylophon

Y

Y [wai] Y
yacht [jɔt] Jacht; ⛵ Segelboot; mit e-r Jacht fahren; ⛵ segeln; **~ing** [ˊ-iŋ] ⛵ Segelsport; **~sman** [ˊ-smən], *pl* ~smen ⛵ Segler; Jachtfahrer
yank [jæŋk] *umg* Ruck; ruckartig reißen
Yank [jæŋk] *sl* Yankee; **~ee** [ˊ-iː] *bes US* Neuengländer; Nordstaatler; *bes BE* Yankee, Amerikaner
yap [jæp] kläffen; schwatzen, quasseln; Gekläff
yard [jɑːd] **1.** Yard (= 91,4 cm); **2.** Yard(länge) Stoff; **3.** ⚓ Rah; **4.** Hof; Platz; *US* (Gemüse-) Garten; Rangierbahnhof; **~-man** [ˊ-mən], *pl* ~-men Rangierarbeiter; **~-master** [ˊ-mɑːstə] Rangierleiter; **~stick** [ˊ-stik] Zollstock; *fig* Maßstab
yarn [jɑːn] Garn; *vi* e. Garn spinnen, schwatzen; Erfahrungen austauschen
yarrow ['jærou] *bot* Schafgarbe
yaw [jɔː] ⚓ gieren
yawl [jɔːl] ⚓ Yawl (Art Jacht); Jolle; jaulen, heulen
yawn [jɔːn] gähnen *(a. fig)*; kläffen; Gähnen; Abgrund
ye [jiː] = you; = the
yea [jei] ja, in der Tat
year [jəː, *bes US* jiə] Jahr; **~ling** [ˊ-liŋ] Jährling; **~ly** [ˊ-li] jährlich
yearn [jəːn] s. sehnen (*for, after* nach); **~ing** [ˊ-iŋ] Sehnsucht; sehnsüchtig
yeast [jiːst] Hefe; **~y** [ˊ-i] schäumend; gärend; schaumschlägerisch
yell [yel] gellen(d schreien, lachen); Gellen, gellender Schrei
yellow ['jelou] gelb; feige; neidisch; Sensations-(Presse etc); Gelb; (s.) gelb färben; vergilben; **~-hammer** [ˊ–hæmə] *zool* Goldammer; **~nish** gelblich
yelp [jelp] jaulen, kläffen; Kläffen
yeoman ['joumən], *pl* **yeomen** Freisasse; *BE* kleiner Gutsbesitzer; *BE* berittener Milizsoldat; *US Marine* Schreiber; **~ry** [ˊ–ri] Freisassen etc; *BE* berittene Miliz
yes [jes] ja; *pl* **~es** Ja
yesterday ['jestədi] gestern; *the day before* ~ vorgestern; **~'s** gestrig; *of* ~ kürzlich; *pl* frühere Zeiten
yet [jet] **1.** jetzt; **2.** *(Frage)* schon; *not* ~ noch nicht; bis jetzt nicht; **3.** noch; *as* ~ bis jetzt; *nor* ~ und auch nicht; **4.** doch, aber
yew [juː] *bot* Eibe
yield [jiːld] **1.** abwerfen, erbringen; **2.** aufgeben (~ *up the ghost* d. Geist a.), überlassen; **3.** *fig* einräumen; nachgeben; s. ergeben; **4.** Ertrag, Rendite; **~ing** nachgebend; nachgiebig
yog(h)urt [*BE* 'jɔgət, *US* 'jougərt] Joghurt
yoick [jɔik] (mit hussa) anfeuern
yoke [jouk] Joch; Trage; Schulterteil; *pl* ~ Gespann, Zugtiere; *fig* Joch, Band; anschirren; verbinden; **~fellow** [ˊ-felou], **~mate** [ˊ-meit] *fig* Partner
yokel ['joukl] Bauer(ntölpel)
yolk [youk] Eigelb
yon [jɔn], **~der** [ˊ-də] jener; dort drüben
yore [jɔː]: *of* ~ weiland, ehemals
you [juː] du, dich; ihr, euch; Sie; man; **~r** [juə, jɔː] dein; euer; Ihr; **~rs** [juəz, jɔːz] deinige, eurige, Ihrige; deins, euers, Ihrs; **~rself** [juə'self, jɔː-], *pl* ~rselves [-'selvz] sich; selbst
young [jʌŋ] jung; frisch; ungeübt; (Nacht, Jahr etc) am Anfang; Junge(s); *with* ~ trächtig; **~ish** [ˊ-iʃ] recht jung, jugendlich; **~ling** Kind; **~ster** Junge
youth [juːθ], *pl* **~s** [juːðz] Jugend; Jugendlicher; **~ful** jugendlich; jung
yowl [jaul] (Katze) schreien; heulen
yule [juːl] Weihnachten
yummy ['jʌmi] lecker; chic

Z

Z [zed, *US* ziː] Z
zander ['zændə] *zool* Zander
zany ['zeini] Narr
zeal [ziːl] (großer) Eifer; **~ot** ['zelət] Eiferer; **~ous** ['zeləs] (sehr) eifrig
zebra ['ziːbrə], *pl* **~s** Zebra; **~ crossing** *BE* Zebrastreifen
zenith ['zeniθ, *US* 'ziː-] Zenit; *fig* Höhepunkt
zephir ['zefə] Westwind; Lüftchen; Zephir(wolle)
zero ['ziərou], *pl* **~s, ~es** Null(zeichen, -punkt); Nichts *(a. fig)*; **~ hour** ['auə] *mil* Angriffs-, X-Zeit *(a. fig)*
zest [zest] *mst fig* Würze; Eifer, Begeisterung; ~ *for life* Lebenshunger
zigzag ['zigzæg] Zickzack(linie); Serpentine; zickzackförmig; *adv* im Zickzack; im Zickzack, hin u. her gehen, fahren
zinc [ziŋk] Zink; mit Zink überziehen, verzinken
zip [zip] schwirren, zischen; *fig* Schwung; **~-fastener** [ˊ-fɑːsnə] *BE,* **~per** *US* Reißverschluß

zither ['ziðə, *bes US* -θ-] Zither
zodiac ['zoudiæk] *astr* Tierkreis *the signs of the* ~ die Tierkreiszeichen
zon|al ['zounəl] zonenförmig; Zonen-; **~e** [zoun] Zone; *geol* Gürtel; Gebiet, Bereich; *US* Gebührenzone
zoo [zu:], *pl* **~s** Zoo; **~logical** [–ə'lɔdʒikl] zoologisch; *~logical garden* Zoo(logischer Garten); **~logist** [–'ɔlədʒist] Zoologe; **~logy** [–'ɔlədʒi] Zoologie
zoom [zu:m] ✈ *vi* hochziehen; fahren (*in* heran-)
zwieback ['zwi:bæk, *US* 'zwai-] Zwieback

Verzeichnis der unregelmäßigen Verben

Zusammengesetzte Verben, die hier nicht zu finden sind, suche man unter dem Grundwort.

abide (bleiben), abode, abode
abide (festhalten an), abided, abided
arise, arose, arisen
awake, awoke, awaked
backbite, backbit, backbitten *od* backbit
backslide, backslid, backslid
be, am, is, are, was, were, been
bear, bore, (getragen) borne, (geboren) born (im Perfekt und Passiv mit *by*: borne)
beat, beat, beaten
become, became, become
befall, befell, befallen
beget, begot, begotten
begin, began, begun
behold, beheld, beheld
bend, bent, bent
bereave (durch d. Tod berauben), bereaved, bereaved
bereave (berauben *fig*), bereft, bereft
beseech, besought, besought
beset *wie* set; bespeak *wie* speak; bestrew *wie* strew
bestride, bestrode, (bestridden)
bet, betted, betted (aber bei bestimmter Wette oder Summe: bet, bet, bet)
betake *wie* take; bethink *wie* think
bid (heißen), bade, bidden
bid (bieten), bid, bid
bind, bound, bound
bite, bit, bitten
bleed, bled, bled
blow, blew, blown
break, broke, broken
breed, bred, bred
bring, brought, brought
broadcast, broadcast, broadcast
browbeat, browbeat, browbeaten
build, built, built
burn, burnt, burnt
burst, burst, burst
buy, bought, bought
can, could
cast, cast, cast
catch, caught, caught
chide, chid, chidden *od* chid
choose, chose, chosen
cleave (spalten), clove, cloven (*a.* cleft, cleft)
cleave (festhalten), clave *od* cleaved, cleaved
cling, clung, clung
clothe, clothed, clothed *od poet* clad
come, came, come
cost, cost, cost (*als vt* costed, costed)
creep, crept, crept
crow, crowed *od poet* crew, crowed
cut, cut, cut
dare (wagen), dared *od poet* durst, dared
dare (herausfordern), dared, dared
deal, dealt, dealt
dig, dug, dug
dive, dived (*US a.* dove), dived
do, did, done
draw, drew, drawn
dream, dreamt, dreamt
drink, drank, drunk
drive, drove, driven
dwell, dwelt, dwelt
eat, ate, eaten
fall, fell, fallen
feed, fed, fed
feel, felt, felt
fight, fought, fought
find, found, found
flee, fled, fled
fling, flung, flung
fly, flew, flown
forbear, forbore, forborne
forbid, forbade (*a.* forbad), forbidden
forecast *wie* cast; forego *wie* go; foreknow *wie* know; foresee *wie* see; foretell *wie* tell
forget, forgot, forgotten
forgive, forgave, forgiven
forgo, forwent, forgone
forsake, forsook, forsaken
forswear, forswore, forsworn
freeze, froze, frozen
gainsay, gainsaid, gainsaid
get, got, got (*US a.* gotten)
give, gave, given
gnaw, gnawed, gnawed (gnawn *veraltet*)
go, went, gone
grind, ground, ground
grow, grew, grown
hamstring, hamstrung *od* -stringed, -strung *od* -stringed
hang (hängen), hung, hung
hang (henken), hanged, hanged
have, has, had, had
hear, heard, heard
heave, heaved, heaved (⚓ hove, hove)
hew, hewed, hewn
hide, hid, hidden
hit, hit, hit
hold, held, held
hurt, hurt, hurt
inlay, inlaid, inlaid
keep, kept, kept
kneel, knelt, knelt
knit, knitted, knitted (*fig* knit, knit)
know, knew, known
lade, laded, laded (laden *veraltet*)
lay, laid, laid
lead, led, led
lean, leant *od* leaned, leant *od* leaned
leap, leapt *od* leaped, leapt *od* leaped
learn, learned *od* learnt, learned *od* learnt
leave, left, left
lend, lent, lent
let, let, let
lie, lay, lain
light, lit *od* lighted, lit *od* lighted
light on (stoßen auf), lighted, lighted
lose, lost, lost

make, made, made
may, might
mean, meant, meant
meet, met, met
melt, melted, melted *oder* (bei Metall) molten
misdeal *wie* deal; misgive *wie* give; mislay *wie* lay; mislead *wie* lead; misread *wie* read; mis-spell *wie* spell; mis-spend *wie* spend; mistake *wie* take; misunderstand *wie* understand
mow, mowed, mown
outbid, outbid, outbid *od* outbidden
outdo *wie* do; outgrow *wie* grow; outride *wie* ride; outrun *wie* run; outsell *wie* sell
outshine, outshone, outshone
outspread *wie* spread; outwear *wie* wear
overbear *wie* bear (tragen); overcome *wie* come; overdo *wie* do; overdraw *wie* draw; overdrive *wie* drive; overeat *wie* eat; overfeed *wie* feed; overgrow *wie* grow; overhang *wie* hang; overhear *wie* hear; overleap *wie* leap; override *wie* ride; overrun *wie* run; oversee *wie* see; overset *wie* set; overshoot *wie* shoot; oversleep *wie* sleep; overspread *wie* spread; overtake *wie* take; overthrow *wie* throw
overwork, overworked *od* overwrought, overworked *od* overwrought
partake, partook, partaken
pay, paid, paid
prepay, prepaid, prepaid
put, put, put
read, read, read
rebind *wie* bind; recast *wie* cast; re-do *wie* do
relay, relayed, relayed
re-lay, re-laid, re-laid
rend, rent, rent
repay *wie* pay; reset *wie* set; retell *wie* tell; rewrite *wie* write
rid, ridded, rid *od* ridden
ride, rode, ridden
ring, rang, rung
rise, rose, risen
rive, rived, riven
roast, roasted, roasted (*aber* roast meat)
rough-cast *wie* cast; rough-hew *wie* hew
run, ran, run
saw, sawed, sawn
say, said, said
see, saw, seen
seek, sought, sought
seethe, seethed, seethed (sodden *veraltet*)
sell, sold, sold
send, sent, sent
set, set, set
sew, sewed, sewn
shake, shook, shaken
shall, should
shear, sheared, sheared (*fig* shorn)
shed, shed, shed
shine, shone, shone (*vt* shined, shined)
shoe, shoed, shoed (*fig, poet* shod)
shoot, shot, shot
show, showed, shown
shrink, shrunk, shrunk
shrive, shrived (*a.* shrove), shrived (*a.* shriven)
shut, shut, shut
sing, sang, sung
sink, sank, sunk
sit, sat, sat
slay, slew, slain
sleep, slept, slept
slide, slid, slid
sling, slung, slung
slink, slunk, slunk
smell, smelt, smelt
smite, smote, smitten
sow, sowed, sown
speak, spoke, spoken
speed, sped, sped (*vt* speeded, speeded)
spell, spelt, spelt
spend, spent, spent
spill, spilt, spilt
spin, spun, spun
spit, spat, spat; (aufspießen) spitted, spitted
split, split, split
spoil (verderben), spoilt, spoilt
spoil (plündern), spoiled, spoiled
spread, spread, spread
spring, sprang, sprung
stand, stood, stood
stave, staved *od* stove, staved *od* stove
steal, stole, stolen
stick, stuck, stuck
sting, stung, stung
stink, stank, stunk
strew, strewed, strewn
stride, strode, stridden
strike, struck, struck
string, strung, strung
strive, strove, striven
swear, swore, sworn
sweep, swept, swept
swim, swam, swum
swing, swung, swung
take, took, taken
telecast, telecast, telecast
tell, told, told
think, thought, thought
thrive, throve, thriven
throw, threw, thrown
thrust, thrust, thrust
tread, trod, trodden (*vt* treaded, treaded)
unbend *wie* bend; unbind *wie* bind
underbid, underbid, underbidden *od* underbid
undercut *wie* cut; undergo *wie* go; underlie *wie* lie; underpay *wie* pay; undersell *wie* sell; understand *wie* stand; undertake *wie* take; underwrite *wie* write
undo *wie* do; unlearn *wie* learn; unmake *wie* make; unsay *wie* say
uphold *wie* hold; uprise *wie* rise; upset *wie* set
wake, woke, *(Partizip Aktiv)* woken, *(Passiv)* waked *od* woken
waylay, waylaid, waylaid
wear, wore, worn
weave, wove, woven
weep, wept, wept

will, would
win, won, won
wind (winden), wound, wound
wind (♪ blasen), winded *od* wound, winded *od* wound
wind (Wind bekommen von etw), winded, winded

withdraw, withdrew, withdrawn
withhold, withheld, withheld
withstand, withstood, withstood
work, worked, worked (*vt a.* wrought, wrought)
wring, wrung, wrung
write, wrote, written

Wörterbuch Deutsch-Englisch

A

A (the letter) A; *von ~ bis Z* from beginning to end; *d. ~ u. O* the beginning and the end ♦ *wer ~ sagt, muß auch B sagen* in for a penny, in for a pound; **A-Dur** A major; **a-Moll** A minor
Aal eel; **s. ~en** to be lazy; to bask *(in the sun)*; **~glatt** slippery (as an eel)
Aar eagle
Aas carrion; carcass; *fig* bitch; **~en** *mit* to waste; **~vogel** vulture
ab off; down; away; from (*~ Ostern* f. Easter on); *~ 2. Juli* on and after July 2; *~ u. an (zu)* from time to time, at times; *~ heute* from today; *~ sein* to be all in
abänder|n to alter; *(völlig)* to change; *(mildern)* to modify; ⚖ to amend; **~ung** alteration; change; modification; amendment
abarbeiten to work s-th off; *sich ~* to toil, to work hard
Abart variety; **~en** to degenerate
Abbau working *(of a mine)*; *chem* decomposition, disintegration; reduction, cutting down; removal, cancellation; **~en** to break up; to work *(a mine)*, to extract *(coal)*; to dismantle *(factory)*; to relax *(controls)*; to discharge *(s-b)*
ab|beißen to bite off; **~bekommen** to get a share of; *(los-)* to get off; **~berufen** *pol* to recall; to call away
abbestell|en to countermand; to cancel; **~ung** countermand; cancellation
ab|betteln to wheedle s-th out of s-b; to get s-th from s-b by begging; **~bezahlen** to pay off; to pay by instalments
abbiegen *vt* to bend off (*od* aside); *vi* to turn (off); to branch off
Abbild copy; image; likeness; **~en** to copy; to portray; to model, to mould; **~ung** illustration; copy; representation
abbinden ⚕ to tie (off), to ligature; *(los-)* to untie; to take off
Abbitte apology; *~ tun wegen* to apologize for; **~n** to beg s-b's pardon for
abblasen to blow off (*od* away); *mil* to sound the retreat; *fig* to call off
abblättern to shed the leaves; to scale off
abblend|en to tone down; to soften *(light)*; 📷 to stop down; 🚗 to dim *(one's headlights)*; **~schalter** 🚗 dip-switch, dimming switch
abblitzen to be snubbed, to meet with a rebuff; *~ lassen* to snub, to rebuff
ab|blühen to cease blooming; *fig* to fade, to wither; **~brausen** to douche; to water *(plants)*; *vi* to rush off; **~brechen** to pluck, to pick; *(Haus)* to pull down, to demolish; to strike *(tents)*; to raise *(a siege)*; to break off, to sever *(relations etc)*; *vi* to cease; to drop a subject; **~brennen** to burn down; to fire off; to let off *(fireworks)*; *vi* to (be) burn(t) down; **~bringen** *(los-)* to get off, remove; to lead away; *fig* to dissuade (*von* from)
Abbruch breaking off, break-off; pulling down, demolition; rupture, severance *(of relations)*; damage, loss; *~ tun* to damage, impair
ab|brühen to boil; to scald; **~bürsten** to brush (off); **~buchen** to write off; **~büßen** to atone for; *(Strafe)* to serve
Abc alphabet; *fig* the three R's, rudiments; **~schütze** beginner
abdach|en to slope; **~ung** slope; declivity
abdämmen to dam up
Abdampf exhaust steam; **~en** to evaporate; *umg* to move off, to depart
abdank|en to abdicate; to retire, to resign; **~ung** abdication; resignation
abdeck|en to uncover; to unroof; *(Tisch)* to clear; *(Bett)* to turn down; **~er** knacker; **~erei** knacker's yard
abdicht|en to stop up, to seal, to pack; ⚓ to caulk; **~ung** sealing; seal, packing
ab|dienen to serve *(one's time)*; **~drehen** *(Gas, Wasser)* to turn off; ⚡ to switch off; *(Hals)* to wring; ⚓ to veer
Abdruck impression; copy; reproduction; (📖 *Fahne*) proof; ⚕ (plaster) cast; mark, stamp; **~en** to (re)print; **¨en** to press the trigger; to fire; to squeeze off
ab|dunkeln to darken; to black out; **~ebben** to ebb away; *fig* to die down
Abend evening; *d. Heilige ~* Christmas Eve; *am ~* in the evening, at night; *heute ~* tonight; *gestern ~* last night; *vorgestern ~* the night before last; *neulich ~* the other night; *es wird ~* it is getting dark; *zu ~ essen* to have supper; **~blatt** evening paper; **~brot, ~essen** supper; **~dämmerung** dusk, twilight; **~füllend** full-length *(film)*; **~gottesdienst** *(prot)* evening service; *(kath)* vespers; **~kasse** box-office for evening performance; **~land** West, occident; **~ländisch** western, occidental; **~lich** evening; **~mahl** the Lord's Supper, Holy Communion; **~rot** sunset glow; **~s** in the evening, at night; **~schule** evening school; **~sonne** setting sun; **~zeitung** evening paper
Abenteu|er adventure; *auf ~er ausgehen* to seek adventure; **~erlich** adventurous, venturesome; strange; **~ern** = *auf ~er ausgehen;* **~rer** adventurer
aber but; however; *adv* again; *tausend u. ~ tausend* thousands and thousands; **~glaube** superstition; **~gläubisch** superstitious; **~malig** repeated; **~mals** once more, again; **~witz** foolishness, craziness; **~witzig** foolish, crazy
aberkenn|en to deprive s-b of, to dispossess s-b of; ⚖ to give a verdict against; **~ung** dispossession
abernten to harvest, to reap
abfahr|en *vt (Straße)* to wear out; *(Reifen)* to wear; *(weg-)* to cart away; *vi* to set out, ⚓ to set sail; 🚂 to start; to depart; *j-n ~en lassen* to send s-b about his business; **~t** departure; start
Abfall falling off; *(Blätter)* fall; slope; waste, refuse; defection, revolt; *eccl* apostasy; *fig* anticlimax; **~eimer** garbage pail, *BE* waste bin; **~en** to fall off; to slope, *(Straße)* to descend; to

desert, revolt; *eccl* to apostatize (*von* from); to decrease; *~en gegen(über)* to be worse than; to be left; **˜ig** derogatory; unfavourable; **~produkt** by-product

ab|fangen to catch; to intercept; ✈ to flatten out; ⚙ to prop, to shore; **~färben** to lose colour; *(Wand)* to come off; *~färben auf* to stain, *fig* to influence

ab|fassen to write, to compose; ⚖ to draw up; to catch s-b; **~fassung** composition; writing; styling, style; drafting; **~faulen** to rot off; **~federn** to pluck; ⚙ to cushion; **~fegen** to sweep off

abfertig|en to dispatch; to serve s-b; *kurz ~en* to send s-b about his business; **~ung** dispatch; service; snub

abfeuern to fire (off), discharge

abfind|en to satisfy; to pay off; *s. ~en mit* to come to terms with, *fig* to put up with; **~ung** settlement; compensation

ab|flachen to flatten; to level; **~flauen** to abate; to decrease, to ease off; **~fliegen** to fly off; ✈ to take off; **~fließen** to flow away (*od* off, down); **~flug** ✈ take-off

Abfluß flowing off; outlet; *(Straße)* gutter, gully; *(Küche)* sink; discharge; efflux; **~röhre** (waste) pipe

ab|fordern to demand from; to require from; **~fragen** to question; to interrogate; *(Aufgabe)* to hear; **~fressen** to browse; to eat off; **~frieren** to be nipped by frost; to be frost-bitten

Abfuhr removal; transport(ation); *fig* snub, rebuff; **˜en** to lead off; to carry away; to take away (into custody); *(Geld)* to pay over (*an* to); ⚕ to purge; **˜mittel** laxative, purgative, cathartic

ab|füllen to pour out; to decant; to draw off; *(in Flaschen)* to bottle; **~füttern** to feed; *(Kleidung)* to line

Abgabe delivery; duty, tax, *(örtlich) BE* rate; **~nfrei** duty-free; **~npflichtig** taxable, dutiable

Abgang departure; leaving; sale; 🎭 exit; loss, waste, deficiency; *(Tod)* decease; abortion; **~szeugnis** school-leaving certificate, leaving certificate

Abgas waste (*od* exhaust) gas

abgearbeitet worn out

abgeben to deliver (up), to give; to hand over to; to share with s-b; to sell; to dispose of; *(Stimme)* to cast; *(Urteil)* to pass; *(Meinung)* to express; *s. ~ mit* to deal in, to have to do with, to go in for

abge|brannt *fig* stony-broke; **~brüht** callous, hardened; **~droschen** trite; commonplace; **~feimt** crafty, cunning; **~flacht** flat; **~grast** *fig* well-covered; **~griffen** worn-out; *(Buch)* thumbed

abgehen *vt* to measure by steps; to pace; *vi* to go away, to depart; to start; *(Straße, Fluß)* to branch off; *(Schule)* to leave; 🎭 ... *geht ab* exit; *(s. lösen)* to come off; *vom rechten Wege ~* to lose one's way, *fig* to go astray; *~ lassen* to send off; *s. nichts ~ lassen* to deny o.s. nothing; *hiervon geht ... ab* less ...

abge|kämpft worn-out, exhausted; **~kartet:** *e-e ~kartete Sache* a put-up job, a frame-up; **~klärt** mature, wise, dispassionate; **~kürzt** abbreviated; abridged; **~laufen** due, payable; expired; **~legen** remote; **~legt** *(Kleider)* cast-off

abgelten to meet, to (re)pay

abge|messen measured; calculated; **~neigt** averse to; disinclined; **~nutzt** worn-out; threadbare; hackneyed

Abgeordnete|r deputy, delegate, representative; member of Parliament; **~nhaus** Chamber of Deputies, *(England)* House of Commons, *(USA, West-Berlin)* House of Representatives

abge|rahmt skim(med); **~rissen** ragged; shabby; *fig* abrupt; disconnected; **~rundet** rounded off; **~sandter** envoy; delegate, deputy

abgeschieden retired; secluded; **~heit** seclusion; solitude

abge|schliffen polished; refined; **~schlossen** closed; concluded; complete; **~schmackt** silly; insipid; in bad taste

abgesehen: *~ von* apart from, *US a.* aside from, without regard to; *hiervon ~* besides this; *es ~ haben auf* to aim at

abge|spannt fatigued, enervated; tired out; **~standen** *fig* flat, stale; **~storben** dead, deceased; numb; **~stumpft** blunted; *fig* dull; **~tan** put off, finished; **~tragen** threadbare; **~treten** worn down

abgewinnen to win, obtain from; *Geschmack ~* to get to like, to get a taste for

abgewöhnen to wean from, to break s-b of the habit of (doing); *sich ~* to give up (doing)

ab|gießen to pour off, to decant; ⚙ to found, to cast; **~glanz** reflection; (reflected) splendour; **~gleiten** to slide (off), to slip (off); *alles an sich ~gleiten lassen* to be proof against everything

Abgott idol; **˜erei** idolatry; *˜erei treiben* to worship idols; **˜isch** idolatrous

abgraben to dig off; to drain (off); to draw off ♦ *j-m d. Wasser ~* to take the bread out of s-b's mouth

abgrenz|en to mark off; to fix the limits of; to demarcate; to define; **~ung** demarcation; line of division; definition

Abgrund abyss; precipice; **˜ig** precipitous; *fig* inscrutable, impenetrable; **~tief** abysmal

abgucken *(Schule)* to crib; to learn by watching s-b

Abguß cast, copy; pouring-off; casting

ab|hacken to chop off, to lop off; **~haken** to unhook; to tick off

abhalt|en to keep off; to hinder, restrain, prevent; *(Stunde)* to give; *(Tagung)* to hold; *(Kind)* to hold out; **~ung** holding; detention; hindrance

abhand|eln *(Preis)* to beat down; to get by bargaining; to treat of, to discuss; **~lung** treatise, paper; dissertation; **~en:** *~en kommen* to get lost

Abhang slope, declivity; **¨~en** to take down; ☏ *(ein-)* to hang up; ⛹ to tail off; *vi* ⛹ to fall behind; *¨~en von* to depend on; **¨~ig** depending, dependent (*von* on); **¨~ige Rede** *gram* indirect (*od* reported) speech; **¨~igkeit** dependence (*von* on)

ab|harken to rake off; **~härmen** *refl* to grieve (*über* at); to pine away

abhärt|en to harden; ⚙ to temper; *s. ~en gegen* to inure o.s. to; **~ung** hardening; toughening

ab|haspeln to wind off, to unwind; *fig* to perform carelessly, to rattle off; **~hauen** to cut, hew off; *umg fig* to get away, to scram; **~heben** to lift (off), to take off; *(Geld)* (with)draw; *(Karten)* to cut; *s. ~heben* to stand out (*von, gegen* against); **~hebung** *(Geld)* withdrawal

ab|heilen to heal up; **~helfen** to help, to remedy; *(Fehler)* to correct; *(Beschwerden)* to redress; *(Schwierigkeiten)* to remove; *dem ist nicht abzuhelfen* it cannot be helped; **~herzen** to hug (and kiss); **~hetzen** *(Tier)* to hunt down; *fig* to harass; *refl* to tire o.s. out, to rush about; **~hilfe** remedy; **~hobeln** to plane (off); to smooth; *fig* to polish; **~hold** averse, unfavourable to

abholen *(Sachen)* (to come and) fetch; to call for s-b; to meet *(at the train etc)*

ab|holzen to cut down, to clear of trees, to deforest; **~horchen** to learn by listening (*von* to); to overhear; ⚕ to sound; **~hören** to hear, examine s-b; 📻 to listen (in) to, to monitor; *(Lektion)* to hear, to test s-b on s-th

abirr|en to lose one's way; *fig* to go astray; to deviate; **~ung** deviation

Abitur school-leaving examination; **~ient** secondary-school graduate; **~ientenexamen, ~ium** = ~

abjagen *vt* to overdrive; *(Pferd)* to override; *j-m etw ~* to snap away from

ab|kanten to round off; to bevel; **~kanzeln** to take s-b to task, to blow up; **~kappen** to lop off; **~kapseln** ⚕ to seal off, to wall off; *refl fig* to avoid social contact; **~kauen** to chew off; **~kaufen** to buy, purchase from

Abkehr withdrawal; estrangement; alienation; about-face; **~en** to sweep, to brush; *s. ~en von* to turn away from

abklär|en to clear; to clarify; **~ung** clarification

Ab|klatsch impression, copy; *fig* poor imitation; **~klingen** to die away; to fade out; **~klopfen** to dust off; to knock off; ⚕ to sound; *vi* ♪ to cut off, to rap off; **~knallen** to fire; to shoot down; **~knappen, ~knapsen** to stint s-th, to stint s-b in s-th; **~knicken** to break off, to snap off; **~knöpfen** to unbutton; *(umg fig) j-m etw ~knöpfen* to do s-b out of s-th; **~kochen** to boil (off); *(Milch)* to scald; *sl* to chisel; **~kommandieren** to detach, to detail; to transfer

Abkomm|e descendant; offspring; **~en** to deviate; *~en von* to lose *(one's way)*, to give up *(a plan)*, to change *(the subject)*; to get away *(od off)*; to fall into disuse, to become obsolete; *su* agreement; convention; arrangement; understanding; **¨~ling** = ~e

ab|konterfeien to portray; **~kratzen** to scrape off, to scratch off; *sl* to croak; **~kriegen** *umg* to get; *etw ~kriegen* to get hurt; **~kühlen** to cool (off); *fig* to calm, to damp; **~kühlung** cooling; refrigeration; **~kunft** descent, origin; family

abkürz|en to shorten; to reduce; *(Wort)* abbreviate; *(Text)* to abridge; to curtail; **~ung** shortening; reduction; abbreviation; abridgement

abküssen to kiss heartily, to smother with kisses

ablad|en to unload; to dump; to discharge; **~eplatz** dumping-ground; **~er** unloader; **~ung** unloading; discharge

Ablage depot; dump; files; cloak-room; **~rn** to deposit; to store; ⚙ to age, to season; **~rung** sediment; deposit

Ablaß *eccl* indulgence

ablassen to let off, to let go; to drain (off), to draw off; to sell; *~ von* to reduce *(price)*, *fig* to cease from, to desist from

Ablauf running off, flowing off; sink; expiration *(of time)*; **~en** to flow (off, down); to run down; *(Zeit)* elapse; to expire; *(Uhr)* to run down; *(Wechsel)* to fall due; ⛹ to start; *vt* to scour, to rove; *(Schuhe)* to wear out; *s. d. Beine ~en* to run o.s. off one's feet; *gut, übel ~en* to end well, badly

ab|lauschen to learn by listening to; to eavesdrop; **~leben** *su* decease, death

ablegen to put away, to lay aside, down; to take off; *(Gewohnheit)* to give up; *(Briefe)* to file; 🕮 to distribute; *(Prüfung)* to sit for, to go in for, *(bestehen)* to pass; *(Eid)* to take; *(Gelübde)* to make; *bitte, legen Sie ab* please, take off your things (coat); *wo kann ich ~?* where can I leave my things?

Ableger *bot* cutting, slip; layer; *fig* branch

ablehn|en to decline, to refuse; *umg* to say no to; ⚖ to challenge; **~end** negative; **~ung** refusal, rejection

ab|leisten to perform (duly); *(Eid)* to take; *mil* to serve *(one's time)*; **~leiten** to lead away; to turn off; to divert; *gram* to derive; **~leitung** leading away; diversion; derivation, derivative

ablenk|en to turn off, to divert; to distract; to deflect; *fig* to dissuade (*von* from); *(Gefahr)* ward off; **~ung** diversion; deflection; *fig* distraction; dissuasion; **~ungsangriff** diversion

ab|lesen to read off; *(Gerät)* to read; *(vom Mund)* to lip-read; *er liest ihr alles von d. Augen ab* he anticipates her every wish; *(Früchte)* to gather, to pick off; **~leugnen** to deny, to disown

abliefer|n to deliver, to consign; to hand over; *(Waffen)* to surrender, to turn in; **~ung** delivery; transfer; surrender; **~ungssoll** delivery target (*od* quota)

ablös|en to loosen, to untie; to remove; *(Vorgänger)* to replace; *(Wache)* to relieve; *(Kapital)* to redeem; *refl* to come off, to scale off; *(s. abwechseln)* to relieve one another, to alternate; **~ung** loosening; removal; redemption; relief

abluchsen to swindle s-b out of s-th

abmach|en to take off; to undo, to untie; *(Geschäfte)* to arrange, to finish, to settle; **~ung** arrangement, settlement; agreement, convention

abmager|n to grow thin, to lose flesh; **~ung** emaciation; **~ungskur** reducing diet; *~ungskur machen* to be on a (reducing) diet

ab|mähen to mow, to cut down; **~malen** to paint, to portray; to depict

Abmarsch marching off; start; **~bereit** ready to start; **~ieren** to march off

abmeld|en to give notice of departure (of removal); to report off duty; **~ung** notice of departure (*od* removal)

abmess|en to measure off; to survey; *fig* to weigh; **~ung** measuring; measurement

ab|mieten to rent (*von* from); to hire (*von* from); **~montieren** to dismount; to dismantle; to take to pieces; **~mühen** *refl* to fatigue o.s., to exert o.s.; **~nagen** to gnaw (off); *(Knochen)* to pick

Abnahme taking off, removal; sale, purchase; *es findet gute ~* it sells well; ⚕ amputation; *astr* wane; decrease, diminution; *(Gewicht)* loss *(in weight)*

abnehm|en to take off (away); to gather, to pick; *(über-)* to take over; *(Waren)* to take *(into stock)*, to buy; *(Karten)* to cut; ⚕ to amputate; *(Stricken)* to take in; *(Eid)* to administer; *vi* to decrease, to diminish, to decline; to grow thin; *(Kräfte)* to fail; *astr* to wane, *(Tage)* to grow shorter; **~er** buyer, customer

Abneigung dislike (of), aversion (to); *natürliche ~* antipathy (to, against)

ab|norm abnormal; deformed; perverse; *umg* unusual, exceptional; **~nötigen** to force, to extort (*j-m* from s-b)

abnutz|en to wear out (by use); **~ung** wearing out; wear and tear

Abonn|ement subscription; **~ementskarte** *BE* season-ticket; **~ent** subscriber; **~ieren** to subscribe to, to take *(a newspaper)*

abordn|en to delegate, to depute; **~ung** delegation, deputation

Abort *BE* water-closet, WC; lavatory; latrine; ⚕ abortion, miscarriage

ab|pachten to rent from; **~packen** to package; *(entladen)* to unload; **~passen** to measure, to fit; to time; *(Gelegenheit)* to watch for, to wait for; **~pellen** to peel; **~pflücken** to pluck off, to pick, to gather; **~placken, ~plagen** *refl* to work hard; to drudge (*bei, mit* at)

Abprall (re)bound, recoil; **~en** to (re)bound, to recoil; *mil* to ricochet

ab|pressen to separate by pressing, to squeeze off; *fig* to force, to extort (*j-m* from s-b); **~protzen** *mil* to unlimber; **~putzen** to clean, to cleanse; to polish; *(Wand)* to rough-cast; **~quälen** *refl* to worry o.s.; to toil, to work hard; **~quetschen** to squeeze off; **~rackern** *refl umg* to drudge, to slave

ab|rahmen to skim; **~rasieren** to shave off; **~raspeln** to rasp off; **~raten** to dissuade (*von* from), to warn (*von* against), to advise (*von* against)

Abraum rubbish; ⚙ waste; **~̈en** to take away; to clear (away); to remove

abrechn|en to deduct; to discount; to clear, to settle (accounts); *vi (Haushalt etc)* to do one's accounts; to settle accounts (*mit* with); **~ung** deduction; settlement, clearing; accounting; **~ungsstelle** clearing house; accounts office; **~ungsverkehr** clearing; **~ungszeitraum** accounting period, period under account

Abrede agreement (*e-e ~ treffen* to make an a.); *in ~ stellen* to deny

abreib|en to rub off (*od* down); to scour; **~ung** rubbing off, rub-down; thrashing

Abreise departure; **~n** to depart, to leave (*nach* for), to set out (*nach* for)

abreiß|en to tear off, to pull off; *(Haus)* to pull down, to demolish; *vi* to break off; **~kalender** tear-off calendar

abrennen to run away, to run off; *refl* to fag o.s. out; *s. d. Beine ~* to run o.s. off one's feet

ab|richten to make fit, to adjust; *(Tier)* to train, to teach; *(Pferd)* to break in; **~riegeln** to bolt; to close; **~ringen** to wring (*j-m* from s-b), to wrest (*von* from s-b); **~rinnen** to flow down, off; **~riß** sketch; draft; abstract; summary; **~rollen** to roll off, away; to forward, to cart away; 🚂 to unwind; *fig* to unroll, to unfold; *~rollen lassen* ⚓ to pay out; **~rücken** to move off; *vi* to march off; to depart *(a. fig)*; *su* departure

Abruf recall; calling (up); *auf ~* on, at call; **~en** to call off, away; to recall; *(Geld)* to call in; 🦅 to call out

ab|runden to make round; to round off; **~rupfen** to pluck off; **~rupt** abrupt

abrüst|en to disarm; ⚙ to take down the scaffolding; **~ung** disarmament

ab|rutschen to slide off, down; to glide down; **~säbeln** to cut off (with a sword); *umg* to hack off; **~sacken** to sink; to sag; ✈ to pancake; *fig* to slacken off

Absag|e refusal; **~en** to cancel, to call off; to refuse, to decline

absägen to saw off; *umg* to sack, to fire

ab|sahnen to skim (the cream off); **~satteln** to unsaddle; to dismount

Absatz paragraph; *(beim Diktat)* new paragraph, new line; stop, intermission; *(Treppe)* landing; *(Schuh)* heel; *(Waren)* sale(s); *(Zeitung)* circulation; **~fähig** salable, marketable; **~flaute** dullness in sales; **~gebiet** market, outlet; **~stockung** falling-off in sales; **~werbung** sales promotion

ab|saugen to suck off; **~schaben** to scrape off

abschaff|en to abolish; to remove; to do away with; ⚖ to repeal; **~ung** abolition; removal; ⚖ repeal

ab|schälen to peel (off); to pare; **~schalten** to switch off, to cut off; to disconnect; **~schattieren** to shade (off)

abschätz|en to estimate; to value; to tax, to assess; **~er** appraiser; *BE* valuer, valuator; **~ig** derogatory, disparaging, depreciative; **~ung** valuation; assessment; appraisal

Abschaum scum *(a. fig)*; refuse; *der ~ der Menschheit* the dregs of society; **⁓en** to skim; to take off the scum

abscheiden to separate; to divide; to refine; to die; **~scheren** to shear (off)

Abscheu horror, abhorrence; abomination; *~ haben vor* to abhor; **~lich** abominable, horrible, detestable; **~lichkeit** abomination; atrocity

ab|scheuern to scrub, to scour; **~schicken** to send off, to dispatch; **~schieben** to push off, to shove off; to deport s-b; *vi umg* to clear off, to buzz off

Abschied parting, leave; departure; discharge; *~ nehmen von* to take leave of, to say farewell to; *s-n ~ nehmen* to send in one's resignation; *d. ~ bekommen* to be dismissed; **~sbrief** farewell letter

ab|schießen to shoot (off, down); to discharge; ✈ to down ♦ *d. Vogel ~schießen* to take the cake; *vi (Stoff)* to fade; **~schirmen** to screen off; to protect (*gegen* from); ⚡ to suppress; **~schirren** to unharness; **~schlachten** to slaughter; *fig* to butcher

Abschlag fall in price; reduction; *auf ~* on account, by instalment; **~en** to beat off; to cut off, to lop off; to cut down; *mil* to repel; *(Bitte)* to refuse; **⁓ig** negative; *⁓ige Antwort* refusal; **~szahlung** payment on account; instalment

abschleifen to grind (off); to polish

abschlepp|en to drag off; 🚗, ⚓ to (take in) tow; *refl* to drag heavy loads; to tire o.s. out (by carrying things); **~dienst** *BE* car-tow, *US* recovery service; **~wagen** *BE* breakdown lorry, *US* wrecking car, wrecker

abschließ|en to lock (up), to shut off; *(Schloß)* to turn the key; *(beenden)* to conclude, to finish; *(Geschäft)* to strike, to make *(a bargain)*; to make up, to balance *(the accounts)*; to come to terms; **~end** final, conclusive; **~ung** separation; seclusion

Abschluß close, conclusion; settlement; *(Geschäft)* transaction, deal; sale; **~prüfung** final (examination), finals; **~zeugnis** school-leaving certificate

ab|schmecken to taste; **~schmeicheln** to cajole (*od* coax) out of s-b; **~schmieren** 🚗 to grease; *umg* to copy carelessly; **~schminken** to remove the paint from s-b's face; **~schnallen** to unbuckle

abschneiden to cut off *(a. fig)*, to lop off; ⚕ to amputate; *gut ~ in* to pass well, to come off well

ab|schnellen to jerk off; to fly off with a jerk; **~schnitt** cut, cutting; division; period; *mil* sector; *math* segment; 📖 paragraph, passage; coupon, item; **~schnüren** to tie off; **~schöpfen** to skim off *(a. fig)*; **~schrägen** to bevel; to slant off; to slope; **~schrauben** to screw off; to unscrew

abschreck|en to frighten (away), to dishearten; *bes pol* to deter; ⚙ to chill, to quench; **~end** *(Aussehen)* forbidding; *~endes Beispiel* lesson, warning; **~ung** deterrence; **~ungsmittel** deterrent

abschreib|en to copy; to write out; to plagiarize; *(Schule)* to crib, *US* to pony; *(Summe)* to write off, to deduct; *j-m ~en* to send s-b a refusal; **~er** copyist; plagiarist; **~ung** writing off; sum set aside for depreciation, allowance for wear and tear

abschreiten to pace off, to measure; *(mil) d. Front ~* to take the review

Abschrift copy; transcript; duplicate; **~lich** in (*od* by) duplicate

abschuppen to scale off; *(Fisch)* to scrape

abschürf|en to scratch off, to abrade; *(Haut)* to bark, to graze; **~ung** abrasion

Abschuß firing off, discharge; ✈ downing, downed enemy plane

abschüssig steep, precipitous

ab|schütteln to shake off, down; **~schwächen** to weaken, to reduce; *refl* to fall off, to taper off; **~schwatzen** to talk s-b out of; **~schwefeln** to smoke with sulphur; **~schweifen** to stray; to deviate, to digress; **~schweifung** deviation, digression; **~schwellen** to grow less; ⚕ to go down; *fig* to die down; **~schwindeln** to cheat, to swindle out of; **~schwören** to abjure; to deny upon oath; **~segeln** to sail away, to put to sea

abseh|bar within sight; conceivable; *in ~barer Zeit* in the visible future; **~en** to learn by watching s-b; to copy; *es ~en auf* to aim at; *es ist schwer abzusehen* it is difficult to foresee; *~en von* to desist from, (to choose) not to do

ab|seifen to (clean with) soap; **~seihen** to strain; to filter (off); **~seilen** to rope down (*a.* ⛰); *refl* to descend on a rope; **~sein** to be loose; *umg* to be tired out

abseits aside, apart; *~ von* away from, back from; ⚽ off-side

absend|en to send off, away; to dispatch, to forward; **~er** sender; forwarder, shipper, consignor; **~ung** sending; dispatch(ing); shipment

absetz|bar removable; tax-deductible; salable, marketable; **~en** to put down; to deposit; 🚗 to drop s-b off; *(König)* to depose; to dismiss, to remove s-b; *(Waren)* to dispose of, to sell; *(Summe)* to deduct; *(streichen)* to cancel; 🎭 to take off; 📖 to set up, to compose; *vi* to stop, to pause; **~ung** dismissal; deposition; disposal

absichern *gegen* to secure against, to protect from

Absicht intention; *(Ziel)* aim; *(Zweck)* purpose; *mit, in d. ~ (zu tun)* with the intention (of doing), with a view (to doing); **~lich** intentional; designed; *(vorsätzlich)* premeditated; *adv* intentionally, on purpose

ab|singen to sing (at sight); **~sitzen** to dismount; *s-e Strafe ~sitzen* to serve a sentence, to do time

absolut absolute; ~ *nicht* by no means; ~ *nichts* nothing whatever; **~ion** absolution
absolvieren to absolve; *d. Universität* ~ to finish one's studies
absonderlich odd, peculiar, strange
absonder|n to separate; to isolate; ⚕ to secrete; *refl* to separate, to withdraw; to seclude o.s.; **~ung** separation; isolation; secretion
absor|bieren to absorb; **~ption** absorption
ab|sorgen *refl* to worry; **~spalten** to split off; to separate
abspann|en to unharness; to unbend, to slacken; **~ung** relaxation; fatigue
absparen to spare from; *s. etw vom Munde* ~ to stint o.s. in food to get s-th
ab|speisen to feed (*mit* with), to fob off; **~spenstig machen** to entice away from; to alienate from; to estrange
absperr|en to shut off, out; to lock; to block, to bar; to isolate, to seclude; *(Straße)* to close to traffic; **~hahn** stop-cock; **~ung** shutting off; stoppage; isolation; barrage
ab|spiegeln to (be) reflect(ed), to mirror; **~spielen** to play off; to play at sight; *refl* to happen, to take place; **~splittern** to splinter off; to chip off; **~sprache** arrangement; agreement
absprechen to deny (*j-m etw* s-b s-th), to deprive (s-b of s-th); to arrange, to settle (s-th with s-b)
ab|springen to leap off, down, to jump off; ✈ *bes BE* to bale out, *bes US* to bail out; *fig* to digress; **~sprung** leaping off; ⛷ take-off; ✈ descent; **~spulen** to unwind from a spool, to wind off
abspül|en to wash up; to wash off; to rinse; **~wasser** dish-water
abstamm|en to descend from; *(Wort)* to be derived from; *fig* to stem from; **~ung** descent; lineage; genealogy, ancestry; derivation; **~ungslehre** theory of evolution
Abstand distance; interval; *fig* difference, contrast; *mit* ~ by a considerable margin; *zeitlicher* ~ time-lag; ~ *nehmen von* to desist from, to give up
ab|statten to render; *(Besuch)* to pay; *(Dank)* to return; **~stauben** to dust
abstech|en to cut; ~ *von* to contrast with, to stand out against; **~er** excursion, trip; detour; *fig* digression
ab|stecken to unpin; to mark *(with sticks, with poles)*; to mark out; **~stehen** to stand off; *fig* to desist (*von* from); to get stale
absteig|en to descend, to dismount, to alight; to put up (*in, bei* at); **~equartier** accommodation; (night's) lodging
abstell|en to put down, away; *(Gas)* to turn off; *(Maschine)* to stop; 🚗 to park; *fig* to do away with; to abolish; *(Mißbrauch)* to remedy; to redress; **~gleis** railway siding; **~raum** lumber-room
ab|stempeln to stamp; 📯 to cancel; **~steppen** to quilt; **~sterben** to die (away); *bot* to fade, to wither; *(Glied)* to grow numb; to perish; **~stich** contrast; shade; *(Hochofen)* tapping; **~stieg** descent; *(sozial)* come-down
abstillen to wean a child *(from the breast)*
abstimm|en to tune; to shade off; to bring into harmony; *(Bücher)* to balance; *aufeinander ~en* to co-ordinate; *(fig) ~en auf* to attune to; *vi* to vote (*über* upon); **~knopf** 📻 tuner; **~skala** 📻 tuning-dial; **~ung** 📻 tuning-in; vote, voting; *parl BE* division
abstinen|t *allg* abstemious; *(Alkohol)* teetotal; **~z** teetotalism, (total) abstinence; **~zler** teetotaller
abstoßen to knock off, to push off; ⚓ to put off; *(Waren)* to sell (off); to dispose of; **~d** repellent; repulsive
abstra|hieren to abstract; **~kt** abstract
ab|strapazieren to tire out; to wear out; **~streichen** to scrape off, to wipe off; *(Messer)* to strop; *(Summe)* to deduct; **~streifen** to strip off; to skin; (*Schuhe*) to wipe; (*Gegend*) to roam; **~streiten** to deny; to dispute; **~strich** deduction; cut; *(Schrift)* downstroke; ⚕ swab (*e-n ~strich machen* to take a s.); **~stricken** to knit off
abstuf|en to form into steps; to grade, to gradate, to graduate; *refl* to grade (off); **~ung** gradation, graduation; shading
abstumpfen to blunt, to dull; to stupefy; *fig* to become insensible (*gegen* to)
Absturz fall; ✈ crash; *(Abhang)* precipice; *zum ~ bringen* to bring (shoot) down; **~̈en** to fall (off, down); ✈ to crash
ab|suchen to search; to scour; to sweep; **~sud** decoction; abstract
absurd absurd; *ad ~um führen* to show the absurdity of, to reduce to an absurdity; **~ität** absurdity
Abszeß abscess
Abt abbot; **~ei** abbey; **~würde** abbotcy, abbotship
abtakeln ⚓ to unrig
Abteil 🚃 compartment; **~en** to divide (off); to separate; **~ung** division; section, partition; department; *mil* detachment, batallion; ⚕ ward; **~ungsleiter** department head, (departmental) manager
Äbtissin abbess
ab|tönen to tone (down); to shade off; **~töten** to destroy, to deaden; to mortify
Abtrag *tun* to injure; **~en** to carry off, away; to take off, away; to clear away; *(Haus)* to pull down; *(Anhöhe)* to level; *(Schuld)* to pay; *(Kleider)* to wear out; **~̈lich** bad; detrimental (*für* to)
Abtransport transportation; evacuation
abtreib|en to drive away, off; *(Pferd)* to overdrive; ⚓ to drift (off); ⚕ to procure abortion; **~ung** driving off; abortion
abtrenn|en to rip (off), to undo; to separate; **~ung** ripping; separation
abtret|en to tread off, to wear out; *j-m etw ~en* to cede, to surrender; *vi* to retire, to leave; *j-m s-n Platz ~en* to give up one's place to s-b; **~ung** wearing out; session; surrender

Ab|trieb descent of the cattle; **~trift** ⚓ leeway, drift; **~tritt** 🎭 exit; = Abort; **~trocknen** to dry (off, up); to wipe dry; **~tropfen** to drop off, to drip (down); to trickle down

abtrünnig unfaithful, disloyal; ~ *werden* to desert; *eccl* to apostatize

ab|tun to take off, to pull off; to put away; to dispose of, to get rid of; to kill; **~urteilen** to pass sentence on s-b; to decide s-th finally; **~verdienen** to work off; **~vermieten** to sublet; **~wägen** to weigh; to consider, to balance; **~wälzen** to roll off, down; *fig* to pass on, to shift on; **~wandeln** to vary; *gram* to inflect, to decline, to conjugate

ab|wandern to migrate; to wander off; **~warten** to wait for, to await; to wait and see; **~wärts** downwards

abwasch|en to wash off, away; *(Geschirr)* to wash up; **~wasser** dish-water

Abwasser sewage; waste water; **~kanal** sewer

abwechs|eln to change, to vary; to alternate, to take turns; **~elnd** changeable; alternate, alternative; *adv* alternately, by turns; **~lung** change (*zur ~lung* for a change); variety; alternation

Abweg wrong way; by-path; *auf ~e geraten* to go astray; **~ig** incorrect; misleading

Abwehr defence; **~en** to ward off; to keep off; *(Hieb)* to parry; **~maßnahmen** defence measures

abweich|en to deviate (*von* from), to depart (*von* from); to differ (*von* from); *phys* to decline; **~end** devious; anomalous; to the contrary; **~ung** deviation; declination; variation; aberration

abweiden to graze; to browse

abweis|en to send back, away; to refuse; *mil* to repel; ⚖ to dismiss; **~end** stand-offish; **~ung** refusal, rejection

abwelken to wither (and fall off)

abwend|en to turn away, off; *(Übel)* to avert, to ward off; *s. ~en von* to turn away from, to abandon; to desert; **~ung** turning off; aversion; abandonment

abwerben to entice away

abwerfen to throw off, to cast off; *(Reiter)* to throw; to buck; ✈ to drop; *bot* to shed; *(Gewinn)* to yield, to show

abwert|en to devaluate, to depreciate; **~ung** devaluation, depreciation

abwesen|d absent (*von* from); *fig* absent-minded; **~heit** absence

ab|wickeln to wind off, to unwind; *fig* to wind up, to finish; to settle; to clear up, to work off; **~wimmeln** *umg* to keep off, to send away; to brush off; **~winken** to warn off; **~wischen** to wipe off; *(d. Staub von etw)* to dust; **~wracken** ⚓ to break up; **~wurf** throwing off; dropping; **~würgen** to strangle, to throttle; *(Auto)* to stall

abzahl|en to pay off; to pay by instalments; **~̈en** to count (off); **~ung** payment (on account); instalment (*auf ~ung* by i.); **~̈ung** counting off

abzapfen to draw (off); *fig* to fleece

abzehr|en to waste away; **~ung** emaciation

Abzeich|en sign, mark (of distinction); badge; **~nen** to copy; to draw; to initial; *refl* to stand out (*gegen* against)

Abzieh|bild transfer (picture); **~en** to take off, to draw off, away; to take out; *(Bohnen)* to string; *(Bett)* to strip; *(Tier)* to skin; *(Messer)* to strop; *(Bier)* to draw off; *(Wein)* to bottle; *math* to subtract, to deduct; 📖 to pull off, to strike off; to mimeograph, to xerox; *(ablenken)* to divert; *vi* to march off, to move off; *(Rauch)* to escape

abzielen to aim (*auf* at); to tend (to do)

Abzug departure, marching off; *math, Steuer* deduction; 📖 proof, pull; 📷 print; *(Rabatt)* discount, rebate; *(Rohr)* conduit, outlet; *(Gewehr)* trigger; **~̈lich** less; **~sfähig** deductible; **~skanal** sewer; drain

ab|zupfen to pick off, to pull off; **~zwacken** to squeeze out of s-b

abzweig|en to branch off; **~ung** branching off; diversion; *fig* deduction

ach ah!, alas!; ~ *so!* (oh,) I see; ~ *was!* nonsense!; *mit ~ u. Krach* with great difficulty; by the skin of one's teeth

Achse ⚙ axle; *astr, math* axis; *per ~* by road; *auf ~ (umg)* on one's legs, travelling; **~n-** axial

Achsel shoulder; *über d. ~ ansehen* to look down upon s-b ♦ *auf d. leichte ~ nehmen* to make light of, to consider a trifle; **~höhle** armpit; **~klappe** shoulder-strap; **~zucken** shrug(ging)

acht[1] eight; ~ *Tage* a week; *alle ~ Tage* once a week; *heute in ~ Tagen BE* this day week; *halb ~* half past seven; **~e** eighth; **~eck** octagon; **~eckig** octagonal; **~el** eighth; **~el Note** *BE* quaver, *US* eighth note; **~el Pause** *BE* quaver rest, *US* eighth rest; **~ens** eighthly; **~er** figure eight; eight-oared boat; **~erbahn** *BE* switchback (railway), roller-coaster; **~fach** eightfold; **~hundert** eight hundred; **~jährig** eight years old; **~mal** eight times; **~seitig** octagonal; **~stundentag** eight-hour day; **~tägig** lasting a week; **~tausend** eight thousand; **~zehn** eighteen; **~zehnte** eighteenth; **~zig** eighty; **~zigste** eightieth

Acht[2] care, attention; *s. in ~ nehmen* to take care, to be on one's guard; *außer ~ lassen* to disregard, to take no notice of; *(Bann)* outlawry, ban; **~bar** respectable, respected; **~barkeit** respectability, dignity; **~en** to esteem, to respect; *~en auf* to take care of, to pay attention to, to see to; **~̈en** to outlaw; **~enswert** worthy of esteem; **~geben** *auf* to pay attention to, to take notice of; **~los** careless, unmindful, negligent; **~losigkeit** carelessness; negligence; **~sam** careful, mindful (*auf* of), attentive (*auf* to); **~samkeit** carefulness; attentiveness; **~ung** esteem, regard; attention; **~ung!** look out!; *mil* attention!; *(hohe ~ung)* awe (*vor* of); **~̈ung** outlawing, proscription; **~unggebietend** commanding respect; **~ungsvoll** respectful

achter ⚓ aft; **~deck** quarter-deck

ächzen to groan

Acker field; arable land; **~bau** farming; agriculture; *~bau treibend* agricultural; **~bauer** farmer; **~bestellung** tillage; **~früchte** field crops; **~gaul** farm-horse, cart-horse; **~gerät** agricultural implement; **~knecht** farm labourer; **~land** arable land; **~n** to till, to plough

acta: *ad ~ legen* to put on the shelf, to look upon s-th as settled

addieren to add (up), to sum up

ade farewell!; good-bye!

Adel nobility, aristocracy; *fig* nobleness; *niederer ~* gentry; **~ig** noble; **~n** to raise to the peerage; to ennoble; **~sbrief** patent of nobility; **~sstand** peerage; *in den ~sstand erheben* = ~n

Ader vein; *(Erz-)* vein, lode; *(Streifen)* streak; *(Wasser)* course; *j-n zur ~ lassen* to bleed s-b; **~laß** bleeding, *fig* haemorrhage

Adhäsion ⚕, *phys* adhesion

adieu farewell, good-bye

Adjektiv adjective; **~isch** adjectival

Adjutant adjutant, aide-de-camp, *US* aid-de-camp

Adler eagle; **~-** aquiline; **~horst** aerie, eyrie; **~nase** aquiline nose

Admiral admiral; **~ität** admiralty; **~sschiff** flag-ship; **~sstab** naval staff

adopt|ieren to adopt; **~ion** adoption; **~iveltern** adoptive parents; **~ivkind** adopted child

Adress|at addressee; drawee; **~buch** directory; **~e** address ♦ *an die falsche ~e kommen* to knock at the wrong door; **~ieren** to address; to direct

adrett neat, pretty, tastefully dressed, well-groomed

Advent advent; **~szeit** advent season

Adverb adverb; **~ial** adverbial

Advokat lawyer, counsellor, advocate

Aero|dynamik aerodynamics; **~dynamisch** aerodynamic; **~nautik** aeronautics; **~nautisch** aeronautical

Affäre matter, incident; *(Liebes-)* affair, amour

Aff|e monkey; ape; *mil* knapsack; *er hat e-n ~en (umg)* he is tipsy; **¨~en** to make a fool of, to mock; **~enliebe,** foolish fondness, smother love; **~enschande** awful shame, scandal; **~entheater** buffoonery, ridiculous fuss; **¨~erei** mockery; **~ig** silly

Affekt excitement, passion; **~iert** affected; *~iertes Wesen* affection

After anus; buttocks

Agen|s agent; **~t** (commission) agent; broker; canvasser; representative; **~tur** agency

Aggregat aggregate; **~zustand** physical condition

Aggress|ion aggression; **~iv** aggressive

agi|eren to act; **~tation** agitation; **~tatorisch** inflammatory, inciting; **~tieren** to agitate

Agonie death-struggle, death-agony

Agrar|- agrarian; **~ier** big landowner; agricul-turist; **~kredit** farm credit; **~produktion** farm production; **~wirtschaft** farming; rural economy

Ahle awl

Ahn ancestor; forefather; **~e, ~frau** ancestress; **~en** ancestry; **~entafel** pedigree, genealogical table; **~herr** ancestor

ahnd|en to punish; to revenge; **~ung** punishment; revenge

ähn|eln to resemble; **~lich** similar, alike, like, resembling; *das sieht ihm ~lich* that's just like him; *~lich sehen* to resemble; **~lichkeit** similarity, likeness

ahn|en to have a presentiment of; to guess; to anticipate; **~ung** presentiment; *(schlimme ~ung)* misgiving; *keine blasse ~ung haben* not to have the slightest notion (the faintest idea) ♦ *du hast e-e ~ung!* you have no idea; **~ungslos** unsuspecting; **~ungsvoll** full of forebodings

Ahorn maple (tree)

Ähre ear; *~n lesen* to glean; **~nlese** gleaning; **~nleser** gleaner

Air ♪, *fig* air

Ais ♪ A sharp

Akadem|ie academy; college; school; **~iemitglied** academician; **~iker** university graduate (*od* man), *bes pl* professional man; **~isch** academic

akklimatisieren to acclimatize, *US* to acclimate

Akkord ♪ chord; arrangement *(of creditor and debtor),* composition; piece wages; piecework; **~arbeit** piece-work; **~arbeiter** piece worker; **~lohn** piece-work pay (*od* rates)

Akkordeon accordion; **~spieler** accordionist

akkredit|ieren to accredit (s-b to); **~iv** letter of credit, L/C; *(Dokumenten-)* documentary credit; *e. ~iv stellen* to open a credit

Akku battery; **~mulator** storage-battery; accumulator

akkurat accurate, exact; **~esse** accuracy, exactness

Akkusativ accusative

Akontozahlung payment on account

Akrobat acrobat; **~isch** acrobatic

Akt act; action, deed; 🎭 act; 🎨 nude model; **~e** deed; ⚖ bill; *pl* deeds, record, documents; papers; *zu d. ~en legen* to lay aside, to file, *fig* to put on the shelf, to look upon s-th as settled; **~endeckel** file; **~enmappe** briefcase, attaché case; **~enmäßig** authentic, documentary; **~ennotiz** note (memorandum) for the records; **~enschrank** filing cabinet, *US* file cabinet; **~enstück** document; **~enzeichen** reference (number), file number

Aktie share, stock, *pl* stocks and shares ♦ *wie stehen d. ~n?* how are the chances?; what's the position?; **~nbank** joint stock bank; **~ngesellschaft** joint-stock company; *US* (stock) corporation; **~ninhaber** shareholder, stockholder; **~nkapital** share capital, (capital) stock; **~nmakler** share broker, stock broker

Aktion campaign, drive; operation, raid; **~är** = Aktieninhaber; **~sradius** radius of action

(*od* operation); 🚗 cruising range; ✈, *mil* range
aktiv active; favourable; on the assets side; *mil* on active service; *~es Heer* regular (*od* standing) army; *~er Soldat* regular soldier; *gram* active voice; **~(um)** asset; **~ieren** to make active; *(Kohle etc)* to activate; to capitalize, to put on the assets side; *fig* to mobilize; **~ist** activist; **~ität** activity; **~legitimation** ⚖ capacity to sue; **~posten** asset *(a. fig)*; **~saldo** credit balance; **~seite** assets side
Aktu|alität topicality; **~alitätenkino** news theatre; **~ar** ⚖ clerk of the court; **~ell** topical; of current interest; up to date; present-day; urgent
Akust|ik acoustics; **~isch** acoustic
akut ⚕, *fig* acute; pressing, urgent; *su* acute accent
Akzent accent; stress; **~uieren** to accentuate; to stress
Akzept acceptance; **~ant** acceptor; **~ieren** to accept
Akzidenz|en 📖 jobbing work; **~drucker** job printer; **~schrift** fancy face
Akzise excise; **~nbeamter** excise officer
Alarm alarm; *(Luftschutz)* (air-raid) warning, alert; *~ schlagen* to sound (beat) the alarm; *blinder ~* false alarm; **~bereit** on the alert; **~bereitschaft** (alert) stand-by; **~ieren** to alert, to call, to summon; **~ierend** *fig* alarming; **~zeichen** alarm (signal); **~zustand** alert
Alaun alum; **~erde** alumina; **~haltig** aluminous
Albatros albatross
albern silly, foolish; absurd; *vi* to talk (*od* behave) foolishly; *~es Zeug* nonsense; **~heit** silliness, foolishness; absurdity
Alb|ino albino; **~um** album
Alchim|ie alchemy; **~ist** alchemist
Alfanzerei swindle; tomfoolery
Alge alga; seaweed
Algebra algebra; **~isch** algebraic
Ali|bi alibi; **~mente** (a father's) payments for his illegitimate child
Alkal|i alkali; **~isch** alkaline
Alkohol alcohol; **~frei** non-alcoholic, *umg* soft; **~gehalt** alcoholic content; **~iker** alcoholic; drunkard; **~isch** alcoholic; **~schmuggel** bootlegging; **~schmuggler** bootlegger
All universe; *(ganz)* all, whole, entire; *(jeder)* every, each, any; *~ u. jeder* each and every; *~e Tage* every day; *~e drei Tage* every three days; *~e Welt* everybody; *~e beide* both of them; *sie ~e* all of them; *vor ~em* above all; *vor ~en Dingen* above everything, in the first place; *trotz ~em in* spite of everything; *~es in ~em* all in all, on balance, all things considered; *in ~er Eile* in a great hurry; *zu ~em Unglück* to crown it all; *(adv) ~e sein (umg)* to be gone, to be done; *(Geld)* to be spent; *(kaputt)* to be all in
Allee avenue, boulevard
allein alone, lone; by oneself; single; *(einsam)* solitary; *von ~* without assistance; automatically; of one's own accord; *adv* only, merely; *conj* but; **~betrieb** monopoly; **~gang:** *im ~gang etw tun* to play a lone hand; **~herrschaft** absolute power; autarchy; **~ig** sole; exclusive; **~sein** loneliness, solitude; **~stehend** detached; single, unmarried; **~verkauf** monopoly; **~verkaufsrecht** exclusive selling right (*od* right of sale)
alle|mal always; at all times, at any time; *ein für ~mal* once for all; **~nfalls** possibly, perhaps; if need be
aller|best best of all, very best; **~dings** of course, certainly; I admit; though; **~erst** first (and foremost), very first
Allerg|ie allergy; **~isch** allergic
aller|hand of all kinds; a variety of, all sorts of; shocking; *das ist ~hand* that's a bit thick; **~heiligen** All Saints' Day; **~heiligste** *eccl* Holy of Holies; **~höchst** highest of all, most high; **~lei** divers, all kinds of; *su* medley; **~letzt** very last; *zu ~letzt* last of all; **~meist** most (of all); especially; **~mindest** least (of all); **~nächst** nearest (of all), the very next; **~neu(e)st** very latest; **~orten, ~orts** everywhere; **~seelen** All Souls' Day; **~seits** on all sides, on every side; from all parts; to all (of you); **~weltskerl** a deuce of a fellow; **~wenigst** least (of all); **~wertester** *umg* behind
all|esamt all together; **~ezeit** always, at all times; **~gegenwärtig** omnipresent; **~gemach** gradually, by degrees
allgemein general; universal; broad *(fact)*; *im ~en* in general; **~befinden** general health; **~bildung** general background; **~gut** *werden* to find universal acceptance; **~heit** generality; universality; general public, community at large; **~verständlich** popular
Allheilmittel universal remedy, panacea, cure-all
Alli|anz alliance; **~gator** alligator; **~iert** allied; **~ierter** ally
all|jährlich yearly, annual; every year; **~macht** omnipotence; **~mächtig** omnipotent; almighty; **~mählich** gradual; *adv* gradually, by degrees; **~monatlich** every month; **~nächtlich** every night
Allopath allopathist; **~ie** allopathy
Allotria tomfoolery
all|seitig universal; versatile; **~stromgerät** AC/DC receiver, *BE* all-mains set; **~tag** week-day; work(ing)-day; *d. graue ~tag* the workaday world, the daily (humdrum) round; **~täglich** daily; every-day; commonplace; **~tagskleid** every-day dress; **~tagsmensch** commonplace fellow; **~tagswelt** workaday world; **~umfassend** all-embracing; **~wissend** omniscient; **~wissenheit** omniscience; **~zu** (much) too; **~zuviel** too much
Alm Alpine pasture
Almanach almanac
Almosen alms; **~empfänger** pauper
Alp|(drücken) nightmare; *es liegt mir wie e. ~ auf d. Seele (Brust)* it's a load on my mind, it's a regular nightmare; **~(e)** Alpine pasture; **~en**

Alps; **~englühen** Alpine glow; **~enveilchen** cyclamen
Alpaka *zool* alpaca; ✡ German silver, nickel silver
Alphabet alphabet, ABC; **~isch** alphabetical, abecedarian
Alpin|ist mountaineer, alpinist; **~istik, ~ismus** mountaineering
Älpler native (inhabitant) of the Alps
Alraun(e) *bot* mandrake
als *conj* as, like; *(zeitlich)* as, when; *(nach Verneinung)* but; *kein anderer ~* nobody but, none other than; *nichts ~* nothing but; *~ ob* as if, as though; *(nach Komparativ)* than; *zu ... ~ daß* too ... to do *(too hard to understand)*; **~bald** soon; **~dann** then; thereupon
also thus, so; in this manner, in this way; *conj* therefore, consequently; hence; so
Alt[1] ♪ alto; **~istin** alto singer; **~stimme** alto
alt[2] old, aged; *(Sprache, Geschichte etc)* ancient; antique; long-lived; *(nicht frisch)* stale; worn; ruinous, decayed; *~er Herr (umg)* the old man, the governor; *alles beim ~en lassen* to leave things as they are; *er war wieder d. ~e* he was himself again; *d. ~en* the ancients; **~backen** stale; **~bauwohnung** pre-war dwelling; **~bewährt** proven, of long standing; **~eisen** scrap iron; **~gläubig** orthodox; **~hergebracht** traditional, customary; **~hochdeutch** Old High German; **~jüngferlich** old-maidish; **~klug** precocious; **~material** scrap material, salvage; **~meister** past-master, senior champion; *fig* old-timer; **~modisch** old-fashioned, antique; **~papier** waste paper; **~philologie** the classics; **~stadt** old part of the town, Old Town; **~väterisch** old-fashioned, antiquated; **~warenhändler** second-hand dealer; **~weibersommer** gossamer; *(Jahreszeit)* Indian summer
Altar altar; **~bild, ~gemälde** altar piece; **~dekke, ~tuch** altar cloth
Alter age (*hohes ~* old a.; *in m-m ~* of my own a.); *(Altertum)* antiquity; *von ~s her* of old, formerly; *im ~ von* aged
altern to grow old; to age
Alternative alternative
Alters|erscheinung symptom of old age; **~genosse** person of the same age; contemporary; **~grenze** age limit; **~gruppe** age group; **~heim** home for the aged (*od* old people); **~klasse** age group; **~pension, ~rente** old-age pension, annuity; **~schwach** decrepit, weak (from age); **~schwäche** weakness (of old age); decrepitude; senility
Altertum antiquity; *pl* antiquities; **⁓lich** antiquarian, antique; archaic; **~sforscher** archaeologist; antiquary; **~skunde** archaeology
ältlich elderly; oldish
Aluminium aluminium, *US* aluminum
Alumn|at boarding-school; **~e** boarding-school student
Amalgam amalgam; **~ieren** amalgamate
Amateur amateur; **~haft** amateurish
Amboß anvil
ambulan|t ⚕ ambulatory (*~ter Kranker* out-patient); **~tes Gewerbe** travelling vendors, pedlars and hawkers; **~z** out-patient department; ambulance
Ameise ant; **~nfresser** ant-eater; **~nhaufen** ant-hill
Amen amen; *so sicher wie d. ~ in d. Kirche* as sure as fate, a dead certainty
Amerika America; **~ner(in)** American; **~nisch** American
Amethyst amethyst
Amme (wet-)nurse; **~nmärchen** nursery tale
Ammer *orn* bunting
Ammoniak ammonia
Amnestie amnesty, pardon; **~ren** to (grant a) pardon, to amnesty
Amok amuck; *~ laufen* to run amuck
Amortis|ation redemption, amortization; *(Abschreibung)* depreciation; **~ieren** to redeem, to amortize; *(Schulden)* to pay off
Ampel hanging lamp; hanging flower-pot; 🚗 traffic-light
Amphi|bie amphibian; **~bisch** amphibian; **~theater** amphitheatre
Ampulle ⚕ ampoule
Amput|ation amputation; **~ieren** to take off, to amputate; **~ierter** limbless (person), amputee
Amsel blackbird, ouzel
Amt office; employment, post; duty; *(Behörde)* board, authority, agency; ⚖ court; *eccl* service, Mass; ☎ exchange; *Auswärtiges ~* Foreign Office; *von ~s wegen* ex officio, administratively, officially; *in ~ u. Würden sein* to be in office, to hold office; **~ieren** to officiate; **~lich** official; **~mann** head of a department; magistrate; bailiff
Amts|antritt entry on the duties of an office; entering upon office; **~befugnis** authority, competence; **~bereich** sphere of office; jurisdiction; **~blatt** (official) gazette; **~bote** messenger; **~dauer** term, tenure of office; **~diener** beadle, usher; **~enthebung** dismissal; removal from office; **~führung** administration; **~geheimnis** professional secret; official secret; **~gericht** *(etwa:)* district court, local court; **~gewalt** (official) authority; jurisdiction; **~richter** district Judge, justice; **~schimmel** red tape; officialism; **~sprache** official language; officialese; **~weg** official channels; **~zeit** term of office
Amulett (protective) charm, amulet
amüs|ant entertaining, amusing; **~ieren** to entertain s-b; *refl* to enjoy o.s., to have a wonderful time; *(belustigen)* to amuse
an 1. *prep* on, in, at; by, near, close to; *(wohin)* to; *bis ~* up to; *~ e-m Fluß* on a river; *es ist ~ ihm* it is his turn, it is up to him; *es ist nichts ~ der Sache* the matter (*od* report) is unfounded; *(etwa)* about (*~ d. 500 Mark* about 500 marks) ♦ *~ (u. für) sich* as such, in itself, in themselves, in theory, other things being equal; **2.** *adv* on(ward); up; *von nun ~* from now on, henceforth; *nahe ~* hard by, nearly
analog analogous; *~er Rechtsfall* precedent;

adv in a manner analogous to; ~ *anwenden* to apply mutatis mutandis; **~ie** analogy

Analphabet illiterate

Analy|se analysis, breakdown; **~sieren** to analyse; **~tiker** *chem* analyst; **~tisch** analytic

Anämie anaemia

Ananas pineapple

Anarch|ie anarchy; **~isch** anarchic; **~ist** anarchist

Anästhesie anaesthesia; **~ieren** anaesthetize

Anastigmat 📷, *phys* anastigmat

Anatom anatomist; **~ie** anatomy; Anatomy Department, dissecting room

an|bahnen to open (up); to prepare a way for, to pave the way for; *refl* to begin, to set in; **~bändeln** to flirt, to start flirting (*mit* with)

Anbau ⸸ sowing, planting, cultivation; addition(al building), annex; **~en** to cultivate, to till; *(Getreide)* to grow; to build on, to add to; **~fläche** acreage, area sown (*od* planted); **~möbel** unit furniture; **~motor** *(Fahrrad)* clip-on; **~schrank** unit cupboard (bookcase etc)

An|beginn (the very) beginning; outset; **~behalten** to keep on; **~bei** enclosed; herewith

anbeißen to bite (at); to swallow (take) the bait *(a. fig)*; *sie ist z.* ~ I could eat her

an|belangen to concern; **~bellen** to bark at; **~beraumen** to schedule (fix) for

anbet|en to worship, to adore; **~er** worshipper; adorer, admirer; **~ung** worship; adoration

Anbetracht: *in* ~ considering, in view of

anbetreffen to concern; *was ... anbetrifft* as far as ... is concerned

an|betteln *um* to beg s-th of s-b, to solicit (alms) from s-b; **~biedern** *refl umg* to make up (*bei* to), to chum up (*bei* with); **~bieten** to offer; *refl* to offer (to do), to volunteer; **~binden** to tie (*an* to), to fasten, to fix; *kurz angebunden sein* to be curt; **~blasen** to blow up; to breathe at

An|blick sight, view; aspect; look; *beim ersten* ~ at first sight; *ein ~ für Götter* a sight for the Gods; **~en** to look at, to glance at; **~blinzeln** to wink at; **~blitzen** to dart a look at; **~bohren** to pierce, to bore; *(Faß)* to tap; **~brechen** to break; to begin; to start using

an|brennen *(~zünden)* to light; *(Haus)* to set on fire; *vi* to catch fire; *(Essen)* to burn; **~bringen** to bring; to fix, to put up, to apply; *(Waren)* to dispose of, to sell; *(Klage)* to lodge; *(Schlag)* to bring home

Anbruch beginning, opening; break; *bei ~ des Tages* at daybreak; *bei ~ der Nacht* before nightfall

anbrüllen to roar at

Anchovis anchovy

Andacht devotions, prayers; *(Schule)* act of worship; **≃ig, ~svoll** devout, pious

andauern to last, to continue; **~d** lasting, continuous

Andenken memory, remembrance; keepsake, souvenir; *z. ~ an* in commemoration (*od* remembrance) of

ander other, another; different; second, next; *etw ~es* another thing, something different; *d. ist etwa ~es* that is a different thing; *ein ~mal* another time; *eins ums ~e Mal* alternately; *eins ums ~e* by turns, alternately; *e-n Tag um den ~en* every other day, on alternate days; *unter ~em* among other things; **≃n** to alter; to change; *ich konnte es nicht ≃n* I could not help it; *refl* to alter; to change; to vary; **~nfalls** otherwise; **~s** otherwise; differently; *nichts ~s als* nothing but; *niemand ~s* nobody but; *~s sein als* to be different from; *ich kann nicht ~s* I cannot help it; *ich weiß es ~s* I know better; *~s werden* to alter; *s. ~s besinnen* to change one's mind; **~sdenkend** of a different opinion, dissenting; **~sgläubig** belonging to another denomination; heterodox; **~sgläubiger** dissenter, heretic; **~slautend** different, to the contrary; **~swo** elsewhere; **~swoher** from elsewhere; **~swohin** to another place; **~thalb** one and a half; **≃ung** alteration; change; **~wärts** elsewhere; **~weitig** other; elsewhere; otherwise; in another place

an|deuten to intimate, to hint; to indicate; **~deutung** intimation, hint; indication; **~donnern** to roar at; **~drang** rush; crowd; ⚕ congestion; **~drängen** to press against; to press on, to push on; **~drehen** to turn on (*a.* ⚡, 📷); *fig umg* to palm s-th off on s-b

androh|en to threaten with; **~ung** threat, menace; *unter ~ung e-r Geldstrafe* under penalty of a fine

aneign|en *refl* to appropriate, to take possession of; **~ung** appropriation

aneinander together; to one another; against one another; **~fügen** to put together, to join; **~geraten** to start quarrelling, to come to grips

Anekdote anecdote; **~nartig** anecdotical

Anemone anemone

Anerbieten offer, tender; proposal

anerkannt recognized; accepted

anerkenn|en to acknowledge, to recognize; to allow, to admit; *(schätzen)* to appreciate; *(honorieren)* to honour; **~enswert** praiseworthy; **~ung** acknowledgement; recognition; appreciation

an|fächeln to fan at; **~fachen** to blow; *fig* to inflame, to stimulate

anfahr|en to carry, to convey to; to run into, to collide with; *fig* to shout at, to fly at; *vi* to drive up; **~t** arrival; 🚗 drive; ⚓ landing-place

Anfall *bes* ⚕ attack, fit; assault; *(Menge)* amount, number; volume (of work); **~en** to assault, to attack; to assail; **≃ig** susceptible (*für* to); **≃igkeit** susceptibility

Anfang beginning (*der ~ vom Ende* the b. of the end), start, outset; origin; *pl* rudiments; **~en** to begin, to start; *(tun)* to do, to set about; *was fange ich (mit ihm) an?* what shall I do (with him)?; *ich weiß nicht, was ich ~en soll* I don't know what to do; **≃er** beginner; **≃lich** initial, original; *adv* at first, in the beginning; **~s** = ≃lich; **~sbuchstabe** initial (letter); **~sgehalt** commencing salary

anfassen to touch; to handle; to take hold of, to seize; *falsch* ~ to bungle
anfecht|bar contestable, voidable; **~en** to dispute, to contest; to attack, to assail; to call in question, to challenge; *(versuchen)* to tempt; **~ung** attack; temptation; vexation
anfeind|en to bear ill will; to be hostile to(wards); to oppose; **~ung** hostility, animosity
anfertig|en to make, to manufacture; *(Rezept)* to make up; **~ung** making, manufacture; production
an|fesseln to fetter; to chain (*an* to); **~feuchten** to moisten; to damp; to wet; **~feuern** to kindle; *fig* to inflame, to stimulate; to encourage; **~flehen** to implore, to entreat; **~flug** approach, landing at; *fig* touch, trace; smattering
anforder|n to demand, to exact; **~ung** demand; claim; *(Leistung)* requirement; *hohe ~ungen stellen an* to expect a great deal from
Anfrage inquiry; demand (*nach* for); **~n** to inquire, to ask
an|fressen to gnaw, to eat at; *chem* to corrode; **~freunden** *refl* to become friends, to make friends (*mit* with); **~fügen** to add, to attach; to join; **~fühlen** to touch; *refl* to feel
anführ|en to lead, to guide; *mil* to lead, to command; ♪ to conduct; *(zitieren)* to quote; *(als Beweis)* to adduce, to allege; *umg* to take in; **~ung** leadership; direction; *mil* command; quotation; **~ungszeichen** *pl* quotation marks, quotes, *BE* inverted commas
anfüllen to fill (up); to replenish
Angabe assertion, declaration; *(Darlegung)* statement, testimony; *pl* information, data; *nähere ~n* particulars; *~n machen* to give details, to make a statement
an|gaffen to gape at, to stare at; **~gängig** permissible, possible
angeb|en to declare, to state, *(einzeln)* to specify; *(Namen)* to give; to explain, to indicate; to inform against, to denounce; to pretend; to serve; *(Karten)* to deal first; *den Ton ~en* to set the fashion, to (take the) lead; *vi umg* to boast, to swagger; **~er** boaster, braggart, show-off; informer; **~erei** boasting, swaggering; denouncing, denunciation; **~lich** alleged; ostensible, pretended; supposed *(his supposed brother)*; *adv* allegedly; reportedly
Angebinde present, gift
angeboren innate *(modesty, courtesy)*, inborn (*talent*, ⚕); inbred; hereditary
Angebot offer; *(Auktion)* bid; tender; *~ und Nachfrage* supply and demand
angebracht appropriate, suitable; apropos; *schlecht ~* unsuitable, out of place
ange|deihen *lassen* to grant, to bestow upon; **~denken** *siehe* Andenken; **~fressen** rotten; ⚕ carious
angegossen: *wie ~ sitzen* to fit like a glove
ange|griffen exhausted, tired; **~heiratet** (related) by marriage; **~heitert** slightly tipsy, merry

angehen *vt* to apply to; to ask s-b for; to concern; *vi* to begin; to catch fire; to be acceptable, passable; *(schlecht werden)* to go bad, to become tainted; *~ gegen* to oppose, to fight against; *das geht dich nichts an* that's no business of yours; *was mich angeht* as for me; ... *geht noch an* is not so bad after all; **~d** beginning; incipient; young
angehör|en to belong to; *(verwandt)* to be related to; **~ig** belonging to; related to; **~iger** relative; member; *pl* dependents, *(my)* family, folks
Angeklagter defendant; accused
Angel fishing-hook; *(Tür)* hinge; *aus d. ~n heben* to revolutionize ♦ *d. Welt aus d. ~n heben* to set the Thames on fire; *zwischen Tür und ~* at the last moment, on the point of leaving; **~gerät** fishing-tackle; **~n** to fish, to angle; *fig* to fish, to angle (*nach* for); **~punkt** cardinal point, pivot; **~sachse** Anglo-Saxon; **~sächsisch** Anglo-Saxon; **~schnur** fishing-line
angelegen: *sich etw ~ sein lassen* to pay attention to, to make it one's business; **~heit** business, affair, matter; **~tlich** pressing, urgent; *~tlich empfehlen* to impress s-th strongly upon
angelernt semi-skilled
angemessen suitable; appropriate, adequate; proper; *(Preis)* reasonable; **~heit** suitability; adequacy; propriety
angenehm pleasant, agreeable; *d. ~e mit d. Nützlichen verbinden* to combine business with pleasure
angenommen *conj* suppose, supposing (that)
Anger green, common; pasture
ange|säuselt slightly tipsy; **~schlossen** affiliated to, attached to, member *(m. country)*; **~schrieben:** *gut ~schrieben sein bei* to be in s-b's good books; **~schwemmt** alluvial; **~sehen** esteemed; distinguished; **~sessen** settled; resident
Angesicht countenance, visage; *von ~* by sight; *von ~ zu ~* face to face; **~s** considering, in view of; in the face of
Angestellt|enversicherung employees' insurance fund; **~er** (salaried) employee, white-collar worker, *pl* (salaried) staff
ange|trunken tipsy; **~wandt** applied; practical; **~wiesen** dependent (*auf* on); **~wöhnen** to accustom to; *refl* to accustom o.s. to, to contract *(a habit)*; **~wohnheit** habit; practice; custom; **~wurzelt** (as if) rooted to the spot
Angina follicular tonsillitis; **~ pectoris** angina (pectoris)
angleich|en to approximate; *a. refl* to assimilate; **~ung** approximation; assimilation; adjustment
Angler angler
anglieder|n to annex; to attach (*an* to); to affiliate; **~ung** annexation; affiliation
Angli|kaner Anglican; **~kanisch** Anglican; **~sieren** Anglicize; **~st** professor of English; student of English; **~stik** (study of) English

philology; **~stisch** of (pertaining to) English philology; **~zismus** anglicism

Anglo- Anglo-

anglotzen to gaze at, to stare at

angreif|bar vulnerable; **~en** to get hold of, to touch; to handle, to seize; *mil* to attack, to charge; *(Unternehmen)* to set about, to undertake, to tackle; ⚕ to affect; *(Schwächen)* to exhaust, to fatigue; *(Vorräte)* to break into, *(Kapital)* to touch; *refl* to feel; **~end** trying, exhausting; corrosive; **~er** aggressor (nation), assailant

angrenz|en to border on; to adjoin; **~en** adjacent, adjoining; **~er** neighbour

Angriff attack, charge; assault; *in ~ nehmen* to set about, to begin work on, to attack; **~skrieg** offensive war; **~slustig** aggressive; **~sziel** target, objective

angrinsen to grin at

Angst anxiety, fear; anguish; *in ~ geraten* to be frightened, to take alarm (*wegen* at); *ich habe ~, mir ist ~* I am afraid, uneasy; *mir wurde ~ u. bange* I felt very frightened, I was scared stiff; *es mit d. ~ bekommen* to get frightened; *j-m ~ machen* to frighten s-b, to alarm s-b; **⁓̈igen** to frighten; *refl* to be frightened, to be afraid (*vor* of), to worry (*um* about); **⁓̈lich** anxious, uneasy; timid; *(genau)* srupulous; **⁓̈lichkeit** uneasiness; timidity; scrupulousness; **~schrei** scream of anguish; **~schweiß** cold sweat; **~voll** full of fear, fearful

angucken to look at

anhaben to have on, to wear; *kann ihm nichts ~* can't get at him, can't do him any harm

anhaften to stick to, to adhere to; **~d** adherent

anhaken to hook (on) to; = *abhaken*

Anhalt support; evidence; **~en** *vt* to stop, to pull up; to seize, *j-n zur Zahlung ~en* to demand payment from; to urge (to do); *vi* to continue; to persist in; to last; *~en um* to propose to s-b; *refl* to hold on (to); **~end** lasting; continuous; persistent; **~er** hitchhiker; *per ~er fahren* to hitch-hike, to thumb a ride; **~spunkt** clue, indication, pointer

Anhang appendage; appendix; supplement; *fig* followers, adherence; **~en** *vi* to stick to, to adhere to, to be attached to; **⁓̈en** to hang on; to fasten, to fix; to add; *j-m etw ⁓̈en* to slander s-b, *(Waren)* to palm off on s-b; *vi, refl* to cling to, to stick to; **⁓̈er** adherent, supporter; 🚗 trailer; *(Schmuck)* pendant, locket; **⁓̈lich** attached; faithful; **⁓̈lichkeit** adherence, attachment; allegiance; **⁓̈sel** appendage; appurtenance

Anhauch *fig* touch, tinge; **~en** to breathe upon; *umg* to tell off

anhäuf|en to heap up, to accumulate; to amass; **~ung** accumulation

an|heben to lift, to raise; *vi* to commence; **~heften** to fasten (*an* to)

anheim|eln to make s-b feel at home; **~fallen** to fall to; to devolve upon; **~geben, ~stellen** to leave to; to submit to; to suggest for consideration

anheischig: *s. ~ machen* to pledge o.s., to promise; to offer, to volunteer (to do)

Anhieb first cut; *auf (ersten) ~* at the first attempt (*od* go), right away

An|höhe hill, elevation; **~hören** to listen to; *refl* to sound

anim|alisch animal, natural; beastly; **~ieren** to stimulate, to encourage; to egg on

Anis anise

ankämpfen to struggle (*gegen* against)

Ankauf purchase, acquisition; **~en** to buy, to acquire; *refl* to buy property

Anker anchor; ⚡ armature; *~ werfen, vor ~ gehen* = ~n; *vor ~ liegen* to ride (*od* lie) at anchor; **~boje** anchor-buoy; **~n** to (cast) anchor; **~platz** anchorage

an|ketten to chain (*an* to); **~kitten** to cement (*an* to); **~kläffen** to yelp at

Anklage accusation, charge; indictment; **~bank** dock; **~n** to accuse (*wegen* of), to charge (*wegen* with); ⚖ to indict; to impeach; **⁓̈r** accuser; **~schrift** (bill of) indictment

anklammern to fasten, to clamp; *refl* to cling (*an* to)

Anklang echo; reminiscence; *~ finden* to be approved of; to become popular

an|kleben to stick (on), to glue; *fig* to stick to, to adhere to; **~kleiden** to dress *(a. refl)*; **~klingen** to remind (*an* of); **~klopfen** to knock (*an* at); **~knipsen** ⚡ to switch on

anknüpf|en to tie (*an* to), to tie up; to fasten (*an* to); *fig* to begin; *(Beziehg.)* to establish; *vi* to refer (*an* to)

ankommen to arrive; *a.* 🚆 to be due; *fig* to sell *(the play sells)*; to approach, to reach; *gut (schlecht) ~* to be well (ill) received; *~ auf* to depend upon; *es darauf ~ lassen* to take the chance, to run the risk; *es soll mir nicht darauf ~* I shan't mind spending a little more *(money, trouble)*

Ankömmling newcomer, arrival

ankünd(ig)|en to announce; to proclaim; to advertise; **~ung** announcement; proclamation; advertisement

An|kunft arrival; advent; **~kurbeln** 🚗 to crank up; *fig* to stimulate, to get started, to speed up; **~lächeln** to smile at; **~lachen** to laugh at *(into s-b's face)*

Anlage plan, draft; lay-out; park, (pleasure) grounds; 🚆 plant, establishment; installation (*elektrische ~* electrical i., 🚗 electrical system); *(Talent)* heredity, inheritance, native ability and personality; tendency, predisposition; investment; *(Brief)* enclosure; **~kapital** funds, business capital

anlangen *vt* to touch; *fig* to concern; *was ... anlangt* as regards, as for; *vi* to arrive

Anlaß occasion; cause; motive; inducement; *ohne jeden ~* without any reason at all

anlass|en to keep on; 🚗 to start; *s. gut ~en* to promise well; **~er** (self-)starter

anläßlich on the occasion of

Anlauf start, ✈ run (-up); onset, attack; *e-n ~ nehmen* to take a starting run, *fig* to make an effort; **~bahn** ✈ approach; **~en** to run up, to run (*gegen* against); to take a run; 🚗 to start; ⚕ to swell; *(Glas etc)* to tarnish; *(s. sammeln)* to mount up, to accumulate; *vt* ⚓ to call at; *im ~en sein* to be beginning; **~frist** starting period; **~zeit** initial period

Anlaut initial sound; **⁓̈en** to ring up

anlegen to put to, against; *(Kleid)* to put on; to apply to; *(Ort)* to found; *(Gelände)* to lay out; *(Feuer)* to lay; *(Gewehr)* to aim (at); *(Geld)* to invest; *(gründen)* to establish; *Hand ~* to help, to begin to work; *d. letzte Hand ~* to put the finishing stroke to; *es ~ auf (fig)* to make a point of, to aim at; *vi* ⚓ to land

Anleg|estelle landing-place; **~ung** laying out, planning; application

anlehn|en to lean against (upon); *(Tür)* to leave ajar; *refl* to lean against; *fig* to follow; to be patterned, modelled on; **~ung** leaning against; support; *in ~ung an* in imitation of, following the pattern of

An|leihe loan; **~leimen** to glue (*od* stick) s-th on s-th

anleit|en to guide; to instruct; **~ung** guidance

anlern|en to train, to instruct; **~ling** trainee, apprentice

anliegen to lie near, to be adjacent; to border on *(a. fig.)*; *(Kleid)* to fit well; *su* request; concern, wish; matter

anlocken to allure, to entice

an|löten to solder (*an* to); **~lügen** to lie to; **~machen** to fasten, to fix (*an* to); *(mischen)* to mix, to dress; *(Feuer)* to light; **~malen** to paint; **~marsch** approach, advance; *im ~marsch sein* to be advancing, approaching

anmaß|en *refl* to claim, to presume; to pretend; to assume; **~end** arrogant; presuming; **~ung** arrogance

anmeld|en *vt* to announce; to notify, to report; to register; to declare; *refl* to report (*bei* to), to make an appointment *(with a doctor etc)*; to send in one's name; **~egebühr** registration fee; **~epflichtig** subject to registration; ⚕ *BE* notifiable; **~eschein** registration form; **~eschluß** closing date; **~ung** announcement; report; notification; *nach vorheriger ~ung* on appointment

anmerk|en to note, to notice; to perceive; to make a note of; **~ung** remark, observation; comment, (foot-)note

anmessen to measure for *(a suit)*

Anmut grace(fulness), charm; sweetness; **~en** to seem to s-b; **~ig** graceful; charming; *(Stil)* elegant

an|nageln to nail on (to); **~nähen** to sew on (to)

annäher|n to approximate (*an* to); *vi* to approach, to draw near; **~nd** approximate; **~ung** approach; approximation; rapprochement

Annahme acceptance; assumption (*in d. ~, daß* on the a. that); supposition, hypothesis; *~ an Kindes Statt* adoption

annehm|bar acceptable; **~en** to accept, to receive; *(Gestalt, Namen)* to assume; *(an Kindes Statt)* to adopt; *(vermuten)* to assume, to suppose; *(Gewohnheit)* to contract; *(Antrag)* to carry; *refl* to take care of, to take an interest in; **~lichkeit** amenity

anne|ktieren to annex; **~xion** annexation

Annonc|e advertisement, ad; **~ieren** to advertise

annullieren *(Auftrag)* to cancel, withdraw; *(Urteil)* to quash; *(Vertrag)* to annul, to cancel; *(ungültig machen)* to nullify

anöden *umg* to bore (stiff)

anomal anomalous; abnormal; **~ie** anomaly; **~lität** abnormality

anonym anonymous; **~ität** anonymity

Anorak anorak, parka

anordn|en to arrange, to dispose; to order; **~ung** order; regulation; arrangement, disposition

anorganisch inorganic

anormal abnormal; anomalous; unusual

anpacken to grasp, to seize; *(grob)* to manhandle; to attack; *fig* to tackle

anpass|en to fit, to adapt (*an* to); to accommodate; to adjust (*an* to); *(Kleid)* to try on; **~ung** adaptation; adjustment; **~ungsfähig** adaptable; **~ungsvermögen** adaptability

anpflanz|en to plant; to cultivate; **~ung** plantation; cultivation

anpflaumen to kid

anpochen to knock (*an* at)

Anprall impact; collision; shock; **~en** to bound, to strike (*gegen* against)

anprangern to pillory, to denounce

anpreisen to praise (up), to extol; to recommend; *(ausschreien)* to cry (up); to ballyhoo

Anprob|e fitting(-on), trying-on; **~(ier)en** to try on

an|pumpen to borrow (money) from, to touch (for money); **~ranzen** to scold

anraten to advise, to recommend; *su* advice, recommendation

anrauch|en to start to smoke; **⁓̈ern** to smoke (a little); *chem* fo fumigate

anrechn|en to charge; *(Betrag) ~en auf* to count towards; *zuviel ~en* to overcharge; to take into account; *nicht ~en* to disregard; *hoch ~en* to value greatly, to rate high

Anrecht claim, title, right; *ein ~ haben auf* to be entitled to

Anrede address; **~n** to address (*mit* as); to speak to

anreg|en to stir up; to stimulate, to excite; to suggest; **~end** stimulating, interesting; **~ung** stimulation; suggestion; *auf ~ung von* at the instigation of

an|reihen *(Perlen)* to string; to add; **~reißen** to tear (partly); *fig* to break into

Anreiz stimulus; inducement

an|rempeln to jostle (against); **~rennen** to run against, on

Anrichte dresser, sideboard; **~n** to prepare; to do; *(Essen)* to serve up; *es ist angerichtet* dinner is ready; *was hat er angerichtet?* what has he been up to?

an|rollen to roll against; *umg* to arrive; ✈ to taxi; **~rüchig** disreputable, notorious; **~rücken** to approach, to draw near; to advance

Anruf (telephone) call; appeal; **~en** to call to s-b, to hail; ☎ to ring up; to call up; *mil* to challenge; *fig* to appeal to; to invoke; **~ung** invocation

anrühren to touch; *(Essen)* to stir, to mix

Ansage announcement; dictation; **~n** to announce; to declare; to notify; *(Karten)* to call; **~r** announcer

ansamm|eln to collect, to gather; to accumulate; to amass; *refl* to accumulate; to accrue; **~lung** collection, accumulation; heap, crowd, gathering

ansässig (permanently) resident; domiciled

Ansatz beginning, start; ♪ mouthpiece; valuation, estimate; *in ~ bringen* to take into account

ansaugen to suck

anschaff|en to procure, to provide; to buy; **~ung** purchase; **~ungskosten** original cost; **~ungspreis** cost price

anschalten to switch on, to turn on

anschau|en to look at; to contemplate; **~lich** vivid, graphic; clear, evident; **~lichkeit** vividness; clearness; **~ung** view, idea; aspect; contemplation; **~ungsmaterial** visual aids; illustrative material; **~ungsunterricht** object lesson

Anschein appearance (*allem ~ nach* to all a.); probability (*allem ~ nach* in all p.); *d. ~ haben* to seem, to bid fair; *d. ~ erwecken, s. d. ~ geben* to pretend, to look (as if); **~end** apparent, seeming

an|schicken *refl* to prepare, to set about; **~schießen** to wound; *fig umg* to challenge, to criticize

Anschlag stroke; striking; ⚙ stop; *mil* firing position; *im ~ halten* to point at; ♪ touch; *(Plakat etc)* poster, placard; notice, bill; *(Komplott)* plot, attempt *(on s-b's life)*; *(Schätzung)* estimate, valuation; *in ~ bringen* to take into account, to allow for; **~brett** notice-board, bulletin board; **~en** to strike (against), to bang; to ring; ♪ to touch; to nail on (*an* to), to affix; *(Zettel, Plakat)* to post up, to stick up; *fig* to estimate, to rate, to value; *vi* to strike; *(Hund)* to bark, *(Vogel)* to sing; *(Essen, mst negativ gebraucht)* to agree with s-b; ⚕ to take effect; **~säule** advertisement pillar; **~tafel** = ~brett

anschließen to chain (*an* to); to fasten (with a lock); to add; ⚡, ⚙ to connect; to affiliate (*an* to), to incorporate; *refl* to join; to follow; to agree with, to endorse *(a view)*; **~d** following; *adv* afterwards, then

Anschluß connection (*a.* , ⚡); *habe ich ~ nach B.?* does the train connect for B.?; *(Gas, Wasser)* connection, supply; junction; communication; affiliation, incorporation; *pol* Anschluss; *d. ~ erreichen* to catch the connection; *d. ~ verpassen* to miss the connection, *fig* to miss one's chance (*sl* the bus)

an|schmieden to chain (*an* to); **~schmiegen** *refl* to nestle to (against), to snuggle up (to); **~schmieren** to smear, to daub; *umg* to cheat, to take in; **~schnallen** to buckle on; **~schnauzen** *umg* to snarl at, to bawl out; **~schneiden** to cut; to carve; *(Thema)* to broach; **~schnitt** first cut (slice); **~schrauben** to screw (*od* bolt) on (*an* to)

anschreib|en to write down; *(Schuld)* to put to s-b's account, to charge; to score

anschreien to shout at

Anschrift address

anschuldig|en to charge (with), to accuse (of); **~ung** accusation, charge

an|schüren to kindle; *fig* to stir up; **~schwärmen** to adore; **~schwärzen** to blacken; *fig* to backbite, to slander

anschwell|en to swell (out); to rise, to increase; **~ung** swelling; rising

anschwemm|en to wash ashore; *geol* to form by alluvium; **~ung** alluvium

an|schwindeln to swindle; to lie to

ansehen to look at; to regard, to consider; to take for; *sieh dir das an* take a look at that; *man sieht ihm d. Russen auf 100 m an* you can tell he is a Russian from a hundred yards; *man sieht ihm keine Not an* he does not appear to be in want; *su* appearance; esteem, respect; authority; *ohne ~ d. Person* without respect of person; *in großem ~ stehen* to be held in high esteem

ansehnlich imposing; considerable, substantial

an|seilen to rope; **~sengen** to singe

ansetzen to put, to set to; to affix; to apply (to); to add (to); *(Zeit)* to appoint; *(Preis)* to fix, to charge; to estimate; *bot* to put forth; *(Gewicht)* to put on; to grow fat; *chem* to prepare, to mix; *refl* to be deposited, to crystallize

Ansicht view, sight; *fig* opinion (*meiner ~ nach* in my o.); *ich bin anderer ~* I beg to differ; *zur ~* on approval; **~ig werden** to catch sight of; **~sexemplar** approval (*od* inspection) copy; **~s(post)karte** picture postcard; **~ssache** matter of opinion

ansied|eln *vt* to settle *(a. refl)*; to colonize; **~ler** settler, colonist; **~lung** settlement, colony; colonization

Ansinnen demand; request

anspann|en to harness (to); to stretch, to strain; to bend; *fig* to strain, to exert; **~ung** strain(ing); exertion; tension

anspiel|en to play first, to begin to play; *(Karten)* to lead; *~en auf* to allude to, to hint at; **~ung** allusion, hint

an|spinnen to contrive, to plot; *refl* to begin, to develop; **~spitzen** to sharpen, to point

Ansporn stimulus, stir; **~en** to stimulate, to stir (on); to encourage

Ansprache address, (short) speech

ansprechen to speak to; to address, to accost;

fig to appeal to; ~ *auf* ⚕ to answer to; **~d** attractive, prepossessing

an|springen to leap (against), to jump at; 🚗 to start; **~spritzen** to splash, to squirt at; to besprinkle

Anspruch claim, title; pretension; ~ *haben auf* to be entitled to; ~ *erheben auf* to lay claim to, to demand; *in ~ nehmen (Zeit)* to take up, to make a claim on, *(Aufmerksamkeit)* to absorb, *(j-n)* to call on the services of; **~slos** unassuming, modest; **~slosigkeit** modesty, plainness; **~svoll** pretentious, ambitious; exacting

an|spucken to spit at; **~spülen** to wash (ashore); **~stacheln** to goad on; to incite

Anstalt institution, home, house; ⚕ asylum; *~en treffen* to make arrangements, to prepare; *~en machen* to be about (to do); **~sarzt** resident physician

Anstand decency, propriety; behaviour; *ohne ~* without hesitation; *(Jagd)* stand; **~̈ig** proper, decent; respectable; **~̈igkeit** propriety, decency; respectability; **~sbesuch** formal call; **~sgefühl** tact; **~shalber** for propriety's sake; **~los** readily, without hesitation; **~sregel** etiquette; **~swidrig** improper, indecent

an|starren to stare at; to gaze at; **~statt** instead of; in lieu of; **~staunen** to gaze at; to marvel at; **~stechen** to prick; *(Faß)* to broach, to tap

Ansteck|blume corsage; **~en** to pin on, to fasten; *(Ring)* to put on; *(Zigarette)* to light; *(Haus)* to set fire to; ⚕ to infect; *refl* to catch an infection, to get infected; **~end** catching; ⚕ infectious; **~ung** ⚕ infection, contagion

anstehen *bes* ⚖ to be due; ~ *nach* to queue up for; ~ *lassen* to postpone, to defer (payment of); *nicht ~ zu tun* not hesitate to do

ansteigen to ascend, to rise; to increase

anstell|en to hire, to engage, to take on; to employ; ⚡ to switch on; 📻 to turn on; 🚗 to start; *e-n Vergleich ~en* to draw a parallel; *refl* to queue up; *umg* to make a fuss, to be fussy; *s. ~en als ob* to behave as if; **~ig** skilful, able; **~ung** appointment, employment; post

An|stich broaching *(of a cask)*; first draught *(from a cask)*; **~stieg** rise; ascent; *fig* rising trend

anstift|en to instigate s-b; to plot, to contrive; *(Böses)* to abet; **~er** instigator; abettor; **~ung** instigation

anstimmen to (begin to) sing; to strike up

Anstoß impulse; shock; initiative; ⚽ kick-off; *ohne ~* without difficulty, fluently; *Stein d. ~es* stumbling-block; ~ *erregen* to give offence; ~ *nehmen an* to take offence at; **~en** *vt* to push, to knock against; *vi* to push, to bump (*gegen* against); *(redend)* to stammer; *~en (auf)* to touch (*od* clink) glasses (in drinking a toast to s-b, in); *~en an* to border on; *~en bei* to give offence to, to hurt; **~̈ig** offensive, shocking; scandalous

an|strahlen to shine on; 🎭, ⚽ to floodlight; *fig* to beam upon; **~streben** to strive for, after; to aim at; to aspire to

anstreich|en to paint; *(weiß)* to whitewash; to mark; **~er** house-painter

anstreng|en to exert, to strain; *alle Kräfte ~en* to make every effort; *e-n Prozeß ~en gegen* to bring an action against; **~end** straining, exhausting; gruelling; strenuous, arduous; **~ung** exertion, strain; effort

Anstrich paint(ing); coat (of paint); *fig* touch, tinge; appearance; *e-r Sache e-n anderen ~ geben* to vary a thing, to strike a new note

an|stricken to knit on (*an* to); *(Strumpf)* to foot; **~stückeln** to piece (*an* on to); to patch up, to lengthen by patching

Ansturm assault, attack; run, rush; **~̈en** to assault, to storm against; to rush upon

Ansuchen request, petition; ~ *um* to request, to petition for

Antarkt|is Antarctic; **~isch** antarctic

antasten to touch; *fig* to violate

Anteil share; part, portion; quota; *fig* interest, sympathy; ~ *nehmen an* to sympathize with, to take an interest in; **~nahme** sympathy

antelefonieren to ring up, to give a ring, to call up

Antenne *zool* antenna; 📻 aerial, antenna

Anthrazit anthracite

Anthropolog|e anthropologist; **~ie** anthropology

Antibiotikum antibiotic

antik ancient, antique; *~er Kunstgegenstand* antique; **~e** antiquity; Greek and Roman times

Anti|körper antibody; **~lope** antelope; **~mon** antimony; **~pathie** antipathy (*gegen* to); *voll ~pathie gegen* antipathetic to

antippen to tap, to touch lightly

Antiqu|a 📖 Roman type; Roman letters; **~ar** second-hand bookseller; dealer in works of ancient art; **~ariat** second-hand bookshop; **~arisch** second-hand; **~iert** out-moded; **~itäten** antiques; **~itätenhändler** antique dealer

Antisemit anti-Semite; **~isch** anti-Semitic

antiseptisch antiseptic; *~es Mittel* antiseptic

Antlitz coutenance, face

Antrag proposal, offer; proposition; motion; application; *e-n ~ stellen* to file an application, *pol* to move; **~steller** applicant; proposer; mover

an|trauen to marry to; **~treffen** to meet; **~treiben** to drive; to propel; to push on; *fig* to urge (on); *vi* to drift along, ashore; **~treten** *vt* to start; *(Amt)* to enter upon, to take up; *e-e Reise ~treten* to set out (*nach* for), to set out on a journey; *(Beweis)* to produce *(evidence)*; *mil* to fall in

Antrieb impulse; incentive, *aus eigenem ~* of one's own accord; ⚙ drive

Antritt entrance (upon); commencement; *~ e-r Reise* setting out for a journey; **~sbesuch** first visit; **~srede** inaugural address, *pol* maiden speech

antun to put on; *j-m etw ~* to do to; *Schande ~* to bring disgrace on; *j-m Gewalt ~* to offer violence to; *s. etw ~* to do violence to o.s.; *sie hat es ihm angetan* he has fallen for her

Antwort answer, reply; response; *d. ~ nicht schuldig bleiben* not to be at a loss for an answer; **~en** to answer, to reply; to respond; **~schein** (international) reply coupon; **~schreiben** written reply

anver|trauen to entrust s-b with s-th, to confide s-th to s-b; *refl* to confide in, to unbosom o.s. to; **~wandt** related

an|visieren to sight; **~wachsen** to grow on (to); *bot* to take root; *(Fluß)* to swell, to rise *(a. fig)*; *fig* to increase

Anwalt lawyer, counsel, advocate; *fig* defender; agent

anwand|eln to befall, to seize; **~lung** impulse; fit, attack

Anwärter candidate; **~schaft** candidacy; entitlement, qualification; *(Versicherung)* qualifying period

anweis|en to direct, to instruct; to assign; **~ung** direction, instruction; assignment; money-order; cheque

anwend|bar applicable; practicable; **~barkeit** applicability; **~en** to apply, to employ, to use; **~ung** application, use; *~ung finden auf, bei* to apply to

anwerb|en to enlist, to levy; **~ung** enlistment, levy

anwerfen 🚗 to start

Anwesen property, estate; premises; **~d** present; **~heit** presence; attendance

anwidern to disgust; *es widerte mich an* I was disgusted at it

An|wohner neighbour; **~wurf** plastering, roughcast; *fig* reproach

Anzahl number, quantity; **~en** to pay on account; to make a down payment for; **~ung** down payment; (first) instalment; payment on account, initial payment

anzapfen to tap *(a. fig)*; *umg* to borrow money from

Anzeichen sign, symptom; indication; omen

Anzeige notice; announcement; *(Zeitung)* advertisement; ⚖ denunciation, information against; report; **~n** to report; to announce; to notify; to advertise; ⚖ to lodge a complaint against, to inform against; **~nbüro** advertising office; **~npreis** advertising rate; **~ntext** (advertising) copy

anzetteln to plot, to scheme; to contrive

anzieh|en to draw, to attract; *(Schrauben)* to tighten; *(spannen)* to stretch; *(Zügel)* to draw in; *(Kleid)* to put on; *fig* to interest; *vi* to draw (near); *(Preise)* to rise, to look up; **~en** *su* stiffening *(of prices)*; **~end** attractive, interesting, catching; **~ung** attraction; **~ungskraft** (power of) attraction; appeal

Anzug suit; *im ~ sein* to be approaching, to be imminent; **⁓̈lich** personal, suggestive; sarcastic; **⁓̈lichkeit** personal remark; offensiveness; **~stoff** suiting

anzünd|en to kindle, to light; *(Haus)* to set on fire; **~er** lighter

anzweifeln to doubt

apart attractive, charming

Apath|ie apathy; **~isch** apathetic

Apfel apple ♦ *in d. sauren ~ beißen* to swallow the (bitter) pill; *d. ~ fällt nicht weit vom Stamm* like father, like son; **~baum** apple-tree; **~kuchen** apple-pie; **~most** cider; **~mus** apple-sauce; **~schimmel** dapple-grey horse; **~sine** orange

Aphorismus aphorism

Apost|el apostle; **~elgeschichte** Acts (of the Apostles); **~olisch** apostolic

Apostroph apostrophe

Apotheke pharmacy, *BE* chemist's shop, *US* drugstore; **~r** (pharmaceutical) chemist, pharmacist; **~rpreise** exorbitant prices; **~rwaren** drugs

Apparat appliance, instrument; apparatus; ☎ telephone (extension); *bleiben Sie am ~!* hold the line!; 📷 camera; *(Personen)* body; organization; **~ur** apparatus, equipment

Appartement one-room flat; *(Hotel)* suite (of rooms)

Appell *mil* roll-call; inspection; *fig* appeal; **~ieren** to appeal (*an* to), to make an appeal (to)

Appetit appetite; **~anregend** appetizing; **~lich** appetizing, dainty

applau|dieren to applaud; **~s** applause

apportieren to fetch, to retrieve

Apposition apposition

appret|ieren to dress, to finish; **~ur** dressing, finish

Approb|ation approval, authorization; ⚕ certification of a physician; *eccl* imprimatur; **~ieren** to approve, to authorize; *~ierter Arzt* qualified medical practitioner, *US* licensed doctor

Aprikose apricot

April April; **1.** ~ April Fools' Day; *j-n in d. ~ schicken* to make an April fool of

apropos incidentally; apropos (of)

Aquamarin aquamarine

Aquarell water-colour, aquarelle; **~ieren** to paint in water-colour

Aquarium aquarium

Äquator equator

Ära era

Arab|er Arab; **~eske** arabesque; **~ien** Arabia; **~isch** Arab, Arabian, Arabic

Arbeit work; labour, toil; *(Stelle)* job, employment; *(Qualität)* workmanship; make; piece of work; *(wissenschaftlich etc)* paper; essay; **~en** to work; to make, to manufacture; to labour; *an s. ~en* to go to work on one's self; **~er** worker, *(bes ungelernter)* labourer; *gelernter ~er* skilled worker; workman; **~erfrage** labour question; **~erin** woman worker, work(ing) woman; **~erschaft** workers; working class; **~geber** employer; **~nehmer** employed person, workman; *pl* workers and employees; **~sam** industrious, diligent

Arbeits|amt *BE* Labour Exchange, employment exchange; **~anzug** *mil* fatigue dress;

boiler suit, overalls; **~ausfall** loss of work; absenteeism; **~beschaffung** creation of work; **~dienst** labour service; **~dienstpflicht** industrial conscription; **~einkommen** earned income; **~einsatz** direction to work, employment of labour; **~einstellung** strike; **~entgelt** wages, remuneration; **~ertrag** earnings; **~fähig** able-bodied; fit for work; **~feld** sphere of action, field of activity; **~gang** stage, phase; **~gebiet** area covered; sphere of operation; domain; = ~feld; **~gemeinschaft** working association; working group, study group; working party; **~gericht** Labour Court; **~haus** penitentiary, work-house; **~kräfte** workers, labour force; manpower; **~leistung** efficiency; **~lenkung** direction of labour; **~lager** labour camp; **~lohn** wages; **~los** unemployed, out of work; **~losenfürsorge** unemployment relief; **~losenunterstützung** unemployment benefit; *~losenunterstützung erhalten BE* to be on the dole; **~losenversicherung** unemployment insurance; **~losigkeit** unemployment; **~markt** labour market; **~material** working material; **~möglichkeit** possibility of work(ing), opportunity to work; **~nachweis** Labour Exchange; certificate of employment; **~platz** job, place of work; **~reich** busy; **~ruhe** rest from work; **~scheu** work-shy; **~sperre** lock-out; **~stunde** working hour; man-hour; **~teilung** division of labour; **~unfähig** incapable of work, unfit for work; **~unfallversicherung** industrial injury insurance; **~vermittlung** employment agency; Labour Exchange; **~versäumnis(se)** absenteeism; **~vertrag** labour contract; **~zeit** working hours; number of hours worked

Arbitrage margin dealings

Archäolog|ie archaeology; **~isch** archaeological

Arche ark

Architekt architect; **~onisch** architectural, architectonic; **~ur** architecture

Archiv archives; *(Zeitung) sl* morgue

Arena (circus) ring; *fig* arena

arg bad, wicked; arrant; mischievous; *umg* awful; *(su) nichts ~es denken* to mean no harm; *im ~en liegen* to be in a bad way, to be in a mess; **~list(igkeit)** craftiness, cunning, deceit; **~listig** crafty, cunning; **~los** harmless; innocent; unsuspecting; **~losigkeit** harmlessness; innocence; **~wohn** suspicion; mistrust; **~wöhnen** to suspect, to mistrust; **~wöhnisch** suspicious

Ärger annoyance, vexation; anger; worry; **~lich** annoying; vexatious; provoking; bothersome; **~n** to annoy, to vex, to irritate; *umg* to aggravate; *refl* to be annoyed, vexed (*über* at); **~nis** offence; annoyance; vexation

Argument argument; **~ieren** to argue

Arie aria

Aristokrat aristocrat; **~ie** aristocracy; **~isch** aristocratic

Arithmet|ik arithmetic; **~isch** arithmetical

Arkade(n) arcade

Arkt|is Arctic; **~isch** arctic

arm[1] poor; needy; penniless; *umg* hard-up; **~enhaus** alms-house; **~enpflege** care of the poor, poor-relief; **~enrecht** (free) legal aid; **~selig** poor, wretched, miserable; **~seligkeit** wretchedness, misery

Arm[2] arm; *(Fluß)* tributary, branch *(a. fig)*; *j-m unter d. ~e greifen* to lend s-b a hand, to help out; *j-m in d. ~ fallen* to put a spoke in s-b's wheel; **~band** bracelet; **~banduhr** wrist-watch; **~lehne** arm, elbow-rest; **~leuchter** chandelier; **~reif** bangle; **~schiene** ⚕ splint

Armatur fitting; connection; **~enbrett** 🚗 instrument panel, dashboard

Armee army; **~korps** army corps

Ärmel arm, sleeve ♦ *aus d. ~ schütteln* to do without effort (extempore); **~kanal** the Channel

armieren to arm, to equip; ⚡ to armour; ⚙ to reinforce

ärmlich poor, miserable

Armut poverty, want; *~ schändet nicht* poverty is no disgrace; *s. e. ~szeugnis ausstellen* to give o.s. away, to reveal one's own incapacity

Aroma flavour, aroma; **~tisch** aromatic

Arrest arrest, *(bes Schule, mil)* detention; attachment of property; **~ant** prisoner, person in custody

arretier|en ⚙ to stop, to lock; *fig* to arrest, to take into custody; **~schraube** locking screw

arrogan|t arrogant; **~z** arrogance

Arsen|(ik) arsenic; **~ig** arsenic(al)

Art class, sort, kind; category, type; species, race; *~ (u. Weise)* way; *er hat keine ~* he has no manners; *das ist nicht s-e ~* that is not his way ♦ *aus d. ~ schlagen* to degenerate, to be quite unlike the rest (of the family); **~en** to take after; **~ig** *(Kind)* good; well-behaved; courteous; **~igkeit** courtesy; *pl* compliments

Arterie artery; **~nverkalkung** arteriosclerosis

Artik|el article *(a. gram)*; item; commodity; **~ulieren** to articulate

Artiller|ie artillery (*leichte ~ie* field a.; *schwere ~ie* medium a.); **~ist** artillery-man, gunner

Artist circus performer, variety artist; artiste; **~isch** of (as) a circus performer

Arznei medicine; **~kunde** pharmacology; **~mittel** remedy, medicament; **~pflanze** medicinal plant

Arzt doctor, *US oft* physician; *praktischer ~* general practitioner; **⁓in** lady doctor; **⁓lich** medical; *⁓liches Rezept* doctor's prescription; *⁓lichen Rat einholen* to consult a doctor

As ♪ A flat; ace

Asbest asbestos

Asch|e ashes; ash; **~enbahn** cinder track; **~enbrödel** Cinderella; *fig* domestic drudge; **~ermittwoch** Ash Wednesday

äsen to browse, to graze

aseptisch aseptic

Asi|ate Asian; **~atisch** Asian; **~en** Asia

Aske|se asceticism; austerity; **~t** ascetic; **~tisch** ascetic

asozial antisocial

Aspekt *gram, astr, allg* aspect; *fig* consideration, bearing, factor
Asphalt asphalt; **~ieren** to asphalt
Aspir|ant candidate (for an office); aspirant; **~ation** tendency; (ambitious) endeavour; aspiration; **~in** aspirin
assimilieren to assimilate
Assisten|t assistant; aid; **~z** assistance; **~zarzt** assistant medical practitioner; *(Krankenhaus) BE* houseman, medical resident, *US* interne
assort|ieren to assort; **~iment** assortment
Assoziation association
Ast branch *(a. fig)*, bough; *fig* arm; *auf d. absteigenden ~* on the downgrade ♦ *s. e-n ~ lachen* to split one's sides with laughing
Aster *bot* aster
Ästhet aesthete; **~ik** aesthetics; **~isch** aesthetic
Asthma asthma; **~tiker** asthmatic; **~tisch** asthmatic
Astro|loge astrologer; **~logie** astrology; **~nom** astronomer; **~nomie** astronomy; **~nomisch** astronomical *(a. fig)*
Asyl asylum *(a. fig)*; refuge, sanctuary
Atelier studio; 🎥 *a.* sound stage
Atem breath (*außer ~* out of b.; *außer ~ kommen* to lose one's b.; *~ holen* to breathe; *in ~ halten* to keep on the move; *nicht zu ~ kommen* to have no time to draw breath; ... *hat ihm d. ~ verschlagen*... has quite stunned him; **~los** breathless; **~pause** breathing-space, respite; **~raubend** breath-taking, exciting; **~zug** breath; *im gleichen ~zug* in the same breath
Athe|ismus atheism; **~ist** atheist
Äther ether; **~isch** ethereal; *(Öl)* essential, volatile
Athlet wrestler, weight-lifter, *(Zirkus)* strongman; *fig* man of athletic build; **~ik** *(Leicht-)* athletics, track and field events; *(Schwer-)* heavy athletics; wrestling and weight-lifting; **~isch** *(Bau)* athletic; *(Übung)* strenuous
Atlantik Atlantic
Atlas atlas; ⚕ atlas; satin, sateen
atm|en to breathe; to draw breath; **~ung** breathing, respiration
Atmosphär|e atmosphere *(a. fig)*; *phys* atmosphere *(not used in BE, US)*; **~isch** atmospheric; *~ische Störungen* 📻 atmospherics
Atom atom; **~ar** nuclear; **~bombe** atom(ic) bomb, A-bomb; **~energie** atomic energy; **~isieren** to atomize; **~kern** atomic nucleus; **~kernspaltung** atomic fission; **~kraft** atomic power; **~kraftwerk** atomic power plant; **~krieg** atomic warfare; **~meiler** reactor; **~müll** atomic waste; **~physik** nuclear physics; **~sprengstoff** atomic explosive; **~versuch** nuclear test, A-test; **~waffen** nuclear weapons; **~zeitalter** atomic age; **~zerfall** atomic disintegration; **~zertrümmerung** nuclear fission
atonal ♪ atonal; *allg* cacophonous, jarringly modern
Atroph|ie atrophy; **~ieren** to atrophy; **~isch** atrophic

Attaché attaché
Attacke *mil* cavalry charge; *fig* attack; ⚕ fit
Attentat attempt (on s-b's life); assault; *e. ~ verüben auf* to make an attempt on s-b's life, to attempt the life of; **″er** assailant; assassin
Attest (medical) certificate; **~ieren** to certify
Attrakt|ion *phys* attraction; *fig* draw; **~iv** attractive
Attrappe dummy
Attribut attribute; **~iv** attributive
ätz|en to corrode; to etch; ⚕ to cauterize; **~mittel** corrosive; caustic
auch too, as well, also; *~ nicht* nor, neither, not ... either; *sowohl ... als ~* ... as well as, both ... and; *wer ~ (immer)* whoever; *was ~ (immer)* whatever; *wo ~ (immer)* wherever; *~ dann nur* then only; *wenn ~* even though
Audi|enz audience *(he had an a. of the king)*; **~torium** lecture-room, l.-hall; *(Zuhörer)* audience
Aue mead(ow); **~rhahn** capercaillie
auf on, upon; in, at; *(wohin)* (on) to, towards, in, at; *~ d. Lande* in the country; *~ d. Post* at the post office, *(wohin)* to the post office; *es geht ~ zehn* it is nearly ten o'clock *~ Erden* on earth; *~ Englisch* in English; *~ meine Bitte* at my request; *~ einmal* suddenly; *~ d. Minute* to a minute, this very minute; *es hat nichts ~ sich* it is of no consequence, it doesn't matter much; *~ sein* to be astir, *wieder ~ sein* to be up and about (again); *adv* up(wards); open; *von Jugend ~* from my youth; *~ u. ab* up and down; *~ u. davon* away, off; *(conj) ~ daß* in order that
auf|arbeiten to work up; to finish; *(Rückstände)* to work off, to clear up; to upholster; **~atmen** to breathe again; to utter a sigh; *fig* to recover; **~bahren** to lay out; **~bahrung** lying in state
Aufbau structure; construction; organization; **~en** to build up; to erect, to construct; **~anleihe, ~darlehen** development loan, rehabilitation loan
auf|bäumen *refl* to prance, to rear; *fig* to rebel; **~bauschen** to exaggerate; **~begehren** to remonstrate; **~behalten** to keep on (open); **~beißen** to bite open, to crack; **~bessern** to raise; to improve
aufbewahr|en to keep, to preserve; to store; **~ung** preservation; storage; **~ungsort** store(house); warehouse
aufbieten to summon; to call up; *alles ~* to make every effort
auf|binden to untie, to undo; to tie on (*auf* to); *fig* to impose upon; **~blähen** to puff up, to swell (out); *refl* to boast, to puff o.s. up; **~blasen** to blow up; to inflate; **~blättern** to open (the leaves of); **~bleiben** to stay up, to sit up; to remain open; **~blenden** 🚗 to turn the headlights on; **~blicken** to look up *(a. fig)*; **~blühen** to blossom, (to begin) to bloom; *fig* to flourish; **~brauchen** to use up; **~brausen** to foam up, to effervesce; *fig* to flare up; **~brechen** to break open; to force open; *vi* to burst (open);

(vor Kälte) to chap; *(Reise)* to set out, to depart; **~bringen** to get open; *(Geld)* to raise; *(Neues)* to introduce, to start; *(Mut)* to summon up; ⚓ to capture, to bring in (as) a prize; *fig* to provoke, to irritate; **~bruch** *(Eis)* breaking-up; departure, break-up; **~bügeln** to iron, to press; **~bürden** to burden with; to charge with; to impose upon; **~bürsten** to brush up; **~decken** to uncover; to discover; *fig* to disclose; **~drängen** to force on to; *refl* to obtrude (o.s.) upon; **~drehen** to turn on, open; to unscrew; to untwist; **~dringlich** obtrusive, importunate; **~dringlichkeit** obtrusiveness, importunity

Aufdruck imprint; impression; *(Stempel)* stamp; ✉ *mit ~* overprinted; **~en** to imprint; to stamp; **¨en** to press upon, on to; to stamp on; to press open, to force open; ⚕ to open

aufeinander one on top of the other; one after the other, successively; one against the other; **~folgen** to succeed; **~folgend** successive, consecutive; **~stoßen** to clash (together), to collide; to conflict

Aufenthalt stay; delay, stop; 🚂 *wie lange haben wir ~ in B.?* how long does the train (etc) stop at B.?; residence; **~serlaubnis** residence permit; **~sort** whereabouts, present abode; **~sraum** sitting-room; day-room; recreation room

aufer|legen to impose upon s-b, to inflict on s-b; **~stehen** to rise from the dead; **~stehung** resurrection; **~wecken** to raise from the dead; to resuscitate

aufessen to eat up, to consume

auffahr|en *vt mil* to bring up, to mount; to run (*auf* into); to rise, to ascend; to jump up, to start up; *fig* to fly into a passion; ⚓ to run aground; *(vor-)* to drive up; **~end** irascible; **~t** ascent; 🚗 drive; driving up; 🚂 ramp

auffall|en *refl* to injure o.s. (by falling); *vi* to fall (*auf* on); *fig* to strike, to astonish; **~end** conspicuous, striking; **¨ig** = ~end; suspicious

auffangen to catch (up); to collect; *(ab-)* to intercept; *fig* to absorb, to bear, to cope with

auffärben to (re)dye; to touch up

auffass|en to comprehend, to understand; to interpret; to conceive; **~ung** comprehension, conception; view; interpretation; **~ungsgabe** apprehension; intellect; **~ungssache** matter of opinion; **~ungsvermögen** intellectual grasp

auf|finden to find (out); to track down; to discover; **~flackern** to flicker up; to flare up; **~flammen** to flare up, to blaze up; **~fliegen** to fly up (with), to soar (up); to fly open; *fig* to be dissolved, to fail

aufforder|n to invite, to request; to demand, to summon; to call upon; **~ung** invitation, request, demand, summons; order

aufforst|en to (re)afforest; **~ung** (re)afforestation

auf|fressen to eat up, to devour; **~frischen** to refresh; to touch up; *fig* to revive; *(Kenntnisse)* to brush up

aufführ|en *(Bau)* to erect; to raise, to set up; 🎭 to perform, to represent; ♪ to perform; *(Punkte)* to list; to enter, to specify; *refl* to behave; to make a fuss; **~ung** erection; performance; specification; **~ungsrechte** acting (performing) rights

auffüllen to fill in, up

Aufgabe task, duty; problem; *(Schule)* exercise, lesson, task; ✉ posting; *(Gepäck)* booking, registration; giving up, resignation; *(Geschäfts-)* retirement (from business), shutting down; **~nheft** exercise-book; **~ort** issuing station; **~schein** certificate of posting; **~stempel** ✉ postmark

auf|gabeln to pick up *(a. fig)*; **~gang** ascent, rise; staircase

aufgeben to deliver, to surrender; *(Aufgabe)* to set; *(Rätsel)* to ask; ✉ to post, *(Telegramm)* to hand in; *(Gepäck)* to book, to register; to give up, to abandon; to resign

aufgeblasen puffed up, bumptious

Aufgebot notice; *eccl* banns; *mil* levy, body of men; array

aufge|bracht angry, furious; **~dunsen** bloated

aufgehen to rise; *bot* to shoot, to bud, to blossom; to open, to break up; *(s. lösen)* to come undone; *math* to leave no remainder, to work out; *in Flammen ~* to be consumed by fire; *fig* to dawn on

aufge|klärt enlightened; **~legt** disposed (*zu* for, to); in a good mood; **~räumt** *fig* in good humour, merry; **~regt** excited, nervous; **~schlossen** enlightened; bright, intelligent; **~weckt** bright, clever; quick-witted

auf|gießen to pour upon; *(Tee)* to infuse; **~gliedern** to break down, to divide into, to classify; to analyse, to split up; **~gliederung** breakdown, classification; analysis; composition; **~greifen** to seize, to lay hold of; to take up; **~guß** infusion; **~haben** to have on; *(Mund)* to have open; *(Laden)* to be open; *(Aufgabe)* to have to do; **~halsen** to saddle with; **~halten** to stop, to stem; to delay; to keep open; to uphold, to support; *refl* to stay; *fig* to dwell on; *s. ~halten über* to find fault with

aufhäng|en to hang up; **~er** loop

aufhäufen to heap up, to amass, to accumulate *(a. refl)*

aufheb|en to pick up; to lift (up), to raise; to keep, to preserve; *(Belagerung)* to raise; to abolish, to annul; to suspend; *(s. gegenseitig)* to cancel; *d. Tafel ~en* to raise from table; *(su) viel ~ens machen von* to make much of, to make a great to-do of; *wenig ~ens machen* to be modest about; *ohne viel ~ens zu machen* in a quiet way; **~ung** lifting (up); raising; *(zeitweilig)* suspension; abolition, annulment; cancellation

auf|heitern *vt* to cheer up; *refl* to clear up; **~helfen** to help up; *fig* to support, to succour; **~hellen** *vt* to brighten; *refl* to clear up; **~hetzen** to stir up, to rouse; *fig* to incite; to instigate;

~holen to make up for; to catch up with; ⚓ to haul up, to hoist up; 🚂 to gain on; **~horchen** to listen; **~hören** to stop, to cease, to leave off; to discontinue; *da hört doch alles auf!* well, that's the limit!; **~jagen** to rouse, to start up; **~jauchzen** to shout for joy
Aufkauf buying up; **~en** to buy up; **~̈er** buying agent; speculator
auf|kehren to sweep up; **~keimen** to shoot (up), to bud; **~klappen** to open
aufklär|en to clear (up); to explain, to solve; *mil* to reconnoitre; *fig* to enlighten s-b; **~ung** explanation; enlightenment; *mil* reconnaissance; **~ungsflug** reconnaissance flight
aufklebe|n to stick on (*auf* to), to paste on (*auf* to); 📷 to mount; **~zettel** stick-on label, sticker
auf|knacken to crack open; **~knöpfen** to unbutton; **~kochen** to boil (up)
aufkommen to get up; to arise; ⚕ to get well, to recover; *fig* to thrive, to prosper; to come into use, fashion; *(Sturm)* to gather; ~ *für* to be responsible for; *(ersetzen)* to make good
auf|kratzen to scratch up; **~krempeln** to turn up; **~kriegen** to get open; to have *(a lesson)* set; to eat up; **~kündigen** to give notice; *(Kapital)* to call in; **~lachen** to give a short laugh; **~laden** to load; to saddle with; ⚡ to charge
Auflage 📖 edition; *unveränderte* ~ impression; *(Zeitung)* circulation; tax, duty; instruction; condition; *~n machen* to impose conditions
auf|lassen to leave open; to keep on; *(Fabrik)* to shut down; ⚖ to transfer; **~lauern** to lie in wait for, to waylay
Auflauf crowd, ⚖ unlawful assembly; *(etwa)* pudding; soufflé; **~en** to accumulate; to increase; to accrue; ⚓ to run aground
auf|leben to revive; to cheer up; **~lecken** to lick up; **~legen** to put, to lay on; 📖 to publish, to bring out; *(Anleihe)* to issue; **~lehnen** *refl* to rebel (*gegen* against); **~lesen** to pick up, to gather; **~leuchten** to flash (up), to light up; **~liegen** top be exposed (for sale), to be on sale; *refl* ⚕ to develop bedsores; **~lockern** to break, to loosen, to ease
auflös|bar soluble; dissolvable; **~barkeit** solubility; **~en** to loose; to untie, to unravel; *mil* to disband, to dismiss; *(Rätsel)* to solve; ♪ to resolve; *chem* to analyse, to dissolve; to decompose; **~ung** loosening; disbandment; solution; ♪ resolution; decomposition; **~ungsmittel** solvent; **~ungszeichen** ♪ natural
aufmach|en to open; *~en (wenn's klingelt)* to answer the door (*od* bell); to undo, to unpack; to make up; *refl* to set out; **~ung** 📖 get-up, format; make-up; appearance
Aufmarsch marching-up; drawing-up assembly; *(Parade)* march-past; **~ieren** to march up, to draw up, to deploy
aufmerk|en to pay attention; to mark, to note; **~sam** attentive; mindful (of); *j-n ~sam machen auf* to draw s-b's attention to; **~samkeit** attention; attentiveness; mindfulness

aufmuntern to cheer (up), to encourage; to rouse
Aufnahme taking up, reception; admission, enrolment; 📷 exposure, photograph; *(Inventur)* stock-taking, registration; *(Geld)* borrowing, loan; *(Land)* survey; 🔊 record(ing); *(Annonce)* insertion; **~fähig** receptive; capable of understanding; **~fähigkeit** capacity; **~leiter** 📷 director of photography; **~prüfung** entrance examination
aufnehmen to pick up, to lift up, to take up; *(zu Hause)* to receive, to take in; 📷 to take a photograph of; *(Film)* to shoot; 🔊 to record; *(Besitz)* to make an inventory of; *(Land)* to survey; *(Protokoll)* to draw up; *(Telegramm)* to take down; *in sich* ~ to absorb, to assimilate
auf|nötigen to force upon; **~opfern** to sacrifice; *refl* to sacrifice o.s., to devote o.s. (*für* to); **~packen** to load on to
aufpass|en *auf* to watch, to observe; to pay attention to; *j-m ~en* to waylay s-b; **~er** overseer, supervisor
auf|peitschen to stimulate (violently); **~pflanzen** to set up; *(Bajonett)* to fix; *refl* to plant o.s.; **~pfropfen** to graft (on); **~platzen** to burst open; **~plustern** *refl* to ruffle one's feathers; *fig* to give o.s. airs; **~polstern** to upholster; **~prägen** to imprint, to impress (on); **~prall** bounce; impact; **~prallen** to bounce (*auf* against); to rebound; to strike; **~preis** additional price; **~probieren** to try on; **~pulvern** *fig umg* to beef up; **~pumpen** to pump up; **~putz** finery, ornament; **~putzen** to adorn; to dress up, to smarten up; **~quellen** to swell up; **~raffen** to pick (snatch) up; *refl* to pull o.s. together; to get up (with an effort)
aufräum|en to tidy up; to clear up; *bes mil* to mop up; *(weg-)* to put away; **~ung** tidying up; clearing up
aufrechnen to reckon up, to count up; to balance, to offset; *gegen einander* ~ to settle accounts
aufrecht upright, erect; **~erhalten** to maintain, to support; to keep up; **~erhaltung** maintenance; preservation
aufreg|en to arouse, to stir up; to excite; to agitate; *refl* to be (get) excited, to worry (greatly); **~ung** excitement; tumult; agitation
auf|reiben to rub open, to wound (by rubbing); *fig* to ruin, to destroy; *refl* to worry o.s. to death, to wear o.s. out; **~reibend** gruelling; **~reihen** to string; **~reißen** to tear open, to jerk open; *(Naht)* to rip up; *(Augen)* to open wide; **~reizen** to incite, to provoke; to excite; **~reizend** provoking; sexy
aufricht|en to set up(right), to erect; to rear; *fig* to comfort, to console; *refl* to sit up, to draw o.s. up; **~ig** sincere, candid; frank; **~igkeit** sincerity, candour; frankness
auf|riegeln to unbolt; **~ringeln** *refl* to coil up; **~riß** elevation; sketch, outlines; **~ritzen** to slit open; **~rollen** to roll up, to coil; to unroll *(a. refl)*; *fig* to broach; **~rücken** to move up; *mil* to close the rank; to advance; to be promoted

Aufruf call(ing-up); appeal; summons; **~en** to call up; *(Geld)* to call in; *(namentlich)* to call the roll

Aufruhr riot, revolt; mutiny; rebellion; uproar; *in ~* up in arms; **~̈en** to stir up; to revive, to mention again; **~̈er** rebel; rioter; agitator; **~̈erisch** rebellious, mutinous; seditious; *(Rede)* inflammatory

aufrunden to round off; to make up to a round amount

aufrüst|en to (re)arm; **~ung** rearmament

aufrütteln to shake up, to rouse; **~d** provocative, challenging

auf|sagen to recite, to say; to give notice; **~sässig** rebellious; hostile; **~satteln** to saddle; **~satz** essay, treatise; paper; headpiece, top; **~saugen** to suck up; to absorb; **~scharren** to scrape up, to dig up; **~schauen** to look up; to glance up (*von* from); **~scheuchen** to scare; **~scheuern** to scour, to scrub; *(Haut)* to chafe; **~schichten** to pile up

aufschieb|en to push open; *fig* to put off, to postpone; to delay; to adjourn ♦ *aufgeschoben ist nicht aufgehoben* postponed is not cancelled; **~ung** postponement; delay; adjournment

aufschießen to shoot up; to leap up, to start

Aufschlag impact; lapel, facing; *(Preis)* increase *(in price)*; ⛩ service; **~en** to break open; to open; *(Bett)* to put up; *(Zelt, Lager)* to pitch; *(Hose)* to turn up; *(Knie)* to cut; *(Preis)* to raise; *vi* to strike, to hit; to increase *(in price)*

auf|schließen to unlock; to open; *mil* to close the ranks; **~schlitzen** to slit open; to rip up

Aufschluß explanation; information

auf|schlüsseln to break down; **~schlußreich** informative, instructive; telltale, revealing

auf|schnallen to buckle on; *(lösen)* to unbuckle; **~schnappen** to snap up; *fig* to pick up; *vi* to spring open

aufschneid|en to cut open, to cut (up); to rip up; *(Fleisch)* to carve; *fig* to brag, to swagger; **~er** braggart, swaggerer

Auf|schnitt cold meat, cold cuts; **~schnüren** to untie; to unlace; **~schrauben** to screw on; *(lösen)* to unscrew; **~schrecken** to frighten, to startle; *vi* to start (up), to jump; **~schrei** scream, shriek; outcry; **~schreien** to scream, to shriek; to cry out; **~schreiben** to write down; to note; to charge (to account); **~schrift** address; label; inscription; **~schub** delay, deferment; postponement; adjournment; *(Frist)* respite; **~schürzen** to tuck up; **~schütteln** to shake up; **~schütten** to heap up; **~schwatzen** to talk s-b into buying (believing) s-th; **~schwingen** *refl* to soar (up), to rise; **~schwung** rise; progress, boom; *~schwung nehmen* to boom, to increase fast

aufseh|en to look up; *su* stir, sensation (*~en erregen* to cause a s.); **~er** supervisor; keeper; custodian

auf|sein to be up; to be open; **~setzen** to put on; to set up; *(Brief etc)* to draw up; to add, to build on; *(Haufen)* to pile up; *(Wasser)* to put the kettle on; *vi* ✈ to touch down; *refl* to sit up (straight)

Aufsicht inspection; supervision; care, guardianship; charge; *~ führen bei* to supervise, *(Schüler) BE* to invigilate; **~sbeamter** supervisor; **~sbehörde** supervisory authority; **~srat** board of directors; *im ~srat* on the board

aufsitzen to sit up; to mount a horse; ⚓ to run aground; *fig* to be in the lurch; *~ lassen* to leave in the lurch

aufspalt|en to split; to break down; **~ung** splitting up

auf|spannen to stretch; to spread; ⚓ to hoist, to set; *(Schirm)* to put up; ♪ to string *(a violin etc)*; **~sparen** to save (up), to lay by; to keep in store; **~sperren** to unlock; to open wide; *Mund und Nase ~sperren* to gape open-mouthed; **~spielen** to strike up, to play; *refl* to pose, to swagger; **~spießen** to spit; to pierce through; to lift *(with a fork)*; to gore; **~sprengen** to burst open, to force open; to blow up; to rouse; **~sprießen** to sprout; **~springen** to jump up; to (fly) open; *(Haut)* to chap; to crack; **~spüren** to trace (out); to ferret out; to find out; **~stacheln** to goad (on); to incite; **~stampfen** to stamp one's foot; **~stand** rebellion, revolt, uprising, insurrection; **~ständisch** rebellious, revolutionary; **~stapeln** to pile up, to stack up; **~stauen** to dam up; **~stechen** to prick open; ⚕ to lance; **~stecken** to pin up; *(Haar)* to do up; *fig* to give up; **~stehen** to get up, to rise; to stand open; to revolt, to rebel (*gegen* against); **~steigen** to rise, to ascend; to mount; to climb (*a.* ✈), (✈ *starten*) to take off

aufstell|en to put up, to set up, to erect; *(Liste)* to draw up, to make out; *(Rechnung)* to make out; *(Rekord)* to set up, to establish; *(Kandidat)* to nominate; *(Posten)* to post; *(Truppen)* to draw up; *(Falle)* to set; *(Behauptung)* to make *(assertion)*; *(Prinzip)* to lay down; *(Beweis)* to furnish; *(Bedingungen)* to establish, to impose; *(Bilanz)* to prepare; *(Tagesordnung)* to fix, to draw up; *refl* to place o.s. (in position); *mil* to draw up, to form up; **~ung** putting-up; drawing-up; list, inventory, schedule; statement

auf|stemmen to prize open; *refl* to lean (*auf* upon); **~stieg** ascent; *fig* rise; **~stöbern** to ferret out, to beat up; to rouse; **~stocken** to add a storey; to raise, to increase; **~stoßen** to push open; to kick up; *vi* ⚓ to run aground; *(Magen)* to belch; *fig* to strike s-b; **~streben** to rise; to aspire (to); **~streichen** to spread (on); **~streifen** to tuck up, to turn up; **~streuen** to sprinkle (*auf* on); to strew (*auf* on); **~strich** spread, paste; *(Schrift)* upstroke; **~stülpen** to turn up; *(Hut)* to put on, to cock; **~stützen** to prop up; *refl* to rest (*auf* on); **~suchen** to look up, to visit; to inquire after

Auf|takt ♪ anacrusis, pick-up; *fig* prelude; initial phase; **~tanken** ⚓, ✈ to refuel; 🚗 to fill up, to top up; **~tauchen** to emerge; to appear;

umg to crop up; *(U-Boot)* to surface; **~tauen** to thaw; to melt; to break up; *fig* to warm up

aufteil|en to divide up; to partition; to distribute; *(Land)* to parcel out; **~ung** division; partition

auftischen to serve up, to dish up

Auftrag commission; *(Bestellung)* order; ⚖ mandate, brief; *(Weisung)* instruction; assignment; *j-m e-n ~ geben* to give s-b a commission (to do), to commission s-b (to do); *etw in ~ geben* to order s-th; **~en** to put on, *(Farbe)* to lay on; *(Essen)* to serve; *(Kleid)* to wear out; *(Gruß)* to send; *dick ~en* to lay it on thick; **~geber** purchaser, customer; employer; consignor; **~sbestand** orders on hand; backlog of orders; **~seingang** new orders booked; *(Vorgang)* receipt of order; **~serteilung** placing of orders; **~süberhang** backlog of unfilled orders

auf|treiben to start; to hunt up, to get hold of, to obtain (with difficulty); *(Geld)* to raise; ⚕ to swell up; **~treten** to kick open; *vi* to tread (*auf* upon); to appear, to make one's appearance; to behave, to act; *(vorkommen)* to be found; ⚕ to break out; *su* appearance; occurrence; ⚕ outbreak; behaviour, demeanour; **~trieb** buoyancy; quantity *(of cattle)* coming on to the market; stimulus, impetus; **~tritt** 🎭 appearance, 🎭, *fig* scene; **~trocknen** to dry up; **~tun** to open (up); *refl* to open; to arise; **~türmen** to pile up, to bank up; *refl* to accumulate; to tower up; **~wachen** to wake up, to awake; **~wachsen** to grow up; **~wallen** to boil up; to bubble; to effervesce; **~wallung** bubbling up; effervescence; emotion, fit

Aufwand expenditure; luxury

aufwärmen to warm up; to repeat; *alte Geschichten ~* to rake up by-gones

Aufwart|efrau charwoman; **~en** to wait on s-b; to serve; **⁼er** attendant, servant; **~ung** visit; charwoman

aufwärts upward(s)

auf|waschen to wash up; **~wecken** to wake up, to rouse; to awake(n); **~weichen** to soften; to soak; **~weisen** to show; to produce; to exhibit; to have; **~wenden** to spend (*für* on); to employ; **~wendungen** expenditure; **~werfen** to fling open; to throw up; *(Graben)* to dig; *(Frage, Zweifel)* to raise; *refl* to set o.s. up (*als* for)

aufwert|en to revalue, to revalorize; **~ung** revaluation, revalorization

aufwickeln to roll up, to wind up; *(Haar)* to put in curls; to unroll, to unwind

aufwieg|eln to incite, to stir up; **~elung** incitement, instigation; **~en** to counterbalance; to offset, to outweigh; to compensate for; **~ler** agitator; **~lerisch** inflammatory, seditious

Aufwind up-current; **~en** to wind up, to hoist; to haul up; *(Anker)* to weigh

auf|wirbeln *(Staub)* to raise; to whirl up; **~wischen** to wipe up; **~wühlen** to dig up, to root up; to turn up; *fig* to stir up; **~zählen** to count (up), to enumerate; to list, to specify; *(Geld)* to pay down; **~zäumen** to bridle ♦ *das Pferd beim Schwanz ~zäumen* to put the cart before the horse; **~zehren** to consume, to eat up, to use up; to waste (away); **~zeichnen** to sketch, to draw; to note (down); to record; **~zeigen** to show, to exhibit; to produce; **~ziehen** to draw up, to pull up, to haul up; *(Vorhang)* to draw, 🎭 to raise; *(Schleuse)* to open; ⚓ to hoist; *(Anker)* to weigh; *(Uhr)* to wind up; 🖨 to mount; *(aufkleben)* to paste on; *(Saiten)* to put on; *(Kind)* to bring up, to rear; *(Vieh)* to breed, to rear; *fig* to tease; to organize, to arrange; *vi* to march up; to approach; *(Sturm)* to gather, to draw near; **~zucht** breeding, rearing; **~zug** procession; parade, cavalcade; pageant; get-up, attire; 🎭 act; ⚙ lift, *bes US* elevator; **~zwingen** to press upon, to force upon

Auge eye (*blaues ~* black e.); *(Karten)* point, pip; *bot* bud ♦ *mit e-m blauen ~ davonkommen* to get off lightly; *von den ~n ablesen* to anticipate *(a wish)*; *die ~n gingen mir auf* that was an eye-opener; *im ~ behalten* to watch carefully, to keep one's eye on, to bear in mind; *in d. ~n fallen* to strike, to catch the eye of; *s. vor ~n halten* to remember, to realize; *große ~n machen* to look surprised (*od* with astonishment); *ins ~ sehen* to face; *ins ~ stechen* to take s-b's fancy, to attract s-b's attention; *aus d. ~n verlieren* to lose sight of; *e. ~ werfen auf* to have an eye on; *kein ~ zutun* not to sleep a wink; *e. ~ zudrücken* to turn a blind eye to, to wink at, to connive at; *unter vier ~n* (strictly) between ourselves, in strict confidence; **⁼n** to look about carefully

Augen|arzt oculist; **~blick** moment, instant; **~blicklich** instantaneous, momentary, present; *adv* at once, in a moment; **~blicks** instantly, immediately; **~braue** eyebrow; **~fällig** obvious, evident; **~heilkunde** ophthalmology; **~höhle** eye-socket; **~licht** eyesight; **~lid** eyelid; **~maß**: *e. gutes ~maß haben* to have a sure eye; **~merk** attention; **~pulver** a great strain on the eyes; **~ring** bag under the eye; **~schein** appearance, view; **~scheinlich** evident, apparent; **~weide** a feast for the eyes; **~wimper** eyelash; **~zahn** eye-tooth; **~zeuge** eye-witness

August August

Auktion auction; **~ator** auctioneer

Aula (general) assembly hall

aus out of, from; of; *(wegen)* for, on account of; *~ London* from London; *~ Holz* of wood; *~ Erfahrung* by experience; *~ Liebe* out of, for love; *~ Mangel an* for want of; *~ Unwissenheit* from ignorance; *~ dem Englischen übersetzen* to translate from the English; *adv* out, up; *(zu Ende)* over, at an end ♦ *weder (nicht) ein noch ~ wissen* not to know which way to turn, to be at one's wit's end; *es ist ~ mit ihm* he is done for

ausarbeit|en to work out; to elaborate, to perfect; **~ung** elaboration; perfecting

aus|atmen to breathe out, to exhale; **~baden** to suffer for; to face the music; **~baggern** to dredge

Ausbau extension, completion (of the interior); constructional alterations; **~en** to complete; to convert into, to remodel into; to improve; ⚙ to dismantle

aus|bauchen to puff out, to swell out; **~bedingen** to stipulate (for); to reserve

ausbesser|n to mend, to repair; *(flicken)* to patch, to darn; to correct; **~ung** mending, repair

Ausbeut|e gain, profit; yield; exploitation; **~en** to exploit; *(Grube)* to work; *(Boden)* to exhaust, to deplete

aus|bezahlen to pay (and discharge); to make up a payment; **~biegen** to bend; to turn aside, to make way for; **~bieten** to cry (up), to offer for sale

ausbild|en to form, to perfect; to develop; to cultivate; to educate; to train, to drill; **~ung** formation; development; cultivation; education; training

aus|bitten to ask for; to insist on; **~blasen** to blow out; **~bleiben** to stay out, away; to fail to appear, not to come; *su* non-appearance; absence; failure (to come); **~bleichen** to bleach out; **~blick** prospect, view; outlook; **~blühen** to cease blooming; *fig* to fade; **~bohren** to bore, to drill (out); **~bomben** to bomb out, to blitz; **~booten** to disembark; *fig* to turn out, to dismiss; **~braten** to roast sufficiently; **~brechen** to break out; to burst out; *in Gelächter ~brechen* to burst out laughing; **~breiten** to spread (out); to stretch (out); to extend; *refl* to spread, to extend; to multiply; **~brennen** *vt* to burn out; to scorch; to cauterize; *vi* to burn out; to cease burning; **~bringen:** *j-s Gesundheit ~bringen* to propose s-b's health; **~bruch** outbreak, eruption; escape; *fig* outburst; **~brüten** to hatch; to brood *(a. fig)*; to contrive, to plot; **~buchen** to take out of the accounts, to write off; **~buchtung** indentation; **~bügeln** to iron, to press; *fig umg* to settle, to correct; **~bund** paragon; embodiment; **~bürgern** to deprive of one's citizenship; **~bürsten** to (give a good) brush

Ausdauer perseverance, endurance; stamina; assiduity; **~nd** persevering; persistent; *bot* perennial

ausdehn|bar expansible; ductile; **~barkeit** expansibility; ductility; **~en** to expand, to stretch; to extend, to prolong; **~ung** expansion; extension; extent, dimension

aus|denken to invent, to think out; to conceive, to contrive; *refl* to invent, to imagine; **~deuten** to interpret; **~drehen** to turn out; *(Hahn)* to turn off; ⚡ to switch off; to wring out

Ausdruck expression; term; **~en** to print completely, to finish printing; **~̈en** to squeeze out; *(Zigarette)* to put out; *fig* to express; *refl* to express o.s.; to speak; **~̈lich** express, explicit; **~slos** expressionless; blank

ausdünst|en to sweat out; to exhale; to perspire; *chem* to evaporate; **~ung** exhalation; perspiration; evaporation

auseinander asunder, apart; separately; **~brechen** to break (into); **~bringen** to separate; **~fahren** *vi* to separate suddenly; to scatter; **~fallen** to go to pieces, to break up; **~gehen** to separate; to break up; **~halten** to distinguish between; **~setzen** to explain, to set forth; *refl* to deal with; to settle; **~setzung** explanation; statement; argument; dispute; ⚖ settlement; *s. auf e-e ~setzung einlassen* to take issue with

auser|koren chosen, picked; elect; **~lesen** select, choice; exquisite; **~sehen** to choose, to select; to destine

ausessen to empty (by eating); to eat up, to finish

ausfahr|en *vt* to take out for a drive, run; *vi* to go for a ride, drive; ~ to put to sea; *(Bergwerk)* to ascend; **~t** drive, ride; departure; exit (road)

Ausfall *(Haar)* falling-out; *mil* sally, sortie; ⚔ lunge; loss, deficiency; absence, lack; stoppage; *fig* result, issue; **~bürgschaft** deficiency guarantee; **~en** to fall out; *mil* to sally out, to make a sortie; ⚔ to lunge; to be omitted; not to take place; to turn out, to prove; **~end, ~̈ig** aggressive, insulting

aus|fasern to ravel out; to unravel; **~fechten** to fight out; *umg* to have it out; **~fegen** to sweep out; **~feilen** to file out; *fig* to polish, to elaborate

ausfertig|en to draw up; to execute; to make out; to dispatch; **~ung** drawing up; execution; dispatch; (original, copy of a) document; *in zweifacher (dreifacher) ~ung* in duplicate (triplicate)

aus|finden, ~findig machen to find out, to discover; **~flicken** to patch; **~fliegen** to fly out; to leave home; to make an excursion; **~fließen** to flow out; **~flucht** pretext; excuse; evasion; *~flüchte machen* to beat about the bush, to shuffle; **~flug** excursion, trip; flight; **~fluß** flowing out; outlet; *(Fluß)* mouth; ⚕ discharge; *phys* emanation; *fig* result; expression; **~folgen** to deliver, to hand over; **~forschen** to search out; to inquire after; to explore; **~fragen** to interrogate, to question

Ausfuhr export; *(ausgeführte Güter)* exports; **~artikel** export item; **~̈bar** practicable, feasible; exportable; **~bewilligung** export licence; **~̈en** to lead out, to take out; *(Waren)* to export; to execute, to perform; to carry out; to explain; **~̈lich** detailed; full, ample; *adv* in detail, fully; **~̈lichkeit** completeness; fullness of detail; **~̈ung** execution; completion, performance; explanation; statement; finish; model; quality; **~̈ungsbestimmungen** implementing regulations; **~̈ungsgesetz** implementing law

ausfüll|en to fill up; to supply *(Formular)* to fill in, to complete, *bes US* to fill out; **~ung** filling out; completion

Ausgabe distribution, issue; 📖 edition; 📯 delivery; 🦋 issue; *(Geld)* expenditure, expense; *pl* (items of) expenditure; **~stelle** issuing agency

Ausgang going out; exit, way out; end; conclusion; *(Freizeit)* day out, time off; *e-n guten ~ nehmen* to turn out well; **~sbasis** initial position; **~spunkt** starting-point; **~sverbot** curfew

ausgeben to give out; to distribute; *(Geld)* to spend; ⚘ to deliver; *(Karten)* to deal; *s. ~ für* to pretend to be, to pass o.s. off for; *vi* to be sufficient, to last

ausge|baut elaborate; completed, improved; **~bombt** bombed-out, blitzed

Ausgeburt product, creature; *~ der Hölle* fiend

ausge|dehnt ample, vast, extensive; **~fallen** unusual, out-of-the-way; **~glichen** well-balanced; level-headed

ausgeh|en to go out; *(Haar)* to fall out; *(Farbe)* to fade; *(Geld)* to be spent; *(Waren)* to run out; to come to an end; *fig* to proceed from, on; *abends ~en* to have an evening out; *~en auf* to aim at, to be bent on; *leer ~en* to get nothing; **~verbot** curfew

ausge|kocht hard-boiled; **~lassen** unrestrained, wild; exuberant; **~lassenheit** exuberance; **~lastet sein** to work to capacity; **~macht** *fig* decided; downright; **~nommen** *prep* except, with the exception of

ausgerechnet just, precisely; *~ Fred!* it would be Fred!; *~ Sie!* you of all people!; *~ dieses Buch* this of all books; *~ in B.* in B. of all places; *als ~ Herr D. kam* when who should come but Mr D.

ausge|schlossen out of the question; impossible; **~schnitten** *(Kleid)* low(-necked); **~schrieben** written in full; **~sprochen** decided, marked; definite; **~sucht** selected; choice, exquisite; **~wogen** well-balanced, integrated; **~zeichnet** excellent; distinguished; outstanding

aus|giebig abundant; plentiful; **~gießen** to pour out; to empty

Ausgleich balancing, balance; equalization; offsetting; compensation; adjustment, regulation; evening out (*siehe* to even); arrangement; **~en** to make even, to even out; to equalize; to balance; to compensate; to spread evenly; **~getriebe** 🚗 differential (drive); **~ung** compensation; balance; settlement

aus|gleiten to slip; **~gliedern** to eliminate; to show separately; **~glühen** to anneal; **~graben** to dig out, up; to excavate; *(Leiche)* to exhume; **~greifen** to step out; **~guck** *bes* ⚓ lookout; **~guß** pouring out; sink, gutter; spout

aus|halten to hear, to stand (up to), to endure; *vi* to hold out; to persevere; **~handeln** to bargain; to negotiate; **~händigen** to deliver, to hand over

Aushang notice; **⁓en** to hang out; *(Tür)* to unhinge; **⁓eschild** sign-board

aus|harren to persevere; **~hauchen** to breathe out; to exhale; *d. Geist, Seele ~hauchen* to breathe one's last; **~hauen** to hew out; to carve; to cut (out); *(Baum)* to lop off; *(Wald)* to thin

ausheb|en to lift out, to take out; *(Tür)* to unhinge; *mil* to enlist, *(Armee)* to levy, to raise; **~ung** *mil* levy; conscription

aus|hecken to brew, to plot, to concoct; **~heilen** to heal up; to be (perfectly) healed; **~helfen** to help out, to assist (*mit* with); to supply (*mit* with); **~hilfe** (temporary) assistance; aid; stop-gap

ausholen *vt* to sound s-b; *vi* to lunge; *zum Schlag ~* to lift one's arm to strike *(a blow)*; *(fig) weit ~* to go far back

aus|horchen to sound, to pump s-b; **~hülsen** to shell; **~hungern** to starve out; **~jäten** to weed (out); **~kämmen** to comb out; **~kaufen** to buy out, up; **~kehren** to sweep out; **~kennen** *refl* to have a good knowledge of; to know (what's what); **~klang** end; **~klauben** to pick out; **~kleiden** to undress; to line; to case; to wainscot; to decorate; **~klingen** to die away; to end (with, in); **~klopfen** to beat (out); to trash; **~klopfer** carpet-beater; **~klügeln** to puzzle out; **~kneifen** to run away, *umg* to hook it; **~knipsen** ⚡ to switch off; **~knobeln** to gamble for, to toss for s-th, to toss up; to puzzle out

auskommen to get away, to escape; *~ mit j-m* to get along with, to get on with; *~ mit etw* to make do with, to manage with; *mit s-m Geld ~* to make both ends meet, to live within one's means; *su* livelihood; income

aus|kosten to taste; to enjoy (to the full); **~kramen** to turn out; to rummage up; **~kratzen** to scratch out; to erase; *umg* to bolt; **~kriechen** to creep out; **~kundschaften** to reconnoitre

Auskunft information; particulars; intelligence; **~sstelle** information bureau (*od* office), inquiries

auslachen to laugh at; to deride

auslad|en to unload; *umg* to cancel the invitation of; *vi* 🏛 to project; **~ung** unloading

Auslage outlay; expenses; display (of goods), window dressing

Ausland foreign country; *im ~, ins ~* abroad; *aus dem ~* from abroad; **⁓er** foreigner, alien; **⁓isch** foreign, alien; **~sgeschäft** foreign business; **~skredit** foreign credit; **~sreise** trip abroad; **~sschulden** foreign debts; **~svertreter** representative abroad

auslass|en to let out; to leave out, to omit; *(Fett)* to try out, to melt; *(Kleid)* to let down, out; *(Zorn)* to give vent to; *refl* to speak one's mind; **~ung** omission; statement; **~ungszeichen** apostrophe

Auslauf running out; departure; outlet; ⛩ finish; ✈ landing run; hen-run; **~en** to run out; to depart; to leak; ⚓ to put to sea; *fig* to expire; to mature; to end; **⁓er** *(Berg)* spur; *bot* runner

aus|laugen to steep in lye; to leach out; *fig* to wear out; **~lauten** to end (*auf* in); **~leben** *refl* to enjoy life (to the full); to live a life of pleasure; **~leeren** to empty, to clear; to drain

ausleg|en to lay out; to display; *(Geld)* to ad-

vance; ⚙ to inlay; *fig* to interpret; **~ung** interpretation, meaning
ausleihen to lend; *refl* to borrow (*von* from)
Auslese selection, choice; élite; **~n** to choose, to select; *(Buch)* to finish
ausliefer|n to deliver; ⚖ to extradite; **~ung** delivery; ⚖ extradition
aus|liegen to be on show; **~löffeln** to spoon out; **~löschen** to extinguish, to put out; to quench; to wipe out, to blank out, to blot out; **~löseknopf** 📷 shutter release; **~losen** to draw by lot, to draw lots for; **~lösen** to loosen; to redeem; *(Gefangenen)* to ransom; ⚙ to release, to disengage; *fig* to cause; to awaken; **~löser** 📷 release; **~machen** *(Feuer)* to put out; ⚡ to switch off; 🚗 to turn off; to find out, to make out; to decide; *(ergeben)* to make; to constitute; to settle, to arrange; to agree upon; *d. macht nichts aus* that doesn't matter; *es macht 10 Mark aus* it amounts to 10 marks; **~malen** to paint (out); *fig* to depict, to picture
Ausmarsch marching out; **~ieren** to march out
Aus|maß extent, degree; scale; **~mauern** to line with bricks; to wall up; **~mergeln** to emaciate; to exhaust, to impoverish; **~merzen** to eliminate; to remove; to reject; **~messen** to measure; *(Land)* to survey; **~messung** measuring; survey(ing); **~mustern** to sort out; *mil* to reject, to muster out
Ausnahm|e exception; *mit ~e von* excepted, other than; **~efall** exceptional case; **~ezustand** (state of) emergency; **~slos** without excèption; **~sweise** by way of exception; exceptionally
ausnehmen to take out; *(Huhn)* to draw; to except, to exclude; *(befreien)* to exempt; *fig* to bleed; *refl* to look; **~d** exceptional, exquisite; *adv* extremely
aus|nutzen to use up, to utilize fully; to make the most of, to make good use of; to turn to account; to exploit; **~packen** to unpack; to unburden one's heart; to inform against; **~peitschen** to whip, to flog; **~pfeifen** to hiss out; **~pflanzen** to bed out, to pot out; **~plappern, ~plaudern** to blab (out); to let out; **~plündern** to plunder, to pillage; **~polstern** to stuff, to pad; **~posaunen** to blaze out, to blazon forth; **~prägen** to coin, to mint; *refl* to be visible, to be marked; **~pressen** to press out, to squeeze out; *fig* to extort from s-b; **~probieren** to test, to try; to taste
Auspuff exhaust; **~gas** exhaust gas; **~rohr** exhaust pipe; **~topf** *BE* silencer, *US* muffler; **~ventil** exhaust valve
aus|pumpen to pump out; *fig* to exhaust; **~punkten** 🤺 to out-point; **~pusten** to blow out; **~putzen** to clean; *(Baum)* to prune; **~quetschen** to squeeze out; **~radieren** to erase, to rub out; **~rangieren** to cast off, to discard; **~rauben** to rob, to pillage; **~räumen** to clear away, to remove, to empty
ausrechn|en to reckon (out); to calculate; **~ung** calculation, computation
Ausrede excuse, pretence; *umg* alibi; **~n** *(vt)* *j-m etw ~n* to dissuade s-b from s-th; *vi* to finish speaking
ausreichen to be sufficient; **~d** sufficient, adequate; ample
Ausreise outward journey (voyage); **~erlaubnis** exit permit; **~n** *aus* to leave
ausreiß|en to pull out, to tear out; to extract; *vi* to tear, to split; *fig* to bolt, to run away; **~er** runaway, fugitive
aus|reiten to go for a ride (*od* airing); **~richten** *(Nachricht)* to deliver; to execute, to do; to effect; *(Licht, Geschütz)* to train (*auf* on); to align; *mil* to dress; **~richtung** orientation; alignment; dressing; **~ringen** to wring out; **~ritt** ride (on horseback); **~roden** to root up; to clear; **~rotten** to root up, out; to exterminate; **~rücken** *mil* to decamp, to march out; *umg* to run away
Ausruf cry, shout; exclamation; **~en** to call out; to cry out; 🏛 to announce; to proclaim; **~er** (town-)crier; **~ezeichen, ~ungszeichen** exclamation-mark, note of exclamation; **~ung** exclamation; proclamation
aus|ruhen to rest; **~rupfen** to pull out; to pluck
ausrüst|en to furnish; *mil* to equip, to arm; to fit out; **~ung** equipment, armament
aus|rutschen to skid, to slip; **~saat** sowing; seed-corn; **~saatfläche** area sown; **~säen** to sow; *fig* to disseminate
Aussage declaration; statement; ⚖ deposition, evidence; *gram* predicate; **~n** to say, to declare; to assert; ⚖ to depose, to give evidence
Aussatz ⚕ leprosy; **⁓̈ig** leprous; **⁓̈iger** leper
aussaug|en to suck out; *fig* to drain, to bleed; **~er** extortioner, parasite
aus|schachten to excavate; to sink; **~schalten** to cut out, to eliminate; ⚡, 🚗 to switch off; **~schank** selling of liquor; public bar
Ausschau: *~ halten nach* to be on the look-out for, to look out for; **~en** to look out (for); *vi* to look
ausscheid|en to separate; ⚕ to secrete; *vi* to withdraw, to retire; **~ung** ⚕ secretion; **~ungskampf** 🤺 qualifying round, eliminating round; **~ungslauf** 🤺 preliminary heat, eliminator
aus|schelten to scold, to reprove; **~schenken** to pour out; to sell (on draught); **~schicken** to send out; **~schießen** to shoot out; *fig* to cast out
ausschiff|en to put to sea, to disembark; *vi* to put to sea; **~ung** disembarkation; landing
aus|schimpfen to scold, to berate; to abuse; **~schlachten** to take out the entrails; *fig* to exploit, to make full use of; *(Auto etc)* to cannibalize; **~schlafen** to have a good night's rest, to have enough sleep; *(Rausch)* to sleep off
Ausschlag *(Waage)* turn; *(Magnet)* deflection; ⚕ rash; (abrupt) movement; *fig* result; *d. ~ geben* to turn the scales, to decide the matter; **~en** *vt* to beat out; to line; *(ablehnen)* to decline; *vi* to kick, to strike out; *bot* to sprout,

to bud; to grow damp; *(Nadel)* to deflect; *fig* to turn out; **~gebend** decisive
ausschließ|en to shut out, to lock out; to exclude; ⚑ to disqualify; 🕮 to justify; **~lich** exclusive; **~ung** exclusion; ⚑ disqualification; 🕮 justification
ausschlüpfen to slip out
Ausschluß = Ausschließung; 🕮 quads and spaces; *unter ~ d. Öffentlichkeit* ⚖ in camera, in chambers, *pol* in closed session
aus|schmücken to adorn, to decorate; to embellish; **~schneiden** to cut out; **~schnitt** cut, cutting, opening; section; *(Kleid)* décolleté, low neck-line; **~schnitzen** to carve, to cut out; **~schöpfen** to drain (off), to empty; *fig* to exhaust
ausschreib|en to write out (in full); to copy; to announce; *(Arbeit)* to put up for tender; *(Stelle)* to advertise; to invite; **~ung** offering for public tender; invitation to apply for; public announcement
ausschreien to cry (out); to announce by crying
ausschreit|en to pace out; **~ung** riot; excess; *pl* facts of violence
Ausschuß committee, board; waste, rejects; **~sitzung** committee meeting; **~waren** rejects, sub-standard goods
aus|schütteln to shake out; **~schütten** to pour out, to empty; *(Dividende)* to pay out; to unburden *(one's heart)*
ausschweif|en to lead a dissolute life; **~end** dissolute; excessive; **~ung** excess; debauchery
aus|schwenken to rinse; **~schwitzen** to sweat out, to exude
aussehen to look, to appear; to look out (*nach* for); *es sieht nach ... aus* it looks like ...; *su* appearance; look; aspect; *d. ~ haben von* to look like; *dem ~ nach* to look at him (etc); *nach d. ~ urteilen* to judge by appearances
aussein to be out; to be over; *~ auf* to be after
außen outside; out of doors; outwardly; *von ~* from the outside; *~ befindlich* exterior, outer; **~antenne** outdoor aerial; **~aufnahme** 🎥 *BE* exterior shot, location shot; **~bahn** outside lane; **~bordmotor** outboard motor; **~dienst** outdoor service; field service; *mil* duties outside barracks, outpost service; **~handel** foreign trade; **~minister** Foreign Minister; **~politik** foreign policy; **~seite** outside; **~seiter** outsider; uninitiated layman; **~stände** outstanding debts; liabilities; **~stehender** outsider; **~stelle** branch (office); outside agency; **~welt** external (visible) world
aussenden to send out; *phys* to emit
außer 1. *prep* outside, out of; beyond; except, besides; *~ Betrieb* out of order; *~ Dienst* retired; *~ sich vor* beside o.s. with; *~ Kraft setzen* to annul; *~ Kurs setzen* to withdraw from circulation; **2.** *conj* except; unless; save; *~ wenn* unless, except that; **~dem** besides, moreover; in addition; **⁓e** outward, outer; exterior, external; *su* outside; *(external)* appearance; exterior; **~ehelich** illegitimate; **~gerichtlich** extra-judicial; **~gewöhnlich** extraordinary, unusual; **~halb** *prep* outside; *adv* on the outside; **⁓lich** outward; external; physical (fact); *fig* superficial; *⁓lich!* ⚕ external application only!; **⁓lichkeit** superficiality; **⁓n** to utter, to express; to show; *refl* to express o.s.; **~ordentlich** extraordinary; **~planmäßig** supernumerary; supplementary; additional; **⁓st** extreme, utmost; outermost; *sein ⁓stes tun* to do one's best; *aufs ⁓ste gefaßt sein* to be prepared for the worst; *adv* extremely; **~stande** unable, not in a position to; **⁓ung** expression, utterance; remark
aussetzen to set out, to expose; *(Belohnung)* to offer; *(Erbschaft)* to bequeath; ⚓ *(Boot)* to lower, *(Mannschaft)* to land; *(auf e-r Insel)* to maroon; to postpone, to interrupt; to stop; *vi* ⚙ to break down, *umg* to conk out; *etw ~ an* to find fault with; *refl* to expose o.s. to
Aussicht view, prospect; look-out; *~ bieten auf* to look out on; **~slos** hopeless; losing; **~slosigkeit** hopeless outlook for
aussied|eln to evacuate, to deport; **~ler** emigrant settler; resettler; **~lung** emigration, resettlement; compulsory transfer
aussinnen to contrive, to devise
aussöhn|en to reconcile; *refl* to make one's peace with; **~ung** reconciliation
aus|sondern, ~sortieren to sort (out); to single out; to select; **~spähen** to explore; to look out (*nach* for)
ausspann|en to unharness; to spread (out); *refl, vi* to relax; **~ung** relaxation
aus|sparen to leave space for; to by-pass; **~speien** to spit (out); to belch; **~sperren** to lock out; **~spielen** to finish playing; *(Karten)* to lead; *fig* to play off *(one against another)*; **~spinnen** to spin out; *fig* to enlarge upon; to think out; **~spionieren** to spy out; **~sprache** pronunciation, articulation; accent; talk, discussion; **~sprechen** to pronounce, to articulate; to express; to utter; *refl* to speak one's mind; **~spreizen** to straddle; **~spritzen** to squirt out, to spout; ⚕ to syringe; **~spruch** utterance; saying; dictum; **~spucken** to spit out; **~spülen** to rinse, to wash out; **~spüren** to track (out), to trace; **~staffieren** to furnish, to equip; to decorate, to smarten up
Ausstand strike (*in d. ~ treten* to go on s.); outstanding debt; **⁓ig** on strike
ausstatt|en to equip; to appoint; to give a dowry to; **~ung** equipment, outfit; endowment; terms; get-up
ausstechen to dig out; to cut out; to engrave; *fig* to get the better of, to cut out; to outshine
ausstehen to bear, to endure; *nicht ~ können* to hate, to loathe; *vi* to be outstanding, to be still expected
aussteigen to get out; to get off *(the tram)*, ✈ to leave; ⚓ to disembark
ausstell|en to expose; to exhibit, to display; *(Wache)* to post; *(Zeugnis, Paß)* to issue;

(Scheck, Wechsel) to draw; to make out; **~ung** exhibition, exposition; show; *(Wechsel etc)* drawing; *~ungen machen* to find fault (*an* with)
aussterben to die out; to become extinct; to die one after the other
Aussteuer (marriage) dowry; trousseau, marriage-portion
aus|stopfen to stuff; **~stoß** output; **~stoßen** to push out; *(Schrei)* to utter; *fig* to cast out, to expel
ausstrahl|en to beam (*bes* 📻); to emit, to radiate; **~ung** emission, radiation; *fig* repercussion (*auf* on)
aus|strecken to stretch out, to extend; **~streichen** to strike out, to cross out; to cancel; *(glätten)* to smooth out; **~strömen** to pour forth; to flow out; to emanate; **~suchen** to select, to choose
Austausch exchange; barter; **~bedingungen** terms of trade; **~en** to exchange; to barter; **~geschäft** barter transaction; **~stoff** substitute material
austeil|en to distribute; **~ung** distribution
Auster oyster; **~nfischer** oyster-dredger
Austrag decision; issue; **~en** to deliver; to carry out; to distribute; ⚒ to decide, *e-n Wettkampf ~en* to contest an event; to carry *(child)* for the full term
austreib|en to drive out; to expel; ⚖ to evict; to cast out; to exorcize; *j-m etw ~en* to break s-b of the habit of; **~ung** expulsion; exorcism
austreten to tread out, to trample out; to wear out; *vi* to retire, to leave; to withdraw (*aus* from), *eccl* to secede (*aus* from); *(Toilette) umg (Herren)* to see a man about a dog, *(Damen)* to spend a penny, to powder one's pose
aus|trinken to drink up, to empty, to drain; **~tritt** exit; stepping out; retirement, leaving, withdrawal (*aus* from); **~trocknen** to dry up; to desiccate
ausüb|en to exercise, to practise; to execute; *(Einfluß)* to exert; *e. Geschäft ~en* to be engaged in business, to carry on a trade; **~ung** exercise; practice
Ausverkauf clearance sale; **~en** to sell off, to hold a clearance sale; **~t** sold out
auswachsen *vt (Kleid)* to outgrow; *vi* to sprout; to germinate; *refl* to develop
Auswahl choice, selection; assortment, sample; **¨en** to choose, to select
Auswander|er emigrant; **~n** to emigrate; **~ung** emigration
auswärt|ig living elsewhere, out of town; outside; foreign; **~iges Amt** Foreign Office; **~s** outward(s); out of doors; abroad
auswaschen to wash out, away; to rinse
auswechsel|bar interchangeable; **~n** to exchange, to change for; to interchange; **~ung** exchange
Ausweg way out *(a. fig)*; expedient; loophole; **~los** hopeless, aimless
ausweich|en to make way for; to avoid, to escape; to dodge, to parry; **~end** evasive; **~e** 🚂 siding; **~klausel** escape clause; **~stelle** 🚂 siding; emergency quarters (*od* office)
aus|weiden to disembowel, to draw; **~weinen** *refl* to cry one's eyes out
Ausweis identity card, proof; document, statement, return; **~en** to expel, to deport; *(in Tabelle)* to show; *refl* to establish (prove) one's identity; **~papiere** identity papers; **~ung** expulsion
auswendig outward, outer, exterior; *fig* by heart, by rote; from memory
auswerfen to throw out, to eject; ⚓ to cast; *(Summe)* to provide, *(Gehalt)* to fix; ⚕ to expectorate
auswert|en to extract valuable material from, *umg* to get the meat out of; *(abwägen)* to evaluate; *(Nutzen ziehen)* to capitalize; *(Kurve)* to plot, to interpret; **~ung** evaluation; interpretation
auswirk|en *refl* to operate; to bear (*auf* upon), to make o.s. felt (*auf* on); *s. ~en lassen* to bring to bear (*auf* upon); **~ung** result, effect; repercussion
auswischen to wipe out; *j-m eins ~* to hit out at s-b, to deal s-b a blow
Aus|wuchs growth, excrescence; *fig* abuse; **~wurf** refuse, scum; ⚕ discharge, expectoration
auszahl|en to pay out, down; **¨en** to count out; **~ung** payment
auszeichn|en to mark out, to note; to distinguish; to price; *refl* to distinguish o.s.; **~ung** distinction; decoration
ausziehen to pull out, to extract; *(Kleid)* to take off; *(Zeichnung)* to ink in; *refl* to undress; *vi* to set out; to march off; *(um-)* to move (house), to remove
auszischen to hiss off the stage
Auszug excerpt, extract; departure; marching out; *(Um-)* removal
auszupfen to pluck out; *(Stoff)* to unravel
authentisch authentic
Auto (motor-)car; *~ fahren* to motor, to drive a car; **~bahn** *BE* motorway, *US* superhighway; **~biographie** autobiography; **~brille** goggles; **~bus** (motor-)bus; motor coach; **~didakt** self-taught person; **~droschke** taxi-cab; **~fahrer** motorist, driver; **~fahrt** motoring trip, motor ride; **~falle** (police) trap; **~friedhof** junkyard; **~gen** autogenous; **~gramm** autograph; **~grammjäger** autograph hunter; **~händler** motor-car dealer; **~hupe** hooter, horn; **~kratie** autarchy; **~mat** automatic machine; slot-machine, vending machine; ⚙ automatic lathe; self-service restaurant; *fig* automaton, robot; **~matenstahl** high-speed steel; **~matik** automatism; **~mation** automation; **~matisch** automatic; **~matisieren** to automate, to automatize; **~matisierung** automation; **~nom** autonomous; of one's own volition; **~nomie** autonomy; **~rennen** motor-race; **~psie** post-mortem, autopsy; **~schlosser** car mechanic; **~schlüssel** car key; **~typie** 🕮 halftone *(block, process)*; **~unfall** car accident; **~verkehr** motor traffic

Autor author, writer; **~enhonorar** author's royalty; **~isieren** to authorize; **~ritär** authoritarian; *adv* by authority; **~ität** authority; **~schaft** authorship
avancieren to advance, to be promoted
Axt axe; hatchet

B

B (the letter) B; ♪ b flat; **B-Dur** b flat major; **b-Moll** b flat minor
babbeln to babble
Baby baby; **~ausstattung** layette, baby-linen
Bach brook, rivulet; stream
Back ⚓ forecastle; mess; **~apfel** cooking apple; **~blech** cake tin, pie tin; **~bord** ⚓ port; **~e** cheek; **~enbart** whiskers; **~enknochen** cheekbone; **~enzahn** molar, grinder; **~̈er** baker; **~̈erei** baker's shop; bakery; **~fett** shortening; **~fisch** flapper, *bes US* bobby-soxer; teenager; **~obst** dried fruit; **~ofen** oven; **~pfeife** box on the ear; **~pflaume** prune; **~pulver** baking-powder; **~rohr** oven; **~schüssel** baking-dish; **~stein** brick; **~waren** pastry-cook's products; pastry
Bad bath(-room); watering-place, spa
Bade|anstalt swimming-pool; baths; **~anzug** bathing-costume, swimsuit; **~arzt** doctor (at a spa); **~gast** visitor to (patient at) a spa; bather; **~hose** (bathing-) trunks, bathing-shorts; **~kappe** bathing-cap; **~kur** taking the waters, course of baths; **~mantel** bathing-gown, bathrobe; **~meister** bath attendant; swimming-instructor; **~n** to have a bath, *bes BE* to bath; *(im Freien)* to bathe; **~ofen** bath-stove, *BE* geyser; **~ort** watering-place, spa; **~r** barber; **~strand** bathing-beach; **~tuch** bath-towel; **~wanne** bath(-tub); **~zeug** bathing-things; **~zimmer** bath(-room)
Bagage *mil* (baggage) train; luggage, baggage; *umg* rabble; *d. ganze ~* the whole caboodle
Bagatell|e a trifle, a trifling matter **~isieren** to make light of, to minimize
Bagger excavator; *(Naß-) BE* dredger, dredge; **~n** to excavate; to dredge
Bahn way, course; track (*a.* ⛹); lane, *BE* carriageway; *astr* orbit; *(Stoff)* panel, width; 🚆 railway, *US* railroad; *s. ~ brechen* to find a way, to make one's way; *aus d. ~ geworfen werden* to be thrown out of gear, to have one's career broken off ♦ *auf d. schiefe ~ geraten* to go wrong, to get into crooked ways; *per ~* by rail; **~anlagen** railway installations; **~arbeiter** railway man; **~beamter** railway official; **~brechend** pioneer(ing); epoch-making; **~brecher** *fig* pioneer; **~damm** (railway) embankment; **~en** to open a way, to beat a way (to, through); *fig* to pave the way for, to blaze a trail; *s. e-n Weg ~en durch* to force one's way through; **~gleis** track; **~hof** (railway) station; **~körper** permanent way; railway right-of-way; **~linie** (railway) line; **~netz** railway system; **~rennen** ⛹ track race; **~steig** platform; **~steigkarte** platform-ticket; **~strecke** (railway) line; **~übergang** railway crossing; bridge; **~wärter** signalman
Bahr|e ⚕ stretcher; barrow; *(Toten-)* bier; **~tuch** pall
Bai bay
Baiser meringue
Baisse *(Markt)* decline, depression; *(Preis)* drop, fall; slump
Bajonett bayonet; **~verschluß** bayonet joint
Bake beacon; **~lit** bakelite
Bakterie bacterium; *US umg* bug
Balanc|e equilibrium; balance (*die ~e halten* to keep one's b.; *d. ~e verlieren* to lose one's b.); **~ieren** to balance
bald soon, shortly; *~ ... ~* sometimes ... sometimes; *~ so, ~ so* sometimes one way and sometimes another; *möglichst ~* as quickly as possible, as soon as possible, at the earliest moment; almost, nearly; **~̈e**: *in ~̈e* soon; **~ig** quick; early
Balg skin, hide; bellows; *fig* brat; **~en** *refl* to romp; to fight
Balken beam, balk; *(Träger)* girder; *lügen, daß s. d. ~ biegen* to tell a thumping lie; **~werk** framework
Balkon balcony; *(Kino)* circle
Ball ball; globe, sphere; *(Tanz)* ball, dance; **~ade** ballad; **~ast** ballast; *fig* burden, impediment; dead weight; **~en** *su* bale, pack; *(Fuß)* ball; *vt* to bale; *(Faust)* to clench; *refl* to gather; **~ett** ballet; **~ettänzer** ballet-dancer; **~ettänzerin** ballet-dancer; *(Revue)* chorus-girl; **~kleid** evening dress; **~on** balloon; *(Behälter)* carboy, demijohn; **~onreifen** balloon tyre; **~saal** dancing-hall, ball-room; **~spiel** ⛹ game of ball
Balsam balm, balsam; **~ieren** to embalm; **~isch** balmy; **~tanne** balsam
Balt|e Baltic native; **~enland** Baltic territory; **~isch** Baltic
Balz pairing (time); **~en** to call, to pair
Bambus bamboo; **~rohr** bamboo cane
banal banal, trivial; **~ität** banality
Banane banana; **~nstecker** ⚡ banana plug
Banause philistine, lowbrow
Band 📖 volume ♦ *~̈e sprechen* to speak volumes, to be most revealing; ribbon, band; tape; *(Faß)* hoop; ⚕ ligament; ⚕ bandage; *fig* tie, bond; **~e** *pl* fetters; *laufendes ~* conveyor belt; *am laufenden ~* on the assembly line, *fig* uninterruptedly, all the time; **~e** band, gang; **~erole** revenue stamp; **~̈igen** to tame; to break in; *fig* to subdue; **~it** bandit, highwayman; **~maß** tape measure; **~nudeln** noodles; **~waren** narrow fabrics; haberdashery; **~wurm** tapeworm
bang|e alarmed, uneasy; *~e machen* to frighten; *su* worry, anxiety; *keine ~e!* don't worry!; **~emacher** alarmist; **~en** to be afraid; *refl* to be worried (*um* about); **~igkeit** fear, anxiety; **~̈lich** (rather) anxious, timid
Banjo banjo

Bank bank; *(Sitz-)* bench, seat; *(Schule)* form; *eccl* pew; *durch d. ~* (one and) all, without exception ♦ *auf die lange ~ schieben* to put off, to delay; **~abschluß** balance-sheet; **~anweisung** cheque; **~beamter** bank clerk; **~guthaben** bank balance; **~halter** banker; **~konto** bank account; **~note** bank-note; **~satz** bank rate; **~wesen** banking (system)
Bankett banquet; (highway) shoulder
Bankier banker; financier
Bankrott bankruptcy; failure, insolvency; *adj* bankrupt (*~ machen* to go b.), broke; **~eur** bankrupt
Bann ban; *eccl* excommunication, anathema; *fig* spell; **~en** to banish; to excommunicate; **~er** banner, standard
Bar bar(-room); *adj* bare, naked; devoid of; *~er Unsinn* sheer nonsense; in cash; *~es Geld* ready money, cash; *~ zahlen* to pay cash (down); *gegen ~* for cash; *Lieferung gegen ~* cash on delivery; **~auslage** outlay incurred; **~fuß, ~füßig** barefooted; **~geld** ready money, notes and coin, cash; **~geldlos** cashless; **~häuptig** bareheaded; **~preis** cash price; **~schaft** cash, ready money; **~scheck** cashable (*od* uncrossed) cheque; **~zahlung** cash payment, cash down
Bär bear; *d. Große ~ (astr)* the Great Bear, the Plough; *d. Kleine ~* the Little Bear ♦ *j-m e-n ~en aufbinden* to pull s-b's leg; **~beißig** grumpy, surly
Baracke hut, barrack; **~nlager** wooden huts, hutment
Barbar barbarian; **~ei** barbarism; barbarity; barbarousness; **~isch** *(roh)* barbarous; *(ungebildet)* barbaric
Barett cap; biretta
Bariton baritone
Barkasse launch
barmherzig merciful, compassionate; **~keit** mercy, compassion
Barock baroque style (*od* architecture); *adj* baroque
Barometer barometer, *umg* glass (*d. ~ steigt* the g. is going up); *fig (Stimmungs-)* barometer of opinion
Baron baron; **~et** baronet; **~etsrang** baronetcy; **~in** baroness; **~srang** barony
Barre bar; *(Metall)* ingot; **~n** ingot; *(Gold)* bar, bullion; ⛩ parallel bars
Barriere barrier, bar; 🚂 gate
Barrikade barricade
Barsch *zool* perch, bass; *adj* harsh, gruff, rude, cavalier
Bart beard (*e-n ~ tragen* to wear a b.; *e-n ~ stehenlassen* to grow a b.); *(Hahn)* wattle; *(Katze)* whiskers; *zool* barb; *(Schlüssel)* bit ♦ *e. Streit um d. Kaisers ~* a quarrel about trifles; *d. ~ ist ab* we're sunk; **¨ig** bearded; **~los** beardless
Bas|e cousin; *chem* base; **~ball** baseball; **~edow** ⚕ Graves' disease, exophthalmic goitre; **~ieren** *vt* to base, to found (*auf* on); *vi* to be based (*auf* on); **~ilika** basilica; **~ilisk** basilisk; **~is** 🏛, *math, mil* base; *fig* basis; **~isch** basic
Bask|e Basque; **~enmütze** beret; **~isch** Basque
Basketball basket-ball
baß *adv* very; *su* ♪ bass; **~geige** bass viol; **~instrument** bass (instrumnent)
Bassist bass singer
Baß|sänger bass (singer); **~spieler** bass; **~stimme** bass (voice)
Bassin basin, reservoir; *(Schwimm-)* swimming-pool
Bast bast, bass; **~a:** *damit ~a!* so that's that, that's final!; **~ard** bastard, hybrid; **~ei** = ~ion; **~eln** to work at a hobby, to be engaged in amateur handicrafts; to tinker, to potter (*an* at); **~ler** amateur; do-it-yourselfer; **~ion** bastion
Bataillon battalion
Batist cambric
Batterie ϟ, *mil* battery
Batzen lump; *e. hübscher ~ (Geld)* a tidy sum
Bau building, construction; edifice; structure; build, organism ♦ *vom ~ sein* to know the ropes, to be an expert; *(Fuchs)* kennel, earth; hole, burrow; **~abschnitt** stage of construction; **~amt** Board of Works; **~arbeiten** building works, construction works; **~arbeiter** building worker; **~art** style (of construction); ⚙ construction; **~behörde** building authority; **~fällig** dilapidated, tumble-down, ramshackle; **~führer** building foreman; **~genossenschaft** building cooperative, building society; **~gerüst** scaffolding; **~gewerbe** building industry, builder's trade; **~herr** promoter, sponsor; employer; purchaser, owner; client; **~klotz** block ♦ *~klötze staunen* to have the surprise of one's life; **~kosten** building costs; **~kostenzuschuß** housing subsidy; **~kunst** architecture; **~leute** workmen, builders; **~lich** architectural, constructional; **~meister** architect, (master-) builder; **~plan** building (*od* construction) plan; ⚙ blueprint; **~platz** (building) site, lot; **~polizei** official inspectors of buildings; **~polizeilich** official; ~polizeiliche Vorschriften building-code provisions; **~sparen** saving through building and loan associations; **~sparkasse** building and loan association; **~sparvertrag** building society savings contract; **~stahl** engineering steel, structural steel; **~stein** brick; **~stelle** building site, construction site; **~stil** architectural style; **~stoff** building-material; **~unternehmer** building contractor; **~weise** construction method; **~werk** structure; building; **~wirtschaft** building trade; **~zeichnung** architectural plan
Bauch *(bes Tier, Gegenstand)* belly; *(Magen)* stomach, *umg* tummy; *(Unterleib)* abdomen ♦ *auf d. ~ liegen vor* to lick s-b's boots; *s. d. ~ halten vor Lachen* to split one's sides with laughing; *s. d. ~ vollschlagen* to gorge o.s.; **~ig** bellied, bulging; **~höhle** abdominal cavity; **~landung** ✈ belly landing; **~redner** ven-

triloquist; **~speicheldrüse** pancreas; **~weh** stomach-ache, *umg* the gripes
bauen to build, to construct; ⚘ to cultivate; *fig* to rely (*auf* on)
Bauer farmer, peasant; *(Bau)* builder, constructor, erector; *(Vogel)* bird-cage; *(Karten)* knave; *(Schach)* pawn; *fig* boor; **⸚in** farmer's wife, peasant woman; **⸚lich** rural, country; rustic; **⸚isch** rustic, boorish; **~nbursche** country lad; **~nfänger** crook; **~nhaus** farmhouse; **~nhof** farm; barnyard; **~nschaft** peasantry; **~nschlau** canny; **~nschläue, ~nschlauheit** canniness, native cunning; **~sfrau** farmer's wife; **~sleute** peasants
Baum tree; pole; *(Web-)* warp beam; ⚓ boom ♦ *um auf die ⸚e zu klettern* enough to drive one crazy; **~eln** to dangle; **⸚en** *vt* to beam; *refl* to rear, to prance; **~heide** brier; **~lang** tall as a lamp-post; **~los** treeless; **~rinde** bark; **~schere** pruning-shears; **~schule** nursery; **~schütze** sniper; **~stamm** trunk; **~wolle** cotton; **~wollen** (made of) cotton; **~wollspinnerei** cotton-mill
Bausch pad, bolster; *in ~ und Bogen* lock, stock and barrel; in the lump; indiscriminately; **~en** to bag, to bulge, to belly; to swell out; **~ig** baggy, puffy
Bay|er Bavarian; **~risch** Bavarian
Bazar bazaar
Bazillus bacillus
beabsichtigen to intend, to mean
beacht|en to mark, to take notice of; to observe; **~enswert** worth consideration; noteworthy; **~ung** consideration; attention; *~ung schenken* to attend to
Beamte|napparat staff of officials; **~ngesetz** Civil Service Act; **~nlaufbahn** civil service career; *d. ~nlaufbahn einschlagen* to enter the civil service; **~nschaft** civil servants, public officials; **~ntum** officialdom; **~nwirtschaft** red-tapism, bureaucracy; **~r** (public) official; civil servant
beängstig|en to alarm
beanspruch|en to claim, to demand; *(Aufmerksamkeit)* to engross; *(Zeit)* to take up; *s-e Zeit wird sehr ~t* he has many calls on his time; *für s. ~en* to arrogate; **~ung** resort to; taking up; demands made on; arrogation
beanstand|en to object to; to criticize; to reject; **~et** claimed to be defective; **~ung** objection; complaint
beantrag|en to apply for, to make application for; *schriftlich ~en* to apply for in writing; to move, to propose
beantwort|en to answer, to reply to; **~ung** answer(ing), reply; *in ~ung* in answer to, answering . . .
bearbeit|en to work (on, at); *chem* to process; to fashion; to deal with; ⚖, 🎭 to adapt; *(redigieren)* to edit; *(als Vertreter)* to canvass; ⚘ to cultivate, to till; to treat, to prepare; **~er** editor; adapter; author; **~ung** adaptation; ♪ arrangement; *chem* process(ing); canvassing; ⚙ machining; manufacturing
beargwöhnen to suspect

beaufsichtigen to supervise, to superintend; to keep an eye on
beauftrag|en to commission; to instruct; **~ter** agent; deputy; representative; ⚖ mandatary
bebau|en to build on; ⚘ to cultivate; **~t** built--up
beben to tremble, to shake (*vor* with); *su* trembling, shaking
be|bildert illustrated; **~brillt** bespectacled
Becher cup; tumbler; mug; *(Würfel-)* dice--box; **~n** to tipple, to booze
Becken basin; ⚕ pelvis; swimming-pool; ♪ cymbals
Bedacht consideration; deliberation; *adj* mindful (of); intent (on); *~ sein auf* to be anxious to do, to be intent (on doing); **⸚ig** prudent, circumspect; slow; **⸚igkeit** circumspection; slowness; **~sam** considerate; careful; **~samkeit** considerateness, thoughtfulness; caution
bedank|en *refl* to thank; *ich ~e mich dafür!* no, thank you very much!
Bedarf requirement; demand (*für* for); *(dringend)* want, need; *~ haben an* to require, to be in need of; *nach ~* according to requirement; **~sartikel** article of consumption; *pl* = ~sgüter; **~sfall:** *im ~sfall* in case of need, if necessary; **~sgüter** consumer goods, necessaries; **~shaltestelle** request stop; **~sträger** user, consumer; **~sweckung** consumptionism
bedauer|lich regrettable, deplorable; **~n** to regret; to pity, to be sorry for s-b; *su* regret (*zu m-m großen ~n* to my great r.); sympathy; **~nswert** deplorable; pitiable
bedeck|en to cover; *refl* to put on one's hat; **~t** *(Himmel)* overcast; **~ung** covering; protection; *mil* escort, convoy
bedenk|en *vt* to consider, to think over; to bear in mind; to provide (*mit* with); *(vererben)* to bequeath; *refl* to reflect; *s. anders ~en* to change one's mind; *su* consideration; hesitation; scruple; misgiving(s); *~en tragen* to hesitate; **~lich** doubtful, uncertain; critical, risky; scrupulous; **~zeit** time for reflection
bedeut|en to mean, to signify; *(durch Zeichen)* to motion (s-b to do); to inform; to be of importance; *es hat nichts zu ~en* it is of no consequence; *was soll d. ~en?* what does that mean?; **~end** important; significant; great; **~sam** significant; **~ung** meaning; significance; account, bearing (*von ~ung sein für* to have a b. on); **~ungsgleich** synonymous; **~ungslos** without significance, insignificant, of no account; meaningless; **~ungsvoll** momentous; significant
bedien|en to serve, to attend; ⚙ to work, to operate; *(Karten)* to follow suit; *refl* to help o.s., to make use of, to avail o.s. of; **~ter** servant; **~ung** service, attendance; servants
beding|en to stipulate; to imply; **~t** conditional; qualified; *adv* provisionally; **~ung** condition; stipulation; *pl a.* terms; **~ungslos** unconditional; **~ungssatz** conditional clause; **~ungsweise** conditionally

bedräng|en to press hard, to beset; to oppress; **~nis** distress; oppression; trouble
bedroh|en to threaten, to menace; **~lich** threatening, menacing; **~ung** threat, menace; *(tätliche)* assault
bedruck|en to imprint; **¨en** to oppress, to harass; **¨er** oppressor; **¨t** depressed, blue; **¨ung** oppression; distress, vexation
bedürf|en to need, to require; to want; **~nis** need, want; necessity; desire; **~nisanstalt** lavatory, public convenience; **~nislos** having no wants; frugal; unassuming; **~tig** needy; helpless; indigent; **~tigkeit** need(iness); indigence
Beefsteak (fillet-)steak; *deutsches ~* rissole steak
beehren to honour; to favour (*mit* with); *refl* to have the honour (to do)
beeidig|en to confirm by oath; to tender an oath to; **~t** sworn
beeilen *refl* to make haste, to hurry
beeindrucken to impress
beeinfluss|en to influence; to bias; **~ung** influencing
beeinträchtig|en to impair; to prejudice, to infringe; **~ung** impairment; prejudice; injury
beend(ig)|en to finish, to end; to terminate; **~ung** finish, end; termination
beeng|en to narrow; to hamper; *s. ~t fühlen* to feel oppressed
beerben to be heir to, to inherit s-b's property
beerdig|en to bury, to inter; **~ung** burial, funeral; **~ungsgottesdienst** funeral service
Beere berry; **~nobst** soft fruit
Beet bed; **~e** (red) beet, *bes BE* beetroot
befähig|en to enable, to qualify; **~t** qualified, fit; talented; **~ung** aptitude, capacity; qualification
befahr|bar passable, practicable; ⚓ navigable; **~en** to drive over; ⚓ to navigate
befallen to befall, to attack
befangen embarrassed, self-conscious; prejudiced, biased; *in e-m Irrtum ~ sein* to labour under a misapprehension; **~heit** confusion; prejudice, bias
befassen *vt* to ask s-b to deal with; *refl* to occupy o.s. (*mit* with), to be engaged (*mit* in)
befehden to be at feud with, to make war upon
Befehl order, command; mandate; *zu ~!* Right, Sir!; **~en** to order, to command; to dictate, to bid; *refl* to command o.s. to; **~end** imperative, commanding; mandatory; **~igen** to command; to lead; **~sausgabe, ~serteilung** issue of orders; briefing; **~sform** imperative (mood); **~shaber** commander; **~shaberisch** imperious, dictatorial
befestig|en to fasten; *mil* to fortify; *(Straße)* to pave; *fig* to strengthen; **~ung** fastening; fortification; pavement
be|feuchten to wet, to moisten
befind|en to find, to think; *refl* to be; to feel; *su* (state of) health; state of affairs; *s. nach j-s ~en erkundigen* to inquire after s-b; **~lich** being, existing; contained in
befingern to finger
be|flaggen to adorn with flags, to (be)flag; **~flecken** to blot; to stain, to spot; *fig* to pollute; **~fleißigen** *refl* to take great pains; to endeavour; to devote o.s. to
beflissen studious, assiduous; intent on; **~heit** assiduity
beflügeln to wing; to lend speed to
befolg|en to follow, to obey, to observe; **~ung** observance (of); adherence (to)
beförder|n to forward, to dispatch, to transport; to ship, to convey; *fig* to promote; **~ung** forwarding, dispatch; conveyance; *fig* promotion; **~ungskosten** (cost of) carriage
be|frachten to load, to freight; **~fragen** to question, to interrogate, to examine
befrei|en to (set) free; to deliver; to liberate; to release; *~en von* to exempt from, to excuse *(he has been excused gym)*; **~er** liberator; **~ung** liberation; deliverance; exemption, immunity
befremd|en to appear strange to, to surprise; to impress unfavourably; *su* surprise; dislike; **~lich** strange
befreund|en to befriend; *s. ~en mit* to make (*od* become) friends with
befried|en to pacify, to bring peace to; **~igen** to satisfy; to appease; **~igend** satisfactory; **~igung** satisfaction; appeasement
befrist|en to time, to limit (in time); to set a deadline for; **~et** time ...
befrucht|en to fertilize; to impregnate; *fig* to inspire, to stimulate; **~ung** fertilization; impregnation
Befug|nis authority; right, permission; *(schriftl.)* warrant; ⚖ competence; *s-e ~nisse überschreiten* to override one's commission; **~t** authorized; entitled
befühlen to feel, to touch
Befund state; finding; report; ⚕ diagnosis
befürcht|en to fear, to apprehend; **~ung** fear, apprehension
befürwort|en to recommend; to advocate; **~ung** recommendation
begab|en to endow s-b (with); to bestow upon s-b; **~t** gifted, talented; **~ung** gift, talent; aptitude, abilities
be|gaffen to gape at; **~gaunern** to cheat
begeben *vt (Wechsel)* to negotiate; *refl* to go (*nach* to), to proceed (*nach* to); *s. ins Bett ~* to go to bed; *s. auf e-e Reise ~* to start on a journey; *es begab s.* it came to pass; **~heit** occurrence, happening
begegn|en to meet (with), to encounter; to treat; to deal with, to take measures against; **~ung** meeting, encounter; reception
begeh|en to walk on, to go over; to traverse; to celebrate; *(Irrtum etc)* to commit; **~ung** traversing; celebration; commission
Begehr desire; demand; **~en** to desire; to covet; to demand; *~t sein* to be sought after; to be in demand; *su* desire; **~enswert** desirable; **~lich** desirous; covetous

begeifern to beslaver, to beslobber; *fig* to slander

begeister|n to inspire, to rouse; to fill with enthusiasm, *umg* to enthuse; *refl* to be enthusiastic (*über* about); **~t** enthusiastic; **~ung** enthusiasm, ardour

Begier|de longing; avidity; lust; **~ig** desirous, covetous; avid (*nach* of, for)

begießen to sprinkle; *(Land)* to water; *(Braten)* to baste

Beginn beginning, outset; **~en** to begin, to start; *su* undertaking

beglaubig|en to certify, to attest; to prove true; *pol* to accredit (*bei* to); *~te Abschrift* certified copy; **~ung** authentication; *(durch Notar)* attestation

begleichen to settle, to pay; to honour, to meet, to make good

begleit|en to accompany; to attend; *mil* to escort; ⚓ to convoy; *nach Hause ~en* to see s-b home; **~er** companion; attendant; ♪ accompanist; **~erscheinung** concomitant (symptom, phenomenon); **~ung** company; attendance; escort; ♪ accompaniment

beglück|en to make happy; to bless (*mit* with); **~t** happy; **~wünschen** to congratulate (*zu* on)

begnad|en to bless (*mit* with); **~igen** to pardon; **~igung** pardon, reprieve; *bedingte ~igung (BE)* release on ticket of leave, *US* release on parole

begnügen *refl* to be satisfied, to content o.s. (*mit* with)

begraben to bury ♦ *da liegt d. Hund ~* that's the rub (*od* snag); *du kannst dich ~ lassen!* go and boil your head!, go jump in the lake!

Begräbnis burial, *(-feier)* funeral; **~platz** burial ground

begreif|en to understand, to grasp, to comprehend; *in s. ~en* to include, to imply; **~lich** comprehensible, understandable; conceivable; **~licherweise** as may be imagined, naturally, of course

begrenz|en to bound, to border; to limit, to confine; **~theit** limitation; **~ung** limitation; boundary

Begriff notion, idea; concept, *schwer von ~* dull (of apprehension); *im ~ sein* to be on the point of (doing), to be about (to do); *~en sein in* to be engaged in, to be now (doing); *im Bau ~en* in the course of building; **~lich** notional; conceptual; abstract; **~sbestimmung** definition; **~sstutzig** dull-witted; **~sverwirrung** confusion of ideas

begründ|en to found, to establish; to confirm, to prove; *~en mit* to state the reason on which ... is based; *er ~et es damit, daß ...* he argues that ..., he states as a reason that ...; **~et** *adj* reasonable; **~ung** foundation, establishment; motivation; reasons

begrüß|en to greet; to salute; to welcome; **~ung** greeting; salute; welcome

begucken to have a look at

begünstig|en to favour; to promote; to patronize; ⚖ to act as an accessary after the fact; **~ter** beneficiary; **~ung** patronage; preferential treatment

begutacht|en to give an expert opinion on, to give one's judgment of; **~end** consulting; **~ung** (forming a) judgment on, expert opinion on

begüt|ert wealthy, well-off; **~igen** to soothe, to placate; to appease

behäbig comfortable; portly, stout

behaftet afflicted (with); burdened (with); subject (to)

behag|en to please, to be agreeable to; *d. ~t mir nicht* I don't like (*od* want) that; *su* comfort, ease; **~lich** comfortable, snug, cosy; **~lichkeit** comfort, cosiness

behalt|en to keep (*bei sich* to o.s.; *d. Fassung ~en* to k. one's countenance); to retain; to remember; *recht ~en* to prove right; **≃er** container, receptacle; bin, case, box; reservoir; tank

behand|eln to handle; to treat; to deal with; to manage; ⚕ to attend, to treat, (Wunde) to dress; ⚙ to work; **~lung** management; ⚕ treatment, attendance; **~lungszimmer** *BE* surgery, consulting-room

Behang hanging; drapery; **≃en** to hang (with); to drape (with)

beharr|en to persist, to persevere; to insist (*auf* on); **~lich** persistent, persevering; assiduous, steady; **~lichkeit** persistence; assiduity; determination

behauen to hew; to trim, to lop

behaupt|en to assert, to maintain; to claim, to allege; to argue; *refl* to hold one's own, to assert o.s.; to survive; *(Preis)* to be maintained, to keep up; **~ung** assertion; allegation; statement

Behausung lodging, dwelling; home

beheben to remove; to remedy

Behelf expedient, help; makeshift; **~en** *refl* to make shift; to manage (with); to make do (with); to do (*ohne* without); to resort to; **~sheim** (emergency) prefabricated dwelling, makeshift home; **~smäßig** makeshift, improvised; temporary, emergency

behellig|en to molest, to trouble; **~ung** molestation

behend|e nimble, agile; **~igkeit** nimbleness, agility, alacrity

beherbergen to lodge, to put up; to shelter

beherrsch|en to rule (over); to govern; to have command of; *refl* to control o.s.; **~er** ruler; **~ung** rule; command; mastery; self-control; *d. ~ung verlieren* to lose one's temper

beherz|igen to take to heart; to think over; to mark; **~igenswert** worthy of consideration; **~igung** consideration, serious thought; **~t** plucky, brave; **~theit** pluck, daring

be|hexen to bewitch; **~hilflich** helpful

behinder|n to hinder, to hamper, to handicap; **~ung** handicap, obstacle

Behörd|e authority, official agency, board; **~lich** official; administrative

Behuf: *zu diesem ~* for this purpose; **~s** on behalf of, for the purpose of

behüten to guard, to keep
behutsam cautious, prudent; careful; **~keit** caution; prudence; care
bei at, by, near; among; with; on; ~ *d. Hand* at hand; ~ *d. Hand nehmen* to take by the hand; ~ *meiner Tante* at my aunt's; *~m Bäcker* at the baker's; ~ *sich* about one, with one; ~ *Tage* by day; ~ *Nacht* at night; ~ *Gott* by God; ~ *diesem Wetter* in this weather; ~ *guter Gesundheit* in good health; ~ *dieser Gelegenheit* on this occasion; ~ *e-m Glas Wein* over a glass of wine; *~zeiten* in good time; ~ *weitem* by far; ~ *weitem nicht* far from being, by no means; ~ *alledem* for all that; ~ *Smith* ✉ c/o Smith
bei|behalten to keep, to retain; to maintain; **~bringen** to bring; to produce; to adduce; to inflict, to administer; to teach; to give an idea of
Beicht|e confession; **~en** to confess; to go to confession; **~kind** penitent; **~stuhl** confessional; **~vater** father confessor
beide both, the two; either; *wir* ~ both of us, we two; *alle* ~ both of them; *einer von ~n* one (*od* either) of the two, one of them; *keiner von ~n* neither of them; *er hat* ~ *Hände* he has both his hands; **~mal** both times; **~rlei** of both sorts, of either sort; *~rlei Geschlechts* of both sexes; **~rseitig** on both sides; mutual, reciprocal; **~rseits** on both sides; mutually
beidrehen ⚓ to heave to
beieinander together; *noch ganz gut* ~ still quite able
Beifahrer front-seat passenger; assistant driver
Beifall applause; approval; ~ *finden* to meet with a warm reception; *stürmischen* ~ *finden* to bring down the house; ~ *klatschen*, ~ *spenden* to applaud; **⁓ig** favourable, approving; **~srufe** acclamation
Beifilm supporting film
beifüg|en to add; to enclose; to affix; **~ung** addition; enclosure; *gram* apposition
Beigabe addition, extra; free gift; supplement
beigeben to add to, to enclose; *klein* ~ to climb down, to draw in one's horns
Beige|schmack flavour, smack
Bei|heft supplement; **~hilfe** aid, assistance; allowance, grant in aid; ⚖ aiding and abetting
Beil axe, hatchet
Beilage enclosure; *(Zeitung)* supplement; inset; *(Essen)* vegetables, salad
beiläufig incidental, casual
beileg|en to enclose, to add; *(Wert)* to attach to; to attribute to; *(Titel)* to confer on; *(Streit)* to settle; *s. ~en* to assume *(a name)*; *vi* ⚓ to heave to
Beileid sympathy; condolences; *sein* ~ *aussprechen* to condole with s-b (upon the loss of); **~sbesuch** visit of condolence; **~sbrief** letter of condolence
beiliegen to lie with; to be enclosed; ⚓ to lie to; **~d** enclosed
bei|mengen to add, to mix with; **~messen** to attribute to, to ascribe to
Bein leg; *(Knochen)* bone ♦ *j-m e.* ~ *stellen* to trip s-b up, to play s-b a trick; *s. e.* ~ *ausreißen* to do one's level best; *s. auf d. ~e machen* to be off; to take o.s. off; *auf d. ~en sein* to be on the move, to go out; *d. ~e in die Hand nehmen* to hurry, to get a move on; *s. d. ~e in d. Bauch stehen* to cool one's heels; *j-m ~e machen* to make s-b stir one's stumps; **~bruch** fracture of a leg; **~kleid(er)** trousers; **~schiene** ⚕ (leg-) splint
beinah(e) nearly, almost; all but *(it is all but done)*
Bei|name nickname; surname; **~ordnen** to adjoin; to co-ordinate; **~pflichten** to agree to (*od* with); to approve of; **~rat** advisory board (*od* council); adviser
beirren to confuse; to divert from
beisammen together; **~sein** being together; *geselliges ~sein* social gathering
Bei|schlaf sexual intercourse; **~sein** presence; **~seite** aside, apart
beisetz|en to put beside; to bury, to inter; ⚓ to spread; **~ung** burial, interment
Beisitzer assessor; member
Beispiel example (*zum* ~ for e.), instance (*zum* ~ for i.); warning; **~haft** exemplarey; **~los** unparalleled, unprecedented; **~sweise** for instance, by way of example
beispringen to come to help, to succour
beiß|en to bite (*s. auf d. Lippen ~en* to b. one's lips); to smart, to burn; to sting ♦ *ins Gras ~en* to bite the dust; *in d. sauren Apfel ~en* to swallow a bitter pill; **~end** biting, piercing; pungent, acrid; acrimonious; **~korb** muzzle; **~zange** pincers
Beistand assistance; counsel; ~ *leisten* to assist; **~spakt** treaty of assistance
beistehen to assist, to stand by
Beisteuer contribution; **~n** to contribute
bei|stimmen to agree to, to assent to; **~strich** comma
Beitrag contribution; subscription; premium; **~en** to contribute (*zu* to), to add (*zu* to); **~leistung** contribution
bei|treiben to collect; to requisition; **~treten** to join, to enter; *(Vertrag)* to accede to; to assent to; **~tritt** joining, entering; enrolment; accession; **~trittserklärung** declaration of accession; **~wagen** side-car; **~werk** accessories; **~wohnen** to attend, to be present at; to cohabit with; **~wort** adjective; epithet; **~zählen** to reckon among
Beiz|e corrosive; corrosion; *(Färben)* mordant; *(Metall)* pickle; stain; ⚕ caustic; *(Jagd)* hawking; **~en** to corrode; to mordant; *(Holz)* to stain; *(Haut)* to drench, to tan; *(Tabak)* to sauce; ⚕ to cauterize
beizeiten betimes, early
bejah|en to answer in the affirmative, to affirm; to accept; **~end** affirmative; **~ung** affirmation
bejahrt aged

bejammern to bewail, to lament; **~swert** deplorable, lamentable
bekämpf|en to combat; to oppose; **~ung** combat; struggle; control (of)
bekannt (well-)known; acquainted (*mit* with); **~er** aquaintance; **~enkreis** circle of friends; **~ermaßen, ~lich** as is (well-)known; **~geben, ~machen** to announce, to publish, to publicize; **~machen** to acquaint (*mit* with), to introduce (*mit* to); **~machung** publication, announcement; notice; **~schaft** acquaintance
bekehr|en to convert, to proselytize; **~ter** convert; **~ung** conversion
bekenn|en to confess, to admit; *(Religion)* to profess; *Farbe ~en* to follow suit, *fig* to be frank; *s. ~en zu* to avow (o.s. to be); to acknowledge; *s. schuldig ~en* to plead guilty; **~er** confessor; **~tnis** confession; avowal; creed, denomination; *~tnis zu* whole-hearted support of
beklag|en to lament, to bemoan; *refl* to complain (*über* of, about); **~enswert** lamentable, deplorable; **~ter** defendant
be|klatschen to applaud; to gossip about; **~kleben** to paste (on), to stick (on); to line (with paper); **~kleckern, ~klecksen** to blot, to spot; to bespatter
bekleid|en to dress, to clothe; *(Wand)* to wainscot; *(Amt)* to hold, to occupy; to invest; **~ung** clothes, clothing; tenure
beklemm|en to oppress; **~ung** oppression *(in the chest)*, difficult breathing
be|klommen uneasy, oppressed; **~klopfen** to tap; **~kloppt** dim-witted
bekomm|en to get, to have; *nichts zu ~en* nothing to be had; to receive, to obtain; ⚕ to catch; *vi (Essen, mst negativ gebraucht)* to agree with s-b; **¨lich** digestible, wholesome
beköstig|en to board, to provide with food; **~ung** board; food, fare
bekräftig|en to confirm, to corroborate; **~ung** confirmation, corroboration
be|kränzen to decorate with garlands (*od* flowers); **~kreuzigen** to cross; *refl* to cross o.s.; **~krönen** to crown (*mit* with)
bekümmer|n to distress, to grieve; to trouble; *refl* to be anxious, to worry (*um* about); to mind *(one's own business)*; **~nis** grief, affliction; trouble
be|kunden to manifest, to prove; ⚖ to depose; **~lächeln** to smile at; **~lachen** to laugh at; **~laden** to load; to burden
Belag *(Brot)* spread, meat, relish; coating; *(Straße)* pavement; *(Zunge)* fur; *(Zahn)* film; *(Spiegel)* foil; **~ern** to besiege, to beleaguer; **~erung(szustand)** (state of) siege
Belang importance; (*von ~ sein* to be of i.); *nicht von ~* of no consequence; *pl* interests (*d. ~e vertreten* to represent the i.); **~en** to hold s-b liable; *gerichtlich ~en* to sue, to prosecute; **~los** unimportant, trifling; **~voll** considerable
belast|en to load, to burden; ⚖ to incriminate, to accuse (*mit* of); *Konto ~en mit* to charge s-th to an account, to debit s-b with; *fig* to handicap; *(Grundstück)* to encumber; *(erblich) ~et sein* to be afflicted with a hereditary taint; **~eter** ⚖ offender; **¨igen** to molest; to trouble, to bother; **¨igung** molestation; annoyance; **~ung** load, burden; debit; *(Grundstück)* encumbrance; charge; *erbliche ~ung* hereditary taint; *fig* strain, depressive effect; **~ungsprobe** trial of strength; strain; ⚙ load test; **~ungszeuge** witness for the prosecution
be|laubt covered with foliage, leafy; **~lauern** to waylay; **~laufen** *refl* to amount (*auf* to); **~lauschen** to listen to; to overhear; **~leben** to animate, to put life into; to enliven; **~lebt** animated, lively; alive (with); busy, crowded; **~lebung** animation; stimulation, growth
Beleg proof, evidence; document; voucher, receipt; *(Text-)* reference; **~en** to cover; *(Sitz)* to reserve; *(vormerken)* to earmark; *(Stunden)* to take (lessons); to prove, to support by documentary evidence; *(Strafe)* to inflict upon s-b, *mit Geldstrafe ~en* to fine; **~exemplar** voucher copy; **~schaft** personnel, staff, workers and employees; **~stellen** *(Text)* authorities; **~t** ☎ busy, engaged; *(Stimme)* husky, hoarse, *(Zunge)* coated, furred; *(Platz)* reserved; taken; *~tes Brötchen* sandwich
belehr|en to instruct, to inform; to enlighten; *e-s Besseren ~en* to set right, to enlighten (about s-th); **~end** instructive; **~ung** instruction, information; correction
beleibt stout, corpulent
beleidig|en to offend, to affront; to insult; **~end** offensive; insulting; **~ung** offence; insult
be|leihen to grant (*bzw* obtain) a loan (*bzw* mortgage) on; **~lesen** well-read
beleucht|en to light up, to illuminate; *fig* to throw light on; **~er** illuminator; **~ung** lighting; illumination; **~ungskörper** lighting fixture
beleum(un)det in (good, bad) reputation
Belg|ien Belgium; **~ier** Belgian; **~isch** Belgian
belicht|en 📷 to expose; **~ung** exposure; **~ungsmesser** exposure meter
belieb|en to deign; *wie Sie ~en* as you like; *su* pleasure, will; *nach ~en* ad-lib; *ganz nach ~en* just as you like; **~ig** any, to any extent desired; **~t** popular, beloved; *s. ~t machen bei* to ingratiate o.s. with; **~theit** popularity
beliefer|n to supply (*mit* with); **~ung** supply
bellen to bark, *(laut)* to bay ♦ *Hunde, d. ~, beißen nicht* his bark is worse than his bite; *su* bark(ing)
Belletristrik belles-lettres
belob(ig)|en to praise, to commend; **~ung** praise, commendation
belohn|en to reward; **~ung** reward, remuneration
Be|lüftung ventilation; **~lügen** to lie to
belustig|en to amuse; *refl* to be amused (*mit* with); **~ung** amusement; entertainment

be|mächtigen *refl* to seize, to take possession of; **~mäkeln** to find fault with; **~malen** to paint (on, over); **~mängeln** to criticize, to find fault with; **~mannen** to man; **~mannung** manning; ⚓, ✈ crew; **~mänteln** to disguise, to cloak, to palliate; **~meistern** to master; *refl* to master one's temper

bemerk|bar noticeable, perceptible; *s. ~bar machen* to draw attention to o.s., to become apparent; **~en** to (take) notice, to note; to perceive; to remark, to say; **~enswert** noteworthy, remarkable; **~ung** remark; annotation, note

bemess|en to rate, to assess, to determine; to measure out

bemitleiden to pity, to be sorry for; **~swert** pitiable

be|mittelt well-to-do, well-off; **~mogeln** to cheat; **~moost** mossy; *fig* old

bemüh|en *vt* to trouble; *refl* to take (great) pains, to try hard; to apply (*um* for); *~en Sie s. nicht* don't trouble, don't bother; **~ung** effort, endeavour; trouble

bemüßigt: *s. ~ fühlen* to feel obliged, bound (to do)

be|muttern to mother; **~nachbart** neighbouring

benachrichtig|en to inform, to let know, to advise (of); **~ung** information

benachteilig|en to prejudice; to discriminate against; **~t** *sein* to be at a disadvantage; **~ung** prejudice; disadvantage; discrimination against

benehmen *vt* to take away from; to free s-b from; *refl* to behave, to act; *benimm dich!* behave yourself! *su* behaviour; manners; *s. ins ~ setzen mit* to get in touch with

beneiden to envy; **~swert** enviable

benenn|en to name, to call; **~ung** name, appellation; term; denomination

benetzen to moisten, to bedew

Bengel boy, urchin; rude fellow, lout

benommen confused; stunned

benot|en to mark, *US* to grade; **~̈igen** to be in need of, to require

benutz|bar usable; available; **~en** to use, to make use of; to employ; **~ung** use; utilization

Benz|in 🚗 *BE* petrol, *US* gasoline, *umg* gas, juice; *chem* benzine; **~ol** benzene

beobacht|en to observe, to watch; *fig* to keep; **~er** observer; **~ung** observation; *(Regel)* observance

be|ordern to order; **~packen** to load; *fig* to burden; **~pflanzen** to plant; **~pflastern** to pave; ⚕ to plaster

bequem suitable; comfortable; *(gut gelegen)* convenient; *(Person)* easy-going, lazy; *~ sitzen* to fit like a glove; **~en** to condescend (to do); **~lich** easy-going, lazy; **~lichkeit** comfort, ease; convenience; laziness

berappen *umg* to fork over

berat|en to advise; *refl* to deliberate; **~end** consultant, advisory; **~er** adviser; **~schlagen** to deliberate; to confer (*mit* with); **~schlagung** deliberation; **~ung** deliberation; consultation; advice

beraub|en to rob of, to deprive of; **~ung** robbing, deprivation

berausch|en to intoxicate; *fig* to enchant; *refl* to get drunk; *fig* to become enraptured (*an* with); **~t** drunk

berech|enbar calculable; **~nen** to calculate; *(Preis)* to charge; **~nend** calculating; selfish; **~nung** calculation, computation; **~tigen** to justify; to entitle, to authorize; **~tigt** entitled; eligible; **~tigter** person entitled (to), beneficiary; **~tigung** authorization; qualification; justification

bered|en to persuade s-b, to argue (*zu tun* into doing, *nichts zu tun* out of doing); to cajole; to talk s-th over; *refl* to confer (*mit* with); **~sam, ~t** eloquent; **~samkeit** eloquence

Bereich reach, range; sphere; branch, sector; field; *(Fragen-)* group; **~ern** to enrich; **~erung** enrichment

bereif|en 🚗 to fit with tyres; *(Faß)* to hoop; to cover with hoar-frost; **~ung** set of tyres; hoar-frost

be|reinigen to settle, to clear up; **~reisen** to travel about, through

bereit ready, prepared; willing (to do); **~en** to prepare, to get ready; *(bearbeiten)* to dress; to cause; *~ halten* to keep ready; **~machen** to prepare; **~s** already; **~schaft** readiness; preparedness; *mil* stand-to, alert; **~stellen** to provide, to place at s-b's disposal, to hold available; **~ung** preparation; dressing; **~willig** ready, willing; **~willigkeit** readiness, willingness; alacrity

be|rennen to run against, to assault; **~reuen** to repent (of); to regret

Berg hill, *(hoher)* mountain ♦ *~e versetzen* to move mountains; *goldene ~e versprechen* to promise castles in Spain; *über alle ~e sein* to be out of sight, far away; *hinterm ~e halten mit etw* to beat about the bush, to hold s-th back (*od* dark); *zu ~e stehen* to stand on end; **~ab** downhill; *~ab gehen mit (fig)* to go from bad to worse; **~an** uphill; **~arbeiter** miner; **~auf** uphill; **~bau** mining; **~bewohner** mountaineer; **~fahrt** ⚓ voyage upstream; **~fink** *zool* brambling; **~führer** mountain guide; **~geist** mountain sprite, pixie; **~gipfel** mountain top, summit; **~ig** mountainous, hilly; **~kamm** crest; **~kette** mountain chain; **~kristall** rock crystal; **~kuppe** brow (of a hill); **~lehne** mountain slope, hillside; **~mann** miner; **~predigt** Sermon on the Mount; **~rennen** 🏇 hillrace; **~rücken** mountain-ridge; **~rutsch** landslip, landslide; **~steigen** mountaineering; **~steiger** mountain-climber, mountaineer; **~stock** alpenstock; **~straße** mountain road; **~-u.-Tal-Bahn** *BE* switchback, roller coaster; **~wacht** mountain rescue service; **~wand** mountain side; **~werk** mine

berg|en to save, to salvage; ⚓ to take in; **~ung** salvage; **~ungsarbeit** salvage operations, rescue work

Bericht report; account; bulletin; commentary; **~en** to report (to s-b), to inform (s-b of s-th); **~erstatter** reporter, correspondent; ⛏ (sports) commentator; **~igen** to correct, to amend; to settle; **~igung** correction; amendment

be|riechen to smell at; **~rieseln** to irrigate; **~ringt** ringed; covered with rings; **~ritten** mounted; on horseback

Bernhardiner St Bernard (dog)

Bernstein amber

bersten to burst (*vor* with); to crack, to split

berüchtigt notorious

berücken to entrap, to ensnare; to fascinate

berücksichtig|en to consider, to bear in mind; to take into account, to make allowance for; **~ung** consideration

Beruf calling, vocation; occupation; *(Gewerbe)* trade; *(bes akademisch)* profession; *was sind Sie von ~?* what is your occupation (*od* trade, profession)?; *er ist ... von ~* he is a ... by trade; **~en** to call; to summon, to convoke; *(ernennen)* to appoint; *umg* to tempt providence; *refl* to refer (*auf* to); to appeal (*auf* to); *darf ich mich auf Sie ~en?* may I mention you(r name)?; *s. ~en fühlen* to feel called upon (to do); *adj* competent, well-qualified; **~lich** vocational; professional; **~sausbildung** vocational (occupational) training; **~sberatung** vocational guidance; **~sgruppe** occupational group (*od* category); **~skrankheit** industrial disease; **~smäßig** professional; **~smusiker** professional musician; **~sschule** vocational school; **~sspieler** professional player; **~sstatistik** occupational statistics; **~stätig** gainfully employed; **~swahl** choice of occupation; **~swechsel** change of occupation (*od* trade); **~sweg** career; **~ung** ⚖ appeal; call, summoning; *fig* calling; *~ung einlegen* to (make an) appeal (*gegen* from); **~ungsgericht** appellate court, cout of appeal

beruh|en *auf* to rest on, to be based on; to be due to; *auf s. ~en lassen* to let ride (*od* rest); **~igen** to quiet, to calm, to soothe; *refl* to calm down; to acquiesce (*bei* in); **~igung** calming down, quieting; comfort; **~igungsmittel** sedative, tranquillizer; **~igungspille** palliative, sweetener

berühmt famous, celebrated, **~heit** fame; celebrity; star

berühr|en to touch; *fig* to touch upon, to allude to; **~ung** touch, contact

besä|en to sow; **~t** covered, studded (*mit* with)

besag|en to say; to mean, to signify; **~t** aforesaid

besait|en to string; *zart ~et* sensitive, touchy

Besan ⚓ mizzen

besänftig|en to soften, to calm; to soothe, to appease; **~ung** softening, appeasement

Besatz trimming, facing; **~ung** *mil* garrison; ⚓, ✈ crew; occupation; **~ungskosten** occupation costs; **~ungsmacht** occupying power; **~ungsstatut** Occupation Statute; **~ungstruppen** occupation forces; **~ungszone** zone of occupation

besaufen *refl* to booze, to get drunk

beschädig|en to damage, to injure; **~ung** damage, injury

beschaff|en to procure, to supply; to obtain, to secure; *adj* constituted, conditioned, qualified; in ... condition; **~enheit** state, condition; description; **~ung** procurement; supply

beschäftig|en to employ, to occupy; to engage; *s. ~en mit* to be occupied, to busy o.s. with; **~ung** occupation, employment; job; **~ungslos** out of work, unemployed

beschäm|en to make ashamed, to put to shame; to confuse; **~end** degrading; **~ung** (feeling of) shame; confusion

beschatten to overshadow

beschau|en to look at, to behold; to contemplate; to inspect; **~er** spectator, looker-on; inspector; **~lich** contemplative; cosy; quaint; **~lichkeit** contemplation; cosiness

Bescheid answer; information; decision; *j-m ~ geben* to inform; *j-m gehörig ~ sagen* to give s-b a piece of one's mind; *~ wissen* to know (what's what); *j-m ~ sagen lassen* to send s-b word; **~en** *vt* to instruct, to inform; *s. ~en mit* to acquiesce in; *adj* modest, unassuming, unpretentious; moderate, lowly; **~enheit** modesty

beschein|en to shine upon; **~igen** to certify; to attest; *(Empfang)* to acknowledge; **~igung** certificate; voucher; receipt; certification

beschenken to present (*mit* with)

bescher|en to present (*mit* with), to give s-b Christmas presents; **~ung** giving of (Christmas) presents; *e-e schöne ~ung* a nice mess (*od* state of affairs)

beschick|en to send to; *(Ausstellung)* to send goods to; ⚙ to charge *(furnace)*

beschießen to fire upon, to bombard *(a. phys)*; ✈ to strafe; **~ung** bombardment; strafing

beschimpf|en to abuse; to insult; to call s-b names; to berate; **~ung** abuse; insult

beschirm|en to protect, to shield (*gegen* from); **~er** protector; defender

beschlafen to lie with; *fig* to sleep on s-th

Beschlag *(Metall)* mounting, ornamental fitting; *(Buch)* clasp; *(Pferd)* shoe; *(auf Glas)* moisture; mould(iness); *mit ~ belegen* to seize, to confiscate, *(Aufmerksamkeit)* to engross, *(Zeit)* to take up; **~en** to mount; to stud; to fit (*mit* with); *(Pferd)* to horse; *(Stein)* to square; *refl* to mist over, to become coated (with moisture); *~en sein in* to be conversant with, to be well-versed in; **~nahme** confiscation, requisition; ⚖ distraint, seizure, attachment; **~nahmen** to confiscate, to requisition; to distrain on, to seize, to attach

beschleichen to steal upon (*od* up to); *fig* to overcome, to seize

beschleunig|en to hasten; to accelerate; **~ung** haste(ning); acceleration

beschließ|en to close, to conclude, to finish; to decide (to, on)

Beschluß conclusion, close; decision, resolution; ruling; **~fähig** competent to pass resolutions, forming a quorum; **~fassung** passing (of) a resolution

be|schmieren to smear; *(Brot)* to spread *(jam etc)* on, to butter; to besmear, *(Farbe)* to bedaub; *(Papier)* to scribble on; **~schmutzen** to dirty, to foul; to soil; to besmirch

beschneid|en to clip, to trim; ⸸ to prune; *eccl* to circumcise; *fig* to curtail; **~ung** curtailment; *eccl* circumcision

beschnei|en to cover with snow

be|schnüffeln, ~schnuppern to sniff at; *fig* to stick one's nose into

beschönig|en to gloss over, to explain away; to palliate; **~ung** excuse; palliation

beschottern to rubble, to ballast

beschränk|en to limit, to restrict, to confine; *refl* to confine o.s. to; **~t** limited, restricted; *in ~ten Verhältnissen* in reduced circumstances; *fig* narrow-minded; **~theit** narrowness; scantiness; narrow-mindedness; **~ung** limitation, restriction

beschreib|en to describe *(a. math)*; *(Bahn)* to follow *(path)*; **~ung** description

beschreiten to walk on; to take *(the road)*

beschrift|en to letter; to inscribe; **~ung** lettering; inscription

beschuldig|en to accuse of, to charge with; **~ung** accusation, charge

beschummeln to bilk, to gyp

beschütz|en to protect; **~er** protector; **~ung** protection

beschwatzen to talk s-th over; to talk s-b (into doing)

Beschwer|de complaint (*a.* ⚕), grievance; *(Last)* hardship, trouble; *~de führen über, ~de einlegen gegen* to state a grievance, to lodge a complaint about; **~en** to weight, to burden; to lie heavy on; *refl* to complain (*über* about); **~lich** troublesome, fatiguing, tiresome

be|schwichtigen to allay, to appease; *(Streit)* to compose; **~schwindeln** to swindle, to cheat; **~schwipst** tipsy

beschwör|en to affirm, to confirm on oath; *(anflehen)* to implore; *(Geist)* to raise, *(vertreiben)* to exorcize; **~er** sorcerer; exorcist; **~ung** confirmation by oath; conjuration; exorcism

beseel|en to animate, to inspire; **~ung** animation, inspiration

besehen to look at; (*Haus)* to look over; *fig* to look into

beseitigen to remove, to do away with; to set aside

Besen broom, *(Reisig-)* besom; *(Frau)* shrew ♦ *neue ~ kehren gut* new brooms sweep clean; *mit eisernem ~ auskehren* to make a clean sweep; **~stiel** broomstick

besessen possessed (*von* by, with)

besetz|en to occupy *(a. mil)*; *(Edelstein)* to set; *(Kleid)* to face, to trim; ⚓ to man; *(Amt)* to fill; *(Teich)* to stock; 🎭 to cast *(an actor for a part, a part to an actor)*; **~t** occupied; engaged (*a.* ☎); ☎ busy; *(Sitz)* taken, occupied; **~ung** occupation; *(Posten)* filling; 🎭 cast

besichtig|en to inspect, to examine; *(Haus)* to go over; to view; to see the sights of; **~ung** inspection; view, sightseeing

besiedel|n to settle in; to colonize; **~ung** colonization

besieg|eln to seal; **~en** to conquer, to defeat

besinn|en *refl* to reflect, to recollect; to think (it) over, to consider; *s. ~en auf* to remember; *s. e-s Besseren ~en* to think better of it; **~lich** thoughtful, pensive; contemplative; **~ung** reflection; recollection; *(Bewußtsein)* consciousness; **~ungslos** unconscious, insensible

Besitz possession; property; assets; *(Boden)* estate; *im ~e Ihres Briefes* in receipt of your letter; **~anzeigend** *gram* possessive; **~en** to possess, to own; to have; **~er** owner, possessor; proprietor; **~ergreifung, ~nahme** taking possession of, occupation; **~tum, ~ung** property, possession; estate

besoffen *umg* tight, canned

besohlen to sole

besold|en to pay; **~et** *(Richter etc)* stipendiary; **~ung** pay, salaries and wages; *(Lehrer, Geistliche etc)* stipend

besonder special; specific; particular; peculiar; *(einzeln)* separate; *nichts ~es* nothing very special; **~heit** speciality; particularity; peculiarity; **~s** especially; particularly; *(speziell)* specially

besonnen thoughtful, prudent; sensible; discreet; **~heit** thoughtfulness, prudence; discretion; circumspection

besonnt sunlit, sunny

besorg|en to procure, to provide; to see to; to do; to take care of; **~nis** apprehension, alarm; **~t** anxious (to do); apprehensive (*wegen* of); concerned (for); *~t machen* to cause anxiety to; **~theit** anxiety; concern; **~ung** commission; purchase; management; settlement; *~ungen machen* to go shopping

bespann|en *(Wagen)* to put horses to; ♪ to string; to cover (*mit* with)

be|spiegeln *refl* to look at o.s. in the glass; **~spitzeln** to spy on

besprech|en to talk over, to discuss; *(Buch etc)* to (write a) review (on); *(Geist)* to conjure; *refl* to confer (*mit* with), to talk s-th over (with); **~ung** conversation; discussion, conference (*e-e ~ung haben* to be in c.); review

be|sprengen to (be)sprinkle, to water; **~spritzen** to splash; to spray

besser better; more; *um so (desto) ~* so much the better; **~gestellt** better off; **~n** to improve, to make better; to mend; *refl* to improve, to get better; **~stellung** betterment; **~ung** improvement; betterment; ⚕ recovery; *gute ~ung!* I hope you'll soon be better

best best; *d. erste ~e* the first comer; *aufs ~e* in the best manner possible; *j-n zum ~en haben* to tease s-b, to poke fun at s-b; *etw zum ~en geben* to relate s-th, to make a show of s-th; *das ~e machen aus* to make the most (*od* best) of; *s-n ~es hergeben* to put one's best foot forward; *zum ~en von* to the benefit of; *adv* best; **~enfalls** at best; **~ens** as well as possible, in the best manner; **~möglich** best possible; optimum; **~zeit** 🏆 record (time)

bestall|en to appoint (to); to invest (with); **~ung** appointment; investiture

Bestand *(Dauer)* duration, continuation; stability; *(Waren)* stock; *(Vieh)* livestock; 🌲 stand, amount of timber; *(Kapital)* balance in hand; *(Kasse)* cash (in hand); amount; *~ an Aufträgen* backlog of orders; *von ~ sein, ~ haben* to last; **~saufnahme** stock-taking, inventory; **⁓ig** steady; stable; *(Wetter)* settled; constant, continual; *(Farbe)* fast; *(treu)* steadfast; *(Liebe)* constant; **⁓igkeit** steadiness; stability; steadfastness; constancy; **~teil** (integral) part; ingredient; component

bestärk|en to confirm; to support; **~ung** confirmation; support

bestätig|en to confirm, to bear out; to corroborate; *(Brief)* to acknowledge; *(Vertrag)* to ratify; *refl* to prove (true), to be confirmed; **~ung** confirmation; acknowledgment; ratification

bestatt|en to bury, to inter; **~ung** burial, interment; funeral

bestaub|en to cover with dust; to get dusty; **⁓en** *bot* to pollinate; to powder

bestech|en to bribe, to corrupt, to buy over; **~lich** corrupt, open to corruption; **~ung** bribery, corruption

Besteck knife, fork and spoon; *pl* cutlery; ⚓, ✈ position, fix; ⚕ set of instruments, instrument case; **~en** to stick (with)

bestehen *vt* to undergo, to stand, to endure; to overcome; *(Prüfung)* to pass, *nicht ~* to fail; *vi* to last; to exist; *~ auf* to insist on; *~ aus* to consist of; *~ ohne* to do without; *bestanden mit* planted with, covered with; *su* existence; *seit ~* since the foundation (*od* inauguration) of

bestehlen to rob s-b, to steal from s-b

besteig|en to climb; to mount; *(Thron)* to ascend; **~ung** climb, ascent; mounting; *(Thron)* accession

bestell|en to order; *(Brief)* to deliver; *(Grüße)* to send; *(Platz, Karte)* to book; ⚘ to till, to cultivate; *(ernennen)* to appoint; *(ordnen)* to set in order, to arrange; *zu s. ~en* to send for; **~er** orderer; **~t** reserved, booked; *ich bin auf zwei Uhr ~t* I have an appointment at two; *es ist schlecht um sie ~t* she is in a bad way; **~ung** order; *(Botschaft)* message; appointment; ⚘ tillage; delivery; management; **~zettel** order-form

besteuer|n to tax; **~ung** taxation

besti|alisch bestial savage, fiendish; inhuman; **~e** bestial (*od* savage, fiendish) man (*od* woman)

bestimm|en to determine; to decide; to define; to designate; *(befehlen)* to decree; *(zuweisen)* to assign; *j-n ~en* to appoint s-b; *(veranlassen)* to induce; *chem* to test for; *~en über* to dispose of; **~t** determined; fixed, firm; *(Schicksal)* destined; *(gewiß)* certain; *gram* definite; ⚓ bound (for); *adv* definitely, certainly; **~theit** determination; certainty; precision; *mit ~theit* positively; **~ung** determination, definition; *(Geschick)* destiny; *(Entscheidung)* decision; *(Anordnung)* regulation; **~ungsgemäß** under the arrangements made; according to the terms (of the contract); **~ungsmethode** method of determination; **~ungsort** destination

bestraf|en to punish; **~ung** punishment

bestrahl|en to shine upon; ⚕ to X-ray, to irradiate; **~ung** X-ray treatment; irradiation

bestreb|en *refl* to endeavour, to strive; *su,* **~ung** endeavour; effort

bestreichen to spread over, to (be)smear; *mil* to sweep

bestreit|en to deny, to dispute; *(Kosten)* to defray, to pay (for); **~ung** *(Kosten)* defraying; contesting

be|streuen to strew, to sprinkle over; to powder (with); **~stricken** *fig* to ensnare; **~stürmen** to storm; *fig* to assail, to entreat

bestürz|en to bewilder, to perplex, to disconcert; **~t** disconcerted, dismayed, in bewilderment; **~ung** consternation, bewilderment

Besuch call, visit; visitor(s); attendance, frequentation; *~ beim Zahnarzt* appointment with the dentist; **~en** to visit, to call on, to see; *(Schule etc)* to attend; *(oft hingehen)* to frequent, to patronize; **~er** caller, visitor; guest; frequenter; customer, patron

be|sudeln to soil, to dirty; *fig* to stain; **~tagt** aged; **~tasten** to touch, to finger; to handle

betätig|en to set going, to set in motion; to practise; *refl* to work, to take (an active) part (*bei* in); **~ung** activity, activities; participation

betäub|en to deafen, to stun; to render insensible; to benumb; ⚕ to anaesthetize; *fig* to deaden; to stupefy; *(Gewissen)* to stifle; **~ung** deafening; stupor, torpor; ⚕ anaesthesia; **~ungsmittel** anaesthetic

Bete (rote) beet, *BE mst* beetroot

beteilig|en to give a share (*bei* in); *refl* to take part (*an, bei* in), to join; *~t sein* to participate (in), to have a share (in); **~ung** share; participation; attendance; interest

bet|en to pray, *(Gebet)* to say; **~er** worshipper

beteuer|n to assert, to asseverate; to protest; **~ung** asseveration; protest

betiteln to entitle, to give a title to

Beton concrete; **~ieren** to (build with) concrete; **~mischer** concrete mixer

beton|en to stress, to accent; *fig* to emphasize, to accentuate; **~ung** stress, accent(uation); emphasis

betören to (be)fool, to beguile, to delude

Betracht consideration, account (*in ~ ziehen* to take into a., c.; *in ~ kommen* to be taken into a., c., to come into question); *nicht in ~ kommen* to be out of the question; **~en** to look at; to consider; to examine; **~er** beholder, on-

looker; **⁓lich** considerable; **~ung** view; consideration; contemplation, meditation
Betrag amount; total; **~en** *vt* to amount to; *refl* to behave (o.s.), to bear o.s.; *su* behaviour, conduct; deportment
betrau|en to entrust s-b with; **~ern** to bemoan, to mourn for
Betreff: *in ~* with regard to, referring to; *(Brief)* subject; re; **~en** to concern, to apply to; cover; *was betrifft* as to, as for; *was mich betrifft* as for me, so far as I am concerned; **~end** concerning, about; in question, concerned; *d. ~ende Sache* the matter in hand (*od* under consideration); **~s** concerning, as to
betreiben *(Geschäft)* to carry on; to pursue; *(Studium)* to prosecute; *fig* to urge (on), to push on (forward); *(su) auf ~ von* at the instigation of
betreten to walk on, to tread on; to enter; *~ verboten!* no entrance!, keep off!; *(Haus) BE* out of bounds, *US* off limits *(to, for s-b)*; *adj* embarrassed
betreu|en to look after, to take care of; **~ung** care of, welfare; maintenance
Betrieb *(Betreiben)* carrying on; management; *(Grube)* working; service; *(Fabrik)* works, plant; business, firm; farm; traffic; *fig* bustle, activity; *in ~ sein* to be working, to be in operation; *außer, nicht in ~* not working, not in operation; *in ~ nehmen* to open, to put into operation; *in ~ setzen* to start, to set in motion; **~lich** operational; business, company; **~sam** industrious, active; **~samkeit** industry, activity; bustle
Betriebs|angehörige workers and employees; **~anlagen** installation, plant; **~arzt** works doctor; **~ausgabe** operating expenditure; **~berater** industrial adviser; **~einnahme** operating receipt; **~erfahrung** industrial know-how, managerial experience; **~fähig** usable; in working order; **~ferien** works holidays; **~fertig** ready for service (*od* operation); **~führung** management; **~kapital** working capital; **~kosten** operating costs; **~leiter** production (*od* works) manager; **~leitung** (works) management; **~mittel** working funds, capital; working material; **~personal** staff; **~rat** works council, shop committee, *(Person)* shop steward; **~sicher** safe, reliable (in service); **~stillegung** closing--down (of a plant etc); **~stoff** fuel; **~störung** breakdown, stoppage; **~technisch** technical; **~wirtschaft(slehre)** business management, applied economics
betrinken *refl* to get drunk
betroffen perplexed, taken aback, amazed; concerned, involved; *su* ⚖ respondent
betrüb|en to grieve, to distress; **~lich** sad; **~nis** grief, distress; **~t** distressed, sad(dened)
Betrug fraud, deception; swindle; **⁓en** to deceive, to defraud; to cheat, to trick (*um* out of); **⁓er** deceiver, fraud, cheat; **⁓erei** fraud; swindle; **⁓erisch** fraudulent; tricky
betrunken drunk(en), intoxicated
Betstuhl praying-desk

Bett bed; feather-pillow; 🚂 berth; *zool* lair; *d. ~ machen* to make the bed; *ins, zu ~ gehen* to go to bed; *zu ~ bringen* to put to bed; **~bezug** bedlinen; **~decke** blanket; quilt; *(Zier-)* bedspread; **~en** to put to bed, to make (up) a bed; to bed ♦ *wie man s. ~et, so liegt man* as you have made your bed, so you must lie in it; **~gehzeit** bedtime; **~gestell** bedstead; **~lägerig** bedridden, bedfast; *~lägerig sein* to be confined to one's bed(room), to be laid low; **~lektüre** bed-time reading; **~stelle** bedstead; **~tuch** (linen) sheet; **~wäsche, ~zeug** bedclothes, bedlinen
Bettel begging; *fig* trash; *d. ganze ~* the whole bag of tricks; **~ei** begging, beggary; **~n** to beg (*um* for)
Bettler beggar
betupfen to dab; to dot
beug|en to bend, to bow; *gram* to inflect; *refl* to submit to, to humble o.s.; **~sam** pliable, pliant; flexible; **~samkeit** pliability; flexibility; **~ung** bending; *(Licht)* diffraction; *gram* inflexion
Beule bump, lump; swelling; bruise; *(Einbeulung)* dent
beunruhig|en to disturb, to alarm; to trouble; to upset; to harass; **~ung** disturbance, alarm; trouble
beurkunden to authenticate, to verify; to attest
beurlaub|en to give leave to, to grant leave (of absence); *refl* to take (one's) leave; **~t** absent on leave; **~ung** giving (*bzw* taking) leave
beurteil|en to assess; to judge; to criticize; **~ung** assessment; judgment; criticism; appraisal
Beute booty, loot; catch; spoil; prey; ⚓ prize
Beutel bag; purse; pouch *(a. zool)*; ⚕ cyst; **~n** to shake; to bolt; *refl* to bag
bevölker|n to people, to populate; **~ung** population; **~ungspolitk** population policy; **~ungsschutz** civil defence
bevollmächtig|en to authorize, to empower; ⚖ to give power of attorney; **~ter** plenipotentiary; representative; ⚖ attorney; **~ung** authorization; power of attorney
bevor before; **~munden** to act as guardian for; *fig* to patronize; to domineer over; **~rechtigen** to privilege; **~rechtigt** *(Straße)* major; **~stehen** to be lying ahead for s-b, to be in store; to be imminent; to impend; **~stehend** imminent; coming, to come *(the years to come)*; **~zugen** to prefer, to favour; to affect; **~zugung** preference; favouritism
bewachen to guard, to watch (over)
bewachsen overgrown (*mit* with)
bewaffn|en to arm; **~ung** arming; armament; ⚙ armature
bewahr|en to keep, to preserve; to guard, to protect (*vor, gegen* from); *Gott ~e!* Heaven forbid!, Good gracious!; *i ~e!* never!, oh nonsense!; **⁓en** *refl* to prove true, efficient; to stand the test; **~heiten** to verify; *refl* to prove

true; **⁓t** tried, time-tested; proved, proven; trustworthy; **~ung** protection; **⁓ung** proof; verification; ⚖ probation; **⁓ungsfrist** probation period
be|waldet wooded, woody; **~wältigen** to overcome; to master; **~wandert** versed (in), experienced (in); skilled (in)
Bewandtnis state of affairs, case; *damit hat es folgende ~* the state of affairs is as follows, the case is this
bewässer|n to irrigate; **~ung** irrigation; **~ungsanlage** water supply
beweg|bar movable; **~en** to move; to stir, to budge; *fig* to induce, to incline (s-b to do); *refl* to move (about); **~grund** motive; **~lich** movable; mobile; nimble; lively; **~lichkeit** mobility; nimbleness, liveliness, agility; **~ung** movement; motion; *phys* locomotion; *(heftige)* commotion; *(Gemüts-)* emotion; *(Erregung)* excitement; **~ungsfähigkeit** locomotion; **~ungskrieg** mobile warfare; **~ungslos** motionless, immobile
be|wehrt armed; **~weibt** married; **~weihräuchern** to cense; *fig* to flatter, to butter up; **~weinen** to cry over
Beweis proof, evidence; **~aufnahme** taking evidence; **~bar** provable, demonstrable; **~en** to prove; to demonstrate; **~führung** reasoning; argumentation; **~grund** argument; evidence; **~kraft** power of argument; **~kräftig** conclusive; convincing
bewenden: *es ~ lassen bei* to acquiesce in; *es dabei ~ lassen* to let it rest at that
bewerb|en *refl* to apply (*um* for); to compete (for); *(Mädchen)* to court, to woo; **~er** applicant, candidate; competitor; suitor; **~ung** application; candidature, candidacy; courtship, wooing
be|werfen to throw at; to plaster; **~werkstelligen** to accomplish, to manage; to effect
bewert|en to assess; to value; to appraise; **~ung** assessment; valuation; appraisal
bewillig|en to grant, to concede; to approve; *pol* to appropriate; **~ung** grant; concession; *pol* appropriation; *(Betrag)* amount voted
be|willkommnen to welcome; **~wirken** to effect, to cause, to bring about
bewirt|en to entertain; **~schaften** to manage; ⚘ to farm; *(Gut)* to manage; *(Waren)* to ration, to control; **~schaftung** administration; management; cultivation; *(Waren, Preise)* control
bewitzeln to make light (*od* fun) of
bewohn|bar inhabitable, fit for habitation; **~en** to inhabit, to live in; **~er** inhabitant, resident
bewölk|en to cloud (over); *refl* to become cloudy; **~ung** cloud(iness)
Bewunder|er admirer; **~n** to admire; **~nswert** admirable; **~ung** admiration
Bewurf plaster(ing); rough-cast
bewußt conscious of; known; deliberate, intentional; *s. ... ~ sein* to be aware of; *s. ~ werden (fig)* to awake to; **~los** unconscious; senseless; **~losigkeit** unconsciousness; blackout; **~sein** consciousness; knowledge; *im ~ sein des ...* in full cognizance of
bezahl|en to pay; *fig* to repay; *s. ~t machen* to pay; **~ung** payment
bezähm|en to tame; *fig* to restrain, to check; *refl* to control o.s.; **~ung** taming; *fig* control
bezaubern to bewitch, to enchant; to charm; **~d** charming
bezeichn|en to mark; *(Waren)* to label; *(benennen)* to call, to term; **~end** significant; characteristic (*für* of); **~ung** marking; mark, sign; designation; name
bezeig|en to show, to express, to manifest; **~ung** manifestation
bezeug|en to (bear) witness (to); to testify to, to certify; **~ung** testimony; attestation
bezichtig|en to accuse of, to charge with; **~ung** accusation, charge
bezieh|bar habitable, ready for use; *(erhältlich)* obtainable; **~en** to cover; *(Bett)* to change the bedlinen (of); *(Haus)* to move into, to come to live in; *(Univ.)* to enter; *(Wache)* to mount; ♪ to string; *(Gehalt)* to draw, to receive; *(Waren)* to buy, to obtain; *(Zeitung)* to take, to take in, to subscribe for; to apply (*auf* to); *refl* to refer, to relate (*auf* to); *(Himmel)* to become overcast; **~er** subscriber; customer; **~ung** relation, connection; reference; respect; *in jeder ~ung* in all respects, in every way; **~ungsweise** respectively; and/or, as the case may be, mutatis mutandis; or rather
beziffer|n to mark with figures, to number; *er ~te d. Betrag auf* he said the figure was ...; *refl* to amount (*auf* to)
Bezirk district; area; borough; **~sgericht** county (*od* district) court
Bezogener *(Wechsel)* drawee
Bezug cover(ing), case; receipt; supply *(of goods)*; *pl* income, salary; *in ~ auf,* **⁓lich** with regard to, as to, as for; **~nahme** reference (*unter ~nahme auf* with r. to); **~sbedingungen** terms of purchase (*od* delivery); **~sberechtigter** beneficiary; **~sschein** ration card; **~sfertig** ready for occupation; **~squelle** source of supply
be|zwecken to aim at; **~zweifeln** to doubt, to query; **~zwingen** to conquer, to overcome; *refl* to control o.s.
Bibel Bible, Scripture, The Book; **~fest** well-versed in the Bible; **~spruch** text (from the Bible); **~stelle** biblical passage
Biber beaver; **~pelz** beaver (fur)
Bibliograph bibliographer; **~isch** bibliographical; **~ie** bibliography
Bibliothek library; **~ar** librarian
biblisch biblical
bieder honest, upright; worthy; **~keit** honesty, uprightness; **~mann** upright (*od* honest) man
bieg|en to bend, to bow; *vi* to turn (*um e-e Ecke* the corner); *su: auf ~en u. Brechen* by hook or by crook, come what may; **~sam** flexible, pliant; *fig* pliable, yielding; **~ung** bend(ing), turn(ing)

Biene bee; **~nfleiß** assiduity; **~nkorb** beehive; **~nkönigin** queen bee; **~nschwarm** swarm of bees; **~nstand** stand of hives; **~nstock** beehive; **~nzucht** bee-keeping; **~nzüchter** bee-keeper

Bier beer; *helles ~* ale, *dunkles ~* porter; **~brauer** brewer; **~brauerei** brewery; **~faß** beer-barrel; **~filz** mat; **~krug** beer-mug, pot; **~lokal** tavern, *BE* pub(lic house)

Biese piping

Biest beast; brute

biet|en to offer; to bid (*für, auf* for); *Trotz ~en* to defy s-b; *s. alles ~en lassen* to put up with everything; **~er** bidder

Bilanz balance (sheet); **~ieren** to make out a balance-sheet; **~prüfer** auditor; **~prüfung** balance-sheet audit

Bild picture; portrait, likeness; representation; illustration; 📷 photo, snapshot; *(Thema)* subject; *fig (Spiegel-)* image; 🕮 face; *s. e. ~ von etw machen können* to imagine what it is really like; *im ~e sein* to have a clear idea of, to understand; **~band** illustrated volume; **~bericht** illustrated report; **~en** to form, to shape, to fashion; to make, to model, to mould; *(erziehen)* to educate, to train; *(ausmachen)* to make, to constitute, to be; **~end** formative; instructive; *(Kunst)* plastic; **~erbogen** sheet of pictures; **~erbuch** picture-book; **~ergalerie** picture gallery; **~errahmen** picture frame; **~errätsel** picture puzzle; **~erreich** flowery, picturesque; **~erschrift** hieroglyphics; **~ersprache** metaphorical language; **~erstürmer** iconoclast; **~fläche**: *auf d. ~fläche erscheinen* to appear on the scene, to put in an appearance; *von d. ~fläche verschwinden* to leave the scene, to vanish into thin air; **~funk** phototelegraphy; **~hauer** sculptor; **~hauerei** sculpture; **~karte** *(Karten) BE* court card, face card; *(Land-)* decorative map; **~lich** pictorial; figurative; **~nis** portrait, likeness, figure; **~reporter** press photographer; **~sam** easily moulded; *(Mensch)* receptive, adaptable; **~säule** statue; **~schnitzer** wood-carver; **~schön** most beautiful, a picture of beauty; **~seite** face; *(Münze)* head; **~schärfe** 📷 definition; **~telegramm** telephotograph; **~telegrafie** telephotography; **~text** caption, legend; **~ung** forming, formation, constitution; *(Erziehung)* breeding, education, culture; **~ungsanstalt** educational establishment, school

Billard billiards; **~kugel** (billiard) ball; **~stock** cue

Billet ticket; *(Brief)* note

Billiarde *BE* a thousand billions, *US* quadrillion

billig just, fair, reasonable; *(Ware, preislich)* reasonable, moderate, inexpensive; cheap; *recht u. ~* only fit, only proper; **~en** to approve of; to sanction; **~erweise** justly; **~keit** justice, fairness, reasonableness; cheapness; **~ung** approval, sanction

Billion *BE* billion, *US* trillion

bimbam ding-dong

bimmeln to tinkle, to ring

Bimsstein pumice(-stone)

Binde band ♦ *d. ~ fiel ihm von d. Augen* the scales fell from his eyes; *(umg) e-n hinter d. ~ gießen* to have one to wet one's whistle; badge; ⚕ bandage; *(Schlinge)* sling; *(Damen-)* sanitary towel; **~gewebe** connective tissue; **~glied** connecting link, unifying element; **~haut** conjunctiva; **~hautentzündung** conjunctivitis; **~maschine** 🌾 binder; **~mittel** binding agent, binder; **~n** to bind; to tie (up); to fasten; *(Suppe)* to thicken; 🕮 to bind; *(Geld)* to immobilize, to freeze; *fig* to tie down; *refl* to feel bound (*od* compelled) (to do); **~nd** binding (*für* on, upon), obligatory; **~r** binder (*a.* 🌾, 🕮); (neck-) tie; **~strich** hyphen; *mit ~strich schreiben* to hyphen(ate); **~wort** conjunction

Bind|faden string, twine; *es regnet ~fäden* it's raining cats and dogs; **~ung** binding *(a. Ski-)*; *(Web-)* weave, texture; ♪ slur, ligature; *(Geld)* immobilization, freezing; control; *fig* obligation

binnen within; **~-** inland; **~gewässer** inland waters; **~hafen** inland harbour; **~handel** inland trade, home trade; **~markt** domestic market, home market; **~meer** land-locked sea; **~schiffahrt** inland navigation; **~verkehr** inland traffic (*od* trade)

Binse rush ♦ *in d. ~n gehen* to get lost, to be a complete failure; **~nwahrheit** truism, commonplace

Biochemie biochemistry

Biograph biographer; **~ie** biography; **~isch** biographic(al)

Biolog|e biologist; **~ie** biology; **~isch** biological

Birk|e birch; **~hahn** black cock, heath cock; **~huhn** moor-hen

Birn|e pear; ⚡ bulb; *(Kopf) sl* crumpet, conk; **~baum** pear-tree; **~enförmig** pear-shaped; **~enmost** perry

bis to; up to, down to; *(zeitl.)* till, until; *(~ spätestens) by; (~ hin zu)* as far as; or *(three or four men)*; *~ auf* except, but; *~ auf weiteres* for the present; *~ jetzt* so far, up to now, as yet; **~her** hitherto, till now; *(bei Superlativ)* ever recorded, on record; **~herig** hitherto existing, old; up to now; **~lang** so far, up to now; **~weilen** occasionally

Bisam musk; **~ratte** muskrat

Bischof bishop; **⁓̈lich** episcopal; **~smütze** mitre; **~ssitz** see; **~sstab** crosier

Biskuit sponge cake; *(Keks)* biscuit

Biß bite; *(Stich)* sting; **~chen** bit

Biss|en bite, morsel; mouthful; **~ig** biting, snappish; sarcastic, cutting; **~igkeit** sarcasm; snappishness

Bistum diocese; bishopric

Bitt|e request; entreaty; *~e! (mit folg. Bitte)* please; *(Antwort auf danke)* not at all, you're welcome; *(etw reichend)* here you are; *~e, mach d. Tür zu!* shut the door, will you?; *wie ~e?* I beg your pardon; **~en** to ask (*um* for), to request; *(dringend)* to beg, to appeal (to s-b for s-th); *zu Gast ~en* to invite; **~gesuch, ~schrift** petition; **~steller** petitioner

bitter bitter; severe; **~böse** very angry; **~keit** bitterness; **~lich** *adv* bitterly; **~nis** bitterness; **~salz** Epsom salt

Biwak bivouac; **~ieren** to bivouac

bizarr bizarre

Bizeps biceps

bläh|en to inflate, to swell (out); ⚕ to cause flatulence; **~ung** flatulence, wind

blak|en to smoke; **~ig** smoky

Blam|age disgrace, shame; **~ieren** *vt* to make s-b look a fool, to expose to ridicule; *refl* to make a fool of o.s., to show o.s. up, to show up one's ignorance (*bzw* lack of manners)

blank bright; polished; *(nackt)* bare; **~o** blank; *~o lassen* to leave blank; **~okredit** unsecured loan; **~ovollmacht** unlimited power, carte blanche

Bläschen bubble; ⚕ pustule, blister

Blas|e bubble; blister; *(Glas)* bleb; *(Harn-, Gallen-)* bladder; **~ebalg** bellows; **~en** to blow; ♪ to play, to sound *(a. mil)*; **~enpflaster** blistering plaster; **⁼er** blower; ♪ player on wind-instruments; **~instrument** wind-instrument, *pl mst* the wind **~musik** brass band

blasiert blasé

Blasphem|ie blasphemy; **~isch** blasphemous

blaß pale; **~blau** pale blue; **~rot** pink, pale red

Blässe paleness, pallor

Blatt leaf, *(schmal)* blade; *(Blüten-)* petal; *(Säge-, Ruder-, Schwert-)* blade; *(Papier)* sheet; (news)paper ♦ *e. unbeschriebenes ~ (fig)* an unknown quantity; *kein ~ vor d. Mund nehmen* not to mince one's words; *vom ~ singen* to sing at sight; **⁼chen** leaflet; **~er** blister, pustule; *pl* smallpox; **~ernarbig** pock-marked; **⁼erlos** leafless; **⁼erpilz** agaric; **⁼ern** to turn over the leaves (of); *refl* to scale off; **⁼erteig** puff-pastry; **~feder** leaf-spring; **~gold** gold-leaf; **~laus** plant-louse; **~pflanze** foliage plant; **~salat** (young) lettuce; **~stiel** stalk, stem; **~werk** foliage

blau blue; *~es Auge* black eye ♦ *e. ~es Wunder erleben* to have the surprise of a lifetime; *~machen* to take a day off; *j-n ~ u. grün schlagen* to beat s-b black and blue; *d. ~e vom Himmel herunterreden (-lügen)* to talk s-b's head off (to talk through one's hat); *ins ~e* at random, haphazard; *Fahrt ins ~e* mystery tour; *mit e-m ~en Auge davonkommen* to get off lightly; **~äugig** blue-eyed; **~beere** bilberry, blueberry; **~blütig** aristocratic; **⁼e** blue(ness); **⁼en** to blue; **⁼lich** bluish; **~meise** tomtit; **~papier** carbon paper; **~pause** blueprint; **~säure** prussic acid; **~stift** blue-pencil; **~strumpf** bluestocking

Blech ⚙ sheet, *(über 5 mm)* plate; ♪ the brass; *fig* rubbish; **~büchse, ~dose** *BE* tin, can; **~geschirr** *mil* mess-tin; **~instrument** brass-wind instruments, the brass; **~schmied** tinsmith, *(für Wasser)* plumber, *(für Öfen)* stove-fitter

blecken: *d. Zähne ~* to show one's teeth

Blei lead; ⚓ plummet; *(-stift)* pencil; *Pulver u. ~* powder and shot; *es liegt mir wie ~ in d. Gliedern* my limbs feel like lead; **~bergwerk** lead-mine; **~ern** leaden; **~erz** lead ore; **~gewicht** dead weight; **~glas** lead glass, crystal glass; **~kugel** bullet; **~soldat** lead soldier; **~stift** pencil; **~stiftspitzer** pencil-sharpener; **~weiß** white lead

bleib|en to remain, to stay; *(gesund etc)* to keep *(well etc)*; to last, to continue; *ich ~e nicht lange* I wont't be long; *es ~t dabei* (that's) agreed; *er ~t dabei, daß* he insists that . . .; *s. gleich~en* to be always the same; *stehen~en* to stand still; to stop; *fern(weg)~en* to stay away, to keep away from; *etw ~en lassen* to let alone; **~end** abiding, permanent; lasting

bleich pale, wan; faint; faded; **~e** paleness; bleaching(-ground); **~en** *vt* to bleach, to blanch; to whiten; *vi* to grow pale; to blanch; to fade; **~mittel** bleaching-agent; **~sucht** anaemia

Blend|e blind window (*bzw* door); sham window (door); niche; 📷 diaphragm, aperture, (*~enstellung*) stop; *(Pferd)* blinker; *chem* blende; ⚓ dead-lights; **~en** to blind, to dazzle; *fig* to deceive; **~end** dazzling; brilliant; **~laterne** dark-lantern; **~leder** blinker; **~schutz** antiglare; **~werk** illusion, mirage; deception

bleuen to beat, to thrash

Blick look, glance; view; *auf d. ersten ~* at first sight; **~en** to look, to have a look at; *s. ~en lassen* to appear; *tief~en lassen* to be revealing, to be an eye-opener; **~fang** eye-catcher; **~feld** field of vision; **~punkt** visual point; *fig* point of view

blind blind (*gegenüber* to); *(Glas)* dull; *(Schuß)* blank; *~er Gehorsam* implicit obedience; *~er Lärm* false alarm; *~er Passagier* stowaway; **~band** 🕮 dummy; **~darm** blind gut, caecum; **~darmentzündung** appendicitis; **~ekuh** blindman's buff; **~enanstalt** blind-asylum; **~enhund** guide dog; **~enschule** school for the blind; **~enschrift** braille; **~er** blind man, blind person; **~flug** blind flying, instrument flying; **~gänger** misfire, dud; **~gläubig** bigoted; **~heit** blindness; **~lings** blindly, blindfold; **~material** 🕮 quads and spaces; **~schleiche** blindworm

blink|en to sparkle; to glitter, to gleam; *astr* to twinkle; to signal (with lamps); **~feuer** signal fire; **~licht** blinker; 🚗 indicator (light); **~zeichen** lamp-signal; revolving light

blinzeln to blink, to wink

Blitz lightning; flash, bolt ♦ *wie e. ~ aus heiterem Himmel* like a bolt from the blue; *wie d. ~* quick as lightning; *wie e. geölter ~* like greased lightning; **~ableiter** lightning-conductor; **~artig** like lightning; *~artiger Überfall* blitz; **~blank** shining, very clean; **~en** to lighten; to flash, to sparkle; **~krieg** lightning war, blitzkrieg; **~licht** flashlight; **~lichtaufnahme** flashlight (photo); **~lichtgerät** flash gun; **~sauber** spotlessly clean; **~schnell** quick as lightning; **~strahl** flash of lightning

Block block; log; *(Papier)* pad; mass, body; *pol* bloc; **~ade** blockade; **~adebrecher** blockade-runner; **~buchstabe** block letter, block capital; **~en** to polish *(the floor)*; **~flöte** recorder; **~haus** log-hut, log-cabin; **~ieren** to blockade, to block up; to obstruct; **~schrift** block letters; **~stelle** 🚂 signal-box
blöd|e weak-minded, imbecile; timid; absurd; *s. ~e benehmen* to act the fool; **~heit** stupidity; **~igkeit** weak-mindedness; shyness, bashfulness; absurdity; **~kopf** blockhead, loggerhead; **~sinn** nonsense, rubbish, trash; **~sinnig** idiotic, nonsensical
blöken to bleat; *(Vieh)* to low
blond fair; **~er** blond(e); **~ine** blonde
bloß naked, bare; uncovered; *fig* mere, pure; *adv* merely, barely
Blöße nakedness, bareness; *fig* weakness, weak spot; *s. e-e ~ geben* to betray one's weak spot, to lay o.s. open to attack
bloß|legen to lay bare; **~stellen** *vt* to expose; *refl* to compromise o.s.
Bluff bluff; **~en** to bluff
blühen to (be in) blossom; to (be in) bloom; to flower; *fig* to flourish
Blume flower; blossom, bloom; *(Wein)* bouquet; *(Hase)* tail ♦ *durch d. ~ sprechen (sagen)* to speak (say s-th) in a veiled manner; **~nausstellung** flower show; **~nbeet** flower-bed; **~nblatt** petal; **~ngeschäft** florist shop, flower-shop; **~nkohl** cauliflower; **~nmuster** floral pattern; **~nstock** flower-pot, pot-plant; **~nstrauß** bouquet, bunch of flowers; **~ntopf** flower-pot; **~nzucht** floriculture, flower culture; **~nzwiebel** bulb
blumig flowery; *(Stoff)* flowered
Bluse blouse
Blut blood; *fig* race, lineage, parentage, family; *ruhig ~!* keep calm! ♦ *es liegt ihm im ~e* it is his nature, it's in his blood; *bis aufs ~ quälen* to worry the life out of s-b, to torment s-b to the quick; *böses ~ machen* to cause bad blood; *er hat ~ geleckt* he has tasted blood, it has whetted his appetite; *es ist ihm in Fleisch u. ~ übergegangen* it has become a part of himself; *ihm gefror d. ~ in d. Adern* his blood ran cold (*od* froze); **~ader** blood-vessel, vein; **~andrang** congestion; **~arm** anaemic; *fig* very poor; **~armut** anaemia; **~bad** carnage, slaughter; **~bahn** bloodstream; **~bank** blood bank; **~bild** (differential) blood-count; **~buche** copper beech; **~druck** blood pressure; *zu hoher ~druck* hypotertension; *zu niedriger ~druck* hypotension; **~durstig** bloodthirsty; **~egel** leech; **~en** to bleed; **~er** bleeder, haemophiliac; **~erguß** blood effusion; **~erkrankheit** haemophilia; **~gefäß** blood-vessel; **~gerinnsel** blood-clot; **~gerinnung** coagulation; **~gerüst** scaffold; **~gierig** bloodthirsty; **~gruppe** blood group; **~hund** bloodhound; **~ig** bloody, bleeding; blood-stained; sanguinary; *~iger Anfänger* raw beginner, greenhorn; **~igrot** blood-red; **~jung** very young; **~körperchen** (blood) corpuscle; **~kreislauf** circulation (of the blood); **~leer, ~los** bloodless; anaemic; **~probe** blood-test; **~rache** blood-feud, vendetta; **~rünstig** bloody; blood-shot; **~sauger** blood-sucker; extortioner; **~schande** incest; **~schänderisch** incestuous; **~senkung** blood sedimentation (rate); **~spender** (blood-)donor; **~stillend** styptic; **~sturz** haemorrhage; **~sverwandt** related by blood, consanguineous; **~sverwandtschaft** blood relationship, consanguinity; **~tat** bloody deed, murder; **~übertragung** blood transfusion; **~ung** bleeding, *(innere)* haemorrhage; **~unterlaufen** blood-shot; **~vergießen** bloodshed, slaughter; **~vergiftung** blood-poisoning; **~verlust** loss of blood; **~wenig** extremely little; **~wurst** black pudding; **~zeuge** martyr
Blüte blossom, flower; bloom; *fig* prime, heyday; **~zeit** great age, peak-time, the time when ... flourished; **~nblatt** petal; **~nkelch** calyx; **~nknospe** (flower-)bud; **~nstaub** pollen; **~nstengel** peduncle stalk; **~nweiß** snow-white, pure white
Bö gust, (Regen-) squall; **~ig** gusty, squally
Bob bobsleigh, bobsled; **~bahn** bob run; **~sport** bobbing
Bock *(Schemel)* stool, *(Gestell)* trestle; *(Kutsche)* box; ⛩ horse; *zool* buck, *(Schaf)* ram, *(Ziege)* he-goat ♦ *e-n ~ haben* to be pig-headed, to be terribly obstinate; *e-n ~ schießen* to make a blunder; *d. ~ zum Gärtner machen* to put the cat among the pigeons; **~beinig** pig-headed; **~bier** bock beer; **~en** to buck; *(Ziege)* to butt; to prance; to be obstinate; **~ig** obstinate; **~shorn:** *ins ~shorn jagen* to intimidate; to scare; **~ssprung** caper
Boden ground; *(d. Unterste, Meeres-)* bottom; *(Acker-)* soil; *(Fuß-)* floor; *(Dach-)* loft; *(Hosen-)* seat; *auf fruchtbaren ~ fallen* to fall on good ground; **~abwehr** *mil* ground defence; **~akrobat** tumbler; **~bearbeitung** cultivation of the soil, tillage; **~beschaffenheit** soil condition; **~erhebung** rising ground; **~ertrag** crop yield; **~fenster** attic window; **~kammer** garret; **~los** bottomless; unheard of; **~mannschaft** ✈ ground staff (*od* crew); **~reform** land (*od* agrarian) reform; **~satz** residue, sediment; dregs; **~schätze** minerals, mineral wealth; **~see** Lake (of) Constance; **~senkung** declivity; **~ständig** native, indigenous; stationary; **~turnen** free exercises; tumbling
Bofist *bot* puff-ball
Bogen bow; ♪ *(Geigen-)* bow; *(Waffe)* bow, *(modern)* self-bow; *(Kreis-)* arc; *(Trag-)* arch; *(Papier)* sheet; *in Bausch u. ~* in the lump; *e-n weiten ~ machen um* to give a wide berth to ♦ *d. ~ überspannen* to shoot beyond the mark, to go too far; **~fenster** bay-window, bow-window; **~förmig** curved, arched; **~führung** ♪ = ~strich; **~gang** arcade, archway; **~lampe** arc-lamp; **~schießen** archery; **~schütze** archer; **~strich** ♪ bowing; **~zahl** 📖 number of sheets
Bohle board
Bohne bean; (*grüne ~ BE* French b., runner b.; *dicke ~* broad b.; *weiße ~ BE* haricot b.,

US bush b.) ♦ *blaue ~n* bullets; *nicht d. ~ !* not (in) the least; **~nkaffee** pure coffee

Bohner|maschine electric polisher; **~n** to polish, to (rub with) wax; **~wachs** floor *(od* wax*)* polish

bohr|en *(mit Spiralbohrer)* to drill; *(mit Bohrstahl)* to bore; *(Holz)* to bore; to pierce; *in d. Grund ~en* to sink, to scuttle; **~er** (twist) drill; tap; *(Holz)* auger; *(Nagel-)* gimlet; ⚕ *(Zahn-)* burr; **~leier** brace; **~loch** bore-hole; drill-hole; **~maschine** drill press; boring (*od* drilling) machine; **~turm** derrick; **~ung** bore-hole; drill-hole; **~werkszeug** *(Holz)* boring tool; drilling tool

Boiler water-heater

Boje buoy

Bollwerk bastion, rampart; ⚓, *fig* bulwark

bolschew|isieren to communize; **~ist** Bolshevik, Bolshevist; **~ismus** Bolshevism

Bolzen bolt; pin; *(Pfeil)* arrow

Bombard|ement bombardment; **~ieren** *mil* to bomb; *bes phys* to bombard; **~ierung** = ~ement

bombastisch bombastic

Bombe bomb, shell; (ice-cream) bombe; *mit ~n belegen* to bomb; *fig* bombshell (*jetzt ist d. ~ geplatzt* now the b. has burst); **~nabwurf** dropping of bombs; **~nangriff** bombing attack, bombing raid, bombardment; **~nerfolg** huge success; **~nfest** bomb-proof; *fig* unshakable, firm; **~nflugzeug** bomber; **~nkerl** a grand chap; **~nrolle** 🎭 a grand part; **~nschütze** ✈ bombardier; **~nsicher** bomb-proof; *fig* absolutely certain; **~r** bomber

Bonbon sweet, bonbon

Bonität soundness; reliability

Bonze (party) boss, bigwig, big noise

Boot boat; **~sfahrt** boating; **~shaus** boathouse; **~smann** boatman, boatswain; **~svermieter** boatman

Bor boron; **~ax** borax; **~salbe** boric ointment; **~säure** boric acid; **~wasser** boracic lotion

Bord edge, border, rim; board; shelf; *an ~* aboard; *an ~ gehen* to go aboard; *über ~ gehen* to go by the board; *über ~ werfen (fig)* to throw aside, to throw to the winds; **~buch** ⚓ log-book

Bordell brothel

Bord|funker radio (*od BE* wireless) operator; **~kanone** (aircraft) cannon; **~linie** water-line; **~schütze** ✈ air gunner; **~schwelle** *BE* kerb(-stone), *US* curb(stone); **~sprechanlage** ✈ intercom; **~wand** ship's wall (*od* side)

Borg borrowing; *auf ~* on credit; **~en** to borrow, to lend; **~is** 📖 bourgeois

Borke bark

Born spring, well; **~iert** narrow-minded, stupid

Borretsch borage

Börse *(Geldbeutel)* purse; *(Wertpapier-)* stock exchange; *(Waren-)* exchange; **~nbericht** stock-exchange list, market report; city article; **~ngeschäft** stock-exchange transaction; **~nkurs** market rate; **~nmakler** stockbroker; **~nnotierung** (daily) quotation; **~nspekulant** stock-jobber

Borst|e bristle; **~ig** bristly *fig* irritable

Borte border; *(Kleid)* trimming, edging; braid(ing)

bös|(e) bad; ill, evil; wicked; *(wütend)* angry; sore; *(Kind)* naughty *~er Blick* evil eye; *~e Zeiten* hard times; *~er Geist* evil spirit; **~artig** ill-natured, wicked; malignant (*bes* ⚕); **~artigkeit** wickedness; malignancy; **~ewicht** villain; **~willig** malevolent, wicked; wilful

Böschung slope; declivity; bank

bos|haft spiteful; malicious, malevolent; wicked; **~haftigkeit** spitefulness, wickedness; **~heit** malice, spite

Botan|ik botany; **~iker** botanist; **~isch** botanical; **~isieren** to go botanizing; **~isiertrommel** vasculum

Bot|e messenger; **~engang** errand; **~enjunge** errand-boy, office-boy; **~mäßig** subject; **~mäßigkeit** dominion; rule; jurisdiction; **~schaft** message; news; *pol* embassy; **~schafter** ambassador; *päpstlicher ~schafter* nuncio

Böttcher cooper; **~arbeit, ~ei** cooperage

Bottich vat, tub

Bouillon bouillon, broth, beef-tea; **~würfel** soup cube

Bowle (claret-)cup; *(Frucht-)* cobbler; **~schüssel** bowl

box|en to box; **~er** boxer; **~handschuh** boxing glove; **~kamera** box camera; **~kampf** boxing-match; bout; **~ring** (boxing-)ring; **~staffel** boxing team

Boy boy servant, messenger boy, page

Boykott boycott; **~ieren** to boycott

brach fallow (*~ liegen* to lie f.); **~e, ~land** fallow (land); **~monat** June

Brack refuse; brackish water; **~e** hound, setter; **~ig** brackish; **~wasser** brackish water

Bramsegel topgallant sail

Branche (particular) trade, (particular) industry; **~nüblich** usual in the industry concerned

Brand burning; fire; *(Groß-)* conflagration; ⚕ gangrene; *bot* smut; *in ~ stecken* to set fire, to set on fire; *in ~ geraten* to catch fire; *e-n ~ haben (umg)* to be very thirsty (for a drink); **~blase** blister; **~bombe** incendiary bomb; **~brief** most emphatic letter, threatening letter; **~en** to break (into foam), to surge; **~er** fireship; **~fackel** (incendiary) torch; **~ig** blighted; ⚕ gangrenous; **~mal** brand, scar; **~marken** to brand (with a hot iron); *fig* to stigmatize; **~mauer** fireproof wall (*od* partition); **~opfer** burnt-offering; **~rot** fiery red; **~salbe** ointment for burns; **~schaden** damage by fire; **~sohle** welt; **~stifter** incendiary, arsonist; **~stiftung** arson, incendiarism; **~ung** breaker(s), surf; **~wunde** burn, scald

Branntwein brandy; **~brenner** brandy distiller; **~brennerei** distillery; **~monopol** spirits monopoly

Brasil|ien Brazil; **~ianisch** Brazilian; **~nuß** Brazil nut

Brassen *zool* bream; *vt* ⚓ to brace

Brat|apfel baked apple; **~en** *vt (in Pfanne)* to fry; *(über Feuer, Rost)* to broil, to grill; *(im Bratrohr)* to roast; to bake; *su* rost (meat), joint ♦ *d. ~en riechen* to smell a rat; **~enfett** dripping; **~ensaft** gravy; **~huhn** roast chicken; **~kartoffeln** fried potatoes; **~pfanne** frying-pan; **~rohr** oven; **~rost** broiler; gridiron, grill; **~spieß** spit; barbecue; **~wurst** fried sausage

Bratsch|e viola, bass-viol; **~ist** viola player

Brauch usage, use; custom; **~bar** useful; fit to use; serviceable; *zu nichts ~bar* of no use; **~barkeit** usefulness; fitness; **~en** to use, to make use of; to employ; *(nötig haben)* to need, to require; to want; *lange ~en* to be long in (doing), to take a long time; *ich ~e 5 Minuten* it takes me 5 minutes *(to shave)*; *Sie ~en nur zu* . . . you have only got to *(write)*; **~tum** custom

Braue eyebrow

brau|en to brew; **~er** brewer; **~erei** brewery

braun brown; *(Pferd)* bay; *(Haut)* tanned; **⁓̈e** brown colour, brownness; ⚕ quinsy; **⁓̈en** to (make) brown; *(Haut)* to tan; *refl* to (get) brown, to get tanned; **⁓̈lich** brownish; **~kohl** kale, borecole; **~kohle** brown coal, lignite; **~rot** reddish brown

Braus bustle, tumult ♦ *in Saus u. ~* riotously

Brause shower, douche; *(Gießkanne)* rose; **~kopf** hot-headed fellow; **~limonade** fizzy lemonade; **~n** to roar, to rush; to storm, to rage; to hum; *chem* to effervesce; **~pulver** effervescent powder

Braut *(Verlobte)* fiancée, *umg* intended; *(am Hochzeitstag)* bride; **~ausstattung** trousseau; **~bukett** bride's bouquet; **~führer** best man; **⁓̈igam** fiancé, *umg* intended; *(am Hochzeitstag)* bridegroom; **~jungfer** bridesmaid; **~kleid** wedding-dress; **~leute, ~paar** engaged couple; bride and bridegroom; **⁓̈lich** bridal; **~schleier** wedding-veil

brav good-, well-behaved; honest; brave; capable; **~heit** good behaviour; honesty

bravo! well done!; **~ruf** acclamation, *pl* cheers

Brech|bohnen kidney beans, *(grün) BE* French beans; **~durchfall** diarrhoea with vomiting; **~eisen** crowbar; **~en** to break *(a. Rekord)*; to smash; *(Blumen)* to pick; *(Steine)* to quarry; *(Licht)* to refract; ⚕ to vomit, *(Knochen)* to fracture; *refl* to be refracted; ⚕ to vomit, to be sick; *vi* to break; *mit j-m ~en* to sever one's friendship with; *d. Ehe ~en* to commit adultery; **~er** *(Welle)* breaker; **~mittel** emetic; loathsome fellow; **~reiz** retching; nausea; **~stange** crowbar; **~ung** breaking; *(Licht)* refraction

Brei pap; pulp ♦ *wie die Katze um d. heißen ~ gehen* to act like a cat on hot bricks, to keep beating about the bush; **~umschlag** poultice

breit broad, wide; *(Rede)* long, windy; **~beinig** straddling; **~e** breadth, width; *geogr* latitude; *fig* verbosity; **~en** to spread; to extend, to expand; **~engrad** degree of latitude; **~schlagen** to persuade; **~schultrig** broad-shouldered; **~seite** broadside; **~spurig** wide-gauge; **~wandfilm** wide-screen film

Brems|e brake; *zool* gad-fly; **~en** to (apply the) brake, to put the brake on; **~hebel** brake-lever; **~klotz** brake-shoe, -block; **~licht** stoplight; **~spur** skid mark; **~weg** stopping distance

brenn|bar inflammable; combustible; **~en** to burn; *(hell)* to blaze, to burn up; *(keramisch)* to bake; *(Kaffee)* to roast; *(Branntwein)* to distil; *(Haare)* to wave; ⚕ to cauterize; *refl* to burn o.s., *(mit Wasser)* to scald o.s.; *vi* to burn, to be on fire; *(Wunde)* to smart, to sting; *es ~t!* fire!; *darauf ~en (zu tun)* to be dying (to do); **~er** distiller; *(Ofen)* burner; **~erei** distillery; **~glas** burning-glass; **~holz** firewood; **~material** fuel; **~nessel** stinging nettle; **~ofen** kiln; furnace; **~punkt** focus; **~schere** curling-tongs; **~spiegel** concave mirror; **~spiritus** methylated spirits; **~stoff** fuel; **~weite** focal distance

brenzlig burnt, smelling of burning; *fig* risky, suspicious

Bresche breach, gap; *e-e ~ schlagen* to make a breach in, to drive a wedge into; *in d. ~ springen* to step into the breach; to help s-b out of a dilemma

Brett board, plank; *(Wand- etc)* shelf; notice board; *pl* stage, boards; **~erbude** booth, shed; **~erwand** wooden partition; **~erzaun** wooden fence, palisade; **~spiel** board game, game like draughts, chess etc

Brevier breviary

Brezel cracknel *(in the form of a B)*, pretzel

Brief letter; **~ablage** letter-file; letter-sorter; **~beschwerer** letter-weight, paper-weight; **~bote** = ~träger; **~fach** pigeon-hole; **~geheimnis** secrecy of mail; **~kasten** letter-box, *BE* pillar-box, *US* mailbox; **~klammer** clip; **~kopf** letter-head; **~lich** by letter; written; **~marke** (postage-)stamp; **~öffner** paper-knife; **~ordner** letter-file; **~papier** note-paper; writing-paper; **~porto** postage; **~post** mail; **~schaften** letters and documents; **~steller** guide for letter-writing; **~stempel** post-mark; **~tasche** wallet, pocket-book, *US* billfold; **~taube** carrier-pigeon; **~träger** postman, *bes US* mail carrier; **~umschlag** envelop; **~waage** letter balance; **~wechsel** correspondence

Brigade brigade; **~general** brigadier (general)

Brikett briquet(te)

brillant brilliant; *su* diamond, brilliant

Brille spectacles, glasses; **~nfutteral** spectacle-case; **~nglas** lens

bringen *(her-)* to bring, *(hin-)* to take; to fetch; to convey; ✉ to deliver; *(Artikel)* to print, to publish; *(Opfer)* to make; *j-n zu s. ~* to bring to (*od* round); *j-n dazu ~ (zu tun)* to bring, to induce s-b (to do); *es zu etw ~* to achieve s-th; *um etw ~* to deprive of; *zu Papier ~* to put down in writing; *es mit s. ~* to involve

Brise breeze, air

Brit|annien Britain; **~e** Englishman, Briton, *US* Britisher; **~isch** British

bröckel|ig crumbly, friable; **~kohl** broccoli; **~n** to crumble

Brocken morsel, crumb; fragment, scrap; *vt* to break; **~weise** bit by bit, piecemeal
brodeln to bubble
Brokat brocade
Brom bromine; **~beere** blackberry, *BE a.* bramble; **~silber** silver bromide
Bronchi|alkatarrh bronchial catarrh; **~en** bronchi; **~tis** bronchitis; **~tisch** bronchitic
Bronnen = Born
Bronz|e bronze; **~efarben** bronze (-coloured); **~ezeit** Bronze Age; **~ieren** to bronze
Brosame crumb
Brosch|e brooch, *bes US* breastpin; **~ieren** to stitch, to sew; **~iert** in paper covers, in paper binding; **~üre** brochure; pamphlet; booklet
Brösel crumb; **~n** to crumble
Brot bread (*ein ~* a loaf of b.); *sein ~ verdienen* to earn one's living (*od* bread); **~aufstrich** spread; **~beutel** haversack; **⸚chen** roll; **~erwerb** gaining one's living; livelihood; **~herr** employer, master; **~getreide** bread grains; **~korb** bread-basket ♦ *j-m d. ~korb höher hängen* to keep s-b on short commons; **~krume** bread-crumb; **~los** unemployed; unprofitable; **~messer** bread-knife; **~neid** professional jealousy, trade rivalry; **~rinde** crust; **~röster** toaster; **~scheibe** slice of bread; **~studium** study for one's own career; **~teig** dough; **~trommel** bread-bin
Bruch[1] marsh, bog
Bruch[2] break(ing); *(Versicherung)* breakage; breach; ⚓ infringement, violation; *pol* rupture; ⚕ *(Knochen-)* fracture, *(Leisten- etc)* rupture, hernia; *(Metall)* flaw; *(Stein-)* quarry; *math* fraction (*gemeiner ~* vulgar f., *echter ~* proper f.); *(Trümmer)* debris, rubble; *umg* trash, rubbish; *in d. ⸚e gehen* to go to pieces, to come to nothing; *~ machen* ✈ to crash; **~band** ⚕ truss; **⸚ig** fragile; brittle; full of cracks; **~landung** ✈ crash-landing; **~rechnung** fractions; **~strich** division sign; **~stück** fragment; **~teil** fraction; **~zahl** fractional number
Brücke bridge; *(Zahn-)* bridge; *(Teppich)* rug ♦ *alle ~n hinter s. abbrechen* to burn one's boats; **~nkopf** bridgehead, beachhead; **~npfeiler** pier; **~nwaage** weigh-bridge
Bruder brother; *(wissenschaftl)* sibling; *eccl* friar; *pl* brothers, *eccl* brethren; **~krieg** internecine conflict; **⸚lich** brotherly, fraternal; **~schaft** fraternity; **⸚schaft** brotherhood; association; close friendship; **~volk** sister nation
Brüh|e broth; gravy; sauce; **~en** to scald; **~warm** boiling-hot; *fig* fresh
brüllen to roar; *(Ochse)* to bellow *(a. fig)*; *(muhen)* to low; to bawl
Brumm|bär bear; *fig* grumbler; **~baß** bass voice; double bass; **~en** to growl, to grumble; *(Insekt)* to hum, to buzz; *(murmeln)* to mutter, to mumble; *umg* to do time; **~ig** grumbling, grumpy; **~schädel** splitting headache, hang over
brünett brown, brunette
Brunft rut, heat; **~zeit** rutting-time
Brunnen well; spring, fountain; ⚕ mineral spring; **~kresse** water-cress; **~wasser** well water
Brunst passion, lust; *(Hund)* heat; *(Hirsch)* rutting; **⸚ig** lustful; *zool* on heat; *fig* ardent
brüsk gruff, brusque
Brust chest; breast; bosom; *er hat es auf d. ~* he is chesty, he has a weak chest; **~bein** breastbone; **~bild** half-length portrait; **⸚en** *refl* to give o.s. airs, to brag; **~kasten, ~korb** chest, thorax; **~schwimmen** breast stroke; **~ton** chest-note; *mit d. ~ton d. Überzeugung* with conviction; **⸚ung** parapet; **~warze** nipple; **~wehr** breastwork, parapet
Brut brood *(a. fig)*; *(Laich)* fry, spawn; *fig* pack, rabble; **~apparat** incubator; **~ei** hatching egg; **⸚en** to sit (on eggs), to hatch; to brood (*a. fig, über* over); to breed; **~henne** sitting-hen; **⸚ig** broody; **~ofen** incubator; **~stätte** breeding-place; *fig* hotbed; **~zeit** brooding-time
brutal brutal; **~ität** brutality
brutto gross; **~bestand** gross total; **~einkommen** gross income; **~einnahme(n)** gross receipts; **~gehalt** gross salary; **~gewicht** gross weight; **~lohn** gross wages; **~registertonne** gross register ton; **~sozialprodukt** gross national product
brutzeln to splutter
Bub|e boy; *(Karten)* jack, knave; *fig* rogue, rascal; **~enstreich, ~enstück** a roguish trick, an act of vandalism; **~ikopf** bob(bed hair); **⸚isch** mischievous, boyish; villainous
Buch book; *e. offenes ~ (fig)* an open book; *e. ~ mit sieben Siegeln* a complete mystery; *reden wie e. ~* to have the gift of the gab; **~binder** (book-)binder; **~binderei** book-binding; **~deckel** cover, binding; **~druck** typography; letterpress printing; **~drucker** printer; **~druckerei** printing-works, printing-office; **~druckerkunst** art of printing; typography; **~en** to make an entry of, to book, to post, to enter; **~führung, ~haltung** book-keeping, accountancy; *doppelte ~führung* double entry (book-keeping); **~halter** book-keeper, accountant; **~gemeinschaft** book-club; **~handel** book-trade; **~händler** bookseller; **~handlung, ~laden** book-shop, *US* bookstore; **⸚lein** booklet; **~macher** book-maker; **~prüfer** auditor; **~rücken** spine; **~stabe** letter; *(Dokument)* subparagraph; 🕮 character, type; *großer ~stabe* capital letter; *auf d. ~staben genau* to the letter; **~stabenrätsel** anagram; **~stabieren** to spell; **~stäblich** literal; *adv* literally; *fig* straight; **~zeichen** bookmark
Buch|e beech(-tree); **~ecker** beechnut; **~fink** chaffinch; **~weizen** buckwheat
Bücher|brett bookshelf; **~ei** library; **~gestell** bookshelves; **~liebhaber** bibliophile; **~narr** bibliomaniac; **~regal** bookshelves; **~revisor** accountant, auditor; **~schrank** bookcase; **~stütze** book-end; **~wurm** *fig* bookworm; **~zettel** (book) order-form
Buchsbaum box(wood)

Buchse bush(ing)
Büchse tin; box; case; canister; *(Gewehr)* rifle; **~nfleisch** *BE* tinned meat, canned meat; **~nmacher** gunsmith, gunmaker; **~nmilch** *BE* tinned milk, canned milk; **~nöffner** *BE* tin-opener, can opener
Bucht bay; creek, inlet
Buckel hump(back), hunchback; *(Kamel)* hump; *umg (Rücken)* back ♦ *e-n breiten ~ haben* to have a broad back, to be able to stand a lot; *du kannst mir d. ~ herunterrutschen (hinaufsteigen)* I'll see you further first; **~ig** hunchbacked
bück|en *refl* to bend down, to stoop; to bow; **~ling** bow; *(Fisch)* smoked herring, bloater
buddeln to dig
Bude booth, stall; *(Studenten-) BE* digs, *BE* diggings, den
Budget budget; **~ieren** to budget
Büfett buffet, refreshment bar; *(Möbel)* sideboard, dresser
Büffel buffalo; *umg* blockhead; **~n** to cram up, to cram *(for an exam), US sl* to bone (up on)
Bug ⚓ bow; shoulder-bone; **~spriet** bowsprit
Bügel handle; *(Kleider-)* coat-hanger; *(Steig-)* stirrup; **~brett** ironing-board; **~eisen** flat-iron; **~falte** crease; **~horn** ♪ saxhorn; **~n** to iron, to press
bugsieren to (take in) tow *(a. fig)*
Buhle paramour, mistress; **~n** to make love to; to vie; *um j-s Gunst ~n* to curry favour with
Buhne *BE* groyne, *US* groin
Bühne stage, boards; platform; scaffold; **~nbild** setting; stage-design; **~nbildner** stage-designer; **~ndichter** playwright, dramatist; **~nleiter** stage-manager; **~nsprache** standard speech (*od* pronunciation)
Bukett bouquet
Bulette rissole, meat-ball
Bull|auge port-hole; bull's-eye; **~e** bull *(a. eccl)*; **~dog** tractor; **~dogge** bulldog; **~dozer** bulldozer
Bumerang boomerang *(a. fig)*
bumm|eln to stroll (about); to dawdle; to loiter (about); **~elei** dawdling; **~elstreik** go-slow strike; **~elzug** slow train; **~ler** loafer, dawdler; loiterer
bums! bang!; **~en** to (fall with a) bump
Bund waistband; tie; *(Bündnis)* league, alliance; *(-esstaat)* confederacy, confederation; *eccl* covenant; *(Bundesrepublik)* Federal Government, Federal Republic; *(Bündel)* bundle; *(Schlüssel-)* bunch; *(Heu, Stroh)* truss; *(Holz, Stahl)* faggot; **⁼el** bundle; bunch; package; *(Strahlen-)* pencil; *s-n ⁼el schnüren* to pack one's traps; **⁼eln** to bundle (up)
Bundes|bahn Federal Railways; **~bank** Federal Bank; **~bediensteter** federal civil servant; **~dienststelle** Federal Government department; **~eigen** owned by Federal Government; **~gebiet** federal territory; **~genosse** ally; **~gericht** federal court; **~gerichtshof** Federal High Court of Justice; **~gesetz** federal law; **~grenzschutz** Federal Frontier Guard; **~haushalt** federal budget; **~land** Land (in the Federal Republic); **~minister** Federal Minister; **~ministerium** Federal Ministry; **~parlament** Federal Parliament; **~post** Federal Postal Administration; **~präsident** Federal President; **~rat** *(Westdeutschland)* Bundesrat, Senate of the Federal Parliament; *(Schweiz)* Federal Council; **~regierung** federal government; *(Westdeutschland)* Federal Government; **~republik** Federal Republic of Germany; **~staat** federal state; **~stelle** Federal Agency; **~tag** Federal Diet; *(Westdeutschland)* Bundestag; **~verfassung** federal constitution; **~verfassungsgericht** Federal Constitutional Court; **~verwaltung** Federal Administration; **~wehr** German Federal Armed Forces
bünd|ig convincing; concise; ⚙ flush; *kurz u. ~ig* in short, to the point; **~nis** alliance; **~nispolitik** alliance policy; **~nisvertrag** treaty of alliance
Bunker *mil* pillbox, concrete shelter; *(Luftschutz-)* air-raid shelter; *(Kohlen-, Holz-)* bunker; ⚓ sleeping berth; **~kohle** bunkering coal; **~n** to coal
bunt colourful, coloured; variegated; spotted; *(Glas)* stained; *(Wiese)* gay (with flowers) ♦ *das ist mir zu ~!* that's put the lid on it!; *~er Abend* variety show, concert, 🎭 music-hall; **~druck** colour printing; **~farbig** variegated; many-coloured; **~gefiedert** of gay plumage; **~fleckig** spotted; **~papier** coloured paper; **~metall** non-ferrous metal; **~scheckig** motley; speckled; *(Pferd)* piebald; **~specht** spotted woodpecker; **~stift** coloured pencil, crayon
Bürde burden, load; charge
Bure boer; **~nkrieg** Boer Wars
Burg castle; stronghold, fort
Bürge surety; guarantor, sponsor; **~n** to go bail (*für* for); to vouch (*für* for); to stand surety (*für* for); to guarantee
Bürger citizen; middle-class man; **~krieg** civil war; **~kunde** civics; **~lich** civic; civil; bourgeois; middle-class; *(einfach)* simple, plain; *~liches Essen* good plain food; **~liches Gesetzbuch** Civil Code; **~meister** mayor, *(Deutschland)* burgomaster; **~pflicht** civic duty; **~recht** civic rights; freedom of a city; **~schaft** citizens; townspeople; **~steig** pavement, *bes US* sidewalk; **~steuer** poll-tax; **~tum** citizens, citizenry; middle classes
Bürgschaft bail, surety; security; guarantee; *~ leisten* to grant a guarantee
burlesk burlesque; **~e** burlesque
Büro office; (travel-, information-) bureau; **~arbeit** clerical work; **~bedarf** stationery; **~chef** head clerk; **~gebäude** office building; **~klammer** paper clip; **~kraft** clerical worker; **~krat** bureaucrat; **~kratie** officialdom; bureaucracy; *(Unwesen)* bureaucratism; **~vorsteher** = ~chef; **~zeit** office hours
Bursch|e fellow, youth, lad; *mil* batman; **~ikos** boisterous; impertinent; free and easy

Bürste brush; **~n** to brush; **~nabzug** galley proof; **~nbinder** brushmaker
Bus bus; **~fahrer** busman
Busch shrub, bush; *(Dickicht)* thicket; *(Austral.)* the bush; *(Haar)* shock; bunch, tuft ♦ *auf d. ~ klopfen* to sound, to pump s-b; **~̈el** bunch, tuft; cluster; **~ig** bushy; *(Braue)* beetle
Busen bosom; bust, breast; *fig* heart; *(Meer-)* bay, gulf; **~freund** bosom friend
Bussard buzzard
Buß|e penitence, *(Reue)* repentance; atonement; *(Geld-)* fine; *~e tun* to do penance, to atone; **~̈en** to atone (*für* for); to expiate; **~̈er** penitent; **~fertig** penitent; contrite
Büste bust; **~nhalter** brassière, *umg* bra
Bütte vat, tub; **~l** beadle; bailiff; jailer, *bes BE* gaoler; **~npapier** handmade paper; **~nrand** deckle edge
Butter butter ♦ *es ist alles in ~* everything is just perfect; **~blume** buttercup; **~brot** (a slice of) bread and butter ♦ *es j-m aufs ~brot schmieren* to rub it in; *für e. ~brot (ver)kaufen* to buy (sell) for a song; **~brotpapier** grease-proof paper; **~dose** butter-dish; **~faß** churn; **~maschine** churn; **~milch** buttermilk; **~n** to churn; **~teig** short pastry; **~weich** (as) soft as butter
Butzen *(Obst)* core; **~scheibe** bull's-eye pane

C

C (the letter) C; **C-Dur** C major; **c-Moll** C minor
Café café; tea-room, tea-shop
caritativ charitable
Cell|ist cellist, cello player; **~o** (violon) cello
Cembalo harpsichord
Cent cent; **~ime** centime
Ces ♪ C flat
Chaiselongue couch, divan
chamois cream, beige
Champagner champagne
Champignon mushroom, *bot* field agaric
Chance chance; opportunity; *umg* break; *er hat geringe ~n* he has little chance of *(winning etc)*; *d. ~ s-s Lebens* the chance of a lifetime
Chao|s chaos; **~tisch** chaotic
Charakter character; nature; type, print; *(Würde)* dignity; energy; will-power; **~fest** morally strong, of a strong character; **~isieren** to characterize; **~istik** characterization; **~istikum, ~zug** characteristic; **~istisch** characteristic; **~los** unprincipled, weak; **~zug** trait (in s-b's character)
Chassis chassis
Chauffeur driver
Chaussee main road, public road; **~graben** roadside ditch
Chef head, chief; boss; manager; employer; **~redakteur** chief editor
Chem|ie chemistry; **~iefasern** chemical fibres, man-made fibres; **~igraphie** photo-engraving; **~ikalien** chemicals; **~iker** (analytical) chemist; **~isch** chemical
Chesterkäse Cheshire cheese
chic *siehe* schick
Chiffr|e cipher, code; *(Annonce)* box number; **~schlüssel** code; **~ieren** to code, to codify
Chimäre chimera
Chin|a China; **~arinde** Peruvian bark; **~ese** Chinese, Chinaman; **~esisch** Chinese; **~in** quinine
Chir|omantie palmistry; **~opraktik** chiropractic; **~opraktiker** chiropractor; **~urg** surgeon; **~urgie** surgery; **~urgisch** surgical
Chlor chlorine; **~haltig** containing chlorine; **~kalk** chloride of lime; bleaching powder
Chloroform chloroform; **~ieren** to chloroform
Chlorophyll chlorophyll
Choler|a cholera; **~isch** choleric, hot-tempered
Chor *eccl* choir, chorus; chancel, choir; **~al** hymn, chorale; **~eograph** choreographer; **~gesang** (singing in) chorus, choral song; **~hemd** surplice; **~knabe** choir-boy; **~sänger** choir-singer, chorister; **~stuhl** choir-stall
Christ Christian; **~abend** Christmas Eve; **~baum** Christmas tree; **~enheit** Christendom; **~entum** Christianity, Christian religion; **~kind** Christ-child; **~lich** Christian; *~lich teilen* to share s-th fairly; **~mette** Midnight Mass; **~nacht** Christmas Eve; **~us** Christ, Our Lord
Chrom chromium; **~atisch** chromatic; **~farbe** chrome; **~stahl** chrome steel
Chron|ik chronicle; **~ikschreiber, ~ist** chronicler; **~isch** chronic; **~ologie** chronology; **~ologisch** chronological; **~ometer** chronometer
cis ♪ C sharp
Citrusfrüchte citrus (fruit)
Clique clique, coterie, cabal
Conférencier *BE* compère; *US umg* emcee
Coup coup, trick; **~é** compartment; **~on** coupon
Courage courage, pluck
Creme cream

D

D (the letter) D; ♪ D; **D-Dur** D major; **d-Moll** D minor
da *adv* there; then, at that time; *conj (zeitl.)* when; *(kausal)* as, *(weil)* because, *(da ja)* since
dabei near (by), close; *(außerdem)* besides, moreover; *(doch)* yet, but; at the same time; *fig* at that; *~sein, etw zu tun* to be on the point of doing; *es blieb nicht ~* that was not the end of it; *~ bleibt es!* there the matter rests!; *es bleibt ~!* done!, agreed!; *was ist ~?* what does that matter?, what difference does it make?; *~ kommt nichts heraus* it's of no use; **~bleiben** to remain *(where one is)*; to persist (in); to insist (on); **~sein** to be present; **~stehen** to stand near
dableiben to stay, to remain

da capo encore
Dach roof *(a. Zelt)*; *fig* canopy ♦ *unter ~ und Fach bringen* to accomplish, to complete; *unter ~ und Fach sein* to be under cover, to be safe; *j-m aufs ~ steigen (umg)* to come down on s-b; **~decker** tiler, slater; **~en** to roof; **~fenster** dormer(-window); **~first** ridge (of a roof); **~gesellschaft** holding company; **~hase** cat; **~kammer** attic, garret; **~luke** skylight; **~pappe** roofing felt; **~rinne** gutter; eaves *pl*; **~schiefer** roofing-slate; **~sparren** rafter; **~stuhl** (roof-) truss; **~ziegel** (roofing-)tile
Dachs badger; **~bau** burrow; **~hund** basset
Dackel dachshund, *umg* sausage dog
dadurch *adv* through that; by that, thereby; by that means; *~, daß* by *(doing etc)*, through the fact that
dafür for that, for it; in return for that; instead; *~ sein* to be in favour of s-th ♦ *er kann nichts ~* it is not his fault
dagegen against that; in comparison with that; in return for that; *nichts ~ haben* to have no objections (*gegen* to); *conj* on the other hand; whereas
da|heim at home; **~her** from there; *conj* therefore, hence
dahin to that place; so far (that); *(entlang)* along; *(weg)* away, gone; *... steht ~* is (still) doubtful; **~ bringen** to persuade, to induce (to do); to manage (to do); **~geben** to give up; to sacrifice; **~gehen** to walk along; *(Zeit)* to pass (away); **~stellen** to put; *~gestellt sein lassen* to leave undecided; **~ten** behind; **~ter** behind that; after it; **~terkommen** to find out
Dam *(Hirsch)* buck, *(-wild)* fallow-deer
damal|ig then; of (at) that time; **~s** then, at that time
Damas|t damask; **~zene** damson
Dame lady; *(Karten, Schach)* queen; *(Tanz)* partner; **~brett** *BE* draught-board, *US* checkerboard; **~nsattel** side-saddle; **~nwahl** ladies' choice; **~nwelt** fair sex, ladies; **~spiel** *BE* draughts, *US* checkers
damit with that; therewith; *conj* (in order) that; *~ nicht* that not, lest
dämlich foolish, stupid
Damm dam, dike; *(Hafen)* pier; mole; embankment, bank; barrage; *(Knüppel-)* causeway ♦ *auf d. ~* quite well (again); *nicht auf d. ~* below the mark, out of sorts; **⸚en** to dam; *fig* to check, to restrain; **⸚platte** sound-reducing board
Dämmer dusk, twilight; **~ig** dusky; twilight; **~n** to grow light, to dawn; to get dark; *fig* to dawn upon s-b; **~schlaf** twilight sleep; **~ung** dawn; dusk, twilight; **~zustand** semiconscious state
Dämon demon; **~isch** demoniac; *(wild)* demoniacal
Dampf vapour; *(Wasser-)* steam; *(Rauch)* smoke, fume ♦ *~ dahinter machen* to speed things up, to ginger s-b up; **~bad** vapour-bath, Turkish bath; **~boot** steamboat; **~en** to give off vapour; to steam; to smoke, to fume; **⸚en** to damp; *(Farbe)* to tone down; *(Feuer)* to put out; *(Hitze)* to lower; *(Ton)* to deaden; *(Geige)* to mute; *(Trommel, Stimme)* to muffle; *(Kochen)* to steam; *fig* to check, to suppress; **~er** steamer; **⸚er** damper; silencer; ♪ mute; **~kessel** boiler; **~kraft** steam-power; **~maschine** steam-engine; **~schiffahrt** steam navigation; **~walze** steam roller
danach after that; thereafter, thereupon; *(entsprechend)* accordingly, according to that; *er sieht nicht ~ aus* he doesn't look like it
Dän|e Dane; **~emark** Denmark; **~isch** Danish
daneben near it, next to it; close by; *conj* besides; also; at the same time
danieder on the ground, down; **~liegen** to be laid up; *fig* not to flourish, to perish
Dank thanks (*herzlichen ~* many th.); *(-barkeit)* gratitude; *(Lohn)* reward (*zum ~* as a r.); *~ wissen* to be grateful to s-b; *zu ~ verpflichten* to oblige; *ist das d. ~?* is that all the thanks I get?; *prep* thanks to; **~bar** grateful, thankful; **~barkeit** gratitude thankfulness; **~e** *(~e ja)* thanks, *(~e nein)* no thank you; *~e schön* thank you very much; **~en** to thank, to return thanks; to decline with thanks; *(lohnen)* to reward; to owe s-th to s-b, to be indebted to s-b for s-th; **~enswert** deserving of thanks, meritorious; **~gebet** blessing; **~opfer** thank-offering; **~sagung** thank; acknowledgment; *eccl* thanksgiving
dann then; thereupon; *selbst ~ nicht* not even then; *~ u. wann* now and then
daran at it, on it etc (*siehe* an); in regard to it; *es liegt mir nichts ~* I don't care for it; *was liegt ~?* what does it matter?; **~gehen** to set to work; **~setzen** to add; to risk, to stake; *alles ~setzen* to go to any length (to do); (*siehe* dran)
darauf on it (*siehe* auf); after that, thereupon; *e. Jahr ~* a year later; *wenige Tage ~* a few days later; *~ aus sein* to be out (to do), to aim at (doing); **~hin** thereupon; on the strength of that; *siehe* drauf
daraus out of that; from that; from there (*siehe* aus); hence; *nicht ~ klug werden* to be none the wiser for it; *es wird nichts ~* nothing will come of it; *ich mache mir nichts ~* I don't care for it (much); *~ folgt (nicht), daß* it (does not) follow(s) that; (*siehe* draus)
darben to be starving, to suffer want
darbiet|en to offer; to present; **~ung** entertainment; performance; turn
darein in(to) it; therein; **~schicken** *refl* to put up with it
darin in it; therein; **~nen** within, inside
darleg|en to explain, to state; to expound; **~ung** explanation; statement
Dar|lehen loan; advance
Darm *(Gedärm)* bowels; gut, *bes* ⚕ intestine; **~blutung** intestinal haemorrhage; **~fieber** enteric fever; **~saite** catgut
darnach *siehe* danach
Darre kiln; kiln-drying
darreichen to present; to administer

darstellen to (re)present; to describe; 🎭 to perform, to act; **~er** actor, performer; **~erin** actress; **~ung** (re)presentation; description; performance

dartun to demonstrate; to explain, to state

darüber over it; above it; about it (*siehe* über); *und ~* and more; *soviel ~* so much for that; *~* **hinaus** beyond that, moreover, in addition; *siehe* drüber

darum round it; for it; about it (*siehe* um); *(deshalb)* therefore, for that reason; *s.* drum

darunter under it, below it (*siehe* unter); *(zwischen)* among them, in the midst of them; *(weniger)* less; *siehe* drunter

das that; which; *~ heißt* that is, i. e.; *~ sind* those are; *auch ~ noch!* that is the last straw, too bad!; *~ will ich meinen!* I should think so!; *~ habe ich ihm gesagt* I told him so, that's what I told him; *~ sage ich ja* that's what I say

dasein to be present; to exist; *ist d. Briefträger dagewesen?* has the postman been (yet)?; *su* being, existence; life; **~sberechtigung** right to exist

daselbst in that very place

daß that; *so ~* so that; *es sei denn, ~* unless; *nicht ~* not that

dat|ieren to date; **~iv** dative

Dattel date; **~palme** date palm

Datum date; *pl* data; *welches ~ haben wir heute?* what's the date today?; **~sgrenze** date-line; **~sstempel** date-stamp; **~szeile** date-line

Daube stave

Dauer duration; length; period; *auf d. ~* in the long run; *für d. ~* for the duration (of); **~auftrag** *(Bank)* standing order; **~brandofen** slow-combustion stove; **~flug** duration flight; **~haft** durable, lasting; **~karte** *BE* season--ticket, *US* commutation ticket; **~lauf** trot; *(Lang-)* long-distance race; **~marsch** forced march; **~n** to last, to continue; *lange ~n* to take a long time; to make s-b sad (*od* sorry); **~nd** durable, permanent; constant; **~stellung** permanent job; **~welle** perm, permanent wave

Daumen thumb ♦ *~ drehen* to twiddle one's thumbs; *j-m d. ~ drücken* to cross one's fingers; **~abdruck** thumb-print

Daune down; eider; **~ndecke** eider-down, quilt

Davit ⚓ davit

davon from it; of it, about it (*siehe* von); *(weg)* away, off; *das kommt ~!* that's the result, that serves you right!; **~kommen** to escape; **~machen** *refl* to make off; **~tragen** to carry away; to carry off *(a. fig)*; *(Sieg)* to bear away

davor in front of it; before it; from it, against it (*siehe* vor)

dawider against it

dazu to it; for it (*siehe* zu); for that purpose; in addition (to that); *noch ~* as well, into the bargain; *er kann nichts ~* it is not his fault; **~gehören** to belong to it; **~mal** at that time; **~tun** to add

dazwischen between (among) them; in the midst (of) (*siehe* zwischen); **~fahren** to interfere brusquely; **~kommen** to come between; to intervene

Debatt|e debate; discussion; **~ieren** to debate

Debet debit

Debit sale, market; **~ieren** to debit, to charge to s-b's account

Debüt début; **~ieren** to make one's début

dechiffrieren to decipher, to decode

Deck deck; **~adresse** cover (address); **~bett** feather-bed; **~blatt** *(Zigarre)* wrapper; **~e** cover; *(Woll-)* blanket; *(Zimmer-)* ceiling; *(Tisch-)* table-cloth; *(Eis-)* sheet ♦ *unter e-r ~e stecken* to conspire together, to make common cause; *s. nach d. ~e strecken* to cut one's coat according to one's cloth; **~el** cover, lid; **~en** to cover; to guard, to protect; *(Dach)* to roof; *(Tisch)* to lay; *(Kosten)* to meet; *(Schaden)* to make good; *refl* to coincide; to be identical (*mit* with); **~enbeleuchtung** ceiling lighting, ceiling fixtures; **~mantel** *fig* cloak, pretence; **~name** pseudonym; alias; code-word; **~ung** cover, shelter; guard, protection; covering; *mil* cover (*in ~ung gehen* to take c.); *(Boxen)* guard; *(Geld)* reimbursement; *(Gelder)* funds; security; **~wort** code-word

Defät|ismus defeatism; **~ist** defeatist; **~istisch** defeatist

Defekt defect; deficiency; *adj* defective; damaged

defensiv defensive; **~e** *su* defensive

defin|ieren to define; **~itiv** definite; final; **~ition** definition

Defizit deficit

Deflation deflation; **~istisch** deflationary

Degen épée, small sword; warrior

Degener|ation degeneration, degeneracy; **~ieren** to degenerate

degradier|en to degrade, to demote; **~ung** degradation, demotion

dehn|bar extensible; elastic; *(Metall)* ductile; *fig* vague; **~en** to extend, to stretch (out); to expand; *(Wörter)* to drawl; *refl* to stretch (o.s.) **~ung** extension; lengthening; stretching

Deich dike, dam; **~en** to make a dike

Deichsel pole, shaft; **~n** to manage, to wangle

dein your; *poet* thy, thine; **~(ig)e** yours; *poet* thine; *pl* your people, your folks; **~erseits** on your part; **~esgleichen** such as you; **~ethalben, ~etwegen, ~etwillen** for your sake; on your account

Dekad|e (a period of) 10 days; **~ent** decadent; **~enz** decadence

Dekan dean; **~at** deanery

Deklam|ation declamation; recitation; **~ieren** to recite; to declaim

deklarieren to declare

Deklin|ation declension; *astr* declination; **~ieren** to decline

Dekollet|é décolletage; **~iert** décolleté, low--necked

Dekor|ateur decorator; upholsterer; **~ation** 🎭 scenery, décor; **~ationsmaler** decorator; 🎭 scenic painter; **~ieren** to decorate

Dekret decree; **~ieren** to decree

Deleg|at delegate; **~ation** delegation; **~ieren** to delegate; **~ierter** delegate

delikat delicate, tender; *(köstlich)* delicious; *(heikel)* ticklish; **~esse** *(Leckerei)* dainty; *(Zartgefühl)* delicacy (of feeling), tact; **~essengeschäft** delicatessen (shop)

Delinquent delinquent

Delle dent

dem *siehe* der, das; ~ *ist nicht so* that is not true; *wie ~ auch sei* however that may be; *wenn ~ so ist* if that is so; **~entsprechend, ~gemäß, ~nach, ~zufolge** accordingly; therefore; **~nächst** soon, shortly

Demagog|e demagogue; **~ie** demagogy, demagoguery; **~isch** demagogic

Demarkationslinie line of demarcation

demaskieren to unmask

Dement|i denial, démenti; **~ieren** to deny; to disclaim; to issue a démenti

Demobilis|ation demobilization; **~ieren** to demobilize

Demokrat democrat; **~ie** democracy; **~isch** democratic

Demonstr|ant demonstrator; **~ation** demonstration; **~ativ** ostentatious; **~ativpronomen** demonstrative pronoun; **~ieren** to demonstrate

Demont|age dismantling, dismantlement; **~ieren** to dismantle, to disassemble

demoralisieren to demoralize

Demut humility; **~̈ig** humble, submissive, lowly; **~̈igen** to humble, to humiliate; to abase; **~̈igung** humiliation; abasement

den *siehe* der; **~en** *siehe* der, die das

Denk|art way of thinking; **~bar** conceivable; imaginable; *~bar einfach* most simple; **~en** to think (*an* of); *daran ~en* to bear in mind, to remember (to do); *refl* to imagine; *~ dir nur!* just fancy!; *wo ~en Sie hin!* what are you thinking about!; *d. Mensch ~t, Gott lenkt* Man proposes, God disposes; **~er** thinker; **~faul** mentally lazy, slow; **~freiheit** freedom of thought; **~kraft** intellectual power, brain-power; **~mal** monument, memorial; **~malspflege** preservation of works of art; **~münze** medal; **~schrift** memorial; memorandum; **~sport** mental jerks; **~stein** memorial stone; **~weise** = ~art; **~würdig** memorable, remarkable; **~zettel** object-lesson; *j-m e-n ~zettel geben* to give s-b a lesson

denn for; then; *(nach Komparativ)* than; *es sei ~* unless, except; *mehr ~ je* more than ever; **~och** yet, still, however

Denunz|iant informer, delator; **~iation** informing against, denunciation, delation; **~ieren** to inform against, upon; to denounce to the authorities

Depesch|e telegram; **~ieren** to telegraph

deponieren to deposit

deportieren to deport, to transport

Depot stores, storehouse; depot; deposit (of securities etc)

Depression depression

deprimieren to depress

der the, the one; *pron* who, that, which; **~art** in such a way; to such an extent; **~artig** of that kind, such; *etw ~artiges* something like it; **~einst** one day, some day, in years to come; **~einstig** future; **~en** whose, of them; **~enthalben, ~entwegen, ~entwillen** for her (their, whose) sake; on her (their) account; **~gestalt** in such a manner; **~gleichen, ~lei** of that kind, such; **~jenige** the one, that one, he (who etc); **~maßen** to such an extent, so much; **~selbe** the same; *eben ~selbe* the very same; **~zeitig** at the time, for the time being; current, present, actual

derb compact, solid; *(kräftig)* stout, robust; *(grob)* blunt, rough, rude; coarse; **~heit** compactness, solidity; bluntness, roughness; coarseness

des *siehe* der, das; ♪ D flat; **~gleichen** likewise, ditto; **~halb,** therefore, for that reason, that is why ...

Desert|eur deserter; **~ieren** to desert

Desinf|ektion disinfection; **~ektionsmittel** disinfectant; **~izieren** to disinfect

Despot despot; **~isch** despotic

desillusionier|en to disillusion; **~ung** disillusionment

Desinflation disinflation

desinteressiert uninterested

desodorierend(es Mittel) deodorant

Desorganis|ation disorganization; **~iert** disorganized, confused

des|sen *siehe* der; **~senungeachtet** nevertheless, notwithstanding; **~wegen** on that account; on account of which; = deshalb

Dessin design; **~ateur** designer

Destill|at distillate; **~ieren** to distil

desto the, so much the

Detail detail; *pl* particulars; *bis ins letzte ~* to the minutest detail; retail (*~handel* r. trade); **~lieren** to detail

Detekt|iv detective; **~or** 📻 detector

Deut doit, *BE* farthing; *keinen ~ wert* not worth a brass farthing; **~eln** to subtilize; to twist (the meaning of); to quibble; **~en** to point (*auf* to, at); to interpret, to explain; **~lich** distinct, clear; **~lichkeit** distinctness, clearness; **~ung** interpretation, explanation; construction (*e-e ~ung zulassen* to bear a c.)

deutsch German ♦ *auf gut ~* to speak plainly; *~ mit j-m reden* to call a spade a spade, to give s-b a piece of one's mind; **~er** German; **~land** Germany; **~tum** German nationality; German heritage

Devise motto, device; foreign currency, foreign exchange; **~nbewirtschaftung** currency control

Dezember December

dezent unobtrusive; decent; ♪ soft

dezentral (in) decentralized (form); **~isieren** to decentralize

Dezi|gramm decigramme; **~liter** decilitre; **~mal-** decimal; **~malbruch** decimal (fraction); **~malsystem** decimal system; **~me** ♪ tenth; **~meter** decimetre; **~mieren** to reduce in numbers, to decimate

Diabet|es diabetes; **~iker** diabetic

diabolisch diabolic; *bes fig* diabolical

Diagnos|e diagnosis; *fig* analysis; **~tizieren** to diagnose

Diakon deacon; **~isse** (trained) Lutheran nurse

Dialekt dialect; **~isch** *(mundartlich)* dialectal; *(Logik)* dialectic; **~ik** dialectic; *(Methode)* dialectics

Dialog dialogue

Diamant diamond; *geschliffener ~* brilliant; *bes fig* adamant; **~hart** adamantine

Diapositiv (lantern) slide

Diät diet; *pl* daily allowance; *~ halten* to diet (o.s.); **~arzt, ~assistentin, ~köchin** dietitian; **~kunde** dietetics

dich *siehe* du

dicht dense, thick; tight; close; *(undurchlässig)* impervious (*für* to); **~e** density; closeness; tightness; **~en** to make tight (airtight, watertight); to tighten; ⚓ to caulk, *US* calk; to write poetry; to compose; to rhyme; **~er** poet; **~erin** poetess; **~ergabe** poetic gift; **~erisch** poetic(al); **~erling** versifier, poetaster; **~halten** to keep a secret, not to breathe a word; **~igkeit** = ~e; **~kunst** poetry, poetic art; **~ung** ⚙ seal, packing; poetry; poetical work; fiction

dick thick; fat; stout, corpulent; *(groß)* big, large; voluminous ♦ *durch ~ u. dünn* through fair and foul, through thick and thin; *etw ~ haben* to be fed up with; *s. ~etun* to boast, to brag; **~bauch** paunch; **~bäuchig** paunchy; **~darm** large intestine; **~e** thickness; stoutness, corpulence; bigness; **~fellig** thick-skinned; **~flüssig** viscous, viscid; **~häuter** pachyderm; **~icht** thicket, brake; **~köpfig** pig-headed, obstinate; **~leibig** stout, corpulent; **~schädel** pig-headed person; **~te** 📖 thickness, set; **~wanst** paunch

die *siehe* der

Dieb thief; burglar; **~erei** thieving; **~esgut** stolen goods; **~essicher** burglar-proof; **~isch** thievish; *s. ~isch freuen* to be as pleased as Punch; **~stahl** theft, larceny; *(Einbruch)* burglary

Diele board, deal, plank; floor; hall; **~n** to floor; to board

dien|en to serve; *womit kann ich (Ihnen) ~en?* can I help you? ♦ *von d. Pike auf ~en* to rise from the ranks; **~er** (man-)servant; butler; buttons; **~erin** maid; **~lich** useful, serviceable

Dienst service; duty (*im ~* on d.; *außer ~* off d., *mil* retired); situation, post; *j-m e-n ~ leisten* to do (render) s-b a service, to oblige; *was steht zu ~en?* what can I do for you?; *j-m zu ~en stehen* to be at s-b's disposal; **~abzeichen** badge; **~alter** seniority; **~bar** subject; subservient; **~bote** (domestic) servant; **~eid** official oath; **~eifrig** very eager; zealous; officious; **~gebäude** office(s); **~grad** *(Mannschaften)* rank, *US* grade; *(Offiziere)* rank; ⚓ rating; **~leistung** service; **~lich** official; **~mädchen** maid (-servant); **~mann** porter; messenger; **~pflicht** compulsory military service; **~reise** official journey; **~stelle** agency, office, authority; **~stempel** official stamp; **~stunden** office hours; **~tauglich** fit for (military) service; **~verhältnis** term of employment; **~weg**; *auf d. ~weg* through (the) official channels; **~wohnung** official residence; **~zeit** period (*od* time) of service; **~zimmer** office; **~zulage** service bonus

Dienstag Tuesday

dies|bezüglich referring to this; **~er** this; **~jährig** of this year; **~mal** this time; **~malig** this, present; **~seitig** on this side; **~seits** on this side; *su* this life, this world

diesig misty, hazy

Dietrich skeleton key, picklock

Differenz difference; **~ieren** to differentiate; to discriminate; to make distinctions; **~iert** varied, dissimilar; **~iertheit** variety; **~ierung** differentiation

differieren to differ; to vary

Dikt|at dictation; *pol* dictated treaty, *das ~at von Versailles* the Treaty of Versailles; **~atorisch** dictatorial; **~atur** dictatorship; **~atzeichen** reference; **~ieren** to dictate (to s-b); **~iergerät** dictating machine

Dilemma dilemma

Dilettant amateur, dilettante; **~isch** amateurish

Dill dill

Ding thing; object; *guter ~e sein* to be in good spirits, cheerful; *über d. ~en stehen* to be above petty things; *vor allen ~en* above all; *das geht nicht mit rechten ~en zu* there's s-th fishy about it; *wie d. ~e liegen* as it is; **~en** to hire; **~fest**: *~fest machen* to arrest; **~lich** real; material; physical; **~nsbums, ~sda** thingamy, thingumbob

dinieren to dine

Dinkel spelt

Diözese diocese, bishopric

Diphtherie diphtheria

Diphthong diphthong

Diplom diploma, certificate; **~arbeit** dissertation; **~at** diplomat(ist); **~atie** diplomacy; **~atisch** diplomatic; **~dolmetscher** certificated interpreter; **~iert** certificated; **~ingenieur** diploma engineer, certificated engineer

dir *siehe* du

direkt direct; 🕿 through; *nicht ~ falsch* not exactly wrong; first-hand; actual; **~ion** management; instruction, direction; **~ive** directive; **~or** managing director, manager; headmaster; **~orat** directorate; directorship; **~orin** manageress; headmistress; **~orium** board of directors, board of managers, managing board, directorate; **~rice** manageress; **~übertragung** 📻 live transmission

Dirig|ent conductor; ▯ music director; **~ieren** ♪ to conduct; to direct, to rule; **~ismus** controlled economy, statism
Dirn|dl lass; *(Kleid)* dirndl; **~e** *(Mädchen)* girl; prostitute
Dis ♪ D sharp
Disharmon|ie disharmony; discord; **~isch** disharmonious
Diskant treble, soprano; *(Überstimme)* descant; **~schlüssel** treble clef
Diskont discount; **~ieren** to discount; **~satz** (official) discount rate
diskreditieren to (bring) discredit (on)
diskret tactful, discreet; reserved, unobtrusive; **~ion** tact; secrecy; discretion
diskrimin|ieren to discriminate against, to disparage; **~ierung** discrimination against, defamation
Diskus ▯ discus, *umg* platter; **~werfen** discus throw
Disku|ssion discussion; **~tieren** to discuss
Dispens exemption, dispensation; **~ieren** to exempt (from); to excuse (from)
dispo|nieren to plan ahead; to make (preliminary) arrangements; **~sition** planning ahead, making arrangements; instruction; § disposition
Disput dispute; **~ieren** to dispute
Disqualifi|kation disqualification; **~zieren** to disqualify
Dissonanz dissonance
Distanz distance; **~ieren** *refl* to dissociate o.s. (*von* from)
Distel thistle; **~fink** goldfinch
Distrikt district
Disziplin discipline; ▯ event; **~arisch** disciplinary; **~arstrafe** disciplinary sentence; **~arverfahren** disciplinary investigation (*od* procedure); **~ieren** to discipline
divers sundry
Dividend dividend; **~e** dividend; bonus
Diwan divan, settee
doch yet, however; after all; though *(am Satzende)*; but; yes, oh yes; *ja ~ !* yes, yes!; yes certainly; but of course; *nicht ~ !* certainly not!, don't! *(im Englischen oft durch Betonung des Hilfsverbs oder Hinzufügen von* to do *ausgedrückt)*
Docht wick
Dock dock; **~e** skein; **~en** ⚓ to dock
Dogge bulldog; (*englische ~*) mastiff
Dogma dogma; **~tiker** dogmatist; **~tisch** dogmatic
Dohle jackdaw
Doktor doctor; *US oft* physician; *d. ~ machen* to take one's doctor's degree; **~arbeit** thesis (for doctorate); **~würde** doctorate, doctor's degree
Doktrin doctrine; **~är** doctrinaire; *adj* doctrinal
Dokument document; **~arfilm** documentary film; **~arisch** documentary; **~ieren** to prove (by documents)
Dolch dagger; **~stoß** stab (with a dagger)
Dolde *bot* umbel; **~nförmig, ~ntragend** umbelliferous
doll awful; fantastic; *e-e ~e Sache* quite an event
Dollar dollar, *US sl* buck
Dolle ⚓ oarlock, *bes BE* rowlock
dolmetsch|en to interpret; **~er** interpreter
Dom cathedral; *(Kuppel)* dome; *fig* vault; **~herr** canon; **~pfaff** *zool* bullfinch
Domäne landed estate; *fig* field of activity, domain
domin|ant dominant; **~ante** dominant factor; ♪ dominant; **~ieren** to domineer
Domino *(Stein)* domino; *(Spiel)* dominoes
Domizil domicile; **~ieren** to domicile (with s-b)
Dompteur trainer, tamer
Donner thunder; *vom ~ gerührt* thunderstruck, stunned; **~n** to thunder, to roar; *fig* to fulminate (*gegen* against); **~nd** thunderous; **~schlag** thunder-clap, thunderbolt; **~wetter** thunderstorm; *~wetter!* damn it!; *was zum ~wetter ist das?* what the dickens (*od* the hell) is that?
Donnerstag Thursday
Doppel duplicate; **~adler** two-headed eagle; **~decker** ✈ biplane; **~deutig** ambiguous, equivocal; **~gänger** double; **~gleisig** double-track; **~griff** ♪ double stop; **~kreuz** ♪ double sharp; **~läufig** double-barrelled; **~laut** diphthong; **~punkt** colon; **~reihig** *(Anzug)* double-breasted; **~schlag** ♪ turn; **~seitig** on both sides; **~sinn** double meaning, double entendre; **~sinnig** ambiguous; **~spiel** double game; **~stecker** two-way plug; **~stück** duplicate; **~t** double, twofold; *etw ~t haben* to have two copies (etc) of s-th; **~züngig** double-tongued, double-faced
Dorf village; *(Weiler)* hamlet; **~bewohner** villager; **~gasthaus, ~krug** village inn; **~leute** countryfolk; **¨~ler** villager; **¨~lich** rustic
Dorn thorn; ⚙ pin, mandrel, arbor; *ein ~ im Auge* a thorn in one's side; **~enhecke** hedge of thorns; **~envoll, ~ig** thorny; **~röschen** Sleeping Beauty
dörr|en to dry, to bake; to desiccate; **~obst** dried fruit
Dorsch cod
dort there; *~ oben* up there; *~ unten* down there; **~her** from there; **~hin** there, that way; **~ig** of that place, there; **~zulande** in that country
Dos|e box; *(Einmach-)* can, *BE* tin; *(Zucker-)* basin, *bes US* bowl; ⚡ socket; = ~is; **~enmilch** tinned (canned) milk, *(ungezuckert)* evaporated milk, *(süß)* condensed milk; **~enöffner** *BE* tin-opener, can opener; **~ieren** to measure out; to apply in appropriate instalments; to regulate; **~is** dose
dös|en to doze; **~ig** sleepy, dull
Dotter yolk (of an egg); **~blume** marsh marigold; **~gelb** yolk-coloured
Doz|ent lecturer *(at a German university)*; **~ieren** to lecture, to teach

Drache dragon; *(Luft-)* kite; *(Weib)* shrew, termagant; **~nhaupt** 🏛 gargoyle

Dragoner dragoon

Draht wire; cable; *per ~* by wire ♦ *auf ~ sein* to be on the beam; **~anschrift** telegraphic address; **~antwort** telegraphic reply; **~en** to wire; **~esel** *umg* iron horse; **~haarig** wire-haired; **~los** wireless; **~netz** wire netting; **~schere** wire-cutters; **~seilbahn** funicular (*od* aerial) railway; **~verhau** wire entanglements; **~walzwerk** wire rod mill; **~zange** pliers; **~zieher** *fig* wire-puller

Draisine 🚂 (inspection) trolley

drakonisch Draconian, harsh

drall buxom; robust; *su* ⚙ twist; bias; *(Elektronen-)* spin

Drama drama; **~tiker** playwright, dramatist; **~tisch** dramatic; **~tisieren** to dramatize; to take too seriously; **~turg** dramatic critic, literary adviser; stage producer; **~turgie** dramaturgy

dran *siehe* daran; *ich bin ~* it is my turn; *gut ~ sein* to be well off; *~ denken* to keep in mind, to remember; **~kommen:** *er kommt ~* it's his turn; *wer kommt (ist) ~ ?* whose turn is it?; **~kriegen** to get the better of s-b; **~sein:** *ich war ~* I had my turn

Drän|age drainage; **~ieren** to drain

Drang urge, impulse; throng; pressure; **⍨eln** to push, to shove; **⍨en** to press, to crowd; to hurry, to urge; *refl* to force one's way; **~sal** hardship, affliction; distress; **~salieren** to harass, to worry; to oppress

drapieren to drape

drastisch drastic; *~ ausgedrückt* put crudely

dräuen *siehe* drohen

drauf *siehe* darauf; *~ u. dran sein* to be on the point of (doing); **~gänger** dare-devil; pushful person; **~gehen** to break up, to catch one's death; **~kommen** to remember, to find out; *eins ~kriegen* to get a slap in the face

draus *siehe* daraus; **~bringen** to confuse, to puzzle; **~kommen** to lose the thread (of what one is doing)

draußen out of doors; outside; abroad

drechs|eln to turn (on a lathe); **~ler** (wood) turner; **~lerbank** wood turning lathe; **~lerei** turnery

Dreck dirt, filth, *(Straße)* mud ♦ *das geht dich e-n ~ an* that's none of your damned business; **~ig** dirty, muddy

Dreh turn ♦ *den (richtigen) ~ herausbekommen (herauskriegen)* to get the hang of it, to get the knack of it; **~bank** (turning) lathe; **~bleistift** propelling pencil; **~brücke** swing bridge; **~buch** *(Roh-)* scenario, *(kurbelfertig)* script, continuity; **~buchverfasser** scenarist; script (*od* continuity) writer; **~bühne** revolving stage; **~en** to turn, to rotate, to revolve; ⚙ to turn; *(Tau)* to twist; to roll, to wind; *(Film)* to shoot; *s. ~en um (fig)* to hinge on, to be a question of *(weather etc)*; **~er** lathe operator, turner; **~moment** torque; **~orgel** barrel-organ; **~punkt** fulcrum; pivot; **~scheibe** potter's wheel; 🚂 turntable; **~strom** ⚡ three-phase current; **~stuhl** revolving chair; **~tür** revolving door; **~ung** turn; rotation; revolution; **~zahl** revolutions per minute, r.p.m.; speed

drei three ♦ *er kann nicht bis ~ zählen* he doesn't know how many beans make five; *ehe man bis ~ zählen kann* before you can say Jack Robinson; **~achteltakt** three-eight time; **~eck** triangle; **~eckig** triangular; **~einigkeit** trinity; **~erlei** of three kinds; **~fach** threefold; triple; **~faltigkeit** Trinity; **~farbendruck** three-colour print (*od* process); **~felderwirtschaft** three-field system; **~fuß** tripod; **~hundert** three hundred; **~hundertste** three-hundredth; **~jährig** three-year-old; triennial; **~jährlich** triennial; **~käsehoch** midget, little fellow; **~klang** triad; **~mal** three times; **~malig** repeated three times, thrice repeated; **~monatig** three-month-old; lasting three months; **~monatlich** quarterly; **~rad** tricycle; **~seitig** three-sided; trilateral; **~silbig** trisyllabic; **~sprung** 🏃 hop, step and jump; **~ßig** thirty; **~ßigste** thirtieth; **~stellig** of three digits; **~stimmig** for three voices; **~stöckig** three-storied; **~tausend** three thousand; **~tausendste** three-thousandth; **~teilig** in three parts, tripartite; **~vierteltakt** triple time, three-four time; **~zehn** thirteen; **~zehnte** thirteenth; **~zimmerwohnung** three-room flat

drein *siehe* darein; **~reden** to interrupt, to object; **~schlagen** to strike (hard)

dreist bold, daring; impudent, cheeky; **~igkeit** boldness; impudence

Drell drill; *(Matratzen-)* tick(ing)

Dresch|e thrashing; **~en** to thresh; *(prügeln)* to thrash; **~er** thresher; **~flegel** flail; **~maschine** threshing machine, thresher

Dress|eur trainer; **~ieren** to train; *(Pferd)* to break in; **~ur** training; breaking in; **~urreiten** dressage

Drill *mil* drill; **~bohrer** (automatic) drill; **~en** to drill; **~ich** drill; **~ichanzug** *mil* fatigue uniform; **~ing** triplet; *(Gewehr)* three-barrelled gun; **~maschine** ⚘ drill

dring|en to penetrate (*in* into, *durch* through); to force one's way (*in* into); *~en auf* to insist on; *~en in j-n* to urge s-b (to do); **~end** urgent; *adv* badly; **~lich** urgent; **~lichkeit** urgency; **~lichkeitsstufe** (degree of) priority

dritt|e third; **~el** third (part); **~eln** to divide into three; **~ens** thirdly; **~er** third party, other party; **~letzt** last but two

droben up there; (there) above; on high; upstairs

Drog|e (crude) drug; **~erie** (German-type) drugstore, *BE* chemist's shop; **~ist** druggist

Droh|brief threatening letter; **~en** to threaten, to menace; **~ung** threat, menace

Drohne drone; **⍨n** to resound, to roar; to boom; *su* roar(ing); boom

drollig droll, funny, comical

Dromedar dromedary

Droschke cab; **~nkutscher** cabman; **~nplatz** cabstand

Drossel *zool* thrush; *(Wild)* throat; ⚙ throttle; **~klappe** throttle valve; **~n** to throttle; to strangle; *fig* to curb

drüben over there, beyond

drüber *siehe* darüber

Druck pressure; compression; squeeze; *(Last)* burden, strain; 🕮 print(ing), impression; (*~type*) type; *im ~* in the press, *fig* in a tight place; *in ~ gehen* to go to the press; in *~ geben* to send to the press; **~buchstabe** type; **~bogen** proof(-sheet), signature; **⁓̈eberger** shirker; **~en** to print; **⁓̈en** to press, to squeeze; *(Schuh etc)* to pinch; *⁓̈en auf* to bear on; *fig* to depress, to worry; *refl* to shirk; to steal away; **⁓̈end** heavy; burdensome; *(Luft)* close, sultry; **~er** printer; **~erei** printing-office, printing-works, *US a.* printery; **~erschwärze** printer's ink; **⁓̈er** latch; *(Gewehr)* trigger; **~farbe** printer's ink; **~fehler** misprint, printer's error; *pl (in Büchern)* errata; **~fertig** ready for the press; **~form** form, *BE mst* forme; **~knopf** press-stud, patent fastener; ϟ, ☏ push-button; **~legung** printing, going to print; **~luft** compressed air; **~luftbremse** pneumatic brake; **~messer** pressure gauge; **~posten** *umg* soft job; **~presse** printing-press; **~pumpe** pressure pump; **~reif** ready for the press; **~sache** printed matter; **~schrift** type; publication; **~sen** to hesitate; to dawdle; **~stock** wood-block; plate; **~text** letter-press, (printed) text; **~type** letter; **~verfahren** printing-process; **~vorlage** copy

drum *siehe* darum; *d. ~ u. Dran* the extras, incidentals; *mit allem ~ u. Dran* hook, line and sinker

drunt|en below, down there; **~er** *siehe* darunter; *~er u. drüber* topsy-turvy, higgledy-piggledy; in great confusion

Drüse gland

Dschungel jungle

du you; *poet* thou; *auf ~ u. ~ stehen mit* to be on terms of intimacy, on very familiar terms with s-b

Dübel dowel (pin), peg

Dublette doublet

duck|en to duck, to stoop; *fig* to humble; *refl* to duck, to stoop; *fig* to humble o.s., to knuckle under; **~mäuser** coward, sneak

dudel|n to play on the bagpipe; **~sack** bagpipe(s)

Duell duel; **~ieren** *refl* to fight a duel (*mit* with)

Duett duet

Duft fragrance, scent, aroma; odour; **~en** to be fragrant, to smell sweet; **~end** fragrant; **~ig** = ~end; airy, light

duld|en to bear, to endure; to suffer; to tolerate; **~er** sufferer; **~sam** tolerant, patient; **~samkeit** tolerance, patience; **~ung** toleration

dumm stupid, dull; ignorant; **~dreist** impudent; **~heit** stupidity, dullness; a stupid thing; **~kopf** stupid fellow, blockhead, loggerhead; **~köpfig** stupid

dumpf *(Ton)* hollow; *(Schmerz)* dull; *(Luft)* heavy, close; muggy; *(muffig)* musty, stuffy; *fig* gloomy; **~ig** stale, musty

Düne dune

Dung dung; **⁓̈en** to manure, to dung, to fertilize; **⁓̈emittel** fertilizer, manure; **⁓̈er** fertilizer, manure; **⁓̈erhaufen** dunghill; **~grube** manure-pit

dunkel dark; dusky; *(düster)* gloomy; *(Brot)* brown, dark; *fig* obscure ♦ *im ~n tappen* to be in the dark; *j-n im ~n lassen* to leave s-b in the dark about s-th; *su* = **~heit** darkness; obscurity; **~farbig** dark-coloured; **~kammer** dark room; **~n** to grow dark

Dünkel conceit; arrogance; **~haft** conceited, arrogant

dünk|en to seem; *es ~t mich, mich ~t* it seems to me; *refl* to fancy o.s.

dünn thin; dilute; slender; *(Stoff)* fine, flimsy; rare; weak ♦ *~ gesät* few and far between; *s. ~emachen* to make o.s. scarce; **~darm** small intestine; **~heit** thinness; weakness

Dunst haze; *(dichter)* mist; fume ♦ *j-m blauen ~ vormachen* to bamboozle s-b; *keinen blassen ~ haben* not to have the faintest idea; **~en** to evaporate; to steam; **⁓̈en** to stew; **~gebilde** phantom; **~glocke** blanket of smog; **~ig** hazy, misty; **~kreis** atmosphere

Duplikat duplicate

Dur ♪ major (key)

durch through; by (means of); because of; during, throughout; *d. ganzen Tag ~* all day long, *d. ganze Nacht ~* all night long; *d. ganze Zeit ~* all the time; *~ und ~* through and through, thoroughly

durcharbeiten to work through; to study thoroughly; to go carefully through; *refl* to get through, to work one's way through

durchaus quite, thoroughly; all right; absolutely, by all means; *(vor adj)* enough; *~ nicht* not at all, by no means, *(vor adj)* far from

durch|beißen to bite through; *refl* to fight one's way through; **~betteln** *refl* to live by begging; **~bilden** to train, to educate thoroughly; **~blättern** to leaf through; to run through, to skim through

Durchblick view, vista; insight; **~en** to look through, to see through; *~en lassen* to (give a) hint, to suggest

durch|bohren to bore through, to pierce; to perforate; **~brechen** to break through; to penetrate; **~brochen** *(Stoff)* open-work; **~brennen** to burn through; ϟ to blow out, *BE* to fuse; *fig umg* to bolt; **~bringen** to carry through, to bring through; *(Geld)* to squander, to throw away; *refl* to support o.s.; **~bruch** break-through; breach; rupture; **~denken** to think over; **~dringen** *vt* to penetrate, to permeate; *vi* to get through; *fig* to succeed; **~dringend** penetrating; piercing, shrill; **~drücken** to press through; *fig* to force

durcheinander in disorder; confusedly; *su* confusion, disorder; muddle; **~bringen** to confuse, to befuddle

durchfahr|en to drive through, to travel through; *fig* to flash across; **~t** passage, thoroughfare; *(Tor)* gateway
Durchfall failure, fall; ⚕ diarrhoea; **~en** to fall through; *(Prüfung)* to fail; *~en lassen* to fail
durch|fechten to fight out; *refl* to fight one's way through; **~finden** *refl* to find one's way through; **~fließen** to flow through; **~fluß** flowing through; **~forschen** to search through; to investigate; *(Land)* to explore; **~fragen** to interrogate; **~fressen** to eat through; to corrode; *refl* to struggle through; **~frieren** to freeze through and through
Durchfuhr transit
durchführ|bar practicable; feasible; **~en** to convey through; *fig* to carry through, to accomplish; **~ung** accomplishment, execution; **~ungsbestimmung, ~ungsverordnung** (implementing) regulation (*zu* under)
Durchgang passage; *(astr, Waren)* transit; *kein ~!* no thoroughfare!; **⁓ig** throughout, without exception, commonly; **~slager** transit camp; **~sverkehr** transit traffic; 🚂 through-traffic; **~svisum** transit visa
durchgehen *vt* to examine, to work through; *vi* to go through; *(Pferd)* to run away, to take the bit between one's teeth; *~der Zug* through train, nonstop train
durch|greifen to put one's hand(s) through; *fig* to take vigorous action; **~greifend** decisive, thorough; **~halten** to hold out, to carry through; *umg* to stick it out; **~hauen** to cut through; to thrash; *refl* to hack one's way through; **~hecheln** to hackle; *fig* to slate, to pull to pieces; **~helfen** to help through (out); **~jagen** *vt* to drive through; *vi* to rush through; **~kämpfen** to fight out; *refl* to fight one's way through; **~kochen** to boil thoroughly; **~kommen** to get through (along); to come through; to pass (*durch e-e Prüfung* an examination); *fig* to succeed; ⚕ to get over; **~kreuzen** to cross; *fig* to frustrate; **~laß** passage, opening; outlet; **~lassen** to let through; to let pass; to filter; **~lässig** pervious, permeable; penetrable
Durchlauf passing through; passage; **~en** *vt* to run through; to run from one end to the other; *(Schuhe)* to wear out; *vi* to run through; to filter through
durch|leben to live through, to go through; **~lesen** to read through
durch|leuchten to light up, to illuminate; ⚕ to X-ray; *vi* to shine through; **~liegen** to get bedsore; **~lochen** to punch; **~löchern** to perforate; to make holes in; **~löchert** ragged; *(voll Löcher)* holey; **~machen** to go through, to experience; to suffer
Durchmarsch march through; **~ieren** to march through
durch|mengen to mix; **~messen** to measure; to traverse; **~messer** diameter; **~müssen** to be forced to pass; to have to pass; **~nässen** to wet through, to soak; **~nehmen** to go through (over), to work through; to deal with; **~pausen** to trace; **~peitschen** to whip soundly; **~prügeln** to thrash soundly; **~queren** to cross, to traverse; **~rasseln** to rattle through; *(Prüfung)* to fail; **~rechnen** to reckon up, to count over; to check
Durchreise journey through, passage; *auf d. ~ durch* on the (his etc) way through; **~n** *vt* to travel extensively through (*od* over); *vi* to pass through, to cross; **~nder** passing tourist, through-passenger; **~visum** transit visa
durch|reißen to tear (in two); to break; *vi* to get torn, broken; **~rennen** to run through; **~rieseln** to run through, to flow through; *fig* to thrill; **~sacken** ✈ to stall; **~schauen** *vt* to look through; **~schauern** to shudder
durchscheinen to shine through; **~d** transparent
durch|scheuern to rub through; *vi* to wear bare; **~schießen** to shoot through; 🕮 *(Buch)* to interleave, *(Druck)* to lead out; **~schimmern** to glimmer through; **~schlafen** to sleep (the night) through
Durchschlag colander, *(Sieb)* strainer; (carbon) copy; **~en** to beat through, to drive through; to strain; *vi* to strike through; to penetrate; to blot; *fig* to be effective, successful; *refl* to fight one's way through; to rough it
durch|schlängeln *refl* to wind through; **~schleusen** to pass through (the locks); **~schlüpfen** to slip through (off); **~schneiden** to cut through, *(Straße)* to cross; *refl* to intersect
Durchschnitt cut(ting through); *math* intersection; *(Quer-)* cross-section; average (*d. ~ nehmen* to average); **~lich** *adj* average; *adv* on an average; **~s-** average
durch|schreiben to (make a) copy; **~schrift** (fair) copy; **~schuß** *(Weben)* weft, woof; 🕮 lead, space-line, *(Blatt)* interleaf; ⚕ a shot through; **~schütteln** to shake well, thoroughly; **~schwitzen** to perspire profusely; **~sehen** to look over, through; *vi* to see through, to look through; **~seihen** to strain, to filter; **~setzen** to mix, to intersperse (*mit* with); to carry through, to achieve; *(mit Gewalt)* to enforce; *s-n Willen ~setzen* to have one's way; *refl* to succeed; to make one's way; ... *hat s. ~gesetzt* has come to stay
Durchsicht view, vista; inspection, review; revision; **~ig** transparent, open, clear; **~igkeit** transparency
durch|sickern to seep, to trickle through; to leak (through); *fig* to leak out; **~sieben** to sift; **~sprechen** to talk over; **~spülen** to rinse; to flush
durchstech|en to pierce through; to prick; to cut, to dig through; *vi* to pierce, to penetrate; **~erei** *pl* underhand dealings
durch|stecken to put through; **~stich** cut(ting); piercing; tunnel; **~stöbern** to rummage through; **~stoßen** to push through, to thrust through; to stab; to transfix; to break through; **~streichen** to cross out, to strike out; to cancel; **~streifen** to roam through, to rove; **~strömen** to flow through; **~suchen** to search

(through, all over); **~suchung** search; police raid; **~tanzen** to dance all (night), to dance through (all the dances); *(Schuhe)* to wear out by dancing ; **~tränken** to impregnate, to saturate, to permeate; **~treiben** to drive through; *(Kochen)* to strain; **~treten** to tread through; to press down completely; *(Schuh)* to wear out by walking; **~trieben** cunning, artful; **~wachsen** to grow through; *adj* streaky; **~wärmen** to warm thoroughly; **~waten** to wade through; **~weg** throughout; consistently; on the whole; *su* passage; **~weichen** to soak (through); *vi* to become soaked (wet); **~winden** to wind through; *refl* to wind through, to struggle through; **~wirbeln** to agitate, to whirl; **~wirken** to interweave; **~wühlen** to root up; to rummage; *refl* to dig one's way through (out); **~zählen** to count over (one by one); **~zeichnen** to trace; **~ziehen** to draw through; *(Nadel)* to thread; to interlace, to interweave; *(Fluß)* to run through; to pass, to march through; *vi* to pass, to march through; **~zucken** to flash through; **~zug** passage; march through; *(Luft)* (through) draught, *US* draft

dürfen may (might), to be allowed to, to be permitted to; to dare, to venture; *darf nicht* may not, must not, is not permitted to; *darf ich bitten?* please!, will you kindly ...?; *ich darf Sie bitten* may I ask you (to do), I must ask you (to do); *darf s. nicht wundern, wenn* must not be surprised if; *dürfte ich* ... may I *(accompany you)*; *dürfte* (= *wahrscheinlich*) will *(that will be the solution)*, probably *(that is probably a mistake)*; *er dürfte kaum* ... I doubt that he ...

dürftig needy, indigent; *(schlecht)* poor; insufficient; **~keit** need, indigence; poorness

dürr arid, barren; dry, parched; dried, withered; *(mager)* lean, skinny; **~e** aridity; dryness; drought

Durst thirst; *e-n über d. ~ trinken* to have a drop too much; **⁓̈en, ~en** to be thirsty; *fig* to thirst (*nach* after), to crave (*nach* for); **~ig** thirsty

Dusche shower-bath, douche; *e-e kalte ~* a cold douche, a damper; **~n** to douche

Düse *(zerstäubend)* nozzle; *(strahlbildend)* jet; **~nantrieb** jet propulsion; **~nflugzeug** jet(-propelled) aeroplane; **~njäger** jet fighter

Dusel luck, fluke; *großen ~ haben* to have a run of luck, to hit the jackpot; *(Schwindel)* giddiness, dizziness; **~ig** giddy, dizzy; **~n** to doze

Dussel blockhead, mug

düster gloomy, lurid; melancholy; **~keit** gloom; melancholy

Dutzend dozen; *12 ~* gross; **~mal** dozens of times; **~weise** by the dozen

duz|en = *auf d. ~fuß stehen mit* to say „du" to, to thou; **~freund** chum, intimate friend

Dyn dyne; **~amik** dynamics; *fig* strength, force; motive; **~amisch** dynamic *(a. fig)*; **~amit** dynamite; **~amo** dynamo, generator; **~astie** dynasty; **~astisch** dynastic

D-Zug express train, *BE* fast train; *(Durchgangszug)* corridor-train

E

E, e (the letter) E, e; ♪ E; **E-Dur** E major; **e-Moll** E minor

Ebbe ebb, low tide ♦ *bei ihm ist ~ (in d. Kasse)* he is hard up; **~n** *vi* to ebb

eben *adj* even, flat; smooth; level; *math* plane; *zu ~er Erde* on the ground floor; *adv* just (*das ist es ~* that's just it), even; evenly; exactly; *~ erst* just now; *~ deshalb, deswegen* for that very reason; **~bild** (the very) image, likeness; **~bürtig** equal; equal in birth; **~da, ~dort** in that place, there; **~derselbe** the very same; **~e** plain; *fig* level; *math* plane (*schiefe ~e* inclined pl.) ♦ *auf d. schiefe ~e geraten* to go wrong, to get into crooked ways; **~falls** likewise, too, also; **~maß** symmetry, harmony; (due) proportion; **~mäßig** symmetrical, proportionate; **~so** *adv* just as, so; quite as; *~so wie* and, as well as; **~sogern, ~sogut** *adv* just as soon, just as well

Ebenholz ebony

Eber boar; **~esche** mountain ash

ebnen to level, to smooth; *(fig Weg)* to pave

Echo echo; **~en** *vi* to echo; **~lot** echo-sounder

echt genuine, true, real; *(Wein)* unadulterated; *(Metall)* pure; *(Farbe)* fast; *(Haar)* natural, own; *(Text, Urkunde)* authentic; legitimate; *(Bruch)* proper; **~heit** genuineness; fastness; authenticity; legitimacy

Eck|e corner; angle; edge; *(Kurve)* turning; *an allen ~en und Enden* everywhere ♦ *j-n um die ~e bringen* to murder, *sl* to do s-b in; **~ball** ⚽ corner-kick; **~ig** angular; cornered; **~stein** corner-stone; *(Karten)* diamond; **~zahn** eye--tooth, canine tooth

Ecker acorn; beechnut

edel noble, well-born; *(großmütig)* generous; *(Metall)* precious; **~mann** nobleman; **~metall** precious metal; **~mut** magnanimity, generosity; **~mütig** magnanimous, generous; **~stein** precious stone, jewel; **~tanne** silver fir; **~weiß** *bot* edelweiss

Efeu ivy; **~bewachsen** ivy-clad

Effekt effect, result; **~en** belongings, movable estate, property; movables; *(Wertpapiere)* securities, stocks, bonds; **~enbörse** stock exchange; **~enmakler** stockbroker; **~hascherei** claptrap, showing-off; **~iv** real, positive, actual; **~voll** effective

egal alike, the same; *das ist mir ganz ~* it's all the same to me

Egel leech

Egge harrow; **~n** to harrow

Ego|ismus egoism; selfishness; **~ist** egoist; **~istisch** egoistic(al); selfish

ehe *conj* before, until; **~dem, ~mals** *adv* formerly, once, before this time; **~malig** *adj* former, late; *~malige(r) Schüler(in)* alumnus (alumna); **~r** *adv* sooner, rather (*als* than); before *(he would die b. he lied)*; *nicht ~r als* not until; **~stens** *adv* as soon as possible, at the earliest; very soon

Ehe marriage, matrimony; *wilde ~* concubinage; **~brechen** to commit adultery; **~brecher(in)** adulterer (adulteress); **~brecherisch** adulterous; **~bruch** adultery; **~bund, ~bündnis** marriage-tie; matrimony; **~frau** wife, spouse; **~gatte** husband; **~hälfte** better half; **~leben** married, wedded life; **~leute** married couple, spouses; **~lich** matrimonial, conjugal, nuptial; marital; *(Kind)* legitimate; **~lichen** to marry; **~los** unmarried; single; **~losigkeit** celibacy; **~mann** husband; **~paar** married couple; **~recht** marriage law; **~ring** wedding ring; **~scheidung** divorce; **~scheidungsklage** divorce suit; **~schließung** marriage; **~schließungsurkunde** marriage certificate; **~stand** married state; wedlock; **~stifter** matchmaker; **~versprechen** promise of marriage; **~vertrag** marriage contract; **~weib** wife, [spouse

ehern brazen; brass; bronze

Ehr|abschneider slanderer; **~abschneidung** defamation, slander; **~bar** honest, respectable; honourable; decent; **~barkeit** respectability; decency; **~e** honour; respect; *(Ruf)* reputation; *auf ~(e) u. Gewissen* on one's honour; *j-m d. letzte ~e erweisen* to pay s-b the last tribute of respect; **~en** to honour, to revere; to respect

Ehren|amt honorary post; **~amtlich** *adj* honorary; non-professional; **~bezeigung** mark of respect; reverence; salute; **~bürger** honorary citizen; *~bürger werden* to receive the freedom of the city; **~bürgerrecht** freedom of a city; **~doktor** honorary doctor; **~gast** guest of honour; distinguished guest; **~geleit** retinue, suite; **~gericht** court of honour; **~(grab)mal** cenotaph; war memorial; **~haft** *adj* honourable, honest; high-principled; **~hain** memorial grove; **~halber** *adv* for honour's sake; **~handel** affair of honour; **~karte** complimentary ticket; **~kleid** ceremonial dress; **~kränkung** insult, affront, *(schriftl.)* libel; **~mal** monument; *siehe ~*(grab)mal; **~mann** man of honour; *dunkler ~mann* shady character; **~mitglied** honorary member; **~preis** prize; *bot* speedwell; **~rechte** *(bürgerliche)* civic rights; **~rettung** rehabilitation; apology; vindication; **~rührig** defamatory, libellous; **~titel** honorary title; title of honour; **~voll** creditable, honourable, respectable; **~wert** respectable, honourable; **~wort** word of honour; **~zeichen** decoration, medal; mark of distinction

ehr|erbietig respectful, reverent(ial); **~erbietung** respect; veneration, reverence; deference; **~furcht** awe; respect, reverence; **~furchtgebietend** awe-inspiring, awesome; **~fürchtig** reverential; **~gefühl** sense of honour; self-respect; **~geiz** ambition; **~geizig** ambitious; **~lich** honest, fair, sincere; bona fide; **~lichkeit** honesty; **~los** dishonourable; **~losigkeit** dishonesty, infamy; **~sam** respectable, decent; **~verlust** loss of civic rights; **~würden** Reverend; **~würdig** venerable, reverend

ei *interj* why!, ah!, indeed!

Ei egg; *verlorene ~er* poached eggs; *wie e. ~ d. andern* as like as two peas ♦ *wie aus dem ~ gepellt* as if he had just come out of a bandbox; spick and span; *d. ~ d. Kolumbus* Columbus's egg, *the* solution; *wie e. rohes ~ behandeln* to handle with kid gloves; *wie auf ~ern gehen* to walk like a cat on hot bricks; **~dotter, ~gelb** yolk; **~erbecher** egg-cup; **~erkuchen** omelette; **~erlöffel** egg-spoon; **~erpflanze** egg-plant; **~erschale** egg-shell; **~erstock** ⚕ ovary; **~förmig** oval, egg-shaped, oblong; **~leiter** ⚕ oviduct; **~schnee** whipped white of an egg; **~weiß** white of an egg, albumen; protein; **~weißhaltig** containing protein; **~weißstoff** protein

Eib|e yew(-tree); **~isch** hibiscus

Eich|amt Office of Weights and Measures; **~baum** oak(-tree); **~e** oak; **~el** acorn; **~elhäher** jay; **~en** *vt* to gauge, to calibrate; *adj* oaken, of oak; **~enlaub** oak leaves; **~horn, ~hörnchen, ~kätzchen** squirrel; **~maß** gauge

Eid oath; *(j-m) e-n ~ leisten (abnehmen)* to take (*od* administer) an oath (to s-b); *falscher ~* false oath, perjury; **~am** son-in-law; **~brecher** perjurer; **~bruch** perjury; **~brüchig** (having) perjured; **~esformel** form of oath; **~es Statt:** *an E. S. erklären* to declare on oath; **~esstattliche Erklärung** *(schriftl.)* affidavit; statement given as an oath; *(mündl.)* deposition; **~genossenschaft** confederation, league; the Swiss Confederation; **~lich** on (by) oath; sworn; **~genössisch** Swiss

Eidechse lizard [duck

Eider|daunen *pl* eider(down); **~ente** eider-

Eifer zeal, ardour, fervour; eagerness ♦ *im ~ d. Gefechts* in the heat of the fray; **~er** zealot; **~n** to be zealous; to strive (*nach* after); *~n gegen* to inveigh against; *~n um* to vie (with s-b) in (doing s-th); *~n über* to get angry about; **~sucht** jealousy; **~süchtelei** petty jealousy; **~süchtig** jealous (*auf* of)

eifrig eager; zealous; keen, ardent

eigen *adj* own, proper; *(eigenartig)* peculiar, strange, odd; *(besonders)* separate, special; *(wählerisch)* fussy, choosy; *(innewohnend)* inherent, intrinsic; *s. etw zu ~ machen* to adopt, to utilize s-th; **~art** peculiarity, individuality; feature; **~artig** peculiar; **~artigkeit** peculiarity; **~brötler** crank, eccentric; **~dünkel** self-conceit; **~gewicht** dead (*od* net) weight; **~händig** with one's own hand(s); *(Brief)* autograph; **~heit** peculiarity; idiosyncrasy; idiom; **~liebe** egotism, self-complacency; amour-propre; **~lob** self-praise; **~mächtig** arbitrary, unauthorized; by one's own decision (*od* power); **~name** proper name; noun; **~nutz** selfishness, self-interest; **~nützig** selfish, self-seeking; **~s** *adv* on purpose; particularly; expressly, specially; **~schaft** quality; property, feature; attribute; capacity (*in m-r ~ als* in my c. as); **~schaftswort** adjective; **~sinn** obstinacy, stubbornness; wilfulness; **~sinnig** stubborn, wilful; obstinate; **~ständig** independent; **~tlich** *adj* true, real; actual; proper, essential; intrinsic; *adv* really, exactly; actually; in a way; *es ist ~tlich schade* it's a pity in a way; rather *(I rather wanted the pencil)*

Eigentum property (*an* in); *bewegliches ~* personal property, movables; *unbewegliches ~* real estate, immovables; **⁓̈er** owner, proprietor; *rechtmäßiger ⁓̈er* rightful owner; holder in due course; **⁓̈lich** proper; specific; peculiar, odd, strange; **⁓̈lichkeit** peculiarity; *(Merkmal)* feature, characteristic; **~sanspruch** claim of ownership; **~srecht** (legal) title (to property); **~sübertragung** transfer of title; **~surkunde** title deed; **~swohnung** owner-occupied flat (*od* house), condominium

Eigen|versorgung self-sufficiency; **~wärme** specific heat; body heat; **~wechsel** promissory note; **~wille** wilfulness; **~willig** wilful; self-willed

eign|en *refl* to be suited, adapted, qualified (*zu, für* for); **~er** owner; **~ung** *(Person)* qualification, aptitude; *(Sache)* suitability; **~nungsprüfung** aptitude (*od* ability) test

Eiland island, isle

Eil|bestellung 📯 express delivery; **~bote** courier; *durch ~boten* by express, *(Briefaufschrift)* express; **~brief** *BE* express letter, *US* special delivery letter; **~e** hurry, haste; speed; *ich habe (bin in) ~e* I'm in a hurry; *es hat keine ~e* there's no hurry; **~en** *(a. refl)* to hurry, to hasten; to make haste; *es ~t* it is urgent; *~t! (auf Brief)* urgent; **~ends** *adv* hastily, speedily, quickly; **~fertig** hasty, rash; **~fertigkeit** speediness; hastiness; alacrity; **~fracht, ~gut** express goods; **~ig** urgent; quick, hurried; *es ist ~ig* it is urgent; *es ~ig haben* to be in a hurry; **~marsch** forced march; **~post** express delivery; **~zug** limited stop passenger train; **~zustellung** 📯 *BE* express delivery, *US* special delivery

Eimer bucket, pail

ein *(Artikel)* a, an; *(Zahlw., pron)* one; *~es Tages* one day; *~ und derselbe* the very same; *manch ~er* many a one; *~ ums andere Mal* alternately; *j-s ~ u. alles sein* to be the apple of s-b's eye; *~er von beiden* either; *~ für allemal* once and for all; *in ~em fort* continuously, incessantly; *(adv) nicht ~ noch aus wissen* to be at one's wit's end; *~ und aus gehen* to frequent

ein|achsig two-wheeled; **~akter** one-act play; **~ander** each other, one another; **~arbeiten** *vt* to train on the job; *refl* to familiarize o.s. (*in* with); to work o.s. in; **~armig** one-armed

einäscher|n to burn to ashes; *(Leiche)* to cremate; **~ung** cremation; incineration; **~ungshalle** crematorium

ein|atmen to breathe, to inhale; **~atmung** breathing, inhalation; **~äugig** one-eyed

Ein|bahnstraße one-way street; **~balsamieren** to embalm; **~band** 📖 binding; *(Buchdeckel)* cover, case; **~bändig** in one volume; **~bauen** to build in; to install, to fit; **~baumöbel** built-in furniture; **~baum** log-canoe, dug-out; **~begreifen** to include, to comprise; **~begriffen** included, inclusive; **~behalten** to keep back, to detain; to withhold; **~beinig** one-legged

einberuf|en *parl* to convene, to summon, to convoke, to call together; *mil* to call out, up; **~ung** summoning; calling up; *mil* call-up, *US* induction

einbett|en *vt* ⚙, *fig* to embed; *fig* to surround (*in* with); **~ig** single(-bedded); **~zimmer** single(-bedded) room

ein|biegen *vt* to bend inwards; *vi* to turn (*in e-e Straße* into a street); **~bilden** *refl* to imagine, to fancy, to think, to believe; *s. etw ~bilden (auf)* to pride o.s. (on); to flatter o.s., to fancy o.s.; *sie bildet s. zu viel ein* she thinks too much of herself; *darauf brauchst du dir nichts einzubilden* this is nothing to be proud of; **~bildung** *(Vorstellung)* imagination, fancy; *(Dünkel)* conceit, presumption; **~binden** 📖 to bind; **~blasen** to blow into; *fig* to whisper, to prompt; **~bläser** prompter, insinuator; **~blenden** 🎥, 📺 to fade in; **~bleuen** to beat into s-b; to inculcate (*j-m* on s-b); **~blick** insight (*~ gewähren in* to give i. into)

einbrech|en *vt* to break open; *vi* to break in, to give way; to break through *(the ice)*; *(Dieb)* to break in *(to a house)*, *umg* to burgle, *bes US* to burglarize; *(Kälte)* to set in, to begin; *die Nacht bricht (her)ein* night is falling; **~er** burglar, housebreaker

ein|brennen to brand; to burn; *(Glasur)* to bake; ⚕ to cauterize; **~bringen** to bring in; ⚖ to file; *(Ertrag)* to yield; *(aufholen)* to make up for, to retrieve; 📖 to get in; **~brocken** *vt* to crumble; *s. etw ~brocken* to get o.s. into trouble; to put one's foot in it

Einbruch burglary; housebreaking; *fig, mil* breakthrough, a breaking into; *~ der Nacht* nightfall; *~ der Dunkelheit* dusk

Einbuchtung dent; bay

einbürger|n *vt* to naturalize; to adopt; *refl* to become naturalized; *(Wörter etc)* to be adopted; **~ung** naturalization

Einbuße loss, damage; **⁓̈n** to lose, to forfeit; to suffer a loss

ein|dämmen to dam up, to bank up; *fig* to check; **~decken** *refl* to lay in a store (*mit* of); **~decker** ✈ monoplane; **~deutig** clear, plain; definite; obvious

eindring|en to penetrate; to invade (*in e. Land* a country); to break in (*in* on); to force one's way in(to); *(auf j-n)* to press upon (s-b); **~lich** impressive; urgent; emphatic; **~ling** intruder

Eindruck *konkr, fig* impression (*auf* on); *~ machen auf j-n* to impress s-b; **~en** to imprint; **⁓̈en** to squash, to crush; to impress; **~svoll** impressive

ein|ebnen to level, to even (up); **~ehe** monogamy; **~en** to unite; **~engen** to narrow; to compress; to cramp

einer *pron* one, somebody; *su (Zahl)* digit; *math* unit; 🚣 single-sculler; **~lei** *adj* one and the same; all the same; *~lei ob* regardless whether; *su* sameness; monotony; **~seits, einesteils** on the one hand

einexerzieren to drill, to train

einfach *adj* single; simple; plain; modest; primitive; primary; elementary; low-born; *adv fig* simply; **~heit** simplicity; plainness; modesty

einfädeln to thread; *fig* to contrive

einfahr|en *vt* to bring in; (🚗, *Pferd*) to break in; 🚗 to run in; *vi* to enter *(a port)*, to drive in; to pull in; *(Grube)* to descend; **~t** drive, entrance, gateway; ⚓ entrance; *(Grube)* descent

Einfall falling down, downfall; collapse; *mil* invasion, inroad; *(Idee)* idea, brain-wave, whim; *phys* incidence; **~en** to fall down, to collapse; ♪ to join in, to chime in; *mil* to invade; *phys* to be incident; *mir fällt ein* it occurs to me; *es fällt mir nicht ein* I cannot remember (think of) it; *es fällt mir nicht ein, das zu tun* I wouldn't dream of doing it; catch me doing that; *was fällt dir ein?* what do you mean by it?; who do you think you are; **~swinkel** angle of incidence

Einfalt innocence; simplicity; naiveté; **⁓ig** simple, innocent, foolish; naive; **~spinsel** simpleton

Einfamilienhaus self-contained house, one--family dwelling

ein|fangen *(a. fig)* to catch; to capture; **~farbig** of one colour; *(Stoff)* plain; **~fassen** to border; to trim, to edge; to bind; *(mit e-r Borte)* to braid; *(in Gold)* to mount *(in gold)*; *(Stein)* to set; to enclose; **~fassung** border; edging, trimming; binding; mounting; setting; enclosure; **~fetten** to grease; ⚙ to lubricate; **~feuchten** to wet; **~filtrieren** to infiltrate; **~finden** *refl* to appear, to turn up; **~flechten** *(Haare)* to plait; *(Rede)* to interlard with; to put in; **~fließen** to flow in; *~fließen lassen (fig)* to remark (*od* mention) casually; **~flößen** to administer, to give; *fig* to inspire (with s-th), to instil; **~fluß** influx; flowing in; *fig* influence (*auf* on); **~flußreich** influential; **~flüstern** to whisper to, to insinuate; **~flüsterung** insinuation; **~fordern** to demand back; *(Schulden)* to call in; *(Steuern)* to collect

einförmig uniform; monotonous; **~keit** uniformity; monotony

einfried|en to enclose, to fence; **~ung** enclosure

ein|frieren to freeze *(a. Guthaben)*; **~fügen** *vt* to insert; *refl* to fit in, to adapt o.s. (*in* to); **~fühlen** *refl* to understand; **~fühlung(svermögen)** empathy

Einfuhr import(ation); *(-waren)* import(s); **~beschränkung** import restriction; **~bewilligung, ~schein** import licence; **~handel** import trade; **~sperre** embargo (on imports); **~überschuß** import surplus; **~zoll** import duty; **⁓en** to introduce (*a. vorstellen* s-b to s-b); *(in e. Amt)* to install; to inaugurate; to bring into fashion; to import (goods); **⁓ung** introduction; installation; inauguration; importation; **⁓ungslehrgang** orientation course

ein|füllen to fill in, to pour in; *(in Flaschen)* to bottle; **~gabe** petition

Eingang entrance; entry; *(Brief)* receipt, arrival; coming in; *kein ~* no entry; *nach ~* on receipt; **~s** *adv* at (in) the beginning

eingeb|en to give, to administer; ⚖ to present, to file, to send in; *fig* to inspire with, to prompt; **~ung** inspiration

einge|baut built-in; **~bildet** imaginary; conceited, stuck-up; **~boren** native; *fig* innate; *bibl* only-begotten; **~borener** native; **~denk** mindful of, remembering; **~fallen** *adj* emaciated, hollow (-cheeked); sunken *(eyes)*; **~fleischt** inveterate; confirmed *(bachelor)*

eingehen *vt (Ehe)* to contract; *(Wette)* to make; *(Verpflichtung)* to incur; *(Risiko)* to run; *vi* to come (go) in, to arrive; *(aufhören)* to cease, to stop, to come to an end; *(Tier)* to die; *(Pflanze)* to wither; to decay; *(Wolle)* to shrink; *~ auf* to consider, to agree to; **~d** *adj* thorough; detailed; exact; *nicht ~d (Stoff)* shrink-proof

einge|legt inlaid; *(Obst)* preserved; *(in Essig, Salz)* pickled; **~machtes** preserves; jam; *(in Essig)* pickles; **~meinden** to incorporate; **~nommen** prepossessed (*für* in favour of); prejudiced (*gegen* against); *von s. ~nommen* conceited; **~rückt** 📖 inserted; **~schrieben** ☎ registered; **~sessen** resident, established (*alt ~sessen* old-e.); **~ständnis** confession; avowal; **~stehen** to admit, to confess; to avow; *offen ~stehen* to make a clean breast of; **~strichen** ♪ once-accented; **~tragen** registered; **~weide** intestines, bowels; entrails; **~weiht** initiated; **~wöhnen** *refl* to accustom o.s. (to); **~wurzelt** deep-rooted; inveterate; **~zogen** *mil* called up

ein|gießen to pour in, out; **~gittern** to fence in; **~glas** monocle; **~gleisig** single-track; **~gliedern** to incorporate; to insert; to fit into; to integrate; **~graben** *vt/i* to dig in, to entrench; to bury *(a. fig)*; *fig* to engrave; **~gravieren** to engrave; **~greifen** *vi* to catch; ⚙ to interlock; 🚗 to gear; *mil* to come into operation; *fig* to intervene; to interfere; to interrupt, to enter into *(a conversation)*; **~griff** ⚕ operation; *fig* intervention, interference; ⚖ encroachment, infringement; **~haken** to hook into; to fasten; to catch, pin down; *fig* to cut in, to begin; *refl* to link arms

Einhalt stop, check; *~ gebieten* to put a stop to, to check; **~en** *vi* to stop, to pause; *vt* to observe, to follow, to keep *(an agreement)*; **~ung** observance

ein|händigen to hand over, to deliver; **~hängen** to hang, to put in; *(Tür)* to put on hinges; ☎ to hang up; **~hauchen** to instil; to inspire with; **~hauen** to hew in, to cut (into); *umg* to tuck in; **~heimisch** native; home, domestic; *bot* indigenous; **~heimische(r)** native; **~heimsen** *fig* to reap, to rake in; **~heiraten** to marry (into)

Einheit unity, union; *mil, math* unit; **~lich** uniform; centralized; homogeneous; **~lichkeit** uniformity; homogeneity; **~s-** standard; uniform; unity; **~spreis** uniform price, standard price; **~swert** taxable value

ein|heizen to light a fire, to heat; **~hellig** unanimous; unambiguous

einher *adv* along, forth; **~fahren** to drive (*od* ride) along; **~gehen** to walk along

einholen *vt* to bring in; to collect, to gather; to seek *(counsel)*; ⚓ to haul in, down; *(Zeit)* to make up for; *j-n ~* to catch up with s-b; to come level with s-b; *vt/i* to shop; *~ gehen* to go shopping

Ein|horn unicorn; **~hüllen** to wrap up, to envelop

einig in agreement; united; unanimous; at one; *s. ~ sein* to (be) agree(d); **~en** *vt* to unite, to unify; *refl* to come to terms, to agree (*auf* on); **~keit** harmony, union, concord; agreement; **~ung** agreement; settlement

einig|e *pron* some, a few, several; **~emal** several times; **~ermaßen** *adv* to some extent, somewhat; **~es** something, anything

ein|impfen to inoculate, to vaccinate; *fig* to instil into; **~jagen:** *j-m Angst ~jagen* to alarm, to frighten s-b; **~jährig** one-year old; *bot* annual; **~kalkulieren** to take into consideration; **~kapseln** to capsule; ⚕ to encyst; **~kassieren** to cash, to collect

Einkauf purchase, buying; **~en** to buy, to purchase; to shop; *~en gehen* to go shopping; **~̈er** buyer; **~sgenossenschaft** purchasing co-operative; **~spreis** purchase price; **~stasche** shopping bag

Einkehr stop (at an inn); *fig* contemplation; **~en** to stop; to call at

ein|keilen to wedge in, to hem in; **~kellern** to cellar, to put into cellar-storage; **~kerben** to notch, to score; **~kesseln** to encircle; **~klagbar** actionable, enforceable; **~klagen** to sue for; **~klammern** to bracket, to put in parentheses (*od* brackets); to cramp; **~klang** harmony; unison; agreement; **~kleiden** to fit out; to invest with; *eccl* to robe; **~klemmen** to squeeze, to jam; ⚕ *eingeklemmt* strangulated *(hernia)*; **~klinken** to latch; **~knicken** *vt/i* to bend in; to turn down; *vi* to give way; **~kochen** to boil down; to make jam of, to preserve

Einkommen income, emoluments; *(Staats-)* revenue; *(vt) ~ um* to apply for; **~steuer** income-tax; **~steuererklärung** income-tax return

ein|kreisen to encircle, to surround; **~künfte** income, revenue

einlad|en *vt* to load, to ship; *(j-n)* to invite, to ask s-b; **~end** inviting; enticing, tempting; **~ung** invitation (*~ungsschreiben* letter of i.)

Einlage *(Brief)* enclosure; *(Bank)* deposit; *(Spiel)* stake; *(Zahn)* filling; *(Schuh)* instep raiser, support; **~rn** to store

Einlaß entrance; admission; inlet; **~geld** admission (fee); **~karte** ticket; **~ventil** ⚙ inlet valve

ein|lassen *vt* to admit, to let in; ⚙ to insert; *refl* to have dealings (*mit* with); to engage (*auf* in); to meddle (*auf* with); **~lauf** arrival; ⚕ enema; **~laufen** to arrive, to come in; to enter (*in e-n Hafen* a port); 🚗 to run in; *(Stoff)* to shrink ♦ *j-m d. Haus ~laufen* to pester s-b (with one's wishes); **~leben** *refl* to settle down; to familiarize o. s. (with); to accustom o.s. (to); **~legen** *(Brief)* to enclose; to put in; to inlay; to insert; *(e-n Film)* to load *(a camera, a film)*; *(Lebensmittel)* to preserve, *(in Essig)* to pickle; **~legesohle** insole; sock

einleit|en to begin, to initiate; to introduce; ⚖ to open, to institute; **~ung** introduction; prelude (♪, *a. fig*); preamble; *(schriftl.)* preface

ein|lenken to turn (in); *fig* to give in, to become more reasonable; **~leuchten** to be evident, to be clear; to sound convincing; **~leuchtend** evident, clear; convincing; **~liefern** to deliver (up); to take to; **~liegend** enclosed; **~lösen** to redeem; *(Wechsel)* to meet, to honour; **~lösung** redemption; **~lullen** to lull to sleep; to lull (into)

einmach|en to preserve, *(in Gläser, Flaschen)* to bottle; *(in Büchsen) BE* to tin, to can; *(in Essig, Salz)* to pickle; **~glas** preserving jar, bottle

einmal *adv* once, one time; *(früher)* once (upon a time); formerly; *(in Zuk.)* one day, some time; *auf ~* all at once, suddenly, *(zusammen)* all together; *~ dies, ~ das* now this, now that; *noch ~* once again, once more; *nicht ~* not even; *nicht nur ~* more than once; *~ ist keinmal* once is no custom; **~eins** *su* multiplication table; **~ig** unique; unequalled; single, solitary

Einmarsch entry, marching in; **~ieren** to march in

ein|mauern to wall in; to immure; to embed; **~mengen, ~mischen** *refl* to interfere (with), to intervene (in); **~mischung** interference (with), intervention (in); **~motten** to protect against moths, to mothball *(a. fig)*; **~münden** *in* to flow into, to discharge into *(river)*; to run into *(street)*; to join

einmütig unanimous; **~keit** unanimity; harmony

Einnahme *mil* capture; occupation, conquest; *(Geld)* receipt, proceeds; *(Einkünfte)* income, revenue

einnehmen to occupy, to take; ⚕ to take *(medicine)*; *(Geld)* to receive; *(Steuern)* to collect; *fig* to charm, to captivate; **~d** taking, engaging

ein|nicken to fall asleep, to nod (off); **~nisten** *refl* to build one's nest; *fig* to settle down; *umg* to squat

Ein|öde desert, solitude; **~ölen** to oil, to grease; **~ordnen** to arrange; to classify; *(Briefe)* to file; **~packen** to pack; to wrap up; **~pauken** to coach, *umg* to cram; **~peitscher** *pol* (party) whip; **~pferchen** to pen in, to box up; to coop up; **~pflanzen** to plant; *fig* to implant, to inculcate; **~pfropfen** to cram in; ⚘ to engraft; **~pökeln** to salt, to pickle, to brine

einpräg|en to impress (*a. fig,* upon); to imprint; *s. ~en* to remember, to note; **~sam** impressive; easily remembered

einquartier|en to billet (*bei, in* on); *mil* to canton, to quarter troops; **~ung** billeting; *mil* cantonment, quartering

ein|rahmen to frame; **~rammen** to ram in; **~räumen** *vt* to put in order; to furnish *(a room)*; *(abtreten)* to give up (for); *(zugestehen)* to concede, to grant, to admit; **~rechnen** to include, to allow for

Einrede objection; contradiction, protest; ⚖ defence plea; **~n** to persuade; to make (s-b) believe

ein|regnen to be caught in a deluge (of rain); **~reiben** to rub (into); **~reichen** to hand in, to deliver; to present; ⚖ to file, to submit; to lodge

ein|reihen to include, to insert; to arrange; to classify; to enrol; **~reihig** single-breasted *(suit)*

Einreise entry (into a country); **~bewilligung, ~erlaubnis, ~genehmigung** entry permit; **~n** to enter

ein|reißen *vt* to pull down, to tear down; to demolish, to dismantle; *vi fig* to spread, to gain ground; **~reiten** to break (in); **~renken** to set; *fig* to set right; **~rennen** to run against, to dash against; *(Tür)* to force open

einricht|en to arrange; to manage; to furnish *(a house)*; ⚕ to set; ⚙ to install; to establish, to set up, to institute; *s. auf etw ~en* to prepare for; *wir sind noch nicht eingerichtet* we aren't straight yet; **~ung** arrangement; *(Möbel)* furniture, furnishings; *(Ausstattg.)* equipment, outfit; *(Anlage)* installation, fittings; establishment, institution; *städtische ~ungen* municipal services

ein|rollen to roll up; **~rosten** to rust; *fig* to get rusty; **~rücken** *vi* to enter, to march into; *mil* to join up; 📖 to indent

eins one; *adv* the same; *~ sein* to be at one; *~ werden* to come to terms, to agree; *es läuft auf ~ hinaus* it comes to the same thing; *es ist mir ~* it is all the same to me

ein|salben to rub with ointment; *eccl* to anoint; to embalm; **~salzen** to salt, to pickle

einsam lonely, lonesome, solitary; *adv* alone; **~keit** loneliness

ein|sammeln to gather, to collect

Einsatz insertion; inset; container; *(Spiel)* stake, pool; ♪ entry, striking up; *(Pfand)* pledge; deposit; *(Hemd-)* shirt front; *(Gestell)* tray; *mil* employment, use; effort; ✈ sortie (*~ fliegen* to fly [on] a s.); *unter ~ des Lebens* at the risk of one's life; *zum ~ bringen* to put (send) into action; to apply; **~bereit** ready for use (action); **~bereitschaft** readiness for action; **~fähig** employable

einsaugen to suck in; to absorb

einschalt|en to insert; ⚡ to switch on; to plug in; 📻 to tune in, to switch on; 🚗 to engage (the gear); to interpolate, to intercalate; **~ung** insertion; interpolation; intercalation

ein|schärfen to impress upon; to inculcate; **~scharren** to bury; **~schätzen** to assess, to value; to estimate (*auf* at); *(richtig)* to appreciate; **~schätzung** assessment; appraisal; appreciation; **~schenken** to pour in, out ♦ *reinen Wein ~schenken* to tell the unvarnished truth

einschieb|en to put in; to insert; to intercalate; **~sel** interpolation, intercalation

einschießen to shoot down; *(Waffe)* to test; *(Geld)* to pay in

einschiff|en *vt/refl* to embark; **~ung** embarkation

einschlafen to fall asleep; *fig* to die

einschläfern to lull to sleep; ⚕ to narcotize; **~d** lulling, somnolent; ⚕ narcotic

Einschlag impact, burst *(of a bomb)*; *(Gewebe)* woof, weft; *fig* touch; **~en** *vt (Nagel)* to drive in; *(Glas)* to break; to wrap up; *(Kleid)* to shorten; *(Straße)* to take; *(Laufbahn)* to take up *(career)*; *vi (Blitz)* to strike; to agree; **⁓ig** respective; pertinent to; relevant; *(Buch)* on the subjetc; bearing on the point; **~papier** wrapping-paper

ein|schleichen to steal in; to creep in; **~schleppen** to bring in

einschließ|en to lock up; to enclose; *mil* to encircle, to surround; *fig* to include; **~lich** inclusive, including

Einschluß inclusion; *mit ~* inclusive, including

ein|schmeicheln *refl* to insinuate o.s. into, to ingratiate o.s. with; **~schmelzen** to melt down; **~schmieren** to grease, to oil; to smear; to rub in; **~schmuggeln** to smuggle in; **~schnappen** to click, to catch; *fig* to take offence (*bei* at)

einschneiden to cut into, to notch; **~d** decisive; drastic; far-reaching

ein|schneien to snow up (in); **~schnitt** incision, cut; cutting; *fig* turning-point

einschränk|en to limit, to restrict; to curtail; *refl* to retrench; to economize; **~ung** restriction, limitation; curtailment; retrenchment

Einschreibe|brief registered letter; **~gebühr** registration fee; **~n** to enter, to note down; to register *(a letter)*; *refl* to enrol; to matriculate; to enter one's name; *su* = ~brief

ein|schreiten to intervene (*bei* in); to interfere (*bei, gegen* with); to take steps; ⚖ to proceed against; **~schrumpfen** to shrink; **~schüchtern** to intimidate

einsegn|en to consecrate; to confirm; **~ung** consecration; confirmation

einsehen to look into; to examine; *(Bücher)* to have access to; *fig* to comprehend, to realize, to understand; *su* comprehension, understanding; *ein ~ haben* to be reasonable; *(Wetter)* to be kind

einseifen to soap, to lather; *fig* to take in, to dupe

einseitig one-sided; partial; unilateral; **~keit** one-sidedness; partiality

einsend|en to send in; *(Beitrag)* to contribute (*an* to); **~er** sender; contributor

einsenken to sink; to plant

einsetz|en *vt* to put in; to insert; to employ, to use; to appoint, to install; to set up; *(Pfand)* to pledge; ⚘ to plant; *fig* to stake, to risk; *refl* to stand up for s-b, to side (with); *s. voll ~en* to pull one's weight; *vi* to set in, to begin; ♪ to strike up; **~ung** institution; appointment; installation

Einsicht insight; inspection, examination; *fig* understanding, judgment, reason; **~ig** sensible, prudent, judicious; **~nahme** inspection, examination

einsickern to soak into, to trickle in

Einsied|elei hermitage; **~ler** hermit; **~lerisch** solitary, secluded

einsilbig monosyllabic; *fig* taciturn

ein|sinken to sink in; to give way; **~sitzig** single-seated; **~spannen** to harness *(horses)*; to stretch; *(j-n für)* to obtain the support of s-b for; **~spänner** one-horse vehicle; **~sparen** to save, to economize; *(Kosten)* to cut down; **~sperren** to lock in; *(ins Gefängnis)* to (take to) jail; to arrest; **~spielen** 🎭 to yield; *refl* ⛹ to train; ♪ to become practised in playing together; *fig* to settle down (at a level); **~spinnen** *refl zool* to cocoon; *fig* to be absorbed (in); to seclude o.s.; **~sprengen** *(Wäsche)* to sprinkle, to damp; *geol* to intersperse; **~springen** *(Türschloß)* to snap, to catch; *(Ecke)* to re-enter; fig to help; to act *(für* for); to step into the breach

einspritz|en to inject; **~ung** injection

Einspruch objection, protest; *~ erheben* to object (to), to protest (against), to raise an objection, to lodge a protest; to appeal (*bei* to, *gegen* against); **~srecht** veto

einspurig 🚆 single-track

einst *adv (früher)* one, formerly; *(zukünftig)* one day, in days to come; **~ig** *adj* former; **~mals** *adv* once, formerly; **~weilen** *adv* meanwhile, in the meantime, for the present; **~weilig** temporary; ⚖ interim, provisional

ein|stampfen to pulp; **~stand** ⛹ deuce ♦ *~stand feiern* to give a house-warming party; **~standspreis** cost price; **~stecken** to put in; to pocket; *(einsperren) umg* to jail, to run in; *fig* to swallow, to take *(an insult)*; ⚡ to plug in; **~stehen** to make o.s. responsible (*für* for); to guarantee, to answer (*für* for); **~steigen** to get in (to); *US* to go aboard; *~steigen!* take your seats, please!, *US* all aboard!; *fig (bei j-m)* to join s-b's business

einstell|bar adjustable; **~en** to put in; 🚗 to garage; 📻 to turn on, to tune in; ⚙ to adjust, to set; 📷 to focus; *(Arbeiter)* to engage, to employ; *mil* to enlist; ⛹ to equal; *(aufhören)* to cease, to stop, to leave off; to suspend *(payments)*; ⚖ to discontinue; *(Arbeit)* to (go on) strike; *refl* to come, to appear; *s. ~en auf* to adapt o.s. to; **~ig** of one figure; **~skala** front scale; **~ung** adjustment; engagement; enlistment; cessation, stoppage; suspension; *fig* attitude, views

einstimm|en to chime, to join (in); *fig* to agree with, to consent to; **~ig** ♪ for one voice; *fig* unanimous; **~igkeit** *fig* unanimity; **~ung** agreement, consent

ein|stöckig one-storied; **~stoßen** to push in, to smash, to break; **~streichen** *(Geld)* to pocket; **~streuen** to strew in; *fig* to interlard, to intersperse; **~studieren** to study; 🎭 to rehearse; **~stufen** to classify (*als* as); to categorize; to range; **~stufung** placement; classification; **~stündig** one hour's; **~stürmen** *vi* to assail *(auf j-n s-b)*; to rush (upon); **~sturz** collapse; *geol* caving-in, subsidence; **~stürzen** to collapse, to tumble down

eintägig one day old; lasting one day; ephemeral

Eintagsfliege May-fly; *fig* a short-lived thing

Eintänzer gigolo

ein|tauchen *vt/i* to dip (in), to plunge; **~tauschen** to exchange (*für* for), to swop

ein|teilen to divide; to budget *(money, time)*; to arrange; to classify; *(Skala)* to graduate; **~ung** division; arrangement; classification

eintönig monotonous; **~keit** monotony

Eintopf(gericht) hotchpotch; one-course dish

Eintracht harmony, union, concord; **⸗ig** united; harmonious

Eintrag *(in e. Buch)* entry; *(Schaden)* damage, harm; **~en** *(in Buch, Liste)* to enter, to register, to book; *(Schule)* to enrol; *fig* to yield, to profit; **⸗lich** lucrative, profitable, remunerative; **~ung** entry; registration

ein|träufeln to instil drop by drop; **~treffen** to arrive; *fig* to happen, to come true; **~treiben** to drive home; *(Steuer)* to collect; *(Schuld)* to recover

eintreten *vt* to kick open; *vi* to go in, to enter, to step in; to join *(a firm, the army)*; *~ für j-n* to stand up for s-b, to intercede for s-b, *(für etw)* to advocate s-th; *fig* to happen, to occur; to set in, to take place

eintrichtern *fig* to drum s-th into s-b's head

Eintritt entrance, entry; *(Geld)* admission (fee); commencement, setting in; **~sgeld** admission (fee); **~skarte** ticket

ein|trocknen to dry up; **~tröpfeln** to drop in, to instil; **~tunken** to dip in, to dunk; **~üben** to practise; to drill, to train; **~verleiben** *refl* to imbibe; to incorporate; to annex; to assimilate

Einvernehmen understanding; agreement; *gutes ~* amity; *in gutem ~ leben mit* to be on good terms with; *im ~ mit* in agreement with

einverstand|en agreed; *~en sein* to agree, *(mit etw)* to approve (of) s-th; **⸗nis** agreement, consent; approval

Einwand objection, protest; exception; *e-n ~ erheben gegen* to raise an objection to, to take exception to; **~frei** faultless, flawless, blameless; incontestable, irreproachable, unimpeachable; perfect

Einwander|er immigrant; **~n** to immigrate; **~ung** immigration

ein|wärts *adv* inward(s); turned-in; **~wechseln** *(Geld)* to change; **~wecken** to bottle, to preserve; **~weichen** to soak, to steep

einweih|en to consecrate, to inaugurate; to initiate (*in* into); to open; *(ein Haus)* to give a house-warming party; **~ung** consecration; inauguration; initiation; opening

einwend|en to object (*gegen* to); **~ung** = Einwand

ein|werfen to break, to throw in; *(Brief)* to post, *US* to mail; *fig* to interject; to object; **~wertig** univalent

einwickel|n to wrap up, to envelop; **~papier** wrapping-paper

einwillig|en to consent; to agree (*in* to); to acquiesce (in); **~ung** (previous) consent; acquiescence (in s-th)

einwirk|en *(auf)* to influence, to impress; to act on; **~ung** influence; effect; action (upon)

einwohn|en *refl* to begin to feel at home; **~er** inhabitant; **~erschaft** inhabitants

Ein|wurf slit; slot; aperture; *fig* remark, objection; **~wurzeln** to take root

Einzahl singular (number); **~en** to pay in; *(bei e-r Bank)* to deposit; **~ung** (in-)payment; *(Bank)* deposit

einzäun|en to fence in; **~ung** fence, enclosure

einzeichnen *vt* to draw in; to mark; *refl* to enter one's name

Einzel|arrest solitary confinement; **~fall** single case; individual case, particular case; **~gänger** outsider; **~haft** = ~arrest; **~handel** retail trade (business); **~handelsfirma** retail firm; **~händler** retailer; **~heit** detail, particular; **~kampf** hand-to-hand-fight; **~spiel** ⛹ singles; **~teil** single (*od* component) part; **~unterricht** private tuition; **~zimmer** single room

einzeln *adj* single; particular; individual; odd *(glove etc)*; isolated, lonely; *(ohne Hilfe)* single-handed; *adv* singly, one by one; in detail; individually; ~ *anführen, angeben* to specify, to particularize; **~e(r)** *su* the individual (man, woman); *im ~en* in detail, in particular; *ins ~e gehen* to go into detail

einziehen *vt* to draw in, to pull in; to thread *(a needle)*; *(Fahne, Segel)* to lower, to haul down; ✈ to retract; *mil* to call up, to draft, to conscript; *(Geld, Steuern)* to collect; *(Banknoten)* to call in, to withdraw from circulation; 📖 to indent; ⚖ to confiscate, to seize; *Erkundigungen* ~ to make inquiries; *(einsaugen)* to suck in; to absorb; *vi* to march in; to move in (to a house); to soak in

einzig *adj* only; sole; single; **~(artig)** unique; ~ *u. allein* only, solely

ein|zuckern to sugar; **~zug** entry, entrance; moving in (to a house); 📖 indention; **~zugsgebiet** catchment basin; **~zwängen** to squeeze in, to wedge in

Eis[1] ice (*das ~ ist gebrochen* the ice is broken, *a. fig*); *Speise-)* ice-cream; *auf ~ legen* to ice ♦ *s. auf dünnes ~ wagen* to skate on thin ice; **~bahn** (skating) rink; **~bär** polar bear; **~bein** knuckle of pork; **~berg** iceberg; **~beutel** ice-bag; **~bombe** ice-pudding; **~brecher** ice-breaker; **~decke** sheet of ice; **~feld** ice-field, floe; **~frei** free of ice; **~gang** drifting of the ice; **~gekühlt** all chilled, iced; **~grau** hoary; **~heiligen:** *die drei E.* the 11th, 12th, and 13th of May; **~hockey** ice hockey; **~ig** icy; **~kalt** icy-cold; as cold as ice; **~kunstlauf** figure-skating; **~lauf** skating; **~laufen** to skate; **~läufer** skater; **~maschine** freezer; **~meer** polar sea; **~pickel** ice-axe; **~schrank** ice-box, *(elektr.)* refrigerator, *BE umg* fridge; **~segler** ice-boat; **~vogel** *zool* kingfisher, halcyon; **~zapfen** icicle; **~zeit** ice-age, glacial period

Eis[2] ♪ E sharp

Eisen iron; *(Huf-)* horseshoe; *(Werkzeug)* iron implement, iron tool ♦ *zum alten ~ werfen* to scrap

Eisenbahn *BE* railway, *US* railroad; train; *(zum Aufziehen)* clockwork train ♦ *es ist höchste ~* it's high time; **~arbeiter** railwayman, gangman; **~beamter** railway official; **~damm** embankment; trackway; **~direktion** Railway Head Office; **~endstation** *BE* (railway) terminus, *US* railroad terminal; **~er** railwayman; **~fähre** train ferry; **~fahrt** railway journey; **~gesellschaft** railway company; **~knotenpunkt** railway junction; **~kreuzung** railway crossing; **~linie** line; **~netz** network of railway lines; **~schwelle** *BE* sleeper, *US* tie; **~übergang** *BE* level crossing, *US* grade crossing; **~wagen** *BE* railway carriage, *US* railroad car

Eisen|beton reinforced concrete; **~blech** sheet iron; **~erz** iron ore; **~fresser** bully, fire-eater; **~gießerei** iron-foundry; **~guß** *(Werkstoff)* cast iron; *(Stücke)* iron castings; **~handlung** *BE* ironmongery, *US* hardware store; **~haltig** containing iron; *(Wasser)* chalybeate, ferruginous; **~hut** *bot* aconite, monkshood; **~stange** iron bar; **~walzwerk** iron-rolling mill; **~waren** *BE* ironmongery, hardware

eisern iron; *fig* inflexible, hard (and fast); *~er Bestand* reserve stock; permanent fund; iron rations; **~e Lunge** ⚕ iron lung; **~es Kreuz** Iron Cross; **~er Vorhang** 🎭 safety-curtain; *pol* Iron Curtain

eitel vain, conceited; idle; empty; pure *(gold)*; *(nur, nichts als)* only, nothing but; **~keit** vanity, conceit

Eiter matter, pus; **~beule** abscess, boil; **~ig** purulent, festering; **~n** to fester, to suppurate; **~ung** suppuration

Ekel aversion, disgust; *(mit Brechreiz)* nausea; *(Person)* nasty fellow; **~haft, ~ig** disgusting, loathsome, revolting, nasty; **~n** *vt* to disgust; *refl* to loathe, to be (*od* feel) disgusted (at); *es ekelt mich an* I loathe it, it disgusts me

Eksta|se ecstasy; **~tisch** ecstatic

Elan vitality, verve

elasti|sch elastic; flexible; **~zität** elasticity; buoyancy

Elch elk

Elefant elephant; **~enzahn** tusk ♦ *s. wie e. ~ im Porzellanladen benehmen* to act like a bull in a china shop

elegan|t elegant; **~z** elegance

Ele|gie elegy; **~gisch** elegiac

elektri|fizieren to electrify; **~ker** electrician; **~sch** electric, *(a. fig)* electrical; **~sche** *su BE* tram, *US* streetcar; **~sieren** *(a. fig)* to electrify; to give electric treatment; **~zität** electricity, *(Strom)* current; **~zitätswerk** power-plant, power station

Elektro|analyse electroanalysis; **~herd** electric cooker; **~industrie** electrical industry; **~lyse** electrolysis; **~technik** electrical engineering; **~techniker** electrical engineer, electrician; **~technisch** electrical

Elektro|de electrode; **~n** electron; **~nik** electronics; **~nisch** electronic

Element element (*in s-m ~ sein* to be in one's e.); component; factor; ϟ cell

elementar elementary, first; elemental, violent; *(Schule)* abecedarian; **~buch** primer; **~gewalt** elemental power; **~kenntnisse** elementary (*od* basic) knowledge, the three R's; **~schule** primary (*od* elementary) school; **~teilchen** elementary particle

Elend *su* misery; misfortune; distress; wretchedness, need, want; *adj* miserable, wretched; *(to look, feel)* ill; *adv* miserably; wretchedly; **~sviertel** slums

elf eleven; **~meter** 🏃 penalty kick; **~te** eleventh

Elfe elf, fairy; **~nbein** ivory; **~nhaft** like a fairy

eliminieren to eliminate

Elite the élite, the cream, the pick, the best (of s-th); **~truppen** picked troops

Ell|e ell; ⚕ ulna; **~bogen** elbow; **~bogenfreiheit** elbow-room; **~er** *bot* alder

Ellip|se *math* ellipse; *gram* ellipsis; **~tisch** *math* elliptic; *gram* elliptical

Elritze *zool* minnow

Elsaß Alsace; **~-Lothringen** Alsace-Lorraine

Elsäss|er(in) Alsatian; **~isch** Alsatian

Elster magpie

elter|lich parental; **~n** parents ♦ *nicht von schlechten ~n* not to be despised, the real thing; **~nlos** orphaned; **~nteil** parent

Email|(le) enamel; **~lack** enamel (varnish); **~lieren** to enamel

Emanzip|ation emancipation; **~ieren** to emancipate

Em|bolie ⚕ embolism; **~bryo** embryo, foetus, *US* fetus

Emigr|ant emigrant, refugee; *(politischer)* émigré; **~ation** emigration; **~ieren** to emigrate

Eminenz *eccl* eminence; *(fig) graue ~* éminence grise

Emission *phys* emission; *(Bank)* issue; **~sbank** issuing bank; **~skurs** rate of issue

emittieren *phys* to emit; *(Bank)* to issue

Empfang *(Personen,* 📻*)* reception, *(Sachen)* receipt; *(Willkomm)* welcome; *(privater)* at-home (day); *e-n ~ geben* to give a reception; *in ~ nehmen* to receive, to take delivery of; *bei ~* on receipt; **~en** to receive, to take; to welcome; ⚕ to conceive; **¨er** 📻 receiver; recipient; 📯 addressee; consignee; *(e-r Versicherung, Erbschaft)* beneficiary; **¨lich** susceptible (*für* of); responsive (*für* to); impressionable; **¨lichkeit** susceptibility, impressionability; **¨nis** ⚕ conception; **¨nisverhütend(es Mittel)** contraceptive; **¨nisverhütung** contraception; **~sberechtigter** beneficiary; **~sbescheinigung** *(Geld)* receipt; *(Waren)* delivery note; **~sdame** receptionist; **~sstörung** 📻 atmospherics; (radio) interference; jammings; **~szimmer** reception room

empfehl|en *vt* to recommend; to advise; *~en Sie mich . . .* give my regards to . . .; *refl* to take one's leave; *es empfiehlt sich* it is advisable (*zu tun* to do); **~enswert** recommendable; **~ung** recommendation; *(Grüße)* compliments

empfind|en to feel, to experience; to perceive; **~lich** sensitive (to); *(leicht beleidigt)* touchy; *(zart)* delicate; *(reizbar)* irritable; *(schmerzlich)* painful; **~lichkeit** sensitiveness, sensitivity; touchiness; **~sam** sentimental; sensitive; **~samkeit** sentimentality; sensitiveness; **~ung** feeling; sensation; sentiment; *(Wahrnehmung)* perception; **~ungslos** insensitive; unfeeling; ⚕ anaesthetic

emphatisch emphatic

Empir|iker empiric; **~isch** empirical

empor *adv* up, upwards, *poet* on high; **~arbeiten** *refl* to work one's way up; **~blicken** *vi* to look up; **~e** loft; **~kömmling** upstart, parvenu; **~ragen** to tower up; **~schwingen** *refl* to soar (upward); to rise; **~streben** to aspire

empör|en *vt* to excite, to shock; to rouse to indignation; to make s-b's blood boil; *refl* to rebel (against); to be furious (about); **~end** shocking; **~er** rebel; insurgent; **~t** indignant *(with s-b, at s-th)*; up in arms; **~ung** indignation; *(Aufstand)* rebellion, revolt

emsig busy; industrious; diligent; assiduous; *sehr ~ sein* to be as busy as a bee; **~keit** industry; diligence; assiduity

End|bahnhof *BE* (railway) terminus, *US* (railroad) terminal; railhead; **~e** end; *(Ergebnis)* result, conclusion; *(Schluß)* close; *(Zweck)* aim, purpose; *(äußerstes)* extremity; *(Stiel-, Griff-)* butt; *am ~e (konkr)* at the end of, *fig* done up, at one's wit's end, *adv* in the end, after all; perhaps ♦ *am ~ e d. Welt* at the back of beyond; *letzten ~es* when all is said and done; after all; *zu ~e* over; *zu ~e gehen* to run low (short), to come to an end; *von Anfang bis ~e (Buch)* from cover to cover ♦ *~e gut, alles gut* all's well that ends well; *kein gutes ~e nehmen* to come to no good; *d. dicke ~e kommt noch* the sting is in the tail; **~en, ~igen** *vt* to finish, to end; *vi* to cease, to stop; to terminate (in); *fig* to die; **~ergebnis** final result; **~esunterzeichnete(r)** (the) undersigned; **~geschwindigkeit** terminal velocity; **~gültig** final, ultimate; **~kampf** 🏃 finish, final (match); **~lauf** 🏃 final heat, final(s); **~lich** *adj* finite; final, ultimate; *adv* at last, finally; **~lichkeit** finiteness; **~los** endless; infinite; **~produkt** finished product; **~punkt** end-point; farthest point; **~silbe** final syllable; **~spurt** 🏃 finish(ing sprint); (last-lap)

burst; **~station** = ~bahnhof; **~summe** total; **~ung** ending, termination; **~zweck** goal, aim, purpose
Endivie endive
Energie energy; *fig* vigour, force, verve; **~los** lacking in energy; **~versorgung** supply of (electric) power; **~wirtschaft** energy-supply industry
energisch energetic; vigorous
eng narrow; (*~anliegend*) tight; close *(a. fig)*; *fig* intimate; *~er machen* to tighten; *im ~eren Sinne* strictly speaking; **~e** narrowness; tightness; closeness; *fig* straits; *in die ~e treiben* to corner; **~herzig** narrow-minded; strait-laced; **~maschig** close-meshed; **~paß** defile; *(a. fig)* bottle-neck
Engag|ement 🎭 engagement; *(Börse)* commitment; **~ieren** to engage, to employ, to hire; to commit; *(Kapital)* to lock up, to sink; to ask for a dance
Engel angel; *rettender ~* good angel; **~gleich, ~haft** like an angel; angelic
Engerling cockchafer grub
England England; **⁓er** Englishman, *bes US* Britisher; *die ⁓er (als Volk)* the English, the British, *(einzeln)* the Englishmen; ⚙ adjustable spanner, monkey-wrench; **⁓erin** Englishwoman
englisch English; *bes pol, mil* British; *(in Zus.setzg.)* Anglo-; *poet* angelic; *das ~e (Sprache)* (the) English (language); *~e Kirche* Anglican church; *~e Krankheit* rickets; *~er Gruß* Ave Maria; *~es Pflaster* court-plaster; **~horn** ♪ cor anglais
engros wholesale
Enkel grandson, grandchild; **~in** granddaughter; **~kind** grandchild
enorm enormous, huge; bumper
Ensemble 🎭 cast, company; ♪ ensemble; **~tänzerin** chorus girl
entart|en to degenerate; **~ung** degeneration
entäußer|n *refl (e-r Sache)* to give up (s-th), to part with (s-th); **~ung** parting with; ⚖ alienation
entbehr|en to be without, to lack, to miss; *(s. behelfen ohne)* to do without; *(erübrigen)* to spare; **~lich** superfluous; needless, unnecessary; **~ung** privation
entbieten to send; *(zu sich)* to send for
entbind|en to set free; to release (*von* from); to disengage (*von* from); to absolve; ⚕ to deliver; *entbunden werden* to give birth (to); **~ung** setting free, release; disengagement; absolution; ⚕ confinement, accouchement, lying-in; **~ungsanstalt** maternity hospital
ent|blättern *vt* to strip of leaves; *refl* to shed leaves; **~blößen** to bare, to uncover; to expose; to strip; *(berauben)* to deprive (of); **~blößt** bare(-headed); uncovered; **~blößung** baring, exposing; deprivation; **~brennen** *vt* to kindle; *vi fig* to be inflamed (with); to be seized (with)
entdeck|en to discover; *(Verbrechen)* to detect; *(Wahrheit)* to find out; *(Geheimnis)* to reveal; *refl* to confide the secret (*od* truth) (to); **~er** discoverer; **~ung** discovery; *(Enthüllung)* disclosure
Ente duck; *fig* canard, hoax; *kalte ~ (etwa:)* hock-cup; **~nbraten** roast duck; **~njagd** duck-shooting; **~rich** drake
entehren to dishonour; to disgrace; to degrade; *(schänden)* to ravish, to rape; to deflower; **~d** disgraceful
enteign|en to expropriate; to dispossess; **~ung** expropriation
ent|eilen to hurry away; to escape; **~eisen** *(Kühlschrank etc)* to defrost; ✈ to de-ice; **~erben** to disinherit
ent|fachen to kindle, to set ablaze; *fig* to fan; **~fahren** *vi* to escape; **~fallen** to fall from; *fig* to slip from s-b's memory; *~fallen auf* to fall (come, go) to; **~falten** *konkr* to unfold; to unfurl; to unroll; *fig* to develop; to display; *refl* to develop
entfern|en *vt* to remove; to take away; *refl* to go away; to depart; **~t** distant, remote; far off; far (from); *fig* slight, faint; *nicht im ~testen* not in the least; not in the slightest degree; **~ung** *(räuml.)* distance, range; *(Wegschaffen)* removal; **~ungsmesser** 📷 range-finder
entfesseln to unchain; to let loose; to provoke
entfett|et defatted; **~ungskur** treatment for obesity
entflamm|bar inflammable; **~en** *vt/i* to kindle; to inflame
entflecht|en to decartelize, to deconcentrate, to decentralize; **~ung** decartelization, deconcentration, decentralization
ent|fliegen to fly away; **~fliehen** to run away, to escape; *(Zeit)* to pass quickly
entfremd|en to alienate; to estrange; **~ung** alienation; estrangement
entführ|en to carry off; to elope with; to abduct; *(Kinder)* to kidnap; **~ung** elopement; abduction; kidnapping
entgegen *adv, prep* contrary to; opposed to; in face of; despite of; against; **~arbeiten** to counteract, to work against; to oppose; **~gehen** *(j-m)* to go to meet; *(Gefahr)* to face; **~gesetzt** opposite, contrary; **~halten** to object; to contrast (with); **~kommen** to come to meet, to meet half-way; *fig* to meet s-b's wishes; *su* kindness, willingness to oblige; **~kommend** accommodating, obliging; kind, helpful; *(Auto)* oncoming; **~laufen** to run to meet; **~nehmen** to receive, to accept; **~sehen** to look forward to; to expect; **~setzen, ~stellen** to oppose; to contrast; **~strecken** to stretch out towards; **~treten** to advance towards; *(Gefahr)* to brave, to face; *fig* to oppose; **~wirken** to thwart, to counteract
entgegn|en to reply, to answer; to retort; **~ung** reply, answer; retort
entgehen to escape (from); to elude, to avoid; *j-s Aufmerksamkeit ~, daß* to escape s-b's notice that ...; *s. etw ~ lassen* to miss s-th, to let slip (by)

ent|geistert flabbergasted, thunder-struck; **~gelt** remuneration; reward; recompense, compensation; *(Vertrag)* consideration; **~gelten** to pay for; *fig* to atone for; **~geltlich** against payment; for a (monetary) consideration; **~giften** to decontaminate; ⚕ to detoxicate
entgleis|en *vi* to run off the rails, to be derailed; *zum ~en bringen* to derail; *fig* to make a faux pas; **~ung** derailment; *fig* faux pas
ent|gleiten to slip from; **~gräten** to bone
enthalt|en to contain, to hold; *fig* to include; *~en sein in* to be included in; *refl* to refrain from, to abstain from; **~sam** abstemious; **~samkeit** abstemiousness, abstinence; temperance
enthaupt|en to behead, to decapitate; to execute; **~ung** beheading, decapitation; execution
entheb|en to relieve of; to free, to exempt, to release (from); *(Amt)* to suspend from; **~ung** exemption; dismissal
entheilig|en to profane, to desecrate; **~ung** profanation, desecration
enthüll|en to unveil, to expose; *fig* to reveal; **~ung** unveiling, exposure; revelation
enthülsen *(Getreide)* to husk; *(Hülsenfrüchte)* to pod
Enthusias|mus enthusiasm; **~t** enthusiast; **~tisch** enthusiastic
ent|jungfern to deflower; *(schänden)* to ravish; **~kernen** to stone; **~kleiden** *vt, refl* to undress; *fig* to divest (of); **~kommen** to escape from; **~korken** to uncork, to open; **~kräften** to weaken, to exhaust; *fig* to refute; *umg* to knock the bottom out of; **~kräftung** enervation, exhaustion; **~kuppeln** 🚗 to declutch; **~laden** to unload; ⚙ to discharge; *refl* to go off, to burst; **~ladung** unloading; ⚙ discharge
ent|lang *prep* along; **~larven** to unmask
entlass|en *vt* to dismiss, to discharge; *(Haft)* to release (from); **~ung** dismissal, discharge; release
entlast|en to relieve (s-b of s-th); to ease, to unburden; to credit with, to clear s-b's account; *(Vorstand)* to exonerate; ⚖ to defend; **~ung** relief; easing; help; exoneration; defence
ent|laubt leafless; **~laufen** to run away; **~lausen** to delouse; **~ledigen** *refl* to get rid of; *(Pflicht)* to perform, to execute; **~leeren** to empty; **~leerung** emptying; ⚕ evacuation
entlegen remote, distant
ent|lehnen to borrow; **~leiben** *refl* to commit suicide; **~leihen** to borrow; **~locken** to draw s-th from, to elicit s-th from s-b; **~lohnen** to pay off; **~menscht** inhuman; brutal; **~militarisieren** to demilitarize; **~militarisierung** demilitarization; **~mündigen** to place under tutelage; **~mutigen** to discourage, to dishearten; **~nahme** taking (out), drawing; *(Geld)* withdrawal; **~nazifizieren** to denazify; **~nazifizierung** denazification; **~nehmen** to take from; *fig* to gather (*aus* from), to understand (*aus* from), to draw upon; to withdraw; **~nerven** to enervate, to weaken
Entomolog|e entomologist; **~ie** entomology; **~isch** entomological
ent|puppen *refl* to burst the cocoon; *fig* to turn out to be, to reveal o.s. (as); **~rahmen** *(Milch)* to skim; **~raten** to do without, to dispense with; **~rätseln** to decipher; to solve; **~rechten** to deprive of rights; **~reißen** to tear from, to snatch from; *dem Tod ~reißen* to save s-b's life; **~richten** to pay; *(Dank, Gruß)* to give; **~ringen** to wrest from; *refl (Wort, Seufzer)* to escape; **~rinnen** to run away, to escape; **~rollen** to unroll; *(Fahne)* to unfurl
entrück|en to remove; *fig* to enrapture; **~t** entranced, carried away
ent|rümpeln to clear out, to clear of rubbish
entrüst|en *vt* to make angry, to irritate, to provoke; *refl* to become angry; **~et** angry, indignant; **~ung** anger, indignation
entsag|en to give up; to renounce, to waive, to abandon; to abnegate; *d. Thron ~en* to abdicate; **~ung** renunciation; resignation
entsalzen to desalinate
Entsatz relief
entschädig|en to compensate; *(für Verluste)* to indemnify (for); *(f. Auslagen)* to reimburse; **~ung** compensation, indemnification; reimbursement
entschärfen *(Bomben etc)* to disarm, to defuse; *fig* to render less harsh
Entscheid answer; decision; **~en** *vt* to decide (*über* on); ⚖ to pass sentence; *refl* to decide, to make up one's mind; to be decided; **~end** decisive; critical, crucial; **~ung** decision; ⚖ judgment, sentence, arbitration; ⛩ final(s); **~ungsbefugnis** ⚖ jurisdiction; competence; **~ungskampf, -spiel** ⛩ play-off, decider
entschieden *adj* decided, determined; firm, resolute; peremptory; *adv* certainly; **~heit** determination, firmness
ent|schlafen to fall asleep; *fig* to die; **~schleiern** to unveil; **~schließen** *refl* to decide, to make up one's mind, to resolve; **~schließung** resolution
entschlossen determined; resolute; **~heit** determination; resolution
ent|schlummern to fall asleep, *umg* to doze off; *fig* to die; **~schlüpfen** to slip away from, to escape
Entschluß resolution, decision; **~los** undecided; inconstant; **~losigkeit** indecision
entschlüssel|n to decipher, to decode
entschuld|bar excusable; **~igen** *vt* to excuse; *refl* to apologize (*bei* to, *wegen* for); *~igen Sie bitte!* please, excuse me!, I beg your pardon; *sie läßt sich ~igen* she asks to be excused; **~igung** excuse; apology; *j-n um ~igung bitten* to beg s-b's pardon; **~ung** sinking (*od* wiping out) of debts, reduction of indebtedness
ent|schwinden to disappear, to vanish; **~seelt** lifeless, dead; **~setzen** *vt (Amt)* to dismiss from; *mil* to relieve; to frighten; *refl* to be frightened, to be horrified, to be shocked; *su*

horror, terror; **~setzlich** horrible, terrible, appalling; dreadful; **~seuchen** to decontaminate; **~sichern** *(Gewehr)* to release the safety catch of; **~sinnen** *refl* to remember, to recollect, to recall
entspann|en *vt (Gewehr)* to uncock; *refl* to relax; **~ung** relaxation, relief, recreation; *pol* detente
entspinnen *refl* to begin, to ensue, to develop
entsprechen to correspond to, to answer to, to comply with, to be in accordance with; **~d** *adj* adequate, appropriate, suitable; corresponding, matching; *adv* corresponding to, in accordance with, in conformity to; mutatis mutandis
ent|springen to escape (from), to run away (from); *(Fluß)* to have its source; to rise, to spring from; *fig* to arise, to originate (in); **~staatlichen** to denationalize; **~stammen** to descend from; **~stehen** to originate (in); to arise (from); to break out, to begin; **~stehung** rise; origin; formation
entstell|en to disfigure, *(durch Tränen)* to blubber; *fig* to distort, to misrepresent; **~ung** disfigurement; distortion
entstör|en ⚡ to screen, to eliminate jamming; ⚡ to suppress; **~er** suppressor
enttäusch|en to disappoint; *(Hoffnung)* to belie; **~ung** disappointment
ent|thronen to dethrone; **~trümmern** to remove the rubble from; **~völkern** to depopulate; **~wachsen** to outgrow; **~waffnen** to disarm *(a. fig)*; **~walden** to deforest; **~warnen** *mil* to sound the "all clear"; **~wässern** to drain; to dehydrate; **~wässerung** draining; *chem* desiccation
entweder *(conj)* ~ ... *oder* either ... or; ~ *oder!* take it or leave it!
ent|weichen to escape (from); to abscond; **~weihen** to desecrate, to profane; **~weihung** desecration, profanation; **~wenden** to pilfer, to purloin; to misappropriate, to embezzle; **~wendung** pilfering, purloining; embezzlement, misappropriation; **~werfen** to sketch, to outline; *(Kleid,* ⚙) to design; *(Vertrag, Gesetz)* to draft; to plan, to blueprint
entwert|en to depreciate, to devaluate; *(Marken)* to cancel; **~ung** depreciation, devaluation; cancellation
entwick|eln *vt* to develop (*a.* 📷); to explain; *(Fähigkeit)* to evolve; *mil* to deploy; *refl* to develop; **~ler** 📷 developer; **~lung** development, evolution; trend; 📷 developing; **~lungsjahre** (period of) adolescence, puberty
ent|winden to wrest (s-th from s-b); **~wirren** to disentangle (*aus* from), to unravel; **~wischen** to slip away, to escape (from); **~wöhnen** *(Kind)* to wean; *refl* to break of, to give up; **~würdigen** to degrade, to disgrace
Entwurf sketch; design; *(Gesetz)* draft; plan, project; blueprint; *erster* ~ rough copy (*od* draft)
ent|wurzeln to uproot; **~zerren** to correct, to rectify, to straighten out
entzieh|en *vt* to take away from; *(j-m etw)* to deprive s-b of s-th; *refl (e-r Pflicht)* to shrink from, to shun
entziffer|n to decipher, to decode; *umg* to make out; **~ung** deciphering, decoding
entzück|en *vt* to delight; to charm, to enchant; *su* delight; enchantment; rapture; transport; **~end** charming, delightful, lovely; *umg (Kind, Hund)* a (little) love of...; **~t** delighted (with); enraptured
entzünd|bar inflammable, combustible; **~en** to kindle, to set on fire, to set fire to; ⚕ to inflame; *refl* to catch fire; ⚕ to become inflamed; **~et** ⚕ angry, sore, inflamed; **~lich** inflammatory; **~ung** inflammation
entzwei *adv* in two; asunder; to pieces; *adj* torn, broken; **~en** *vt* to disunite; to estrange, to alienate; *refl* to fall out (with), to quarrel; **~gehen** to break; **~schlagen** to smash; **~t** hostile, at daggers drawn; **~ung** estrangement; quarrel, dissension
Enzian *bot* gentian
Enzy|klika encyclic; **~klopädie** encyclopaedia
Epi|demie epidemic; **~demisch** epidemic; **~diaskop** epidiascope; **~gone** epigone; descendant (of great men); **~gramm** epigram; **~k** epic poetry; **~ker** epic poet; **~lepsie** epilepsy; **~leptiker, ~leptisch** epileptic; **~log** epilogue; **~sch** epic; **~stel** epistle
Epo|che epoch, era; **~s** epic poem
er *pron* he; ~ *selbst* he himself
erachten to think, to consider; *(su) m-s ~s* in my opinion
erarbeiten to get (*od* to obtain) by working, to earn
Erb|adel hereditary nobility; **~anlage** character(istic); **~anspruch** title to an inheritance; **~begräbnis** family vault; **~berechtigt** entitled to inherit; **~e** *(Person)* heir; *(Sache)* heritage; inheritance; **~en** to inherit (*von* from); to be heir of; **~fehler** inherited defect; **~hof** hereditary farm; **~in** heiress; **~krank** suffering from hereditary disease; **~krankheit** hereditary disease; **~lasser** testator, legator; **~lich** hereditary; **~prinz** hereditary prince; **~recht** right (*bzw* law) of succession; **~schaft** inheritance; legacy; **~schaftsmasse** ⚖ estate; **~schaftssteuer** *BE* death-duty, *bes US* inheritance tax; **~schleicher** legacy-hunter; **~stück** heirloom; **~sünde** original sin; **~teil** part-inheritance; **~vertrag** contract of inheritance
erbarm|en *refl* to have mercy (*über* on); to feel pity (for); *su* mercy, pity; compassion; **¨lich** miserable, pitiable; *(gemein)* mean; **~ungslos** pitiless, merciless; remorseless, ruthless, relentless
erbau|en to build, to erect, to construct; *fig* to edify; **~er** builder, constructor; founder; **~lich** edifying; **~ung** building, erection; *fig* edification
erbeben to tremble (*vor* with), to shake (with), to quiver (with)
er|beuten to capture; **~bieten** *refl* to offer, to volunteer; **~bitten** to beg, to ask, to request

erbitter|n to embitter, to exasperate; **~t** exasperated; *(Streit)* fierce; **~ung** exasperation, animosity

erblassen, erbleichen to turn pale, to blanch (from)

er|blicken to catch sight of, to behold; to see, to perceive; **~blinden** to grow blind, to be blinded; **~blindet** blind; **~blindung** loss of sight; **~blühen** to blossom, to bloom; **~bosen** *vt* to make angry; to exasperate; *refl* to get (*od* grow) angry; **~bötig** willing, ready; **~brechen** *vt* to break open; *refl* to vomit; *su* vomiting; **~bringen** to bring (in); to yield; *(Beweis)* to furnish

Erbse pea; **~nmehl** pea-flour; **~nsuppe** pea-soup

Erd|achse axis of the earth; **~antenne** ground aerial; **~anziehung** pull of the earth; **~apfel** potato; **~arbeiter** *BE* navvy, excavator; **~ball** terrestrial globe; **~beben** earthquake; **~beere** strawberry; **~boden** ground; soil; earth; *d. ~boden gleichmachen* to level to the ground; **~drehung** rotation of the earth; **~e** earth; ground; soil; *auf ~en* on earth; *zu ebener ~e* on the ground (*US* first) floor; *j-n unter d. ~e bringen* to be the death of s-b; *zu ~e werden* to return to dust; **~en** 📻 to earth, to ground; **~geboren** earth-born, mortal; **~geist** gnome; **~geschoß** *BE* ground floor, *US* first floor; **~ig** earthy; **~innere** interior of the earth; **~kreis** globe; **~kugel** globe; **~kunde** geography; **~leitung** ϟ, 📻 earth connection, ground wire; **~nuß** peanut, groundnut; **~nußbutter** peanut butter; **~öl** crude oil, petroleum; **~reich** earth; ground; soil; *eccl* Earthly Kingdom; **~rinde** earth's crust; **~rutsch** landslide *(a. fig)*; **~scholle** clod; **~strich** region, zone; **~teil** continent; **~umdrehung** rotation of the earth; **~ung** ϟ, 📻 earth connection

er|denken to think out; to conceive; to invent; **~denklich** imaginable; possible; *s. alle ~denkliche Mühe geben* to try one's utmost; **~dichten** to invent, to make up, to fabricate; **~dichtet** fictitious; **~dolchen** to stab; **~dreisten** *refl* to venture, to dare, to have the cheek (to do); **~dröhnen** to resound; to rumble; to roar; **~drosseln** to strangle, to throttle; **~drücken** to squeeze to death, to crush; to stifle; *~drückende Übermacht* overwhelming superiority; **~dulden** to suffer, to endure; **~eifern** *refl* to get excited; angry, to fly into a passion

ereig|nen *refl* to happen, to occur, to come to pass; **~nis** event, occurrence, incident; **~nislos** uneventful; **~nisreich** eventful

ereilen *fig* to befall *(a sad fate, a sudden death befell him)*

erfahr|en *vt* to hear, to learn (*von* from); to experience, to come to know; *adj* experienced, skilled, expert; an old hand at; **~ung** experience; practice; *in ~ung bringen* to find out, to ascertain

erfass|en *vt* to catch hold of; to seize; to include; to register; *fig* to grasp, to understand; **~ung** registration; stock-taking

erfind|en to invent; to discover; *(Geschichte)* to make up, to cook up ♦ *er hat das Pulver nicht erfunden* he won't set the Thames on fire; **~er** inventor; **~erisch** ingenious, inventive; **~ung** invention, device; fiction

erflehen to implore, to beg for

Erfolg success; result, outcome; *~ haben* to succeed (*mit* in); **~en** to ensue, to result, to follow; **~los** unsuccessful, fruitless, without avail; **~reich** successful; **~versprechend** promising

erforder|lich necessary, requisite (*für* to, for); required; **~n** to require, to need, to call for; **~nis** exigency; requisite; necessity

erforsch|en to search (into); *(Land)* to explore; to investigate; to scrutinize; **~ung** exploration; investigation; inquiry (into)

er|fragen to inquire about (*bei* of s-b); to ascertain; to find out by inquiring; **~frechen** *refl* to dare; to have the cheek (to do)

erfreu|en *vt* to gladden, to give pleasure, to please; *refl* to enjoy (s-th), to rejoice in; **~lich** delightful, pleasant; gratifying; satisfactory; **~licherweise** fortunately; **~t** glad (about), delighted (with)

er|frieren to freeze to death, to die of cold; ⚔ to be killed by the frost; **~frierung** frostbite; **~frischen** *vt* to refresh, to freshen; *refl* to refresh o.s.; **~frischung** refreshment; **~froren** frozen; *(Glieder)* frostbitten

erfüll|en *vt* to fill; *(Aufgabe)* to fulfil; *(Bitte)* to comply with, to grant; *(Versprechen)* to keep; *(Vertrag)* to carry out; *(Pflicht)* to do *(one's duty)*; *refl* to come true, to be realized; **~t** *von* full of, filled with, brimful of; **~ung** fulfilment

ergänz|en to supplement, to complete; to restore; *(Vorräte)* to replenish; **~ung** supplement, completion; restoration; replenishment; **~ungs-** supplementary

ergattern to get hold of; to pick up

ergeb|en *vt* to produce, to yield; to make, to amount to; to result in; *refl* to surrender; to devote o.s. to; *(dem Trunk)* to take to; to acquiesce (*in* in), to resign o.s. to; to follow, to result (*aus* from); to happen; *adj* devoted (to); obedient; *Ihr ~ener* Yours faithfully; **~enheit** devotion; resignation; **~enst** obedient, respectful; *ich danke ~enst* I am very much obliged; **~nis** result; outcome; *(wissenschaftl.)* findings; ⛹ score; **~nislos** without result; futile; **~ung** surrender; submission, resignation

ergehen *vi* to be published, to be issued; to be promulgated; ⚖ to be passed; *refl* to walk, to stroll; *fig* to dwell upon, to indulge in; *über s. ~ lassen* to endure, to bear; *(unpersönl.)* to do, to go, to fare with (*wie ist es Ihnen ergangen?* how did you get on?); *su* condition, state of health; way of living

ergiebig rich, productive; lucrative, profitable; fertile; **~keit** productiveness; fertility; abundance (of)

er|gießen *refl* to flow into, to discharge; **~glühen** to glow; **~götzen** *vt* to amuse, to delight; *refl* to enjoy o.s.; *su* delight, joy;

~götzlich delightful, amusing, funny, diverting

ergreif|en to seize, to grasp; to take (hold of); to take up; *fig* to touch, to move; *d. Wort ~en* to take the floor; **~end** moving, touching; **~ung** seizure; capture

ergriffen moved, touched, affected

er|grimmen to get angry; **~gründen** to fathom, to sound; to probe, to look into; to get to the bottom of; **~guß** discharge (*a.* ⚕); ⚕, *fig* effusion

erhaben raised, elevated; projecting; *fig* sublime; noble; lofty; *~e Arbeit* relief; *~ sein über* to be above (*... ist über jede Kritik ~* is above criticism); **~heit** eminence, sublimity, majesty, grandeur

Erhalt receipt; **~en** to receive, to get, to obtain; to preserve, to keep, ta save; to support, to maintain; *gut ~en* in good condition; **~er** supporter; **~ung** preservation; maintenance, upkeep; **¨lich** obtainable; available

er|hängen *vt* to hang; *refl* to hang o.s.; **~härten** to harden; *fig* to confirm

erheb|en *vt* to raise, to lift up; *fig* to praise, to extol; *(Anspruch)* to claim (*auf* s-th); ⚖ *(Klage)* to bring *(action)* against; *(Steuern)* to collect, to levy, to gather; *ins Quadrat ~en* to square; *refl* to (a)rise, to get up; to rebel (against); *(Frage)* to arise; **~end** elevating; impressive; **~lich** considerable; important; **~ung** elevation; levy, collection; rebellion, revolt; *pl* data; *~ungen anstellen* to make inquiries

er|heischen to require, to demand; **~heitern** to cheer, to amuse; **~heiterung** amusement, diversion; **~hellen** to light up, to illuminate, to brighten; *(Frage, Problem)* to elucidate; *refl* to become clear, to be evident; **~hitzen** *vt* to heat, to warm; *refl* to grow hot, to become heated; *fig* to fly into a passion

erhoffen to expect, to hope for

erhöh|en to raise; *(Person)* to exalt; to increase; *(Preis)* to advance, to raise; ♪ to sharp; *~t(e Note, Ton)* ♪ sharp; **~ung** elevation; increase, advance, rise

erhol|en *refl* to recover, to get better; to recuperate; to rest, to relax; to improve; *(Börse)* to rally; **~ung** recovery; rest, relaxation; **~ungsheim** rest home; holiday home; **~ungsort** resort; **~ungsreise** convalescent trip

erhör|en to listen to s-b (and do what he wants); to grant s-th; **~ung** granting, fulfilment

Erika *bot* heath

erinner|lich present to one's mind; **~n** *vt* to remind (*j-n an* s-b of); *refl* to remember, to recollect; **~ung** remembrance, memory; recollection; reminiscence, reminder; *zur ~ung an* in memory of; **~ungsvermögen** memory

erkalt|en to cool down, to grow cold; **¨en** *refl* to catch (a) cold; **¨ung** cold, chill

er|kämpfen to get by fighting; **~kaufen** to buy

erkenn|bar recognizable, perceptible; **~en** to recognize (*an* by); to know; to perceive; *fig* to understand, to realize, to see; to credit; ⚖ *auf e-e Strafe ~en* to impose a sentence, to pass a judgment; *zu ~en geben* to show, to indicate; *s. zu ~en geben* to make o.s. known; **~tlich** recognizable; grateful; *s. ~tlich zeigen mit* to reciprocate with; **~tnis** knowledge; cognition; perception; understanding; finding; **~ung** recognition

Erker alcove; bay

erklär|en to explain; to account for; to declare, to state; **~lich** explicable; understandable; **~ung** explanation; declaration, statement

er|klecklich considerable; **~klettern, ~klimmen** to climb; **~klingen** to (re)sound, to ring; **~koren** chosen; **~kranken** to fall (*od* be taken) ill (*an* with), to contract (*an etw* s-th); **~krankung** illness, sickness; **~kühnen** *refl* to venture (to do), to dare

erkund|en to ascertain; to spot; *mil* to reconnoitre; **~igen** *refl* to inquire *(for s-b, about s-th)*; to make inquiries; **~igung** inquiry; **~ung** reconnaissance

er|lahmen to become lame; *fig* to get tired; to lose one's energy; **~langen** to reach, to attain; to get; to obtain; to acquire; **~laß** order, decree; *(e-r Schuld)* pardon, remission; *(Preis)* deduction; **~lassen** to issue, to publish, to promulgate; *(Strafe, Schuld)* to remit, to release s-b from; to dispense from

erlaub|en *vt* to allow, to permit, *refl* to presume, to dare; *s. ~en können* to be able to afford; *~en Sie bitte!* excuse me, please!; **~nis** permission; allowance, leave; courtesy (*mit freundlicher ~nis* by, through, the c. of s-b); licence; *um ~nis bitten* to beg leave; **~t** permitted, allowed

erlaucht illustrious, noble

erläuter|n to explain; to illustrate, to comment on; **~ung** explanation; illustration, comment; note

Erle alder(-tree)

erleb|en to experience; (to live) to see; to have *(he had s-b break into his home; he had his home broken into)*; **~nis** event, occurrence; experience; adventure

erledig|en to settle, to execute; to carry through; to wind up, to finish; **~t** settled, finished; *~t sein* to be worn out, dead tired, done up; **~ung** execution, carrying out, completion; dispatch

er|legen to kill, to bag; to pay (down); **~leichtern** to ease, to lighten; to facilitate; to relieve, to alleviate; **~leichterung** facilitation; relief, alleviation; **~leiden** to suffer, to endure, to bear; **~lernen** to learn, to acquire; **~lesen** *adj* select, exquisite, choice; **~leuchten** to light up, to illuminate; *fig* to enlighten; **~leuchtung** illumination; *fig* enlightenment; **~liegen** to be defeated; to succumb to, to give way to

erlogen false, untrue; fabricated

Er|lös (net) proceeds; **~löschen** to go out; *fig* to cease to exist; to die; (*bes* ⚖) to expire; to become null and void; **~lösen** to save, to redeem, to deliver; *(Verkauf)* to get; **~löser** deliverer; Redeemer, Saviour; **~lösung** redemption; release, deliverance

ermächtig|en to empower, to authorize; **~ung** authorization, authority

ermahn|en to admonish, to exhort; **~ung** admonition, exhortation

ermangel|n to lack; to be in want of; *in ~ung von* in default of, failing, for lack (*od* want) of, in the absence of

ermäßig|en to abate, to reduce, to lower; *zu ~ten Preisen* at reduced prices; **~ung** abatement, reduction

ermatt|en *vt* to weaken, to tire, to exhaust; *vi* to grow weary (*od* tired), to feel exhausted; **~ung** weariness, fatigue; exhaustion

ermessen *vt* to judge; to conceive, to understand; *su* judgment; opinion; discretion; *nach ~ von* at the discretion of

ermitt|eln to find out, to ascertain; investigate; **~lung** inquiry, ascertainment; (criminal) investigation

ermöglichen to make (*od* render) possible (*od* feasible); *es j-m ~* to enable s-b (to do)

ermord|en to murder, to assassinate; **~ung** murder, assassination

ermüd|en *vt* to tire out, to weary; *vi* to get tired, to grow weary; **~end** tiresome; **~ung** fatigue, weariness

er|muntern to wake up; *fig* to rouse; to incite; to encourage; **~mutigen** to encourage

ernähr|en to nourish; to feed; to support, to maintain; *s. ~en von* to feed on, to live on; **~er** bread-winner; **~ung** nourishment; food; feeding; nutrition; support, maintenance

ernenn|en to appoint, to nominate; **~ung** appointment, nomination

erneu|ern to renew, to renovate; to restore; to replace; to repeat; 🚗 *(Öl)* to change; **~erung** renewal, renovation; replacement; repetition; **~t** again

erniedrig|en to lower; to humble, to humiliate, to abase; to degrade *(a. mil)*; ♪ to flatten, *US* to flat; *~t(e Note, Ton)* ♪ flat; **~ung** lowering; humiliation; degradation

Ernst *su* seriousness; earnest(ness); severity; gravity; *im ~, allen ~es* in earnest, in all seriousness; seriously; *das ist nicht Ihr ~!* you don't say so!; you don't mean it!; *ich meine es ~, es ist mein ~* I mean it!; *es ist (bitterer) ~* it is no joke!; *~ machen mit* to put into practice; *~ adj*, **~haft** serious; earnest; grave; severe; **~fall** emergency (*im ~fall* in case of e.); **~haftigkeit** seriousness; **~lich** *adj* serious, earnest

Ernte harvest, crop; **~arbeit** harvesting; **~arbeiter** harvester, reaper; **~dankfest** harvest festival, h. thanksgiving; **~jahr** crop year; **~maschine** harvester; **~n** to harvest, to reap *(a. fig)*, to gather in

ernüchter|n to sober (down); to disillusion; **~ung** sobering down; disillusionment

erober|n to conquer, to capture, to win; **~er** conqueror; **~ung** conquest

eröffn|en to open, *(feierl.)* to inaugurate; to start; *fig* to disclose, to inform; **~ung** opening, inauguration; communication, disclosure; **~ungsbilanz** opening balance; **~ungsrede** opening address; **~ungssitzung** opening session; **~ungsvorstellung** 🎭 first night

erörter|n to discuss, to argue; **~ung** discussion, argument

Erpel *zoll* drake

erpicht *(adj)*: *~ sein auf* to be keen (*od* bent) on

erpress|en to extort (*von* from), to blackmail; **~er** blackmailer; **~ung** extortion, blackmail

erprob|en to try, to test, to assay; **~t** tested, (well-)tried; **~ung** trial, test(ing)

erquick|en to refresh; *fig* to comfort; **~ung** refreshment; comfort

er|raten to guess, to find out; **~ratisch** erratic; **~rechnen** to compute, to calculate, to reckon out, to figure out

erreg|bar excitable, irritable; **~en** to excite, to stir up; to agitate; **~end** exciting, agitating, stimulating; **~er** ⚕ germ; *(wissenschaftl.)* agent; **~ung** excitement; agitation; excitation

erreich|bar attainable; within reach; *umg* get--at-able; **~en** to reach, to attain, to get; *(Ziel)* to achieve; *(Zug)* to catch; to arrive; **~ung** reaching; attainment

errett|en to save, to rescue (*aus* from); *eccl* to deliver (from); **~ung** saving; rescue; deliverance

erricht|en to erect, to build, to put up; to found, to establish; **~ung** erection; founding, establishment

er|ringen to gain, to win, to achieve; **~röten** to blush (*vor, über* at); *su* blush(ing); **~rungenschaft** acquisition, achievement; *pl* attainments

Ersatz substitute, surrogate, makeshift; ersatz; compensation, amends, equivalent; *mil* reserve, drafts; *~ leisten* to make amends; **~blei, ~mine** refill (lead); **~lieferung** replacement (delivery); **~mann** substitute; **~spieler** 🏃 stand-by, stand-in, emergency man (*od* player); **~stoff** substitute, surrogate; ersatz; **~teil** spare part, *pl a.* spares; **~weise** as a substitute (*od* makeshift, stopgap) for

ersauf|en to be drowned; **¨en** to drown

erschaff|en to create, to produce; **~er** creator; **~ung** creation

er|schallen to sound, to resound; to ring; **~schauern** to shudder, to shiver

erschein|en to appear (*a.* ⚖, 📖); ⚖ to attend; 📖 to come out, to be published (*od* issued); to seem; to loom; *~t demnächst* (is going) to be published (soon); *soeben erschienen* just published; *es ~t möglich* it seems possible; *su* appearance, attendance; publication; **~ung** appearance, figure; *(Geist)* apparition; vision; 📖 publication; *(wissenschaftl.)* phenomenon; ⚕ symptom; *(eccl) ~ung Christi* Epiphany; *in ~ung treten* to loom large

er|schießen to shoot (dead); *refl* to shoot o.s.; **~schießung** shooting, execution; **~schlaffen** to droop; to slacken, to grow slack; to relax; **~schlagen** to slay

erschließ|en to open, to make accessible; to develop; to infer; to conclude; *refl* to become accessible; **~ung** opening up (to exploitation); *(Finanzen)* tapping; development
erschöpf|en *vt* to exhaust; *refl* to be exhausted; to consist merely in; **~end** exhaustive *(a. fig)*; **~ung** exhaustion
er|schrecken *vt* to frighten, to startle, to alarm, to appal; *refl* to be frightened, to be alarmed; **~schrocken** frightened
erschütter|n to shake, to upset *(a. fig)*; *fig* to shock, to affect deeply; **~ung** shaking, concussion; *fig* shock; violent emotion
erschweren to aggravate, to make more difficult; to complicate
erschwindeln to swindle out of s-b (*od* s-b out of s-th)
er|sehen to see, to learn, to note (from); **~sehnen** to long for; **~setzen** to replace, to take the place of; *(Verlust)* to make up for, to make good, to compensate for; *(Geld)* to reimburse, to recover, to refund; **~sichtlich** obvious, evident; **~sinnen** to think out, to devise; **~sparen** to save, to economize; **~sparnis** saving(s); **~sprießlich** profitable, useful
erst *adj* first; *fig* best, leading, foremost, prime; *d. ~e beste* the first that comes; *fürs ~e* for the present; *in ~er Linie* first of all, primarily; *zum ~en, zweiten, dritten!* going, going, gone!; *adv* first; at first, first of all; at the beginning; only, just; *eben ~* just now; *~ als* not till, only when; *~ recht* all the more, a fortiori; *~ heute* only today; *~ (5 Jahre) alt* not older than ...; *~ um 5 Uhr* not until (*od* before) 5 o'clock; *das muß sich ~ zeigen* that remains to be seen; **~aufführung** first night; **~besteigung** first ascent; **~druck** first edition; **~enmal:** *(adv) zum ~enmal* for the first time; **~ens** *adv* first(ly), in the first place; **~ere:** *d. ~ere* the former; **~geboren** first-born; **~geburt(srecht)** primogeniture; **~klassig, ~rangig** A 1, first-class; first-rate; *(Wertpapier)* gilt-edged; **~lich** first(ly); **~ling** first-born; *(Obst)* first-fruit(s); first production; **~malig** *adj* first; *adv* for the first time
erstarr|en to grow stiff; *(Wasser)* to freeze; to congeal, to solidify; *(vor Schreck)* to be paralysed *(with fear)*; *fig* to ossify; **~t** benumbed; **~ung** stiffness, numbness; freezing; coagulation, solidification; rigidity; torpor
erstatt|en to replace; to refund, to repay; to make up (for); *Bericht ~en* to report (*über* on); **~ung** compensation; return; restitution; **~ungsanspruch** claim to reimbursement
erstaun|en *vt* to astonish, to amaze; *vi* to be astonished; *su* astonishment, amazement; **~lich** astonishing, amazing
er|stechen to stab; **~stehen** *vt* to buy, to purchase; *vi* to (a)rise; **~steigen** to climb, to ascend; to mount
erstick|en *vt* to suffocate, to choke; to stifle; to asphyxiate ♦ *im Keim ~en* to nip in the bud; *vi* to be suffocated; **~end** *(Gas)* asphyxiating; **~ung** suffocation
erstreben to strive for, to aspire to (*od* after); **~swert** worth aspiring after, desirable
er|strecken *refl* to extend; to stretch to, to reach to; **~stürmen** to (take by) storm; **~stürmung** storming; **~suchen** to request (for), to apply (for); *su* request; **~tappen** to catch, to surprise
erteil|en to give, to impart; *(Auftrag)* to place; *(Titel)* to bestow on, to grant; **~ung** giving, imparting; granting
ertönen to (re)sound; *(Pfeife)* to blow
Ertrag yield, produce, profit; proceeds, earnings, returns; **~en** to bear, to endure; to tolerate, to suffer; *(bei Frage-, verneint. Satz a.)* to abide, to brook; **~fähig** productive, profitable; **~fähigkeit** productivity; **⁓̈lich** bearable; tolerable; **⁓̈nis** = ~; **~reich** profitable, productive
er|tränken *vt* to drown; **~trinken** *vi* to be drowned
ertüchtig|en to make fit, to train; to harden; **~ung** training; hardening
er|übrigen *vt* to spare; to save; to put by; *refl* to be unnecessary; **~wachen** to wake (up); *bes fig* to awake
erwachsen *vi fig* to arise, to spring (*aus* from); to accrue (from); *adj* grown-up, adult, *umg* big; **~er** grown-up, adult
erwäg|en to consider, to weigh; **~ung** consideration, reflection; *in ~ung ziehen* to take into consideration
erwähl|en to choose, to elect; **~ung** choice; election
erwähn|en to mention; **~ung** mention
erwärm|en *vt* to warm; to heat; *s. ~en für* to warm to; **~ung** warming
erwart|en to expect; to wait for, to await; to anticipate; **~ung** expectation; anticipation; **~ungsvoll** expectant, full of hope
erweck|en to wake up; *fig* to awake(n), to rouse; *(vom Tode)* to resuscitate; *(Gefühle)* to arouse, to raise; **~ung** awakening; resuscitation, revival
er|wehren *refl* to defend o.s. against; to refrain from, to keep off; **~weichen** *fig* to move
Erweis proof, evidence; **~en** *(Dienst etc)* to render, to do, to pay; *s. ~en als* to prove to be; to turn out to be
erweiter|n to widen; to expand *(bes fig)*, to extend; to broaden, to amplify, to enlarge; **~ung** widening; expansion; extension, enlargement; amplification
Erwerb acquisition; gain, profit; living; **~en** *(a. refl)* to acquire; to gain; to earn; **~sfähig** capable of gainful employment (of earning one's living); **~sleben** gainful activity; **~slos** unemployed, out of work; **~slosenunterstützung** *BE* dole, unemployment relief; **~squelle** source of income; **~stätig** (gainfully) employed; working; **~sunfähig** unfit for work; incapacitated
erwider|n to return; to reply, to retort, to rejoin; **~ung** return, reply, retort, rejoinder
erwiesenermaßen *adv* as has been proved

er|wirken to bring about; to achieve; to procure; **~wirtschaften** to produce; to earn; **~wischen** *umg* to catch; **~wünscht** *adj* desired; **~würgen** to strangle

Erz ore; metal, brass, bronze; **~ader** vein of ore, lode; **~bergwerk** ore mine; **~betrüger, ~gauner** thorough scoundrel; **~bischof** archbishop; **~bistum** archbishopric; **~dumm** extremely (*od* hopelessly) stupid; **~en** *adj* metal, brazen, bronze; **~engel** archangel; **~feind** arch-enemy; **~förderung** output of ore; **~gang** lode; **~gießerei** brass-foundry; **~haltig** containing ore; **~herzog** archduke; **~herzogin** archduchess; **~lügner** archliar; **~vater** patriarch; **~vorkommen** ore deposit

erzähl|en to tell, to relate; to narrate; *man ~t sich* they say (that); **~er** narrator, story-teller; writer, novelist; **~ung** story, tale; narrative, narration; report

erzeug|en to beget, to procreate; to produce, to manufacture; *fig* to cause, to create; to bring forth; *chem* to generate; **~er** father; producer, manufacturer; **~erpreis** producer's price; **~nis** produce; product; production; **~ung** procreation; production; generation

erzieh|en to bring up, to raise, to rear, to breed; to educate; to train; *gut (schlecht) erzogen* well-(ill-)bred, well (badly) educated; **~er** educator, education(al)ist; *(negat.)* pedagogue; teacher; tutor; **~erisch** educational, pedagogic; **~ung** education; upbringing, bringing up; breeding; **~ungsanstalt** educational establishment; reformatory, *BE* community home; **~ungsbeihilfe** educational grant; **~ungsberechtigt** having parental power; **~ungswesen** education(al matters)

erzielen to obtain, to attain, to achieve; to produce; *(Gewinn)* to realize; ⛩ to score

erzittern to shake, to shiver, to tremble (*vor* with)

erzürn|en *vt* to anger, to enrage; *refl* to get angry; to fall out (with s-b)

erzwingen to force, to enforce; to extort (*etw von j-m* s-th from s-b)

es *pron* it; ♪ E flat; *ich hoffe ~* I hope so; *tun Sie ~!* do so!; *sagen Sie ~!* say so!; *da haben wir ~!* there you are!; *~ war einmal* once upon a time there was; *(oft persönl. übersetzt:) ~ juckt mich am ganzen Körper* I itch all over; *~ steht Ihnen frei* you are free (to do s-th); *~ wird getanzt* they are dancing; *(unübersetzt:) ich weiß ~* I know; *ich werde ~ versuchen* I shall try

Esche *bot* ash(-tree)

Esel ass, donkey; **~ei** stupidity, folly; **~in** she--ass; **~sbrücke** crib; **~sohr** *fig* dog's ear, crease; *das Buch hat viele ~sohren* the book is very dog-eared

Eskapade escapade

Eskort|e escort, convoy; **~ieren** to escort

Espe asp, *bes US* aspen; *wie ~nlaub zittern* to tremble like an aspen leaf

eß|bar eatable, edible; **~geschirr** dinner-service; *mil* mess-tin; **~löffel** table-spoon; **~lust** appetite; **~nische** *(Küche)* dinette; *(Wohnzimmer)* dining recess; **~tisch** dining-table; **~waren** food-stuff; provisions, victuals; **~zimmer** dining-room

Esse chimney; forge, smithy

esse|n to eat; to dine; *mil* to mess; *zu Mittag ~n* to (have) lunch; *zu Abend ~n* to have supper; *~n gehen, auswärts ~n* to eat out; *su* food; meal; **~nszeit** dinner-time; **~r** eater

Essenz essence *(chem, philos)*; perfume

Essig vinegar ♦ *damit ist es ~* it ends in smoke; **~gurke** pickled cucumber, gherkin; **~sauer** acetic, acetate of; *~saures Salz* acetate; *~saure Tonerde* aluminium acetate; **~säure** acetic acid

Estr|agon tarragon; **~ich** plaster floor

etablieren *vt* to establish, to set up; to found; *refl (als)* to settle *(as a)*

Etage floor, story; flat; **~nwohnung** self-contained flat, *US* apartment; **~re** stand

Etappe stage, phase; ✈ hop; *mil* base; **~nschwein** *umg* base wallah

Etat budget; estimate; **~isieren** to enter in the budget; **~mäßig** budgetary; *(Beamtenstelle)* on the establishment; **~sjahr** financial year

etepetete *umg* finicky, prudish; particular

Ethi|k ethics; **~sch** ethical

Etikett ticket, label; **~e** (the rules of) etiquette; **~ieren** to label, to ticket

etliche *pron* some, several, a few

Etui case

etwa *adv* nearly, about; in case, perhaps; **~ig** *adj* possible, that may occur; *(nachgestellt)* if any; **~s** *pron* something, anything; *adj* some, any, a little; *adv* somewhat; a little; rather

Etymolog|e etymologist; **~ie** etymology; **~isch** etymological

eu|ch *pron* you; **~er** your; yours

Eule owl ♦ *~n nach Athen tragen* to carry coals to Newcastle; **~nspiegelei** tomfoolery

Euphemis|mus euphemism; **~tisch** euphemistic

eur|erseits on your part; in your turn; **~esgleichen** of your kind, like you; **~etwegen** for your sake; because of you; on your account; **~ig** your; yours

Eur|asien Eurasia; **~opa** Europe; **~opäer** European; **~opäisch** European; **~oparat** Council of Europe

Euter udder

evakuier|en to evacuate; **~ter** evacuee, person evacuated; **~ung** evacuation

evangel|isch evangelical; Protestant; **~ist** evangelist; **~ium** gospel

Eventu|alität contingency; **~ell** *adj* possible; *adv* perhaps, possibly; if desired, if required, if need

Ewer (fishing-)smack

ewig eternal, everlasting; *(Schnee)* perpetual; endless, continual; *ich habe dich ~ nicht gesehen* I haven't seen you for ages; *der ~e Jude* the wandering Jew; *auf ~* for ever; *~es Leben* eternal life, immortality; **~keit** eternity; age(s); aeon; **~lich** for ever; eternally

exakt exact; **~heit** exactness, exactitude
exaltiert high-strung; eccentric
Exam|en examination, *umg* exam; **~ensarbeit** thesis, paper; **~inator** examiner; **~inieren** to examine
Exemp|el example; *math* problem, sum; *ein ~el statuieren* to make an example of s-b; **~lar** sample; specimen; *(Buch)* copy; **~larisch** exemplary; **~lifizieren** to exemplify
exerzier|en to drill; **~platz** drill-ground
Exil exile; **~regierung** government in exile
Exist|entialismus existentialism; **~enz** existence; livelihood; **~enzfähig** fit for survival; **~enzminimum** subsistence minimum (*od* level); **~ieren** to exist; to live, to subsist
ex|klusiv exclusive; **~kommunizieren** to excommunicate;; **~libris** ex-libris, book-plate; **~matrikulieren** *refl* to leave the university, to go down; **~orzieren** to exorcise
exotisch exotic
Exped|ient forwarding clerk; **~ieren** to dispatch; to forward; **~ition** forwarding; forwarding department; expedition
Experiment experiment; **~ell** experimental; **~ieren** to experiment
Expert|e expert; **~ise** expert's report
explo|dieren to explode; to burst; **~sion** explosion; burst; **~siv(stoff)** explosive
exponieren to expose; to explain, to expound
Export export(ation); *konkr mst* exports; **~eur** exporter; **~ieren** to export; **~prämie** export bonus; **~wirtschaft** export trade
express *(Brief)* by express; **~ionismus** expressionism
Extempor|ale exercise in class; **~ieren** to extemporize
extra extra, especially; **~blatt** special edition; **~hieren** to extract; **~kt** extract
extrem extreme; exaggerated; *su* extreme; *von e-m ~ ins andere fallen* to go from one extreme to the other; **~itäten** extremities
Exzellenz Excellency
ex|zentrisch eccentric; **~zeß** excess

F

F (the letter) F; ♪ F; **F-Dur** F major; **f-Moll** F minor
Fabel fable; story; *(Spiel)* plot; **~haft** fabulous; amazing; marvellous; **~n** to tell tales; **~tier** fabulous being
Fabrik factory; plant; *(bes in Zssg)* mill; works; **~anlage** plant; **~ant** factory owner; manufacturer; **~arbeiter** factory worker; **~at** manufacture, make; article; **~ation** making, manufacture; **~mäßig** machine-made; **~neu** brand-new; **~zeichen** trade-mark
fabrizieren to manufacture, to produce, to make
fabulieren to invent stories, to spin yarns
Fach compartment; shelf; drawer; pigeon-hole; *fig* subject; branch, line, field; department; *das schlägt nicht in mein ~* that is not in my line; *vom ~ sein* to be a specialist (in); **~arbeiter** skilled worker; specialist; **~arzt** specialist, consultant; **~ausbildung** professional education (*od* training); **~ausdruck** technical term; **~ausschuß** committee of experts; **~blatt** trade journal; **~gebiet** specialty; **~gelehrter** specialist; **~gemäß** expert, skilled; **~geschäft** special shop, speciality store; **~gruppe** *(Bank)* functional group; **~kenntnisse** expert knowledge, specialized kn.; **~kundig** expert, competent; **~lich** professional; specialist, technical; **~literatur** technical literature; **~mann** expert, authority, specialist; **~männisch** professional, expert; **~messe** trade fair; **~schule** technical school; **~simpeln** to talk shop; **~werk** framework; truss; **~wissen** expert knowledge; **~wissenschaft** special branch of knowledge; **~zeitschrift** (trade) journal
fäch|eln to fan; **~er** fan; **~erförmig** fan-shaped
Fackel torch; **~n** to hesitate; *nicht lange ~n* not to let the grass grow under one's feet; **~zug** torch-light procession
fade stale, tasteless; *fig* dull, insipid
Faden thread (*d. ~en verlieren* to lose the t.); *(Näh-)* cotton; twine, string; ⚡, *bot* filament; fibre; ⚓ fathom ♦ *an e-m ~ hängen* to hang by a thread; *keinen guten ~ an j-m lassen* not to have a good word to say for, to pull s-b to pieces; **~nudeln** vermicelli; **~scheinig** thread-bare *(a. fig)*
Fagott bassoon
fähig capable (of), able (to do); clever; ⚖ qualified to, entitled to; **~keit** capability; ability; faculty; talent
fahl fallow; pale; livid
fahnd|en to search for; **~ung** search (*nach* for)
Fahne flag; standard; banner; *mil* colours; 📖 proof, slip, pull; *mit fliegenden ~n (fig)* with colours flying ♦ *die ~ nach dem Wind hängen* to trim one's sails to the wind; **~nabzug** 📖 galley-proof; **~neid** *mil* oath of loyalty; **~nflucht** desertion; **~flüchtiger** deserter; **~nstange** flagstaff, flagpole
Fähn|lein pennon; squad, troop; **~rich** cadet, ensign; ⚓ midshipman
Fahr|bahn, ~damm roadway, *BE* carriage-way; track; **~bar** passable; navigable; ⚙ mobile; **~bereitschaft** motor pool; **~dienstleiter** station-master; **¨e** ferry(-boat); **~en** *vt* to drive, to take, to convey; to cart; *vi* to drive, to ride, to go; to travel; *mit d. Zug ~en* to go by train; *mit d. Rad ~en* to cycle; *mit d. Schiff ~en* to sail; *spazieren ~en* to go for a drive; *wohl (übel) ~en bei (fig)* to come off well (badly) with; *~en lassen* to let go, to give up, to abandon; *in die Höhe ~en* to start up ♦ *aus d. Haut ~en s.* Haut; *was ist in ihn gefahren;* what has come over him?; *rechts (links) ~en!* keep right (left)!; *in d. Hölle ~en* to descend to hell; *in d. Kleider ~en* to throw on one's clothes; **~ende Habe** movables; **~ender Ritter** knight-errant; **~endes Volk** vagrants, tramps; **~er** driver; chauffeur; **~erflucht** hit-and-run offence; **~gast** passenger; **~geld** fare; **~gelegen-**

heit conveyance; **~gestell** ✈ under-carriage; 🚗 chassis; **~ig** *adj* fidgety; **~karte** ticket; **~kartenausgabe, ~kartenschalter** ticket-(*BE* booking-)office; **~kartenautomat** automatic ticket machine; **~lässig** negligent, careless; **~lässigkeit** negligence, carelessness; **~lehrer** driving-instructor; **⁼mann** ferryman; **~plan** timetable; **~planmäßig** regular; (according) to schedule, to time; **~preis** fare; **~prüfung** driving test; **~rad** bicycle, *umg* bike; **~rinne** waterway; fairway; **~schein** ticket; **~schule** driving school; **~straße** road, *BE* carriage-way; **~stuhl** *BE* lift, *US* elevator; **~stuhlführer** lift (*US* elevator) operator; **~t** ride, drive; journey; trip ♦ *~t ins Blaue* mystery trip; *in ~t kommen (fig)* to get into one's stride; *(See-)* voyage, cruise; course; *in voller ~t* at full speed; *~t verlieren (aufnehmen)* ✈, ⚓ to lose (gather) speed; **~tausweis** ticket; **~unterricht** driving instruction; **~wasser** channel, fairway; *fig* element; **~zeug** vehicle; ⚓ vessel, craft

Fährte track; scent

fakt|isch real, actual; de facto; **~or** 📖 (printing) foreman; factor; circumstance; **~otum** factotum; **~ura** invoice

Fakult|ät faculty; **~ativ** optional

falb fallow, dun; **~e** dun horse

Falke falcon; *allg* hawk

Fall fall; downfall; *allg, gram,* ⚕, ⚖ case, instance; *zu ~ bringen* to trip s-b up; *fig* to ruin; *den ~ setzen* to suppose; *gesetzt den ~* supposing (that), assuming (that); *auf keinen ~* not on any (on no) account; by no means; *auf alle ⁼e, auf jeden ~* in any case, at all events; at any rate; be sure and . . .; *im ~ daß* in case; *von ~ zu ~* as the case may be; according to its merits; *das ist der ~* that's the case ♦ *das ist ganz mein ~* that suits me down to the ground; *ist nicht mein ~* isn't my cup of tea; **~grube** *(a. fig)* pitfall, trap; **~obst** windfall, fallen fruit; **~reep** accommodation ladder, gangway steps; **~schirm** parachute; **~schirmspringer** parachutist; **~schirmtruppen** paratroops; **~strick** snare, noose; *fig* trap; **~sucht** epilepsy; **~tür** trap-door; **~weise** ad hoc

Falle trap; snare; *umg* bed; *in d. ~ gehen* to walk straight into the trap, *umg* to go to bed; **~nsteller** trapper

fallen to fall; to drop; to sink; *(Krieg)* to die, to be killed; *(Preis)* to fall, to decline; **~lassen** to drop, to let fall; *unter ein Gesetz ~* to come (*od* fall) under a law ♦ *aus allen Wolken ~* to be thunder-struck; *in Ohnmacht ~* to faint ♦ *in d. Augen ~* to strike (s-b); *in d. Rede ~* to interrupt; *in d. Rücken ~* to attack from behind, to stab in the back; *mit d. Tür ins Haus ~* to blurt out (what one wants to say); *leicht-(schwer)~* to find it easy (hard)

fäll|en to fell; to cut down; to lumber; *(Bajonett)* to lower; ⚖ to pass; *math* to let fall; *chem* to precipitate; **~ig** due (*am* on), payable, mature; *~ig werden* to mature, to become payable (*od* due); **~igkeit** expiration, maturity; *bei ~igkeit* on (*od* at) maturity, when due

falls in case, if, in the event, provided that

falsch wrong, incorrect; false, artificial; *(Geld)* forged, counterfeit; deceitful; dishonest, insincere; *(Schmuck)* sham; 🂡 *(Spiel)* foul ♦ *mit j-m ~es Spiel treiben* to play s-b false; *~ aussprechen* to mispronounce; *~ singen* to sing out of tune; *~ schwören* to perjure, to commit perjury; *~es Geldstück* counterfeit (*bzw* wrong) coin; *ohne ~* guileless, without guile; **~heit** falsity, falseness, falsehood; duplicity; **~münzer** forger; **~spieler** card-sharper, cheat

fälsch|en to falsify; to forge; *(Lebensmittel)* to adulterate; *(Geld)* to counterfeit; **~er** forger; **~lich** false; **~licherweise** by mistake; wrongly, falsely; **~ung** falsification; forgery; adulteration

Falt|blatt folder; **~boot** folding boat (*od* canoe), collapsible boat, foldboat; **~e** *allg* fold; *(Gesicht)* wrinkle; *(Rock)* pleat; *(Bügel-, Stoff)* crease; *~en werfen* to pucker; *~en ziehen* to wrinkle, *(Stirn)* to knit one's brows; **⁼eln** to fold in small pleats; **~en** *vt* to fold; to plait; to ruffle; **~enlos** smooth, without crease; **~enrock** pleated skirt; **~enwurf** drapery; **~er** butterfly; **~ig** folded; pleated; wrinkled; **~prospekt** folder

Falz fold; groove; notch; rabbet; **~bein** folder, paper-knife; **~en** to fold; to groove; to rabbet

famili|är familiar; intimate; *~äre Gründe* family reasons; **~e** family; *es liegt in d. ~e* it runs in the family; **~enähnlichkeit** family likeness; *mit* **~enanschluß** as one of the family; **~enanzeigen** *(Zeitg)* births, deaths and marriages, *umg* hatch, match and dispatch column; **~enbad** mixed bathing; **~enbeihilfe** family allowance; **~enbetrieb** family business; **~enerbstück** heirloom; **~engruft** family vault; **~enname** surname, family name; **~enstand** personal status; **~envorstand** the head of the family; **~enwappen** family crest

famos grand, great, fine; *umg* swell

Fanat|iker fanatic; **~isch** fanatical; **~ismus** fanaticism

Fanfare flourish of trumpets; (high-pitched) trumpet

Fang catch; capture; prey; haul; **⁼e** *zool* talons, claws; tusks, fangs; **~eisen** iron trap; **~en** to catch, to capture; to trap; *Feuer ~en* to catch fire; **~vorrichtung** safety grip; **~zahn** tusk, fang

Farb|aufnahme colour photograph; **~band** typewriter ribbon; **~e** colour; hue, tint; dye, stain, paint; *(Spiel)* suit; *~e bekennen* to follow suit, *fig* to reveal one's true colours; **~dia(positiv)** colour slide; **~druck** colour-print(ing); **~echt** (of) fast (colour); **~echtheit** colour fastness; **~enblind** colour-blind; **~enfreudig** colourful, gay; **~enlehre** theory of colours, chromatics; **~enmeer** blaze of colour; **~enspiel** opalescence; **~film** colour film, technicolor (film); **~foto(grafie)** colour photograph; **~gebung** colouring; **~ig** coloured; stained; **~kissen** ink-pad; **~los** colourless; pale; **~stift** coloured pencil, crayon; **~stoff** dye-stuff, colouring matter, pigment; **~ton** tint, hue, colour-tone

färb|en to colour; *(Haar, Stoff)* to dye; to stain; to tinge; **~emittel** colouring agent, dye; **~erei** dye-works; **~ung** tinge, hue; *fig* touch

Farc|e farce; 🎭 burlesque; *(Kochen)* stuffing; forcemeat; **~ieren** to stuff

Farm colonial settlement; *(Hühner- etc)* farm; ranch; **~er** colonial settler; farmer; rancher

Farn(kraut) fern; bracken, brake

Farre bullock, young bull

Färse heifer

Fasan pheasant; **~erie** pheasant preserve

Fasch|ine fascine; bundle of faggots; **~ing** carnival; **~ismus** fascism

Fasel|ei twaddle, drivel; silly talk; **~ig** silly, drivelling; **~n** to twaddle, to drivel

Faser fibre; filament; thread; *(Bohnen)* string; **~ig** fibrous; stringy; **~n** to fray out, to ravel out; **~pflanzen** fibre crops; **~stoff** fibrin; fibrous material

Faß cask, barrel; *(Butter-)* firkin, churn; tun; tub, vat; *frisch vom ~* on draught; **~band** hoop; **~bier** draught beer; **~binder** cooper; **⁓chen** keg; **~weise** in (by) barrels

Fassade façade, front; **~nkletterer** cat-burglar

fassen *vt* to take hold of, to seize; to take, to hold; to comprise; to contain; ⚙ to mount, to set; *fig* to comprehend, to grasp, to take in; *refl* to pull o.s. together; *s. kurz ~* to be brief; *ins Auge ~* to envisage; to consider

faßlich comprehensible, conceivable

Fasson shape, form, cut; way

Fassung mounting, *(Juwel)* setting; ⚡ socket; draft(ing), wording, version; *in d. ~ vom* ⚖ as amended; *fig* composure, self-control; *aus d. ~ bringen* to upset, to disconcert; *die ~ verlieren* to lose one's composure; **~sgabe** power of comprehension; mental capacity; **~slos** upset, disconcerted; **~svermögen** holding (seating, loading) capacity; *fig* mental capacity

fast almost, nearly; *~ nie* hardly ever, scarcely ever, almost never; *~ schon* practically; **~en** to fast; **~enzeit** Lent; **~nacht** Shrove Tuesday; carnival

Faszi|kel file; 📖 fascicle; **~nieren** to fascinate; **~nierend** fascinating

fatal awkward, embarrassing; umfortunate; disagreeable, annoying; *das ist ~* that's a nuisance; **~ismus** fatalism

Fatzke dandy, coxcomb; fool

fauchen *(Tier)* to spit; *(Maschine)* to hiss

faul rotten, putrid; bad; *(Ei)* addle; *fig* lazy, idle ♦ *s. auf d. ~e Haut legen* to lead an idle life; *~e Ausrede* lame excuse; *~er Witz* bad joke; **~en** to rot, to putrefy; **~enzen** to be lazy, to idle; to lounge; **~enzer** idler, lazy-bones; **~enzerei** idling laziness; **~heit** laziness, idleness, sloth; **~ig** rotten, putrid; decayed; **⁓nis** rottenness; **~pelz** lazy-bones, idler, sluggard; **~tier** *zool* sloth; = ~pelz

Faust fist; *auf eigene ~* on one's own (responsibility), **~dick** as big as one's fist ♦ *es ~dick hinter den Ohren haben* to be sly; *~dicke Lüge* a thumping lie, a whopper; *etw ~dick auftragen* to lay it on thick; **~handschuh** mitt(en); 🥊 boxing-glove; **~kampf** boxing(-match); **~kämpfer** boxer; **⁓ling** mitten; **~pfand** pledge; **~recht** club-law; **~regel** rule of thumb; **~schlag** cuff, punch

Favorit favourite (*bes* 🥊); minion

Faxen tricks, (tom)foolery; **~macher** buffoon

Februar February

Fecht|boden fencing-room; **~bruder** beggar; tramp; **~en** to fight; to fence; *umg* to go begging; **~er** fighter; fencer

Feder feather; plume; pen; nib; ⚙ spring; *in d. ~n kriechen* to creep into bed ♦ *s. mit fremden ~n schmücken* to deck o.s. out with borrowed plumes; **~ball** *(Ball)* shuttlecock; *(Spiel)* badminton; **~bett** feather-bed; **~fuchser** scribbler, quill-driver; **~führend** responsible, in charge; centrally handling the policy (of); **~gewicht** 🥊 feather-weight; **~halter** penholder; **~kasten** pen-case; pencil-box; **~kiel** quill; **~kleid** plumage; **~leicht** light as a feather; **~n** to moult; ⚙ to be elastic; *gefedert* ⚙ cushioned; **~nd** springy, elastic; **~strich** stroke of the pen; **~ung** springiness, elasticity; 🚗 spring suspension; **~vieh** poultry; **~wild** game birds

Fee fairy; **~nhaft** fairylike; **~nland** fairyland

Fege|feuer purgatory; **~n** to sweep, to clean

Fehde feud; quarrel; challenge

fehl *adv* amiss, wrong; *~ am Platz sein* to be out of place; *su* blame, blemish; **~bestand** shortage, deficienty; **~betrag** deficit; **~bitte** vain request; *e-e ~bitte tun* to meet with a refusal; **~en** to be missing, to be absent; to err, to make a mistake; to make a blunder; to sin; to be wanting, to lack; *was ~t ihm?* what's the matter with him?, what ails him?; *es an nichts ~en lassen* to spare no pains; *du wirst mir ~en* I'll miss you; *wo ~t es?* what's the trouble?; *das hat mir gerade noch gefehlt!* that's all I needed!, that was the last straw; *weit gefehlt!* right off the mark!; **~er** fault; mistake, blunder, error; defect; blemish; flaw; irregularity; **~erfrei, ~erlos** faultless; flawless; correct; **~ergrenze** margin of error; **~erhaft** faulty, defective; deficient; incorrect; **~erquelle** source of error; **~geburt** miscarriage, abortion; **~gehen** to go (*od* take) a wrong road; *fig* to make a mistake; to fail; **~griff** mistake, blunder; **~leistung** mistake, slip; **~meldung** *mil* nil return; **~menge** shortage; **~schlag** failure, *umg* washout; **~schlagen** to fail, to come to nothing; to go by the board; **~schluß** false conclusion, wrong inference; **~spekulation** bad speculation; **~tritt** false step, slip; *fig* mistake, faux pas, lapse; **~urteil** false judgment, miscarriage of justice; **~zündung** 🚗 misfire

Feier celebration, festival; ceremony; rest; **~abend** evening leisure; off-time; *~abend machen* to knock off work; **~lich** solemn, ceremonious; festive; **~lichkeit** solemnity; ceremony; festivity; **~n** *vt* to celebrate; *vi* to rest, to take a holiday; to be idle; **~stunde** leisure

hour; festive hour; solemnity; **~tag** holiday; festival
feig|e *adj* cowardly; *su bot* fig; **~enblatt** fig--leaf; **~heit** cowardice; **~ling** coward
feil for sale; *fig* mercenary; **~e** file; **~en** to file; *fig* to polish, to refine; **~bieten** to offer for sale; **~halten** to have for sale; **~schen** to bargain (for), to chaffer, to haggle (about); **~späne** filings
fein fine, delicate; thin; distinguished, refined, elegant; subtle; *(Gehör)* sharp; keen; *das ist ~! (umg)* that's grand (*od* wonderful)!; *nicht ~* not gentlemanlike; **~heit** fineness; delicacy; grace, elegance, refinement; subtlety; **~kosthandlung** delicatessen (shop); **~mechanik** precision engineering; precision instruments; **~mechaniker** precision engineer; precision-tool maker
Feind enemy, foe; *poet* fiend; *s. j-n zum ~ machen* to make an enemy of s-b; **~esland** hostile territory; **~lich** hostile, enemy; inimical; antagonistic; **~schaft** hostility, enmity; antagonism; **~selig** hostile; **~seligkeit** hostility, animosity
fei|st fat, plump; **~xen** to grin
Feld field (*a.* ⛩); open country; 🏛 panel; *(Schach)* square; *fig* domain; sphere, scope; *~-, Wald- und Wiesen-* common or garden . . . ♦ *d. ~ räumen* to give in, to make way for s-b; *d. ~ behaupten* to win the day; *im ~(e) gefallen* killed in action; **~arbeit** agricultural labour; **~flasche** flask, canteen; **~früchte** field crops; **~grau** field-grey; **~herr** commander-in--chief; **~jäger** military police; **~küche** field-kitchen; **~lazarett** ambulance, field-hospital; **~marschall** field-marshal; **~maus** field-mouse; **~messer** surveyor; **~polizei** rural guard force; **~post** military post service; **~prediger** army chaplain; **~scher** army surgeon; **~spat** feldspar; **~stecher** field-glasses, binocular; **~webel** sergeant; **~weg** lane; **~zeichen** ensign, standard; **~zug** campaign
Felge felloe; wheel-rim
Fell skin, hide; fur coat ♦ *e. dickes ~ haben* to be thick-skinned; *j-m d. ~ über die Ohren ziehen* to fleece s-b
Fels|(en) rock; cliff; crag; **~block** block, boulder; **~enfest** as firm as a rock; unshakable, unwavering; *~enfest überzeugt* dead certain; **~enriff** reef; **~ig** rocky, craggy; **~klippe** cliff; **~vorsprung** ledge; **~wand** wall of rock
Fem|e, ~gericht vehmgericht, vehmic court
feminin feminine
Fenchel fennel
Fenster window ♦ *zum ~ hinauswerfen* to pour (money) down the drain; **~bank** window seat; **~bank, ~brett, ~sims** window-sill, w.--ledge; **~flügel** casement, (hinged) window--sash; **~kreuz** cross-bars; **~laden** shutter; **~leder** chamois (leather); **~nische** embrasure; **~rahmen** frame; **~riegel** sash-bolt, window--catch; **~scheibe** pane; **~sturz** lintel
Ferien holidays, *bes US* vacation; *parl* recess; *~ machen* to take one's (*od* go on) holidays; **~kolonie** holiday camp; **~kurs** summer school; **~reise** holiday trip
Ferkel young pig, piglet; *fig* mucky pup
fern far, distant, remote; *von ~* from afar, at a distance; *das sei ~ von mir* far be it from me; **~amt** *BE* trunk exchange, *US* central; **~anruf** *BE* trunk call, long-distance call; **~bedienung** remote control; **~bleiben** to absent o.s. (from); *su* absence; absenteeism; **~e** distance; *aus der ~e* from the distance, from afar; *in d. ~e* in the distance, at a d.; *das liegt noch in weiter ~e* that's still a long way off (*od* a far cry); **~empfang** 📻 long-distance reception; **~er** *adj* farther, further; *adv* furthermore, moreover, besides; *~er liefen* ⛩ also ran; **~gas** long-distance gas; **~gespräch** call; = ~anruf; **~gesteuert** remote-controlled, radio-controlled; *mil* guided; **~glas** telescope; binoculars; **~halten** *refl (von)* to keep aloof from, to keep clear of; **~heizung** district heating; **~leitung** trunk-line; **~leitungsnetz** trunk-line system; **~meldewesen** telecommunications; **~mündlich** by telephone; **~rakete** ballistic rocket; **~rohr** telescope; **~schreiber** teleprinter, teletype; *(Person)* teletype operator; **~schriftlich** by teleprinter; **~sehen** television (*Abk* TV); video; **~sehstudio** telestudio; **~sicht** view; **~sprechamt** = *amt;* **~sprecher** telephone; **~sprechzelle** *BE* call-box, *US* telephone booth; **~unterricht** postal tuition; correspondence course; **~verkehr** long-distance traffic; **~wirkung** remote (*od* indirect) effect; telekinesis; **~ziel** remote (*od* long-term) object; **~zug** main-line train
Ferse heel ♦ *j-m auf den ~en sein* to be hard upon s-b's heels
fertig ready; finished, done; ready-made; *umg fig* done in, finished, ruined; dead tired; *~ werden mit, es ~bringen* to manage; *s. ~machen* to get ready; *~ sein mit (fig)* to have done with; *ohne etw ~ werden* to do without; **~bringen** to manage, to accomplish, to bring about; **~en** to make, to manufacture; **~fabrikat, ~ware** ready-made (*od* finished, manufactured) goods; **~haus** prefab(ricated) house; **~keit** skill, dexterity; knack; fluency; acquirement; **~keiten** accomplishments; **~machen** to complete, to finish; *(fig umg) j-n ~machen* to dress down, to tell off, *(ermüden)* to tire to death, to do up; **~produkt** finished product; **~stellen** to finish, to get ready; **~ung** making, manufacture, production; **~waren** finished [goods
Fes ♪ F flat
fesch smart, stylish
Fessel chain, fetter, shackle; *anat* ankle; *(Pferd)* pastern-joint, fetlock; **~ballon** captive balloon; **~n** to chain, to fetter, to shackle; *fig* to fascinate, to captivate; **~nd** fascinating, absorbing
fest[1] firm; rigid; *(Körper)* solid, compact; *(Holz)* hard, fast; *(Regel, Geld)* fixed; tight; strong; permanent, constant; *~ überzeugt* fully convinced; *s. ~ vornehmen* to make it a point; *~e Nahrung* solid food; *~e Preise* fixed

prices; *~e Stellung* permanent post; *~en Fuß fassen* to gain a firm footing; *~er Schlaf* sound sleep; *~es Angebot* firm offer; **~binden** to tie up (fast), to fasten; **~e** stronghold; fortress; citadel; **~fahren** to stick fast, to get stuck; *fig* to come to a deadlock; **~halten** *vt* to hold (fast); to seize, to arrest; to write down; *~halten an* to adhere to; *fig* to abide by; *refl* to hold on; **~igen** to make firm, to strengthen; to consolidate; to stabilize; *refl (Preise)* to stiffen; **~igkeit** firmness; solidity; strength; stability; **~land** mainland, continent; **~legen** to fix, to lay down, to determine; *(Summe)* to assess; *(Geld)* to invest; *refl* to commit o.s., to tie o.s. down (*auf* to); **~machen** to fasten, to tighten; *fig* to fix, to settle; **~meter** (solid) cubic metre; **~nahme** arrest, seizure; **~nehmen** to arrest, to seize, to apprehend; **~setzen** to fix, to arrange; to imprison; *refl* to settle down; to gain a footing; **~sitzen** to be stuck; to fit tightly; **~stehen** to be certain, to be a matter of fact; **~stellen** to say, to state, to point out; to find out, to discover, to ascertain; to check, to verify; to notice, to see, to find; to assess, to determine, to fix; *d. Identität ~stellen* to identify; **~stellung** statement; determination; identification; **~ung** fortress; **~ungsgraben** moat; **~ungswall** rampart; **~verzinslich** at a fixed rate of interest; fixed-interest-bearing

Fest[2] festival; celebration; feast; party; **~essen** banquet, anniversary dinner; **~gabe** gift; **~halle** banqueting hall; **~lich** festive; solemn; **~lichkeit** festivity; solemnity; **~schrift** publication in honour of s-b; **~spiel** festival performance; 🎭 drama festival; **~spielhaus** Memorial Theatre; **~tag** holiday, feast; **~zug** (festive) procession

Fetisch fetish

fett *adj* fat; plump; *(Boden)* fertile; *(Essen)* rich; lucrative; 🕮 bold; *su* fat; dripping; grease; adipose ♦ *sein ~ bekommen* to get it in the neck; *~ ansetzen* to grow fat, to put on flesh; *mit ~ begießen* to baste; **~arm** poor in fat; *(Fleisch)* lean; **~auge** drop of grease; **~darm** ⚕ rectum; **~druck** 🕮 heavy type, bold-faced type; **~drüse** sebaceous gland; **~fleck** grease spot; **~haltig** fatty, adipose; **~ig** fat(ty), greasy; **~leibig** corpulent; **~leibigkeit** corpulence; **~näpfchen:** *ins ~näpfchen treten* to put one's foot in it, to drop a brick; **~sucht** obesity, adiposity; **~wanst** big paunch

Fetzen rag; shred; scrap

feucht damp, moist; humid; muggy; **~fröhlich** convivial, full of fun and wine; **~igkeit** dampness; moisture; humidity; **~igkeitsmesser** hygrometer

feudal feudal; splendid, magnificent

Feuer fire; *(im Freien)* bonfire; *mil* firing, bombardment; brilliance, lustre; *fig* ardour, verve ♦ *wie ~ und Wasser* as like as chalk and cheese; *~ fangen* to catch fire *(a. fig)*; *fig* to fall in love; *j-m ~ geben* to give s-b a light ♦ *~ und Flamme sein für* to be heart and soul for; *zwischen zwei ~n* between the devil and the deep sea; *für j-n durchs ~ gehen* to go through fire and water for s-b; *mit ~ u. Schwert ausrotten* to destroy s-th root and branch; **~bestattung** cremation; **~bohne** *bot* scarlet runner; **~eifer** ardent zeal; **~einstellung** cease fire; **~fest** fire-proof; **~gefährlich** (highly) inflammable; **~haken** pot-hook; poker; **~leiter** (fire-) escape; fire-ladder; **~lilie** orange lily; **~linie** front line; **~löschapparat, ~löscher** fire-extinguisher; **~melder** fire alarm; **~n** *mil* to fire, to shoot; **~probe** acid test, crucial test, ordeal (by fire); **~sbrunst** fire, conflagration; **~schiff** light-ship; **~sgefahr** danger of fire; **~speiend** volcanic; *~speiender Berg* volcano; **~spritze** fire engine; **~stein** flint; **~stelle** fireplace, hearth; **~taufe** baptism of fire (*a. fig: d. ~taufe erhalten* to undergo one's b.); **~überfall** strafe; **~ung** firing, heating; fuel; **~versicherung** fire-insurance; **~wache** fire-station; **~waffe** fire-arm, gun; **~wehr** *BE* fire brigade *US* f. department; *wie die ~wehr fahren* to drive like blazes; **~werk** fireworks *(a. fig)*; **~zange** tongs; **~zeug** lighter

feurig fiery; *fig* ardent, fervent

Fi|aker cab; **~bel** primer; brooch, clasp; **~ber** fibre

Fichte spruce

fid|el merry, jolly; **~ibus** spill

Fieber fever; *kaltes ~* ague; *~ messen* to take the temperature; *~ haben* to have a temperature (*od* a touch of fever), to be feverish; **~frost, ~schauer** shivering fit (*od* attack), shivers, ague; **~haft** feverish; **~ig** febrile, feverish; **~n** to be feverish, to have a temperature; *fig* to be consumed with desire for; **~mittel** antipyretic, febrifuge; **~phantasie, ~wahn** delirium; **~tabelle** temperature chart; **~thermometer** clinical (*od* surgical) thermometer

Fied|el fiddle; **~elbogen** bow, fiddlestick; **~eln** to fiddle

Figur figure; form; *math* diagram; *(Schach)* chessman; **⁓̈lich** figurative

Fikt|ion fiction; invention; pretence; a figment of s-b's imagination; **~iv** fictitious

Filet netting, network; *(Fleisch)* fillet

Filial|e branch (establishment); affiliate; **~betrieb, ~geschäft** chainstore, *BE a.* multiple shop

Film film, *BE a.* cine(ma)-film, motion picture, *umg* movie; **~atelier** studio; **~aufnahme** shooting (of film scenes); **~autor** screen author; **~bearbeitung** film adaptation; **~en** to film; **~gelände** (studio) lot; *(Außenaufnahmen)* location; **~gesellschaft** film company; **~industrie** the films, film industry; **~kamera** *BE* cine-camera, *US* motion-picture camera; **~kassette** film magazine; **~schauspieler** film (*BE* cinema, screen) actor; **~schauspielerin** film (*BE* cinema, screen) actress; **~selbstkontrolle** Board of Film Censors; **~streifen** film strip; **~theater** *BE* cinema, *US* motion-picture theater; **~verleih** film renters' society

Filter filter (*a.* 📻, ⛏, ⚡); 📻 *a.* screen; ⚡, ⛏ *a.* sifter; **~n** to filter, to strain

Filz felt; *fig* skinflint, miser; **~en** to felt; **~ig** felt-like; *fig* mean, stingy; **~schuh** felt slipper
Fimmel craze
Finanz|amt (inland) revenue office; **~ausgleich** financial adjustment (*od* equalization); **~ausschuß** committee of ways and means; **~en** finances; **~iell** financial; **~ieren** to finance; to support; to provide money to pay for s-th; **~jahr** fiscal (*od* financial) year; **~lage** financial standing (*od* position); **~minister** *allg* Minister of Finance; *BE* Chancellor of the Exchequer, *US* Secretary of the Treasury; **~ministerium** *allg* Ministry of Finance; *BE* the Treasury, *US* Treasury Department; **~politik** financial policy; **~schwach** financially weak; **~verwaltung** finance department; taxation authorities; **~wesen** finances, financial matters; **~wirtschaft** public finances; business financing
Find|elkind foundling; **~en** to find; to meet with; to discover, to hit upon; *fig* to think, to consider; *refl* to pan out all right; *das wird s. ~en* we shall see; *das wird sich schon alles ~en* it will be all right; *s. in etw ~en* to put up with, to resign o.s. to; **~er** finder; **~erlohn** finder's reward; **~ig** clever; ingenious; **~igkeit** cleverness; ingenuity
Finger finger ♦ *j-m auf die ~ sehen* to have a strict eye upon; *d. ~ lassen von* to keep away from; *überall s-e ~ drin haben* to have a finger in every pie; **~abdruck** fingerprint; **~fertig** dexterous, quick-(*od* nimble-)fingered; **~fertigkeit** dexterity, skill; **~hut** thimble; *bot* foxglove; **~ling** fingerstall; **~n** to finger; **~satz** ♪ fingering; **~spitze** finger-tip; **~spitzengefühl** flair; tact; intuitive feeling; **~zeig** hint, tip
fingier|en to feign, to sham; **~t** feigned
Fin|k finch; **~ne** pimple, acne; fin
Finn|land Finland; **~e** Finn; **~isch** Finnish
finster dark, gloomy, obscure; **~nis** darkness, gloom, obscurity; *astr* eclipse
Finte 🤺 feint; *fig* trick
Firlefanz foolery, nonsense
Firm|a firm, business; *(Anschrift)* Messrs.; *(Firmenname)* trade name; **~ament** firmament, sky; **~en** to confirm; **~eninhaber** owner of the firm; **~enschild** sign-board; **~enverzeichnis** trade directory; **~enwert** good will; **~ieren** to trade under the name (*als* of); **~ling** candidate for confirmation; **~ung** confirmation
Firn névé, firn; **~is** varnish; **~issen** to varnish
First ridge (of a roof); mountain ridge
Fis ♪ F sharp
Fisch fish; *astr* Pisces; 🕮 wrong fount ♦ *kleine ~e (umg)* mere trifles; *weder ~ noch Fleisch* neither fish nor flesh nor good red herring; *wie e. ~ auf dem Trockenen* like a fish out of water; *stumm wie ein ~* as mute as a fish, as silent as the grave; **~adler** osprey; **~bein** whalebone; **~blut haben** to be cold-blooded; **~en** to fish; *su* fishing, angling ♦ *im trüben ~en* to fish in troubled waters; **~er** fisherman; **~erdorf** fishing village; **~erei** fishery; fishing; **~geruch** fishy smell; **~gräte** fish-bone; **~händler** fishmonger; **~laich** spawn; **~leim** fish-glue, isinglass; **~otter** otter; **~reiher** heron; **~tran** fish-oil, train-oil; **~zucht** fish-hatchery, pisciculture; **~zug** catch, haul, draught (of fish)
fisk|alisch fiscal; relating to taxation; **~us** exchequer, treasury
Fistel fistula; **~stimme** falsetto
Fitt|ich wing, pinion ♦ *j-n unter s-e ~iche nehmen* to take s-b under one's wing; **~ing** fitting
fix fixed; quick; *~ und fertig* complete, cut and dried, quite ready; *~e Idee* fixed idea, obsession, monomania; **~ierbad** 📷 fixing-bath; **~ieren** to fix; to stare (at s-b); **~iermittel** fixing agent, fixative; **~igkeit** speed; **~preis** fixed price; **~stern** fixed star; **~um** fixed sum (*od* salary)
Fjord fiord
flach flat, plain; level; open; *(a. fig)* shallow; *~ machen* to flatten; **~druck** 🕮 planograph; **~drucktechnik** planography; **~land** plain (*od* open, flat) country; plain, lowlands; **~relief** bas-relief; **~rennen** flat race; **~zange** pliers
Fläche area; acreage; surface; plane; **~nausdehnung** square dimension; **~ninhalt** area; **~nmaß** square measure
Flachs flax; **~samen** linseed; **~spinnerei** flax-mill
flackern to flicker, to flare
Fladen flat cake
Flagg|e flag ♦ *unter falscher ~e segeln* to sail under false colours; **~en** to fly a flag; **~enmast** flagstaff, flagpole; **~leine** flag-line; **~schiff** flagship
Flak anti-aircraft; *umg* ack-ack; **~geschütz** anti-aircraft gun, aerial gun
Flakon phial; scent bottle, flacon
Flamm|e flame; blaze; *(Herd)* burner; *umg* flame, sweetheart; **~en** *vi* to flame, to blaze
Flammeri blancmange
Flanell flannel: **~jacke** blazer
Flank|e flank; 🤺 side-vault; **~ieren** to flank; to enfilade
Flansch ⚙ flange
flapsig boorish, uncouth
Flasche bottle; flask; phial; **~nbier** bottled beer; **~nhals** neck of bottle; **~nzug** block and tackle, set of pulleys
flatter|haft unsteady, fickle; inconstant; **~haftigkeit** fickleness, unsteadiness; **~n** to flutter; to wave, to stream
flau weak, feeble; dull, flat; faint
Flaum down, fluff; **~feder** down feather; **~ig** downy, fluffy
Flaus, Flausch *(Stoff)* fleecy woollen cloth
Flause humbug ♦ *j-m ~n in d. Kopf setzen* to put silly ideas into s-b's head
Flaute calm; *com* dullness, slackness
Flecht|e plait; braid; *bot* lichen; ⚕ lichen, tetter; **~en** to plait, to braid; to bind; **~werk** wickerwork; wattle
Fleck spot, place; stain, mark, blot, blur; patch; blemish, fault; *blauer ~* bruise ♦ *vom ~ weg* straight away; *vom ~ kommen* to get

on, to make headway; **~chen:** *ein schönes ~chen (Erde)* a beauty spot; **~en** *siehe* ~ ; market town, country town; **~enlos** spotless; **~entferner, ~enwasser** spot (*od* stain) remover; **~fieber** typhus (fever); **~ig** spotted, stained, speckled; **~typhus** = **~fieber**

Fleder|maus bat; **~wisch** feather-duster

Flegel flail; *fig* boor, churl, cad; **~ei** rudeness, insolence; **~haft** boorish, churlish, caddish, rude; **~jahre** the teens, the awkward age; *in d. ~jahren sein* to be a hobbledehoy; **~n** *refl* to lounge about (in s-th)

flehen *vi* to implore, to beseech, to entreat (*um* for); *su* entreaty, supplication; **~tlich** beseeching, imploring

Fleisch flesh; meat; *(Obst)* pulp ♦ *in ~ und Blut übergehen* to become second nature; to become a habit; *s. ins eigene ~ schneiden* to cut off one's nose to spite one's face; **~brühe** broth; beef-tea; clear soup; **~er** butcher; **~eslust** carnal desire, lust; **~faser** muscular fibre; **~fliege** blow-fly; **~fressend** carnivorous; **~geworden** incarnate; **~ig** fleshy; beefy; pulpy; plump; **~kloß** meat-ball; **~konserve** canned (*BE a.* tinned) meat; **~lich** carnal, sensual; **~vergiftung** botulism; **~waren** meat (products); **~werdung** incarnation; **~wolf** *BE* mincer, *US* meat grinder

Fleiß diligence, industry, assiduity; *(Zeugnis)* effort; *ohne ~ kein Preis* no pains, no gains; *mit ~* intentionally, on purpose; **~ig** diligent, industrious

flennen to blubber, to whine, to snivel

fletschen: *die Zähne (mit den Zähnen) ~* to bare one's teeth

Flexion *gram* inflection

flick|en to mend, to patch, to repair; *(bes Schuhe)* to cobble; *su* patch; **~erei, ~werk** patchwork; **~schneider** jobbing tailor; **~schuster** cobbler; **~wort** expletive; **~zeug** sewing kit; 🚗 repair outfit, puncture kit

Flieder elder; *spanischer ~* lilac; **~tee** elder-blossom tea

Fliege fly; *(Bart)* imperial; *(Krawatte)* bow-tie ♦ *zwei ~n mit einer Klappe schlagen* to kill two birds with one stone; **~n** *vi* to fly, to wing; *umg* to get the sack; *(in e-r Prüfung)* to flunk *(an examination)*; *vt* to fly, to pilot; **~nfänger** fly-paper; *zool* fly-catcher; **~ngewicht** 🥊 fly-weight; **~nklappe, ~nklatsche** fly-swatter; **~npilz** fly agaric, toadstool; **~nschnäpper** *zool* fly-catcher; **~nschrank** meat safe; **~r** airman, aviator; pilot; **~rabwehr** anti-aircraft defence; **~rabwehrkanone** anti-aircraft gun; **~ralarm** air-raid alarm, alert; **~rangriff** air-raid; **~rei** aviation

flieh|en *vi* to flee, to run away (from); *vt* to avoid, to shun; **~kraft** centrifugal force

Fliese tile; *mit ~n auslegen* to tile

Fließband conveyor belt, assembly line; **~produktion** assembly-line production

fließen to flow; to stream; to float; to run; *~des Wasser* running water; *~d sprechen* to speak fluently

Flimmer glimmer, glitter; **~n** to flicker, to glitter, *(Sterne)* to twinkle

flink quick, agile; alert; brisk, nimble

Flinte gun, rifle ♦ *die ~ ins Korn werfen* to throw up the sponge

Flirt flirtation; *(Person)* flirt; *sie ist ein netter ~* she is a nice (girl to) flirt (with); **~en** to flirt, to make love (*mit* to)

Flitter spangle, tinsel; **~glanz** false lustre; hollow pomp; **~kram** cheap finery; **~wochen** honeymoon

flitzen to dash along

Flock|e flake; *(Wolle)* flock; **~ig** flaky; fluffy

Floh flea ♦ *j-m e-n ~ ins Ohr setzen* to put (silly) ideas into s-b's head

Floskel flowery language (*od* phrase)

Flor blossom(ing time), bloom; gauze; crape, crêpe; **~ett** 🥊 foil; **~ieren** to flourish, to prosper

Floß raft, float; **⁓̈er** raftsman, rafter

Flosse fin; *umg (Hand)* paw

Flöt|e flute, pipe; *(Block-)* recorder; **~en** to play the flute; to whistle ♦ *~en gehen* to go whistling down the wind

flott afloat, floating; fast; gay, smart; *~ leben* to lead a fast (*od* free and easy) life; **~e** fleet, navy; **~machen** ⚓ to get afloat; 🚗 to get going again

Flöz layer, stratum; seam

Fluch curse, imprecation; oath; bane; *pl* bad language; **~en** to curse, to swear; *su* swearing, cursing; abuse

Flucht flight, escape; *(kopflose)* stampede; 🏛 straight line, row; *(Zimmer-)* suite (of rooms); *(Treppen-)* flight (of stairs); **~en** to align; **⁓̈en** to flee, to escape (*vor* from); **⁓̈ig** fugitive; *fig* brief, absconding; hasty, hurried; careless, superficial; *chem* volatile; **⁓̈igkeit** hastiness; carelessness; volatility; **⁓̈ling** refugee; *pol* émigré

Flug flight; *(Vögel)* flock, swarm; *(Rebhühner)* covey; *im ~e (fig)* as quick as lightning, in haste; **~abwehr** anti-aircraft defence; **~bahn** trajectory **~blatt** leaflet; **~boot** flying boat; **~gast** air-passenger; **~gesellschaft** air-line; **~hafen, ~platz** air-port, aerodrome; **~kilometer** flight mile; **~klar** ready for flight; **~lehrer** flying-instructor; **~linie** airway; *(Gesellschaft)* air-line; **~post** air-mail; **~sand** quicksand; **~wetter** flying weather

Flügel wing (🏛, ✈, *zool, mil*); *(Windmühle)* arm, sail; *mil a.* flank; ♪ grand (piano) ♦ *d. ~ hängen lassen* to hang down one's head; **~fenster** casement window; **~lahm** with crippled wings; *fig* despondent; **~mutter** ⚙ wing-nut; **~roß** winged horse, Pegasus; **~schlag** beat of wings; **~schraube** thumb-screw; **~spanne** spread of wings; **~tür** folding-door

flügge fledged; *~r Vogel* fledgling; *~ werden* to grow wings; *fig* to stand on one's own feet

flugs instantly, quickly

Flugzeug (*BE* aero)plane, aircraft; *US* airplane, *a.* airship; **~aufnahme** aerial photograph; **~führer** pilot; **~halle, ~schuppen** han-

gar, shed; **~staffel** air-squadron; **~träger** aircraft-carrier
Fluidum fluid; *fig* atmosphere, tone
Fluktu|ation fluctuation, flow; **~ieren** to fluctuate
Flunder flounder
Flunker|ei fib(bing); **~n** to (tell) fib(s)
Fluor fluorine; **~eszieren** to fluoresce; **~eszierend** fluorescent
Flur field, meadow, plain; hall, corridor; **~bereinigung** farmland consolidation; **~garderobe** hall-stand
Fluß river; flow, flux; ⚙ fusion, state of melting; ⚕ catarrh; *fig* fluency *d. Sache in ~ bringen* to set the ball rolling; *in ~ kommen* to get going; *im ~ sein* to be in a state of flux; **~abwärts** downstream; **~arm** *su* tributary; **~aufwärts** upstream; **~bett** bed, channel; **~fahrzeug** river craft; **~krebs** crayfish, crawfish; **~lauf** course of a river; **~mündung** mouth of a river; **~pferd** hippopotamus; **~schiffahrt** river traffic; **~spat** fluor-spar, fluorite
flüssig liquid, fluid; *(Metall)* molten; *(Geld)* ready, available; *fig* flowing, fluent; *Geld ~ machen* to realize money; **~keit** liquid, fluid; fluidity
flüstern to whisper; *su* whisper; **~d** whispering, below (under) one's breath
Flut flood *(a. fig);* flood-tide, high tide; *Ebbe und ~* the tides; *es ist ~* the tide is in; **~en** to flood; to flow, to stream; *hin u. her ~en* to fluctuate; **~licht** floodlights; *mit ~licht anstrahlen* to floodlight
Födera|lismus federalism; **~list** federalist; **~listisch** federalist; **~tion** federation, confederacy; **~tiv** federative, confederate
Fohlen foal; *(männl.)* colt; *(weibl.)* filly; *vi* to foal
Föhn *(Wind)* foehn; hair-dryer
Föhre pine, Scotch fir
Folge sequence; succession, series; order; set, suite; consequence, result; aftermath; conclusion, inference; *in d. ~* subsequently, in future; *~ leisten* to comply with; to obey; to accept; to answer; **~erscheinung** effect, consequence; **~n** to follow, to succeed; to result (from); to obey, to listen to; *daraus folgt* hence it follows; *Fortsetzung folgt* to be continued; *Schluß folgt* to be concluded; *j-s Rat ~n* to take s-b's advice; **~nd** *adj* following; *er schreibt ~ndes* he writes as follows; **~ndermaßen** as follows; **~nschwer** momentous, weighty; **~richtig** logical, consistent; **~rn** to conclude, to infer, to deduce; **~rung** conclusion, inference, deduction; **~widrig** illogical, inconsistent; **~wirkung** consequent effect
folg|lich consequently, hence, thus; so; therefore; **~sam** obedient; **~samkeit** obedience
Foli|ant folio (volume); **~e** foil; background
Folter torture; *auf d. ~ spannen* to put to the rack; *fig* to torment; **~n** to torture; to torment; **~ung** torture
Fond 🚗 back seat; foundation; **~s** funds; capital, stock
Font|äne fountain, artificial jet of water; **~anelle** fontanel
foppen to hoax, to tease, to chaff, to kid
forcieren to force; to hurry; to overurge; to overdo
Förder|anlage hauling plant; **~ausfall** decline in production; **~band** conveyor belt; **~korb** cage; **~lich** useful; **~n** ⚙ to haul; *allg* to promote, to further; to encourage; to advance; **~schacht** winding shaft; **~ung** ⚙ hauling; output; *allg* promotion, help; furtherance
forder|n to ask, to demand; to claim; to require; ⚖ to summon; *(Duell)* to challenge; **~ung** demand; claim; challenge
Forelle trout
Forke pitchfork, manure fork
Form form, shape (*feste ~ annehmen* to take definite sh.); cut, fashion; model, pattern; ⚙ mould; *in guter ~ sein* to be in good form; *d. ~ wahren* to keep up appearances; **~al** formal; in form; **~alität** formality; **~at** size, format; *fig* weight, importance; *e. Mann von ~at* a man of parts; **~el** formula; **~ell** formal; **~en** to form, to shape, to mould; to fashion, to model; to make; **~enlehre** *gram* accidence; **~fehler** informality; social blunder, offence against etiquette; flaw; ⚖ want of form; **~gebung** fashioning, moulding; industrial design; **~gestalter** industrial designer; **~ieren** to form; **~ierung** formation; **⁓̈lich** formal, ceremonious; *sehr ⁓̈lich sein* to stand upon ceremony; *adv* really; **⁓̈lichkeit** formality, ceremony; **~los** formless, shapeless; unceremonious; in no specific form; **~losigkeit** formlessness, shapelessness; rudeness; **~sache** formality; *es ist nur e-e ~sache* it is merely a matter of form; **~ular** form, blank; **~ulieren** to formulate; to define; **~ung** formation; forming
forsch smart; plucky, dashing; **~en** to search, to seek (after), to inquire (after); to (do) research (work); **~er** (research) scientist, research worker; **~ung** inquiry; research; **~ungsarbeit** research work; **~ungsreisender** explorer
Forst wood, forest; **~amt** forestry office; **⁓̈er** forester; **⁓̈erei, ~haus** forester's house; **~meister** (head) forester; **~wesen, ~wirtschaft** forestry
fort away, off; gone; forth, forward; on(ward); *in einem ~* continually, ceaselessly, without interruption; *und so ~* and so on, and so forth; *~ mit dir!* away with you!; **~an** from this time, henceforth, hereafter; **~bestand** continuation, duration; survial; **~bestehen** to continue (to exist); **~bewegung** locomotion, progression; **~bildung** further instruction (development); **~dauer** continuance; duration, permanence; **~dauernd** continual, recurrent; **~fahren** *vt* to drive away, to remove; *vi* to drive off, to depart; *fig* to continue, to go on; **~fall** cessation, discontinuing; **~fallen** to be omitted; **~führen** to go on with, to continue; to carry on; **~gang** departure, leaving; progress, continuation; **~gehen** to go away, to leave; to

go on, to continue; **~geschritten** advanced; **~gesetzt** incessant, continuous; **~kommen** to get away; *fig* to get on; *su* progress, advancement; living, livelihood; **~laufen** to run away; to escape; to go on; **~laufend** *adj* continuous, running; *adv* consecutively; **~pflanzen** *vt, refl* to propagate; to reproduce; to transmit; **~pflanzung** propagation; reproduction; transmission; **~schaffen** to remove; to get rid of; **~scheren** *refl* to be gone; **~schreiten** to proceed; to advance; to make progress; **~schreitend** progressive, ever-increasing; **~schritt** progress, advance(ment); **~schrittlich** progressive; **~setzen** to continue, to carry on, to pursue; **~setzung** continuation; pursuit; **~stehlen** *refl* to steal away; **~während** *adj* continuous, incessant, perpetual; **~werfen** to throw away; **~ziehen** *vt* to draw away, to drag away; *vi* to march off, to move on; to leave

Foto photo(graph); **~album** photo album; **~apparat** camera; **~gramm** photogram; **~graf** photographer; **~grafie** photography; photo(graph); **~grafieren** to photograph, to take a photo (of s-b); ... *läßt sich gut ~grafieren* ... photographs well; **~kopie** photostat; xerox; **~kopieren** to photostat; xerox; *siehe* Photo(-)

Fracht freight; *bes* ⚓ cargo; load; *(~kosten)* freightage, carriage; **~brief** bill of lading; 🚂 consignment note; **~dampfer, ~er** cargo vessel, freighter; **~frei** carriage-paid, -free; **~gut** freight; goods, package; **~raum** freight capacity; shipping space; **~stück** package, parcel; bale; **~versicherung** cargo insurance

Frack evening dress, tailcoat

Frage question; inquiry, query; *ohne ~* undoubtedly, doubtless; *in ~ stellen* to (call in) question, to doubt; *in ~ kommen* to come into question; to be suitable (possible, appropriate, practicable); *nicht in ~ kommen* to be out of the question; *das ist e-e ~ der Zeit* that's only a matter of time; **~bogen** questionnaire; **~n** to ask (*nach* after, about), to inquire; *(Arzt)* to consult; *(gründlich)* to catechize; *nichts danach ~n* not to care about; *es fragt sich ob* the question is whether; **~satz** interrogative sentence; **~stellung** formulation of the question; **~zeichen** question-mark

frag|lich in question; doubtful, questionable; **~los** *adv* unquestionably, undoubtedly, doubtless; **~würdig** doubtful, questionable; suspicious

Fragment fragment; **~arisch** fragmentary

Fraktion parliamentary group

Fraktur 📖 Gothic type, German text

frank free, frank, open; *~ u. frei* frankly; **~ieren** to stamp, to pay postage for

Frankreich France

Franse fringe

Franz|band calf-binding; **~branntwein** brandy, rubbing alcohol; **~ose** Frenchman; *die ~osen* the French; ⚙ adjustable spanner, monkey wrench; **~ösin** Frenchwoman; **~ösisch** French (*sich auf ~ösisch empfehlen* to take F. leave)

frapp|ant striking, astonishing; **~ieren** to strike, to astonish

fräs|en to mill, to cut; **~maschine** milling machine

Fraß *umg* grub; *(Tier-)* feed; ⚕ caries

Fratz (naughty) child, little devil; **~e** grimace; caricature; *~en schneiden* to make faces; **~enhaft** grotesque

Frau woman; *d. ~ des Hauses* the lady of the house; *(Brief)* Mrs.; *meine ~* my wife; *gnädige ~* Madam; *Unsere liebe ~ (eccl)* Our Lady; *sich e-e ~ nehmen* to marry; **~enarzt** gynaecologist; **~enrechtlerin** suffragette; **~ensleute** women(-folk); **~enstimmrecht** women's suffrage; **~enzimmer** woman, female; slut; **¨lein** young lady; unmarried lady; *(Anrede)* Miss; **~lich** womanly

frech impudent, insolent, cheeky, brash; *~ werden* to answer back; **~dachs** cheeky fellow (*od* young rascal, devil); **~heit** impudence, insolence; cheek

Fregatte frigate; **~nkapitän** commander

frei free; independent; loose, at liberty; vacant, disengaged; free of charge, gratis; frank, candid, open; liberal; *Eintritt ~!* admission free!; *~ an Bord* free on board *(Abk f.o.b.)*; *ich bin so ~* allow me; *aus ~er Hand* freehand; offhand; *unter ~em Himmel, im ~en* in the open air, outside; alfresco; *d. ~en Berufe (Künste)* the liberal professions (arts); *e-n ~en Tag nehmen* to take a day off; *e-e ~e Minute* a spare moment; *~e Stelle* vacancy; **~beruflich** professional; *~beruflich tätig sein* to free-lance; **~beruflicher** free-lance; **~beuter** filibuster, buccaneer, freebooter; **~bleibend** not binding, without obligation, subject to alteration, without notice; **~brief** carte blanche; **~denker, ~geist** free-thinker; **~en** to woo, to court; to marry; **~er** wooer, suitor; *auf ~ersfüßen gehen* to be on the look-out for a wife, to go courting; **~exemplar** free specimen, presentation copy; **~frau** baroness; **~gabe** release; decontrol; **~geben** to release; to decontrol; **~gebig** generous, liberal; bounteous, bountiful; **~gebigkeit** generosity, liberality, bounty; **~gelassener** freedman; **~grenze** free quota; exemption limit; **~hafen** free port; **~halten** to keep free; to treat; **~händig** free--hand, without support; ⚖ by private contract, off-hand; **~heit** freedom, liberty; independence; *dichterische ~heit* poetic licence; **~heitlich** liberal; **~heitsberaubung** ⚖ deprivation of liberty, unlawful detention; **~heitskrieg** war of independence; **~heitsstrafe** imprisonment; **~herr** baron; **~herrin** baroness; **~herrlich** baronial; **~karte** complimentary ticket; **~lassen** to release, to set free; **~lassung** release; **~lauf** free wheel(ing); **~lich** of course, certainly, indeed; **~lichtbühne** open-air theatre; **~lichtmalerei** open-air painting; **~machen** to set free; *(räumen)* to vacate; to pay postage, to stamp, to prepay; **~marke** stamp; **~maurer** freemason; **~maurerei** freemasonry; **~mütig** frank, candid, open; **~mütigkeit** frankness, candour, openness; **~schar** volunteer corps, irregulars; **~schärler** volunteer, insurgent, guerilla; **~sinnig** liberal(-minded), free-thinking; **~sprechen** to absolve (from), to acquit (of); **~sprechung** absolution; **~spruch** ⚖ acquittal, verdict of not-guilty; **~staat** free state; **~stehen** *fig* to be at liberty (*od* free) to do; *~ stehen* to stand detached (*od* isolated); **~stehend** exposed, detached; **~stelle** scholarship, bursary; **~stellen** *mil* to exempt; *fig* to leave it to s-b's discretion; **~stellung** *mil* exemption; **~stilringen** catch-as-catch-can; **~stoß** ⚽ free kick; **~tag** Friday; **~tod** suicide; **~tragend** 🏛 cantilever; **~übungen** callisthenics; *umg* Swedish exercises, physical jerks; **~willig** voluntary, spontaneous; **~williger** volunteer; **~zeit** spare (*od* free, leisure) time; (camp) meeting of study-groups; **~zügig** free to move; unhampered, liberal; **~zügigkeit** freedom of movement

fremd strange, foreign; unknown, unfamiliar; alien; outside, extraneous; exotic; *~ sein* to be a stranger; *sich ~ werden* to become strangers; *~es Geld* s-b else's money, other people's money; (a bank's) borrowed funds; *unter ~em Namen* under an assumed name; *~e Länder* foreign countries; **~artig** odd, strange; **~e** *su* foreign countries; *in d. ~e* abroad; **~enbuch** visitors' book; hotel register; **~enführer** guide; **~enindustrie** (hotel and) tourist industry; **~enlegion** Foreign Legion; **~enverkehr** (hotel and) tourist trade; tourism; **~enverkehrsort** tourist centre; **~enzimmer** spare room, guest room; "room to let"; **~herrschaft** foreign rule; **~kapital** borrowed funds; **~körper** foreign body; extraneous element; **~ländisch** foreign; exotic; **~ling** stranger; foreigner; **~sprache** foreign language; **~wort** foreign word

Frequenz frequency, wave-length

fress|en to eat; *(gierig essen)* to devour; to gorge, to wolf down; *chem* to corrode; *su* food; **~erei** gluttony; **~gier** voracity

Frettchen ferret

Freud|e joy, gladness, delight, pleasure; bliss; *~e haben an* to enjoy s-th, to delight in; **~enfeuer** bonfire; **~estrahlend** beaming with joy, radiant; **~ig** joyful, cheerful; **~los** joyless, cheerless

freuen *vt* to gladden, to please, to delight; *refl* to be glad (about), to be pleased (with), to rejoice (in, at); *s. ~ auf* to look forward to

Freund friend; *sie hat e-n ~* she has a young man (*od* a steady); *alter ~* old friend, *umg* chum; *(Anrede)* old boy; *kein ~ sein von* not to care for, not to be keen on; *ein ~ sein von* to like, to be fond of, to be a lover of; *dicke ~e* fast friends; **~in** girl friend; **~lich** friendly, kind; amiable, pleasant; affable; **~lichkeit** friendliness, kindness, pleasantness; **~schaft** friendship; amity; *~schaft schließen mit* to make friends with; **~schaftlich** friendly, amicable; *mit j-m auf ~schaftlichem Fuß stehen* to be on friendly terms with s-b; **~schaftsdienst** good offices, kind service

Frev|el sacrilege; crime; wantonness, outrage; **~elhaft** sacrilegious; criminal; wanton, malicious, wicked; **~eln** to commit a crime; to blaspheme; **~ler** criminal; evil-doer; blasphemer

Fried|e peace; harmony; tranquillity; *im ~en* in peace-time; *ich traue d. ~ nicht* I have my suspicions; *laß mich in ~en!* leave me alone!; *~en schließen* to make peace; **~ensbruch** breach of the peace; **~ensrichter** Justice of the Peace; **~ensschluß** conclusion of peace; **~ensstifter** peacemaker; **~ensvertrag** peace treaty; **~fertig, ~liebend** peace-loving; **~hof** churchyard, cemetery; **~lich** peaceful, peaceable; **~liebend** peace-loving [*friere* I am cold

frieren to freeze; to be cold; *mich friert, ich*

Fries baize; 🏛 frieze; **~eln** ⚕ purples

frisch fresh; cool, chilly; refreshing; brisk, lively; new, recent; clean; *~ gestrichen!* wet paint!; *~ auf!* look alive! come on!; *es ist recht ~ (draußen)* there is quite a nip in the air; *auf ~er Tat* in the very act (of); *~e Eier* new-laid eggs; *~es Grab* newly-dug grave; *~e Wunde* green (*od* raw) wound; **~e** freshness, coolness; briskness; liveliness; brightness; **~stahl** natural steel

Fris|eur, Friseuse hairdresser; **~ieren** to dress (*od* to do) the hair; *s. ~ieren lassen* to have one's hair done; *(Auto)* to soup up; **~iermantel** dressing-jacket, peignoir; **~iersalon** hairdressing salon; **~ierkommode, ~iertoilette** dressing-table, *US* dresser, *US* vanity; **~ur** hair-do, coiffure

Frist time, period; term; respite; delay; *binnen kürzester ~* at a very short notice; in no time; *3 Tage ~* 3 days' grace; **~ablauf** expiry of time limit; **~en:** *sein Leben ~en* to keep the pot boiling, to rub along, *(knapp)* to scrape along, to scrape a living; **~gemäß** at due date; **~gerecht** punctual(ly); **~los** without notice; **~verlängerung** extension of time

frivol frivolous; immoral, low, obscene; **~ität** frivolity; obscenity

froh glad, gay, happy, joyous, joyful, bright; *~ sein (über)* to be pleased (with), glad (about); **~gemut** cheerful; **~locken** to rejoice (at), to exult (at), to triumph (over); **~sinn** gaiety, cheerfulness

fröhlich cheerful, merry, happy, beaming; **~keit** cheerfulness, mirth

fromm pious, religious, devout; good, patient; **¨elei** bigotry; hypocrisy; **¨eln** to affect piety; **~en** to be of use, to benefit; **¨igkeit** piety, devotion

Fron, ~arbeit, ~dienst compulsory labour (*od* service) servitude; **~en** to do compulsory labour; **¨en** to be addicted to, to indulge in; **~leichnam(sfest)** Corpus Christi (Day)

Front front (*a. mil,* 🏛); face, fore part; *auf breiter ~* on a wide scale; *~ machen gegen* to stand up to s-b, to turn against, to make a stand (against); **~al** frontal; head-on *(collision)*

Frosch frog; *sei kein ~!* don't be such a freak!; *(Feuerwerk)* cracker; **~schenkel** hind-leg of a frog

Frost frost; chill; **~beule** chilblain; **⁀eln** to shiver, to feel chilly; **~ig** frosty; chilly; **~schaden** frost damage; **~schutzmittel** anti-freeze

frottier|en to rub; **~(hand)tuch** terry towel

Frucht fruit (*verbotene ~* forbidden f.); crop; ⚕ foetus; *fig* result; *~ tragen* to bear fruit; **~bar** fruitful; fertile; **~barkeit** fruitfulness; fertility, fecundity; **~boden** *bot* receptacle; **~bonbon** fruit(-flavoured) sweet (*od* bonbon); **~bringend** fruit-bearing, fertile; productive; **~en** to have effect; to be of use; **~fleisch** pulp; **~getränk** fruit beverage; **~knoten** *bot* ovary; **~los** fruitless; **~saft** syrup, fruit-juice

frugal frugal

früh early; in the morning; *heute ~* this morning; *von ~ bis spät* from morning till night; *morgen ~* tomorrow morning; *am ~en Nachmittag* in the early afternoon; *~morgens* first thing in the morning; **~aufsteher** early riser; **~beet** hotbed; **~ę** (early) morning; dawn; *in aller ~e* very early; early in the morning; **~er** *adj* former, late; earlier, sooner; *adv* formerly, years ago; **~estens** at the earliest; **~geburt** premature birth; premature baby; **~geschichte** early history; **~jahr, ~ling** spring; **~jahrsbestellung** spring tilling; **~messe** early mass, matins; **~reif** premature; *fig* precocious, forward; **~schoppen** morning pint; **~stück** breakfast; *zweites ~stück (BE)* elevenses; **~stücken** to (have) breakfast; **~zeitig** early, premature

Frust|(ration) frustration; **~rieren** frustrate

Fuchs fox; chestnut horse; freshman, fag, fresher; **~bau** kennel, foxhole; **~eisen** fox-trap; **~en** *vt* to vex, to make angry; to annoy; *refl* to feel (*od* be) annoyed; **⁀in** vixen, bitch(-fox); **~schwanz** brush; ⚙ hand-saw; *bot* love-lies-bleeding; **~teufelswild** furious, in a fearful rage, boiling with rage

Fuchtel rod, whip, ferule; *unter j-s ~ stehen* to be under s-b's thumb; **~n** to gesticulate violently

Fuder cart-load

Fug: *mit ~ und Recht* justly, with full authority (*od* justice); **~e** joint; ♪ fugue; *aus den ~en sein* to be out of joint; *aus den ~en gehen* to fall to pieces, to get out of joint; **⁀en** *refl (in)* to submit to, to acquiesce in, to accommodate o.s. to; *es ⁀te sich* it happened; **⁀sam** obedient; docile; submissive, yielding, acquiescent; **⁀ung** coincidence; submission (to), resignation (to); providence, fate

fühl|bar tangible; perceptible; marked, felt; **~en** to feel; to sense, to perceive; *s. gut ~en* to feel well; **~er, ~horn** *zool* feeler, antenna; **~ung** contact; *in ~ung sein mit* to be in touch (*od* contact) with; **~ungnahme** (making of) contact

Fuhr|e conveyance, carriage, cart; (cart-)load; **~lohn** cartage; **~mann** carter, driver, wagoner; **~werk** vehicle, cart, carriage

führ|en to lead, to guide; to convey, to conduct; to direct; to handle, to control, to manage; *(Waren)* to keep, to carry; *(Namen)* to bear; *(Beweis)* to show; *(Feder)* to wield; *(Krieg)* to make (war) (*gegen* upon); *d. Haushalt ~en* to run the house; *d. Bücher ~en* to keep the books; *zum Munde ~en* to raise to one's lips; *das Wort ~en* to be spokesman; **~end** leading, prominent; **~er** leader; captain; 🚗 driver; ✈ pilot; guide(-book); **~erschaft** leadership, guidance, command; the leaders; **~erschein** *BE* driving licence; *US* driver's license; ✈ pilot's certificate; **~ersitz** driver's seat; ✈ cockpit; cab

Führung leadership, command; guidance; management, direction; behaviour, conduct; *(Zeugnis)* deportment; **~szeugnis** certificate of good conduct

Füll|e abundance (*an* in), amplitude; profusion; fullness; stoutness, plumpness; **~en** to fill (up); *(Kochen)* to stuff; *in Flaschen ~en* to bottle; **~feder(halter)** fountain pen; **~horn** horn of plenty, cornucopia; **~sel** stop-gap; *(Kochen)* stuffing; **~ung** filling; 🏛 panelling; *(Kochen)* stuffing; **~wort** expletive

Füllen foal; *(männl.)* colt; *(weibl.)* filly

fummeln to fumble, to grope about

Fund finding; discovery; find; thing found; **~büro** lost-property office; **~grube** mine; *fig* bonanza

Funda|ment foundation, basis; basement; **~ieren** to lay a foundation; to consolidate; **~ierung** foundation; basis

fünf five; *nicht für ~ Pfennig . . .* not a halfpennyworth (of) . . .; **~eck** pentagon; **~eckig** pentagonal; **~erlei** of five different kinds; **~fach** fivefold, quintuple; **~hundert** five hundred; **~kampf** ⛹ pentathlon; **~linge** quintuplets; **~mal** five times; **~seitig** pentahedral; **~stellig** of five digits; **~stöckig** five-storied; **~tausend** five thousand; **~te** fifth ♦ *das ~te Rad am Wagen sein* to be superfluous; **~tel** fifth (part); **~tens** fifthly, in the fifth place; **~uhrtee** five o'clock tea; **~zehn** fifteen; **~zehnte** fifteenth; **~zig** fifty; **~zigste** fiftieth

fungieren to function, to act as; to officiate

Funk wireless, radio; **~apparat, ~gerät** radio (*BE* wireless) set; **~bearbeitung** radio adaptation; **~bild** facsimile, radio-photogram; **~e, ~en** spark(le), flash; *fig* bit, particle; **~empfang** wireless reception; **~en** to radio; 📻 to broadcast; **~ensprühend** sparkling, scintillating; **~er** radio operator; telegraphist; **~ortung** radiolocation; **~peilstation** radiolocation station; **~sprechverkehr** radio telephony; **~spruch** radiogram; **~station, ~stelle** radio (*od* broadcasting) station; **~streife** radio patrol car; **~telegraphie** radio-telegraphy; **~turm** radio tower; **~wagen** radio car; **~zeitung** radio magazine

funkel|n to sparkle, to glitter, to twinkle; **~nagelneu** brand-new

Funktion function; **~är** functionary; **~ieren** to function, to work; **~sfähig** efficient; adequately functioning

Funzel weak (*od* miserable) lamp

für for; in favour of, on behalf of; *(um . . . willen)* for the sake of; *(anstatt)* instead of; in return for; *Tag ~ Tag* day after day; *Mann ~ Mann* man by man; *an und ~ sich* in (of) itself; *d. ~ und Wider* the pros and cons; *ich ~ meine Person* as for me, I for one; *was ~ (ein)?* what (kind of) ...?; *~ und ~* for ever and ever; **~baß** *adv* further, forward, on; **~bitte** intercession; *~bitte einlegen* to intercede (*bei* with, *für* for); **~bitter** intercessor; **~sorge** care; relief; *öffentliche ~sorge* public welfare (*od* charity); social work; **~sorgeamt** welfare office (*od* centre); **~sorgeanstalt** remand home; approved school; **~sorgeeinrichtungen** social services; **~sorgeerziehung** correctional education, education in a remand home; **~sorger(in)** welfare officer (*od* worker), social worker; almoner; **~sorglich** careful, thoughtful; **~sprache** intercession; **~sprecher** intercessor; mediator; advocate; **~wahr** truly, indeed, certainly; **~wort** pronoun

Furage forage, fodder

Furche furrow; wrinkle; **~n** to furrow; to wrinkle

Furcht fear, dread, fright; anxiety, apprehension; *aus ~ vor* from fear of; **~bar** dreadful, terrible, horrible, formidable; awful; **⁓̈en** *vt* to fear, to dread, to be afraid of; *refl (vor)* to be afraid of; **⁓̈erlich** terrible, horrible, frightful; **~los** fearless, intrepid; **~losigkeit** fearlessness, intrepidity; **~sam** timid, chicken-hearted; nervous; **~samkeit** timidity; nervousness

Fur|ie termagant, fury; **~nieren** to veneer, to inlay; **~nierholz** wood for inlaying; **~nier** veneer(ing), inlaying

Fürst prince; **~engruft** royal burial-vault; **~entum** principality; **~in** princess; **~lich** princely; *~lich leben* to live like a lord

Furt ford, passage, crossing

Furunkel furuncle, boil

füsilieren *mil* to execute, to shoot (to death)

Fusion amalgamation, merger; *chem* fusion

Fuß foot; *(Stand)* footing; *(Glas)* stem; bottom; *(Säule)* pedestal, base; *zu ~* on foot; afoot; *etwa 10 Min. zu ~* about ten minutes' walk; *zu ~ gehen* to walk; *~ fassen* to gain a footing ♦ *auf großem ~ leben* to live in grand style; *auf dem ~e folgen* to follow hard on; *auf freien ~ setzen* to set at liberty (free); *auf freiem ~* at large; at liberty; *stehenden ~es* immediately; *von Kopf bis ~* from top to toe; *auf eigenen Füßen stehen* to be independent; to pay one's way; *gut zu ~ sein* to be a good walker; *auf gutem (gespanntem) ~ stehen mit* to be on good (bad) terms with; **~abstreifer, ~matte** door-mat, door-scraper; **~abdruck** footprint; **~angel** man-trap; **~ball** *(Ball)* football; *(deutscher)* Association Football, *umg* soccer; *(amerikanischer) BE* American football, *US* football; **~bank** footstool; **~boden** floor; **~breit:** *(fig) jeder ~breit* every inch; **~bremse** footbrake; **~en** *(auf) fig* to depend on, to rely on; to be based on, to be founded on; **~ende** foot, bottom-end; **~fall** prostration; *e-n ~fall tun* to prostrate o. s., to go down on one's knees; **~gänger** pedestrian; walker; **~gelenk** ankle joint; **~note** footnote; **~pflege** chiropody; **~reif(en)** bangle; **~sack** foot-muff; **~spitze** point of the toe, tiptoe; **~spur, ~stapfe** footprint, footstep; track, trace; **~tritt** kick; **~volk** infantry; **~wanderung** walking tour, ramble; hike; **~weg** footpath

Fussel fluff; **~ig** fluffy

futsch *umg* gone, off, lost; ruined

Futter food, *umg* grub; fodder, forage, bait; lining; casing; **~al** case; box; sheath; **~n** *umg* to tuck in; to eat heartily; **~napf** food-dish; **~neid** *fig* professional jealousy; **~rübe** mangold, mangel(-wurzel); **~seide** silk for lining; **~stoff** lining; **~trog** trough, manger

fütter|n to feed; to line, to pad; ⚙ to case; **~ung** feeding; lining; casing

Futur future; *gram* future (tense)

G

G (the letter) G; ♪ G; **G-Dur** G major; **g-Moll** G minor

Gabardine gabardine

Gabe present, gift; bounty; talent; *milde ~n* alms

Gabel fork; *(Wagen-)* shafts; *bot* tendril; **~bissen** snack, titbit; **~frühstück** small warm meal (before lunch); **~n** *refl* to fork, to bifurcate; to branch off; **~ung** bifurcation, forking; **~weihe** *zool* kite; **~zinken** prong

gackern to cackle; *su* cackling

Gaff|el ⚓ gaff; **~en** to gape, to stare; **~er** gaper, idle onlooker

Gage fee, honorarium

gähnen to yawn, to gape; *su* yawning

Gala gala; *in ~* in full dress

Galan lover; **~t** courteous, gallant; **~terie** courtesy; **~teriewaren** fancy goods, trinkets

Galeere galley

Galerie gallery

Galgen gallows, gibbet; boom; *an den ~ kommen* to be hanged; **~frist** respite; **~humor** grim humour; **~strick, ~vogel** gallows-bird, hangdog, rogue

Gall|apfel gall-nut; **~e** bile *(a. fig)*, gall; *fig* rancour; **~en-** bilious; **~enanfall** bilious attack; **~enblase** gall-bladder; **~enstein** gall-stone; **~ig** bilious; **~isch** Gallic; **~wespe** gall-fly, gall-wasp

Gallert|(e) jelly, gelatine; **~artig** gelatinous

Galopp gallop; *leichter ~* canter; *im gestreckten ~* at full speed; **~ieren** to gallop; to canter

Galoschen galoshes, overshoes, rubbers

galvan|isch galvanic; **~isieren** to galvanize, to electroplate; **~o** electrotype, electroplate; **~oplastik** electrotype, electrotypy

Gam|asche gaiter; spat; legging; **~sbart** goatee beard

Gang gait, walk; carriage; *(Pferd)* pace; stroll, walk; message, errand; *(Essen)* course; gear; bout; *(Fechten)* assault; corridor, passage; *(Bergb.)* lode, vein, seam; duct, canal; *BE* gangway, aisle; *in ~ bringen* to set going, to start; to activate; *in ~ kommen* to start, to get under way; *in vollem ~* in full swing; *es ist etw im ~e* s-th is going on; *~ und gäbe* customary, usual; **~art** gait, walk; pace; ⚙ gangue; **~bar** passable; practicable; current; *(Ware)* marketable, salable; **~hebel** gear-shift lever; **~spill** ⚓ capstan; **~ster** gangster, racketeer

Gängel|band leading-strings (*j-n am ~band führen* to keep s-b in l.); **~n** to lead by the string

gängig marketable, salable; current

Gans goose; *dumme ~* a silly; **~̈chen** gosling; **~̈eblume** daisy; **~̈ebraten** roast goose; **~̈füßchen** *BE* inverted commas, quotation marks; **~̈ehaut** goose-skin; *fig* goose-flesh; *j-m e-e ~̈ehaut über den Rücken jagen* to make s-b's flesh creep; **~̈eklein** giblets (of a goose); **~̈eleberpastete** pâté de foie gras; **~̈emarsch** single file, Indian file; **~̈erich** gander; **~̈eschmalz** goose-dripping; **~̈ewein** Adam's ale (*od* wine)

ganz *adj* whole, entire; all; undivided; full, complete; total; intact; *den ~en Tag* all the day, all day long; *~ London* the whole of L.; *~e zehn Tage* full ten days; *~e Note* semibreve; *~ Ohr sein* to be all ears; *im ~en* on the whole, in the lump; on balance; *von ~em Herzen* with all one's heart; *ein ~er Mann* a true man, every inch a man; *adv* wholly, entirely; altogether; thoroughly, all; *(ziemlich)* quite, fairly; *~ anders* quite different; *~ und gar* altogether, absolutely; lock, stock and barrel; *~ und gar nicht* not at all, by no means; …, *~ gleich, was er sagt* no matter what he says; *~ recht* quite right; *soweit ~ gut* so far, so good; *~ der Vater* a chip of the old block; *su* **~e(s)** whole, totality, bulk, lot; *aufs ~e gehen* to be (*od* go) all out (for), to go the whole hog; **~heit** totality; **~leder** leather-binding; calf; **~leinen** cloth; **~̈lich** *adv* entirely, completely, totally, altogether

gar ready, done, cooked; *(Leder)* dressed; *(Metall)* refined; *adv* fully, quite, very; even; *~ nicht* not at all, by no means; *~ nichts* nothing at all; *~ mancher* many a man; **~aus:** *den ~aus machen* to finish s-b off, to do away with

Garage garage

Garant guarantor; **~ie** guarantee, warranty; **~ieren** to guarantee; **~ieschein** certificate of warranty

Gar|be sheaf; **~de** guard(s); **~dist** guardsman

Garderobe clothes; wardrobe; *BE* cloakroom, checkroom; 🎭, ⛩ dressing-room; **~nständer** hat-stand

Gardine curtain ♦ *hinter schwedischen ~n* behind prison bars; **~npredigt** curtain-lecture; **~nstange** curtain-rail

gär|en to ferment; **~ung** fermentation; unrest, agitation

Garn yarn; thread; cotton; *fig* snare; **~rolle** reel of thread

Garn|ele shrimp; **~ieren** to trim; *(Essen)* to garnish; **~ierung** trimming; **~ison** garrison; **~itur** set; outfit, equipment; fittings, accessories

garstig nasty, loathsome; ugly

Garten garden; **~architekt** landscape gardener; **~bau** gardening, horticulture; **~haus, ~laube** summer-house; **~weg** alley; **~zaun** garden fence

Gärtner gardener; **~ei** gardening; market garden; *(Baumschule)* nursery; **~isch** horticultural; **~n** to do gardening

Gas gas; *~ geben* 🚗 to step on the gas; **~abwehr** anti-gas defence; **~anstalt** = ~werk; **~brenner** gas-burner; **~förmig** gaseous; **~hahn** gas-tap; **~hebel** 🚗 accelerator; **~leitung** gas pipes, gas supply; **~maske** gas mask; **~messer, ~uhr** gas-meter; **~olin** petroleum ether; **~ometer** gasometer, *US* gas tank; **~vergiftung** gas poisoning; **~werk** gas-works

Gasse alley, lane, (narrow) street; **~nbube, ~njunge** street-arab, urchin; **~hauer** popular song, hit

Gast guest, visitor; customer, client, patron; 🎭 (guest) star; *j-n zu ~ bitten* to invite s-b; *zu ~ sein bei* to be staying with; **~bett** spare bed; **~̈ebuch** visitor's book; **~̈ezimmer** spare room; **~frei, ~freundlich** hospitable; **~freundschaft** hospitality; **~geber(in)** host(ess); **~haus, ~hof** inn, restaurant, *umg* pub; (small) hotel; **~hörer** guest student, *bes US* auditor; **~ieren** 🎭 to give a guest performance; **~mahl** banquet, dinner-party; **~rolle** 🎭 guest part; **~spiel** guest performance; **~spielreise** tour; **~stätte** restaurant; **~stättengewerbe** catering trade; **~stube** bar room, parlour; **~wirt** innkeeper; hotel-keeper; **~wirtschaft** inn, *BE* pub, *US* saloon

Gatt|e husband; spouse, consort; *umg* hubby; **~in** wife; spouse, consort; **~ung** kind, sort; genus; species, family

Gatter railing, fence; enclosure

Gau district; **~ch** fool, simpleton; **~di** carousal, bit of fun

Gauk|elbild illusion, phantasm, mirage; **~elei, ~elspiel, ~elwerk** juggling, conjuring; trickery, fraud; **~eln** to juggle; to trick; to flutter (about); **~ler** juggler, conjurer

Gaul horse, *umg* nag

Gaumen palate, roof of the mouth; **~laut** palatal sound; **~segel** ⚕ soft palate

Gauner swindler, cheat, scoundrel; **~ei** cheating, swindling, *sl* chisel; **~n** to swindle, to cheat; **~sprache** thieves' Latin

Gaze gauze; **~lle** gazelle

Ge|ächteter outlaw; **~ächze** moaning, groaning; **~ädert** veined; *(Holz)* grained, marbled; **~äst** branches

Gebäck pastry, tea-bread; *feines ~* fancy cakes

Gebälk beams, timber work

Gebärde gesture, movement; **~n** *refl* to behave, to conduct o. s.; **~nspiel** gesticulation, gestures; dumb show, pantomime; **~nsprache** (deaf and dumb) sign language; 🎭 mimicry

Gebaren behaviour, deportment

gebär|en to give birth to, to bear, to bring forth; **~mutter** womb, uterus
Gebäude building, edifice, structure
Ge|bein bones, skeleton; limbs; **~belfer** yelping, barking; **~bell** barking
geben to give, to present (s-b with), to hand over, to bestow upon; *(Karten)* to deal; to serve; to perform, to act, to play; *refl* to behave; to get better; to stop; *es gibt* there is, there are; *von s. ~* to utter, to express; *phys* to emit; to vomit; *etw ~ auf* to set great store by, to attach value to; *verloren ~* to give up (for lost); *was gibt es?* what's going on?; *das gibt es nicht* that's impossible, there is no such thing; I will not stand it; *zu denken ~* to make s-b think, to set s-b thinking; *er hat es ihm ordentlich ge~ (umg)* he really let him have it; *ein Wort gibt das andere* one word brings on another
Geber giver, donor
Gebet prayer; *sein ~ sprechen* to say one's prayers; *ins ~ nehmen* to question closely, to read s-b a lesson; *das ~ des Herrn* the Lord's Prayer
Gebiet district, area, territory; *fig* sphere, province; **~en** to command, to order; *(über)* to rule over, to govern; *(verfügen)* to have at one's disposal; **~er** master, lord; arbiter; commander, governor, ruler; **~erin** mistress; **~erisch** imperious; peremptory; **~sanspruch** territorial claim; **~shoheit** territorial sovereignty
Gebilde creation, structure; form, figure; image; creature; formation; **~t** educated, cultivated, well-bred, cultured
Gebimmel ringing, tinkling, jingle
Gebinde bundle; sheaf; skein, hank; truss; barrel, cask
Gebirg|e mountains, mountain range; highlands; **~ig** mountainous
Ge|biß set of teeth; *(Pferde)* bit; denture, artificial teeth; **~bläse** bellows, blast apparatus; blower; supercharger; **~blöke** bleating; lowing; **~blümt** flowery; figured, sprigged; **~blüt** blood; descent, lineage; race
geboren born; *Frau X, ~e Y* Mrs X, née Y; *er ist ein ~er Deutscher* he is a German by birth; *~er Münchner* a native of Munich
geborgen safe, out of danger; **~heit** security
Gebot order, command; law; *eccl* commandment; *(An-)* offer; *zu ~ stehen* to be at s-b's disposal
Gebräu brew(ing); mixture, concoction
Gebrauch use; custom; practice, habit; employment; *pl* rites; *~ machen von* to make use of; **~en** to use, to make use of; *zu nichts zu ~en sein* to be good for nothing; **¨lich** customary, usual, in use; current; **~sanweisung** directions for use; **~sgegenstand** utensil; (personal) belongings; **~sgraphik** commercial art; **~sgraphiker** commercial (*od* graphic) artist; **~sgüter** durable goods, utility goods; **~smuster** registered design, utility model; **~t** used; second-hand; **~twagen** used car; **~twaren** second-hand articles
gebrech|en *vi: es gebricht mir an* I am short of, I am in need of; *su* malady, infirmity; defect; weakness; **~lich** feeble, weak; fragile, frail; decrepit; **~lichkeit** feebleness, weakness; infirmity; frailty; decrepitude
gebrochen broken *(English etc)*; not uniform throughout
Ge|brüder brothers; *(Firmenname)* Bros *(nachgestellt)*; **~brüll** roar; lowing
Gebühr fee; charge; tax; rate; due; *über ~* unduly, immoderately; **~en** to be due (to); to be proper (*od* fitting); **~end** *adj* proper, due; becoming; *adv* duly, properly; **~enfrei** free of charge; tax-free, duty-free; **~enordnung** tariff; fees order; **~enpflichtig** subject to tax, liable to a fee; **~lich** = ~end
gebunden tied; blocked; *(beschränkt)* subject to restriction; *(Preise etc)* controlled; *(vorgesehen)* earmarked
Geburt birth; *fig* rise, origin; *von ~* by birth; *bei d. ~* at birth; *vor Christi ~* before Christ (B. C.); *nach Christi ~* A. D. ♦ *e-e schwere ~* a tough job; **~enziffer** birth-rate; **~enzunahme** increase in the birth-rate; **¨ig** born (in), native (of); **~sfehler** congenital infirmity; **~shelfer** obstetrician, accoucheur; **~shelferin** midwife, accoucheuse; **~sjahr** year of birth; **~sort** place of birth; **~srecht** birth-right; **~sschein** birth certificate; **~stag** birthday; *Mozarts 100. ~stag* the 100th anniversary of Mozart's birth; **~swehen** labour pains
Gebüsch bushes; thicket, underwood, undergrowth
Geck dandy, coxcomb, fop; **~enhaft** dandified
Gedächtnis memory (*e. ~ wie e. Sieb* a m. like a sieve); remembrance, recollection; *zum ~ von* in memory of; *aus dem ~* by heart, from memory; *j-m ins ~ zurückrufen* to remind s-b of s-th; *s. ins ~ zurückrufen* to recall to one's mind; **~feier** commemoration; anniversary; **~hain** memorial grove; **~übung** mnemonic exercise
Gedanke thought; conception, idea; intention, plan; *mit s-n ~n woanders sein* to be absent-minded; *in ~n sein* to be engrossed, to be preoccupied; *in ~n versunken* absorbed in thought; *s. ~n machen* to bother one's head (o. s.), to worry (*wegen* about); *nur ~n haben für* to have s-th on the brain; *kein ~!* not a bit, not at all; *d. Wunsch ist Vater des ~ns* the wish is father to the thought; **~nblitz** brain-wave; **~ngang** train of thoughts; **~nlos** thoughtless; **~nlosigkeit** thoughtlessness; light-heartedness; **~nlyrik** philosophical poetry; **~nstrich** dash, 🕮 *mst* rule; **~nübertragung** telepathy; **~nvoll** thoughtful; pensive; full of ideas; **~nwelt** thought, (range of) ideas
gedanklich intellectual, mental
Ge|därm bowels, intestines; **~deck** cover; knife and fork; restaurant meal
gedeih|en to grow, to thrive, to develop; to prosper; to succeed; *unrecht Gut ~et nicht* ill-gotten gains never prosper; *su* growth; *auf ~*

und Verderb for better (or) for worse; **~lich** prosperous, thriving
gedenk|en to think of, to remember; to mention; to intend (to do); *su* memory, recollection (*an* of); **~feier** commemoration; **~stein** memorial (stone), monument; **~tag** anniversary
Gedicht poem; **~band, ~sammlung** anthology
gediegen pure, genuine; solid; reliable; thorough; odd, strange; **~heit** purity; solidity; reliability; thoroughness
Gedräng|e crowd, throng; *fig* difficulty, embarrassment; **~t** crowded; concise, terse; **~theit** conciseness, terseness
ge|drückt depressed, oppressed; **~drungen** stout, thickset
Geduld patience; indulgence; forbearance; *~ haben* to be patient; **~en** *refl* to have patience, to wait patiently; **~ig** patient; indulgent; forbearing; *Papier ist ~ig* paper does not blush; **~sfaden:** *ihm riß d. ~sfaden* he lost his patience; **~sprobe** trial of patience; **~spiel** puzzle
ge|dunsen bloated, puffy; **~ehrt:** *sehr ~ehrter Herr!* Dear Sir; **~eignet** suitable, appropriate, fit
Gefahr danger, peril; menace, jeopardy; risk; *~ laufen* to run the risk (of); *in ~ bringen* to endanger, to jeopardize; **⸚den** to endanger, to imperil, to expose to danger; **~engebiet, ~enzone** danger zone; **⸚lich** dangerous, perilous; **⸚lichkeit** danger; **~los** safe, secure, without danger; **~voll** dangerous, perilous
Gefährt vehicle; **~e, ~in** companion, comrade
Gefälle fall, incline; slope; *(Straße)* gradient, downhill grade; differential; *fig a.* gap, margin
gefall|en *vi* to please; *es ⸚t mir* I like it; *s. ~en lassen* to put up with, to submit to; *das lasse ich mir nicht ~en* I won't stand (*od* have) it; *su* pleasure (*an* in); kindness, favour (*j-m e-n ~en tun* to do s-b a f.); *pp mil* killed in action; *die ~enen* the killed, the fallen; **⸚ig** pleasing; obliging, accommodating, helpful, complaisant; **⸚igkeit** favour, kindness; complaisance; **⸚igst** *adv* if you please; **~sucht** coquetry; **~süchtig** coquettish
gefangen caught, captive; **~er** prisoner; captive; **~nahme** capture; arrest; imprisonment; **~nehmen** to capture, to take prisoner; to arrest; *fig* to captivate; **~schaft** captivity, confinement; *in ~schaft geraten* to be taken prisoner
Gefängnis prison, jail, *BE oft* gaol; ⚖ imprisonment; **~strafe** imprisonment; **~wärter** jailer, *BE oft* gaoler
Gefäß (*a.* ⚕) vessel; receptacle; container, pot
gefaßt calm, composed, collected; *s. ~ machen auf* to be prepared for
Gefecht fight, combat; action, engagement; *außer ~ setzen* to put out of action *(a. fig)*, to knock out; **~sklar** clear for action; **~sstand** command post
gefeit immune (from), proof (against)
Gefieder feathers, plumage; **~t** feathered; *bot* pinnate
Gefilde fields, open country; *fig* domain; *~ der Seligen* Elysium
Ge|flecht wickerwork; network; texture; ⚕ plexus; **~fleckt** speckled, spotted; freckled; **~flissentlich** intentional, wilful; on purpose
Geflügel birds; poultry, fowls; **~farm** poultry farm; **~händler** poulterer; **~schere** poultry shears; **~t** winged; *~te Worte* familiar quotations, household words; **~zucht** poultry-farming
Geflüster whispering
Gefolg|e suite, entourage; train; followers; **~schaft** followers; staff, employees; **~smann** adherent, follower; vassal
gefräßig greedy, gluttonous; **~keit** greediness, gluttony
Gefreiter private; ⚓ *BE* ordinary seaman, *US* seaman apprentice; ✈ *BE* aircraftman 1st class, *US* airman 3rd class
gefrier|en to freeze; to congeal; **~fleisch** frozen meat; **~punkt** freezing-point
gefroren frozen; **~es** ice(-cream)
Gefüg|e structure, construction, frame; texture; **~ig** pliable, flexible; *fig* docile, tractable; adaptable; **~igkeit** pliancy; docility; adaptability; tractableness
Gefühl feeling (*seinen ~en freien Lauf lassen* to give vent to one's feelings); sentiment; emotion; sense; sensation; touch; *das ~ haben, als ob* to feel as if; *~ für* sense of ♦ *s-e ~e offen zur Schau tragen* to wear one's heart upon one's sleeve; **~los** numb; heartless, unfeeling, bloodless; **~losigkeit** numbness; heartlessness; **~swert** sentimental value; **~voll** feeling; tender, affectionate; sentimental
gefüllt filled, stuffed; *bot* double
gegeben|enfalls *adv* in case (of need), as the case may be; if the occasion arises; **~heiten** facts, conditions
gegen *prp* against; contrary to; to, towards; *(etwa)* about; compared with; for, in return (*od* exchange) for; ⚖ versus; *~ 5 Uhr* about 5 o'clock; *mit 12 ~ 5 Stimmen* by 12 votes to 5; **~angriff** counter-attack; **~dienst** return service; *~dienst leisten* to return s-b's favour; **~einander** against each other; towards each other; **~füßler** antipode; **~gewicht** counterpoise, counterweight; compensating factor; **~gift** antidote, antitoxin; **~leistung** return service; consideration; **~lichtblende** 📷 sunshade, lens shade; **~liebe** mutual love; **~maßnahme** countermeasure; **~mittel** antidote; remedy; **~rede** contradiction; reply; **~satz** contrast; opposition; *im ~satz zu* contrary to; in opposition to; **~sätzlich** contrary, adverse; opposite; **~schlag** counter-blow; **~schrift** refutation; rejoinder; **~seite** opposite side; opponent; the other party; **~seitig** mutual, reciprocal; *(Abkommen)* bilateral; **~seitigkeit** reciprocity; *das beruht auf ~seitigkeit* that is reciprocal; **~spieler** opponent, antagonist; **~stand** object; subject, topic; **~standslos** superfluous, unnecessary; purposeless; devoid of object; invalid; **~ständlich** objective;

graphic; **~stoß** counter-thrust; *mil* counter-attack; **~stück** counterpart; companion-picture; complement(ary part); **~teil** opposite, contrary, reverse; *im ~teil* on the contrary; **~teilig** opposite; to the contrary; **~über** *adv, prp* opposite to, facing, *US* across from; in the face of; as against; *su* vis-à-vis; **~überstellen** to oppose to; to confront with; to contrast; **~überstellung** confrontation; contrast; juxtaposition; **~wart** presence; present time; *gram* present tense; **~wärtig** *adj* present; actual, current; *adv* at present, now, nowadays; **~warts-** contemporary; **~wehr** defence; **~wert** equivalent; **~wind** head wind

Gegend region, area, district

Gegner adversary, opponent (*a.* ⛹); enemy; **~isch** opposing, hostile; of the enemy, the opponent's; **~schaft** opposition, antagonism; opponents

Gehalt *(Inhalt)* contents; *(Gold-, fig)* content; proportion (*an* of); capacity; standard; value; *(Geld)* salary, pay; **~los** worthless; **~sempfänger** salaried employee; **~serhöhung** increase in salary; **~voll** valuable; substantial

gehässig malicious, spiteful; **~keit** malice, spitefulness

Gehäuse box, case, capsule; ⚙ housing, casing; *(Obst)* core; *(Schnecken-)* shell

Gehege preserve, deer-forest; pen, enclosure ♦ *j-m ins ~ kommen* to spoil s-b's game; to poach on s-b's preserves

geheim secret, clandestine; concealed, hidden; *streng ~* top secret; **~dienst** secret service; **~fach** private safe, secret drawer; **~lehre** esoteric doctrine; **~nis** secret (*e. offenes ~nis* an open s.); mystery; *das ist das ganze ~nis* that's the long and the short of it; **~niskrämer** mystery-monger; **~nisvoll** mysterious; **~polizei** secret police

Geheiß order, command, behest (*auf ~ von* at the b. of)

geh|en to go, to walk; to go away, to leave; ⚙ to work, to run; *(Zug)* to leave; *(Teig)* to rise; *(Wind)* to blow; *(Ware)* to sell well; *(Fenster)* to face *(north etc)*; *(umg) mit j-m ~en* to go out with; *wie ~t es dir?* how are you?; *das ~t nicht* that won't do; *~en lassen (vt)* to let go; *refl* to let o. s. go; *in s. ~en* to repent; *vor s. ~en* to take place; to go on; *es ~t nichts über* there is nothing better than; *worum ~t es?* what's it all about?; *danke, es ~t schon* thank you, I can manage; *es ~t sehr ins Geld* it runs into a good deal of money; *so ~t es, wenn* that's always the way when; *es ist mir genauso gegangen* the same happened to me; *wohin ~t es hier?* where does this way lead to?; *su* walking, going; ⛹ walking race, *(als Tätigk.)* race-walking; **~rock** frock-coat; **~steig, ~weg** *BE* pavement, footpath, *US* sidewalk; **~werk** works; **~werkzeuge** limbs

ge|hemmt self-conscious; inhibited; **~henk** sword-belt; **~heuer** safe; *nicht ~heuer* unsafe; haunted; fishy; **~heul** howling, yelling; **~hilfe** assistant, help, adjunct; *mil* aide; *(Golf)* caddie

Gehirn brain, *bes fig* brains; **~erschütterung** concussion (of the brain); **~hautentzündung** meningitis; **~schlag** apoplexy of the brain; **~trust** brain trust

Ge|höft farm(stead); farm premises; **~hölz** wood, copse

Gehör hearing, ear; *fig* attention; *nach d. ~* by ear; *~ schenken* to listen to; to grant; **~gang** acoustic duct, auditory canal; **~nerv** auditory (*od* acoustic) nerve; **~sinn** sense of hearing

gehorchen to obey

gehör|en *vi* to belong (to, *bes US* in, with); to be affiliated (with, to); to be among(st); *refl* to be fitting, to be proper, to be right; *er ~t bestraft* he ought to be punished; *er ~t mit dazu* he is one of them; **~ig** belonging to; due, necessary; sound, healthy, good, proper

Gehörn horns; antlers; **~t** horned, antlered; horny

gehorsam obedient; *su* obedience

Gehr|e, ~ung ⚙ mitre, mitring; **~en** ⚙ to mitre

Gei|er vulture; **~fer** drivel, slaver; spittle; *fig* venom; **~fern** to slaver, to drivel; *fig* to foam with rage

Geige violin ♦ *die erste ~ spielen* to play first fiddle; **~n** to play (on) the violin; to bow; **~nbogen** bow; **~nkasten** violin-case; **~r** violinist; **~rzähler** ⚙ Geiger counter

geil voluptuous, lascivious; luxuriant; **~heit** lasciviousness; luxuriance

Gei|sel hostage; **~ser** geyser

Geiß goat; **~blatt** honeysuckle, woodbine; **~bock** he-goat, billy-goat; **~el** whip, lash; *fig* scourge; **~eln** to whip, to lash, to castigate; to flagellate; *fig* to reprimand, to censure; **~elung** lashing, flagellation; condemnation

Geist spirit; mind, intellect; genius; wit; *(Gespenst)* ghost, spectre; *d. Heilige ~* the Holy Ghost; *den ~ aufgeben* to give up the ghost; *wes ~es Kind ist er?* what sort of a man is he?; **~erhaft** ghostly, ghostlike; **~ern** to haunt; **~erseher** visionary, seer of ghosts; **~erstunde** ghostly hour; **~esabwesend** absent-minded; **~esabwesenheit** absence of mind, absent-mindedness; **~esblitz** brainwave, stroke of genius; **~esgabe** talent; **~esgegenwart** presence of mind; **~esgestört** insane, mentally deranged; **~eshaltung** mentality; attitude of mind; **~eskrank** = ~esgestört; **~eskrankheit** insanity; **~esleben** intellectual activity; **~esprodukt** brain-child; **~esschärfe** wit, cleverness; **~esschwach** feeble-minded; **~esverfassung** frame of mind; state of mind; **~esverwandt** congenial; **~eswissenschaften** the Arts, humanities; **~eszustand** state of mind; **~ig** spiritual; intellectual, mental; *(Getränke)* spirituous, alcoholic; *~ige Arbeit* brain work; *~ig umnachtet* deranged; *~ig anspruchslos(er Mensch)* low-brow; **~igkeit** spirituality; intellectuality; **~lich** spiritual, religious; clerical, ecclesiastical; sacred; **~licher** clergyman, vicar, minister; **~lichkeit** clergy, ministers; **~los** spiritless; dull; **~reich, ~voll** ingenious; witty; **~tötend** dull, monotonous

Geiz avarice; stinginess; **~en** to stint; to economize (with); **~hals, ~kragen** miser, skinflint; **~ig** avaricious, stingy
Ge|jammer wailing, lamentation; **~jauchze, ~jubel** jubilation, shouting; **~johle** yelling, hooting; **~kachelt** tiled; **~keife** squabbling, scolding; **~kicher** tittering; **~klapper** rattling; **~klingel** tinkling, jingling; **~knatter** crack(l)ing, roaring; **~knister** rustle, rustling; crackling; **~kritzel** scribbling, scrawl; **~kröse** pluck, giblets; ⚕ mesentery; **~künstelt** artificial; affected
Gelächter laughter, laughing; laughing-stock (*s. zum ~ machen* to make o. s. a l.); *s. dem ~ aussetzen* to expose o. s. to ridicule
Gelage banquet, carousal, drinking-bout
Gelände tract of country (*od* land); countryside; terrain, area, ground; territory, lands; **~abschnitt** sector, area; **~aufnahme** land survey; **~fahrt** cross-country drive; **~lauf** cross-country race; **~ritt** point-to-point race; **~sport** field-sports; scouting exercises
Geländer railing; balustrade; banister; parapet; **~langen** to reach, to arrive (at); to attain (to), to get (to)
gelassen calm, collected, composed; **~heit** calmness, composure
Gelauf|e running to and fro, bustle; **⁓ig** fluent; familiar; current; **⁓igkeit** fluency, ease
gelaunt disposed, tempered; *gut ~* in good humour; *schlecht ~* bad-tempered, cross, ill--humoured
Geläute ringing of bells, chime, peal (of bells)
gelb yellow; *~e Rübe* carrot; **~filter** yellow filter, light-filter; **~sucht** jaundice
Geld money; *bares ~* cash; *kleines ~* change; *nicht für ~ u. gute Worte* not for love or money; *bei ~ sein* to be in funds; *ins ~ laufen* to mount up; *zu ~ machen* to turn into ready money; *~ wie Heu haben* to be rolling in money; **~abfindung** cash settlement; service gratuity; **~anweisung** money order, postal order; **~beutel** purse, money-bag; **~einwurf** slot for coins; **~entwertung** inflation; **~geber** lender of capital, financier; *sl* angel; **~gier** avarice; **~institut** financial institution, bank; **~mittel** funds; pecuniary (*od* financial) resources (*od* means); **~politik** monetary policy; **~reform** currency reform; **~quelle** source of income (*od* capital); **~sachen** money matters; **~schein** banknote; **~schrank** safe; **~sorten** notes and coin; **~spende** donation; contribution; **~strafe** fine; **~stück** coin; **~verlegenheit** financial difficulty **~verleiher** lender; **~wert** monetary value; **~wesen** monetary system (*od* matters)
Gelee jelly
gelegen situated; convenient, opportune; *es ist mir sehr daran ~* I am anxious (to do); *mir ist nichts daran ~* I don't care, it's unimportant; **~heit** occasion; opportunity; chance; *bei ~heit* occasionally; **~heitsarbeiter** casual labourer; **~heitskauf** chance purchase, bargain; **~tlich** *adj* occasional, incidental; *adv* some time, when occasion arises (*od* offers), one of these days; at one's convenience
gelehr|ig docile; teachable; intelligent; **~igkeit** docility; intelligence; **~samkeit** learning, erudition, scholarship; **~t** learned, erudite, scholarly; **~ter** scholar, learned man; *(großer)* savant
Geleise track, rut; rails, line; *fig* routine, beaten track
Geleit accompanying, conducting; *mil* escort; ⚓ convoy; *freies ~* safe conduct; **~en** to accompany; to escort, to convoy; **~wort** preface; motto; **~zug** convoy
Gelenk joint, articulation; *(Kette)* link; **~entzündung** arthritis; **~ig** pliable, supple, limber; **~igkeit** pliability, suppleness, flexibility; **~pfanne** socket (of a joint); **~welle** drive shaft
ge|lernt *adj* skilled; **~lichter** gang, set, rabble; **~liebte(r)** lover; sweetheart, beloved; mistress; **~liefert sein** to be done for; **~lieren** to gelatinize, to set; **~linde** soft, gentle; mild; moderate; slight, lenient, light; *~linde gesagt* to put it mildly; **~lingen** to succeed (in doing s-th); to manage (to do); *su* success; **~lispel** lisping
gellen to yell, to scream, to shrill; *(im Ohr)* to tingle; **~d** yelling, shrill
gelob|en to promise, to vow; *das G~te Land* the Holy Land; **⁓nis** solemn promise, vow
gelt|en to matter, to mean; to be worth; to have influence; to be valid, to be current; to be intended for, to be aimed at; to be a question of; *~en für* to be (held) true of, to apply to, to concern; *~en als* to be considered as, to be taken for, to earn a reputations as; *~en lassen* to let pass, to accept; *~end machen* to assert, to maintain, to plead, to claim; *refl* to make o.s. felt; *das gilt nicht!* that doesn't count!; *es gilt sein Leben* his life is at stake; *es gilt!* agreed!; *das gilt auch für ...* that goes for ... too; **~endmachung** assertion; **~ung** value, worth; validity, currency; recognition, respect; *zur ~ung bringen* to assert; *zur ~ung kommen* to be effective (*od* appreciated); **~ungsbedürfnis** the desire to assert o. s., self-assertion; **~ungsbereich** area of application (*od* validity); **~ungstrieb** desire to dominate
Ge|lübde vow, solemn promise; *e. ~lübde ablegen* to take a vow; **~lungen** *adj* successful; funny; **~lüst** desire (for); **~lüsten** *(nach)* to hanker after, to long for, to feel a strong desire for
Gemach room; *adv* slowly, quietly, gently; **⁓lich** slow; comfortable; *adv* slowly, easily; **⁓lichkeit** ease, comfort
Gemahl husband, consort; **~in** wife, consort
ge|mahnen to remind (*an* of); **~mälde** painting, canvas; **~mäß** *adj* suitable; *prp* according to, pursuant to; **~mäßigt** moderate, temperate; **~mäuer** masonry; ruins
gemein common, general, ordinary; low, vulgar, base; mean, beastly; *~ haben mit* to have in common with; *s. ~ machen mit* to chum up

with, to be hail-fellow-well-met; **~eigentum** public (*od* collective) ownership; **~gefährlich** dangerous to the public; **~gut** common property; **~heit** vulgarity, meanness, lowness; mean trick; **~hin** generally; **~nutz** common good; **~nützig** beneficial to the community; charitable, welfare; non-profit; **~platz** commonplace, platitude; **~sam** joint, common; mutual; together; *~sam haben mit* to have in common with; **~schaft** community; communion; association; intercourse; *in ~schaft mit* together with; **~schaftlich** common, joint; in common; **~schaftsarbeit** team work; **~schuldner** bankrupt; **~sinn** public spirit; **~verständlich** easy to understand; popular; **~wesen** public affairs; community; commonwealth; **~wohl** common weal, public welfare

Gemeinde community; municipality; local authority; parish; *eccl* congregation; **~anger** common green, village green; **~bezirk** parish; borough, district; **~haus** town (*od* village) hall; **~helfer(in)** deacon(ess); **~schule** council school, elementary school; **~schwester** district nurse; **~steuer** local tax, *BE* rate; **~verwaltung** local administration; **~vorsteher** mayor, burgomaster

ge|messen *adj* measured; precise; slow; formal, dignified; **~metzel** slaughter, massacre, carnage; **~misch** mixture, mixing; **~mischt** mixed; joint; of mixed type

Gemse chamois

Ge|munkel whispers, rumours; **~münzt** *sein auf* to be meant for; **~murmel** babble, murmur(ing)

Gemüse vegetables, greens; *junges ~* small fry *(a. fig)*; **~händler** greengrocer; **~konserve** canned vegetables

Gemüt soul, heart; mind; feeling; nature, temperament; *s. zu führen* to treat o. s. to s-th; **~lich** good-natured, genial; cosy, snug, comfortable; **~lichkeit** cosiness, comfort; **~sart** disposition, temper; **~sbewegung** emotion; **~skrank** ⚕ melancholic; **~sruhe** peace of mind; calmness, serenity; **~sverfassung** frame (*od* state) of mind; **~voll** affectionate; warm-hearted

genau exact, accurate, precise; strict; particular, scrupulous, sparing; detailed; close, tight; *~ das Richtige!* the very thing!; *~ genommen* strictly speaking; *~er gesagt* more specifically; **~igkeit** exactness, accuracy, precision; economy

Gendarm policeman, gendarme; **~erie** rural police; police station

Genealogie genealogy

genehm agreeable; convenient, suitable; **~igen** to approve (of), to agree to, to authorize; to grant; *US* to approbate; **~igung** approval, assent; permit, licence; permission; authorization; *US* approbation; *mit (freundlicher) ~igung von* by favour of, by courtesy of; **~igungspflichtig** subject to authorization

geneigt inclined (to); willing to; gentle, friendly

General general; **~baß** thoroughbass; **~direktor** managing director, director general; **~feldmarschall** field-marshal; **~gouverneur** governor general; **~ität** the (body of) generals, general officers; **~leutnant** lieutenant general, *BE (Luftw.)* Air Vice Marshal; **~major** major-general, *BE (Luftw.)* Air Marshal; **~probe** dress rehearsal; ♪ full rehearsal; **~staatsanwalt** chief public prosecutor; **~stab** General Staff; **~stabskarte** ordnance (*od* survey) map; **~streik** general strike; **~überholung** 🚗 general overhaul; **~versammlung** general meeting (*od* assembly); **~vertreter** general agent; **~vollmacht** general authority, unlimited power of attorney

Gener|ation generation; **~ell** general

genes|en to recover, to get better; **~ender** convalescent; **~ung** recovery, convalescence

gen|ial ingenious; highly gifted, full of genius; **~ialität** originality; ingeniousness, ingenuity; **~ie** genius

Genick nape, (back of the) neck; *s. d. ~ brechen* to break one's neck

genieren *vt* to trouble, to inconvenience, to bother, to embarrass; *refl* to feel embarrassed (*od* awkward), to be shy

genieß|bar eatable; drinkable; **~en** to eat, to drink; to enjoy; to have the benefit of; *er ist nicht zu ~en* he is unbearable

Genitalien genitals

Genitiv genitive

Genosse companion, comrade, mate; *umg* chum, buddy; *sl* pal; **~nschaft** co-operative (society), *umg* co-op; **~nschaftler** co-operator; **~nschaftlich** co-operative

Genrebild genre-painting

genug enough, sufficient; *~ davon!* no more of this!; **~tun** to give satisfaction to s-b, to satisfy s-b; **~tuung** satisfaction; compensation, reparation

Genüg|e *j-m ~e tun (leisten)* to satisfy s-b, to please s-b; *zur ~e* sufficiently, enough; **~en** to suffice, to be enough; to satisfy; *das ~t* that will do; **~end** enough, sufficient; **~sam** easily satisfied; modest, unassuming; **~samkeit** contentedness; modesty

Genus genus; *gram* gender

Genuß enjoyment, delight, pleasure; treat; eating, drinking; taking; ⚖ usufruct, profit; **~mensch** epicure(an); **~mittel** coffee, tea, tobacco, spirits; **~reich** enjoyable, delightful; **~sucht** craving for pleasures; **~süchtig** pleasure-seeking

Geo|däsie geodesy; **~graph** geographer; **~graphie** geography; **~graphisch** geographical; **~logie** geology; **~meter** surveyor; **~metrie** geometry, *umg* Euclid; **~metrisch** geometrical; **~physik** geophysics

Georgine dahlia

Gepäck luggage, *bes US* baggage; *sein ~ aufgeben* to check in (*od* register) one's luggage; **~abfertigung** luggage office; luggage (registration) counter; **~aufbewahrung** *BE* left-luggage office, *US* checkroom; **~ausgabe** luggage office; **~halter** carrier; **~netz** luggage rack; **~schein** *BE* registered-luggage receipt, *US* baggage check; **~stück** piece of luggage; **~träger** porter; **~troß** baggage train; **~wagen** 🚂 luggage-van, *US* baggage car

ge|panzert armour-clad, armoured; **~pfeffert** peppered; **~pflegt** well-kept; well-groomed; **~pflogenheit** habit, custom; **~plänkel** skirmishing; **~plapper** babbling, chatter; **~plätscher** splashing; **~plauder** chat(ting); **~polter** rumble, din; **~präge** coinage, impression; *fig* stamp, salient feature; **~pränge** pomp, splendour; **~prassel** crackling, clatter; *(Regen)* pattering; **~quake** croaking

gerad|e *adj* straight; even; erect; upright, straightforward; direct; honest; *adv* just, exactly, directly, precisely; *nun ~e* now more than ever; *nicht ~e freundlich* not exactly (what you would call) friendly; *~e etw tun wollen* to be just about to do s-th; *das ist es ja ~e* that's just it; that's the point ♦ *fünf ~e sein lassen* to stretch a point, to be lenient, to close one's eyes to shortcomings; *d. ~e Weg ist d. beste* honesty is the best policy; *su* straight line; **~eaus** straight on; *fig* straightforward; **~eheraus** *adv* frankly, bluntly, outright; **~̈ert:** *wie ~̈ert sein* to be aching all over; **~estehen** *dafür* to stand by one's opinion; **~ewegs** immediately, at once, straightway; **~ezu** straight on; sheer, plain; indeed; frank, candid; **~heit** straightness; uprightness; **~linig** rectilinear; **~sinnig** straightforward

Geranie geranium, pelargonium

Gerassel clatter, rattling

Gerät tool, implement, utensil; apparatus, equipment; fitting; appliance; 📻 radio set; **~eschnur** ⚡ appliance cord; **~eturnen** heavy gymnastics with apparatus; **~schaften** tools, implements, utensils

geraten to succeed; to turn out well; *(irgendwohin)* to get into, to come, to come upon, to hit upon; *aneinander ~* to come to blows; *außer sich ~* to get worked up, to lose one's temper; *in Brand ~* to catch fire; *in Zorn ~* to fly into a passion; *in Vergessenheit ~* to fall into oblivion

Geratewohl: *aufs ~* at random, haphazard(ly)

geraum ample; long; **~̈ig** spacious, roomy, capacious; **~̈igkeit** spaciousness

Geräusch noise; **~kulisse** 🎭 the noises off; *fig* noisy background; **~los** noiseless; **~voll** noisy

gerb|en to tan; *weiß~en* to taw; *(Metall)* to refine; **~er** tanner; **~erei** tannery; **~säure** tannic acid; **~stoff** tannin

gerecht just, righteous; fair, equitable; *~ werden* to do justice to; to master; **~igkeit** justice, righteousness; fairness

Gerede talk; rumour, gossip; *ins ~ kommen* to get talked about

gereichen to bring, to cause; *zur Ehre ~* to be credit to

gereizt irritated, angry; **~heit** irritation; irritability

Gericht dish, course; judgment; court of justice, tribunal; law court; *d. Jüngste ~* the Last Judgment, Doomsday; *vor ~* in court; *mit j-m ins ~ gehen (fig)* to take s-b to task; **~lich** judicial, judiciary; legal; forensic; **~sbarkeit, ~swesen** jurisdiction; **~sbefehl** court order; **~sbehörde** judicial authority; **~sbezirk** judicial district; circuit; **~sdiener** usher; **~shof** court of justice, tribunal; bench; **~skosten** court fees; **~smedizin** medical jurisprudence; **~sstand** place of jurisdiction; **~svollzieher** bailiff, sheriff; **~sweg** legal procedure; **~swesen** judicial system

gerieben *adj fig* cunning, sly

gering little, small; trifling, slight, unimportant; inferior, low; humble, modest; *nicht im ~sten* not in the least; **~achten, ~schätzen** to think little of, to despise; **~achtung, ~schätzung** disdain, contempt; **~fügig** unimportant, insignificant, trifling, trivial; **~schätzig** disdainful, derogatory, contemptuous

Gerinn|e running, flowing; **~en** *bes* ⚕ to coagulate; to curdle; to clot, to congeal; **~sel** rivulet; ⚕ clot, coagulated mass

Geripp|e skeleton; framework; **~t** ribbed; corded; fluted

gerissen cunning, sly, wily, cagey

German|e Teuton; German; *die alten ~en* the (ancient) Teutons; **~isch** Teutonic, Germanic; **~ist** teacher (*od* student) of German philology; **~istik** German philology

gern *adv* with pleasure, gladly, readily; *~ haben* to like, to be fond of ♦ *er kann mich ~ haben* he can go to blazes; *~ tun* to like to do; *~ geschehen!* don't mention it!, you are welcome!; **~egroß** upstart

Geröll rubble, boulders

Gerste barley; **~nkorn** barley-corn; ⚕ sty

Gerte rod, switch; twig

Geruch smell; scent, odour; *fig* reputation; **~dicht** airtight; **~los** odourless; **~ssinn** sense of smell

Ge|rücht rumour, report; *es geht d. ~rücht* there's a rumour abroad; **~ruhen** to condescend, to deign; **~ruhsam** leisurely; **~rümpel** lumber, rubbish, junk

Gerundium *gram* gerund

Ge|rüst scaffold(ing); stage, frame; **~rüttel** shaking, jolting

Ges ♪ G flat

gesamt whole, entire; all; together; total; aggregate, blanket, all-round; **~ausgabe** 📖 complete edition; **~betrag** sum total, total amount; aggregate; **~deutsch** all-German; **~ertrag** entire proceeds; total output; **~heit** the whole; totality; **~schuld** joint and several debt; **~summe** total amount, sum total; **~wohl** common weal, public welfare

Gesandt|er minister resident; *(besonderer)* envoy; **~schaft** legation

Gesang singing; song; canto; **~buch** hymnbook; book of songs; **~lehrer** singing-teacher; **~lich** vocal; choral; **~verein** choral society

Ge|säß bottom, buttocks; **~säusel** murmuring, rustling

Geschäft business; transaction; deal; commerce, trade, occupation; affair; commercial firm; shop; office; *e. ~ machen* to strike a bargain; **~ig** busy, active; **~igkeit** activity, industry; busyness; **~lich** commercial, business; on business; **~sabschlüsse** orders (*od* contracts) secured; **~santeil** share; **~saufgabe** giving-up of business; **~sbereich** sphere of activity (*od* business); jurisdiction; **~sbericht** annual report; **~sfähig** legally capable; **~sführer** manager; **~sführung** conduct of business; **~sgang** course (*od* run) of business; **~sgegend** business quarter; **~shaus** business premises; **~sjahr** business year, financial year, accounting y.; **~sleitung** management; administrative office; **~smann** business man, tradesman; **~sordnung** rules of procedure; standing orders; **~sreise** business trip (*or* tour); **~sreisender** commercial traveller; representative; **~sschluß** closing time; **~ssitz** place of business; **~sstelle** office, bureau; agency, (sub-)branch; **~sträger** representative; *pol* chargé d'affaires; **~sviertel** shopping district; **~svolumen** balance sheet total; **~swelt** business community; **~szeit** office (*od* business) hours; **~szimmer** office; **~szweig** branch (*od* line) of business

geschehen to happen, to occur, to come about; to take place; to be done; *was ist ~?* what's the matter?; *es geschieht ihm recht* it serves him right; *es ist um ihn ~* he is done for; *~ lassen* to allow, to permit, to tolerate; *su* event, happening

gescheit clever, intelligent, bright

Geschenk present, gift; *e. ~ d. Himmels* windfall, godsend; *etw zum ~ machen* to make a present of s-th

Geschicht|e history; story; *umg* affair, thing; *e-e alte ~e* a twice-told story; *mach k-e ~en!* don't be fussy (*od* silly)!; **~enbuch** story-book; **~enerzähler** story-teller; **~lich** historical; *(bedeutsam)* historic; **~sbuch** history-book; **~sforscher** historian; **~sforschung** historical research; **~sschreibung** historiography

Geschick *(Schicksal)* fate, destiny; *(~lichkeit)* skill, dexterity; fitness, aptitude; **~lichkeit** = ~; **~t** skilful; apt, fit, capable; clever

Ge|schiebe *geol* boulders, detritus; **~schieden** separated; divorced; **~schirr** crockery; dishes; *(Porzellan)* china; ⫰ harness

Geschlecht sex; *(Art)* genus, kind, species; race, blood, family, stock; generation; *gram* gender; *das schöne (schwache) ~* the fair (weaker) sex; **~lich** sexual; **~sakt** coition; **~skrankheit** venereal disease (V. D.); **~slos** sexless; *bot* agamous; *gram* neuter; **~sname** family name, surname; **~sreife** puberty; **~steile** genitals; **~strieb** sexual instinct; **~sverkehr** sexual intercourse; **~swort** article

geschliffen *(Glas)* cut; *mil* well-trained

Geschlinge pluck, giblets

geschlossen whole, complete; united, unanimous; *adv* as a whole, en bloc

Geschmack taste; flavour; *über d. ~ läßt sich nicht streiten* there is no accounting for tastes; *nach m-m ~* to my taste; *d. ⸚er sind verschieden* tastes differ; *~ finden an* to take a fancy to, to relish; **~los** insipid, flat; in bad taste; **~losigkeit** bad taste, lack (*od* want) of good taste; **~sache** matter of taste; **~voll** tasteful; in good taste, elegant

Geschmeid|e jewels, jewellery; **~ig** supple, pliant, flexible; soft; **~igkeit** suppleness, flexibility; softness

Ge|schmeiß vermin; *fig* dregs, scum, the rabble; **~schmiere** daub, scrawl; *wie ~schmiert* like clockwork; **~schnatter** cackling; chatter(ing); **~schniegelt** smart, spruce; dressed-up; *~schniegelt und gebügelt* spick and span; **~schöpf** creature, being; **~schoß** projectile, missile; *(Granate)* shell; bullet; *(Etage)* story, floor; **~schraubt** affected, stilted; bookish; **~schrei** shouting, screaming; clamour; *fig* fuss, ado

Geschütz gun, *bes* ⚓ cannon; **~bedienung** gun-crew, gunners; **~feuer** gun fire, cannonade; barrage; **~rohr** gun barrel; **~stand** (gun) emplacement

Geschwader ✈ *BE* group, *US* wing; ⚓ squadron; **~flug** flight in formation

Geschwätz idle talk, blabber, balderdash; gossip; **~ig** talkative, loquacious; **~igkeit** talkativeness, loquacity

geschweige denn not to mention, to say nothing of, let alone; much less

geschwind fast, swift, quick, speedy; **~igkeit** quickness, rapidity; speed, velocity; **~igkeitsmesser** speedometer

Geschwister brothers and sisters; **~lich** brotherly, sisterly

geschwollen swollen; *fig* bumptious, tumid

Geschworen|er juryman; *die ~en* the jury; **~enliste** panel, jury-list

Ge|schwulst swelling, tumour; **~schwür** ulcer, abscess, boil

Gesell|e mate, companion, fellow; journeyman, apprentice; **~en** *refl* to join, to associate with; **~enprüfung** journeyman's examination; **~enstück** journeyman-work; **~enzeit** journeyman's time of service; **~ig** sociable, social; companionable; **~igkeit** sociability; social life; company; social gathering, party; **~schaft** society; association, company; party, social gathering; group; *j-m ~schaft leisten* to keep (*od* bear) s-b company; **~schafter** partner, associate; *er ist ein guter ~schafter* he is good company; **~schafterin** lady companion; **~schaftlich** social; **~schaftsanzug** evening (*od* full, party) dress; **~schaftsfeindlich** anti-social; **~schaftskapital** corporate capital; **~schaftsreisen** organized tours; **~schaftsspiel** round game, party game; **~schaftstanz** social dance (*od* dancing); **~schaftsvertrag** articles (*od* deed) of partnership

Gesetz law, act, statute; commandment; **~buch** statute-book, code; **~entwurf** bill, draft law; **~esübertretung** transgression (*od* violation) of the law; **~gebend** legislative; **~geber** legislator; legislature; **~gebung** legislation; **~lich** legal, lawful; statutory; *~lich geschützt* legally protected; **~lichkeit** legality; **~los** anarchic(al); **~losigkeit** anarchy; **~mäßig** lawful, legitimate; conforming to law; ✿ regular; **~mäßigkeit** legality; legitimacy; regularity; **~t** calm, sedate, grave, dignified; mature; *~t den Fall, daß* supposing that; **~tafeln** decalogue; **~widrig** unlawful, illegal

Gesicht face (*j-m ins ~ sagen* to tell s-b to his f.); countenance; *(Sehen)* sight, vision; hallucination; *fig* aspect, appearance; *zu ~ bekommen* to catch sight of; *zu ~ stehen* to suit, to be becoming to; *d. zweite ~* second sight; *~er schneiden* to make faces (at); **~sfarbe** complexion; **~sfeld** field of vision, range; **~skreis** (mental) horizon; *s-n ~skreis erweitern* to broaden one's mind; **~smassage** facial (massage); **~spuder** face powder; **~spunkt** point of view, angle; aspect; factor; criterion; **~srose** ⚕ erysipelas; **~ssinn** sense of sight; **~sspannung** ⚕ face-lifting; **~swinkel** optic angle; facial angle; **~szug** feature

Ge|sims cornice; ledge, sill; **~sinde** servants; **~sindel** rabble, mob

gesinn|t minded, disposed; **~ung** way of thinking; mind; view; conviction; disposition; **~ungsgenosse** partisan, follower; **~ungslos** unprincipled; **~ungstreu** loyal; **~swechsel** change of mind (*od* opinion, heart); change of front, reversal of one's policy

gesitt|et well-mannered; civilized; **~ung** good manners; civilization

ge|sondert separate; **~sonnen** disposed, inclined, resolved (to do); **~spann** team *(of horses etc)*; *fig* pair, couple; **~spannt** stretched, taut, tight; *(Gewehr)* cocked; *fig* intent, eager, anxious, agog

Gespenst spook, phantom, spectre; apparition; **~isch** ghostly; ghostikle

ge|sperrt blocked, barred; closed; *mil BE* out of bounds, *US* off limits; 🕮 spaced; **~spiele** playmate; **~spinst** spun yarn; web, tissue; **~spött** mockery, derision; laughing-stock

Gespräch talk, conversation; discourse; ☏ call; **~ig** talkative, chatty; **~sgegenstand, ~sstoff, ~sthema** topic of conversation, subject; **~spartner** ☏ caller; **~sweise** in the course of conversation

ge|spreizt wide apart; *fig* stilted, pompous, affected; bookish; **~sprenkelt** speckled, mottled; **~stade** shore, bank; **~staffelt** graded; graduated; differentiated; staggered

Gestalt form; figure, shape; build, stature; manner, aspect, kind, fashion; character; ✿ construction; **~en** *vt* to form, to shape, to mould; to arrange; to construct; *refl* to take shape; to turn out; **~los** shapeless, amorphous; **~ung** formation; fashioning, shaping; organization; construction

Gestammel stammering, stuttering

geständ|ig confessing; *~ig sein* to plead guilty, to confess; **~nis** confession, admission; *e. ~nis ablegen (umg)* to make a clean breast of s-th

Gestank stink, stench, bad smell

gestatten *vt* to allow, to permit; *~ Sie bitte!* I beg your pardon

Geste gesture

gesteh|en to confess, to admit; **~ungskosten** prime cost

Gestein rock, stone; **~sgang** streak, lode

Gestell frame, stand; rack; trestle; **~ungsbefehl** calling-up (*od* induction) order

gest|ern yesterday ♦ *nicht von ~ern sein* not to be as green as that; *~ern abend* last night; **~rig** of yesterday

ge|stiefelt booted, in boots; *d. ~stiefelte Kater* Puss in Boots; **~stikulieren** to gesticulate; **~stirn** star; constellation; luminary; **~stirnt** starry, starred; **~stöber** shower; snow-drift, (snow) flurry; storm; **~stochen** stilted; *wie ~stochen* like copperplate; **~stotter** stammering, stuttering; **~sträuch** shrubs, copse; bushes, shrubbery; **~streift** striped; streaky; **~streng** severe, rigorous, strict; **~strichen** painted; *frisch ~strichen* wet paint; *~strichen voll* brimful; **~strüpp** brushwood, underwood, bushes; **~stühl** pew(s); chairs; **~stüt** stud (farm)

Gesuch application, petition; request; **~t** in demand, sought after; *(geziert)* affected, far-fetched

gesund healthy, well *(nur pred)*; healthful, good, wholesome; beneficial; sound, natural; *~ u. munter* as fit as a fiddle; *~er Menschenverstand* common sense; **~beterei** faith-healing; **~brunnen** mineral well; **~en** to recover, to regain health; **~heit** health; soundness; wholesomeness; sanity; *~heit!* God bless you!; *auf Ihre ~heit!* your health!; *auf j-s ~heit trinken* to drink s-b's health; **~heitlich** as regards health; hygienic; sanitary; **~heitsamt** Board of Health; **~heitspflege** hygiene; preventive medicine *(öffentliche)* public health service; *aus ~heitsrücksichten* for reasons of health; **~heitszustand** state of health, physical condition

Ge|täfel wainscoting, panelling; **~tändel** trifling, dallying; **~tier** animals, beasts; **~töse** noise, din; roaring; blatancy, bluster; **~tragen** *fig* solemn, grave, ceremonious; **~trampel** trampling; **~tränk** drink, beverage; *pl* spirits; **~tränkesteuer** beverage tax; **~trauen** *refl* to dare, to venture

Getreide corn, grain; cereal crops; **~arten** cereals; **~bau** corn-growing; **~halm** corn-stalk; **~mühle** corn mill; **~speicher** granary; **~wirtschaft** grain trade

getreu faithful, true, trusty, loyal; *d. ~en* the faithful followers

Ge|triebe bustle; ✿ gear, drive; machinery; **~trost** confident; in good spirits; **~trösten** *refl* to wait patiently; **~tue** ado, dalliance, fuss; **~tümmel** bustle, tumult; **~übt** skilled, experienced; **~vatter** godfather; *fig* friend; **~vatterin** godmother; **~viert** square

Gewächs plant; vegetable; *(Wein)* vintage; ⚕ growth, tumour; **~haus** conservatory, greenhouse

gewachsen grown; *j-m ~ sein* to be equal to, to be a match for

ge|wagt risky, bold; **~wählt** choice; selected

gewahr aware (of); *~ werden* = **~en** to become aware of; to perceive; **~sam** charge, custody; lock-up

Gewähr security, surety, guaranty; **~en** to grant, to accord; to allow, to afford; *j-n ~en lassen* to let s-b do as he pleases; **~leisten** to vouch for, to guarantee; **~leistung** warranty, guaranty; **~smann** informant, authority; guarantor; warrantor; **~ung** granting, concession

Gewalt power, might; authority; force, violence; *höhere ~* Act of God, force majeure; *mit aller ~* with all one's might; by hook or by crook; *j-m ~ antun* to do violence to, to violate s-b; *in d. ~ haben* to have command of, to master; *s. in d. ~ haben* to have self-control; **~herrschaft** despotism, rule of force; **~ig** powerful, mighty; violent; huge, immense; **~sam** violent, forcible; **~samkeit** violence; **~streich** violent measure, arbitrary act; coup de main; **~tätig** violent, brutal

Ge|wand garment, apparel, attire, gown, dress; **~wandt** agile; skilful; adroit, clever; **~wandtheit** agility, skill; cleverness; fluency; **~wärtig** expecting, expectant of; **~wärtigen** to expect, to await; to be resigned to; **~wäsch** idle talk, twaddle, blether; **~wässer** waters; **~webe** weaving, web; fabric, tissue; texture; **~weckt** alert, bright, clever

Gewehr gun, rifle; weapon; *an die ~e!* to arms!; **~lauf** (rifle) barrel

Geweih antlers, horns; **~zacken** prong of antler

Gewerb|e trade, business; profession, calling; industry, craft; **~efreiheit** freedom to carry on a trade; **~ekammer** Board of Trade; **~eschein** trade licence; **~esteuer** trade tax; **~eschule** trade (*od* vocational) school; **~etreibend** industrial, manufacturing, producing; engaged in gainful activity; **~lich** industrial, trade; **~smäßig** professional

Gewerkschaft trade union, *US* labor union; **~ler** trade-unionist; **~sbund** Federation of Trade Unions, *BE* Trades Union Congress, *US* Federation of Labor; **~swesen** Trade Unionism

Gewicht weight; *fig* importance, significance; *ins ~ fallen* to weight with, to be of great (*od* to carry) weight (*od* importance); **~heben** ⛹ weight-lifting; **~ig** weighty, important, influential

gewickelt wrapped (up) ♦ *schief ~ sein* to be on the wrong tack

ge|wiegt experienced; smart; shrewd; **~wieft** cagey, smart, shrewd; **~wieher** neighing; **~willt** willing, ready, inclined; **~wimmel** swarm(ing); crowd, throng; **~wimmer** wailing, whimpering; **~winde** garland, festoon; ⚙ thread, worm; **~windebohrer** (screw-)tap

Gewinn profit, gain; advantage; prize; ⛹ winnings; acquisition, lucre; **~anteil** profit share; dividend; **~beteiligung** profit-sharing; **~bringend** profitable, lucrative; **~en** *vt* to win; to gain, to earn; to produce, to extract; *chem* to prepare; *vi* to improve; ⛹ *(gegen)* to defeat; *damit ist viel gewonnen* that helps a great deal; **~end** winning, taking; **~er** winner; **~spanne** profit margin; **~sucht** greed, lucre; **~verteilung** distribution of profits

Ge|winsel whining, whimpering; **~winst** winnings; gain, profit; **~wirr** confusion, mass; jumble, maze; tangle

gewiß certain, sure; fixed; *adv* certainly, indeed; **~heit** certainty; *s. ~heit verschaffen über* to make sure about

Gewissen conscience (*j-m ins ~ reden* to appeal to s-b's c.); *nach bestem ~* to the best of one's belief; *sein ~ beruhigen* to square one's conscience; **~haft** conscientious; scrupulous; **~haftigkeit** conscientiousness; scrupulousness; **~los** unscrupulous; **~losigkeit** unscrupulousness; **~sbisse** twinge of conscience, remorse; **~skonflikt** conscientious doubt; **~szwang** coercion of conscience

gewissermaßen in a way, as it were

Gewitt|er thunderstorm; **~ern** to thunder; **~erregen, ~erschauer** thunder shower, deluge; **~erschwül** sultry; **~störung** 📻 atmospherics; **~rig** thundery

gewitz(ig)t taught by experience; shrewd

gewogen well-disposed (towards)

gewöhn|en *vt* to accustom (to); *refl* to get accustomed (*od* used) to, to get into the habit of; to become familiar with; *(an ein Klima)* to acclimatize; **~lich** *adj* usual, customary; ordinary, average; common, vulgar; *adv* usually, as a rule; **~ung** accustoming, habit

Gewohnheit habit, custom; practice, usage; *d. Macht der ~* the force of habit; *zur ~ werden* to grow into a habit; **~smäßig** customary, habitual; **~srecht** customary law; **~ssünde** besetting sin; **~stier** *umg* creature of habits

gewohnt *(zu tun)* accustomed to do(ing); used to, inured to; usual

Ge|wölbe vault, arch; **~wölbt** vaulted, arched; domed; **~wölk** clouds; **~wühl** turmoil; crowd, throng; **~wunden** winding; spiral; sinuous; *fig* tortuous; **~würfelt** *BE* chequered, checkered

Gewürz spice, seasoning, condiment; **~gurke** pickled cucumber, gherkin; **~händler** grocer; **~ig** spiced; spicy, aromatic; **~nelke** clove

ge|zackt pronged, indented; jagged; **~zahnt** toothed; notched; *bot* dentate; **~zänk** quarrelling, wrangling; **~zappel** fidgeting; struggling; **~zeiten** tides

geziem|en *refl* to befit, to become; **~end** proper; becoming, due

ge|ziert affected, minced; **~zirpe** chirping; **~zisch** hissing; **~zischel** whispering; **~zücht** brood, breed; **~zwitscher** twittering, chirping; **~zwungen** unnatural, affected, stiff

Gicht ⚕ gout; ⚙ furnace-mouth; **~brüchig** gouty; palsied; paralytic

Giebel gable(-end); **~feld** pediment, tympanum; **~fenster** gable-window

Gier greed; lust, avidity; **~en** to long eagerly (for); to lust (for, after); **~ig** greedy (*nach* for)

Gieß|bach torrent; **~en** to pour; to water; ⚙ to cast; *es ~t* it is pouring (with rain); *es ~t in Strömen* it is pouring cats and dogs; **~er** caster, founder; **~erei** foundry; **~kanne** watering-can

Gift poison; *(Tier-)* venom; ⚕ virus; toxin; *fig* malice, blight ♦ *da kannst du ~ drauf nehmen* you can bet your life on that, you bet; *~ u. Galle spucken* to boil with rage; **~becher** poisoned cup; **~hauch** blight; **~ig** poisonous, venomous; **~mischer** poisoner; **~natter** asp; **~pilz** toadstool; **~zahn** poison-fang

Gigant giant; **~isch** gigantic

Gilde guild, corporation

Gimpel bullfinch; *fig* noodle, simpleton

Ginster broom; gorse, furze

Gipfel summit, top, peak; *fig* climax; height; zenith; **~höhe** ✈ ceiling; **~konferenz** summit conference; **~leistung** record; **~n** to culminate (in); **~punkt** limit; peak

Gips gypsum; calcium sulphate; ⚕ plaster of Paris; **~abdruck** plaster cast; **~en** to plaster; **~verband** plaster dressing, plaster cast

Giraffe giraffe

girieren to circulate; to endorse

Girl professional dancer, chorus girl

Girlande garland, festoon

Giro endorsement; the giro system (of transferring money); **~bank** clearing bank; **~gelder** funds available for transfer; **~konto** giro account; current account; **~verkehr** clearing (business); **~zahlung** clearing transfer; **~zentrale** clearing-house

Gis ♪ G sharp

Gischt spray, foam

Gitarre guitar

Gitter grating; *(Eisen)* iron bars; *(Spalier)* trellis, lattice; railing; fence; ⚡ grid; **~bett** cot; **~fenster** lattice-window; barred window; **~tor** iron gate

Glacéhandschuh kid-glove ♦ *mit ~en anfassen* to handle s-b with velvet gloves

Glad|iator gladiator; **~iole** gladiolus

Glanz shining; brightness, brilliance, brilliancy, lustre, glamour; glitter; gloss, polish; *fig* splendour; pomp; disinction; **⁓en** to shine, to gleam, to glitter, to sparkle, to glisten; *in etw ⁓en* to be brilliant in, to excel in; **⁓end** shining, lustrous; glittering, bright; *fig* splendid, glorious; brilliant; **~leder** patent leather; **~leistung** brilliant achievement; record; **~los** dull, dead; **~papier** flint(-glazed) paper; **~punkt** highlight; climax; **~voll** brilliant, splendid, glorious

Glas glass; tumbler; field-glass; jar; *mattes ~* cut glass; *buntes (gefärbtes) ~* stained glass; *Vorsicht ~!* Fragile! ♦ *zu tief ins ~ gucken* to have one over the eight; **~auge** glass eye; ⚕ wall-eye; **~bläser** glass-blower; **~er** glazier; **⁓ern** glassy, of glass; vitreous; **~glocke** glass bell; **~hütte** glass-factory; **~ig** glassy, vitreous; **~ieren** to glaze; to varnish; to ice, to frost; **~kolben** glass flask; **~maler** glass-painter; **~scheibe** pane (of glass); **~scherbe** broken glass; **~schleiferei** glass-grinding, glass-cutting; **~tür** French window; glass door; **~ur** glazing; varnish; *(Kuchen)* icing; **~ware** glassware

glatt even, smooth; slippery; polished; *fig* flattering, oily, bland; *das ist e-e ~e Lüge* that's an outright lie; *~ sitzen* to fit close; **⁓e** smoothness; slipperiness; polish; **~eis** glazed frost ♦ *j-n aufs ~eis führen* to lead s-b up the garden-path; **⁓en** to smooth; *(hobeln)* to plane; to polish; **~weg** *adv* plainly, flatly; bluntly

Glatz|e bald head; **~köpfig** bald-headed

Glaub|e(n) faith (*an* in); confidence, trust; belief (*an* in); creed; credit; *in gutem ~en* bona fide; *Treu und ~en* good faith; **~en** to believe (*j-m* s-b; *an* in); to trust; to think, to suppose ♦ *dran ~en müssen* to have to pay the price; *ich ~e wohl...,* I daresay...; *ob du es ~st oder nicht* believe it or not; **~ensbekenntnis** creed, confession of faith; *pol* platform; **~ensfreiheit** freedom of religion; **~ensgenosse** fellow believer; **~enslehre, ~enssatz** belief, doctrine (of faith); **~haft** credible, authentic; **~würdig** credible, reliable; *(Bericht)* authentic; **~würdigkeit** credibility, reliability; authenticity

gläubig believing, faithful, religious; **~er** believer; *(Geld)* creditor; **~keit** faith, confidence

gleich *adj* same, equal; like, similar; even, plain, level; direct; identical; equivalent; *das sieht ihm ~* that's just like him; *~ sein* to be equal to; *s. immer ~bleiben* to remain always the same; *~ und ~ gesellt sich gern* birds of a feather flock together; *~es mit ~em vergelten* to return like for like, to pay s-b back; *das bleibt s. ~* that's the same; *mir ist es ~* it's all the same to me; *sie sagt das ~e* she says the same thing; *adv* equally, just, alike; at once, immediately, directly; *~ darauf* immediately afterwards; **~altrig** of the same age; **~artig** of the same kind, homogeneous; **~bedeutend** *mit* synonymous with; **~berechtigt** entitled to the same rights; on an equal footing; **~berechtigung** equality of rights; **~bleibend** steady; constant; **~denkend** congenial; **~en** to resemble, to be like; **~ermaßen** likewise, in like manner; **~falls** likewise, also; **~förmig** uniform; monotonous; **~gesinnt** congenial, like-minded; **~gewicht** equilibrium, balance, equipoise; *aus dem ~gewicht* off one's balance; **~gültig** indifferent, unconcerned; disinterested; callous; *~gültig ob* irrespective of whether, no matter whether; **~gültigkeit** indifference; **~heit** equality; parity; identity; similarity; **~klang** unison, consonance; **~kommen** to equal s-b; **~lauf** consistency; **~laufend** parallel; **~lautend** consonant; identical; **~machen** to make like; to equalize; to level; *dem Erdboden ~machen* to raze to the ground; **~maß** symmetry, proportion; **~mäßig** proportionate, symmetrical; equal, even; uniform, regular; **~mäßigkeit** proportion, symmetry; regularity; **~mut** equanimity; **~mütig** calm, even-tempered; **~namig** having (*od* of) the same name; correspondent; homonymous; **~nis** simile; image; parable; **~richten** ϟ to rectify; **~richter** ϟ rectifier; **~sam** as it were; **~schalten** *pol* to put on an equal footing; **~schaltung** *pol* co-ordination; bringing into line; **~schenklig** *math* isosceles; **~seitig** equilateral; **~setzen** to treat as equivalent (to); **~stellen** to put on an equal footing; **~strom** ϟ direct current; **~takt** synchronous rhythm; **~tun:** *es j-m ~tun* to rival s-b; *es j-m ~tun wollen* to vie with s-b; **~ung** equation; **~viel** no matter; all the same; **~wertig** equivalent, of equal value; equally good; **~wertigkeit** equivalence; **~wie** (just) as, even as; **~wohl** yet, however; **~zeitig** simultaneous; contemporary; *adv* all at once, at the same time

Gleis = Geleise; **~anschluß** siding; **~los** trackless

Gleisner hypocrite; **~isch** hypocritical

gleißen to glisten, to glitter

Gleit|bahn slide(way), slips; **~en** to glide, to slide, to slip; **~flug** gliding flight; **~flugzeug** glider

Gletscher glacier; **~spalte** crevasse

Glied § limb; member; link; *mil* rank, file; *math* term ♦ *in d. ~er fahren* to upset s-b; *an allen ~ern zittern* to tremble all over; *in Reih und ~* in rank and file; **~erbau** structure of body; **~erfüßler** arthropod; **~ern** to articulate; to arrange, to classify; to organize; to form up, to form into ranks; *refl* to form, to be composed (of), to be divided (into); **~erpuppe** puppet, marionette; **~erung** articulation; arrangement, classification; formation, organization; structure; pattern; **~maßen** limbs, extremities

glimm|en to burn faintly; to smoulder; to glimmer, to glow; **~er** mica; **~erschiefer** slate mica; **~stengel** fag, *BE* gasper

glimpflich mild, gentle; light, easy; *~ davonkommen* to get off lightly

glitsch|en to slide, to slip, to glide; **~ig** slippery

glitzern to glisten, to glitter; to sparkle, to twinkle, to scintillate

glob|al global; overall, comprehensive, aggregate; **~us** globe

Glocke bell; shade; clock ♦ *an d. große ~ hängen* to make s-th publicly known; **~blume** bellflower, bluebell, harebell; **~nförmig** bell-shaped; **~ngießer** bell-founder; **~nhell** clear as a bell; **~nrock** flared skirt; **~nschlag** stroke of the clock; **~nspiel** chime; carillon (*a.* ♪); **~nstrang** bell-pull; **~nstube, ~nstuhl** belfry; **~nturm** steeple

Glöckner bell-ringer, sexton

Glor|ie glory; **~ienschein** halo; aureola; **~ifizieren** to glorify; **~reich** glorious

Gloss|ar glossary; **~e** gloss; comment; **~ieren** to gloss; to comment on

Glotz|auge goggle-eye; **~äugig** goggle-eyed; **~e** gogglebox; **~en** to goggle, to stare, to gape

Glück (good) luck; fortune; blessing; happiness; prosperity; *~ auf!* Good luck!; *~ haben* to be lucky; *sein ~ machen* to make one's fortune; *ein ~, daß* good thing that; *auf gut ~* at a venture; by trial and error; *zum ~* fortunately; *~ wünschen zu* to congratulate on; *~ im Unglück* a blessing in disguise; *~ und Glas, wie leicht bricht das* glass and luck, brittle muck; **~bringend** blessed, fortunate; **~en** to succeed (in doing); to turn out well; **~lich** fortunate, lucky; happy; **~licherweise** fortunately, luckily; **~selig** blissful, happy, radiant; **~seligkeit** bliss, happiness; **~sfall** lucky chance; stroke of luck; **~sgüter** earthly goods; **~skind** (one of) Fortune's favourite(s); **~spfennig** lucky penny; **~spilz** lucky fellow (*od* dog); **~sritter** fortune-hunter; adventurer; **~ssache** matter of chance, lottery; **~sspiel** game of hazard, gamble, gambling; **~ssträhne** stroke of luck; **~stag** red-letter day; **~verheißend** auspicious, propitious; **~wunsch** congratulation; good wishes, compliments of the season

Glucke clucking hen; **~n** to cluck, to chuck

glucksen to gurgle; to chuckle

Glüh|birne electric bulb; **~en** to glow, to be red-hot; **~end** glowing, red-hot; *fig* ardent, fervent; *~end heiß* burning hot; **~faden** filament; **~kerze** heater plug; **~lampe, ~licht** incandescent light; **~strumpf** mantle; **~wein** mulled wine (*od* claret), negus; **~würmchen** glow-worm

Glut glow, heat; blaze; *fig* ardour, fire, fervency, passion; **~rot** as red as fire

Glyzerin glycerine

Gnade mercy, pardon, clemency; favour; grace; *von Gottes ~n* by the grace of God; *auf ~ und Ungnade* at discretion, unconditionally; *~ vor Recht ergehen lassen* to temper justice with mercy; **~nbild** miraculous image; **~nbrot** bread of charity; *d. ~nbrot essen* to live on charity; **~nerlaß** general pardon, amnesty; **~nfrist** days of grace; **~ngesuch** petition (for clemency); **~nmittel** means of grace; **~nreich** merciful; gracious; **~nsold** gratuity; **~nstoß** coup de grâce; death-blow, knock-out; **~nwahl** predestination; **~nweg:** *auf dem ~nweg (eccl)* by the grace of God

gnädig merciful; gracious, benevolent; condescending; *~e Frau* Madam; *~es Fräulein* Mademoiselle

Gneis gneiss

Gnom gnome, goblin; **~enhaft** gnomish

Gobelin tapestry, gobelin

Gockel(hahn) cock, rooster

Gold gold; *treu wie ~* as true as steel ♦ *sie hat ~ in d. Kehle* her voice is a gold-mine; *es ist nicht alles ~ was glänzt* all that glitters is not gold; **~ammer** yellow-hammer; **~arbeiter** goldsmith; **~en** gold(en), of gold; *~ene Hochzeit* golden wedding; *d. ~ene Mittelweg* the golden mean; **~feder** gold nib, fountain-pen; **~finger** ring-finger; **~fisch** gold-fish; **~folie**

gold foil; **~gewicht** troy weight; **~grube** goldmine *(a. fig)*; *fig* bonanza; **~haltig** containing gold; auriferous; **~ig** *fig* sweet; **~käfer** rose-beetle; **~kind** darling; **~klumpen** nugget; **~lack** *bot* wall-flower; **~leiste** gilt cornice; **~regen** *bot* laburnum; **~schmied** goldsmith; **~schnitt** gilt edge(s); *mit ~schnitt* 🕮 gilt-edged; **~stück** gold coin; **~waage:** *jedes Wort auf d. ~waage legen* to weigh every word; to be over-particular; **~währung** gold standard

Golf *geol* gulf; ⛳ golf; **~platz** golf links (*od* course); **~schläger** golf-club, golf-stick; **~spieler** golfer; **~strom** Gulf Stream

Gondel gondola; *(Luftschiff)* car

gönn|en not to begrudge; to grant, to allow; to wish; *refl* to allow o. s.; **~er** patron; **~erhaft** patronizing, condescending; **~ermiene** patronizing air

Göpel horse-gin, horse-whim

Gör(e) child, brat

gordisch Gordian; *d. ~en Knoten durchhauen* to cut the Gordian knot

Gösch ⚓ jack

Gosse gutter, drain ♦ *durch d. ~ ziehen* to throw mud at

Got|e Goth; **~ik** 🏛 Gothic; **~isch** Gothic; *~ische Schrift* 🕮 black letter

Gott God, the Supreme Being; god; *~ sei Dank* thank God!, thank goodness!; *um ~es willen!* for God's sake, for goodness' sake; *von ~es Gnaden* by the grace of God; *in ~es Namen* for goodness' sake; *leider ~es* alas, most regrettably, sad to say; *weiß ~* goodness knows; **⁓erdämmerung** Twilight of the Gods; **~erspeise** ambrosia; cream trifle; **~esacker** churchyard; **~esdienst** (religious) service, public worship; **~esfurcht** fear of God; **~esfürchtig** pious, god-fearing; **~gelehrter** theologian; **~esgericht, ~esurteil** ordeal; **~eshaus** church, chapel; **~eslästerer** blasphemer; **~eslästerung** blasphemy; **~gefällig** pleasing to God; **~heit** deity; divinity; godhead; **⁓in** goddess; **⁓lich** divine; godlike; **⁓lichkeit** divinity; godliness; **~los** godless, ungodly; **~losigkeit** ungodliness; godlessness; **~seibeiuns** the devil; **~selig** godly, pious; **~serbärmlich** wretched, terrible; **~verlassen** god-forsaken

Götze idol, false deity; **~nbild** idol; **~ndiener** idolater; **~ndienst** idolatry

Gouvern|ante governess; **~eur** governor

Grab grave; tomb; sepulchre; *d. Heilige ~* the Holy Sepulchre; *zu ~e tragen* to bury ♦ *s. im ~ umdrehen* to turn in one's grave; *sein eigenes ~ graben* to ruin o. s.; **~en** to dig; *su* digging; ditch; *mil* trench; **~esstimme** sepulchral voice; **~esstille** peace of the grave; deathlike silence; **~geläute** tolling of bells; knell; **~geleite** procession of mourners; **~gesang** dirge; **~hügel** mound, barrow, tumulus; **~inschrift** epitaph; **~legung** burial, interment; **~mal** tomb, monument; **~rede** funeral sermon (*od* oration); **~stätte** burial-place; tomb, sepulchre; **~stein** tombstone, headstone; **~stichel** chisel; **~tuch** winding-sheet, shroud

Grad degree; rank; grade; rate; *in hohem ~e* highly, extraordinarily, to a high degree; *Vetter ersten (zweiten) ~es* first (second) cousin; *adj* = gerade; **~bogen** protractor; **~einteilung** graduation; **~ieren** to graduate; to refine; **~ierung** graduation; **~ierwerk** graduation works; **~messer** graduator, indicator; **~uell, ~weise** gradually, by degrees

Graf earl; count; **~enkrone** earl's coronet; **~enstand** earldom; dignity of a count; **⁓in** countess; **⁓lich** belonging to an earl; **~schaft** shire; county

Gral grail

Gram grief, sorrow; *j-m ~ sein* to be cross with s-b, to bear a grudge against s-b; **⁓en** *refl* to grieve; to worry, to fret; **⁓lich** peevish, morose, fretful; **~voll** sorrowful, sad, gloomy

Gramm gramme, gram

Grammat|ik grammar; **~ikalisch, ~isch** grammatical; **~iker** grammarian

Grammophon gramophone, *US* phonograph; **~anschluß** gramophone pick-up; **~platte** record, disk

Gran grain

Granat|apfel pomegranate; **~e** grenade, shell; **~splitter** shell splinter; **~stein** garnet; **~trichter** shell crater

Granit granite ♦ *auf ~ beißen* to knock one's head against a brick wall; **~en** granite

Granne awn, beard

granulier|en to granulate; **~ung** granulation

Graph|ik graphic arts; **~iker** commercial artist, illustrator; art designer; **~isch** graphic; diagrammatic; printing; *~ische Darstellung* diagram, graph; *~ischer Betrieb* printing works (*od* firm); **~it** black-lead, graphite; **~ologe** graphologist; **~ologie** graphology

graps(ch)en to grab (at), to snatch (at)

Gras grass ♦ *ins ~ beißen* to bite the grass (*od* dust), to die; *. ~ wachsen hören* to get wind of everything; **~en** to graze; **~fressend** graminivorous; **~frosch** brown frog; **~halm** blade of grass; **~hüpfer** grass-hopper; **~ig** grassy; **~mücke** *orn* hedge-sparrow; **~narbe** turf; **~platz** green, lawn, grassplot

grassieren to rage; to prevail, to spread

gräßlich horrible, terrible, nasty, ghastly

Grat ridge, edge, crest; 🕮 groin

Grät|e fish-bone; **~ig** full of fish-bones; **~sche** straddling, splits; **~schen** to straddle, to do the splits

Gratifikation bonus; gratuity; benefit; supplement (to a salary), extra pay

gratis free (of charge), gratuitously; into the bargain; **~exemplar** 🕮 presentation copy

Gratul|ant congratulator, well-wisher; **~ation** congratulation (on); **~ieren** to congratulate (*zu* on), to felicitate (on), to compliment (on); *~iere!* congratulations!; *zum Geburtstag ~ieren* to wish many happy returns of the day

grau grey, *bes US* gray; *fig* remote, ancient; *~ in ~* dark, sombre ♦ *s. k-e ~en Haare wachsen lassen* not to worry one's head about; **~brot** mixed rye and wheat bread; **~en** *vi* to dawn;

(unpers.) to be afraid of, to shudder at, to dread; *su* horror, fear, dread; **~enhaft, ~envoll** horrible, dreadful; awful, ghastly, terrible; **~len** *refl* to be afraid of, to dread; **~meliert** grey-mottled, sprinkled with grey; **~tier** donkey, ass

Graupe hulled barley; pearl barley; groats; **~ln** sleet, hailstones; *vi* to sleet

Graus horror; **~am** cruel; barbarous; **~amkeit** cruelty; barbarity; **~en** *refl* to shudder at; *su* horror, terror; **~ig, ~lich** dreadful, horrible; horrid, hideous; awful

Grav|eur engraver; **~ieren** to engrave; *su* engraving; **~ierend** aggravating; serious; important; **~ierkunst** engraving; **~üre** engraving

Gravi|tation gravitation; **~tationsgesetz** law of gravitation; **~tätisch** grave, ceremonious; *umg* bumptious

Graz|ie grace, charm; *d. drei ~ien* the three Graces; **~iös** graceful; willowy, supple

gregorianisch Gregorian; **~er Gesang** Gregorian chant, plainsong

Greif griffin

greif|bar tangible, palpable; on hand, available; **~en** to seize, to grasp (at); to catch (hold of); to reach for; ♪ to strike, to touch, to reach; *ineinander ~en* to interlock; *zu d. Waffen ~en* to take up arms; *um s. ~en* to spread, to gain ground ♦ *j-m unter d. Arme ~en* to help, to support; **~er** ⚙ claw, catcher, gripper; 🕮 rapper; **~zange** pliers

greinen to whimper, to whine

Greis old man; *adj* old; **~enalter** old age; **~enhaft** senile; **~in** old woman

grell dazzling, glaring; loud; shrill, piercing; crude

Gremium group; body; committee; corporation

Grenz|berichtigung rectification of the boundary, frontier adjustment; **~bewohner** borderer; **~e** frontier, border; bound(ary); limit; **~en** *an* to border on *(a. fig);* to abut upon; *fig* to be next to, to verge on; **~enlos** boundless; infinite; **~enlosigkeit** boundlessness; infinitude; **~fall** marginal (*od* border-line) case; **~gänger** frontier commuter; **~gebiet** border area (*od* district); *fig* borderland; **~land** borderland; **~linie** border line, boundary line; **~mark** borderland; **~polizei, ~schutz, ~wache** frontier police; **~stein** boundary-stone; **~streit** boundary controversy; frontier dispute; **~übergang** frontier crossing; **~verkehr** border traffic; **~wert** limit(ing value); marginal value

Greu|el horror, abomination; atrocity; outrage; *er ist mir ein ~* I detest him; **~eltat** atrocity, horrible deed; **~lich** horrible, atrocious, frightful

Grieben greaves; core (of an apple)

Griech|e, ~in Greek; **~enland** Greece; **~isch** Greek

Gries|gram grumbler, grouser; **~grämig** grumbling, grousing, sullen

Grieß *BE* semolina, *US* farina; ⚕ gravel; **~mehl** = ~

Griff grip; grasp; hold; catch; ♪ touch; handle, knob; *(Dolch)* hilt ♦ *e-n guten ~ tun* to make a good choice; *e-n falschen ~ tun* to touch a wrong note; **~bereit** at hand; **~brett** ♪ fretboard; keyboard; **~el** slate-pencil; *bot* style, pistil

Grill grill; **~fleisch** grill(ed meat)

Grille cricket; *fig* whim, fad, freak; *~n fangen* to be in low spirits; **~nfänger** whimsical (*od* capricious) person; pessimist; **~nhaft** whimsical, capricious

Grimasse grimace, ugly face; *~n schneiden* to pull (*od* make) faces

Grimm anger, rage; **~darm** colon; **~en** gripes, colic; **~ig** angry, furious, grim

Grind scab, scurf; *(Schuppen)* dandruff; ⚕ eschar; **~ig** scabby, scurfy

grinsen to grin, to smirk; to sneer; *su* grin

Grippe influenza, *umg* flu

Grips brains, intelligence

grob coarse, rough; clumsy; thick, big, stout; brute, brutish, barbarian; uncouth, rude; blatant; gross, bad, serious; *aus d. ⁓̈sten heraus sein* to have got over the worst; **~heit** coarseness; roughness, rudeness; *j-m ~heiten an den Kopf werfen* to be rude to; **~ian** boor, rude fellow; brute; **~körnig** coarse-grained; **~maschig** coarse-meshed, wide-meshed; **~schlächtig** uncouth; barbaric; **~schmied** blacksmith

Grog grog

grölen to bawl, to squall

Groll resentment, rancour, grudge; anger; *~ hegen gegen* to bear a grudge against, to be angry with; **~en** to be resentful, to be angry; *(Donner)* to peal, to roll

Gros gross, twelve dozen; main body; battle fleet; *en ~* wholesale

Groschen penny ♦ *d. ~ ist gefallen* the penny has dropped; **~roman** penny dreadful, dime novel

groß great; large; big; *(hoch)* tall, high; *(riesig)* vast, huge; grand, important, eminent; *(erwachsen)* grown-up; *im ~en* in bulk; *(en gros)* wholesale; *im ~en und ganzen* on the whole, by and large; *den ~en Mann spielen* to play the big shot; *da geht es ~ her* they live in grand style; *~er Buchstabe* capital letter; *~ schreiben* to capitalize; **~artig** grand, great; sublime, lofty; splendid, excellent; **~aufnahme** close-up; **~betrieb** large enterprise; **~buchstabe** capital letter; 🕮 upper case; **~eltern** grandparents; **~enteils** mostly; **~formatig** large-sized; **~fürst** grand duke; **~grundbesitz** landed property; **~grundbesitzer** landed proprietor; **~handel** wholesale trade; **~handelspreis** wholesale price; **~handelsrabatt** wholesale discount; **~handelsspanne** wholesale margin; **~händler** wholesaler, wholesale dealer; **~herzig** magnanimous, generous; **~herzigkeit** magnanimity; generosity; **~herzog** grand duke; **~hirn** cerebrum; **~industrie** big industry; **~industrieller** captain of industry, tycoon; **~jährig** of age; **~jährigkeit** majority; **~kaliber** full-bore; **~macht** great power; **~mächtig** high and mighty; **~mannssucht** megalomania; **~maul** braggart; **~mäulig** bragging, swaggering; **~mut, ~mütigkeit** magnanimity, generosity; **~mütig** magnanimous, generous; **~mutter** grandmother ♦ *das kannst du deiner ~mutter erzählen* tell that to the marines; **~oktav** large octavo; **~raum** *im ~raum von X* in Greater X; **~reinemachen** spring cleaning; **~sprecherei** boasting, bragging; **~sprecherisch** boastful, bragging, swaggering; magniloquent; **~spurig** big, arrogant, boasting; **~stadt** large town, city (with 100 000 inhabitants); **~städter** inhabitant of a large town; **~tante** grand-aunt; **~tat** achievement, exploit, feat; **~vater** grandfather; **~ziehen** to bring up; **~zügig** on a large scale; generous

Größ|e size; dimension; largeness, bigness; tallness, height; greatness, grandeur, magnitude; *math, astr* magnitude; *fig* celebrity, star; *welche ~e haben Sie?* what size do you take?; *in allen ~en* assorted; **~enordnung** dimension; order of magnitude; **~enverhältnis** size, proportion; **~enwahn** megalomania; **~enwahnsinnig** megalomaniac; **~tenteils** mostly, for the most part; **~tmöglich** greatest possible

Grossist wholesale dealer, wholesaler

grotesk grotesque, absurd; **~e** grotesque; 🕮 sanserif

Grotte grotto

Grüb|chen dimple; **~elei** brooding, musing, brown study; **~eln** to brood, to ponder (over), to meditate (on, over), to muse; **~ler** ponderer

Grube pit, mine; *fig* grave ♦ *wer andern e-e ~ gräbt, fällt selbst hinein* he who sets a trap for others gets caught himself; **~narbeiter** miner; **~nbrand** fire in pit; **~ngas** mine gas, methane, fire-damp; **~nlampe** miner's lamp; **~nwetter** fire-damp

Gruft grave, vault, tomb

Grummet aftermath; second crop of hay

grün green; *fig* immature, inexperienced ♦ *e. ~er Junge* a greenhorn; *~e Welle* linked signals; *auf keinen ~en Zweig kommen* not to get on; *~ und blau schlagen* to beat s-b black and blue; *s. ~ u. blau ärgern* to be simply furious; *j-n über den ~en Klee loben* to praise s-b to the skies; *vom ~en Tisch aus* only in theory; *j-m nicht ~ sein* to bear s-b a grudge; *su* green; greenery, verdure; *im ~en* in country surroundings; **~donnerstag** Holy Thursday; **~en** to grow green, to sprout; *fig* to prosper, to thrive; **~fink** greenfinch; **~futter** green fodder; **~kern** green rye; **~kohl** kale, borecole; **~land** grass lands, meadows; **~lich** greenish; **~schnabel** greenhorn, unexperienced person; **~span** verdigris; **~specht** green woodpecker; **~streifen** park strip; **~zeug** greens, green-stuff, herbs

Grund ground, soil; base, basis, foundation; bottom; land, estate; valley; *fig* reason, ground, cause, motive; argument; *aus welchem ~?* for what reason?, why?; *im ~e* after all, at bottom; *im ~e genommen* after all; strictly speaking; *auf ~ von* on account of, based on, on the strength of; *von ~ auf* completely, from the beginning; *auf den ~ gehen* to get to the bottom (*od* root) of, to investigate thoroughly; *in ~ und Boden verdammen* to condemn down to the ground; **~akkord** fundamental chord; **~begriff** fundamental idea (concept); **~besitz** landed property, real estate; **~besitzer** land owner; **~buch** real-estate register, Land Register; **~buchamt** Land Registry, land registration office; **~ehrlich** thoroughly honest; **~eis** ground-ice; **~falsch** radically wrong; **~feste** foundation (*in d. ~festen erschüttern* to shake to the very f.s), basis; **~fläche** base, area, basal surface; **~gedanke** fundamental idea; **~gehalt** basic salary; **~gesetz** fundamental (*od* basic) law; the Basic Law; **~herr** lord of the manor; **~ieren** to prime; to size; **~ierschicht** priming coat; **~industrie** basic industry; **~kapital** capital stock, nominal capital; **~lage** foundation, base; **~lagenforschung** basic research; **~legend** basic, fundamental, bedrock; **~los** bottomless, baseless; unfounded, groundless; **~recht** basic right; *pl* civil rights; **~riß** ground-plan, sketch, outline; compendium; **~satz** principle; **~sätzlich** fundamental; *adv* on principle; as a matter of principle; **~schuld** land charge, mortgage; **~schule** primary (*od* elementary) school; **~stein** foundation-stone; **~steuer** land tax, real estate tax; **~stimmung** underlying tone; **~stock** basis, foundation, stock; **~stoff** basic material, raw material; **~stoffindustrie** basic industry; **~stück** plot of land, site, piece of real estate; **~stücksmakler** real-estate broker, *BE* estate agent; **~ton** ♪ key-note *(a. fig)*; **~vermögen** real property; **~verschieden** entirely different; **~wasser** ground-water; **~wasserspiegel** ground-water level (*od* table); **~zahl** cardinal number, unit; **~zug** characteristic, main feature

gründ|en to found, to establish; *(Firma)* to float, to promote; *refl (auf)* to rest on, to be based on; **~er** founder; promoter; **~lich** thorough; solid, profound; careful; **~lichkeit** thoroughness, solidity; **~ung** foundation, establishment

grunzen to grunt

Grupp|e group, section, category, class; batch, bevy; **~enmord** genocide; **~enunterricht** group work, team work; **~enweise** in sections, in groups; **~ieren** to group, to arrange; *refl* to form groups; to be arranged (*od* grouped)

Grus coal-slack; **~elig** uncanny; creepy; **~eln:** *mich ~elt* my flesh creeps

Gruß greeting; *mil* salute; *j-m freundliche* ⁓̈*e bestellen* to give (*od* send) s-b one's love; **~botschaft** welcoming message; **⁓̈en** to greet; *mil* to salute; *j-n* ⁓̈*en lassen* to give (*od* send) one's love (*od* regards) to; ⁓̈*en Sie Ihre Mutter von mir* remember me to your mother

Grütze groats, grits; *fig umg* brains, gumption; *rote ~* fruit shape

guck|en to look, to peep; **~loch** peep-hole, spy-hole

Guillotin|e guillotine; **~ieren** to guillotine
Gulasch goulash; **~kanone** *mil umg* field-kitchen
Gulden florin; *holländischer ~* guilder
gültig valid; binding; in force; current, good; available; *~ ab* effective as from; **~keit** validity, currency; legality; availability
Gummi rubber; india-rubber; gum; **~absatz** rubber heel; **~band** elastic (band); **~baum** gum-tree; **~eren** to gum; **~erung** gumming; **~handschuhe** rubber gloves; **~knüppel** *BE* truncheon, *US* nightstick; **~mantel** mac(kintosh), waterproof; **~schuhe** galoshes; **~sohlen** rubber soles; **~stiefel** rubber boots; **~zelle** padded cell; **~zug** elastic
Gunst kindness; favour; partiality; *zu ~en von* in favour of, for the benefit of, *(Konto)* to s-b's credit; **¨ig** favourable, propitious, benign; advantageous, good; convenient; **¨ling** favourite
Gurgel throat, gullet; **~n** to gargle; **~wasser** gargle
Gurke cucumber; *(Essig-)* gherkin
gurren to coo
Gurt girth, strap; girdle, belt; **¨el** belt (*d. ¨el enger schnallen* to tighten one's b.), girdle; **¨elrose** ⚕ shingles; **¨eltier** armadillo; **¨en** *refl* to gird
Guß ⚙ casting, founding; *(Regen)* downpour, torrent; 🕮 fount; ♦ *aus e-m ~* a perfect whole; **~eisen, ~eisern** cast iron; **~stahl** cast steel
gut good; kind, good-natured, friendly; pleasant, beneficial; *adv* well; *~!* all right!; *~ u. gern* easily, fully, quite; *kurz u. ~* in short; *es ~ meinen mit j-m* to mean well by s-b; *es ist ~* that'll do, all right; *schon ~* never mind; *für ~ finden* to think proper; *im ~en* amicably, friendly; *Ende ~, alles ~* all's well that ends well; *mir geht es ~* I'm well; *es ~ haben* to be well off; *das ~e* the good (thing); *die ~en* the good; *su* property; asset; commodity; farm, estate; **~achten** (expert) opinion; **~achter** expert; valuer, assessor; **~artig** good-natured; ⚕ benign; **~dünken** opinion, discretion (*nach ~ dünken* at d.); **~gehend** flourishing; **~gelaunt** in a good temper, in good spirits; **~gläubig** credulous; **~haben** (credit) balance; assets; **~heißen** to approve of, to sanction; **~herzig** kind-hearted; **~machen** to make up for, to make amends for, to compensate for; to repair; **~mütig** good-natured; **~mütigkeit** good nature; **~sagen** to be security (for); **~sbesitzer** landowner, gentleman farmer; **~schein** voucher; token; scrip; **~schreiben** to credit; *j-m etw ~schreiben* to credit s-b with; **~schrift** credit (note); **~sherr** lord of the manor, squire; **~shof** farm, estate; **~sverwalter** estate manager, steward; **~tun** to do s-b (a lot of) good; **~willig** ready, willing, voluntary
Güt|e kindness, goodness; quality, excellence; grade, class; *du meine ~e!* my goodness!, bless my soul!, good gracious!; **~ig** kind, good; benevolent, benignant; **~lich** amicable, friendly; *sich ~lich tun* to enjoy, to indulge in
Güter goods, merchandise, commodities; **~abfertigung** goods office; **~bahnhof** goods station, *US* freight yard; **~gemeinschaft** joint property; **~makler** estate agent; **~trennung** division of property; **~wagen** van, truck; *BE* goods waggon, *US* freightcar; **~zug** *BE* goods train, *US* freight (train)
Guttapercha gutta-percha
Gymnasi|albildung classical education; **~ast** pupil of a secondary (grammar) school; **~um** secondary school, grammar school
Gymnast|ik callisthenics, setting-up exercises; **~isch** gymnastic
Gynäkolog|e gynaecologist; **~ie** gynaecology

H

H (the letter) H; ♪ B (natural); **H-Dur** B major; **h-Moll** B minor
Haar hair; *(Tiere a.)* wool; *(Tuch)* nap, pile; *(Pelz)* coat ♦ *an e-m ~ hängen* to be touch-and-go (whether; with); *um e. ~* within a hair's breadth; very nearly, narrowly; *s. d. ~e machen* to do one's hair ♦ *~e lassen (müssen)* to get fleeced, to suffer loss; *~e auf d. Zähnen haben* to be a tough customer; *aufs ~* exactly, precisely; *s. in d. ~en liegen* to be at loggerheads with, to be at daggers drawn; *kein gutes ~ an e-m lassen* to pull s-b to pieces, to cut s-b up mercilessly; *bis aufs ~* to a hair's breadth; *s. in d. ~e geraten* to come to blows; *e. ~ in d. Suppe finden* to find a fly in the ointment; *um kein ~ besser* not a whit better; *um e. ~ treffen* to miss by a hair; *an d. ~en herbeigezogen* far-fetched; **~ausfall** loss of hair; **~band** hair-lace, bandeau; **~bürste** hairbrush; **~büschel** tuft of hair; **~en** to lose hair; **~esbreite:** *um ~esbreite* by a hair's breadth; **~genau** very exact, meticulous; dead true; **~ig** hairy, haired; *umg* stunning, tough; **~klammer** hair-grip, bobby pin; **~klein** minutely, in full detail; to a hair; **~künstler** hairdresser, *US* hair stylist; **~nadel** hairpin; **~scharf** keen-edged, very sharp; very exact; **~spalterei** hair-splitting; **~sträubend** hair-raising, startling, shocking; **~trockner** hair-dryer; **~waschen** shampoo(ing); **~waschmittel** shampoo; *(Tube)* cream shampoo; **~wasser** hair tonic
Hab|e property; belongings, effects; *bewegliche ~e* movables; *unbewegliche ~e* immovables; *~ u. Gut* goods and chattels, *umg* bag and baggage; *mit ~ u. Gut* with all one's belongings; **~en** to have, *umg* to have got; *(besitzen)* to own, to possess; *(bekommen)* to get; *(vorrätig)* to (keep in) stock; *zu ~en sein* to be obtainable, to be had; *s. ~en* to be fussy; *was ~e ich davon?* what good is it to me?, where do I come in?; *unter s. ~en* to be in charge of; *nichts auf s. ~en* to be of no consequence; *was hat er?* what is the matter with him?; *etw dagegen ~en* to mind, to object (to); *wo ~en Sie das her?* where did you pick that up?, who did you get this from?; *Sorge ~en* to worry; *Eile ~en* to

be in a hurry; *da hast du's!* there you are!; *hat s. was!* nonsense!; *Soll u. ~en* debit and credit; **~enichts** have-not, pauper; **~gier** greed(-iness); *(Geiz)* avarice; covetousness; **~gierig** greedy; avaricious, covetous; **~haft:** *e-r Sache ~haft werden* to obtain possession of, to seize; **~seligkeiten** belongings; property; **~sucht** avarice; **~süchtig** avaricious

Habicht hawk; *(Hühner-)* goshawk

habilitieren *refl (etwa:)* to qualify for lecturing (in a university)

Habit official dress (of religious order)

Hack|beil chopper; **~brett** chopping-board; **~e** hoe, mattock; *(Fuß)* heel; *d. ~en zusammenklappen* to click one's heels; **~en** *(Holz)* to chop; *(Fleisch)* to mince; *(picken)* to pick, to peck; **~̈sel** chopped straw, chaff; **~fleisch** minced meat; **~frucht** root-crop; *pl* potatoes and root-crops

Hader *(Zank)* quarrel, dispute; *(Lumpen)* rag; **~n** to quarrel, to dispute, to argue; **~lumpen** = ~

Hafen port, harbour; haven *(a. fig; ~ of marriage)*; *fig* shelter; *e-n ~ anlaufen* to make a port, to call at a port; *aus e-m ~ auslaufen* to leave port; **~anlagen** port installations (*od* facilities); docks; **~arbeiter** docker, dockyard labourer, longshoreman; **~damm** jetty, mole; **~polizei** harbour police; **~sperre** embargo; *(im Krieg)* blockade; **~stadt** seaport, port-town; **~überwachung** port control

Hafer oats; **~brei** porridge; **~flocken** rolled (*od* flaked) oats, Quaker oats; **~grütze** groats; **~schleim** gruel

Haff (Baltic Sea) bay

Hafner potter and tiled-stove maker

Haft detention; custody; arrest; imprisonment; *in ~* under arrest, in custody, committed; *in ~ nehmen* to put under arrest, to take into custody; **~bar** liable (*für* for), responsible (*für* for); *~bar machen* to hold liable (responsible) for; **~befehl** warrant of arrest; **~en** *(kleben)* to adhere (to), to cling (to), to stick (to); *(einstehen)* to be liable, to be responsible (for); to stand security (for); to answer (for); **~grund** reason for arrest; **~gläser** contact lenses; **~̈ling** prisoner; detainee; **~pflicht** liability, responsibility; **~pflichtig** liable, responsible; **~pflichtversicherung** liability insurance; third-party insurance; **~ung** liability, responsibility; ⚙ adhesion; *chem* adsorption; *mit beschränkter ~ung* with limited liability; *e-e ~ung übernehmen* to undertake (*od* assume) a responsibility; **~vollzug** imprisonment

Hag hedge; grove; **~ebutte** hip, haw; **~edorn** hawthorn; **~estolz** confirmed bachelor

Hagel hail; *fig* shower; **~korn** hailstone; **~n** to hail; **~schlag, ~wetter** hailstorm

hager *(mager)* thin, lean; *(abgezehrt)* haggard, worn, emaciated; **~keit** leanness, thinness; emaciation

Häher jay

Hahn cock; *(Sperrhahn)* stopcock; *(Gefäß)* tap; *(Hydrant)* cock ♦ *~ im Korbe* cock of the roost (*od* walk); **~̈chen** cockerel; **~enfuß** crowfoot; **~enkamm** cock's comb, crest; *bot* cockscomb; **~enschrei** crowing of the cock, cock-crowing; *mit d. ersten ~enschrei* at daybreak, at cock-crow; **~rei** cuckold

Hai(fisch) shark

Hain grove, wood

Häkel|arbeit crochet work; **~garn** crochet yarn; **~n** to crochet; **~nadel** crochet needle

Haken hook; *(Kleider)* peg; *(Liste)* mark, tick; *(Hase)* double; *(Boxen)* hook; *fig* catch, snag; *vb* to hook on; *e-n ~ schlagen* to double; *~ und Öse* hook and eye; **~kreuz** swastika, fylfot

halb half; *adv* half, by halves; *(in Zssg)* half-, semi-; *~ zwei* half past one; *e. ~es Pfund* half a pound; *auf ~em Wege* midway, halfway; *auf ~er Höhe* halfway up; *~ so schlimm* nothing to get excited about; *~ soviel* half as much; *~ und ~* half and half, fifty–fifty, *umg* more or less, half; *~e Note* ♪ minim, *US* half note; *~e Pause* minim rest, *US* half rest; **~amtlich** semi-official; **~bildung** superficial education; smattering (of knowledge); **~blut** half-caste; half-blood; **~dunkel** dusk, twilight; **~edelstein** semi-precious stone; **~er** *prep* for the sake of; on account of, for; by reason of; **~fertigwaren** semi-finished goods (*od* products); **~fett** 🕮 bold (print); **~gebildet** semi-literate, half-educated; **~gott** demigod; **~heit** incompleteness, imperfection; half-measure; **~ieren** to halve, to cut in half; *math* to bisect; **~insel** peninsula; **~jährig** six months old; of (*od* lasting) six months; **~jährlich** half-yearly, biannual; **~kreis** semicircle; **~kugel** hemisphere; **~laut** in an undertone; low; **~leder** half-calf; **~lederband** half-calf binding; **~leinenband** half-cloth binding; **~messer** radius; **~militärisch** paramilitary; **~monatlich** bimonthly, biweekly; *BE a.* fortnightly; **~mond** crescent moon, half-moon; **~part:** *~part machen* to go halves; **~rund** semi-circular, half-round; **~schlaf** doze, drowsy sleep; **~schuh** (low) shoe, slipper, oxford; **~strumpf** sock; **~tagsarbeit** part-time work (*od* job); **~waise** fatherless (motherless) child; **~wegs** midway, halfway; *(leidlich)* tolerable; **~welt** demi-monde; **~wertzeit** half-life; **~wöchentlich** biweekly; **~wüchsig** half-grown, teenage; adolescent; **~zeit** half(-time)

Halde slope, hillside; *(Schutt)* waste heap; *min* dump; pithead; **~nbestand** *(Kohle)* pithead stocks

Hälfte half; *s-e bessere ~* his better half; *zur ~* half of; *bis zur ~* to the middle

Halfter halter; **~n** to tie by the halter

Hall sound, peal, clang; **~en** to sound, to resound

Halle hall; porch; *(Vorhalle)* vestibule; *(Vorbau)* veranda, porch; *(Hotel)* lounge, lobby; ⛩ covered court; ✈ hangar; **~nbad** indoor swimming-pool, baths; **~nhandball** indoor hand-ball; **~nsport** intramural athletics, indoor sports

Hallig marsh-islet, holm

hallo! hallo(o)!, hello!; I say!, hey!, hey there!, *US* say!; ☎ hello! are you there? *su* hullabaloo

Halm blade; *(Stroh)* straw; *(Stengel)* stalk; **~früchte** cereals

Hals neck; *(Kehle)* throat (*e-n rauhen ~ haben* to have a sore th.) ♦ *~ über Kopf* headlong, helter-skelter, head over heels; *steifer ~* stiff neck; *aus vollem ~e* loudly, immoderately; *um d. ~ fallen* to fly into s-b's arms ♦ *bis an d. ~, bis zum ~e* up to one's neck, over head and ears; *auf d. ~ haben* to be saddled with; *s. vom ~e schaffen* to get rid of; *j-m zum ~e heraushängen* to be bored to death with, to be sick of (fed up with) s-th; *d. kostet ihn d. ~* that will cost his life; *s. d. ~ verrenken (um etw zu sehen)* to crane one's neck; **~abschneider** cutthroat; **~ader** jugular vein; **~band** necklace, collar; **~binde** tie; **~brecherisch** dangerous, risky, perilous; breakneck (speed); **~entzündung** sore throat, inflammation of the throat; **~krause** frill, ruffle; **~länge:** *um eine ~länge* by a neck; **~schmerzen, ~weh** sore throat; **~starrig** stubborn, obstinate; **~tuch** neckerchief; scarf; muffler

Halt stop, halt; *(Stand)* foothold, footing; *(Festhalten)* hold; *(Stütze)* support; *fig* steadiness, firmness; *interj* stop!; *ohne ~* unsteady, unstable; *d. ist ~ so* that's just the way it is; **~bar** tenable; *(dauerhaft, fest)* durable; lasting; *fig* defensible; **~barkeit** durability, solidity; *fig* defensibility; **~en 1.** *vt (fest-)* to hold; *(stützen)* to support; *(Fest etc)* to celebrate; *(behalten)* to keep; *(beachten)* to observe; *(folgen)* to follow; *(Rede)* to deliver; *(Zeitung)* to take in; *(halten für)* to think, to take for; **2.** *vi* to stop; *(haltbar sein)* to last; *(Eis)* to bear; *refl* to keep (o.s.); *(aushalten)* to hold out, to endure; *(fortfahren)* to continue; *(Körper)* to carry; *an s. ~en* to restrain o.s.; *s. an etw ~en* to hold on (to); to keep to, to comply with; *es mit j-m ~en* to be on s-b's side; to hold (*od* side) with s-b; *viel ~en von* to think highly of; *schwer~en* to be difficult; *s. links ~en* to bear to the left; *es ~en, wie man will* to do as one likes (*od* pleases); to suit o.s.; *s. an d. Regeln ~en* to adhere to (*od* observe) the regulations; *auf Lager ~en* to keep in stock; *seinen Mund ~en* to hold one's tongue, to keep one's mouth shut; *s. abseits ~en* to hold o.s. aloof; *bereit ~en* to hold in readiness; *was ~en Sie davon?* what do you make of it?; *s. in d. Nähe ~en* to keep near, *sl* to hang (*od* stick) around; **~er** holder; ✈, 🚗 legal owner; *(Stütze)* support, hold; *(Griff)* handle; ⚙ clamp, clip; **~estelle** stop; 🚂 station; **~etau** mooring cable; guy-rope; **~everbot** „stopping prohibited"; **~los** without support; unsteady, unstable; *(pflichtvergessen)* unprincipled; *(unhaltbar)* untenable; **~losigkeit** instability; unsteadiness; absurdity; **~machen** to stop, to halt; to pause; **~ung** *(Körper)* carriage, bearing; *(Einstellung)* attitude; *(Benehmen)* conduct, behaviour, demeanour; *(Beherrschung)* control; *~ung annehmen* *(mil)* to come (*od* to snap) to attention; *ruhige ~ung* composure

Halunke rogue, rascal, scoundrel

Hamamelis witch-hazel, *BE a.* wych-hazel

Hamen fishing-hook; net

hämisch spiteful, malicious; *~ lächeln* to sneer

Hammel wether; **~beine:** *j-m d. ~beine langziehen* to lick s-b into shape; **~braten** roast mutton; **~fleisch** mutton; **~rippchen** mutton chop

Hammer hammer ♦ *unter d. ~ kommen* to be sold by auction; *(Krocket)* mallet; *(Eisenschmiede)* forge; **⁓n** to hammer; **~schmied** blacksmith; **~werfen** hammer throw, throwing the hammer

Hämorrhoiden haemorrhoids, piles

Hampelmann puppet, jumping-jack

Hamster hamster; **~er** hoarder, grabber; **~n** to hoard

Hand hand; *unter d. ~* secretly; from under the counter; *~ legen an* to set to work upon ♦ *j-s rechte ~* right-hand man; *~ anlegen* to bear a hand; *~ an s. legen* to commit suicide; *letzte ~ anlegen* to put the finishing touches to; *~ u. Fuß haben (fig)* to hold water; to be to the purpose; *d. ~ im Spiele haben* to have a finger in the pie; *an d. ~ geben* to deliver *(goods)* for sale or return; *j-m d. ~ geben* to shake hands with; *d. ⁓e in d. Seite stemmen* to set one's arms akimbo ♦ *e-e ~ wäscht die andere* one good turn deserves another; *s-e ⁓e in Unschuld waschen* to wash one's hands of s-th; *an d. ~ (zur ~) gehen* to help, to lend a hand; *auf d. ~ liegen* to be clear, to be obvious; *an ~ von* with the aid of; by means of, on the basis of; *bei d. ~ sein* to be ready; to be handy; *von d. ~ gehen* to work well; *aus zweiter ~* second-hand, used; *von langer ~ vorbereiten* to prepare beforehand; *von d. ~ weisen* to reject, to decline ♦ *e. Spatz in d. ~ ist besser als e-e Taube auf dem Dach* a bird in the hand is worth two in the bush; *auf ⁓en tragen* to spoil, to treat with great care; *mit ⁓en und Füßen* with might and main; *öffentliche ~* public authorities; **~arbeit** manual work; needlework; sewing, knitting and crochet work; **~ball** handball; **~bibliothek** reference library; **~breit** of a hand's breadth; **~breite** handbreadth; **~bremse** handbrake; **⁓edruck** shaking (*od* clasp) of the hands, shake-hands; **~feger** brush, broom; **~fertigkeit** manual skill; dexterity; **~fesseln, ~schellen** handcuffs; **~fest** robust; sturdy; **~feuerwaffen** small arms; **~fläche, ~teller** palm of the hand; **~geld** earnest; *(Vorschuß)* advance; **~gelenk** wrist; **~gemein:** *~gemein werden* to come to blows; **~gemenge** hand-to-hand fighting, skirmish, scuffle; **~gepäck** hand luggage; **~gerecht** handy; **~granate** hand grenade; **~greiflich** obvious, manifest; *(fühlbar)* palpable; *~greiflich werden* to use one's fists; **~greiflichkeit** act of violence, assault; **~griff** handle; manipulation; **~habe** handle, hold; *fig* ways, means; **~haben** to handle, to manage; **~koffer** suitcase, (travelling) bag; **~langer** handy-man, odd job man; accomplice; **~lesekunst** palmistry; **~lich** handy, manageable; **~pferd** led horse; **~reichung** assistance, help; **~rücken** back of the hand; **~satz** 🕮 hand composition, hand setting; **~schlag** shake of the hand, hand-shake; **~schrift** handwriting; hand; manuscript; **~schriftendeutung** graphology; **~schriftlich** written, in writing; manuscript; **~schuh** glove; **~streich** surprise (*od* sudden) attack, coup de main; **~tasche** handbag; **~tuch** towel; **~tuchhalter** towel-horse, towel-rail; **~umdrehen:** *im ~umdrehen* in a jiffy, in (next to) no time; **~werk** handicraft, craft; trade ♦ *j-m d. ~werk legen* to put a stop to s-b's game; **~werker** craftsman; artisan; **~werklich** relating to handicraft; **~werksbursche, -geselle** travelling journeyman; **~werkskammer** Chamber of Handicrafts; **~werksmäßig** workmanlike; **~werkszeug** tools, implements; **~wurzel** wrist; ⚕ carpus; **~zeichnung** (free-hand) drawing; **~zettel** hand-bill, *US* dodger

Handel trade (*mit* in, *nach* with); commerce, traffic; *(Geschäft)* bargain, business, transaction; *(Markt)* market; traders; *im ~* on the market; *~ treiben* to trade; *e-n ~ abschließen* to conclude (*od* strike) a bargain; *~ u. Gewerbe* trade and industry; *~ u. Handwerk* trade and handicraft; *~ u. Wandel* trade and commerce, living conditions; **~bar** negotiable; **~n** to act, to do; *~n von* to treat of, to deal with, to be about; *~n mit* to trade (*od* do business) with; to deal in; *~n um* to bargain for, to haggle for; *s. ~n um* to be a matter of, to be a question of; *su* action; trade; dealing; **~sabkommen** trade agreement; **~sbank** commercial bank; **~sbedingungen** terms of trading; **~sbilanz** balance of trade; **~sdampfer** cargo steamer, merchantman; **~seinig** *werden* to come to terms; **~sflotte** merchant fleet; **~sgärtnerei** market-garden; **~sgeist** commercialism; **~sgenossenschaft** trading co-operative; **~sgericht** commercial court; *~sgerichtlich eingetragen* legally registered; **~sgewicht** avoirdupois weight; **~sherr** principal; wholesale merchant; **~skammer** *BE* Chamber of Commerce, *US* Board of Trade; **~skredit** commercial credit; **~smarine** merchant marine; **~smarke** trademark; **~smäßig** relating to trade; from the trade point of view; **~spolitisch** from the point of view of trade policy; **~srecht** commercial law; **~srechnung** commercial invoice; **~sschiff** merchant-vessel; **~sschule** commercial school; **~sspanne** trade margin; **~steil** *(Zeitung)* financial section, commercial section; **~süblich** customary in trade, in accordance with ordinary trade usage; **~sunternehmen** commercial enterprise; **~svertrag** commercial treaty, trade agreement; **~swechsel** commercial bill; **~sweg** trade route; *pl a.* channels of trade; **~treibend** trading

Händel quarrel; *~ suchen* to pick a quarrel; **~süchtig** quarrelsome

Handikap 🏇, *fig* handicap

Händler dealer; trader; tradesman; merchant

Handlung act, action; *(Tat)* deed; *(Geschehen)* story; 🎭 plot; transaction; *(Geschäft)* shop; business; trade; *strafbare ~* punishable act, criminal offence; **~sreisender** commercial traveller, travelling salesman; **~sunkosten** business expenses; **~sweise** way of acting; method of dealing

hanebüchen unheard of; preposterous

Hanf hemp; **~en** hempen; **⁓̈ling** linnet; **~seil** manila rope, hemp(en) rope

Hang slope; *fig* tendency (to), inclination (to); trend; propensity; bent (*zu* for)

Hänge|bauch paunch, potbelly; **~boden** loft; hanging floor; **~brücke** suspension bridge; **~kartei** vertical file; **~lampe** hanging lamp; **~matte** hammock; ⚓ cot; **~n** *vt* to hang, to suspend, to attach, to fix; *vi* to hang, to be suspended; *(kleben)* to adhere (to), to stick (to); *(befestigt)* to be attached (to); *fig* to depend (on) ♦ *d. Mantel nach d. Winde ~n* to sail with the wind; **~nbleiben** to be caught (by, on)

hänseln to tease, *umg* to rib

Hansestadt Hanse (Hanseatic) town (city)

Hans|narr tomfool; **~wurst** buffoon, clown; *d. ~wurst spielen* to play the fool

Hantel dumb-bell; *(Gewichtheben)* bar

hantier|en to handle, to operate, to manipulate; to manage; **~ung** manipulation, handling

haper|n to stick; to be amiss, to be wrong; *es ~t mit etw* there is s-th wrong

Happ|en mouthful, piece, morsel; **~ig** greedy

Happy End happy ending

Harfe harp; **~nist, Harfner** harpist

Harke rake ♦ *j-m zeigen, was e-e ~ ist* to show s-b what's what; **~n** to rake

Harm grief, affliction; *(Kränkung)* insult, injury, wrong; **⁓̈en** *refl* to grieve (about), to worry (about), to fret (over); **~los** harmless, inoffensive, innocuous; quiet, tame; **~losigkeit** harmlessness; innocence

Harmon|ie harmony *(a. fig)*; ♪ concord; **~ielehre** theory of harmony; **~ieren** to harmonize *(a. fig)*; *fig* to agree with; **~ika** *(Mund-)* mouth-organ, harmonica; *(Zieh-)* accordion, concertina; **~isch** harmonious *(a. fig)*, harmonic; **~ium** harmonium, *US a.* reed organ

Harn urine, water; **~blase** bladder; **~en** to urinate, to pass water; **~fluß** incontinence of urine; **~glas** urinal; **~röhre** ureter; **~säure** uric acid; **~stoff** urea; **~treibend** diuretic

Harnisch armour, harness; *in ~ geraten* to fly into a rage; *in ~ bringen* to infuriate

Harpun|e harpoon; **~ieren** to harpoon

harren to wait, to await

harsch harsh, hard, rough; **~schnee** crusted snow

hart hard; *(fest)* firm, solid; *(streng)* severe; *(gefühllos)* ruthless; cruel; *~ an* hard by, close to; **~faserplatte** fibreboard; **~futter** oats and grain; **~geld** coins, metallic currency; **~gesotten** hard-boiled; *fig* inflexible, hardened; **~gummi** hard rubber, ebonite; **~guß** chill(ed) casting; **~herzig** hard-hearted, adamant; **~her-**

zigkeit hard-heartedness; **~holz** hardwood; dogwood; **~hörig** hard of hearing, rather deaf; **~köpfig** headstrong; **~leibigkeit** constipation, costiveness; **~näckig** obstinate, stubborn; *(Krankheit)* chronic; **~näckigkeit** pertinacity, stubbornness; **~riegel** cornel; dogwood; **~spiritus** solid alcohol

Härte hardness; *(Gemüt)* roughness, cruelty; *(Schicksal)* severity, hardness; **~fall** case of hardship; extreme case; hardship; **~n** to harden; *(Stahl)* to quench

Harz resin; rosin; **~ig** resinous

Hasard hazard; **~spiel** game of chance, gambling

Hasch|ee hash; **~ieren** to hash

haschen to catch, to seize; to snatch at; *fig* to strive for, to aspire to; to take hashish

Häscher bailiff; catchpole

Has|e hare; *fig* coward; *falscher ~e* meat roll ♦ *da liegt d. ~e im Pfeffer* there's the rub; *sehen, wie d. ~e läuft* to see how the cat jumps; **~enbraten** roast hare; **~enfuß** coward; poltroon; scared cat; **~enhund** harrier; **~enklein** jugged hare, hare-ragout; **~enpanier:** *d. ~enpanier ergreifen* to take to one's heels; **~enscharte** harelip; **¨in** doe, female hare

Hasel|huhn hazel-hen; **~maus** dormouse; **~nuß** *(Baum)* hazel; *(Frucht)* hazel-nut, filbert, *(große)* cobnut

Haspe hasp, hinge; staple; **~l** *(Garn)* reel; *(Winde)* windlass; winch; **~ln** to reel

Haß hatred, hate; animosity; *(Zorn)* spite; *seinen ~ an j-m auslassen* to vent one's spite upon s-b; *aus ~ gegen* out of hatred of, out of spite against

hassen to hate; to detest; **~swert** hateful, odious

häßlich ugly, hideous, nasty; **~keit** ugliness; *(Charakter)* badness

Hast hurry, haste; *(Überstürzung)* precipitation; **~en** to hurry, to hasten; **~ig** hurried, hasty; *(überstürzt)* precipitate; **~igkeit** hastiness; precipitation

hätscheln to caress; to coddle, to pamper; to pet

hatschi! atishoo!, kerchoo!

Haube cap, hood; 🚗 bonnet, *US* hood; ✈ cowling ♦ *unter die ~ bringen* to marry off; **~nlerche** crested lark

Haubitze howitzer

Hauch breath; *(Luft)* breeze, whiff; *fig* touch, trace, spirit; **~dünn** filmy; **~en** to breathe; *(blasen)* to blow; *(leise sprechen)* to whisper softly; *gram* to aspirate; **~laut** aspirate; **~zart** delicate; flimsy, filmy

Hau|degen broadsword; *fig* warrior, bully; *alter ~degen* battle-scarred old fellow; **~e** hoe; pick; mattock; *fig* thrashing, spanking; **~en** *(Bäume)* to hew, to chop; *(schlagen)* to beat, to hit; *umg* to thrash, to spank; *(Steine)* to break; *(ausmeißeln)* to carve; *refl* to fight; *um s. ~en* to lay about one ♦ *j-n übers Ohr ~en* to cheat s-b, to take s-b in; **~er** hewer, cutter; woodcutter; *zool* fang, tusk

Hauf|en heap; pile; *(Zahn)* quantity; great number; *(Menschen)* crowd; *(Masse)* mass; *(Partie)* batch; lot ♦ *über d. ~en werfen* to upset, to overthrow, to throw aside; **~enweise** in (*od* by) heaps, in crowds; **¨eln** to heap; *(Kartoffeln)* to earth; **¨en** to heap, to pile up, to accumulate; *refl* to multiply, to increase; **¨ig** frequent; abundant; *adv* often, frequently; **¨igkeit** frequency; **¨ung** accumulation

Haupt head; *(Oberhaupt)* chief, leader; *(Geschäft)* principal; *(in Zssg)* chief, main, principal; *d. ~ entblößen* to uncover one's head, to take off one's hat; *aufs ~ schlagen* to defeat totally; *zu ¨en* at the head of; **~amtlich, ~beruflich** full-time, whole-time; **~anliegen** main objective; **~aufgabe** main task; **~ausschuß** main committee; **~bahnhof** main (*od* central) station; **~bedeutung** primary meaning; **~bestandteil** chief constituent; principal ingredient; **~buch** ledger; **~darsteller** leading man (lady); **~ernährer** main breadwinner; **~fach** principal subject, *US* major; *als ~fach belegen* to major in; **~hahn** main tap, main cock; **~leitung** *(Wasser, Gas etc)* mains; **¨ling** chieftain, captain; **~mann** captain; *(Flieger)* flight lieutenant; **~merkmal** chief characteristic, characteristic feature; **~nenner** *math* common denominator; **~niederlassung** head establishment; **~note, ~gedanke** key-note; **~person** principal person; 🎭 leading character; **~postamt** general post office; **~probe** 🎭 dress rehearsal; full rehearsal; **~quartier** headquarters; **~rolle** leading part, lead; **~sache** main thing, main point; **~sächlich** principal, chief, main; *adv* mainly, especially; **~schlagader** aorta; **~stadt** capital; metropolis; **~städtisch** metropolitan; **~träger** main support; main factor; chief person (institution) carrying responsibility for; **~treffer** *(Lotterie)* first prize; **~verkehrszeit** rush hours; **~versammlung** general meeting; *(AG)* shareholders' meeting; **~verwaltung** head office; chief administration; **~wort** noun, substantive

Haus house; building; *(Wohnung)* home, dwelling; *(Familie)* family; firm; *freistehendes ~* detached house; *öffentliches ~* brothel, house of low repute; *im ~e* indoors; *aus d. ~e, außer ~e* out of doors; *nach ~e* home; *zu ~e* at home *(a. fig: at h. in a subject)*; *von ~e aus* originally; *d. ~ hüten* to be confined to the house; *d. ~ bestellen* to put one's house in order; *nicht zu ~e sein* not to be in; *s.* Tür; *~ an ~ mit j-d wohnen* to live next to s-b; **~angestellte** servant; **~apotheke** medicine chest; **~arbeit** house-work; *pl* chores; **~arzt** family doctor; *(Krankenhaus)* resident medical officer; *(Kurhaus)* resident doctor; **~aufgabe** homework; **~backen** home-made; *fig* prosaic; plain; **~besetzer** squatter; **~besitzer** house-owner; possessor of a house; **~boot** barge, house-boat; **~brand** domestic fuel (*od* coal); **~dame** lady housekeeper; **~eigentümer** house-owner, landlord; **~en** to dwell, to live, to reside; *fürchterlich ~en* to play havoc, to ransack, to ravage; **~flur** hall, corridor; **~frau** housewife; landlady; **~friedensbruch** unlawful entry; **~halt** household; budget; **~halten** to keep house; *(sparsam)* to husband, to economize ♦ *mit seinen Kräften nicht ~halten* to burn the candle at both ends; **~hälterin** housekeeper; **~hälterisch** economical; **~haltsausschuß** committee of ways and means; **~haltsführung** running of the house; housekeeping; **~haltsgerät** domestic appliance; **~haltsjahr** financial year; **~haltsplan** *(Staat)* budget; *(Stadt)* finances; **~herr** master; landlord; **~ieren** to peddle, to hawk, to cadge; **~ierer** pedlar *US* peddler; **~ierschein** pedlar's licence; **~lehrer** private tutor; **~mädchen** housemaid; **~mannskost** plain fare, plain cooking; **~marke** family mark; **~meister** caretaker, porter; janitor, superintendent; **~miete, ~zins** rent; **~mittel** household remedy; **~rat** household goods (*od* equipment); **~sammlung** house-to-house collection; **~schlachtung** domestic slaughtering; **~schuh** slipper; **~schwamm** dry rot; **~stand** household; **~suchung** house search; raid; **~tier** domestic animal; **~tür** front door; **~wappen** familiy coat-of-arms; **~wirt** landlord; **~wirtschaft** *(Fach)* home economics; **~wirtschaftlich** economical; household; domestic; **~wirtschaftslehre** domestic science(s)

Häus|chen small house; cottage ♦ *aus d. ~chen sein* to be beside o. s., to hit the ceiling; **~erblock, ~erkomplex** block (of buildings); **~erkampf** house-to-house fighting; **~ermeer** ocean of houses; **~ler** cottager; **~lich** domestic, household; domesticated, home-loving; economical; **~lichkeit** home; family life; domesticity

Hausse advance (of prices), boom, bull movement; **~spekulant** bull; **~spekulation** bull operation

Haut skin; *(abgezogen)* hide; *(mit Haar)* coat; *(Schlange, abgeworfen)* slough; *(bei Flüssigkeit)* membrane (*a.* ⚕); film ♦ *ehrliche ~* honest fellow; *mit ~ u. Haar* completely, thoroughly; *e-e dicke ~ haben* to be thick-skinned; *s. s-r ~ wehren* to defend o. s.; *aus d. ~ fahren* to lose one's patience; *ich möchte nicht in Ihrer ~ stecken* I shouldn't like to be in your shoes; **~creme** cold cream, skin cream; **⁓̈en** *vt* to skin; to flay; *refl* to slough, to cast one's skin; **~farbe** complexion; **~schere** manicure scissors, cuticle scissors; **~wasser** skin lotion

Havarie average, damage by sea

Heb|amme midwife; **~ebaum** lever; pole; crowbar; **~ekraft** leverage, purchase; **~el** lever, handle ♦ *alle ~el in Bewegung setzen* to leave no stone unturned; **~en** to lift, to raise, to heave (up); *(hochwinden)* to hoist; *math* to reduce; *(Ansehen)* to aggrandize; *(verbessern)* to improve; *refl* to rise; to improve; **~er** lever; *(Saug-)* siphon; **~erolle** register of dues and taxes; **~esatz** rate of tax levied; **~ewerk** lifting-tackle, hoisting-gear; **~ung** raising; lifting; elevation; improvement; *(Stimmung)* encouragement; *(Vermehrung)* increase; *(Ansehen)* aggrandizement; *(Silbe)* accented syllable

Hechel hackle; **~n** to hackle

Hecht pike ♦ *~ im Karpfenteich* pike in a fish-pond

Heck stern; 🚗 rear; ✈ tail

Heck|e hatch, brood, breed; *bot* hedge; **~en** to hatch, to breed; *fig* to devise; to concoct; **~enrose** wild rose, brier; **~enschütze** sniper

Hederich field mustard

Heer army (*stehendes ~* regular a.); *(Schar)* host; *(Menge)* mass, crowd; **~bann** levies; **~esbericht** official army communiqué; **~esdienst** army service, military service; **~esleitung:** *Oberste ~esleitung* Supreme Command Staff; **~eszeugamt** army supply depot; **~führer** general, army-leader; **~schau** review, parade

Hefe yeast, *(bes Bier-)* barm; *fig* scum; **~teig** (leavened) dough

Heft *(Griff)* handle, haft; *(Schwert)* hilt; *(Schreib-)* exercise-book, note-book; *(Schönschreib-)* copy-book; *(Druck-)* number, part; *(Broschüre)* pamphlet ♦ *d. ~ in d. Hand haben* to be master of the situation; **~el** hook; clasp; **~en** to fasten, to fix; *(feststecken)* to pin; *(anheften)* to baste, to tack; *(mit Garn)* to tack; to stitch; *(zus.heften)* to staple; *refl* to stick to; **~faden** tacking (basting) thread; **~klammer** paper-clip; **~maschine** stapler; **~nadel** stitching-needle; **~pflaster** sticking (*od* adhesive) plaster; adhesive; **~stich** tacking stitch; **~zwecke** drawing-pin, *US* thumbtack

heftig violent; *(stark)* strong; *(laut)* boisterous; *(Leidenschaft)* passionate; *(Kopfweh)* splitting; *(Streit)* acrimonious; *(Schmerz)* acute; **~keit** violence; vehemence; intensity

hege|n *(Wild)* to preserve; *(Pflanzen)* to nurse; *(pflegen)* to foster; to tend; to take care of; *(Gefühle)* to entertain, to cherish, to nourish; *Groll ~n* to bear a grudge; *Hoffnung ~n* to entertain hope(s); **~r** forester, (game)keeper; **~zeit** close season

Hehl secrecy, concealment; *kein ~ machen aus* to make no secret of; **~en** to conceal; to receive stolen goods; to fence; **~er** fence; **~erei** receiving of stolen goods

hehr sublime; high

Heiabett bye-bye

Heid|e heath; *eccl* pagan, heathen; **~ekraut** heather; ling; **~eland** heath, moor; **~elbeere** bilberry, whortleberry, blueberry; **~enangst** blue funk; **~engeld** pots (*od* no end) of money; **~enlärm** hullabaloo; **~entum** paganism; **~erose** wild rose, dog-rose; **~nisch** heathen(ish), pagan; **~schnucke** (German) heath-sheep; moorland sheep

heikel *(delikat)* delicate, ticklish; *(schwierig)* difficult; *(kritisch)* critical; *(wählerisch)* dainty, fastidious

heil *(unversehrt)* unhurt, intact, unscathed; safe and sound; *(geheilt)* healed, cured, restored; *su* welfare; *(Glück)* happiness; *eccl* salvation; *interj* hail!; *im Jahr d. ~s* in the year of grace; *sein ~ versuchen* to try one's luck; *sein*

~ *in d. Flucht suchen* to seek safety in flight; ~ *d. König!* God save the king!; ~ *dem, der*... blessed be he who ...; **~and** Saviour, Redeemer; **~anstalt** sanatorium; hospital; *(privat)* nursing home; **~bad** spa, watering-place; **~bar** curable; **~bringend** salutary, wholesome; **~butt** halibut; **~en** *vt* to cure; *vi* to heal; **~froh** jolly glad, delighted; **~gehilfe** surgical (*od* medical) assistant; **~gymnastik** physical therapy, physiotherapy; remedial exercises; **~gymnastiker** physiotherapist; **~kräftig** curative, restorative; **~kraut** medicinal herb; **~kunde** medical science, therapeutics; **~kundig** skilled in medicine; **~los** wicked; hopeless; terrible; **~mittel** remedy, medicament; drug; **~quelle** mineral spring, medicinal spring; **~sam** salutary, wholesome; *fig* beneficial, good; **~sarmee** Salvation Army; **~serum** antitoxic serum, antitoxin; **~sgeschichte** Life and Sufferings of Christ; **~stätte** sanatorium; **~ung** healing, cure; recovery; **~verfahren** medical treatment; therapy

heilig holy, godly, saintly; sacred, hallowed; **~abend** Christmas Eve; **~en** to sanctify, to hallow; to keep holy; *(rechtfertigen)* to justify, to sanction; *d. Zweck ~t d. Mittel* the end justifies the means; **~enschein** halo; **~er** saint; **~keit** holiness, godliness, sanctity (*~keit d. Verträge* s. of treaties); sacredness; **~sprechen** to canonize; **~sprechung** canonization; **~tum** shrine, sanctuary; *(Gegenstand)* relic; **~ung** sanctification; consecration

heim *adv* home; *su* home; *(Wohnung)* dwelling; *(Gemeinschaft)* centre; *(karitativ)* asylum; **~arbeit** outwork; cottage industry; **~arbeiter** outworker, person working in his own home; **~chen** cricket; **~fahrt** return journey; **~fall** ⚖ reversion; **~führen** to take home; to marry; **~gang** death, decease; **~gegangen** deceased; **~isch** home, domestic; *(eingeboren)* native, indigenous; *(vertraut)* familiar; at home; *~industrie* home industry; **~kehr, ~kunft** return, homecoming; **~kehren** to come back, to return home; **~kehrer** homecomer; repatriated prisoner of war; **~leuchten** to reprove, *sl* to tell off; **~lich** secret; *(verstohlen)* furtive, stealthy; *~lich, still u. leise* on the quiet; *(versteckt)* clandestine, backdoor, hidden; *(privat)* private; *(heimelig)* snug, comfortable; **~lichkeit** secrecy; secret; **~stätte** home; **~suchen** *(Geister)* to haunt; *eccl* to visit; to inflict; to trouble; to plague; **~suchung** visitation; *fig* trial; misfortune; **~tücke** malice; **~tückisch** malicious; insidious; dastardly; *~tückischer Kerl* dastard; **~wärts** homeward(s); **~weg** way home, return; **~weh** home-sickness; *~weh haben* to be home-sick; **~wehr** home guard; **~zahlen** to pay out; *fig* to be revenged on, to get even with ♦ *mit gleicher Münze ~zahlen* to pay s-b back in his own coin

Heimat native land (*od* place, country); home, homeland; *zool* home; *in d.* ~ at home; **~boden** native soil; **~dichter** regional writer; **~dichtung** local literature; **~gefühl** feeling for one's country; **~hafen** port of registry; **~kunde** local topography; **~lich** native, home; home-like; **~los** homeless; outcast

Hein: *Freund* ~ Death

Heinzelmännchen brownie

Heirat marriage; *(Partie)* match; *(Hochzeit)* wedding; **~en** to marry, to get married; **~santrag** proposal (of marriage); **~sfähig** marriageable; **~sgut** dowry; **~skandidat** suitor, wooer; **~slustig** eager to marry; **~surkunde** marriage certificate; **~svermittler** marriage broker; **~sversprechen** promise to marry (*od* of marriage); *Bruch d. ~sversprechens* breach of promise

heischen to demand

heiser hoarse; *(belegt)* husky; ~ *sein* to be hoarse; to have a sore throat; **~keit** hoarseness; sore throat

heiß hot; *fig* burning; fervent, ardent ♦ *j-m d. Hölle ~ machen* to frighten s-b out of his wits; *kochend* ~ boiling hot; **~blütig** hot-blooded, choleric; hot-tempered; **~hunger** ravenous hunger; **~laufen** ⚙ to (over)heat; to run hot; **~sporn** hotspur

heißen *vt* to call, to name; *(bedeuten)* to mean, to signify; *(befehlen)* to bid, to order; *vi* to be called; to mean; *es heißt* they say, it is said; *d. heißt* that is, that is to say; *soll d. (etwa)* ~ ...? am I to understand ...?, do you mean to say ...?; *was soll d. ~!* what's the meaning of this?, what is it all about?; *wie ~ Sie?* what is your name?; *was heißt d. auf Englisch?* what's that in English?, what's the English for that?

heiter serene; *(Wetter)* bright, fair; *(fröhlich)* gay, cheerful; **~keit** serenity; airiness; brightness, clearness; cheerfulness

heiz|bar to be heated; with heating; **~en** to heat, to make a fire; **~er** stoker, heater; 🚂 fireman; **~gas** fuel gas; **~kessel** boiler; furnace; **~kissen** electric pad, heating pad; **~körper** radiator; **~material** fuel; **~öl** fuel oil; **~raum** furnace room; *(im Ofen)* stoke hole; **~rohr** flue; **~sonne** electric fire; **~ung** (central) heating; firing; fuel; *d. ~ung abstellen* to turn off the heat; **~wert** heat value

hektisch violent, feverish, hectic

Held hero (~ *d. Tages* h. of the hour); **~enhaft, ~enmütig** heroic(al); **~entat** heroic deed; **~entod** heroic death; death in action; **~entum** heroism; **~in** heroine

helf|en to help, to aid, to support, to assist; *(nützen)* to be of use, to avail; **~er** helper, assistant; **~erin** *(Schwester)* nurse; **~ershelfer** accomplice, abettor, accessory; *(Politik)* henchman

hell bright, lucid; shining; *(klar)* clear; *(Farbe)* high, light; *(deutlich)* distinct; *(Bier)* pale; *(Haar, Farbe)* fair; *fig* clear-sighted; penetrating; bright; *~er Wahnsinn* sheer madness; **~igkeit** brightness; clearness; lucidity; **~hörig** keen of hearing; **~icht:** *am ~ichten Tage* in broad daylight; **~sehen** clairvoyance; **~seher, ~seherin** clairvoyant; **~sichtig** clairvoyant; clear-sighted; **~tönend** sonorous

Hellebarde halberd
Heller farthing; *er hat keinen ~* he has not a penny
Helling ⚓ slips, slipway
Helm helmet; ⚓ helm, rudder; *(Turm)* dome; **~busch** plume, crest
Hemd shirt; (man's) undervest, *BE* singlet; (woman's) vest, chemise; *ohne ~* shirtless; **~bluse** shirt-blouse; **~brust** shirt-front, dicky; **~einsatz** shirt-front, *US* bosom; **~enstoff** shirting; **~hose** cami-knickers *BE* combinations, *US* union-suit; **~knopf** stud; **~särmelig** in one's shirt sleeves
hemm|en *(anhalten)* to stop, to check; to slow up; *(hindern)* to hinder, to hamper; to restrain; to handicap; **~nis** check, obstruction; hindrance, impediment; barrier, balk; **~schuh** brake, drag; **~ung** check, stoppage; restraint; ⚕ inhibition; ⚙ *(Uhr)* escapement; *(Waffe)* jam, catch; *(seelisch)* inhibition; **~ungslos** free, unrestrained, unchecked; desperate; **~ungslosigkeit** impetuosity
Hengst stallion, horse; **~füllen** colt
Henkel handle, ear, hook; **~korb** basket with a handle, market basket
henk|en to hang; **~er** hangman, executioner ♦ *zum ~er mit dem Zeug!* confound that thing!
Henne hen; *fette ~ (bot)* orpine
her hither, here; from; *(zeitlich)* ago, since; *von alters ~* of old, from time immemorial; *hin u. ~* to and fro; *von oben ~* from above; *~ damit!* let's have it!, out with it!; *nicht weit ~ sein* to be of little value
herab down, downwards; *von oben ~* from above, from on high; **~hängen** *(schlaff)* to lop; **~lassen** to lower, to let down; *refl* to condescend, to deign; **~lassung** condescension; **~rieseln** to trickle down; **~sehen** to look down upon; **~setzen** to lower; *(Ansehen)* to degrade; to belittle; *(Strafe, Preis)* to reduce; *fig (unterschätzen)* to disparage; **~setzung** lowering; degradation; disparagement; **~würdigen** to degrade; to debase; **~würdigung** degradation; abasement
Heraldik heraldry
heran on, up, near, along; **~bilden** to train, to educate; **~kommen** to come near, to draw near; to approach; *(Vergleich)* to come up to; *man kann nicht an ihn ~kommen* he is elusive, he is a hard man to see, he is unget-at-able; **~pirschen** to stalk up (to); **~reichen** to reach up to; **~reifen** to grow up, to grow to maturity; to mature; to bud; **~wachsen** to grow up; to rise; **~wachsend** growing; young; *d. ~wachsende Generation* the rising generation; **~ziehen** to draw near, to pull up; *(interessieren)* to attract; *(zur Zahlung)* to call upon; *(benutzen)* to use; *(Arzt)* to consult; *(beschäftigen)* to engage, to employ
herauf up, upwards; *von unten ~* from below, in rising; **~beschwören** to conjure up; to bring on, to cause; **~setzen** *(Preise)* to raise, to mark up; **~ziehen** *vt* to draw up; *vi* to draw near, to approach
heraus out; forth; from within; from among; *~ damit!* out with it!; *~ mit d. Sprache!* speak up!; *frei ~, gerade ~, rund ~* plainly, bluntly, downright; **~bekommen** *(Geld)* to get back, to get change; *(herausfinden)* to find out; *(Geheimnis)* to worm out, to ferret out; *(Sinn)* to make out; **~bringen** to bring out, to get out; *(Buch)* to edit, to publish, to bring out; 🎭 to put on, to stage; *(Erzeugnis)* to market, to turn out; *(Rätsel)* to solve; *(erraten)* to find out; *versuchsweise ~bringen (Waren)* to test-market; **~finden** to discover, to make out, to find out; to spot; **~fordern** to challenge, to provoke; *Kritik ~fordern* to invite criticism; **~forderung** challenge, provocation; **~gabe** *(Übergabe)* delivering up, giving up; *(Freigabe)* setting free; *(Buch)* publication, editing; bringing out; **~geben** to give up, to deliver up; *(Buch)* to edit, to publish; *(Erlaß)* to promulgate; *können Sie mir ~geben?* can you give me change?; **~geber** editor, publisher; **~greifen** to single out; to choose; **~hängen** *(Zunge)* to loll out; **~holen** *(Gewinn)* to derive profit from; to make the best (most) of; **~kommen** to come out; *(Buch)* to be published, to be edited, to appear; *(bekannt werden)* to become known; *(Folge)* to result in; *auf eins ~kommen* to be all one; **~kristallisieren** *refl* to take shape, to crystallize; **~nehmen** to take out, to pull out, to extract; *s. etw ~nehmen* to presume; *s. zuviel ~nehmen* to make too bold; **~platzen** to blurt out, to burst out; *mit etw ~platzen* to let fly with; **~putzen** to dress up, to doll up; *(mit Farbe)* to bedaub, to bedizen; **~reden** to speek freely; *refl* to make excuses, to hedge off; **~reißen** to tear out, to extract; *fig* to extricate; **~rücken** to march out; *fig* to come out (with); *(Geld)* to fork out; **~schlagen** to make a profit; to make money by; **~stellen** to put out; to display; *refl* to turn out, to appear, to prove; *es stellte s. ~, daß* it was found that; **~streichen** to extol, to praise; **~treten** to step out; ⚕ to protrude; **~wirtschaften** to extract, to obtain
herb *(scharf)* sharp, acrid; *(sauer)* acid, sour; *(Wein)* dry; *(Apfel)* tart; *fig* bitter; austere; *(sarkastisch)* caustic; **~heit** acerbity; harshness; bitterness
herbei hither, here, near; **~führen** to bring about, to cause; *(nach s. ziehen)* to entail, to involve; **~lassen** *refl* to condescend (to); **~schaffen** to bring near; *(beschaffen)* to procure, to produce; *(Geld)* to raise; **~ziehen** to draw in, to drag in
herbemühen *refl* to trouble to come
Herberge *(Gasthof)* inn; *(Obdach)* shelter; lodging; *(Jugend-)* youth hostel
Herbst autumn, *US* fall; **~lich** autumnal, *adv* in autumn; **~zeitlose** meadow saffron
Herd *(Küche)* stove, kitchen-range, cooker; *(Kaminplatz)* hearth; *(Kamin)* fire-place; *fig* house, home, hearth; *(Mittelpunkt)* centre, focus, seat; **~platte** hot plate
Herde herd; flock; *(getriebene)* drove; *fig* crowd; **~ntier** gregarious animal; *fig* just one

of the common herd; **~ntrieb** gregarious instinct

herein in, into; *~!* come in!; *hier ~, bitte!* this way, please! **~bekommen** *(Ware)* to get in, to have in; to receive; **~bitten** to ask in, to invite to come in; **~brechen** to fall, to set in; *(Dunkelheit)* to close in; *über j-n ~brechen* to befall, to overtake s-b; **~fallen** *fig* to be taken in, to fall for, to be cheated; to be disappointed; **~legen** *fig* to take in; to let down; *umg* to do; **~schauen** to look in (*bei j-m* on s-b); **~schneien** to arrive unexpectedly, to turn up

her|fallen *über j-n* to fall upon, to come upon s-b; *(angreifen)* to attack; *(über etw)* to get at; **~gang** course of events; proceedings; **~geben** to deliver, to hand over, to give up, to let have; *fig* to permit; *refl* to lend o. s. to; **~gebracht** traditional, customary; **~gehen** to walk along; *(vor s. gehen)* to go on, to be going on; *(s. zutragen)* to happen; *es ging heiß ~* there was hot work; **~gelaufener Kerl** stray fellow, vagabond; **~halten** to suffer, to bear the brunt

Hering herring

her|kommen to come near, to approach; *(abstammen)* to come from, to originate; *(abgeleitet sein)* to be derived from; *su* custom; descent; extraction, origin; **~kömmlich** customary, traditional; **~kunft** descent; *(Ursprung)* origin, extraction; *soziale ~kunft* social antecedents; **~leiten** to conduct; *(ableiten)* to derive (*von* from); *(entwickeln)* to deduce; **~machen** *refl* to set about; *refl (über j-n)* to fall upon s-b

Herkulesarbeit Herculean task

Hermelin ermine

hermetisch hermetic(al)

hernach afterwards, hereafter, after this; subsequently

hernehmen to take from, to get from

hernieder down

Hero|in heroin **Heroine** heroine; **~isch** heroic(al); **~ismus** heroism; **~s** hero

Herold herald

Herr gentleman; *(Vorgesetzter, Meister)* master; *(Gebieter)* lord; *(Gott)* the (our) Lord; *(Anrede)* Mr, Sir; *~ werden* to master, to overcome; *sein eigener ~ sein* to be one's own master; *d. großen ~n spielen* to lord it; *aus aller ~en Ländern* from every country under the sun; **~enartikel** gentlemen's outfitting; **~friseur** barber('s shop); **~enhaus** manor, mansion; **~enlos** without a master, ownerless; stray; unidentified; **~enschnitt** Eton crop; shingled hair; **~gott** the Lord God; *~gott noch mal!* God bless my soul!; **~in** mistress, lady; **~isch** imperious; domineering; dictatorial; **~je!** Goodness!, Gracious!, dear me!; **~lich** magnificent, splendid, glorious; *(wunderbar)* wonderful; lovely; **~lichkeit** magnificence, splendour, glory ♦ *die ganze ~lichkeit* the whole bag of tricks; **~schaft** *(Macht)* power; dominion; *(Befehl)* command (*über* over); *(persönlich)* rule; *(Fürst)* reign; *(Vorgesetzte)* master and mistress; *(Ländereien)* estate, domain; lordship; **~schaftlich** belonging to a lord (*od* master); high-class; **~schaftsgewalt** jurisdiction (of the state); power; sovereignty

herrichten to arrange, to prepare, to get ready; *(Möbel)* to touch up; *(j-n)* to make up

herrsch|en to rule, to reign; to govern; *(bestehen)* to exist, to be; *(überwiegen)* to prevail; *(Krankheit)* to rage; **~er** ruler; *(Fürst)* sovereign; *(Regierender)* governor; **~sucht** love of power; **~süchtig** fond of power, tyrannical

her|rühren to come from, to be due to; **~sagen** to recite, to repeat; **~schaffen** to bring near; *fig* to procure, to get; to produce; **~stellen** to put here; *(erzeugen)* to produce, to manufacture, to make; *(reparieren)* to repair; *(wieder-)* to restore; *(Verbindung)* to put through; to establish; **~steller** maker, producer; manufacturer; **~stellung** production, manufacture, making; restoration; recovery; **~stellungsland** producer country, country producing ...; country of manufacture; **~stellungsverfahren** method of production, process of manufacture

herüber over, across, to this side

herum round; about; near; round about; *umg* over, finished; *rund ~* all round; *um 3 Uhr ~* about three o'clock; *hier ~* here about, around here; **~drehen** to turn round; *(Worte im Munde)* to misconstrue; **~drücken** *refl* to hang about (*od* around); **~fahren** to take a drive, to drive about; *fig* to be knocking about, to jerk round; **~fuchteln** to fidget (*mit* with); to bustle about; **~führen** to lead round, about; to show over, to take around; **~hämmern** *(Klavier)* to bang away *(at the piano)*; **~irren** to wander about; **~kommen** to come round; to travel about; to get around; to become known; **~kriegen** to talk over, to win round; **~reden** *(um etw)* to beat about the bush; **~reichen** to hand round; **~reiten:** *auf etw ~ reiten* to harp upon s-th; **~treiben** *refl* to rove about, to gad about; to hang around; **~werfen** to turn sharply; **~ziehen** to wander about; **~ziehend** wandering; nomadic

herunter down; off; *von oben ~* from above; *hier ~* down here; *gerade ~* straight down; **~handeln** to beat down; **~hauen** to box *(j-m e-e* s-b); **~holen** to fetch down; ✈ to shoot down; **~klappen** to turn down; **~kommen** to come down; *(verkommen)* to decay, to fall off; to be pulled down; to go down in the world; **~lassen** to let down, to lower; **~machen** *fig* to run down, to cut up; to upbraid; **~reißen** to pull down; *fig* to pull to pieces; to excoriate; **~schalten** 🚗 to change down to low gear; **~setzen** to put down, to lower; *(Preis)* to reduce; *fig* to disparage; **~wirtschaften** to run down

hervor forth, forward, out; *unter ... ~* from under; **~brechen** to break through, forth; to rush out; **~bringen** to produce, to bring forth; *(erzeugen)* to generate; *(schaffen)* to create; *(Worte)* to utter; **~gehen** to go forth; *(~gehen als)* to come off; *(s. ergeben)* to result; *(entstehen)* to arise; *(folgern)* to be seen from; **~heben**

to make prominent; to feature; *(betonen)* to stress, to emphasize, to accent, to accentuate; *(herausheben)* to highlight; 🎨 to set off; 🕮 to display; **~ragen** to stand out, to project, to jut out; *umg* to stick out; to show; *fig* to be prominent; **~ragend** prominent, salient; *fig* eminent; outstanding; admirable; excellent; **~rufen** to bring about, to cause; to call forth; to give birth to; **~stechen** to stand out; *(Farben)* to come out; *fig* to be conspicuous; **~stechend** conspicuous, striking; **~stehen** to project, to stand out; **~treten** to step forth, to come forward; *(auftauchen)* to emerge; *(Augen)* to bulge; *fig* to be prominent; **~tun** *refl* to distinguish o. s.

her|wärts this way, hither; **~weg** way here; *auf d. ~weg* on the way here

Herz heart; *(Seele)* soul; *(Gemüt)* mind; *(Mut)* courage; *(Gefühl)* feeling; *(Kern)* core; *fig* bosom, breast; *(Karten)* hearts; *aus tiefstem ~en* from the bottom of one's heart ♦ *j-m etw ans ~ legen* to enlist s-b's goodwill for, to recommend warmly to s-b's care; *sein ~ ausschütten* to unbosom o.s.; *auf d. ~en haben* to have on one's mind; *ins ~ schließen* to become fond of; *s. ein ~ fassen* to pluck up (*od* summon up) courage; *s. zu ~en nehmen* to take to heart; *s-m ~en e-n Stoß geben* to overcome one's scruples; *e. Kind unterm ~en tragen* to be with child; *von ~en gern* with the greatest of pleasure; with all one's heart ♦ *e. ~ u. e-e Seele sein* to be hand and glove together; *d. ~ auf d. Zunge haben* to wear one's heart on one's sleeve; **~blatt** *fig* darling; **~bube** knave of hearts; **~dame** queen of hearts; **~eleid** sorrow, grief; **~en** to embrace, to hug, to caress; **~enseinfalt** simplicity, simple-mindedness; **~enserguß** unbosoming, confidences; **~ensgut** kind-hearted, dear; **~ensgüte** loving--kindness; benignity; **~enslust:** *nach ~enslust* to one's heart's content; **~erweiterung** dilatation of the heart, enlarged heart; **~fehler** heart disease; cardiac defect; **~gegend** cardiac region; **~grube** pit of the stomach; **~haft** hearty; brave, stout-hearted; **~ig** sweet, lovely; *umg* cute; **~innig** hearty, heart-felt; **~klappe** cardiac valve; **~klopfen** palpitation; *(schnell)* throbbing; **~leidend** suffering from heart-trouble; **~lich** hearty, cordial; affectionate; **~lichkeit** heartiness; affection; **~los** heartless; unfeeling; **~losigkeit** heartlessness; unfeelingness; **~mittel** cardiac (remedy); **~muskel** heart muscle, cardiac muscle; **~schlag** heart-beat; *(schnell)* throbbing; heart attack; **~spezialist** cardiologist; **~zerreißend** heart-rending, heart-breaking

herziehen *vt* to draw near; *vi* to come to live (in a place); *über j-n ~* to rail at s-b, to speak ill of s-b

Herzog duke; **~in** duchess; **~lich** ducal; **~tum** duchy; *(Würde)* dukedom

herzu here, hither, near; up, up to; towards

Hetäre courtesan

heterogen heterogeneous; **~ität** heterogeneity

Hetz|e *(Eile)* hurry, rush, haste; *(Jagd)* hunt; *(Aufhetzung)* instigation; baiting; **~en** to hunt, to drive; to hurry, to rush; to instigate, to agitate; to bait; *(gegeneinander)* to set at variance; **~er** instigator, inciter; baiter; **~jagd** hunt(ing) (with dogs); *(Eile)* great hurry, rush; **~kampagne** smear campaign; **~propaganda** rabble rousing

Heu hay; *~ wenden* to toss hay ♦ *Geld wie ~ haben* to be rolling in cash; **~boden** hayloft; **~en** to make hay; **~fieber, ~schnupfen** hay-fever, pollen catarrh; **~gabel** pitchfork; **~miete** hayrick, haystack; **~schober, ~stadel** hayrick; barn; **~schrecke** locust, grasshopper

Heuch|elei hypocrisy; cant; **~eln** *vt* to feign; to simulate, to affect; *vi* to dissemble, to play the hypocrite; **~ler** hypocrite; **~lerisch** hypocritical, dissembling, deceitful

heu|er this year; *su* ⚓ pay, hire; **~ern** to hire, to ship; *(Schiff)* to charter; **~rig** this year's, of this season, current

heulen to howl, to cry; *(laut)* to yell

heut|e today, this day; *~e früh* this morning; *~e abend* tonight, this evening; *~e vor 8 Tagen* a week ago today; *~e nacht* tonight, last night; *~e in 14 Tagen* today fortnight; *noch ~e* this very day; **~ig** of today; of the present time, modern; **~igentags, ~zutage** nowadays, in these days

Hex|e witch; hag; **~en** to practise witchcraft; **~enkessel** *fig* hubbub; **~enmeister** wizard, magician; **~enprozeß** trial for witchcraft; **~enring** *bot* fairy ring; magic circle; **~enschuß** lumbago; **~erei** witchcraft, magic, sorcery

Hieb blow, stroke; *(Schnitt)* cut; *(Bemerkung)* hit, cut(ting remark); **~fest** proof against blows; **~waffe** slashing weapon; *~- und Stoßwaffen* cut-and-thrust weapons

hienieden here below, on earth, in this life

hier here; *(auf Briefen)* in town, present, *US* City; *~ u. da* now and then; *~ ist es! (Gegenstand)* here you are!; **~an** to that; hereat; hereupon; by that; after that; **~auf** hereupon, upon this; *(zeitlich)* then; **~aus** from this, hence; **~bei** hereby, herewith; enclosed; **~durch** through this; this way; by this means, thereby; **~für** for this; **~gegen** against this; **~her** here, hither; *bis ~her* so far, thus far; hitherto, up to now; **~herum** hereabouts; **~hin** to this place, this way, in this direction; there; **~in** herein, in this; **~mit** herewith, with this; **~nach** hereupon, after this; according to this; **~orts** here, in this place; **~über** over here; about this; hereat; **~um** about (*od* round) this place; concerning this; **~unter** beneath this, under this; among these; by that, by this; **~von** hereof, of (*od* from) this; **~zu** to this, moreover; in addition to this; **~zulande** in this country, with us, *US* on this side of the ocean; **~zwischen** between these

Hierarch|ie hierarchy; **~isch** hierarchical

Hieroglyphe hieroglyph

hiesig of this place (*od* country); local; *(Ware)* native

Hilf|e help; assistance; aid; support; succour; relief; *~e leisten* to help, to assist, to aid; *Erste ~e* first aid; *zu ~e!* help!; *etw zu ~e nehmen* to make use of s-th; **~eleistung** help, assistance, aid; **~eruf** cry (*od* call) for help; **~los** helpless, defenceless; destitute; **~losigkeit** helplessness; **~reich** helpful; charitable; *~reich sein* to befriend; **~sarbeiter** unskilled worker; temporary worker; assistant; **~sassistent** ancillary; **~sbedürftig** needing help; indigent; **~sfonds** relief fund; **~skraft** additional helper, assistant; **~skreuzer** auxiliary cruiser; **~slehrer** assistant teacher; **~slinie** *(Geometrie)* auxiliary line; ♪ ledger line; **~smittel** help, resource; *(Ausweg)* expedient; instrument; *(Unterricht)* teaching aids; ⚙ auxiliary; **~sorganisation** relief agency, relief organization; **~spolizei** auxiliary police; **~squelle** resource; **~sschule** school for the mentally subnormal; **~struppen** auxiliary troops; **~sverb** auxiliary verb; **~szug** relief train

Himbeere raspberry

Himmel *(sichtbar)* sky; *(abstr)* heaven (*im siebten ~* in the seventh h.); *(Himmelbett, Decke)* canopy; *am ~* in the sky ♦ *aus allen ~n fallen* to be bitterly disappointed; *aus heiterem ~* out of the blue; *zwischen ~ und Erde* between heaven and earth; *~ u. Hölle* heaven and hell; *(Spiel)* hopscotch; *~ u. Hölle in Bewegung setzen* to move heaven and earth; **~an** to the skies, heavenwards; **~angst** mortal fear; *adv* terribly frightened, scared stiff; **~bett** four-poster; **~blau** azure, sky-blue; **~fahrt** Ascension; *Mariä ~fahrt* Assumption; **~fahrtskommando** *mil* dangerous mission; **~hoch** sky-high; *~hoch jauchzend* riotously happy; **~reich** kingdom of heaven; **~sgegend, ~srichtung** quarter, direction; point of the compass; *d. vier ~srichtungen* the four cardinal points; **~sgewölbe** canopy (*od* vault) of heaven; **~skörper** celestial body; **~sschlüssel** cowslip; **~sstrich** zone, region; climate; latitude; **~szelt** vault of heaven; firmament; **~weit** miles apart; enormous; *~weit verschieden sein* to differ widely

himmlisch heavenly, celestial; *(köstlich)* delicious, delightful

hin thither, there; along; *umg* gone, lost; exhausted; *oben ~* on the surface; *~ u. her* to and fro; there and back; back and forth; *~ u. her überlegen* to consider a matter over and over again; to turn (an idea) over in one's mind; *(Fahrkarte) ~ u. zurück BE* return ticket, *US* round-trip ticket; *~ u. wieder* now and then; *über d. ganze Welt ~* all over the world

hinab down, downward(s); *d. Berg ~* down the hill, downhill; *d. Strom ~* down the river, downstream

hinan up, up to, upward(s); *d. Berg ~* uphill

hinarbeiten to aim (*auf* at)

hinauf up, up to, upwards; *da ~* up there; *~ u. hinab* up and down; *d. Straße ~* up the street; **~arbeiten** *refl* to work one's way up

hinaus out; outside; out of; *(dar)über ~ (räumlich)* beyond; *(zeitlich)* past; *(übersteigend)* above; *hier ~* out here; **~gehen** to go out; *nach Süden ~gehen* to be exposed to the south; *(Zimmer, Fenster)* to face, to look out on, into; *~gehen über* to go beyond; to surpass, to exceed; **~kommen** to come out; *auf eins ~kommen* to come to the same thing; **~laufen** to run out; *fig (auf)* to amount to; to boil down to; **~schieben** to defer, to postpone, to put off; **~schießen** *(übers Ziel)* to carry s-th to excess; **~sehen** to look out (*aus* of, at); **~werfen** to throw out, to expel; **~ wollen** to want to go out; *fig* to be driving at; *worauf ich ~ will, ist...* my point is that...; *darauf will ich nicht ~* that is not my point; *hoch ~ wollen* to aim high; **~ziehen** to draw out, to drag out; to put off, to prolong

Hin|blick: *im ~blick auf* with regard to, with a view to; **~bringen** to take, to bring, to carry to; *(Zeit)* to spend, to pass

hinder|lich in the way, obstructive, hindering; *~lich sein* to hinder from; *(j-m)* to stand in s-b's way; **~n** to hinder; to hamper; to prevent; to balk; **~nis** *(Verhinderung)* prevention; *(zeitweilig)* hindrance; *(im Wege)* obstacle; *(Hemmnis)* impediment; *(Sperre)* bar, barrier; **~nislauf** steeplechase; **~nisrennen** *(Pferde)* racing over hurdles and fences; steeplechase

hindeuten to point (to); to hint (at); to indicate

Hindin hind

hindurch through, throughout; across; *(zeitlich)* during, throughout; *d. ganze Jahr ~* all they year round, throughout the year; *d. ganzen Tag ~* all day long

hinein into, in; inside ♦ *in d. Tag ~ leben* to lead an easy life; **~gehen** to go into; *(fassen)* to hold, to contain; to accommodate; **~knien** *(in) refl* to put one's back into; **~lachen:** *in s. ~lachen* to chuckle; **~legen** to put in; *fig* to take in; **~stehlen** *refl* to sneak in, to steal in

hin|fahren *vt* to convey, to carry, to drive *(to a place); vi* to drive to, to go to; to sail along; *fig (sterben)* to die, to pass away; **~fahrt** outward journey (*od* voyage); *~- u. Rückfahrt* 🚆 journey there and back, *US* round trip; voyage out and back; **~fallen** to fall (down); *ich bin ~gefallen* I fell; **~fällig** frail, weak; *fig (unhaltbar)* untenable; *(ungültig)* null and void; *~fällig werden* to come to nothing, ⚖ to be cancelled; *~fällig machen* to render superfluous; **~fort** henceforth, in future; **~gabe** *(Übergabe)* surrender, abandonment; *(Ergebenheit)* devotion; *(Fleiß)* application; **~gang** decease, death; **~geben** to give away; *(opfern)* to sacrifice, to devote; *s. e-r Sache ~geben* to indulge in; **~gebend** devoted, self-sacrificing; **~gebung** devotion; surrender; **~gegen** on the contrary; whereas; **~gehen** to go there; *(vergehen)* to pass (away); *~gehen lassen* to let pass, to overlook, to wink at; **~gehören** to belong; **~halten** to hold out; *(Geld)* to tender; *j-n ~halten* to put s-b off

hinken to limp, to (go) lame; *(humpeln)* to hobble; *d. Vergleich hinkt* that's a poor comparison

hin|länglich sufficient, adequate; **~legen** to lay down, to put down; *refl* to lie down; **~nehmen** to take, to accept; *(ertragen)* to put up with, to suffer; **~neigen** *refl* to lean to, to incline to

hinnen: *von ~* away from here, from hence

hin|raffen to carry off; *(durch Tod)* to cut off; **~reichen** *vt* to hand over, to give; *vi* to suffice, to be sufficient; **~reichend** sufficient; **~reise** = ~fahrt; **~reißen** to carry along; *fig* to carry (away), to charm, to transport; **~richten** to execute; to behead; *(elektr.)* to electrocute; **~richtung** execution; beheading; electrocution; **~scheiden** to pass away, to die; **~schlagen** to fall down; **~schwinden** to vanish, to dwindle (away); **~sehen** to look at; **~setzen** *vt* to set down, to put down; *refl* to sit down, to take a seat; **~sicht** respect, regard, view; *in jeder ~sicht* in every respect, on all accounts; **~sichtlich** with regard to; concerning; as to, as for; **~siechen** to pine away; **~sinken** to sink down, to fall, to collapse; **~stellen** to put down, to place; *fig* to represent; *j-n als etw ~stellen* to describe s-b as; **~strecken** *vt* to stretch out; *(töten)* to kill, to shoot (dead); *refl* to lie down; **~werfen** to throw down; *sl* to chuck it

hintan|setzen, ~stellen to set aside; *(vernachlässigen)* to slight, to neglect; **~setzung** slighting, neglect; *unter ~setzung* regardless of; **~stehen** to stand back

hinten behind, in the rear, at the back; ⚓ aft; *nach ~* backwards; *nach ~ (hin)* behind, to the rear; *von ~ (her)* from behind, from the back; *Zimmer nach ~ hinaus* back room; **~nach** behind, in the rear; afterwards; **~über** backward(s); upside down

hinter behind, back; backward(s); at (on) the back of; after; *~ d. Hause* at the back of the house; *~ d. Kulissen* 🎭 backstage; *~ mir* behind me; *~ Schloß u. Riegel* under lock and key; *~ etw kommen* to find out, to discover; *(verstehen)* to get the hang of s-th; *~ s. bringen* to get (s-th) over; *(Entfernung)* to cover; *~ s. lassen* to distance, to leave behind; **~backe** buttock; **~bein** hind leg; **~bliebener** survivor; (surviving) dependant; the bereaved; **~bliebenenfürsorge** welfare service for surviving dependants; **~bringen** to inform, to bring charge against; *(heimlich)* to give notice of s-th; **~drein** behind, after, at the end; **~e** back, hind; at the back, posterior; *su umg* bottom, behind; **~einander** one after the other (another), one by one; successively; *2 Tage ~einander* two days running; **~fuß** hind foot; **~gedanke** mental reservation; ulterior motive; **~gehen** to deceive, to fool; to cheat, to impose on; **~grund** background (*im ~grund halten* to keep in the b.); **~halt** ambush; *(Falle)* trap; *im ~halt liegen* to lie in ambush (for); *aus d. ~halt angreifen* to ambush; **~hältig** insidious, malicious; **~hand** *(Pferd)* hind quarter; **~haus** back (of the) house, back premises; **~her** behind; afterwards; **~kopf** back of the head; **~lassen** to leave, to leave behind; *(testamentarisch)* to bequeath (*j-m etw* s-th to s-b); *(Nachricht)* to leave word; **~lassenschaft** property left; ⚖ estate; **~legen** to deposit (*bei* with); to give in trust; **~legung** deposition; *gegen ~legung von* on deposition of; **~leib** *(Tiere)* hind quarters; back, dorsum; **~list** artifice; *(Betrug)* fraud; *(Verschlagenheit)* cunning; **~listig** artful; cunning; deceitful; **~mann** *mil* rear-rank man; *fig* backer; *bes pl* lobbyists, the lobby; **~pfote** hind paw; **~rad** back-wheel; **~radantrieb** rear axle drive; **~rücks** from behind; behind one's back; *fig* stealthily; **~ste** hindmost, last; **~steven** stern post; **~teil** hind part, back part; *(Hintern)* buttocks; bottom; ⚓ stern; **~treffen** reserve, rearguard ♦ *ins ~treffen geraten* to be handicapped; to have to take a back seat; to be outdistanced by s-b; **~treiben** to hinder, to thwart; **~treppe** backstairs; **~treppenroman** shilling shocker, dime novel; **~tür** backdoor; *fig* escape; **~wäldler** backwoodsman; **~wärts** backwards, behind; **~ziehen** to defraud

hinüber across, over (there), to the other side; *er ist ~ (fig)* he is dead and gone

hinunter down(wards); downstairs; *d. Straße ~* down the street; **~gehen** to go down; **~schauen** to look down *(auf upon)*; **~schlucken** to swallow; **~spülen** to wash down

Hinweg (the) way there; *adv* away, off; *interj* off!; **~kommen** *(über)* to get over; **~setzen** *refl (über)* to disregard, to brush aside; **~täuschen** *(j-n darüber, daß)* to mislead s-b, to disregard the fact that, to blind people to the fact that ...

Hinweis indication (*auf* to); *(Anspielung)* reference to; *(Anweisung)* direction; **~en** *(j-n auf)* to direct s-b to, to refer s-b to; *(zeigen)* to show; *(auf etw)* to direct (*od* draw) attention to; to point at, to

hin|werfen to throw (down); *(Bemerkung)* to make a remark; **~wiederum** in return; again; **~ziehen** to draw (to), to attract; *refl* to drag on, out; **~zielen** to aim (at); to be intended (for)

hinzu to, near; there; in addition to; **~fügen** to add; **~kommen** to come up (to); to be added; *(zufällig)* to drop in by chance; **~ziehen** to add, to include; *(Arzt)* to consult, to call in; *(Gutachter)* to direct the attendance of; **~wählen** to elect (*od* choose) in addition; to designate by co-option, to co-opt

Hippe bill-hook; scythe

Hirn brain; *(Verstand)* brains: **~gespinst** fancy, whim, bogy; chimera; **~hautentzündung** meningitis; **~schale** skull, cranium; **~verbrannt** *umg* crazy, mad, crack-brained

Hirsch stag, hart; *(Rotwild)* (red) deer; **~fänger** hunting-knife; **~käfer** stagbeetle; **~kalb** fawn, young deer; **~keule** haunch of venison; **~kuh** hind; **~leder, ~ledern** buck-skin, deerskin

Hirse millet; **~brei** millet gruel

Hirt|e herdsman, shepherd; *(Seelen-)* pastor; **~enamt** pastorate; **~enbrief** pastoral letter (of a bishop); **~in** shepherdess

His ♪ B sharp
hissen to hoist (up)
Histor|iker historian; **~isch** historical; *(bedeutsam)* historic
Hitz|e heat; hot weather; *(Eifer)* zeal; *(Erregung)* violence; *(Leidenschaft)* passion; *fig* ardour; **~ebeständig** heat-resisting, heat-proof; **~eempfindlich** sensitive to heat; **~kopf** hot-headed person, hotspur; spitfire; **~köpfig** hot-headed; **~schlag** heat stroke
Hobel plane; **~bank** joiner's bench; **~n** to plane; **~späne** shavings, chippings
hoch high; *(Gestalt)* tall; *(erhaben)* lofty; sublime; noble; great; *(Preise)* high, dear; ♪ high-pitched; *adv* highly, greatly; very (much); *su* toast, cheer; *meteor.* high pressure area; *vier – sechs* four to the sixth (power); *hohes Alter* old age; *hohe See* open sea; *im hohen Norden* in the far North; *Hohe Behörde* the High Authority; *Hohe Schule (Reiten)* haute école; *Hände ~!* hands up!; *~ anrechnen* to value greatly; *in hoher Blüte* (to be) very prosperous ♦ *s. aufs hohe Pferd setzen* to mount the high horse; *~ zu Roß* on horseback; *~ u. heilig versprechen* to make a most solemn promise; *es geht ~ her* things are pretty lively, everybody has a grand time; *wenn es ~ kommt* at the most; *d. ist mir zu ~* that's above (*od* beyond) me; *~ lebe!* long live!; *höhere Gewalt* force majeure, Act of God; **~achten** to esteem, to respect; to value; **~achtung** esteem, respect; **~achtungsvoll!** Yours faithfully; **~amt** high mass; *~amt halten* to say high mass; **~antenne** overhead aerial; **~bahn** elevated railway; **~bau** building construction, construction above ground level; **~betagt** aged; **~betrieb** intense activity; rush (*od* peak) time; hustle, bustle; **~burg** stronghold; **~deutsch** High German; standard German; **~druck** high pressure; 🕮 relief process, relief printing, letterpress, **~druckgebiet** high pressure area; anticyclone; **~ebene** tableland, plateau; elevated plain; **~fahrend** haughty; **~fein** superfine; first-rate; *(auserlesen)* very choice; **~fliegend** lofty, ambitious; **~flut** high tide (*od* water); *fig* great mass, excessive supply; *in ~form sein* to be in tip-top condition, to be on the beam; **~format** upright picture; upright size (*od* format); **~frequenz** high frequency; **~frisur** upsweep; **~gebirge** high mountains; **~gehen** *(steigen)* to rise, to mount; *fig* to fly into a passion; **~gespannt** at a high tension; *(groß)* great, high; **~gradig** to a high degree; high-grade; *fig* intense, extreme; **~halten** to raise; *fig* to cherish; to esteem; **~haus** skyscraper; **~herzig** high-minded, noble-minded; magnanimous; **~kommen** *com* to boom; **~konjunktur** boom (conditions); prosperity, peak season; **~land** highlands; uplands; *~leben lassen* to give three cheers for, to toast; **~mut** pride; arrogance; **~mütig** proud; arrogant; haughty; **~näsig** supercilious, *umg* stuck-up; **~ofen** blast furnace; **~rot** bright (*od* deep) red, crimson; **~saison** height of the season, peak season; **~schule** university, college; *~schule für Leibesübungen* Physical Training Institute; **~seefischerei** deep-sea fishing; **~selig** late, of blessed memory; **~sinnig** high-minded; **~sommer** midsummer; **~spannung** high tension; **~spannungsanlage** power station; **~spannungsleitung** high-tension cable; **~sprung** high jump; **~stämmig** tall; *(Rosen)* standard; **~stand** *(Ausguck)* lookout post; *(Wasser)* high-water mark; *fig* height, prosperity; **~stapelei** swindling; **~stapler** swindler, impostor, confidence-man, **~stimmung** animal spirits; **~tour:** *auf ~touren* at high pressure (*od* speed); at a high level of activity (*od* capacity); *auf ~touren bringen* to throw into high gear; **~tourist** mountaineer; alpine climber; **~trabend** high-sounding, bombastic; **~verrat** high treason; **~wald** timber forest; high forest; **~wasser** high tide, high water; flood water; **~wassergefahr** danger of floods; **~wertig** of high value; first rate; high-quality (-grade); *chem* of high valence; **~wild** big game; **~wohlgeboren** right honourable; *(Titel)* Right Honourable; **~würden** Your Reverence, Reverend Sir; **~würdig** right reverend
höchlich highly, exceedingly
höchst highest, greatest; utmost, extreme; maximum; uppermost; *adv* very, most, extremely, highly; *es ist ~e Zeit* it is high time; **~ens** at (the) most, at best; **~belastung** maximum load; **~eigen:** *in ~eigener Person* in person; **~gebot** highest bid; **~geschwindigkeit** top speed; *zulässige ~geschwindigkeit* speed limit; **~grenze** limit; **~leistung** maximum output, record performance; ⛩ record; **~stand** peak (level); **~wahrscheinlich** most likely, in all probability
Hochzeit wedding; marriage; nuptials ♦ *man kann nicht auf zwei ~en tanzen* you can't have the cake and eat it; *silberne ~* silver wedding; *goldene ~* golden wedding; **~er** bridegroom; **~lich** bridal, nuptial; **~skuchen** wedding-cake, bridecake; **~snacht** wedding-night; **~sreise** honeymoon, wedding-trip; **~stag** wedding-day; wedding anniversary
Hock|e heap of sheaves; *(Turnen)* squat; **~en** to squat, to crouch, *umg (lange sitzenbl.)* to sit tight, to stick to; **~er** stool
Höcker protuberance, bump; *(Buckel)* hump, hunch; *e-n ~ haben* to be hunchbacked; **~ig** humpy, hunchbacked
Hockey hockey; **~ball** hockey ball; **~stock** hockey stick
Hoden testicle; **~sack** scrotum
Hof yard, court(yard); *(Bauern~)* farm; barnyard; *(Fürsten~)* court; *(Hinter~)* backyard; *astr* halo; *bei (am) ~e* at court; *j-m d. ~ machen* to make love to s-b, to court s-b; to woo; **~dame** lady in waiting; maid of honour; **~fähig** *umg* presentable; **~fart** pride, haughtiness; **~haltung** royal household; **~hund** watch-dog; **~lieferant** purveyor to His Majesty (*od* the Court); **~mann** courtier; **~marschall** master of the ceremonies; *BE* Lord Chamberlain; **~meister** steward; tutor; **~narr**

court-jester; **~rat** Privy Councillor; **~schranze** courtier, flunkey; **~trauer** court mourning
hoff|en to hope (for); *(Zuversicht)* to trust (in); to reckon (upon), to look forward to; *(erwarten)* to expect, to await; *d. Beste ~en* to hope for the best; *ich ~e es* I hope so; **~entlich** it is to be hoped; I hope so; hopefully; **~nung** hope; expectation; trust; ♦ *guter ~nung sein* to be pregnant, to be expecting a baby, *umg* to be in the family way; **~nungslos** hopeless, beyond hope; **~nungsvoll** hopeful; promising
höf|isch courtly, courtier-like; **~lich** courteous, polite, civil (*gegen* to); **~lichkeit** courtesy, politeness; **~ling** courtier
Höhe height; *math, geog, astr* altitude; *(geog Breite)* latitude; ♪ pitch; *(Gipfel)* summit, top; hill; *(Geldbetrag)* amount; *(Preis)* level; dearness; *aus d. ~* from on high; *auf (in) d. ~ von Dover* ⚓ off Dover ♦ *auf d. ~ sein* to be at one's best; to be up to date; to be at the height of one's power; *nicht auf d. ~* not well (fit, up to the mark); *~ über d. Meeresspiegel* above sea-level; *auf d. ~ bleiben* to keep abreast with the times; *auf gleicher ~* on a level with; *in d. ~ fahren* to start up; *in d. ~ gehen* to go up, to soar, to rise; *d. ist d. ~!* that's the limit!, *US* can you beat it!; *~ gewinnen* ✈ to climb; **~nflug** high-altitude flying; **~nkurort** high-altitude health resort; **~nlinie** contour-line; **~nmesser** altimeter; **~nsonne** ultraviolet lamp, sunlamp; **~nsteuer** elevator (control); **~nstraße** mountain road; scenic highway; **~nzug** mountain chain, range of hills; **~punkt** height; *(Gipfel)* peak, summit, top; *astr, fig* zenith; *fig* acme; culminating point; climax; high point; crisis; **~r** higher, superior (to); upper; *fig* loftier; *~re Schule* secondary school, *US* high school
Hoheit *(Erhabenheit)* grandeur, sublimity; *(Majestät)* majesty; *(Titel)* Highness; *pol* sovereignty, supreme power; **~lich** pertaining to sovereignty; by act of sovereign power; sovereign; **~sgewässer** territorial waters; **~svoll** majestic; **~szeichen** national emblem; ⚓ national marking
Hohe|lied Song of Solomon; **~priester** high priest
hohl hollow; concave; *(klingend)* dull; *(Meer)* choppy; *fig* empty; vain; *~er Zahn* hollow (*od* carious) tooth; **~äugig** hollow-eyed; **⁓e** cave, cavern; *(Tier)* den, hole; ⚕ cavity; ventricle ♦ *s. in d. ⁓e d. Löwen begeben* to beard the lion in his den; **⁓enbewohner** cave-man, cave-dweller; **~kehle** hollow, groove, channel; **~linse** concave lens; **~maß** dry measure; measure of capacity; **~raum** hollow space, cavity; **~saum** hemstitch; **~schliff** hollow grinding; **~spiegel** concave mirror; reflector; **⁓ung** cavity; hole; excavation; **~weg** defile; gorge; narrow pass
Hohn *(Geringschätzung)* scorn; *(Lachen)* sneer; *(Spott)* mockery, derision; *(Beleidigung)* insult; *j-m zum ~ u. Spott* in defiance of s-b; **⁓en** to sneer at, to mock; **⁓isch** sneering, scornful; **~lachen** to jeer, to deride; *su* sneer, scornful laughter; **~sprechen** *(trotzen)* to defy; *(verächtlich)* to flout
Höker hawker, costermonger; **~n** to hawk, to huckster
hold lovely, charming, gracious; *(zugeneigt)* propitious, favourable; *j-m ~ sein* to favour s-b, to be kind to s-b; *d. Glück war ihm nicht ~* fortune was against him; **~selig** most charming, lovely; **~seligkeit** loveliness, charm
holen to fetch, to get; to go for, to come for; *(Arzt)* to call for, to send for; *refl* ⚕ to catch, to contract; *(Rat)* to consult, to ask s-b's advice; *Atem ~* to draw breath; *d. Teufel soll es ~!*; hang it!
Höll|e hell; *fig* hot place, furnace; *in d. -e* in hell; *d. ~e ist los* hell is let loose ♦ *j-m d. Leben zur ~e machen* to lead s-b a dog's life; to make life hell for s-b; **~enlärm** infernal noise, a hell of a noise; **~enmaschine** infernal machine; **~enqual** pains of hell; *~enqualen ausstehen* to suffer martyrdom; **~enrachen** jaws of hell; **~enstein** lunar caustic, silver nitrate; **~isch** hellish, infernal; diabolic
Holm *(Querholz)* beam, transom; ✈ spar; ⛩ bar; ⚓ dockyard
holp|ern to jolt, to jog; **~rig** uneven, rough; *(Bewegung)* stumbling
holterdiepolter helter-skelter
Holunder elder (tree); **~beere** elderberry
Holz wood; *(Bau~, Waldbestand)* timber, *US* lumber; *(Gehölz)* forest, wood, grove; *dürres ~* dead wood; *lufttrockenes ~* air-dried (*od* seasoned) wood; *~ auf d. Stamm* standing timber; *frisches ~* green wood; **~apfel** crab apple; **~arbeiter** woodworker, lumberman, lumberjack; **~bau** timber-construction; **~bearbeitung** woodworking; **~blasinstrument** wood-wind instrument; **~bock** sawing-block; *zool* tick; **~bohrer** auger; **~en** to fell wood; **⁓ern** wooden, made of wood; *fig* clumsy; awkward; **~fäller, ~hacker** wood-cutter; **~faser** woodfibre; **~frei** free from wood-pulp; **~frevel** illegal cutting of timber; offence against forest laws; **~gas** wood-gas; **~gasgenerator** charcoal generator; **~ig** woody, ligneous; *(Rettich)* stringy; **~klotz** block of wood; **~kohle** charcoal; **~lagerplatz** timber-yard, *US* lumber-yard; **~mehl** saw-dust; **~schnitt** woodcut, engraving; **~schnitzer** wood-carver; **~schuh** wooden shoe; clog; sabot; patten; **~schuhtanz** clog-dance; **~stoß** wood-pile; **~verarbeitung** wood processing; **~weg** cart-track in wood ♦ *auf d. ~weg sein* to be on the wrong tack; **~wolle** wood-wool, *US* excelsior; **~wurm** wood worm; death-watch beetle; **~zeug** wood pulp
homogen homogeneous; **~ität** homogeneity
Homöopath homœopath(ist); **~ie** homœopathy; **~isch** homœopathic
homosexuell homosexual; **~er** homosexual; pervert; *umg* homo, queer
Honig honey; **~mond** honeymoon; **~seim** liquid honey; **~wabe** honeycomb

Honor|ar fee, honorarium; *(Autor)* royalty; **~atioren** people of rank, notables, dignitaries; **~ieren** to pay (a fee for); *(Wechsel)* to honour a bill
Hopfen hop ♦ *bei ihm ist ~ u. Malz verloren* he is a hopeless case, it is love's labour lost; **~bau** hop culture; **~darre** oast-house; **~stange** hop--pole; *fig* lamp-post
hopsen to hop, to jump
hör|bar audible; within earshot; **~bild** sound picture; 📻 feature
horch|en to listen (*auf* to); *(spionieren)* to spy; **~er** listener; *(Spion)* spy; *(an d. Tür)* eavesdropper; **~gerät** sound detector; **~posten** listening post (*od* sentry)
Horde horde, tribe; *(Bande)* gang
hör|en to hear; *(zuhören)* to listen (to); *(gehorchen)* to obey; *(erfahren)* to understand, to learn; 📻 to listen in; *(Vorlesung)* to attend; *London ~en* to listen in to London; *auf d. Namen B. ~en* to answer to the name of B.; *schwer ~en* to be hard of hearing; *von s. ~en lassen* to give news of o.s.; *d. läßt s. ~en* that's the thing; that sounds well; *~en Sie mal!* look here!; I say!; **~ensagen** hearsay (*vom ~ensagen* by, from h.); **~er** *(Person)* hearer, auditor, *pl* audience; *(Radio)* listener; *(Universität)* student; ☎ receiver; *(Kopf-)* earphone, headphone; **~erbriefe** *(Radio)* fan mail; **~ermeinungsforschung** listener research; **~erschaft** audience, auditory; 📻 listening audience; *(Universität)* students; **~fehler** mistake (in hearing); misapprehension; **~folge** 📻 feature programme, features; **~gerät** hearing-aid; **~ig** living in bondage, bond; a slave to; **~iger** bond(s)man; **~igkeit** bondage, serfdom; **~muschel** ear-piece; **~rohr** ear-trumpet; **~saal** auditorium, lecture-room; **~spiel** radio play; **~weite** ear-shot
Horizont horizon; *(Linie)* skyline; *fig* sphere of ideas ♦ *d. geht über meinen ~* that's above me; **~al** horizontal
Hormon hormone; **~drüse** ductless gland
Horn horn; ♪ bugle, French horn; *(Fühler)* feeler ♦ *j-m ⍨er aufsetzen* to make a cuckold of; *d. Stier bei d. ⍨ern packen* to take the bull by the horns; *s. d. ⍨er ablaufen* to learn the hard way; **~bläser, ~ist** horn-blower, bugler; **~brille** horn spectacles; **⍨chen** small horn; *(Gebäck)* crescent; **⍨ern** of horn; **~haut** callosity, horny skin; *(Auge)* cornea; **~signal** bugle call; **~vieh** horned cattle; *fig* blockhead
Hornisse hornet
Horoskop horoscope (*e. ~ stellen* to cast a h.)
Horst aerie, eyrie; *(Gebüsch)* thicket; ✈ BE air station, air base; **~en** to build an aerie
Hort treasure; hoard; *(Zuflucht)* protection; refuge; *(Schützer)* protector; **~en** to hoard; to stock-pile; **~nerin** nursery-school teacher
Hortensie hydrangea
Hose *(lang)* trousers, *US* pants; *(kurz)* shorts; *(lang, sportlich)* slacks; *(blaue Arbeits-, Träger-)* overalls, dungarees; *(Golf)* plus-fours; *(Knickerbockers)* breeches, knickerbockers; *(Flanell)* flannels; *(Unterhose)* BE pants, drawers; *(Damenunterhose)* panties, BE knickers, *(beinlos)* briefs ♦ *d. ~n anhaben* to wear the breeches; **~naufschlag** turn-up; **~nbandorden** Order of the Garter; **~nboden** seat (of the trousers) ♦ *j-m d. ~nboden versohlen* to smack s-b's bottom; **~nklappe, ~nlatz** fly, flap; **~nrolle** 🎭 man's part; **~nträger** braces, *US* suspenders
Hospit|al hospital, infirmary; **~ant** temporary auditor (of lectures), guest member; **~ieren** to audit, to listen in, to attend lectures as guest
Hospiz hospice
Hostie the Host; **~ngefäß** pyx
Hotel hotel; **~boy, ~page** page, bellboy, *US umg* bellhop; **~ier** hotel-keeper; **~zimmer** hotel room
Hub lift(ing); *(Kolben)* stroke; **~schrauber** helicopter; **~stapler** fork-lift truck
hüben on this side, on our side; *~ u. drüben* on either side
hübsch pretty, nice, charming; *(schön)* beautiful; good-looking; *(lieblich)* lovely; *fig* considerable, pretty, rather; *~es Mädchen* pretty girl; *~er Mann* handsome man; *~es Vermögen* nice fortune; *~ warm* nice and warm; *~ teuer* rather expensive
huckepack pick-a-back; **~verkehr** road-rail service
hudeln to scamp
Huf hoof; **~eisen** horseshoe; **~lattich** coltsfoot; **~nagel** hobnail; **~schlag** kick; hoofbeat; **~schmied** shoeing smith, farrier; **~tiere** hoofed animals, ungulates
Hufe *(Land)* hide (of land)
Hüft|bein hip-bone, ilium; **~e** hip; *(Tiere)* haunch; **~gelenk** hip joint; **~gürtel, ~halter** suspender-belt, *US* garter-belt; roll-on; **~lahm** having a dislocated hip, hip-shot
Hügel hill; hillock, knoll; **~ig** hilly
Huhn *allg* fowl; *(Henne)* hen; *(Federvieh)* poultry; *junges ~* chicken; *gebackenes ~* fried chicken; *gebratenes ~* roast chicken; *⍨er halten* to keep hens (chickens) ♦ *mit j-m e. ⍨chen zu rupfen haben* to have a bone to pick with s-b; *da lachen ja d. ⍨er* how absurd!
Hühner|auge corn; **~augenpflaster** corn-plaster; **~braten** roast chicken; **~farm** poultry-farm, chicken-farm; **~hof** poultry yard; **~hund** pointer, setter; **~leiter** hen-roost; miniature ladder ♦ *d. Leben ist e-e ~leiter* (those are) the ups and downs of life; **~stall** hen-house; **~stange** perch, roost; **~zucht** chicken farming (*od* breeding)
Huld grace, favour; *(Freundlichkeit)* charm; *(Milde)* clemency; **~igen** to pay homage to; *(e-r Ansicht)* to hold an opinion; **~igung** homage; **~reich, ~voll** gracious; kind; benevolent
Hülle cover, wrapper; *(Brief, Ballon)* envelope; *(Gehäuse)* case; 📖 jacket; *(Schleier)* veil; *(Schicht)* layer; *bot* integument; *d. sterbliche ~* earthly (*od* mortal) remains; *in ~ u. Fülle* in abundance; enough and to spare; **~n**

to wrap; *(bedecken)* to cover; *s. ~n in* to array o.s. in
Hülse *(Schale)* husk, shell; *(Schote)* pod; ⚙ case; shell; cover; *(Geschoß)* cartridge case, shell case; **~nfrucht** leguminous vegetable, legume, pulse
human humane; **~ismus** humanism; **~istisch** humanistic; *~istische Bildung* classical education; **~itär** humanitarian
Hummel bumble-bee ♦ *wilde ~* tomboy
Hummer lobster; **~nschere** claw of lobster
Humor (sense of) humour; *~ haben* to have a sense of humour; **~eske** humorous sketch; **~istisch** humorous; funny, comic; **~los** humourless; devoid of humour
humpeln to limp, to hobble
Humpen bumper, tankard
Humus humus, vegetable mould
Hund dog; junger ~ puppy, pup ♦ *vor d. ~e gehen* to go to the dogs (*od* the devil); *auf d. ~ kommen* to sink very low, to go down in the world; *mit allen ~en gehetzt sein* to be as sly as a fox, to be up to a thing or two; **~earbeit** hard work, drudgery; **~ehütte** kennel; **~ekälte** beastly cold; **~eleben** dog's life; *e. ~eleben führen* to lead a dog's life; **~eleine** (dog-)lead; **~emarke** dog's licence, disk; **~emüde** dog-tired, dead-tired; **~esteuer** dog tax; **~ewetter** dirty (*od* filthy) weather; **⁓̈in** bitch; **⁓̈isch** *fig* cringing, fawning; **~sfott** cur, scoundrel; **~sgemein** very low, vulgar, mean; **~sstern** dog-star; **~stage** dog-days
hundert hundred; *su* hundred; *zu ~en* in (by) hundreds; **~er** hundred; **~erlei** of a hundred kinds; **~fach** hundredfold; **~füßler** centipede; **~jahrfeier** centenary; **~jährig** centenary, centennial; *~jähriges Jubiläum* centenary, *US* centennial; **~jähriger** centenarian; **~mal** a hundred times; **~ste** hundredth ♦ *vom ~sten ins Tausendste kommen* to rush from one subject to another
Hüne giant; **~ngrab** barrow, cairn; **~nhaft** gigantic
Hunger hunger (*nach* after, for); *fig* violent desire, craving, yearning (*nach* for); *~ haben* to be hungry; *~s sterben* to starve to death, to die of hunger; *~ leiden* to starve, to go hungry; **~kur** fasting cure; **~leider** poor devil; **~lohn** starvation wage; pittance; **~n** to be (*od* go) hungry; to hunger (*nach* after, for); **~ödem** nutritional oedema; **~snot** famine; **~streik** hunger strike; **~tuch:** *am ~tuche nagen* to be starving
Hupe horn, klaxon; **~n** *BE* to hoot, to toot, to honk; to sound one's horn; *(laut)* to blare
hüpfen to hop, to skip, to jump, to bounce; *Seil ~* to skip rope ♦ *d. ist gehüpft wie gesprungen* that's all the same
Hürde 🏃 hurdle; fold, pen; *~n laufen* to hurdle; *~n nehmen* to take the hurdles; **~nläufer** hurdler; **~nrennen** hurdle race
Hure whore, harlot; prostitute; *sie ist e-e ~* she walks the streets
Hurrapatriotismus jingoism
hurtig quick, swift; brisk, agile; **~keit** quickness, swiftness; agility
Husar hussar
huschen to slip away, to whisk; to scurry
hüsteln to cough slightly, to hack
husten to (give a) cough; *su* cough; *~ haben* to have a cough; **~bonbon** (cough) lozenge; **~reiz** throat irritation; **~stillend** pectoral
Hut hat; *(steifer)* bowler (hat), *US* derby (hat); *(Aufsicht)* guard, charge; *(Schutz)* protection ♦ *unter e-n ~ bringen* to reconcile (conflicting opinions); *auf d. ~ sein* to be on the alert, to be on one's guard; **~krempe** brim; **~macher** hatter; **~macherin** milliner; **~schachtel** hat-box; **~schnur** hat-string ♦ *d. geht über d. ~schnur* that's past a joke, that's about the limit
hüt|en *vt* to guard, to take care of, to keep; *(Vieh)* to tend cattle, to herd; *(Bett, Zimmer)* to be confined to, to keep to; *refl* to take care; to beware of; to be on one's guard; **~er** guardian; *(Wärter)* keeper; warden; *(Vieh)* herdsman
Hütte hut; *(arm)* cabin; *(kleines Haus)* cottage, cot; *(Eisen-)* foundry; forge; iron works; *(Glas-)* glassworks; **~nkunde, ~nwesen** metallurgy; **~nwerk** smelting works, iron works, foundry
hutzelig shrivelled
Hyäne hyena
Hydrat hydrate
Hydraul|ik hydraulics; **~isch** hydraulic
Hydrogen hydrogen
Hygien|e hygiene, hygienics; **~isch** hygienic
Hymne hymn; anthem
Hyperbel hyperbola; *(Redekunst)* hyperbole
Hypno|se hypnosis; **~tisch** hypnotic; **~tiseur** hypnotist; **~tisieren** to hypnotize
Hypochond|er hypochondriac; **~rie** hypochondria
Hypothek mortgage (loan); *e-e ~ aufnehmen* to mortgage, to raise money on mortgage; **~arisch** hypothecary; *adv* on (by) mortgage; **~enaufnahme** mortgage; **~engläubiger** mortgagee; **~enpfandbrief** (mortgage) bond; **~enschuldner** mortgagor
Hypothe|se hypothesis; supposition; **~tisch** hypothetical
Hyster|ie hysteria; **~isch** hysterical; *~ische Anfälle bekommen* to go into hysterics

I

I (the letter) **I;** *~ wo!* nonsense!; certainly not!; **~punkt** i-dot
i.A. *(im Auftrage)* by order of
ich I; *su* self, ego; *~ selbst* I myself; *~ bin es* it is me; *~ Arme(r)* poor me!; *mein liebes ~* my own dear self; *mein zweites ~* my second self
Ideal ideal; *adj* ideal, perfect; *umg* choice; **~isieren** to idealize; **~ismus** idealism; **~ist** idealist; **~istisch** idealistic
Idee idea; notion; thought; brain-wave; *e-e ~ (umg)* a little (bit); *e-e ~ dunkler* a shade

darker; *Bücher, d. e-e ~ vermitteln von* books which will give a slant on; *fixe ~* obsession, fixed idea; **~ll** ideal; spiritual; imaginary; **~nreichtum** inventiveness; resourcefulness; **~nwelt** imagination; world of ideas; mentality
Iden *pl* Ides
Identi|fizieren to identify; **~sch** identical; **~tät** identity
Idiosynkrasie (strong) aversion (*gegen* to); high susceptibility (*gegen* towards)
Idiot idiot; **~ie** idiocy; **~isch** idiotic
Idyll idyl; **~isch** idyllic
Igel hedgehog; *mil* all-round defence
Ignor|ant ignoramus; **~anz** ignorance; **~ieren** to ignore; *j-n ~ieren* to cut s-b (dead); to slight; to disregard
ihm him; *(Sachen)* it
ihn him; *(Sachen)* it; **~en** them; you
ihr her; *(Sachen)* it; *pl* you; *poss pron, adj* her(s); its; their(s); your(s); **~er** of her; of it; of them; of their; of you; of your; **~erseits** in her (its, their) turn; in your turn; **~esgleichen** of her (its, their) kind; like her (it, them); of your kind, like you; **~ethalben, ~etwegen, ~etwillen** for her (its, their) sake; on her (its, their) account; on your account; **~ig** hers (its, theirs); yours
illeg|al illegal; **~itim** illegitimate; **~itimität** illegitimacy
il|liquid insolvent; unable to pay one's debts; **~loyal** disloyal
illuminieren to illuminate; to light up
Illus|ion delusion; illusion; **~orisch** delusive; illusory
Illustr|ation illustration; **~ieren** to illustrate, to explain
Iltis polecat, fitchew
imaginär imaginary
Imbiß snack, bite; **~stube** snack bar, lunch-room; *US* lunch counter
Imit|ation imitation; **~ieren** to imitate
Imker bee-keeper; **~ei** bee-keeping
immateriell immaterial
Immatrikul|ation enrolment (at a university); matriculation; **~ieren** to entrol; to matriculate
Imme bee
immer always; every time, all the time; *für ~* for ever, for good; *~ mehr* more and more; *noch* still; as yet; *~ wieder* again and again; *sie hat es schon ~ gesagt* she said so all along; *~ größer* bigger and bigger; *wer auch ~* who(so)ever; *wie auch ~* how(so)ever; **~dar** for ever (and ever), evermore; **~fort** continually, constantly; **~grün** evergreen, periwinkle; **~hin** nevertheless, still; **~während** endless, everlasting, perpetual; **~zu** all the time, continually; *nur ~ zu!* go on!
Immobilien real estate; immovables; **~händler** estate agent, *US* realtor
Immortelle *BE* everlasting (flower), *US* immortelle
immun immune (*gegen* from); **~isieren** to render immune, to immunize; **~ität** immunity (*gegen* to, against)
Imper|ativ imperative; **~fekt** past tense; **~ialismus** imperialism; **~tinent** impertinent, insolent; **~tinenz** impertinence
Impf|arzt vaccinator; **~en** to inoculate, *(Pocken)* to vaccinate; **~pflicht** compulsory vaccination; **~stoff** vaccine, lymph; **~ung** inoculation; vaccination
Imponderabilien imponderable substances; *fig* imponderables
imponieren to impress; **~d** impressive, imposing; *~de Leistungen* marvellous achievements
Import import(ation); *(-waren)* import(s); **~e** (imported) Havana cigar; **~eur** importer; **~geschäft** import business; **~ieren** to import
impoten|t impotent; **~z** impotence
imprägnier|en to impregnate; to (make) waterproof; **~ungsmittel** waterproofing liquid
Im|pressum imprint; **~primatur** erteilen 🕮 to pass s-th for press
Improvis|ation improvisation, extemporization; **~ieren** to improvise, to extemporize; *umg* to ad-lib
Impuls stimulus, impulse; **~iv** impulsive
imstande able, in a position to; *ich fühle mich dazu nicht ~* I don't feel up to it
in in; into; within; among(st); *~ Kürze* shortly; *im vorigen Jahr* last year ♦ . . . *hat's ~ sich* (this wine) has got a kick in it, (he) is a deep one
In|angriffnahme start, setting about; **~anspruchnahme** utilization; strain on; *(Kredit)* availment; recourse to; ⚖ claim; *mil* requisition; **~artikuliert** inarticulate; **~augurieren** to inaugurate; **~begriff** essence; embodiment; **~begriffen** included, including, inclusive of; **~betriebnahme** opening; starting; ⚙ setting to work; **~brunst** ardour; fervour; **~brünstig** ardent; fervent; **~danthren** colour-fast dye, indanthrene
in|dem while, whilst; in, by (doing); because, since; **~des, ~dessen** *adv* meanwhile, while; *conj* however, while
Inder Indian; Hindu
Index index; **~klausel** escalator clause; **~lohn** index-linked wage; **~zahl** index number
Indi|aner (Red) Indian; **~anisch** Red Indian; **~en** India; **~sch** Indian
indi|goblau indigo-blue; **~kativ** indicative (mood); **~rekt** indirect; **~skret** inquisitive; tactless; gossipy; **~skretion** inquisitiveness, tactlessness; breach of confidence
Individu|alität individuality; **~ell** individual
Indiz, ~ium circumstantial evidence; pointer
Indogerman|e Aryan, Indo-European; **~isch** Aryan, Indo-European
Indoss|ament endorsement; **~ieren** to back, to endorse
industr|ialisieren to industrialize; **~ie** (manufacturing) industry; **~iealkohol** industrial alcohol; **~ieanlage** factory, works, plant; **~ieberater** management consultant; **~ieerzeugnisse** manufactured goods, manufactures; **~iegebiet** industrial area; **~iekreise** industrial circles; **~ieller** industrialist, producer; **~iemagnat** *umg*

big shot, *US* tycoon; **~iezweig** branch of industry; **~- und Handelskammer** Chamber of Commerce and Trade
Ineinander into one another, into each other; **~greifen** ⚙ to gear, to mesh; **~passen** to fit together
Infam infamous; *~e Lüge* thumping *(od* big) lie; **~ie** infamy
Infant infante; **~il** mentally underdeveloped, puerile; childish; **~erie** infantry; **~erist** infantryman
Infekti|on infection; **~ionskrankheit** infectious disease; **~ös** infectious
Inferiorität inferiority; **~skomplex** inferiority complex
Infi|ltrieren to infiltrate; **~nitiv** infinitive; **~zieren** to infect
Inflation inflation; **~istisch** inflationary; **~sspirale** inflationary spiral; **~szeit** inflation(ary) period
Influenza influenza, *umg* flu
Infolge in consequence of, owing to, due to, as a result of; **~dessen** hence, therefore, consequently, because of that
Inform|ation information; news; *~ation einholen* to make inquiries; **~ieren** to inform; to brief; to notify; *refl* to inform o.s. (*über* of); *falsch ~ieren* to misinform
Infrarot infra-red
Ingenieur engineer; **~beruf** engineering; **~büro** engineering office; **~wesen** (civil) engineering
Ingredienz ingredient, component
Ingrimm anger, wrath; **~ig** very angry; enraged; fierce
Ingwer ginger; **~bier** ginger beer
Inhaber *(Wohnung)* occupant; *(Scheck)* bearer; *(Patent)* holder; *(Geschäft)* owner, proprietor, principal; *(Konzession)* licensee; possessor; **~aktie** bearer share; **~scheck** cheque (*US* check) to bearer
Inhal|ationsapparat inhaler; **~ieren** to inhale
Inhalt content(s); volume, capacity; area, extent; tenor, subject; **~lich** with regard to the contents; **~sangabe** summary; **~sreich** significant, full of meaning; **~sverzeichnis** table of contents, index
Initiative initiative (*aus eigner ~* on one's own i.); *keine ~ haben* to have no enterprise
In|jektion injection, *umg* shot; **~jizieren** to inject; **~jurie** *(verbal)* slander, insult; *(real)* assault
Inkasso collection; **~spesen** collecting charges; **~wechsel** bill for collection
Inklusive included, including
Inkonsequen|t inconsistent; contradictory; **~z** inconsistency; contradiction
In|krafttreten entry into force, taking effect; effective date; **~kubation** ⚕ incubation; **~kunabel** incunabulum
Inland inland; interior; home; *im In- und Ausland* at home and abroad; **¨er** national (resident); **¨isch** internal, domestic; within the country; home (-made); **~sabsatz** (sales in the) home market; **~sauftrag** order for the home market; **~sbedarf** home consumption; **~sbelieferung** supplies to domestic users; **~serzeugung** production within the country; domestic (*od* home) production; **~smarkt** home market; **~spreis** domestic price
In|lett bed-tick; ticking; **~liegend** enclosed, herewith; **~mitten** amid(st), in the midst of
Inne|haben to hold; to occupy; **~halten** *vi* to stop, to pause; **~werden** *vi* to perceive, to become aware of; **~wohnen** to be inherent in; **~wohnend** inherent
Innen inside, within, in; *nach ~* inward(s); *von ~* from within; **~architekt** interior designer (*od* decorator); **~architektur** interior designing (*od* decoration); **~hof** patio; **~leben** inner life; **~minister** (Federal) Minister of the Interior; *BE* Secretary of State for the Home Department, *umg* Home Secretary; *US* Secretary of the Interior; **~ministerium** Ministry of the Interior; *BE* Home Office; *US* Department of the Interior; **~politisch** relating to domestic affairs (*od* policy); **~stadt** City, centre of a city
Inner inner, internal; domestic; interior; intrinsic; **~es** *su* inside, interior; soul; heart; *anat, fig* bowels; **~halb** inside, within; **~lich** internal, interior, inward; intrinsic; *(Gefühle)* profound, deep; *~lich anzuwenden* ⚕ for internal use; **~lichkeit** warmth; inwardness; intimacy; **~politisch** of internal policy; domestic; **~st** innermost; **~stes** *fig* heart, core; intrinsic nature; centre
Inn|ig intimate; hearty, heart-felt; **~igkeit** intimacy; cordiality; fervour; **~ung** guild, corporation; association; **~ungswesen** guild system; trade associations
Inoffiziell unofficial
Inquisit|ion inquisition; **~orisch** inquisitorial
Insasse ⚖ inmate, occupant; inhabitant; 🚗 passenger
Ins|besondere especially, particularly, in particular; **~geheim** secretly; **~gemein** generally, in common; **~gesamt** altogether, collectively; in all
Inschrift inscription; *(Münze)* legend; caption; *(Stein)* epigraph; **~enkunde** epigraphy; **~lich** epigraphic
Insekt insect, *US umg* bug; **~enkunde** entomology; **~enpulver** insecticide; **~envertilger** insecticide, exterminator
Insel island; **~bewohner** islander; inhabitant of an island; **~lage** insularity; **~meer** archipelago
Inser|at advertisement, *umg* ad; **~ent** advertiser; **~ieren** *vt/i* to advertise, *vi* to put an ad(vertisement) in a newspaper
Insignien insignia
Inskription enrolment; registration
In|sofern, ~soweit *adv* so far, to that extent; *conj* inasmuch (forasmuch) as, as far as, in so far as; **~sonderheit** *adv* especially, particularly
Insolven|t insolvent, unable to pay one's debts; **~z** insolvency

Inspir|ation inspiration; **~ieren** to inspire

Inspiz|ient 🎭 stage-manager; inspector; **~ieren** to inspect; to superintend; to examine

Install|ateur plumber; electrician; fitter; *(Heizung)* steam-fitter; **~ation** installation; **~ationsmaterial** builders' fittings; **~ieren** to install; to lay on; to introduce

Instand: ~ *halten* to maintain; to keep up; ⚙ to service; ~ *setzen (j-n)* to enable s-b; to repair, *umg* to fix; ⚓ to re-float; to put in working order; **~haltung** maintenance, upkeep; **~haltungskosten** costs of maintenance; upkeep; **̈~ig** pressing, urgent; earnest; *̈~ig bitten* to implore

Instanz authority; court (of justice); instance; *höchste* ~ supreme court of appeal; *letzte* ~ last resort; **~enweg** ⚖ stages of appeal; *auf d. ~enweg* through official channels

Instinkt instinct, flair; **~iv** instinctive

Institut institute; institution; laboratory; (private) school

Instru|ieren to instruct, to brief; **~ktion** instruction; ⚖ brief; **~ktiv** instructive; representative; **~ment** instrument; ⚙ tool, implement; *umg* gadget; ⚖ deed; **~mentalmusik** instrumental music; **~mentation** orchestration; **~mentieren** to instrument

Insulaner islander

Inszenier|en to produce; 🎭 to stage; **~ung** production; 🎭 staging; get-up

Integral|e integral; **~rechnung** integral calculus

Intell|ektuell intellectual; *umg* highbrow; **~ektueller** intellectual, *umg* egghead; **~igent** intelligent; **~igenz** intellect; intelligence, understanding; brains; *(Schicht)* intelligentsia, the intellectuals

Inten|dant 🎭 stage director; 🎭, *mil* superintendent; official in charge; **~dantur** office of superintendent; *mil* commissariat; **~danturoffizier** commissary; **~sität** intensity; **~siv** intensive; thorough; concentrated; intense; **~sivieren** to intensify; **~sivierung** increase; gain in strength; gaining strength; development; intensification

Interess|ant interesting; **~e** interest; advantage; concern; *in j-s ~e* on (in) behalf of, on (in) s-b's behalf, in (for, to) s-b's behoof; *~e nehmen an* to take an interest in, to be interested in; *miteinander nicht zu vereinbarende ~en* conflicting interests; **~engruppe** pressure group; lobbyists; **~ent** party interested; person interested; prospective buyer, prospective; **~ieren** to be interested in, to take an interest in

Interim|istisch provisional, temporary; **~skonto** suspense account; **~squittung** provisional receipt

Intermezzo interlude

Intern internal; **~at** boarding-school; *(Univers.)* residential college; **~atshaus** boarding--house; **~atsschüler** boarder; **~ieren** to intern; **~ierter** internee; **~ierung** internment; **~ist** specialist in internal diseases

Inter|national international; **~pellieren** to interpellate; **~polieren** to interpolate; **~pretieren** to interpret; **~punktieren** to punctuate; **~punktion** punctuation; **~punktionszeichen** punctuation mark; **~vall** interval; **~viewen** to interview; *e. ~view gewähren* to give an interview; **~zonengrenze** interzonal boundary; **~zonenverkehr** interzonal traffic; interzonal transactions

Inthronis|ation enthronement; **~ieren** to enthrone

Inton|ation cadence; **~ieren** to intone

Intoxikation intoxication, poisoning

Intransitiv intransitive

Intri|gant intriguer, 🎭 villain; *adj* insidious, scheming, plotting; **~ge** intrigue; **~gieren** to intrigue, to plot

Invalid|e disabled person, invalid; **adj** invalid(ed), disabled; **~enrente** industrial disablement pension, disability pension, *US* disablement benefit; **~enversicherung** disability insurance; **~ität** disablement, disability, invalidism

Invent|ar inventory, stock (*totes, lebendes ~* dead, live stock); 🌾 implements and machinery; **~arisieren** to take stock of, to draw up an inventory of; **~ur** stock-taking; **~urverkauf** clearance sale, stock-taking sale

Invest|ieren to invest; **~ition** (capital) investment; **~itionsboom** capital goods boom; **~itionstätigkeit** investment in capital goods, investments

In|wärts inwards; **~wendig** *adj* inside, inward, interior; **~wiefern, ~wieweit** to what extent, how far, in what way

In|zest incest; **~zucht** in-breeding; intermarriage

Inzwischen meanwhile, in the meantime

Ird|en earthen; *~enes Geschirr* earthenware, crockery; **~isch** earthly, worldly; terrestrial; mortal

Irgend some; any; at all; *wenn ich ~ kann* if I possibly can; *wenn ~ möglich* if at all possible; **~einer, ~ jemand, ~wer** somebody, someone; anybody, anyone; **~wann** at some time or other, sometime; **~wie** somehow; anyhow; **~wo** somewhere; anywhere; **~woher** from somewhere, from anywhere; from some place (or other); **~wohin** to some place (or other), to any place

Iris *bot* iris, flag; **~ierend** iridescent

Ir|e Irishman; **~in** Irishwoman; **~isch** Irish; **~land** Ireland; **~länder(in)** = Ire (Irin); **~ländisch** = irisch

Iron|ie irony; **~isch** ironical, bland; **~isieren** to treat ironically

Irre astray, wrong; *(geistig)* confused; mad, crazy, insane; ~ *werden an* to lose confidence in, to doubt (s–b); *in d. ~ führen* to mislead, to lead astray; to bluff; **~r** *su* lunatic, madman (madwoman); **~gehen** to lose one's way, to go astray; *(Brief)* to miscarry; **~machen** to confuse, to puzzle, to bewilder; *s. nicht leicht ~ machen lassen* not to be easily put out; **~n** *vi* to err, to make a mistake, to be wrong; to lose one's way, to wander (about)

Irr|enanstalt lunatic asylum; **~enarzt** alienist, mad-doctor; **~fahrt** vagary, wandering; **~garten** maze, labyrinth; **~glaube** heresy, heterodoxy; **~gläubig** heretical, heterodox; **~enhaus** madhouse, bedlam; **~ig** erroneous, wrong; **~läufer** ✉ lost letter; 🚂 misrouted railroad car; **~lehre** false doctrine, heresy; **~licht** *(a. fig)* will-o'-the-wisp, Jack-o'-lantern; **~sinn** insanity, madness, alienation; lunacy; **~sinnig** insane, mad; *~sinnig werden* to go mad; **~tum** error, mistake; *im ~tum* all abroad; *~tümer vorbehalten* errors excepted; **~tümlich** erroneous, mistaken; *adv* by mistake; **~ung** error, misunderstanding; **~weg** wrong path; **~wisch** = *~licht;* tomboy

Irritieren to irritate

Ischias sciatica

Isol|ation isolation, ⚡ insulation; **~ationsschicht** insulating layer; **~ator** ⚡ insulator; **~ieren** *a.* ⚕ to isolate; ⚡ to insulate; **~ierband** insulating tape; **~ierflasche** vacuum flask; **~ierschicht** dampproof course, insulating layer; **~ierstation** ⚡ insulation; ⚕ isolation; **~ierungsanstrich** protective coating; **~ierungsleitung** insulated wire (*od* cable); **~ierzelle** padded cell; cell for solitary confinement

Isotop isotope; **~isch** isotopic

Ist is; **~stärke** *mil* actual strength; actual inventory

Isthmus isthmus

Italien Italy; **~er** Italian; **~isch** Italian

J

J (the letter) J

ja yes; *umg* ay(e), *US* yea(h), yep; indeed, really; be sure to, by all means; *~ sogar* even; *~ sagen zu* to consent to, to agree; *~ u. Amen sagen zu* to say amen to; *ich habe es Ihnen ~ gesagt!* I told you so!; *da sind Sie ~!* well, there you are!; *tu es ~ nicht!* don't you dare do it!; *wenn ~* if so; *er konnte ~ nicht kommen* he could not come, could he; **~wohl** yes, certainly, indeed; **~wort** consent; yes

Jacht yacht; **~klub** yachting-club

Jacke jacket; coat; 🏇 blazer ♦ *d. ist ~ wie Hose* six of one and half a dozen of another; **~nkleid** lady's suit; **~tt** (short) coat, jacket

Jagd 🏇 hunt(ing), shooting; chasing; *fig* pursuit, hunting; *auf d. ~ gehen* to go hunting (*od* shooting); *~machen auf (fig)* to hunt, to chase; *~ nach e-r Wohnung* house-hunting; **~bares Wild** fair game; **~beute** bag, kill; game; booty; **~flieger** fighter pilot; **~flinte** sporting gun, fowling piece; **~flugzeug** fighter (aircraft); interceptor; **~frevel** poaching; **~gesetz** game law; **~glück** *haben* to make a good bag; **~gründe:** *d. ewigen ~gründe* happy hunting-grounds; **~haus** hunting lodge, *BE* shooting-box; **~hund** hound, setter, hunting dog; **~recht** hunting (*od* shooting) right(s); **~revier** game preserve, hunting-ground; **~schein** game (*od* shooting) licence; **~schloß** hunting seat (*od* lodge); **~staffel** ✈ fighter formation; **~tasche** gamebag; **~verband** ✈ fighter unit; **~wagen** dog-cart; **~zeit** hunting (*od* shooting) season

jagen *vt* 🏇 to hunt; *fig* to pursue, to chase; to career, to rush, 🚗 to drive at full speed; to dash; *aus d. Hause ~* to turn out of doors; *su* shooting

Jäger huntsman (*d. wilde ~* the wild h.), hunter, ranger, sportsman; ✈ fighter; *mil* rifleman; **~isch** sportsmanlike; **~latein** (huntsman's) tall talk, travellers' tales; **~sprache** hunting terms, sporting language

jäh sudden, quick; steep *(Abgrund);* abrupt; **~lings** suddenly, abruptly, precipitously; **~zorn** irascibility, sudden anger, rage; **~zornig** irascible, hot-tempered; hasty

Jahr year; *in d. ~e kommen* to begin to grow old, to be getting on in years; *d. ganze ~ hindurch* all the year round; *im ~e* in (the year); *in d. letzten ~en* of late (*od* recent) years; *in d. besten ~en* in the prime of life; *in d. neunziger ~en* in the nineties; *nach ~ und Tag* after many years; *seit ~ und Tag* for many years; *über ~ und Tag* a year and a day; **~aus, ~ein** year in, year out; **~elang** (lasting) for years; **~buch** almanac, annual; *pl* annals; **~esabschluß** annual balance(-sheet); annual statement of accounts; **~esbedarf** yearly requirement; **~esbericht** annual report; **~esrente** annuity; **~esring** *bot* annual ring; **~estag, ~esfeier** anniversary; **~eszahl** year, date; **~eswende** turn of the year, New Year; **~gang** age group, 📖 year of publication; *(Wein)* year's vintage; **~hundert** century; **~hundertfeier** centenary, hundredth anniversary; **~markt** (fun) fair; **~tausend** a thousand years, millennium; **~zehnt** decade; **~zehntelang** for decades

jähr|en *refl* to be a year ago (*od* since); **~lich** annual, yearly; *einmal~lich* once a year; **~ling** yearling

Jalousie venetian blind

Jamaikapfeffer allspice, *BE* a. pimento

Jamb|us iambus; **~isch** iambic

Jammer misery; moaning, wailing; *was für e. ~-!* what a pity!; **~lappen** cry-baby, weakling; **~leben** life of misery; **⁓lich** miserable, wretched, pitiable; **~n** *vt* to make s-b feel sorry (for), to pity; *vi* to wail, to moan, to lament (*um* for, *über* over); *su* lamenting, complaining, moaning; **~schade** a thousand pities; **~tal** vale of tears (*od* of woe); **~voll** deplorable, lamentable, piteous

Janhagel mob, rabble

Januar January

Jas|min jasmine, jessamine; **~pis** jasper

jäten to weed

Jauche liquid manure; **~grube** liquid manure tank; cesspool

jauch|zen to exult, to jubilate, to rejoice; **~zer** loud cheers, shouts of joy

jaulen to howl

Jazz jazz; *~en* to play jazz; **~kapelle** jazz band

je always, at all times; ever; at a time; each, apiece; *sie bekamen ~ e-n Apfel* they received an apple each; *~ nachdem* in proportion as, according to; *~... desto, ~... um so* the ... the (*~ eher, desto besser* the sooner, the better); *von ~her s.* jeher; *~ zwei* two at a time; **~denfalls** at all events, in any case; however; most probably
jeder each; every; any; either; *~, der* whoever; **~mann** everyone, everybody; **~zeit** at any time
jedesmal every time, each time; *~ wenn* whenever, as often as; in each case
jedoch however, nevertheless, yet
jedweder, jeglicher every, everyone, each
jeher: *von ~* from time immemorial, at all times
Jelängerjelieber honeysuckle, woodbine
je|mals ever, at any time; **~mand** somebody, someone; anybody, anyone
Jenaer Glas Pyrex
jen|er that, that one; *pl* those, those ones; the former; the other; **~seitig** opposite, on the other side; **~seits** beyond, across, yonder, on the other side of; *su* the other world, the next world, the beyond; *ins ~seits befördern* to kill off; to do in
Jersey jersey (cloth)
jetz|ig actual, present; modern, current; **~t** now, at present; **~tzeit** the present day, these days (of ours)
Jeunesse dorée gilded youth
jeweil|ig actual, for the time being, at the moment; respective; **~s** at times; at any given time; in each case
Jiu-Jitsu *BE* ju-jutsu, *US* ju-jitsu; judo
Joch yoke; *geog* ridge; *(Brücke)* piles; 🏛 cross-beam ♦ *unter d. ~ bringen* to subjugate; **~bein** cheek-bone
Jockey jockey
Jod iodine; **~haltig** containing iodine; iodiferous; **~tinktur** tincture of iodine
jodeln to yodel; **~ler** yodel
Joghurt yog(h)urt
Johannis|beere red currant; (*schwarze ~beere* black c.); **~brot** carob (bean); **~tag** Midsummer Day; **~würmchen** glow-worm
johlen to howl, to yell, to boo
Joker *(Karten)* joker
Jolle jolly-boat, yawl
Jongl|eur juggler; **~ieren** *vt|vi* to juggle
Joppe jacket
Journalist journalist, newspaperman; **~ik** journalism
Jubel jubilation, rejoicing; **~feier** jubilee; **~jahr** year of jubilee ♦ *alle ~jahre einmal* once in a blue moon; **~n** to shout with joy, to rejoice; to cheer
Jubil|ar one who celebrates his jubilee; **~äum** jubilee, anniversary; **~äumsausgabe** 🕮 anniversary (*od* jubilee) edition; **~ieren** to exult, to jubilate
Juchten Russia leather
Jauchzer shout of joy

jucken *vt* to scratch, to rub; *vi* to itch, to feel itchy; *su* itching, ⚕ pruritus
Jugend youth; young people; *(Zeit)* adolescence; *frühe ~* childhood ♦ *~ hat keine Tugend* boys will be boys; *in m-r ~* when I was a boy (girl); *von ~ an* man and boy, from one's youth; **~amt** youth welfare office; **~arbeit** youth activities, youth work; **~erzieher** educator of young people; **~film** children's film; **~frei** 🎥 U-film; **~freund** friend of one's youth, school-chum; **~fürsorge** youth welfare; **~fürsorgeheim** youth detention centre; **~gericht** Juvenile Court; **~herberge** youth hostel; **~leiter** youth worker; **~lich** youthful, juvenile; **~liche(r)** boy; girl; *pl* young people, juveniles; **~liebe** first love, *(iron.)* calf-love; *(Person)* old sweetheart; **~schriften** books for the young, children's books; **~verbot** 🎥 X-film; **~zeit** young days, youth
Juli July
Jumper jumper
jung young, youthful; *(Wein)* new; *(Gemüse)* fresh, early; *(Erbsen)* green ♦ *~ gewohnt, alt getan* once a use and ever a custom; **~brunnen** fountain of youth; **~e** boy, lad, youngster; apprentice; *umg* cub; *blaue ~en* ⚓ blue-jackets; *grüner ~e* greenhorn; *schwerer ~e* notorious criminal, thug; *(Tiere)* young; **~enhaft** boyish; **~enzeit** boyhood; **~fer** maid, virgin; spinster, lady's maid; *alte ~fer* spinster, old maid; **~fernfahrt** ⚓ maiden voyage; **~fernschaft** maidenhood, virginity; **~frau** virgin, maid(en); *astr* Virgo; **~fräulich** maidenly, virginal; **~geselle** bachelor; **~gesellin** bachelor girl; **~vieh** young cattle
jüng|er younger, later, junior; of a later date; *su* disciple; adherent; follower; **~ferlich** maidenly, coy; **~ling** young man, youth, *umg* lad; **~lingszeit** adolescence; **~st** youngest; latest; last; recent; *d. ~ste Gericht* Doomsday, the last judgment; *d. ~sten Ereignisse* the latest events; *adv* lately, recently, newly, of late
Juni June
Junker country gentleman; squire; aristocrat; titled landowner
Jupiterlampe klieg light
Jur|a law (*~a studieren* to study l., *BE* to read l.); **~ist** jurist; law-student; **~istisch** legal, juridical; *~istischer Beistand* counsel; *~istische Person* juridical person; legal entity; corporate body; **~y** jury; panel of experts
just just, exactly; just now, only just
Justiz administration of the law (*od* of justice); **~dienst** judicial service; **~minister** Minister of Justice; *US* attorney general; **~mord** judicial murder; **~rat** Judicial Councillor; King's Counsel; **~wesen** judicial affairs; = ~
Juwel jewel, gem, precious stone; *pl* jewelry, *BE mst* jewellery; **~ier** jeweller; *(Laden)* jeweller's shop
Jux joke, *umg* lark; *aus ~* (just) for a joke; *s. e-n ~ machen* to lark

K

K (the letter) K

Kabale cabal, intrigue

Kabarett cabaret; night-club

kabbeln *refl* to bicker

Kabel cable; ⚡ cablegram; **~telegramm** = ~: **~n** *vt/vi* to cable; **~jau** cod

Kabine cabin; cubicle; ✈ cabin; *(Piloten-)* cockpit; *(Bad)* bathing-box, *US* bath-house; *(Wahl-, ⚡)* booth; ⚓ berth; cabin; **~nkoffer** cabin trunk; **~tt** cabinet, closet; *pol* cabinet; **~ttskrise** ministerial crisis; **~ttsitzung** meeting of the cabinet

Kabriolett cabriolet, hansom; convertible

Kachel (glazed, Dutch) tile; **~n** to tile; **~ofen** tiled stove

Kadaver carcass, *(Mensch)* corpse, body

Kadenz cadence

Kader cadre

Kadett cadet; **~enanstalt** cadet-school

Käfer beetle, *US* bug; *(umg) sie ist e. netter ~* she's a cute (*od* sweet) little thing

Kaff *sl* poor village, chaff

Kaffee coffee; *(Haus)* café, coffee-house; *~ verkehrt* milk with a dash (of coffee); **~ersatz** coffee surrogate; **~grund, ~satz** grounds; **~kanne** coffee-pot; **~kränzchen** ladies' coffee-party; *umg* hen party; **~löffel** tea-spoon; **~maschine** percolator; **~mühle** coffee-grinder, coffee-mill; **~mütze** cosy, *US* cozy; **~strauch** coffee-shrub; **~tasse** coffee-cup

Käfig cage

Kaftan kaftan; gaberdine

kahl bald; *(Land)* barren; bare; bleak; callow; empty; naked; blank; **~geschoren** close-cropped; **~heit** baldness; barrenness; bleakness *(unfruchtbar)*; **~köpfig** bald-headed; **~schlag** 🌲 clearing, clear felling

Kahm mould; **~ig** mouldy, stale

Kahn boat; *(Last-)* barge, lighter; punt; skiff; *~ fahren* to go boating; **~führer** bargee

Kai quay, wharf; pier; *(Fluß* embankment

Kaiman cayman, alligator

Kaiser emperor ♦ *dem ~ geben, was des ~s ist* to render unto Caesar the things which are Caesar's; **~in** empress; **~lich** imperial; *s-e ~liche Majestät* His Imperial Majesty; **~pfalz** Imperial Palace; **~reich** empire; *(Dtschld.)* the German Empire; **~schnitt** Caesarean operation; **~tum** empire

Kajak canoe; *(Eskimo)* kayak

Kajüte cabin; stateroom; *~ erster Klasse* first-class saloon

Kaka|du cockatoo; **~o** cocoa; *(Frucht)* cacao ♦ *(umg) durch d. ~o ziehen* to ridicule, to sneer at s-b

Kakerlak cockroach

Kaktus cactus

Kalauer stale joke; pun

Kalb calf; **~en** to calve; **~ern** to behave foolishly; **~fleisch** veal; **~sbraten** roast veal; **~shaxe** knuckle of veal; **~sleder** calf; **~slende** fillet of veal; **~sschnitzel** veal cutlet

Kaldaunen intestines; tripe

Kalender calendar, almanac; *hundertjähriger ~* perpetual calendar; **~block** block-calendar; tear-off calendar

Kalesche light carriage, chaise

kalfatern to caulk

Kali potash; potassium hydroxide; **~düngemittel** potash manure, potash fertilizer; **~haltig** containing potash; **~salpeter** potassium nitrate

Kaliber calibre *(a. fig)*; *umg* sort, kind

Kalif caliph

Kalk lime; calcium; *gebrannter ~* quicklime; *gelöschter ~* slaked lime; *mit ~ tünchen* to whitewash; **~ablagerung** calcareous deposit; **~grube** lime-pit; **~haltig** containing lime; calcareous; **~ofen** lime-kiln; **~spat** calc-spar; **~stein** limestone

Kalku|lation calculation, computation; **~latorisch** from the calculation point of view; calculative; **~lieren** to calculate, to compute; to cost

Kalmenzone doldrums

Kalorie calorie; **~ngehalt** calorific content

kalt cold; frigid, freezing; *fig* cold, cool, frosty; indifferent; *~er Krieg* cold war; *es überläuft mich ~* I have the shivers; *~er Brand* mortification; **~blüter** cold-blooded animal; **~blütig** *(a. fig)* cold-blooded; **¨e** cold, coldness; frigidity; frostiness; **¨eanlage** refrigerating plant; **¨ebeständig** cold-resisting, anti-freezing; **¨empfindlich** sensitive to cold; **¨egrad** degree below zero; **¨eperiode** cold spell; **¨ewelle** cold spell; **~herzig** cold-hearted, unkind; **~-lächelnd** cynical; sneering; **~machen** to finish s-b off, to do s-b in; **~schnäuzig** impertinent, saucy; **~stellen** *fig* to shelve

kalzi|nieren to calcine; **~um** calcium

Kambüse caboose

Kamee cameo

Kamel camel; **~haar** camel's hair

Kamelie camellia; japonica

Kamera camera; **~mann** camera man; **~wagen** 🎥 camera truck

Kamerad comrade, mate; *umg* pal, chum, *US umg* buddy; *(Offizier)* brother; **~schaft** comradeship, companionship, fellowship; **~schaftlich** friendly, companionable, *sl* pally; *adv* friendly, as comrades, in a spirit of camaraderie; **~schaftsehe** companionate marriage

Kamille camomile

Kamin chimney; *(Zimmer)* fire-place, fireside; **~aufsatz, ~sims** mantelpiece; **~feger** chimney-sweep; **~vorsatz** fender

Kamm comb; *(Berg-, Wellen-, Vogel-)* crest; *(Berg-)* ridge; *(Rind)* neck ♦ *über e-n ~ scheren* to apply the same yardstick to everything, to treat all alike; *ihm schwillt d. ~* he bristles up, he is cocky; **¨en** to comb; *(Wolle)* to card; *s. ¨en* to comb one's hair; **~garn** worsted (yarn); **~garnstoff** worsted (cloth)

Kammer small room, closet; chamber (*a.* ⚖); ⚖ panel; *(Herz)* ventricle; *mil* unit clothing stores; **~diener** valet; **¨er** chamberlain;, treasurer; **~frau, ~jungfer** chambermaid, lady's

maid; **~gericht** Supreme Court (of Judicature); **~herr** chamberlain; gentleman of the bedchamber; **~jäger** vermin exterminator; **~musik** chamber-music; **~ton** concert-pitch
Kämpe champion
Kampagne campaign
Kampf fight, combat, battle; *fig* conflict, fight, strife, struggle; *(Wett-)* contest; *~ ums Dasein* struggle for existence; *~ auf Leben und Tod* life-and-death struggle; *~ bis aufs Messer* war to the knife; *~ d. Meinungen* conflict of opinions; *im ~e fallen* to be killed in action; **~bahn** ⛹ stadium, arena; **~einheit** fighting unit; **~er** camphor; **⁓en** to battle, to fight, to combat; *US* to buck (*gegen* with); ⛹ to contend (*mit* with); *fig* to conflict, to battle, to war; to struggle (*um* for); *mit d. Tode ⁓en* to struggle with death; *mit d. Wellen ⁓en* to buffet the waves; *mit s. selber ⁓en* to be undecided; **⁓er** fighter, combatant; warrior; ⛹ champion; **⁓erisch** warlike; *fig* pugnacious; **~erprobt** battle-tried; **~flieger** bomber pilot; **~flugzeug** bomber (aircraft); **~führung** battle command; **~gefährte** fellow combatant, comrade-in-arms; **~geschwader** *BE* bomber group, *US* bomber wing; **~hahn** fighting cock; *fig* quarrelsome fellow, wrangler; **~lust** pugnacity, love of fighting; **~platz** battle-field, scene of action; ⛹ arena; *fig* scene of conflict; **~schwimmer** frogman; **~spiel** ⛹ (athletic) contest, match, game; tournament; **~stärke** combative force; **~unfähig** disabled; *~unfähig machen* to put out of action; *(Boxen)* to knock out; **~wagen** tank, combat vehicle
kampieren to camp
Kanad|a Canada; **~ier** Canadian; ⛹ Canadian canoe; **~isch** Canadian
Kanal ⚓, ⚕, *fig* channel; *(künstl.)* canal; ditch; *(Abfluß)* drain, sewer ♦ *ich habe d. ~ voll* I'm browned off, I'm fed up; **~einstiegschacht** manhole; **~isation** drainage (and sewerage); (municipal) water-system; *(Fluß)* canalization; **~isieren** to drain, to sewer; to canalize; **~netz** drainage (and sewerage) system (*od* network); **~rohr** drain-pipe; **~wasser** sewage
Kanapee sofa, settee
Kanarienvogel canary
Kandare bit, curb ♦ *an d. ~ nehmen* to break in, to discipline
Kandela candela; **~ber** candelabrum; chandelier
Kandid|at candidate; applicant, aspirant; nominee; **~atenliste** *pol* ticket; **~atur** candidature, *US* candidacy (for); **~ieren** to be a candidate (*für* for); *pol* to contest a seat; to stand, to run (for election)
kand|ieren to candy; **~iert** candied; **~is** candy-sugar
Känguruh kangaroo
Kaninchen rabbit; **~bau** rabbit-burrow
Kanker *BE* harvestman, *US* daddy-longlegs
Kanister canister, container; can
Kanne can; mug, tankard; jug; pot; **~lieren** to channel, to flute
Kannibal|e cannibal; **~isch** cannibal
Kanon *eccl*, ♪ canon; **~ade** cannonade, bombardment; **~isch** canonical
Kanon|e cannon; gun; ⛹ ace, a big noise ♦ *unter aller ~e (umg)* beneath contempt; **~enfutter** cannon-fodder; **~enkugel** cannon-ball; **~enofen** iron stove; **~enstiefel** jack-boots; **~ier** gunner
Kantate cantata
Kant|e edge; corner; edging; *(Stoff)* selvage; *(Abgrund)* brink, edge ♦ *auf d. hohe ~e legen* to lay by for a rainy day; **~el** square ruler; **~en** *(Brot)* (top-)crust, heel; *vt* to square; to tilt, to capsize; **~haken** cant-hook ♦ *j-n beim ~haken kriegen* to get hold of s-b by the scruff of the neck; **~ig** edged; *(a. Gesicht)* angular
Kantine canteen; mess
Kanton canton; **~ist:** *e. unsicherer ~ist (fig)* an unreliable fellow
Kantor precentor; organist; choir-master
Kanu canoe; **~fahrer, ~te** canoeist; **~sport** canoeing
Kanüle ⚕ cannula, tubule; nozzle
Kanz|el pulpit; ✈ cockpit, turret; **~lei** law office; chancellery; **~ler** chancellor
Kap cape; promontory
Kapaun capon
Kapazität capacity; *fig* authority; eminent scholar; **~ausnützung** employment of capacity; working at full capacity
Kap|ee: *schwer von ~ee* slow on the uptake; **~ieren** *umg* to catch, to get (s-th), to take in
Kapell|e chapel; ♪ band; **~meister** conductor, bandmaster, band leader
Kaper *bot* caper; *(See)* pirate, freebooter; **~n** to capture, to seize; **~schiff** privateer; corsair; **~nstrauch** caper-bush
Kapital capital, *(Geld)* funds; stock; *~ und Zins* principal and interest; *~ aufbringen* to raise capital; *~ flüssig machen* to realize capital; *~ schlagen aus* to capitalize, *fig* to profit by; **~anlage** investment; *feste ~anlage* lock-up; **~bildung** formation (*od* accumulation) of capital; **~isieren** to capitalize; **~ismus** capitalism; **~ist** capitalist; **~kräftig** well-funded; **~markt** capital market; **~steuer** capital tax; **~verbrechen** capital crime; **~zufluß** influx of capital
Kapitäl 🏛 capital; **~chen** 📖 small caps
Kapitän captain, skipper; **~leutnant** *BE/US* lieutenant
Kapit|el chapter; section; *d. ist e. ~el für sich* that's another story; **~ell** 🏛 capital; **~ulation** capitulation, surrender; **~ulieren** to capitulate
Kaplan curate, chaplain
Kapotthut bonnet
Kappe *cap; (Kapuze)* hood; *(Mönch)* cowl; *(Schuh)* tip, toe-piece; 🏛 dome, cup, cap ♦ *auf s-e ~ nehmen* to take the responsibility for; **~n** *vt* to cut, to sever; *(Baum)* to lop, to trim, to top; ⚕ to castrate
Kapriole caper; *~n machen (fig)* to play tricks
kaprizi|eren *refl* to stick obstinately to; to take a fancy to; **~ös** capricious

Kapsel *bot,* ⚕ capsule; case, box; cover, cap
kaputt broken, in pieces; ruined, spoiled; *(Maschine, Motor)* out of order, out of kilter, wrecked; *fig* worn out, all in; **~gehen** to (go) bust; *(Maschine)* to break down, to conk out, to get broken; **~machen** to bust, to ruin, to spoil, to break
Kapuz|e hood; (Mönch) cowl; **~iner** Capuchin (friar); **~inerkresse** nasturtium
Karabiner carbine, rifle; **~haken** spring safety hook
Karaffe carafe, decanter
Karambol|age collision; *(Billard) BE* cannon, *US* carom; **~ieren** *BE* to cannon, *US* to carom; to collide
Karamel caramel
Karat carat; **~gold** alloyed gold
Karawane caravan; **~nstraße** caravan route
Karbe caraway
Karbid carbide; **~lampe** carbide lamp
Karbolsäure carbolic acid; phenol
Kar|bonade chop, cutlet; **~bunkel** carbuncle, boil; **~damom** cardamom
Kardätsche *(Spinnerei)* hand-card; *(Pferd)* horse-brush; **~n** to groom with a horse-brush; to card *(wool)*
Kardinal cardinal; *adj* cardinal
Kar|freitag Good Friday; **~samstag** Easter Saturday; **~woche** Passion Week, Holy Week
Karfunkel carbuncle
karg *(Land)* barren, sterile; poor, scanty; **~en** to be very economical, *umg* to be stingy, penny-pinching; **~heit** parsimony, stinginess; poverty; scantiness; **⁓̈lich** poor, scanty
kariert checked, *BE* chequered, *bes US* checkered; *~er Stoff* check, *bes US* checkers
Kari|es caries; **⁓̈ös** carious
Karik|atur caricature, cartoon; **~ieren** to caricature, to cartoon; **~aturist** caricaturist, cartoonist
karm|esin crimson; **~in** carmine
Karneol cornelian, *US* carnelian
Karneval (Shrove-tide) carnival
Karnickel bunny, rabbit
Karo square; *(Karten)* diamonds; **~stoff** check, *bes US* checkers
Karosse state coach; **~rie** 🚗 coachwork, body(-work); **~riebauer** coach-builder; **~rieblech** body sheet
Karotte carrot
Karpfen carp; **~teich** carp-pond
Karre|(n) cart; wheel-barrow; (small, old) carriage ♦ *d. ~ aus d. Dreck ziehen* to pull the ship off the rocks, to clean up the mess; **~n** to cart
Karree square
Karriere career; *~ machen* to get on well in the world; **~macher** careerist
Kärrner carter; barrow-man; carrier
Karst *(Hacke)* mattock, hoe; *(Land)* karst, naked rock
Karte card; *geog* map; *(See)* chart; 🎭 *(Verkehr)* ticket; menu, bill of fare; (♥, *Spiel*) card; *~n legen* to tell the fortune; *s-e ~n aufdecken, auf d. Tisch legen (a. fig)* to show one's hand; *nach d. ~ essen* to eat à la carte ♦ *alles auf e-e ~ setzen* to put all one's eggs in one basket; *e. Spiel ~n* a pack (*(US* deck) of cards; *~n spielen* to play at cards; *~n abheben* to cut cards; *~n geben* to deal cards; *~n mischen* to shuffle cards; **~nlegerin** fortune-teller; **~nlegekunst** cartomancy; **~nschalter** 🚂 booking-office; 🎭, 🎥 box-office; **~nskizze** sketch map; **~nstelle** food office; *mil* mapping office
Kartei card-index; filing cabinet; card-index record; **~karte** index card; **~schrank** filing cabinet
Kartell cartel, combine; **~isieren** to cartelize, to concentrate; **~wesen** cartelism
Kartoffel potato, *umg* spud; **~brei** mashed potatoes; **~käfer** Colorado beetle
Karton *(Pappe)* cardboard, pasteboard, 🎥 mount; *(Behälter)* cardboard box; fancy box; **~age** boarding; **~einband** 📖 boards; **~ieren** to bind in boards; **~iert** in boards
Kartothek card-index
Kartusche cartridge
Karussell merry-go-round, *US a.* carrousel
Karzer prison; lock-up
kaschieren to conceal, to cover up
Kaschmir cashmere; **~stoff** cashmere
Käse cheese; **~blatt** *umg* rag; local newspaper; **~glocke** cheese-cover; **~made** hopper; **~n** to curd, to curdle; **~rinde** rind of cheese; **~weiß** *umg* chalky white
Kasematte casemate
Kasern|e barracks; **~enarrest** confinement to barracks; **~enhof** barrack-yard; **~ieren** to quarter in barracks, to barrack; **~iert** quartered in barracks
Kasino casino; *mil* officers' mess
Kaskade cascade
Kaskoversicherung ⚓ hull insurance; 🚗 insurance against damage to one's own car
Kasperletheater Punch and Judy show
Kassabuch cash-book
Kasse cashbox, till; *(Laden)* pay-desk, cash-desk; 🎭 🚂 booking-(box)office; *(Geld)* cash (*bei ~* in c., *nicht bei ~* out of c.); *(Zahlstelle)* cash-office; *(Bank)* teller's department; *bei ~ sein (umg)* to be in funds (*od* flush with money); *nicht bei ~ sein* to be hard up (*od* short of cash); *gegen ~* for cash; *d. ~ führen* to keep the cash; **~nabschluß** closing of accounts; cash results; **~narzt** panel-doctor; *als ~narzt eingetragen sein* to be on the panel; **~nbeitrag** contribution, fee; **~nbestand** cash in hand; **~nbuch** cash-book; **~nkonto** cash-account; **~nmäßig** cash, relating to cash; **~npatient** panel-patient; **~nschlager** hit; **~nschrank** safe; **~nstunden** cash-desk hours; banking hours; **~nsturz** counting of cash receipts; **~nvorschuß** cash advance; **~nzettel** sales slip (*US* check); receipt
Kasserolle dipper, stewpan
Kassette cash-box; casket; 🏛 coffer; 🎥 plate-holder; cassette; **~nrecorder** cassette recorder

kassie|ren to cash, to take in, to receive (money); to dismiss, *mil* to cashier; **~r** *(Bank)* cashier, teller; *(Büro, Verein)* treasurer; 🚆 ticket clerk; ⚓ purser; *mil* paymaster

Kastagnette castanet

Kastanie chestnut, *(Roß-)* horse chestnut

Kaste caste; **~ngeist** caste spirit

kastei|en to castigate, to mortify; **~ung** castigation, mortification

Kastell Roman fortification; citadel; fort; **~an** governor (of a castle); caretaker

Kasten chest, box, case; 🤸 box horse; *alter ~ (Haus)* hovel, barrack, ⚓ floating coffin; **~wagen** box cart; 🚆 open boxcar, *US* lorry, 🚗 box-type delivery van

Kastr|at eunuch; **~ieren** to castrate

Kasu|ar cassowary; **~istik** casuistry; **~s** case

Kata|kombe catacomb; **~log** catalogue, list; **~logisieren** to catalogue; **~lysator** catalyser; **~pult** catapult; **~rakt** cataract

Katarrh catarrh, cold

Kataster land-register, cadastral register; **~amt** land registry office

katastroph|al disastrous, catastrophic, calamitous; **~e** disaster, catastrophe, calamity, cataclysm

Kate hut, cottage

Katech|ese *eccl* catechizing; **~et** catechist; **~ismus** catechism

Kategor|ie category; **~isch** categorical

Kater male cat, tom-cat ♦ *e-n ~ haben* to have a hangover; *Gestiefelter ~* Puss-in-Boots; **~idee** absurd idea

Kat|fisch catfish; **~gut** catgut

Kathed|er desk, chair; rostrum; **~rale** cathedral

Kathode cathode; **~nstrahl** cathode ray

Kathol|ik Catholic; **~isch** Catholic; **~izismus** Catholicism

Kätner cottager, peasant, *BE a.* crofter

Kattun cotton cloth, *bes US* calico; *(bedruckt)* print

katz|balgen to scuffle, to fight; **~buckeln** to cringe, to toady, to crouch; **⁓chen** kitten; *bot* catkin, pussy(-willow); **~e** cat, *umg* puss(y); *neunschwänzige ~e* cat-o'-nine-tails ♦ *wie d. ~e um d. heißen Brei gehen* to act like a cat on hot bricks; *wie ~e und Hund leben* to lead a cat--and-dog life; *d. ~e im Sack kaufen* to buy a pig in a poke; *d. ~e läßt d. Mausen nicht* cats will catch mice; **~enauge** cat's eye; 🚗 (rear) reflector; **~enbuckel** cat's back; round shoulders; *e-n ~enbuckel machen* to arch one's back; **~enjammer** hangover; **~enmusik** caterwauling, tin-kettle serenade; charivari; **~ensprung** *fig* a stone's throw; **~enwäsche** cat's lick, a lick and a promise

Kauderwelsch gibberish, double Dutch; jargon

kau|en to chew, to masticate; *(laut)* to munch; *an d. Nägeln ~en* to bite the nails; **~gummi** chewing gum; **~tabak** chewing tobacco, *US* chew

kauern: *refl* to squat, to crouch, to cower

Kauf buy(ing), purchase, *(günstig)* bargain; acquisition ♦ *etw in ~ nehmen* to take one's chances on, to put up with; *leichten ~en davonkommen* to get off lightly; *~ gegen bar* cash purchase; *~ auf Ziel* purchase on terms; **~en** to buy, to purchase; **⁓er** buyer, purchaser; **~haus** store(s), department store; *(billiges)* sixpenny store, *US* five-and-ten; **~interessent** potential buyer; **~kraft** purchasing power; **~kräftig** able to buy, wealthy, moneyed; **~kraftüberhang** excess purchasing power; **~laden** shop, *US* store; **⁓lich** marketable, to be bought; for sale; *fig* corruptible, venal; **~lustig** keen to buy; **~mann** dealer, retailer; shopkeeper, *US* storekeeper; trader; merchant; **~männisch** mercantile, commercial; trade; **~zwang** obligation to buy

Kaulquappe tadpole

kaum barely, hardly, scarcely, with difficulty; *~ ... als* no sooner ... than

Kaution security, bail; *gegen ~ freigelassen* out on bail; *durch ~ auf freien Fuß bringen* to bail out; *e-e ~ fahren lassen* to jump bail; *e-e ~ stellen* to give (*od* stand) bail (*od* security) for

Kautschuk rubber, caoutchouc

Kauz (little) owl; *fig* queer fellow

Kavalier gentleman, cavalier

Kavaller|ie cavalry; **~ist** cavalryman, trooper

Kaviar caviar(e)

Kebse concubine

keck bold, daring; impudent; dashing; *umg* cheeky, saucy; **~heit** audacity, boldness; *umg* cheek

Kegel *math* cone; 🤸 ninepin, *BE* skittle; 🕮 body; *fig* dumpy person; *~ schieben* to play at ninepins; *mit Kind und ~* (with) bag and baggage; **~bahn** *BE* skittle-alley, bowling alley; **~förmig** conical, cone-shaped; tapering; **~junge** *BE* skittle-boy, *US* pin-boy; **~kugel** skittle-ball; **~n** to play at skittles, *US* to bowl; *su* skittles, *US* bowls; **~rad** 🚗 bevel wheel; bevel pinion; **~schnitt** conic section; **~stumpf** truncated cone

Kehl|e throat, gullet; ⚙ channel, flute; *aus voller ~e* at the top of one's voice; *mir ist die ~e wie zugeschnürt* there is a lump in my throat; **~kopf** larynx; **~kopfmikrophon** laryngophone; **~kopfspiegel** laryngoscope; **~kopfverschlußlaut** glottal stop; **~laut** guttural sound; **~leiste** 🏛 moulding

Kehr|aus last dance (of a ball) **~besen** broom; **~e** sharp bend; U-turn, hairpin bend; 🤸 flank vault; **~en** *(Besen)* to sweep, to broom; *(Drehung)* to turn; *refl* to pay attention (*zu* to), to follow, to mind ♦ *neue Besen ~en gut* new brooms sweep clean; *d. Oberste zuunterst ~en* to turn everything upside down; *in s. gekehrt* retired into o.s.; *s. um nichts ~en* not to care a fig for; **~icht** dust, rubbish; *(Abfall)* garbage, *bes US* junk; **~ichteimer** = Abfalleimer; **~reim** refrain; **~seite** reverse (side), *(Stoff)* wrong side; inverse effect; *fig* drawback; *(Münze)* tail; *d. ~seite d. Lebens* the seamy side of life; **~tmachen** to face about, to turn back; **~twendung** *mil, fig* about-face

keifen to scold; to brawl

Keil wedge; ⚙ key; *(Schneidern)* gusset, gore; ✈ V-Formation; 🕮 quoin; *hölzerner ~* jack; **~absatz** wedge-heel, *umg* wedgie; **~en** *vt* ⚙ to wedge, to key; 🕮 to quoin; *(schlagen)* to thrash; *(werben)* to win s-b over; *refl* to fight; **~er** boar; **~erei** fight, row; **~förmig** wedge--shaped, cuneiform; **~hacke** pickaxe; **~inschrift** cuneiform table; **~kissen** wedge--shaped bolster; **~rahmen** adaptable (*od* adjustable) frame; **~schrift** cuneiform writing, cuneiform characters

Keim *zool, bot, fig* germ; *bot* bud, shoot; *(Frucht)* embryo ♦ *im ~e ersticken* to nip in the bud; *~e treiben* to germinate; **~blatt** cotyledon; **~drüse** gonad; **~en** to germ(inate); *bot* to sprout, to bud; *fig* to arise, to spring up; **~frei** sterile, free from germs; **~ling** germ, embryo; *bot* seedling; **~tötend** germicidal; **~träger** ⚕ carrier; **~zelle** germ-cell

kein no, no one, not any, not a, not one, none; *~er von beiden* neither of them; *~ Wort mehr!* not another word!; **~erlei** of no sort, not of any sort, no . . . whatsoever; **~esfalls** on no account, by no means; **~eswegs** by no means, not at all; **~mal** not once, never; *einmal ist ~mal* once does not count

Keks biscuit, *US* cookie; *(ungesüßt)* cracker

Kelch cup, goblet; *bot* calyx; *eccl* chalice, communion-cup; **~blatt** sepal; **~förmig** cup--shaped; **~glas** goblet

Kelle ladle; *(Maurer-)* trowel

Keller cellar; **~ei** wine-cellar; cellarage; **~geschoß** basement; **~meister** cellarer; butler; **~wechsel** accommodation bill

Kellner waiter; barman; ⚓, ✈ steward; **~in** waitress; barmaid; ⚓, ✈ stewardess

Kelter wine-press, cider-press; **~n** to press, to tread

Kem(e)nate bower

kenn|en to know; to be acquainted with; **~enlernen** to get to know, to become acquainted with, to meet; *umg* to strike up acquaintance with ♦ *s-e Pappenheimer ~en* to know one's customers; *d. Menschen ~en* to be a good judge of people; **~er** connoisseur, professional; adept; expert; **~ermiene** air of a connoisseur; **~karte** identity card; **~wort** key word, password; code word; **~zeichen** characteristic (*od* distinguishing) mark; symptom; **~zeichnen** to mark, to characterize; **~ziffer** index number; reference number; characteristic

kennt|lich recognizable, distinguishable; **~nis** knowledge; information; acquaintance; *in ~nis setzen* to inform; *zur ~nis nehmen* to take note (notice) of; **~nisreich** well-informed, learned

kentern to capsize, to overturn

Keram|ik *(Fein- u. Grob-)* ceramics; *(Kunst-)* ceramic art; *pl* ceramics; pottery; **~isch** ceramic; *~isches Gewerbe* pottery industry; clay--working industry

Kerb|e notch; nick; groove; **~el** chervil; **~en** to notch; to groove; to indent; *(Münze)* to mill; **~holz** tally ♦ *viel auf d. ~holz haben* to have much to answer for; **~schnitzerei** chip--carving; **~tier** insect

Kerker prison, jail *BE a.* gaol; bastille; **~meister** jailer, *BE a.* gaoler

Kerl fellow; *umg* chap, beggar, bloke, guy; lad; *elender ~* wretch; *ganzer ~* fine fellow, *sl* swell egg

Kern *(Obst)* pip, seeds, stone, *US* pit; *(Nuß)* kernel; ⚙, ⚡ core; *phys* nucleus; *(Holz)* pith; *(Getreide)* grain; *fig* gist; core, heart; essence, nucleus, crux; marrow, best part; root; *~ d. Sache* core of the matter; **~beißer** hawfinch; **~brennstoff** nuclear fuel; **~energie** atomic energy, nuclear energy; **~forschung** nuclear research; **~gehäuse** core; **~gesund** as sound as a bell, thoroughly healthy; **~holz** heartwood; **~ig** full of pips, full of kernels; *fig* vigorous, strong; **~kraftwerk** atomic power plant; **~obst** pome-fruit; **~physik** nuclear physics; **~physiker** nuclear physicist; **~punkt** central issue; crucial point; crux; **~schuß** point-blank shot; **~seife** curd soap, washing soap; **~spaltung** nuclear fission; **~technik** nuclear engineering; **~truppen** elite, picked (*od* crack) troops; **~verschmelzung** nuclear fusion; **~waffe** nuclear weapon; **~waffenverbot** ban on nuclear weapons; **~wolle** prime wool; **~zeitalter** atomic age; **~zelle** elementary cell, cytoplast

Kerze candle; taper; 🚗 sparking-plug; **~ngerade** bolt upright; **~nhalter** candlestick; **~nstärke** candle power

Kessel kettle; *(Dampf-, Wasser-)* boiler; *(groß)* cauldron; *mil* pocket of encircled troops; *geog* hollow, valley; **~flicker** tinker; **~pauke** kettle-drum, timpano; **~schmied** coppersmith, boiler-maker; **~stein** fur, boiler scale; **~steinablagerung** scale deposit; **~treiben** battue; **~wagen** tanker, fuel truck

Kette chain; *(Hals)* necklace; *(Berge)* range; *(Gewebe)* warp; *(Wagen-)* vehicle track; *(Sperre)* cordon; *fig* train, series; **~n** to chain, to tie (to); to link, to connect; **~nbriefe** chain(-prayer) letters; **~nbruch** *math* continued fraction; **~nbrücke** suspension bridge; **~nfaden** warp-thread; **~nglied** link, member; **~nhandel** trade through intermediaries; **~nhemd, ~npanzer** coat of mail; **~nhund** watch-dog; **~nrad** sprocket wheel; *(Uhr)* chain wheel; **~nraucher** chain-smoker

Ketzer heretic; **~ei** heresy; **~gericht** inquisition; **~isch** heretical; **~verbrennung** auto-da-fé; burning of heretics

keuch|en to pant, to gasp; **~husten** whooping--cough

Keule club; 🤸 (Indian) club, *(Kricket)* bat; mace; *(Fleisch)* leg, joint; *(Geflügel)* drumstick; **~nförmig** club-shaped; **~nschwingen** club-swinging

keusch chaste, pure; modest; virtuous; **~heit** chastity, purity; modesty

Khaki khaki; **~farbig** khaki

Kicher|erbse chick-pea; **~n** to titter, to giggle; *su* giggle, tittering

Kiebitz pewit, lapwing; *fig* kibitzer

Kiefer jaw(bone), mandible; *(in Zssg)* maxillary; *(Tiere)* chop; *bot* pine, Scotch fir; **~knochen** jawbone; **~nspanner** *zool* pine-moth; **~nzapfen** pine-cone

Kiel *(Feder)* quill; ⚓ keel; **~holen** to careen; **~raum** hold; **~wasser** wake, deadwater

Kieme gill; **~natmung** gill breathing

Kien resinous pine (-wood); **~apfel** pinecone; **~span** splinter of pine-wood

Kiepe back-basket; basket

Kies gravel; *(grob)* pebbles, *BE a.* shingle; **~grube** gravel-pit; **~haltig** gravelly; **~weg** gravel path

Kiesel pebble; *min* flint; **~erde** silica; **~haltig** siliceous; **~säure** silicic acid; **~stein** pebble

Kilo|gramm kilogramme, *US* kilogram; **~hertz** kilocycle; **~meter** kilometre, *US* kilometer; **~meterzähler** mileage recorder, hodometer; **~watt** kilowatt; **~wattstunde** kilowatt-hour

Kimme notch; *(Gewehr)* rear-sight

Kimono kimono

Kind child, *umg* kid; *kleines ~* baby, infant; tot; *~ d. Liebe* illegitimate child; *totgeborenes ~* still-born child; *fig* a project doomed to failure; *~ und ~eskinder* children and grandchildren ♦ *d. ~ mit d. Bade ausschütten* to throw out the baby with the bath-water; *s. wie ein ~ freuen* to be as pleased as Punch; *von ~ auf* from infancy, from childhood; *~ d. Todes* doomed (man); *e. ~ erwarten* to be with child, to be in the family way ♦ *d. ~ beim rechten Namen nennen* to call a spade a spade; *wir werden d. ~ schon schaukeln* we'll manage somehow; **~bett** childbed; **~bettfieber** puerperal fever; **~heit** childhood; **~isch** childish; **~lich** childlike; filial; **~skopf** silly person; **~(s)taufe** christening

Kinder children ♦ *aus ~n werden Leute* boys will be men; *~ und Narren sagen d. Wahrheit* children and fools speak the truth; **~arzt** child specialist, paediatrician; **~beihilfe** family allowance; **~buch** children's book; **~ei** nonsense, childishness; *fig* trifle; **~frau, ~fräulein, ~mädchen** nurse, nanny; *US (farbig)* mammy; **~fürsorge** child care; **~garten, ~hort** nursery school, day nursery, kindergarten; **~gärtnerin** kindergarten teacher; **~heim** children's (holiday) home; **~krippe** crèche; **~lähmung** polio, infantile paralysis; **~landverschickung** evacuation of children to the country; **~krankheit** children's disease; *pl fig* teething troubles; **~leicht** child's play, very easy; **~lieb** fond of children; **~los** childless, without (any) child(ren); *~los sterben* to die without issue; **~raub** kidnapping; **~reich** large; **~schreck** bogy-man; **~spiel** *fig* child's play, trifle; **~sterblichkeit** infant mortality; **~stube** nursery; *fig* (good) upbringing (*od* manners); **~stühlchen** high chair; **~wagen** *BE* perambulator, *umg* pram, *US* buggy; **~zulage** children's allowance

Kindes|beine: *v. ~beinen an* from infancy; **~kind** grandchild; **~mörder** infanticide

Kinematograph cinematograph

Kinkerlitzchen gewgaw, gimcrack

Kinn chin; **~backen** jaw(bone); **~bart** imperial, beard on the chin; **~haken** 🥊 uppercut; **~lade** jawbone, maxilla; **~riemen** chin strap

Kino cinema, the pictures, *US* movie theater; *ins ~ gehen (BE)* to go to the pictures, *(US)* to go to the movies; **~besucher** *BE* cinema-goer, film-goer, *US* movie goer; **~enthusiast** film-fan, *US* movie fan; **~reklame** cinema publicity, screen advertising; **~vorstellung** (cinema-)-show, the pictures

Kintopp flicks, *US* movies

Kiosk kiosk

Kippe tilt; edge, brink; *(Zigarette)* cigarette end, butt ♦ *auf d. ~ stehen* to be in a critical position, to hang in the balance, to be on the brink of ruin, it's touch-and-go (whether . . ., with s-b); **~n** *vt* to tilt, to tip up; *vi* to lose one's balance; **~r** 🚗 tipper, tipping truck

Kirch|e church; **~gang** church-going; **~gänger** church-goer; **~hof** churchyard; **~lich** ecclesiastical; **~spiel** parish; **~turm** church steeple; **~turmspitze** spire; **~weih** (annual) parish fair

Kirchen|ältester church-warden, elder; **~anzeiger** church notice-board; **~bann** excommunication; interdict; **~buch** parish register; **~chor** church choir; **~diener** sexton, sacristan; **~gemeinde** parish; **~gesang** chant; **~jahr** ecclesiastical year; **~licht** church candle ♦ *kein ~licht sein* not to be a shining light; **~lied** hymn; **~musik** sacred music, church music; **~rat** church council, consistory; church-wardens; **~raub** sacrilege; **~recht** canon law; **~schiff** nave; **~spaltung** schism; **~staat** Pontifical State, Papal States; **~steuer** church tax; **~stuhl** pew; **~vater** Father of the Church; **~väter** the Early Fathers

kirre tame; tractable; **~n** to tame; to allure

Kirsch|e cherry; *saure ~e* morello; **~wasser** kirsch

Kissen cushion; *(Kopf-)* pillow; bolster; **~bezug** cushion cover; pillow-slip (-case)

Kiste box, chest; packing-case; *(Latten-)* crate; *(Wein-)* case; *fig umg* 🚗, ✈ *BE* bus, jalopy, *(Rad)* machine

Kitsch trash, rubbish; kitsch; 🎭, 🎞 sob-stuff, twaddle; **~ig** inartistic, trashy; kitschy

Kitt cement; lute; *(Glaser-)* putty; **~en** to cement; to glue; to putty

Kittchen lock-up, clink, jug

Kittel overall, smock; (child's) frock

Kitz kid, fawn

Kitzel itching; tickling, tickle; *fig* desire; **~n** to tickle; **~ig** ticklish; *fig* difficult, delicate

Klabautermann bogy-man

Kladde rough copy; daybook

klaffen to yawn, to gape

kläff|en to bark, to yelp; *fig* to brawl; **~er** yelping dog; *fig* brawler

Klafter fathom; cord (of wood); **~holz** cordwood

klag|bar actionable, enforceable; *~bar werden gegen j-n* to go to law (*wegen* about), to sue s-b (*wegen* for); **~e** lament, complaint; ⚖ law(suit), action, case; *(Anklage)* charge; *(Scheidung)* petition; plaintiff's statement of claim; *(Schiedsgericht)* statement of complaint; *~e abweisen* to dismiss a case; *~e anstrengen (einreichen)* to institute legal proceedings (against); to bring an action (against); **~elied** dirge, lamentation; **~emauer** wailing wall; **~en** to lament, to complain; ⚖ to go to law (*gegen* against, *wegen* about), to sue s-b (for); **≃er** plaintiff; *(Schiedsgericht)* complainant, complaining party *(Scheidung)* petitioner; accuser; **≃erisch** of the plaintiff; **~esache** matter, legal action; **~eschrift** statement of claim, bill of complaint; **≃lich** lamentable, deplorable; miserable, poor

klamm tight, close; *(feucht)* clammy; *(starr)* numb, stiff; *su* ravine; **~er** ⚙ clamp, cramp; *(Papier)* (paper-)clip; *(Wäsche)* peg; 🕮 bracket, parenthesis; *runde ~er* 🕮 round bracket; *eckig ~er* 🕮 (square) bracket; *geschwungene ~er* 🕮 brace; *~er auf, ~er zu!* bracket on, bracket off!; *in ~ern setzen* to include in parentheses; **~ern** *vt* to fasten; to clasp, to clamp; *refl* to cling (*an* to)

Klampfe guitar

Klang sound; *(Glocke)* ringing; **~farbe** timbre; **~los** soundless; mute; unaccented; **~regler** 📻 tone control; **~stufe** interval; **~voll** sonorous

Klapp|bett folding bed, camp bed; **~e** flap; *(Deckel)* lid; ♪ damper; *(Blasinstrument)* key, stop; *(Tisch)* flap, leaf; ⚙ *bot, zool* valve; *(Tasche, Umschlag)* flap; *umg* bed; *(Mund)* mouth ♦ *zwei Fliegen mit e-r ~e schlagen* to kill two birds with one stone; **~en** *vt* to clap, to flap, to fold, to tilt; *(Geräusch)* to bang, to rattle; *vt* to come off, to work well, to click; *es hat alles geklappt* everything clicked; *zum ~en kommen* to come to a head, to come off; **~hornvers** limerick; **~kamera** folding camera; **~kragen** turn-down collar; **~messer** jackknife; **~sitz** tip-up seat; **~stuhl** camp stool; folding chair; **~tisch** folding table; **~tür** trap-door; *(Falttür)* folding doors

Klapper rattle; *(Mühle)* clapper; **~dürr** thin as a rake; **~ig** rattling; *fig* shaky, weak; **~kasten** old piano, tin-kettle; 🚗 rattletrap, *umg* jalopy; **~schlange** rattlesnake; **~storch** stork

Klaps smack, slap; *e-n ~ haben* to be balmy; **~en** to smack, to slap; **~kiste** loony-bin, nut-house, *US* booby hatch

klar clear; *(hell)* bright; *(deutlich)* distinct; *(durchsichtig)* limpid; ⚓ ready; *fig* luminous, apparent, evident; *(Linie)* bold; *~e Antwort* plain answer ♦ *j-m ~en Wein einschenken* to tell the plain truth; **≃en** to purify, to clarify; to clear (up); *fig* to explain, to elucidate; **≃gefäß** clarifier; **≃grube** cesspit, cesspool; **~heit** clearness, brightness; lucidity; **~ieren** ⚓ to clear; **~ierung** clearance; **~legen, ~stellen** to clear up, to explain; **~machen:** *j-m etw ganz ~ machen* to bring s-th home to s-b; **≃mittel** clarifying agent; **~text** clear text; **~werden** *über (refl)* to realize

Klarinett|e clarinet; **~ist** clarinet-player, clarinettist

Klasse class; category; *(Güte, Ordnung)* order; *(Schule)* class, form, standard, *US* grade; ⚓ *(Dienst)* rating; *(Steuer)* bracket; *(Gesellschaft)* class; *in ~n einteilen* to classify; **~nbester** top boy, top of the class; **~nbewußt** class-conscious; **~nbewußtsein** class-consciousness; **~nbuch** class-book; **~nhaß** class hatred; **~n-kampf** class-warfare, class struggle, class conflict; **~nlehrer** form-master, class-teacher; *US* home room teacher; **~nsprecher** monitor, class spokesman; **~nziel** required standard (of a class); **~nzimmer** class-room, form-room, *US* home room

klass|ifizieren to classify; **~ik** classical art; classical literature; classical period; **~iker** classic, classical author; classicist; **~isch** classical; traditional; conventional; *~ische Philologie* the humanities

Klatsch smack, slap, crack; *fig* gossip, tittle-tattle; **~base** gossip, chatterbox; **~e** fly-flap; **~en** to clap, to smack; 🎭 to applaud; *fig* to gossip, to spread stories; *(Regen)* to splash, to patter; *in d. Hände ~en* to clap one's hands; *Beifall ~en* to applaud; **~erei** gossip; **~haft** gossiping; **~maul** gossip, chatterbox; **~mohn** wild poppy; **~naß** soaking wet, sopping; **~nest** scandal-shop; **~sucht** love of gossiping

klaube|n to pick; *Worte ~n* to split hairs; **~rei** hair-splitting

Klaue paw; *(Vogel)* talon; *(Raubtier)* claw; ⚙ clutch, claw, dog; *(Schrift)* scrawl, poor handwriting; *j-s ~en* s-b's clutches; *~n d. Todes* jaws of death; **~n** *sl* to filch, to pinch; **~nfett** neat's-foot oil; **~nseuche** foot-and-mouth disease

Klaus|e cell, hermitage; *geog* defile, mountain pass; **~el** clause; proviso; stipulation; **~ner** hermit, recluse; **~ur** cloister, monastic seclusion; *(Prüfung)* examination paper, *(Übersetzung)* unseen

Klaviatur keyboard, keys

Klavier (upright) piano; *~ spielen* to play the piano; **~abend** piano recital **~auszug** pianoforte arrangement, arrangement for the use of piano-players; **~spieler** pianist, piano-player; **~stimmer** piano-tuner

Kleb|emuster 🕮 paste-up; **~en** *vt* to glue, to gum, to stick, to paste; *vi* to stick, to adhere (to); *(Ohrfeige)* to paste; **~er** *bot* gluten; **~estreifen** gummed tape, **~gummi** glue, gum Arabic; **~mittel, ~stoff** glue, adhesive paste; **~rig** sticky, adhesive; glutinous

kleckern to dribble, *(Essen)* to drop (one's food)

Klecks blot, stain, spot; **~en** to blot, to stain; *fig* 🎨 to daub

Klee clover, trefoil; *weißer ~* shamrock ♦ *über d. grünen ~ loben* to praise s-th excessively; **~blatt** clover leaf; 🕮 trefoil; *fig* trio, triplet; **~salz** salt of sorrel

Kleid dress, frock, gown; *pl* clothes, garments; **~en** to dress, to clothe; *(gut stehen)* to become, to suit; *in Worte ~en* to couch (to express) in words; *geschmackvoll ~en* to dress in good taste; *s. ~en in* to array o.s. in; **~erablage** cloak-room, *US* checkroom; **~erbügel** coat-hanger; **~erbürste** clothes-brush; **~erpuppe** lay figure, dummy; **~erschrank** wardrobe; **~erständer** hat tree, hat and coat stand; **~sam** becoming; **~ung** clothes, apparel, clothing; **~ungsstück** article of clothing, garment

Kleie bran; **~nmehl** pollard

klein little, small; minor; *(sehr ~)* tiny, wee, minute; diminutive; *umg* weeny, teeny; *(Frau)* petite; *(Wuchs)* short; *(unbedeutend)* petty; trifling; slight; ♪ minor; *im ~en* in detail; *von ~ auf* from infancy, from childhood; *ein ~ wenig* a tiny bit, a wee bit; *~ beigeben* to back (*od* climb) down, to eat humble pie; *d. ~en* the young, the little ones ♦ *im ~en sparsam, im großen verschwenderisch* to be penny-wise and pound-foolish; **~anzeigen** classified advertisements; **~arbeit** detail work; **~bahn** miniature railway, narrow-gauge railway; **~betrieb** small enterprise; **~bildkamera** miniature camera, 35-millimetre camera; **~buchstabe** 🕮 lower case; **~bürger** common citizen, little man, philistine; **~bürgerlich** petty-bourgeois, conventional, stuffy; **~garten** allotment garden; **~gärtner** allotment-holder; **~geld** (small) change; **~gewerbe** small-scale industry; small industries; **~grundbesitzer** small-holder; **~handel** retail trade; **~heit** littleness, smallness; pettiness; **~hirn** cerebellum; **~holz** sticks, firewood ♦ *zu ~holz machen* to make mincemeat of; **~igkeit** trifle, bagatelle, small matter; detail; **~kaliber** small-bore; **~kaliberschießen** small-bore rifle-shooting; **~kind** baby, infant; **~kinderbewahranstalt** crèche, day nursery; **~kram** trifle, bagatelle; **~krieg** guerilla warfare; **~küche** kitchenette; **~laut** meek, subdued, dejected; **~lich** petty, mean, paltry; narrow-minded; *~licher Mensch* pettifogger, fussy fellow; **~malerei** miniature painting; **~mut** despondency; cowardice; **~mütig** despondent; coward(ly); **~rentner** small pensioner; **~schneiden** to cut in pieces; **~schreiben** to write with small letters; **~siedler** small-holder; **~staat** small state, minor state; **~staaterei** particularism; **~stadt** small town, provincial town; **~städter** resident of a small town; **~städtisch** provincial

Kleinod jewel, gem; treasure

Kleister paste; **~n** to paste

Klemme clamp, clip; ⚡ terminal; *fig* difficulty; fix; *umg* tight spot; shortage; **~n** *vt* to pinch, to squeeze, to press; *vi* to stick, to jam, to catch; *s. d. Finger ~n* to catch one's finger; **~r** pince-nez

Klempner plumber; tinsmith; **~n** to do plumbing; **~laden** plumbing shop; tinsmith's workshop; *fig* fruit-salad

Klepper nag, hack

Kleptoman kleptomaniac; **~ie** kleptomania

Kler|ikalismus clericalism; **~iker** cleric, clergyman; **~isei** clerical set, the parsons; *fig* clique; **~us** clergy

Klette *bot, fig* bur; *fig* barnacle; *(Frucht)* burdock; **~n** to hang on (to)

Kletter|eisen climbing iron; **~er** climber; **~n** to climb, *(auf allen vieren)* to clamber; *bot* to creep; **~partie** climb, ascent; **~pflanze** climber, creeper, vine; **~rose** rambler; **~schuhe** climbing-boots; **~seil** (climbing-)rope; **~stange** climbing pole

Klient client, customer

Kliesche *zool* dab

Klima climate *(a. fig); fig* prevailing conditions; **~anlage** air-conditioning; *mit ~anlage* air-conditioned; **~kterium** climacteric; **~tisch** climatic; **~tisiert** air-conditioned

Klimbim caboodle (*d. ganze ~* the whole c.); junk, fuss, loud noise

klimm|en to climb; **~zug** pull-up

klimpern *(Klavier)* to peck away at the keys, to strum, *US* to bang; *(Metall)* to tinkle

Klinge blade, sword ♦ *über d. ~ springen lassen* to put to the sword

Klingel alarm-bell, (door-)bell; *(Summer)* buzer; **~beutel** collection bag, alms-bag; **~knopf** bell-button; **~leitung** bell-wire; **~n** to ring (the bell); to tinkle; to sound; **~schnur** bell-rope; **~zug** bell-pull

klingen *(Glocke)* to ring; to sound; *(Metall)* to tinkle; *(Glas)* to chink, to clink; *~de Münze* hard cash; *mit ~dem Spiel* with drums and fifes; *mir klingt d. Ohr* my ear tingles; *su (Glocke)* dingdong

Klinik (clinical) hospital, *(privat) BE* nursing-home; *(Augen-)* eye-hospital; *(Frauen-)* hospital for women's diseases; *(Haut-)* hospital for skin diseases; *(Kinder-)* children's hospital; *(Nerven-)* hospital for nervous diseases; *(Ohren-)* ear and nose hospital

Klinke latch; door-handle; ⚡ jack, socket-board; **~n** to press the latch; **~r** clinker; brick(s), brickwork

klipp und klar quite clear(ly), frankly

Klipp|e reef; cliff; crag; *fig* hazard, snag; **~fisch** dried cod; **~ig** rocky, craggy

klirren to clink, to jingle, to clank

Klisch|ee 🕮 (process) block; stereo plate; electro (type); **~eeabzug** block pull, *US* engraver's proof; **~eeherstellung** block-making, photoengraving; **~ieren** to photoengrave; to stereotype

Klistierspritze enema (syringe)

Klitsch|e hovel; **~ig** doughy, sodden, soggy; **~naß** sopping wet, soaked

Kloake sink, sewer; cesspool

Klob|en *(Holz)* log; *(Rolle)* block, pulley; *fig* coarse fellow; **~ig** clumsy, rude; heavy

klopf|en *vt/i* to knock, to beat; *(sanft)* to tap; *(Herz)* to throb, to pound; 🚗 to knock; *(Tür)* to knock (*an* at); *(Steine)* to break; *su* beating, knocking; throbbing; palpitation; **~er** (carpet-) beater; *(Tür)* knocker; *(Signal)* sounder; **~fest** 🚗 antiknock

Klöppel *(Spitze)* bobbin; *(Glocke)* clapper, tongue; *(Trommel)* drumstick; **~n** to make lace; **~spitze** pillow-lace, bone-lace
Klöpplerin lace-maker
Klops meat ball
Klosett *W.C.*, toilet, lavatory; **~papier** toilet-paper
Kloß lump, clod; *(Knochen)* dumpling; meat ball; *~ im Halse* lump in the throat; *klar wie ~brühe* as clear as mud
Kloster monastery; *(Frauen)* convent, nunnery; **~bruder** friar; **~frau** nun; **¨lich** monastic, conventual
Klotz block; *(Holz)* log; *fig* blockhead; **~ig** heavy, enormous, mighty
Klub club, association; **~sessel** armchair (with upholstered sides) chair, easy chair
Klucke sitting hen
Kluft chasm, abyss, gulf; *fig* gap; *(Schlucht)* ravine, gorge
klug intelligent, clever; prudent; bright; *(vernünftig)* sensible; *(schlau)* astute; *(listig)* cunning; *ich werde nicht ~ aus* I can't make head or tail of ♦ *durch Schaden wird man ~* bought wit is best, one learns by one's mistakes; *d. ¨ere gibt nach* the wiser head gives in; **¨eln** to brood; to split hairs; **~heit** intelligence, cleverness; prudence; good sense; **¨lich** wisely, sensibly
Klump|en *(Erde, Blut)* clod; *(Gold)* nugget; *(Mehl, Erz)* lump; *(Masse)* mass; bulk; *vb* to lump **¨chen** small particle; clot; blob; *(Butter)* dab; **~fuß** club-foot; **~ig** lumpy; cloddy
Klüngel faction, coterie
Klunker tassel; clod
Kluppe pincers, die-stock
Klüse hawse
Klüver ⚓ jib
knabbern to nibble, to gnaw
Knabe boy, lad; **~nalter** boyhood; **~nhaft** boyish; **~nkraut** orchis
knack|en *vt* to crack; *(Rätsel)* to solve; *vi* to crack; *(Feuer)* to crackle; *(Schloß)* to click; **~er**: *alter ~er* old fogy; **~mandel** almond in the shell, shell-almond; **~s** cracking noise; crack ♦ *e-n ~s weghaben* to be shaky in health; **~wurst** *(etwa)* saveloy
Knäckebrot crisp bread, *BE* ryevita
Knall *(schwach)* clap; pop; *(Tür)* bang; *(Peitsche)* crack, smack; detonation; *(Gewehr)* report; *~ und Fall* all of a sudden, without warning; **~bonbon** cracker; **~effekt** stage-effect, sensation; **~en** to crack, to pop; to explode, to detonate; *d. Tür ~en* to bang the door; **~erbse** firework cracker; **~gas** oxyhydrogen gas; detonating gas; **~rot** bright red, glaring red
knapp tight, narrow, close; *(unzulänglich)* scanty, poor; barely sufficient; *(Stil)* concise, terse; *(nicht ganz)* just under, a little less than; *(Worte)* brief; *~e Mehrheit* bare majority; *~ werden* to run low; *~ sitzen* to fit tightly, to be close-fitting; **~halten** to keep (s-b) short; **~heit** narrowness; scantiness; shortage; conciseness
Knapp|e page, esquire; miner; **~schaft** miners' association
Knarre rattle; **~n** to creak, to squeak; to jar
Knaster tobacco; *fig* old man
knattern to crackle, to rattle; *(Motor)* to roar
Knäuel *(Wolle)* ball, clew; *(Draht)* coil; *(Menschen)* crowd, throng, knot; **~förmig** convoluted; **~n** to ball
Knauf knob; *(Degen)* pommel; 🏛 capital
Knauser stingy person, niggard; **~ig** stingy (*mit* of), mean; **~n** to be stingy
knautschen to crumple, to crease
Knebel *(Mund)* gag; *(Knüttel)* cudgel, short stick, toggle; **~bart** turned-up moustache, twisted moustache; **~n** to gag; *fig* to suppress, to fetter
Knecht farm-labourer, farm-hand; *(Haus) BE* boots
kneif|en *vt* to nip, to pinch; to gripe; *vi* to dodge, to flinch; **~er** pince-nez; **~zange** pincers, nippers
Kneipe tavern, *BE* public house, *umg* pub, *US* saloon; **~n** to pinch; to drink, to tipple
Kneippkur hydropathic treatment
knet|en to knead; *(Lehm)* to pug; **~gummi** plasticine
Knick *(Biegung)* bend; *(Riß, Bruch)* crack, break; *(Winkel)* angle; *(Hecke)* quickset hedge; **~en** to bend; to crack; to break; ⚙ to buckle; **~er** niggard, miser; **~erig** mean, niggardly; **~s** curtsy, bob; **~sen** to curtsy
Knickerbocker breeches; plus-fours; knickerbockers
Knie knee; *(Weg)* bend; ⚙ angle, elbow; *mil* salient; *in d. ~ sinken* to go down on one's knees ♦ *übers ~ brechen* to make short work of, to force things; **~beuge** bend of the knee; **~fall** genuflexion; **~fällig** upon one's (bended) knees; **~gelenk** knee-joint; **~holz** dwarf-pine, dwarf-fir; **~hosen** breeches; plus-fours; **~kehle** hollow of the knee; **~kissen** hassock; **~n** to kneel; **~riemen** shoemaker's stirrup; **~scheibe** knee-pan, patella; **~schützer** knee-pad
Kniff pinch; *(Falte)* fold, crease; *fig* trick; dodge, knack; artifice; helpful hint; **~en** to fold; *(Buch)* to dog's-ear; **~lig** tricky; difficult, intricate
knipsen to punch; 📷 to snap, to take a snapshot of
Knirps little fellow, dwarf; *umg* hop-o'-my-thumb; *(Schirm)* folding umbrella
knirschen *(Schnee)* to crunch; *(Zähne)* to gnash; to grate
knistern *(Seide)* to rustle; to crackle
Knittelvers doggerel
knitter|frei non-crease, crease-resisting; uncrushable; **~n** to crease, to crumple
knobeln to throw dice (*um* for); to rack one's brains
Knoblauch garlic
Knöchel *(Fuß)* ankle; *(Hand)* knuckle
Knochen bone; *naß bis auf d. ~* wet to the skin; **~bau** frame, skeleton; **~bruch** fracture; **~dürr** (all) skin and bone; **~fraß** caries; **~-**

gerüst skeleton; **~mann** *umg* Death; **~mehl** bone-meal
knöchern, knochig bony, *(Person)* angular
Knödel dumpling
Knoll|e lump; *bot* bulb, tuber; **~enblätterpilz** *(grüner) BE* death cap, *US* death cup; **~en** lump; protuberance; **~engewächs** bulbous plant; **~ig** bulbous; knobby
Knopf button; *(Kragen)* stud; *(Tür)* knob; *bot* bud, knot; head; **¨en** to button; **~loch** buttonhole
Knorpel cartilage; gristle; **~ig** cartilaginous, gristly
Knorr|en gnarled branch, tree stump; **~ig** gnarled *(a. fig)*
Knosp|e bud; burgeon; *voller ~en* in bud; **~en** to bud, to sprout; **~ig** budding, full of buds
Knot|en knot; *bot, astr* node, nodule; ⚕ tubercle; *(Nerven)* ganglion; ⚓ knot; *(Holz, Tuch)* burl; *fig* difficulty; cad; *(Haar)* bumpkin; *e-n ~en machen* to tie a knot; *e-n ~en lösen* to undo a knot; *vb* to knot; **~enpunkt** 🚂 junction; nodal point; **~enstock** knotted stick; **~ig** knotty; *fig* vulgar, coarse
Knöterich knot-grass
Knuff cuff, push; **~en** to cuff, to push
knüllen to crumple, to crease
knüpfen to tie, to knot; *(Freundschaft)* to form; *(Tau)* to bend; *(Netz)* to braid; to join
Knüppel cudgel, club; *(Holz)* round timber; *(Polizei) BE* truncheon, *US* nightstick; ✈ (control) stick; *(Keule)* bludgeon ♦ *j-m e-n ~ zwischen d. Beine werfen* to put a spoke in s-b's wheel; **~damm** corduroy road; **~dick** thick and fast, lots of it
knurr|en to growl, to grumble *(bes fig),* to snarl; *(Magen)* to rumble; **~ig** growling, grumbling
knusp|ern to crunch, to nibble; **~erflocken** corn-flakes; **~rig** crisp
Knute knout
knutschen to squeeze, to crumple; *fig* to cuddle
Knüttel cudgel, club; **~vers** doggerel
K. o. k. o., kayo, knock-out; *~ gehen* to be knocked out
Kobalt cobalt; **~blau** cobalt blue, smalt; **~bombe** C-bomb
Koben pigsty
Kobold bogy, goblin, sprite
Kobolz: *~ schießen* to turn somersaults
Koch cook ♦ *viele ¨e verderben d. Brei* too many cooks spoil the broth; *Hunger ist d. beste ~* hunger is the best sauce; **~apfel** cooking apple; **~buch** cookery book, *US* cookbook; **~en** *vt* to cook, to boil; to stew; *vi* to boil, to be cooking; *(leicht)* to simmer; *Kaffee ~en* to make coffee; *selbst ~en* to do one's own cooking; *gut ~en* to be a good cook ♦ *vor Wut ~en* to be boiling with rage; *zum ~en bringen* to bring to the boil; *gekochtes Obst* stewed fruit; *gekochte Eier* boiled eggs; *su* cooking, cookery; boiling; **~er** cooker; **~gerät** cooking utensil; **~geschirr** pots and pans; *mil* mess tin; **~herd** kitchen-range, cooking-stove; **~kessel** cauldron, *US* caldron; **~kiste** hay-box; **~kunst** cookery, culinary art; cuisine; **~löffel** ladle; **~nische** kitchenette; **~punkt** boiling point; **~salz** common salt; **~topf** saucepan, pot
Köcher quiver
Köder bait, lure; *fig* enticement, attraction; **~n** to bait; to lure, to decoy
Kod|ex code; **~ifizieren** to codify; **~izill** codicil
Koffein caffeine; **~frei** decaffeinated
Koffer *(Hand)* suitcase, bag; *(Kabinen)* trunk; *(Wochenend)* weekend case; **~deckel** trunk-lid; **~empfänger** 📻 portable receiver; **~gerät** portable receiver; protable gramophone; **~grammophon** portable gramophone; **~zettel** luggage tag, label
Kognak cognac, brandy
Kohä|renz coherence; **~sion** cohesion; **~sionskraft** cohesive power
Kohl cabbage; *fig* rubbish, nonsense ♦ *d. macht d. ~ (auch) nicht fett* that won't get you far; **~dampf** hunger; *~dampf haben* to be hollow; **~rabi** kohlrabi; **~rübe** Swedish turnip, *BE* swede, *US* rutabaga; **~weißling** cabbage butterfly
Kohl|e coal; *(Stein-)* (mineral) coal; *(Holz-)* charcoal ♦ *wie auf ~en sitzen* to be on tenterhooks; **~ehydrat** carbohydrate; **~en** to blacken, to char; ⚓ to coal; *fig* to talk rubbish; **~enarbeiter** coal-miner, collier; **~enbecken** brazier; **~enbergbau** coal-mining; **~enbergwerk** coal-mine, colliery; **~eneimer** coal-box, scuttle; **~enfadenlampe** carbon filament lamp; **~enmeiler** charcoal-pile; **~enoxyd** carbon monoxide; **~ensauer** carbonate of; **~ensäure** carbon dioxide, carbonic acid; **~enstoff** carbon; **~enwasserstoff** hydrocarbon; **~enzange** tongs ♦ *ich würde ihn nicht mit der ~enzange anfassen* I would not touch him with a barge pole; **~epapier** carbon-paper; **~etablette** charcoal tablet; **~ezeichnung** charcoal drawing; **~meise** great tit, titmouse; **~rabenschwarz** (as) black as coal, jetblack
Köhler charcoal-burner; **~glaube** blind faith
Koitus coition
Koje cabin; berth, bunk
Kokain cocaine
Kokarde cockade; badge
kokett coquettish; **~erie** coquetry; **~ieren** to flirt, to coquet with
Kokon cocoon
Kokos|baum coconut-tree; **~faser** coco fibre, coir; **~fett** coconut-oil; **~matte** coconut matting; **~nuß** coconut; **~palme** coco palm
Koks coke; **~kohle** coking coal
Kolben *(Gewehr)* butt; *(Keule)* club, mace; *(Glas-)* flask; *chem* retort; alembic; ⚙ piston; *bot* spadix; *(Löt-)* soldering iron; *(Mais-)* cob; **~bolzen** gudgeon pin, piston pin; **~förmig** club-like; **~hub** 🚗 piston stroke; **~stange** piston rod
Kolchos kolkhoze, collective farm
Kolibri humming-bird

Kolik colic; *umg* gripes; **~artig** colicky
Kolkrabe common raven
Kollaborateur *pol* collaborationist; collaborator
kollationieren ✈, ⚙ to collate, to check
Kolleg course of lectures; ~ *halten* to lecture (*über* on); **~e, ~in** colleague; **~gelder** lecture fees; **~ial** as a good colleague, of a colleague; loyal; **~ium** *(Lehrer)* teaching staff, *US* faculty; *(Lehranstalt)* college; *(Behörde)* board; council
Kollekt|e collection; collect; **~ion** collection; set, range (of goods); **~iv** collective; *~ive Sicherheit* collective security; *su* community; team
Koller ⚕ staggers; *fig* rage; *(Kragen)* collar; *(Wams)* jerkin, doublet; **~n** to roll; *fig* to be furious; *(Truthahn)* to gobble; *(Taube)* to coo; *(Darm)* to rumble
kolli|dieren to collide; **~sion** collision; conflict
Kollo package, parcel
Kollodium collodion
Kolonel 📖 minion
kolonial colonial; **~gebiet** colonial territory; **~herrschaft** colonial rule; **~mächte** colonial powers; **~waren** groceries; **~warenhändler** grocer; **~warenhandlung** grocer's shop, *US* grocery
Kolon|ie colony; **~isieren** to colonize; **~ist** colonist, settler
Kolonne column
Kolophonium colophony
Kolor|atur ♪ grace(-notes), coloratura; **~atursopran** coloratura soprano; **~ieren** to colour; **~it** colour(ing), hue, shade
Koloß colossus
kolossal colossal, huge; awful; *adv* very, extremely
Kolport|age hawking of (cheap) books; dissemination of rumours; **~ageroman** cheap sensational novel, *BE* penny dreadful, shocker; **~eur** hawker (of cheap books); **~ieren** to hawk (goods, cheap literature); to disseminate (rumours)
Kolumne 📖 column; page; **~ntitel** running title, headline
Kombiwagen estate car, station wagon, *US* beach wagon
Kombin|ation combination; *fig* conjecture; **~ieren** to combine; *fig* to conjecture
Kombüse caboose; ship's galley
Komet comet; **~enschweif** train (*od* tail) of a comet
Komfort luxurious comfort, luxury, ease; *(in e-m Zimmer)* conveniences; **~abel** (luxurious and) comfortable, easy, snug
Komi|k comicality; fun; humour; **~ker** comedian, comic (actor); **~sch** comical; funny; strange
Komma comma; *math* decimal point; *3,14* three point one four *(3.14); 0,5* point five *(.5)*
Kommand|ant commander, commanding officer; **~antur** commander's office; *(Standort-)* garrison; headquarters; **~ieren** to command, to order; to detach, to detail; to boss; **~itgesellschaft** limited partnership; **~itist** limited partner; **~o** command, order; *(Abteilung)* detachment, detail, squad; *d. ~o führen* to be in command of; *~o zurück!* as you were!; **~obrücke** ⚓ bridge; **~ostab** baton; **~ostelle** *fig* position of authority; **~oturm** ⚓ conning-tower; ✈ control tower
kommen to come; to arrive, to get to; to approach, to draw near; *(s. ergeben)* to result, to arise, to proceed from; *(s. ereignen)* to happen, to take place, to occur; *im ~ sein* to be in the ascendant; *~ lassen* to send for; *~ sehen* to foresee; *dazu ~ (zeitl.)* to find time to; *gelegen ~* to come in handy; *~ auf* to cost, to amount to; *auf etw ~* to think of, to hit upon s-th; *hinter etw ~* to discover; *in Betracht ~* to come into question; *nicht in Betracht ~* to be out of question; *um etw ~* to lose; *zu s. ~* to recover one's senses; *in schlechte Verhältnisse ~* to fall on hard times; *j-n nicht zu Wort ~ lassen* to cut s-b short; *zu kurz ~* to fall short of; *zu spät ~* to be late; *zum Vorschein ~* to turn up, to make one's appearance; *d. kommt davon!* that's the result; *das kommt davon, wenn ...* that's what comes of ...; *wie kommt es, daß ...?* how is it that ...? *was kommt nun?* what will be next?; **~d** coming; forthcoming; *~de Woche* next week
Komment|ar commentary; **~ator** commentator; **~ieren** to comment on
Kommer|s students' social gathering, drinking-bout; **~sbuch** students' song-book; **~ziell** commercial
Kommiliton|e fellow student; **~in** = *~e;* co-ed
Kommiss|ar commissary; *(Bevollmächtigter)* commissioner; *(Rußl.)* commissar; *(Polizei)* inspector; **~arisch** provisional, commissarial; **~ion** commission; committee; board; *in ~ion* on commission, on consignment; **~ionär** (general) commission agent; *(Makler)* broker
Kommiß barrack-room life; army; **~brot** army bread, *US* G.I. bread; **~stiefel** army boots, ammunition-boots
Kommode *bes BE* chest of drawers, *US* bureau, dresser
kommunal communal; municipal; of (relating to) local authorities; **~beamter** local government official; **~steuer** local tax. *BE* rate; **~verband** association of communities; **~verwaltung** municipal (*od* local) administration
Kommuni|kant *eccl* communicant; **~on** (Holy) Communion; **~zieren** *eccl, phys* to communicate; *eccl* to receive Holy Communion
Kommun|ismus communism; *dem ~ismus unterwerfen* to communize; **~ist** communist; **~istisch** communist(ic)
Komöd|iant comedian (actor); *fig* hypocrite; **~ie** comedy, play; *fig* farce; *~ie spielen (fig)* to sham
Kompagnon partner, associate; joint proprietor
Kompanie company; **~chef** company commander; **~geschäft** joint business, partnership

Komparativ comparative (degree)
Komparse super, dumb actor
Kompaß compass; **~häuschen** binnacle; **~peilung** compass bearing; **~strich** point of the compass
Kompensation compensation; clearing; offsetting effect; **~sgeschäft** barter transaction, compensation transaction
kompeten|t authoritative, competent; responsible; appropriate; **~z** competence; ⚖ jurisdiction; ability, fitness; responsibility
komplett complete; everything included
Komplex complex, inhibition; *(Häuser)* group (of houses); *(Menge)* mass, body; group (*od* series) of factors
Komplice accomplice
Kompliment compliment; bow; *gerne ~e hören wollen* to fish for compliments; **~ieren** to compliment
kompliz|ieren to complicate; **~iert** complicated, intricate; complex; *~ierter Bruch* ⚕ compound fracture; **~iertheit** complexity; **~ierung** complication
Komplott plot, conspiracy
Kompo|nente component (element); factor; **~nieren** to compose; **~nist** composer; **~sition** composition
Kompott stewed fruit, compote
Kompr|esse compress, bandage; **~eß** 📖 solid; *~eß setzen* to set solid; **~imieren** to compress
Kompro|miß compromise; **~mittieren** *vt* to compromise; *refl* to compromise o.s.
Komtesse (unmarried) countess
Kondens|ator capacitor, condenser; **~ieren** to condense; **~milch** tinned (*od* canned) milk; evaporated milk; **~streifen** ✈ vapour (*od* exhaust) trail, contrail
Kondition term; condition, state; 🏃 state of health; **~alsatz** conditional clause; **~ieren** ⚙ to condition
Konditor confectioner; pastry-cook; **~ei** confectioner's (shop), sweetmeat shop; café; **~eiwaren** cakes, pastries, confectionery, tea-bread
Kondol|enzbesuch visit of condolence; **~ieren** to condole with, to express one's sympathy with
Kondor condor
Konfekt sweets, chocolates, confectionery; **~ion** ready-made clothes; making-up industry, garment manufacture; **~ionär** clothier, outfitter, maker-up; **~ionsartikel** ready-made clothing; **~ionskleidung** ready-made clothes, *umg* reach-me-downs; *US* ready-to-wear clothes, *umg* hand-me-downs
Konfer|enz conference, meeting; **~ieren** to confer, to deliberate (*über* on); to meet for discussion, to discuss, to have a discussion about; *(Varieté)* to act as compère of, *US* to act as master of ceremonies of, *umg* to M. C. (a show)
Konfession confession, creed; **~ell** confessional, denominational; **~slos** undenominational, unattached
Konfetti confetti (*~schlacht* c. battle)
Konfirm|and candidate for confirmation, confirmand; **~ation** confirmation; **~ieren** to confirm
konfiszier|en to confiscate, to seize; **~ung** confiscation
Konfitüre preserves; *pl* confectionery, sweets; **~laden** sweet-shop, *US* candystore
Konflikt conflict; *in ~ geraten mit* to run afoul of
konfus confused, muddled; **~machen** to mix up
Konglomerat *bes geol* conglomerate; conglomeration, congeries
Kongreß congress, *US* convention, Congress
kongru|ent congruent; **~enz** congruity; *fig* equality (in all respects), (perfect) concordance; **~ieren** to coincide, to agree
König king; *d. Heiligen drei ~e* the Wise Men of the East, the (three) Magi; **~in** queen; **~lich** royal, regal; kingly, queenly; **~reich** kingdom, realm; **~skerze** *bot* Aaron's rod; **~sschlange** boa; **~tum** royalty, kingship
Kon|jugation conjugation; **~jugieren** to conjugate; **~junktiv** subjunctive (mood)
Konjunktur business cycle; economic situation; economic trend; market conditions; market activity; upward trend; boom; **~aufschwung** cyclical upswing; **~belebung** increase in business activity; **~gewinn** boom profit; **~gewinnsteuer** excess profits tax; **~kurve** economic trend; **~ritter** opportunist, time-server, *US* big time operator; **~theorie** theory of economic cycles; **~zusammenbruch** complete slump
kon|kav concave; **~kret** concrete; solid; tangible; real
Konkorda|nz concordance; **~t** concordat
Konkubinat concubinage
Konkurr|ent competitor, rival; contestant; **~enz** competition, rivalry; the competitors; *scharfe ~enz* keen competition; *unlautere ~enz* unfair competition; *d. ~enz d. Spitze bieten* to defy competition; **~enzkampf** trade rivalry, competitive struggle; 🏃 event; *(auf Leben und Tod)* cut-throat competition; **~ieren** to compete (with)
Konkurs bankruptcy; failure; *(Gesellschaft)* compulsory winding-up; **~erklärung** declaration of insolvency; **~masse** bankrupt's assets (*od* estate); **~reif** insolvent; **~verfahren** bankruptcy proceedings; **~vergehen** bankruptcy offence; **~vergleich** composition (in bankruptcy); **~verwalter** trustee in bankruptcy; liquidator
können 1. *vt* to know, to understand; to know how to; *Englisch ~* to know English; *er kann nichts* he does not know a thing; **2.** *vi* to be able, to be capable of; to be in a position (to do); to be permitted (to do); *ich kann* I can, I may; *d. kann sein* that is possible; *nicht mehr ~* to be done up, to be exhausted; *er kann nichts dafür* he can't help it, it is not his fault; *er kann gehen* he may go; *man kann nur hoffen*

it is to be hoped; *er hätte es tun* ~ he could have done it; *ich kann nicht umhin (zu lachen)* I cannot help (laughing); *etw nicht mehr* ~ to forget how to do s-th; *su* ability, power, faculty; knowledge; talent, skill

Konnossement bill of lading, B/L; *reines (unreines)* ~ clean (foul) B/L

kon|sekutiv consecutive; **~sekutivdolmetschen** consecutive interpreting; **~sequent** consistent; **~sequenz** consistency; consequence, result; *~sequenzen ziehen* to draw conclusions, to take a step

konserv|ativ conservative; **~ator** curator; **~atorium** conservatory, conservatoire, academy of music; **~e** *BE* tin, can; preserve; *pl* tinned (*od* canned) food; *Bohnen in ~en* canned beans; **~endose** *BE* tin, can; **~enfabrik** tinning (*od* canning) factory, cannery; canning industry; **~ieren** to preserve, to conserve, *BE* to tin, to can; **~ierung** preservation, conservation; *BE* tinning, canning; **~ierungsmittel** preservative, preserving agent

konsist|ent firm, compact, durable; **~enz** firmness, durability; *(Dichte)* consistency; *(Zustand)* state, quality; **~orium** consistory

Konsol|e 🏛 bracket, console; **~idieren** to consolidate; **~idierung** consolidation

Konsonant consonant

Konsort|en associates; syndicate members; *(Mitschuldige)* accomplices; confederates; **~ium** consortium; syndicate

kon|spirieren to conspire, to plot; **~stant** constant, permanent; **~stante** constant; **~stanz** constancy; stability, steadiness; **~statieren** to confirm; to state; to recognize; to take note of; to place on record; **~stellation** constellation; *fig* state of affairs, situation, pattern, set of conditions (existing in a given case); **~sterniert** taken aback; **~stituieren** to constitute; *~stituierende Versammlung* constituent assembly; **~stitution** constitution; **~stitutionell** constitutional

konstru|ieren to design; *(herstellen)* to construct; **~kteur** designing engineer, designer; draftsman; constructor; **~ktion** construction; design; scheme; device; structure, set-up; **~ktionsfehler** structural defect, fundamental fault

Konsul consul, consular officer; **~at** consulate; **~atsfaktura** consular invoice; **~ent** counsel, advocate; **~tieren** to consult, to ask s-b's advice; *(Arzt)* to see the doctor, to take medical advice

Konsum consumption, consuming; consumers; *(Laden)* co-op(erative store); **~ent** consumer; **~genossenschaft** consumer co-operative (society); **~güter** consumer goods; **~ieren** to consume; **~verein** consumer, co-operative

Kontakt contact; *d.* ~ *aufnehmen mit* to contact s-b; **~arm** unsociable; **~mann** informant; contact

Konter|admiral rear-admiral; **~bande** contraband; **~fei** portrait, likeness; **~n** to counter; **~tanz** square dance, quadrille

Kontinent continent; **~al** continental

Kontingent quota; allotment; **~ieren** to fix the quotas (of); to limit; **~iert** subject to quota, quota (goods)

Kontinuität continuity

Konto account; *gesperrtes* ~ blocked account; *laufendes* ~ current account; *überzogenes* ~ overdrawn account; **~auszug** statement of account, *BE* pass-sheet; **~bestand, ~stand** account balance; **~buch** bank-book, account book; **~korrent** current account

Kontor office; **~ist(in)** clerk

kontra counter; ⚖ versus; *pro und* ~ pro and con; **~baß** double bass, *US* bass viol; **~hent** the party to contract, contracting, party; **~punkt** counterpoint; **~punktisch** contrapuntal

Kontrakt contract, bargain; agreement; *(Urkunde)* deed; *e-n* ~ *abschließen* to conclude a contract, to enter into a contract; **~bruch** breach of contract; **~brüchig** breaking a contract; **~lich** by contract, contractual

Kontrast contrast; **~ieren** to contrast

Kontroll|e control; *(Überwachung)* supervision; *(Prüfung)* examination, verification, checking; **~eur** controller; *(Zähler)* reader; **~ieren** to control; to check, to examine; to supervise; to verify; *(Bücher)* to audit; **~nummer** reference (*od* code) number; **~rat** Control Council; **~uhr** time-clock; *zu ~zwecken* for verification purposes

Kontur contour; outline; skyline

Konvention convention; agreement; treaty; **~alstrafe** penalty for breach of contract; **~ell** conventional

Konversation conversation; **~slexikon** (small) encyclopedia

konvert|ierbar convertible; **~ieren** to convert; **~it** convert

Konvikt boarding-house (for Catholic students)

Konzentr|ationslager concentration camp; **~ieren** to concentrate; to centre; **~isch** concentric

Konzept rough (*od* foul) copy, draft, sketch; *aus d.* ~ *bringen* to put s-b out, to disconcert; *j-m ins* ~ *passen* to fit s-b's bill; **~ion** *(feststehender Begriff)* concept; *(Auffassung)* conception; **~papier** rough (*od* scribbling) paper

Konzern combine; trust; pool; **~feindlich** antitrust

Konzert concert; *(Solo-)* concerto; **~flügel** concert grand (piano); **~ieren** to give a concert; **~meister** concertmaster; **~saal** concert hall; **~sänger** singer

Konzession concession; licence (to trade); **~iert** licensed; **~spflicht** *besteht für* ... is operating under licence, ... can be carried out under licence

Konzil council

Köper twill; **~bindung** twill weave

Kopf head; top; *(Hut-)* crown; *fig* brains, sense; *(Mensch)* thinker, talented man; 📖 title, heading; ~ *an* ~ closely packed ♦ *s. in d.* ~ *setzen* to take it into one's head; *s. etw (noch*

einmal) durch d. ~ gehen lassen to turn s-th over in one's mind, to have second thoughts about s-th; *s. d. ~zerbrechen* to rack one's brains (*über* over); *auf d. ~, pro ~* each, a head, per capita ♦ *nicht auf d. ~ gefallen sein* to be no fool, to know what's what; alles auf d. ~ *stellen* to turn everything topsy-turvy; *aus d. ~* by heart; *s. etw aus d. ~ schlagen* to dismiss s-th from one's mind; *es geht um ~ u. Kragen* everything is at stake, it is a matter of life and death ♦ *vor d. ~ stoßen* to hurt, to offend; *d. Nagel auf d. ~ treffen* to hit the nail on the head; *j-m d. ~ verdrehen* to turn s-b's head; *s-n ~ durchsetzen* to insist on having one's own way; *j-m d. ~ waschen* to give s-b a good dressing-down, to haul s-b over the coals; *j-m d. ~ zurechtsetzen* to give s-b what for; to bring s-b to reason; **~arbeit** brain work; **~arbeiter** brain worker; **~bedeckung** head-covering, head-gear; **~betrag** per capita quota; **~bogen** letterhead; **⁓̈chen** *fig* brains; **⁓̈en** to behead; **~ende** head (of bed); **~haut** scalp; **~hörer** headphone, ear-phone; **~kissen** pillow; **~länge** head; **~los** headless; confused; silly; **~nicken** nod; **~rechnen** mental arithmetic; **~salat** (cabbage, round, garden) lettuce; **~scheu** *(Mensch)* shy, timid; *(Pferd)* restive; *~scheu machen* to intimidate; **~schmerz** headache; **~schuppen** dandruff; scurf; **~schützer** headprotector; Balaclava helmet; **~sprung** header; **~steinpflaster** cobbled pavement; **~steuer** poll tax; **~tuch** kerchief, headsquare (-scarf); **~über** headlong, head foremost ♦ *s. ~über in d. Arbeit stürzen* to plunge into work head foremost; **~wäsche** shampooing; **~zahl** number of persons; **~zerbrechen** racking of the brain; *ohne viel ~zerbrechen* without much pondering; *~zerbrechen machen* to puzzle, to give s-b a headache

Kop|ie copy; 🖶 print; *(Nachbildung)* reproduction, imitation; *(Abschrift)* transcript; **~ieren** to copy; 🖶 to print; to transcribe; to trace; **~ist** copyist

Koppel *mil* belt; *(Gehege)* enclosure; *(Pferdeweide)* paddock; *(Hunde)* couple, leash; **~n** to link; ⚙ to couple; *(Pferd)* to string; *(Hund)* to leash, to couple; **~ung** coupling; **~ungsgeschäft** linked transaction; **~ungsverkauf** tie-in sale

kopulieren to couple; to unite; to marry

Koralle coral; **~nbank** coral reef; **~nfischer** coral-fisher; **~ntier** coral

Korb basket; hamper; *(Bienen-)* hive; *fig* refusal, denial ♦ *j-m e-n ~ geben* to give s-b the go-by, to refuse s-b; *Hahn im ~ sein* to be cock of the walk; **~ball** basket-ball; **~blütler** composite plant; **~flasche** carboy; demijohn; **~flechter** basket-maker; **~möbel** wicker furniture; **~sessel** basket (*od* wicker) chair; **~weide** osier, basket wicker

Kord corduroy; **~el** cord; twine; **~hosen** (pair of) corduroys

kör|en to select for breeding; **~ung** selection of stud animals

Korinthe currant

Kork cork; **~en** to cork; *adj* (of) cork, corky; *su* cork stopper; **~enzieher** corkscrew

Korn grain; *(Getreide)* corn; *(Gewehr)* (fore-) sight; *(Metall)* standard ♦ *aufs ~ nehmen* to keep a weather eye on s-b, to lash out at s-b; **~ähre** ear of corn; **~blume** corn-flower, blue-bottle; **~boden, ~kammer** granary; **⁓̈en** to granulate; *(Leder)* to grain; **~feld** *BE* corn-field, *US* grain field; **~garbe** sheaf; **⁓̈ig** granular

Kornett cornet (*a* ♪), standard-bearer

Körper body; *phys* substance, compound; *(Schiff)* hull; ✈ fuselage; *(fester ~)* solid; *e-n schönen ~ haben* to have a fine physique; **~bau** bodily structure, build; **~behindert** disabled, physically impaired; **~beherrschung** body control; **~fülle** corpulence; **~kraft** physical strength; **~lich** bodily; physical; material; corporeal; *~liche Strafe* corporal punishment; **~los** incorporeal; bodiless; immaterial; **~maß** cubic measure; **~pflege** beauty culture; hygiene; **~pflegemittel** toilet requisite; **~schaft** corporation; body; *~schaft d. öffentlichen Rechts* public-law corporation; **~schaftssteuer** corporation tax; **~(teil)chen** particle; corpuscle; **~wärme** body heat

Korpor|al corporal; **~alschaft** section, squad; **~ation** corporate body, corporation; (academic) fraternity

Korps *mil* corps; body; *d. diplomatische ~* the diplomatic corps; **~geist** esprit de corps; team spirit; **~student** member of a duelling fraternity

korrekt correct; **~heit** correctness; **~or** 🕮 proof-reader; **~ur** correction; revision; 🕮 proof correction; *~ur lesen* to proof-read; corrective adjustment; **~urbogen** proof-sheet; **~urleser** proof-reader; reviser

Korrespond|enz correspondence; **~ieren** to correspond

Korridor corridor; *d. Polnische ~* the Polish Corridor

kor|rigieren to correct; **~rumpieren** to corrupt; **~ruption** corruption; bribery

Korsar pirate, corsair

Kors(el)ett corslet, *US* corselet, all-in-one; corset, a pair of corsets; *(früher)* stays; **~stange** bone

Koryphäe celebrity, star; outstanding authority

koscher kosher

kose|n *vt* to caress, to fondle; *vi* to make love (*mit* to) **~name** pet name

Kosinus cosine

Kosmeti|k beauty culture; cosmetic surgery; **~kerin** beauty specialist, beautician; **~salon** beauty parlour; **~sch** cosmetic

kosm|isch cosmic; *~ische Strahlen* cosmic rays; **~opolit** cosmopolitan; **~os** universe

Kost food, victuals; *(Nahrung)* diet; *(Pension)* board; *magere (schmale) ~* meagre fare, short commons; ⚕ low diet; *fleischlose ~* vegetarian diet; *in ~ sein bei ...* to board with; *~ und*

Wohnung board and residence (*od* lodging); **~bar** precious, valuable; costly; **~barkeit** preciousness; object of value; **~frei** with free board; **~gänger** boarder; **~geld** board, board-wages; **~happen, ~probe** dainty morsel; **⁓̈lich** delicious, delightful, tasty; luscious; excellent, exquisite; capital; **~spielig** costly, expensive; *kein* **~verächter** *sein* to enjoy one's food

Kosten cost(s); *(Unkosten)* expenses; *(Gebühren)* charges, fees; *(Ausgaben)* expenditure; *auf* ~ *von* at the expense of; *fig* at the cost of; *auf eigene* ~ at one's own expense; *auf seine* ~ *kommen* to recover expenses; *fig* to get one's money's worth; to get what suits one; *d.* ~ *bestreiten* to defray the expenses; *mit* ~ *verbunden sein* to involve charges; *vt (Geld)* to cost; *(erfordern)* to require, to take; *(versuchen)* to try, to taste; *koste es, was es wolle* cost what it may, at any cost; *Zeit und Mühe* ~ to take time and trouble; *was kostet es?* how much is it?, how much does it cost?; *was kostet diese Bluse?* how much is this blouse?; **~anschlag** estimate; **~ausgleich** cost equalization; **~los** free, for nothing, free of charge; **~pflichtig** liable to (pay the) costs; with costs; **~punkt** expenses; **~rechnung** bill of costs; cost accounting; **~vorschuß** advance on costs

Kostüm costume, suit; dress; fancy dress; **~bildner** ▯, ▯ costume designer; **~fest** fancy-dress ball; **~ieren** to dress up, to disguise; **~probe** dress rehearsal

Kot mud, muck, dirt; *(Schlamm)* mire; *(menschl.)* excrements, faeces; *(tierisch)* droppings ♦ *in den* ~ *ziehen* to drag into the dust; **~flügel** *BE* wing, *US* fender; **~ig** dirty, muddy

Kotau kotow, *US* kowtow; ~ *machen* to kotow, *US* to kowtow

Kotelett chop; *(Kalbs-)* cutlet; **~en** side-whiskers

Köter cur, dog

kotzen *sl* to vomit, to puke, to have the pukes

Krabbe crab; *(klein)* shrimp

krabbeln *vt* to tickle, to scratch; *vi* to crawl, to creep

Krach crash, slam; *(Lärm)* noise, din; *(Streit)* quarrel, row; scene; *mit Ach und* ~ with difficulty, only just; **~en** to crack, to crash; *(bersten)* to burst; *(donnern)* to roar; *(Tür)* to bang

krächzen to croak, to caw; *~de Stimme* hoarse voice

Kraft strength; *(Stärke)* force; ✲, *fig* power; potency; *(Wirksamkeit)* efficacy; *(Energie)* energy; *(seelisch, geistig)* faculty; *(Rüstigkeit)* vigour; *(wirkende ~)* agent; worker, professional; hand, assistant; *in* ~ *treten* to take effect, to become valid, to come (*od* enter) into force; *in* ~ *bleiben* to remain in force; *in* ~ *setzen* to put into force; *außer* ~ *setzen* to annul, to abrogate; *mit aller* ~ with might and main, by main force; *nach besten ⁓̈en* to the best of one's ability; *zu ⁓̈en kommen* to regain one's strength; *prep* by virtue of, on the strength of; **~anlage** power plant, power station; **~aufwand** expenditure of force, effort, exertion; **~ausdruck** strong language; **~brühe** clear soup; beef-tea; **~droschke** taxi; **~fahrer** motorist; driver; **~fahrtechnisch** automobile; **~fahrzeug** motor vehicle; **~fahrzeugindustrie** *BE* motor (*US* automotive) industry; **~feld** *phys* field of force; **~los** weak, feeble; powerless; **~meier, ~mensch** brawny person, tough; **~messer** dynamometer; **~probe** trial of strength, showdown; **~rad** motorcycle; **~stoff** liquid fuel, *BE* petrol; **~voll** vigorous, powerful; pithy; **~wagen** *BE* motor car, *US* automobile, *umg* car; **~wagenpark** motor pool; motorvehicle fleet

Kräft|eersparnis economy of manpower; **~emangel** labour shortage; **~epotential** potential labour force; **~everlagerung** shift of power; **~ig** strong, powerful, robust; *(Nahrung)* nourishing; *(wirksam)* forcible; *(Linie)* bold; lusty; **~igen** to strengthen, to invigorate; to harden, to steel; **~igung** strengthening, invigoration

Kragen collar; *(Umhang)* cape; *beim* ~ *nehmen* to (seize by the) collar ♦ *d. kann ihn d.* ~ *kosten* that may cost his neck; **~knopf** (collar-)stud. *US* collar-button; **~spiegel** *mil* facing, collar patch; **~weite** collar size

Kragstein corbel

Krähe crow; *(Saat-)* rook; **~nfüße** *(Schrift)* scrawl; *(Runzeln)* crow's feet

Krake octopus

Krakeel brawl, squabble, quarrel; **~en** to brawl, to roister, to kick up a row; **~er** brawler, rowdy, roisterer

Kralle claw; *(Vögel)* talon; **~n to claw**

Kram small wares; *(Plunder)* trash, stuff, rubbish; *fig* business, affair ♦ *d. paßt mir nicht in d.* ~ that does not suit my purpose (*od* book); **~en** to rummage; **~laden** small shop, general store

Krämer local retail merchant; grocer; philistine; **~seele** petty spirit, mercenary spirit

Krammetsvogel fieldfare

Krampe cramp(-iron); staple

Krampf cramp; ⚕ spasm, convulsion; fit; ridiculous fuss; pomposity; **~ader** varicose vein; **~en** to contract, to clench; **~haft** convulsive, spasmodic; *fig* frantic, desperate; **~stillend** sedative; antispasmodic

Kran crane; derrick; hoist; **~ausleger** crane jib (*od* boom); **~führer** craneman, crane operator; **~ich** crane

krank ill, sick; ~ *sein* to be ill, *US* to be sick; ~ *werden* to fall ill, to become ill, to be taken ill; *wieder* ~ *werden* to have a relapse; ~ *darniederliegen* to be laid up, to be confined to bed, to be bedridden; *s.* ~ *lachen* to split one's sides (with laughter); **~en** to be ill (with), to suffer (from); *(fehlen)* to lack; **~enabteilung** sick-ward; **~enauto** ambulance; **~enbett** sick-bed; **~engeld** sickness benefit; **~engeschichte** case history; **~enhaus** hospital; **~enkasse** health insurance (fund); **~enkassenpatient** panel patient; **~enkost** invalid diet (*od* cooking); **~enlager** sick-bed; **~enpflege** nursing;

~enpfleger male nurse; **~enschwester** (sick-) nurse; *(staatlich geprüft)* registered nurse, S.R.N.; **~enstand** *(Anstalt)* number of inmates; *(Bevölkerung)* sickness figure; **~enträger** stretcher-bearer; **~enversicherung** health insurance, sickness insurance; **~enwärter** male nurse; attendant; hospital orderly; **~er** patient, sick person; *die ~en* the sick; **~haft** pathological; unhealthy; morbid; **~heit** illness, disease, malady; *innere ~heiten* internal diseases; *englische ~heit* rickets; *ansteckende ~heit* infectious disease, contagious disease; *s. e-e ~heit zuziehen* to contract a disease; **~heitserreger** agent of a disease; **~heitsherd** focus of the disease

kränk|eln to be ailing (*od* sickly) to be in poor health; **~en** to vex, to offend, to hurt; *refl* to worry; to fret; **~lich** invalid; ailing, sickly; **~ung** insult; offence

Kranz wreath, garland; **⁓chen** *fig* ladies' (*od* coffee) circle; **⁓en** to wreathe, to crown, to adorn; **~gesims** cornice; **~jungfer** bridesmaid; **~spende** funeral wreath

Krapfen doughnut

kraß crass, gross; exaggerated; *(Lüge)* thumping, big; *im krassesten Fall* in the most extreme case; *e. krasses Beispiel* a glaring example

Krater crater *(a. mil)*; **~öffnung** orifice

Kratz|bürste scrubbing-brush; *fig* cross-patch; **~bürstig** cross, irritable; gruff; **~eisen** scraper; **~en** *vt/i* to scratch, to scrape; **~fuß** bow

Krätz|e itch; ⚕ scabies; ⚙ waste; **~er** bad wine; **~ig** itchy

krau(l)en *vt* to rub gently (*od* softly); *vi* to (swim, do the) crawl; **~schwimmen** crawl-(stroke)

kraus curly, crinkled, crisp; *(Stoff)* ruffled, nappy; *d. Stirne ~ ziehen* to knit one's brows, to frown; **~e** ruffle, frill; **⁓eln** to curl, to crimp; *(plissieren)* to goffer; *(Stoff)* to gather; *(Wasser, Federn)* to ruffle; **~haarig** curly--haired; **~kopf** curly-head

Kraut herb; plant; *(Kohl)* cabbage; *ins ~ schießen* to run into leaves, to shoot up, to run wild; **⁓erbuch** herbal; **⁓erkäse** herb-flavoured cheese; **⁓ertee** herb-tea

Krawall uproar, row, riot, affray

Krawatte tie, cravat

kraxeln to clamber up, to climb

Kreatur creature

Krebs crab, crayfish; *astr* Cancer; ⚕ cancer; carcinoma; canker; *(in Zssg)* cancerous, carcino-; **~artig** cancerous; **~erzeugend** carcinogenic; **~geschwulst** cancer; tumour; **~schaden** cancerous sore; *fig* canker, deep-seated evil; **~schere** claw of crayfish; **~tiere** crustaceans

Kredenz sideboard; **~en** to present, to serve, to offer

Kredit credit; loan; *(Vorschuß)* advance; *(Ruf)* reputation, trust; *~ haben bei* to have an account with; *kurzfristiger ~* short-term credit; *langfristiger ~* long-term credit; *~ aufnehmen* to raise a loan; *~ einräumen* to grant a credit; **~aufnahme** borrowing; **~bank** commercial bank; **~brief** letter of credit; **~fähig** solvent, sound; **~fähigkeit** solvency, financial soundness; **~genossenschaft** credit co-operative; **~ieren** to credit; **~institut** credit institution, bank; **~iv** credentials; full power; **~schöpfung** creation of credit; **~sperre** stoppage of (*od* ban on) credit; **~würdig** credit-worthy; trustworthy

Kreide chalk; 🎨 crayon; **~ehaltig** containing chalk, cretaceous; **~weiß** white as a sheet; **~ig** chalky, cretaceous

Kreis circle; ring; ⚡ circuit; *astr* orbit; *(Gebiet)* district; *(Verwaltung)* district, county; *(Menschen)* set; circle; group; *fig* sphere; *(Reichweite)* range; *e-n ~ ziehen* to describe a circle; *s. im ~e drehen* to rotate; *~e der Wirtschaft* business circles (*od* quarters); **~abschnitt** segment; **~arzt** district medical officer; **~ausschnitt** sector; **~bahn** orbit, circular path; **~baumeister** government surveyor of works; **~el** top; gyro(scope); **~en** to revolve; to circulate; to circle round; **~förmig** circular, round; **~lauf** circulation, circular course; rotation; **~laufstörung** circulatory disturbance; **~laufsystem** cardiovascular system; **~säge** circular saw; **~stadt** county town; **~umfang** circumference, periphery; **~verkehr** *BE* roundabout (traffic), *US* traffic circle

kreischen to shriek, to scream, to screech

kreißen ⚕ to be in labour; *su* labour

Krematorium crematorium, crematory

Krempe brim; **~l** stuff, rubbish

Kremser char-a-banc

krepieren to kick the bucket; *mil* to burst, to explode

Krepp crêpe; **~gummi** crêpe rubber; **~papier** crêpe paper; **~sohle** crêpe(-rubber) sole

Kresse *(Brunnen-)* water-cress; *(Garten-)* garden-cress; *(Kapuziner-)* nasturtium

Krethi und Plethi Tom, Dick, and Harry; rag-tag and bobtail

Kreuz cross; ♪ sharp; ⚕ the small of the back; *(Karten)* clubs; *(Pferd)* croup; 📖 obelisk, dagger; *fig* affliction, grief, sorrow; *d. ~ schlagen* to cross o.s.; *ans ~ schlagen* to nail to the cross; *~ und quer* criss-cross, in all directions, all over ♦ *zu ~e kriechen* to eat humble pie, to sing small; *über ~* crosswise; **~abnahme** descent from the cross; deposition; **~band** wrapper; *unter ~band schicken* to send at printed--matter rate; **~bein** sacrum; **~brav** thoroughly honest; **~en** *vt* to cross; *vi* to cross, ⚓ to cruise; *refl (Briefe)* to cross in the post (with); **~er** cruiser; **~fahrer, ~ritter** crusader; **~feuer** cross-fire; **~fidel** as lively as a cricket; **~gang** cloisters; **~igen** to crucify; **~igung** crucifixion; **~lahm** broken-backed; *~lahm sein* to have backache; **~otter** adder, common viper; **~schmerzen** lumbago, pains in the small of the back; **~schnabel** crossbill; **~stich** cross-stitch; **~unglücklich** despondent, downcast; **~ung** crossing; crossroads (*an d. ~ung* a the c.); intersection; *(Rasse)* hybrid, mongrel; *(Tiere,*

Pflanzen) cross-breed(ing), hybridization; **~verhör** cross-examination; *ins ~verhör nehmen* to cross-examine; **~weg** crossroad(s), crossing; *eccl* way of the cross; **~weise** crosswise, crossways, ascross; **~worträtsel** crossword puzzle; **~zug** crusade
kribbeln to crawl, to swarm; *(jucken)* to tickle, to itch
Kricket cricket; **~schlagholz** bat, willow; **~spieler** cricketer
kriech|en to creep, to crawl; *fig* to cringe (before s-b), to fawn (on s-b); *aus d. Ei ~en* to hatch; **~er** *fig* sneaker, toady; **~erei** cringing, servility; **~erisch** fawning, slavish; abject; **~tier** reptile
Krieg war; *fig* warfare; *im ~* in war-time; *es ist ~* there is a war on; *im ~ sein mit* to be at war with; *~ führen* to make (*od* wage) war (*mit* on); *kalter ~* cold war; **~er** warrior, soldier; **~erisch** warlike, bellicose; martial; **~führend** belligerent; **~führung** conduct of war; warfare; **~sbeil** hatchet (*d. ~sbeil begraben* to bury the h.); **~beschädigt** disabled on active service; **~sbeschädigter** disabled ex-serviceman, war-disabled person; **~sdienst** military service; **~sdienstpflicht** conscription; **~sdienstverweigerer** conscientious objector, C. O.; **~sdiensttauglich** A 1, *US* class A; **~serklärung** declaration of war; **~serprobt** battle-tried; **~sflotte** navy; **~sfolgelasten** war-induced burdens; charges resulting from the war; **~sgefahr** danger of war; *(Versicherung)* war risks; **~sgefangener** prisoner of war; **~sgefangenenlager** prisoner-of-war camp; **~sgefangenschaft** captivity; **~sgericht** court martial; **~sgewinnler** war-profiteer; **~sgrund** casus belli; **~shafen** naval port; **~shandwerk** military profession; **~shetzer** warmonger; **~shinterbliebener** person bereaved as a result of war; surviving dependant (of service-man); **~slazarett** military hospital; **~slist** stratagem; **~sminister** Minister of War; *BE* Secretary of State for War; *US* Secretary of War; **~srecht** martial law, the law of war; **~ssachgeschädigter** person who has suffered material damage through war; **~ssachschaden** war damage to property; **~sschauplatz** theatre of operations (*od* war); **~sschiff** battleship, warship; **~sschuld** war-guilt; *(materiell)* war debt; **~steilnehmer** veteran; ex-serviceman; **~sverbrechen** war crime; **~sverbrecher** war criminal; **~sversehrt(er)** = ~beschädigt(er); **~sware** war-time goods; **~swichtig** strategic, of military importance; **~szustand** state of war
kriegen *vt* to get, to obtain; *(Zug)* to catch; to reach
Kriminal|film crime film, *umg* whodunit; **~polizei** criminal investigation department; plain-clothes police; **~polizist** detective; **~roman** detective story, crime novel (*od* story), *umg* whodunit; **~stück** detective play
kriminell criminal; of a criminal character
Kringel ring, circle; biscuit; *(Rauch-)* curl
Krinoline crinoline; hoop skirt

Krippe crib, manger; *(Kinder-)* crèche; **~nspiel** *eccl* nativity play
Krise crisis; depression; **~nhaft** critical; crucial; *~nhafte Ausmaße* crisis proportions
Kristall crystal; **~en** of crystal; **~isieren** to crystallize; **~klar** crystal-clear, transparent; **~zucker** preserving sugar
Krit|ik criticism; *(Besprechung)* critique, review; *unter aller ~ik* incredibly bad, beneath contempt; **~ikaster** carper, criticaster; **~iker** critic; *(Schreiber)* reviewer; **~iklos** uncritical, undiscriminating; **~isch** critical; *~isch besprechen* to review; precarious; **~isieren** to criticize; 📖, 🎬, 🎭 to review; to censure; **~teln** to carp (*über* at); to find fault with; **~tler** carping critic, fault-finder
kritzeln to scrawl, to scribble
Krock|et croquet; **~ethammer** mallet; **~ieren** to croquet
Krokodil crocodile; **~stränen** crocodile tears
Krokus crocus
Kron|anwalt attorney general; **~e** crown; *(Adel)* coronet; *(Baum)* top; *(Zahn)* cap, crown ♦ *d. setzt allem d. ~e auf* that puts the lid on it; *e-n in d. ~e haben* to have had a little too much; **⁓̈en** to crown; **~erbe** heir to the crown; **~gut** crown-lands; **~insignien** regalia; **~leuchter** chandelier; **~prinz** crown prince; **~sbeere** cowberry, mountain cranberry; **⁓̈ung** coronation; crowning; **~zeuge** chief witness; King's evidence, *US* State's evidence
Kropf crop; ⚕ goitre; **~ig** goitrous; **~taube** pouter (pigeon)
Kröte toad; *fig* brat; *e. paar ~n* a few coppers
Krück|e crutch; **~stock** hooked stick
Krug jug; *(Wasser)* pitcher; *(Becher)* mug; *(Wirtshaus)* inn, tavern
Kruke stone jar, stone bottle
Krume crumb; *(Acker)* mould, topsoil; **⁓̈ln** to crumble
krumm crooked; *(gekrümmt)* curved, bent; *(unehrlich)* fraudulent, sneaking; *(Betrag)* odd, broken; **~beinig** bandy-legged; knock-kneed; **⁓̈en** to crook, to bend; *refl* to bend down, to stoop; *(Fluß)* to wind; *(vor Schmerzen)* to writhe; *fig* to cringe, to grovel; **~holz** crooked timber; *bot* dwarf mountain pine; **~linig** curvilinear; **~nasig** hook-nosed; **~nehmen** to take s-th amiss; **~säbel** scimitar; **~stab** crosier; **⁓̈ung** bend, curve, turn; ⚕ contortion; *(Fluß)* winding; *(Rückgrat)* curvature; ⚓ camber; loop
Kruppe crupper
Krüppel cripple; *zum ~ machen* to maim, to cripple; **~haft, ~ig** crippled, maimed
Krust|e crust; ⚕ scurf; **~entier** crustacean; **~ig** crusty, crustaceous
Kruzifix crucifix
Krypta crypt
Kübel tub; pail, bucket; *(Bottich)* vat
Kubik|inhalt cubic contents; **~maß** cubic measure; **~wurzel** cube root; **~zahl** cube; **~zentimeter** cubic centimetre; millilitre
kub|isch cubic; **~ismus** cubism; **~us** cube

Küche kitchen; ~ *u. Keller (fig)* the larder; *(Kochen)* cuisine, cooking; *kleine* ~ kitchenette; *kalte* ~ cold meats; *bürgerliche* ~ plain (home) cooking; *frisch aus d.* ~ just up; **~nbenützung:** *Zimmer mit ~nbenützung* room with use of kitchen; **~ngerät** kitchen utensil; *(Maschinen)* appliance; **~nherd** range, stove; **~nlatein** dog-Latin; **~nzettel** menu

Kuchen cake, pastry; **~bäcker** pastry-cook; **~blech** baking-tin; *(rund)* griddle; **~form** cake-tin

Küchlein chicken

Kuckuck cuckoo; *zum ~!* bother!; bother it!; hang it!; *wer zum ~ hat...* who the devil has...; **~sei** cuckoo's egg

Kuddelmuddel hugger-mugger

Kufe vat, barrel; *(Schlitten-)* runner

Küfer cooper; cellarman

Kugel ball; *(Erde)* globe; *math* sphere; *(Flinten-)* bullet; *(Geschoß)* ball; ⚒ shot; *(Kegeln)* bowl; *(Glas-, Holz-)* bead; *s. e-e ~ durch d. Kopf jagen* to blow out one's brains; **~blitz** ball lightning; **~fang** butts; **~fest** bullet-proof; **~förmig** globular; spherical; **~gelenk** ball-and-socket joint; **~lager** ball-bearing; **~lampe** beacon; **~n** *vt/vi* to roll, to bowl; **~schreiber** ball(-point) pen, *BE* biro; **~stoßen** putting the shot, *BE* putting the weight, *US* shotput; **~stoßer** shot-putter, *BE* weight-putter

Kuh cow; *blinde* ~ blind-man's buff; **~blume** marsh-marigold; **~fladen** cow-pat; **~handel** horse-trading, foul bargaining; **~haut:** *d. geht auf keine K.* that beats everything; **~mist** cow-dung; **~stall** cowshed, -house

kühl cool, chilly; fresh; *fig* cool, reserved; ~ *aufbewahren* to keep in a cool place; *j-n ~ behandeln* to turn the cold shoulder on s-b; **~anlage** cold-storage plant, refrigeration plant; **~e** coolness; freshness; *fig* coldness; **~en** to cool; to refresh; ⚙ to refrigerate; **~er** 🚗 radiator; **~erfigur** radiator mascot; **~erhaube** *BE* bonnet, *US* hood; **~haus** cold-storage depot; **~raum** cold store, cold-storage chamber; **~schrank** refrigerator *BE* fridge, *bes US* icebox; **~ung** cooling, refrigeration; freshness

kühn bold, daring, audacious; **~heit** boldness, daring, audacity

Küken chicken *fig* flapper, *US* chicken

Kuli coolie; *fig* drudge; = Kugelschreiber

Kulisse side-scene, wing; scenery; **~nmaler** scene-painter; **~nschieber** scene-shifter

Kult cult; worship; **~ivieren** ⤓ to cultivate; to till; *(geistig)* to culture; to cultivate; **~iviert** cultured; cultivated; **~ur** *(geistig)* culture; *(soziale Entwicklung)* civilization; *(Boden)* cultivation; **~urell** cultural; **~urfilm** educational film; documentary (film); **~urgeschichte** history of civilization; **~urpolitisch** politico-cultural; *~urpolitische Erwägungen* considerations of educational or cultural policy; **~us** = ~; **~usminister** Minister of Education; **~usministerium** Ministry of Education

Kümmel caraway(-seed); *(römischer)* cumin; *(Getränk)* kümmel

Kummer grief, affliction, sorrow; worry; **⸗lich** miserable; *(arm)* poor; scanty; **⸗n** to grieve, to worry, to trouble; *refl (um)* to look after, to care for; to worry about; to mind; **⸗nis** grief, anxiety; **~voll** grievous, sorrowful, afflicted

Kummet horse-collar

Kum|pan companion, crony, pal; **~pel** *min* pitman; *fig* comrade, mate, pal, *US umg* buddy

kumulieren *refl* to accumulate; to be added to

kund known, public; **~bar** known, manifest; **⸗bar** recallable; *(Anleihe)* redeemable; **~e** customer, client; *(voraussichtlicher)* prospect, prospective customer; *(Nachricht)* information, news; *(Lehre)* lore; *(Wissen)* knowledge, science; **⸗en** to publish, to announce; **~endienst** after-sales service; ⚙, ϟ (maintenance) service; **~enfang** touting; **~enkredit** consumer credit; **~enkreis** range of customers; category of customers; body of customers; clientele; **~geben, ~machen, ~tun** to notify, to inform; to manifest; to publish; **~gebung** manifestation, demonstration; **~ig** learned, well-informed; experienced; **⸗igen** *(Geld)* to call in; *(Wohnung, Arbeit)* to give notice (of termination); *(Vertrag)* to abrogate, to cancel; to denounce; *ich ⸗ige ihm* I give him notice; **⸗igung** *(Wohnung, Arbeit)* notice, warning; *(Geld)* calling in; *(Vertrag)* cancellation; *fristlose ⸗igung* dismissal without notice; *Wohnung mit monatlicher ⸗igung* flat on a month-to-month lease; **⸗igungsfrist** period of notice (*monatliche K.* one month's notice); *auf Einhaltung d. ⸗igungsfrist verzichten* to waive notice requirements; **⸗igungsklausel** cancellation clause; **~machung** publication, notification; **~schaft** customers, clients, clientele

künftig future; next; forthcoming; *~e Generationen* generations yet unborn; **~hin** henceforth, in future

Kunkel distaff

Kunst art; *(Geschicklichkeit)* skill; *(Kniff)* trick, knack; *schöne ⸗e* fine arts; *bildende ⸗e* plastic arts; *mit seiner ~ am Ende sein* to be at one's wit's end; **~ausstellung** fine-art exhibition; **~beflissen** arty; **~begabt** artistic; **~druckpapier** art paper; **~dünger** artificial manure, fertilizer; **⸗elei** affectation; **⸗eln** to over-refine, to subtilize; **~faser** manmade fibre; **~fehler** physician's professional blunder, malpractice; **~fertigkeit** (artistic) skill; **~fliegen** aerobatics; **~flieger** ace, stunt pilot; **~flug** stunt-flight; **~freund** lover of fine arts; **~gegenstand** work of art, objet d'art; **~gerecht** skilful, correct; **~geschichte** art history; **~gewerbe** arts and crafts, industrial arts; **~griff** artifice; trick, knack; **~gummi** synthetic rubber; **~handel** fine art trade; **~händler** art dealer; **~kenner** connoisseur, expert, judge of art; **~keramik** ceramic art; **~lauf** figure-skating; **~läufer** figure-skater; **~leder** leatherette, imitation (*od* artificial) leather; **⸗ler** artist; **⸗lerisch** artistic, artist-like; *⸗lerisches Können* artistry; **⸗lertum** artistry; artistic gift; **⸗lerviertel** artists' district; **⸗lich** artificial; false; synthetic; *(Texti-*

lien) manmade; **~maler** artist, painter; **~-pause** pause for effect; awkward pause; **~reiter** equestrian performer; circus-rider; **~schlosser** art metal worker; **~seide** rayon, artificial silk; **~springen** fancy diving; **~springer** fancy diver; **~stickerei** art needlework; **~stoff** plastic; **~stopferei** invisible mending; **~stück** feat; trick; sleight of hand; **~tischler** cabinet-maker; **~tischlerei** cabinet-making; cabinet shop; **~verständig** artistic; aesthetic; **~voll** artistic, ingenious; elaborate; **~werk** work of art; *(Marmor)* marbles; **~wissenschaft** science of art

kunterbunt higgledy-piggledy, topsy-turvy

Kupfer copper; **~druck** copper-plate (printing); **~geld** coppers; **~n** copper; **~schmied** brazier; **~stecher** copper-plate engraver; **~stich** copper-plate; copper engraving; **~tiefdruck** photogravure, rotogravure

kupieren *(Schwanz)* to dock

Kuppe dome; rounded hill-top; *(Finger)* head; **~l** cupola, dome

Kupp|elei matchmaking; procuring; **~eln** *vt* to couple, to join, to unite; to clutch; to engage, to connect; *vt/i* to make a match; to procure; **~elpelz:** *s. e-n ~elpelz verdienen* to play the matchmaker; **~ler** matchmaker; pimp, procurer; **~lung** coupling; joint; clutch; **~lungspedal** clutch pedal

Kur treatment, cure; *s. e-r ~ unterziehen* to go through a cure; *j-m d. ~ machen* to court, to make love to; **~abgabe, ~taxe** visitor's tax; **~arzt** spa doctor; **~aufenthalt** stay at a spa (sanatorium); **~fürst** elector; **~fürstentum** electorate; **~gast** visitor (*od* patient) at a spa (*od* health resort); **~halle** pump room; **~haus** casino, spa hotel; *(mit Bädern)* hydropathic establishment, *umg* hydro; **~ort** spa, watering-place; health resort; **~pfuscher** quack, charlatan; **~pfuscherei** quackery

Kür free exercise (*od* skating, diving); **~en** to elect

Kura|tel guardianship; **~tor** guardian, trustee; *(Museum)* curator; **~torium** board (of curators)

Kurbel crank; handle; starting-handle; **~kasten** crank-case; film-camera; **~n** to crank; to reel off; **~stange** connecting rod; **~welle** crank-shaft

Kurbett|e curvet; **~ieren** to curvet

Kürbis pumpkin; *(Flaschen-)* gourd; **~kern** pumpkin seed, gourd seed

Kurie curia

Kurier courier; **~en** to cure

kurios odd, strange, funny; **~ität** curiosity, rare object; oddity

Kurs course; *(Wechsel-)* rate of exchange; *(Preis)* quotation, market price; heading; *(Lehrkurs)* course; *fester ~* standard (*od* fixed) rate; *steigender ~* rising exchange; *fallender ~* falling exchange; *außer ~ setzen* to call in; **~bericht** *(Geld)* statement (of exchange rates); *(Ware)* market-report, list of quotations; **~buch** railway guide, time-table; **~ieren** to circulate, to be current; **~ivschrift** italics; *in ~ivschrift drucken* to italicize; **~schwankungen** fluctuations, variations in rates of exchange; **~sturz** decline in stock-market quotations; slump; **~us** course; **~verlust** loss on (in, by) the exchange; depreciation; **~wagen** through carriage; **~wert** market value; **~zettel** stock-exchange list

Kürschner furrier

Kurve curve, bend, turn; *fig* graph, trend; **~n** to turn

kurz short; *(bündig)* brief, short; *(Worte)* laconic; *(Stil)* concise; *(schroff)* abrupt; *adv* in short, briefly; *s. ~ fassen* to be brief; *zu ~ kommen* to be the loser; *~ u. bündig* concise(ly), short and to the point; *~ u. klein schlagen* to smash to bits ♦ *~ angebunden sein* to be blunt, to give a curt answer; *in ~em* soon, shortly; *vor ~em* recently, the other day; *über ~ od. lang* sooner or later; *⍨er machen* to shorten ♦ *d. ⍨eren ziehen* to be left out in the cold, to be the loser; **~arbeit** short-time work; **~arbeiter** short-time worker; **~atmig** short-winded; **⍨e** shortness; brevity; **⍨el** *(Steno)* grammalogue, logogram; **⍨en** to shorten; to abridge; *(verringern)* to cut, to reduce; to abbreviate; **~erhand** briefly; on the spot; **~form** abbreviation; **~fristig** short-term; *(Wechsel)* short-sighted, short-dated; urgent, prompt; **~gefaßt** concise; **~geschichte** short story; *j-n ~ halten* to keep s-b short; **~lebig** short-lived; **⍨lich** lately, recently; **~nachrichten** news summary; **~schluß** short circuit; **~schrift** shorthand; **~sichtig** short-sighted *(a. fig)*; **~sichtigkeit** short-sightedness; **~streckenlauf** sprint race; **~streckenläufer** sprinter, short-distance runner; **~um** in short; **⍨ung** abbreviation; shortening; reduction, cut; contraction; **~waren** *BE* haberdashery, trimmings, *US* notions; **~warenhändler** *BE* haberdasher; **~weil** pastime, amusement; **~welle** short wave; **~wellensender** short-wave transmitter

kuscheln *vt, refl* to nestle, to nuzzle

kuschen *(Hund)* to lie down; *fig* to crouch

Kusine cousin

Kuß *kiss;* **~echt** kiss-proof, indelible; **~hand** blown kiss ⍨ *mit ~hand* with the greatest pleasure

küssen to kiss, to caress; *sl* to neck

Küste coast, shore; *an d. ~* on shore; *an d. ~ entlangfahren* to coast; **~ndampfer** coaster, coasting-vessel; **~ngebiet** coastal area; **~ngewässer** territorial waters; **~nhandel** coasting-trade; **~nstrich** coast-line; **~nwache** coast-guard (station)

Küster verger, sexton, sacristan

Kutsch|bock coachman's seat, box; **~e** coach; carriage; **~er** coachman, driver; *umg* cabby; **~ieren** to drive *(in a carriage, a coach)*

Kutte cowl, frock; **~ln** trip; **~r** cutter

Kuvert envelope, wrapper; *(Gedeck)* cover; **~ieren** to put in an envelope

Kux registered mining share

L

L (the letter) L

Lab rennet; **~magen** rennet

labbern to lap

Lab|e, ~sal, ~ung refreshment; *(Stärkung)* tonic; *fig* comfort; **~en** *vt* to refresh; to comfort; *refl* to refresh o.s., to enjoy

labil *(schwankend)* unstable, fluid; *phys, chem* labile; *(veränderlich)* variable; **~ität** instability, fluidity; variability

Labor laboratory, *umg* lab; **~ant** laboratory assistant; **~atorium** = ~; **~ieren** to do laboratory work; to toil (*an* at); *(leiden)* to suffer from, to be afflicted with

Lach|e *(Pfütze)* pool, puddle; *(Gelächter)* laughter, laugh; **~en** to laugh (*über* at); *leise vor sich hin ~en* to titter; *höhnisch ~en* to sneer; *d. wäre ja gelacht* nothing to it ♦ *s. ins Fäustchen ~en* to laugh up one's sleeve; *su* laughter; *in ~en ausbrechen* to burst into laughter; *d. ist nicht zum ~en* that's no laughing matter; *vor ~en platzen* to split one's sides with laughter; **~er** laugher; **⁓̈eln** to smile (*über* at); *süßlich ⁓̈eln* to smirk; *su* smile; *über d. ganze Gesicht ⁓̈eln* to be all smiles; **⁓̈erlich** ridiculous, laughable, ludicrous; *(unbedeutend)* derisory; *⁓̈erlich machen* to ridicule; *s. ⁓̈erlich machen* to make a fool of o.s.; **⁓̈erlichkeit** ridicule, absurdity; **~gas** laughing-gas, nitrous oxide; **~haft** ridiculous, laughable; **~krampf** fit of laughter; **~taube** ring-dove

Lachs salmon; **~farben** salmon-coloured; **~schinken** smoked ham

Lack *(Gummi-, Harz-)* lac; *(Zellulose-)* lacquer; *(Öl-)* varnish; *(Japan-)* japan; **~farbe** lake; lac dye; enamel; varnish colour; **~firnis** lac varnish; lacquer; **~harz** gum-lac; **~ieren** to lacquer; to varnish; *schwarz ~iert* japanned; **~leder** patent leather; **~mus** litmus; **~muspapier** litmus paper; **~schuh** patent-leather shoe; pump, dress shoe

Lade *(Kasten)* box, chest; *(Schub-)* drawer; **~baum** derrick; **~fähigkeit** tonnage; **~hemmung** jam, stoppage; **~luke** hatchway; **~platz** loading-place, wharf; **~raum** (ship's) hold; loading capacity; **~schein** bill of lading (B/L); **~stock** ramrod, rammer

Laden shop, store; *(Fenster)* shutter ♦ *d. ~ schmeißen* to bring home the bacon, to get the thing done; *vt (Fracht)* to load; to ship; ↯ to charge; *(Waffe)* to load, to charge; *(vorladen)* to summon; *(Gäste)* to invite ♦ *geladen sein (umg)* to be mad, to be furious (at s-b); **~besitzer, ~inhaber** shopkeeper, *US* storekeeper; **~dieb** shoplifter; **~einbruch** smash-and-grab raid; **~fenster** shop-window; **~hüter** drug in the market, unsalable article; **~kasse** till; cash-desk; **~mädchen** salesgirl, *BE* shop-girl; **~preis** (fixed) retail price, selling price; 📖 published price; **~schild** shopsign; **~schluß** closing-time, shop closing; **~schwengel** counter-jumper; **~tisch** counter; **~verkaufszeiten** shop-hours

lädieren to hurt; to injure, to damage

Ladung *(Fracht)* load, freight, cargo; (↯, *Waffe)* charge; *(Gericht)* summons, citation; **~sraum** hold (of a ship)

Lafette gun-carriage

Laffe fop, puppy

Lage situation, position, site; *(Haltung)* posture, attitude; *(Zustand)* condition, state; *(Umstände)* circumstances; *(Schicht)* layer, stratum; coating; ♪ pitch, compass; position; *(Papier)* quire; *mil* position; *(Bier)* round; *(Schicksal)* fate, lot; ⚓ *volle ~* broadside; *d. ~ der Dinge* state of affairs; *finanzielle ~* financial status; *versetzen Sie s. in meine ~* put yourself in my place

Lager bed, couch; *(Tier)* lair; *mil* camp, encampment; *(Vorrat)* depot; stock, supply, store; *geol* layer, stratum, deposit; ⚙ bearing; support; *fig* party, side, camp; *auf ~* on hand, in stock; *direkt vom ~ weg kaufen* to buy off the shelf; *d. ~ aufschlagen* to pitch one's camp; *ab ~* ex warehouse; **~aufnahme** stocktaking, inventory; **~aufseher** storekeeper; warehouse-keeper; **~bestand** stock, inventory; **~buch** stock-book; **~fähig** fit for storage; **~feuer** camp-fire; **~gebühr, ~geld, ~miete** storage, warehouse charges; **~haus** warehouse, storehouse; depository; **~n** *vt* to store, to warehouse; to lay down; ⚙ to support, to bed; *vi* to lie (down); to camp, to encamp; to be warehoused (*od* stored); *fig* to brood over; **~platz** resting place; camp site; *(Waren)* storage place, depot; **~schein** warehouse warrant (*od* receipt); **~statt, ~stätte** *geol* deposit; resting place; bed, couch; **~ung** storage, warehousing; **~wache** camp watch (*od* guard)

Lagune lagoon

lahm lame, paralysed; *(schwach)* weak; **~en** to be (*od* walk) lame; to limp; **⁓̈en** to cripple, to paralyse; *fig* to hinder, to stop; **~heit** lameness; **~legen** to render useless; to bring to a standstill; to paralyse; **~legung** paralysation; crippling; stoppage; **⁓̈ung** paralysis; paralysation; lameness

Laib loaf

Laich spawn; **~en** to spawn

Laie layman; amateur; *fig* uninitiated person; **~nbruder** lay brother; **~nhaft** lay; amateurish; unprofessional; **~npriester** lay priest; **~nspiel** amateur theatricals; **~nspielbewegung** amateur drama movement; **~ntheater** amateur dramatic club

Lakai lackey, footman; flunkey

Lake brine, pickle; **~n** sheet; *(Toten-)* shroud, pall

Lakritze liquorice, *US* licorice

lallen to stammer; to babble

Lamelle lamella; ↯ lamina; commutator; 🎞 leaf, blade; ⚙ plate, disk; *bot* gill; **~nkupplung** 🚗 disk-clutch

lamentieren to lament (*über* over); *(klagen)* to wail

Lametta silver tinsel; *fig* fruit salad

Lamm lamb; **~braten** roast lamb; **⁓̈chen** little

lamb, lambkin; **~en** to lamb, to cast lambs; **¨~ergeier** lammergeyer; **¨~erwolke** cirrus; **~fell** lambskin; **~fromm** lamblike, as meek as a lamb

Lampe lamp; **~ndocht** lamp-wick; **~nfieber** stage fright; **~nkugel** lamp-globe; **~nruß** lamp-black; **~nschirm** lamp-shade; **~nzylinder** lamp-chimney

Lampion Chinese lantern, Japanese lantern

Lamprete lamprey

lancieren *(starten)* to launch; *(fördern)* to promote; *(werfen)* to push

Land land; *(Fest-)* mainland, continent; *(Acker-)* earth, ground, soil; *(Gegensatz zu Stadt)* country; *(Gebiet)* territory; *(Staat)* state, land; *(Bundesrepublik)* Land; *fig* realm; *~ u. Leute* the country and the people; *an ~ gehen* to land, to go ashore; *aufs ~ gehen* to go into the country; *ins ~ gehen (fig)* to pass, to elapse; *außer ~es gehen* to go abroad; *~ sichten* to make (the) land; *auf d. ~e* in the country; **~adel** landed gentry; **~arbeiter** farm-worker; **~auer** landau; **~aus, ~ein** far afield; **~bau** agriculture; **~besitz** land, landed, property; **~bevölkerung** rural population; **~butter** farm butter; **~einwärts** inland, up country; **~ekopf** beachhead; **~en** to land; to put ashore; to disembark; to reach port; ✈ to land, to alight; to touch down; *e-n Kinnhaken ~en* to land an uppercut; **~enge** isthmus; **¨~erei** landed property, estates; **¨~erkammer** *(Deutschl.)* Laender Chamber; **¨~errat (German)** State Co-ordinating Agency; Council of States; **¨~erregierung** land (*od* state) government; **~erziehungsheim, ~schulheim** private boarding school in the country; **~esangehörigkeit** nationality; **~esaufnahme** ordnance survey; topography; **~esbehörde** state authority; Land authority; **~esbrauch** national custom; **~eserzeugnis** home produce; **~esfarben** national colours; **~esherr** sovereign, ruler; **~eshoheit** sovereignty; **~eskind** native; **~eskirche** established church; **~esobrigkeit** government; supreme authority; **~espolizei** state police; **~essprache** vernacular (tongue); **~estracht** national costume; **~estrauer** public mourning **~estreifen** ✈ air-strip; **~esüblich** customary, usual (in a country); **~esvater** sovereign; **~esverrat** high treason; **~esverräter** traitor (to his country); **~esverteidigung** defence of the country, national defence; **~esverweisung** expulsion, exile; **~esverweser** viceroy; governor; **~esverwiesen** exiled, banished; **~eswährung** standard currency; **~eszentralbank** Land Central Bank; **~ezeichen** landing-signal; **~flucht** rural exodus; drift of country people to the towns; **~flüchtig** fugitive, exiled; **~friede** public peace; **~gericht** regional court, higher; **~graf** landgrave; margrave; **~gräfin** landgravine; margravine; **~gut** estate, manor, country-seat; **~haus** country-house; bungalow; **~jäger** rural policeman, *US* rural constable; **~jugend** rural youth; **~karte** map; **~kreis** rural district, county; **~krieg** land warfare; **~läufig** customary, ordinary, **¨~ler** (kind of) slow waltz; **~leute** country-people; farmers, peasants; **¨~lich** rural, rustic; agricultural; **~macht** army, land-forces; **~mann** farmer, peasant; **~messer** surveyor; **~partie** picnic, excursion; **~pfleger** governor; **~plage** scourge; *fig* calamity; *e-e wahre ~plage* quite a nuisance; **~pomeranze** country girl, country cousin; **~rat** country president; **~ratte** land-lubber; **~regen** persistent rain; **~rücken** ridge of hills; **~schaft** *(Gebiet)* district, country; 🎭, 🎨 landscape, -scenery; countryside; **~schaftlich** provincial; rural, scenic, of the landscape; **~schaftsbild** landscape, scene; *(Umgegend)* surroundings, environment; **~ser** common soldier, private, *US* doughboy, GI Joe; **~sitz** country-seat; **~sknecht** mercenary, foot-soldier; **~smann** compatriot, fellow-countryman; **~spitze** cape, promontory; **~straße** highroad, highway; **~streicher** tramp, vagrant, vagabond; **~strich** region, tract of land; countryside; **~sturm** Territorial Reserve; **~tag** diet; Parliament of a Land; **~ung** landing, disembarkation; **~ungsbrücke** landing-stage, pier; **~ungsplatz** landing-place, pier; **~verschickung** evacuation to the country; **~vogt** governor of district; bailiff; **~volk** rural population; country-people; **~wehr** Territorial Reserve; **~wirt** farmer; agriculturist; **~wirtschaft** farming; agriculture; **~wirtschaftlich** agricultural; relating to agriculture (*od* farming); **~wirtschaftsschule** agricultural school; **~zunge** neck (*od* tongue) of land

lang long; *(Mensch)* tall; *adv* long; *auf ~e Sicht* long-dated ♦ *auf d. ~e Bank schieben* to put off; *~e Finger machen* to be light-fingered, to pilfer; *e-n ~en Hals machen* to crane forward; *e. ~es Gesicht machen* to pull a long face; *d. ~en Rede kurzer Sinn* to cut a long story short; *(zeitl.)* long; *~(e) her* long ago; *~(e) hin* a long time yet; *über kurz oder ~* sooner or later; 2 Jahre ~ for two years; *e-n Tag ~* for a day; *~(e) machen* to be long (in) doing s-th; *~(e) aufbleiben* to stay up late; *~(e) schlafen* to sleep late; *in nicht zu ~er Zeit* in good season; before long; **~atmig** long-winded, lengthy; **~beinig** long-legged; **~eweile** boredom; **~finger** thief; **~fristig** long-term; durable *(Wechsel)* long-dated, long-sighted; *(Vorhersage)* long-distance; **~holz** long timber, planks; **~jährig** of long standing; **~lauf** *(Ski)* cross-country run(ning), langlauf; **~lebig** long-lived, longeval; **~lebigkeit** longevity; **~mut** long-suffering, patience; **~mütig** long-suffering, patient; **~sam** slow, tardy; *~sam aber sicher* slowly but surely; **~samkeit** slowness; *fig* dullness; **~schiff** 🏛 nave; **~schläfer** late riser; **~schrift** longhand; **~sichtig** long-sighted; **~spielplatte** long-playing record, L.P. record; **~streckenflug** long-distance flight; **~streckenlauf** long-distance race; **~streckenläufer** long-distance runner; **~weilen** to bore; *refl* to feel (*od* be) bored; *s. zu Tode ~weilen* to be bored to death; **~weilig** boring, tedious; *(Mensch)* dull; *(langsam)* slow; **~welle**

long wave; **~wierig** lengthy; protracted; tedious; lingering
Läng|e length; *(Größe)* size; *(Dauer)* duration; *astr, geog, math* longitude; *(Quantität)* quantity; *auf d. ~e* in the long run; *d. ~e nach* lengthwise; longitudinally; *~en haben* to have tedious passages, to be full of longueurs; *in d. ~e ziehen* to prolong, to draw out; *refl* to drag on, to spin out; **~engrad** degree of longitude; **~enmaß** linear measure; **~er** longer; *~er als 10 Uhr* beyond 10 c'clock; *schon ~er* for some time; *je ~er je lieber* the longer the better; **~lich** oblong; longish; **~lichrund** oval; elliptical
langen *vt (greifen)* to seize, to grasp; *(geben)* to hand, to give; *vi (genügen)* to suffice, to be enough; *~ nach* to reach for; *j-m e-e Ohrfeige ~* to box s-b's ear; *~ Sie zu!* help yourself!
längs along, alongside of; **~achse** longitudinal axis; **~schnitt** longitudinal section; **~seits** alongside
längst *adj* longest; *adv* long ago, for a long time; *schon ~* long ago; *noch ~ nicht* not nearly; *am ~en* the longest; **~ens** at the latest; at the most; at the longest
Languste spiny lobster, (sea) crawfish
Lanze lance, spear ♦ *e-e ~ brechen für* to take up the cudgels for, to stand up for; **~tte** lancet; **~ttenförmig** lanceolate
Lappalie trifle
Lapp|en rag, cloth; *(Staub-)* duster; ⚕, *bot* lobe ♦ *durch d. ~en gehen* to slip through one's fingers, to elude; **~ig** flabby; ⚕, *bot* lobed
Läpper|ei trifle; **~n** to lap, to sip
läppisch foolish, silly, childish
Lärche larch
Lärm noise, din, row; *~ schlagen* to give the alarm, *(umg)* to kick up a row; *viel ~ um nichts* much ado about nothing; **~en** to make a noise, to be noisy; *(schreien)* to shout; **~end** noisy; blatant; **~ig** noisy, clamorous, loud
Larve mask; *zool* larva
lasch flabby, limb; languid; **~e** tongue; *(Klappe)* flap; 🚂 fish-plate; ⚙ joint; groove; **~heit** flabbiness, laxity
lassen *(zu-)* to let, to allow, to permit; *(dulden)* to suffer; *(unter-)* to omit, to abstain from; *(veran-)* to have (s-b do), to make, to cause, to get; *(befehlen)* to order, to command; *(übrig-, zurück-)* to leave, to let go, to abandon, to part with; *es beim alten ~* to let things remain as they were; *aus d. Spiel ~* to leave (s-th) out of the question; *sagen ~* to send word; *holen ~* to send for; *mit s. reden ~* to be reasonable; *warten ~* to keep waiting ♦ *j-n sitzen lassen* to jilt, to throw over; *j-n im Stich ~* to leave s-b in the lurch; *j-m nichts ~* to strip, to rob, to deprive s-b of everything; *d. Tür offen ~* to leave the door open; *das kann s. sehen ~* that will pass muster, that will stand inspection; *s. nötigen ~* to stand on ceremony; *es fehlen ~* to be wanting (*an* in); *d. läßt s. schwer erklären* that's difficult to explain; *s. d. Haare schneiden ~* to have (*od* get) one's hair cut; *s. fotografieren ~* to have one's photo taken; *laß das!* don't!; *d. läßt s. hören* that sounds good; *darüber ließe s. reden* that's a thing to be considered; *Tun und ~* commissions and omissions; demeanour, conduct
lässig lazy, idle; indolent; *(nach-)* careless, negligent; casual, nonchalant; **~keit** laziness; indolence; negligence
läßlich pardonable; venial
last not least last but not least
Last load; *(Fracht)* cargo; freight; *(Bürde)* burden; *(Mühe)* trouble; *(Gewicht)* charge, weight; *(Ladefähigkeit)* tonnage; *(Steuern)* taxes; *zur ~ fallen* to be a burden to; *zu ~en von* to the debit of, for account of; *zur ~ legen* to lay (the blame for s-th) at s-b's door, to charge with; **~auto** *BE* motor lorry, van, *US* motor truck; **~en** to weigh upon, to press heavily upon; *d. Verantwortung ~et auf ihr* the responsibility rests on her; **~enaufzug** goods elevator; **~enausgleich** Equalization of Burdens; **~enausgleichsgesetz** Equalization of Burdens Law; **~flugzeug** freight(-carrying) plane; **~enfrei** tax-free, free of tax; *(Grundstück)* free from encumbrances; **~gebühr** tonnage; **⍨ig** troublesome; annoying; irksome; *⍨iger Mensch* nuisance; *j-m ⍨ig fallen* to inconvenience s-b; **~kahn** barge, lighter; **~kraftwagen** *BE* lorry, *US* truck; **~pferd** pack-horse; **~schrift** debit (-item); **~tier** beast of burden; **~träger** porter; **~wagen** load-carrying vehicle; van; *BE* lorry, *US* truck; cart
Laster vice; depravity; **~haft** vicious; wicked; **~haftigkeit** viciousness; wickedness; depravedness; **~höhle** den of iniquity; **~leben** wicked life
Läster|er slanderer; blasphemer; **~lich** slanderous; scandalous; blasphemous; **~maul** scandalmonger; slanderer; **~n** to slander; to calumniate; to blaspheme; **~ung** slander; calumny; defamation; **~zunge** slanderous tongue; *(Person)* slanderer, scandalmonger
Latein Latin ♦ *mit s-m ~ zu Ende sein* to run dry, to be at one's wits' end; **~isch** Latin; **~lehrer** Latin teacher
Laterne lantern; lamp; light; *(mit Mast a.)* standard; *(Straßen)* street-lamp, streetlight; **~nanzünder** lamp-lighter; **~nmast** electric light standard; **~npfahl** lamp-post
Latrine latrine
Latsch|e old slipper; *bot* dwarf-pine; **~en** to shuffle along; to slouch; **~ig** shuffling; *(träge)* drowsy, sluggish
Latte lath, batten; *(Hochsprung)* bar; *aus ~n bestehend* lathen; *lange ~ (fig)* lanky fellow, maypole; **~nkiste** crate; **~nverschlag** crate; *(Wand)* partition; **~nzaun** lattice fence
Lattich lettuce
Latwerge electuary
Latz *(Kinder-)* bib; *(Hosen-)* flap; *(Blusen-)* stomacher; **⍨chen** bib; **~schürze** pinafore, bib apron
lau lukewarm, tepid; *~es Wetter* mild weather; **~heit** lukewarmness, tepidity *a. fig;* **~warm** = ~

Laub foliage, leaves; **~baum** deciduous tree; **~dach** leafy canopy; **~e** arbour, summer-house; arcade; **~engang** arcade; pergola; **~frosch** tree-frog; **~holz** hardwood; **~hüttenfest** Feast of Tabernacles; **~säge** fret-saw, jigsaw; **~sägearbeit** fretwork; **~tragend** deciduous; **~wald** deciduous (*od* broad-leaved) forest; **~werk** foliage

Lauch leek

Lauer *(Hinterhalt)* ambush; *(Wache)* look-out, watch; *auf d.* ~ on the look-out; **~n** to lurk, to be on the watch, to lie in wait for

Lauf run(ning), pace; *(Wette)* race; *(Gewehr)* barrel; *(Tiere)* leg, foot; *(Wasser)* current, flow; *(Bewegung)* action, motion; ♪ run; *fig* course, way; scope; *d.* ~ *der Dinge* the way things go; *in vollem* ~ at full gallop; at top speed; in full swing; *im ~e von* in the course of; *freien* ~ *lassen* to give free play (*od* full scope) to; *s-n Gefühlen freien* ~ *lassen* to vent one's feelings; **~bahn** career; ✈ runway; *(Bahn)* course; **~band** tread of tyre; **~brett** running board; **~brücke** plank bridge; pontoon; gangway; **~bursche, ~junge** errand boy; office boy; **~dorn** ⛹ spike; **~en** to run; to walk; *(Maschine)* to go, to work; *(fließen)* to flow; *(Gefäß)* to leak, to run out; *(Zeit)* to pass, to go by, to go on; *umg* to go, to move; 🎞 to be shown; *lange ~en* 🎭, 🎞 to have a long run; *~en lassen* to let go; to let (things) slide; *s. heiß ~en* to run hot; *leer ~en (Motor)* to idle; *j-m in d. Arme ~en* to bump into s-b; *e-e Zeit v. 10 Sek. ~en* ⛹ to return a time of 10 seconds; **~end** running, current, present; *(folgend)* consecutive; *~ende Nummer* consecutive (*od* serial) number ♦ *auf d. ~enden bleiben* to keep abreast (of things); *auf d. ~enden sein* to be up to date, abreast of affairs; *~endes Band* conveyor belt, assembly line; *~enden Monats* instant; **¨er** *(Person)* runner; *(Teppich)* stair-carpet, runner; *(Tisch)* table runner; *(Schach)* bishop; **~erei** running-about; **¨erstange** stair-rod; **~feuer** wildfire, running fire; **~getriebe** mechanism, gear; **~graben** communication trench; **¨ig** in heat; **~katze** crane crab; **~kundschaft** passing trade; **~masche** ladder, slipped stitch, run; **~paß** dismissal, notice; *j-m d. ~paß geben* to fire (*od* sack) s-b; *(Liebhaber)* to jilt; **~schiene** guide rail; **~schritt** double (-time); *im ~schritt* at (*US* on) the double; *im ~schritt rennen* to double (-time); **~steg** ⚓ gangway; footbridge; **~vogel** flightless bird; **~zeit** *bes BE* currency, *US* period to run; *(Wechsel)* term; *(Patent, Anleihe, Wertpapier)* life; ⛹ time; 📯 duration, transmission time

Lauge lye; *(Bleich-)* buck; *(Metall)* leach; **~n** to steep (in lye); to leach **~nhaltig** containing lye; **~nsalz** alkali(ne salt)

Laun|e *(Stimmung)* mood, temper; *(Grille)* whim, caprice, fancy; *guter ~e sein* to be in a good temper, to be in high spirits; *~en haben* to be full of whims; *gute ~e* animal spirits; *schlechte ~e haben* to be out of temper; **~enhaft, ~isch** moody, changeable, capricious; *(Wetter)* fitful; **~enhaftigkeit** moodiness, capriciousness; **~ig** humorous, comical, funny

Laus louse; **~bube, ~ejunge** little rascal, young devil; **~en** to delouse, to rid of lice; **¨epulver** insect-powder

lausch|en to listen to; to eavesdrop; **~er** listener; eavesdropper

laut *adj* loud, noisy; audible; *adv* aloud, loud(ly); *prep* according to, in accordance with; *su* sound, tone; ~ *werden* to become known, to get about; *~er!* speak up!; ~ *sprechen* to speak up; ~ *Befehl* by order, as ordered; ~ *Rechnung* as per account; ~ *geben (Hund)* to give tongue; **~bar** known; **~e** lute; **~en** to sound; to say, to run, to read; *wie folgt ~en* to run as follows; *~en auf (Fälligkeit)* to be valid for, to last for; *(Person)* to be issued to; **~enschläger** lute-player; **~gesetz** phonetic law; **~ieren** to read phonetically; **~lehre** phonetics; **~los** silent, muted, hushed; **~losigkeit** silence; **~malerei** onomatopoeia; **~er** pure; *(aufrichtig)* candid, true; *(echt)* honest; genuine; *(klar)* clear; *(ungemischt)* unmixed; *(nichts als)* nothing but, only, mere; *~ere Gesinnung* a spirit of integrity; **~erkeit** purity; integrity; **~schrift** phonetic spelling; **~sprecher** 📻 loudspeaker; megaphone; **~sprecheranlage** public address system; **~sprecherwagen** loudspeaker van; **~stärke** sound intensity; loudness; volume; **~verschiebung** sound-shifting; Grimm's law; **~verstärker** volume amplifier; **~wandel** sound change; **~zeichen** phonetic symbol

läut|en to ring, to peal; *(feierlich)* to toll; *(laut)* to sound ♦ *etw ~en hören* to hear a (vague) rumour of; **~ern** to purify; to purge; to clarify; to refine; **~erung** purification; refining; **~erungsprozeß** refining process; **~werk** bells; sounder; ringing device

Lava lava; **~strom** torrent of lava

Lavendel lavender

lavieren ⚓ to tack; to beat about; to manœuvre

Lawine avalanche; **~ngefahr** danger of avalanches

lax lax, loose; **~heit** laxity; **~ieren** to take an aperient; to purge; **~iermittel** aperient, laxative, purge

Lazarett hospital; ⚓ sick-bay; **~schiff** hospital-ship; **~wagen** ambulance

Lebe|hoch cheer, cheers; *(beim Trinken)* toast; **~mann** man about town; bon vivant; playboy; **~männisch** epicurean; **~n** *su* life; existence; *(Sein)* being; *(~nskraft)* vitality; *(Lebhaftigkeit)* liveliness, stir, activity; *am ~n sein* to be alive; *am ~n bleiben* to survive; *~n bringen in* to animate; *~n in d. Bude bringen* to make things hum; *auf ~n u. Tod* a matter of life and death; *ins ~n rufen* to start, to originate; *s. d. ~n nehmen* to commit suicide; *nur einmal im ~n* only once in a lifetime; *(e-m Kind) d. ~n schenken* to give birth to; *nach d. ~n (fig)* from life; *ums ~n bringen* to kill; *ums ~n kommen* to lose one's life, to die; *langes ~n* longevity; *d. Blüte d. ~ns* the prime of life; *vi* to live, to be alive; to exist; *(wohnen)* to live, to dwell, to stay; ~ *von* to subsist on, to live by (on); *auf großem Fuße ~n* to live in great style; *~n u. ~n lassen* live and let live; *so wahr wir ~n!* upon our lives!; *es lebe d. Freiheit!* liberty for ever!; *lebe wohl!* adieu!; **~nd** alive; living; live; *d. ~nden u. d. Toten* the quick and the dead; *~nde Bilder* tableaux vivants; *~nde Blumen* natural flowers; *~nde Hecke* quickset hedge; *~ndes Wörterbuch (umg)* walking dictionary; **~ndgewicht** live weight; **~ndig** alive, living; lively, vivid; *e. ~ndiger Mensch sein* to be a live wire; **~ndigkeit** liveliness; animation; **~wesen** living creature; organism; **~wohl** farewell, good-bye

Lebens|abend old age; **~abriß** biographical sketch; **~alter** age; **~art** way of living; *fig* manners, behaviour; **~bedürfnisse** necessaries of life; **~berechtigung** right to exist, raison d'être; **~beschreibung** life; biography; **~dauer** duration of life span; *mutmaßliche ~dauer* expectation of life; **~echt** life-like, real(-life); **~erwartung** life expectancy; **~fähig** capable of living; full of vitality; ⚕ viable; **~fähigkeit** vitality; ⚕ viability; **~frage** vital question; *umg* bread-and-butter question; **~fremd** unfitted for life; **~freude** joy of life, joie de vivre; **~gefahr** danger to life; **~gefährlich** dangerous; perilous; **~gefährte** life's companion; husband, wife; **~geist** animus; **~geister** animal spirits; **~größe** life-size; **~haltung** standard of living; **~haltungsindex** cost-of-living index; **~haltungskosten** cost of living, living costs; **~klugheit** practical (*od* worldly) wisdom; **~kraft** vitality; vital energy; **~lage** position in life; situation; **~länglich** for life; perpetual; *~längliches Mitglied* life member; **~lauf** life, career; *(geschrieben)* curriculum vitae; **~lustig** fond of life, gay, merry; **~mittel** food, provisions, victuals; *(Laden)* groceries; **~mittelkarte** (food) ration book (*od* card); *~mittelkartenstelle* food office; **~mittelmarke** (food) ration coupon; **~mittelversorgung** food supply, **~mittelzwangswirtschaft** food rationing; **~müde** tired (*od* weary) of life; **~nerv** *fig* mainspring; **~raum** living space, lebensraum; **~retter** life-saver; oxygen-breathing apparatus; **~standard** standard of living; **~stellung** social position; *(Beruf)* appointment for life; **~strafe** capital punishment; **~trieb** life force, will to live; **~überdrüssig** weary (*od* sick) of life; **~unterhalt** livelihood; subsistence; living; *umg* bread and butter; **~versicherung** life insurance, *BE a.* life assurance; **~wahr** true to life, lifelike; **~wandel** life, conduct; *schlechter ~wandel* disorderly life; **~weise** way of living, mode of life; **~wichtig** vital; essential; *~wichtige Güter* essentials; **~zeichen** sign of life; **~zweck** aim in life

Leber liver ♦ *frei von d. ~ weg reden* to speak one's mind, to speak frankly; **~blümchen** liverwort; **~fleck** mole; **~käse** liverloaf; **~tran** cod-liver oil

leb|haft lively, vivacious, animated; brisk; *(munter)* bright, spirited; **~haftigkeit** liveliness, vivacity; briskness; **~kuchen** gingerbread; **~los** lifeless; *(flau)* inanimate; *(fig, Börse)* dull, flat; **~tag**: *mein ~tag* all my life; **~zeiten** life(time); *zu ~zeiten* in the lifetime; while alive

lechzen *(Durst)* to be thirsty; *fig* to long (for), to languish (for)

Leck leak, leakage; *adj* leaky, leaking; ~ *werden* to spring a leak; **~en¹** to leak, to run

leck|en² to lick; **~er** adj tasty, delicious; *(Aussehen)* dainty, delicate; *(wählerisch)* fastidious; **~erbissen** delicacy, titbit; choice morsel; **~erei** delicacy, toothsome dainty; appetizer; **~ermaul** sweet tooth; gourmet; *e ~ermaul sein* to have a sweet tooth

Leder leather; *(weiches)* skin, kid; ⛏ *fig* leather; *in ~ gebunden* 🕮 bound in calf; **~band** leather binding; **~hose** leather shorts; **~n** leather, leathery; *(zäh)* tough; *fig* dull; **~rücken** leather-back; *Buch mit ~rücken* leather-back (volume)

ledig unmarried, single; *(frei von)* free, exempt; **~ensteuer** bachelor's tax; **~keit** celicy; **~lich** solely, merely, only

Lee lee(side)

leer empty; unoccupied; *(Stellung)* open; vacant; *(unbeschrieben)* blank; *(Gespräch)* idle, unfounded; *(eitel)* vain; *mit ~en Händen* empty-handed; *~e Ausrede* lame excuse; *~es Zimmer* free room; ~ *ausgehen* to be left out in the cold; ~ *laufen* to run idle; **~e** emptiness; vacancy; blank; *phys* vacuum; **~en** to empty; *(räumen)* to clear, to evacuate; *e. Glas ~en* to finish a glass; *Briefkasten ~en* to collect the letters; **~gewicht** dead (*od* empty) weight; **~gut** empties; **~lauf** 🚘 running idle, idling; *(Maschine)* ticking over; *fig* waste; **~laufen** to empty; **~ung** emptying, clearing; *(Briefkasten)* collection

Lefze lip

Legat *eccl* legate; ⚖ legacy; bequest

legen to lay, to put; to place; *refl* to lie down; *(aufhören)* to die down, to abate, to lull; *(nachlassen)* to fall, to drop; *(Haare)* to set; *Schlingen ~ (fig)* to put snares to s-b; *zur Last ~* to impute; *s. ~ auf (fig)* to apply o.s. to; *s. ins Mittel ~* to intervene, to mediate

Legende legend; *(Bildtext)* caption, legend

legier|en to alloy; *(Suppe)* to thicken; **~ung** alloy(ing)

Legislative legislative power; legislature

Legislatur legislature; **~periode** legislative period

legitim legitimate; genuine; **~ation** legitimation; proof of identity; **~ieren** to legitimate; *refl* to prove one's identity; *(Urkunde)* to legalize, to have s-th legalized; **~ität** legitimacy

Leguan iguana

Leh(e)n fief, feudal tenure; **~sherr** feudal lord, liege lord; **~smann** vassal; **~srecht** feudal law; **~swesen** feudalism

Lehm loam; *(Ton)* clay, mud; **~boden** clay soil; **~form** loam mould; **~grube** clay-pit, loam-pit; **~ig** clayey, loamy; **~ziegel** sun-dried brick, clay brick

Lehn|e back (of a chair); arm; *(Stütze)* support, rest; *(Abhang)* slope, declivity; **~en** to lean (against), to lean (*od* rest) (upon); *refl* to lean, to recline, to lie back; *s. aus d. Fenster ~en* to lean out of the window; **~stuhl** armchair, easy chair

Lehnwort loan-word

Lehr|amt teacher's profession, teacher's post; professorship; **~amtskandidat** probationary teacher; **~anstalt** educational establishment; school, college, academy; *höhere ~anstalt* secondary school, *US* high school; **~auftrag** teaching assignment; invitation to lecture on a subject; **~befähigung** teaching skill; qualification to teach; **~beruf** teaching profession; **~buch** text-book; *(Lesebuch)* primer; *(Handbuch)* manual; **~e** lesson, instruction; *(Warnung)* warning, lesson; *(Folgerung)* moral; *(Theorie)* doctrine, dogma; theory; science; *(Handwerk)* apprenticeship; ✿ gauge; *in d. ~e geben* to apprentice to, to bind apprentice to; *in d. ~e gehen* to work as an apprentice; **~en** to teach, to instruct; *(beweisen)* to prove, to show; **~er** teacher, instructor; *(Grundschule)* schoolmaster; *(höhere)* master; *(Haus-)* tutor; *(privat)* coach; **~erbildungsanstalt** college of education; *US* normal school; **~erin** (woman, lady) teacher; mistress; *(Haus-)* governess; **~erkollegium** staff; *(Univ.)* faculty; **~erschaft** staff of teachers, the teachers; *(e-s Gebietes)* community of teachers; **~erseminar** teacher training college; **~erzimmer** staff-room; common-room; **~fach** teaching profession; *(Gegenstand)* subject; **~film** instructional (*od* educational) film; **~gang** course of instruction; **~geld** premium; *~geld zahlen (fig)* to pay (dearly) for one's experience; **~geschick** teaching skill; **~haft** didactic; **~herr** master; employer, *US a.* boss; **~jahre** years of apprenticeship; **~junge** apprentice; **~körper** teaching staff, body of teachers; *(Univers.)* professorate; **~kraft** teacher; **~ling** apprentice, trainee; **~lingszeit** apprenticeship; **~mädchen** girl apprentice; **~methode** teaching method; **~mittel** teaching equipment (*od* aids), means (*od* material) of instruction; educational materials; **~mittelfreiheit** exemption from fees for educational material; **~plan** *(Schule)* curriculum; course of instruction; **~probe** trial lesson; **~reich** instructive; representative; **~saal** lecture-room; class-room; **~satz** thesis; dogma; precept; theorem; **~stand** teaching profession; scholastic profession; **~stelle** apprenticeship; *(Familie)* tutorship; *(Schule)* mastership; *(Univers.)* professorship; **~stuhl** chair; *e-n ~stuhl innehaben* to hold a chair; **~vertrag** indentures; contract of apprenticeship; **~zeit** apprenticeship; **~ziel** fixed standard of achievement

Leib body; *(Unterleib)* abdomen, belly; *(Mutter-)* womb; *(Oberkörper)* waist; *(Rumpf)* trunk; *~ des Herrn* the Bread, host; *~ u. Leben* life and limb; *am ganzen ~e* all over; *bei lebendigem ~e* while alive; *an ~ und Seele* in body and mind; *mit ~ und Seele* with heart and soul; *s. vom ~e halten* to hold at arm's length; *zu ~e rücken* to attack; *nur d., was man am ~e hat* only what one stands up in; *wie er ~t und lebt* the very image of, his very self; **~arzt** personal physician; **~binde** sash; body-belt; ⚕ body bandage; **~chen** bodice, corset; **~eigen** in bondage; in thrall; **~eigene(r)** serf, bondman (bondwoman); **~eigenschaft** serfdom, bondage; **~eserbe** legitimate heir; **~eserziehung** physical training, *umg* P. T., physical education; **~esfrucht** foetus, embryo; offspring; **~eskraft** physical strength; *aus ~eskräften* with might and main, with all one's might, at the top of one's voice; **~esstrafe** corporal punishment; **~esübungen** gymnastics; *(Gymnastik)* physical exercises, *umg* physical jerks; **~garde, ~wache** body-guard; **~gericht, ~speise** favourite dish; **~haftig** true, real; embodied, incarnate; *d. ~haftige Teufel* the very devil, the devil incarnate; **~lich** corporeal, bodily; material; *sein ~licher Sohn* his own son; *sein ~licher Vetter* his first cousin, his cousin german; **~rente** life annuity; **~schmerzen** abdominal pains; stomach-ache, *umg* tummy-ache; **~wäsche** underwear, linen; *(Damen)* lingerie

Leiche dead body, corpse; cadaver; *(Tier)* carcass; *(Begräbnis)* funeral; *nur über m-e ~* only over my dead body ♦ *über ~n gehen* to stop at nothing; **~nbegängnis** funeral; **~nbeschauer** coroner; **~nbestatter** undertaker; **~nbittermiene** woe-begone look; **~nblaß** pale as death; **~nfrau** layer-out; **~ngeruch** cadaverous smell; **~nhaft** cadaverous; **~nhalle, ~nschauhaus** mortuary; **~nhemd** shroud; **~nöffnung** autopsy, post-mortem (examination); **~nrede** obituary; **~nschmaus** funeral festivity; **~nstarre** rigor mortis; **~nstein** tombstone; **~nträger** pall-bearer; **~ntuch** shroud; pall; **~nuntersuchung** coroner's inquest; **~nverbrennung** cremation; **~nwagen** hearse; **~nzug** funeral procession

Leichnam corpse; dead body; remains

leicht light; *(zu machen)* easy; *(unwichtig)* insignificant, trifling, little; *(gering)* slight; *(Tabak)* mild; *(leichtfertig)* careless, frivolous; *adv* lightly, easily; *~ möglich* very probable; *~ entzündlich* highly inflammable; *~ zugänglich* of easy access; *etwa ~nehmen* to take it easy, to make light of s-th; *es ist ihm e. ~es* it comes easy to him; **~athlet** athlete; **~athletik** athletics, track and field events; **~blütig** sanguine; **~faßlich** popular, plain; easily understood; **~fertig** careless, unthinking, thoughtless; frivolous; superficial; **~fertigkeit** thoughtlessness; frivolity; **~flüssig** easily fusible; mobile; **~fuß** happy-go-lucky fellow, gay young spark; **~füßig** nimble, light-footed; **~gewicht** light weight; **~gläubig** credulous; gullible; **~gläubigkeit** credulity; gullibility; **~herzig** light-hearted; cheerful; **~hin** lightly, carelessly; **~igkeit** *(Gewicht)* lightness; *(Mühelosigkeit)* ease; facility; **~lebig** easy-going, happy-go-lucky; **~matrose** ordinary seaman; **~metall** light metal; **~sinn** carelessness, thoughtlessness; frivolity; **~sinnig** careless, thoughtless; frivolous; irresponsible; **~verderblich** perishable; corruptible

Leichter lighter, barge; **~n** to lighter

Leid *(Betrübnis)* sorrow, grief; *(Schaden)* hurt, harm, injury; *(Schmerz)* pain; ~ *tragen* to mourn; *s. e.* ~ *antun* to put an end to one's life; *in Freud u. Leid* for better, for worse; *es ist mir* ~, *es tut mir* ~ I regret it, I am sorry (about); *er tut mir* ~ I am sorry for him; *es ist mir* ~ I am sick of it, I am fed up (with it); **~eform** passive voice; **~er** unfortunately, I am sorry to say . . .; *interj* alas!; what a pity!; *~er muß ich gehen* I am afraid I must be going; **~ig** tiresome; unpleasant; nasty **~lich** tolerable; *(mittelmäßig)* middling; passable; reasonable; **~tragender** mourner; **~voll** sorrowful; **~wesen** sorrow; affliction; *zu meinem ~wesen* to my regret

leiden to suffer; *(erdulden)* to bear; to endure; to tolerate; *(zulassen)* to permit, to allow; ~ *können* to like; *su* suffering; *(Krankheit)* disease, ailment; complaint; *(Schmerz)* pain; *(Kummer)* affliction; *Christi* ~ Passion of our Lord; **~d** suffering; *(krank)* sickly, ailing; afflicted (*an* with); **~schaft** passion; **~schaftlich** passionate; vehement; enthusiastic; **~schaftslos** dispassionate; apathetic; **~sgefährte** companion in misfortune; **~sgeschichte** story of woe; *eccl* Christ's passion; **~skelch** cup of sorrow; **~sweg** Way of the Cross; **~swoche** Passion Week

Leier lyre ♦ *d. alte* ~ the same old story; **~kasten** barrel-organ, *umg* hurdy-gurdy; *fig* worn-out piano; **~kastenmann** organ-grinder; **~n** to grind a barrel-organ; ⚙ to turn (a winch); *fig* to drawl (out)

Leih|bibliothek lending (*od* circulating) library *(m. Gebühr)* rental library; *(o. Gebühr)* public library; **~e** loan; **~en** to lend (*an* to); to borrow (*von* of, from); to hire out; *j-m Gehör ~en* to give ear to s-b; **~haus** pawnshop, pawnbroker's (shop); **~schein** pawn ticket; *(Buch)* slip; *~- u. Pachtabkommen* lend-lease agreement; **~weise** as a loan; *(gegen Miete)* on hire

Leim glue; *(Papier, Wand, Stoff)* size ♦ *auf d.* ~ *gehen* to fall into a trap, to fall for; *aus d.* ~ *gehen* to fall to pieces, to fall apart; *fig* to become completely shapeless; **~en** to glue; to size; *fig* to cheat, to take s-b in; **~farbe** distemper; **~ig** gluey; glutinous; **~rute** lime-twig; **~topf** glue-pot

Lein linseed; *(Flachs)* flax; **~e** line; *(Tau)* rope; *(Hunde-)* lead, leash; *(Schnur)* cord; **~en** *adj* (made of) linen; *su* linen, linen goods; **~enband** tap; *(Buch)* cloth binding; **~enschuh** canvas shoe; **~enweberei** linen factory; manufacture of linen; **~enzeug** linen (goods); linen fabric; **~öl** linseed oil; **~pfad** towing-path; **~saat, ~samen** linseed, flaxseed; **~tuch** linen (cloth); *(Bett)* sheet; **~wand** linen; *(🎨, Zelt)* canvas; 🎥, 📺 screen; *auf d. ~wand bringen* to bring to the screen; **~wandbindung** *(Weben)* plain weave

leise low; *(schwach)* weak, faint; *(leicht)* slight; *(sanft)* soft, gentle; ~ *berühren* to touch lightly; ~ *stellen* 📺 to tune down; ~ *sprechen* to speak low, in a low voice; **~treter** *fig* sneak

Leiste *(Tischler)* ledge, beading, ridge, batten; 🏛 fillet; ⚕ groin; 📖 head-piece, border; **~nbruch** (inguinal) hernia (*od* rupture)

Leist|en last; boot-tree ♦ *alles über e-n ~en schlagen* to measure everything with the same yardstick, to treat all alike; *vb (arbeiten)* to do, to work; *(ausführen)* to carry out, to perform; *(erfüllen)* to fulfil; *(liefern)* to afford, to accomplish; *s. etwa ~en* to treat o.s. to; *es s. ~en können* to be able to afford; *e-n Dienst ~en* to render a service; *e-n Eid ~en* to take an oath; *Folge ~en* to comply (with); to attend to; *Genüge ~en* to satisfy; *j-m Gesellschaft ~en* to keep s-b company; *Widerstand ~en* to offer resistance; *Zahlung ~en* to make payment, to pay; **~ung** *(Durchführung)* accomplishment, performance; *(Geld)* payment; disbursement; *(Arbeit)* work (done); output; production; *(Dienst)* service (rendered); *(Ergebnis)* result, effect; *(Versicherung)* payment, benefit; *(Errungenschaft)* achievement, attainment; **~ungsfähig** able, fit; efficient; productive; solvent; **~ungsfähigkeit** ability; efficiency; capacity for work; *(Fabrik, Maschine)* output, capacity, performance; *(Geld)* solvency; **~ungsfaktor** power factor; efficiency factor; **~ungslohn** payment by results; **~ungsprüfung** efficiency test; **~ungsreserve** reserve capacity; **~ungsschau** trade exhibition; **~ungsschwach** inefficient; *(Radio)* low-powered; **~ungsstark** efficient; *(Radio)* high-powered; **~ungszulage** supplementary payment for work performed; production bonus; merit bonus

Leit|artikel *BE* leader, leading article, editorial; **~bild** ideal; guiding principle; **~en** to lead; *(Unternehmen)* to manage, to direct, to boss; *(Geschäft)* to run, to operate, to conduct; ⚡, *phys* to conduct, to lead; *(lenken)* to guide, to direct; *(beaufsichtigen)* to control, to oversee; **~end** leading; directing, managing; *(anweisend)* directive; ⚡ conductive; *in ~ender Stellung* in managerial capacity (*od* status), in a key position; **~er** *(Führer)* leader; *(Chef)* principal; head; boss; *(Geschäftsführer)* manager; director; ⚡, *phys, (Dirigent)* conductor; **~faden** manual, text-book, guide; **~fähigkeit** conductivity; **~gedanke** key-note; main thought; **~hammel** bell-wether; **~motiv** leitmotif; **~planke** crash barrier; **~schiene** live rail; **~seil** leash; guide-rope; **~stelle** head office; **~stern** pole-star, *(a. fig)* lodestar; **~strahl** radius vector; 📺, ✈ beam; glide path; **~tier** leader; **~ton** ♪ leading tone; **~ung** direction; guidance; *(Verwaltung)* management; *(Aufsicht)* control; charge; ⚡ circuit; *(Draht)* wire;

lead; cable; ☎ line; *(Rohre)* pipe, piping; tube; conduit; *(Wasserleitung)* tap ♦ *e-e lange ~ung haben* to be slow-witted; **~ungsdraht** conducting wire, line wire; **~ungsfähigkeit** conductivity; conductive capacity; **~ungsnetz** supply-network, ⚡ electricity grid; **~ungsrohr** conducting pipe; conduit (pipe); *(Gas)* main; **~ungsschnur** flex, cord; lead; **~ungsstörung** defect in line; **~ungswasser** tap-water; **~ungswiderstand** line resistance

Leiter ladder *(a. fig);* ♪ gamut; *(Wagen)* rack; *(Feuerwehr)* scaling-ladder; *(Haushalt)* steps; step-ladder; **~sprosse** rung of a ladder; **~wagen** open-rack waggon; (wooden) handcart

Lekt|ion lesson (*e-e ~ion erteilen [fig]* to read s-b a. l.); *(Lehre)* rebuke; **~or** *(Univ.)* lecturer; teacher, tutor; *(Verlag)* reader; **~türe** reading; books, literature; *e-e gute ~üre sein* to make good reading; *bei d. ~üre von ...* (on, when) reading ...

Lende loin; *(Hüfte)* hip; *(Schenkel)* thigh; **~nbraten** roast sirloin; **~nschurz, ~ntuch** loincloth; **~nstück** loin, undercut, fillet; **~nwirbel** lumbar vertebra

lenk|bar dirigible; *fig* tractable; **~ballon** dirigible (*od* steerable) balloon; **~en** *(steuern)* to steer, to pilot, to drive; *(leiten)* to guide; (führen) to lead; *(Wirtschaft)* to control; *(wenden)* to turn, to bend; *(Auge, Schritt)* to bend; to turn; *(Aufmerksamkeit)* to call upon; to call attention to; *(verwalten)* to manage; **~er** manager; guide; ruler; driver; ✈ pilot; **~rad** steering-wheel; **~sam** guidable; tractable; docile; **~säule** steering-column; **~stange** *(Fahrrad)* handle-bars; **~ung** steering; driving; *(Wirtschaft)* control; *(Leitung)* direction; guidance; **~ungsmaßnahme** measure of control; **~ungsvorrichtung** steering-gear, guiding-device

Lenz spring; *fig* prime (of life)

Lepra leprosy; **~krank** leprous; **~kranker** leper

Lerche lark

Lern|begierde eagerness to learn; love of study; **~begierig** eager to learn, studious; **~en** to learn; to study; *auswendig ~en* to learn by heart ♦ *man lernt nie aus* one lives and learns; *gelernt* skilled, trained; by trade; *gelernter Mechaniker* mechanic by trade; **~jahre** years spent in learning a trade

Les|art reading; version; interpretation; **~bar** *(leserlich)* legible; *(lesenswert)* readable, worth reading; **~barkeit** legibility; readableness; **~e** *(Ähren-)* gleaning; *(Wein-)* vintage; **~ebuch** reading-book, reader; *(Fibel)* primer; **~ehalle** reading-room; **~elampe** reading-lamp; **~en** *(Ähren)* to glean; *(Früchte etc)* to gather; *(auslesen)* to pick, to select; to read; to lecture (*über* on); **~enswert** worth reading; **~eprobe** 🎭 first (reading) rehearsal; extract (from a book); **~er** reader; gleaner; gatherer; **~eratte** book-worm; bookish person; **~erbrief** *(Presse)* letter to the editor; **~erkreis** circle of readers; **~erlich** legible; **~erschaft** readers; audience; **~esaal** reading-room; **~estück** reading-passage; **~ewelt** reading public; **~ezeichen** bookmark; **~ung** reading

letal lethal

Letharg|ie lethargy; **~isch** lethargic

Letter 🕮 type, printing-letter

Lettner rood-screen

letzt last; *(neuest)* latest; final; ultimate; extreme; recent; *~en Sonntag* last Sunday; *in ~er Zeit, ~hin* lately, recently, of late; *in d. ~en Jahren* during the last few years, of late years; *zu guter ~* at good long last, at the last moment; *~e Nachrichten (Presse)* stop-press news; *~e Neuheit* latest novelty; *~e Ölung (eccl)* extreme unction; *Ereignisse d. ~en Zeit* recent occurrences; *~en Endes* after all; *bis auf d. ~en Mann* to a man; *sein ~es hergeben* to do one's utmost; **~ere** the latter; **~ens, ~lich** in the last analysis; **~willig** testamentary

Leu lion

Leucht|e lamp; *fig* shining light, star; *e-e ~e d. Wissenschaft* a luminary of science; **~en** to (give) light; to beam; to shine; to phosphoresce; *su* shining; glow, illumination; phosphorescence; **~end** bright, shining, luminous; aflame (*vor* with); **~er** candlestick; *(Kron-)* lustre; chandelier; *(Wand-)* branch; **~farbe** luminous paint; **~feuer** beacon (lamp, light); ✈ flare; **~gas** gas (for lighting); coal gas; **~geschoß, ~granate** star (*od* flare) shell; **~käfer** glow-worm, fire-fly; **~kraft** luminosity, illuminating power; **~kugel** Very light, signal flare; **~pfad** flare path; **~pistole** Very pistol, signal pistol; **~rakete** *mil* Very light; ✈ landing (*od* signal) rocket; **~stoffröhre, ~röhre** fluorescent lamp; **~turm** lighthouse; **~uhr** luminous clock (watch); **~zahl, ~ziffer** luminous figure; **~zifferblatt** luminous dial

leugnen to deny; *(verneinen)* to disavow; ⚖ to traverse; *entschieden ~* to deny flatly; *su* denial; disavowal

Leukoplast adhesive tape

Leumund character, reputation; **~szeugnis** testimonial, character

Leut|e people; persons; folk; the world, public; *(Diener)* servants; *wir sind geschiedene ~e it's good-bye to our friendship; unter d. ~e kommen* to mix with other people, *(Gerede)* to be noised abroad; **~eschinder** slave-driver, sweater; **~selig** affable; **~seligkeit** affability

Leutnant second lieutenant; *~ d. Flieger BE* pilot officer, *US* second lieutenant; *~ zur See BE* acting sublieutenant, *US* ensign; **~sstelle** lieutenancy

Levit levite ♦ *j-m d. ~en lesen* to take s-b to task, to haul s-b over the coals

Levkoje gilly-flower, stock

Lexiko|graph lexicographer; **~n** dictionary; *(Konversations-)* encyclopaedia

Libelle dragon-fly; ⚙ water-level, spirit-level

liberal liberal; broad-minded

Licht light; *(Kerze)* candle; *(Beleuchtung)* illumination, lighting; *(Helligk.)* brightness; *(Wild)* eye; *~ anmachen* to turn (*od* switch) on the light ♦ *bei ~e besehen* looked at closely, on reflection; *vt* to examine closely; *ins rechte ~ rücken* to put in its proper perspective, to show up in its true colours; *j-m ein ~ aufstecken* to open a person's eyes; *hinters ~ führen* to pull the wool over s-b's eyes; to dupe s-b; *e. schlechtes ~ werfen auf* to throw discredit on; *sein ~ unter d. Scheffel stellen* to hide one's light under a bushel; *in e. falsches ~ setzen* to misrepresent; *adj* light, bright, shining; clear; thin; *~e Augenblicke* lucid intervals; *am ~en Tage* in broad daylight; **~anlage** lighting plant; lighting system; **~bad** ⚕ light-bath, *(Sonnen-)* insolation; **~bild** photo(graph); *(Diapositiv)* slide; **~bildervortrag** lantern-slide lecture; **~bildner** photographer; **~blick** *fig* ray (*od* spark) of hope; **~blond** fair; **~bogen** arc; **~brechung** refraction of light; **~bündel** pencil of light; **~druck** collotype; **~durchlässig** translucent, transmitting light; **~durchlässigkeit** transparency, permeability; **~echt** fast to light; fadeless, nonfading, sunfast; **~empfindlich** sensitive to light, light-sensitive; *~empfindlich machen* to sensitize; *~empfindliches Papier* photographic paper; **~erglanz** brightness; brilliance; **~erloh** blazing, in full blaze, all ablaze; **~hof** 🏛 well, inner court; *astr,* 📷 halo; **~kegel** cone of light; *(Scheinwerfer)* beam of searchlight; **~lehre** optics, science of light; **~leitung** lighting circuit; **~maschine** 🚗 dynamo, *US* generator; **~meß** Candlemas; **~meßtrupp** flash-spotting troop; **~messung** photometry; *mil* flash-ranging; **~pause** blueprint; photographic tracing; **~quelle** source of light; **~reklame** illuminated advertisement; sky-sign; neon-advertisement; **~schacht** light-shaft; 📷 focusing hood; **~schalter** lighting switch; **~scheu** shunning the light; aphotic; *fig* shunning publicity; **~schwach** *(Linse)* slow; **~seite** *fig* bright side; **~signal** light signal; flash signal; *(Verkehr)* traffic light; **~spielhaus** cinema, picture-house, *US* motion picture theater; **~stark** *(Linse)* fast, high-speed; **~stärke** intensity of light; *(Linse)* speed of a lens, lens speed; *(Birne)* wattage; **~strahl** light ray, ray (*od* beam) of light; **~tonaufnahme** 📷 photographic sound-film recording; **~tonverfahren** sound-on-film system; **~umflossen** bathed in light, radiant; **~undurchlässig** light-proof, opaque to light; **~voll** luminous; clear, lucid; **~werbung** light advertising; **~zelle** visual cell; photo(electric) cell

licht|en *(Wald)* to clear; *(Anker)* to weigh; *(Reihen, Haar)* to thin out; *refl* to thin out; to grow thinner; to clear up, to grow brighter; **~ung** *(Wald)* clearing

Lichter ⚓ lighter, barge

Lid eyelid

lieb dear, beloved; *(angenehm)* agreeable; *(gut)* good; kind; *es ist mir ~* I am glad (*od* pleased); *es wäre mir ~* I should like; *s-e ~e Not haben* to have no end of trouble (*mit* with); *um d. ~en Friedens willen* for peace' sake; *du ~er Himmel!* Good Heavens!; *du ~e Zeit!* Good Gracious!; Dear me!; **~äugeln** to ogle (*mit j-m, etw* s-b); **~chen** sweetheart, darling, love, *US* honey; **~e** love; *(Zuneigung)* affection; *(christliche)* charity; *~e macht blind* love is blind; *aus ~e zu* for love of; *dir zu~e* for your sake; **~edienerei** cringing, servility; **~eleer** loveless; **~elei** flirtation, amour, dalliance; **~eln** to flirt, to make love; **~en** *vt* to love; to like; to be fond of; to adore; *vi* to be in love (with); **~enswert** worthy of love, lovable; **~enswürdig** amiable; kind; **~enswürdigkeit** amiability; kindness; **~** *(Komparativ)* dearer, more agreeable; *adv* rather; better; sooner; *~er als* in preference to; *~er haben* to prefer, to like better; **~esabenteuer** love-affair, intrigue; **~esbrief** love-letter; billet-doux; **~esdienst** good turn; (act of) kindness; **~eserklärung** declaration of love; **~esgabe** charitable gift; **~esgeschichte** love-story; **~eshandel** love-affair, intrigue; **~esheirat** love-match; **~eskrank** love-sick; **~esmühe:** *verlorene ~esmüh'* Love's labour's lost; **~espaar** (pair of) lovers; couple; **~espfand** love-token; **~esrausch** transport of love; **~estrank** love-potion, love-philtre; **~esverhältnis** love-affair, liaison; **~eswerbung** courtship; **~eswerk** work of charity; **~evoll** loving; affectionate; caressing; tender; **~gewinnen** to grow fond of; to take a fancy to; **~haben** to love, to like; to be fond of; **~haber** lover; beau; *(Kunst)* amateur, dilettante; *(Enthusiast)* fan; **~haberei** fancy; liking; hobby; **~haberpreis** fancy price; **~haberrolle** role of lover; **~habertheater** amateur theatricals; **~kosen** to caress, to fondle; *umg* to neck; *(Kind)* to cuddle; **~kosung** caress; petting; fondling; **~lich** lovely; charming, sweet; **~ling** favourite; darling, love, *US* honey; **~reich** kind, loving; **~reiz** charm, grace; attraction; **~schaft** love-affair, amour; **~ste(r)** dearest, beloved; lover, sweetheart

Lied song; *(Weise)* air; tune; melody; *(deutsches)* lied; *(Kirche)* hymn; *(Schlager)* hit (song); *(lustiges)* carol; *mehrstimmiges ~* part-song ♦ *immer d. alte ~!* (it's) always the same old story!; **~erabend** concert (of songs); **~erbuch** song-book; hymn-book; **~ertafel** choral union, choral society; glee-club

liederlich slovenly, careless, disorderly; *(Leben)* immoral, dissolute, dissipated; **~keit** slovenliness; carelessness; *(Leben)* loose conduct

Liefer|ant supplier; purveyor; *(Vertrags-)* contractor; *(Lebensmittel)* caterer; **~bar** available (for delivery); deliverable; **~barkeit** deliverability; marketability; **~firma** supplying firm; supplier; contracting firm; **~frist, ~zeit** term (*od* date) of delivery; **~n** to deliver; *(versorgen)* to supply; to furnish; *(Ertrag)* to yield; to produce; *(Schlacht)* to give battle ♦ *geliefert sein (umg)* to be done for, to be sunk; **~schein** delivery note; advice note; **~spesen** delivery charges; **~ung** delivery; *(Versorgung)* provision, supply; 📖 instalment, fascicle; *(Wehrmacht)* issue; **~ungsbedingungen** terms of delivery; **~ungsweise** *adv* in parts; in issues; in

numbers; **~ungswerk** 🕮 serial; **~wagen** delivery van
Lieg|e couch, divan; **~egeld** demurrage; **~ekur** rest cure; **~en** to lie; to rest; *(gelegen sein)* to be situated, to be placed; *mil* to be quartered, to be billeted; *(s. befinden)* to be, to stand; *laß das ~en!* leave that alone!; *d. Fenster ~en nach Süden* the windows face south; *im Sterben ~en* to be at the point of death; *in d. letzten Zügen ~en* to be breathing one's last; *zugrunde ~en* to underlie; *vor Anker ~en* to lie at anchor; *mir ~t daran* I am interested in the matter, I am anxious to; *es ~t daran, daß* . . . the reason is that . . .; *es ~t bei ihm* it rests with him (to do); *soviel an mir ~t* as far as I am concerned; as far as lies in my power; *mir ~t nichts daran* I don't care for it; *das ~t mir nicht* that is not my line; that does not suit me; **~enbleiben** *(Bett)* to stay in bed; to keep one's bed; *(Waren)* to be unsalable; *(Auto etc)* to break down; *(unerledigt)* to stand over; to lie over; to be left; **~end** lying; situated; horizontal; **~enlassen** to leave lying about; *(Arbeit)* to leave off; *(zurücklassen)* to leave behind; **~enschaften** landed property, real estate, immovables; **~eplatz** ⚓ berth; **~estuhl** deck-chair, *bes US* beach-chair
Lift lift, *US* elevator; **~boy, ~junge** lift-boy, *US* elevator boy
Liga ⚽ league; **~spiel** league match
Ligatur 🕮, ⚕ ligature
Liguster *bot* privet
Likör liqueur; cordial
lila lilac, pale violet, lavender
Lilie lily; *(Wappen)* fleur-de-lis
Liliputaner Lilliputian
Limon|ade flavoured soda water; *(Zitronen-)* lemonade; lemon-squash; **~elle** lime
Limousine limousine, saloon-car, *US* sedan
lind soft, gentle; mild; **~e** lime-tree, linden-tree; **~enblüte** lime-tree blossom; **~enblütentee** lime-blossom tea; **~ern** *(erleichtern)* to assuage; to allay; to alleviate; to relieve; *(mildern)* to soothe; *(weich machen)* to soften; *(mäßigen)* to mitigate; *(Strafe)* to commute; **~ernd** anodyne; **~erung** softening; relief, alleviation; abatement; **~erungsmittel** anodyne; lenitive, palliative
Lindwurm dragon
Linea|l ruler; **~r** linear; uniform; in equal proportion all round; at a flat rate
Linie line; 🕮 rule; *(Tendenz)* course; trend, tendency; *(Abstammung)* descent, lineage; branch (of a family); *(Straßenbahn)* number; *mil* front; *auf gleicher ~ mit* on the same footing as; *in erster ~* primarily; above all, first and foremost; *in e-e ~ bringen, in e-r ~ stehen* to align; *~n ziehen* to draw lines; **~nblatt** sheet with guide-lines; **~nbus** town (*od* scheduled) bus; **~nschiff** ship of the line; liner; **~ntreu** toeing (*od* true to) the party-line; **~ren** to rule; *~rtes Papier* ruled paper
link left; *(Stoff)* wrong (side); *(Münze)* reverse; *~e Seite* left hand (side); *~er Hand, zur ~en* on (to) the left; *d. ~en Flügel angehörend* leftist; **~e** left hand, left (side); **~erhand** on the left; **~isch** awkward, clumsy; **~s** to the left, on the left; *~s von* to the left of; *~s sein* to be left-handed ♦ *~s liegenlassen* to cold-shoulder, to ignore s-b completely; *~s um!* left about turn!; **~saußen** ⚽ outside left; **~sdrehung** anti-clockwise rotation; **~shändig** left-handed; **~spartei** leftist party; **~sradikal** leftist; **~sverkehr** left-hand traffic
Linnen linen
Linoleum linoleum, lino; **~schnitt** lino cut
Linse *bot* lentil; *opt* lens; 📷 objective; *(Auge)* crystalline lens
Lippe lip; *bot* labellum; ⚕ labium; **~nbekenntnis** lip service; **~nblütler** labiate plants; **~nlaut** labial (sound); **~nstift** lipstick
liquid liquid; *(Geld)* solvent; **~ation** liquidation, winding up; *(Rechnung)* settlement; *(Arzt)* doctor's bill; *(Realisierung)* realization; **~ieren** to wind up; to liquidate; to realize; *(Arzt etc)* to charge (as a fee); **~ität** liquidity; liquid resources; solvency
lispeln to lisp; to whisper
List cunning, craft, artfulness; *(Kriegs-)* stratagem; trick; **~ig** cunning, crafty; artful; sly, astute
Liste list; catalogue; *(Register)* roll, register; *(Aufzählung)* specification; *e-e ~ aufstellen* to draw up a list, to bill; *schwarze ~* Black List; *auf d. schwarze ~ setzen* to blacklist
Litanei litany
Liter litre; **~weise** by litres
liter|arisch literary; bookish; **~at** man of letters, writer; **~atur** literature, letters; **~aturgeschichte** history of literature; **~aturverzeichnis** bibliography
Litfaßsäule advertisement pillar
Lithograph|ie litho(graphy); **~ieren** to lithograph; **~isch** lithographic
Liturg|ie liturgy; **~isch** liturgical
Litze lace, cord, braid; ⚡ flex
Livree livery
Lizen|tiat licentiate; **~z** permit, licence; poetic licence; *in ~z* under licence; **~zgebühr** licence fee; 🕮 (copyright) royalty; **~zieren** to license, to certificate; **~znehmer** licensee
Lob praise; commendation; *über alles ~ erhaben* above all praise; **~en** to praise, to commend; to applaud; **~end** laudative, commendatory; **~enswert** praiseworthy; **~gesang** song of praise, hymn; **~hudelei** fulsomeness, fulsome praise, base flattery; **~hudeln** to praise in fulsome terms; **⍨lich** praiseworthy, laudable; commendable; **~preisen** to praise, to extol; **~preisung** praise; **~rede, ~spruch** speech of praise, eulogy
Loch hole, gap; *(Lochung)* perforation; *(Höhlung)* hollow, cave; cavity; *(Käse-)* eye; *(Reifen-)* puncture; *(Hecke, Wand)* break, breach; *(Wohnung)* dirty hole; *(Gefängnis)* jail, *sl* clink ♦ *auf d. letzten ~ pfeifen* to be on the rocks, to be on one's last legs; **~en** to punch, to perforate, to pierce; **~er** punch, perforator; **⍨erig** full of holes, porous; **~karte** punched

card, perforated card; **~ung** perforation, punching; **~zange** punch pliers

Lock|e curl, lock; *(Ringel-)* ringlet; **~en** to curl; **~enkopf** curly-head; **~enwickel** curler, curling pin; *(Papier-)* curl-paper; **~ig** curly, curled

lock|en to lure, to allure, to entice; *(mit List)* to decoy; *(versuchen)* to tempt; *(mit Köder)* to bait; **~mittel** bait; inducement; bribe; **~ruf** *(Vogel)* call; **~spitzel** agent-provocateur, stool pigeon; **~ung** attraction; lure; enticement; temptation; **~vogel** decoy (-bird); *fig* decoy, enticer, allurer

locker loose *(a. fig); (schlaff)* slack; *(Leben)* frivolous, dissolute, loose; *(Boden)* light, loose; *(Teig)* spongy; ~ *machen* to loosen; to slacken; ~ *werden* to work loose; *nicht ~ lassen* to be firm, to be insistent; **~n** to loosen, to slacken; *(Boden)* to break up; *(Sitten)* to demoralize; *(entspannen)* to relax; *refl* to work loose

Loden loden, unmilled cloth; **~mantel** waterproof woollen coat

lodern to blaze, to flame; to burn

Löffel spoon; *(Hasen-)* ear; *(Bagger-)* bucket ♦ *d. Weisheit mit ~n gefressen haben* to know all the answers; *drei ~ voll* three spoonfuls; *gehäufter ~* a heaped (*od* heaping) spoon; **~n** to sup; ⚙ to bail; **~stiel** spoon handle; **~weise** by spoonfuls; **~zange** scoop forceps

Log log; **~buch** log(-book); **~gen** to log; **~ger** lugger

Logarithmus logarithm

Loge 🎭 box; *(Freimaurer-)* lodge; **~nbruder** brother mason; **~nmeister** master of a lodge; **~nschließer** attendant

Logier|besuch visitors, guests; **~en** to stay, to lodge (*bei* with s-b); **~zimmer** spare room, guest room

Logi|k logic; **~ker** logician; **~sch** logical

Loh|e tan(ning-bark); flame; **~en** to (treat with) tan; *(Flamme)* to blaze up, to flare up; **~gerber** tanner; **~gerberei** tanning; tannery

Lohn wages; *(Monats-, Gehalt)* salary; *(Bezahlung)* pay(ment); *(Vergütung)* compensation; **~arbeit** jobbing work; **~arbeiter** workman, labourer; jobber; **~ausgleich** wage adjustment; **~diener** hired servant, extra help; **~drückerei** sweating; **~empfänger** wage-earner; wage--earning population; **~en** to compensate, to reward; *(bezahlen)* to pay; *(wert sein)* to be worth (while); to make worth while; *d. Sache ~t s. nicht* the game is not worth the candle; *es ~t s.* it is worth while; *es ~t s. nicht* it does not answer, it does not pay; **≃en** to pay (wages); *mil* to pay; **~end** profitable, lucrative, advantageous; **~erhöhung** pay (*od* wage) increase, *US* raise; **~kürzung** wage cut; **~kutscher** cabman; **~liste** pay-list; **~pfändung** garnishment of wages; **~steuer** wages tax; income tax (on wages and salaries); **~stopp** wage freeze; **~streik** wage strike; strike for higher wages; **~tag** pay-day; **~tarif** rate of pay, wage scale; **~tüte** pay envelope, wage-packet; **≃ung** pay; *mil* (army) pay; **~verhandlungen** wage negotiations, collective bargaining

Loipe course

lokal local; suburban; *su* (wine-)restaurant; inn, *BE* pub(lic-house); *(Lokalität)* locality, place; **~blatt** local paper; **~isieren** to localize

Lokomotiv|e engine, railway engine; **~fabrik** engine works; **~führer** *BE* engine-driver, *US* engineer; **~schuppen** engine shed

Lokowaren spots

Lorbeer laurel, bay ♦ *s. auf seinen ~en ausruhen* to rest on one's laurels; **~baum** = ~; **~blatt** bayleaf; **~kranz** laurel wreath

Lord lord; **~schaft** lordship

Lore 🚂 lorry, truck; (open) waggon

Los destiny, fate; *(Lotterie)* lottery ticket; *(Anteil)* lot, share, portion; *d. große ~* the first prize; *durch d. ~* by lot; *d. ~ werfen (ziehen)* to cast (*od* draw) lots; **~en** to draw lots; **~ung** password, watchword; battle-cry; *(Tier-)* droppings, dung

los loose, slack; *(frei)* free, flowing; *(getrennt)* off, detached; *etw ~ sein* to be rid of; *was ist ~?* what's the matter?, what's up?; *hier ist viel ~* there's plenty going on here; *es ist nichts ~* nothing doing; *mit ihr ist nicht viel ~* she's not up to much; *~!* go on!, fire away!, begin!, go ahead!; **~arbeiten** to work away; *refl* to extricate o.s.; **~binden** to untie, to loosen; **~brechen** to break off; to break loose; *(Sturm)* to burst (out); **~bröckeln** to crumble off; **~drücken** to fire (off); **~eisen** to free; **~fahren** to depart; *fig* to fly out at, to bear down on; **~gehen** to set off; *(s. lösen)* to loosen, to become loose; *(Gewehr)* to go off; *(beginnen)* to begin, to start; *~gehen auf* to attack, to go at; *schnurstracks ~gehen* to make a bee-line for; **~haken** to unhook; **~kaufen** to ransom, to redeem; **~kommen** to get away, to come off; **~lassen** to let go, to let loose; to let off; to release; *(Hund)* to set (*auf* on); **~legen** to begin, to start; **~lösen** to untie, to detach; *refl* to disengage o.s., to come off; **~machen** to make loose, to free, to release; ⚓ to unmoor, to cast off; **~platzen** to explode; *fig* to burst out, to blurt out; **~reißen** to tear off; to separate; *refl* to break loose, to burst from; **~rennen** to take the bit between one's teeth; **~sagen** *refl* to part from, to renounce (*von etw* s-th); **~schießen** to fire off (*od* away); *fig* to start, to begin; **~schlagen** *vt* knock off, to sell off; *vi* to attack, to strike; **~schnallen** to unbuckle; ✈ to undo one's belt; **~sprechen** to absolve, to acquit; to (declare) free; **~stürmen** to rush at, to rush forth; **~trennen** to undo, to separate; *(reißen)* to rip off; **~werden** to get rid of, to dispose of; **~ziehen** to set out; to march (*auf etw* against); *fig* to rail (*über, gegen* at), to inveigh (against)

Lösch|blatt blotting-paper; **~dienst** fire-fighting (service); **~en** *(Feuer)* to extinguish; *(Durst)* to quench; *(Licht)* to put out; *(Kalk)* to slake; *(Tinte)* to blot; *(annullieren)* to cancel; *(streichen)* to efface; *(Forderung)* to liquidate; ⚓ to unload, to discharge; **~er** *(Feuer)* extinguisher; *(Tinte)* blotter; *(Arbeiter)* docker, longshoreman; **~gerät** fire-fighting apparatus; extinguisher; **~mannschaft** fire-brigade; **~papier** = ~blatt; **~ung** *(Feuer)* extinction; *(Streichung)* cancellation; *(Firma)* dissolution, extinction; ⚓ unloading, discharging; **~zug** fire engine

lose loose, slack; *(unverbunden)* disconnected, incoherent; *(unverpackt)* unpacked; in bulk; *(Moral)* frivolous, dissolute; *e-e ~ Zunge haben* to have a loose tongue; *~r Mund* malicious tongue; *~r Vogel* wag; *~s Mädchen* wanton girl

Lös|egeld ransom; **~en** to loose(n), to untie, to undo; *chem* to dissolve; *(Karte)* to buy, *(im voraus)* to book; *(Problem)* to solve; *(Schwierigkeit)* to settle; *(Vertrag)* to annul, to cancel; *(Beziehungen)* to give up, to break off; *(Schuß)* to fire; *(Frage)* answer; **~lich** soluble; **~lichkeit** solubility; **~ung** loosening; discharge; answer; *chem* solution

Löß loess

Lot plummet, plumb-line; *math* perpendicular; *(Lötmetall)* solder; *(Gewicht)* half an ounce; *wieder im ~* all right again; **~en** ⚙ to plumb; ⚓ to sound; **≃en** to solder; **≃kolben** soldering iron; **≃lampe** *BE* blowlamp, blow torch; **~recht** perpendicular; **≃rohr** blowpipe

Lotse pilot; **~n** to pilot

Lotter|bube rascal, vagrant; **~ig** slovenly; dissolute; **~leben** dissolute life

Lotterie lottery; **~los** lottery ticket

Löw|e lion; *astr* Leo ♦ *s. in d. Höhle d. ~en begeben* to beard the lion in his den; **~enanteil** lion's share; **~engrube** lion's den; **~enmaul** snapdragon, antirrhinum; **~enzahn** dandelion; **~in** lioness

loyal loyal; **~ität** loyalty

Luchs lynx ♦ *Augen wie e. ~ (~augen) haben* to have eyes like a hawk, to be lynx-eyed

Lücke gap; opening, hole; *(leere Stelle)* blank; *(Mangel)* deficiency; defect; *(Auslassung)* omission; *e-e ~ schließen* to step into the breach; *e-e ~ ausfüllen* to fill a gap; **~nbüßer** makeweight; stop-gap; **~nhaft** full of gaps; *(unvollständig)* incomplete, deficient, defective; **~nlos** unbroken, uninterrupted; complete

Luder carrion; *umg* wretch, hussy; *(Schimpfwort)* beast; **~jan** rake; **~leben** dissolute life

Luft air; *(leichter Wind)* breeze; *(Atem)* breath; *(Atmosphäre)* atmosphere ♦ *d. ~ ist rein* the coast is clear; *an d. ~ gehen* to take (*od* go for) an airing; *~ schnappen gehen* to have (*od* go for) a blow; *in d. ~ gehen* to blow up, to storm and rage; *keine ~ bekommen* not to be able to breathe; *an d. ~ setzen* to throw out, to show s-b the door ♦ *aus d. ~ gegriffen* unfounded, a pure invention; *in d. ~ sprengen* to blow up; *in d. ~ schweben (hängen)* to hang in mid-air, to be undecided as yet; *s. ~ machen* to give vent to one's feelings; *an d. ~ trocknen* to air-dry; **~abwehr** air defence, anti-aircraft (defence); **~amt** Air Ministry; **~angriff** air raid; **~antenne** overhead aerial; **~aufklärung** aerial reconnaissance; **~bild** aerial photograph, aerophoto; **~bildgerät** aerial camera; **~bildwesen** aerial photography; **~blase** air-bubble; ⚕ vesicle; **~bremse** air-brake; pneumatic brake; **~brücke** air lift; *über d. ~brücke befördern* to airlift; **≃chen** breeze, zephyr; **~dicht** air-tight; **~druck** atmospheric pressure; *(bei Explosion)* blast; **≃en** to air, to give an airing, to ventilate; *fig* to reveal, to disclose; **~fahrt** aviation; **~fahrtministerium** Air Ministry; **~flotte** air fleet; **~förmig** gaseous, aeriform; **~fracht** air freight (*od* cargo); **~geräusche** 📻 atmospherics; **~gewehr** air-gun; **~hafen** airport, aerodrome; **~heizung** hot-air heating; **~herrschaft** air supremacy; **~ig** airy, breezy; *(dünn)* thin, flimsy; **~igkeit** airiness; **~kampf** air battle; **~kissenfahrzeug** hovercraft; **~klappe** air-valve; ✈ air flap; **~krieg** aerial warfare; **~kurort** climatic health resort; **~landetruppen** airborne troops; **~leer** void of air; *~leerer Raum* vacuum; **~linie** bee-line; *(Flugverkehr)* air-line, airway; **~loch** air pocket, air-hole; **~matratze** air mattress, *BE* lilo; **~polizei** air police; **~post** air mail; **~pumpe** pneumatic pump; **~raum** air space; **~reifen** pneumatic tyre; **~reklame** sky advertisement; **~röhre** ⚕ windpipe, trachea; air tube; **~rüstung** air armament; **~sack** windsock; wind-direction indicator; **~schacht** air-shaft; **~schaukel** swing-boat; **~schiff** airship; **~schiffahrt** aeronautics, aerial navigation; **~schlange** paper streamer; **~schloß** castle in the air, castle in Spain; **~schutz** air defence; air-raid protection; **~schutzkeller, ~schutzraum** air-raid shelter; **~schutzsirene** siren; **~schutzwart** (air) warden; **~schwingung** vibration of air; **~spiegelung** mirage, fata morgana; **~sprung** leap, caper; *e-n ~sprung machen* to jump for joy; **~störungen** atmospherics; **~stoß** gust of air; blast; **~strecke** air-lane; **~streitkräfte** air force; **~strom** air current; air blast; **~transport** air transport; air lift; **≃ung** airing, ventilation; *fig* lifting, disclosing; **~veränderung** change of air; **~verkehr** air traffic; **~verkehrsgesellschaft** air-line company; **~verkehrslinie** air-line; **~waffe** (German) Air Force; **~weg:** *auf d. ~weg* by air; **~ziel** aerial target; **~zufuhr** air supply; **~zug** draught, *US* draft; current of air

Lug lying, falsehood; *~ u. Trug* a pack of lies

Lüg|e lie, untruth; falsehood; *(unverschämte)* whopper; *j-n ~en strafen* to give the lie to s-b; **~en** to lie, to tell a lie; *~en wie gedruckt* to tell whopping lies, to lie like the devil; **~engewebe** tissue of lies; **~enhaft, ~nerisch** lying, mendacious; untrue; deceitful; **~enmaul** impudent liar; habitual liar; **~ner** liar

lugen to peep, to look out

Lugger ⚓ lugger; **~segel** ⚓ lugger-sail

Lukas St. Luke ♦ *Haut den ~* try-your-strength machine

Luke *(Dach)* dormer-window; skylight; ⚓ hatch; trap-door

lukrativ lucrative

lullen to lull
Lümmel lout, boor, hooligan; **~haft** loutish, boorish; **~n** *refl* to slouch
Lump scamp, rascal, blackguard; **~en** *su* rag, clout; *vi* to go on a spree; *s. nicht ~en lassen* to do the handsome thing, to come down handsomely; **~engesindel, ~enpack** riff-raff, rabble; **~enhändler** ragman; **~ensammler** ragman; last bus (*od* tram); **~erei** shabby trick; *(Kleinigkeit)* trifle; **~ig** ragged; shabby; *(unbedeutend)* trifling
Lunge lungs ♦ *s. d. ~ aus d. Hals schreien* to scream o.s. hoarse; **~nentzündung** pneumonia; **~nflügel** (lobe of the) lung; **~nkrank** consumptive; **~nkranker** tubercular person, consumptive; **~nschaden** lung lesion; **~nschwindsucht** phthisis, (pulmonary) consumption; **~ntuberkulose** tuberculosis (of the lungs)
Lunte match (cord); *(Fuchs)* fox's brush ♦ *~ riechen* to smell a rat
Lupe magnifying glass; magnifier ♦ *unter d. ~ nehmen* to scrutinize closely
Lupine lupin, *bes US* lupine
Lurch amphibian
Lust joy, delight; pleasure; *(Verlangen)* desire, lust; *(Neigung)* inclination, mind; *~ haben* to be inclined, to want (to do), to feel like (doing); *mit ~ u. Liebe* with a will, with heart and soul; *keine ~ haben* to have no mind, not to be keen (*zu* about); **~barkeit** entertainment, amusement; festivity; **⁓ern** *(gierig)* greedy (for); desirous (of); longing (for); *(sinnlich)* lascivious, lustful; **⁓ernheit** greediness; lasciviousness, lust; **~ig** gay, merry, jolly; funny, comical, blithe; *s. ~ig machen* to make fun (*über* of); **~igkeit** gaiety, merriment; fun; **⁓ling** voluptuary, sensualist; **~los** dull, without desire; *(Börse)* dull, inactive; **~mord** murder and rape; **~spiel** comedy; **~wandeln** to stroll (about), to take a walk
Lüster chandelier; lustre
lutschen to suck
Luv luff, weather-side; **~en** to luff
luxuriös luxurious; sumptuous; costly
Luxus luxury; sumptuousness; extravagance; *s. e-n ~ gestatten* to splurge; *in ~ leben* to live in luxury (in grand style); to live extravagantly, expensively; **~artikel** luxury article; **~ausgabe** édition de luxe; **~einband** superior binding; **~gegenstand** luxury; **~güter** luxury goods; **~steuer** tax on luxuries; **~waren** fancy goods, luxury articles
Luzerne lucerne, alfalfa
Lyzeum secondary school (for girls)
Lymph|drüse lymphatic gland; **~e** lymph; *(Impfstoff)* vaccine; **~gefäß** lymphatic (vessel)
lynch|en to lynch; **~justiz** lynch law, mob law
Lyr|a lyre; **~ik** lyric poetry; **~iker** lyric poet, lyrist; **~isch** lyric; *fig* lyrical; *~isches Gedicht* lyric

M

M (the letter) M
Maat mate; ⚓ *BE* leading rating, *US* petty officer 3rd class
Mach|art make; *(Art)* description, kind, sort; *(Stil)* style; *(Mode)* fashion; **~e** making; *fig* pretence, show; **~en** to make, to do; *(bewirken)* to effect; *(verursachen)* to cause; to bring about; *(herstellen)* to manufacture; *(kosten)* to come to, to amount to; *(in e-n Zustand versetzen)* to render; *(in Ordnung bringen)* to tidy, to bring to rights; *(ernennen)* to appoint; *s. ~en an* to begin on, to start work on; *s. viel ~en aus* to care much about; *s. fertig ~en* to get ready; *zurecht~en* to prepare; *s. wichtig ~en* to assume an air of importance; to be a busybody; *zunichte ~en* to frustrate, to upset; to annihilate; *s. gefaßt ~en auf* to be prepared for, to look out for; *j-n wahnsinnig ~en* to drive s-b mad (*od* crazy); *s. zu schaffen ~en an* to tamper with; *(s.) etw ~en lassen* to have (*od* to get) s-th made (*od* done); *s. gut ~en* to look all right; *wie ~en Sie es, daß ...* how do you manage (to do); *s-m Ärger Luft ~en* to give vent to one's anger; *e-e Bemerkung ~en* to (pass a) remark, to observe; *es kurz ~en* to put it briefly; to cut a long story short; *s. d. Haare ~en* to do one's hair; *e-e Aufnahme ~en* to take a snap (*od* photo); to snap; *e-n Witz ~en* to crack a joke; *Schulden ~en* to contract (*od* to run into) debts; *Umstände ~en* to take trouble, to go to (a lot of) trouble; *s-e Aufwartung ~en* to pay one's respects to; *Übung macht d. Meister* practice makes perfect; *d. macht nichts* that does not matter; *was ~en Sie?* how are you?; *mach schnell!* hurry up!; *mach, daß du fort kommst!* off with you!, be gone!, clear off (out)!; *wieviel macht es?* how much is it?; how much does it come (*od* amount) to?
Macht power; *(Stärke)* strength; *(Kraft)* force; might; *(Einfluß)* influence; control; *(Heer)* forces, army; *(Befugnis)* authority; **~befugnis** competency, authority; **~ergreifung** accession to power; seizure of power; *d. ~ergreifung (1933)* the Nazi Revolution; **~gruppe** pressure group; **~haber** ruler; lord; dictator; **⁓ig** powerful; mighty, strong; *(Bergb.)* thick; *adv* extremely, enormously, mighty; *e-r Sache ⁓ig sein* to be master of a thing; **~los** powerless; **~spruch** peremptory order, (word of) command; **~stellung** strong position, political power; **~übernahme** assumption (*od* seizure) of power; **~vollkommenheit** authority; *aus eigener ~vollkommenheit* on one's own authority; *~wort* = ~spruch ♦ *e. ~wort sprechen (umg)* to put one's foot down; **~zusammenballung** concentration of power
Mädchen girl; maid(en); *(Dienst-)* servant(-girl); *wildes ~* tomboy; *~ für alles* maid-of-all-work; **~haft** girlish, maidenly; **~handel** white slave traffic; **~jäger** Don Juan, dangler after women, *US sl* wolf; **~name** maiden name; **~zimmer** maid(-servant)'s room

Mad|e maggot, worm; **~ig** maggoty, worm-eaten
Mädel girl, lass, *US sl* babe, gal
Madonna madonna, the Holy Virgin
Madrigal madrigal
Magazin store(s), storehouse, warehouse; depot, dump; *(Gewehr-)* magazine, clip; *(Waffen-)* magazine; *(Zeitschrift)* periodical, review; **~verwalter** store-keeper, warehouse-keeper
Magd maid(-servant), servant; **~̈lein** little girl
Magen stomach, *umg* tummy; **~bitter** bitters; **~brennen** heartburn; **~grube** pit of the stomach; **~knurren** intestinal rumbling; **~säure** gastric acid; **~schmerzen** stomach-ache, *umg* tummy-ache; **~verstimmung** stomach upset
mager *(Mensch)* thin; slender; *(Fleisch)* lean; spare; *(sparsam)* frugal; *(dürftig)* meagre, poor; *(Boden)* barren; 🕮 lean-faced, standard; *~e Jahre* lean years; *~e Kost* meagre diet, short commons; *~ werden* to grow thin; to reduce; **~käse** skim-milk cheese; **~keit** leanness; poorness; **~milch** skimmed milk, skim milk
Mag|ie magic; **~ier** magician; **~isch** magic(al); *~isches Auge* 📻 tuning indicator, magic eye
Magist|er school-master, tutor; **~rat** town council; municipal authority; *Sache d. ~rats sein* to fall within the scope of the local (*bzw* municipal) authorities
Magnat magnate, *US* tycoon
Magnet magnet; *(~zünder)* magneto; **~isch** magnetic; **~iseur** magnetist; mesmerist; **~isieren** to magnetize; **~ismus** magnetism; **~nadel** magnetic needle; **~ophon** tape recorder; **~zünder** magneto; **~zündung** magneto ignition
Mahagoni mahogany
Mahd mowing; *(Schwaden)* swath
Mäh|binder reaper and binder, reaper-binder; **~drescher** harvester-thresher, combine; **~en** *vt* to mow, to cut, to reap; **~er** mower, reaper; **~maschine** reaper; *(Rasen)* mower
Mahl meal, repast; **~en** to grind, to mill; *(sehr fein)* to pulverize; **~gang** set of millstones; **~stein** millstone; **~zahn** molar; **~zeit** meal, repast; *gesegnete ~zeit!* God bless this food!
Mahn|brief dunning letter, reminder; request to pay; follow-up letter; **~en** to admonish, to exhort; to remind, to dun; to warn; **~er** admonisher; dun; **~mal** memorial(-stone); **~ung** reminder; dunning; admonition; *(Warnung)* warning
Mähne mane
Mähre mare; *(schlechtes Pferd)* jade
Mai May; **~baum** maypole; **~feier** May-day demonstration; **~glöckchen** lily of the valley; **~käfer** cockchafer
Mais maize, *US* (Indian) corn, sweet corn; **~kolben** corn cob; **~mehl** Indian meal, *US* corn meal
Maische mash; **~n** to mash
Majestät majesty; **~isch** majestic; **~sbeleidigung** lese-majesty
Major major; *BE (Luftwaffe)* squadron leader; **~at** primogeniture; **~enn** of age; **~ität** majority; **~srang** majority
Majoran marjoram
Majuskel capital letter
Makel stain, spot; *fig* blemish, fault; **~los** stainless, spotless; *fig* faultless, immaculate
Mäk|elei fault-finding, censoriousness; *(wählerisch)* daintiness; **~elig** censorious; fastidious; dainty; **~eln** to find fault with, to carp at; *umg* to pick at; **~ler** fault-finder, caviller
Makkaroni macaroni
Makler broker; real-estate broker, *BE* estate agent; **~gebühr** brokerage; **~geschäft** brokering, brokerage; broker's business
Makrele mackerel
Makrone macaroon
Makul|atur waste-paper, waste printed matter; *fig* waste; **~ieren** to pulp, to repulp
Mal monument; *(Wahrzeichen)* landmark; *(Mutter-)* mole; *(Wund-)* scar; *fig* mark, token; *(Fleck)* spot; stigma; *(Zeit)* time; turn; *adv* once; just; *zum ersten ~* for the first time; *mit e-m ~* suddenly, all of a sudden; *e. für alle~* once and for all; *e. ums andere ~* alternatively, by turns; *denk dir ~!* just imagine!; *2 ~ 3 ist (macht) 6* twice three are (is) six; *4 ~ 3 ist (macht) 12* 4 times 3 are (is) twelve; **~nehmen** to multiply
Malaria malaria; **~fieber** malarial fever, ague; **~kranker** malaria patient
Mal|buch painting-book, colouring-book; **~en** to paint; to portray; *(bildlich darstellen)* to represent; *s. ~en lassen* to have one's portrait painted; *nach d. Natur ~en* to paint from nature; **~er** painter, artist; *(Dekorateur)* decorator; house-painter; *(Anstreicher)* whitewasher; **~erei** painting; picture; **~erisch** picturesque; pictorial; artistic; **~erleinwand** canvas; **~ermeister** decorator, house-painter; **~kasten** paint-box
Malve mallow; **~nfarbig** mauve
Malz malt; *~ werden* to malt; *mit ~ versetzen* to malt; **~bier** malt beer; **~bonbon** cough-lozenge; **~̈er** maltster
Mama mamma, *umg* ma, mummy, *US* mom
Mammut mammoth
Mamsell miss; *(Haushälterin)* house-keeper; *(Kellnerin)* waitress
man one, they, people; *~ hat mir gesagt (gegeben, etc)* I was told (given, etc)
manch many a, many a one (*od* person, man); **~e** some; **~erlei** diverse, various, all manner of; **~es** many a thing, many things; **~mal** sometimes, now and again
Mand|ant client; **~at** mandate; authorization; *unter e. ~at stellen* to mandate; **~atarstaat** mandatory; **~atsgebiet** mandated territory
Mandarine tangerine (orange)
Mandel almond; ⚕ tonsil; *(Getreide-)* stook; *(Maß)* (set of) fifteen; *gebrannte ~n* sugared almonds; **~blüte** almond blossom; **~entzündung** tonsillitis; **~förmig** almond-shaped, amygdaloid
Mandoline mandolin

Manege arena; (circus) ring; riding-school
Mangan manganese; **~haltig** manganiferous; **~sauer** manganate of
Mangel *(Wäsche)* mangle, rolling-press; *(Fehlen)* need, want of; absence, lack; *(Fehler)* defect, fault; flaw; *(Knappheit)* shortage, deficiency; shortcoming; dearth (of); *aus ~ an* for want of; *~ leiden an* to be deficient in; **~beruf** critical occupation; **~haft** faulty, defective; *(unbefriedigend)* unsatisfactory, below the mark; **~haftigkeit** faultiness; imperfection; defectiveness; **~krankheit** deficiency disease; **~lage** shortage; **~n** *(Wäsche)* to mangle; *(fehlen)* to want, to be wanting; to lack, to fail; *es ~t mir an* I am short of, I am in want of; *~nde Bereitschaft* unwillingness; **~s** in default of; **~waren** goods in short supply, scarce commodities
Mangold chard, beet; **~gemüse** chard
Man|ie mania; **~isch** manic
Manier manner, habit; *(Betragen)* deportment; *(Stil)* style; **~iert** affected, mannered; **~lich** polite, civil, mannerly; **~lichkeit** politeness, civility
Manifest manifesto; **~ieren** to manifest, to declare
Maniküre manicure; *(Person)* manicurist; **~n** to manicure
Manipul|ation manipulation; **~ieren** to manipulate; to adjust, to manage
Manko deficiency, defect, deficit
Mann man; *(Ehe-)* husband; *(Soldat)* soldier, man; *(Geschlecht)* male; *d. gemeine ~* the man in the street, the common people; *wenn Not am ~ ist* if the worst comes to the worst; *~s genug sein* to be quite capable (of doing), to be a match for it ♦ *mit ~ u. Maus* with all on board, with every soul; *an d. ~ bringen* to dispose of; to find a taker for; to find a husband for; *s-n ~ stehen* to hold one's own; *e. ~ von Welt* a man of the world; **~bar** marriageable; virile; **~barkeit** puberty; manhood; **¨~chen** little man; *(Tiere)* male; *¨~chen machen* to sit up and beg; **~equin** model; **¨~ergesangverein** men's choral society, men's glee club; **~esalter** manhood; **~eskraft** manly vigour, virility; **~esstamm** male line; **~haft** manly, manful; **~haftigkeit** manliness; **~heit** manhood, virility; **¨~lich** male, masculine; manly; *¨~liches Tier* male; **~sbild** male; **~schaft** personnel; ⚒ team; ⚓ crew; *mil* (enlisted) men, ranks; *d. ~schaften* ⚓ lower deck; **~shoch** as tall as a man; head-high; shoulder-high; **~sleute** men, men-folk; **~stoll** mad about men, nymphomaniac; **~weib** virago, mannish woman; hermaphrodite
mannig|fach, ~faltig manifold, various; **~faltigkeit** variety, multiplicity
Manöv|er manœuvre, *US* maneuver; *(List)* trick; **~rieren** to manœuvre, ⚓ to handle
Mansarde attic; **~nfenster** dormer-window, attic-window
manschen to mix (up); to splash about
Manschette cuff; ✿ collar, packing ring ♦ *~n haben* to be in fear and trembling; **~nkopf** cuff- (*od* sleeve-) link
Mantel coat, cloak; *(ärmellos)* mantle; *(Winter-)* overcoat; ✿ jacket, casing, case; *(Reifen-)* outer cover; *fig* mantle ♦ *d. ~ nach d. Winde hängen* to trim one's sails to the wind; **~aufschlag** lapel; **~sack** valise, portmanteau; **~tarif** framework collective agreement
Manufaktur *(Erzeugnis)* manufacture; manufacturing; *(Fabrik)* factory; **~waren** manufactured goods
Manuskript manuscript; 🕮 copy; 📽, 🎬 script, scenario
Mappe *(Akten-)* briefcase, attaché case; portfolio; *(Schreib-)* writing-case; *(Ordner)* file (cover), folder; *(Schule)* satchel
Mär tale, story; news, tidings; **~chen** fairy tale; *(Lüge)* fib; **~chenhaft** fabulous, legendary; **~chenland** wonderland, dreamland
Marathonlauf marathon race
Marder marten
Margarine margarine, *BE umg* marge
Margerite marguerite, daisy
Marien|bild image of the Virgin Mary; **~glas** mica, selenite; **~käfer** lady-bird
Marine marine; *(Kriegs-)* navy; *(Handels-)* merchant marine; *(Schiffswesen)* shipping; **~blau** navy(-blue), marineblue **~flieger** naval airman; **~flugzeug** seaplane, naval aircraft; **~minister** *BE* First Lord of the Admiralty, *US* Secretary of the Navy; **~ministerium** *BE* Admiralty, *US* Navy Department; **~offizier** naval officer; **~soldat** marine; **~station** naval base
marinieren to pickle
Marionette marionette, puppet; **~nregierung** puppet government; **~nspieler** wire-puller; **~ntheater** puppet theatre, puppet-show
Mark *(Münze)* mark; ⚕ marrow; *bot* pith, pulp; *(Gebiet)* boundary, frontier, marches; *fig* essence, core; *bis aufs ~* to the bone; *ins ~ treffen* to cut s-b to the quick ♦ *j-m durch ~ u. Bein gehen* to thrill s-b to the marrow; **~erschütternd** blood-curdling; **~graf** margrave; **~gräfin** margravine; **~ig** marrowy, pithy; strong; **~scheider** mine-surveyor; **~stein** boundary-stone; *fig* landmark, milestone
markant characteristic; *(auffallend)* striking; *(bezeichnet)* well-marked
Mark|e mark, sign, token; *(Waren-)* brand, trade-mark; type; ✉ stamp; *(Spiel-)* counter, chip; 🚗, 🎬 make; *(Wein)* vintage, growth; *(Rationierung)* coupon, point; **~enalbum** stamp album; **~enartikel, ~enware** branded goods; **~enbutter** standard butter; **~enfrei** non-rationed, coupon-free; **~enpflichtig** rationed; **~enschokolade** chocolate of proprietary brands; **~enschutzgesetz** Trade Marks' Registration Act; **~ieren** to mark, to indicate; to label; *(Waren)* to brand; *(umreißen)* to outline; *(Baum)* to blaze; *fig* to simulate, *umg* to put on
Marketender sutler; **~in** canteen-woman; **~ei** canteen, military (naval, air-force) stores; *BE* NAAFI, *US* PX

Markise awning, *BE* sun-blind
Markt market; *(Ort)* market-place; *(Absatz)* outlet, market; *(Geschäft)* business, trade; *schwarzer ~* black market; **~bude** booth, stall; **~en** to bargain, to haggle; **~flecken** small market-town; **~gängig** current, marketable; **~gerecht** in line with the real market conditions; *(Preis)* fair; **~halle** market-hall, covered market; **~lage** state of the market, market situation; **~platz** market-place; **~politisch** from the point of view of the effect on the market; **~schreier** puffer, barker; **~schreierisch** showy; **~wirtschaft** *(freie)* free-market economy, free-enterprise economy
Marmelade jam; *(Orangen-)* marmalade
Marmor marble; **~bruch** marble quarry; **~ieren** to marble, to vein, to grain; **~n** (of) marble; **~platte** marble slab
marod|e tired, weary; ill; **~eur** marauder; **~ieren** to pillage
Marone edible (*od* sweet) chestnut
Maroquin morocco
Marotte fancy, whim, caprice; fad
Mars ⚓ top; **~segel** topsail
Marsch march; tramp, hike; *(Land)* marsh, fen; *auf d. ~* en route, marching ♦ *j-m d. ~ blasen* to give s-b a piece of one's mind; **~boden** marshy soil; **~ieren** to march; **~ig** marshy; **~kolonne** marching column; **~mäßig** in marching order; **~tanz** Paul Jones; **~tempo** rate of marching; **~verpflegung** supply on the march
Marschall marshal; **~stab** marshal's baton
Marstall royal stables (*od* stud)
Marter torture, torment; pang, agony; **~bank** rack; **~holz** the Cross; **~n** to torture; to torment, to agonize; **~pfahl** stake; **~voll** excruciating
martialisch martial
Märtyrer martyr; **~tum, Martyrium** martyrdom, ordeal
Marxis|mus Marxism; **~t, ~tisch** Marxian, Marxist
März March
Marzipan marzipan, marchpane
Masch|e mesh; *(Strick-)* stitch; **~endraht** chicken (*od* screen) wire; **~enwerk** network; **~ig** meshy, (meshy) netted; reticulated
Maschin|e machine; engine; *(Schreib-)* typewriter; *auf d. ~e schreiben* to type(-write); *(Näh-)* sewing-machine; **~ell** mechanical; *~elle Bearbeitung* machining; **~enanlage** mechanical equipment; **~enbau** mechanical engineering; machine building; **~enbauer** mechanical engineer; **~enfabrik** engineering works; machine factory; **~engarn** machine-spun yarn, machine thread; **~engewehr** machine-gun; **~enkonstruktion** machine designing; **~enmeister** machinist; engine-driver; **~enpark** machinery; **~enpistole** tommy-gun, submachine gun; **~enschaden** engine trouble; **~enschlosser** (engine) fitter; **~enschreiben** typewriting; **~enschreiber** typist; **~enschrift** typing; typescript; **~enwärter** engine (*od* machine) operator; machine attendant; **~erie** machinery; **~ist** machinist; mechanic; engineer, engine-driver; 🎭 machinery man
Maser spot, speckle; *(Holz)* grain, vein; **~ig** speckled; veined; mottled; grained; **~n** ⚕ measles; *vb* to vein, to grain
Mask|e mask; *(Verkleidung)* disguise; ⚔ visor; 🎭 make-up; *fig* pretext, pretence; *d. ~e fallenlassen (fig)* to drop pretence, to throw off one's mask; *d. ~e abnehmen* to unmask; **~enball** fancy-dress ball; **~enkostüm** fancy dress; **~enverleih** hire of theatrical properties; **~erade** masquerade; **~ieren** to mask
Maskulinum masculine (noun)
Maß measure; *(Ausdehnung)* dimension, extent; *(Größe)* size; *(Grad)* degree; *(Grenzen)* limit, bounds; *(Bier)* quart; *(Mäßigung)* moderation; *(Verhältnis)* proportion; *~nehmen* to measure, to take the measurement of; *nach ~ gemacht* made to measure; *in hohem ~e* highly, in a high degree; *über alle ~en* exceedingly, excessively; *in d. ~e, daß* to such an extent that; *über d. ~en* beyond measure, exceedingly; *in d. ~e wie* in the same measure as; *ohne ~ u. Ziel tun* to overdo it; *mit zweierlei ~ messen* to apply a different yardstick; *d. ~ ist voll* that's put the lid on it, that'll do!; **~analyse** volumetric analysis; **~arbeit** made to measure; **~gabe** measure, proportion; *nach ~gabe von* according to; **~gebend, ~geblich** authoritative, standard; decisive; leading; competent; **~halten** to keep within limits, to be moderate; **~krug** tankard, mug; **~liebchen** daisy; **~los** immoderate; boundless; *(übertrieben)* exorbitant; *(überspannt)* extravagant; **~nahme** measure, step; **~regeln** to reprimand, to inflict disciplinary punishment on; **~regelung** disciplinary punishment; **~schneider** bespoke tailor; **~schneiderei** tailoring to measure; **~stab** yard measure, ruler; *(Karten-)* scale; ⚙ gauge; *fig* standard; criterion; *e-n ~stab anlegen* to apply a standard to; **~voll** moderate; **~werk** 🏛 tracery
Mass|age massage; **~eur** masseur; **~euse** masseuse; **~ieren** to massage
Massak|er massacre; **~rieren** to massacre
Mass|e mass; quantity; lot; *(Haufen)* heap; *(Körper)* substance; mass; body; bulk; lump; *(Menschen-)* crowd, the masses, multitude, the people; ⚖ assets, property; estate; *d. breite ~e* the rank and file; **~enabsatz** mass sale; **~enartikel** mass-produced article; **~enaufgebot** large, number (*od* crowd); **~enbefragung** public opinion poll; **~engrab** common grave; mass-grave; **~engüter** bulk goods; **~enhaft** in large quantities, numerous; **~enkundgebung** mass-meeting, rally; **~enmord** general massacre, slaughter; **~enproduktion** mass production, production in bulk; **~enquartier** billets for large numbers; **~enverhaftung** mass arrests; **~enversammlung** mass-meeting, rally; **~enweise** in large numbers, wholesale; **~enverwalter** ⚖ official receiver; **~ieren** *refl* to accumulate, to pile up; to combine; **~ierung** accu-

mulation, large amount; **~ig** bulky, solid, heavy; **~iv** massive, solid; heavy; *umg* rude; *su geol* massif

mäßig moderate, conservative; *(sparsam)* frugal; *(Preis)* reasonable, moderate; *(bescheiden)* modest; *(mittelmäßig)* middling; *(Schule)* poor, mediocre; **~en** to moderate; *(beschränken)* to restrain, to check; to slacken; *refl* to moderate o.s.; to restrain o.s.; to control o.s.; *gemäßigte Zone* temperate zone; **~keit** moderation; frugality; *(Gefühle, Genuß)* temperance; **~ung** moderation; restraint; self--control

Mast *(Stange)* mast; pole; pylon; mooring mast; *(Futter)* mast; pig's food; acorns, beech nuts; **~darm** rectum; **¨~en** to feed, to fatten; *s. ¨~en an (a. fig)* to batten on; **~kalb** fatted calf; **~korb** masthead, crow's nest; **~kur** fattening diet; **~vieh** fattened cattle, fatstock

Mastix mastic

Mater matrix

Material material; *(Stoff)* substance; *(Vorrat)* stock, stores; *rollendes ~* rolling stock; **~ersparnis** economy of materials; **~isieren** to materialize; **~ismus** materialism; **~ist** materialist; **~istisch** materialistic; **~knappheit** stringency of materials; **~schaden** fault (*od* flaw) in material; **~schwierigkeit** difficulty in procuring materials

Materie matter, stuff; *(Gegenstand)* subject; **~ll** material; actual, materialistic; *(geldlich)* financial; *adv* in fact, de facto

Matetee maté

Mathemat|ik mathematics; **~iker** mathematician; **~isch** mathematical

Matratze mattress

Mätresse (kept) mistress

Matri|kel register, roll; **~ze** matrix; *(Stempel)* die; *(Schablone)* stencil; **~zenschreiben** stencil cutting

Matrone matron

Matrose sailor; blue-jacket

Matsch mud, slush; **~ig** muddy, slushy

matt *(körperlich)* weak, feeble, faint; *(stumpf)* mat(t), dull, unpolished; *(dumpf)* muffled; *(Augen)* dim; *(Licht)* soft; *(Stimme)* faint; *(Schach)* (check-)mate; *~ setzen* to mate; **~glas** frosted glass, ground glass; **~heit, ~igkeit** tiredness; debility; dullness; **~herzig** faint--hearted; **~scheibe** focusing screen; *er hat e-e ~scheibe* he's a bit dim; **~weiß** dull white

Matte mat; *(Wiese)* (alpine) meadow

Mätzchen tricks and pranks; antics; *~ machen* to play the fool; to be fussy

mau: *das ist ~* this is poor; *mir ist ~* I feel miserable (*od* rotten)

Mauer (brick) wall; **~anschlag** poster; **~blümchen** *fig* wall-flower; **~brecher** battering--ram; **~haken** piton; **~n** to build (with stone); (, *fig*) to stonewall, to play out time; **~schwalbe, ~segler** swift; **~werk** stonework, brickwork, masonry

Maul mouth; *~- u. Klauenseuche* foot-and--mouth disease; *halt's ~!* hold your tongue!, shut up!; *e. ~ ziehen* to make a face; *j-m d. ~ stopfen* to shut s-b up, to silence s-b ♦ *einem geschenkten Gaul guckt man nicht ins ~* don't look a gift horse in the mouth; **~affe** gaper; *~affen feilhalten* to stand gaping; **~beerbaum** mulberry-tree; **~en** to sulk, to pout; **~esel** mule; **~eseltreiber** muleteer; **~held** braggart; **~korb** muzzle; **~schelle** slap, box on the ear; **~sperre** lock-jaw; **~trommel** Jew's harp; **~wurf** mole; **~wurfshügel** mole-hill

Maurer bricklayer; mason; **~geselle** journeyman mason; **~meister** master mason; **~polier** head mason

Maus mouse; **~efalle** mousetrap; **~eloch** mouse-hole; *fig* loophole; **~en** *vt* to pinch, to pilfer, to filch; *vi* to catch mice; **~er** moulting; **~ern** *refl* to moult; **~etot** stone-dead; *s. ~ig machen* to put o.s. forward, to give o.s. airs

mauscheln to talk sheeny

mäus|chenstill quiet as a mouse, stock-still; **~ebussard** common buzzard; **~edreck** mouse dung; **~egift** ratsbane

maximal maximum, maximal; highest (permissible); *adv* at the most (*od* best); utmost; **~geschwindigkeit** top speed; **~gewicht** maximum weight; **~leistung** maximum capacity (*od* output); **~preis** maximum price, ceiling price

Maxim|e maxim; **~um** maximum; limit

Mayonnaise mayonnaise

Mäzen Maecenas

Mechan|ik mechanics; mechanism; **~iker** mechanic, engineer, fitter; **~isch** mechanical; routine; **~isieren** to mechanize; **~isierung** mechanization; **~ismus** mechanism; machinery

Mecker|er grumbler, carper, *sl* grouser; **~n** to bleat; *fig* to grumble, to grouse, to nag

Medaill|e medal; **~on** medallion; locket

medial psychic; mediumistic

Medi|kament medicament, remedy; **~zin** *(Arznei)* medicine; physic; *(Wissenschaft)* (science of) medicine; **~ziner** medical man; medical student, student of medicine; **~zinisch** medical; medicinal; *vom ~zinischen Standpunkt* from a medical point of view, medically speaking; *~zinische Bäder* medicinal baths; *~zinische Forschung* medical research; *~zinische Seife* medicated soap

meditieren to meditate

Medium medium

Meer sea, ocean; high sea; **~aal** conger; **~busen** gulf, bay; **~enge** straits, channel; **~esbrandung** surf (of the sea); **~esgrund** bed, sea--bottom; **~eshöhe, ~esspiegel** sea-level, surface of the sea; **~esleuchten** phosphorescence of the sea; **~katze** guenon; **~mädchen** mermaid, siren; **~rettich** horse-radish; **~schaum** meerschaum; **~schaumpfeife** meerschaum (pipe); **~schweinchen** guinea-pig; **~ungeheuer** sea monster

Mega|hertz megacycle (per second); **~phon** megaphone

Megäre termagant, vixen

Mehl flour; *(grob)* meal; *(mit Backpulver)* self--raising flour; **~ig** floury, mealy, farinaceous;

~speise (dish of) farinaceous food; **~wurm** meal-worm

mehr more; *immer* ~ more and more; ~ *als* more than; the better part (*od* half) of; *nicht* ~ no more, no (not any) longer; ~ *noch* even worse; *je* ~ *(desto)* the more... (the more); *um so* ~ *als* all the more as; *nie* ~ never again; *nur* ~ only, nothing but; *es war nichts* ~ *da* nothing was left; *nicht* ~ *viel Zeit haben* not to have much time to spare; *es ist nicht* ~ *als billig* it's only fair; *was noch* ~*?* what else?; *d. schmeckt nach* ~ it whets one's appetite for more; **~arbeit** overtime; additional work; **~ausgabe** additional expenditure; increase in expenditure; **~bändig** in several volumes; **~betrag** additional amount; **~deutig** ambiguous; **~einnahme** surplus of (*od* increase in) receipts; **~en** to augment, to increase; *refl* to multiply, to grow; **~er** augmenter; enlarger; **~ere** several; more than one, two or more; **~eres** several things; sundries; **~erlei** various, diverse, divers; **~fach** manifold, several; several times, repeatedly; **~farbendruck** colour print (-ing), process printing; **~farbig** (multi)colour (ed); **~heit** majority; multiplicity; *überwältigende* ~*heit* overwhelming majority (*od* odds); *d.* ~*heit ist dafür* the ayes have it; **~malig** repeated, reiterated; **~mals** several times, again and again; **~porto** additional postage, surcharge; **~seitig** *math* polygonal, with many sides; multilateral; **~silbig** polysyllabic; **~stimmig** arranged for several voices; *(Lied)* part (song); **~stöckig** multi-storey; **~stündig** of several hours' duration, lasting for hours; **~zahl** majority, most of; *gram* plural; **~zweck** general purpose, multiple purpose; *(in Zssg)* all-purpose

meiden to avoid, to shun

Meier dairy-farmer; *(Verwalter)* steward; **~ei** (dairy-)farm

Meile mile; league; *englische* ~ British (statute) mile; **~nstein** milestone; **~nweit** for miles; miles off, very far

Meiler charcoal-pile

mein *pron* my; *adj* mine; *d.* ~*en* my people; *ich für* ~*en Teil* as far as I am concerned, as to me; ~*es Wissens* as far as I know; ~ *und dein* mine and thine ♦ ~ *u. dein verwechseln* to be light-fingered; **~eid** perjury; **~eidig** perjured; **~erseits** as far as I am concerned, for my part; **~esgleichen** such as I, my equals, people like me; **~esteils** on my part; **~ethalben, ~etwegen** for my sake; I don't mind; as for me, for me, for all I care; *um* ~*etwillen* for my sake; **~ig** my, mine

mein|en to think, to believe, to be of (the) opinion; *(irrtümlich denken)* to suspect; *(vermuten)* to suppose; *(sagen wollen)* to mean, to intend; *(sagen)* to say; *(anspielen)* to refer to; *wie* ~*en Sie?* I beg your pardon?, what did you say?; *j-n* ~*en* to speak of s-b; *es gut* ~*en* to mean well; **~ung** opinion, view; *(Absicht)* intention; *(Auffassung)* meaning; *(Urteil)* judgment; *(Anschauung)* way of thinking, belief; *meiner* ~*ung nach* in my opinion, to my mind (*od* thinking); as I take it; *j-m seine* ~*ung sagen* to give s-b a piece of one's mind; *vorgefaßte* ~*ung* prejudice; **~ungsbefragung** (public) opinion poll

Meise titmouse

Meißel chisel; **~n** to chisel, to carve

meist most; *d.* ~*en* most; most people; *adv* most, mostly; *am* ~*en* most, more than all; best; *d.* ~*e Zeit* most of the time; **~begünstigungsklausel** most-favoured-nation clause; **~bietend** offering most; **~bietender** highest bidder; **~ens, ~enteils** mostly; for the most part; **~gebot** highest bid, best offer

Meister master; *umg* boss; ╤ champion; **~haft, ~lich** masterly; **~in** fully qualified (dressmaker, hairdresser etc.); master's wife; *(Anrede)* mistress; ╤ (woman) champion; **~n** to master, to overcome; to control; **~prüfung** trade examination; **~schaft** mastery ╤ championship; **~schaftsspiel** league match; **~schaftstitel** ╤ title; **~schule** technical college; ~*schule für Mode* school for fashion, tailoring and designing; **~schütze** crack shot; **~singer** mastersinger; **~stück** masterpiece, masterwork; **~werk** masterpiece; highest achievement

Melancho|lie melancholy; **~liker** hypochondriac; **~lisch** melancholy; pensive; ~*lisch sein (umg)* to have the blues

Melasse molasses

Meld|eamt registration office; **~efahrer** mounted messenger, dispatch-rider; **~egänger** messenger; *mil* dispatch-rider; **~en** to announce, to inform; to register; *refl* to report (to); *(Stellung)* to apply (for); *(antworten)* to answer; *(Examen)* to enter (for); *(Finger heben)* to put up one's hand; *s.* ~*en lassen* to send in one's name; *s. freiwillig* ~*en* to volunteer; **~ereiter** dispatch-rider; **~estelle** registration office; local reporting office; *(Feuer)* fire alarm; **~ezettel** registration form; **~ung** news, announcement; *(Mitteilung)* information, notification; message; *(dienstlich)* report; ╤ entry; *(Bewerbung)* application; *nach bisherigen* ~*ungen* according to reports so far to hand

meliert mottled, speckled; *(Haar)* greying

Melioration ⚘ amelioration, land improvement

melk|en to milk; **~er** milker; **~erei** dairy(-farm); **~gerät** milking utensils; milking machine; **~kübel** milking-pail, milking tub

Melod|ie melody; *(Weise)* tune, air; **~isch** melodious, tuneful

Melone melon; *(Zucker-)* musk-melon; *(Wasser-)* water-melon; *(Hut)* bowler (hat), *US* derby hat

Meltau blight, mildew

Membran membrane; ☎ diaphragm

Memme coward; craven; funk; *elende* ~ cur

Mem|oiren memoirs, personal reminiscences; **~orandum** memorandum; diary, notebook; **~orieren** to memorize, to learn by heart

Menage cruet(-stand); set (of dishes)

Menge quantity; amount; lot(s); great deal, a great many; *(Überfluß)* abundance;

(Menschen) crowd, throng, multitude; *d. ganze ~* the lot; *e-e ~* a lot of; *e-e große ~* lots of; *in ~n* plenty of, in abundance; *jede beliebige ~* any desired amount (*od* quantity); *e-e ganze ~ halten von* to think no small beer of; **~n** to mix, to blend; *refl* to mingle, to mix; *(einmischen)* to meddle, to interfere (with); **~nbestimmung** quantitative determination; **~nmäßig** quantitative, in terms of quantity

Mennig(e) minium, red lead

Mensch man, human being; *(Einzelwesen)* person, individual; *d. ~en* people; *(~heit)* mankind; *nur e. ~ sein* to be only human; *nur e. halber ~ sein* not to be o.s.; *kein ~* not a soul, nobody; *d. ~en kennen* to know human nature; *e. lieber ~* a dear fellow; *e-e Menge ~en* a great many people; **~enaffe** anthropoid ape; **~enähnlich** anthropoid; manlike; **~enalter** generation, age; **~enfeindlich** misanthropic; **~enfresser** cannibal, man-eater; **~enfreundlich** philanthropic; **~engedenken:** *seit ~engedenken* from time immemorial, within the memory of man; **~engeschlecht** mankind, the human race; **~enkunde** anthropology; **~enleer** deserted; **~enmaterial** man-power; **~enmenge** crowd of people; **~enmöglich** humanly possible; **~enraub** kidnapping; **~enrechte** rights of man, human rights; **~enreich** populous; **~enscheu** unsociable, shy; **~enschinder** extortioner; slave-driver; **~enschlag** race of men; **~enskind** oh boy!; **~ensohn** the Son of Man; **~enverstand** human understanding; *gesunder ~enverstand* common sense; *praktischer ~enverstand (umg)* horse-sense; **~enwürde** dignity of man; **~enwürdig** worthy of human beings; **~heit** human race, mankind; **~lich** human; *fig* humane; *~liche Behandlung* humane treatment; *nach ~lichen Begriffen* humanly speaking; **~lichkeit** human nature; humanity; humaneness; **~werdung** incarnation; *d. ~gewordene Gott* God incarnate

Menstru|ation menstruation; **~ieren** to menstruate

Mensur students' duel

Mentalität mentality

Menü menu; set meal; table d'hôte

Menuett minuet

Mergel marl; **~boden** marly soil; **~grube** marl-pit; **~n** to manure with marl

Meridian meridian

Meringe meringue

merk|bar, ~lich noticeable, perceptible, appreciable; **~blatt** leaflet; (instructional) pamphlet; memorandum; **~buch** notebook; **~en** to notice, to perceive, to observe, to note; *(gewahr sein)* to be aware of; *(fühlen)* to feel; *(argwöhnen)* to suspect; *refl* to bear in mind; to remember; *s. nichts ~en lassen* to appear to know nothing; *s. etw ~en lassen* to betray; to let on s-th; *~en lassen* to give to understand; **~mal** characteristic; feature; *(Zeichen)* sign, mark; *(Eigenschaft)* attribute; **~würdig** strange, curious; remarkable; striking; peculiar; **~würdigerweise** strange to say; strangely enough; **~würdigkeit** strangeness; curiosity; peculiarity; **~zeichen** characteristic; sign, mark

meschugge loony, barmy, *US* buggy

Mesner sacristan, sexton

meß|bar measurable; **~becher** graduated (*od* measuring) jug; **~buch** missal; **~diener** acolyte; **~funkgerät** radar; **~gewand** vestment; chasuble; **~kelch** chalice; *chem* measuring cup; **~opfer** (sacrifice of the) mass; **~sucher** 📷 view-and-range finder; **~tisch** surveyor's table; ϟ test desk; **~tischblatt** ordnance survey map; plane table map; **~trupp** survey section; 📡 testing crew

Messe *eccl* mass; *(Waren-)* fair; *mil* (officers') mess; *~ besuchen* to attend (to visit, to see) the fair; *~ lesen* to say mass; *gelesene ~* low mass

messen to measure; *(Land)* to survey; *(loten)* to sound; *refl* to compete (with); to try one's strength (with); *s. ~ können mit* to measure up to; *s. nicht ~ können mit* to be no match for; *mit Blicken ~* to eye, to take stock of

Messer knife; ⚕ scalpel ♦ *auf d. ~s Schneide* on (the) razor's edge, (it is) touch and go; *ans ~ liefern* to send to one's doom; **~bänkchen** knife-rest; **~griff** knife-handle; **~rücken** back of a knife; **~schärfer** knife-sharpener; **~schleifer** knife-grinder; **~schmied** cutler; **~stich** stab (with a knife)

Messing brass; **~beschlag** brass mounting; **~en** brazen, (made of) brass; **~schild** brass plate

Met mead

Metall metal; **~arbeiter** metal worker; **~baukasten** meccano; **~en, ~isch** of metal, metallic; brazen; **~geld** coin, specie, hard cash; **~haltig** containing metal; **~urgie** metallurgy; **~waren** (metal) hardware

Meta|morphose metamorphosis; **~pher** metaphor; **~phorisch** metaphorical, figurative; **~physik** metaphysics; **~physisch** metaphysical

Meteor meteor; **~ologe** meteorologist; *umg* weatherman; **~ologie** meteorology; **~ologisch** meteorological; **~stein** meteoric stone

Meter metre; **~maß** metre rule; tape measure; **~ware** *(Textil)* yard goods

Method|e method; ⚙ technique; approach; **~isch** methodical; as regards the method used; *aus ~ischen Gründen* for reasons of method

Methusalem Methuselah *(as old as M.)*

Metr|ik prosody; versification; metrics; **~isch** metrical; **~um** metre

Metropole metropolis

Mette matins

Metteur 📖 maker-up

Mettwurst German sausage, *US* Bologna sausage, *sl* boloney

Metzel|ei massacre, slaughter; **~n** to butcher, to massacre

Metzger butcher; **~ei** butcher's (shop); **~sgang** a fool's errand

Meuch|elmord assassination; **~elmörder** assassin; **~eln** to assassinate; **~lerisch** treacherous, murderous; **~lings** treacherously

Meute pack of hounds; **~ei** mutiny; **~rer** mutineer; **~risch** mutinous; **~rn** to mutiny
miauen to mew, to caterwaul
mich me
Michaelistag Michaelmas
Mieder bodice; corset; **~waren** corsetry
Miene air; countenance, face; *(~nspiel)* mien; *keine ~ verziehen* not to bat an eye ♦ *gute ~ zum bösen Spiel machen* to make the best of a bad job, to grin and bear it; **~nspiel** changing expressions (of the face)
mies bad, miserable; **~macher** alarmist, defeatist; **~muschel** mussel
Miet|e ⸸ stack, rick; *(Garben-)* shock; *(Kartoffel-)* potato clamp; *(Entgelt)* rent; hire; *(~verhältnis)* lease; *zur ~e wohnen* to be a tenant, to live in lodgings; **~en** *(Wohnung)* to rent; *(Sachen)* to hire; ⚓ to charter; *(Grund)* to (take on) lease; **~er** tenant; *(Untermieter)* lodger; *(Grund)* leaseholder; ⚖ lessee; **~erschaft** tenantry; **~erschutzgesetz** law for the protection of tenants; **~frei** rent-free; **~ling** mercenary, hireling; **~preis** rent; **~sauto** taxi(-cab); hired car; **~shaus** *BE* block of flats, *US* apartment house; tenement house; **~skaserne** tenement house, *umg* rookery, barracks; **~vertrag** contract of tenancy, tenancy agreement; **~zins** rent; **~zuschlag** rent allowance; **~zuschuß** rent subsidy
Miezekatze pussy-cat
Migräne sick headache; migraine
Mikado *(Spiel)* jack-straws; **~stäbchen** jack-straw
Mikro|be microbe; **~dokumentation** microphotography; **~phon** microphone; **~photographie** photomicrography; **~skop** microscope; **~skopieren** to examine with the microscope; **~skopisch** microscopic(al); *~skopisches Lebewesen* animalcule
Milbe mite
Milch milk; *(Fisch)* soft roe; *saure ~* curdled milk; *wie ~ u. Blut* like milk and roses; **~bart** downybeard; stripling; **~bruder** foster-brother; **~drüse** lacteal gland; **~en** to give milk; **~erzeugnisse** dairy produce; **~geschäft** dairy; **~gesicht** baby face; **~glas** milk glass; **~ig** milky; **~kuh** milch-cow; **~ner** milter; **~pantscher** adulterator of milk; **~säure** lactic acid; **~straße** Milky Way, Galaxy; **~vieh** dairy cattle; **~wirtschaft** dairy farm; **~zahn** milk-tooth; **~zucker** milk sugar, lactose
mild mild; *(gütig)* kind, gentle, tender; *(Klima)* bland; *(wohltätig)* charitable; generous; *(weich)* mellow; *(leicht)* light; **~e** mildness; kindness; **~ern** to assuage, to mitigate, to alleviate; to soften; **~ernd** ⚕ mitigant, lenitive; *~ernde Umstände* extenuating circumstances; **~herzigkeit** benevolence; **~tätig** benevolent
Milieu background, surroundings, environment; local colour
Militär military, soldiery, army; *(Person)* military man, soldier; **~arzt** army surgeon; **~dienst** military service; **~dienstpflicht** compulsory military service; **~gericht** military court; **~isch** military; **~musik** military music; *(Kapelle)* military band; **~regierung** military government
Militar|ismus militarism; **~ist** militarist
Miliz militia; **~soldat** militiaman
Milli|arde *BE* a thousand millions, milliard; *US* a thousand millions, billion; **~on** *BE, US* million; **~onär** millionaire
Milz spleen, milt; **~brand** anthrax; **~krank** splenetic
Mim|e actor; *(Rolle)* mime, mimic; **~en** to mime, to act; *fig* to pretend, to feign; **~ik** miming; mimic art; **~ikry** mimicry; mimesis; protective colouring; **~isch** mimic
Mimose mimosa
Minarett minaret
minder less, lesser; *(geringer)* inferior; minor; **~bemittelt** of moderate means; in straitened circumstances; **~belasteter** lesser offender; probationer; **~betrag** deficit, deficiency; **~einnahme** shortfall in receipts; **~heit** minority; minority nation; *in d. ~heit sein* to be in the minority; **~jährig** under age, minor, not of age; **~jährigkeit** minority; **~n** to diminish, to lessen; *(herabsetzen)* to abate, to reduce; **~ung** diminution, decrease; reduction, abatement; **~wertig** inferior; *(Waren)* sub-standard; lower-grade; **~wertigkeitsgefühl** inferiority complex; **~zahl** minority
mindest least; *(klein)* smallest; *(niedrig)* lowest; minimum; *nicht im ~en* not in the least, not at all, by no means; **~ens** at least; **~lohn** minimum wage; **~maß** minimum; **~verdienst** minimum pay
Mine *(Bleistift)* lead; refill (lead); *mil* mine; *auf e-e ~ laufen* to hit a mine ♦ *alle ~n springen lassen* to use all one's skill; **~nfeld** mine-field; **~ngang** gallery, tunnel; **~nleger** mine-layer; **~nräumboot** mine-sweeper; **~nsperre** mine barrier; **~nsuchgerät** land mine detector; **~nwerfer** trench mortar
Mineral mineral; **~isch** mineral; **~oge** mineralogist; **~ogisch** mineralogical; **~öl** mineral oil; petroleum; **~quelle** mineral spring; **~vorkommen** mineral deposit; **~wasser** mineral water, soda water, minerals
Miniatur miniature
minieren to (under)mine; to sap
minimal lowest; smallest; least; minimum; very small; negligible; infinitesimal; **~lohn** minimum wage(s); **~satz** minimum (*od* lowest) rate; **~thermometer** minimum thermometer; **~wert** minimum value
Minister minister; *BE* Secretary of State; *US* Secretary; *~ d. Äußeren (BE)* Secretary of State for Foreign Affairs, the Foreign Secretary; *US* State Secretary, Secretary of State; *~ d. Inneren (BE)* the Secretary of State for Home Affairs, Home Secretary, *US* Secretary of the Interior; **~ialdirektor** head of a ministerial department; **~ialdirigent** head of a section of a ministerial department; **~ialerlaß** ministerial order; **~ialrat** Ministerial Councillor; **~iell** ministerial; **~ium** ministry, *BE* Office,

US Department; *~ium d. Äußeren (BE)* Foreign Office, *US* State Department; *~ium d. Inneren (BE)* Home Office, *US* Department of the Interior; **~präsident** Minister President; *BE* Prime Minister; **~rat** Cabinet, council of ministers

Ministr|ant server; **~ieren** to serve (at the altar)

Minn|e love; **~en** to love; **~esang** old love song, lyric poem; **~esänger** minnesinger, minstrel; **~iglich** lovely, charming

minorenn under age, minor; **~ität** minority

minus *adv* minus, less; *su* deficit; shortage; shortfall; **~kel** minuscule

Minu|te minute; *in d. ~te* per minute; **~tenlang** for (several) minutes; **~tenzeiger** minute hand; **~ziös** minute

Minze mint

mir me, to me; myself ♦ *~ nichts, dir nichts* unceremoniously, without any more ado; *wie du ~, so ich dir* tit for tat

Mirabelle (small) yellow plum

Mirakel miracle

Misch|ehe mixed marriage; intermarriage; **~en** to mix, to mingle; *(Kaffee, Tabak)* to blend; *(Metall)* to alloy; *(Karten)* to shuffle; *refl* to mix (*unter* with); *(teilnehmen)* to join (in); *(einmischen)* to interfere (with), to meddle (with); **~gericht** hotchpotch; **~ling** hybrid, mongrel, cross(-breed); *(Mensch)* half-caste; **~masch** hotchpotch, medley; **~rasse** mongrel race; cross-breed; **~sprache** hybrid (language); **~ung** mixture; *(Tabak, Tee etc)* blend; *(Verbindung)* composition, compound, combination; **~ungsverhältnis** ratio of components; **~wald** mixed forest

miserabel miserable, wretched

Mispel medlar

miß|achten to despise; to disregard, to neglect; **~achtung** disdain; disregard, neglect; **~behagen** *su* discomfort; dislike; *vb* to displease; **~bilden** to mis-shape; **~bildung** malformation; deformity; disfigurement; **~billigen** to disapprove (of); **~billigung** disapproval; **~brauch** misuse; abuse; **~brauchen** to misuse; to abuse; *(ausnützen)* to take advantage of; *(mißhandeln)* to outrage; *(Vertrauen)* to betray; *(Namen Gottes)* to say in vain; **~bräuchlich** abusive; improper; wrong; **~deuten** to misinterpret; **~deutung** misinterpretation

missen to miss; *(entbehren)* to do without, to dispense (with)

Miß|erfolg failure; fiasco; **~ernte** bad harvest, crop failure

Misse|tat misdeed; *(Verbrechen)* crime; **~täter** evil-doer; *(Verbrecher)* criminal

miß|fallen to displease; *su* displeasure, dislike; dissatisfaction; **~fällig** displeasing; unfavourable; disparaging; **~geburt** monster, freak of nature, deformity; *(Fehlgeburt)* miscarriage, abortion; **~gelaunt** bad-tempered, sulky; **~geschick** bad luck, misfortune; adversity; **~gestalt** deformity, monster; **~gestaltet** deformed, mis-shapen; **~gestimmt** bad-tempered; **~glücken** to fail; **~gönnen** to (be) grudge; to envy; **~griff** mistake, blunder; **~gunst** envy; ill will; jealousy; **~handeln** to maltreat, to ill-treat; to abuse; **~handlung** ill treatment, cruelty; **~heirat** misalliance; **~hellig** dissentient, discordant; **~helligkeit** dissonance; dissension, disagreement; unpleasant consequence

Mission mission; *Innere ~* home mission; **~ar** missionary

Miß|jahr bad year; bad harvest; **~klang** dissonance, discord; **~kredit** discredit; *in ~kredit bringen* to bring into disrepute; **~leiten** to mislead; **~lich** awkward; unpleasant; *(unsicher)* critical, precarious; *(unglücklich)* unfortunate; **~liebig** unpopular; *s. ~liebig machen bei* to incur the displeasure of; **~lingen** to fail; *su* failure; **~mut** ill humour; **~mutig** bad-tempered, sulky, cross; **~raten** to fail, to turn out badly; *(Kind)* naughty, ill-bred; **~stand** inconvenience, nuisance; grievance; **~stimmen** to upset, to depress; **~stimmung** ill humour, depression; **~ton** dissonance, discord; **~tönend** discordant, out of tune; **~trauen** to distrust, to mistrust; *su* distrust, mistrust; **~trauensvotum** vote of censure (*od* no-confidence); **~trauisch** suspicious; distrustful; askance; *j-n ~trauisch ansehen* to look askance at s-b; **~vergnügen** displeasure; discontent; **~vergnügt** displeased; discontented, malcontent; **~verhältnis** disproportion; incongruity; **~verständlich** misleading; **~verständnis** misunderstanding; misconception; dissension; **~verstehen** to misunderstand, to get s-th wrong; to mistake; **~wirtschaft** maladministration, mismanagement

Mist dung, manure; *(Schmutz)* dirt; *fig umg* trash, rubbish, junk, *US* baloney; **~beet** hotbed; **~beetfenster** garden-frame; **~en** to manure, to dung; to clean; **~fuhre** load of manure; **~gabel** dung-fork; **~haufen** manure heap, dung-hill; **~ig** *sl* lousy; **~käfer** dung-beetle

Mistel mistletoe

mit with, along with; by, at; at the same time; also, likewise; *~ Tinte* in ink; *~ d. Post* by post; *~ e-m Wort* in a word; *~ e-m Schlag* at a blow; *~ e-m Mal* all at once, all of a sudden; *~ Muße* at leisure; *~ 10 Jahren* at the age of ten; *~ d. Zeit* gradually, in time; *~ dabeisein* to be one of the party, to be there (too); *~ d. heutigen Tage* from this day on (*od* forth); *~ d. Auto* by car; *komm ~!* come along!; **~angeklagter** co-defendant; **~arbeiten** to collaborate; to co-operate with; to assist; to work together; to contribute (*bei* to); **~arbeiter** collaborator; colleague; member of the staff; *(Zeitung)* contributor, correspondent; **~besitzer** joint proprietor; **~bestimmung** co-determination; co-management; **~bestimmungsrecht** right of co-determination; joint labour-management control of industry **~bewerber** competitor; **~bewohner** fellow lodger; coinhabitant; **~bringsel** present; souvenir; **~bürger** fellow citizen; **~einander** with one another, together, jointly; amongst; between; *gut ~einander auskommen* to get along well; **~empfinden** to sympathize with, to feel for; *su* sympathy, fellow-feeling; **~erbe** co-heir; **~essen** to eat (*od* dine) with; **~esser** ⚕ blackhead; **~fahren** to ride with; *(per Anhalter)* to hitch-hike; *~fahren lassen* to give s-b a lift; **~geben** to give, to give along with, to give as dowry; **~gefühl** sympathy, fellow-feeling; **~gehen** to go (along) with: to accompany ♦ *~gehen lassen* to walk off with, to pinch; **~gift** dowry, dot, marriage-portion; **~giftjäger** fortune-hunter; **~glied** member; **~gliedsbeitrag** membership fee, subscription; **~gliedschaft** membership; **~gliedsstaat** member state (*od* country, nation); **~haftung** joint liability; **~halten** *vt* to share; *vi* to take part (in); to be there; **~hilfe** assistance, co-operation; **~hin** consequently, therefore; **~kämpfer** fellow combatant; fellow soldier; **~kommen** to come along with, to accompany; *fig* to be able to follow, to keep up with; **~kriegen** *fig* to catch; **~läufer** *(Partei)* nominal member, follower; *(Sympathisierender)* fellow traveller; *(Opportunist)* time-server, trimmer; **~laut** consonant; **~leid** sympathy; pity; *(Gnade)* mercy; **~leidenschaft:** *in ~leidenschaft ziehen* to affect, to involve; **~leidig** pitiful, compassionate; **~leidslos** pitiless, ruthless; **~machen** to take part in, to join in; to keep up (with), to keep pace (with); *(Mode)* to follow; *(leiden)* to go through; **~mensch** fellow creature; **~nehmen** to take with one, to take along with; *(Auto)* to give s-b a lift; *(beanspruchen)* to exhaust, to wear out; *fig* to profit (by); **~nichten** by no means; **~reißen** to tear (*od* to drag) along; *fig* to carry (with), to sweep along; **~samt** together with; **~schuldig** partly responsible; implicated (in); **~schuldiger** accomplice, accessory; **~schuldner** joint debtor; **~schüler** fellow pupil, schoolfellow; **~spielen** to join in with; ♪ to accompany; *fig* to play a part; to take part; *j-m übel ~spielen* to play s-b a nasty trick; **~spieler** participant; **~sprechen** to join in; to come into consideration

Mittag midday, noon; *(Süden)* south; *(Mahlzeit)* lunch, dinner; *zu ~ essen* to lunch, to dine; **~essen** lunch, dinner; **⁓ig, ⁓lich** noonday, midday; meridional, southern; **~s** at noon; at lunch-time; **~spause** lunch hour; **~stisch** table; lunch, dinner

Mit|te middle, midst; *(Punkt)* centre; *math* mean, medium; *~te Vierzig* in the middle forties; *d. goldene ~te* the golden mean, the middle course; *in d. ~te nehmen* to take between; *in d. ~te* in the middle, amidst; **~teilen** to inform (of), to impart, to pass on, to tell, to break; *(amtlich)* to communicate, to notify; *refl* to unbosom oneself; **~teilsam** communicative; **~teilung** information, communication; bulletin; notice; notification; intelligence, news

Mittel means, expedient, way; *(Heilmittel)* remedy, medicine; *(Durchschnitt)* average; *math* mean; *phys* medium; *(Geld)* means, funds, money; *~ u. Wege* ways and means, some way (of doing); *s. ins ~ legen* to mediate, to intervene; *ihre eigenen ~* their own resources; *~ zum Leben* means of life; *~ zum Zweck* means to an end; *bloßes ~ zum Zweck* stepping-stone; *andere ~ anwenden* to change one's tactics, to adopt a new policy; *adj* middle, medium; middle-sized, middling; average; *(in Zssg)* mid-, middle, median; **~alter** Middle Ages; **~alterlich** medieval; **~bar** indirect, mediate; **~betrieb** medium-sized enterprise; **~ding** intermediate thing, s-th between ... and ...; **~ernte** average crop; **~finger** middle finger; **~fristig** medium-term; **~gewicht** medium weight; **~groß** of medium height; medium-sized; **~hochdeutsch** Middle High German; **~ländisch** Mediterranean; **~läufer** ⚽ centre half back; **~los** without means, destitute; poor; *~los dastehen* to be stranded; **~mächte** the Central (European) Powers; **~mäßig** mediocre, middling; of medium quality; fair; average; **~mäßigkeit** mediocrity; **~meer** Mediterranean; **~ohrentzündung** otitis media; **~parteien** centre (*od* moderate) parties; **~punkt** centre; *in d. ~punkt stellen* to centre; **~s** by means of; through; by; **~schule** central school; *(Deutschland)* lower-grade secondary school; **~smann** mediator, go-between; middleman; intermediary; ⚽ umpire; **~stand** middle classes; small-sized industry and craftsmen; **~ständisch** middle-class; small and medium-sized; **~stürmer** centre forward; **~weg** middle course; compromise, mean; *d. ~weg finden* to strike a balance (between); **~welle** 📻 medium wave; **~wert** mean value, average

mitten midway; in the middle of, amidst; in the centre of; *~ in, auf, unter* in the midst (*od* middle) of; *~ am Tage* in broad daylight; **~drin** right in the middle (of); **~durch** right through, right across, through the middle

Mitternacht midnight; *(Richtung)* north; *um ~* at midnight; **⁓ig, ⁓lich** midnight; northern

mittler middle, central; *(mittelmäßig)* mediocre, middling; *(durchschnittlich)* average, medium; *math* middle, mean; *su* mediator, intercessor; third party; *~en Alters* middle-aged; *~e Abweichung* standard deviation; *~e Qualität* middling (fair, average) quality; **~weile** meanwhile, (in the) meantime

mittschiffs amidships

Mittwoch Wednesday

mit|unter sometimes, now and then; **~verdienen:** *~verdienende Ehefrau* wife earning a wage (*od* salary); **~welt** the present generation; our age; our contemporaries; **~wirken** to take part (in); to co-operate; **~wirkende** ♪ players; 🎭, 🎬 actors, the cast; **~wirkung** co-operation, assistance; **~wissen** (joint) knowledge; **~wisser** one on the secret, confidant; accessory; **~wisserschaft** complicity; collusion

Mixtur mixture

Möbel piece of furniture; furniture; **~händler** furniture dealer; **~kattun** chintz; **~spediteur**

removal contractor, furniture remover; **~speicher** furniture repository; **~tischler** cabinet-maker, joiner; **~wagen** removal (*od* furniture) van, *BE* pantechnicon
mobil mobile; active, nimble; **~iar** furniture; movables; **~ien** movables; **~isation, ~machung** mobilization; **~isieren** to mobilize; *fig* to marshal
möblier|en to furnish; *~tes Zimmer* furnished room
Modalität method; procedure; proviso
Mode fashion, mode, vogue; *(Brauch)* use, custom; *in ~* in fashion, in vogue; *aus d. ~ kommen* to grow out of fashion; *nach d. ~* fashionably; *~ werden* to come into fashion; *d. ~ bestimmen* to set the fashion; **~artikel, ~waren** fancy goods, novelties; **~dame** lady of fashion; **~nschau** fashion show (*od* parade); **~salon** fashion house; **~schöpfer** dress designer; couturier; **~schriftsteller** popular writer; **~schmuck** costume jewellery; **~welt** fashionable world; **~wort** vogue-word; **~zeichnung** fashion plate; **~zeitung** fashion magazine
Modell *(Person)* model; *(Muster)* pattern, design; type; *(Form)* mould; *~ stehen* to pose for an artist; **~ieren** to model, to mould, to fashion; **~kleid** model (dress)
modeln to mould, to form; to modulate
Moder mould; decay; **~geruch** musty smell; **~ig** mouldy, musty; **~n** to moulder; to rot, to decay
modern modern, fashionable; up-to-date, alamode; **~isieren** to modernize, to bring up to date, to streamline
mod|ifizieren to modify, to alter; **~isch** fashionable, stylish, alamode; **~istin** milliner; to modulate; **~us** mode, method; *gram* mood
Mogel|ei cheating; **~n** to cheat
mögen to like, to be fond of; *(wünschen)* to want, to wish, to be inclined; *(Erlaubnis)* to be allowed; may, might; *ich möchte* I should like to; *lieber ~* to prefer, to like better; *ich möchte lieber* I would rather; *d. mag sein* that may be so; *was ich auch tun mag* no matter what I do; *d. mag ich nicht* I don't like that; *ich möchte nicht* I don't want to; *ich möchte wissen* I should like to know; *wie dem auch sein mag* be that as it may; *sie mochte 10 Jahre alt sein* she looked about ten years old
möglich possible; *(durchführbar)* practicable, feasible; *(wahrscheinlich)* likely; *alles ~e* all sorts of things, everything one can think of; everything possible; *es ist ihr nicht ~* she can't possibly (do that); *nicht ~!* it can't be!; not really!; *sein ~stes tun* to do one's utmost; *~st schnell* as quickly as possible; **~enfalls, ~erweise** possibly, if possible; perhaps; **~keit** possibility, chance; *(Durchführbarkeit)* practicability, feasibility; *(Kraft)* potentiality
Mohn poppy; **~samen** poppy-seed
Mohr moor, darky, blackamoor; *fem* negress; **~enwäsche** *fig* attempting the impossible; **~rübe** carrot
Moir|é moiré; **~ieren** to moiré, to water
mok|ant mocking; **~ieren** *refl* to mock, to sneer at
Mokka Mocha (coffee); **~tasse** demitasse
Molch newt, salamander
Mole mole, pier, jetty; **~nkopf** pier head
Molekül molecule
Molke whey; **~rei** dairy; **~reiprodukte** dairy products
Moll ♪ minor (key); **~ig** cosy, snug; cuddly; *(weich)* soft; *(rundlich)* rounded; **~uske** mollusc, *US* mollusk
Moloch juggernaut; *fig* maelstrom
Moment moment, instant; ⚙ momentum; *(Antrieb)* impulse, impetus; *(Anlaß)* motive; *(Merkmal)* feature, main point; *(Faktor)* fact, factor; **~an** momentary, temporary; *adv* just now; **~aufnahme** instantaneous photograph, snapshot
Monarch monarch; **~ie** monarchy; **~isch** monarchical; **~ist** monarchist
Monat month; **~elang** for months; of months' duration; **~lich** monthly; **~sabschluß** monthly balance; **~sausweis** monthly return; **~sfluß** menstruation, period; menses; **~skarte** monthly season-ticket; **~sschrift** monthly magazine; monthly (publication); **~swechsel** monthly allowance
Mönch monk, friar; **~isch** monastic, monkish; **~sleben** monastic life; **~stum** monasticism; **~szelle** friar's cell
Mond moon (*zunehmender ~* increasing m.; *abnehmender ~* waning m.); *astr* satellite; *poet* month ♦ *hinter d. ~ wohnen* to be behind the times; *auf d. ~ leben* to live in a dreamworld; **~finsternis** eclipse of the moon; **~gebirge** mountains of the moon; **~hell** moonlit; **~hof** halo round the moon; lunar aurora; **~kalb** moon-calf; *fig* ugly (*od* stupid) person; **~scheibe** disk of the moon; **~schein** moonlight; **~sichel** crescent (moon); **~stein** moonstone; **~süchtig** somnambulistic
Moneten money, *umg* tin, *sl* brass, *US sl* dough
monieren to censure, to criticize; to give a reminder (*od* warning)
Mono|gamie monogamy; **~gramm** monogram; **~kel** monocle; **~log** monologue, soliloquy; **~pol** monopoly; **~polisieren** to monopolize; **~theismus** monotheism; **~ton** monotonous; **~tonie** monotony
Monstranz monstrance
monstr|ös monstrous; **~um** monster; freak
Monsun monsoon
Montag Monday
Mont|age setting up, fitting; erection; assembly, assembling; **~agehalle** erecting shop, assembling shop (*od* hall); **~agezeichnung** assembly drawing; **~eur** fitter; mechanic; assembly worker; **~ieren** to erect; to set up; to assemble; to fit; **~ierung** setting-up; mounting, erection; **~ur** uniform
Montan|industrie coal, iron and steel industries; **~union** the European Coal and Steel Community, Coal and Steel Pool

Monument monument; **~al** monumental; **~albau** monumental structure
Moor bog, swamp; **~bad** mud-bath; **~boden** marshy soil; **~ig** marshy; boggy; **~see** moorland lake
Moos moss; **~beere** cranberry; **~ig** mossy
Mop mop; **~pen** to mop
Moped moped
Mops pug; **~en** to pinch; to fidget s-b; *refl* to be bored; to be vexed
Moral *(Lehre)* moral; *(Grundsätze)* morals; *(Zucht)* morale; *(Sittlichkeit)* morality; *u. d. ~ von d. Geschicht'* the moral of the fable is; **~isch** moral; **~isieren** to moralize; **~ität** morality; **~pauke, ~predigt** lecture, severe reprimand
Moräne moraine
Morast morass, marsh, slough, bog; **~ig** marshy, boggy
morbid morbid
Morchel morel, edible fungus
Mord murder, homicide; *e-n ~ begehen* to commit a murder; *es gab ~ u. Totschlag* it ended in bloodshed, it came to blows; **~anschlag** murderous attack; **~brenner** incendiary; **~en** to murder, to kill; to assassinate; *su* murder; massacre; **⸚er** murderer; assassin; **⸚ergrube:** *aus seinem Herzen keine ⸚ergrube machen* to be very outspoken; **⸚erin** murderess; **⸚erisch** murderous, bloody; **⸚erlich** fearful, terrible; **~gierig, ~lustig** bloodthirsty; **~kommission** homicide squad; **~sangst** blue funk; **~shunger:** *~shunger haben* to be ravenously hungry; **~skerl** strapping fellow; devil of a fellow; stunner; **~smäßig** awful, terrific; **~sspektakel** fearful, din, hullabaloo; **~versuch** attempt to (commit) murder
Mores: *~ lehren* to teach (s-b) manners
Morgen morning; *(Tagesanbruch)* dawn, daybreak; *(Vormittag)* forenoon; *(Maß)* acre; *(Osten)* east; *(Zukunft)* morrow; *(des) ~s* in the morning; *früh ~s* early in the morning; *heute ~* this morning; *guten ~!* good morning!; *~ adv* tomorrow; *~ früh* tomorrow morning; *~ in 8 Tagen* tomorrow week, a week from tomorrow; **~dlich** morning, matutinal; **~gabe** bridegroom's gift to bride; **~grauen** dawn (of day), break of day; **~gruß** morning salute; **~land** the East, the Orient; **~ländisch** eastern, oriental; **~luft** morning breeze ♦ *~luft wittern* to scent an advantage; **~post** first mail; morning post; **~rock** dressing-gown, housecoat, peignoir; **~rot** dawn, red morning-sky; *poet* aurora; **~stunde** morning hour ♦ *~stunde hat Gold im Munde* it's the early bird that catches the worm; **~tau** morning dew
morgig of tomorrow, next (day)
Morphi|nist morphinist morphine addict; **~um** morphia, morphine; **~umspritze** morphia injection
morsch rotten, decayed; ramshackle; *~es Eis* soft ice
Mörser mortar; *mil* mortar; heavy howitzer; **~keule** pestle
morse|n to Morse; **~schrift** Morse code; **~zeichen** Morse signal
Mörtel mortar; *mit ~ bewerfen* to plaster, to rough-cast; **~n** to (join with) mortar
Mosaik mosaic; **~fußboden** mosaic floor
Moschee mosque
Moschus musk; **~tier** musk-deer
Moskito (tropical) mosquito
Most must, new wine; *(Apfel)* cider; **~rich** mustard
Motel motel, *BE a.* motor inn
Motiv *(Beweggrund)* motive; *(Kunst)* motif, theme; **~ieren** to motivate
Motor ϟ motor; *(Verbrennungs-)* engine; *mit laufendem ~* engine on; *mit abgestelltem ~* engine off; **~boot** motor boat; **~endrehzahl** engine speed; **~gondel** ✈ engine nacelle; **~haube** *BE* bonnet, *US* hood; ✈ cowl(ing); **~isieren** to motorize; *mil* to mechanize; **~jacht** motor yacht; **~rad** motor-cycle, *umg* motorbike; **~roller** (motor) scooter; **~schaden** engine trouble, engine failure, engine defect; **~schlepper** traction engine; **~störung** engine trouble; **~wagen** motor car, trolley car
Motte moth; flighty girl; **~nfraß** damage done by moths; **~nmittel** mothproofer; **~npulver** moth-powder, insecticide; **~nzerfressen** moth-eaten
moussieren to effervesce, to sparkle
Möwe sea-gull, mew
Mucke whim, caprice; mood
Mücke midge, gnat; *(Stechmücke)* mosquito ♦ *aus e-r ~ e-n Elefanten machen* to make a mountain out of a molehill; **~nstich** midge-bite, gnat-bite
muck|en to stir (faintly); *fig* to be up in arms; **~er** hypocrite, bigot; **~ertum** bigotry, cant; **~s:** *k-n (nicht) ~s sagen* not to say a word; **~sen** to stir (faintly)
müd|e tired, weary; *(erschöpft)* exhausted, worn-out; *~e werden* to tire, to get tired; **~igkeit** tiredness, weariness, fatigue
Muff muff; *(Geruch)* musty (*od* mouldy) smell; **~e** ⚙ sleeve, socket; coupling (-box); **~el** ⚙ muffle; *fig* snout; **~elofen** muffle furnace; **~ig** musty, fusty, mouldy; **~lig** sulky, cross
Müh|e trouble, pains; *(Anstrengung)* toil, labour, effort; *(Verdruß)* bother; *s. ~e geben* to take pains; *~e machen* to give trouble; *nicht d. ~e wert* not worth while (*od* the trouble); *s. d. ~ machen* to take the trouble to; *der ~ wert* worth the trouble; *mit ~ u. Not* barely, with difficulty, only just; *keine ~e scheuen* to grudge no pains; **~elos** easy, effortless; **~en** *refl* to take pains (*od* trouble); **~evoll** laborious, difficult, irksome; **~sal** trouble, toil; *(Not)* distress; *(Ungemach)* hardship; **~sam, ~selig** troublesome, difficult, intricate; *(schwer)* hard
muhen to low
Mühl|e mill; windmill; *(altes Auto) umg* bus, *(Rad)* machine ♦ *d. ist Wasser auf seine ~e* that's grist to his mill; **~enflügel** sail of a windmill; **~rad** millwheel; **~stein** millstone

Muhme aunt; female relative
Mulatt|e, in mulatto
Mulde tray, trough; *(im Gelände)* valley, hollow, depression
Mull mull, (fine) muslin; **~binde** (gauze) bandage
Müll dust, rubbish, garbage, refuse; **~abfuhr** *BE* refuse collection *US* garbage dispolsal; = ~wagen; **~eimer** *BE* waste bin, *US* trash bin; **~grube** ash-pit; **~haufen** rubbish-heap; dump; **~kutscher** *BE* dustman, *US* ash-man; **~tonne** *BE* dustbin, *US* garbage can; **~wagen** *BE* dustcart, garbage truck
Müller miller; **~in** miller's wife
mulmig rotten *(a. fig),* worm-eaten; *fig* precarious
Multipli|kation multiplication; **~kator** multiplier; **~zieren** to multiply
Mumi|e mummy; **~fizieren** to mummify
Mumm gut, spunk; *er hat keinen ~ in d. Knochen* he has no guts, he wouldn't say boo to a goose; **~elgreis** geezer, old fogey
Mummenschanz masquerade
Mumpitz bosh, stuff, fiddlesticks, bunk
Mund mouth; *d. ~ halten* to hold one's tongue, *umg* to shut up; *reinen ~ halten* to keep s-th a secret ♦ *d. ~ vollnehmen* to talk big, to brag; *s. d. ~ verbrennen* to put one's foot in it; *nicht auf d. ~ gefallen sein* to have a ready tongue; *kein Blatt vor d. ~ nehmen* not to mince (any) words; *über d. ~ fahren* to cut short; *j-m d. ~ wässerig machen* to make s-b's mouth water; *nach d. ~e reden* to flatter; **~art** dialect; **~artlich** dialectical, provincial; **~en** to taste good, to be appetizing; **~faul** too lazy to talk; taciturn; tongue-tied; **~fäule** thrush, stomatitis; **~gerecht** easy, palatable; **~geruch** bad breath; **~harmonika** mouth-organ; **~höhle** oral cavity; **~raub** theft of comestibles; **~schenk** cup-bearer; **~sperre** lockjaw; **~stück** mouthpiece; *(Zigarette)* tip; *mit ~stück* corktipped; **~tot:** *~tot machen* to (reduce to) silence, to gag; **~voll** mouthful; **~vorrat** victuals, provisions; **~wasser** mouth-wash, gargle; **~werk** glib tongue, the gift of the gab; *e. loses ~werk haben* to have a sharp tongue; **~winkel** corner of the mouth
Münd|el ward; minor; **~elgelder** trust moneys; **~elsicher** gilt-edged; absolutely safe; **~en** to flow (into), to run (into); **~ig** of age; *~ig werden* to come of age; *~ig sein* to be of age; **~igkeit** majority, full age; **~lich** verbal; *(Examen)* oral; *adv* by word of mouth; **~ung** mouth; *(Meeresbucht)* estuary; *(Gewehr)* muzzle
Munition ammunition; **~slager** ammunition dump; **~swagen** ammunition car(rier)
munkeln to whisper
Münster minster, cathedral
munter alive, lively, gay, blithe; *(wach)* wide awake; **~keit** liveliness, gaiety
Münz|e coin; *(Denk-)* medal; *(Stätte)* mint; *umg* bit ♦ *für bare ~e nehmen* to take words at their face value, to believe implicitly; *mit gleicher ~e heimzahlen* to pay s-b (back) in his own coin; **~einheit** monetary unit; standard of currency; **~en** to coin, to mint coin; *gemünzt sein auf* to be meant for, to be aimed at; **~fälscher** coiner, forger; **~fälschung** forging of coin; **~fernsprecher** coin-box telephone, pay phone, **~fuß** standard (of coinage); **~kunde** numismatics; **~stempel** die; **~vergehen** offence against the coinage
mürbe *(Teig)* short, crips; *(brüchig)* brittle; *(zart)* tender, soft; *(reif)* mellow; *fig* worndown, unnerved; down and out; *~ machen* to break s-b's spirit; *mil* to soften up; *~ werden* to give in; **~kuchen** shortcake; **~teig** shortbread, (short) pastry
Mure landslip
Murmel (toy) marble; **~n** to mumble, to murmur; *su* murmur; **~tier** marmot, *(Wald-)* woodchuck ♦ *wie e. ~tier schlafen* to sleep like a top (*od* dormouse)
murren to murmur, to grumble
mürrisch gloomy; sullen, surly, morose
Mus purée; *(Obst)* stewed fruit, jam
Muschel *zool* mussel, scallop; *(Schale)* shell; conch; ☎ ear-piece; *(Ohr)* auricle, external ear; **~kalk** shell lime (-stone)
Muse muse; **~nsohn** *poet* university student; **~um** museum
Musik music; *(Kapelle)* band; **~alienhandlung** music shop; **~alisch** musical; *~alisch sein* to be musical, to have a gift for music; **~alität** musicality; **~ant** musician; fiddler, piper; **~antenknochen** funny-bone, *US* crazy bone; **~automat** juke-box, **~er** musician; *(einer Kapelle)* bandsman; **~hochschule** academy of music, conservatory; **~korps** band; **~lehrer** music-master; **~pavillon** bandstand; **~truhe** *BE* radiogram, *US* radiophonograph; **~verleger** music publisher
musizier|en to play; to have music; to make music; *es wurde ~t* there was some music
Muskat *(~blüte)* mace; *(~nuß)* nutmeg; **~eller** muscatel (wine)
Muskel muscle; **~band** ligament; **~faser** muscular fibre; **~fleisch** brawn; **~kater** stiffness and soreness, *US umg* charley horse; **~kraft** muscular strength; **~krampf** crick; **~zerrung** sprained muscle
Musket|e musket; **~ier** musketeer
Muskul|atur muscular system; **~ös** muscular; beefy, brawny; *(sehnig)* sinewy
Muße leisure; *(Freizeit)* spare time; *mit ~* at one's leisure, in a leisurely way; **~stunde** leisure-hour; *in ~stunden* during one's spare hours
Musselin muslin
müssen must; to have (to do), to be obliged (to do); *(gezwungen)* to be forced (*od* compelled, constrained) (to do); to be bound (to do); *ich muß* I must; *sie muß fort sein* I suppose she is gone; *ich muß lachen, wenn* I cannot help laughing when; *d. muß erst noch kommen* that is yet to come; *Sie ~ es nicht tun* you need not (*od* you don't have to, there is no

need for you to) do it; *es mußte s. gerade so fügen, daß*... chance would have it that...; *d. Krieg mußte kommen* the war was bound to come; *du hättest pünktlicher sein* ~ you ought to have been more punctual; *es muß einfach*... it cannot but...
müßig idle, unemployed; **~gang** idleness, laziness; **~gänger** idler, loafer
Muster model, specimen; *(Vorbild)* example, paragon; *(Zeichnung)* design, pattern; *(Probe)* sample; specimen; ~ *ohne Wert* sample; **~betrieb** model factory; ⚓ model farm; **~brief** specimen letter; **~entwerfer** commercial artist; **~gatte** model husband; **~gültig, ~haft** model, exemplary, perfect; **~karte** pattern card, sample book; **~klammer** paper-fastener; **~knabe** prig, model boy; **~koffer** box of samples, sample-bag; **~n** *(prüfen)* to examine; *mil* to review, to inspect; *(Stoffe)* to figure, to pattern; *(Papier)* to emboss; *j-n von oben bis unten ~n* to look s-b up and down; *gemustert* figured, fancy; **~prozeß** ⚖ test case; **~schule** model school; **~schutz** protection of registered designs; **~schutzgesetz** Copyright in Designs Act; **~ung** examination; *mil* review, inspection; muster; pattern, design; **~zeichner** designer, draftsman
Mut courage; *(seelisch)* fortitude; *(Schneid)* pluck; *(Ausdauer)* endurance, *sl* guts; *(Stimmung)* mood, state of mind; ~ *fassen* to summon up courage, to take heart; ~ *machen* to encourage; *guten ~es sein* to be of good cheer; to be full of hope; *ihm sank d.* ~ his heart failed him; **⁓chen:** *sein ⁓chen kühlen* to vent one's anger (on); **~ig** brave, courageous; **~los** despondent, discouraged; **~losigkeit** despondency, discouragement; **~maßen** to suppose, to guess, to surmise, to conjecture; **~maßlich** conjectural, probable, presumable; **~maßung** surmise, conjecture; *(Verdacht)* suspicion; *d. sind alles nur ~maßungen* that is all guesswork; **~wille** wantonness, mischievousness; **~willig** mischievous, roguish; malevolent, wanton
Mutter mother; *(Tier)* dam; ⚙ nut, female screw; *d.* ~ *Gottes* Our Blessed Lady, the Virgin Mary; **~boden, ~erde** native soil; *(Krume)* to soil; **~gesellschaft** parent company; **~korn** ergot; **~kuchen** placenta; **~land** mother country; **~leib** womb; *vom ~leibe an* from birth; **~mal** birth-mark, mole; **~mord** matricide; **~schaf** ewe; **~schaft** motherhood; maternity; **~schlüssel** wrench, spanner; **~schwein** sow; **~seelenallein** all alone; **~söhnchen** mother's pet, *umg* milk-sop; **~sprache** mother tongue; **~tag** Mother's Day; **~tier** dam; **~witz** motherwit, common sense
Mütter|beratungsstelle maternity centre; baby clinic; **~chen** little mother; little old woman; **~heim** convalescent home for mothers; **~lich** motherly, maternal; **~licherseits** on one's mother's side; **~- und Säuglingsheim** maternity hospital
Mutung claim, demand
Mütze cap; **~nschirm** peak of a cap, shade of a cap
Myrrhe myrrh
Myrte myrtle; **~nkranz** myrtle-wreath
myst|eriös mysterious; **~erium** mystery; **~ifizieren** to mystify; **~ik** mysticism; **~iker** mystic; **~isch** mystic(al)
Myth|e myth, fable; **~isch** mythical; **~ologie** mythology; **~ologisch** mythological

N

N (the letter) N
na! well!; why!; come now!; *~nu!* well, I never! ~ *warte!* just you wait!; ~ *wenn schon!* so what!
Nabe nave, hub
Nabel navel, umbilicus; **~bruch** umbilical hernia; **~schnur** umbilical cord, navel-string
nach to, towards, for, at; *(Reihe, Zeit)* after, past, on, behind; *(gemäß)* according to, as regards, by, from; along; *d. Zug* ~ *London* the train for London; *e-r* ~ *d. andern* one by one, one after the other; *(e.) Viertel* ~ *8* a quarter past eight; ~ *Empfang* on receipt; *er kam* ~ *mir* he was behind me; ~ *u.* ~ gradually, bit by bit; ~ *wie vor* still, as usual, as (much as) ever; ... *ist* ~ *wie vor*... continues to be, is still; *allem Anschein* ~ to all appearances; ~ *d. Natur malen* to paint from nature; *urteilen* ~ to judge from, by; *d. Namen* ~ *kennen* to know by name; ~ *meiner Uhr* by my watch; *meiner Meinung* ~ in my opinion; ~ *etw schmecken* to taste of s-th; *es sieht* ~ *Regen aus* it looks like rain; ~ *Hause* home
nachäffen to ape, to mimic
nachahm|en to imitate, to copy; *j-n ~en* to take a leaf out of s-b's book; **~enswert** worthy of imitation, worth imitating; **~er** imitator; **~ung** imitation; *(Fälschung)* forgery; **~ungstrieb** imitative instinct
nacharten to resemble, to take after
Nachbar neighbour; **~haus** neighbouring house; *im ~haus* next door; **~lich** neighbourly; **~schaft** neighbourhood; vicinity
nach|bestellen to order some more; to place repeat orders; **~bestellung** repeat order; **~beten** *fig* to repeat mechanically; **~bilden** to copy; to imitate; to reproduce; **~bildung** copy, imitation; replica; **~bleiben** to remain behind, to be left; *(nachhinken)* to lag; *~bleiben müssen* to be kept in; **~blicken** to look (*od* gaze) after; **~datieren** to postdate
nachdem after; *adv* afterwards; *je* ~ according as, it depends
nach|denken to reflect (on), to meditate (on), to think (over, about), to cogitate; *su* reflection, meditation; **~denklich** thoughtful, pensive, meditative; **~dichtung** free version; paraphrase; imitation; **~drängen** to crowd after, to press after; **~dringen** to pursue (after)
Nachdruck stress, emphasis, force; 📖 reprint(ing), reproduction; *(unerlaubt)* piracy,

plagiarism; pirated edition; *mit ~* emphatically; *~ verboten* all rights reserved; **~en** to reprint; *(unerlaubt)* to pirate; **~srecht** copyright; **~svoll, ¨lich** emphatic; strong; forcible
nach|dunkeln to deepen, to darken (subsequently); *(Färberei)* to sadden; **~eifern** to emulate; to take a leaf out of s-b's book; **~eiferung** emulation; **~eilen** to hasten after; **~einander** after each other, successively; *4 Tage ~einander* on four days running; **~empfinden** to sympathize with, to feel for
Nachen boat, skiff; *(flach)* skuller, punt
Nach|erbe next heir; **~ernte** second crop; aftermath, gleaning; **~erzählen** to repeat; to reproduce; **~erzählung** reproduction; **~fahre** descendant; **~fahren** to drive after; to follow; **~feier** later (*od* extra) celebration
Nachfolge succession; **~n** to succeed, to follow; **~nd** following, subsequent; *im ~nden* hereafter; **~r** successor
Nach|forderung extra charge; additional claim; **~forschen** to inquire into; to investigate; to search for; **~forschung** investigation; inquiry; research; **~frage** inquiry; *(Waren-)* demand; requirements; *d. Gesetz von Angebot u. ~frage* the law of supply and demand; **~fragen** to inquire (about, after), to ask after; to demand; **~fühlen** to feel for, to sympathize with; **~füllen** to fill up, to replenish; to top up; to refuel; **~geben** to give in, to yield; to give way; *(Kurse)* to decline, to slacken; *j-m nichts ~geben* to be in no way inferior to s-b; **~geboren** posthumous; **~gebühr** excess postage, surcharge; **~geburt** after-birth; **~gehen** to follow; *(Sache)* to investigate, to inquire into; *(Spur)* to trace; *(Geschäften)* to pursue, to attend to; *(Uhr)* to lose, to be slow; **~gerade** gradually; by this time, by now; after all; **~geschmack** aftertaste; **~gewiesenermaßen** as has been proved; **~giebig** indulgent, easy-going, obliging, acquiescent; *(elastisch)* flexible, ductile; pliable; **~giebigkeit** indulgence; tractability; softness; **~grübeln** to ponder (over), to brood; **~hall** echo; resonance; **~hallen** to echo, to resound; **~haltig** lasting; durable; *(wirksam)* effective; *(hartnäckig)* persistent; *(Interesse)* unremitting; **~hängen** to give way to, to be addicted to; *Gedanken ~hängen* to muse; **~heizen** to put on coal; to make up the fire; **~helfen** to assist; to lend s-b a (helping) hand; **~her** afterwards; later; *bis ~her!* so long!, see you later!; **~herig** subsequent, later; **~hilfe** help, aid; *(Schule)* coaching; **~hilfestunde** private lesson; **~hinken** to lag behind; **~holbedarf** backlog demand; **~holen** to make up for; to recover; *(Stunde)* to take later; **~hut** rear-guard; **~jagen** to pursue, to chase; **~klang** echo; *fig* reminiscence; *(Wirkung)* after-affect; **~komme** descendant, offspring; **~kommen** to come later, to follow on; *(Schritt halten)* to keep up (with); *fig* to comply with, to fulfil; to meet; **~kommenschaft** posterity, descendants, issue, progeny; **~kömmling** descendant; **~kriegs-** postwar ...; **~kur** after-treatment

Nachlaß estate, assets, inheritance; *(Strafe)* remission; *(Preis)* reduction; allowance; discount; **~verwalter** executor
nachlass|en to leave; *(Preis)* to reduce; *(Strafe)* to remit; *(vermindern)* to diminish, to abate, to grow less; *(aufhören)* to stop, to cease; *(Metall)* to temper, to anneal; *(entspannen)* to slacken; *(in d. Arbeit)* to fall off (in); **~enschaft** estate, inheritance; **¨ig** careless, negligent; **¨igkeit** carelessness, negligence
nachlaufen to run after; to lag
nach|leben to live up to; *su* after-life; **~legen** to put on more coal, to make up the fire; **~lese** gleaning; *lit* supplement; **~lesen** to glean; *(Buch)* to read (again); to look up (a passage); **~liefern** to deliver later (*od* subsequently); **~lieferung** subsequent delivery; **~lösen** to pay the additional fare, to buy a ticket en route; **~machen** to imitate; *(parodieren)* to mimic; *(zweites Exemplar)* to copy, to duplicate; *d. soll mir j-d ~machen* I'd like to see anybody else do that; **~malig** subsequent; **~mals** subsequently, afterwards; **~mittag** afternoon; *heute ~mittag* this afternoon; **~mittags** in the afternoon; **~mittagskleid** afternoon dress, teagown; **~mittagsvorstellung** matinée; **~nahme** cash on delivery, C.O.D.; *per ~nahme schicken* to send C.O.D.; **~nahmetelegramm** collect telegram; **~name** surname, family name, *US* last name; **~plappern** to repeat mechanically; to parrot; **~porto** excess postage, surcharge; **~prüfen** to examine, to check; to verify; to test; to make sure; **~prüfung** checking; verification; testing; inspection; **~rechnen** to check, to audit, to go over the figures; **~rede** epilogue; *(üble)* slander; *(Klatsch)* gossip; **~reden** *(schlecht)* to speak ill of; to slander; *(wiederholen)* to repeat
Nachricht news; tidings; *(Auskunft)* information; *(Bericht)* report, account; *mil* intelligence; *(Meldung etc)* advice; **~enagentur** news agency; **~endienst** news service; *mil* intelligence service; signals service; **~ensendung** newscast; news report; **~ensprecher** newsreader; **~enübermittlung** communications; transmission of intelligence; **~enwesen** communications (system); **~lich** for information
nach|rücken to move forward; to follow; to move up; **~ruf** obituary (notice); **~ruhm** posthumous fame; **~rühmen** to say in praise of (*od* to one's credit); **~sagen** to repeat mechanically; to speak of; **~saison** off-season; **~satz** postscript; *gram* final clause; minor proposition (*od* term); **~schicken** to forward; to send after; **~schlagen** to look up (*etw* s-th); to consult (a book); **~schlagewerk** reference book; **~schleichen** to creep after; **~schleppen** to drag after, to trail after; to tow; **~schlüssel** master-key, false key; *(Dietrich)* skeleton-key; **~schmecken** to leave a taste (of); **~schreiben** to copy; to take down; **~schrift** *(Abschrift)* copy, transcript; *(Brief)* postscript; *(Notizen)* notes; **~schub** *mil* reinforcements; reserves; supply, flow of supplies; **~sehen** to

gaze (*j-m* after s-b); *(sorgen)* to look after; *(prüfen)* to revise, to check, to examine; *(s. informieren)* to look up, to see (whether), to have a look (at); *(Maschinen)* to overhaul; *(entschuldigen)* to excuse, to condone, to overlook; *d. ~sehen haben* to be left behind (*od* holding the baby), to go empty-handed, to have one's trouble for nothing; **~senden** to send after; ✉ to redirect, to forward; *bitte ~senden* please forward (to); **~setzen** *vt* to think less of, to set aside; *vi* to hunt after, to pursue

Nachsicht indulgence; forbearance, leniency; *~ haben mit* to have patience with; **~ig, ~svoll** indulgent, lenient

Nach|silbe suffix; affix; **~sinnen** to muse, to meditate (on); to reflect (on); **~sitzen** to be kept in; *su* detention; *~sitzen lassen* to keep in; **~sommer** Indian summer, late summer; **~speise** sweet; dessert; **~spiel** 🎭 epilogue; ♪ postlude; *eccl* voluntary; *fig* sequel; **~sprechen** to repeat; **~spüren** to spy after; *(suchen)* to trace, to track s-b

nächst *(Entfernung)* nearest; shortest; closest; *(Reihenfolge)* following, next; *prep* next to, next after; *in d. ~en Zeit* soon, in the near future, shortly; *für d. ~e Zeit* for some time to come, for the time being; *in d. ~en Zukunft* in the visible future; *~en Mittwoch* on Wednesday next; *Mittwoch ~er Woche* Wednesday week, a week on Wednesday; *d. ~en Angehörigen* next of kin; **~beste** second best; **~dem** soon; **~enliebe** charity; love for one's fellow men; **~ens** soon, shortly; **~er** fellow creature, neighbour; **~liegend** nearest

nach|stehen to be inferior to; to make way for; **~stehend** hereafter; following; mentioned below; **~stellen** *vt (Uhr)* to put back; ⚙ to regulate, to adjust; *vi* to pursue, to lie in wait for; **~stellung** pursuit, persecution; **~streben** to strive for, after; to aspire (to); *j-m ~streben* to emulate; **~suchen** *vt* to petition (for), to apply (for); *vi* to search, to look for; **~tanken** to refuel

Nacht night; *(Dunkelheit)* darkness; *bei ~, des ~s* at night; *bei ~ u. Nebel* under cover of darkness; *mit einbrechender ~* at nightfall; *über ~* overnight, during the night; *heute ~* tonight; *über ~ bleiben* to stay the night; *zu ~ essen* to sup; *s. d. ~ um d. Ohren schlagen* to get no sleep; **~asyl** night-shelter, common lodging-house; **⸚elang** for whole nights; **~essen** supper; **~falter** moth; **~geschirr, ~topf** chamber-pot; **~gleiche** equinox; **~hemd** night-dress, *umg* nightie; *(Herren-)* night-shirt; **⸚igen** to spend the night; **~jäger** night-fighter; **~lager** night's lodgings, night quarters; **⸚lich** nightly; nocturnal; **~mahr** nightmare; **~portier** night-porter; **~s** at night, by night; *bis 2 Uhr ~s* till two in the morning; **~schatten** *bot* nightshade; **~schicht** night-shift; **~schlafend**; *zu ~schlafender Zeit* when everyone is asleep; **~seite** *fig* seamy side, dismal side; **~stunde** night-hour; *späte ~stunden* small hours; **~tisch** bed-side table; **~wache** night-watch, vigil; **~wächter** night-watch-man; **~wandeln** to walk in one's sleep; **~wandler** sleep-walker, somnambulist; **~wandlerisch** : *mit ~wandlerischer Sicherheit* infallibly, with absolute certainty; **~zeug** night-clothes; **~zug** night-train

Nachteil disadvantage (*im ~ sein* to be at a d.); drawback; *(Schädigung)* loss, damage, injury; ⚖ damage; detriment, prejudice; *zum ~ von* to the prejudice of; *sehr zum ~ von* to the great damage of; **~ig** disadvantageous; prejudicial, detrimental; derogatory

Nachtigall nightingale; **~enschlag** nightingale's song

Nach|tisch dessert; sweets, sweet course; **~tönen** to resound, to echo; **~trab** rear(-guard); **~trag** supplement, addition; addendum; *(Brief)* postscript; *(Testament)* codicil; **~tragen** to carry after; to add; *fig* to bear a grudge against; **~tragend** resentful, vindictive; **~träglich** additional, supplementary, further; *(zeitlich)* later, a posteriori; **~tragszahlung** additional payment; **~trupp** rear-guard; **~tun** to copy, to imitate; to emulate; **~urlaub** additional leave; **~wachsen** to grow again; to grow up; **~wahl** by-election, *US* special election; **~wehen** after-pains; (painful) after-effects; *umg* backwash; **~weinen** to mourn, to bewail; to deplore (s-b); **~weis** evidence, proof; *(Unterlage)* record, list; **~weisbar** demonstrable, evident; **~weisen** to establish, to prove, to demonstrate; *(Arbeit)* to get (work etc) for s-b; *(Anspruch)* to substantiate; **~weislich** demonstrable, evident, authentic; **~welt** posterity; **~winter** second winter; **~wirken** to have an after-effect; to be felt afterwards; **~wirkung** after-effect; **~wort** epilogue; *(Buch)* postscript; **~wuchs** after-crop; the rising generation; *mil* recruits; *(Berufe)* junior staff; 🎭 newcomer; **~wuchskräfte** *(Industrie)* new recruits; fresh generation of workers; **~zahlen** to pay in addition; *(Verkehr)* to pay an additional fare; **~zählen** to count (over) again; to check; **~zahlung** additional payment, late payment; 🚆 excess fare; **~zeichnen** to copy; **~ziehen** *vt* to drag along; *(Striche)* to trace; *(Schraube)* to tighten; *(Augenbrauen)* to pencil; *vi* to follow (along, behind), to march after; **~zügler** late-comer; straggler; delayed case

Nacken nape of the neck, neck; **~schlag** blow from behind; *fig* misfortune; setback

nackt *(Person)* naked, nude; *(Tatsachen, Land, Wände, Körperteile)* bare; 🎨 nude; *fig* plain; *(Vogel)* unfledged; *(Zahlen)* cold; **~heit** nakedness; bareness; **~kultur** nudism

Nadel *(Näh-)* needle; *(Steck-, Haar-)* pin; *(Zeiger)* hand; ♪ needle, stylus; **~arbeit** needlework; **~baum** conifer; **~geräusch** needle scratch; ♪ surface noise; **~hölzer** conifers; **~kissen** pin-cushion; **~öhr** eye of a needle; **~stich** prick; stitch; *fig* pin-prick; **~wald** coniferous forest

Nagel nail; *(Zier-)* stud; *(Teppich-)* tack; *(großer)* spike; *(Holz)* peg ♦ *etw an d. ~ hängen* to give up; *d. ~ auf d. Kopf treffen* to hit the nail on the head; *auf d. ~̈n brennen* to be urgent; *an d. ~̈n kauen* to bite one's nails; **~bohrer** gimlet; **~bürste** nail-brush; **~feile** nail-file; **~geschwür** whitlow; **~kuppe** head of the nail; **~lack** nail enamel; **~n** to nail; to spike; **~neu** brand-new; **~pflege** manicure; **~schere** nail-scissors

nag|en to gnaw, to nibble; *(zerfressen)* to corrode; to erode, to eat into; *fig* to wear out; to prey (up)on ♦ *am Hungertuch ~en* to be starving; **~er, ~etier** rodent

nah near, close to; close; *(zeitlich)* imminent, approaching; *~ daran sein* to be about (to do), to be on the point (of doing); **~aufnahme** close-up; **~̈e** nearness; proximity; vicinity; neighbourhood; *in d. ~̈e* near (to), close at hand; *aus nächster ~̈e (beobachten)* (to observe) at close range; **~egehen** to affect, to grieve; **~einstellgerät** 📷 close-up focusing device; **~ekommen** to come near, to approach; to get at; *fig* to approximate; **~elegen** to suggest, to urge upon; **~eliegen** to border on, to be adjacent; *fig* to suggest itself, to be obvious; **~en** to approach, to draw near; *su* approach; **~estehen** to be closely connected with; to be friends with; **~etreten** to come into close contact with; *j-m zu ~e treten* to hurt s-b's feelings; **~kampf** close combat; hand-to-hand fighting; **~verkehr** local traffic; ☎ junction (*od* toll) service; **~verteidigung** close defence; **~ziel** immediate goal (*bzw.* aim)

näh|en to sew, to stitch; ⚕ to suture; **~erei** needlework, sewing; **~erin** needle-woman, seamstress; **~garn** (sewing-)cotton; **~korb** sewing-basket; **~maschine** sewing-machine; **~maschinengarn** twist; **~nadel** needle; **~seide** (sewing-)silk; **~zeug** sewing things

näher nearer, closer (to); *(kürzer)* shorter; more direct; *(vertrauter)* closer, more intimate; *(genauer)* more detailed, further; **~es** details, particulars; *~es bei* ... apply to ...; **~n** to place near, to bring near; *refl* to approach; to draw near; to get near; **~ungswert** approximate value

Nähr|boden fertile soil; culture medium; **~en** *vt* to nourish, to feed; *(Mutter)* to nurse, to suckle; *fig* to nourish, to cherish, to entertain; *vi* to be nourishing; *refl* to live (on); to maintain o.s.; **~mittel** food, nutriment; *pl* cereal products; **~stand** the peasants; **~wert** nutritive value

nahr|haft nourishing, nutritious, nutritive; *(Mahlzeit)* substantial; *fig* lucrative; **~ung** nourishment, food, *a. fig* aliment; *(Unterhalt)* support, maintenance, sustenance; *(Tiere, umg)* feed; **~ungsaufnahme** absorption of food; **~ungsmittel** food, foodstuffs; victuals; **~ungssorgen** struggle for livelihood

Naht seam *(falsche ~* mock s.); ⚕, *bot* suture; ⚙ join; weld; **~los** seamless; jointless, weldless

naiv naïve, ingenuous, artless, simple; **~ität** naïveté, simplicity

Nam|e name; appellation; *(Ruf)* reputation, character; *d. ~en nach* by name ♦ *d. Kind beim rechten ~en nennen* to call a spade a spade; *mit vollem ~en unterschreiben* to sign in full; *im ~en von* on behalf of; *im ~en d. Gesetzes* in the name of the law; *s. e-n ~en machen* to make a name for o.s.; **~engebung** christening; naming; **~enlos** nameless; *fig* inexpressible, unspeakable; **~ens** named, called, by name of; *(im Auftrag von)* in the name of, on behalf of; **~ensaufruf** roll-call; **~ensfest, ~enstag** Saint's day; name-day; **~ensschild** brass-plate; **~ensvetter** namesake; **~enszug** signature; **~entlich** by name, named; *(besonders)* especially, particularly; **~haft** renowned, well-known; *(beträchtlich)* considerable; *~haft machen* to name, to specify; *(finden)* to find out the name of s-b; to establish the identity of s-b; **~̈lich** same, very; *adv* namely, that is to say, and that is; of course

Napf bowl, basin; **~kuchen** (kind of) sponge-cake, pound-cake

Narb|e scar, ⚕ cicatrice; *bot* stigma; *(Leder)* grain; **~en** to grain; **~ig** scarred; cicatriced; grained

Narde spikenard

Narko|se narcosis, ⚕ anaesthesia; **~searzt** anaesthetist; **~tikum** anaesthetic; **~tisch** narcotic; anaesthetic; **~tisieren** to narcotize; to anaesthetize

Narr fool; buffoon, jester; *j-n zum ~en halten* to make a fool of s-b, to pull s-b's leg ♦ *e-n ~en gefressen haben an* to fall for, to be gone on, to take a great fancy to; **~en** to fool; **~enhaus** madhouse, lunatic asylum; **~enpossen** foolery, tomfoolery, tricks; **~ensicher** foolproof; **~etei** folly, madness; **~heit** foolishness, craziness; **~̈in** fool, foolish woman; **~̈isch** foolish, mad; strange, peculiar

Narzisse narcissus; *gelbe ~* daff(odil)

Nasal(laut) nasal (sound)

nasch|en to nibble; to pilfer; to eat sweets on the sly; **~er** sweet-tooth; **~̈erei** sweets; titbits; eating sweets on the sly; **~haft** sweet-toothed, fond of sweet things; **~werk** sweets; delicacies

Nas|e nose; *(Tier)* snout; *(Geruch)* scent; *fig* rebuke; *vor d. ~e* before one's very eyes; *s. d. ~e putzen* to blow one's nose ♦ *e-e ~e drehen* to make a fool of; *j-m e-e lange ~e machen* to cock a snook at s-b; *j-m auf d. ~e herumtanzen* to do with s-b what one pleases; *s-e ~e in jeden Quark stecken* to poke one's nose in everywhere; *d. ~e ins Buch stecken* to stick to one's books; *zupf dich an d-r eigenen ~e* think of your own failings; *auf d. ~e binden* to tell, to reveal; *auf d. ~liegen* to be laid up; *j-m etw unter d. ~e reiben* to bring s-th home to s-b, to rub it in to s-b; *d. ~e voll haben von* to be fed up with; **~̈eln** to nasalize, to speak through the nose; **~enbein** nasal bone; **~enbluten** nose-bleeding; **~enflügel** side of the nose; **~enlänge:** 🏇 *um e-e ~enlänge schlagen* to nose out; **~enloch** nostril; **~enrücken** bridge of the nose; **~enspitze** tip of the nose; **~enstüber** *fig* snubbing, fillip; **~eweis** cheeky, saucy, pert;

~führen to fool, to dupe, to hoax; **~horn** rhinoceros

naß wet; *(feucht)* damp, moist, humid; *(regnerisch)* rainy; *su* liquid; *poet* drink; rain; water; **~kalt** raw, dampish

Nässe wetness; *(feucht)* dampness; humidity; *vor ~ schützen* to keep dry; **~n** to wet; to moisten

Nation nation; *verbündete ~en* allied nations; **~al** national; **~alhymne** national anthem; **~alisieren** to nationalize; **~alität** nationality; **~alitätenstaat** multinational state; **~alökonomie** political economy; **~alversammlung** national assembly

Natrium sodium; *aus ~ bestehend* sodaic; **~lampe** sodium lamp

Natron soda, sodium hydroxide; *(doppeltkohlensaures)* bicarbonate (of soda), *umg* bicarb; **~haltig** containing soda; **~lauge** soda lye, caustic soda solution; **~salz** sodium salt

Natter adder, viper

Natur nature; *(Körpergestalt)* constitution; *(Veranlagung)* temperament, disposition; *von ~* by nature, inherent; *nach d. ~* from the life, from nature; *e-e starke ~* a strong constitution; *in ~a (bezahlen)* in kind; *wider d. ~* against the grain; **~aleinkommen** income in kind; **~alien** natural produce; fruits of the soil; *(Naturgeschichte)* natural history specimens; **~alisieren** to naturalize; **~alismus** naturalism; **~alistisch** naturalistic; **~alleistung** payment in kind; **~bursche** child of nature; **~ell** nature, disposition, temper; **~ereignis, ~erscheinung** natural phenomenon; **~forscher** scientist; **~gemäß** natural, according to nature; *adv* naturally; **~geschichte** natural history; **~getreu** true to nature, life-like; **~heilkunde** nature cure; **~kunde** natural science; **~lehre** physics; **~notwendigkeit** physical necessity; **~produkt** natural product, native substance; **~schutzgebiet** nature reserve; national park; **~trieb** instinct; **~volk** primitive race; **~widrig** unnatural, abnormal; **~wissenschaft** (natural) science; **~wissenschaftler** scientist; **~wissenschaftlich** scientific; **~wüchsig** natural, original; **~wunder** prodigy; natural wonder

natürlich natural; *(angeboren)* innate; *(Wesen)* genuine, unaffected; *(ungekünstelt)* artless; *adv* certainly; of course; **~keit** naturalness; genuineness, simplicity

Naut|ik nautics, nautical science; navigation; **~isch** nautical

Navig|ationsraum chart-room; **~ator** navigator; **~ieren** to navigate

Nebel fog; *(dünn)* mist, haze; *(Rauch-Dunstglocke)* smog; *(künstlich)* smoke-screen; *fig* veil, mist; **~bank** fog-bank; **~fleck** *astr* nebula; **~haft** foggy; misty, hazy; nebulous, dim; **~ig** foggy; hazy, misty; **~krähe** hooded crow; **~mond** November; **~regen** drizzle; **~scheinwerfer** 🚗 fog lamp; **~schleier** veil of mist; **~schwaden** damp fog; **~werfer** rocket mortar; **~wetter** foggy weather

neben beside, next to, near, close to; *(dazu)* in addition to, besides; *(in Zssg)* accessory, collateral, secondary; **~absicht** secondary objective; **~an** next door; close by; **~anschluß** ⚡ shunt; ☎ extension; **~arbeit** extra work; spare-time work; **~ausgaben, ~kosten** petty expenses, incidental expenses; **~bedeutung, ~sinn** connotation; secondary meaning; **~bei** by the way, incidentally; *(außerdem)* besides, moreover; *(räumlich)* adjoining; **~beruf, ~beschäftigung** additional occupation, part-time employment; sideline; avocation; **~beruflich** part-time; **~buhler** rival, competitor; **~buhlerschaft** rivalry; **~bürgschaft** collateral security; **~einander** side by side, abreast, next to each other; *su* co-existence; **~einanderstellung** juxtaposition; **~eingang** side entrance; **~einnahme** additional income, casual earnings; **~erwerb** subsidiary occupation (*od* earnings); perquisite, *umg* perks; side-line; **~erzeugnis** by-product; **~fach** subsidiary subject, *US* minor; *als ~fach haben* to minor in; **~fluß** affluent, tributary; **~frage** side-issue, corollary issue; **~gebäude** adjacent building; annex(e); **~gedanke** mental reservation; secondary thought; **~gelaß** adjoining room, box-room; **~geleise** siding, branch line, *US* side-track; **~geordnet** co-ordinate; **~geräusch** 📻 atmospherics, interference; *(durch Störsender)* jamming; **~geschmack** by-taste, flavour, tang; **~her, ~hin** by the side of, along with; by the way; **~kläger** accessory prosecutor; **~kosten** additional expenses; **~linie** collateral line; 🚆 branch-line; ☎ extension (line); **~mann** man next to one; **~mond** satellite; **~niere** adrenal gland, suprarenal gland; **~person** 🎭 subordinate character (*od* figure); **~produkt** by-product; **~rolle** subordinate part; **~sache** matter of secondary importance; **~sächlich** unimportant, immaterial; **~satz** subordinate clause, dependent clause; **~sender** 📻 relay station, substation; **~stehend** *(Brief)* as per margin; annexed, marginal; **~stelle** ☎ extension; **~straße** side-street, by-street; **~umstände** accidental circumstances; minor details, accessories; **~zimmer** adjoining room

nebst (together) with, along with, besides, in addition to

Necessaire toiletry kit

neck|en to tease, to chaff, to banter; **~erei** chaff, teasing, banter, badinage

Neffe nephew

negativ negative; adverse, unfavourable; *su* negative; *~e Wirkung* harmful effect (on)

Neger negro, coloured man; *(verächtlich)* nigger; **~in** negress

negieren to deny; to answer in the negative

nehmen to take; *(an-)* to accept, to receive; *(weg-)* to take away, to remove; *(ergreifen)* to seize, to capture; *etw zu s. ~* to eat s-th, to have s-th; *es s. nicht ~ lassen* to insist on; *Abschied ~* to say good-bye, to take leave; *etw auf s. ~* to undertake ♦ *auf d. leichte Schulter ~* to make light of; *e. böses Ende ~* to come to a bad end; *d. Mund voll ~* to brag, to boast, to talk big; *kein Blatt vor d. Mund ~* to be plain-spoken, to speak outright (freely); *s. d. Freiheit ~ zu* to take leave (to do s-th); *woher ~ u. nicht stehlen?* where on earth con I get some (*od* it)?; *es genau ~* to be pedantic, to be very particular; *genau-(*od *streng-)genommen* strictly speaking; *im Grunde genommen* generally speaking; *wie man's nimmt!* that depends!

Nehrung (sand) spit

Neid envy, *(Eifersucht)* jealousy; *(Mißgunst)* grudge; *vor ~ platzen (vergehen)* to burst (be eaten up) with envy; **~en** to envy; **~er, ~hammel** envious person, dog in the manger; **~isch** envious, jealous

Neig|e decline; slope; *(Rest)* remnant; *zur ~e gehen* to be on the decline; to come to an end; *bis zur ~e leeren (a. fig)* to drink (*od* to drain) to the dregs; **~en** *vt* to lower, to tilt; *(Kopf)* to bow; *vi* to be inclined (to do), to tend (to do); *refl* to slope, to dip; *(enden)* to draw (to a close); **~ung** declivity, inclination; *(Abhang)* slope; *(Straße,* 🚆*)* gradient, grade, incline; *(Nadel)* dip; *(Hang)* inclination, bent (*zu* for), bias (towards, in favour of), tendency (towards); *(Vorliebe)* preference; *(Zuneigung)* liking (for), inclination; *seiner ~ung folgen* to follow one's bent; **~ungsehe** love match; **~ungswinkel** angle of inclination

nein no; *~ u. abermals ~* a thousand times no; *mit ~ antworten* to answer in the negative

Nektar nectar

Nelke carnation, pink; *(Gewürz)* clove

nenn|en to name, to call; *(be-)* to term; *s. ~en* to be called; *e. Ding beim rechten Namen ~en* to call a spade a spade; **~enswert** worth mentioning; appreciable; **~er** *math* denominator; *auf e-n gemeinsamen ~er bringen* to reduce to a common denominator; **~ung** naming, nomination; ⛿ entry; **~wert** nominal value; *(Wertpapier)* face value; *zum ~wert* at par; **~wort** noun

neppen to fleece, to gyp

Nerv nerve ♦ *j-m auf d. ~en gehen* to get on s-b's nerves, to drive s-b mad; *er hat d. ~en verloren* his nerves have given out; **~enbahn** nerve tract; **~enbündel** bundle (*od* bag) of nerves; **~enheilanstalt** clinic for nervous diseases, mental hospital; **~enknoten** (nerve) ganglion; **~enkrank** neurotic, neurasthenic; **~enkrieg** war of nerves; **~enschwäche** nervous debility, neurasthenia; **~enstrang** nerve-cord; **~ensystem** nervous system; **~enzelle** nerve cell, neuron; **~ig** nervous; sinewy, pithy; **~ös** nervous, nervy, *sl* jittery, fidgety; *~ös sein* to be jittery, to have (got) the jitters, to be highly strung; *d. macht e-n ~ös (sl)* it gives one the jitters; **~osität** nervousness, jumpiness, restlessness, fidgetiness, *sl* jitters

Nerz mink; **~mantel** mink coat

Nessel nettle; *(Gewebe)* nettle cloth ♦ *s. in d. ~n setzen* to get into hot water; to put one's foot in it; **~fieber** nettle-rash, urticaria; **~tuch** cotton cloth

Nest nest; *(Horst)* aerie; *fig* hole, small provincial town; **~eln** to fasten, to lace up; **~häkchen** pet, baby

nett nice, neat, pretty, canny; kind; **~igkeit** neatness; prettiness; kindness

netto net; **~einkommen** net income; **~gehalt** net salary, take-home pay; **~gewicht** net weight; **~lohn** net wages, take-home pay; **~preis** net price; **~sozialprodukt** net national product

Netz net, netting; 🚆, ☎ network; ϟ grid; system; ϟ mains; *(Gepäck-)* rack; *(Einkaufs-)* bag, string-bag ♦ *ins ~ gehen* to fall into the trap; **~anschluß** mains connection (*od* supply); **~antenne** mains antenna; **~artig, ~förmig** reticular, netlike; **~ätzung** 📖 half-tone; **~empfänger** mains receiver, mains-set; **~en** to wet, to moisten; **~haut** retina; **~hemd** string vest; **~karte** 🚆 area season ticket; **~werk** network

neu new; fresh; modern; *(~artig)* novel; *(neuest)* latest; *(kürzlich)* recent; *aufs ~e, von ~em* anew, afresh, again; *in ~ester Zeit* quite recently, in most recent times; *wieder ~ anfangen* to start all over again; *~ere Sprachen* modern languages; *~este Mode* latest fashion (*od* style); *~e Kartoffeln* young potatoes; *was gibt es ~es?* what's the news?; *d. ist mir nichts ~es* that's no news to me; **~auflage** new edition; **~bau** new building, reconstruction, new erection; **~bearbeitung** revised edition, revision; **~bildung** new formation, new growth; **~druck** reprint; **~erdings** recently, lately; **~erer** innovator; **~erlich** late, recent; renewed, repeated; **~erscheinung** new book, current publication; **~erung** innovation; novelty; **~erungssüchtig** fond of innovations; **~gestaltung** reorganization; **~gier** curiosity; inquisitiveness; **~gierig** curious, inquisitive; *~gierig sein, ob* to wonder if (*od* whether); **~heit** novelty; newness; **~hochdeutsch** Modern High German; **~igkeit** news; **~landgewinnung** reclamation of land; **~lateinisch** New Latin; **~lich** the other day, recently; **~ling** beginner, novice, neophyte, acolyte; *umg* greenhorn; **~modisch** fashionable; **~mond** new moon; **~ordnung** reorganization; readjustment; reform; **~philologe, ~sprachler** student (*bzw* teacher) of modern languages; **~reich** newly rich; **~reicher** nouveau riche, wealthy parvenu; **~silber** German silver; **~vermählt** newly married; **~wertig** having original value; **~wort** neologism; **~zeit** modern times; **~zeitlich** modern; up-to-date

neun nine; **~auge** lamprey; **~eck** nonagon; **~fach** ninefold; **~jährig** nine-years-old; **~malkluger** wiseacre; **~te** ninth; **~tel** ninth (part); **~zehn** nineteen; **~zehnte** nineteenth; **~zehntel** nineteenth (part); **~zig** ninety; **~zigste** ninetieth; **~zigstel** ninetieth (part)

Neur|algie neuralgia; **~algisch** neuralgic; *fig* critical, delicate; *~algischer Punkt (fig)* critical factor; **~asthenie** neurasthenia; **~astheniker** neurasthenic; **~ose** neurosis

neutral neutral; impartial; **~isieren** to neutralize; **~isierung** neutralization; **~ismus** neutralism; **~ität** neutrality

Neutrum neuter

nicht not; *auch* ~ not even; not ... either; *ich auch* ~ nor I either; *durchaus* ~ by no means, in no way; *noch* ~ not yet; *gar* ~ not at all; ~ *einmal* not even; ~ *mehr* no longer; ~ *wahr?* isn't it? are you not?; ~ *ohne* quite good; ~ *daß ich wüßte* not that I know of; **~achtung** disregard; **~angriffspakt** non-aggression treaty; **~benötigt** surplus; **~betroffener** non-chargeable person; **~bewirtschaftet** non-rationed; **~eisenmetall** non-ferrous metal; **~ig** null, void; *(eitel)* vain, empty; *~ig sein* to be null and void; *für ~ig erklären* to declare null and void; to cancel, to nullify; **~igkeit** nullity, invalidity; vanity; **~igkeitsbeschwerde** plea of nullity; **~igkeitserklärung** annulment, cancellation; **~raucher** non-smoker; **~zutreffendes** *streichen* delete what is not applicable

Nichte niece

nichts nothing; ♠ love; *gar* ~ nothing at all; ~ *als* nothing but; ~ *anderes* nothing else; ~ *mehr* nothing more; ~ *weniger als* anything but ♦ ~ *für ungut* no harm meant; *für* ~ *u. wieder* for no reason at all; *mir* ~, *dir* ~ quite coolly, bold as brass; *es macht* ~ it doesn't matter; *soviel wie* ~ next to nothing; *su* nothing; nothingness; trifle; nonentity; *vor d.* ~ *stehen* to be faced with utter ruin; **~destoweniger** nevertheless; **~nutz** good-for-nothing, ne'er-do-well; **~nutzig** useless, worthless, good-for-nothing; **~sagend** meaningless, insignificant; flat, dull; **~tuer** idler; **~tun** to idle; *su* idling; **~würdig** vile, base; **~würdigkeit** vileness, baseness

Nickel nickel

nick|en to nod, to bow; *(schlafen)* to nap, to snooze; **~erchen** nap, snooze

nie never, at no time; *fast* ~ hardly ever

nieder low; base, mean; *adv* down, low; *auf u.* ~ up and down; **~brennen** to burn down; **~brüllen** to boo, to bully; **~deutsch** Low German; **~drücken** to weigh down, to bear down, to press down; *(Stimmung)* to depress; **~fahren** to descend, to come down; **~fallen** to fall down; **~frequenz** low frequency; **~gang** going-down; decline; *(Sonne)* sunset; depression, slump, recession; **~gehen** to go down; ✈ to land, to alight; *(Regen)* to fall; **~geschlagen** depressed, down-hearted, *umg* blue; **~geschlagenheit** depression; **~holen** to lower, to haul down; **~kämpfen** to overpower, to put out of action; to silence (the enemy's fire); **~kommen** to be confined, to lie in; **~kunft** confinement, lying-in; **~lage** defeat; *(Magazin)* depot, warehouse; agency, branch; **~lassen** *vt* to lower, to let down; *refl* to sit down; to alight; to establish o.s. in, to settle; **~lassung** settling; settlement; establishment; agency; branch; **~legen** to lay down, to deposit; *(aufgeben)* to give up; *d. Krone ~legen* to abdicate; *(Amt)* to resign (from); *(Arbeit)* to cease work, to knock off; to down tools, to walk out; *refl* to lie down; **~machen, ~metzeln** to kill, to slay; to wipe out; **~reißen** to pull down, to demolish; **~schlag** *(Regen)* rain, precipitation; *chem* precipitate, precipitation; *(Ablagerung)* sediment, deposit; *(Boxen)* knock-out (blow); *fig* reflection; repercussion; effect; **~schlagen** to knock down, to fell; *(Augen)* to cast down; *(unterdrücken)* to suppress; ⚖ to squash; *chem* to precipitate; *fig* to discourage; *refl* to be reflected, to occur, to take place; **~schmettern** to strike down; *fig* to crush, to overwhelm; to depress; **~schmetternd** shattering; **~schreiben** to write down; **~schrift** writing-down; notes; minutes; **~setzen** *vt* to put, to set down; *refl* to sit down; **~sinken** to sink down, to drop; **~stoßen** to knock down; **~strecken** to knock down; to cut down; **~tracht** meanness, baseness; **~trächtig** mean, base; **~ung** lowland; marsh; plain; **~wärts** downwards; **~werfen** to throw down; *(unterdrücken)* to crush, to suppress; *(überwältigen)* to overwhelm

niedlich pretty, nice, neat, *umg* sweet, cute

Niednagel agnail, hangnail

niedrig low; *(Wert)* inferior; *(Stand)* humble; *(Preis)* low, moderate, cheap; *fig* mean, base; **~keit** lowness; humbleness; *fig* meanness; **~ste** lowest; bottom; **~wasser** low tide

niemals never, at no time

niemand nobody, no one, not ... anybody; **~sland** no-mans' land

Niere kidney; **~nbraten** roast loin of veal; **~nentzündung** nephritis; **~nstück** loin

niesel|n to drizzle; **~regen** drizzle

nies|en to sneeze; **~wurz** hellebore

Nieß|brauch usufruct, benefit; **~nutzer** usufructuary

Niet rivet, pin; ~- *u. nagelfest* firmly fixed, nailed fast; **~e** blank; *fig* failure, flop; **~en** to rivet; **~nagel** riveting-nail

Nihilismus nihilism

Nikolaus *BE* Father Christmas, Santa Claus

Nikotin nicotine; **~arm** denicotinized; **~frei** nicotine-free; **~haltig** containing nicotine

Nilpferd hippo(potamus)

Nimbus nimbus; *fig* prestige

nimmer, ~mehr never, nevermore; on no account; **~satt** insatiable; *su* glutton; wolf; **~wiedersehen:** *auf ~wiedersehen* farewell for ever

Nippsachen knick-knacks, trinkets, bric-á-brac

nirgends nowhere, not ... anywhere

Nische niche; *(Zimmer)* alcove

Niß, Nisse nit

nist|en to build a nest; **~kasten** nesting-box

Nitrat nitrate

Nive|au level, standard; **~llieren** to level; **~llierwaage** spirit-level

Nixe water-nymph

nobel noble, distinguished; *(freigebig)* generous, free-handed; **~preis** Nobel prize; **~preisträger** Nobel prize winner

noch *(Dauer, Steigerung)* still; *(Verneinung)* yet; *(bei Zahl)* more; *(dazu)* beside, in addition; ~ *ein* another; ~ *einmal* once again, over again; ~ *immer* still; ~ *nicht* not yet; ~ *nie* never (before); ~ *dazu* in addition, into the bargain; ~ *etwas* s-th more, s-th else, some more; ~ *so* so, ever so; ~ *einmal soviel* twice as much, as much again; ~ *gestern* only yesterday; **~malig** repeated; **~mals** once more, again; ~ *und* ~ plenty (of), no end (of)

Nocke dumpling; **~n** cam; **~nwelle** camshaft

Nomad|e nomad; **~isch** nomadic

Nomin|albetrag nominal value; **~ativ** nominative

None ♪ ninth

Nonne nun; **~kloster** convent; nunnery

Noppe nap, burl, pile; **~n** to burl, to nap; *su* nap finish; **~nfarbe** burl dye; **~ngarn** nap yarn; **~nmuster** nap pattern

Nord north; *poet* north wind; **~en** the north; **~isch** northern; *(skandinavisch)* Norse, Nordic; **¨lich** northern, northerly; arctic; **~licht** aurora borealis, northern lights; **~östlich** north-east(ern); **~pol** North Pole; **~polarkreis** Arctic, Circle; **~polfahrt** arctic expedition; **~see** North Sea; **~wärts** northward

Nörg|elei nagging, grumbling, fault-finding; **~eln** to nag, to grumble, to carp, to criticize; **~ler** grumbler, carper

Norm standard, rule; norm; *fig* yardstick; **~en** to standardize; **~al** normal; standard; *(üblich)* regular; **~ale** perpendicular (line); **~algeschwindigkeit** normal speed; **~algewicht** standard weight; **~algröße** standard size; **~alspur** 🚂 standard gauge; **~alzeit** mean time; **~en, ~ieren** to standardize; *(regulieren)* to regulate; to lay down a rule (for); **~satz** standard

Not *(Mangel)* want, need, necessity; *(Unglück)* distress; *(Schwierigkeit)* trouble, difficulty; *(Gefahr)* danger, emergency; *(Sorge)* grief, sorrow; *(Lage)* plight; *mit knapper* ~ only just, narrowly; *ohne* ~ needless, without real cause; *zur* ~ if need be, at a pinch; *in* ¨*en sein* to be hard pressed; ~ *tun, vonnöten sein* to be necessary; *seine liebe* ~ *haben mit* to have no end of trouble with; *in* ~ ⚓ on her beam-ends; *aus d.* ~ *e-e Tugend machen* to make a virtue of necessity; ~ *macht erfinderisch* necessity is the mother of invention ♦ *in d.* ~ *frißt der Teufel Fliegen* beggars can't be choosers; **~abgabe** emergency levy; **~anker** sheet-anchor; **~ausgang** emergency exit; **~behelf** makeshift; expedient; **~bremse** emergency brake; 🚂 communication cord; **~durft** necessity, pressing need; *s-e* ~*durft verrichten* to relieve nature; **~dürftig** scanty; *(bedürftig)* poor, needy, necessitous; *(behelfsmäßig)* makeshift; ~*dürftig ausbessern* to make a rough and ready repair; **~fall** case of emergency; **~flagge** flag of distress; **~gedrungen** forced, compulsory; **~hafen** harbour of refuge, emergency port; **~helfer** emergency helper; **~hilfe** emergency service; **~lage** distress, calamity; state of need; **~landen** to make a forced landing; to be forced down; **~landung** forced landing; **~leidend** suffering, distressed; *(arm)* needy, poor; *(Wechsel)* dishonoured; **~leine** communication cord; **~lüge** white lie; **~maßnahme** emergency measure; **~opfer** emergency property tax; ~*opfer Berlin* Berlin emergency levy; **~pfennig** savings, nest-egg; **~ruf, ~schrei** cry of distress; emergency-call; **~schlachtung** forced slaughter; **~signal** signal of distress; ⚓ SOS; **~sitz** dickey-seat, bucket seat; **~stand** state of emergency (*od* distress); critical state; *d.* ~*-stand erklären* to proclaim a state of emergency; *im* ~*stand handeln* to act under duress; **~standsarbeiten** unemployment relief projects; **~standsgebiet** distressed (*od* development) area; **~taufe** private baptism (in emergency); **~verband** first aid dressing, temporary dressing; **~verordnung** emergency decree; **~wehr** self-defence; **~wendig** necessary (*für* to, for; *daß* for s-b to do); urgent; indispensable; **~wendigkeit** necessity; urgency; **~wohnung** makeshift dwelling (*od* quarter); **~zeichen** distress signal; **~zucht** rape; **~züchtigen** to rape, to assault

Notar notary (public); **~iat** notary's office; **~iell** notarial, attested by a notary; ~*iell beglaubigen* to attest, *US* to notarize

Note ♪ note, *pl* music; *(Geld-)* banknote; *(Rechnung)* bill, memorandum; *(Schule)* mark, grade; *ganze* ~ ♪ semi-breve, *US* whole note; *halbe* ~ minim, *US* half note; *nach* ~*n singen* to sing at sight; *nach* ~*n (fig)* thoroughly, downright; *fig* aspect, tone; **~ausgabe** issue of banknotes; **~nbank** Central Bank; **~nblatt** sheet of music; **~nschrank** music cabinet; **~nständer** music-stand; **~nsystem** ♪ staff

notier|en to note (down), to make a note of; *(Liste)* to enter (in), to record; *(Börse)* to quote (at), to state; **~ung** note, noting; *(Börse)* quotation; *(Liste)* entry

nötig necessary, needful; ~ *haben* to need, to want; *ich habe d. nicht* ~ I don't have to stand for that; **~en** to urge, to compel, to press; *s.* ~*en lassen* to need pressing; **~enfalls** if need be; in case of need; **~ung** coercion, compulsion; pressing; ⚖ duress

Notiz note, memo(randum); *(Zeitung)* notice; ~ *nehmen von* to take notice of s-th; to pay attention to; **~block** memo pad, note-pad; **~buch** note-book

notorisch notorious; evident

Novelle novella, short novel; *(Gesetz)* supplementary (*od* amending) law, amendment

November November

Nov|ität novelty; **~ize** novice; **~iziat** novitiate; **~um** new feature

Nu moment; *im* ~ in an instant, in no time, in a flash; ~*!* well!, now!

Nuance nuance, shade

nüchtern *(ohne Essen)* empty, fasting; *(vernünftig)* clear-headed, sensible; *(mäßig)* sober, prudent; *(geistlos)* dry, dull, insipid; *(geschmacklos)* flat; *fig* matter-of-fact; *bei* ~*er Betrachtung* on a conservative view; **~heit** emptiness; sobriety; dryness, dullness; *fig* jejuneness

Nuckelpinne 🚗 *umg* flivver, jalopy
Nudel macaroni; *(Faden)* vermicelli; *fig* funny [bird
null nil, null; *(Tennis)* love; ~ *u. nichtig* null and void; *su (Ziffer)* naught; *(Skala)* zero; ☎ O; *fig* a mere cipher; **~punkt** *(Skala)* zero (point); *(Thermometer)* freezing point; *(Maschine)* neutral point; *math* origin of coordinates; **~zeit** zero hour
numer|ieren to number; *~ierter Platz* reserved seat; **~isch** numerical
Numismatik numismatics
Nummer number; *(Zeitung)* copy, issue, number; *(Lotterie)* ticket; ⛟ event; ☎ number; *(Größe)* size ♦ *e-e große ~ sein* to be a big pot; *e-e gute ~ haben (bei)* to be well-thought of, to be in s-b's good books; *laufende ~* serial (*od* lot) number; **~nfolge** numerical order; **~nscheibe** ☎ dial; **~nschild** 🚗 number plate
nun now, at present; then, henceforth; *~?* well?; *~ u. nimmermehr* never, nevermore; *von ~ an* henceforth; **~mehr** now; then; by this time; since then; **~mehrig** present, actual
Nuntius nuncio
nur only, solely, merely, alone; *(ausgenommen)* except, but; *(eben)* just; *~ mehr* still (more), only; *wer ~ immer* whoever; *wenn ~* if only, provided that; *~ zu!* go on!
Nuß nut; *fig* a hard nut to crack; **~knacker** nut-cracker; **~kohle** small coal, nuts; **~schale** [nut-shell
Nüstern nostrils
Nute rabbet, slot, groove
Nutria nutria, coypu
nutz|e, nütze useful; *zu nichts ~e sein* to be good for nothing, quite useless; *zu ~ und Frommen* for the benefit of; **~anwendung** utilization, practical application; *(Lehre)* useful lesson, practical application; **~bar** useful; utilizable, realizable; **~barmachung** utilization; **~bringend** profitable, advantageous; beneficial; **~en** *su* use; *(Vorteil)* profit, advantage, gain, benefit; *(Nützlichkeit)* usefulness, utility; *(Ertrag)* return, yield, proceeds; *~en haben von* to benefit by; *zum ~en von* for the benefit of; **⁼en** *vt* to use, to utilize, to make use of; *vi* to be of use, to be profitable; *(dienen)* to serve for; *(vorteilhaft)* to be of advantage, to be of benefit; *e-e Gelegenheit ⁼en* to avail o.s. of an opportunity; *es ⁼t nichts* it is no use; **~garten** kitchen-garden; **~gegenstand** utensil; **~holz** timber; **~last** loading capacity, working (*od* pay) load; **~leistung** mechanical power, effective force, efficiency; **⁼lich** useful, of use; *(vorteilhaft)* advantageous, profitable; *(dienlich)* serviceable; **⁼lichkeit** usefulness, utility; advantage; **~los** useless; unprofitable; bootless, of no avail; **~losigkeit** uselessness, futility; **~nießen** to derive the profits from, to have the usufruct of; **~nießer** usufructuary, beneficiary; *(Politik)* profiteer; **~nießung** usufruct, benefit; **~ung** *(Gebrauch)* use; utilization; exploitation; *(Ertrag)* produce; yield; *(Einkommen)* revenue; **~ungsrecht** right of usufruct, [right to use
Nymphe nymph

O

O (the letter) O; *interj* oh!, ah!
O-Bein|e bandy legs; **~ig** bandy-legged
Oase oasis
ob *conj* whether, if (*I wonder if*); *als ~* as if, as though; *nicht als ~* not that; *und ~!* you bet!, rather!, I should say so!, and if *(we talked!)*; *prep* (up)on, above, over, beyond; *~ (= wegen) ihres Irrtums* for, on account of her mistake; **~gleich, ~schon, ~zwar** although, though
Obacht heed, care; *~ geben* to pay attention (to), to care, to take care (of)
Obdach shelter, lodging, *fig* dwelling; **~los** unsheltered, homeless; **~loser** casual (poor); **~losenasyl** (common) lodging-house, *umg* doss-house
Obduktion post-mortem (examination), autopsy
oben *adv* above, aloft, on high, at the top; upstairs, on the surface; *da, dort ~* up there; *nach ~* upwards; *weiter ~* higher up, further up; *von ~ bis unten* from top to bottom; *von ~ bis unten ansehen (umg)* to give s-b the once-over; *~ erwähnt* above-mentioned; *von ~ herab behandeln* to treat in a condescending manner (*od* with disdain); **~an** *adv* at the top; **~auf** *adv* on the top of; *~auf sein* to be in great form; **~drein** into the bargain, in addition; **~hin** superficially, perfunctorily ♦ *alles Gute kommt von ~* all blessings come from above
ober *adj* upper, higher, supreme; senior; leading; *~ su* (head-)waiter; **~arm** upper arm; **~arzt** senior physician, *bes mil* chief medical officer; **~aufseher** chief warden, chief custodian; **~aufsicht** superintendence; **~bau** 🛤, ✲ superstructure, ✲ overhead construction; **~befehl** supreme command; **~befehlshaber** commander in chief; **~bett** feather-bed; **~bürgermeister** Lord Mayor; *(auf d. Kontinent)* chief burgomaster; **~feldwebel** *BE* staff sergeant, *(Marine)* chief petty officer; *US* sergeant 1st cl., *(Marine)* petty officer 1st cl.; **~fläche** surface, area; *an der ~fläche schwimmen* to float on the surface; **~flächlich** superficial, flimsy, shallow; **~flächlichkeit** superficiality, frivolity, futility, shallowness; **~gefreiter** *US* private 1st cl.; BE lance corporal; **~gewalt** sovereignty; supremacy; **~halb** above, *US a.* atop; **~hand** upper hand; *d. ~hand gewinnen (haben)* to get (have) the upper hand, to get the better of s-b; **~haupt** chief, head, leader; **~haus** House of Lords; **~hemd** (white) shirt; **~herrschaft** supremacy; sovereignty; **~hirt** *eccl* bishop; **~hofmeister** Lord High Steward; **~in** ⚕ hospital matron; *eccl* Mother Superior; **~ingenieur** chief engineer; **~irdisch** surface, above ground, overground; ⚡ overhead; **~kellner** head-waiter; **~kiefer** upper jaw; **~kirchenrat** High Consistory; **~kommando** supreme command; **~körper** upper part of the body; **~landesgericht** Regional Appeal Court; **~längen** ascenders; **~lastig** top heavy; **~lauf** upper course (of a river); **~leder** upper; **~leh-**

rer senior assistant master; **~leitung** direction; ϟ overhead system; **~leutnant** *BE* lieutenant, *(Marine)* sublieutenant, *(Luftw.)* flying officer; *US* first lieutenant *(Marine)* lieutenant (junior grade); **~licht** skylight, fanlight; **~lippe** upper lip; **~maat** petty officer; **~meister** head foreman; **~priester** high priest; **~postdirektion** Superior Postal Directorate; **~prima** Upper Sixth, **~schenkel** upper (part of the) thigh; **~schicht** upper classes; **~schwester** head nurse, matron, senior sister; **~schwingung** ♪ overtone, harmonic vibration; **~st** colonel, *BE/US (Marine)* captain, *BE (Luftwaffe)* group captain; **~stabsarzt** staff surgeon; **~staatsanwalt** attorney general; **~steiger** foreman of the mine; **~stimme** treble, soprano; **~stleutnant** lieutenant colonel; *BE/US (Marine)* commander, *BE (Luftw.)* wing commander; **~stübchen:** *er ist nicht ganz richtig im ~stübchen* he is not quite right upstairs; **~studiendirektor** headmaster, *US* principal; **~stufe** senior class, seniors; **~tasse** cup; **~ton** ♪ harmonic; **~wasser** *(Schleuse)* upper water *(Mühle)* overshot water ♦ *~wasser haben* to have the whip-hand, to be top dog; **~welt** upper world

obgleich although, though

Obhut protection, care, custody; guardianship; aegis (under the a. of . . .); *in ~ nehmen* to take care (*od* charge) of

obig above-mentioned, above, aforesaid, foregoing

Objekt object; project, transaction; amount at stake, issue involved; *Versuch am lebenden ~* experiment on a living subject; **~glas** (*Mikroskop)* slide, mount; **~halter** specimen holder; **~iv** objective; unbiased, impartial; practical; *adv* in practice; really; *e-e ~ive Gefahr* an actual danger; *su* 📷 lens, objective; **~ivieren** to substantiate, to confirm; **~ivität** objectivity, impartiality; **~ivlinse** objective lens; **~ivöffnung** lens aperture; **~ivring** lens ring, adapter; **~ivsatz** lens combination; **~ivträger** lens carrier; **~ivverschluß** diaphragm shutter

Oblate wafer, *eccl* host

obliegen to apply o.s. to, to be devoted to; to have the task of; to be in charge of; **~heit** obligation, duty

obligat necessary, indispensable; **~ion** debenture, bond; obligation; **~ionsinhaber** bondholder; **~ionsschuldner** bond debtor; **~orisch** compulsory, obligatory, mandatory

Obligo liability, commitment

Obmann chairman; *(Schiedsmann)* umpire; foreman (of a jury)

Obo|e oboe; **~ist** oboe player, oboist

Obrigkeit authorities; magistrate; government; **~lich** magisterial, official; governmental; by authority; **~sstaat** authoritarian state

ob|schon = obgleich; **~servatorium** observatory; **~siegen** to triumph over; to prevail; to overcome, to get the better of; to carry the day; **~sorge** care (*über* of); supervision, inspection

Obst fruit; **~bau** fruit-growing; **~baum** fruit-tree; **~ernte** fruit-crop; **~garten** orchard; **~händler** *BE* fruiterer, *US* fruitseller; **~kelter** fruit-press; **~kern** stone, kernel; *(klein)* pip; **~schädlinge** fruit pests; **~tag** fruit diet day; **~torte** (fruit) tart, *BE* fruit flan, *US* fruit pie; **~züchter** fruit-grower

Obstruktion blocking; *parl* obstruction

ob|szön obscene, filthy; **~walten** to exist, to prevail; *unter den ~waltenden Umständen* under the (*od* these) circumstances; as matters stand; **~wohl** = obgleich

Obus trolley-bus

Ochse ox; bull(ock); *fig* duffer, blockhead; **~n** to cram, to fag; *umg* to swot; **~nfleisch** beef; **~ngespann** team of oxen; **~nhaut** oxhide; **~nleder** buff; **~nschwanz(suppe)** oxtail (soup); **~nziemer** horse-whip

Ocker ochre

Ode ode

Öd|e waste; desert; solitude; *geistige ~e* ennui; *adj* empty, bare; bleak; dreary, dull; *(unbebaut)* waste; **~land** fallow land, waste(land), wild, desert

Odem breath; ⚒ ⚕ oedema

oder or, else; *~ aber* or else, or instead; *~ auch* or rather instead; *entweder . . . ~* either . . . or; *(sonst)* otherwise

Odium odium

Odyssee Odyssey *(a. fig)*

Ofen stove; *(Back-)* oven; *(Brenn-)* kiln; *(Hoch-)* furnace; **~kachel** Dutch tile; **~klappe** damper; **~rohr** stove-pipe; **~schirm** fire-screen; **~setzer** stove-fitter; **~vorsetzer** fender

offen open, free; vacant; unsettled; outstanding; *fig* frank, sincere, outspoken; *~ gesagt* to be honest, to tell the truth; *~e Rechnung* current account; *~er Wechsel* blank cheque; *~e Handelsgesellschaft* general mercantile partnership; *~e Stadt* unfortified town; *~e Sprache* plain language, open (*od* uncoded) language; *~e Stelle* vacancy ♦ *~e Türen einrennen* to flog a dead horse; *~es Geheimnis* open secret; **~bar** obvious; manifest; evident; apparent; **~baren** to reveal, to disclose; to manifest; **~barung** revelation, disclosure; manifestation; **~barungseid** oath of manifestation; **~heit** frankness, openness; candour; **~herzig** sincere, open-hearted; frank, candid; **~herzigkeit** sincerity, frankness; **~kundig** evident, public; notorious; **~sichtlich** obvious, apparent; *(Lüge)* downright; **~stehen** to stand open; to remain unpaid *(bill);* to be allowed; *~ u. ehrlich* frank, above-board

offensiv, ~e offensive

öffentlich public; open; official; *~ beglaubigt* certified by public notarial act; *~e Anleihe* public loan; *~e Bedürfnisanstalt* public conveniences; *~e Betriebe* public utilities; *~e Hand* public authorities; *~es Interesse* public interest; *Befragung d. ~en Meinung* (public-)opinion poll; *~es Wohl* public welfare; **~keit** public; publicity; *unter Ausschluß d. ~keit* behind closed doors, ⚖ in camera; **~-rechtlich** under public law

offer|ieren to offer; **~te** offer; tender; bid; *e-e ~te einreichen* to submit an offer
offiz|iell official; **~ier** (commissioned) officer; (*~ier vom Dienst* o. on duty); **~iersanwärter** officer candidate; **~iersbursche** batman, orderly; **~ierskasino** officers' mess; **~ierskorps** the (body of) officers; **~ierspatent** commission; **~in** workshop; dispensary; chemist's shop; printing establishment, *US* printery; **~iös** semi-official
öffn|en to open; to dissect *(a body);* to unlock; *(mit Dietrich)* to pick a lock; **~ung** opening; aperture; hole; gap; *(Schlitz)* slot, slit; *(Fluß)* mouth; outlet; orifice; **~ungszeit** hours of opening
Offsetdruck offset printing; **~walze** offset roller
oft, ~mals often, frequently; *je ̈~er ... desto* the more ... the; **̈~ers** often, frequently
Oh(ei)m uncle
ohn|e without, but for; except; devoid of; lacking; *nicht ~e (umg)* not to be sneezed at; *~e Gewähr* without engagement; *~e-mich-Politik* count-me-out policy; **~egleichen** unequalled; **~edies, ~ehin** apart from this; besides; anyhow, anyway; all the same; **~macht** faint, unconsciousness; ✈ blackout; powerlessness; weakness; impotence; **~mächtig** in a faint; unconscious; helpless, powerless; *~-mächtig werden* to faint; **~machtsanfall** fainting-fit
Ohr ear; *fig* hearing; *ganz ~ sein* to be all ears; *s. aufs ~ legen* to take a nap ♦ *auf dem ~ hört er nicht (fig)* he is deaf in this ear; *j-n übers ~ hauen* to cheat s-b; *bis über d. ~en* up to the eyes, over head and ears; *es (faustdick) hinter d. ~en haben* to be very wily, to be as cute as they make them; *j-m in d. ~en liegen* to pester s-b; *viel um d. ~en haben* to be up to the eyes in work; **~enarzt** ear specialist, aurist; **~enbeichte** auricular confession; **~enklingen** ringing in the ears; **~enleiden** disease of the ear; **~ensausen** buzzing in the ears; ⚕ tinnitus; **~enschmalz** ear-wax; **~enschmaus** a real (musical) treat; **~enschmerzen** ear-ache; **~enschützer** ear-flap; **~enzerreißend** ear-splitting; **~enzeuge** auricular witness; **~feige** box on the ear; *(moralische)* slap in the face; **~läppchen** lobe of the ear; **~muschel** ear conch, external ear; **~wurm** earwig
Öhr *(Nadel)* eye; *(Stoff-, Segel-)* eyelet
okkult occult; **~ismus** occultism
Ökonom economist; ⚘ farmer; *(Verwalter)* manager, steward; **~ie** economy; economics; agriculture; housekeeping; **~isch** economical
Okt|aeder octahedron; **~avband** octavo (volume); **~ave** octave; **~avflöte** flageolet; **~ett** octet; **~ober** October; **~ogon** octagon
Okul|ar ocular, eye-piece *(of a telescope);* eyeglass; **~arlinse** ocular lens; **~aröffnung** pinhole; **~ieren** to graft, to bud, to inoculate; **~iermesser** budding-knife; **~ierreis** grafting twig
ökumenisch oecumenical

Okzident occident
Öl oil; *(Maschinen-)* lubricating oil; *(Speise-)* salad oil ♦ *~ ins Feuer gießen* to add fuel to the flames; *~ auf d. Wogen gießen* to pour oil on troubled waters; **~ablaß** oil drain; **~abscheider** oil separator; **~anstrich** coat of oil, oil paint; **~baum** olive tree; **~berg** *eccl* Mount of Olives; **~bohrung** oil well; **~brenner** oil-burner; **~druck** 🎨 oleograph; 📖 oil printing; ⚙ oil pressure; **~druckbremse** oil brake; hydraulic brake; **~druckschmierung** oil-pressure lubrication; **~en** to oil; to anoint; ⚙ to lubricate; **~farbe** oil paint, oil colour; **~fleck** oil stain; **~frei** without oil; **~fresser** ⚙ oil hog; **~getränkt** oil-impregnated; **~haltig** oil-bearing, containing oil; *geol* oleiferous; **~heizung** oil heating; **~ig** oily, oleaginous; *fig* unctuous; **~igkeit** oiliness; unctuousness; **~kanister** oil-can; **~kohle** oil carbon (*von ~kohle befreien* 🚗 to decarbonize); **~kuchen** oil cake; **~lack** oil varnish; **~leitung** pipe-line; 🚗 oil-pipes; **~malerei** oil painting; **~meßstab** 🚗 oil dipper; **~papier** oil-paper; **~säure** oleic acid; **~schlägerei** oil-press; **~stand** oil level; **~standsanzeiger** oil gauge; **~spritze** oil-gun; **~tuch** oilcloth, oilskin; **~ung** oiling, 🚗 lubrication; *letzte ~ung (eccl)* extreme unction; **~wanne** 🚗 sump, *US* oilpan; **~zeug** oils, tarpaulin, oilskins; **~zuführung** oil feed; **~zweig** olive branch
Oleander oleander
Oliv|e olive; *wilde ~e* oleaster; **~enbaum** olive tree; **~enfarben** olive(-coloured); **~enförmig** olivary; **~grün** olive-green; drab
Olymp Olympus; **~iade** Olympiad; **~isch** *(göttl.)* Olympian, Olympic; *d. ~ischen Spiele* the Olympic Games
Omelette omelet(te)
Om|en omen; augury; **~inös** ominous
Omnibus omnibus, bus; *~ fahren* to ride a bus, to go by bus; **~haltestelle** bus stop; **~linie** bus line, coach line; **~park** bus fleet; **~verkehr** bus service
ondulieren to wave (hair)
Onkel uncle
Opal opal; **~isieren** to opalesce; **~isierend** opalescent
Oper opera; opera-house; *e-e ~ aufführen* to perform an opera; **~ette** operetta; **~nglas** opera-glass; **~nmusik** operatic music; **~nsänger** opera (*od* operatic) singer; **~ntext** libretto, book
Oper|ateur operator; operating surgeon; **~ation** operation; *s. e-r ~ation unterziehen* to submit to (*od* undergo) an operation; **~ationsabteilung** *mil* operations section; **~ationsbasis** *mil* base of operation; **~ationsgebiet** *mil* theatre of operations; **~ationsnarbe** post-operative scar; **~ationsradius** operating radius; **~ationssaal** (operating) theatre (*od US* room); **~ationsverfahren** method of operation; **~ationsziel** *mil* tactical objective; **~ativ** operative; *mil* operational, strategic; **~ieren** to operate on s-b; to perform an operation
Opfer sacrifice; offering; victim; martyr; *e. ~*

bringen to make a sacrifice; *e. ~ werden von* to fall a victim to; **~altar** sacrificial altar; **~becken** sacrificial vessel; **~büchse** offering box; **~flamme** sacrificial flame; **~freudig** self-sacrificing; **~gabe** offering; **~gebet** offertory; **~geld** money-offering; **~kasten** poor-box; **~lamm** sacrificial lamb, Lamb of God; *fig* victim; **~n** to sacrifice; *(Tiere)* to immolate; to offer up; **~priester** sacerdotal priest; **~stätte** place of sacrifice; **~stock** poor-box; **~tod** sacrifice of s-b's life; *eccl* expiatory death; **~trank** libation; **~wein** sacramental wine; **~ung** sacrifice; sacrificing; *(Tiere)* immolation

Opi|at opiate; **~um** opium; **~umhaltig** opiated; **~umtinktur** laudanum

Oppon|ent opponent, adversary; **~ieren** to oppose, to resist

opportun opportune, expedient; **~ist** opportunist; *pol* trimmer

Opposition opposition; *(pol) d. ~ angehören* to be in the opposition; **~sführer** leader of the opposition

opt|ieren *pol* to choose; to decide in favour of; **~ik** optics; lens system; *fig* aspect, appearance; **~iker** optician; *(Verkauf nach Rezepten)* dispensing optician; *(eigene Rezepte)* ophthalmic optician, *US* optometrist; **~isch** optical

optim|al optimum; **~ismus** optimism; **~istisch** optimistic

Orakel, ~spruch oracle; **~haft** oracular; **~n** to speak in riddles

Orange orange; **~rie** orangery; *bittere ~ (Pomeranze)* bitter orange

Orang-Utan orang-outang

Oratorium oratorio

Orchester orchestra; band; **~partitur** orchestral score; **~raum** orchestra pit; **~sessel** orchestra stalls

Orchidee orchid

Orden order *(a. eccl)*; decoration; medal; badge; **~sband** ribbon of an order; medal ribbon; **~sbruder** member of an order; friar, monk; **~sgeistlicher** ecclesiastic; regular; **~sgelübde** vow, profession; **~skleid** monastic garb; **~sregel** statutes of an order; **~sschwester** sister, nun; **~sverleihung** awarding a medal; conferring an order; **~szeichen** badge, order

ordentlich orderly; tidy; steady; decent; ordinary, regular; proper; downright; good; respectable; *~er Professor* professor in ordinary; **~keit** regularity, orderliness; respectability

Order order; command; *an die ~ von* to the order of

Ordinalzahl ordinal number

ordin|är ordinary, common; low; vulgar, mean; **~ariat** *eccl* office; professorship; **~arius** professor in ordinary; **~ate** ordinate; **~ieren** to ordain; to invest; *~iert werden* to take orders

ordn|en to tidy (up); to put in order; to classify; to arrange; to sift, to sort out; to regulate; *(Papiere)* to file; to organize; *mil* to marshal; **~er** organizer; file, (letter) sorter; **~ung** order, tidiness; arrangement; classification; class; regulation; *öffentliche ~ung* public order (*od* regulations); *zur ~ung rufen* to call to order; **~ungspolizei** (uniformed) regular police; **~ungsstrafe** administrative (*od* disciplinary) penalty; **~ungswidrig** contrary to orders (*od* to regulations); irregular; illegal; **~ungszahl** ordinal number; number in a series

Ordonnanz *(Verordnung)* ordinance; *mil* orderly

Organ organ; voice; journal, periodical *(of a society)*; *(Amt, Stelle)* agency, part, organ; executive; agent; **~dy** organdy; **~isation** organization; **~isationsstab** organization staff; **~isationstalent** organizing abilities; **~isator** organizer; **~isatorisch** organizing, organizational; **~isch** organic; natural; sound, rational; coherent; **~isieren** to organize; *(stehlen)* to scrounge, to lift; *~isierter Arbeiter* unionist; **~ismus** organism; system; **~ist** organist

Orgel organ; **~bauer** organ builder; **~konzert** *(Darbietung)* organ recital; *(Komposition)* organ concerto; **~pfeife** organ-pipe ♦ *wie die ~pfeifen* like steps and stairs

Orgie orgy; *~n feiern* to celebrate orgies

Orient orient; **~ale** oriental; **~alisch** of the east, oriental; **~ieren** to orientate, to locate; to give information (to); to set right; to fix (*od* find) a position; *~iert sein über* to be familiar with; **~ierung** information, orientation; direction; survey; *(Neigung)* trend; inclination; *d. ~ierung verlieren* to lose one's bearings, *umg* to be all at sea; **~ierungsfeuer** route beacon; **~ierungspunkt** check point

Original original; **~aufnahme** original recording; **~ausgabe** *(Buch)* original (*od* first) edition; **~ität** originality; **~modell** master pattern

originell original; ingenious *(device)*

Orkan hurricane; typhoon

Ornament ornament, decoration; design; **~ik** ornamentation

Ornat official robes, vestments

Ort place, spot; locality; site; *(Stelle)* point; position; *(Gegend)* region; *am ~ wohnend* resident; *an ~ und Stelle* on the spot, in the actual place; *~ d. Handlung* scene of action; *höheren ~es* at high quarters; **~en** to orientate; to locate, to take bearings; **¨~lich** local; **~schaft** place, village; hamlet; **~sgedächtnis** sense of direction; *(Tiere)* homing instinct; **~sgespräch** local call; **~skundig** familiar with the locality; **~ssinn** bump of locality; **~süblich** local, usual, customary; **~svorsteher** mayor, magistrate; **~szeit** local time; **~ung** orientation, location, bearing; position, finding; **~ungspunkt** reference point; landmark

ortho|dox orthodox; **~doxie** orthodoxy; **~graphie** orthography, spelling; **~graphisch** orthographic; **~pädie** orthopaedics; **~pädisch** orthopaedic

Öse *(Ring)* loop; ear; ring; eye; *(Schuh)* eyelet; **~nhaken** eyehook

Ost east; **~afrika** East Africa; **~asien** Eastern Asia; **~blockstaaten** countries of the Eastern

Bloc; **~en** east, orient; *d. Nahe (Ferne) ~en* the Near (Far) East; **~gebiete** Eastern territories; **¨~lich** eastern; easterly; oriental; **~mark** East German mark; East Mark; **~see** Baltic; **~wärts** eastward(s); **~zone** *(Deutschl.)* Eastern Zone
ostentativ ostentatious
Oster|abend Easter eve; **~ei** Easter egg; **~fladen** Easter cake; **~glocke** daffodil; **~hase** Easter-bunny, Easter-rabbit; **¨~lich** of Easter; **~n** Easter
Österreich Austria; **~er, ~isch** Austrian
Oszill|ation oscillation; **~ator** oscillator, generator; **~ieren** to oscillate; **~ograph** oscillograph
Otter adder, viper; *(Fisch-)* otter
Ouvertüre overture
oval oval
Oxyd oxide; **~ieren** to oxidize; **~ation** oxidation
Ozean ocean; *d. Große (Stille) ~* Pacific; *Atlantischer ~* Atlantic Ocean; **~isch** oceanic
Ozon ozone

P

P (the letter) P
Paar pair, couple; *(Tiere)* brace; *e. ~ Ochsen* yoke of oxen ♦ *zu ~en treiben* to put to flight, rout; *e. ~* a few, some, a couple of; several; *vor e. ~ Tagen* a few days ago; *~ oder un~* odd or even; **~en** to pair; to couple; to mate; to join; **~ig** in pairs; **~laufen** ⛸ pair-skating; *e.* **~mal** several times, a few times, a couple of times; **~ung** copulation; **~ungszeit** rutting season; **~weise** in couples, by pairs, two by two
Pacht tenure; lease; rent; *in ~ geben* to let on lease; *in ~ nehmen* to take on lease; **~brief** lease; **~en** to lease, to rent, to farm; *fig* to monopolize; **¨~er** tenant, leaseholder; ⚖ *(Mieter)* lessee; **~ertrag** rental; **~frei** rent-free; **~geld** (farm-)rent; **~grundstück** leasehold property; **~gut** farm; tenement, leasehold estate; **~land** leasehold land; **~ u. Leihvertrag** Lend-Lease Act; **~ung** taking on lease; farming; **~vertrag** lease; **~weise** on lease; **~zins** rent
Pack pack; *(Ballen)* bale; bundle; packet, parcel; *(Gesindel)* rabble; *mit Sack u. ~* (with) bag and baggage; **¨~chen** small parcel, packet; *(Zigaretten)* packet, *US* pack; **~eis** pack ice; **~en** to seize, to grasp; to pack (up); *(weg-)* to stow away; *fig* to affect, to thrill; *sich ~* to clear out; **~end** thrilling, absorbing; **~er** packer, ⚓ stevedore; **~esel** pack-ass; *fig* drudge; **~papier** wrapping paper, brown paper; **~raum** packing (*od* shipping) room, ⚓ stowage; **~schnur** pack-thread, pack-twine; **~träger** porter, carrier; **~ung** wrapper, packing; package; ⚕ (cold-)pack, cold compress; **~wagen** luggage van, *US* baggage car; **~zettel** packing slip
Pädagog|e education(al)ist; educator; pedagogue; **~ik** pedagogy, pedagogics, education; **~isch** educational, pedagogic(al)

Padd|el paddle; **~elboot** canoe; **~eln** to paddle, to canoe; **~ler** canoeist, canoer
Pärchen couple; lovers
paff! bang!; **~en** *umg* to whiff; *(schießen)* to pop
Pag|e page; *(Hotel-)* buttons, *US* bellboy; **~enkopf** bobbed hair; **~inieren** to page; to paginate; **~inierung** pagination
Pagode pagoda
Pair peer; **~swürde** peerage
Paket parcel, package, packet; *(Aktien-)* block; *e. ~ aufgeben* to mail a parcel; **~adresse** parcel-post sticker; **~annahme** parcels-receiving office; parcels counter; **~ausgabe** parcel-delivery; **~boot** mail-boat; **~karte** parcel form; **~post** parcel post
Pakt pact, agreement; **~ieren** to agree (on s-th), to come to terms (with s-b)
paläolithisch pal(a)eolithic
Palast palace; **~artig** palatial; **~dame** lady-in-waiting; **¨~ina** Palestine; **¨~inensisch** Palestinian
Paletot overcoat
Palette palette
Palm|e palm; **~kätzchen** catkin; **~sonntag** Palm Sunday; **~wedel** palm-branch
Palisade palisade; **~nzaun** stockade
Palisanderholz rosewood
Pampelmuse pomelo; *kleine ~* grapefruit
Pamphlet *(Flugblatt)* pamphlet; *(Schmähschrift)* lampoon; **~ist** lampoonist
panamerikanisch Pan-American
Paneel panel; wainscot; **~ieren** to panel, to wainscot
Panier banner, standard; **~en** to dress with egg and bread-crumbs
Pan|ik panic; **~isch** panic; *(-erfüllt)* panicky
Panne motor trouble; break-down; *(Reifen-)* puncture, flat; *fig* mishap; blunder
Panoptikum waxworks
panschen to dabble; to splash; to adulterate; *(Wein)* to mix
Panslawismus Panslavism
Panthe|ismus pantheism; **~ist, ~istisch** pantheist
Panther panther
Pantine clog, patten
Pantoffel slipper, mule ♦ *unter d. ~ stehen* to be hen-pecked; **~held** hen-pecked husband
Pantomim|e pantomime; dumb show; **~isch** pantomimic
Panzer *(-ung)* armour; *(Rüstung)* coat of mail; *(-kampfwagen)* tank; **~abwehr** anti-tank defence; **~brechend** armour-piercing; **~brigade** tank brigade; **~faust** anti-tank grenade launcher, bazooka; **~gewölbe** *(Bank)* strongroom, vault; **~granate** armour-piercing shell; **~hemd** coat of mail; **~jäger** anti-tank troops; **~(kampf)wagen** tank; armoured car; **~korps** armoured corps; **~kreuzer** armoured cruiser, pocket-battleship; **~n** to armour, to plate; to arm; *s. ~n* to arm o.s.; **~platte** armoured plate; **~regiment** tank regiment; **~schrank** safe; strongbox; **~spähtrupp** armoured reconnais-

sance unit; **~spähwagen** armoured (reconnaissance) car; **~truppe** tank corps; **~ung** armoured plating; **~zug** tank platoon; ✡ armoured train

Papagei parrot; **~enkrankheit** psittacosis

Papier paper; **~e** identity papers; *(Wert-)* securities, shares, stocks; *liniertes ~* ruled paper; *zu ~ bringen* to put on paper, to put down in writing; *... steht nur auf d. ~* exists only on paper; **~abfälle** waste paper; **~bogen** sheet of paper; **~en** of paper; **~fabrik** paper-mill; **~fabrikation** manufacture of paper; **~geld** paper money; **~handlung** stationer's shop, *US* stationery; **~korb** waste-paper basket; **~krieg** red tape; **~maché** papier-mâché; **~schlange** paper streamer; **~schnitzel** scrap of paper; **~serviette** paper napkin; **~taschentuch** paper handkerchief, tissue; **~tüte** paper-bag; **~währung** paper currency

Pap|ismus popery; **~ist** papist; **~istisch** papistic, popish

Papp *(Brei)* pap; *(Kleister)* paste; **~band** pasteboard-binding; (book) bound in boards; **~deckel** pasteboard; **~e** paste-, cardboard; *... ist nicht von ~* ... is the real thing; is not to be sneezed at; **~el** poplar; **⁼eln** to feed *(a child); (verzärteln)* to coddle; **~endeckel** pasteboard; **~enstiel** trifle; **~erlapapp!** fiddlesticks!, nonsense!; **~ig** sticky; **~kasten, ~schachtel** cardboard box

Paprika paprika, red pepper; *gefüllter ~* stuffed peppers

Papst pope; **~tum** papacy; **⁼lich** papal, apostolic

Parabel parable; *math* parabola

Parad|e parade, show; *mil* review; ⚔ parry; ward; *e-e ~e abnehmen* to hold a review, to take the salute; **~emarsch** march past; **~epferd** parade-horse; *fig* show-boy; **~eplatz** parade ground; **~eschritt** goose-step; drill-step; **~euniform** full-dress uniform, gala uniform; **~ieren** to parade; to make a show

Paradentose paradentose

Paradies paradise; **~apfel** tomato; **~vogel** bird of paradise; **~isch** paradisiac(al); *fig* heavenly, delightful

Para|digma paradigm; model; **~dox** paradoxical; **~doxon** paradox; **~ffin** white wax, paraffin (wax); **~ffinkerze** paraffin candle; **~graph** section, paragraph; *(Zeichen)* section-mark; ⚖ article (of a law); **~graphenreiter** litigious (*od* pettifogging) person

parallel parallel; **~e** parallel; **~ität** parallelism; state of balance; **~ogramm** parallelogram; **~schalten** ⚡ to connect in parallel, to shunt; **~schaltung** ⚡ connection in parallel, shunt connection

Paraly|se (general) paresis; ⚕ dementia paralytica; *(a. fig)* paralysis; **~sieren** to paralyse; **~tiker, ~tisch** paralytic

Para|nuß Brazil nut; **~ph** signature, initials; **~phieren** to initial (an agreement); **~phrase** paraphrase; **~psychologie** psychical research, parapsychology; **~sit** parasite; **~sitisch** parasitic; **~typhus** paratyphoid fever

Parenthese parenthesis

Parforce|jagd hunting on horse-back; **~ritt** steeple-chase

Parfüm scent, perfume; **~erie** perfumery; **~flasche** scent-bottle; **~ieren** to perfume, to scent; **~zerstäuber** scent-spray, atomizer

pari at par; *über (unter) ~* above (below) par; **~grenze** parity; **~kurs** par of exchange; **~tät** parity; equality; **~tätisch** proportional, pro rata; at par; on an equal footing; in equal numbers

Paria pariah

parieren *(Stoß)* to parry; to ward (off); *(Pferd)* to rein in; *(gehorchen)* to obey

Pariser, ~in Parisian; condom

Park park, grounds; *(Lager)* depot; dump; distributing point; *(Wagen-)* fleet; *(Maschinen-)* stock; **~anlagen** park; **~aufseher** park-keeper; **~en** to park; *~en verboten!* no parking!; **~platz** *BE* car park; *US* parking ground (*od* lot); *(Fahrräder)* bicycle parking place; **~uhr** parking meter; **~verbot** „no parking!"; **~weg** alley

Parkett inlaid floor, parquet(ry) ♦ *e-n aufs ~ legen (umg)* to shake a leg; 🎭 stalls, pit stall, *US* parquet; *zweites ~* pit, *US* parterre; **~ieren** to parquet; **~wachs** floor wax

Parlament parliament; *d. ~ auflösen* to dissolve parliament; *d. ~ einberufen* to convene p.; *e-n Sitz im ~ haben* to hold a seat in parliament; **~är** bearer of a flag of truce; parlementaire; **~arier** parliamentarian; **~arisch** parliamentary; legislative; **~ieren** to parley, to negotiate; **~sbeschluß** vote of parliament; **~sdauer** session; **~sferien** recess (-ing); **~sschluß** prorogation of parliament; **~ssitzung** sitting of parliament; **~sverhandlung** parliamentary debate (*od* proceedings)

Parodie parody; **~ren** to parody

Parole watchword, password, parole; *pol* slogan

Partei party; faction; ⚖ (party) side, party (to a dispute); *(Haus-)* tenant; *~ ergreifen* to take sides, to side with; *e-r ~ beitreten* to join a party; *nicht beteiligte ~* third party; *vertragschließende ~* contracting party; *herrschende ~* party in power; **~abzeichen** party badge; **~apparat** party organization, machine; **~ausschuß** party committee; **~buch** party book; membership card; **~direktive** party line; **~disziplin** party-discipline; *~disziplin halten* to follow the party line; **~enverkehr** *(etwa)* office hours; **~führer** party leader; **~gänger** partisan; **~isch** partial, biased; one-sided; **~lichkeit** partiality, bias; **~kandidat** party nominee; **~kongreß** party conference, *US* party convention; **~los** *parl* independent, non-party; unattached; **~nahme** partisanship; **~organisation** party organization, machine; **~politisch** party-political; **~programm** platform, party programme; **~programmpunkt** *bes US* plank; **~tag** party congress; **~versammlung** party meeting, rally; **~zugehörigkeit** party affiliation

Parterre *BE* ground floor, *US* first floor; 🎭 pit, *US* orchestra (circle); *erstes ~* stalls; **~loge** pit-box

Partie *(Land-)* excursion; party; *(Spiel)* game; *(Tennis)* set; *(Heirat)* match; *(Waren)* lot, parcel; *e-e gute ~ machen* to marry fortune; *sie ist e-e gute ~* she's a good catch; **~ll** partial; localized; **~ware** job-goods
Partikel particle
Partikular|ismus particularism; parochial (*od* parish-pump) attitude; dog-in-the-manger habits; **~istisch** particularistic
Partisan partisan; guerilla; **~enbewegung** partisan movement
Part|itur score; **~izip** participle; **~ner** partner, associate; (fellow-)party; **~nerschaft** partnership
Parze Fatal Sister; *d. ~n* the Fates
Parzell|e (building) lot; ⚓ lot; allotment; plot; ⚖ claim; parcel; **~ieren** to parcel out; to divide into lots
Pasch doublets (in throwing dice); **~a** pasha; **~en** to throw doublets; *(Waren)* to smuggle; **~er** smuggler
Paspel piping; edging (on dress); **~ieren** to edge with piping
Paß pass; passage; *(enger Durchgang)* defile; *(Reise-)* passport; *(Gangart)* pace, amble; *im ~ gehen* to amble; **~amt** passport-office; **~gänger** ambling horse; **~kontrolle** examination of passports; **~nummer** passport number
Passagier passenger; *blinder ~* ⚓ stowaway; **~flugzeug** air-liner; **~gut** passenger's luggage, *US* baggage
Passah(fest) Passover
Passant passer-by; chance (*US* transient) guest
Passat(wind) trade wind
passen to fit; to suit; to become; to be to the purpose; *(Spiel)* to pass; *~ zu* to go with, to match; *(zueinander)* to blend; to harmonize; *genau ~ zu (fig)* to dovetail into; **~d** appropriate, convenient; proper; fit; suitable; apt; *~d machen* to condition; to adjust
Passepartout *(Schlüssel)* master-key; free-admission ticket; 📷 mount
passier|en to happen, to occur, to take place; to go through, to pass; to cross; *(Kochen)* to sieve; **~schein** permit, pass
Passion passion; fondness; **~iert** ardent; passionate, impassioned; **~swoche** passion week
passiv passive; *gram* passive (voice); **~a, ~en** liabilities, debts; **~ität** passivity; **~seite** debit side, left side; **~ieren** to enter on the liabilities side; **~zinsen** interest payable to creditors
Paste paste
Pastell pastel; **~bild, ~farbe, ~stift** crayon
Pastete (meat-, *US* pot-)pie; pastry
pasteurisieren to pasteurize
Pastille lozenge
Pastinake parsnip
Pastor pastor; vicar; minister; clergyman; **~in** clergyman's wife
Pat|e godfather; (*~ stehen* to stand g. to); sponsor; **~enkind** godchild; **~enstelle** sponsorship; *bei e-m Kind ~enstelle vertreten* to act as godfather to a child; **~in** godmother

Patent (letters) patent; licence; *mil* commission; *e. ~ anmelden* to apply for a patent; *angemeldetes ~* pending patent; *~ verletzen* to infringe a patent; **~amt** patent office; **~anmeldung** patent application; **~anspruch** patent claim; **~anwalt** *BE* patent agent, *US* patent attorney (*od* solicitor); **~erteilung** patent grant; **~fähig** patentable; **~ieren** *(lassen)* to (protect by) patent; **~ierung** patenting, grant of patent; **~inhaber** patent owner; patentee; **~lösung** patent solution; **~recht** patent law; **~schutz** patent protection; **~verfahren** patent procedure; **~verschluß** patent stopper; snap-fastener; **~wesen** patent system
Pater father; **~noster** paternoster, the Lord's Prayer; continuous lift, hoist
path|etisch solemn, elevated, lofty; melodramatic; **~ologe** pathologist; **~ologie** pathology; **~ologisch** pathological; **~os** melodramatic style (*od* diction); emotional tone
Patient patient; *stationärer ~* in-patient
Patin|a patina; **~iert** patinated
Patriarch patriarch; **~alisch** patriarchal
Patriot patriot; **~isch** patriotic; **~ismus** patriotism
Patriz|e top die, punch; **~ier** patrician
Patron patron; protector; *umg* fellow; **~at** patronage; **~in** patroness; **~e** cartridge (*a.* 📷); *(Textil)* pattern, model; *scharfe ~e* ball (*od* live) cartridge; **~engurt** cartridge belt; **~enhülse** cartridge case; **~entasche** cartridge pouch
Patrouill|e patrol; **~ieren** to patrol
patz|en to make blots, to spot; **~ig** rude; saucy, cheeky
Pauke timbal, kettle-drum; *umg* lecture, dressing-down; **~n** to beat the kettle-drum; *fig* to swot, to cram; *(Fechten etc)* to fight a duel; **~nwirbel** roll of the kettle-drum; **~r** kettle-drummer; *(Lehrer)* crammer, coach; **~rei** duel; cramming; *mit ~n u. Trompeten* with drums beating and trumpets sounding; with flying colours, out-and-out
pausbäckig chubby-faced
pauschal overall, global; lump-sum; **~gebühr** flat rate, lump sum; **~preis** flat price; all-in price; **~reise** inclusive journey, package tour; **~summe** lump sum; round amount; **~tarif** flat-rate tariff; **~versicherung** blanket insurance; **~zahlung** lump-sum payment
Paus|e pause, stop; 🎭 interval, intermission; *(Schule)* break, *US* recess; lull; rest; *(Zeichnung)* tracing, traced design; **~en** to trace, to pounce; **~enzeichen** 📻 interval tune, signal tune, (in der Schule) bell; **~papier** tracing paper
Pavian baboon
Pavillon pavilion
Pazifis|mus pacifism; **~t** pacifist, advocate of peace; **~tisch** pacifist(ic)
Pech pitch; *(Schuster-)* cobbler's wax; *fig* bad luck, ill luck, mishap; *vom ~ verfolgt sein* to be down on one's luck; **~artig** pitchy, bituminous; **~blende** pitch-blende; **~draht** shoe-

maker's thread; **~fackel** torch; **~finster** pitch-dark; **~nelke** catchfly; **~schwarz** pitch-black; **~strähne** run of ill luck; *~strähne haben* to strike a bad patch; **~vogel** unlucky devil

Pedal pedal

Pedant pedant; **~erie** pedantry; **~isch** pedantic, meticulous

Pedell beadle; *(Schule)* janitor, porter

Pegel water-gauge; level

Peil|anlage ✈ direction-finding installation; ⚓ sounding device; **~bake** radio beacon; **~en** to take bearings; to take a fix; to locate; to sound

Pein pain, torture, agony; anguish; **~igen** to torment, to harass; *fig* to distress; **~iger** tormentor; **~igung** torment, torture; **~lich** painful; embarrassing, awkward; *(genau)* exact, careful; scrupulous, meticulous; **~lichkeit** painfulness; awkwardness; embarrassment; scrupulousness; exactness, carefulness

Peitsche whip, lash; **~n** to whip, to flog, to lash; *e. Gesetz durchs Parlament ~n* to rush a bill through the House; **~nhieb** lash, cut with the whip; **~nknall** whip crack; **~nschnur** thong (*od* lash) of a whip; **~nstiel** whip-stick

pekuniär pecuniary

Pelikan pelican

Pell|e skin, peel ♦ *j-m auf d. ~ rücken*; *siehe* Pelz; **~en** to peel; **~kartoffeln** potatoes in their jackets

Pelz pelt; *(zubereitet)* fur; *(Fell)* skin; hide; fur coat ♦ *j-m auf d. ~ rücken* to press s-b hard; **~besatz** fur trimming; **~händler** furrier; **~jäger** (fur) trapper; **~ig** furry; **~mantel** fur coat; **~tiere** fur-bearing animals; **~waren, ~werk** furriery, furs, skins

Pendel pendulum; **~betrieb, ~verkehr** 🚂, ✈ shuttle-service; **~bewegung** movement of pendulum, gyratory movement; **~n** to oscillate, to swing, to vibrate, to undulate; 🚂 to commute; to divine (*od* dowse) with a pendulum; **~rahmen** cradle frame; **~tür** swinging door; **~uhr** pendulum clock

Pendler commuter; dowser

Penn|al (secondary) school; **~äler** schoolboy; **~bruder** (homeless) tramp, bum; **~e** school; **~en** *umg* to snooze, to doss (down)

Pension pension, boarding-house; (retirement) pension; *mit ~ verabschiedet* pensioned off; **~är** pensioner, boarder; **~sberechtigt** entitled to a pension; **~gast** border; **~skasse** pension fund

Pensum task, lesson

Pentagramm pentacle, pentagram

per by, per; *(Datum)* (as) on, (as) at; ✉ *~ Adresse* care of, c/o; *~ Post* by post; **~ennierend** perennial; **~fekt** *gram* perfect tense *adj* perfect; complete; *umg* watertight; **~fid** perfidious, insidious; **~fidie** perfidy; **~forieren** to perforate; **~gament** parchment

Period|e period *(a. gram)*; *geol* age; ⚕ menstruation, period; ⚡ cycle, period; *parl* duration of a session; **~isch** periodical; *chem* periodic; *~isch wiederkehren* to cycle

peripher peripheral; *fig* less(er); **~ie** periphery; circumference; *(Stadt-)* outskirts

Perl|e pearl; *(künstl.)* bead; *fig* gem; *(Wasser-)* bubble ♦ *~en vor die Säue werfen* to cast pearls before swine; **~en** to sparkle, to effervesce; **~enkette** pearl necklet, string of pearls; **~farben** pearl-coloured; **~grau** pearl-grey; **~huhn** guinea-fowl; **~mutter** mother-of-pearl; **~on** perlon; **~schrift** pearl; **~stickerei** beading

permanen|t permanent; **~z** permanence

Per|pendikel perpendicular (line); pendulum; **~petuum mobile** perpetual motion (machine); **~plex** dumbfounded; **~ron** platform; **~senning** tarpaulin

Pers|er Persian; **~ianer** Persian lamb (coat); **~ien** Persia; **~isch** Persian

Person person; personage; 🎭 character, role, part; ⚖ juridical person; corporation; entity; *in ~* in person, personally; personified; **~al** personnel, staff; employees; servants; attendants; *mit ~al versehen* to staff; *mit zu wenig ~al* understaffed; **~alabteilung** personnel department (*od* division); **~alakte** case history; personnel file (*od* record); **~alangaben** personal data; **~alausweis** identity card; identification papers; **~albeschreibung** description of a person; **~albüro** personel office; **~alchef** personnel (*od* staff) manager; **~algesellschaft** partnership; **~alien** particulars about a person; **~alunion** personal union; **~enaufzug** passenger lift; **~enbeförderung** conveyance of passengers; **~en- und Güterverkehr** passengers and goods traffic; **~en(kraft)wagen** motor-car; **~enkreis** category of people; **~enschaden** personal damage; **~enstand** (legal) status; *~enstandsgesetz* Births and Deaths Registration Act; **~enverzeichnis** register of persons; dramatis personae; **~enzug** passenger train; **~ifizieren** to personify, to impersonate; **⁓̈lich** personal; in person; **⁓̈lichkeit** personality, individuality

Perspektiv|e perspective; *fig* prospect, chance; **~isch** perspective

Perücke (peri)wig

pervers perverse; **~ität** perversity

Pessimis|mus pessimism; **~t** pessimist; **~tisch** pessimistic

Pest pestilence; plague; epidemic; *hassen wie d. ~* to hate like poison; **~artig** pestilential; **~beule** plague-boil, *fig* plague-spot; **~hauch** pestilential miasma; **~krank** infected with the plague

Petersilie parsley

Petit brevier

Petroleum *(Roh-)*petroleum, *US* (mineral) oil; *(Leucht-) BE* paraffin (oil), lighting-oil, *US* kerosene; **~gesellschaft** petroleum (*bes US* oil) company; **~lampe** oil-lamp, *US* kerosene lamp; **~quelle** oil-well; **~rückstand** mazut

Petrus St. Peter; the Clerk of the Weather

Petschaft seal, signet

Petz Bruin; **~e** informer; **~en** to inform, to tell tales

Pfad path; **~finder** Boy Scout; *mil* pathfinder;

~finderin *BE* Girl Guide, *US* Girl Scout; **~los** pathless

Pfaffe priest, parson; **~ntum** clericalism

pfäffisch priestlike; priest-ridden

Pfahl stake; *(Stange)* pole; post; prop; *(Zaun-)* pale; picket; *(Grund-)* pile; *(Schand-)* pillory; **~bau(siedlung)** lake-dwelling, pile-work; **~̈len** to fence in, to impale; **~gründung** pile foundation; **~rost** pile support; **~werk** paling, palisade; **~wurzel** tap-root

Pfalz imperial palace; *geog* Palatinate; **~graf** Count Palatine

Pfand pledge; security; forfeit; deposit; *zum ~ einsetzen* to pawn, to pledge; *e. ~ einlösen* to redeem a pledge; **~̈bar** distrainable, attachable, seizable; **~brief** mortgage bond; **~̈en** to seize, to distrain, to take in pledge; *(beschlagnahmen)* to impound; **~̈erspiel** game of forfeits; **~gläubiger** pledgee; lienholder; **~inhaber** pawnee, mortgagee; **~leiher** pawnbroker; **~recht** (right of) lien; **~schein** pawn ticket; certificate of pledge; **~schuld** mortgage debt; **~schuldner** pledgor; **~̈ung** seizure, distraint (*~̈ung beantragen* to sue for a d.); **~̈ungsauftrag** distress-warrant; **~̈ungsbeschluß** attachment order; **~̈ungsverfahren** attachment proceedings; **~verschreibung** mortgage deed

Pfann|e pan; copper, boiler; ⚕ socket; *(Ziegel)* pantile; **~kuchen** pancake; *Berliner ~kuchen* doughnut

Pfarr|amt, ~bezirk, ~gemeinde parish; **~e, ~ei** parsonage, vicarage, parish; **~er** pastor, minister; *(engl. Kirche)* rector, vicar; chaplain; **~haus** rectory, vicarage; *(schott.)* manse; **~kind** parishioner; **~kirche** parish church

Pfau peacock; **~enauge** peacock-butterfly; **~enfeder** peacock's feather; **~enrad** peacock's fan; **~henne** peahen

Pfeffer pepper ♦ *da liegt der Hase im ~* there's the rub, that's where the hitch comes in; **~büchse** pepper-castor; **~gurke** (pickled) gherkin; **~korn** peppercorn; **~kuchen** gingerbread; **~minze** peppermint; **~n** to pepper; *fig* to throw; **~nuß** ginger nut, *BE* ginger snap

Pfeife whistle; *(Tabaks-)* pipe ♦ *nach j-s ~ tanzen* to dance to s-b's tune; **~n** whistle, to pipe; (⛴, *Wind*) to howl; *(Maus)* to squeak ♦ *~n auf* not to give a hoot about, not to care a straw for; *auf d. letzten Loch ~n* to be on one's last legs; **~nkopf** pipe-bowl; **~nrohr** pipe-tube; **~nspitze** mouth-piece; **~nstopfer** pipe-stopper; **~r** whistler, fifer

Pfeil arrow; *(Wurf-)* dart; **~gerade** as straight as an arrow; **~gift** arrow-poison; **~schnell** as swift as an arrow; **~schütze** archer; **~spitze** arrow-head

Pfeiler pillar; post, prop, pier

Pfennig pfennig; *fig* penny; **~fuchser** miser; *umg* pinch-penny, skinflint; **~fuchserei** stinginess

Pferch fold, pen; **~en** to fold, to coop up

Pferd horse; *(Stute)* mare; *(Hengst)* stallion; *(Mähre)* jade; 🤸 pommel horse ♦ *sich aufs hohe ~ setzen* to ride (*od* to mount) the high horse; *d. ~ beim Schwanz aufzäumen* to put the cart before the horse; *keine zehn ~e bringen mich dazu* wild horses wouldn't drag me to it; **~ebremse** horse-fly; **~edecke** saddle-cloth; **~efuß** *fig* cloven hoof; snag; **~egeschirr** harness; **~ehändler** horse-dealer; **~eknecht** groom, ostler; **~ekoppel** paddock; **~ekraft** horsepower (HP); **~elänge** length (of a horse); **~erennen** horserace, horseracing; **~eschwemme** horse-pond; **~estall** stable; **~estärke** (metric) horsepower; **~ezucht** horse-breeding

Pfiff whistle; *fig* trick; **~erling** chanterelle ♦ *keinen ~erling wert* not worth a fig (*od* farthing); **~ig** sly, cunning; **~ikus** sly fellow

Pfingst|en Whitsuntide; **~montag** Whit Monday; **~rose** peony; **~sonntag** Whitsunday

Pfirsich peach; **~bowle** peach-cup

Pflanz|e plant; **~en** to plant, to set, to lay out; **~enbutter** vegetable butter; **~enfaser** vegetable fibre; **~fressend** graminivorous, herbivorous; **~enkost** vegetable diet; **~enkunde** botany; **~enleben** vegetable life, plant life; **~enöl** vegetable oil; **~ensaft** sap; **~ensammlung** collection of plants, herbarium; **~enschädling** pest; **~enschutzmittel** pesticide; **~enwelt** vegetable kingdom; **~er** settler, planter, colonist; **~gut** seedlings; **~lich** vegetable; **~reis** scion; **~schule** nursery; **~stätte** settlement; *fig* nucleus; hotbed, source; **~ung** planting, plantation; settlement

Pflaster plaster; *englisches ~* court-plaster; *(Heft-)* adhesive plaster; *(Straßen-)* pavement; **~er** *BE* paviour, *US* paver; **~n** to pave; to plaster; **~stein** (paving) sett, paving-stone; **~treter** loiterer, idler; **~ung** paving (with setts)

Pflaume plum; *gedörrte ~* prune; **~nmus** plum purée

Pfleg|e care; ⚕ nursing; rearing *(child)*; attention; *(Kunst-)* cultivation; 🚗 maintenance; **~ebefohlene(r)** warden; **~eeltern** foster-parents; **~ekind** foster-child; **~en** to care for; to cherish; ⚕ to nurse; to attend to; *(Äußeres)* to groom; to foster; to rear; to cultivate; *vi* to be accustomed (to do); to be in the habit (of doing); *Rat ~en mit* to consult with; **~er, ~erin** guardian; ⚕ nurse; curator; **~lich** careful; **~schaft** guardianship, tutelage; curatorship; trust

Pflicht duty, obligation; *(Zwang)* compulsion, constraint; restraint; *s-e ~ verletzen* to fail in one's duty; *~ u. Schuldigkeit* bounden duty; **~anker** sheet-anchor; **~beitrag** compulsory contribution; **~eifer** zeal; **~erfüllung** performance of a duty; **~exemplar** statutory copy; **~gefühl** sense of duty; **~gemäß** dutiful; conformable to duty; as in duty bound; **~schuldig** obligatory, as in duty bound; **~teil** compulsory portion; **~treu** dutiful, conscientious; **~vergessen** undutiful, disloyal; **~widrig** contrary to duty

Pflock peg; plug, pin; **~̈en** to peg, to plug

pflücken to pick, to pluck; to gather

Pflug plough, *US* plow; **~eisen** coulter, *US* colter; **~̈en** to plough, *US* to plow; to till; **~̈er**

ploughman, *US* plowman; **~schar** ploughshare, *US* plowshare
Pforte door; gate; entrance; portal; *(Öffnung)* opening; ⚓ port(-hole); *d. ~n d. Ewigkeit* the portals of eternity
Pförtner doorman; doorkeeper, gatekeeper; ⚕ pylorus; *(Hausmeister)* janitor; **~wohnung** porter's lodge
Pfosten post; *(Tür-)* jamb; *(Pfahl)* pale, stake; *(Mittelpfosten d. Fensters)* mullion; *(Bohle)* plank
Pfote paw
Pfriem awl; punch; 🕮 bodkin
Pfropf|en cork; stopper; *(Watte-)* wad; plug; ⚕ thrombus, embolus; clot (of blood); tampon; **~en** to cork; to stopper; to cram into; to stuff; ⚘ to graft, to bud, to inoculate; **~enzieher** corkscrew; **~messer** grafting-knife; **~reis** graft; scion; **~säge** pruning (*od* grafting) saw
Pfründ|e *eccl* prebend; living; benefice; *fig* sinecure; **~ner** prebendary, beneficiary, incumbent
Pfuhl pool, puddle; ⁘ pillow, bolster
pfui! fie!, for shame!, pooh!, phew!
Pfund pound ♦ *mit s-m ~ wuchern* to make the most of one's talents; *~ Sterling* pound (sterling); **~ig** *umg* grand, swell; **~ssache** *umg* slasher, whopper; **~weise** by the pound
pfusch|en to bungle, to botch; to meddle with; **~er** bungler, botcher; *(Kurpfuscher)* quack; **~erei** bungling; scamped work
Pfütze puddle, pool
Phänomen phenomenon; **~al** phenomenal
Phantasie imagination, fancy, inventive faculty; fantastic vision; chimera; reverie; **~los** unimaginative; **~ren** to day-dream, to imagine (things); ♪ to improvise; ⚕ to ramble, to rave, to be delirious; **~voll** fanciful
Phantast dreamer, visionary; **~isch** fanciful, phantastic
Phantom phantom
Pharisäer Pharisee
Pharma|kologie pharmacology; **~zeut** pharmacist; *US a.* druggist; **~zeutisch** pharmaceutical; **~zie** pharmaceutics, pharmacy
Phase ϟ, *astr* phase; stage; **~nschwankung** phase variations; **~nspannung** phase voltage
Philanthrop philanthropist; **~isch** philanthropic
Philister philistine; **~haft** narrow-minded; **~haftigkeit** narrow-mindedness
Philolog|e philologist; **~ie** philology; **~isch** philological
Philosoph philosopher; **~ie** philosophy; **~ieren** to philosophize; **~isch** philosophical
Phiole phial, *bes US* vial
Phlegma phlegm, sluggishness, dullness; **~tiker** phlegmatic person; **~tisch** phlegmatic, sluggish, dull
Phonet|ik phonetics; **~iker** phonetician; **~isch** [phonetic
Phönix phenix
Phönizier Phoenician
Phosphat phosphate; **~dünger** phosphate fertilizer
Phosphor phosphorus; **~eszieren** to phosphoresce; **~eszierend** phosphorescent; **~ig** phosphorous; **~säure** phosphoric acid
Photo|apparat camera; **~chemie** photochemistry; **~elektrisch** photo-electric; **~gen** photogenic; **~grammetrie** photogrammetry; **~graph** photographer; **~graphie** photography; photograph; photo; **~graphieren** to photograph; to take photographs; **~graphisch** photographic; **~montage** photomontage, photographic layout; **~zelle** photoelectric cell; *siehe* Foto(-)
Phrase phrase; trite remark; cliché; *~n dreschen* to talk platitudes, *umg* to flannel; **~ndrescher** phrase-monger, *umg* flanneller; **~ndrescherei** claptrap; **~nhaft** bombastic; **~ologie** phraseology
Physik physics; **~alisch** physical; **~er** physicist; **~um** ⚕ preliminary examination
Physio|gnomie physiognomy; **~logie** physiology; **~logisch** physiological
physisch physical; material; bodily
Pian|ino upright piano; **~ist** pianist; **~o** piano; *su (a. ~oforte)* piano(forte)
picheln to tipple
pichen to pitch; *(Schuh)* to wax
Pick|e pickaxe; **~en** to pick; to peck
Pickel pimple; pickaxe; **~flöte** piccolo; **~haube** spiked helmet; **~hering** pickled herring; **~ig** pimply
Picknick picnic
pieken *umg* to prick; to sting
piep|(s)en to chirp, to cheep; to peep; *(zirpen)* to chirrup; *(Mäuse)* to squeak; *zum ~en!* funny, a scream; **~matz** dicky-bird
Pier pier, jetty; mole
piesacken *umg* to torment; to pester; to nag
Piet|ät piety; reverence; **~ismus** Pietism, bigotry; cant; **~ist** Pietist; **~istisch** pietistic; bigoted, sanctimonious; **~ätlos** irreverent; **~ätvoll** reverent
Pik pique, grudge; *(Karten)* spade; **~ant** piquant; **~anterie** spicy joke (*bzw* story); **~e** pike ♦ *von d. ~e auf dienen* to rise from the ranks; **~fein** smart; slap-up, dressed-up; **~iert** irritated, piqued; offended; vexed; **~kolo** boy waiter, page, *US* bell-hop; **~koloflöte** piccolo
Pikee piqué
Pikrinsäure picric acid
Pilger pilgrim; **~fahrt** pilgrimage; **~n** to wander; to go on pilgrimage; **~stab** pilgrim's staff
Pille pill; *e-e bittere ~* a bitter pill; **~nschachtel** pill-box
Pilot pilot
Pilz mushroom; fungus; *(giftiger)* toadstool; *wie ~e aus d. Erde schießen* to spring up like mushrooms; **~förmig** fungiform
Piment allspice, pimento
pimpelig sickly; soft; flabby; effeminate; [whining
Pinasse ⚓ pinnace
Pinguin penguin
Pinie stone-pine
pinkeln to piddle, to make water
Pinne drawing-pin; peg, pin; tack; ⚓ tiller; *(Hammer-)* peen; *(Zapfen)* pivot, tenon

Pinscher pinscher
Pinsel brush; paint-brush; (hair-)pencil; *(Einfalts-)* noodle, simpleton, dunce; **~ei** daubing; **~führung** touch; **~n** to paint, to daub; **~strich** stroke of the brush
Pinzette tweezers
Pionier pioneer; sapper; engineer; **~bataillon** engineer battalion; **~truppe** engineer troops
Pips ⚕ pip
Pirat pirate; buccaneer; **~erie, ~entum** piracy
Pirol oriole
Pirsch hunting; deer-stalking; **~en** to hunt, to stalk deer
Pistazie pistachio
Piste ski run, piste; beaten track (*od* path); ✈ runway
Pistole pistol, *umg* gun, automatic ♦ *wie aus d. ~ geschossen* as quick as a flash, like a shot; *j-m d. ~ auf d. Brust setzen* to put a pistol to s-b's head; **~ngriff** butt-end (of a pistol); **~nschuß** pistol-shot; **~ntasche** holster
pitschnaß wet through, soaking wet
placke|n *refl* to drudge; to toil; **~rei** drudgery
pläd|ieren to plead; to argue (*für* in favour of); **~oyer** final (oral) pleading; address, speech
Plafond ceiling, limit
Plage plague; torment, vexation; worry; nuisance; **~geist** bore, plague, tormentor; **~n** to pester, to harass; to bother; to grind; *refl* to drudge; to slave; to struggle
Plagiat plagiarism; *e. ~ begehen* to plagiarize; **~or** plagiarist
plagiieren to plagiarize, to lift
Plakat bill, poster, placard; *~e ankleben verboten* post no bills; **~ankleber** bill-sticker, bill-poster; **~anschlag** bill-posting, placarding; **~fläche** *BE* hoarding, *US* billboard; **~ieren** to stick (*od* post) bills; **~säule** advertisement pillar; **~träger** sandwich-man
Plan plan; project; scheme; draft; layout; *(Blaupause)* blueprint; *(Karte)* map; *(Fahr-)* time-table, schedule; *(graphisch)* diagram; intention; design; **~e** awning, tarpaulin; cover; **~en** to plan, to project; to scheme; to map out, to lay out; to arrange; **⁓eschmied** schemer; **~feuer** *mil* plotted (*od* scheduled) fire; **~ieren** to plane, to smooth; to grade, to level; **~ierraupe** bulldozer; **~los** aimless, desultory; at random; **~losigkeit** lack of plan; **~mäßig** according to plan; as planned; methodical; **~pause** overlay, traced chart; **~quadrat** map square; **~schießen** map (*od* scheduled) fire; **~stelle** permanent established post; **~ung** planning, plan; **~voll** methodical; systematic; **~wagen** covered wagon; **~wirtschaft** planned economy; **~ziel** planned output, target
Planet planet; asteroid; **~arium** planetarium; **~engetriebe** planetary gear; **~ensystem** planetary system
Planke plank; board
Plänkel|ei skirmish; **~n** to skirmish
Plankton plankton
Plansch|becken paddling-pool; **~en** to splash, to dabble; to paddle
Plantage plantation
Plapper|ei babbling; **~maul** chatterbox; **~n** to prattle; to babble; to chatter
plärren to cry, to blubber
Plasti|k plastic art, sculpture; ⚕ plastic surgery; **~sch** plastic; in clear relief
Plastilin plasticine
Platane plane-tree, *US* sycamore
Platin platinum; **~haltig** platiniferous
plätschern to splash, to dabble; *(Bach)* to ripple, to murmur
platt flat; level, flattened; *fig* insipid, silly, dull; *~ sein* to be dumbfounded; **~deutsch** Low German; **~e** plate; slab, flag; plateau; ♪ record, disk; *(Tablett)* tray; bald head; *kalte ~* cold meats; **~enabzug** stereotyped proof; **~enspieler** record player; **~enteller** turntable; **~erdings** absolutely, decidedly; **~form** platform, ✈ tarmac; **~fuß** flat-foot; 🚗 flat tire, puncture; **~fußeinlage** arch-support; **~heit** flatness; staleness; platitude; dullness; **~ieren** to plate
Plätt|brett ironing-board; **~eisen** iron; flat-iron; **~en** to iron, to press; **~erin** ironer; **~wäsche** linen (to be ironed)
Platz place; spot; locality; space; room; 🎭 seat; *(öffentl.)* square, circus; *~ da!* make way!; *fehl am ~* out of place; *~ machen* to make room; *~ nehmen* to take a seat; *~ greifen* to gain ground, to spread; *am ~ sein* to be pertinent, to be opportune ♦ *auf d. ~e sein* to be on the alert; **~angst** agoraphobia; **~anweiserin** usherette; **~en** to burst, to explode; to split; *(Glas)* to crack; 🚗 to blow out; **~karte** ticket for a reserved seat; **~kommandant** commandant of a military post; **~mangel** lack of space; **~nummer** seat number; *(Bücher)* shelf number; **~patrone** blank cartridge; **~raubend** encumbering; **~regen** downpour, torrential rain; **~sparend** space-saving; **~wechsel** change of place; *(Geld)* local bill; **~wunde** laceration
Plätzchen little place; fancy biscuit, *US* cookie; (chocolate) drop
Plauder|ei chat, (small) talk; conversation; **~er** conversationalist, talker, speaker; chatterbox; **~n** to talk, to chat, to gossip ♦ *aus d. Schule ~n* to let out stable secrets; to tell tales out of school; **~tasche** chatterbox; gossip; **~ton** conversational tone
Pleb|ejer, ~ejisch plebeian; **~s** mob; rabble
Pleite bankruptcy; failure; flop; *adj* bankrupt, *umg* broke, bust; *~ gehen* to go broke *(od* bust); **~geier** bankruptcy
Plenarsitzung plenary meeting
plemplem *umg* off one's nut, nutty, nuts
Pleuelstange connecting-rod
Plexiglas safety glass, perspex
Pliss|ee pleating; **~eerock** pleated skirt; **~ieren** to pleat
Plomb|e lead seal; ⚕ *(Zahn-)* filling; plug; stopping; **~ieren** to lead; ⚕ to plug, to fill; to seal with lead
Plötze roach, dace
plötzlich sudden; abrupt; *adv* suddenly, all of a sudden, all at once; **~keit** suddenness; abruptness

Pluderhosen wide breeches; plus-fours
Plumeau feather-bed
plump awkward, clumsy; *(grob)* crude; tactless; dumpy; unwiedly; shapeless; **~heit** shapelessness; heaviness; awkwardness, clumsiness; **~sen** to plump, to plop
Plunder lumber, trash, rubbish, junk; **¨~er** plunderer; looter; **¨~n** to plunder, to pillage, to loot; to rifle; *(Orte)* to sack; *(durchsuchen)* to ransack; **¨~ung** plundering; pillage; sack, looting
Plural plural
Plus plus; surplus; increase; **~pol** positive pole; **~quamperfekt** pluperfect; **~zeichen** plus sign
Plüsch plush, shag
Pneumat|ik pneumatic tyre; **~sch** pneumatic
Pöbel mob, rabble; populace; **~haft** low, vulgar; **~herrschaft** mob rule
poch|en to knock; *(leicht)* to rap; to beat, to throb; to pound; to palpitate; *~en auf* to insist on; *vt* to crush; *(Erz)* to pound; **~werk** stamping-mill
Pock|e pock; *d. ~en* smallpox; **~enimpfung** vaccination; **~ennarbe** pock-mark; **~ennarbig** pock-marked
Podium rostrum, platform
Poesie poetry
Poet poet; **~ik** poetics; **~isch** poetic(al)
Point|e point, punch line; *(Witz)* witticism; pungency, sharpness; **~iert** pointed, sharp, captious
Pokal goblet, (drinking-)cup
Pökel brine; **~fleisch** pickled meat, salt meat; **~hering** pickled herring; **~n** to pickle, to salt
Pol pole; ↯ pole, terminal ♦ *d. ruhende ~* one solid rock (amid the shifting sands)
polar polar, arctic; **~eis** polar ice; **~forscher** polar explorer; **~fuchs** arctic fox; **~gürtel** frigid zone; **~hund** husky; **~isieren** to polarize; **~ität** polarity; **~kreis** arctic circle; **~licht** northern lights; aurora borealis; **~luft** polar air; **~meer** Arctic Ocean; **~stern** pole-star; **~strom** arctic current
Pole Pole; **~n** Poland ♦ *noch ist ~n nicht verloren* there is still hope
Polem|ik polemics, controversy; **~isch** polemic; **~isieren** to carry on a controversy
Polente *umg BE* bobbies, cops
Police policy (*e-e ~ ausstellen* to issue a p.); *(Lebensversicherungs-)* life policy
Polier foreman; **~en** to polish, to burnish; **~er** polisher; **~wachs** polish
Poliklinik policlinic; out-patients' department (of a hospital); dispensary
Polit|ik politics; *(e-e polit. Linie)* policy; **~iker** politician, statesman; **~isch** political; policy-forming; *~ischer Standpunkt* platform; **~isieren** *vt* to make political-minded; to talk politics; to dabble in politics
Politur shellac varnish, polish(ing)
Polizei police; **~aufgebot** body of policemen; **~aufsicht** police supervision; **~beamter** policeman, constable; police officer; **~bericht** charge sheet, *US* police blotter; **~gewahrsam** lock-up; **~knüppel** *BE* truncheon, *US* nightstick; **~kommissar** police superintendent; **~lich** (of the) police; by order of the police; **~richter** police magistrate; *US* police-court judge; **~staat** police state; **~spitzel** police spy, *umg* nark; **~streife** police patrol; **~stunde** closing-hour; curfew; **~verordnung** police regulation; **~wache** police station; **~widrig** contrary to police regulations
Polizist policeman, *BE* constable, *umg BE* bobby, cop; *(Geheim-)* detective; *US* plainclothes man; *umg* dick
polnisch Polish
Polo polo; **~feld** polo ground; **~hemd** *umg* T-shirt
Polonäse polonaise
Polster cushion *(a. fig)*; pillow; bolster; **~möbel** upholstered furniture; **~n** to upholster; to pad; to stuff; **~sessel** easy chair; **~ung** upholstery, stuffing, padding; wadding
Polter|abend wedding-eve (party); **~geist** goblin, poltergeist; **~n** to make a noise; to rumble; to rattle; to bluster; to scold
polygam polygamous; **~ie** polygamy
polymer polymeric; **~ie** polymerization; polymerism; **~isieren** to polymerize
Polyp polyp; ⚕ polypus; *umg BE* bobby, cop
polyphon polyphonic, polyphonous; **~ie** polyphony
Polytechnik polytechnics; **~um** technical college
Pomad|e pomade; **~ig** *umg* phlegmatic, sluggish
Pomeranze bitter orange
Pommes frites *BE* chips; *US* French fried potatoes, *umg* French fried
Pomp pomp; **~haft** pompous
Ponton pontoon; **~kran** floating crane
Pony pony; *(Haar-)* fringe
Popanz bugbear, bogy; bugaboo
Popelin poplin
Popo *umg* bottom, backside
popul|är popular; **~arisieren** to popularize; **~arität** popularity
Por|e pore; **~ös** porous; **~osität** porosity
Porphyr porphyry
Porree leek
Portal portal; porch; front gate; **~kran** portal crane
Porte|feuille portfolio; **~monnaie** purse; **~pee** sword-knot
Portier doorkeeper, porter; *US* doorman
Portion portion, helping; ration; *(Tee)* pot
Porto postage; **~frei** postage paid, postfree; carriage paid; prepaid, postpaid; **~gebühren** postal rates; **~kasse** petty cash; **~pflichtig** liable to postage; **~satz** rate of postage; **~zuschlag** surcharge
Porträt portrait; likeness, picture; **~ieren** to portray; **~maler** portrait painter
Porzellan porcelain; china ♦ *wie e. Elefant im ~laden* like a bull in a china shop; *Meißner ~* Dresden china; **~artig** porcellanic; **~erde**

porcelain clay, kaolin; **~manufaktur** china factory; **~service** set of china

Posament|en trimmings; **~ierer** lace-maker; trimming-maker; *BE* haberdasher; **~ierwaren** lacework; trimmings; *BE* haberdashery, *US* notions

Posaune trombone; trumpet; **~n** to play the trombone, to trumpet; **~nbläser** trombonist

Pos|e pose, attitude; posture; *(Angabe)* showing off; affectation; **~ieren** to pose, to strike an attitude; **~ition** position; *(Buchhaltg.)* item; **~itionslampe** navigation light; **~itiv** positive; favourable; genuine; *~itives Zeichen* sign of improvement; **~itur** posture; *sich in ~itur setzen* to square one's shoulders, to strike an attitude

Poss|e jest, farce; **~en** antics, trick; *grobe ~en* buffoonery; **~enreißer** jester, buffoon; **~ierlich** droll, funny, quaint

Post post, mail; post office; *(Eil-)* express post, *US* special delivery; *(Luft-)* airmail; *mit d. ersten ~* by the first delivery; *gewöhnliche ~* surface mail; *mit umgehender ~* by return of mail; **~alisch** postal; **~amt** post office; **~anweisung** money-order, postal order; **~auto** post-van, *US* mail-car; *(Omnibus)* motorbus; **~beamter** post-office clerk; **~bote** postman, *US* mailman; **~fach** post-office box (P. O. B.); **~geheimnis** secrecy of the mail; **~karte** post-card; **~kasten** post-box; letter-box; **~kutsche** stage-coach, mail; **~lagernd** poste restante; **~scheck** postal giro form; **~scheckamt** postal giro office; **~schließfach** post-office box; pigeon hole; **~sparkasse** post office savings bank; **~wendend** by return of post; **~wertzeichen** stamp; **~wurfsendung** unaddressed mailing; sample packet; **~zustellung** delivery

Postament pedestal, base

Posten post; place; position, job; outpost; sentry; item; sum; entry; lot; amount; quantity; parcel; shipment; *(Streik-)* picket; *~ ablösen* to relieve sentries; *~ stehen* to be on sentry (*od* duty, guard); **~jäger** place-hunter, job-hunter; **~kette** *mil* outpost line; **~weise** by items

postieren to post, to place

potent powerful

Potenti|al potential, potential function; **~ell** potential

Potenz potency, effectiveness; sexual power; potency *(of a drug)*; **~ieren** *math* to raise to a higher power; to intensify; to potentiate, to increase the potency of *(a drug)*; **~ierung** *math* involution; potentiation

Potpourri (musical) selection, medley, potpourri

Pott|asche potash; **~wal** sperm-whale

potztausend! good gracious!

poussieren to flirt, to spoon

Pracht magnificence; pomp; state; splendour; luxury; **~ausgabe** édition de luxe; **~kerl** fine fellow; **~liebend** ostentatious; **~voll** splendid, gorgeous, fine

prächtig magnificent; splendid; fine; lovely, gorgeous; pompous

Prädikat predicate; title; (school-)mark; *fig* designation; **~snomen** complement

Präfix prefix

Präg|e stamp; **~eanstalt** mint; **~edruck** relief print; **~eform** matrix, mould; **~emaschine** coining machine; embossing machine; **~en** to stamp, to coin, to impress; to block; **~ung** coinage; shaping; character

prägnan|t significant, suggestive; concise, terse; exact; **~z** conciseness, terseness

prähistorisch prehistoric

prahl|en to boast, to brag; to show off; **~erei** boastfulness; boasting; bragging; **~erisch** boastful, bragging, ostentatious; **~hans** boaster; braggart

Prahm barge, flat-bottomed boat, lighter

Prakti|k practice; trick; **~kant** trainee; **~ker** practical man, expert; **~kum** practical course; **~kus** old hand, old stager; **~sch** clever, handy, useful; practical; experienced; *~scher Arzt* general practitioner (G. P.); *bes US oft* physician; **~zieren** to practise, *US* to practice

Prälat prelate

Präliminarien preliminaries

Praline chocolate (*~schachtel* box of ch-s)

prall taut, tight, tense; plump, chubby; stout; *(Sonne)* blazing; *in d. ~en Sonne* in the full glare of the sun; *(Auf-)* collision, rebound; **~en** to dash (against); to bounce; *(Sonne)* to shine dazzlingly

Präludium prelude

Prämi|e premium, prize; award; bounty; **~engeschäft** option dealing; **~engewährung** bonus issue; **~ieren** to award a prize to

prang|en to glitter; to shine; to make a show; to boast; **~er** pillory; *j-n an d. ~er stellen* to pillory s-b

Pranke, Pratze claw, paw

Präpar|at ⚕ preparation; *(Mikroskop)* slide; **~ierbesteck** dissecting case; **~ieren** to prepare; to dissect

Präposition preposition

Prärie prairie

Präsen|s *gram* present (tense); **~t** gift; present; **~tieren** to present, to offer; **~zbibliothek** reference library

Präsid|ent president, chairman; *Amtszeit d. ~enten* presidential term; **~entenwahl** presidential election; **~ieren** to preside (over); **~ium** chair, presidency; presiding board

prasseln to crackle; *(Regen)* to patter

prass|en to feast, to carouse; *(schwelgen)* to revel; **~er** glutton, spendthrift; **~erei** gluttony, revelry; debauchery; feasting

Prätendent pretender

Präteritum preterite; past tense

Präventivkrieg preventive war

Praxis practice; ⚕ consulting-room, *BE* surgery, *US* doctor's office

Präzedenzfall precedent

präzis precise, exact; punctual; **~ieren** to state more precisely; to specify; **~ion** precision, accuracy; **~ionsarbeit** precision work; **~ionskamera** high-precision camera

predig|en to preach; **~er** preacher, minister, clergyman; **~t** sermon (*e-e ~t halten* to preach a s.); *fig* lecture (*j-m e-e ~t halten* to give s-b a lecture)
Preis price, cost, rate; terms; prize; praise, glory; value; *um keinen ~* not at any price; *äußerster ~* lowest price; *~e erzielen* to fetch prices; *unter d. ~ losschlagen* to let go under price; **~abbau** reduction of prices; **~abzug** rebate, discount; **~angabe** quotation of prices; **~ausschreiben** prize competition; **~drückerei** close bargaining; **~en** to praise, to extol; **~erhöhung** rise in prices, mark-up; **~frage** subject for prize competition; vital question; **~geben** to surrender, to give up; to abandon, to sacrifice, to expose; **~gebunden** price-controlled; **~gestaltung** price structure (*od* formation); **~grenze** price limit; ceiling; **~index** price level, index number; **~krönen** to award a prize to; **~lage** price range; **~notierung** quotation; **~prüfungsamt** price control office; **~richter** arbiter, umpire; **~schießen** shooting competition; **~schleuderei** undercutting of prices; **~schrift** prize-essay; **~schwankungen** fluctuations in prices; **~senkung** price reduction, mark-down; **~spanne** price margin; **~sturz** fall in prices, slump; **~stützung** price support; **~träger** prize-winner; **~treiberei** forcing up of prices; **~überhöhung** overcharging, excessive prices; **~unterbietung** price dumping; **~wert** cheap; reasonably priced
Preiselbeere (mountain) cranberry, cowberry
Prell|bock buffer-stop; **~en** to toss; to cheat; to swindle; *~en um* to fleece of, to fool out of; *~en auf* to bump against; **~erei** swindle, fraud; **~stein** kerb(-stone); **~ung** ⚕ contusion; bruise
Premiere first night; **~nbesucher** first-nighter
Presse press; ⚙ press; *(Schule)* crammer, tutorial college; **~amt** public relations office; **~büro** news agency; **~fehde** press feud; **~feldzug** news campaign; **~freiheit** freedom of the press; **~stimme** press comment, review; **~zensur** press curb, censorship
pressen to press; to squeeze; to urge
Preß|fehde press feud; **~kohle** briquet(te); **~kopf** brawn, *US* headcheese; **~luft** compressed air; **~luftbohrer** pneumatic drill
prickeln to prick, to prickle; to itch; **~d** piquant, spicy
Priem quid (of tobacco)
Priester priest; **~amt** priesthood; **~herrschaft** hierarchy; **~in** priestess; **~lich** priestly, sacerdotal; **~rock** cassock; **~schaft** clergy; **~tum** priesthood; **~weihe** ordination of a priest
Prima Sixth Form, highest class of secondary school; *adj* prime; first-rate; **~ner** sixth-form boy; **~s** primate; **~t** primacy; priority; **~wechsel** first bill of exchange
primär primary, protogenic
Primel primrose, primula, cowslip
primitiv primitive; **~ität** primitiveness
Primzahl prime number
Prinz prince; **~essin** princess; **~gemahl** prince consort; **~lich** princely
Prinzip principle; **~al** principal, head; manager; employer; **~iell** on principle; **~ienreiter** pedant, stickler for principles
Prior prior; **~ität** priority; **~itätsaktien** preference shares; **~itätsanspruch** priority claim
Prise pinch (of snuff); ⚓ prize
Pris|ma prism; **~menglas** prism
Pritsche platform; plank bed
privat private; confidential; **~adresse** home address; **~angelegenheit** private affair; **~dozent** Privatdocent, university lecturer; **~im** privately; **~isieren** to live on one's means; **~recht** private law
Privileg privilege; **~ieren** to privilege
probat proved, tried; excellent
Probe trial, experiment; proof, test; probation; *(Metall-)* assay; pattern; *com* sample, specimen; 🎭 rehearsal; *~ ablegen* to give proof of; *auf d. ~ stellen* to put to the test; *e-e ~ machen* to (make a) check; **~abzug, ~druck** proof(-sheet); **~band** dummy; **~fahrt** trial trip, trial run; **~jahr** year of probation; **~nummer** specimen number; **~sendung** sample (sent on approval); **~weise** on approval, on trial; **~zeit** time of probation, qualifying period
proben to rehearse; to try, to check; to test; to sample
probier|en to try; to taste
Problem problem; *fig* puzzle; *e. ~ lösen* to solve a problem; *sich mit e-m ~ auseinandersetzen* to come to grips with a problem; **~atik** (the) problems (involved); **~atisch** problematic
Produkt produce, product; result; *pl* goods; commodities; **~enbörse** produce exchange; **~enhandel** trade in home produce; **~ion** production, producing, output; yield; **~ionsgemeinschaft** production pool; **~ionsgüter** production goods; **~ionskapazität** productive capacity; **~iv** productive; **~ivität** productivity
Produz|ent producer; manufacturer; grower; **~ieren** to produce; *refl* to show off; to exhibit
profan profane; **~bau** secular building; **~ieren** to profane; **~ierung** profanation
Profess|ion profession; trade; **~or** *(außerordentlicher)* assistant professor; *(ordentlicher)* professor in ordinary; **~ur** professorship
Profil profile; section; cross-section; *im ~ darstellen* to draw in profile; to profile
Profit profit, gain, proceeds; **~ieren** to profit, to gain (by); **~jäger, ~macher** profiteer
pro forma nominal, for the sake of form; **Proformarechnung** pro forma invoice
Prognos|e forecast; ⚕ prognosis; **~tisch** prognostic; forecasting
Programm programme, *US* program; prospectus; schedule; **~punkt** item
Prohibit|ion prohibition; **~iv** prohibitive; prohibitory; **~ivzoll** prohibitive duty
Projekt project, scheme; **~ieren** to project, to plan, to scheme; **~ionsapparat** projector; **~ionsschirm** screen
Proklam|ation proclamation; **~ieren** to proclaim

pro Kopf per capita; per head *(of the population)*
Pro|kura procuration; general power of attorney; *per ~kura* by procuration (*od* per pro., pp.); **~kurist** chief clerk, authorized manager
Prolet proletarian; cad; **~ariat** proletariat; **~arier** proletarian; **~arisch** proletarian, caddish
Prolog prologue
prolong|ieren to prolong; *(Wechsel)* to renew; **~ation** prolongation, continuation
Promen|ade promenade; *US* avenue; walk; **~ieren** to take a walk; **~nmischung** alley dog; dustbin cat
prominent prominent, leading, well-known; **~er** prominent person; *BE umg* big shot, *US umg* big wheel
Promo|tion conferring (*bzw* obtaining) a doctorate; **~vieren** *vt* to confer a doctorate; *vi* to obtain a doctorate
prompt prompt; ready, quick
Pronomen pronoun
Propag|anda propaganda, boost; *(~andarummel)* ballyhoo; **~andafeldzug** propaganda campaign; **~andaministerium** Ministry of Propaganda; **~andist** propagandist; **~andistisch** propagandist; **~ieren** to propagate; to propagandize; to spread; ⚐ to plug
Propeller air-screw, propeller
Prophe|t prophet ♦ *d. ~t gilt nichts in s-m Vaterlande* a prophet is without honour in his own country; **~tie, ~zeiung** prophecy; **~tin** prophetess; **~tisch** prophetic; **~zeien** to prophesy, to foretell
Proportion proportion; **~al** proportional; **~iert** proportionate; well-proportioned
Propst *eccl* provost
Prosa prose; **~isch** prosaic; commonplace; **~schriften** prose writings; **~schriftsteller** prose writer
prosit, prost cheers; *(Niesen)* (God) bless you
Prospekt prospect, view; *(Werbe-)* prospectus, folder
prostitu|ieren to prostitute; **~ierte** prostitute, street-walker; **~tion** prostitution
Proszeniumsloge stage-box
prote|gieren to patronize, to encourage; **~ktion** protection; **~ktionswirtschaft** protectionism; **~ktorat** protectorate; patronage; auspices
Protest protest; *~ erheben (Wechsel)* to protest a bill; *mit ~ zurückkommen* to be dishonoured; **~ant, ~antisch** Protestant; **~antismus** Protestantism; **~ieren** to protest, to make a formal declaration against; **~versammlung** meeting of protest
Prothese artificial limb
Protokoll minutes; record; register; *zu ~ nehmen* to take down; *nicht für d. ~ bestimmt* off the record; **~arisch** upon records; in the minutes; **~buch** minute-book; records of the proceedings; **~chef** chief of protocol; **~führer** recording clerk; keeper of the minutes; registrar; **~ieren** to keep the minutes; to enter; to record; to register
Proton proton
Protz purse-proud person; braggart; **~en** to put on airs; to show off; to be purse-proud; **~erei** bragging; showing off; **~ig** bragging; showy
Protze *mil* limber
Prov|enienz origin, source, provenance; **~iant** provisions, victuals; supplies; stores
Provinz province; **~iell** provincial; **~ler** provincial; **~lertum** provincialism
Provis|ion commission, brokerage; **~ionsreisender** traveller working on commission; **~ionsweise** on commission; **~or** manager of a pharmacy; **~orisch** provisional, temporary; **~orium** provisional arrangement
Provo|kation provocation; **~zieren** to provoke; to challenge
Prozedur procedure; proceeding
Prozent per cent; **~satz** percentage; **~ual** expressed as percentage; *~ualer Anteil* percentage
Prozeß lawsuit; (legal) proceedings; process; action; *(Rechtsstreit)* litigation; *gegen j-n einen ~ anstrengen* to bring an action against; to sue s-b; *in e-n ~ verwickelt sein* to be involved in a lawsuit; *kurzen ~ machen mit* to make short work of; **~akten** documents, files; *(Anwalt)* brief; **~führer** litigant; **~führung** conduct of case; **~gegenstand** matter in dispute; **~gegner** opposing party; **~ieren** to go to law with, to carry on a lawsuit; **~kosten** law costs; **~ladung** writ of summons; **~ordnung** rules of the court; **~partei** party to an action; **~recht** procedural (*od* adjective) law; **~vollmacht** power of attorney
Prozession procession
prüde prudish; **~rie** prudery
Prüf|abzug proof; **~en** to test, to investigate, to inspect; to examine, to audit; to check *(account)*; to scrutinize; ⚙ to overhaul; to study; **~er** examiner; *com* auditor; inspector; **~ling** examinee; **~stein** touchstone, test; **~ung** examination, *umg* exam; trial; investigation; affliction; testing; checkup; *sich e-r ~ung unterziehen* to undergo an examination; **~ungsausschuß** board of examiners
Prügel stick, cudgel; thrashing; **~ei** fight, row; brawl; **~knabe** scapegoat; **~n** to fight, to thrash, to beat; **~strafe** corporal punishment
Prunk splendour, show; ostentation; **~en** to show off; to parade, to make a show of; **~sucht** (love of) ostentation; **~voll** gorgeous, splendid
prusten to snort; to burst out (laughing)
Psalm psalm; **~buch** psalter; **~ist** psalmist
Pseudonym pseudonym; pen-name; *adj* pseudonymous; fictitious
Psych|iater psychiatrist; alienist; **~iatrie** psychiatry; **~isch** psychic(al); **~oanalyse** psychoanalysis; **~ologe** psychologist; **~ologisch** psychological; **~opath** psychopath; **~ose** psychosis; **~otherapie** psychotherapy
Pubertät puberty
Publi|kum public, audience; **~zieren** to pub-

lish; **~zist** publicist, writer; **~zistik** journalism
Pudding jelly; blancmange; **~pulver** blancmange powder
Pudel poodle; *wie e. begossener ~* dumbfounded; **~mütze** bobble hat; **~naß** drenched, sopping
Puder (toilet) powder; **~dose** powder-box; *(Tasche)* vanity-box, compact; **~kaffee** instant coffee; **~n** to powder; **~quaste** powder-puff; **~unterlage** foundation cream; **~zucker** powder(ed) sugar, icing sugar
Puff push, nudge, thump; report; bang; *(Sitz-)* pouffe; *(öffentl. Haus)* brothel; **~ärmel** puffed sleeve; **~bohne** horsebean; **~en** to push, to nudge, to thump, to pummel; to shoot, to pop; to puff; **~er** 🚂 buffer; *US* bumper; *(Kartoffel-)* potato pancake; **~erstaat** buffer-state; **~spiel** backgammon
Pulk *mil* unit; collection; group *(of planes etc)*
Pulle *umg* bottle; *mil* ✡ throttle; **~n** ⚓ *vi* to pull, to row
Pullover pull-over; slip-on sweater; jumper
Pullunder tank top
Puls pulse; heart-beat; **~ader** artery; *(große)* aorta; **~ieren** to pulsate; *fig* to pulse, to throb; **~schlag** pulse beat; pulsation; **~zahl** pulse rate
Pult desk
Pulver powder; gun-powder; *er ist k-n Schuß ~ wert* he's not worth powder and shot (*od* ... a brass farthing); money; **~artig, ~ig** powdery; **~faß** powder keg; *auf d. ~faß sitzen* to sit on top of a volcano; **~isieren** to pulverize, to powder; **~magazin** powder magazine; **~schnee** powder snow
Pump credit; *auf ~* on tick; on the cuff; **~e** pump; **~en** to pump; *fig* to borrow, to lend; to give on tick; **~s** *BE* court shoes, *US* pumps; **~station, ~werk** pumping station
Pumpernickel pumpernickel *(Westphalian rye-bread)*
Punkt point; *BE* full stop, period; dot, spot; place; item, point; clause; term; matter, subject; *(Karten)* pip; *~ ein Uhr* one o'clock sharp; *auf d. toten ~ gelangen* to come to a deadlock; *wunder ~* sore spot; *nach ~en verlieren* to lose on points; *in allen ~en* in every respect; *d. wesentlichen ~e* ⚖ merits; *d. springende ~* salient point; *~ auf d. Tagesordnung* item on the agenda; **~förmig** punctiform, in lumps; **~ieren** to punctuate; to point, to dot; ⚕ to tap, to puncture; *(Kupferstecher)* to stipple; *~ierte Linie* dotted line; **~richter** ⛹ referee; umpire; **~roller** massage roller; **~schweißung** spot welding; **~sieg** winning on points; **~um** full stop, end; *damit ~um* there's an end of it; **~ur** ⚕ puncture; **~weise** point-by-point; **~wertung** classification by points; **~zahl** ⛹ score; **~ziel** *mil* pin-point target
pünktlich punctual, prompt, in (*od* to, on) time; accurate, exact; **~keit** punctuality, promptness
Punsch punch
Punt punt
Punze punch; **~n** to punch
Pupille pupil
Püppchen little doll; *umg* moppet
Puppe doll; *(häßliche)* golliwog; *(Marionette)* puppet; *(Kleider-, Strohmann)* dummy; *zool* chrysalis, pupa; *(Seidenspinner)* cocoon; **~ngesicht** doll's features; **~nhaus** doll's house; *US* dollhouse; **~nspiel** puppet-show; **~nwagen** doll's pram
Püree purée, mash
pur pure, sheer; **~gieren** *vi* to purge; **~giermittel** purgative
Puritan|er Puritan; *US* blue-nose; **~ertum** Puritanism; **~isch** Puritan
Purpur purple; **~farben, ~n, ~rot** purple (coloured)
Purzel|baum somersault; *~baum schlagen* to turn somersaults; **~n** to stumble, to tumble
Puste *umg* breath; **~n** to puff, to blow
Pustel pustule, pimple, bubble
Pute turkey-hen; **~r** turkey-cock; **~rrot** scarlet
Putsch revolt; insurrection; putsch; **~en** to revolt; *(auf-)* to goad on; **~ist** rebel, rioter, insurgent
Putz trimmings, ornaments; dress, finery; attire; millinery; *(Ver-)* rough-cast; plaster; **~bürste** (polishing-)brush; **~en** to clean, to cleanse; to polish; to trim *(lamp)*; to groom *(horse)*; to blow (*od* wipe) one's nose; to brush *(teeth)*; to plaster *(wall)*; *refl* to dress up; **~frau** charwoman, char; **~ig** funny, droll; **~laden** milliner's shop; millinery; **~lappen** cleaning rag; scouring cloth; **~leder** chamois (leather); **~macherin** milliner; **~mittel** cleanser, detergent; **~waren** millinery; **~wolle** cotton waste; **~zeug** cleaning utensils
Puzzlespiel jigsaw puzzle
Pyjama pyjamas, *US* pajamas
Pyramide pyramid; *(Gewehr-)* stack; **~nförmig** pyramidal

Q

Q (the letter) Q
quabbel|ig flabby; wobbly; jelly-like; **~n** to wobble
Quacksalber charlatan, quack; *(Marktschreier)* mountebank; **~n** to doctor, to play the quack
Quader square stone; ashlar; block; **~mauerwerk** ashlar facing (*od* masonry)
Quadrant quadrant
Quadrat square; *ins ~ erheben* to square; **~fuß** square foot; **~isch** quadratic, square; **~meter** square metre; **~netz** square grid, grid net; **~ur** quadrature; **~wurzel** square root; *d. ~wurzel ziehen* to extract the square root; **~zahl** square number; **~zentimeter** square centimetre
quadrieren to square, to raise to second power
Quadrillion *BE* quadrillion, *US* septillion
quak! squawk!, quack; **~en** to quack; to croak
quäk|en to squeak; **~er** member of the Society

of Friends; Quaker; **~erbund** Society of Friends

Qual anguish, agony; pain; torment; torture; *fig* grief; **⸚en** *vt* to torment, to worry, to harass; to torture; to annoy; to pester; to tease; to bother; *vi* to toil hard; to drudge, to struggle; **⸚end** painful, tormenting, agonizing, harrowing, distressing, vexing; **⸚er** tormentor; bore; **⸚erei** tormenting, torture; *(Necken)* teasing; *(Bitten)* importunity, importuning; pestering; worry; **⸚geist** plague, nuisance; **~voll** agonizing, very painful; full of anguish

Quali|fikation qualification, capacity; ability; **~fizieren** to qualify; **~tät** quality; rate, grade, class; **~tätserzeugnis** high-quality product; **~tativ** qualitative, in quality

Qualle jelly-fish

Qualm dense smoke; fumes; vapour, steam; **~en** to smoke; to emit thick smoke; **~ig** smoky

quant|itativ quantitative; **~um** quantity, amount; *phys* quantum

Quappe eel-pout; *(des Frosches)* tadpole

Quarantäne quarantine; *unter ~ stellen* to quarantine; **~flagge** yellow flag

Quark curds; *fig* rubbish, trifle; **~käse** cottage cheese, whey-cheese

quarren to whine; to grumble

Quart quart; ♪ fourth; **~al** quarter (of year); quarter-day; term; **~band** quarto volume; **~e** fourth, quart; *(Fechten)* carte; **~ett** quartet

Quartier quarters; billets; quarter, district; **~en** to quarter, to billet; **~macher, ~meister** quartermaster; **~schein** billet, billeting paper

Quarz quartz; **~artig** quartzous

quasi as it were

quasseln *umg* to talk nonsense, to twaddle

Quast(e) tassel, brush, tuft

Quatsch rubbish, nonsense; bosh; foolish talk; baloney, bunk; **~en** to talk rubbish, to twaddle; to blather; **~kopf** twaddler, gas-bag, windbag

Quecksilber quicksilver, mercury; **~artig** mercurial; **~ig** lively, mercurial; **~n** of quicksilver; **~stand** mercury level

Quell spring; **~bach** river source; **~e** spring, source; *(oil)* well, fountain; *fig* origin; *aus erster ~e* first-hand information; **~en** to gush, to well, to flow from; to spring; to arise; *(einweichen)* to soak, to steep; *fig* to arise, to originate, to spring from; **~enangabe** mention of sources used; **~enforschung** critical investigation (of sources), original research work; **~enmaterial** source material; **~wasser** spring-water, well-water

Queng|elei whining, nagging; grumbling; **~elig** grumbling, cranky; **~eln** to nag, to whine, to grumble, to jangle; **~ler** grumbler, crank

Quentchen dram; *fig* trifle

quer cross, transverse, transversal; diagonal; slanting, oblique; *(seitl.)* lateral, crosswise; crossway, across; *kreuz u. ~* criss-cross, all over; in all directions; **~balken, ~holz** cross-beam, transom

Quer|e: *d. ~e nach* athwart, crosswise; *j-m in d. ~e kommen* to thwart (*od* to cross) s-b's plans; **~en** to traverse; **~feldein** across country; **~flöte** German (*od* cross) flute; **~format** horizontal format; **~kopf** queer fellow, crank; **~leiste** cross-piece; **~pfeife** fife; **~schiff** transept; **~schläger** ricochet; **~schnitt** cross-section, cross-cut, profile; **~straße** cross-road, side-road; **~strich** dash, stroke; cross-line; *(fig) e-n ~strich machen durch* to cross s-b's plans; **~summe** total of the digits of a number; **~treiber** schemer, obstructionist; **~treiberei** obstructionism, sabotaging; **~über** (right) across; **~verbindung** link; correlation; **~verweis** cross reference

Querul|ant querulous person, grumbler; *US* griper; **~ieren** to grumble, to be querulous

Quetsch|e pinch, presser, squeezer; ♪ squiffer; **~en** to press, to squash, to smash; to squeeze, to pinch; ⚕ to bruise, to crush, to contuse; **~falte** box pleat; **~kartoffeln** mashed potatoes; **~kommode** *umg* squeeze-box; **~ung, ~wunde** contusion, bruise; contused wound

quick lively, brisk

quieken to squeak, to squeal

quietsch|en to squeak, to scream, to squeal; *(Tür)* to creak; **~vergnügt** as gay as a lark

Quint|e quinte; ♪ fifth; **~essenz** quintessence; essence; **~ett** quintet

Quirl twirling-stick; *bot* whorl; **~en** to twirl; to whisk, to beat

quitt quits, even, square; free, rid; *~ sein mit* to be quits with; **~ieren** to receipt *(a bill);* to quit, to abandon, to leave; **~ung** receipt; *gegen ~ung* against receipt

Quitte quince; **~nmus** quince preserve

Quot|e quota; share, portion; *anteilsmäßige ~e* pro rata share; **~ient** quotient; **~ieren** to quote

R

R (the letter) R

Rabatt discount, rebate; abatement; reduction; *bei Barzahlung ~ geben* to allow discount for cash; **~e** bed, border; *(Kleid)* facing; **~ieren** to grant discount (*od* rebate) on; **~marke** trading stamp

Rabbin|er rabbi; **~isch** rabbinical

Rabe raven; *weißer ~ (fig)* rare bird, outsider; *stehlen wie e. ~* to steal like a magpie; **~naas** bitch, rat; **~nmutter** unnatural mother; **~nschwarz** raven-black; **~nstein** place of execution

rabiat rough; ruthless; furious

Rach|e revenge, vengeance; *~e nehmen* to take revenge on; **~eakt** act of vengeance; **~edurst** thirst for revenge; **~egöttin** avenging goddess; **⸚en** to avenge, to revenge; to take revenge on s-b; to be brought home (to one); **⸚er** avenger, revenger; **~eschwur** oath to revenge o. s.; **~gier, ~sucht** lust for revenge, vindictiveness; **~süchtig** revengeful, vindictive

Rachen throat; ⚕ pharynx; fauces; oral cav-

ity; *(Maul)* mouth, jaws; *fig* abyss, jaws; **~höhle** pharyng(e)al cavity
Rachit|is rachitis, rickets; **~isch** rickety
Racker rascal
Rad wheel; bicycle; *aufs ~ flechten* to break on the wheel ♦ *unter d. ¨~er kommen* to go to the dogs; **~bremse** hub-brake; **~dampfer** paddle-steamer; **~fahren** to cycle; **~fahrer** cyclist; **~fahrweg** cycle track; **~felge** felloe; **~kappe** wheel cap, hub cap; **~kranz** rim; **~nabe** wheel hub; **~reifen** tyre, *US* tire; **~rennbahn** cycling track; **~rennen** cycle race; **~schaufel** sweep *(of water-mill)*; paddle-board; **~scheibe** wheel disk; **~schlagen** to turn cartwheels, *US* to turn handsprings; *(Pfau)* to spread the tail; **~schuh** slipper-brake; **~speiche** spoke; **~sport** cycling; **~spur** rut; wheel track; **~stand** wheel-base; **~welle** wheel-shaft; **~zahn** cog *(of a wheel)*; **~zapfen** spindle, pivot
Radar radar; **~gesteuert** radar-guided; **~leuchtschirm** radar screen; **~steuerung** radar guiding *(of missiles)*; **~zeichen** radar trace, blip
Radau noise, row, racket, riot, rumpus; *~ machen* to kick up a row; **~lustig** quarrelsome, cantankerous, rambunctious
Rade *bot* cockle
radebrechen to stammer and stutter; to jabber; to murder a language
Rädelsführer ringleader
räder|n to break on the wheel; **~werk** gearing, wheels; *(Uhr)* clock-work
radier|en to rub out, to erase; *(Kupfer)* to etch; **~er** etcher; **~gummi** (india-)rubber, eraser; **~kunst** etching; **~messer** eraser, penknife; **~ung** etching
Radieschen *bot* radish
radikal radical; **~er** radical, extremist; **~isieren** to radicalize; **~ismus** radicalism
Radio wireless, radio; wireless set; *im ~* on the radio; *im ~ sprechen* to speak over the radio, to broadcast; **~aktiv** radioactive; *~aktiv machen* to make radioactive, to activate; *~aktiver Niederschlag* radioactive fall-out; *~aktive Teilchen* radioactive particles; *~aktive Umwandlung* radiactive transformation; **~aktivität** radioactivity; **~anlage** radio installation; **~ansager** radio announcer; **~apparat** radio set, radio (receiver); **~ausrüstung** radio equipment; **~bastler** home constructor; **~durchsage** spot announcement; **~empfang** broadcast reception; **~gehäuse** receiver cabinet; **~geschäft** radio shop, radio store; **~gramm** wireless message, radiogram; **~händler** radio dealer; **~hörer** (radio) listener; **~indikator** tracer; **~inserent** radio advertiser, *US* sponsor; **~isotop** radioisotope; **~kanal** *(Frequenz)* radio channel; **~loge** radiologist; **~logie** radiology; **~logisch** radiological; **~röhre** radio valve, *US* (radio) tube; **~schlager** radio hit; **~sender, ~station** broadcasting station, transmitter, (radio) station; **~sendung** radio transmission, broadcast; **~technik** radiotechnology; **~techniker** radio engineer; **~telegramm** radiogram; **~telegraphie** radio telegraphy; **~telephon** radio telephone; **~telephonie** radio telephony; **~übertragung** radio transmission; **~werbesendung** radio advertising, commercial
Radium radium; **~strahlen** radium rays; **~strahlung** radium radiation; **~zerfall** disintegration of radium
Radius radius
raff|en to snatch up; to gather up; to pick up; to carry off; to tie up *(a dress)*; **~gier** rapacity; **~gierig** rapacious
Raffin|ade refined sugar; **~ement** *fig* refinement; subtlety; **~erie** refinery; **~ieren** to refine; **~iert** refined; *fig* cunning, shrewd, clever; **~iertheit** cunning; *fig* craftiness
ragen to tower (up); to project, to be prominent
Ragout stew, hash; ragout
Rah|e yard; **~segel** yard-sail
Rahm cream; *d. ~ abschöpfen (fig)* to take off the cream
Rahmen frame; *(Gestell)* rack; picture-frame; window-frame; *(Stick-)* tambour; *(Schuh)* welt; edge; *fig* limit, compass; *(Bereich)* scope, framework; setting; milieu, surroundings; *in engem ~* within a close compass, within narrow bounds; *vt* to skim, to cream off; *(Bild)* to frame; **~antenne** frame (*od* loop) aerial
Raiffeisen-Bank farmers' mutual savings-bank
Raigras rye grass
Rain balk, ridge; edge
räkeln *refl* to loll (about), to lounge, to have a lounge
Rakete rocket; missile; *(Signal-)* sky-rocket; *e-e ~ abfeuern* to launch a rocket; **~nantrieb** rocket propulsion; rocket power; *mit ~nantrieb* rocket-propelled; **~nforschung** rocket research; **~nstart** rocket-assisted take-off; **~ntechnik** rocket technology; rocketry
Ramm|bär, -bock rammer, ram; **~e** rammer, paving-beetle, pile-driver; **~eln** to buck, to ram; to rut; **~en** to ram, to beat down; *(Beton)* to tamp, to drive in; **~ler** buck, male hare; ram
Rampe ramp, ascent; drive, slope, 🎭 platform; ⚓ landing-place; 🎭 apron; **~nlicht** foot-lights; floats
ramponieren to damage, to bash, to spoil
Ramsch junk, job lot; rubbish; *im ~* in the lump, in lots; **~händler** junk-dealer; **~verkauf** rummage sale; jumble sale; **~waren** job lots
Rand rim, edge; brim, margin, border; *fig* brink, verge; *außer ~ u. Band* out of bounds, beyond control; *am ~e* by the way; incidentally; **~bemerkung** marginal note; **¨~ern** to border, to rim; *(Münze)* to mill; **~fassung** rim; **~leiste** ledge, cornice; **~los** rimless; **~noten** marginal data; **~stein** *BE* kerb-, *US* curbstone; **~voll** filled to capacity, brimful
Ranft crust (of bread)
Rang rank, order, position; class; rate, quality; 🎭 *erster ~* dress circle, *US* first balcony; *zweiter ~* upper circle, balcony; *dritter ~* gallery; *d. ~ ablaufen* to get the better of, to

outdo; *ersten ~es* first-rate, first-class; **~abzeichen** badge of rank; **~ältester** senior officer; **~liste** ranking list, *mil* Army List; **~ordnung** order of precedence; **~stufe** order, rank; degree

Range young scamp; romp; *(girl)* tomboy

Rangier|bahnhof marshalling-yard, *US* switch yard; **~en** to arrange, to classify; 🚂 to shunt, *US* to switch; *vi* to be classed; to rank; **~gleis** marshalling siding, *US* switching track; **~lokomotive** shunting-engine

rank slim, slender; **~e** tendril, string; *(Rebe)* (vine-)shoot; branch; **~en** to climb, to creep

Ränke intrigues, tricks; machinations; plots; *~ schmieden* to intrigue, to plot, to scheme; **~schmied** intriguer, plotter, schemer; **~süchtig** full of tricks; plotting, tricky

Ranzen knapsack; satchel; school-bag

ranzig rancid; spoilt; rank

Rappe black horse

Rappel madness; *e-n ~ haben* to be crazy (*od* barmy); **~ig** restless; crazy; **~n** to rattle; *bei ihm rappelt's* he is crazy

Raps, ~saat rape-seed

rar rare, scarce; exquisite; *sich ~ machen* to make o. s. scarce; **~ität** rarity, curiosity

rasant very fast; *fig* breath-taking

rasch speedy, swift, quick; brisk; **~heit** swiftness, speediness

rascheln to rustle

rase|n to rave, to rage; to be mad; to be frantic; to race, to speed; to scorch; **~nd** furious, raving, raging; delirious, mad; *~nd machen* to enrage, to drive mad; **~rei** raving, rage, fury; madness; speeding, scorching, reckless driving

Rasen grass, turf, lawn, sod; **~platz** grass-plot, green

Rasier|apparat safety-razor; **~en** to shave; **~klinge** razor-blade; **~messer** razor; **~pinsel** shaving-brush; **~seife** shaving-soap; **~zeug** shaving things (*od* kit)

räsonieren to reason; to argue noisily; to grumble

Raspel rasp; **~n** to rasp; *Süßholz ~n* to spoon, to flirt, to whisper sweet nothings

Rass|e race, breed; stock; **~entrennung** segregation, racial discrimination; **~ig** *(rein-)* thoroughbred; racy; **~isch** racial

Rassel rattle; **~n** to rattle, to rustle, to clatter

Rast rest, repose; resting; recreation; *mil* halt; **~en** to rest, to repose; **~los** restless; indefatigable; **~losigkeit** restlessness; **~tag** day of rest

Raster screen; **~bild** frame

Rasur erasure; shave

Rat advice, counsel; consultation; deliberation; council, board; *(Person)* councillor, adviser; *um ~ fragen* to ask sb's advice, to consult; *mit ~ u. Tat* by word and deed; **~en** to advise, to give advice; to counsel; to guess, to solve; **~geber** adviser; **~haus** town hall, *US* city hall; **~los** helpless, at a loss; **~losigkeit** helplessness, perplexity; **~sam** expedient, advisable; **~schlag** counsel, advice; **~schluß** decree, resolution, decision; **~sdiener** messenger; **~sherr** town-councillor; senator; alderman; **~skeller** town-hall cellar; *US* rathskeller; **~sschreiber** town clerk

Rate instalment; *in ~n* by instalments; **~nkauf** instalment purchase; **~nzahlung** payment by instalments; deferred payment

Ratifi|kation ratification; **~kationsurkunde** ratification instrument; **~zieren** to ratify

Ration ration; *eiserne ~* iron ration; allowance, portion, share; **~al** rational; **~alisierung** rationalization; **~ell** rational, reasonable; systematic, economical; **~ieren** to ration; **~ierung** rationing

Rätsel riddle; conundrum; puzzle; mystery; *es ist mir e. ~* it puzzles me; **~haft** mysterious, enigmatic; puzzling

Ratte rat; **~nfalle** rat-trap

rattern to rattle, to clatter

Raub robbery, plundering, piracy; rape; prey; booty; *auf ~ ausgehen* to go plundering, to go on the prowl; **~bau** unrestricted exploitation; overcutting *(of wood)*; overcropping, robber farming; *~bau treiben* to exhaust the soil, to ruin; **~en** to rob, to plunder, to deprive of; to steal; to kidnap; **¨~er** robber; *(Straßen-)* highwayman; **¨~erisch** rapacious, predatory; **~gier** rapacity; **~mord** murder with robbery; **~ritter** robber-knight; **~tier** beast of prey; **~überfall** (armed) robbery, holdup; **~vogel** bird of prey; **~zug** raid, incursion; depredation

Rauch smoke; haze; fume; **~abzugskanal** flue; **~bombe** smoke-bomb; **~dicht** smoke-tight; **~en** to smoke, to reek, to fume; *~en verboten* no smoking; **~er** smoker; **~erabteil** smoking compartment; **~fang** chimney, flue; **~fleisch** smoked meat; **~geschwärzt** smoke-stained; **~glas** tinted glass; **~ig** smoky; **~los** smokeless; **~schleier** *(künstlicher)* smoke-screen; **~schwarz** black as soot; **~tabak** tobacco; **~waren** tobacco products; *(Pelze)* furs, peltry; **~wolke** smoke cloud

Räucher|essenz aromatic essence; **~ig** smoky, reeking; **~hering** kipper, smoked herring; **~kerze** fumigating candle; **~n** to smoke; *(Fisch)* to cure; to burn incense

Räud|e mange, scab; **~ig** mangy, scabby; *~iges Schaf (fig)* black sheep

Rauf|bold bully, ruffian, brawler; tough; **~en** to pull, to tear, to pluck; *refl* to fight, to tussle; **~erei** row, scuffle; brawl; **~lust** pugnacity; **~lustig** pugnacious, quarrelsome

Raufe rack

rauh uneven, rough; rugged; bleak, bluff; hoarse, harsh *(voice)*; inclement; coarse; rude; raw *(climate)*; *~ behandeln (umg)* to manhandle; *~e Wirklichkeit* hard facts; **~bein** *fig* rough diamond; **~beinig** gruff; **~en** to roughen; *(Tuch)* to dress, to tease; **~futter** coarse food, roughage; **~haarig** shaggy, hirsute; wire-haired *(dog)*; **~heit** roughness, inclemency; hoarseness, harshness; rudeness; **~reif** hoar-frost; rime

Raum place; room; space; expanse; locality;

district; area; territory; neighbourhood; hold *(of ship)*; capacity; volume; *fig* scope; *luftleerer* ~ vacuum; ~ *geben* to give way to, to indulge in; **~einheit** unit of space; **~fähre** space shuttle; **~fahrer** astronaut, spaceman; **~fahrt** space travel; **~fahrzeug** spacecraft; **~gehalt** volume, capacity; **~höhe** headroom; **~inhalt** cubic content, volume; **~klang** ⊕ stereophonic sound; **~kunst** interior decoration; **~lehre** geometry; **~los** spaceless, roomless; **~mangel** shortage of space; lack of room; **~maß** measure of capacity; cubic measure; **~meter** (staked) cubic metre (of wood); **~schiff** spaceship; **~schiffahrt** interplanetary navigation (*od* travel), space travel; **~sonde** space probe; **~station** space station (*od* platform)

räum|en to clear (away); to remove; to clean, to make room; to leave; to evacuate; to vacate; *d. Feld ~en* to quit the field; **~lich** relating to space, spatial, steric; **~lichkeit** room, premises; **~pflug** bulldozer, scraper; snow plough (*US* plow); **~ung** removal; evacuation; quitting; clearing; **~ungsbefehl** ⚖ eviction order; **~ungsgebiet** evacuation area; **~ungsverkauf** clearance sale

raun|en to whisper; **~zen** to grumble, to grouse, *US* to gripe, *US* to beef

Raupe *zool* caterpillar; **~nantrieb** caterpillar drive; **~nfahrzeug** track-laying vehicle; **~nfraß** damage done by caterpillars

Rausch intoxication, drunkenness; frenzy; transport; ecstasy; **~en** to rustle, to rush, to roar, to thunder; to murmur; rustling, murmuring, roaring; **~gift** narcotic (drug); (hallucinogenic) drug; **~gifthandel** drug trade, drug-trafficking; **~giftsucht** drug addiction; **~giftsüchtig(er)** drug addict, dope addict; **~gold** tinsel, leaf-gold

räuspern *refl* to clear one's throat

Rausschmeißer *BE* chucker-out, *US* bouncer

Raute ⚘ rue; lozenge; diamond-shaped figure; rhombus; **~nförmig** diamond-shaped; rhombic

Raygras rye-grass

Razzia crackdown; (police) raid

Reag|ens reagent; **~enzglas** test-tube; **~ieren** *auf* to react upon

Reaktion reaction; **~är** reactionary; **~sfähigkeit** ability to react; reactivity

Reaktor reactor

real real; **~ien** real facts; realities; **~isieren** to put into reality, to realize; **~ismus** realism; **~ist** realist; **~istisch** realistic; **~ität** reality; **~lohn** real wages

Reb|e *BE* vine, *US* grapevine; grape; **~enhügel** vine-clad hill; **~ensaft** grape-juice; wine; **~huhn** partridge; **~laus** phylloxera; **~stock** (grape)vine

Rebell rebel; mutineer; **~ieren** to rebel, to mutiny, to revolt; **~ion** rebellion; mutiny; **~isch** rebellious, mutinous

Rechen rake;; *vt* to rake

Rechen|aufgabe sum, problem; **~brett** abacus; **~buch** arithmetic book; **~fehler** miscalculation; **~lehrer** arithmetic teacher; **~maschine** calculating machine; **~probe** check calculation; **~schaft** account; *zur ~schaft ziehen* to call to account; **~schaftsbericht** statement of account; **~schieber** slide-rule; **~tabelle** calculator, ready reckoner

rechnen to count; to reckon; to do sums; to calculate; ~ *zu* to class with, to rank amongst; ~ *auf* to count upon

Rechner computer; **~isch** arithmetical; mathematical; by computation

Rechnung calculation; sum; account; bill; *(Waren-)* invoice; *laut* ~ as per account of; *auf* ~ *setzen* to charge, to put to s-b's account; *auf* ~ on account; ~ *ziehen* to take into account; *e-e* ~ *bezahlen* to settle an account; *auf eigene* ~ *(fig)* at one's own risk; *die* ~ *ohne d. Wirt machen* to reckon without one's host; ~ *tragen* to allow for; **~sabschluß** balancing of accounts; **~sbeleg** voucher; **~sbetrag** amount invoiced; **~sführer** accountant, book-keeper; **~sführung** accountancy; **~shof** Audit Office; **~sjahr** financial (*od* fiscal) year; **~sprüfer** auditor; **~sstelle** account section

recht right, right-hand; correct; proper; fitting; just; genuine; lawful; legitimate; suitable; real; genuine; *zur ~en Zeit* in due time, in the nick of time; ~ *u. schlecht* not bad, fairly good; *es geschieht ihm* ~ it serves him right; *es ist mir* ~ I agree; ~ *haben* to be right; ~ *behalten* to be right in the end; ~ *geben* to agree with; *an d. ~en kommen* to meet one's match; *erst* ~ now all the more, just; *adv* right, very, really, quite

Recht right (to); privilege; title; claim; justice; law; ~ *sprechen* to administer justice; *von ~s wegen* by rights, according to the law; *zu* ~ *bestehen* to be valid; *alle ~e vorbehalten* all rights reserved; *für* ~ *erkennen* to decide; **~e** *(Hand)* right hand; *parl* the right; **~eck** rectangle; **~eckig** rectangular; **~en** to contest, to plead; **~ens** legally, by law; **~er Hand** on the right-hand side; **~fertigen** to justify, to defend; to vindicate; **~fertigung** justification; defence; **~gläubig** orthodox; **~haberisch** dogmatic; obstinate; **~lich** just; lawful; legitimate; legal; in law; fair; honest; *ohne ~lichen Grund* without a sufficient legal ground; **~lichkeit** integrity, honesty; **~linig** rectilinear; **~los** without rights; **~mäßig** lawful, legitimate; **~mäßigkeit** legality, legitimacy; **~schaffen** honest, just; true; upright; *adv* very; exceedingly; **~schaffenheit** honesty, probity; **~schreibung** orthography, spelling; **~sprechung** administration of justice; jurisdiction; **~winklig** rectangular; **~zeitig** opportune; in good time, timely; *adv* on time; punctually

rechts on the right, to the right; **~angelegenheit** legal matter; **~anspruch** legal claim; **~anwalt** lawyer, solicitor; *(plädierender)* counsel, barrister; **~anwendung** application of the law; **~außen(-stürmer)** ⚽ outside right; **~befugnis** legal right; **~beistand** counsel, legal adviser; **~beratungsstelle** legal aid office; **~beugung**

perversion of justice; **~bruch** infringement of the law; **~deutung** legal interpretation; **~drehung** clockwise rotation; **~einwand** demurrer, objection; *(Einspruch)* protest; *~einwand erheben* to put in a plea, to raise an objection; **~erwerb** acquisition of title; **~fähigkeit** legal capacity; **~fall** suit, law case; **~form** legal form; **~gelehrter** jurist, lawyer; **~geschäft** legal transaction; **~grund** cause in law; **~grundsatz** principle of law; **~gültig, ~kräftig** legal, valid; **~gutachten** legal expert opinion; **~handel** lawsuit, legal action; **~hilfe** legal aid; **~irrtum** judicial error; **~kräftig** final and absolute, unappealable; **~lage** legal status, legal situation; **~mittel** legal remedy, right of appeal; legal redress; **~nachfolger** legal successor; **~person** body corporate, legal personality; **~pflege** administration of justice; **~sache** legal affair; **~spruch** *(Geschworene)* verdict; *(Strafsache)* sentence; *(Zivil)* judgment, decision; *(Schiedsgericht)* award; **~staat** constitutional state; **~stellung** legal status; **~streit** legal contest; litigation; **~titel** legal title; **~um!** right turn!; **~ungültig** invalid, illegal; **~verbindlich** legally binding; **~weg** course of law; *d. ~weg beschreiten* to go to law; **~wesen** judicial system; **~widrig** illegal; **~widrigkeit** illegality; **~wirksam** effective; **~wissenschaft** jurisprudence

Reck horizontal bar; **~e** warrior, hero; **~en** to stretch, to extend; *d. Glieder ~en* to stretch one's limbs

Redakt|eur editor; **~ion** editors; editorial staff; editing; **~ionell** editorial; **~ionsschluß** editorial deadline

Rede talk, speech; address; discourse; oration; conversation; *(Gerücht)* rumour; *e-e ~ halten* to make a speech; *in d. ~ fallen* to interrupt; *~ stehen* to answer for; *zur ~ stellen* to call s-b to account; *nicht d. ~ wert* not worth mentioning; *es geht d. ~* it is rumoured that; *davon kann keine ~ sein* it is out of the question; *in ~ stehend* in question, material; **~fertig** glib, fluent, eloquent; **~fluß** flow of words; **~freiheit** freedom of speech; **~kunst** rhetoric; **~n** to speak, to talk; to converse, to make a speech; *mit s. ~n lassen* to listen to reason; *von s. ~n machen* to cause a stir; *offen ~n* to speak out; *nicht zu ~n von* to say nothing of; **~nsart** phrase, idiom; locution; empty phrase; *bloße ~nsarten* mere words; **~rei** prattle, nonsense; **~schwall** burst of eloquence; **~weise** manner of speech, style; **~wendung** phrase (*stehende R.* set phrase)

redigieren to edit, to revise

redlich honest, just; *umg* square; fair; upright; candid; **~keit** honesty; uprightness, integrity, probity

Redner speaker, orator; **~bühne** platform, tribune; *d. ~bühne besteigen* to take the floor; **~gabe** oratorical gift; speech power; **~isch** oratorical, rethorical

Redoute *mil* redoubt; *(Masken)* masquerade, masked ball

redselig talkative; garrulous; loquacious; voluble; *er ist sehr ~* he has the gift of the gab; **~keit** talkativeness; loquacity

Redu|ktion reduction; **~zieren** to reduce, to decrease, to lower; to cut, to diminish; **~zierung** reduction

Reede roadstead; **~r** shipowner; **~rei** shipping-firm, shipping company

reell good, honest; fair; reputable

Reep rope

Refa time-and-motion study; **~fachmann** time-and-motion expert

Refektorium refectory

Refer|at talk, report; lecture; section; subject department; **~endar** Bachelor of Arts (B. A.); junior barrister, law graduate in the preparatory service; **~ent** specialist adviser; reporter; speaker; **~enz** reference; referee; **~ieren** to report upon, to lecture on

Reff basket, dosser; ⚓ reef; **~en** to reef

Reflekt|ant prospective buyer; **~ieren** to reflect; *(denken)* to reflect upon; to consider; *~ieren auf* to have one's eye on; **~or** reflector

Reflex reflex; reflection; **~bahn** reflex path; **~bewegung** reflex movement; **~ion** reflection; **~iv** reflective; reflexive *(pronoun)*; **~kamera** reflex camera

Reform reform; **~bedürftig** in need of reform; **~bestrebungen** reformatory efforts; **~ation** reformation; **~ator** reformer; **~atorisch** reformatory; **~haus** health-food store; **~ieren** to reform; **~ierter** member of the Reformed Church; **~maßnahmen** reformatory measures

Refrain burden, refrain; chorus

Regal (set of) shelves; stand; filing-shelves; **~ieren** to regale, to treat (*mit* on)

Regatta regatta, boat-race

reg|e active; lively, brisk; nimble; alert; *~e werden* to be stirred up; **~sam** agile, active, quick; **~samkeit** agility, activity; quickness; **~ung** movement, emotion; agitation; impulse; **~(ungs)los** motionless

Regel rule, regulation; precept, principle; ⚕ menses, menstruation; *d. Ausnahme bestätigt d. ~* the exception proves the rule; *in d. ~* as a rule; generally; **~ausführung** standard design; **~bar** adjustable; **~belastung** normal load; **~fall** normal case; **~los** irregular; random, haphazard; **~mäßig** regular, normal; ordinary, clock-wise; periodical; **~mäßigkeit** regularity; **~n** to regulate, to arrange, to put in order, to administer; to settle, to control; **~recht** regular; correct, proper; thorough; **~ung** control; regulation; adjustment; settlement; arrangement; **~widrig** contrary to rule; abnormal; ⛹ foul; **~widrigkeit** irregularity; abnormality

regen *refl* to stir, to move; to budge; *(Gefühle)* to rise; to arouse

Regen rain; *(Sprüh-)* drizzle; *(Schauer)* shower; scud ♦ *vom ~ in d. Traufe* out of the frying-pan into the fire; **~bekleidung** rainwear; **~bö** squall; **~bogen** rainbow; **~bogenfarben** colours of the rainbow; rainbow-coloured; **~bogenhaut** iris; **~dicht** rainproof;

~flut deluge; **~fall** rainfall; **~grau** grey with rain; **~guß** shower; downpour; *umg* drencher; **~haut** oilskin coat; plastic mac; **~mantel** raincoat; rainproof mac(kintosh); trenchcoat; **~pfeifer** plover; **~reich** rainy; **~schauer** shower of rain, flurry; **~schirm** umbrella; **~tropfen** raindrop; **~wolke** rain-cloud; **~wurm** angleworm, earthworm

Regene|ration regeneration; **~ieren** to regenerate; **~rierung** regeneration, reclaiming, recovery

Regent regent; ruler; sovereign; **~in** (female) regent; **~schaft** regency, regentship

Reg|ie administration, management; state monopoly; 🎭 production, direction; stage-management; *~ie führen* to direct; **~ieassistent** assistant director; **~iekosten** overhead expenses; **~iepult** 📻 control desk, mixing table; **~isseur** producer, director; stage-manager

regieren to reign, to rule; to govern *(a. gram)*

Regierung reign; rule; government; *US* administration; **~sanleihe** government loan; **~santritt** accession (to the throne); coming into office; **~sapparat** government machinery; **~sbeamter** government official, civil servant; **~sbefehl** government order; **~sbehörde** government office (*od* department); **~sbezirk** administrative district; **~sbildung** forming of a cabinet; **~sblatt** official gazette; **~sform** form of government; **~sentwurf** government draft; **~sgewalt** supreme power; **~skreise** government circles; **~spolitik** government's policy; **~spresse** government-controlled press; **~sstellen** governmental authorities; **~ssystem** political system; **~svorlage** government bill; **~szeit** reign

Regime regime; *(Diät)* regimen

Regiment government, rule; command; *mil* regiment

Regist|er register; index; record; list; table of contents; *(Orgel)* step; **~ratur** registry; registrar's office; **~rierapparat** recording apparatus, recorder; **~rieren** to register, to record; to enter; to file; to index; **~rierkasse** cash register; **~rierung** registration; recording

Regler regulator; controller; *(Widerstand)* rheostat

regne|n to rain; to drizzle; to pour; **~risch** rainy

Regreß recourse; *(Schaden)* recovery (of damage); **~pflichtig** liable to recourse

regul|är regular; **~ator** regulator; **~ierbar** controllable, adjustable; **~ieren** to regulate, to govern; to adjust; **~ierung** regulation, adjustment; **~iervorrichtung** regulating device

Reh roe(-deer); **~bock** roebuck; *(Ricke)* doe; **~braten** roast venison; **~keule** haunch of venison; **~kitz** fawn; **~rücken, ~ziemer** saddle of a roe; **~wild** roe-deer

rehabilitier|en to rehabilitate; **~ung** rehabilitation

Reib|e, ~eisen grater; rasp; **~en** to rub; to grate; *(Farben)* to grind, to pulverize; *s. ~en an (fig)* to quarrel with, to provoke; **~erei** friction; collision; conflict; **~festigkeit** resistance to abrasion; **~fläche** rough surface, striking surface; **~ung** friction; rubbing, grating; *fig* collision, clash; **~ungslos** frictionless; smooth

reich rich, wealthy; well-off; plentiful; abundant; copious; ample; *e-e ~e Auswahl* a wide selection; *d. ~en* the rich; **~haltig** rich, copious, full; abundant; comprehensive; ample, plentiful; **~haltigkeit** fullness, richness; abundance; variety; **~lich** ample, bountiful *(food)*; plentiful, abundant; copious; *(Ertrag)* plenteous; *mehr als ~lich* enough and to spare; **~tum** riches, wealth; abundance; opulence

Reich empire; kingdom; realm; *(Kaiser-)* empire; *d. Deutsche ~* the German Empire; *d. Dritte ~* the third Reich, Nazi Germany; *(Pflanzen- etc)* kingdom; **~sadler** German Eagle; **~sangehöriger, ~sdeutscher** German national; **~sanleihe** government loan; **~sapfel** mound, orb; **~sautobahn** (German) autobahn; **~sgebiet** territory of the Reich; **~skanzler** Chancellor of the Reich; **~smark** reichsmark; **~sstände** estates of the realm; **~stag** German Diet; Reichstag; **~sverfassung** the constitution of the German Reich; **~swehr** German army and navy; Defence Forces of the Reich

reich|en to present, to hand (over); to pass; to reach; to offer; *(aus-)* to do, to last, to suffice; to hold out; *(s. erstrecken)* to stretch (*bis* to); *das ~t* that will do; *er kann ihm nicht d. Wasser ~en* he can't hold a candle to him; *Hände ~en* to join hands; **~weite** reach; range; radius (of influence); 📻 transmission range; *außer ~weite* out of reach, out of range; *in ~weite* within reaching distance

reif ripe, mature; mellow; fully developed; **~e** ripeness, *fig* maturity; puberty; **~en** to ripen, to mature; to grow ripe; *e-n Plan ~en lassen* to mature a plan; **~eprüfung** (school-)leaving examination; **~ezeit** age of maturity; **~ezeugnis** (school-)leaving certificate; **~lich** mature, careful; *nach ~licher Überlegung* after thorough consideration; **~ung** maturing

Reif[1] *(Rauh-)* hoar-frost, white frost; frozen fog; **~bildung** frozen-fog formation; **~en** to become white with hoar-frost

Reif[2] *(Faß-)* hoop; ring; circlet; collar; **~förmig** hoop-shaped; **~rock** crinoline

Reifen hoop; ring; circlet; bracelet; 🚗 tyre, *US* tire; *e-n ~ aufmontieren* to fit a tyre; **~panne, ~schaden** puncture; blowout; flat (tyre)

Reigen round dance

Reih|e row, range; line; series; suite; sequence; succession; order; rank; file; *in e-r ~e* in a line; in a row; *d. ~e nach* in turn, by turns; *er ist an d. ~e* it is his turn; *außer d. ~e* out of turn; *~e u. Glied* rank and file; **~en** to put in a row, to file; to rank; to (ar)range; to string *(pearls)*; **~enaufnahme** serial survey; **~enflug** line formation; **~enfolge** turn; succession; sequence; order; **~ennummer** serial number; **~enweise** in rows; in dozens; **~um** in turns, by turns

Reiher heron; *(Silber-)* egret; **~feder** heron feather; aigrette

Reim rhyme; **~en** to rhyme; *fig refl* to make sense; to agree with; **~er, ~schmied** rhymer, rhymester; **~erei** rhyming, verse-making

rein clean; neat; tidy; proper; clear; pure; genuine; absolute *(alcohol)*; undiluted *(wine)*; chaste; net *(profit)*; *fig* sheer, mere; quite, entirely ♦ *d. Luft ist ~ (fig)* the coast is clear; *~es Gewissen* clear conscience; *~e Lüge* downright lie; *~en Tisch machen* to make a clean sweep; *~er Unsinn* sheer nonsense; **~ertrag** net proceeds; **~fall** let-down; failure; *umg* flop; sell; **~gewinn** net profit; **~heit** purity, pureness; cleanness; cleanliness; **~igen** to clean, to cleanse; to purify; *(chemisch)* to dry-clean; to refine *(metals)*; to clarify *(liquids)*; to rectify *(spirits)*; to purge, to disinfect; **~igend** cleansing; ⚕ abluent; detergent; **~igung** cleaning; washing; *(Abscheidung)* separation; purification; purging; *in d. ~igung geben* to send to the cleaner's; **~igungsanstalt** dry cleaner; **~igungsmittel** cleaner; detergent; ⚕ purgative; **~igungsprozeß** purification process, refining process; **~kultur** pure culture; bacilli culture; **~lich** cleanly, neat, tidy; **~lichkeit** cleanliness, tidiness; **~machefrau** charwoman; **~rassig** thoroughbred; pure-bred; **~schrift** fair copy, final copy; **~seiden** all-silk; **~waschen** *refl* to exculpate o.s.; to whitewash o.s.

Reineclaude greengage

Reinkarnation reincarnation

Reis[1] rice; **~auflauf** rice pudding; **~brei** boiled rice; **~feld** rice field; paddy; **~mehl** rice flour

Reis[2] twig, sprig; *(Pfropf-)* scion; **~ig** twigs, brushwood

Reise journey, travel; trip; tour; (sea-)voyage; passage; **~beschreibung** book of travels; travelogue; **~büro** tourist office; travel agency; **~decke** (travelling-)rug; **~führer** guide-book; **~genehmigung** travel permit; **~gepäck** luggage, baggage; **~koffer** suitcase, trunk; **~lustig** fond of travelling; **~n** to travel, to journey; to make a trip; to go (to); **~nder** traveller, passenger, tourist; *(Handels-)* travelling salesman; commercial traveller; **~paß** passport; **~plan** itinerary; **~route** route; **~scheck** traveller's cheque; **~schreibmaschine** portable typewriter; **~spesen** travelling expenses; **~vergütung** travelling allowance; **~verkehr** tourist traffic; **~ziel** destination

Reiß|aus *~aus nehmen* to take to one's heels; to decamp; **~brett** drawing-board; **~en 1.** *vt* to tear; to pull; to drag; to rip; *an sich r.* to seize hold of; to snatch up; to monopolize *(the conversation)*; *in Stücke r.* to tear to pieces; *Witze r.* to crack jokes; **2.** *vi* to tear, to tear off; to burst, to split; **3.** *refl* to get scratched; *s. ~en um* to scramble for; **4.** *su* rheumatic pains; **~end** rapid, ravenous; torrential; *~ender Strom* torrent; **~er** thriller; box-office success; **~feder** drawing-pen; **~festigkeit** tensile strength; **~kohle** charcoal-crayon; **~verschluß** *BE* zip-fastener, *US* zipper; **~zeug** drawing instruments; **~wolle** re-used wool; **~zwecke** drawing-pin, *US* thumbtack

reit|en to ride, to go on horseback; *Schritt ~en* to pace; *Trab ~en* to trot; *Galopp ~en* to gallop; *su* riding; equitation; **~er** horseman, trooper, rider; *(Kartei)* tab; **~erei** cavalry, horsemen; **~erin** horsewoman; **~erregiment** cavalry regiment; **~erstandbild** equestrian statue; **~gerte** riding-whip; **~hose** riding--breeches; **~knecht** groom; **~kunst** art of riding; **~schule** riding-school; **~stall** stable for saddle-horses; **~stiefel** riding-boot; **~stunde** riding-lesson; **~weg** riding-track; bridle-path

Reiz charm; attraction; allurement; attractiveness; fascination; enticement; *(An-)* stimulus, incentive; irritation; **~bar** irritable; brittle; **~barkeit** irritability; **~en** to excite, to stir up, to irritate; to provoke, to stimulate; to entice, to lure; to charm; to instigate; to bid (at cards); *d. Appetit ~en* to whet one's appetite; **~end** charming, fascinating; enticing; enchanting; sweet; *US umg* cute; **~los** charmless, unattractive; **~losigkeit** unattractiveness; **~mittel** incentive, stimulus; ⚕ stimulant; **~stoff** stimulating substance; irritant (substance); **~ung** irritation; incitation; incitement; provocation; enticement; **~voll** charming; attractive; alluring; glamorous; **~wirkung** irritating effect

rekeln *refl* to loll (about), to wriggle, to lounge

Reklam|ation claim; complaint; **~ieren** to protest, to object; to complain

Reklame advertising; advertisement; publicity; boost; *~ machen* to advertise; *intensiv ~ machen* to boost, to plug; **~artikel** advertising article; **~feldzug** advertising campaign; **~schild** advertisement sign; **~tafel** hoarding; **~trick** promotional stunt

rekognoszier|en *mil* to reconnoitre; **~ung** reconnoitring; reconnaissance

rekonstru|ieren to reconstruct; **~ktion** reconstruction, rebuilding

Rekonvaleszent convalescent; **~z** convalescence

Rekord record; **~besuch** record attendance; **~brecher** record breaker; **~ernte** record crop; bumper crop; **~inhaber** record-holder; **~zeit** record time

Rekrut recruit; *umg* rooky; **~enaushebung** recruitment, enlistment; conscription; **~ieren** to recruit; **~ierung** recruitment, draft

rektifizier|en to rectify, to adjust; **~ung** rectification

Rektor *(Universität)* rector, Chancellor, *US* President; *(Schule)* headmaster, *US* principal; **~at** office of chancellor; office of president; headmastership

Relais ⚡ relay; **~sender** ⊕ relay station; **~steuerung** relay control

Relation relation; relationship

relativ relative; relating (to); **~ität** relativity; **~itätstheorie** theory of relativity

relegieren to exclude, to expel, *(BE Univ.)* to send down; *(zeitweilig) BE* to rusticate

Relief relief; embossment

Religion religion; faith; confession; creed; denomination; *(Schulfach)* Scripture; **~sfreiheit** religious freedom; freedom of worship; **~sgemeinschaft** religious community; **~slos** irreligious

religi|ös religious, pious; **~osität** religiousness

Reling ⚓ rail (of ship)

Reliquie relic; **~enschrein** reliquary

Remitt|enden 📖 returned books, returns; **~ieren** to return, to remit; **~ierung** remittance

Rempel|ei jostling; rumpus; **~n** to jostle; 🏃 to barge; to bump together

Ren reindeer; **~schlitten** reindeer sledge

Renaissance renaissance

Rendezvous meeting; date; *e. ~ haben* to have a date with; **~partner** *umg* date

renitent refractory, obstinate

Renn|bahn race-course, race-track; *(Aschenbahn)* cinder track; *(Pferde)* turf; **~boot** racing-boat; speedboat; **~en** to run; to race; to run a race; to dash; to rush (along); *ins Verderben ~en* to rush headlong into destruction; *mit d. Kopf gegen d. Wand ~en* to run one's head against the wall; *su* rush, run; race; *(Hindernis-)* steeple-chase; *totes ~en* dead heat; **~er** runner; race horse; **~fahrer** racing driver; **~reiter** racing jockey; **~schuh** spike; **~sport** racing; *(Pferde)* turf; **~stall** racing stable; **~strecke** course; race track; circuit; **~wagen** racing-car; racer; **~ziel** winning post

Renomm|ee reputation; fame, renown; **~ieren** to boast, to swagger; to brag; **~iert** highly reputed; well-known (for); **~ist** bully, bragger; boaster; big talker

renovier|en to renovate, to redecorate; to repair, to do up; **~ung** renovation, redecoration

rent|abel lucrative; profitable; productive; **~abilität** profitableness; lucrativeness, profits; earning capacity; **~abilitätsgrenze** margin of profitableness, break-even point; **~amt** revenue office; **~e** *(Alters-)* (old age) pension; rent, annuity; revenue; *(Unterstützung)* benefit; **~enbrief** annuity bond; **~enempfänger** pensioner; annuitant; **~engesetz** Old Age Pension Law; **~enschuld** mortgage debt; **~ner** pensioner; rentier; man of private means; **~ieren** *refl* to pay, to yield profit; to be worth while

reorganisier|en to reorganize; **~ung** reorganization

Reparation reparation; *~en leisten* to pay reparations

Reparatur repair; recondition; mending; *in ~* under repair; **~bedürftig** in need of repair; **~dienst** repair service; **~fähig** mendable, repairable; **~kosten** (cost of) repairs; **~werkstatt** repair shop

reparieren to repair, to mend

repatriier|en to repatriate; **~ung** repatriation

Repertoire stock (of plays); repertory; repertoire; **~stück** stock-play

repet|ieren to repeat; **~itor** coach, tutor; *umg* crammer

Replik reply; retort; *(Kopie)* replica

Report report; *(Börse)* contango; **~age** commentary, account; eyewitness account; on-the-spot report; **~er** reporter, correspondent

Repräsent|ant representative; **~antenhaus** House of Representatives; **~ation** representation; **~ativ** representative; **~ieren** to represent; to cut a fine figure

Repressalien reprisals; retaliation; *~ anwenden gegen* to make reprisals on

reprivatisier|en to denationalize; **~ung** denationalization; reversion to private ownership

Reprodu|ktion reproduction; rendering; **~ktionskraft** reproductive power; **~zieren** to render, to reproduce

Reptil reptile

Republik republic; **~aner** republican; **~anisch** republican

requi|rieren to requisition; to commandeer; **~siten** requisites; 🎭 properties, *umg* props; **~sition** requisition

Reseda mignonette

Reserv|at reservation; reserved right; nature reserve; **~e** reserve; backlog; *in ~e* in store; *stille ~e* undisclosed reserves; *d. ~ einberufen (mil)* to call up the reserves; **~efonds** reserve fund; **~erad** spare wheel; **~eteile** spare parts, spares; **~ieren** to reserve, to set aside; to book in advance, to make reservations; **~ierung** reservation; **~ist** reservist; **~oir** tank, reservoir

Resid|enz seat of the court; residence; *(Hauptstadt)* capital; **~ieren** to reside

Resign|ation resignation; **~ieren** to resign

resolut resolute, determined; **~ion** resolution

Resonanz resonance, echo; **~boden** sounding-board

Respekt respect, regard; **~abel, ~ierlich** respectable; **~ieren** to respect, to honour; **~ive** respectively; **~los** without respect; irreverent; **~sperson** person (to be) held in respect; **~voll** respectful; **~widrig** disrespectful

Ressentiment secret grudge, prejudice

Ressort department, province; sphere; *d. gehört nicht zu m-m ~* that's out of my line; **~besprechung** interdepartmental conference

Rest rest, remainder; remnant; residue; residuum; balance; relic ♦ *j-d d. ~ geben* to finish s-b; **~auflage** remainders; **~betrag** remainder, balance; residue; **~e** odds and ends *(of material)*; **~lich** remaining, left over; *chem* residual; **~los** complete; without a rest; thoroughly, entirely; completely; **~posten** remaining stock; **~zahlung** final payment

Restant person in arrears; **~en** arrears; odd lots

Restaur|ant restaurant; tavern, inn; **~ateur** restaurateur; restorer; restaurant keeper; **~ation** restoration; restaurant, inn, pub(lichouse); **~ator** restorer (of paintings); **~ieren** to restore, to repair; *s. ~ieren* to recover

Result|at result; effect, outcome; 🏃 score; **~ieren** to result (from)

Retorte retort; test tube

rett|en to save; to rescue; to deliver; to release; to bring through *(a patient)*; *refl* to es-

cape; *s-e Ehre ~en* to vindicate one's honour; *~e sich wer kann!* every man for himself!; **~er** rescuer, deliverer; *(Heiland)* Saviour, Redeemer
Rettich (white) radish
Rettung rescue, saving; deliverance; escape; help; redemption, salvation; **~sanker** sheet-anchor; **~sboje** life-buoy; **~sboot** life-boat; **~sdienst** rescue (*od* life-guard) service; **~sgürtel, ~sring** life-belt; **~skolonne** rescue squad; **~sleine** life-line; **~sleiter** fire-escape; **~slos** irrecoverable, irretrievable; past help; **~smedaille** life-saving medal; **~smittel** remedy; **~sstation** first-aid post; **~swagen** ambulance; **~swerk** rescue work
retuschieren to retouch; to touch up
Reu|e regret, repentance; remorse; contrition; **~en** to repent, to regret; to be sorry for; **~evoll, ~ig** repentant; **~egeld** forfeit; forfeiture; **~mütig** repentant, penitent; remorseful
Reuse wicker-trap; eel-basket; eel-pot
Revanch|e revenge, satisfaction; **~epartie, ~espiel** return-match; **~ieren:** *s. ~ieren für* to take one's revenge; to return a kindness
Reverenz reverence; bow; curtsey
Revers lapel; reverse *(coin)*; reciprocal obligation
revidieren to revise; to examine; to check; *(Bücher)* to audit
Revier district; quarter; preserve; hunting-ground; beat *(of constable)*; *mil* sick-bay
Revision revision, revisal; *(Bücher)* audit; auditing; *(Zoll-)* inspection; ⚖ *(Rechtsmittel)* appeal; *(Wiederaufnahme)* rehearing, new trial; *~ einlegen* to lodge an appeal; *e-r ~ stattgeben* to allow appeal; *e-e ~ verwerfen* to dismiss an appeal; **~sbogen** 📖 revise
Revisor reviser; *(Bücher-)* examiner of accounts, auditor
Revolt|e revolt, rising; insurrection; **~ieren** to revolt, to rise
Revolution revolution; **~är** revolutionary; **~ieren** to revolutionize
Revolver revolver, *umg* gun
Revue 🎭 revue, musical show; *mil* review; *(Zeitschrift)* review, periodical; *~ passieren lassen* to pass in review
Rezens|ent critic, reviewer; **~ieren** to review, to criticize; **~ion** criticism, review; **~ionsexemplar** review copy
Rezept ⚕ prescription; *(Koch-)* recipe; **~ieren** to make out a prescription; **~ion** reception desk
rezessiv recessive
rezi|prok reciprocal; **~tativ** recitative; **~tator** reciter; **~tieren** to recite
Rhabarber rhubarb
Rhapsodie rhapsody
Rhein Rhine; **~isch** Rhine; **~wein** hock, Rhine wine
Rhetor|ik rhetoric; **~isch** rhetorical
Rheuma, ~tismus rheumatism; **~tisch** rheumatic
Rhinozeros rhino(ceros)
Rhombus *bes math* rhomb(us); diamond; ⚕ lozenge
rhythm|isch rhythmical; **~us** rhythm
Richt|antenne directional aerial; **~balken** traverse beam; **~blei** plummet, plumb-line; **~block** executioner's block; **~en** to set straight, to put in order; to adjust, to direct; to turn, to lay; to aim *(gun)*; to address; to prepare *(meal)*; to regulate, to set *(watch)*; to judge, to pass sentence on; to arrange; to fix; to repair; *s. ~en nach* to conform to, to comply with; to be guided by; *gram* to agree with; *d. Segel nach d. Wind ~en* to trim the sails to the wind; *zugrunde ~en* to ruin; **~fernrohr** *mil* telescope sight; **~fest** topping-out ceremony; **~kanonier** *mil* gun pointer; **~linie** directive, guiding principle; direction; **~linien** rules, policy; **~lot** plumb-line; **~maß** standard; gauge; **~preis** recommended retail price; **~satz** standard rate, guiding rate; **~schnur** canon; ⚙ plumb--line; *fig* guiding principle, rule of conduct; **~strahler** beam aerial (*od* antenna); *mit ~strahler senden* to beam (at a country); **~ung** direction, line; course; bearing; tendency; trend, drift; orientation; *d. ~ung verlieren* to lose one's bearing; **~ungsweiser** signpost; 📡 radio beacon; **~wert** standard value; determing factor; **~zahl** coefficient
Richter judge; *(Friedens-)* justice of the peace (*Abk.* J. P.); *(Polizei-)* magistrate; *(Schieds-)* arbiter; umpire; *~ sein* to sit on the bench; *vor d. ~ bringen* to bring to justice; **~amt** office of judge; **~kollegium** bench; **~lich** judicial; **~spruch** *(Zivilprozeß)* judgment, decision; *(Strafprozeß)* sentence; *(Schieds-)* award; *(Geschworene)* verdict; **~stand** judges; judiciary; **~stuhl** *fig* judgment seat
richtig right, correct; accurate; fit; genuine; real; regular; suitable; adequate; *interj* quite right!, just so!; **~gehend** keeping good time; real, regular; **~keit** rightness, correctness, justness; accuracy, fairness; **~stellen** to put right, to correct, to rectify; **~stellung** rectification
Ricke *zool* doe
riech|en to smell; to scent; to stink; *(ausfindig machen)* to detect; to sniff *(danger)*; *nach etw ~en* to smell of ♦ *d. Braten ~en, Lunte ~en* to smell a rat; **~er** nose; *e-n guten ~er haben* to have a fine nose; **~fläschchen** smelling-bottle; **~organ** olfactory organ
Ried *(Schilf)* reed; marsh; **~gras** sedge
Riefe flute; groove; channel; chamfer; **~ln, ~n** to chamfer, to channel, to flute
Riege 🤸 section, group
Riegel bolt, sliding bolt; bar *(of soap)*; peg *(of dress)*; *mil* switch line ♦ *e-n ~ vorschieben* to put a spoke in s-b's wheel; **~n** to bolt up, to bar; **~stellung** bolt position
Riemen strap, sling; *(Treib-)* belt; shoulder strap; *(Gürtel-)* brace, belt; *(Ruder)* oar; *d. ~ beinehmen* to ship oars; **~antrieb** belt drive; **~blatt** oar blade; **~scheibe** pulley; **~zeug** harness, straps
Ries ream (of paper)

Ries|e giant ♦ *nach Adam ~e (fig)* according to Gunter; **~enbomber** superbomber; **~enerfolg** smash hit; **~engroß, ~ig** gigantic, huge, vast, immense, colossal; *umg* whopping; terribly; **~enrad** Ferris wheel, high wheel; **~enschlange** boa constrictor; **~in** giantess

Riesel|felder irrigated fields; sewage farm, sewage fields; **~n** to ripple, to trickle; to drizzle; to gush, to percolate

Riff reef; sand-bank, shelf; *(Korallen-)* coral reef

Riffel flax-comb; **~blech** checkered plate; **~glas** frosted glass; **~n** to corrugate, to chamfer, to groove; *(Flachs)* to ripple; **~ung** corrugation, groove, knurl

rigoros rigorous; strict; stern; rigid; stringent

Rille groove; 🏛 flute, chamfer; *(Kornfeld)* drill; **~npflug** drill-plough (*US* -plow)

Rimesse draft

Rind ox, cow; cattle; *(Färse)* heifer; **~erbouillon** beef broth; **~erbraten** roast beef; **~erhirt** herdsman; cowboy; **~erpest** cattle-plague; **~erzucht** cattle breeding; **~fleisch** beef; **~fleischsorten** beefs; **~sleder** ox-hide; cowhide; **~vieh** (horned) cattle; beeves; *fig (Schimpfwort)* duffer, blockhead

Rinde *(Baum, Hirn)* cortex (*pl* cortices); *(Baum-)* bark; *(Käse)* rind; *(Brot)* crust

Ring ring; circle; link *(of chain)*; *umg* pool; *e-n ~ bilden (fig)* to pool; **~bahn** circular railway; **~förmig** ring-shaped; cyclic; annular; **~mauer** city wall; **~tausch** exchange between several parties; **~richter** umpire; **~wall** rampart

Ringel ringlet, small ring, circlet; *(Locke)* curl; ringlet; **~n** to ring, to curl, to coil; **~natter** ring-snake, grass-snake; **~reigen, ~reihen** round dance; **~taube** ring-dove

ring|en to wrestle; to struggle (against, for); to fight for; to strive; to wring; to wrench; to wrest (out of); **~er** wrestler, catcher; **~kampf** wrestling match

rings round, around; **~um, ~umher** all round, round about

Rinn|e groove; *(Fluß-)* channel; *(Fahr-)* gutter; **~en** to run, to flow; to leak, to trickle, to drip; **~sal** streamlet, trickle; **~stein** sink *(kitchen)*; gutter

Ripp|e 🏛 groin; *anat* rib; bar; **~en** to rib, to groin; **~enatmung** costal breathing; **~enfell** (costal) pleura; **~enfellentzündung** pleurisy; **~enstoß** nudge in the ribs; *j-d e-n ~enstoß versetzen* to nudge; **~enspeer** (smoked) spare-ribs of pork

Rips rep

Risiko risk; *e. ~ übernehmen* to incur a risk

risk|ant risky, perilous; **~ieren** to (run a) risk

Rispe *bot* panicle

Riß tear, rent; hole, gap; chink, cleft; scratch; sketch, plan; leakage; fracture; *fig* breach, schism; **~wunde** lacerated wound

rissig full of rents; full of crevices; cracked *(skin)*; chappy, chinky *(soil)*; *~ werden* to get brittle; to crack

Rist instep; wrist; withers *(horse)*

Ritt ride (on horse); **~lings** astride, astraddle (*auf* of); **~meister** captain of cavalry

Ritter knight; cavalier; *fahrender ~* knight-errant; *~ des Hosenbandordens* Knight of the Garter (K. G.); *~ d. Ehrenlegion* chevalier of the Legion of Honour; *zum ~ schlagen* to knight; *arme ~* fritters; **~gut** manor, estate; **~gutsbesitzer** lord of a manor; **~lich** knightly, chivalrous; gallant; **~orden** order of knighthood; **~schaft** knighthood; **~schlag** knighting, accolade; *d. ~schlag erhalten* to be dubbed a knight; **~sporn** *bot* larkspur, delphinium; **~tum** chivalry; **~zeit** age of chivalry

Rit|ual, ~uell ritual; **~us** rite

Ritz, ~e chink, crack, scratch; abrasion; slit; **~en** *(s.)* to graze (o. s.), to scratch; to cut *(glass)*; to carve; **~ig** crannied; scratched; **~wunde** scratch wound

Ritzel ⚙ pinion; driver; **~welle** pinion shaft

Rival|e rival; **~isieren** to rival, to compete, to be in competition with; **~ität** rivalry, competition

Rizinusöl castor oil

Robbe seal; **~n** to creep, to crawl; **~nfang** sealing; **~nfänger** sealer, seal-hunter; **~ntran** seal oil

Robe robe, gown

Roboter robot; drudge

robust robust, strong, hard, sturdy; **~heit** robustness, brutality

Roche *zool* ray

röcheln to rattle (in one's throat)

rochieren *(Schach)* to castle one's king

Rock coat, jacket; skirt; **~falte** pleat of a dress; **~schoß** coat-tail; **~zipfel** lappet

Rocken *(Spinn-)* distaff

Rodel toboggan, sled; **~bahn** toboggan-run; **~n** to toboggan, to coast (downhill)

rod|en to root out; to clear *(forest)*; to make arable; **~ung** cleared woodland

Rogen roe, spawn; **~er** spawner

Roggen rye; **~brot** rye-bread

roh raw; unwrought, crude; coarse; rough; rude; brutal; cruel ♦ *wie e. ~es Ei behandeln* to treat with kid gloves; *~e Gewalt* brute force; *~er Mensch* brute; *~er Stein* unhewn stone; **~bau** shell of building; *im ~bau fertig* structurally complete; **~eisen** pig iron; **~eit** raw state; crudeness; rudeness; brutality; **~ertrag** gross receipts; **~erzeugnis** raw product; **~gewicht** gross weight; **~gummi** crude rubber; **~kost** uncooked vegetarian food, *umg* rabbit food; **~leder** untanned leather; **~ling** beast; brute; ⚙ casting; **~material, ~stoff** raw material; **~metall** crude metal; **~öl** crude oil; **~seide** tussore silk, raw silk; **~zucker** unrefined sugar

Rohr reed; cane, pipe; *(Geschütz-)* barrel; *indisches ~* bamboo; tube; **~ammer** reed-bunting; **~bruch** pipe burst; **~dommel** bittern; **~förmig** tubular; **~geflecht** basket-work; wickerwork; **~gewinde** pipe thread; **~leger** pipe-fitter, plumber; **~leitung** pipe line; **~mündung** muzzle of a gun; **~netz** pipes, conduit; **~post** pneumatic post; **~spatz** reed-sparrow ♦ *wie e. ~spatz schimpfen* to scold like a fishwife; **~stock** cane; **~stuhl** basket chair, cane-bottomed chair; **~weite** bore, internal diameter; **~zucker** cane sugar; *brauner ~zucker (BE)* demerara

Röhre tube, conduit; pipe; *(Kamin-)* funnel; ⚕ duct, channel; *(Röhrchen)* tubula, cannula; capillary tube; shaft; tunnel; ⚡ valve, *US* tube; *Braunsche ~* cathode ray tube; *(Elektronen-)* electronic valve, *US* electron tube; *(Radio-)* radio valve, *US* radio tube; *(Speise~-)* gullet; **~nartig** tubular, tube-like; ⚕ fistular; **~nleitung** conduit-pipes; pipe line; *mit ~n versehen* to fit with pipes, to pipe; **~nwalzwerk** tube-rolling mill; **~nwerk** tubing, piping

röhr|en *(Hirsch)* to bell; **~icht** reeds, reed-bank

Rokoko rococo

Roll|aden roller-blind; shutter; *US* shade; **~bahn** *mil* main supply route; ✈ runway; **~dach** sliding roof; **~e** roll, roller; cylinder; pulley; mangle *(wash)*; scroll; 🎭 role, part; *Geld spielt keine ~e* money is no object; *aus d. ~e fallen* to misbehave; **~en** to roll, to roll up; to wheel; to mangle; to curl; to trundle; **~enbesetzung** cast; **~enlager** roller bearing; **~entabak** roll tobacco; **~er** rolling sea; scooter; canary; **~film** roll-film; **~fuhrdienst** carrier service: **~kommando** raiding-squad; "murder" squad; **~mops** rollmop; **~o** = Rouleau; **~schiene** rail; **~schinken** rolled ham; **~schuh** roller skate; **~sitz** sliding-seat; **~stuhl** Bath-chair; wheel-chair; **~treppe** escalator; **~wagen** truck

Roman novel; fiction; romance; *e-n ~ in Fortsetzungen erscheinen lassen* to serialize; **~dichter** novelist, novel-writer; **~haft** fictitious; fantastic; **~literatur** fiction; **~tik** romanticism; **~tiker** romanticist; **~tisch** romantic; **~ze** romance; ballad

Röm|er Roman; rummer; **~isch** Roman

Rommé rummy [flower-bed; **~o** rondo

Rond|e round; circle; ronde; **~ell** round

röntgen to X-ray; *(Einheit)* roentgen; **~analyse** X-ray analysis; **~anlage** X-ray equipment; **~aufnahme, ~bild** X-ray photograph, radiogram, radiograph; **~bestrahlung** radiotherapy; **~ologe** radiologist; **~ologisch** radiographic; **~reihenuntersuchung** radioscopy; mass radiography; **~strahlen** X-rays, roentgen rays; **~strahlung** X-radiation; **~therapie** radiotherapy; **~untersuchung** X-ray test

rosa rose, pink

Ros|e rose; ⚕ erysipelas; **~enkohl** Brussels sprouts; **~enkranz** wreath of roses, rosary; *d. ~enkranz beten* to say the rosary; **~enmontag** last Monday before Lent, Shrove Monday; **~enöl** attar of roses; **~enstock** rose-bush; **~enwasser** rose-water; **~enzüchter** grower of roses; **~ig** rose, rose-coloured, rosy; **~ine** raisin; currant; **~inenkuchen** fruit-cake; **~marin** rosemary

Roß horse; steed; **~arzt** veterinarian; **~bändiger** horse-tamer; **~haar** horsehair; **~händler** horse-dealer; **~kastanie** horse chestnut; **~kur** drastic treatment; **~schlächter** horse-butcher

Rösselsprung *(Schach)* knight's move

Rost[1] rust; wheat rust; *von ~ zerfressen* rust-eaten; **~beständig** rust-resisting; rustless; **~bildung** rust formation; **~fleckig** rust-spotted; **~frei** *(Stahl)* stainless *(steel)*; **~ig** rusty, corroded

Rost[2] gridiron, roaster, grill; grate; **~braten** roast beef, roast joint

Röst|e *(Flachs-)* steeping; **~en** to broil, to grill, to roast; *(Korn)* to parch; *(Mais)* to pop; **~kartoffeln** roast potatoes; **~mais** pop-corn; **~ung** roasting; calcination

rot red, ruddy; *~ werden* to blush; *su* red, redness; **~bäckig** rosy-cheeked; **~bart** red-beard; **~blond** sandy(-haired); **~braun** reddish brown; bay; **~buche** red beech; copperbeech; **~dorn** pink hawthorn; **~fuchs** sorrel (*od* bay) horse; **~glühend** red-hot; **~haut** redskin; **~käppchen** Little Red Riding Hood; **~kehlchen** robin; **~kohl** red cabbage; **~lauf** ⚕ swine erysipelas; **~schwänzchen** redstart; **~spon, ~wein** red wine, claret; **~stift** red pencil; **~welsch** thieves' Latin; gibberish; **~wild** red deer

Röt|e red, redness, blush; **~el** ruddle, red ochre; red chalk; **~eln** German measles; **~en** to flush, to get red; **~lich** reddish, ruddy

Rotation rotation, revolution; **~sbewegung** rotary motion; **~sdruck** rotary press printing; **~sgeschwindigkeit** velocity of rotation; **~smaschine** rotary press; **~svermögen** rotatory power

rotieren to rotate, to revolve

Rotor rotor; armature

Rotte gang, band, troop; file; *mil* a number of men in file; flock *(of animals)*

Rotz mucus; *umg* snot; ⚕ glanders; **~ig** snotty; **~nase** snotty nose; brat

Roul|ade olive (of beef); Swiss roll; **~eau** roller-blind, *bes US* window shade; **~ette** roulette; ⚙ ring-roll mill

Routin|e routine; **~iert** experienced; versed, trained

Rowdy hooligan, *US a.* thug

Rüb|e rape; *gelbe ~e* carrot; *weiße ~e* turnip; **~enzucker** beet-sugar; **~öl** rape-oil; **~samen** rapeseed

Rubel rouble ♦ *d. ~ rollen lassen* to make the money fly

Rubin ruby

Rubri|k rubric; column; **~zieren** to arrange in columns; to head; to tabulate

ruch|bar notorious; *~bar werden* to become known; **~los** wicked, infamous; impious; **~losigkeit** wickedness, infamy; wicked act

Ruck jolt, start; jerk; *s. e-n ~ geben* to pull o. s. together; **~artig** jerky; **~sack** knapsack, rucksack; **~weise** in snatches, by jerks, by fits and starts

Rück|ansicht back view; **~antwort** reply; **~blende** 🎞 cutback, flashback; **~blick** retrospect; glance back; **~datieren** to antedate; **~datierung** dating back; **~erinnerung** reminiscence; **~erstattung** repayment, refund, restitution; **~fahrkarte** *BE* return-ticket, *US* round-trip ticket; **~fahrt** return journey; **~fall** relapse; **~fällig** recidivous; relapsing; **~fenster** rear window; **~flug** return flight; **~frage** query, checkback; **~gabe** return; **~gang** drop, fall; recession; **~gängig** retrograde, retrogressive; *~gängig machen* to cancel, to annul; to break off; **~gewinnung** reclamation, recovery; **~gliedern** to reintegrate; **~grat** spine, backbone, vertebral column; **~gratverkrümmung** spinal curvature; *(seitliche)* scoliosis; **~griff** recourse; **~halt** support, reserve; *e-n ~halt haben* to be backed up by; **~haltlos** unreserved, without reserve; **~kauf** buying, redemption; **~kehr** return; come-back; **~koppelung** feedback; **~lage** reserve (fund); **~läufig** retrograde; **~lings** backwards; from behind; **~marsch** march back; retreat; **~porto** return postage; **~prall** recoil, rebound; **~reise** return journey; return trip; **~schein** advice of delivery; **~schlag** recoil; *fig* reverse, set-back; **~schluß** conclusion; *e-n ~schluß ziehen* to draw a conclusion from; **~schritt** step back; falling--off; relapse; retrogression; **~seite** back, reverse; **~sicht** regard, consideration; **~sichtslos** inconsiderate; **~sitz** back-seat; **~sprache** discussion, consultation; *~sprache nehmen* to discuss, to talk over; **~stand** arrears; old-fashioned, backward; **~stellen** to reset, to replace; **~stellung** reserve; **~stoß** repulsion, thrust; recoil *(of weapon)*; **~strahlen** to reflect; **~strahler** rear reflector; **~strom** return current; **~tritt** resignation, retirement; **~trittbremse** back-pedalling (*od* coaster) brake; **~vergütung** refund, reimbursement; **~versicherung** reinsurance, counter-insurance; **~verweisung** recommitment; *(Vorinstanz)* remittal; **~wanderer** returning emigrant; **~wärtig** rear, rearward, behind the lines; **~wärts** backwards; *~wärts fahren* to back up, to reverse; **~wärtsgang** reverse (gear); **~wirken** to react; **~wirkend** retroactive, retrospective; **~wirkendes Gesetz** ex post facto law; **~wirkung** retroaction, reaction; **~zahlen** to repay, to refund; **~zahlung** repayment; reimbursement, refund; **~zug** withdrawal, defeat; **~zugsgefecht** running fight

rücken to move, to push; to shift; *vi* to move away, to make room; *ins Feld ~* to take the field ♦ *j-m zu Leibe ~* to press s-b hard

Rücken back, rear; dorsum, tergum; ridge, bridge *(of nose)*; *hinter j-s ~* behind s-b's back; *~ gegen ~* back to back; *d. ~ kehren* to turn one's back; *in d. ~ fallen* to attack in the rear; **~deckung** rear cover, protection for the rear; **~flosse** dorsal fine; **~flug** upside--down flying; **~lehne** (chair-)back; **~mark** spinal cord; **~markslähmung** spinal paralysis; **~schmerz** back-ache; **~schwimmen** backstroke; **~wind** wind from behind, tail wind; **~wirbel** dorsal vertebra

Rüde male dog (fox, wolf); large hound; *adj* rude, coarse, brutal

Rudel herd, troop, pack; pack *(of boats)*; flock *(sheep)*; **~weise** in troops, in gangs

Ruder oar, rudder; helm ♦ *ans ~ kommen* to come into power; **~bank** thwart; **~boot** rowing-boat, *US* rowboat; **~er** rower, oarsman; **~n** to row, to pull; **~regatta** boat-race; **~sport** rowing

Ruf cry, call; summons; reputation; name; *im ~e stehen* to be reputed (to be); *e-n guten (schlechten) ~ haben* to be in high (bad) repute, to have a good (bad) reputation; **~en** to call, to summon, to hail, to cry; to shout; *~en lassen* to send for; *um Hilfe ~en* to cry for help; *wie ge~en kommen* to come at the right moment; **~name** Christian name; **~nummer** telephone number; **~weite:** *in ~weite* within call; **~zeichen** exclamation mark; call signal

Rüffel reprimand; **~n** to reprimand, to scold

Rüge censure, reprimand; admonition; **~n** to censure, to reprimand

Ruh|e rest, repose; calm, calmness; quiet; quietness; peace; stillness; repose; composure; sleep; *zur ~e setzen* to retire; *in aller ~e* very calmly; *in ~e lassen* to leave alone; *immer mit d. ~e!* take it easy; **~egehalt** pension, retiring allowance, retired pay; **~elos** restless; **~en** to rest, to sleep; to stand still; to be idle; *~en auf* to rest on, to be based on; **~estand** retirement; *in den ~estand versetzen* to pension off; **~estätte** resting-place; **~estellung** unoperated position; *mil* stand at ease position; **~estörer** disturber of the peace; rioter, brawler; **~estörung** breach of peace, riot; **~etag** day of rest; **~ezeit** time of rest, leisure; **~ig** still, quiet; motionless; silent; calm; composed; peaceful; *(Gewissen)* serene; *adv* safely

Ruhm glory, fame; renown; **~begier** thirst for glory; ambition; **⁓en** to praise, to extol; to boast of, to brag; **⁓enswert** praiseworthy; **⁓lich** glorious, honourable; **~los** inglorious; obscure; **~redig** vainglorious, boastful; **~voll** glorious, famous

Ruhr dysentery

Rühr|ei scrambled eggs; **~en** to stir, to move; *refl* to be active; *s. nicht ~en* to make no move; *fig (j-n)* to touch, to move; **~end** touching, moving; **~faß** churn; **~ig** active, bustling, quick; **~igkeit** activity; nimbleness; **~selig** sentimental, emotional; **~stück** melodrama; sob-stuff; **~ung** emotion, feeling

Ruin ruin, decay; downfall; **~e** ruins; *fig* wreck; **~ieren** to ruin

rülps|en to belch; **~er** belch

Rum rum

Rummel activity; racket; noise; hubbub; tumult; amusement park, fair [bustle

Rumor noise, bustle; **~en** to make noise, to

Rumpel|kammer lumber-room; **~kasten** *fig (Kutsche)* rattletrap; **~n** to rumble; to rattle; *(Wagen)* to jolt

Rumpf trunk; body; torso; hull; fuselage; **~beuge** trunk bending; **⁓en:** *d. Nase ⁓en* to sneer at; to turn up one's nose at

Rumpsteak rump(-steak); *US* sirloin

rund round, circular; plump; rotund; *fig* plain, frank; *~ ein Dutzend* about a dozen; *in*

~en Zahlen in round numbers; **~bau** circular building; **~blick** view all round; panorama; **~bogen** Roman arch; **~e** circle; lap; round; beat; *d. ~e machen* go one's rounds; **~enrichter** lap judge; **~enstand** lap status; **~envorsprung** lap lead; **~enzeit** lap time; **~erlaß** circular order; **~fahrt** circular tour; round trip; **~frage** inquiry, questionnaire; **~funk** radio, wireless; broadcasting; **~funkgerät** radio set; **~funkhörer** listener; **~funksender** radio transmitter; **~gang** walk round s-th; stroll; **~gesang** glee; roundelay; *(Kanon)* round; **~heraus** straight out; flatly; **~(her)um** all around, round about; **~lauf** giant-stride; **~lich** round, rounded; plump; **~reise** round trip; **~reisebillet** circular tour ticket; **~schau** panorama, review; **~schreiben** circular (letter); **~schrift** round-hand (writing); **~ung** curve, rounding; roundness; **~verkehr** round-about traffic; **~weg** roundly, plainly; flatly; **~zange** round--nose pliers
runden to make round, to round *(lips)*
Rune rune; **~nartig** runic; **~nstab** runic wand; **~nstein** runic inscription
Runkelrübe mangold, beetroot
Runzel wrinkle, pucker; **~ig** wrinkled, puckered; **~n** to wrinkle; *(im Alter)* to shrivel; *d. Stirn ~n* to frown
Rüpel lout; boor; **~ei** rudeness, insolence; **~ig** boorish; **~haft** caddish
rupfen to pluck, to pull out; *fig* to fleece, to cheat
ruppig shabby, rude
Rüsche ruche, frilling
Ruß soot; *(Kien-)* lamp-black; **~en** to smoke, to blacken; to smut; **~ig** sooty
Rüssel snout; trunk; proboscis
rüst|en to prepare, to fit out; to equip; to arm, to prepare for war; to mobilize; to prepare for, to get ready; **~ig** strong; robust, vigorous; **~igkeit** vigour; **~kammer** armoury, arsenal; **~ung** preparation; equipment; arming; armament; armour; **~ungsanlage, ~ungsbetrieb** armament factory, war factory; munition works; **~zeug** tools; implements; *fig* capacities; knowledge
Rüster elm
Rute rod; birch; twig; switch; tail; *(Wünschel-)* divining-rod; **~nbündel** bundle of rods; fasces; **~ngänger** diviner, dowser
Rutsch slide, glide; *(Erd-)* landslip; **~bahn** slide, chute; water-chute; **~en** to glide, to slide; to slip; to skid; to side-slip; *(Erde)* to give way to; to crumble; **~ig** slippery; **~tuch** (fire) canvas chute
rütteln to shake, to jog, to jolt; *e. gerüttelt(es) Maß* a full measure

S

S (the letter) S
Saal (assembly) hall; (assembly) room
Saat seed; *(Säen)* sowing; standing corn; *d. ~ steht gut* the crops look well; **~feld** corn field; **~gut (~korn)** (agricultural) seeds; **~kartoffeln** seed potatoes; **~krähe** rook; **~zeit** seed-time
Sabbat Sabbath
sabbern to slaver
Säbel sabre; **~beine** bow-legs; **~hieb** sabre cut; (*od* stroke); **~n** to cut (with a sabre), to sabre
Sabot|age sabotage; **~ieren** to sabotage
Saccharin saccharin
Sach|bearbeiter official in charge of; specialist; case worker; **~dienlich** relevant, pertinent; **~e** thing; matter; affair; business; subject; cause; fact, circumstance; *pl* goods, clothes, things; ⚖ case; point (*zur ~e kommen* to come to the p. *bei d. ~e bleiben* to keep to the p.; *von d. ~e abkommen* to get away from the p.); *gemeinsame ~e machen mit* to make common cause with; *s-e ~e gut machen* to aquit o.s. well; *d. tut nichts zur ~e* it doesn't matter, it makes no difference ♦ *s-e sieben ~en* all one's belongings; **~gemäß** appropriate, proper; *adv* appropriately; properly; suitably; in a manner appropriate to the case; **~geschädigter** person who has suffered material damage; **~katalog** subject catalogue; **~kenner** expert; **~kenntnis** intimate (*od* expert) knowledge; **~kunde** expert knowledge; **~kundig** expert, competent; experienced; having knowledge of the subject; **~lage** state of affairs; circumstances; facts of the situation; **~lich** factual; objective; material; pertinent, to the point; relating to the matter (in question); business-like; unemotional; *~licher Unterschied* difference of fact; *aus ~lichen Gründen* for reasons of fact, on material grounds; *es ist ~lich nicht haltbar* it will not stand the test of fact; **⁻̈lich** *gram* neuter; **~lichkeit** objectivity; reality; **~register** index; **~schaden** damage to property; **~verhalt** state of affairs; facts of a case; **~vermögen** material assets; **~verständiger** expert; **~walter** advocate; counsel, legal adviser; **~wert** real value; material value; *pl* capital goods; **~wörterbuch** encyclopedia
sacht(e) soft, gentle; slow
Sack bag ♦ *mit ~ u. Pack* bag and baggage; lock, stock and barrel ♦ *d. Katze aus d. ~ lassen* to let the cat out of the bag; *d. Katze im ~ kaufen* to buy a pig in a poke; **⁻̈el** purse, money-bag; *(a. fig)*; **~en** to put into a bag; to sag, to sink (down); **~gasse** cul de sac, blind alley, *bes US* dead end; *~gasse*! No Through Road!; **~hüpfen** sack-race; **~leinwand** sacking, burlap; **~pfeife** bagpipe
sä|en to sow; **~mann** sower; **~maschine** sowing-machine; seed drill
Saffian morocco (leather)
Safran saffron
Saft juice; *bot* sap; fluid, liquid ♦ *ohne ~ u. Kraft* without vigour (*od* backbone); **~ig** *(Obst)* juicy; *(Wiese)* lush; *fig* spicy, coarse; **~los** dry, sapless; *fig* insipid
Sage legend, epic; myth; **~nhaft** legendary; mythical; fabulous; **~nschatz** lore
Säge saw; *(Maschine)* machine saw; *(Blatt)*

saw blade; **~mehl** sawdust; **~n** to saw, to cut; **~späne** shavings; **~werk** sawmill

sagen to say, to tell; to mean (*was wollen Sie damit ~ ?* what do you m. by that); *d. ist schwer zu ~* that is hard to tell; *d. hat nichts zu ~* that doesn't matter; *von Glück ~ können* to consider o. s. fortunate; *was Sie nicht ~!* just fancy that!, you don't say so!; *sage u. schreibe* believe it or not

Sago sago

Sahne cream; **~bonbon** *BE* toffee, *US* taffy; **~käse** cream-cheese; **~torte** layer cake

Saison season; **~bedingt, ~üblich** seasonal

Saite string, chord ♦ *andere ~n aufziehen* to change one's tune; **~eninstrument** stringed instrument

Sakko lounge-suit jacket; **~anzug** lounge suit

sakr|al ♪ *allg* sacred; **~albau** ecclesiastical building; **~ament** sacrament; **~istei** vestry

Säkular|feier centenary; **~isieren** to secularize

Salamander *zool* salamander

Salami salami (sausage)

Salat *bot* lettuce; *(Gericht)* salad; **~öl** salad-oil

Sal|band, ~leiste selvage

Salb|e ointment; *(flüssig)* liniment; **~ei** *bot* sage; **~en** to anoint; **~ung** anointment; *fig* unction; **~ungsvoll** unctuous, oily

sald|ieren to balance; to settle; to offset; **~o** balance; net effect (*od* result)

Sali|ne salt-works; **~zyl** salicyl; **~zyl-säure** salicylic acid

Salm *zool* salmon

Salmiak sal ammoniac, ammonium chloride; **~geist** ammonia solution

Salon drawing-room; ⚓ saloon; **~fähig** fit for society; decent; **~löwe** ladies' man; **~stück** 🎭 drawing-room play

salopp casual; somewhat slovenly

Salpeter saltpetre, nitre; **~haltig** containing saltpetre, nitrous; **~säure** nitric acid

Salto somersault (*e-n ~ schlagen* to turns a s.)

Salut salute *(of guns)*; *~ schießen* to fire a salute; **~ieren** to salute

Salve volley *(of rifles)*; salvo *(of guns)*; ⚓ broadside

Salz salt; **~bergwerk** salt-mine; **~en** to salt; **~faß** salt-cellar; **~gehalt** salt content; **~gurke** pickled gherkin; **~haltig** containing salt; saliferous; **~hering** pickled herring; **~ig** salty, salt; **~kartoffeln** boiled potatoes; **~säure** hydrochloric acid; **~wasser** brine; sea water

Same|(n) seed; *zool* sperm; *fig* germ; **~nbildung** seed formation; **~nkorn** grain of seed; **~nstaub** pollen; **~ntierchen** spermatozoon; **~ntragend** seed-bearing; **¨reien** seeds

Sämischleder chamois leather

Sämling seedling

Sammel|band omnibus volume; anthology; **~büchse** collecting-box; **~n** to gather, to collect; to pick; *(aufhäufen)* to amass, to accumulate; *refl* to compose o. s.; **~name** collective noun; **~platz, ~stelle** assembly point, rallying point; meeting-place; dump; depot; **~surium** medley, jumble, omnium gatherum

Samml|er collector; ⚡ accumulator; **~ung** collection; *fig* composure; concentration

Samstag Saturday; **~s** on Saturdays

samt together with; *~ u. sonders* one and all, completely; *su* velvet; **~band** velvet ribbon; **~ig** velvet, velvety; velvet-like; **¨lich** all (together); all of them

Samum simoom

Sanatorim sanatorium

Sand sand; *(grob)* grit ♦ *j-m ~ in d. Augen streuen* to throw dust in s-b's eyes; *im ~e verlaufen* to end in smoke, to come to nothing; **~bank** (sand)bank; **~boden** sandy soil; **~grube** sand-pit; **~ig** sandy; **~männchen** dustman; **~sack** sandbag; **~stein** sandstone; **~torte** Madeira cake; **~uhr** hour-glass; **~wüste** sandy desert

Sandale sandal

Sandelholz sandalwood

sanft soft, gentle; mild, delicate; *(zart)* tender; *(glatt)* smooth; *(Schlaf)* quiet; **~heit** softness, gentleness; mildness; **~mut** gentleness; meekness; **~mütig** gentle; meek

Sänfte sedan-chair, litter

Sang song; singing; **~bar** fit for singing, melodious; **¨er** singer; bard, minstrel; *zool* songster; **¨erin** singer; cantatrice

Sanguin|iker sanguine person; **~isch** sanguine

sanier|en to improve the sanitary conditions of; to rehabilitate; to reform, to reorganize; **~ung** rehabilitation; reform, reorganization

sanitä|r sanitary; **~ter** medical orderly; ambulance man; **~tsdienst** medical service; **~tsoffizier** medical officer; **~tstruppe** Medical Corps; **~tswagen** ambulance; **~tswesen** medical service

Sanktion sanction; **~ieren** to sanction

Saphir sapphire

Sappe *mil* sap; **~rlot!** confound it!

Sard|elle anchovy; **~ine** sardine

Sarg coffin; *US a.* casket; **~deckel** coffin-lid; **~tuch** pall

Sarka|smus sarcasm; **~stisch** sarcastic

Sarkophag sarcophagus

Satan Satan, the Evil One; **~isch** Satanic

Satellit satellite *(a. pol)*; **~enstaat** satellite (state); *pl* the Iron Curtain countries

Satin satin; *(Baumwoll-)* sateen; **~ieren** to glaze, to satin; *(Papier)* to calender

Satir|e satire; **~iker** satirist; **~isch** satirical

Satisfaktion satisfaction

satt satisfied, full; saturated; *(Farbe)* deep, rich; *ich bin ~* I've enough, I'm satisfied, *umg* I'm full; *ich bin es ~ (fig)* I am tired of it, *umg* I am fed up with it; *s. ~ essen* to eat one's fill; *etw ~ haben* to be fed up with s-th; **~e** milk-bowl; **~heit** satiety; **¨igen** to satisfy; to saturate, to satiate; to impregnate; **¨igung** saturation; impregnation; **~sam** sufficiently

Sattel saddle; *(Nase)* bridge; *(Berg)* ridge; *in allen ¨n gerecht* fit to take any hurdle ♦ *aus d. ~ heben* to unhorse, *fig* to put s-b out of action; **~fest** having a good seat, *fig* well up (in s-th); **~n** to saddle; **~pferd** riding-horse; **~zeug** saddle and harness

Sattler saddler; **~ei** saddlery
Satyr satyr
Satz bound, jump; *(Service)* set; *chem* deposit, sediment; dregs, grounds; *gram* sentence, *(Haupt-, Neben-)* clause; *math* proposition; thesis; ♪ movement; sum, rate; 🕮 composition, *(Text)* matter; *in ~ geben* to give (send) to the printer; **~bau, ~bildung** construction; **~bild** 🕮 setting; **~fehler** printer's error, misprint; **~gefüge** complex sentence; **~glied** part of a sentence; **~lehre** syntax; **~reihe** compound sentence; **~spiegel** 🕮 face; **~ung** statute; ordinance; by-laws; **~ungsmäßig** statutory; **~zeichen** punctuation-mark, *BE a.* stop
Sau sow; wild sow; *fig* slut, dirty fellow; luck ♦ *Perlen vor d. ⁼e werfen* to cast pearls before swine; **~blöd** loony; **~bohne** broad bean; **~dumm** as stupid as a donkey; **~stall** pigsty; *fig* nasty mess; **~wirtschaft** filthy mess; dirty household; maladministration; **~wohl** as snug as a bug in a rug
sauber clean; neat, tidy; *(hübsch)* pretty; *fig* fine, nice; **~keit** cleanliness; neatness; **⁼lich** cleanly; careful; **⁼n** to clean; to clear; to tidy; *(Buch)* to bowdlerize; *mil* to mop up; *pol* to purge; **⁼ung** cleaning; mopping up; purge
Sauc|e sauce, *(Fleisch-)* gravy; **~iere** (sauce-)boat
sauer sour; *(Gurke)* pickled; *(Boden)* marshy; *chem* acid; *(ermüdend)* hard, fatiguing; *(mürrisch)* morose, surly; *~ reagieren* to react unfavourably; *~e Drops* acid drops; **~ampfer** sorrel; **~kirsche** *(wild)* sour cherry, *(angebaut)* morello; **⁼lich** sourish, acidulous; **⁼n** to acidify; *(Teig)* to leaven; **~kraut** sauerkraut; **~milch** curdled milk; **~stoff** oxygen; **~stoffhaltig** containing oxygen; **~teig** sour dough, *(Backhilfe)* leaven; **~töpfisch** cross, peevish
Sauf|bold, ~bruder boozer, drinker; **~en** *(Tier)* to drink; *(Mensch)* to booze; *wie e. Loch ~en* to drink like a fish; **⁼er** hard drinker, drunkard; **~erei, ~gelage** drinking bout, booze
saug|en to suck; to absorb; **⁼en** to suckle, to nurse; **~er** sucker; *(Flasche)* nipple; **⁼etier** mammal; **~flasche** feeding-bottle **~heber** siphon; **~kolben** ⚙ valve-piston; **⁼ling** baby; **⁼lingsalter** babyhood; **⁼lingsheim** crèche; **⁼lingssterblichkeit** infant mortality; **~pumpe** suction pump; **~rüssel** *zool* proboscis
Säule pillar, column; pile; **~ngang** arcade, colonnade; **~nhalle** portico; pillared hall
Saum seam, hem; edge, border; fringe; **⁼en** *vt* to hem; to border; *vi* to delay; to be slow; *ohne zu ⁼en* without delay; **⁼ig** slow; dilatory; in default; **~pfad** mule track, mountain trail; **~selig** slow, dilatory; negligent; **~seligkeit** slowness, dilatoriness; negligence; **~tier** beast of burden
Sauna sauna
Säure sourness; acidity; acid; **~frei** free from acid; **~gehalt** acidity; **~haltig** containing acid
Sauregurkenzeit silly season
Saus: *in ~ u. Braus leben* to have a grand time; to live high; **⁼eln** to rustle, to whisper; **~en** rush (along), to dash; *(Wind)* to blow hard, to bluster
Saxophon saxophone
Schab|e *zool* cockroach, *BE a.* black-beetle; *(Reibeisen)* grater; **~efleisch** scraped meat; **~eisen** scraper; **~en** to scrape; to rub; **~ernack** trick, practical joke; **⁼ig** shabby, worn; mangy; mean; **⁼igkeit** shabbiness; meanness
Schablone pattern, model; stencil; **~nhaft** routine, mechanical, stereotyped
Schabracke caparison
Schach chess; *~!* check!; *~ bieten* to defy; *in ~ halten* to keep in check (*od* at bay); **~brett** chessboard; **~feld** square; **~figur** chessman; **~matt** checkmate *(a. fig)*, tired out; *~matt setzen* to checkmate *(a. fig)*; **~partie** game of chess; **~spieler** chess-player; **~zug** move (at chess); *fig* gambit
Schacher petty dealing, chaffering, bargaining; **~er** haggler; **~n** to chaffer, to haggle
Schacht pit, shaft; **~el** box; *alte ~el* old frump; **~elhalm** shavegrass; **⁼en** to kill according to Jewish law
schade: *es ist ~* it is a pity; *wie ~!* what a pity!; *zu ~ für etw* too good for s-th
Schädel skull; **~bruch** fracture of the skull
schaden to damage, to harm; *(verletzen)* to hurt, to injure; to prejudice; *d. schadet nichts* that doesn't matter, never mind; *su* damage; loss (*mit ~ verkaufen* to sell at a l.); *zu ~ kommen* to come to grief; **~ersatz** compensation, damages (*~ersatz beanspruchen* to claim d.); indemnification; **~ersatzklage** action for damages; **~feuer** destructive fire; **~freude** delight in another's misfortune, schadenfreude; **~froh** rejoicing over another's misfortune, malicious
schad|haft defective, faulty; damaged, spoiled; **⁼igen** to damage, to injure; **⁼igung** damage; prejudice; **⁼lich** injurious; harmful, noxious; bad, hurtful; detrimental, prejudicial (to); **⁼lichkeit** injuriousness, noxiousness; harm; disadvantage; **⁼ling** *zool* pest; destructive weed; vile person; **⁼lingsbekämpfung** pest control; **⁼lingsbekämpfungsmittel** pesticide, insecticide; **~los** free from injury; *s. ~los halten an j-m für* to indemnify o.s. from s-b for s-th
Schaf sheep; *umg* stupid; *e. räudiges ~* black sheep; **~bock** ram; **⁼chen** lamb(kin) ♦ *sein ⁼chen ins trockene bringen* to feather one's nest; **⁼chenwolke** fleece; **⁼er** shepherd; **⁼erin** shepherdess; **⁼erhund** sheep-dog; *(deutscher) BE* Alsatian, *US* German shepherd; **⁼erstündchen** lover's hour; **~fell** sheepskin; **~garbe** *bot* milfoil, yarrow; **~herde** flock of sheep; **~hürde** sheep-fold, pen; **~schur** sheep-shearing; **~skopf** *fig* blockhead; **~zucht** sheep-breeding
schaffen 1. to create, to produce; *(tun)* to do, to make; *(fertigbringen)* to bring about, to accomplish; to bring off, *(Flucht)* to make; to provide, to procure; to convey (to), to remove (to); **2.** *vi* to be busy, to work; *wie ge~ für* just cut out for; *beiseite ~* to remove, to kill; *j-m*

zu ~ machen to give s-b a lot of trouble, to worry s-b; *s. zu ~ machen* to be busy, to busy o. s. with s-th, to potter about; *er hat hier nichts zu ~* he has no business here; **3.** *su* creating; (intellectual) work; production; **~d** creative; working; **~sdrang** creative impulse; **~sfreudig** vigorous, energetic; **~sfreudigkeit** delight in creating (*od* working)
Schaffner 🚂 *BE* guard, *US* conductor; *(Bus etc)* conductor
Schafott scaffold
Schaft *(Lanze)* shaft; *(Flinte)* (gun-)stock; *(Stiefel)* leg; *(Baum)* trunk; *(Blume)* stem, stalk; **~stiefel** *BE* high boot, *US* boot
Schakal jackal
Schäker joker, wag; **~n** to flirt; to joke
schal stale; insipid, flat
Schal scarf; muffler
Schale *(Obst, Kartoffel)* peel; *(Ei, Nuß, Muschel)* shell; *(Getreide)* husk; *(Hülsenfrucht)* pod; crust; *(Gefäß)* dish, bowl; basin; *(Waage)* scale; *fig* outside; *(Anzug)* rig, togs; **⁓n** to peel, to pare; to shell; *(Baum)* to bark; *refl* to peel (off); to shed the bark; **~ntier** crustaçean, shellfish; *pl* snails and bivalve molluscs
Schalk rogue, wag; fool; **~haft** roguish, waggish
Schall sound; *(Glocken)* peal; **~dämpfer** silencer; (🚗, *Pistole*) *BE* silencer, *US* muffler; **~dicht** sound-proof; **~dose** sound-box; pick-up; **~en** to sound; to ring, to peal; *~endes Gelächter* roars of laughter; **~lehre** acoustics; **~platte** record, disk; **~plattenmusik** recorded music, *sl* canned music; **~welle** sound-wave
Schalmei shawm; *pl* the reeds
Schal|otte *bot* shallot; **~uppe** ⚓ shallop
Schalt|brett switchboard; instrument panel; **~en** *vt* ⚡ to switch; 🚗 to change gears; *(vi) ~en mit* to use, to deal with; to direct, to rule; **~er** 🚂 ticket office; booking office; 🎭 box office; **~erbeamter** booking-clerk; counter-clerk; **~hebel** ⚡ switch; 🚗 gear lever; **~jahr** leap year; **~plan** circuit diagram; **~schlüssel** 🚗 ignition key; **~tafel** switchboard; **~tag** intercalary day; **~ung** connection; gear-change; **~vorrichtung** switch
Scham shame; modesty; ⚕ private parts, genitals; **⁓en** *refl* to be ashamed (*wegen* of), to blush (for); **~gefühl** sense of shame; **~haft** bashful; modest; **~haftigkeit** bashfulness; modesty; **~los** shameless; barefaced; **~losigkeit** shamelessness; **~rot** blushing; **~röte** blush
schand|bar infamous, abominable; **~e** disgrace, shame(ful thing); discredit; **⁓en** to dishonour; *(Mädchen)* to rape; to disfigure, to spoil; **~fleck** blot, stain; **⁓lich** disgraceful, infamous; abominable, vile; **⁓lichkeit** infamy; **~mal** stigma, brand; **~maul** evil tongue; **~pfahl** pillory; **~preis** scandalous price; **~tat** misdeed; abominable crime; **⁓ung** dishonouring; rape, violation; disfiguring
Schank|erlaubnis licence; **~stätte** = ~wirtschaft; **~tisch** bar; **~wirt** *BE* publican, *US* saloonkeeper; **~wirtschaft** *BE* public house, pub, *US* saloon
Schanz|arbeiten entrenchments; **~e** field work; **~en** to dig, to entrench
Schar troop, band; crowd, host, flock; ⚒ ploughshare; **~en** to collect, to assemble; *refl* to assemble, to flock together; to rally; **~enweise** in bands (*od* crowds, troops)
scharf sharp; *(spitz)* pointed; piercing; pungent, acrid; *(Pfeffer)* hot; piquant; *(Wind, Kälte, Worte)* biting; *(Sinn, Verstand)* acute; corrosive; strong, violent; *(Sinn, Wettbewerb)* keen; *(Munition)* live; 📷 well-focused; *~ ansehen* to look hard, to scan, to stare; *~ machen* to sharpen; *(Mine etc)* to activate; **~blick** quick eye; acuteness; **⁓e** sharpness; acidity, pungency, piquancy; edge; keenness, acuteness; 📷, 📻 definition; strictness, severity; **⁓en** to sharpen; to grind, to whet; *fig* to increase, to strengthen; **~kantig** sharp-edged; **~richter** executioner; **~schießen** live shooting (*od* firing); **~schütze** sniper; **~sichtig** keen-sighted; penetrating; **~sinn** sagacity; acumen; ingenuity; **~sinnig** sagacious; ingenious, discerning
Scharlach scarlet-fever, scarlatina; **~rot** scarlet, bright red
Scharlatan charlatan, quack; **~erie** quackery
Scharnier hinge, joint
Schärpe sash
scharren to scratch, to scrape; *(Pferd)* to paw
Schart|e notch; dent; crack; gap; *mil* loophole ♦ *e-e ~e auswetzen* to make amends; **~ig** notched, indented; jagged
Schatt|en shade *(let's go into the s.)*; shadow (*~en werfen* to cast a s.); phantom, spirit ♦ *in d. ~en stellen* to put in the shade, to eclipse; **~enbild** shadow, silhouette; **~enhaft** shadowy; **~enriß** silhouette; **~enseite** shady side; *fig* dark side; **~ieren** to shade; *(schraffieren)* to hatch; **~ierung** shade, shading; hatching; **~ig** shady
Schatulle box *(for jewels etc)*; privy purse
Schatz treasure; riches, store; *fig* darling, love *(a. Anrede)*; **~amt** Treasury, Exchequer; **~anweisung** Treasury Bond; **⁓en** to estimate, to value (*auf* at); *(hoch-)* to appreciate; to esteem; **⁓enswert** estimable; **⁓er** *BE* valuer, valuator, appraiser; **~gräber** digger for treasure; **~kammer** treasury; **~kanzler** Chancellor of the Exchequer; **~meister** treasurer; **⁓ung** taxation, valuation; *(Summe etc)* estimate; **~wechsel** Treasury Bill
Schau view, sight; show, exhibition; *fig* interpretation; *zur ~ stellen* to exhibit, to display; **~bild** diagram, graph; **~bude** booth; **~en** to look (at), to gaze (upon); **~fenster** shop window; **~fensterbummel** *machen* to go window-shopping; **~kasten** show case; **~lustig** curious, eager to see; **~lustiger** onlooker; **~packung** dummy; **~platz** scene; arena; *fig* theatre *(of war etc)*; **~prozeß** show trial; **~spiel** spectacle, scene; sight; 🎭 play, drama; **~spieler(in)** actor (actress); **~stellung** show, exhibition; **~stück** show-piece; specimen

Schauder horror, terror, shudder; **~haft** horrible; dreadful; awful; **~n** to shudder (at); to have a horror (of); to shiver
Schauer shiver(ing fit) *(a. fig)*; awe; thrill; horror; *(Regen)* shower; **~lich** blood-curdling, ghastly, lurid; awful; **~roman** thriller; **~voll** blood-curdling
Schaufel shovel; *(Kehricht-)* dust-pan; *(z. Nehmen)* scoop; ⚓ paddle; **~n** to shovel; to scoop; **~rad** ⚓ paddle-wheel
Schaukel swing; *(Balken)* seesaw; **~n** to swing, rock; *(auf d. Schoß)* to dandle; **~pferd** rocking-horse; **~stuhl** rocking-chair, rocker
Schaum *(Wasser, Mund)* foam; *(Bier)* froth; *(Ab-)* scum; *(Seifen-)* lather; *zu ~ schlagen* to beat up; **≃en** to foam; to froth; to lather; to boil (*vor Wut* with rage); **~gummi** foam rubber; **~ig** foamy; frothy; *~ig schlagen* to beat up; **~kronen** white crests, white horses
schaurig horrid, gruesome; awful
Scheck cheque, *US* check; **~buch** cheque-book, *US* checkbook
Schecke piebald horse, dappled horse
Scheck|formular cheque form; **~ig** piebald, dappled; **~zahlung** payment by cheque
scheel squint(ing); *fig* envious
Scheffel bushel; **~n** to rake in; to heap up; **~weise** in bushels, by the bushel
Scheibe disk *(a. astr)*; *(Eishockey)* puck; *(Glas)* pane; *(Ziel-)* target; *(Töpfer-)* potter's wheel; *(Brot)* slice; *(Speck)* rasher; **~ngardine** net curtain; **~nhonig** honey in the comb; **~nschießen** target practice; **~nwischer** *BE* windscreen wiper, *US* windshield wiper
Scheid|e sheath; ⚕ vagina; *(Grenze)* boundary, limit; **~en** to separate, to divide; to part, to sever; *(Ehe)* to divorce; *chem* to analyse; *vi* to go away, to depart; to part; *s. ~en lassen von* to divorce (o.s. from) s-b; **~ewand** partition; **~eweg** cross-roads; **~ung** separation; divorce; **~ungsklage** divorce suit
Schein light, shine; brilliance; *(Bescheinigung)* certificate; *(Fahr-, etc)* ticket; *(Geld-)* banknote, *US* bill; *(Aussehen)* air, look; appearance; *d. ~ wahren* to keep up appearances; *d. ~ trügt* appearances are deceptive; **~bar** seeming; apparent; ostensible; **~blüte** apparent prosperity, fictitious boom; **~en** to shine; to seem, to appear; *mir (es) ~t, er hat recht* he seems to be right; **~fromm** hypocritical; **~grund** fictitious reason; **~heilig** sanctimonious; hypocritical; **~tod** suspended animation, asphyxia; **~tot** seemingly dead; **~werfer** reflector; *mil* search-light; 🚗 headlight; (*Such-*, 🎭) spotlight
Scheitel *(Haar)* parting, *US* part; top, crown; apex; summit; *math* vertex ♦ *vom ~ bis zur Sohle* from head to foot; **~linie** vertical line; **~n** to part *(the hair)*; **~punkt** *math* vertex; *astr* zenith; *fig* peak
Scheiter|haufen funeral pile; stake; **~n** to be wrecked; *fig* to miscarry, to fail
Schell|ack shellac; **~e** (little) bell; *(Hand-)* handcuff; *(Maul-)* box on the ear; *(Karten)* diamonds; **~en** to ring the bell; **~fisch** haddock
Schelm rogue; **~engesicht** roguish face; **~enstreich** piece of roguery; **~isch** roguish, arch
Schelt|e scolding; rebuke; *~e bekommen* to be scolded; **~en** to scold; to blame (for); **~wort** abusive word
Schema (schematic) diagram; pattern, arrangement; schedule, table ♦ *nach ~ F* in a routine manner; **~tisch** diagrammatic; mechanical; in accordance with a given formula; **~tisieren** to standardize; to simplify systematically; **~tismus** routine manner (of handling things)
Schemel footstool
Schemen phantom, shadow; **~haft** shadowy, unreal
Schenke *BE* public house, *umg* pub; tavern *US* saloon
Schenkel thigh; *(Unter-)* shank; *(Keule)* haunch; *(Bein)* leg; *(Winkel)* side
schenk|en to give, to present with s-th; to grant; to forgive; *(ein-)* to pour out; *(aus-)* to retail; *j-m Gehör ~en* to listen to; *j-m Glauben ~en* to believe; **~ung** donation; grant; **~ungssteuer** gift tax; **~ungsurkunde** deed of gift
Scherbe potsherd; piece, fragment
Scher|e (a pair of) scissors; *(groß)* shears; *(Draht-)* wire cutters; clippers; *zool* claws; *fig* gap, scissors; **~en 1.** to cut; *(Schaf)* to shear; *(Gras)* to mow; *(Bart)* to shave; *(Baum, a. Haare)* to clip; *(Weben)* to warp; *fig* to bother, to worry; **2.** *refl* to bother (*um* about), to care (for); to go off; **~enfernrohr** stereo-telescope; **~enschleifer** knife-grinder; **~enschnitt** scissor(s) cut; **~erei** trouble, bother
Scherflein mite; *s. ~ beitragen* to contribute one's mite.
Scherge myrmidon of the law, catchpole; executioner
Scherz jest, joke; *im ~* for a joke; *e-n ~ machen* to crack a joke; *~ beiseite* joking apart; **~en** to jest, to joke; to have fun (with s-b); **~haft** joking, jocular; funny, playful; **~wort** joke
scheu shy, timid; *(Pferd)* shying, skittish; *su* shyness, timidity; awe; skittishness; **~en 1.** *vt* to avoid, to shun; *k-e Mühe ~en* to spare no pains; *d. Kosten ~en* to grudge the expense; **2.** *refl* to be afraid (of), to shrink (from); to hesitate; **3.** *vi* to take fright, *(Pferd)* to shy, to be skittish; **~klappe** *BE* blinker, *US* blinder
Scheuch|e scarecrow; **~en** to shoo (away); to scare, to frighten away
Scheuer *siehe* Scheune; **~bürste** scrubbing-brush; **~frau** charwoman; **~lappen** = ~tuch; **~n** to scour, to scrub; ⚕ to chafe, to rub; **~tuch** scouring-cloth
Scheune barn; granary; *(Geräte-)* shed
Scheusal monster; (perfect) fright
scheußlich atrocious, frightful; hideous; **~keit** atrocity; hideousness
Schi = Ski
Schicht layer; *geol* stratum *(a. Gesellschafts-)*; *(Stand)* class; *(dünn)* film, coat; 📷 emulsion;

(Arbeits-) shift; **~en** to arrange in layers (*od* beds); to stratify; *(auf-)* to pile, to stack; to classify; **~ung** arrangement; stratification; classification; strata; **~wechsel** change of shift; **~weise** in layers (*od* strata); by the shift

schick stylish, smart, chic; *su* stylishness, smartness; elegance

schick|en to send (*nach j-m* for s-b); *(Geld)* to remit; *refl* to come to pass; *(s. gehören)* to befit, to beseem; *s. ~en in* to be resigned to; **~lich** becoming, decent; **~sal** destiny; fate (*s. ~sal ist besiegelt* his f. is sealed); fortune; **~salsfrage** vital (*od* fateful) question; **~salsschlag** catastrophe; **~ung** dispensation (of Providence)

Schieb|efenster sash window; **~en** to shove, to push; to wheel *(a barrow)*; *fig umg* to racketeer; **~er** ✲ slide; *(Rechen-)* slide-rule; *(Gauner)* racketeer; **~etür** sliding door; **~karren** wheelbarrow; **~ung(en)** underhand dealings, racketeering

Schieds|gericht court of arbitration, arbitral tribunal; **~richter** arbiter; umpire; referee; **~richterlich** arbitral; *adv* by arbitration; **~spruch** (arbitral) award

schief oblique, slanting; crooked; *(Lachen etc)* wry; *(ganz) ~ u. krumm* crooked, all awry; *(Gefährt etc)* lop-sided; askew (*d. Schlips sitzt ~* the tie is a.); *~er Turm* leaning tower; *~e Ebene* inclined plane; *~er Vergleich* false analogy; *~ ansehen* to look askance at; **~e** slant; obliqueness; incline; sloping position; **~gehen** to go awry (*od* wrong), to be a wash-out; **~winklig** oblique-angled

Schiefer slate; *geol* schist; **~bruch** slate quarry; **~dach** slate roof; **~tafel** (school-)slate; **~ton** shale, clay slate

schielen to squint; *fig* to leer (*nach* at); *su* squint(ing); *(leicht)* cast (in the eye); **~d** cross-eyed

Schien|bein shin-bone, tibia; **~e** rail; ⚕ splint; **~en** *vt* to splint, to put in splints; **~enfahrzeuge** rolling stock; **~ennetz** railway system; **~enstrang** railway track; **~enweite** gauge

schier almost; *adj* sheer, pure; **~ling** hemlock; **~lingstanne** hemlock spruce

Schieß|bude shooting gallery; **~en** to shoot, to fire; *(Tor)* to score; *~en lassen* to give up ♦ *d. ist zum ~en!* that's a scream!; *vi* to tear along; to rush (to); to flash *(through the mind)*; *(Vogel)* to sweep (down on); *(hoch-)* to shoot up, to spring up; *(Salat)* to bolt, to go to seed; **~gewehr** gun, fire-arm; **~platz** rifle range, artillery range; **~pulver** gun-powder; **~scharte** loop-hole, embrasure; **~scheibe** practice target; **~stand** rifle range, butts

Schiff ship, boat; vessel; *eccl* nave; *(Weben)* shuttle; 🕮 galley; **~bar** navigable; **~bau** ship-building; **~bruch** shipwreck; *~bruch erleiden* to be shipwrecked, *fig* to come to grief; **~brüchig** shipwrecked; **~chen** small boat; *(Weben)* shuttle; **~en** *vt* to ship; *vi* to sail; to piss; **~er** sailor; skipper; ship-owner; ship's master; **~erklavier** accordion; **~erknoten** running knot; **~fahrt** navigation; **~fahrtgesellschaft** *siehe* Reederei; **~sarzt** ship's surgeon; **~sbesatzung** ship's crew; **~sbrücke** pontoon bridge; **~sjunge** cabin-boy; **~sladung** cargo, bulk; **~smakler** ship-broker; **~sraum** hold; tonnage; **~srumpf** hull; **~swerft** dockyard; **~szwieback** ship-biscuit

Schikan|e vexation, annoyance, bullying; **~ieren** to vex, to irritate, to bully; **~ös** vexatious, done merely to annoy

Schild sign(board); door-, name-plate; label; *(Tafel)* notice-board; *(Waffen-)* shield; *(Wappen-)* escutcheon, coat-of-arms ♦ *etw im ~e führen* to have s-th up one's sleeve; *nichts Gutes im ~e führen* to be up to no good; **~drüse** thyroid gland; **~erhaus** sentry-box; **~ern** to describe, to depict; **~erung** description; **~kröte** tortoise; *(See-)* turtle; **~patt** tortoise-shell; **~wache** sentry

Schilf rush, reed; **~rohr** reed

schillern to change colours, to iridesce, to fluoresce; **~d** iridescent, fluorescent

Schilling shilling, *umg* bob

Schimäre chimera

Schimmel mould, *US* mold, mildew; *(Pferd)* white horse; **~fleck** mildew stain, mouldy stain; **~ig** mouldy; musty; **~n** to turn mouldy, *US a.* to mold; **~pilz** mould fungus

Schimmer glitter, glimmer, gleam ♦ *k-n (blassen) ~ haben* not to have the faintest idea (of s-th); **~n** to glitter, to glisten; to blink; to shine

Schimpanse chimpanzee, *umg* chimp

Schimpf insult (*für* to); disgrace ♦ *mit ~ u. Schande* ignominiously; **~en** to scold; to insult, to abuse; to grumble; **~lich** disgraceful, infamous; **~name** abusive nickname; **~wort** term of abuse

Schindanger knacker's yard

Schindel shingle; **~dach** shingle roof

schind|en to skin, to flay; to exploit, to sweat; to harass, to oppress; *fig* to try to get for nothing; *refl* to drudge, to slave; **~er** knacker; sweater; **~erei** *fig* sweating; drudgery; **~luder:** *~luder treiben mit* to play a dirty trick on s-b; **~mähre** miserable hack

Schinken ham; *fig* old (large) book; **~wurst** ham sausage

Schinn dandruff

Schippe shovel, spade; *(Karten)* spades; **~n** to shovel; to scoop

Schirm umbrella; screen; *(Schutz)* shelter, protection; *(Lampen-)* shade; *(Mützen-)* peak; **~en** to screen; to guard, to protect; **~herr** protector, patron; **~mütze** peaked cap; **~ständer** umbrella-stand

schirren to harness

Schisma schism

Schlacht battle; fight, engagement; **~bank** slaughter-house, shambles; **~beil** butcher's axe; **~en** to slaughter, to kill; *fig* to butcher; **¨er** butcher *(a. fig)*, slaughterer; **¨erei** butcher's shop; *fig* slaughter; **~feld** battle-field (*od* -ground); **~gewicht** slaughtered weight; **~hof** slaughter-house, abattoir; **~kreuzer** battle-cruiser; **~linie** line of battle; **~opfer** victim; sacrifice; **~roß** charger; **~ruf** battle-cry; **~schiff** battleship; **~ung** slaughtering; **~vieh** animal for slaughter, fat stock

Schlack|e slag; *(Metall)* dross; *(Kohle)* clinker; *(Satz)* dregs, scum; **~en** to (form) slag; **~ig** slaggy; **~wurst** cervelat, *BE* saveloy

Schlaf sleep; *d. ewige ~* one's last sleep; *e-n leichten ~ haben* to be a light sleeper; *im ~ liegen* to be asleep; **~anzug** pyjamas, *US* pajamas; **~bringend** soporific; **~̈chen** nap, forty winks; **~en** to sleep, to be asleep; *~en gehen, s. ~en legen* to go to bed; *mit j-m ~en* to sleep with s-b, to make love to s-b; **~enszeit** bed-time; **~̈er** sleeper; **~krankheit** sleeping-sickness; **~lied** lullaby; **~los** sleepless; **~losigkeit** sleeplessness, insomnia; **~mittel** soporific; **~mütze** nightcap; *fig* sleepyhead, sluggard; **~mützig** sleepy, slow; **~̈rig** sleepy, drowsy; **~̈rigkeit** sleepiness, drowsiness; **~rock** dressing gown; **~saal** dormitory; **~sack** sleeping-bag; **~trunken** very drowsy, overcome with sleep; **~wagen** sleeping-car, sleeper; **~wandeln** to walk in one's sleep; **~wandler** sleep-walker, somnambulist; **~zimmer** bedroom

Schläfe temple

schlaff slack, loose; ⚕ weak, relaxed; feeble, limp; *fig* lax; **~heit** slackness, looseness; weakness, feebleness; laxity

Schlafittchen *umg* collar ♦ *am (beim) ~ nehmen* to take s-b by the scruff of his neck

Schlag blow; *(Glocke, Maschine)* stroke; *(Boxen)* punch, cut; *(Uhr)* stroke, striking; *(Donner)* clap, peal; *(Pferd, Flinte)* kick; *(Vogel)* song, warbling; *(Herz, Trommel)* beat; ⚡ shock; ⚕ apoplectic fit, stroke; *(Ruder)* stroke; *(harter ~)* bang; *(Tür-)* carriage-door; *(Tauben-)* pigeon-loft, dovecot; *(Feld)* field; *(Wäldchen)* copse; *~ ein Uhr* one o'clock sharp; *mit e-m ~* at one (*od* a) blow; *~ auf ~* in quick succession; *e. ~ ins Gesicht* a slap in the face ♦ *das ist e. ~ ins Kontor* that's a blow!; *e. ~ ins Wasser* failure, flop; **~ader** artery; aorta; **~anfall** apoplectic fit; cerebral catastrophe; **~artig** sudden and violent; prompt, surprise *(attack etc)*; **~baum** turnpike; **~en** to beat; *(Glocke, Wurzeln)* to strike; *(treffen)* to hit; to knock, to punch; *(Nagel)* to drive; *(Eier)* to beat up; *(Öl)* to press; *(Pferd, Flinte)* to kick; *(Brücke)* to build; *(einwickeln)* to wrap up; *(Münze)* to coin; *(besiegen)* to beat, to defeat; *vi (Herz)* to beat, to pulsate, *(schnell)* to throb; to strike; *(Vogel)* to sing, to warble; *~en nach* to take after; *refl* to fight (a duel); *s. ~en zu j-m* to side with; **~end** striking; convincing, conclusive; *~ende Wetter* fire-damp; **~er** 🎭 success, piece that draws a full house; *(Erfolgsartikel)* hit; ♪ song hit, hit tune; **~̈er** beater; *(Tennis)* racket; *(Kricket)* bat; *(Golf)* club; *(Wasser)* rapier; **~̈erei** fight, brawl; **~fertig** quick at repartee; *(Antwort)* ready; **~fertigkeit** quickness at repartee; readiness for battle; **~instrument** percussion instrument; *pl* the percussion, the battery; **~kraft** striking power, striking force; **~licht** strong light; highlight; **~loch** road hole, pothole; **~ring** knuckle-duster; ♪ plectrum; **~sahne** whipped cream; **~schatten** cast shadow; **~seite** ⚓ list; *(Rudern)* stroke side; *~seite haben* ⚓ to list; to be swaying (*od* reeling); **~teig** batter; **~wort** catchword, byword; slogan; **~zeile** headline, banner; **~zeug** *(Orchester)* the percussion, the battery; *(Tanz)* drums; **~zeuger** drummer

Schlaks hobbledehoy; **~ig** gangling, gawky

Schlamassel mess, scrape

Schlamm mud, slime; **~̈en** to wash, to clean; **~ig** muddy, slimy; **~̈kreide** whiting, washed chalk

Schlamp|e slut, slattern; sloven; **~en** to lap; to shuffle along; to work in a slovenly manner; **~ig** untidy; *(Kleider)* sloppy; *fig* slipshod

Schlange snake, serpent; *(Reihe)* queue (*~ stehen* to q. up); *falsch wie e-e ~* as false as a snake; **~̈ln** *refl* to wind, to meander; **~nbeschwörer** snake-charmer; **~nbiß** snake-bite; **~nlinie** wavy line; **~nmensch** contortionist

schlank slim, slender; svelte; **~heit** slimness, slenderness; *~heitskur machen* to be on a (reducing) diet; **~weg** flatly, downright

schlapp slack, limp; tired; **~machen** to break down, to collapse; **~e** rebuff; defeat, check; **~heit** slackness; exhaustion; **~hut** slouch hat; **~ohren** lop-ears; **~schwanz** weakling, milksop

Schlaraffen|land Cockaigne, fool's paradise; **~leben** life of idleness and luxury

schlau sly, crafty; cunning; astute; **~berger, ~meier** sly old fox, a smart one; **~̈e, ~heit** slyness; cunning; astuteness

Schlauch *(Garten-)* hose; *(Rad,* 🚗*)* inner tube; **~boot** rubber dinghy; *US* pneumatic boat; **~ventil** tyre valve

Schlaufe loop

schlecht bad; wicked; poor, wretched; inferior; *(Luft)* stale; *(Zeiten)* hard; *(verdorben)* spoiled, rotten; *~ u. recht* after a fashion, somehow; *mir ist ~* I feel sick, I don't feel well; *~ werden* to go bad, *(Milch)* to turn sour; **~erdings** absolutely, utterly; by all means; *~erdings nicht* by no means; **~gelaunt** in a bad temper; **~heit** = ~igkeit; **~hin** simply, quite; **~igkeit** badness; wickedness; poorness; *(Gemeinheit)* meanness; *(Verderbtheit)* depravity; **~machen** to speak ill of s-b, to run s-b down; **~wetter** bad weather

schlecken to lick; to like (to eat) sweets

Schlegel wooden hammer, mallet; *(Trommel-)* drumstick; gongstick *(Glocke)* clapper; *(Fleisch)* leg *(of veal etc)*

Schleh|dorn, ~e blackthorn, sloe; *(Frucht)* sloe

schleich|en to creep; *(heimlich)* to slink, to steal; *(nachts)* to prowl; *s. davon~en* to steal away; *(Zeit)* to drag; **~end** creeping; furtive; ⚕ lingering, slow; **~er** creeper; *fig* sneak; **~handel** black marketeering; illicit trade; **~ware** black-market goods; contraband; **~weg** secret path; *fig* secret (*od* underhand) means

Schleie *zool* tench
Schleier veil; *(Dunst-)* haze; *mil* smoke-screen; *d. ~ lüften* to lift the veil ♦ *e. ~ fiel mir von d. Augen* the scales fell from my eyes; **~eule** barn-owl; **~haft** mysterious, inexplicable
Schleif|e ⛓, ⚒ loop(-line); *(Kleid)* bow; knot; *(Kurve)* bend, curve; ✈ looping; **~en** to glide, to slide; *(zerren)* to drag, to pull; *(~en lassen)* to draggle, to trail along; *(zerstören)* to demolish, to raze; ♪ to slur; *(schärfen)* to sharpen, to grind, to polish; *(Glas, Diamant)* to cut; **~er** grinder; polisher; **~lack** enamel (varnish); **~mittel** abrasive; **~stein** whetstone, *(Dreh-)* grindstone; **~ung** grinding; polishing; cutting; razing; ♪ slurring
Schleim slime; § mucus, phlegm; **~haut** mucous membrane; **~ig** slimy; mucous; **~suppe** gruel
schleißen to tear, to split
schlemm|en to feast; to gormandize; **~er** gourmand; **~erei** feasting; gormandize
schlend|ern to stroll, to saunter; **~rian** the old jog-trot (*od* humdrum) way (of doing things)
schlenkern to swing, to dangle
Schlepp|boot boat in tow; **~dampfer** steam tug; **~e** train; **~en** to carry, to tug; ⚓, 🚗 to tow; *(Kleid)* to drag, to trail; *(Kunden)* to tout; **~er** ⚓ tug; 🚗 tractor; tout; **~kleid** dress with a train; **~lift** rope tow; **~netz** drag, dredge; **~tau** tow-rope, tow-line; *ins ~tau nehmen* to take s-th in tow *(a. fig)*; **~zug** train of barges
Schleuder sling, *US* slingshot; ✈ catapult; *(Milch)* separator; **~honig** strained honey; **~maschine** centrifugal machine, separator; **~n** *vt* to hurl, to fling; *vi* 🚗 to skid, to swerve; ⚓ to roll; ✈ to catapult
schleunig speedy, prompt; swift; **~st** as quickly as possible; in all haste
Schleuse sluice, gate; *(Kanal-)* lock; **~n** ⚓ to lock (a ship) up (*od* down); *fig* to manœuvre; **~ntor** lock-gate, flood-gate; **~nwärter** lock-keeper
Schlich trick, dodge; *hinter j-s ~e kommen, j-m auf d. ~e kommen* to see through s-b's game, to find s-b out
schlicht simple, plain; smooth; sleek; *fig* modest, artless, unpretentious; **~en** to make even, to smooth; to put right, to adjust, to settle; to arbitrate, to accommodate; **~er** mediator, arbitrator; **~heit** simplicity, plainness; modesty, artlessness; **~ung** settlement, adjustment; arbitration; **~ungsverfahren** mediation proceedings
Schlick mud, slime; *(Meer)* clay containing silt
schließ|bar admitting of being closed; **~e** clasp; fastening; hook; catch; **~en** to shut, to close; *(ver-)* to lock, to bolt; *(beenden)* to finish, to conclude; to stop, to end; *(Schule etc)* to break up; *in d. Arme ~en* to embrace; *fig* to infer (*aus* from), to judge (*aus* by); *woraus ~en Sie das?* what makes you think so?; *~en lassen auf* to suggest; *in s. ~en* to include, to involve, *(unausgesprochen)* to imply; **~er** door-keeper; *(Gefängnis)* turnkey; **~fach** safe; post-office box; baggage locker; **~lich** final; conclusive; *adv* finally; after all; in the long run; **~ung** close, closing; breaking-up
Schliff *(Glas)* cut; *(Messer)* grinding; *mil* hard drill, rigid training; *fig* good manners, polish
schlimm bad; *(unwohl)* not well, ill, *(übel)* sick; *(wund)* sore; nasty, evil; **~stenfalls** at the worst, if the worst comes to the worst
Schling|e running knot, noose, loop; *(Falle)* snare ♦ *in d. ~e gehen* to put one's neck in the noose; *s. aus d. ~e ziehen* to get one's head out of the noose, to save one's skin; **~el** naughty boy, rascal; **~elhaft** naughty, rascally; **~en** to swallow, to devour; *(binden)* to interlace; to tie; to wind, to twist; **~ern** ⚓ to roll; **~gewächs, ~pflanze** climbing plant, creeper
Schlips (neck-)tie
Schlitt|en *(Rodel-)* sledge, *bes US* sled; *(Sport-)* toboggan; *(Last-)* sledge; *(Pferde-)* sleigh ♦ *mit j-m ~enfahren* to wipe the floor with s-b; **~enfahrt** sleigh-ride; **~enkufe** sledge runner; **~ern** to slide; **~schuh** skate; **~schuhlaufen** to skate; **~schuhläufer** skater
Schlitz slit; *(Spalt)* cleft, split; *(Riß)* fissure; *(Kleid)* slash; *(an Automat)* slot; **~augen** slits (of eyes); **~äugig** almond-eyed; **~en** to slit; to slash; **~verschluß** 📷 focal-plane shutter
schlohweiß snow-white
Schloß *(Burg)* castle, palace; *(Tür-)* lock; *(Schließe)* clasp; *(Gewehr)* (gun-)lock; *ins ~ fallen* to snap to; **~garten** castle-garden; **~hof** castle-yard, palace-yard
Schloße hail-stone
Schlosser locksmith; fitter, mechanic; **~ei** locksmith's shop; fitting shop; **~n** to forge, to hammer; to tinker (up)
Schlot chimney (*rauchen wie e. ~* to smoke like a ch.); flue; **~feger** chimney-sweep
schlotter|n *(Kleid)* to hang loosely; to shake, to wobble; **~ig** wobbly, shaky, tottery
schluchzen to sob
Schluck gulp, draught; swig (*e-n großen ~ nehmen* to take a long s.); **~en** to gulp, to swallow; *su* hiccup; **~er** (poor) wretch
Schlummer slumber, doze; **~lied** lullaby; **~n** to slumber, to doze
Schlump|e slattern, slut; **~ig** slatternly
Schlund gullet, fauces; *(Abgrund)* abyss
schlüpf|en to slip, to slide; **~er** *BE* knickers, panties; *(kurze)* briefs; **~rig** slippery; *fig* indecent, obscene; **~rigkeit** slipperiness; obscenity
Schlupf|loch hiding-place; **~winkel** hiding-place, refuge; lurking-place
schlurf|en to drag one's feet; **¨en** to sip, to lap; *vi* to shuffle, = ~en
Schluß closing, shutting; close, end; conclusion, inference, deduction; *(Schule)* break-up; **~akt** last act; **~bemerkung** concluding remark; **~bestimmung** final provision; **~bilanz** final balance; **~ergebnis** final result; **~folgerung** cause of argument; conclusion; **~formel** closing-phrase; *(Brief)* complimentary ending; **~licht** 🚗 tail-light; **~runde** final round; **~satz**

conclusion, final proposition; ♪ finale; **~stein** keystone; **~verkauf** summer sales, winter sales; end-of-season sale; **~verkaufspreis** sale price; **~wort** last word; summary; **~zeit** closing time
Schlüssel key; code, cipher; ♪ clef; formula; **~bart** key-bit; **~bein** collar-bone, clavicle; **~blume** cowslip; **~brett** key-rack; **~bund** bunch (of keys); **~fertig** ready for (immediate) occupancy; **~gewalt** wife's authorization to buy necessaries; **~kraft** key member of the staff; **~loch** keyhole; **~stellung** *mil* key position; **~wort** keyword; code-word
schlüssig decided, resolved; logical; convincing, conclusive; *s. ~ werden* to make up one's mind
Schmach disgrace, dishonour; humiliation; **~voll** disgraceful; humiliating
schmacht|en to languish (for), to pine (for); **⸚ig** slim, thin; delicate; **⸚igkeit** slimness, thinness; delicate health
schmackhaft tasty, savoury; appetizing; **~igkeit** savour(iness)
schmäh|en to abuse; to slander; **~lich** ignominious, disgraceful; humiliating; shameful; *(fürchterlich)* frightful; **~schrift** libel; lampoon; **~ung** abuse; slander, defamation
schmal narrow; thin, slim; *(knapp)* scanty, poor; *~e Kost* meagre fare; **⸚en** to scold, to chide; **⸚ern** to lessen, to diminish; to belittle; **~film** 8 mm. film, substandard film; **~hans:** *hier ist ~hans Küchenmeister* they are on short commons; **~heit** narrowness; thinness; scantiness; **~spur** narrow gauge; **~spurig** narrow-gauge(d)
Schmalz lard; *umg* strength; **~en** to lard; **~ig** greasy; *fig* sentimental, unctuous; corny
schmarotz|en to sponge (*bei* on); **~er** sponger; parasite; **~erhaft, ~erisch** sponging; parasitic; **~erpflanze, ~ertier** parasite; **~ertum** parasitism
Schmarre scar; cut, lash; **~n** *umg* trash(y play)
Schmatz hearty kiss; **~en** to champ; to smack (the lips)
schmauchen to smoke, to puff (at a pipe)
Schmaus feast, banquet; **~en** to feast, to banquet; **~erei** feasting, banquet
schmecken *vt* to taste, to try; *vi* to taste (*nach* of); to be (*od* taste) nice (*od* good); *(wie) schmeckt es Ihnen?* do you like it?; are you enjoying it?
Schmeichel|ei flattery; adulation, cajolery; *pl* blandishments; **~haft** flattering; **~n** to flatter; to wheedle; to adulate, to cajole (into doing s-th); *(widerlich)* to beslaver
Schmeich|ler flatterer, wheedler, adulator; **~lerisch** flattering, wheedling
schmeiß|en to fling, to hurl; to chuck; **~fliege** bluebottle, blowfly
Schmelz enamel (*a.* ⚕), glaze; *fig* bloom, freshness; ♪ mellowness; **~bar** fusible; meltable; **~e** melt(ing); **~en** to melt; *(Erz)* to smelt; to fuse; *(dahin-)* to melt away; *fig* to soften; **~hütte** smelting-works; foundry; **~ofen** (melting) furnace; **~punkt** melting-point; **~sicherung** ⚡ safety fuse; **~tiegel** crucible; *a. fig* melting-pot
Schmerbauch paunch, *umg* corporation
Schmerz pain; *(dumpf, lang)* ache; *(plötzlich)* pang; *(stechend)* twinge, stitch; *(krampfartig)* throe; *(brennend)* smart; *(höchster ~)* agony, anguish; *(Kummer)* sorrow, grief; *mit ~en (fig)* impatiently, anxiously; *ich habe ~en* I've got a pain, I'm in a great pain; **~en** to pain; to hurt; to ache; *fig* to grieve, to afflict; **~ensgeld** smart money; **~erfüllt** deeply afflicted; **~haft** painful, sore; **~lich** sad, grievous, painful; **~los** painless; **~stillend** soothing, anodyne; *~stillendes Mittel* anodyne
Schmetter|ling butterfly; **~lingsstil** 🏊 butterfly stroke; **~n** to smash, to throw down; *vi* ♪ to blare; *(Vogel)* to warble
Schmied (black)smith; **~e** forge, smithy; **~eeisen** wrought iron; **~eeisern** wrough-iron; **~ehammer** forging-hammer; sledge-hammer; **~en** to forge; *(von Hand)* to hammer, to smith; to put in irons; *fig* to plan, to scheme; to hatch (a plot); to concoct, to contrive
schmieg|en *vt* to bend; *refl* to nestle (against), to cling (to); to snuggle down; **~sam** flexible; pliant, supple; malleable; **~samkeit** flexibility; pliancy, suppleness; malleableness
Schmier|e grease; dirt; 🎭 *BE sl* penny-gaff ♦ *~e stehen* to be look-out man, to keep a look-out; **~en** to grease, to oil; 🚗 to lubricate; *(Farbe)* to daub; *(schreiben)* to scrawl; to smear, to spread *(butter etc)*; *fig* to bribe s-b; **~enschauspieler** ham; **~fink** dirty fellow; **~geld** palm-oil; **~ig** greasy, dirty; *fig* sordid, mean; **~mittel** lubricant; **~öl** lubricating oil; **~plan** lubricating chart; **~seife** soft soap; **~ung** lubrication
Schminke make-up; rouge; paint; **~n** to make up; to rouge; to paint the face
Schmirgel emery; **~n** to (rub with) emery; **~papier** emery paper
Schmiß cut, lash; scar; blow; *fig* dash, go; verve
Schmöker *BE* penny dreadful, *US* dime novel; **~n** to browse
schmollen to pout (at), to be sulky (with)
schmor|en to braise, to stew; **~braten** braised meat
Schmu cheat, trickery, swindle; *~ machen* to cheat, to swindle
Schmuck decoration; jewels; jewellery (and trinkets); *adj* smart; neat; handsome; **⸚en** to decorate, to adorn, to ornament; to trim; **~kasten** jewel-box, casket; **~los** plain, unadorned; **~sachen** jewels; **~steine** ornamental jewellery, semi-precious stones; **~stück** piece of jewellery; **~waren** ornaments and trinkets
Schmugg|el smuggling; **~eln** to smuggle; **~ler** smuggler
schmunzeln to grin, to chuckle; *su* grin, broad smile
Schmus blarney, soft soap; **~en** to blarney; to pet, to caress

Schmutz dirt; mud, filth; **~blech** 🚗 mudguard; **~en** to dirty, to soil; **~fink** dirty fellow, regular sweep; **~ig** dirty; filthy, soiled; *fig* mean, shabby; **~igkeit** dirtiness; meanness, shabbiness; **~titel** 📖 bastard title, half-title; **~- und Schundliteratur** obscene and other undesirable literature

Schnabel beak, *(spitz, flach)* bill; ⚓ prow; *(Topf)* spout; *umg* mouth; *d. ~ halten* to hold one's tongue; *wie e-m d. ~ gewachsen ist* (quite) naturally; **¨~n** to bill and coo; **~tier** duckbill, platypus

Schnack talk, gossip; **~en** to chatter

Schnake crane-fly, *BE* daddy-longlegs; **~nstich** crane-fly bite

Schnalle buckle; **~n** to buckle, to fasten; **~nschuh** shoe with a buckle

schnalzen to smack; to click one's tongue; to snap one's fingers

schnapp|en to snap, to snatch (at); to bite (at); *(zu-)* to snap to; *nach Luft ~en* to gasp for breath; *fig umg* to cop s-b; **¨~er** ⚕ lancet; *zool* fly-catcher; **~schloß** spring-lock

Schnaps brandy, gin, schnapps; **~bruder** tippler; **~en** to tipple; **~idee** absurd idea; **~ig** silly, crazy

schnarchen to snore

Schnarre rattle; **~n** to rattle; to rasp, to jar

schnatter|haft chattering, gabbling; **~n** *(Gans etc)* to cackle *(a. fig)*; to prattle; *su* cackling; prattling

schnauben to snort; *Rache ~* to breathe vengeance; *vor Wut ~* to fume with rage; *refl* to blow one's nose

schnaufen to breathe heavily; *(keuchen)* to plant

Schnauz|bart walrus moustache; **~bärtig** with a moustache; **~e** *(Tier)* snout, muzzle; ⚙ nozzle; *(Kanne)* spout; *fig umg* jaw; *halt d. ~e!* shut up!; **~en** to jaw; to bark; **~er** schnauzer; **~ig** rude

Schnecke *zool (mit Haus)* snail, *(ohne Haus)* slug; ⚕ cochlea; 🏛 volute; *math* helix; ⚙ (endless) screw; *(Uhr)* fusee; spiral; **~nförmig** spiral; **~nhaus** snail-shell; **~ntempo** snail's pace (at a s's p.)

Schnee snow; *zu ~ schlagen* to beat up (to froth); **~ammer** snow-bunting; **~ball** snowball; *bot* guelder rose; **~ballen** to snowball; **~brille** snow-goggles; **~fall** snowfall; **~flocke** snowflake; **~gestöber** snowdrift, snowstorm; **~glöckchen** snowdrop; **~grenze** snow-line; **~huhn** ptarmigan; **~kette** tyre chain; **~könig:** *s. freuen wie e. ~könig* to be as pleased as Punch; **~mann** snow man; **~mensch** Abominable Snow-man; **~pflug** snow-plough, *US* -plow; **~schläger** egg-beater, whisk; **~schuh** snowshoe; *(Ski)* ski; **~sturm** snowstorm; *(stark)* blizzard; **~treiben** heavy snowfall; **~wächte** snow cornice; **~wehe** snowdrift; **~weiß** as white as snow; **~wittchen** Snow White

Schneid dash, pluck; *k-n ~ haben* to have no guts; **~brenner** cutting torch; **~e** cutting edge; blade; ♦ *auf d. Messers ~e* at a very critical juncture; **~en** to cut; *(Fleisch)* to carve; *(Gras)* to mow; *(be-)* to trim; 🚗 to cut in; *fig* to cut s-b; *refl* to intersect, to meet; to be mistaken; **~end** *fig* sharp; bitter; biting, sarcastic; **~er** tailor; *(Damen-)* dressmaker; **~erin** dressmaker; **~ern** *vt* to make; *vi* to do tailoring (*od* dressmaking); **~erpuppe** dummy; **~erspeck** wadding; **~ezahn** incisor; **~ig** dashing, plucky

schnei|en to snow; **~se** forest aisle; ✈ flying lane

schnell quick, fast; swift, speedy; rapid; *(plötzl.)* sudden; *(bereit)* prompt; *(lebhaft)* brisk; **~boot** motor torpedo boat, *BE* E-boat; **~en** to jerk, to dart; to fling; to flick; *vi* to spring, to jerk; **~feuer** rapid fire; **~hefter** rapid letter-file; **~gang** 🚗 overdrive; **~igkeit** *bes* ⚙ speed, velocity; quickness, swiftness; **~kraft** elasticity; **~presse** 📖 cylinder-press, cylinder machine; **~straße** express road, *US* expressway; **~waage** rapid scale; **~zug** fast train, express train

Schnepfe snipe; *(Wald-)* woodcock; **~nstrich** flight of snipe

schneuzen *(Nase)* to blow; *(Kerze)* to snuff; *refl* to blow one's nose

Schnickschnack chitchat; tittle-tattle

schniegeln to dress up

Schnipp|chen: *j-m e. ~chen schlagen* to play a trick on s-b; **~el** snip; bit, shred; scrap; **~eln** to snip; to cut up; **~en** to snip, to clip; to snap one's fingers; **~isch** pert, saucy

Schnipsel = Schnippel

Schnitt cut; *(Kleid)* cut, pattern; 📖 edge; *(Scheibe)* slice; *(Schneidepunkt)* intersection; *math* section(al view); *(Ein-)* incision; *(Ernte)* crop, harvest; *(Gestalt)* shape, contour (of the face); *umg* profit; *(Quer-)* cross-section; average (*im ~* on an a., on the whole); *d. goldene ~* golden section; **~blumen** cut flowers; **~bohnen** *BE* French beans, *US* string beans; **~e** slice; **~er(in)** reaper; **~fläche** cut, section(al area); **~holz** sawn timber; **~ig** smart; ⚙, 🚗 streamlined; **~lauch** chive; **~linie** *math* secant; **~muster** pattern; **~punkt** point of intersection; **~ware** = Meterware *od* ~holz; **~wunde** cut, gash

Schnitz|arbeit wood-carving, carving work; **~el** chip; scrap; *pl* parings, shavings; *(Fleisch)* escalope; **~eljagd** paper-chase, hares and hounds; **~eln** to chip, to cut (up); **~en** to carve, to cut (in wood); *su* carving; **~er** carver; *fig* blunder, *sl* boner; *e-n ~er machen* to blunder; **~erei** carving (work)

schnodderig pert, flippant; boastful

schnöde contemptible; base, mean; vile; *~r Mammon* filthy lucre

Schnorchel ⚓ *BE* snort, snorkel

Schnörkel flourish; 🏛 scroll, volute; **~haft** full of flourishes; overloaded with ornaments

schnorr|en to cadge; **~er** cadger

schnüff|eln to sniff, to smell; *fig* to snoop (about); **~ler** snoop(er); spy

Schnuller *BE* dummy, *US* pacifier

Schnulz|e ♪ corn; **~ig** corny

Schnupf|en common cold, cold in the head; catarrh; *vi* to take snuff; **~tabak** snuff; **~tuch** handkerchief

Schnuppe *(Kerze)* snuff; *astr* shooting star ♦ *d. ist mir ~* I don't care two hoots (*od* tuppence); **~rn** to sniff, to nose (out)

Schnur string, cord; ⚡ flex ♦ *über d. ~ hauen* to be rash, to kick over the traces, to overstep the mark; **≈band** lace; **≈boden** 🎭 gridiron; **≈chen:** *wie am ≈chen gehen* to go like clockwork; **≈en** to tie up, to cord; to lace; *refl* to tight-lace; **~gerade** as straight as an arrow, in a bee-line; **≈loch** eyelet; **≈schuh** laced shoe; **≈senkel** shoe-lace; **≈stiefel** lace-up boot; **~stracks** straight (away); at once

Schnurr|bart moustache, *US* mustache; **~e** jest, joke; funny story; **~en** to hum, to buzz; *(Rad)* to whir; *(Katze)* to purr; **~ig** droll, funny; queer, odd

Schnute snout; spout; *e. ~ ziehen* to purse one's lips up

Schober stack, rick; *(Scheune)* barn

Schock *(60)* threescore; ⚕ shock; **~therapie** ⚕ shock therapy

schofel shabby, mean; inferior

Schöffe lay assessor; **~ngericht** magistrates' court

Schokolade chocolate *(a. Getränk)*; **~npulver** chocolate powder; **~ntafel** bar of chocolate

Schola|r medieval student; **~stik** scholasticism; **~stisch** scholastic

Scholle *(Erd-)* clod, sod; *(Eis-)* floe; *zool* plaice; *fig* soil, land ♦ *an d. ~ hängen* to be bound to the soil

schon *(~ vorher, früher als erwartet)* already; *(wie lange ~) ausgedrückt durch Present Perfect Continuous (+ for . . .)*; *(jetzt ~)* yet (need you go y.?); so far, by this time; *(~ damals)* as early as, as long ago as; *(mit anderen Adverbien: unübersetzt) ~ wieder* again, *~ immer* always; *(als Füllwort) ~ d. Gedanke* the very idea; *ich muß ~ sagen* well, I must say; *d. ist ~ wahr, aber* that is certainly true, but; *er wird ~ kommen* I am sure he will come; *ich komme ~* I am (just) coming; *werden Sie ~ bedient?* are you being attended to?; *es wird ~ gehen* we'll manage, it will be all right

schön fine; *(ästhetisch)* beautiful; lovely; *(Wetter)* fair; *(eindrucksvoll)* handsome; noble; great, considerable; *(Mann)* handsome, good-looking; *d. ~en Künste* the fine arts; *d. ~e Literatur* belles-lettres; *d. ~e Geschlecht* the fair sex; *~!* certainly!; very well!; all right!; *~en Dank* many thanks; *~e Grüße* kind regards; *~ warm* nice and warm; *zu ~, um wahr zu sein* too good to be true; *d. wäre noch ~er!* that would be a fine thing, wouldn't it?, certainly not!; **~e** a beauty, a belle; **~färberei** colouring, heightening; **~geist** wit, bel esprit; **~geistig** aesthetic; *~geistige Literatur* belles-lettres; **~heit** beauty; *(Person)* beauty, belle; **~heitsfehler** minor blemish, flaw; **~heitsmittel** cosmetic, toilet preparation; **~heitspflästerchen** patch, beauty spot; **~heitspflege** beauty treatment; **~heitssalon** beauty parlour; **~machen** *refl* to smarten o.s. up; **~redner** speechifier; flatterer; **~schreiben** penmanship; **~schreibheft** copy-book; **~schrift** calligraphy; *(Schule)* penmanship; **~tun** to flatter, to soft-soap; to flirt

schon|en to spare, to save; *(Gesundheit etc)* to take care of; *(Wild)* to protect; *refl* to look after o.s.; **~end** careful, considerate; **~frist** close season; period of respite (*od* grace); **~kost** bland diet; **~ung** mercy; consideration; indulgence; 🌲 nursery (for young trees); **~ungslos** unsparing; pitiless, relentless; **~zeit** close season

Schoner *(Möbel)* antimacassar; ⚓ schooner

Schopf *(Kopf)* crown, top; *(Haare)* tuft, forelock ♦ *beim ~ ergreifen* to take by the forelock, to take by the scruff of the neck; **≈brunnen** draw-well; **≈eimer** bucket; **≈en** *(Wasser)* to draw; *(aus-)* to scoop (out), to ladle; *(Atem)* to draw (in); *(Mut)* to take; *(Verdacht)* to conceive; **≈er** creator, maker *(a. eccl)*; **≈erisch** creative; **≈erkraft** creative power; **≈kelle** ladle; **≈löffel** scoop; *(mit Löchern)* skimmer; **≈rad** bucket-wheel; **≈ung** creation; **≈werk** water-engine

Schoppen a pint (*od* glass) (of beer etc)

Schöps wether; *fig* blockhead

Schorf scab, scurf

Schornstein chimney; ⚓ funnel; **~feger** chimney-sweep

Schoß lap; womb; *(der Familie)* bosom; *(Rock-)* coat-tail; *bot* sprig, shoot; **~hund** lap dog, pet dog; **~kind** pet; darling; **≈ling** shoot, sprout

Schote pod, shell; *pl* green peas; ⚓ sheet

Schott ⚓ bulkhead; **~er** road stone, macadam; 🚂 ballast; *geol* coarse gravel; **~ern** to cover with road stone, to macadamize

Schott|e Scotchman, Scot; *(in Schottl.)* Scot; *pl* the Scotch; **~enstoff** tartan; **~in** Scotchwoman, *(in Schottl.)* Scot; **~isch** Scotch, Scottish *(literature, poetry, etc)*, Scots; *(~ische Sprache)* Scotch, *(in Schottl.)* Scots; **~land** Scotland, North Britain

schraff|ieren to hatch; to shade in; **~ierung** hatching

schräg oblique; *(quer)* diagonal, transversal; *(geneigt)* slanting, sloping; *(Stoff)* biased; **~e** obliquity; slope, slant; bevel; bias; **~en** to bevel; **~lage** ✈ bank; **~schrift** italics; **~strich** 📖 diagonal, virgule

Schramm|e scratch; scar; abrasion; **~en** to scratch; to graze; **~ig** scratched, full of scratches

Schrank cupboard; *(Kleider-)* wardrobe; *(Bücher-)* bookcase; *(Wäsche-)* (linen-)press; *(Spind)* locker; **~e** 🚂 railway gate; toll-bar, turnpike; ⚖ bar; enclosure; *(Turnier) pl* lists; *fig* limit, bound(s) ♦ *s. in ~en halten* to keep within bounds, to be moderate; *etw e-e ~e setzen* to bound, to restrain; **~enlos** boundless; unbridled, unrestrained; **~enwärter** 🚂 gatekeeper

Schranze (servile) courtier, toady
Schrapnell shrapnel
schrappen to scrape
Schraub|e *(ohne Mutter)* screw, *(mit Mutter)* bolt; ✈ propeller, air-screw; *e-e ~e ohne Ende* an endless screw *(a. fig); e-e alte ~e* a crazy old creature; *bei ihm ist e-e ~e locker* he has a screw loose; **~en** to screw; to turn, to twist, to wind; **~endampfer** screw-steamer; **~enfeder** helical spring, coil spring; **~enförmig** screw-shaped; spiral; **~engewinde** screw-thread; **~enmutter** nut; **~enschlüssel** wrench; **~enzieher** screw-driver; **~stock** vice, *US* vise
Schreber|garten allotment (garden); **~gärtner** allotment holder
Schreck terror, fright; fear, dread; *in ~en setzen* to terrify; *mit d. ~en davonkommen* to get off with a bad fright; **~en** *vt* to frighten; **~enerregend** terrifying, dreadful; **~ensbleich** pale with terror; **~ensherrschaft** reign of terror; **~ensruf** cry of terror; **~gespenst** bogy, bugbear, bugaboo; **~haft** easily frightened, timid; **~lich** terrible, dreadful; frightful; *umg* awful (awfully sorry etc); **~schuß** shot fired in the air; *fig* false alarm
Schrei cry, shout; *(gellend)* yell; *(kreischend)* scream, shriek; roar; howl; *(Hahn)* crow; *(Esel)* bray; **~en** to cry (out), to shout; to scream, to shriek; to howl; to bray; *(Katze)* to caterwaul ♦ *d. ist zum ~en* it's a scream, it's too funny for words; **~end** *fig* flagrant, monstrous; *(Farbe)* loud, gaudy; glaring; **~er, ~hals** crier, shouter; *(Kind)* cry-baby, noisy brat
Schreib|abteil 🚃 secretarial compartment; **~block** writing-pad; **~en** to write; *(buchstabieren)* to spell; *Maschine ~en* to type; *su* writing; letter, note; communication; **~er** writer; clerk; **~erei** writing; correspondence; clerical work; **~faul** lazy in writing; **~feder** pen, *BE a.* nib; **~fehler** slip of the pen, error in writing; **~heft** writing-book, exercise-book; *(Schönschreiben)* copy-book; **~mappe** blotter; writing-case; **~maschine** typewriter; **~papier** note-paper, writing-paper; **~pult** writing-desk; **~schrift** 🕮 script; **~stube** *mil* orderly room, office; **~tisch** writing-table, bureau; **~waren** stationery, writing-materials; **~warenhändler** stationer; **~weise** style; spelling; **~zeug** pen and ink; inkstand
Schrein shrine; **~er** joiner; *(Möbel)* cabinet-maker; *(Zimmermann)* carpenter; **~erei** joiner's shop; cabinet-making; **~ern** to do joinery (*od* cabinet-making)
schreiten to stride, to stalk; *fig* to set about (doing s-th), to proceed (to do s-th)
Schrift writing; handwriting; book, publication; pamphlet; 🕮 fount, type; ⚖ writ; *d. Heilige ~* the Holy Scriptures; **~art, ~bild** 🕮 (type-)face; **~deutsch** literary German; **~enreihe** series of publications; **~führer** secretary; **~gelehrter** scribe; **~gießer** type-founder; **~gießerei** type-foundry; **~grad** 🕮 size (of type); **~leiter** editor; **~leitung** editorship; editors; newspaper office; **~lich** (done) in writing; written; by letter; *etw ~lich beantragen* to apply in writing; **~material** stock of types; **~probe** specimen of writing (*od* type); **~satz** brief, pleadings; **~setzer** compositor, typesetter; **~sprache** literary language, written language; **~stelle** passage; **~steller** author, writer; 🎭 playwright, dramatist; **~stellerisch** literary; writing; **~stellern** to write, to do literary work; **~stück** piece of writing; document, record; **~tum** literature; **~wechsel** correspondence; transmission of documents; **~zeichen** character, letter; **~zug** character; stroke of the pen
schrill shrill; **~en** to sound (*od* ring) shrilly
Schritt step, *(lang)* stride; pace; *(Gangart)* gait, walk; *(Hose)* crotch; *~ für ~* step by step; *~ halten mit* to keep pace with, *fig* to keep abreast with; *j-m auf ~ u. Tritt folgen* to shadow s-b, to dog s-b's steps; *s. j-n drei ~ vom Leibe halten* to keep s-b at arm's length; *~ fahren!* dead slow!; **~macher** pacemaker *(a. fig)*; *mit (ohne) ~macher* 🚲 paced (unpaced); **~weise** step by step; *adj* gradual, successive
schroff steep, precipitous; rugged; *fig* abrupt; blunt, gruff; **~heit** steepness; ruggedness; bluntness, gruffness
schröpfen to cup, to bleed; *fig* to fleece (*um* of)
Schrot small shot; crushed grain, grist; *(Münze)* due weight ♦ *von echtem ~ u. Korn* of the true stamp, of sterling worth; **~brot** wholemeal bread; **~en** to grind, to bruise, to crush; to roll down; **~flinte** shot gun; **~kugel** (grain of) shot; **~mühle** crushing-mill, grist-mill
Schrott scrap (iron)
schrubb|en to scrub; **~er** scrubber, scrubbing-brush; **~ern** = ~en
Schrull|e crank, fad, crotchet; **~enhaft, ~ig** cranky, faddy, crotchety; *~iger Mensch* crank
schrumpel|ig crumpled, creased; wrinkled; **~n** to shrink, to shrivel
schrumpf|en to shrink, to shrivel; to atrophy; to contract; **~ung** shrinking, shrivelling; atrophy; contraction
Schrund crack, chink; *(Hand)* chap
Schub push, shove; ⚙ thrust; *(Haufen)* heap; batch; **~fach, ~lade** drawer; **~karren** wheelbarrow; **~s** nudge; **~sen** to nudge
schüchtern shy, bashful; timid; *(Mädchen)* coy; **~heit** shyness, bashfulness; timidity; coyness
Schuft blackguard, cad, scoundrel; **~en** to drudge, to slave; **~ig** blackguardly, vile, mean; **~igkeit** vileness, meanness
Schuh shoe; *(Stiefel)* boot; *(Maß)* foot ♦ *... wo d. ~ drückt ...* where the shoe pinches; *j-m etw in d. ~e schieben* to put the blame for s-th on s-b; **~anzieher** shoe-horn; **~bürste** shoe-brush; **~flicker** cobbler; **~krem** shoe-cream; **~macher** shoemaker; **~putzer** shoeblack; *US* bootblack; **~riemen** shoe-lace; **~sohle** sole; **~spanner** boot-tree, shoe-tree; **~waren** boots and shoes; **~werk** footwear, boots and shoes; **~wichse** boot polish, *(schwarz)* blacking

Schul|arbeit lesson, homework, exercise; *s-e ~arbeit machen* to learn one's lessons, to do one's homework; **~bank** form, bench; **~beispiel** typical example, text-book case; **~besuch** attendance at school; **~bildung** schooling, education; **~buch** text-book, schoolbook; **~diener** janitor; **~e** school; college; academy ♦ *~e machen* to find followers, to serve as a model (*od* precedent); *e-e harte ~e durchmachen* to learn things the hard way; *aus d. ~e plaudern* to let out stable secrets; **~en** to train, to teach; to school; *pol* to indoctrinate; **¨er** pupil, schoolboy; **¨erhaft** immature, boyish; **¨erin** pupil, schoolgirl; **~ferien** school holidays, *(große)* vacation; **~freund** school friend; **~geld** school fees, tuition; **~hof** school-yard, playground; **~jahr** school year; **~junge** schoolboy; **~lehrer** school-master; **~leiter** headmaster; **~leiterin** headmistress; **~mappe** school-bag; *(Ranzen)* satchel; **~medizin** allopathy; **~meister** (village) schoolmaster; **~pflichtig** of school age; bound to attend school; *~pflichtiges Alter* compulsory school age; **~rat** *(etwa)* inspector of schools; **~schiff** training-ship; **~schluß** end of school; break-up; **~stunde** lesson, period; **~system** school (*od* educational) system; **~ung** training, schooling; *pol* indoctrination; **~versäumnisse** absences from school; **~wesen** system of education; school affairs; **~zeit** school period; schooling; **~zeugnis** school report

Schuld *(Geld)* debt; indebtedness; *(Ursache)* cause, fault, blame; *(böse Tat)* offence, sin; guilt; *~ sein an* to be the cause of, to be responsible for, to be to blame for; *j-m d. ~ geben an* to accuse s-b of, to blame s-b for; *j-m d. ~ zuschreiben (zuschieben)* to lay the blame on s-b; *e-e ~ auf s. nehmen* to take the blame on o.s.; *in j-s ~ stehen* to be in s-b's debt; *~en machen* to run into debt; **~beladen** burdened with guilt; **~bewußt** conscious of guilt; **~bewußtsein** guilty conscience; **~buch** debt register; **~en** to be in debt; *j-m etw ~en* to owe s-b s-th, to be indebted for s-th to s-b; **~enfrei** free from debt; **~enlast** burden of debt; **~enmacher** contractor of debts; **~forderung** claim (of debt), demand; **~haft** *su* imprisonment for debt; *adj* culpable, guilty; **~ig** guilty; owing, due; *(verpflichtet)* bound, obliged; *j-m Geld ~ig sein* to owe s-b money; *Dank ~ig sein* to be indebted to s-b; **~iger** culprit; **~igkeit** duty, obligation; **~los** innocent; **~losigkeit** innocence; **~ner** debtor; **~schein** certificate of indebtedness; I. O. U.; **~verschreibung** bond; debt certificate

Schulter shoulder ♦ *j-m d. kalte ~ zeigen* to cold-shoulder s-b; *etw auf d. leichte ~ nehmen* to make light of s-th; **~bein** humerus; **~blatt** shoulder-blade; **~frei** strapless; **~klappe, ~stück** shoulder-strap; **~n** to shoulder; **~riemen** shoulder-strap; **~sieg** ⛩ win by fall; **~riemen** baldric

Schultheiß village mayor

schummeln to cheat

Schund rubbish, trash; **~literatur** worthless (*od* trashy) literature; **~roman** trashy novel

Schupo *umg BE* bobby, cop

Schupp|e scale; *(Haar)* dandruff, scurf ♦ *es fiel ihm wie ~en von d. Augen* the scales fell from his eyes; **~en** *vt* to scale; to scrape; *refl* to peel off; *su* shed; *(Scheune)* barn; 🚗 garage; ✈ hangar; 🚂 engine-house; **~ig** *(Haar)* scurfy; scaly, flaky; squamous

Schur shearing; **¨en** *(Feuer)* to poke; to stir up, to incite ♦ *d. Feuer ¨en (fig)* to fan the fire; **¨haken** poker

schürf|en to scratch; to abrade; *(Erz etc)* to prospect for; **~ung** scratch(ing); abrasion; prospecting

Schurk|e rascal, scoundrel; **~enstreich, ~erei** rascally trick; villainy; **~isch** rascally

Schurz apron; **¨e** apron; pinafore; **¨en** to pick up; to tie; **¨enjäger** ladies' man, dangler (after women)

Schuß shot; *(Ladung)* charge; *(Salve)* round; *(Knall)* report; *(Weben)* weft; ⚕ gunshot wound, bullet wound; dash (of wine etc); *e-n ~ abgeben (tun)* to fire a shot (*od* round) ♦ *im ~ (fig)* in working order, in full swing; *zu weit vom ~* too wide of the mark, too far from the scene; *k-n ~ Pulver wert* not worth powder and shot; **~bereich** range; **~bereit** ready to fire; **~waffe** fire-arm; **~weite** range; **~wunde** gunshot wound

Schüssel dish; bowl, basin; *(feuerfest)* casserole

Schuster shoemaker; *(Flick-)* cobbler ♦ *auf ~s Rappen* on Shanks's pony (*od* mare); **~geselle** journeyman shoemaker; **~junge** shoemaker's apprentice; **~n** to cobble; to bungle; **~pech** shoemaker's (*od* cobbler's) wax; **~werkstatt** shoemaker's workshop

Schute barge, lighter; *(Hut)* bonnet

Schutt rubbish, *(Trümmer)* rubble; **~abladeplatz** (rubbish) dump; **~halde** rubble slope; *geol* scree; **~haufen** rubbish heap, *(Trümmer)* rubble pile; **~räumung** rubble clearing

Schüttel|frost shivering fit, rigor; **~n** to shake; *refl* to shiver, to tremble; **~reim** (kind of) Spoonerism

schütt|en to pour (out); to throw; *(Regen)* to pour down; **~gut** bulk material

schütter *adj* sparse, thin

Schutz protection; *(Schirm)* screen; *(Deckung)* cover; *(Verteidigung)* defence; *(Zuflucht)* shelter, refuge; ⚙ insulation; care, keeping; *in ~ nehmen* to defend; *~ suchen* to take shelter; *unter d. ~ d. Nacht* under cover of night; **¨** ⚡ contactor; *(Schleuse)* floodgate; **~anstrich** baffle (*od* dazzle) paint, camouflage paint; ⚙ protective coat; **~befohlener** charge, ward; protégé; **~blech** mudguard, *US* fender; **~brief** (letter of) safe-conduct; **~brille** protective goggles; **~bündnis** defensive alliance; **¨e** marksman, *(guter, schlechter)* shot; *mil* rifleman; *astr* Sagittarius, Archer; *(Weben)* shuttle; **¨en** to protect, to guard; to defend; to preserve; **¨enfest** shooting-match; riflemen's festival; **⁓engraben** *mil* trench; **⁓enkette, ⁓enlinie** line of riflemen (in extended order); **⁓enloch** *mil* foxhole; **~engel** guardian angel; **~farbe** camouflage; **~färbung** protective colouring; **~frist** 🕮 duration of copyright, period of protection; **~haft** protective custody; **~heiliger** patron saint; **~herr** patron, protector; **~impfung** protective inoculation; **~insel** = Verkehrsinsel; **⁓ling** protégé, charge; **~los** defenceless, unprotected; ⚖ undefendable; **~mann** policeman, *BE* constable; **~mannschaft** constabulary; **~marke** trade mark; **~mittel** preservative; ⚕ prophylactic; *zool* armature; **~polizei** (municipal) police; **~polizist** policeman; **~schicht** protective layer (*od* coat); *zool* armature; **~umschlag** 🕮 (dust-)jacket, dust cover, *BE a.* wrapper; **~wehr** defence work, bulwark; **~zoll** protection tariff, protective duty; **~zöllner** protectionist; **~zollpolitik** protectionism

schwabbeln to spill; to wobble; to babble

Schwab|e Suabian; *zool* cockroach; **⁓eln** to speak in Suabian dialect; **~en** Suabia; **~enstreich** a piece of tomfoolery; **⁓isch** Suabian

schwach weak; feeble, frail; *bes* ⚕ infirm; *(gering)* faint, small; *(spärlich)* sparse, scanty; poor, meagre, low; **⁓e** weakness; debility; *(~e Seite)* foible; failing; *e-e ⁓e haben für* to have a weakness for; **⁓en** to weaken; to lessen, to diminish; to debilitate; *(mildern)* to tone down; *(beeinträchtigen)* to impair; **~heit** weakness; frailty, feebleness; **~kopf** simpleton, imbecile; **~köpfig** weak(-minded), silly; **⁓lich** weak, delicate; *(kränklich)* infirm, sickly; **⁓lichkeit** delicacy; infirmity; **⁓ling** weakling; **~sinn** weak-mindedness, imbecility; **~sinnig** weak-minded, imbecile; **~strom** weak (*od* light) current; **~stromtechnik** light-current engineering; **⁓ung** weakening; lessening, diminution; impairment

Schwaden vapour; fume; gas cloud; fire-damp; *(Mähen)* windrow, swath

Schwadron squadron; **~eur** gas-bag, talker; **~ieren** to talk at random, to jaw

schwafeln to talk nonsense

Schwager brother-in-law; **⁓in** sister-in-law; **⁓schaft** relation by marriage, affinity

Schwalbe swallow; **~nschwanz** swallow-tail (*a. fig*); ⚙ dovetail

Schwall swell, flood; *fig* torrent (of words)

Schwamm sponge; *bot* fungus; *(eßbar)* mushroom; *(Holz)* dry rot ♦ ~ *drüber* let's say no more about it; **~ig** fungous; *(~artig)* fungoid; spongy; *(gedunsen)* bloated

Schwan swan; **~en:** *mir ~t nichts Gutes* I have misgivings of trouble; **~engesang** *fig* swan song; **~enteich** swannery

Schwang swing ♦ *im ~e sein* to be in vogue; **~er** pregnant; **⁓ern** to make pregnant, to impregnate; **~erschaft** pregnancy

Schwank joke, yarn; 🎭 farce; *adj* flexible; unsteady, wavering; **~en** to rock, to toss; to sway; *(wanken)* to stagger, to totter; *(taumeln)* to reel; *(schwingen)* to sway; *fig* to fluctuate, to be in a state of flux; *(zögern)* to hesitate, to waver; **~end** fluctuating; *fig* wavering, doubtful; irresolute; **~ung** unsteadiness; fluctuation, vacillation; variation, change

Schwanz tail; end; *(Kleid)* trail; **⁓eln** to wag one's tail; *fig* to fawn (upon); **⁓en** to idle about; *d. Schule ⁓en* to play truant (*US* hookey); **~ende** tip of the tail; **~fläche** ✈ tail; **~flosse** (fish-)tail; **~riemen** *(Pferd)* crupper; **~taube** fantail pigeon

Schwäre ulcer, abscess; **~n** to suppurate, to fester

Schwarm swarm; flock, flight; *(Menge)* crowd, throng; *fig* idol, hero; craze; **⁓en** to swarm; to riot, to revel; *mil* to deploy; *fig* to gush (over), to be enthusiastic (about); *⁓en für* to have a crush on, to adore; **⁓er** *(Feuerwerk)* squib; cracker; *zool* hawk-moth; *fig* dreamer, visionary; enthusiast, fanatic; **⁓erei** enthusiasm, fanaticism; **⁓erisch** enthusiastic, fanatic, (sentimental) gushing

Schwarte rind (of bacon); *(Braten)* crackling; *umg* old (pigskin) book

schwarz black; dark, swarthy; dirty, smutty; *(düster)* gloomy; *~e Liste (fig)* black-list; *auf d. ~e Liste setzen* to black-list; *d. ~e Mann* bogyman; *~er Tag* black-letter day; *~es Schaf* black sheep; *~ auf weiß* in black and white, in print ♦ *ins ~e treffen* to hit the bull's-eye; **~arbeit** illicit work, work not reported to the labour exchange; **~brot** black bread, rye bread; **~dorn** blackthorn; **~drossel** blackbird; **⁓e** blackness; darkness; *(Mittel)* black(en)ing; 🕮 printer's ink; *fig* baseness; **⁓en** to black; *fig* to blacken; *(verleumden)* to defame; **~er** black(amoor); negro, nigger; **~fahrt** ride without a ticket; drive without a licence; **~handel** black market; **~hörer** pirate listener, broadcasting pirate; **~künstler** magician; **⁓lich** blackish, darkish; **~schlachten** illegal slaughtering; **~sehen** to be pessimistic, to take a dim view of things, to look at the dark side of things; **~seher** pessimist; **~sender** pirate broadcasting station; **~wild** wild boars; **~wurzel** black salsify, viper's grass

Schwatz chat, talk; **~amsel, ~base** chatterbox; **~en** to chat, to chatter, to talk; *(klatschen)* to gossip; *(Bach)* to babble; **⁓en** to chatter, to blab; to babble, to twaddle; **⁓er** babbler, twaddler; gossip; **⁓erei** babbling, twaddle; gossip; **~haft** talkative; **~haftigkeit** talkativeness; **~sucht** love of gossip

Schwebe (state of) suspense, indecision; *in d. ~* in suspense, in abeyance; **~bahn** suspension railway; **~n** to be suspended, to hang; *(Vogel)* to hover, *(fliegend)* to soar; *fig* to be pending (*od* undecided); *in Gefahr ~n* to be in danger; *in Ungewißheit ~n* to be in suspense; *es ~t mir auf d. Zunge* it is on the tip of my tongue; *zwischen Furcht u. Hoffnung ~n* to hover between hope and fear; **~nd** in suspense; pending, provisional

Schwed|e Swede; **~en** Sweden; **~isch** Swedish

Schwefel sulphur, *US* sulfur; **~bad** sulphur

bath; **~gelb** sulphur yellow; **~haltig** containing sulphur, sulphurous; **~holz** match; **~ig** sulphurous; **~n** to sulphurize, to sulphurate; **~säure** sulphuric acid

Schweif tail, train *(a. astr)*; **~en** to furnish with a tail; *vi* to roam, to ramble (about); **~stern** comet; **~wedeln** to wag one's tail; to fawn (upon)

Schweig|egeld hush-money; **~en** to be silent, to say nothing; to hold one's tongue; *su* silence; *zum ~en bringen* to make s-b be quiet; to silence; **~sam** silent, taciturn; **~samkeit** silence, taciturnity

Schwein pig, *bes US* hog; *zool* swine; dirty (*od* mean) fellow ♦ *~ haben* to have a bit of luck, to fall on one's feet; **~ebraten** roast pork; **~efleisch** pork; **~ehirt** swineherd; **~erei** filth(iness); dirty thing (*od* trick); obscenity; **~estall** pigsty; **~igel** *fig* dirty fellow; **~isch** filthy; swinish; obscene; **~skotelett** pork chop; **~sleder** pigskin

Schweiß sweat, perspiration; *(Jagd)* blood; exudation; *fig* toil(ing), hard labour ♦ *d. hat viel ~ gekostet* that was a tough job; *im ~e deines (s-s) Angesichts* in the sweat of thy (his) brow; **~band** sweat-band; **~blatt** dress shield; **~brenner** welding torch; blowpipe; **~drüse** sweat-gland; **~en** to weld; *su* welding; **~er** welder; **~erei** welding shop; **~fuß** sweaty foot; **~hund** bloodhound; **~ig** sweaty; bloody; **~naht** weld(ing seam); **~treibend(es Mittel)** sudorific

Schweiz Switzerland; **~er** Swiss; *~er Käse (bes BE)* gruyère, *(bes US)* Swiss cheese; **~erin** Swiss; **~erisch** Swiss

schwelen to smoulder (*US* smolder)

schwelg|en to feast; to revel (in); *(üppig leben)* to luxuriate (in); ♪ to enjoy; **~er** reveller, epicure; gourmand; **~erei** feasting, revelry; gormandize; **~erisch** gormandizing; luxurious

Schwell|e door-step, threshold (*a.* ⚕, *fig*); 🚂 sleeper, *US* tie; **~en** *vi* to swell; *(Wasser)* to rise; *vt* to swell; to inflate; to distend; **~ung** swelling; lump; ⚕ growth, tumour

Schwemm|e horse-pond; watering-place; *fig* glut; **~en** to water; to wash (up); *(an-)* to deposit; **~land** alluvial soil

Schwengel *(Glocke)* clapper; *(Pumpe)* handle; *(Dresch-)* swingle

schwenk|en to swing (to and fro), to wave; *(Waffe)* to brandish; to flourish; *(b. Kochen)* to shake, to toss; *(waschend)* to rinse; *vi* to turn; *mil* to wheel; **~ung** turn(ing movement); *mil* wheeling (manœuvre); change

schwer heavy; *(gewichtig)* weighty; *(schwierig)* difficult, hard; *(ernst)* grave, serious; severe; *(~fällig)* clumsy; ponderous; *(bedrückend)* oppressive; *(Fehler)* bad, gross; *(Essen)* indigestible, heavy; *(Wein, Zigarre)* strong; **~arbeiter** heavy labourer; **~athletik** heavy athletics; **~blütig** melancholic; **~e** heaviness; weight; *fig* gravity, seriousness; severity; *(Wein)* body; **~efeld** (the earth's) gravitational field; **~enöter** lady-killer; **~fallen** to be difficult for; **~fällig** heavy, ponderous; clumsy; **~fälligkeit** heaviness; clumsiness; **~gewicht** 🏋 heavy-weight; *fig* main emphasis, accent; **~gewichtler** heavy-weight; **~halten** to be difficult; **~hörig** hard of hearing; **~industry** heavy industry; **~kraft** (force of) gravity; **~kriegsbeschädigter** disabled war veteran; **~lich** hardly, scarcely; **~mut** low spirits; depression, melancholy; **~mütig** dejected, melancholy; **~nehmen** to take to heart; **~punkt** centre of gravity; main point, crucial point; point of main emphasis (*od* effort); **~verbrecher** criminal, felon; **~verständlich** abstruse, abstract; **~wiegend** weighty; grave

Schwert sword; **~fisch** sword-fish; **~lilie** iris; **~tanz** sword-dance; **~wal** grampus

Schwester sister; ⚕ hospital nurse; nun; **~lich** sisterly; **~unternehmen** associated company

Schwibbogen flying buttress

Schwieger|eltern parents-in-law; **~mutter** mother-in-law; **~sohn** son-in-law; **~tochter** daughter-in-law; **~vater** father-in-law

Schwiel|e callous, callosity; *(Striemen)* wale; **~ig** callous

schwierig difficult, hard; arduous; complicated, involved; difficult to deal with, awkward; **~keit** difficulty

Schwimm|bad swimming-bath, swimming-pool; **~blase** *zool* air-bladder; **~dock** floating dock; **~en** to swim; *(ohne Bewegung)* to float; *(treiben)* to drift; to be bathed (in tears etc); to roll (in money); **~er** swimmer; *(Angel)* float; **~fähig** buoyant; **~fähigkeit** buoyancy; **~flosse** fin; **~fuß** web-foot, webbed foot; **~gürtel** life-belt; *(z. Üben)* water-wings; **~haut** web; **~kraft** buoyancy; **~lehrer** swimming-instructor; **~kunst** swimming; **~panzer** amphibian tank; **~sport** swimming; **~stil** swimming-stroke; **~weste** life-jacket, *US* life vest; **~wettkampf** swimming-race, swimming-event

Schwindel dizziness, giddiness; vertigo; *fig* swindle, trick; humbug ♦ *d. ganze ~* the whole caboodle (*od* bag of tricks); *d. ~ kenn ich* you can't diddle me; **~anfall** fit of dizziness (*od* giddiness); **~ei** swindle; **~erregend** dizzy; **~firma** bogus firm; **~frei** not liable to giddiness; **~haft** dizzy, causing giddiness; *fig* swindling, fraudulent; bogus; **~ig** dizzy, giddy; *~ig machen* to dizzy; **~meier** fibber; **~n** to swindle, to cheat; to tell fibs; *mir ~t* I feel dizzy (*od* giddy); **~unternehmen** bogus concern

schwind|en to diminish, to decrease; to dwindle; to shrink; *(ver-)* to disappear; *su* diminution, decrease; **~ler** fibber; swindler; charlatan, quack; **~sucht** consumption, phthisis; **~süchtig** consumptive, phthisic

Schwing|e wing; *(Getreide)* fan, winnow; *(Flachs)* swingle; **~en** to swing, to sway; *(Waffe etc)* to flourish, to brandish; to wave; *(Korn)* to fan, to winnow; *(Flachs)* to swingle; to vibrate; to oscillate; *refl* to leap (over), to vault; to swing o.s.; *s. in d. Höhe ~en* to soar (up); **~ung** vibration, oscillation; *(Wellen-)* cy-

cle; **~ungsweite** amplitude of vibration (*od* oscillation); **~ungszahl** vibration frequency
Schwips a drop too much (*er hat e-n ~* he has had a dr., he is tipsy)
schwirren to whir; *(Käfer)* to buzz; *fig* to hum
Schwitz|bad vapour bath, hot-air bath; **~en** to sweat, to perspire
schwören to swear, to take an oath; *fig ~ auf* to swear by, to have (absolute) confidence in
schwül sultry, close; *(drückend)* oppressive; *~e Atmosphäre (fig)* an atmosphere of sex, an erotic atmosphere; **~e** sultriness, closeness; oppressiveness;
Schwulst bombast; **~ig** bombastic, turgid
Schwund falling off; wastage; shrinkage; ⚓ ullage; ⊕ fading; $ atrophy; **~regelung** ⊕ automatic volume control, A. V. C.
Schwung swing; *(Sprung)* bound, vault; *(Ski)* swing; *fig* impetus, verve; *(Schmiß)* go, dash; *(Phantasie)* flight; *j-n auf (d.) ~ bringen* to spur s-b into action, to show s-b what's what; *etw in ~ bringen* to set going; **~feder** pinion, wing-feather; **~haft** flourishing, lively; **~kraft** momentum; centrifugal force; *fig* impetus, energy; **~rad** fly-wheel; **~voll** spirited, animated; flowing, easy
Schwur oath (*~ leisten* to take an o.); **~gericht** jury; assizes
sechs six; **~achteltakt** six-eight time; **~eck** hexagon; **~eckig** hexagonal; **~erlei** (of) half a dozen kinds; **~fach** sixfold; **~jährig** six years old; sexennial; **~mal** six times; **~seitig** hexagonal; **~tägig** of six days; **~te** sixth; **~tel** sixth (part); **~tens** sixthly, in the sixth place
sechzehn sixteen; **~te** sixteenth; **~tel** sixteenth (part); **~telnote** *BE* semiquaver, *US* sixteenth note; **~telpause** *BE* semiquaver rest, *US* sixteenth rest
sechzig sixty; **~ste** sixtieth; **~stel** sixtieth (part)
See lake; *(Meer)* sea; main; *in ~ stechen* to put to sea; *an d. ~ gehen* to go to the seaside; **~bad** seaside resort; **~bär** *fig* old salt; **~fahrer** seafaring man, sailor; **~fahrt** voyage; cruise; **~fest** seaworthy; *~fest sein* to be a good sailor; **~flugzeug** seaplane; **~frachtbrief** bill of lading; **~frachten** marine freights; marine freight rates; **~gang** motion of the sea; *hoher ~gang* heavy sea, swell; **~gefecht** naval battle (*od* action); **~gras** seaweed; **~hafen** seaport; **~handel** maritime trade; **~herrschaft** naval supremacy; **~hund** seal; **~karte** chart; **~klar** ready to put to sea; **~krank** seasick; **~krankheit** seasickness; **~krieg(führung)** maritime warfare; **~löwe** sea-lion; **~luft** sea air; **~macht** naval power; **~mann** sailor, seaman; **~männisch** seamanlike; **~meile** nautical mile; **~not** distress (at sea); **~pferdchen** sea-horse; **~ratte** *fig* old salt; **~räuber** pirate; **~rose** water-lily; **~schifffahrt** maritime shipping; **~schlacht** naval battle; **~stern** starfish; **~streitkräfte** naval forces; **~sturm** storm at sea; **~taucher** loon; **~transport** sea-borne transport; *pl* marine freights; **~tüchtig** seaworthy; **~wasser** sea water, salt water; **~weg** sea-route; *auf d. ~weg* by sea; **~zunge** sole
Seel|e soul; mind; heart, spirit, feeling; *(Rohr)* bore; *e-e gute ~e* a good creature; *k-e ~e* no living creature ♦ *j-m auf d. ~e binden* to enjoin s-th upon s-b very earnestly; *j-m aus der ~e sprechen* to guess s-b's inmost thoughts; *es brennt mir auf d. ~e* it is badly on my conscience; *auf d. ~e haben* to have on one's mind; **~enfrieden** peace of mind; **~enfroh** heartily glad; **~engröße** magnanimity; **~enheil** salvation, spiritual welfare; **~enhirt** pastor; **~enlos** lifeless; **~enmesse** office for the dead, requiem; **~enruhe** peace of mind; utmost patience; **~envergnügt** perfectly happy; **~envoll** tender, sentimental; **~enwanderung** transmigration of souls; **~isch** psychic, mental; emotional; spiritual; **~sorge** cure of souls, spiritual care; ministerial work; **~sorger** pastor, minister
Segel sail; *d. ~ streichen* to strike sail, *fig* to strike one's flag; **~boot** sailing-boat, *US* sailboat; yacht; **~flieger** glider pilot; **~fliegerei, ~flug** gliding, soaring; **~flugzeug** glider; **~jolle** (sailing) dinghy; **~klar** ready to sail; **~n** to sail; to yacht; ✈ to glide, to soar; **~schiff** sailing ship (*od* vessel); **~schlitten** ice-yacht; **~sport** sailing, yachting; **~tuch** sailcloth, canvas
Segler sailing-vessel; sailor, yachtsman
Seg|en blessing, *bes eccl* benediction; boon; luck; **~ensreich** beneficent; blessed; **~nen** to bless, to give benediction to; **~nung** blessing, benediction; boon
seh|en to see; *(hin-)* to look; *(plötzl.)* to catch sight (*od* a glimpse) of; *(wahrnehmen)* to perceive; *(beobachten)* to observe; *(s. klarmachen)* to realize; *gern ~en* to like; *schlecht ~en* to have poor eyesight; *... kann s. ~en lassen ...* is a thing to be proud of; *darauf ~en* to be careful, to see to it (that); *~en nach* to look after; **~enswert** worth seeing; remarkable; **~enswürdigkeit** sight, object of interest; **~er** seer, prophet; **~feld** field of vision; **~kraft** (eye)sight, visual faculty; **~nerv** optic nerve; **~rohr** periscope; **~schärfe** (sharpness of) vision; focus; **~weite** range of sight
Sehn|e sinew, tendon; $ string (of a bow); *math* chord; **~enscheide** tendon-sheath; **~enscheidenentzündung** inflammation of tendon-sheath; **~enzerrung** strained tendon; **~ig** sinewy; brawny
sehn|en *refl* to long (*nach* for); *su* longing; **~lich** longing, ardent; passionate; **~sucht** longing, yearning; **~süchtig** longing, yearning
sehr very; *(vor Verben und echten Partizipien)* much, very much; highly, greatly, *umg* pretty; *~ viel* very much, a great deal, a good deal, a lot; *~ viele* very many, a great many, a good many; *zu ~* too much; *wie ~* how much; *wie (so) ~ auch* however much, much as
Seich tattle, gushing; *(Füllsel)* padding; **~en** to tattle, to gush; **~t** shallow; flat; insipid; superficial; **~tigkeit** shallowness; superficiality
Seid|e silk (*echte ~e* real s., natural s.); *(Reyon)*

rayon; **~en** silk(en); **~enpapier** tissue-paper; **~enraupe** silkworm; **~enstoff** silk fabric (*od* tissue); **~enstrumpf** silk stocking; **~enzucht** silkworm breeding, sericulture; **~ig** silky

Seidel mug (of beer); **~bast** *bot* daphne

Seif|e soap; **~en** to soap; **~enblase** soap-bubble; **~endose** soap-box; **~enflocken** soap-flakes; **~enlauge** soap solution, soap-suds; **~enpulver** soap powder; **~enschaum** lather; **~ensieder** soap-boiler; **~enwasser** soap-suds; **~ig** soapy

Seil rope, cord; *(Wäsche-)* line; cable; **~bahn** rope (*od* cable) railway, *(Stand-)* funicular railway; **~en** to lift (*od* to lower) by rope; **~er** rope-maker; **~erwaren** rope-ware, cordage; **~schaft** ⛏ rope (party); **~tänzer** tight-rope walker; **~winde** rope winch; **~zug** tackle

Seim mucilage; fluid honey

sein *vi* to be; to exist; *nicht mehr ~* to be no more; *etw ~ lassen* to leave alone; *was ist Ihnen?* what's the matter with you?; *mir ist schlecht* I feel sick; *mir ist, als ob* . . . I feel as if . . .; *ich bin's* it's me; *d. ist es ja gerade* that's just the trouble; *su* being, existence; *pron* his, her, its, one's; **~erseits** on his part (*od* side), for his part; **~erzeit** formerly; at the time; one day; in due time (*od* course); **~esgleichen** his like, his equals, people like him; *er hat nicht ~esgleichen* there is no one like him; . . . *sucht ~esgleichen* it would be hard to find his (her, its) equal; **~ethalben, ~etwegen** on his account, for his sake; **~ig** his (own); *d. ~ige* his property (*od* share, part, duty); *d. ~igen* his folk (*od* family)

seit *conj* since; *prep (Zeitpunkt)* since, *(Zeitraum)* for; *wir wohnen hier ~ 1955 (~ fünf Jahren)* we have been living here since 1955 (for five years); *~ wann* how long, since when; *~ wann ist er hier?* how long has he been here?; *~ kurzem* lately, of late; *~ langem* for a long time; **~dem** since then, ever since; from that time; **~her** since then

Seit|e side; flank; 📖 page; *math* member; *(e-s Körpers)* face; *fig* aspect, bearing; *von d. ~e (fig)* askance; *schwache (starke) ~e* weak point, foible (strong point, forte); *~e an ~e* side by side; *von ~en* on the part of; *zur ~e treten* to step aside; *zur ~e stehen* to stand by, to help; *auf d. ~e legen* to put aside (*od* by), to save; *auch s-e guten ~en haben* to have one's good points; **~enangriff** flank attack; **~enansicht** side view; **~enflügel** 🏛 (side) wing; **~engewehr** bayonet; **~enhieb** by-blow; *fig* sarcastic remark, home-thrust; **~enlang** voluminous; **~enlinie** branch(-line); **~ens** on the part of; **~enschiff** aisle; **~ensprung** side-leap, caper; *fig* extramarital escapade; **~enstechen** stitch in the side; **~enstraße** side-street, by-street (*od* -road); **~ensteuer** ✈ rudder; **~enstück** pendant; **~enweg** bypath, byway; **~enzahl** page (number), folio; number of pages; **~enzweig** *fig* byway; **~lich** lateral; side; *adv* at the side; **~wärts** sideways; aside; laterally

Sekret secretion; **~är** secretary, clerk; *(Möbel)* secretary, *bes BE* secretaire; **~ariat** office; **~ärin** secretary

Sekt champagne; **~e** sect; **~ierer** sectarian; **~ion** post-mortem, autopsy; *(Abteilung)* section; **~or** sector; section

Sekund|ant ⚔ second; **~är** secondary; at second hand; **~e** *(Zeit,* ♪*)* second; **~enzeiger** second-hand; **~ieren** to second

selbst himself (herself, itself); *pl* themselves; *von ~* of one's own accord, voluntarily, automatically; *d. versteht s. von ~* that goes without saying; **~achtung** self-respect; **~ändig** independent; self-reliant; *su pl* self-employed persons; **~ändigkeit** independence; **~anlasser** 🚗 self-starter; **~anschluß** ☎ dial telephone; **~auslöser** 📷 self-timer; **~bedienungsladen** self-service shop; **~beherrschung** self-control; **~bestimmung(srecht)** (right of) self-determination; **~betrug** self-deception; **~bewußt** self--confident, self-reliant; **~bewußtsein** self-confidence, self-reliance; **~bildnis** self-portrait; **~binder** (neck-)tie; **~biographie** autobiography; **~erhaltung** self-preservation; **~erhaltungstrieb** instinct of self-preservation; **~erkenntnis** knowledge of oneself; **~fahrend** automotive; **~fahrer** owner-driver; **~gefällig** self-satisfied, complacent; **~gefühl** self-respect, self-confidence; **~gemacht** home-made; *(Stoff)* homespun; **~gerecht** self-righteous; **~gespräch** monologue; soliloquy; **~gezogen** home-grown, home-bred; **~herrlich** autocratic; arbitrary; **~herrschaft** autocracy; **~hilfe** self-defence; **~isch** selfish; **~kosten** prime cost; **~kostenpreis** cost price; *zum ~kostenpreis* at cost (price); **~lader** self-loading (*od* automatic) pistol; **~laut** vowel; **~liebe** self-love; **~los** selfless, disinterested; **~losigkeit** unselfishness; **~mord, ~mörder(in)** suicide; **~mörderisch** suicidal; **~redend** self-evident, obvious; **~sicher** self-confident; **~sucht** selfishness; **~süchtig** selfish; **~tätig** automatic; spontaneous; **~täuschung** self-deception; **~überschätzung** self-conceit; **~überwindung** self-restraint; strength of mind; **~unterricht** self-instruction; **~verlag:** *im ~verlag* published by the author; **~verschuldet** caused by one's own fault; **~versorgung** self-sufficiency; **~verständlich** self-evident, obvious; *es ist ~verständlich* it goes without saying; *für ~verständlich halten* to take for granted; **~verständlichkeit** matter of course; **~vertrauen** self-confidence; **~verwaltung** self-government; decentralized administration; **~wirkend** self-acting; **~zucht** self-discipline; **~zufrieden** self-satisfied; **~zufriedenheit** self-satisfaction, complacency; **~zünder** automatic lighter; **~zündung** self-ignition; **~zweck** end in itself

selig blessed; happy, blissful; *(tot)* deceased; **~keit** happiness, bliss; **~preisung** Beatitude; **~sprechen** to beatify; **~sprechung** beatification

Sellerie *(gebleichte Stengel)* celery; *(Knollen-)* celeriac

selt|en rare, scarce; unusual; *adv* rarely, seldom; **~enheit** rarity, scarcity; curiosity; **~sam**

strange, odd; **~samkeit** strangeness, oddness; oddity

Selterswasser seltzer (water); soda-water

Semester (half-year) term, semester; *(Person) erstes ~* freshman, 3./4. ~ *(BE)* second-year man, *(US)* sophomore; 5./6. ~ *(BE)* third-year man, *(US)* junior; 7./8. ~ *(BE)* fourth-year man, *(US)* senior; **~ende, ~schluß** close of term; **~ferien** holidays (*od* vacation) between terms

Seminar seminar; *(Lehranstalt)* training college; *eccl* seminary; **~ist** student of a training college

Semmel roll ♦ *geht weg wie warme ~n* sells like hot cakes

Senat senate; **~or** senator; **~spräsident** president of the senate

Send|bote messenger; **~ebereich** broadcasting area; **~efolge** radio programme; **~eleiter** (broadcasting) producer; **~en** to send, to dispatch; 📻 to broadcast, to transmit; *(mit Richtstrahlern)* to beam; *(sendend tätig sein)* to be on the air; **~eprogramm** broadcast(ing programme); **~er** broadcasting station; transmitting station, transmitter; **~eraum** studio; **~erechte** broadcasting rights; **~er-Empfänger** transceiver; **~ergruppe** network; **~estärke** transmitter energy; **~estelle** broadcasting station; **~ling** emissary; **~schreiben** circular; missive; **~ung** dispatch; consignment; mission; 📻 broadcast; transmission

Senf mustard ♦ *er gibt s-n ~ dazu* he has to have his say; **~korn** grain of mustard seed

Senge sound thrashing; **~n** to singe, to scorch; to burn

Senk|blei plummet; ⚓ sounding lead; **~el** (shoe-, boot-)lace; **~en** to lower, to sink, to let down; to bring down; *(Augen)* to cast down; *(Kopf)* to bow; **~fuß** fallen arches; **~grube** cess-pit, cess-pool; **~kasten** ⚙ caisson; **~recht** perpendicular, vertical; **~ung** sinking; lowering; *(Preis)* reduction; depression, hollow; *(Setzung)* ground settlement; *(Abhang)* declivity

Senn Alpine herdsman; **~erin** Alpine dairymaid; **~hütte** Alpine dairy; chalet

Sennesblätter senna leaves

Sensation sensation; **~ell** sensational; **~slust** desire to cause a sensation; **~snachricht** sensational news; **~spresse** sensational press, yellow press

Sense scythe; **~nmann** Great Reaper, Death

sensi|bel sensitive; **~bilität** sensitivity, sensitiveness; **~tiv** over-sensitive, irritable; *(medial)* sensitive

Sentenz aphorism, maxim

sentimental sentimental; **~ität** sentimentalism; sentimentality

separat separate; **~ismus** separatism

Sepia sepia; *zool* cuttlefish

Sep|sis septicaemia, sepsis; **~tisch** septic

Sept|ember September; **~ett** septet; **~ime** ♪ seventh

Serenade serenade

Serge serge; **~ant** sergeant

Seri|e series; set; **~enherstellung** mass production, serial manufacture; **~enmäßig** standard, regular; **~enschaltung** connection in series; **~ös** respectable, reliable; sound; well-conducted

Serpentine zigzag road, switchback

Serum serum

Serv|ice (dinner, tea) service, set; (maintenance) service; **~ierbrett** tray; **~ieren** to lay the cloth; to wait (at table); to serve; **~iette** (table-)napkin; **~omotor** servo-motor, booster; **~us!** so long!

Sessel armchair, easy chair; **~lift** chairway

setz|en to put, to place; to set; to fix; *(errichten)* to erect, to put up; *(Baum)* to plant; *(Geld)* to stake; ♪, 📖 to compose; *(auf e. Pferd)* to back; *alles daran ~en* to risk everything, to do all in one's power; *refl* to sit down, to take a seat; *chem* to be deposited, to settle; *vi* to leap (over); *(Fluß)* to cross; **~er** compositor, type-setter; **~erei** composing room; **~kasten** (fount-)case; **~ling** 🌱 seedling; **~maschine** composing machine, type-setting machine; **~reis** = ~ling; **~schiff** 📖 galley; **~teich** store-pond; **~waage** spirit-level

Seuche epidemic; **~nherd** centre of an epidemic

seufze|n to (heave a) sigh; **~r** sigh

Sext|ant sextant; **~e** sext; ♪ sixth; **~ett** sextet

Sexu|alität sexuality; **~alkunde** sexology; **~altrieb** sexual drive; **~ell** sexual

sezier|en to dissect; to hold a post-mortem; **~messer** scalpel

Shampoo shampoo; **~nieren** to shampoo

sich himself (herself, itself); *pl* themselves; *(2. Pers.)* yourself, *pl* yourselves; *(einander)* one another, each other; *an ~* in itself; in the abstract; *es hat nichts auf ~* it is of no consequence; *d. spricht für ~ selbst* that speaks for itself; *d. ist e-e Sache für ~* that is another story

Sichel sickle; *(Mond)* crescent; **~n** to cut

sicher *(Gefahr)* safe, secure; *(gewiß)* certain, sure; positive; *(bestimmt)* definite; *(fest)* firm, steady; *(verläßl.)* reliable, trustworthy; *aus ~er Quelle* on good authority; *~ wissen* to know for certain; *s-r Sache ~ sein* to be certain of s-th; *... wird ~ kommen ...* is sure to come; *wird ~ sterben* is bound to die; *adv* no doubt, very likely; **~gehen** to keep on the safe side, to make quite sure

Sicherheit safety; *(Bürgsch. etc)* security (*~leisten* to give s.); certainty; reliability; *(Überzeugung)* assurance; confidence; **~sfaktor** safety factor; margin of safety; **~sgarantie** security guarantee; **~sglas** safety-glass; **~shalber** for safety; **~sklausel** escape clause; **~sleistung** security; bail; **~snadel** safety-pin; **~spolizei** security police; **~sprogramm** defence programme; **~srat** Security Council; **~sschloß** safety-lock; **~sventil** safety-valve; **~svorschriften** safety regulations

sicher|lich surely, to be sure; certainly; **~n** to

protect; to secure; *(decken)* to cover; ⚙ to lock, to fasten, *(Gewehr)* to put at "safe"; *finanziell ~n* to ensure finance for; *vi (Wild)* to look about; **~stellen** to put in safe keeping; to secure, to protect; to guarantee; to provide security (for); **~stellung** protection; provision of security for; **~ung** protection; ⚙ safety lock (*od* catch); ϟ fuse, cut-out; *mil* covering party; = ~stellung

Sicht sight; visibility; *auf kurze ~* at short date; *auf lange ~* long-term; in the long run; **~bar** visible; evident; **~barkeit** visibility; **~en** to sight; ⚓ to make; *(sortieren)* to sift, to sort; **~lich** obvious, apparent; **~schutz** camouflage; **~ung** sighting; sifting; **~vermerk** visa; **~wechsel** sight bill; **~weite** range of sight; range of visibility

sickern to trickle, to ooze

sie she, her; *(es)* it; *pl* they, them; *(Anrede)* you

Sieb sieve, strainer; colander; *(grob)* riddle; *(Sand-)* screen; 📻 filter; **~druck** silk-screen print(ing); **~en** to sift, to strain; to riddle; to pick out; to screen; **~tuch** bolting cloth

sieben seven; **~fach** sevenfold; **~gestirn** Pleiades; **~jährig** of seven years; seven-year; **~mal** seven times; **~meilenstiefel** seven-league boots; **~sachen** one's things, one's traps; **~schläfer** lazybones; *zool* dormouse; **~te(l)** = siebte(l)

siebte seventh; **~l** seventh (part)

siebzehn seventeen; **~te** seventeenth; **~tel** seventeenth (part)

siebzig seventy; **~ste** seventieth; **~stel** seventieth (part)

siech ailing, invalid; sickly; **~en** to be ailing; to pine away; **~tum** chronic sickness

siede|heiß scalding hot; **~hitze** boiling heat; **~n** to boil, *(gelinde)* to simmer; *bes fig* to seethe; **~punkt** boil(ing-point)

sied|eln to settle; to colonize; **~ler** settler; colonist; **~lung** *(An-)* settlement, colony; *(Stadt-)* housing estate (*in e-r ~lung* on a h. e.), suburban settlement; *ländliche ~lung* rural settlement

Sieg victory, triumph (over); battle *(youth is half the battle)*; ♞ win; **~en** to be victorious, to win; **~er** victor; winner; **~esdenkmal** monument of victory; **~esfeier** celebration of a victory; **~esgewiß** certain (*od* confident) of victory; **~essäule** column of victory; **~estor** triumphal arch; **~eszeichen** trophy; **~eszug** triumphal march; **~haft** triumphant; **~reich** victorious (over)

Siegel seal; *unter d. ~ d. Verschwiegenheit* in strict confidence; **~bewahrer** Lord Privy Seal; **~lack** sealing-wax; **~n** to seal; **~ring** signet-ring

Siel sluice (in a dike); **~e** harness (*in d. ~en sterben* to die in h.); **~en** *refl* to wallow; to loll about

Sigel *(Stenogr.)* grammalogue

Signal signal; bugle-call; sign, indication; **~anlage** signalling system; **~ement** (personal) description; **~frequenz** 📻 signal frequency; **~horn** bugle; **~hupe** siren, klaxon; **~isieren** to signal; **~mast** signal mast; 🚂 semaphore; **~pfeife** whistle; **~scheibe** signalling-disk

Sign|atur signature; mark, sign; *(Buch-)* classmark; 📖 signature; *(-rinne)* nick; *(Karte)* (conventional) sign; **~et** publisher's mark; **~ieren** to sign; to mark; **~um** sign; feature, characteristic

Silbe syllable; **~nrätsel** *(etwa)* syllable composition puzzle; **~ntrennung** syllabification, *bes US* syllabication

Silber silver; **~bergwerk** silver mine; **~blick** cast (in the eye); **~fuchs** silver-fox; **~gehalt** silver content; **~haltig** containing silver; **~hell** silvery; **~legierung** silver alloy; **~münze** silver coin; **~n** silver; **~papier** silver paper; **~pappel** white poplar, abele; **~reiher** egret; **~schmied** silversmith; **~stift** silverpoint; **~waren** silver goods; **~weiß** silvery white; **~zeug** silver plate

Silhouett silhouette

Sili|kate silicate; **~zium** silicon

Silo silo; **~futter** silage

Silvesterabend New Year's Eve

Similistein paste (diamond, stone)

simpel simple, plain; (over)simplified

Sims ledge; cornice moulding; *(Fenster)* (window-)sill; *(Kamin-)* mantelpiece

Simul|ant malingerer; **~ieren** to malinger; to feign, to sham (an illness); **~tan** simultaneous; **~tandolmetschen** simultaneous interpreting; **~tanschule** undenominational school

Sinfon|ie symphony; **~ieorchester** symphony orchestra; **~isch** symphonic

sing|en to sing; *zool* to warble; **~kunst** art of singing; **~lehrer** teacher of singing; **~sang** singsong, chant; **~spiel** kind of comic opera, Singspiel; **~stimme** singing-voice; vocal part; **~stunde** singing-lesson; **~vogel** song-bird, songster

Singular singular; ≈ unique

sinken to sink; to lower; *astr* to set; to drop, to fall; to decline (*im Wert* in value), to decrease; *auf d. Boden ~* to sink to the ground; *auf d. Knie ~* to go down on one's knees; *in Ohnmacht ~* to faint; *in Schlaf ~* to fall asleep

Sinn sense; mind, understanding; *(Bedeutung)* meaning, sense; opinion; tendency; *im ~e des Gesetzes* within the meaning of, in accordance with (the purpose of) the Act; *in diesem ~e* in this way, with this thought in mind; *im ~ haben* to intend; *~ haben für* to have a feeling (*od* liking) for; *bei ~en sein, s-e fünf ~e beisammen haben* to have all one's wits about one; *im ~ behalten* to bear in mind; *s. aus d. ~ schlagen* to dismiss s-th from one's mind; *d. will mir nicht aus d. ~* I can't get it out of my head; **~bild** symbol, emblem; allegory; **~bildlich** symbolic; allegorical; **~en** to think (over); to speculate, to meditate (upon); to brood (on *od* over); *~en auf* to plot, to scheme; *(auf) Rache ~en* to meditate revenge; *~en u. Trachten* one's every thought and wish; **~enlust** sensual pleasure, sensuality; **~enmensch** sensualist; **~entstellend** distorting the meaning; **~enwelt** material world; **~esänderung** change of mind (*od* heart); **~esart** character, disposition; **~esorgan** organ of sense; **~estäuschung** illusion; **~fällig** obvious; **~gemäß** natural, logical; with the appropriate modifications, mutatis mutandis; *(Übersetzung)* rendering the meaning, not verbatim; **~getreu** faithful; **~ig** thoughtful, considerate; *(iron.)* ill--judged; **~lich** sensual, carnal; *(Eindruck etc)* sensuous; **~lichkeit** sensuality; **~los** senseless; nonsensical, foolish; mad; *~los betrunken* dead drunk; **~losigkeit** senselessness, foolishness; **~reich** ingenious, clever; **~spruch** motto, device; **~verwandt** synonymous; **~voll** sensible, clever; **~widrig** contrary to sense, nonsensical; **~widrigkeit** illogicality

Sinolog|e sinologist; **~ie** sinology

Sinter slag, scale; sinter; **~n** to sinter; to form slag

Sintflut the Deluge, the Flood

Sinus ⚕ sinus; *math* sine; **~kurve** sine curve

Siphon siphon; *(Wasserverschluß)* trap

Sipp|e kin(ship); relatives; tribe; *fig* lot, coterie; **~enforschung** genealogical research; **~schaft** *fig* lot, coterie; *d. ganze ~schaft* the whole gang

Sirene *mil,* 🚗 siren; *(Fabrik-)* buzzer

Sirup *BE* treacle, *US* molasses; *(Frucht-) BE* syrup, *US* sirup

Sisyphusarbeit Sisyphean task

Sitt|e custom; *(Brauch)* usage; *(Gewohnh.)* habit; *pl* morals, manners; **~engesetz** moral code (*od* law); **~enlehre** ethics, moral philosophy; **~enlos** immoral; dissolute, profligate; **~enlosigkeit** immorality; dissoluteness, profligacy; **~enpolizei** vice squad; **~enrein** (morally) pure; chaste; **~enrichter** moralist; **~enstreng** morally austere; **~enverderbnis** corruption of morals; **~lich** moral; **~lichkeit** morality, morals; **~lichkeitsvergehen** indecent assault; **~sam** modest, well-behaved; **~samkeit** modesty

Sittich parakeet

Situation state of affairs, position; situation (*d. ~ retten* to save the s.; *d. ~ nicht gewachsen* not equal to the s. *od* occasion)

situiert: *gut ~* well-to-do, well-off

Sitz seat; chair; place, spot; *(Wohn-)* residence, domicile; *(Kleid)* fit; **~bad** hip-bath; **~en** to sit; *(Vogel)* to perch; *(Kleid)* to fit; *(Schlag)* to hit; *(tagen)* to hold a meeting; *(fest-)* to stick (fast); *umg* to do time, to be in prison; *~en bleiben* to remain seated ♦ *e-n ~en haben* to have had one over the eight; **~enbleiben** *(Schule)* to fail to get one's remove; *(Mädchen)* to be a wallflower, to remain a spinster; **~enlassen** to leave in the lurch, to throw over; *auf s. ~enlassen* to pocket (an insult etc); **~fläche** seat; **~fleisch:** *~fleisch haben* to be perseverant; *kein ~fleisch haben* to have no perseverance, to be unable to keep at a thing; **~gelegenheit** seat(ing accommodation); **~platz** seat; **~stange** perch; **~streik** sit-down strike; **~ung** sitting, meeting; **~ungsbericht** minutes; report; **~ungsperiode** session; **~ungsraum, ~ungssaal** conference hall

Skala scale; ♪, *fig* gamut; 📻, ⚙ dial

Skalp scalp; **~ell** scalpel; **~ieren** to scalp

Skandal scandal; disgrace; *(Lärm)* row; **~ös** scandalous, shocking

Skat skat *(unknown in England)*

Skeleton skeleton toboggan

Skelett skeleton

Skep|sis scepticism, *US* skepticism; **~tiker** sceptic, *US* skeptic; **~tisch** sceptical, *US* skeptical

Sketch sketch, vaudeville scene

Ski ski; **~laufen** to ski; *su* skiing; **~läufer** skier; **~lift** ski-lift; **~schanze** ski-jump; **~sport** skiing; **~springen** ski-jumping; **~sprung** ski--jump

Skizz|e (rough) sketch; draft; **~enhaft** in rough outlines, sketchy; **~ieren** to block in, to sketch (roughly)

Sklav|e slave; **~erei** slavery; **~isch** slavish, servile

Skonto discount

Skorbut scurvy

Skorpion scorpion

Skrof|eln scrofula; **~ulös** scrofulous

Skrupel scruple; **~los** unscrupulous; **~losigkeit** unscrupulousness

Skull|boot sculling-boat; **~en** to scull

Skulptur sculpture

Skunk skunk

skurril farcical, ludicrous

Slalom(lauf) slalom race

Slaw|e Slav; **~isch** Slav; *(bes sprachl.)* Slavic; *(bes kulturell)* Slavonic; **~ist** professor (*od* student) of Slavic languages; **~istik** Slavic philology; **~istisch** of (*od* pertaining to) Slavic philology

Smaragd emerald; **~grün** emerald

Smog smog

Smoking *BE* dinner-jacket, *US* tux(edo)

so so (big that ...); as (big as ...); *nicht ~* not so (as) (big as ...); in this way (manner), like this (that), thus *(why did he behave in this way, like this? It ran thus. It goes like this. I want a hat like that)*; that's how (what); *that's how it's done; that's what it says in the paper*; *~ etwas* such a thing, a think like that, that sort of thing; *~ bin ich nun mal* that's how I am, that's the man I am; *~ leicht ist es nicht* it is not as easy as that; *~! (= das wär's)* that's that!; here we are! *~ ist es* that's right, that's how it is; *es geht nur ~* this is the only way to do it; *(solch)* such *(a fine day, s. lovely weather)*; *um ~ (besser etc)* so much the (better), all the (better); *~?* indeed?, Is that so?; for instance; *conj* therefore; *~ (auch, sehr)* however much, much as *(much as I like him ...)*; *~ ... doch* yet, nevertheless; *~ gut wie* practically; *~ was!* well, well! *~ ziemlich* pretty well, pretty nearly; *~ oder* one way or another; *ach ~* (oh) I see; **~bald** as soon as

Socke|l socle, pedestal, base; **~en** sock; **~enhalter** suspender, *US* garter

Sod|a soda; **~awasser** soda-water; **~brennen** hearthburn
so|dann then, afterwards; **~ daß** so that; **~eben** just *(he has just left)*; just now *(he left just now)*; **~fern** so far as; in case
Sofa sofa, settee; **~kissen** sofa cushion
sofort at once, immediately; straight (*od* right) away; *er kommt ~* he'll be here in a minute; forthwith *(shall come into effect f.)*; **~ig** immediate
Sog suction; *(Schiff)* wake; *fig* demand, pressure; drain; force (of attraction)
so|gar even; **~genannt** so-called; what they call . . ., what is known as . . .; **~gleich** at once, immediately (*siehe* ~fort)
Sohle sole; *(Tal)* bottom; **~n** to sole
Sohn son; *d. Menschen ~* the Son of Man
Soja|bohne soy (*od* soya) bean; **~öl** soybean oil, soya-bean oil
solange as long as, so long as
Solawechsel promissory note
Sol|bad salt-water bath, brine-bath; salt-water springs; salt-water resort; **~e** brine
solch such *(s. a large house)*; so *(so large a house)*; **~erlei** such, of such a kind; **~ermaßen, ~erweise** in such a way
Sold pay; **~buch** pay-book; **¨ling, ¨ner** mercenary, hireling
Soldat soldier; **~eska** rabble of soldiers; **~isch** soldier-like, military; soldierly
solid strong, firm, solid; sound; reliable, respectable; **~arisch** joint (and several); unanimous; *s. ~arisch erklären mit* to identify o.s. with; **~arität** unanimity, solidarity; **~ität** firmness; solidity; soundness; reliability
Solist soloist; *umg* bachelor
Soll debit (side); debtor; *~ u. Haben* debit and credit; quota; (output) target; objective; **~aufkommen** target yield; **~en** *(Befehl, Gesetz)* shall; *(Vereinbarung)* to be to; *(Schicksal)* to be to *(he was to die young)*; *(es heißt, daß)* to be said to *(the book is said to be very good; it is said to have happened years ago)*; *(moralisch; eigentlich)* should, ought to *(he o. to be ashamed of himself; you sh. send him a card)*; *(ist es mögl.)* can, could *(can he be ill?, could it have been a bird?)*; *(nach Fragewörtern: Infinitiv) . . . was ich tun ~* (I don't know) what to do *(where to go, how to open it)*; *sag ihm, er ~ kommen* tell him to come; *(Erwartung)* to be supposed (*od* expected) to *(we're s. to be there at eight o'clock)*; *was ~ d. heißen?* what's the meaning of this?; *was ~ das?* what's all this (in aid of)? what's this for?; **~stärke** authorized strength; **~zins** debtor interest (rate)
Söller loft, balcony
Solo solo; **~instrument** solo (instrument); **~stimme** solo part; **~tänzer** principal dancer
solven|t solvent; **~z** solvency
somit consequently
Sommer summer; **~fäden** gossamer; **~frische** holiday resort, health resort; **~frischler** *BE* holiday-maker, *US* vacationer; summer visitor; **~früchte** spring crops; **~halbjahr** summer term; second and third quarters (of the calendar year); **~haus** holiday house, *US* summer house; **~lich** summerlike; summery; **~sonnenwende** summer solstice; **~sprossen** freckles; **~sprossig** freckled; **~wetter** summer weather; **~zeit** summertime; *(Uhr vorgestellt) BE* summer time, *bes US* daylight-saving time
Sonat|e sonata; **~enform** sonata form; **~ine** sonatina
Sond|e ⚕ probe; ⚓ plummet; **~ieren** to probe; ⚓ to sound; *fig* to explore the ground
sonder *prep* without; **~abgabe** special levy (*od* tax, rate); **~angebot** special (offer); **~ausgabe** separate edition; *(Zeitg.)* special edition; **~bar** strange, peculiar, odd; *~barerweise* strangely (*od* oddly) enough; **~druck** off-print, separate; *(Nach-)* reprint; **~fall** special case; exceptional case; **~gleichen** unequalled, unparalleled; unprecedented; **~lich** particular; remarkable; **~ling** original, crank; **~meldung** special announcement; **~n** *conj* but; *vt* to separate; to segregate, to sever; **~stellung** exceptional position (*e-e ~stellung einnehmen* to hold an e. p.); **~zug** special train; relief train
sonders: *samt u. ~* all together, each and all
Sonett sonnet
Sonn|abend Saturday; **~e** sun; *mit d. ~e aufstehen* to rise with the lark; **~en** to sun; *(lüften)* to air; *refl* to sun (o.s.), to bask (in the sun)
Sonnen|aufgang sunrise; **~bahn** orbit of the sun, ecliptic; **~blume** sunflower; **~brand** sunburn; **~brille** sun-glasses; **~finsternis** eclipse of the sun; **~fleck** sun-spot; **~geflecht** solar plexus; **~glut, ~hitze** heat of the sun; **~klar** as clear as daylight; **~öl** suntan oil; **~schein** sunshine; **~schirm** parasol; garden umbrella; **~segel** awning; **~seite** sunny side; **~stand** position of the sun; **~stich** sunstroke; **~strahl** sunbeam; **~system** solar system; **~uhr** sun-dial; **~untergang** sunset; **~verbrannt** sunburnt, tanned; **~wende** solstice; **~zeit** solar time
sonnig sunny
Sonntag Sunday; **¨lich** Sunday; every Sunday, on Sundays; **~sjäger** amateur sportsman, would-be hunter; **~skind** *sein* to be born under a lucky star; **~sschule** Sunday School; **~sstaat** one's Sunday best
sonor sonorous
sonst else; otherwise; in other respects; *(früher)* formerly, before; *(gewöhnl.)* usually, as a rule; *~ etwas* something (*bzw* anything) else; *~ jemand* somebody (*bzw* anybody) else; **~ig** other; former; **~wie** in some other way; **~wo** elsewhere; somewhere (*bzw* anywhere) else; **~woher** from some (*bzw* any) other place; **~wohin** to another place; somewhere (*bzw* anywhere) else
sooft whenever
Sophist sophist; **~erei** sophistry; **~isch** sophistical
Sopran soprano; *(Diskant)* treble; **~ist(in)** soprano (singer); **~schlüssel** treble clef, G clef
Sorg|e *(Kummer)* sorrow, grief; *(Besorgnis)*

uneasiness, concern; anxiety, worry; *(Für-)* care; *(Mühe)* trouble; *k-e ~e!* don't worry;! *s. ~en machen* to worry (about); *~e tragen* to take care, to see to it (that); *~en für* to care for, to look after; to take care (of; that . . .); to see to, to attend to; *refl* to worry (about), to be anxious (about); to be concerned (*um* about); **~enfrei** carefree; **~enkind** delicate child; problem child; **~envoll** full of cares; anxious, worried; **~falt** care; carefulness; accuracy; **~fältig** careful; painstaking; accurate; **~los** light-hearted, carefree; careless, thoughtless; **~losigkeit** light-heartedness; carelessness, thoughtlessness; **~sam** careful; cautious; **~samkeit** carefulness

Sort|e sort, kind; species; *(Qualität)* brand, grade, quality; *pl* foreign notes and coin; **~ieren** to sort; to assort; *(ordnen)* to arrange; *(nach Qualität)* to grade; **~iment** assortment; (assorted) stock; variety, range; (retail) bookshop; **~imentsbuchhändler** (retail) book-seller

sosehr however much, much as

Soße sauce; *(Braten-)* gravy

Soubrette soubrette

Souffl|eur, ~euse prompter; **~eurkasten** prompt-box; **~ieren** to prompt

Soutane cassock

Souterrain basement

so|viel as far as (I know), for all (I know); **~weit** as far as; *~weit nicht* except where; **~wie** as well as; *conj* as soon as; **~wieso** anyway, in any case; **~wohl** . . . *als auch* . . . as well as . . .; both . . . and . . .

Sowjet Soviet citizen; **~isch** Soviet; **~union** Soviet Union, U.S.S.R.; **~zone** Soviet(-occupied) zone

sozial social; welfare; *(nicht privat)* public; **~abgabe** social-security (*od* -insurance) contribution; **~arbeit** social work; **~arbeiter** social worker, almoner; **~demokrat** social democrat; **~demokratie** social democracy; **~demokratisch** social-democratic; **~einrichtung** welfare institution; **~isieren** to nationalize; to socialize, to communize; **~isierung** nationalization; **~last** social expenditure; **~leistung** social-security payment; welfare payment; **~politik** social policy; **~politisch** from the social point of view; relating to social policy; **~produkt** national product; social product; **~rente** social-insurance pension; **~rentner** recipient of social-insurance pension; **~versicherung** (compulsory) social insurance; **~wissenschaft** sociology

Sozietät (professional) partnership; association

Soziolog|e sociologist; **~ie** sociology; **~isch** sociological

Sozius partner; 🚗 pillion rider; **~sitz** 🚗 pillion seat; *auf d. ~ mitfahren* to ride pillion

sozusagen as it were, so to speak; in a way

Spachtel spatula; *(Messer)* putty knife; *(Maler-)* scraper

Spaghetti spaghetti

späh|en to be on the lookout, to watch; *(kundschaften)* to reconnoitre, to patrol; to explore, to scout; *(spionieren)* to spy; **~er** lookout; spy; scout; **~erblick** searching glance; **~trupp** patrol; scouting squad

Spalier espalier, trellis; *(Leute)* lane; *~ stehen* to form a lane; **~baum** espalier; **~obst** wall-fruit

Spalt crevice; fissure; cleft; *(Riß)* crack, split; *(Schlitz)* slit, slot; *(Ritze)* chink; *(Lücke)* gap; *fig* gulf; **~bar** divisible; fissile; *phys (Atom)* fissionable; **~e** = ~; 🕮 column; **~en** to split (up); to divide; *chem* to decompose; to ferment; *(Risse bekommen)* to crack; *refl* to split off, to cleave; to divide; *Haare ~en (fig)* to split hairs; **~fläche** plane of cleavage; **~holz** firewood, sticks; **~pilz** fission-fungus, bacterium; **~ung** split(ting); cleavage; decomposition; *(Atom-)* fission; *(Trennung)* separation; segregation; *(Uneinigkeit)* dissension; *(Meinungen)* division; *fig eccl* schism; *bot, zool, fig* dichotomy; *(Deutschlands)* split(ting), cleavage

Span chip; splinter; *pl* shavings; *(Metall)* turning; cutting; **~ferkel** sucking-pig

Spange *(Schnalle)* buckle; slip; *(Buch-)* clasp; *(Brosche)* brooch; *(Stoffstreifen)* strap; *(Arm)* bracelet; *(Verschluß)* bar; **~nschuh** strap shoe; buckled shoe

Spann instep

Spann|e span; *(Zeit)* short space of time; *com* margin, *(Gewinn-)* profit margin, *(Handels-)* margin of price (allowed to cover trader's profit); **~en** *vt (strecken)* to stretch; to strain; *(fest)* to brace; to clamp; *(Feder)* to subject to tension; *(Schraube)* to tighten; (*Gewehr*, 🔫) to cock; *(Bogen)* to bend; *(Pferd)* to put on, to harness; *vi* to be (too) tight; *fig* to excite; *refl* to arch; *fig* to be very anxious (*od* curious); *auf d. Folter ~en* to put to the rack; *ge~t zuhören* to listen intently; **~end** thrilling, exciting, absorbing; **~er** *(Schuh)* boot-tree; *zool* butterfly; **~kraft** tension, elasticity, spring; ⚙ clamping power; buoyancy; **~kräftig** elastic; **~ung** ⚙, ⚡, *fig* tension; ⚙ strain; *(elastisch)* stress; 🏛 arch; ⚡ voltage; *fig* close attention, intensity; *(Beziehungen)* strained relations; **~ungsmoment** cause of strain; **~weite** span; width; distance; range

Spant ⚓, ✈ frame, rib

Spar|büchse money-box; **~einlage** savings (deposit); **~en** to save; to spare, to economize, to cut down expenses; *(Geld weglegen)* to put by money, to save up; **~er** saver; **~freudigkeit** propensity to save; **~kasse** savings bank; **\~lich** scanty; *(mager)* meagre; *(selten)* scarce, rare; *(zerstreut)* sparse; *(einfach)* frugal; *(dünn)* thin; **\~lichkeit** scantiness; scarcity, rareness, rarity; frugality; **~pfennig** savings, nest-egg; **~sam** saving, economical; thrifty, saving; *(genügsam)* frugal; careful, canny; *adv* sparingly (*~sam zu verwenden* to be used s.); **~samkeit** economy; thriftiness; thrift; frugality

Spargel asparagus; **~kohl** broccoli; **~stecher** asparagus-knife

Sparren spar, rafter; *(Boxen)* sparring ♦ *e-n ~ zuviel haben* to have a bee in one's bonnet, to be cracked; **~werk** rafters
Sparte branch; subject; trade; industry
Spaß jest, joke; fun, sport; amusement; *zum ~* for fun; *~ machen* to banter; *~beiseite!* no joking!, no kidding!; *viel ~!* enjoy yourself! have a good time!; *j-m d. ~ verderben* to spoil s-b's sport; **~en** to joke, to jest; *damit ist nicht zu ~en* it's no joke; **~eshalber** for fun; **~haft, ~ig** joking, jocular, amusing; funny, odd; ludicrous; **~vogel** jester, wag; buffoon; **~verderber** spoil-sport, wet blanket
Spat spar; ⚕ spavin
spät late; belated; slow; backward; tardy; *~ kommen* to be late; *wie ~ ist es?* what time is it?; *es wird schon ~* it is getting late; *von früh bis ~* from morning till night; **~er** later; afterwards; later on; subsequently; by and by; *e-e Woche ~er* a week after; **~erhin** later on; **~estens** at the latest, not later than; **~heimkehrer** late-returning prisoner of war; **~jahr:** *im ~jahr 1954* late in 1954; **~ling** late fruit; *(Mensch)* latest born; **~obst** late (*od* backward) fruit
Spatel spatula; trowel
Spaten spade; **~stich** cut with a spade; *d. ersten ~stich tun* to turn the first sod
Spatil|e 🕮 space; **~onieren** to space
Spatz sparrow ♦ *d. ~en pfeifen es von d. Dächern* every schoolboy knows that; **~engehirn** the brains of a bird
spazier|en to take a walk; to stroll; to walk about; **~enfahren** to go for a drive (*od* ride); **~engehen** to go for a walk; **~fahrt** pleasure drive; **~gang** walk; stroll; **~gänger** walker, stroller, promenader; **~stock** walking-stick
Specht woodpecker
Speck bacon; *(Walfisch)* blubber; *(Schmalz)* lard; 🕮 fat; **~ig** fat; *(schmutzig)* dirty, greasy; **~schwarte** rind of bacon; **~seite** flitch of bacon; **~stein** soapstone, steatite
spedi|eren to dispatch, to forward; to send; to ship; **~teur** forwarder, forwarding agent, carrier; shipping agent; furniture remover; **~tion** forwarding, carrying; shipping; forwarding agency, shipping department; **~tionsgeschäft** forwarding agency; furniture removal business; **~tionsgewerbe** forwarding trade, carrying trade
Speer spear; lance; ⛩ javelin; **~werfen** javelin throw, throwing the javelin (*od* spear)
Speiche spoke; ⚕ radius
Speichel saliva, spittle; **~drüse** salivary gland; **~fluß** flow of saliva; salivation; **~lecker** toady, lickspittle
Speicher *(Waren-)* warehouse; storeroom; *(Korn-)* granary, *US* elevator; *(Haus-)* loft; *(Möbel-)* depository; *(Wasser-)* reservoir; **~n** to store, to warehouse; *fig* to hoard, to treasure up
spei|en to spit; *(s. übergeben)* to vomit; *(Feuer)* to belch; **~gatt** ⚓ scupper; **~napf** spittoon
Speise food; meal; dish; *umg* sweet, pudding; **~brei** chyme; **~eis** ice-cream; **~fett** cooking fat; **~kammer** larder; **~karte** bill of fare, menu; **~n** *vt* to feed, to give to eat, to board; to supply; *vi* to eat, to dine, to sup; **~naufzug** service lift; **~nfolge** menu; **~röhre** gullet, oesophagus; **~saal** dining-room; **~wagen** dining--car, restaurant-car
Spektakel noise, row, racket; fuss, up roar; **~n** to be noisy, to kick up a row
Spekul|ant speculator; adventurer; **~ation** speculation, venture; conjecture; **~ativ** speculative; conjectural; **~ieren** to speculate
Spelunke dive, joint
Spelz spelt; **~e** glume (of grains); awn, beard
Spend|e *(Gabe)* gift; bounty; benefaction; *(Geschenk)* present; *(Beitrag)* contribution; *(Stiftung)* donation; *(Almosen)* alms, charity; **~en** to bestow, to give; *(verteilen)* to administer; to dispense; *(beitragen)* to contribute to; **~er** giver, donor; benefactor; **~ieren** to stand, to pay for; *(j-m etw)* to treat s-b to s-th
Spengler plumber; tin-smith
Sper|ber sparrow-hawk; **~ling** sparrow
Sperenz|chen, ~ien: *mach keine ~!* don't make a fuss!
sperr|angelweit *offen* wide open; gaping; **~druck** spaced type; **~e** shutting; closing; *(Straße)* barricade; *(Absperrung)* block; *(Schranke)* barrier; *(Hafen)* blockade; *(Einfuhr)* embargo; *(Konto)* blocking; freezing; *(Hinderung)* ban; prohibition; *~e verhängen* to block; to closure; to ban; **~en** to close, to shut; to bar; to block; to barricade; *(Glas etc)* to cut off; ⚙, ⚕ to lock; 🕮 to space out (*od* the letters of); to embargo; to obstruct; *refl* to struggle, to resist; *ins Gefängnis ~en* to put in prison; **~feuer** barrage (fire); **~flieger** patrol aircraft; interceptor; **~gebiet** prohibited area; blockade zone; **~gut** bulky goods; **~guthaben** blocked account; blocked balance; **~haken** catch; **~holz** plywood; **~ig** bulky; unwieldy; protruding; **~mark** blocked mark; **~sitz** 🎭 stall; reserved seat; **~stunde** closing time; curfew; **~ung** barricade; blocking; *(Waren)* embargo; *(Hafen)* blockade; **~vorrichtung** lock, locking device
Spesen costs; *(Auslagen)* charges, expenses; *(Gebühren)* fees; **~rechnung** bill of expenses
Spezerei spices
Spezial|arzt specialist; **~fall** special case; **~isieren** to specialize; *s. ~isieren auf* to sp. in; **~ität** speciality
speziell special, specific; particular
spezif|isch specific; *~isches Gewicht* specific gravity; **~izieren** to specify
Sphär|e sphere; **~enmusik** music of the spheres; **~isch** spherical
Spick|aal smoked eel; **~en** to lard; *umg* to crib; **~nadel** larding-pin
Spiegel mirror, looking-glass; ⚓ stern; facing, tab; ⚕ speculum; *im ~ des (der)...* as reflected in the...; **~bild** reflected image; **~blank** shining; **~ei** fried egg; **~fechterei** sham fight; humbug; **~glas** plate-glass; **~glatt**

smooth as a mirror, glassy; **~n** *vt* to reflect; *vi* to shine; to sparkle, to glitter; *refl* to be reflected; to look into the glass; **~reflexkamera** reflex camera; **~saal** hall of mirrors; **~scheibe** pane of plate-glass; **~schrank** wardrobe with mirror; **~schrift** mirror writing; **~ung** reflection; *(Luft)* mirage

Spiel play, game, sport; ♪ manner of playing, touch; 🎭 playing, acting, performance; *(Karten)* set, suit, pack; *(Glücksspiel)* gambling; *(Maschine)* working, action; *fig* plaything, sport; *mit klingendem ~* with fifes and drums ♦ *aufs ~ setzen* to stake, to risk; *abgekartetes ~* put-up job; *d. Hand im ~ haben* to have a finger in the pie; *auf d. ~e stehen* to be at stake; *d. ~ verloren geben* to throw up the sponge; *leichtes ~ haben* to have no difficulty; *sein ~ treiben mit* to make game of; *e. falsches ~ treiben* to play a dirty trick on s-b; *mit im ~e sein* to be involved (in the case); *aus d. ~e lassen* to let alone, to leave out of the question; *d. ~ ist aus* the game is up; **~art** manner of playing; *(Abart)* variety; **~automat** *BE* fruit-machine, *US* slot machine; **~ball** ball; *fig* plaything, sport; *~ball sein* to be tossed about like a shuttlecock; **~bank** gambling casino; **~dose** musical box; **~en** to play; to sport; 🎭 to act, to take the part of; to perform; *(mit Einsatz)* to gamble; *(s. abspielen)* to take place; *(Szene)* to be laid; *(glitzern)* to glitter, to sparkle, to flash; *(vorgeben)* to simulate, to feign, to pretend; *mit etw ~en* to trifle with; *mit d. Gedanken ~en* to toy with the idea; **~end** *fig* with the utmost ease, without any effort; **~er** player, actor, performer; gambler; **~erei** play; sport; *fig* trifle; **~feld** ground, field, (tennis-)court; (cricket-)pitch; **~film** feature film; **~führer** (team) captain; **~hahn** heath-cock, blackcock; **~hölle** gambling-hell; **~leiter** 🎭, 🎥 stage-manager; producer; **~mann** musician; *mil* bandsman; *hist* minstrel; **~marke** counter, chip; **~plan** programme; repertory, repertoire; play-bill, theatre bill; **~platz** playground; 🏃 = ~feld; **~raum** elbow-room, free hand, free play; time to play with; scope; swing; *(Preise etc)* margin; ⚙ play; clearance; tolerance; allowance; **~regeln** rules of the game; **~sachen, ~waren** toys; **~schar** amateur players (*od* company); **~tisch** gaming-table; **~uhr** musical clock; **~verderber** spoil-sport, kill-joy, wet blanket; **~werk** *(Uhr)* chime; *(Instrument)* action; **~zeug** toy

Spiere ⚓ boom, spar

Spieß spear, lance, pike; *(Braten)* spit; 📖 (raised) space ♦ *d. ~ umkehren* to turn the tables (*gegen* on); **~bürger** bourgeois, Philistine, narrow-minded townsman; low-brow; **~bürgerlich** bourgeois; narrow-minded, commonplace; low-brow; **~en** to spear; to spit; *(durchbohren)* to pierce, to transfix; **~er** Philistine; **~geselle** accomplice; **~ig** narrow-minded, uncultured; **~ruten** *laufen* to run the gauntlets

Spill ⚓ capstan, winch; windlass

Spin *phys* spin

Spinat spinach

Spind wardrobe, press; *mil* locker

Spindel spindle; distaff; *(Zapfen)* pinion; *(Dorn, Docke)* mandrel; **~dürr** as lean as a rake

Spinett ♪ spinet

Spinn|e spider; *fig* venomous person; **~efeind** bitterly hostile; **~en** to spin; *(Katze)* to purr; *fig* to be crazy; **~entier** arachnid; **~erei** spinning; spinning-mill; **~erin** spinner; **~fäden** gossamer; floating cobwebs; **~(ge)webe** cobweb; **~rad** spinning-wheel; **~rocken** distaff; **~stoffe** textiles; spinning materials; **~stoffindustrie** textile industry

Spion spy; *(Fenster-)* window mirror; **~age** espionage, spying; **~ageabwehr** counter-espionage (service), *US* counter-intelligence corps, C. I. C.; **~ageorganisation** spy-ring; **~ieren** to spy; *fig* to pry into, to spy upon; **~in** woman spy

Spiral|bohrer twist-drill; auger; **~e** spiral; *(Draht)* coil; *(Schraube)* helix; **~feder** spiral spring; coil

Spirit|ismus spiritualism; **~ist** spiritualist; **~istisch** spiritualistic; **~uosen** spirituous liquors, spirits; **~us** alcohol, spirit; *(denaturierter)* methylated spirit; **~usbrennerei** distillery; **~uskocher** spirit stove

Spital, Spittel hospital

Spitz Pomeranian, spitz; *(Rausch)* slight tipsiness; *adj* pointed; peaked; *(scharf)* sharp, tapering; *math* acute; *fig* sarcastic; *(beißend)* caustic, biting, pointed; *~ auslaufen* to end in a point; to taper; **~bart** pointed beard; **~bogen** Gothic arch, pointed arch; **~bube** rogue, rascal; swindler; **~bübisch** roguish, rascally; **~e** point, spike; *(Zunge, Finger, Nase)* tip; *(Gipfel)* top, summit, peak; *(Zehen)* toe; *(äußerstes Ende)* extremity; *(Rest)* residue; fraction, balance; *math* vertex; *bot* apex; *(Gewebe)* lace; *(Zigaretten-)* holder; *fig* peak, head; *(Bemerkung)* pointed remark, sarcastic observation; *e-m d. ~e bieten* to defy s-b; *etw auf d. ~e treiben* to carry to extremes, to push (things) too far; **~el** *(Spion)* spy; agent; *(Polizei)* police agent, police spy; informer; **~eln** to spy; to pry; **~en** to point, to sharpen; *(Ohren)* to prick up (one's ears); *d. Mund ~en* to purse one's lips; *s. ~en auf* to hope for, to count on; to anticipate; **~enfabrikat** first-class product; **~enklasse** best quality; 🏃 international class, champion class; **~enklöppelei** pillow-lace (making); **~enleistung** record; maximum output (*od* performance); **~enlohn** maximum pay; **~entanz** toe dance; **~enverband** central association, head organization; **~feile** tapered file; **~findig** *(fein)* subtle; *(scharf)* sharp; *(haarspaltend)* hair-splitting; *(gerissen)* cunning, shrewd; cavilling; **~findigkeit** subtlety; sophistry; sharpness; **~hacke** pickaxe; **~ig** pointed; sharp; *fig* caustic, sarcastic; **~kriegen** to find out, to pin down; **~maus** shrew-mouse; **~name** nickname; **~winklig** acute-angled; **~zange** pointed pliers

Spleen eccentricity, caprice, oddity, crotchet; **~ig** crotchety

spleißen to split

Splitter splinter, chip; *(Bruchstück)* fragment; *(Metall)* scale; *(Bibel)* mote; **~n** to splinter, to split; **~nackt** stark naked; **~partei** splinter party; **~sicher** splinter-proof, non-splintering; *~sicheres Glas* safety glass, triplex glass

spontan spontaneous; automatic

Spore *bot* spore

Spor|n spur; ✈ (tail) skid; *fig* spur, stimulus, incentive; *e-m Pferd d. ~en geben* to set spurs to a horse ♦ *s. s-e ~en verdienen* to win one's spurs; **~nen** to spur; **~nstreichs** post-haste, immediately, at once

Sport sport, athletics; *(Liebhaberei)* hobby, pastime; *(Fach)* physical education, physical training; *~ treiben* to go in for sports; **~abzeichen** sports badge; **~art** kind of sport; event; **~funk** radio sports news; **~geschäft** sporting-goods shop; **~jacke** sports jacket, blazer; **~ler, ~smann** sportsman, athlete; **~lich** sporting, athletic; sportsmanlike; **~mütze** tweed cap, sporting cap; **~platz** sports (*od* athletic) field; *(Ball)* court; **~treibend** sporting; **~wagen** 🚗 sports car; *(Kinder-) BE* pushchair, *US* stroller; **~zeitung** sporting paper

Sporteln perquisites, fees

Spott mockery; ridicule; *(Verachtung)* derision; scorn; *(Hänselei)* banter; *(Gegenstand d. ~s)* butt, laughing-stock; **~bild** caricature; **~billig** dirt-cheap; ridiculously cheap; **~drossel** mocking-bird; **¨elei** mockery, raillery; banter; *(Stichelei)* chaff; **¨eln** to laugh at; to jeer at; to sneer at; to chaff; **~en** to mock, to rally; *(verächtlich)* to deride, to jeer at; *fig* to defy; *jeder Beschreibung ~en* to beggar description; **~geld, ~preis** trifling sum, a mere song, ridiculous price; **~name** nickname; **~vogel** mocking-bird; *fig* mocker

Sprach|e language, tongue; *(Sprechvermögen)* speech; talk; *(Ausdrucksweise)* diction; *j-m d. ~e rauben* to strike s-b dumb, to take s-b's breath away; *mit d. ~e herausrücken* to speak freely, to speak out (*od* up); *zur ~e bringen* to broach s-th; *d. ~e bringen auf* to bring up; *zur ~e kommen* to be mentioned, to be touched on; *d. ~e verlieren* to lose one's speech; **~endienst** translation and interpreting service; **~fehler** *gram* grammatical mistake; *(Störung)* speech defect; **~fertigkeit** fluency; command of the language; **~forscher** linguist, philologist; **~gebrauch** usage; **~gefühl** speech feeling, speech instinct; the feel of the language; **~gemeinschaft** speech community; **~gewandt** fluent; **~grenze** linguistic frontier; **~kundig** proficient in languages; **~lehre** grammar; **~lehrer** language teacher; **~lich** linguistic; grammatical; **~los** speechless; dumb; mute; *einfach ~los sein* to be simply speechless, to be dumbfounded; **~regelung** official position (*od* version); **~rohr** speaking-tube; *fig* mouthpiece; **~schatz** vocabulary; **~schnitzer** blunder, mistake; solecism; **~störung** speech defect, impediment; **~student(in)** student of language(s); **~unterricht** teaching of languages; instruction in a language; **~werkzeug** organ of speech; **~widrig** ungrammatical, contrary to grammar; incorrect; **~wissenschaft** linguistics; philology; **~zentrum** ⚕ speech centre

sprech|en to speak (*mit* to, with; *über* about, of), to talk (*mit* with, to; *von* about, over); *(unterhalten)* to converse; *(plaudern)* to chat; to talk over, to discuss; to say; *(aus-)* to pronounce; *fig* to be evident; to be written in (one's face); *dafür ~en* to speak in favour of, to support, *(Sache)* to indicate; *d. spricht dagegen* that tells against it; *nicht zu ~en sein* to be engaged; *gut zu ~en sein auf* to be kindly disposed to; *laßt Blumen ~en!* say it with flowers!; *j-d will Sie sprechen* s-b has come for you ♦ *Bände ~en* to speak volumes; **~end** *fig* speaking, striking; conclusive; **~er** speaker; *(offiziell)* spokesman; 📻 announcer; broadcaster; **~erzieher** elocutionist; **~film** talking (*od* sound) film; talkie; **~melodie** intonation, speech melody; **~stunde** *(Arzt)* consulting (*od* consultation) hour; *(Büro)* office hour; **~stundenhilfe** receptionist (at a doctor's); assistant; **~trichter** mouthpiece; **~übung** exercise in speaking; **~weise** manner of speaking; diction; **~zimmer** *(Arzt)* consulting room, *BE* surgery; *(Kloster)* locutory

spreiten to spread, to extend

Spreiz|e strut; stay; **~en** to stretch out, to spread out; to open; *(Beine)* to straddle; *refl fig* to boast; to be affected; *s. ~en gegen* to resist

Sprengel diocese; parish

Spreng|befehl demolition order; **~bombe** demolition bomb, high-explosive bomb; **~en** *vt (aufbrechen)* to burst open; *(in d. Luft)* to blow up, to blast, to explode; *(Bergbau)* to spring; *(Spielbank)* to break; *(Versammlung)* to break up; *(Wasser etc)* to sprinkle, to spray; *(gießen)* to water; *vi* to gallop, to ride hard; to dash (along); **~er** (lawn-)sprinkler, spray; **~granate** high-explosive shell; **~kapsel** detonator; primer cap; **~kommando** bomb disposal unit; demolition party (*od* detail); **~körper** explosive charge; **~kraft** explosive force; **~ladung** explosive charge; demolition charge; **~pulver** blasting-powder; **~stoff** explosive; dynamite; **~trichter** crater; *(Mine)* mine crater; **~trupp** demolition squad; **~ung** blowing up; blasting; explosion; breaking, dispersion; **~wagen** street sprinkler, *BE* watering-cart

sprenkeln to speckle, to spot; *(Haut)* to freckle; *(Wasser)* to sprinkle

Spreu chaff; *d. ~ vom Weizen sondern* to sift the chaff from the wheat

Sprich|wort proverb; adage; saying; byword; **~wörtlich** proverbial

sprießen to sprout; to bud; *(keimen)* to germinate; *(herausschießen)* to spring up, to shoot

Spring|brunnen fountain; jet (of water); **~en** *(weit)* to leap; *(hoch-, ab-, auf-)* to jump; *(hüpfen)* to hop, to spring, to skip; *(rennen)* to run; *(entzwei)* to crack; to fracture; to split; to snap; *(Haut)* to chap ♦ *in d. Augen ~en* to be obvious; *über d. Klinge ~en lassen* to put to the sword; *etw ~en lassen (fig)* to stand, to treat s-b to s-th; **~er** jumper, vaulter; *(Schach)* knight; **~flut** spring-tide; **~insfeld** young harum-scarum, tomboy; **~quell** fountain, spring; **~seil** skipping-rope

Sprit spirit, alcohol; *BE* petrol, *US* gas

Spritz|e ⚙ spray, sprayer, injector; *(Feuer)* fire-engine; ⚕ syringe; ⚕ *(Einspritzung)* injection, shot; *e-e ~e geben* to administer an injection; **~en** *vt (heraus-)* to squirt, to spout; *(besprühen)* to sprinkle, to spray; *(be-)* to splash, to bespatter; *vi* to gush forward (*od* forth); to spurt up; *(sprühen)* to splutter; **~enhaus** fire-station; **~er** squirt; splash; spot; **~fahrt** outing, jaunt; **~ig** prickling; lively; deft; **~kuchen** cruller; **~leder** splash leather; splasher; **~pistole** spray gun; **~tour** = ~fahrt

spröd|e brittle; *(Haut)* rough; *(Eisen)* cold-short, dry; *fig* reserved, shy, prim; **~igkeit** brittleness; coldness, reserve, shyness

Sproß shoot, sprout, burgeon; scion; *(Keim)* germ; *(Abkömmling)* offspring, descendant, scion; **⸚ling** sprout, shoot; son

Sprosse step, rung

sprossen to sprout, to shoot, to burgeon

Sprotte sprat

Spruch *(Regel)* maxim, axiom; *(Aus-)* saying; *(Bibel)* text, passage; *(Urteil)* award, sentence, verdict; *(Lehr-)* aphorism; **~band** banner; **~kammer** denazification trial tribunal; **~reif** ripe for decision

Sprudel spring, bubbling well; *(Mineralwasser)* mineral water; **~n** to bubble up, to gush forth; *fig* to sparkle (with), to brim over (with)

sprüh|en *(Funken)* to spark, to emit sparks; *(spritzen)* to fly; to spray; *(Regen)* to drizzle; *vor Wut ~en* to flash with anger; *vor Witz ~en* to sparkle with wit; **~regen** drizzle, drizzling rain

Sprung spring, bound, leap, jump; *(Pferd)* curvet; *(Satz)* bound, bounce; *(übers Pferd)* vault; *(Riß)* crack, fissure, split; *~ mit Anlauf* running jump; *~ ohne Anlauf* standing jump; *auf d. ~ sein zu* to be on the point (of doing); *hinter j-s ⸚e kommen* to find s-b out; *e-n ~ haben* to be cracked; **~bein** ankle-bone; jumping leg; **~brett** spring-board; *(Schwimmen)* diving-board; *fig* stepping-stone; **~feder** spring; **~haft** by leaps and bounds; *fig* desultory, discursive, disconnected; abrupt, sudden; unsteady; **~schanze** ski-jump

Spuck|e spittle, saliva; **~en** *vt* to spit out, to expectorate; *(Blut)* to cough up (blood); *vi* to spit; **~napf** spittoon

Spuk *(Erscheinung)* apparition, spectre, ghost, spook; *(Ärger)* trouble, mischief; **~en** to haunt; to be haunted; **~geist** spectre; **~geschichte** ghost-story; **~haft** ghostly, ghostlike

Spul|e *(Weben)* bobbin, spool; *(Nähmaschine)* bobbin; *(Feder)* quill; ϟ coil; *(Nähgarn, Film, Tonband)* reel; **~en** to spool, to wind; to reel; ϟ to coil up; **~enkapsel** bobbin-case; **~maschine** bobbin-frame, spooling machine; **~rad** spooling-wheel; **~wurm** mawworm

spül|en to wash; to cleanse, to rinse; *(Klosett)* to flush; *hinunter ~en* to wash s-th down; *an Land ~en* to wash ashore; **~faß** wash-tub; **~icht** dish-water; slops; swill; **~lappen** dish-cloth; **~schüssel** *BE* washing-up bowl, *US* dishpan; **~ung** cleansing, rinsing; flush cleaning; flush-pipe; **~wasser** = ~icht

Spund bung, plug; stopper; **~en** to bung; **~loch** bung-hole

Spur trace, track; *(Fährte)* trail; *(Fuß)* footprint, footstep; *(Wagen)* rut; *(Wild)* scent; *(Zeichen)* mark; sign; *(Überrest)* vestige; *(im Wasser)* wake; *umg (kleine Menge)* small quantity; *keine ~!* not at all!, not a bit!; *j-m auf d. ~ kommen* to be on s-b's tracks; *j-m auf d. ~ helfen* to give s-b a clue; **~los** trackless, traceless; *adv* without (leaving) a trace; **~weite** 🚂 gauge; *(Räderabstand)* track

spür|en to feel, to be conscious of; *(merken)* to perceive, to experience; *~en nach* to track, to follow the track of; to trail; to scent out; **~hund** pointer; trackhound; *fig* spy; **~nase** good nose, scenting nose, keen sense of smell; **~sinn** sagacity, shrewdness; flair (for); *~sinn haben für* to have a scent (*od* flair) for

Spurt 🏃 sprint, dash; **~en** to dash

sput|en *refl* to hurry, to hurry up, to make haste, to be quick; *~e dich!* hurry up!, make haste!

Staat state, body politic; government; pomp, show, parade; finery; *in vollem ~* in full dress; *~ machen mit* to make a great show of; **~enbund** confederation, confederacy; **~enlos** stateless, having no nationality; **~lich** state; government, governmental

Staats|akt state ceremony; **~angehöriger** national; **~angehörigkeit** nationality; citizenship; **~anleihe** government loan; **~anstellung** government job; **~anwalt** public prosecutor, *US* district attorney; **~archiv** public record office; **~aufsicht** state control; **~beamter** civil servant, government official; **~begräbnis** state funeral; **~bürger** citizen; **~bürgerkunde** civics; **~bürgerlich** civic, civil; **~diener** civil servant; **~dienst** civil service, public service; **~form** form of government; **~gebiet** territory of a state; **~geschäft** affair of state; **~gewalt** supreme power; executive power; **~haushalt** state economy; (government) budget; **~hoheit** sovereignty; **~kasse** the Exchequer; Treasury; **~kirche** established church; **~klug** politic; diplomatic; **~körper** body politic; **~kunst** statesmanship; statecraft; political science; **~mann** statesman, politician; **~männisch** statesmanlike; **~notstand** state of national emergency; **~oberhaupt** head of the state; **~papier** government bond; *pl* government stock, the funds; **~politisch** from a national policy point of view; **~rat** State Councillor; **~recht** constitutional law; **~schuld** national debt; **~sekretär**

under-secretary of state; **~streich** coup d'état; **~verfassung** constitution; **~verwaltung** administration; **~wirtschaft** political economy; public sector of the economy; **~wissenschaft** political science; **~wohl** common weal; **~zuschuß** government subsidy

Stab stick, rod; *(Eisen)* bar; *(Stange)* pole; ♪, 🏃 baton; *(Amts-)* mace; *eccl* crosier; *(Zauber-)* wand; *mil* headquarters, staff ♦ *d. ~ brechen über* to condemn; ♪ **~führung:** *unter d. ~führung von* conducted by; **~hochspringer** pole-vaulter; **~hochsprung** pole-vault; **~reim** alliteration; **~sarzt** medical officer (*od* captain); **~schef** Chief of Staff; **~sfeldwebel** *BE* warrant officer, *US (Heer)* master sergeant, *(Marine)* chief petty officer; **~soffizier** field officer; *(beim Stab)* staff officer; **~squartier** headquarters

stabil stable; steady; sturdy; **~isieren** to stabilize; to consolidate; *refl* to become steadier

Stachel prickle, prick; *(Dorn)* thorn; *(Insekt)* sting; *(Igel)* spine; *bot* spine; *(Zinke)* prong; *(zum Treiben)* goad; *fig* sting; spur, stimulus; **~beere** gooseberry; **~draht** barbed wire; **~ig** prickly; thorny; **~n** to prick, to goad; to spur on, to stimulate; **~schwein** porcupine

Stadel barn, shed

Stadi|on stadium; arena; **~um** *fig* stage, phase

Stadt town; city; *in ~ u. Land* up and down the country; **~autobahn** *BE* urban motorway, *US* u. freeway; **~bahn** city railway; **~baumeister** municipal architect; **~beamter** municipal officer; **~bekannt** known all over the town, the talk of the town; **~bild** townscape; **~̈chen** small town; **~̈er** townsman; citizen; **~̈erin** townswoman; **~gespräch** the talk of the town; **~̈isch** municipal; town; urban; **~koffer** suitcase; **~köfferchen** attaché case; **~kreis** municipal district; **~leute** townspeople; **~mauer** town wall; **~planung** town planning; **~randsiedlung** suburban estate; **~rat** town council, corporation; *(Person)* town councillor, alderman; **~sekretär** town clerk; **~staat** City State; **~teil, ~viertel** quarter, district; **~verwaltung** local administration; **~wappen** city arms

Stafette (participant in a) relay race; courier; **~nlauf** relay (race)

Staffage accessories

Staffel step; degree; *mil* echelon; ✈ squadron; 🏃 relay; **~ei** easel; **~lauf** relay (race); **~n** to graduate, to grade, to stagger; **~tarif** differential tariff (*od* wages); **~ung** graduation; gradation; staggering

Stag ⚓ stay

Stagn|ation stagnation; absence of change, unchanging level, sluggishness; **~ieren** to stagnate; to be at a standstill; **~ierend** stationary; sluggish; not increasing

Stahl steel; **~artig** steely; **~bau** steel construction; **~beton** reinforced concrete, steel concrete; **~blech** sheet steel; *(Produkt)* steel sheet; **~̈en** to turn into steel; *fig* to harden, to steel; **~̈ern** steel; steely; **~feder** pen-nib; ⚙ steel spring; **~guß** cast steel; *(Stück)* steel casting; **~hart** *fig* adamantine; **~helm** steel helmet; **~stecher** engraver on steel; **~stich** steel engraving; **~waren** hardware, cutlery; **~werk** steelworks; **~werker** steel-maker; **~wolle** steel wool, steel shavings [fence

stake|n ⚓ to punt; *su* punt; **~t** palisade, pale

Stall stable, *US mst* barn; *(Kuh)* cow-house, cow-shed; *(Pferd)* stable; *(Schwein)* pigsty; *(Schaf)* sheep-pen; *(Hühner)* hen-coop; chicken-house; **~̈chen** *(Lauf-)* playpen; **~knecht** stable boy, groom; **~magd** dairy maid; **~laterne** stable-lantern; **~meister** riding-master; equerry; **~ung** stabling; stables, mews

Stamm stem, stalk; root; *(Baum)* trunk, bole; family, clan, race; tribe; breed, stock; *fig* main part; **~aktie** *BE* ordinary share, *US* common stock; **~baum** family tree, genealogical tree; pedigree; **~buch** family album; studbook; **~eltern** first parents, ancestors; **~en** *von* to spring from, to come from, to originate from, to stem from; *(Wort)* to be derived from; **~folge** line of descent; **~gast** regular customer; **~gut** family estate; **~halter** eldest son, son and heir; **~̈ig** sturdy, burly, vigorous; **~̈igkeit** sturdiness, strength; **~kapital** share capital, capital stock; **~lokal** *BE* favourite pub; habitual haunt; **~land** mother country; **~linie** lineage; **~personal** permanent staff; **~rolle** *mil* personnel roster; **~schloß** ancestral castle; **~silbe** root syllable; **~sprache** original language; **~tafel** genealogical table; **~tisch** (table reserved for) regular customers; **~vater** ancestor; **~verwandt** of the same origin, cognate; **~wort** root word, stem

stamm|eln to stammer, to stutter; **~ler** stammerer, stutterer

stampf|en to stamp; *(schlagen)* to pound; *(zu Brei)* to mash; *(zer-)* to crush; *(mühsam gehen)* to trudge; *(Pferd)* to paw the ground; ⚓, ✈ to pitch; **~kartoffeln** mashed potatoes

Stand stand(ing); position; *(Bude)* stall, booth; *(Höhe)* level; *astr* constellation; *pol* estate; *(Ehe-)* status; *(Zustand)* condition, state; *(fig Stellung)* social standing, class, rank; profession; *auf d. neuesten ~ bringen* to bring s-th up-to-date; *unter s-m ~ heiraten* to marry beneath one; *e-n schweren ~ haben* to have a tough job; **~arte** standard; **~bild** statue; **~̈chen** serenade; **~̈er** stand; pillar, post; **~esamt** registry office; **~esbeamter** registrar, R. B. D. (Registrar of Births and Deaths); **~esbewußtsein** caste feeling, class consciousness; **~esehe** marriage for position (*od* rank); **~esehre** professional honour; **~esgemäß** in accordance with one's rank, befitting one's station; **~esgenosse** equal in rank (*od* station), compeer; **~esunterschied** class distinction, social difference; **~esvorurteil** caste prejudice, class prejudice; **~eswidrig** unprofessional, not ethical; beneath one's position; **~fest** steadfast, firm; **~geld** stallage; **~gericht** court martial; **~haft** steadfast; firm; steady; **~haftigkeit** steadfastness; firmness; **~haltend** to hold out, to stand firm; to hold one's ground against, to withstand; **⁼ig** permanent; constant; **~lager, ~quartier** permanent quarters; **~licht** parking light; **~ort** station; position; location; *mil* garrison; **~pauke** dressing down, harangue ♦ *j-m e-e ~pauke halten* to red s-b a lecture; **~punkt** (point of) view, standpoint, angle; *auf d. ~punkt stehen, daß* to take the view that; **~recht** martial law; **~rechtlich** according to martial law; **~seilbahn** cable-car, funicular railway; **~uhr** grandfather clock

Stang|e pole; *(Metall)* bar; *(Hühner-)* perch; stick; stake; *e-e ~e Geld (fig)* a pretty penny ♦ *von d. ~e kaufen* to buy off the peg; *bei d. ~e bleiben* to stick to the point, to stay the course; *j-m d. ~e halten* to stick up for s-b, to take s-b's part; **~enbohne** runner bean; **~enspargel** asparagus

Stänker quarreller, quarrelsome person; **~ei** incessant squabbling; **~n** to squabble, to wrangle

Stanniol tinfoil

Stanze stamp; *(Vers)* stanza; **~n** to stamp, to punch

Stapel heap, pile; *(Wolle)* staple; stocks, slip; *(Waren)* depot, dump; *auf ~ legen* to lay down; *vom ~ lassen* to launch; *vom ~ laufen* to be launched; **~güter** staple commodities; **~lauf** launching; **~n** to pile up, to stack up; **~platz** depot, dump

stapfen to plod

Star *zool* starling; (film) star; cataract; *j-m d. ~ stechen* to operate on s-b for cataract, *fig* to open s-b's eyes; **~enkasten** nesting-box

stark strong; large, big; *(Person)* stout; thick; *(Regen)* heavy; *(Frost)* hard; considerable, numerous; high-power; intense, great; *adv* much, greatly ♦ *das ist ~* that's a bit thick; **⁼e** strength; power; *(Größe)* size; *(Dicke)* thickness; *(Person)* stoutness; starch; *(~e Seite)* forte, strong point; **⁼egrad** degree of strength, intensity; **⁼emehl** starch-flour, *BE a.* cornflour, *US a.* corn starch; **⁼en** to strengthen; to invigorate, to fortify; to confirm; *(Wäsche)* to starch; *refl* to take some refreshment; **⁼end** strengthening; tonic; **~leibig** stout; **~strom** power current; **~stromleitung** power-line; **⁼ung** strengthening; invigoration; *(Erfrischung)* refreshment; **⁼ungsmittel** tonic, corroborant

starr stiff (*vor* with); rigid; *(Blick)* fixed; *(Auge)* staring; numb (*vor Kälte* with cold); numbed (*vor Kummer* with grief); paralysed (*vor* with); *fig* obstinate, stubborn; **~en** to stare; to be numb; *~en vor* to be covered with, to bristle with; **~heit** stiffness; rigidity; obstinacy, stubbornness; **~köpfig** pig-headed, stubborn; **~krampf** tetanus; **~sinn** stubbornness, obstinacy; **~sinnig** stubborn, obstinate

Start start; *(Bob)* push-off; take-off; **~bahn** runway; **~en** *vt* to start up; *vi* to start; to take off; **~klar** ready for the take-off; **~loch** starting-pit; **~pistole** starting-gun, -pistol; **~zeichen** starting-signal

Stat|ik statics; **~isch** static

Station , , *eccl, wissenschaftl.* station; ward; (bus-, tram-)stop; *freie ~* free board and lodging, *(wenn angestellt)* full maintenance; **~är** stationary; **~ieren** to station; **~sarzt** resident physician, house physician; **~svorsteher** station-master, *US* station agent

Statist super(numerary), extra; *fig* dummy; **~ik** statistics; **~isch** statistical

Stativ tripod; stand

Statt place; stead (*an s-r ~* in his s.); *an Eides ~* in lieu of an oath; *an Kindes ~ annehmen* to adopt; *prep* instead of; **⁼e** place, abode (*bleibende ⁼e* fixed a.); **~finden** to take place; to happen; **~geben** to grant, to allow; **~haft** admissible, allowable; **~halter** governor, satrap; **~lich** stately; imposing, magnificent; **~lichkeit** stateliness; magnificence

Stat|ue statue; **~uieren** to determine; *e. Exempel ~uieren* to set an example; **~ur** figure, build; height, stature; **~us** state of affairs; statement of accounts; **~ut** (set of) regulations; **~uten** statutes; **~utenmäßig** statutory; according to regulations

Stau (traffic) congestion, jam; damming up; turn of the tide; **~becken** reservoir; **~damm** dam (embankment); **~en** *(Wasser)* to dam up; *(Waren)* to stow; *refl* to be banked up; to jam up, to be blocked; **~see** reservoir; **~stufe** barrage; **~ung** damming up; stowing; *(Verkehr)* jam, block; *fig* obstruction; **~wasser** dammed-up water; static water

Staub dust; powder; *bot* pollen ♦ *~ aufwirbeln* to make a tremendous stir; *s. aus d. ~ machen* to take to one's heels, to make off; **~beutel** *bot* anther; **~blatt, ~gefäß** *bot* stamen; **~en** to be dusty; to give off dust; **⁼en** to dust; *vi* to raise dust; **~ig** dusty; **~kamm** fine-tooth comb; **~korn** dust particle; **~lappen, ~tuch** duster; **~saugen** to vacuum, *BE* to hoover; **~sauger** vacuum cleaner, *BE* hoover; **~wedel** feather-duster; **~wirbel** whirlwind of dust; **~wolke** cloud of dust; **~zucker** = Puderzucker

stauchen to kick, to push, to toss; to stook

Staude herbaceous plant; shrub, bush

staunen to be astonished, to be surprised (*über* at); *su* astonishment, amazement; *in ~ versetzen* to amaze; **~swert** astonishing

Staup|e whipping; distemper; **⁼en** to whip; to scourge

Stearin stearin; **~kerze** stearin candle

Stech|apfel thorn-apple; **~becken** bedpan; **~en** to prick; to pierce; *(Insekt etc)* to sting, to bite; *(gravieren)* to engrave; to puncture, to lance; *(Torf)* to cut; *(Sonne)* to burn, to scorch; *(Karte)* to trump, to take; *(Dolch)* to stab; *ins Rote ~en* to have a reddish hue, to have a dash of red ♦ *in d. Augen ~en* to take s-b's fancy; *in See ~en* to put to sea; **~end** piercing; pungent; biting; **~er** engraver; *(Gewehr)* hair-trigger; **~fliege** stable-fly; horse-fly, cleg; **~ginster** gorse, furze; **~heber** siphon; **~mücke** *bes BE* gnat, mosquito; **~palme** holly, ilex; **~schritt** goose-step; **~uhr** time clock; **~zirkel** dividers

Steck|brief warrant of apprehension; **~dose** *BE* wall socket, *BE* point, *US* outlet; **~en** *vt* to put, to stick; to fix; ⚘ to plant; *vi* to be (hiding); to be stuck; to be in(side); to stick fast; *wo ~en Sie?* where are you (hiding)?; *in Schulden ~en* to be in debt; *dahinter ~t etw* there's s'th at the bottom of it; *su (Stock)* stick, cane; **~enbleiben** to be(come) stuck; to break down, to bog down; **~enlassen** to leave; **~enpferd** hobby-horse; *fig* hobby; **~er** ⚡ plug; **~kontakt** plug connection; **~ling** ⚘ cutting; **~nadel** pin; *wie e-e ~nadel suchen* to search for s-th high and low; **~rübe** Swedish turnip, *BE mst* swede, *US* rutabaga; **~schlüssel** socket wrench

Steg footpath; footbridge; ⚕ bridge; 🕮 *pl* furniture; **~reif:** *aus d. ~reif sprechen* to speak impromptu, extempore; to improvise, to ad-lib

Steh|bierhalle public bar; **~en** to stand; to stand still, to stop; *(Kleid)* to become, to suit well; *~en auf (Uhr)* to point to, to show; *~en für* to vouch for, *(darstellen)* to represent; *geschrieben ~en* to be written; *zu ~en kommen* to cost; *d. Hafer ~t gut* oats look well; *es ~t Ihnen frei* you are free (to do); *es ~t bei Ihnen* it rests with you (to do); *wie ~t d. Mark?* how are marks quoted?; **~enbleiben** to stop; *~en bleiben* to remain standing; **~end** standing (*a.* ⛰); *(Wasser)* stagnant; stationary; upright, vertical; permanent; regular; *~enden Fußes* at once, on the spot; *~ende Redensart* stock phrase; **~enlassen** to leave (standing); *~en lassen* to let (*od* have) stand; **~kragen** stand-up collar; **~lampe** standard lamp; **~leiter** step-ladder; **~platz** standing-place; standing-room; **~pult** high desk; **~satz** 🕮 standing type (*od* matter)

stehlen to steal; to take away; *su* stealing, larceny

steif stiff (*vor* with); rigid, inflexible; numb (*vor Kälte* with cold); thick; *fig* formal; *~ u. fest* categorically, obstinately; **~en** to stiffen; **~heit** stiffness, rigidity; formality; **~leinen** buckram

Steig (foot)path; **~bügel** stirrup; **~e** ladder; stairs; *(Kiste)* crate; **~eisen** ⛰ crampon; **~en** to climb, to go up; to ascend; to rise, to increase; *~en lassen (Drachen)* to fly; *(fig) zu Kopf ~en* to go to s-b's head; **~end** growing, increasing; **~er** mine inspector; **~ern** to raise; to boost; to increase, to heighten; (*Auktion*) to bid; *gram* to compare; *refl* to increase; to intensify, to work up; **~erung** raising, increase; gradation, climax; intensification; *gram* comparison; **~erungsbetrag** increment; **~erungsgrad** *gram* degree of comparison; **~fähigkeit** ✈ climbing power; **~höhe** ✈ ceiling; **~ung** ascent, rise; gradient, incline

steil steep; precipitous; bluff; *~ ansteigend (fig)* sky-rocketing; **~felsen** crag; **~feuer** high-angle fire; **~hang** steep slope; **~heit** steepness; **~ufer** bluff

Stein stone, *US a.* rock; *(Fels)* rock; *(Feuer-)* flint; *(Edel-)* precious stone; gravestone; *(Frucht-)* kernel; ⚕ stone, calculus; *(Spiel-)* piece; *~ d. Anstoßes* stumbling-block; *~ d. Weisen* philosophers' stone ♦ *d. ~ ins Rollen bringen* to set the ball rolling; *~ u. Bein schwören* to swear by all that is holy; *bei j-m e-n ~ im Brett haben* to be in s-b's good books; **~adler** golden eagle; **~alt** as old as the hills; **~bock** ibex; *astr* Capricorn, Goat; **~brech** *bot* saxifrage; **~bruch** quarry; **~butt** *zool* turbot; **~druck** litho(graphy); **~ern** (of) stone; **~frucht** stone-fruit; **~garten** rock garden; **~gut** (white) earthenware; **~hart** as hard as a flint, (*od* stone); **~hauer** = ~metz; **~ig** stony, rocky; **~igen** to stone; **~kohle** pit-coal, hard coal; **~marder** beech marten; **~metz** stone-mason; **~obst** stone-fruit, drupe; **~pilz** (edible) boletus; **~pflaster** stone pavement; **~platte** flagstone; **~reich** as rich as Croesus; stony; **~schlag** falling stones; **~setzer** paver, *BE* paviour; **~zeit** Stone Age

Steiß backside, buttocks; **~bein** coccyx; **~fuß** *zool* grebe

Stell|age stand; **~bar** adjustable; movable; **~dichein** rendezvous; **~e** place; spot; *(Text)* passage; situation; job; agency; *math* digit; *offene ~e* vacancy; *auf d. ~e* immediately, on the spot; *ich an Ihrer ~e* if I where you; *an ~e von* instead of, in lieu of; *zur ~e sein* to be present; *von d. ~e kommen* to make progress; *auf d. ~e treten* to be marking time; **~en** to put, to set, to place; to regulate, to arrange; *(bereit-)* to provide, to furnish; *(j-m zusetzen)* to corner, to challenge; *(vor Gericht)* to bring up; *(Bürgen)* to find; *mil* to post; *refl* to (take up one's) stand, to station o.s., to present o.s., to give o.s. up; *mil* to enlist; *(s. ver-)* to feign, to pretend; *s. ~en auf* to cost, to amount to; *s. ~en mit* to get on with, *(gut)* to be on good terms with; *s. ~en zu* to behave towards; *auf s. selbst gestellt sein* to be dependent on o.s.; *gut gestellt sein* to be well off; **~enangebot** offer of a post; **~enausschreibung** advertisement of a vacancy (vacancies); **~engesuch** application for a post; **~enjäger** job-hunter; **~enlos** unemployed, out of work; **~ennachweis, ~envermittlung** employment agency; **~enweise** in places, sporadically; **~macher** cartwright; wheelwright; **~mutter** adjusting nut; **~netz** anchored net; **~schraube** set-screw, adjusting screw; **~ung** position, situation; *(Haltung)* attitude, posture; *mil* line; *~ung nehmen (zu)* to express one's opinion (on), to express a view, to comment (on), to adopt an attitude (with regard to); **~ungnahme** opinion; attitude; policy; **~ungsbefehl** call-up order; **~ungskrieg** position warfare; trench warfare; **~ungswechsel** change of position; **~vertretend** deputy; acting; vice-; **~vertreter** deputy; representative; proxy; *(Arzt- etc)* locum (tenens); *eccl* vicar; **~werk** 🚂 signal-box, *US* switch tower

Stelz|bein, ~fuß wooden leg; **~e** stilt; **~en** to walk on stilts; *fig* to stalk along

Stemm|eisen caulking (*US* calking) iron; *(für*

Holz) mortise chisel; *(Stange)* crowbar; **~en** to dam up, to stem; to support, to prop; *d. Hände in d. Seiten ~en* to stand with one's arms akimbo; *refl* to lean firmly (*gegen* against); to resist

Stempel (rubber) stamp; ⚙ *(Präge-)* die, *(Loch-)* punch; *(Bergwerk)* prop; *(Post-)* postmark; *(Datum-)* date stamp; *(Pumpe)* piston; brand; *bot* pistil; **~gebühr** stamp duty; **~kissen** ink-pad; **~n** to stamp; to mark; *(Eier)* to date-stamp ♦ *~n gehen* to draw unemployment pay, *umg BE* to be on the dole; **~pflichtig** subject to stamp duty; **~steuer** stamp duty

Stengel stalk, stem

Steno|gramm shorthand note (*od* report); *etw im ~gramm aufnehmen* to take s-th down in shorthand; **~graf** shorthand writer, *bes US* stenographer; **~grafie** shorthand, stenography; **~grafieren** *vt* to write in shorthand; *vi* to write shorthand; **~grafisch** shorthand, stenographic; *adv* in shorthand; **~typist(in)** (shorthand) typist, *bes US* stenographer

Stentorstimme stentorian voice

Stepp|decke quilt; **~en** to quilt, to (pad and) stitch; **~erei** quilting; **~stich** backstitch

Steppe steppe; **~nwolf** prairie wolf

Sterbe|bett death-bed; **~fall** a death; *im ~fall* in case of death; **~hemd** shroud; **~kasse** burial fund; **~n** to die; *su* dying, death; *im ~en liegen* to be dying; **~enskrank** dangerously ill; **~nswort:** *kein ~nswort (~nswörtchen) sagen* not to breathe a word; **~sakramente** last sacraments; **~stunde** dying hour; **~zimmer** death chamber

sterblich mortal; **~keit** mortality; **~keitsziffer** death rate, mortality rate

Stereo|aufnahme stereo-photograph; stereo recording; **~kamera** stereoscopic camera; **~metrie** stereometry, solid geometry; **~phon** stereo(phonic); **~photographie** stereoscopic photography; **~platte** stereo record; **~skop** stereo(scope); **~skopisch** stereoscopic; **~typ** stereotype; *fig* stereotyped; **~typie** stereo(type); *(Ort)* foundry; **~typieren** to stereotype

steril sterile; **~isation** sterilization; **~isierapparat** sterilizer; **~isieren** to sterilize; **~ität** sterility

Stern star; 🕮 asterisk; ⚓ stern; *(Orden)* cross; **~bild** constellation; **~deuter** astrologer; **~enbanner** star-spangled banner; **~(en)himmel** starry sky; **~fahrt** motor rally; **~förmig** star--shaped; **~hagelvoll** as drunk as a lord, dead drunk; **~hell** starlight; **~karte** star map; **~kunde** astronomy; **~schnuppe** shooting star; **~warte** observatory

Sterz tail; plough-handle, *US* plow-

stet|(ig) steady, fixed; continual, constant; **~igkeit** steadiness; continuity, constancy; **~s** always, forever; constantly, continually

Steuer[1] ⚓ helm; *(~ruder)* rudder; *am ~ stehen* to take the helm; **~bord** starboard; **~knüppel** ✈ (control) stick; **~mann** helmsman, ⚓ mate, *(Lotse)* pilot; **~n** to steer; 🚗 to drive; to pilot; *fig* to check, to suppress; **~rad** (steering-)wheel; **~ruder** rudder; **~ung** steering; driving; piloting; ⚙ steering-gear

Steuer[2] tax; *(auf Lebensmittel)* excise; *(auf Aus-, Einfuhr, Verbrauch)* duty; *(Kommunal-) BE* rate; *~ erheben* to levy a tax; **~amt** inland revenue office; **~anschlag** assessment of taxes; **~beamter** revenue officer; **~bescheid** tax assessment; **~bilanz** balance-sheet for taxation purposes; **~erhebung** collection of taxes; **~erklärung** tax return; **~erlaß** tax remission; **~frei** tax-exempt; *(Ware)* duty-free; *~freier Betrag* allowance; **~freiheit** tax exemption, fiscal immunity; **~hinterziehung** tax evasion, tax manipulation; **~jahr** fiscal year; **~klasse** tax bracket; **~lich** fiscal; relating to taxation; **~nachlaß** tax reduction; **~pflicht** tax liability; **~pflichtig** subject to taxation; *(Waren)* subject to duty, dutiable; **~pflichtiger** tax-payer; **~satz** rate of taxation; **~schraube** (increasingly) oppressive taxation; *d. ~schraube anziehen* to raise taxation (*od* the taxes); **~schuld** tax(es) due; **~termin** date for payment of taxes; **~vorlage** tax bill; **~zahler** tax-payer, *BE (Kommunal-)* rate-payer; **~zuschlag** surtax

Steven ⚓ stem(-post)

Stewardeß stewardess; air-hostess

stibitzen to pilfer, to pinch

Stich prick; sting; *(Nähen)* stitch; *(Spaten-)* cut; *(Degen-)* stab, thrust; *(Karten)* trick; ⚕ puncture; sharp pain; engraving; ⚓ knot, hitch; *fig* pointed remark, gibe, taunt; *d. war e. ~ auf (gegen) mich* that was one for me; *e. ~ ins Blaue* a dash of blue, a touch of blue ♦ *e-n ~ haben* to go bad, to turn sour, (the milk) is touched, *fig* to be crazy; *~ halten* to stand the test; *im ~ lassen* to leave in the lurch, to back out; **~el** graving tool; graver; **~elei** gibe, taunt; **~eln** *(nähen)* to stitch, to sew; *fig* to bait, to taunt, to jeer; **~flamme** blast flame; **~haltig** sound, valid; plausible; **~haltigkeit** soundness; **~ling** *zool* stickleback; **~probe** sample check, sample test, spot-check; sampling; **~tag** fixed day; effective date; selected day, (appointed) date; deadline; **~waffe** thrust weapon; **~wahl** second ballot, final ballot; **~wort** 🎭 cue; keyword, note; **~wortverzeichnis** index; **~wunde** stab

stick|en to embroider; **~erei** embroidery; **~garn** embroidery cotton; **~muster** pattern; **~rahmen** tambour frame

Stick|gas suffocating gas; **~ig** close, stuffy; suffocating; **~luft** stuffy air; suffocating atmosphere; **~stoff** nitrogen; **~stoffhaltig** nitrogenous

stieben to start, to scatter, to disperse

Stief|bruder stepbrother; **~kind** stepchild; *fig* ugly duckling; *(Sache)* s-th treated in a stepmotherly way; **~mutter** stepmother; **~mütterchen** *bot* pansy; **~mütterlich** stepmotherly, like a stepmother; **~schwester** stepsister; **~sohn** stepson; **~tochter** stepdaughter; **~vater** stepfather

Stiefel boot ♦ *er kann e-n ~ vertragen* he can

take his pint; *e-n ~ zusammenreden* to talk a lot of rubbish; **~anzieher** shoe-horn; **~knecht** bootjack; **~n** to walk (with great strides); **~putzer** *(Straße)* shoeblack; *(Hotel) BE* boots
Stiege staircase, stairs; *(Kiste)* crate
Stieglitz goldfinch
Stiel handle; *(Besen)* stick; *bot* stalk; **~äugig** stalk-eyed; **~en** to put a handle to; **~pfanne** dipper; **~stich** stem stitch
stier staring, fixed; *su* bull; *astr* Taurus ♦ *d. ~ bei d. Hörnern packen* to seize (*od* take) the bull by the horns; **~en** to stare (hard); **~kampf** bull-fight; **~kämpfer** bull-fighter; **~nackig** bull-necked
Stift[1] pin; peg; *(Draht-)* wire nail; *(Blei-)* pencil; *(Junge) umg* office-boy, apprentice; **~zahn** crown tooth
Stift[2] charitable institution; home for old people, Eventide Home; *eccl* training college, religious establishment; **~en** to donate; to bring about, to cause; *(gründen)* to found, to establish; *(mit Geld, Sachwerten)* to endow; *~en gehen (umg)* to run away; **~er** founder; **~sdame** canoness; **~sherr** canon; **~ung** foundation; establishment; welfare institution (*od* foundation); charitable endowment; **~ungsfest** founder's day, commemoration day
Stil style; *fig* (distinctive) manner; **~blüte** howler, Irish bull; **~gerecht** = ~voll; **~isieren** to write, to compose (in a certain style); to stylize; **~istik** stylistics; **~istisch** with regard to style; stylistic; **~kunde** = ~istik; **~möbel** period furniture; **~voll** in good taste; *(Möbel)* period; *(elegant)* stylish
Stilett stiletto
still quiet, calm; motionless, still; silent; peaceful; soft; *(Geschäft)* dull; *(Partner)* sleeping; *(Reserven)* undisclosed; *s. ~ verhalten* to keep still, to lie low; *~er Freitag* Good Friday; *~er Ozean* Pacific Ocean; **~e** calm, stillness; quietness; lull (*d. ~e vor d. Sturm* the l. before the storm); silence; peace; *in aller ~e* quietly, secretly; **~en** to quiet, to still; to silence; *(Hunger etc)* to appease, to satisfy; *(Durst)* to quench; *(Blut)* to staunch, to arrest; *(Kind)* to nurse, to suckle; *(Schmerz)* to alleviate; **~halten** to keep still; to refrain from action; to stop; *~ halten* to keep quiet (*od* still); **~(l)eben** 🎨 still life; **~(l)egen** to shut down; to stop; **~(l)egung** shut(ing)-down; stoppage; immobilization; **~(l)iegen** to be idle (*od* at a standstill); to be out of production; *~ liegen* to lie quiet; **~schweigen** to be silent; *su* silence; acquiescence; **~schweigend** tacit(ly); in silence; **~sitzen** to sit quiet; to remain inactive; **~stand** standstill, stop; stopping; stagnation; *(völlig)* deadlock; **~stehen** to stand still; to stop; to be at a standstill; *(Maschine)* to be idle, to lie still; *~ stehen* to stand quietly; *~gestanden!* attention!; **~ung** *(Blut)* staunching; *(Kind)* nursing; **~vergnügt** quietly happy, quietly enjoying things
Stimm|abgabe voting; **~band** vocal cord; **~berechtigt** entitled to vote; **~bruch** breaking of the voice; **~e** voice; ♪ part; *(Abstimmen)* vote; *(Zeitung)* comment; **~en** *vt* to tune; *fig* to prejudice s-b in favour of (against); to put s-b in a good (bad) mood, to make s-b glad (sad); *vi (ab-)* to vote; *(richtig sein)* to be correct, to be all right; to suit; to agree (*zu* with), to correspond (*zu* to); **~enfang** canvassing; **~engleichheit** same number of votes; *bei ~engleichheit* in the event of a tie; **~enthaltung** abstention (from voting); **~er** tuner; **~gabel** tuning-fork; **~haft** *(Laut)* voiced; **~lage** register, pitch; **~los** *(Laut)* voiceless; **~recht** right to vote, suffrage; **~ritze** glottis; **~ung** ♪ tuning; ♪ pitch, key; *fig* mood; disposition, frame of mind; temper; atmosphere, impression; *~ung machen für* to make propaganda for; **~ungsvoll** appealing to the emotions; *(Raum)* with real atmosphere; impressive; **~wechsel** breaking of the voice; **~zettel** ballot-paper
Stink|bombe stink-bomb; **~en** to stink; **~faul** *umg* bone-idle; **~tier** skunk
Stint *zool* smelt
Stipendi|at scholar; receiver of a scholarship; *BE a.* exhibitioner; **~um** scholarship, *BE a.* exhibition
stipp|en to dip, to dunk; **~visite** *fig* flying visit
Stirn forehead; 🏛 front; *fig* cheek ♦ *j-m d. ~ bieten* to defy, to face boldly; **~höhle** frontal cavity; **~locke** forelock; **~runzeln** frowning
stöbern to rummage (in s-th); *(Schnee)* to blow about, to drift
stochern to poke, *(Zähne)* to pick
Stock stick, cane; ♪ baton; *(Amts-)* rod, wand; *(Pflanze)* stem; *(~werk)* storey, floor; *über ~ u. Stein* taking all obstacles in one's stride, up hill and down dale; **~dumm** utterly stupid, a blockhead; **⁓elschuh** high-heeled shoe; **~en** to stop, to halt; to pause, to stand still; to hesitate, to falter; *(Geschäft)* to fall off; **~engländer** British to the backbone, typical Englishman; **~ente** mallard; **~finster** pitch-dark; **~fisch** dried cod, stockfish; **~fleck** damp stain; spot of mildew; **~ig** fusty, mouldy; decayed; **~schnupfen** chronic nasal catarrh; **~steif** as stiff as a poker; **~taub** as deaf as a post; **~ung** standstill; stoppage; cessation; stagnation; check; *(Verkehr)* block, congestion; **~werk** floor, storey
Stoff *(Substanz)* substance; *(Materie)* matter; *(Gewebe)* stuff, fabric, material; *(Gegenstand, Thema)* subject(-matter), theme, topic; *(für Zeitungsbericht)* copy; **~el** blockhead, clumsy fellow; **~handschuh** fabric-glove; **~lich** material; according to the contents; with regard to the subject-matter; **~reste** (cloth) remnants; cuttings; **~wechsel** metabolism
stöhnen to groan
Sto|iker stoic; **~isch** stoical
Stola stole
Stollen mine gallery; tunnel; *mil* deep dugout, gallery; *(Gebäck)* fruit loaf
stolpern to stumble, to trip (*über* over); to blunder (on, along)
stolz proud; *(überheblich)* haughty, arrogant;

su pride; haughtiness, arrogance; **~ieren** to strut; to flaunt
Stop ban; control; prohibition
Stopf|arbeit darning; **~en** to stuff, to cram; *(Pfeife)* to fill; *(zumachen)* to plug, to stop up; *(flicken)* to darn, to mend; ⚕ to constipate; *vi* to fill up, to be filling; ⚕ to cause constipation, to constipate; *j-m d. Mund ~en* to silence s-b; **~ei** darning-ball; **~garn** darning-cotton; **~nadel** darning-needle; **~stelle** darn; **~wolle** mending-wool
Stoppel stubble; *pl umg* whiskers; **~bart** stubbly beard; **~feld** stubble field; **~ig** stubbly; **~n** to glean
stopp|en ⚔ to time; **~uhr** stop-watch
Stöpsel stopper; plug; cork; *(großer)* bung; **~n** to plug, to cork, to stopper
Stör *zool* sturgeon
Storch stork; *gehen wie d. ~ im Salat* to stalk with a pompous stride ♦ *da brat mir e-r 'nen ~!* well, I never!; *d. ~ hat sie ins Bein gebissen* the stork has brought her a baby **~schnabel** *bot* crane's-bill; ✿ pantograph
stör|en to disturb, to inconvenience, to trouble; to intrude, to interrupt; to be in the way, to be an obstacle; *mil* to harass; 📻 to jam; *~e ich?* am I intruding?; *lassen Sie s. nicht ~en* don't let me disturb you, don't inconvenience yourself; *~t es Sie, wenn ich …?* does my … disturb you? **~enfried** trouble-maker, mischief-maker; **~er** disturber; **~sender** jamming station; **~ung** disturbance, inconvenience; intrusion, interruption breakdown; 📻 atmospherics, statics, *(durch Sender)* jamming; **~ungsstelle** ☎ faults section; **~ungssucher** linesman, faultsman, *(Trupp)* breakdown gang
stornieren to cancel
störr|isch, ~ig headstrong, obstinate; *(Pferd)* restive; **~igkeit** obstinacy
Stoß push, *(bes* ✿*)* thrust; *(Schlag)* blow, stroke, punch; *(Fuß-)* kick; *(Ruck)* jerk, jolt; *(Erschütterung)* shock; *(Einschlag)* impact; *(Haufen)* pile, heap; bundle; *(Bücher)* batch; **~arbeiter** speed-up worker, shock worker; **~dämpfer** shock-absorber; **¨el** pestle; ✿ tappet; **~en** to push, to shove, *(bes* ⚔*)* to thrust; *(schlagen)* to strike, to hit, to punch; *(Fuß)* to kick; *(Ziege etc)* to butt; to buffet; *(Ellbogen)* to nudge; ⚓ to pitch; ⚔ *d. Kugel ~en* to put the shot *(od* the weight); *refl* to knock against; to hurt o.s.; *s. ~en an (fig)* to take offence at; *vi (Ziege)* to butt; ⚔ to thrust, to lunge; *(Wagen etc)* to jolt, to bump; *~en an* to knock, to run against, *(Grenzen)* to border on, to adjoin; *~en auf* to come across (upon), to blunder upon (into); *~en zu* to join (up with); **~gebet** short fervent prayer; **~haft** abrupt; **~klinge** small-sword blade; **~kraft** impetus; ✿ impact; **~seufzer** deep sigh; **~stange** 🚗 bumper; **~therapie** ⚕ massive dose treatment; **~trupp** raiding party, raiding patrol; *pl* shock troops, assault troops; **~verkehr** rush-hour traffic, peak-time traffic; **~waffe** thrusting weapon; **~weise** jerkily; by jerks, by fits and starts; **~wirkung** shock effect; **~zahn** tusk; **~zeit** rush hours
Stotter|er stutterer, stammerer; **~n** to stutter, to stammer
stracks straight, right away; direct
Straf|anstalt penal institution; prison; **~arbeit** *(Schule) BE* imposition, *umg* impo, lines; **~bar** liable to punishment, punishable; criminal; **~e** punishment, penalty (*a.* ⚔); *(Geld-)* fine; *bei ~e von* on pain of; **~en** to punish; to chastise; *j-n Lügen ~en* to give s-b the lie; **~end** reproachful; **~entlassener** ex-convict; **~erlaß** remission (of punishment); **~fällig** liable to a penalty of, liable to be fined; punishable; **~frei** exempt from punishment; **~freiheit** exemption from punishment; **~gefangener** convict; prisoner; **~gericht** tribunal, criminal court; **~gesetz** penal law; **~gesetzbuch** penal code, criminal code; **¨lich** punishable; blamable, unpardonable; **¨ling** *(Gefängnis)* prisoner; *(Zuchthaus)* convict; **~los** exempt from punishment; with impunity; **~losigkeit** impunity; **~maß** measure of punishment; **~mündig** of a responsible age; **~porto** express postage; surcharge; **~predigt** *fig* lecture; (*j-m e-e ~predigt halten* to give s-b a l.); **~prozeß** criminal case, criminal proceedings; **~recht** penal law, criminal law; **~rechtlich** penal, criminal; **~registerauszüge** criminal records; **~richter** criminal judge; **~sache** criminal case; **~verfahren** criminal procedure; **~versetzung** transfer for disciplinary reasons; **~vollstreckung, ~vollzug** execution of sentences; **~würdig** deserving punishment, punishable
straff tight, tense; *(Seil)* taut; *(Haltung)* straight, erect; *fig* strict; *(streng)* severe, stern; **~en** to tighten; to stretch; *refl* to square one's shoulders; **~heit** tightness; tautness; strictness; severity
Strahl ray; beam; *(Wasser)* jet; *(Feuer)* flash; radius; **~en** to shine, to beam; to emit rays, to radiate; *~en vor (fig)* to be ablaze with; **~end** radiant; beaming, shining; lustrous; **~enbrechung** refraction; **~enbündel** pencil of rays; **~enförmig** radiating; **~enforschung** radiology; **~enkrone** halo, glory; **~ung** radiation
Strähn|e strand (of hair); *(Garn)* skein, hank; **~ig** in strands
Stramin (fine) canvas
stramm tight; taut; robust, strapping; *(Weib)* buxom; **~stehen** to stand at attention
Strampel|höschen romper; playsuit; **~n** to kick, to toss; *s. bloß~n* to kick the bed-clothes off
Strand (sea-)shore, *(Bade-)* beach; **~anzug** beach suit; **~bad** bathing beach; seaside resort; **~en** to run aground; to run ashore; to be stranded; **~gut** flotsam (and jetsam), wreckage; **~korb** roofed beach-chair; **~läufer** *zool* sand-piper; **~räuber** beach-comber, wrecker; **~schuhe** beach-shoes; **~wächter** life-guard, beach-guard
Strang rope, cord; halter; *(Garn)* hank; ✿ track ♦ *am gleichen (an e-m) ~ ziehen* to act in unison, to pull all together; *über d. ¨e schlagen*

to kick over the traces, to go on the loose; *zum ~ verurteilen* to condemn to the gallows; **~ulieren** to strangle

Strapaz|e exertion, fatigue; hardship; **~ieren** to tire (out), to knock up; *(Sache)* to wear hard; **~iös** fatiguing, exhausting

Straße street; *(Land-)* road; highway; *(Wasser-)* waterway; *(Meeres-)* straits; *auf d. ~* in the street, on the road ♦ *j-n auf d. ~ setzen* to turn s-b out, to give s-b the sack; *auf d. ~ liegen* to be stranded, *(Geld)* to be there to be picked up (in the street); *fig* avenue

Straßen|anzug *BE* lounge-suit, *US* business suit; **~arbeiter** roadman, *(Erd-) BE* navvy; **~bahn** *BE* tramway, *US* streetcar; **~bahnwagen** *BE* tramcar, *US* streetcar; **~bau** road construction; **~damm** roadway; **~dirne** street-walker, prostitute; **~kehrer** scavenger, street-sweeper; **~handel** street hawking; **~händler** costermonger, street vendor, hawker; **~junge** street arab, ragamuffin; **~karte** street map; road map; **~kreuzung** crossroads, intersection; **~lage**: . . . *hat e-e gute ~lage* . . . holds the road well; **~laterne** street-lamp (-lantern); **~raub** highway robbery; **~räuber** highwayman, bandit; **~reinigung** street cleaning, *BE* scavenging; **~rennen** road race; **~sperre** road block; **~unterführung** *BE* subway, underpath; **~verkehrsordnung** *(etwa)* Road Traffic Law; *BE* Highway Code; **~walze** road roller; **~zug** line of streets

Strateg|e strategist; **~ie** strategy; **~isch** strategic

sträuben *vt* to ruffle (up), to bristle; *refl (Haar)* to stand on end; *fig* to resist, to struggle against; *su* resistance

Strauch bush, shrub; **~dieb** footpad; **~eln** to stumble; *fig* to stray; **~werk** bushes, shrubs

Strauß bunch (of flowers), bouquet; *(Streit)* fight; *zool* ostrich; **~enfeder** ostrich feather

Strebe brace; support; **~balken** strut, buttress; **~bogen** flying buttress; **~n** to endeavour (to get), to strive (after); to aspire (to); *su* endeavour; striving; aspiration; effort; **~pfeiler** buttress; **~r** pushing person, place-hunter; *(Schule) BE* crammer, *BE* swot, *US* grind; **~rtum** place-hunting; *BE* cramming, *BE* swot(ting); grind

strebsam zealous; assiduous; **~keit** zeal; assiduity

Streck|e stretch; length, distance; *(Land)* tract; 🚂 section; route; *math* straight line; *(Ski)* course, trail; *(Jagd-)* bag; *auf freier ~e* on the road, 🚂 on the open track; *e-e ~e Weges* some distance ♦ *auf d. ~e bleiben* to be killed, to be knocked out; *zur ~e bringen* to bag, to catch, to kill; **~en** to stretch (out), to extend; *fig* to make s-th last longer; *d. Waffen ~en* to lay down one's arms, to surrender; *j-n zu Boden ~en* to knock s-b down ♦ *s. nach d. Decke ~en* to cut one's coat according to one's cloth; **~enarbeiter** 🚂 platelayer; **~enkarte** route map; **~enwärter** linekeeper, lineman; **~enweise** here and there; **~muskel** extensor(-muscle); **~ung** stretching; extension; **~verband** traction splint

Streich *(Schlag)* blow, stroke; practical joke, prank, trick *(j-m e-n ~ spielen* to play a t. on s-b); **~eln** to stroke, to caress; **~en** to touch gently, to pass lightly over; to paint; *(Butter)* to spread; *(Streichholz)* to strike; ♪ to play; *(Fahne)* to strike; *(Segel)* to furl, to lower; *(aus-)* to cancel, to delete, to strike out; *vi* to rove, to wander, to ramble; to fly; *(verlaufen)* to extend, to run; **~er** ♪ the strings; **~holz** match; **~instrument** stringed instrument; **~käse** processed cheese, cheese spread; **~musik** string music; **~orchester** string band; **~quartett** string quartet; **~quintett** string quintet; **~trio** string trio; **~ung** cancellation; omission

Streif = ~en; **~band** wrapper; *unter ~band* under wrapper; **~e** patrol; **~en** *vt* to touch slightly; to brush (past); to graze; *(hoch-)* to turn up; *fig* to touch upon; *~en an (fig)* to border on; *vi* to rove, to roam, to wander; *mil* to patrol; *su* stripping; grazing; roving; strip, *(Farbe)* stripe; *(Papier)* slip; sector; **~enwagen** police patrol car; **~ig** striped; **~jagd** drive; **~licht** side-light; **~schuß** grazing shot; **~wunde** grazing wound; **~zug** expedition; scouting trip

Streik strike *(in d. ~ treten* to go on s.); **~brecher** *BE* blackleg, scab; **~en** to (go on) strike, *umg* to walk out; **~posten** picket; *~posten stehen* to picket

Streit quarrel *(e-n ~ vom Zaun brechen* to pick a qu.); dispute; fight; **~axt** battle-axe; **~bar** pugnacious, aggressive; **~en** to quarrel; to argue; to fight; to dispute *(über* about, over); **~er** combatant; disputant; **~fall** quarrel; controversy; **~frage** matter in dispute, (point at) issue; **~hammel** quarrelsome fellow, brawler; **~ig** debatable, moot; *j-m etw ~ig machen* to contest (s-b's right to) s-th; **~igkeit** quarrel; dispute, controversy; **~kräfte** military forces; **~lustig** pugnacious, aggressive; **~punkt** = ~frage; **~sache** ⚖ case, cause; **~schrift** polemical pamphlet; **~sucht** quarrelsome disposition; **~süchtig** quarrelsome; cantankerous; disputatious

streng strict; *(Gesetz, Kälte)* severe; *~e Kälte* bitter cold; *(asketisch)* austere; *(unbeugbar)* rigid; *(Person)* stern; harsh; **~e** strictness; severity; sternness; austerity; harshness; **~genommen** strictly speaking; **~gläubig** orthodox

Streu bed of straw; *(Tier)* litter; **~büchse, ~dose** castor, caster; **~en** to strew; *(Samen)* to scatter; *(Mist etc)* to spread; *(Vieh)* to litter; **~feuer** scattered fire; **~mine** stray mine; **~zucker** castor sugar

streunen to roam about

Strich line; stroke, dash *(a. Morse-)*; *(Kompaß)* point; *(Teil-)* mil, graticule; *(Land-)* tract, region; *(Vögel)* flight; *(Stoff)* nap, grain; ♪ *(Geige)* bowing; *unter d. ~* under the line ♦ *j-m gegen d. ~ gehen* to go against the grain with; *j-n auf d. ~ haben* to bear s-b a grudge;

j-m e-n ~ durch d. Rechnung machen to cross (*od* thwart) s-b's plans; *e-n ~ machen unter (fig)* to put an end to; *nach ~ u. Faden* thoroughly, right and left; **~ätzung** *bes BE* line block, *bes US* zincograph, zinc etching; **~einteilung** graduation (in mils); **~eln** to hatch, to shade in; **~punkt** semicolon; **~regen** local shower; **~weise** here and there

Strick cord, rope; halter; *(Schlinge)* snare; *fig* young rogue; **~arbeit** knitting; **~en** to knit; *(Netz)* to net; *rechts ~en* to knit plain; *links ~en* to knit purl; **~erin** knitter; **~erei** knitting; **~garn** knitting-yarn; **~handschuh** knitted glove; **~jacke** cardigan; **~kleid** knitted dress, jersey dress; **~leiter** rope-ladder; **~nadel** knitting-needle; **~strumpf** knitted stocking; knitting (of a stocking); **~ware** hosiery; knitted goods, knitwear; **~wolle** knitting wool; **~zeug** knitting (things)

Striegel curry-comb; **~n** to curry, to rub down

Striem|en weal, wale; streak; **~ig** covered with weals

strikt strict

Strippe string; strap; (boot-)tab; ☎ *umg* phone

strittig debatable; disputed; *~e Frage* question at issue

Stroh straw; *(Dach-)* thatch ♦ *~ im Kopf haben* to be as stupid as an owl, to have no brains; *leeres ~ dreschen* to talk a lot of piffle; **~blume** everlasting flower, immortelle; **~dach** thatched roof; **~decke** straw mat; **~feuer** *fig* short-lived passion; **~halm** straw ♦ *s. an e-n ~halm klammern* to clutch at a straw; **~hut** straw hat, boater; **~ig** strawy; **~mann** *fig* man of straw; figure-head, dummy; **~pappe** straw board; **~sack** straw mattress; **~witwe** grass widow; **~witwer** grass widower

Strolch tramp, vagabond; *(Schurke)* hoodlum; **~en** to be idling about; to roam about

Strom large river; stream; *(Strömung)* current; ⚡ current, power; *(Worte)* torrent; **~ab** downstream; **~abnehmer** ⚡ collector; **~abschaltung** power cut; **~auf** upstream; **~ausfall** power failure; **~bett** bed (of the river); **⍨en** to stream, to flow; *(Regen)* to pour down; to rush; *(Menschen)* to flock, to crowd; **~erzeuger** dynamo; **~gebiet** basin (of a river); **~kreis** ⚡ circuit; **~linie** streamline; **~linienförmig** streamlined; **~messer** ammeter; **~schiene** live rail, third rail; **~schnelle** rapid; **~spannung** voltage; **~stärke** current intensity; **⍨ung** current; stream, flow; flood; *fig* trend, tendency; spirit; **~unterbrecher** circuit-breaker, cut-out; **~verbrauch** power consumption; **~wender** commutator

Stromer tramp, vagabond

Strophe stanza, verse

strotzen to abound (*von* with); to teem (*von* with); to be full (*von* of); *vor Gesundheit ~* to enjoy robust health; **~d** abounding; robust, vigorous; *(Euter)* distended

Strudel whirlpool, eddy, maelstrom; *fig* rush, crush; **~n** to whirl; to eddy; to bubble, to boil

Struktur structure; pattern; set-up; nature, character; **~bedingt** structural; **~ell** structural; basic; fundamental

Strumpf stocking ♦ *s. auf d. ⍨e machen* to make off; **~band** garter; **~halter** *BE* suspender, *US* garter; **~haltergürtel** *BE* suspender (*US* garter) belt; **~waren** hosiery; **~wirkerei** manufacture of stockings

Strunk stalk; stump

struppig shaggy, uncombed; bristly

Strychnin strychnine

Stube room, chamber; *gute ~* parlour, drawing-room; *d. ~ hüten* to keep one's room; **~narrest** confinement to quarters; **~nfliege** common fly; **~ngelehrter** book-worm; **~ngenosse** room-mate; **~nhocker** stay-at-home; **~nmädchen** housemaid; *(Hotel)* chambermaid; **~nrein** *(Hund)* house-trained; **~nweisheit** bookishness

Stuck stucco; **~decke** stucco(ed) ceiling

Stück piece; *(Bruch-)* fragment; *(~chen)* morsel, bit; *(Zucker-)* lump; *(Seife)* bar, cake; *(Text)* passage, extract; 🎭 play; *~ für ~* bit by bit, piece by piece; *aus freien ~en* from choice, of one's own accord; *d. ist e. starkes ~!* that's a bit thick!; *e. schönes ~ Geld* a nice sum of money; *aus e-m ~* all of a piece; *in allen ~en* in every regard; *in ~e gehen* to break in pieces; *große ~e halten auf j-n* to hold s-b in high esteem, to think the world of s-b; **~arbeit** piece-work; **~eln** to cut to pieces, to divide into pieces; to subdivide; **~gut** parcelled freight; mixed cargo; **~lohn** piece wage, piece rate; **~weise** by the piece; **~werk** bungled work; **~zahl** number of pieces; **~zucker** lump sugar

Stud|ent student, undergraduate; **~entenjahre** time at college; **~entenschaft** (body of) students; **~entensprache** students' slang; **~entenverbindung** students' society (*od* club), *US* fraternity, *(Studentinnen)* sorority; **~entin** woman student, *US* co-ed; **~entisch** student-like; **~ie** (writer's, painter's) study, sketch; essay; monograph; **~iendirektor** (deputy) headmaster (of secondary school); **~ienfach** branch of study; **~ienfahrt** study trip; **~iengang** course of studies; **~ienhalber** for the purpose of studying; **~ienplan** course of study, curriculum; **~ienrat** secondary-school teacher; assistant master; **~ieren** to study, to go to college; **~ierstube** study; **~ium** study; curriculum, course of study

Stufe step, stair; *(Leiter)* rung; *fig* shade, nuance; degree, grade; level, stage; *(Einkommens-)* bracket; *auf gleicher ~ mit* on a level with; **~nartig** gradual; **~nfolge** gradation, series; gradual progress; **~nleiter** scale, gradation; *fig* ladder; **~nweise** gradually, by degrees

Stuhl chair; *(Schemel)* stool; *(Sitz)* seat; *eccl* pew; ⚕ evacuation ot the bowels; *d. Heilige ~* the Holy See ♦ *j-m d. ~ vor d. Tür setzen* to turn s-b out of doors; *s. zwischen zwei ⍨e setzen* to fall between two stools; **~bein** chair leg; **~bezug** chair-cover; **~gang** motion, evacuation of the bowels; **~lehne** chair back

Stuka dive bomber
Stulle slice of bread and butter
Stulp|e cuff; (boot-)top; **~̈en** to turn up(side down); to put on; **~enhandschuh** gauntlet; **~enstiefel** top-boot; **~̈nase** snub-nose
stumm dumb, mute; speechless; *~es Spiel* dumb show; **~e(r)** dumb person; **~el** end; *(Bleistift)* stub; stump; **~heit** dumbness
Stump|en stump; (Swiss) cigar; **~̈er** bungler; **~̈erei** bungling; **~̈erhaft** bungling; ignorant; **~̈ern** to bungle
stumpf blunt; dull; *math* obtuse; indifferent, apathetic; *su* stump ♦ *mit ~ u. Stiel* root and branch, completely; **~heit** bluntness; dullness; **~sinn** stupidity; dullness; **~sinnig** stupid; dull; **~winklig** obtuse-angled
Stund|e hour; *(Unterricht)* lesson, period; *zu jeder ~e* at all hours, at any time; *e-e halbe ~e* half an hour; *in 12. ~e* at the eleventh hour; *s-e ~e ist gekommen (hat geschlagen)* his hour is come (has struck); **~en** to grant a respite; to allow time to pay; to defer, to postpone; **~enbuch** prayer-book; **~engeld** fee (for lessons); **~englas** hour-glass; **~enlang** for hours (together); **~enlohn** wage per hour; **~enplan** time-table; **~enschlag** striking of the hour; **~enweise** by the hour; **~enzeiger** hour-hand; **~̈lich** hourly; every hour; **~ung** respite; delay of payment, extension (of a debt etc)
stups|en to nudge; **~nase** snub-nose, turned-up nose
stur stubborn, *umg* cussed
Sturm storm, gale; assault; *fig* tumult, turmoil; fury; *~ im Wasserglas* storm in a teacup; *~ laufen gegen* to assault, to storm; *~ läuten* to ring the alarm; **~angriff** assault; **~boot** assault boat; **~̈en** *vt* to take by storm; to assault; *vi* to be stormy, to be blowing a gale; to dash, to rush (upon, against); **~̈er** ⚔ forward; **~flut** storm tide; **~gepäck** combat pack; **~geschütz** assault gun; **~gewehr** automatic rifle; **~glocke** alarm-bell; **~̈isch** stormy; *~̈ischer Wind* fresh gale; *fig* violent, impetuous; **~laterne** hurricane lamp; **~leiter** scaling-ladder; **~schritt** double time; **~schwalbe** storm petrel; **~segel** storm sail; **~signal** storm signal; **~trupp** assault party; **~warnung** gale warning; **~wind** gale, hurricane
Sturz (sudden) fall, tumble, crash; plunge; *(Fels)* precipice; *fig* overthrow; ruin, downfall; *zum ~ bringen* to overthrow; **~acker** newly ploughed field; **~bach** (mountain) torrent; **~̈en** to throw (down); *(um-)* to upset, to overthrow; to tilt over; *(Glas)* to empty; *(Rock)* to turn; *vi* to fall (down, upon, into); to plunge (into); *(eilen)* to rush, to dash; *(Tränen)* to stream (*aus* from); ✈ to dive; to crash; **~flug** ✈ (nose-)dive; **~güter** bulk goods; **~helm** crash helmet; **~kampfflugzeug** dive-bomber; **~see** heavy sea; **~welle** breaker
Stute mare; **~nfüllen** filly
Stütz|balken brace, supporting beam; **~e** prop, stay; *bes* ✿ column, buttress; support, help; lady help; **~en** *vt* to prop up; to support; to base, to found (on); *refl* to lean on, to rest (one's arms) on; *fig* to be based upon, to be founded upon; **~mauer** retaining wall; **~pfeiler** pillar, support; **~punkt** base; strong point
Stutz|bart close-cropped beard; **~en** to cut (short), to trim; to curtail; *(Flügel)* to clip; *(Schwanz)* to dock; *vi* to be startled, to be taken aback; *su* short rifle; **~er** fop, dandy; **~flügel** baby grand; **~ig** startled, puzzled; *~ig machen* to startle, to puzzle
subaltern subaltern; subordinate; *fig* mediocre
Subjekt *gram* subject; *(Kerl)* fellow, creature; **~iv** subjective; **~ivität** subjectivity
Sublim|at sublimate; **~ieren** to sublimate
Submission (contract by) tender; *in ~ geben* to invite tenders for
Subskri|bent subscriber; **~bieren** to subscribe for; **~ption** subscription
substant|iell substantial; **~iv** noun, substantive; **~ivieren** to use as a noun; **~ivisch** substantive, substantival
Substanz substance, matter
Substrat substratum
subtil subtle, fine; **~ität** subtlety
subtra|hieren to subtract; **~ktion** substraction
subtropisch subtropical; semi-tropical
Subvention (government) subsidy; **~ieren** to subsidize
Such|anzeige classified ad, *US* want ad; **~dienst** missing person service; **~e** search; quest; *auf d. ~e gehen* to go in search (*nach* of); *auf d. ~e nach* in search for, on the look-out for; **~en** to (try to) find, to look for; to seek (to do); to desire, to want; *(Streit)* to pick; ... *~t seinesgleichen* cannot easily be rivalled; *d. Weite ~en* to run away; *nach Worten ~en* to be at a loss for words; *Sie haben hier nichts zu ~en* you have no business here; **~er** searcher; 📷 view-finder; 🚗 spot-light; **~gerät** locating equipment
Sucht passion, mania; *(Morphium etc)* addiction; disease; **~̈ig** addicted; **~̈iger** addict; **~̈igkeit** addiction
Sud brewing; boiling; decoction; **~elei** slovenly work; daubing, *(Schreib-)* scribbling; **~eln** to do in a slovenly way; to scribble, to scrawl; **~ler** sloven; bungler
Süd|(en) south; *im ~en* (to the) south (of), in the south of; *nach ~en* south, towards the south; **~früchte** tropical and subtropical fruits; **~länder** southerner; **~lich** southern; southerly; lying towards the south; **~ost(en)** south-east; **~östlich** south-east; **~pol** South pole; **~wärts** southward; **~west(en)** south-west; **~westlich** south-west; **~wind** south wind
Suff tippling, boozing
sugge|rieren to suggest; **~stion** suggestion; **~stiv** suggestive; **~stivfrage** leading (*od* suggestive) question
Suhle muddy pool; wallow
sühn|bar expiable; **~e** expiation, atonement; **~en** to expiate, to atone for; **~etermin** concilia-

tion hearing; **~eversuch** attempt at reconciliation
Suite *(Gefolge)* suite, retinue; ♪ suite
sukzessive in successive stages
Sultan sultan; **~ine** sultana, *bes US* seedless raisin
Sülze jellied meat; *(Schweine-)* brawn, *US* headcheese; **~n** to jelly
summ|arisch summary; brief, succinct; **~e** sum; *(Gesamt-)* sum total; total amount; *~e ziehen* to sum up; **~ieren** to add up; *refl* to run up to
summ|en to hum, to buzz; *(Ohr)* to tingle; **~er** buzzer; **~ton** ☏ dial hum
Sumpf swamp, marsh, bog; *(Morast)* morass; 🚗 sump; **~dotterblume** marsh-marigold, *US* cowslip; **~en** *umg* to lead a dissolute life; **~fieber** marsh-fever; malaria; **~huhn** moorhen; *fig umg* boozer; **~ig** swampy, marshy, boggy; **~wiese** swamp meadow
Sund sound, straits
Sünd|e sin; trespass, transgression; offence; *häßlich wie d. ~e* as ugly as sin; *es ist e-e ~e u. Schande* it's a sin and a shame; **~enbock** scapegoat; **~enfall** the fall (of man); **~enregister** list of misdeeds; **~er(in)** sinner; **~haft, ~ig** sinful; **~igen** to sin (*an, gegen* against); **~los** sinless
Super *BE* premium petrol, *US* pr. gasoline
Superintendent dean
Super|lativ superlative; **~oxyd** peroxide
Suppe soup; broth ♦ *s. e-e ~ einbrocken* to let o.s. in for s-th; *d. ~ auslöffeln, d. m. s. eingebrockt hat* as you make your bed, so you must lie on it; *j-m d. ~ versalzen* to spoil s-th for s-b; **~nfleisch** beef (of which soup is made); **~nkräuter** pot-herbs; **~nlöffel** soup-spoon; **~nteller** soup-plate; **~nterrine** soup-tureen; **~nwürfel** soup cube
Supplement supplement; **~winkel** supplementary angle
Support ⚙ (slide) rest
Suppositorium ⚕ suppository
surren to buzz, to hum
Surrogat substitute
suspendier|en to suspend; to discontinue; **~ung** suspension; discontinuance
süß sweet; fresh; *fig* lovely; **~e** sweetness; **~en** to sweeten; **~holz** liquorice, *US* licorice; *~holz raspeln* to talk soft nonsense; **~igkeit** sweetness; *pl* sweets, *US* candy; **~lich** sweetish; mawkish; **~speise** pudding, *bes BE* sweet; **~stoff** saccharin; **~waren** sweets; confectionary; **~wasser** fresh water
Swing *(Waren)* swing; ♪ swing, jive; *~ spielen* to swing, to jive
Symbol symbol; sign, figure; **~ik** symbolism; **~isch** symbolical; figurative
Symmetr|ie symmetry; **~isch** symmetrical
Sympath|ie sympathy; liking; **~isch** likable; agreeable, nice; congenial; (*mitfühlend,* ⚕) sympathetic; **~isieren** to sympathize (*mit* with); to like s-b
Symphon|ie symphony; **~iekonzert** symphony concert; **~ieorchester** symphony orchestra; **~isch** symphonic
Symptom ⚕, *fig* symptom; indicator, sign, pointer; **~atisch** symptomatic (*für* of), indicative (*für* of)
synchron synchronous; **~getriebe** synchromesh; **~isieren** 🎞 to synchronize, to dub; **~motor** synchronous motor
Syndik|at syndicate; **~us** syndic
Synkop|e syncope; **~ieren** to syncopate
Synode synod
synonym synonymous; *su* synonym; **~ik** synonymy; synonymics
synta|ktisch syntactical; **~x** syntax
Synthe|se synthesis; **~tisch** synthetic; **~tisieren** to synthesize
Syphili|s syphilis; **~tisch** syphilitic
Syringe *bot* lilac
System system; **~atik** system; orderly arrangement; make-up; systematology; **~atiker** systematist; **~atisch** systematic; **~atisieren** to systematize
Szen|e scene (*a.* 🎭); 🎞 sequence; *in ~e setzen* 🎭 to stage, *fig* to set in motion, to launch; **~erie** scenery, decor; **~isch** scenic

T

T (the letter) T
Tabak tobacco, **~bau** tobacco growing; **~dunst** fumes of tobacco; **~geschäft** tobacconist's shop; **~händler** *BE* tobacconist, *US* tobacco dealer; **~sbeutel** tobacco-pouch; **~sdose** snuff-box; **~spfeife** tobacco pipe
tabell|arisch tabular, tabulated; **~e** table; schedule
Tabernakel tabernacle
Tablett tray, *(Metall)* salver; **~e** tablet, lozenge
Tachometer speedometer
Tadel blame, fault; *(scharf)* censure, reproof; *ohne ~* blameless; **~los** irreproachable; perfect, excellent; **~n** to find fault with, to blame, to reprimand; **~nswert** blameworthy; **~süchtig** censorious
Tadler fault-finder, critic
Tafel board; *(Wand-)* blackboard; *(Gedenk-)* plaque; tablet; *(Schokolade)* cake; *(Holz, Schiefer)* slab; *(Täfelung)* panel; *(Eß-)* (dinner-)table; meal; banquet; *(Buch-)* plate; *(Tabelle)* table; chart; *(graphisch)* diagram; *d. ~ aufheben* to rise from table; **~aufsatz** centrepiece; **~besteck** knife, fork and spoon; **~butter** best (*od* fresh) butter; **~n** to dine, to feast; **⸚n** to panel, to wainscot; **~obst** dessert fruit; **~öl** salad oil; **~runde** guests (at table); **⸚ung** panelling, wainscoting; **~werk** = ⸚ung; book with full-page plates
Tag day; daylight; light; life(time); *alle ~e* every day; *d. ganzen ~* all day long; *~ für ~* day by day; *dieser ~e* one of these days; *bei ~e* by daylight; *am hellichten ~e* in broad daylight; *in 8 ~en* in a week; *heute in 8 ~en* today week; *heute in 14 ~en* today fortnight; *e-s ~es*

one (fine) day; *~s darauf, d. anderen ~* the day after, the next day; *unter ~e arbeiten* to work underground; *d. ~ X* D-Day; *auf meine alten ~e* in my old age; *etw an d. ~ bringen* to bring s-th to light; *an d. ~ kommen* to come out; *in d. ~ hineinleben* to live for the present, to live from hand to mouth; *verschieden wie ~ u. Nacht* as like as chalk and cheese; *~aus, ~ ein* day in, day out; **~ebau** open-cast mining; **~eblatt** daily paper; **~ebuch** journal, diary; daybook; ⚓ log; **~edieb** idler; **~egeld** daily (travelling) allowance; **~elang** for days and days, for days (on end); **~elohn** wages; **~elöhner** day-labourer; **~en** to get light, to dawn; *(zusammenkommen)* to meet, to confer; **~ereise** day's journey

Tages|anbruch daybreak; **~arbeit** day-work; **~ausflug** day's excursion; **~befehl** order of the day; **~geld** (Bank) call money; **~gespräch** topic of the day; **~kurs** day course; *(Bank)* day's rate of exchange; **~heim** club, centre; **~karte** (today's) bill of fare; day ticket; **~licht** daylight; **~ordnung** agenda; **~presse** daily press; **~zeit** daytime; *zu jeder ~zeit* at any time of the day; **~zeitung** daily paper

tag|eweise on alternate days, by the day; **~ewerk** day's work, daily task; **~falter** butterfly; **~hell** as light as day; **⸚lich** daily, everyday; *⸚lich fällig* payable on demand; **~süber** by day; **~täglich** daily, every day; **~undnachtgleiche** equinox; **~ung** meeting, conference

Tagetes *bot* marigold

Taifun typhoon

Taille waist; *(Kleid)* bodice

Takel ⚓ tackle; **~age, ~ung, ~werk** rigging, tackle; **~n** to rig

Takt ♪ time, bar beat; *fig* tact; 3/4-~ three-four time; 4/4-~ common time, four-four time; 6/8-~ six-eight time; *d. ~ schlagen* to beat time; *d. ~ halten* to keep time; *er ist aus d. ~* he is out of time; *im ~* in time, in step; **~fest** keeping good time; reliable, well versed; **~gefühl** tact; **~ieren** to beat time, *fig* to proceed tactically; **~ik** tactics; **~iker** tactician; **~isch** tactical; **~los** tactless; **~losigkeit** tactlessness; indiscretion; **~messer** metronome; **~stock** baton; **~strich** bar (line); **~straße** ⚙ assembly line; **~voll** tactful, discreet

Tal valley; *zu ~* downhill, downstream; **~abwärts** downhill; **~boden** bottom of a valley; **~fahrt** descent; ⚓ down voyage; **~kessel, ~mulde** amphitheatre; basin-shaped valley; **~senke** hollow (of a valley); **~sohle** bottom of a valley; **~sperre** river dam, barrage

Talar *eccl*, ⚖ gown, robe

Talent talent, ability, faculty; talented person; **~iert, ~voll** talented

Taler taler

Talg suet; *(ausgelassen)* tallow; **~drüse** sebaceous gland; **~licht** tallow-candle

Talisman talisman

Talje ⚓ tackle

Talk talc(um); **~erde** magnesia; **~puder** talcum powder; **~um** talc(um)

Talmi pinchbeck, goldbrick

Tamarinde tamarind

Tambour drummer; **~in** tambourine; **~major** drum-major

Tand gewgaw, gimcrack, bauble; trifle, toy; **⸚elei** dallying, dalliance; dawdling; **⸚eln** to dally, to trifle; to dawdle

Tandem tandem (bicycle)

Tang seaweed, brown algae

Tangen|s *math* tangent; **~te** *math* tangent (line)

Tangerine *bot* mandarin

tangieren to affect

Tank tank *(a. mil)*; **~anlage** fuel installation; **~en** to take in petrol, to (re)fuel, to fill up; **~er** ⚓ tanker; **~lager** fuel depot; **~stelle** filling station, service station, *BE* petrol station; **~wagen** 🚗 tank truck; 🚃 tank car; **~wart** *BE* petrol pump attendant, *US* gas station operator

Tann (fir-)forest; **~e** fir; **~enbaum** fir-tree; **~enhäher** nutcracker; **~enholz** deal; **~ennadeln** fir-needles; **~enwald** fir-forest; **~enzapfen** fir-cone

Tantalusqualen the torments of Tantalus

Tante aunt

Tantieme (author's) royalty; percentage (of the profits)

Tanz dance; ball; *d. ~ geht los* there will be a row; *e-n ~ aufführen* to make a terrible to-do; *darf ich Sie um diesen ~ bitten?* may I have the pleasure of this dance?; **~bein:** *d. ~bein schwingen* to dance, to hop; **~boden** dance-hall; **⸚eln** to frisk, to caper; *(Pferd)* to amble; **~en** to dance; to rock; *(wirbeln)* to spin, to go round; **⸚er(in)** dancer; partner; **~erei** dancing, hopping; **~lehrer** dancing-master; **~lokal** dance-hall; **~musik** dance-music; **~schritt** dancing-step; **~schule** dancing-school; **~sport** dancing; **~stunde** dancing-lesson; **~tee** thé dansant

Tapet carpet (*auf d. ~* on the c.); *auf d. ~ bringen* to broach; **~e** wall-paper; **~entür** hidden door, jib-door

tapezier|en to paper; **~er** paper-hanger; upholsterer; decorator

tapfer brave, valiant; **~keit** bravery

Tapioka tapioca

Tapir tapir

Tapisserie tapestry; **~waren** tapestry goods

tapp|en to grope one's way, to grope about, to fumble; *im Dunkeln ~en* to be in the dark; **⸚isch** awkward, clumsy

Tarantel *zool* tarantula; *wie von d. ~ gestochen* as if stung by a hornet; **~la** tarantella

Tarif *(Zoll-)* tariff; scale of charges (*bzw* tax rates); wage scale, salary scale; **~abkommen** collective wage agreement; **~gehalt** agreed--scale salary; **~gruppe** tax bracket; **~ieren** to classify; **~lich** according to agreement; on the agreed scale; in accordance with the tariff; **~lohn** standard wage (according to collective agreement); **~partner** partner to a wage agreement; employers and employed; **~verhandlun-**

gen collective bargaining; **~vertrag** collective wage (and salary) agreement
tarn|en to camouflage; to screen; **~kappe** magic hood; **~ung** camouflage
Tasche pocket; *(Beutel)* pouch, bag; *(Hand-)* handbag; *(Geld-)* purse ♦ *tief in d. ~ greifen* to dip deep(ly) into one's purse; *j-m auf d. ~ liegen* to be a burden on s-b; *j-n in d. ~ stecken* to beat s-b; **~nausgabe** pocket edition; **~nbuch** pocket-book; **~ndieb** pickpocket; **~nformat** pocket-size; **~ngeld** pocket-money, allowance; **~nkamm** pocket comb; **~nkalender** diary; **~nkrebs** common crab; **~nlampe** electric torch, *US* flashlight; **~nmesser** pocket-knife; **~nspiegel** pocket-mirror; **~nspieler** conjurer; **~ntuch** handkerchief; **~nuhr** watch; **~nwörterbuch** pocket dictionary
Tasse cup; cupful; **~nkopf** cup
Tast|atur keyboard, keys; **~e** ♪, ☎ key; **~en** to touch, to feel; to grope; ☎, ⚡ to key; **~eninstrument** keyboard instrument; **~enreihe** keyboard; **~er** feeler; **~sinn** sense of touch; **~zirkel** callipers
Tat act, action; fact; deed, feat; *(Leistung)* achievement; *e. Mann d. ~* a man of action; *in d. ~* indeed, as a matter of fact; *auf frischer ~ ertappen* to catch in the very act, to c. red-handed; **~bestand** facts (of a case); state of affairs, situation; **~endrang, ~endurst** thirst for action; **~enlos** inactive; idle; **~̈er** doer; perpetrator; *(Schuldiger)* culprit; **~̈ig** active; busy; *(angestellt)* employed, engaged; **~̈igen** to effect; to conclude; **~̈igkeit** activity, activities; *(Beruf)* occupation; **~̈igkeitswort** verb; **~kraft** energy; **~kräftig** energetic, vigorous; **~̈lich** *werden* to assault s-b; to become violent; **~̈lichkeit** assault; violence; **~sache** fact; **~sachenbericht** factual account; case history; **~sachenkenntnisse** factual knowledge; **~sachenmaterial** factual material; **~sächlich** actual; real; *adv* in fact
tätowieren to tattoo
tätscheln to stroke, to caress
Tatze paw
Tau[1] dew; **~en** to thaw; *es ~t* it is thawing; to fall (as dew); **~feucht** wet with dew; **~frisch** fresh with dew; **~perle, ~tropfen** dewdrop; **~wetter** thaw; **~wind** wind that brings a thaw
Tau[2] rope; cable; **~werk** cordage, ropes; ⚓ rigging; **~ziehen** 🏃, *fig* tug-of-war
taub deaf; *(Ei)* addled; *(Nuß)* hollow; *(Glied)* numb; *fig* empty; dead, barren; **~heit** deafness; **~nessel** dead-nettle; **~stumm** deaf and dumb, deaf-mute; **~stummer** deaf-mute; **~stummenanstalt** deaf-and-dumb school; **~stummensprache** deaf-and-dumb sign language
Täubchen young pigeon, young dove; darling
Taube pigeon; dove; **~nhaus** pigeon-house, loft; **~nschießen** trap-shooting; **~nschlag** dovecot; **~nzüchter** pigeon-fancier; **~̈r(ich)** cock pigeon
Tauch|boot submarine; **~en** to dip, to steep, to plunge; *vi* to dive, to plunge; *(U-Boot)* to submerge; **~er** diver *(a. zool)*; **~eranzug** diving-dress; **~ergerät** aqualung; **~erglocke** diving-bell; **~erhelm** diving-helmet; **~sieder** immersion heater
Tauf|akt christening ceremony; baptism; **~becken** font; **~buch, ~register** parish register; **~e** baptism; christening; *aus d. ~e heben* to be godfather (godmother) to s-b, *fig* to initiate; **~en** to baptize, to christen; **~̈er** baptist; **~kapelle** baptistry; **~̈ling** infant to be christened; candidate for baptism; **~name** Christian name; **~pate** godfather, sponsor; **~patin** godmother, sponsor; **~schein** certificate of baptism; **~zeuge** sponsor
taug|en to be of use, to be useful; to be worth s-th; to be fit (*zu* for); *es ~t nichts* it won't do, it is good for nothing; **~enichts** good-for-nothing, ne'er-do-well; **~lich** useful; suitable; fit *(a. mil)*; capable; *(Mittel)* proper; **~lichkeit** suitability, usefulness; fitness
Taumel giddiness; reeling, staggering; *fig* passion; frenzy; **~ig** giddy; reeling; **~n** to be giddy; to reel, to stagger
Tausch exchange, barter; *e-n guten ~ machen* to make a good bargain; **~en** to exchange, to barter, *umg* to swop; *ich möchte nicht mit ihm ~en* I would not like to change places with him; **~handel** barter; **~weise** by way of exchange
täusch|en to deceive, to delude; *(ent-)* to disappoint; *refl* to be mistaken; to deceive o.s.; *~end ähnlich* as like as two peas; *~ende Ähnlichkeit* striking resemblance; **~ung** deception, fraud; mistake; illusion; **~ungsunternehmen** diversion
tausend thousand; *~undeine Nacht* the Arabian Nights; **~er** thousand; **~erlei** of a thousand (different) kinds; **~fach, ~fältig** a thousandfold, a thousand times; **~füßler** myriapod; **~jährig** a thousand years old; millennial; **~mal** a thousand times; **~sassa** Jack-of-all-trades; conjurer; **~ste** thousandth; **~stel** thousandth part
Tax|ameter taximeter; **~ator** *BE* valuer, valuator; **~e** fixed price (*od* rate, fee); estimate, valuation; taxi(-cab), cab; **~i** taxi(cab), cab; **~ieren** to appraise, to value; to estimate; **~wert** estimated value
Taxus yew(-tree)
Techn|ik technical science(s); engineering; *(Lehre v. d. ~ik)* technology; *(Praxis)* practice, technique; ♪ technique, execution; **~iker** technician, engineer; **~ikum** technical school; **~isch** technical; practical; *(Anlagen, Zwecke)* industrial; *~ische Disziplinen* 🏃 field events; *~ische Hochschule* Institute of Technology, *bes BE* College of Technology, *bes US* Technological Institute; *~ische Messe* engineering fair; *~ische Wissenschaft* engineering science; **~ologe** technologist; **~ologie** technology; **~ologisch** technological
Techtelmechtel love affair, flirtation
Teckel dachshund
Tee tea ♦ *abwarten u. ~ trinken* just wait and

see; **~beutel** tea-bag; **~brett** tea-tray; **~büchse, ~dose** (tea-)caddy; **~-Ei** infuser, tea ball; **~gebäck** small cakes, *US* cookies; **~geschirr** tea service (*od* set); **~gesellschaft** tea party; **~löffel** tea-spoon; **~maschine** tea-urn; **~rose** tea-rose; **~sieb** tea-strainer; **~tasse** tea-cup; **~wagen** tea-wagon, tea-trolley; **~wärmer** cosy, *US* cozy

Teenager teenager, *BE a.* flapper, *US a.* bobby-soxer

Teer tar; **~en** to tar; **~ig** tarried; **~jacke** Jack Tar

Teich pond; *d. große ~* the big ditch, the herring-pond

Teig dough; *(Eier-)* batter; *(Kuchen-)* paste; *(Blätter-)* puff-paste; **~ig** doughy; pasty; **~waren** pasta; macaroni, spaghetti, vermicelli

Teil part; portion; section; share; party; *fig* due; *e. gut ~* a good deal; *zum ~* partly, to some extent; *zum größten ~* for the most part; *s. s-n ~ denken* to have one's own thought about s-th; **~bar** divisible; **~barkeit** divisibility; **~betrag** partial amount; **~chen** particle; **~en** to divide; *(aus-)* to share (out), to portion; *(ver-)* to distribute; to share (*mit* with s-b); *refl* to share in; to give s-b a share of; to branch off, to divide; **~er** divider, divisor; **~haber** partner; participant, sharer; *stiller ~haber* sleeping partner; **~haberschaft** partnership; **~haftig** partaking, sharing; *~haftig werden* to share (*an* in); to participate (*an* in); **~nahme** participation; co-operation; interest; sympathy; **~nahmslos** indifferent, apathetic; **~nahmsvoll** sympathetic, full of sympathy; **~nehmen** *an* to take part in; to assist in; to interest o.s. in; **~nehmer** participant; sharer; subscriber; member; **~s** partly; **~strecke** section; fare-stage; **~ung** division; *pol* partition; graduation; **~weise** partial; *adv* partly, in part; **~zahlung** part(ial) payment, instalment

Teint complexion

Telegramm telegram; **~adresse** telegraphic address; **~formular** telegram form, *US* telegram blank

Telegraph|enamt telegraph office; **~enleitung** telegraph circuit; **~enstange** telegraph pole; **~ie** telegraphy; *drahtlose ~ie* radiotelegraphy; **~ieren** to telegraph, to wire; *(per Kabel)* to cable; **~isch** by telegram, by wire; *~isch überweisen* to wire; **~ist** telegraphist

Tele|objektiv 📷 telephoto lens; **~pathie** telepathy; **~pathisch** telepathic

Telephon telephone; *am ~ bleiben* to hold the line; **~amt** telephone exchange, *BE* trunk exchange, *US* central; **~anruf** phone call; **~anschluß** telephone connection; *~anschluß haben* to be on the phone; **~apparat** telephone set; **~buch** telephone directory; **~gespräch** (telephone) call; **~ieren** to telephone; to ring up, to call up; **~isch** telephonic; *adv* by telephone; **~ist(in)** telephone operator; **~zelle** *BE* call-box, *US* telephone booth; **~zentrale** telephone exchange, *US* central

Telephoto telephoto; **~graphie** telephoto graphy

Teleskop telescope; **~isch** telescopic

Teller plate; *tiefer ~* soup-plate; **~tuch** dish-towel; **~wäscher** dishwasher

Tempel temple; **~herr** Knight Templar; **~orden** order of templars; **~raub** sacrilege

Tempera(farbe) distemper; *mit ~ (an)malen* to distemper

Temperament *(dauernd)* temperament, *(wechselnd)* temper; disposition; character; *(Lebhaftigkeit)* vivacity, spirits; **~los** spiritless, wanting in vivacity; **~voll** high-spirited, vivacious; passionate, ardent

Temper|atur temperature; **~aturschwankungen** variations of temperature; **~enzler** teetotaller; **~ieren** to temper

Temp|o ♪, *mil* time; tempo; speed; **~orär** temporary, for the time being; **~taschentuch** Kleenex; **~us** *gram* tense

Tendenz tendency, trend; inclination, propensity; **~iös** tendentious; biased, prejudiced; **~roman** novel with a purpose

Tender tender

Tenne threshing-floor

Tennis (lawn-)tennis; **~ball** tennis-ball; **~platz** tennis-court; **~schläger** (tennis-)racket; **~spiel** game of tennis

Tenor ♪, *fig* tenor

Teppich carpet; *(klein)* rug; **~kehrmaschine** carpet-sweeper; **~schoner** drugget

Termin time(-limit); fixed (*od* appointed) day; due date; maturity; ⚖ term; *e-n ~ setzen* to fix a date (*od* time); **~arbeit** scheduled work; **~einlage** *(Bank)* time deposit; **~geschäft** forward business; **~kalender** appointment book; **~ologie** terminology

Termite termite, *umg* white ant

Terpentin turpentine

Terrain ground, country

Terrasse terrace; **~nförmig** terraced

Terri|er terrier; **~ne** tureen; **~torium** territory

Terror terror; **~isieren** to terrorize; **~ist** terrorist

Terz ♪ third; *(Fechten)* tierce; **~ett** trio; **~erol** pocket-pistol

Tesafilm sellotape

Tesching small rifle

Test test, analysis; trial; **~befragung** opinion poll; **~en** to test; to analyse

Testament testament, will; **~arisch** testamentary, by will; **~svollstrecker** executor; **~svollstreckerin** executrix

testieren to testify, to attest; to make a will, to bequeath

teuer expensive; dear; costly; *fig* beloved, dear; *da ist guter Rat ~* it is really difficult to give good advice; *j-m ~ zu stehen kommen* to cost s-b dear; **~ung** high cost of living; dearth, scarcity; famine; **~ungszulage** cost-of-living allowance

Teufel devil; *pfui ~!* how disgusting!; *zum ~ gehen* to go to rack and ruin; *j-n zum ~ jagen* to send s-b packing; *in ~s Küche kommen* to be in the soup, to get into an awkward scrape; *s. d. ~ um etw scheren* not to care a hang; *mal*

doch nicht immer d. ~ an d. Wand talk of the devil and he will appear; *d. ~ war los* the devil broke loose; *weiß d. ~* goodness knows . . .; **~ei** devilry, deviltry; **~skerl** a deuce of a fellow; **~slärm** devil of a noise

teuflisch devilish; diabolic, *bes fig* diabolical

teutonisch Teutonic

Text text; 🕮 letterpress; ♪ *(Lied)* words, *(Oper)* libretto; *aus d. ~ kommen (bringen)* to (make s-b) lose the thread; **~buch** text, ♪ libretto; **~lich** textual; **~teil** *(Buch)* body

textil textile; **~fabrik** textile mill; **~ien** textiles; **~industrie** textile industry; **~verarbeitung** textile processing; **~wirtschaft** textile industry and trade

Theater theatre; stage; *fig* fuss; *d. reine ~* nothing but a farce; *ins ~ gehen* to go to the theatre; *~ machen (umg)* to (make a great) fuss (*um* over), to create; *mach kein ~* stop fussing; **~besuch** play-going, theatre-going; **~besucher** play-goer, theatre-goer; **~kasse** box-office; **~stück** play; **~vorstellung** performance; **~zettel** theatre-bill, play-bill

theatralisch theatrical

Theke counter, buffet

Thema subject, topic; ♪ theme

Theolog|e theologian; **~ie** theology; **~isch** theological

Theor|etiker theorist; *(reiner)* theorizer; **~etisch** theoretical; academic; in theory; **~etisieren** to theorize; **~ie** theory

Therap|eut therapeutist, therapist; **~eutik** therapeutics; **~eutisch** therapeutic; **~ie** therapy

therm|al thermal; **~albad** thermal baths; th. spa; **~alquelle** thermal spring, hot spring; **~odynamisch** thermodynamic; **~oelement** thermo-couple; **~ometer** thermometer; **~osflasche** thermos flask, vacuum flask; **~ostat** thermostat

These thesis

Thron throne; **~besteigung** accession to the throne; **~en** to be enthroned; *fig* to reign; **~erbe** heir to the throne; **~folger** successor to the throne; **~rede** speech from the throne; **~saal** throne room; **~sessel** chair of state

Thunfisch tunny; tuna

Thymian thyme

ticken to tick

tief deep, profound; low; *(Farbe)* dark; *(weit)* far; *bis ~ ins 15. Jahrhundert* till late in the 15th century; *fig* innermost; extreme, utmost; *zu ~ singen* to sing flat; *~er stimmen* to lower the pitch of; *das läßt ~ blicken* that's very revealing, that tells a tale; *su* (barometric) depression; low point, low; **~angriff** ✈ low-flying attack; **~äugig** with sunken eyes, hollow-eyed; **~bau** civil engineering, below-grade engineering, road construction; **~bewegt** deeply moved; **~blau** dark blue; **~blick** insight; **~denkend** profound; **~druck** low pressure; 🕮 intaglio printing; rotogravure; **~e** depth; profoundness; deepness; *(Abgrund)* abyss; low altitude; ⚓ draught; **~ebene** lowland(s), plain; **~enschärfe** 📷 depth of field; **~gang** ⚓ draught; **~garage** underground garage, *BE* u. car park; **~gebeugt** deeply afflicted; **~greifend** far-reaching; radical; violent; **~gründig** profound, deep; **~kühlanlage** deep-freeze; **~land** lowland(s); **~liegend** *(Auge)* sunken; low-lying; *fig* deep-seated; **~schlag** 🥊 hit below the belt; **~schürfend** thorough, profound; **~see** deep sea; **~sinn** deep thought; **~sinnig** profound; melancholy; **~stand** low point, low level, low; **~stehend** of low standing

Tiegel saucepan; *(Schmelz-)* crucible; 🕮 platen

Tier animal; *(wild)* beast; *(unvernünftig)* brute; *e. großes ~ (umg)* a big shot, a big pot; **~art** species (of animal); **~arzt** veterinary surgeon, veterinarian; **~garten** zoological garden; **~haft** brute, brutish; **~handlung** pet shop; **~isch** animal(-like); bestial, beastly; **~kreis** *astr* zodiac; **~kunde** zoology; **~quälerei** cruelty to animals; **~reich** animal kingdom; **~schutzverein** Society for the Prevention of Cruelty to Animals

Tiger tiger; **~in** tigress

tilg|en to extinguish; to blot out, to efface; *(vernichten)* to destroy, to eradicate; *(aufheben)* to cancel, to annul; *(Schuld)* to pay off; to amortize; to redeem; **~ung** blotting out, effacement; destruction, eradication; cancellation, annulment; repayment; redemption; **~ungsdarlehen** redeemable loan; **~ungsfond** sinking-fund; **~ungsrate** redemption instalment

Tingeltangel low music-hall, *BE* penny-gaff, *US* honky-tonk

Tinktur tincture

Tinnef junk, trash; nonsense

Tinte ink; *(Farbe)* tint ♦ *in d. ~ sitzen* to be in the soup (*od* in a fix); *du hast wohl ~ gesoffen!* you must be crazy!; **~nfaß** inkstand; **~nfisch** cuttle-fish; **~nfleck, ~nklecks** blot, ink-stain; **~ngummi** ink eraser; **~nstift** copying(-ink) pencil; **~nwischer** pen-wiper

Tipp|elbruder tramp; **~eln** to tramp; **~en** to touch gently, to tap; to type(-write); *(wetten)* to bet; **~fräulein** typist, *bes US* stenographer

Tisch table; *(Essen)* meal, dinner, supper; *d. ~ decken* to lay the table; *d. ~ abdecken* to clear the table; *bei ~* during the meal, at dinner (*od* supper) ♦ *am grünen ~ gemacht* done by red tape, theoretically, it's all planning by the book; *reinen ~ machen* to make a clean sweep (*mit* of); *unter d. ~ fallen* to be lost, to be ignored, to come to nothing; **~dame, ~herr** partner at dinner; **~decke** table-cloth; **~gebet** grace; **~gesellschaft** company at table; **~gespräch** table-talk; **~karte** place card; **~klopfen** table-rapping; **~platte** table-top; **~rede** after-dinner speech; **~rücken** table-turning; **~schublade** table-drawer; **~tennis** table-tennis, ping-pong; **~tuch** table-cloth; **~wein** table-wine; **~zeit** meal-time

Tischler joiner, *(Möbel-)* cabinet-maker; **~arbeit** joiner's work, cabinet work; **~ei** joiner's work, woodwork; joiner's workshop; **~leim**

glue (for wood), joint glue; **~n** to carpenter, to do joiner's work; **~werkstatt** joiner's workshop

Titan *chem* titanium; **~isch** titanic

Titel title; claim; security; **~bild** frontispiece; cover picture; **~blatt** title-page; front-page; **~halter, ~verteidiger** ⚑ title-holder; **~sucht** mania for titles

titul|ar titulary; honorary; *su* titulary; **~atur** titles; **~ieren** to give the title of, to address (*mit* by); *refl* to style o.s.

Tivoli *(Spiel)* bagatelle

Toast toast(ed bread); *(Spruch)* toast, health; **~en** to toast; to drink toasts, to propose toasts

Tobak tobacco; *Anno ~* a long time ago; *starker ~* too much of a good thing

tob|en to rage, to storm; to rave; *(Kinder)* to be wild, to romp; **~sucht** raving madness; **~süchtig** raving mad

Tochter daughter; **~gesellschaft** subsidiary company; **⁓lich** daughterly; **⁓schule** Lady's College

Tod death *(a. fig)*; decease; *des ~es sein* to be doomed; *s. d. ~ holen* to catch one's death (of cold); *s. zu ~e langweilen* to be bored stiff; *ich kann ihn in d. ~ nicht leiden* I cannot stand him alive or dead; **~bringend** deadly, fatal; **~esangst** agony (of death); mortal fear; **~esanzeige** death notice; obituary; **~esfall** death (*durch* from); *mil* casualty; *im ~esfalle* in case of death; **~esfalle** death-trap; **~esfurcht** fear of death; **~esgefahr** peril of one's life, imminent danger; **~eskampf** (death-)agony, death struggle; **~eskandidat** doomed man; **~esstoß** death-blow; **~esstrafe** capital punishment; death sentence; **~esstunde** dying hour; **~estag** day of (s-b's death); the (hundredth etc) anniversary (of s-b's death); **~esurteil** death sentence; **~esverachtung** contempt of death; **~feind** deadly enemy; **~feindschaft** deadly hatred; **~krank** dangerously ill; **⁓lich** deadly; mortal; fatal; lethal; **~müde** dead tired, tired out; **~sicher** dead certain; **~sünde** mortal sin; **~wund** mortally wounded

Toilette toilet (*~ machen* to make one's t.), dress; toilet, lavatory; *öffentliche ~* (public) lavatory, *BE* convenience (station), *US* comfort (station); **~nartikel** toilet article; **~ngarnitur** toilet-set; **~npapier** toilet-paper

toler|ant tolerant; **~anz** toleration; ⚙ tolerance, permissible limit(s); **~ieren** to tolerate

toll mad; insane; raving; *umg* awful; *s. ~ amüsieren* to have a mad time; **~e** tuft, topknot; **~en** to frisk, to gambol, to romp; to fool around; **~haus** madhouse, lunatic asylum; bedlam *(a. fig)*; **~häusler** madman, lunatic; **~heit** madness, frenzy; fury, rage; (piece of) folly; **~kirsche** deadly nightshade, belladonna; **~kopf** madcap; **~kühn** foolhardy, daring; *~kühner Mensch* dare-devil; **~kühnheit** foolhardiness; **~wut** hydrophobia

Tolp|atsch, ⁓el lout, bear, clumsy fellow; *zool* gannet; **⁓elhaft, ⁓isch** bearish, clumsy; gawky

Tomate tomato; **~nsaft** tomato juice

Ton *(Laut, Schall)* sound; *(Klang, ~fall)* tone; (♪, *einzelner ~*) note; *(Farb-)* shade, tone, tint; *(~farbe)* timbre, tone colour; 📽 sound track; *(Betonung)* stress, accent ♦ *d. ~ angeben* to set the tone (*bzw* fashion); *e. rauher, aber herzlicher ~* a rough, but cordial atmosphere; *dicke ⁓e reden* to talk bombastically, to draw the long bow; hast du *⁓e (umg)* have you ever heard such a thing?, would you believe it!; *d. gute ~* good manners, good form; *(~erde)* clay, alumina; **~abnehmer** pick-up; **~angebend** setting the fashion, leading; dominant; **~arm** pick-up, tone-arm; **~art** key; *(Kirchen-)* mode ♦ *e-e andere ~art anschlagen* to sing a different tune, to change one's tune; kind of clay; **~artig** clayey; **~artvorzeichnung** key signature; **~band** (recording) tape; **~bandgerät** tape recorder; **~dichtung** (musical) composition; symphonic poem; **~en** 📽 to tone; *(Papier)* to tint; **⁓en** = ~en; to shade (off); to sound, to ring; to resound; **~erde** alumina; *essigsaure ~erde* aluminium (*US* aluminum) acetate; **⁓ern** (made) of clay, earthen; **~fall** intonation, speech-melody; ♪ inflection; cadence; **~farbe** timbre, tone colour; **~film** sound film, *US* sound motion picture; *bes hist* talking film, talkie; **~fixierbad** (tone) fixing bath; **~folge** scale, succession of tones; melody; **~frequenz** 📻 audio frequency; **~führung** modulation; **~gedicht** tone-poem, symphonic poem; **~höhe** ♪ pitch; **~ig** clayey; **~ika** ♪ tonic; keynote; **~kunst** music(al) art; **~lage** compass, pitch; **~leiter** scale, gamut; *~leitern üben* to play (*od* run over) one's scales; **~los** soundless; voiceless; **~malerei** onomatopoeia; **~setzer** composer; **~stück** piece of music; **~stufe** pitch; **~taubenchießen** trap-shooting (at clay pigeons); **~techniker** 📽 sound engineer; **⁓ung** tone, toning; tint(ing), shading; **~waren** pottery, earthenware

Tonne *(Faß)* cask, barrel; ⚓ ton, *(Boje)* buoy; *(= 252 Gallonen)* tun; *(= 2000 pounds, = 907,18 kg)* (short) ton; *(= 2240 pounds, = 1016,05 kg)* (long) ton; *(= 1000 kg)* (metric) ton, tonne; *(Register-)* (register) ton; *(Wasserverdrängung)* displacement ton; *(Rauminhalt)* measurement ton, freight ton; **~ngehalt** tonnage; **~ngewölbe** barrel-vault; **~nweise** by barrels, by tuns

Tonsur tonsure

Topas topaz

Topf pot; jar, crock; container ♦ *alles in e-n ~ werfen* to treat everything alike, to lump together, to mix everything up; **~deckel** pot-lid; **⁓er** potter; **⁓erei** potter's trade; potter's workshop; **⁓ererde** potter's clay; **⁓erscheibe** potter's wheel; **⁓erwaren** pottery, crockery, earthenware; **~gucker** inquisitive person, Nosy Parker; **~kuchen** baba; **~lappen** potholder, pot cloth; **~pflanzen** potted plants

Topinambur Jerusalem artichoke

Topograph topographer; **~ie** topography; **~isch** topographic

topp done!; agreed!, *BE umg* right oh!; *su* ⚓

top, mast-head; **~mast** topmast; **~reep** guy; **~segel** topsail

Tor[1] gate; goal (~ *erzielen* to score a g.), *(Kricket)* wicket; *(Krocket)* hoop; **~(ein)fahrt** gateway; **~hüter** gatekeeper; goal-keeper; **~lauf** ski-slalom; **~linie** goal-line; **~pfosten** door-post; goal-post; **~raum** goal area; **~schluß** closing of the gate(s) ♦ *kurz vor ~schluß (fig)* at the very last moment, at the eleventh hour; **~wart** (goal-)keeper, *umg* goalie; **~weg** gateway

Tor[2] fool; **~heit** foolishness, folly; **~̈icht** foolish, silly

Torf peat; **~boden** peat-soil; **~moor** peat-bog; **~mull** peat-mould; **~stecher** peat-cutter; **~stich** peat-cutting

torkeln to reel, to stagger

Tornado tornado

Tornister knapsack; pack; *(Schüler)* satchel

torped|ieren to torpedo *(a. fig)*; **~o** torpedo; **~oboot** torpedo-boat; **~obootzerstörer** torpedo-boat destroyer

Tors|ion torsion, twist; **~o** torso

Tort wrong, injury; **~e** fancy cake; layer cake; *(Obst-)* tart; **~enheber** cake server; **~enplatte** cake-plate; **~ur** torture; *umg* gruelling task

tosen to rage, to roar; to bluster

tot dead, deceased; late *(the late Mr Smith)*; *(leblos)* lifeless, inanimate; dull; stagnant; *~er Punkt* dead centre, *fig* deadlock; *~es Rennen* dead heat; *~e Stadt* dead-alive place; *~e Zeit* dead season; **~arbeiten** *refl* to kill o.s. with work; **~enacker** burial ground, churchyard; **~enbahre** bier; **~enbett** death-bed; **~enbleich** as pale as death; **~englocke** funeral bell, passing-bell, knell; **~engräber** grave-digger; *fig* wrecker; **~engruft** vault; **~enhaus** dead-house, mortuary; **~enhemd** shroud; **~enkopf** death's head, skull; **~enliste** death-list, obituary; **~enmarsch** funeral march; **~enmaske** death mask; **~enmesse** mass for the dead; **~enschau** coroner's inquest; post-mortem examination; **~enschein** burial permit, death certificate; **~enstarre** rigor mortis; **~enstill** as still as death; **~enstille** dead calm, silence of death; **~tanz** danse macabre, death dance; **~enwache** deathwatch, wake; **~enwagen** hearse; **~geboren** still-born; **~lachen** *refl* to split one's sides with laughter; **~schlag** manslaughter, homicide; **~schlagen** to kill; *(Zeit)* to waste, to kill; **~schläger** one guilty of manslaughter; *(Knüppel) BE* life-preserver, *BE sl* cosh, *US* blackjack; **~schweigen** to hush up; **~stellen** *refl* to feign death

töt|en to kill; to put to death; *(Nerv)* to deaden; *(ab-, fig)* to mortify; *refl* to commit suicide; **~ung** killing, slaying

total complete; total; **~isator** totalizer, totalizator; **~itär** totalitarian

Toto pools (*im ~ gewonnen* won on the p.); *hast du vorige Woche im ~ gespielt?* did you do the pools last week?

toupieren *BE* to back-comb, *US* to tease

Tour excursion, trip, tour; revolution; turn; *(Stricken)* round, tour; *in e-r ~* at a stretch, without stopping; *auf hohen ~en* at high speed; *auf höchsten ~en* at fullest capacity, full blast; **~enrad** roadster, touring bicycle; **~enwagen** touring-car; **~enzahl** revolutions per minute, r. p. m., speed; **~enzähler** speed counter, speed indicator; **~ist** tourist; **~istenverkehr** tourist traffic; **~istik** tourism; **~nee** tour (*auf ~nee gehen* to go on a t., *umg* to take the road)

Trab trot (*im ~* at a t.) ♦ *j-n auf ~ bringen* to make s-b get a move on; **~en** to trot; **~er** trotter; **~rennbahn** trotting circuit; **~rennen** trotting-race, harness race

Trabant *astr, fig* satellite

Tracht dress, costume; national costume; fashion; *(Last)* load; *e-e ~ Prügel* a sound thrashing; **~en** to strive, to seek (*nach* after), to aspire (*nach* to); *j-m nach d. Leben ~en* to make an attempt on s-b's life; **~̈ig** pregnant, with young; *(Hündin)* in pup, *(Stute)* in foal, *(Kuh)* in calf

Tradition tradition; **~ell** traditional

Trag|bahre stretcher, litter; **~balken** girder, beam; truss; **~bar** portable; *(Kleid)* wearable; *fig* bearable; **~e** barrow; litter; **~en** *(in d. Hand)* to carry; to transport, to convey; to support, to sustain; *(Kleid)* to wear, to have on; *(Frucht, Namen, Kosten, Schuld)* to bear; *(erbringen)* to produce, to yield; *(er-)* to endure, to suffer; *bei s. ~en* to have about one; *d. Baum ~̈t gut* the tree is a good bearer; *Bedenken ~en* to doubt, to hesitate; *Sorge ~en* to take care, to see to it (*daß* that); *refl* to wear; to dress; to carry o.s.; *s. ~en mit* to entertain (an idea), to be thinking of; *ge~en sein von* to be based upon, to be inspired by; **~̈er** bearer; carrier, porter; *(Wäsche)* strap; girder, beam; **~̈erfrequenz** carrier frequency; **~̈erlos** strapless; **~̈erwelle** carrier wave; **~fähig** capable of bearing (*od* carrying); *~fähige Grundlage (fig)* sound basis; **~fähigkeit** (load-)carrying capacity; tonnage; load-limit; productiveness (of the soil); **~fläche** wing; **~himmel** canopy; **~korb** basket, pannier; **~kraft** = ~fähigkeit; *(Kran)* lifting-capacity; *fig* buoyancy; **~last** load; **~mauer** supporting wall; **~riemen** carrying strap; **~tier** pack-animal, baggage animal; **~weite** range; *fig* bearing, importance

träg|e lazy, slow; sluggish; **~heit** laziness, slowness; *phys* inertia; **~heitsgesetz** law of inertia

Trag|ik tragedy; calamity; tragic art; **~ikomisch** tragi-comic; **~ikomödie** tragi-comedy; **~isch** tragic; calamitous; sad; **~öde** tragic actor, tragedian; **~ödie** tragedy; calamity; sad event; **~ödin** tragic actress, tragedienne

Train|er coach, *(bes Tiere)* trainer; **~ieren** *vt* to coach, *(bes Tiere)* to train; *vi* to practise; **~ing** coaching, training; *(bes Einzel-)* workout; **~ingsanzug** track suit

Trajekt train-ferry

Trakt tract; **~at** treatise; *eccl* tract; **~ieren** to treat; *j-n ~ieren mit* to treat s-b to; **~or** tractor

trällern to trill, to warble

Trambahn tramcar, tramway, *US* streetcar

Tramp tramp; **~en** to hitch-hike

Trampel lout, bumpkin; **~ig** louty; **~n** to trample, to stamp; **~tier** dromedary; *fig* lubber

Tran train-oil; blubber; *im ~ sein* to be drowsy, to be under the influence of drink; **~ig** tasting of train-oil; oily; drowsy; **~funzel, ~suse** slowcoach

Trance trance; *in ~ fallen* to go into a trance

tranchier|en to carve, to cut up; **~besteck** carving-knife and fork; **~messer** carving-knife

Träne tear (*in ~n ausbrechen* to burst into tears); *zu ~n rühren* to move s-b to t.s); **~n** to water, to be full of tears; **~ndrüse** lachrymal gland; **~ngas** tear gas; **~nleer, ~nlos** tearless; **~nreiz** eye irritation; **~nsack** lachrymal sac

Trank drink; beverage; draught; **⁓̈e** watering-place, horse-pond; **⁓̈en** to give to drink; to water; *(einweichen)* to soak, to steep; to impregnate, to saturate; ⫯ to irrigate

trans|atlantisch transatlantic; **~fer** transfer (abroad); **~ferieren** to transfer (abroad); **~formator** ϟ transformer; **~it** transit; **~itiv** *gram* transitive; **~itverkehr** transit traffic, transit trade; **~kontinental** transcontinental; **~kribieren** (*umschreiben, a.* ♪) to transcribe; to transcribe phonetically; **~literieren** to transliterate, to transcribe into the Latin alphabet; **~mission** ⚙, 🚗 transmission; **~missionswelle** transmission shaft, connecting shaft; **~ozeanisch** transoceanic; **~parent** transparent; *su* transparency; **~pirieren** to perspire; **~ponieren** ♪ to transpose; **~ponierung** transposition

Transport transport(ation); conveyance, forwarding; *(Versand)* shipment; **~abel** transportable; **~arbeiter** transport worker; **~eur** transporter, carrier; *math* protractor; **~fähig** fit for transport, transportable; **~flugzeug** transport; troop-carrying plane; **~gefahr** transport risk; **~geschäft** forwarding business; **~gewerbe** carrying trade; **~ieren** to transport, to convey, to ship; **~knopf** 🎥 film-winder; **~kosten** (cost of) transport, carriage; 🚂, ⚓ freight(age); forwarding charges; **~mittel** means of transport (*od* conveyance); **~schiff** (troop-)transport; **~versicherung** transport insurance; **~wesen** transport

transzendent transcendent; **~al** transcendental

Trapez 🤸 trapeze; *math BE* trapezium, *US* trapezoid; **~künstler** trapeze artiste, aerialist; **~oid** *math BE* trapezoid, *US* trapezium

Trappe bustard; **~ln** *(Pferd)* to trot; to patter, to toddle

Trass|ant drawer; **~at** drawee; **~ieren** to draw (*auf* on); **~ierung** drawing (of a bill)

Tratsch gossip, tittle-tattle

Tratte draft

Traualtar marriage altar

Traub|e *bot* raceme; cluster; *(Wein)* grape; bunch of grapes ♦ *d. ~en hängen ihm zu hoch* it's a case of sour grapes; **~enlese** grape-harvest, -gathering, vintage; **~enmost, ~ensaft** grape juice; **~enpresse** wine-press; **~enzucker** grape-sugar, glucose; **~ig** in clusters

trau|en *vt* to marry, to give in marriage; *s. ~en lassen* to get married; *refl* to dare, to venture; *vi* to trust (in), to have confidence in; to rely upon; *s-n Augen (Ohren) nicht ~en* ... can hardly believe my senses (eyes, ears); **~ring** wedding-ring; **~schein** marriage certificate, marriage lines; **~ung** marriage ceremony, wedding; *(standesamtlich)* civil marriage, *(kirchlich)* church marriage; **~zeuge** marriage witness

Trauer sorrow, grief; mourning; black; **~anzeige** announcement of a death; **~band** crape, crêpe; **~botschaft** sad news; **~brief** black-edged letter; **~fall** a death; **~flor** *BE* crape, *US* crêpe; **~gesang** dirge; **~kleid** mourning dress; **~kloß** bore, lame duck; **~marsch** funeral march; **~musik** funeral music; **~n** to mourn (*über* for, over); to be in mourning (*um* for), to grieve (*um* for); to wear mourning; **~rand** black edge; **~rede** funeral oration; **~spiel** tragedy; **~weide** *bot* weeping willow; **~zug** funeral procession

Trauf|e eaves, gutter; *siehe* Regen; **⁓̈eln** to drop; to trickle, to drip

traulich cosy, snug; familiar, intimate

Traum dream; illusion; **~bild** vision; **~deuter** interpreter of dreams; **⁓̈en** to dream; to muse; to day-dream; *d. hätte ich mir nicht ⁓̈en lassen* I never should have dared to hope such a thing; **⁓̈er** dreamer; visionary; **⁓̈erei** dreaming; reverie; brown study; **⁓̈erisch** dreamy; visionary; given to dreaming; **~gebilde** apparition (in a dream); **~haft** dreamlike; **~verloren** lost in dreams; **~welt** dream world

traurig sad, sorrowful, mournful; dismal, lugubrious; *(armselig)* poor; **~keit** sadness, sorrow

traut beloved, dear; intimate; cosy

Treber spent grains, draff

Treff *(Karten)* club; **~en** to hit, to strike; to meet (with), to find; *(be-)* to concern, to affect; to fall (*auf* upon); ♪ to strike *(the right note)*; 🎥, 📷 to achieve a good likeness, 📷 to catch s-b's likeness well; *(Maßnahmen)* to take, *(Vorbereitungen)* to make; *j-n ~en (fig)* to cut to the quick; *refl* to happen; *s. gut ~en* to be lucky; *d. trifft s. gut* that's a lucky chance; *s. getroffen fühlen* to be (*od* feel) hurt; *su* meeting; encounter, engagement; battle; *ins ~en führen (fig)* to adduce; **~end** suitable, pertinent; right; well-aimed, to the point; *(Ähnlichkeit)* striking; **~er** hit; winning ticket, prize; luck(y chance); *e-n ~er erzielen* to score a hit; **~lich** splendid, excellent; **~punkt** rendezvous; **~sicher** accurate, *fig* pertinent; *(Urteil)* sound

Treib|eis drift-ice; **~en** to drive, to set in motion, to propel; *(ver-)* to drive out, to expel (*aus, von* from); *bot* to put forth, *(Pflanze)* to force; *(Kreisel)* to whip; *(Tätigkeit)* to do, to carry on, to occupy o.s. with; to study, to practise; *(Metall)* to emboss, to chase; *vi* to drift, to float; *bot* to blossom forth; *su* doings, activity, -ties; stir; **~er** driver; *(Jagd)* beater; **~gas** power gas; **~haus** hot-house; **~holz** drift-wood; **~jagd** battue; **~kraft** motive power; moving, driving force; **~netz** drift-net; **~netzfischer** drifter; **~rad** driving wheel, fly-wheel; **~riemen** driving belt; **~sand** quicksand; **~stoff** motor fuel; propellent, *US* -ant

treidel|n ⚓ to tow (along); **~pfad** tow-path

Trema diaeresis

tremol|ieren to quaver; to sing (with a) tremolo; **~o** tremolo

trenn|bar separable; divisible; **~en** to separate; to divide; to cut off; *(Naht)* to undo; ☎ to disconnect, to interrupt; to disunite, to dissolve; *refl* to separate, to part; to branch off; **~scharf** selective; **~schärfe** selectivity; **~ung** separation; parting; dissolution; **~ungslinie** line of demarcation; **~ungsstrich** dividing line (*e-n ~ungsstrich ziehen* to draw a d. l.); dash

Trense snaffle

trepp|ab downstairs; **~auf** upstairs; **~e** stairs, staircase; *(Einzel-)* a flight of stairs; *eine (zwei) ~e(n) hoch wohnen* to live on the first (second) floor ♦ *d. ~e hinauffallen (fig)* to be kicked upstairs; **~enabsatz** landing; **~enflucht** stairs; **~engeländer** banisters; **~enhaus** staircase, stairwell; **~enläufer** stair-carpet; **~enstab** stair-rod; **~enstufe** stair, step

Tresor strong-room; safe

Tresse galloon, braid stripe

Tret|anlasser 🚗 kick-starter; **~en** *vt* to tread, to trample; *(Pedal)* to push; to work *(a treadle)*; *fig* to press s-b; *mit Füßen ~en* to trample under foot; *ins Leben ~en* to begin the world; *vi* to tread; to step; to walk; *(Fahrrad)* to pedal; ⚙ to treadle; *~en in* to go into, to enter; *~en aus* to leave, to quit; *j-m auf d. Füße ~en* to tread on s-b's toes; **~maschine** treadle sewing-machine; **~mühle** tread-mill *(a. fig)*

treu faithful, loyal; true; *zu ~en Händen* on trust; **~ebruch** breach of faith, disloyalty; perfidity; **~brüchig** faithless, disloyal; perfidious; **~e** faithfulness, fidelity, loyalty; allegiance; accuracy; **~händer** trustee; executor; **~händerisch** in a trust capacity; **~handgesellschaft** trust company; accountancy and auditing company; **~herzig** sincere, frank; trusting; **~lich** faithful, true; *adv* faithfully, loyally; **~los** unfaithful, treacherous; perfidious; **~losigkeit** unfaithfulness; perfidy; treacherous deed

Triangel ♪ triangle

Tribun tribune; **~al** tribunal; **⁓e** *(Redner-)* tribune, rostrum; *(Zuschauer-)* stand, *(bes überdacht)* grand stand

Tribut tribute (*~ auferlegen* to lay under t.); *~pflichtig(er Staat)* tributary

Trichin|e trichina; **~ös** trichinous

Trichter funnel; hopper; crater; **~feld** shell-pitted area; **~förmig** funnel-shaped

Trick trick; stunt; **~aufnahme** trick photograph; **~film** trick film, stunt film; *(gezeichnet)* animated cartoon; **~zeichner** 🎥 animator; **~zeichnung** 🎥 animation

Trieb *bot* sprout, shoot; *(Vieh)* drove; *(~kraft)* motive power; motive, impulse, urge; **~feder** mainspring *(a. fig)*; **~haft** sensual, licentious; **~haftigkeit** animalism; **~rad** driving-wheel; **~sand** quicksand; drift sand; **~stange** push-rod; **~wagen** (motor) railcar; **~werk** mechanism, machinery; gearing

trief|äugig bleary; **~en** to drip (*vor* with); to trickle; *vor Nässe ~en* to be soaking wet; **~naß** soaking wet

triezen to vex, to bother, to nag (*zu tun* into doing)

Trift pasture land; floating (of wood); **~ig** weighty, cogent; good, strong; *ohne ~igen Grund* without good cause

Trigonometrie trigonometry

Trikot tricot; shirt; **~agen** knitted goods, knitwear

Triller trill, shake; quaver; **~n** to trill, to shake; to quaver; *(Vögel)* to warble

Trimester term (third of a year)

Trillion *BE* trillion, *US* quintillion

Trinit|ät trinity; **~atissonntag** Trinity Sunday

trink|bar drinkable; **~en** to drink; to imbibe, to absorb; to tipple; *~en auf j-n* to drink to, to toast; **~er** drinker; drunkard; **~gelage** drinking-bout, carouse; **~geld** tip; gratuity; *j-m e. ~geld geben* to tip s-b; **~glas** drinking-glass, tumbler; **~halle** pump-room; **~spruch** toast; **~wasser** drinking-water

Trio trio; **~le** ♪ triplet

trip|peln to trip; **~per** ⚕ gonorrhoea

trist dreary, cheerless

Tritt step, pace; *(Fuß-)* kick; *(Spur)* footstep, track; *(Leiter)* (small) step-ladder; *~ halten* to keep step; **~brett** footboard; 🚗 running-board; **~leiter** stepladder, pair of steps; **~wechsel** change of step

Triumph triumph; **~ator** victor; **~bogen** triumphal arch; **~ieren** to triumph; to boast, to exult; *(besiegen)* to vanquish

trivial trivial; **~ität** triviality

trocken dry; *(ausgetrocknet)* arid, parched; *fig* boring, dull; bald ♦ *auf d. ~en sitzen* to be stranded, to be left high and dry; **~apparat** desiccator; **~bagger** excavator; **~boden** drying-loft; **~dock** dry dock; **~eis** dry ice; **~element** dry battery; **~futter** fodder; **~gestell** clothes-horse, towel-horse; **~heit** dryness; *(Dürre)* drought; aridity; *fig* dullness; **~legen** to drain; to change (a baby's) napkins; **~milch** milk-powder; **~platz** drying-ground

trocknen to dry (up); to get dry

Troddel tassel

Tröd|el rubbish, lumber; odds and ends; second-hand goods; **~elmarkt** old-clothes and second-hand market; **~eln** to loiter; to dally (*bei* over), to dawdle (*bei* over, on); **~ler** dawdler; second-hand dealer

Trog trough

Troll troll; **~en** *refl* to stroll away, to saunter on

Trommel drum; ⚕ tympanum; canister; **~fell** drum skin; drumhead; ⚕ tympanic membrane; **~feuer** drum fire, heavy barrage; **~n** to

(beat the) drum; to drum one's fingers (on the table); **~schlag** drum-beat; **~schläger** drummer; **~schlegel, ~stock** drumstick; **~wirbel** roll of drums
Trompete trumpet (*in d. ~ stoßen* to blow the t., *a. fig*); **~n** to trumpet (forth); **~nstoß** flourish of trumpets; blast; **~r** trumpeter
Trop|en tropics; **~enhelm** sun helmet; **~enhitze** tropical heat; **~enpflanze** tropical plant; **~isch** tropical
Tropf simpleton, dunce; *armer ~* poor wretch; **⁓eln** to trickle, to drip; **~en** to drop, to drip; *su* drop; *(Schweiß-)* bead; blob ♦ *e. ~en auf e-n heißen Stein* a drop in the ocean; *e-n guten ~en lieben* to enjoy a drop of good wine; **~enfänger** drip-catcher; **~enweise** drop by drop, by drops; **~naß** dripping wet; **~stein** stalactite, *(von unten)* stalagmite; **~steinhöhle** stalactite cavern
Trophäe trophy
Tro|ß baggage; train; supply lines; *fig* followers, gang; **~sse** cable, hawser
Trost comfort, consolation ♦ *nicht bei ~ sein* not to be quite all there, to be off one's head; **~bedürftig** in need of consolation; **⁓en** to console, to comfort; *refl* to be consoled, to be comforted; to take comfort (*mit* in), to console o.s. (*mit* with); **⁓er** comforter; **⁓lich** consoling, comforting; cheering; **~los** disconsolate; hopeless, cheerless; bleak, desolate; **~losigkeit** hopelessness; despair; inconsolable grief; **~reich** consoling, comforting; **⁓ung** consolation; **~wort** word of comfort
Trott trot ♦ *im gleichen (alten) ~* in the usual humdrum way; **~el** nincompoop, fool; **~en** to trot; **~oir** *BE* pavement, footpath, *US* sidewalk
Trotz obstinacy, stubbornness; defiance (*j-m zum ~* in d. of); *j-m ~ bieten* to defy s-b; *er hat es mir zum ~ getan* he did it to spite me; *prep* in spite of; *~ allem* for all that; **~dem** nevertheless, in spite of that; **~en** to defy, to be defiant; *d. Tod ~en* to brave death; to be obstinate; **~ig** defiant; obstinate; refractory; **~kopf** pig-headed person
trüb|(e) *(Wasser)* muddy, turbid; dull, dim; *(Wetter)* cloudy, gloomy; *(traurig)* sad, dark, gloomy; bleak; *im ~en fischen* to fish in troubled waters; **~en** to make muddy; to dim, to trouble; to black out, to blur; *fig* to spoil, to upset; *d. Himmel ~t sich* the sky is clouding over; **~heit** muddiness, turbid state; dimness; gloom; **~sal** distress, affliction, misery; *~sal blasen* to be downcast (*od* in the dumps), to have the blues; **~selig** sad, woeful; **~sinn** melancholy, blue devils, gloom; **~sinnig** melancholy, gloomy, dejected; **~ung** making muddy (*od* turbid); dimming; *fig* upsetting, spoiling
Trubel bustle, hubbub, to-do
trudeln ✈ to (go into a) spin
Trüffel truffle
Trug deception, deceit; fraud; delusion; **~bild** phantom; optical illusion; **⁓en** to deceive, to mislead; to delude; to be deceptive, to prove fallacious; **⁓erisch** *(Person)* deceitful, *(Sache)* deceptive; delusive; treacherous; **~schluß** sophism; fallacy; **~vorstellung** delusion
Truhe chest, trunk
Trümmer ruins; debris; ⚓, ✈, 🛡 wreckage; **~beseitigung** rubble removal; **~haft** ruinous; in ruins; **~haufen** heap of ruins, rubble heap
Trumpf trump(-card); s-b's best card; *noch e-n ~ in d. Hand haben* to have a card up one's sleeve; **~en** to trump, to play trumps
Trunk drink(ing); draught; **~en** drunk, intoxicated (*von* with); **~enbold** drunkard; **~enheit** drunkenness, intoxication; **~sucht** dipsomania; **~süchtig** dipsomaniac
Trupp detachment, detail; team; band, gang; **~e** 🛡 company, troupe; *mil* troops, forces; *die ~e* the services; **~enarzt** medical officer; **~engattung** branch (of service), arm; **~enkörper** body (of troops); **~enschau** parade, (military) review; **~enteil** unit; **~enübungsplatz** training area; **~enverband** unit, formation; *(gemischter)* task force; **~enverbandsplatz** regimental aid post; **~weise** in troops, groupwise
Trut|hahn turkey(-cock); **~henne** turkey-hen
Tschech|e Czech; **~ei** = ~oslowakei; **~oslowakei** Czechoslovakia; **~oslowakisch** Czechoslovakian
Tube tube
Tuberk|el tubercle; **~elbazillus** tubercle bacillus; **~ulös** tuberculous; **~ulose** tuberculosis, *umg* tb
Tuch cloth; fabric; shawl, scarf; handkerchief; **~fabrik** cloth-mill, cloth factory; **~fühlung** close touch; **~geschäft** *BE* draper's shop, *US* dry goods store; **~händler** cloth merchant, *BE* draper; **~waren** drapery
tüchtig able, fit; capable, efficient; qualified; sound, proper; thorough; *e. ~er Kerl* a smart fellow; *~ essen* to eat heartily; **~keit** ability, fitness; efficiency
Tück|e malice, spite; falseness; *(Tier)* vice; ⚕ malignity ♦ *d. ~e des Objekts* the cussedness of the matter (*od* of things); **~isch** malicious, spiteful; ⚕ malignant; *(Tier)* vicious
Tuff(stein) tuff, tufa
Tüft|elei hair-splitting, subtleties; **~eln** to split hairs; to puzzle (*bei, über* over); **~ler** punctilious person
Tugend virtue; **~bold** paragon of virtue; **~haft, ~reich, ~sam** virtuous
Tüll tulle; *englischer ~* bobbinet; **~gardine** net curtain; **~spitze** net lace
Tülle nozzle, spout; socket
Tulpe tulip; **~nzwiebel** tulip-bulb
tummel|n *vt (Pferd)* to exercise; *refl* to hurry, to make haste, to bustle about; *(Kinder)* to romp; **~platz** playground; *fig* scene (of action)
Tümpel pool, puddle
Tumult tumult, hubbub, riot; **~uarisch** tumultuous, riotous
tun to do; to make; to act, to execute, to perform; *(arbeiten)* to work, to be busy; *(setzen, legen)* to put; *j-m weh ~* to hurt, to harm s-b; *(Schritt)* to take; *(Farbe)* to ask; *ich habe zu ~*

I have (got) s-th to do; *was ist zu ~?* what is to be done?; *so ~ als ob* to pretend that, to make believe that; *er tut nur so als ob* he only pretends to; *es tut mir leid* I am sorry; *es tut nichts* it is nothing, it does not matter; *es ist mir darum zu ~* what I want to get at is (this), I am most anxious about (this); *des Guten zuviel ~* to overdo s-th; *es zu ~ bekommen mit* to have trouble with; *su* doings, action

Tünche whitewash; *fig* veneer; **~n** to whitewash

Tunichtgut ne'er-do-well

Tunika tunic

Tunke sauce; gravy; **~n** to dip, to steep

tunlich advisable, expedient; practicable, feasible; **~st** utmost; *adv* if possible

Tunnel tunnel

Tüpfel dot, spot; **~n** to dot, to spot; to stipple

tupfen to dab, to touch lightly; to dot; *su* dot, spot; blob

Tür door; *zwischen ~ u. Angel* at the last moment; *siehe* offen; *mit d. ~ ins Haus fallen* to blurt out what one has got to say; *vor verschlossene ~en kommen* to receive a refusal, to come up against closed doors; *vor d. ~ stehen (fig)* to be imminent; **~angel** door-hinge; **~flügel** leaf (of a door); **~griff** door-handle; **~hüter** doorkeeper, porter; **~öffnung** doorway; **~rahmen** door-frame; **~stock** door-post; **~stufe** door-step

Turb|an turban; **~ine** turbine; **~inenschaufel** turbine blade

Türk|e Turk; **~ei** Turkey; **~isch** Turkish; *~ischer Honig* Turkish Delight

Türkis turquoise

Turm tower; turret; *(Kirch-)* steeple; *(Schach)* castle, rook; *(Geschütz-)* turret; *(U-Boot)* conning tower; **¨en** to heap up, to pile up; *refl* to tower up, to rise high; *vi* to buzz off, to scamper off; **¨er** watchman, warder (of a tower); **~fahne** vane; **~falke** kestrel; **~hoch** as high as a tower; *fig* miles above (*od* beyond); **~spitze** spire; **~uhr** church clock; turret clock

turn|en to do gymnastics (*umg* gym); to drill; *su* gymnastics, *umg* drill; *(~unterricht)* physical training, P. T.; **~er** gymnast; **~erisch** gymnastic, athletic; **~gerät** gymnastic apparatus; **~halle** gymnasium; **~hemd** *BE* singlet, *BE* vest, *US* undershirt; **~hose** gym shorts; **~schuhe** gym shoes, *BE* plimsolls, *US* sneakers; **~stunde** gymnastic lesson; **~verein** gymnastic club

Turnier tournament; **~platz** tilting-ground, the lists

Turnus rotation, cycle; **~mäßig** in rotation; regularly recurrent

Turteltaube turtle-dove

Tusch ♪ fanfare, flourish; **~e** Indian ink; **~en** to paint with Indian ink; **~kasten** paint-box

tuscheln to whisper

Tüte paper-bag ♦ *kommt nicht in d. ~* it's quite out of the question

Typ type; model; **~e** type, printing-letter; **~enmuster** standard sample; **~isch** typical (*für* of); **~isieren** to standardize; **~ograph;** typographer; **~ographie** typography; **~ographisch** typographic(al); **~us** = ~

Typhus typhoid; **~kranker** typhoid patient

Tyrann tyrant; **~ei** tyranny; **~isch** tyrannical; **~isieren** to tyrannize over, to bully

Tz: *bis zum ~* to the last detail, thoroughly

U

U (the letter) U; **U-Bahn** underground, *US* subway; **U-Bahnhof** underground station, *US* subway station

übel bad, wrong; evil; ⚕ ill, *(im Magen)* sick; *~ dran sein* to be in a bad way; *mir ist ~* I feel sick; *nicht ~* not bad, rather nice; *es gefällt mir nicht ~* I don't dislike it; *j-m ~ mitspielen* to play a mean trick on s-b; *su* evil; wrong; ⚕ malady, ailment; misfortune; *d. ~ an d. Wurzel packen* to get at the root of the trouble; **~gelaunt** ill-humoured, cross, grumpy; **~gesinnt** evil-minded, ill-disposed; **~keit** sickness, nausea; **~nehmen** to take s-th amiss, to take offence at; **~nehmerisch** touchy, easily offended; **~riechend** malodorous, foul-smelling; **~stand** evil, fault; nuisance; drawback; **~täter** evil-doer, malefactor; **~wollend** malevolent

üben to exercise; to practise *(the piano etc)*; to train

über *prep* over, above; on top of; higher than, superior than; more than; across, beyond, on the other hand; by *(China, the meadow)*; via *(London etc)*; *(während)* during, while; *fig* about, concerning, *(Vortrag etc ~)* on; *d. ganze Zeit ~* all along; *d. Sommer ~* the whole summer; *adv* wholly, completely; over; *~ u. ~* over and over; *etw ~ haben* to be fed up with s-th; *j-m ~ sein* to beat s-b

überall everywhere, anywhere; abroad; all over, throughout; *~ u. nirgends* everywhere and yet nowhere; **~hin** everywhere, anywhere, abroad

überalter|t too old; **~ung** unduly high average age (of the population)

Über|angebot excess supply; glut; **~anstrengen** *vt* to overwork, to overstrain; *refl* to overstrain o.s., to overexert o.s.; **~antworten** to deliver up, to surrender; to make over

überarbeit|en *vt* to go over, to revise; to touch up; *refl* to overwork o.s.; **~ung** revision; touching up; overwork, overstrain

über|aus exceedingly, extremely; **~beanspruchen** to overstrain, to make excessive demands upon; **~bein** ⚕ node; *(Knochen)* exostosis; **~belichten** 📷 to overexpose; **~beschäftigung** over-employment; **~bieten** to excel, to surpass; to outbid

überbleib|en to be left over, to remain; **~sel** remainder, remains; residue

überblenden 📷 to dissolve

Überblick survey; (general) view; *fig* summary, overall picture; **~en** to survey; to overlook

überbring|en to deliver, to bring; **~er** bearer
überbrück|en to bridge, to span; *fig* to bridge over; **~ung** temporary assistance, tiding over; **~ungshilfe** temporary relief
über|bürden to overburden; to overload; **~dachen** to roof; **~dauern** to outlast; **~decken** to think over, to consider; **~dies** besides, moreover; **~drehen** to overwind; **~druck** overprint; *(Marke)* surcharge; ☼ excess pressure
Überdruß disgust; boredom, ennui; *bis zum ~* till one is sick and tired of it; **¨ig** sick of, weary of, bored with; disgusted with
Über|eifer overgreat zeal; **~eifrig** too eager; **~eignen** to transfer, to assign; **~eilen** *vt* to hurry too much; *(Arbeit)* to scamp; to precipitate; *refl* to be in too great a hurry, to act rashly; **~eilt** rash, hasty; **~eilung** hastiness, rashness
übereinander one upon (*od* over) another; *d. Beine ~schlagen* to cross one's legs
überein|kommen to agree, to come to an agreement; *su* agreement, convention; **~kunft** = ~kommen; **~stimmen** to agree, to be in agreement (*mit* with); to coincide, to fall in (*mit* with); to correspond (*mit* to); ♪, ✿ to harmonize; **~stimmung** agreement; harmony; conformity
über|essen to overeat; **~fahren** to pass over, to cross, to traverse; to run over s-b; *(Signal)* to overrun; *fig umg* to bowl over s-b; *vi* to pass over, to cross; **~fahrt** passage, crossing
Überfall (surprise) attack, raid; **~en** to attack suddenly, to surprise; **¨ig** overdue; **~kommando** *BE* flying squad, *US* riot squad
über|fliegen to fly over; *fig* to glance over, to skim (through); **~fließen** to overflow; to flow over, to brim over; **~flügeln** to outflank; *fig* to surpass, to get the better of
Überfluß abundance (*an* of); plenty; affluence (*to live in a.)*; exuberance, superfluity; *im ~* abundantly; **¨ig** superfluous, unnecessary; surplus
über|fordern to make an excessive demand on; to overcharge, to overtax; **~fracht** overweight; excess freight; **~fremdung** infiltration of foreigners (*bzw* foreign money)
überführ|en *vt* to transport (from one place to another), to convey; ⚖ to convict (of a crime); *chem* to convert, to transform; **~ung** transportation, conveying; crossing, viaduct; ⚖ conviction; *chem* conversion
Überfüll|e excess, superabundance; **~en** to overload, to cram; to overfill, to overstock; to crowd; **~ung** overloading, cramming; overcrowding
über|füttern to overfeed; **~gabe** handing over, delivery; surrender; ⚖ extradition
Übergang passage, crossing; *fig* transition; **~sbestimmungen** transitional provisions; **~sgesetz** transitional law; **~sschwierigkeiten** difficulties of transition; **~szeit** transition period
übergeben *vt* to hand over, to deliver (up); to surrender; *refl* ⚕ to vomit, to be sick
übergehen *vt* to pass over, to pass by; to skip, to omit; *vi* to cross, to pass over, to go over; to change (*zu* into), to change over (*zu* to); *ineinander ~* to blend; to overflow
übergeschäftig overbusy
Übergewicht overweight, excess weight; *fig* predominance, preponderance; *d. ~ bekommen* to lose one's equilibrium, *fig* to get the upper hand (*über* of)
Über|gewinn excess profit; **~gießen** *vt* to pour over; *(daneben)* to spill; **~glücklich** too happy; **~greifen** to overlap; *fig* to encroach (*auf* on); to spread (*auf* to); to affect; **~griff** encroachment, infringement; **~handnahme** (undue) increase, prevalence; **~handnehmen** to increase (unduly), to spread rapidly
Über|hang projection, overhanging rock; hangings, curtain; carry-over; backlog excess; **~hangen, ~hängen** to hang over
über|häufen to (over)load (*mit* with); to overburden (*mit* with); to overwhelm (*mit* with); **~haupt** in general; at all; altogether
überheb|en *refl* to strain o.s. (by lifting); *fig* to be overbearing; **~lich** overbearing
über|hitzen to overheat; to superheat; **~holen** to fetch over, to haul over; to overtake, to outdistance; to surpass; **~holt** out of date, antiquated; **~hören** not to hear; to ignore; *(Aufgaben)* to hear; **~irdisch** supernatural, unearthly; **~kippen** to tilt over, to tip over; **~kleben** to paste over; **~kochen** to boil over; **~kommen** *vt* to seize; to get, to receive; *vi* to be handed down; *adj* traditional; **~kreuz** crosswise; **~kritisch** censorious; **~laden** to overload; *fig* to overdo, to ornament excessively; *adj* florid; **~lagern** ⚡, ⚙ to superpose; *fig* to superimpose; to outweigh; **~landflug** cross-country flight; **~landleitung** ⚡ land line, transmission line; **~lassen** to leave; to give up; to cede, to relinquish; to let s-b have; *refl* to give way to, to give o.s. up to, to abandon o.s. to; *s. s-m Schicksal ~lassen* to turn adrift; **~lasten** to overload, *fig* to overburden; **~laufen** *vt* to seize, to overcome; *vi* to run over, to overflow; *mil* to desert; **~läufer** deserter; **~leben** to survive; to outlive; to live through (a night etc); *d. ~lebt er nicht* he won't get over that; *s. ~lebt haben* to be old-fashioned, out-of-date; **~lebender** survivor; **~lebensgroß** bigger than life-size; **~legen** *vt* to lay over, to cover; *(Jungen)* to whip; *(denken)* to think over, to consider; *adj* superior; lofty; ahead; *allen ~legen* in a class by itself; **~legt** well-considered; deliberate; ⚖ wilful; **~legung** consideration, calculation
über|leiten to lead over (*od* across); ⚕ to transfuse; to form a transition; **~lesen** to read through (*od* over); to overlook
überliefer|n to deliver; to hand down, to transmit; to surrender; **~ung** delivery; tradition; surrender
überlisten to outwit
übermach|en to make over; to transmit; **~t** supremacy, predominance; superior force(s); **¨tig** too powerful, overwhelming
über|malen to paint over; **~mannen** to overcome, to overpower

Übermaß excess; excessive volume; *im ~* excessively; **⸗ig** excessive; exorbitant; immoderate; ♪ augmented
Übermensch superman; **~lich** superhuman
übermitt|eln to transmit; to convey; **~lung** transmission; conveyance, conveying
übermorgen the day after tomorrow
übermüd|en to overtire; **~ung** overfatigue
Übermut high spirits; excessive merriment; wantonness; **⸗ig** in high spirits, merry; wanton; mischievous
übernacht|en to spend the night, to stay over night; **⸗ig** sleep-starved; seedy, blear-eyed; **~ung** spending the night; overnight reservation
Über|nahme taking over, taking possession of; assumption; undertaking; **~national** supra-national; **~natürlich** supernatural; **~nehmen** to take over, to take possession of; to seize; to take upon o.s.; *(Arbeit)* to undertake; *(Verantwortung)* to assume; *refl* to overwork; to overeat; **~ordnen** to place above (*od* over), to set over; **~produktion** overproduction; **~prüfen** to check, to verify; to screen s-b; **~quellen** to flow over; **~quer** across, crosswise; **~ragen** to overtop, to rise above; *fig* to surpass; **~ragend** excellent
überrasch|en to surprise; *(völlig)* to astound; **~ung** surprise; **~ungsangriff** surprise attack
überred|en to persuade; **~ung** persuasion
überreich abounding (*an* in); overflowing (*an* with); **~en** to present, to hand over; **~lich** superabundant; **~ung** presentation
über|reif overripe; **~reiten** to ride over; *(Pferd)* to override; to run down; **~reizen** to over-excite; to overstrain; **~rest** remainder, residue; remains, relics; *irdische ~reste* mortal remains; **~rieseln** to irrigate; *fig* to give s-b the creeps
überrumpel|n to surprise, to take unawares; **~ung** surprise, sudden attack
übersatt oversatiated; **⸗igen** to surfeit, to overfill; to cloy; *chem* to supersaturate; **⸗igt** *fig* blasé
über|schatten to overshadow; **~schätzen** to overestimate, to overrate; **~schauen** to look over, to survey; *(Haus)* to overlook; **~schäumen** to foam over; *fig* to exuberate, to abound; **~schicht** extra shift, extra hours worked; **~schicken** to send over; **~schlafen** to consult one's pillow
Überschlag estimate, rough calculation; ⛩ somersault; **~en** to estimate; *(Seiten)* to skip; *refl* to go head over heels, to turn a somersault; ✈ to loop (the loop); *(Stimme)* to break; *adj* cool, lukewarm, tepid; **⸗ig** rough
über|schnappen *(Stimme)* to squeak; *fig* to be cracked, to go crazy; **~schneiden** to intersect, to overlap; **~schreiben** to superscribe; to entitle, to head, to label; to transfer; **~schreien** to cry down; to shout louder than; *refl* to shout o.s. hoarse
überschreit|en to cross; *fig* to exceed, to overstep; to transgress; *(Gesetz)* to infringe; *(Konto)* to overdraw; **~ung** crossing; excess; transgression; infringement; overdraft
Über|schrift heading, headline; title; inscription; **~schuh** galosh, overshoe; **~schuldet** deeply in debts
Über|schuß surplus; excess; balance; **~schüssig** surplus; excess; superfluous
über|schütten to cover (with), to overwhelm (with); **~schwang** exuberance, rapture
überschwemm|en to flood, to inundate; *d. Markt ~en* to overstock the market; **~ung** flood, inundation
überschwenglich exuberant, rapturous
Übersee: *in ~* oversea(s); **~handel** overseas trade; **~isch** oversea(s), transoceanic; **~telegramm** cable(gram)
übersehen to look over, to survey; to overlook, not to notice; *d. Straße gut ~ können* to have a clear view of the road
übersend|en to send, to forward, to transmit; *(Geld)* to remit; **~er** sender; **~ung** transmission; consignment
über|setzbar translatable; **~setzen** to ferry across; *(Text)* to translate; *vi* to jump over; to cross; **~setzer** translator; **~setzt** *fig* overcrowded, excessive; **~setzung** translation; ⚙ (ratio of) gearing
Übersicht (clear, comprehensive) view; review; survey; summary, synopsis; control; statistical table; *aus Gründen d. besseren ~* with a view to greater clarity; **~lich** clear, easily visible; foreseeable; predictable; clearly arranged; **~lichkeit** clearness; lucidity; well-ordered arrangement; **~skarte** general map
übersied|eln to (re)move (*nach* to); to emigrate (*nach* to); **~lung** removal; emigration
übersinnlich transcendental; *(medial)* psychic
überspann|en to cover (with); *fig* to overstrain; to exaggerate; **~t** eccentric; **~theit** eccentricity; **~ung** ⚙ overstraining; ϟ excess voltage
über|spitzt over-refined; too subtle; excessively ingenious; **~springen** to jump across, to leap over; to skip, to miss out; **~sprudeln** to bubble over; **~stechen** to overtrump; **~stehen** *vt* to endure, to go through; to get over, to survive; *vi* to stand out, to project; **~steigen** to climb over, to cross; *fig* to pass, to exceed; **~steigern** to outbid; to force up; to overdo; **~stimmen** to outvote; **~strahlen** to shine upon; *fig* to outshine; **~streichen** to paint over; to rub over (with); **~strömen** to run over; to overflow (with); to abound (in); **~stülpen** to put on; **~stunden** overtime
überstürz|en to (do in a) hurry, to precipitate; *refl* to act rashly, to be too hasty; **~ung** (too great a) hurry
über|täuben to drown; to deafen; to stifle; **~teuern** to overcharge; **~tölpeln** to take in, to dupe; **~tönen** to drown (the sound of)
Übertrag carrying over; amount carried (*bzw* brought) forward; **~bar** transferable; ⚕ catching, infectious, *(durch Berührung)* contagious; **~en** to transfer, to carry over; to give up to;

(Arbeit) to entrust s-b with; *(Amt)* to confer on s-b; *(in e. Buch)* to enter; *(übersetzen)* to translate; *(umschreiben)* to transcribe; 📻 to transmit, to relay; ⚕ to spread, to communicate, to infect s-b with; *adj* figurative; **~ung** carrying over; transfer; entering; translation; transcription; 📻 transmission, broadcast; ⚕ spreading, communication, infection
übertreffen to surpass, to excel
übertreib|en to exaggerate; to overdo, to push too far; **~ung** exaggeration; excess
übertret|en *vt* to violate, to transgress; to trespass; *vi* to go over, to change over (*zu* to); to change (one's religion), to turn (Catholic, etc); **~ung** violation, transgression; *im ~ungsfalle* in case of transgression; ⚖ petty offence
über|trieben exaggerated, excessive; extravagant; **~tritt** change; going over (*zu* to); **~trumpfen** to overtrump; *fig* to outdo, to cap; **~tünchen** to whitewash; *fig* to gloss over; **~völkert** overpopulated; **~völkerung** overpopulation; **~voll** too full; full to overflowing; **~vorteilen** to take advantage of s-b; to take in, to overreach; to defraud; **~wachen** to watch over; to supervise, to superintend; **~wachung** supervision, control; observation; **~wachsen** *vt* to overgrow; *adj* overgrown
überwältig|en to overpower; to conquer; to overwhelm; **~end** *fig* overwhelming; **~ung** overcoming; conquering; overwhelming
überweis|en to transfer, *(bes Geld)* to remit; to assign (to); **~ung** transfer, remittance; **~ungsformular** transfer form; **~ungsverkehr** money transfer business
überwerfen to throw over; *refl fig* to fall out with s-b
überwiegen to outweigh; to prevail; to predominate; **~d** predominant; *adv* chiefly, mainly; predominantly
überwind|en to overcome, to conquer; to get the better of; *refl* to bring o.s. to, to overcome one's passion; **~er** conqueror; **~lich** surmountable; conquerable; **~ung** overcoming, conquest; victory (over); self-control
über|wintern to winter (at); *zool* to hibernate; **~wölben** to arch over, to vault over; **~wuchern** to overgrow, to overrun; **~wurf** wrap, cloak; *(Tuch)* shawl
Überzahl surplus; superior forces; majority; **¨~en** to count over; **¨~ig** supernumerary; surplus; superfluous
überzeichn|en to over-subscribe; **~ung** over--subscription
überzeug|en to convince (*von* of); to assure; *s. ~en (davon), daß* to make sure that; **~t** convinced; avowed; **~ung** conviction; belief; *ich komme zu d. ~ung* I am led to believe; *der ~ung sein* to be convinced
überzieh|en to put on, to pull over; *(Kissen etc)* to cover; *(Bett)* to put clean sheets on; *(Konto)* to overdraw; *mil* to invade; *mit Krieg ~en* to make war upon; *refl* to become overcast; **~er** overcoat, greatcoat; **~ung** *(Konto)* overdraft
über|zuckern to sugar; *(Kuchen)* to ice; *(Pille)* to gild; **~zug** cover; slip, case; coat(ing), covering; crust; **~zwerch** across, athwart
üblich usual, customary; *nicht mehr ~* no longer customary, out of use
U-Boot submarine; *(deutsches)* U-Boat; **~-Krieg** submarine warfare
übrig left over, remaining; other; *im ~en* for the rest, in other respects; *~ haben* to have over, (to have) to spare *(can you spare me a cigarette?); etw ~ haben für* to have a soft spot (in one's heart) for s-b; *nichts ~ haben für* to think little of, to care little for; *e. ~es tun* to make a special effort, to do more than is necessary; *~ sein* to be left over; **~bleiben** to be left over, to remain; **~ens** by the way, incidentally; after all
Übung exercise, practice; training, drill; *~ macht d. Meister* practice makes perfect; **~saufgabe** exercise; **~sflug** practice flight
Ufer shore, *(Fluß)* bank; beach; *am (ans) ~* ashore; **~damm** embankment; flood bank, *US* levee; **~los** *fig* boundless, extravagant; leading nowhere; **~straße** embankment
UFO UFO, unidentified flying object
Uhr clock; timepiece; *(Taschen-, Armband-)* watch; *wieviel ~ ist es?* what time is it?; *um wieviel ~?* (at) what time?, when?; **~feder** watch-spring; **~gehäuse** watch-case; **~gewicht** weight; **~glas** watch-glass, crystal; **~kette** (watch-)chain; **~macher** watchmaker; **~werk** works; clockwork; **~zeiger** hand; *im ~zeigersinn* clockwise
Uhu *zool* horned owl
UKW *(bes BE)* V.H.F.; *(bes US)* FM
Ulk fun, lark, joke; **~en** to lark, to joke; **~ig** funny
Ulme elm
Ultimo the last day of the month
Ultra|kurzwelle ultra-short wave, very high frequency (V.H.F.); **~marin** ultramarine; **~mikroskopisch** ultra-microscopic; **~violett** ultraviolet
um round, about; *~ ... herum* around, round; *(Uhr)* at *(at two o'clock)*; *(Preis, Grund)* for; in exchange for; *(Maß)* by *(taller by a head)*; *~ d. Hälfte mehr* half as much again; *~ e. Jahr älter* a year older; *~ so besser* all the better, so much the better; *~ so weniger* all the less (*bzw* fewer); *e-n Tag ~ d. anderen* every other day; *Jahr ~ Jahr* year after year; *Stück ~ Stück* piece by piece; *~ ... willen* for the sake of ...; *(conj) ~ zu* in order to; *(adv) ~ u. ~* round about, all round, everywhere; *~ sein* to be over, to be gone
um|ackern to plough (*US* plow) up; **~adressieren** to redirect
umänder|n to alter; **~ung** alteration
umarbeit|en to do over, to work over (again); to rewrite; to recast; to remodel; **~ung** doing over again; rewriting; recasting; remodelling
umarm|en to hug, to embrace; **~ung** hug, embrace
Umbau reconstruction, rebuilding; (constructional) alterations; *fig* recasting; **~en** to recon-

struct, to rebuild; to make alterations (to); to surround with buildings; **~t** surrounded by buildings; *~ter Raum* interior space
um|behalten to keep on; **~betten** to put into another bed; **~biegen** to bend; to turn up (*od* down, back); **~bilden** to remodel, to remould; to reconstruct; to reform; **~binden** to tie round; *(Schürze)* to put on; **~blasen** to blow down (*od* over); **~blättern** to turn over (the leaves of); **~blicken** to look round; to look about one; **~brausen** to roar around
um|brechen to break down; ⚒ to break (up); 🕮 to make up; **~bringen** to kill, to do in; **~bruch** radical change; 🕮 make-up; **~bruchredakteur** make-up editor; **~buchen** to transfer to another account; to change one's reservation; **~buchung** book transfer; **~dichten** to remodel; **~drängen** to crowd round
umdreh|en to turn (round); *(Hals)* to twist, to wring *(a fowl's neck); es dreht e-m d. Herz um* it wrings one's heart; *refl* to turn round, to revolve, to rotate; **~ung** revolution, rotation; **~ungsgeschwindigkeit** speed of rotation
Umdruck reprint; **~en** to reprint
umdüstert gloomy, melancholy
umfahr|en to drive (*od* sail) round; to run down (*od* over); **~t** circular tour (of)
umfallen to fall down, to tumble down; to be upset (*od* overturned)
Umfang circumference; perimeter, *(bes Kreis-)* periphery; *(Ton-)* compass, range; extent, size; volume, bulk; **~en** to encircle, to enclose; to embrace; **⁼lich** voluminous; **~reich** voluminous, comprehensive; bulky
umfass|en to clasp, to embrace; to encircle, to enclose; to surround; *fig* to comprise, to include; **~end** comprehensive; blanket, broad; all-out; **~ung** enclosure; fence; **~ungsmanöver** outflanking movement
umflort *(Stimme)* muffled; *(Blick)* dim
umform|en to reform; to transform (*a.* ϟ); to remodel; **~er** transformer, converter; **~ung** reforming; remodelling
Umfrage (general) inquiry
umfried|en to enclose, to fence in; **~ung** enclosure, fence
umfüllen to pour from s-th into s-th; to decant
Umgang circular passage, circular way; *(Zug)* procession; *(Bekanntschaft)* intercourse, association; relations (with); *~ haben mit* to associate with; **⁼lich** manageable; sociable, companionable; **~senglisch** informal (*od* colloquial) English; **~sformen** manners; **~ssprache** colloquial (*od* informal) speech; **~ssprachlich** colloquial, informal
um|garnen to ensnare, to trap; **~gaukeln** to hover (*od* flutter) around
umgeb|en to surround; **~ung** surroundings, environs; company, associates; *(Milieu)* invironment, background
Umgegend neighbourhood, environs
umgeh|bar avoidable; **~en** *vt* to go round; to outflank; *fig* to evade, to by-pass; *vi* to go round; to go a roundabout way; to circulate; *(Geist)* to haunt; *~en mit* to manage, to treat, to deal with; to associate with s-b; to be occupied with s-th; *mit d. Gedanken ~en* to intend, to contemplate; **~end** by return (of post); immediately; **~ung** going round; *fig* evasion; **~ungsmanöver** outflanking movement; **~ungsstraße** by-pass road; **~ungsweg** by-pass
umgekehrt opposite, reverse; contrary; *adv* on the contrary; vice versa; the other way round; upside down; in the opposite direction
um|gestalten to transform, to alter; to reorganize; **~gießen** to pour from s-th into s-th; to decant; to recast; **~gliedern** to reorganize; **~graben** to dig (up); ⚒ to break up; **~grenzen** to encircle, to enclose; to circumscribe, to limit; **~gucken** to look round; *d. wird s. noch ~gucken* he'll be surprised; **~gürten** to put on *(a sword),* to gird (up); **~haben** to have on (*od* round one); **~hang** cape; wrap; *(Tuch)* shawl; **~hängen** to hang round; to put on; to rehang; **~hauen** to fell, to cut down
umher around, round about, here and there; **~blicken** to look about, to glance round; **~fahren** to drive about; **~gehen** to walk about; **~laufen** to run about
umhin: *ich kann nicht ~* I cannot help (*zu tun* doing)
umhüll|en to wrap (up); to envelop; to cover; to veil; **~ung** wrapping; covering; veil
Umkehr return, turning back; change; revulsion (of feeling); **~en** *vt* to turn round (*od* inside out, upside down); ♪ to invert; ϟ to reverse; *vi* to return, to turn back; **~ung** inversion; reversal
umkippen *vt* to overturn, to upset; *vi* to tilt over; to lose one's equilibrium
umklammer|n to grip, to clasp (firmly); *mil* to encircle; **~ung** encirclement; ⛩ clench
umklappen to turn down
umkleid|en *vt* to change the dress of; *refl* to change; to undress; **~eraum** dressing-room; **~ung** change of clothes
um|knicken to bend over; to fold over; to snap off; ⚕ to sprain; **~kommen** to perish; *(Essen)* to go bad; to be wasted
Umkreis circle, circumference; neighbourhood, vicinity; **~en** to circle round, to revolve round; to encircle; **~ung** encirclement
umkrempeln to tuck up
umlad|en to load from s-th to s-th; to reload; ⚓, 🚂 to transship; **~ung** reloading, transshipment
Umlag|e assessment; *(Kommunal-)* rate; levy; **~ern** to surround; to besiege; **~erung** re-direction; switching
Umlauf circulation; revolution; rotation; *(Schreiben)* circular; *in ~ setzen* to put into circulation, to circulate; *(Gerücht)* to spread; **~en** *vt* to walk round; *vi* to circulate; to be in circulation; to take a roundabout way; **~kapital** active capital; **~vermögen** current assets; **~zeit** turn-round time
umleg|en to put on (*od* round); to lay down; *sl* to do s-b in; to change the position of, to shift;

(verteilen) to apportion, to distribute; **~ekragen** turn-down collar
umleit|en to divert; to turn aside; **~ung** *BE* diversion, detour; re-direction
um|lenken to turn round (*od* back); **~lernen** to re-adjust one's views; to learn anew; **~liegend** surrounding, neighbouring; **~mauern** to wall in; **~modeln** to remodel, to alter; **~nachtet** wrapped in darkness; *fig* deranged; **~nebeln** to cloud; *fig* to bewilder; **~packen** to repack; **~pflanzen** to transplant; to plant round; **~pflügen** to plough (*US* plow) up; **~quartieren** to remove to other quarters; **~rahmen** to frame; to surround; **~randen, ~rändern** to border, to edge; **~ranken** to twine round; to clasp with tendrils
umrechn|en to convert, to change; to recalculate; *umgerechnet auf* expressed in terms of; **~ungssatz** conversion rate
um|reisen to go round; **~reißen** to pull down; *fig* to outline; **~rennen** to run over (*od* down); **~ringen** to surround; **~riß** outline, contour; **~rühren** to stir (up); **~sägen** to saw down; **~satteln** *vt* to resaddle; *vi fig* to change one's studies (*bzw* occupation)
Umsatz sales, turnover; **~steuer** turnover tax
umsäumen to hem; to enclose, to surround
umschalt|en ⚡ to switch (over); 🚗 to change gear; **~er** switch, commutator; *(Schreibm.)* shift-key; **~hebel** change-lever; gear-lever
Umschau looking round; ~ *halten* to look round, to look out (*nach* for); **~en** *refl, vi* to look round
umschicht|en to alter, to change, to switch; to shift (the strata of); **~ig** in layers; *fig* alternately; **~ung** alteration; switch; shifting; *(Arbeiter)* redeployment
umschiffen to sail round, to circumnavigate
Umschlag cover, wrapper; *(Brief-)* envelope; cuff; *(Saum)* hem; ⚕ poultice, compress; traffic, turnover; *fig* turn, change; **~en** *vt* to knock down, to fell; *(Tuch)* to put on; *(Stoffrand)* to turn up; *(Kragen)* to turn down; *(Seite)* to turn over; *vi* to tilt over; ⚓ to capsize; *(Stimme)* to break; *(Wind)* to change; *(Wetter)* to break; **~(e)tuch** shawl; **~hafen** port of reshipment (*od* transshipment); **~papier** wrapping-paper; **~seite** cover
um|schleiern to veil; **~schließen** to enclose, to surround; to clasp; **~schlingen** to embrace, to clasp (round); to entwine; **~schmelzen** to remelt, to recast, to refound; **~schnallen** to buckle on; **~schnüren** to pack, to do (*od* tie) up; cord
umschreib|en to rewrite; to transfer, to make over; to circumscribe; *fig* to paraphrase; **~ung** *fig* paraphrase
Umschrift inscription; *(Münze)* legend; transcription
umschul|en to retrain; to rehabilitate; **~ung** retraining; rehabilitation
um|schütten to upset, to spill; to pour into another vessel; **~schwärmen** to swarm round; *fig* to adore

Umschweif digression; *ohne ~e* frankly, plainly; point-blank
um|schwenken to wheel round; *fig* to change one's mind; **~schwung** change; revulsion (of feeling); revolution; *(völlig)* about-face; **~segeln** to sail round, to circumnavigate
umsehen *refl* to look round (*od* back); to look about; to look out (*nach* for); *im* ~ in a moment
um|seitig on the other page, overleaf; **~setzen** to change; to transplant; ♪ to transpose; *(Waren)* to dispose of, to realize, to sell; **~sichgreifen** spreading
Umsicht prudence, caution; **~ig** prudent, cautious, circumspect; **~igkeit** = ~
um|siedeln *vt* to resettle; *vi* to settle elsewhere; **~sinken** to drop, to sink down; to faint; **~sonst** for nothing, gratis; in vain; without a reason; **~spannen** to change *(horses)*; ⚡ to transform; to enclose, to encompass; to comprise; **~springen** *vt* to jump round s-b; *vi* to change, to veer (round); *~springen mit* to treat roughly, to manage s-b; **~spülen** to wash (round)
Umstand circumstance; fact; factor, condition; *pl* particulars; formalities; fuss, trouble; *ohne ~̈e* without ceremony; *unter ~̈en* in certain circumstances; *unter allen ~̈en* in any case, at all events; *unter keinen ~̈en* on no account; *machen Sie keine ~̈e* do not stand upon ceremony; *in anderen ~̈en* to be expecting, to be in the family way; *mildernde ~̈e* ⚖ extenuating circumstances; **~̈ehalber** owing to circumstances; **~̈lich** circumstantial; formal; fussy; *(verwickelt)* involved, intricate; **~̈lichkeit** ceremoniousness; fussiness; intricacy; **~sbestimmung** adverbial phrase; **~skleid** maternity dress; **~skrämer** fussy person, fusspot; **~swort** adverb
umstecken to pin anew, to stick anew; to pin (*od* stick) round
umstehen to stand round, to surround; **~d** on the other side, on the following page, overleaf; *d. ~en* the bystanders
Umsteige|karte transfer (ticket); **~n** to change (*nach* for)
umstell|en to re-arrange; to change the position of; to transpose; to convert (to); to surround, to encircle; *refl* to assume a different attitude; to adapt o.s. (*auf* to); **~ung** re-arrangement; change; transposition; conversion; inversion; change-over
um|stimmen ♪ to tune to another pitch; *fig* to make s-b change his mind, to talk s-b into (doing); **~stoßen** to knock down, to upset; *fig* to annul, to reverse; **~stricken** to ensnare; **~stritten** disputed, controversial; (question) at issue; **~stülpen** to turn upside down, to turn over
Umsturz overthrow; revolution; **~bestrebungen** revolutionary tendencies; **~̈en** to throw down, to overturn; *vi* to fall down; **~̈ler** revolutionary; **~̈lerisch** revolutionary, subversive
Umtausch exchange; conversion; **~en** to exchange (*gegen* for)

umtopfen to repot

Um|trieb activity; *pl* intrigues, machinations; **~tun** to put on; *refl* to look (*nach* for); **~wachsen** to grow round

umwälz|en to roll round; *fig* to revolutionize; *refl* to roll about; **~ung** revolution

umwand|eln to change, to transform; ⚖ to commute; to convert; *er ist wie umgewandelt* he has turned over a new leaf; **~lung** change, transformation; commutation; conversion

umwechs|eln *(Geld)* to change; to exchange (*für, gegen* for); **~lung** changing; exchange

Umweg roundabout way, detour; circuitous route; *e-n ~ machen* to (make a) detour

um|wehen to blow down; to blow round; **~welt** surrounding world, the world around us; environment; **~welteinfluß** environmental influence; **~weltgefahr** ecological hazard; **~weltschutz** environment protection; **~weltschützer** environmentalist; **~weltverschmutzung** environmental pollution; **~wenden** to turn (over); to turn upside down; *refl* to turn round (*od* back); **~werben** to woo; to court; *umworben sein* to have many admirers, to be sought after; **~werfen** to upset; to overthrow; to throw round, to put on

umwert|en to revalue; to convert (*1 : 1 ~en* to c. in the ratio 1 : 1); **~ung** revaluation; conversion

um|wickeln to wind round; to wrap up; **~wohner** *pl* neighbours, inhabitants of the vicinity; **~wölken** to overcast; *fig* to darken; **~zäunen** to fence (*od* hedge) round, to enclose; **~ziehen** *vt* to change s-b's clothes; *refl* to change; *vi* to remove, to move (house); **~zingeln** to surround, to encircle

Umzug procession; *pol* demonstration; *(Wohnung)* removal; **~gut** removal goods; **~skosten** removal expenses

un- un-, in-, non- *(hier nicht zu findende Wörter, die mit* un- *zusammengesetzt sind, suche man unter dem Grundwort)*

unab|änderlich unalterable; irrevocable; **~dingbar** unalterable, final; mandatory; **~gekürzt** unabbreviated; *(Text)* unabridged

unabhängig independent (*von* of); **~keit** independence

unab|kömmlich irreplaceable, indispensable; **~lässig** incessant, unremitting; perpetual; **~sehbar** immeasurable; incalculable; immense, vast; **~sichtlich** unintentional; **~weisbar, ~weislich** unavoidable; imperative; **~wendbar** inevitable

unachtsam inattentive; careless; casual; **~keit** inattention; carelessness

unähnlich unlike, dissimilar; **~keit** dissimilarity

unan|fechtbar incontestable, indisputable; **~gebracht** unsuitable, out of place; untimely; malapropos; **~gefochten** unhampered; undisputed; **~gemessen** inadequate; unsuitable; improper; **~genehm** unpleasant, disagreeable; awkward; **~greifbar** unassailable; **~nehmbar** unacceptable; **~nehmlichkeit** inconvenience, annoyance; unpleasantness; trouble; **~sehnlich** poor-looking, ill-favoured; plain, mean; insignificant; **~ständig** indecent, improper; **~ständigkeit** indecency, impropriety; **~stößig** inoffensive, harmless; **~tastbar** inviolable; unassailable; **~wendbar** inapplicable

unappetitlich uninviting; distasteful, repulsive

Unart rudeness; bad behaviour, ill breeding; **~ig** naughty; rude, badly behaved

un|artikuliert inarticulate; **~ästhetisch** in bad taste; repellent; not aesthetic

unauf|fällig inconspicuous; conservative; modest; **~findbar** not to be found; **~gefordert** unasked; **~geklärt** unexplained; unenlightened; **~haltsam** irresistible; uncontrollable; incessant; **~hörlich** incessant, ceaseless; continual; **~lösbar, ~löslich** insoluble; inexplicable; **~merksam** inattentive; **~merksamkeit** inattention; **~richtig** insincere; **~richtigkeit** insincerity; **~schiebbar** not to be put off, pressing, urgent

unaus|bleiblich inevitable; unfailing, certain; **~führbar** impracticable, not feasible; **~geglichen** maladjusted; unbalanced; **~geglichenheit** maladjustment; disequilibrium; **~genutzt** unused; **~gesetzt** uninterrupted, constant; **~löschlich** indelible; *(Feuer)* inextinguishable; **~rottbar** ineradicable; **~sprechlich** inexpressible; indescribable; unspeakable; **~stehlich** intolerable, insufferable; **~weichlich** inevitable, unavoidable

unbändig unruly, unmanageable; excessive, tremendous

unbarmherzig unmerciful, merciless, pitiless; **~keit** mercilessness, unmercifulness

unbe|absichtigt unintentional; **~achtet** unnoticed; disregarded; *~achtet lassen* to ignore, to take no notice of; **~anstandet** unopposed; unhampered; not objected to; **~antwortet** unanswered; **~aufsichtigt** without supervision; **~baut** not built upon; ⚘ uncultivated; **~dacht (-sam), ~dächtig** inconsiderate, thoughtless; rash; **~deckt** uncovered; bare; **~denklich** harmless; unobjectionable; unhesitating; *adv* without hesitation; without scruples; unreservedly; **~deutend** insignificant, trifling; **~dingt** unconditional; absolute; *(Vertrauen, Gehorsam)* implicit; **~eidigt** not sworn (in); **~einflußt** unbiased, unprejudiced; **~fahrbar** impassable; impracticable; **~fangen** natural, unembarrassed; impartial, unprejudiced; **~fangenheit** impartiality; naturalness; **~fleckt** unsullied, unspotted; *fig* immaculate; **~friedigend** unsatisfactory; **~friedigt** unsatisfied, dissatisfied; **~fristet** for an unlimited period; **~fugt** unauthorized; not entitled; incompetent; *adv* without authority; *d. Betreten ist ~fugten verboten* no admission except on business, unauthorized persons not admitted; **~gabt** not gifted, untalented; **~glaubigt** unauthenticated; *pol* unaccredited; **~gleitet** unattended; **~greiflich** incomprehensible, inconceivable; **~grenzt** unboundet, unlimited;

~gründet unfounded, groundless; **~hagen** uneasiness, discomfort; *mit ~hagen* uneasily; **~haglich** uncomfortable; uneasy; awkward; **~helligt** unmolested, undisturbed; **~hilflich** helpless; **~holfen** awkward, clumsy; **~holfenheit** awkwardness, clumsiness; **~hutsam** incautious, careless; **~irrbar** imperturbable, not to be put out; **~irrt** unswerving, unflinching; **~kannt** unknown; unacquainted (with); ignorant (*mit* of); a stranger (to); **~kehrbar** inconvertible; **~kleidet** unclothed, in one's birthday suit; **~kümmert** unconcerned; careless; **~lästigt** unmolested; **~lebt** lifeless; inanimate; dull; **~lehrbar** unteachable; obstinate; **~lesen** illiterate; uneducated; **~liebt** disliked; unpopular; **~liebtheit** unpopularity; **~lohnt** unrewarded; **~mannt** unmanned; **~merkbar** imperceptible; **~merkt** unnoticed, unperceived; **~mittelt** without means, indigent; **~nannt** nameless; *(Zahl)* abstract; **~nommen:** *j-m ~nommen bleiben* to be free (to do); **~nutzt** unused; unoccupied; **~quem** uncomfortable; inconvenient; disagreeable; **~quemlichkeit** discomfort, inconvenience; **~rechenbar** incalculable; whimsical; **~rechtigt** not entitled (to do); unauthorized; unjustified; **~richtigt** not corrected; **~rücksichtigt** not taken into account; disregarded, ignored; **~rufen** uncalled for; unauthorized; *~rufen!* touch wood!; **~rührt** untouched; intact; innocent, chaste; **~schadet** *prep* without prejudice to; **~schädigt** undamaged; uninjured, unhurt; safe and sound; **~schäftigt** unemployed; unoccupied; **~scheiden** immodest; arrogant; exorbitant; **~scheidenheit** lack of modesty; rudeness; arrogance; **~scholten** blameless; irreproachable; **~scholtenheit** blameless reputation; blamelessness; integrity; **~schränkt** unlimited, boundless; absolute; **~schreiblich** indescribable; beyond description; **~schrieben** blank, not written upon; **~schwert** unburdened; unmolested; **~seelt** inanimate; **~sehen** without previous inquiry (*od* examination); without inspection; without hesitation; **~setzt** unoccupied; vacant; **~siegbar, ~sieglich** invincible; **~sonnen** thoughtless, inconsiderate; careless; rash; **~sonnenheit** thoughtlessness; carelessness; rashness; **~sorgt** unconcerned; careless; carefree, easy; *sei ~sorgt!* don't worry!; don't trouble yourself!; **~ständig** unstable, inconstant; fickle; *(Wetter)* unsettled, changeable; **~ständigkeit** instability, inconstancy; fickleness; changeableness; **~stätigt** unconfirmed; **~stechlich** incorruptible; **~stechlichkeit** incorruptibility; integrity; **~stellbar** not deliverable; *(Brief)* dead; **~stellt** undelivered; not ordered; **~stimmbar** undefinable; nondescript; **~stimmt** undetermined; indefinite, indeterminate; uncertain, vague; *gram* indefinite; **~stimmtheit** indeterminateness; indefiniteness; uncertainty, vagueness; inaccuracy; **~stochen** uncorrupted; **~streitbar** incontestable, indisputable; *adv* surely; **~stritten** uncontested, undisputed; **~teiligt** not concerned; not interested (*bei, an* in); not participating; **~tont** unstressed; **~trächtlich** inconsiderable

unbeugsam unbending, inflexible; determined; stubborn; **~keit** inflexibility; determination; stubbornness

unbe|wacht unguarded; unwatched; **~waffnet** unarmed; *(Auge)* naked; **~wandert** not versed (in); inexperienced; **~weglich** immovable; motionless; *(Besitz)* real; **~wegt** unmoved; idle; **~wehrt** unarmed; **~weibt** unmarried, bachelor; **~wiesen** not proved; **~wohnbar** uninhabitable; **~wohnt** uninhabited; **~bewußt** unconscious; involuntary; **~zahlbar** priceless; **~zahlt** unpaid; **~zähmbar** indomitable, untamable; **~zeugt** unattested; **~zweifelt** undoubted; **~zwingbar, ~zwinglich** invincible; indomitable; unsurmountable

unbiegsam inflexible, unbending; unyielding; rigid; **~keit** inflexibility; rigidity

Unbildung lack of education; illiteracy

Unbill injustice, wrong; *(Wetter)* inclemency; **~ig** unfair, unjust; *ich verlange nichts ~iges* I only ask what is fair; **~igkeit** unfairness, injustice

un|blutig bloodless; *eccl* unbloody; **~botmäßig** insubordinate; refractory, unruly; **~brauchbar** useless, of no use; unserviceable; **~brauchbarkeit** uselessness; **~bußfertig** impenitent, unrepentant; **~christlich** unchristian

und and; ~? and then?, and afterwards?; *~ wenn* even if; *~ so weiter* and so on; *~ so weiter, ~ so weiter* and so on, and so forth

Undank ingratitude; *~ ist d. Welt Lohn* the world pays with ingratitude; **~bar** ungrateful; *(Aufgabe)* thankless; **~barkeit** ingratitude

un|datiert undated; bearing no date; **~definierbar** indefinable; **~deklinierbar** indeclinable; **~denkbar** unthinkable, inconceivable; **~denklich** immemorial; *seit ~denklichen Zeiten* from time immemorial; **~deutlich** indistinct; not clear, vague; inarticulate; unintelligible; **~deutsch** un-German; not German; **~dicht** not tight, leaky; *~dicht sein* to leak; **~dienlich** useless; unfitted (for); **~dienstfertig** disobliging; **~ding** monstrosity, monster; absurdity; impossibility; **~duldsam** intolerant; **~duldsamkeit** intolerance

undurch|dringlich impenetrable; impervious, impermeable; **~führbar** impracticable, impossible; **~lässig** impermeable; waterproof; lightproof; gasproof (etc); **~sichtig** opaque, not transparent

uneben uneven; rough, rugged; *nicht ~* not bad; **~bürtig** of inferior rank, inferior; **~heit** unevenness; roughness, ruggedness

un|echt not genuine; spurious; false, sham; *(Geld)* counterfeit; *(Farbe)* not fast; *chem* adulterated; *math* improper; imitation, artificial; **~edel** base, ignoble

unehr|bar indecent, immodest; **~e** dishonour, disgrace; **~enhaft** dishonourable; **~erbietig** disrespectful; irreverent; **~lich** dishonest; infamous; insincere; underhand; **~lichkeit** dishonesty; insincerity

uneigennützig disinterested; unselfish; **~keit** disinterestedness; altruism
uneigentlich not literal, not proper; figurative
unein|begriffen not included; exclusive of; **~bringlich** irrecoverable, irretrievable; **~gedenk** unmindful; **~geschränkt** unlimited; *adv* without qualification; **~geweiht** uninitiated; **~ig** disunited; discordant; at variance (with); *~ig werden* to fall out (with s-b); **~igkeit** discord, dissension; disagreement; disunion; **~nehmbar** impregnable; **~s:** *~s sein* to disagree, to be at variance (with); **~träglich** unprofitable
unelegant inelegant
unempfänglich insusceptible, unreceptive; **~keit** insusceptibility; indifference
unempfindlich insensible; insensitive (to); indifferent (to); **~keit** insensibility; indifference
unendlich infinite; endless; vast; *e-e ~e Menge* an infinite multitude; *umg* no end of...; **~keit** infinity; endlessness; infinite space
unent|behrlich indispensable; **~geltlich** free, gratis; gratuitous; free of charge (*od* payment); **~haltsam** incontinent; intemperate; **~hüllt** unrevealed; **~schieden** undecided; ♟ drawn; *~schiedenes Spiel* a drawn game, a draw; *~schieden enden* to end in a draw (*od* in a tie); *fig* irresolute; **~schiedenheit** indecision; uncertainty; **~schlossen** undecided, irresolute; **~schlossenheit** indecision irresolution; **~schuldbar** inexcusable; **~wegt** steadfast, staunch; unflinching, unswerving; **~wickelt** undeveloped; **~wirrbar** inextricable; **~zifferbar** indecipherable
uner|bittlich inexorable, adamant; **~fahren** inexperienced; **~fahrenheit** inexperience; want of experience; **~findlich** mysterious, incomprehensible; **~forschlich** impenetrable; inscrutable; **~forscht** unexplored; occult; **~freulich** unpleasant, disagreeable; unsatisfactory; **~füllbar** unrealizable; impossible to fulfil; **~füllt** unfulfilled; **~giebig** unproductive; sterile; barren; **~gründlich** unfathomable, abysmal; bottomless; impenetrable; **~heblich** irrelevant, insignificant; inconsiderable; trifling; **~hört** unheard of; *(Bitte)* unheard; unprecedented; shocking; scandalous; exasperating; *~hört!* the limit!; exorbitant; **~kannt** unrecognized; incognito; **~kenntlich** ungrateful; **~klärbar, ~klärlich** inexplicable; unaccountable; **~läßlich** indispensable; **~laubt** not allowed; illicit; unlawful; **~ledigt** not finished, not settled; **~meßlich** immeasurable, immense; infinite; vast, huge; **~müdlich** untiring, indefatigable; unflagging; unwearied; **~örtert** not discussed; not decided, unsettled; **~quicklich** unpleasant, disagreeable; unedifying; **~reichbar** unattainable; inaccessible; out of reach; **~sättlich** insatiable; **~schlossen** not opened up; undeveloped; **~schöpflich** inexhaustible; **~schrocken** intrepid, undaunted; fearless; **~schrockenheit** intrepidity; fearlessness; **~schütterlich** unshakable; firm, resolute; **~schütterlichkeit** firmness, resolution; **~schwinglich** unattainable; exorbitant, beyond one's means; beyond price; **~setzbar, ~setzlich** irreplaceable; irreparable; irretrievable; **~sprießlich** unprofitable; unpleasant, disagreeable; **~steigbar** inaccessible; that cannot be climbed; **~träglich** unbearable, intolerable; beyond (all) bearing, beyond endurance; **~wähnt** unmentioned; *~wähnt lassen* to make no mention of; **~wartet** unexpected; abrupt; **~widert** unanswered; *(Liebe)* unrequited, unreturned; **~wiesen** unproved; **~wünscht** undesired; unwished for, unwelcome; **~zogen** uneducated; ill-bred
unfähig incapable (of); unable (to do); incompetent, unfit (for); **~keit** incapacity, inability; unfitness; inefficiency
Unfall accident; breakdown; disaster; *e-n ~ haben* to meet with an accident; **~flucht** hit-and-run offence; **~kommando** breakdown gang; accident assistance squard; **~station** first-aid station; accident ward; **~tod** accidental death; **~versicherung** accident insurance
un|faßbar, ~faßlich inconceivable, incomprehensible; **~fehlbar** infallible; *adv* certainly; **~fehlbarkeit** infallibility; **~fein** rude, coarse; impolite; ungentlemanly; **~fern** not far off, near; *prep* not far from, a little way from; **~fertig** unfinished; not ready; immature; **~flat** filth, dirt; **~flätig** filthy, dirty; obscene; **~fleiß** laziness, idleness; **~folgsam** disobedient; **~folgsamkeit** disobedience; **~förmig, ~förmlich** mis-shapen, shapeless; deformed; monstrous; **~förmigkeit** deformity; monstrosity; **~frankiert** not prepaid; unstamped; carriage forward; **~frei** not free; constrained, embarrassed; = ~frankiert; **~freiwillig** compulsory; involuntary; **~freundlich** unfriendly, unkind; harsh; *(Wetter)* inclement; **~freundlichkeit** unfriendliness; unkindness; inclemency; **~friede** discord, dissension
unfruchtbar barren, sterile; arid; unproductive; **~keit** barrenness, sterility; aridity; **~machung** sterilization
Unfug mischief; disorder; misdemeanour; *(Unsinn)* nonsense; *~ treiben* to do mischief
un|gangbar impassable; not current; unsalable; **~gastlich** inhospitable
Ungar Hungarian; **~isch** Hungarian; **~n** Hungary
unge|achtet not esteemed, not respected; *prep* regardless of, in spite of; notwithstanding; **~ahndet** unpunished; **~ahnt** unthought of, never dreamt of; unexpected, not anticipated; **~bändigt** *(Pferd)* not broken in; *fig* unrestrained; **~bärdig** unruly, wild; **~beten** uninvited; *~betener Gast (umg)* gate-crasher; **~beugt** unbent, uncurbed; **~bildet** uneducated, uncultivated; ill-bred; low-bred; **~bleicht** unbleached; unblanched; **~boren** unborn; **~bräuchlich** unusual; **~braucht** unused; **~brochen** unbroken; *(Strahl)* not refracted; **~bühr** impropriety; **~bührlich** improper, indecent, unbecoming; **~bunden** unbound; *fig* free, unrestrained; loose, dissolute; *ich bin zeitlich*

~bunden my time is my own; **~dankt** without thanks; **~deckt** uncovered, without cover; *(Scheck)* dishonoured; *(Tisch)* not yet laid; **~druckt** unprinted; unpublished; **~duld** impatience; **~duldig** impatient; **~eignet** unsuitable, unfit; inappropriate; **~fähr** *adj* approximate; vague; *adv* about, nearly; approximately; *su* chance, accident; *von ~fähr* by chance; **~fährdet** out of danger, safe; **~fährlich** not dangerous, harmless; **~fällig** disobliging, unobliging, unkind; **~fälligkeit** discourtesy; **~fälscht** unadulterated; **~fiedert** callow; **~fragt** unasked; **~füge** mis-shapen, monstrous; **~fügig** unwieldy; unmanageable; **~gerbt** untanned; **~halten** indignant, angry; **~heißen** unasked; voluntary; *adv* spontaneously; **~heizt** unheated; **~hemmt** unhampered; unchecked; on the loose; **~heuchelt** unfeigned; sincere; **~heuer** *adj* enormous, immense; huge; monstrous; *adv* exceedingly; *su* monster; **~heuerlich** monstrous; **~heuerlichkeit** monstrosity; enormity; **~hobelt** unplaned; *fig* unpolished, uncouth; **~hörig** undue; unsuitable; improper; impertinent; **~hörigkeit** impertinence; impropriety; **~horsam** *adj* disobedient; *su* disobedience; insubordination; **~kocht** unboiled; **~künstelt** unaffected; artless; natural; **~kürzt** unabridged; **~laden** uninvited; *(Gewehr)* unloaded; **~legen** inconvenient, inopportune; *~legen kommen* to arrive at an awkward time, to come amiss; **~legenheit** inconvenience; trouble; **~lehrig** not docile; unteachable; **~lenk** awkward; stiff; **~lernt** unskilled; **~logen** truthfully; **~löscht** unquenched; unextinguished; *(Kalk)* unslaked; **~mach** discomfort; trouble, hardship; **~mein** extraordinary; *adv* uncommonly; extremely; **~messen** unbounded, unlimited; **~mütlich** uncomfortable; unpleasant; *(Person)* disagreeable; **~nannt** unmentioned; nameless; anonymous; **~nau** inaccurate, inexact; loose; **~nauigkeit** inaccuracy, inexactitude; **~neigt** disinclined; indisposed; **~niert** not standing on ceremony, free and easy; making o.s. at home; **~nießbar** uneatable; unfit for human consumption; unbearable, unsociable; **~nügend** insufficient; unsatisfactory, below standard; **~nügsam** discontented; insatiable; **~nutzt** unused; unutilized; unemployed; **~ordnet** not arranged; **~pflastert** unpaved; **~pflegt** neglected; untidy, unkempt; **~pflügt** unploughed; **~prüft** unexamined; untried; **~putzt** uncleaned, unpolished; unadorned; **~rächt** unavenged; **~rade** not straight, uneven, *(Zahl)* odd; **~raten** spoiled, naughty; misshapen; **~rechnet** not counted (*od* included), not taken into account; exclusive of; **~recht** unjust; **~rechtfertigt** unjustified; **~rechtigkeit** injustice; **~regelt** irregular; not (*od* badly) arranged; **~reimt** unrhymed; absurd

ungern unwillingly; reluctantly; *ich sehe es ~* I don't like to see it

unge|rügt uncensured; **~salzen** unsalted; **~sättigt** unsatisfied; unsaturated; **~säuert** unleavened; **~säumt** *(Kleid)* seamless, unseamed; *(sofort)* prompt, immediate; *adv* immediately, without delay; **~schehen** undone; *~schehen machen* to undo; **~schick** misfortune; **~schicklichkeit** awkwardness, clumsiness; **~schickt** awkward, clumsy; stupid; **~schlacht** uncouth; clumsy; **~schliffen** uncut; unpolished; coarse; *fig* ill-bred; **~schmälert** undiminished; **~schmeidig** stiff, not pliant; intractable; **~schminkt** not made up, not rouged; *fig* unvarnished; **~schoren** unshorn; *fig* unmolested; *~schoren lassen* to leave alone (*od* in peace); **~schwächt** unweakened; unbroken; **~sellig** unsociable; **~setzlich** illegal; unlawful; **~setzlichkeit** illegality; unlawfulness; **~sittet** ill-mannered; uncivilized; **~staltet** misshapen, deformed; **~stempelt** unstamped; ✉ not postmarked; **~stillt** unquenched; unappeased; **~stört** undisturbed; uninterrupted; **~straft** unpunished; with impunity; **~stüm** impetuous; boisterous; *su* impetuosity; **~sund** unhealthy; unwholesome; **~teilt** undivided; *fig* unanimous; **~treu** faithless; **~trübt** cloudless, unclouded; clear; *fig* untroubled, pure; **~tüm** *su* monster; **~übt** untrained, unpractised; inexperienced; **~wandt** unskilful; awkward; **~waschen** unwashed; **~wiß** uncertain; **~wisse** *su* uncertainty; *e. Sprung ins ~wisse* a leap in the dark; **~wißheit** uncertainty; **~witter** (violent) storm, thunderstorm; hurricane; **~wöhnlich** unusual, uncommon; strange; abnormal; **~wohnt** unaccustomed, unfamiliar; unusual; **~würzt** unseasoned; **~zählt** uncounted; unnumbered; innumerable; **~zähmt** untamed; **~ziefer** vermin; insects, bugs; **~ziemend** unbecoming; unseemly, improper; **~zogen** naughty; rude; ill-bred; **~zogenheit** rudeness, impertinence; naughtiness; **~zügelt** unbridled, unrestrained; **~zwungen** unaffected, natural; *~zwungene Haltung* easy attitude; *~zwungene Lebensfreude* carefree and happy enjoyment of life; **~zwungenheit** unaffectedness; ease

Unglaub|e disbelief; unbelief; **⁓ig** unbelieving; incredulous; infidel; **⁓igkeit** unbelief; incredulity; **~lich** incredible; *ganz ~lich* past all belief; **~würdig** untrustworthy; unreliable

ungleich unequal; unlike; dissimilar; uneven; different, varying; *adv* incomparably; a great deal; far; **~artig** heterogeneous; dissimilar; **~artigkeit** heterogeneity; **~förmig** not uniform; unlike; irregular; **~förmigkeit** want of uniformity; **~mäßig** unsymmetrical; disproportionate; irregular; **~seitig** with unequal sides; *math* scalene

Unglimpf insult; harshness; **~lich** insulting; harsh

Unglück misfortune; calamity; disaster; bad luck; adversity; *e. ~ kommt selten allein* misfortunes never come singly; **~lich** unfortunate, unlucky; unhappy; ill-starred; *(Liebe)* unrequited; **~licherweise** unfortunately; **~selig** unfortunate; disastrous; miserable; **~sfall** accident; casualty; **~srabe** unlucky devil; **~stag**

black-letter day; **~svogel** bird of ill omen; *fig* unlucky person
Ungnad|e disgrace; disfavour; *in ~e fallen* to incur s-b's displeasure; *auf Gnade u. ~e* at discretion; **⁓̈ig** displeased; ungracious; ill-humoured
ungültig invalid; null and void; not current; not available; *~ erklären* to annul; **~keit** invalidity; nullity
Ungunst disfavour; unpropitiousness; *(Wetter)* inclemency; disadvantage; **⁓̈ig** unfavourable; adverse; disadvantageous
ungut unfriendly, unkind; not well; *nichts für ~!* no harm meant, no offence!; **⁓̈ig** unfriendly, unkind
un|haltbar not durable; *fig* untenable, not to be maintained; **~handlich** unwieldy, awkward; **~harmonisch** inharmonious; discordant
Unheil mischief, harm; disaster, calamity; *~ anrichten* to make mischief; *~ heraufbeschwören* to ask for trouble; **~bar** incurable; irreparable; **~bringend** ominous, unlucky; fatal; **~drohend** portentous; **~ig** unholy; profane; **~schwanger** fraught with disaster; **~stifter** mischief-maker; **~voll** disastrous, calamitous; baleful; pernicious
un|heimlich uncanny, eerie, weird; sinister; *adv* tremendously, awfully; **~höflich** impolite, uncivil; rude; **~höflichkeit** impoliteness; rudeness; **~hold** unkind, ungracious; *su* monster; fiend; **~hörbar** inaudible; **~hygienisch** insanitary
Uniform uniform; **~ieren** to make uniform; **~iert** uniform(ed)
Unikum unique example; original; strange fellow
universal universal; catholic; all-purpose; **~erbe** sole heir; universal legatee; **~mittel** ⚕ universal remedy, panacea; **~motor** universal motor; **~schraubenschlüssel** universal wrench (*BE* spanner)
Universität university; college; *US oft* campus; **~sklinik** university hospital, Medical School; **~sprofessor** university professor
Universum universe
Unk|e toad; **~en** to prophesy evil, *umg* to croak
unkenn|tlich unrecognizable; **~tlichkeit** unrecognizable condition; impossibility of recognition; **~tnis** ignorance
unkeusch unchaste, lewd; incontinent; **~heit** unchastity, lewdness; incontinence
unklar not clear; obscure, ambiguous; turbid, muddy; indistinct, hazy; **~heit** want of clearness; obscurity, ambiguity; indistinctness
unklug imprudent, unwise; foolish; **~heit** imprudence; foolishness
unkörperlich incorporeal; immaterial; spiritual
Unkosten expenses; costs; charges; *s. in ~ stürzen* to go to great expense; *ich kann mich hierfür nicht in große ~ stürzen* I can't waste any money on that
Unkraut weed(s); *~ verdirbt nicht* ill weeds grow apace
un|kultiviert barbaric, barbarous; **~kündbar** irredeemable; consolidated; *(Stellung)* permanent; **~kundig** ignorant of, unacquainted with; **~längst** not long ago; recently, the other day; **~lauter** unfair, mean; insincere; *~lauterer Wettbewerb* unfair competition; **~leidlich** unbearable, intolerable; **~leserlich** illegible; **~leugbar** undeniable; **~lieb** disagreeable; *gar nicht ~lieb* quite agreeable; **~liebenswürdig** unkind, unamiable; **~liebsam** disagreeable, unpleasant; **~liniert** unruled, without lines; **~logisch** illogical; **~lösbar, ~löslich** insoluble; **~lust** dislike, disinclination; aversion; dullness; **~lustig** disinclined, reluctant; listless; dull, flat; **~manierlich** unmannerly; **~männlich** unmanly; effeminate; **~maß** excessive amount, immense number; **~masse** vast quantity (*od* number); **~maßgeblich** without authority; open to correction; *nach meiner ~maßgeblichen Meinung* in my humble opinion; **~mäßig** immoderate; intemperate; excessive; **~mäßigkeit** immoderateness; *(Essen)* intemperance; excess; **~menge** vast quantity (*od* number); **~mensch** monster, fiend; **~menschlich** inhuman, barbarous; *umg* terrible; **~menschlichkeit** inhumanity; cruelty; **~merklich** imperceptible; **~meßbar** immeasurable; **~mittelbar** immediate, direct; **~möbliert** unfurnished; **~modern** old-fashioned, antiquated; **~möglich** impossible; *ich kann es ~möglich tun* I can't possibly do it; **~möglichkeit** impossibility; **~moralisch** immoral; **~motiviert** unfounded; not sufficiently motivated; without motive; **~mündig** minor, not of age; **~mündigkeit** minority; **~musikalisch** unmusical; **~mut** ill humour; displeasure; sadness, lowness of spirits; **~mutig** annoyed; displeased; ill-humoured; sad, low-spirited; **~nachahmlich** inimitable; **~nachgiebig** unyielding; uncompromising; relentless; **~nachsichtig** unrelenting; strict, severe; **~nahbar** inaccessible, unapproachable; **~natürlich** unnatural; affected; **~natürlichkeit** unnaturalness; affectation; **~nennbar** unutterable; inexpressible; ineffable; **~nötig** unnecessary, needless; **~nütz** useless; unprofitable; idle, vain; **~ordentlich** untidy, disorderly; confused; irregular; **~ordnung** disorder, untidiness; irregularity; confusion; mess; *in ~ordnung bringen* to throw into disorder (*od* confusion), to make hay of; *in ~ordnung geraten* to fall into disorder (*od* confusion); **~organisch** inorganic; **~paar** odd, not even; **~parteiisch** impartial; disinterested; **~parteiischer** umpire; **~parteilichkeit** impartiality; **~passend** improper; unbecoming; inopportune; awkward; **~passenderweise** inconveniently (enough); **~päßlich** indisposed; ailing; **~päßlichkeit** indisposition; **~patriotisch** unpatriotic; **~persönlich** impersonal; **~pfändbar** unseizable; **~poliert** unpolished; **~politisch** unpolitical; imprudent; **~praktisch** unpractical; unskilful, inexpert; **~pünktlich** unpunctual; inexact; behind time; **~qualifiziert** unqualified; **~rasiert** unshaven;

~rast restlessness; **~rat** filth; rubbish, refuse; *~rat wittern* to smell a rat; **~rationell** wasteful; **~ratsam** inadvisable; **~recht** *adj* wrong, not right; unfair, unjust; evil, bad; inopportune, unsuitable; *an d. ~rechten kommen* to knock at the wrong door, to catch a Tartar; *am ~rechten Ort sein* to be out of place; *su* wrong; injustice; *~recht haben* to be (in the) wrong, to be mistaken; *j-m ~recht tun* to wrong s-b; *zu ~recht* unlawfully, illegally; wrongly; *j-m ~recht geben* to decide against s-b; **~rechtmäßig** unlawful, illegal; **~rechtmäßigkeit** unlawfulness; illegality; **~redlich** dishonest; **~redlichkeit** dishonesty; **~reell** dishonest, unfair; unsound; **~regelmäßig** irregular; anomalous; **~regelmäßigkeit** irregularity; anomaly; **~reif** unripe; immature; **~reife** unripeness; immaturity; **~rein** unclean, impure; dirty, foul; *ins ~reine schreiben* to jot down, to make a rough copy of; **~reinlich** uncleanly, dirty; **~reinlichkeit** uncleanliness; **~rettbar** not to be saved; ⚕ beyond recovery, past saving; **~richtig** incorrect, wrong; erroneous; **~richtigkeit** incorrectness; error; **~ruh** *(Uhr)* balance wheel; **~ruhe** unrest, restlessness; disturbance; riot; alarm, uneasiness; anxiety; **~ruhig** restless; turbulent; uneasy; *(Wasser)* lumpy; noisy; *(Pferd)* restive; **~ruhestifter** troublemaker; agitator; **~rühmlich** inglorious

uns us; *refl* ourselves

un|sachgemäß careless; unskilful; **~sachlich** not objective, subjective; personal; not pertinent; **~säglich** unspeakable, unutterable; immense; **~sanft** rough; harsh; **~sauber** dirty, filthy; untidy; *fig* unfair; **~sauberkeit** uncleanliness; untidiness; dirt, filth; **~schädlich** innocuous; not injurious; harmless; *~schädlich machen* to render harmless; to neutralize; to disarm; **~schädlichkeit** harmlessness; **~schätzbar** inestimable, invaluable; **~scheinbar** inconspicuous; plain, homely; unpretending; **~schicklich** improper, indecent; **~schicklichkeit** impropriety, indecency; **~schiffbar** not navigable; **~schlitt** tallow; **~schlüssig** irresolute; *~schlüssig sein* to hesitate; **~schlüssigkeit** irresolution, indecision; **~schmackhaft** unsavoury; tasteless; **~schön** unhandsome, plain; unpleasant; unfair; **~schuld** innocence (*d. gekränkte ~schuld* injured i.) ♦ *ich wasche meine Hände in ~schuld* I am innocent of it; **~schuldig** innocent; harmless; **~schwer** not difficult; easy; **~segen** curse; adversity; **~selbständig** non-independent, dependent; helpless; without initiative; **~selbständigkeit** dependence; helplessness; **~selig** unfortunate; accursed; fatal

unser our; ours; **~eins** people like us, such as we; **~erseits** as for us; **~esgleichen** people like us; **~etwegen, ~etwillen** for our sake; on our behalf; because of us

un|sicher unsafe, insecure; *(Wetter)* unsettled; unsteady; uncertain, dubious; **~sicherheit** insecurity; uncertainty; **~sichtbar** invisible; **~sichtbarkeit** invisibility; **~sinn** nonsense; balderdash, humbug; folly; *~sinn!* rubbish!; **~sinnig** nonsensical, absurd; mad; **~sinnigkeit** absurdity; madness; **~sitte** bad habit; abuse; **~sittlich** immoral; **~sittlichkeit** immorality; indecency; **~solide** dissipated; unreliable; **~sozial** antisocial; **~statthaft** inadmissible; not permissible; illicit; **~sterblich** immortal; *~sterblicher Ruhm* immortal fame, immortality; **~sterblichkeit** immortality; **~stern** unlucky star; bad luck, misfortune; **~stet** changeable; unsteady; fitful; restless; **~stetigkeit** changeableness; unsteadiness; inconstancy; restlessness; **~stillbar** insatiable; unquenchable; **~stimmig** inconsistent; discrepant; **~stimmigkeit** inconsistency; discrepancy; **~streitig** incontestable; unquestionable; indisputable; **~sühnbar** inexpiable; **~summe** enormous sum; **~symmetrisch** asymmetrical; **~sympathisch** disagreeable, unpleasant; distasteful; **~tadelhaft, ~tadelig** blameless; irreproachable; **~tat** misdeed; outrage; crime; **~tätig** inactive; idle; **~tätigkeit** inactivity; **~tauglich** useless; unsuitable; unfit; good-for-nothing; **~tauglichkeit** uselessness; unfitness; **~teilbar** indivisible

unten below; beneath, underneath; *(im Haus)* downstairs; at the foot, at the bottom; *von oben bis ~* from top to bottom; *von ~ her* from underneath; *er ist bei mir ~ durch* I'm through with him; **~stehend** as below

unter *prep* under; below; beneath, underneath; *(zwischen)* among, amongst; between; *(während)* during; *~ uns* among (*od* between) ourselves; *adj* lower, inferior

Unter|abteilung subdivision; sub-unit; **~ausschuß** sub-committee

Unterbau foundation; *(Straße)* roadbed; substructure; **~en** to lay a foundation for; to found; to underpin *(a. fig)*

Unter|beamter subordinate official; **~belichten** to underexpose; **~bewußtsein** subconscious; *im ~bewußtsein* subconsciously; **~bieten** to undercut, to undersell; ⛹ *(Rekord)* to lower, to beat; **~bilanz** deficit; **~binden** to neutralize; to cut off, to paralyse; to stop; *(vorbeugen)* to forestall; **~bindung** paralysis; preventing; forestalling; disruption; **~bleiben** to remain undone; not to take place; to cease, to be discontinued; **~brechen** to interrupt; to cut short; to break off; *(Reise)* to break; to discontinue; **~brecher** ⚡ circuit breaker, cut-out; **~brechung** interruption, break; stop; *(Reise)* stop-over; **~brechungsbad** 📷 (short-)stop bath; **~breiten** to lay before; to submit to; **~bringen** to shelter, to lodge, to accommodate; *mil* to billet; to provide a place for; *(verkaufen)* to dispose of; *(stapeln)* to store; *(Geld)* to invest; **~bringung** lodging, accommodation; billeting; placing; storage; investment; **~bringungsmöglichkeiten** accommodation; **~deck** ⚓ lower deck; **~derhand** secretly, in secret; underhand; **~des(sen)** meanwhile, in the meantime

unterdrück|en to oppress; to suppress, to

crush; to blanket; *(Ärger)* to bottle up; **~er** oppressor; **~ung** oppression; suppression

untereinander among one another, among themselves; mutually, reciprocally; together

unter|ernährt undernourished, underfed; **~ernährung** malnutrition, underfeeding; below-minimum diet; **~fangen** *refl* to dare, to venture; to undertake; *su* venture; undertaking, enterprise; **~fertigen** to sign; **~fertigter** the undersigned; **~führung** subway, underpass; **~futter** lining; **~gang** setting, sinking; decline; destruction, fall, ruin; **~geben** subject; inferior; **~gebener** subordinate; subaltern; **~gehen** *astr* to set; to sink, to perish; **~geordnet** subordinate; ancillary (to); **~geschoben** substituted; forged; *~geschobenes Kind* changeling; **~gestell** underpart; chassis; ✈ undercarriage; **~gliedern** to subdivide; **~graben** to sap, to undermine *(a. fig)*; **~grund** subsoil, foundation soil; *fig* background; *pol* underground; **~grundbahn** underground (railway), *US* subway; **~grundbahnstation** underground station, *US* subway station; **~haken** *umg* to take s-b's arm; **~halb** below, beneath

Unterhalt support, sustenance; maintenance; upkeep; livelihood; **~en** to support, to sustain; to maintain, to keep up; to entertain, to amuse; *refl* to converse with, to talk s-th over with; to enjoy o.s.; **~end, ~sam** entertaining, amusing; **~skosten** maintenance cost; living expenses; **~spflicht** liability to provide maintenance; **~spflichtig** liable to provide maintenance; **~szuschuß** maintenance allowance; **~ung** keeping up; maintenance, upkeep; support; talk, conversation; entertainment, amusement; **~ungskosten** = ~skosten; **~ungsliteratur** light reading, light literature; **~ungsprogramm** 📻 light program(me)

unterhand|eln to negotiate; to treat (with); **ᐧᐧler** negotiator; mediator, go-between; agent; **~lung** negotiation

Unter|haus *pol* lower house; *(England)* House of Commons; **~hemd** *(Herren-) BE* singlet; *BE* vest, *US* undershirt; **~höhlen** to undermine *(a. fig)*; **~holz** brushwood, undergrowth; **~hose** (a pair of) drawers, trunks, *BE a.* pants; *(kurze)* briefs; *(lange) umg* longies; *siehe* Schlüpfer; **~irdisch** underground; subterranean; **~jochen** to subjugate, to subdue; **~jochung** subjugation; **~kellern** to provide with a cellar; **~kiefer** lower jaw; **~kleid** (under)slip; **~kleidung** underwear; undergarment; **~kommen** to find accommodation (*od* lodging); to find employment (*od* situation); to get under shelter; *su* accommodation, lodging; employment; **~körper** lower part of the body; abdomen; **~kriegen** to get the better of; *s. nicht ~kriegen lassen* to hold one's ground; **~kunft** accommodation, lodging; shelter; billet; **~lage** foundation, basis, support; evidence; record, document; *pl* data; *(Schreib-)* blotting-pad; **~land** lowland; **~laß** intermission; *ohne ~laß* without intermission, incessantly; **~lassen** to omit, to neglect; to fail (to do); to stop; **~lassung** omission, neglect; default; **~lauf** lower course (of a river); **~laufen** to occur, to creep in; *ein Irrtum ist ~laufen* an error was made (*od* crept in); *mit Blut ~laufen* bloodshot; **~legen** to lay (*od* put) under; to underlay; *(Bedeutung)* to attach to; ♪ to set (words to music); *adj* vanquished; **~leib** abdomen; **~leibskrankheit** abdominal disease; **~liegen** to succumb, to be subdued (*od* defated); *fig* to go the wall; ⚔ to come off second best; *es ~liegt keinem Zweifel* there is no doubt about, it admits of no doubt; **~lippe** lower lip; **~mauern** to build a foundation to, to underpin *(a. fig)*; *fig* to buttress; **~mengen** to mix with, to (inter)mingle; **~mensch** gangster, goon; **~menschlich** subhuman; **~mieter** subtenant; lodger, *US* roomer; **~minieren** to undermine *(a. fig)*

unternehm|en to undertake; to attempt; *su* undertaking; enterprise; proposition; **~er** entrepreneur; businessman; manufacturer, industrialist; contractor; **~erisch** entrepreneurial; enterprising; daring; **~ertum** free enterprise; **~ung** undertaking; enterprise; **~ungsgeist** enterprising spirit, spirit of enterprise; **~ungslustig** enterprising; adventurous

Unter|offizier non-commissioned officer, NCO; *(Rang) BE* corporal, *(Marine)* leading rating, *US* corporal, *(Luftwaffe)* airman 1st cl., *(Marine)* petty officer 3rd cl.; **~ordnen** to subordinate; *refl* to submit to; **~ordnung** subordination; **~pfand** pledge; security; **~reden** *refl* to confer (with); **~redung** conference; interview; conversation

Unterricht teaching, tuition; instruction; education; lessons, period; ~ *im Freien* outdoor classes; **~en** to teach, to instruct; to educate; to train; to give a lesson; to inform (about), to apprise (of); to acquaint with; **~sbriefe** lessons by correspondence; **~serfahrung** teaching experience; **~serfolg** teaching result(s); **~sfach** subject; **~smethode** method of teaching; **~splan** syllabus; **~sstoff** subject matter; **~sstunde** lesson; *(bes zeitl.)* period; **~swesen** education(al matters); public instruction; **~ung** information; instruction, training

Unter|rock slip; petticoat; **~sagen** to forbid, to prohibit; **~sagung** prohibition; **~satz** saucer; base; support; **~schätzen** to underestimate, to underrate; to undervalue; **~schätzung** underestimation; undervaluation

unterscheid|en to distinguish (between); to distinguish (one thing from another); *(erkennen)* to make out; to discriminate, to differentiate; *refl* to differ (from); **~ung** distinction; discrimination, differentiation; **~ungsmerkmal** distinctive mark; characteristic; **~ungsvermögen** power of discernment

Unter|schenkel shank; **~schieben** to push under; to substitute; to father upon, to foist on; *fig* to impute to, to insinuate

Unterschied distinction; difference; disparity; discrepancy; divergence; *zum ~ von* in distinction from; **~en** different, distinct; **~lich** different(iated); differential; varying; *(be-*

nachteiligend) discriminatory; *~liche Behandlung* discrimination (against)
unterschlag|en *(Geld)* to embezzle; *(abfangen)* to intercept; to suppress; **~ung** embezzlement; interception; suppression
Unter|schleif embezzlement; fraud; **~schlupf** shelter, refuge; **~schreiben** to sign; to subscribe to; **~schrift** signature; ▣ caption
Untersee|boot submarine; *(deutsches)* U-Boat; **~bootkrieg** submarine warfare; **~isch** submarine
untersetz|en to set under, to put under; **~t** thickset, lumpish; intermixed (with)
unter|sinken to sink, to go down; **~staatssekretär** Under-Secretary of State; **~stand** dug-out; **~ste** lowest; undermost; bottom ♦ *d. ~ste zu oberst kehren* to turn everything upside down
untersteh|en to stand under; to shelter under; to be under s-b, to be subordinate to s-b; *refl* to dare; *~ dich!* don't dare!
unterstell|en to put under; to put s-th under cover; to place under s-b's command; *fig* to impute to; **~ung** subordination; *fig* imputation, insinuation
unter|streichen to underline *(a. fig)*; **~stufe** lower grade
unterstütz|en to back, to support; to aid, to assist; **~ung** support; aid, assistance; relief; benefit; maintenance; **~ungsbedürftig** in need of public relief, indigent; **~ungsbetrag** relief payment; **~ungsgesuch** application for relief; **~ungsleistung** (public) assistance payment; **~ungszahlung** benefit payment
untersuch|en to look into, to inquire into; to examine, to investigate; to explore; *(genau)* to analyse; **~ung** inquiry; examination, investigation; analysis; **~ungsgefangener** prisoner awaiting trial; prisoner on remand; **~ungshaft** imprisonment on remand; pre-trial confinement; **~ungsrichter** examining magistrate
Untertage|bau underground mining; **~arbeiter** underground worker
Untertan subject; **~ig** subject; submissive, humble; **~igkeit** submission, humility; **~igst** most respectfully
Untertasse saucer; *fliegende ~* flying saucer
untertauchen to dip, to immerse; *vi* to dive, to plunge; *fig* to disappear, to be lost
Unter|teil lower part; base, bottom; **~titel** subheading, subtitle; ▣ title, caption; **~ton** undertone; *mit pessimistischem ~ton* in a pessimistic vein; **~vermieten** to sub-let; **~wärts** downwards; underneath; **~wäsche** underwear, underclothing; **~wasserbombe** depth charge; **~wasserkamera** underwater camera; **~wegs** on the way, en route; *adj* bound (*nach* for); **~weisen** to instruct; **~weisung** instruction; **~welt** underworld; Hades; lower regions; **~werfen** to subject, to subdue; to subjugate; *refl* to submit, to become subject; to yield; to resign o.s. (to); **~werfung** subjection, subjugation; submission, surrender; resignation (to); **~worfen** amenable (to law); subject (to);
~wuchs undergrowth; **~wühlen** to undermine *(a. fig)*; to root up; **~würfig** submissive; obsequious; **~würfigkeit** submissiveness
unterzeichn|en to sign; to initial; **~er** signatory; **~eter** undersigned; **~ung** signing; signature; *pol* ratification
Unter|zeug underwear, underclothes; **~ziehen** *vt* to subject to; *refl* to undergo; *(Prüfung)* to go in for; to undertake; to put s-th on underneath
un|tief shallow, not deep; **~tiefe** shallow; shoal; *(große Tiefe)* bottomless depth; **~tier** monster; fiend; **~tilgbar** inextinguishable, indelible; irredeemable; **~trennbar** inseparable; **~treu** unfaithful; faithless; **~treue** unfaithfulness; faithlessness; infidelity; **~tröstlich** disconsolate, inconsolable; **~trüglich** infallible, unerring; **~tüchtig** incapable; unfit, incompetent; **~tüchtigkeit** incapacity; unfitness; incompetence; **~tugend** bad habit; vice; *(Gewohnheit)* besetting sin; **~tunlich** impracticable, not feasible
unüber|legt inconsiderate, thoughtless; ill-advised; rash; **~legtheit** inconsiderateness, thoughtlessness; rashness; **~sehbar** immense, vast; immeasurable; incalculable; **~setzbar** untranslatable; **~sichtlich** *(Kurve)* blind; *(Gelände)* not open; **~steigbar** insurmountable; **~tragbar** not transferable; **~trefflich** unequalled, unrivalled; unsurpassable, incomparable; **~troffen** unsurpassed, unexcelled, unequalled; **~windlich** invincible, unconquerable; *(Schwierigkeiten)* insurmountable; *(Abneigung)* utter, extreme
unum|gänglich indispensable; *~gänglich notwendig* absolutely necessary; **~schränkt** unlimited; absolute; *~schränkte Vollmachten* discretionary powers; **~stößlich** irrefutable; irrevocable; **~wunden** artless; candid, frank; *~wundene Antwort* plain answer
ununter|brochen uninterrupted; continuous; **~scheidbar** indistinguishable
unver|änderlich unchangeable, unalterable; invariable; **~änderlichkeit** unchangeableness; **~ändert** unchanged; unvaried; **~antwortlich** irresponsible; inexcusable, unjustifiable; **~antwortlichkeit** irresponsibility; inexcusable (*od* unjustifiable) action; **~arbeitet** unfinished, raw; **~ausgabt** unexpended, unspent; unused; **~äußerlich** inalienable; **~besserlich** incorrigible; **~bindlich** unkind, disobliging; not binding upon s-b; not obligatory, without obligation; unofficial; **~blümt** straightforward; plain, blunt; **~brennbar** incombustible; **~brüchlich** inviolable; absolute; **~bürgt** unwarranted, unauthentic; unconfirmed; **~dächtig** unsuspected; **~daulich** indigestible; **~daulichkeit** indigestibleness; indigestion; **~daut** undigested; **~dient** undeserved, unmerited; **~dienterweise** undeservedly; **~dorben** uncorrupted; unspoiled; pure; **~drossen** indefatigable, unwearied; assiduous; **~ehelicht** unmarried, single; **~einbar** incompatible, incongruous; inconsistent with; irreconcilable; **~einbarkeit** incompatibility; incongruity; in-

consistency; **~fälscht** unadulterated; genuine, real; **~fänglich** innocent, harmless; **~froren** impudent, unabashed; **~frorenheit** impudence, *umg* brass; **~gänglich** imperishable; immortal; **~gessen** unforgotten; **~geßlich** unforgettable; never-to-be-forgotten; immemorial; **~gleichlich** incomparable, matchless; beyond compare; **~golten** unrewarded; **~halten** unreserved; **~hältnismäßig** disproportionate; *e. ~hältnismäßiger Preis* too high a price; **~heiratet** unmarried, single; maiden *(aunt),* bachelor *(uncle)*; **~hofft** unexpected; unforeseen; *adv* unawares; **~hohlen** unconcealed, open; **~käuflich** unsalable; not for sale; **~kennbar** unmistakable; **~kürzt** unabridged; not curtailed; *adv* in full; **~letzbar, ~letzlich** invulnerable; *fig* inviolable; **~letzbarkeit** invulnerability; inviolability; **~letzt** unhurt, uninjured; inviolate; **~lierbar** that cannot be lost; unforgettable; immortal; **~mählt** unmarried; **~meidlich** inevitable, unavoidable; **~meidlichkeit** inevitability; **~mindert** undiminished, unabated; **~mischt** unmixed; *(Metall)* unalloyed; pure; **~mittelt** abrupt; sudden; **~mögen** inability; incapacity; § impotence; **~mögend** unable, powerless; § impotent; *(arm)* poor, penniless; **~mutet** unexpected; **~nehmlich** inaudible, indistinct; **~nunft** want of sense; folly; unreasonableness; **~nünftig** unreasonable, unwise; foolish; beyond reason; **~öffentlicht** unpublished; **~packt** unpacked; loose; **~richtet** undone, unachieved; **~richteterdinge, ~richtetersache** without having attained one's object, without having achieved one's purpose; unsuccessfully; **~rückbar** immutable; **~rückt** fixed; unmoved; *adv* immovably; **~schämt** impudent; shameless; brazen; *(Preis)* exorbitant; **~schämtheit** impudence; shamelessness; **~schuldet** undeserved, unmerited; not in debt, unencumbered; **~sehens** unexpectedly, unawares; **~sehrt** uninjured, unhurt; safe, intact; **~siegbar, ~sieglich** inexhaustible; **~söhnlich** irreconcilable, implacable; **~sorgt** unprovided for, destitute; **~stand** want of sense (*od* judg(e)ment); folly; **~standen** misunderstood; **~ständig** unwise, injudicious; foolish; **~ständlich** unintelligible; incomprehensible; **~stellt** undissembled, unfeigned; undisguised; **~sucht** untried; *nichts ~sucht lassen* to leave no stone unturned; **~teidigt** undefended; **~träglich** unsociable; incompatible; quarrelsome; **~träglichkeit** unsociableness; incompatibility; quarrelsome disposition; **~wandt** fixed, unmoved; steadfast; *~wandt ansehen* to look hard (*od* steadily) at; **~wehrt** unprohibited; *es ist Ihnen ~wehrt* you are free (to do); **~weilt** without delay; **~welklich** imperishable; never-fading; immortal; **~welkt** unfaded; **~weslich** incorruptible; **~wundbar** invulnerable; **~wundbarkeit** invulnerability; **~wüstlich** indestructible; *(Humor)* imperturbable; indefatigable, inexhaustible; **~zagt** undaunted, intrepid; **~zeihlich** unpardonable; **~zeihlichkeit** unpardonableness; **~zinslich** non-interest-bearing; paying no interest; **~zollt** duty unpaid; **~züglich** immediate; *adv* without delay

unvoll|endet unfinished, incomplete; *d. ~endete* the Unfinished Symphony; **~kommen** imperfect; **~kommenheit** imperfection; **~ständig** incomplete, defective; **~ständigkeit** incompleteness, defectiveness; **~zählig** incomplete

unvor|bereitet unprepared; extempore; **~denklich** immemorial; **~hergesehen** unforeseen, unexpected; **~sätzlich** unintentional, undesigned; **~sichtig** incautious; imprudent; careless; **~sichtigkeit** imprudence; carelessness; **~teilhaft** unprofitable; disadvantageous; *(Kleid)* unbecoming; *~teilhaft aussehen* not to look one's best

unwägbar imponderable

unwahr untrue, false; **~haftigkeit** untruthful, insincere; **~haftigkeit** untruthfulness, insincerity; **~heit** untruth, falsehood; *d. ~heit sagen* to tell an untruth; **~scheinlich** improbable, unlikely; **~scheinlichkeit** improbability

un|wandelbar immutable; **~wegsam** impassable, pathless; **~weib** virago; **~weiblich** unwomanly; **~weigerlich** unhesitating; obligatory; absolutely certain; *adv* without fail; **~weise** unwise; **~weit** not far off, near; *prep* not far from, near; **~wert** *adj* unworthy; *su* unworthiness; **~wesen** mischief; nuisance; disorder, abuse; *sein ~wesen treiben* to be up to one's tricks, to haunt *(a house)*; **~wesentlich** immaterial, unessential; insignificant; of no account; **~wetter** bad weather; (thunder)storm; **~wichtig** unimportant, insignificant; **~wichtigkeit** insignificance

unwider|legbar, ~leglich irrefutable; **~ruflich** irrevocable; **~setzlich** irresistible; **~widersprechen** uncontradicted; unchallenged, undisputed; **~stehlich** irresistible

un|wiederbringlich irretrievable, irrecoverable; **~wille** indignation, displeasure; reluctance; **~willig** indignant; reluctant; **~willkommen** unwelcome; **~willkürlich** involuntary; instinctive, automatic

unwirk|lich unreal; **~sam** ineffective, ineffectual; *bes* § inefficacious; null, void; invalid; *~sam werden* to become ineffective, to expire, to cease to be operative; **~samkeit** inefficacy; inefficiency

un|wirsch surly, morose, cross; **~wirtlich** inhospitable; dreary, bleak; **~wirtschaftlich** uneconomic; not economical

unwissen|d ignorant; **~heit** ignorance; **~schaftlich** unscientific; **~tlich** unknowingly; unconsciously

unwohl unwell, indisposed; *ich fühle mich ~* I don't feel well, I feel out of sorts; **~sein** indisposition

unwohnlich uninhabitable; uncomfortable

unwürdig unworthy; *es war seiner ~* it was beneath him (*od* below him); **~keit** unworthiness

Unzahl innumerable quantity, endless number; **¨bar** innumerable; **¨ig** innumerable, countless

un|zähmbar untamable, indomitable; **~zart** indelicate; rude, rough
Unze ounce
Unzeit wrong time; awkward time; *zur ~* at the wrong (*od* an awkward) time, out of season, inopportunely; **~gemäß** out of season; behind the times; **~ig** untimely; unseasonable, unripe; premature
unzer|brechlich unbreakable; **~legbar** indivisible; elementary; **~reißbar** untearable; **~störbar** indestructible; **~teilbar** indivisible; **~trennbar, ~trennlich** inseparable; indissoluble; **~trennliche** *su zool* love-birds; **~trennlichkeit** inseparability; indissolubility
un|ziemlich unseemly, improper; indecent; **~ziemlichkeit** unseemliness; indecency; **~zivilisiert** uncivilized; barbarous; **~zucht** unchastity; lewdness; prostitution; **~züchtig** unchaste; lewd; immoral
unzu|frieden discontented, dissatisfied; **~friedenheit** discontent(edness), dissatisfaction; **~gänglich** inaccessible; *fig* reserved; **~länglich** insufficient, inadequate; **~länglichkeit** insufficiency, inadequacy; **~lässig** inadmissible; forbidden; **~lässigkeit** inadmissibility; **~mutbar** unimputable; unreasonable; too much for s-b to be expected to accept; *diese Regelung ist ~mutbar* (he) cannot reasonably be expected to accept this settlement; **~rechnungsfähig** irresponsible; not criminally responsible; imbecile; **~rechnungsfähigkeit** irresponsibility; imbecility; **~reichend** insufficient, inadequate; **~sammenhängend** disconnected, unconnected; incoherent, abrupt; **~träglich** unwholesome, not good (for); disadvantageous; **~träglichkeit** unwholesomeness; dissension, discord; **~treffend** incorrect; **~verlässig** unreliable, untrustworthy; unsafe; treacherous; **~verlässigkeit** unreliability, untrustworthiness
unzweckmäßig unsuitable, inexpedient; **~keit** unsuitability; inexpediency
unzweideutig unequivocal, unambigous; **~keit** unequivocalness; unambiguity
unzweifelhaft undoubted, indubitable; certain
üppig luxuriant, luxurious; lush; *(Stil)* luscious; voluptuous, sumptuous; *(Figur)* well-developed; **~keit** luxuriance, luxury; plenty
Ur *zool* aurochs
Ur|ahn ancestor; **~ahne** ancestress; **~alt** extremely (*od* very) old; ancient, primeval
Uran uranium; **~erz** uranium ore; **~haltig** uraniferous
ur|anfänglich original, primeval; **~ansässig** aboriginal; **~aufführung** world première
urbar arable; *~ machen* to bring into cultivation, to cultivate; **~machung** cultivation
Ur|begriff primitive notion; original idea; **~bewohner** aborigine; primitive inhabitant; **~bild** prototype; original; **~christentum** primitive Christianity; the early Church; **~eigen** original; innate; **~einwohner** = ~bewohner; **~eltern** first parents, ancestors; **~enkel** great-grandson, great-grandchild; **~enkelin** great-granddaughter; **~fehde** oath to refrain from vengeance; **~form** original form, prototype; **~gemütlich** exceedingly comfortable; very pleasant (*od* cosy); **~geschichte** earliest history, prehistory; **~geschichtlich** prehistoric; **~gestein** primitive rock; **~großeltern** great-grandparents; **~großmutter** great-grandmother; **~großvater** great-grandfather; **~grund** original cause
Urheber author, originator; creator; **~recht** copyright; **~schaft** authorship
Urin urine; **~ieren** to urinate; to make water
Ur|kirche primitive (*od* early) church; **~komisch** screamingly funny, highly amusing; **~kraft** original force; moving principle; elementary power; **~kräftig** extremely powerful (*od* strong)
Urkund|e document; title; record; charter; *(Zeugnis)* diploma; *zu ~ dessen* in faith whereof, in witness thereof; **~enfälscher** forger of a document; **~enfälschung** forgery of documents; **~enlehre** diplomatics; **~lich** documentary; authentic; *adv* in witness thereof; **~sbeamter** clerk of the court
Urlaub leave (of absence); holidays, *US* vacation; *bes mil* furlough; **~ machen** to take a (*od* be on) holiday, *BE* to holiday, *US* to vacation; **~er** holiday-maker, *US* vacationist; soldier on leave
Urmensch primitive man
Urne (funeral) urn, *BE a.* casket; *(Wahl-)* ballot-box
ur|plötzlich very sudden; **~quell** fountainhead; primary source, origin
Ursach|e cause; ground, reason; motive; *keine ~e!* don't mention it!; *er hatte alle ~e* he had plenty of reason (to do); **⁓lich** causal; causative; in *⁓lichem Zusammenhang mit* having a causal connection with
Urschrift original; **~lich** (in the) original
Ursprache original language
Ursprung origin, source; beginning; cause; **⁓lich** original; primitive; first, primary; aboriginal; **~sstoff** primary matter; element; **~szeugnis** certificate of origin
Urteil judg(e)ment, decision; ⚖ verdict, *(Strafmaß)* sentence; *(schiedsgerichtlich)* award; *(Schuldfrage)* finding; *(Scheidungs-)* decree; *(Gottes-)* ordeal; *(Ansicht)* opinion, view; appraisal; *s. e. ~ bilden* to form an opinion (*über* on, about); *e. salomonisches ~* a veritable judgment of Solomon; **~en** to judge; to give one's opinion; to pass a sentence; to sentence; **~seröffnung** pronouncement of a decree, publication of a judgment; **~sfähig** competent to judge, judicious; **~sfällung** passing of a sentence; **~skraft** power of judgment, discernment; **~slos** without judgment; **~sspruch** judgment; verdict, sentence; **~svermögen** = ~skraft; **~svollstreckung** execution (of a sentence)
Ur|text original (text); **~tier** primitive animal, protozoon; **~tümlich** original; native; **~ureltern** forefathers; early ancestors; **~väterzeit**

olden times; **~volk** primitive people; aborigines; **~wald** primeval forest; **~welt** primitive world, primeval world; **~weltlich** primeval; **~wüchsig** original, native; rough, blunt; **~zeit** primitive state, original state (*od* condition)

Utensil utensil

Utop|ie Utopia; utopian idea; **~isch** utopian

uzen *umg* to tease, to chaff; to fool

V

V (the letter) V

Vademecum guide-book

Vagabund vagabond, tramp; **~enleben** vagrant life; *~enleben führen* = ~ieren; **~entum** vagabondism; vagrancy; **~ieren** to lead a vagabond life; to live in vagabond idleness; to tramp

vage vague; uncertain

vakan|t vacant; **~z** vacancy; *(Ferien)* holidays

Valut|a value; currency; *(Devisen)* foreign exchange; **~engeschäft** dealing in foreign notes and coin

Vampir vampire

Vanille vanilla; **~soße** vanilla sauce, custard

Vari|ante variant; **~ation** variation; change; **~etät** variety; **~eté** *BE* music-hall, *US* vaudeville, variety (theatre); **~ieren** to vary

Vasall vassal; **~enstaat** tributary (state)

Vase vase; **~lin** vaseline

Vater father; *umg* dad(dy); *zool* parent, sire; **~haus** parental house (*od* home); **~land** native land (*od* country), fatherland; **~ländisch** national; patriotic; **~landsliebe** patriotism; **~landsliebend** patriotic; **~̈lich** paternal; fatherly; **~̈licherseits** on the father's side; **~los** fatherless; **~mord** parricide; **~schaft** paternity; fatherhood; **~stadt** native town; **~stelle** place of a father; *~stelle vertreten bei* to be a father to, to adopt; **~unser** the Lord's Prayer

Vatikan Vatican; **~isch** Vatican

Veget|abilien vegetables; **~abilisch** vegetable; **~arier, ~arisch** vegetarian; **~ation** vegetation; **~ieren** to vegetate; to lead a useless life; to scrape a living

Vehemenz vehemence

Vehikel (old-fashioned) vehicle

Veilchen violet; **~farbig** violet; **~strauß** bunch of violets

Veitstanz St Vitus's dance, chorea

Vene vein; **~nentzündung** phlebitis; **~risch** venereal

Ventil valve; **~ation** ventilation; **~ator** ventilator, fan; **~ieren** to ventilate *(a. fig)*

verab|folgen to pass s-b, to deliver, to hand over, to let s-b have; **~reden** to agree upon; *refl* to make an appointment, to fix a date; **~redetermaßen** as agreed upon; **~redung** agreement; appointment; *e-e ~redung haben (halten)* to have (keep) an appointment; **~reichen** to give; to administer, to dispense; **~säumen** to neglect, to omit; to fail (to do); **~scheuen** to detest, to abhor; to abominate; **~scheuungswürdig** detestable, abominable; **~schieden** to dismiss, to discharge; *(Truppen)* to disband; *(Gesetz)* to pass; *refl* to say good-bye (to); to take leave (*von* of); **~schiedung** dismissal, discharge; *(Gesetz)* passing

veracht|en to despise, to condemn, to scorn; **~̈er** despiser; **~̈lich** contemptible, despicable; contemptuous, disdainful; **~ung** contempt, scorn, disdain; **~ungswürdig** contemptible

verallgemeiner|n to generalize; **~ung** generalization

veralt|en to become obsolete; **~et** obsolete; out of date; antiquated; archaic

Veranda veranda(h)

veränder|lich changeable, variable; unstable, unsettled; fickle, vacillating; **~lichkeit** changeableness, variability; instability; fickleness; **~n** to change, to alter; to vary; *refl* to change, to alter; to take another job (*od* situation); **~ung** change, alteration; variation

verängstigt intimidated, cowed

verankern to anchor, to moor; *fig* to establish (firmly); to root (in)

veranlag|en *vt* to assess s-b (for taxes); **~t** talented; *er ist so ~t, daß* his character is such that; *gut ~t* highly gifted, cut out (for); **~ung** assessment; *fig* talent, turn (of mind); **~ungszeitraum** tax assessment period

veranlassen to occasion, to cause; to give rise to; to have s-b (do s-th), to induce s-b (to do); *(zwingen)* to make s-b (do s-th)

veranlaßt: *s. ~ sehen* to feel compelled

Veranlassung occasion, cause; motive; inducement; *(Ersuchen)* request; order

veran|schaulichen to illustrate, to demonstrate; **~schlagen** to estimate (*auf* at), to cost; *(Etat)* to make provision for; *zu hoch ~schlagen* to overrate; **~schlagung** estimate; **~stalten** to arrange, to organize; *(Ball etc)* to get up; **~stalter** organizer; entertainer; sponsor; **~staltung** arrangement, organization, preparation; event, meeting; show, entertainment; performance; *pl* activities

verantwort|en *vt* to take upon o.s. the responsibility for; *refl* to answer for, to account for; to justify o.s., to defend o.s.; **~lich** responsible; accountable (to s-b for s-th); *j-n ~lich machen für* to hold s-b responsible for; *j-m ~lich sein für* to be answerable to s-b for s-th; **~ung** responsibility; justification, defence; *auf eigene ~ung* at one's own risk; *j-n zur ~ung ziehen* to call s-b to account (*wegen* for); *d. ~ung abwälzen (bes US umg)* to pass the buck (*auf* to); **~ungsfreude** readiness (*od* willingness) to take responsibility; **~ungslos** irresponsible; **~ungsvoll** responsible; involving great responsibility

veräppeln *umg* to tease, to make fun of

verarbeit|en to work up; to use; to process; to make (up) (*zu* into); to finish; to manufacture; *fig* to digest, to assimilate; *~ende Industrie* manufacturing industry; **~er** manufacturer; processor; **~ung** working up; processing; finishing; manufacturing; *fig* digestion, assimila-

tion; **~ungsbetrieb** processing plant, processing enterprise
ver|argen to blame s-b (for s-th), to reproach s-b (with s-th); *ich kann es ihm nicht ~argen* I can fully understand; **~ärgert** annoyed, angry; **~armen** to grow poor, to become impoverished; **~armung** impoverishment, pauperization; **~arzten** *umg* to doctor, to physic; *fig* to deal with, to talk to; **~ästeln** to branch out, to ramify; **~auktionieren** to sell by auction; **~ausgaben** to spend; *refl* to run short of money; to exhaust o.s.; *s. zu sehr ~ausgaben* to burn the candle at both ends; **~äußerlich** alienable, salable; **~äußern** to alienate; to sell; **~äußerung** alienation; sale
Verb verb; **~al** verbal; **~alnote** verbal note
verballhornen to bowdlerize; to distort
Verband ⚕ bandage, surgical dressing; *mil* unit, *bes* ✈, ⚓ formation; union, association; confederation; **~kasten** first-aid box; **~mittel** dressing equipment; **~päckchen** first-aid packet; **~platz** aid station, first-aid post; **~smitglied** member of a society (*od* union); **~stoff, ~zeug** dressing material, dressings and bandages
verbann|en to banish, to exile; to expel; **~ter** exile; **~ung** banishment, exile
ver|barrikadieren to barricade, to block; **~bauen** to build up; to block up, to obstruct; to spend (money) in building; to build badly, to misconstruct; **~beißen** *vt* to suppress, to stifle; *s. d. Lachen ~beißen* to suppress one's laughter; *s. ~beißen in* to stick obstinately to; **~bergen** to hide, to conceal; *(Gefühl)* to disguise; *refl* to hide (*vor* from)
verbesser|n to improve; to correct, to amend; **~ung** improvement; correction; betterment
verbeug|en *refl* to bow; **~ung** bow; *~ung machen* = ~en
verbeul|en to crush, to bump; **~t** battered
ver|biegen to bend, to twist; *refl* to buckle; **~bieten** to forbid, to ban, to prohibit; **~bilden** to spoil; to educate badly; **~billigen** to reduce in price; **~billigung** price reduction
verbind|en to tie, to bind up; ⚕ to bandage, to dress; to join, to unite; to connect; to associate, to affiliate; to bind (*miteinander* together); *chem* to combine; ☎ to put s-b through; *d. Augen ~en* to blindfold s-b; *s. ehelich ~en* to marry; *ich bin Ihnen sehr verbunden* I am greatly indebted to you; **~lich** binding (upon s-b), obligatory; mandatory; *(höflich)* courteous, obliging; **~lichkeit** liability; obligation; commitment; *pl* accounts payable, current liabilities; **~ung** connection; union, combination; alliance; association, club; *siehe* Studentenverbindung; communication; contact; *chem* compound; *s. in ~ung setzen mit, in ~ung treten mit* to get in touch with; **~ungsgang** connecting passage; **~ungslinie** line of communication; **~ungsoffizier** liaison officer; **~ungsstück** coupling, joint
ver|bissen dogged, obstinate; **~bissenheit** doggedness, obstinacy; **~bitten** *refl* to insist on s-b not doing s-th; *ich ~bitte mir das* I won't stand that; **~bittern** to embitter, to exasperate; **~bitterung** bitterness; exasperation; **~blassen** to grow pale; to fade, to lose colour; **~blättern** *vt* to lose one's place (in a book); **~bleib** whereabouts; place; **~bleiben** to remain; to persist (in); **~blenden** 🏛 to face (with bricks etc); *fig* to delude, to beguile; **~blendung** delusion; infatuation; **~blichen** faded; *(tot)* deceased; **~blüffen** to startle; to flabbergast, to disconcert; **~blüfft** taken aback; **~blühen** to fade, to wither; **~blümt** figurative; veiled; **~bluten** to bleed to death; **~bohren** *refl* to bury o.s. completely (in), to go mad (about); **~bohrt** stubborn, crazy; **~borgen** *vt* to lend (out); *adj* hidden, secret; **~borgenheit** concealment; secrecy; seclusion
Ver|bot prohibition, ban; **~brämen** to border, to edge, to trim
Verbrauch consumption; use; expenditure; **~en** to consume, to use (up); to wear out; to spend; to waste; **~er** consumer; user; customer; **~erschaft** consuming public; **~sgüter** consumer goods; *~sgüterindustrie* consumer goods industry; **~skonjunktur** state of consumption; expanding consumption; **~spreise** prices of consumer goods; **~ssteuer** excise (tax), tax on consumption
Verbrech|en *vt* to commit; *su* crime; major offence, felony; **~er** criminal; delinquent; **~erisch** criminal
verbreit|en to spread; to diffuse; to circulate; to disseminate; *refl* to enlarge upon s-th; **~ern** to widen, to broaden; **~erung** widening, broadening; expansion; **~ung** spreading, diffusion; circulating; dissemination
verbrenn|bar combustible; **~en** to burn (up); to cremate; **~ung** burning, combustion; burn, *(Wasser)* scald; cremation; **~ungsmotor** internal combustion engine
verbrief|en to attest, to confirm (by document); to represent; *~te Forderung* bonded claim; *~t u. versiegelt* signed and sealed
ver|bringen to spend, to pass; **~brüdern** to fraternize; **~brüderung** fraternization; **~brühen** to scald; **~buchen** to book
Verbum verb
verbummeln to forget; to waste *(time)*; to come down in the world
Verbund interlocking system; combine; **~betrieb** ⚡ power-plant hook-up; **~en** united; associate; bound; *eng ~en* bound up (*mit* with); obliged; **⁓en** to ally; *refl* to ally o.s. (*mit* with); **~enheit** bond; connection; relationship; **⁓et** allied; in alliance (with); **⁓eter** ally, confederate; **~wirtschaft** ⚡ power-plant hook-up; co-ordinated industrial system, interlinked economy
ver|bürgen *vt* to guarantee, to avouch, to vouch for; *refl* to be answerable for, to vouch for; **~büßen** to serve (one's time); to pay the penalty of; **~chromen** to chromium-plate
Verdacht suspicion; *in ~ haben* to suspect; **⁓ig** suspected; suspicious; **⁓igen** to cast suspi-

cion on; to distrust; **¨igung** (casting) suspicion (on), suspecting s-b of; **~sgründe** reasons for suspicion

verdamm|en to condemn; to damn; **~enswert** damnable; **~nis** damnation; perdition; **~t** *umg* damned, bloody, blooming; **~ung** condemnation; damnation

verdampf|en to evaporate; **~er** evaporator; vaporizer

verdanken to owe (to s-b)

verdau|en to digest; **~lich** digestible; **~lichkeit** digestibility; **~ung** digestion; **~ungsbeschwerden** indigestion; **~ungskanal** alimentary canal; **~ungssystem** digestive tract; **~ungsstörung** indigestion

Verdeck deck; 🚗 *BE* hood, top; **~en** to cover; to hide, to conceal

verdenken = verargen

Verderb ruin, destruction; **~en** *vt* to ruin, to destroy; to spoil; to corrupt, to demoralize; *s. d. Magen ~en* to upset one's stomach; *vi* to go bad, to be spoiled; to perish; *es ~en mit* to incur s-b's displeasure; *su* = ~; **~er** destroyer; corrupter; **~lich** destructive; *(Eßwaren)* perishable; pernicious, baneful; **~lichkeit** destructiveness; perishable nature; perniciousness; **~nis** corruption, depravity; **~t** corrupt, depraved; **~theit** = ~nis

ver|deutlichen to elucidate, to explain; **~deutschen** to translate into German; **~dichten** do condense; to compress; to solidify; **~dichtung** condensation; compression; **~dicken** to thicken; to condense; to concentrate

verdien|en *(Geld)* to make; to earn; to gain; to win; to merit, to deserve; **~st** earnings; gain, profit; reward; merit, deserts; **~stausfall** loss of earnings; **~stlich, ~stvoll** meritorious, (well-)deserving; **~stspanne** profit margin; **~t** (well-)deserving, meritorious; well-deserved; *s. ~t machen um* to deserve well of; **~termaßen** deservedly; according to one's deserts

ver|dingen to hire out, to put out for contract; *refl* to hire o. s. out, to go into service; **~dolmetschen** to interpret; **~doppeln** to double; **~doppelung** doubling; duplication; **~dorben** spoiled; depraved; *(Fleisch)* tainted; **~dorbenheit** corruption, depravity; **~dorren** to dry up, to wither

verdräng|en to force out; to expel; to displace; to push away (*od* aside); to repress, to suppress; *(hemmen)* to inhibit; **~ung** forcing out; displacement; repression, suppression; inhibition

verdreckt filthy, lousy

verdreh|en to twist; to distort, to pervert; *(Augen)* to roll; *(Glieder)* to contort; *(verrenken)* to sprain; *fig* to distort, to misrepresent; *j-m d. Kopf ~en* to turn s-b's head, to make s-b vain, to make s-b fall in love with one; **~t** distorted; *fig* cracked, mad; **~theit** madness, craziness; **~ung** distortion, perversion; contortion; misrepresentation

verdreifachen to increase threefold; to treble

verdrieß|en to annoy, to vex; to displease; *s. nicht ~en lassen* not to be discouraged by, not to be put off by, not to shrink from; *s. keine Mühe ~en lassen* to spare no pains; **~lich** cross, grumpy; irritable, peevish; annoyed, vexed; tiresome, unpleasant; **~lichkeit** bad temper, fretfulness, peevishness; annoyance, vexation

ver|drossen sulky, sullen; cross; annoyed; **~drucken** to misprint; *es ist ~druckt* there is a misprint in it; **~drücken** *umg* to eat up, to polish off; *refl* to slink away (*od* off); **~druß** annoyance, vexation; displeasure; trouble; **~duften** to evaporate; *fig (umg)* to make off, to slip away; **~dummen** *vt* to make stupid, to stupefy; *vi* to grow stupid; **~dunkeln** to darken, to obscure; *mil* to black out; *astr* to eclipse *(a. fig)*; **~dunklung** darkening; obscuration; *mil* blackout; *astr* eclipse; **~dunklungsgefahr** danger of prejudicing the course of justice (*od* of collusion); **~dünnen** to thin; to attenuate; *(Flüssigkeit)* to dilute; *(Gas)* to rarefy; *(verfälschen)* to adulterate; **~dünnung** attenuation; dilution; rarefaction; adulteration; **~dunsten** to evaporate; **~dunstung** evaporation; **~dursten** to die (*od* perish) of thirst; **~düstern** to darken, to cloud; to obscure; **~dutzen** to bewilder, to puzzle; to disconcert; **~dutzt** abashed, nonplussed; **~edeln** to ennoble; to improve; to cultivate; to refine; ⚙ to process, to finish; **~edelung** ennobling; improvement; cultivation; refinement; processing, finishing; **~edelungserzeugnisse** processed (*od* finished) products; ⚘ meat and dairy produce; **~edelungsindustrie** processing (*od* finishing) industry; **~ehelichen** to marry

verehr|en to adore, to admire; to respect, to revere; to worship; *(hoch)* to hold in awe; *j-m etw ~en* to present s-b with s-th; **~er** admirer; lover; fan; worshipper; **~lich** honourable; esteemed; **~ung** adoration; respect, veneration; worship; **~ungswürdig** venerable

vereidig|en to swear in, to put on oath; **~ung** swearing in; taking the oath

Verein union; association; society, club; *im ~ mit* together with; *im trauten ~* in an intimate tête-à-tête; **~bar** compatible, consistent; reconcilable (*mit* with); **~baren** to agree upon; to settle; **~barkeit** compatibility; **~barung** agreement; arrangement; **~en** = ~igen; **~fachen** to simplify; **~fachung** simplification; **~heitlichen** to unify; to standardize; **~heitlichung** standardization; **~igen** to unite, to join; to combine; *s. ~igen mit* to ally (o.s.) with; **~igt** united; *~igte Staaten von Amerika* United States of America; **~igung** association; confederation; union, combination; fusion, amalgamation; **~nahmen** to receive; to show as revenue; **~samen** to become isolated; to live more and more alone; **~samt** lonely, solitary; **~shaus** club-house; **~skasse** club (*od* society) funds; **~smeier** *umg* clubman; **~smeierei** clubmanship; **~smitglied** member of a society; **~te:** *~te Nationen* United Nations; **~zeln** to parcel out; to separate; **~zelt** *adj* single, soli-

tary; sporadic; *adv* few and far between, here and there, in certain cases
vereis|en to turn to ice, to freeze; ✈ to ice up; **~t** *(Berg)* glaciated; **~ung** ✈ icing; **~ungsgefahr** danger of icing
ver|eiteln to frustrate, to thwart, to baffle; **~eitelung** frustration; **~eitern** to fester, to suppurate; **~ekeln** to disgust s-b with; to spoil s-th for s-b; **~elenden** to sink into poverty (*od* wretchedness); **~enden** to die, to perish; **~enge(r)n** to narrow, to contract
vererb|en to bequeath, to leave (to s-b); ⚕ to transmit; to hand down; *refl* to be hereditary, to run in the family; **~ung** heredity; hereditary transmission; **~ungsforschung** genetics; **~ungstheorie** law of heredity
verewig|en to perpetuate; to immortalize; **~t** deceased, late
verfahren *vt* to spend *(time, money)* in driving about; *refl* to lose one's way; to take the wrong road; *fig* to be on the wrong track; *vi* to proceed, to act; to deal (with), to treat; *adj* bungled; *fig* hopeless; *su* procedure; proceeding; *chem* process; method; **~sfragen** procedural matters; **~smäßig** as regards procedure
Verfall decay, ruin; decline; deterioration; *(Wechsel)* maturity; expiry; forfeiture; *in ~ geraten* to decay, to go to ruin; **~en** to decay, to go to ruin; to decline; to lose flesh, to grow weaker; to fall due; to expire, to lapse; *(Pfand etc)* to be forfeited; *(Strafe)* to incur; to fall (*in* into), to slip back (into); *(Idee)* to hit (*auf* upon); *j-m ~en* to fall for, to become s-b's slave; *adj* decayed, ruined; worn; **~serscheinung** symptom of decline; **~tag** day of payment; **~termin** due date, expiry date, maturity
verfälsch|en to falsify; *(Eßwaren etc)* to adulterate; **~ung** falsification; adulteration
verfang|en to take effect, to tell; *refl* to be caught, to become entangled ♦ *er hat s. in s-m eigenem Netz ~en* he has been caught in his own trap; **⁓lich** misleading; insidious, captious; risky; embarrassing, awkward
verfärben *refl* to change colour; to grow pale
verfass|en to write, to compose; *(Dokument)* to draw up; **~er** author, writer; **~erin** authoress; **~erschaft** authorship; **~ung** condition, state; *pol* constitution; *(Geist)* disposition, frame of mind; **~ungsbruch** breach of the constitution; **~unggebend** constituent; **~ungsentwurf** draft constitution; **~ungsmäßig** constitutional; **~ungsrecht** constitutional law; **~ungsurkunde** charter of the constitution; **~ungswidrig** unconstitutional
verfaulen to rot; to decay
verfecht|en to advocate, to champion; to stand up for, to defend; **~er** advocate, champion; defender
verfehl|en to fail (to do); *(Ziel)* to miss; not to meet (*od* find); **~t** wrong, false; spoiled
ver|feinden to fall out (*mit* with); to conceive a hatred (*mit* for); **~feinern** to refine; to polish; **~feinerung** refinement; **~femen** to outlaw; **~fertigen** to make, to manufacture; to compose; **~fertiger** maker, manufacturer; **~fertigung** making, manufacture; **~fettung** fatty degeneration; **~feuern** to burn, to consume; to use up; to waste (fuel); **~filmen** to film; **~filzen** to felt; to mat; **~finstern** *vt* to darken, to obscure; *astr* to eclipse; *refl* to grow dark; *astr* to become eclipsed; **~flachen** *vi* to become flat; *fig* to become shallow; to decline intellectually; **~flechten** *vt* to entangle, to interlace, to entwine; *fig* to involve, to implicate; **~flechtung** interlocking; **~fliegen** to fly away; to evaporate, to volatilize; to disappear, to vanish; *(Zeit)* to fly; *refl* ✈ to lose one's way; **~fließen** to flow off; to blend; *(Zeit)* to pass, to elapse; **~flixt** *umg* confounded; **~flossen** past; late; **~fluchen** to curse; **~flucht** cursed; accursed; confounded; *~flucht u. zugenäht!* damn and blast it!; **~flüchtigen** *vt* to volatilize; *refl* to evaporate; **~flüssigen** *vt* to liquefy; *refl* to become liquid, to liquefy; **~flüssigung** liquefaction; increasing liquidity, making liquid
Verfolg continuation; course, progress; pursuance; *im ~ s-r Rede* in the course of his speech; **~en** to follow; to pursue; to persecute; *(fortsetzen)* to continue; *(Ahnung)* to haunt; *heimlich ~en* to shadow; ⚓ to proceed against, to prosecute; **~er** pursuer; persecutor; **~ung** pursuit; persecution; ⚓ prosecution; **~ungsrennen** pursuit race; **~ungswahn** persecution mania
verfrachten to convey; to load, to ship; ⚓ to charter
verfrüht premature
verfüg|bar available; disposable; **~en** *vt* to decree; to order; to arrange; *refl* to betake o.s. (*nach* to); *(vi) ~en über* to have at one's disposal (*od* command); **~ung** order, decree; instruction; arrangement; disposal; *zur ~ung stellen* to place at s-b's disposal; *zur ~ung stehen* to be at s-b's disposal; **~ungsgewalt** power of disposition; control
verführ|en to seduce s-b; *(veranlassen)* to induce, to prevail upon; **~er** tempter; seducer; **~erisch** tempting; alluring; seductive; **~ung** temptation; seduction
ver|füttern to use as fodder (*od* for food); **~gabe** placing; allocation; **~gaffen** *refl* to fall in love (*in* with); **~gällen** *chem* to denature; to embitter; to make loathsome; to mar; **~galoppieren** *refl* to (make a) blunder
vergang|en past, bygone; last; *~ene Woche* last week; **~enheit** past (time); *gram* past tense; *lassen wir d. ~enheit ruhen* let bygones be bygones; **⁓lich** transitory, transient; fleeting; *(verderblich)* perishable; **⁓lichkeit** transitoriness; perishableness
vergären to ferment
vergas|en to gasify; 🚗 to carburet; to gas s-b; **~er** 🚗 carburettor, *US* carburetor; **~ermotor** *BE* petrol (*US* gasoline) engine
vergeb|en *vt* to forgive, to pardon; *(weg-)* to give away, to dispose of; *(verleihen)* to confer, to bestow upon; *(Karten)* to misdeal; *s. etw ~en* to degrade o.s.; *~en sein* to be engaged;

to have a previous commitment; **~ens** in vain, vainly; **~lich** vain; futile; **~ung** pardon, forgiveness; giving (of s-th); bestowal; placing; allocation

vergegenwärtigen *refl* to imagine, to realize; to recall; to picture

vergehen to go *(how the time goes);* to go away; to pass, to elapse; *(gänzlich)* to disappear, to stop; *(verderben)* to waste away, to perish; to pine; ~ *vor* to die of; *refl* to offend (against), to trespass; to assault s-b; *su* criminal offence, (minor) crime; misdemeanour; *(bes Amts-)* malfeasance

vergeistigen to spiritualize

vergelt|en to pay back, to repay; to reward; *(rächend)* to retaliate; *Gleiches mit Gleichem ~en* to return like for like; **~ung** requital, return; recompense; retaliation; *(Strafe)* retribution; **~ungsangriff** retaliatory attack; **~ungsmaßnahme** reprisal

vergesellschaft|en to socialize; **~ung** socialization

vergessen to forget; to neglect; *ich hätte beinah ~* I nearly forgot; **~heit** forgetfulness; oblivion

vergeßlich forgetful; oblivious; **~keit** forgetfulness; obliviousness

vergeud|en to squander, to waste; **~er** spendthrift; **~ung** squandering, waste; wastefulness; extravagance

vergewaltig|en to use force with, to offer violence; *(Mädchen)* to rape, to violate; **~ung** assault; rape, violation

ver|gewissern *refl* to make certain (*od* sure), to ascertain; **~gießen** to shed, to spill; **~giften** to poison; *(Gas, Strahlen)* to contaminate; **~giftung** poisoning; contamination; *(Fleisch)* botulism

ver|gibt yellowed; **~gißmeinnicht** forget-me-not; **~gittern** to lattice, to cover with a grating; to enclose with lattice-work; to wire in; **~glasen** to glaze

Vergleich comparison; *(Einigung)* composition; agreement; settlement; *im ~ zu* compared to, in comparison with, as against; *kein ~ mit* nothing in comparison with; *kein ~!* beyond comparison!; **~bar** comparable; **~en** to compare; to check, *bes* 🕮 to collate; *(regeln)* to adjust, to settle; *s. ~en mit* to come to terms with; **~sabschnitt** comparable period; **~sjahr** year of comparison; **~sweise** by way of comparison; in comparison; **~ung** comparison

ver|gletschern to glaciate; **~glimmen** to cease to glow, to go out; **~glühen** to cease to glow

vergnüg|en to amuse; *refl* to enjoy o.s., to delight (in); to amuse o.s.; *su* pleasure, delight; amusement, diversion; *~en finden an* to delight in; **~lich** amusing, pleased; **~t** glad, pleased; cheerful, gay; **~ung** pleasure, amusement; **~ungsdampfer** pleasure steamer; **~ungsindustrie** entertainment industry; **~ungsreise** pleasure trip; **~ungssteuer** entertainment tax; **~ungssüchtig** pleasure-seeking

ver|golden to gild; **~goldung** gilding; **~gönnen** to grant, to allow; not to grudge; **~göttern** to deify; to idolize; to adore; **~götterung** deification; idolizing; adoration; **~graben** to bury; to hide in the ground; **~grämt** care-worn; **~greifen** *refl* to touch by mistake; ♪ to touch the wrong note; *s. ~greifen an* to lay hands on, to abuse; to injure; *(stehlen)* to steal; **~greisen** to become senile; **~griffen** sold out; 🕮 out of print

vergrößer|n to magnify; 📷 to enlarge; to increase, to extend; *(Reichtum)* to aggrandize; *fig* to add to; to exaggerate; to aggravate; **~ung** enlargement; increase, extension; aggrandizement; exaggeration; **~ungsapparat** enlarger; **~ungsglas** magnifier, magnifying grass

Ver|günstigung favour, privilege; special arrangement, preferential treatment; *(Preis)* reduction; concession; **~güten** to compensate, to indemnify; to refund, to reimburse; *(Verlust)* to make good; *(Zinsen)* to pay; *(Stahl)* to heat-treat; *(Linse)* to coat; **~gütung** compensation, indemnification; reimbursement; allowance; heat treatment; coating

verhaft|en to arrest; to take into custody, to give in charge; *~et sein* to be committed (to), to be dependent (on); **~ung** arrest; capture; **~ungsbefehl** warrant (of apprehension)

ver|hageln to be damaged by hail; **~hallen** to die away, to fade away

verhalt|en *vt* to keep back, to retain; to restrain, to suppress; *refl* to be (the case); to behave, to conduct o.s.; to keep, to stand; *math* to be in the ratio of; *s. ~en zu* to be in proportion to; *s. ruhig ~en* to keep quiet; *adj* suppressed, suspended; *su* behaviour, conduct; bearing; attitude; **¨nis** relation, *bes math* proportion; ratio (*im ¨nis 1:4* in the r. of 1:4); *(Lage)* situation, *(Zustand)* condition; *(Liebes-)*liaison, (love-)affair; *pl* circumstances, condition(s); *unter diesen ¨nissen* in these circumstances, such being the case; *in guten ¨nissen* in easy circumstances, well-off; **¨nismäßig** proportionate, proportional; in proportion, relatively, comparatively (speaking); **¨niswahl** proportional representation; **¨niswort** preposition; **~ungsmaßregeln** instructions, rules of action; rules of conduct

verhand|eln to negotiate; ⚖ to try, to plead; *(erörtern)* to discuss; **~lung** negotiation; transaction; trial, hearing, pleading; discussion; proceedings; **~lungsprotokoll** minutes of proceedings; **~lungstag** day of negotiation (*od* hearing); **~lungstermin** date of hearing; **~lungsweg:** *auf d. ~lungsweg* by negotiation

verhäng|en to cover (by hanging); to hang something in front of s-th; *(Strafe)* to inflict, to impose; ⚽ to award (a penalty); *d. Belagerungszustand ~en* to declare a state of siege; **~nis** fate, destiny; disaster; **~nisvoll** fatal, fateful; momentous; disastrous

ver|harmlosen to describe s-th as not dangerous; to make light of; **~härmt** care-worn; **~harren** to hold out, to persevere; to persist (in); **~harscht** ⚕ closed, healed; *(Schnee)* crusted; **~härten** to harden; *refl, vi* to grow hard, to harden; **~härtung** hardening; callosity; *fig* stubbornness; **~haspeln** *refl* to tangle up; *fig* to get muddled; **~haßt** hated; hateful, odious; **~hätscheln** to coddle, to pamper; to spoil; **~hau** *mil* abatis, entanglement; *umg* mess; **~hauen** to thrash; *refl* to blunder; **~heben** *refl* to strain o.s. (*bei* in lifting s-th)

verheer|en to devastate, to lay waste, to desolate; **~end** devastating *(a. fig); umg* awful; **~ung** devastation, desolation

ver|hehlen to hide, to conceal; **~heilen** to heal up (*od* over)

verheimlich|en to keep secret, to hush up, to conceal; **~ung** concealment

verheirat|en to marry (s-b to s-b), to give in marriage; *refl* to marry, to get married; **~ung** marriage

verheiß|en to promise; **~ung** promise; **~ungsvoll** promising

verhelfen *zu* to help s-b to (get) s-th

verherrlich|en to glorify; **~ung** glorification

ver|hetzen to stir up, to instigate; **~hexen** to bewitch, to bedevil; to cast a spell on; **~himmeln** to praise up to the skies

verhinder|n to hinder, to prevent; **~t** *fig (umg)* would-be *(poet etc);* **~ung** hindrance, impediment; obstacle; *im ~ungsfall* in case ... should be prevented

verhohlen hidden, concealed

verhöhn|en to deride, to jeer, to mock; **~ung** derision, mockery

Verhör interrogation, questioning; examination; trial **~en** to interrogate, to examine; to try; *refl* to hear wrongly, to misunderstand

verhüll|en to cover, to veil; to wrap up; to disguise; **~ung** covering, veiling; wrapping up; disguise

ver|hundertfachen to increase a hundredfold, to centuple; **~hungern** to die of hunger, to starve; **~hunzen** to bungle, to make a muddle of, to muddle; **~hüten** to prevent; to avert, to ward off; to preserve (from); **~hütung** prevention; aversion; **~hütten** to smelt, to work; **~hutzelt** shrivelled, wizened; **~irren** *refl* to lose one's way, to lose o.s., to be lost; to go astray; **~irrung** losing one's way; aberration, error

verjagen to drive away, to chase away

verjähr|en to become invalid (*od* prescribed); to become statute-barred; **~ung** prescription, limitation; barring by lapse of time; **~ungsfrist** period of prescription

ver|jubeln, ~juxen to squander, to fool away

verjüng|en to rejuvenate; ✿ to taper; *refl* to be rejuvenated; to grow young again; ✿ to taper; *in ~tem Maßstab* on a reduced scale; **~ung** rejuvenescence; growing young again; ✿ tapering

verkalk|en to calcify; to calcine; **~ung** calcification; calcination; ⚕ arteriosclerosis

ver|kalkulieren *refl* to miscalculate; **~kappen** to disguise, to mask; **~kapseln** ⚕ to become encysted; **~katert** suffering from a hang-over

Verkauf sale; selling; *zum ~* on sale; **~en** to sell; *zu ~en* for sale; **≃er** seller; salesman; *BE* shop assistant, *US* (sales) clerk; **≃erin** saleswoman; *BE* shopgirl, shop assistant, **≃lich** salable; marketable; for sale; **~sautomat** (automatic) vending machine; **~sfertig** ready for sale; **~srechnung** bill of sales; **~spreis** selling price, sales price; 📖 published price; **~svertrag** sales contract

Verkehr traffic; (📯, ✈, *Bus-*) service; transport (system); commerce (*Handel u. ~* trade and c.); communication; connection; *(Umlauf)* circulation (*in d. ~ bringen* to put into c.; *aus d. ~ ziehen* to withdraw from c.); *(gesellschaftl.)* intercourse; **~en** *vt* to turn the wrong way, to turn upside down; to invert; *(umwandeln)* to transform; to convert, to change (into); to pervert; *(vi) ~en in* to frequent, to visit; *~en zwischen* to ply between, to run regularly; *~en mit* to associate with, to see a good deal of; to keep company with; to have (sexual) intercourse with; **~sader** arterial road, artery; **~sampel** traffic light; **~sandrang** rush; **~betrieb** traffic undertaking; **~sbüro** tourist office; **~sdichte** density of traffic, traffic congestion; **~serziehung** traffic safety education; **~sflugzeug** air-liner; **~sgewerbe** transport (industry); **~sinsel** street island, *BE* refuge; **~sknotenpunkt** junction; **~sminister** Minister of Transport; **~sministerium** Ministry of Transport, *BE* Transport Ministry; **~smittel** means of transport (*od* communication), conveyance; **~splanung** traffic planning; **~spolizei** traffic police; **~spolizist** traffic patrolman (*od* policeman), *BE a.* pointsman; **~sregelung** traffic control, regulation of traffic; **~sreich** congested, crowded; **~sspitze** peak in traffic; **~sstark** busy; **~sstockung** traffic congestion, traffic jam; **~sstörung** traffic disturbance, breakdown; **~steilnehmer** road user; **~sunfall** traffic accident; **~sverein** local tourist (information)office; **~swesen** traffic, communications, transportation; **~szeichen** traffic sign, road sign; **~t** *(umge-)* inverted, reversed; upside down, inside out; wrong; absurd; **~theit** folly, absurdity

verkeilen to wedge; *umg* to thrash

verkenn|en to fail to recognize; to mistake, to misunderstand; to misjudge; to underestimate; **~ung** mistaking, misunderstanding; failing to appreciate

verkett|en to chain (*od* link) together; **~ung** chain(ing); *fig* concatenation; coincidence

verkitten to cement; to putty

verklagen to accuse; to prosecute; to bring an action against, to sue (at law); *auf Schadenersatz ~* to sue for damages

verklär|en to make bright; to transfigure; to glorify; **~t** radiant; transfigured; glorified; **~ung** transfiguration; glorification

ver|klatschen to inform against; to tell tales about; **~klausulieren** to qualify heavily; to limit by provisos; **~kleben** to paste over; to glue up, to gum up; **~kleiden** to disguise, to mask;

bes mil to camouflage; *(Wand)* to wainscot; *(mit Brettern)* to line; *fig* to disguise; **~kleidung** disguise, camouflage; wainscoting

verkleiner|n to make smaller; to diminish, to reduce; *fig* fo belittle, to detract from; **~ung** diminution, reduction; detraction; **~ungswort** diminutive

ver|kleistern to paste up; to patch up; **~klingen** to die away; *fig* to recede

ver|knacksen *refl* to sprain; **~knappen** to make scarcer (*od* tighter); **~knappung** shortage; tightness; **~kneifen** *refl* to stifle; to suppress; to bear in silence; **~knöchert** narrow-minded, pedantic; **~knorpeln** to become cartilaginous, to turn to cartilage; **~knoten** to knot up, to tie up; to knit together; **~knüpfen** to tie, to bind; to link, to join; to unite, to connect; **~knüpfung** connection, link; combination; **~kochen** to boil over (*od* away); to evaporate; **~kohlen** to char, to carbonize; *fig (umg)* to hoax, to take in

verkommen *vi* to come down in the world; to be ruined; to become bad (*od* depraved); *adj* depraved, degenerate; dissolute; ruined; gone to the bad; **~heit** depravity; degeneracy

verkork|en to cork (up); **~sen** to botch

verkörper|n to embody; to personify; to incarnate; **~ung** embodiment; personification; incarnation

ver|köstigen to board, to feed; **~krachen** *refl* to fall out (*mil* with); to go bankrupt; **~kraften** to (be able to) tackle, to deal with; to digest; **~kramen** to mislay; **~krampft** cramped; **~kriechen** to hide away, to creep away; **~krümeln** *vt* to crumble away; to fritter away; *refl umg* to make off; **~krümmen** *vt* to bend; *vi* to grow crooked; **~krümmung** bending; curvature; **~krüppeln** to cripple; to stunt; *vi* to be crippled; **~krüppelt** crippled; deformed; stunted, *(Baum)* gnarled; **~krustet** covered with a crust; **~kühlen** *refl* to catch (a) cold; **~kümmern** *vi* to wither away; to waste away; to become stunted; ⚕ to atrophy; to shrink, to shrivel up

verkünd|en, ~igen to announce, to make known, to publish; to proclaim; ⚖ *(Urteil)* to pronounce; *eccl* to preach (the gospel); **~(ig)ung** announcement; publication; proclamation; preaching; *Mariä ~igung* Annunciation, Lady-Day

ver|kupfern to copper(-plate); **~kuppeln** to couple; *(Frau)* to procure, to pander

verkürz|en to shorten; to lessen, to diminish; to cut down; to abridge; *(Zeit angenehm ~en)* to beguile time (*mit, durch* with); **~ung** shortening; diminution; abridgment; curtailment

ver|lachen to laugh at, to deride; **~laden** to load (on to); to ship; 🚂 to entrain; **~ladung** loading; shipping, shipment; entraining

Verlag publication; *(Firma)* publishing firm (*od* house); publishers; *im ~ von* published by; **~ern** to transfer; to switch; to shift *(a. refl, a. fig)*; **~erung** transfer; shift; switch(ing); change-over; displacement; *fig* change; **~sartikel** publication; **~sbuchhandel** publishing business (*od* trade); **~sbuchhändler** (bookseller and) publisher; **~sbuchhandlung** (firm of) publishers (and booksellers); **~skatalog** publisher's catalogue; **~skosten** expenses of publication; **~sort** place of publication; **~srecht** publishing rights; **~szeichen** publisher's mark

verlang|en *vt* to demand; to require; *Sie werden am Telefon ~t* you are wanted on the phone; *(vi) ~en nach* to long for, to hanker after, to crave; *su* demand; desire, wish; longing; *(Bitte)* request; *auf ~en* on demand; by request; **⁓̈ern** to lengthen; to prolong, to extend; **⁓̈erung** lengthening; prolongation, extension; **⁓̈erungsschnur** ⚡ *BE* extension flex, *US* extension cord; **~samen** to slow down, to retard; to slacken

verläppern to trifle away; to fritter away

Verla|ß reliance; *auf ihn ist kein ~ß* there is no depending on him, he cannot be relied on; **~ssen** *vt* to leave, to quit; *(aufgeben)* to abandon, to desert; *(refl) ~ssen auf* to rely on, to depend on; *adj* deserted, forsaken; lonely; **~ssenheit** loneliness; bereavement; **⁓̈ßlich** reliable, dependable

Verlaub leave, permission (*mit ~* by your l., with your p.)

Verlauf course; *(Zeit)* lapse; *(Ab-)* expiration; progress, development; *nach ~ von* after the lapse (*od* expiration) of; *im ~ von* in the course of (a week, his speech); *e-n schlimmen ~ nehmen* to take a bad turn; **~en** to pass, to elapse; to take its course, to develop; to expire; *gut (schlecht) ~en* to turn out well (badly); *refl* to take a wrong road, to get lost, to lose o.s.; *(Wasser)* to run off; to disperse, to be scattered; *adj* stray, lost

verlaust lousy

verlaut|baren to make known, to promulgate; **~en** to become known; *es ~et* it is said (*od* reported); *~en lassen* to give to understand, to hint, to breathe

verleb|en to spend, to pass; **~t** worn out; decrepit

verleg|en to mislay, to misplace; to lay somewhere else; to move to another place; to transfer; *(zeitl.)* to put off, to postpone; to adjourn; *(Weg)* to bar, to obstruct; 📖 to publish, to bring out; *(refl) s. ~en auf* to go in for, to take up; to devote o.s. to; *adj* embarrassed; self-conscious; puzzled, confused; at a loss (*um* for); **~enheit** embarrassment; dilemma; *in ~enheit sein* to be at a loss; *in ~enheit setzen* to embarrass, to puzzle; **~er** publisher; **~ung** transfer, removal; postponement; adjournment

ver|leiden to disgust s-b with s-th, to spoil s-th for s-b; **~leihen** to lend (out), to let out; to confer, to bestow (upon); to grant; to invest s-b with s-th; **~leiher** lender; **~leihung** lending; conferring; grant; investiture

verleit|en to mislead; to lead astray, to seduce; to induce, to persuade (to do); *j-n zu d. Annahme ~en* to delude s-b into thinking (that);

wir dürfen uns durch ... nicht zu d. Annahme ~en lassen we must not let ... delude us into thinking (that); **~ung** seduction; inducement, persuasion
ver|lernen to unlearn, to forget (how to do); **~lesen** to read out (*od* loud); *(Liste)* to call over; to pick, to sort out; to clean; *refl* to make a mistake (in reading)
verletz|bar vulnerable; **~en** to hurt, to injure; *(Haut)* to break; *(beleidigen)* to offend; ⚖ to infringe, *(Vertrag)* to violate; **~end** offensive; **~ter** casualty; **~ung** injury, hurt; offence; infringement, violation; *(Pflicht)* breach
verleugn|en to deny; *(Kind)* to disown; *(ablehnen)* to disavow; to renounce; *s. ~en lassen* to refuse to see visitors; **~ung** denial; disavowal; renunciation
verleumd|en to slander, to calumniate; to asperse; *(schriftl.)* to libel; **~er** slanderer, calumniator; libeller; **~erisch** slanderous, calumnious; defamatory; libellous; **~ung** slander, calumny; defamation; libel
verlieb|en *refl* to fall in love (*in* with); **~t** in love, amorous (of), enamoured (of); *~t sein in (umg)* to be sweet on
verlieren to lose; *bot, Haare* to shed; *(Zeit)* to waste; *(Hoffnung)* to give up; *aus d. Augen ~* to lose sight (*od* track) of; *ich habe m-n Hund verloren* my dog is missing, *(endgültig)* I lost my dog; *refl* to lose one's way, to get lost; to disappear
Verlies dungeon
verlob|en *vt* to affiance (to), to betroth (to); *refl* to engage o.s. (to), to get engaged (to); **~te** financée; *pl* the engaged couple; **~ter** financé; **~ung** engagement, betrothal; **~ungsanzeige** announcement of an engagement
verlock|en to entice, to allure, to tempt; *(Kind)* to bribe; **~end** enticing, tempting; **~ung** enticement, allurement, temptation; *pl* blandishments
verlogen (given to) lying; untruthful, mendacious; **~heit** untruthfulness, mendacity
verlohn|en: *es ~t sich nicht* it is not worth while (to do)
verloren lost; *fig* forlorn; *~e Eier* poached eggs; *~er Haufen* forlorn hope; *d. ~e Sohn* the Prodigal Son; *~er Zuschuß* irrecoverable contribution; *~ geben* to give up for lost; **~gehen** to get lost
ver|löschen to go out, to be extinguished; **~losen** to cast lots for; to dispose of s-th by lot; to raffle; **~losung** drawing lots; (distribution by) lottery; raffle; **~löten** to solder; **~lottern** to deteriorate; to become disorderly; **~ludern, ~lumpen** = verkommen
Verlust loss; *(durch Tod)* bereavement; waste; *(durch Leck)* leak, escape; forfeiture; *pl* casualties; *£20 ~ haben* to be £20 to the bad; *mit ~ verkaufen* to sell at a loss; **~ig** *gehen* to lose, to forfeit; to be deprived of; **~liste** list of casualties
vermach|en to bequeath; **⁀tnis** bequest, legacy
vermähl|en to marry, to give in marriage; *refl* to marry, to get married (to); **~ung** nuptials, wedding; marriage
ver|maledeit accursed, confounded; **~manschen** to mix; to make a mess of; **~mauern** to wall up; to use up (in building); **~mehren** to increase; to multiply; to augment; to enlarge; to breed, to propagate; **~mehrung** increase; augmentation; breeding, propagation
vermeid|en to avoid; to escape (from); to evade, to elude; **~bar, ~lich** avoidable; **~ung** avoidance
vermein|en to suppose, to imagine, to presume; **~tlich** supposed, presumed; alleged; imaginary
ver|melden to notify, to inform; to announce, to report; **~mengen** to mix (up); to confuse; **~menschlichen** to represent in a human form; to humanize
Vermerk note; entry; notice; **~en** to make note of, to note down; to observe; *übel ~en* to take amiss (*od* ill)
vermess|en to measure; to survey; *refl* to measure wrong; *fig* to dare, to venture (to do); *adj* arrogant, bold; impudent; presumptuous; **~enheit** arrogance, boldness; impudence; presumption; **~ung** measuring; survey(ing)
vermiet|en to let (out); to hire out; **~er** landlord; **~ung** letting; hiring out
verminder|n to diminish (*a.* ♪); to lessen; to decrease; to impair; to reduce; **~ung** diminution; lessening; decrease; impairment; reduction
vermisch|en to mix, to mingle; to blend, *(legieren)* to alloy; **~t** mixed; miscellaneous; **~tes** sundries, miscellany; **~ung** mixing, mixture; blend(ing); alloy
vermi|ssen to miss, to want; *~ßt werden (bes mil)* to be missing; to be greatly missed
vermitt|eln to mediate (*zwischen* between); to obtain, to secure; to arrange; *(Streit)* to compose; to bring about, to negotiate; to act as intermediary; to find work for s-b; **~els(t)** by means of, through; **~ler** mediator; go-between; agent; **~lung** mediation, acting as intermediary; negotiation; supplying, providing; finding; intervention, intercession; **~lungsausschuß** mediation committee; **~lungsgebühr** agency fee; agent's commission; **~lungsstelle** agency; intermediary; ☎ (telephone) exchange
ver|möbeln to give a good thrashing; **~modern** to rot, to decay
vermög|e *prep* by virtue of, by dint of; **~en** *vt* to be able to do; to have the power (to do); *su* ability, power; capacity, faculty; property; wealth, fortune; means, resources; *nach bestem ~en* to the best of one's ability; **~end** well-off; wealthy, rich; **~ensabgabe** property levy; **~ensanlage** (productive) investment; capital asset; **~enssteuer** property tax; **~enswert** asset; **~enswerte** assets, property values
ver|morscht rotten; **~mottet** moth-eaten; **~mummen** to muffle up; to mask
vermut|en vt to suppose, to presume; to sus-

pect; *su* supposition; opinion; **~lich** presumable, probable; *adv* presumably; I suppose, I guess; **~ung** supposition, conjecture; guesswork; *das sind alles nur ~ungen* that is all guesswork

vernachlässig|en to neglect; to overlook; **~ung** neglect, negligence

ver|nageln to nail up; **~nagelt** *umg* dense, blockheaded; **~nähen** to sew up; to use up in sewing; **~narben** to heal up, to cicatrize; **~narrt** infatuated (*in* with); **~naschen** to spend on sweets; to go to bed with, to lay

vernehm|en to perceive; to understand; to become aware of; ⚖ to interrogate, to examine, to hear; *s. ~en lassen* to declare, to express an opinion; *su* perception; *dem ~en nach* from what we hear, according to report; **~lich** perceptible; audible, distinct; **~ung** interrogation, examination

verneig|en *refl* to bow; **~ung** bow

verneln|en to answer in the negative; to deny, to disavow; **~end** negative; **~ung** negation; negative; denial

vernicht|en to annihilate, to destroy; *(Blüten)* to bite; *(durch Frost, Hitze etc)* to blast; **~ung** annihilation, destruction

ver|nickeln to nickel(-plate); **~nieten** to rivet

Vernunft reason; understanding; good sense; judgment; intelligence; *gesunde ~* common sense; *~ annehmen* to listen to reason; *zur ~ bringen* to bring s-b to his senses; **~ehe** marriage of convenience; **~gemäß** reasonable; rational; **~glaube** rational belief; **⁓ig** reasonable; rational; sensible; **~los** irrational; **~mäßig** reasonable, rational; **~widrig** irrational; contrary to reason

veröd|en *vi* to become desolate; to go to waste; **~et** desolate; waste; **~ung** desolation; devastation

veröffentlich|en to publish; **~ung** publication

verordn|en to decree, to order; *eccl* to ordain; ⚕ to prescribe; **~ung** decree, order; ordinance; prescription

verpacht|en to (put to) lease; **⁓er** lessor; **~ung** leasing

verpack|en to pack up, to wrap up; **~ung** packing up, wrapping up; packing (material); **~ungsgewicht** tare; **~ungskosten** packing charges

verpäppeln to pamper, to mollycoddle

ver|passen to lose; (🚂, *Bus*) to miss; *(Gelegenheit)* to let slip; *(Kleid)* to fit s-b with, to adjust; **~patzen** to bungle; **~pesten** to poison; to taint; to fill with a pestilential odour; **~petzen** to inform against, to tell tales about

verpfänd|en to pledge, to pawn; *(Hypothek)* to mortgage; **~ung** pledging, pawning; mortgaging

verpflanz|en to transplant; **~ung** transplantation

verpfleg|en to feed, to board; to provide for, to cater for; ⚕ to nurse; **~ung** board, feeding; maintenance; food (supply); provisions, *mil* rations

verpflicht|en to oblige, to bind; to engage; *refl* to bind o.s. to do; to commit o.s. (to); **~ung** obligation, duty; engagement; commitment

ver|pfuschen to make a mess of, to bungle; **~pichen** to pitch; **~pimpeln** to coddle; **~plappern, ~plaudern** *vt* to prattle away; *refl* to blab out, to let the cat out of the bag; **~plempern** to waste, to squander; **~pönt** in bad taste; tabooed; **~prassen** to squander, to spend in gluttony (*od* drunkenness); to dissipate; **~prügeln** to thrash soundly, to belabour; **~puffen** to explode; to produce no effect, to be lost (*bei* upon); **~pulvern** to waste; **~pumpen** to lend; **~puppen** *refl* to pupate, to change into a chrysalis; **~pusten** to recover breath; **~putzen** *(außen)* to rough-cast; *(innen)* to plaster; *umg (Essen)* to put away; **~qualmen** to smoke; to spend in smoking; to fill with smoke; **~quer gehen** to go wrong; **~quicken** to amalgamate; *fig* to mix up (with); **~quickung** amalgamation, fusion; combination; **~quollen** bloated, swollen; *(Holz)* warped; **~rammeln** to bar, to barricade; **~rannt** obstinate; stuck on s-th

Verrat treason; betrayal; treachery; **~en** to betray; *(zeigen als)* to bespeak; to reveal, to disclose; **⁓er** betrayer; traitor; **⁓erei** treachery; treason; **⁓erin** traitress; **⁓erisch** treacherous; traitorous; perfidious; revealing; suspicious

verrauch|en *vt* to smoke; to spend on tobacco; *vi* to go off in smoke; to evaporate; *fig* to pass away, to cool down; **⁓ern** to fill with smoke, to blacken with smoke

ver|räumen to mislay; **~rauschen** to die away

verrechn|en to reckon up, to charge to account; to settle; to set off; to account for; *refl* to make a mistake, to miscalculate; *~en mit* to offset against; **~ung** reckoning up, charging to account; settlement; clearing; booking (*od* charging) (to an account); *nur zur ~ung* only for settlement in account, for collection only; **~ungsabkommen** offset agreement, clearing agreement; **~ungskonto** clearing account, settlement account; **~ungsscheck** collection-only cheque; **~ungsstelle** clearing office; **~ungsverkehr** clearing (procedure)

ver|recken *(Tier)* to die; *sl* to croak; **~regnen** to spoil by rain; **~reisen** to make a journey, to go on a journey; *er ist ~reist* he is away from home; **~reißen** *fig* to pull to pieces, to pan, to batter; **~renken** to dislocate, to sprain; **~renkung** dislocation, sprain; **~rennen** *refl fig* to adhere stubbornly (*in* to)

verricht|en to perform, to execute; to accomplish; *sein Gebet ~en* to say one's prayers; **~ung** execution, performance; function; work

ver|riegeln to bolt, to bar; *mil* to barricade; **~ringern** to diminish, to lessen; to reduce; **~ringerung** diminution; reduction; **~rinnen** to run off (*od* away); *(Zeit)* to elapse, to pass away; **~rohen** to become brutal, to become like beasts; **~rosten** to rust; **~rostet** rusty; **~rotten** to rot; **~rucht** wicked; villainous; infamous

verrück|en to remove, to displace; **~t** mad,

crazy; *j-n ~t machen* to drive s-b mad, to madden; **~ter** madman, lunatic; **~theit** madness, craziness
Verruf ill fame; *in ~ kommen* to lose one's reputation, to get into disrepute; **~en** *adj* ill-reputed, disreputable; of ill fame
ver|rühren to stir; to whisk, to beat up; **~rußt** sooty
Vers verse; stanza; line; *ich kann mir keinen ~ daraus machen* I can't make head or tail of it; **~bau** versification; **~fuß** metrical foot; **~maß** metre
versacken to give way, to sink; to bog down, to get ditched
versag|en to deny, to refuse; *vi* to fail, to break down; *(Gewehr)* to misfire; *refl* to forgo, to deny o.s.; *~t sein* to have another engagement; *su* failure, breakdown; **~er** failure, unsuccessful person; *mil* misfire; dud shell; **~ung** denial, refusal
Versalien capitals, caps; *kleine ~* small caps
versalzen to oversalt; *fig* to spoil
versamm|eln to assemble; to collect, to bring together; to convene; *refl* to assemble, to meet; **~lung** assembly; meeting, gathering; **~lungsrecht** right of meeting
Versand dispatch, forwarding; transport; **~abteilung** shipping department; **~anweisungen** shipping instructions; **~anzeige** advice of dispatch; **~art** mode of dispatch; **~bereit** ready for dispatch; **~geschäft** mail order firm; forwarding trade (*od* business); **~kosten** forwarding charges (*od* expenses); **~papiere** shipping documents; **~station** dispatch station; **~vorschriften** shipping instructions
versanden *(Fluß)* to silt up; to get choked up with sand; *fig* to break down; to sink into oblivion
Versatz pawning, pledging; **~amt** pawn shop
ver|sauern to turn sour; *fig* to become morose; **~saufen** to waste on drink
versäum|en to neglect, to omit; *(Zug etc)* to miss; *(Zeit)* to waste; *d. ~te nachholen* to make up for lost time; **~nis** neglect, omission; loss of time, delay; *(Schul-)* non-attendance; ⚖ default; **~nisurteil** judgment by default
ver|schachern to barter away; **~schachteln** to dovetail, to combine closely; **~schachtelung** interlocking (relationship); **~schaffen** to procure, to obtain; to provide; *refl* to get (for) o.s.; *(Patent, Lizenz)* to take out; **~schalen** to board up, to cover with planks; **~schämt** abashed, bashful; shamefaced; **~schandeln** to disfigure, to spoil; **~schanzen** to entrench; *refl* to shelter (*hinter* behind)
verschärf|en to render more severe, to make worse; to sharpen, to intensify; to tighten up; to increase; **~ung** sharpening; intensification; tightening up
ver|scharren to bury; to inter; **~scheiden** to die; *su* death; **~schenken** to give away; to make a present of; **~scherzen** to trifle away; to lose, to forfeit; **~scheuchen** to scare away, to drive away

verschick|en to send away, to dispatch, to forward; to transport; *(deportieren)* to deport; **~ung** dispatch, forwarding; transportation; deportation
Verschieb|ebahnhof = Rangierbahnhof; **~en** to shift, to displace; 🚂 to shunt; *(zeitl.)* to put off, to postpone; *umg* to sell through the black market; *refl* to get out of place, to shift; **~ung** displacement; postponement; selling through the black market
verschieden different; diverse; varied; *sehr ~* of a wide variety; *~ sein* to differ (*von* from); *(tot)* deceased; **~artig** of a different kind; various, heterogeneous; **~erlei** of various kinds, divers; **~farbig** variegated; of different colours; **~heit** difference; diversity, variety; dissimilarity; **~tlich** different; repeated; *adv* repeatedly
verschießen to shoot away; to use up; *vi* to fade, to lose colour, to discolour
verschiff|en to ship; **~er** shipper; **~ung** shipping, shipment; **~ungspapiere** shipping documents
ver|schimmeln to get mouldy; **~schlacken** to be reduced to slag; **~schlafen** *vt* to miss by sleeping; to spend in sleeping; *a. refl* to oversleep (o.s.); *adj* sleepy, drowsy
Verschlag wooden partition; *(Kiste)* crate, box; **~en** to nail up; *(mit Brettern)* to board up; to lose one's place in (a book); ⚓ to drive out of one's course ♦ *j-m d. Atem ~en* to take away s-b's breath; *j-m d. Sprache ~en* to make s-b speechless; *es ~̈t nichts* it does not matter; *adj* lukewarm; *fig* sly, crafty; **~enheit** slyness, craftiness
verschlammen to silt up; to get choked with mud
verschlampen to mess up; to lose; *refl* to neglect o.s.
verschlechter|n to make worse, to impair; *refl* to get worse, to deteriorate; **~ung** deterioration
verschleier|n to veil; *fig* to conceal; *d. Bilanz ~n* to cook accounts; **~t** hazy, slightly clouded; *(Blick)* veiled; *(Stimme)* husky; **~ung** veiling; concealment
Verschleiß wear and tear; attrition; **~en** to wear out
verschlemmen to squander in feasting
verschlepp|en to carry off, to take to a wrong place, to misplace; to displace s-b; ⚕ to spread; *(hinhalten)* to delay, to protract; **~ter** displaced person, D.P.; **~ung** carrying off; deportation; spreading; procrastination
verschleuder|n to waste, to dissipate; to sell dirt-cheap, to throw away; **~ung** wasting, dissipation; selling at ruinous prices
verschließen to close, to lock, to shut up; *s. e-r Sache ~* to keep aloof from s-th, to turn a deaf ear to
verschlimmer|n to make worse, to aggravate; *refl* to get worse; **~ung** change for the worse, deterioration
ver|schlingen to devour, to swallow up; to en-

tangle, to intertwine; **~schlissen** threadbare, worn-out
verschlossen closed, locked; *fig* reserved, taciturn; **~heit** reserve, taciturnity
verschlucken to swallow; *refl* to swallow the wrong way, to choke
Verschluß lock; clasp, fastener; plug; seal; 📷 shutter; *(Geschütz)* breech; *unter ~* under lock and key; **~laut** *gram* stop, plosive; **~stück** plug, stopper
ver|schmachten to pine away, to starve; to languish (from); to die (of); **~schmähen** to disdain, to despise
verschmelz|en to melt (together), to fuse; to blend; to merge, to amalgamate; **~ung** fusion; blending; amalgamation
ver|schmerzen to put up with, to get over (the loss of); to make the best of; **~schmieren** to smear, to daub; *(Papier)* to waste in writing; to plaster over; to soil
verschmitzt wily, cunning; **~heit** wiliness, cunning
verschmutz|en to make dirty; *(stark)* to begrime; **~t** dirty; filthy
ver|schnappen *refl* to blurt out, to give the show away; **~schnaufen** to recover one's breath, to take breath; **~schneiden** to cut (up); to clip, to prune; to cut badly, to spoil; *(Tiere)* to geld, to castrate; *(Wein)* to adulterate; **~schneit** snowed up, covered with snow; **~schnitt** mixed wine; *(Tabak)* blend; cuttings, chips; **~schnörkeln** to write (*od* adorn) with flourishes; **~schnupft** troubled (*od* stuffed up) with a cold; *fig* cross, annoyed; **~schnüren** to tie up; to lace; **~schollen** missing, lost; long past, forgotten; *d. Schiff ist ~schollen* the ship was never heard of again; **~schonen** to spare; to exempt from
verschönern to beautify, to embellish
verschossen faded, discoloured; *~ in* madly in love with, having a crush on
ver|schränken to cross, to fold (one's arms); **~schreiben** to use up in writing; to write wrongly; to write for, to order; ⚕ to prescribe; ⚖ to make over (to s-b); *refl* to make a slip (in writing); *fig* to subscribe to (a belief etc), to set one's heart upon; to be subordinated (to); **~schroben** queer, odd, eccentric; confused, intricate; **~schrotten** to scrap; **~schrumpfen** to shrivel up, to shrink;
verschuld|en *vt* to be guilty of; to commit; *~et* (involved) in debt; *su* fault; **~ung** fault, offence; indebtedness, being in debt; encumbrance
verschütt|en to spill; *(zu-)* to fill up (*mit* with); to bury (alive); **~gehen** *sl* to be nabbed; to get lost
ver|schwägert related by marriage; **~schwatzen** to spend in chattering
verschweig|en to keep secret, to conceal; to suppress; **~ung** concealment; suppression
verschwend|en to squander, to waste; to dissipate; to lavish; **~er** spendthrift; prodigal; **~erisch** wasteful, prodigal, lavish; extravagant; **~ung** wastefulness, prodigality; extravagance; **~ungssucht** dissipation, mania for squandering
verschwiegen • discreet, reticent; reserved; **~heit** discretion; reticence; secrecy
verschwimmen to fade away, to dissolve; to become blurred (hazy)
verschwinden to disappear, to vanish; to be lost; *(heimlich)* to abscond; *ich muß mal eben ~ (umg)* I must go and spend a penny, I must see a man about a dog; *su* disappearance
ver|schwistert closely united (like brothers and sisters); **~schwitzen** to wet through with perspiration; *umg* to forget; **~schwommen** indistinct; blurred
verschwör|en *refl* to plot, to conspire; **~er** conspirator; **~ung** plot, conspiracy
Verschworener conspirator
versehen to provide, to supply (*mit* with); to furnish (with); *(Stelle)* to fill; *(Pflicht)* to perform; to administer *(the last sacrament); (Haus)* to keep, to look after; to overlook; *refl* to make a mistake; *ehe man sich's versah* before your could say Jack Robinson; *su* mistake, slip; oversight; *aus ~* by accident; **~tlich** inadvertent; by accident, by mistake
versehr|en to injure, to disable; **~tenrente** disablement pension; **~tenstufe** degree of disablement; **~ter** disabled person
versend|en to send off, to dispatch, to forward; to ship; **~ung** dispatch, forwarding; transport
versengen to singe; to burn, to scorch
versenk|en to sink; to submerge; to lower, to let down; *refl* to become absorbed (in); **~ung** sinking; submersion; 🎭 trap-door ♦ *in d. ~ung verschwinden* to vanish like magic
versessen *auf* bent on; mad about, crazed (*od* crazy) about
versetz|en to put (into), to set; to displace, to misplace; *(Baum)* to transplant; *(Beamten)* to move, to transfer; *mil* to post; *(Schüler)* to move up, *US* to promote; *~t werden* to get one's remove, *umg* to go up; *(Sachen)* to pawn, to pledge; *(mischen)* to mix, to alloy; *(Schlag)* to deal, to give; ♪ to transpose; *fig umg* to leave in the lurch; **~ung** transfer; moving up, removal (to a higher class); *mil* posting; mixing, alloy; transposition; **~ungszeichen** ♪ accidental
verseuch|en to infect; to contaminate; **~ung** infection; contamination
Versicher|er insurer; ⚓ underwriter; **~n** to assure, to affirm; to assert; *(geldl.)* to insure; *refl* to make sure of, to ascertain; to take possession of; to insure o.s.; **~ter** insured; **~ung** assurance; affirmation; *(geldl.)* insurance (company); *~ung abschließen* to effect an insurance; **~ungsanstalt** insurance office; **~ungsbeitrag** insurance premium; **~ungsfrei** exempt from the obligation to insure; **~ungsgesellschaft** insurance company; **~ungsleistung** insurance benefit; **~ungsnehmer** insured (person), policy holder; **~ungspflichtig** subject to

obligatory insurance; **~ungspolice, ~ungsschein** insurance policy; **~ungsträger** insurance institution
ver|sickern to trickle away; **~siegeln** to seal (up); **~siegen** to dry up; to be exhausted
versiert experienced
ver|silbern to silver(-plate); *umg* to turn into money; **~sinken** to sink, to founder; to immerse; *~sunken sein in* to be absorbed in; **~sinnbildlichen** to symbolize
versöhn|en to reconcile; to propitiate, to appease; *s. ~en mit* to become reconciled with; **~lich** conciliatory, forgiving; easily reconciled; **~ung** reconciliation
versonnen lost in thought
versorg|en to provide, to supply (with); to provide for, to maintain; to look after, to care for; **~er** support(er), breadwinner; **~ung** supply; supplies; provision; maintenance, care (for); relief; *soziale ~ung* social services; **~ungsbetriebe** public utilities; **~ungsempfänger** pensioner; **~ungslage** supply situation
verspät|en *vt* to delay; *refl* to be (*od* come) late, to be behind time; to tarry; **~et** belated, late; **~ung** delay; being late; *d. Zug hat 5 Minuten ~ung* the train is five minutes late
ver|speisen to eat (up); **~spekulieren** to lose by speculation; *fig* to make a bad speculation, to be out in one's calculations; **~sperren** to bolt; *(Weg)* to bar; to block, to obstruct; to barricade
verspielen to lose (the game); to gamble away, to lose by gambling; *es bei j-m ~* to get into s-b's bad books
verspinnen to use up in spinning
verspott|en to deride, to mock, to scoff at; to make game of; **~ung** derision; mockery; scoffing
versprech|en to promise, to bind o.s.; to give promise of; to bid fair (to do); *(als Gattin)* to betroth; *refl* to make a slip of the tongue; *ich habe mich versprochen* it was a slip of the tongue on my part; *s. viel ~en von* to expect much of; *su* slip of the tongue; promise; **~ung** promise
versprengt|en to scatter, to disperse; **~ter** straggler
ver|spritzen to spill; *(Blut)* to shed; **~spüren** to perceive; to be aware of
verstaatlich|en to nationalize; **~t** nationalized; taken over by the government; **~ung** nationalization
verstädter|n to urbanize; **~ung** urbanization
Verstand understanding, intellect; mind; intelligence, brains; judgment; *nicht bei ~ sein* to be out of one's mind; *d. ~ verlieren* to go out of one's mind; *da bleibt mir d. ~ stehen* that is beyond me, I am nonplussed; *zu ~ kommen* to arrive at the age of discretion; **~eskräfte** intellectual powers; **~esmensch** matter-of-fact person; **~esschärfe** sagacity; **⁓ig** intelligent, sensible; prudent, wise; judicious; **⁓igen** to notify (*von* of), to inform (of); *refl* to come to an understanding (with); **⁓igkeit** good sense; prudence, insight; **⁓igung** agreement, arrangement; understanding; ⚡ (quality of) reception; **⁓lich** intelligible; clear, distinct; comprehensible; *s. ⁓lich machen* to make o.s. understood; **⁓lichkeit** intelligibility; clearness; **⁓nis** understanding; comprehension; appreciation; sympathy; *⁓nis haben für* to appreciate; **⁓nisinnig** full of deep (*od* mutual) understanding; **⁓nislos** devoid of understanding; unappreciative; imbecile; **⁓nisvoll** understanding, knowing; sympathetic; appreciative
verstärk|en to strengthen, to reinforce; to intensify; *bes* ⚡, 📻 to amplify; to boost; **~er** amplifier, booster; **~ung** strengthening; reinforcement(s); 📻 amplification, boost
ver|stauben to get dusty; **~stauchen** to sprain; **~stauen** to stow away, to bestow
Versteck hiding-place, cache; *(Hinterhalt)* ambush; *~ spielen* to play at hide and seek; **~en** to hide, to conceal; *refl* to hide o.s.; **~spiel** hide and seek; **~t** hidden, concealed; *fig* veiled; sly
verstehen to understand, to comprehend; to perceive, to see, to hear; to know (how to do); *zu ~ geben* to give to understand, to intimate (to); *e-n Spaß ~* to take a joke; *falsch ~* to misunderstand; *~ Sie mich recht* don't get me wrong; *was ~ Sie darunter?* what do you mean by it?; *refl* to understand one another; *s. ~ zu* to agree to; *s. von selbst ~* to go without saying, to be a matter of course; *s. ~ auf* to be skilled in, to know well
ver|steifen to stiffen; to strut; *refl* to grow stiff; *s. ~steifen auf* to insist on, to make a point of; *(Preis)* to harden; **~steigen** *refl* to climb too far; to lose one's way (in climbing); *fig* to go too far, to go so far as (to do)
Versteiger|er auctioneer; **~n** to (sell by) auction; to put up to auction; **~ung** (putting up to) auction
versteiner|n to turn into stone, to petrify; **~ung** petrifaction; fossil
verstell|bar adjustable; **~en** *vt* to change the position of; to displace, to misplace; *(versperren)* to block, to bar; to disfigure, to disguise; *refl* to dissemble, to sham, to feign; **~ung** removal; disarrangement; disfiguration; disguise, dissimulation; **~ungskunst** art of dissimulation
ver|steuern to pay tax on; **~stiegen** eccentric, high-flown
verstimm|en to put out of tune; *fig* to annoy, to upset, to cause resentment (in, among); **~t** out of tune; *(Magen)* upset; in a bad mood, cross; out of sorts; **~ung** ♪ mistuning; ill humour, bad temper
verstockt impenitent; obdurate, obstinate; hardened; **~heit** obduracy; obstinacy
verstohlen stealthy, furtive; clandestine, surreptitious
verstopf|en to block, to stop up; ⚕ to constipate; **~ung** blocking up, obstruction; stoppage; constipation

verstorben deceased, late

verstört disconcerted; bewildered; disordered; **~heit** consternation, bewilderment; confusion

Verstoß offence (against); disobedience (to); breach (of); fault, mistake; **~en** *vt* to reject, to expel; to put away, to cast off; *vi* to offend (against), to violate; to transgress; to infringe (the law); **~ung** rejection, expulsion

ver|streichen *vt* to smear, to spread; to use up; *vi* to pass (away), to slip by; **~streuen** to scatter, to disperse; **~stricken** to use up in knitting; to entangle; to ensnare; **~strömen** to pour forth (*od* out), to emanate; **~stümmeln** to mutilate, to mangle *(a. fig)*; to maim *(a. fig)*; **~stummen** to grow mute (*od* dumb); to become silent; not to continue

Versuch attempt; experiment; *bes* ⚙ trial (*e-n ~ machen mit* to give . . . a t.); **~en** to try, to attempt; to experiment with; to taste, to sample; *(in ~ung führen)* to tempt, to entice; *es ~en mit* to put to the test; **~er** tempter; **~sanstalt** research institute; **~sballon** *pol* trial balloon; *fig* kite (*e-n ~sballon steigen lassen* to fly a k.); **~skaninchen** (human) guinea pig (*~skaninchen sein* to be the g. p.); **~sreihe** series of experiments; **~sweise** by way of experiment; *(probe-)* on trial, on approval; tentatively; **~ung** temptation

versündig|en *refl* to sin (*an* against), to offend; **~ung** sin(ning), offence

versunken sunk, lost; absorbed

versüßen to sweeten *(a. fig)*

vertag|en to adjourn (*auf* till); **~ung** adjournment

ver|tändeln to trifle away; **~täuen** ⚓ to moor; **~tauschen** to exchange; to barter; *(irrtüml.)* to mistake; *math* to substitute, to permute

verteidig|en to defend; *refl* to defend o.s.; **~er** defender; advocate; ⚖ defence counsel, *US* defense attorney ⚽ *linker ~er* left back, *rechter ~er* right back; **~ung** defence; advocacy; **~ungsanlagen** defence works; **~ungskrieg** defensive war; **~ungslinie** line of defence; **~ungsministerium** Ministry of Defence; **~ungsstellung** defensive position

verteil|en to distribute; *(aus-)* to dispense; *(zuweisen)* to assign; *(gleichmäß.)* to apportion; to divide; to share; **~er** distributor; **~erliste** mailing list; **~ung** distribution; division; **~ungsnetz** distribution network; distributing trade

ver|teuern to make dearer, to raise the price of; **~teufelt** devilish; confounded

vertief|en to make deeper, to deepen; *fig* to deal with s-th in greater detail; *refl* to become deeper; *s. ~en in (fig)* to become absorbed in; to be engrossed in, to burrow into, to bury o.s. in; **~ung** deepening; depression, hollow; cavity; recess, niche; detailed treatment

vertier|en to grow brutal; **~t** brutish

vertilg|en to extirpate, to exterminate; to destroy; to consume, to eat up; **~er** exterminator; **~ung** extirpation, extermination; destruction

ver|tonen to set to music; **~tonung** composition; musical arrangement

Vertrag agreement, contract; *pol* treaty; *(zivilrechtl.)* contract; *mündl. ~* verbal contract, parole agreement; *schriftl. ~* contract in writing, written contract; *e-n ~ (ab)schließen* to make a contract (*pol* treaty); **~en** to wear out; *(er-)* to bear, to endure; to digest; *ich kann Wein nicht ~en* wine doesn't agree with me; *refl* to get on well (together); *s. wieder ~en* to make it up, to settle one's differences; **~lich** contractual; subject to contract; **⁓̈lich** sociable; good-natured; *bes* § compatible (with); **⁓̈lichkeit** sociability; good nature; compatibility; **~sbedingungen** contractual terms; **~sbestimmung** term (*od* provision) of a contract; **~sbruch** breach of contract (*od* treaty); **~sbrüchig** defaulting (in a contract); **~schließend** contracting; **~sgemäß** contractual; **~smäßig** agreed upon, stipulated; **~spartner** party to an agreement (*od* contract); **~swidrig** contrary to an agreement (*od* contract)

vertrau|en to trust, to rely upon; to have confidence in, to put one's trust in; *su* confidence, trust, reliance; belief (in); *im ~en* in confidence, between you and me (*od* ourselves); *im ~en auf* relying upon, trusting to; *~en haben zu* to believe in; **~ensbruch** breach of trust; **~ensmann** trustee; confidant; **~ensposten** position of trust; **~enssache** confidential matter; **~ensselig** too trusting; gullible; **~ensstelle** fiduciary office; **~ensstellung** = *~ensposten;* **~ensvoll** full of confidence, confident; **~ensvotum** vote of confidence; **~enswürdig** reliable, trustworthy; **~lich** confidential; intimate; **~lichkeit** intimacy; familiarity; **~t** intimate, familiar; conversant (with), versed (in); *s. ~t machen mit* to acquaint o.s. with; **~ter** confidant; **~theit** intimacy, familiarity; (thorough) knowledge (of), acquaintance (with)

ver|trauern to spend in sorrow; to mourn away (one's life)

verträum|en to dream away; **~t** dreamy, sleepy

vertreib|en to drive away, to expel; to banish; *(Waren)* to distribute, to retail, to sell; *(s.) d. Zeit ~en* to while away the time; **~ung** expulsion; distribution

vertret|bar justifiable; tenable; *über d. ~bare Maß hinausgehen* to exceed legitimate limits; **~en** to represent; to act for; *(einspringen)* to deputize for, to take s-b's place; to act as (*od* be the) substitute for; to defend; *(eintreten)* to plead for, to intercede for; *s. d. Fuß ~en* to sprain one's foot; *s. d. Beine ~en* to stretch one's legs; *j-m d. Weg ~en* to stop s-b; **~er** representative; *(Stell-)* deputy, proxy; *(Ersatz)* substitute; *(e-s Arztes etc)* locum; advocate, champion; *(Handels-)* agent, canvasser, commercial traveller; **~ung** representation; agency; *pol* mission; *e-e ~ung übernehmen für* to deputize for; *ich habe d. ~ung für* I represent the firm of

Vertrieb sale, distribution; marketing; **~ener**

expellee, expelled person; **~skosten** marketing costs; **~sleiter** marketing manager
ver|trinken to spend on drink; **~trocknen** to dry up, to wither; **~trödeln** to dawdle (*od* idle) away; **~trösten** to put s-b off (with empty promises); to give hope to; **~tun** to waste, to squander; **~tuschen** to hush up; **~übeln** to take s-th amiss; to blame s-b for s-th; **~üben** to commit
verun|ehren to disgrace; **~einigen** to disunite; to set at variance; **~glimpfen** to disparage, to defame; **~glimpfung** disparagement, defamation; **~glücken** to have (*od* meet with) an accident; to die in an accident; to perish; to fail, to miscarry; **~reinigen** to (make) dirty, to soil; to pollute, to defile; **~reinigung** soiling; pollution, defilement; **~stalten** to disfigure; to deform; to blemish; **~staltung** disfigurement; deformity; blemish; **~treuen** to embezzle; **~treuung** embezzlement; **~zieren** to disfigure, to mar
verur|sachen to cause; to occasion; to bring about, to produce; *(hervorrufen)* to give rise to; *(nach s. ziehen)* to entail, to involve; **~teilen** to condemn, to sentence; *(Geldstrafe)* to fine s-b *(50 marks)*; **~teilung** condemnation; conviction; sentence
verviel|fachen to multiply; **~fältigen** to multiply; *(abziehen)* to duplicate, to mimeograph; **~fältigung** multiplication; duplication, mimeographing; copy, mimeograph; **~fältigungsapparat** duplicator, mimeograph
vervierfachen to increase fourfold, to quadruple
vervoll|kommnen to improve; to perfect; *refl* to perfect o.s. (in); **~kommnung** perfecting; perfection; **~ständigen** co complete; **~ständigung** completion
ver|wachsen to grow together; *(zu-)* to close, to heal up; *fig* to become engrossed (in), to become deeply rooted (in); *adj* deformed, crooked; *(Baum)* stunted, gnarled; **~wackelt** 📷 blurred
verwahr|en to keep, to preserve; *refl* to protest (*gegen* against); **~ung** keeping, care; custody (*in ~ung nehmen* to take c. of s-th); *in ~ung geben* to give s-th in charge; *~ung einlegen gegen* to protest against, to object to
verwahrlos|en *vt* to neglect completely; *vi* to be ruined by neglect; to go to the bad; **~t** neglected; unkempt; *(Garten)* overrun with weeds; *(sittl.)* depraved; **~ung** (complete) neglect; demoralization
verwais|en to become an orphan; **~t** orphaned; *fig* deserted
verwalt|en to administer, to manage; to conduct; *(lenken)* to rule, to govern; *(Amt)* to hold (an office); **~er** administrator; manager; custodian, trustee; steward; *(Haus-)* caretaker; **~ung** administration; management; department; **~ungsapparat** administrative machine; **~ungsbeamter** administrative official; **~ungsbehörde** government authority (*od* board); **~ungsdienst** public service, government service; **~ungsgebühr** administrative fee; management charge; **~ungsgericht** administrative court; **~ungsmaßnahme** administrative measure; **~ungsrat** Board of Directors; **~ungsstellen** administrative authorities
verwand|eln to change, to transform; to convert, to turn; *(Strafe)* to commute; *refl* to change; **~lung** change, transformation; conversion; commutation
verwandt related (to); allied (to); cognate; similar, kindred; *sie sind nah (weitläufig) ~* they are near (distant) relatives; **~er** relation, relative; **~schaft** relationship; *(eng) fig* affinity, alliance; *(~e)* relations, relatives, family; *chem* affinity; **~schaftlich** kindred; as (among) relatives; congenial; *~schaftliche Beziehung* relation(ship); **~schaftsgrad** degree of relationship
ver|wanzt infested with bugs; **~warnen** to warn; to caution; to admonish; **~warnung** warning; caution; admonition; **~waschen** *vt* to use up in washing; *adj* washed-out, faded; *fig* vague, indistinct; **~wässern** to dilute; to weaken; *fig* to water down; **~weben** to (inter-)weave; **~wechseln** to (mis)take (*mit* for); to confuse, to mix up; to change; **~wechslung** mistaking; confusion; mistake; ♪ (enharmonic) modulation; **~wegen** daring, audacious; **~wegenheit** boldness, audacity; **~wehen** to blow away; to drift; to cover up; *vi* to be blown (*od* scattered) in all directions; **~wehung** (snow-)drift; **~wehren** to forbid s-b s-th, to interdict s-th to s-b, to prohibit s-b from (doing)
verweichlichen to coddle, to spoil; *vi* to become effeminate; to grow flabby
verweiger|n to refuse, to deny; **~ung** refusal, denial
verweilen to stay; to linger; *fig* to dwell (*bei* upon)
verweint red with weeping
Verweis rebuke, reproof, reprimand; censure; *(Hin-)* reference; **~en** to reprimand (*wegen* for), to rebuke, to reprove; *~en auf* to refer to; *d. Landes ~en* to banish, to exile; **~ung** exile, banishment
ver|welken to fade, to wither; **~weltlichen** to secularize; to make worldly
verwend|bar usable, applicable; practical; **~en** to use, to make use of; to utilize; to employ; to spend, to expend; *(an-)* to apply (*für* to, for); *nützlich ~en* to turn to account; *s. ~en für* to intercede for, to use one's influence for; **~ung** use, utilization; employment; application; intercession; *zur ~ung kommen* to be used; **~ungszweck** purpose
verwerf|en to throw away; to reject; *refl* to become warped; *geol* to fault; **~lich** objectionable, blamable; **~ung** rejection; warping; *geol* fault
verwert|bar usable; **~en** to utilize, to make use of; to turn to account; *(aus-)* to evaluate, to draw conclusions from; *(veräußern)* to realize, to sell; **~ung** utilization; evaluation; realization

verwes|en *vt* to administer; *vi* to decay, to decompose; to rot; **~er** administrator; **~lich** perishable; liable to decay; **~ung** decay, decomposition; putrefaction
verwick|eln to entangle; to complicate; to involve (in); **~elt** complicated, involved, intricate; **~lung** entanglement; complication, intricacy
verwilder|n to grow wild, to become savage; *(Kind)* to be neglected; *(Garten)* to run wild; to become depraved, to degenerate; **~ung** return to barbarism; degeneration, demoralization
verwind|en to get over; to overcome; **~ung** ⚙ torsion; **~ungsfest** torsion-proof
verwirk|en to forfeit; *(Strafe)* to incur; **~lichen** to put into reality, to realize; to materialize *(a. refl)*; *refl* to be realized; **~lichung** realization; materialization; **~ung** forfeiture
verwirr|en to (en)tangle; to confuse, to baffle, to bewilder; to embarrass, to perplex; **~ung** entanglement; confusion, bewilderment; embarrassment, perplexity
verwischen to blot out, to wipe out; to blur; to efface, to obliterate
verwitter|n to weather; to disintegrate, to crumble away; **~t** weather-beaten, -worn; **~ung** weathering; erosion
ver|witwet widowed; **~wöhnen** to coddle, to pamper; to spoil; to indulge (*mit* in); **~wöhnt** spoiled; dainty, fastidious; **~wöhnung** spoiling; indulgence (*mit* in); **~worfen** depraved, vile; **~worren** confused, abstruse
verwund|bar vulnerable; **~en** to wound, to injure; **~erlich** surprising, odd, strange; *d. ist nicht (weiter) ~erlich* that's not to be wondered at; **~ern** *vt* to surprise; *refl* to wonder, to be surprised (*über* at); **~erung** surprise, astonishment; **~ung** wound, injury
verwunsch|en bewitched; **¨en** to curse; to bewitch; **¨t** accursed, confounded; **¨ung** curse, imprecation; malediction
verwurzel|n *vi* to become firmly (*od* deeply) rooted; **~ung** deep-rooted links
verwüst|en to devastate, to lay waste; **~ung** devastation; desolation
verzag|en to lose heart, to despond; **~t** despondent; faint-hearted; **~theit** despondency; faint-heartedness
verzählen to miscount, to count wrongly
verzahn|en to tooth, to cut gears; to dovetail; **~ung** toothing; gear cutting; *fig* interlocking (system)
verzapfen to tenon; *(Bier)* to sell on draught; *umg* to concoct, to tell, to talk
verzärtel|n to coddle, to pamper; **~ung** coddling, cockering up; effeminacy
verzauber|n to bewitch, to enchant, to charm; **~ung** enchantment
verzehnfachen to increase tenfold, to decuple
Verzehr consumption; **~en** to eat (up); to consume; *refl* to pine away, to waste away; **~ung** consumption
verzeich|nen to write down; to book, to enter; to make a list of; *in B. ist . . . zu ~nen* in B. there is . . .; to draw badly, to distort; **~nis** list, catalogue; inventory; specification; *(Buch)* index
verzeih|en to forgive, to pardon; *~en Sie!* I beg your pardon!; excuse me!; **~lich** excusable, pardonable; **~ung** pardon; forgiveness; *~ung!* = ~en Sie!; *j-n um ~ung bitten* to beg s-b's pardon
verzerr|en to distort; *sein Gesicht ~en* to make a wry face; **~ung** distortion
verzetteln to scatter; to dissipate; to catalogue, to card-index; *refl* to engage o.s. in too many things
Verzicht renunciation; resignation; *~ leisten* = **~en** *auf* to renounce; to resign; ⚖ to waive; **~leistung** = ~
verziehen *vt* to distort, to contract; *ohne e-e Miene zu ~* without batting an eyelid; *(Kind)* to spoil; *refl* to warp, to be twisted; *(Stirn etc)* to pucker; to disappear, to vanish; *umg* to bundle off; *(Gewitter etc)* to pass over, to disperse; *vi (um-)* to remove, to go away; to tarry
verzier|en to decorate, to ornament; to embellish; **~ung** decoration, ornament(ation); embellishment; ♪ grace, flourish
ver|zinken to zinc, to galvanize; **~zinnen** to tin(-plate)
verzins|en to pay *(5 per cent)* interest on; *refl* to pay (*od* bear) *(5 per cent)* interest; **~lich** interest-bearing; **~ung** interest (return)
verzöger|n to delay, to retard; to procrastinate; *refl* to be delayed (*od* deferred); **~ung** delay, retardation; procrastination
verzoll|en to pay duty on; *haben Sie etw zu ~en?* have you anything to declare?; **~t** duty paid; **~ung** (payment of) duty; clearance
verzuckern to sugar (over), to sweeten; *fig* to sugar, to gild (the pill)
verzück|en to enrapture; **~t** in raptures, ecstatic; **~ung** rapture, ecstasy
Verzug delay; (state of) default; *ohne ~* without delay, immediately; *im ~ sein* to be imminent; **~sschaden** damage caused by default; **~szinsen** interest payable on arrears
verzweif|eln to despair (*an* of); *es ist zum ~eln* it is exasperating; **~elt** despairing; *(wild)* desperate; **~lung** despair; desperation; *zur ~lung bringen* to drive s-b to despair
verzweigen *refl* to branch (out), to ramify
verzwickt complicated, baffling, awkward
Vesper *eccl* vespers; light meal; *~(brot)* afternoon refreshment; **~n** to take afternoon tea (*od* a light afternoon meal)
Veteran *bes US* veteran *(a. fig)*, *BE* ex-serviceman
Veterinär|arzt veterinary (surgeon), veterinarian, *umg* vet; **~medizin** veterinary science
Veto veto; *sein ~ einlegen gegen* to veto, to put a veto on
Vettel slut; whore
Vetter (male) cousin; *~ zweiten Grades* second cousin; **~nwirtschaft** nepotism
Vexier|bild picture puzzle; **~en** to tease; to vex, to trouble; **~schloß** puzzle-lock; **~spiegel** distorting mirror

via by, via; **~dukt** viaduct

Vibr|ation vibration; **~ieren** to vibrate

Vieh cattle; *(Tier)* beast; *hausen wie d. liebe ~* to be housed like animals; **~auftrieb** number of animals coming on to the market; **~bestand** livestock; **~futter** fodder, cattle food; **~händler** cattle dealer; **~isch** brutal, bestial; **~markt** cattle-market; **~salz** cattle salt; **~seuche** cattle plague, murrain; **~wagen** cattle--truck; **~weide** pasture; **~wirtschaft** animal husbandry; **~zählung** livestock census; **~zucht** cattle-breeding; **~züchter** cattle-breeder

viel much (*pl* many); *bes im bejahenden Satz, als Objekt* a lot (of), a great deal (of); *(reichlich)* plenty (of); *adv* much; a lot, a great deal; *e. bißchen ~* a little too much, a bit thick; *noch mal so ~* as much again; *in ~em* in many respects; *~ geben auf* to give a lot for, to set great store by; *~e Wenig geben e. ~* many a little makes a mickle; **~deutig** having many meanings; ambiguous; **~eck** polygon; **~eckig** polygonal; **~erlei** many (kinds of), . . . of many kinds; divers, various; **~erorts** in many places; **~fach** multiple; manifold; repeated; *adv* in many cases; frequently; **~falt** diversity; abundance, large number; **~fältig** manifold, various; **~fraß** glutton *(a. zool)*; **~gestaltig** of many shapes, multiform; **~götterei** polytheism; **~heit** multitude; great number (*od* quantity); multiplicity; **~jährig** of many years; *~jährige Erfahrung* many years of experience; **~leicht** perhaps, maybe; *er kommt ~leicht* he may come; *haben Sie ~leicht?* do you happen to have?; **~mals** many times, frequently; very much; **~mehr** rather, on the contrary; **~sagend** significant; *(Blick)* knowing; full of meaning, suggestive, expressive; **~schichtig** on many planes, at many levels; **~seitig** many-sided; all-round; versatile; *math* polyhedral; **~silbig** polysyllabic; **~versprechend** very promising; **~weiberei** polygamy; **~zahl** large number; abundance

vier four; *auf allen ~en* on all fours; *unter ~ Augen* tête-à-tête, confidentially; *zu ~t* four of us (*od* them); **~beinig** four-footed; **~blättrig** four-leaved; **~eck** quadrangle; *(Quadrat)* square; **~eckig** quadrangular, four-cornered; square; **~fach, ~fältig** fourfold, quadruple; **~fruchtmarmelade** four-fruit jam; **~füßig** four-footed, quadruped; **~füßler** quadruped; **~händig** four-handed; *~händig spielen* ♪ to play duets; **~hundert** four hundred; **~jährig** of four years; lasting four years; **~kantig** four-edged; **~mal** four times; **~malig** repeated four times; **~rädrig** four-wheeled; **~schrötig** squarely built, thick-set; **~seitig** four-sided, quadrilateral; **~stellig** of four places (*od* digits); **~stimmig** for four parts (*od* voices); **~stöckig** four-storied; **~tägig** of four days, lasting four days; **~taktmotor** 🚗 four-stroke engine; **~te** fourth; **~teilen** to divide into four parts; to (draw and) quarter; **~teilig** consisting of four parts

Viertel fourth part, quarter *(a. Stadt-)*; *~ vor drei* a quarter to three, *~ nach drei* a quarter past three; *~ vier* a quarter past three; *drei ~ vier* a quarter to four; **~jahr** quarter, three months; **~jahresschrift** quarterly (periodical); **~jährig** quarterly, of three months; **~jährlich** quarterly; *adv* once a quarter; **~note** crotchet, *US* quarter note; **~pause** crotchet rest, *US* quarter rest; **~stunde** quarter of an hour; **~stündig** lasting fifteen minutes; **~stündlich** every quarter (*od* fifteen minutes)

vier|tens fourthly, in the fourth place; **~ung** 🏛 crossing, intersection of the nave; **~vierteltakt** common time; **~zehn** fourteen; *~zehn Tage (BE)* a fortnight; **~zehntägig** bi-weekly; **~zehnte** fourteenth; **~zeiler** four-line poem; **~zig** forty; **~zigjährig** of forty years; **~zigste** fourtieth

Vikar *eccl* curate

Vill|a villa; *kleine ~a* cottage; **~enkolonie** garden city

Viol|a *bot,* ♪ viola; **~ett** violet; **~ine** violin; **~inist** violinist; **~inschlüssel** treble clef; **~oncello** cello

Viper viper

virtuos masterly; **~e** virtuoso; **~ität** virtuosity, mastery

viru|lent ⚕ infectious, poisonous; **~s** virus

Visage *sl* mug

Visier (gun) sight; *(Helm)* visor; **~en** to sight; to aim at; *(Paß)* to visa; **~linie** line of sight; **~weite** range of sight

Vision dream, phantom; phantasm; **~är** visionary

Visit|ation search; inspection; **~e** call, *(a.* ⚕*)* visit; *~e machen* to pay a visit; **~enkarte** visiting card, *bes US* calling card; **~ieren** to search; to inspect

visuell visual

Visum visa

Vitamin vitamin; **~mangel** vitamin deficiency; **~mangelkrankheit** avitaminosis

Vitrine cabinet; showcase

vivat long live . . .!, hurrah for . . .!

Vize/admiral vice admiral; **~könig** viceroy; **~königin** vicereine; **~königlich** viceregal; **~konsul** vice-consul

Vlies fleece

Vogel bird ♦ *e. lustiger ~* a gay bird (*od* dog); *e. lockerer ~* a loose fish; *d. ~ abschießen* to carry off the prize, to bear the palm; *du hast e-n ~* you're crazy (*od* nuts); **~bauer** (bird-) cage; **~beere** mountain ash, rowan; **~flinte** shotgun; **~frei** outlawed; **~futter** bird-seed; **~haus** aviary; **~käfig** = ~bauer; **~kunde** ornithology; **~nest** bird's nest; **~perspektive, ~schau** bird's-eye view (*aus d. ~schau* a b. view of); **~scheuche** scarecrow; **~schutz** protection of birds; **~steller** bird-catcher, fowler; **~straußpolitik** burying one's head in the sand, refusal to face facts; **~warte** ornithological station; **~zug** migration of birds of passage

Vogt bailiff; steward

Vokabel word (to be memorized); **~buch, ~heft** vocabulary; **~schatz** vocabulary; range of language

Voka|l vowel; **~lmusik** vocal music; **~tiv** vocative

Volant flounce, frill; steering-wheel

Volk people, nation; *(Stamm)* tribe; the (common) people; the lower classes; *(Rebhühner)* covey; *(Bienen)* swarm, hive; *d. gemeine ~* the mob, rabble; *d. Mann aus d. ~* the man in the street; **⁻̈chen** (small) tribe, young folk; **⁻̈erbund** League of Nations; **⁻̈ergemeinschaft** community of nations; **⁻̈erkunde** ethnology; **⁻̈ermord** genocide; **⁻̈errecht** international law; **⁻̈errechtlich** relating to international law; **⁻̈erschaft** people; tribe; **⁻̈erschlacht** the Battle of Leipzig; **⁻̈erwanderung** migration of (the) peoples; *(germanische)* the Germanic (*od* Barbarian) Invasions; **⁻̈isch** national; **~reich** populous

Volks|abstimmung plebiscite; **~aufstand** popular rising, revolution; **~ausgabe** popular edition; **~bibliothek** public library; **~bildung** national education, popular education; adult education; **~charakter** national character; **~deutscher** member of German ethnic group; **~dichte** density of population; **~dichter** national poet; popular poet; **~einkommen** national income; **~entscheid** plebiscite; **~epos** national epic; **~fest** public festival; (annual) fair; popular local fête; **~genosse** fellow countryman; comrade; **~glaube** popular belief; **~gruppe** ethnic group; **~gunst** popularity; **~haufe** mob, crowd; **~herrschaft** democracy; government of the people; **~hochschule** University Extension (courses), adult education courses; **~hymne** national anthem; **~justiz** lynch-law; mob-justice; **~küche** soup-kitchen; **~kunde** folklore; **~lied** folk-song; **~mäßig** popular; **~meinung** public opinion; **~melodie** popular air; **~menge** population, mob; **~schicht** class of people, social stratum; **~schlag** race; **~schule** elementary school, primary school; **~sitte** national custom; **~sprache** vernacular; popular (*od* vulgar) tongue; **~stamm** tribe; **~stimmung** public opinion (*od* feeling); **~tracht** national costume; **~tum** nationality; national character; **~tümlich** national, popular; **~tümlichkeit** popularity; **~verbunden** closely bound up with one's nation; **~vermögen** national wealth; **~vertreter** representative of the people, member of parliament; **~vertretung** popular representation; **~wirt** (political) economist; **~wirtschaft** political economy; (national) economy; economics; economic system; **~wirtschaftlich** economic; from the viewpoint of the country's economy; **~wirtschaftslehre** economics; **~wohlstand** the people's wealth; **~wohlfahrt** public welfare; **~zählung** census

voll full, filled; replete; complete; whole, entire; *(Tageslicht)* broad; *umg* drunk ♦ *j-n nicht für ~ nehmen* not to take s-b seriously; *aus d. ~en schöpfen* to have unlimited resources, to draw freely from the store (of one's ideas etc); *aus ~em Herzen* from the bottom of one's heart; *aus ~er Kehle* at the top of one's voice; *mit ~em Recht* with perfect right; *in ~er Fahrt* at full speed; *es schlägt ~* it's striking the hour; *d. Mund ~ nehmen* to boast, to brag; **~auf** completely; plentifully, abundantly; **~bad** full bath; **~bart** beard; **~berechtigt** fully entitled, fully qualified; **~beschäftigung** full employment; **~besitz** full possession; **~bild** full-page illustration; **~blut** thoroughbred; **~blütig** full-blooded; sanguine; **~bringen** to bring about, to accomplish; to achieve; to complete, to fulfil; **~dampf** full steam; **~enden** to finish, to end; to terminate; to accomplish, to perfect; **~ends** wholly, entirely, completely; altogether; quite; finally; **~endung** finishing; accomplishment; completion; perfecting; **~er** full of; **⁻̈erei** gluttony; intemperance; **~führen** to carry out, to execute; to make *(a scene)*; **~führung** execution; **~gas** full throttle; **~gefühl** (full) consciousness; *im ~gefühl s-r Kräfte* fully conscious of his powers; **~genuß** full enjoyment; **~gepfropft** crammed; **~gültig** fully valid; **~gummi** solid rubber; **~gummireifen** solid tyre; **⁻̈ig** full, entire; sufficient; whole, complete; absolute; *adv* quite, entirely; **~jährig** of age, major; *~jährig werden* to come of age; **~jährigkeit** majority, full age; **~kommen** perfect; **~kommenheit** perfection; **~kornbrot** whole-meal bread; **~körnig** full-grained; **~kraft** full strength (*od* vigour, prime); **~machen** to fill up, to complete; *umg* to dirty; **~macht** full power; power of attorney; *fig* carte blanche; **~matrose** able-bodied seaman; **~milch** full-cream milk, whole milk; **~mond** full moon; **~pension** full board and lodging; **~reifen** solid tyre; **~sitzung** plenary session; **~spurbahn** 🚂 standard-gauge railway; **~ständig** complete, entire, whole; *adv* quite, entirely, completely; **~ständigkeit** completeness, fullness; integrity, entirety; **~stimmig** full-voiced; **~streckbar** enforceable; **~strecken** to execute, to carry out; ⚖ to enforce; **~strecker** executor; **~streckung** execution; **~streckungsbefehl** writ of execution, enforcement order; **~synthetisch:** *~synthetische Fasern* (entirely) man-made fibres, synthetics; **~tönend** sonorous, full-toned; **~treffer** direct hit; **~versammlung** plenary assembly; general assembly; **~wertig** perfect; up to standard; fully effective; **~zählig** complete, full; **~ziehen** to accomplish, to execute; *(Ehe)* to solemnize; *refl* to take place; *~ziehende Gewalt* executive power; **~ziehung, ~zug** accomplishment, execution

Volont|är unpaid trainee, unsalaried training clerk; **~ieren** to undergo practical training, to work as unsalaried clerk

Volt volt; **~e** 🏇 volt; sleight of hand; **~meter** voltmeter; **~spannung** voltage

Volum|en volume (of space); capacity; (total) amount; **~inös** voluminous

von from; of; *(über)* about; on, upon; by; *~ . . . ab* from . . . onwards; *~ selbst* of itself, automatically; *~ mir aus* as far as I am concerned, I don't mind; **~nöten** *sein* to be need-

ful (*od* necessary); **~statten** *gehen* to proceed; to progress
vor *(örtl.)* in front of, outside; *(zeitl.)* before, ago; prior to; in the presence of; *(weinen, zittern etc)* with, for; *(Uhr) 5 ~ 2* five minutes to two; *~ drei Tagen* three days ago; *~ d. Krieg* before the war; *~ d. Zeit* prematurely; *~ Zeiten* formerly; *~ allem (allen Dingen)* above all; *nach wie ~* as usual; *~ sich hin* to oneself; *~ sich gehen* to take place, to occur
vor|ab above all, first of all; **~abdruck** advance publication in a magazine; **~abend** eve; the evening before; **~ahnen** to have a presentiment; **~ahnung** presentiment; misgiving
voran at the head, in front; on(wards); before; *~ !* go ahead!, go on!; **~gehen** to walk at the head of, to lead the way; to proceed; *mit gutem Beispiel ~gehen* to set a good example; **~kommen** to get on; to advance, to progress; *fig* to make progress; to get along (*mit* with); **~schlag** estimate; **~zeige** preliminary announcement (*od* notice)
Vorarbeit preliminary work; preparation; **~en** to prepare work; to work in preparation; to prepare the ground (for); to pave the way (for s-b); **~er** foreman; **~erin** forewoman
vorauf before, in front, ahead; **~gehen** to precede, to antecede; to antedate
voraus ahead, in front; beforehand; *im ~* in advance, in anticipation; *im ~ sein mit etw* to be beforehand with; **~ahnen** to anticipate; **~bedingen** to stipulate beforehand; **~bestellen** to order beforehand; to book in advance; *BE a.* to bespeak; **~bezahlen** to pay in advance; to prepay; **~bezahlung** payment in advance; **~blick** foresight; **~gehen** to lead the way, to walk in front; to precede; **~gehend** preceding, foregoing; previous; **~haben** to have an advantage over s-b; **~nehmen** to anticipate, to forestall; **~sage** prediction; (market-) forecast; prophecy; tip; **~sagen** to foretell, to predict; to forecast; to prophesy; **~sagung** = ~sage; **~schau** forecast; **~schauen** to look ahead *(a. fig)*; **~sehen** to foresee
voraus|setzen to presuppose; to assume; to depend upon; to require (*A setzt B voraus* B is required for A); *~gesetzt, daß* provided that, assuming that
Voraussetzung *(logisch)* presupposition; *(Ausgangspunkt)* basis, necessary condition; prerequisite; *(Bedingung)* condition (*under d. ~, daß* on the c. that); *(Umstände)* circumstances (*es kommt auf die äußeren ~e an* it depends on the external c.s); *(Erfordernis)* (legal) requirement; necessary qualification; *(Annahme)* assumption, supposition; *von d. ~ ausgehen* to proceed on the assumption, to act on the supposition; *~ ist, daß* it is understood that, provided that
Voraus|sicht foresight; prudence; **~sichtlich** probable; presumable; to be expected; **~zahlung** prepayment, advance payment; instalment (on account)
Vorbau projecting part (of a building), projecting structure; porch; **~en** to build in front of; *fig* to guard against, to prevent; to provide for (the future)
Vorbe|dacht forethought, premeditation; *mit ~dacht* deliberately, on purpose; **~deutung** foreboding, portent, omen; **~dingung** preliminary condition, precondition
Vorbehalt reservation; proviso; *ohne ~* without reservation, unconditionally; *unter d. ~* upon the understanding (that); *unter ~ aller Rechte* all rights reserved; **~en** *vt* to reserve (to o.s.); **~lich** subject to; on condition that, with the proviso that; **~los** unconditional; without any reservation
vorbei by, along, past; *(zeitl.)* past, over; gone, done; *d. Zeit ist ~* the time has passed; *es ist ~* it is over; *~ an etw* by s-th; **~fahren** to drive past; **~gehen** to walk past, to pass by; to walk along; to stop, to pass; to go wrong; to miss the mark; **~lassen** to let pass (*od* slip); **~marsch** march past; **~marschieren** to march past; *~ müssen* to have to pass; **~reden:** *aneinander ~reden* to be at cross-purposes; **~schießen** to miss the mark; **~ziehen** to pass, to march past
Vorbe|merkung preliminary remark; preamble; prefatory notice; **~nannt** aforesaid; **~reiten** to prepare, to make ready; *(drillen)* to coach; *refl* to prepare o.s.; **~reitung** preparation; *~reitungen treffen* to make arrangements
Vorberge foothills
Vorbe|richt preliminary report; introduction; **~sprechung** previous (*od* preliminary) discussion; **~stellen** = vorausbestellen; **~stimmen** to predestine; **~stimmung** predestination; **~straft** previously convicted
vorbeug|en to bend forward; *fig* to prevent, to ward off; **~ung** prevention (*a.* ⚕); **~ungsmittel** preventive; ⚕ prophylactic
Vorbild example; model; pattern, standard; original, prototype; **~en** to train, to prepare; **~lich** model, ideal; exemplary; **~ung** preparatory training; general background
vor|binden to put on, to tie on; **~bohren** to bore (a hole in advance); **~bote** forerunner, harbinger; precursor; **~bringen** to bring forward; to produce; *(sagen)* to state, to argue, to advance; to make *(an excuse)*; **~buchstabieren** to spell (to s-b), to spell out (for s-b); **~bühne** 🎭 apron, forestage; **~christlich** pre-Christian; **~dach** projecting roof; **~datieren** to antedate; **~datiert** predated; **~dem** formerly, in former times
vorder|e front, forward; anterior; **~asien** Near East; **~bein** foreleg; **~deck** fore-deck; **~front** front; **~fuß** fore-foot; **~gebäude** front building; **~grund** fore-ground; **~hand** forehand; *adv* for the present; in the meantime; **~haus** front part (of a house); **~lader** muzzle-loader; **~lastig** ✈ nose-heavy; **~mann** man in front; front man; **~mast** foremast; **~rad** front-wheel; **~radantrieb** front-wheel drive; **~satz** antecedent; premise; **~seite** face; front; facade; **~sitz** front seat; **~ste** foremost, first; **~teil**

front (part); fore-part; ⚓ prow; **~zahn** front tooth

vor|dränge(l)n to push (*od* press) forward; **~dringen** to press forward; to advance, to gain ground; to forge ahead; *su* forging ahead; advance; growing prominence; **~dringlich** urgent; **~druck** form, blank; **~ehelich** premarital

voreil|en to hasten forward; **~ig** hasty, rash; precipitate; *~ige Schlüsse ziehen* to jump to conclusions; **~igkeit** hastiness, rashness; precipitancy

voreingenommen prejudiced, biased; **~heit** prejudice, bias

Voreltern ancestors, forefathers

vorenthalten to keep from, to withhold from; to keep back

vorerst first of all, before all; for the time being, in the meantime

Vorfahr|e ancestor; *(direkter)* progenitor; *pl* ancestry, forefathers; **~en** to drive up to, to stop at; to drive (*od* go) before the others; **~t** right of way, precedence; **~tsstraße** *BE* major road, *US* priority road; **~tszeichen** the sign "major road ahead"

Vorfall occurrence, event; incident; case; ⚕ prolapsus; **~en** to occur

Vor|feier preliminary celebration (*od* festival); **~fertigung** prefabrication; **~finden** to find; to meet with, to come upon; **~flunkern** to tell stories; **~frage** preliminary question; **~freude** (joy of) anticipation; **~fristig** ahead of schedule; prior to agreed time (*od* deadline)

Vorführ|dame mannequin; **~en** to demonstrate, to present; to produce; *(Pferd)* to trot out; **~ung** demonstration, presentation; production

Vorgang occurrence, event; incident; process, procedure; *(Akte)* subject, file; precedent; **⁓er** predecessor

Vor|garten front garden; **~gaukeln** to buoy up (*od* deceive) with false hopes; to delude s-b into believing

vorgeb|en 🏃 to give points (to); *fig* to pretend, to feign; *su* pretence, allegation; **~lich** pretended; ostensible

Vorgebirge foothills; promontory

vorgefaßt preconceived; *~e Meinung* prejudice

Vorgefühl presentiment; anticipation; misgiving

vorgehen to go on (*od* ahead), to go forward; to advance; to (take the) lead; to be first; *(handeln)* to act, to proceed; *~ gegen* to proceed against, to take action against; to occur, to happen; *(Vorrang haben)* to have the precedence; to be of special importance; *(Uhr)* to be *(four minutes)* fast; *su* advance; (course of) procedure; proceedings

Vorge|lände foreground; **~schichte** prehistory; that which happened before; case history; **~schichtlich** prehistoric; **~schmack** foretaste; **~setzter** superior, chief; senior officer

vor|gestern the day before yesterday; *~gestern abend* the night before last; **~gestrig** of the day before yesterday

vor|greifen to anticipate; to forestall; to prejudice; **~griff** anticipation; forestalling

vorhaben to mean (to do), to intend to do; to have in mind; to be busy with, to be engaged on; *(Schürze)* to have on; *was hat er vor?* what does he mean?; *haben Sie für heute abend etwas vor?* have you any engagement for tonight?; *su* project, intention; design

Vorhalle (entrance-)hall; vestibule; 🎭 lobby

vorhalt|en to hold before s-b, to hold out; *fig* to reproach s-b with, to charge with; *vi* to hold out, to last; **~ung** reproach, charge

Vorhand *(Karten)* lead; forehand; *d. ~ haben* to have precedence; *j-m d. ~ lassen* to yield precedence; **~en** present, existing; *~en sein* to exist; to be in stock (*od* available); **~ensein** existence

Vorhang curtain; 🎭 *(eiserner)* safety-curtain; **⁓en** to hang in front of; **⁓eschloß** padlock

vorher before(hand), previously; in advance; *am Abend ~* the evening before; *kurz ~* not long before; **~bestimmen** to decide beforehand; to predestine; *(Wetter)* to forecast; **~gehen** to precede; **~gehend** preceding, foregoing; former, previous; **~ig** previous, preceding; **~sage** prediction; tip; *(Wetter)* (weather-) forecast; **~sagen** to foretell, to predict; **~sehen** to foresee

vorherrschen to predominate, to prevail; **~d** predominant, prevalent

vorhin before; a short time ago, a moment ago, a little while ago

vor|historisch prehistoric; **~hof** forecourt; **~hut** vanguard; **~ig** last; preceding, former; **~jahr** previous year, last year; *im ~jahr* a year before; **~jährig** last year's, of last year; **~kämpfer** champion, pioneer; **~kauen** to chew (for); *fig* to repeat frequently, to spoon-feed

Vorkauf purchase in advance; anticipatory buying; **~en** to buy before other people; **~srecht** right of pre-emption

Vorkehrungen *treffen* to make preparations; to take precautions

Vorkenntnisse rudimentary (*od* basic) knowledge

vorknöpfen: *(fig) s. j-n ~* to call (*od* have) s-b on the carpet, to haul s-b over the coals

vorkomm|en to happen, to occur; to be found; to appear; *es kommt mir so vor* it seems to me (to be the case); *er kommt mir bekannt vor* he looks familiar; *su* deposit; existence; **~nis** event, occurrence

Vorkriegs|- pre-war; **~jahre** pre-war years; **~zeit** pre-war days

vorlad|en to summon; to cite; **~ung** summons; citation

Vorlage proposal; submission; parliamentary bill; copy, model; pattern

vorlassen to let pass before; to give precedence to; to admit, to show in

Vorlauf 🏃 trial heat; **~en** to run in front of; **⁓er** forerunner; precursor; pioneer; **⁓ig** preliminary, preparatory; provisional; tentative; *adv* for the present; in the meantime; provisionally

vor|laut *(Kind)* pert, forward; thoughtless, inconsiderate; **~leben** former life; ⚖ antecedents

vorleg|en to lay before, to put before; *(Essen)* to help (to), to serve with; *(Schloß)* to put on; to exhibit, to display; to submit, *(Wechsel)* to present; *refl* to lean forward; **~er** bedside carpet, rug

vorles|en to read to; to read aloud; **~er** reader; **~ung** reading; lecture; **~ungsverzeichnis** *BE* calendar, *US* catalogue

vorletzte last but one; *(Silbe)* penultimate

Vorlieb|e predilection, preference; (special) liking (for); **~nehmen** to put up (*mit* with); *Sie müssen ~nehmen mit dem, was wir haben* you will have to take pot-luck with us

vorliegen to lie before; to be submitted (to s-b); to be put forward; to be (present), to exist; **~d** present, in hand; proposed, submitted; in question

vorlügen to tell lies (to s-b)

vormachen to put or place before; to show (how to do); to impose upon s-b; *Sie können mir nichts ~* you can't put anything over on me

Vormacht leading power; supremacy, hegemony

vormal|ig former; **~s** formerly; once upon a time

Vormarsch advance

vormerken to note down, to make a note of; to register; *s. ~ lassen* to have something reserved for one, to book

Vormittag morning, forenoon; **~s** in the morning, a. m.

Vormund guardian; **~schaft** guardianship; tutelage; *unter ~schaft stehen* to be under the care of a guardian; **~schaftlich** relating to a guardian; tutelary, as a guardian

vorn ahead; in (the) front; at the beginning; on the front page; *nach ~* forward; *von ~* from the front, from the beginning; over again, *von ~herein* from the outset, to begin with; *von ~ anfangen* to start afresh; **~über** (bent) forward; **~weg** at the beginning, from the outset

Vor|nahme taking up, taking in hand; setting about; **~name** Christian name, first name, *bes US* given name

vornehm of high rank, noble; distinguished; *~ tun* to put on airs; *d. ~ste Pflicht* the first (*od* principal) duty; **~en** *vt* to put on; *refl* to intend, to resolve; to take up, to occupy o.s. with; *s. j-n ~en* to take s-b to task; **~heit** high rank; distinction; distinguished bearing; **~lich** principally, chiefly; especially

Vorort suburb; **~sverkehr** suburban traffic; **~szug** suburban train, local train

Vorplatz court; hall

Vorposten outpost; **~gefecht** outpost skirmish

Vor|prüfung preliminary examination; **~rang** priority; pre-eminence; superiority; *j-m d. ~rang streitig machen* to contend with (for the precedence)

Vorrat provision, stock, store; **≃ig** in stock, on hand; *nicht (mehr) ≃ig* out of stock; **~skauf** stockpiling purchase, buying for stock; **~swirtschaft** stockpiling

vor|rechnen to give an account of; to go through an account with s-b; to show how a sum is done; **~recht** privilege, prerogative; **~rede** preface, prologue, preamble; **~reden** to tell a plausible tale; to talk s-b into, to make s-b believe; **~redner** previous (*od* last) speaker

vorreit|en *vt* to put *(a horse)* through its paces; *vi* to ride before; **~er** outrider

vorricht|en to prepare, to fit up, to get ready; **~ung** preparation; apparatus, appliance, device; gadget

vorrücken *vt* to move forward, to push forward, to advance; *(Uhr)* to put on; *vi* to advance, to move on; *su* advance

Vor|runde preliminary round; **~saal** ante-room, entrance-hall; **~sagen** to say (to s-b); to prompt; **~saison** preseason; previous (*od* last) season; **~sänger** leader of a choir; precentor

Vorsatz purpose, intention, design; *mit ~* on purpose, intentionally; **~blatt** 📖 end-paper; **~linse** 📷 supplementary lens; *(Nah-)* close-up lens; **≃lich** intentional, deliberate; designed; on purpose

Vorschau forecast; *a.* 📺 pre-view

Vorschein appearance; *zum ~ bringen* to bring to light, to produce; *zum ~ kommen* to come to light, to appear

vor|schicken to send in advance; to send round (to); **~schieben** to shove (*od* push) forward; *(Riegel)* to slip; *fig* to put forward, to pretend; to plead as an excuse; **~schießen** to lend, to advance

Vorschlag proposal; offer; motion; ♪ appoggiatura, grace-note; **~en** to propose; to offer; to move

Vor|schlußrunde ⛹ semi-final; **~schneiden** to carve; **~schnell** hasty, rash, precipitate; **~schreiben** to set a copy (of s-th to s-b); to prescribe; to command, to order; to dictate (to s-b); **~schreiten** to advance, to march on; to step forward; *fig* to proceed

Vorschrift (writing-)copy; *(Anweisung)* instruction, direction; regulation; ℞ prescription; **~smäßig** according to instructions (*od* directions); duly; **~swidrig** contrary to instructions

Vorschub aid, support; ⚙ feed; *~ leisten* to connive at; to abet; to further

Vorschuß advance (of money), payment in advance

vor|schützen to pretend, to plead; *(Krankheit)* to feign; **~schwatzen** to tell s-b fibs; **~schweben** to hover before; *mir schwebt . . . vor* I have . . . in mind; **~schwindeln** to humbug s-b; to tell lies (*od* fibs) to s-b; **~segel** foresail; **~sehen** to consider, to provide for; *refl* to look out, to take care, to be careful, to be cautious; to be on one's guard; **~sehung** providence; **~setzen** to set (*od* put, place) before; *(Essen)* to serve; to offer; to prefix; to set s-b over s-b

Vorsicht caution; prudence, circumspection; discretion; providence; *~!* beware!, look out!; *(auf Kiste)* (handle) with care!; *~ Stufe!* mind the step! ♦ *~ ist d. Mutter d. Weisheit (Porzellankiste)* discretion is the better part of valour; **~ig** cautious; circumspect; prudent, careful; wary; cagey; conservative; **~igkeit** = ~; **~shalber** as a precaution; **~smaßregel** precaution(ary measure)
Vor|silbe prefix; **~singen** to sing to s-b; to lead the choir; **~sintflutlich** antediluvian; *adv* before the Flood
Vorsitz the chair; chairmanship, presidency; *d. ~ führen* = **~en** to take (*od* be in) the chair, to preside (*bei* over); **~ende** chairwoman, chairlady; **~ender** chairman
Vorsorg|e foresight; providence, care; precaution; **~en** to take care (that); to provide for; to take precautions; **~lich** careful, provident; precautionary
Vorspann 🎬 cast and credits, *umg* credit titles; **~en** to put *(horses)* to; to stretch in front of
Vorspeise hors-d'œuvre, relish
vorspiegel|n to deceive s-b with, to make a false show; to awaken false hopes; *j-m falsche Tatsachen ~n* to misrepresent the facts to s-b; **~ung** deceiving, deceit; pretence, false pretences
Vorspiel prelude; overture; 🎭 curtain-raiser; introduction; **~en** to play to (*od* before) s-b; to prelude
vorsprechen to pronounce (to), to say (to); to teach how to pronounce; to recite; 🎭, 🎬 to audition; *~ bei* to call on
vorspringen to leap forward; to project, to jut; **~d** projecting; prominent
Vorsprung projection, projecting part; salient; *(Leiste)* ledge; *fig* advantage; lead, start; *e-n ~ haben vor* to be ahead of
Vorstadt suburb; **⸗er** suburban resident, suburbanite; **⸗isch** suburban
Vorstand Board of Managers (*od* Management); Managing Directors; executive board; director; **~smitglied** member of the executive board; managing director; **~ssitzung** meeting of the (executive) board
vorsteck|en to pin on; to fasten on (one's dress etc); to poke out (*od* forward); **~nadel** scarf-pin
vorsteh|en to project, to protrude; *(leiten)* to direct, to manage; to be at the head of; **~end** projecting; *(obig)* above; **~er** principal; inspector; manager; superintendent; **~hund** pointer, setter
vorstell|bar imaginable; **~en** to place (*od* put) in front of (*od* before); *(Uhr)* to put on; *(einführen)* to introduce, to present; *(vorführen)* to demonstrate; to act, to represent; *(dar-)* to mean, to signify; to pose (as); to make clear, to explain; *refl* to imagine, to fancy; to conceive; **~ig:** *~ig werden bei* to go and see s-b, to make a complaint to, to present a case to; to protest; **~ung** presentation, introduction; 🎭 performance, 🎬 show; representation (*~ungen erheben* to make r.s.); idea, notion; imagination; conception; *ich habe keine ~ung davon* I have no idea what it is like; *falsche ~ung* misconception; **~ungsvermögen** imaginative faculty, imagination
Vorstoß push forward, thrust; attack; advance; **~en** to push forward; to attack
Vor|strafe previous conviction; **~strecken** to stretch out (*od* forward), to stick out; *(Geld)* to advance, to lend; **~stufe** previous stage (of development); first step; introduction; **~tanzen** to lead the dance; to show how to dance; **~tänzer** leader of the dance
Vorteil advantage; profit; benefit; *~ ziehen aus* to profit by; *auf s-n ~ bedacht sein* to look to one's own advantage; *sich im ~ befinden gegenüber* to have the advantage of; **~haft** advantageous; profitable; favourable; to advantage
Vortrag lecture, discourse; speech, address; *bes* 📻 talk; *(~sweise)* reciting; delivery, elocution; ♪ execution; performance; *(Bilanz)* carry-forward; **~en** to carry (*od* bear) forward *(a. Bilanz)*; to carry in front of; to declaim, to recite; ♪ to execute, to play, to perform; to (give a) lecture; to report on; *(Meinung)* to express; **~ender** lecturer, speaker; performer; **~skunst** art of delivery, elocution; **~skünstler** performer; elocutionist; **~sreihe** series of lectures; *bes* 📻 talks series
vortrefflich excellent, admirable; **~keit** excellence
vor|treten to step in front (of), to step forward; **~tritt** precedence; *unter ~tritt von* preceded by
Vortrupp vanguard; **~en** advanced troops; = ~
vortun *(Schürze)* to put on; to put in front of
vorüber past, by; along; *(zeitl.)* past, over; gone; **~fahren** to pass by; **~gehen** to go by (*od* past); to pass (by); to pass over, to neglect; to pass away, to cease; **~gehend** temporary, transitory, passing; **~gehender** passer-by
Vor|übung preliminary exercise (*od* practice); **~untersuchung** preliminary examination
Vorurteil prejudice, bias; *e. ~ haben gegen* to be prejudiced (*od* biased) against; **~sfrei, ~slos** unprejudiced, unbiased; free from prejudice
Vor|väter ancestors, forefathers; **~vergangenheit** *gram* pluperfect; **~verkauf** advance sale; 🎭, 🎬 booking in advance; **~verkaufskasse** *BE* advance booking office; **~vorgestern** three days ago; **~vorig** last but one; **~wand** pretext, pretence; excuse, plea; make-believe
vorwärts forward, onward; forwards; along; *~!* go on!, go ahead!; **~gehen** to go on, to advance; to progress; **~kommen** to get on; to make headway; to advance, to prosper; **~treiben** to drive on; to prosper; to stimulate
vorweg in advance, beforehand; to begin with; **~nahme** anticipation; **~nehmen** to anticipate; to take in advance
vorweisen to show, to produce
Vorwelt remote antiquity; prehistoric times; **~lich** prehistoric

vorwerfen to throw (*od* cast) before; to throw to; *fig* to reproach s-b with
vorwiegen to predominate, to preponderate; to prevail; **~d** predominant, prevalent; *adv* chiefly, mostly
Vor|wissen previous knowledge; **~witz** forwardness, pertness; curiosity, inquisitiveness; **~witzig** forward, pert; inquisitive; **~wort** preface; foreword
Vorwurf reproach, reproof; *(Thema)* motif, subject; **~sfrei, ~slos** irreproachable; **~svoll** reproachful
Vorzeich|en omen, portent; ♪ accidental; (plus, minus) sign; *mit umgekehrten ~en* with the plus and minus signs reversed, the other way round; **~nen** to draw before s-b; to sketch in outline; to trace out; ♪ *e. Kreuz ist vorgezeichnet* there is a sharp in the key signature; *fig* to indicate, to mark; **~nung** ♪ key signature
vorzeig|en to show, to produce; to display, to exhibit; *(Wechsel)* to present; **~er** bearer; **~ung** producing, production; exhibition; presentation
Vorzeit remote antiquity; olden times; **~en** formerly, in times of yore; **~ig** premature; precocious
vorziehen to draw (forward); to prefer; ... *ist vorzuziehen* ... is preferable; *(zeitl.)* to bring forward in point of time, to effect before the due date
Vorzimmer ante-room, ante-chamber
Vorzug preference; priority; superiority; *pl* good qualities; 🚂 relief train; **¨~lich** distinguished; excellent, superior; first-rate, choice; *adv* particularly, above all; **¨~lichkeit** excellency, superiority; pre-eminence; **~saktie** preference share; **~spreis** special price; **~sweise** preferably, pre-eminently; chiefly
vot|ieren to vote; **~ivbild** votive picture; **~ivtafel** votive tablet; **~um** vote; suffrage
vulgär vulgar; common, low
Vulkan volcano; **~fiber** vulcanized fibre; **~isch** volcanic; **~isieren** to vulcanize

W

W (the letter) W
Waag|e (pair of) scales, balance; weighing-machine; *(Brücken-)* weigh-bridge; *astr* the Scales, Libra; ⚒ horizontal position; *j-m d. ~e halten* to be a match for s-b, to be on the same level as; *s. d. ~e halten* to be well matched, to counterbalance each other; **~ebalken** (scale-) beam; **~emeister** inspector of weights and measures; weigher; **~recht** horizontal, level; **~schale** scale ♦ *in d. ~schale werfen* to throw into the scale, to use one's influence; *in d. ~schale fallen* to carry weight
wabbelig flabby [to flicker
Wabe honeycomb; **~nhonig** comb honey; **~rn**
wach awake, astir; brisk, alive; on the alert, wide-awake; **~dienst** guard duty, sentry duty; **~e** guard, watch; sentry; *(Raum)* guard room; *(Polizei-)* police station; *(~mann)* watchman; *auf ~e* on guard; *auf ~e ziehen* to mount guard; *~e stehen* to stand sentry; **~en** to be (*od* remain) awake; *~en über* to guard, to watch over; to keep an eye on; *~en bei j-m* to sit up with s-b; **~habend** on duty; **~lokal** guard-room; **~mannschaft** (soldiers on) guard; **~posten** sentry; **~rufen** to wake (up); *fig* to call forth, to rouse; *(Erinnerungen)* to bring back; **~sam** watchful, vigilant; alert, wide-awake; **~samkeit** vigilance
Wacholder juniper; **~branntwein** gin
Wachs wax; *weich wie ~* like wax (in s-b's hands); **~abdruck** impression in wax; **~en** to wax; **¨~ern** waxen, of wax; *fig* pale; **~figurenkabinett** waxworks; **~kerze** candle, taper; **~leinwand, ~tuch** oilcloth; **~matrize** stencil; **~scheibe** cake of wax; **~stock** (wax) taper
wachsen to grow; to increase, to extend; *(gedeihen)* to thrive; *j-n ans Herz ~* to become very attached to; *j-m ge~ sein* to be a match for; *e-r Sache ge~ sein* to be equal to; *in d. Höhe ~* to shoot up; *s. d. Bart ~ lassen* to grow a beard
Wachstum growth; increase
Wacht guard, watch; **~dienst** guard duty; **¨~er** watchman; keeper, warder; ⚓ look-out man; **~feuer** watch-fire; **~habend** on duty; **~meister** *mil* sergeant; *(Polizei)* policeman, *(als Anrede)* officer; **~stube** guard-room
Wächte snow cornice [-crake
Wachtel quail; **~hund** spaniel; **~könig** corn-
wackel|ig shaky, rickety; loose; wobbly; *(Person)* tottering; **~kontakt** ⚡ loose contact; **~n** to be loose; to shake, to rack; to wobble; to totter, so stagger
wacker brave, doughty; honest, upright
Wade calf (of the leg); **~nbein** fibula
Waffe weapon, arm ♦ *d. ~n strecken* to lay down arms; *mit s-n eigenen ~n geschlagen* hoist with his own petard; **~nbruder** brother in arms, comrade; ally; **~ndienst** military service; **~nfähig** capable of bearing arms; **~ngang** passage of arms; armed conflict; **~ngattung** arm, branch (of the service); **~ngewalt** force of arms; **~nglück** fortune of war; **~nhandwerk** the honourable profession of arms; **~nlos** unarmed; **~nrock** tunic; **~nruhe** suspension of hostilities, truce; cease-fire; **~nschein** gun-licence; **~nschmied** gunsmith, armourer; **~nschmuggel** gun-running; **~nstillstand** truce, armistice; **~nstillstandsvertrag** armistice treaty; **~ntat** feat of arms
Waffel waffle; *(Eis-)* wafer; **~eisen** waffle-iron; **~tütchen** cone
Wag|ehals foolhardy fellow, dare-devil; **~emut** daring, reckless courage; **~emutig** adventurous; reckless; **~halsig** foolhardy, reckless
wag|en *vt* to dare, to risk, to venture; to presume; *refl* to venture, to expose o.s.; *wer nicht ~t, gewinnt nicht,* nothing ventured, nothing gained; **¨~en** to weigh; to balance; *fig* to consider

Wagen carriage, coach; vehicle, conveyance; *(Last-) BE* lorry, *US* truck; *(Straßen-, Kraft-)* car; 🚃 *BE* carriage, *US* car; *(Schreibmaschinen-)* carriage; *astr* the Plough, the Great Bear; **~burg** barricade of waggons; **~decke** tarpaulin cover; **~deichsel** carriage-pole; **~führer** driver; **~heber** wheel jack; **~ladung** carload; waggon-load; **~lenker** driver; coachman; **~park** fleet of cars; car park; **~rad** cartwheel; carriage (*od* waggon) wheel; **~schlag** carriage-door; **~schmiede** lubricant; **~spur** cart rut; **~schuppen** coach-house; cart-shed; **~schlüssel** car-key

Waggon *BE* railway carriage, *US* railroad car; truck, freightcar

Wahl choice (*s-e ~ treffen* to make one's ch.), selection, option; *pol* election, *(Geheim-)* ballot; *(zw. 2 Dingen)* alternative; *j-n vor d. ~ stellen* to let s-b choose; *in engere ~ kommen* to be on the short list; *aus freier ~* of one's own free will; *mir blieb keine andere ~* I had no choice (*od* alternative); **~akt** election; voting; **⸚bar** qualified for election, eligible; **⸚barkeit** eligibility; **~berechtigt** entitled to vote; **~beteiligung** voting attendance, *BE a.* turnout; **~bezirk** electoral district, constituency; **~bündnis** electoral alliance; **⸚en** to choose; to select, to pick out; *(durch Abstimmen)* to elect, *(Parlamentsmitglied)* to return; *(geheim)* to ballot; ☎ to dial; **⸚er** voter, elector; ⚙ selector; **⸚erisch** particular, fastidious; difficult to please; **⸚erschaft** body of electors, electorate; constituency; **~ergebnisse** election results (*od* returns); **~fach** optional subject, *US* elective subject; **~fähig** eligible for election; **~freiheit** freedom of election; **~gesetz** electoral law; **~heimat** country of one's choice; **~kampf** election campaign; **~kreis** = ~bezirk; **~liste** register of voters (*od* electors); **~lokal** polling-station; **~los** indiscriminately; without guiding principle; **~programm** election programme; **~recht** (right to) vote, franchise, suffrage; **~rede** election speech; **⸚scheibe** ☎ dial; **~spruch** motto, device; **~stimme** vote; **~system** voting system; **~tag** polling (*od* election) day; **~urne** ballot-box; **~verwandtschaft** *chem* elective affinity; *fig* congeniality; **~zelle** polling-booth; **~zettel** ballot(-paper), voting-paper

Wahn illusion, delusion; error, misconception; folly; madness; **⸚en** to fancy, to imagine; to believe, to think

Wahnsinn insanity, madness; lunacy; craziness, frenzy; *bis zum ~ treiben* to drive s-b to distraction; **~ig(er)** mad, lunatic, insane; frantic; *umg* terrible, terrific; *~ig aufgeregt* mad (about, for); *~ig machen* to madden, to drive (*od* send) s-b mad

Wahnwitz insanity, madness; absurdity; **~ig** mad; absurd

wahr true; sincere; genuine, real, proper; veritable; *e-e ~e Flut von* a regular flood of; *daran ist kein ~es Wort* there is not a word of truth in it; *so ~ ich lebe* as sure as I am alive; *~ werden* to come true; *~ machen* to prove the truth of, to fulfil; *etw nicht ~haben wollen* not to admit (the truth of) s-th; **~en** to keep, to preserve; to watch over, to look after

währen to last, to continue; **~d** *prep* during; *conj* while, as; *(Gegensatz)* whereas

wahrhaft|(ig) true, genuine; sincere, truthful; actual, real; *adv* truly; actually, really; **~igkeit** truth(fulness)

Wahrheit truth (*bei d. ~ bleiben* to stick to the t.); *j-m d. ~ sagen* to give s-b a piece of one's mind, to tell s-b a few plain truths; *d. ~ d. Ehre geben* to speak the truth, to be perfectly frank; **~sgetreu** truthful, true; **~sliebe** love of truth; **~sliebend** truth-loving, truthful, veracious; **~swidrig** contrary to the truth

wahrlich truly, really; *(biblisch)* verily

wahrnehm|bar perceptible, noticeable; **~en** to perceive; to notice, to observe; *(Gelegenheit)* to make use of, to avail o.s. of; *(Interessen)* to take care of, to attend to; **~ung** perception, observation; maintenance; **~ungsvermögen** power of observation (*od* perception), perceptive faculty

wahrsag|en to tell fortunes; to prophesy; **~er(in)** fortune-teller; soothsayer; **~ung** fortune-telling; prophecy

wahrscheinlich likely, probable; **~keit** probability, likelihood (*aller ~keit nach* in all p.); **~keitsrechnung** theory of probabilities

Wahr|spruch verdict; **~ung** preservation, maintenance

Währung standard, currency; **~spolitisch** from the viewpoint of monetary policy, monetary; **~sraum** currency area; **~sreform** currency reform; (the German) monetary reform

Wahrzeichen landmark; token, sign

Waid woad; **~mann** *etc siehe* Weidmann

Waise orphan; **~nhaus** orphanage; **~nknabe** orphan boy; *(fig) d. reine ~nknabe* a nonentity; *e. ~nknabe sein gegen* to be a fool to (*od* no match for)

Wal *(Fisch)* whale; **~fischfahrer, ~fischfänger** whaler; **~fischtran** train-oil, whale-oil; **~rat** spermaceti; **~roß** walrus

Wald wood, forest; woodland, woods ♦ *d. ~ vor Bäumen nicht sehen* to be unable to see the wood for the trees; **~ameise** red ant; **~arm** destitute of forests; **~boden** forest floor; **~brand** forest fire; **~erdbeere** wild strawberry; **~gegend** wooded country; **~horn** French horn; **~hüter** keeper, ranger; **~ig** wooded, woody; **~land** woodland; **~landschaft** woodland scenery; **~lauf** 🏃 cross-country race; **~lichtung** clearing, glade; **~meister** woodruff; **~rand** the edge of the woods; **~reich** rich in forests, well--wooded; **~schneise** forest lane (*od* aisle); **~tal** wooded valley; **~weg** wood-path; forest road; **~ung** wood(land); **~wiese** glade, woodland meadow

Walk|e fulling (machine); **~en** to full, to mill; **~er** fuller; **~ererde** fuller's earth; **~mühle** fulling-mill; **~müller** fuller

Walküre Valkyrie

Wall mount; dam, dike; *mil* rampart; **~ach** gelding

wall|en to wander, to ramble; to go on a pilgrimage; to bubble, to boil; to float, to flutter; to be agitated; **~fahren** to go on a pilgrimage; **~fahrer** pilgrim; **~fahrt** pilgrimage; **~fahr(t)en** to go on a pilgrimage; **~ung** agitation; ebullition, undulation; flow, flutter

Wal|nuß walnut; **~statt** battle-field

walten to rule, to govern; to hold sway; *s-s Amtes ~* to do one's duty; *unter d. ~den Umständen* under existing circumstances; *su* working; rule

Walz|e roller; barrel; roll; cylinder ♦ *immer d. gleiche ~e* always the same old story (*od* tune); **~eisen** rolling-mill products; rolled iron; **~en** to roll, to mill; *(tanzen)* to waltz; **~enförmig** cylindrical; **~er** waltz; *Wiener ~er* Vienna waltz; *langsamer ~er* English waltz; *~er tanzen* to (dance a) waltz; **~stahl** rolled steel; **~werk** rolling-mill

wälz|en to roll, to turn about; *refl* to roll; to welter, to wallow; *d. Schuld ~en auf* to throw the blame upon

Wams jerkin, doublet; *(Jacke)* jacket

Wand wall; *(Zwischen-)* partition; side; ⚕ coat ♦ *j-n an d. ~ drücken* to thrust s-b to the wall; *j-n an d. ~ stellen* to shoot s-b out of hand; *man soll d. Teufel nicht an d. ~ malen* speak of the devil and you will see his horns; **~gemälde** mural painting; fresco; **~kalender** tear-off calendar; **~karte** wall-map; **~leuchter** bracket (-lamp), sconce; **~schirm** screen; **~schrank** (built-in) cupboard; **~tafel** blackboard; **~täfelung** wainscoting

Wandel change (*gegenüber* from); conduct, behaviour; mode of life, habits; *Handel u. ~* trade, commerce; **~bar** changeable, variable; inconstant; fickle; **~gang** *bes* 🎭 promenade, lobby; corridor; **~n** *vt* to change; *refl* to change, to turn (*zu* into); *vi* to stroll, to walk

Wander|ausstellung touring exhibition; **~bühne** travelling theatre, touring company; **~bursche** travelling journeyman; **~er** hiker; traveller, wanderer; **~falke** peregrine falcon; **~ferien** walking holiday; **~heuschrecke** migratory locust; **~jahre** years spent in travel; **~leben** vagrant life, roving life; **~lieder** roving songs; **~lust** fondness for travelling, wanderlust; **~n** to hike, to walk; to ramble, to roam; to tour; *(Vögel)* to migrate; *(Sand)* to shift; *(Geister)* to walk; **~niere** floating kidney; **~prediger** itinerant preacher; **~pokal** challenge cup; **~preis** challenge trophy; **~ratte** brown rat; **~schaft** hiking, walking; travels; tour; **~smann** traveller; wayfarer; **~stab** walking-stick; **~trieb** roving spirit; *zool* migratory instinct; **~ung** hiking, walking; walking tour; excursion, trip; **~verein** walking (*od* rambling) association; **~vogel** bird of passage, migratory bird; member of the German youth movement

Wandlung change, transformation

Wange cheek

Wankelmut inconstancy, fickleness; **≃ig** inconstant, fickle

wanken to totter, to reel, to stagger; to sway; *fig* to waver, to be irresolute; *(Mut)* to fail; **~d** tottering, staggering

wann when?; *dann u. ~* now and then, sometimes; *seit ~?* how long ago?; *seit ~ ist er hier?* how long has he been here?

Wanne bath(-tub); **~nbad** (full) bath

Wanst paunch, belly

Wanten ⚓ shrouds

Wanz|e bug, *US* bedbug; **~ig** full of bugs

Wappen (coat of) arms; crest; **~bild** heraldic figure; **~buch** book of heraldry; **~kunde** heraldry; **~schild** escutcheon; **~spruch** heraldic motto; **~tier** heraldic animal

wappnen to arm

Ware article, commodity, *pl* goods, merchandise; **~nangebot** supply of goods; **~nbestand** stock-in-trade; **~nhaus** department store; **~nlager** stock of goods; assortment of goods; stock-in-trade; **~nmarkt** commodity market; **~nniederlage** warehouse, storehouse; **~nprobe** sample; **~nrechnung** invoice; **~nsendung** consignment; **~nverkehr** goods traffic; **~nzeichen** trade-mark, brand

warm warm; *(Essen)* hot; *~ stellen* to keep hot; *~ werden* to get accustomed to, to begin to feel at home; **~blüter** warm-blooded animal; **~blütig** warm-blooded; **≃e** warmth; ⚙, *phys* heat; *zehn Grad ≃e* 10 degrees above freezing; **≃eabgabe** loss of heat; **≃eaufnahme** absorption of heat; **≃eeinheit** heat (*od* thermal) unit; **≃egrad** degree of heat; temperature; **≃ekraftwerk** thermo-electricity plant; **≃elehre** theory of heat; **≃eleiter** conductor of heat; **≃emesser** thermometer; calorimeter; **≃en** to warm; to heat; *refl* to warm o.s.; *(Sonne)* to bask; **≃etechnik** heat engineering; **≃flasche** hot-water bottle; **~halten:** *s. j-n ~halten* to keep in s-b's good books, to keep s-b well-disposed towards one; **~herzig** warm-hearted; **~wasserheizung** central heating; **~wasserversorgung** hot-water supply

warn|en to warn, to caution (*zu tun* against doing, not to do); to admonish (of s-th, against doing); **~ruf** warning cry (call); **~signal** warning-signal; **~ung** warning, caution; admonition; *zur ~ung* as a warning; *lassen Sie s. d. zur ~ung dienen* let it be a warning to you

Wart|e look-out; watchtower; *astr* observatory; **~efrau** nurse; attendant; **~efrist** period of delay; **~egeld** half-pay; **~en** to wait (*auf* for), to await; *(pflegen)* to nurse; to attend to, to look after; **≃er** attendant; ⚕ male nurse; *(Zoo)* keeper; *(Gefängnis)* (prison-)warder; 🚂 signalman, *BE* pointsman; **≃erhäuschen** signalman's box; **≃erin** nurse; woman guard; **~esaal, ~ezimmer** waiting room; **~ung** attendance, nursing; maintenance, servicing; **~ungskosten** maintenance cost

warum why, for what reason; *d. ~ u. Weshalb* the why and the wherefore

Warz|e wart; *(Brust-)* nipple; **~ig** warty

was what; that which; *(etwas)* something; *~ für ein ...* what (a) ...; *~ für e. Mensch ist er?*

what sort of a man is he?; ~ *das betrifft* as to that; ~ *ihn betrifft* as for him; ~ *immer* whatever; ~ *auch immer* whatever, no matter what; *nein, so ~!* well, I never!; ~ *haben wir gelacht!* how we laughed!

Wasch|anstalt laundry; **~automat** automatic washer; **~bar** washable; **~bär** racoon; **~becken** hand-basin; **~blau** washing (*od* laundry) blue; **~echt** washproof, washable, fast; *fig* dyed-in-the-wool; **⁓e** wash(ing); *in d. ⁓e tun* to put s-th in the wash; *(Zeug)* (house-linen and) underwear; *(Damen-)* lingerie, *umg* undies; *(alles zu Waschende)* clothes; *(Leinen-)* linen; d. *⁓e wechseln* to change (one's underwear); *schmutzige ⁓e* soiled wash, *fig* dirty linen *(to wash one's dirty l. in public)*; *große ⁓e* washing-day; **⁓ebeutel** soiled-linen bag; **⁓egeschäft** lingerie shop; **⁓eklammer** *BE* clothes-peg, clothes pin; **⁓eknopf** linen button; **⁓ekorb** clothes-basket; **⁓eleine** clothes--line; **~en** to wash; to launder; **⁓er** laundryman; **⁓erei** laundry; **⁓erin** washerwoman, laundress; **⁓eschrank** linen cupboard, linen press; **⁓eständer** clothes-horse; **~frau** washerwoman; **~geschirr** washstand set; **~kessel** boiler, copper; **~korb** clothes-basket; **~küche** wash-house, laundry; **~lappen** face-cloth; flannel; *fig* milksop; **~lauge** lye; **~leder** wash--leather; **~maschine** washing-machine; **~mittel** detergent; **~raum** cloak-room, lavatory; ladies' room; **~schlüssel** hand-basin; **~tisch** washstand; **~ung** washing; *eccl* ablution; **~wasser** water for washing; **~weib** *fig* old gossip; **~zettel** laundry list; *fig* 🕮 blurb, publisher's note

Wasser water; ♦ *e. stilles~* reticent person; *von reinstem ~* of the first water; *d. ist ~ auf s-e Mühle* that ist grist to his mill; *ins ~ fallen (fig)* to fall through (*od* to the ground), to end in smoke; *mit allen ~n gewaschen* as sharp as a needle, cunning; *verschieden wie ~ u. Feuer* as like as chalk and cheese; *j-m d. ~ abgraben* to take the bread out of s-b's mouth, to ruin s-b; *nahe am ~ gebaut haben* to be always turning on the waterworks; *s. über ~ halten* to keep one's head above water; *d. ~ läuft mir im Mund zusammen* it makes my mouth water; *j-m nicht d. ~ reichen können* not to be fit to hold a candle to s-b; *d. ~ steht ihm bis zum Hals* he is threatened with ruin (*od* up to his neck in difficulties); ~ *ziehen* to leak; *zu ~ u. zu Lande* by land and sea; *unter ~ setzen* to submerge, to flood; **~abfluß** drain; **~arm** scantily watered; dry; **~armut** scarcity of water; **~ball** water polo; **~bau** hydraulic engineering; **~behälter** tank, cistern; reservoir; **~blase** bubble; vesicle; **~bombe** depth-charge; **⁓chen** brook, rivulet ♦ *als ob er kein ⁓chen trüben könnte* as if butter wouldn't melt in his mouth; **~dicht** waterproof; watertight; **~eimer** bucket, pail; **~fall** waterfall; cascade; **~farbe** water-colour, distemper; **~fläche** surface of water; water-level; sheet of water; **~flasche** waterbottle; **~flugzeug** sea-plane; **~flut** flood; **~geflügel** water-fowl; **~glas** glass, tumbler; *chem* water-glass, soluble glass; **~hahn** tap, *bes US* faucet; **~haltig** containing water, aqueous; hydrous; **~heizung** hot-water heating; **~hose** waterspout; **~huhn** coot; **⁓ig** watery; aqueous, serous ♦ *j-m d. Mund ⁓ig machen* to make s-b's mouth water; **~jungfer** mermaid; *zool* dragon-fly; **~kanne** water-jug; ewer; **~kante** North Sea and Baltic Seaside; **~kessel** kettle; tank copper; boiler; **~kopf** ⚕ hydrocephalus; **~kraft** water power; hydraulic power; **~kraftwerk** hydro-electric power plant; **~kresse** water-cress; **~krug** pitcher; **~kunst** (artificial) fountain; hydraulics; waterworks; **~lache** pool; **~lauf** water course; **~leitung** water-pipes; water supply; aqueduct; **~lilie** water-lily; **~linie** high-water mark; **~mangel** want (*od* scarcity) of water; **~mann** *astr* Aquarius; **~messer** water-gauge; hydrometer; **~mühle** water-mill; **~n** ✈ to alight on water; **⁓n** to water, to irrigate; 📷 to wash; *(einweichen)* to soak; *(verdünnen)* to dilute; **~pflanze** water-plant, aquatic; **~ratte** water-rat; *fig* old salt, sea-dog; keen swimmer; **~reich** well-watered; rich in water; **~rübe** turnip; **~schaden** damage by water (*od* flood); **~scheide** watershed; **~scheu** hydrophobia; *adj* afraid of the water; **~schlauch** hose; **~ski** water-ski; **~snot** floods, inundation; **~speicher** reservoir; **~speier** gargoyle; **~spiegel** water surface, water-level; **~sport** aquatic sports, aquatics, water-sports; **~stand** height of the water; water-level; state of the tide; **~standsmesser** water-gauge; **~stiefel** rubber boots, waterproof boots; **~stoff** hydrogen; **~stoffsuperoxyd** hydrogen superoxide, *umg* peroxide; **~strahl** jet of water; **~straße** waterway; navigable river; **~sucht** dropsy; **~suppe** gruel; **~tier** aquatic (animal); **~vögel** waterfowl; **~waage** spirit-level; **~werk** waterworks; **~zeichen** watermark

waten to wade

watscheln to waddle

Watt ϟ watt; shore belt, mud flats; **~enmeer** mud flats

Watt|e cotton wool, *US* absorbent cotton; *(Anzug)* wadding, padding; **~ebausch** pad of cotton wool, pledget; **~ieren** to line with wadding, to wad, to pad; **~ierung** padding, wadding

Web|artikel textile goods; **~ekante** selvage, list; **~en** to weave; **~er(in)** weaver; **~erei** weaving; weaving-mill; weaver's trade; = ~waren; **~erknecht** *zool* harvestman, *US* daddy-long-legs; **~erschiffchen** shuttle; **~fehler** fault in the weaving, weaving flaw; **~kette** warp; **~stuhl** (weaving-)loom; **~waren** textiles, woven goods

Wechsel change, alteration; turn, alternation, rotation; fluctuation; *(Tausch)* exchange; bill (of exchange), *(Tratte)* draft, *(Akzept)* acceptance; *(Geld z. Studium)* allowance; **~aussteller** drawer; **~balg** changeling; **~beziehung** correlation; **~fälle** vicissitudes, ups and downs; **~fälschung** forgery of bills; **~fieber** intermittent fever, ague; malaria; **~geld** change; **~gesang** antiphony; **~geschäft** banking business;

exchange office; **~gespräch** dialogue; **~getriebe** change-gear; **~jahre** change of life, menopause, climacteric; **~kurs** rate of exchange; **~n** to change, to exchange, to vary; to alternate (with); 🎭 to shift (scene); *d. Zähne ~n* to cut new teeth; *s-n Wohnsitz ~n* to remove; **~rede** dialogue; **~seitig** mutual, reciprocal; alternate; **~strom** alternating current, A. C.; **~strommaschine** alternator; **~stube** exchange office; **~tierchen** amoeba; **~voll** subject to frequent changes; **~weise** alternately; mutually, reciprocally; **~wirkung** reciprocal action, action and reaction

Wechsler money-changer

Weck(en) roll

weck|en to wake (up); to awake; *wann wollen Sie geweckt werden?* when do you want to be called?; *fig* to rouse, to arouse; *su* reveille; **~er, ~uhr** alarm-clock; **~ruf** reveille

Wedel *(Farn-, Palm-)* frond; feather-duster; tail, brush; **~n** to fan; *(mit d. Schwanz)* to wag (its tail); *(Ski)* to wedel

weder neither (*noch* nor)

Weg way, path; street, road; course, route; walk; errand: *(Art u. Weise)* way, manner, method; means; *Mittel u. ~e* ways and means; *am ~e* by the roadside; *auf halbem ~e* half-way (*j-m auf halbem ~e entgegenkommen* to meet s-b h.; *auf halbem ~e stehenbleiben* to stop h.); *s. auf d. ~ machen* to set out, to start; *s-r ~e gehen* to go one's way; *(j-m) aus d. ~e gehen* to make way for s-b, to stand aside, *fig* to evade; *im ~e sein* to be in the way; *in d. ~ laufen* to run across s-b; *j-m nichts in d. ~ legen* to put no obstacles in s-b's way; *s-n ~ machen* to make one's way in the world; *auf d. besten ~e sein (fig)* to be well on the way; *etw in d. ~e leiten* to prepare (the way) for s-th, to introduce s-th; *auf gütlichem ~e* in a friendly way; *auf diplomatischem ~e* through diplomatic channels; **~bereiter** pioneer, forerunner; **~ebau** road-making; **~egabel** road fork; **~ekarte** route map; **~elagerer** highwayman; **~los** pathless; **~sam** passable; practicable; **~scheide** cross-roads; road fork; **~strecke** stretch of road; length of way, distance; **~weiser** signpost; **~zehrung** provisions for a journey

weg away; afield, aside; gone, lost; *~ da!* be off!; out of the way!; *Hände ~!* hands off!; *ganz ~ sein von (umg)* to be in raptures about; **~begeben** *refl* to depart; **~blasen** to blow away; **~bleiben** to stay away; to be omitted; **~brennen** to burn away; **~bringen** to take away; to remove; **~drängen** to push away; **~eilen** to hurry off, to hasten away; **~fahren** *vt* to remove; *vi* to drive off; **~fall** omission; cessation; *in ~fall kommen* to be omitted; to be abolished; **~fallen** to fall away; to cease; to be cancelled; **~fischen** *fig* to snatch away; **~fliegen** to fly away; **~fließen** to flow away; **~führen** to lead away; **~gang** departure; **~geben** to give away; **~gehen** to go away, to leave; *fig umg* to sell like hot cakes; **~gießen** to pour away (*od* out); **~haben** to have got; to have one's share; *fig* to have got the knack (*od* hang) of; **~halten** to keep away; **~hängen** to hang up somewhere else; **~holen** to fetch away; **~jagen** to drive away; **~kommen** to get away; to get lost; *gut ~kommen* to come off well; **~können** to be able to leave; **~kriegen** to get away (*od* off); to understand; **~lassen** to leave out; to let go; **~laufen** to run away; **~legen** to put away; to lay aside; **~machen** to put away; to remove; *(Fleck)* to take out; **~müssen** to have to go; *ich muß weg* I must be going, I must be off; **~nahme** taking; seizure, capture, confiscation; **~nehmen** to take away; to seize, to confiscate; *(Platz)* to take up, to occupy; **~packen** to pack away; **~radieren** to erase; **~räumen** to clear away, to put away, to remove; **~reise** departure; **~reisen** to leave, to depart; **~reißen** to tear away; to pull down; **~rücken** to move away; **~schaffen** to remove; **~schenken** to give away; **~scheuchen** to frighten away; **~schicken** to send off (*od* away); **~schieben** to push away; **~schleudern** to fling away; **~schmeißen** to throw away; **~schnappen** to snatch away; **~schneiden** to cut off (*od* away); **~schütten** to pour away; **~schwimmen** to swim away; **~sehen** to look away, to look the other way; **~setzen** to put aside; to jump over; *s. ~setzen über* not to mind; **~springen** to leap away (*od* off); **~spülen** to wash away; **~stehlen** *refl* to steal away; **~stellen** to put away (*od* aside); **~tragen** to carry away; **~treten** to step aside; *mil* to break the ranks; **~tun** to put away (*od* aside); **~werfen** to throw (*od* cast) away; *refl* to abase o.s.; **~werfend** disparaging, contemptuous; **~wischen** to wipe away; **~wünschen** to wish away; **~ziehen** to pull away; *vi* to remove, to go somewhere else; to march away

wegen on account of, because of; for the sake of; in consideration of; in consequence of

Wegerich *bot* plantain

weh oh, dear!; alas!; *adj* painful; aching; sore; *~ tun* to ache, to hurt; to cause pain; *j-m ~ tun (fig)* to hurt s-b's feelings; *s. ~ tun* to hurt o.s.; *su* woe; grief; pain; **~en** labour (pains), travail; **~geschrei** cry of pain, wailings, lamentations; **~klage** wail(ing), lamentation; **~klagen** to lament, to wail; **~leidig** plaintive, hypersensitive; **~mut** melancholy, sadness; nostalgia; **~mütig** melancholy, sad; nostalgic; wistful

Wehe (snow-)drift; **~n** to blow; *(Fahne)* to wave, to flutter; *(Schnee)* to drift

Wehr[1] weir; dam, dike

Wehr[2] weapon, arm; defence, resistance; equipment; *s. zur ~ setzen* to offer resistance, to show fight; **~beitrag** defence contribution; **~bezirk** military district; **~dienst** military service, service with the armed forces; **~dienstpflicht** compulsory (military) service; **~dienstpflichtiger** conscript, draftee; **~dienstverweigerer** conscientious objector; **~en** to hinder, to keep back; to keep from, to restrain; to arrest, to check; *refl* to defend o.s., to resist; *s. s-r Haut ~en* to fight for one's life; **~fähig** fit for military service, able-bodied; **~haft** strong, full of fight; **~kraft** military power; **~los** unarmed; defenceless; **~losigkeit** defencelessness; **~macht** the Armed Forces, the forces; **~pflicht** = ~dienstpflicht; **~sport** army sports; **~vorlage** army bill; **~wille** desire for military preparedness; **~wissenschaft** military science

Weib woman; female; *(Ehe-)* wife; **~chen** little woman; *zool* female; hen; **~erfeind** woman-hater, misogynist; **~erhaft** womanlike, womanish; **~erhaß** hatred of women; **~erherrschaft** petticoat government; **~ervolk** womanfolk; **~isch** womanish; effeminate; **~lich** female, womanly; feminine; **~lichkeit** womanliness; womanhood; feminine nature; *umg* women; **~sbild** female; **~sleute** females, women; womanfolk

weich soft, mild, tender; *(mürbe)* mellow; supple, pliant; yielding; sensitive; *(Ei)* (lightly) boiled; *~ werden* to soften, *fig* to relent, to be moved; *er hat s. ~ gebettet* he has got a cushy job (*od* post); **~bild** municipal area; precincts, outskirts; **~e** softness; side, flank; *(Leiste)* groin; weak part; 🚂 *BE* points, *US* switch; **~en** to make soft, to soften; *(ein-)* to soak, to steep; *vi* to become soft, to soften; to give ground, to retreat; to give in, to yield; **~enhebel** switch-lever; **~enschiene** switch-rail, movable rail; **~ensignal** switch-signal; **~ensteller** *BE* pointsman, switchman; **~heit** softness; mellowness; gentleness, tenderness; **~herzig** tender-hearted; **~lich** soft; flabby, sloppy; effeminate; **~lichkeit** flabbiness; effeminacy, weakness; **~ling** molly-coddle, weakling; **~teile** abdomen; **~tier** mollusc, *US* mollusk; **~zeichner** 📷 softening lens

Weid|e pasture, pasturage; meadow; *bot* willow, *BE* a. osier; **~eland** pasture-land; **~en** to graze, to browse; to drive to pasture; *fig refl* to delight (in); to feast (one's eyes on); **~engebüsch** willow-plot; **~engeflecht** wickerwork; **~enkätzchen** catkin; **~enkorb** wicker basket; **~enröschen** willow-herb; **~enrute** willow twig, osier switch; **~lich** valiant, brave; *adv* greatly, thoroughly; **~mann** sportsman, huntsman; **~männisch** sportsmanlike; **~mannssprache** hunting terms; **~messer** hunting-knife; **~recht** right of shooting; **~tasche** sportsman's bag; **~werk** hunting, chase, sport; **~wund** wounded in the belly;

Weife reel; **~n** to reel, to wind

weiger|n *refl* to refuse (to do); **~ung** refusal; *im ~ungsfalle* in case of refusal

Weih(e) *zool* harrier

Weih|altar holy altar; **~bischof** suffragan bishop; **~e** consecration; ordination, initiation; inauguration; *(Stimmung)* solemn mood; **~en** *(Kirche, Bischof)* to consecrate; *(Geistlichen)* to ordain; to inaugurate; to dedicate; to devote; *refl* to devote o.s. (to); **~egabe** votive offering; **~evoll** holy, hallowed; solemn

Weiher *(Fisch-)* pond

Weihnacht|(en) Christmas; *Fröhliche ~en!* Merry Christmas!; **~sabend** Christmas Eve; **~sbaum** Christmas tree; **~sbescherung** distribution of Christmas presents; **~sfest** Christmas festival; **~sgeschenk** Christmas present (*od* box); **~slied** (Christmas) carol; **~smann** *bes BE* Father Christmas, Santa Claus; **~stag** Christmas Day; **~szeit** Christmas time

Weihrauch incense; **~faß** censer

Weihwasser holy water; **~becken** font

weil because; as; *(da ja)* since; **~and** formerly, of old; *(verstorben)* deceased, late; **~chen** a little while; **~e** while, time; *(Muße)* leisure; *e-e ~e* for a while (time); *gut Ding will ~e haben* a good thing takes time; *Eile mit ~e* more haste, less speed; *damit hat es gute ~e* there's no hurry

Weiler hamlet

Wein wine; *bot* vine; *(Trauben)* grapes; *wilder ~* Virginia creeper ♦ *j-m reinen ~ einschenken* not to mince matters, to tell s-b the plain truth; **~bau** vine-growing, viticulture; **~bauer** vine-grower (-dresser), *BE a.* vintner; **~beere** grape; **~berg** vineyard; **~bergschnecke** edible snail; **~ernte** vintage; **~essig** wine vinegar; **~faß** wine-cask; **~flasche** wine-bottle; **~garten** vineyard; **~gärtner** vine-grower; **~geist** spirit of wine; **~glas** wine-glass; **~handel** wine trade; **~händler** wine merchant; **~jahr** vintage year; **~karte** wine-list; **~laub** vine leaves (*od* foliage); **~lese** vintage; **~leser** vintager; **~monat** vintage month; **~most** must, grape-juice; **~probe** sample of wine; tasting of wine; **~ranke** vine tendril; **~rebe, ~stock** wine; **~reich** vinous; **~säure** tartaric acid; **~stein** tartar, *(rein)* cream of tartar; **~steinsäure** = ~säure; **~traube** grape; bunch of grapes

wein|en to cry, to weep (*über* for, over; *vor Freude* for, with joy); **~erlich** inclined to weep; whining; **~krampf** crying-fit, convulsive sobbing

weis|e wise; prudent; *su* wise man; *d. ~en (aus d. Morgenland)* the (three) Magi, the Wise Men of the East

Weise way, manner; method; fashion; habit, custom; ♪ melody, tune; *auf diese ~* in this way; *auf d. eine oder andere ~* in one way or another; *auf keine ~* by no means; *in der ~, daß* in such a way that

weis|en to point out, to indicate, to show; to direct (to); to refer (to); *j-m d. Tür ~en* to show s-b the door; *von s. ~en* to repudiate, to reject; **~er** pointer; indicator; **~ung** instruction, order

Weisheit wisdom; prudence; *behalte deine ~ für dich* keep your wisdom to yourself; *er hat d. ~ nicht mit Löffeln gegessen* he hasn't set the Thames on fire; *mit s-r ~ zu Ende sein* to be at one's wit's end; **~szahn** wisdom tooth

weis|lich wisely, prudently; **~machen** to make s-b believe s-th, to tell s-b lies; to impose upon, to hoax; *er läßt s. nichts ~machen* he does not let himself be imposed upon; **~sagen** to prophesy, to predict; **~sager** prophet; **~sagung** prophecy, prediction

weiß white; clean; *(Papier)* blank; *(Reif)* hoary; *~er Sonntag* Low Sunday; *d. ~en* the white races; **~bier** pale ale; **~blech** tin-plate; **~brot** white bread; **~buch** *pol* white paper; **~en** *vt* to whiten; *(tünchen)* to whitewash; **~fisch** whiting; *(klein)* whitebait; **~gelb** yellowish white; flaxen; **~gerber** tawer; **~glühend** white-hot; incandescent; **~glut** white heat; **~grau** whitish (*od* light) grey; **~kohl** white cabbage; **~lich** whitish; **~näherin** needle-woman; **~tanne** silver fir; **~waren** linen (*od* white) goods; **~warenhändler** linen draper; **~wein** white wine, hock; **~zeug** (household) linen; **~zucker** refined sugar

weit distant, far away (off); *(abgelegen)* remote; far, *(bejahender Satz)* a long way; wide, broad; extensive, spacious; vast, immense; *~ u. breit* far and wide; *~er als (d. Baum)* beyond *(the tree); von ~em* from afar; *von ~ her* from a distance; *~ von hier* at a distance; *drei Meter ~* a distance of three metres; *bei ~em* far and away, by far; *bei ~em nicht* by no means; *es ~ bringen* to get on well; *es ist nicht ~ her mit ihm (damit)* he (it) is nothing special (nothing to write home about); *~ gefehlt!* you are quite wrong; *wenn alles so ~ ist* when everything is ready; *d. ~e suchen* to make o.s. scarce, to decamp; **~ab** far away; **~aus** far off; by far, much; **~blick** far-sightedness, foresight; **~e** width, breadth; size; extent, distance, length; capacity; *fig* range; comprehensiveness, breadth; amplitude; **~en** *vt* to widen; to expand; *(Schuh)* to stretch; *refl* to broaden (out)

weiter farther, further; wider, more extensive; additional; *adv* farther, further; more, else; on, forward; *und so ~* and so on; *was ~?* what else?; *nichts ~* nothing more; *~ niemand* no one else; *nur ~!* go on!; *des ~en* furthermore, moreover; *bis auf ~es* until further notice, for the present, without further preparation (treatment etc), without further ado, readily; *d. geht nicht ohne ~es* it's not as easy as all that; **~befördern** to forward; **~bestehen** to continue to exist; **~bringen** to help on; *es ~bringen* to get on, to make progress; **~führen** to carry on, to continue; **~geben** to pass on; **~gehen** to walk on; to go on, to continue; **~hin** after that, in future; *~hin tun* to continue to do; **~kommen** to get on; to advance, to progress; **~leiten** to transmit; to pass on; to channel; **~leitung** transmission; passing on; channelling; **~lesen** to continue (*od* go on) reading; **~reise** continuation of a journey; **~sagen** to tell (others); **~ungen** difficulties; consequences, complications; **~verarbeiten** to process, to finish; **~verarbeitung** processing, finishing

weit|gehend far-reaching, far-going; a large measure of; full, much; *adv* largely, in a large measure; **~her** from afar; **~herzig** broad (-minded); **~hin** far away, far off; **~läufig** distant; wide, extensive; roomy, spacious; detailed, complicated; **~läufigkeit** spaciousness; verbosity; **~maschig** wide-meshed; **~schichtig** large, ample; **~schweifig** long-winded; circuitous; detailed; tedious; **~sicht** long sight; **~sichtig** long-sighted; **~sichtigkeit** long sight, long-sightedness; **~sprung** long jump, *bes US* broad jump; **~verbreitet** wide-spread; **~winkelobjektiv** wide-angle lens

Weizen wheat, corn ♦ *sein ~ blüht* fortune smiles on him; **~acker** wheatfield; **~brot** wheaten bread; **~kleie** wheat bran; **~knusperflocken** *BE* corn-flakes; **~mehl** wheat(en) flour

welch which, what; which, that, *(Person)* who; *(einige)* some, any; *~e Größe haben Sie?* what's the size of . . .?

welk withered; flabby, limp; **~en** to wither, to fade

Well|blech corrugated (sheet) iron; **~pappe** corrugated cardboard

Welle wave, billow, *(Brandung)* surge; *phys,* 📻 wave, frequency; *(~nlänge)* wave-length; ⚙ shaft; axle, spindle; ⚕ epidemic; *fig* flood, rush; *~n schlagen* to rise in waves; **~n** *vt* *(Haar)* to wave; **~nband** 📻 (wave-)band; **~nberg** crest of a wave; *fig* peak; **~nbewegung** undulation; **~nbrecher** breakwater; **~nförmig** wave-like, undulating; **~ngang** ⚓ backwash; **~nlänge** wave-length; **~nlinie** wavy line; **~nreiten** aquaplane; **~nschlag** dashing (*od* breaking) of the waves; **~nsittich** Australian grass parakeet, budgerigar; **~ntal** trough of the waves; *fig* bottom of the dip, trough; **~ntheorie** undulatory theory

Welpe whelp

Wels *zool* catfish

welsch French, Italian; foreign; **~land** Italy, France

Welt world; universe; people; *alle ~* everybody, all the world; *d. andere ~* the other world, the next world; *auf d. ~* on earth; *was in aller ~* what on earth; *zur ~ bringen, in d. ~ setzen* to bring into the world, to give birth to; *auf d. (zur) ~ kommen* to come into the world, to be born; *aus d. ~ schaffen* to remove, to get rid of, to put out of the way; *ein Mann von ~* a man of the world ♦ *d. ~ aus d. Angeln heben* to shake the world to its foundations; **~all** universe; **~alter** age (of the world); period of history; **~anschauung** philosophy of life, world outlook; *pol* ideology; **~ausstellung** international exhibition; **~ball** globe; **~bank** World Bank, International Bank for Reconstruction and Development; **~bekannt** known everywhere, universally known; **~berühmt** farfamed; **~bild** conception of the world (*od* of life); **~bürger** citizen of the world, cosmopolitan; **~erfahren** worldly wise, sophisticated; **~erschütternd** world-shaking; **~fremd** out of touch with reality, ignorant of the world; solitary; **~geschichte** universal history, history of the world ♦ *da hört doch d. ~geschichte auf!* that's the limit; **~gewandt** knowing the ways of the world; **~handel** international trade; **~kenntnis** knowledge of the world, sophistication; **~kirchenrat** World Council of Churches; **~klug** wordly wise, sophisticated; **~körper**

heavenly body; **~krieg** world war; **~kugel** globe; **~lage** general political situation; **~lauf** course of the world; **~lich** worldly; *(Macht)* temporal; secular, profane; **~literatur** universal literature; **~macht** world power; **~markt** international market; **~meister** world champion; **~meisterschaft** world championship; **~politik** world politics; **~postverein** Universal Postal Union; **~raum** space; universe; **~raumfahrt** space travel; astronautics; **~rekord** world('s) record; **~rekordinhaber** world record-holder; **~ruf** world-wide reputation; **~schmerz** pessimistic outlook on life; sentimental pessimism; world weariness; **~sprache** universal language; **~stadt** metropolis; **~teil** continent; part of the world; **~umspannend** worldwide, universal; **~untergang** end of the world; **~weiser** philosopher; **~wirtschaft** world economic system; **~wirtschaftskrise** world-wide depression; *(1929 bis 1934)* the Depression

Weltergewicht ⛹ welter weight

wem to whom; **~fall** dative (case)

wen whom; **~fall** accusative (case)

Wend|e turn(ing); change; new era; ⛹ face vault; **~ehals** *zool* wryneck; **~ekreis** tropic; *~ekreis d. Krebses* Tropic of Cancer; *~ekreis d. Steinbocks* Tropic of Capricorn; **~eltreppe** winding (*od* spiral) staircase; **~en** to turn (round); *Geld ~en an* to spend money on; *bitte ~en!* please turn over!; *refl* to turn; *s. ~en an* to turn to, to apply to, to approach ♦ *d. Blatt hat s. gewendet* the tables are turned; **~ig** agile, nimble; 🚗 manœuvrable; *fig* slick, adaptable; versatile; **~igkeit** agility, nimbleness; manœuvrability, adaptability; versatility; **~ung** turn(ing); *mil* facing (about), wheeling; turning-point, change; crisis; *(Wort-)* (idiomatic) phrase; saying, byword

wenig little, *pl* few; *(selten)* seldom; *e. ~* a little; *nur ~* only a little, *pl* only a few; *s-n ~es Geld* the little money he has; *mit ~en Worten* in a few words; *ebenso~ wie du* not any more than you; **~er** less, *pl* fewer; *5 ~er 2* five minus two; *nichts ~er als* anything but; *nicht ~er als* no less (fewer) than; **~keit** small quantity; littleness, smallness; *meine ~keit* my humble self; **~st** least; *d. ~sten* only a few people; **~stens** at least

wenn if, in case; *(zeitl.)* when; *und ~* even if; *~ auch* even if, although; *~ nicht, außer ~* unless, except if (when), but that; *~ nur* if only, so long as; *selbst ~* even if, though; **~gleich, ~schon** (al)though; *(su) d. viele ~ u. Aber* many ifs and buts; *nach langem ~ u. Aber* making many reservations; *~ schon, denn schon* if we do it at all, let's do it thoroughly; we may as well go the whole hog; *na, ~ schon!* well, so what?

wer who; *~ von euch* which of you; he who; that; *(jemand)* somebody, anybody; *~ auch immer* whoever; *~ da?* who goes there?

Werb|eabteilung publicity department; **~eaktion** publicity campaign; **~ebüro** publicity bureau; **~efachmann** publicity specialist; **~efunk** commercial broadcasting; **~eleiter** advertising manager; **~ematerial** advertising (*od* promotional) material; **~emittel** publicity medium; **~en** *mil* to recruit, to levy; to enrol, to enlist; *~en für* to advertise for, to make propaganda for, to canvass for; *~en um (Mädchen)* to court, to woo; to engage s-b for; **~eprospekt** leaflet; prospectus; *pl* literature; **~er** canvasser; **~erummel** ballyhoo; **~eschreiben** sales letter; **~etext** copy; *die* **~etrommel** *rühren* to beat the drum, to make propaganda; **~ung** recruiting, levying; courting, wooing; propaganda; publicity; **~ungskosten** publicity costs; *(Steuer)* professional expenses

werden to become, to be; to grow; to turn (out); to prove; *(Futur)* shall, will; *(Passiv)* to be; *~ zu* to change (*od* turn) into; *anders ~* to change, to turn; *~de Mutter* expectant mother; *su* growing, developing; development; formation, evolution; growth; origin

Werder river islet, *BE a.* eyot, holm

werfen to throw; *(Blick, Licht, Schatten, Los, Zweifel)* to cast (*auf* at, over, on); *(schleudern)* to hurl, to fling; to toss, to pitch; *(Junge)* to bring forth; *refl (Holz)* to warp; *s. in d. Brust ~* to put on an air of importance; *s. ~ auf* to throw o.s. upon, to apply o.s. to s-th vigorously; *s. in s-e Kleider ~* to dress quickly

Werft dockyard, shipyard; **~arbeiter** dock labourer, docker

Werg tow; oakum

Werk work, labour; production; performance; factory, plant; *(Gas-, Wasser- etc)* works; *(Betrieb)* enterprise, undertaking; mechanism, work; *(Uhr-)* clockwork; 🕮 publication; workmanship; *(Aktion)* scheme; *gutes ~* good deed; *ans ~ gehen* to set to work; *ins ~ setzen* to set going, to start; **~bank** (work)bench; **~biene** worker bee; **~druck** 🕮 book-printing; **~leute** workmen, workpeople, hands; **~meister** foreman, overseer; **~smannschaft** ⛹ works team; **~spionage** industrial espionage; **~statt, ~stätte** workshop; **~stoff** material; **~stoffprüfung** testing of material; **~stück** work(piece), production part; **~student** student who earns his living; *~student sein* to work one's way through college; **~swohnung** company-owned dwelling; **~tag** working-day, business day; *(kein Sonntag)* week-day; **~tags** on week-days; **~tätig** working; active; *~tätige Bevölkerung* the working classes; **~theater** theatre workshop; **~zeug** tool; instrument, implement; *j-s ~zeug (fig)* tool, cat's-paw; **~zeugkasten** tool-box; **~zeugmaschine** machine-tool

Wermut *bot* wormwood; *(Wein)* vermouth; **~stropfen** a drop of bitterness

wert worth; valuable; worthy, honoured, esteemed; *mein ~er Freund* my dear friend; *nicht d. Mühe ~* not worth-while; *er ist es ~* he deserves it; *nichts ~ sein* to be no good; *su* worth, value; price, rate; importance (*~ legen auf* to attach great i. to); merit; *chem* valence;

im ~e von to the value of, at a price of; **~beständig** stable, of fixed value; **~brief** insured letter (containing money); **~en** to value, to appraise; **~gegenstände** valuables; **~igkeit** *chem* valence; **~los** worthless; **~losigkeit** worthlessness; **~messer** standard of value; **~minderung** depreciation; **~paket** insured parcel (containing valuables); **~papier** security, bond; **~sachen** valuables; **~schätzen** to value (*od* esteem) highly; **~schätzung** esteem; appreciation; **~urteil** value judgment; evaluation; **~voll** valuable; precious; **~zeichen** (postage) stamp

wes = ~sen; **~fall** genitive; **~halb, ~wegen** why; for what reason; on account of what (*bzw* which); **~sen** whose

Wesen creature, being; existence; *(Kern)* essence; substance, reality; character; organization, system; *(Verhalten)* way, air; manners, conduct; *sein ~ treiben* to go about; to haunt (a house); *viel ~s machen von (um)* to make a fuss about; **~haft** real; substantial; **~los** unreal, shadowy; incorporeal; **~seigen** characteristic; **~sfremd** foreign to the nature of; **~sgemäß** appropriate to the nature of; **~sgleich** of the same nature; consubstantial; homogeneous; **~szug** characteristic feature; **~tlich** essential, substantial; real; material, vital; *~tlicher Bestandteil* integral part

Wespe wasp; **~nnest** wasps' nest ♦ *in e. ~nnest stechen* to bring a hornets' nest about one's ears; **~nstich** wasp's sting

West|(en) west; occident; *pol* the West(ern Hemisphere), the non-Communist world; **~lich** west(ern, -erly); occidental; westward; **~mächte** Western Powers; **~wärts** westward

Weste waistcoat, *bes US* vest ♦ *e-e saubere (weiße) ~ haben* to have a clean record; **~ntasche** waistcoat-pocket ♦ *j-n wie s-e ~ntasche kennen* to know s-b inside out; **~ntaschen-** *attr* vest-pocket

wett equal; *~ sein* to be quits; **~bewerb** competition; 🏋 event; **~bewerber** competitor; **~e** bet, wager; *was gilt d. ~e?* what do you bet?; *e-e ~e eingehen* to make (*od* lay) a bet; *um d. ~e (tun) mit j-m* to vie with one another in (doing); *um d. ~e laufen mit* to race s-b; **~eifer** emulation; rivalry; competition; **~eifern** to vie, to contend (with); **~en** to bet, to wager (*auf* on); to back (a horse); **~er** better; backer; **~fahrt** driving competition; boat-race; **~flug** air-race; **~kampf** 🏋 contest, competition *(a. fig)*; match; **~kämpfer** contestant, competitor; athlete; prize-fighter; **~kampfteilnehmer** = ~kämpfer; **~kampfübung** 🏋 event; **~lauf** race; **~läufer** runner; **~machen** to make up for; to make good; to cancel out; to counteract, to offset; **~rennen** race; **~rudern** boat-race; **~rüsten** armament(s) race; **~schwimmen** swimming-match; **~spiel** match, tournament; **~streit** competition, contest

Wetter weather; *(Un-)* bad weather, storm; ⚒ *schlagende ~* fire-damp; *alle ~!* by Jove! **~bericht** weather forecast; **~dienst** meteorological service; **~fahne** weathercock *(a. fig)*, vane; **~fest** weatherproof; **~glas** barometer; **~karte** meteorological (*od* weather) chart; **~kunde** meteorology; **~lage** weather (*od* atmospheric) conditions; **~leuchten** sheet lightning; **~loch** bolt-hole; **~n** to storm, to be stormy; *fig* to fulminate, to curse and swear; **~schaden** damage by storm; **~seite** weather side; **~sturz** sudden fall of temperature; **~umschlag** change of weather; **~vorhersage** weather forecast; **~warte** meteorological station; **~wechsel** change of weather; **~wendisch** changeable (as the weather), fickle; capricious; **~wolke** thunder cloud

wetz|en to whet, to grind; to sharpen; **~stein** whetstone, hone

Whist whist

Wichs full dress, *sl* glad rags; *in vollem ~* in full dress; **~bürste** blacking-brush; **~e** blacking, polish; *fig* thrashing; **~en** to black, to polish; *(Boden)* to wax; *fig* to thrash

Wicht wight; creature; **~e** specific gravity; **~elmännchen** brownie, pixie

wichtig important; weighty, momentous; *e-e ~e Miene aufsetzen* to give o.s. airs; *s. ~ machen* to assume an air of importance; **~keit** importance; weight, consequence; *von ~keit sein* to be of importance; **~tuer** pompous individual; **~tuerei** pomposity, self-importance

Wicke *bot* vetch; *(Platterbse)* sweet pea

Wickel *(Haar)* curler; ⚕ binder, pack ♦ *j-n beim ~ kriegen* to collar s-b; **~gamasche** puttee; **~kind** baby in long clothes; *kein ~kind mehr sein* to be a child no longer; **~n** to wind (round, up); to wrap up; *(Zigarette)* to make, to roll; *(Haar)* to put in curlers; *(Baby)* to change; **~tuch** wrapper

Widder ram; *astr* Aries

wider against, contrary to; versus; *~ Willen* reluctantly; *d. Für u. ~* the pros and cons; **~fahren** to happen to, to befall; to meet with; *Recht ~fahren lassen* to do justice to; **~haarig** cross-grained, perverse; **~haken** barb(ed hook); **~hall** echo; response; **~hallen** to (re-)echo, to resound; **~lager** abutment; spring; **~legen** to refute; to disprove; **~legung** refutation; disproof; **~lich** repulsive, disgusting; repugnant; nauseous; **~lichkeit** repulsiveness, disgust; nauseousness; **~natürlich** unnatural, contrary to nature; monstrous; **~part** opponent, adversary; opposition; **~raten** to dissuade (from); **~rechtlich** illegal, unlawful; **~rechtlichkeit** illegality, unlawfulness; **~rede** contradiction, objection; **~rist** withers; **~ruf** recall; cancellation; revocation; *(e-r Ansicht)* recantation, disavowal; *bis auf ~ruf* until recalled, until withdrawn; **~rufen** to recall, to cancel; to revoke, to recant; to disavow; **~ruflich** revocable; **~sacher** adversary, antagonist; **~schein** reflection; **~setzen** *refl* to oppose, to resist; **~setzlich** refractory, insubordinate; **~setzlichkeit** refractoriness, insubordination; **~sinn** nonsense; absurdity; **~sinnig** nonsensical; absurd; **~sinnigkeit** absurdity; bull;

~spenstig refractory; obstinate; *(Pferd)* restive; **~spenstigkeit** refractoriness; obstinacy; **~spiegeln** to reflect, to mirror; *refl* to be reflected; **~sprechen** to contradict; to oppose; *refl* to contradict o.s.; **~sprechend** contradictory; **~spruch** contradiction (*~spruch in sich* c. in terms); conflict; *in ~spruch stehen mit* to be inconsistent with, to be at variance with; *auf heftigen ~spruch stoßen bei* to meet with violent opposition from; **~stand** resistance, opposition; *~stand leisten* to resist; **~standsfähig** able to offer resistance; **~ standskraft** resisting power, stamina; **~stehen** to resist, to withstand; to disgust, to be repugnant to; **~streben** to struggle against, to resist; to go against the grain with; *su* resistance, opposition; reluctance; **~strebend** reluctant; **~streit** opposition; conflict; antagonism; **~streiten** to conflict, to clash with; to be contrary to; to contend with; **~streitend** antagonistic; **~wärtig** disgusting; annoying; **~wärtigkeit** adversity; nuisance; **~wille** dislike; repugnance, aversion; *mit ~willen erfüllen* to disgust; **~willig** reluctant, unwilling

widm|en to devote (to), to dedicate (to); *refl* to devote o.s. to, to apply o.s. to; **~ung** dedication; **~ungsexemplar** presentation copy

widrig contrary; adverse; *(feindlich)* hostile, inimical; unfavourable; **~enfalls** in the contrary case; failing which; **~keit** adversity; *pl* untoward events

wie *(auf welche Weise)* how; *~ alt (breit, hoch, lang)?* what age (width, height, length)?; *~ groß (Person)?* what height?, *(Schuh etc)* what size?; *(Qualität) ~ ist ...?* what is ... like? *~ sieht es aus?* what does it look like?; *~ ist Ihr neuer Lehrer?* what is your new teacher like?; *~ geht es ihm?* how is he?; *~ heißt das?* what is that called? *conj* as; like; such as; *~ auch (immer)* however; *~ bitte?* (I beg your) pardon?, what did you say?; *~ gesagt* as has been said ♦ *~ du mir, so ich dir* tit for tat; **~so** why; **~viel** how much; *d. ~vielten haben wir heute?* what's the date today?

wieder again; anew, afresh; once more; back, in return for; *immer ~* again and again, time and again; *hin u. ~* now and then; *für nichts u. ~ nichts* for nothing at all

wieder|abdrucken to reprint; **~anfang** recommencement; reopening (of the school); **~anknüpfen** to renew; **~aufbau** reconstruction; **~aufbauen** to reconstruct; to rebuild; **~auffinden** to find, to recover; **~aufleben** to revive; **~aufnahme** resumption; **~aufnehmen** to take up again, to resume; **~aufrichten** to raise again; **~aufstehen** to rise again; **~bekommen** to get again; to get back, to recover; **~beleben** to revive, to resuscitate; **~belebungsversuch** attempt at resuscitation; **~bewaffnen** to rearm; **~bringen** to bring back; to restore, to return to; **~einführen** to reintroduce; to re-establish; **~einnehmen** to recapture; **~einrichten** to re-establish; to reorganize; **~einsetzen** to reinstate; to reinstall; **~einstellen** to engage again; **~erkennen** to recognize; **~erlangen** to get back, to recover; **~erobern** to reconquer; **~ersetzen, ~erstatten** to return, to restore; to repay, to refund; **~erstattung** restitution; repayment; **~erzählen** to repeat, to retell; **~finden** to find again, to recover; **~gabe** giving back, return; ♪, [symbol] rendering; reproduction; reading; *(Übersetzung)* translation, rendering; **~geben** to give back, to return; to render; to reproduce; to translate; **~geburt** rebirth; renaissance; reincarnation; **~genesen** to recover, to get better; **~gewinnen** to regain; to recover, to retrieve; **~gutmachen** to compensate (for); to make amends for; to repair; **~gutmachung** reparation; restitution; compensation; indemnification; **~haben** to have (got) back; to have (got) again; to have recovered; **~herstellen** to restore, to repair; ⚕ to cure; to re-establish; **~herstellung** restoration; recovery; re-establishment; **~holen** to fetch (*od* bring) back; to repeat; to reiterate; to renew; *refl* to say (over and over) again; to recur; **~holt** repeatedly, again and again; **~holung** repetition; reiteration; *im ~holungsfalle* if it should happen again; ⚖ in case of a second offence; **~hören** to hear again; *auf ~hören!* good-bye!; **~ingangsetzung** re-starting; **~instandsetzen** to repair, to recondition; **~instandsetzung** repair, reconditioning; **~käuen** to chew the cud, to ruminate; **~käuer** ruminant; **~kaufen** to buy back; **~kehr** return; coming home; repetition; recurrence; **~kehren** to return, to come back; **~kommen** to come back; **~kunft** return, coming back; *eccl* advent (of Christ); **~sagen** to tell again; to repeat; **~sehen** to see (*od* meet) again; *su* meeting again; *auf ~sehen!* good-bye!, *umg* bye-bye!; so long!; **~taufe** re-bap-tism, anabaptism; **~täufer** anabaptist; **~tun** to do again; **~um** again; afresh, anew; on the other hand; **~vereinigen** to reunite; *(versöhnen)* to reconcile; **~vereinigung** reunion; *pol* reunification; reconciliation; **~verheiraten** to remarry; **~verheiratung** remarriage; **~verkäufer** reseller; retailer; **~verwertung** reutilization; **~wahl** re-election; **~zahlen** to repay; **~zustellen** to return

Wiege cradle; *von d. ~ bis zur Bahre* from the cradle to the grave; **~messer** mincing-knife, chopping-knife; **~n** to weigh; to rock; to shake, to sway; *(Fleisch)* to mince, to chop up; *refl (fig)* to indulge (in hopes etc); **~ndruck** incunabulum; **~nfest** birthday; **~nkind** infant; **~nlied** lullaby

wiehern to neigh; *su* neighing *~des Gelächter* horselaugh, roaring laughter

Wiese meadow; **~l** weasel; **~ngrund** meadowland, grassy valley; **~nschaumkraut** lady's smock, cuckoo-flower

wieviel *siehe* wie

wild wild; rough; *(Mensch)* barbarian, savage, uncivilized; unruly, intractable; disorderly; fierce; *(böse)* angry, furious; *(ungeordnet)* untidy, dishevelled; *~e Ehe* concubinage; *~er Streik* unofficial strike; *~er Wein* Virginia creeper; *~es Fleisch* ⚕ proud flesh; *~ werden* to get furious, *(Pferd)* to shy; **~bach** torrent; **~bad** (non-mineralized) thermal spa; **~bahn** hunting-ground, preserve; **~braten** (roast) venison; **~bret** game; venison; **~dieb, ~erer** poacher; **~(dieb)erei** poaching; **~ente** wild duck; **~er** savage ♦ *wie e. ~er* (to work) like a nigger, (to behave) like a madman; **~ern** to poach; **~fang** tomboy, romp; **~fremd** quite strange; **~gehege** preserve, game cover; **~geschmack** game flavour; **~heit** wildness; barbarity; ferocity; **~hüter** gamekeeper; **~leder** deerskin, buckskin; **~ling** wild tree; tomboy; **~nis** wilderness; desert; **~schaden** damage done by game; **~schütz(e)** poacher; **~schwein** wild boar; **~wasser** torrent

Wille will; volition, determination; wish; intention, design; purpose; *d. besten ~n haben* to have the best intentions; *aus freiem ~n* of one's own accord; voluntarily; *wider ~n* unwillingly; involuntarily; *guter ~* kind intention; *letzter ~* last will (and testament); *~ns sein* to be willing (to do); *j-m zu ~n sein* to do as a person wishes; *um ... ~* for (his, father's) sake; **~nlos** irresolute, lacking will-power; **~nlosigkeit** lack of will-power; indecision; abulia; **~nsakt** act of volition; **~nserklärung** declaration of intent; **~nsfreiheit** free(-dom of) will; **~nskraft** will-power, strength of will (*od* mind); faculty of volition; **~ntlich** intentional

will|fahren to grant; to please; to comply with; **~fährig** accommodating; compliant, complaisant; **~fährigkeit** compliance, complaisance; **~ig** willing, ready; amenable; **~igkeit** willingness, readiness; **~komm(en)** welcome; *adj* welcome; acceptable, opportune; *~kommen heißen* to welcome; to extend a cordial welcome to; **~kür** arbitrary act; despotism; *j-s ~kür preisgegeben sein* to be at s-b's mercy; **~kürlich** arbitrary; **~kürlichkeit** = ~kür

wimmeln *von* to swarm, to teem with

wimmern to whimper, to moan

Wimpel pennant, *bes mil* pennon; streamer

Wimper eyelash ♦ *ohne mit d. ~ zu zucken* without turning a hair (*od* batting an eyelid)

Wind wind, breeze; ⚕ flatulence; *wie d. ~* like the wind, very fast; *in ~ u. Wetter* in all weathers ♦ *d. ~ aus d. Segeln nehmen* to take the wind out of s-b's sails; *in d. ~ reden* to waste one's breath; *in d. ~ schlagen* to disregard, to turn a deaf ear to s-th; **~beutel** cream puff; *fig* windbag; **~blume** anemone; **~eseile** lightning speed; *mit ~eseile* (off) like a shot, very fast; **~fahne** weather vane; **~fang** porch; chimney-pot; **~harfe** Aeolian harp; **~hose** wind spout; **~hund** greyhound; *fig* windbag; **~hundrennen** greyhound racing; **~ig** windy, breezy; *fig* poor, unreliable; **~kanal** wind-tunnel; **~licht** storm lantern; **~mühle** windmill (*gegen ~mühlen kämpfen* to tilt at w.s); **~pocken** chicken-pox; **~richtung** wind direction; **~rose** compass card; **~schief** twisted, warped; **~schutzscheibe** windscreen, *US* windshield; **~spiel** = ~hund; **~stärke** wind force; **~still** calm; **~stille** (dead) calm; still air; **~stoß** gust, blast; **~zug** current of air; draught

Winde *bot* wind weed, convolvulus; ⚙ windlass, winch

Windel *BE* (baby's) napkin, diaper; **~n** to swaddle; *(Baby)* to change; *~weich schlagen* to beat to a pulp (*od* to a jelly)

wind|en *vt* to wind; *(Kranz)* to make; *(flechten)* to twist; *(hoch-)* to hoist; to reel; *(ent-)* to wrest, to wrench (from); *refl* to writhe; *(Fluß)* to meander, to wind; **~ung** winding, twisting; convolution; ⚡, ⚓ coil; spire, whirl; ⚙ worm

Wink nod, hint; beck, beckoning; *fig* hint, suggestion; tip ♦ *e. ~ mit d. Zaunpfahl* a broad hint; **~en** to wave; *j-m ~en* to beckon, to make signs; to nod; *mil* to signal, to flag; **~er** 🚗 direction indicator; *mil* flag signaller; **~zeichen** manual signal

Winkel corner; *bes math* angle; *mil* chevron; *fig* nook, secret spot; **~advokat** obscure lawyer, pettifogger; **~förmig** angular; **~messer** *math* protractor; goniometer; **~zug** trick, dodge

winklig angular; *(Straße)* crooked

winseln to whine, to moan

Winter winter; **~frische** winter resort; **~frucht** winter crop; **~garten** winter garden; **~halbjahr** the last quarter of one year and the first quarter of the next; *(Univ.)* winter term; **~lich** wintry; **~reifen** winter tyres (*US* tires); **~schlaf** hibernation; *~schlaf halten* to lie dormant; **~schlußverkauf** winter sales; **~sport** winter sports

Winzer = Weinbauer

winzig tiny, minute; diminutive; **~keit** tininess, minuteness; diminutive size

Wipfel tree-top

Wippe see-saw; **~n** to see-saw

wir we; *~ alle* all of us; *~ selbst* we ourselves; *~ sind es* it is us

Wirbel eddy, whirlpool; maelstrom; *(Rauch)* curl, wreath; *(Trommel)* roll, tattoo; ⚕ vertebra; *(Kopf)* crown; ♪ *(Violine)* peg; **~ig** whirling; giddy; **~knochen** vertebra; **~los** invertebrate, spineless; **~n** to whirl (round), to eddy; *(Trommel)* to roll; **~säule** spinal (*od* vertebral) column, spine; **~tier** vertebrate (animal); **~wind** whirlwind

wirk|en to act, to work; to do; to bring about, to produce; *(Stoff)* to knit; *vi* to be active; *~en auf* to act on, to have an effect on, to influence; *su* agency; activity, work(ing); mechanical knitting; **~er** machine knitter; **~erei** knitwear manufacture; hosiery mill; **~lich** real, actual; true, genuine; bona fide; *~lich!* indeed!; **~lichkeit** reality, actuality; **~sam** active; effective, efficient; ⚕ efficacious; *~sam werden* to make o.s. felt; **~samkeit** activity; effectiveness, efficacy; *(Wirkung)* effect; **~stoff** agent; *chem* active substance, *(Droge)* active principle; *(Textil)* knitted fabric; **~ung** effect; action; agency, operation; impression, influence; *ohne ~ung bleiben* to prove ineffectual; **~ungsbereich** sphere of activity; *mil* range of action; **~ungsdauer** *chem,* ⚕ duration of action; **~ungsgrad** effect, degree of effectiveness; **~ungskreis** sphere of activity (*od* influence); **~ungslos** inefficient, ineffectual; **~ungsvoll** effective; *bes* ⚕ efficacious; striking; **~waren** knitted goods, knitwear; hosiery

wirr confused; chaotic, wild; tangled; *(Haar)* dishevelled; **~en** disorders, disturbances; **~kopf** muddle-head(ed fellow); **~nis** chaos, confusion, disorder; **~warr** chaos, disorder, jumble; *(Stimmen-)* babel

Wirsing(kohl) savoy

Wirt *(Vermieter)* landlord; *(Gasthaus)* innkeeper; *(Gastgeber)* host ♦ *d. Rechnung ohne d. ~ machen* to reckon without one's host; **~in** landlady; hostess; **~lich** hospitable; habitable, homely; **~shaus** = Gastwirtschaft; **~sleute** landlord and landlady; innkeeper and his wife; host and hostess; **~sstube** inn parlour

Wirtschaft business; (trade and) industry; economy; political economy; economic activity; *(Haus-)* housekeeping, domestic economy; household; = Gastwirtschaft; *fig* goings-on, mess; *e-e schöne ~* a pretty business, a fine mess; **~en** to keep house; to manage; to economize; *umg* to rummage about; **~er(in)** manager(ess); housekeeper; steward; **~ler** business man; economist; **~lich** economic; industrial, commercial; financial; *(sparsam)* economical; profitable; **~sabkommen** economic agreement; **~sbelebung** upswing in economic activity; **~sbeziehungen** trade relations; **~sgebäude** farm-buildings, outhouses; **~sgeld** housekeeping money; **~sgeographie** economic geography; **~sgüter** (salable) goods; commodities; **~shilfe** economic aid; **~sjahr** accounting year; financial year; **~slage** economic situation; **~slenkung** controls; planned economy; **~sministerium** Ministry for Economic Affairs; **~spolitik** economic policy; **~sprüfer** *BE* chartered accountant, *US* certified public accountant; **~sraum** market (area); **~swunder** the ‚German economic miracle'; **~szweig** sector of the economy

Wisch scrap of paper; slip, note; duster; **~en** to wipe; **~er** 🚗 windscreen wiper; **~lappen** duster, (wiping-)cloth

Wisent bison, aurochs

Wismut bismuth

wispern to whisper

Wißbegier|de thirst for knowledge; curiosity, inquisitiveness; **~ig** eager (*od* anxious) to know (*od* learn); inquisitive

wissen to know; to be aware of; to be acquainted with; *er will nichts mehr von ihr ~* he is through with her; *nicht daß ich wüßte* not that I know of; *su* knowledge; learning, erudition; scholarship; *meines ~s* as far as I know; *wider besseres ~* against one's better judgment; *nach bestem ~ u. Gewissen* to the best of one's knowledge and belief; **~schaft** learning, knowledge; *(bes Natur-)* science; scholarship; **~schaftler** learned man, scholar; *(Natur-)* scientist; *(Forscher)* research worker, research scientist; **~schaftlich** learned, scholarly; *(bes Natur-)* scientific; **~sdrang, ~sdurst, ~strieb** thirst (*od* eagerness) for knowledge; **~swert** worth knowing; interesting; **~szweig** branch of knowledge; art; **~tlich** knowing; conscious; deliberate; *adv* knowingly; on purpose, deliberately

witter|n to scent, to smell; *fig* to suspect; **~ung** scent; weather; *bei günstiger ~ung* weather permitting; **~ungsumschlag** change of weather; **~ungsverhältnisse** atmospheric conditions ⌈dower

Witwe widow; **~nstand** widowhood; **~r** widower

Witz wit, wittiness; common sense, mother wit; *(Spaß)* joke, pun, witticism; *~e machen* to be funny, to crack jokes; *mach keine ~e!* you're pulling my leg!, you're joking!; **~blatt** comic paper; **~bold** witty fellow, wag; **~eln** to try to be witty; to poke fun (at); **~ig** witty; funny, facetious; **~sprühend** sparkling with wit

wo where; in (*od* on) which; *(zeitl.)* when; *(irgend-)* somewhere, anywhere; *~ auch immer* wherever; *von ~* from where; *~ nicht* if not, unless; **~anders** somewhere else, elsewhere; **~bei** whereat; whereto; by which, whereby; in which; in the course of which; through which, by doing which

Woche week; *heute in e-r ~* this day week; *zwei ~n (BE)* a fortnight; *pl* childbed; **~nbett** childbed, confinement; **~nblatt** weekly (paper); **~nende** week-end; **~nfieber** puerperal fever; **~ngeld** maternity allowance, *BE* m. benefit **~nlang** for weeks; **~nlohn** weekly wage; **~nschau** 🎞 newsreel; **~ntag** week-day; **~ntags** on week-days; **⁓̈ntlich** weekly; every week; *einmal ⁓̈ntlich* once a week; by the week

Wöchnerin woman in childbed

wo|durch by which, whereby; through which; by which means; **~fern** so far as; if, provided that; *~fern nicht* unless; **~für** for which, for what; what for

Woge billow, wave; **~n** to billow, to wave; to surge; to undulate; *(Busen)* to heave; *(hin u. her)* to fluctuate

wo|gegen against what; in return for what (*od* which); *conj* whereas, while; **~her** from where (*od* from what places); *~her wissen Sie das?* how do you know that?; **~hin** where (to), to what place; whither; *~hin gehst du?* where are you going?

wohl *(gut)* well; *~ bekomm's!* may it do you good!; *~ dem, der ...* happy he who ...; *~ oder übel* whether I (you *etc*) like it or not; as well as I can; *es sich ~ sein lassen* to enjoy o.s.; *(Partikel) (etwa)* about; *(wahrscheinlich)* probably, possibly; perhaps; I think, I suppose; *su* good health; well-being; welfare; *auf j-s ~ trinken* to drink s-b's health; *auf Ihr ~!* your health!, cheers!; **~an** well then!, now then!; **~angebracht** suitable, seasonable; **~auf** well, in good health; come on!; **~bedacht** well-considered; **~befinden** good health; well-being; **~behagen** comfort, ease, pleasure; **~behalten** safe and sound; **~bekannt** well-known, familiar; **~beschaffen** in good condition; **~durchdacht** well-considered; **~ergehen** well-being, welfare; **~erzogen** well-bred; **~fahrt** welfare; **~fahrtsarbeit** welfare work, social service; **~feil** cheap; **~gefallen** pleasure, satisfaction; *eccl* good will; *s. in ~gefallen auflösen* to vanish into thin air, to end in smoke; **~gefällig** pleasant, agreeable; **~gelaunt** in a good humour; **~gemeint** well-meant; **~gemut** cheerful, merry; **~genährt** well-fed; **~geruch** (sweet) perfume, fragrance; **~geschmack** pleasant taste (*od* flavour); **~gesetzt** well-worded; **~gesinnt** well-disposed; **~gesittet** well-behaved; **~habend** well-to-do, well-off; **~habenheit** wealth, affluence; **~klang** sweet tone, melodious sound; euphony, harmony; **~klingend** harmonious, melodious; euphonic, euphonious; **~leben** life of pleasure, luxury; **~riechend** sweet-scented, fragrant, aromatic; **~schmeckend** tasty, palatable; **~sein** good health; well-being, prosperity; *(zum) ~sein!* your health; **~stand** prosperity, well-being; wealth; **~tat** benefaction, blessing; boon; charity; **~täter** benefactor; **~täterin** benefactress; **~tätig** beneficent; beneficial; charitable; **~tätigkeit** charity; **~tätigkeitskonzert** benefit concert; **~tuend** beneficial; comforting; **~tun** to do good; to be pleasant (*od* comforting); **~unterrichtet** well-informed; **~verdient** well-deserved; **~verhalten** good conduct; **~verstanden** well understood; **~weislich** very wisely, prudently; **~wollen** goodwill, kind feeling, benevolence; *vi* to wish s-b well; **~wollend** benevolent, kind, friendly

wohn|en to live; to dwell, to reside; *(vorübergehend)* to stay; *(in Untermiete)* to lodge; **~haft** living, resident; **~haus** residential building dwelling; **~küche** combined kitchen and living-room; **~lich** comfortable, cosy; **~ort** (place of) residence, domicile; **~raum** housing accommodation; **~raummangel** housing shortage; **~sitz** = ~ort; **~stube, ~zimmer** living-room, lounge

Wohnung house, dwelling; residence; *(Etagen-) BE* flat, *US* apartment; **~samt** Housing Office; **~sbau** house-building, housing; **~slage** housing situation; **~slos** homeless; **~snachweis** house-agency; **~snot** housing shortage; **~swechsel** change of residence

Wohn|verhältnisse living conditions, housing conditions; **~viertel** residential quarter; **~wagen** *BE* caravan, *bes US* trailer

wölb|en to vault, to arch (over); *refl* to arch (over) *(a. fig)*; **~ung** vault(ing), arch; dome

Wolf wolf (*~ im Schafspelz* w. in sheep's clothing); **∸in** she-wolf; **~seisen** wolf-trap;

Wölkchen little cloud

Wolk|e cloud ♦ *aus allen ~en fallen* to be thunderstruck; **~enbank** bank of clouds; **~enbruch** cloud-burst; **~enkratzer** skyscraper; **~enlos** cloudless; **~enwand** = ~enbank; **~ig** cloudy, clouded

Woll|decke blanket; **~e** wool ♦ *in d. ~e sitzen* to be in clover; *in d. ~e geraten* to fly into a

~smilch *bot* spurge

temper; **~en** woollen; **~ig** woolly; **~jacke** cardigan; **~stoff** woollen material; **~waren** woollens

wollen to want, to wish; to will; to be willing; to like; to intend; I (you, he etc) will; to be going to; to be about to; *d. will ich meinen* I should think so; *d. will etw heißen* that means s-th; *er mag ~ oder nicht* whether he likes it or not; *d. will überlegt sein* it must be well considered; *er will (gesehen etc) haben* he maintains he has *(seen, etc)*; *wir ~* ... let us ...; *su* will; volition; intention

Wollust lust; sensuality, voluptuousness; **∸ig** lustful; sensual, voluptuous; **∸ling** voluptuary, debauchee

wo|mit with what; with (*od* by) which; **~möglich** if possible; perhaps; **~nach** after what (*od* which); whereafter, whereupon

Wonn|e delight, bliss; **~ig** blissful, delicious; *(Kind)* cute

wor|an at what, of what, by what; at which, of which, by which; whereat, whereon; **~auf** on what, on which; whereupon; **~aus** out of what, out of which; from what, from which; **~ein** into what, into which; **~in** in what, in which; wherein

Wort word; term, expression; saying; word of honour; *mit e-m ~* the long and the short of it, in a word; *kein ~ mehr!* not another word!; *kein wahres ~* not an atom of truth; *j-m d. ~ erteilen* to call upon s-b to speak; *er hat d. ~* it is his turn to speak; *d. ~ ergreifen* to begin to speak, *pol* to take the floor; *j-m d. ~ entziehen* to forbid s-b to speak; *j-m ins ~ fallen* to interrupt s-b; *d. große ~ führen* to have the say, to boast, to monopolize the conversation; *aufs ~ gehorchen* to obey at once (*od* implicitly); *nicht zu ~e kommen* not to be able to get a word in edgeways; *j-n beim ~ nehmen* to take s-b at his word; *e-r Sache d. ~ reden* to speak in favour of s-th; **~ableitung** derivation (of words), etymology; derivative; **~akzent** word stress; **~arm** deficient in vocabulary; **~armut** poverty of language; **~bildung** word-formation; **~bruch** breach of one's word; **~brüchig** having broken one's word; disloyal; **∸erbuch** dictionary; **~folge** word-order; **~führer** spokesman; **~getreu** literal, verbatim; **~karg** laconic, tight-lipped; **~laut** wording, text; **∸lich** verbatim; literal, word for word; **~reich** abundant in words; verbose, wordy; **~schwall** torrent of words; verbosity; **~sinn** literal sense; meaning (of a word); **~spiel** play upon words, pun; **~stellung** = ~folge; **~wechsel** argument, dispute; **~wörtlich** word for word, literally

wo|rüber of (*od* about, over) what (*od* which); whereof; **~rum** round what (*od* which); about what (*od* which); **~runter** under what (*od* which); among what (*od* which); **~selbst** where; **~von** of (*od* about) what (*od* which); whereof; from what (*od* which); wherefrom; **~vor** before what (*od* which); of (*od* from) what (*od* which); **~zu** for what (*od* which); why

Wrack wreck; **~gut** wreckage, wrecked goods
wring|en to wring; **~maschine** wringer
Wucher usury; profiteering; **~ei** usury; profiteering; **~er** usurer; profiteer; **~gewinn** excess (*od* inordinate) profit; **~isch** usurious; profiteering; **~n** *bot* to grow rank; to profiteer, to practise usury ; **~nd** *bot* rank; **~ung** rank growth; ⚕ growth, tumour; **~zins** usurious interest
Wuchs growth; shape, figure
Wucht burden, weight; force; *(volle)* brunt; impetus; **~en** to lever up; *vi* to weigh heavy (*od* heavily); **~ig** weighty
Wühl|arbeit subversive activity; **~en** to dig, to turn up; *(herum-)* to rummage, to rake about (in); *(Tier)* to burrow; *fig* to agitate, to stir up; **~er** agitator; **~erei** agitation; **~maus** vole
Wulst bulge, pad *(a. fig)*; fold; **~ig** bulging, padded; **~lippen** thick lips
wund sore; chafed, *fig* wounded; *s. d. Füße ~ laufen* to become foot-sore; *~er Punkt (fig)* sore point; **~arzt** surgeon; **~e** wound; **~fieber** wound fever; **~gelaufen** foot-sore; **~liegen** *refl* to get bed-sores; **~reiben** to chafe, to gall; **~salbe** ointment, salve; **~verband** dressing (of a wound); bandage
Wunder wonder, marvel; *(übernatürl.)* miracle; *(Person)* prodigy; *du wirst dein blaues ~ erleben* you'll have the surprise of your life; *~ wer (was, wie)* goodness knows who (*od* what, how); *~ tun* to work miracles; *d. 7 ~ d. Welt* the 7 wonders of the world; **~bar** wonderful, marvellous; strange; **~barerweise** strange to say; **~ding** wonderful thing, marvel; **~doktor** quack; **~glaube** belief in miracles; **~hübsch** lovely; **~kind** infant prodigy; **~lich** strange, odd, eccentric; **~n** *refl* to wonder (at), to marvel (at); to be surprised (at); *es sollte mich ~n, wenn (was)* I wonder if (*od* what); **~sam** wonderful, wondrous; strange; **~schön** beautiful, lovely; **~tat** wonder; **~täter** miracle-worker; **~tätig** working wonders, miraculous; **~voll** wonderful, marvellous, lovely; **~zeichen** miraculous sign
Wunsch wish, desire; *auf ~* by (on) request; *e. frommer ~* wishful thinking; **⁓̈elrute** divining-rod; **⁓̈elrutengänger** diviner, dowser; **⁓̈en** to wish (for), to desire; to long for; *j-m Glück ⁓̈en* to wish s-b luck, to congratulate s-b; **⁓̈enswert** desirable; **~gemäß** according to one's wishes, as desired; **~konzert** request programme; **~traum** wish (*od* pipe) dream; **~zettel** list of things desired; letter to Santa Claus
Würde dignity; honour; title, rank; degree; *in Amt u. ~n* holding (high) office; *es ist unter s-r ~* it is beneath him; **~los** undignified; **~nträger** dignitary; **~voll** dignified; full dignity
würdig worthy (of); deserving (of); dignified, respectable; **~en** to appreciate; *j-n k-r Antwort ~en* not to deign to reply to s-b; *j-n nicht e-s Wortes ~en* not to vouchsafe s-b a word; **~keit** worth(iness); **~ung** appreciation; esteem
Wurf throw(ing); *(Geburt)* cast, birth; *(Junge)* litter, brood; ⚙ projection; **~bahn** trajectory; **~geschoß** missile, projectile; **~kreis** throwing circle; **~scheibe** discus; quoit; **~weite** range (of projection)
Würfel dice; cube; *(Zucker)* lump; *math* hexahedron; *in ~ schneiden* to dice ♦ *d. ~ sind gefallen* the die is cast; **~becher** dice-box; **~förmig** cubic; cube-shaped; **~muster** checkered pattern; **~n** to throw dice; to play at dice; **~spiel** game of dice; **~zucker** lump sugar
würg|en to choke, to strangle; to suffocate; *vi* to choke, to stick in s-b's throat; **~er** killer; *zool* shrike
Wurm worm; *(Made)* maggot, grub; *umg* poor little thing; **~en** to vex, to annoy, to grind; **~förmig** worm-shaped; **~fortsatz** ⚕ appendix; **~ig** maggoty; wormy, worm-eaten
Wurst sausage ♦ *d. ist mir ~* I don't care a hang; **~eln** to muddle along; **~ig** indifferent; **~kessel** sausage boiler; **~vergiftung** botulism; **~waren** sausages
Würz|e seasoning, flavour; spice; *(Bier)* wort; *fig* zest; **~en** to season, to spice; **~ig** spicy; aromatic; piquant
Wurzel root *(a. math)*; *(Möhre)* carrot; *~ schlagen* to take root; **~n** to (take) root, to be rooted; **~werk** roots; **~ziehen** *math* evolution
Wust mess, rubbish; confusion, chaos; **⁓̈** waste, desert; disorderly, wild; coarse, vulgar; dissolute; **⁓̈e** desert; wilderness; **⁓̈enschiff** ship of the desert, camel; **⁓̈ling** libertine, dissolute person
Wut rage, fury (*in ~ geraten* to get into a. r.); *s-e ~ auslassen an* to vent one's anger on; *vor ~ kochen (platzen)* to boil with rage; **~anfall, ~ausbruch** fit (*od* outburst) of rage; **⁓̈en** to rage; to be furious (*od* mad); **⁓̈end** raging; furious, enraged; **~entbrannt** infuriated, enraged; **⁓̈erich** savage fellow; (cruel) tyrant; **~schäumend, ~schnaubend** foaming with rage, in a towering rage

X

X (the letter) X; **X-Beine** knock-knees; **x-beliebig** any, the first that comes (along); **x-mal** hundreds of times ♦ *j-m ein X für e. U vormachen* to make s-b believe that black is white, to dupe s-b; *d. Tag X* D-Day
Xanthippe Xanthippe, termagant
Xylophon xylophone

Y

Y (the letter) Y
Yoghurt yog(h)urt
Ysop hyssop

Z

Z (the letter) Z
Zack|e point, peak; *(Kamm)* tooth; *(Gabel)* prong; *(Fels)* jag; *(Kleid)* scallop; **~en** to tooth;

to indent, to notch; to scallop; **~enlitze** rick-rack; **~ig** pointed, jagged; notched, indented; pronged; *(Baum)* branched; scalloped; *bot* serrate, crenate; *umg fig* alert, smart, snappy

zag|en to hesitate, to be afraid; *su* timidity, hesitation; **~haft** timid; **~haftigkeit** timidity

zäh tough; viscous; stubborn, tenacious; **~flüssig** viscous; **~igkeit** toughness; viscosity; tenacity

Zahl number; *(Ziffer)* figure; *(~zeichen)* cipher; *(arabisch, römisch)* (Arabic, Roman) numeral; **~bar** payable, due; **~brett** money-tray; **~en** to pay; **~̈en** to count, to number; to reckon, to calculate; *~̈en auf* to count on, to rely on; *~̈en zu* to belong to, to rank among; **~̈er** *math* numerator; (⚡, *Gas-*) meter; *(~̈vorrichtung)* counter; **~enmäßig** numerical; in terms of figures; **~er** payer; **~karte** money-order form; **~los** countless, numberless, innumerable; **~meister** paymaster; **~reich** numerous; **~stelle** paying-office; *(Bank)* sub-branch; **~tag** pay-day; **~ung** payment; **~̈ung** counting; computation; *(Volks-)* census

Zahlungs|abkommen payments agreement; **~anweisung** payment order; 📯 money order, postal order; **~bedingungen** terms of payment; **~befehl** summary notice to pay; **~bilanz** balance of payments; **~einstellung** suspension of payments; **~empfänger** recipient of payment; payee; **~fähig** solvent; **~mittel** legal tender; notes and coin; **~termin** period allowed for payment; date for payment; **~unfähig** insolvent; **~union** payments union; European Payments Union; **~verkehr** payment transactions; transfers

Zahlwort numeral

zahm tame; domestic; tractable; **~̈en** to tame; to break (in); *fig* to restrain, to subdue; **~heit** tameness; **~̈ung** taming

Zahn tooth (*a.* ⚙); ⚙ cog; *(Gift-)* fang; *(Stoß-)* tusk; *d. ~̈e zeigen* to bare one's teeth; *d. ~̈e zusammenbeißen* to clench one's teeth, to keep a stiff upper lip; *j-m auf d. ~ fühlen* to probe s-b's mind, to put s-b to the test; **~arzt** dentist, dental surgeon; **~bürste** tooth-brush; **~en** to cut (one's) teeth; **~̈en** to notch; to tooth, to indent; **~ersatz** artificial teeth; **~fäule** caries; **~fleisch** gum; **~füllung** stopping, filling; **~heilkunde** dentistry; **~laut** dental (sound); **~los** toothless; **~lücke** gap between teeth; **~medizin** dentistry; **~paste** tooth-paste; **~pflege** care of the teeth, dental care; **~pulver** tooth-powder; **~rad** cog-wheel, gear (wheel); **~radbahn** rack railway; **~schmerz** toothache; **~stein** tartar; **~stocher** toothpick; **~wechsel** teething, cutting of teeth; **~wurzel** root of a tooth

Zähre tear, *pl* brine

Zander *zool* zander

Zange *(Kneif-)* pincers, *(große)* tongs; *(Beiß-)* pliers; *(Pinzette)* tweezers; ⚕ forceps; *zool* claw; **~ngeburt** forceps delivery

Zank quarrel(ling); row, brawl; **~apfel** bone of contention; **~en** to quarrel, to wrangle; *(etwas)* to bicker; *s. ~en mit* to quarrel with, to fall out with; **~̈isch** quarrelsome; **~lust, ~sucht** quarrelsomeness; **~süchtig** contentious, quarrelsome

Zäpfchen ⚕ uvula; suppository

Zapf|en pin, peg; *(Stift)* stud; *(Holz)* tenon; *(Tür)* pivot; *bot* cone; *vt* to tap; **~enstreich** *mil* tattoo, *US* taps; **~säule** 🚗 *BE* petrol pump, *US* gas pump; **~stelle** 🚗 *BE* petrol station, filling station

zapp|eln to fidget; to struggle; *~eln lassen* to keep in suspense; **~lig** fidgety, restless; *~lig sein* to fidget

zart tender; soft; delicate; fragile, frail; *(schlank)* slender, fine; *(empfindlich)* sensitive; loving; fresh, young; **~besaitet** sensitive; **~fühlend** tender, tactful; of delicate feeling; **~gefühl** delicacy (of feeling); **~heit** tenderness; delicacy (*a.* ⚕); softness; frailty; **~̈lich** loving, tender; affectionate; **~̈lichkeit** fondness, tenderness; caress

Zauber magic, charm, spell; enchantment; **~ei** magic, witchcraft; **~er** magician, sorcerer, conjurer; **~flöte** magic flute; **~formel** magic formula; **~haft** magical; enchanting, bewitching; **~isch** = ~haft; **~kunst** magic art, black magic; **~kunststück** conjuring trick; **~künstler** conjurer, juggler; **~n** to practise magic; to use witchcraft; to do by magic; **~spruch** spell, incantation; **~stab** magic wand; **~trank** magic potion

zaudern to hesitate; to delay; *su* hesitation; delay

Zaum bridle ♦ *im ~ halten* to keep a tight rein on, to keep in check; **~̈en** to bridle; *fig* to restrain; **~zeug** bridle

Zaun fence, hedge ♦ *e-n Streit vom ~ brechen* to pick a quarrel; **~gast** non-paying (*od* outside) spectator; **~könig** *zool* wren; **~pfahl** fence-post, hedgestake

zausen *(Haar)* to tousle; to pull about, to tug

Zebra zebra; **~streifen** zebra crossing

Zech|bruder tippler, toper; **~e** *(Rechnung)* bill; ⚙ mine; colliery; mining-company; **~en** to tipple, to drink; *(fröhlich)* to carouse; **~er** toper, tippler; **~gelage** drinking-party, spree; **~preller** guest who dodges paying the bill, bilk; **~prellerei** bill dodging, bilking

Zecke *zool* tick

Zeder cedar

Zehe toe; **~nspitze** tiptoe; *auf d. ~nspitzen gehen* to tiptoe

zehn ten; **~er** (the) ten; **~fach** tenfold; **~jährig** ten years old; **~kampf** 🏃 decathlon; **~mal** ten times; **~malig** ten times repeated; **~te** tenth; **~tel** tenth (part); **~tens** tenthly, in the tenth place

zehr|en *von* to live (*od* feed) on; to enjoy; to consume; *~en an (fig)* to gnaw at; **~ung** provisions; expenses

Zeichen sign; token; mark; symptom (*a.* ⚕); *(Vor-)* omen; *(Ab-)* badge; brand, stamp; *(Beweis)* proof; *zum ~, daß* as a proof that; *s-s ~s* by trade, by profession; **~buch** sketch-book; **~erklärung** key, legend; **~film** cartoon;

~kunst (art of) drawing; **~lehrer** drawing master; **~lineal** flat ruler; **~papier** drawing paper; **~saal** drawing office; art-room; **~setzung** punctuation; **~sprache** language of signs; dumb show; **~stunde** drawing lesson

zeichn|en to draw; *(entwerfen)* to design; *(kenn-)* to mark; to brand; *(unter-)* to sign; to underwrite; to subscribe (for); *verantwortlich ~en für* to be responsible for; **~er** draughtsman; designer; **~erisch** relating to drawing; **~ung** drawing; design; sketch; subscription

Zeig|efinger forefinger, index; **~en** to show, to point (at, to); to point out; to display, to exhibit; to demonstrate; to indicate; to prove; *refl* to appear, to put in an appearance; to be found; to show itself; to turn out, to prove; **~er** *(Uhr)* hand; pointer; **~estock** pointer

zeihen to accuse (of); to charge (with)

Zeile line; row ♦ *zwischen d. ~n lesen* to read between the lines; **~nabstand** spacing

Zeisig siskin

Zeit time; *(Frist)* term; *(Dauer)* duration, space of time; *(~alter)* age; epoch, era; period; season; days, times; *gram* tense; *von ~ zu ~* from time to time; *zur ~* at present; *zu rechter ~* in time; *in jüngster ~* quite recently; *bis in d. jüngste ~* until recently, so far; *~ s-s Lebens* as long as he lives (*od* lived); *es ist an d. ~* it is time *(to do); d. hat ~ bis morgen* that will do (*od* can wait till) tomorrow; *damit hat es ~* there is no hurry; *mit d. ~* gradually, in the course of time; *vor d. ~* prematurely; *vor ~en* formerly; once upon a time; *zu ~en* now and then; *du liebe ~!* good heavens!; *s. ~ lassen* to look about one; **~abschnitt** epoch, era; period; **~abstand** interval (*od* period) of time; **~alter** age; era; **~angabe** time; date; **~aufnahme** 📷 time exposure; **~aufwand** expenditure of time; loss of time, time spent (*für* on); **~bedingt** conditioned by (the) time; **~dauer** duration (*od* space) of time; **~einteilung** timing; time-table; **~enfolge** *gram* sequence of tenses; **~form** *gram* tense; **~geist** spirit of the age, zeitgeist; **~gemäß** timely; seasonable, opportune; *(aktuell)* topical; up to date, modern; **~genosse** contemporary; **~genössisch** contemporary; **~geschichte** contemporary history; **~ig** early; timely; **~igen** to produce, to effect; **~karte** *BE* season (ticket), *US* commutation ticket; **~lang:** *e-e ~lang* for a time; **~lauf** course of time; **~lebens** during (s-b's) life, for life; **~lich** temporal; temporary; in time; in point of time; *~licher Abstand* time lag; *~liche Dauer* duration; *aus ~lichen Gründen* for reasons of time ♦ *d. ~liche segnen* to depart this life, to die; **~lupe** 📷 slow motion; *mit ~lupe aufnehmen* to shoot in slow motion; **~lupenphotographie** slow-motion photography; **~maß** measure of time; *(Vers)* quantity; ♪ time; **~messer** chronometer; **~messung** chronometry; time-keeping, timing; **~nahe** up-to-date; **~not** lack of time; **in ~not sein** to be pressed for time; **~punkt** point of time; **~raffer** time-lapse (*~rafferphotographie* t.-l. photography); **~raubend** time-consuming; protracted; **~raum** space of time, period; interval; **~rechnung** chronology; (Christian etc) era; **~schrift** periodical; magazine, journal; **~spanne** period of time; **~umstände** circumstances (of the time); **~vertreib** pastime, amusement; **~weilig** temporary; **~weise** for a time; from time to time; **~wort** verb; **~zeichen** time-signal; **~zünder** time-fuse

Zeitung (news)paper; **~sausschnitt** press cutting, *US* newspaper clipping; **~sanzeige** advertisement (in a newspaper); **~sausgabe** issue of a newspaper; **~sbeilage** supplement; **~skiosk** newsstand, *BE* news-stall, *BE a.* bookstall; **~sredakteur** newspaper editor; **~sverkäufer** newsagent; **~swesen** journalism

zelebrieren to celebrate

Zell|e cell; booth; **~enförmig** cellular; **~gewebe** cellular tissue; **~kern** nucleus; **~ophan** cellophane; **~schicht** layer of cells; **~stoff** cellulose; pulp; **~uloid** celluloid; **~ulose** cellulose; *(Papierherst.)* (wood) pulp; **~wolle** staple fibre

Zelt tent (*~ aufschlagen* to pitch a t.); marquee ♦ *s-e ~e abbrechen* to fold one's tents, to leave; *alle ~e hinter s. abbrechen* to burn one's boats; **~dach** awning, canvas roof; **~en** to camp, to go camping; **~lager** tent(ed) camp; **~stadt** tented city; **~stange** tent-pole

Zelter palfrey

Zement cement (*a.* ⚕); **~ieren** to cement; *fig* to consolidate

Zenith zenith

Zenotaph cenotaph

zens|ieren to mark, *US* to grade; *fig* to censure, to blue-pencil; **~or** censor; **~ur** censorship; mark, *US* grade

Zentimeter centimetre

Zentner hundredweight; *(metrisch)* fifty kilograms; **~last** *fig* heavy burden, a millstone round one's neck; **~schwer** very heavy

zentral central(ly directed); **~e** central office (*od* station); central establishment; ☏ exchange; head office, headquarters; ϟ power station; **~heizung** central heating; **~isieren** to centralize; **~isation** centralization; **~ismus** *pol* centralism; adherence to the principle of centralization; **~komitee** central committee; **~stelle** central authority; **~verband** central association

Zentrifug|alkraft centrifugal power; **~e** centrifuge

Zentrum centre *(a. pol); pol* centrist party; *fig* field (of activity)

Zephir zephyr

Zepter sceptre

zer|beißen to bite to pieces; to crunch; **~bersten** to burst into pieces (*od* asunder)

zerbrech|en to break (up); to shatter, to smash; *s. d. Kopf ~en* to rack one's brains; **~lich** fragile, breakable; brittle; **~lichkeit** fragility; brittleness

zer|bröckeln to crumble (away); **~drücken** to crush; *(Stoff)* to crumple

Zeremon|ie ceremony; **~iell** ceremonial, formal; **~iös** ceremonious
zerfahren to crush, to destroy (by driving over); *adj* scatter-brained, distracted
Zerfall ruin, decay; decadence; decomposition, disintegration; **~en** to fall to pieces; to decay, to decompose, to disintegrate; to divide it (*in* into); *fig* to fall out (*mit* with)
zer|fetzen to tear up; to slash; to mutilate; **~fleischen** to mangle; to lacerate; **~fließen** to flow asunder; to dissolve; to melt; to run out; **~fressen** to eat away; to gnaw away; to corrode; **~gehen** to dissolve, to melt
zerglieder|n to dissect; to cut up; *fig* to analyse; **~ung** dissection; analysis
zer|hacken, ~hauen to hack, to chop; to cut up; **~kauen** to chew well; **~kleinern** to cut into small pieces; to chop up; to comminute; **~klüftet** cleft, riven; jagged; **~knittern** to crumple, to crease; **~knirscht** contrite; **~knüllen** *(Papier)* to ball up, to crumple up; **~lassen** to melt; *(Butter)* to render, to try out
zerleg|bar collapsible; **~en** to divide, to separate; to cut up (to pieces); *(Fleisch)* to carve; to dissect; ⚙ to dismantle; *fig* to analyse; **~ung** splitting up; dissection; dismantling; analysis
zer|lesen well-thumbed; **~löchert** full of holes; **~lumpt** ragged; tattered; **~malmen** to crush; to smash; **~martern** to torture, to rack (one's brains); **~mürben** to wear down; **~mürbung** attrition; **~nagen** to gnaw (away); to erode; to corrode; **~pflücken** to pluck to pieces; **~platzen** to burst; *fig* to fail; **~quetschen** to crush; to bruise; **~raufen** to ruffle
Zerrbild caricature
zer|reiben to rub away; to grind down (to powder); **~reißen** to tear (into pieces); to rend, to lacerate; *vi* to tear; to split; to break
zerren to drag, to pull; to lug
zer|rinnen to melt away; to dissolve; *fig* to disapppear, to come to nothing; **~rissen** torn, tattered; **~rissenheit** torn condition; disunion; inner strife
zerrütt|en to destroy (completely); to ruin; to shatter; to throw into confusion; **~et** broken; **~ung** ruin, destruction; disorder; derangement
zer|sägen to saw (in pieces); to log; **~schellen** to be smashed; ⚓ to be wrecked; **~schlagen** to batter; to break up; to smash, to shatter; *refl* to be broken; to come to nothing; *adj* broken; battered, shattered; **~schmettern** to smash, to shatter; to destroy; **~schneiden** to cut (up); to sever
zersetz|en to decompose, to dissolve; *fig* to undermine; **~end** undermining; demoralizing; **~ung** decomposition, disintegration
zerspalten to split, to cleave
zersplitter|n to split (up); to splinter; to disperse; to scatter; **~ung** splitting up; splintering; fragmentation
zer|sprengen to blow up; to disperse; *mil* to rout; **~springen** *vi* to explode, to burst; *(Glas)* to crack; *(Saite)* to break; **~stampfen** to pound; to trample down
zerstäub|en to pulverize; to atomize; to spray; **~er** atomizer, spray
zerstieben to scatter as dust; to fly away as (*od* like) dust
zerstör|bar destructible; **~en** to destroy; to demolish; to ruin; to devastate; **~er** destroyer (*a.* ⚓); **~ung** destruction; demolition; ruin; **~ungswut** vandalism
zerstoßen to stamp to pieces; to pound
zerstreu|en to scatter, to disperse; to dispel; to divert; *refl* to divert o.s., to distract o.s.; to amuse o.s.; **~t** absent-minded; diffused; **~theit** absent-mindedness; **~ung** dispersion; diversion, distraction; amusement
zerstückel|n to dismember; to cut up; to parcel out, to partition; **~ung** dismembering; cutting up; parcelling out
zer|teilen to divide; to cut up; to separate; **~trennen** to rip up, to sever; **~treten** to trample underfoot; to crush; **~trümmern** to break up, to batter; to smash, to wreck; to blow to atoms; *(Atome)* to split; **~trümmerung** destruction; splitting; **~würfnis** discord; dissension, disagreement; **~zausen** *(Haar)* to dishevel; to crumple
Zervelatwurt cervelat, *BE* saveloy
Zeter|geschrei shouting (for help); outcry; **~mordio:** *~mordio schreien* to scream the place down, to cry blue murder; **~n** to shout; to lament; to wail loudly
Zettel scrap (of paper), slip; note; poster, bill; *~ankleben verboten!* stick no bills!; **~kasten** box for slips; card index
Zeug material, stuff; fabric, cloth; textiles; *umg* things, utensils; *(Geräte)* implements, tools; *(fig) umg* rubbish, nonsense ♦ *j-m etw am ~ flicken* to pick holes in s-b's character; *s. ins ~ legen* to get to work with a will; *d. ~ haben zu* to have the makings of; *er hat d. ~ dazu* he is cut out for it
Zeug|e witness; **~en**[1] to testify (to), to bear witness; to give evidence (of); **~enaussage** testimony (of a witness); **~enstand** witness box; **~envernehmung** hearing of witnesses; **~in** witness; **~nis** evidence; proof, testimony; certificate, testimonial; *(Hausgehilfe)* character; school report
zeug|en[2] to beget; to generate, to produce; **~ung** begetting, generation; **~ungsfähig** able to beget; **~ungsunfähig** impotent
Zichorie chicory
Zick|e goat; *pl umg* tricks, pranks; **~lein** kid; **~zack** zigzag
Ziege (she-)goat; *dumme ~* stupid ass; **~nbart** goatee; *zool* goat's beard; **~nbock** he-goat, billy-goat; **~nleder** kid; **~npeter** ⚕ mumps
Ziegel brick; *(Dach-)* (roofing) tile; **~arbeiter, ~brenner** brick-maker; tile-maker; **~dach** tiled roof; **~ei** brickworks, brickyard; **~industrie** brick and tile industry; **~ofen** brick-kiln; **~rot** brick-red; **~stein** brick

Ziehbrunnen draw-well

zieh|en to pull, to draw; *(schleppen)* to haul; *(zerren)* to tug; ⚓ to tow; *(Graben)* to dig; *(Mauer)* to erect; *(Hut)* to take off; *(Zahn)* to pull out; *(Schacht)* to move; *(Pflanzen)* to cultivate; *(Los)* to draw; *(Vergleich)* to make; *(auf-)* to rear; *refl* to warp; to extend, to stretch; *nach s. ~en* to have consequences, to involve; *s. ~en durch* to be running through *(the story etc); vi* to wander, to stroll, to go; *(um-)* to move (*nach* to), to remove; *zu j-m ~en* to go to live with; *(Vögel)* to migrate; *(Tee, Pfeife, Ofen)* to draw; *es zieht* it is draughty, *US* drafty, ⚕ it aches; *fig* to attract; to weigh, to be of value ♦ *d. kürzeren ~en* to get the worst of it; *su* drawing, pulling; haulage; cultivation; migration; move; ⚕ (rheumatic) pain; **~harmonika** accordion; **~ung** drawing

Ziel aim; *(Reise-)* destination; *mil* objective, target; end; *(Frist)* term; *(Grenze)* limit; 🏇 winning-post; *(Zweck)* aim, end, object; goal; *zum ~ kommen* to reach the goal; *so kommen wir nicht zum ~* that will get us nowhere; *ich habe mir e. ~ gesetzt* my aim is (to do); *über d. ~ hinausschießen* to shoot beyond the mark; **~band** 🏇 tape (*d. ~band zerreißen* to breast the t.); **~bewußt** purposeful; systematic, methodical; resolute; **~en** to aim (*auf* at); to take aim; *fig* to hint, to allude (to), to drive (at); **~fernrohr** telescopic sight; **~gerade** 🏇 home stretch, final straight; **~linie** finishing-line; **~los** aimless; **~pfosten** 🏇 winning-post; **~scheibe** practice target; *fig* butt; **~setzung** objective, target; **~sicher** sure of one's aim; steady

ziem|en to be proper, to be suitable; to become; **~lich** suitable; fair, moderate; a bit of a *(coward etc); adv* fairly, rather; pretty

Zier adornment, decoration; ornament; **~at** ornament, decoration; **~de** ornament, decoration; honour; **~en** to adorn, to (be an) ornament; to decorate, to embellish; *refl* to be affected; to be coy; to stand on ceremony; **~erei** airs, affectation; **~garten** flower-garden, ornamental garden; **~leiste** border, edging; 🕮 headpiece; **~lich** dainty, delicate; graceful; neat; **~lichkeit** delicacy; grace; **~pflanze** ornamental plant; **~schrift** 🕮 fancy letters (*od* type); **~strauch** ornamental shrub

Ziffer figure, numeral; digit; paragraph; **~blatt** face, dial; **~nmäßig** numerical(ly), by figures

Zigarette cigarette; **~netui** cigarette-case; **~nspitze** cigarette-holder; **~nstummel** cigarette-end, butt

Zigarillo cigarillo

Zigarre cigar; **~nhändler** tobacco dealer, *BE* tobacconist

Zigeuner gipsy

Zikade cicada

Zimbel cymbal

Zimmer room (*~ nach vorn, nach hinten* front r., back r.); **~antenne** indoor aerial; **~arbeit** carpentry; **~decke** ceiling; **~flucht** suite (of rooms); **~herr** lodger; **~mädchen** chambermaid; **~mann** carpenter; **~mannsarbeit** carpentry; **~meister** master-carpenter; **~n** to carpenter, to do carpentry; to build (of wood); **~pflanze** indoor plant; **~theater** chamber theatre

Zimt cinnamon

zimperlich affected; prim, prudish; supersensitive; **~keit** primness, prudery; affectation

Zink zinc; **~blech** sheet zinc, zinc-plate; **~e** prong, spike; tooth; tenon; ♪ cornet; **~haltig** containing zinc, zinciferous

Zinn tin; *(Hart-)* pewter; **~bergwerk** tin-mine; **~e** battlement; **~ern** tin; pewter; **~geschirr** pewter; **~soldat** tin soldier, toy soldier

Zinnober cinnabar; humbug; junk; **~rot** vermilion

Zins *(Steuer)* tax, duty; *(Miete)* rent; *(Pacht)* lease; *pl* interest; *mit ~ u. ~eszins* in full measure; **~eszins** compound interest; **~fuß** = **~satz**; **~gutschrift** amount credited for interest; **~pflichtig** subject to tax; tributary; **~rechnung** calculation of interest; **~satz** rate of interest; **~tabelle** table of interest

Zipfel tip, end; point; *(Ecke)* corner; tongue; (*Rock*, ⚕) lappet; **~ig** pointed, peaked; having tips, ends; **~mütze** ski(ing) cap

Zipperlein gout

Zirbel|drüse pineal gland; **~kiefer** stone pine

zirka about, approximate(ly)

Zirkel (a pair of) compasses; *(Stech-)* dividers; *(Greif-)* callipers; *(Kreis)* circle; *(Lese-)* (book-)club

Zirkul|ar circular; pamphlet; **~ation** circulation; **~ieren** to circulate; *~ieren lassen* to circulate

Zirkumflex circumflex

Zirkus circus

zirpen to chirp; to cheep

zisch|eln to whisper; **~en** to hiss; *(Geschoß)* to whiz; **~laut** hissing sound; *gram* sibilant

Ziselier|arbeit chiselled work, chasing; **~en** to chisel, to chase; to engrave

Zisterne cistern

Zitadelle citadel

Zit|at quotation; **~ieren** to quote, to cite; to summon

Zither zither

Zitron|at (candied) lemon peel; **~e** lemon; *bot* citron; **~enbrause** *BE* lemon squash, *US* lemon soda; **~enlimonade** lemonade; **~enpresse** lemon-squeezer; **~ensaft** lemon juice; **~enschale** lemon peel; **~enwasser** still lemonade

Zitrusfrüchte citrus fruit

Zitter|aal electric eel; **~gras** quaking grass; **~ig** trembling; shaky; **~n** to tremble (*vor* with); to shake (with); *(schauern)* to shiver (with); *(Erde, vor Furcht)* to quake; *(Blatt, Stimme)* to quiver; **~pappel** aspen; **~rochen** *zool* electric ray, torpedo fish

Zitze teat, nipple

zivil civil; *(Preis)* moderate, reasonable; *su (~kleidung)* civilian clothing; *umg* civvies; *in ~* in plain clothes, in mufti; **~bevölkerung** civilian population; **~courage** moral courage; the courage of one's convictions; **~isation** civilization; **~isatorisch** civilizing; **~isieren** to civilize; **~ist** civilian; non-combatant; **~luftfahrt** civil aviation; **~recht** civil law; **~trauung** civil marriage

Zobel *zool* sable

Zofe lady's maid

zögern to hesitate; to delay, to linger; *mit d. Antwort ~* to delay answering; *su* hesitation; delay

Zögling pupil; ward (under s-b's care)

Zölibat celibacy

Zoll inch; *(Abgabe)* duty; tariff; *(Brücken-)* toll; *(~amt)* customs, custom(s) house; *fig* tribute; **~abfertigung** customs clearance; **~amt** custom(s) house; **~beamter** customs officer, custom-house official; **~en** *fig* to pay, to give; *(Achtung)* to show; **~frei** free of duty; **~gebühr** duty; **~mauer** tariff wall; **~̈ner** customs collector; *eccl* publican; **~pflichtig** dutiable; **~schranke** tariff barrier; **~schein** customs receipt; certificate of clearance; **~senkung** customs tariff reduction; **~speicher** bonded warehouse; **~stock** yard-stick; **~tarif** customs tariff; **~verschluß** customs seal; *unter ~ verschluß* bonded, in bond

Zone zone; area; *fig* belt

Zoolog|e zoologist; **~ie** zoology; **~isch** zoological

Zopf pigtail; plait; *fig* pedantry, red tape; *e. alter ~* an antiquated custom; **~ig** pedantic; old-fashioned

Zorn anger; rage, wrath; *in ~ geraten* to fly into a rage; **~ig** angry; wrathful; **~röte** angry flush

Zot|e obscene expression, obscenity; **~ig** obscene, smutty

Zott|e tuft (of hair), lock; **~eln** to shuffle along; **~ig** shaggy, hirsute; matted

zu *(wo)* at; *(wohin)* to, in, on; *(da~)* beside, next to, in addition to; *(bis ~)* up to; *~ Fuß* on foot; *~ Pferd* on horseback; *~ unterst (oberst)* at the bottom (top); *~ Hilfe!* help!; *~ Hause* at home; *~ Wasser* by water, at sea; *~ zweien* by (*od* in) twos, in couples; *~ Hunderten* by hundreds; *~ Ende sein* to be over; *adv (all-)* too; *(Richtung)* towards; *(geschlossen)* to, shut, closed; *Tür ~!* shut the door, please!; *immer ~!, nur ~!* go on!

Zubehör accessories; fittings; trimmings; belongings; conveniences; **~teil** accessory part, *pl* accessories

zubeißen to snap (at), to bite

Zuber tub

zubereit|en to prepare; to cook; *(Getränk)* to mix; **~ung** preparation; cooking; mixing; dressing

Zubettgehen going to bed

zu|billigen to grant, to concede; to attribute to; **~binden** to tie up; to bind up; *d. Augen ~binden* to blindfold; **~bleiben** to remain (*od* to be kept) shut; **~blinzeln** to wink at; **~bringen** to be able to shut; to bring to, to take to; *(Zeit)* to pass

Zucht breeding, rearing; *bot* cultivation; *(Rasse)* breed, race; brood; growing, education; discipline; training; propriety; *in ~ halten* to keep in hand, to keep under discipline; **~̈en** *(Gemüse, Obst)* to grow; *bot* to cultivate; *(Vieh)* to breed; to train; **~̈er** grower, cultivator; breeder; **~haus** *BE* convict prison, *US* penitentiary; **~häusler** convict; **~hausstrafe** imprisonment with hard labour, penal servitude; **~̈ig** modest, chaste; **~̈igen** to chastise, to discipline; to cane, to birch; **~̈igkeit** modesty, chastity; **~los** without discipline; undisciplined, insubordinate; **~losigkeit** want of discipline, insubordination; **~meister** taskmaster, disciplinarian; **~stier** bull (kept for breeding); **~stute** brood-mare; **~̈ung** growing, cultivation, breeding; **~vieh** breeding cattle; **~wahl** natural selection

zuck|en to twitch; to be convulsed; *(Achseln)* to shrug; *(Blitz)* to flash; **~ung** twitch, convulsion

zücken to draw *(one's sword)*

Zucker sugar; *er hat ~ ⚕* he is a diabetic; **~guß** icing, frosting; **~haltig** containing sugar; **~ig** sugary; **~krank(er)** diabetic; **~krankheit** diabetes; **~n** to sugar, to sweeten; **~rohr** sugar-cane; **~rübe** (white) beet, sugar beet; **~süß** as sweet as sugar; **~zange** sugar-tongs

zu|decken to cover up; to blanket; to put a lid on; *fig* to conceal; **~dem** besides, moreover; **~denken** to intend for s-b; to leave to s-b by will; **~drehen** to turn off; *j-m d. Rücken ~drehen* to turn one's back on s-b

zudringlich forward; obtrusive; importunate; **~keit** obtrusiveness; forwardness; importunity

zudrücken to shut, to close; *e. Auge ~ bei* to wink at, to connive at

zueign|en to dedicate; **~ung** dedication

zueinander to each other

zuerkenn|en to adjudge, to award; to adjudicate; to confer upon s-b; **~ung** adjudgment, award; adjudication; conferment

zuerst (at) first; first of all; in the first place

zuerteilen to allow s-th; to confer upon; to bestow upon

zufahr|en to drive on, to go on; *~en auf* to drive towards; **~t** approach, drive; **~tsstraße** approach (road)

Zufall chance, accident; *(Vorkommnis)* event, occurrence; *(Glück)* luck, *umg* break; *durch ~* by chance, by accident, accidentally; **~en** to fall to, to close; to fall to s-b, to devolve on s-b; *(Aufgabe)* to be incumbent upon; **~̈ig** chance, accidental; casual; fortuitous; *~̈ig (tun)* to happen (to do); *adv* by chance, accidentally, casually; **~̈igerweise** by chance; as chance would have it; **~̈igkeit** chance; contingency; **~sbedingt** due to chance causes; fortuitous; **~streffer** chance hit; fluke

zu|fassen to seize hold of; to lend a hand; to set to work; **~fliegen** to fly to(wards); *(Tür)* to slam to, to shut with a bang

Zuflucht refuge, shelter; *s-e ~ nehmen zu* to take refuge with, to have recourse to

Zu|fluß tributary; influx; *(Waren)* supply; **~flüstern** to whisper to; *(vorsagen)* to prompt; **~folge** in consequence of, owing to; according to; on the strength of
zufrieden content, satisfied; *s. ~geben mit* to rest content with, to acquiesce in; **~heit** contentment; satisfaction; **~lassen** to leave in peace, to let alone; **~stellen** to content, to satisfy; **~stellend** satisfactory; **~stellung** satisfaction
zu|frieren to freeze up (*od* over); **~fügen** to add to; *(Schaden etc)* to do, to cause
Zufuhr supply; provisions, supplies; **~̈en** to bring to, to lead to; to supply, to procure; to convey, to feed, to lead in; **~̈ung** supply; provision; feed
Zug drawing, pulling; pull, tug; *(Wind, Trinken)* draught (*auf e-n ~* at one d.); *(Pfeife)* whiff, puff; *(Schach)* move; march, expedition; procession; *mil* platoon, section; band, gang; *(Gewehr)* groove; *(Wolken)* drift; *(Vögel)* flight, passage; migration; *(Berge)* range; *(Häuser)* row; 🚂 train; *(Schrift)* stroke; *(Umriß)* outline, line; *(Charakter)* trait, feature; characteristic; inclination; *im ~e* as part of the process of, in the course of, in connection with; *zum ~ kommen* to reach one's turn, to be given a chance, to become effective; *zum ~ kommen lassen* to give a chance; *in e-m ~ (fig)* at one stroke, uninterruptedly; *~ um ~* without delay, uninterruptedly; *in vollen ~̈en* deeply, thoroughly ♦ *in d. letzten ~̈en liegen* to be at one's last gasp (*od* on one's last legs)
Zugabe addition(al article); bonus; *als ~* into the bargain; ♪, 🎭 encore
Zug|abteil 🚂 railway compartment; **~brücke** draw-bridge; **~führer** 🚂 *BE* chief guard, *US* chief conductor; *mil* platoon leader; **~ig** draughty; **~̈ig** brisk; free, streamlined; **~kraft** tractive power; tensile force; *fig* attraction; **~kräftig** attractive; **~luft** draught, current of air; **~maschine** tractor; **~mittel** attraction, draw; **~ochse** draught ox; **~pflaster** blister(ing plaster); **~stück** popular play, draw; **~tier** draught animal; **~verkehr** railway traffic; **~vogel** bird of passage; **~wind** draught
Zugang entrance, door; access; approach; *(Zunahme)* increase, increment; **~̈lich** accessible; approachable; affable; amenable *(to reason etc)*
zuge|ben *(hin-)* to add; to give into the bargain; *fig* to admit; to acknowledge; to allow, to permit; **~gebenermaßen** admittedly
zugegen present (*bei* at)
zugehen to go on; to go faster; to shut *(the door shuts easily);* to take place, to happen; *es geht nicht mit rechten Dingen zu* there is something mysterious about it; *~ auf* to go towards (*od* up to); to reach, to be sent to s-b; *e-m etw ~ lassen* to send s-b s-th
Zugehfrau *bes BE* charwoman, cleaning woman, cleaner
zugehör|en to belong to, to appertain to; **~ig** belonging to, appertaining to; accompanying; affiliated; **~igkeit** forming part of; membership; affiliation; *fig* relationship
zugeknöpft reserved, uncommunicative
Zügel rein, *(Reitpferd)* bridle; *fig* check, curb ♦ *d. ~ schießen lassen* to give a horse the bridle, *fig* to give full rein to; *d. ~ locker lassen* to slacken the reins; **~los** unbridled, unrestrained; dissolute; **~losigkeit** impetuosity; licentiousness; **~n** to bridle; to check, to curb
zuge|sellen to associate (with), to join; **~ständnis** concession; admission; compromise; **~stehen** to concede; to admit; **~tan** attached to, devoted to
zugleich at the same time; simultaneously; together; also
zu|greifen to take hold of, to grasp at; to grab; to help; to take the opportunity; *(b. Essen)* to help o.s.; **~griff** grip, clutch; *fig* encroachment; influence
zugrunde: *~ gehen* to perish; *~ legen* to take s-th as a basis; *~ liegen* to underlie, to be at the root of; *~ liegend* underlying; *~ richten* to ruin, to wreck
zugunsten for the benefit of, in favour of
zugute: *~ halten* to take into consideration, to make allowance for; *~ kommen* to stand s-b in good stead, to be an advantage to; *~ kommen lassen* to give s-b the benefit of; *s. etw ~ tun auf* to be proud of
zuhalt|en to keep shut; to close; *s. d. Ohren ~en* to stop one's ears; *~en auf* to make for, to move towards; **~̈er** souteneur, pimp
zu|hängen to hang a curtain (etc) over s-th; **~hauen** to strike (away, at); **~hause** home; **~heilen** to heal up; **~hilfenahme;** *unter ~hilfenahme von* with the help of; **~hinterst** at the very end
zuhör|en to listen to; **~er** listener, hearer; **~erschaft** audience
zu|jubeln to cheer, to hail; **~kehren** to turn to(wards); *j-m d. Rücken ~kehren* to turn one's back on; **~klappen** to close; to slam (to), to bang (to); **~kleben** to paste up, to glue up; *(Brief)* to gum down; **~klinken** to latch; **~knallen** to bang to, to shut with a bang; **~knöpfen** to button up
zukommen to come (*auf* up to), to approach; to belong to, to fall to s-b's share; *(zustehen)* to be due to; *(s. gehören)* to befit; *es kommt ihm nicht zu ...* it is not for him *(to do); j-m etw ~ lassen* to let s-b have s-th
Zukost vegetables, salad
Zukunft future (*in ~* in f.), the time to come; *d. Mann d. ~* the coming man; **~̈ig** future; *adv* for the future, in future; *m-e ~̈ige* my intended; **~smusik** a fond hope for the future, wishful thinking, sheer fantasy
zulächeln to smile at
Zulage addition; extra pay, allowance; increase; *(Lebensmittel-)* supplementary rations
zulande: *bei uns ~* in my native country
zulang|en to help; *(b. Essen)* to help o.s.; to be enough; **~̈lich** sufficient, adequate
zulass|en to leave closed; to permit, to grant;

to admit; *fig* to admit of, to allow; ... *wurde zum Examen nicht zugelassen* was not allowed to sit for the examination; **⁓̈ig** permissible, admissible; **~ung** permission, admission; 🚗 licensing of motor vehicles, registration
Zulauf crowd, rush; concourse; ~ *haben* to be popular, to draw a big house; **~en** to run to; to run up to (*od* towards); *(weiter)* to run on; to run faster; *spitz ~en* to taper (off)
zulegen to cover up; to put more (*zu* to), to add (*zu* to); *s. etw* ~ to get, to procure
zuleide: ~ *tun* to hurt, to do harm to
zuleit|en to direct to; to lead to; **~ung** lead; supply
zuletzt finally; last; at last, in the end; ~ *kommen* to arrive last, to be the last
zuliebe: ~ *tun* to please s-b
zum = zu dem; ~ *Beispiel* for example, for instance
zu|machen to shut; to fasten; *vi* to make haste; **~mal** especially (as); particularly (because); **~mauern** to wall up, to build up; **~meist** mostly, for the most part; **~messen** to measure out; to allot; to apportion; **~mindest** at least
zumut|bar reasonable; to be expected of; **~e:** *mir ist traurig ~e* I feel sad; **~en** to expect of s-b; *s. zuviel ~en* to attempt too much; **~ung** (unreasonable) demand; imputation
zu|nächst first (of all); to begin with, in the first instance; *prep* next to; **~nageln** to nail up; **~nähen** to sew up; **~nahme** increase; **~name** surname, family name
Zünd|apparat igniting apparatus; firing mechanism; **~en** *vt* 🚗 to ignite; to fire, to detonate; *vi* to catch fire; *fig* to arouse enthusiasm; **~er** fuse, *US* fuze; **~holz** match; **~hütchen** percussion cap; **~kerze** sparking-plug, *US* spark-plug; **~schlüssel** 🚗 ignition key; **~schnur** safety fuse, slow match; **~stoff** combustible matter; *fig* inflammable material
zunehmen to grow (larger, heavier); to increase, to rise; to put on flesh; *(Mond)* to be waxing
zuneig|en to lean towards; to incline to; *s. d. Ende ~en* to draw to a close; **~ung** inclination, sympathy; linking, attachment
Zunft guild; corporation; **~haus** guild-hall; **⁓̈ig** belonging to a guild; skilled, competent; *umg* proper, thorough
Zung|e tongue (*böse ~e* poisonous t.); language; *zool* sole ♦ *e-e feine ~e haben* to have a delicate palate; *es schwebt mir auf d. ~e* I have it on the tip of my tongue; *s-e ~e im Zaum halten* to curb one's tongue; **⁓̈eln** to shoot out the tongue; *(Flamme)* to lick, to leap up; **~enbrecherisch(es Wort)** crack-jaw; **~enfehler** slip of the tongue; **~enfertig** glib, loquacious
zunichte: ~ *machen* to ruin, to blight; to frustrate
zunicken to nod to
zunutze: *es s.* ~ *machen* to turn to account, to make use of,, to avail o.s. of
zu|oberst at the top; **~ordnen** to attach to; to associate with; **~packen** to grasp (at); to set to work; **~paß:** *~paß kommen* to come in handy; to come at the right moment
zupf|en to pull (out); to pluck, to pick; **~geige** guitar; **~instrument** fretted stringed instrument
zuraten to advise (to do), to recommend
zurechn|en to add to; to attribute, to ascribe to; to include; **~ung** addition; attribution; **~ungsfähig** responsible (for one's actions), of sound mind; **~ungsfähigkeit** responsibility; sound state of mind
zurecht right, in order, in right condition; rightly, with reason; in (good) time; **~finden** *refl* to find one's way (*in* about); **~kommen** to arrive in time; to get on well (*mit* with), to manage; **~legen** to put out, to put ready; *s. etw ~ legen* to figure s-th out; **~machen** to prepare; *refl* to get ready; **~setzen:** *j-m d. Kopf ~setzen* to bring s-b to reason; **~weisen** to reprimand; **~weisung** reprimand
zureden to urge (to do), to advise; *su* persuasion; encouragement [ficient
zureichen to hand to; to be sufficient; **~d** suf-
zureiten *vt* to break (in); *vi* to ride on
zuricht|en to prepare, to get ready; to dress, to cook; *übel ~en* to handle roughly, to ill-treat; **~ung** preparation; dressing
zuriegeln to bolt
zürnen to be angry (with)
zurück back(wards); *(rückständig)* backward, behind; late; *(im Rückstand)* in arrears; *~!* stand back!; **~begeben** *refl* to return; **~behalten** to keep back, to retain; **~bekommen** to get back; **~bezahlen** to pay back; **~bleiben** to stay behind; to fall behind, to lag behind; to be backward (*od* slow); **~bringen** to bring back; to recall; **~datieren** to antedate; **~denken** to think back; to remember; **~drängen** to press back; to repress; **~erobern** to reconquer; **~fahren** to drive back, to return; *fig* to start back; **~fallen** to fall back; to relapse; *es wird auf dich ~fallen* it will come home to you; **~fließen** to flow back; **~fordern** to demand back; to reclaim; **~führen** to lead back; to attribute (*auf* to), to trace back (*auf* to); ... *ist auf etw ~zuführen* is due to s-th; **~gabe** giving back, return; restitution; **~geben** to give back, to return; **~geblieben** underdeveloped; mentally retarded, backward; **~gehen** to go back, to return; to retreat; *(abnehmen)* to decrease; to go down, to decline; to fall (off); to subside; *~gehen auf* to have its origin in; to originate in (*od* from, with); **~gezogen** retired, secluded; **~gezogenheit** retirement, seclusion; privacy; **~greifen:** *~greifen auf* to go back to; to have recourse to; to refer to; **~halten** to hold back; to delay; to curb, to restrain; *refl* to abstain (*von* from); to keep to o.s.; to be reserved; *(vi) ~halten mit* to refrain from; *(Urteil)* to reserve; to conceal, to keep back; **~haltend** reserved, uncommunicative; undemonstrative; non-committal; **~haltung** retention; reserve; **~kehren** to return; to come back; **~kommen** to come back; to be back, to return;

to refer to; **~kunft** return; **~lassen** to leave behind; **~legen** to lay aside; *(sparen)* to put by; *(Strecke)* to go through, to cover; *refl* to lie back; **~liegen** to belong to the past; **~liegend** remote; **~nahme** taking back; withdrawal; revocation; recantation; **~nehmen** to take back; to withdraw; to revoke, to recall, to cancel; **~prallen** to rebound; to start back; **~reisen** to travel back; **~rufen** to call back, to recall; *fig* to call (to mind); **~schallen** to resound; **~schauen** to look back (at, upon); **~schlagen** to repel; *(Ball)* to return; to throw off (*od* open); *vi* to strike back; **~schrecken** *vt* to frighten away; *vi* to shrink (*vor* from); to start back; **~sehnen** to sigh for; *refl* to long to return; **~setzen** *vt* to put back, to replace; *(Preis)* to lower; *fig* to neglect, to slight; **~setzung** neglect, slight; **~springen** to jump back; to rebound; 🕮 to recede; **~stehen** to stand back; *fig* to be inferior (*gegenüber* to); *~stehen müssen* to take a back seat; **~stellen** to put back, to replace; to reserve; to put aside, to shelve; *mil* to defer; **~stoßen** to push back; to repel; 🚘 to reverse; **~strahlen** to reflect; to be reflected; **~treten** to step back; to withdraw, to retire, to resign; *(von e-m Vertrag)* to repudiate, to cancel; *fig* to take a back seat; **~versetzen** to put back, to restore; *s. in s-e Jugend ~versetzen* to recall one's youth; **~verweisen** to refer back (*zu, auf* to); **~weichen** to retreat; to recede; to yield; **~weisen** to send away (*od* back); to repel; to refuse; to reject; *vi* to refer back (*auf* to); **~weisung** refusal, rejection; **~werfen** to throw back; to repel; *phys* to reflect; **~wirken** to react (*auf* upon); **~zahlen** to repay, to refund; **~zahlung** repayment; **~ziehen** to draw back, to take back; to withdraw; to retract; *refl* to retire; to withdraw; *mil* to retreat; *s. aufs Land ~ziehen* to bury o.s. in the country; *vi* to return; to move (*od* march) back; to retreat

Zuruf shout; acclamation (*durch ~* by a.); **~en** to shout to, to call to

zurüst|en to prepare, to equip; to arm; **~ung** preparation; equipment

Zusage promise; acceptance; **~n** to promise; *j-m etw auf d. Kopf ~n* to tell s-b s-th to his face; *vi* to accept an invitation; *(gefallen)* to please; *(Essen)* to agree with s-b

zusammen together; in all, all told; in a body; between *(they had five shillings between them); ~ mit* along with; *d. macht ~* that comes to *(10 shillings etc)*; **~arbeit** co-operation, collaboration; **~ballen** *vt* to roll into a ball; *(Faust)* to clench; to concentrate, to aggregate, to agglomerate; *refl (Wolken)* to gather; *fig* to draw near; **~ballung** aggregation, agglomeration; **~beißen** to set *(one's teeth)*; **~binden** to tie together (*od* up); **~brechen** to break down, to collapse; **~bringen** to bring together; to collect; *(Geld)* to raise; **~bruch** breakdown, collapse; **~drängen** to crowd (*od* drive) together; to compress, to condense; **~drücken** to compress; **~fahren** to collide (with); to start, to wince; **~fallen** to collapse; to coincide (with); **~falten** to fold (up); **~fassen** to sum up, to summarize; to combine, to integrate; to concentrate; **~fassend** comprehensive; **~fassung** summing up, summary; concentration; **~fließen** to flow together, to join their waters; **~fluß** confluence, conflux; junction; **~fügen** to join (together), to unite, to combine; **~führen** to bring together; **~gehen** to go together; to match; **~gehören** to belong together; to be correlated; **~gehörig** belonging together; correlated; **~gehörigkeit** unity; intimate connection; **~gesetzt** compound; composed; **~gewürfelt** motley; **~halt** cohesion; consistency; concord, unity; **~halten** *vt* to hold together; to maintain, to keep going; to compare; *vi* to stick together; **~hang** connection; coherence; correlation; *(Text)* context; *(unterbrochen)* continuity; **~hang, ~hänge** interrelation(s), interdependence, aspects; **~hängen** *mit* to be (partly) due to; to be connected with; **~hanglos** disconnected; incoherent; **~klang** concord; harmony; **~klappen** to fold up (*od* together); *vi (umg)* to break down; **~klingen** to harmonize; *(Gläser)* to clink; **~kommen** to come together; to meet, to assemble; **~kunft** meeting; assembly; conference; interview; **~laufen** to run together; to collect; *(gerinnen)* to curdle; *(Farben)* to run; *(Stoff)* to shrink; *math* to converge; **~legbar** collapsible; **~legen** to put together; to pile up; to combine, to amalgamate, to fuse; **~leimen** to glue together; **~nehmen** to take together; *(Gedanken)* to collect; *refl* to make an effort; to take care, to look out; to control o.s.; to be on one's good behaviour; **~passen** *vt* to fit, to adjust, to match; *vi* to go (well) together, to be (well) matched; **~pferchen** to crowd, to squeeze together, to pen up; **~raffen** to seize (*od* collect) hurriedly; *refl* to pull o.s. together; **~rechnen** to sum up, to add up; **~reimen** to make out, to understand; *refl* to make sense; **~reißen** *refl* to pull o.s. together; **~rotten** *refl* to form a gang, to band (together); **~rücken** to move closer together; **~rufen** to call together, to convoke; **~schießen** to shoot down; *(Geld)* to club together; **~schlagen** to smash (up); *(Hände)* to clap; *vi (Wellen)* to close (over s-b); **~schließen** *refl* to join, to unite; to close the ranks; **~schluß** union, federation; merger; **~schnüren** to lace up; to tie up; *(Herz)* to wring; **~schrumpfen** to shrivel up; *(Stoff)* to shrink; **~schütten** to mix together; **~schweißen** to weld together; **~setzen** to put together; to compose, to make up; *(Waffen)* to pile; *(Wörter)* to compound; *refl* to sit together; to consist, to be composed (*aus* of); **~setzung** putting together; composition; structure, formation; combination; synthesis; *(statistisch)* breakdown; **~spiel** playing together; 🎭, ⛹, *fig* team-work; **~stauchen** to browbeat, to reprimand harshly; **~stecken** to put together; *vi* to be very thick with s-b, to be inseparable; **~stehen** to stand together; to stick together; **~stellen** to put together; to group; to compile; to compose;

(vergleichen) to compare; **~stellung** putting together; compilation; summary; grouping, classification; list, inventory; comparison; **~stimmen** to harmonize; to agree; **~stoß** collision; clash; *mil* engagement; **~stoßen** to smash; *vi* to collide; to clash; *(Grenzen)* to adjoin; **~strömen** to flow together; to flock together; to converge; **~treffen** to meet (each other); to coincide; *su* meeting; coincidence, concurrence; **~treten** *vi* to meet; **~trommeln** to call together; **~werfen** *fig* to lump; **~wirken** to work together, to co-operate; **~zählen** to count up, to add up; **~ziehen** to draw together; to contract; to concentrate; *refl (Gewitter)* to gather, to brew; *fig* to draw near; **~zucken** to start

Zusatz addition; supplement; *(Anhang)* appendix; postscript; *chem* admixture; alloy; **~̈lich** additional

zuschanden: ~ *machen* to ruin; ~ *werden* to be ruined, to come to nothing

zu|schanzen *umg* to help s-b to s-th, to wangle s-b s-th; **~scharren** to fill up

zuschau|en to look on, to watch; **~er** looker-on; spectator, *pl* audience; **~erraum** auditorium; house

zu|schicken to send s-b, to forward; *(Geld)* to remit; **~schieben** to push towards; *(Schublade)* to shut; to saddle s-b with; to put (the blame) on s-b; **~schießen** to add to, to contribute; to subsidize

Zuschlag addition; additional charge; increase (in price); allowance, bonus; *(Auktion)* knocking down; excess fare; *(Metall)* flux; **~en** *vt (Tür)* to slam, to bang; *(Auktion)* to knock down to (the bidder); *vi* to strike hard; **~gebühr** additional charge (*od* fee); **~karte** supplementary ticket; **~spflichtig** subject to supplementary charge

zu|schließen to lock (up); **~schmeißen** to slam (*od* bang) to; **~schmieren** to plaster over; **~schnallen** to buckle, to fasten; **~schnappen** to snap to

zuschneid|en to cut out; **~er** cutter

Zu|schnitt cut, style; **~schnüren** to lace up, to tie up; *(Kehle)* to strangle; *fig* to choke; **~schrauben** to screw up (*od* down); **~schreiben** to attribute to; to accredit (s-th to s-b, s-b with s-th); to owe to; to blame on; *vi* to accept an invitation (by letter); **~schreien** to cry to, to shout at; **~schrift** letter

zuschulden: *s. etw* ~ *kommen lassen* to be guilty of (doing s-th)

Zu|schuß extra allowance; subsidy; grant, contribution; **~schütten** to fill up; to pour on to, to add to; **~sehen** to look on, to watch; to take care, to beware; to see to it; **~sehends** visibly, noticeably; **~senden** to forward to; **~setzen** to add to; *(Geld)* to lose; to press s-b hard; *(Gesundheit)* to wear out

zusicher|n to assure of, to promise; **~ung** assurance, promise

zu|siegeln to seal up; **~sperren** to lock, to bar; to block up; **~spielen** to pass to; *j-m etw* *~spielen* to play s-th into s-b's hands; **~spitzen** to point, to sharpen; *refl* to taper (off); *fig* to come to a head (*od* crisis)

zusprechen *vt (Telegramm)* to telephone; to award, to adjudge to; *Trost* ~ to comfort, to console; *Mut* ~ to encourage; *d. Glas (fleißig)* ~ to drink copiously

zu|springen to run towards; to jump at; *(Schloß)* to snap to; **~spruch** consolation, encouragement; custom(ers)

Zustand state (of affairs), condition; status; position, situation; *pl* attack (of nerves), fit (*~̈e kriegen* to have a f.); *~e bringen* to bring about, to accomplish; *~e kommen* to come about, to happen; *nicht ~e kommen* not to come off; **~̈ig** belonging to; responsible; competent, proper; local, regional; **~̈igkeit** competence; jurisdiction

zustatten: ~ *kommen* to come in useful (*od* handy), to prove useful

zustecken to pin up; *j-m etw* ~ to slip s-th into s-b's hands

zustehen to appertain to; to be due to; to become, to suit

zustell|en to forward to, to deliver to; to serve upon s-b; *(Zimmer)* to cram; to block up, to barricade; **~ung** forwarding, delivery; **~ungsgebühr** fee for delivery

zustimm|en to agree (to), to consent; **~ung** agreement, consent

zusteuern: ~ *auf* to be heading for

zustopfen to stop up, to close; to darn

zustoßen *(Tür)* to push to; to thrust forward; to happen, to befall; *ihm ist e. Unglück zugestoßen* he met with an accident

zu|streben to hasten towards; to strive after; **~strom** throng; crowd, multitude; **~stürzen** to rush (*auf* towards); **~stutzen** to trim; *fig* to adapt; **~tage** to light; *~tage fördern (bringen)* to bring to light; **~tat** ingredient; *pl (Kleid)* trimmings, lining

zuteil: ~ *werden* to fall to s-b's share; ~ *werden lassen* to allot to; to grant; **~en** to allot; *(gleichmäßig)* to allocate; to assign; *mil (vorübergehend)* to attach to; **~ung** allotment; allocation; assignment; attachment

zutiefst at bottom; deeply

zutrag|en to carry to; to tell, to report; *refl* to happen, to take place; **~̈er** tale-bearer; **~̈erei** tale-bearing; **~̈lich** conducive (to); wholesome; advantageous (to)

zutrau|en to think s-b capable of s-th; to give s-b credit for; *s. zuviel ~en* to overtax one's strength; *su* confidence, trust; belief (in); **~lich** confiding, trusting; *(Tier)* friendly; **~lichkeit** trustfulness; intimacy

zutreffen to prove right (*od* true); to come true; ~ *auf* to apply to; **~d** right, correct; applicable (*auf* to)

zutrinken to drink to

Zutritt admission, access; entrance; ~ *verboten, kein* ~ no entrance

zutun to add (*zu* to); to close, to shut; *d. Augen* ~ to close one's eyes, to die; *su* assistance;

~lich confiding, attached
zuverlässig reliable, dependable; trustworthy; *(Nachricht)* authentic; **~keit** reliability, dependability; trustworthiness; authenticity
Zuversicht confidence, trust; **~lich** confident; *ich hoffe ~lich* I trust; **~lichkeit** confidence, trust; (self-)assurance
zuviel too much
zuvor before(hand); first; previously; **~kommen** to come first; to anticipate, to forestall; **~kommend** obliging, complaisant; **~kommenheit** obligingness, politeness; **~tun:** *es j-m ~ tun* to surpass s-b
Zuwachs increase, growth; increment, accretion; *auf ~* allowing for growth; **~en** to grow over (*od* together), to close up; ⚕ to heal up; to accrue to, to fall to s-b's lot
Zu|wahl co-option; **~wandern** to immigrate; **~warten** to wait; **~wege:** *~wege bringen* to bring about, to accomplish; **~weilen** sometimes
zuweis|en to assign; to allot to, to allocate to; **~ung** assignment; allotment; allocation
zuwend|en to turn towards; to make a present of; to devote to; **~ung** gift, donation; allocation, appropriation; remittance
zuwerfen to throw to; to slam to; *(Loch)* to fill up
zuwider repugnant, offensive; *prep* against, contrary to; ... *ist mir ~* I loathe ...; to violate; to contravene, to infringe; **~handlung** contravention; violation
zu|winken to wave to; to nod to; **~zahlen** to pay extra; **~zählen** to add (*zu* to); **~zeiten** at times
zuzieh|en to draw together, *(Vorhang)* to draw; *(herbitten)* to call in, to invite; ⚕ to consult; *refl* to bring upon o.s.; ⚕ to catch; *vi* to move in; to immigrate; **~ung** drawing (together); calling in, consulting; *unter ~ung von* with the help of
Zuzug increase (of the population); immigration; move
zwacken to pinch
Zwang compulsion, constraint, force; (moral) obligation; *~ antun* to restrain (o.s., one's feelings); *s. k-n ~ antun* to be quite free and easy; **⁓̈en** to force, to press (into); **~los** natural, unconventional; (free and) easy; **~sarbeit** hard labour; **~sjacke** strait jacket; **~slage** situation of constraint; *s. in e-r ~slage befinden* to be hard pressed; **~släufig** inevitable; *adv* inevitably, necessarily; **~smaßnahme** compulsory (*od* coercive) measure; **~sversteigerung** auction sale under execution; **~svollstreckung** distraint, distress; **~svorstellung** obsessive idea; **~sweise** compulsory; **~swirtschaft** state control of economy; controlled economy
zwanzig twenty; *in d. ~ern sein* to be in one's twenties; **~ste** twentieth
zwar (it is) true, indeed; *und ~* and that; namely; that is
Zweck purpose; aim, goal; end (*Mittel zum ~* a means to an e.); object; design; *zu welchem ~?* what for?; *zu diesem ~* to that end; *ohne ~ u. Ziel* aimlessly; *d. ist nicht d. ~ d. Übung* that's not the idea; ... *hat keinen (wenig) ~* is of no (little) use; **~dienlich** answering the purpose; expedient; pertinent; **~entsprechend** appropriate; fulfilling the purpose(s); in a way appropriate to the purpose (in question); **~los** useless; purposeless; aimless; **~losigkeit** uselessness; purposelessness; aimlessness; **~mäßig** reasonable; expedient; proper; well-directed; well-conceived; **~widrig** contrary to the purpose; inexpedient; inappropriate; impracticable
Zwecke drawing-pin; tack; nail
zwecks *prep* for the purpose of
zwei two; *zu ~en* in twos, in pairs; **~bändig** in two volumes; **~beinig** two-legged; **~deutig** ambiguous; *~deutiger Ausdruck* ambiguity, *(anstößig)* double entendre; **~erlei** of two kinds; **~fach** two-fold; double; *in ~facher Ausführung* in duplicate; **~gleisig** 🚂 double-tracked; **~händig** two-handed; ♪ for two hands; **~jährig** two-years-old; *bot* biennial; **~kampf** duel; **~mal** twice; **~malig** done twice; repeated (twice); **~rad** bicycle; **~reihig** *(Anzug)* double-breasted; **~schneidig** two-edged; *fig* ambiguous; risky; **~seitig** two-sided; bilateral; **~sprachig** bilingual; **~stimmig** for two voices; **~stöckig** two-storied; **~stündig** of two hours, lasting two hours; **~stündlich** every two hours; **~tägig** of two days; lasting two days; **~taktmotor** two-stroke engine; **~teilig** in two parts; **~unddreißigstelnote** *(-pause) BE* demisemiquaver, *US* thirty-second note (*BE* demisemiquaver rest, *US* thirty-second rest); **~zeiler** couplet
Zweifel doubt; suspicion; misgiving; *in ~ ziehen* to cast doubt on; *außer allem ~* beyond (all) doubt (*od* dispute); **~haft** doubtful; dubious, suspicious; uncertain; **~los** undoubted, indubitable; *adv* doubtless; without doubt; **~n** to (be in) doubt (about); **~sfall:** *im ~sfall* in case of doubt; **~sfrei** absolute(ly certain); **~sohne** without doubt
Zweifler doubter; sceptic, *US* skeptic
Zweig branch *(a. fig)*; *(klein)* twig; section; **~geschäft** branch; **~niederlassung** branch establishment; **~stelle** branch office
zweit|e second; *jeden ~en Montag* every other Monday, on alternate Mondays; *im ~en Stock* on the second floor, *US* on the third floor; *an ~er Stelle stehen* to be second (*neben* to); *ist ihm zur ~en Natur geworden* is second nature to him; *e. ~er (Mozart)* another (M.); **~älteste** second eldest; **~beste** second best; **~ens** secondly, in the second place; **~letzte** last but one; **~rangig** second-rate, of secondary importance
Zwerchfell diaphragm; **~erschütternd** side-splitting
Zwerg dwarf, pygmy; *(Märchen)* brownie; **~enhaft** diminutive, tiny; dwarfish, stunted; **~kiefer** dwarf pine; **~wuchs** stunted growth, dwarfism

Zwetsch(g)e (garden) plum; **~nmus** plum jam
Zwickel gusset, gore; *(Rock)* godet; *(Strumpf)* clock; *(Keil)* wedge; 🕮 spandrel
zwick|en to pinch, to nip; to gripe; **~er** pince--nez; **~mühle** *fig* dilemma, fix (in a f.)
Zwieback rusk, zwieback
Zwiebel onion; *(Blumen-)* bulb; **~gewächs** bulbous plant; **~n** to drill thoroughly, to examine harshly; **~turm** onion-shaped dome
zwie|fach, ~fältig double; **~gespräch** dialogue; conversation; **~licht** twilight, dusk; **~spalt** dissension, discord; *eccl* schism; **~spältig** split into two; conflicting; divergent; divided; **~tracht** discord, dissension; enmity; **~trächtig** discordant; hostile
Zwillich ticking; twill
Zwilling twin; *astr* Gemini, the Twins; **~sbruder** twin brother; **~sschwester** twin sister
Zwing|e ferrule; clamp; *(Schraubstock)* vice, *US* vise; **~en** to force, to compel; *(schaffen)* to get through, to finish; *refl* to force o.s. (to do); **~end** cogent; *(dringend)* urgent; **~er** *(Burg)* outer courtyard; *(Tiere)* dog-kennel, bear-pit; **~herr** despot, tyrant; **~herrschaft** despotism, tyranny
zwinkern to wink, to twinkle
zwirbeln *(Bart)* to curl
Zwirn twist(ed yarn); sewing-cotton; **~en** to double, to twist; **~erei** doubling (*od* twisting) mill; **~sfaden** thread
zwischen between; *(unter)* among; **~akt** entr'acte; **~bemerkung** interruption; **~ding** combination, mixture; **~durch** in the midst; in between, at times; **~fall** incident; **~handel** intermediate trade; transit trade; **~händler** middleman; intermediary; commission agent; **~landung** ✈ intermediate landing (*od* stop); **~pause** interval; interlude; **~raum** space (between); gap; interval; **~ruf** interruption; **~spiel** interlude, intermezzo; **~staatlich** interstate; inter-governmental; international; **~stecker** ⚡ adaptor; **~wand** partition(-wall); **~zeit** interval; *in d. ~zeit* in the meantime; **~zeitlich** interim; provisional; temporary
Zwist quarrel; discord, dissension; **~ig** in dispute; **~igkeit** quarrel
zwitschern to twitter, to chirp
Zwitter hybrid; *(Bastard)* mongrel; *(Mensch)* hermaphrodite; **~bildung** hybridization; hermaphroditism; **~haft** hybrid
zwölf twelve; **~te** twelfth; **~tonmusik** twelve--note music
Zyankali potassium cyanide
zykl|isch cyclical; **~on** cyclone; **~us** cycle; *(Reihe)* series, course
Zylind|er ⚙ cylinder; *(Lampe)* chimney; *(Hut)* top-hat, silk hat; **~risch** cylindrical
Zyn|iker cynic; **~isch** cynical; shameless; **~ismus** cynicism; shamelessness
Zypresse cypress
Zyste cyst

Anhang

Maße und Gewichte

mit ihren englischen und amerikanischen Entsprechungen

Längenmaße – Linear Measures

1 inch		2,54 cm (bei sehr präzisen Berechnungen BE = 2,5399959 cm, US = 2,5400051 cm)
12 inches	= 1 foot	30,48 cm
3 feet	= 1 yard	91,44 cm
1 rod		5,029 m
1760 yards	= 1 mile	1,6093 km

Flächenmaße – Square Measures

1 square inch		6,4616 qcm
144 square inches	= 1 square foot	929,03 qcm
9 square feet	= 1 square yard	0,8361 qm
1 acre		40,4687 AR = 0,40468 ha
640 acres	= 1 square mile	259,0 ha = 2,59 qkm

Raummaße – Cubic Measures

1 cubic inch		16,3871 ccm
1728 cubic inches	= 1 cubic foot	0,0283 cbm
27 cubic feet	= 1 cubic yard	0,7646 cbm

Hohlmaße – Liquid Measures, Measures of Capacity
Bei den Hohlmaßen sind die britisch-amerikanischen Unterschiede zu beachten sowie die Tatsache, daß die Amerikaner zwischen Flüssigkeits- und Trockenmaßen unterscheiden.

a) Britisch (Flüssigkeits- und Trockenmaße)

1 fluid ounce		0,0284 l
5 fluid ounces	= 1 gill	0,142 l
4 gills	= 1 pint	0,56825 l
2 pints	= 1 quart	1,13649 l
4 quarts	= 1 imperial gallon	4,54596 l
8 gallons	= 1 bushel	36,3677 l
8 bushels	= 1 quarter	290,9416 l

Bushel ist nur ein Trockenmaß.

b) Amerikanisch (Flüssigkeitsmaße)

1 gill		0,1183 l
4 gills	= 1 pint	0,4732 l
2 pints	= 1 quart	0,9463 l
4 quarts	= 1 gallon	3,7853 l
31,5 gallons	= 1 barrel	119,2275 l
2 barrels	= 1 hogshead	238,4739 l

c) Amerikanisch (Trockenmaße)

1 pint		0,5506 l
2 pints	= 1 quart	1,1012 l
8 quarts	= 1 peck	8,8096 l
4 pecks	= 1 bushel	35,2383 l

Pharmazeutische Flüssigkeitsmaße – Apothecaries' Fluid Measures

		Britisch	*Amerikanisch*
1 minim		0,059 ccm	0,062 ccm
60 minims	= 1 fluid drachm	3,552 ccm	3,696 ccm

8 fluid drachms	= 1 fluid ounce	28,413 ccm	29,57 ccm
20 fluid ounces	= 1 pint (BE)	0,56826 l	
16 fluid ounces	= 1 pint (US)		0,476 l
2 pints	= 1 quart	1,1365 l	0,952 l
4 quarts	= 1 gallon	4,546 l	3,808 l

Handelsgewichte – Avoirdupois Weights

1 grain		0,0648 g
1 drachm (US dram)		1,772 g
16 drachms	= 1 ounce	28,3495 g
16 ounces	= 1 pound	453,592 g
112 pounds	= 1 hundredweight (BE)	50,802 kg
100 pounds	= 1 hundredweight (US)	45,359 kg
20 hundredweight	= 1 long ton (BE)	1016,05 kg
20 hundredweight	= 1 short ton (US)	907,185 kg

Für Körpergewicht gibt es in England noch:

14 pounds	= 1 stone	6,35 kg

Feingewichte – Troy Weights (for gold, silver, and jewels)

1 grain		0,0648 g
24 grains	= 1 pennyweight	1,5552 g
20 pennyweight	= 1 ounce	31,1035 g
12 ounces	= 1 pound	373,242 g

Apothekergewichte – Apothecaries' Weights

1 grain		0,0648 g
20 grains	= 1 scruple	1,296 g
3 scruples	= 1 drachm	3,888 g
8 drachms	= 1 ounce	31,1035 g
12 ounces	= 1 pound	373,242 g

Die Abkürzungen der englischen Maße und Gewichte

ap.	apothecaries	imp.	imperial
av.	avoirdupois	in.	inch
bu.	bushel	lb.	pound
cu.	cubic	l.t.	long ton
cwt.	hundredweight	min.	minim
dr.	drachm	oz	ounce
dwt.	pennyweight	pt.	pint
fl.	fluid	qt	quart
ft.	foot, feet	sq.	square
g.	grain	st.	stone
gal.	gallon	s.t.	short ton
gi.	gill	t.	troy
gr.	grain	yd	yard

Das metrische System mit seinen englisch-amerikanischen Entsprechungen.

Längenmaße

1 mm	0,03937 inch	1 m	39,37011 inch (BE)
1 cm	0,39370 inch		39,38008 inch (US)
1 dm	3,937011 inch (BE)		3,28084 feet
	3,937008 inch (US)		1,09361 yards
		1 km	1093,613 yards
			0,62137 miles

Kleinere Längen als 1 inch werden gerne durch Bruchteile eines inch ausgedrückt, z. B. 7/8 inch, 7/16 inch, 5/32 inch, 23/64 inch usw.

Flächenmaße

1 qmm	0,0016 sq.in	1 Ar, 1 a	119,60 sq.yd
1 qcm	0,15500 sq.in		3,954 sq.rd.
1 qm	10,76387 sq.ft.	1 ha	2,47105 acres
	1,1960 sq.yd	1 qkm	247,105 acres
			0,38610 sq.min.

Raummaße

1 cmm	0,000061 cu.in.	1 cdm	61,0234 cu.in.
1 ccm	0,061023 cu.in.	1 cbm	1,30794 cu.yd

Hohlmaße

	Britisch	*Amerikanisch*
1 ml	16,89 minims	16,23 minims
	0,828 fl.dr.	0,0338 fl.oz
1 l	1,760 pints	1,8162 dry pints
		2,1134 liquid pints
	0,880 quarts	0,9081 dry quarts
		1,0567 liquid quarts
1 hl	22,00 imp.gal.	26,418 gallons
		2,838 bushels

Die Einheit ml (= Milliliter) ist in Deutschland wenig gebräuchlich; an ihrer Stelle wird ccm (Kubikzentimeter) verwendet. Gerade diese Einheit ist aber eine der häufigsten im englisch-amerikanischen Bereich verwendeten metrischen Einheiten.

Gewichte:

1 mg	0,01543 gr.	1 kg	35,27396 oz.av.
1 kg	15,432 gr.		2,20462 lb.av.
	0,0353 oz.av.	1 to	2204,62 lb.av.
1 Pfd.	1,1023 lb.av.